海上絲綢之路文獻集成

總主編　陳支平　陳春聲

歷代史籍編 66

主編　范金民

海峡出版發行集團
THE STRAITS PUBLISHING & DISTRIBUTING GROUP
福建人民出版社

「十三五」國家重點圖書出版規劃重大出版工程規劃項目

國家新聞出版改革發展項目庫入庫項目

國家出版基金資助項目

本册目次

四夷館考二卷

〔明〕王宗載撰

《四夷館考》二卷，明王宗載撰。宗載字時厚，號又池，湖廣京山（今屬湖北）人。嘉靖四十一年（一五六二）進士。萬曆六年（一五七八）以大理寺少卿提督四夷館事，未幾以右僉都御史巡撫江西，轉左僉都御史罷歸。是本不題撰人，卷首無序。《千頃堂書目》史部地理類著録《四夷館考》九册，史部職官類著録汪俊《四夷館則例》二十卷《四夷館考》二卷。一九二四年，羅振玉以東方學會名義據明抄本排印，以爲「或即汪氏所著」。一九三七年，向達於法國巴黎東方語言學校訪得《四夷館考》抄本，首有撰者王宗載自序，乃撰文考證宗載生平，比勘巴黎本與東方學會排印本異同，謂東方學會本脱漏甚多云云。然巴黎本今已難覓蹤跡。按明永樂朝始置四夷館，先後設有韃靼、女真、西番、西天、回回、百夷、高昌、緬甸、八百、暹羅等館，並命提督總其事。是書將四夷館所譯諸夷建置、沿革、山川、險易、食貨、風俗、語言、文字、叛服始末、戰守得失等，編撰成文，冠於各館譯語卷首。所據史料，多採自鄭曉《皇明四夷考》、《皇明北虜考》及《大明一統志》等。據民國十三年（一九二四）東方學會排印本影印。

四夷館考

甲子夏六月
東方學會印本

四夷館考卷之上

韃靼館

韃靼北胡也與降胡兀良哈俱屬本館譯定其先即夏獯鬻周玁狁秦漢匈奴唐突厥宋契丹漢時匈奴最强匈奴弱而烏桓遂盛漢末爲鮮卑所滅鮮卑衰而蠕蠕强大與魏爲敵蠕蠕滅而突厥起盡有西北地唐李靖滅之五代及宋契丹爲盛女眞滅契丹號金侵中國遂僭帝號其別小部曰蒙古曰太赤烏曰塔塔兒曰克列各有分地蒙古幷諸部滅女眞及宋國號元　明興逐元順帝北遁傳子愛猷識里達臘再傳至孫脫古思帖木兒繼立爲可汗我兵出塞敗虜主獲其子地保奴其後脫古思帖木兒爲也速迭兒所弑諸大酋立坤帖木兒爲可汗而猛可帖木兒爲瓦剌王建文三年坤帖木兒死鬼力赤立爲可汗知院阿魯帖木兒太尉乃兒不花太保阿魯台佐之自順帝至鬼力赤凡七世其二世不可攷時有馬哈木者居瓦剌每與阿魯台相讐殺永樂元年馬哈木阿魯台皆遣人入貢鬼力赤衰諸酋立本雅失里爲可汗七年四月虜殺我使臣給事中郭驥我遂封瓦剌馬哈木爲順甯王太平賢義王把禿孛羅安樂王令伺本雅失里七月遣淇國公等五將軍討本雅失里阿魯台俱敗沒于臚朐河八年　上自將出塞至斡難河敗本雅失里遁去十一年魯台阿魯台來降封爲和寧王而馬哈木又叛我兵討馬哈木敗去阿魯台又叛　上親征至殺胡原阿魯台大懼北走遂弑本雅失里自稱可汗馬哈木屢敗阿魯台而瓦剌强盛瓦剌三王馬哈木爲最洪熙元年馬哈木欲自立恐衆不附

仍立元孽脫脫不花爲可汗居漠北馬哈木仍居瓦剌宣德
元年馬哈木之子脫懽遣人進馬令嗣父王二年阿魯台脫
懽亦力把力王歪思各遣人朝貢三年脫懽歪思又各遣人
朝貢賜之金綺加賜歪思弓刀甲冑七年九月阿魯台殺敗
兀良哈遂往牧遼東塞下明年阿魯台遣人自遼東入貢九
年阿魯台爲瓦剌敗死部落離散脫懽遣人朝貢告殺阿魯
台請獻前元玉璽正統元年脫懽與其部酋朶兒只伯相讐
殺脫懽遣人貢馬二年脫脫不花遣人貢馬厚賜之四年五
年秋冬虜騄貢馬六年冬月脫不花及其太師也先遣人貢
馬賜物虜王與太師等八年也先阿魯骨遣人貢馬也先者
脫懽之子也當是時脫脫不花弱而也先强盛又以其娣娶
脫脫不花因挾脫脫不花數遣人竝入貢得賜金帛無算使
人皆館京師逾春始遣還所過時肆殺掠我往來通事人變
詐出好語告以中國虛實也先遂因通事人請婚中國通事
人謾許之也先信以爲然遣二千人貢馬爲聘　朝廷初不
知荅詔不及和親事也先大愧恨七月大舉入寇大同宣府
勢甚猖獗太監王振勸　上親征從之行次土木我師大潰
　駕遂北狩十月虜復入寇大同廣昌破紫荆關遂犯京師
石亨于謙等督諸軍力戰發巨礟擊虜死無算殺其酋鐵頸
元帥虜勢少阻乃奉　上皇出關景泰元年八月　上皇駕
還京九月普化遣皮兒馬黑麻貢馬普化即脫脫不花也二
年也先遣人貢馬三年二月瓦剌同年撤來王子遣人貢馬
是年也先怨普化不立其娣子爲太子而立其庶子遂攻敗
普化遣使來獻捷十月又遣人來朝貢馬當是時也先使每

至京幾年人往來殺掠人畜益驕恣無忌虜又東結朶顔西
交哈密脇結赤斤蒙古往往窺塞下四年正月宴瓦剌使臣
察占等二千八百七十六人于禮部　勑賜其頭目正副使
二十二人陞都督都指揮等官賞犀金銀帶有差其餘從人
賞綵絹靴帽至十餘萬七月也先攻敗普化奔兀良哈依沙
不丹沙不丹殺普化也先遂自稱田盛大克汗十月也先遣
哈只貢馬貂鼠十一月瓦剌使臣火只爾呵麻回回來貢玉
石却令自售也先弟賽因孛羅魯王諸酋竝遣人貢馬自是
也先新立恐衆不附欲通好中朝始不復深入天順初也先
有平章哈剌者欲繼也先爲太師也先不許因襲敗也先走
死後哈剌又爲孛來所殺而立小王子小王子又爲孛來癥
王子所殺二年正月孛來大舉寇陝西安遠侯柳溥禦之輒
敗三年八月虜寇大同直抵鴈門忻代殺掠無算去復入寇
宣府五年六月虜寇河西總兵仇廉禦之敗績遂過河大掠
當是時孛來稍衰而其大酋毛里孩阿羅出孛羅出猛可少
師與孛來癥王子讐殺而立脫思爲王脫思者故小王子從
兄也成化中阿羅出結乩加思蘭孛羅出結毛里孩出入河
套及楡林陝西大同等處乩加思蘭故居哈密北山至是殺
阿羅出併其衆而結滿魯都入河套滿魯都稱可汗以乩加
思蘭爲太師與毛里孩也烈忽孛羅忽出入塞下六年九月
陝西巡撫馬文升敗虜黑水口湯羊嶺斬首功二百九年十
年虜遣人貢馬十三年滿魯都乩加思蘭遣桶哈阿忽刺千
七百五十人貢馬駝五千當是時乩加思蘭欲殺滿魯都而
立斡赤來爲可汗不克爲滿魯都所覺遂殺乩加思蘭併其

衆十六年二月滿魯都部落寇榆林塞三月尚書王越等率兵出塞捕虜至威寧海斬虜首四百三十七級未幾滿魯都衰不知所終而把禿猛可王太師亦思馬因知院羅千強盛屢遣人貢馬弘治初把禿猛可死弟伯顏孟可立爲王瓦剌與顏孟可皆遣人入貢時大同巡撫許進貽書小王子言通貢之利小王子瓦剌二種各遣其酋長哈桶察察少保等貢馬三年三貢皆自猫兒莊入宣大河曲遂無虜患十三年後火篩數入寇火篩者小王子部落也與小王子相讐殺小王子益衰正德中瓦剌西徙與土魯番相讐殺小王子三子長阿兒倫台吉次阿着次滿官嗔太師亦不剌弒阿兒倫台吉走河西阿兒倫台吉二子長卜赤次乜明皆幼阿着稱小王子阿着死衆立卜赤稱亦克汗卜赤死而不及兒台吉稱小

王子不及兒台吉即乜明或曰卜赤子也阿着六子長吉囊次俺荅次兀慎一克打兒汗那顏次老把都次那林台吉次我托那顏吉囊住河套止一子委兀慎打兒汗台吉俺荅住豐州城生六子長黃台吉次丙兔大成台吉次擺腰台吉次野力鄧台吉次打剌台吉次倘忽台吉兀慎一克打兒汗那顏住陽和後口葫蘆海子止生一子打兒汗顏老把都住獨石後三間房生五子長委正哈害台吉次靑把都次哈不慎台吉次滿五素台吉次滿五大那林台吉住獨石正北地名我力速大生四子長獨膶台吉次打兒汗把都兒台吉次打兒大台吉次狼台吉我把那顏住靑山後正北地名十字兒大生三子長大成台吉次合氣台吉次獨膶兒台吉其所轄落部卜赤亦克汗大營五曰好陳察罕兒曰召阿兒曰巴郎

阿兒曰克失旦曰卜爾報衆可五萬卜赤居中屯牧五營環衛之又東三部曰罔留曰罕哈曰爾填罔留部營三其酋滿會王罕哈部營三其酋猛可不郎爾填部營一其酋可都留三部衆可六萬居沙漠東偏與朵顏爲鄰西三部曰應紹不曰阿爾禿斯曰滿官嗔應紹不部營十故屬亦不剌亦不剌遁四海去遂分散無幾惟哈剌嗔一營僅存阿兒禿斯部營七故亦屬亦不剌今從吉囊合爲四營曰哼合廝曰偶甚曰叭哈思納曰打郎衆可七萬滿官嗔部營八故屬火篩今從俺荅爲六營曰多羅田土悶曰畏吾兒曰兀甚曰叭要曰兀魯曰土吉剌衆可四萬南二部曰哈剌嗔曰哈連哈剌嗔部營一其酋把荅罕奈衆可三萬哈連部營壹其酋失剌台吉衆可二萬居宣府大同塞外北有兀良罕營一故小王子北部

也因隙叛去至今相攻又西爲瓦剌衆可五萬世與土魯番爲讐嘉靖中吉囊俺荅最強分寇秦晉燕代漁陽遼左東西無寧歲六年八月虜入寧夏塞提督王憲總兵抗雄禦虜斬首三百二十級八年十月吉囊俺荅數掠榆林寧夏塞總督王瓊出兵禦之失利遂請修邊牆據要害至今賴之十一年虜道松潘漳腦寇四川西境十二年十月虜侵鎭遠關守將王效斬虜首一百四十級十三年七月吉囊入榆林大掠安定花馬池等處總督唐龍上捷書言斬虜首四百五十四級陞賞有差巡按御史劾總兵劉永冒功掩罪不問十九年八月吉囊俺荅分寇塞上大同軍顧與虜約若無我犯我亦不復闌若虜遂越大同抵雁門入寧武嵐靜交城殺掠無算巡撫史道總兵王陞幸無事俱置不問是月虜又大掠安邊定

邊總制劉天和督兵禦之斬虜首五百卒張奴兒殺吉囊之子捷聞陞賞有差二十年八月吉囊入大同寨副總兵丁璋遊擊將軍周宇出師禦虜皆力戰死虜遂至山西省城又越而南殺掠人畜萬萬二十一年虜又大舉入寇經朔州破雁門分掠大原平陽等處三十八州縣京師戒嚴諸將皆觀望不戰惟偏帥張世忠張宣張臣以力戰死　詔賜贈卹仍祠祀之二十五年虜深入陝西總督曾銑因上復河套議爲咸寧侯仇鸞譖誣論死議遂寢二十九年八月俺荅復大舉入寇時仇鸞總兵大同密遣其黨時義賄虜令别寇無犯大同而三衞降胡又陰爲虜嚮道虜遂越三衞犯京城焚刼至德勝西直門逾旬日乃出關自是始議調邊兵入衞無虛歲矣鸞又上言請許虜貢市兵部主事楊繼盛極言不可狀且歷數鸞欺罔罪下繼盛詔獄尋落職去三十年春開馬市于宣大虜衆寇掠如故且藉口貢市將士不敢拒邊防大潰言者繼至鸞亦懼禍及密疏請罷市有　旨禁言復開市事四十二年虜深入山西破隰州

隆慶元年虜大掠薊鎮官兵乘其隋歸追至花桑峪虜衆迷道焚溺死者無算四年九月虜酋把汗那吉來降把汗那吉者俺荅愛孫也三歲早孤育于俺荅之妻一克哈屯以其僕阿力哥妻乳之及長頗儇利故俺荅獨鍾愛焉把汗那吉有婦二又聘兀慎家取兔撦金的之女爲三婦有日矣會俺荅有外孫女者已許聘襖兒都司俺荅聞其美强納之襖兒都司恚甚欲叛俺荅自慚乃奪把汗那吉所聘兀慎女與之把汗那吉有怨言欲歸南朝阿力哥懼禍及趣之行把汗那吉

偕其婦比吉率十數騎扣關請降大同巡撫方逢時審其無他以便宜受之尋上疏請授把汗台吉指揮使阿力哥正千戶各賜衣幣一襲于鎮城安置俺荅屢遣使乞還不許因寄聲俺荅還我叛人趙全等當爲奏請遣還其孫俺荅不得已從之先是有華人呂老祖者以白蓮教惑人于山西大同之間因有司追急逋逃虜中其黨趙全李自馨周元劉四等率其徒千餘人往從焉虜割板升地處之自是中國亡命多投板升者全有衆至萬餘馬五萬自馨有衆六千元有衆三千餘各不下千人而全又桀黠多謀爲俺荅建九楹之堂于方城其所自居窮極奢僭皆窺竊內地以自殖俺荅每大舉必主全家置酒高會往往告以中國虛實教虜以攻取之策故虜如虎附翼所過無堅城完壁皆全等爲之也嘉靖中嘗懸賞格購捕之不可得至是俺荅以其孫故遣部酋哈台吉伍奴住捕趙全等首逆八人械至大同城餘黨悉聽哈台吉伍奴住分有之哈台吉伍奴住故爲俺荅親信自全等用事二酋反居其下意頗不平稍爲我耳目故全等之被執二酋與有力焉罪人既得乃遣把汗那吉北還械全等獻俘　闕下磔于西市論功閣部及督撫諸臣蔭賞有差已而俺荅感中朝恩信請款塞效順總督王崇古以疏聞下廷臣集議可否相半閣臣獨韙其請　詔封俺荅爲順義王其各枝屬授都督指揮千戶等官有差每年許于各鎮互市段絹布鍋等物其進貢表文馬匹俱附各鎮總督類收每歲本館差官一員赴陽和譯審畢總督差官轉進于是虜酋利于互市不復爲邊患虜使免其入京可保無內憂且奉表稱臣中國之體

體常尊罷兵息民各邊之修守易集雖撫賞歲增費亦不貲而視調遣剽掠之利害蓋不啻徑庭矣使當事者皆能爲國遠慮杜漸防微因羈縻而寓制御之方及閒暇而修戰守之具務爲不可勝以待敵人之變毋爲不可繼以貽後人之憂則蠢茲醜虜何反側之足虞乎其地東連幽薊西接甘涼南臨朝鮮北盡沙漠不生五穀止產馬駝牛羊角端貂鼠土撥鼠納沙雞酥酪居無城郭宮室徙帳幙逐水草畜牧射獵各有分有徵會則刻木封箭爲信挾其長技上下山谷飄忽如風雨其輕生好殺篡弑蒸淫習俗然也附兀良哈于後

兀良哈

兀良哈在烏龍江南漁陽塞北春秋時山戎地元爲大寧路戶四萬六千口四十四萬八千　國初割錦義建利諸州隸遼東設都司于惠州領營興會二十餘衛所所謂北平行都司也

洪武十四年封子權于太寧爲寧王二十二年因北胡來降者衆遂分兀良哈爲三衛于橫水之北曰朶顏曰福餘曰太寧以處降胡以脫魯忽察兒海撒男奚阿札失里爲三衛指揮使同知並邊爲我藩籬靖難初首劫大寧兵及召兀良哈諸酋率部落從行有功遂以太寧畀三衛移封寧王于南昌徙行都司于保定爲太寧都司令三衛歲二貢貢衛百人東起廣寧前屯歷喜峯近宣府爲朶顏自黃泥窪逾瀋陽鐵嶺至開原爲福餘由錦義度遼河至白雲山爲太寧皆逐水草無恒居三衛朶顏最強分地又最險永樂中最親附宣德時嘗入漁陽塞　上率諸將出喜峯關敗諸虜于寬河誅其大

酋自後稍馴順正統中又叛侵盜東北關諸塞索鹽米賞賜而已以故喜峯密雲間有都指揮或都督鎮守驗貢夷已巳福餘太寧結也先爲之鄉道朶顏獨扼險不肯從也先至不能入塞不得利大掠福餘太寧人畜去始勅都御史鄒來學經略已而設太監參將又設總兵景泰四年守臣言兀良哈貢使往來不絕爲瓦剌間諜詔自後使至件二三人入京餘不得輒入關成化四年與北虜毛里孩通侵天城遣都督李鐸詰之十二年通乩加思蘭謀寇遼東勅邊臣備之然亦未敢大爲邊患弘治中守臣楊友張瓊燒荒出塞掩殺邊釁遂起正德初部落既番累肆侵盜朶顏都督花當求添貢其子把兒孫深入虜掠動稱結親迤北恐中國革蘭臺者花當孫也兀良哈朶顏爲大部朶顏花當爲貴種花當長子革列孛羅早死其弟把兒孫驍勇十年把兒孫入馬蘭峪塞殺參將陳乾遣都督桂勇討之把兒孫遣扯禿等來言請入貢且獻馬贖殺乾罪又謾言射林孛羅幹兒路阿兒忽旦夕且糾諸部大舉入寇令小失台呼扯禿等去我亦幸無事奏虜退班師未幾入寇參將魏祥全軍覆沒時把兒孫狡劣屢謀奪嫡諸酋惡之不相附尋亦死花當種人皆附革蘭台革蘭台貢馬遲之未請嗣番官也邊臣言上兵部令譯部落後許貢革蘭台遂入寇漁陽諸小關堡皆殘破嘉靖十一年九月巡撫王大用欲通朶顏與厚賂城其霧靈山不果是時酋阿堆哈利赤數入建昌喜峯太平諸塞殺掠人畜革蘭台又乞陞官兵部言大用喜事請以毛伯溫代大用巡撫漁陽伯溫至鎮虜益盜邊邊人不得耕牧二十年革蘭台挾北虜求添貢貢

衞三百人不許請衞二百人又不許時時出沒塞下輒云結小王子旦夕大舉入塞會俺荅吉囊自大同深入太原不得已許其補前貢失期者衞二百人二十一年內批侍郎胡守中提督軍務壽以擅出塞代伐木徧索將領金錢被劾論死二十二年叛人白通事導虜數侵我塞巡撫許論伏兵斬白通事論進官副都御史請告去朱方代論以請撤防秋兵太早爲虜所掠逮至京杖死　闕下二十五年虜大入塞明年北虜道兀良哈入寇遼東兀良哈又結海西建州夷出入遼東西塞下二十九年俺荅越三衞入犯京城兀良哈陰爲鄉道隆慶萬曆以來　朝廷加意武備邊臣漸次脩守漁陽以北臺堡相望虜稍知歛避間要結東虜窺犯遼塞亦不能爲大害然此虜陰逆陽順每遇元旦　聖節必入貢如期嘉靖

十年釐正　郊祀大典始罷正旦朝貢改于冬至每貢衞各百人馬各百匹本館例差官一員赴喜峯口譯審率三年一代貢使入京有燕賞往來縣驛有應付在衞都督有回賜有加賜厚往薄來特示羈縻而已不可恃爲藩籬也

回回館

回回在西域地與天方國鄰其先卽默德那國王謨罕驀德生而神靈臣服西域諸國諸國尊爲别諳援爾華言天使也國中有佛經三十藏凡三千六百餘卷書兼篆草楷西洋諸國皆用之隋開皇中國人撒哈入撒阿的幹葛思始傳其教入中國　本朝宣德中國王遣人隨天國朝貢由肅州入至今或三年五年一貢其地有城池宮室田園市肆大江淮間寒暑應候民物繁庶亦有陰陽星曆醫藥音樂諸技藝人俗重殺非類殺不食不食豕肉土產玉石珊瑚猫睛祖母綠羚羊犬馬駱駝獅子犀牛梭甫撒哈剌西洋布絨褐其織文雕鏤器皿最精巧其附近諸國如土魯番天方撒馬兒罕舊隸本館譯審此外如占城日本眞臘瓜哇滿剌加諸國皆習回回教遇有進貢番文亦屬本館代譯今具列于後

撒馬兒罕

撒馬兒罕漢罽賓也在哈烈東北三千里東去嘉峪關九千九百里東西相距千里地平山川鐵門峽阿朮河最大風景偉麗土田膏腴宜五穀頗類中原獨勝諸國城依平原濠深險北有子城王居高廣在城北隅王白帽城中逵巷縱横肆市稠密西南番賈多聚於此市易用銀錢禁酒俗尚回回教有拜天屋青石雕鏤極精巧以羊皮果經文文字泥金書人

物秀美多藝能尤善作室國東有養夷沙鹿海牙塞藍達失干西有渴石迭里迷諸城皆隸焉洪武二十年國主帖木兒遣回回滿剌哈非思貢駝馬詔厚賜之二十二年貢馬二十四年貢海青　賜勑賚予之二十七年帖木兒遣使迭力必失表貢馬二百匹表曰恭維　大明大皇帝受　天明命統一四海　仁德弘布恩養庶類萬國欣仰咸知　上天欲平治天下特命　皇帝出膺運數爲億兆之主光明廣大昭然天鏡無有遠近咸照臨之臣帖木兒僻在萬里之外恭聞　聖德寬大超越萬古所無之福　皇帝皆有之所未服之國皆服之遠方絕域昏暗之地皆清明之老者無不安樂少者無不長遂善者無不蒙恩惡者無不知懼今又施恩遠國凡商賈之入中國者使觀覽都邑城池富貴雄壯如出昏暗之

中忽覩白日何幸如之又承敕書恩撫勞問使站相通道路無壅遠國之人咸得其濟欽仰　聖心如照世之杯使臣心中豁然光明臣國中部落聞玆德音惟知歡舞感戴臣無以報恩惟仰天祝頌　聖壽福祿如天地遠大永永無極照世杯者其國舊傳有杯光明洞徹照之可知世事故云二十八年遣兵科給事中傅安郭驥等使西域留撒馬兒罕永樂五年頭目哈里令虎友達送安等還且貢方物厚賜之改安等禮科賜衣安等帖木兒本元駙馬卒孫哈里嗣　上遣人祭帖木兒賜哈里璽書銀幣已而兀魯伯貢馬復遣安報使或曰兀魯伯卽哈里洪熙元年安始還國請勑命吏部言安歷年雖久未經考覈例不得授　景陵曰安使遠夷留二十餘年良苦何例爲遂與勑正統十二年又貢馬玉石四年又貢

成化十九年阿黑麻王貢二獅子夷使請大臣出迎禮部尚書周洪謨以爲不可遣中官迎之獅日食牛羊二醋酣蜜酪各二瓶官養獅人光祿日給酒飯二十三年廣東布政司陳選言撒馬兒罕使臣泊六瀞貢獅子欲於廣南浮海從滿剌加更市獅子入貢不可貴異物開海道利賈胡貽笑安南諸夷弘治三年由南海貢獅子禮官倪岳言南海非西域貢道請却之自後貢皆從嘉峪關入嘉靖中其國稱王者五十三人皆遣人朝貢產金銀玉銅鐵珊瑚琥珀琉璃罽苾思檀水晶鹽花藥布名馬獨峯駝大尾羊猨猊

天方

天方古筠冲地舊名天堂又名西域宣德中其王遣沙瓛來朝貢俗用回回曆風景融和四時皆如春田沃稻饒居民樂業男女辮髮馬乳拌飯產馬金琥珀玉石珊瑚犀角貢從嘉峪關入

土魯番

土魯番一名土爾番在大州西百里古交河縣安樂城也城方一二里地平四面皆山氣候多暖少雨雪土宜麻麥有瓜果羊馬之利人皆屋居信佛法多僧寺城西二十里有崖兒城僅二里居民百餘家相傳故交河縣治又云古車師國永樂十二年行在驗封員外郎陳誠使至其國誠言城西北百里有靈山最大夷人言此十萬羅漢涅槃處也近山有高臺臺旁有僧寺寺下皆石泉林木從此入山行二十里至一峽峽南有小屋屋南登山坡坡有石屋屋中小佛像五前有池池東有山山石靑黑遠望紛如毛髮夷人言此十萬羅漢洗

頭削髮處也循峽東南行六七里登高崖崖下小山纍纍峯巒秀麗羅列成行峯下白石成堆似玉輕脆不可握堆中有若人骨狀者甚堅如石文縷明析顏色光潤夷人言此十萬羅漢靈骨也又東下石崖崖上石笋如人手足稍南至山坡坡石瑩潔如玉夷人言此辟支佛涅槃處也周行羣山約二十餘里悉五色砂石光焰灼人四面峻壑窮崖天巧奇絕草木不生鳥獸鮮少云西夷諸種惟土魯番最奸狡宣德五年始遣使來貢正統以後亦嘗來貢成化弘治間番酋阿力阿黑麻父子擾我西鄙虜我哈密忠順王罕慎陝巴拜牙卽是時專伺哈密至正德遂數犯我甘肅語在哈密考中嘉靖十一年西域貢稱王者七十五人貢使至二百九十人禮部諸國稱一人王內閣言西域稱王者多恐彼自封授或部落相

稱先年入貢稱王亦有三四十人者答勑竝稱王今盡裁奪恐夷情觖望下禮兵部議禮部言西域諸國稱王者唯土魯番天方撒馬兒罕三國如日落諸國名甚多朝貢絕少且與土魯番諸國不相統正德間土魯番十三入貢正德間天方四入貢稱王者率一人或二人三人餘稱頭目親屬嘉靖二年八年稱王者天方至六七人土魯番至十一二人此兩年間撒馬兒罕至二十七人內閣言先年亦有稱王至三四十人者併數三國耳乃今土魯番十五王天方二十七王撒馬兒罕五十三王併數則百五六十王前此所未有況所稱王號原非舊文即有同者地面又異弘治時回勑書國稱一王若循撒馬兒罕往年故事類答王號人與一勑恐非所以尊中國而嚴外夷也自後各執賜勑率其部落貢不如期使不

如數任意往來勢難阻絕驛傳勞煩宴賜頻數竭我財力以役遠夷計亦左矣　上從禮部言當是時土魯番強殘破我嘉峪關外七衛及城郭諸國地大人衆非復陳驗封奉使時矣

占城

占城古越裳秦林邑漢象林漢末區連殺縣令自稱林邑王遂不入版圖唐元和初改號占城宋淳熙中襲破眞臘慶元中眞臘復讐俘殺幾盡更立眞臘人爲主洪武二年遣吳用顏宗魯楊載等使占城爪哇日本等國歸玉璽書是年遣使蒲旦麻都朝貢言安南侵境　上遣使諭安南罷兵是年國主阿答阿者遣虎都蠻來朝貢虎象遣中書省管勾甘桓會同館副使路貢賢封阿答阿者爲占城國王賜大統曆金綺

四年阿荅阿者遣荅班瓜卜農奉金葉表朝貢言安南數侵境乞賜兵器樂人俾安南知我乃聲教所被輸貢之地不敢輒欺負　上憐之命中書省咨王言交隣有道事上以誠占城安南既皆臣事朝廷豈可擅兵相毒即咨安南令其罷兵兵器不爾吝但以安南故賜爾是助爾媾兵也樂器有聲律華夷方言本異中國人不可遣遣爾國人能習華音者來習肆十六年遣子來賀　聖節賜勘合文册二十四年使至以臣弑君故絕之永樂四年　勑王占巴的賴得黎賊父子及其黨惡即械送京尚書陳洽在南交軍中馳奏占城國王占巴把的賴奉　命出兵討安南陰懷二心愆期不進及進至化州輒肆虜掠又以金帛戰象資季擴季擴亦以黎蒼女遣之復約季擴舅陳翁挺等三萬餘人復侵升華府隸四州十

一縣地驅掠人民罪下季擴一等耳請發兵討之　上以交阯初平不欲窮兵遠夷遣使諭王歸我侵地永樂後遣人朝貢令三年一貢正統六年國人請封其嗣王遣使册封成化中遣使册封正使卒海上副使論罪戍邊其國在大海南南距眞臘西距交阯東北際海自閩長樂五虎門西南行順風可十日至東北百里海口立石塔爲標舟至是繫焉俗獷悍果于戰鬭尚釋教王冠三山金花玲瓏冠衣白跣足乘象或黃牯車臣茭葉冠男蓬頭女後椎結所居茅茨不得踰三尺衣紫衣衣玄黃罪死出入乘象馬粒食亦鮮食殺牛祭鬼驅象逐邪市用金銀焚衣祭天釀酒甕中俟熟賓主繞甕坐筒而咂且咂且注水味盡而止文書用羊皮及黑木皮無閏月晝夜各分五十刻王當賀日沐人膽汁將領獻人膽爲賀王

在位三十年即入山茹素受戒令子姪攝國居一歲顲天矢日我不道當充虎狼食或病死期年得無恙復入爲王於是國人呼爲芳𠌙馬剌札云有號屍致魚者婦人也目無瞳夜飛頭入人家食小兒穢氣侵兒腹兒即死頭返合體如故失其體不得合即死夫不聞者罪之產金銀錫鐵獅象犀牛瑇瑁諸香朝霞大火珠菩薩石薔薇水猛火油檳榔諸文異木胡椒白藤吉貝絲絞白氎布孔雀山雉伽南香唯此地有之價亦高觀音竹如藤長丈八尺許色黑如鐵寸二三節犀角象牙最多犀如水牛大者數百斤體黑無毛蹄有三跆獨角在鼻端長者可尺五寸馬小於驢波羅蜜形如東瓜

日本

日本古倭奴國海中諸夷倭奴最大西南至海東北至大山

國主世以王爲姓羣臣亦世官地分五畿七道三島又有附庸國百餘拘邪韓最大其國小者百里大不過五百里戸少者千多止一二萬皆倭種也漢滅朝鮮通使稱王者三十餘國倭主最雄長者居邪馬臺即邪摩維歷漢魏晉宋隋皆朝貢稍習華音唐咸亨初惡倭名更號日本　國朝洪武二年倭寇山東幷海郡縣又寇淮安三年寇山東轉掠浙東福建旁海諸郡是年遣萊州府同知趙秩賜璽書諭其王良懷言倭寇海上書至日如臣我奉表來庭不臣則修兵自固先是勝國時嘗遣使趙良弼襲擊日本遂絕不通中國比秩至疑爲良弼後將刃之秩言。今天子用夏變夷非蒙古比且曉以禍福王乃懼禮秩遣僧賫方物隨秩奉表稱臣入貢使未至又掠溫州五年遣明州天寧僧祖闡南京瓦官僧無逸開諭之王遣使同二僧入貢是年寇海鹽澉浦溫州初令浙江福建造海舟防倭而倭又寇海上諸郡六年以於顯爲總兵官出海巡倭倭寇登萊七年寇膠州是年遣僧來貢無表文却之其臣亦遣僧貢馬茶布刀扇　上曰此私交也亦不受令中書省移文責王九年遣僧歸廷用等奉表貢馬及方物謝罪賜王及使文綺有差已而　上覽表曰良懷不誠詔責之十二年來貢無表文安置使人於陝西番寺十三年遣使詔諭良懷遣僧如瑤貢馬令禮部移書責王數掠我海上復却之諸僧皆安置川陝番寺十四年遣僧入貢乞還安置諸僧使　上曰日本既謝罪還其使召至京宴賞遣歸十五年歸廷用又來貢於是有林賢之獄曰故丞相胡惟庸通日本蓋　祖訓所謂日本雖朝實詐暗通奸臣胡惟庸謀爲不軌

故絕之也是時惟庸死且三年矣十六年寇金鄉平陽十七年如瑤又來貢坐通惟庸發雲南守禦是年遣信國公築登萊至浙沿海五十九城民丁四調一爲戍兵二十年置浙東西防倭衞所是年遣江夏侯周德興築福建海上十六城設衞所遂垜福建漳泉人爲戍兵二十六年寇金鄉二十七年二月遣都督僉事劉德商暠巡視兩浙防倭三月又勅都督楊文尋又勅魏國公徐輝祖安陸侯吳傑練浙江海上兵防倭二十八年寇金州靖難後太監鄭和等率舟師三万下西洋日本遣人來貢幷擒獻犯邊賊二十餘人即付使人治之縛置甑中蒸死永樂二年使還遣通政趙居任賜王冠服文綺金銀古器書畫又給勘合百道令十年一貢每貢正副使等毋過二百人若貢期人船踰數夾帶刀鎗竝以寇論居任

還不受王餽　上喜厚賜之尋命僉都御史俞士吉賜王印誥册封爲日本國王詔名其國之鎮山曰壽安鎮國山　上爲文勒石久之嗣王道義卒子源道義嗣益奸狡時時令各島人掠我海上九年寇盤石十五年寇松門金鄉平陽是年遣禮部員外郎呂淵諭王還所掠海上人十六年遣使謝罪十七年倭賊數千分乘二十舟進圍望海堝遼東總兵劉榮率精兵設伏出奇斬首七百四十二捕生八百五十七召榮至京封廣寧伯自是不敢窺遼東二十年寇象山宣德元年遣人來貢人船刀劍不奉我約束　上諭使臣自後貢毋過三舟使人毋過三百刀劍毋過三十否不受七年遣人來貢如約束受之八年源道義卒命太監雷春少卿潘四等吊祭十年嗣王遣使貢謝倭自得勘合方物戎器滿載而來遇官

館上　十八

兵矯云入貢貢卽不如期守臣幸無事輒請俯順夷情主客者爲畫可條奏卽復許貢云不爲例嗣後再至亦復如之我無備卽肆出殺掠滿載而歸宣德末年海防益備賊不得間貢稍如約遂許夷至京師宴賞市易飽恣其欲已而備禦漸疎正統四年寇大嵩入桃渚焚刼屠掠慘毒不可言於是朝廷下詔備倭命重帥守要地增城堡謹斥堠修戰艦合兵分番屯住海上寇盜稍息七年來貢十一年寇海寧乍浦成化初思至寧波知我有備矯稱進貢守臣爲請於　朝且欲遣之至京楊文懿公守陳貽書張主客力言其不可許二十年遣周偉等來貢弘治八年壽蓂來貢正德六年宋素卿源永壽來貢求祀孔子儀注不許鄞人朱登告言素卿本澄從子叛夷人守臣以聞主客以素卿正使釋之令諭王效順無

侵邊八年僧桂梧等來貢嘉靖元年王源義植無道國人不服諸道爭貢大內藝興遣僧宗設細川高遣僧瑞佐及素卿先後至寧波故事凡番貢至者閱貨㑹席竝以先後爲序時瑞佐後至素卿奸狡饋市舶太監以重寶太監遂令先閱瑞佐貨宴又令坐宗設上宗設席間與瑞佐忿爭相讐殺太監又陰助佐授之兵器殺總督備倭都指揮劉錦大掠寧波旁海鄉鎮素卿坐叛論死宗設瑞佐皆釋還給事中夏言上言禍起於市舶禮部遂請罷市舶自是番貨至不得市輒賒奸豪家久之奸豪欺負日積番人坐索不得償遂出沒海上爲盜諸負貨者利其速去以危言嚇官府出兵捕之番人益怨恨大肆殺掠而中國亡命又多爲之嚮導於是王忤瘋徐必欺毛醇瘋之徒皆我華人稱王海島攻城略邑浙東大壞廿

館上　十九

五年以朱紈爲浙江巡撫都御史兼領福興泉漳軍務紈勇於任事上章暴二三勢豪通番狀竟爲勢豪詆誣被劾恚憤卒其所任福建副使柯喬都指揮盧鏜殺賊有功皆論死繫獄於是群盜四起益無忌憚三十一年殘黃巖掠定海全浙騷動遣都御史王忬巡視兩浙兼領福興泉漳四郡以都指揮俞大猷湯克寬爲參將勦賊時兵政久弛所在無備忬經略未幾群賊繼至勢益猖獗三十二年大猷出洋焚賊巢羣賊乘風奔突倏忽千里徧掠溫台甯紹杭嘉蘇松淮揚十郡破昌國臨山霩霱乍浦青村南匯吳松江諸衛三十三年遂犯江北海門如皋通州皆被殺掠是時復用盧鏜爲參將而以俞大猷爲浙直總兵未幾工部侍郎趙文華以海賊猖獗請禱海神遂遣文華行禱公私勞費不貲皆歸囊槖比忬改

大同巡撫徐州兵備李天寵代忬南兵部尚書張經提督浙閩江南北軍務有王江涇之捷文華又出監督諸軍素忌經天寵遂誣奏經天寵逮詔獄論死西市而以浙江巡撫胡宗憲代天寵南戶部侍郎楊宜代經自後賊益熾縱橫出入二十六郡宗憲計擒賊首王直浙江江東稍得安靖浙東溫台江北淮揚閩中嶺表尤被其毒四十年賊破興化政和壽寧平海銅山寧德等郡縣巡撫譚綸總兵戚繼光募浙兵勦平自是始更置政府紘轍一新中外文武大吏悉心經略武衛稍振雖賊時肆寇掠多創少利沿海郡邑始免倭患矣

瓜哇

瓜哇古闍婆國又名莆家龍元稱瓜哇其國分東西二王所屬有蘇吉丹打板打網底勿諸國洪武三年王昔里八達剌

遣八的古必奉金葉表貢方物及黑奴三百人納元所授宣勑已而我使至三佛齊瓜哇要而殺之十三年王八達那巴那務遣阿烈彝列時奉金葉表朝貢　上遣其使還詔諭責王遂絕其使永樂三年其國東王遣使朝貢請印與之五年西王都馬板與東王戰滅東王時我舟過東王城西王殺我百七十人西王懼遣亞烈加恩謝罪刺詰責西王令償死者黃金六萬兩已而遣人貢萬兩禮官請索如數　上曰朕利金耶令遠人知畏耳蠲其金賜鈔幣諭之十六年西王楊惟西沙遣人獻白鸚鵡正統八年令三年一貢其國四卿初至杜板僅千家二酋王之流寓多廣東漳泉人又東行半日至厮村中國人客此成聚落遂名新村約千餘家村主廣東人番舶至此互市金寶充溢大富饒又南行可半日至淡水港乘小艇行二十餘里蘇魯馬益亦有千餘家半中國人港旁大洲林木蔚茂有長尾猱數萬又水行八十里至漳沽登岸西南陸行半日至王所居滿者伯夷僅二三百家總領七八人王宮磚墉高三丈方三十餘里屋高四丈地覆板蒙藤花蓆蹁跌而坐人民茅茨磚庫坐臥于內王蓬頭項金葉冠胸索嵌絲帨腰束錦綺佩短刀跣足跨象或乘牛民男蓬頭女椎結上衣下帨男必腰刀刀極精巧刑無鞭朴罪不問輕重藤繫刃殺之市用中國古錢衡量倍于中國國人大抵三種西番賈胡民久者服食皆雅潔中國流寓者尚回回教持齋受戒曰唐人土人有名無姓尚氣好鬬顏色黝黑猱頭赤脚信鬼坐臥椅榻飲食無匙箸啖蛇蟻蟲蚓與犬同寢食不爲穢也婚男造女家後五日迎婦金鼓刀盾前後甚都裸披髮

跣足索嵌絲帨戴被金珠綵飾寶粧喪有水葬火葬大葬惟死者所欲產金珠銀犀角象牙玳瑁靑鹽檳榔椒香蘇木桄榔木吉具倒掛鳥綵鳩紅綠白鸚鵡白鹿白猿猴

眞臘

眞臘本扶南屬國一名占臘在東海中隋始通中國唐神龍中并扶南而國分爲二其南近海多陂澤爲水眞臘北多山阜爲陸眞臘後復合爲一宋宣和初封爲眞臘國王慶元中破占城王占城遂爲屬國又有參半眞里登流眉蒲甘等國皆屬眞臘聚落頗衆地亦廣洪武六年國王忽兒那遣奈亦告郎表獻方物賜大統曆文綺二十年正黎列保昆耶甘苦者遣使貢象及方物景泰二年貢賜王及妃文綺朝貢至今不絕其俗尚華侈東向爲上右手爲潔鎭風習大類占王城

三日一視朝婚娶燃燈不息食力耕種產銅金諸香象翠羽嘉樹異魚

滿剌加

滿剌加永樂三年王西利入兒速剌遣使奉金葉表朝貢言願内附爲屬郡效職貢七年太監鄭和充册封使賜印誥錦綺封爲滿剌加國王九年嗣王拜里迷蘇剌率其妃及子五百四十人來朝　上御奉天門宴王賜玉帶羽儀鞍馬金銀錢鈔錦綺王妃冠服子姪傔從賞各有差十年遣使送還國十二年王母來朝貢厚賜之二十二年宣德九年王復來朝貢賜亦厚正統十年後數遣使來朝貢天順三年王無答佛那沙卒子舟茫速沙請封遣使册立爲王成化末給事中林榮行人黄乾亨奉使溺海死麽子入監讀書其國舊名五嶼

東南距海西北皆山地瘠鹵故未稱國隸暹羅歲輸金五千兩既奉我正朔始不隸暹羅王白帛纏首衣青花袍躡皮履乘轎俗淳朴尚回回教民舍如暹羅婚喪大類瓜哇聯榻趺坐刳木爲舟泛海而漁旁海人畏龜龍龜龍高四尺四足身負鱗甲露長牙遇人即嚙嚙即死山有黑虎視虎差小或變人形白晝羣入市覺者擒殺之

西番館

西番即土番也其先本羌屬凡百餘種散處河湟洮岷間元世祖始郡縣其地以土番僧八思巴爲大寶法王帝師領之嗣世弟子有號司空司徒國公佩金玉印者　明興洪武六年令諸僧舉故官授職以攝帝師喃加巴藏卜爲熾盛佛寶國師元國公南哥思丹八亦監藏等爲都指揮同知宣慰使元帥招討等官自是番僧有封灌頂國師及贊善王闡化王正覺大乘法王如來大寶法王者俱賜印誥令比歲或間歲朝貢今其地爲都指揮使司二曰烏思藏曰朵甘指揮使司一曰隴答宣慰使司三曰朵甘曰董卜韓胡曰長河西魚通寧遠招討使司六曰朵甘思曰朵甘隴答曰朵甘丹田朵甘滄溏曰朵甘川曰磨兒勘萬戶府四曰沙兒可曰乃竹曰羅思端曰別思麻千戶所十七曰朵甘思曰剌宗曰孛里加曰長河西曰多八參孫曰加八曰兆日曰納竹曰倫答曰果由曰沙里可哈思的曰孛里加思東曰撒里土兒千曰參卜郎曰剌錯牙曰泄里壩曰闊側魯孫闡化闡教輔教三王貢使自四川入贊化王自陝西入每貢百人多不過百五十人大乘大寶二法王貢無每貢僧徒十人凡諸王嗣封賜誥袈裟

僧帽數珠鈴杵以大慈恩寺剌麻僧二人充正副使四川自黎州或天全陝西自洮州出境宣德元年封大寶大乘闡教闡化贊善五王九月闡化王貢使乩藏等還以賜物易茶□□□□□□者多徵自外國簡吾子弟之幼穎者而受學焉是以能習彼中之故實雖數十年後籍記無徵而爲之徒者猶能憶其師說不煩考鏡迨今二百餘年曩之遺老盡矣官師之所肄習者卽語言文字尚不必該貫況其他乎今　上嗣曆之六年余承乏提督會暹羅使者來庭始闢館授譯課業少間輒進夷使而詢之具述彼國之山川道里食貨謠俗如在掌

四夷館考卷上

四夷館考卷之下

高昌館

上闕 昌王唐太宗平高昌置西州及都督府後陷於吐蕃其地有回鶻雜居故又名回鶻宋時屢遣使入貢元號畏兀兒隸馬哈木入　國朝號火州在嘉峪關外西行可一月至火州城方十餘里其東七十里有柳陳城城西百里有土魯番永樂七年土酋遣人朝貢十二年吏部員外陳誠至其國還言其國風物蕭條市井民居僧堂過半亦皆零落東有荒城故址云古高昌國治漢西域長史戊已校尉並居焉宣德五年火州王哈散土魯番萬戶賽因帖木兒柳陳城萬戶瓦赤剌俱遣人貢馬及玉璞正統間哈剌火州等處入貢成化間畏兀兒萬戶土勒克等入貢弘治間哈失哈兒地面阿把把

吉兒等入貢正德間土魯番等處指揮格揑等入貢嘉靖以來高昌歸化寺等處普覺靜修國師拜言孛別都督乩吉卜剌指揮等官馬黑木等入貢至今或三年五年來貢不絕其地東至哈密西連亦力把力南抵于闐北接瓦剌東南至肅州其人貌類高麗目深鼻高辮髮後垂衣尚錦繡俗事天神信佛法字書亦有眞草頗似韃靼字亦常借用回回語言貴食馬好騎射時即潑水爲戲其山川靈山蒲類海交河大產馬駝鹽白氈布鑌鐵陰牙角阿魏附哈密柳陳安定阿端曲先罕東亦力把力黑婁于後哈密地近高昌本屬高昌館譯審但其中多回回人入貢時亦有用回回字者故又屬回回館此當臨時分別也

哈密

哈密本古伊吾廬地在燉煌北大磧外西北羌胡往來要路也元封忽納失里爲威武王已而改封肅王卒弟安克帖木兒嗣國初置甘州五衛於張掖肅州衛於酒泉涼州衛於武威西寧衛於湟中又置山丹永昌鎮番莊浪四衛高臺鎮夷古浪三千戶所自峽西蘭州渡河千五百里至肅州肅州西七十里爲嘉峪關永樂初設關外七衛曰哈密曰安定曰阿端曰赤斤蒙古曰曲先曰罕東曰罕東左七衛皆在嘉峪關西哈密又在六衛西東去肅州西去土魯番各千五百里北至瓦剌數百里永樂二年改封安克帖木兒爲忠順王以頭目馬哈麻火只等爲指揮等官分其衆居苦峪城三年忠順王卒兄子脫脫嗣王賜金印誥命玉帶文綺四年賜王及其祖母速哥失里母妃從母綺幣有差六年脫脫暨祖母各遣

使朝貢九年脫脫卒封免力帖木兒爲忠義王賜印誥玉帶守哈密卒從父子孛羅帖木兒嗣封忠順王賜印誥十二年行在驗封員外郎陳誠使西域還言哈密城在平川可三四里東北二門王稱速壇人僅數百戶顧非一種多蒙古回回人習俗各異產馬駝玉石鑌鐵大尾羊陰牙角城北大山西南東皆平曠地多鹻鹵宜穄麥豌豆農耕亦用糞壤人獷悍好利西域三十八國入貢經哈密者相攔出入索道路錢乃已洪熙元年貢硫黃　上詰邊臣哈密何以有硫黃正統四年貢玉求紵絲與四表裏天順四年貢賜紙金箔薑桂茶礬成化元年令歲一貢貢不過三百人至京不過三十人貢物駝玉石鐵器諸獸皮八年酋者林秫孛羅帖木兒無子王母努溫答力理國事九年土魯番速壇阿力理國事九年土魯

番速壇阿力欲以哈密掠赤斤諸夷王母不從虜王母金印去遣高陽伯李文通政劉文封阿力調罕東赤斤番兵數千駐苦峪不敢進文等謬言不見土魯番遂還阿力益侵我城郭諸夷十四年阿力死子阿黑麻稱速壇未壯二十年守臣請乘間封罕慎嗣忠順王入哈密罕慎貪殘國人及西域諸夷貢使往來者多怨恨之弘治元年阿黑麻至哈密誘罕慎頂經結盟遂殺罕慎遣使入貢詭言罕慎病死國亂乞立爲王居哈密領西域職貢兵部尚書馬文升以爲不可許且請諭令阿黑麻還王母及金印并還我哈密四年遣哈密頭目寫亦虎仙齎勅往諭阿黑麻以金印城池來歸遣使朝貢厚賞之文升言哈密有回回畏兀兒哈剌灰三種共居一城種類不貴不相下北山又有小列秃野乜克力數種虜時擾哈

密必得元遺孽嗣封庶可懾服諸番乃立安定王族孫陝巴爲忠順王安定王者脫脫種落也六年阿黑麻復入哈密虜陝巴及金印去遣兵部侍郎張海都督侯謙行視經略海至河西遣哈密夷人以勅往諭阿黑麻歸我陝巴金印竟留不報海不得已修嘉峪關捕哈密奸回通阿黑麻者二十餘人戍廣西請絕西域貢時文升亦請閉嘉峪關絕西域貢令諸夷歸怨阿黑麻乃西域諸夷怨　朝廷宴賞大減又阻其由海道貢獅子反相率從阿黑麻阿黑麻遂復入哈密自稱可汗大掠罕東諸夷已而阿黑麻西去令頭目牙蘭以二百餘人據哈密乃用文升議效陳湯故事遣副總兵彭清統精兵三千由南山馳至罕東即調罕東諸番兵乘夜倍道襲牙蘭清等至肅州久駐關外候罕東兵不至乃出大路乏草水行

不能疾牙蘭偵知遁去我兵入哈密斬首六十得陝巴妻女獲牛羊三千哈密脅從者八百餘人皆擕歸住塞上師還糧乏士馬亦多物故然西域自是知畏中國九年阿黑麻又襲破哈密令撒他兒及奄克孛剌任剌木城奄克孛剌密結瓦剌小列秃襲斬撒他兒自還守哈密阿黑麻遣人圍哈密哈密人舉火小列秃兒之來援退走十年秋阿黑麻令人送陝巴還哈密其兄馬黑上書言西域諸國不得貢怨阿黑麻今悔過乞許同黑婁諸國入貢是冬起王越爲總制經略土魯番哈密十一年越出河西取陝巴至甘州復封爲忠順王時哈密三種人久苦土魯番不願還文升請許半留肅州往來自便十二年春陝巴至肅州畏番虜不肯出關守臣遣兵防護至哈密是夏遣寫亦虎仙致賞賜於土魯番遂與土魯番

諸夷使入京朝貢十三年阿黑麻及黑婁諸國皆令人朝貢十七年春陝巴嗜酒掊尅國人頭目者力克哈等迎阿黑麻次子眞帖木兒守哈密陝巴棄城走沙州眞帖木兒罕慎外孫也守臣令舍董傑及奄克孛剌往哈密撫諭衆夷陝巴還頭目阿孛剌不聽必欲立眞帖木兒爲王奄克孛剌與傑等擒殺阿孛剌等六十人餘黨畏服守臣令都指揮朱瑄率兵送陝巴入哈密撫送眞帖木兒還土魯番眞帖木兒不肯還徙居甘州正德元年陝巴死其子拜牙即嗣封幼弱守臣恐眞帖木兒還來侵哈密留不遣三年滿速留稱速壇遣人朝貢乞還眞帖木兒兵部尚書劉宇曰是謂質其所親愛不許六年守臣請歸眞帖木兒七年冬令哈密三都督奄克孛剌寫亦虎仙滿剌哈三送眞帖木兒西還八年春至哈密八月

拜牙即淫暴欲與奄克孛剌叛中國往土魯番奄克孛剌不從自哈密奔肅州拜牙卽棄城走入土魯番滿剌兒令頭目火者他只丁與寫亦虎仙滿剌哈三人入哈密取金印九年滿剌兒率衆分據剌木等城又日夜聚謀甘肅遣都御史彭澤總督軍務防遏土魯番逐勦西海卜亦虎仙等共守哈密勅責滿速兒送回拜牙卽十年春澤至甘州大者他只丁牙木蘭侵赤斤王子莊澤以段布銀器幷勅令通事與三都督送土魯番土魯番得賞物以金印與寫亦虎仙以哈密付滿剌哈三是冬寫亦虎仙等入京朝貢十一年滿速兒令火者他只丁牙木蘭復據哈密又至沙州脇土巴部落入嘉峪關令肅州奸回斬巴思高彥名等內應攻我肅州兵備副使陳九疇發憤極死諸奸回人通賊都督失拜煙答馮城拒戰退賊又急調屬夷兵刼其老營遣人結瓦剌搗巢穴破其三城土魯番大創又盡發寫亦虎仙數十年傾陷哈密奸罪坐謀叛論死時失拜烟答子米兒馬黑麻入貢在京巧賄權倖突入長安門稱寃下錦衣衛會兵部三法司奏行河西訊報十三年逮巡撫李昆及九疇至京廷鞫昆降浙江副使澤九疇削藉是秋土魯番貢使至京兵部請繫獄輔臣梁儲不可乃已十四刑部會訊寫亦虎仙會　上幸會同館寫亦虎仙米兒馬黑麻因權倖得見賜國姓隨　上南征嘉靖改元詔逮寫亦虎仙復論斬死獄中瓊謫戍澤起爲兵部尚書昆爲兵部侍郎九疇僉都御史巡撫甘肅明年失拜烟荅子來兒馬黑木寫亦虎仙子米兒馬黑麻皆論死三年滿速兒大舉入寇至甘州九疇忠勇先登力戰既解甘州圍又夜率衆間道

兼行抵肅州內外夾擊敗番兵殺火者他只丁虜退去關中守臣奏河西危急遣兵部尚書金獻民都督杭雄率兵西討獻民至蘭州番已爲九疇所敗出嘉峪關獻民用九疇議請遣發夷使閉關絕貢四年牙蘭復據哈密侵肅州又入沙州五年起故輔臣楊一清提督軍務一清言我既不制其命又無以服其心徒絕彼之貢使不能阻彼之犯邊乞還九疇議遷烟瘴夷使解讐息兵未幾一清召入內閣尚書王憲代一清盡出平涼羈留夷使往諭土魯番令悔過服罪歸我哈密七年滿速兒令牙木蘭據沙州索羈留貢使牙木蘭不肯棄菽麥數萬率老稚萬人帳房二千奔肅州乞白城山金塔寺住牧守臣議留肅州是春用輔臣張璁桂蕚方獻夫霍韜議起王瓊兵部尚書兼右都御史代憲瓊至河西發澤所行事是秋天方撒馬兒罕哈密頭目各朝貢滿速兒亦乞通貢瓊爲奏上乞還羈使朝貢夷未報土魯番酋虎力納咱兒糾瓦剌侵肅州遊擊將軍彭濬兵備副使趙載禦之退去八年土魯番貢獅子夷人至乞歸哈密通貢瓊又奏言土魯番歸我哈密乞令失拜烟荅子米兒馬黑木守哈密貢使二十四人遣入京歸羈留各番貢使男婦各千人安插沙州上巴帖木哥部夷五千四百人于白城山哈密都督乢吉孛剌都夷在肅州東關赤斤都督掌卜達兒子鎖南來在肅州北山金塔寺罕東都指揮枝丹在甘州南山下兵部議時胡世寧爲兵部尚書欲專守河西謝哈密無煩憊中國乃上言昔　太祖建北平行都司去境四百里　文皇畀之兀良哈　文皇郡縣交趾而　宣宗棄之安南哈密非大寧交趾比況其初封

忠順王爲我外藩者乃元遺孽永樂二年封三年卽故立其兄子未幾卽絕而强立非其子孫者嗣之蓋嘗三立三爲土魯番所虜乃叛我卽戎反勞中國臣竊以爲此與國初所封元孽爲和寧王順寧王安定王者等耳安定王又在哈密之內近我甘肅今亦不知其存亡何獨以一忠順王故耗我金幣疲我士馬窘我財力議禮諸臣不聽竟從瓊言牙木蘭以世寧言本歸正人非叛虜者唐悉怛謀事可鑒遂留不遣明年滿速兒遣虎力奶翁及天方諸夷使貢方物又索牙木蘭兵部固請許其通貢者著令三年或五年爲期夷使雖多十二入京餘留塞上是統哈密竟爲土魯番所據北虜盤窟海西瓦剌結巢北山河西守臣防禦羌胡不暇及西鄙事要之哈密守與否固不足爲中國利害也

安定阿端

安定韃靼別部也地廣袤千里無城郭其俗馬乳釀酒氈帳爲廬產馬駝玉石洪武七年撒里畏兀兒安定王卜烟帖木兒或曰亦板丹遣使貢鎧甲刀劍賜金綺令分其酋長爲阿端阿眞苦先帖里四部賜卜煙帖木兒銀印仍稱安定王八年設安定阿端二衛分統四部卜煙帖木兒卒遣使諭祭賜嗣王勅誥金綺王遣使貢謝宣德初與曲先叛討平之天順三年安定王遣使來貢自後朝貢不絕成化中爲土番殘破遂服屬土魯番安定王苗裔無考

曲先

曲先古西戎部落永樂四年設曲先衛以土酋散西思爲指揮同知宣德元年叛討平之論功加國師禪師秩已而遣人

入貢正統二年頭目黑麻亂遣指揮火丁貢方物嘉靖中衛人牙木蘭爲土魯番所刼牙木蘭驍勇土魯番時時令率衆侵哈密擾我甘肅已而土魯番疑貳擁帳來歸土魯番請還我哈密易牙木蘭欲殺牙木蘭警動我屬夷兵部尙書胡世寧以爲不可遂止大抵嘉峪關西諸衛皆爲土魯番侵擾不復能爲我藩蔽矣

罕東

罕東本西戎部落洪武二十五年侵塞涼國公藍玉討之土酋哈咎遁去三十年入貢立罕東罕東左二衛官其酋長鎖南吉剌思爲指揮僉事永樂二年鎖南吉剌思與其兄荅力襲等十六人貢馬陞鎖南吉剌思爲指揮使以荅力襲爲指揮同知頭目奴奴指揮僉事賜冠帶鈔幣有差自是歲貢不絕二罕東皆在沙州沙州古燉煌地嘉峪關外諸衛二罕東最弱成化後土魯番迭入哈密二罕東不能支流散各城正德中陳九疇擊退土魯番沙州人稍得生聚耕牧比牙木蘭再入沙州益殘破其酋土巴等叛附土魯番嘉靖中王瓊撫住白城山肅州月餉歲粟萬石坐困邊儲

魯陳

魯陳一名柳城古柳中縣地去哈密千里中經大川砂磧無水草馬牛過此輒死大風倏起人馬相失道多骸骨有鬼魅行人失侶白日迷亡夷人謂之旱海出川西行至沙流河河上有城如小崗云風捲浮沙所積道北火焰山山色如火城方二三里四面多田園流水環繞樹林陰翳土宜穄麥麻豆有小葡萄甘甜無核名鎖子葡萄氣候和煖風俗醇朴土人

二種回回男子削髮戴小罩剌婦女白布裹頭畏兀兒椎髻婦人蒙皁巾垂髻於額大抵皆胡服

亦力把力

亦力把力在沙漠間或曰焉耆或曰龜茲元時名別失八里馬哈木封於此洪武二十四年國王黑的兒火者遣人貢馬永樂四年王沙迷查干遣人貢玉璞十二年陳吏部使其國十六年頭目速哥克剌滿剌來朝言歪思殺其從兄王納黑失只罕自立爲王徙其國西去更號亦力把力正統二年王也先不花遣人貢玉璞駝馬景泰三年遣人朝貢天順以來入貢不絕其國無城郭宮室逐水草住牧設帳房氊罽寒暑坐臥於地其王戴小罩剌簪鷙翎衣禿袖衫削髮貫耳飲食肉酪或食䅘麥爲毛布多雪霜平曠之地夏秋略熯深山大谷六月飛雪俗獷戾服用汚穢上下無紀律其山白山葱嶺爲大有熱海然氣候常寒產銅鐵鉛雄黃胡粉馬駝犛牛孔雀氍毹阿魏白氎布

黑婁

黑婁在嘉峪關西近土魯番世結好黑婁黑婁夷入貢從土魯番入其地山水草木禽獸皆黑男女亦然宣德七年始遣使朝貢

百夷館

百夷在雲南之西南自古不通中國元世祖時命將伐交趾經其所部盡降之舊名孟都又名孟邦元至元二十六年立木邦路軍名總管府領三甸至我　朝洪武十五年改木邦府後改木邦軍民宣慰使司命西平侯沐宗遣使往諭之始

從化來王其所部猛象之朶小象也今小象長成軀倍大象矣寧能復納大象服中乎（此間有脫誤無他可校俟考）宗曰然遂以所侵木邦地畀之爲設安撫司以司歪子孫世其職木邦人詣宗訴辨宗輒笞止之狀聞政府大喜遂以宗撫雲南尋遷刑部尚書曩罕弄既立盡奪木邦地罕寃奔猛正由是孟養諸酋大不平遣大陶猛倫索提兵衞罕寃聲言必滅猛密會弘治改元副使林俊稍割猛密地還木邦曩罕弄懼不敢逆命遂與木邦並立爲世讐矣其俗男白衣文身髡髮摘髭鬚女上衣白下圍桶裙耳帶金圈手貫象牙鐲所居皆竹樓男貴女賤雖小亦奴視其妻耕織貿易差徭之類皆役之土產犀象馬金銀寶石孔雀尾靈蛇膽古剌水土錦胡椒響錫其種類最繁故以百稱諸部落有木邦有南甸有干崖有隴川有孟養有孟密有孟璉有孟羅有孟楞有孟定有定艮有芒市有景東有鶴慶有大候有威遠有鎭康有甸灣有者樂甸其民多百夷不通漢字俱屬本館譯番附列于後

孟養

孟養軍民宣慰使司地名香柏城元至元二十六年置雲遠路軍民總管府　本朝洪武十五年改爲雲遠府十七年改孟養軍民宣慰使司其民獷野小有隙即搆兵相殺正統初土酋思仁叛據孟養地兵追奔至緬甸捕購斬之語在緬甸考成化中思仁子思祿以子母綠帶及諸珍物賂鎭守太監錢能能召見飲食之思祿稍稍縱橫弘治初元給諸土酋金牌信符所思偶忘孟養久廢止按舊籍頒給思祿遂謂　天朝復其官職以符牌號諸夷略取旁邑自廣會猛密叛邦木

邦參政毛科檄思祿兵攻猛密思祿以羸兵數千應科爲猛密所敗思祿大怒遂越界過金沙江攻猛密取蠻莫等十七寨科又勸巡撫金獻民請兵大舉征思祿　上不許會思祿亦遣人奏言爲隣惡詿誤願入蠻莫十七寨贖罪得比米魯仍乞以一子爲宣慰如故朝議遲疑不決思祿遂據孟養自立其地下濕夜寒晝熱多瀼江爲竹樓以居日浴數次境內有鬼窟山極險隘土產琥珀

孟定

孟定府舊名景麻元至元二十六年立孟定路軍民總管府領二甸隸大理金齒等處宣慰使司　本朝洪武十五年改置孟定府編戶五里民皆百夷男子光頭赤足黑齒衣白布衣戴細竹絲帽以金玉珍寶飾其頂遍插翠花翎毛後垂紅

纓婦人出外戴添藤大笠身衣文繡飾以寶貝土產香櫞

南甸

南甸宣撫司舊名南宋元至元二十六年置南甸路軍民總管府領三甸　本朝洪武十五年改南甸府永樂十二年改南甸州正統八年陞宣撫司其俗結婚用穀茶二長筒雞卵五七籠爲聘禮客至則以穀茶供奉手拈而食之境內有丙弄蠻干溫泉沙木籠南牙諸山小梁諸乃二河大盈黃連坡關小龍山關土產孔雀吽雞紅藤篋

干崖

干崖宣撫司其地舊名干賴睒曰渠瀾白夷居之元中統初內附至元中置鎮西路軍民總管府領二甸　本朝洪武十五年改爲鎮西府後爲干崖長官司正統間陞宣撫司境內有雲晃雲籠白蓮剌朋諸山雲晃安樂正西三河其土產四時皆蠶取其絲染五色爲土錦又有白氎布白蓮花竹鼬大如兔

隴川

隴川宣撫司舊爲麓川地皆白夷所居元至正中置麓川路　本朝洪武十七年內附置麓川平緬宣慰司正統三年其土酋思仁反叛官兵討之革除其司十一年置隴川宣撫司於隴把俗與南甸同境內有馬鞍摩梨羅木山湯泉土產孔雀豪猪芋紫膠大藥鮮子

威遠

威遠州即唐南詔銀生府之地舊爲濮落雜蠻所居大理時爲白夷所有元至元中始置威遠州　本朝因之編戶四里

其俗勇健男女走險如飛交易無權量但以小篋籮計多寡而量之境內有蒙樂山南堆谷寶江土產鹽

灣甸

灣甸州蠻名細睒元中統初內附屬鎮康路　本朝洪武十七年置灣甸州編戶五里其俗婦女貴者以象牙作筒長三寸許貫于髻插金鳳蛾其頂絡以金索手帶牙鐲以紅氈帶束背纏頭衣白布窄袖短衫黑布桶裙餘與鎮康同土產茶芭蕉

鎮康

鎮康州蠻名石睒本黑僰所居元中統初內附至元十三年立鎮康路軍民總管府領三甸　本朝洪武十五年改爲鎮康府十七年改爲州編戶六里其人形惡體黑以青白布爲

衣跣足行荆棘中如飛男子出婦人閉戶以待其至卜用雞骨病專祭鬼死則刳木爲棺殯之上植一樹爲識土產大藥鮮子蟒膽水乳香

大侯

大侯州蠻名孟祐白夷所居元中統初內附隸麓川路　本朝洪武二十四年置大侯長官司後改爲州編戶四里俗與灣甸順寧同境內有西彌蠻賴八刺蠻彌阿輪諸山孟祐孟賴二河土產垂絲竹金剛纂訶子

芒市

芒市長官司其地舊怒謀曰大枯睒曰小枯睒卽唐史所謂芒施蠻也元中統初內附至元十三年立芒施路軍民總管府領二甸　本朝洪武十五年置芒施府正統九年改芒市長官司其俗男衣繒布女分髮直額爲髻後垂衣皮而跣足境內有靑石山麓川金沙二江土產金香橙橄欖芋蔗

景東

景東府古柘南也唐時南詔蒙氏爲銀生府之地舊爲濮落雜蠻所居後爲金齒白蠻侵奪迄宋大理段氏莫能復元中統初始討平之以其所部隸威楚萬戶至元中置開南州隸威楚路　本朝洪武中改爲景東府編戶八里其民多百夷不通漢書田皆種秫境內有景董邦泰鶴籠蒙樂諸山瀾滄江大河龍潭筧泉母瓜安定景闌三關

鶴慶

鶴慶軍民府東漢爲永昌郡西北境唐時爲越析詔之地名鶴州及樣共川南詔於樣共置謀統郡元初內附置鶴州尋

置二千戶仍稱謀統屬大理上萬戶至元中復爲鶴州後陞鶴慶府尋改爲鶴慶路　本朝洪武中改爲府後改爲軍民府編戶一十三里領州二曰劍川曰順州其民蠢朴稍剛好嚚訟帶弓矢境內有峰頂龍珠方丈金華劍和石寶公山烏鋪諸山漾共江劍川牛甸二湖溫泉土產馬蹄鹽榧子松子氈罽

者樂甸

者樂甸長官司本馬龍他郎甸猛摩之地夷名者島　本朝洪武末分置長官司隸雲南布政司其民多百蠻交易用金銀或五日十日一集旦則婦日中則男更代爲市境內有者島蒙樂二山景來河土產藤果羊桃

緬甸館

緬甸古西南夷未詳何種其地舊有江頭太公馬來安正國蒲甘緬王五城元至元中遣將兀良吉䚟屢討平之後於蒲甘緬王城置邦牙等處宣慰使司我　朝洪武二十九年始歸附立緬甸軍民宣慰使司因其朝貢不缺始設本館正統四年孟養宣慰使刀賓玉昏懦不振其下大酋思仁叛刀賓玉擁衆麓川幷有孟養地遣黔國公沐晟左都督方政等往征之政乘勝追思仁至上江以無援力戰死　上遣使問晟罪晟自知失律遂飲藥死廷臣皆言宜置思仁不問不聽乃用太監王振議遣兵部尙書王驥定西伯蔣貴發湖廣四川廣西貴州及京營兵一十二萬往討之思仁敗走緬甸驥遂割思仁所略孟養地界緬甸酋長卜剌浪斬思仁縛其子思機思卜差酋莽剌扎等六十四名進貢至京幷獻俘　闕

下朝廷用驥言錄緬甸功卽以其子銀起莽居守孟養地頃之麓川夷擁思仁少孟思祿攻敗銀起莽復有孟養地驥知夷終不可殄遂與思祿約以金沙江爲界令居孟養如故先是緬甸人當丙雲清班思傑康剌改潘達速已扯盼六名以進貢至京俱留本館教授景泰二年緬甸宣慰差其酋雷古進貢幷乞還當丙等本院學士陳以譯字生王暕等習學未成請勿遣還天順二年復差雷古進貢並取當丙等仍不許後俱卒于官弘治十七年因本館譯學失傳行雲南鎭巡官取人教習緬甸宣慰卜剌浪差酋陶孟思完通事李瓚等進貢幷送人孟香的酒香中三名留本館教授俱授序班職事每遇　朝廷改元頒給　勅諭一道金字陰文信符一面制用銅鑄勘合號紙一百張以文行忠信四字爲號付各宣慰

司收掌遇進貢方物陳奏事情則塡寫赴京另有底簿付雲南布政司以備查對其地東至木邦南至南海西至戛里北至隴川自司治東北至雲南布政司凡三十八程其俗居有城郭屋廬乘用象馬濟用舟筏進　上文字用金葉次用紙又次用貝葉檳榔葉爲書其人形陋體黑性柔而詐其酋長名曰卜剌浪男子善浮水夏衣洗白窄袖單衣冬衣白兜羅錦仍用莎羅布二幅合之纏於首以爲飾富者出入衣大袖白布衫男子綰髻於頂前用靑白二色布纏之婦人綰髻於後不施脂粉男女皆合白檀香麝香當歸薑黃末塗於身及頭面以爲奇酋長出入乘平轎或乘象坐則在前從者圍後皆席地專事佛敬僧立阿瓦剌城邦啞直根等寺莊嚴甚整有大事則抱佛說誓質之僧然後決地勢廣衍有金沙大江

濶五里餘水勢甚盛緬人恃以爲險土產犀象馬金銀寶貝白氎布兜羅錦椰子樹頭酒樹類棕高五六尺結實大如掌土人以麯納罐中懸於樹實下剖其實流汁於罐卽爲酒或不用麯惟取其汁熬之爲白糖其葉卽貝葉石油自石縫中流出臭惡而色黑可療毒瘡

西天館

西天卽天竺在葱領之南去月氏東南數千里地方三萬餘里分中東南西北五印度國國各有王地各數千里東與扶南林邑鄰但小海耳南際大海西接罽賓波斯北距雪山四周皆山惟通一谷爲國門其中印度則據四印度之中也卽漢身毒國世傳明帝夢金人遣使之天竺求佛於是佛教始通於中國唐宋以來貢使間有至者　國朝永樂六年有榜

葛蘭國王靄牙思丁遣人朝貢榜葛蘭者卽西天東印度也九年其使至太倉命行人往宴勞之十二年王蹇弗丁遣人奉金葉表獻麒麟至今貢使久不通本館雖設有專官其所習番文止眞實名經不可通於文移往來似屬贅疣不知當時開館傳習何以止此此當再考者也其國自蘇門荅剌海行過翠藍島至浙地港更舟行五百里至鎖納兒港登陸行三十五里至其國地廣人稠財物豐衍甲於諸鄰國國有城郭王及諸官皆回回人男祝髮白布纏頭圓領長衣束綵帨躡皮履市用銀錢海𧴩五領山最高大氣候常熱如夏賦十二刑有笞杖徒流官布印章行移軍有糧陰陽醫卜百工技藝大類中國有衣黑白花衫縈悅佩珊瑚琥珀纓絡繫臂硝子鐲釧歌舞侑酒者曰根肖速魯柰柰蓋優人也能作百戲

以鐵索繫虎行市中入人家解索坐虎於庭裸而搏虎虎怒交撲仆虎數回乃已或手投入虎喉虎亦不傷戲已仍繫之家人爭以肉啖虎勞戲者錢歷有十二月無閏風俗朴厚人好耕殖一年二熟產鑌鐵翠羽瑠璃駝馬桑漆樹絲綿尤多鎗剪最巧利布數種有濶四五尺者蕎黑蕎勒濶四尺背面皆毳絨厚可五分即兜羅錦也白樹皮布膩滑光潤如鹿皮椰茭爲酒檳榔當茶

八百館

八百大甸軍民宣慰使司世傳其土酋有妻八百各領一寨因名八百媳婦自古不通中國元世祖壬戌八月始遣忙兀魯迷失帥軍征之至成宗丁酉九月責其叛寇冠軍里遣也先不花征之辛丑二月以劉深哈剌帶並爲中書右丞鄭佑

參知政事皆佩虎符將兵三萬勅雲南省各給馬匹征之八月又責其不輸稅賦殺官吏遣薛超兀兒征之癸卯三月劉深復請加兵哈剌哈孫曰海嶠小夷遼絕萬里可諭之使來不足以煩中國元主不聽竟無功士卒存者纔十之一始悔不用其言會有司議釋深罪哈剌哈孫曰深激名首釁喪師辱國不誅無以謝天下遂誅深其酋恃遠叛服不常至元統初平章賽典赤遣使招附置八百等處宣慰司我　明洪武二十四年其酋刀攬那來貢方物始立八百大甸軍民宣慰使司每遇改元則頒給勅諭金牌勘合與緬甸同其地東至老撾南至波勒蠻西至木邦北至孟艮自司治北至布政司三十八程其人性頗緩刺花樣於眉目間以爲飾男女服食與木邦同事佛敬僧亦如緬甸與客相見無跪拜之節但把手爲禮境內有南格剌山山上有河南屬八百北屬車里孟艮

老撾

老撾軍民宣慰使司俗呼爲撾家自古不通中國我　明永樂二年其酋掯攬章入貢方物始置宣慰使司其地東至水尾南至交趾西至蠻遠北至車里其民皆百夷性獷悍身及眉目皆刺花樣服食器用大類木邦其酋長有三等長曰招木弄次曰招木中又次曰招花爲宣慰者即招木弄也居高樓其上寬廣見人不下樓部屬見之則所至之地各有等限使客亦然而設通事引之以至其地不差尺寸土產犀象乳香西木香鮮子訶子

車里

車里軍民宣慰使司蠻名撤里又有倭泥貉獶蒲剌黑角諸蠻雜居自古不通中國元世祖命將兀良吉䚻伐交趾經其地悉降之元至中置撤里路軍民總管府領六甸後有置湅路耿當孟弄二州　本朝洪武十七年長刀光歸附改置車里軍民府十九年改宣慰使司在浪滄江之南接南海交趾人情頗淳額上刺一鎗爲號作樂以手拍羊皮長皷又間以銅鐃銅皷拍板鄉村飲宴則擊大皷吹蘆笙舞牌爲樂境內有猛永山杉木江土產鍮石銅木香沉香

孟艮

孟艮府蠻名猛揹古不通中國我　朝永樂四年始來歸附置孟艮府東至車里南至八百西至木邦北至孟璉其土俗與木邦同

暹羅館

暹羅國本暹與羅斛二國暹國土瘠不宜耕種羅斛土衍腴多稼暹人歲仰給焉元元貞初暹人常遣使入貢至正間暹降于羅斛合爲一國　本朝洪武初遣大理少卿聞良輔往諭之暹羅斛國王參烈照昆牙遣使柰思俚儕剌識悉替奉金葉表朝貢還賜大統歷七年遣使沙里拔來朝自言去年八月舟次烏豬遇風舟壞漂至海南收獲漂餘貢物蘇木降香兜羅來獻省臣以聞　上因無表狀可據疑爲奸商詭言却之後其子參烈寶昆牙立九年王遣子昭祿羣膺奉金葉表貢象及諸方物　上命禮部員外郎王桓中書省宣使蔡時敏往賜　詔及暹羅國王之印十六年給勘合文册令如期朝貢二十年又貢胡椒萬斤蘇木十萬斤二十八年　詔

遣中使趙達宋福等祭其故王參烈昭昆牙賜嗣王昭祿羣膺　勑諭仍賜王及妃文綺羅綾絲布有差永樂元年遣使入賀始稱暹羅國二年遣使坤文現表貢方物　詔内使李興等賫　勑往勞之并賜文綺紗帛四年復貢方物且乞量衡爲式　詔賜古今烈女傳給與量衡七年正遣使奉儀物祭　仁孝皇后命中官以告几筵是歲復遣坤文現貢方物先是南海民何入觀等流移海島遂入暹羅至是因其使歸傳諭國王遣入觀等還毋納流移以取罪戾并賚王金絨紵絲紗羅織錦八年貢馬及方物送中國流移人還賜　勑勞之十年復貢十三年昭祿羣膺卒其子三賴波磨札剌的剌嗣位以兵侵滿剌加國滿剌加訴于朝　勑諭暹羅國王令與滿剌加平十五年來貢賜王及妃紵絲紗羅有差十八年

又貢遣中官楊敏等護貢使歸國仍厚賚其王十九年王遣使柰懷等六十人入貢謝侵滿剌加國之罪賜鈔幣有差二十一年又貢賜使臣及通事總管番件衣服紗帽靴履金銀諸物有差洪熙宣德間至如常期賜王及妃各減永樂十五年之半正統景泰間貢或不常賜仍舊例成化十三年遣使羣謝提素英必美亞二人來貢方物美亞本福建汀州士人謝文彬也昔因販鹽下海爲風飄入暹羅遂仕其國嘗至南京其從子瓚偶識之爲織殊色錦綺貿易番貨事覺下吏始吐實焉十七年遣行人姚隆往册封其王弘治中遣給事中林恒復往行册封禮正德十年遣使貢方物進金葉表下回回館譯寫該大學士梁琉據提督少卿沈冬魁呈准回回館主簿王祥等呈竊照本館專一譯寫回回字凡暹海中諸國

如占城暹羅等處進貢來文亦附本館帶譯但各國言語文字與回回不同審譯之際全憑通事講說及至降　勑回賜等項俱用回回字今次有暹羅王進貢金葉表文無人識認節次審譯不便及查得近年八百大甸等處夷字失傳該内閣具題暫留差來頭目藍者歌在館教習合無比照藍者歌事例於暹羅國來夷人内選留一二名在館并選各館世業子弟數名送館令其教習待有成之日將本夷照例送回彼國等因　上從之嘉靖元年暹羅及占城等夷各載番貨至廣東未行報税市舶太監牛榮與家人蔣義山黄麟等私收買前貨至南京販賣仍不報税所司盤出送南京刑部問擬蔣義山等違禁私販番貨例該入官蘇木共三十九萬九千五百八十九斤胡椒一萬一千七百四十五斤可值銀三萬

餘兩解內府收貯公用牛榮蒼緣內璫得　旨這販賣商貨給主刑部尚書林俊復疏謂查得見行條例通番下海買賣刼掠有正犯處死全家邊衛充軍之條買蘇木胡椒千斤以上有邊衛充軍貨物入官之條所以嚴華夷之辨謹禍亂之萌今蔣義山等倚恃威權多買番貨天幸匿稅事發將牛榮等參奏　陛下方愈正法之請尋啓用倖之門忽又有旨給主夫明主愛一嚬一笑敝袴以待有功今三萬餘兩之物果一敝袴比給還罪人果賜有功此皆臣等之所未喻也伏望大奮乾剛立斷是獄將代爲營救幷請託之人下之法司明正其罪　上乃命贓物照舊入官三十二年國王遣使坤隨離等貢白象及方物白象已斃遺象牙一枝長八尺牙首鑲金石榴子十顆寶石四顆尾置金剛錐一根又金盒內貯白

象尾爲證三十七年又貢方物比舊稍不同萬歷三年九月暹羅國王招華宋頃遣使握坤哪朶思灣等奉金葉表貢方物先是有東牛國與暹羅鄰因求婚王女不諧遂擁衆攻暹羅國陷其城王普喇照普啞先自盡擄其長子哪淳喇照爲質時隆慶三年七月也其次子昭華宋頃嗣爲王以欽賜印信被兵焚無存因奏請另給禮部議稱印文頒賜年久無憑查給且表字譯學失傳難以辨驗覆題行彼國查取印篆字樣幷取精通番字人員赴京教習五年八月差通字握文源同夷使握悶辣握文鐵握文貼齎原奉　本朝勘合赴京請印幷留教習番字各賜冠帶衣服有差六年十月該　內閣大學士張等題據提督少卿蕭稟呈請於本館添設暹羅一館考選世業子弟馬應坤等十名送館教習時宗戴承乏提

督課業之暇因令通事握文源且述彼國之土風物產如左其國東連大泥南臨東牛西接蘭場北界大海由廣東香山縣登舟用北風下指南針向午行出大海名七洲洋十晝夜可抵安南海次中有一山名外羅山八晝夜可抵占城海次十二晝夜可抵大崑崙山又用東北風轉舟向未兼申三分五晝夜可抵大眞樹港五晝夜可抵暹羅港入港遠二百里卽淡水又五日抵暹羅城此皆以順風計約四十日可至其國若遇東風飄舟西行卽舟壞猶可登山西風飄入東海中有山名萬里石塘起自東海琉球國直至南海龍牙山潮至則沒潮退方見飄舟至此少有存者彼國來貢必用五六月南還則十一二月北風過此不敢行矣其境內有大庫司九曰暹羅曰可剌細馬曰疋曹本曰皮細祿曰東骨胎曰果平

疋曰倒腦細曰討歪曰六昆大庫司猶華言布政司也府十四曰來納曰老無曰比采曰東板普曰辣皮曰疋皮里曰采野曰多鐃曰千無里曰細辭滑曰采欲曰款細灣曰沾奔曰魁山縣七十二俱分隸各府其土田東南平衍饒稻西北多大山產諸香木蘇木其城濠用磚砌分八門南北五里東西十里城中有小河通州城外西南民居輳集另有城週遭十里王所居於城西隅另建一城約三里餘殿用金莊彩繪覆以銅瓦室用錫瓦堦用錫裹磚欄杆用銅裹木民樓居不土處上聯檳榔片覆之亦有用陶瓦者坐臥卽於樓板上藉以氈及藤席無床草椅凳之制其服飾惟王以受封　天朝故留髮冠金嵌寶石帽制類兜鍪上衣長三尺用五彩緞小袖左衽下用五彩布幔鞋襪用紅緞官及庶民俱剪髮官一等

至四等冠金嵌寶石帽五等至九等冠五綵絨緞帽庶民無帽俱着兩截衣襪履用牛皮婦人留髮妝髻於後飾用金銀簪花戒指鐲釧脂粉貧者用銅上衣披五色飛花布幔下衣五綵織金花幔拖地長二三寸足着紅黑皮靸鞋其官制有九等一曰握啞往二曰握步喇三曰握嘮四曰握坤五曰握悶六曰握文七曰握板八曰握郎九曰握救其選舉由鄉鄰舉於大庫司大庫司審其堪用以文達於王所王爲定期面試至期大庫司引至王前咨以民事應對稱旨即授冠服候用否則逐出考課亦以三年爲期民間無姓有名爲官者稱握某爲民上者稱柰某最下稱隘某王出乘金妝彩轎或乘象車每日旦陞殿各官於臺下設氈以次盤膝而坐合掌於頂獻花數朶有事則具文書朗誦上呈候王定奪乃退遇春

日冬節及喜慶事亦有賞賜遇　天朝頒賜勅諭勘合王則用原封冠服呼萬歲行五拜三叩頭禮如中國云其刑法有小罪則枷號遊於市中或桎足禁入獄大罪則押至河邊殺之投尸水中結婚用媒妁聘禮親迎則集親鄰迎婚至女家匹配後七日方同回夫家國王喪國人皆髠髮爲孝否則以穢汚塗於頂上辱之官民初喪集僧誦經祭以湯飯越七日施生前所用財物之半與僧葬禮王水銀灌腹以帛纏之同片腦數十斤納棺中停置於家一年後出棺於空地火焚之拾其骨葬于塔下塔高三丈飾以金官民富者亦建塔惟不用金此名火葬貧民亦火焚棄骨水中名水葬俗頗好利敬富笑貧小民多載舟之各國商販市物少則用海𧴩多則用銀官民有銀不得移用皆送于王所委官傾瀉成珠用錢印

印紋於上每百兩入稅六錢如無印紋即私銀也初犯斷左指再犯斷右指三犯者死婦人智過男子內外事無大小悉決於婦人男陽具其嵌鋭鈴狀如荔枝或一或三造以金銀貧者以銅行則有聲外蔽以花布幔其所用磁器緞絹皆貿自中國者不通漢字惟誦佛經字皆横書横誦其氣候常熱無霜雪土產珍寶有石金鋼鑽金銀鉛錫鐵玳瑁象牙犀角珠母食貨有胡椒沉香速香降香木香丁香樹香金銀香大楓子馬前白荳蔻玉荳蔻烏藥兒茶阿魏鴉片冰片紫梗藤黄破肚子燕窩沙國米黄蠟檳榔椰子布有西洋布闊三尺餘長四五丈染五色花紋極細密工緻花木有貓竹黄竹斑竹勒竹根竹椶竹蘇木油木花梨木鐵力木樟木松木榕木栢木涂木黄陽木檀木烏木石榴柑橘蓮菊茉利素馨鶯爪

月桂綿葵葛葡萄甘蔗芭蕉苓角棗薔薇露波羅密獸有犀象虎豹熊猴猿貂鼠穿山甲南蛇山羊山牛山豬海馬獐鹿兔麈豺狐狸馬牛羊猫鼠禽有孔雀錦雞鷴雉鸛鶴鶯燕雁鴉雀鳩翡翠鷺鷥鴛鴦水鴨鴿鷄鵝鴨鸚鵡有五彩紅綠白數色魚有鱸鯤沙鯉鱠鯽齋銀墨章莆薺鱸魚烏邊鞋底班寶馬母大口白甲箏殼七星三賴鰍鱔蝦螃蟹蛤蚌蔬有冬瓜西瓜王瓜甜瓜土瓜苦瓜瓠茄葱蒜韭芥莧蘿蔔波稜鹿角油菜藤菜海菜角豆扁豆菉豆黄豆紅豆

四夷館考

此明人鈔本下卷之首已缺損無目錄序跋亦無撰人姓氏卷中凡詔勅

朝廷我明等字皆抬行傳錄頗多譌脫校以明史外國傳每有異同不能據以勘定考述古堂書目有四夷館考十卷不著撰人名明史藝文志史部職官類有汪俊四夷館則例二十卷四夷館考二卷此本與明志卷數相同或即汪氏所著爰遺寫官錄副存之光緒戊申正月上虞羅振玉點勘畢題記

通商志不分卷

〔清〕杜俞撰

《通商志》不分卷，清杜俞撰。俞（一八五四—一九一六）字元穆，湖南湘鄉人。同、光間曾爲江蘇候補道，署理湖南布政使，喜言經世方略。是書所述中外通商、交涉史實，起於康熙二十三年（一六八四）荷蘭請入臺灣互市，英、法、美、葡等國遂先後至，訖於同治二年（一八六三）。有關歷次交涉、訂約之史實，多取捨得當，有資考證。據中國國家圖書館藏清光緒六年（一八八〇）刻本影印。

通商志

光緒庚辰中夏栞于長沙

通商志

烏虖我朝夷禍伏於通商肇於疆吏之操切成於將士之畏葸宋臣司馬光曰帝王御夷服則柔之以德叛則震之以威夫非德何懷非威何畏旨哉有旨哉蓋千古之圭臬也西伯西距昆夷北備玁狁以衞中國詩曰戎狄是膺荆舒是懲著於典籍者爛矣王者萬物爲量何其示天下之不宏哉彼此不能久安之故誠深知之而欲距禍於未形也漢武帝時天下無事張騫之徒阿承意旨

發使四出絕域致諸廷闕晉武既平吳蜀羌胡鮮卑多處塞內明永樂以後數遣內侍入海示以通貢當是時人主未嘗不以天下一家爲美談然威與德皆失無居而禍患伏焉吾嘗以爲非有天地之量不足以言柔非勇足以屈萬物知足以周萬類不足以言震何邪鄙遠之人自古不通中國者財物而來贏則喜負則絀情也天子高拱深宮而奸吏或欺之或賤之彼失利而怨受辱而憤天子不知也苟非寬其束縛深察其情捐除細故或反以兵戎讐德故激夷之怒者始於操切及鋌而

走險疆吏輒思羈縻以免罪朝戰莫和迄無成算反使夷人得我虛實天子意在戰則諱敗而爲勝天子意在和則言夷人恭順不勞撻伐雖知其飾能盡察乎而夷人妄有要求曲意徇之且多方粉飾以回天聽夷人知其易與何樂而不逞故縱夷之欲始於畏葸夫使我畏夷而夷不畏我中國夷市德奸民而封疆大吏不能柔夷而用之豈非古今之所深痛哉大西洋之通中國也或曰始於漢以今歐羅巴洲爲大秦大秦僻處西北漢時欲通中國安息貪以漢繒采與之互市遮閡不使達

桓帝九年因日南獻方物爲通漢之始明正德間大西洋國法蘭西入貢攷史冊澳門互市法蘭西先著而大西洋人留中國者輒不思去泰西艷我富利非一日矣

國家臣一四海疆吏請援明制通市譯鞮象寄梯航來

庭可謂極一時之盛矣

列聖屢加懷柔鱗介之性畏威而不戴德數起邊釁疆吏稍近操切遂搆大難悉由勦撫諸臣意志不一和者忍恥戰者或矜氣無能操剛柔之宜以施駕馭者遂使濱海騷驛漸而至於

九廟震驚

乘輿出幸亦天下之至變也以吾觀

先帝柔夷皆有天地之量諸臣始不能體以爲量

先帝勇足以屈萬物而諸臣不能戰知足以周萬慮而諸臣但事彌縫偷安旦夕是以見德多而見威少遂以鴟張中外泄沓之臣

先帝非不知然不深誅故

宣宗棄羣臣

大行遺詔但自引咎而責奕山等則曰朕以誠待諸臣

諸臣悉還朕以欺烏虖孰非臣子忍聞斯言乎今日事益棘矣東南底定後文武恬熙

社稷雖安而有危形不獨夷禍未艾也以夷禍論深心憂國之臣實有見乎戰不可恃務益含垢然不明所以備趨利祿者附之且以和議爲可久其臥薪嘗膽者激於主辱臣死之義輒思效命疆埸洒刷國恥好名者亦出其中而不知何以善後此皆無當國家安危之數也習俗相成以議論爲經濟以意氣爲節義而人才益陋則且賢否雜出帥一世爲虛浮而無實用也自治之不

暇何有於攘夷夷人負我
國家至矣朝廷士大夫山林忠義之士必有以
國家安危痛心引爲己責者然非綜覈名實雖欲自强
而不得又古人有言曰民皆知義而後奸雄懼民皆知
兵而後四夷服烏虖盡之矣痛往事俟當世作通商志
也
康熙二十二年臺灣平又明年荷蘭請入互市遂許之
乃設關粵澳門閩漳州浙甯波江南雲臺山榷稅於是
大西洋西洋南洋各國聞風先後至其大者曰法蘭西

英吉利彌利堅其先著者曰荷蘭葡萄亞皆大西洋國
也英吉利者歐羅巴洲極西島國陰狡好攻殺善趨利
大西洋各國以商爲本英尤富强爲冠明中葉市埠及
於東南洋康熙初鄭經據臺灣英舟楫往來臺灣廈門
經恐荷蘭爲患輕稅糜之藉制荷蘭而英人尤慕中國
富饒謀通市澳門以海禁嚴止臺灣入隸海禁弛英人
互市廣東其時名不著雍正初關吏因緣爲奸商人苦
之浙關始設甯波水急夷商不諳水船往往遇礁至者
甚稀及定海置縣移設海關建紅毛船館旅焉來者乃

益多乾隆二十二年英商客剌利浙稅輕請於浙願市
定海閩粵總督疾之請浙稅加重粵從之已而部臣議
定制幷歸廣東英人時違制潛入浙無所得仍市於粵
粵初設通事洋行壟斷誅求不厭與官吏互爲姦利英
商洪任輝屢訴大吏不治乃赴浙請市浙江巡撫怒逐
任輝悉毁英旅任輝恚遂赴愬粵關積弊事聞按驗有
狀罪關督而譴任輝稅課以平然吏胥奸民貪婪欺外
夷與通事比堦設名目久之復如故夷商畏苦然懲任
輝不敢言五十八年英國王遣使貢表請改市浙乞給

舟山粵附近海島爲市埠通市天津幷寄人京師如俄
羅斯
上以甯波天津無通事洋行不便舟山粵海島民夷參
錯恐生衅而俄人立恰克圖通市後無人居京師皆不
許定制各國入市泊黃埔市竣還澳門賃居諸番船貨
並稅而葡萄亞人但輸船鈔英設公司領屬諸商船多
欲得地立市埠以輕賦形便無過澳門而爲葡人先牧
之又官吏皆爲援已大國反賃居葡積不能平嘉慶七
年英人詭言法蘭西將侵澳門請爲戍以舟師泊雞頸

洋葡人覺告粵吏英詐洩去十三年英將度路利敗於安南過澳門復譌言法人將襲澳英大班剌佛以七年無功陰餂度路利奪澳曰且以救安南之敗也粵撫遣歸國曰澳非葡人所得有固中國地也法安敢侵卽有警自能禦毋煩若戍擾吾民度路利怒以兵據市樓澳門恐告警總督吳熊光巡撫孫玉庭聞變按定制罷其互市度路利以舟師入廣州曰將掠洋行修道怨碣石總兵黃飛鵬以師船遏之入者三舟而大班索積年商逋及所市值以嘗大吏未幾英國船主至懟大班曰犯

中國而罷市得澳門猶石田也先是洋船至率以七月月而畢至是泊港外數月不售皆怨大班剌佛悔乃爲度路利畫策責葡人犒師請通市如故熊光玉庭許之英師退

上怒譴熊光玉庭英王聞之罪剌佛以說自公司之設也大班來粵居洋行浸與吏胥通諸商皆受其國帑爲貲歲納子金公司乾沒不能歸母定制公司三十年而代其人居外擅利自恣期至不受代國王患之道光十年盡召公司反國聽散商自經紀商以爲便中國亦利散商易制而洋行與公司久爲弊公司去不便吏胥亦願設公司乃具狀言公司散領屬無人十四年總督盧坤奏請如前制乃因夷商達英國王明年遣律勞卑來律勞卑不通擅入關大吏疑非國王所使逐之十六年以義律來時各國推英富厚謹事義律皆仰鼻息無異同粵再立公司者盧坤爲之也十八年禁鴉片鴉片產東南印度孟加剌孟買產尤甚乾隆二十年英人據東印度以次屬南印度北印度藥鴉片而稅之後流入中國食者漸多於是印度人相率種鴉片英歲增稅銀至

千數百萬初至粵浙亦以藥稅海濱食者尤眾嘉慶初奉

詔禁市革稅嗣率爲私鬻道光元年申前禁定制洋艘具狀無鴉片始入黃埔躉船者載鴉片船也於是盡徙零丁洋奸民就市之二年總督阮元奏私市之弊請徐圖之躉船多泊金星門結內地奸民無稅而行速歲驟增數萬箱多載中國銀還國中國銀荒民日益瘉

朝廷憂之十六年太常寺卿許乃濟奏仍前制征稅民不得以銀與市下大臣議九卿臺諫皆謂乃濟奏傷政

體給事中許球奏曰不禁市能禁食乎且明知毒人而聽流行復徵稅非盛世政臣愚以爲制夷之法詳內略外先治已而後治人

上是之而是時江蘇巡撫林則徐奏定禁法令尤詳并下廣東巡撫鄧廷楨施行至是鴻臚寺卿黃爵滋請行保甲法於是定法市者死食者如罪十九年以林則徐乘傳案廣東時廣州奉法嚴躉船牽泊零丁洋觀望聞案臣至欲遁則徐曰不窮治無以懲後預遣水師提督及總兵分兵守要害不令出趣領事籍獻躉船鴉片英

通商志　八

領事義律欲不與去之澳門趣之急乃至仍不欲與則徐怒下令封艙羈沙文沙文者夷言雇漢人通食物者也義律窘盡籍獻躉船鴉片奏上

命焚之則徐帥巡撫提督以下官數十人出虎門大陳兵衞燒英鴉片二萬數百箱煙燄蔽天當時觀者華夷數萬人皆慴伏震恐父老扶杖相勸勉則徐於是令義律具狀犯者死船貨籍沒義律曰使吏胥誣我將奈何且船百數十人或有私船主不能悉察而抵船主法將不勝其死也請爲約犯禁船貨籍沒則徐不許以夷人

重信不欺欲令立嚴狀毖後患也而義律久覬覦香港冀納鴉片後則徐必閔勞因索爲市埠而則徐殊無溫言第賜躉船各茶十斤反迫令嚴立狀懊惱又自以總攝大班受辱無面目對諸商燕居深念非破禁無以裕用洒恥非合從他國兵單卽敗死無地於是籍各躉船鴉片值倍其利計銀千二百萬兩皆書券予之約事成還國悉償諸夷悅又遣告印度民恍以生計且失則大恐皆應募思戰英國王謀於大臣皆以鴉片干中國法曲在我戒義律勿搆衅王以爲然然外洋聞封艙茶絲

通商志　九

翔踴銀驟貴義律具言英國與鴉片爲盛衰國王惑義律遂簡軍然苦軍食因乞師法蘭西彌利堅彌人非英所爲不從法蘭西後爲靖逆將軍奕山所間故計卒不行是年夏以林則徐爲兩廣總督秋商船來粤皆如法聽驗義律不聽約以舟師止各國商船則徐遣將屢挫之去義律索償鴉片值則徐怒奏停英互市曰彼貪利無厭罷市將恐失利而求我因而馭之不難也英人復私市鴉片則徐知遣水師搜捕皆得義律困則徐募海盜屢焚其船內地奸民悉啗以重利令殺敵自效儩其

精銳爲義勇於是內應絶義律益困時內外諸臣請悉罷市則徐奏曰罰不及衆自罷英市他國欣欣蓋逐利者喜已贏人紬忿英者榮此辱彼可使相閒若概絶之則或協以謀我是比之也

上是之二十年閩浙總督鄧廷楨知英人不得志於粤將移怒厦門練水勇備戰守四月英舟泊南澳水勇以商船襲之殺數十人英人以爲盜明日遣人求通市廷楨復擊之於厦門不克夜以大礮攻之英師敗入浙舟山無備英人遣書知縣姚懷祥令獻城懷祥謀守於總

兵張朝發朝發曰吾職水師當戰游擊羅建功請以兵守險朝發不可已英水師與朝發戰於海軍潰朝發死之英師及城下懷祥與建功約曰軍城外者主戰雖敗不得入登陴主守城破不得出朝發敗奔鎮海城陷懷祥及典史全福皆死事聞以伊里布領屬浙軍秋八月義律赴天津愬直隸總督琦善言林鄧苦生衅故越境而求投書總兵張朝發不受投浙江巡撫烏爾恭額亦不受是以有定海之師然非英本謀也若得公來粤願受約善信之天津道陸建瀛曰彼據地以要我而公信其甘言建瀛所不解也請執義律還我定海乃議之善不從宴義律慰勞之英人大喜遂還粤琦善既以聞請入都面陳乃以善使廣東按驗林則徐鄧廷楨被譴閩浙總督顏伯燾浙江巡撫劉韻珂松江提督陳化成皆請勅江蘇巡撫裕謙 允憤之聞琦善入粤拊髀流涕曰天下事敗於此人矣義律至蘇急購之義律遁鎮海伊里布送迎如賓客遣僕張喜犒師三軍莫不喪氣冬以琦善爲兩廣總督初定海陷

上甚怒則徐則徐奏曰英夷恨粤而遷怒於浙雖變出

意計外然窮蹙情形可覩也今英人私以鴉片斤易銀一兩不悔者給軍食也數萬里募兵餉日數萬計何能持久隆冬苦寒非舟戰之利諸番船以英人故不得互市積久生怨英人有進退維谷之勢然其性虛憍雖窮蹙外益桀驁冀售其奸如不得行則必俛首聽我臣屢察而深知其情方今不必與爭鋒固守藩籬可以坐困夫鴉片爲害視洪水猛獸爲烈聖人懲奸爲天下萬世計至深遠也臣以爲發之此時與發之於異日輕重當必有辨且難易殊焉既已攻害定海戕殺吏民逆形著

矣卽當振我師旅以威服叛然宜持重失威不克則禍
無已時且恐他國效尤今議者皆以器械不如卽欲議
和而不知漸不可長粤關豐饒請量爲防夷之用當可
成也水陸各隘臣措置甚備
陛下勿以爲念浙江弛廢臣請赴鎭海効力謹奏
上不許尋遣戍伊犂大學士王鼎湯金釗以死爭之曰
去則徐所以遂夷志也不聽夷人聞則徐罷置酒相慶
則徐旣罷中國文武卒牽制不能振鴉片禁遂弛咸豐
九年復征稅充餉饋自後夷益患我中國鴉片卒不能

禁則徐之去故也義律旣得志請償鴉片値求香港善
未許然善以議和故漸撤虎門各要守禦則徐所募水
勇散遣殆盡義律見虎門空虛數求戰善止之義律曰
戰而後議未晚也逕薄沙角三江副將陳連升以兵六
百當英師數千擊殺英兵五百餘人援絶及其子舉鵬
部將張淸鶴皆戰死英人舉其屍累曰不盡恨連升而
臠割之英人得連升馬馬哀嘶不食死而連升部下將
士頗有降者進陷大角分兵戍之虎門大震琦善不欲
戰奏粤水師廢弛久不可用請姑與和時

上已授貝子奕山爲靖逆將軍隆文楊芳參贊大臣督
粤師芳宿將以能戰封果勇侯功最多
上欲倚以討賊也時各國皆怨英甚義律恐爲變餂之
曰和議且成姑少待各國急欲入市信之反爲英說解
二十一年正月義律索香港力琦善慮虎門佯曰諾義
律度不可得請歸沙角大角及定海以易善以聞
上怒不許義律不待命遂據香港大城市埠巡撫怡良
憤善養惡以聞
上大怒悔曰不意琦善至此也逮善治問詔芳等戰英

人聞大兵將至遂略虎門虎門外礮臺二曰靖遠水師
提督關天培守之曰威遠總兵李廷鈺守之請濟師琦
善不許固請以兵二百宵赴恐義律知也天培曰事如
此且奈何與廷鈺相向泣曰天培死不足惜然夷人得
志虎門廣州危矣英募粤奸民三千人多漁師蜑戶各
予番銀員三十給家兵月給番銀十而虎門守兵月銀
不及三兩天培閔士卒勞苦出家財月兵益銀二兩思
厚結之勿爲夷用也大吏且以水師要賞提督挾之爲
重甚不悅二月英人攻虎門天培擊沈夷舟一英舟連

檣至天培死之天培江蘇淮安人忠勇有略則徐總督兩廣倚之如左右手及琦善不益師則徐知天培必死且曰沙角大角失虎門危矣天培善用礮高下遠近發必中而水師利夷火藥雜沙土夷兵至發輒不中軍潰天培乘小舟當夷師擊殺數十人被禽忽斷縛復擊殺數十人遂自刎然天培善卹將士士卒反負之君子以是知粵水師之不足用也天培旣死諸軍皆潰英人據烏涌虎門外師船皆被燬遂入省河諸洋四十餘艘銜尾進時大兵未集鳳皇岡兵迭擊之英師稍失利然冒死深入官軍少卻楊芳恐不知所措彌利堅人請通市言義律悔罪無他求芳以奏

上切責之四月朔英師泊城外河南兵擊之不克明日分兵襲泥城城據廣州府城西道佛山鎮北門之管也副將岱昌等走遂燒我師船三十有六次日英人焚城外市井奪四方礮臺臺據城後山高能望城中大衢民大恐芳遣閩勇出援將軍阿精阿恐寇攻城復檄還臺遂陷英人拒堙攻城礮子及城中知府余保純出議和義律索償鴉片急許償半彌人居閒解議乃定保純請

退師義律曰償而後可奕山慮

上不許飾奏捷因言義律窮乞撫且具狀悉如約而以所賂義律爲商逋

上許之不深責後濮鼎查索商逋白門奕山啟之也賂成英師退粵民以大吏怯懦厲兵自衞英人過三元里鄉民爭擊殺夷酋二人兵二百餘人義律告急於保純保純慮敗和議私出解保純者始從兩廣總督林則徐燒英人鴉片者也粵民尤惡之皆言保純私釋義律賣國保純幾不容於粵二十一年七月英人將犯浙道閩襲厦門厦門福州泉州海口總督顏伯燾以虎門之役請移節厦門增戍守和議成去戍英師忽入鼓浪嶼伯燾以水師擊沈英火輪舟一兵船五英人分兵犯陸師潰厦門陷伯燾退守同安英人方圖浙已棄去伯燾以討賊自任而爲和議所誤恚發疾厦門平遂乞罷八月英人再犯定海初義律歸定海伊里布得琦善書遽以聞

上怒以伊里布不能軍專附和琦善命裕謙代之謙久恨伊里布縮朒上書請戰遂遣兵四出焚殺得夷人裂

其皮爲馬韉英人憤逐起復讐之師
上以和議成
詔謙減戍謙得諜知夷志未慊奏留而奕山以和議方
就諱不聞遂奉詔減戍謙次鎭海而厦門告陷乃以定
海總兵葛雲飛守半塘處州總兵鄭國鴻守竹門山而
以壽春總兵王錫朋守曉楓嶺各授函曰急則發示
諸將各發視則曰臨戰怯者斬軍前諸將皆慷慨誓死
已而英將濮鼎查郭士利各引水師至雲飛擊卻之旋
復至三將悉兵轉戰四晝夜殲夷兵千餘斬貴人一殺
酋二士氣益奮會天大雨援不至士卒立泥淖中乃各
休兵入壁而英人分軍三進攻曉楓嶺竹門山軍同時
潰王錫朋鄭國鴻皆死雲飛憑城戰中四十餘創一酋
以長刃削去雲飛半面猶手殺酋及夷兵數人植立崖
石間死是役也以四千疲師當夷兵二萬餘定海無險
可守憑山爲固半塘上有土城夷踰山破土城遂不支
以及於敗葛雲飛者浙江山陰人也恂恂如女子讀書
通大略定海初陷雲飛陳兵事十二策設計禽英軍師
請收定海伊里布不許明年定海歸以雲飛爲定海總

兵雲飛爲書與女弟訣別曰賊未發將吏漠然無所慮
賊既發卒倉皇猶豫文武大臣但便私或恇弱議事多
不中要窾可爲痛哭也雲飛數以逆夷不大創弗懼陳
於大吏咸以爲難擧臺制無定見于其死此矣聞者哀
之雲飛死定海再陷英人攻鎭海鎭海外障笠山內屏
招寶山山顚置威遠城明人所以禦倭也謙以提督余
步雲名將可恃令守威遠別遣謝朝恩守金雞山既謙
登望樓見招寶山懸白旗疑之夷俗戰張紅旗和張白
旗也謙刻日誓師釃酒酣將士曰鎭海苟危震驚及於
數省今與將士約各致死無貳不用命者殺無赦步雲
聞誓師辭以病謙歸愀然不樂曰誓師以覘步雲也今
若此欲去步雲不決明日英出四掠謙登城督戰步雲
請曰姑款夷以存民謙不許步雲去復來告曰步雲死
分也妻子何罪謙哂曰棄忠義而顧妻子非夫也步雲
默然去英人攻招寶山步雲走威遠城陷遂陷金雞山
謝朝恩中礮死鎭海陷謙投水死
上聞之誅步雲謙忠壯短於略每聞英夷戰捷輒終日
不食然半塘之戰不知益兵助雲飛令敗死知步雲懷

二心而不能去知不足也寧波大震知府鄧廷采奔上虞陷寧波巡撫劉韻珂乃以福建按察使鄭祖琛晝曹娥江而守

上以奕經為揚威將軍文蔚為參贊大臣調陝甘兵赴援將軍以蘇州盛聲色留不行乃置驛千里待報劉韻珂守浙西而以浙東俟大軍英人據寧波分兵守鎮海定海勢且及慈谿紹興告急將軍以兵單遣募淮徐義勇至蘇州三月未嘗議進取泗州令張應雲請曰夷入內地率奸民為導然徒陷以利非有恩義結之也四明

日望大軍而奸民多寧波人誠得將軍令撫之使間敵我以兵攻城無不克矣將軍參贊以為然悉眾渡淮二十二年正月大兵次紹興議分兵襲寧波鎮海以牽之應雲約寧波反間為應曠罪英人以大兵至退守寧波應雲請渡曹娥江據慈谿為戰地奕經以大兵營慈谿東門總兵段永福攻寧波游擊劉天保攻鎮海文蔚將兵軍長谿金華副將朱貴將陝甘兵軍西門大寶山為援應雲將徐淮義勇次寧波駱橋為應兵約以晦發而間者陰為夷用募勇亦受夷金為之間謀敗我師南北兩軍聞之遂先期進兵皆不克南北兩軍永福天保也募勇夜驚奔大寶山英遂自東門繞而北攻大寶山朱貴擊殺夷數百人英師襲山後貴方急募勇反戈敵兵遂大敗貴力戰援不至怒馬赴敵死文蔚聞敗欲走奸民偽為難民也者數百投大營文蔚納之軍中火起文蔚奔還曹娥江收敗兵保紹興奕經在東關聞變先飾從官走亡輜重器械殆盡浙江巡撫劉韻珂大恐規自脫薦伊里布曰臣觀伊里布公忠體國夷人戴之如慈父或假以尺寸使圖浙事宜可得夷要領

上方以耆英為浙西將軍聞奏以伊里布佐之英人以慈谿之捷欲自海道窺浙西忽去寧波重兵守招寶山師船悉出洋將軍定寧波奏捷英人及金山吳淞戒嚴乃謀窺江蘇牽制江浙兵遂踞乍浦韻珂與耆英謀趣伊里布議和時伊里布授乍浦副都統聞

命遣張喜告和令退師英人如約張喜者伊里布僕通夷情者也五月英舟師犯吳淞謀入江也松江提督陳化成老將多知定海初警化成知夷禍未已相度吳淞形勢營海塘高岸與士卒同甘苦部伍嚴肅冬大雪匹

馬出結衣成冰夏潮作或請徙高燥地化成以寶山東南吳淞黃埔所以入海也吳淞上海崇明之管鑰也不許乍浦陷化成益嚴兵爲守時兩江總督牛鑑方自上海來見夷檣高出海塘丈餘輪煙蔽天鑑大恐化成曰無恐彼所恃礮耳其他器械與我共之也化成出入海洋五十年矣殺海寇千百計死而生者數焉今益悉火攻願以身當夷挫其鋒公率大軍繼之不足平也鑑稍定已而英師連舟入化成擊沈大艦二中兵船三擊殺夷三百餘人英師敗復分兵繞攻鑑方帥師至將士皆

歡呼一以當十英師又卻遂以飛礮專攻鑑軍鑑震恐棄衣冠走英兵遂登岸繞而西大軍潰守備韋印福死之化成見鑑走援絕英師益衆撫膺嘆曰垂成之功乃敗於一旦豎子殺我矣遂力戰死英人陷寶山牛鑑復逸英籍水師傷斃多憤大掠貨財虜民充死數上海警官吏遯城陷是時提督尤渤將壽春兵二千守松江英數攻不克去六月英人掠無錫及江陰靖江而以圌山者入江所必由也入圌山初鎮江父老請備圌山曰水隘設火攻於岸足及之兵備道周頊曰險地也彼能至

乎吾誘而膠其舟可盡禽也縻數萬金爲萬一之防誰則任之盛夏潮汐旺英師乘南風悉達城下鎮江陷烽火達於維揚淮商岌岌奸民欲乘以爲利流言英人將因糧於揚非賂無以免淮商謀室盡行江壽民者素善商客顏洸請勿行且俟之壽民如京口詗夷諜以告馬利遜曰以六十萬行成乃舍揚壽民請其半馬利遜方謀江甯意不在揚許之壽民以告淮商皆觀望白鹽運使但明倫不可商聞之請以賂往乃使壽民致賂英師遂犯江甯居民大震牛鑑自上海奔還百姓一日數驚

不謀戰守而日遣問者英伊里布英師及城下鑑令人告曰大臣議和且至請緩師伊里布以張喜告濮鼎查馬利遜如鑑言皆曰大臣未有至日爲語而主治舍居我喜曰不敢如命馬利遜曰必俟大臣至也者爲我具餉糈三百萬喜奮然起不答也壽春兵新至聞之將士皆憤請決戰鑑忸怩曰不可試也則且閉城守鑑曰是令寇疑也將軍德珠布拂衣起曰然則降之矣城門鑰將軍例錄牡啟閉有時德珠布遂下令閉城居民懲京口之焚盡出絡徙城內柩令卒下城門塡塞多枕藉死

鑑惴惴恐誤和議劾德珠布德珠布大怒閉駐防內城居民益恐英使人要三事曰與英人銀二千萬鴉片值也商道也軍餉也曰市埠五廣州也福州也廈門甯波也上海也曰英官與中國士大夫均禮也耆英至不許遂據鍾山耆英以奏

上大憤廷臣惶駭大學士某曰用兵三載師勞矣力竭將士無尺寸之效請許以息民廷臣多不可

上亦久厭兵遂許之而以泉州易福州英人請璽鈐約令易大臣關防耆英知

上必許

旨未下帥伊里布牛鑑見濮鼎查於舟中用夷禮濮鼎查艴避英從官導耆英等登樓拜國主像下各免冠為敬然皆秘之不言也明日耆英親犒師英人辭不見急令問故馬利遜曰所請或不從將執鞭弭以從命何見為蓋有漏

旨者

旨下耆英等懼秘不宣復奏請鈐璽曰彼國主所藉以覘從違也不許將作難

上知耆英等不足用趣依議耆英伊里布牛鑑拱手受盟德珠布不肯與盟成耆英且為張喜敘功乃謂其能折衝於口舌也英人初入江至要害輒先遣奸民乘小舟測水七八至我兵無過問者惟臺灣有備英人不能犯初英人寇閩浙定海廈門陷別遣師寇臺灣臺灣道姚瑩總兵達洪阿禦之副將邱鎮功發礮中夷檣夷舟倉皇退抵礁壞乘進兵禽百餘人及刀仗衣甲圖書奏聞既又犯雞籠山敗走明年春犯大安港軍嚴不得進姚瑩密以所募粵漁船操土音投夷為導誘膠夷舟而

擊之俘五十人

上大悅姚瑩達洪阿

賜爵有差

上以圖書多鎮海甯波營中物必自浙而來也詔鞫以聞夷人顛林具言濮鼎查所遺而怡良方為閩浙總督廈門甫收懼敗和議定制臺灣受轄於閩以遠縣海外設兵備道總兵各一得專奏事雞籠之捷

上諭嗣有戰由五百里以聞大捷由六百里以聞大安之捷遂由六百里以聞良懈功不已出以夷性喜報復

檄姚瑩達洪阿止之且諱敗而姚瑩達洪阿竟以圖書
及顛林鞫辭聞又先奏俘夷卽斬以除內患
報可英人恨次骨據鼓浪嶼者勢洶洶謂將大舉入臺
灣也怡良恐令姚瑩達洪阿出夷送詣閩獄姚瑩達洪
阿相與謀曰是欲藉以退鼓浪嶼夷而紓禍也然徒受
欺耳吾觀夷方驕厦門少備取之如反手安能惜百數
十纍囚棄必爭之地哉地不可反而先示以弱不如殺
之遂殺所俘夷百餘人顛林十九人
上命錮之得不殺夷益憤怡良益恐白門和議成請釋

夷俘姚瑩達洪阿許之遣送顛林十九人詣閩守風澎
湖兼旬夷人遂流言前臺灣俘夷皆被風難民也兵備
道總兵乘危徼功耳又以臺灣距厦門近非逐姚瑩達
洪阿終不便乃徧愬江浙閩粵大吏脅令聞
上抵罪大吏怵夷威遂以聞
上以怡良按驗
詔曰稍有隱致朕賞罰不公誤撫夷之局者當何罪怡
良渡海按驗士民上書頌寃數百人父老詣怡良哭告
曰非姚公達公我輩死夷久矣良無以具獄微示意左

右有官臺灣而隙瑩者思媚怡良具狀如指獄具
上以姚瑩達洪阿所殺在和議前憐其忠勇免罪第革
職是獄也人皆咎怡良實受耆英意穆彰阿復主之於
內焉後卒與林則徐等皆湔白云英人旣互市於廣州
福州厦門甯波上海大吏徇之過甚耆英爲兩廣總督
兼通商事尤屈意拊循惟夷命夷益肆而法蘭西彌利
堅各國卒援例互市咸豐六年秋九月英人入寇粵定
約奸民有以英爲逋逃藪者英官知執予不知中國得
索至是有划艇載華人而英幟水師游擊執舟子十二

人詣廣州獄治通番罪船主愬領事巴夏里巴夏里
至舟按狀游擊不禮焉怒請於兩廣總督葉名琛曰游
擊宜索取不當擅執且明無罪名琛不荅因他公使請
許之而英水師提督西花欲因以起衅名琛釋舟子巴
夏里不受西水師犯黃埔名琛遣問故西水師曰誤歸
人言屢失好具語相國將入城議之水師意不在舟子
而欲以面議入城也初粵東立約諸番不得入廣州城
壬寅之役大吏爲英人所要立約凡通市所在領事得
入城夷之在甯波上海者出入無禁在閩且建樓市城

內烏石山與官吏修儀粵夷旣聞而慕之矣粵民請申入城之禁大吏不省乃大集搢紳父老爲檄輸餉練兵自禦之癸卯濮鼎查欲入城粵民不許時方圖江甯懼挫銳遂巡去二十五年屢請入城者英遣知府劉潯告夷將諭民而可粵人譁潯還民觸前導隸捽民笞粵人曰彼將清道迎夷其以吾民爲魚肉乎毁知府署焚潯衣冠曰彼將事夷焉用此者英恐民變罷議民榜衢且焚夷市夷酋懼遂已民益肆遇夷人多方窘辱之夷不能堪疑大吏指授數貽書責難者英不能辨懼敗和約

謀於薦紳皆曰衆怒不可言動也然多好義急公可用不願和也如明公下令曰執兵禦侮受上賞某不武願陪前驅者英無以難伊里布憂之成疾卒者英益孤乃謀於當事內召夷人懼者英去城卒不可入執白門之約固爭英謾曰期二十年酋不得已乞爲奏許之二十九年徐廣縉爲兩廣總督英人具狀再請廣縉不荅與巡撫葉名琛議戰守南海番禺義勇悉至明日夷舟入省河廣縉繡衣綏帶健兒數人戎服兜鍪短刀從乘輕舟出諭夷夷酋謀質廣縉而兩岸民及義勇數萬呼聲殷天地岸下小舟如蟻酋大恐乃罷事聞

上始悟粵民之可用而者英之憒憒也賜廣縉子爵名琛男爵薦紳各

賞賜義勇旌予粵民益奮或謀擾互市英公使文翰恐請重定約廣縉納粵父老言遂首嚴入城之約文翰不可卒以衆怒涖盟至是名琛以文翰約示之不荅遂犯粵城不克十月英水師攻虎門橫檔毁沙角粵省河烏涌內迤東曰獵德曰二沙尾西南曰大黃滘皆要隘則徐總督兩

廣時皆以木樁巨石塞堵沙角石山叠起虎門形勢所歸皆運石於水拒夷舟聚沙城岸上當礮兵皆守沙城則徐去皆廢矣時義勇守沙濱礮臺屢與英師相持或誤傷彌利堅舟彌領事致書名琛不省有卻十一月英人攻陷城外礮臺粵民大憤遂毁英洋行六擊沈洋艘十餘大破之英人遣使請師英大臣䘏不可英相巴米頓曰不助師國且替矣王不決或請遣貴重大臣通好不許乃有辭以其二等伯額羅金充公使七年額羅金再致書名琛不報遂糾法蘭西彌利堅俄羅斯攻廣州

夷師衆且銳又深入重地無還心一以當十而粵兵疲
怯名琛短方略無將材任閒反爲夷用信巫言不備粵
民勇大率烏合無律洶洶不定又以英人數致書名琛
秘不洩疑有他故多解體思散十二月夷陷廣州執名
琛以兵守官吏侍郎羅惇衍粵人也團練義勇八萬餘
人戒期攻城英人恐內應悉收駐防兵械惇衍下令凡
子弟在香港麥高者月中自歸違者收家屬奸民告歸
者二萬餘人英人恐巴夏里使人榜於道將修好勿重
衅榜者及新安見殺夷怒陷新安然惇衍募勇新合不

能軍謀者多雖牽制無奇捷而夷終憚之未幾廣州復
爲我有夷既陷新安自知背約效義律故知歸罪官吏
以說八年春達書大學士裕誠總督何桂清以聞誠荅
書天子且遣大臣黃宗漢按粵宜退師俟
命不聽三月四國舟師泊大沽致書直隸總督譚廷襄
請和事聞以戶部侍郎宗倫內閣學士烏爾棍泰詣天
津會議英人以宗倫等非大學士不足當全權英制統
兵將帥率以五等爵充畀全權之任示專閫也又前議
欵皆大學士於是辭不見天津直沽去海口二百里曰

大沽天津門戶大沽外沙洪前橫入沽由沙洪輒多膠
四國使至廷襄遣地民小舟導行無滯英夷日舟測水
廷襄不禁亦不備四月英法犯大沽盡陷礮臺
上大怒以郡王僧格林沁爲大將禦之京師戒嚴英人
復請和乃以大學士桂良吏部尚書花沙納代宗倫等
惠親王綿愉宗室尚書端華大學士彭蘊章皆薦耆英
習夷務請錄用責後效
召對耆英奏曰勢急矣臣請獨任其難
賜侍郎銜往耆英至天津英人辭不見卑其官也或疑

與英人有郤桂良懼乞
召還耆英
上不悅令留天津察之耆英徑入都
上大怒憮然失望曰耆英果不足用也
賜死桂良主和議嘉應奸民李國泰爲英夷謀增長江
市埠三桂良與四國約各還國鈐約而蒞盟廷臣連疏
請戰
上以擇將難其人弗許亦弗罪也九年夏四月四國賫
國書至天津時粵賊竄逼畿輔大沽設防桂良八年之

議以設防故四國投國書不赴天津改由北塘行各唯
唯至是英不如約入大沽俄人繼之總督恆福趣改行
不從五月英人毀大沽鐵鎖明日僧王敗英水師於大
沽又逐其陸師敗之英師遁彌人如約英師旣大敗陰
募潮州勇數千人爲馬隊十年夏六月英師及法夷寇
天津時南北礮臺皆設重兵大沽北曰北塘僧王恐夷
出北塘襲大軍後伏地雷待之而嚴守南岸英人知之
以舟師入沙洪膠懼張白旗王令勿戰俟近出擊之已
得水舟動入大沽分兵出北塘襲我師發地雷副都統

德興阿軍覆英夷據新河進兵唐兒沽王時守大沽南
臺直隸提督樂善守北臺
上聞報命大學士瑞麟將京兵萬軍通州爲犄角七月
英師襲北臺樂善死之王退守通州天津陷復以桂良
議和額羅金請增軍費乞天津市埠
上不許英法擾河西務畿輔大震
上在海淀羣臣請還大內不許左右張夷
上欲幸木蘭羣臣諫不聽副都統勝保自河南
召還

上使貝子錦勳與保赴通州將八旗禁兵萬人勝保諫
出巡曰
陛下不可爲奸佞惑失天下臣民望八月英師薄通州
上再命怡親王載垣議和額羅金使巴夏里入通州見
王王曲意導之如原約明日法使亦至王賜宴穆蔭致
王命法使唯巴夏里攘袂起曰請面見
大皇帝然我國無跪拜禮王其許我乎王默然巴夏里
曰遠方慕義王勿辭請以軍容入王不許巴夏里艴然
曰倦矣爲我榻設榻臥巴夏里穆蔭與語假寐不應曰

或告王夷將作難王遣覘皆衷甲王與僧王禽巴夏里
及從者數十人送京師善遣法人
上大怒
詔勝保決戰勝保夾燕雲寺英法陷通州僧王及瑞麟
皆敗夷師長驅而北僧王瑞麟復與夷人戰於郭畈亦
敗勝保傷頰不能軍僧王守齊化門
上深知禁兵不足恃遂
幸灤陽鄭親王等從恭親王奕訢留守京師給全權大
臣從夷志也僧王瑞麟移軍海淀夷偵

上出幸灤京師軍民不知
上所在皆倉皇已而
詔下乃定九門晝閉恭王桂良皆在外英人索巴夏里恆祺曰釋以平夷怒勝保曰拘以緩師議且未成苟釋之彼何忌焉黃宗漢曰不如殺之以洩三軍怒諸王大臣不能決勝保上書
行在請召南軍入援
報可夷人致書恭王曰還我巴夏里過三日不能以眾退矣王報曰退師天津當釋之不可退通州亦不可然

以巴夏里故不敢急攻城移兵犯海淀禁兵潰僧王瑞麟軍亦潰夷人軍御園遂釋巴夏里巴夏里焚圓明園還師安定門曰開門不然如海淀請恭王至軍議和豫王得書不決是時內外隔絕三王不相聞軍民危疑益甚大學士周祖培倡言曰請開城納之告曰明日釋甲入城夷人諾遂開門迎夷入巴夏里引夷兵百人不就館索安定門鑰牡縱夷兵出入全師駐安定門盡置礮城上額羅金館國子監法使後入居天主堂英夷請恭王入城定約王猶豫

上亦密使諭王不許也初怡王禽巴夏里及從人至是皆釋多斃獄中英夷怒再掠海淀焚景山昆明湖火三晝夜不絕英夷將入紫禁城法使葛羅居間解之三反卹銀五十萬兩始涖盟宴夷人於禮部額羅金盛兵衛鼓樂前導王大臣迎於門外分東西階入席額羅金見王免冠為禮王拱手荅之女夷三人黑衣紅緣直入座口夷歌法使葛羅設女樂夷舞而前餘如英人禮饗畢定約明日定俄羅斯約定制俄人通商恰克圖不及海口俄人請如英法皆許之然俄人與英法合兵覬勝負

卒與英法出死力以難我者等利或歎其黠或又曰俄人得黑龍江以東地故也天津始定約西班牙葡萄牙皆請曰中國待大西洋鄉無畛畦請一切如英法桂良不許又曰中國許如英法互市甚厚然不立約無憑且恐受約諸國欺我不許及京師立約諸國慕之乞江蘇巡撫薛煥代奏
上不許夏布路斯及德意志如例請煥不可布路斯德意志居歐羅巴洲之中北洋國也在俄羅斯西法蘭西東意大利之北未幾布路斯人赴天津請通商大臣欲

以法公使止之法使曰布法之與國德又布與國也方輿請許如法國約減而勿增

上乃許定約德不得設公使幷歸布公使轄同治元年夏葡人逕赴京師爲門官所止法公使哥士耆曰我友也入之恭王曰苟皆可擅入都何以譏焉法不可廢端不可啟哥不能辨則曰請以葡人還天津何如王不得已奏許之二年春丹人亦逕赴京師門官留丹人英公使威妥瑪曰國王婚姻願得比小國如葡人王慮不許英人必發難許之易失中國體曰丹人干中國制立約

必不可若還天津如葡人勉許之光貴國威妥瑪乃使丹人如天津自四國定約通商奉天直隸及山東江蘇浙江福建廣東凡七行省又增設長江市埠江海要隘皆爲夷人門戶憂國者痛之而士大夫多謂地氣自西而東焉

通商表四卷

〔清〕楊楷　錢恂　李圭輯

《通商表》四卷，清楊楷、錢恂、李圭輯。楊楷字仁山，江蘇無錫人。錢恂字念劬，浙江歸安（今湖州）人。李圭字公桓，江寧（今江蘇南京）人。咸豐八年（一八五八）《中英通商章程善後條約》訂立，次年總税務司置署上海，爲近代海關之濫觴。此書係以列表形式，敘咸豐九年迄光緒十七年（一八九一）清廷海關之簡史，凡設關始末、貨價税入、大宗貿易、雜貨進出等無不及之。卷一各國换訂約章表、江海口岸貿易表、陸路口岸貿易表、使臣出洋分駐表、各關始設税司表、各關年給經費表。卷二洋關税鈔歲入表、各關税鈔分列表、帶徵洋藥釐金表、内地半税細數表、進出貨價贏絀表、各國往來貨價表。卷三進口貨價類列表、出口貨價類列表、各國運銷茶數表、俄商運茶另數表、各口運銷洋藥表。卷四進口雜貨衰旺表、出口雜貨衰旺表及中西紀年周始表。據卷首李圭識語，楊楷著《通商列表》，爲表十二，起光緒元年訖十年。錢恂著《中外交涉類要表》、《光緒通商綜覈表》，爲表十六，附以《中西紀年周始表》，起光緒元年訖十三年。李圭取總税務司之西人職員廷德爾所造華洋貿易總册，補以咸豐九年至同治十三年（一八七四）、光緒十四年至十七年之闕，增列數表，考定異同而成此書。據中國國家圖書館藏清光緒二十一年刻本影印。

通商表　卷一

通商表四卷

上虞鄭傳沛署

光緒二十一年乙未鋟于海昌官廨

序

昔宋蘇轍忿流弊之委積閔財力之傷耗作元祐會計錄五目列爲通表繫之以辭曰空匱之極法度不施雖無敵國而數年之後臣恐未可安枕而臥作通商表者其猶是意乎夫濱海郡縣之通商濫觴於番舶特其時輪艦未興候風獻琛者不過南溟諸島嶼耳非若今環地球諸國聯檣接軫璠貨瑰材闤智飾靡充斥吾奧區流行吾腹壤也我既不能閉關謝客計惟與之訂約互市以易有無苟能出納相埒利權不失則　國徵賦稅民樂懋遷詎爲階厲剏設關迄今　朝廷徵數大較有贏無絀其謂通商之病我　國家者安在耶雖然中國人稠而不能製造地博而不能因利民力困絀而安便民智貪錮而詐僞智慧不濬利源不溥人人知其然而不策其所以然吁此可悲矣江甯李公桓剌史精深博達夙嫻五洲政治善籌因革之宜生平著述類皆詳明痛切裨益於時茲復輯是書其閒綱目張舉體例精當固稱美製而其所謂忿流弊閔財力之深心亦往往而流露方今海內講求格致振興商政所希當軸攷其贏絀鑒其得失甄其美惡策其暢滯求表中出貨最廣者加意精造以導其出求表中進貨

最廣者竭力仿製以敵其入擴而充之引而伸之庶幾空匱無虞富强可俟商務之盛其將以是書爲左券之操與光緒乙未上虞許傳霈謹序

我　朝通商設關稽徵洋稅起自咸豐九年各關設稅務司總其成者曰總稅務司皆遴西人爲之因取法泰西年終彙册上達政府下及商民所以覈成數徵信實法至善也滬關置有造册處於稅司中擇一人專其事故册籍皆洋文至光緒紀元司造册者爲廷德爾君始譯華文此華洋貿易總册所由昉也顧其書既譯自洋文體例輒與華書異余寄迹浙關時擬仿爲列表存之因同治十三年以前册中洋文未譯偶一攷覈動需舌人故蓄斯願久而未逮歲丙戌戊子先後識無錫楊君仁山歸安錢君念劬仁山以通商列表見示其

書起光緒紀元乙亥訖十年甲申爲表十二朗若列眉惟聯俄甚英論與余左餘皆實獲我心也念劬著中外交涉類要表光緒通商綜覈表類要則列各國換訂約章江海口岸貿易陸路口岸貿易使臣出洋分駐凡四表綜覈大旨猶楊書而加詳焉計表十六附以中西紀年周始一表亦始自乙亥迄十三年丁亥余讀之尤喜其表首諸說不啻舉余所欲言者而念劬已代爲之言乃益歎二君博聞强識潛心於時事焉特自設關迄同治之季表仍闕如余終不能無憾因取洋文總册倩同里章君伯㧞譯之以竟疇曩之志始咸豐九年己未迄同治十三年甲戌分列綜覈各原表之前其表說與類要表則仍衍舊文但於譌者正之略者增之疑似歧異者攷定而量節之並將光緒十四年至十七年各數續列而終以原附紀年一表復於類要四表後增列各關始設稅司各關年給經費二表都分四卷爲表二十有三總名之曰通商表庶於交涉本末互市盈虧瞭然洞然俾究心商務者用資攷鏡焉書既成仁山幕遊靑齊旋捷南宮官都下念劬隨使英法商榷弗易而友人慫恿付梓用識緣起弗敢遂謂美備仍願就正云爾目錄增署楊錢二君姓氏者椎輪大輅物各

有本不攘善也時光緒十九年癸巳秋八月江甯李圭謹識

通商表目錄

無錫楊楷仁山初輯
歸安錢恂念劬再輯
江甯李圭公桓三輯

卷一

卷二

卷三

卷四

各國換訂約章表說

類要表曰兩國相交不能不立約互市既盛不能不定章而約章得失視國勢之强弱人謀之臧否爲剖康熙雍正乾隆朝三與俄國立約若條教然俄人拱手聽命道光咸豐間西國踵至挾兵求市爲約半出彼族故法弛而詞不順同治光緒以來懲前毖後講求利弊爲約或增損數字杜漸防微或修改數端讓輕爭重雖未能盡挽前失所補救者已不少矣今和好之國十有七約經久而遞修章因時而旋改覩已然之陳迹爲未雨之綢繆則約章固考鏡之林非僅因應之據

爰纂與各國所訂約章爲表

類要表又附其議而未訂訂而未換換而已廢者謂道光二十二年在虎門定通商善後章程二十一條二十九年粤督徐廣縉與英使文翰在廣州定禁止入城之約均廢同治七年總理衙門與英駐華使阿禮國定新約十六款通商章程十款未換是年五月總理衙門與大西洋即葡萄牙定約五十三款未訂先是同治元年彼浼法國先容請立和約派薛煥崇厚會同辦理議約五十四款未定至是又畧改再議另償以澳門礮臺道路之費百萬兩而以澳門仍歸中國專轄派日國人瑪斯往議未成至光緒十三年十月始議定並增專約三條光緒八年八月北洋大臣督同津海關道周馥候選道馬建忠與朝鮮國陪臣趙甯夏金宏集魚允中在天津定中國朝鮮商民水陸貿易章程八條旋又定奉天與朝鮮邊民交易章程二十四條朝鮮乃屬國不列表十四年出使美國大臣張蔭桓在彼都修約未互換

各國換訂約章表

表一

	康熙二十八年	雍正五年	乾隆五十七年	道光二十二年	二十六年	二十七年	咸豐元年
俄國	四月領侍衛內大臣索額圖與彼使費岳多在尼布楚定黑龍江和約六條	九月理藩院尚書圖理善與彼官伊立禮在恰克圖定恰克圖界約十一條	正月辦事大臣松筠普福及喀爾喀貝子遜都布都爾濟與彼官色勒裴特定恰克圖市約五條				八月伊犂將軍奕山參
英國				七月廣州將軍耆英乍浦副都統伊里布與彼使璞鼎查在江甯定和約十三條	三月兩廣總督耆英與彼官德微斯在虎門定約五款		
瑞典國哪嗹國						二月兩廣總督耆英與彼使李利華在廣東定約三十三條	
美國							
法國							
德國即布國							
丹國							
荷蘭國							
日斯巴尼亞國							
比國							
義國							
奥國							
日本國							
秘魯國							
巴西國							
大西洋國即葡萄牙							

通商表　卷一　各國換訂約章　五

年	八年	
贊大臣布彥泰奏定伊犁塔爾巴哈臺通商章程十七條	四月黑龍江將軍奕山與彼官岳福在愛琿城定約三條	五月大學士桂良吏部尚書花沙納與彼使普[redacted]在天津立約十二條
	五月大學士桂良吏部尚書花沙納與彼使額爾金在天津立約五十六條附專條一	十月桂良花沙納及兩江總督何桂清武備院卿明善刑部員外郎段[redacted]與彼使額爾金在上海定通商善後條約
	五月大學士桂良吏部尚書花沙納與彼使列衛廉在天津立約三十條	十月桂花何明段與彼使列在上海定通商善後條約十款稅則一冊
	五月大學士桂良吏部尚書花沙納與彼使葛羅在天津立約四十二條并和約章程補遺六款	十月桂花何明段與彼使葛在上海定通商善後條約十款稅則一冊又另款一條

通商表　卷一　各國換訂約章　六

	十年	十一年	同治元年
	十月恭親王與彼使伊格那替業福在京城定續約十五條	五月倉場侍郎成琦與彼官在黑龍江定勘分東界約記并碑	二月總理衙門與彼駐華使把[redacted]在京城定陸路通商章程二十一款又定續增稅
十款稅則一冊	九月恭親王與彼使額爾金在京城定續約九款	九月總理各國事務衙門定長江各口納稅通共章程五條長江暫訂通商章程十二條	九月定長江通商統共章程七條即改正上年之十二款也
	九月恭親王與彼使葛羅在京城定續約十款		
		七月倉場總督崇[redacted]三口大臣大理寺少卿崇厚與彼使斐悌理阿理丕艾在天津定約四十二款附一款稅則一冊	

則

二年

五月工部侍郎恆祺兵部侍郎三口大臣崇厚與彼使福■■在天津定約五十五條通商章程九條税則一冊

六月兵部侍郎三口大臣崇厚與彼使碁■■在天津定約十六條另款一條

三年

九月勘辦西北界大臣明誼與彼使雜哈勞在塔爾巴哈臺定勘分西北界約十條

九月頭品頂戴薛煥兵部侍郎三口大臣崇厚與彼使瑪斯在■■定約五十二款專款一

四年

九月戶部侍郎董恂兵部侍郎三口大臣崇厚與彼使金德俄

固斯德在■■議約四十七款通商章程九條税則一冊

五年

五月恭親王等與彼駐華使阿禮國定招工章程二十二條又三節

九月戶部侍郎譚廷襄兵部侍郎崇厚與彼使阿■■在■■定約五十五款

通商章程九款税則一冊

七年

六月辦理中外交涉事務蒲安臣志剛孫家穀在彼都華盛頓與彼臣徐■■定約八條

八年

三月總理衙門

七月戶部尚書

與彼駐華使倭良嘎哩改訂陸路通商章程二十二條

八月科布多立界大臣奎昌與彼臣巴布闊福定科布多界約三條

九月兩國議定伊犁塔城邊界三條

十月議定喀什噶爾西北界約四條

董恂兵部侍郎三口大臣崇厚與彼使畢■■在■■定約四十五條通商章程九款稅則一冊

九年

正月烏里雅蘇臺大臣榮全與彼官在昌吉斯臺定烏里雅蘇臺界約二條并

約記

七月兩國議定科布多界約五條

八月互換新界條約記

九月議定塔城西南界約七條又塔城立界大臣奎昌與彼官穆嚕木策傳定塔爾巴哈臺界約三條

七月大學士北洋大臣李鴻章與彼使伊達■■在天津定修好條規十八款通商章程三十三款稅則一冊

十年

五月兩國議定喀什噶爾界約六條

十三年

五月大學士北洋大臣李鴻章與彼使葛爾西耶在天津定約十九條專條一款

光緒二年

七月大學士北洋大臣李鴻章與彼駐華使威妥瑪在

煙臺會議條款三端又專款一

通商表　卷一　各國換訂約章　十二

三年

十月大學士沈桂芬與彼駐華使伊■■在京■城定古巴華工條款十六

六年

十月大學士寶鋆禮部尚書李

二月大學士沈桂芬戶部尚書

鴻藻與彼駐華使安■■來華■使帥■■留■■續修約四款又另款四

景廉與彼駐華使巴蘭德在京城定續修條約十款善後章程九款七月立接續約區限憑單一件

七年

出使大臣曾紀澤在彼都彼得羅堡與

八月大學士北洋大臣李鴻章與彼使

通商表　卷一　各國換訂約章　十三

彼臣格爾斯布策改訂約二十條專條一改訂陸路通商章程十七條卡倫單一

喀■■在天津定約十七條

十年

四月大學士北洋大臣李鴻章與彼使福祿尼在天津

訂簡明約五條

十一年

六月出使大臣曾紀澤在彼都倫敦與彼外部議訂煙台條款續增專條洋藥稅釐併徵專條十條

四月大學士北洋大臣李鴻章刑部尚書錫珍鴻臚寺卿鄧承修與彼駐華使巴特納在天津改訂越南新約十款

三月大學士北洋大臣李鴻章與彼使伊藤■■在天津定會議專款三條

十二年

六月琿春副都統伊克唐阿左副都御史吳大澂會彼官巴啦諾伏舒利經重勘琿春東界議定約記八則兩國交界道路記六段更正倭字那字兩

六月兩國議定緬甸約文五條

三月大學士北洋大臣李鴻章與彼使弋■■卜■■在天津定邊界通商章程十九條

界牌記

十三年

五月內閣侍讀學士周德潤鴻臚寺卿鄧承修與彼官■■■在廣西定商務專條十界務專條四此十條四條總理衙門於畫押時又聲明三端

三月稅務司金登幹在彼都理斯波阿定會議節略四條

十月慶郡王工部侍郎孫毓汶與彼使羅沙在京城定條約五十四條專約三條

十六年

閏二月慶郡王刑部尚書孫毓汶與彼使■華■在京城議定煙臺條款續增專條重慶設關通商專條六條

江海口岸貿易表說

類要表曰康熙二十四年始開海禁荷蘭以佐平臺灣有功首請通市英吉利諸國繼之初以澳門爲逆旅而交易廣州之黃埔往來甯波之舟山海國圖志云二十四年畺臣奏設浙海江海閩海粵海關乾隆二十四年英商洪任輝訴粵關苛政於天津五十八年英使馬甘尼請推廣市埠有北向意而請給海島一語張日後香港之本迨道光二十二年五口通商踵事以增一見於咸豐之季再見於光緒之初於是江海通商凡二十有二口而不設關市之區尚不在此數如大通安慶武穴陸溪口沙市及吳淞口是趨時向者以通商爲大利狃往事者以通商爲大害二者各爲一說未得其平夫增關稅通物產不可謂非利而交涉多則爭端易啟商賈集則民俗易漓利四三而害恆六七惟海國既以此爲當務之急其先有所要挾而姑爲允許其繼遂相援引而莫可謝絕夫亦人事之所迫而莫能廢者歟排比爲表以與約章相表裏

江海口岸貿易表

	道光二十二年	二十七年	咸豐八年	
牛莊				允英約十一
天津				
登州				允英
上海	允英國舊約二	允瑞典哪威國約三約云五港外不得一船入別港	允俄國約三約云別國增添口岸俄國一體照辦	
鎮江				允英約十云長
蕪湖				
九江				
漢口				
宜昌				
甯波	允英	允瑞哪	允俄	
温州				
福州	允英	允瑞哪	允俄	
厦門	允英	允瑞哪	允俄	
臺灣			允俄	允英
淡水				
潮州				允英
廣州	允英	允瑞哪	允俄	
瓊州			允俄	允英
北海				
九龍				
拱北				
重慶				

表二

江一帶各口俱可通商自漢口溯流至海各地選擇不逾三日准爲英船進出貨物通商之區	

美		法
		允法
允美	國約十四約云嗣後他國准開各港口市鎮在彼居住貿易任其互相往來	允法
允美		允法
允美		允法
允美		允法
允美		允法
		允法
允美		允法
允美		允法
		允法

十年			十一年	同治
			允德 國 卽布 約 約六	允丹
	允英 續約 四	允法 續約 七	允德	允丹
國 約六			允德 約作芝罘	允丹
			允德	允丹
又允江甯			允德	允丹
			允德	允丹
			允德	允丹
			允德	允丹
			允德	允丹
			允德	允丹
			允德	允丹
			允德	允丹
			允德	允丹
			允德	允丹
			允德	允丹

二年		三年	四年
國 約十一	允荷 蘭國 約二	允日 斯巴尼亞 國 約五	允比 國 約十
	允荷	允日	允比
	允荷	允日	允比
	允荷	允日	允比
又允江甯	允荷	允日 又允江甯	允比 又允
	允荷	允日	允比
	允荷	允日	允比
	允荷	允日	允比
	允荷	允日	允比
	允荷	允日	允比
	允荷	允日	允比
	允荷	允日	允比
約作汕頭	允荷	允日	允比
	允荷	允日	允比
	允荷	允日	允比

一
江甯

五年
允義 國 約十 一
允義
允義
允義
允義 又允江甯
允義
允義
允義
允義
允義
允義
允義
允義
允義
允義

八年
允奧 國 約八
允奧
允奧
允奧
允奧 又允江甯
允奧
允奧
允奧
允奧
允奧
允奧
允奧
允奧
允奧
允奧

十年
允月 本國 約一
允日
允日
允月
允日
允日
允日
允日
允日
允日
允日
允日
允日
允日
允日

十三年
允秘魯國
約八云秘國商船准在中國通商各口往來貿易

光緒二年
允英 煙臺條款三云大通安慶湖口武穴陸溪口沙市輪船准停泊上下客商貨物
允英 約云重慶府可由英員駐寓查看英商事宜
允英
允英

六年
允德
允德
允德
允德

續約二云大通安慶湖口武穴陸溪口沙市已作爲上下客貨處外又江蘇吳淞口一處

德國船暫准停泊上下客商貨物

七年
允巴西國
約五云巴國民人准赴中國通商各口往來運貨貿易

十三年
洋藥稅釐併徵改章設
洋藥稅釐併徵改章設

十四
約十四云中國

年	十六年
允大西洋國通商口岸均准大西洋人民居住貿易	

允英　續增

陸路口岸貿易表説

類要表曰今甲俄羅斯通市之地凡三曰京師曰黑龍江曰恰克圖自乾隆二年停京師市易而恰克圖之市愈盛菊海謙河間羣焉綰轂駢闐殷阜黑龍江無遠至之商無居奇之貨僅通邊徼有無而已故乾隆朝三次閉關嚴大黃之禁下令新疆及沿海行省而氊維卓帳之地不及也咸豐以來俄人拓地漸廣貿易漸盛再申市約烏蘇里松花二江與黑龍並列而三市埠遂著西北接壤尤袤霍尼邁拉呼卡倫屬喀爾巴哈臺本有貿易之禁咸豐初首請立市即嘉峪關通商之先聲

蓋自康熙三十二年使臣道吐魯番入關已懷西路遄行之意顧中俄土壤相屬勢所必然繄英與法僻處海外將欲獻琛上國非輪帆不爲功然英侵緬甸以窺雲南之大理法據越南以叩廣西之龍州雲南之蒙自向之阻越重溟而猶稍隔絶者今則犬牙相錯洋人堅忍凡所垂涎雖遲之數十百年必思取償而後已英據印度實逼西藏窺伺通商歷有年所彼願果償則市區之設周帀中國防閑之道水易而陸難思患豫防表陸路貿易之地與前表相輔

陸路口岸貿易表

	康熙二十八年	雍正五年	乾隆五十七年	咸豐元年	八年	十年
烏蘇里黑龍江松花江	俄黑龍江約六云一切行旅有准令往來文票者許其貿易				俄愛琿約二云烏蘇里黑龍江松花江兩國所屬之人合其一同交易	
恰克圖		俄恰克圖界約四云除兩國通商外有在交界處所零星貿易者在色楞額之恰克圖尼布楚之本地方擇好處建蓋房屋	與俄定恰克圖市約五條			俄續約云五由恰克圖到
塔爾巴哈臺						
伊犁				與俄定伊犁塔爾巴哈臺通商章程十七條		
喀什噶爾				見上		俄續約六云試行貿易喀
烏魯木齊天山南北						
肅州即嘉峪關						
龍州						
蒙自						

	同治元年	光緒元年	七年	十三年
京經過之庫倫張家口如有零星貨物亦准行銷	俄通商章程二云俄商准往中國設官之蒙古各處及該官所屬之各盟貿易不設官之蒙古地方如欲前往貿易亦不攔阻			
什噶爾與伊犁塔爾巴哈臺一律辦理				
			俄改定約十二云准俄民在烏魯木齊及天山南北兩路各城貿易	
			俄改定約十云准在肅州吐魯番設領事其科布多烏里雅蘇臺哈密烏魯木齊古城五處俟商務興旺議添	
				續議法越商務專條十云廣西關龍州
		英煙合條款一須滇省邊界與緬甸地方來往通商妥爲商議○又云英國派員在大理府或他處地方駐寓察看通商情形		見上　又云蠻耗係

雲南開蒙自	保勝至蒙自水道必由之處所以中國允開該處通商與蒙自無異

使臣出洋分駐表說

類要表曰奉使絶域權輿炎劉然輶跡所經不踰西海唐之吐番宋之遼金尢附近邊關不逾萬里矧因事遣使蕆事遄歸從未有軺車四出徧履瀛寰給符印辟僚屬計期受代如今日駐洋使臣者也康熙二十七年索額圖佟國綱馬喇使俄值喀爾喀與額魯特搆兵道阻不達逾年索額圖復往亦僅至尼布楚定約而還五十一年圖理琛奉　命撫綏土爾扈特部假道於俄非奉專使故但見噶噶林而不見其汗其齎　國書適異域以通情好自同治六年志剛孫家穀及美人蒲安臣始（四年斌椿出洋乃游歷非出使故不數）歷國十一（美英法瑞丹和德俄比義日）致聘而歸九年崇厚使法亦修好卽歸光緒初元定常駐之制維時內外臣民猶以講求洋務爲詬病不知時事有非史冊陳迹所能比儗者平交涉之務聯中外之情以弭釁於無形惟使臣轉圜最易比者伊犂之舉俄交離矣賴有使臣復歸於好維時調護已驗昭然使臣三四駐國十餘分合交替著之於編亦史表百官公卿之例

使臣出洋分駐表

表四

	俄羅斯	德意智	義大里	荷蘭	奧斯馬加	比利時	英吉利	法蘭西	美利堅	日斯巴尼亞	秘魯	日本
光緒元年							郭嵩燾 七月派充		陳蘭彬 十一月派充 容閎 副	陳蘭彬 容閎 副	陳蘭彬 容閎 副	
二年							郭 劉錫鴻 副○八月派充		陳 容	陳 容	陳 容	何如璋 十二月派充 張斯桂 副
三年		劉錫鴻 三月派充					郭		陳 容	陳 容	陳 容	何 張
四年	崇厚 五月派充	李鳳苞 七月派署					郭 曾紀澤 七月改派	郭嵩燾 正月兼充 曾紀澤 七月改派	陳 容	陳 容	陳 容	何 張
五年	邵友濂 九月派署	李鳳苞 閏三月派充					曾 一	曾	陳 容	陳 容	陳 容	何 張
六年	曾紀澤 正月兼充	李					曾	曾	陳 容	陳 容	陳 容	何 張
七年	曾 十一月再留三年	李	李 三月兼充	李鳳苞 三月兼充	李鳳苞 三月兼充		曾	曾	鄭如藻 七月改派	鄭如藻	鄭如藻	黎庶昌 三月改派
八年	曾	李 三月再留一年	李	李	李		曾	曾	鄭	鄭	鄭	黎
九年	曾	李 三月再留一年	李	李	李		曾	曾	鄭	鄭	鄭	黎
十年	曾	許景澄 九月派充	許景澄	許景澄	許景澄		曾	許景澄	鄭 十二月再留半年	鄭	鄭	徐承祖 十一月派充
十一年	劉瑞芬 六月改派	許	許	許	許		劉瑞芬		張蔭桓 六月改派	張蔭桓	張蔭桓	徐
十二年	劉	許	許	許	許	許景澄 [illegible]月兼充	劉	許	張	張	張	徐
十三年	洪鈞 六月改派	洪鈞	劉瑞芬 十月兼充	洪鈞	洪鈞	劉瑞芬 十月兼充	劉	劉	張	張	張	黎庶昌 六月重派
十四年	洪	洪	劉	洪	洪	劉	劉	劉	張	張	張	黎

十五年	洪	洪	薛福成四月派充	洪	洪	薛福成四月派充	薛福成四月派充	薛福成四月派充	崔國因二月派充	崔國因二月派充	崔國因二月派充	黎
十六年	許景澄七月派充	許景澄七月派充	薛	許景澄七月派充	許景澄七月派充	薛	薛	薛	崔	崔	崔	李經芳七月派充
十七年	許	許	薛	許	許	薛	薛	薛	崔	崔	崔	李

各關始設稅司表說

中外間以大海前代西人來傳教者必由陸路繞道俄羅斯迆里過天山以達北省長途七八萬里跋涉須閱四五年自後輪帆繼興葡人始越海至澳門貿易瑰奇之物絡繹而來英人涎之遂以鴉片煙販運粵省邊海之區與華商互市當事建議禁除未行道光二十二年七月廣州將軍耆英乍浦副都統伊里布與英使璞鼎查在江甯定約十三條九月奉硃批俱著照所議辦理其第二條曰自後准英國人民帶同所屬家眷寄居沿海之廣州福州廈門甯波上海等五處港口貿易通商交納貨稅鈔餉是爲沿海五口通商之始時洋商船貨到口稅鈔就各口常關交納雖須則例而徵收未能畫一巡丁留難稽阻時形不便其所報解又無幾咸豐三年七月上海另股土匪陷邑城軍事旁午洋船進口稅鈔無交納處當事商之英法美三國各派西官一人代收洋商稅鈔四年六月十八日在上海開辦英初派之員乃其副領事官威妥瑪法則派法員意丹美派美員賈姓延中西人勷助是爲西人代徵洋稅之始不數月威妥瑪以事與繙譯官李泰國意丹旋亦與其國人施美賈姓與其國人費士挨辦較

常關有贏無絀廣州洋稅向由准與洋商貿易之十三行用通事經理七年十三行廢其稅鈔仍由通事館六七處經收處各數十人故洋船進出雖眾料理裕如顧所習洋文率淺陋事稍繁難謬弊旋生時粵督勞崇光關督恆祺聞上海自李泰國創辦逐年加增舉廣州英領事之繙譯官赫德勷理赫德初未允欲召李泰國來粵籌議因屬節取粵關情形寄商之八年五月英法美三國在天津定約復准英於牛莊登州臺灣潮州瓊州與長江之三口通商並曩之廣州等五口綜十三口法約則損牛莊而益淡水復增以江甯與英約共得十五口十月在上海定善後條約其第十款曰收稅如何嚴防偷漏應由中國設法辦理條約業已載明然現議明各口畫一辦理是由總理外務通商事宜大臣或隨時親詣巡歷或委員代辦任憑總理大臣邀英人幫辦稅務並查漏稅判定口界派人指泊船隻及分設浮樁號船塔表望樓等事毋庸英官指薦干預其浮樁號船塔表望樓等經費在於船鈔項下撥用等語法美約從同九年六月赫德辭繙譯官與議粵關洋稅事宜時上海之法美兩國原派施美等裁撤以貿易推英國為盛蘇省大府權委李泰國為中國總稅務司

駐上海以專責成並以英員德都德為上海稅務司九月粵中洋稅議行以美員吉羅福為廣州稅務司是為設立總稅務司稅務司之始十年九月英法兩國在京續增條約英第三款曰英國兵費銀兩應於通商各關所納總數內分結扣繳二成法第四款曰軍需銀兩在中國各海關每年收稅銀若干按五分之一扣歸均以三箇月為一結自是年八月十七日至十一月二十一日為第一結並允英法於天津府作通商口岸此為海關報數稱結名目之始十一年春李泰國奉總理衙門劄文派為中國總稅務司恆祺之薦也四月李泰國假歸總理衙門以赫德費士來會署總稅務司事赫德始移駐京城奉文就各口設新關派稅務司前往經理江甯之不設者以原約有長江不逾鎮江九江漢口三口明文是為總理衙門責成總稅務司設關派員經理之始英稱收稅官為格美升納因譯曰稅務司同治二年五月李泰國假旋德都德病歿以赫德接充上海稅務司兼長江三口浙省甯波諸口稅務當李泰國之回國也我大府屬購火輪戰船四延英水師官管帶將用以攻粵賊約以船到中國專受總理衙門調遣仍由其主持其間總理衙門謂船乃南省應敵之

用應就近聽督撫及統兵大臣調度李泰國不欲失約英官持之堅是年十一月遂撤李泰國任而委赫德爲總稅務司其四船由英變歸原價五年英法兵費扣清總理衙門以用西國章程稽徵稅鈔增數較前逾倍奏准仍用西員辦理按結照提四成解部實庫光緒二年七月英以馬嘉里被害於滇其使臣威妥瑪與北洋大臣在煙臺會議條款其第三端曰准在湖北之宜昌安徽之蕪湖浙江之温州廣東之北海四處添設通商口岸前後共十九口十三年洋藥釐金由關並徵以香港澳門向經洋藥走私復增設九龍拱北兩關又

以續議法越專條准於廣西之龍州雲南之蒙自設關十六年復以煙臺條款第三端載四川重慶府可由英國派員駐寓等語准於重慶通商於是綜前後設關得口二十有四總稅務司駐京統理之時事多艱楚材晉用始因匪亂繼因法釁加以善後明文續約兵費迫扣款清償循舊提庫此新關所由設而久也初徵二百數十萬兩已非意料所及不十年收至九百萬兩又不十年至千二百餘萬兩今且逾千五百萬兩而洋藥釐金猶不計西人處事固務實亦由信任得其道耳西北陸路肅州諸處准設之關事非洋關經理數目未由稽考朝鮮之關雖由總稅務司派員經理國爲藩屬皆不摻入爲表始設稅司年月以資考鏡其歷任籍貫姓氏詳各關文書不贅

各關始設稅司表

表五

	咸豐九年	十年	十一年	同治元年
總稅務司	六月初二日			
山海關稅務司				
津海關稅務司			二月十三日	
東海關稅務司				
宜昌關稅務司				
江漢關稅務司				十一月十二日
九江關稅務司				
蕪湖關稅務司				
鎮江關稅務司			四月初[illegible]日	
江海關稅務司	六月初一日先於咸豐四年六月十八日商請西官收稅			
浙江關稅務司			四月十三日	
甌海關稅務司				
閩海關稅務司			六月初七日	
淡水關稅務司				六月二十二日
臺灣關稅務司				
廈門關稅務司				二月初二日
潮海關稅務司		[illegible]月[illegible]日		
粵海關稅務司	九月二十九日			
九龍關稅務司				
拱北關稅務司				
瓊海關稅務司				
北海關稅務司				
龍州關稅務司				
蒙自關稅務司				
重慶關稅務司				

通商表　卷一　各關始設稅司　三十五

二年	三年	光緒二年	三年	十三年	十五年
	四月初四日				
二月初五日					
			二月十八日		
			二月十八日		
			二月十八日		
	四月初一日				
				三月初九日	
				三月初九日	
		三月初七日			
			二月十八日		
					五月初三日
					七月二十八日

通商表　卷一　各關始設稅司　三十六

十七年			
正月二十一日			

各關年給經費表說

李泰國既爲總稅務司請於總理各國事務衙門視關口大小稅務繁簡擬定經費之多寡約計各關按外國歲支費銀七十萬二百兩而牛莊一關在各關餘銀內酌撥同治二年五月奏准四年冬赫德以牛莊經費轉撥不便甚至乞借監督計本關收常洋兩稅較旺請按月坐支銀一千五百兩五年正月奏准六年二月赫德又以山海即牛莊東海臺灣淡水四關原定經費不敷請以月給四千兩外共月增銀二千五百兩六年三月奏准於是各關經費歲共支銀七十四萬八千二百兩時赫德以稅餉收至八百五十餘萬兩請添經費每年三十六萬兩總理衙門未允約以將來果收至一千萬兩外再議加增光緒元年八月赫德申稱當同治元年各關徵收稅餉合計六百六十三萬兩至十三年增至一千一百四十九萬兩則各口需人不能不漸加請照前稅餉增至一千萬兩以外加增經費之議總理衙門以各關共給經費遽請添至一百二十萬兩未免過多酌於舊有經費七十四萬八千二百兩外增銀三十五萬兩共每年經費一百九萬八千二百兩自六十結起並議定嗣後約以七十萬兩爲收稅

一千萬兩之經費將來關稅非過一千五百萬兩不得再為請益光緒元年十一月奏准六年新設瓊州北海甌海蕪湖宜昌五關准給經費銀六萬兩每年共計一百十五萬八千二百兩十三年赫德以原設十九關稅務司徵收稅鈔已逾一千五百萬兩之數每年請增經費二十五萬兩其洋藥釐金由關並徵新章開辦新設九龍拱北兩關事在十九關以外而與十九關洋藥稅釐並徵皆有關係人多費重請另撥九龍拱北二關經費每年十八萬兩又沿海緝私准購大小輪船十一隻請另撥經費每年十五萬兩此兩項共銀三十

三萬兩乃在十九關經費之外合十九關原領之一百十五萬八千二百兩及此次籌添之二十五萬兩統計每年請給經費銀一百七十三萬八千二百兩由各關開具應添經費清單申請經總理衙門戶部酌核所加十九關經費銀二十五萬兩准於洋稅項下添撥至新設九龍拱北兩關及緝私巡船經費專為洋藥稅釐併徵而設所謂每年撥銀亦應照數撥給准於洋藥釐金項下動用光緒十四年四月奏准於二月二十日起各關按月發給茲為表各關每年准撥經費

光緒六年三月總理衙門原奏聲明各關洋船進出口及復進口均按四箇月納船鈔一次照條約為建塔表望樓之用同治元年七月間因設立同文館延聘中外教習講授言語文字其脩金薪水一切籌款無著即於船鈔項下酌提三成應用以一成付赫德為沿海各口興辦一切之需餘六成存儲各關照約為洋人在各口分設浮樁號船塔表望樓等項經費現因各口所留六成往往挪作別用洋人私議儗慫恿各國駐京公使將此項船鈔悉數交與領事收辦法國公使伯洛內上年並有照會請將歷年所收船鈔一百餘萬發還自行修建塔樓等項經辯論中止思與其交領事官收辦致

中國不能過問莫如交稅務司收辦將來尚可稽查公同議將船鈔量行變通除同文館照舊提用外其餘七成從明年第三十一結起交總稅務司收領為建造塔樓等項本款之費每屆年終將動用數目申報稽核奉　旨俞允

各關罰商銀兩入官貨物變價銀兩十四結前由監督稅司分給書巡充賞十五結起除提一成賞給原拏人役並提給拏貨變價等費其餘仍以十成核計以三成呈交總理衙門三成歸監督充賞四成存稅務司備用三十四結後稅務司備用之四成餘銀解總稅務司四十六結後四成全數解總

稅務司其船鈔罰款俱分成呈解各有稽攷不另表

各關年給經費表

表六

			光緒十四年
山海關	即貿易總冊之牛莊	洋稅項下給 洋藥釐金項下給	四萬八千兩 無
津海關	天津		四萬八千兩 一萬二千兩
東海關	之罘		四萬八千兩 無
宜昌關	宜昌		二萬二千兩 無
江漢關	漢口		十六萬八千兩 一萬二千兩
九江關	九江		八萬四千兩 一萬二千兩
蕪湖關	蕪湖		四萬八千兩 六千兩
鎮江關	鎮江		四萬八千兩 無
江海關	上海		二十九萬八千二百兩 無
浙海關	寧波		七萬二千兩 一萬二千兩
甌海關	溫州		一萬二千兩 無
閩海關	福州		十三萬八千兩 四萬八千兩
淡水關	淡水		三萬兩 六千兩
臺灣關	打狗		三萬兩 六千兩
廈門關	廈門		七萬二千兩 四萬八千兩
潮海關	汕頭		七萬二千兩 四萬八千兩
粵海關	廣州		十三萬二千兩 十二萬兩
九龍關	九龍	九龍拱北兩關經費十八萬兩巡船經費十五萬兩即各關洋藥釐金項下所給	
拱北關	拱北		
瓊海關	瓊州		二萬四千兩 無
北海關	北海		二萬四千兩 無
龍州關	龍州		
蒙自關	蒙自		
重慶關	重慶		

商表　卷二

洋關稅鈔歲入表說

綜覈表曰會典載戶工各關歲額二百餘萬兩徵溢額者曰盈餘視常額都不逾五百萬兩自通商來別為關以榷洋稅遞增至千七百萬餘兩雖常稅暗虧而贏猶逾倍溯自道光壬寅定值百抽五之稅咸豐戊午量減貨價漸殺之稅其時西國政令未聞洋使又不受我範圍凡所為裒益更定之者姑徇彼請無暇研求抑知西國徵商之利恆重進輕出遏人殖已又或察其緩急利害以時其輕重之宜（英國於印度茶進口免稅所以敵華茶也於糧食進口免稅所以儲民食也重稅煙酒進口以非民間不可少之物也重稅鴉片出口以為中國不可少

之物也大約進口以百取二十四十為恆間有百取百及取百外者）中國自戊午後無大變易（土煤茶末出口減稅鐘表海菜進口減稅皆便益洋商湖絲洋藥戊辰約議加稅未行）進口稅則本輕核價未遠百五出口貨價日貶不加稅而稅已暗增乙亥土貨價六千八百九十萬（見第十一表）徵稅五百六十四萬（倍本表復進口半稅以減本表出口正稅餘數即土貨出洋淨稅）是百而取八辛巳土貨價七千一百餘萬徵稅六百八十七萬是百而取九輕重殊科益利彼族竊謂法與時為變通疇昔海舶尚希不妨輕稅額以示國體今則利趨於外正宜參取西例重進口而輕出口顧百五之例載在約章驟議增加夫豈易事然公法自主之國皆得

損益稅則保護利權商於其國者不能阻也則轉移補救事在人爲馬貴與所謂取之於豪彊商賈以助國家之經費者其亦商政之鈐鍵也歟　洋貨進口按則稅之則所不載百稅其五爲進口正稅土貨出口亦按則稅之則所不載百稅其五爲出口正稅土貨既納稅出口矣復進他口後進之口半前出之口而稅之爲復進口半稅輪船帆船差其小大四閱月而一稅爲船鈔（容積百五十噸以上噸納四錢百五十噸以下噸納一錢凡五十立方英尺爲一噸）運洋貨入內地欲免釐金則請稅單於自發之關運土貨出內地欲免釐金先請報單於將出之關二者均半正稅而稅焉爲內地半稅五者歲入之大凡也其洋貨既納稅進口不售運而之他在三十六月外者重稅之爲復進口正稅不恆有故不列　關册以西國一年爲始訖今表遵時憲則所列諸數不免小差然正無幾又光緒十三年以後歲入總數幷洋藥釐金計故數驟盈今析洋藥釐金別爲表而總數乃符前例

洋關稅鈔歲入表　表七

	進口正稅	出口正稅	復進口半稅	船鈔	內地半稅	五項總數
咸豐九年	七十六萬二千四百八十八兩	一百七十六萬二千八百六十六兩		十萬六千九百四十二兩		二百六十三萬二千二百九十六兩
十年	六十四萬二千兩	一百四十四萬一千四百兩		八萬三千七百兩		一百七十六萬七千一百兩
十一年	二百十六萬九千四百二十七兩	二百四十四萬二千六百三十七兩	十萬五千二百六十二兩	十二萬九千二百十八兩		四百八十四萬六千六百二十四兩
同治元年	三百十七萬一千九百四十八兩	三百六十萬四百十二兩	七十六萬五千六百三十二兩	二十萬七千六百八兩		七百七十四萬五千六百兩
二年	一百八十三萬八千九百六十六兩	一百八十四萬四千九百八十六兩	三十七萬三千三百五十一兩	二十四萬三千八百十二兩		四百三十萬一千一百十五兩
三年	二百四十二萬七百八十二兩	四百四十八萬五千二百六十二兩	四十九萬五千七百五十二兩	二十九萬四千八百五兩	十七萬七千六百十八兩	七百八十七萬四千二百七十九兩
四年	二百七十三萬五千五百二十四兩	四百六十四萬六千八百九十四兩	四十一萬七千三百十四兩	二十六萬九千一百九十五兩	十八萬六千二百九十四兩	八百二十八萬九千二百八十一兩

五年	三百二十六萬六千六百五十兩	四百六十四萬四千九百十三兩	四十九萬一千六百六兩	二十一萬七千七百三十二兩	十六萬九百七十一兩	八百七十八萬一千八百七十五兩
六年	三百十五萬七千四百四十五兩	四百八十七萬九千四十五兩	四十七萬八千二十兩	二十萬三千六百四十七兩	十四萬六千六百六十兩	八百八十六萬四千八百十七兩
七年	三百二十八萬七千七百九十二兩	五百三十三萬五千六百五十五兩	四十七萬一千三百十六兩	二十萬三千六百十四兩	十五萬九十七兩	九百四十四萬八千四百七十四兩
八年	三百四十七萬二千八百二十一兩	五百五十四萬六千九百六十七兩	四十八萬八千一百六十八兩	二十二萬三千五百四十九兩	十四萬七千三百四十三兩	九百八十七萬八千八百四十八兩
九年	三百五十六萬九千二百五十兩	五百十六萬九百三十八兩	四十四萬七千三百四十三兩	二十萬七千八百十五兩	十五萬八千六百三十一兩	九百五十四萬三千九百七十七兩
十年	三百八十四萬七千九百八十九兩	六百三十八萬四千五百八十三兩	五十六萬九千五十八兩	二十萬四千七百九十八兩	二十萬九千七百十八兩	一千一百二十一萬六千一百四十六兩
十一年	三百六十七萬六千八十九兩	六百九十三萬九千九百八十五兩	五十四萬九千八百六十二兩	二十四萬二千二百二十七兩	二十七萬四百七十三兩	一千一百六十七萬八千六百三十六兩
十二年	三百八十萬四千八百五十五兩	六百十三萬七千一百十七兩	五十七萬九千四百六十九兩	二十一萬二千五百五十三兩	二十四萬三千八十七兩	一千九十七萬七千八十一兩

十三年	三百八十一萬四千一百二十一兩	六百六十八萬二千七百二十七兩	五十七萬三千八百四十三兩	二十萬八百三十二兩	二十二萬五千七百四十九兩	一千一百四十九萬七千二百七十二兩
光緒元年	三百九十萬四千四百三十九兩	六百九十三萬一千九百八十四兩	六十四萬五千九百六十一兩	二十三萬六千六百九十四兩	二十四萬九千三十一兩	一千一百九十六萬八千一百九兩
二年	四百六萬三千五百八十二兩	六百九十九萬五千五百六十九兩	六十一萬一千四百三十兩	二十三萬四千三百十四兩	二十四萬八千二十六兩	一千二百十五萬二千九百二十一兩
三年	四百十七萬五千七十五兩	六百八十四萬三千七百六十三兩	五十七萬二百二十一兩	二十二萬四千三十四兩	二十五萬三千九百八十五兩	一千二百六萬七千七十八兩
四年	四百十八萬八千九十二兩	七百十萬九千六百三兩	六十五萬三千五十九兩	二十六萬一百三十一兩	二十七萬三千一百三兩	一千二百四十八萬三千九百八十八兩
五年	四百八十四萬二千五百二十四兩	七百三十八萬五千七十兩	七十一萬三千四百四十七兩	二十四萬七千八百三十三兩	三十四萬二千七百九十六兩	一千三百五十三萬一千六百七十兩
六年	四百六十一萬七千七百七十三兩	八百二十六萬八千六百八十二兩	七十八萬六千一百九十六兩	二十四萬九千五百九十一兩	三十三萬六千三百四十一兩	一千四百二十五萬八千五百八十三兩
七年	五百萬二千十一兩	八百三十二萬九千六百六十八兩	七十三萬九十一兩	二十七萬三千五百七十四兩	三十四萬九千八百十八兩	一千四百六十八萬五千一百六十二兩

八年	九年	十年	十一年	十二年	十三年	十四年	十五年
四百六十八萬四千七兩	四百四十萬一千四百十兩	四百三十七萬五千三百七十二兩	五百七萬二千七百七十兩	五百一萬八千一百五十六兩	五百七十萬四百六十二兩	六百六十三萬五千二百六十三兩	五百八十六萬八千二百六十三兩
八百六萬八千四百三十五兩	七百五十五萬四千三百七兩	七百七十八萬八百十六兩	七百八十九萬八千九百兩	八百六十萬二千八百七十五兩	八百五十一萬九十八兩	八百二十八萬六百四十七兩	八百二十一萬四千八百八兩
七十四萬七十八兩	六十九萬七千四百八十五兩	七十四萬五千五百四十八兩	八十萬二千一百四十五兩	七十八萬四千一兩	九十三萬五千七百七十二兩	八十九萬四百四兩	九十一萬二千八百八十一兩
二十七萬九千七百九十九兩	二十八萬四千四十四兩	二十七萬九百十四兩	二十九萬八千九百九兩	三十三萬三千三百四十七兩	三十一萬六千四百四十三兩	三十二萬三千三百十二兩	三十二萬六千四百四十三兩
三十一萬三千三百五十三兩	三十四萬九千五百十一兩	三十三萬八千六十二兩	四十萬四十二兩	四十萬六千二百九十九兩	四十三萬二千七百八十二兩	四十一萬五千八百六十兩	四十一萬六千七十七兩
一千四百八萬五千六百七十二兩	一千三百二十八萬六千七百五十七兩	一千三百五十一萬七百十二兩	一千四百四十七萬二千七百六十六兩	一千五百十四萬四千六百七十八兩	一千五百八十九萬五千五百五十七兩	一千六百五十四萬五千四百八十六兩	一千五百七十三萬八千四百七十二兩

十六年	十七年						
六百五十二萬八千九百十四兩	七百十五萬九千八百十三兩						
七百五十二萬一千二百八十八兩	八百二十萬五百四兩						
九十四萬五千八百十七兩	一百三萬九千九百二十七兩						
三十三萬九千八百九十三兩	三十九萬一千五百七十二兩						
五十四萬一千二百四十三兩	五十二萬八千二百九十九兩						
一千五百八十六萬七千一百五十五兩	一千七百三十二萬一百十五兩						

各關稅鈔分列表說

綜覈表曰自中西互市輪帆絡繹其庶物殷賑之區藉是以獲轉輸之利者我之益也而殊方異物日新月異足以遷我賄者又我之害縱觀各關九龍拱北意在專稽洋藥不具論其他粵海居於衝江海匯厥總江漢閩海茶所自出故稅數出諸關之右宜昌蕪湖甌海北海設關稍後始徵之歲稅不及千其纔或逾十萬豈盡物產豐盈出口倍蓰耶抑亦嗜好漸開進口夥頤耶攷近年關稅且增至千七百餘萬併本表各關數即歲入表總數其稍不符者積奇零數致差也而民財不阜者豈無故哉西人遇事

增索市埠益彼必損我溢外必耗內不待智者而決也然閉關絕市未能遽行惟有因我固有之利而擴之規彼竊攘之利而杜之官民聯心以究商務　關冊云九龍附近香港拱北附近澳門凡土船由香澳入內地運洋藥均按通商稅則釐稅併徵若運百貨赴不通商口岸按常關則例抽稅其赴通商口岸者統歸該口常關徵稅若土船運土貨赴香澳查無原出口關照則按常關則例補稅至應完釐金貨物無論出入內地概照粵省釐金則例照完　二關進口出口釐金應於二關數內除出又二關無復進口半稅無船鈔　光緒十三年以後關冊於各關入數皆併洋藥釐金計今析出別為表合二表計仍符關冊

各關稅鈔分列表

表八

關	總冊名	咸豐九年	十年	十一年	同治元年	二年	三年	四年
山海關	牛莊（卽營易總冊之牛莊）						十萬四千七百二十九兩奇	十六萬七千六十四兩奇
津海關	天津						二十一萬六百四十九兩奇	三十五萬八千二十三兩奇
東海關	之罘						二十二萬八千九百二十兩奇	二十四萬三千五百十四兩奇
宜昌關	宜昌							
江漢關	漢口						一百二十八萬九千五百九十七兩奇	九十二萬六千三百九十七兩
九江關	九江						六十三萬九千一百八十六兩奇	五十六萬六千九百八十三兩奇
蕪湖關	蕪湖							
鎮江關	鎮江						三萬三百四十九兩奇	三萬二百七十九兩奇
江海關	上海	三百六十三萬二千二百九十六兩奇	一百六十九萬五百七十二兩奇	三百四十九萬五百二十九兩奇	四百十七萬二千十九兩奇	二百五十二萬六千六百二十一兩奇	二百八萬一千三百七十三兩奇	二百十六萬七千八百四十一兩奇
浙海關	寧波			二十九萬四千六百八十二兩奇	十一萬二千四百三兩奇	三十五萬二千九百四十五兩奇	三十九萬五千三百二十三兩奇	四十四萬七百七十四兩奇
甌海關	溫州							
閩海關	福州			六十一萬一千一百三十兩奇	一百七十六萬八千七百六十二兩奇		一百六十萬一千二百五十九兩奇	一百六十四萬二千二百兩奇
淡水關	淡水							三萬九千二百八十三兩奇
臺灣關	打狗（光緒十七年總冊改臺灣關爲臺南關改打狗爲臺南）						六萬四千六十一兩奇	五萬四千九百八十九兩奇
廈門關	廈門				三十萬六千十兩奇	四十七萬九百九十二兩奇	四十七萬四千九百九兩奇	四十七萬一千九百七十八兩奇
潮海關	汕頭		七萬六千五百二十八兩奇	二十一萬九千九百八十七兩奇	二十七萬四千三百八十二兩		三十五萬五千一百六十三兩奇	三十四萬六千六十四兩奇
粵海關	廣州			一百二十三萬三百九十六兩	一百十一萬一千九百二十四兩奇	九十五萬五百五十八兩奇	七十二萬七千八百八十九兩奇	八十四萬三千八百九十二兩奇
九龍關	九龍							
拱北關	拱北							
瓊海關	瓊州							
北海關	北海							
龍州關	龍州							
蒙自關	蒙自							
重慶關	重慶							

五年	六年	七年	八年
十八萬五千一百三十四兩奇	二十三萬一千九百七十二兩奇	二十一萬五千八百四十九兩奇	二十六萬九百八十二兩奇
五十四萬一千三百三十六兩奇	四十一萬一千二百九十八兩奇	三十九萬六百五兩奇	三十九萬四千八百五十七兩奇
三十二萬二千九百七十四兩奇	二十三萬八千九百十一兩奇	二十八萬四千三百六十三兩奇	二十八萬七千八百五十七兩奇
一百五萬二千三百七十一兩奇	九十九萬九千九百五兩奇	一百二十五萬二千六百七十一兩奇	一百三十二萬八千九百五十一兩奇
五十萬九千一百六十二兩奇	四十二萬六千六百一兩奇	五十四萬七千三百七十一兩奇	四十九萬九千六十六兩奇
一萬五千六百五十七兩奇	二萬三千九百六十七兩奇	三萬六千四百七十九兩奇	五萬四千六百五十五兩奇
二百十六萬二千四百九十六兩奇	二百三千一萬八百八十九兩奇	二百五十八萬一千六百十五兩奇	二百六十六萬七千九百五兩奇
四十八萬六千八百二十六兩奇	五十三萬二千三百六十九兩奇	五十九萬九千六百九十八兩奇	六十九萬三百五十三兩奇
一百五十四萬三千三百五十一兩奇	一百七十一萬二千四百三十兩奇	一百八十一萬九千一百兩奇	一百七十七萬六千三百四兩奇
五萬四千八百二十三兩奇	四萬九千三十七兩奇	六萬九千三百四十七兩奇	六萬七千三百四十四兩奇
五萬一千三百六十四兩奇	六萬八千四百七十一兩奇	五萬一千四百八十七兩奇	七萬三千七百一兩奇
五十三萬三千一百四十九兩奇	五十萬三千三百二十八兩奇	四十二萬六千四十五兩奇	五十五萬六千四百四兩奇
四十三萬一千七百五十一兩奇	四十二萬八百六十三兩奇	三十八萬一千二十五兩奇	三十五萬一千五百十兩奇
八十八萬九千四百七十九兩奇	九十三萬四千七百七十五兩奇	八十六萬六千二百六十九兩奇	八十六萬九千九百五十八兩奇

九年	十年	十一年	十二年
二十三萬八千四百十五兩奇	十八萬五千九百四十三兩奇	二十三萬五千六百二十六兩奇	二十萬三千二百二十六兩奇
三十九萬九千六兩奇	四十四萬一千一百六十二兩奇	三十三萬三千七百八十二兩奇	三十四萬一千十六兩奇
三十萬六千三百八十三兩奇	二十九萬二千七兩奇	三十三萬九百七十二兩奇	二十七萬七千四百五十三兩奇
一百二十六萬三千三百九十九兩奇	一百五十七萬七千八百四十一兩奇	一百五十六萬四千三百四十五兩奇	一百四十九萬八千九百七十六兩奇
四十六萬八千二百二十六兩奇	五十三萬七千七十三兩奇	五十八萬五千八百八十三兩奇	六十一萬四千六百六十兩奇
七萬一千三百六十二兩奇	十四萬二千三百六十六兩奇	三十三萬七千八十三兩奇	十五萬四千九百二十四兩奇
二百七十三萬九百五十六兩奇	三百二十一萬二千三十七兩奇	三百二十九萬五千七百四十六兩奇	三百二十一萬九千七百二十四兩奇
六十八萬九千四百十兩奇	七十一萬八千三百五十五兩奇	八十萬三千一百三十八兩奇	七十五萬一千二百二兩奇
一百四十九萬七百二十五兩奇	一百八十三萬五千三百六十一兩奇	一百八十六萬一千三百二兩奇	一百六十五萬八千五百三十三兩奇
六萬六千四百四十五兩奇	十萬二千四百十七兩奇	十二萬二千一百九十六兩奇	十二萬七千五百七十六兩奇
十一萬二千五百二十五兩奇	十一萬七千二百九十八兩奇	十一萬六百九十五兩奇	九萬八千六百三十兩奇
四十九萬八千六百七十五兩奇	五十二萬四千二百六十兩奇	五十四萬四千四百七十五兩奇	五十萬七百八十四兩奇
三十八萬六千四百八十四兩奇	五十一萬七千五百三十四兩奇	四十九萬五千六百九十三兩奇	五十八萬七千九百九十兩奇
八十二萬二千六十六兩奇	一百一萬三千四百九十二兩奇	一百五萬七千七百九十九兩奇	九十四萬二千三百八十七兩奇

十三年	光緒元年	二年	三年
十九萬二千七百五十二兩奇	二十三萬九千四百六十六兩奇	二十五萬七千二百二十一兩奇	二十三萬七千二百六十九兩奇
三十七萬一千三百二兩奇	三十一萬八千七十四兩奇	三十二萬二千五百兩奇	三十二萬二千六百八十四兩奇
三十一萬三千三十九兩奇	三十萬四千三十六兩奇	二十三萬四千五百三十四兩奇	二十一萬五千五十六兩奇
			三百七十五兩奇
一百四十五萬九千七十六兩奇	一百六十萬五千四百八十六兩奇	一百八十萬二千三百三十五兩奇	一百六十九萬四百三十四兩奇
六十七萬三千五百九十七兩奇	六十六萬三千九百八十二兩奇	六十九萬四千七百四十七兩奇	六十八萬九千一百二十五兩奇
			三萬一千九百十八兩奇
十五萬三千四百八十兩奇	十五萬三千三十六兩奇	十四萬九千八百六十六兩奇	十二萬二千三百八十一兩奇
三百二十五萬八百七十二兩奇	三百三十七萬二百十六兩奇	三百四十六萬五千四百九十六兩奇	三百二十六萬九千九百十九兩奇
七十六萬九千九百二十三兩奇	七十三萬二千四百三兩奇	七十一萬九千五百九十兩奇	七十二萬三千三百兩奇
			三千一百五十八兩奇
一百八十八萬六千三百七十四兩奇	一百九十七萬八千一百十二兩奇	一百六十九萬四千五百三十六兩奇	一百八十二萬一千六百三十兩奇
十二萬六千三百四十兩奇	十五萬二千九百九兩奇	二十萬七千三百兩奇	二十三萬五千五百四兩奇
十三萬九千三百十一兩奇	十二萬四千二十一兩奇	十六萬七千九百四十四兩奇	十五萬三百八十一兩奇
五十八萬二千八百四十一兩奇	五十九萬五百八十四兩奇	五十七萬三千八百七十二兩奇	七十一萬二千四百四十五兩奇
六十六萬四千一百十三兩奇	七十四萬四千七百六十九兩奇	八十四萬二千九百六十二兩奇	七十八萬二千九百三十四兩奇
九十一萬四千五百五十三兩奇	九十九萬一千七兩奇	九十七萬七千七百十一兩奇	一百萬四千七百六兩奇
		四萬三千五百七十三兩奇	六萬三千一百五十兩奇
			六百九十八兩奇

四年	五年	六年	七年
三十五萬三千六百六十九兩奇	三十三萬三千七百三十三兩奇	三十萬四千二百十六兩奇	二十八萬六千二百七十三兩奇
三十一萬七千七百兩奇	四十二萬三千六百七兩奇	三十八萬二千六百七十九兩奇	三十八萬二千五百四十兩奇
三十一萬三千八百三十五兩奇	三十四萬一千三十兩奇	二十八萬八千一百四十六兩奇	二十七萬五千三百六十七兩奇
三千四百九十八兩奇	二萬七千七百五十一兩奇	六萬八千六百二十七兩奇	四萬五千八百六十七兩奇
一百五十四萬五千五百一兩奇	一百七十七萬四千二百五十七兩奇	二百萬三千二百十七兩奇	二百四萬七千二百十八兩奇
七十五萬六千二百二兩奇	七十萬一千二百七十七兩奇	七十六萬四千五百七十一兩奇	七十九萬四千二百五兩奇
三萬一千四百二十一兩奇	三萬四千八百二十四兩奇	五萬一千六百五十七兩奇	七萬八千五百二十九兩奇
二十一萬一千一百六十三兩奇	十六萬二千兩奇	二十三萬五千二百九十九兩奇	四十一萬五千八百六兩奇
三百五十萬六百十兩奇	四百一萬八千一百二十八兩奇	四百二十二萬七百二十一兩奇	四百三十七萬三千九百四十兩奇
五十九萬七千五百十四兩奇	六十五萬七千二百十五兩奇	六十七萬七千三百九十九兩奇	七十六萬四千六百四十兩奇
二千九百三十九兩奇	六千八百十五兩奇	一萬一千四百九十兩奇	一萬三千六百八十九兩奇
二百二萬九千五百九兩奇	一百九十六萬三千六百五十九兩奇	二百十六萬七千四百六十三兩奇	二百二萬二千九百三十四兩奇
二十七萬三千二百六十六兩奇	二十八萬四千三百二兩奇	三十萬五千一百三十二兩奇	三十二萬四百六十九兩奇
十二萬三千八百七十一兩奇	三十萬三千十五兩奇	二十四萬九千二百九十三兩奇	二十一萬八千三百九十五兩奇
六十二萬二千九百八十一兩奇	二十三萬九千七十五兩奇	六十四萬八千一百九十六兩奇	七十八萬六千四百七十九兩奇
七十四萬六百七十一兩奇	七十七萬九千二百二十六兩奇	七十七萬五千四百四十九兩奇	六十四萬三千七百八十八兩奇
九十八萬八千九百六十五兩奇	一百九萬三千一百四十四兩奇	九十三萬六千七百八十二兩奇	一百五萬五百八十二兩奇
六萬一千六百六十四兩奇	六萬八千九百八十九兩奇	八萬三千六百九十二兩奇	八萬三千一百三十四兩奇
	二萬五百十四兩奇	八萬四千五百四十五兩奇	八萬一千二百九十九兩奇

八年	九年	十年	十一年
二十八萬四千二百三十一兩奇	二十九萬八千四百五十兩奇	三十萬六千二百七兩奇	三十四萬一千六百四兩奇
三十八萬七千三百七十兩奇	三十八萬九百三十六兩奇	三十八萬六千五百七十九兩奇	四十三萬一千三百三十二兩奇
二十七萬七千五百五十三兩奇	二十七萬二千五百七十七兩奇	二十七萬三千七百五十四兩奇	二十六萬七千三百九十六兩奇
六萬三百四十六兩奇	十萬二百八十三兩奇	八萬一千九百七十九兩奇	十一萬四千四百八兩奇
一百八十六萬六千五百七十三兩奇	一百八十三萬三千六百十五兩奇	一百八十七萬三千四百三十一兩奇	一百八十四萬一千一百六十八兩奇
六十一萬四千五百五十兩奇	七十七萬八千八百十七兩奇	七十八萬七千六百七十二兩奇	八十二萬二千六百五十四兩奇
九萬五千一百八十七兩奇	十七萬八千四百四十七兩奇	七萬一千六百七兩奇	五萬九百八十五兩奇
二十八萬八千七百二十四兩奇	十六萬九千五百六十四兩奇	十六萬五千十六兩奇	十八萬四千二百九十六兩奇
四百十八萬四千四百九十四兩奇	三百六十五萬一千一百二十兩奇	三百六十六萬七千六百九十五兩奇	四百二十四萬二千六百兩奇
六十九萬一千七百四十一兩奇	六十四萬五千二百十四兩奇	七十一萬四百六十八兩奇	七十四萬七千四百三十九兩奇
一萬五千九百八十二兩奇	九千八十四兩奇	九千三百四十三兩奇	一萬二千九百七十三兩奇
二百萬六千四百七十五兩奇	一百八十一萬三千九百四十一兩奇	一百八十二萬七千一百十五兩奇	一百九十九萬四百六十兩奇
二十八萬五千三百二十兩奇	二十九萬六千九百三十一兩奇	二十九萬七千八百七十九兩奇	三十七萬二千七百二十兩奇
十八萬六千九百六十一兩奇	十九萬四千八百九十五兩奇	二十一萬二百十四兩奇	十五萬二千三百七十五兩奇
七十三萬八千三百十七兩奇	七十一萬九千七百三十一兩奇	七十五萬八千六十四兩奇	七十七萬七千六百五兩奇
六十七萬五千四百九兩奇	七十五萬三千九百八十一兩奇	八十三萬三千二百八兩奇	七十九萬一千八百八十兩奇
一百十萬四千五百七十五兩奇	一百十三萬七千七十二兩奇	一百五萬一千五十一兩奇	一百八萬九千四百八十四兩奇
七萬五千一百八十四兩奇	九萬四千三百六十七兩奇	十一萬六千五百七十九兩奇	十二萬八千九百二十五兩奇
五萬七千二十九兩奇	五萬九千七百十六兩奇	八萬二千九百四十一兩奇	十一萬二千五百五十二兩奇

十二年	十三年	十四年	十五年
三十萬三千二百五兩奇	三十八萬七千九百二十六兩奇	三十六萬五千七百八十七兩奇	三十三萬八十七兩奇
四十四萬八百五十九兩奇	五十萬二千六百五十七兩奇	四十五萬六千八百三十兩奇	四十六萬七千九百十九兩奇
二十八萬五千四百八十兩奇	三十一萬九千六百二十三兩奇	二十九萬一千九百九十七兩	二十九萬八千九百三十四兩奇
十四萬五千五十七兩奇	十六萬八千五百五十兩奇	十八萬八千四百二十五兩奇	十七萬四千四十七兩奇
二百一萬八千一百七十四兩奇	一百九十八萬一千一百十七兩奇	二百一萬四百五十兩	一百九十三萬九千二百四十九兩奇
八十三萬五千九百七十九兩奇	八十三萬九千九百八十四兩奇	八十四萬三千七百五十七兩奇	八十七萬四千一百八十六兩奇
二十五萬二千二百五十六兩奇	二十五萬七千九百六十兩奇	二十四萬九千一百九十九兩奇	三十三萬九千九百三十二兩奇
二十五萬四千七百二兩奇	三十七萬六千一百八十七兩奇	三十四萬三千四百七十五兩奇	三十二萬三百十六兩奇
四百三十五萬四千一百九兩奇	四百三十七萬八千一百七十七兩奇	四百七十萬八千四百兩奇	四百三十五萬八千二百九十九兩奇
七十三萬八千八百八十八兩奇	五十九萬四千九百八十二兩奇	六十九萬九千四兩奇	六十八萬一千三百七十三兩奇
一萬四千八百八十四兩奇	一萬五千七百四十二兩奇	一萬八千四百八十一兩奇	一萬九千八百八十五兩奇
二百一萬八千四百九十一兩奇	一百八十八萬三千六百三十一兩奇	一百七十六萬九千二百八十四兩奇	一百四十七萬四千五百三十四兩奇
三十八萬二千一百五十六兩奇	四十萬三千二百四十二兩奇	四十四萬四百二十六兩奇	四十三萬二千一百三十五兩奇
十五萬四千八十八兩奇	十六萬九千五百六十七兩奇	十九萬五百九十七兩奇	十七萬九千二百九十九兩奇
六十七萬四千六兩奇	六十六萬七百八十八兩奇	六十六萬一百三十八兩奇	五十九萬一千三百二十兩奇
八十萬七千五百七十七兩奇	八十八萬九千七百七十五兩奇	八十七萬八千七百九十一兩奇	八十六萬一千七百九十六兩奇
一百十九萬七千七百十二兩奇	一百四十二萬四千六百四十五兩奇	一百四十五萬八千四百五十六兩奇	一百四十一萬六千九百八十五兩奇
	二十五萬四千三百十三兩奇	四十萬七千八百四十四兩奇	三十九萬九千八百五十三兩奇
	十萬五千一百七十八兩奇	二十六萬二千四百五十八兩奇	二十六萬七千九百八十九兩奇
十三萬二千六百四十兩奇	十一萬九千四百四兩奇	十萬八百九十二兩	九萬三千四百二十五兩奇
十三萬四千四百五兩奇	十七萬一千一百十三兩奇	二十萬一千七百九十五兩奇	二十萬七千九百七十八兩奇
			六百三十三兩奇
			八千二百九十兩奇

十六年	十七年
四十六萬七千八百九十兩奇	五十六萬二千五百七十五兩奇
四十八萬八千七百三十五兩奇	五十二萬三千九百五十四兩奇
二十九萬一千五百二十七兩奇	二十九萬七千六百二十一兩奇
二十萬五百十二兩奇	十萬三千七百三十三兩奇
一百七十九萬九千五百六兩奇	二百七十六萬六千七百十兩奇
八十三萬九千一百九十兩奇	八十六萬六千六百六十八兩奇
二十九萬九千三百二十兩奇	五十萬三千六百七十七兩奇
三十四萬一千七百二十五兩奇	三十四萬八千九百九十兩奇
四百四十七萬一千一百五十六兩奇	五百四十九萬八千三百七十二兩奇
六十九萬九千七百八十五兩奇	七十四萬三千二百十七兩奇
一萬九千七百十二兩奇	二萬三千五百七十八兩奇
一百三十萬三千二百十六兩奇	一百二十四萬七千一百六十八兩奇
四十二萬六千六百三十八兩奇	四十六萬三千五百八十二兩奇
二十一萬四千八百三十一兩奇	二十萬一千三百四十七兩奇
五十九萬五千一百四十七兩奇	五十五萬三千四百四十九兩奇
九十五萬二千五百五十二兩奇	一百一萬二千九百六兩奇
一百三十八萬六千五百八十六兩奇	一百四十五萬七千四百十五兩奇
四十四萬四千五百七十八兩奇	四十六萬九百八十五兩奇
二十九萬五千四百二十五兩奇	三十一萬二千六百十二兩奇
八萬八千三百五十三兩奇	八萬三千九百六十六兩奇
二十萬六千二百兩奇	十八萬七千一百五十三兩奇
一千六百四十五兩奇	一千九百十一兩奇
四萬三千二十六兩奇	六萬九百四十六兩奇
	九萬九千四百四十三兩奇

帶徵洋藥釐金表說

綜覈表曰粵冦竊發軍用增繁筞時者剏榷百貨之釐以供兵食釐納於卡稅徵於關事異意同軍事既定卡未盡裁洋人竊議之彼豈能干我政哉徒冀輕減貨值以廣其運售耳光緒初煙臺會議允各口租界免徵洋貨釐金於是有洋藥歸關釐稅並徵之議先是歲戊辰我與英使阿禮國修約議定洋藥百斤稅進口五十兩視舊額增二十嗣彼中商會阻行輟未互換而各省之榷洋藥釐交相爲幻納釐之數恆不及納稅之半於是思釐稅併徵以防之意取百斤之稅即有百斤之釐無避匿患至十一年使臣定議倫敦十三年通商十九口咸奉新令百斤之藥稅三十兩釐八十兩都一百有十兩並徵於關又以洋藥來華香港總滙澳門歧路二地久假於人非設關附近不足以清源遏流設關後進口果增數見第十七表顧葡視澳門不啻英視香港挾以相要遂有大西洋換約之舉大西洋葡萄牙國通稱也自前明入中國居澳門至我朝同治七年曾議索回是地界以道路礮臺之資百萬金簡日使日斯巴尼亞瑪斯爲行人往議未成今者以設關之故允立條約論事者較量得失未嘗不歎息於洋藥之爲禍烈也

帶徵洋藥釐金表　表九

	光緒十三年	十四年	十五年	十六年	十七年
山海	一萬七千二百八十六兩奇	九千三十兩	七千三百四十四兩	一萬六千七百九十七兩奇	二萬七百六十八兩
津海	十五萬四千六百四十七兩奇	十三萬四千六百六十五兩奇	十二萬二千五百三十六兩	十二萬一千二百二十兩奇	十一萬九千九百一兩奇
東海	四萬四千九百二十三兩奇	二萬五千四百四十兩奇	二萬二千八百四十三兩奇	二萬四千七百四十九兩奇	三萬六千五百二十六兩
宜昌		九百七十二兩	一百八十六兩	五十兩	
江漢	八萬二千八百三十五兩奇	九萬二千九百八十四兩奇	七萬四千五百五十兩	五萬九千六十三兩奇	五萬九千一兩奇
九江	二十二萬七千七百三十六兩奇	二十四萬六千一百六十兩	二十五萬三千八百四十八兩	二十六萬六千四十八兩	二十八萬九千六百八十六兩奇
蕪湖	三十一萬二百三十四兩奇	二十七萬二千四十九兩奇	十九萬九千九百十六兩奇	二十萬五千三百七十二兩奇	二十萬八千六百五十七兩奇
鎮江	三十五萬六千九百二十三兩奇	三十一萬三千五十六兩	二十四萬一千四百四兩奇	二十七萬三千八百八十八兩	二十五萬三千七百九十八兩奇
江海	九十五萬三千七百十兩奇	一百四十六萬一千三百八十三兩奇	一百三十二萬三千一百六十二兩奇	一百三十九萬三千六百九十八兩奇	一百四十一萬五千三百九十兩奇
浙海	二十五萬三千九百三十九兩奇	四十八萬三千二百二十七兩奇	四十七萬四千五百八十一兩奇	四十八萬二千二十七兩奇	四十八萬二千一百四十九兩奇
甌海	五千二十四兩	一萬八千七百四兩	一萬六千二百兩	八千六十四兩	七千八百四十兩
閩海	三十六萬七千四十二兩奇	四十九萬三千二百二兩奇	四十四萬八千六百四十三兩奇	四十一萬三千四百七十五兩奇	四十萬一千七百二十五兩奇
淡水	十三萬二千二百八十一兩奇	十五萬七千九百五十八兩奇	十五萬八千八百九兩奇	十五萬七千六百三兩奇	十七萬四千五百五十三兩奇
台灣	十六萬八千八兩奇	二十一萬三千六百八兩奇	二十一萬九千九百三兩奇	二十四萬六千二百兩奇	二十七萬二千八十七兩奇
廈門	三十七萬八千四百二兩奇	五十五萬八千四兩奇	四十七萬三千七百六十兩奇	四十六萬二千七百四十兩奇	四十三萬七千九百四十六兩奇
潮海	三十六萬二千五百九十九兩奇	五十四萬九千三十二兩	五十六萬七千六十四兩奇	六十二萬四百三十九兩奇	六十三萬一千六百六十八兩奇
粵海	四十七萬九千九百八十七兩奇	一百四萬九千八百三十五兩奇	九十八萬一千七百八十七兩奇	九十四萬二千九百十三兩奇	一百二萬二千七百四十四兩奇
九龍	十二萬二千八百十三兩奇	二十二萬八千八十二兩奇	十九萬六千二百三十兩奇	十四萬四千七百八十九兩奇	十一萬六千三十九兩奇
拱北	六萬二千四百七十九兩奇	十四萬六千四百八十四兩奇	十五萬七千五百七十五兩奇	十六萬八千二百八十四兩奇	十五萬九百二十七兩奇
瓊海	六萬八千五百十兩奇	八萬八千四百四十五兩奇	六萬四千八百八十一兩奇	四萬二千八百一兩奇	三萬三千五百五十兩奇
北海	六萬四百五十四兩奇	八萬七千九百九十九兩奇	八萬六十一兩奇	七萬八千八百三十八兩奇	七萬二千九百四十二兩
總數	四百六十四萬五千八百四十二兩	六百六十三萬二千四百六兩	六百八萬五千三百九十兩	六百十二萬九千七十一兩	六百十九萬七千九百六兩

內地半稅細數表說

綜覈表曰半稅之設萌芽於壬寅道光二十二年江甯約成議於戊午咸豐八年天津約𣪍行於辛酉咸豐十一年通商章程增定於丙子光緒二年煙臺會議條款運洋貨入有稅單運土貨出有報單二者增半稅免釐金稅既視釐為輕又無疊徵之煩無候驗之苦所以優洋商者至矣華商稅單允給於光緒之初報單則未之許而關冊無歲不收華民出入半稅或因獨利洋商不若兼利華商故便宜許之耶統觀洋商入內地英為之魁美次之德法日斯巴尼亞又次之俄則重在土貨之出若丹瑞和奧義諸國偶請數單非所注意安得修約時援日本約第十四條通商章程爭之俾華洋通市盡在指定口岸不得入內地與華民交易公法於江河之歸一國專轄不與隣國分轄者其輪帆之利本國擅之非他國所能分則我國沿江海運載貨物等事亦可改歸自主以保我利權此與西國通例未嘗不合至日本商人有內地稅單之請見光緒元年四年五年十七年關冊槩背章程意存嘗試司關者先當嚴絶之彼司釐藉口相侵以文短蝕之罪與夫負販賄屬洋人以行請張之幻猶害之小者也

內地半稅細數表　表十

同治九年

各國商人	洋貨運入內地給發稅單張數	徵收半稅	土貨運出給發稅單張數	徵收半稅
英	一萬七千七百九十六	九萬一千九百六十九兩奇	九十九	七千七十一兩
美	五千五百四	二萬四千二百十五兩奇	六十三	二千四百七十四兩奇
德	七百五十六	四千二百四十四兩奇	四	一百七十二兩奇
法	一	二十八兩奇	五	二百九十二兩奇
荷				
丹				
日				
瑞挪				
俄	四十	六百十三兩奇	一百三十五	二萬七千五百十三兩奇
奧				
義				
日本				
西洋				
華				
無約	二十七	三十八兩奇		

同治十年

各國商人	洋貨運入內地給發稅單張數	徵收半稅	土貨運出給發稅單張數	徵收半稅
英	二萬三千三百九十三	十一萬二百八十九兩奇	五百六十七	一萬四千七百七十二兩奇
美	八千二百八十六	三萬四千二百四十六兩奇	一百六	四千六百八十一兩奇
德	一千六百三十六	七千九百九十三兩奇	三十五	一千五百十六兩奇
法	二十四	八百一兩	二	五百三十二兩奇
荷				
丹	九十七	三百四十一兩奇		
日				
瑞挪			四	一百七十九兩奇
俄	八十一	二百十七兩奇	一百七十四	三萬二千二百九十七兩奇
奧				
義				
日本				
西洋				
華	四十五	六百七十兩奇		一百四十兩奇
無約	一百二十二	九百四十三兩奇		

同治十一年

各國商人	洋貨運入內地給發稅單張數	徵收半稅	土貨運出給發稅單張數	徵收半稅
英	三萬五千三百五十一	十二萬三千四百四十九兩奇	八百五	一萬九千一百六十兩奇
美	八千四百九十二	三萬四千二百六十二兩奇	三百六十九	一萬八千二百九十六兩奇
德	五千七百八	一萬九千五百四十九兩奇	三十八	六百五十五兩奇
法	三百七	一千一百五十三兩奇	十三	七百七十二兩奇
荷			四十四	一千四十三兩奇
丹				
日	一	十二兩		三百十七兩
瑞挪	三	十二兩		

俄	奧	義	日本	西洋	華	無約
五十四					二千三百三十	四百八十八
一百八十四兩奇					一萬四千九十二兩奇	一千七百八十六兩奇
一百五十九						
三萬五千七百二十八兩奇						

十二年

英	美	德	法	荷	丹	日	瑞挪	俄	奧	義	日本	西洋	華	無約
二萬六千十四	八千四百三十一	三千二十八	五十五		十三			二十四					二千七百九十六	三百五
十一萬二千五百十九兩奇	三萬八百六十五兩奇	八千九百四十六兩奇	一千六十七兩奇		四十四兩奇			四十九兩奇					一萬六千三百六十二兩奇	一千五百十三兩奇
六百七十二	三百五十六	四十二	十六	十九				一百五十六		二十四				
一萬九千五百七十九兩奇	一萬二千八百四十九兩奇	七百九十二兩奇	七百三十七兩奇	三百七十九兩奇				三萬六千七百兩奇		六百八十兩奇				

十三年

英	美	德	法	荷	丹	日	瑞挪	俄	奧	義	日本	西洋	華	無約
二萬一千一百八十六	一萬二百三十	一千七百六十七	三十四		十二			十七					七千八百三十五	
十萬二千九百六兩奇	四萬三百十四兩奇	六千二百五十五兩奇	一千七百四十三兩奇		四十兩奇			四十九兩奇					二萬七千七百六十五兩奇	
二百六十一	九十三	二十九	七	二				九十四		三				
一萬七千九百十九兩奇	六千七百七十九兩奇	一千四十兩奇	一千一百三十二兩奇	二十三兩奇				一萬九千七百二十五兩奇		五十五兩奇			二兩奇	

光緒元年

英	美	德	法	荷	丹	日	瑞挪
二萬二千五百十	一萬七百七十	二千五百五十五	七百七十二		十二	七	
十萬二千二百九十七兩奇	三萬九千四百四十一兩奇	六千一百一兩奇	七百五十七兩奇		三十二兩奇	三十九兩奇	
二百三十四	六十二	六十七	二十	一		十五	
一萬三千三百十八兩奇	四千六百九十九兩奇	一千三百六十八兩奇	二千五百四十五兩奇	二十五兩奇		五百七十六兩奇	

俄	奧	義	日本	西洋	華	無約
八			一		七千四百五十	
二十兩奇			二兩奇		二萬五千二百九十九兩奇	
二百九十九						
四萬三千七十四兩奇					二百二十七兩奇	

二年

英	美	德	法	荷	丹	日	瑞挪	俄	奧	義	日本	西洋	華	無約
二萬三千三百五十二	一萬四千七百四十八	五百八十八	七百一			三百九十九		二十二					七千九百六	
十萬六千六百九十六兩奇	五萬五千二百三十二兩奇	一千三百六十一兩奇	九百五十三兩奇			二千二百十四兩奇		五十四兩奇					三萬一千三十六兩奇	
二百七十六	二十一	八十四	六	一		六十八		二百三十二		二				
一萬三千五百六十八兩奇	五千三百六十七兩奇	二千八百二十七兩奇	三百十八兩奇	十五兩奇		一千九百八兩奇		二萬九千七百五十二兩奇		四十二兩奇			一千七百八十兩	

三年

英	美	德	法	荷	丹	日	瑞挪	俄	奧	義	日本	西洋	華	無約
二萬八千九百十九	八千五百十九	一千一百三十二	一		二十三	四百六十九		一					八千八百十九	
十二萬九千四百五十二兩奇	三萬一百七十二兩奇	二千六百十兩奇	十兩奇		四十五兩奇	一千五百二十八兩奇		一兩奇					三萬五千三百八十三兩奇	
六百一	二十六	四十	八			一百四		二百六十九	二					
一萬九千七十兩奇	六百十九兩奇	七百三十三兩奇	七百十八兩奇			四千二十七兩奇		二萬七千八百三兩	二十七兩奇					

四年

英	美	德	法	荷	丹	日	瑞挪
三萬二千一百五	九千五百三十七	九百九十一	十九		一	七百三十九	二百六十二
十四萬八千四十兩奇	三萬八百六十二兩奇	二千二十二兩奇	三十八兩奇		四兩	二千七百八十兩奇	二百四十九兩奇
四百十八	三十	二十九	八			一百三十九	
九千八百四十三兩奇	六百八十四兩奇	五百四十三奇	一百十九兩奇			三千五百三十二兩奇	

俄	奧	義	日本	西洋	華	無約
			六		九千三百九十七	
			四錢餘		三萬六千九百九十八兩奇	
三百十	一					
三萬五千五百三十二兩奇	十三兩奇				一千八百六十四兩奇	

五年

英	美	德	法	荷	丹	日	瑞挪	俄	奧	義	日本	西洋	華	無約
四萬五百八十四	八千六百二十一	一千一百五	六		五	一千五百九	四百五十二				一		一萬一千四十一	
十八萬三千三百九十二兩奇	四萬一百八十八兩奇	三千三百二十一兩奇	七兩		二十三兩奇	四千三百三十五兩奇	七百二十兩奇				一兩奇		三萬九千一百四十九兩奇	
三百四十八	一百三	九	四			二百二十三		四百三十	二					
九千四百二兩奇	四千六百十六兩奇	一百八十五兩	三百四十四兩			四千一百三十六兩奇		五萬一千四百十兩奇	二十七兩				一千五百三十三兩奇	

六年

英	美	德	法	荷	丹	日	瑞挪	俄	奧	義	日本	西洋	華	無約
三萬七千八百六十一	一萬三百四十三	五百六十三			三	一千五百四十三	一百三十六						一萬二千六十	
十六萬三千四百九十八兩奇	五萬五千六百四兩奇	一千五百三十二兩奇			二十一兩奇	五千九十二兩奇	一百八十五兩奇						三萬七千五百三十七兩奇	
六百六十五	三百十	四十一	二十三			二百七十三		三百十五	五				二	
一萬六千四百八十一兩奇	一萬一千一百六十九兩奇	五百七十兩奇	九百二十兩奇			五千三百五十三兩奇		三萬六千二百六十二兩奇	八十一兩				三千三十一兩奇	

七年

英	美	德	法	荷	丹	日	瑞挪	俄	奧	義	日本	西洋	華	無約
三萬七千二百六十八	二萬八千九百九十二	一百四十三			一	二千八十七							一萬五千三百三十七	
十三萬八千四百三十二兩奇	十萬二百六十二兩奇	九百二十八兩奇			二兩奇	三千一百八十四兩奇							四萬二千九百二十七兩奇	
七百四十五	四百一	三十	三十二			一百八十		二百六十三						
一萬四千六百二十二兩奇	一萬二千四百二兩奇	五百四十七兩奇	九百七十八兩奇			四千四百六十二兩奇		三萬二千六十五兩奇					一千五兩奇	

八年

英	美	德	法	荷	丹	日	瑞挪	俄	奧	義	日本	西洋	華	無約
四萬二百三十	三萬三千一百五十	一百六十八			九	四百二十六							一萬七千五百二十七	
十二萬七千三百九十二兩奇	八萬八千六百二十七兩奇	五百六十五兩奇			三十兩奇	一千七百四十八兩奇							四萬六千一百七十九兩奇	
六百八十一	六百四十九	三十六	十九			一百九十		四十六						
一萬七千一百三十三兩奇	一萬七千八十二兩奇	五百七十三兩奇	六百五十二兩奇			五千九十八兩奇		六千一百二十一兩奇					三百三十五兩奇	

九年

英	美	德	法	荷	丹	日	瑞挪	俄	奧	義	日本	西洋	華	無約
四萬四千九百五十七	三萬三千四百四十九	三千五百二十六	二十四			二千九十二		六					一萬九千四百九十七	
十四萬五千八百八十六兩奇	九萬八千七百九十三兩奇	四千七百六十三兩奇	四十五兩奇			三千五百五十九兩奇		十三兩奇					四萬七千二百五十九兩奇	
七百九十一	四百七十三	四十一	十一			二百四		二十一		八				
二萬一千五百三十六兩奇	一萬四千二百二十八兩奇	七百五十六兩奇	五百二十三兩奇			七千七百五十二兩奇		三千五百七十二兩奇		八百八十五兩奇			二兩奇	

十年

英	美	德	法	荷	丹	日	瑞挪
四萬一千八十二	三萬五千八百三十四	一千四百九十				四千九百三十	
十三萬八千九十二兩奇	九萬七百二兩奇	一千七百八十五兩奇				五千五百三十二兩奇	
一千七十二	三百三	六十五	十三			二百三十八	
二萬七千四百五十二兩奇	九千八百九十二兩奇	一千三百九兩奇	三百八十五兩奇			一萬一千二百十兩奇	

通商表　卷二　內地半稅細數　三十八

俄	奥	義	日本	西洋	華	無約
三					二萬二千二百八十三	
七兩奇					四萬九千八百七兩奇	
十二						
一千七百五十四兩奇					一百三十二兩奇	

十一年

英	美	德	法	荷	丹	日	瑞挪	俄	奥	義	日本	西洋	華	無約
六萬二千八百九十四	三萬二千二百六十四	三千四百五十六				七千四百六十九							二萬五千六百八	
十八萬一千六十七兩奇	九萬三千五百四十三兩奇	二千五百七兩奇				九千一百四十五兩奇							五萬四千二百五十六兩奇	
一千一百五十八	四百八十九	八十九				三百十六								
三萬六千四百三十九兩	一萬八千八百四十五兩奇	二千七十四兩奇				一萬二百六十一兩奇								

十二年

英	美	德	法	荷	丹	日	瑞挪	俄	奥	義	日本	西洋	華	無約
七萬四千八十六	二萬五千六百七十三	四千八百五十八				七千二百八							三萬四千二十七	
十八萬四千九百五十八兩奇	六萬二百四十兩奇	二千六百二十四兩奇				八千二十三兩奇							六萬七千九百十八兩奇	
一千五百九十二	三百五十二	二百五十五	十四			三百七十九			二				四	
四萬三千七百八兩奇	一萬六千七百八十二兩奇	一萬一千四十二兩奇	三百五兩			一萬五百八十九兩奇			四十兩奇				一百六十六兩奇	

十三年

英	美	德	法	荷	丹	日	瑞挪
八萬六千六百四	二萬五百	二千三百九十三				四千九十五	
二十一萬一千一百六十三兩	五萬二千九百七十九兩奇	七百七十三兩奇				三千七百七兩奇	
一千八百十三	三百三十五	二百十一	三十		一	四百三十	
五萬八百六十六兩奇	一萬三千三百三十七兩奇	三千九百八十兩奇	一千一百九十二兩奇		十九兩奇	九千二百五十五兩奇	

通商表　卷二　內地半稅細數　三十九

俄	奥	義	日本	西洋	華	無約
					五萬一千五百九十一	
					八萬五千三百二十一兩奇	
十三					六	
一百七十八兩奇					五兩奇	

十四年

英	美	德	法	荷	丹	日	瑞挪	俄	奥	義	日本	西洋	華	無約
六萬七千八百三十二	二萬六千九百九十八	一萬七百二十				一千四百五十六						五千九百三十六	三萬九千一百三十	
十九萬一百五十兩奇	六萬九千八百四十七兩奇	三千九百四十二兩奇				五百四十三兩奇						三千四百九十二兩奇	六萬九千九百七十九兩奇	
一千四百二十四	六百十五	一百四十四	三十九			三百六十九			十九			九	四	
四萬三千七百七十二兩奇	二萬三百七十六兩奇	三千三百五十四兩奇	一千五十五兩奇			八千九百三十四兩奇			二百九十五兩奇			一百十二兩奇	三兩奇	

十五年

英	美	德	法	荷	丹	日	瑞挪	俄	奥	義	日本	西洋	華	無約
七萬八百六十六	二萬二千七百七十二	五千二百四十二	一			二十三			二			五百四	三萬四千七百三十八	
十八萬一千九百三十五兩奇	六萬六千三百三兩奇	一千七百四十二兩奇	不及一兩			七十九兩奇			二十二兩			八百六十五兩奇	七萬八千三百二十一兩奇	
一千二百七	八百四	一百三十五	一百十八			三百二十四			十八	二十七		一百九	一	
四萬二千六百八十三兩奇	二萬六千一百五十三兩奇	二千七百八十六兩奇	三千一百四十八兩奇			九千四百二十七兩奇			四百十六兩奇	五百十兩奇		一千六百七十五兩奇	四兩奇	

十六年

英	美	德	法	荷	丹	日	瑞挪
八萬七千四百九十四	二萬七千六百九十八	三千八百十八	二百四十四			一百五十二	
二十四萬六千五百十五兩奇	九萬六千九百三十八兩奇	五千九十四兩奇	三十四兩奇			七百六十五兩奇	
一千六十四	七百九十二	一百六	一百九十三			一百九十四	
四萬二千五百二十兩奇	二萬五千一百七十四兩奇	二千九百九十兩奇	五千九百七十兩奇			五千六百二兩奇	

俄				
奥	三十八	二百八十七兩奇	十四	二百二十五兩奇
義			一百四十七	三千五百三十三兩奇
日本				
西洋	四千八百二十六	二千二百三十八兩奇	八十七	一千五百四十兩奇
華	四萬六千二百四十八	十萬二千八百一兩奇	二	八兩奇
無約				
十七年				
英	五萬三千七百五十二	二十一萬六千二十七兩奇	五百六十三	一萬七千四百十二兩奇
美	三萬四千三百六十二	八萬二千三百九兩奇	三百四	八千七百二十九兩奇
德	四千三百三十六	二萬五百四十九兩奇	一百五十一	五千七百八十一兩奇
法	一百八十三	一百三十六兩奇	二百十二	六千四百八十兩奇
荷				
丹			九	七十七兩奇
日	二百七十四	二千一百十五兩奇	二百十五	六千四百七十四兩奇
瑞挪				
俄				
奥			二	二十九兩奇
義			一百八十七	二千九百八十三兩奇
日本	二	二兩奇		
西洋	十	四十三兩奇	六十一	九百三十兩奇
華	九萬三千八百六十	十九萬九千二百二兩奇	二	十五兩奇
無約				

進出貨價贏絀表說

覈咸豐己未始徵之年進出貨値相較出口贏於進口者僅六十餘萬光緒丙子贏亦止一千五十餘萬若絀則同治癸亥四千八百餘十萬光緒庚寅絀幾四千萬庚辰絀數最少亦在一百四十萬外起咸豐九年迄光緒十七年綜三十三年中惟贏七年絀則二十六年中國共虧銀三萬三千八百萬此表列贏絀之數也近覩關册貿易總論十五年册首增列總論畧謂册載進口貨物海關歷按各口市價於進口時估計其出口貨亦於出口時按市値定價故出口每見絀於進口竊爲尚不盡然蓋各關核計貨價實未得其平向來進口貨海關不惟計其購貨裝船之原價即抵中國口岸卸船後應納稅釐及每百兩七兩盤運各費悉入價內出口止計購貨原價其稅項及每百兩八兩盤運各費皆不加入是以爲數較短也今應將進口貨除去稅釐運費行用以甫抵中國口岸卸船起岸時之實在成本估計出口貨應將已完稅項運費行用加入以裝船離中國時之實在成本估計則出入相較方得其平原册開有光緒十四年至十七年進出貨價茲特附注備考光緒十四年册載進口貨價一萬二千四百七十八萬二千八百九十三兩照抵岸卸船時估計應除進

口稅釐八百三十九萬五千二百六十三兩實一萬一千六百三十八萬七千六百三十兩再除每百兩七兩運費行用八百十四萬七千一百三十四兩則進口貨實在成本一萬八千二十四萬四百九十六兩出洋貨價九千二百四十萬一千六十七兩照裝船離中國時估計應加出口稅約六百四十九萬九千八百三十九兩實九千八百九十萬九百六兩再加每百兩八兩運費行用七百三十九萬二千八十五兩則出口實在成本一萬六百二十九萬二千九百九十一兩兩數相較進口贏於出口約銀一百九十萬七千餘兩另出洋黃金計值銀一百六十七萬二千九百四十二兩出洋銀計一百九十萬八千七百一十二兩是年進口與往年不同蓋十五年春初截止上海一處積未售棉布絨毛布銅鐵等價約較上年贏二百六十萬兩加以上年荒歉如廣東進口米值九百萬兩皆運往災區雖增貨值未可目爲常數

十五年冊載進口貨價一萬一千八十八萬四千三百五十五兩照抵岸卸船時估計除進口稅釐七百六十二萬八千二百六十三兩實一萬三百二十五萬六千九十二兩再除運費行用七百二十二萬七千九百二十六兩則進口實

在成本九千六百二萬八千一百六十六兩出洋貨價九千六百九十四萬七千八百三十二兩照離中國時估計加出口稅約六百三十八萬九千四十五兩實一萬三百三十三萬六千八百七十七兩再加運費行用七百七十五萬五千八百二十六兩則出口實在成本一萬一千一百九萬二千七百三兩出口贏於進口約銀一千五百六萬四千餘兩另出洋黃金值銀一百六十二萬五千六百三十八兩進口銀六百萬五千一百五十五兩此項盤運各費及商利行用進口貨每值百兩提七兩出洋貨每值百兩加八兩得之上海洋商所言其進出貨價內水腳未計者以各貨來去多裝洋船故照卸船裝船時定價也或謂估值應以棧貨爲準而貨棧多係洋商之業利爲洋商所得與中國無涉洋棧之資多用在各口亦於華棧相等又謂棧利所餘皆爲洋商攜歸則華人就業洋船及外國諸處所獲攜回中國者似足相抵

十六年冊載進口貨價一萬二千七百九萬三千四百八十一兩內除復運往朝鮮者五十九萬六千一百四十七兩除進口稅四百二十三萬四百六十七兩洋藥稅釐四百四十七萬四千三百兩實一萬一千七百七十九萬二千五百六

十七兩內除運費行用八百二十四萬五千四百八十兩則進口實在成本一萬九百五十四萬七千八十七兩出洋貨價八千七百十四萬四千四百八十兩內加往朝鮮價四十七萬三千三百五十四兩除去由朝鮮進口價五萬二千九百九十三兩共出口價八千七百五十六萬四千八百四十一兩內加出口稅五百六十二萬九千六百五十四兩再加運費行用七百萬五千一百八十七兩則出口貨實在成本一萬十九萬九千六百八十二兩總核進口價多於出口者九百三十四萬七千餘兩進出金銀尙未列入

十七年冊載進口貨價一萬三千四百萬三千八百六十三兩內除復運朝鮮九十七萬四千六百四十六兩進口稅四百八十三萬五千五百九十七兩洋藥稅釐四百五十一萬二千九百二十兩實一萬二千三百六十八萬七百兩再除運費行用八百六十五萬七千六百四十九兩計進口貨實在成本一萬一千五百二萬三千五十一兩出口貨價一萬九十四千七千八百四十九兩內加往朝鮮價四十七萬九千九百八十七兩除去由朝鮮進口價十萬九百九十三萬實一萬一百三十二萬六千八百四十三兩再加出口稅六百十二萬

六百五十兩運費行用八百十萬六千一百四十七兩則出口貨實在成本一萬一千五百五十五萬三千六百四十兩出口贏於進口者五十餘萬兩

綜四年中進口貨價四萬二千八百八十三萬八千餘百兩出口貨價四萬三千三百十三萬九千餘兩出口贏四百三十萬餘百兩據此出洋之貨不但足抵進口誠如總論中國借貸洋款以價值所贏抵本息似猶贏而無絀外洋之運銀來中國亦職是故矣惟總論貿易雖指實在成本之贏絀未便據以紊亂表數謹爲此說以列表端

進出貨價贏絀表　表十一

	進口轉運出洋之數不計	出口從此口運往彼口之數不計	贏絀
咸豐九年	三千六百三萬二千四百八十兩	三千六百六十七萬六百六兩	贏 六十三萬八千一百二十六兩
十年	四千二百九十七萬六千一百九十五兩	三千一百八十八萬三千四百三十兩	絀 一千一百九萬二千七百六十五兩
十一年	六千五百六十四萬二千兩	五千一百五十九萬二百七十兩	絀 一千四百五萬一千七百三十兩
同治元年	九千一百四十八萬六千八百八十二兩	八千二十四萬六千八百三兩	絀 一千一百二十四萬七十九兩
二年	一萬七百四十五萬六千五百一兩	五千八百八十五萬三千六百四十一兩	絀 四千八百六十萬二千八百六十兩
三年	五千一百二十九萬三千五百七十八兩	五千四百萬六千五百九兩	贏 二百七十一萬二千九百三十一兩
四年	六千一百八十四萬四千四百五十八兩	六千五萬四千六百三十四兩	絀 一百七十八萬九千八百二十四兩
五年	七千四百五十六萬三千六百七十四兩	五千六百十六萬一千八百七兩	絀 一千八百四十萬一千八百六十七兩
六年	六千九百三十二萬九千七百四十一兩	五千七百八十九萬五千七百十三兩	絀 一千一百四十三萬四千二十八兩

七年	七千一百十二萬一千二百十三兩	六千九百十一萬四千七百三十三兩	絀 二百萬六千四百八十兩
八年	七千四百九十二萬三千二百一兩	六千七百十四萬三千九百八十八兩	絀 七百七十七萬九千二百十三兩
九年	七千一百萬二百七十八兩	六千一百九十九萬二百三十五兩	絀 九百一萬四十三兩
十年	七千八百十九萬九十三兩	九千四百八十六萬五百五十兩	絀 三百三十二萬九千五百四十三兩
十一年	七千四百八十二萬六千一百三十兩	八千三百七十一萬九千八百八十七兩	贏 八百八十九萬三千七百五十七兩
十二年	七千三百九十九萬二千九百三兩	七千七百五十四萬九百十九兩	贏 三百五十四萬八千十六兩
十三年	七千一百三十九萬五千八百一兩	七千四百四十九萬五千二百十五兩	贏 三百九萬九千四百十四兩
光緒元年	六千七百八十萬三千二百四十七兩	六千八百九十一萬二千九百二十九兩	贏 一百十萬九千六百八十二兩
二年	七千二十六萬九千五百七十四兩	八千八十五萬五百十二兩	贏 一千五十八萬九百三十八兩
三年	七千三百二十三萬三千八百九十六兩	六千七百四十四萬五千二十二兩	絀 五百七十八萬八千八百七十四兩

四年	七千八十萬四千二十七兩	六千七百十七萬二千一百七十九兩	絀 三百六十三萬一千八百四十八兩
五年	八千二百二十二萬七千四百二十四兩	七千二百二十八萬一千二百六十二兩	絀 九百九十四萬六千一百六十二兩
六年	七千九百二十九萬三千四百五十二兩	七千七百八十八萬三千五百八十七兩	絀 一百四十萬九千八百六十五兩
七年	九千一百九十一萬八百七十七兩	七千一百四十五萬二千九百七十四兩	絀 二千四十五萬七千九百三兩
八年	七千七百七十一萬五千二百二十八兩	六千七百三十三萬六千八百四十六兩	絀 一千三十七萬八千三百八十二兩
九年	七千三百五十六萬七千七百二兩	七千十九萬七千六百九十三兩	絀 三百三十七萬九兩
十年	七千二百七十六萬七百五十八兩	六千七百十四萬七千六百八十兩	絀 五百六十一萬三千七十八兩
十一年	八千八百二十萬十八兩	六千五百萬五千七百十一兩	絀 二千三百十九萬四千三百七兩
十二年	八千七百四十七萬九千三百二十三兩	七千七百二十萬六千五百六十八兩	絀 一千二十七萬二千七百五十五兩
十三年	一萬二百二十六萬三千六百六十九兩	八千五百八十六萬二百八兩	絀 一千六百四十萬三千四百六十一兩

十四年	一萬二千四百七十八萬二千八百九十三兩	九千二百四十萬一千六十七兩	絀 三千二百三十八萬一千八百二十六兩
十五年	一萬一千八十八萬四千三百五十五兩	九千六百九十四萬七千八百三十二兩	絀 一千三百九十三萬六千五百二十三兩
十六年	一萬二千七百九萬三千四百八十一兩	八千七百十四萬四千四百八十兩	絀 三千九百九十四萬九千一兩
十七年	一萬三千四百萬三千八百六十三兩	一萬九十四萬七千八百四十九兩	絀 三千三百五萬六千十四兩

各國往來貨價表說

綜覈表曰互市大盛歲來貨值遞增至一萬二三千萬我貨歲往亦七八千萬一萬餘萬貿易之宏亘古所無我絀彼贏歲恆二三千萬論者歎漏巵不可塞莫不歸咎於通商雖然亦未可一概論也北俄東美歐洲德法諸國夫固仰給絲茶歲輸於我者千數百萬俄商運茶出嘉峪關者又一二百餘萬或三百餘萬尚不在此數（見第十六表）謂通商無益此一偏之論矣貿易以英商爲最鉅（居十之八九）然來者非盡其國所產往者非盡其國所用（關冊云船懸某國旗即列入某國數內）徒以輪舶繁多屬地遼闊爲諸國雄而懋遷亦遂爲諸國冠非果物產之運輸不竭也惟印度所產洋藥流毒中國英擅其利而無其害是彼倚印度爲外府以弭中國實數千年來未有之奇局又不當以通商論日本土產無多年來與廾利宏製造經心工商出口漸夥其效尤而朘我尤可慝也（光緒四年至七年即日本明治十一年至十四年此四年中日本與各國通商進出貨價相抵外日本虧二千二萬七千四百九十八元光緒八年至十三年即明治十五年至二十年此六年中進出相抵外日本贏五千二百八十九萬八千一百八十五元前後相殊如此此講求商務之明效）併本表來數浮於第十一表進口數者本表未除轉運出洋之數歲恆一二百萬也五年檀香山來三百五十四兩往一

萬七千九百二十九兩六年往一萬三千七十一兩七年往七千二百五十九兩十四年往六兩後遂無聞又幅隘不表表中出口數內已包此往數

各國往來貨價表

表十二

國別	附注	來往	同治三年	四年	五年
英		來	一千一百六十五萬七百五十八兩	一千二百三十六萬九千七百八十七兩	一千五百六十七萬
		往	三千六百三十二萬七千五百五十六兩	三千七百萬七千三百八十兩	三千四百九萬七千
香港	轉運各國	來	一千二十四萬大千五百九十九兩	一千八百二十萬一千五百八十五兩	一千八百七十九萬
		往	七百九十九萬七千二百七十四兩	九百九十二萬一千一百六十三兩	九百九十七萬七千
印度	英屬	來	二千五百七十萬五千八百十八兩	二千六百三十八萬八千二百十兩	三千五百三十二萬
		往	十七萬三千九百三十兩	一萬四千一百六十二兩	七萬七千八百十五
新加坡	同上	來	二百三十四萬六千三百二十八兩	二百四十九萬四千六百五十二兩	一百三十七萬八千
		往	二十七萬四百五十一兩	四十六萬九百五十三兩	四十四萬七千四百
新金山鈕西蘭	同上	來	十八萬七千八百六十一兩	三十三萬五千二百一兩	四十八萬一千八百
		往	一百六十三萬八千四百二十九兩	二百十一萬三千五百二十七兩	一百九十四萬八千
大浪山嵩	同上	來			
		往			
幹阿達	同上	來	一萬二百五十六兩	五千八百十八兩	
		往	六十四萬三千三百四十八兩	六十四萬一千七十二兩	九萬三千六百三十
美		來	三百十八萬三千二十一兩	四十八萬二千五百九十三兩	二十八萬九千八百
		往	四百四十八萬二千八百五十九兩	五百八十六萬四千八百二十五兩	六百三十一萬六千
南美		來		八萬一千五百八十四兩	三萬五千五百兩
		往	十三萬四千七十三兩	十六萬八千四十七兩	十萬八千八百八十
歐羅巴	除英俄外	來	二萬二千六百七十八兩	十五萬三千五百四兩	二十五萬九千八百
		往	一百四十五萬七千五百七十八兩	三百九萬六千六百八十兩	一百七十二萬七千
俄	由東水道	來			
		往			
俄	由天津恰克圖	來			
		往			
俄	由圖們江	來		五萬二千二百五十二兩	十六萬二千七百五
		往	六千五百四十六兩	一千一百二十九兩	八千八百四十六兩
朝鮮		來			
		往			
日本		來	一百八十三萬二千二百五兩	二百四十五萬四千四百七十八兩	二百九十三萬二千
		往	三十四萬四千九百四十七兩	三十七萬一千九百七十兩	七十四萬二千三百
小呂宋		來	七十四萬七千八百三十五兩	六十三萬八千二百七十五兩	三十六萬三千二十
		往	二十二萬六百八十四兩	二十二萬八千七百三十二兩	二十七萬三千七百
安南	法屬	來	二十一萬八千六百七十九兩	四十一萬六十二兩	三十二萬五十九兩
		往	三萬三千二百六十六兩	四萬九千七百二十四兩	六萬四千二十五兩
暹羅		來	二百十二萬八千八百六十四兩	六十二萬六千七百三十一兩	五十六萬七百五十
		往	九萬三千六百六十三兩	三萬一千二百九十兩	十一萬七千五百四
爪哇	荷屬	來	三十萬九千八百五十四兩	三十九萬二千八百七十七兩	三十五萬四百六十
		往	十八萬一千九百五兩	十八萬二千一百四十一兩	十六萬三百七十八
埃及		來			
		往			
澳門		來			
		往			

	六年	七年	八年
三千二百九十七兩	一千八百八十三萬十兩	二千四百四十七萬八千八百四十三兩	二千七百七十二萬
二百五十兩	三千三百三十六萬七千七百八十四兩	四千二百四萬八百三十六兩	三千五百十七萬一
四千二百七兩	一千四百十七萬七千二百四十三兩	一千五百六十七萬二千六百八十五兩	二千一百四十二萬
五百四十六兩	八百十一萬九千九百四十兩	八百九十七萬二百八十九兩	一千二百三十萬九
八千三百五十一兩	三千一百九十一萬五千五百四兩	二千六百九萬八千八十五兩	一千九百七十四萬
兩	三十六萬六千九百八兩	二十六萬四千五百三十兩	十四萬九千二百一
一百八十八兩	八十六萬一千八百六十一兩	七十四萬三千八百七十九兩	九十二萬三千六百
六十八兩	三十七萬六千七百六十九兩	二十九萬三千六百九十二兩	七十三萬二千五百
六十九兩	五十四萬七千八百九十六兩	七十三萬四千七百十八兩	八十五萬三千八百
三百七十八兩	二百六十九萬四千三百五十九兩	二百九十五萬二千五百三十五兩	一百九十七萬四千
	三萬五千六百六十七兩	四萬四千一百二十二兩	
		三十七兩	
七兩		二十三萬七千二兩	
二十三兩	七十萬二千六百八十三兩	八十三萬三千三百九十三兩	一百五十四萬三千
一百三十兩	七百四十九萬三千三百十八兩	六百五十八萬二千六百七十六兩	九百二十萬五千五
		六萬八千三百十八兩	七萬四千四百十八
一兩	十二萬二千九百九十六兩	二十三萬一千六百三十兩	十四萬四千二百七
九十五兩	四萬七百六十兩	三十二萬五千四百五十兩	七十一萬八千八百
八百七兩	二百五十五萬一千二百七十五兩	五百二十二萬四百八十六兩	三百七十八萬二千
	四萬五千七十七兩		五萬六千四十四兩
	九十二萬四千九百二十四兩	七十九萬六千二百四十兩	一百九十五萬二千
十四兩	十六萬三千六百八十四兩	九萬三千九百十三兩	十二萬五千三十五
	一萬八千二百四十六兩	七千八百三十四兩	八千二百二十七兩
五百六十八兩	二百二十一萬四千四百八十九兩	二百六十一萬四千七兩	二百十八萬九千七
二十五兩	一百十八萬七百二兩	九十三萬七千四百八十二兩	一百三十萬八千六
一兩	五十六萬四千八百七十八兩	三十一萬五千四百五十八兩	二十萬七百十一兩
五十六兩	十八萬二千一百五十八兩	十八萬三千四百四兩	二十萬三千四十六
	五十萬八千三百六十三兩	三十八萬三千七百十兩	三十九萬六千四十
	十一萬九千六百十兩	四萬六千二百七十四兩	九萬六千八十兩
三兩	八十五萬八千七百三十一兩	六十九萬一千二百五十一兩	四十七萬九千六百
十七兩	十萬六千六百七十兩	七萬七千六百七十三兩	十八萬六千六百十
兩	二十六萬六千五十五兩	二十六萬四千八百八十七兩	一萬三千五百四十
兩	二十三萬五千二百十五兩	二十二萬八千二十八兩	
			二百八十五兩

	九年	十年	十一年
一千一百五十九兩 千八百二兩	二千六百九十五萬六千一百十一兩 三千二百六萬三千四百六十九兩	二千九百十五萬二千二百五十八兩 三千九百八十萬八千六百九十六兩	二千九百十八萬五 四千三百二萬二千
七千六百三十七兩 千一百六十兩	二千一百三十七萬五千八百四十七兩 一千一百三十九萬一千五百六十兩	二千五百三十七萬六千六百二十九兩 一千二百五十萬五千四百九十九兩	二千三百二十六萬 一千三百四十四萬
五千四百六十四兩 兩	一千九百八十二萬六千二百三十二兩 十一萬四千一百五十四兩	二千九十二萬三千二十三兩 二十三萬四千一百十兩	一千八百四十八萬 四十五萬七千五百
八十五兩 十七兩	七十八萬九千三百八十八兩 二十九萬五千六百六十五兩	六十八萬四千四百四十六兩 三十九萬九千七百六十三兩	八十萬八千二百四 四十五萬九千二百
五兩 一百二十三兩	五十二萬五千八百九兩 一百六十萬三千一百一兩	四十一萬七千三十七兩 一百九十八萬三千七百九十兩	四十九萬六千一百 二百三十八萬六千
	一萬七千三百八十一兩	二萬七千四十一兩	十三萬一千七百六
	二萬四千四百二十三兩	一萬四千九百七十二兩 二十萬一千三百十八兩	十七萬七千七百四
九百九十一兩 百四十九兩	四十一萬六千四百四十五兩 八百五十一萬九千四百八十兩	五十萬一千一百五兩 一千一百五十九萬七千七百四十五兩	四十一萬四百五兩 一千三百二十七萬
兩 十八兩	二十九萬四千九百十兩 十二萬八千九百四十一兩	九萬三千七百二十五兩	十九萬三千二十兩
六兩 四百二十四兩	五十三萬七千五百九十三兩 三百四十七萬三千二百三十七兩	二十六萬三千一百二十兩 四百四十一萬五千六百七十六兩	三十九萬四十四兩 四百八十四萬八千
		四十四萬五千一百四十二兩	三萬八千七百十五 一百一萬六千五百
十五兩	二萬八百五十兩 九十二萬七百八十兩	九十兩 一百八萬七千五百七十七兩	一萬四千九百七十 一百八十九萬八千
兩	八萬五千五百八十兩 八千八十七兩	十三萬六千五百十兩 一萬九千三百三十五兩	二十一萬四千二百 四萬四千七十三兩
百三兩 百六十五兩	一百四十三萬三千九十三兩 二百七十八萬一千三十一兩	二百十萬九千二百二兩 一百三十一萬六千二百五十兩	三百十四萬七千七 一百四十六萬一千
兩	二十五萬六千九百五十六兩 二十一萬二千八百九兩	二十二萬四千八百十一兩 十九萬二千九百五十九兩	二十二萬五千一百 二十六萬六千七百
六兩	二十六萬六千四百六十三兩 八萬二千四百十三兩	二十一萬四百七十五兩 十四萬八千四百二十七兩	五十萬九千五百八 二十萬六千九百七
六十四兩 五兩	三十四萬四百四十二兩 十萬二千二百八十三兩	二十四萬七千四百十一兩 十一萬六千八百四十五兩	四十五萬五千三百 十六萬四千九百四
五兩	二萬九千二十四兩 二十三萬五千八百八十六兩	十五萬三千六百二十二兩 二十四萬八百九十八兩	二十三萬九千三百 三十八萬二千四百
	一萬五千五百三十五兩	二萬五千七百五十四兩	十三萬七千九百七

	十二年	十三年	光緒元年
千八百七十一兩 一百十二兩	二千三百三十一萬七百六十兩 四千一百六十一萬七千二百八十四兩	二千二百二十六萬七千二十兩 三千七百五十三萬八千七百七十一兩	二千一百十三萬二 三千九百十六萬四
四千一百五十七兩 九百四十三兩	二千七百七十一萬三千六百五十二兩 八百七十三萬九千一百四十兩	二千六百二十五萬八千七百八十兩 一千二百六十二萬二千六百七十五兩	二千七百五十二萬 一千二百七十四萬
八千六百二十七兩 七十五兩	一千八百五十五萬五千二百二十兩 二百六十一萬五千八百五十六兩	二千三十二萬八千四百五十五兩 九十九萬九千六百四兩	一千四百八十五萬 二十四萬九百四十
十三兩 十一兩	六十三萬一千七百七十一兩 四十九萬八千七百六十二兩	七十五萬二百七十二兩 六十七萬六千七百四十九兩	六十九萬九千六百 七十九萬三千二百
四十兩 六百六十五兩	五十九萬七千三百三十六兩 二百三十三萬九千八百五十二兩	六十六萬一千二百七十七兩 二百四十七萬七千九百七十二兩	五十五萬二千五百 二百二十二萬六千
十一兩		六萬七千三百八十八兩	九萬三千四百四兩
十八兩	十七萬五百四十兩 二萬七百二十一兩	十八萬一千六百九十三兩 八萬七千五百七十一兩	六萬三百二十一兩 四萬四千一百三兩
九千九百八十八兩	二十七萬一千一百六十八兩 八百四十萬一千五百二十六兩	二十九萬四千六百十二兩 七百二十萬四千三百二十一兩	一百一萬五千八百 七百六十七萬四千
	十二萬八千三百九兩	四萬八千五百七十九兩	三萬九千一百三十
九百六十兩	七十三萬四千八百九十七兩 七百三十一萬五百八十三兩	五十七萬三千三百三十一兩 七百十五萬三千三百十八兩	七十六萬六千二百 八百五十七萬九千
兩 六十三兩	一百七萬八千十一兩	一百萬九千四十一兩	一百三十六萬九千
兩 七百六十一兩	一千三百五十二兩 二百十九萬五千九百七十一兩	六百八十兩 一百五十八萬七千六百八十五兩	三百二萬一千九百
七十四兩	二萬八千七百九十四兩 九萬七千七百七十四兩	八萬三千四百五十一兩 八萬二千四百七十八兩	十萬八百十七兩 七萬一千六百五十
		二百六十七萬七千八百七十三兩 一百九十六萬八百四十二兩	
百四十七兩 一百九十五兩	三百五十六萬一千三百十三兩 一百二十七萬七千四百五十五兩		二百四十八萬五千 一百九十五萬三千
五十八兩 一兩	十五萬一千八百二十六兩 二十三萬八千十六兩	九萬五千五百五十一兩 二十七萬八千八百四兩	六萬九百四十九兩 二十三萬四千七百
十八兩 十七兩	五十二萬七千四百七十兩 九萬四千七兩	八萬八千四百三十九兩 七萬五千五百二十五兩	十二萬三千五百五 七萬九千九百八十
七十四兩 十八兩	三十二萬七千八百三十兩 十七萬八千九百八十六兩	二十六萬二千五百五十兩 十六萬六千四百四十三兩	三十三萬三千九百 十萬七千一百四十
七十兩 六十兩	二十一萬九百七兩 四十四萬九百五十四兩	九萬四千六百十九兩 四十三萬七千五百二十兩	二十三萬二百二兩 五十萬三百八十四
十四兩	六千兩 二十六萬七千七百二十兩	三萬五百七十七兩 一萬九千九百十兩	八千四百兩 一萬一千五百五兩

通商表　卷二　各國往來貨價　四十四

	二年	三年	四年
千六百四十兩 千五百十一兩	二千八十七萬三千三百九十二兩 三千五百二十六萬七千八百九十七兩	一千九百九十九萬四千三百九兩 二千七百七十八萬四千四百二十三兩	一千四百九十五萬 二千七百六十萬九
五千一百十九兩 七千十兩	二千七百三十七萬一千六百八十一兩 一千四百四十七萬七千二百三十五兩	二千七百六十萬一千六百四十三兩 一千五百二十五萬五千七百六十六兩	二千七百四十四萬 一千四百九十七萬
五千二百八十二兩 五兩	一千一百六十一萬三千九百六十四兩 十八萬七千九百八十六兩	一千九百七十三萬三千一百二十二兩 五十七萬七千八百二十五兩	二千一百七萬七千 三十七萬四千二百
六十兩 九十兩	八十六萬九千九百四十八兩 五十九萬三千二百五十四兩	一百二萬八千四百十七兩 九十四萬九千八百四十兩	八十二萬三千六百 一百七萬七千三百
八十九兩 三百五十三兩	五十二萬二千七百六十四兩 一百九十五萬三千五百八十三兩	五十三萬三千一百二十七兩 一百九十五萬一千七百二十一兩	三十五萬二千五百 一百七十六萬三百
	七萬三千一百六十四兩	十一萬五千一百五十八兩	二十二萬一千九百
	五萬四千四百四兩 七千一百六十一兩	八萬一千三百四十二兩	二十九萬四千三百
六十三兩 三百三兩	七十三萬八千五百二十八兩 七百二十五萬九千十八兩	一百十三萬八千一百三十六兩 七百九十五萬一千一百二十三兩	二百二十五萬三千 六百五十七萬六千
三兩	十三萬一千十九兩 四萬二千二百九十二兩	七萬二千七十兩	九萬五千五百六十 四千六十八兩
七兩 四百二十三兩	八十二萬四千二百九十兩 一千四百十萬八千五百七十一兩	二十六萬一千四百十兩 五百六十三萬六千六十八兩	八十二萬六千一百 八百四十六萬一千
一百二十七兩	九十九萬九千五百十二兩	六十二萬六千五百七十三兩 五十一萬一千五百八兩	四千七十一兩
七十三兩	三百二十八萬一千四百八十九兩	三百八十一萬四千七百七十七兩	三百二十萬七千九
一兩	九萬八千七百四十兩 九萬六千七百五十四兩	十一萬三千九百二十一兩 七萬二千四百八十七兩	十四萬八千六百二 十三萬二十四兩
六百八十九兩 一百七十七兩	三百十三萬六千一百三十四兩 一百七十一萬七千四百九十七兩	三百五十二萬七千二百九十四兩 一百八十六萬九千九百十二兩	四百五萬五百五十 一百六十八萬二千
三十二兩	十萬九千九百一兩 二十二萬四千三百五十四兩	四萬三千四百五十九兩 二十萬一百七十四兩	十一萬二千八百四 二十四萬二千四百
十九兩 兩	三十九萬九千一百四十九兩 七萬七千五十五兩	七十八萬八千五百二十一兩 十一萬七千五百六十三兩	二十八萬五千六十 十三萬四千八百五
九十六兩 八兩	四十五萬九千八百八十四兩 十九萬九千四百八十九兩	四十二萬九千六百十四兩 十六萬八千四百九十兩	三十一萬四千三百 十九萬三千八百八
兩	十八萬五千八百八十二兩 二十七萬八千一百八十一兩	十一萬一千九百六十一兩 四十六萬七千五百六十兩	十五萬七千八百八十 五十一萬一千一百
	二千二十兩	五百四十七兩	一千六百五十五兩

通商表　卷二　各國往來貨價　四十五

	五年	六年	七年
一千七百十五兩 千八百四十三兩	二千三十三萬二千七百六十三兩 二千六百十二萬四千五百八十六兩	二千一百八十八萬一千一百六十二兩 二千七百八十二萬四千四十五兩	二千三百七十三萬 二千二百七十三萬
四千六百三十六兩 九千一百一兩	二千九百六十四萬一千三百七十九兩 一千六百四十萬二千八百五十六兩	三千二十五萬三千八十五兩 一千六百六十萬八千七百二十兩	三千一百十八萬九 一千七百六十六萬
九十九兩 五十一兩	二千四百六十七萬七千三百一兩 五十五萬二百二兩	二千七十萬六千八十兩 一百十萬五千八百九十六兩	二千六百八十一萬 四十九萬三千五百
九十八兩 十五兩	八十三萬四千二百八兩 八十七萬九千一百五十八兩	八十六萬三千二十六兩 九十七萬五千二百十九兩	一百三十萬七千十 一百十七萬五千一
三十三兩 六兩	三十五萬六千二百八十九兩 一百七十七萬四千二百四十六兩	二十二萬一千八百七十七兩 一百八十九萬七千九百七十八兩	四十二萬六千四百 二百四十萬七千九
六兩	十五萬二千九百十二兩	五萬九千一百五十九兩	十三萬一千九百五
十六兩	十萬三千四百八十兩	十萬二千四百九十三兩 六萬三千一百七兩	二十二萬五千三十 一萬七千二百七十
一百四十八兩 一百二十五兩	二百五十四萬七百六十三兩 八百九十六萬六千六百九十三兩	一百二十萬四千五百二十五兩 九百十萬六千九百十七兩	三百三十萬三百十 一千二十三萬二千
四兩	三萬四千八百七十二兩		
三十八兩 三百四兩	一百七十五萬二百兩 一千十五萬一千六百九十三兩	二百二十九萬六千九百六十九兩 一千二百八十九萬一千五百七十五兩	二百四十七萬三千 九百八十萬六千十
	一萬一千七百六十九兩	二萬八千八百十八兩	一百二萬九千八百
十四兩	三百九十八萬八千二百六十九兩	四百五萬五千三百十兩	三百十八萬三千二
十六兩	二十七萬七千二百七十八兩 十九萬九千九百八十六兩	十七萬三千二百三十五兩 二十三萬九千八百六十三兩	十一萬二千七百六 三十四萬一百七十
八兩 七百十八兩	三百四十一萬七千六十六兩 二百二十三萬二千五百九十五兩	三百五十萬一千六十七兩 二百二十萬三千三百七十七兩	三百七十八萬一千 一百七十六萬四千
十二兩 九十九兩	十萬二千四百八十一兩 十四萬九千十三兩	二萬七千二百八十五兩 二十一萬一千七百六十六兩	四萬七千九百五十 二十六萬一百二十
八兩 十九兩	二十七萬九百八十一兩 九萬三百七十一兩	十萬四千一百六十四兩 五萬二千四百三十八兩	三十八萬五千二百 一萬二千一百十二
四十七兩 十兩	三十四萬七千三十六兩 二十四萬一千八百五十五兩	十三萬六千一百六兩 十三萬七千八百三十五兩	十五萬五千三百六 六萬三千三百七兩
十八兩 六十三兩	十二萬三十五兩 二十九萬三千七百二十七兩	十五萬八千八百七十七兩 二十六萬八千三百八十三兩	八萬六千七百九十 二十五萬七千三百
	五萬三千四百二十二兩	九千七百五十二兩 十四萬一百十兩	四千九百一兩 十四萬八千八百四

通商表　卷二　各國往來貨價　四十六

	八年	九年	十年
八千一百九十八兩 六百八十三兩	一千八百七十五萬五千五百八十二兩 二千二百三十萬九千七十一兩	一千六百九十二萬九千九百七十七兩 二千四百五十七萬二千七百二十兩	一千六百九十四萬 一千九百四十六萬
千八百九十五兩 一千四百十八兩	二千九百六萬三千六兩 一千六百四十八萬七千五百七十三兩	二千九百九萬八千七百三十兩 一千八百八十五萬一千九百四兩	三千七十七萬四百 一千七百二十三萬
八千七百四兩 八十九兩	一千八百二十六萬四千三百七十二兩 四十七萬七千一百十四兩	一千七百十五萬三千六百九十三兩 五十五萬六千四百三十八兩	一千六百三十三萬 六十三萬五千八百
七兩 百十六兩	一百五十六萬五千三百八十七兩 一百二萬七千七百三十兩	一百四十二萬九千七百六十七兩 九十三萬二千二百十三兩	一百四十六萬九千 八十五萬四千八百
六十二兩 百二十九兩	五十三萬七十二兩 二百二十二萬二千八百九十一兩	四十二萬二千四百二十八兩 一百六十一萬二千七百六十三兩	十一萬八千一百八 一百六十六萬五千
十二兩	十一萬一千二百四十六兩	十五萬三千三百四十兩	十四萬六千八百七
七兩 一兩	二十一萬八千七百七十九兩 五萬七千九百四十六兩	十六萬七千一百六十九兩 八萬三百三十八兩	六萬七千八十一兩 二十三萬一千一百
二兩 三百三十五兩	三百二十七萬六千七百二十八兩 八百四十二萬一百三十兩	二百七十八萬八千三百九十五兩 七百三十五萬一千九百六十一兩	二百四十一萬八千 八百二十七萬九千
		五十兩	一萬一千八百八十
三百五十四兩 九兩	二百四十六萬四千四百二十九兩 八百七十五萬一千八百四十七兩	二百三十七萬四千一百二十兩 七百八十一萬七千四百七十一兩	二百七十五萬二千 一千七萬五百二十
六十七兩	九千一百二十七兩 九十四萬六千三百二十四兩	一萬一千三百兩 一百七十五萬四千九百五十三兩	一萬四百一兩 一百二十五萬一千
百七兩	三百二十八萬六千三百四十五兩	三百六十六萬五千三百九十七兩	三百七十三萬九千
十六兩 四兩	十五萬二千三百四十兩 五十六萬八千七百六十七兩	十五萬四千九百八十一兩 三十八萬五千九百三十兩	二十四萬七千九百 四十九萬七千五百
		一萬一千六百八兩 二千三百十四兩	三萬一千二百八十 三萬二千八百九兩
五百七十四兩 四百二兩	四百四十四萬二千二百四十一兩 一百七十六萬六千八百五十八兩	三百七十三萬八千一百六兩 一百四十一萬七百八十七兩	三百六十五萬五千 一百七十九萬五千
四兩 四兩	一萬八千八百九十一兩 二十四萬九千四百四十九兩	三萬一千八百二十兩 九十二萬四千三百二十六兩	四萬三千一百二十 十九萬九千四百五
九十九兩 兩	四十八萬七千二兩 六萬五千四百七十二兩	四十七萬六千八百十六兩 六萬六百三十六兩	二十七萬二千六百 十五萬四千七百六
十九兩	十九萬七千四百十六兩 二十六萬七千五百三十四兩	十九萬二千一百三十四兩 二十四萬二千八百七十八兩	十三萬三千七百六 二十四萬八百九十
三兩 七十九兩	三萬八千八百六兩 二十六萬六千七兩	五萬一百六十七兩 三十二萬四千二百三十六兩	五萬四千八百七十 三十一萬五千八百
十一兩	二百六十九兩 五萬四千五百四十二兩	一萬八百兩 十三萬三百二十一兩	七百三十兩 三十一萬七千六百

通商表　卷二　各國往來貨價　四十七

	十一年	十二年	十三年
五千八百六十兩 五千五百五十三兩	二千三百九十九萬一千六百八十八兩 二千一百九十九萬二千一百八十五兩	二千二百三萬四千七百五十三兩 一千九百七十四萬五千六百九十四兩	二千五百六十六萬 一千六百四十八萬
五十三兩 九千七百五十兩	三千五百二十六萬八千一百九十七兩 一千五百八十六萬九千九百八十七兩	三千四百八十八萬九千六百七十一兩 二千二百五十五萬二千六百七十六兩	五千七百七十六萬 三千一百三十九萬
八千九百八十一兩 四十四兩	一千六百十四萬八千七百八十一兩 五十八萬八千五百六十七兩	一千六百九十八萬三十五兩 五十三萬一千六百一兩	五百五十三萬七千 七十九萬七千五百
六百六十五兩 九十五兩	一百七十二萬五千二百八十六兩 九十九萬八千九百三十九兩	一百二十三萬五千九百七十兩 九十三萬九千六百二兩	一百三十九萬一千 一百三十三萬六千
十兩 六百三十一兩	二十五萬六千二百二十兩 一百八十八萬一百四兩	二十九萬八千一百六十兩 二百六萬二千二百八十四兩	二十七萬九十一兩 二百十萬九百五十
十五兩	十八萬五千九百七十兩	五萬七千六百二十五兩	十八萬七千八百六
六十九兩	五萬一千三百八十七兩 二千二百六十兩	二萬八千一百八十七兩 六萬七千九百一兩	九萬三千八百二十 二十萬八千七百八
三百六十七兩 五百九十八兩	三百三十一萬五千四百二兩 八百二十九萬七千七百二十二兩	四百六十四萬七千三百三十三兩 九百六十八萬五千六百九十一兩	三百三十九萬八千 八百九十一萬五千
七兩	四千一百六十八兩	六千二十六兩	
二百二十二兩 二兩	二百五十一萬八千三百四十七兩 七百三十萬四千三百七十兩	二百七十四萬九千八十三兩 一千一百九十二萬八千四百四兩	二百五十八萬七千 一千一百五十四萬
四百四十五兩	一千七百四十七兩 九十四萬六千五百三十三兩	五百五十四兩 一百四十七萬四百三十九兩	一百三十一萬三千
六百六十七兩	三百四十三萬八千二百五十九兩	四百九十四萬八千九兩	五百七十萬四千二
三兩 六十九兩	十九萬二千九百十六兩 四十六萬七千五百六十八兩	二十萬二千三百六十四兩 六十二萬八百四十八兩	十一萬八千一百九 六十三萬三千三百
二兩	二萬四千六百五兩 十二萬八百三十二兩	二萬九千六百四十三兩 十萬二千九百三十兩	一萬八千三百五十 十八萬二千六十三
五百五十二兩 八百十五兩	五百二十六萬三千九百十八兩 一百四十九萬一千二百九十八兩	五百六十九萬一千四百八十九兩 一百二十二萬二千三十六兩	五百五十六萬五千 二百十一萬三千一
一兩 十九兩	六萬九百十二兩 二十六萬三千七百八十五兩	五萬二千四百二十四兩 二十萬四千九百四十兩	六萬八千四百九十 二十八萬八千五百
二兩 十六兩	二十二萬八千三百三十三兩 七萬六千三百六十六兩	二十萬九千五百四十四兩 十三萬九千九百十九兩	三十三萬七千八百 九萬二百十兩
十四兩 二兩	二十七萬七千五百八十六兩 三十萬二千四百七兩	十九萬一千九百七兩 三十一萬二千四百十四兩	十五萬一千六百三 三十八萬一千八百
二兩 八十兩	七萬一千七百六十八兩 四十一萬三千四百二十八兩	四萬四千六十九兩 四十二萬六十兩	五萬六千四百六十 四十四萬八千五百
三十四兩	九千七百九十兩 三十六萬九百六十三兩	二萬五千二百九十四兩 十八萬八千二百七十兩	十八萬九千三百十 二十七萬七千七百
			一百三十六萬五千 一百五十三萬七千

	十四年	十五年	十六年
六千四百七十七兩 二千八百九兩	三千三十九萬二千六百五十五兩 一千六百七十萬九百六十一兩	二千一百十六萬七千三百五十七兩 一千五百六十五萬六千九百七兩	二千四百六十萬七 一千三百九萬五千
一千三十九兩 三千一百八十九兩	六千九百八十四萬七百四十六兩 三千三百五十五萬一千五百十八兩	六千三百三十七萬一千八十一兩 三千五百十八萬六千六百四十四兩	七千二百五萬七千 三千二百九十三萬
三百七十五兩 七十兩	六百六十二萬七千八百七十九兩 一百三萬六千八百四十三兩	七百九十萬六千五百七十九兩 一百八萬九千九百六十五兩	一千三十萬一百一 一百五萬五千八百
一百六十九兩 六百六十兩	二百四萬六百十兩 一百三十五萬二千二百五十九兩	一百八十七萬四千一百五十兩 一百二十八萬七千七十一兩	一百七十七萬一千 一百四十六萬五千
兩	十五萬二千一百五十八兩 三百十四萬五百二十五兩	三十萬九千九百七十七兩 一百九十二萬一千五百二十九兩	二十二萬六千一百 一百二十六萬四千
十三兩	二十六萬九千二百二十一兩	二十萬五千七百九十七兩	二十一萬五千四百
兩 十兩	一百十四萬六千六百六十七兩 二十六萬五千九十三兩	九十四萬五千九百六十七兩 十九萬六千五百九十五兩	六十一萬二千一百 四十八萬四千一百
三百九十兩 九百二十兩	三百十四萬五千七百十二兩 八百九十六萬二千五百六十三兩	三百八十萬五千六百六十四兩 七百八萬四千一百二十一兩	三百六十七萬六千 八百十六萬四千七
	二百四十三兩	三千三百三十五兩	八百六十二兩
五百四十八兩 五千四百六兩	二百九十五萬三千五百五十二兩 一千二百九十四萬四千九百八十三兩	二百二十萬五千九百八十八兩 一千七百五十三萬三千七百七兩	二百四十七萬一千 一千一百六十二萬
六百七十七兩	二十九萬二千八十二兩 一百九十二萬六千七百五十九兩	五十八萬六千一百七十一兩 二百八十二萬八千六百二十二兩	六十八萬七千三百 三百七十一萬一千
百八十一兩	四百六十九萬九千四百二十一兩	三百九十六萬一千六百十兩	四百五十二萬七千
十四兩 九十五兩	十七萬六千四百五十九兩 七十萬六千八百四十四兩	十七萬九千九百九十九兩 四十九萬九千九十兩	二十一萬五百二十 六十一萬六千七百
兩 兩	七萬二千一百四十三兩 二十四萬四千七百三十五兩	十二萬四百四十兩 二十萬九十六兩	
三百五兩 百三十七兩	五百七十七萬四千八百十二兩 三百五十六萬二千一百五十八兩	六百六十萬一千八百三十三兩 六百四十六萬九千三十兩	七百三十八萬八千 四百八十三萬二千
六兩 五兩	六萬八千四百二兩 三十一萬四千二百四十九兩	七萬五百二十一兩 三十四萬二千四百二兩	三萬八千三百九十 二十二萬一千七十
五兩	三十四萬六千七百二十六兩 九萬四千六百二十六兩	十六萬五千十四兩 六萬一千七百八十六兩	三十四萬一千五百 十三萬二千七百六
十九兩 四十四兩	五萬四千三兩 三十五萬七千六百五十八兩	五萬六千一百五十五兩 三十五萬四千八百七十一兩	九萬三千四百六十 三十五萬二千九十
一兩 七十七兩	九萬九千三百九十四兩 三十八萬一千四百八十三兩	六萬四千二十七兩 三十四萬二千四百十六兩	一百三十六兩 二十二萬九千九百
一兩 七十五兩	十五萬七千九百七十五兩 二十五萬九千四百三十二兩	五萬四千六百四十七兩 十八萬一百七十七兩	四千五百六十六兩 三十六萬六千三百
四十六兩 五百九十七兩	三百四十八萬四千六百六十八兩 一百六十二萬九千五百十六兩	三百七十七萬五千三百三十六兩 一百五十四萬二千六十一兩	四百二十七萬九百 一百八十四萬六千

	十七年		
千九百八十九兩 二百八十四兩	二千九百六十二萬八千九十七兩 一千三百七十七萬一千八百三十七兩		
三百十四兩 五百五十一兩	六千八百十五萬五千九百五十九兩 三千七百七十萬七千六百六十一兩		
兩 七十七兩	一千二百四十七萬三千二十二兩 一百五十六萬二千九百二十二兩		
八百十五兩 一百四兩	一百七十六萬九千四百九十二兩 一百三十七萬九千九十二兩		
五十六兩 五百六十二兩	十一萬一百六十五兩 一百十九萬六千五百二十一兩		
六十兩	十八萬九千五百八十七兩		
七十八兩 五十五兩	九十三萬四千九百四十七兩 五十一萬九千四百五十九兩		
五十七兩 百四十八兩	七百七十三萬一千七百五十二兩 九百三萬三千六百三十兩		
	三萬一千八百五十九兩 二十一兩		
七十五兩 九千八百八十六兩	四百三十八萬一千四百十三兩 一千四百八十九萬九千五百一兩		
五兩 九百六十兩	八十八萬三千六百七十六兩 五百七十七萬七千五百六十一兩		
八百四十八兩	四百四十三萬三千八百七兩		
一兩 七十四兩	十八萬八百二兩 九十一萬七千六百九十兩		
六百八十五兩 四百三十七兩	五百七十萬四千七百四十二兩 五百八十萬一千三百二十八兩		
七兩 三兩	四萬七千五百七十三兩 二十三萬三千四百七十九兩		
五十八兩 十九兩	二十五萬四百二十一兩 二十萬八千六百六十七兩		
七兩 四兩	二萬九千六百十七兩 三十五萬七千九百三兩		
二十兩	三萬六千七百五十三兩 三十七萬二百一兩		
七兩	四千四百九十兩 六十六萬八千六十五兩		
十七兩 四百二十兩	三百六十五萬六千六十六兩 一百九十一萬八千九百十七兩		

通商表　卷三

進口貨價類列表說

綜覈表曰彼所捆載來者大綱有三曰洋藥曰布曰銅鐵外此名稱繁夥統曰雜貨皆竊我風氣飭彼百工我用既便彼財自阜大較然也洋藥蠱毒無俟贅言布與銅鐵不能禁我之不用即不能禁彼之不來察情觀變知興織局修礦政二者有不容緩焉難織布者曰織不用機則呈材不富織而用機則自害女紅不知西布既來中害已深不自織無以減害自織則尚可分利苟能物肖工良資民利用將製等價廉適從眾好我產漸行彼來漸絀於華工夙製不相涉惟以西國

之機織中國之布不啻慮利權之未盡去而重為彼謀以薪助談耳難興礦者曰明季弊政姑置前車即近今鳩合公司何者非黃金虛擲不知此人之不可恃非礦之不可興夫蒸汽恃煤製械恃金取多用宏日增於盛胥天下而仰給於外洋烏在其為利也表而出之既得利導之宜亦杜覬覦之漸持此二者善為之足以興利（近惟開平煤礦已著成效）不善為之足以致害視任此之賢否何如非可因噎廢食也　併本表數即第十一表進口數古以三十斤為鈞四鈞為石石者百二十斤也今借石為百斤之名姑從俗稱下倣此洋藥有大小新雜

之異名棉花有花粗細之殊製棉紗棉綫坩棉布類十三年價至一千二百五十餘萬十六年一千九百三十餘萬十七年則逾二千萬則機器紡織豈容再緩　絨毛則兼括呢羽雜樣則錯舉麻帆銅鐵名稱尤繁且瑣提其綱要而不列細名若意在求詳則關冊可考

進口貨價類列表　表十三

	洋藥	棉布	絨毛布	雜布	銅鐵	雜貨
咸豐九年	一千五百三十九萬七千三百五十兩		九百七十四萬四百八十九兩		四十三萬九千七百四十兩	一千四十五萬四千九百一兩
十年	一千四百八十五萬七千四百四十兩 九十九萬一千一百十二元		一千二百三十四萬七千八百二十九兩 五十九萬二千二百八十八元		八十九萬一千一百三十八兩 五千四百六十九元	一千二百九十八萬六千六百二十一兩 九十三萬五千三百五十四元
十一年	一千二百九十八萬七千七十四兩 五百三十一萬二千四百五十九元		一千二百六十四萬一千一兩 四百三十一萬六千七百八十七元		七十六萬九千三百七十兩 一百十二萬一千四百十四元	二千二百四十七萬七千五百二十五兩 一千一百六十萬五千三百八十元
同治元年	一千八百六十萬四千一百四十兩 一千三百七十一萬六百二元		九百四十五萬三千六百四兩 四百八十五萬八千三百十二元		六十七萬五千六十一兩 一百八十九萬四千三百二十元	三千六百五十七萬二千九百二十兩 一千四百四十四萬四千九百七十六元
二年	二千二十五萬一千四百六兩 六百五十六萬四千一百二十九元		八百十五萬四百八十八兩 三百八十四萬一千七百三十八元		一百四十六萬五千九百四十一兩 二百四十七萬七千四百五十五元	二千二百八萬七千六百七十兩 二千一百十一萬八千五元
三年	一千二百九十八萬二千六百七十一兩 一千二百五十四萬五千九百二十六元	六百一萬三千三百四十兩 三百萬七百七十五元	三十三萬四千五百五十一兩 九十五萬九千五十五元	三萬五千五百三十二兩 四萬三千四百六十七元	一百八萬八百九十二兩 一百五十六萬二百三十六元	八百二十六萬八千四百四十五兩 八百四十三萬四千六百十一元
四年	三千四十八萬四千三百四十一兩 一千一百四十一萬一千八百三元	一千一百十三萬九百七十六兩 三百三十五萬二千七百七十二元	五百四十二萬七千九百十四兩 一百五萬五千五元	三十一萬七千七百二十三兩 三萬八百四十元	一百五十三萬一千八十九兩 九十八萬五千一百六十六元	一千七百八十五萬二千五百五十二兩 一千五百二十九萬五千七百二十九元

五年	四千三百十九萬五百二十一兩 一千五百四十九萬一千二百五十元	一千九百六十二萬九千五百七十兩 三百二十一萬三千九百九十三元	六百三十二萬二千六百七十一兩 一百十五萬三千六百二十五元	五十四萬一千三十四兩 三萬二千四百九十一元	一百四十四萬二千六百七十兩 一百十九萬三千八百七元	一千四百五十一萬一千二百八十二兩 一千五百三十八萬四千四百六十元
六年	三千一百九十九萬四千五百七十六兩	一千四百六十一萬七千二百六十八兩	七百三十九萬一千三百二十六兩	五萬九千九百四十四兩	一百六十三萬三百五十一兩	一千三百六十三萬六千三百七十六兩
七年	三千六百十二萬七千八百六十九兩	二千二百三十七萬三千五十六兩	六百四十三萬七千二百十一兩	十六萬四千八百二十一兩	三百十四萬八千六百四十八兩	一千二百八十六萬九千六百八兩
八年	三千七百五十七萬二千二百十一兩	二千五百二十萬八千九百十八兩	六百五十七萬一千八百四十四兩	十九萬七千三百六十四兩	三百六十六萬六百三十四兩	一千一百七十一萬一千二百三十兩
九年	三千五百七十七萬七千五百八兩	二千二百三萬七千七百十七兩	六百五十萬一千百三十兩	八萬八百十七兩	三百九十九萬六千二百七十九兩	一千八十九萬六千四百七十一兩
十年	三千九百二十六萬一千五百十三兩	二千九百八十萬三千七百八十三兩	四百七十六萬五千八百七十六兩	五萬七百六十七兩	二百四十三萬八千五百四十七兩	一千一百八十六萬九千六百七兩
十一年	二千七百六十五萬三千三百四十二兩	二千五百四十萬七千六十九兩	四百七十九萬四千五百八十四兩	四萬八千八百九十八兩	三百六十一萬一千三百八十九兩	一千三百三十一萬八百四十八兩
十二年	二千九百二萬六千九百七十一兩	二千一百五十三萬五千八百七十九兩	五百九十四萬六千二百六十五兩	十一萬三千五百十九兩	三百十萬四千八十一兩	一千四百二十六萬六千一百八十八兩

十三年	三千一百六十七萬五千一百三十三兩	二千三十三萬四千四百七十兩	四百五十一萬六千三百三十五兩	九萬八千五百五十三兩	三百九十四萬八千二百六十六兩	一千八十二萬三千四十四兩
光緒元年	二千五百三十五萬五千六十五兩	二千六萬一千一百四十三兩	四百五十六萬一千四百二十一兩	十七萬七千八百四十八兩	四百二十二萬六千九十九兩	一千三百四十二萬一千六百七十一兩
二年	三千八百一萬八千九百九十四兩	二千二十一萬六千二百四十六兩	四百二十五萬九千二百八十一兩	十萬二千二百六兩	三百六十九萬二千八百四兩	一千三百九十八萬四十三兩
三年	三千二十七萬三千五百七十七兩	一千八百九十五萬五千七百九十五兩	四百八十三萬五百八十三兩	十二萬八千六百三十兩	四百三十五萬四千七百九十九兩	一千四百九十五萬三千九百七十六兩
四年	三千二百二十六萬二千九百五十七兩	一千六百二萬九千二百三十一兩	四百八十七萬五千五百九十四兩	十六萬六千四百六十兩	四百十七萬八千三百七十六兩	一千三百二十九萬一千四百九兩
五年	三千六百五十三萬六千六百十七兩	二千五百五十九萬九千六百七十九兩	四百九十五萬四千四百七十二兩	十二萬四千三百五十九兩	四百十三萬二千六十七兩	一千三百八十八萬二百三十兩
六年	三千二百三十四萬四千六百二十八兩	二千三百三十八萬二千九百五十七兩	五百八十一萬六百八十八兩	十六萬九千三百八十四兩	四百七萬九千一百九十六兩	一千三百五十萬六千五百九十九兩
七年	三千七百五十九萬二千二百八兩	二千六百四萬五千八百三十六兩	五百八十五萬三千八百七十八兩	二十五萬三千四百二十六兩	四百八十二萬八千五百十二兩	一千七百三十三萬七千十七兩

八年	二千六百七十四萬六千二百七十九兩	二千二百七十萬六千七百八十四兩	四百四十九萬六千一百六十三兩	二十八萬六千八百八十五兩	四百七十萬五百三十二兩	一千八百七十七萬八千四百六十六兩
九年	二千五百三十四萬五千六百十三兩	二千二百四萬六千七百八十五兩	三百八十九萬三千五十九兩	八萬五千一百五十六兩	四百六十七萬八百十八兩	一千七百五十二萬六千二百七十一兩
十年	二千六百十五萬二百四十一兩	二千二百十四萬一千二百二十二兩	三百七十萬九千六百七十八兩	十三萬三千四百三十四兩	四百九萬六千八百七十兩	一千六百五十二萬九千三百十三兩
十一年	二千五百四十三萬八千九百十四兩	三千一百四十九萬三千八百二十三兩	四百八十二萬四千五十六兩	十六萬三千三百三十二兩	五百五十萬三千四百十六兩	二千七十七萬六千四百七十七兩
十二年	二千四百九十八萬八千五百六十一兩	二千九百四萬九千六百五十三兩	五百六十三萬九百四十八兩	七萬四千四百八十五兩	五百三十一萬九千一百二兩	二千二百四十一萬六千五百七十四兩
十三年	二千七百九十二萬六千八百六十五兩	三千七百四萬七千九百三十一兩	五百四十二萬四千五百六十一兩	九萬六百八十四兩	五百七十九萬七千三百六十七兩	二千五百九十七萬六千二百六十一兩
十四年	三千二百三十三萬五百六兩	四千四百四十三萬七千五百二十五兩	五百九萬七千六百五兩	十二萬一千八百六十六兩	六百八十八萬七千一百二十三兩	三千五百九十萬八千二百六十八兩
十五年	三千四十四萬四千八百六十九兩	三千六百十三萬五千五百九十六兩	二百九十七萬五千四百七十六兩	十二萬三千一百四十七兩	六百七十二萬八千三百九十四兩	三千三百四十七萬六千八百七十三兩

十六年	二千八百九十五萬六千三百二十九兩	四千五百二萬三百二兩	三百六十四萬二千七百八十二兩	十三萬五千二百十五兩	六百八十七萬二千八十四兩	四千二百四十六萬六千七百六十九兩
十七年	二千八百三十三萬三千一百五十六兩	五千三百二十九萬二百兩	四百六十九萬五千二百五十六兩	十萬一千二百四兩	七百二十五萬四千四百四十八兩	四千三十二萬九千五百九十九兩

出口貨價類列表說

綜覈表曰我物之往茶爲首絲次之雜貨又次之非不歲增也惟出口所增恆不及進口之驟且鉅不有以挽回之使進出足以相衡不二十年民生幾復可問雜貨無四百萬以外之大宗可勿論矣茶葉出洋光緒三年以前不足二百萬石價在三四千萬外十二年增至二百二十餘萬石而價與三年相埒嗣此兩數且皆有貶無增稅務司謂非大減稅釐不能使洋商舍洋茶而市華茶然少減之不足以紓商多減之又適以病帑且恐既減之後洋人以彼中銷數爲衡配運不

能驟益是商欲紓而仍困帑已虧而更虧此當局者所以躊躇莫決也湖絲出洋歲不加旺聞外洋舊積充物無缺乏患推廣振興更非易事商人或苦於貲之不充而稱貸以益之或苦於貨之不售而貶抑以就之商民交困國亦安得而不困雖然以中國土物之豐人工之儉得一二究心商務者經理之奪彼利而返之於我夫豈奢願難償乎　併本表三總數即第十一表出口數併本表絲七類數即絲總數併本茶四類數即茶總數惟併第二十二十一二十二表雜貨數則朒於此雜貨總數以有未入表之雜貨也光緒十三年起關

册區向列之湖土生絲爲白生絲黃生絲區綢緞爲綢緞山東繭綢改絲綫帶子爲絲綢緞貨區野粗絲爲野蠶絲同功絲今仍總白黃生絲爲湖土生絲併山東繭綢入綢緞併同功絲入野蠶絲仍絲綢緞貨爲絲綫帶子

出口貨價類列表　表十四

	咸豐九年	十年	十一年
湖土生絲 貨價	五萬九千六百九石七十六斤 二千五十一萬三千一百六十七兩	六萬一千五百五十二石五十七斤 二千一百八十五萬七千四百五十九兩	五萬四千七百五十四 一千八百一萬一千二 一百三十八萬三百七
亂頭絲 貨價	七百三石五十一斤 一萬六千七百八十四兩	四百五十五石十五斤 一萬一百七十一兩	一千六十七石二千八 七萬二千三百三兩 一萬八千八百七十五
野粗絲 貨價	一百八十一石八十六斤 二萬二千七百三十二兩	一百四十五石三十五斤 一萬六千五百六十九兩	四千七百四十四石五 二萬八百六十九兩 四十萬七千九百六十
蠶繭 貨價	七百三十六石六十三斤 六萬二千九百七十兩	六百五十七石十九斤 三萬九千四百九十一兩	八百七十七石九斤 五萬四千三百九十六 四千三百四十元
綢緞 貨價	三千二百三十六石 一百七十二萬七千九百四十八兩	一千一百八十八石八十六斤 六十六萬七千二百二十五兩	四千四百九十五石七 一百三十五萬八千十 一百四十八萬九千一
絲綫帶 貨價	四十六石六十斤 二萬一千八百七十二兩	十一石四十一斤 三千三百四十八兩	三百七十三石九十四 一萬一千四百二十四 二十一萬一千八百三
蠶子 貨價	二百七十二件 一萬二百兩	一百九十件 一萬五千七百十兩	三件 五百五兩
紅茶 貨價	十八萬六千九百四十三石四十七斤 五百四十四萬八千七百八十八兩	九萬一千八百二十石七十一斤 二百十九萬二千一百三十九兩 二百十元	五十七萬六千八百六 三百五十三萬三千五 一千二百五十八萬九
綠茶 貨價	二十二萬八千四十七石三斤 六百二十二萬八千三百兩	十萬一千九百三十石四十七斤 三百二萬五千六百八十兩	二十萬七十六石六十 三百九十三萬四千八 二百三萬九千八百六
磚茶 貨價			
茶末 貨價			
絲總價	二千五十一萬三千一百六十七兩	二千一百八十五萬七千四百五十九兩	一千八百一萬一千二百八十四兩 一百三十八萬三百七十四元
茶總價	一千一百六十七萬七千八十八兩	五百二十一萬六千七百五十七兩 二百十元	七百四十六萬八千四百十三兩 一千四百六十一萬九千九百
雜貨總價	四百四十八萬三百五十一兩	四百二十八萬九千六百六十五兩 六十九萬二千五百二十二元	八百六十九萬四千二十四兩 七百二十二萬一千七百三十八元

	同治元年	二年	三年
石五十斤 百八十四兩 十四元	八萬一千六百七十九石三十八斤 二千八百三十六萬五千四百十六兩 二百八十萬九千五百三十四元	二萬七千七百六十二石二十五斤 七百七十萬二千五百三十兩 二百四十三萬九千一百五十二元	二萬三千九百十八石 八百六十八萬三千六 一百二十萬七千八元
斤 元	一千九百七十四石二十五斤 十萬三千五百七兩 三萬五千七百四十四元	一千二百六十四石四十八斤 十八萬八千二百五十二兩 三萬一千三百七元	一千九百四十九石三 三萬八千五百七十七 三萬七千九百九十四
十三斤 元	五千三百三十四石二十四斤 二萬三千九百七十九兩 四十九萬四千六百二十六元	三千九百二十二石二十三斤 一千二百十三兩 三十七萬七千六百三十二元	三千四百四十九石六 一萬六千八百三十九 三十二萬九千八百八
兩	二百二十石一斤 二萬二千九百九十五兩 一千九百五十八元	三百二石四十斤 二萬四千一百九十二兩	一百三十一石五斤 一萬三千四百五十兩 八十六元
十四斤 一兩 百二十五元	六千二百七石八十六斤 一百五十萬二千七百六十三兩 二百九十萬七千二百六元	六千六百七十七石四十一斤 八十六萬一千七百四十六兩 三百五十二萬四千八百七元	三千四百二十石四十 五萬三千八百四十二 二百六十三萬四千三
斤 兩 十六元	五百三十石十五斤 一萬六千八百九十二兩 三十一萬一千四百四十二元	六百三十六石二十六斤 一萬二千三百三十兩 三十八萬一千四百七十一元	二百四十石二十五斤 二千二百三十三兩 十一萬九百九十四元
	四十三石九十七斤 六千七百二十一兩	五石二十斤 一千七百十九兩	七件 六百兩
十八石七十七斤 百八十三兩 十二元	一百四萬一百六十三石五十七斤 六百六十二萬一千五百八十四兩 二千四百二十一萬四千二百七十二兩	五十三萬三千一百六十石三十九斤 八百萬八千六百二十八兩 五百四十六萬二千一百三十元	九十七萬三千一百八 一千三十九萬二千七 一千九百三十七萬七
二斤 百三十一兩 十二元	三十一萬九千五百三石三十二斤 四百五十七萬三千四百五兩 二百六萬九千五百二十四元	二十二萬九千一百三十八石五斤 四百八十萬一千六十七兩 二百八十三萬三千九百二元	十七萬五千六百九十 五百五十五萬五千五 九十九萬八千九百九
	六千六百七石四十五斤 五萬二千八百六十兩	二萬二千八百三十九石六十斤 十八萬二千七百十七兩	
			三百九十三石九十六 二十六兩 二千四百十六元
	二千八百三十六萬五千四百十六兩 二百八十萬九千五百三十四元	七百七十萬四千五百八十四兩 二百四十四萬三千四百四十元	八百八十萬九千一百七十四兩 四百三十二萬一千一百九十
五十四元	一千一百二十四萬七千八百四十九兩 二千六百二十八萬三千七百九十五元	一千二百九十九萬二千四百十一兩 八百二十九萬六千三十二元	一千五百九十五萬七百十六兩 二千三百十七萬五千三百六十
	七百九十五萬六千七百二兩 一千四百四十七萬五千七百八十七元	一千七百七十八萬八千四百七十兩 一千六百四十一萬八千九十八元	九百四十萬二千九十五兩 三百四十三萬七千五百二十四元

	四年	五年	六年
八十斤 百三十三兩	四萬九百七十石三十八斤 一千三百五十五萬五千一百二十九兩 四百四十一萬六千七十三元	三萬九百五十一石三十五斤 一千八十四萬一百六十二兩 五百十萬七千十一元	三萬九千六百二十七 一千五百八十六萬五
十九斤 兩 元	二千五百八十四石三十七斤 七萬九千十七兩 七萬四千五百五十六元	三千一百八十四石六十四斤 八萬一百四十六兩 十三萬八千三十一元	二千六百三十二石 十一萬三千九百二十
十四斤 兩 十元	五千三十八石二十三斤 六千兩 五十萬一千九百五十元	五千七百七十五石三十二斤 二萬三千六百四十五兩 五十六萬八千一百十八元	五千三百六十三石 五十一萬一千九百五
	五百九十七石五十二斤 二萬六千二十兩 四萬八千八百三十九元	七百六十四石八十八斤 二萬六千三百八十五兩 四萬五千七百四十七元	五百七十三石 三萬九千五百九十八
斤 兩 百六十二元	二千八百九十四石六十九斤 六萬六千九百四十兩 二百二十二萬六千四百三元	三千四百四十三石二十五斤 四萬七千四百六十八兩 二百七十萬九百十九元	四千八石 二百十七萬二千三百
	四百五石三十九斤 二百六十兩 二十五萬六千三百三十九元	三百四十三石三十一斤 一千六百六十兩 二十二萬七千六百九十七元	三百八十二石 十六萬一千七百一兩
	二十七件 八千三十兩 一百八十元	四石五十斤 九百四十五兩	十四石 二千一百兩
十九石八十七斤 百二十八兩 千二百十五元	九十六萬二千三百八十三石六十斤 八百七十八萬二千五百七十兩 二千三百三十萬九十五元	九十四萬八千一百九十八石四十九斤 九百九十萬一千六十兩 二千一百四十六萬四千五百五十九元	一百二萬四千八百七 二千六百二十四萬四
二石七十二斤 百七十二兩 十二元	二十一萬六千八百六十五石四十五斤 七百二十七萬三千七百九十七兩 一百萬二千一百二十八元	十六萬九千六百五十八石十斤 五百八十六萬七千七百六十六兩 九萬三千二百十八元	二十二萬三千三百八 七百五十八萬四千九
	二千二百四十九石四十五斤 一萬三千九百四十六兩	一萬八千五百四石 二十二萬二十兩	六萬五千二百九十三 七十一萬七千五百兩
斤	三千七百二十三石七十八斤 一萬二千二百九十七兩 一萬一千四百六十三元	二萬六百八十九石九十三斤 十三萬八百七十五兩 三萬六千一百六十八元	十八石 一百六十五兩
四元	一千三百六十九萬一千三百九十六兩 七百五十二萬四千三百四十元	一千一百二萬四百十一兩 八百七十八萬七千五百二十三元	一千八百八十六萬二千二百十一兩
三元	一千六[illegible]八萬二千五百四十七兩 二千四百三十一萬三千六百八十六元	一千六百二十四萬三千九百十三兩 二千一百九十六萬三千九百九十六元	三千四百五十四萬六千八十八兩
	三百七十一萬九千二百八十七兩 三百七十五萬八千二百七十七元	三百九萬五千五百七十八兩 四百五十二萬四千九百七十六元	四百四十八萬七千四百十四兩

	七年	八年	九年
石 百六十四兩	五萬八百石 二千四百四十二萬七百九十兩	四萬三千七百九十石六十四斤 一千九百七萬九千五百四十三兩	四萬五千八百十六石 二千一百二十六萬九
四兩	四千八百一石 二十七萬四千八百七十九兩	三千二百八十七石七十八斤 十七萬三千六百十四兩	四千八百八十石四十 二十二萬七千三百八
十四兩	六千五百四十六石 六十八萬八千九百五十兩	四千六百九十三石 五十萬三千二百九十九兩	三千三百四十四石五 三十七萬一千四百五
兩	一千七百八十三石 十二萬八千八百八十五兩	一千四百八十四石九十九斤 九萬四千三百三十三兩	一千八百四十五石五 十萬四千九百四兩
七十兩	三千五百六十八石 一百九十四萬七千二百五十八兩	三千三百八十三石二十斤 一百六十九萬五千二百五十九兩	三千七百九十石九十 一百八十九萬六千二
	三百六十一石 十三萬一千三百六十二兩	四百六石十四斤 十六萬六千九百兩	三百二十六石五十二 十四萬三千二百八十
	二百九十二石 一萬二千三百十兩	三千七百三十九兩	三千九百七十四兩
十一石 千三百二十九兩	一百十七萬五千七百六十二石 二千九百二十一萬二千二百十六兩	一百二十一萬三千四百七十三石七十七斤 二千七百九十七萬四千八兩	一百七十萬五千一百七 二千一百七十三萬二
十五石 十四兩	十九萬七千九百三石 七百三十萬四千九百七十九兩	二十三萬三千九十五石一斤 八百十萬七千五十四兩	二十二萬七千四百八 八百二十萬五千三百六十
石	五萬三千一百四十三石 五十三萬一千四百七兩	七萬三千五百二十石二十九斤 九十一萬五千三百二十兩	六萬二千八百九十五 五十萬三千八百六十
	一萬四千六十三石 十二萬五千四百三兩	八千三百八十一石二十斤 七萬四千四百四兩	三千四百九十九石四 二萬七千九百九十五
	二千七百五十七萬七千五百七十九兩	二千一百七十一萬六千六百八十七兩	二千四百一萬六千四百三十七兩
	三千七百十七萬二千十五兩	三千七百七萬七百八十六兩	三千二十八萬二千六百三十七兩
	四百三十六萬五千一百三十九兩	八百三十五萬六千五百十五兩	七百三十八萬三千四十七兩

	十年	十一年	十二年
八斤 千一百四十四兩	五萬五千八百六十三石二十斤 二千五百十七萬四千二百九十七兩	六萬三千一百九十二石八十六斤 二千七百七十一萬九千三十兩	五萬四千二石二十九 二千七百七十七萬七
一斤 十七兩	七千四百四石十六斤 三十七萬四千六十五兩	七千六百六十九石六斤 三十九萬八千七百四十三兩	八千七百四十五石四 四十六萬一百十五兩
十四斤 十二兩	三千六百六十五石三斤 二十九萬四千八百二十五兩	二千一百四十八石五斤 十八萬一千七百十四兩	七千二百八十九石五 五十一萬一千十五兩
十一斤	一千九百三十五石七十斤 十萬九千一百六十九兩	二千三百五十七石六十九斤 十五萬二千三百五十六兩	二千七百七石五十七 二十五萬八百七十三
六斤 百九十四兩	四千四百八十九石五十斤 二百三十五萬二千七百八十一兩	五千三百一石五十斤 二百六十萬七千五十二兩	五千一百四十九石三 二百二十萬三千三百
斤 二兩	五百三十五石二十七斤 十九萬五千一百六十九兩	三百五十二石四十斤 十五萬七千七百七十三兩	六百四十八石五十八 二十二萬九千六百九
	二千一百四十七兩	一千三百二十六兩	
十八石四十九斤 百三十九兩	一百三十六萬一千四百八十二石三十七斤 三千四十八萬四千二百八十兩	一百四十二萬一百七十石 三千三百五十四萬五千四百十一兩	一百二十七萬四千二 三千二百五十萬一千
十一石二十二斤 兩	二十三萬二千六百十九石九十一斤 九百八十二萬二千四百十七兩	二十五萬六千四百六十四石 一千二十七萬五千六百十六兩	二十三萬五千四百十 五百七十四萬九千四
石六十八斤 七兩	八萬三千七百八十九石七十九斤 七十五萬四千四百九十五兩	九萬六千九百九十三石五十五斤 九十六萬九千九百三十五兩	十萬七千三百三十石 一百四萬六千九百三
十八斤 兩	四百五十八石二十七斤 四千五百八十三兩	九百四十九石四十八斤 四千二百四兩	四百十六石十九斤 一千二百五十兩
	二千八百五十萬二千四百五十三兩	三千一百二十一萬七千九百九十四兩	三千一百四十三萬二千九百二十七兩
	四千三十二萬五千七百七十五兩	四千四百七十九萬五千一百六十六兩	三千九百二十九萬九千一百三十九兩
	六百三萬二千三百二十二兩	七百七十萬六千七百二十七兩	六百八十萬八千八百五十三兩

	十三年	光緒元年	二年
斤 千八百八十六兩	六萬八千三百五十石二十一斤 二千一百六十七萬三千九百六十七兩	七萬四千一百八十二石二十二斤 一千九百四十八萬九千二百二十五兩	七萬六千二百九十一 三千五十四萬二千十
十斤	八千七百四十九石一斤 四十八萬四百九十二兩	八千五百八十三石十八斤 三十四萬六千九百九十一兩	一萬三百三十一石四 四十九萬三千七百三
十五斤	六千三百九十九石四十五斤 四十四萬九千二百七十五兩	五千七百三十一石六十三斤 六十一萬八千五百三十兩	三千九百四十石九十五 三十六萬六千一百八
斤 兩	一千六百八十五石八十二斤 二十三萬五千五百八十七兩	三千七百十石七十二斤 二十四萬一千十五兩	三千一百九十八石八十八 二十五萬一千九百六
十九斤 四十二兩	五千七百七十七石七十七斤 二百六十四萬四千八百八十七兩	六千四百六十七石八十二斤 四百二萬二千五百三十八兩	五千一百八十八石八 三百九十八萬六千三
斤 十六兩	六百十四石三十四斤 二十二萬八千八百三兩	五百三十石二十三斤 十七萬六千二百七十兩	四百七十石九十一斤 十七萬二千四百兩
	一石 十二兩		十八石 三千一百九十八兩
百三十二石八斤 五百二十八兩	一百四十四萬四千二百四十九石三十斤 三千五百一萬二千八十六兩	一百四十三萬八千六百十一石十七斤 二千九百七十三萬九千七百九十三兩	一百四十一萬五千三 三千十五萬九千九百
三石十六斤 百二十二兩	二十一萬二千八百三十三石六十七斤 五百二十六萬三千三百五十一兩	二十一萬二百八十一石六十七斤 四百九十六萬五千四百八十兩	十八萬九千七百十四 四百六十四萬一千六
十三斤 十九兩	七萬四千七百九十一石九十一斤 八十九萬二千二百五十五兩	十六萬六千九百石三十一斤 一百九十七萬六千四百四十八兩	十五萬三千九百五十 一百八十一萬九千四
	三千五百四石三十一斤 一萬八千三百十四兩	二千五百九十四石一斤 一萬五千七百九十一兩	三千七百九十八石九 二萬六千七百六十九
	二千五百七十一萬三千二十三兩	二千四百八十九萬四千九十二兩	三千五百八十一萬五千五百三十六兩
	四千一百十八萬六千六兩	三千三百六十九萬七千五百十二兩	三千六百六十四萬七千九百二十六兩
	七百五十九萬六千一百八十六兩	七百三十二萬一千三百二十五兩	八百三十八萬七千五十兩

年五	年四	年三	
九石八十二千六萬七 六萬九十五百二千二	斤一十六石三十四百一千三萬六 兩七十五百七千八萬一十四百九千一	斤六十六石五十三百二千六萬五 兩三十八百八千七萬五十二百七千一	斤四石 兩六
四十九百七千三萬一 八百一千六萬一十六	斤三十五石九十六百四千一萬一 兩九十百九千六萬一十四	斤四十五石六十八百五千八 兩六十七千三萬十三	斤七十 兩六十
二十石六十百七千四 十六百四千九萬十四	斤六十三石百二千四 兩二十四百九萬一十四	斤二十五石九十二千三 兩十九百一千五萬六十三	斤 兩三十
二石九十八百八千三 七十五百二萬五十二	斤一十八石三百二千二 兩九十百六千九萬二十	斤三十八石五十五百三千二 兩三十二百二千八萬十二	斤九十 兩五十
十五石九十百九千六 九千八萬九十四百四	斤三十六石九十三百四千七 兩七十四千七萬十五百四	斤七十石十六百四千六 兩一十二百一千二萬三十四百四	斤六十 兩八十
斤十石四十八百六 五百九千九萬四十二	斤十九石十九百六 兩十二百九千二萬四十二	斤八十四石二十百五 兩五十七百一千八萬八十	
	斤八十 兩十九		
四千三萬二十五百一 七萬二十五百七千二	斤六十三石七十百六千七萬一十五百一 兩七十百四千二萬三十百七千二	斤九十七石八十三百四千二萬五十五百一 兩九十七百九千四萬五十百七千二	斤五十七石八十四百 兩三十八
十三百二千三萬八十 百七千八萬十三百四	斤一十石六十二百八千二萬七十 兩七十二百二千二萬二十四百三	斤十五石一十二百五千七萬九十 兩五十七百一千八萬三十三百四	斤九十石 兩一十九百
四百五千五萬七十二 六千二萬九十三百一	斤二十四石七十七百二十四萬九十 兩七十六百二千四萬五十三百一	斤七十九石九百八千七萬四十 兩八十二千九萬五十七百一	斤六十六石 兩三十八百
五石九十六百二千五 二十九百五千九萬四	斤八十七石五十三百二千四萬一 兩三十七百二千四萬十	斤二十七石七十五百一千二萬一 兩十五百九千七萬八	斤二十 兩
兩三千二百二 十三萬六千 三百一十八	十二萬百二 四百六十千 兩九千二五	兩六千五百二 十六萬七千 八百四十二	
兩三千七百三 十七萬二千 九百一十三	四百三百三 兩八千一千 十一萬二	二百四百三 兩三萬三千 十一十三	
兩百八十一 九千八千 十一萬三	兩七萬一 百二千 一千三	兩九千六百一 十七萬三千 七百二十一	

年八	年七	年六	
十七石九十百四萬六 九萬八十九百六千一	斤五十二石三十八百四萬六 兩六十百七千四萬一十六百九千一	斤九石百一千八萬七 兩五十六百四千四萬十六百二千二	斤九十 兩一十八百四千
七十五百六千八萬二 八千六萬五十三百一	斤四十三石七十百八千七萬二 兩六十四百三千四萬九十五百一	斤四十石一十六百八千八萬一 兩三十九百三千七萬四十九	斤九十八石 兩四十
八十三石九十八千四 二百七千四萬四十三	斤一十石九十九百一千五 兩一十四百四千九萬十五	斤五石一百一千四 兩六十七百八千五萬八十三	斤 兩六
石七十四百八千三 十二百五千七萬十二	斤八十二石一十五百五千四 兩三百五千八萬六十二	斤五十九石七十五百五千四 兩二十二百二千八萬三十二	斤八十 兩
二石八十九百五千六 三千六萬九十三百三	斤五十五石七十八百一千七 兩三十七百二千二萬一十六百四	斤八十三石十九百三千八 兩一十二百七千一萬二十四百五	斤八 兩二十九百
三十七石一百七千二 二百九千一萬四十五	斤十九石三十九百四 兩一十二百九千八萬三十二	斤五十六石十百七 兩七十六百七千三萬三十二	兩三十
斤九十 兩八十四			
九千一萬一十六百一 八萬七十八百五千二	斤六十九石三十二百七千六萬三十六百一 兩九十六百五萬十二百六千二	斤八十二石五十二百三千一萬六十六百一 兩八十八百七千八萬九十二百九千二	斤四十七石八十百 兩四十五百
十三百八千八萬七十 兩百九萬九百四	斤十二石四十六千八萬三十二 兩四十五百五千六萬十百五	斤六十四石三十二百六千八萬八十 兩一十四百四千六萬九十百四	斤九十八石三 兩七十七
六十二千九萬一十二 百九千三萬十三百一	斤六十三石八十九百四千七萬四十二 兩四十八百一千八萬六十四百一	斤九十二石九十六百九千二萬三十二 兩四百三千二萬三十百二	斤五十石十 兩六十百
九石七十六百三千七 兩五百一千九萬五	斤一十四石六十八百一千五萬一 兩一十六百九千四萬一十	斤三十八石百二千四萬一 兩六十三百六萬十	斤三十 兩
兩千三百二 三萬八千 百七十二	兩千六百二 二萬八千 百八十六	兩四千三百二 十四萬八千 四百一十九	
七千三百三 兩二萬三千 百二十一	八百九百三 兩六萬八千 十二十二	兩六千二百三 十一萬七千 九百八十五	
十三萬百一 九百七十千 兩三千六三	六千九百一 兩五萬六千 百四十一	兩七千二百一 十九萬三千 四百三十二	

	九年	十年	十一年
四斤 千八百八十一兩	五萬九千一百四十二石八十六斤 一千六百九十五萬九千二百六十四兩	六萬一千一百三十九石七十八斤 一千五百八十四萬七千二百二十兩	五萬一百三十石四十 一千二百八十四萬六
石七十七斤 百二十六兩	二萬八千四百九十七石九十九斤 一百六十萬五千三百六十一兩	三萬五千一石五十斤 一百七十三萬二百四十一兩	三萬九百六石六十六 一百六十二萬五千四
斤 十兩	五千八百三十六石六十八斤 五十一萬九百七十四兩	六千六百五十一石八十四斤 六十九萬四千六百三十兩	七千八百七十一石四 七十二萬三千九百八
三兩	二千六百六十二石二十九斤 十八萬二千八百七十兩	二千六百十八石四斤 十一萬八千九百六兩	一千三百四十一石九 六千四百一兩
十六斤 百七十四兩	七千七百三十一石八斤 四百二萬七千四百九十兩	八千八百七石五十三斤 四百四十二萬六千九百七十三兩	一萬二百七十九石四 四百五十五萬六千四
斤 十八兩	三千二百八十六石七十四斤 六十五萬六千六百七十八兩	二千二百十四石六十七斤 四十四萬九千五百四十六兩	六百三十一石五十五 十八萬八千七百五十
		四石 二百六十兩	
百十六石八十二斤 千二百三十八兩	一百五十七萬一千九十二石三十八斤 二千六百七十三萬三百四十兩	一百五十六萬四千四百五十一石八十九斤 二千三百十四萬六千一百二十六兩	一百六十一萬八千四 二千六百五十二萬八
九石五十二斤	十九萬一千一百十五石六十七斤 三百九十萬二千四百七十三兩	二十二萬二千五百五十六石五十二斤 四百四十萬四千九百七十兩	二十一萬四千六百九 四百六十萬六千九百
石六十斤 六十四兩	二十一萬八千七百四十四石三十五斤 一百五十萬一千五兩	二十四萬四千九百九十六石六斤 一百四十八萬二千五百七十五兩	二十八萬一百十一石 一百五十一萬一千八
十斤	六千一百二十五石九十四斤 四萬一百九十七兩	四千二百二十石二十斤 二萬一千四百七十一兩	一萬五千五百五石八 六萬一千九百九十八
	二千三百九十三萬七千八百九十六兩	二千三百十八萬二千六百一兩	一千九百九十四萬七千一百七十五兩
	二千二百十七萬四千十五兩	二千九百五萬五千一百四十二兩	三千二百二十六萬九千四十兩
	一千四百八萬五千七百八十二兩	一千四百九十萬九千九百三十七兩	一千二百七十八萬九千四百九十六兩

	十二年	十三年	十四年
五斤 千七十四兩	六萬四千四百八十八石二十八斤 一千七百九十二萬一千三百九十七兩	六萬六千六百九十三石九十一斤 一千九百六十五萬五千六百十四兩	六萬三千六百四十二 一千八百七十萬八千
斤 百八十八兩	四萬五千五百四十石九十一斤 二百二十七萬一千九百九十六兩	五萬九千七百四十五石 三百二十四萬七千五百九十一兩	五萬三千八百二十五 三百十九萬四千二百
十八斤 十三兩	一萬二千五百五十四石五十七斤 一百二十八萬八千六百五十五兩	一萬二千五十一石四十五斤 一百八萬五千一百二十四兩	一萬三千一百三十九 一百三十六萬二千二
十六斤	五千三百八十七石六十三斤 三十五萬四百八十二兩	一萬九百八十石四十三斤 六十一萬九千一百九十九兩	八千八百五十三石八 五十萬八百八十一兩
十一斤 百七十兩	一萬二千四百八十六石八十九斤 六百七十五萬三千九百三十九兩	一萬四千一百八十三石八十二斤 六百七十二萬三千一百四十九兩	一萬六千三十六石十 七百八十九萬三千九
斤 九兩	八百八石六十二斤 二十四萬八千三百七十四兩	一千二百二十一石二十七斤 三十五萬九千五百三十七兩	三千七百八十五石七 五十二萬八百四十四
	一石六斤 二百十兩		
百三石六十七斤 千一百八十七兩	一百六十五萬四千五十八石二十九斤 二千七百六十九萬四千三百六兩	一百六十二萬九千八百八十石七十九兩 二千四百六十五萬三千七百六兩	一百五十四萬二千二 二千三百七十三萬九
十三石三十七斤 八十兩	十九萬二千九百三十三斤 三百五十五萬一千七百五十七兩	十八萬四千六百八十一石三十一斤 三百四萬五千八百六十九兩	二十萬九千三百七十 四百八萬七千二百二
六十五斤 百七十五兩	三十六萬一千四百九十二石三十七斤 二百二十一萬八千九十二兩	三十三萬一千二百八十一石三十一斤 二百三十一萬二千一百四十五兩	四十一萬二千六百四 二百四十五萬三千四
斤 兩	八千七百十九石五十斤 四萬六百六十五兩	七千一百二十六石五十四斤 二萬九千三百八十兩	三千二百三十三石三 一萬二千六百四十兩
	二千八百八十三萬五千五十三兩	三千一百六十九萬二百十四兩	三千二百十八萬二百九十八兩
	三千三百五十萬四千八百二十兩	三千四萬一千一百兩	三千二十九萬三千二百五十一兩
	一千四百八十六萬六千六百九十五兩	二千四百十二萬八千八百九十四兩	二千九百九十二萬七千五百十八兩

	十五年	十六年	十七年
石六十五斤 一百五十兩	七萬四千七百八十石三十七斤 二千二百八十三萬一千五百七十九兩	六萬三千七百三十七石四十四斤 一千八百五十八萬七千五百六十七兩	八萬四千九百四十八 二千四百五十一萬五
石六十斤 三十五兩	五萬九千四百五十五石六十斤 三百四萬九千四十六兩	五萬五千一百十一石二斤 三百二十萬四百一兩	六萬七百三石九十九 三百二十六萬三千八
石八十七斤 百一兩	一萬七千九百七十七石六十八斤 一百九十六萬九千六百八十三兩	二萬二十七石九十六斤 二百三萬八千二百十六兩	一萬七千五十六石三 一百五十一萬四千二
十一斤	一萬四千一百六十七石十九斤 七十九萬二千一百十兩	一萬五百三十七石四十二斤 七十四萬五千一百八十六兩	一萬一百十九石六十 五十九萬六百八十六
六斤 百八十七兩	一萬四千六百八十一石五十斤 七百十七萬五千三十八兩	一萬一千一百三十九石二十二斤 五百三十二萬八百十兩	一萬三千一百六十五 六百四十六萬四千六
十二斤 兩	一千八百七十七石六十五斤 五十八萬四千五百十一兩	一千二百三十八石三十四斤 四十四萬三千七百二十五兩	一千五百八十三石五 五十五萬二千九百六
百九石六十斤 千九百七十二兩	一百三十五萬六千五百五十四石六十六斤 二千二百一萬三千九百二十六兩	一百十五萬一千九百二十石六十五斤 二千五百七十九萬八千八百十八兩	一百二十萬三千六百 二千四百九十七萬九
七石六十五斤 十二兩	十九萬二千三百二十六石四十斤 三百八十一萬九千三十五兩	十九萬九千五百四石十六斤 三百七十萬四百八十八兩	二十萬六千七百六十 三百五十四萬五千九
十一石九十六斤 百十七兩	三十一萬八千六十一石六十斤 二百三十八萬七千三百四十九兩	三十萬七千四百四十一石五十六斤 二百三十四萬二千一百八十五兩	三十三萬六千一百一 二百四十八萬四千四
十三斤	一萬三百九十石三十六斤 三萬七千一兩	七千三百五十八石七十九斤 四萬九百五十九兩	三千五百三十石七十 一萬八千九百七十九
	三千六百四十萬一千九百六十七兩	三千二十五萬五千九百五兩	三千六百九十萬二千二十六兩
	二千八百六十七萬七千二百三十五兩	二千六百六十六萬三千四百五十兩	三千一百二萬八千五百八十四兩
	三千一百八十六萬八千六百三十兩	三千二十二萬五千一百二十五兩	三千三百一萬七千二百三十九兩

石五十九斤 千四百九十一兩			
斤 百八十三兩			
十三斤 百十五兩			
四斤 兩			
石六十九斤 百八十九兩			
十三斤 十二兩			
四十一石五十四斤 千二百五十九兩			
石二十斤 百十九兩			
石五十三斤 百三十六兩			
四斤 兩			

各國運銷茶數表說

綜覈表曰中國物產之便益西人者莫如茶年來日本印度義大里競相種植幾有盡奪我利之意幸所產不多且弗良仍珍華茶又西方嗜此者較十年前數增二倍所需日多故華茶出口加盛彼謂西人無俟華茶者僞也不然新金山紐西蘭諸島距印度近距中國遠何以由中國往者亦歲增也埃及亞丁蘇彝士等處距義大里近距印度亦不遠何以由中國往者或多至七千餘石也光緒十三年冬英國商務衙門報稱印度茶往英國者約七十三萬四千石價約三千四萬兩中國茶往英國者約八十九萬八千石價約二千八百六十八萬兩印茶少於華茶十六萬四千石價反多於華茶一百三十六萬故華茶稅重價昂以知洋人好市印茶之說皆不確矣迨光緒十三年後出口數漸貶價隨之貶然猶不足深慮其足奪我利者惟日本所產售美利堅者為多故華茶赴美歲減乙酉即明治十八年日本茶赴美利堅者價五百九十四萬元且有運入中國者數見第十九表質粗味劣總不能不補以華茶彼自揣其豐歉以為盈縮故運去之茶仍有一二百一二千石不等十三年出口往日本茶一萬二千餘石為獨多而日茶進口一萬六千餘石轉多四千餘石其專尚華茶取用宏多者惟俄夫物土所宜非能獨秘各任其地力所出人力所成以與天下通有無亦豈無講求之術哉光緒五年有運赴檀香山茶五百十八石六年二十五石七年十八石後遂無聞故不列表

各國運銷茶數表

表十五

	咸豐九年	十年	十一年
英	二十三萬二千四百十四石	十二萬三千一百六十九石	五十二萬五千一百
香港（轉運各國）	九千四百六十石	三千四百九十石	九萬二千八百八十
印度（英屬）			一千四十三石
新加坡（同上）			
新金山紐西蘭（同上）	一萬四千九十七石	一千三百二十一石	四萬六千二百十三
大浪山觜（同上）			
幹阿達（同上）			
美	十五萬三千四百七十一石	六萬七千七百九十五石	十萬八百二十石
南美			一千四百六十五石
歐羅巴（除英俄外）	五千五百二十三石		四千三百七石
俄（由水道）			
俄（由天津恰克圖）			
俄（由圖門江）		三千二百六十九石	
朝鮮			
日本			
小呂宋		二石	
安南（法屬）			
暹羅			
爪哇（荷屬）			
埃及			
澳門			

	同治元年	二年	三年
三十八石	九十二萬五千九百三十八石	五十五萬八千九百九十三石	八十六萬九千二百
三石	七萬三千七百十六石	八萬二千四百六十三石	五萬五千一百二十
	一千九百九十二石	二百二十三石	一百五石
			一萬四千八十石
石	七萬六千四百四十六石	五千八十三石	六萬六千二百二十
	十九萬九千四百十一石	二十萬六千九百十一	十四萬八千六百十四
	一千二百五十六石	一千七百二十九石	
	九千五百七十八石	二千八百九石	三萬七千四百八石
		五百十八石	四十五石
			二百八石
			五百六十六石
			九百三十九石
			一千九百二十一石

	四年	五年	六年
八十八石	八十四萬三千七百三十八石	八十四萬五百五十六石	八十六萬五千七百
石	七萬一千四百十五石	六萬六千九百二十八石	二萬七千四百九十
			一千一百三十五石
	二石	二千七百九十三石	三千八百六十五石
八石	七萬四千六十一石	六萬八千三百七十九石	十萬二千六百五十
			一千三百五十九石
石	十七萬六千五百六十五石	十八萬六千一百三十四石	二十二萬九千七百
			二千三百四十九石
	四萬三千九百七十九石	一萬六千五百九十四石	七千八百九石
		三百九十九石	
		二萬八千六百九十九石	八千八百三十五石
			六百四石
		二百二十八石	十石
	七十八石	三百五十四石	七十九石
	三百七十五石	四百四十二石	九百四十一石
	四百四十八石	一千六百二十石	一千二百三十一石
	四千四百九十八石	二千六百二十四石	三千二百四十七石

	七年	八年	九年
八石	一百一萬二千四百九十三石	一百一萬二千三百三十五石	八十九萬三千三百
五石	十萬四千二百九十四石	五萬二千三百二石	六萬九百八十五石
	四千八百十石	二千四百八十一石	一千一百三十八石
	八百三十二石	一石	四百五十四石
七石	十一萬八千九百九十石	八萬六千三百七十一石	八萬四千五百八十
	一千七百八十二石		九百八十五石
	三千五百六十五石	三千三百四十石	一千八百四十六石
六十六石	十九萬四千一百五十三石	二十七萬二千二百七十四石	二十三萬六千八百
	八萬二千三百五石	二萬四千七百十二石	三萬二百十四石
	一萬三千二百五十一石	十一萬一千八百八十八石	八萬三千三百五十
		九十七石	五石
	二十二石	九百五十八石	一百六十四石
	八十九石		九十七石
	三百一石		六百四十四石
	三百七十七石		一千四十九石
	三千七百二十四石		三千一百九十六石
		十石	

	十年	十一年	十二年
五十四石	一百四萬一千八百六十八石	一百五萬七千二百六十石	九十八萬四千二十
	八萬三千七百四十四石	八萬五千五百七十六石	九萬八千七百九十
	四千四百五十三石	六千二石	四千三百二十六石
	二千一百七十二石	一千六百十五石	一千四十七石
三石	九萬七千五百八十三石	十一萬二千九百十五石	九萬六千四百四十
	一千四百九石	六千八百六十六石	
	五千四十一石		八百二十六石
四十四石	二十九萬八千五百四十九石	三十一萬四千五百七十二石	二十二萬四千一百
	五十四石		三千五百九十三石
	二萬一千一百七十六石	八千五百五十二石	五百十六石
	一萬四千八百八十石	三萬五千一百二十五石	三萬三千二百四石
五石	十萬二百二十一石	十三萬二千九百七石	十四萬八千二十八
	六百七十四石	一千八百十八石	六千七百七十六石
	三百五十石	一千七十四石	二百二石
	一百四十四石	一百六十七石	一百四十四石
	二千九百八十石	一千九百三十五石	一千九百九石
	五百九十四石	一千六百三十二石	一千五百五十二石
	二千七百五十一石	六千四百一石	九千五百八十二石
		二百四十六石	二千七百六石

	十三年	光緒元年	二年
六石	一百二十萬四千三百十五石	一百五萬五千九百三石	一百三萬二千二百
石	十二萬四千七百八十二石	十二萬三千九石	十二萬一千二百四
	五千三百四十二石	七千四百四十八石	三千八百三十五石
	二千一百七十九石	一千九百六十石	一千一百八十九石
石	十萬九千三百九十八石	十一萬六千五百五十二石	十一萬九千七百一
	二千六百四十四石	三千八百六十一石	三千三百八十三石
	三千四百八十八石	三千四百二十八石	三百八十三石
二十二石	二十萬九千五百十四石	二十二萬一千七百九十二石	二十一萬四千五百
	七百十五石		十五石
	二千一百五十六石	一萬二千三百六十石	一萬一千八百八石
	三萬二千八百二十三石	五萬二千九十九石	三萬八千四百二十
石	十萬一千七百十七石	十九萬七千七百九十六石	十九萬八千五百六
	三千六百五十九石	六千五十三石	七千一百九十三石
	二百二十二石	九百二十九石	七百六十五石
	二百三十八石	三百七十石	一百六十三石
	二千七十五石	二千一百七十七石	一千九百二十五石
	一千四百八十二石	九百五十一石	二千二百三十四石
	八千五百七十六石	一萬六百六十四石	五千三百一石
	五十四石		四石

	三年
二十六石	一百七萬九千四百三十七石
十石	十九萬六百五十石
	六千九百六十二石
	五千一百五十八石
石	十一萬七百六十五石
	六千六百四十四石
三十一石	二十七萬七百八石
	二千二百八十八石
八石	
十三石	二十一萬四千二百二十九石
	四千三百八十五石
	二百二十三石
	二百七石
	二千六百七十石
	一千七百八十五石
	一萬二千九百五十五石
	二十二石

四年	五年
一百六萬二千九百六十九石	九十八萬六千八百
十七萬四千八百六十八石	十七萬二千五百七
四千二百十八石	九千四百十六石
三千八百五十二石	三千五百八十七石
十六萬六千六百十石	十萬四千八百九十
一萬九百九十九石	七千六百九十一石
二十二萬七千九百八十八石	二十六萬六千九百
六十九石	
二千六百三十八石	二千四百十八石
四百七十九石	一萬三千六百四十
二十七萬五千四百石	四十萬四石
五千四百四十石	一萬九百六十匹石
一千六百四十七石	一百四十四石
二百九石	一百六十七石
四千三百六十三石	二千四百六十石
一千五百九石	七百六十二石
一萬五千六百十一石	四千六百八十六石
八十七石	四百六十二石

	六年
五十三石	一百一十一萬二千八百七十四石
十八石	十六萬八千四百六十七石
	一萬三千二百九十七石
	三千七百二十九石
一石	十五萬二千五百三十九石
	二千九百八十七石
	二千八百五十四石
五十三石	二十六萬九千七百四十一石
	五千七百十六石
八石	四萬一千二百八十石
	二十九萬六千八百六十九石
	一萬九千二百三十八石
	一百七十石
	一百三十五石
	一千五百七十四石
	一千六百五十三石
	三千八百五十九石
	七十四石

七年	八年
一百四萬三千三百二十六石	一百一萬五千七百
十七萬一千八百二十石	十六萬七千二十五
八千四百九十石	七千六百八十三石
四千八十石	四千七百三十二石
十六萬八千一百九十石	十四萬八千六百四
七千二百四十石	五千九百三石
八百五十三石	九百二十四石
三十三萬七千九百四十二石	二十六萬一千二百
七千五十六石	三千六百三十四石
五萬六千二百五十七石	七萬九千七百二十
二十九萬四千九百八十五石	二十七萬四千六百
二萬九千四百七十二石	三萬二千五百八十
二千九十七石	三百七十六石
三百四石	三百四十四石
一石	三千三百五十二石
八百三十石	一千五百石
六千一百八十六石	九千八十石
二十五石	十三石

	九年	十年	十一年
四十四石	一百一萬九千四百九十九石	九十六萬一千二百十六石	一百一萬一千六百
石	十五萬六千五百八十七石	十三萬九千七百六十二石	十七萬九千七百六
	一萬三千六百二十七石	萬八千五百九十九石	一萬六千七百六十
	四千一百七十一石	四千一百九十三石	五千九百七十四石
十三石	十一萬四千二百六石	十三萬九千四百二十八石	十六萬五千四百八
	八千三百八十一石	九千五百五十一石	八千四百五十三石
	一千八百九十石	三千四百七十八石	一百二十六石
八十四石	二十五萬四千七百九十石	二十七萬三千二百五十五石	二十八萬六千七百
		八百三十九石	三百二十二石
	六千五百九石	三千五百五十四石	四千二百十一石
九石	八萬五千四百十八石	八萬八千六百七十九石	四萬七千九百六十
石	二十九萬二百三石	三十一萬四千六百五石	三十四萬五千三百
五石	二萬八千八百五十七石	四萬四千五十石	三萬八千九百五十
		二石	六石
	一百七十八石	三百六十九石	一千三百五十石
	四百五十三石	三百六十八石	四百六石
	二千二百二十石	三千四百八十五石	一千五百四十二石
	一千二百五十九石	九百八十七石	一千四百七十八石
	九千六百三十石	八千七百二十石	一萬二千二百五十石
	一百七十四石	七十七石	二百十二石

	十二年	十三年	十四年
六十六石	九十四萬九千五百三十七石	七十九萬三千七百四十七兩	六十八萬八千二百
十八石	十五萬五千七百五十六石	十九萬六千四百七十三石	十七萬六千九百七
八石	一萬三千九百四十七石	一萬五千八百八十石	二萬五千八百三十
	五千五百五十三石	五千七百六十二石	七千二百九十石三
十九石	十四萬九千八百十石	十七萬七十四石	十八萬三千八百七
	四千三百十六石	一萬一千二十四石	一萬四千五百七十
	五百八十二石	一萬一千四石	一萬三千二百四十
四十四石	三十四萬四千四百六十四石	二十七萬四千一百三十石	三十萬二千七十石
	四百八十石		十七石六十二斤
	八千七百三十七石	九千十一石	九千七百五十石六
九石	九萬四百二十六石	九萬三千四百六十七石	十三萬二千八百二
九十一石	四十四萬五千一百四十八石	四十四萬四千六百三十七石	四十六萬三千三百
五石	六萬三千六百三石	六萬九千二百七十二石	七萬九千二十五石
	五石	九石	十二石
	二千八百三十六石	一萬二千八百三石	一萬四百二十八石
	五百五十七石	四百八十石	五百五十六石二十
	三千一百十石	二千二百五十三石	二千一百八十八石
	一千一百六十一石	六百五十二石	一千一百二十石四
	九千三百二石	八千七百二十一石	八千九百四十三石
	七千九百六十六石	七百三十二石	四百四十石九十斤
		三萬二千九百十九石	四萬六千九百二十

	十五年	十六年	十七年
十五石七十八斤	六十萬三千七百三十八石四十五斤	四十三萬三千九百六十四石九斤	四十一萬一千二百
十一石二斤	十六萬三千四百四十七石九斤	十三萬五千四百六十九石七十五斤	十七萬八千四百六
六石九十九斤	二萬三千三百七十二石二十九斤	二萬五千七十七石三十七斤	三萬八百十九石六
十七斤	七千三百七十四石八斤	九千三百三十七石二十斤	九千六百五十九石
石四十五斤	十五萬一千四百三十三石四十九斤	十一萬五千五百九十二石五十斤	十萬五千七百二十
八石八十三斤	一萬二千三百二十二石五十五斤	一萬一千六百三十二石四十二斤	九千三百四十五石
石五十五斤	一萬二千四百四十石七十九斤	二萬四千九十石三十九斤	二萬三千五百四十
七十一斤	二十九萬六千一百四十七石五十二斤	二十六萬八千一百四十一石十九斤	二十七萬五千六百
	五百七十六石五十一斤	三十七石五十三斤	九十四斤
十一斤	一萬一千三百十六石四十八斤	一萬一千六百三十五石九十五斤	一萬九千九十四石
十六石十九斤	十三萬七千四百八十五石六十一斤	十七萬四千一百二十九石六十八斤	十八萬九千二十五
二十五石五斤	三十六萬七千八百二石十二斤	三十七萬一千五百十一石五十三斤	三十七萬九千九百
五十三斤	三萬八千三百石一斤	四萬一百六十七石五十八斤	六萬七千四百七十
	七石三十五斤		
三十三斤	一萬二千四百九十七石二十八斤	七千五百七十六石二十斤	四千六百八石五十
七斤	六百七十五石二十五斤	四百十三石四十一斤	二百四十八石三十
九十一斤	九百三十二石三十九斤	二千一百三十八石二十斤	三千八百八十四石
十九斤	一千五百二十石三十八斤	一千二百八十石二十二斤	一千五百七十二石
九十三斤	六千三百二十石八十八斤	三千九百十五石四十八斤	七千九百四石六十
	十九石四十三斤	二百九十七石二十四斤	二千一百八石三十
九石九十三石	三萬六千七百四石七十三斤	二萬九千四百八十二石六十四斤	三萬四百七十六石

八十四石四十八斤			
十石八十一斤			
十六斤			
八十一斤			
六石八十六斤			
九十六斤			
三石五十六斤			
九十六石七十斤			
六十六斤			
石七十七斤			
一石八十二斤			
九石八十五斤			
三斤			
九斤			
七十二斤			
三十九斤			
七斤			
六斤			
七斤			

俄商運茶另數表說

綜覈表曰俄人運貨回國取道凡四車駝輦載出恰克圖而達東悉畢爾者為咸豐以前之故道駕巨艦泛海徂西以達波羅的海者為通商以後之孔道出圖門江北以達東海之濱者辛酉後新拓地也（此三路運茶數見第十五表）其自漢口至樊城西北行出嘉峪關以達西悉畢爾者自同治十年始（前此或有為關冊所未載）維時改約未成而西路通商端倪已著蓋哈薩克浩罕諸部新歸屬隸地廣人眾需物加多而茶尤鉅光緒七年定約允以嘉峪關為通商口岸往來益盛十年後開關榷稅歲運十餘萬石（關冊不列此數於江漢關出口之內不知嘉峪關未開以前西路貨物納稅何所俟攷）茶居全數三分之一丁亥一歲併雜貨計出口價九百二萬兩有奇而進口價僅十一萬八千餘兩計輸於我者八百九十八兩甚矣英俄商務損益中國之不可同年語也（十二年茶少價多十三年茶多價少又華商受困之明證）夫西路商務漸盛茶既如此他物可知天山南北各城雖按約暫不納稅而貨物往來可驗物產豐嗇財力厚薄而風俗之勤惰奢儉甌脫之安危向背亦於是乎繫焉關冊雖闕焉而不詳（張家口出進數關冊亦不載）留心時局者所宜訪求而體察之（時報載光緒十二年四季喀什噶爾烏魯木齊二處進口貨價一百四萬八千兩有奇出口貨價六十四萬兩有奇伊犁塔爾巴哈臺二處未據報齊）

俄商運茶另數表

表十六

	茶葉 磚茶 茶梗 茶末	計價
同治十年	九萬一千一百二十一石八十八斤 十一萬一千六十二石六十斤	二百九萬五千八百三兩 三十三萬五千一百八十八兩
十一年	四萬八千五十二石八十斤 十萬九百十石八十八斤	一百十二萬九千二百四十一兩 三十七萬八千四百十六兩
十二年	五萬六千九百四十石 十三萬五千三百七十一石	一百三十六萬二千二百九十兩 八十八萬三千二百九十六兩

十三年	二萬八百六十二石二斤 三萬九千三百八十四石十六斤	五十七萬四百四十一兩 二十五萬六千九百八十二兩
光緒五年	一千四百五十三石 九萬七百九十三石	
六年	八萬五百七十一石 二萬七千六十五石	
七年	八萬四千七百三十九石七十四斤 四萬二千五百五十五石七十斤	一百五十二萬五千三百二十兩 二十三萬四千五十兩

八年	四萬一千三百五十三石 八百二十八石三十三斤	二十萬六千七百六十九兩 四千一百四十二兩
九年	三萬三千八百四十三石 七百六十九石	三十七萬二千二百八十兩 三千八百四十六兩
十年	二萬九千三百九十七石 二萬五千九百九十七石	二十六萬四千五百七十兩 十二萬九千九百八十四兩
十一年	十五萬七千四百五十八石 六千九百五石	一百八十八萬九千五百兩 二萬七千六百二十兩

十二年	十五萬九百十六石 一萬八千七百六十四石	一百五十萬九千一百六十兩 七萬五千五十六兩
十三年	十六萬七千四百三十八石 七千四百八十四石	一百三十三萬九千五百五兩 二萬九千九百三十四兩
十四年	二十三萬二千三百五十九石 一萬三千七十四石	三百四十八萬五千三百八十三兩 四萬六千四百十三兩
十五年	六千三百五十二石 四萬九千四十六石 二千六百三十六石 九百七十四石	九萬五千二百八十六兩 二十四萬五千二百三十一兩 五千二百七十三兩 四千三百八十四兩

十六年	五萬四千二百五十三石	五十四萬二千五百三十兩
	二千三百七十二石	四千七百四十四兩
	二百十八石	九百七十九兩
十七年	四萬六千九百十六石	四十六萬九千一百六十兩
	二千五十石	八千二百兩
	四千八百二十二石	九千六百五十兩

各口運銷洋藥表說

綜覈表曰中國財力之耗而不可復民氣之偷而不可振者半由於洋藥流行而不可遏也曰官曰士曰兵介甲嚴吸食之禁今視爲具文至於農工商賈百執事及廝養輿臺法令所不及更不可究詰十室之邑百貨不備一燈熒然比比然也促生廢業莫斯爲盛於此而不禁如民生之垂盡何於此而議禁如法令之終窮何山陝川廣黔滇江浙諸行省又競種罌粟臺諫疆臣莫不議申禁務去根株意謂番舶載來既拘於約而不能禁若內地效尤種植不且取諸宮中吸者益衆哉不知此英人所饒舌圖愚我而便私計也夫不能禁人之不吸乃欲禁人之不種是猶肉食咸需而轉禁二毋之彘羣飲勿戒而轉嚴斗酒之酤者然則弛禁罌粟果善政乎曰此賈誼所痛哭流涕長太息者也一旦天心悔禍國勢大張先禁外洋之來而後禁內地之種以與民更始夫固　聖主所宵旰不忘而姑留以待者進口以江海爲最鉅則坿近民俗淪胥益可概見粵海售非不盛逼近番市漏稅孔多自九龍拱北二關而數乃頓增統核各口銷數仍不符香港總數者就地銷售外日本舊金山華人所需皆由香港往耳

各口運銷洋藥表　表十七

	咸豐九年	十年	十一年
江海 除轉運別口外提岸賣銷	三萬三千二百五十七石	二萬九千八百十石	二萬一千六百六十二石
山海			
津海			
東海			
宜昌			
江漢			
九江			
蕪湖			
鎮江			
浙海			一千五百四十石
甌海			
閩海			三千三百五石
淡水			
臺灣			
廈門			
潮海		一千三百七十箱	二千八百三十五石
粵海			一千三百七十七石
九龍			
拱北			
瓊海			
北海			
統共	三萬三千二百五十七石		三萬六百九十三石
到香港總數			

同治元年	二年	三年	四年
三萬三千九百四十三石	二萬一千七百八十九石	一萬九千七百九石	一萬四千六百三石
		五百四石	一千五百五十石
	三千七百八石	二千八百七十五石	五千五百六十一石
	八百七十三石	一千三百四十石	二千六百四十四石
	一千四百二十石	一千九百九十九石	三千三百五十二石
	一千九百九十三石	二千二百二石	二千二百四十一石
	六百石	一千六百九十三石	四千八百八十六石
一千三百五石	二千六百七十九石	三千三百五石	三千一百九十二石
七千五百五十二石	六千六百二十八石	六千二百四十六石	五千五百八十石
		九百九十七石	二千二百八十八石
二千三百八十四石	三千一百九十三石	四千三十七石	三千八百三十五石
三千五百五十二石	三千七百四十三石	四千七百二十石	四千一百二十一石
三千九百三十石	三千四百六十九石	二千四百九十石	二千三百七十七石
五萬二千六百四十九石	五萬八十七石	五萬二千八百三十三石	五萬六千一百三十三石
			七萬六千五百二十三石

通商表　卷三　各口運銷洋藥　四十四

五年	六年	七年	八年
一萬一千七百五十五石	一萬一千九百六十二石	一萬七百七十九石	一萬一千二百九十九石
二千六百六十石	二千五百八十五石	二千六百八十五石	二千五百九十石
九千一百六十一石	七千八百九十八石	七千四百二十三石	五千二百八十八石
三千七百九十四石	二千七百三十五石	三千七十七石	三千七十六石
四千一百二十石	四千二百四十二石	二千八百七十一石	二千六百八石
二千二百六十石	二千二百二石	一千九百二十三石	一千九百五石
五千二十六石	四千八百六十二石	四千八百六十二石	五千五百六十八石
四千三百二十一石	五千四十七石	四千五百五石	四千七百十三石
五千九百二十七石	五千五百三石	四千九百六十三石	四千八百七石
一千一百十一石	一千五十五石	九百三十一石	一千三十九石
一千四百三十一石	一千五百三十一石	一千一百二石	一千五百三十二石
四千九石	三千七百三十五石	三千七百十六石	三千七百二十一石
五千四百六十一石	五千五百十六石	四千二百七十二石	四千二百三十八石
三千四百八十八石	二千一百十一石	八百六石	一千一百石
六萬四千五百十六石	六萬九百四十八石	五萬三千九百十五石	五萬三千四百十三石
八萬一千三百五十石	八萬六千五百三十石	六萬九千五百三十七石	八萬六千六十五石

通商表　卷三　各口運銷洋藥　四十五

九年	十年	十一年	十二年
一萬一千七百石	一萬一千六百九十七石	一萬二千三百四十九石	一萬二千七百八十四石
二千四百四十五石	二千二百七十九石	二千一百六十石	二千四百二十一石
七千一百六十一石	七千九十一石	四千六百五十二石	四千九百五十八石
三千九百十四石	三千二百三石	三千八百四十三石	三千一百四石
三千六百七十八石	三千一百四十四石	二千四百十三石	二千九百九十四石
二千一百十石	二千六十四石	一千九百三十四石	二千三百六十六石
六千九百四十三石	六千九百八十六石	八千五百七十六石	九千六百三十六石
五千二十四石	五千四百二十五石	六千五百四十九石	七千三百五十八石
四千二百五十六石	三千五百二十九石	三千八百八十七石	三千二百七十五石
一千一百六十三石	一千三百六石	一千四百石	一千六百四十一石
一千七百三十一石	一千九百七十四石	一千九百四十一石	一千九百五十二石
三千九十八石	三千五十六石	三千一百二十五石	三千三百七十九石
四千八百四十石	六千八百四十石	七千四百十五石	九千一百五石
七百五十四石	一千七十六石	九百四十九石	八百二十四石
五萬八千八百七十石	五萬九千六百七十石	六萬一千一百九十三石	六萬五千七百九十七石
九萬五千四十五石	八萬九千七百四十四石	八萬六千三百八十五石	八萬八千三百八十二石

十三年	光緒元年	二年	三年
一萬一千三百九十七石	一萬六百九十九石	一萬一千八百八十四石	一萬二千七百三十四石
一千三百二十七石	八百九十六石	二千三百三石	一千九十八石
五千三百三十二石	三千八百八十一石	三千六百六石	四千二十六石
四千一百五十三石	二千九百六十石	二千二百二十八石	二千一百五十二石
二千八百六十一石	二千三百二十五石	二千一百八十九石	二千四百七十七石
二千九百五石	二千二百四十六石	二千四十三石	一千八百五十二石
			一千一百六十一石
一萬九百六十四石	一萬一千七百五十八石	一萬六百四十九石	一萬七百九十九石
七千四百六十九石	八千五百八石	八千八百三石	七千九百九十一石
			三十八石
三千一百七十六石	四千四十石	四千七十石	三千一百六十五石
一千六百六十六石	一千五百九十五石	一千八百五十九石	一千六百六十九石
二千五百三石	二千六百石	二千六百五十九石	三千一百六十九石
三千三百七十石	三千八百九十二石	三千一百五十三石	四千四十五石
九千三百七十二石	一萬一百八十五石	一萬一千六百七十九石	一萬一千六百二十二石
九百七十三石	九百三十八石	四百五十石	三百二十四石
		五百二十石	七百二十五石
			六石
六萬七千四百六十八石	六萬六千四百六十一石	六萬八千四百二十石	六萬九千五百三十石
九萬一千八百二十石	八萬四千六百九十石	九萬六千九百八十五石	九萬四千二百石

四年	五年	六年	七年
一萬四千七百三十五石	一萬七千一百二石	一萬三千三百九十六石	一萬三千九百五十一石
一千二百二十三石	二千四百五十三石	一千一百八十六石	四百四十六石
四千七石	五千一百八十一石	三千二百九十石	三千四百二十一石
三千四百二十七石	三千五百三十六石	二千四百二石	一千七百五十九石
一石			二石
二千一百四十二石	三千二百九十四石	二千九百五十四石	三千九百二十三石
一千六百五十三石	二千一百五十三石	二千二百九十石	二千七十五石
二千三百八十一石	三千一百四十一石	三千四百三十二石	三千五百二十石
一萬九百五十七石	一萬一千九十七石	一萬二百九十二石	一萬三百六十七石
七千二百五十二石	七千六百六十七石	六千二百五十八石	八千六百二十八石
十四石	六十一石	五十四石	一百九十石
四千二十五石	四千二百七十三石	四千二百一石	四千七百八十四石
一千八百四十八石	二千一百六十五石	二千一百四十九石	二千一百四十二石
二千八百五十三石	三千三百八十七石	三千六百四十七石	三千七百三十九石
三千五百八十六石	四千六百三十石	五千七百五十七石	八千一百七十七石
九千五百九十六石	一萬六十三石	八千七百六十石	四千六百六十五石
七百七十一石	一千一百九十四石	六百四十二石	二百十一石
一千二十一石	一千一百八十石	一千三百三石	一千三十四石
	四百十二石	一千三百四十六石	九百七十一石
七萬一千四百九十二石	八萬二千九百二十七石	七萬三千二百八十八石	七萬四千五石
九萬四千八百九十九石	十萬七千九百七十石	九萬六千八百三十九石	九萬八千五百五十六石

八年	九年	十年	十一年
一萬四千六百三十石	一萬三千五百九石	一萬一千七百九十石	一萬一千二百七十四石
四百六十九石	三百九十一石	二百六十五石	二百六十五石
二千五百八石	二千四百五十一石	二千一百九十一石	一千九百三十六石
一千一百二十四石	八百八十三石	八百五十二石	四百二十一石
三千二百二十二石	三千四百八十五石	三千八百八十一石	二千四百十八石
一千六百六十二石	一千六百十八石	一千五百四十八石	一千八百七十一石
二千八百五十二石	三千五百十七石	三千六百六十一石	四千八百五十三石
一萬二百五十九石	一萬一千五百十四石	一萬九百石	八千三百一石
七千九百六十三石	七千九百六十三石	七千五百四十二石	七千八百六十六石
一百八十一石	一百一石	八十二石	二十一石
四千二百二十五石	四千三百六十四石	四千七十一石	四千四百七石
一千五百八十四石	一千二百六十五石	一千二百七十一石	一千四百三十六石
三千二十石	二千七百五十二石	二千三百八石	二千三百三十九石
八千七百六十二石	八千五百五十六石	九千八百九十六石	九千六百十石
三千六百七十七石	四千三百七十七石	四千三百九十七石	三千八百八十八石
十七石	五百三十一石	二千九百九十九石	二千七百六十一石
七百四十八石	八百七十八石	一千一百六十六石	一千四十八石
五十石	十五石	七十二石	
六萬六千九百八石	六萬八千一百六十八石	六萬八千八百九十石	六萬五千二百五十九石
八萬五千五百六十五石	九萬四千三十六石	八萬六千一百六十三石	九萬三百二十九石

十二年	十三年	十四年	十五年
一萬三千二百二十九石	一萬七千九十九石	一萬八千二百七十一石	一萬六千五百四十五石
二百八十七石	二百十六石	一百三十石	九十二石
二千七十一石	一千八百二十石	一千五百五十五石	一千五百二十八石
七百一石	六百八石	三百十八石	二百八十六石
一石		二石	一石
一千三百四十二石	一千二百六十四石	一千一百六十一石	九百三十七石
二千四百九十三石	三千十七石	三千七十七石	三千一百七十三石
五千七百五十一石	四千四百四十七石	三千四百石	二千四百九十三石
六千七百六十三石	六千五百八十四石	三千九百十一石	三千十六石
八千二百四十三石	四千三百八十九石	六千四十石	五千九百三十三石
二十五石	六十四石	二百三十四石	二百二石
四千七百四十七石	四千九百三十三石	六千一百六十六石	五千六百四十三石
一千六百三十三石	一千六百二十二石	一千九百七十四石	一千九百八十三石
二千九百十三石	二千六百二十六石	二千六百七十二石	二千七百五十二石
七千七百六十八石	六千三百六十三石	六千八百七十三石	五千八百八十五石
六千七百十四石	六千三百九十七石	六千八百六十三石	七千八十八石
一千七十石	七千七百二石	一萬三千一百四十石	一萬二千二百七十石
	一千五百二十三石	二千八百五十一石	二千四百五十二石
	一千三十一石	一千八百十一石	一千九百六十二石
一千九百六十石	一千三百九十六石	一千一百六石	八百十石
一百三十四石	七百七十四石	一千一百石	一千一石
六萬七千八百一石	七萬三千八百七十七石	八萬二千六百二十石	七萬六千五十二石
九萬六千一百六十四石	八萬九千三百六十九石	八萬八千八百三十一石	九萬一百九十三石

十六年	十七年
一萬七千四百二十石	一萬七千六百八十八石
二百十石	二百五十九石
一千五百五石	一千四百八十四石
三百九石	三百三十二石
七百三十八石	七百三十八石
三千三百二十六石	三千六百二十一石
二千五百六十七石	二千六百八石
三千四百二十三石	三千一百七十三石
六千二十六石	六千二十七石
一百一石	九十八石
五千一百七十二石	五千二十二石
一千九百六十七石	二千一百八十一石
三千七十六石	三千四百一石
五千七百八十五石	五千四百七十四石
七千七百六十石	七千八百九十五石
一萬一千八百十一石	一萬二千七百八十八石
一千八百十石	一千四百四十四石
二千九十石	一千八百十一石
五百三十五石	四百十九石
九百八十五石	九百十二石
七萬六千六百十六石	七萬七千四百四十五石
八萬六千六百二十九石	八萬七千二百六十二石

通商表　卷四

進口雜貨衰旺表說

綜覈表曰雜貨進口繁多關冊所載亦四十餘名（丙戌以前大約不出三十四類丁亥關冊增十餘類）日本步武泰西分厥奇羨絲茶綢緞則人取我法以攘我利中國雖富亦安能任東西交朘百年不敝哉所來各貨其昔衰今旺昔無今有者類皆物精價廉華人所嗜又南洋物產宏富爲彼所擅（如燕窩椒木之類）而謂中國可膜視商政不加理董哉至若約章所載進口免稅各物初因品物不多無關稅額又皆彼中日用無預華人不予征科以示曲體遠人之至意詎向之專供旅用者今則視爲利途商利關

稅交受其侵若同一紙墨金銀器氊毯衣服皆出口有稅進口則免中外互市貴取其平苟取舊章而更定之酌一進出皆稅之則堅持定論彼必無辭况我免稅各物大半爲日本稅則所不免何西人於日本甘於輸將於中國每形崛强折而服之夫固未可遲矣　表首棉花煤白赤糖油魚鯊糧食麵粉酒顏料十一類皆有進口又有出口合兩表觀之衰旺以見至其名同而種異種同而用異以及產有豐歉物有美惡又可因此推究（丙戌前煤油附油類丁亥析出別爲類丙戌前鮑魚蝦米自爲類丁亥附入魚類丙戌前赤白糖分列丁亥併赤白冰爲一類凡此皆關冊分合無定今擇善而從之舉一二以見例）自來火以

百四十四匣爲一各羅斯鍼以千根爲一密力煤油以一木箱二鐵箱爲十加倫（加倫者英國流質量名也容積二百七十七立方英寸强卽部尺一百五十三立方寸又六分四釐依會典嘉量容積率推之每加倫爲六升一合四勺有奇）煤以二千二百四十磅爲一噸（噸者西國物衡名也英約四云中國一擔卽一百斤者以英國一百三十三磅零三分之一爲準推得一磅爲中國十二兩一噸爲一千六百八十斤）凡物之來自香港者皆以洋貨論故華產有列入進口者

進口雜貨衰旺表一

表十八

貨名		咸豐九年	十年	十一年
棉花	貨 價		七千一百二十七石九十三斤 八萬九千一百元	三十三萬五千八百 一萬三千四百三十 三百九十四萬四千
煤	貨 價	五萬七千七百十噸 五十七萬七千一百二兩	五萬三千四百五噸 五十九萬二百九十兩 二千五百三十元	三千八百五十五石 三萬四千十噸 四十七萬五千九百 一萬五千五百十七
白糖	貨 價	十六萬一千十石四十五斤 八十一萬三千九百七十五兩	十一萬六百八十九石八十三斤 四十八萬一千三百六十六兩	二十三萬五千二百 八十九萬一千五百 三萬四千三百四十
赤糖	貨 價	六十七萬一千八百八十二石十七斤 二百二十七萬八千五百十七兩	二十七萬一千一百四十九石八十五斤 七十萬一千三百三十二兩	五十一萬三千三百 一百三十五萬一千 四千七百八十二元
油[illegible]	貨 價	二萬一百六十五石六十斤 九萬一千九百九十九兩	五萬三千七百三十八石四十二斤 十七萬七千九百四十五兩 二萬四千九百三十六元	四十二萬三千八百 一萬七千三百二十
魚介海味	貨 價	三百五十三石九十四斤 三百八十兩	四千二百十六石四十一斤 三千八百九十八兩	八百十三石九十二 一千八百六十六兩
靛汞	貨 價	一萬三千六百五十三石三十五斤 十萬五千八百四十兩	一萬六千二百三十三石五十八斤 十萬六百四十一兩	一萬五千九百四石 九萬六千九百十一 一千八百六十二元
糧食	貨 價			
麪粉	貨 價		三千七百二十一石六十六斤 五千六十六兩	三千一百十六石二 三千九十五兩 九千五百五十四元
酒	貨 價	九百六十二兩	一百三十五石四十三斤 二百二十三兩 三百五十八元	九千六百三十七兩 一萬四千六十八元
顏料	貨 價			
燕窩	貨 價	三百七十石 三十三萬九百八十六兩	二百二十六石六斤 二萬一千六兩 三萬九千元	五百六十一石三十 十八萬六千六百七 十二萬四千五百七
魚膠	貨 價	二千七百九十六石 八萬六百八十一兩	一千五百七石九斤 四萬五十兩	四百八石八十七斤 四千四百十七兩 六千五百二十九元
海帶海菜	貨 價		五萬三千七百八石四十斤 十四萬九千二百七十九兩 九十七元	六千二百九十二石 一萬九千一百九十 一千七百三十七元
海參	貨 價	七千二百八十八石六十三斤 十三萬四千五百七十九兩	三千二百八十六石十五斤 五萬四千六百二十三兩 五千九十二元	八千二百三十七石 五萬六千五十三兩 七萬七千二百三十
煤油	貨 價			
染料	貨 價	八百七十石四十五斤 四千三百五十二兩	五百三十八石二十九斤 二千六百九十二兩	一千六百五十石九 四千九百四十九兩 六百四十六元

通商表　卷四　進口雜貨衰旺一　三

	同治元年	二年	三年
八十三石七十五斤 兩 二百八十一元	十七萬八百十一石四十斤 四千九百八十三兩 三百十九萬八千五百三十八元	八萬九千六百五十一石二十六斤 十九萬九千二百兩 二百萬五千七百四十六元	五千二百石一斤 四百三兩 十六萬九千三百九
十斤 四十八兩 元	十七萬九千五百六十五噸 [illegible]	十六萬四千二百七十六噸 [illegible]	[illegible]
九十二石三十三斤 四十二兩 五元	二十二萬六千四百二十二石二十五斤 九十三萬五千三百四十九兩 十五萬七千五百五十九元	三十九萬七百七十六石二十斤 一百七十一萬一千二百八十八兩 六十一萬六千四百九十九元	六萬八千五百九十 四十一萬六千二百 一千四百十四元
二十八石三十六斤 九百九十七兩	四十五萬七千六百二十三石七十八斤 一百五十五萬四百二十三兩 七萬五千七元	七十萬八千六百五石三十六斤 二百五十七萬八千三百十六兩 八十五萬一千二百四十八元	二十四萬四千二百 八十四萬二千七百 七千六百七十元
五十三兩 四元	八十五萬一千八百五十九兩 二十五萬九千八百四十五元	六十三萬七千六百九十九兩 三十八萬三千五百八十六元	一千八百四十六石 四千四百三十兩 四千五百七十五元
斤			八百五十一石四十 四千四百七十七兩 一萬六千七十九元
五十四斤 兩	二萬七千七百三十石十八斤 十九萬六千五百八十三兩 二萬五千三百十四元	五萬七千八十三石十六斤 四十九萬九千九百八十三兩 二十萬七千五百十二元	九千九百七十一石 八萬六千五百十一
十三斤	八千三百三十九石四十七斤 三萬九百四十一兩 一萬三千三百八十五元	三千七百七十七石十八斤 一萬三千一百七十一兩 八十五元	二萬一千件十八石 一萬三百八 五萬八百兩 八萬四千元
	五千八百六十二石四十五斤 二萬一千四百二十三兩 三千六百二十八元	七千一百七十九石七十四斤 二萬一百五十七兩 三萬九千六百二十一元	五十四石九十三斤 一百九十四兩
三斤 十兩 元	七百十五石五十一斤 十三萬四千六百六十二兩 三十萬七千三百二十二元	四百六十一石五十五斤 五萬三千九百三十六兩 二十三萬二千九百二十二元	五百十七石三十六 十萬七千八百三十 十七萬三千九百四
	三千七百八石九十八斤 七萬一千七百七十七兩 二萬三千一百三十元	一千七百八十五石六十八斤 二萬七千四百二十六兩 二千二百十六元	一千一百十六石二 二萬一千五百八十 五千六百六十二元
八十六斤 九兩	十二萬一千五百五十七石九十四斤 四十一萬九千三百九十八兩 七百八十四元	十一萬六千九百五十七石二十九斤 三十六萬六千四百七兩 一萬九百二十六元	二十六萬四千三百 九十五萬八千八十 一萬三千三百七十
六十四斤 六元	九千三百五十九石六十斤 九萬七千八百六兩 八萬二百六十五元	一萬六千七百六十八石五十斤 二十萬一千一百九十八兩 十三萬九千一百七十六元	一萬八千一百十六 二十萬一千六百三 三十四萬一千六百
			一千五百十輒倫 一千六十元
十九斤	三千六百六十石十四斤 一萬二千三百七十兩 二千一百二元	八千五百六十六石三十四斤 八千八十五兩 三萬六千七百二十五元	二千一百二十五兩 五萬三千六百二十

通商表　卷四　進口雜貨衰旺一　四

通商表　卷四　進口雜貨衰旺一　五

	四年	五年	六年
十元	十萬一千二百七十七石八十七斤 一千八十七兩 二百五十一萬九千七百七元	十八萬六千四百二十二石二十八斤 一萬二千五百兩 四百四十六萬二千七百一元	三十三萬六千七十 五百十六萬四千三
十六噸 十斤 一十兩 元	十萬四千三百六十六噸 九十四萬三千二百八兩 四萬九千十三元	十二萬六千七百九十二噸 一百二十萬七千二百九十九兩 二萬九千四百六十七元	十一萬三千四百三 一百十萬一千八百
九石四十斤 三十八兩	八萬八千七百十七石九十二斤 四十八萬十四兩 十一萬二千二百七十二元	十萬一百七十一石七十九斤 六十一萬九千九百五十兩 四千四百九十七元	六萬二千石 四十萬三千兩
八十八石九十一斤 十六兩	三十七萬五百五十一石十六斤 一百八十二萬三千六百三十八兩 四萬七千四百三十一元	三十七萬一千九百四十六石五十五斤 一百四十七萬五千四百三十四兩 六千九百八十三元	十二萬四千一百七 四十三萬四千六百
六十六斤	十五萬五千四百七十八兩 二十九萬五百三十七元	一萬三百八十八兩 三十三萬五千一百三元	
四斤	三千四百四石二斤 九千六百二十三兩 八萬二千八百八十七元	二千二百九十三石九十二斤 四千五百六十三兩 五萬四千八百六十七元	一萬三千一百五十 十二萬五千七百四
六斤 兩	二萬五百十石八十七斤 三十萬四千二百四十六兩 四千三百二十四元	六萬七千五百七十一石三十斤 六萬三千四百二十九兩 三萬七百七十三元	一萬一千六百十三 五萬八千六十五兩
			二萬六千二百九十 八萬五千十一兩
	四萬八千七百五十一石五斤 二十一萬四千四百九兩 七千九百九十七元	二萬八千七百十石三十六斤 七萬二千九百七十兩 五萬一千七百十四元	
	二百九石三十八斤 九兩 二千五百二十二元	九石九十八斤 六十元	
		二萬三千九百七十七兩 六萬八千五百六十三元	
斤 兩 十七元	五百五十二石二十九斤 十四萬七千七百二兩 二十七萬七千四百五十九元	六百七十五石五十九斤 十三萬六千七百六十九兩 三十一萬六千一百三十七元	四百八十七石 二十萬七千四百六
十八斤 九兩	一千六百五十六石二十斤 三萬六千十九兩 一萬九千七十五元	三千六百九十八石十斤 九萬八千四百二十二兩 七千九百九十三元	二千六百四十八石 七萬九千四百五十
九十四石七十八斤 二兩 一元	二十九萬五千一百九石五十七斤 九十五萬七百五十一兩 一萬四千一百四十元	四十萬三千三百二十七石八十六斤 一百一十三萬四千七百十七兩 五千一百四元	二十二萬一千四百 五十七萬三千二百
石七十五斤 十四兩 五十六元	二萬六千二百三十六石三十七斤 三十二萬六千一百九十九兩 三十五萬二千八百七十八元	三萬三百四十三石四十斤 三十三萬一千九百四十一兩 二十一萬六千一百七十七元	一萬八千九百二十 三十一萬二千九百
	二百五十六軋倫 五十五兩 一百五十八元	四十萬三千八百七十四軋倫 二十萬八千九百六十五兩 一萬二千九百十四元	
二元	七千七百四十三兩 四萬七千八百六十一元		

通商表　卷四　進口雜貨衰旺一　六

	七年	八年	九年
二石 百九十二兩	三十萬六千一百七十八石二十二斤 四百二十九萬九千七百九兩	十九萬三千六百九十五石四十斤 二百八十萬八千二百十三兩	二十二萬五千六百 三百二十九萬五千
十噸 四十兩	十五萬七千七百二十七噸 一百五十一萬七千一百五十二兩	十二萬六千七百六十三噸 九十萬九千四百六十三兩	七萬八千四百五噸 六十二萬五千九十
	三萬一千九百二十二石三十三斤 十六萬八百四十七兩	二萬七千六百五十二石七十七斤 十六萬三百六十一兩	六萬三百十三石二 三十萬六千九百七
十六石 十六兩	十四萬二千三百四十一石六十斤 四十一萬二千五百四十三兩	八萬九千三百九十五石三十斤 二十六萬八千十五兩	十七萬二千五百六 五十一萬九千九百
			十四萬八十兩
七石 十兩	一萬二千六百二十石九十八斤 十二萬七千一百三十九兩	一萬二千四百八十五石九十五斤 十二萬四千七兩	一萬一千二百二十 十萬三千八十六兩
石	一萬七千三百六十六石三十八斤 十三萬三千八百八十四兩	一萬七十七石三十四斤 八萬八千八百四十四兩	二萬四千三百六十 九萬七千二百兩
八石	一萬四千九百二十六石八十斤 二萬九千九十九兩	八千九百六十一石十六斤 一萬七千四百六十七兩	一萬五千二百十八 二萬二千三百六十
十八兩	四百七十九石 二十一萬七千三十三兩	六百二十七石六十九斤 三十二萬五百四十八兩	五百二十八石四十 四十萬五千二百四
一兩	二千九百三十五石七十二斤 八萬三千七百二十七兩	三千六十六石八十四斤 八萬四千七百二十兩	三千一百六十石五 九萬四千八百七十
八十五石 九十八兩	二十一萬四千八十三石九十一斤 四十八萬九千一百七兩	二十五萬一千九百十八石七十六斤 六十二萬八百七十四兩	二十三萬六千七百 六十四萬一千十八
四石 七十二兩	一萬八千一百九十八石十九斤 三十一萬三千六百九十二兩	一萬五千六百六十石六十三斤 三十二萬七千五百二十四兩	一萬三千九百十二 二十八萬四千五百

通商表　卷四　進口雜貨衰旺一　七

	十年	十一年	十二年
四十六石 六兩	三十四萬一千七百十七石十斤 三百九十七萬四千五百九十七兩	二十萬七千五百三十一石八十一斤 二百三十二萬九千二百三十五兩	二十二萬二千二百七 二百十四萬六千六
 二兩	八萬五千五百五十五噸 八十五萬二千四百四十五兩	十三萬四千三百九十三噸 一百二十二萬八千六百五兩	十一萬五千一百十 九十五萬一千一百八
十七斤 十五兩	五萬四千六百五石八斤 二十七萬四千一百九十二兩	六萬一千一百七十四石四十六斤 二十九萬八千六百六十八兩	六萬四千四百八十 三十三萬三千九百
石九十五斤 八十兩	十二萬一千五百八十二石三十九斤 三十六萬九千三百八十六兩	十五萬四千七百九十二石六十二斤 四十四萬二千四十二兩	十六萬六千二百七 四十七萬五千六百
	六萬三千六百二十九兩	十五萬五千五十六兩	十六萬八千四十兩
五石十九斤	九千五百八十九石九十一斤 十萬八千七百十兩	二萬九百二十五石九十七斤 三十三萬一千四百七兩	一萬七千七百三十 二十四萬四千二百
石六十五斤	二萬一千五石三十九斤 十四萬二千六百六十兩	三萬四千五百六石三斤 十七萬七千八百六十三兩	八萬九千一百十石 五十三萬六千二百
石二十三斤 四兩	七十八石五十六斤 一百三兩	六千七百六十一石四十九斤 二萬一百二十六兩	三千二百三十五石 一萬三千七百二十
六斤 十八兩	五百二十石七十八斤 三十八萬五千一百二十五兩	六百六十石七十七斤 四十二萬三百七十八兩	六百四十五石六十 四十四萬三百十八
斤 三兩	四千二百九石四十九斤 十二萬二千八百九兩	二千九百五石九十八斤 八萬六千四百四十九兩	二千九百二十七石 七萬三千六百四十
八十五石五斤 兩	三十萬四千七十五石四十二斤 七十五萬一千九百三十八兩	四十萬三千五百七十九石四十二斤 一百八萬三千八百三十七兩	三十萬五千六百七 六十四萬一百六十
石九十六斤 一兩	一萬一千三百四十九石五十斤 二十四萬九千二百三十六兩	一萬七千九百八十二石九十一斤 三十八萬九千八十五兩	二萬二千八十五石 五十一萬一千三十

通商表　卷四　進口雜貨衰旺一　八

	十三年	光緒元年	二年
石十八斤 百七十八兩	一萬一千八百二十五石八斤 十萬九千七百九十八兩	十六萬九千六百七十五石九十九斤 一百十九萬四千七百八十兩	二十三萬六千九百 二百二十五萬一千
三噸 十八兩	十一萬六千二百九十一噸 七十五萬一千四十四兩	十四萬三千二百七十九噸 九十六萬九千一百九十九兩	十二萬七千五百六 七十二萬九千四百
三石九十八斤 七兩	十六萬一千五百二十八石三十一斤 八十六萬七千六十一兩	二十萬九千一百三十四石五十六斤 九十五萬八千八百九十六兩	十四萬一千八百五 六十一萬八千五百
十九石六十二斤 五十八兩	二十七萬七千九百四十五石六十三斤 七十九萬九千一百八十一兩	四十四萬五千四百九十石二十斤 一百九萬七千六百六十九兩	二十四萬八千三百 五十五萬四千八百
		二十五萬五千九百十六兩	二十萬六千九百十
一石三十七斤 十五兩	一萬七千八百石五斤 二十三萬一千四百五十七兩	三十萬九千三十四石三十四斤 五十五萬五千八百三十四兩	八萬九千八十八石 六十八萬七千三百
五十斤 四十兩	三萬八千一百三十六石九十三斤 二十二萬三千九百三十五兩	四萬四百四十六石五十八斤 十六萬一千一百五千八兩	二萬五千七百十九 十萬三千一百八十
六斤 九兩	二百六十三石二十二斤 八百六十九兩		九千三百三十一石 一萬一千三十二兩
六斤 兩	六百八石六十三斤 三十六萬六千四百五十七兩	七百九十一石四十一斤 五十三萬一千六百九十六兩	六百四十九石四十 四十三萬八千三百
九十八斤 三兩	三千八百六十八石七斤 九萬八千九百七十五兩	五千七百五十九石九十七斤 十四萬四千九百八十三兩	七千四百三十五石 十八萬七千七百七
十八石八十七斤 八兩	三十二萬七千八百四十三石六十九斤 六十二萬六千三百六十兩	二十六萬七千三百三十四石九十斤 五十七萬七百三十七兩	二十九萬六千八百 六十萬九千三百九
八十九斤 九兩	二萬三千九百八石八十二斤 五十萬三百五十兩	二萬二千一百十石二十三斤 三十八萬五千二百五十一兩	一萬九千一百五十 三十四萬八百二十

五年	四年	三年	
十七萬五千五百二 一百五十五萬三千	十萬六千二十六石六十五斤 九十七萬四百九十五兩	十五萬四千八百九十二石十九斤 一百四十六萬三千五百五十四兩	十七石七十四斤 四百十七兩
十七萬五千七百六 八十萬二千九百五	二十萬三千七百四十六噸 一百四十萬六百七十九兩	二十萬二千三百九噸 一百八萬四千二百四十二兩	十五噸 二十二兩
二萬二千八百八十 十三萬四千四百五	一萬二千八百十五石九十斤 七萬五千二百五兩	十六萬五千二百八十九石九十五斤 九十一萬六千四百四十五兩	十六石九十二斤 四十九兩
二萬二千五百五十 八萬一千五百兩	一萬八千一百七十二石九斤 六萬二千四百十八兩	十九萬九千八百四十五石五斤 六十九萬七千八百二十三兩	三十五石五十斤 二十八兩
五十一萬二千七百	三十九萬一千八百九十兩	十萬二千七百五十六兩	五兩
十一萬七百三石十 九十萬二千五十八	十五萬一千九百四十四石六十四斤 一百三萬八千三百九十二兩	八萬六千九百六十三石十一斤 七十五萬四千三百八十九兩	六十斤 二十五兩
三千一百四十九石 一萬四千二十兩	四千四百九石八十二斤 一萬七千五百九十四兩	三萬六千八百九十六石二十八斤 十三萬八千二百八兩	石十九斤 八兩
十四萬四千五百二 二十萬三千二百七	二十九萬七千四百五十四石十六斤 四十五萬一千四百四十七兩	四萬八千四百十七石三十四斤 七萬二千二百五兩	十七斤
七百七十四石三十 四十五萬九千六百	七百六十二石八十三斤 五十八萬九千六百七十八兩	六百九十二石九十一斤 四十三萬二千五百四十九兩	四斤 六十二兩
八千五十六石八十 二十萬三百九十八	六千一百五十九石三十斤 十五萬三千八百五十三兩	七千七百五十九石二十五斤 十九萬一千五百八十六兩	四十七斤 十三兩
四十四萬三千七百 九十五萬八千二百	三十三萬三千八百六十三石三十四斤 七十三萬九千四百七十五兩	二十五萬三千三百九十二石一斤 五十二萬五千五百十兩	二十三石六十八斤 十六兩
一萬九千六百六十 三十八萬三千五百	二萬三千八十九石三十八斤 四十二萬六千八百三十八兩	二萬三十一石四斤 四十三萬二千五百四十九兩	五石一斤 兩

八年	七年	六年	
十七萬八千四百七 一百九十一萬六千	十三萬七千八百六十八石八十一斤 一百四十八萬七千一百六十二兩	六萬七千四百八十六石八斤 九十萬三千八百二十二兩	十四石七十四斤 六百九十三兩
二十五萬三千九十 一百二十一萬九千	二十五萬二千七百二十六噸 一百三十萬九千九十五兩	二十一萬四千四百二十一噸 九十六萬八千三百三十七兩	十三噸 十六兩
二萬五千九百五十 十八萬二千一百三	二萬一千八百九十一石三十一斤 十一萬九千八百八十五兩	三萬四十一石四十六斤 十八萬一千五十八兩	九石六十斤 十三兩
五萬九百五十七石 十八萬七千三百九	一萬三千八百五十八石七十一斤 四萬四千二百十九兩	二萬七千三百四十石九十五斤 九萬八千四十五兩	六石十斤
九十六萬三千六百	四十九萬四千八百七十一兩	四十一萬三千六百十二兩	六十八兩
十三萬六百五十四 九十六萬六千六百	十五萬一千九百三十四石二十三斤 一百九萬四百三十五兩	十一萬五千一百三十四石五斤 九十四萬七千九百二十九兩	一斤 兩
七千三十六石四十 二萬八千四百三十	四千九十四石九十四斤 一萬五千二百七十一兩	一千九百六石三十九斤 八千一百四十七兩	六十九斤
八千三百六十三石 一萬三千五百四十	四萬八千四百二十一石八十九斤 五萬六千一百二十兩	二萬六千一百七十二石七十一斤 四萬三千八十兩	十四石十五斤 十五兩
八百十六石九十四 五十五萬三千一百	八百四十二石五斤 五十七萬七千六百五十兩	六百五十四石九十四斤 四十一萬七千七百三十九兩	八斤 八十一兩
五千八百七十九石 九萬一千四百十三	八千四百三石六十九斤 二十一萬二千五百四十三兩	九千八百六十七石五十一斤 二十五萬六十八兩	斤 兩
四十萬一百六石二 一百三十四萬四千	三十八萬八千一百三石七十四斤 七十四萬七千二百二十四兩	四十三萬九千九百八十四石五十七斤 七十九萬五千四百兩	九十五石九斤 十七兩
二萬六千一百七十 六十三萬五千五十	二萬七千三十四石十五斤 六十一萬六千六百七十六兩	一萬九千八百十九石四十斤 四十七萬四千五百二十九兩	六石九十三斤 八十兩

	九年	十年	十一年
十八石三十七斤 七百三十四兩	二十一萬一千三百五石九十四斤 二百十萬三百兩	十八萬七千一百五石五十斤 一百七十八萬四千四百五十一兩	十三萬一千四百四 一百二十九萬八十
九噸 六百八十五兩	二十四萬一千八百七十噸 一百八十萬四千三百六十兩	二十六萬三千三百七十八噸 一百四十九萬二千五百五十二兩	三十萬一千九百三 一百七十三萬五千
三石十七斤 十八兩	三萬九千四百十五石二十六斤 二十萬九千六百七十四兩	五萬六百七十三石五十六斤 二十八萬二千九百二十六兩	七萬三千五百六十 三十九萬二千四百
七十六斤 十二兩	六萬四千六百二十九石八十斤 二十五萬二千二百二十七兩	五萬九千七百三十六石三十五斤 十五萬七千八百五十八兩	四萬五千四百八十 十萬六千一百九十
五十七兩	七十萬一千五百三十三兩	八十二萬六千六十五兩	一百七十萬三千八
石五十一斤 七十一兩	十五萬二千四百一石五十三斤 一百十一萬七千六百六十五兩	三十五萬二千六百七十石十斤 一百四萬五千六百三十九兩	十六萬二千四百十 一百二十萬五千九
七斤 一兩	三千八百三十四石四十斤 一萬四千八百六十六兩	一千三百四十九石八斤 六千七百五十四兩	四千八十六石三十 一萬九千三百二十
三十二斤 兩	三十五萬四千二百八十九石二十一斤 四十六萬四千二百四兩	十一萬一千三百二十四石三斤 十五萬五千八百兩	十四萬七千六百十 二十萬四百三十九
斤 十六兩	七百二十石六十一斤 三十八萬三百二十三兩	五百五十八石六十四斤 三十五萬八千五百八十三兩	七百九十八石十五 四十八萬五千九百
四十八斤 兩	六千三百石六十八斤 九萬三千五百五十三兩	九千二百五十一石七十五斤 十四萬二千六百十九兩	一萬六百三十九石 二十萬四千三百八
十七斤 一百五十九兩	三十三萬九千三百四十二石四十一斤 一百三萬七十四兩	三十萬二千九百五十一石二十五斤 七十七萬六千七百十六兩	四十三萬三千五百 八十九萬四千二百
九石九十二斤 五兩	二萬八千二百三十九石四十六斤 五十五萬八百三十四兩	二萬二千二百三石六十五斤 四十七萬五千二百六十六兩	二萬八千五百四十 五十二萬九千三百

	十二年	十三年	十四年
石七十四斤 七兩	九萬四千三百八十二石二十一斤 八十二萬五千六百二十四兩	十七萬三千七百二十八石十八斤 一百四十三萬三千二百三兩	十五萬六千五百七 一百五十一萬二千
十二噸 三百七十五兩	三十一萬九百八十八噸 一百七十九萬八千九百五十六兩	三十萬四千五百四十二噸 一百八十一萬八千五百七十七兩	二十六萬八千三百 一百六十五萬七千
六石三十斤 兩	五萬九千七百三十五石四十六斤 三十六萬四千七百八十五兩	二十七萬一千七百十八石九十斤 一百十九萬九千一百六十二兩	十四萬五千八百七 六十六萬六千九百
八石四十一斤 兩	五萬八千六百二石五十七斤 十七萬五千八十九兩		
百五兩	二百二十一萬五千二十七兩	九千五百二十五石六十六斤 二十萬七百六十三兩	八千三百二十七石 十二萬二千九百五
八石九十六斤 百四十一兩	十六萬四千五百五十六石三十八斤 一百四十四萬八千四百五十五兩	二十三萬四千四百二石九十二斤 一百九十四萬七百七十八兩	三十萬九千六百九 二百六十三萬七千
六斤 二兩	九千一百十九石二十四斤 四萬四千六百一兩	一千五百六十八石三十三斤 六千三百六十兩	五百六十六石七十 二千八百八十一兩
七石一斤 兩	十三萬一千八百九十六石一斤 十八萬七千四百二十九兩		
		五十六萬七千二百十四兩	五十七萬五百三十
		三十九萬九千三百七十六把 十六萬三千八百五十二兩	二十七萬六千八百
		一萬二百六石十八斤 四萬二千一百八十一兩	一萬四千六百七十 八萬五千六百六十
斤 八十二兩	七百十九石三十七斤 四十七萬三千七百三十二兩	八百四十石六十一斤 五十三萬三千六百三十九兩	八百四十五石三十 四十九萬二千二百
九十一斤 十二兩	二萬三千六百九十六石五十斤 四十六萬八千一百六十六兩	一萬三千三百九十三石八十六斤 二十二萬五千四百七十兩	一萬七十六石六斤 十六萬九千一百七
八十四石九十斤 三十三兩	四十九萬一千四百六十四石五十七斤 一百五萬六千七百八十兩	四十二萬八千三十五石六十四斤 九十六萬九千十兩	四十九萬一千六百 一百五萬四千七百
七石十斤 三十一兩	三萬三千一百五十五石五十四斤 五十九萬二千八十六兩	三萬五千五百七十四石九十三斤 六十八萬一千一百八十五兩	三萬二千一百九十 六十五萬六千兩
		一千二百一萬五千一百三十五加倫 一百三十六萬四千七百九十三兩	一千六百六十一萬 一百二十一萬九千
		八十三萬九千五百三十四兩	九十三萬七百十五

	十五年	十六年	十七年
十九石三十斤 六百五十一兩	十一萬三千五百四十五石四十一斤 一百二十一萬三千三百四十九兩	十四萬九千五百六十一石九十五斤 一百五十七萬七千十八兩	十一萬六百十八石 一百十九萬五千二
八噸 一百六十四兩	三十七萬五百六十九噸 二百三十七萬六千七百七十七兩	三十萬六千二十七噸 一百九十七萬三千一百七十三兩	三十六萬九千九百 一百七十八萬八千二
十石八十九斤 十二兩	十萬四千七百九十三石六十八斤 五十一萬五百八十六兩	二十萬九千一百二十一石二十四斤 一百七萬五千六百七十四兩	二十九萬三十五石 一百七十萬四千
十斤 十兩	九千三百二十六石六十四斤 十四萬一千四百三十六兩	一萬九百七十二石八十一斤 十二萬七百四十四兩	一萬二千一百四十 十五萬九千二十三
十六石七十斤 一百三十二兩	二十七萬九千七百五十石九斤 二百六十三萬四千五百六十三兩	三十萬六十八石三十四斤 二百八十萬四千六百五十七兩	二十八萬四千六百 二百六十四萬四百
五斤	八百七十七石五十九斤 二千九百四十四兩	一千四百四十石七十八斤 八千五百一兩	三千五百十四石九 一萬七千九百五十
六兩	六十一萬二千二百八十五兩	七十七萬五千五百四十八兩	七十萬四千八百六
五十兩	三十萬六千七百六十兩	三十二萬八百九十三兩	三十二萬七千七十
六石八十六斤 二兩	一萬一千七百八十八石七十一斤 四萬八千四百二十二兩	一萬五千五百八十三石四十四斤 七萬三百七十二兩	一萬五千二百二十 九萬三千五百六十
八斤 四十八兩	九百三十四石四十四斤 五十二萬二千七百九十二兩	七百九十三石四十九斤 四十八萬九千五百八十四兩	七百三十四石三十 四十一萬一千五百
十八兩	七千二百二十五石一斤 十二萬三千二百七兩	八千一百六十三石五十四斤 十四萬二千三百七十八兩	八千八百九十三石 二十三萬四千三百
五石五斤 四十四兩	四十三萬七千一百八十八石九十一斤 八十八萬七千四百九十三兩	四十八萬九石五十三斤 九十七萬四千七百三十兩	四十二萬九千八百 七十六萬五千七百
八石九十四斤	三萬三千一百五十石十五斤 八十六萬三千六百七十四兩	三萬六千二百二十五石七十二斤 九十三萬五千六百八十七兩	三萬六千六十五石 八十五萬四千九百
三千九十加倫 三百三十二兩	二千六十五萬五千四百十三加倫 二百八十七萬五千四百九十兩	三千八十二萬八千七百二十四加倫 四百九萬二千八百七十四兩	四千九百三十四萬 五百二十六萬七千
兩	六十八萬三千二百五十二兩	八十八萬九千六百十九兩	九十七萬六千十六

四十七斤 百六十二兩			
九十四噸 百九十三兩			
六十七斤 一百十一兩			
石九十一斤 兩			
七十六石三十五斤 四十四兩			
十七斤 五兩			
十九兩			
三兩			
五石三十七斤 七兩			
斤 八兩			
九十六斤 八十八兩			
九十五石七十一斤 七兩			
二十六斤 五十四兩			
九千三百七十九加倫 五十一兩			
兩			

進口雜貨衰旺表二

表十九

貨名		咸豐九年	十年	十一年
米	貨 價	三十一萬八千六百六十三石二十六斤 四十七萬九千八百九十八兩	三萬八百九十五石四十二斤 一百十一兩 五萬二千元	八十七萬四千二百 二千四百三兩 一百六十七萬五千
人參（各樣）	貨 價	一千五百石三十斤 二十八萬一千七百四十五兩	一千七石九十三斤 六十萬一千八百十七兩 一千七十一元	四千八百四石四斤 三十一萬二千七百 四十四萬三千七十
椒（黑白）	貨 價	七千九百八十石八十六斤 五萬五千七百九兩	四千三百七十七石十七斤 九千六百十三兩 二萬三千四石九十一元	一萬八千五百九十 十一萬一千六百五 二萬九千七百八十
檳榔	貨 價	二千七百五十八石二十一斤 七千五十九兩	二千一百十三石八十八斤 四千九百五十八兩 四百十一元	七千六百二十二石 二萬三千七百九十 九千三十五元
丁香	貨 價	一千三百四十二石十三斤 一萬七百三十五兩	一千七百四十六石六十七斤 一萬八百八十八兩	三百七十七石四斤 二百九十兩 四千九百六十五元
蘇木	貨 價	三萬六千四百八石十四斤 七萬二千八百十六兩	一萬三百八十七石五十斤 一萬四千七百三十一兩 二千九百八十八元	二萬一千二百八十 四萬二千六百八十 一萬二千六百九十
自來火	貨 價		三千四百四十各羅斯 三千五十兩	七千四百七十六兩 八百十六元
鹻	貨 價			
玻璃	貨 價	一千六百七十九石五斤 四萬一千一百九十六兩	七百五石五十五斤 一萬五千五百二十二兩	四千九百五十三箱 三千五百八十六兩 一萬三千三百九十
檀香	貨 價	二萬六千六百二十三石八十二斤 二十四萬四千五十八兩	一萬一千六百五十六石五十四斤 十萬五千六百六十四兩 二千九百七十九元	三萬七千七十四石 二十五萬二千三十 十二萬八千五百八
木槐木板	貨 價	五十二萬一千五十三兩	二十八萬四千四百九十四兩 七千六百元	三十九萬六千六百 二萬三千五百十一
梗木香木	貨 價	一萬四千七百三十一兩	一萬四千五十四兩 七千八百元	三萬三千三百三十
機器	貨 價			
自鳴鐘	貨 價			四千四百十九餘 五萬一百八兩 一千十五元
日本絲	貨 價	一千八百四十一石八斤 五十八萬一千七百七十九兩	五千五百五十一石三十二斤 一百八十二萬六千九百九十一兩	
日本綢緞	貨 價	一萬一千七百五十一件 二萬三千五百二兩	三萬四千六百八十九件 七萬七千二百七十七兩	
日本茶	貨 價	二千三百二十三石十五斤 一萬六千二百六十二兩	三萬二千四百三十三石三十二斤 三十萬五千九十六兩	六百三十一石二十 一萬二千六百二十

	同治元年	二年	三年
九十三石六十五斤 五百八十九元	一百七十四萬八千三百四十石六十斤 三百六十十萬六千八百六十兩 一百五十萬二千五百四十元	四百二十八萬五千九百六十四石 五百七十一萬五千三百八十二兩 七百三十一萬七千八百三十一元	三百三十六萬二千 七百六萬五千二百 六十三萬七千一百
二十九兩 五元	九百三十七石四十九斤 三十萬四千九百八十六兩 十三萬一千一百三十二元	一千三十石四十五斤 十六萬一千六百二十四兩 十萬四千七百十二元	[illegible]
六石四十一斤 十四兩 一元	三萬二千三百五十一石八十七斤 十萬五千一百五十三兩 八萬七千四十元	[illegible]	[illegible]
三十九斤 四兩	一萬四千三百五十一石八十二斤 五萬八千六百二十兩 三萬五千二百九元	三千九百七十七石八十二斤 [illegible]	[illegible]
	一千二百二十八石七十八斤 三千一百四十四兩 一千五百六十四元	[illegible]	[illegible]
九石四十二斤 九兩 五元	二萬一千二百八十九石四十二斤 五萬九千二百四十六兩 二萬五百三十二元	三萬三千三百六十三石七十四斤 四萬九千四百三十二兩 三萬九千二百九十八元	[illegible]
	四千二百六十一兩 二千四百八十七元	三萬一千四百八十四兩 五千八百五十三元	七萬七千四百二十 三千七百六元
		二百四十密力 一千七百八兩	[illegible]
元	八萬二千二百六十二兩 三萬三千五百四十八元	十一萬四千二百八十五兩 四萬二千三百三十元	十五萬五千八百八 二萬三百五十八元
九十二斤 一兩 十元	二萬九千七百二十一石六十六斤 十九萬三千六百六十六兩 七萬四千一百四十九元	四萬一千九百二十六石五十六斤 十萬一千二百五十四兩 十萬六千三百五十八元	[illegible]
七十一兩 元	五十九萬一千九十八兩 五萬八千三百五十八元	四百六十二萬六千八百二十一兩 二十七萬八千二百十七元	三十九萬二千三百 八萬一千五百三十
三兩	九萬五百三十一兩 二千四百九十四元	五十萬八千三百九十八兩 三百六十五元	[illegible]
	七千三十件 六萬五千六百二十四兩 四千五百六十八元	一萬四千九百三十四箇 六萬五千一百八十一兩 七千七百九十六元	三萬一千五百三十 八千五百六十四元
	八千二百六十九石八十六斤 二百七十萬八千五百四十四兩	六千二百二十石四十六斤 二百七十九萬八千三百七十兩 七百四十四元	[illegible]
	一百六十九斤 四百八十一兩 二百六十元	六石三十二斤 三千六百八十二兩 六百三十九元	
五斤 五元	四萬一千五百十一石七十八斤 五十三萬六千三百三十八兩 十二萬四百五十一元	三萬四千三百三十一石九十三斤 五十二萬一千六百十七兩 一萬九千七十七元	[illegible]

通商表　卷四　進口雜貨衰旺二　十七

	四年	五年	六年
九百十七石四十斤 八兩 八十一元	二百八十二萬二千三百五十八石 二百六十三萬四千九百四十兩 四百三十一萬二千十八元	四十四萬八千六百九十八石八十八斤 二十九萬一千十六兩 六十八萬八千七百八十三元	七十一萬三千四百 一百十萬一千五百
斤 三兩 八十八元	五千四百十四石三十四斤 二十六萬八千三百六十九兩 七十一萬九千一百三十一元	四千五百五十石八十五斤 十六萬九百八十兩 七十二萬七百四十五元	三千二百六十九石 三十六萬九千六百
六石九十四斤 兩 元	九萬一千六十一石六十八斤 五十二萬四千三百五兩 六萬五千九百六十元	九萬六千三百五十六石八十九斤 五十七萬四千二百六十五兩 二萬九千九十三元	五萬四千四百二十 三十一萬二十八兩
石二十五斤 兩 三元	一萬四千八百二石六十七斤 五萬四百十四兩 七千三十八元	一萬三千五百二十八石十一斤 六萬二千一百六十兩 四千三百八元	八千八百三十九石 二萬六千五百十七
十七斤 五兩	一千九百七十五石三十五斤 一萬四千五百三十一兩 二千一百七十九元	二千六十五石八十六斤 一萬九千五百六十二兩 六百七十一元	一千五十三石 一萬四百十八兩
石五十斤 十四兩 五元	十萬六千五百七十三石五斤 二十七萬七千四百三十三兩 三萬八千七百一元	十一萬五千九百五十一石五十九斤 三十二萬六千五百八十一兩 一萬七千四百三十一元	七萬八千三百八十 十八萬二千八百七
一兩	十一萬七千五百七兩 四千五百五十元	二十四萬一千九百三十七兩 三萬三千九百三十四元	七萬九千二百三十 七萬九千二百三十
十八密力 七兩	六十萬六千四百五十九密力 二十萬六千四百五十四兩 四千七百八十一元	六十三萬七千九百十九密力 十三萬六千九百九十兩 二百十元	二十萬七千二百九 五萬九千七百八十
十九兩	十一萬八千二百八十三兩 九千五百四十七元	五萬一千六百三十三兩 五萬二千二百五十三元	八千三百九十四箱 二萬五千一百八十
三石四十九斤 十四兩 二元	七萬一百四十八石十二斤 三十九萬二千九百三十三兩 六千五百五十三元	十萬八千五百九十一石十一斤 七十四萬三千六百十三兩 四萬七千八十三元	三萬五千二百七十 十八萬九千五百六
六十六兩 九元	二十三萬三千一百五十四兩 十四萬九千六百六十七元	八萬四千三百六十兩 五萬七千七百六十六元	二十萬五千一百六
四斤	一千六百六十一石九十七斤 一萬三千四十五兩 一萬六百四元	三百八十三石九十九斤 二千六百十一兩 二千九百七十五元	六萬六百十九兩
七兩	一萬二千六百九十七箇 七萬二千三百三十四兩 五千五十二元	一萬二千七百四十四箇 七萬一千九百四十五兩 五千五百九十三元	
兩	六百六石五十一斤 二十九萬九千七百三十五兩 三百六十七元	四百三十二石二十八斤 八萬二千八百七十兩 七萬八千八百三十六元	一百二十八石五十 六萬四千六百七十
	二石五十斤 九百兩	七千三百五十	
七十四斤 六十一兩	五千九百九十五石三十五斤 三萬七千七百九十九兩	七千九百七十九[illegible]十一斤 十萬八百四十二兩 四萬五千九百四十九元	一萬七千八百三十 二十萬五千九百六

通商表　卷四　進口雜貨衰旺二　十八

	七年	八年	九年
九十四石 六十五兩	三十四萬九千一百六十七石四十六斤 五十一萬九兩	三十四萬六千五百七十三石十九斤 四十八萬一千五百二十六兩	十四萬一千二百九 二十四萬七千九百
五十六兩	二千四百十六石十五斤 二十八萬九千四百六十六兩	二千一百二十石九十四斤 四十一萬二千一百八十七兩	三千一百七十七石 四十三萬一千八百
八石	四萬二千七百五十三石八十三斤 二十五萬四千九百三十二兩	四萬六千四百三十石三十三斤 三十八萬三千四百二十三兩	二萬五千一百四十 二十一萬三千八百十
兩	一萬二千一百十三石十四斤 四萬六千四百七十九兩	一萬六千四百八十七石四十八斤 五萬六千七百七十六兩	五千八百十九石十 二萬一千二百二兩
	一千五百六十三石十三斤 一萬三千一百二兩	一千八百二十八石七十斤 一萬八千三百十三兩	一千二百五十八石 一萬九千四百八兩
二石 兩	六萬五千六百八十三石四十斤 十四萬四千五百三十九兩	十五萬九百十四石十六斤 四十二萬二千五兩	十四萬七千二百二 四十二萬三千三百十
六各羅斯 六兩	十七萬二千五百三十各羅斯 十六萬二千五百七十六兩	二十萬一千四百五十各羅斯 十六萬六千九百十九兩	十一萬九千三百九 十萬五千六十七兩
十四密力 九兩	五十一萬七千八百九十八密力 二十九萬五千五百九十八兩	八十八萬六千八百四十五密力 二十五萬六千三百十九兩	四十六萬三千四百 九萬二千五百三十
二兩	二萬五千九百十一箱 十萬一千二百四兩	四萬三千六百二十二箱 十三萬六千六百六十七兩	三萬六千二百五十 八萬五千一百六兩
九石 十九兩	四萬四千五百二十七石九十八斤 二十七萬五千一百五十七兩	七萬八千八百六十六石八十斤 五十一萬五十兩	五萬五千一百六十 三十八萬一千八百
十八兩	十九萬七千四十五兩	三十七萬一千八百七十八兩	二十七萬二千一百
	八萬四千五十兩	六萬九千一百一兩	六萬二千九百七十
斤 九兩		二百三十八石五十六斤 五萬二千一百一兩	七十石九十七斤 六千二十六兩
		七百二十九件 四千九百二十六兩	
九石 十六兩	一萬七千八百八十四石七十四斤 十七萬一千五百五十三兩	八千二十六石九十斤 四萬四千五百九兩	七千四百七十二石 二萬五千六百三兩

通商表　卷四　進口雜貨衰旺二　十九

	十年	十一年	十二年
十七石五十八斤 三十三兩	二十四萬八千三百九十四石三十二斤 四十萬五千六百二十兩	六十五萬八千七百四十九石三十一斤 一百九萬二千八百七十三兩	一百十五萬六千五 一百四十三萬九千
六十四斤 二十六兩	二千九百四十九石九十七斤 四十五萬一百八十七兩	二千一百二十九石九十六斤 四十二萬二千六百七兩	二千九十九石九十 八十七萬二千二百
四石十一斤 八兩	二萬六千六百九十二石十斤 三十萬七百九十六兩	四萬二千一百六十七石三十九斤 四十二萬八千八百二十一兩	三萬四千一百四十 三十八萬七千四百
五斤	八千五百八十石九十五斤 二萬三千二百四十兩	九千六百五十四石八十四斤 三萬三千四百六十兩	一萬四千七百八十 五萬七千三百五十
五十四斤	一千八百八十二石五十七斤 二萬六千三兩	一千七百九十六石六十斤 二萬四千一百四十兩	一百五十四石五十 四十萬四千七百六
十一石九十五斤 六兩	七萬四千九百二十六石十四斤 二十二萬九千八百三十八兩	八萬八千三百八十七石三十三斤 二十一萬五千五百十三兩	十五萬九千一百四 三十九萬三千七百
十三各羅斯	十五萬五千一百五十七各羅斯 十四萬一千五百四十七兩	二十九萬七千一百二十一各羅斯 二十一萬八千九百六十兩	二十六萬五千八百 二十四萬三千一百
七十三密力 七兩	五十五萬七千九百七十九密力 十四萬三千五百十兩	九十一萬一千一百六十九密力 十七萬九千九百三十九兩	一百三十九萬五千 二十五萬二千六百
九箱	一萬七千五百十六箱 五萬二千七百四兩	二萬六千十七箱 八萬四千三百七十七兩	三萬五千六百八箱 十二萬七千六百四
五石三十八斤 五十二兩	四萬二千七百十八石三十九斤 二十九萬七千五百六十三兩	六萬四千五百六十九石八十斤 三十三萬二千八百十八兩	八萬二千六百二十 三十七萬一千四百
五十兩	三十四萬八千三百三十九兩	五十五萬二千五百五十六兩	四十三萬九千五百
九兩	六萬四千八百三兩	二十六萬四千二百六十六兩	十一萬九千六百四
	三百七十一石三十九斤 三萬七百九十兩		一百六十二石五十 六萬一千七百五十
	四百十一石 二千八百六兩	五十一石 三百七十二兩	一千四百八十二兩
六十三斤	一萬二千九百三十三石四十五斤 五萬四千四百五十六兩	一萬八千七百七十石八十一斤 九萬一千四百四十五兩	九萬二百四十八石 二萬七千十七兩

通商表　卷四　進口雜貨衰旺二　二十

	十三年	光緒元年	二年
十一石八十五斤 八百六十二兩	六千二百九十三石四十五斤 八千三百十六兩	八萬四千六百十一石八十六斤 十萬六千七百七十三兩	五十七萬六千二百 六十六萬四百七十
三斤 六十七兩	二千七百三十二石八十九斤 六十九萬五千六百八十一兩	二千九百四十一石十五斤 八十五萬八千一百八十六兩	三千八十九石九十 九十八萬九十六兩
五石七十一斤 五十一兩	九萬三千四百四十八石六十斤 五十八萬二千二百七十六兩	六萬六千二百十八石二十九斤 五十二萬七千八百三十二兩	四萬九千二百五十 三十一萬八千九百
九石四十八斤 五兩	二萬五千四百四十五石三十斤 八萬五千四百四十兩	二萬九百九十六石七十斤 六萬二千五百十九兩	五千四十六石三斤 一萬六千六百三十
二斤 十一兩	七千三百五十七石三十一斤 二十七萬四千二百二十六兩	一萬七百十八石五十斤 二十一萬二千五十六兩	一萬二千三百八十 二十五萬五千二百
三石四十一斤 九十兩	十七萬九千二百二石二十五斤 四十三萬八千九百九十九兩	十六萬五千十一石六十三斤 三十七萬三千六百九十二兩	十二萬七百石六十 二十七萬八千五百
六十五各羅斯 八十五兩	二十一萬三千七百二十三各羅斯 十八萬九千十六兩	三十二萬六千八百六十三各羅斯 十八萬六千四十兩	四十六萬三千五百 二十六萬九百四十
九百十三密力 六十二兩	一百三十三萬六千七百十五密力 二十三萬八千八百五十八兩	八十二萬三千六百二十五密力 十二萬七千五百五十八兩	六十八萬五千二百 十萬五千五百二十
十五兩	三萬五千八百十九箱 十一萬六千一百九十八兩	四萬二千二百四十六箱 十一萬四千七百六十七兩	三萬三千二百十九 八萬七千四百三十
七石八十五斤 七兩	六萬九千八百二十八石二十斤 五十五萬一千二百五十九兩	八萬八百十七石五十斤 三十九萬一千五百七十八兩	十萬九千八百五十 五十四萬四千六百
六十五兩	四十七萬二千二百四十七兩	三十八萬九千一百三十九兩	五十六萬四千三百
十四兩	十萬七千五百八十六兩	十一萬四千五百五十九兩	十萬五千八百七十
一斤 三兩	一百三十二石四十七斤 四萬二千五百九十一兩	四百二十六石四十斤 六萬八千六百九十四兩	三百六十一石六十 八萬二千六百九十
	六石五十八斤 二千六百三十二兩	六石七十四斤 三千四百八十兩	三石九十二斤 一千七百六十四兩
四十二斤	八千九百三十三石五十二斤 四萬六千二百五十六兩	九千三十七石七十八斤 三萬八千八百三十五兩	一萬二千一百九十 九萬四千三百三兩

	三年	四年	五年
七十八石九十九斤 八兩	一百五萬二千九百九十四石一斤 一百五十九萬七千三百兩	二十九萬七千五百六十六石八十一斤 五十二萬七千四百六十八兩	二十四萬八千九百 三十三萬三千七百
六斤	二千九百九十四石六十一斤 一百四萬九千五百九十兩	三千五百三十二石六十九斤 九十九萬八千三百三兩	三千五百八十五石 九十七萬六千四百
七石九斤 三兩	五萬三千八百四十四石九十二斤 三十四萬七千六百四十兩	四萬七千一百五十一石四十二斤 二十八萬四千七百七十四兩	五萬三千三十六石 三十一萬五千七百
四兩	八千三十五石十一斤 二萬五千一百四十一兩	四千五百二十五石八十七斤 一萬三千五百八兩	一萬五千四十四石 五萬八千六百二十
石五十二斤 一兩	六千三百三十六石二十斤 十五萬七千四百十七兩	三千九百四十一石五十九斤 十一萬二千五百五十二兩	五千五百三十八石 十七萬五千七百三
一斤 九兩	九萬七千四百石八十一斤 十九萬五千九百二十兩	十三萬二千五百三十四石九十一斤 三十萬八千八百四十一兩	十四萬一千五百五 三十三萬二千九百
五十五各羅斯 七兩	五十五萬九千一百十七各羅斯 二十八萬八千五百六十九兩	九十二萬九千九百六十九各羅斯 四十萬三千一百十兩	一百二萬七千十各 四十一萬四千六百
八十五密力 九兩	九十萬二千八百三十七密力 十五萬八千九百三十七兩	六十萬八千一百五十三密力 九萬七千九百三十七兩	八十九萬二千二百 十六萬二千五十九
箱 九兩	二十萬七千九十二箱 十四萬八千二百三十三兩	五萬五千六百十五箱 十一萬七千七百四十一兩	三萬二千四百五十 七萬六千八百八十
七石二十四斤 七十兩	七萬二千九百三十四石七十二斤 三十三萬四千七百十五兩	六萬九千二百二十四石六十四斤 二十五萬一千六百六十八兩	八萬三千八百十七 二十九萬六千五百
二十六兩	六十萬九千九十五兩	七十五萬二千八百二十八兩	五十四萬九百六十
九兩	二十三萬一千八百十七兩	十六萬六千九百九十六兩	二十萬六千十兩
二斤 四兩	九十六石四十三斤 一萬三千八兩	二百四石六十六斤 一萬六千八百六十六兩	一百五石八十六斤 一萬六千五百六十
	九百三十四石 四千七百九十七兩	六千七百七十七兩	十三石七十八斤 六千一百八十七兩
一石四斤	一萬二千四百二十五石四十四斤 四萬一千六百四十二兩	三千九百二十石三十六斤 二萬四千六百十兩	七千九十二石九十 三萬五千九百五十

	六年	七年	八年
三十八石五十五斤 九十六兩	三萬四百三十二石六十四斤 四萬三千五百十七兩	十九萬七千八百七十七石三十六斤 二十四萬七千六十四兩	二十三萬三千一百 二十八萬八千二兩
六十五斤 二兩	三千六百四十石三十七斤 四十五萬一千七百三十七兩	三千六百七十六石三十斤 五十二萬六千一百二十七兩	四千七百三十一石 七十六萬三千六十
五十四斤 二十七兩	三萬六千八百四十石二十五斤 二十五萬五千三百七十三兩	五萬六千四百六十石七十四斤 四十五萬九千七百五十兩	三萬七千六百九十 二十九萬七千八百
八十三斤 九兩	三萬四千一百三十八石三十六斤 十三萬七千九百九十九兩	一萬八千六百四十九石四十斤 八萬六千五十兩	一萬五千十五石七 七萬五千九百九十
三十三斤 十一兩	七千五百三十石三十九斤 二十一萬一千二百四十兩	九千一百九石十一斤 二十二萬九千八百五十二兩	六千三百五十石八 十八萬五千三百七十
十七石八十五斤 九十六兩	八萬五千九百八十六石三十斤 十八萬六千四百四十兩	十二萬二千六百九石二十七斤 二十六萬二千三百六十四兩	十六萬三千四百八 三十七萬三千六百
羅斯 七十九兩	一百四十一萬九千五百四十各羅斯 五十八萬二千五百四十五兩	一百七十萬六千四百八十各羅斯 七十四萬六千九百六十九兩	一百九十萬四千六 八十五萬二千五百
三十六密力 兩	一百九十三萬三千九百四十四密力 三十一萬四千六百十兩	二百一萬一千六百一密力 三十三萬四千九百六十九兩	一百八十五萬三千 二十八萬五千六百
六箱 七兩	五萬五千九百六十七箱 十二萬六千九百二十二兩	五萬五千二百二十七箱 十二萬五千七百四十二兩	四萬三千九百二十 九萬六千五百六十
石八十二斤 十七兩	七萬三千二百六十四石二十三斤 二十六萬九千三百九十八兩	十萬八千二百六十一石七十斤 三十八萬八千六百五十一兩	十萬三千三百二石 六十一萬二千二百
四兩	五十九萬一千八百三十六兩	七十八萬七千三百三十八兩	九十七萬四千一百
	十三萬三千三百九十一兩	二十二萬四百四十兩	二十二萬一千三百
六兩	一百二石十二斤 一萬二千四百五兩	六十二石九十八斤 一萬四千一百五十四兩	五十四石六十五斤 五千四百四十八兩
	五十六石六十四斤 五千三百七十二兩	十四石六斤 八千十兩	二十石八十九斤 六千七百二十五兩
七斤 兩	五千三百八十二石五十七斤 三萬六千三百六十八兩	七千五百五十九石七十三斤 四萬四千 九百三十兩	一萬七千五百七十 八萬七千九十五兩

	九年	十年	十一年
四十九石四十九斤	二十五萬三千二百十石七斤 三十萬三千四百八十五兩	十五萬一千九百五十二石十二斤 二十萬二千三百五十九兩	三十一萬六千九百 四十六萬六千六百
四十七斤 五兩	三千四百九十九石三十八斤 七十三萬八千五百四十三兩	三千四十石七十四斤 六十萬二千七百八十九兩	三千八百四十七石 七十八萬三千三百
一石五十七斤 八十二兩	三萬一千一百八十石四十五斤 二十七萬一千四兩	三萬六千七百十八石二十六斤 三十五萬七千九百四兩	三萬七千九百五十 五十二萬七千五百
斤 四兩	一萬二千二十四石四十二斤 五萬八千四百二十三兩	一萬二千三百七十三石七十七斤 六萬九千五百九十六兩	二萬六百十四石十 九萬五千一百十七
十二斤 兩	七千九百八十七石九十三斤 二十五萬五百八十八兩	一萬四千一百五十一石四十七斤 二十九萬四千二兩	一萬二千三百八十 三十一萬三百五十
十三石二十八斤 八十五兩	十三萬三千五百五十四石二十斤 三千三萬六千七百五十七兩	八萬七千四百九十八石七十九斤 十九萬四千二百三兩	八萬九千一百八十 十八萬九千七百七
百二十九各羅斯 九十六兩	一百三十七萬一千六百九十八各羅斯 六十萬二千二十三兩	一百十九萬八千九百二十各羅斯 七十一萬七千四百三十二兩	二百四十四萬六百 一百二萬六千六百
六百三十七密力 八十二兩	一百五十四萬七千九百八十四密力 二十萬九千九十兩	一百七十一萬一千八百五十八密力 十九萬八百六十八兩	一百七十六萬二千 二十六萬九百八十
八箱 三兩	八萬六百八十三箱 十七萬九千一百二十一兩	三萬一千八百七十三箱 七萬四千四百六十七兩	七萬八百十四箱 十六萬五千七百八
二十六斤 十七兩	八萬二千一百三十六石五十九斤 五十一萬二千九百四十九兩	五萬三千四百三十七石六十九斤 三十二萬七千四百一兩	八萬六千一百十四 六十五萬四千八百
四十二兩	七十五萬三千九百二十兩	三十五萬五千一百六十五兩	六十七萬八千四百
六十六兩	十萬四千六百二十二兩	九萬一千七百九十兩	九萬四千七百一兩
	三十三石五十九斤 四千九百十四兩	四石六十七斤 一千二百四十一兩	五十六石二十斤 八千五百九十九兩
	五石二十九斤 五千二百八十七兩	九石七十四斤 五千五百五十四兩	十一石二十三斤 六千四百七十四兩
四石三十九斤	九千四百三十九石九十一斤 三萬五千五百三十六兩	四千四百七十石八十四斤 二萬四千九百七十三兩	四千二百二十石二 二萬五千十二兩

	十二年	十三年	十四年
九十八石九十斤 二十四兩	五十一萬八千四百四十七石七十五斤 八十九萬四千二百六十二兩	一百九十四萬四千二百五十石六十六斤 二百七十五萬六百五十四兩	七百十三萬二千二 九百六十三萬三千
七十二斤 四兩	二千三百九十八石六十五斤 五十八萬二千五百八十八兩	三千一百七十九石九十三斤 七十二萬七千一百九十五兩	二千四百三十八石 六十一萬九千二百
三石五十五斤 十二兩	二萬七千九百七十二石五十五斤 四十二萬八百十二兩	三萬六千四百十五石九十五斤 五十六萬一百三十一兩	三萬九千三百五十 六十萬九千五百十
四斤 兩	三萬八百十六石六十一斤 十七萬五千三百九十六兩	四萬五千四百三十五石七十六斤 二十二萬五千九百七十兩	四萬九千九百二十 二十六萬三千四百
九石四十三斤 二兩	一萬二千六百六十九石十斤 三十一萬八千一百五兩	一萬三千二百八十八石二十二斤 三十七萬九百八十二兩	一萬二千八百六十 三十八萬七千七百
石九十斤 十九兩	八萬六千二十六石四斤 十七萬一千四百三十五兩	八萬七千九百三十石三十一斤 十八萬八千一百七十兩	十萬一千九百十三 二十萬三千七百六
三十三各羅斯 四十四兩	一百九十七萬三千七百三十一各羅斯 八十萬四千八百三十六兩	二百二十七萬六千八百六十三各羅斯 六十七萬二千一百七十五兩	三百十九萬五千三 一百八萬九千八百
九百四密力 二兩	一百九十七萬五千八百二十五密力 二十七萬三千一百四十八兩	二百二十七萬三千三百五十六密力 三十一萬七百三十二兩	二百七十三萬五千 二十九萬九千一百
十九兩	七萬九千九十九箱 十八萬五千七百四十九兩	八萬五千二百六十三箱 十八萬九千三百七十四兩	八萬六千五百八十 二十一萬一千七百三
石十斤 四十三兩	八萬三千六百石八十九斤 六十一萬九千七百七十二兩	七萬五千四百三十二石二十四斤 四十八萬八百四十八兩	八萬八千五百八十 四十六萬八千七百
六十二兩	七十一萬五百五十八兩	五十八萬五千三百四十七兩	五萬九千七百六十
	二十一萬八千六百三十六兩	二十八萬三千三百八十三兩	二十七萬六千八百
		三十九萬八千四百七兩	三十七萬二千七百
		八萬八千五百八十六箇 二十二萬五千八百八十五兩	二十萬三千一百七 二十二萬八千三百
	一百三十七石六十九斤 二萬三千六百三十一兩		
	十二石三十斤 六千六百五兩		
斤	七千七百四十六石五十斤 四萬六千九百三十兩	一萬六千九百三十六石八十一斤 八萬四千六百六十二兩	一萬六千一百十石 五萬九千七百六十

	十五年	十六年	十七年
百十一石五十九斤 八百二十九兩	四百二十七萬八百七十八石七十六斤 六百二萬一千九百兩	七百五十七萬四千二百五十七石三十八斤 一千一百四十四萬五千七百七十九兩	四百六十八萬四千六 六百五十九萬七千
六斤 二十六兩	二千五百八十九石六斤 六十六萬八千七百三十九兩	三千二百七十石三十斤 七十九萬四千八百八十一兩	二千九百二十三石 七十一萬一百四十
一石十九斤 四兩	四萬二千三百四十五石四十九斤 六十一萬六千四百七十四兩	五萬八千五百四十六石三十二斤 八十二萬五千七百五十七兩	五萬七千四百四十 五十三萬三千三百
五石八十四斤 三十兩	四萬八百二十五石六十八斤 二十一萬七百三十六兩	四萬二千一百四十二石九十二斤 二十七萬九千七百六十兩	五萬九千三百四十 二十九萬六千八百
二石六十四斤 二十五兩	一萬一千四百九十石九十九斤 三十五萬四千九十一兩	一萬二千七百六十七石七斤 三十八萬九千八百六十一兩	二萬二千二百二十 五十三萬五千一百
石九十斤 十四兩	十萬八千一百九十石三十八斤 二十一萬九千七百八十四兩	八萬六千十五石三十一斤 十七萬八千六百六兩	十萬二千八十四石 二十萬九千八百四
百八十九各羅斯 四十二兩	三百三十七萬八千二百八十四各羅斯 一百二十萬三千二百二十兩	四百十四萬六千八百九十五各羅斯 一百三十四萬一千二百九十一兩	四百八十九萬四千 一百五十萬六千五
二百三十密力 三十六兩	一百八十七萬三千八百七十三密力 二十四萬二千三百七十五兩	二百二十八萬六千七百四十八密力 三十一萬六千五百七十八兩	三百二十一萬四千 四十萬四千九百四
箱 十八兩	六萬九千九十八箱 十五萬八千七百三十五兩	十萬九千五百三十三箱 二十六萬六百一兩	九萬八千二百八十 二十三萬二千一百
九石八十七斤 九十六兩	十萬七千八百十石三十斤 七十二萬二千六百十八兩	十一萬六千九百六十六石五斤 七十九萬五千一百二十八兩	九萬七千四百五十 四十八萬九千六百
二兩	八十一萬三千四百十八兩	八十三萬四千一百四十八兩	八十九萬五千八百
五十兩	三十三萬三千四百四十六兩	二十八萬二千七百七十六兩	二十一萬九千四百
九十兩	三十四萬五千八百六十三兩	四十一萬三百四十八兩	九十萬五百兩
箇 二十三兩	六萬五千五百二十一箇 十四萬二千三百九十一兩	十萬一千八百二十八箇 二十一萬九百七十兩	十四萬二千九百五 二十四萬七千八百
五斤 二兩	九千八百三十六石四十二斤 二萬八千八百三十八兩	一萬一千四百四十石五十斤 四萬二千六百四十八兩	一萬一千四百五十 三萬七千七百四十

百七十五石三十九斤 二百五十九兩			
九十四斤 一兩			
三石七十六斤 十七兩			
五石五十一斤 六十八兩			
五石三十六斤 五兩			
三十五斤 十兩			
六百十一各羅斯 百九十一兩			
二百五十八密力 十五兩			
一箱 九十二兩			
八石十六斤 七十兩			
四十兩			
五十四兩			
十一箇 二十九兩			
八石九十八斤 二兩			

出口雜貨衰旺表說

綜覈表曰出口雜貨之載關冊者爲目五十其畸零不恆有者又以雜貨括焉外洋所需於我者絲茶外歲逾百萬金者草帽緶赤白糖數者而已（爆竹及紙於十三年始增至百萬外）大黃昔與茶幷重今則多不逾三十萬金磁器當乾隆朝已盛行癸未以後出口大減（十三年出口磁器復增至百萬外）日本新磁奪之也（日本明治十八年乙酉磁器來中國者價十萬二千餘元往英者十六萬五千餘元往法者八萬餘元往美者十一萬八千餘元）禽之羽獸之毛組織所資而爲數不鉅藥材乃西人所重類皆產自山谷非人力所能驟增外此視同玩好大都非切於日用煤

竹書紙之屬或半爲華人居外洋者所需非彼族必不可少之物衣服鞾鞋更無論矣（二物出口遞加見出洋華民之歲增亦見寓洋之華民不能忘本）綜核華利究在絲茶於他物固宜講求於絲茶更亟需整頓推之蘇杭黹繡之工甯波雕鏤髹漆之工以及各處仿製古器編織草器琢磨玉石切磋骨角以人力勝而向爲外人所豔稱者何在不可投其好而擅其利凡彼所需於我者法司市之利者使阜我所需於彼者法司市之亾者使有固非區區數十種類所能盡也

光緒十三年草帽出口一千一百餘萬頂價九萬六千餘兩十四年一千三百餘萬頂價十四萬三千餘兩十五年六百餘萬頂價六萬餘兩十六年一百餘萬頂價一萬一千餘兩是物製自甯波關冊甯口貿易論畧謂十五年出口六百二十九萬餘頂較十四年絀至七百九十二萬餘頂目下製造雖漸講求銷路仍不旺以外洋積貨既多西人又漸不樂用轉售別國幾至停市於十六下謂去年出口最少尚有六百二十九萬餘頂今僅九十一萬頂由於製造之劣外國皆不適用本年終尚存一萬餘包即今以後加工選料期於復舊亦須俟存貨銷完緩至數年則此項貿易亦既不可復振深

望於製造時加意慎毋自涸利源也棉花以下十一類說見前表（地席附席類雞鴨毛附毛類仍用前例不分列）

出口雜貨衰旺表一

品名		咸豐九年	十年	十一年
棉花	貨 價	六萬一千四百七石六斤 五十六萬八千一百三十五兩	六萬八千九百九十五石九十三斤 六十二萬七千三百十八兩	十二萬二百七十四 一百十三萬二千三 一千九百八十八元
煤	貨 價			三十五石六十斤 二十一兩
白糖	貨 價		三萬一千五百三十七石八十三斤 十五萬七千六百八十九兩	三十二萬五千六百 一萬四千八百九十 一百十三萬六千八
赤糖	貨 價		九萬六千四百七十一石八十六斤 三十三萬七千六百五十二兩	二十七萬六千一百 六千五十一兩 八十三萬四千一百
油	貨 價	六百五十八石九十斤 三千一百九十兩	七千六百四十四石三十五斤 二萬九千四百九十二兩 七十六元	七千六百七十八石 四萬六千五百七十 一萬四千六十五元
魚乾鱐	貨 價	四百七十六石六十二斤 八千六百七十四兩	一千六百七十八石七十一斤 七千一百八十四兩 九千八百二十三元	一萬五百八石十四 五萬三千八百九十 四千五百十六元
靛土水	貨 價	一百三十六石九十九斤 二千七百四十兩		一千三百六石五十 三千八百五十二兩 二萬一千六百九十
糧食	貨 價			
麵粉	貨 價		一百八石十斤 二百二兩	
酒	貨 價	三千一百八十三石六斤 七千九百五十七兩	一千六百四十五石四十二斤 三千一百三十兩	九千五百五十七石 二萬八千五百九十 一百四十四元
顏料	貨 價			
冰糖	貨 價			一萬四千五百十五 五十兩 十二萬三千一百三
果品	貨 價	七百四十石五十三斤 二千二百九兩	一千一百七十四石九十五斤 三千四百六十七兩 六百十七元	一千二百七石九十 二千二百十兩 一千五百十元
食物	貨 價			
蜜餞	貨 價	四十六石 四百六十兩	三十二石四十三斤 三百二十三兩	六千五百九十七石 四百八十兩 六萬八千八百十五

表二十

	同治元年	二年	三年
石二十四斤 百七十七兩	三十二萬五千五百九十三石五斤 三百二十萬三千七百八十一兩 三十萬七千二百九十五元	六十八萬三千一百六十二石七十八斤 一千一百八萬一千一百八十一兩 三百六十三萬二千三十七元	三十六萬二千八百 六百八十一萬七千 四萬七千四百三十
		六百九十八石五十斤 五百五十九兩	
二十六石一斤 五兩 百六十九元	二十三萬六千石五十四斤 一萬三千七百四十九兩 一百四十二萬五千八百七十三元	一萬六千十九石二十斤 四千七百五十三兩 十一萬七千六百七十五元	四千六百三十五石 二萬七千五百九兩 二千七百十一元
九十五石二十一斤 七十二元	三十萬四千五百七十三石七十九斤 一萬一千二百五十四兩 一百十一萬五千九百五十六元	十一萬一千八百十石十七斤 四萬一千二百三十二兩 四十六萬四千六百五十六元	七千一百八十九石 八千五百三十四兩 一萬九千七百六十
十斤 六兩	七千四百八十一石五十九斤 五萬二千三百二十八兩 七萬二千八百五十四元	四千一百八十二石九十斤 一萬八千二百七十九兩 二萬二千六百九元	一萬五千七百三十 九萬二千三百九十 一萬四十元
斤 六兩	四萬三千九百五十石四十六斤 四萬四千九百二兩 十九萬二千三百三元	四萬二千四百十九石二十一斤 一萬二千九百五十五兩 二十三萬九千四百五元	一千三百八十二石 四千二百九十四兩 四千七十一元
四斤 四元	六千九百二十三石十四斤 九百九十六兩 十一萬一千一百九十九元	七千六百石三十斤 二千五百七十七兩 十一萬四百十六元	二千七百八十六石 二千七十六兩 二萬一百九十一元
			二千八百八十石 七千二百兩
	二萬一千二十九石二十三斤 五百十五兩 八萬六百九元	二千一百七十五石三十三斤 七十四兩 一萬七千六百十七元	二百八十六石六十 一千四十三元
八十六斤 四兩	三千六百三十九石四十斤 一千二百六十六兩 八千四百九十元	一萬一百二石 一千一百十四兩 二萬四千八百二十六元	三千三十四石十六 五千九十九兩 三千五百七十五元
石八十九斤 元	六萬二千三百八十三石十六斤 一千六百七十七兩 五十七萬二千四百六十八元	六萬六千三百三十六石十三斤 六十五兩 六十九萬四千二十八元	二萬九千九百九十 二千七百十六兩一 三十萬五千九百五
二斤	三千六石三十一斤 二千五百六十九兩 一萬三千一百四十六元	二千七百五十石二十一斤 一千一百八十四兩 一萬一千二百七十四元	二千三百七十三石 六千九百七十六兩 二千七百八元
三十六斤 元	一萬二千七百九十七石二十一斤 八百八十三兩 十二萬八百九十五元	八千三百五石九十斤 三千七百六十二兩 七萬八千七百六十元	八千四百十一石九 七兩 八萬七千五百十三

	四年	五年	六年
三十六石八十一斤 四百四十七兩 八元	十五萬四千四百七十三石五十七斤 二百四十四萬二千三百七十兩 三千八百十元	二萬三百四十四石七十斤 三十三萬五千一百四十兩 二萬一千一百六十八元	二萬九千三百九十 四十五萬八千四百
	一千一百二十一石七十四斤 九兩 八十八元	九萬四千六百五十四石九十斤 一萬一千四百六十八元	一萬一千三百六十 一千一百九十四兩
六斤	五千八百十三石六十六斤 一萬六千八十七兩 二萬三千三十九元	一萬六千九百八石四十三斤 二萬四千七百七十四兩 八萬七千二百五十四元	四萬六千五百七十 二十五萬三千一百
七十八斤 一元	六千七百七石九十九斤 一千九百六十一兩 二萬五千五百九十四元	七千八百三十六石十一斤 一萬三千九十四兩 一萬九千七百九十九元	二萬九千三百二十 九萬九千八百八十
三石七十二斤 四兩	九百十石二十斤 一千八百十九兩 四千六百三十四元	九百九十六石六十八斤 五千一百八十五兩 五千六百七元	一千一百四十二石 九千五百四十九兩
八十二斤	七百十八石三十一斤 三千四百六十二兩 一千九百四十三元	四百二十五石七十六斤 五百二十五兩 一千一百九十一元	六百九十七石 五千八百二十八兩
六十斤	二千一百七十六石十七斤 一千四百九十五兩 二萬九千三百八十一元	一千四百九十石八十二斤 三千九百八十七兩 二萬六千二百六十五元	五百四十八石 一萬六千九百八十
			五萬三千七百二十 七萬九百四十二兩
一斤	一百四十三石二十九斤 五十八兩 七百二元	一百八十七石七十六斤 四十三兩 九百八十二元	九百四十八石 二千一百三兩
斤	一千一百六十四石八十七斤 三千六十九兩 二千九百四元	八百十四石五十一斤 九百八十九兩 二千七百十七元	
			三百五十九石 一萬三千三百六十
石九十八斤 十七元	八千一百五十七石六十斤 二千七十兩 九萬九千四百八十四元	一萬五千五百八十四石六十七斤 九千四十八兩 十八萬三千一百九十四元	一萬三千二百二十 十萬九千一百四十
五十七斤	二千五百五石四十一斤 九百六兩 一萬五千五百二十八元	一千八百六十六石八十二斤 五百十五兩 四千八百五十七元	一萬四千九百二十 四萬四百八十一兩
			一萬九千七百三石 三萬四千三百三兩
斤 元	六千六百四十一石七十二斤 三百六兩 七萬八千八百七十三元	一萬六十石七十五斤 二千一百八十三兩 十萬八千七百六十一元	一萬二千六百六十 十萬三千四百四十

	七年	八年	九年
一石 二十四兩	三萬八千一百四十一石 五十八萬七千八百二十一兩	六萬九千二百七十四石三十斤 一百三萬九千六十七兩	二萬二千三百五十 三十三萬五千三百
六石	五萬六千三百三十石 五千九百十五兩	一千五十七石七十六斤 九十五兩	
石 二十七兩	四萬一千三百四十一石 十七萬四千八百九十九兩	三萬四千三百二十三石八十四斤 十六萬一千八百五十五兩	五萬四千四十二石 二十八萬一千三百
五石 九兩	七萬五千三百五十六石 十八萬四千三百十九兩	六萬一千三百三十九石八十六斤 十五萬六千三百六兩	二十九萬七千九百 七十二萬四千七百
	二百六十一石 四千九百十四兩	三萬五千九百四十六石十四斤 十三萬五千四百七十九兩	十七萬九千六百八 七十三萬八千七百
	一千四百四十九石 一萬三千六百八兩	四千四百十九石六十四斤 四萬四千二百三兩	一千七百四十六石 一萬一千五百四十
三兩	二百五十四石 八千二十七兩	三百九十九石二十四斤 一萬九百二十三兩	二千二十四石九十 九千七百八十六兩
三石	二千一百二十石 五千二十兩	一百一萬四千三百二十七石五斤 一百二萬六千七百七十八兩	七十一萬八千六百 八十九萬八千五百
	七百九十二石 一千五百十一兩	二千三百七十五石二十六斤 二千九百九十二兩	四百一石 七百九十五兩
四兩	三百四石 一萬一千四百三十四兩	二百四十七石三十三斤 六千五百十七兩	七十八石五十一斤 六百兩
九石 一兩	一萬二千五百九十七石 九萬四千四百八十九兩	一萬四千五百九十五石八十斤 十九萬二千九百二十二兩	二萬七百四十一石 十二萬三千四百二
七石	一萬七百八十四石 二萬九千五十五兩	二萬六千五百五十石七十四斤 五萬五千六十八兩	四萬二千一百五十 七萬二千五百二十
	一萬五千四百七十石 二萬二千九百八十三兩	九千四十一石四十九石 二萬八百九十一兩	五萬三千七百三十 五萬七千九百三十
九石 六兩	七千七百八十二石 六萬三千九百二兩	七千三百三十七石九十六斤 六萬三百四十六兩	七千四百三十七石 五萬七千九百二十

	十年	十一年	十二年
五石七十九斤 三十五兩	一萬七百六十四石四十一斤 十二萬九千三百五十兩	五千九百八十一石三十六斤 七萬一千七百五十二兩	二萬五千三百四十 二十二萬八千七百
	三十三石 十兩		二萬七千四十八石 七千七百六十兩
五十六斤 二十七兩	六萬一千一百八十石八十八斤 二十六萬九千四百八十五兩	十萬一千一百六十七石五十斤 五十四萬五千一百四十四兩	十七萬六千二石五 九十九萬七千八百
七十五石五十一斤 九兩	三十二萬三千一百三十一石三十二斤 六十七萬八千四百十二兩	四十一萬五千六百六十五石七十八斤 九十一萬四千六百三十兩	三十萬七千八百十 六十七萬六千二百
石八斤 兩	一萬四千二百七十一石六十四斤 五萬七千五百六十六兩	八萬六百六十三石二十斤 二十七萬八千二百七十八兩	一萬七千五百五十 六萬六千一百二十
二十七斤 三兩	三千八百六十一石二十三斤 三萬五千六百二十七兩	六千九十石三十一斤 六萬五千六百二十一兩	二千五百一石十五 二萬五百十二兩
四斤	三千一百八十一石八十五斤 一萬一百八十五兩	二千三十二石五十八斤 一萬二千三百十三兩	九百十五石九十九 七千九百六十三兩
五十三石七十七斤 三十三兩			
	一百七石六十一斤 二百九十九兩	一千三百二十二石六十四斤 三千五百三十八兩	一千九十七石八十 二千七百八十兩
	六百二十八石四十一斤 九千一百二十八兩	九百三十石七十六斤 二萬四百七十九兩	二百七十七石十六 一萬七百三十兩
五斤 十兩	二萬八千四百二十五石七十八斤 十七萬四千五十六兩	六千七百六十八石九十一斤 四萬五千五百九十三兩	一萬九千九百七十 十四萬五千一百六
一石五十三斤 一兩	二萬五千五百三十石七十八斤 五萬三千六百十四兩	二萬三千五百九十五石四十六斤 五萬六千一百六十五兩	一萬八千四百五石 三萬二千三百二十
一石三十二斤 二兩	五萬三千三百四十二石六十七斤 八萬六百二兩	六萬四千四百六十四石八十斤 十六萬六千七百九十九兩	二萬二百二十四石 六萬五千七百八十
二十二斤 九兩	七千五百六十二石八斤 六萬一千九百六十兩	一萬一千六百六十七石九十二斤 九萬一千五百九十四兩	一萬一千二百三十 八萬九千四十九兩

	十三年	光緒元年	二年
九石九十二斤 七十四兩	九萬四千一百八十三石二十六斤 八十四萬七千九百七兩	三萬一千六百十石三十五斤 三十二萬二千五百六十九兩	四萬二千九百七十 三十九萬三千五百
八斤	七千七百六十二石六十斤 二千九百九十五兩	七十石 一百四十二兩	一萬一千三百四十 六千五百二十六兩
十九斤 四十兩	五萬八千五百九十三石四十七斤 二十六萬八千三百七十九兩	十二萬八千六百四十九石九十四斤 五十三萬六千二十三兩	三十五萬一千五百 七十六萬七百三十
三石十八斤 七兩	四十八萬七千一百六十石十八斤 一百一萬三千三百四十兩	四十二萬七千二百九十八石六十二斤 九十萬五千一百四十兩	八十九萬二千八百 一百四十五萬四千
九石八十一斤 一兩	二千四百四十六石二十一斤 一萬三千三百四十一兩	二千九百九十三石四十四斤 一萬五千二百三十一兩	一千八百九十六石 八千八百七十四兩
斤	二千七百八十五石七十六斤 一萬五千九百三十五兩	六千五百五十九石九十二斤 七萬七千四百一兩	八千三百四十一石 八萬二百十九兩
斤	二百五十八石六斤 七千五百六十二兩	一千七百三十六石七十三斤 五千五百二十七兩	四千三百十五石六 一萬六千三十七兩
			五萬六千一百七十 五萬八千二百八十
一斤	一千七百六十九石九十七斤 二千五百七十兩	四千二百二十四石四十一斤 四千九百十九兩	六千四百十九石二 七千六百三十九兩
斤	二百八十七石三十二斤 一千九百五十九兩	一千一百十八石三斤 二萬六百九兩	一千八十二石五十 一萬五千三百四十
二石九十五斤 十四兩	二萬三千九石五斤 十五萬六十五兩	三萬七千六十二石五十五斤 十六萬八千十六兩	一萬九千二十六石 十萬八百五十九兩
四十一斤 兩	三萬五十五石五十四斤 四萬九千三百三十八兩	四萬二千七百八石九十五斤 六萬一百四十九兩	五萬七千四百九十 七萬五千一百一兩
三十三斤 二兩	五萬八千九百九十六石八十斤 九萬八千四百八十九兩	六萬一千五百九十二石三十二斤 八萬四千五百九十八兩	八萬九千三百七十 二十萬一千六百二
一石七斤	一萬三千二百八十七石七十八斤 十萬四千六百七十四兩	一萬三千二百二十七石二十二斤 十一萬一千八百八十七兩	一萬九千三百七十 十六萬四千五百二

	三年	四年	五年
六石八十九斤 八兩	三萬三千二百十六石四十斤 三十二萬九千七百八十一兩	二萬三千三百十石八十斤 二十三萬六千八百十七兩	一萬二千三百六十 十二萬三千二百四
三石六十斤	一千二百六十三噸 七千九十三兩		四千四百六十八石 五百五十四兩
六十一石七十四斤 五兩	三十七萬二千四百十六石六十一斤 一百五十八萬四千四百一兩	十五萬五千八百九十石十九斤 七十一萬三千五百二十五兩	十五萬三千三百四 七十四萬二千六百
五十七石八十二斤 八百七兩	八十七萬二千九百二十一石九十四斤 一百九十七萬十九兩	四十萬五千三百五十九石六十六斤 一百萬四千六百八十八兩	五十五萬一千四百 一百三十三萬九千
六十九斤	五千十九石四十五斤 二萬六千三百八十三兩	一萬七十九石六十斤 五萬一千七百九十二兩	一千三百二十石八 九千二百九十五兩
六十六斤	六千七百十石七十八斤 六萬六千五百六十七兩	六千八百九十六石二十九斤 八萬八千五百四兩	八千六百六十六石 九萬三百八兩
十一斤	七百二十九石十九斤 七千一百八十二兩	一千四十七石七十三斤 九千七百六兩	四千二百五十四石 一萬四千四百十六
石五十七斤 三兩	三萬一千六百八十四石六十五斤 三萬五千七百四十一兩	五萬五千八百三十九石八十六斤 六萬六千四百五兩	十八萬二千六百十 十八萬四千九百一
十一斤	五千三百六十三石六十七斤 六千七百六十二兩	一萬三千七百八十一石九十二斤 一萬五千六百二十三兩	二萬一千五百五十 三萬六百七十九兩
斤 一兩	一千四百九十二石十四斤 一萬七千三百八十三兩	一千二百八十九石三斤 一萬六千八百十七兩	二千三百八十九石 一萬六千五百十兩
十三斤	二萬八千八百八石三十六斤 十六萬六千七十四兩	二萬三千九百九十七石二十五斤 十四萬六千五百四十三兩	二萬二千五石六斤 十四萬一千五百四
一石五十一斤	四萬七千四百四十四石八十斤 七萬六千三十二兩	八萬三千一百七十七石八十二斤 九萬四千二百九十三兩	六萬六千五百九十 八萬七百五十一兩
三石三十五斤 十八兩	六萬一千八百三十四石二十三斤 十五萬八千二百九十兩	五萬四千五百四十二石一斤 六萬四千十八兩	六萬五千三百五十 六萬六千三百八十
三石三十五斤 十五兩	一萬六千三十九石二十一斤 三十萬五千四百七十兩	一萬五千四百七十七石七十九斤 二十萬九千三兩	一萬七千二百十一 十四萬三千四百五

	六年	七年	八年
一石六十三斤 十八兩	一萬八千七十七石四十七斤 十八萬七十一兩	二萬二千九百八石十四斤 二十二萬八千七十六兩	四萬一千六百九十 四十四萬四千四百五
八十斤	一百六十一石二十六斤 三十四兩	一千四百七十八石四十斤 三百八兩	十萬四百三十六石 一千二百四兩
十五石九十三斤 二十兩	十四萬六千七百四十六石一斤 六十五萬三千一百二十七兩	十七萬三千四百八十七石四十六斤 七十二萬一千二百五十四兩	二十七萬四千七百 一百九萬九千七百
八十四石九十二斤 七百五十八兩	一百六萬五千九百八十一石七十二斤 二百四十五萬二千二十九兩	七十六萬四千二百一石二十一斤 一百七十四萬一百五十四兩	七十五萬七千一百 一百八十二萬一千
十九斤	三千六百九十二石三十四斤 七萬二百九十五兩	九千四百四十二石二十九斤 十五萬九千五百十六兩	九千二百三十二石 七萬四千二百八十
三十三斤	八千六百五十六石二斤 八萬七千一百九十三兩	八千五百十七石三十六斤 九萬四千三百三兩	九千六百九十九石 九萬一千九百一兩
二十四斤 兩	二千八百四十六石六十三斤 一萬三千七百六十八兩	一千七百六十三石六十八斤 七千一百六十八兩	一千八百七十二石 七千三百八十二兩
九石四十斤 兩	十三萬四千九百二十七石十六斤 十一萬六千四百四十六兩	一萬七千六百三十六石九十二斤 一萬五千二十一兩	一萬八千八百十九 一萬九千七百三十
八石五十斤	一萬四千三百六十七石二十一斤 二萬三千二百七兩	二萬二千二百七十三石九十一斤 三萬四千三百四十兩	二萬三千三百二十 三萬六千一百三兩
七十六斤	六百七十六石七斤 三千一百九十六兩	二十石四十三斤 一百八十三兩	一百九十八石七十 八百七十三兩
兩	二萬五千四百六十七石九十八斤 十五萬八千七百三十三兩	一萬九千八百七十四石九十六斤 二十二萬二千五百九十二兩	二萬九千九百二十 十八萬一千六百七
九石五十斤	七萬三千七百二十石十五斤 九萬二千九百十三兩	八萬七千一百四十石六十三斤 十六萬六千七百五十六兩	十萬九千九百六十 十五萬二千三十八
一石二十七斤 三兩	六萬二百八十四石十斤 七萬八千七百二十九兩	五萬七千四百九十石八十三斤 五萬一千九百五十九兩	九萬五千九百四十 九萬八千四百九十
石 十一兩	二萬四千三百五十九石八十八斤 二十萬五千一百六十九兩	二萬二千八百八十四石九十二斤 十八萬八千三百二十五兩	一萬九千九百五石 十五萬八千九百六

	九年	十年	十一年
石九斤 兩	二萬二千七十三石九十六斤 二十四萬一千二十六兩	五萬三千五百七十一石八十八斤 六十一萬四千七百一兩	六萬一千八百五十 七十一萬七千四百
五斤	八百二石 三百十二兩	六千十四石四十斤 一千五百六十五兩	二千五百二十石 七百兩
九石八十一斤 十一兩	四十萬三千九百十八石八十三斤 一百六十萬一百七十八兩	四十九萬五千八百五十八石二十九斤 一百七十七萬八千一百三十六兩	二十萬五千三百九 六十六萬七千四百
二十五石四十二斤 九百九十三兩	九十四萬六百三十六石七十八斤 二百二萬九千八百二十兩	一百二萬八千九百九十石三十八斤 一百八十二萬七百九十三兩	五十九石四千一百 一百六萬七千一百
二十六斤 四兩	四千四十九石四十一斤 十萬九千七兩	二千五百石五十五斤 六萬二百八十兩	三千八百三十六石 八萬四千四百九十
四十一斤	八千四百五十八石六十七斤 九萬七千七百六十一兩	一萬八百二十一石二十六斤 六萬八千八百七十三兩	七千九百六十七石 七千四百九十一兩
六十二斤	一千八百四十五石一斤 五千九百四十三兩	六千一百七石四十三斤 一萬五千四百四十三兩	一千三百一石四十 六千九百三十九兩
石五十三斤 五兩	一千一百十九石五十七斤 二千四百五十五兩	一千五百十九石五十一斤 二千六百八十二兩	三萬六千八百七十 五萬九千四百十三
八石四十七斤	二萬一千三十四石三十三斤 三萬二千五百五十七兩	二萬二百七十八石八十七斤 三萬十五兩	一萬六千五百二十 二萬五千八百二十
七斤	一百八十六石八十七斤 九百八十八兩	一百五十二石六十四斤 九百三兩	一百五十八石六十 二千二百兩
六石四十斤 十三兩	二萬八千六百十五石十七斤 十七萬一千九百七十四兩	四萬六千二百五十七石三十五斤 二十六萬一千一百五十九兩	二萬七千六百四十 十五萬一千三十九
二石五十七斤 兩	十三萬三千五百八十石四十三斤 十二萬九千六百三十六兩	十五萬五千八百九十五石三斤 十五萬八千七百五兩	十二萬六千四百八 十五萬九千五百五
石五十六斤 九兩	九萬二千四百五十一石十八斤 八萬五千二十三兩	十一萬六百九十六石七十斤 十萬七千二百五十一兩	十一萬五千七十五 十萬一千三百九十
九十七斤 十五兩	二萬二千三百九十三石七斤 十七萬五千七百七十九兩	二萬一千三百二十一石五十八斤 十八萬四千一百二十八兩	一萬九千四百三十 十六萬七千五十五

	十二年	十三年	十四年
石四十四斤 八十九兩	四萬七千五百七十二石十八斤 五十二萬三千三百八十兩	六萬九千二百二十六石八十七斤 六十七萬七千六百六十兩	二十二萬二千五百四 二百二十二萬八千
	四千四百五十八石六十三斤 八百四十兩		
十三石二斤 六十四兩	十二萬八千八百二十八石十四斤 四十八萬八千六百五十九兩	十一萬三千四百七十五石四十二斤 四十一萬六千八百六兩	十五萬九千八百二 五十八萬三千七百
九十六石二十七斤 兩	四十五萬八千二百六十八石八十五斤 一百五萬四千七百四十五兩	六十三萬四千一百七十石二十斤 一百三十四萬六百八十八兩	八十三萬八百二十 一百七十七萬二千
二十七斤 一兩	四千一百九十七石七十六斤 六萬八千六百六十三兩	六萬四千一百四十石七十九斤 四十六萬五千九百八十二兩	六萬七千二百九十 五十六萬一千七百
四十四斤	八千三百九十石六十一斤 九萬二百三十六兩	四十萬六千八百十一兩	三十四萬二千六百
四斤	五千三百七十六石五十七斤 一萬二千十兩		
二石五十四斤 兩	三萬五千四百九十八石六十一斤 六萬四千三百五十六兩		
一石四十四斤 九兩	二萬八千九百三十四石六十斤 四萬七千九百三十一兩		
		二十萬三千四百八十石二十四斤 三十七萬六十八兩	三十萬五百九石五 三十九萬一百五十
三斤	二百二十四石六十四斤 一千七百六十四兩		
七石九斤 兩	二萬五千三百八十石七十五斤 三十萬九千九百九十九兩	一萬九千二百八十八石九十六斤 十一萬二千八十九兩	二萬二千一百七十 三十萬三千五百五
十五石四十三斤 十八兩	十三萬四千五十八石五十七斤 十九萬九千八百七十兩	四十三萬八百四十三兩	六十萬四千八百十
石三十斤 六兩	十一萬五千九百九十七石三十九斤 十萬一千四百七十五兩	三十七萬三百四十二兩	五十七萬八千二百
三石七十二斤 兩	一萬八千五百十六石十七斤 十五萬六千三百六十三兩	一萬七千三百三十石五十一斤 四十萬五千四十二兩	二萬五千九百九十 二十一萬六千八百

	十五年	十六年	十七年
十六石二十一斤 二百八十四兩	五十四萬四千四百九十石八十八斤 五百四萬四千八百六兩	二十九萬八千八百八十六石八十七斤 二百九十八萬九千二百七十四兩	三十五萬五千五百 三百八十四萬一千
十四石九十四斤 四十四兩	十九萬六千五百八十三石六十六斤 七十七萬四千五百八十七兩	十四萬七千二百二石十三斤 五十六萬七千七百九十八兩	十二萬三千四十八 五十萬二千六百八
四石八十三斤 六百九十一兩	七十七萬六千七百五十三石五十九斤 一百八十四萬七千七百一兩	七十八萬六千八百三十三石二十九斤 一百九十八萬二千七百六十一兩	七十二萬七千五百 一百九十九萬七千
七石八十斤 四十七兩	四萬五千四百六十四石五十一斤 四十五萬九百二十二兩	五萬一千八百五十石七十一斤 五十八萬四千四百八十二兩	四萬六千七百六十 四十九萬七千六百
五十兩	四十二萬九千八百二十兩	五十萬七千二百十三兩	四十七萬四百二兩
十八斤 二兩	十一萬一千十五石十六斤 三十六萬一千八百六十四兩	九萬七千六百十一石五十二斤 三十二萬三千七百四十七兩	九萬十五石二斤 三十二萬一千四百
石三斤 十四兩	一萬六千六百八十一石三十三斤 十萬七千七百四十兩	二萬三千五百十石十八斤 十一萬四千三百五兩	一萬四千八百十二 九萬四千二百十五
兩	五十七萬七千三百四十二兩	七十一萬六千十五兩	五十一萬七千六百
五十六兩	六十七萬三千六百七十六兩	七十三萬四千九百七十三兩	五十九萬七千六百
石十三斤 五十兩	二萬五千六百十五石五十八斤 二十二萬三千四百四十六兩	二萬九千九十六石九十斤 二十五萬一千八百三十五兩	二萬四千一百二十 二十二萬一千一百

八十四石五十四斤 一百二十九兩			
石七十五斤 十二兩			
四十四石八十七斤 五百六十三兩			
三石八十三斤 五十一兩			
五十二兩			
石六十一斤 兩			
五十三兩			
四十四兩			
七石七十六斤 二兩			

出口雜貨衰旺表二

貨名		咸豐九年	十年	十一年
草帽緶	貨 價	三百八石五十七斤 三千七百二兩	一百十四石九十九斤 四千三百十八兩	二十三石五十斤 一百八十八兩
席	貨 價	七百七十五件 三十九兩	五千一百二十件 二百五十六兩	[illegible]
土布	貨 價	二百八十一萬四千八百二十九疋 八十四萬四千四百四十八兩	五百四十三萬八千八百二十七疋 一百二十五萬二百五十四兩	[illegible]
夏布	貨 價	二千六百四十二疋 三石十八斤 八千二十一兩	二千九百五十四疋 三十八石九十四斤 三千十三兩 四百六十四元	四萬五千七百十八 六萬六千八百九十
磁窰器	貨 價	一萬二千二百九十兩	五千四百五十六石四十二斤 二千七百五兩 一萬六千三十八元	一萬四千五十一石 一萬七千七百八十 七萬四千三百十六
料器	貨 價	一百七十石三斤 三千四百兩	一百二十九石五十四斤 二千八百五十五兩	一千九十石十二斤 五千二百五十二兩 三萬二百十四元
皮貨	貨 價	一萬一千四百八十八兩	九百三十七兩	三千六百四十六兩 一百五十二元
皮	貨 價	二石 五十元	二百三十七石十四斤 十六兩 一千三百九十元	四百九十石二十斤 二千三百九十七兩 一千七百四十八元
金銀器	貨 價			
生熟銅鐵錫器	貨 價			
麻繩索	貨 價		一百二十二石九十斤 二百五十兩	一千八百二十九石 九千七百七十五兩 五千三百九十三元
竹竿竹器	貨 價	九十九石三十二斤 二千九百七十九兩	九十一石九十九斤 五百六十五兩 九百五十二元	六百三十兩 九千八百五十四元
籐竿籐器	貨 價			一千四百六十九石 二百九十兩 二萬三千四百五十
豆子豆餅	貨 價	七十一萬四千四百一塊 三十四萬六千八百八十二兩	九十九萬六千七百四十五塊 九千五百二十六石三斤 四十五萬九千九百二十四兩	
粉絲	貨 價	一萬二千二百三十三石四斤 四萬六千兩	一萬四千四百三十石八十三斤 四萬九千七百十一兩 三千三十元	八千七十石三十五 三萬二千三百二十 二千六百九十元

表二十一

通商表　卷四　出口雜貨衰旺二

	同治元年	二年	三年
	八十八石五十五斤 一千五百八十七元	八百六十一石二十七斤 一千五百四兩 二萬五千七百二十八元	二千三十二石五十 二萬九千九百四十 二萬七千六十八元
六十四條 五兩 十六元	四萬六千五百五十六件 六十九萬七千七百七十二條 [illegible]	[illegible]	[illegible]
一百四十三疋 百七十七兩	四萬五千一百四十一石九十斤 一百二十四萬三百七十一兩 三萬八千六百二十一元	五萬五千四百八十八石五十九斤 一百六十一萬八千九百七十兩 八萬七百二元	七百七石四十四斤 [illegible]
兩 三元	一千七十二石四十三斤 一萬二千一百四十二兩 十一萬六千一百七十九元	一千三百九十三石四十斤 十五萬五千三百九十七兩 十七萬八千六百九十三元	四百八十二石九十 七十二兩 三萬三千五百八十
四十九斤 九兩 元	三萬二千二百八十三石七十一斤 五千六十七兩 十八萬一千九百三十五元	一萬四千八百五十九石八十二斤 四千四百九十四兩 十九萬九千一百八十元	二萬四千一百十一 一千八百五十六兩 二十九萬七千八百
	一千三百八十六石七十六斤 六百三十三兩 五萬一千二百五十三元	二千三百十四石三十七斤 九萬七千八百二十四元	一百十八石 七千一百十八元
	一萬六千八百六十一件 六千五百六十八兩 八千四百八十元	九萬九千七百件 二萬五千五百八十九兩 二百三十三元	九十一石七十八斤 二萬五千四百十三 三萬二千四百二兩 二百四十八元
	一百十七石十斤 二百六十件 三百五兩 三千二百七十四元	一萬六千五百九十七件 六十九兩 四千四百一元	一百十五石八十三 八百十七兩
			二十五石三十九斤 七萬六千一百七十
	三千四百九十二石三十五斤 二萬一千一百九十三兩 五百八元	四千四百十六石二十八斤 一萬七千六百六十五兩	一千五百三十石六 四千五百兩 一萬一千二十三元
五斤		一千七百十一石十二斤 一千八百三十二兩 一萬六千十二元	七百五十四石九斤 三百九十四兩 六千一百三十元
	一千四百二十七石三十一斤 四萬七千九百五十六根 二百二十四兩 三萬二百十七元	三千四百三十九石四十一斤 四千九百五十根 四千二百六兩 三萬三百五元	九百二十九石三十 一萬二百根 三十九兩 二萬三千九百七十
六十六斤	一千七百四十九石三十四斤 二千二百六十五兩 五千九十一元	三千三百七十二石九十七斤 五百三十八兩 二萬一千一百九十六元	二百四十二石四十 二百十八兩 三千五百四十八元
	二十一萬二千九百石三十二斤 十八萬二千六百六兩 三萬四千四百六十四元	九萬八千五百三十九石四十八斤 二十一萬六千七十四兩 三萬四千九百五十一元	七十萬四百六石二 一百三十九萬一千 一百四十一萬九千
斤 九兩	九千九十石六十四斤 三萬一百八十七兩 三萬二千二百四十一元	二萬二千八百六十石九十二斤 一萬四千一百五兩 五萬八千七十九元	一萬七千二百八十 六萬六千八十七兩 三萬三千六百六十

	四年	五年	六年
斤 九兩	四百七十六石二十五斤 一萬七千一百四十五元	二千四百一石九十三斤 二萬二千七百九十八兩 二萬七千六百八十二元	一千三百六十一石 三萬一千一百兩
五十五條 六捆 五兩 十三元	一萬八千三百四十九兩 三十二萬五千六百三十五元	一萬九千八百二十二兩 五十四萬九千九百五十八元	二十一萬八千四百 三十八萬四千五百
兩	一千三百三十八石四十三斤 六萬二千三百五十兩 一千三百十一元	一千一百十七石三十九斤 四萬四千四百七十兩 五千三百十三元	四百四十一石 二萬一千一百六十
四斤 元	五百四十九石七十六斤 三百三十五兩 四萬一千九百七十三元	六百二十八石四十八斤 五千八百五十一兩 五萬六千八百二十六元	三百六十三石 二萬五千四百十二
石二十六斤 九十六元	三萬五千五百二十九石六斤 一萬七百十二兩 二十九萬八千三百十九元	三萬七千二十九石四十六斤 二萬二千七百八十二兩 三十八萬三千八十九元	三萬二千三百六十 十一萬一千三百三
	二百二十六石三十斤 八十四兩 一萬三千八百三十二元	三百四十五石八十六斤 三百三十七兩 一萬九千一百三十二元	四千七百二十七石 十五萬六千三百八
件	一萬六千八百八十一兩 一百十二元	二千九百十一件 三千六百七十二兩	二萬三千一百六十 五千五百一兩
斤	六百七十六石 七千二百六十六兩	六十五石 五百九十二兩	一百四十六石 一千三百九十二兩
元			
斤	一千六百十九石二十斤 二萬一千一百四十六元	一千七百六十五石五十三斤 三十八兩 二萬三千二百九十九元	八千二十石 九萬八千五百五十
	三百十五石九十斤 六百三十二兩 一萬三百六十三元	四百九十九石七十五斤 二百六兩 一萬八千二百九十元	六百九十九石 二萬七百八十三兩
五斤 七元	四十兩 二萬六千九百五十三元	一十一百八十一石三十一斤 一百五十二兩 二萬九千四百七十五元	六萬六千二百四十
八斤	四百二十九石九十斤 四百二十四兩 五千八百四十四元	三百七十二石六斤 四百四十六兩 三千八百五十二元	三百九十五石 三千二百六兩
十八斤 四十九塊 六百三十六兩	十二萬六千一百九十二石六十五斤 二十四萬四千六百二十三兩 一千六百九十八元	二十七萬一千五百五十六石六十五斤 三十二萬五千六百二十三元	
九石八十七斤 六元	一萬八千一百二十二石三十五斤 七萬六千四十二兩 二萬八千八百五十元	三萬二千一百七十一石五十斤 十四萬四十一兩 四萬三千七百六十一元	三萬一千四百二十 十六萬一千三百六

	七年	八年	九年
	一千七百七十二石 三萬九千一百二十兩	三千二百三十九石四十九斤 七萬七千七百二十一兩	三千三石七十七斤 七萬二千二百十四
九十件 四十二兩	十五萬二千一百六十四件 三十五萬一千七百九十七兩	四十五萬一千二百五十三件 四十三萬五千九百六兩	十七萬一千二百五 三十三萬一千三百
兩	二百三十八石 一萬三千七百九十一兩	三千六百三十一石十八斤 十五萬四千三百二兩	七百二十七石五十 二萬九千三百二十
兩	三百二石 三萬一千八百二十兩	二百九十一石三十三斤 二萬七千六百四兩	四百五十九石九十 二萬三千八百二十
一石 兩	一萬五千六百七十二石 十三萬九千二百三十九兩	五萬八千三百三十五石二十斤 二十八萬五十二兩	五萬七千七百八十 二十四萬二千一百
十九兩	四千六百三石 十五萬四千二百三十六兩	五千三百五十三石二十斤 十七萬七千八百二十四兩	七千一百五十八石 二十一萬一千二百
件	一萬一千三百二十四件 一千二百八十一兩	九千四百八十七件 一千九百二十九兩	八千七百九十八件 四千六百七十四兩
	七石 七十八兩	四十一石二十斤 四百三十七兩	五石七十四斤 六十三兩
五兩	一萬二千六百四十四石 十一萬一千九百四十九兩	一萬二百四十石六十三斤 二十三萬三千七百十九兩	九千二百六十九石 九萬八千三百八十
	四百石 一萬二千五百六十九兩	九千六百五十九石五十一斤 九萬一千一百三兩	一萬八千五百七十 十八萬二千三百三
兩	四萬六千四百六十七兩	二萬一千三百八十七兩	四萬七千二百十九
	四百五十六石 四千二百二十九兩	二萬五千八百五十一石七十八斤 二萬三千七百二十兩	二百八十五石九十 二千九百五十三兩
三石 十七兩	三萬三千四百五十七石 十六萬九千五十二兩	三萬八千六百石四十斤 十六萬九千一百四兩	三萬八千八百十四 十六萬一千九百六

	十年	十一年	十二年
兩	二千八百十五石四十七斤 二萬二千二百三十八兩	一萬三千四百四十五石八十三斤 十六萬三千六百七十八兩	一萬一千八百九十 十八萬七百六十五
十二件 八十六兩	二十九萬九百四十六件 五十一萬四千六百三十七兩	三十三萬一千八十四件 四十七萬一千九百三兩	三十九萬八千八百 三十八萬二千八百
四斤 二兩	一百九十二石十四斤 七千六百五十七兩	六百六十八石六十五斤 三萬五千九百一兩	八百二十七石八十 四萬二千一百六十
三斤 八兩	三百六十七石七十斤 三萬三千七百六十一兩	五百五十二石五斤 六萬一千八百七十二兩	五百九十石十九斤 四萬七千四百五十
九石六十一斤 十一兩	五萬四千九十六石八十九斤 三十一萬九千九百二十三兩	六萬八千六百四十一石二十一斤 三十六萬八千九百三十兩	五萬二百四十六石 三十五萬一千三百
十六斤 十三兩	四千七百三十七石七十六斤 十三萬四千四百四十八兩	五千八百三十二石七十六斤 十六萬五千一百七十一兩	六千七百五十三石 二十萬一千五百四
	一千四十六件 二千二兩	一萬二千十四件 一萬二千四百七十五兩	四千七百二十二件 八千四百九十八兩
	三百二十九石二斤 四千二百七十二兩	三千九百七十一石三十七斤 六萬三千二百七十五兩	四千六百九十八石 三萬七千五百八十
四十三斤 八兩	八千五十七石十八斤 十萬二千四百四十七兩	一萬一千九百六石十一斤 十四萬八千三百七十七兩	十四萬一千四百二
五石四斤 十兩	一萬五千十六石九十八斤 九萬三千八百二十三兩	五千四百九十一石十三斤 五萬一千八十三兩	一萬八千二百十七 十五萬八千八百二
兩	四萬六千五百三十一兩	十萬七千五百二十八兩	八萬二千八百三十
二斤	四百四十九石十七斤 三千三百四十四兩	三百六十一石七十二斤 二千七百七十八兩	六百九十石十八斤 四千三百六十四兩
	十六萬九千六百九十二石四十七斤 十七萬一百十四兩	六萬六千八百六十四石五斤 七萬九千八百五十九兩	四萬八千六百九十 四萬五千九百六十
石二十四斤 十九兩	二萬一千三百石二十三斤 七萬一千九百四十二兩	四萬五十二石三十四斤 十五萬八千六百七十五兩	一萬一千二百三石 四萬七千八百五十

	十三年	光緒元年	二年
一石五十五斤 兩	一萬六千六百十五石六十九斤 二十四萬八千八百九兩	一萬九千三百四十一石九斤 四十二萬二千一百七十七兩	二萬八百九十四石 四十一萬七千四百
九十五件 十八兩	三十四萬三千五百七十九件 四十一萬一千五十二兩	五十二萬一百四十五件 二十九萬四千七百四十二兩	二十九萬七千五百 二十一萬三千四百
二斤 三兩	九百六十八石七十四斤 五萬三千六百六十五兩	一千二百四十四石五十二斤 五萬三千一百四十六兩	一千四百四十六石 十萬五千四百八十
九兩	六百九十三石四十七斤 七萬五千二百三十七兩	七百八十五石四斤 九萬七千六百九十五兩	一千一百十八石八 十一萬一千七百七
九十八斤 六十五兩	七萬四千七百三石二十斤 三十八萬八千四百三十五兩	五萬六千三百四十五石四十六斤 三十萬九千八百三十一兩	八萬二千四百四十 三十萬七千八百八
三十六斤 十五兩	六千四百九石七斤 十九萬二千五十三兩	七千七百六十一石九十七斤 三十萬七千一百三十六兩	五千七百八十石七 十萬九千五百六十
	一萬一千九十五件 一萬七千六百五十九兩	六千二百六十七兩	三萬五千九百十六 三萬六千八百十兩
三十斤 六兩	五千九百五十二石六十七斤 四萬七千六百二十一兩	五千一百五十六石 四萬三千七百十四兩	一萬四千八百八十 十二萬六千四百九
兩	一萬二千三十二石五斤 十七萬六千三十八兩	八千四百五十四石三十斤 十一萬五千一百四十六兩	一萬三千二百八十 十五萬三百十兩
石三十八斤 十六兩	八百八十八石六十四斤 一萬四千三百五十七兩	一千一百九十三石三十五斤 一萬七千二十六兩	一萬七十六石四十 八萬八千八百七十
四兩	六萬四千一百二十兩	一萬五千二百三十一兩	四萬五千二百五十
	六百九十九石八十七斤 五千二兩	四百二十石九十三斤 三千五百九十五兩	六百九十三石十七 七千七百八十三兩
七石八十五斤 九兩	六萬二千三百二十六石四十五斤 五萬一千六百五十三兩	三十萬五千八十七石九十八斤 二十二萬二千五百九十一兩	二萬三百二十六石 二萬一千三百四十
八十七斤 九兩	一萬五千三百三十九石七十四斤 四萬九千六百七十二兩	二萬四千二百二十六石五十四斤 七萬三千九十六兩	三萬三千七百七十 十一萬九千二百八

	三年	四年	五年
四十六斤 五十七兩	二萬五千九百三十石四斤 六十一萬九千一百三十五兩	三萬六千一百十六石六十四斤 七十九萬五千八十八兩	三萬五千八百九十 九十六萬四千二百
七十條 三十四兩	三十七萬九千九百十六條 三十四萬六千八百五十三兩	四十四萬三千七百三十四條 三十四萬六千一百六十四兩	四十八萬二千四百 二十九萬二十一兩
七十九斤 八兩	一千七百六十八石四十斤 八萬八千九百七兩	二千九十石六十九斤 十萬三百十九兩	二萬二十六石九十 九萬八千九百四兩
十五斤 十八兩	一千一百五十六石三十斤 十三萬一千七百四十六兩	一千一百九十五石六十一斤 十一萬一千六百八十六兩	一千五百四十七石 十二萬二千七百七
五石二十二斤 十二兩	八萬一千四百四十六石六十四斤 二十九萬五千四百二十一兩	九萬一千三百六十三石七十一斤 三十八萬四千八百六十二兩	八萬九千九百十三 三十三萬八千三百
十一斤 九兩	五千八百五十六石六斤 十萬六千六百九十兩	八千八百九十五石六十二斤 十六萬三千六百三十九兩	七千九百三十四石 十五萬三千三百十
件	十四萬四千三百四十八件 六萬九千九百七十五兩	十九萬一千四百六十五件 三十萬七千七百九十八兩	十四萬五千八百五 九萬六千六百十五
一石六十九斤 十四兩	五萬六千六百二十七石 四十五萬三千八十一兩	四萬一千三百五十九石九十五斤 三十五萬二千五百五十九兩	二萬五千五百十四 二十四萬一千二百
二石四十五斤	一萬四千二百石二十九斤 十四萬九千八十七兩	一萬三千八百八十一石五十斤 三十九萬五千九百二十兩	一萬三千七百九石 三十一萬二千四百
四斤 一兩	八千七百六十石五十斤 八萬三千八百二十兩	八千八百三十石二十斤 八萬六千八百四十兩	一萬四百五十六石 十三萬四千一百一兩
九兩	五萬六千四百八十六兩	四萬六千三百五十四兩	七萬八千五百二十
斤	一千二百二十二石八斤 一萬三千六百七十五兩	一千三十五石三十七斤 七千四百七十四兩	一千一百九十七石 五千六百八兩
六斤 二兩	四千九百八石四十二斤 五千三百九十九兩	二萬五百二十二石四十五斤 一萬七千二百七十五兩	七萬八百四十七石 七萬五百二十九兩
六石七十二斤 十七兩	三萬二千八百六石八十九斤 十一萬四千四百九十九兩	三萬二百六十三石二十六斤 十萬九千七十九兩	三萬二千五百六十 十一萬六千八百三

	六年	七年	八年
八石二十二斤 八十兩	四萬八千九百七十石四十六斤 一百二十二萬七千六百七十兩	五萬五百一石九十二斤 一百三十六萬三千九百八十四兩	五萬五千四百九十 一百四十九萬八千
七十九條	三十八萬四千六百八十條 五十三萬三千二十七兩	三十六萬八百二十七條 三十五萬八千五百三十七兩	四十九萬八千七十 四十八萬六千三百
一斤	一千九百七十四石七十七斤 九萬二千九百七十一兩	二千七百六十三石三十六斤 十三萬三千三百四十九兩	二千六百二石 十一萬二百十三兩
八十九斤 十七兩	一千一百八十四石七十一斤 十萬四千七百十九兩	一千五百八十九石三斤 十四萬八千九百八十五兩	一千六百八十五石 十四萬四千六百七
石二十五斤 七十一兩	七萬五千一百四十二石二十斤 三十七萬九千五百七十四兩	七萬八千五百二石九十斤 三十八萬七千六兩	九萬八千二百四十 四十七萬一千三百
六十斤 二兩	八千七百六十八石七十七斤 十六萬九千一百三十二兩	一萬三百五石三十一斤 十九萬七千四百九十五兩	一萬二千一百七十 二十三萬四千七百
十二件 兩	二十四萬四千一百九十三斤 十五萬二千四百八十六兩	三十三萬九百二十一件 二十六萬二千七百八十兩	五十七萬三千三百 四十七萬一千九百
石三十七斤 七十二兩	二萬六百二十三石三十三斤 二十五萬二千九百六十二兩	三萬八千五百十七石六十五斤 四十七萬三千五百二十五兩	三萬四千九百四十 三十八萬六千一百
八十八斤 十六兩	一萬四千五百石三十斤 十四萬八千二百八十兩	一萬四千八百六石九斤 三十萬五千七百八十二兩	一萬四千二百五十 三十三萬三千八十五
八斤	一萬九千五百四十七石九十斤 十六萬六百二兩	二萬七百七十一石三十四斤 五十萬八千一百四十三兩	二萬四千八百二十 十九萬二千二十六
八兩	七萬四千五百九十七兩	八萬六千一百六十七兩	十萬七千二百八十
八十八斤	二千八百四石五十七斤 八千九百七十五兩	二千七百五十七石十一斤 一萬一千九百一兩	三千九百二十石二 一萬七千七百三十
九十三斤	十五萬四千六百四十五石四十一斤 十五萬九千九百九十六兩	十一萬二千六百二十七石六十三斤 三十萬九千六十六兩	十七萬九千四百二 十八萬四千五百九
五石十六斤 十一兩	二萬六千九百九十石八十五斤 十二萬五千四百二十二兩	四萬一百二十二石三十斤 十五萬四千一百五十九兩	四萬四千八百二十 十六萬七千一百七

	九年	十年	十一年
八石二十六斤 五百九十六兩	五萬八千六百二十七石六十三斤 一百四十六萬六千二百十九兩	七萬八千一百六十五石七十四斤 一百九十五萬三千九百十七兩	七萬六千四百九十 一百八十七萬四千
八條 六十五兩	四十四萬五千九百九十三條 五十四萬八千四百四十一兩	五十九萬九百三十四條 三十三萬七千四百九十六兩	四十三萬四千九百 二十八萬六千七百
	二千五百三十石六十四斤 九萬八千二百九十一兩	二千二百二十三石七十四斤 八萬八千八百六十七兩	二千七百九十七石 九萬五千四百三十
五十三斤 十九兩	二千三十九石十二斤 十六萬五千一百三十三兩	二千十石八十斤 十八萬八千六百五十八兩	一千六百三石四十 三十萬九千七百三
三石九十八斤 八十八兩	九萬五百五十八石三十八斤 三十三萬六千十六兩	八萬七千一百四十一石六十九斤 二十四萬一千五百二十八兩	八萬九千六百四十 二十七萬三千三百
一石八十斤 六十一兩	一萬七百四十六石二十三斤 十二萬二千四百四十四兩	一萬一千一百八十三石六十七斤 二十一萬三千三百二十五兩	一萬八百六十九石 二十一萬二千七百
二十一件 四十八兩	四萬五千六百三十五石 一萬四千六百七十四兩	五十九萬九千五百四十八件 四十萬一千五百二十四兩	六十五萬四千四百 三十萬七千八百六
五石八十一斤 四十八兩	六萬四千十六石八十五斤 六十七萬八千五百五十三兩	八萬八千二十二石九十一斤 九十六萬七百四十九兩	九萬四百十一石五 九十四萬一千一百
四石二十斤 兩	一萬四千八百七十九石五十斤 十三萬五百三十兩	一萬三千七百四十石二斤 三十萬一千八百四十五兩	一萬二千五百八石 十萬三千八百三十
四石五十一斤 兩	二萬一千八百二十四石三十三斤 十八萬二百十八兩	二萬九千八百五十四石三斤 二十一萬一千六百十六兩	三萬五千六百三十 二十六萬八千八兩
二兩	十一萬八千九百二十七兩	十一萬七千八百二十三兩	十萬三千二百八十
十一斤 九兩	一千四百三十五石十七斤 九千九十七兩	一千六百九十五石八十一斤 八千一百三兩	八百二十三石三十 三千五百七十六兩
十七石三十斤 十一兩	二十萬八千三百八十九石二十五斤 三十萬二千一百四十六兩	六萬三千一百四十三石十斤 七萬五千七百九兩	二十萬四千五十三 四十萬三千五百六
九石四十斤 十三兩	六萬七百十九石八十三斤 二十二萬五千一百九十一兩	五萬二千三百八十四石七十八斤 十二萬八千七百三十五兩	四萬九千九百四十 十八萬二百三十九

	十二年	十三年	十四年
四石十二斤 三百四兩	八萬二千四百十三石二十九斤 二百八萬九千一百八十五兩	十五萬九百五十二石六十七斤 三百七十三萬八千三百十兩	七萬九千九百三十 一百九十八萬九千
二十六條 八兩	四十八萬一千二百五十條 五十萬五千六百三十六兩	八十九萬五千六百六十兩	一百九萬一百九兩
六斤 三兩	二千六百八十六石七十三斤 八萬七百五十九兩	六千六百八十石八十八斤 二十九萬二千六百八十四兩	六千四百八十二石 二十二萬二千四百
一斤 十一兩	一千一百二十四石五十五斤 十一萬五千七百八十四兩	一千六百八十三石七十九斤 十四萬二百七兩	三千五百八十五石 四十八萬六千五百
二石二十九斤 五十三兩	十萬八千八百五十六石七十二斤 二十一萬二千九百六十兩	二十三萬石三十斤 一百十一萬三千九十兩	二十九萬四千七百 七十六萬一千一百
三十三斤 十九兩	一萬四千二百四十石三十一斤 二十七萬六千五百五十三兩	一萬七千五百四十八石十斤 二十九萬一千六百九十兩	一萬八千四百五十 三十二萬八千八百
四十七件 十二兩	八十六萬二千六百十四件 六十六萬三千七百三十兩	六十五萬二千一百七十二兩	五十八萬二千二百
十三斤 十三兩	八萬六千七百二十石五十六斤 九十九萬六千二百四十七兩	八萬六千六百四十九石八十六斤 九十三萬一千四百九十七兩	九萬三千四百七十 一百二萬三千九百
		三十七石九斤 二十二萬二千二百五十六兩	三十八石四十七斤 二十五萬九千九百
六十七斤 兩	一萬四千六百九十石五十六斤 十一萬八千五百五十四兩		
六石七斤	三萬五千一百四十九石七十六斤 十二萬六千七百二十八兩	四萬二千七百十石九十八斤 二十五萬七千四百二十四兩	四萬三千八百三十 二十五萬二千八百
四兩	三十萬八千四百四十四兩	十九萬九千九兩	二十三萬一千四百
三斤	二千石七十斤 七千六百二十九兩		
石二斤 十一兩	四萬三千五百七十三石六十七斤 五萬三千八百八十八兩	四萬五千四十五石七十二斤 五萬六千九百兩	三萬九千九百八十 五萬二千七百六十
七石三十二斤 兩	五萬六千五百八十一石二十八斤 十九萬三千七十九兩	九萬九千五百八十三石五十六斤 三十五萬四千四百四十九兩	六萬二千九百一石 二十四萬二千二百

通商表　卷四　出口雜貨衰旺二　五十二

	十五年	十六年	十七年
八石八十九斤 八百四十二兩	八萬八千四百三石八十斤 二百三萬三千七百七十五兩	八萬二百九十石五十斤 二百萬八千七百七十五兩	七萬九千二百十一 一百六十萬五千二
	一百二十四萬九百五十一兩	一百二十萬一千七十三兩	一百三十一萬三十
八十一斤 三兩	六千一百十二石三十一斤 二十一萬八千二十九兩	六千一百八十五石四十二斤 二十二萬九千八百二十七兩	八千一百二十石三 三十萬二千三百九
五十三斤 九十六兩	四千四百七石七十四斤 四十萬三千一百九十八兩	三千一百五十五石七十八斤 三十九萬六十一兩	二千三百十九石八 二十萬九十三兩
二十一石八十七斤 二十八兩	二十六萬八千七百五十七石六十三斤 六十三萬八千四百二十八兩	二十三萬四千七百四石四十斤 六十一萬七千四百九十一兩	二十六萬六千五百 八十萬八千二百三
五石四十二斤 九十四兩	二萬六千二百六十八石五十四斤 四十六萬一千五百七十兩	二萬一百三十八石十二斤 二十三萬五千七兩	二萬一千八百十一 三十六萬五千四百
九兩	七十五萬八百九十二兩	四十五萬七千三百十五兩	八十八萬一千二百
三石七十八斤 六十七兩	六萬四千二十石二十三斤 六十五萬七千九百二十四兩	六萬二千二百七十三石三十斤 七十五萬一千九百七十三兩	六萬九千六百五石 六十九萬三千六百
二十四兩	四十二石八斤 十六萬四千二百三十五兩	三十石八十五斤 九萬二千七百七十六兩	三十石三十八斤 八萬二千六十五兩
九石五十七斤 三十四兩	五萬三千九百六十石二十斤 二十四萬七千五百二十兩	三萬五千五百九十六石三斤 十六萬二千四百十九兩	四萬二千五百六石 二十三萬五百十兩
二十兩	二十六萬一千三百十一兩	二十八萬一千六百十四兩	三十一萬九百四十
五石六十斤 七兩	九萬一千一百八十二石九十七斤 十一萬四千八百三十三兩	二十九萬三千一百二十七石九十一斤 三十七萬一千七十六兩	六十六萬二千六百 七十九萬一千三百
三十斤 二十兩	六萬五千七百九十八石六十八斤 二十四萬六千六百五十九兩	七萬一千五百七十石九十七斤 二十五萬九千二百六十九兩	五萬七千四百八十 二十一萬七百二十

通商表　卷四　出口雜貨衰旺二　五十二

石六十九斤 百三十四兩			
六百三十三兩			
十五斤 十二兩			
十四斤			
十一石四十九斤 十九兩			
石十四斤 九十二兩			
二十五兩			
六斤 二十四兩			
十四斤			
一兩			
五十一石二十二斤 十八兩			
六石二十九斤 七兩			

出口雜貨衰旺表三

貨名		咸豐九年	十年	十一年
大黃	貨 價	三千八十一石六十斤 四萬八千二百九十八兩	一千五百五十六石九十二斤 四萬三千五十七兩	二千六百四十八石 二萬八千一百二十 三萬九千四百七十
桂皮	貨 價			三千五百五石七十 五萬七千六百二十
樟腦	貨 價	四十五石九十四斤 二百三十兩		七十石七十九斤 一千三百五十一兩 三萬三千五百十三
棓子	貨 價	五百六十七石六斤 三千一百八十九兩		五百二十六石五十 八百十四兩 三千八百八十元
麝香	貨 價	十斤 二千兩	六十三斤 一千七百五十三兩	五石十九斤 一千八百兩 三萬七千五百三十
紅花	貨 價			
藥材	貨 價	一萬四千九百五十五石三十斤 七萬四千七百七十五兩	六千四百六十五石六十一斤 三萬五千一百八十八兩 一千五百六十五元	二萬九千八百七十 二十一萬五千六百 四萬三千六百三十
桂圓	貨 價			一萬二千二十四石 三千七百三十九兩 五萬六千一百六十
扇	貨 價	六十一萬八千三百二十九柄 六千一百八十三兩	四十二萬二千八百四十四柄 四千一百八十兩	四百六十一萬三千 二萬一百四兩 六萬一千五百五十
爆竹	貨 價		三十二石七十一斤 五百八十九元	六千九百九十七石 一千五百六兩 七萬八千四十三元
毛	貨 價	二千五百一石四十一斤 一萬五百四十九兩	二千二百九十四石六十四斤 一萬一千八百六十一兩	四千八十石六十八 一萬六千二百七兩
駝羊毛	貨 價	四千三百八十四石八十三斤 四萬五千二百九十七兩	二千一百四十石七斤 一萬七千二百四十兩	三千二百六十八石 二萬六千一百二十 五十五元
煙葉煙絲	貨 價	一千八百六石三十一斤 一萬八千六十三兩	五千五百七十九石二斤 一萬二百五十八兩 六萬二千一百七十八元	一萬二千六十一石 一萬八千七百六十 十五萬七千六十三
紙書銅錫箔	貨 價	一千四百八十石六十三斤 一萬五千二百十兩	一千六百二十石八十三斤 七百二十五兩 二萬八千五百六十八元	一萬九千七十八石 七萬九千四百十一 九萬一千五百四十
衣服鞾鞋	貨 價	七十四斤 一百十一兩	五百五十四兩	七百十三兩 三萬五千八百四十

	同治元年	二年	三年
九十七斤 三兩 五元	一千一百九十一石六十一斤 六千九百七十七兩 一萬八千一百四十八元	四百五十四石五十斤 九千三百九十八兩 一萬九千六百三十七元	七千三百一石四十 十四萬四千四百四 二萬六千六百三十
八斤 兩	五千三百三十九石十一斤 五十兩 九萬七百十九元	十七石七十九斤 九兩 二百三十八元	三十七石三十六斤 三百七十七兩
元	三百七十一石二十九斤 七萬一千七百三十七兩 二萬五千五百六十八元	六百三十六石四斤 九百七十九兩 三萬一千二十五元	七石十九斤 十七兩 一百八十元
九斤	六百九十一石二十六斤 一百六十七兩 六千九百九十元	一千一百七十八石九斤 四百三十九兩 一萬一千七百八十六元	四千一百二十石六 二萬四千四百六十 二萬一千八百三十
一元	八石十斤 二千兩 六萬五千七百七十五元	七石四十斤 一百八十兩 六萬一千一百六十元	七石五十五斤 四千四百六十二兩 五萬四千九十元
	四十一石八十九斤 二千七百二十三兩	一百七十二石六十三斤 一萬一千一百八十六兩	三百八十三石五十 二萬三千二十兩
石七十六斤 九十四兩 一元	三萬六千二百八十石八十五斤 十萬五千四百三十二兩 二十八萬七千二百四十五元	四萬一千三石十斤 十二萬七千四百八十八兩 五十五萬六千六百九十六元	六萬二千四百三十 十四萬四千八百十 三萬七千九百十九
五十四斤 九元	二萬二千九百七十八石十一斤 二千四百七十一兩 二十四萬二千九百七十九元	一萬六千四百四十五石二十五斤 三千八百六十一兩 五萬四千五十二元	二千七百十八石十 三千七百三十一兩 四萬二千二百六十
三百七柄 二元	五百四十八萬一千七百九十五柄 五千七百九十六兩 五萬六千六百三十八元	七百七十一萬一百五柄 一萬一千三百七十二兩 十萬三千二十八元	一百六十二萬七千 四千二十五兩 五萬一百六十一元
七斤	八百九十二石六十四斤 六百三兩 一萬五千四百六十六元	一千五百十一石六十九斤 二千七百三十二兩 三萬四千六百三十八元	一萬二千三十九石 十一萬六千九百十
斤	六百九十二石四十斤 二千七百三十二兩 三百六十四元	一千四百二十五石七十二斤 四千八百五兩 二千一百五十八元	三百七十石五十斤 二千一百四十五兩 三十五元
九十六斤 二兩	二千四百五十三石九十九斤 一萬九千五百五十八兩 一千二百九十一元	二千九百六十石七十三斤 二萬三百三十五兩 四百四十八元	一千二百五十八石 一萬七千二百九兩
九斤 九兩 元	一萬四千四百三十二石七十五斤 四千五十七兩 二十三萬一千六百六十五元	六千二百七十石八十九斤 二千七百二十兩 十一萬六千五百七十二元	三千七十四石四十 一萬九千五百二十 四萬七千六十四元
三十四斤 兩 一元	八萬三千三百二十二石三十四斤 一萬八千七十一兩 一百一萬四千二百五十一元	三萬七千八百三石七十斤 一萬一千七百五十兩 四十六萬二千五百四十三元	二萬三千二百十五 一萬六千三百七十 二十一萬九千六百
二元	二千三十石四十七斤 八萬五千三百十四兩 四萬五千六百九十九元	三百七十八石四十七斤 一千一百三十八兩 八萬四千四百六十元	二百八十三石六十 七萬四千九百十四

	四年	五年	六年
十二斤 十四兩 一元	四千六百二十六石三十三斤 七萬二千九百十二兩 二萬七千六百元	四千二百七十八石九十四斤 十四萬六千四百二十六兩 四萬四千一百十七元	二千一百七十四石 十二萬三千六百七
	一百八十石八十三斤 四百三十二兩 二千元		二萬四千二百六十 三十二萬五千六百
	八千九石 三千四百兩 十萬一千八百二十六元	八千三百九石五十一斤 二十萬四千六百四十三元	五千七十五石 六萬一千五百九十
十三斤 六兩 二元	二千二百九十六石七十八斤 一萬六千八百一兩	二千七百五石七十三斤 二萬八千七十四兩 一千七百四十七元	六千九百六十四石 五萬四千四百七十
	四百八十三石 三萬五千六百二十四兩	十石四十六斤 四萬三千八百六兩 三萬四百七十元	八石三十一斤 四萬三千一百六十
三斤	三百六十石二十九斤 三萬六百二十一兩	四百二十石八十斤 三萬五千六百六兩	一千八百二十八石 十一萬六千八百十
一石二十七斤 八兩 元	二萬五千一石九十五石八十七斤 十一萬七千五十六兩 三萬四千三十六元	一萬八百七十六石十一斤 五萬四千二百八十四兩 四萬四千九百四十一元	六千六十石 四萬五千二百二十
四斤 二元	一千七百石四十九斤 四百八十六兩 二萬二千八百四十六元	三千九十一石五十六斤 五百七十兩 三萬九千七百三十元	二千六百三十五石 一萬三千一百八十
九十五柄	二萬八千二百九十柄 九百三十一兩 一百五十元	三百三十八萬五千五十一柄 五千二百五十八兩 十四萬一千九十八元	一百七萬四千三百 三萬一千三百四十
二斤 一元	八百八十石九斤 一百三十六兩 二萬三百三十九元	八百五十九石九十九斤 五百二十兩 一萬九百七十二元	一萬六千一百八十 十二萬八千二百十
	一千三百七十五石六十九斤 三千六百五十二兩 九千六百十五元	六百三十石八十三斤 四千七百三兩 九十六元	三十七石 四百二十三兩
七十二斤	二百十七石六十七斤 一百九十一兩 一千九百四十一元	九百三十五石二十五斤 七千九百六十三兩	一千九十七石 六千八百八十三兩
斤 兩	一千五百九十石六十斤 八千五百五十四兩 四萬五千九百五十六元	一千七百三十三石五十九斤 二千六百三十一兩 四萬八千七百二十九元	一千四百五十九石 二萬五千四百三兩
石一斤 四兩 三十一元	三千一百十五石十五斤 五千七十四兩 一萬一千三百五十四元	二萬三千四百二十七石二十四斤 四百七十六兩 二十五萬五千四百四十元	二萬九千三百十七 二十五萬五千三百
二斤 元	二百四十五石五十三斤 十八兩 五萬四千四百七十四元	八萬三千六十九元	九萬七千六百四十

	七年	八年	九年
十二兩	三千三十九石 十五萬九千五百二兩	三千三百六十九石三十一斤 十六萬一千八百二十二兩	三千一百六石十五 十五萬三千八百八
石 八十六兩	三萬五千九百八十三石 五十三萬九千七百四十一兩	四萬一百八十九石三十五斤 六十三萬七千五百三兩	三萬一千五百九十 四十八萬五千七百
六兩	一萬二千一百五十二石 九萬一千五百十二兩	一萬二千六百五十石七十一斤 八萬七千二百二十八兩	三千八石二十斤 三萬一百四十六兩
三兩	一萬四百六十五石 六萬五千六百二十一兩	四千七百七十八石 三萬一千九十二兩	六千二百八十七石 四萬一千九十六兩
三兩	八石五十八斤 五萬七千二百五十八兩	十三石九十二斤 六萬七千九十八兩	十三石三十五斤 六萬四千六百六十
八兩	四百八十一石 一萬五千八兩	一千七百二十二石 十三萬三千三百六十五兩	六百四十四石六十 三萬八千六百七十
四兩	五千四百四十六石 三萬六千一百四十九兩	四萬七千一百九十八石七十八斤 二十八萬三百二兩	三萬五千四石八十 二十六萬四千七百
兩	四千三百二十四石 二萬八千四百二十四兩	三千四百八十九石八十斤 二萬八百四十五兩	四千四百十二石五 一萬七千二百九兩
十五柄 兩	六十四萬四千七百四柄 二萬六千九百六十五兩	一百八十二萬七千一百三十四柄 三萬五千八百六十五兩	二百三十三萬七千 三萬七千六百五十
六石 八兩	二萬七百一石 十五萬九千九百八十七兩	一萬八千三百七十石二十八斤 十四萬六千九百六兩	一萬九千四十七石 十四萬四千八百四
	十四石 九十兩	三百四十八石四十四斤 五千五百四十五兩	一千一百六十三石 一萬七千三百十三
	三百十一石 一千四百六十七兩	九百九十八石二十三斤 七千九百八十八兩	三百九十七石九十 二千三百八十八兩
	七百三十七石 一萬一千七百二十二兩	七千五百六十二石三十一斤 二十五萬五千六百一兩	四千二百二十三石 五萬三千四百六十
石 二十三兩	二萬四千一百十二石 二十七萬三千三十三兩	二萬六千五百八石二十斤 二十八萬三千二百三十六兩	二萬八千五百七十 二十一萬七千九百
四兩	九萬八百四十三兩	十萬八千六百七十兩	十萬四千五百五兩

	十年	十一年	十二年
斤 十兩	四千六百石五十一斤 十七萬九千六百九十五兩	三千九十五石七十七斤 十一萬四百三十三兩	三千一百六十二石 九萬八千二百九十
四石二十五斤 五十八兩	五萬七千一百二十八石二十三斤 八十九萬九千六百三十三兩	六萬九千八十四石八十二斤 八十九萬八千六百二十三兩	五萬一千七百二十 六十二萬五百七十
	八千一百七十二石四十二斤 五萬四百七十九兩	九千七百九十一石一斤 七萬六百三十一兩	一萬七百五十七石 七萬九千九百六兩
四十五斤	九千八百八十六石五十九斤 六萬三百三十一兩	二萬二千一百七十四石四十四斤 十三萬三千八百二十二兩	一萬七千六百八十 十萬八千一百九十
一兩	十石十八斤半 五萬六千九百六十兩	十三石三十八斤半 七萬一千三百二十五兩	十六石七十四斤 十八萬九千二百十
斤 六兩	一千七百十九石二十九斤 十萬三千三十八兩	二千四百十二石七斤 十四萬四千七百二十四兩	一千三百六十七石 十萬二千五百二十
八斤 六十一兩	七千六百三十六石七斤 七萬二千一百七十兩	八千一百七十七石六十九斤 七萬一千一百二十六兩	八千五百八十三石 五萬七千四百五兩
十八斤	三千八百八十四石四十斤 二萬三千四十四兩	三千八百四十四石六十三斤 一萬九千四百十二兩	三千十四石五斤 一萬七千一百十六
八百十九柄 三兩	五百三十二萬五千六百七十一柄 七萬二千一兩	七百三萬一千三百二柄 九萬一千七百四十八兩	一百五十萬四千五 三萬七千一百二十
五十六斤 兩	三萬一千五百三石六十九斤 二十四萬三千六百二十兩	三萬六千二百四十五石十二斤 二十六萬一千二十一兩	二萬三千四百五十 十七萬二千六百十
三十五斤 兩	二百八十六石五十四斤 八千四百七十四兩	一千二十石七十斤 一萬七千三百三十九兩	二千二百四十一石 五萬七千八兩
七斤	一千一百三十八石九十斤 五千九百十兩	五千七百九十八石九十九斤 四萬二千二百七十一兩	二千六百一石四十 二萬六百七十七兩
九斤 六兩	一千四百十八石三十三斤 一萬七千七百三十八兩	二萬二千八百四石七十九斤 二十二萬二千三百六十八兩	五千一百五十石十 五萬一千四百三十
八石六十斤 八十五兩	二萬八千五百三十石七斤 二十四萬六百二十六兩	三萬六百九十一石七十九斤 二十九萬五千五百五十三兩	二萬五千三百十六 二十五萬五千一百
	十一萬六千七十六兩	十九萬一千四百七十四兩	二十萬七千二百六

	十三年	光緒元年	二年
三十三斤 六兩	二千九百九十八石二十斤 八萬九千九百四十二兩	三千九百二十石七十五斤 十六萬七千七百八十二兩	五千二百四十七石 二十一萬四千一百
九石八十二斤 六兩	五萬四千五百二石十五斤 五十四萬三千八百三十七兩	五萬三千四十七石二十四斤 二十六萬九千八百四十五兩	三萬八千九十石五 十九萬九千九百五
三十斤	一萬二千一百九十石八十五斤 八萬七千三百五十八兩	七千一百三十九石八十三斤 三萬七千八百二十五兩	八千七百九十四石 五萬一千三百十九
六石九十四斤 兩	一萬五千三百十八石五十斤 九萬三千三百六十兩	一萬二千六百四十石六十六斤 七萬七千四百八十三兩	二萬四千九十二石 十四萬七千八百五
八兩	二十石二十斤半 二十三萬六千二百十兩	十四石十七斤 十萬九千七百十六兩	十六石六十斤 十三萬二百一兩
二斤 七兩	二千七百三石六十九斤 二十二萬二千七百七十七兩	二千六百八十石二十斤 十七萬四千六百二兩	二千七百五十八石 十七萬九千三百二
七十四斤	九千九百四十九石三十五斤 七萬四千六十一兩	一萬七千三十四石九十四斤 六萬四千二百七兩	一萬一千九百五十 五萬八千二百四兩
兩	四千四百三十石十九斤 二萬三千七百七十八兩	五千四百六十三石六十八斤 二萬六千五百十兩	五千三百二十六石 二萬六千七百三十
百十一柄 兩	二百五十一萬四千四百二十九柄 五萬二千九百五兩	一百三十萬七千五百九十柄 二萬九千三百五十四兩	二百九十五萬五千 三萬一千三百六十
五石三十九斤 六兩	二萬九千五百二十八石六十五斤 二十二萬一千八百六十一兩	一萬八千八百六十九石十八斤 十九萬二千二百六十兩	二萬九千八十石六 二十八萬九千八百
八斤	五千六百十石八十四斤 十二萬八千三百六十八兩	七千二十六石九十四斤 八萬九千六百二十五兩	一萬一千二百五十 十二萬一千九百三
七斤	五千一百四十一石五十四斤 四萬一百九十六兩	五千五百二十五石九十四斤 三萬四千七百九十六兩	五千八百十六石八 三萬二千六十二兩
六斤 七兩	九千四百四十七石九十九斤 八萬九千七百四十五兩	一萬六千六百六十七石六十五斤 十四萬四千一百三十八兩	八千八百六十石十 七萬八千三百十九
石七十六斤 六十四兩	三萬六千四百六十七石六十九斤 三十二萬一千七百九十一兩	三萬九千七百八十七石九十二斤 四十二萬九千七百四十七兩	四萬六百三十六石 四十四萬七千一百
十兩	二十三萬一百九十兩	五十六萬七千九百七十四兩	四十六萬二千一百

	三年	四年	五年
六十一斤 九兩	五千一百二十四石五十七斤 十九萬九千七百八十一兩	四千八百三十五石十三斤 十九萬八千二百四十八兩	五千二百九十二石 十二萬二千六百四
斤 十八兩	五萬二千四百十七石七十八斤 三十萬九千九百四十五兩	七萬二千一百七十一石十二斤 三十三萬六千二百十七兩	九萬九千六百三十 五十七萬四百九十
九十二斤 兩	一萬三千一百七十八石四十五斤 七萬九千一百三兩	一萬三千七百九十五石九十九斤 八萬三千七百六兩	一萬一千一百三十 七萬二千五百五十
五十九斤 十四兩	一萬七千五百十五石九十五斤 十二萬五千一百九十四兩	二萬四百七石六斤 十四萬七千六百九十兩	二萬四千六百五十 十七萬七千八百四
	十七石二十九斤 十四萬五千四百五兩	四十石四十六斤 二十四萬六千八百六十五兩	三十四石三十二斤 二十三萬八千四百
四十四斤 十二兩	二千四百三十四石二十三斤 十五萬八千二百九十兩	二千四百六十九石十八斤 十六萬四百九十七兩	二千三百五十二石 十五萬二千九百七
九石八十二斤	一萬六千九百七十四石四十五斤 八萬六千八十四兩	一萬八千三百八十一石四十七斤 九萬三千六百七十三兩	一萬八千四百二石 十萬八千七十一兩
四十一斤 八兩	五千八百二十二石七十四斤 二萬八千二百八十八兩	一萬二千六百十九石五十四斤 五萬六百八十三兩	一萬九千二石七十 四萬二千五百一兩
一百六十九柄 七兩	六百十四萬九千一百三十五柄 四萬五千二百二十八兩	六百五十一萬三千四百四十三柄 五萬一千四百二十兩	三百九十七萬六千 三萬三百五兩
十四斤 八十一兩	二萬四千二百六十石六十四斤 二十三萬二千五百十六兩	一萬七千六十七石四十三斤 十六萬一百三十九兩	一千五百四十七石 二十二萬二千七百七
三石八十八斤 十兩	一萬四千二百四十石八十五斤 二十一萬一千五百三十二兩	一萬九千五百二十五石二十九斤 二十二萬五千九十七兩	一萬八千一百七十 二十五萬一千八百
十七斤	五千四百二石七十四斤 三萬八千九百三十九兩	九千五百十四石六十斤 六萬六千六百三十兩	二千三百八十八石 一萬五千六百六十
斤 兩	一萬二千六百六十四石八十二斤 十一萬四千六十七兩	一萬一千一百二十一石八十四斤 十萬七千九百八十四兩	一萬六千二百七石 十六萬一千八百四
四十三斤 五十兩	四萬八千四百八十石二十四斤 四十八萬六千七百三十二兩	五萬四千八百四十石六十三斤 六十二萬八千三百二十二兩	四萬四千五百三十 五十五萬四千六十
三十三兩	三十三萬三千一百六十六兩	三十三萬三千百六十兩	四十四萬八千五百

	六年	七年	八年
四斤 十六兩	六千一百五十三石二十七斤 二十一萬二千五百二十七兩	六千八百三十八石二十斤 二十四萬五千九百五十七兩	六千八百六十一石 十八萬三千六百九
三石十六斤 四兩	三萬八千七百八十四石六十九斤 二十二萬五千六百九十二兩	五萬七千四百五十六石五斤 三十三萬三百三兩	五萬八千一百七十 二十七萬一千五百
二石七十七斤 八兩	一萬二千三百二十六石六十二斤 十萬六百七十九兩	九千三百六十五石七十斤 七萬九千六百二十五兩	五千一百六十二石 四萬二千四百六十
五石七十二斤 十四兩	二萬三千三百三十石四十二斤 二十二萬七千六百五兩	二萬一千三百七十五石九十斤 二十一萬三千六百九十二兩	八千八百三石七十 八萬七千一百七十
二十四兩	三十石七十斤 三十三萬四千一百六十二兩	十八石七十七斤 十四萬九千七百八十兩	十二石二十四斤 十六萬二千四百十
四十二斤 兩	一千七百八十一石十六 十一萬五千七百七十五	一千五百五十三石五十六斤 八萬六千九百八十八兩	一千二百六十七石 七萬三千三十兩
十四斤	二萬八千六百七十六石三十一斤 十九萬四千四百五十一兩	三萬一千九百十五石五斤 十九萬四千九十兩	三萬四千八十二石 十二萬七千五十兩
七斤	八千七十九石七十一斤 三萬四千六百六十九兩	七千五百九十一石六十六斤 三萬七百五十三兩	一萬二千六十六石 五萬五千三百九十
十四柄	六百二十八萬七千九百八十九柄 三萬八千八百八十一兩	二百一萬七千一百五十七柄 二萬七千七百十兩	二百五十七萬一千 二萬五千七百八十
八十九斤 十兩	一千一百八十四石四十斤 十四萬七千百九十兩	三萬四千三百八十石二十九斤 三十二萬二千五百二十二兩	四萬六百十六石八 三十七萬六千八百
八石二十四斤 六十七兩	一萬九千五百六十九石九十七斤 二十六萬一千三百十七兩	一萬六千四十五石八十七斤 十八萬九千六百三十三兩	七千二百四十四石 十萬九千一百二十
六十六斤 兩	四千五百三十六石十斤 二萬九千八百四十四兩	五千九百八十六石十七斤 三萬八千八百五十六兩	二萬二千七百五十 十九萬九千二十九
四十八斤 十二兩	一萬九千七十七石四十九斤 十六萬七千九百三十一兩	七千二百四十九石六十五斤 七萬三千三百八十六兩	七千三石五十六斤 八萬一千五百六十
二石八十三斤 五兩	四萬三千五百八十石七十一斤 五十一萬二千七百二十兩	五萬三千四百三十八石九十四斤 五十九萬七千四百九十六兩	五萬七千八百五十 六十二萬三千四百
九十八兩	三十二萬七千五百四十八兩	三十五萬八千三百一兩	三十八萬八千七百

	九年	十年	十一年
三十一斤 十九兩	四千七百八石九十九斤 十三萬二千三百七十兩	五千一百八十石十一斤 二十萬六千七百三十一兩	七千九百三十八石 三十一萬六千七百
石六十一斤 六十六兩	七萬六千一百九十六石七十四斤 二十九萬五千四百五十九兩	一萬三千八百二十一石六十二斤 四萬六千四百三十四兩	一萬二千八百九十 三萬六千七百八兩
二斤 六兩	三千三百七石三十八斤 二萬八千五百九十六兩	四百四十三石四十七斤 三千四百八十二兩	三石十四斤 二十八兩
斤 九兩	三萬一百四十石八十七斤 二十七萬五千四百八兩	三萬六千四百三十石四十八斤 三十四萬五千七百六十一兩	二萬八千四百石八 二十六萬七千五十
 四兩	二十三石六十八斤 二十三萬五千六百六十六兩	二十一石三斤 十六萬七千五百八十六兩	十九石九十斤 十五萬八千九百二
六十八斤	九百二十一石二十四斤 五萬三千五百三十二兩	七百七十五石十四斤 四萬四千六百六十三兩	七百三十八石五十 四萬三千三百四十
十三斤	一萬六千四十石一斤 八萬九百九十七兩	一萬八千三百五十七石九十斤 八萬七千二十六兩	一萬八千八百二十 九萬二千五百六十
三十四斤 四兩	一萬一千九百十二石二斤 五萬一百十八兩	一萬四千六百三十五石二十四斤 五萬一千四十五兩	一萬四千七百二十 五萬七千七百二十
五百十二柄 兩	五百二十萬七千二百八十四柄 三萬六千六兩	八百六十萬四千五百六十七柄 四萬八千八百十五兩	七百三十萬四百八 四萬四千三百三十
十一斤 六十三兩	五萬六千一百八十六石八十六斤 五十二萬一千六百九十六兩	五萬一千五百三十石二十斤 四十八萬三千十一兩	二萬九千八百七十 二十八萬八千六百
十九斤 九兩	二萬八千三百二十五石二斤 三十二萬七千五百八十七兩	一萬九百七十二石二斤 二十一萬五千六百四十兩	一萬二千四百五十 二十萬六百四十一
五石三十九斤 兩	三萬三千八百二十四石八十四斤 二十七萬四千七百九十五兩	三萬四千七百九十九石 二十六萬九千四百六十兩	四萬三千五百十三 三十二萬八千二百
 三兩	一萬一千四百三石二十六斤 十二萬八千五百六十六兩	二萬四千四百四十二石五十五斤 二十一萬六千一百四兩	二萬四千四十一石 二十四萬五千七百
三石五十五斤 三十二兩	五萬九千二百八十七石七十九斤 七十一萬十一兩	四萬八千八百八十九石九十斤 六十二萬二千八十七兩	六萬七千五百九十 五十九萬五千七百
五十八兩	四十一萬二百五十九兩	四十五萬四千七十六兩	三十八萬四千七百

	十二年	十三年	十四年
十五斤 九十兩	七千一百九十七石六十九斤 二十八萬三千七百五十一兩	四千六百二十一石八十斤 十八萬四千七百九十九兩	四千二百六十五石 十六萬七千五百二
一石六十八斤	五萬一千三百六十四石六十一斤 十六萬一千八兩	七萬二千一百九十六石二十三斤 三十四萬二千二百二十四兩	六萬二千九十四石 二十九萬五千四百
	一千三百三十一石三十五斤 一萬四千九百七十三兩	二千七百五十一石二十二斤 二萬四千九百五十九兩	三千八百九十二石 三萬三千六百三十
十三斤 五兩	二萬八千七十石七十四斤 二十七萬六千八百四十四兩	三萬六千九百十一石二十二斤 三十六萬六千五百七十五兩	三萬一千二百石五 三十一萬三百七十
 十四兩	二十一石七十一斤 二十五萬八千六百四十六兩	二十二石七十斤 十八萬一千七百二十六兩	二十七石五十斤 二十二萬一千四百
七斤 兩	四百七十四石八十八斤 二萬六千三百四十一兩	五百六十五石四十六斤 三萬二千一百十八兩	三百九十五石十六 二萬二千九百九十
五石八十八斤 七兩	二萬四千四百七十三石十九斤 十二萬九千五百七兩	 二十一萬五千九十四兩	 三十六萬一千五百
石六十斤 七兩	八千八百六十八石八十七斤 三萬八千六百八十五兩		
十柄 七兩	一千四百八十一萬六千七百八十九柄 八萬二千四百七十八兩	一千二百九十七萬六百三十一柄 十四萬九千六百八十三兩	二千七百八十二萬 二十一萬一千八百
五石三十六斤 四十兩	六萬七千九百七十一石三十五斤 六十二萬二千七百五十八兩	十二萬三百八十一石六十斤 一百十萬九千三百八十四兩	十二萬九千四百六 一百二十一萬三千
五石八十斤 兩	九千四百三十石九十八斤 十六萬九千七百九十兩	 三十七萬二千七十九兩	 四十一萬八百七十
斤 九十八兩	四萬八千三百五十九石五十三斤 四十五萬四千二百四十九兩	五萬六千二百六十一石九十斤 四十六萬九十四兩	八萬一千七百八十 六十五萬三千九百
九十三斤 三十一兩	一萬七千九百四十九石三斤 二十二萬七千三百十五兩	五萬五千五百二十二石五十四斤 五十八萬六千五十一兩	六萬七千一百二十 七十三萬七千八百
一石八十斤 五十二兩	七萬一千七百九十石四十六斤 六十七萬三千五百八十三兩	十六萬三千五百七十一石九斤 一百二十一萬六千五百六十三兩	二十二萬二千九百二 一百六十五萬二百
四十八兩	九十四萬三千五百二十二兩	一百三十萬六千八百二十兩	二百十萬六千九百

通商表　卷四　出口雜貨衰旺三　六十三

	十五年	十六年	十七年
二十一斤 十八兩	六千三十九石四十四斤 二十六萬六千九百七十八兩	四千二百二十五石七十二斤 十六萬八千一百三十二兩	三千七百七十石五 十三萬五千六百五
九十五斤 四十八兩	五萬八千二百九十石二十三斤 二十六萬八千五百八十兩	七萬九千六百三十四石四十五斤 四十五萬四千四百二十五兩	六萬九千八百八十 四十萬五千二百六
七十六斤 一兩	四千一百七十石二十一斤 三萬七千一百二十三兩	七千二百六十一石八斤 十萬九千十五兩	一萬八千五百十四 二十七萬九千二百
十六斤 二兩	三萬八千一百五十七石六十斤 三十八萬三千九十五兩	二萬二千一百六十五石六十六斤 二十二萬二千一百三十二兩	三萬八千九百三十 三十六萬三千一百
七十三兩	二十八石八十二斤 二十二萬八千五百三兩	十七石四斤 十三萬七千二百六十五兩	二十五石八十七斤 三十二萬九千六百
斤 兩	三百八十二石七十二斤 二萬九百二十四兩	三百二十八石九十一斤 一萬九千二百三十七兩	三百八十一石十八 一萬六千一百五十
七兩	二十萬六千一百七十四兩	三十二萬四千六百三十九兩	三十七萬四千四百
八千一百六十四柄 三兩	二千八百二十五萬六千四百三十七柄 二十二萬六千一百十五兩	三千九十二萬六千五百二十四柄 三十一萬一千四百四十六兩	三千二百九十九萬 四十六萬六千四十
十六石九十六斤 五十七兩	十三萬四千七十八石二十四斤 一百二十一萬四千八百九十三兩	十二萬二千七百六石八十四斤 一百二十萬四千二百十四兩	十一萬一百二十一 一百一萬二千五百
七兩	三十萬五百八十七兩	三十萬二千三百十二兩	三十四萬九百九十
九石二十斤 九十五兩	六萬二千一百八十一石九十六斤 九十三萬四千一百六兩	九萬八千七百三十八石五十二斤 八十五萬三千四百九十六兩	十三萬五千三百六 一百十一萬一千七
七石七十四斤 六十兩	十萬九千五百六十九石十六斤 九十萬五千九百三十五兩	九萬三千六百六十石五十斤 九十九萬九千五百八十兩	九萬三千八百三十 一百五萬二千三百
石六斤 九十八兩	十九萬一千一百四十石十六斤 一百四十二萬二千八百二十五兩	十八萬四千九百三十九石三斤 一百三十五萬九千九百十五兩	二十萬五千二百三 一百五十七萬七百
七十兩	一百七十萬九千五百九十一兩	一百四十二萬八千二百十兩	一百四十萬六千四

通商表　卷四　出口雜貨衰旺三　六十四

十八斤 十九兩			
五石七十四斤 十五兩			
石六十一斤 五十兩			
三石二十五斤 二十五兩			
八兩			
斤 二兩			
八十七兩			
三千二百六十三柄 八兩			
石八十一斤 三十兩			
八兩			
十三石四十七斤 百四兩			
八石五十斤 五十八兩			
十六石七十五斤 九兩			
百二十五兩			

中西紀年周始表說

綜覈表曰關冊以西年爲始訖今表遵中國春王而據冊載之數則稍有不符爰表中西紀年周始備攷而於出入之數實差無幾咸豐十年八月十七日至十一月二十日爲第一結即西千八百六十年十月一日至十二月三十一日光緒十七年八月二十九日至十二月初一日爲第一百二十五結即西千八百九十一年十月一日至十二月三十一日凡爲結一百二十有五亦附列下方用便稽核各關結期從同惟嘉峪關獨異

中西紀年周始表

表二十三

中		西	附各關結數
咸豐九年	上年十一月二十八日起 本年十二月初八日止	即一千八百五十九年	
十年	上年十二月初九日起 本年十一月二十日止	即一千八百六十年	一
十一年	上年十一月二十一日起 本年十二月初一日止	即一千八百六十一年	二 三 四 五
同治元年	上年十二月初二日起 本年十一月十一日止	即一千八百六十二年	六 七 八 九
二年	上年十一月十二日起 本年十一月二十一日止	即一千八百六十三年	十 十一 十二 十三
三年	上年十一月二十二日起 本年十二月初三日止	即一千八百六十四年	十四 十五 十六 十七
四年	上年十二月初四日起 本年十一月十四日止	即一千八百六十五年	十八 十九 二十 二十一

五年	上年十一月十五日起 本年十一月二十五日止	即一千八百六十六年	二十二 二十三 二十四 二十五
六年	上年十一月二十六日起 本年十二月初六日止	即一千八百六十七年	二十六 二十七 二十八 二十九
七年	上年十二月初七日起 本年十一月十八日止	即一千八百六十八年	三十 三十一 三十二 三十三
八年	上年十一月十九日起 本年十一月二十九日止	即一千八百六十九年	三十四 三十五 三十六 三十七
九年	上年十一月三十日起 本年十一月初十日止	即一千八百七十年	三十八 三十九 四十 四十一
十年	上年十一月十一日起 本年十二月二十日止	即一千八百七十一年	四十二 四十三 四十四 四十五
十一年	上年十一月二十一起 本年十二月初二日止	即一千八百七十二年	四十六 四十七 四十八 四十九
十二年	上年十二月初三日起 本年十一月十二日止	即一千八百七十三年	五十 五十一 五十二 五十三

十三年	上年十一月十三日起 本年十一月二十三日止	即一千八百七十四年	五十四 五十五 五十六 五十七
光緒元年	上年十一月二十四日起 本年十二月初四日止	即一千八百七十五年	五十八 五十九 六十 六十一
二年	上年十二月初五日起 本年十一月十六日止	即一千八百七十六年	六十二 六十三 六十四 六十五
三年	上年十一月十七日起 本年十一月二十七日止	即一千八百七十七年	六十六 六十七 六十八 六十九
四年	上年十一月二十八日起 本年十一月初八日止	即一千八百七十八年	七十 七十一 七十二 七十三
五年	上年十一月初九日起 本年十一月十九日止	即一千八百七十九年	七十四 七十五 七十六 七十七
六年	上年十一月二十日起 本年十二月初一日止	即一千八百八十年	七十八 七十九 八十 八十一
七年	上年十二月初二日起 本年十一月十一日止	即一千八百八十一年	八十二 八十三 八十四 八十五

八年	上年十一月十二日起 本年十一月二十二日止	卽一千八百八十二年	八十六 八十七 八十八 八十九
九年	上年十一月二十三日起 本年十一月初三日止	卽一千八百八十三年	九十 九十一 九十二 九十三
十年	上年十一月初四日起 本年十一月十五日止	卽一千八百八十四年	九十四 九十五 九十六 九十七
十一年	上年十一月十六日起 本年十一月二十六日止	卽一千八百八十五年	九十八 九十九 一百 一百一
十二年	上年十一月二十七日起 本年十二月初七日止	卽一千八百八十六年	一百二 一百三 一百四 一百五
十三年	上年十二月初八日起 本年十一月十七日止	卽一千八百八十七年	一百六 一百七 一百八 一百九
十四年	上年十一月十八日起 本年十一月二十九日止	卽一千八百八十八年	一百十 一百十一 一百十二 一百十三
十五年	上年十一月三十日起 本年十二月初十日止	卽一千八百八十九年	一百十四 一百十五 一百十六 一百十七

十六年	上年十二月十一日起 本年十一月二十日止	卽一千八百九十年	一百十八 一百十九 一百二十 一百二十一
十七年	上年十一月二十一日起 本年十二月初一日止	卽一千八百九十一年	一百二十二 一百二十三 一百二十四 一百二十五

福建市舶提舉司志不分卷

〔明〕高岐輯

《福建市舶提舉司志》不分卷，明高岐輯。岐字陽川，四川成都人，原籍雲南大理。嘉靖二十年（一五四一）舉人。嘉靖三十三年，由太僕寺寺丞轉福建市舶提舉。其間感於福建市舶司自宋以來興廢無常，代不相襲，並無專志，「乃稽之往牒，考諸遺文，詢於耆老，摭於故實」，撰成此書。卷首有龔用卿序，末林應箕後序。正文分建置、沿革、官職、吏役、慶賀、署舍、公養、屬役、官氏、賓貢、貢物、考異、藝文等十三目。據中國國家圖書館藏民國二十八年（一九三九）排印本影印。

福建市舶提舉司志

明　高岐輯

福建市舶提舉司志序

福建提舉市舶之官不常置自宋紹興二十一年李莊始爲之嗣後廢興沿革代不相襲至我
朝始專官以督理蕃市之事然不專爲琉球設也迄于今始爲琉球專其官矣司舊無專志附見於八閩及

郡志諸書專志之則自陽川高君始君由太僕丞來涖斯職興廢舉遺式遵彝典未數月顧左右史取所詒典故而觀之皆對曰前此未有也君憮然曰官以建事志以守官今司有專官而無專志其何以考古而信今哉乃稽之往牒考諸

遺文詢於耇老摭於故實輯爲司志一卷謁予請序之予惟志者史之流也義例未精則規條不立採拓未廣則聞見不弘編纂失實則去取不當銓次舛序則事理未暢蔽於情則誣溷於俗則雜冗於詞則蕪罔於義則隱志之作誠難矣

哉鄭國之爲辭命必更歷裨諶四人之手而後成君獨以一身任之是又當其所難者以立例則古以記事則實以序蹟則詳以考文則顯是可以備所司之考證矣昔范獻子之聘於魯也至不識具敖之山爲魯先君之諱亦以典章之無據故詒魯人之誚焉是志成庶可免具敖之譏也哉遂書之以爲刻志引

賜進士及第朝列大夫南京國子祭酒
前左春坊左諭德翰林院侍讀
經筵講官同脩
會典國史晉安雲岡龔用卿譔

福建市舶提舉司志目錄

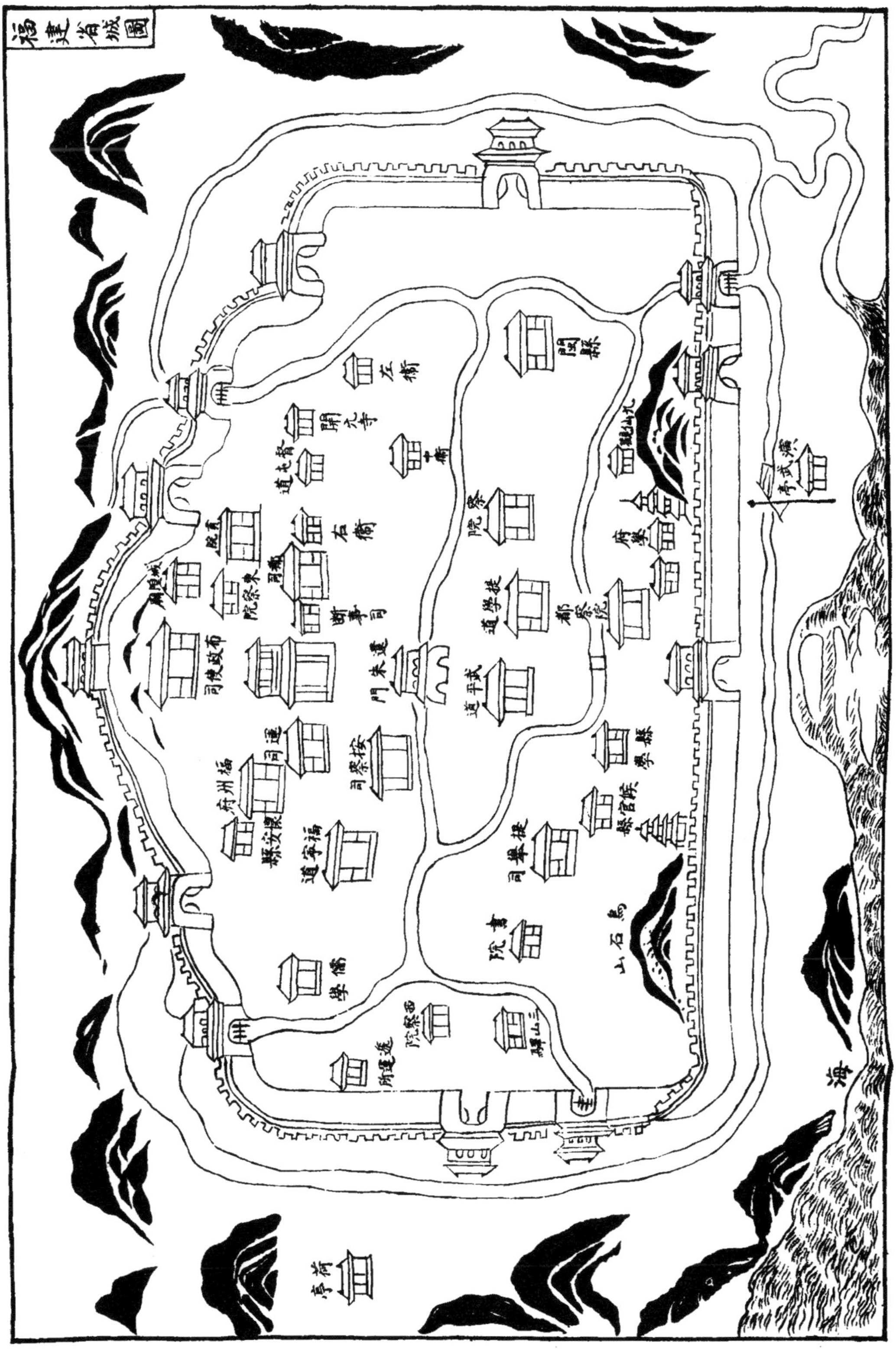
福建省城圖

提舉司圖
大街
正提舉宅
副提舉宅
中堂
大堂
儀門

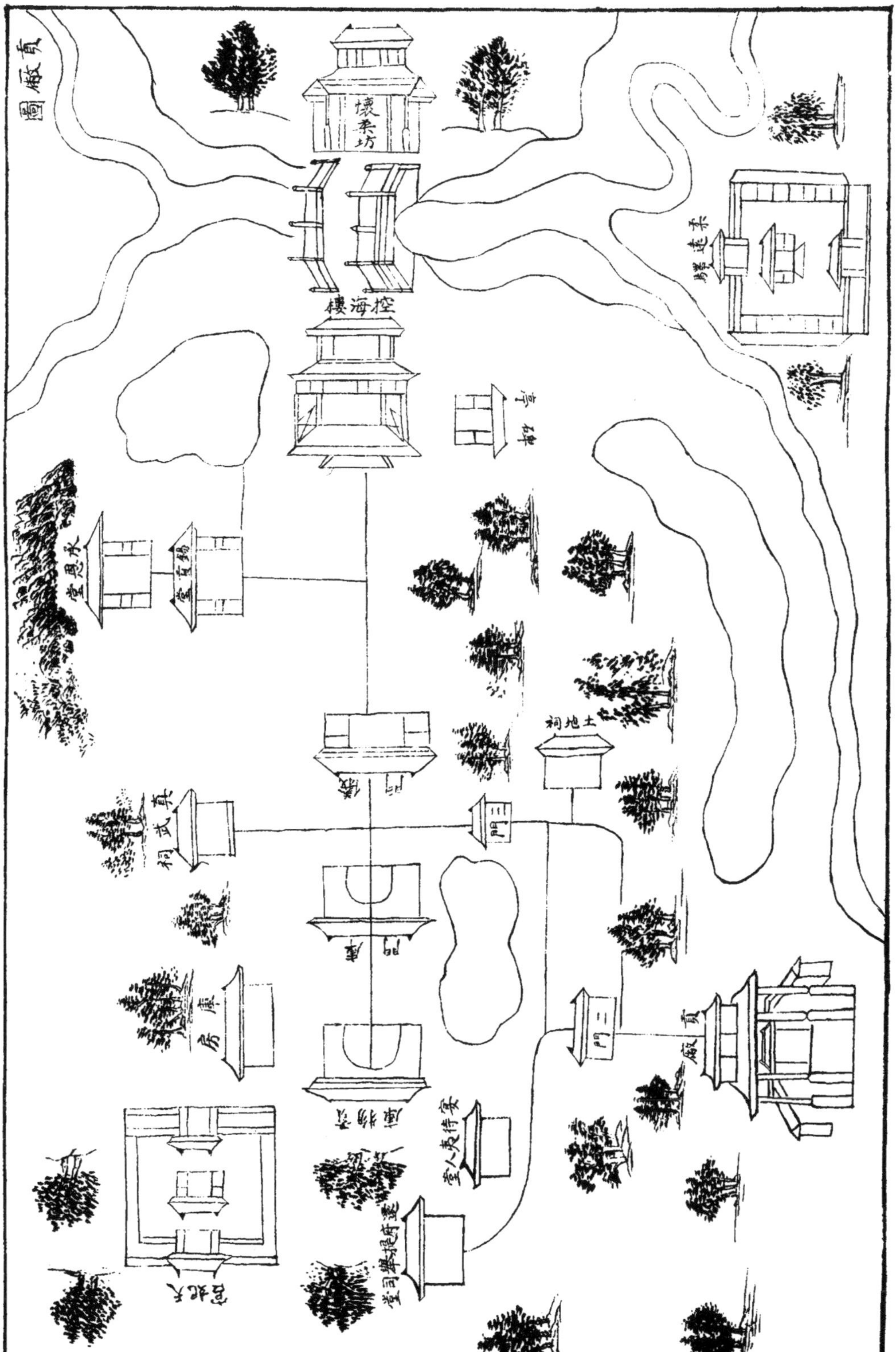
貢廠圖
懷來坊
控海樓
來遠驛
承恩堂
土地祠
真武祠
三門
二門
貢廠
庫房
天妃宮

福建市舶提舉司志

奉直大夫福建市舶提舉司提舉前太僕寺寺丞高岐編輯

一建置

岐謹按商書曰惟克商遂通道于九夷八蠻周書曰海隅出日罔不俾率則海中諸國粵自三代以來臣服久矣惟琉球國在海島距閩東北雖甚邈然賓貢航海必由閩始達于

京師宋元以前雄恃海險來庭靡常

明明我祖闢天立極琉球即來王遂封以中山王錫

以賓貢每二年一貢設市舶司以統之提舉司以理之國初開市舶于泉司署因之後蕃舶入貢迺趨福成化五年奏改舶司于福

制曰可迺建市舶太監府于柏衙市舶提舉司于灣橋進貢廠柔遠驛于河口張官置吏弘規偉贍誠足以壯中國而控外夷也百八十年來貢率其常夷率其化環海晏然猗與盛哉先設市舶太監後省裁之從憲臣請也茲提舉司事務事轄于

察院布按二司以轉聞之定于一也賓貢柔待防範之外錢穀甲兵刑弗與焉三年入覲

制惟提舉司官弗與焉示專於柔遠人也市舶之設厥有義哉作建置考

唐王綝傳綝字方慶以字顯武后時累遷廣州都督南海歲有崑崙舶市外區琛琲珠五百枚琲部浼切方慶至秋毫無所索且約官屬不得與交通境內肅清

唐有市舶使以右威衛中郎將周澤爲之見柳澤劾慶立

疏

唐代宗廣德元年有廣州市舶使呂太一

宋史云掌番貨海舶征榷貿易之事以來遠人通遠物

宋紹興二十一年李莊除福建提舉上曰提舉市舶司委寄非輕若用非其人則措置失當海商不至矣莊可發來稟議然後之任

宋哲宗二年始詔泉置市舶

國初市舶置司於泉州後改于省城司署在布政

司西南烏石山北迺舊都指揮王勝宅第改建
進貢廠在郡城東南河口國初創建凡番國貢獻
方物初皆貯於此然後
上進有交盤廳及庫房二門外門弘治乙丑督市舶
太監劉廣重加修飾又建廳於交盤廳之後立
題名碑正德壬申督市舶太監尙春又建控海
樓於交盤廳之左樓之前爲尙公橋橋之前爲
懷遠坊又一廠在府城內東南懷遠驛在進貢
廠之南

國朝創建以爲番國使臣館寓之所

一沿革

岐謹按書曰道有升降政由俗革然治政必變
則通通則久也市舶之設肇於唐沿於宋元丕
建于我
皇明職惟理賓貢懷柔其兼榷鹽鐵酒茶事務弗
與焉政雖簡而職則事制雖變而體則一無復
向之紛更矣傳之可久豈非變通之宜哉作沿
革考

宋開寶四年下廣南以同知廣州潘美尹崇珂並
兼市舶使通判謝處玭兼市舶判官咸平二年
九月庚子令杭州明州各置市舶廳番官從便
熙寧中始變市舶法泉人賈海外者往復必使
東詣否則沒其貨海道回遠竊遠家者過半歲
抵罪者衆太守陳偁奏疏願置市舶於泉不報
哲宗置泉船舊制雖有市舶司多州郡兼領元
豐中始令轉運司兼提舉而州郡不復預矣後
專置提舉而轉運亦不復預矣後盡罷提舉官

至大觀元年續置明年御史中丞富公弼請歸
之轉運司不報建炎中興詔罷兩浙福建市舶
司歸轉運司明年夏復閩浙二司賜度牒直三
十萬緡爲博易本四年春復置廣司紹興二年
廢福建提舉市舶初令提刑兼領旋委提舉茶
事十二年朝廷欲措置福建蠟茶呂斌上言於
是茶事司歸建州而提舉市舶以次復矣十四
年命番商以香藥至者十取其四十七年詔丁
沉香豆蔻龍腦之屬號細香藥者十取其一乾

道二年詔罷兩浙提舉市舶逐處職事委知通判知縣監官同行檢視而總其數令轉運司提督紹興二十九年張闡言福建廣東各置務於一州兩浙舶務乃分建於五所至乾道初臣僚言兩浙惟臨安明州秀州温州江陰軍凡五處有市舶祖宗舊制有市舶處知州兼提舉市舶務通判帶主管知縣帶監而逐務又各有監官市舶置司乃在華亭近年遇明州舶船到提舉帶一司吏人留明州數月名爲抽解其實擾擾

且福建廣南有市舶物貨浩瀚置官提舉誠所當宜惟是兩浙置官委是冗蠹乞賜廢罷從之

三山續志宋至元十六年設轉運使榷鹽貨兼市舶二十四年兼榷鹽鐵酒醋諸課二十九年改置提舉始專司鹾三十一年設轉運使大德八年罷十年改置提舉皇慶元年復設都轉運使各有佐屬以治其事凡鹺運及倉場之官隸焉又接元史至元十四年始置市舶司領煎鹽徵課之事二十四年改立鹽運司二十九年改立

提舉司大德四年復爲運司九年復罷併入元帥府兼掌之十年復立都提舉司至大德四年復陞運司徑隸行省

國朝鹽課專設都轉運鹽使司職掌茶鐵課郡縣領之市舶提舉專管進貢方物柔待遠人

一官職

岐謹按周禮泉府掌市之征貨之滯于民用者以其賈買之凡國之財用取具焉歲終則會出入而納其餘則知前代開海市以通商以來遠

人之貢有由然也我

朝司署初設于泉正取泉府意焉建官三員以海市開船欲分治之玆惟理貢船不復開海市副提舉遂未銓授矣吏目闕來任亦虛設耳雖有正提舉貢至經理之此外他無事事然

國初設有衙門印信符驗字號凡遇進貢則有本册起關每年拜進則有表文上司公檄則有承行撥參則有吏役供使令則有隸徒掌印提舉之任可少之哉況隸會省之地秩列大夫與運

府並列同事有協參之義焉涖是者其敬爾有
官可敷作官職考
宋元市舶提舉司
提舉一員
同提舉一員
副提舉一員　知事一員
國朝市舶提舉司
提舉一員從五品
副提舉一員從六品　吏目一員從九品

一吏役
岐謹按周禮云七曰胥掌官敘以治敘則古者之胥卽今之吏也吏專簿書示祇承耳提舉司設吏凡六雖無所事然有衙門印信則必有吏役供事始克成體茲輪派直印直堂巡風迎送上司查理文卷每日卯時俱令升散衙門雖清閒藉是可出身約束之漸稍就整肅是亦存官箴之體也作吏役考
吏戶禮兵刑工共吏六名司二名典四名轉考

候缺農民無定數
一慶賀
岐謹按周官嘉禮附以賀慶之禮
國朝會典凡五品以上衙門例慶賀則市舶提舉司每年
聖壽冬至正旦三次例該拜進表文居期同運府類進于
布政司轉進
禮部原設有庫舍儀仗前人建立規則美哉猗

與
龍亭一座　庫一閒　龍幔一頂
圍柱龍袱四幅　黃傘二把　鉞斧一對
金瓜一對　御棍一對
儀從夫三縣取用　金鼓旗三衙取
寫表裝潢俱係侯官縣儒學師生修繕
一署舍
岐謹按詩曰夏屋渠渠言上之待下其居處有如此司署衙門初制建立堅且壯也歲久就圮

日漸彫落欲請而新之度費出惟艱惟因其大
壞者量捐俸薄葺之耳然廠以貯貢物驛以安
遠人自今修理無大費用釋今不修將來傾墜
用不貲矣然地方多事此又不急之務也時寧
儲積可無一修治之乎作公署考

提舉司正廳三間　穿堂二間　中堂三間
東房三間　西房三間
吏戶禮書房三間　兵刑工書房三間
儀門三間　屏門一座

大門三間　土地祠三間
荔枝樹一株　龍眼樹四株

提舉宅
客廳三間　中房三間
兩耳房八間　廚房一間
宅門三間

副提舉宅
客廳三間　中房三間
耳房三間　廚房一間
宅門二座

吏目宅
客廳三間　中房三間
耳房八間　宅門一座
東公廨房六間　西園房三間

進貢廠房屋
錫貢堂三間會盤方物于此　承恩堂三間
察院三司會宴于此　控海樓一座三間
廚房一所　尙公橋一座

碑亭一座　儀門三間
運府提舉司會宴堂三間　待夷使宴堂三間
更樓一間　守宿房五間
庫內香料庫三間　椒錫庫一間
蘇木庫三間　硫磺庫一間共八間
揀篩煎銷硫磺兩廊房共二十間
庫亭一座三間　庫門三間
外參門一座　貳門一座
大門一座　門外坊牌一座

各小角門三座
天妃宮一所
前殿三間　後殿三間
兩廊十間　大門一間
眞武祠一間　土地祠一間
魚池蓮池前後共六口　荔枝樹共四十一株
龍眼樹共十二株　桃樹共四株
棗樹一株　扁柏樹三株
松樹一株　竹墩浦一所多灣曲

新開荒箭路平地一所約長二十餘丈橫約方
丈餘
柔遠驛
前廳三間　兩邊臥房共六間
後廳五間
兩邊夷梢臥房共二十七間
貳門三間　兩邊夷梢臥房共六間
守把千戶房兩邊共十間
軍士房二間　大門一間

一公養
岐謨按詩曰彼君子兮不素餐兮則知古者俸以養廉君子恆懼其覆餗也惟市舶提舉司衙門建于福支候款兵額派于興泉漳三府征解多逃逋不惟官無以資用顧役屢虛無怪其嘖嘖也雖有年例銀不敷歲用然署僻官貧俸薄役稀恆稱貸以應之蒞此亦可以爲清心寡欲之助豈特逭素餐之譏哉作公養考
俸糧

正提舉員下每月本色米二石八斗折色米十一石二斗
副提舉員下每月本色米二石四斗折色米五石六斗
吏目員下每月本色米一石五斗折色米三石五斗
祗候正提舉員下四名　副提舉員下四名
吏目員下二名
直堂本司弓兵十名　吏目廳弓兵二名

本司直堂門子二名
轎傘夫六名係三山驛輪流撥跟
探事馬夫一名係三山驛撥用
泉州府額編
晉江縣祇候二名　安溪縣祇候一名
同安縣祇候一名
漳州府額編
龍溪縣祇候五名　龍巖縣祇候一名
興化府額編

莆田縣弓兵三名
漳州府額編
龍溪縣弓兵二名　隸兵二名
泉州府額編
晉江縣門子二名　安溪縣弓兵二名
同安縣弓兵一名　永春縣弓兵二名
馬夫銀原額編泉州府屬縣先年追解不完羅
一峯公辭而不受罷此役相沿遂成故事至今
未有

一屬役

岐譯按春秋書白狄來嘉其慕義也傳曰越裳氏重譯來朝示柔禮也是故蕃文語出島夷匪譯靡通蕃性非我族類匪通靡達我
朝內置四夷館以太常少卿督其事仍擇精譯夷語蕃文者爲序班通事外則設市舶司以提舉大夫官統之擇本土知蕃語者爲通事正以達夷情宣王化也然必素譯其文能閑禮法者始可堪之然比之匪人不亦傷乎若夫行戶園丁

等役往來無常者也作屬役考
冠帶土通事原設四員嘉靖二十五年革退一員今只用三員
牙行原設二十四名各年分不等革去十九名今只存五名
看廠并解運方物殷實戶原額六名已前年分革去三名今只存三名
看廠園頭一名係閩縣均徭內僉撥
柔遠驛門子二名係閩縣均徭銀內編僉解赴

布政司給領

一官氏

岐謹按周頌曰嗟嗟臣工敬爾在公則設官所以敬其事必著其籍履而後可論其世也市舶司署設久官亦相沿我朝弘治壬戌以前市舶設于泉州惟一峯羅公文行卓絕可考其餘年遠名湮漫不可考自壬戌迄今僅得二十八其間多史館銓曹賢哲左遷或久或速官無常業甚有厭其泠授而不至可槩見矣考之八閩通

志其元宋官秩亦略備焉爰稽籍履以備題識

作官氏考

宋市舶司提舉職名

徐確　上官厚　錢景遡

樂紹衍　章煥文　施逑

蔡欉（上二人政和間任）　許大年　張佑（俱宣和間任）

魯詹（靖康初任）　邵邦達（建炎間任）　徐與可

李承遇　王權　趙奇

呂用中　鮑仔　□壽成

婁𤲴　曹泳　趙士鳴

李莊　張子華　鄭宷

傅自修　張汝楫　陳之淵

黃績　何俌　林之奇（有傳俱紹興間任）

郭知訓（隆興初任）　程佑之　馬希言

陸沅　張堅（俱乾道間任）　虞似良

蘇峴　韓康卿　彭椿年

嚴煥　潘冠英　胡長卿

張遜（俱淳熙間任）　王煥　趙汝彧（俱紹熙間任）

許知新　詹徽之　黃纘（俱慶元間任）

余茂實　曹格　郭希宗（俱嘉泰間任）

趙谹　趙亮夫（俱開禧間任）　朱輔

王樞　趙不熄　傅庸

葉元澣　趙崇度　施械

魏峴　趙汝适（俱嘉定間任）　謝寀伯

李韶（俱紹定間任）　葉宰　黃朴（俱端平間任）

劉煒叔（嘉熙間任）　趙希桝　陳大猷

趙師耕　劉克遜　楊瑾（俱淳祐間任）

趙涯　黃會龍（俱寶祐間任）

元市舶司提舉職名

黑的　宋熙　張鐸

陳珪（俱至元間任）　八哈迭兒　馬合謀

段廷珪（俱大德間任）　沙的

石抹羌吉剌歹　孫國英

海壽（俱至大間任）　瞻思丁　木八剌沙

嚴文　哈散　朱善輔

倒剌沙　廉壽山海牙（上五人俱延祐間任）

裴堅（至治間任）　昔寶赤　趙敏

八都魯丁　劉遜　亦思司因

暗都剌　蠻子海牙　忽都魯沙

也先帖木兒　爲樞　葛紹祖

國朝提舉職名

羅倫字彝正號一峯江西廣信府永豐縣人成化丙戌二年狀元由翰林院修撰成化丁亥年以言事謫出歷任己丑年召復翰林院原職

武全直隸保定府雄縣人由舉人弘治十一年歷任

王尚學廣東廣州府東莞縣人由舉人正德二年歷任

倪鼎直隸徽州府婺源縣人由舉人正德十年歷任

舒芬字國裳號梓溪江西南昌府進賢縣人正德丁丑十二年狀元由翰林院修撰十四年以言事謫降歷任嘉靖元年召復翰林院原

職

劉廷臣江西吉安府廬陵縣人由舉人嘉靖元年歷任陞浙江處州府同知

陳九韶廣東廣州府番禺縣人由舉人嘉靖七年歷任陞湖廣岳州府同知

徐廷傑浙江温州府永嘉縣人由進士山東按察司僉事嘉靖十三年以事謫出歷任十五年二月陞福建邵武府同知

何公溥廣東惠州府博羅縣人由舉人嘉靖十

四年歷任陞福建汀州府同知
陸時雍浙江湖州府歸安縣人由進士工部郎中嘉靖十七年以事謫出歷任十八年陞四川按察司僉事
添註江汝璧江西廣信府貴溪縣人由進士左春坊左諭德嘉靖十七年以主考事謫出歷任十八年陞南京兵部員外
楊育秀江西廣信府貴溪縣人由進士吏部文選司郎中嘉靖十八年以選官事謫出歷任

本年七月陞南京兵部員外
陳瓔直隸常州府武進縣人由舉人雲南大理府通判嘉靖十九年歷任
鮑冕直隸徽州府歙縣人由舉人雲南臨安府建水州知州嘉靖二十四年歷任
楊璉直隸常州府武進縣人由監生北京南城兵馬司兵馬正嘉靖二十八年歷任
高岐雲南大理衛籍四川成都府人由舉人先任太僕寺寺丞以事謫出嘉靖三十三年歷

任

副提舉

吏目

尉賢山東兗州府寧陽縣人由恩生嘉靖八年歷任

譚彝廣東南雄府保昌縣人由吏員嘉靖十五
年歷任
甘鎮江西南昌府豐城縣人由吏員嘉靖十七
年歷任子甘勳嘉靖癸未進士
葉濂直隸徽州府休寧縣人由吏員嘉靖二十
五年歷任丁母憂嘉靖三十四年復任

一附先年市舶府太監歷任職名
楊斌交趾人洪武年間膺選歷陞奉御永樂初
年任
梁著湖廣人洪武年間膺選奉御永樂初年任
來住交趾人洪武年間膺選歷陞尚衣監左少
監正統九年任正統十三年遷本省鎮守

張貴北直隸人永樂年間膺選歷陞惜薪司右
司副成化元年九月任
蒙信廣西人洪熙年間膺選歷陞供用庫奉御
成化四年十月任
施斌山西人永樂二十二年膺選歷陞都知監
右監丞成化九年七月內任
韋查廣西人宣德四年膺選歷陞都知監太監
成化十二年九月內任
董讓浙江人景泰年間膺選歷陞御用監太監

弘治二年三月任弘治十年遷江西鎮守
劉廣山東人天順初年膺選歷陞司設監太監
弘治十年六月十八日任
劉彝山後人天順年間膺選歷陞御馬監右少
監正德二年二月初十日任
許通順天府人成化十年膺選歷陞內官監太
監正德三年十月十三日任
呂憲山東人成化十一年膺選歷陞內官監太
監正德四年十一月初八日任

尙春保定人成化年間膺選歷陞都知監太監
正德五年十二月十一日任轉陞御馬監太
監福建鎭守正德十四年十月十九日任
趙誠保定易州淶水縣人弘治年間膺選歷陞
御馬監太監正德十四年十月十一日任轉
陞福建鎭守嘉靖五年四月十五日任

一賓貢

岐謹按書曰明王愼德四夷咸賓無有遠邇畢
獻方物周禮懷方氏掌來遠方之民致方貢致

遠物而逆送之達之以節治其委積館食則王
者於四夷之賓貢招以禮綏以德正周官意也
今制南夷厥貢惟琉球達于閩貢船來往飭兵
防之方物進獻擇官護之
錫予以重幣遣送以序班馳達以驛遞宴待以都司
延給以館稟恩至渥也懷綏有道島夷來王厥
有由哉作賓貢考

琉球國進貢應行事宜

琉球國夷船到水埕灣水寨經過閩安鎭等處
巡司各先申報各衙門知會把總指揮卽差千
百戶一員坐駕軍船率領軍士防範進港都司
仍委指揮一員督同地方沿江巡邏防範
察院行都布按三司會委首領官三員各領封
皮同提舉司掌印官帶領土通事幷合用匠作
人等前去停泊夷船處所譯問差來夷使果係
進
貢是的當取彼國符文執照查驗備抄明白一面
督令各匠就將本船艙艙如法釘封當令原委

指揮防護進港各委官員先將封過艙艙緣由
稟報後將抄白符文執照備由通行申報如或
夷船擱淺難進夷使呈卸櫝椇行李自僱船隻
搬運至柔遠驛安歇其進貢方物行令芋原驛
取撥站船裝運緣由申稟布政使司會差原委
官員預先稟請
察院幷都布按三司封皮到船驗封開艙先將
方物盤過站船如法封釘固密取具船戶領狀
附卷著令駕到進貢廠河下聽候會盤仍將各

夷行李見數搬運入驛具由申報提舉司又據
夷官呈請會盤緣由申詳
察院批行布政使司擇日劄行提舉司另具日
期封皮張數手本稟請各衙門按臨到廠會盤
原委官員先稟驗封開艙提舉司行閩侯懷三
縣查照舊規備辦籮桶槓繩合用家火物件送
廠仍取行匠辨驗方物都司行左右中三衛取
撥金鼓旗吹鼓銃手軍士排列隊伍防範布政
司行福州府閩侯懷三縣照依上年事例備辦

酒席宴待夷官賞犒夷眾各大小衙門官員俱
到進貢廠聽候會盤提舉司呈遞夷使參見行
禮事宜手本方物文冊其夷人差委土通事數
名先發柔遠驛安插次將馬疋蘇木胡椒硫磺
等項方物依次進上著令行匠驗報明白該三
縣民夫搬扛貯庫畢原委官員稟請封皮封庫
夷官辭謝起馬本日都司行左右中三衛取撥
百戶三員軍士一百名提舉司撥吏一名每夜
提鈴巡邏防守方物仍撥千戶二員軍士三十

名守把柔遠驛門提舉司給示禁止夷人不許
擅自出入交通貿易違禁貨物按月取具土通
事并附驛地方各不致縱容結狀繳報按察司
查考
察院并都布按三司各先差人賫本赴
北京走報後布按二司會委官一員同提舉司
官公同到廠開庫拘集油炭等行辦料將原進
草包生硫磺眼同拆開督匠驗看成色照依舊
規春篩如法煎銷成餅一面行拘匠作照依上

年式樣做辦槓桶藍袋槓繩罩架黃袱旗棍等
件裝盛方物槓數申報布政司委官解槓提舉
司擇具封槓日期并封皮式樣張數呈報刊刻
印給原委官員領帶到廠公同驗看明白逐槓
釘封照舊收庫提舉司照依舊規軍三民七派
夫申詳
布政司行福州府閩侯懷三縣并三山驛遞都
司行福州左右中三衛各照派槓數撥夫到廠
聽用都布按三司會委千百戶四員內二員護

送夷使赴北京二員同提舉司差看廠僱當殷
實戶二名領解方物赴南京内庫交納奉獲長
單批迴附卷
察院并都布按三司及提舉司各差人齎方物
數目本册赴北京投進進貢夷人奉例只許應
付一百五十員名夷官廩給每員每日給米五
升人伴口糧每名每日給米一升五合夷梢月
糧每名每日給米一升該三山驛備申福州府
行常豐倉按月關支蔬菜夷官每員每日給銀

五分人伴每名每日給銀五釐按季赴
布政司給領火柴每員名每日給銀一釐赴閩
侯懷三縣支應宴待夷官賞犒夷衆提舉司據
差來夷官呈請筵宴緣由備申布政司行福州
府閩侯懷三縣照依舊規辦宴于都司堂上宴
待掌印都司一員主宴三衞排列隊伍防範次
日夷使謝各衙門酒席畢土通事帶領回驛提
舉仍擇具起槓日期手本稟知起槓之日稟請
三司先到西門樓城上送槓出城取具解槓官

并芋源驛遞各領狀繳報其夷使赴京具呈提
舉司轉申布政司呈詳起關應付自柔遠驛起
程往芋源驛由延平建寧崇安過山浙江直抵
北京
琉球國差來夷使人伴赴
北京進貢事畢回還奉
欽依差鴻臚寺序班一員防送至柔遠驛安歇照前
宴待畢後提舉司行據土通事取具夷官離驛
日期緣由申詳布政司委官一員同本司土通

事并該吏各一名將夷人逐一搜檢上船防送
至梅花千戶所地方開洋回國去訖取具沿途
經過各該巡司地方各不致縱容登岸收買違
禁貨物并夾帶人口等項結狀繳報各衙門

一貢物

岐謹按禹貢曰島夷皮服曰海濱廣斥厥貢鹽
絺海物惟錯則海夷獻貢有自來矣琉球國爲
閩海東夷凡貢皆取其國中所有者以獻進素
號知禮文恭事天朝肅如也邇來該國物產漸

耗海商不至窘矣貢物之淙其有自哉然薄來厚往柔道也作貢物考除先年貢數不開外

嘉靖二十年三月二十六日閩安鎮巡檢司報琉球國差來正議大夫蔡瀚同王舅殷達魯使者金松通事林喬坐駕船一隻裝載進

貢慶　賀馬四疋硫磺一萬斤金靶鞘腰刀二把銀靶鞘腰刀二把鍍金銅結束紅漆靶鞘袞刀一十六把鍍金銅結束紅漆鞘沙魚皮靶腰刀一十把象牙二萬斤進貢

御前金結束黑漆鞘沙魚皮靶腰刀二把鍍金銅結束紅漆靶鞘袞刀一十二把鍍金銅結束紅漆鞘沙魚皮靶腰刀一十把兩面泥金扇一百把一面金扇一百把附搭蘇木一千斤紅銅一千斤至二十一年五月初七日梅花千戶所開洋回國

嘉靖二十二年三月二十五日閩安鎮巡檢司報琉球國差來正議大夫陳賦使者馬善通事陳繼榮坐船一隻裝載馬十疋硫磺二萬斤進貢附搭紅銅一千斤蘇木一千斤至二十四年五月初九日梅花千戶所開洋回國

嘉靖二十四年三月初四日據閩安鎮巡檢司報琉球國中山王尚清差長史梁顯等官坐船一隻裝載馬八疋硫磺一萬四千斤進貢附搭胡椒一千斤蘇木一千斤至二十五年五月十八日梅花千戶所開洋回國

嘉靖二十六年四月初一日小埕澳水寨報琉球國差正議大夫陳賦長史蔡廷會使者馬讀

古通事梁炫坐船一隻裝載馬十五疋硫磺二萬斤金光銀靶鞘腰刀二把金結束黑漆鞘金起沙魚皮靶腰刀二把鍍金銅結束皮包鞘皮札靶腰刀六把鍍金銅結束紅漆靶鞘袞刀六把束香一百斤象牙二百斤附搭蘇木一千斤胡椒一千斤進貢謝

恩至二十七年五月十三日梅花千戶所開洋回國

嘉靖二十八年三月二十六日閩安鎮巡檢司報琉球國差正議大夫梁顯使者金城通事梁

炫坐船一隻裝載馬四疋硫磺五千斤附搭蘇木一千斤胡椒一千斤進貢至二十九年六月二十三日梅花千戶所開洋回國

嘉靖三十年無貢

嘉靖三十二年閏三月初六日小埕灣水寨報琉球國差長史梁炫使者達魯嘉尼通事鄭憲坐船一隻裝載馬六疋硫磺一萬斤附搭蘇木五百斤胡椒五百斤進貢

補三十年分貢差使者馬加尼通事陳繼成坐

船一隻裝載馬四疋硫磺五千斤附搭蘇木五百斤胡椒五百斤至三十三年六月二十一日梅花千戶所開洋回國

一考異

岐謹按易曰君子以類族辨物今考之羣書參之使記則琉球爲海邦其地輿之廣狹俗產之美惡風氣之異宜

聖化之遠被臣節之恪守及遣使錫封之大典咸著

明焉惟我

天朝有保天下之氣象故以大字小無達弗屆也豈惟琉球一國然哉安南朝鮮日本占城暹羅俱海中諸國莫不來享來王以至霜露月域亦皆臣妾焉輿圖之廣粵自開闢以來所未有者也附此以見

大明大一統之盛

大明一統志

琉球國在福建泉州東海島中其國之沿革未詳漢魏以來不通中華隋大業中令羽騎尉朱

寬訪求異俗始至其國語言不通掠一人以返後遣武賁郎將陳稜率兵至其國擄男女五百人還唐宋時未嘗朝貢元遣使招諭之不從

本朝洪武中其國分爲三曰中山王山南王山北

王皆遣使朝

貢嗣是惟中山王來朝其二山蓋爲所併矣

風俗　男子去髭鬚以鳥羽爲冠裝以珠玉赤毛婦人以墨黥手爲龍虎文皆紵繩纏髮從頂後盤至額以羅紋布爲帽雜毛爲衣以螺爲飾

下垂小貝其聲如佩
王及臣民各分土以爲祿食識漢字奉正朔俗尚
佛異神
使錄云所產多野馬牛豕鳥鶏麻雀螺殼海巴
硫磺牛皮磨刀石穀則有稻秫稷麥菽蔬則有
瓜茄薑蒜葱韭果品則有鳳尾蕉甘蔗石榴橘
柿之類其蘇木胡椒欏子扇皆易自暹羅日本
臝虫錄
琉球當建安之東水行五百里土多山峒峒有

小王各爲部隊而不相救援
國朝進貢不時王子及陪臣之子皆入太學讀書
禮待甚厚
使錄云按福州梅花所開洋順風七晝夜始可
至琉球國以水程計之殆將萬里豈止五百里
部落列伍以防衛相爲救援洪武二十二年王
令子姪入太學後遣陪臣之子進監讀書大司
成敎以誦詩學禮處以觀光之館禮待不亦厚
乎

星槎勝覽
琉球國山形抱合而生一曰翠麗一曰大崎一
曰斧頭一曰重曼高聳叢林田沃穀盛氣候常
熱酋長遵理不科民下釀甘蔗爲酒煮海爲鹽
能習讀中國書好古畫銅器作詩效唐體地產
沙金黃蠟
使錄云琉球山形南北一帶而生無翠麗等四
山之名五穀雖生不繁氣候常熱雨過卽涼政
令簡便各食分土陪臣子弟幷民之秀者令習

中國書其餘俱從倭僧學番字而已地不產金
亦無黃蠟玻璃等物所用惟日本銅錢其古畫
銅器非其所好作詩則弄文墨參禪乘未必效
唐之體也
集事淵海
琉球與泉州之島曰彭湖者煙火相望其人驍
健以刀稍矢劍鼓爲兵器旁有毗舍那國語言
不通袒裸盱睢殆非人類
使錄云琉球去彭湖不下數千里雲蜃作霧光

景且伏煙火豈相望乎閩之鼓山霽日可望琉
球蓋小琉球山也若大琉球將隔萬里豈能望
哉人生多膂力薄滋味寡嗜慾國無醫藥民亦
少夭札習尚忿爭多用兵器鄰國目爲勍敵焉
東隅有人鳥語鬼形不相往來豈所謂毗舍那
國耶

杜氏通典

琉球國王姓歡斯氏名渴剌兜土人呼之爲可
老羊妻曰多拔茶王乘木獸令左右輿之凡宴

會執酒者必得呼名而後共酌飲歌呼蹋蹄音
頗哀怨扶女子上膊搖手而舞民間門戶必安
獸頭

使錄云嗣王姓尙氏名淸父名眞祖名圓自上
世以來皆命名以漢字妃皆選自民間女子充
之稱王曰敖那稱妃曰札剌陪臣無姓氏或以
世以地爲之名大夫長史都通事有姓者皆出
自
欽賜三十六姓之後裔焉王出入乘肩輿傘蓋用五
色以土珠小團扇四柄貼金葫蘆一對以爲儀
衛鼓吹戈矛隨焉宴會禮甚簡朴陪臣稱觴壽
王與坐共飲不名樂用絃歌音頗哀怨更以童
子四人擊柝婆娑以爲舞焉無蹋蹄女子之歌
戲民居不勝風雨雖王居亦無獸頭況民乎

大明會典

琉球自洪武年間其中山王山南王山北王皆
遣使奉
表箋貢馬及方物洪武十六年

賜國王鍍金銀印幷文綺等物山南王亦如之後
賜中山王山南王山北王玉色紵絲紗羅冠服王妃
紵絲紗羅王姪王相寨官絹公服永樂以來國
王嗣立皆請
命册封自是惟中山王來每二年賓貢一次
成化年間差給事中董旻爲正使行人司副張祥
爲副使琉球封王一次
嘉靖十二年差吏科左給事中陳侃爲正使行人
司行人高澄爲副使琉球封王一次

一藝文考

岐謹按孔子曰文獻不足故也足則吾能徵之矣是故考德問業必於前言往行訂焉司署肇于古名賢相傳必有序記歲遠碑湮漫無所考近于頹垣中獲殘碑蘚剝不可讀洗而玩之迺改設司記爰合貢廠諸碑輯而錄之俾前賢盛美不終磨滅而司署文獻或可備采擇也作藝文考

福建市舶提舉司記

按察司副使雲程林玭撰

皇明混一宇內四夷賓服乃琉球居泉閩東海島中唐宋未嘗朝貢元遣使諭之不從洪武初稽首稱藩歲遣人入貢至泉轉達永樂元年始置市舶提舉司於泉設官掌之又主以中貴一人歲久番舶漸抵福城南河口是司猶在泉成化丙戌巡按御史朱公賢奏請遷福之柏衙

制從之提舉羅公倫申云衙門設立自有其地遷移亦有其數蓋以柏衙僻陋非可設之地歲數未竊非可遷之時遂寢其事甲午巡視都御史張公議將舊司貿易置灣門都指揮王欽宅遷本司官吏居之但卑隘圮壞每遇慶賀表箋龍亭儀仗權設儀門行事弘治壬戌春太監劉公穀然曰吾奉命事制番舶是司之設壯中國之等威其體制不可不隆聳外夷之瞻視其門閫不可不麗乃諗于鎮守太監鄧公巡按御史陳公相與贊成其謀幸是歲首夏初圃中芙蓉一株盛開數朶夫芙蓉秋開者也是華特先眾卉而榮識者蓋知此地必興之兆乃措貲市材鳩工

以提舉武公名全運判楊公名瑞董其役外爲重門中正廳翼以兩廂寨室有堂湢有室官吏有廨共屋七十餘間始事於壬戌年九月十五日竣工於十二月庚申日武君屬此紀其事昔宋元祐初置是司於泉則以泉人買海外者掌其征榷貿易之事我朝買海有禁其所司者朝貢一事而已今遷於福以其地言之福城爲八閩總會之地其衣冠文物十倍於泉羽冠異類奉贄獻琛奔走左右而受約束者觀三司衙所

之制豈不思藩屏固刑罰清武備脩安敢萌外侮之心乎觀府縣學校之制豈不思生齒之繁財賦之殷人才之盛然焉敢啓內侵之釁乎以其數考之自永樂癸未始創於泉迄今弘治壬戌年于茲矣夫數始於一竆於百竆則變變則通通則久故方經營變置之始草木爲之先榮夷情爲之悅服國家億萬年爲華夷主久安長治之徵也非羅公卓見不足以逆知其數於四十年之前非鄧公劉公才識不足以通變而符

其數於百年之後故衙門之設雖有其地有其數必得其人而後成既成之明年癸亥十二月朔記

今開原契都布按官買地基東至官街西至地平堂南至軍人張清等北至官河

提督福建市舶題名記　按察司副使宜興杭濟撰

東南自浙而閩廣爲三省其外大海多蠻夷環水而島居者若干國凌風駕濤譯言贄貢歲率以爲常故每省各該市舶司領之又命中貴臣一人統其事區畫周悉蓋欲下通款附之誠上以布我朝廷柔遠之意也夫統于一隅羈屬諸國況其情弗類順逆易興當是者顧亦艱且重矣肆惟閩省市舶之設事事者計凡若干人迄今太監劉公爰自內選受

勅而至甫九稔事既克環江海無虞迺暇日修廢學墜公署之飾煥然增新而前人封域頹圮悉治既而喟曰吾從莅茲土者後先相踵閱歷滋久殆將無傳焉因稽諸故牘詢之遺老得官秩姓

氏者僅八人作亭廳署之後立石以載之徵予爲記予惟托名金石以圖不朽槩有爲之者然名立於此實徵諸彼某苟善則人將指而賢之某否則將指而詆之善示無竆而否亦因之不泯則斯名之存故幸也亦大可懼也市舶初無碑志公斯肇之其所以昭潛没啓繼襲意詎無所謂哉於戲往者已矣今之視其名者安知不有指議其間而後之繼今當必知所以自懼若迺公之和易忠誠恪共厥職貢致于上市不私

于下而且申威播惠順效蠻夷是眞可謂不負簡命者矣吾知登名茲石傳之永久他日必有指而賢之者雖然其端耳使擴是而往以弘其事業則將書而炳諸史冊豈特茲石也哉此予所望於公併以示諸來者

尙公橋記　兵部尙書閩縣林瀚撰

橋以尙公名者公所造也遂用公姓姓斯橋焉蓋示千萬載不能忘耳公自童年被選入內廷供奉以聰秀爲

憲宗皇帝所愛特送入書堂進脩學業性敏而勤志銳而篤染翰工詩皆遠出人右逮弘治中歷試惜薪司財用諸劇事一皆稱旨荷賜飛魚錦服一襲寵以爲榮我皇上紀元正德初拜奉御荐陞左司副司正至於今職五年秋乃以都知監太監服蟒衣玉帶佩璽書來總閩蕃舶事甫逾一載聲望日隆其恤細民也以仁其接賢士大夫也以德其懷馭島夷之朝貢者以惠以大體一日會盤方物于河濱見司所架木橋度運海航諸貨登岸者板弱編朽遽墜番使溺焉公慨然曰此非所以柔遠人也遂出稟貲分給石公造橋梓人樹坊于東名曰懷遠建樓于西名曰控海皆極堅固壯麗樓可遠視坊可少憩橋可安行華夷得之輿議名曰尙公者紀實也提學王尙學率本地通事黃仕明官牙馮驥等專董其役經始於七年壬申夏五月十六日越冬十月二十七日告成鎭閩太監商公飈檠都布按三司諸公咸往落之冏

不相顧歎羨無已爰屬老夫紀其事以垂有永予昔官翰林時奉命內書館視業知公爲深公本魯氏而尙乃賜姓也茲重會晤亦一奇逢耳剡西園既復時邀名公登鄰霄臺宴飲賦詩鐫名峭壁斯皆人所鮮能而公慷慨舉之士林罔不敬服誠近臣中之表者歟公名春景元其字別號達齋世家于保定易州云

進貢官廠置買閩縣崇賢里一二圖民葉滢李淵民田共二段計四分五釐五毫三絲蓋造牌

樓墳砌官路其田公委本縣典史金奎丈量明白止該正耗米四升四合九勺九抄七撮夏稅鈔四文當官給與田土價銀二兩三錢訖其米鈔立作官廠名字寄莊高惠里一圖用勒于石永爲定規

三山紀會錄序　梓溪舒芬

古仁人立言之遠曠百世而不受知者屈子之離騷是也離騷自淮南而下說者數十家奚爲而不知邪屈子者知道者也離騷者訣絕而思

傳道者也說者謂怨誹憂憤類以楚聲湘纍悲哀之辭視之豈知離騷者邪夫傳道之言在今日豈信於子思孟子邪屈子曰道可受兮不可傳其小無內兮其大無垠與子思所論費隱同邪異邪又曰一氣孔神兮於中夜存虛以待之兮無爲之先與孟子所論夜氣同邪異邪且孟子而下士孰知王霸之辨此屈子乃言曰昔三后之純粹兮使非眞知王道之純粹邪又曰湯禹嚴而祗敬兮周論道而不差於乎嚴敬不忽大中不差此彙內外該本末之言也非三后之所爲純粹者邪蓋存社稷哀民艱躋王道等伊呂屈子之心也而不得遂焉亦樂天而安夫命矣雖離騷見志亦豈必其道於來世邪或者見其有悒鬱大息流涕之字則謂其憤怨見其有麾蛟駕龍發東津至西極之辭則謂其嫉世逃虛是豈知屈子未嘗不豫之誠邪歲正德己卯予以言事調司舶偶九日登烏石高處長嘯孤咏若將騁宇宙之寥廓也同年平嵩知之攜

酒至俄而東岡越坡浴陽皆攜酒至且眺且詠若將觴我樂我也各爲詩數首屬予和且屬通錄所聯句爲一卷以紀淸遊予以斯遊于四君信樂矣若芬者方處孤遠慮患之地人豈以爲樂邪昔者屈子之樂人以爲憂抃與其道廢之矣非四君孰知予嘯咏之樂邪雖然道苟在我則無往而不可樂位苟在我則無往而不可憂一游奚待哉詩錄去思覽者視之騷也因敘屈子之仁先之謝四君能知己也

刻張東海贈行羅一峯詩序　運同前御史華亭李人龍撰

士有曠百世而相感者孚以心也矧夫聲應氣求寘然峙立於朝著其心之所感又何如其肫閫孚契也一峯羅先生在翰林時疏奪情忤秉國調閩市舶提舉眾方以言爲諱而張東海先生卒不避忌毅然獨以詩贈行觀其格款韻致侃侃金石不作渭城語未幾東海亦以假髻曲訕倖位隨外補南安守其詩之所發非其心素所孚契者乎愚嘗竊評二公羅醇正似程明道張鯁直近蘇文忠文章節氣較若畫一其心同故其迹同也高子季鳳以太僕丞謫遷茲署稽古象賢而耿耿於前修者篤矣按故事市舶清簡設以待遷客先是翰苑銓曹凡左遷者率湓是終日讀書撰文養望儲用諸前脩固皆名流而一峯尤爲卓越宜高子所深慕而鍾仰之極力也一日集羣寀燕于柔遠堂洒徵言於余而求表揚之余退而檢籍笥偶獲此詩爰筆敦復以邵倅錢子可學工草書意宗東海介其染墨

揮毫勒珉昭法時輔贊其美者福郡伯翁子大經少府徐子廷高副運林子端吾別駕張子子成王子子信邢子子元翊而顧子少雨適滋長麟司則樂觀厥成也噫茲舉也作滌於忠可以立世敎矣昔孔子以君子稱子賤而必追本其魯之多賢韓退之唐之聞人也其文至宋歐陽公始克表暴於世余固不敢私諸其鄉人而高子惓惓謨議亟圖伐石以彰二公之美一發於秉彝好德之公心顧余鄙劣深惟不文是懼重違高子之懇且幸自附於青雲之士以表諸君子忠義之誠不敢以不文自棄也故勉爲之敘

詩

送羅應魁調官福建市舶提舉　東海張弼

江右衣冠此丈夫纔於楓陛聽傳臚百年事業丹心苦萬古綱常赤手扶郭隗臺前折疎柳考亭祠下掃寒蕪問渠榮辱升沉事天際浮雲自有無

烏石同游倡和　梓溪舒芬

轉避迴巒一徑深直窮烏石最高岑爲將佳節
酬孤興應被旁人識壯心山勢北來雲萬疊潮
痕東望雪千尋揮毫欲掃烟嵐淨風雨今朝未
許侵

又

壯懷寧解賦悲秋得伴還爲汗漫游酒債又因
佳節重詩篇常爲好山留遙憐
宮闕中天隔不信烟霞此地幽翹首東溟風未定
萬漚隨浪若生浮

讀羅一峯舒梓溪張東海三公文集有感

陽川高岐

嘉靖甲寅春岐自江北移官閩南爰考舶司
名賢多翰苑天曹謫仙至止維一峯梓溪二
公謫寓更久遺文往事足可徵焉嗚呼若二
公者可多得哉蓋二公秀鍾江右克勵聖賢
之學其里同其志同大魁天下蜚英史館文
章道德海內仰之爲太山北斗其聲望同力
任綱常逆止遊豫犯顏敢諫風節挺挺其忠
義同落職閩市舶堅持雅操歷三載如一且
其謫與地同
召復翰林官止修撰遽爲隱憂抱道而終又同夫
惟其心同故道無弗同也我
朝養士二百年來培植既厚元氣自完此二公之
直節正氣邃學淵謨誠足以風天下而師百
世也豈惟厥里厥宦俎豆之同他日休亨明
禋廟祀之崇其將無同也乎岐末學小子去
二公之世若是其遠也謫遷茲署慕二公之

高若是其切也既嘗刻張東海公送行詩序
于石垂不朽矣臨風三復重有感焉遂不揣
爰次前韻爲詩一首僭扁于司署之羣僊寄
興堂以見二公心一道同且以述高山仰止
之懷云

天挺洪都兩丈夫雲龍千載慶傳臚後先大節
乾坤重次第危言日月扶烏石暮雲含宿潤玉
堂春雨鎖殘蕪清風仰止令人切流水高山古
調無

司志終

舶司志後序

夫記久而明遠昭茲而貽來莫備於志所以稽典敷猷秩分勅法別防垂鑒總庶事之紀類萬物之情匪直文焉已也古有以天文志者如馮相保章氏之所掌有以輿地志者如職方氏之所掌有以人事

志者如內外左右史之所掌是也大哉志乎三才之奧統於此矣若陽川高子之志斯志也其猶有良史氏之遺矣乎我

皇家開天立極柔遠能邇島夷卉服奔走貢琛舶司之設其來尚矣官署制度規置詳略自宋元以迄于今不知凡幾變也顧未有輯而志之者高子自太僕移官江北旋移是秩借資養望靖共朝夕愼乃攸司蒐討舊聞爰輯爲志是故始建置以稽典也表沿革以敷猷也愼職官以秩分也詳吏農署舍公養屬役之類以勅法也著賓貢以別防

也稽官氏以垂鑒也其文核其旨遠其取類廣其立義精俾後之尚論景行者世有考焉則斯志也允足爲文獻之徵矣高子文章行業齊美於仲兄雲川公公昔按吾閩風烈具在余亦曾按滇於高子有深知之雅樂觀厥成故僭爲之序

福建市舶提舉司志壹册
民國貳拾八年三月刊
實價八角

云

嘉靖乙卯秋七月望吉

賜進士出身浙江道監察御史莆田石

海林應箕著

今當此書刊印之際略敍其經過附諸簡末昔年因披覽籌海圖編曾在其參照圖籍中知有福建市舶司志一書思獲一覽遍向各地知交敦託搜求借閱竟無藏者不勝遺憾乃於數年前無意間得一寫本即係此書但此與籌海圖編中所稱者爲同一之書抑爲別種既無從判別至此書前經刊行與否亦未敢判定聞日本曾藏有此書刊本之言然尚未得其證實總之是爲海內稀本可斷言也茲因王君之慫慂遂持付鉛印以餉世之研求掌故者

民國二十八年三月　燕人識

粤海關通轄口岸考一卷

〔清〕王文達撰

《粤海關通轄口岸考》一卷，清王文達撰。文達字清泉，大興（今屬北京）人。光緒二年（一八七六）隨權憲來粤，總司榷事，公餘之暇，詢訪關卡，窮數年之力而成此編。晚清海禁既開，粤海關爲中外輻輳之所，舟航絡繹，百貨流通，商販咸集，爲國家貢賦之所繫。惟其地環大海，港嶼分歧，古今異勢，因革異宜，不易究覽。是書窮源竟委，於各關口設立之年分，距省之程途，定案之章程及各埠渡艇往來之與販，靡不詳敘，條分縷析，朗若列眉。據中國國家圖書館藏清光緒六年刻本影印。

序

記曰三王之祭川也皆先河而後海或源也或委也此之謂務本本如者源與委之所由立不務其本曷由究委而窮源天下事固有皆然而榷務為甚而粵之榷務尤其甚焉者也夫粵海關之設由來久矣地居環海中外衝途華艇洋舶帆檣絡繹

國家鉅萬貢賦之所繫其中正關子口錯雜紛歧且古今異勢因革異宜內而吏胥之弊混外而商販之偷漏加以司事者不久即瓜代去非深知灼見獨探本源其不流於敷衍遷就鹵莽因循者蓋幾希矣溥家淮上幼嘗橐筆榷署一知半解徹有見聞長而佐戎於魯豫燕趙間軍事既藏得以需次來粵第榷務之與地方政事固迥不相侔也緣自通商後中外交涉事務繁夥於是

大府有派委承乏之例溥也不才亦濫廁其列會王君清泉隨

榷憲來粵總司榷事溥與清泉共事既久相知最深公餘則識論榷務清泉乃

出一編以相示曰此余數年來手摹口追不憚煩瑣而成者子請是盡觀之博愛而卒讀不禁作而歎曰務本之義其在斯乎雖志乘例有專本不過綜其大略率皆語焉不詳述焉不精今得斯編觀之

不獨身任其責者於關口之一一控扼古今形革隨地隨時之變遷條分縷晰朗若列眉以索驥圖中觀紋掌上絕少斁術鹵莽之處即繼此而來者當為圭臬亦可究委窮源不致舍本而逐末矣其有功於粵之權務豈淺鮮哉故樂而為之序云

光緒庚辰秋仲

山陽施溥澂泉氏謹識

粵海關通轄口岸考

夫周官太宰言九賦合關市爲一司關亦云掌國貨之節以聯門市盖司事之商賈與司關之賓客事例相通爲後世職貢互市之始卽今關榷之所由昉也

查粵海關所轄地環大海港嶼紛歧東起潮西盡廉南盡瓊崖凡分三路在在均有出海門戶自海禁既開帆檣鱗集瞻星戴斗咸望虎門而來是口岸以虎門爲最要之區至澳門一埠溯自明季嘉靖年間已屬西洋租界而香港三環由道光二十二年亦爲英商開立行市因之百貨流通商販咸集而定則徵稅中外交孚故舟航之絡繹若此餘如惠潮如肇高雷廉瓊各有港汊向亦各設有口岸凡貨之自外入自內出者均須查驗分明在前向由大關經承分派各清書前往稽征是於嘉慶十九年經三司議定奉

一

差各書分五班輪轉此每年訂有掣簽之舉也至廣屬所設有正稅口有稽察口有掛號口近年來又續立三關添開六廠茲特一一詳而錄之以備參考

二

一粤海

關憲廨舍在廣東省垣外城五仙門內迤西自康熙二
十四年以舊鹽政署改建又
督憲衙署原設在肇慶府以便節制東西兩省有行轅
在廣東省垣外城五仙門內迤東嗣於雍正六年以
督憲行轅與
關憲廨舍互相更換是現今之

三

關憲廨舍卽疇昔之
督憲行轅也

一大關自國初以來遇有由外洋進口者如夾板船路
經虎門由該口掛號封艙到黃埔停泊來省關報驗
省關卽發給照票派頭役携照驗印單前往黃埔起
貨護解來省路經東砲台口總巡口查驗放行及貨
抵行後署中派內司協同書差前往查驗單貨相符
准照起卸而附搭夾板船出口者亦一例照行彼暹
羅安南各外國船隻向歸澳門大關征收而高廉雷
瓊各府船隻向歸江門報驗亦漸有來省者至安徽
江西雲貴川楚等省貨物均係路帮而來向在佛山
各行發售至福建天津牛庄等處之紅單船向抵省
城報驗以上皆昔年之成規也迨於咸豐七年舊設
之西砲台口毀於兵燹至咸豐九年卽以西砲台之

四

舊址草建官房數間以便驗單收稅旋於咸豐十年
開立洋關統將西砲台之舊址盖造洋關公所隨於
洋關之東南隅建房數椽卽名曰常關復於海旁接
修一廠爲常洋兩關驗貨之區又於同治六年因常
關之舊宇偪仄爰於南首增修樓房數間此非特得
所辦公益昭榷務慎重凡征收貨物更訂新章其由
華船載運者則投常關輸稅如由洋船載運者則投

洋關輸稅而夾板一項仍按舊章由常關發單押運駁艇到省歸洋關征納至香港渡澳門渡及各下府一切船隻由海面來往省河者均赴常關輸稅惟西北江併東江來往貨物均屬內河販運常關單廠概不征收遇有由省河裝載洋貨船隻往西北江或東江者祇赴西砲台掛號佛山銷號以便商販

一總巡口原在靖海門外自道光二十一年經兵燹後概成灰燼故址僅存後於五仙門迤東租頁民房一間為查船掛號之所又向設有扁艇一隻遊巡省河一帶嗣於同治十年間將該艇裁撤以免需索

一總查口向在省城西濠口河邊專司稽查香港渡澳門渡進出口常稅貨物每日具報單投交單廠與單廠進出口驗單查核以防漏報

一東砲台口向在省城小東門外築黃沙河邊各路渡

船經此則掛銷各號如船在五仙門迤東則來本口掛號如船在五仙門迤西則去西砲台口掛號以專責成

一西砲台口原在省城西路新基渡頭河邊前因焚毀後即改為洋關公所併常關單廠該口即遷至西關十八甫街內專司掛銷各號遇有各渡往佛山韶關西北江順德西南三水清遠從化肇慶東莞惠潮老龍江門香山及各下府等處均由該口掛號遇有佛山江門石岐三口之紅單船到該口均照單銷號又設有查河艇一隻泊白鵞潭稽查往來各渡以杜漏卮

一佛山口向在南海縣五斗司屬膺嘴沙地方距大關六十里為掛銷號口專征洋南等貨凡老龍船隻裝載洋南等貨往西北江者在該口掛號如省來各渡

及江門等各路餉渡裝載洋南等貨到該埠則在該口銷號遇有土產襍貨等項均皆免號放行該口向有關艇一隻泊在南海縣黃鼎司屬紫洞地方相距本口二十餘里本口單諭輪流値班專司查驗收單又向有關艇一隻在本口左右盤詰來往船隻以防走漏

一黃埔口在番禺縣屬距大關三十里專派大關委員駐守查驗本港洋船併海南之烏艚船白艚船山東天津江浙福建等處各路貨船當各該船出進該口均應掛號至大小塩船以及空船如無携帶餉貨均免掛號以便商旅

一虎門兼二門口在東莞縣屬距大關一百六十里凡本港洋船並瓊南各船出進口又福南浙廣惠潮各船進口又福南船裝運免單貨出口均由該口掛號

七

至塩蛋艚船裝塩進口與空船出口者均免號又採捕水母船併水母頭艇及小料採捕繒罟魚船以及新安等艇於出口時均經該口掛號其進口例不征收惟新安柴船並各貿易船隻即於進口時均經該口掛號而空船出口者照例免號以昭平允

一紫坭口在番禺縣屬距大關一百里專司掛銷各號如下府紅單船載貨到陳村起卸則按下府納稅之紅單在該口銷號遇省渡往佛山一帶所載貨物先經西砲台掛號到該口銷號如由陳村裝載土貨運往各下府或新香等處先經陳村之江門關艇輸稅到該口掛號如石灣瀾石裝載土貨往新香等處祇在該口掛號以利商販

一市橋口在番禺縣屬距大關一百里凡小料船艚船罟船筟船大坭船小蜆船磚瓦船以上各項船隻出

八

口均由該口掛號至新安柴船與虎門渡黃角渡載運進口亦均由該口掛號以查隱匿

一鎮口口在東莞縣之缺口司屬距縣城八十里距大關一百六十里專察往來省佛陳村市橋新安長洲東莞石龍等處各渡所載零星襍貨如出進該口均掛銷各號復因該口往來貨物漸旺於同治十年開設　鎮口新關代大關征收本墟往來之香澳渡及

太平等渡以裕稅源

一江門口在新會縣屬距大關二百里凡瓊高雷南各船載土貨經稅者到本口銷號如由本口載土貨輸稅後運往各下府即到各下府銷號嗣因漸有香澳渡運載洋貨進口即於咸豐九年在該口添設大關之分口代大關征收正餉凡香澳渡裝運洋貨到該口即投江門大關輸稅至裝運土貨出口仍在該口輸稅又於咸豐十年在順德縣屬之陳村吉洲沙地方設立　江門關艇一隻距江門一百八十里距大關六十里征收來往香澳新安九龍前山各渡如平海等處裝運貨物曾經彼口輸稅到該埠起卸則到關艇照單銷號若下府油船進口雖在該埠起卸仍照章去江門口銷號以遵舊制

一水口口在新會縣屬距大關三百四十里自咸豐十

年開辦爲江門分口代大關專征往香澳出口土茶進口襍貨及長沙荻海九江沙坪等處往來貨物隨即開設　坡山分卡距水口一百六十里　雙水口分卡距水口五十里　新會城分卡距水口八十五里各代水口稽征本墟來往各渡貨物以盈稅課

一石龍口在東莞縣屬地方距大關一百八十里距縣城三十里由道光二十四年開設爲東砲台之分口

專查路經該口之各渡遇有往來零星貨物到該口則掛銷各號後因自同治初年該口漸有香澳渡裝運來往貨物遂於同治八年始令代大關征收正餉如進口貨物已由鎮口及馬溜洲經稅給有餉單到該口仍照舊章銷號復於光緒三年在東莞城外設查艇一隻於增城縣屬之新塘墟設查艇一隻該墟距該口六十里距縣城七十里至東莞新塘各設查

十一

艇以便稽察石龍一帶往來各渡以防繞越

一甘竹口在順德縣屬甘竹灘之右距大關一百六十里距縣城一百里舊係稽察卡口自咸豐十年令代大關稽征來往之香澳等渡以廣招徠

一石岐口在香山縣西門外天字馬頭距大關二百四十里舊係稽查卡口由道光二十年間經兵猺後該卡焚毀一空此卡當即停征至咸豐十年復在香山縣城外河面設艇稽征名曰石岐關艇至光緒三年將關艇裁撤即於天字馬頭河岸修建官房一所改名曰石岐口代大關專征香澳渡氹仔翠微等渡惟下府船隻裝運豆油雖來本口起卸仍照章去江門銷號以符舊例

一思賢滘口在三水縣城外河口地方距大關一百六十里於道光二十四年開設爲佛山分口專司稽察

十二

來往船隻如梧州渡省渡德慶渡與禩江各艇裝載洋貨均到該口銷號若已在佛山口銷號有單爲據該口應即放行以免擾累

一潮州新關因咸豐九年先有美國商人訂在潮州汕頭開市即潮州府海陽縣坨補司地方距大關一千六百里距縣城九十里當即開辦常洋兩關如洋船來往廈門上海寧波等處則在洋關輸稅如華船來

往福建暨香港與內地頭猛各艇則在常關輸稅以密稽征

一瓊州新關在瓊州海口即瓊州府瓊山縣距大關一千七百里前因英國修約議准該口作爲通商口岸是於光緒二年開辦洋關一切章程均照粵潮兩關成案復於光緒三年開辦常關專征各路華船來往貨物以裕餉源

一北海新關在廉州府合浦縣屬距大關一千四百里距府城六十里自同治十年開辦常關稽征出進口各項船隻至同治十一年復開設　欽州分卡　水東分卡　赤坎分卡　暗舖分卡又爲欽州開設平銀子卡　長墩子卡　防城子卡隨又開設　石門分卡　雷州分卡查欽州分卡在州城外距大關一千八百里距新關三百里水東分卡在高州府電白縣屬距大關一千三百四十里距新關六百餘里赤坎分卡在雷州府遂溪縣屬距大關一千二百里距新關四百餘里暗舖分卡在高州府石城縣屬距大關一千一百六十里距新關三百餘里平銀子卡在欽靈交界距州城四十五里長墩子卡距欽州六十五里防城子卡距欽州一百十里石門分卡在高州府吳川縣屬距大關一千二百三十里距新關四

百餘里雷州分卡在郡城外距大關一千三百里距新關五百餘里又英國會議北海地方添開通商口岸至光緒三年開辦洋關凡一切章程均照粵潮瓊三關成案以歸畫一

一新香六廠自同治十年開辦專征洋藥正稅勘設得香山縣屬之　小馬溜州一廠　前山一廠又爲前山廠添設　石角分卡　關閘分卡此兩廠相拱澳

門東西兩路又勘設得新安縣屬之　汲水門一廠
　長洲一廠　九龍一廠　佛頭洲一廠又爲汲水
門添設　竹篙灣分卡　白沙灣分卡　淺灣分卡
又爲長洲添設　榕樹灣分卡又爲九龍添設　沙
田分卡此四廠環繞香港之通衢四路並添設輪拖
各船分泊六廠前駐守巡緝並盤驗來往船隻至同
治十三年又爲佛頭洲開設分廠二處一在惠州府

十五

歸善縣城外河邊爲　惠州洋藥廠距大關三百六
十里一在歸善縣碧甲司地方爲　淡水洋藥分廠
距大關五百十里距縣城一百五十里至同治十三
年復添設　佛頭洲紅單廠併　長洲紅單廠其佛
頭洲廠專代大關征收由福潮運入香港貨物並由
香港裝運去各路船隻長洲廠專代大關征收各下
府及廣海各渡來往香港船隻至光緒二年復添設

小馬溜洲紅單廠專代大關征收北海及各下府
入澳貨物及福建海南來往各船隻又於光緒三年
添設　汲水門紅單廠專代大關征收附近新安之
大澳東涌南薊深圳下柵茅洲龍津屯門各墟來往
船隻以充課裕
一淸帑各書每年奉
差之口岸統共四十有一口計四十有七缺內除例

十六

歸京差三缺係　東砲台口　西砲台口　黃埔口
此三缺留　賞請領印簿解貨色冊併添平之京差
也餘者三十八口計四十四缺在瓊州者其口七其
缺八卽　瓊州總口其缺二　鋪前口　北黎口
樂會口　儋州口　崖州口　陵水口其缺各一在
潮州者其口九其缺十有三　菴埠兼溪東潮陽後
溪口　潮陽兼澄海後溪菴埠溪東口　東隴兼黃

岡口其缺各三　北砲台兼卡路口其缺四在惠州
者其口六其缺七　惠州總口其缺二　神泉口
甲子口　碣石口　汕尾口　平海口其缺各一在
雷州者其口三其缺四　雷廉總口　雷州兼赤坎
口其缺各二在廉州者其口一其缺亦一卽　廉州
口在高州者其口三其缺亦三　高州兼水東口其
缺二　暗舖口其缺一在肇慶者其口一其缺亦一

十七

卽　陽江口在廣州者其口八其缺七　總巡口
虎門兼三門口　佛山兼思賢滘口其缺各一　江
門兼黃連口　長洲改設小馬溜洲口其缺各二以
上各缺輪班之各書遞年以九月為期先掣其先後
名次每以四十四人掣四十四缺四年餘卽可輪差
均遍惟清帮各書統計一百九十六名內除大關書
吏二名統理各房事務併承辦通關收支報解稅項

五年役滿歸農由各房案書內拔補又惠潮高雷瓊
五總口書吏五名分管各口事務均屆一年期滿於
五口內輪流更調統計五年役滿歸農又大關之稿
庫單冊算貢六大房承發內號船東四小房每房各
設案書一名併每年掣籤之清書四十四名餘者清
帮各書一百三十五名分協各房併分派各關廠卡
口經理事務其分於各房者如稿房則帮同案書承

十八

辦文移稿案與例行事件次第舉行如庫房則帮同
案書承辦收支餉項併批照洋船開艙起貨手本各
事如單房則帮同案書承辦一切起下貨物投單報
驗及按月核造報
部總冊事宜如冊房則帮同案書承辦考核各口月
冊併登記大關收支帳目年滿
奏銷冊檔等事務如算房則帮同案書承辦大關一切

征收稅耗担規等項如貢房則帮同案書承辦一切貢品併修理衙署及執式等項如承發房則帮同案書承辦封發公文併繕寫文書各件如內號房則帮同案書經理一切案件如船房則帮同案書經理收發一切船牌事件如東房則帮同案書承辦牌諭差票事件一期無誤

一大關原設快皂夜巡門號舍七班人役承值轅門事併一體輪派口岸惟快皂夜巡四班各該頭役二名餘共七班散役二百三十七名每年奉

差者三十六名其掣籤之口岸則三十有二即　總巡口　紫坭口　黃埔口　鎮口口　市橋口　江門口　南灣口　娘媽閣口　長沙港口　墩頭口　靖海口　達濠口　海門口　南洋口　府舘口　樟林口　芷芀口　兩家灘口　雷廉兼東西鄉

十九

口　樂民港口　欽州口　清瀾口　沙老口　樂會口　儋州口　陵水口　崖州口　行後兼思賢滘口以上各口各缺一至　長催口　長洲改設小馬溜洲口　高州總口　瓊州總口以上各口各缺二是每年於書吏掣籤後該役等即奉

批示籤掣日期一律祗遵

二十

余自丙子夏仲隨
節臨粵公餘之暇卽詢訪粵潮瓊北各關卡與各廠口設立之年分距省之程途定案之章程以及各埠渡艇往來之與販並推詢先年各口規模之底蘊叠經兵燹後物換星移多非從前舊制於茲幾及五載始漸攷其顛末僅卽所知畧爲逑錄條分縷晰期在詳明其或搜羅未盡考覈未精則待知之深確者續爲刪証焉

光緒庚辰仲秋上浣

析津王文達謹識

東方商埠述要一卷

〔清〕周逢源撰

《東方商埠述要》一卷，清周逢源撰。逢源字靈生，廣東新會（今屬江門）人。是書略述東南沿海一區商埠如上海、廣州、北京、天津、澳門、香港等疆域、沿革、户口、官制、賦用、貿易諸情形，雖街道衙署，行店大小，無不備載。據《小方壺齋輿地叢鈔三補編》本影印。

東方商埠述要

新會周逢源譯

上海　道光二十二年。中英在江寧立約。通商口岸有五。其最近北者。在江蘇省東南角。緯線三十一度十五分。北經線一百二十一度二十九分。間於黃浦吳淞二江。而二江之水在吳淞鄉匯歸揚子江者也。上海之名已立於秦漢之間。當時謂之海上。至宋仁宗時嘗為中國要地。明嘉靖隆慶之世曾築城數里。長約三英里。城門有七。明人特築此以備倭寇者也。是地商務久興。而西人絶未到此貿遷。聞說西漢以前。棉紗工務甚盛。一望平原。地土肥美。至道光十二年。有連四公司洋商。名連四君。偕傳教士吉士臘佑到此遊歷。留七日。每日見有大船四百艘。載貨往來。其泊船貯貨之所。亦甚寬廣。連四君歸述其情形如此越三年。有傳教士箴喇士者到此測探。其境況与連四君所述無異。迨道光二十二年。中英之役。英副水師提督咸康柏駕率戰船一隊。載兵四千。攻入寶山縣。是時吳淞各砲臺。共有大砲一百七十五門。不能捍守。為英兵所破。越數日。又踞上海城。城中官兵雖曾設防禦敵。至是於前一夜逃竄過半。遺大砲四百零六門。盡為英軍所奪。次日英軍安民。華人復業。英軍又進取鎮江。迨和議成。即以汕頭廈門。福州寧波上海五處為通商口岸。而英兵遂退。是時英領事巴路科君擇一地在北門外。約半英里之遙。前為蘇州江。後倚護城河。如在小島中。有一英方里。作為租界。但此處有池澤淤泥。均須填塞經營。數載稍可棲遲。是時西人居於城牆与護城河之間。而英領事署則在城內。道光二十九年。西人乃多築室於此。有洋行二十五間。旅居者不下一百人。內有西婦七口。英人即建一禮拜堂於此。又天主教堂初建基址於楊家渡。法人亦於是時得租界。開於城牆與英界之中。其約章亦如英界也。道光二十八年。有耶穌教士。為華人所辱。領事官亞路礎君將上海河道封禁。扣留出口穀船一千一百艘。另調戰船困之。事乃寢息。又自洋人開上海租界而後。最大之事。莫如咸豐三年。為洪匪奪踞此城。雖拔遣官軍攻勦。依然盤踞十七閱月而後退。其時土人多來避亂。而地租騰貴。當時洋商亦不能安。乃練民團。助官軍討賊。以侯爵譚馬士衛為將。驅除逆賊。克奏奇功。明年民團水軍共三百人。與官軍一萬人。戰賊於泥濘原。擊退之。焚其營壘。是役也。民團兵亡三人。傷者十人耳。初上海城為賊所踞。華官無法徵稅。暫時停止。是年六月。上海道與英美法三國領事立約。交稅関與洋人代理。是時英領事官尚由殷商選拔。咸豐五年。則改為地方官。凡賃居之人。皆得公舉之權。咸豐十年。英兵與印度步兵砲兵。長駐於上海咸豐十一年。中國始設稅務司署。盡將洋関稅務交與西人代理。其總稅務司署。在上海數年。而今則移駐北京矣。是時洪匪披猖。逼近上海。盤踞西家圍聲稱進攻上海城。並洋人租界。蘇州城為賊所陷。附近居民多避於租界內。以冀保護。華民之數陡增。約有四十萬。地價熱奇貴。一畝之地。洋人以銀五十磅購來至是售至十萬磅。並舊馬路打球場盡售焉。獲利多至四萬五千兩。地主遂將此銀捐為興利公款。此公款極有裨益。義會公所借助甚多。又將其贏餘購得一帶馬路。現為自理黨所租。另餘一地。公諸衆人跑馬之用焉。 此地洪匪未亂前。雖作通商口岸。已有歷年。然未能遽盛。至是年在天津立約。開通長江一帶及北方各處口岸。更值日本與各國通商。以後日漸興盛。同治元年。賊勢蔓延。食物異常騰貴。洋商整備兵力。不使賊黨逼近城池。英國水師及印度兵捍衛城牆。以護英界。法國水師捍衛城門。以護法界。是年八月。賊衆攻城。法人將城基毀平。拒退賊黨。十一月。賊率衆鼓譟聲言攻擊租界。遂築砲臺營壘備之。費銀四萬餘兩。臘月杪。賊果來犯。即被英兵逐離城三十餘里。華官見洋兵可用。乃募美國人名滑者相助。此人奮勇冒險。在上海招集各國亡命之徒。成一勁旅。並教習士兵。出為華官拒敵。豈料滑將戰死。其兵權轉寄一美國反側之徒白齊民者。得權未久。即授賊營。華官見其無賴。極難駕馭。既已授賊。無如之何。不得已請英水師提督占士合侯相助。先發總兵一員。後遣戈登領常勝軍征勦。戈將軍先熟練士卒。後乃出戰。勢如破竹。賊遂潰敗。今人常謂洪匪奇悍。卒就勦滅。常勝軍与有力焉。藉此兵力。同治二年三月。收復蘇州。自此賊燄不復熾。中朝乃將陣亡諸將。旌表有加。英人此舉。助中國蕩平醜類。而有識之士。僉謂當日不若縱其大乱。或有人出而整頓政紀。中國猶可渙然一新。不至如今日之因循不振。蓋我西國維新之政。無不從民變而起。此等議論。誠非苛也。英人美人。既助中朝平乱。遂得中朝許增拓租界一英里之地。法人又自購得一地。遂漸增至寧波廟側。美人又租虹橋縣內之地。直接蘇州江之北。故今洋人分占之地。在會防河左岸。增至四英里有餘也。是年英美租界合而為一。地方事通融辦理。而上海興盛之基立矣。經此次亂離之後。別無大事可錄。然其通商瑣事。有可詳者。同治三年。喇利伯僕議設會審衙在領事署內。統理者為中國之同知。凡有訟案必經各領事官監察乃定。惟此衙門判事極難。華人健訟者多而統理官又無權定案。常有拖年積案。必待控告駐京各大員。乃得完結。法租界另有合辦衙門。在領事官署內。同治四年復設按察司衙門。此按察署亦即會審衙也。凡有訟事。歸此衙辦理。其管治之例。英民須先納稅二圓。在領事署註冊。有事乃可在按察署控告。至別國領事。亦有注冊。惟不必納稅。若華人寄居租界。則但遵華例。同治九年。三國租界同設總領事官署。其官為各國領事每年公舉一次。三國租界。有地方官一員。若有失職。許在此衙告發。又新訂公舉例。英美租界。凡有地業。及賃屋而居者。值銀五百兩以上。皆得有公舉之權。至今行之。地方官已有九員。為各國殷户所充。不受廉俸。辦事之時。任其自擇主席正副各一。是年耶穌誕前一夕。英領事署被火。所有圖書典籍。書付劫灰。同治十三年。法租界地方官欲修築一路。經過寧波會之舊墳地。該會不許。在界内爭鬬。有洋人一二名受重傷。八人斃命。洋人物業毀壞甚夥。至光緒五年。法界被火。焚毀洋樓二百餘間。約所失物值銀百五十萬兩。是年在居民中選董事數人。將現在地方之例。釐訂新章。然後通諭各居民照改。此例甚善。惟仍候各國政府公定而後行。光緒八年。居民再議改例。不果。至今未決。蓋舉一事必須稟承於各國政府。而政府不免有所駁改。駁改之處。又未必盡便於居民。是以輾轉商確。雖歷十五年。仍屬猶豫也。 當日洪逆發難時。守地官紳。倡議將上海城之內外。改為萬國通商公地。以同盟各國保守之。是時居民與業主皆允。惋惜未成事。若得依議而行。則上海今日必為中國之首區。且可令其全國之風氣大開。況是時上海已被賊所踞。政權盡失。復由賊人之手得之。實於公義無傷也。法租界之內。另設地方官。同治元年至同治七年。更改新例。今則遵而行之。地方官有八。四為法人。四為別國人。每年更換四人。其所定之事。必須得總領事批准乃行。保舉地方官之事。凡有地業者。皆有權。或納僦值至一千佛郎者。亦有權。或每年有入款四千佛郎者。亦有權。可見此處法租界之例。較別處法界為公也。若充地方官。在英美租界內者。凡每年納地租五十兩。或僦居之屋。值時價一千二百兩者。皆可得為地方官。而在法國租界亦以富厚者乃能充此選也。曾經多次聚議。欲將法租界與英美租界融合為一。但時至今日仍不成。近年來法租界內之例。又欲訂改。每年二月會議一次。捐集公款。並定新章。交新地方官照行。凡切要大事。必經納稅者聚議妥當而後行。地方官之職有四。或為守衛。或為巡捕。或理錢糧。或理工務。此法行之多年。極其簡便。故上海之租界得美名。曰為管治地方之楷模也。　至於各租界之進款。光緒六年。英界地價。值銀六兆一十一萬八千二百六十五兩。美界地價值銀一兆九十四萬五千三百二十五兩。至光緒十年。英界地價。值銀一十二兆三十九萬七千八百一十兩。美界地價值銀四兆八十萬六千四百四十八兩。前後十年間。不止頓增一倍。至光緒二十一年。地租騰貴。而去年愈加興旺。蓋因華人爭相租賃。視爲樂國。且藉庇於西人以爲護符。光緒二十一年。計英界洋人屋宇。是年租銀四十四萬八千零四十八兩。華民屋宇。租銀一百三十八萬四千一百六十七兩。又美界西人屋宇。租銀二十二萬四千一百七十兩。華民屋宇。租銀六十五萬零七百五十四兩。英美兩租界內。屋租共值銀二百七十萬七千一百三十九兩。又是年法租界之地。估價銀三百三十萬九千六百八十四兩。西人屋宇。租銀六萬五千兩。華民屋宇。租銀四十萬五千兩。一千八百八十二年。即華歷光緒八年。商務局約計三國租界地方。值銀二十四兆三十五萬五千兩。而各行存貨共值銀三十二兆六十四萬五千兩。二共合英金十四兆二十五萬鎊。此尚十五年以前情形。近數年間。此數愈增。而美國之界又愈廣。英法租界且盡行重新修改。而美界之餘地。添建屋宇。幾無空隙。茲又具稟總署。求許推廣其租界。又河之對岸。沿路一帶之地。今已有洋人租賃。而租界內之屋宇。則多爲華人承買而居之也。所有以上租界內之地。仍屬中朝土地。不過永租與西人。每年每畝納租錢一千五百文。約合洋銀一圓二角五分。當時又與業主承售。每畝價銀五十圓。其實當時每畝田祇值銀二十五圓之間耳。自西人得之。而改爲屋地。每畝當賣銀一萬六千圓。每地六畝。約合英之一畝。上海之港口。燈樓密布。船艦出入。毫無險阻。河傍之沙岸。均設善法保護絶無崩陷之虞。海関又諭令建燈樁於定海廳。大戢山。馬鞍島沙尾山。東沙灘髙橋小洪吳淞口。共七處。又設二燈船在揚子江吳淞口外。以引來往舟楫。使商利民。無法不備。宜其興盛若斯矣。查光緒二十一年。英美租界。共進公款五十八萬二千八百一十四兩三錢二分。皆從以下各項所出。地税每值千兩。抽銀四兩。得六萬七千九百一十五兩二錢六分。西人屋税。每百兩抽銀八兩。得銀五萬一千六百七十四兩八錢六分。華人屋税。每百抽十。得銀一十四萬一千零六十四兩二錢六分。泊船税連道署所撥在内。得銀六萬七千九百九十四兩九錢一分。至餉項以脚車鴉片店二項爲最。得銀一十四萬三千九百五十三兩六錢六分。本地驛務。得銀七千二百三十六兩七錢三分。責行棧貨物得銀二萬九千五百九十一兩三錢一分。領人情保收費。得銀一千九百六十一兩七錢七分。沽賣街道穢物得銀三千二百三十七兩三錢七分。上年留下物業連出息得銀一萬五千一百五十九兩四錢。收利息得銀二千一百一十三兩三錢一分。上年存現銀一萬零九百一十一兩四錢八分。又進息借銀四萬兩。總共得上數也。又同年支數如下。巡捕房用銀一十一萬四千四百四十五兩七錢八分。衛生局並醫院共用銀四萬九千八百四十兩零五錢九分。煤電各燈用銀三萬一千五百兩零零四錢二分。修理水利用銀一萬一千六百九十二兩五錢八分。公家測量園林外路等工。共用銀一十三萬七千一百一十三兩三錢五分。木料為衛生局並公事所用。共銀一萬四千六百八十五兩零九分。文案薪水用銀四萬五千一百九十一兩三錢二分。應納借款年息用銀一萬七千七百六十兩零一錢。所存物業連利息。撥歸下年。計共銀一萬五千一百五十九兩四錢。民壯工資。用銀一萬一千七百二十九兩七錢。救火局用銀一萬零四百八十九兩一錢四分。樂兵額餉用銀七千一百八十四兩三錢五分。公家義學堂。用銀八千零零八兩零六分。博物院用銀五百兩。書樓用銀一千兩。本地驛務用銀七千四百六十三兩一錢九分。購買器物。用銀三萬六千八百四十兩二錢。支付還欠款。用銀一萬五千兩。額外費用銀一百六十九兩九錢。共用銀五十八萬一千九百八十九兩四錢二分。光緒二十二年進款。約銀五十三萬零零九十四兩九錢。支款約銀六十五萬零零三十一兩。茲述粗畧。光緒二十一年。共進款如下。地稅每千抽四。進銀一萬二千八百七十兩六錢一分。洋人屋稅每百抽四。進銀二千五百九十二兩零一分。華人屋稅每、百抽八。進銀三萬二千零九十二兩九錢八分。餉項以脚車嫁娶鴉片店三項為最。進銀五萬五千四百九十一兩五錢六分。潔淨街道並街燈收稅。進銀二萬八千三百五十二兩四錢二分。泊船稅連道署撥來餉。進銀一萬六千六百零七兩五錢六分。雜項進款銀六千一百六十兩零二錢九分。總共進銀一十五萬四千一百六十七兩四錢三分。光緒二十一年支款如下。掌文案薪水。用銀一萬九千四百六十九兩九錢三分。辦公工食。用銀三萬零九百四十兩零四分。巡、捕房支銀四萬零一百七十兩零五錢一分。脩理水利。用銀八千六百五十八兩五錢三分。煤電各燈用銀六千六百零四兩三錢六分。衛生局用銀三千三百九十八兩四錢八分。公家義學用銀二千五百六十六兩三錢九分。救火局用銀三千一百一十八兩二錢三分。樂兵額項用銀一千五百兩。醫院並育嬰堂共用銀二千七百二十三兩。電報德律風共用銀二千零九十九兩五錢八分。付納利息並留下下年公款二項。共銀一萬一千四百三十八兩零八分。總共用銀一十三萬二千六百八十七兩一錢三分。光緒二十二年之支收二款。各占銀一十九萬六千二百六十五兩六錢七分。連上年之存款四萬五千七百零四兩一錢四分在內也。　旅居上海之西人。增多之勢甚速。故至同治四年。頗形繁庶。但其後十年。所加有限。查同治四年之户口冊。

載旅居三處租界之西人。共二千七百五十七名。英國水陸師共一千八百五十一名。船上水手。共九百八十一名。三共五千五百八十九人。同治九年英美租界內。西人旅居者一千六百六十人。至光緒二年。查得一千六百七十三人。光緒六年。查得二千一百九十七人。又逾五年。查得三千六百七十三人。又光緒十六年。查得三千八百二十一人。而光緒二十一年五月二十四日之戶口冊。列英界內之西人。一千二百九十三口。美界內之西人。二千九百零三口。各路之外。并浦東之地。有西人四百八十六口。三共四千六百八十四人。內男子二千零六十八口。女子一千二百二十七口。男女小孩。共一千四百八十九口。前光緒二年。祇有男子一千零八十六口。女子二百九十六口。男女小孩二百九十一口。又前光緒二十一年。有男子一千七百七十五口。女子一千零一十一口。小孩八百八十七口。且旅寓之西人。時多時少。同治九年之後。丁男之人數頓減。而越後五年。忽又增多過半。至光緒十二年。較其前九年民數殆加倍。而再遲五年。祇增人數一百四十八名。孩童已占其一百四十四。今稽生聚之眾。以美界為最。現在此地人數。多於光緒三年五倍。而英界內之民數較十年前而反少。再查法界之內。光緒十一年。有男子一百九十口。婦女七十八口。小孩一百六十二口。共得四百三十人。光緒十六年。統增四百四十四人。而最奇者。莫如當時法界內小孩之數。凡十五歲以下者。女孩居一百三十六口。男孩祇得二十六口。光緒二十一年。清查外國旅人之戶口。英人二千零二名。葡萄牙人七百四十一名。美人三百五十七名。德人澳人共三万九十九名。法人二百八十一名。西班牙人一百五十四名。丹國人八十九名。意大利人八十八名。瑞典亞那威人八十二名。俄人三十一名。別種歐洲人一百十一名。歐利斯亞人三百二十二名。日本人二百六十八名。印度人一百二十七名。小呂宋并別種亞洲人六十二名。是年比較同治八年清查戶口之數。外國男子增多百分之六十一。婦女增多六倍。小孩則增多九倍。再另有旅居於船上者。查光緒十一年。有八百九十三名。光緒十六年增至于一千零零九人。光緒二十一年。多至一千三百零六人焉。

初時定例。原不許華人居租界之內。自咸豐四年。洪匪之難。華人遷避於界內者。有二萬人。至咸豐十一年。滬城為賊所困。華人遷避租界内者。竟多至四十萬人。蓋華人以得西人保護故。寧納厚值。而西人貪其地屋租價之昂。亦不相拒也。自洪匪平定後。華人由租界遷去者甚多。而同治九年。尚存七萬五千零四十七人。至光緒六年。又增至十萬七千八百餘人。光緒十六年。復增至一十六萬八千餘人。至光緒二十一年。清查戶口。則華人居英界者。有十一萬六千餘人。居美界者。十萬三千餘人。居英美二租界內之洋行者。六千九百餘人。居界邊之村園者。八千四百餘人。居船艦之上者。六千二百餘人。總共二十四萬餘人。比五年前增多百分之四十三。法租界內之華人。同於是年。亦有四萬五千餘人。其五年前。衹得三萬四千七百二十二人耳。故上海三處租界。連水上共有華人二十九萬三千名。丁男過其半。此等華人多來自別省。又查滬城內之華人。約有一十二萬五千名。寄居租界內之華人。均攝於外權。不敢犯法。英美界內管理華人之巡差。有歐人五十四名。印度人六十九名。華人三百七十九名。而在法界內為巡差者有外國人四十名。華人七十一名。約計居民六百。派巡差一名也。然租界內之華人犯事。仍歸公堂華官審辦。故上海亦與中國別縣相同。弊端或不能免也。夫租界內巡差原不為多。乃能治理得宜者。殊屬難事。亦奇屬事。若使別處之身家產業能如上海租界內之安穩者。殆不可得矣。

上海之天時氣候。皆稱和平。極有益於衛生之事。查旅滬之外國人。每千人中。每年死者至少十七人。至多三十一人。水上之外國人亦在數內。光緒二十一年。查得每千人中。死者十九人。其前一年為二十三人。再前一年為十八人。又上海曾經痢疫流行。惟不甚烈。僅泊船所附近及船上人染之也。得此症而致命者。以光緒十六年為最。西人染此者共三十二人。居陸者殆十八人。隨後三年。雖有此症。西人未有染之而死者。至光緒二十一年則又復起。而西人染之致命者。有二十人。陸居者得十一人。云○上海一埠人之數。比歐洲之大城鎮。尚較安穩。近日衛生局新佈告云。由報登死者七十五人。中祇有九人因感天氣而死。光緒二十一年。華官登錄英美界內華人死者共四千零五十三人。約每千人中得十七人。但確實恐不止此數。又染痢疫死者有九百二十八人。出天行痘死者一百三十八人。天時之熱度。最寒為科倫表二十五度。最熱不過一百度。以八年共得熱度之中數。為五十九度二。冬季熱度之中數。為三十九度一。春季中數為五十度九。夏季中數為七十八度二。秋季中數為六十二度六。上海週年熱度之中數。約與羅馬城相近。而冬季熱度之中數。與英京倫頓無異。西歷十月與十一月之間。天氣晴和。與別處類無甚異。但節交大寒之後。東北風大作。寒凍刺骨矣。光緒元年十二月。吳淞江冰凝過面。夏日之暑。有時極盛。但數日間。即復涼矣。近年來屢有大風颶。八年扯計。每年上海得落雨日之中數為一百二十四。而每年中數落雨之厚。約為三十二寸四分六釐四。秋分之後。約有五十五日落雨。春分之後則有六十九日也。最大之雨。莫如光緒元年九月二十四日。傾盆大雨。至一時六刻之久。得水深七寸有餘。地震之事。亦所時有。但并未嘗有所傷害也。　英法二租界之街道皆自東而西。自南而北。為十字相交。若棋盤焉。初時街寬祇二十二尺。隨後耗費甚大。更推廣極濶。其地土雖甚浮。惟造成合法近河處。尤為雅潔。以居之者皆富人也。又因地土之浮。凡有樓宇建立。須先大費工本。將基址加工砌築。始能鞏固無虞。惟所用之石。不能就地取材。皆須來自遠方耳。英美二國租界之間。有小河相隔。而今河上有六橋。中有三橋可行貨車。又法界與別界相連者亦有八橋。別有馬路數條。通入鄉落。其二條直至西家匯。離埠約六英里。其一傍蘇州江邊。以上至善薩田。離埠約七英里。另有一大路。為新築成者。傍河而上。遠至六英里。初擬續至吳淞。另倡議添築馬路數條。然華官恐其逐漸侵占。故雖出重價購地。亦拒之未許也。初洪匪逼近上海時。英人嘗築路以運兵。經費出自中朝。有一路原長十七英里。可通至內地。至今日惟近埠者尚存。其餘則變作田畝矣。又有觀音車路一條。通至吳淞。原是渣顛行與敖家洋行同捐貲所築。今亦變為馬道羊腸矣。租界河岸前已加培築。兼種小樹數年前所植者。今已綠葉成陰。又有華麗洋樓數座。建於英法二界之通衢。界外路傍洋人所居屋宇亦極多。各有花園數畝。傍近湧水井之處尤多。因此處為租界出路。而分往各處之路。亦皆自此接連也。由此而往西家園之路。兩傍均種樹成一大通衢。長至五英里有餘。又有公家花園二所。一在英領事署前河邊。此園雖小。頗具幽雅。一在蘇州江邊。廣闊約六畝。乃光緒十六年十一月所建者。又租界內地基太低。織水難洩。曾耗鉅帑。始能疏通得法。埠中又設有電線。以報火災。異常靈便。從前地方官欲將自来水之權。全歸官辦。故將水喉供水之事。延阻至今。始有公司承辦。為自来水供埠上人家之用。其水先以澄水櫃澄之。而後源源不絶。價亦甚廉也。電燈之設。始自光緒八年。大道通衢及輪船碼頭。無不設電燈以達通宵。至光緒十九年。該電燈公司之物業。已盡歸公家承受云。

上海所建樓臺院宇。形式奇麗。有數處真足為他處所罕有者。至於教堂。設有數間。一為禮聖堂。其模式為伯爵紀路拔士吉所創。為今歐洲最上等之屋宇。自地面至塔頂高一百六十英尺。全身均以紅磚砌牆。外塗石灰為飾。一為聖約瑟堂。在租界内。一為天寅禮拜堂。一為倫頓公會講堂。一為美人惠師禮會講堂。皆在蘇州江上。又在浦東有舟子福音堂。别有教所為華人所創設者。今不具載。天主教有學道院与育嬰堂。設在西家園。此處有天主教書塾一所。已歷一百餘年之久。書塾之傍。别有博物院。内存自然生成之物。無奇不備。又有格致博聞院一所。此院曾出經費。盡將中國之海陸。圖形繪出。又上海會館。在英界之前街。有一大廈。建造之費。共銀十二萬兩。初建時歷三次承造之人。皆折本。至同治三年。始落成。現在之英領事署並按察署。皆与相近。又有宏麗石室一座。与香港上海銀行。印度銀行。皆極鉅觀。此外戲院一所。内容客座七百。德國會亦有戲院一所。在廣東路。与其德人居宇相近。又有新稅廠。成於光緒十九年。以紅磚為牆。其前面俱用寧波綠石為之。瓦面則蓋以法國紅瓦。此廠臨河一邊。濶一百三十五英尺。臨漢口路一邊。長一百五十五英尺。分為合扇形。中座之上有鐘樓。高至一百一十尺。極其軒敞。又有碑文一座。以誌念麥加利君。此人前於光緒六年。隨任英領事署。在雲南被土匪戕害而死。故立碑以誌哀也。又有北京英公使蝦利柏士伯爵。死後英人亦思念不忘。故亦立遺像於上海為法租界內之大樓宇則有公事廳領事署各一所。又有水師提督蒲老迭之遺像以銅鑄成。立於公事廳前。上海義學堂中有民團學堂。堂中有步兵馬兵機器師各一班。另東福鎗兵五隊。此學堂創於同治元年。後漸廢弛。及至同治九年。有西人在天津被害之後。恐防進攻上海。復加整頓。後又稍零落。至今經賀利爹經理之後。頗有可觀。現存三百零九人。俱屬驍悍精健〻捷。步兵各持李箴佛來福鎗。救火軍皆以民團充之。分九隊。掌水龍機器者居其乙駕雲梯者居其二。有人稱說此等救火軍。甚得美國救火之精法云。又有洋人醫院一所。建於光緒三年。此外有公家藏書樓一所。內藏書一萬四千卷。又有亞細亞洲御會所設玩物所一。石匠會館一。舟子會館一。華人義学堂一。舟子書樓兼玩物所一。全備格致書院一。又有洋樂学師一班。其餉饟皆由公款支給。每至夏暑日。必在公家花園演奏一次。又有賽馬會。其跑馬之程途限一英里又四分之一。又有湧水井。有村鄉會館一所。波斯公館。葡人公館稅関人員公館各一所。又有賽馬場。蜂獵場。操演洋鎗場。賽花艇場。打毬場。各等公地。又有泥水會十一家。共五百餘人。而光緒四年。復有華北大客寓一所。建於埠上。此口上為上海樓房廨舍之大略情形也。

上海上流泊船碼頭四

處。一在東家堡。与滬城相對。長三百八十英尺。春潮長時水深二十一尺。一在虹口。長四百尺。春潮時水深十八尺。此為舊碼頭。一在浦東。長四百五十尺。春潮時水深二十一尺。此為新碼頭。去年公司集款另建者。所有桅船輪船。均泊於公私各家碼頭上落客貨。中國有碼頭一處。至造船廠場。在滬城之後。相離不遠。自同治六年。始設鐵廠。製造東福鎗。旋改為製造輪船。即今製造局是也。同治十年。大北電報公司之電線。始接至上海。至光緒十年。而東方電報公司之電線。更為增廣。今總計自上海通至歐洲之電線有三路。各不相混。其一陸路電線。設於光緒六年。通往天津。次至北京。自光緒二十年。則接連俄國電線。經過西伯利亞而至歐洲。另有陸路電線一條。西至漢口。南至廣西之龍州。先緒元年。西人曾集公司築鐵路。通至吳淞。開行祇十六閲月。為華官購去拆卸之。然其所行之時雖未久。而所收客艙車費。已足抵經費。其餘貲脚。即為溢利矣。光緒二十一年冬。中朝廷旨議准興築鐵路。蘇省大吏擬自上海築鐵路至蘇州。長約八十英里。此路既成。再續至鎮江與南京。西人又擬在上海租界内建設鐵軌馬車路。此事當無阻撓。唯皆未興辦。太約為期不遠矣。本埠有輪船公司四家。其船行於沿海一帶並長江上下游。近數年來華洋人等皆陸續開設製造工廠。今已共有十數家。設非華官昔日禁阻機器。而又不許洋人管理製造之事。則上海久已為製造極盛之場矣。雖然。中英和約原有准機器入口之理。西人行之。本非背義。但英廷不欲勉强。故置之。今東事既和。有准外國在內地製造之約。日本人即到上海設紡紗廠。用紡紗機五萬架。繼而起者則有渣顛洋行美國貿易洋行。衣路拔洋行。晏好路家卜洋行。共四家。各用紡紗機四萬副。又聞另有工廠。為洋人所經理。亦接踵而起。但上海棉紗之業已大興。況復有人陸續集股。則上海棉務之工。將如英國蘭加士亜之盛矣。各工廠之最大者則在上海楊樹浦。名上海織布局。光緒十九年十一月。遭火焚後。即重建新廠。光緒二十一年始成。此新廠比舊者更大。內置紡紗機三萬五千副。此廠之股本。雖官商合辦。而官股甚多。又有華人富商。預在楊樹浦開設紡紗廠一所。內用紡紗梃子二萬根。再去教式。又設一間。廣大与此同。又有某廠購置軋花機一百副。其所軋出之棉花。專供給某華工廠所用。又有廠名廣德昌。用日本軋花機器四十七架。每日軋出棉花九十擔。盡運往日本大坂銷售。又在浦東有軋花公司廠一所。內有麥加利軋花機三十二副。此廠所出之淨棉花六運售於日本。廈門路有麥堅士洋行。用日本軋花機六十架。每日出淨棉花九十擔。亦運往日本。蘇州江有廣東莊軋花機廠甚大。又在亞路花廒。有華商大公司。用紡紗挺子二萬根。江之對面有華人軋花機廠。用軋花機七十二副。在江之北。將有華商開廠軋棉花。用機七十二副。其機在上海仿麥加利之款式。又有繅絲廠二十五間。光緒二十一年。運出口外絲紗。計共得六千二百七十六包。每包重一百斤。在遮士田有興昌繅絲廠。用盆三百具。欲增至九百具。渣顛行有繅絲廠一間。用盆四百具。有拔維晏洋行。在蘇州江。用盆一百五十具。

江之對面有大廠。名勝昌。為上海繅絲有限公司管業。内用絲盆五百具。此公司另有一廠在虹口。用盆五百具。蘇州江上另有一大繅絲廠。為華人開设名松記。此人又在楊樹浦大道開设一間。連地克洋行在蘇州江開大繅絲廠一間。又北福建路有名禎祥者。用盆三百。又渣顛洋行另有一絲皮廠。在楊樹浦。有造紙廠。火柴廠。藥名番梘廠。各數家。别項工務亦有甚多。其增長之勢甚速。上海不日將勝於孟米。且可為亞洲最旺之工藝埠也。又在虹口有亞士扡客棧。英租界有中心客棧。法租界有地客棧。另有次等客棧。皆与東方上等客棧同。有新聞報館數家。一名字林日報。一名上海水星報。一名中華官報。一名上海時務報。一名上海日報。以上皆每日出報一次。又一名華北報。一名中國報一名聯會報。每禮拜出報一次。又有華字各報。一名申報。一名滬報。一名新聞報。購閱甚廣。上海郵務處太多。英美法德日本各國皆自有驛務所。而華人另有之。埠中又常有手車三千五百六十三輛。馬車四百七十輛。載客往來。又有西人銀行七家。華銀號數十間。上海為長江商務之咽喉。北方各口岸亦得此處相濟。日本高麗亦藉上海為市場也。道光二十六年。至道光三十年。茶葉每年出口之中數。約為一千六百萬磅。而蠶絲出口。亦有七萬七千磅。同治六年出入口之貨。共值銀六十五兆兩。逐年驟增。至光緒七年。是年共值銀一百四十一兆九十二萬一千三百五十七兩。此後年年驟減。至光緒十年。已減少百分之二十分。後又漸旺。觀中國稅關清單所列上海前六年出入口貨值銀。

光緒十七年一百四十五兆兩。十八年。一百六十五兆兩。十九年。一百六十六兆兩。二十年。一百七十七兆兩。二十一年。一百九十五兆兩。二十二年二百一十八兆兩。光緒二十年。至二十二年入口洋煙之值因印度銀落價。故比前時為增。比較光緒十九年。以二十年少五千七百七十五擔。以二十一年多五百五十一擔。而二十二年。又減少四千二百七十四擔。是年共入口鴉片三萬一千五百八十九擔。而各洋煙之減少者。因華人喜吸土煙土煙味漸厚。而稅較廉。光緒七年上海洋煙入口。共有五萬一千五百二十二擔。光緒二十年土煙入口共有五千零四十六擔。光緒二十一年增至一萬零四百一十三擔比上一年多一倍。比其前年為四倍。土產之鴉片。今亦有漸出外國者。又外國運來之棉布棉紗線。向係年年加多。獨至光緒二十年。因銀價太低。故棉貨進口亦忽然減少。光緒二十一年棉貨入口之值。比上年多百分之二十七。而光緒二十二年。再增百分之五分。米羊毛貨入口。光緒十七年比上年多百分之三十六分。其次再增百分之七。而於光緒十九年退百分之三。其次年復增至百分之二十五。去年又增百分之九。又入口之金類。光緒十七年增多百分之十。其次二年無增減。光緒二十年增百分之十一。前年減少百分之五。光緒十七年入口火水油共為三千五百一十七萬九千二百零五加倫。一加倫約合華量八升。二十年增至四千三百三十一萬加倫。其次年減至二千九百七十一萬餘加倫。其來自美國者。自三十六兆餘加倫。減至一十六兆加倫。而來自俄國以箱載者。則由四兆增至七兆八億餘加倫。其以大桶載之俄煤。則自三兆增至五兆八億。光緒十八年入口之糖。重二十四萬七千八百九十四擔。光緒二十年增至一百二十八萬餘擔。其中有四十八萬八千餘擔。為上白冰花糖來自香港。又機器之入口。光緒十八年值銀二十三萬一千九百三十七兩。光緒二十一年增至一百六十七萬餘兩。後開之數。乃六年以來上海茶絲出口之數。

黑茶十六年二十八萬擔。十七年二十八萬擔。十八年二十六萬擔。十九年二十八萬擔。二十年三十萬擔。二十一年三十五萬擔。紅茶十六年二十三萬擔。十七年二十九萬擔。十八年二十八萬擔。十九年三十五萬擔。二十年三十四萬擔。二十一年四十一萬擔。綠茶十六年一十九萬擔。十七年二十萬擔。十八年一十八萬擔。十九年二十三萬擔。二十年二十三萬擔。二十一年二十四萬擔。淨絲十六年三十九萬擔。十七年六十萬擔。十八年六十一萬擔。十九年五十七萬擔。二十年六十萬擔。二十一年六十八萬擔。雜絲十六年五十二萬擔。十七年五十萬擔。十八年四十九萬擔。十九年四十六萬擔。二十年四十八萬擔。二十一年四十七萬擔。蠶繭十六年五千九百擔。十七年七千三百擔。十八年三千三百擔。十九年六千八百擔。二十年六千七百擔。二十一年七千九百擔。

光緒二十一年各處運來貨值銀列下。由美國二千二百六十四萬九千兩。由香港二千五百五十五萬一千兩。由印度一千六百九十四萬三千兩。由日本七百三十八萬九千兩。由歐洲各國六百三十一萬五千兩。由澳洲與各海灣二百一十二萬兩。由加拿大一百五十四萬八千兩。由別國一百二十六萬三千兩。由中國口岸一十九萬三千二百兩。由美國四百八十五萬八千六百兩。

是年共進口貨。值銀九千八百八十三萬二千八百二十七兩。內七千四百九十六萬八千五百四十二兩之貨。轉運他處。計往揚子江各埠。約值三千八百萬兩有餘。往北方各口岸。約值二千一百萬餘兩。往寧波與南方各口岸。約值九百五十七萬餘。兩。往日本約值九十四萬餘兩。往滿洲約值一百二十餘萬兩。往香港約值五十一萬餘兩。往高麗約值八十餘萬兩。往歐洲。不計。俄國約值二十八萬餘兩其餘列國約值二百一十二萬餘兩尚餘二千三百八十六萬四千二百八十五兩為上海之用以下所列者為是年入口洋貨分類之值。

棉貨疋頭三十兆九十七萬餘兩棉紗綫。二十一兆二十一萬餘兩鴉片煙。一十七兆六十七萬餘兩糖五兆七十二萬餘兩金類。四兆九十六萬餘兩火水油。三兆五十五萬餘兩羊毛貨。二兆九十零四千餘兩煤炭。三兆四十八萬餘兩機器。一兆六十七萬餘兩海菜。八十五萬餘兩材木。三十三萬餘兩染料顏色。七十四萬餘兩火柴。七十二萬餘兩酒類。五十三萬餘兩粗麻包。四十五萬餘兩高麗參。四十三萬餘兩燕窩。三十八萬餘兩野綠。三十六萬餘兩番鹼三十三萬餘兩胡椒。三十三萬餘兩呂宋煙。二十八萬餘兩蘇木。二十一萬餘兩玻璃。二十八萬餘兩皮貨。二十七萬餘兩傢私雜貨。二十七萬餘兩紙料。二十六萬餘兩繩纜。二十五萬餘兩青靛。二十四萬餘兩沙魚。二十三萬餘兩白荳蔻二十二萬餘兩洋針。二十一萬餘兩硝。一十八萬餘兩扇。一十八萬餘兩草席類。一十四萬餘兩香信。一十三萬餘兩鐘錶。一十三萬餘兩麵粉一十二萬餘兩藥材。一十五萬餘兩

另有經過上海而運入內地之貨值銀一百一十五萬餘兩此等貨大率全与

火水糖煤居多土產之貨由西式船運入上海者是年值銀五千八百二十六萬餘兩來自揚子江各埠值銀三千五百萬兩有奇。來自南方各口岸值銀一千二百萬兩有奇。來自北方各口岸值銀一千零八十餘萬兩。留存上海用者祇得九百四十九萬餘兩。又光緒二十一年。上海之土貨。運出外國香港並中國別處口岸者。分類價值列下。生絲。二十六兆七十四萬兩。綢緞匹頭。九兆七十八萬兩。茶。十五兆二十九萬兩。生棉花。一十三兆四十三萬兩。麝香。四十六萬餘兩。棉紗線。二十九萬餘兩。米。一十三兆零八萬餘兩。粗麻。八十八萬四千餘兩。繩纜。三兆三十八萬餘兩。羊毛。二兆零八萬六千兩。豆類。一兆五十八萬餘兩。牛皮牛角。八十四萬餘兩。牛油。八十二萬七千餘兩。豬鬃毛。五十四萬二千餘兩。光油。二十七萬六千餘兩。大黃。三十二萬四千餘兩。書籍。二十萬零九千餘兩。穀種花仁。一百四十九萬兩。麥米。一百二十八萬兩。紙料。一百二十四萬兩。藥材。一百一十五萬兩。五棓子。二十三萬餘兩。草布。二十八萬餘兩。蠟。一兆一十一萬餘兩。皮草。一兆六十二萬餘兩。夏布。一兆一十四萬餘兩。糖。一兆八十二萬餘兩。油粿。八十四萬一千餘兩。煙萬七十四萬九千餘兩。土鴉片七十萬三千二百兩，磁器缸瓦五十萬七千餘兩，津絲二十六萬八千餘兩，木耳草菰二十一萬五千餘兩，棠米二十萬零九千餘兩，雜貨四百三十九萬餘兩。以上各貨寄往歐洲各國值銀二千一百餘萬兩，美國一千二百餘萬兩。日本一千二百餘萬兩。英國八百六十餘萬兩。香港六百八十餘萬兩。印度緬甸二百八十餘萬兩。俄國與滿洲二百六十餘萬兩。高麗六十餘萬兩。澳洲與各海島五十二萬餘兩。波斯與埃及四十五萬餘兩。加拿大二十二萬餘兩。各小國九十九萬餘兩。中國之北方口岸二千二百餘萬兩。南方各口岸一千三百餘萬兩。

北京。附天津

北京建於一大平原之上，在白河之西北，相距約十三英里，隔白河之口約一百一十英里。其緯線為北三十九度五十四分，經緯為英京偏東

一百一十六度二十七分有運糧河一條與白河相連北京地面多砂去海又
遠運載甚難斷非創興工之藝地地勢不佳為大國之都會大不合宜中國各
方出產之物而每類必有運至北京以求銷售但出脫之後所得之利不異繩
頭有西人名頗尼者嘗著述北京之故事今擇其要而錄於下北京之南邊有
一故城乃燕國舊都約在二千一百一十九年之前燕國被秦所并後乃改為
郡縣及五代晉天福元年被契丹占據其地遲二年改作契丹之南京無何又
被金兵奪之稱為西都約於南宋紹興間金國之第四世王遷其宮殿於此遂
名之為中都嘉定八年失之於貞帝士間（四字不若來確臨原譯）景定五年急里間（必來確）
遷居於此仍名之為中都人多呼之為順 天府同治六年將其城向北稍遷三

里。自此呼之為大都。其故都今改為華城。或分別新舊二城為内城外城。宋代之君不盡建都於北京。後曾遷都於金陵。世傳此處宜作帝王之都。至明代燕王棣。逐去建文帝。自金陵徙焉。至今北京為中國之都會矣。今京城南北地。今為内外。北稱韃韃城。南稱土民城。因居城北者多旗滿人。居城南者多漢人。今漢人甚盛。逼近城北。旗滿所居者。不久將無餘地。又北京之形勢。内方而外橢方形處為旗滿人所住。橢形處乃漢人所居。全城皆有高厚之垣。高約五十英尺。厚四十英尺。另城内築傍城磚柱。其底覆處約一百八十餘英尺。其城基有砲眼。兩面有磚。内面空隙以浮土實之。每一大城門之上。各有城樓一座。漢人居處之城。基高約三十英尺。底厚二十五英尺。頂厚十五英尺。此内外城牆周寬共長二十英里有奇。據顛厄君云。旗滿人所居之城有三重。最內一重名曰禁城。皇宮盡建於此。禁城之外。為百官之府第衙門。最外一重為店鋪私宅華民所居之地。始有商務。但無甚可觀。至禁城之內不許外人擅進。北京可賞玩之處。以廟堂城垣皇宮。並各國公使署為最。至若華人居鋪之街道。污穢昏濁之極。每當秋冬之時。天時乾旱。風起塵揚。春夏之交。陰雨連綿。流湴〔溢〕沒脛。地勢餅限。莫此為甚。至京城中居民之數。未能確知。但據華人之報。稱共有一百三十萬。居內城者有九十萬。居外城者有四十萬。北京無與洋商互市。洋人來此者。多借寓各公使署。稅務司署。並同文館等處。至同治十年。始設電線與萬國相通。現又新創鐵路。自天津起。築至永定河外蘆溝橋。聲氣漸通於外無復曩時之閡陽矣。在天津之東北六十英里。地名唐山。開採煤礦時。在光緒紀元之初。因運煤而築鐵路。復繼築至山海關。以運兵。今則築至北京。約有二百里之鐵路。運載貨客。近山海關之處。有農人運其瓜果菜品於天津。去年各地載來花生豆菽無數。各行工藝。大有長旺之勢。四處新屋皆以熟磚為牆。舊時之土牆小屋。漸漸毀拆無存矣。外國人分居於二處。租界。一屬英人。一屬法人。同在城之下面河邊。二處共有地面約千餘畝。光緒二十一年。德國亦佔一極廣之租界。在英界之下。但仍未建屋也。日本亦亟欲謀一善地。認作租界。惟英人則久已增廣其地。英法二租界之上。道路平坦。差丁日夜巡守。街上燈光徹夜。近日建造樓房屋宇。華麗異常。英租界內有公務廳。建於光緒一十五年。亦備極壯麗。與之鄰近者。則有公衆花園一所。名域多利園。建於英皇在位五旬節。今園內鳥鳴花笑。幽雅無匹。且園工勤于修理。遊人到此。實足以遣興娛情也。今又新填地面。約六十餘畝。又有跑馬路。長約三英里有餘。又有客棧二間。打球館二所。戲院一所。公衆書樓一所。禮拜堂三所。天津之工務。以釀酒為最盛。其酒原無奇味。但每年出口運往南方諸省者。其多無算。大沽附近。又有人煮海水以製生鹽。其鹽多聚於城下河邊之岸上。天氣炎酷時。發出一種穢氣。臭惡難堪。偶然感觸。便易致病。鹽務轉運。均歸官埠發售。城中又多製地氈。鞋。玻璃粗瓦器。並烟火之類。但天津自製貨物。不若自外運來貨物之多。其出口貨有煤炭。羊毛。猪鬃毛。草緶。草羊皮。山羖皮。各色酒之類。其出口之商務。正在新興蓋以西商之雲會也。各處洋行常僱工洗羊毛或挑選草繩或挑選豬鬃毛諸事。惟有俄商行。祇僱人扛茶而已。其進口之貨亦如他處。且有茶葉出口轉運過西伯利部沙漠等處。次則為火水油灰柴布疋針線之類。天津土人並無精緻之工藝。惟以黃泥作偶像。似甚巧妙。作成以顏料配之。惟妙惟肖。但所製偶像。不能隨便遷移。因其體質極脆也。天津煤炭之出口。銷流甚捷。光緒二十一年。出口者九萬六千七百七十五噸。設非有戰務阻礙。恐猶不止此數。貿易之事。蒸然日上。無足為異。蓋以天津為出洋之口岸。直隸山西陝西甘肅四省所走集。另河南亦有由此而出者。以上五省之民。數不下一百兆。使鐵路四通。則其商務之盛。何止十倍於今日也。光緒十九年天津出口入口貨物合共值銀三十八兆五億七萬零一百四十七兩二十年值銀四十四兆二億七萬七千零五十兩二十一年五十八兆六億六萬八千九百二十八兩是年入口之洋貨值銀二十三兆三十八萬二千五百四十九兩入口之土貨值銀二十六兆零六萬五千四百七十五兩其出口之貨物二十年前數無所布去年增至九兆一十五萬八千九百二十四兩去年所收之稅餉共銀七十六萬二千五百五十二兩比前年增多一萬三千五百零二兩洋烟入口漸至減少因土烟相抵故光緒十九年入口洋烟有一千六百一十六箱次年得一千四百六十二箱又次年減至一千二百八十一箱也

廣州　廣州府城在北緯線二十三度七分十秒經線在英偏東一百一十三

度十四分三十秒。乃廣東之省城。或稱羊城。或稱粵城。今西人呼廣州府城為諫當者。實由廣東二字轉音也。廣州城乃中國一盛大之區。本省政事多受成於此。城中有兩廣總督衙門。巡撫衙門。將軍衙門。另有三司府縣海關等大小文武官員衙門。海關監督定例派滿洲人充當。廣州地近南洋。故查洋商來華貿易。以葡萄牙人入澳門為最先。時則在明正德十一年間也。若亞拉伯人來往於此。則在李唐之前。為更早矣。至荷蘭人來此者。又較葡人遲約百年。而繼其後者。則為英人也。去今二百年前。英人曾創興行棧。買辦貨物。獲利無算。計該行約開一百五十年之久。皆歸東印度公司之執事人經理。自公司初設此行棧於粵城後。乃以商務雄天下。更自康熙二十三年。該公司辦茶運往英國。

於是廣州城出口茶價。驟然增長。及至嘉慶紀元之後。華官百端欺壓。該公司迫得卸盤回國。至道光十四年。英人不受華官欺藐。又不甘坐失其利。於是借端起釁。道光十九年。特調兵艦攻拔粵城。於道光二十一年。中朝允償軍餉。依舊立約通商。不謂經此次之後。華官仍不求通洋情。故辦事輒多齟齬。英兵故事恫喝。再攻中國。乃有南京言和之事。於是更改廣東前次所立之約。而又增開四口岸。以為通商之地。但羊城之華官。仍不解事。不准西人進城。民間體及長官之意。每見西人。輒加淩辱。英人不堪。故又於咸豐六年十月。英伯爵斯磨亞。親督兵船。再開兵釁。轉被愚民嘯聚成羣。以求報復。盡焚洋人之房屋。延至咸豐七年十二月。英伯爵查路士挖羅使緜特帶英倫大兵而來。乃於是月二十九日。攻破羊城。法國亦嘗發兵相助。於是兩國之兵同踞粵城。自咸豐十一年至十月。議和賠款。作城下之盟。英法之兵。始行撤退。

澳門　澳門在北緯線二十二度十一分三十秒。以倫頓為中線。則澳門偏東一百一十三度三十二分三十秒。地形如銳角而多磐石。葡人未踞以前。其泊船之所。人皆稱蠔鏡。葡人始在篙柏搆立埔。又往錢洲。李晏浦搽蒡山村四處貿易。山村又名聖約翰海島。昔有傳教人傅蘭庶士滋衛亞者。死於其地。故以此名之。明嘉靖三十年。葡人始在澳門築室。後有海寇自鄰境而來。華官被捕之。而窮於術。蓋賊勢兇悍。抗拒官軍。不得出海。葡人率兵艦數艘。驅逐剿盜。由是海道肅清。而澳門漸興。康熙三十九年。極為繁盛。粵城商民願藏其市。及東印度公司荷蘭公司。均創於此地既。攷古者或謂澳門原為租界。或謂由剏據而來。究其實。每歲輸租銀於中朝五百兩。道光二十八年。澳督花里喇度奄馬路。抗不輸租且毀華人稅廠並逐華官。為華人所恨。明年在砵打沙丽。途遇剌客。斬其首而去。至光緒十三年。與中國立約。准葡人以澳門為屬地。澳門與香山壤地相連。向築墻以限之。以為澳門香山分界。澳內有小山二。一自南而北。一自東而西。山麓直接河邊泊船之處。小山上下皆有屋宇。或為官衙。或為民居。或為禮拜堂。又利路小山上築砲臺。圍于拿士喇地佳丞山洞。其小山名尼羅者。上有隱士洞。楕圓海灣之東。左右皆築砲臺。偶登山巔。俯視棟宇。皆塗金碧。且街道整齊。極為華麗。博錦林立。喧鬧異常。因辣度冚帽烟花園。樹林陰翳花鳥爭妍。四時樂趣。令人神爽。前有葡國騷人曾賦詩以記其勝槪。並有古禮拜堂。名遮舌山保羅。遭焚於道光十五年。堂前樓屋壯麗。其天主教堂亦甚宏敞。不事粉飾。餘各小禮拜堂。以石粉塗其墻壁。古雅簡潔。若長夏方炎。乘小輪往旂學遊覽。此地山水清秀。波濤激湍。茂林脩竹。映帶左右。作銷夏之灣洵可樂也。澳門向為繁盛之區。商賈輻輳。自香港旣闢以後。商務漸衰。又加抽工人餉項。故居民亦因之離散。直至同治十三年始免此例。商務以茶葉為出口貨之大宗。每年值銀七十萬圓。各欵花油及鷄等物。頗為暢銷。絲綢磚瓦紅毛泥並別項工藝廠。亦有創設於埠中者。葡人商務遠遜於前。華人商務則較葡稍勝。據光緒二十一年中國海關清單。華貨消於此埠者。值銀九百三十七萬五千九百二十八兩。上年則為九百二十九萬五千三百七十三兩。但海濱沙坭淤積，凝於灘泊，苟非修理，華人商務亦恐頹而之他。此地西南海風飄拂，夏令炎酷，香港各埠病人多有到此養病者。澳門距香港四十英里二分之一，距粵城八十八英里，自港至澳，電線相聯。查澳門戶口冊，華民七萬四千五百六十八人，葡人三千八百九十八人，別國一百六十一人，共七萬八千六百二十七人。葡人中有三千一百零六人為澳門土生，產於本國者六百一十五人，產於別處葡屬者一百七十七人，而英則有八十人旅居于此。其義學醫院公署公地等畧表于下。（義塾）初學義塾四。澳門通商義學館一。華童習葡文義學館一。武營醫院一。葡人醫院一。麻瘋院一。意大利女自院一。書院二。禮拜堂十二。藥房二。新報館二。（議院）下公會一。上公會一。義學公會一。醫局公會一。管理育嬰堂物業公會一。公物會公所二。墳冊公會一。（公署）總督一。

輔政司一、按察衙門一、商政衙門一、船政廳一、民務房一、軍務房二、氹仔過路灣政務廳一、公物庫房一、工程公所一、獄吏公館二、華民政務廳一、葡政務廳一、監房一、書信公所一、註券公所一、武官公司一、亞林密打貨倉一、印務局一、水師六、砲臺八、游觀花園二、戲院一。

香港　英國之藩屬在東方之極遠者香港是也。此港本屬于廣東，距澳門四十英里，距廣州九十英里，在赤緯北二十二度一分至二十二度九分二十二秒，經線偏東一百一十四度五分至一百一十四度十八分，連海面縱橫約一百方英里。華人名之曰香港，至今仍之。英人未至之前，史籍無所稽考其往事。或有所傳，亦謊（訛）唐悠謬，未為確據。蓋前此僅有三五漁家託足于其間而已。說者謂一千六百二十八年，明朝失統之際，有明帝莊烈之從者曾隱於此島，藉避清兵。其事之是否，已無可考。惟對海之九龍較香港畧有故實。一千二百八十七年。宋朝末世之君。曾在九龍作一洞。以避元人之追。洞口有大石誌其事。其石離邊界約行一刻之遙。當路之右近有小廟。石上刻有宋皇臺三字。其地初割與英之際。華人稟求香港政府勿損傷其石。致滅前朝之遺蹟。斯亦考古之一助也。當一千一百四十一年。中英尚未失和。華官常與英商為難。英商極形不便。屢欲在附近得一處所設立商埠。冀脫華人之鈐制。而自東其商務。一千八百三十四年。英侯納皮亞受兩廣制軍之辱。急催英廷自印度發兵東來相助。其奏有曰。宜發小兵一隊。順西南風。駕船入中國。先取香港。此島在廣州河口之東。得之則凡事皆可為矣。二年後。伯爵依治羅便臣亦覺中國之交涉頗不類于西國。又迎合納皮亞侯之意而奏曰。中國廣東海面有一島。乃天然生成為貿易之區。宜力圖之。一千八百三十九年。英廷始議其事。三月二十二日。商務總辦異律將廣州附近之英商船。盡行聚於香港。高壘英國難躲以備中國之攻。於是旅居廣州之英民。遷徙至澳門。葡官借一院以棲之。中朝聞之。怒及葡官。將加以兵。五月初六日。異律發急文書與怕路孖士頓侯。因為保護澳門之地。葡廷或稍綫一步。為保護我英之民。英廷則不得稍綫須臾。事在必行。計不旋踵。早發則先制人也。但朝廷急與葡廷議定。或租其澳門之院。卿或發兵保護云。而深喜此說不用。故英國之商權。盤踞於香港。較盛於澳門也。數月後。香港有英人傭于輪船者。與華人爭氣。殺卻華人一名。事為華官偵知。益更大怒。決欲在澳門報復。異律料事難了結。乃先遷其妻女於香港。至八月二十四日。已亦去之。意謂别後澳門可以無事。不料華官懲于前事。立促英人盡離澳門。英人以已不直。於二十五日。盡登舟往香港。僅留卧病者數人而已。既抵香港。仍住船中。時香港未成埠故也。華官於是欲絶英人之粮。並毒其水。在水邊懸示。諭華人勿飲河水。故在九龍海之英船。與土人畧戰一番。時九月初四日也。異律所駕之船。名魯意士。偕同小兵船一艘。名珍珠。並小艪船一艘。名窩梨。沿齊往九龍。該處先有華兵船三號。專為禁阻華人供應粮草與英人而設。異律見之。即飛書一封。投遞與華船之兵總。乃聽候六下鐘之久。寂無回音。異律不能寧耐。乃發小艇一艘。泊岸求買什物。適搬貨之英船。忽有華兵奔來。勒令華商收回其貨。英艇回報於異律。異律大怒。即時開砲轟擊華船。華船回砲相攻。岸上亦發砲相助。約半小時。英船駛開。因未知有戰事。藥彈不備故也。異律自述其事於書曰。三號華船顯然受傷甚重。已離本位。似有迸遁之意。是時英船之藥彈已足。復將三華船逐回原泊之處。時已黃昏。捱過一夜。次早華官不敢復戰。收其禁止供糧與英人之示。任英人上岸交易。於是貿易亦漸復興。英人又有復至澳門者。華官退後。頗備計策。再與英商戰。華兵敗。十一月三號事也。英船駛回澳門。即將英民載過香港。異律亦以香港非久居之所。四面受敵。曾於十月二十六號出示。教英船遷往東庵。但英民不與同心。有三十六船聯名具稟。求異律准其停泊於香港。至十一月八號。異律仍執己意。於是又有二十洋行並十一家保險公司聯名具稟。求勿遷徙。異律固執如前。數日後始各遵命。一千八百四十年。英國發兵船來。以香港為大營。至一千八百四十一年正月二十號。商務總辦出示將中朝欽差琦善與本職立約之事佈告英民。謂中朝已將香港一島並泊船之所。讓與英國。英國貨物到此所納稅餉。仍若在黃埔所納者無異。正月二十六日。英人盤踞香港為己業。兩國商立和約。久而不成。至一千八百四十二年。在南京立約。中朝始明認香港為讓地。然英人自盤踞之後。已無退志。一千八百四十一年五月初一日。英人已將立埠於香港之章程。刊佈天下。於七號香港官報第一册出售。其報則託澳門美國傳道會代刊。報內刊一告示。申明香港設立英國步兵第二十六旗之兵總威廉姐堋為香港理民之官。商務總辦異律保之。而香港全境之事權。仍歸異律執掌云。

異律之意。欲以葡官治澳門之法治之。為之官者。宜熟諳中國民情律例。可行者因之。惟殘酷之刑。不許亂設。俾華人易於遵守。以保護身家性命。庶中外人民。永敦睦誼。惟治中國以外之人民。悉照英例云。六月十四號。香港始售地於中人。嗣即鳩工庀材。大興土木。是年冬月。閭溢衎塞。而居民已一萬五千矣。一千八百四十二年。二月六號。英伯爵猻丁架。繼異律之職。遂將香港改為免稅商埠。然南京之約未立。香港之基尚未定也。當是時有英伯爵羅拔皮路者。在議院被人詢問英廷能否决意取香港。抑舍之他顧。羅伯不敢斷。蓋謂中英方戰。相讓之事。不可知也。至南京和約已立。則疑團釋矣。一千八百四十三年。六月二十三號。中朝使臣耆英。親到香港換約。於是月二十六號。在香港議事廳數之。未幾又接英廷四月五號來旨。命以香港為藩屬。即立砵丁架伯為港督。當時作事甚速。皇后大道成。約三四英里長。夾道居宇叢起。至一千八百四十四年。港人忽生疾病。六月。英伯爵約翰參維士繼任。目擊情形。勸英人棄香港。又布政司馬午君詳文英廷。請棄香港。蓋謂此地風氣不合歐人居舉。第九十八旗兵為證。此旗兵曾於二十一月之久。死者二百五十七人。又舉砲兵為證。此隊兵一百三十五人。二年之久。死者亦五十一人。且逆料香港斷不與星架坡同盛。越年四月。約翰參維士伯。又詳文英廷。許馬午君之言不謬。且謂香港若興。必俟之異日。恐瘴氣薰人。不能久待也。約翰參維士伯以一千八百九十年卒。年九十六歲。而香港遽變景象。一如其言。斯亦奇矣。當一千八百四十八年正月。約翰辭港督之職。以三月三十號離港。攝其事者。爲士多戶梨君。數旬後。英廷委佐治品坟君至。自品坟君執政以來。至八百五十四年四月而止。香港蒸蒸日上。惟居民與營兵仍病瘴氣。是年四月十三號。有伯爵包靈君陞港督。至八百五十九年之五月去任。嗣後督其任者。不復兼商務總辦之職也。包伯在任時。廣拓公役不少。包靈頓小河。乃其主持而造者也。八百五十九年九月。伯爵黑喬路羅便臣接督任。八百六十年。九龍亦歸香港所轄。嗣變爲兵營。英法合從之兵。會屯於此。黑伯在任時。工役以築海傍之墻爲首務。因此事向業戶取回地方頗多。前此海旁一帶之地。盡爲舟子業。英之公路。不近水濱也。一千八百六十二年。大鐘樓成。而鑄錢局亦初舉。但所舉折閱。故八百六十四年春停之。八百六十五年三月。累伯去港。政事交與輔政司孖沙君兼之。八百六十六年三月。英廷又派伯爵列查麥敦那路來督其事。八百六十七年十一月。香港大火。間於皇后大道。與旁十字大道。與船政廳之中。居宇焦遺者。香港之餉項。冒大支絀。自麥伯執政。興舉印花稅。且多方以調理之。於是餉源復充。一千八百七十二年二月。華人東華醫院開。麥君實主其事。是年四月。英廷命伯爵亞打堅尼地為港督。其德政令民悅服。港民至今頌之。為鑄銅人以存其像。所以志不忘也。打伯之政既善。則香港自必大興。不幸於八百七十四年。忽經大颶。被災而亡者以千計。八百七十七年。打伯去任。繼其後者。為伯爵約翰軒尼斯。是年四月即任。八百八十二年去任。當時商務大興。餉源饒裕。但公家無甚營造。八百七十八年。耶穌誕日。中環失火。焚去屋宇三百六十八間。喪失財物無數。為伯去職之後。輔政司孖士君署理。至次年三月。伯爵佐治包格到任。此公最喜營造。創設域多利亞大書館。並聯拿忒養需院。又增大皇家醫院。彼又任從居民舉二人入定例局。八百八十五年。佐治伯離任。輔政司孖士君又署理其事。至八百五十七年。孖士君辭職。交其事與提督軍門鉗馬倫。至是年十月。新督威廉烏益士伯至。當時香港似有小失。八百八十九年。烏益士詳文於英相。備述稱意之詞。嗣後商情中落。或因銀價低賤。或因商人買賣失算故如是。無別事也。八百九十一年五月七號。威廉伯辭職。輔政司又不在任。以提督嬉備北罘署之。英廷新派之督臣。直至十二月十號始到。八百九十四年患疫。試令人戒懼。此疫初起自雲南。數年前大發於北海。是年爲禍於廣州城。嗣傳染至香港。五月十號初發。死亡相繼。愈覺熾盛。甚至一日死人以百計。於是設法清查。凡有染病者。即遷之醫院。凡遇死者即埋之。並將華人之居宇。盡行責令灑白石灰水。並整潔其地。且另設藥房。有所欠缺。則自各口岸之水陸師供應。又蒙士力西亞輕步兵營。約借三百人。相助探察。並潔淨之事。爲經理驅除癘疫事。死者一人。乃都司委示也。又染其病者五人。一爲兵長。四爲工人。其他水陸師各營。均有人出而相助。疫之甚者。以太平山上民居爲最。欲盡人事以銷除之。故將其居人遷往別方安置。又將太平山之屋宇。盡行拆燬。復築新居。以遵潔淨之例。所需費用。均出自公欵。此症以六月七號爲最盛。是日也。死者一百零七人。得新病者六十九人。後即漸弱。其勢至九月三號始稱無事。遭此災而亡。已報錄者二千五百四十七人。而商務亦因之減色。華民逃避回鄉者極多。居民數減約八萬有奇。皇后大道素稱殷庶。至此亦幾同棄地。疫既銷。居民復集。貿易亦漸暢。又來往船以疫故禁之不許上岸。此例亦開除。至八百九十六年。此症復作。但不及九十四年之甚。今年則平安無事。

香港之政事。歸督臣主持。佐以議政局。議政局人員有七。受職者五人。無職者二人。例以港督主席。在其列者。有各兵官。有輔政司。律法司。布政司。工部司。船政廳。巡捕廳。另有六人。不必官職。一為商務局所舉。一為通埠紳士所舉。二為華人。入英籍者。餘二人。隨意選之。

一千八百九十六年。香港之進款約二百二十八萬八千三百六十六圓。其常支款約二百一十五萬八千五百六十二圓。不常支款三十二萬零五百圓。為建造公家物業所支香港欠公債只十六年揭銀十萬鎊九十三年又揭銀二十萬鎊至九十四年底。連利息。欠銀三十四萬一千八百鎊此數須積存款清還。香港正埠。每年約值地稅三百二十四萬七千七百二十六圓。九龍每年約值地稅銀三十一萬八千三百二十六圓。其餘小山村屋。每年約地稅銀二十五萬九千六百九十三圓。　香港一島。長約十一英里。濶自二英里至五英里。周圍界線長約二十七英里。島上小山如峰。有數處山坡濶窄不同。但地少宜於種植。畧可種植者。祇有二處。一名黃坭涌。一名香港仔。二處皆華麗。並有樹林。昔日菜果花木。惟此二處所出耳。島上有山溪數處流水不息。香港埠中之水。則由薄胡林與大潭二處水池引來。薄胡林池築於一千八百六十六年至六十九年。能容水七十四兆斗。而大潭池築於八十三年至八十五年。增大於九十六年。縱橫面積約二十九英畝。每畝約合六華畝積水三百九十兆斗。大潭引來之水。經過一大龍孔。鑿穿山頸為之長約一英里又三分之一。又經水渠一條。在山腰。高於海面四百尺。渠長四英里。渠上築路一條。名為包安路。在此路上能見香港埠。並其東首之形勢。故遊人最喜遊興於此也。水渠多接以大槽。或過石面。或越山以石橋架之。一橋在灣仔之上。共有二十三拱門。香港土產無幾。且無關緊要。地不合於耕種。間有之。亦附近之小村耳。惟九龍產白礪石甚多。此石鮮有售出外者。一千八百八十九年。在大潭水池之上。採出鉛硫礦。曾經試採而知其無利。又在士丹利附近。採出畧有錫礦蹤跡。又深水埔有火坭出產。并製造磚瓦等物。新植之樹林。今方長成。陸續添種栽培。以後當有出息。九龍英界內。亦採出錫礦。惟未經開採。各港口均設明燈。西港口忌連埃倫島之上。有燈樓一座。能照二十二英里。（其燈光能照十四英里。近東港壩南埃倫島中。朝設燈樓一座。）又在央哥連臣地。有小燈樓一座。能照八英里。為各船出入鯉魚門之用。又南距三十英里。有石崖名甲洛。上有燈樓。建於一千八百九十二年。此處有電線通至香港。用人守之。凡有洋船進港。即報電於郵政局。香港泊船澳。有十平方英里之廣。為天下精美船澳之一。澳上大船小艇極多。澳在香港埠前。其對面乃中華之邊地。環澳有小山峰。昔時山上皆小樹花叢。今新栽林木。亦漸生長。乃香港政府加意者也。香港正埠君域多利埠。（或名砵帝路。）位置得宜。其居宇高大華美。盡是重樓。自水邊至山頂。高於水面四百尺。在山頂俯瞰。與海面仰觀。俱無限氣象也。遊人到此。無不歎為勝地。埠中建造得宜。街道潔淨。通衢之間。廣種樹木。泰西商旅。居於埠中。其依處皆華人鋪戶。屋密人稠。埠之西首尤甚。畢但匿花園。在公事衙門之上。園內路徑幽雅。水景清奇。鳥鳴花笑。兒童嬉戲。士女娛情。園內鑄有八百七十三四年。港督亞打堅尼地之像。埠中居民。捐費而建者也。立於第二臺上。面對噴水泉。公家居宇。以公事衙門為最大。此衙門乃六十六年至六十九年所建。衙內有戲院一所。跳舞房數間。兼作聚集所。公家藏書樓一所。博物院一所。衙門正面之前有噴水泉。乃港中富商約翰顛君所建。衙門之東首有大空地一區。

分作兩段。中為通行大路。南為較武塲。北為打球塲。上有凉亭一所。左右地面豐草毋許踐踏。祇留小徑與人行走。故常覺芳草綠茵。賞心娛目。港督衙門樓察衙門與郵政局三者。雖樸素而軒昂。港督衙門設在埠中。嚴整有規。監牢甚寬敞。緝捕廳與之近。巡理廳亦附焉。巡差共有七百人。歐洲人着一百二十。印度人着二百三十。其餘多華人充當。瘋狂病不罰則設房於品涵道上以禁錮之。計有二所。一為西人所用。一為華人所用。去此有一名尼打掃路醫院。附近威靈頓街。有皇家水師醫院。又有一皇仁書院。華麗異常。面向士拖頓街。埠上皇家書院。以此為最大。建自一千八百八十九年。時東華醫院乃華人自創。房廊軒爽。陸軍營地亦甚廣闊。特建成以便兵士休憩。水師營亦壯闊。均設於皇后大道之兩旁。間於打球塲與亞仙拿路街之中。九龍另設有陸軍營。港兵多屯於此。其提督衙門。樓高宇峻。將賴以監察全營兵房。一千八百九十五年。中環新開一街市。香港上海銀行。樓舍宏麗。足與天下各埠爭勝。居近公事衙門。正當皇后大道與斤匿大道。門外棁柱。均精琢白礪石為之。門上有圓拱蓬。海傍石基。於八百七十九年大加修理。仍多以白石砌築。潮浪雖大。無所損傷。茲又在石基外續填新地。則石基將非濱水。而變為內街。且可由公事衙門直達西營盤之舟子會館矣。外續填之地。已有二段告成。一在舟子會館附近。一自孖里馬頭通至冰屋街口。此一段地面約闊十英畝又四分之三。其新地填築既固。凡願受地建造居宇者。皆恐後爭先。其東首地建有新樓房。像香港會中人為之。附近於此。則有大英君主之像。專為登極六旬慶典而設。於去年三月二十八號。造成封蓋。直待慶典臨期始開。此像是生席形。非起立。體全身以白銅為之。港中大鐘樓則近於必打馬頭。乃一千八百六十二、年捐題建設。其一大時乃鐘錶大公司送出。夜間燃燈於內。鐘針之行。遠望瞭然明白。此樓雖高大。但自香港各客棧建成而後。兩兩相形。反覺瞠乎居後矣。禮拜林立於埠中。其開之最先者。為聖約翰禮拜堂。在較塲之側。建成於一千八百四十二年。其體制皆尚崇峻。其中截為四塔形。上截為尖塔。頂門首西向。有拱蓬。塔頂內有大鐘數具。又有新禮拜堂一所。建於一千八百六十九年。其基址石乃衣顛白公爵手築。全堂創建於是年十一月十六號。次年工竣。其祭壇之東。有一玻璃窗扇。蓋繪笠力君遺像十字架之北。有一玻璃窗扇。蓋繪士奪醫生遺像。十字架之南。設一玻璃窗。記念薄嘏喇船沉溺之事。又有大琴一面。初設於八百八十又年。又近西營盤。有一禮拜堂。名聖彼得禮拜堂。乃舟子所創。故近於舟子會館。堂頂亦有塔。並有花窗門一面。設於八百七十八年。又八百九十二年新設一禮拜堂。名士提反禮拜堂。專為華人而設。此禮拜堂以紅磚為牆。門前粉白。連塔頂高八十尺。在博湖林大道。與傳道學堂為鄰。又一所名天寅禮拜堂。設意大利禮拜堂模式。有塔頂內容五百餘人。堂初建在士拖頓街。至八百九十年。遷建於堅尼地大道。模式盡同於舊。此禮拜堂有一大琴。其重樓中座之窗門。均以花玻璃為之。皇后大道與堅尼地大道交界處。亦有小禮拜堂一所。天主教禮拜堂坐落記連利大街之上附近畢但臣花園其模式宏麗其鐘樓今猶未造成自八百八十八年闢門禮拜又有一所名聖約瑟禮拜堂在花園大道建設於一千八百七十六年舊有禮拜堂在雷七十四年被風吹塌至七十六年始修復又有一所名晏吞尼禮拜堂在品涵大道近於西營盤乃一千八百九十二年有一旅港葡人自提成欵建築規模頗陋又灣仔有一所名聖傳蘭思士禮拜堂西營盤有一所名塞加乞禮拜堂二者細小無足觀又猶太教有禮拜堂一所在士扡頓街又回回教有禮拜寺二所一在些梨御一在九龍此乃港兵在九龍者所同建耶穌教另有傳教學堂數處天主教有雅各書院專教男童其院立於羅便臣大道之下亦甚巍峨又該隱大道有意大利育嬰

堂一所。收育嬰孩。並有女學堂。又法國天主教中女士掌設育嬰堂一所於皇后大道之東。收養華人嬰兒。長而教之。天主教復在西營盤設學堂一區。栽培華童。堂中料理得宜。其他各禮拜堂。亦有義學堂。並善堂醫院等善舉。不能盡述。在品活大道。有百靈育嬰醫院與之附切者。又有傳道學堂。北士打學堂。昭帶路婦女旅舍育嬰堂。保羅書院在於必打山。與記連利大街之間。初建於八百五十年。原欲栽培華人俊秀。學習性理。以膺傳道之職。今則變為平常學堂。又有小傳道學堂一所。此書院乃英君主所派香港傳教大監督所居。英君主有權以監察者也。耶穌教天主教。波斯教猶太教回回教各有塚墓地。在黃坭涌山側。揀築條整。耶穌教人塚地尤為出色。實與埠中之公家花園相比美。水泉花木。無不畢備。華人塚地。多在爹維士崗之山坡。近於博湖林大道。墳塚纍纍。荒凉滿目。殊令人望而心慘焉。港內有數務工商士女。立會辦事。其最衆者為香港會。其會館設於皇后大道。與郵政局對門。次為德國會館。在灣咸街。次為本埠會館。在埃士孝士街。次為罅舌炭那會館。在舍利街。又有域多利亞復興會。此會有沐浴房。與艇屋為業。另有打球會。跳舞會。快鎗會。又有會名顛羅會。哥路附會。鶴企會。三者皆跳舞會跑馬會之類也。至於婦女同立之復興會。則在辟企街。設亭閣數間。以資消遣。取樂。香港大商務局有一所。在公事務門之內。每年聚會一次。其值事議定商務章程。商客遵而行之。每致獲利。香港政府遇商務有難辦之事。商務局中人為之攸助。而匠會會友甚衆。分九處房所。

猶未聯其樓閣其會館自八百六十五年初建於舌連街又有保良會西人之保良會又有舟子會館在西營盤之海傍與會館相附者有舟子道學堂英人之航海工師木匠亦各設會館以保護其本行之業又一會名香港慈惠會善德昭彰西人遇難貧苦無依而藉賴此會施濟者實屬不鮮又一會名聖安得烈會初為報德起見而設香港每年賽馬之期約在二月下旬其期則由香港賽馬會預定賽馬塲在埠之東黃泥冲谷口之內四面青山環繞屆期通埠士商安息一日賽馬塲上五洲之人皆有置身其中人海人山爭觀馬上將軍錦標誰奪矣又每年十二月在船澳之口賽船一次各桅船擇一好風之日各掛錦帆乘風遊駛但不若賽馬之鬧熱也又每年兵士及商人賽走路並賽艇賽泅水數

海又有一無師自通戲會每季之閒具會友同在公事衙門內之戲院。同演一次。太平山有華人戲院二所周年開演華戲同慶戲院形式新異。鋪設得宜。能悦火燭之險。建始於九十二年。埠中有英字日報三家。一名香港日日印字報。此報每朝派送。一名中國郵音報。一名香港電音報。皆晚間派送也。日日印字報。又名孖鑼報電音報又名士蔑報中國郵音報。又名華事報皆華人名之也又有英字禮拜報二家。一名香港禮拜新聞及中華越境商務報。一名越境中華郵音報。東方商埠述要一書。每年增改一次。刷印於日日印字報館此是英字原本若華字譯本。乃附刻於知新報館也又有英字雙月報一家。名曰中華溫故報。將中國之要事翻論華字報。則有五家。一名中外新報。此報開設最久。而最有功效。附辦於英文日日印字報館。一名華字日報。一名循環日報。一名日報。一名維新日報。又香港英字官報。每禮拜出一次。另有葡文禮拜報。名曰極東報。域多利正埠之中。有好客寓數間。最有名者。曰香港客寓。附近大鐘樓。有海旁而通至皇后大道。規模宏敞。樓高六層。房多百五十間。隔岸九龍。有客寓名曰九龍客寓。又域多利忌（香港街名）高於海面一千四百尺之處。新建客寓二所。一名芒阿士田客寓。建於域多利峰頂上。一名峰頂客寓。當火車路之總站處。

華商香港工務年盛一年。現有製糖房三大所。二所屬華商製糖公司。一設於灣仔。一在包蘆頭街。一所屬太古糖房。設於卦利悲。華商製糖公司兼甑糖料酒。甚多出售。包蘆頭街。有造冰公司一家。卑路查士悲。有造繩纜廠一間。鋸板機廠。則設於包盧頻街。玻璃廠與火柴廠。則設於九龍。堅尼地陽則有揀選羽毛廠一所。筲箕環則有番梘廠一所。筲箕環大道。則有明瓦廠一所。另有二三處機器廠。香港島之南境。深水灣有磚瓦灰料公司一所。又在石排灣有紙廠一所。建於八百九十一年。廠內機器。俱來自歐洲。極其美備。又煤氣燈公司。則設於西營盤。其電燈公司。則設於灣仔。俾中夜間通燃點電燈兼煤燈。深夜如白晝。電燈初設於八百九十年之冬月。以上皆洋商之工務。至於華工製造。則有吹玻璃。煮糖片。造番梘。製珢珠。白油。醃牛皮。染布。磨荳腐。碾石灰。捲呂宋烟裝艇等藝業。香港船政廠頗備。有名曰香港黃埔船澳有限公司者。共有船澳廠三間。二在九龍。一在香港南境石排灣。三廠俱屬寬大。凡本臣工師之器具無不全備。在水師船政廠。則最大之鐵甲戰船亦可以造成灣泊第一廠在九龍名曰水師提督船政廠。長五百尺。頂闊八十六尺。底闊七十尺。水深三十餘尺。第二廠亦在九龍長過三百七十尺。入口處闊七十四尺。水深十八尺六寸春漲時水步益深。第三廠長過二百六十四尺。入口處闊四十九尺。水深十四尺。另有別家公司船澳廠。一名丕但士獵第一。長二百五十四尺。入口處闊六十尺。深十四尺。一名丕但士獵第二。長二百三十尺。入口處闊六十尺。深十二尺。一名大角嘴船澳廠長四百六十尺。入口處闊八十五尺。深二十尺。石排灣船澳廠。長四百三十三尺。入口處闊八十四尺。深二十四尺。攬文船澳廠長三百四十尺。闊六十四尺。深十六尺。另有數處船廠。香港各船廠曾裝成甚大之火輪船另英廷水師船澳廠。亦僱備機器工師。凡英國戰艦。有所損壞。可到此修葺完好。

香港山頂別成區宇。無塵囂氣。名曰域多利峰頂。有大路自港通上。路太欹斜。惟修築堅好。由此大路枝分數小路。通往鄰近小山之上。有鐵纜拖車路一條。上至域多利忌。下至聖約翰禮拜堂。其活力機器。則設於域多利忌之一端。八百八十八年五月三十號開車。載客上落。搭客可在乾尼地大道包安大道並普蘭梯臣大道諸處登車。此諸處均有階可升也。近數年間山頂居宇日見繁密。儼成一大村落矣。八十三年軍務處曾創設衛生院一所於此。又四年六月間有禮拜堂一所新建於此。柁阿士田客厲及峰頭客廟各購備多許地段器用以應遊人所需。自域多利邑。有路向西通至域多利峰頂。此處高於海面一千八百二十三尺。幾近香港正埠之背。山頂之上。有旗式許多。如有大船遠來。則舉旗爲號。使居民週知。另有坦路。由包安大道。通至軍裝局。所近是處有小村。爲西人所集居。亦在小山之上。高離海面。約九百尺也。港之附近有村落數處。其最大者名筲箕環。在鯉魚門内海灣之間。華人漁艇聚於此者無數。次爲石排灣。在港之南。前有泊船之所略廣。亦爲漁所聚泊。如上文所述香港黃浦船澳公司有二大船政廠在此。遂稱要津。次爲博湖林。由香港往石排灣。必經行此處。約距香港正埠四英里之遙。往者西人常來此處避暑。樹林陰翳。如在清涼世界。今則石臺小院。前蹟浸湮。蓋自山頂闢理荒蕪。後博湖林漸形冷落矣。法國傳道會設有衛生院。在博湖林衛生院之側。有小禮拜堂一所。亦有牛奶庄開設於此。次爲赤柱。在港東南一小海灣之間。陸軍營曾建於此。後經撤退。人遂來相宅焉。此間有墓地一區。乃前任港官卒葬於此。去此稍遠。則有一小村。名大潭裏。境地幽雅。中有小溪。溪口有茂林修竹。掩映綠波。大潭灣由此通入。南境之濱。以此灣爲最廣。由香港正埠有大馬車路直達石排灣與筲箕環。又有跑馬小路。通至赤柱與大潭裏。柴灣有一小村。在於鯉魚門之外。遊人亦多喜臨於此。八百四十年間。港督誤認此地水土和平。乃屯兵於此。不意五禮拜之久。每營二十英兵。死者五人。病甚而還者又三人。遂棄其營屋。石澳亦港中一小村也。在北境一小谷之中。離海濱頗遠。與厄乖鎛地角附近。　香港香港正埠對岸即九龍亦英之屬地也初由兩廣總督准永批與英男爵蝦利士蔑柏士後八百六十年在北京立約第六款明許全讓與英國其地之廣方四英里後愈占愈廣油蔴地乃其濱海之一村今民居日密華人拖船多駐泊於此陸師與巡差在油蔴地之後背操習尖福鏡九十二年煤氣燈局建設在此今通村皆燃點煤氣燈九十五年添設水喉於是取用清水來源不竭有印度兵一大隊屯於尖沙嘴兵營將官各設於此回回教堂亦有一所又尖沙嘴多有西人居宅花木園林闢治日廣此處正對香港正埠漸變爲西人村落其海旁有屯貨棧房甚多馬頭亦美備以便起卸煤貨在衣路箭岡上有好天文臺一座又在海傍新基之上有緝捕房爲水上巡差棲止之所緝捕房前面有

跳舞館日間跳舞之會有小火輪艇按期來往香港正埠與尖沙嘴之間另有按期橫水渡數隻來往香港正埠與油蔴地及紅墈香港黃浦船政公司之大船廠乃在紅墈也又深水埔有船廠亦屬於此公司香港屬內之小洲島其最要者為昂船洲在九龍西北之對面約距三英里之四分洲形歪斜之甚長約一英里屋約四分英里之一火藥局在其東首馬頭之處房屋盡儲軍裝武備氣象森嚴閒人不准登岸有屯兵聚於此八百七十四年九月間大颶飄搖被災而死浮海上者二三千人其尸盡埋於此洲與加列洲在灣仔附近一大石也昔設砲臺於此今易為軍裝局矣西便港口有一小島名曰青洲洲內茂樹繁陰青蔥可愛不愧其有青洲之名其西南境嘴設燈樓一座照警夜船來往

又名排灣之港口。有大石一團，直起海面，名曰獨樹洲。此處設備水雷。石排灣對面有島甚大，名曰鴨脷洲。其北首與石排灣對面有一大漁家村。又東藍馬海頸相去半里許。有大島名藍馬洲，居民頗盛，以種植捕漁爲業。此處未知可入英屬否也。但按地圖而論，其南境似在英界之內焉。

香港居民總數據八香港居民總數據八百九十一年五月清查，得二十二萬一千四百四十一人。八十一年查得十六萬零四百零二人。相較增多六萬一千零三十九人。居民種類各殊。歐美二洲紳商貴人來寓者四千一百九十五人。英人陸兵一千五百四十四人。英水兵一千三百五十七人。巡差一百五十七人。水上船隻工師七百六十四人。歐洲戰船上人四百五十三人。游歷暫駐者五十三人。監犯二十三人。歐美人總共八千五百四十五。印度人及亞洲別方人。(不計華人)共一千二百零六。印度陸軍二百一十五人。(自查之後。添多步兵一隊。)印度巡差二百二十四人。船上印度人二百五十二。監犯四人。合計英人與外國人。(不計華人)一萬零四百四十六。華人二十一萬零九百九十五。歐美人數之中。有英人一千四百四十八。葡萄人二千零八十九。德人二百零八。美國人九十三。法國人八十九。西班牙人八十八。意大利人三十八。土耳其人三十一。奧國人二十六。瑞典國人二十六。丹麥國人十六。餘為別國之人。香港止埠之人數共約一十四萬四千三百。九龍人數約共二萬零六百。其餘則分居於各小村。或浮舟於海上。

九十六年查

九十六年查得。守兵內有炮兵二營。建將官共三百零一人。有一營為工部運將官一百六十五人有步兵一隊共一千零一十二人又有服役人七隊本地砲兵四隊本地工師一隊香港新練兵八隊連將官共一千五百一十八人醫兵二十六隊管軍裝兵五隊管糧兵五隊總共官軍三千零四十七人另有民團一隊半用大砲半用機器鎗也

入港各處均有堅固之砲臺以好泥築成西便港口有砲臺三座在昂船洲上又有砲臺二座在卑路查嘴與村禮地嘴經此三處雖至堅之海船無可走避而統橫海頭之形勢均為其所收矣又在列查文砲臺之西小山之上有砲隊亦能命中擊遠鯉魚門有大砲臺二座守禦縱敵船能偷過此砲臺則有紅磡與北營盤二處砲臺接擊更有大砲一隊設在九龍之尖沙嘴香港面前泊船

之訥。均受此處砲臺之畢肋。其安放之砲均爲最新式之後膛砲也。此各砲臺
之外。尚有小兵船一艘。爲守禦船澳所用。此船名歪灣。積重二千七百五十擔。
船上有砲架。載大砲四尊。又砲艇二艘。一名衣士企。一名士妾地。各載砲三門。
魚雷艇四隻。此三船內之兵將同載於一大廢船之中。此廢船名域多衣曼紐
路。泊於打球塲之對面。兵總亦在此船上駐劄。水師塲在砲兵營之東。布置寬
厰。有工匠附居於此。水師官另有一大行營。在九龍油蔴地之附近焉。　香港
香港水土。如上文所述。昔年極其不佳。兵士因患大熱症而死者無算。其病或
因鑿地開孔。洩出瘴毒所致也。今香港水土之平和。爲天下同緯度地之極佳
者焉。鄰近荒山。均添植杉松。能收炭氣毒而放養氣。於是瘴毒亦隨之潛消。且

遞來衛生局不辭勞瘁。未嘗無效也。一千八百九十五年。香港每千居民死者二十一人七二。而於英人與西人祗為十七人六四。又將香港氣候表。（寒暑風雨）

惟寒暑表燥溼表風雨表之潮溼風之速率。振為一表。如左。此數為九龍天文臺遠測十年之實數。曾列於九龍天文臺測候表內。此臺高於海面一百零八尺。（燥溼表以十分合為記號。風速係兩以每下鐘吹行幾許里。）

香港乃免稅商埠。故無從稽其進出口之商貨各幾何。惟竊計每年約有來往商務五十兆鎊。今將九十五年查得進下出口貨之數。數詳下。下總計滿載貨物來港之船一萬九千三百七十四號。起貨六百三十六萬七千七百零二墩。滿載貨物由港開行之船。二萬二千七百九十八號。落貨六百七十四萬六千七百三十四號道經搭載貨物來港之船一萬一千七百二十六號道經搭載貨物由港開往別埠之船八千二百一十八號落貨八十四萬五千五百四十九噸　其商貨進出口者以鴉片烟棉花棉布糖麥麵粉油羊毛絨貨銅鐵鉛錫缸瓦琥珀象牙蘇木檳榔瓜藥蔘石等物爲大宗行客以華人爲極盛近年輪船載客多來往於南洋英國屬地荷蘭屬地西班牙屬小吕宋地暹羅安南諸埠香港來往輪船之盛甲於天下有二大公司設火輪郵船來往歐洲每禮拜到一次一大公司郵船來往香港與德屬布李棉之間每月到一次又二大公司郵船來往舊金山大埠又加拿大怕思域鐵路公司有郵船到灣哥佗又名鹹水埠　又北方怕思域鐵路公司設有郵船到他衿馬又柯力近鐵路輪船合辦

公司設郵船到砵崙。又東方澳洲輪船公司及中華輪船公司。各有郵船到澳洲。常川來往。但船期不甚準的。此等郵船之外。另有商船甚多。倫頓與利物浦香港之間。有八九家公司大輪船。陸續開行。德奧意三國輪船均依期到港開往南洋荷蘭屬之渣化。亦常有輪船。惟行期不定。又中國東濱一帶商埠。均有輪船來往香港。每禮拜二次。又海口小呂宋西貢海防濱角般島又名婆羅洲各處。均有定期。輪船來往。往上海天津並日本諸口岸。則有印度中國公司。中華招商局。英法各家輪船。皆每禮拜開行一次。往廣州城及澳門。各有輪船數艘。日夜來往不絕也。

粤海關志三十卷（卷一至卷七）

〔清〕梁廷枏纂

《粵海關志》三十卷，清梁廷枏纂。廷枏（一七九六—一八六一）字章冉，廣東順德（今屬佛山）人。道光十五年（一八三五）任廣東海防書局總纂，後據歷代史書、方志、見聞録、檔案等纂成此書。分皇朝訓典、前代事實、口岸、設官、税則、奏課、經費、禁令、兵衛、貢舶、市舶、行商、夷商、雜識十四門，附有《各口岸圖説》、《清粵海關職官表》等。詳記道光十八年前廣東海關沿革、港口、通商、税收諸情形，又考與中國往來貿易之二十餘國歷史、地理形勢。倡導健全海關制度，發展中外貿易，加强海防，厲禁鴉片入口，嚴防外敵入侵等。據中國國家圖書館藏清道光間刻本影印。

粤海關志

粤海關志凡例

一周官太宰言九賦合關市爲一司關亦云掌國貨之節以聯門市蓋司市之商賈與司關之賓客事例相通卽後世職貢互市之始而今關榷所由昉也

聖朝版輿之廣度越千載東南番舶實有從古未通中國者辨其種族攷其程途則又兼周官懷方訓方匡人撢人象胥各官所掌職司綦重故今恭纂志書以昭法守

一宋潛說友撰咸淳臨安志首載詔令然冠以前朝非尊王之義惟鄭居中等政和五禮新儀首列御筆指揮最爲足法今用其例恭載

聖訓

上諭之爲便民除弊發者尊爲

訓典貽範萬世

一荀子曰欲觀聖王之蹟則於其粲然者矣後王是也蓋閱世雖有古今而取法不外因革卽如市舶之行久載典籍故謹輯前朝事實

一門以資攷鏡之益

一各關徵税及巡查之地必須題報有案者方准責成員役粤海關所轄海口尤多今遵會典所載粤海關口岍名目就其地勢爲圖庶便查覈

一漢書百官公卿表先載各官廢置而後爲表以紀在官之年月今志監督委員及縣丞司庫之有關榷務者吏書丁役亦以額書之至表之系年以監督爲主餘官附焉

一關務以税爲重故立税則以志抽收分數溯自乾隆五十一年清理關務以後遞年仍遞有改易今以現奉戸部則例及關册所載著於篇

一既設税額則有課額課額有正有羡道光十四年前任督臣盧坤奏比較近年粤海關徵銀歲多至一百六十餘萬兩有奇而商民晏如外夷歡悦故録攷核報解之條以紀財貨阜通之本

一理財之官惟謹出入税則課額皆所以經其入也若夫廉俸工食存留支給之數則以經其出也故以經費繼之其澳門同知香山縣丞及武職營弁之俸餉應歸布政使奏銷者不在此數

一會典及部頒則例各關皆有禁令誠以利之所在弊即生焉今於禁令分官吏商販二目其商販中關出關入之物各以類書而鴉片煙查禁最嚴故備載新定章程以肅功令

一廣東營汎之設固非專爲榷務而海口及夷商往來之路向建礮臺又稽查番船必資水師之力故關政轄於督臣而水師亦歸其節制實有相須爲用之勢也謹輯近口之營弁礮臺船額兵數編爲兵衞一門其餘與關無涉者則概從略

一明王圻論互市之法以貢船商船當分爲二事言貢船爲王法所許司於市舶貿易之公

也商舶為王法所不許不司於市舶貿易之私也蓋明制市因於貢非入貢者不得互市故有區别之法我
朝廓然大公因貢而來者稅應免則免之專以市而來者貨應徵則徵之此海外諸番所以畏懷也今入貢各國入貢舶門來市各國入市舶門

一元典章有舶商舶牙今之夷商卽古之舶商也今之行商卽古之舶牙也二者相須以成互市故立行商夷商分紀其事

一瀛海之大莫測涯涘且氣候以陰晴而異徑路以沙線而分必在精諳乃占利涉今輯海中雜占及潮信洋面之異同為雜識一門以資攷覈

一馬端臨作文獻通攷每門之首繫以序文茲編十四門謹於各門述其意於序用誌緣起

粵海關志目錄

粵海關志卷一

皇朝
訓典

臣謹案自周易有重門擊柝之文周禮有司關舉貨之法經制所定在昔爲然秦漢以來征榷愈密降及明季以軍興餉絀稅額屢增我

朝肇造區夏蕩滌繁苛順治元年革明末加增稅額四年禁勢官土豪津頭牙店擅科私稅六年禁例外多征迨海禁既開悉停口內橋津地方貿易車船貨物抽分又酌減洋船丈抽之例康熙三十七年減廣東海關稅額至乾隆年間外洋夷船有舍粵海而趨浙海者疆吏欲據浙關科則更定粵海課額

高宗純皇帝諭以示在限制不在增稅

列聖相承如天覆冒

溫綸誥誡至再至三惟恐司榷之人因利乘便我

皇上又整飭關務

諭以實力整頓包攬等弊嚴行約束家人書吏蓋必

淸榷務之源而後可以裕課可以通商可以便
民可以柔遠所謂一得而無不得者道在此也
書曰是彝是訓于
帝其訓又曰
聖有謨訓明徵定保凡在司事臣工所當恭闡
德意而遵行勿替焉爾
順治六年
聖諭設關徵稅原寓稽察奸宄之意非專與商賈較錙
銖也爾部行文各關滿漢官員以後俱照原定則例

起稅如有徇情權貴放免船隻乃於商船增收或希
充私槖例外多征以病商民者一經查出定行重處
順治八年
聖諭榷關之設原有定額差一司官已足何故濫差多
人忽而三員忽而二員每官一出必市馬數十匹招
募書吏數十人未出都門先行納賄戶部塡給糧單
沿途騷擾鞭打驛官奴使村民包攬經紀任意需索
量船盤貨假公行私商賈恐懼不前百物騰貴天下
通行河道何以至此朕灼知今日商民之苦著仍舊

每關設官一員其添設者悉行裁去以後不得濫差
其裁缺撤回之員既不利於商賈又何利於州縣之
民戶部不得妄咨勤勞吏部不得更與銓補國家愛
惜牧民之官豈仍前朦混爾部謹識朕諭實心遵守
毋負朕通商愛民之意
康熙四年
聖諭各省關鈔之設原期通商利民以資國用近聞各
處收稅官員巧立名色另設戥秤於定額之外恣意
多索或指稱漏稅挾詐過往商民或將民間日用瑣
細之物及衣服等類原不抽稅者亦違例收稅或商

賈已經報稅不令過關故意遲延指勒遂其貪心弊
端甚多難以枚舉嗣後凡地方收稅官員俱著洗心
滌慮恪遵法紀如有前項情弊在內科道官在外督
撫嚴密參奏從重治罪如督撫不行參奏別經首發
即治該督撫以徇縱之罪
康熙二十五年
聖諭國家設關榷稅必征輸無弊出入有經庶百物流
通民生饒裕近來各關差官不恪遵定例任意征收

託言辦銅價值浮多四季解冊需費將商人親塡部冊改換塗飾旣已充肥私槖更圖溢額議敘重困商民無裨國計朕思商民皆我赤子何忍使之苦累今欲除害去弊必須易轍改弦所有見行例收稅溢額卽陞加級紀錄應行停止其採辦銅斤定價旣已不敷作何酌議增加其四季達部冊籍應俟差滿一次彙報嗣後務令各差潔己奉公實心釐剔以副朕體下恤商至意如或仍前濫征侵隱藐玩不悛作何加等治罪至銅價旣議加給額稅應否量征俱著九卿

詹事科道詳議具奏又

聖諭凡收海稅官員因係創行設課希圖盈溢將出入商民船隻任意加征以致病商累民亦未可定著嚴加申飭務令恪遵定例從公征收無溢無苛以副朕軫恤商民至意

雍正元年

聖諭國家之設關稅所以通商而非累商所以便民而非病民也朕撫御寰區加惠黎庶惟恐民隱不能上達近聞榷關者往往寄耳目於胥役不實驗客貨之多寡而止憑胥役之報單胥役於中未免高下其手任意勒索飽其欲者雖貨多稅重而朦蔽不報者有之或從輕報者有之不遂其欲雖貨少稅輕而停滯關口至數日不得過是以國家之額稅聽猾吏之侵漁以小民之脂膏飽姦胥之谿壑司其事者竟若罔聞又聞放關或有一日止一次者江濤險急河路窄隘停舟候關於商民亦甚不便嗣後榷關者務須秉公除弊過關之船隨到隨驗應收稅者納稅卽放不得任胥役作姦勒索阻滯以副朕通商便民之意

雍正二年

聖諭從來關榷之設或用欽差專轄或令督撫兼理無非因地制宜利商便民之至意也大抵關差之弊皆惟知目前小利恣意侵漁聽信家丁縱容胥吏開關分別遲早肆無厭之誅求報單任意重輕爲納課之多寡飽谿壑者則任其漏稅代爲朦朧不遂欲者則倒篋傾箱不遺纖細致商賈畏懼裹足不前行旅徬徨越關迂道則困商實所以自困也故關差惟在嚴禁苛求使舟車絡繹貨物流通則稅自足額至於督

撫皆封疆大吏當仰體朝廷歸併之心不得視為帶
理漫不經心誤任屬員聽其剝削况欽差猶每年更
換而督撫兼理則無限期若不實心奉法遴委得人
責有攸歸其恪遵朕旨又
聖諭朕念商賈貿易之人往來關津宜加恩恤故將關
差歸併巡撫兼理以巡撫為封疆大吏必能仰承德
意加惠商旅也但各關俱有遠處口岸所委看管之
家人賢愚不一難免額外苛求及勒取飯錢之弊稍
不如意則執送有司有司礙巡撫之面徇情枉法則

商民無所控訴矣嗣後將上稅課之貨物遵照則例
逐項開明刊刷詳單分發各貨店徧行曉示使衆皆
知悉其關前所有刊刻則例之木榜務令豎立街市
人人共見不得藏匿屋內或用油紙掩蓋以便高下
其手任意苛索立法如此自能剔除弊端但爾等受
朕委任之重尤當仰體朕心遴選誠實可信之人以
任稽查之責必期商民有益方為稱職

雍正七年

聖諭各關開放船隻之處向例部頒號簿以便稽查近
聞各關別設私簿征收惟於報部之時始將號簿挨
日填造其意以水路商船往來多寡不齊若據實填
簿則不能逐日有征收數目恐干部駁是以設法匀
派填造如此則簿內全非實在數目與商船過稅串
票毫不相符殊非政體凡事據實則可以無弊作偽
則弊竇叢生今既任意匀派填造則號簿亦為虛設
矣嗣後各關於部頒號簿務須據實填寫如無船隻
過稅之日亦即註明不得仍蹈前轍致滋弊端又
聖諭朕即位以來屢有臣工條奏各處地方官征收落

地稅銀交公者甚少所有盈餘皆入私橐雍正三年
又有人條奏廣西梧州一年收稅銀四五萬兩不等
止解正項銀一萬一千八百兩潯州一年收稅銀二
萬兩止解正項銀二千六百兩應令該撫查覈據實
奏聞并令各省抽收稅銀之處俱據實奏報等語隨
經九卿議令各省督撫遴選幹員監收一年之後視
其盈餘若干奏聞候旨朕思孟子言治國之道首稱
取於民有制所謂有制者即一定額征之數也若課
稅之屬無顯然額征之數則官吏得以高下其手而

閭閻無所遵循卽如從前各處稅課經地方官征收有於解額之外多數倍者且多至數十倍者旣無一定程則多寡可以任意其弊不可勝言屬員旣已貪取上司必至苛求官員旣已營私胥吏必至橫索日積月累漸有增加之勢豈非生民之隱患乎朕是以允從條奏所請及九卿所議令各省督撫委員監收以定科則其征收不及舊額者亦令奏聞降旨裁減年來報出盈餘之處朕皆令留於本地或作各官養廉之需或爲百姓公事之用使官員用度有賴自不

妄取民財使地方公用有資卽可寬恤民力無非以小民財物仍用之於民間不令飽貪官汙吏之谿壑而已乃聞外省中多有奉行不善者以朕愛民除弊之善政而庸劣有司借歸公之名或肥身養家或爭多鬭勝以致肩挑背負之微物皆征收稅課而該督撫等又不悉心稽查民間苦於擾累自諭到通行之後倘仍有如此者必從重治罪決不寬貸

雍正八年

聖諭向來各處落地稅銀大半爲地方官吏侵漁入己是以定例報出稅銀四百兩者准其加一級後因查報漸多吏部定議報出稅銀八百兩者准其加一級多者以此計算年來地方官員皆知守法奉公凡有稅課隨收隨報不敢侵隱其報出之數每倍於舊額祇恐將來不無冀倖功名之人希圖優敘以致恣意苛索擾累小民且落地稅銀非正項錢糧有一定之數者可比侵蝕隱匿者固當加以處分而爭多鬭勝者不但不當議敘亦當與以處分其如何定議並如何議敘加級處分之處著吏部戶部悉心妥議具奏

雍正十三年

高宗純皇帝聖諭朕聞各省地方於關稅雜稅外更有落地稅之名凡耰鋤箕帚薪炭魚蝦蔬菜之屬其值無幾必查明上稅方許交易且販於東市旣已納課貨於西市又復重征至於鄉村僻遠之地有司耳目所不及或差胥役征收或令牙行總繳其交官者甚微不過飽奸胥猾吏之私槖而細民已重受其擾矣著通行內外各省凡市集落地稅其在府州縣城內人煙湊集貿易衆多且官員易於稽查者照舊征收

不許額外苛索亦不許重複征收若在鄉鎮村落則全行禁革不許貪官汙吏假借名色巧取一文著該督撫將如何裁革禁約之處詳造細冊報部查覈倘奉旨之後仍有不實心奉行暗藏弊竇者朕必將有司從重治罪該督撫並加嚴譴此旨可令各省刊刻頒布務令遠鄉僻壤之民共知之

乾隆二年

聖諭據原任江西巡撫俞兆岳奏乾隆元年九江贛州兩關稅課盈餘銀兩較前任共減收九萬有餘此事交與該部及新任巡撫岳濬查覈奏聞朕前因各省關稅於正額之外每多無名之費恣意科索苦累商民是以降旨釐剔弊端將應行減除者概令禁止全在督撫大臣等督率司榷之員潔己奉公實力遵行以副朕輕徭薄賦加惠商民之至意今就江西一省言已少收銀十萬兩推之各省則約計百有餘萬矣如果商民得沾實惠即更逾此數亦朕所樂聞有何各惜但從來關榷稅務與百物價值原係相爲表裏如果關稅減輕則物價亦必平賤若稅輕而價仍不

減是各關所減課銀商民並未沾被恩澤徒飽吏胥之囊橐耳我

皇考臨御以來澄清吏治凡此等官侵吏蝕之習久已弊絕風清今督撫諸臣如不能稽察屬員被其朦混則庸懦無能有忝封疆若或己身稍有染指則名節有虧朕一經擯斥之後斷不復加錄用也可將此旨傳諭各省督撫令其各行稽察深自警省若錯會朕釐剔弊端藏富於民之意又欲多報贏餘以致商民受困識見卑鄙其罪更不可逭矣又

聖諭御史舒赫德條奏請將各省稅務歸併旗員管理此奏甚無識見彼意以爲旗人生計艱難若管理稅務則可沾餘潤以資養贍不知國家設立關隘原以查察奸究利益商民並非爲收稅之員身家之計也若以旗員貧乏而差遣之是導之使貪矣朕日以砥勵廉隅訓勉臣工尚恐其不能遵奉而可以謀利之見爲之導乎況當日旗員管理關務者亦指不勝屈惟視此以爲利藪故貪黷之風侵蝕之弊不一而足因而身罹罪譴籍其家產累及子孫是今日旗員之

貧乏未必不由於當年收稅之所致也豈可使之復蹈前轍且各省委辦稅務率多道府等官並無滿漢之別如滿洲有任道府而廉潔自愛者何嘗不可派委而必定其爲例乎總之爲上者施逮下之仁惟有勵以忠勤示以節儉固其根本之圖而爲下者則當早作夜思宣力供職以永受國家惠養之恩方可謂之計長久蓋厚其生計之道不可不思而長貪風以爲下則利未見其爲利且貽害於後日此理甚非所以教旗員之道並非所以愛旗員之心也朕御極之

初圖理琛即爲此奏總理王大臣亦以爲可行朕並未俞允後此陳奏者紛紛朕概不准行亦未交議今舒赫德又條奏及此可將朕旨宣示於外使咸知朕意毋得以竟不可行之事再行妄奏又

聖諭朕思商民皆爲赤子輕徭薄賦俾人人實沾惠澤乃朕愛養黎庶之本懷但恐官吏不能實力奉行仍多取巧以飽私橐則徒於國課有虧而於商民無益即如年來各省關稅較前額數大減矣其取之商民者仍似未減若關稅減輕則商貨價值亦應平減今

京師貨物騰貴仍復如前可知商民未得實沾減賦之益

乾隆六年

聖諭各省關稅定有正額而儘收儘解自有贏餘此不過杜司榷者侵蝕之弊並無有累於商民也但各省年歲之豐歉不同貨物之多寡亦異其贏餘原不能每年畫一近見各關報滿之時如贏餘浮於上年則部中不復置議如減於上年之數即行駁覈司榷者惟恐部駁必致逐歲加增年復一年將何所底止苦

累商民事有必然之勢朕思關稅贏縮相去本不致懸殊若乙年所報贏餘之數稍不及甲年原可不必駁覈若過於短少亦必有情由惟應令督撫稽查則地方實在情形自難逃於公論總之查覈過嚴則額數日增其害在於衆庶查覈稍寬則司榷侵蝕其損在於國帑此中輕重固有權衡況清廉之吏斷不肯侵帑肥家而不顧行止者終必敗露亦斷無安享無事之理其如何定例之處著大學士會同該部詳議具奏又

聖諭近見居官者家計多覺艱難而旗員爲甚朕思百
姓尙欲其盈寍而況居官者乎因欲措久遠利益之
道而先思其所以致此之由細推其故蓋由於查辦
虧空其囊橐不足抵補則將房屋入官以致資生無
策棲身無所且不獨本身爲然旁及弟兄親戚平日
沾其餘潤者亦皆牽帶於中以補公項而仕宦之家
遂多致貧乏矣又思當日所以如此辦理者蓋以其
先各省火耗聽其自取漫無稽查而關稅正額之外
盈餘盡皆入己以致官員縱欲敗度恣意奢靡親族
分肥於一時而不計後日之波累若不加意整飭則
官箴不恤國法漸弛大爲人心風俗之害是以我
皇考旋乾轉坤密籌默運然後定有章程世風丕變雖
滿漢官員等用度不能充餘然無甚貧甚富之別且
不貽後日身家之患此我
皇考仁至義盡之舉非言利也若云言利則未解火耗
之前地方一切公務皆係官民承辦今則動用公項
公項猶前之火耗也然以公項不足而請動正帑者
不知其凡幾矣衆所共知國家亦豈利此而爲之乎

又如關差一項從前司稅之人歸之私囊者後令報
出卽爲盈餘耳並非現征之外有所加增也雖管關
之人賢愚不一或有奉行不善欲增課以見長因而
需索累民者然此十之二三耳較之未經澄淸以前
已覺減少者蓋多矣朕臨御以來又復屢減稅課不
下數十萬且不時嚴飭該管諸臣剔除諸弊至再至
三今條奏關稅者尙屬紛紛如海望係
皇考及朕簡用之大臣豈不知國體而但知言利者比
其管理崇文門稅務不過儘收儘解盡行報官不似
先前之入私橐因而見其獨多耳朕卽另派大臣管
理想亦如其數也若如御史胡定所奏苛索種種朕
可以信其必無何爲加此過甚之詞耶崇文門稅務
不必另議至外省關課皆久經該督撫就近稽查除
現設口岸報部有案者照舊設立外其有私行增添
之口岸逐一詳查題報應留者留應革者革此番查
辦之後司榷之員若再有違例苛索者胥役嚴處官
吏嚴參該督撫不行查察經朕訪聞必於該督撫是
問至滸墅北新二處係江浙大關尤爲緊要交與湯

超曾德沛照此稽查辦理楊超曾德沛皆係國家公忠大臣必不肯徇庇管關之員而貽累小民亦斷不肯似腐儒妄生議論違道以干譽也此番定議之後嗣後各官風聞不實之言不得再行瀆陳總之天下之事盈虛消長相爲倚伏從前官員取盈以圖快意未幾而有缺正額國法具在清查著追而家計蕩然不但取盈者不爲己有且僉失其祖父所留之業子孫僉受其困比比皆然莫之或爽近觀臣工之意頗有以現在所行之例爲不便者意欲將耗羨盡與本

官司権悉從內遣謂可多得養廉食用豐裕不知豪奢之習起於有餘目下多獲貲財不過三數年間俯仰從容欣欣得意未幾而匱乏隨之且必致仍前之虧缺公帑而清查著追之事隨之朕縱不能措置得當使受目前之惠又何忍縱之敗度以隱貽日後之憂乎况古云王者之國富民霸者之國富士僅存之國富大夫如果百姓家給人足卽居官者不甚豐饒猶不失輕重之權衡也且言居官貧乏仍出於居官者之口而入於朕耳朕亦不過疑信各半究之思所以富之之心未如思所以富萬民之心之切也朕仰

皇考貽謀遠略一切章程惟有守而不失間或法久弊生隨時酌量調劑則可若欲輕議更張不獨勢有不可亦且朕之薄德力有所不能可將此曉諭內外大小臣工僉八旗知之

乾隆七年

聖諭朕惟惠養萬民之道以輕徭薄斂爲先自御極以來於蠲租減賦外割除各省關稅不下百萬又令將稅課規條刊刻木版遍行曉諭不許額外征收宜其

商民均沾惠澤行旅各安敉圉乃近聞各關過往商旅尚不能普被恩惠怨聲嘖嘖究其由來皆因司榷之家人胥役巧立名色重戳征收勒掯需索弊端百出不飽其欲則逗遛不肯放行大爲行旅之害是國家徒有減稅損上之德而商民未受減稅益下之恩無知者尚嘵嘵於稅課之重所謂不揣其本而齊其末卽使再減數百萬額稅用是以往朕知其於商民仍屬無益也夫司榷官員一任家人胥役肆橫無忌漫無覺察商旅其何以堪朕思督撫有稽查通省之

責凡屬地方利弊何一不當留心釐剔而關稅弊竇若此朕在京尚有所聞督撫身在本省豈竟一無聞見乎總因視非己事故爾漠不關心耳嗣後著該督撫嚴行訪察遇有此等弊端立卽嚴拏重究如司榷官員瞻徇袒護亦卽據實奏聞不得視爲具文以奉旨之後一查卽可了事務期實力稽查俾商民永無苦累倘朕再有所聞或被科道指實參奏朕惟該督撫是問

乾隆三十七年

聖諭據弘晌奏閩海關各口岸委員征收稅課請咨部分記功過一摺所辦非是各關口分派委員稽查就其勤惰分記功過以示勸懲乃該管關衙門自應酌辦之事本非可由部議敘議處是以前歲弘晌條奏時卽批不必交部令與鐘音詳酌辦理嗣據鐘音議覆此欵應聽該衙門自行辦理而文員考覈功過毋庸另辦因爲允行今弘晌奏到竟按分數盈絀開列清單請咨部稽覈殊屬瑣屑不成事體國家設立榷關原以稽查奸宄巡緝地方卽定額抽征亦恐逐末

過多藉以遏禁限制至各口岸商船出入每月多寡不同稅額卽因之贏縮豈能預爲定數且委員等如果有多征少報及勒索賄放等情弊查出卽應治罪若因此繁設科條按月額爲殿最非惟事涉紛繁不成政體僉恐委員等畏過貪功違例浮征苛刻商賈其流弊將無底止卽如昨歲淮關監督方體浴上年過關船少額數不足遂爾多方繁擾致商販裹足不前經朕察其辦理不善將伊交部嚴加議處卽寓防微杜漸之意朕辦理庶政務崇大體從不肯爲繁碎

難行之事至征榷一事惟嚴稽官吏之侵剋不使絲毫累及商民弘晌所奏不可行僉著傳旨申飭仍通諭中外知之

嘉慶十七年

聖諭御史陳超曾奏請飭各關監督及總理兼理關務各員愼選家丁書吏僉隨時嚴行約束一摺各省關口征收稅課勢不能不派家丁書吏代爲經管該丁役等有誠實謹守者或不敢作姦犯科若貪詐之徒用度侈靡則虧缺侵隱之弊相因而起近年各省關

稅每多絀短未必不由於此嗣後各直省有經征關稅之責者務宜選誠實家丁書吏分派經管僉隨時查察嚴行約束其狡僞侵欺者卽隨案懲辦庶榷務肅清自於公帑有裨將此通諭知之

嘉慶十九年

聖諭關市之設所以通商便民成法極爲詳備近日該管官奉行不實日漸廢弛各關口應立之課稅木榜僉詳單小本均不豎立刋刻商賈不知稅例多寡任聽家人吏役額外抑派多收少報虧課病商叢滋弊

竇至各省牙行亦不按年清查率多頂冒朋充甚或假託官差多方苛索俱應隨時查禁著通飭管理稅務衙門及直省地方官申明例禁實力奉行勿任姦胥市儈勾串欺朦以除積蠹

道光三年

上諭給事中清安等奏整飭關務以澄弊源一摺各關正額盈餘例有常數近年征收虧短緣積弊未能悉除凡關津市鎮地方往往有惡棍把持蠹役盤踞及牙行鋪戶人等相緣爲姦包攬商賈串囑在關家人書吏以重報輕以多報少通同掩飾漁利分肥甚至納賄私放偸漏隱匿皆所不免嗣後各關務須實力整頓包攬等弊嚴行約束家人書吏毋得稍有徇縱俾關務胥歸覈實以裕課項

粵海關志卷一終

粵海關志卷二

前代事實一

臣謹按馬端臨作文獻通考立市糴門以市易與互市並列竊以爲二者名同而實異也市易之法原於均輸和買曰貸息曰抵當曰貿遷以縣官而行黠商豪賈之所爲究之物價騰踴商民怨讟此新法所以亂天下也若互市則誠所謂以其所有易其所無矣無抑配之弊無科率之煩收征稅之入省戍守之費華夷交資其用

公私均享其利故自漢至今行之不改在陸路者曰互市在海道者卽曰市舶其設官也肇於唐其立制也備於宋然有明中葉又時通時罷者何哉蓋宋之市舶主於助國用明之市舶主於總貨寶有所利而爲之勢必有委曲以事彌縫侵漁以快壟斷者求其萬全豈可得乎我

國家經費有常不貪商榷不貪爲寶無取珍奇惟

推

柔遠之懷爲便民之舉衡之前代原不可同年而語顧不知前代之所以失無由知我

朝之所以得法積久而大備則前事之師固鑒古者所不廢也謹敘兩漢六朝通商之事而唐宋以來市舶按時代編焉

漢

漢高帝十一年遣陸賈立趙佗爲南越王與剖符通使和集百越毋爲南邊患害與長沙接境高后時有司請禁南越關市鐵器佗曰高帝立我通使物今高后聽讒臣別異蠻夷隔絕器物

此必長沙王計也史記南越尉佗傳

謹案宋趙汝适作諸番志序以爲禹貢載島夷卉服厥篚織貝爲蠻夷通貨中國之始不知夏書所言專謂職貢非通市也惟趙佗傳言南越關市鐵器當爲通市之始宋史食貨志言互市舶法始於漢初與南粵通關市是也故首載之

粵地處近海多犀象瑇瑁珠璣銀銅果布之湊中國往商賈者多取富焉番禺其一都會也自

合浦徐聞南入海得大州東南西北方千里武帝元封元年略以爲儋耳珠厓郡元帝時罷棄之自日南障塞徐聞合浦船行可五月有都元國又船行可四月有邑盧沒國又船行可二十餘日有諶離國步行可十餘日有夫甘都盧國自夫甘都盧國船行可二月餘有黃支國民俗略與珠厓相類其州廣大戶口多多異物自武帝以來皆獻見有譯長屬黃門與應募者俱入海市明珠璧流離奇石異物齎黃金雜繒而往

所至國皆稟食爲耦蠻夷賈船轉送致之亦利交易剽殺人又苦逢風波溺死不者數年來還大珠至圍二寸以下平帝元始中王莽輔政欲燿威德厚遺黃支王令遣使獻生犀牛自黃支船行可八月到皮宗船行可二月到日南象林界云黃支之南有已程不國漢之譯使自此還矣漢書地理志

後漢

交阯之南有越裳國周公居攝六年越裳以三象重譯而獻白雉周德既衰於是稍絕及楚子稱霸朝貢百粵秦并天下威服蠻夷始開嶺外置南海桂林象郡漢興尉佗自立爲南越王傳國五世至武帝元鼎五年遂滅之分置九郡元帝初元三年罷珠厓逮王莽輔政元始二年日南之南黃支國來獻犀牛世祖建武十二年九眞徼外蠻里張游率種人慕化內屬明年南越徼外蠻夷獻白雉白兔肅宗元和元年日南徼外蠻夷究不事人邑豪獻生犀白雉安帝永初

元年九眞徼外蠻夷舉土內屬延光元年九眞徼外蠻貢獻內屬三年日南徼外蠻復來內屬順帝永建六年日南徼外葉調王便遣使貢獻永和二年日南象郡徼外蠻夷亂交阯刺史樊演發兵救之反爲所攻公卿百官皆議遣將發兵大將軍從事中郎李固駁之四府悉從固議拜祝良爲九眞太守張喬爲交阯刺史由是嶺外復平靈帝建寧三年烏滸人內屬皆受冠帶熹平二年日南徼外國重譯貢獻六年復來貢

獻（後漢南蠻西南夷交阯傳）

孟嘗遷合浦太守郡不產穀實而海出珠寶與交阯比境常通商販貿糴糧食（後漢書本傳）

六朝

西南夷訶羅陁國宋元嘉七年遣使奉表願勑廣州時遣舶還不令所在有所陵奪（宋書夷蠻傳）

扶南國在日南郡之南海西大灣中去日南可七千里在林邑西南三千餘里城去海五百里其南界三千餘里有頓遜國在海崎上地方千

里城去海十里頓遜之東界通交州其西界接天竺安息徼外諸國往還交市所以然者頓遜迴入海中千餘里漲海無崖岸船舶未曾得逕過也其市東西交會日有萬餘人珍物寶貨無所不有（梁書海南諸夷傳）

海南諸國大抵在交州南及西南大海洲上相去或四五千里遠者二三萬里其西與西域諸國接漢元鼎中遣伏波將軍路博德開百越置日南郡其徼外諸國自武帝以來皆朝貢後漢

桓帝世大秦天竺皆由此道遣使貢獻及吳孫權時遣宣化從事朱應中郎康泰通焉其所經過及傳聞則有百數十國因立記傳晉代通中國者蓋鮮故不載史官及宋齊至梁其奉正朔修貢職航海往往至矣（南史海南諸國傳）

梁蕭勵為廣州刺史廣州邊海舊饒外國舶至多為刺史所侵每年舶至不過三數及勵至纖毫不犯歲十餘至（南史梁宗室傳）

王僧孺為南海太守郡常有高涼生口及海舶

每歲數至外國賈人以通貨易舊時州郡以半價就市其利數倍僧孺並無所取（梁書本傳）

唐

唐始置市舶使以嶺南帥臣監領之設市區令蠻夷來貢者為市稍收利入官凡舟之來最大者為獨檣舶能載一千婆蘭（胡人謂三百斤為一婆蘭）次曰牛頭舶比獨檣得三之一又次曰三木舶曰料河舶遞得三之一（謹按此數語顧氏採之宋史食貨志）貞觀十七年詔三路舶司番商販到龍腦沈香丁香白豆

蔻四色並抽解一分武后時都督路元叡冒取番酋貨舶酋不勝忿殺之開元初市舶使周慶立與波斯僧造奇巧以進劾罷又罷遣使者之南海求珠翠者開元四年有湖人上言南海多珠翠奇寶可往營致因言市舶之利又欲往師子國求靈藥及善醫之嫗置之宮掖上命監察御史楊範臣與胡人偕往求之範臣從容奏曰陛下前年焚珠玉錦繡示不復用今所求者何以異於所焚者乎彼市舶與商賈爭利殆非王者之體胡藥之性中國多不能知況於胡嫗豈宜置之宮掖夫御史天子耳目之官必有軍國大事臣雖觸冒炎瘴死不敢辭此特胡人眩惑求媚無益聖德竊恐非陛下意願熟思之上遽自引咎慰諭而罷之後於廣州設結好使每番舶至則審事宜以聞時諸番多所更改林邑號環王而眞臘亦號文單皆嘗犯邊元和中安南都護張舟擊敗之乃復銅柱以正疆埸於是貢琛溢於王府其後節度使馬總又鑄二柱以繼之貞元時波斯波羅二國入貢多珍物節度使王處休奉宣威德撫令市易常供外一無所取其後以軍興漸加市稅太和中文宗下詔除之郡國利病書

南海舶外國船也每歲至安南廣州師子國舶最大梯上下數丈皆積寶貨至則本道奏報郡邑爲之喧闐有番長爲主領市舶使藉其名物納舶脚禁珍異番商有以欺詐入牢獄者李肇國史補

廣德元年十二月廣州市舶使呂太一反逐其節度使張休新書代宗紀

文宗太和八年疾愈德音南海番舶本以慕化而來固在接以恩仁使其感悅思有矜恤以示綏懷其嶺南福建及揚州番客宜委節度觀察使常加存問除舶脚收市進奉外任其來往通流自爲交易不得重加率稅文苑英華

王方慶拜廣州都督廣州地際南海每歲有崑崙乘舶以珍物與中國交市舊都督路元睿冒求其貨崑崙懷及殺之方慶在任數載秋毫不犯舊書本傳

柳澤開元中監嶺南選時市舶使右威衛中郎將周慶立造奇器以進澤上書言慶立雕製詭物造作奇器用浮巧爲珍玩以譎怪爲異寶乃

治國之巨蠹明主所宜嚴罰者也書奏元宗稱善新書本傳

王鍔遷廣州刺史嶺南節度使西南大海中諸國舶至則盡沒其利由是鍔家財富於公藏日發十餘艇重以犀象珠貝稱商貨而出諸境周以歲時循環不絕凡八年舊書本傳

盧奐為南海太守遐方之地貪吏斂迹人用安之以為自開元已來四十年廣州節度清白者有四謂宋璟裴伷先李朝隱及奐中使市舶亦

不干法舊書盧懷慎傳

徐申進嶺南節度使外番歲以珠瑇瑁香文犀浮海至申於常貢外未嘗賸索商賈饒盈新書本傳

李勉除廣州刺史兼嶺南節度使前後西域舶泛海至者歲纔四五勉性廉潔舶來都不檢閱故末年至者四十餘舊書本傳

孔戣元和十二年拜嶺南節度使番舶泊步有下碇稅始至有閱貨宴所餉犀琲下及僕隸戣禁絕無所求索舊制海商死者官籍其貲滿三

月無妻子詣府則沒入戣以海道歲一往復苟有驗者不為限悉推與新書孔巢父傳

盧鈞開成元年為廣州刺史御史大夫嶺南節度使南海有蠻舶之利珍貨輻輳舊帥作法興利以致富凡為南海者靡不捆載而還鈞性仁恕為政廉潔請監軍領市舶使己一不干預舊書本傳

韋正貫宣宗立擢嶺南節度使南海舶賈始至大帥必取象犀明珠上珍而售以下直正貫既

至無所取吏咨其清新書韋皋傳

陸贄論嶺南請於安南置市舶中使狀曰嶺南節度經略使奏近日舶船多往安南市易進奉事大實懼闕供臣今欲差判官就安南收市望定一中使與臣使司同勾當庶免欺隱希顏奉宣聖旨宜依者遠國商販唯利是求廣州地當要會俗號殷繁交易之徒素所奔輳今忽捨近而趨遠棄中而就偏若非侵刻過深則必招懷失所且嶺南安南莫非王土中使外使悉是王

臣若緣軍國所需皆有令式恆制人思奉職孰敢闕供豈必信嶺南而絕安南重中使而輕外使殊失推誠之體又傷賤貨之風望押不出陸宣公奏議

韓愈送鄭尚書序其海外雜國若躭浮羅流求毛人夷亶之州林邑扶南眞臘于陀利之屬東南際天地以萬數或時候風潮朝貢蠻胡賈人舶交海中若嶺南帥得其人則一邊盡治不相寇盜賊殺無風魚之災水旱癘毒之患外國之貨日至珠香象犀瑇瑁奇物溢於中國不可勝

用昌黎集

宋

市舶司掌市易南番諸國物貨航舶而至者初於廣州置司以知州爲使通判爲判官及轉運使司掌其事又遣京朝官三班內侍三人專領之後又於杭州置司淳化中徙置於明州定海縣命監察御史張肅主之明年肅上言非便復於杭州置司咸平中又命杭明州各置司聽番客從便若舶至明州定海縣監官封船荅堵送州凡大食古邏闍婆占城勃泥麻逸三佛齊賓同隴沙里亭丹流眉並通貨易以金銀緡錢鉛錫雜色帛精麤瓷器市易香藥犀象珊瑚琥珀珠銕賓鐵鼊皮瑇瑁瑪瑙硨磲水晶番布烏樠蘇木之物太平興國初京師置榷易院乃詔諸番國香藥寶貨至廣州交阯泉州兩浙非出於官庫者不得私相市易後又詔民間藥石之具恐或致闕自今惟珠貝瑇瑁犀牙賓鐵鼊皮珊

瑚瑪瑙乳香禁榷外他藥官市之餘聽市貨與民其後二州知州領使如勸農之制通判兼監而罷判官之名每歲止三班內侍專掌轉運使亦總領其事大抵海船至十先征其一其價直酌番貨輕重而差給之宋會要

開寶四年六月命同知廣州潘美尹崇珂並充市舶使以駕部員外郎通判廣州謝處玭兼市舶判官宋會要

太平興國元年五月詔敢與番客貨易計其直

滿一百文以上量科其罪過十五千以上黥面配海島過此數者押送赴闕婦人犯者配充針工淳化五年二月又申其禁四貫以上徒一年遞加二十貫以上黥面配本地充役兵宋會要

太平興國二年正月命著作佐郎李鵬舉充廣南市舶使宋會要

太平興國七年閏十二月詔聞在京及諸州府人民或少藥物食用今以下項香藥止禁榷廣南漳泉等州舶船上不得侵越州府界紊亂條

法如違依條斷遣其在京并諸處即依舊官場出賣及許人興販凡禁榷物八種瑇瑁牙犀賓鐵鼊皮珊瑚瑪瑙乳香放通行藥物三十七種木香檳榔石脂硫黃大腹龍腦沈香檀香丁香丁香皮桂胡椒阿魏蒔蘿華澄茄訶子破故紙荳蔲花白荳蔻鵬沙紫礦胡盧芭蘆會華撥益智子海桐皮縮砂高良薑草荳蔲桂心苗沒藥煎香安息香黃熟香烏樠木降眞香琥珀後紫礦亦禁榷宋會要

雍熙二年九月己巳禁海賈宋史太宗紀

雍熙四年五月遣內侍八人齎勅書金帛分四綱各往海南諸國勾招進奉博買香藥犀牙珍珠龍腦每綱齎空名詔書三道於所至處賜之宋會要

淳化二年四月詔廣州市舶每歲商人舶船官盡增常價買之良楛相雜官益少利自今除禁榷貨外他貨擇良者止市其半如時價給之麤惡者恣其賣勿禁宋會要

謹按宋史食貨志載此條又云歲約獲五十餘萬斤條株顆

至道元年三月詔廣州市舶司曰朝廷綏撫遠俗禁止末游比來食祿之家不許與民爭利如官吏罔顧憲章苟徇貨財潛通交易闌出徼外私市掌握之珍公行道中靡虞薏苡之謗永言貪冒深蠹彝倫自今宜令諸路轉運司指揮部內州縣專切糾察內外文武官僚敢遣親信於化外販鬻者所在以姓名聞宋會要

至道元年六月詔市舶司監官及知州通判等今後不得收買番商雜貨及違禁物色如違當重置之法先是南海官員及經過使臣多請託市舶官如傳語番長所買香藥多虧價直至是左正言馮拯奏其事故有是詔宋會要

大中祥符二年八月九日詔杭廣明州市舶司自今番商齎鍮石至者官爲收市斤給錢五百以初立禁科也時三司定直斤錢二百詔特增其數宋會要

大中祥符九年九月十八日太常少卿李應機言廣州勾當市舶司使臣自今後望委三司使副使判官或本路轉運使奏廉幹者充選從之宋會要

天禧三年十月供備庫使時其昌言廣州市舶庫門舊令鈐轄監閱望止於都監押內輪司其事從之宋會要

天禧四年六月右諫議大夫李應機言廣州通判係審官院差緣兼市舶公事望自今中書選差候得替日如不虧遞年課額特與改官優加任使其市舶使臣亦候得替依押香藥綱使臣例遷轉親民任使詔廣州通判於京朝官中選累有人奏舉者具名取旨其市舶依所請施行宋會要

天聖五年九月自今過有舶船到廣州博買香藥及得一兩綱旋具聞奏乞差使臣管押宋會要

天聖六年七月十六日詔廣州近年番舶罕至令本州與轉運司招誘安存之宋會要

天聖八年六月詔廣州監市舶司使臣自今三班院依揀走馬承受使臣例選取三人各會有舉主三人已上者具脚色姓名供申樞密院其差出使臣如在任終滿三年委實廉慎別無公私過犯仍令本路轉運使副保奏當與酬奬宋會要

景祐五年九月七日太常少卿直昭文館任中師言臣在廣州奉勅管勾市舶司使臣三人通判二人亦是管勾市舶司[illegible]銜並同勘會所使

印是市舶使字乞自今少卿監以上知廣州並兼市舶使入銜內兩通判亦充市舶判官或主轄市舶司事管勾使臣並申狀詔知州徐起兼市舶使今後少卿監已上知州兼市舶使餘不行宋會要

仁宗時詔杭明廣三州置市舶司海船至者視所載十算其一而市其三海舶歲入象犀珠玉香藥之類皇祐中總其數五十三萬有餘文獻通考

熙寧四年五月十二日詔應廣州市舶司每年抽買到乳香雜藥依條計綱申轉運司召差廣南東西路得替官往廣州交管押上京送納事故充替之人勿差至元符三年六月十一日廣東轉運司奏欲於上京送納字下添入如逐路無官願就即不限路分官員並許召差如無官仍約定綱數申省乞差軍大將裝押字從之宋會要

熙寧七年正月一日詔諸舶船遇風信不便飄至逐州界速申所在官司城下委知州餘委通

判或職官與本縣令佐躬親點檢除不係禁物稅訖給付外其係禁物即封堵差人押赴隨近市舶司勾收抽買諸泉福緣海州有南番海南物貨船到並取公據驗認如已經抽買有稅務給到回引即許通行若無照證及買得未經抽買物貨即押赴隨近市舶司勘驗施行諸客人買到抽解下物貨並於市舶司請公憑引目許往外州貨賣如不出引目許人告依偷稅法宋會要

熙寧七年七月十八日詔廣東路提舉司劾廣州市易務勾當公事呂邈以擅入市舶司拘攔番商物故也十九日詔廣州市舶司依舊存留更不併歸市易務宋會要

熙寧九年五月二日中書門下言給事中集賢殿修撰程師孟乞罷杭州明州市舶司只就廣州市舶司一處抽解欲令師孟赴三司同共詳議利害以聞三司言今與師孟同共詳議明廣州市舶利害先次删立抽解條約詔恐逐州有

未盡未便事件令更取索重詳定施行宋會要

元豐三年八月二十七日中書言廣州市舶條已修定乞專委官推行詔廣東以轉運使孫迥廣西以轉運使陳倩兩浙以轉運副使周直孺福建以轉運判官王子京迴直孺兼提舉推行倩子京兼覺察拘攔其廣南東路安撫使更不帶市舶使宋會要

元豐五年十月十七日廣東轉運副使兼提舉市舶司孫迥言南番綱首持三佛齊詹畢國主

及主管國事國主之女唐字書寄臣熟龍腦二百二十七兩布十三疋臣昨奉委推行市舶法臣以海船法敝商旅輕於冒禁每召賈胡示以條約曉之以來遠之意今幸刑戮不加而來者相繼前件書物等臣不敢受乞估直入官委本庫買綵帛物等候冬舶回報謝之所貴通異域之情來海外之貨從之宋會要

元豐五年十二月二十一日廣西轉運副使吳潛言雷化發船之地與瓊島相對今令倒下廣州請引約五千里不但徑今廣西沿海一帶州縣如土人客人以船載米穀牛酒黃魚及非市舶司抽解之物並更不下廣州請引詔孫迥相度於市舶法有無妨礙宋會要

元祐元年杭明廣三州市舶是年收錢糧銀香藥等五十四萬一百七十三緡匹斤兩段條箇顆臍隻粒支二十三萬八千五十六緡匹斤兩段條箇顆臍隻粒文獻通考

元祐五年十一月二十九日刑部言商賈許由

海道往來蕃商興販並具入船物貨名數所詣去處申所在州仍召本土物力戶三人委保州爲驗實牒送願發舶州置簿給公據聽行回日許於合發舶州住舶公據納市舶司即不請公據而擅乘舶自海道入界河及往高麗新羅登萊州界者徒二年五百里編管往北界者加二等配一千里並許人告捕給船物半價充賞其餘在舶人雖非船物主並杖八十即不請公據而未行者徒一年鄰州編管賞減擅行之半保

人並減犯人三等從之（宋會要）

元符二年五月十二日戸部言番舶爲風飄着沿海州界若損敗及舶主不在官爲拯救錄物貨許其親屬召保認還及立防守盜縱詐冒斷罪法從之（宋會要）

崇寧三年五月二十八日詔應番國及土生番客願往他州或東京販易物貨者仰經提舉市舶司陳狀本司勘驗詣實給與公憑前路照會經過官司常切覺察不得夾帶禁物及姦細之

人其餘應有關防約束事件令本路市舶司相度申上書省先是廣南路提舉市舶司言自來海外諸國番客將寶貨渡海赴廣州市舶務抽解舉民間交易聽其往還許其居止今來大食諸國番客乞往諸州及東京買賣未有條約故有是詔（宋會要）

崇寧四年五月二十日詔每年番船到岸應買到物貨合行出賣並將在市實直價例依市易法通融收息不得過二分從廣南提舉市舶司

請也（宋會要）

崇寧五年三月四日詔廣州市舶司舊來發舶往來南番諸國博易回元豐三年舊條只得却赴廣州抽解後來續降沿革不同今則許於非元發舶州往舶抽買緣此大生奸弊虧損課額可將元豐三年八月舊條與後來續降衝改參詳從長立法遵守施行（宋會要）

大觀元年三月十七日詔廣南福建兩浙市舶依舊復置提舉官（宋會要）

政和四年五月十八日詔諸國番客到中國居住已經五世其財產依海行無合承分人及不經遺屬者並依戸絶法仍入市舶司拘管（宋會要）

宣和三年十一月二十六日詔諸路市舶本錢並依茶鹽錢已得指揮（宋會要）

宣和四年五月九日詔應諸番國進奉物依元豐法更不起發就本處出賣倘敢違戾市舶司官以自盜論（宋會要）

宣和七年三月十八日詔降給空名度牒廣南

福建路各五百道兩浙路三百道付逐路市舶司充折博本錢仍每月具博買幷抽解到數目申尚書省（宋會要）

粵海關志卷二終

粵海關志卷三

前代事實二

宋

建炎元年六月十三日詔市舶司多以無用之物枉費國用取悅權近自今有以篤耨香指環瑪瑙貓兒眼睛之類博買前來及有虧番商者皆重置其罪令提刑司按舉聞奏（宋會要）

建炎元年十月二十三日承議郎李則言閩廣市舶舊法置場抽解分為麤細二色般運入京

其餘麤重難起發之物本州打套出賣自大觀以來乃置庫收受務廣帑藏張大數目其弊非一舊係細色綱只是珍珠龍腦之類每一綱五千兩其餘如犀牙紫礦乳香檀香之類盡係麤色綱每綱一萬斤凡起一綱差衙前一名管押支腳乘贍家錢約計一百餘貫大觀已後犀牙紫礦之類皆變作細色則是舊日一綱分之為十二綱多費官中腳乘贍家錢三千餘貫乞將前項抽解麤色並令本州依時價打套出賣盡

作見錢椿管許諸客人就行在中納見錢齎執兌便關子前來本州支請詔依舊餘依所乞（宋會要）

建炎四年二月二十六日尚書省言廣南路提舉市舶司言檢准敕節文廣南市舶司狀廣州市舶庫逐日收支寶貨錢物浩瀚全藉監門官檢察欲乞許從本司奏准無贓私罪文武官充廣州市舶庫監門庶幾得人檢察杜絕侵盜之弊從之（宋會要）

建炎四年六月二十二日詔諸路市舶司錢物今後並不許諸司官劄刷如違以徒二年科罪（宋會要）

紹興元年七月二十日提舉廣南市舶張書言上言闍婆番首勤堅附到番信與廣州知州並提舉市舶官未敢收受詔不許如願中賣即依數支還價錢不得兩有虧損（宋會要）

紹興元年十一月二十六日提舉廣南路市舶張書言言契勘大食人使蒲亞里所進大象牙二百九株大犀三十五株在廣州市舶庫收管緣前件象牙各係五七十斤以上依市舶條例每斤價錢二貫六百文九十四陌約用本錢五萬餘貫文省欲望詳酌如數目稍多行在難以變轉即乞指揮起發一半令本司委官秤估將一半就便搭息出賣取錢添同給還蒲亞里本錢詔令張書言揀選大象牙一百株并犀二十五株起發赴行在准備解笏造帶宣賜臣僚使用餘依（宋會要）

紹興二年四月二十六日戶部言據提舉廣南路市舶張書言劄子近年以來不蒙朝廷給降本錢而轉運司又取撥過本司見錢五萬貫文見今委實闕乏詔令禮部給降廣東路空名度牒三百道紫衣兩字師號各一百道撥還本司充博買本錢支用（宋會要）

紹興二年六月二十一日廣南東路經略安撫提舉市舶司言廣州自祖宗以來興置市舶收課入倍於他路每年發舶月分支破官錢管設

津遣其番漢綱首作頭梢工等人各令與坐無不得其懽心非特營辦課利蓋欲招徠外夷以致柔遠之意舊來或遇發船衆多及進貢之國併至量增添錢數亦不滿二百餘貫費用不多所說若衆今准建炎二年七月敕備坐前提舉兩浙市舶吳說劄子每年宴犒諸州所費不下三千餘貫委是枉費緣吳說卽不曾取會本路設番所費數目例槩指揮寢罷竊慮無以招懷遠人有違祖宗故事欲乞依舊犒設從之宋會要

紹興三年七月一日詔廣南東路提舉市舶官今後遵守祖宗舊制將中國有用之物如乳香藥物及民間常使香貨並多數博買內乳香一色客算尤廣所差官自當體國招誘博買仍令戶部限三日將市舶司抽解博買舊法參酌重別立定殿最賞罰條格具狀申尚書省以尚書省言提舉官往往非其人致番商稀少理合講究故也宋會要

紹興三年八月二十二日新差提舉廣南路市舶姚焯言蒙恩付以南海舶事唯番商物貨之職而已他不與焉今赴新任竊恐入境已後或見本路民間有的實利病乞依守臣五事例得以條具聞奏庶幾遠民咸喻德意從之宋會要

紹興三年九月九日詔廣南市舶庫錢物除朝廷指定取合應付外其餘官司今後並不得取撥支使雖奉特旨亦聽本司執奏不行提舉姚焯言本司錢本多爲轉運司畫旨取撥致無以應副番商故也宋會要

紹興三年十一月十二日戶部言諸路收買市舶司博易物色本錢欲依舊用坊場錢應副從之宋會要

紹興三年十二月十七日戶部言勘會三路市舶除依條抽解外番商販到乳香一色及牛皮筋角堪造軍器之物自當盡行博買其餘物貨若不權宜立定所起發窠名竊慮枉費腳乘欲令三路市舶司將今來立定名色計置起發下項名件欲令起發赴行在送納金銀珍珠玉乳

香牛皮筋角象牙犀腦子麝香沉香上中次箋香檀香烏文木鵰砂朱砂木香人參丁香琉璃珊瑚蘇合油白荳蔻牛黃膃肭臍龍涎香藤黃血碣華澄茄安息香縮砂降眞香肉荳蔻訶子舶上茴香茯苓菩薩香鹿茸黑附子油腦蓯蓉琥珀上等螺犀中等螺犀下等螺犀水銀上等藥犀中等藥犀下等藥犀鹿速香赤倉腦米腦腦泥木扎腦夾雜銀石碌白附子銅器銀硃苛子南蕃蘇木高州蘇木隨風子青木香乾薑川

芎紅花雄黃川椒石鍾乳瑠黃白朮夾雜黃熟香頭上等生香茴香烏牛角白牛角沙魚皮上等鹿皮魚膠海南蘇木熟速香畫黃龜鱷皮魚鰾椰心簟番小花狹簟菱牙簟番顯布海南碁盤布海南吉貝布海南青花碁盤皮單下色餅香海南白布海南白布皮單揀香上色餅乳香中色餅香次下色餅香上色袋香中色袋香下色袋香乳香塌香黑塌香水溼黑塌香青碁盤布紬生速香斫削揀選低下水溼黑塌香黃蠟

松子榛子夾煎黃熟香頭白蕪荑山茱萸荸朮防風杏仁五苓脂黃芪土牛膝毛絁布高麗小布占城速香生熟香夾煎香上黃熟香中黃熟香下箋香石斛下項名件欲令本處一面變賣薔薇水御碌香蘆薈阿魏華撥史君子荳蔻花肉桂桂花指環腦丁香扶律膏大楓油加路香火丹子紫藤香蔦芹子荳蔻黑蔦耨龜童沒藥天南星青桂頭秦皮橘皮鼈甲蒔蘿官桂榆甘子益智高良薑甲香天竺黃草荳蔻藿香紅荳

草菓大腹子肉破故紙苓苓香蓬莪朮木鼈子石決明木蘭皮丁香皮殼荳蔻烏藥柳桂桂皮檀香皮薑黃相思子蒼朮青椿香幽香桂心大片香薑黃熟纏末潮腦三賴子龜頭枝實密木檀香纏丁香枝白膠香椿香頭鷄骨香龜同香白芷亞溼香木蘭茸烏黑香麤熟香下等丁香下等冒頭香下等麤香頭下等青桂片香麝香木蕃檳榔肉連皮檳榔舊香連皮大腹麤熟香頭海桐皮松搭子犀蹄土半夏常山麩仁遠志

暫香下速香下黃熟香詔依宋會要

紹興五年閏二月八日詔市舶務監官并見任官詭名買市舶司及彊買客旅舶貨以違制論仍不以赦降原減許人告賞錢一百貫提舉官知通不舉劾減犯人罪二等宋會要

紹興七年閏十月三日上曰市舶之利最厚若措置合宜所得動以百萬計豈不勝取之於民朕所以留意於此庶幾可以少寬民力爾先是詔令知廣州連南夫條具市舶之弊南夫奏至

其一項市舶司全藉番商來往貨易而大商蒲亞里者既至廣州有右武大夫曾納利其財以妹嫁之亞里因留不歸上今委南夫勸誘亞里歸國往來幹運番貨故諭及之宋會要

紹興八年七月十六日臣寮言廣南福建兩浙市舶司抽買到市舶香藥物貨依紹興六年四月九日朝旨立定合起發本色并令本處一面變轉價錢赴行在送納名件緣合起發內尚有民間使用稀少等名色若行起發竊慮枉費脚乘及虧損官錢詔令逐路市舶司如抽買到和劑局無用并臨安府民間使用稀少物貨更不起發本色一面變轉價錢赴行在庫務送納內廣南福建路仍起輕齎宋會要

紹興十一年十一月戶部言重行裁定市舶香藥名色仰依合起發名件須管依限起發前來所是本處變賣物貨除將自來條格內該載合充循環本錢外其餘遵依已降指揮計置起發施行不管違戾合赴行在送納可以出賣物色

細色訶子中箋香沒藥破故紙丁香木香茴香茯苓玳瑁鵬砂蒔蘿紫礦瑪瑙水銀天竺黃木硃砂人參鼊皮銀子下箋香芹子銅器銀硃熟速香帶根丁香桔梗澤瀉茯神金舶上茴香中熟速香玉乳香麝香夾雜金夾雜銀沉香上箋香次箋香鹿茸珊瑚蘇合油牛黃血碣膃肭臍龍涎香華澄茄安息香琥珀雄黃鍾乳石薔薇水蘆薈阿魏黑篤耨龞甲篤耨香皮篤耨香沒石子雌黃鷄舌香香螺奄葫蘆芭翡翠金顏香

畫黃白荳蔻龍腦有九等熟腦梅花腦白蒼腦
油腦赤蒼腦腦泥鹿速腦木扎腦麤色胡椒檀
香夾箋香黃蠟黃熟香吉貝布襪面布香米縮
砂乾薑蓬莪朮生香斷白香藿香蓽撥益智木
鼈子降眞香桂皮木棉史君子肉荳蔻檳榔青
橘皮小布大布白錫甘草荆三稜碎箋香防風
蒟醬次黃熟香烏里香苓苓香中黃熟香冒頭
香三賴子青苧布下生香丁香海桐皮番青班
布下等冒頭香下等五里香苓牙簟修割香中

生香白附子白熟布白細布山桂皮暫香帶枝
檀香鉛土茴香烏香牛齒香半夏芎藭布石碌
紫藤香官桂桂花花藤麤香紅荳高良薑藤黃
黃熟香頭釵藤黃熟香片螺頭斬剉香生香片
水藤皮蒼朮紅花片藤瑠璃水盤頭赤魚鰾香
纏小片水盤頭杏仁紅橘皮二香大片香糖霜
天南星松子麁小布大片水盤香中水盤香璋
腦青桂香斧口香白苧布鞋面布丁香皮草菓
生苧布土檀香青花番布蓯蓉螺犀隨風子細

丁海母龜同亞涇香菩提子鹿角蛤蚧洗銀硃
花梨木瑠琉珠椰心簟犀蹄番糖師子綏枝實
麁重枉費腳乘宗木大蘇木小蘇木硫磺白藤
棒修截香青桂頭香番蘇木次下蘇木海南蘇
木鑊鐵白藤麁鐵水藤坯子大腹子薑黃麝香
木跳子鷄骨香大腹檀香皮把麻倭板倭枋板
頭薄板板掘短板肩椰子長薄板合簟火丹子
蛙蛄乾倭合山枝子白檀木黃丹麝檀木苧麻
蘇木稍靫相思子倭梨木榼藤子滑皮松香螺

殼連皮大腹吉貝花布吉貝紗瓊枝萊砂黃麁
生香琉璜泥黃木柱短小零板杉枋厚板松枋
海松板木枋厚板令赤藤厚枋海松枋長小零
板板頭松花小螺殼麁黑小布杉板狹小枋令
團合雜木柱枝條蘇木水藤篋三抄香團鐵腳
珠蘇木腳生羊梗黃絲火杴煎盤黑附子油腦
藥犀青木香白朮番小花狹簟海南白布單青
番碁盤小布白蕪荑山茱萸茅朮五苓脂黃芪
毛施布生熟香石斛大楓油秦皮草荳蔻烏藥

香白芷木蘭茸蕤仁遠志海螺皮生薑黃芩龍骨草枕頭土琥珀冷瓶密木白眼香欒香鐵熨斗土鍋荳蔻花砂魚皮栢還腦香柏皮黃漆滑石蔓荆子金毛狗脊五加皮榆甘子菖蒲土牛膝甲香加路香石花菜麤絲藺頭大價香五倍細辛韶腦舊香御碌香大楓子檀香皮纏香皮纏末大食芎崙梅董陸香名亭枝龜頭犀香荳根白腦香生香片船上蘇木水盤頭幽香番頭布海南碁盤布海南青花布皮單長木長倭條

短板肎二十三日臣寮言廣東福建路轉運司遇舶船起發差本司屬官一員臨時點檢仍差不干礙官一員覺察至海口俟其放洋方得回歸如所委官或縱容般載銅錢並乞顯罰以為慢令之戒詔下刑部立法刑部立到法諸舶船起發（販番及外番進奉人使回番船同）所屬先報轉運司差不干礙官一員躬親點檢不得夾帶銅錢出中國界仍差通判一員（謂不干預市舶職事者差獨員或差委清彊官）覆視候其船放洋方得回歸諸舶船起發（販番及外番進奉人使回番船同）所委點檢官覆視官同容縱夾帶銅錢出中國界首者依知情引領停藏負載人法（失覺察者減二等）即覆視官不候其船放洋而輒回者徒一年從之（宋會要）

紹興十四年九月六日提舉福建路市舶樓璹言臣昨任廣南市舶司每年於十月內依例支破官錢三百貫文排辦筵宴係本司提舉官同守臣犒設諸國番商等今來福建市舶司每年止量支錢委市舶監官備辦宴設委是禮意與

廣南不同欲乞依廣南市舶司體例每年於遣發番舶之際宴設諸國番商以示朝廷招徠遠人之意從之（宋會要）

紹興十六年九月二十五日宰執進呈廣南市舶司繳進三佛齊國王寄市舶官書且言近年商販乳香頗有虧損上曰市舶之利頗助國用宜循舊法以招徠遠人阜通貨賄於是降右朝散大夫提舉福建路常平茶事袁復一官以前任廣南市舶虧損番商物價故有是命（宋會要）

紹興十七年十一月四日詔三路市舶司今後番商販到龍腦沉香丁香白荳蔻四色並依舊抽解一分餘數依舊法施行先是紹興十四年一時措置抽解四分以市舶司言番商陳訴抽解太重故降是旨宋會要

紹興二十一年七月八日廣南市舶司言廣州通判二員主管市舶職事比之幹辦公事職事爲簡乞將通判賞減定依幹辦公事官一等推賞詔下本司上差通判一員主管市舶職事其賞依本司所乞與幹辦公事一等比監官條法減半推賞施行宋會要

紹興二十七年六月一日宰執進呈戶部措置廣南銅錢出界事上曰廣南市舶司遞年有番商息錢如及額許補官此祖宗舊制前兩年有陳乞推恩人朝廷不與恐緣此番商不至今後可與依舊例推恩卽非創立法制宋會要

紹興二十九年九月二日宰執進呈御史臺檢法官張闡論市舶事上曰廣南福建兩浙三路

市舶條法恐各不同宜令逐司先次開具來上當委官詳定朕嘗問闡市舶司歲入幾何闡奏抽解與和買以歲計之約得二百緡如此卽三路所入固已不少皆在常賦之外未知戶部如何收附及如何支使卿等宜取見實數以聞湯思退奏曰謹當遵依聖訓行下逐路舶司鈔錄條法并令取見收支實數俟到條數聞奏以御史臺檢法官張闡言比者叨領舶司僅及二載竊嘗求其利害之灼然者無若法令之未修何當福建廣南各置務於一州兩浙市舶務乃分建於五所三路市舶相去各數千里初無一定之法或本於一司之申請而他司有不及知或出於一時之建明而異時有不可用監官之或專或兼人吏之或多或寡待夷夏之商或同而或異立賞罰之制或重而或輕以至住舶於非發舶之所有禁有不禁買物於非產物之地有許有不許若此之類不可概舉故官吏無所遵守商賈莫知適從姦吏舞文遠人被害其爲患

深欲望有司取前後累降指揮及三路節次申
請釐析删修著爲一司條制故上諭及之宋會要
隆興元年十二月十三日臣僚言舶船物貨已
經抽解不許再行收税係是舊法緣近來州郡
密令場務勒商人將抽解餘物重税却致冒法
透漏所失倍多宜行約束庶官私無虧興販益
廣戸部看詳在法應抽解物不出州界貨賣更
行收税者以違制論不以去官赦降原減欲下
廣州福建兩浙轉運司并市舶司鈐束所屬州

縣場務遵守見行條法指揮施行從之宋會要
隆興二年七月二十五日臣僚言熙寧初創立
市舶一司所以來遠人通物貨也舊法抽解既
定數又寛期納税使之待價此招致之方也邇
來州郡官吏趣辦抽解之外又多名色兼迫其
輸納貨滯則減價求售所得無幾恐商旅自此
不行欲望戒敕州郡推明神宗皇帝立法之意
使商賈懋遷以助國用從之繼而戸部欲行廣
南福建兩浙路轉運司并市舶司鈐束所屬州

縣場務遵守見行條法施行毋致違戾宋會要
謹按此條是開寳時所置市舶使猶循唐制
至新法既行乃置爲司也
乾道三年四月二十二日詔廣南兩浙市舶司
所發船回日内有妄託風水不便船身破漏檣
柁損壞即不得拘截抽解若有別路市舶司所
發船前來泉州亦不得拘截即委官押發離岸
回元來請公驗去處抽解從福建路市舶程祐
之請也宋會要

乾道七年十月十三日詔今後廣南市舶司起
發麤色香藥物貨每綱以二萬斤正六百斤耗
爲一綱依舊例支破水脚錢一千六百六十二
貫三百三十七文省限五箇月到行在交納如
別無欠損違限與依押乳香三十斤推賞其差
募官管押等並依見行條法指揮從戸部尚書
曾懷之請也宋會要
乾道九年七月十二日詔廣南路提舉市舶司
申乞於瓊州置主管官指揮更不施行先是提

舉黃艮心言欲創置廣南路提舉市舶司主管官一員專一覺察市舶之弊并催趕回舶抽解於瓊州置司臣僚言昔貞元中嶺南以舶船多往安南欲差判官往安南收市陸贄以謂示貪風於天下其事遂寢遣官收市猶不可況設官以漁利乎故有是命（宋會要）

淳熙二年二月二十七日戶部言市舶司管押綱運官推賞今措置欲令福建廣南路市舶司麤細物貨並以五萬斤爲一全綱福建限三月

程廣南限六月程到行在無欠損與比倣押錢帛指揮推賞如不及全綱以五斤爲則作十分組計亦依押錢帛綱地里格法等第推賞從之（宋會要）

開禧元年八月九日提轄行在権貨務都茶場趙善譏言泉廣招買乳香緣舶司闕乏不隨時支還本錢或官吏除尅致有規避博買詐作飄風前來明秀江陰舶司巧作他物抽解收稅私賣攙奪國課乞下廣福市舶司多方招誘申給度牒變賣給還價錢仍下明秀江陰三市舶遇番船回舶乳香到岸盡數博買不得容令私賣從之（宋會要）

開禧元年十月十一日詔泉廣市舶司將逐年博買番商乳香自開禧二年爲始權住博買（宋會要）

開禧三年正月七日前知南雄州聶周臣言泉廣各置舶司以通番商比年番船抵岸既有抽解合許從便貨賣今所隸官司擇其精者售以

低價諸司官屬復相囑託名曰和買獲利既薄怨望愈深所以比年番船頗疎征稅暗損乞申飭泉廣市舶司照條抽解和買入官外其餘貨物不得毫髮拘留巧作名色違法抑買如違許番商越訴犯者計贓坐罪仍令比近監司專一覺察從之（宋會要）

嘉定六年四月七日兩浙轉運司言臨安府市舶務有客人於泉廣番名下轉買已經抽解胡椒降眞香縮砂荳蔻藿香等物給到泉廣市舶

司公引立定限日指往臨安府市舶務住賣從
例係市舶務收索公引具申本司委通判主管
官點檢比照元引色額數目一同發赴臨安府
都稅務收稅放行出賣如有不同并引外出剩
之數即照條抽解將收到錢分隸起發上供令
承指揮舶船到臨安府不得抽解收稅差人押
回有舶司州軍即未審前項轉販泉廣已經抽
解有引物貨船隻合與不合抽解收稅詔令戶
部今後不得出給與販海南物貨公憑許回臨

安府抽解如有日前已經出給公憑客人到來
並勒赴慶元府住舶應客人日後欲陳乞往海
南州軍興販止許經慶元府給公憑申轉運司
照條施行自餘州軍不得出給其自泉廣轉買
到香貨等物許經本路市舶司給引赴臨安府
市舶務抽解住賣即不得將元來船隻再販物
貨往泉廣州軍仍令臨安府轉運司一體禁戢
從之宋會要
謹按宋制於廣州明州杭州皆置市舶司後

又置於泉州南渡後又增秀州温州江陰軍
今惟取會要中所載廣州市舶著於篇餘皆
略之以明限斷
明杭廣州市舶司博到乳香計三十五萬四千
四百四十九斤三司賣過香附廣州熙寧十年帳內不開說係用是何錢
物博買到收三十四萬八千六百七十三斤四色瓶香二十
一萬七千九百九十五斤三袋香一十萬四千九百六十三斤黑塌香一萬五千四百五十斤
水溼黑塌香一千二百一十七斤散纏香末九千四十八斤西南香價西香
六等回紇每斤三貫三百文第一等回紇瓶香每斤三貫三百文回紇顆塊香每斤二貫

文回紇第一等瓶香纏每斤一貫二百文回紇纏每斤一貫二百文回紇纏末每斤三百文
南香六等揀上第一等瓶香每斤四貫九百文第一等瓶香每斤三貫八百文第二
等每斤三貫三百文第三等每斤二貫文黑塌每斤一貫六百文七香合每斤一貫三百文
三司三年出賣計八十九萬四千七百一十九
貫三百五文元豐元年香藥庫見在香一百二萬一千四百二十一斤市易務下
見在香九千六百二十七斤見在熙寧九年三十二萬七千六
百六貫一百四十七文市易務二十二萬六千六百七十五貫九百六
十八文外州軍關到錢五萬五千六十二貫六百九十五文雜買場關到錢五萬七千六百五
十九貫三百二十七文已上計三千三萬九千三百九十七貫九百九十文內除藥錢一萬一

千七百九十一貫八百四十三文外計到上項錢貫數熙寧十年三十一萬三千三百七十四貫二百四文市易錢一十七萬七千三百七十貫八百四十八文上界還到一萬七千九百四十五貫九百五十文關到賣過密州板橋鎮香三萬七千九百一十四貫八百三十八文外州軍關到錢四萬五千五百八十八貫九百五十三文雜買場關到錢三萬四千八百五十三貫六百一十五文元豐元年二十五萬三千七百三十八貫九百五十四文市易務一十九萬二千三百七十五貫五百二十四文上界關到賣過密州板橋鎮香錢二萬一百三十貫九百六十六文外州軍關到三萬三千一百六十一貫七百一文雜買場關到錢八千七十貫七百六十三文畢衎中書備對

謹按備對所言三州市舶司乳香三十五萬四千四百四十九斤其內明州所收惟四千七百三十九斤杭州所收惟六百三十七斤而廣州收者則有三十四萬八千六百七十三斤是雖三處置司實祇廣州最盛也

白敏中知廣州兼掌市舶至荆南預市藥物以往在任無所須宋史本傳

楊覃知廣州南海有番舶之利前後牧守或致謗議惟覃以廉著宋史本傳

馬亮知廣州時海舶久不至使招來之明年至者倍其初珍貨大集宋史本傳

張田知廣州臨政以淸女弟聘馬軍帥王凱欲售珠犀於廣顧曰南海富諸物但身爲市舶使不欲自汚爾宋史本傳

王渙之知廣州番客殺奴市舶使據舊比止送其長杖笞渙之不可論如法宋史本傳

粤海關志卷三終

粵海關志卷四

前代事實三

元

世祖定江南凡鄰海諸郡與番國往返互易舶貨者其貨以十分取一麤者以十五分取一以市舶官主之（王圻續文獻通考）

至元十五年八月辛未詔行中書省唆都蒲壽康等曰諸番國列居東南島嶼皆有慕義之心可因番舶諸人宣布朕意誠能來朝者朕將寵禮之其往來互市各從所欲（元史世祖紀）

至元二十三年十一月改廣東轉運市舶提舉司爲鹽課市舶提舉司隸廣東宣慰司（元史百官志）

至元二十五年禁廣州官民毋得運米至占城諸國出糶（元史食貨志）

至元二十九年命市舶驗貨抽分中書省定抽分之數及漏稅之法賣者細色於二十五分之中取一麤色於三十分之中取一免其輸稅其就市舶司買者止於賣處收稅而不再抽漏舶物貨依例斷沒三十年又定市舶抽分雜禁凡二十一條（元史食貨志）

至元三十年四月廣東置市舶司（元史世祖紀）

至元三十年立海南博易提舉司至大四年罷之禁下番船隻延祐元年弛其禁改立泉州廣東慶元三市舶提舉司每司提舉二員從五品同提舉二員從六品副提舉二員從七品知事一員（元史百官志）

至元三十一年十一月罷海北海南市舶提舉司（元史世祖紀）

元貞二年八月丁酉禁舶商毋以金銀過海諸使海外國者不得爲商（元史成宗紀）

至大二年罷行泉府院以市舶提舉司隸行省四年又罷之延祐元年復立市舶提舉司仍禁人下番官自發船貿易回帆之日細物十分抽二麤物十五分抽二七年以下番之人將細絲銀易於外國人并提舉司罷之至治二年復立泉州慶元廣東三處提舉司申嚴市舶之禁三

年聽商貿易歸徵其稅泰定元年諸海舶至者止令行省抽分元史食貨志

延祐七年五月辛卯遣使榷廣東番貨元史仁宗紀

元世祖嘗立提舉司尋罷至英宗至治六年遣使榷廣東番貨乃復立之聽海商貿易歸徵其稅順帝元統六年罷廣東提舉二司至正二年復立廣東提舉司申嚴市舶之禁三年總貿易歸征其稅郡國利病書

市舶禁金銀過海又禁香木又禁廣州官民毋

得運米至占城諸番出糶違者罪之至官自具船給本運人入番貿易諸貨其息以十分爲率官取其七民得其三仁宗延祐七年以下番將絲銀細物易於外國罷市舶司提舉司禁賈人下番貨然順帝時中書省發兩艅船下海通番爲皇后營利續文獻通考

合并市舶轉運司　至元二十三年三月御史臺承奉中書省劄付爲盧右丞建言市舶等事移准上都中書省咨六月二十九日本省官奏過內一件這課程的勾當裏兩件兒勾當有一件勾當盧市舶司的勾當係官錢裏一十萬定要了他著海船裏交做買賣行別箇民戶做買賣的每休交行麽道奏來去近衆官人每老的每等官司做買賣的罷了百姓做買賣的每市舶的勾當做者依著在先體例裏要課程抽分者市舶司根底轉運司裏合并道來麽道奏呵那般者麽道聖旨了也欽此元典章

市舶則法二十三條　至元三十年八月二十

五日福建行省准中書省咨至元二十八年八月二十六日奏過事內一件南人燕參政說有市舶司的勾當是國家大得濟的勾當有在先亡宋時分海裏百姓每船隻做買賣來呵他每根底客人一般敬重看呵咱每這田地無用的傘磨合羅磁器家事簾子這般與了博換他每中用的物件來近來忙兀臺沙不丁等自己根尋利息上頭船每來呵教軍每看守著將他每的船封了好細財物選揀要了爲這般奈何上

頭那壁的船隻不出來有咱每這裏入去來的每些小來爲那上頭市舶司的勾當壞了有如今亡宋時分理會的市舶司勾當的人每有也委付著那的每市舶司勾當教整治呵得濟有留狀元也說來市舶司的勾當亡宋時分哏大得濟來如今壞了有那時分理會的市舶司勾當那箇根底問著行呵大得濟有麽道說有奏呵是那般也者那人每根底說話者是呵行者麽道聖旨了也欽此訪聞得留狀元

稱知市舶人員李晞顏移江浙准行省咨根訪到前行大司農司丞李晞顏報到亡宋抽分市舶則例合設司存關防情節備細升行泉府司比照目今抽分則例逐一議擬於後及令知會市舶人李晞顏前去咨請照驗事准此令李晞顏報到亡宋市舶則例會集到各處行省官行泉府司官并留狀元及知市舶人李晞顏議擬到下項事理于至元三十年四月十三日奏過事內爲江南地面裏有的市舶司上頭去年賽

因囊加歹狀元等題說在先亡宋時分市舶司的錢物多出辦來自歸附之後權豪富戶每壞了市舶司的勾當出辦的錢物入官哏少有道是呵亡宋時分市舶司勾當裏行來的蠻子李晞顏小名的人他根底教來商量呵怎生奏呵那般者聖旨了來那人根底教來了衆人與理會得的每一處商量來如今合整治市舶司勾當的有二十三件勾當商量來奏呵那般者行者聖旨了也欽此都省今將合行逐項事理開

坐前去咨請欽依禁治施行　一議得市舶抽分則例若依亡宋例抽解竊恐舶商生受比及定奪以來止依目今定例抽分麤貨十五分中一分細貨十分中一分所據廣東温州澉浦上海慶元等處市舶司舶商回帆已經抽解訖貨物並依泉州見行體例從市舶司更於抽訖貨物内以三十分爲率抽要舶稅錢一分通行結課搬販客人從便請給文遣買到已抽經稅貨物於杭州等處貨賣即於商稅務内投稅憑所

齎文遣數目依例收稅驗至元二十九年杭州市舶司實抽辦貨物價錢於杭州商稅務課額上依數添加作額恢辦將杭州市舶司革罷將元管錢帛等物行泉府司明白交收爲主爲此於至元三十年四月十三日奏過事內一件江南地面裏泉州上海澉浦温州慶元廣東杭州七處市舶司有這市舶司裏要抽分呵粗貨十五分中要一分細貨十分中要一分有泉州市舶司裏這般抽分了的後頭又三十分裏官要

一分稅來然後不揀那地面裏賣去呵又要稅有其餘市舶司裏似泉州一般三十分要一分稅的無有如今其餘市舶司依泉州體例裏要者温州的市舶司并入慶元杭州市舶司并入杭州稅務裏的怎生商量來奏呵那般者聖旨了也　一議得拘該市舶司去處行省官行泉府司官市舶司官在先坐往勒令舶商戶計梢帶錢本下番回舶時將貴細物貨賤估價錢准折重取利息及不依例抽解官課又通同隱瞞

虧損公私爲此於至元三十年四月十三日奏過事內一件行省官人每行泉府司官人每市舶司官人每百姓每的做買賣去的船裏交梢帶著自己的錢物去回來呵那錢物內不與官私抽分私下要有那船每也則他每占著抽分全不交與官有今後這般百姓的船裏梢帶去的禁治呵怎生不揀是誰別了這言語梢帶將錢物去呵有人告呵將那錢物斷沒了把他每重要了罪過教勾當裏出去了首告的人根底

斷沒了的錢內三分中一分充賞與呵怎生商量來奏呵是也那般者聖旨了也　一議得使臣并大小官吏軍民人等因公往海外諸番勾當皆是官司措辦氣力船隻前去卻有因而做買賣之人今後回船之時應有市舶物貨並仰於市舶司照例抽分納官如有進呈希罕貴細之物亦仰經由市舶司見數泉府司具呈行省行省開坐移咨中書省聞奏仍仰今後應有過番使臣卻不得以進呈物貨爲名隱瞞抽分如

違並以漏舶治罪物貨沒官爲此於至元三十年四月十三日奏過事內一件或是這裏差去的使臣每那裏拜見上來的麽道因著那般夾帶著百姓每的錢物不與官司抽分那般行的多有今後但那來的依著百姓每的體例裏要抽分若有拜見的物呵那裏行泉府司裏行省裏明白這些箇物件拜見上去麽道寫了數目把那寫來的數目與將這裏來者似在前一般不與抽分背地裏隱藏上來的有罪過者商量

奏呵是也那般者聖旨了也　一議得和尚先生也里可温答失蠻人口多是夾帶俗人過番買賣影射避免抽分今後和尚先生也里可温答失蠻人口等多過番興販如無執把聖旨許免抽分明文仰市舶司依例抽分如違以漏舶論罪斷沒爲此於至元三十年四月十三日奏過事內一件和尚先生也里可温答失蠻每但做買賣去呵依著百姓每的體例裏與抽分者商量來奏呵這的言語不曾了來那甚麽擬定

那般者聖旨了也　一諸處市舶司舶商每遇冬訊北風發時從舶商經所在舶司陳告請領總司衙門元發下公據公憑並依在先舊行關防體例塡付舶商大船請公驗柴水小船請公憑願往番邦明塡所往是何國土經紀不許越過他國至次年夏訊南風回帆止赴原請驗憑發船舶司抽分不許越投他處舶司各舶司亦不許互指他處舶司舶商如本處舶司依見定例抽稅訖從舶商發賣與搬販客人亦依舊例

就於所在舶司請給公遣從便於各處州縣依例投稅貨賣其原指所往番邦國土如有不能得到所指去處委因風水打往別國就博到別國物貨至回帆抽分時取問同伴在船人等相同別無虛誑依例抽分如中間詐妄欺瞞官司許諸人首告是實依例斷沒告人給賞　一舶商請給公驗依舊例召保舶牙人保明牙人招集到人伴幾名下船收買物貨往某處經紀公驗開具本船財主某人綱首某人直庫某人梢

工某人雜事等某人部領等某人人伴某人船隻力勝若干檣高若干船面闊若干船身長若干每大船一隻止許帶小船一隻名曰柴水船合給公憑如大小船所給公驗公憑各仰在船隨行如有公驗或無公憑卽是私販許諸人告捕給賞斷罪所載柴水船於公憑內備細開寫亦於公驗內該寫力勝若干檣高若干船面闊若干船身長若干不到物力戸某人委保及與某人結爲一甲互相作保如將帶金銀違禁等

物下海并將奸細歹人囘船并元委保人及同甲人一體坐罪公驗後空紙八張泉府司用訖印信於上先行開寫販去物貨各各名件斤重若干仰綱首某人親行塡寫如到彼國博易物貨亦仰綱首於空紙内就地頭卽時日逐批寫所博到物貨名件色數斤重至舶司以憑照數點秤抽分如曾停泊他處將販到物貨轉變滲泄作弊及鈔塡不盡或因事發露到官卽從漏舶法斷沒保明人能自首告將犯人名下物貨

以三分之一給與充賞如舶司官吏容庇或覺察得知或因事發露到官定將官吏斷罷不敘所給公驗行泉府司置半印勘合文簿立定字號付綱主某人收執前去某處經紀須要遵依前項事理所有公憑小船並照公驗一體施行

一番船南船請給公憑公驗回帆或有遭風被刼事故合經所在官司陳告體問的實移文市舶司轉申總府衙門再行合屬體復如委是遭風被刼事故方與銷落元給憑驗字號若妄

稱遭風等搬捵船貨送所屬究問斷沒施行或有沿途山嶼灘嶼與海岸停泊汲水取柴恐有梢碇水手搭客等人乘時懷袖偷藏貴細貨物上岸博易物件或有舶商之家回帆將市舶司私用小船推送食米接應舶船卻行輒取貴細貨物不行抽解卽是滲泄並許諸人告捕餘行斷沒犯人杖一百七下告捕人於沒官物內三分之一給賞仍行下沿海州縣出榜曉諭嶼嶼等處責在官吏巡檢人等常切巡捉催趕船隻

隨卽起離彼處不許久停直至年例停泊如東門山等具呈各處市舶司廉能官封堵坐押赴元發船市舶司又行差官鑒搬上舶檢空船隻搜檢在船人等懷空方始放令上岸如在番阻風經冬不還者次年回帆取問同船或同伴船隻人等是實依例抽分若使妄稱風水不便轉指買賣許諸人首告依例斷沒告人給賞 一海商不請驗憑擅自發舶船並許諸人告捕犯人斷罪船物沒官於沒官物內以三分之一充

賞犯人杖一百七下如已離舶司卽於沿河所在官司告捕依上追斷給賞 一海商所用兵器并銅鑼作具隨往舶處具數申所屬依例寄庫起舶日給 一海商每船募綱首直庫雜事部領梢工碇手各從便具名呈市舶司申給文憑船請公印爲記人給五名爲保 一海商貿易物貨以舶司給籍用印關防具注名件斤數綱首雜事部領梢工書押回日以物籍公驗納市舶司 一海商自番國及海南買販物貨到

中國雖赴市舶司抽分而在船巧爲藏匿者卽係漏舶正行沒官仍許諸人告首依例給賞犯人斷罪 一金銀銅錢鐵貨男子婦女人口並不許下海私販諸番物如到番國不復前來亦於元齎去公驗空紙內明白開除附寫緣故若有一切違犯止坐舶商船主 一市舶司招集舶商船隻行省行下衙門無得差占及有新造成舶船之家本欲過番興販經紀亦是抽取課程並仰籍定數目今後並不得將上項船隻差占有妨舶商興販經紀永爲定例以示招徠安

集之意 一各處市舶司每年辦到舶貨除合起解貴細之物外據其餘物色必須變賣者附近杭州各司舶貨每年不過當年十二月終起解赴杭州行泉府司官庫交割舶司晝時開數具呈行省令有司隨卽估體時價比至次年正月終須要估體完備行省預爲選收 一見今舶商去來不定多在海南州縣支泄細貨仰籍定姓名仍令海南海北廣東道沿海州縣鎮市

地面官司用心關防如遇回舶船隻到岸常切催趕起離前赴市舶司抽分如官吏知情受賂容縱如或覺察得知定是依條斷罪　一舶商梢水人等皆是辦課程之人落後家小合示優恤所在州縣並與除免雜役　一夾帶南番人將帶舶貨者仰從本國地頭於公驗空紙内明白備細塡附姓名物貨名件斤重至市舶司照數依例抽税如番人回還本國亦於所坐番船公驗内附寫將去物貨不致將帶違禁之物仍

差諳練錢穀廉幹正官發賣其應賣物貨將民間必用并不係急用物色驗分數互相配合須要一并通行發賣管限四月終了畢並不許見任官府權豪勢要人等詭名請買違者許令諸人首告得實將見獲物價盡數沒官斷罪於沒官價内一半付告人充賞仍令拘該肅政廉訪司體察外有泉府廣東兩處市舶司相離杭州地里寫遠依上差官就彼一體發賣　一行省行泉府司市舶司官每歲若至舶船回帆時月

預期前去抽解處所以待舶船到來依例封堵檢次先後隨時抽收不得因而走透作弊其監抽官員亦不得違期前去停滯舶商　一舶商下海開船之際合令市舶司輪差正官一員於舶商開岸之日親行檢視各各大小船内有無違禁之物如無夾帶卽時開洋仍取檢視官結罪文狀如將來有人告發或因事發露但有違禁之物及因而非理騷擾舶商取受作弊者檢視官並行斷罪肅政廉訪司臨時體察　一抽

分市舶關防節目若有該載不盡合行事理行省行泉府司就便斟酌事宜從施行　一定到舶法抽分則例關防節目仰行省行泉府司各處市舶司所在官員奉行謹守不得滅裂違犯行御史臺廉訪司常加體察毋致因循廢弛元典章

謹按元典章所載尚有泉福物貨單抽分一條以非廣東市舶事例故不備錄

合剌普華改廣東都轉運鹽使兼領諸番市舶

時惠州負販之徒萬人爲亂討捕之（元史本傳）

卜天璋陞廣東廉訪使先是豪民瀕海築堰專商舶以射利累政以賂置不問天璋至發卒決去之（元史本傳）

明

明洪武初設市舶司於太倉黃渡三年二月罷之凡番舶至太倉者命軍衞有司封籍其數送赴京師尋復設市舶司於浙江福建廣東浙江通日本福建通琉球廣東通占城暹羅西洋諸國（續文獻通考）

謹按其時置驛於浙江福建廣東三省以待市舶之至者在廣東者曰懷遠驛

洪武二年九月定朝貢附至番貨欲與中國貿易者官抽六分給價償之仍免其稅（明實錄）

謹按邱濬大學衍義補言明雖沿前代市舶司之名而無抽分之法今考實錄則明初即定抽分其後又有抽十分之五有抽十二者邱濬考之未審也

明除元亂定諸番例三年一貢世見來王許以互市立市舶提舉司以主諸番入貢舊制應入貢番先給以符簿凡貢至三司以合符視其表文方物無僞乃送入京若國王王妃陪臣等附至貨物抽其十分之五其餘官給之值暹羅爪哇二國免抽其番商私齎貨物入爲易市者舟至水次悉封籍之抽其十二乃聽貿易然閩廣奸民往往有椎髻耳環效番衣服聲音入其舶中導之爲奸傍海甚苦之（郡國利病書）

洪武二十七年以海外諸夷多詐絕其往來惟琉球眞臘暹羅許入貢而緣海之人往往私下諸番貿易香貨因誘蠻夷爲盜命禮部嚴禁絕之（明實錄）

永樂元年八月帝以海外番國朝貢附帶貨物交易者須有官專主之遂命吏部依洪武初制於浙江福建廣東設市舶提舉司隸布政司（明實錄）

謹按洪武時已設市舶司至是乃定爲提舉

一員副提舉二員吏目一員

永樂元年八月西洋瑣里國王遣使貢附載胡椒與民互市有司請征稅命勿征又刺泥國回回哈只馬哈沒奇刺泥等入貢因附載胡椒與民互市有司請征其稅亦不聽 續文獻通考

永樂四年六月廣東布政司奏每歲海外番夷入貢方物水路以舟楫運載惟南雄至南安限隔梅嶺舟楫不通請用民力接運上曰番貢無定期而農民少暇日自今番夷入貢如值農務之時其方物並於南雄收貯俟農隙運赴南安 明實錄

景泰三年五月爪哇國使臣乞以賜物貿易油麻之類於廣東許之 續文獻通考

成化十七年暹羅貢使還至中途竊買子女及私鹽命遣官戒諭諸番 憲宗本紀

宏治十年暹羅國入貢時四夷館無暹羅譯字官閣臣徐溥請移牒廣東訪取能通彼國言語文字者赴京備用從之 孝宗紀

先是暹羅占城爪哇琉球浡泥諸國互市俱在廣州設市舶司領之正德時移於高州之電白縣 明史外國傳

正德四年暹羅船有飄至廣東者市舶中官熊宣與守臣議稅其物詔斥宣妄攬事權撤還 明史食貨志

正德十年暹羅國進金葉表朝貢館中無識其字者閣臣梁儲請選留其使一二人入館肄習報可 明史外國傳

正德十二年西海夷人佛郎機亦稱朝貢突入東莞縣大銃迅烈震駭遠邇殘掠甚至炙食小兒海道奉命誅逐乃出境自是海船悉行禁止例應入貢諸番亦鮮有至者貢舶乃往漳泉廣城市貿蕭然非舊制矣於是兩廣巡撫都御史林富稽祖訓遵會典奏上得允於是番舶乃通焉灣泊有定所抽分有定例俸糧折色椒木兼支嘉靖中革去市舶內臣船至澳遣知縣有廉幹者往船抽盤提舉司官吏亦無所預 郡國利病書

嘉靖元年暹羅占城貨船至廣東市舶中官牛榮縱家人私市論死如律萬歷時紅毛番築土庫於大澗東佛郎機築於大澗西歲歲互市中國商旅亦往來不絕（明史食貨志）

嘉靖元年給事中夏言上言倭禍起於市舶禮部遂請罷市舶而不知所當罷者市舶太監非市舶也夷中百貨皆中國不可缺者夷必欲售中國必欲得之以故祖宗雖絕日本而三市舶司不廢蓋東夷有馬市西夷有茶市江南海夷

有市舶所以通華夷之情遷有無之貨收征稅之利減戍守之費又以禁海賈抑奸商使利權在上罷市舶而利取在下奸豪外交內訌海上無安日矣（明會典）

嘉靖九年巡撫林富乞裁革珠池市舶內臣疏言廣東濱海與安南占城等番國相接先年設有內臣一員盤驗進貢方物臣以爲市舶太監不必專設以貽日朘月削之害市舶乞改巡視海道副使帶管待有番船至澳卽同提舉等官

督率各該管官軍嚴加巡邏其有朝貢表文見奉欽依勘合許令停泊者照例盤驗若自來不曾通貢生番如佛郎機者則驅逐之少有疎虞聽臣糾察庶幾事體歸一而外患不生若欲查照浙江福建事例歸併總鎮太監帶管似亦相應但兩廣事情與他省不同總鎮太監住劄梧州若番船到時前詣廣東省城或致久妨機務所過地方且多煩擾引惹番商因而輒至軍門不無有失大體故臣愚以爲不如命海道副使

帶管之便也（郡國利病書）

嘉靖十一年五月巡按林有孚疏言鎮守內臣之害兵部尚書李承勛覆議大學士張孚敬力持之遂革鎮守並市舶守珠池內臣皆革之一時稱快（明史食貨志）

嘉靖三十九年鳳陽巡撫唐順之議復三市舶司部議從之（明史食貨志）

唐順之云國初浙福廣三省設三市舶司在浙江者專爲日本入貢帶有貨物許其交易在廣

東者則西洋番舶之輳許其交易而抽分之若福建既不通貢又不通舶而國初設市舶之意湮不可考矣舶之爲利也辟之鑛然封閉則國收其利權而自操之是爲中策不閉不收利孔漏洩以資奸宄嘯聚其間斯無策矣今海賊據浯嶼南嶼諸島公然通番舶之利而中土之民交通接濟殺之而不能止則利權之在下也宜講求國初設立市舶之意無洩利孔使奸人得乘其便其於海禁利害晰如也然市舶之與商

舶其說稍異市舶者諸夷船舶無近地與內地民互爲市若廣之濠鏡澳然商舶者蓋土著民醵錢造舟裝土產徑望東西洋而去與海島諸夷相貿易其出有時其歸有候廣洋巨浸船一開帆四望惟天水相粘茫無畔岸而海人習知海道者用指南針(即羅經也)爲其導向相傳有航海針經針或單用或指兩辰間以前知某洋島所在約更時當行水路幾許打量水深淺幾托(方言幾仞爲幾托)海中島嶼作何狀某洋礁險宜慎或風

雲氣候不常以何法趨避之異時海販船十損二三及循習於常所來往舟無恙若安瀾焉蓋海濱民射利精知如此東洋若呂宋蘇祿諸國西洋暹羅占城諸國及安南交阯皆我羈縻屬國向無侵叛故商物不爲禁而特嚴禁販日本者比於通番接濟之例於時凡販東西二洋雞籠淡水諸番及廣東高雷州北港等處商漁船引俱海防官爲管給每引納稅銀多寡有差名曰引稅(東西二洋每引納稅銀三兩雞籠淡水及廣東引納稅銀一兩其後加增東西

洋稅銀六兩雞籠淡水稅銀二兩萬歷十八年革商漁文引歸沿海州縣給發惟番引仍舊)每請引百張爲率隨告隨給盡即請繼原未定其地而亦未定其船萬歷十七年巡撫周寀議將東西二洋番舶題定隻數歲限船八十八隻給引如之後以引數有限而私販者多增至一百十引矣其征稅之規有水餉有陸餉有加增餉水餉者以船之廣狹爲準其餉出於船商陸餉者以貨之多寡計值其餉出於鋪商又慮有藏匿禁船商毋輒起貨以鋪商所接買貨物應

稅之數給號票令就船完納而後許粥賣焉西洋船面濶一丈六尺以上者征餉銀五兩每多一尺加銀五錢東洋船頗小量減西洋十分之三陸餉胡椒蘇木等類計值銀一兩者征餉銀二分雞籠淡水名曰小番地近船小每船面濶一尺征水餉銀五錢陸餉亦如東西二洋之例加增餉者東洋中有呂宋其地無出產番人率用銀錢易貨錢用銀鑄造字用番文九六成色漳人今多用之船多空回即有貨亦無幾故商販回澳征抽水陸二餉外屬呂宋船者每船另追銀百五十兩謂之加增郡國利病書

彭韶遷廣東左布政使中官奉使雜遝鎮守顧恒市舶韋眷珠池黃福皆以進奉爲名所至需求民不勝擾韶先後論奏明史本傳

謹按韋眷事又見陳選及高瑤傳

黃光昇遷廣東海北副使番舶稅重商人百計求免光昇爲奏減十之六商乃樂輸明史本傳

沈思孝授番禺知縣殷正茂總制兩廣欲聽民與番人互市思孝持不可明史本傳

王希文授刑部給事中稅璫所至暴斂不法而粵珠池市舶尤甚疏奏罷之香山縣志

張大猷調香山令稅璫李鳳謀駐節縣內大猷言地近海瘴非稅使所宜居且番情叵測萬一犯及稅使如朝廷威德何璫沮而止香山縣志

萬歷末年李鳳增粵稅至二十萬粵商苦累百計求免不得四十一年十月給事中郭尚賓奏捧誦聖旨李鳳既已久病垂危着在任調理不准辭所收現在稅課并一應錢糧方物等項差內官阮昇前去暫管欽此伏查兩粵同一體先年粵西稅監病故皇上命四川稅監兼管今內臣何敢蒙蔽聖聰不循粵西事例而令阮昇得營接李鳳之差豈以廣東尚堪朘削乎夫粵東非有天雨之粟地出之金異於中州大藩也粵東商民非有計然之積蓄陶朱之多藏比於中州大賈也他藩錢糧惟供本藩粵東協濟粵西兵餉四五萬金他藩地方之患尚緩粵東盜賊之警無處無日不報歲征兵餉兵船銀四十萬兩支給不敷也以浙江福建湖廣大省監稅止各五六萬止因當時粵東撫按失計稅金遂三

四倍於大藩至今尚十八萬金加之商稅不足又派之糧差又派之稻穀又派之宰牛魚蝦菜果等項又派之濠鏡澳貨二萬兩榷解十餘年以來商民皮肉已盡脂髓并窮愁苦無聊之狀自撫按司道以至府縣之官無不人人目覩心悲望皇上撤回李鳳脫粵東商民於湯火者見於撫按之屢疏可徵也李鳳初至粵東縱棍徒以掠鄉民所在蠢蠢思亂賴巡按李時華縛其爪牙法繩之鳳始稍戢人心始稍安自後李鳳

時復咆哮粵民屢欲撲殺之亦賴時華禁止李鳳乃得保其首領阮昇不知前車之當戒急作李鳳之後身營求內援立取中旨一時傳宣舉朝無不駭愕今粵東望照粵西事例帶管而不可得且旨內又無不許騷擾地方之語將聽阮昇爲所欲爲耶目前慮澳夷之叵測澳夷亦雄據以相持不過爲此二萬餉金耳榷此不能益內帑之毫毛減此可以圖夷人之徙舍夷人已成尾大不掉之勢皇上乃恡二萬餉金之蠲以

忘國恤皇上之自爲謀與爲皇上謀者能恝然視爲無害耶四十二年二月給事中郭尚賓奏舊年稅監李鳳物故蒙皇上察廷臣言不委阮昇止命閩監高寀兼管粵東聞命之日歡聲動地詎意奉旨兼管曾幾何時高寀輒聽棍徒唆撥而有移住粵東之望福建巡撫袁一驥乃言近因廣東稅監李鳳病故已奉旨代爲督理該監方欲移住彼處或姑聽其便夫粵東民非衆於他藩地非廣於他藩然粵東一年之稅他藩

三四年之稅也江西七萬而四萬取之贛關福建六萬而三萬取之東西二洋乃粵東取二萬於澳夷猶不足額每年湊解十六萬無一非民膏民脂也近蒙聖恩捐減二萬粵民喜躍欲狂然二萬之減在他藩當爲曠蕩之恩施在粵東僅爲太甚之稍去糧差之加減如故而杼軸日空一日牛米雞豚菜果之苛斂如故而關市日擾一日盜賊日繁一日軍興之費日增一日粵民困苦至此高寀即令營得入粵然已無可朘

之民膏祇有不可輕犯之民怒入粵何益於寀也傳聞棍徒自粵走閩爲該監畫策該監爲棍徒所用欲求一饜足於粵而忍心於此一驤復導之爲擇食之梟明背兼管之新綸陰堅遣瑺之弊政臣以爲高寀在閩坐而虛糜在粵東飛而肆虐坐而虛糜不可也飛而肆虐尤不可也惟并撤高寀而付各稅於有司則爲閩也實所以爲粵也乃臣更有請焉粵東向征十六萬雖云勢難驟減談者不謂粵民之易虐而謂粵力

之能供榷之者不憂力之已殫而憂數之少絀粵民之無告久矣有如大賜減免令粵民得比他藩稅額則聖治民生兩大有裨瑺輩亦當不萌覬覦又何營求移住鄰國哉香山縣志

鄭和經事三朝先後七奉使所歷占城爪哇眞臘舊港暹羅古里滿剌加渤泥蘇門答剌阿魯柯枝大葛蘭小葛蘭西洋瑣里加異勒阿撥把丹南巫里甘把里錫蘭山喃渤利彭亨急蘭丹忽魯謨斯比剌溜山孫剌木骨都束麻林剌撒祖法兒沙里灣泥竹步榜葛剌天方黎伐那孤兒凡三十餘國所取無名寶物不可勝計明史宦官傳

謹按費信作星槎勝覽所記蓋卽鄭和下西洋事而所載國名與鄭和傳閒有異同

粵海關志卷四終

粤海關志卷五

圖目上

大關圖

總巡口圖

行後口圖

東礮臺口圖

西礮臺口圖

佛山口圖

黄埔口圖

虎門口圖

紫泥口圖

市橋口圖

鎮口口圖

江門口圖

澳門總口圖大馬頭口　南灣口　關閘口　娘媽閣口附

烏坎總口圖

神泉口圖

甲子口圖湖東口附

碣石口圖

汕尾口圖長沙口　鮜門口附

平海口圖稔山口附

墩頭口圖

粵海關志卷五

口岸一

臣謹案粵東之海東起潮州西盡廉南盡瓊崖凡分三路在在均有出海門戶自海禁既開帆檣鱗集瞻星戴斗咸望虎門而來是口岸以虎門爲最重而濠鏡一澳雜處諸番百貨流通定則徵稅故澳門次之餘如惠潮如肇高雷廉瓊各有港汊亦各設口岸征榷凡貨之自外入自內出者得查驗之蓋卽古者詰奸禦暴之意也

而臣愚以爲講關榷之口岸與論海防異海防重其險而難犯口岸則取其通而易行見今所設有正稅之口有稽查之口有掛號之口正稅之口三十有一在瓊州者十在潮州者九在惠州者四在廣州雷州廉州者各二在肇慶高州者各一稽查之口二十有二在雷州者八在廣州高州者各五在惠州者三在廉州者一掛號之口亦二十有二在潮州者十在廣州者九在惠州者三是非有往來之利無覆溺之虞何以雲集各口者舟航絡繹如此哉第地環大海港嶼紛歧去路來源胥資稽察故欲知控馭非圖不明謹分每口爲一圖而地之所隸道之相距具存其說於後云

圖目上

大關圖

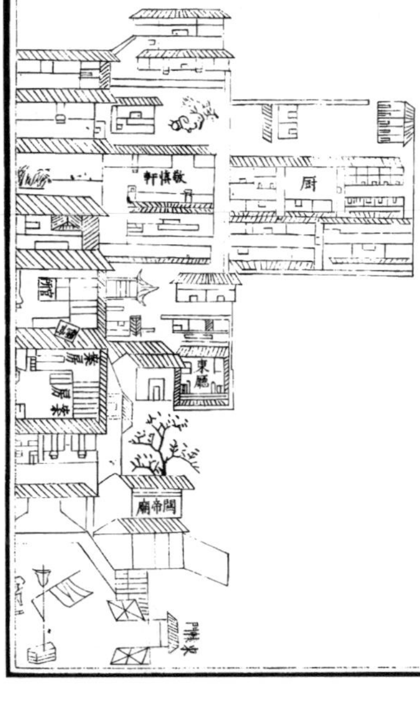

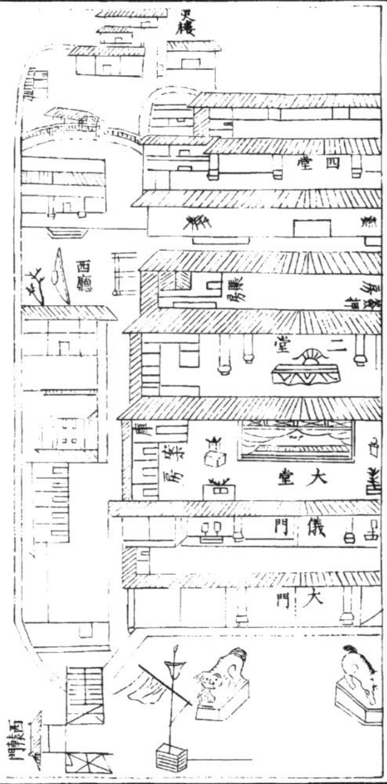

謹案大關在廣東省城五仙門内康熙二十四年以鹽院舊署改建監督至則居此銀庫吏舍並在焉別有監督行署在廣州府香山縣澳門今不載

總巡口圖

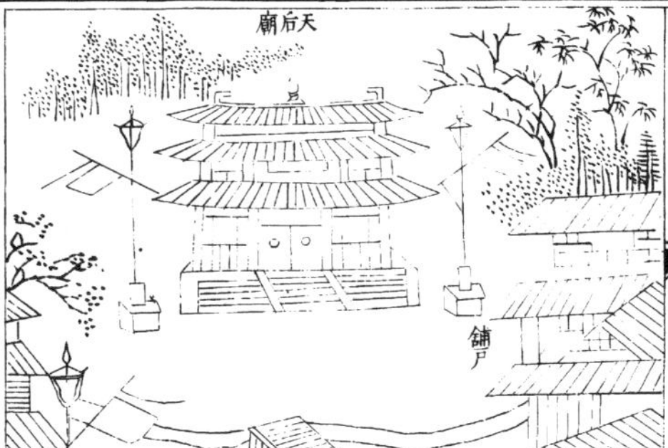

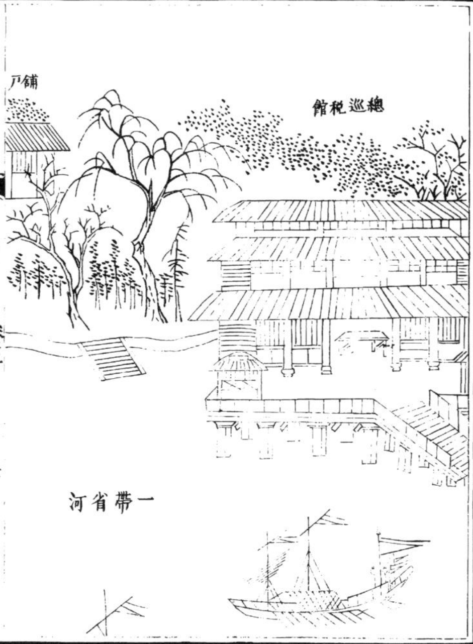

謹案此係掛號口在廣州府南海縣附城

行後口圖

謹案此係稽查口在廣州府南海縣附城爲總巡口所轄

東礮臺口圖

粤海關志 卷五 圖上 十一

謹案此係掛號口在廣州府番禺縣附城

西礮臺口圖

粤海關志 卷五 圖上 十二

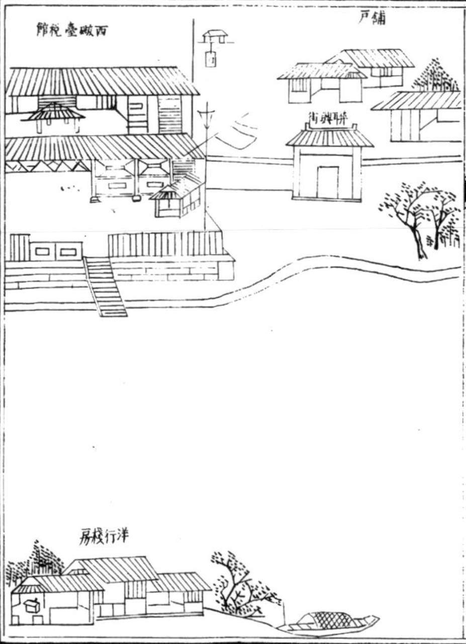

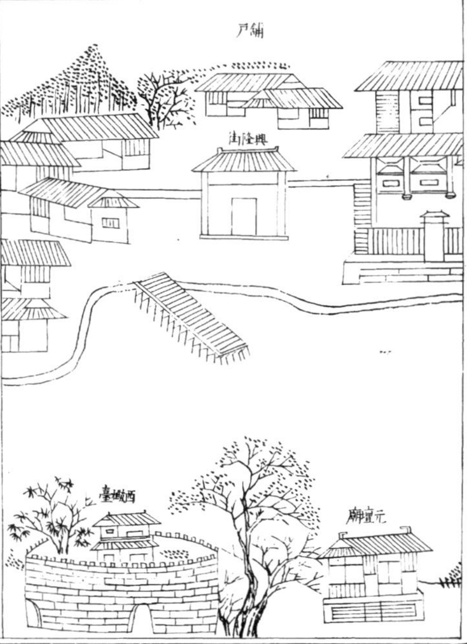

謹案此係掛號口在廣州府南海縣附城

佛山口圖

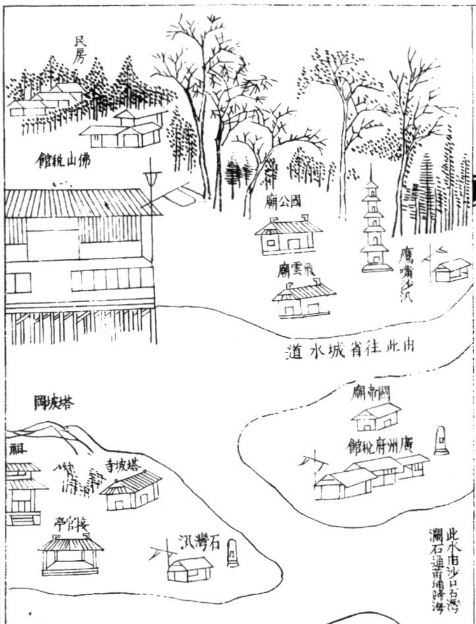

謹案此係掛號口在廣州府南海縣距大關六十
里

粵海關志　卷五
圖上　十五

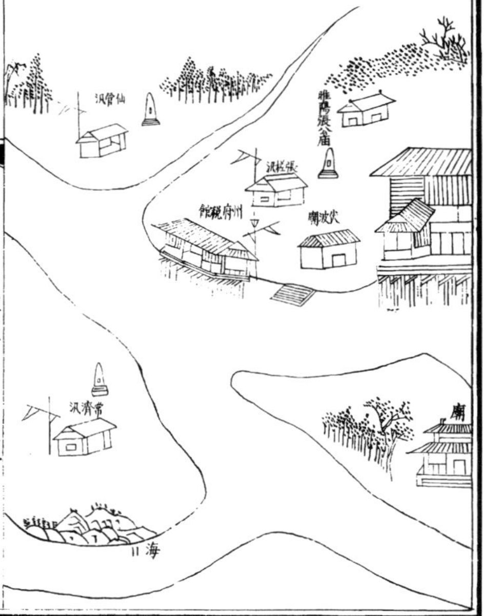

粵海關志　卷五
圖上　十六

黃埔口圖

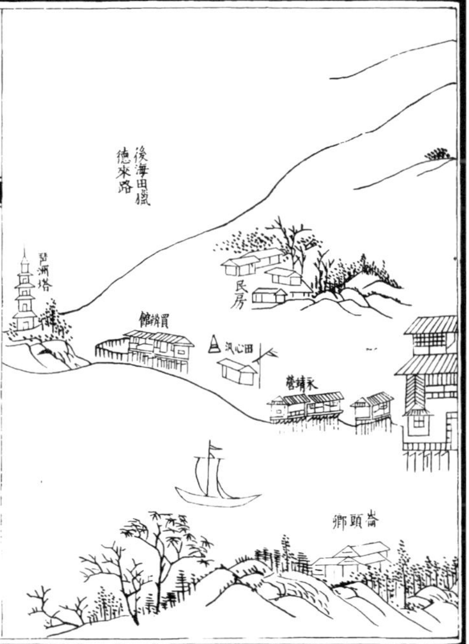

粵海關志　卷五　圖上　十七

謹案此係掛號口在廣州府番禺縣距大關三十里

虎門口圖

粵海關志　卷五　圖上　十八

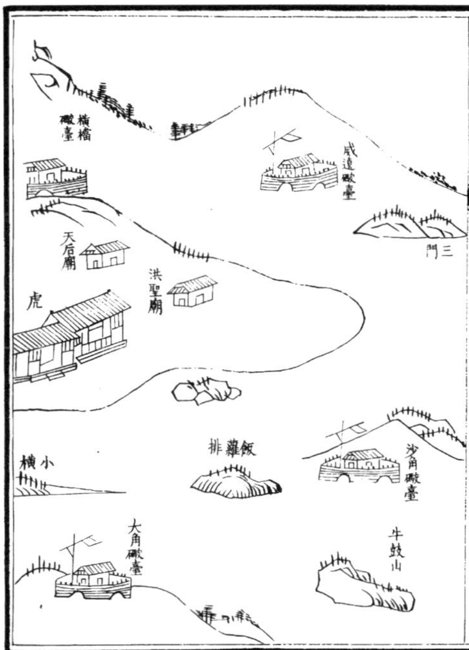

謹案此係掛號口在廣州府東莞縣距大關一百六十里

紫泥口圖

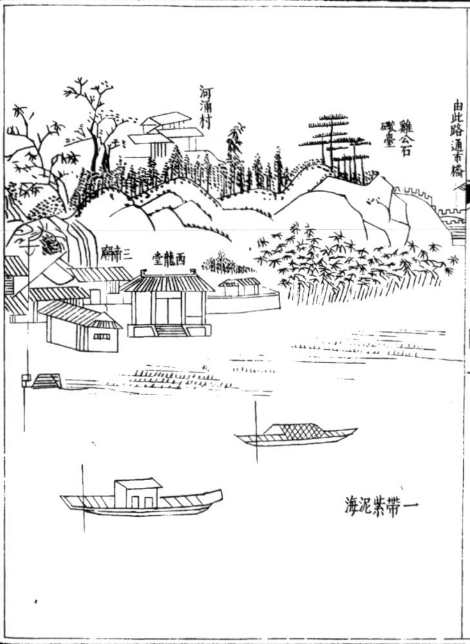

謹案此係掛號口在廣州府番禺縣距大關一百里

市橋口圖

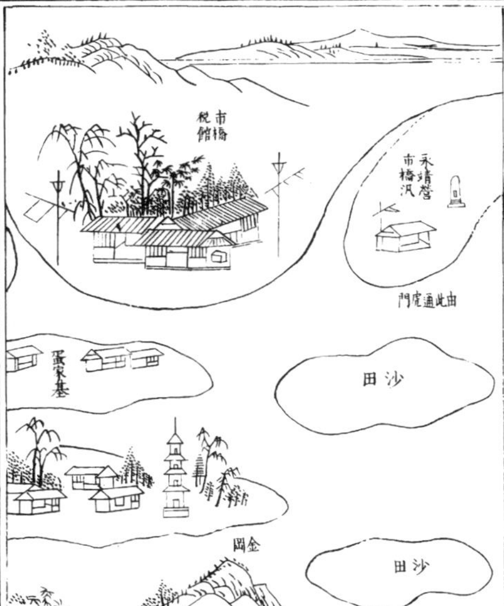

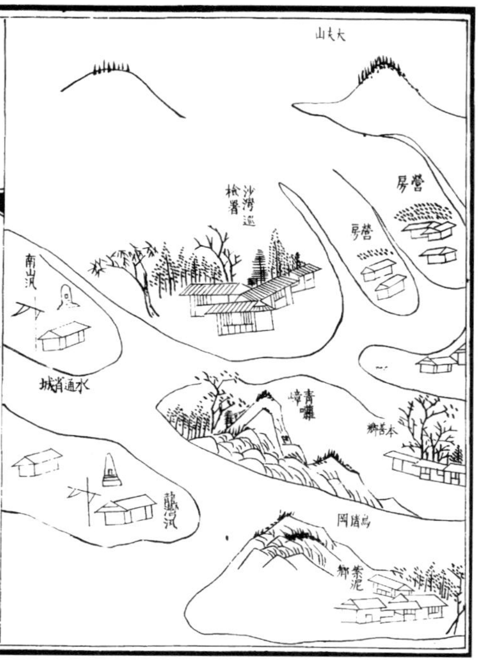

粵海關志　卷五　圖上　二十三

謹案此係掛號口在廣州府番禺縣距大關一百里

鎮口圖

粵海關志　卷五　圖上　二十四

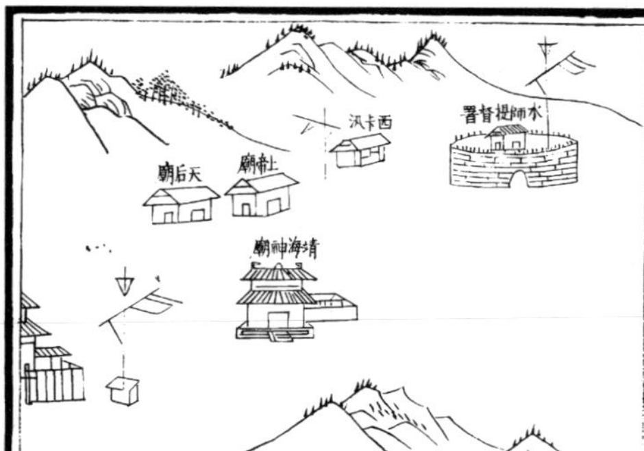

謹案此係掛號口在廣州府東莞縣距大關一百六十里

江門口圖

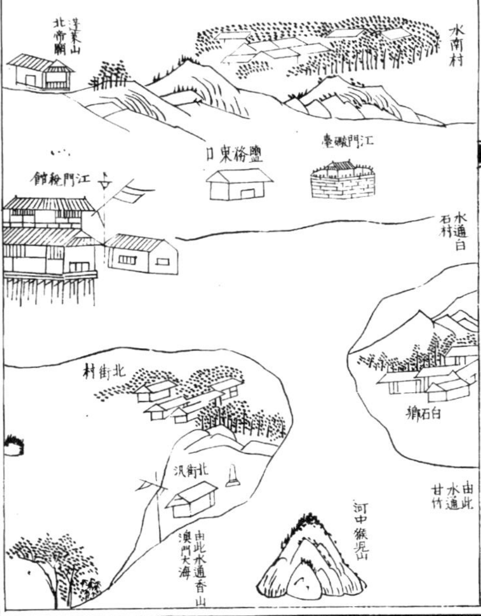

謹案此係正稅口在廣州府新會縣距大關二百里

澳門總口圖

大馬頭口南灣口關閘口娘媽閣口附

謹案澳門係正稅總口在廣州府香山縣距大關三百里大馬頭距澳門總口一里南灣距澳門總口二里關閘距澳門總口五里娘媽閣距澳門總口一里並在香山縣均係稽查口

烏坎總口圖

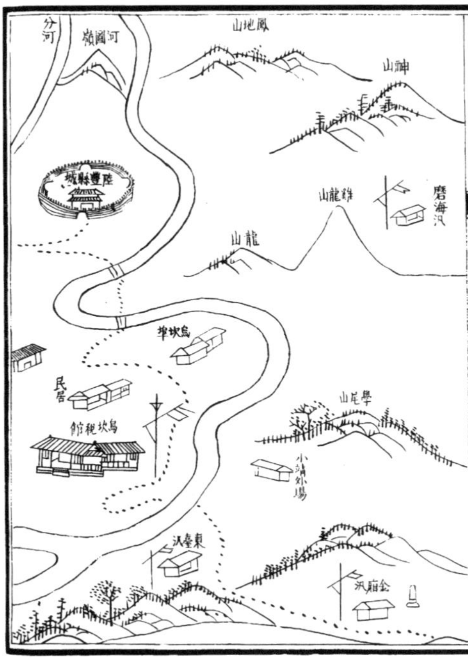

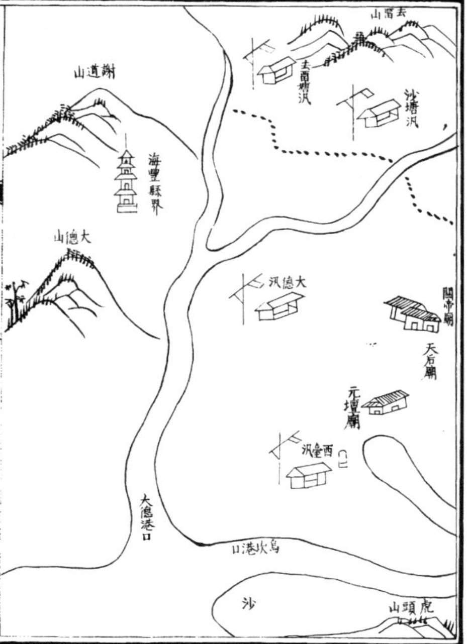

謹案此係正稅總口在惠州府陸豐縣距大關七百里

神泉口圖

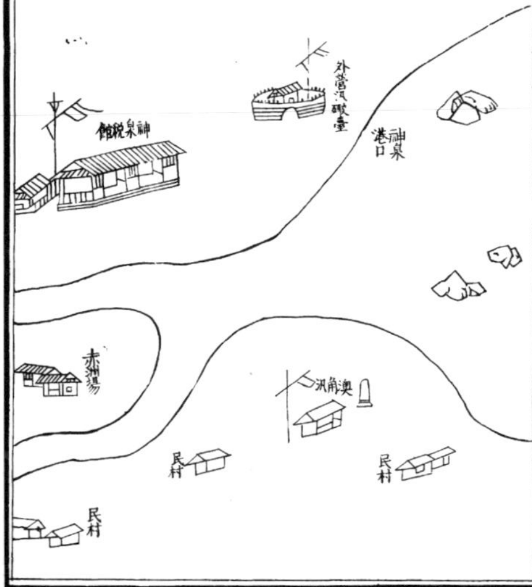

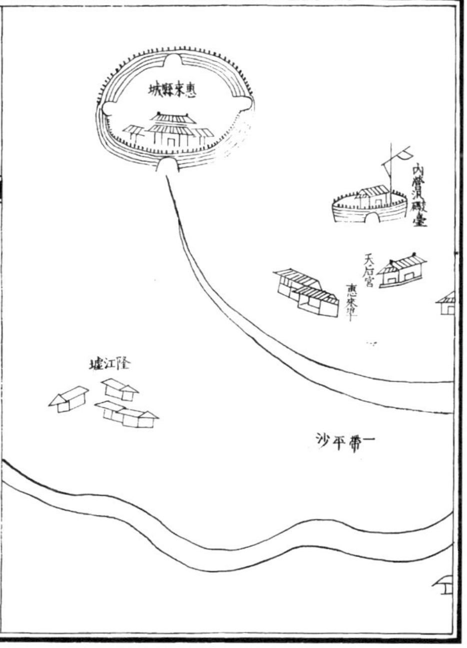

謹案此係正稅口在潮州府惠來縣距烏坎總口一百八十里距大關九百里

甲子口圖
湖東口附

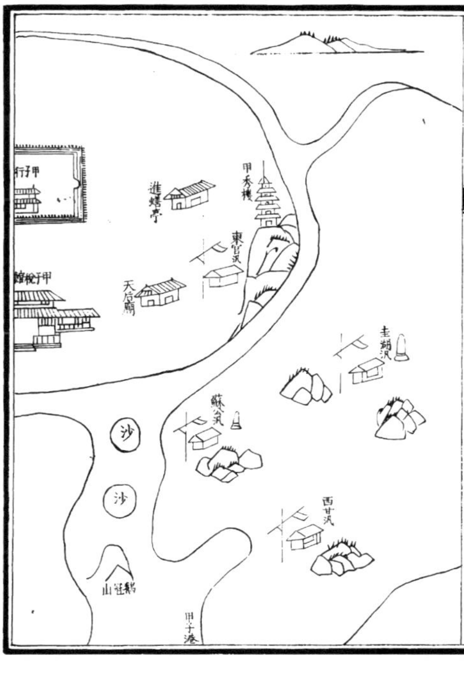

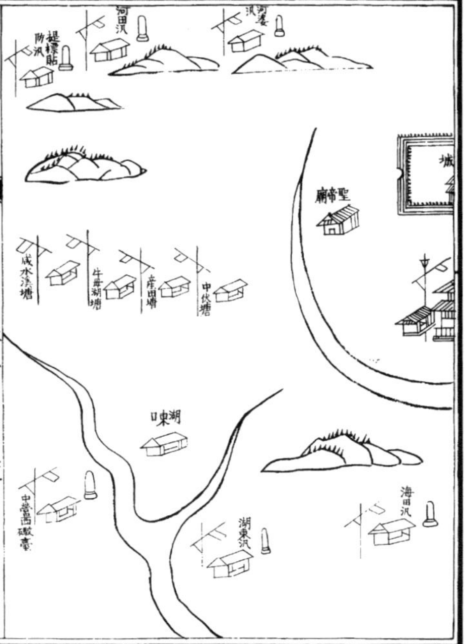

粵海關志　卷五　圖上　三十五

謹案此係正税口在惠州府陸豐縣距烏坎總口一百里距大關八百里湖東係掛號小口在惠州府歸善縣爲甲子口所轄

碣石口圖

粵海關志　卷五　圖上　三十六

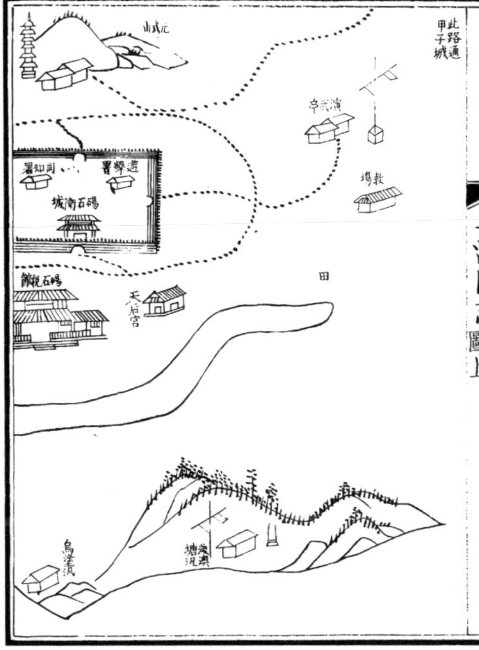

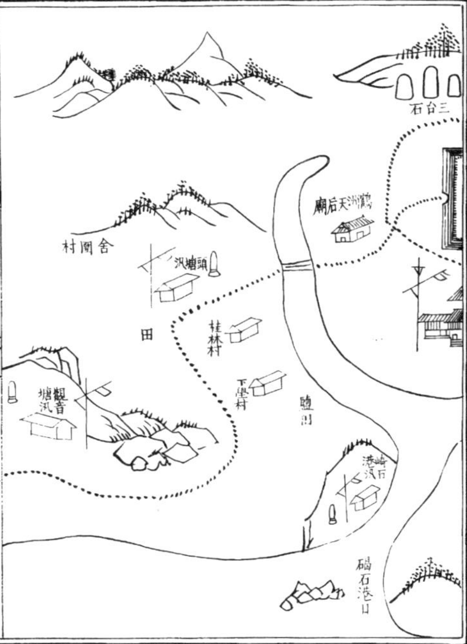

謹案此係掛號小口在惠州府陸豐縣距大關八百里爲甲子口所轄

汕尾口圖

長沙鮜門口附

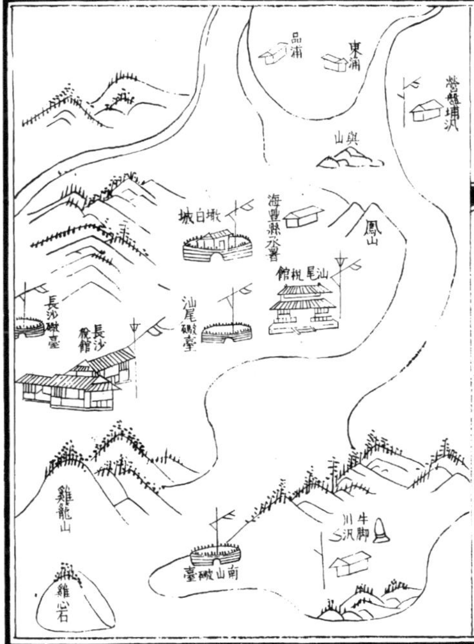

粵海關志　卷五　圖上　三十九

謹案汕尾係正稅口在惠州府海豐縣距烏坎總口九十里距大關六百里長沙口鮜門口均係稽查口並在海豐縣同爲汕尾口所轄

平海口圖

稔山口附

粵海關志　卷五　圖上　四十

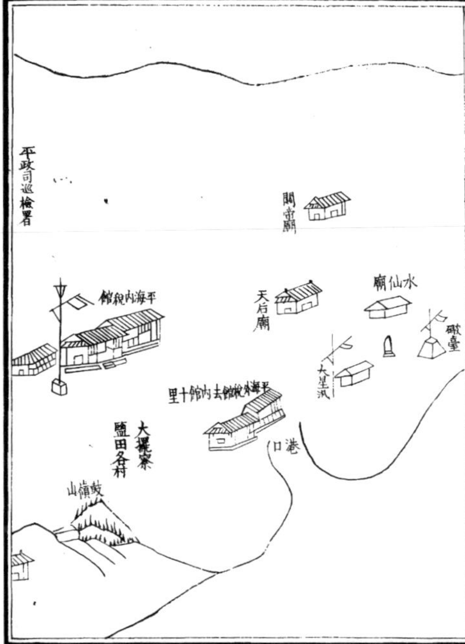

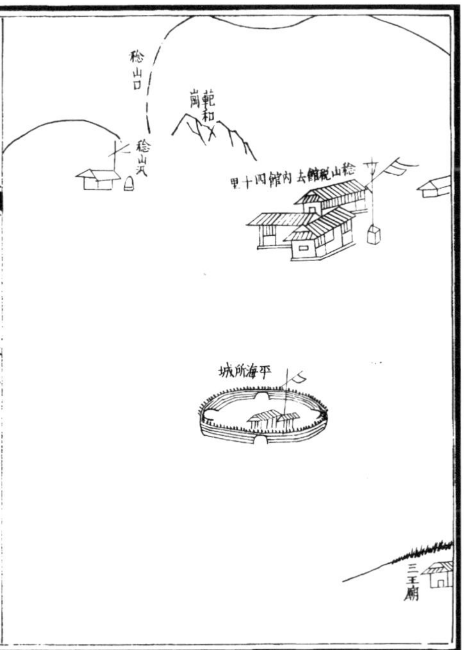

謹案平海係正稅口在惠州府歸善縣距烏坎總口二百七十里距大關五百里稔山係稽查口在歸善縣爲平海口所轄

墩頭口圖

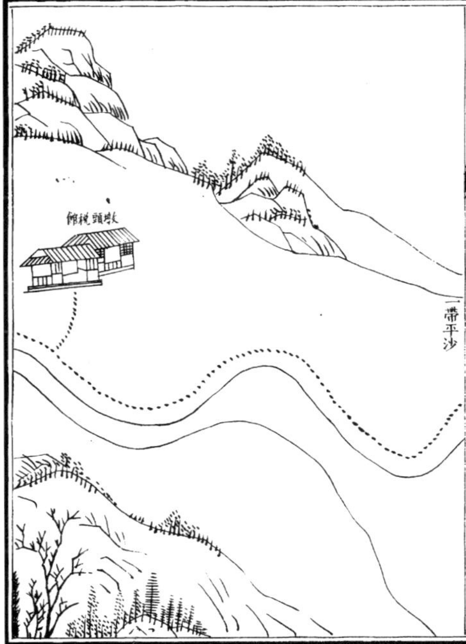

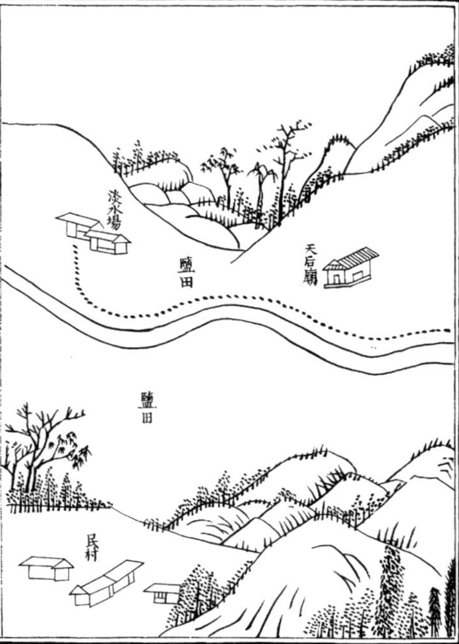

謹案此係掛號口在惠州府歸善縣距烏坎總口四百里距大關六百里

粵海關志卷六

口岸二

圖目下

靖海口圖

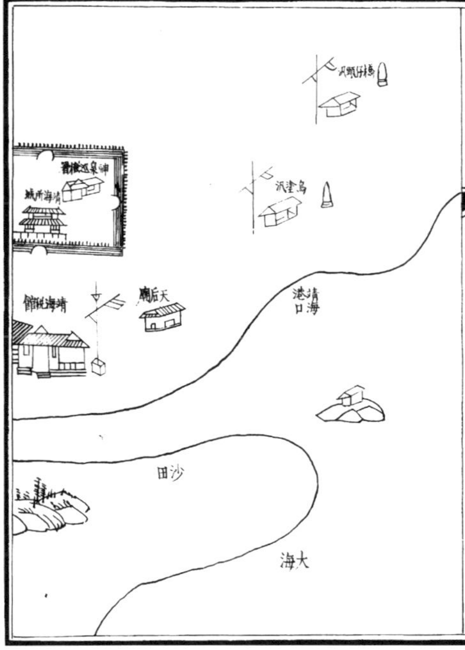

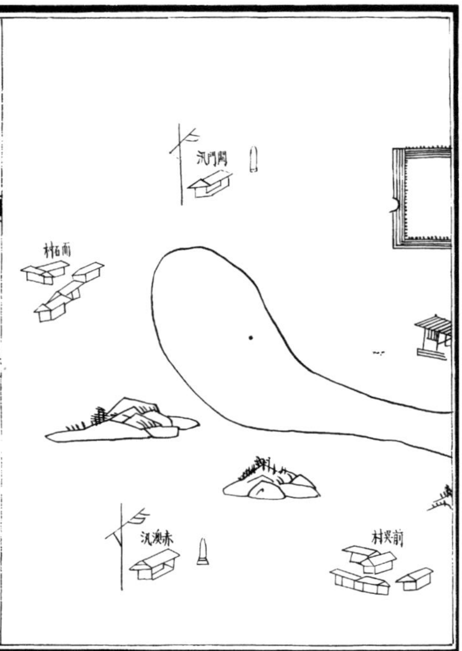

謹案此係正稅口在潮州府惠來縣距烏坎總口
二百五十里距大關九百里

菴埠總口圖

雙溪口　溪東口
汕頭口　附

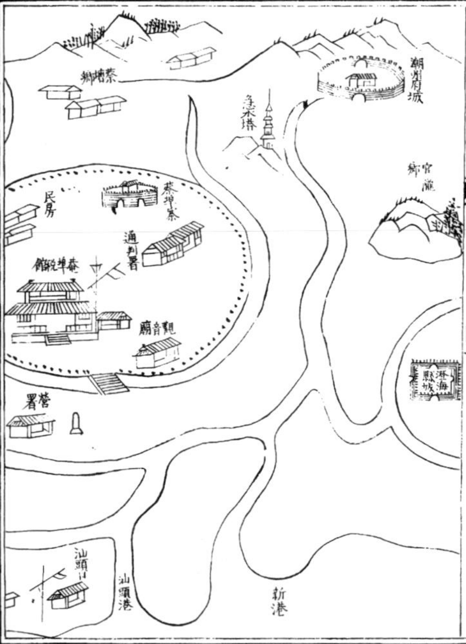

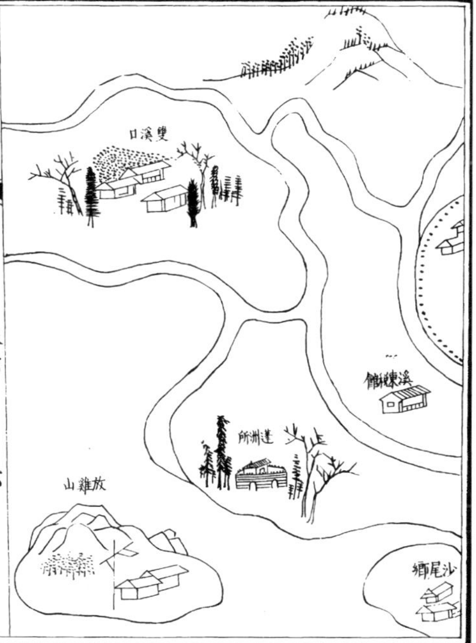

謹案此係正稅總口在潮州府海陽縣距大關一千六百里溪東口雙溪口汕頭口均係掛號小口並在海陽縣同爲菴埠總口所轄

潮陽口圖

後溪口海門口達濠口附

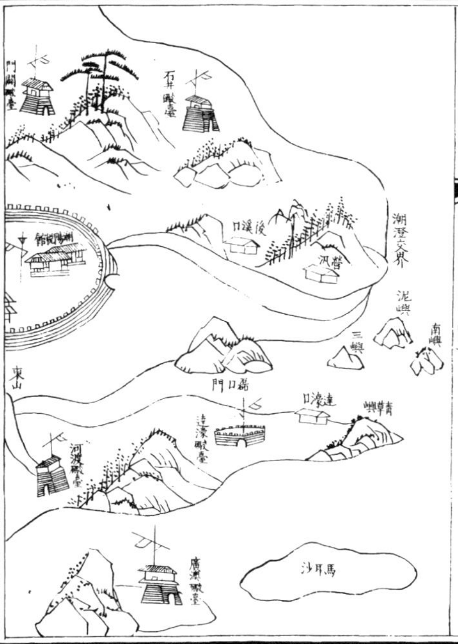

粵海關志　卷六　圖下　八

謹案此係正稅口在潮州府潮陽縣距菴埠總口一百二十里距大關一千八百里後溪口海門口達濠口均係掛號小口並在潮陽縣同爲潮陽口所轄

澄海口圖

南洋口卡路口附

粵海關志　卷六　圖下　九

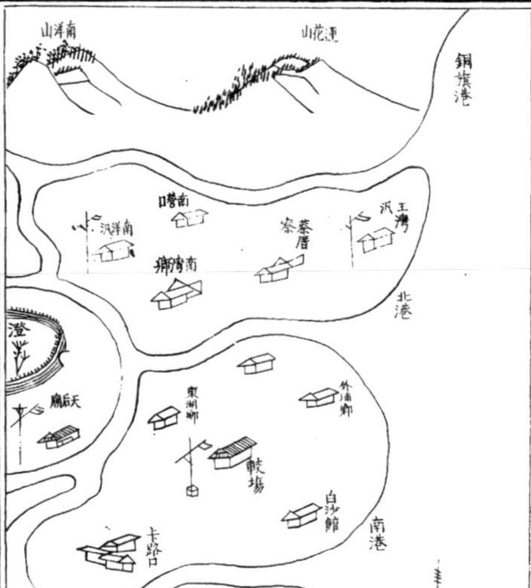

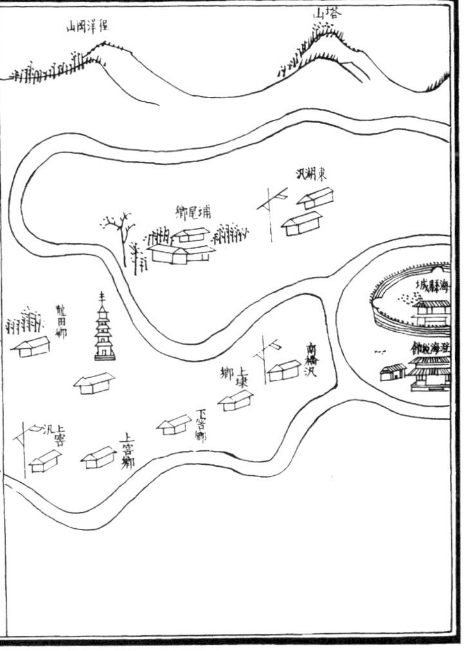

謹案此係正稅口在潮州府澄海縣距菴埠總口二十里距大關一千六百里卡路口南洋口均係掛號小口並在澄海縣同為澄海口所轄

東隴口圖

樟林口附

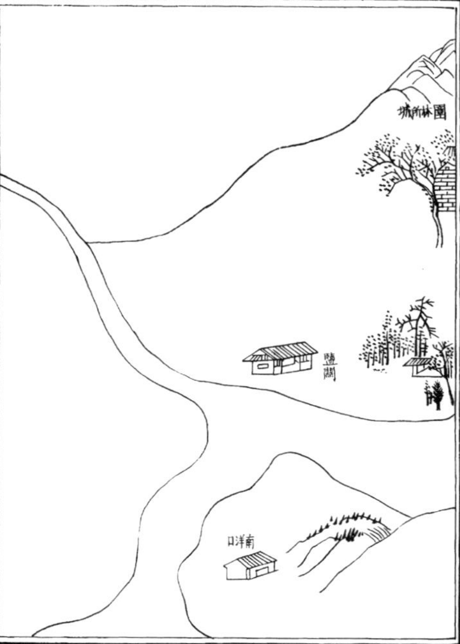

謹案此係正稅口在潮州府澄海縣距菴埠總口八十里距大關一千六百里樟林口係掛號小口在澄海縣爲東隴口所轄

府稅館口圖

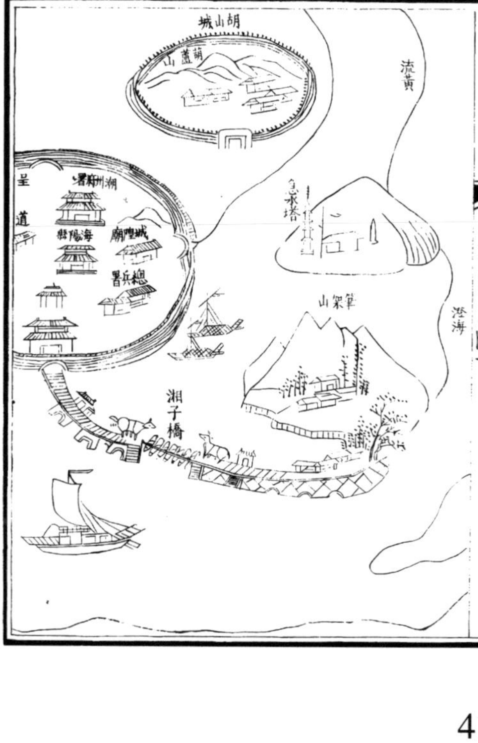

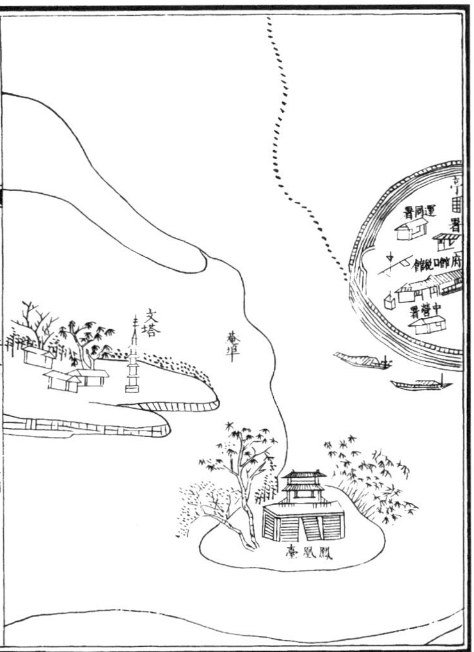

謹案此係正稅口在潮州府城距菴埠總口一百四十里距大關一千五百里

黃岡口圖

烏塘口附

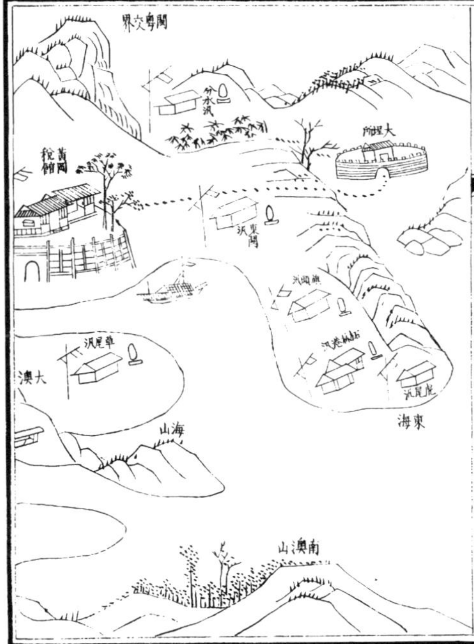

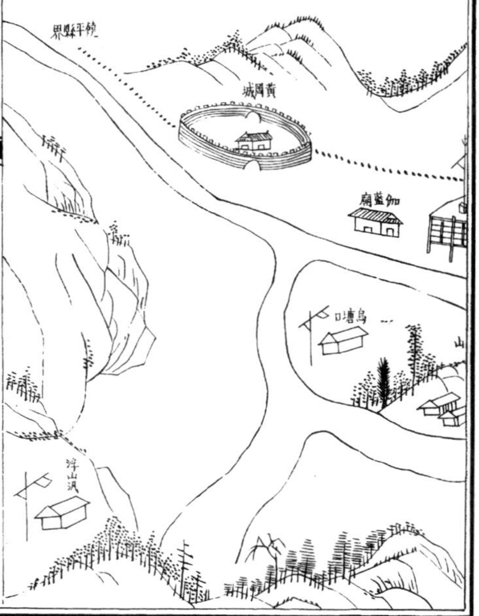

謹案此係正稅口在潮州府饒平縣距菴埠總口一百四十里距大關一千七百里烏塘口係掛號小口在饒平縣爲黃岡口所轄

北礮臺口圖

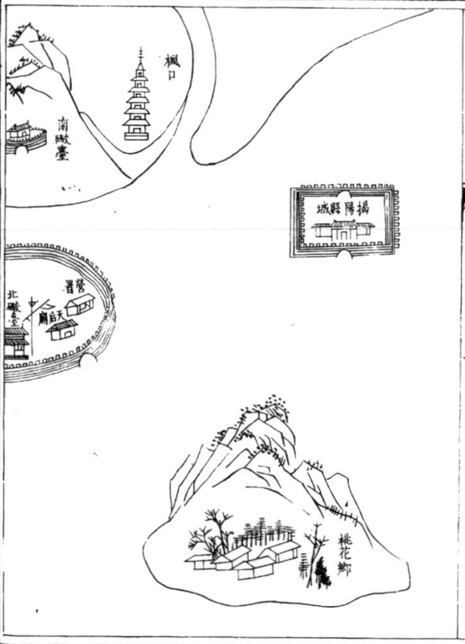

謹案此係正稅口在潮州府揭陽縣距菴埠總口一百二十里距大關一千六百里

梅菉總口圖

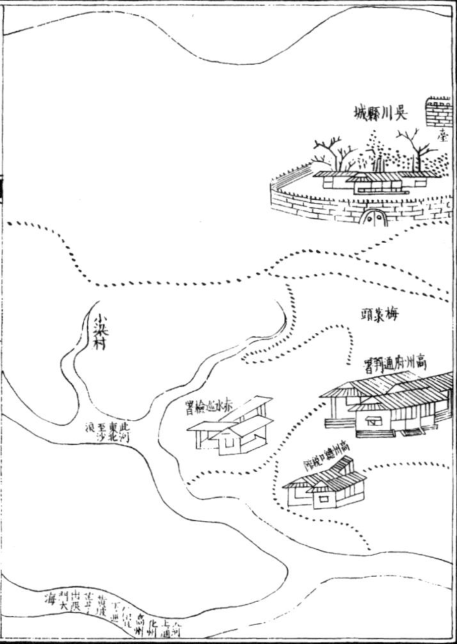

粵海關志　卷六　圖下　二十

謹案此係正稅總口在高州府吳川縣距大關千四百里

水東口圖

粵海關志　卷六　圖下　二十一

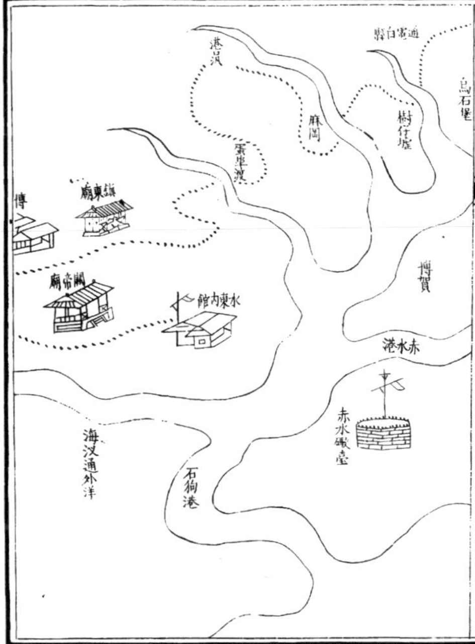

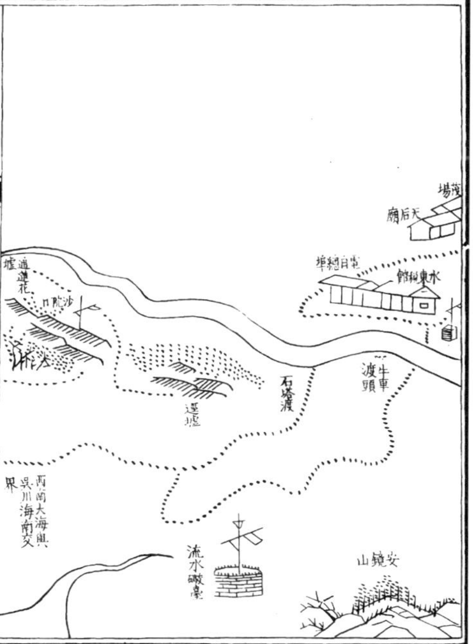

謹案此係稽查港口在高州府吳川縣爲梅菉總口所轄距總口六十里距大關一千三百四十里

硇州口圖

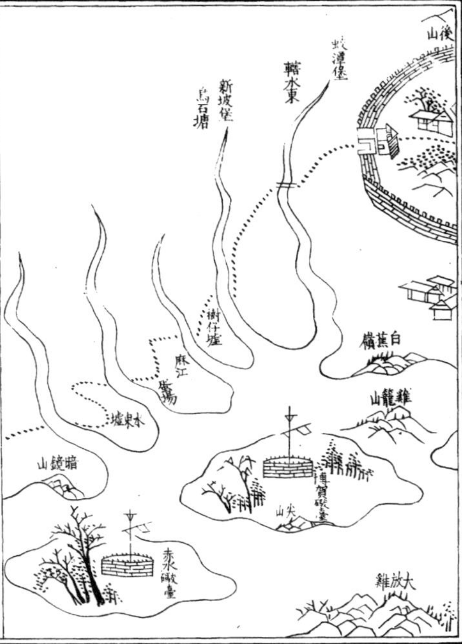

粵海關志　卷六　圖下　二十四

謹案此係稽查港口在高州府吳川縣爲梅菉總口所轄距水東口八十里距總口一百四十里距大關一千二百六十里

芷艼口圖

粵海關志　卷六　圖下　二五

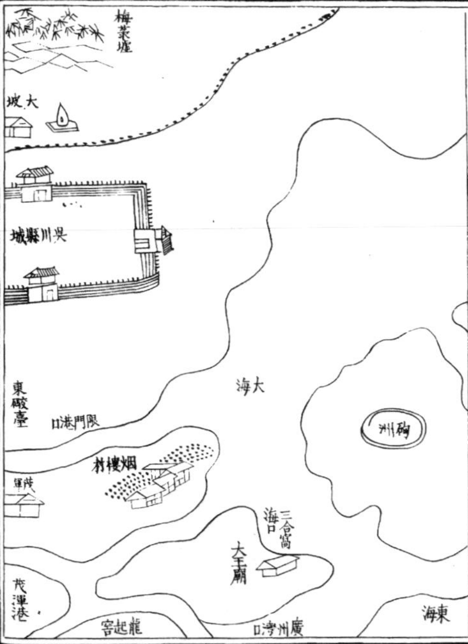

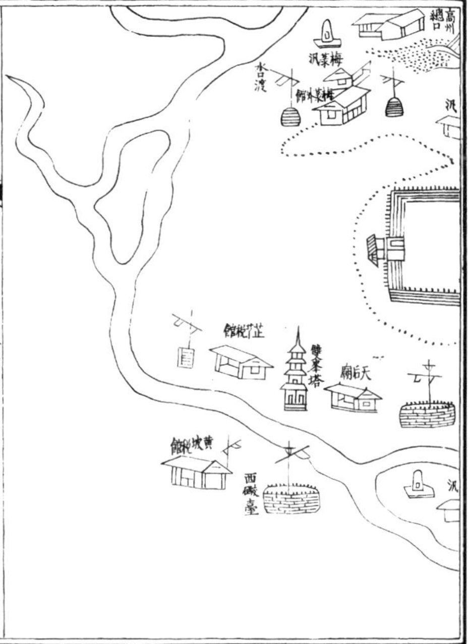

謹案此係掛號口在高州府吳川縣距梅菉總口一百里距大關一千一百里

暗鋪口圖

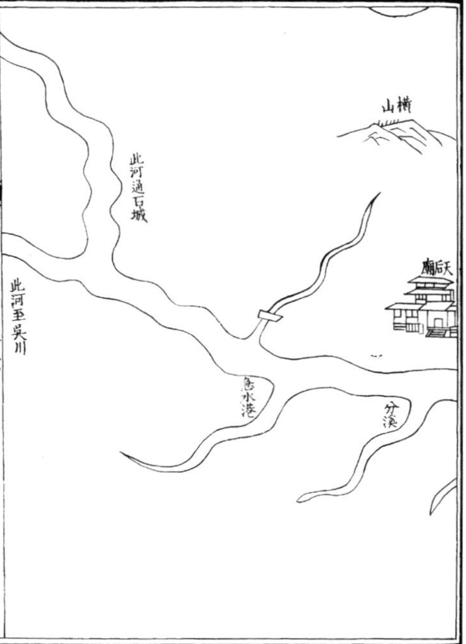

謹案此係掛號口在高州府石城縣距梅菉總口二百六十里距大關一千一百六十里

兩家灘口圖

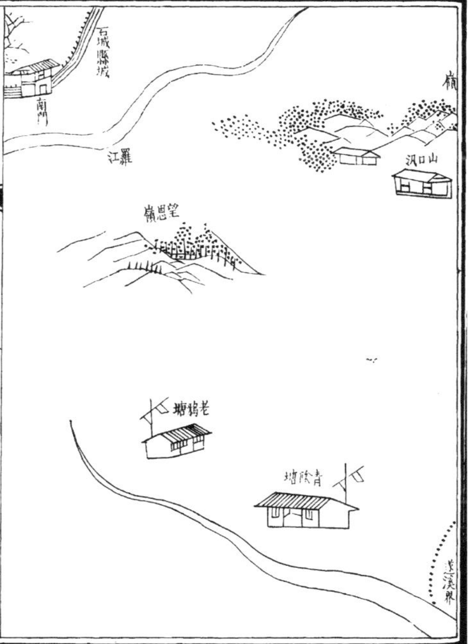

謹案此係正稅口在高州府石城縣距大關一千一百六十里

陽江口圖

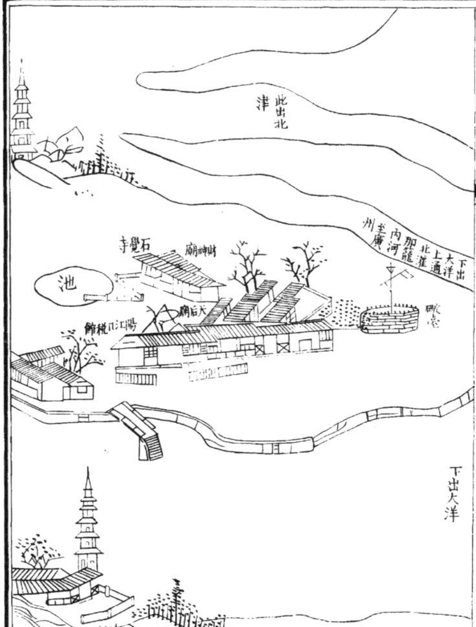

謹案此係正稅口在肇慶府陽江縣距梅菉總口七百五十里距大關八百里

海安總口圖

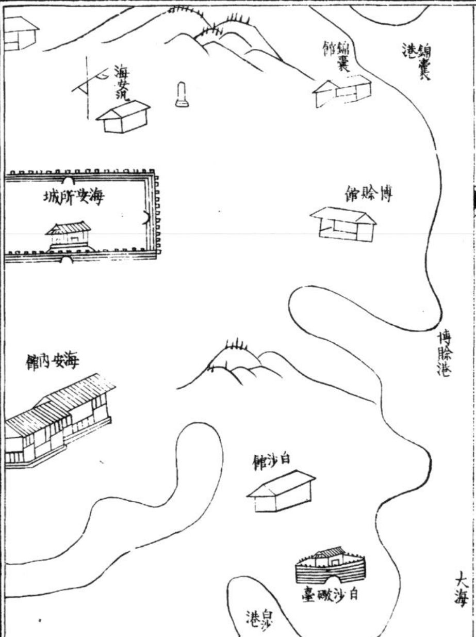

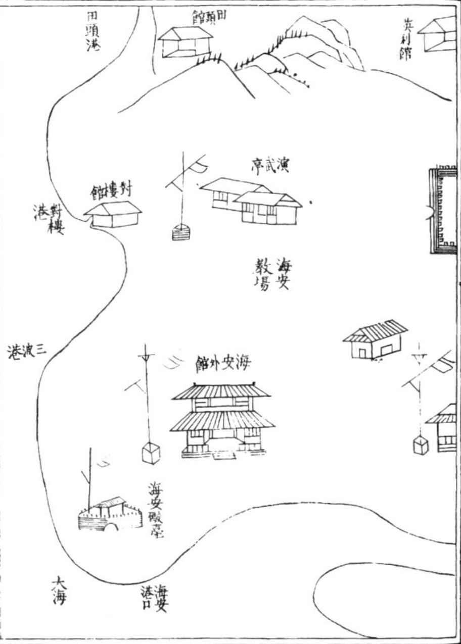

謹案此係正稅總口在雷州府徐聞縣距大關一千七百里

白沙田頭博賖南樵對樓錦囊口圖

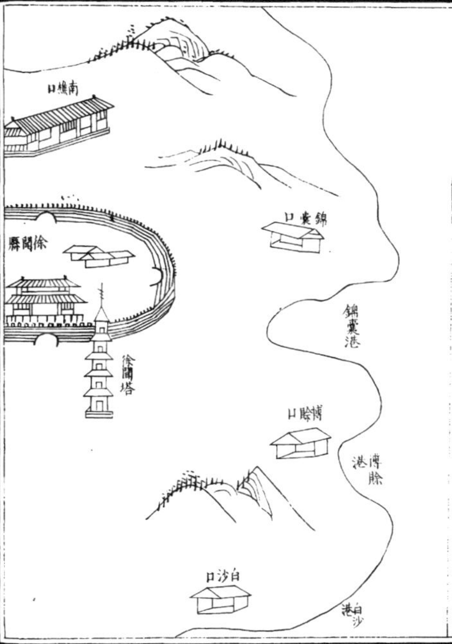

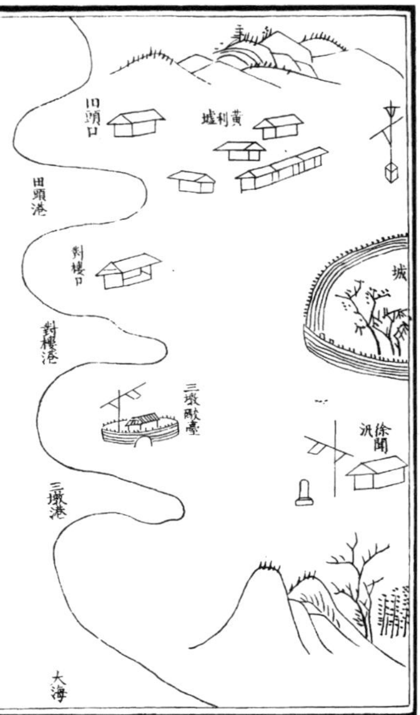

謹案白沙小口博賒小口南樵小口對樓小口田頭小口錦囊小口均係稽查口並在雷州府徐聞縣同爲海安總口所轄

雷州口圖

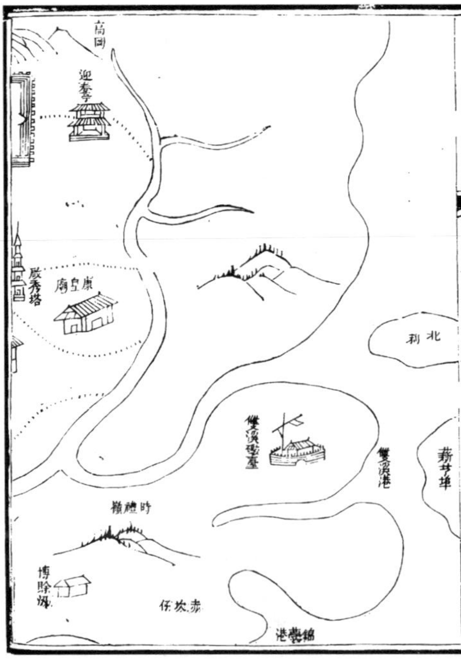

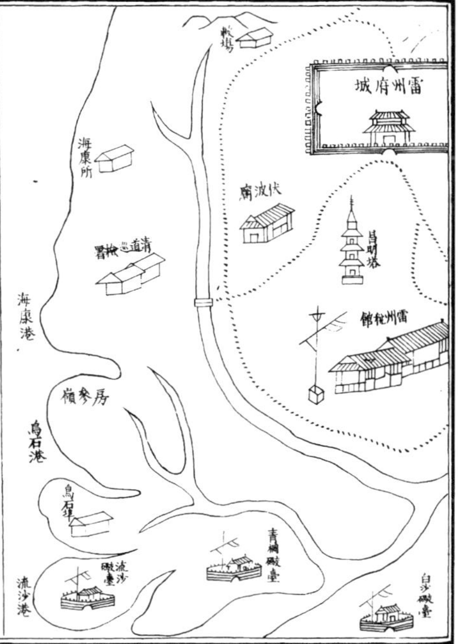

謹案此係正稅口在雷州府海康縣距海安總口一百五十里距大關一千三百里

赤坎樂民口圖

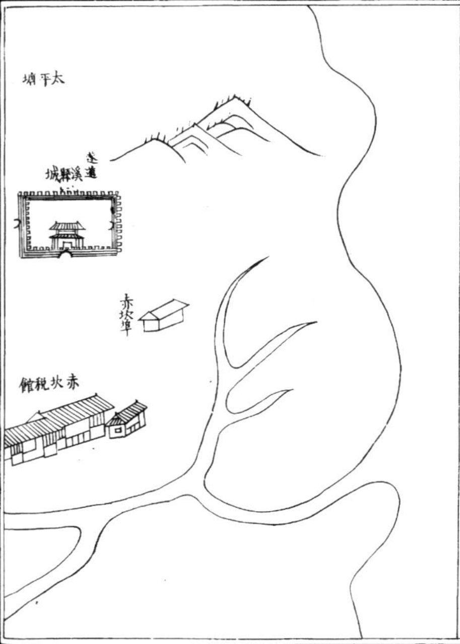

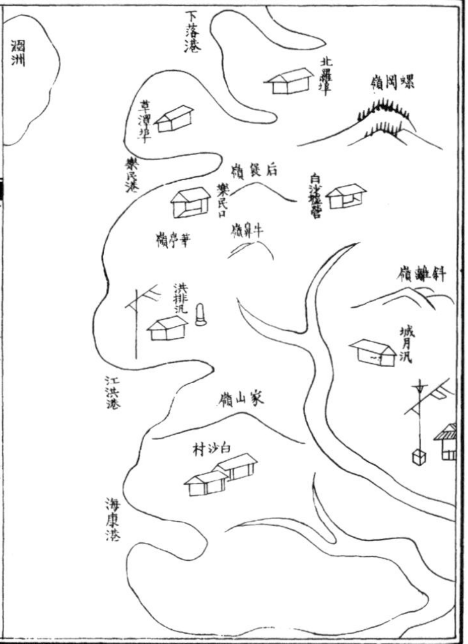

謹案赤坎口係稽查港口樂民港係稽查小口並
在雷州府海康縣同爲雷州口所轄

廉州口圖

山口口附

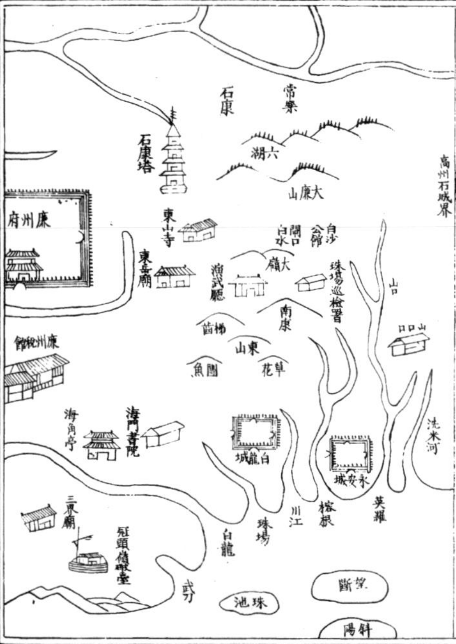

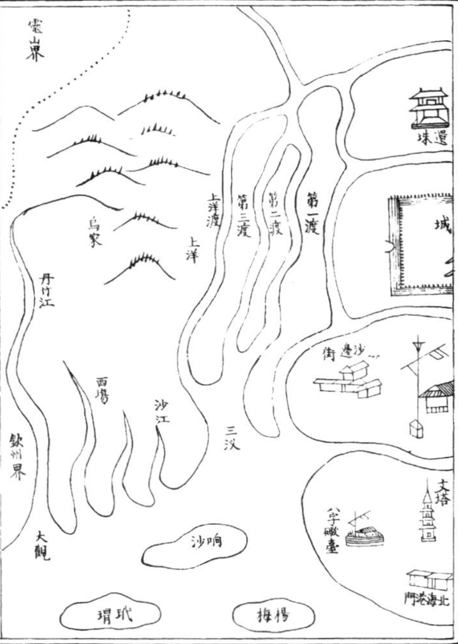

粵海關志　卷六　圖下　四十二

謹案此係正稅口在廉州府合浦縣距海安總口九百三十里距大關一千四百里山口口係稽查小口在合浦縣爲廉州口所轄

欽州口圖

粵海關志　卷六　圖下　四十三

粵海關志　卷六　圖下　卌四

謹案此係正稅口在廉州府欽州距海安總口一千二百里距大關一千八百里

海口總口圖

粵海關志　卷六　圖下　卌五

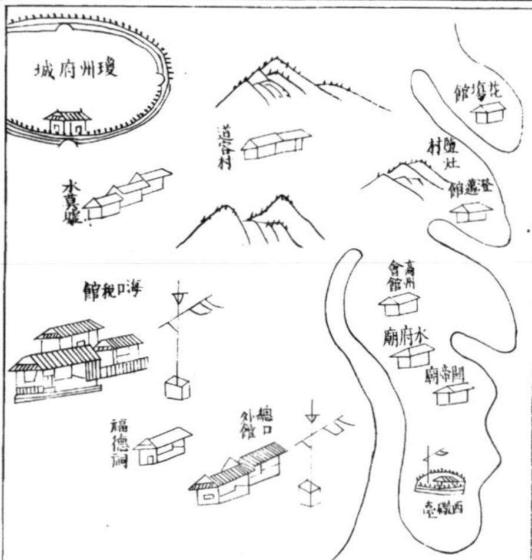

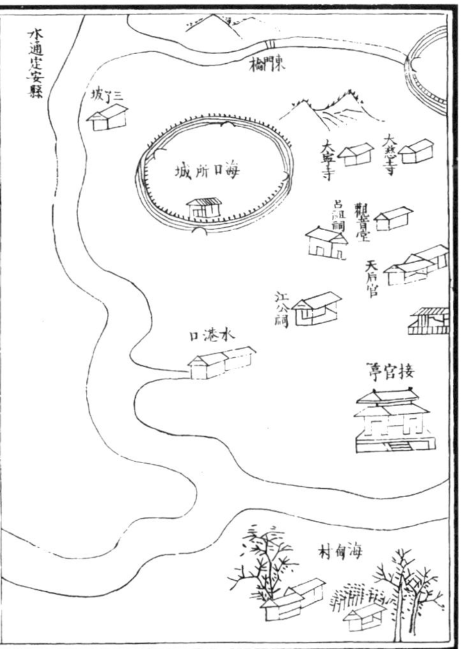

謹案此係正稅總口在瓊州府瓊山縣距大關一千七百里

鋪前口圖

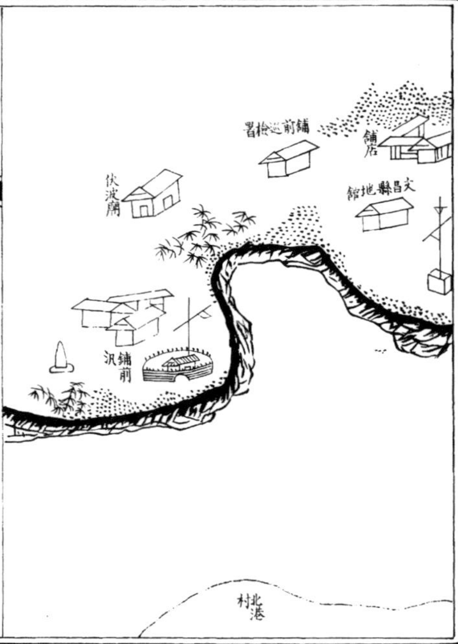

謹案此係正稅口在瓊州府文昌縣距海口總口七十里距大關一千七百里

清瀾口圖

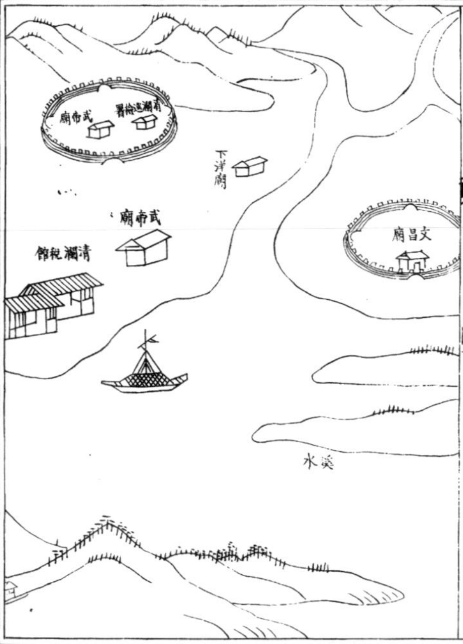

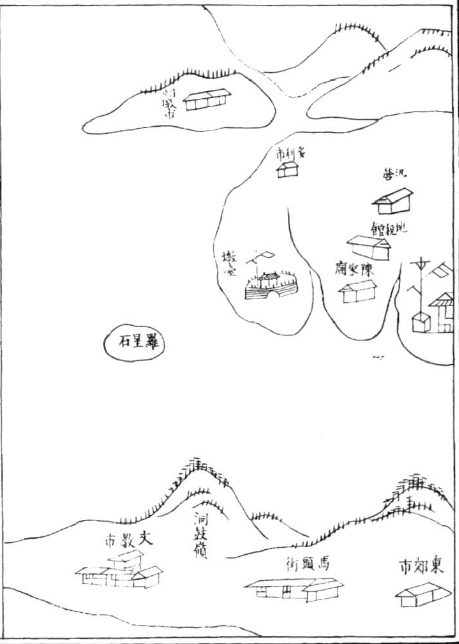

謹案此係正稅口在瓊州府文昌縣距海口總口二百四十里距大關一千九百里

沙荖口圖

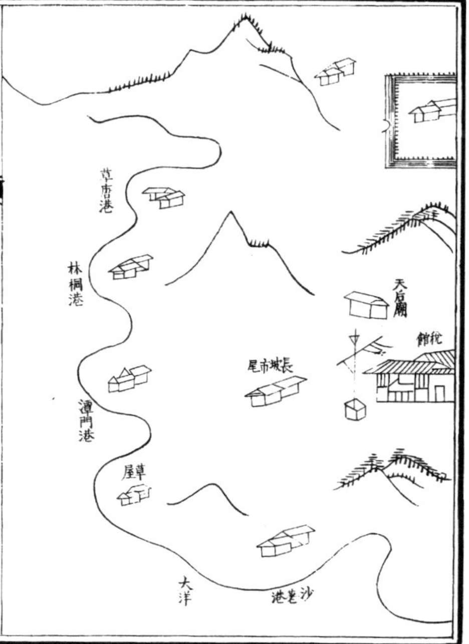

謹案此係正稅口在瓊州府會同縣距海口總口三百六十里距大關二千里

樂會口圖

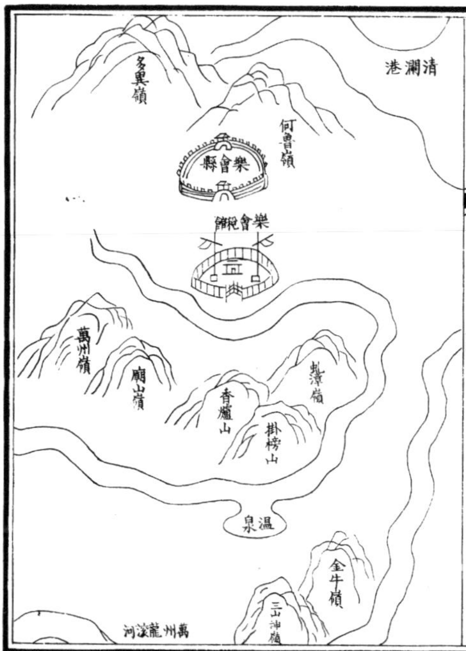

謹案此係正稅口在瓊州府樂會縣距海口總口三百二十里距大關二千里

萬州口圖

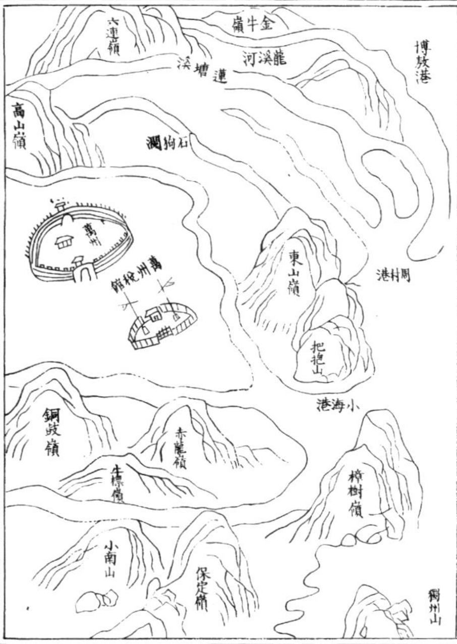

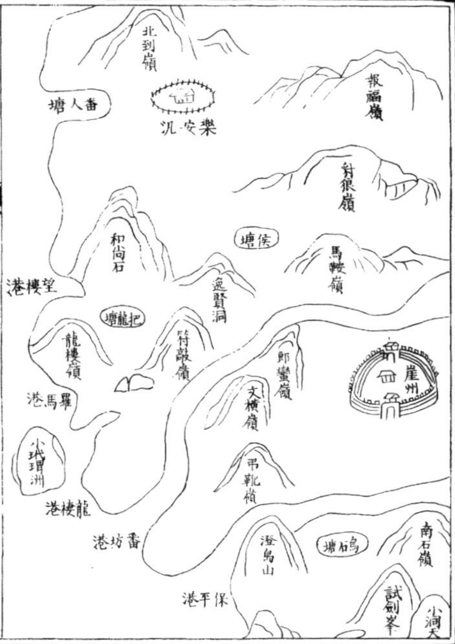

粵海關志　卷六　圖下　三十六

謹案此係正税口在瓊州府萬州距海口總口四百八十里距大關二千一百里

儋州口圖

粵海關志　卷六　圖下　三十七

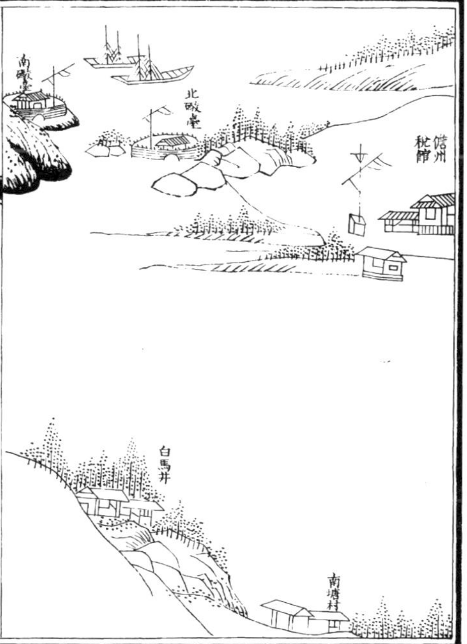

謹案此係正稅口在瓊州府儋州距海口總口三百六十里距大關二千里

北黎口圖

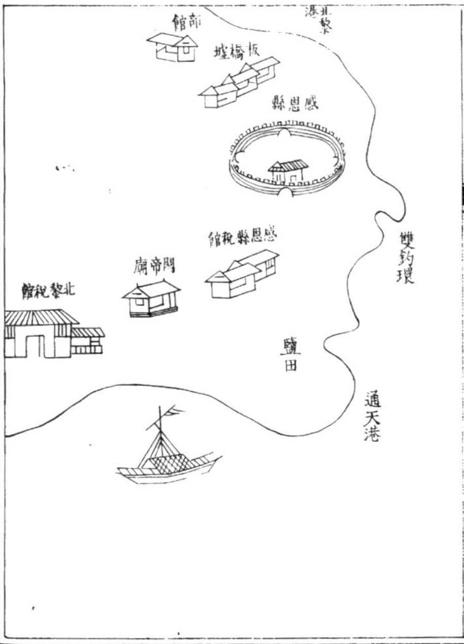

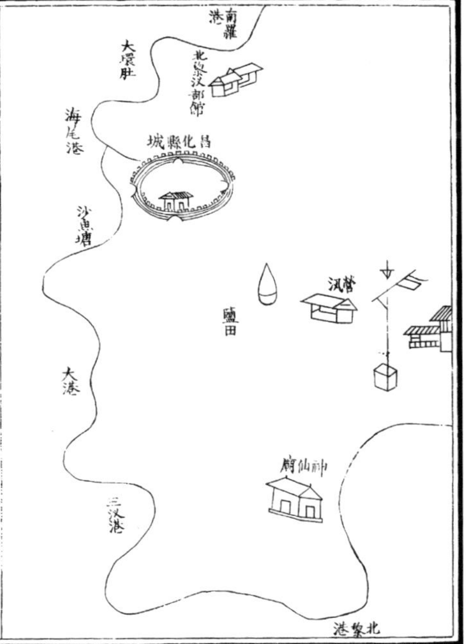

謹案此係正稅口在瓊州府感恩縣距海口總口六百四十里距大關二千三百里

陵水口圖

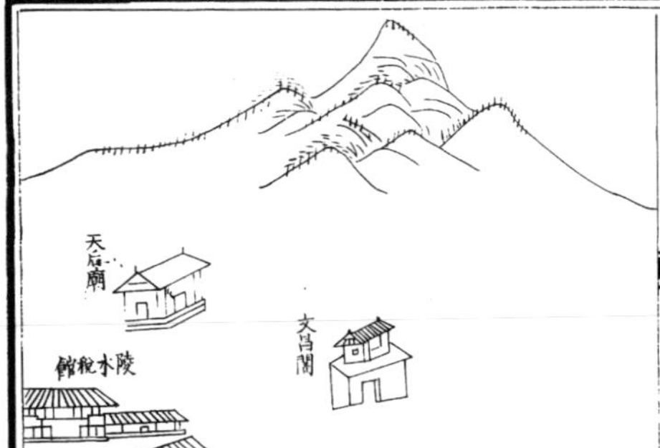

謹案此係正稅口在瓊州府陵水縣距海口總口六百四十里距大關二千四百里

崖州口圖

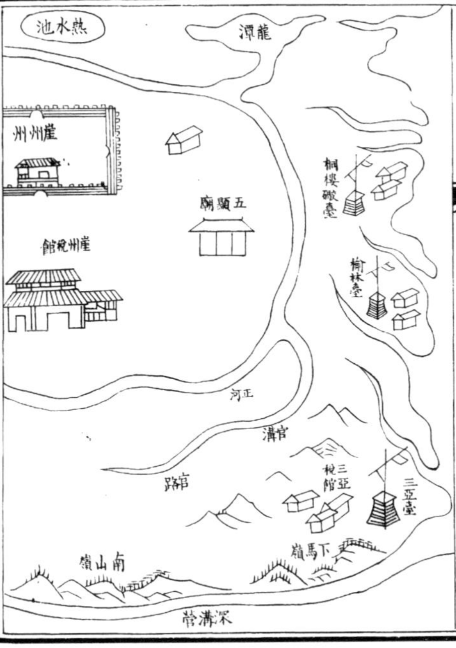

粵海關志　卷六　圖下　六十四

謹案此係正稅口在瓊州府崖州距海口總口九百六十里距大關二千七百里

粵海關志卷七

設官

臣謹按唐市舶使之名不見於唐志會要蓋唐時所謂使者有事則置無則廢之至宋置司元加提舉乃爲專官明設提舉一人副提舉二人其屬吏目一人官制較爲完備而自洪武迄嘉靖置罷不常又始置三司後復罷浙江福建而專屬之廣東大抵歸其權於中官剝削商民凌轢官吏古人互市之法蕩然盡矣我

粵海關志　卷七　設官　一

朝釐定關榷官制有兼管有簡充天下海關在福建者轄以將軍在浙江江蘇者轄以巡撫惟廣東粵海專設監督誠重其任也至分司其事大關澳門則設防禦其餘五大總口並置委員復有稽澳夷筦出納者於以大小相維恪恭職守其通商而裕課者豈不法良意美哉謹以建置始末吏役額數書於篇各官在任年月系之於表庶資考覈焉

粵海關監督一員康熙二十四年設雍正元年奉

諭旨嗣後稅務交與地方官監收於錢糧地方均有裨
益著議奏等因尋議准粵海關九江等關同例停其
遣官交與該撫令地方官兼管所收稅銀照例
解部七年復設監督十二年十二月奉
諭旨直省關稅監督於地方官原不相統轄一切呼應
不靈而大小口岸甚多監督一人勢難分身兼顧雖
選委書吏巡役公同親信家人稽查收放而地方文
武官弁以為無與己事並不協力或轉懷挾私意則
姦商之隱漏地棍之把持督撫或不關心監督動則

掣肘不獨於稅務無補即於地方亦難免擾累嗣後
凡有監督各關著該督撫兼管所屬口岸飭令該地
方文武各官不時巡查如有縱容滋擾情弊聽該督
撫參處至監督征收稅課及一切應行事宜仍照舊
例遵行不必聽督撫節制如此庶關稅既有專司地
方官仍無敢歧視於稅課商民均有裨益嗣據監督
毛克明奏稱粵東海關地面遼闊事務繁多洋
商胥吏以及地方勢豪引誘串通弊端百出監
督一官難於稽查防範不若就近歸於督撫兼

管則通省文武軍民均受統屬節制不敢欺公
玩法再令京員掌管監督印信監收錢糧則稅
務肅清而弊可杜疏入照所請行乾隆三十五
年奉
諭旨向來各省鹽政關差一年任滿例由該部院題請
更換而關差內間有自行奏請並不經部辦理者究
非體制嗣後除將軍督撫鹽政織造兼管各關仍由
該將軍等照例自行題奏外其九江粵海等關將屆
一年期滿並著一體報部聽該衙門具題請旨著為

令嘉慶十四年六月奉
諭旨粵海關稅務自乾隆十五年以後均係監督征收
會同總督題報迨至五十七年欽奉
特旨改令監督專管仍責成該督撫查明按月造冊密
行咨部俟期滿覈對以防弊竇以嚴鉤稽乃近來該
督撫以事不關己漫不畱心而吳熊光等於該關征
收稅務情形竟全不過問是稽覈之例竟係有名無
實嗣後粵海關務仍著該督撫一體稽查倘有情弊
即隨時參奏並著按月造冊密行咨報戶部俟一年

朋滿該部將該督撫與該監督所報清册覈對如查有弊端即行參劾該督撫不得以並無兼管之責視爲具文甚或通同弊混致干咎戾廨舍在廣東外城五仙門內康熙二十四年以舊鹽政署改建又有行廨在香山縣澳門監督時出稽查則居之又溯稽舊制監督赴任恭請
微批文
勅書外又領精微批文一道乾隆三十八年停止精
管理總口委員七員　一大關旗員　一澳門總口旗員　一惠州府同知　一潮州府海防同知　一雷州府同知　一瓊州府同知　一高州府通判乾隆五十一年七月總督穆騰額等會奏言竊照粵海關管理總口七處以省城大關爲總滙稽查城外十三洋行及黃埔地方各國夷船進口出口貨物以澳門爲夷人聚集重地稽查進澳夷船往回貿易盤詰奸宄出没均關緊要是以向設立旗員防禦兩員一駐大關總口一駐澳門總口每年請將軍衙門選員

前往彈壓一切關稅事務於大關澳門兩總口又分爲附省十小口向由監督及奉
旨兼管關務之督撫分派家人帶同書役管理此外惠州潮州高州瓊州及雷廉五總口並分隸五總口之各小口四十餘處監督亦分派家丁帶同書役分路查察仍每一總口委官一員每年由藩司於現任及試用佐雜人員內詳請督臣派委前往稽查約束此向來辦理關務之章程也
臣穆騰額與臣孫士毅熟商利弊除大關澳門兩總口及分隸附省之十小口夷船貨物在在經由其黃埔澳門兩處均與洋行逼近民夷交涉最易藏奸一切出入點驗貨物及防範走私短報各弊有必需家丁驅遣往來不能盡委之書役者監督及奉
旨兼管關務之督撫就近分派平素親隨老成之家丁管理需人無幾尙易遴選如有營私舞弊情事離署不遠耳目易周一經訪聞即可盡法處治所有附省之總小各口應請仍聽管關之總督

巡撫及監督照例派遣外其餘五總口及分隸之各小口四十餘處係內地本港船隻出入之所距省自數百里至二千餘里不等所有每年詳委之佐雜本非熟習關務且官職較卑書吏家丁視爲微員未能受其拘管即有一二向上之員又因逓年更換不肯實心經理而向來派往遠路口岸者因家丁不能敷用每多遣派長隨若輩或留或去既不比家丁之易就約束一經派管惟利是圖非侵蝕課餉即剝削客商臣

穆騰額到粵以來不能不照舊派用但每念及若輩惡習相沿求其小心怕事者尚不可多得又安有廉潔自愛之人茲與臣孫士毅公同籌酌此等離省較遠各口岸與其委用佐雜長隨稽察難周易啟弊端不若責成就近之丞倅督率經理緣該丞倅等本任事務既簡且官職較優非佐雜微員可比書吏人等不得不受其約束於整頓關務較爲有益除各口岸申報文稟往來巡緝必需責成書役仍照例秉公簽掣派

往外其派令家丁長隨前往五總口並各小口及每年詳委佐雜經管之處應請概行停止查惠潮高雷廉瓊各府與五總口附近之處均適有同知通判內擇其才守較優者督臣監督會同撫臣飭委督同書役稽查一切稅務如附近之丞倅才具不甚相宜並許在通省之丞倅中遴委兼管倘有疏懶廢弛即會同嚴參如果餉課歲有加增咨部議敘再查監督庫內從前所存餉銀不過二三十萬至四五十萬亦不等臣

穆騰額自乾隆四十九年接任逓年增至七八十萬兩餘銀數較昔年不啻加倍而向例止設庫書二名經理其事殊非愼重錢糧之道應請照藩運兩司庫之例添設庫大使一員專司其事至丞倅各員如准其稽查口岸其本任均有應得俸廉足資辦公毋庸議給飯食銀兩所有惠潮等處總口每年詳委佐雜各員及家丁應給飯食等項共銀四千一百二十二兩均可節省歸入平餘項下一併報解奉

硃批如所議行
廣州府澳防同知一員乾隆八年總督策楞題
請添設海防軍民同知一員專理澳門夷務因
移肇慶府同知於前山寨照理猺同知例給與
把總二員兵丁一百名統於香山虎門兩協內
各半抽撥並酌撥哨船四隻以資巡緝
香山縣丞一員康熙四十三年裁雍正八年復
設駐前山
廣盈庫大使一員乾隆五十一年裁南雄府司
獄改設庫建於乾隆五十七年
守庫武弁二人以千把總選派如不敷用以外
委代之每年由督標營派撥一年更替其有勤
愼當差者臨時酌留
一書吏大關額設二名承辦通關收支報解稅
項五年役滿歸農於各房掌案書內挨補高雷
廉瓊惠潮五總口五名間屆一年期滿於五口
內輪流更調統計五年役滿歸農乾隆三十三
年四月戶部咨稱准戶科移會查各關額設經

制書吏有經管錢糧之責是以定例遇有年滿
事故缺出該監督召募殷實良民考取充補並
取具地方官印甘各結造具該吏年貌清冊該
監督加具印結齎送部科查驗註冊與例相符
始准著役原以杜年滿戀缺積蠹等弊嗣經各
關呈報著役文結內有未符定例者本科叉經
通行在案今查各關有隨補隨報亦有充補一
二年後始行呈報且有呈報冊結內有不符定
例者違例之處種種不一但關吏有經收稅銀
解餉之責該監督理應遇缺出卽行挑補何以
任其戀缺舛錯致違定例相應行文戶部煩卽
轉行各監督嗣後凡有書吏丈量單書缺出卽
召募殷實良民充補取具原籍地方官切實印
甘各結該監督出具印結報科勿得仍前遲悞
舛錯致干駁查可也嘉慶二年監督常福咨會
總督吉慶稱前監督穆騰額會同前總督孫士
毅於乾隆五十一年淸理關務條奏事宜內載
明各口書役定例以一年期滿調回另行僉派

其有勤慎辦公者期滿時亦間行酌予再辦三月或半年等語查向例期滿調回者所以均勞逸而杜占據其或有舞弊營私等事原可隨時撤回究辦若果辦公無缺原不必紛紛更調致啟鑽營陋習惟遇關部或有升調一年尚未屆期署任新任接篆不論期滿紛紛更調以致各口書役心存觀望其不肖者或故意虧缺卸與後人或藉稱一年未滿旺淡不均以為虧短地步嗣後總以一年期滿方行更換而署任新任毋庸紛更姓氏則各口書差得以盡心經理即有短絀亦無可諉卸合咨查照嘉慶十七年五月奉

諭旨飭各關監督及總理兼理關務各員慎選家丁書吏並隨時查察嚴行約束其狡僞侵欺者即隨案懲辦欽此經戶部遵查各關書吏花名向係於五年役滿更換頂補之日造冊分送部科至經管家丁向由各監督自行簽派如有不妥原可隨時更換若令一一造冊分送部科未免事涉煩瑣應令各監督欽遵

聖訓嚴加約束以期無弊所有應送各冊均照從前成案造送向來所無即毋庸造報其征收稅冊亦照舊例辦理奏入報

聞嘉慶二十三年監督祥紹咨定覈撥稅餉章程將瓊州歉收之口額餉量為酌減歸入近年較裕之口辦理今在庚辰年分第四季自本年八月二十六日起至十一月二十五日止一季期內為始瓊州總口減額餉銀五千兩樂萬口減額餉

銀四百兩崖州口減額餉銀四百兩北黎口減額餉銀二百兩清瀾口減額餉銀一百兩沙老口減額餉銀五十兩共減額餉銀六千一百五十兩即加入近年較裕之口亦於庚辰年分第四季期內雷赤口加額餉銀二千兩菴埠口加額餉銀五百兩潮陽口加額餉銀二千兩北礮臺口加額餉銀一千兩黃岡口加額餉銀五百兩府館口加額餉銀一百五十兩共加額餉銀六千一百五十兩以符瓊屬各口裁減之數至

瓊屬委員應於庚辰年分第四季爲始照各屬
委員之例毋庸按股分認責成該年新差吏書
巡役辦理以昭畫一現在覈議調劑原因瓊州
各口關期積閏趲前勢須隨後彌補以致解貯
道庫遲延不能依期兌換司庫實收報部連年
辦理已屬掣肘來年又當趲閏必致貽誤今自
本年八月差期爲始嗣後掣得瓊州陵水樂萬
崖州北黎清瀾沙老各口書役人等卽將減外
應完餉平等銀先行繳庫以備找解司庫方准
赴口如不能先期繳者卽行改差願繳者方准
赴口

一大關案書　掌冊案書　掌平案書　掌稿
案書　單房案書　算房案書　貢房案書
各一名
一大關各房繕寫書人數無定給飯食銀兩有定
一大關平櫃一名
一澳門總口總書一名
一櫃書　澳門總口　高州總口各一名　惠
州總口　潮州總口　雷廉總口　瓊州總
口各二名
一大關清書十二名
一口書　總巡口　東礮臺口　西礮臺口
黃埔口　虎門口　佛山口　碉石口　神
泉口　烏坎口　汕尾口　平海口　庵埠
口　溪東口　黃岡口　水東口　陽江口
暗鋪兩家灘口　廉州口　鋪前口　儋
州口　陵水口　樂會口　崖州口　北黎

口各一名　江門口　潮陽口　澄海口
北礮臺口　東隴口　雷州口各二名通關
口岸四十七缺除例歸京差三缺東西礮臺黃埔口三缺留賞請領印簿解貨色冊添平三項之京差謂之京差三缺計清書一百九
十二名先掣其後先名次每年以四十四人掣
四十四缺四年餘卽可輪差均遍其掣得缺分
舉別差代者以已掣論代者仍以未掣論
一家人　大關四名　總巡口　黃埔口　江
門口　大馬頭口各一名　東礮臺口　西

磯臺口　虎門口　佛山口　紫泥口　市
橋口　鎮口口　澳門總口各二名
一巡役　總巡口　東磯臺口　黃埔口　紫
泥口　市橋口　鎮口口　江門口　惠州
總口　靖海口　墩頭口　庵埠口　海門
口　達濠口　南洋口　樟林口　芷芎口
暗鋪兩家灘口　雷廉總口　東西鄉口
雷州口　欽州口　儋州口　陵水口
樂會口　崖州口　清瀾口　沙老口各一
名　高州總口　瓊州總口各二名　澳門
總口五名內澳門口關閘口大馬頭口南灣口娘媽閣口各一名乾隆
五年九月十一日吏部會同兵部奏言會議得
協理浙江道監察御史廖必琦奏稱沿海關汛
之設原以稽查匪類及違例夾帶之物顧各關
汛陽藉稽查之名陰行勒索之術凡遇船隻出
入於掛號之時需索銀錢順其意即刻放行拂
其情需時等候伏惟瀕海之區潮汐靡常風波
不測每因掛號遲延今日暫停而明日之潮信

朝暮忽更此處躭擱而他處之風濤南北頓異
司汛口官弁不能不假手書記衙役因而相倚
為奸在上司見聞既遠訪察或未能周在商人
出入營生含忍不能與較仰祈
皇上敕下督撫提鎮凡沿海關汛所有員弁巡查掛號
之處嚴行飭禁不許借端需索故意留難等因
前來查守關官弁兵役借端留難勒措商民者
久經著有定例各省督撫提鎮自應實力遵行
嚴飭官弁兵役人等毋得借端留難勒措苦累
商民今該御史奏稱沿海關汛陽藉稽查之名
陰行勒索之術凡遇船隻出入於掛號之時需
索銀錢順其意即刻放行拂其情需時等候商
人挾不貲之血本歷萬頃波濤以求微利其情
已苦而司汛口官弁不能不假手書記因而相
倚為奸在上司見聞既遠訪察或未能周在商
人出入營生含忍不能與較種種需索日甚一
日是關口弁兵借端留難勒措雖經著有定例
但恐日久廢弛汛口官弁兵役人等陽奉陰違

亦未可定應如該御史所請行令督撫提鎮凡沿海關汎所有文武員弁巡查掛號之處嚴行飭禁不許借端需索故意留難如有此等情弊即行查參將守口官弁照衙役犯贓例分別議處書記衙役計贓論罪如守口官弁照借端勒指例降二級調用該督撫提鎮失於覺察比照假冒頂替託人代考等弊事發將巡緝官失於查察者罰俸一年例罰俸一年俟

命下之日臣部等部行文沿海等省督撫提鎮衙門一體遵行奉

旨依議

一水手　碣石口　潮州總口差船水手　湖東口各一名　靖海口　潮州總口　欽州口　萬州口各二名　惠州總口　神泉口　北黎口　清瀾口各三名　市橋口　墩頭口　陽江口　雷州口　廉州口　崖州口　沙老口各四名　佛山口　鎮口口　平海口　北礮臺口　雷廉總口　鋪前口　儋州口　陵水口　樂會口各五名　紫泥口　烏坎口　汕尾口　黃岡口　芷芋口　暗鋪兩家灘口各六名　江門口　高州總口各七名　東礮臺口　西礮臺口　東隴口各八名　南洋口九名　瓊州總口十名　黃埔口十一名　庵埠口十二名　總巡口十三名又座船水手二名　潮陽口十四名　澳門總口十五名　虎門口十八名

一水火夫　神泉口　汕尾口　平海口　墩頭口　庵埠口　雷州口各一名　高州總口二名　潮州總口三名

一火夫　潮陽口　澄海口　北礮臺口　水東口　芷芋口　陽江口　暗鋪兩家灘口　鋪前口　儋州口　陵水口　樂會口　萬州口　崖州口　北黎口各一名　澳門總口　惠州總口各二名　瓊州總口內外館廚子火夫四名

一大關轎傘扇夫八名　吹手八名　大堂役二名　二堂役一名　三堂役一名　聽事役二名　西廳役一名　東廳役一名　打掃夫一名　礮手一名　内庫役二名　東西轅門役二名

一大關庫丁十八名

凡守口吏役一年更換道光十六年八月議定交代日期註冊遵行

書吏口書日期　平海口口書一四月二十六日　烏坎總口口書一二月十九日　黃埔口口書一六月初四日　海安總口書吏一口書二　雷州兼赤坎口口書二　海口總口書吏一口書二俱六月二十六日以上三口六月旺收餘俱賠墊故遇閏不扣　東礮臺口口書一七月二十六日　烏坎總口書吏八月十四日　江門口口書二內一　神泉口口書一並八月二十六日　虎門口　暗鋪口各口書並九月十六日　總巡口口書　澳門總口總書櫃書　碉石口口書　庵埠兼澄海口口書三　潮陽兼卡路口

口書三　東隴口口書二　黃岡口　北礮臺口口書二　溪東口　後溪口各口書並九月二十六日　佛山口口書十月初一日　廉州口口書十月十一日　陽江口口書十月二十日　鋪前口　儋州口各口書並十月二十六日　烏坎總口口書一十一月十六日　西礮臺口口書十一月二十三日　甲子口口書十一月二十八日　汕尾口口書十二月十一日　庵埠總口書吏　萬州兼水東口口書二並十二月二十六日　梅菉總口書吏十二月二十八日　北黎口　陵水口　崖州口各口書並短差四個月　樂會口口書短差三個月

巡役日期每口各一　達濠口正月二十八日　南洋口二月初一日　府館口三月二十六日　黃埔口六月初八日　市橋口六月十五日　鎮口口六月十八日　紫泥口六月二十四日　總巡口　雷廉總口二並六月二十六日以上二口六月旺收餘俱賠墊故遇閏不扣　澳門總口七月初一日　大馬頭口七月初六日　高州總口七月初九日　南灣口七月二十五日　欽州口八月初六日　海門口八月

十六日 樟林口九月二十六日 東西鄉口 樂民港口二並十月十三日 儋州口十月二十六日 娘媽閣口十一月二十日 江門口十一月二十一日 靖海口一十月二十六日 闌瀾口十二月初三日 長沙口十二月十一日 墩頭口十二月二十六日 陵水口 崖州口並短差四個月 清瀾口 沙荖口並短差三個月 樂會口短差兩個月

職官表

總督兼理監督	關澳委員同知通判香山縣丞	粵釐奄	武員
吳興祚 以康熙二十三年任于自設監督之年故書於此			
宜爾格圖 康熙二十四年始設是年任			
宜爾格圖 二十五年留任			
覲音保 二十六年任			
莫音保 二十七年任			
	鄭愛民 以康熙二十三年任亦設監督之年		

石琳 二十八年任				
舒恕 二十八年任	李杰 二十九年任	龔翔麟 三十年任	陳學夔 三十一年任	熙包 三十二年任
	邱浚			

沙里布 三十三年任	謝雲從 三十四年任	馬雲祥 三十五年任	吳禮善 三十六年任

						郭世隆			
三十七年任 黑申	三十八年任 索爾弼	三十九年任 薩哈連	四十年任 費揚古	海壽	四十一年任	四十二年任 孫文成	四十三年任 安泰	四十四年任 卓佛和	四十五年任 德政
任漢儒							缺裁		

趙宏燦									
四十六年留任 德政	四十七年任 常泰	四十八年任 査爾希	四十九年任 李國屏	紀賽	五十年任	五十一年任 巴賴	五十二年留任 巴賴	五十三年任 韓楚漢	五十四年任 哈爾金

哈爾金 五十五年留任

明德 五十六年任

觀音保 五十七年任

馬泰 五十八年任

傅德

五十九年任

五十一 六十年任

薩克素 六十一年任

楊琳

那山 雍正元年任 欽差歸巡撫

年希堯

二年任巡撫 二年兼任

孔毓珣

楊文乾 三年巡撫兼任

楊文乾 四年兼任

楊文乾 五年兼任

楊文乾 六年兼任

復設監督

郝玉麟

祖秉圭 七年任

鄂爾達

祖秉圭 八年留任

復設縣丞

祖秉圭 九年留任

朱念高

毛克明 十年八月以廣州城守副將任

							馬爾泰		
十二月又設副監督一人	毛克明 十年留任	毛克明 十一年留任	鄭五賚 十二年以監督仍任副監督缺裁	鄭五賚	乾隆元年留任	鄭五賚 二年留任	鄭五賚 三年留任	王安國 四年六月缺歸巡撫王安國以巡撫兼任	王安國

	慶復			馬爾泰 邓蘇圖			策楞 十二年改歸總督策楞以總督兼任
五年巡撫兼任	朱叔權 六年十一月改歸督糧道朱叔權以督糧道兼任	伊拉齊 七年十月復設監督伊拉齊任	策楞 八年四月缺裁策楞以將軍兼任	策楞 九年兼任	準泰 十年以巡撫兼任	準泰 十一年兼任	
					顧嵩		

碩色 十三年十月改歸總督碩色以總督兼署	岳濬 十三年七月改歸巡撫岳濬以巡撫兼任			
碩色 十四年以總督兼任				
陳大受	蘇昌 唐英 十五年三月改歸撫臣蘇昌以巡撫兼任六月復以唐英監督		青昆	
	李永標 十六年任		沈文煥	
阿里袞	李永標 十七年留任			
班第	李永標 十八年留任			
楊應琚	李永標 十九年留任			

楊應琚 二十年十一月以總督署			馮浦霖	
楊應琚 二十一年署任			胡 名缺	
楊應琚 二十二年署任			王祖英	
陳宏謀 二十三年署任				
李侍堯	尤拔世			
	二十四年十月任			
	尤拔世 二十五年留任			
蘇昌	尤拔世 二十六年留任			
蘇昌 二十七年十二月以總督署任	尤拔世 二十七年留任			
蘇昌 二十八年十二月以總督署任	方體浴 二十八年九月任			

李侍堯	楊廷璋		李侍堯		李侍堯 三十四年十月總督署任			
方體浴 二十九年四月任	方體浴 三十年留任	德魁 三十一年九月任	德魁 三十二年留任	德魁 三十三年留任	德魁 三十四年留任	德魁 三十五年二月任	德魁 三十六年留任	德魁 三十七年留任
薛天衢				孟廷瑛		徐夢麟		

李侍堯 三十八年十二月總督署任				楊景素 四十二年十二月總督署任	桂林		巴延三 四十五年十二月總督署任
德魁 三十八年留任	李文照 三十九年三月任 德魁 是年九月再任	德魁 四十年留任	德魁 四十一年留任	德魁 四十二年留任	圖明阿 四十三年二月任	圖明阿 四十四年留任	圖明阿 四十五年留任
		戴秉鑑					

			舒常		富勒渾	孫士毅 五十一年正月總督兼署任
伊齡阿 四十六年三月任 李質穎 是年四月任	李質穎 四十七年留任	李質穎 四十八年留任	穆騰額	四十九年正月任	穆騰額 五十年留任	穆騰額 五十一年正月任
						孫盛 大關護案委員
					陳新槐 任澳防同知 曾大任 任惠州府同知 德亮 任潮防同知	房晉齡 任雷州府同知
	周克達					
						設庫大使

						福康安 五十四年五月總督兼署任
佛寧 是年十一月任		佛寧 五十二年留任	佛寧	五十三年留任		佛寧 五十四年留任 圖薩布 是年閏五月巡撫兼署任 慶德 是年六月將軍兼署任
凡委員以下各官有數經連任者止書其姓名於第一年其後接任有人則另先一人任事年分可以例推	畢華邑 澳門	興家保	翰章阿	澳門		金源 澳門
陳國勳 任雷州府同知 史藻 任瓊州府同知	覺羅普蘭 任高州府通判		侯學詩	任澳防同知	歐陽新 任潮防同知	寶衡 任高州府通判雷州府同知
						岱毓
謝德功 把總		黃月祥 把總	林元啟	千	周文龍 花沙布 俱把總 徐鳳	

額爾登布 是年七月任	額爾登布 五十五年留任　郭世勳 是年五月巡撫署任　額爾登布 是年十月任	
	文明 大關　蕭永林 澳門	
	謝德功　舒必顯 俱總　張應龍　高廷韶 把總　朱璉	馮裕隆

額爾登布 五十六年留任　郭世勳 是年[illegible]月巡撫署任　盛住 是年十二月任	盛住 五十七年留任
七十五 大關　蕭聲遠 澳門	倪廣漆 澳門
周作淵 任[illegible]州同知　羅[illegible] 任[illegible]州府通判	韋協中 任澳防同知
賈奕曾	
俱外委　許八十一 把總	

覺羅長麟		
福昌 五十八年七月將軍署任　蘇楞額 是年八月任	舒璽 五十九年十月任	
王錡瑞　王文輔 俱澳門	秋得 大關　張玉 澳門	
吳光祖 任惠州府同知	邱桂山 任潮防同知　丁如玉 任雷州府同知	黃馨權 任雷州府同知
	朱尊霖	

朱珪	覺羅吉慶	
舒璽 六十年留任	書[illegible] 嘉慶元年八月任	常福 二年六月任
羅錦 澳門	蕭聲遠 澳門	五十四 大關
	翟發倫 任雷州府同知　宗聖壇 任雷州府同知	丁如玉 任澳防同知
		吳兆晉

常福 三年留任
常慶 大關
鍾演 澳門
何鍾 任潮防同知
宗聖垣 任瓊州府同知
馮德進 把總

李垣浩 澳門
唐夢陽 任雷州府同知

覺羅吉慶 四年六月總督署任
信山 四年八月任
董彦濟 大關
海興
袁樹 任惠州府同知
黎佩奇
趙陞 俱千總

粵海關志 卷七 職官表 三六

澳門

葉長春
葉常春 俱把總

信山 五年留任
黃鐸 大關
賞納哈 澳門
永輝 任雷州府同知
馬㶉 任高州府通判
崔德
譚殿俊
藍慶元
梁聯芳 俱外委
藍應[illegible] 俱[illegible]

三義助 六年十月任
德昇 任雷州府同知
陳國實
王威陞 俱千總
覃添福
甘華祜 俱把總

三義助 七年留任
陶必熔
李傑惠
王威陞
林海 俱把總

粵海關志 卷七 職官表 三七

倭什布
三義助 八年留任
六十八 大關
宴住 澳門
彭錫瑞 任惠州府同知
余德成
張齊富
陸烈光 俱千總
張文富
藍慶元
高應侯
龍聯耀 俱把總

延豐
雙興保
丁慈

	那彥成　吳熊光				吳熊光 十二年四月總督署任
九年十月任	阿克當阿 十年十二月任			阿克當阿 十一年留任	常顯 十二年八月任
大關　僉源 澳門	常保　官福 俱大關　胡湛		澳門	曾成龍 澳門	海明 大關
				李書實 任潮防同知　洪國琛 任雷州府同知	王袞 任潮防同知
千總　丁慈　梁琥　蔡世高　謝廷亮 俱把總	許八十一　邱陵　藍慶元　熊國裕		俱把總	宗承祖　龍聯輝 俱把總　武秉昭 外委　陳連陞 外委千總	高應侯　謝廷亮

			百齡 十四年四月總督署任
	常顯 十三年留任		常顯 十四年九月任
李璋 澳門	張朝葰 大關　六十八 澳門		于建瀧　雙興保 俱大關
永輝 任瓊州府同知	宗聖垣 任惠州府同知　豐裕 任潮防同知　懷洸	任雷州府同知	
			姜袞
	張琮		
甘華祐 俱把總　謝廷亮　常慶 俱外委	陳忠 外委　梁琥 外委把總　陳忠　梁聯信	俱額外外委　李顯揚 外委把總	丁慈　余得成 俱把總　梁聯信 外委　黃紹章 額外外委

		松筠	蔣攸銛
	常顯 十五年留任	德慶 十六年四月任	德慶 十七年留任
	魁亨 大關	菩薩保 大關 萬仕耀 汪旭耀 俱澳門	
	司能任 任惠州府同知 易萬里 任高州府通判	馬瀧 任澳防同知 潘仁 任惠州府同知	
	潘世綸	周兆熊	
劉燿祠 外委千總	龔得官 外委 龔得官 外委把總 黃紹章 馬明裕 邱琳 俱額外外委	陳英朝 外委把總 甘華詁 余得成 俱把總 邱海 外委	馬雄 梁文光 張廣智

	祥紹 十八年七月任	祥紹 十九年留任
	楊承震 大關 菩薩保 澳門	雙賡保 大關 李璋 澳門
		陳國選 任瓊州府同知
俱外委 張廣智 伍寧彪 俱外委把總 梁文龍 額外外委	謝廷亮 喬廣高 俱外委把總 陳玉 外委千總 喬廣高 鮑朝治 俱額外外委	鮑朝治 王位明 馬雄 俱外委 蔡世高 喬廣高 俱外委把總

			阮元
祥紹 二十年留任	祥紹 二十一年留任		祥紹 二十二年留任
王宗珩 大關 烏林岱 澳門	樊茂齡 大關 廣亮 澳門		金壽畺 大關
劉星渠 任澳防同知 鄔正淞 任澳防同知	鍾英 任澳防同知 宋鑾書 任雷州府同知		
王際泰 喬廣高 張貴枝 潘鋕 俱外委 陳本義 外委把總	黃登桂 喬廣高 俱外委	黃登桂 余得成 余得明 俱外委把總 洪亮 外委千總 梁提高 額外外委	梁大猷 把總 吳亮

	阿爾邦阿 二十三年七月任	阿爾邦阿 二十四年留任	阿爾邦阿
京金 澳門	海亮 大關 董明文 興瑞 俱澳門	金壽畺 大關 蔡琦 澳門	海亮
	鄧墉 任高州府通判	顧遠承 任澳防同知 高焯 任雷州府同知 鄧墉 任瓊州府同知 黃錡 任高州府通判	陳國銓
梁文光 外委把總 陳輝 俱外委	喬廣高 喬紹武 俱外委千總 潘鋕 額外外委 黃登桂 外委把總	劉大任 外委把總 伍相 余德明 俱外委把總 蔡長寧 額外外委	劉大任

	阮元 道光元年十月總督署任		
二十五年留任	達三 道光元年九月任		達三 二年閏三月任
大關 楊承雯 澳門	興瑞 大關 章世廻	澳門	萬任耀 大關 興瑞 澳門
任惠州府同知	鍾英 任澳防同知		王汝楨 任惠州府同知 李傳鐄 任雷州府同知 盧殿楠
	常應魁		
			施占鏊
外委千總 陸朝勳 馬見龍 俱額外外委 許岐貴 外委把總 許岐貴 外委	劉大任 喬廣高 俱外委千總	左紹光 把總 陸朝勳 喬廣高 俱外委	喬紹武 千總 喬紹武 王榮泰 俱把總 許岐桂

	達三 三年留任		七十四 四年三月任	達三
	章世城 大關 楊承雯 澳門		達濟 大關 文通 澳門	海瑩
任高州府通判	陶嘉植 任雷州府同知		劉大魁 任雷州府同知	鄔正淞
			葛景熊	
			張紹先	
外委 許岐貴 何上清 俱外委	劉大任 千總 謝廷亮 把總 馬國輝 曾得成 張枝貴	馬國輝 俱外委	劉大任 謝廷亮 楊景泰 高殿甲 俱把總 馬朝亮 俱外委	喬廣高

	李鴻賓
五年八月任	文連 六年十二月任
楊書繪 俱大關 吉拉明阿 澳門	章世型 澳門
任澳防同知 鄧存詠 任雷州府同知 汪肇元 任潮防同知 崔炘 任高州府通判	潤普 任惠州府同知
	夏文滙
千總 杜儲才 把總 杜傑才 龍炳文 俱外委	曾得成 鄧志

	李鴻賓
	文連
	興瑞
	沈萬清
俱千總 鄧志 曾得成 梁大猷 俱把總 曾得成 鄧志 劉秉韜 俱外委	梁文光

七年十一月總督署任	
七年留任	延隆 八年二月任
大關 余清華 澳門	楊承雯 大關
任瓊州府同知	
高殿甲 余孔彰 俱把總 高殿甲 湯承光 俱外委	楊景泰 倫世光 俱把總 余孔彰

	李鴻賓 九年七月總督署任	
	中祥 九年十一月任	
	章世型 大關	
龍炳文 馬朝亮 俱外委	黃通理 外委千總 劉大任 黃通理 左紹光 喬紹武 俱把總	

黃通班 外委

中祥 十年留任
興瑞 大關
鍾承武 澳門
靳如滙 任瓊州府同知
葛景熊
梁大猷 千總
余孔彰 把總
嚴光
劉秉常 外委千總
嚴光 俱外委

粤海關志 卷七 職官表 四八

中祥 十一年留任
余清華 大關
梁大猷
馬雄 俱把總
丁瑞超
余得明 俱外委把總
蔡遇謙
余得明 俱外委

盧坤
中祥
裴驤
高殿甲

十二年留任
陸向榮 任瓊州府同知 任高州府通判
千總
左紹光
鄧錫麟 俱把總
劉秉叨
劉秉韶
黃耆貴 俱外委

中祥 十三年留任
文魁 大關
胡承光 任澳防同知
杜儲才 把總

粤海關志 卷七 職官表 四九

興林 澳門
倫朝光 外委

彭年 十四年八月任
章世型 大關
喻廷蘭
梁大猷 俱把總
倫朝光 外委千總
梁文岳
馬朝亮 俱外委

鄧廷楨			
彭年 十五年留任	文祥 十六年三月任		文祥 十七年留任
余清華 黃世藩 俱大關 楊承雯 澳門	興瑞 大關		興瑞 唐忠
易長華 任惠州府同知			瑞麟 任惠州府同知
喬紹平 馬雄 蔡榮霖 俱把總 黃利邦 外委	馬彪 張遇隆 俱千總 丁瑞超	張遇陞 俱把總 馬彪 外委千總 陳廷相 外委把總 陳廷相 外委	張九經 喬紹平

	豫堃 十八年五月任	
俱大關 徐懷懋 澳門		
周世烜 任雷州府同知 朱橒 任高州府通判		
俱把總 梁玉瓏 劉秉鉞 俱外委	劉秉常 千總 劉秉常 把總 武錫坤 梁文岳	俱外委

海上絲綢之路文獻集成

總主編　陳支平　陳春聲

歷代史籍編

67

主編　范金民

海峽出版發行集團
THE STRAITS PUBLISHING & DISTRIBUTING GROUP
福建人民出版社

国家出版基金项目
NATIONAL PUBLICATION FOUNDATION

本册目次

粤海關志三十卷（卷八至卷三〇）

〔清〕梁廷枏纂

粵海關志卷八

稅則一

臣謹按周官大宰以九賦斂財賄有邦中之賦有四郊之賦有邦甸之賦有家削之賦有邦縣之賦有邦都之賦有關市之賦有山澤之賦說者謂載師所言園廛二十而一即邦中之賦也近郊十一遠郊二十而三即四郊之賦也甸稍縣都皆無過十二即邦甸家削縣都之賦也漆林之征二十而五即山澤之賦也獨不言關市

者蓋關市所稅同於山澤皆較他賦爲重然先王之制不必有因而無革

聖人有作制國之用皆本

子惠黎元之隱所積而推故衡較前代不特坊場牙契板帳月椿諸法爲今世之所無即崇本抑末亦必損之又損而常額之外復

特加優貸如米豆則免稅珠寶則免稅貢船漁船則免稅其取民也有制而

施惠也無窮此固成周之治所不逮者也今輯稅則一門先之以事例繼以正稅比例估値而以各口稅貨歷年征數各口旺月與夫耗折平碼征存撥解歸公例終焉

凡征稅關各頒其則鍥而樹於市令商自註於冊而輸課遂給以單稽其隱匿者起行者重則罪之輕則罰之凡貢物皆征其稅惟外藩之貢物則不征凡免稅者覈其實而驗放焉

凡輸稅者衣物之屬以疋計以身計以卷計以筒計以件計以箇計以副計以條計以斤計以

十雙百雙十頂百頂計食物用物及雜貨之屬以斤計以簍計以包計以箇計以擔計以塊計以件計以張計以罈計以埕計以石計以十套百套十把百把計牲畜之屬以口計以價計其貨有包者不除包皮每百斤作九十斤科算

凡雜貨如裝載磚瓦石灰蜆殼缸罈稻穀柴灰草料豬牛雜毛之屬其船俱補半料

凡澳門夷船係本省發往外洋者照本省洋船例科征其外洋抵澳之西洋船照外洋本條科

征
凡商船回澳止征船稅丈其貨物而籍記之貨
入於夷室俟華商懋遷出澳始納稅
凡外洋販到貨物有爲則例所未載者該監督
於滿任後比例定則報部
凡肉菓枳梗炭烏木臭泥臭蓮肉之屬免其科
稅醃蒜苗瓜菜神元寶之屬亦免科稅不類此
者不得牽混援引
凡一切洋貨舊任監督巳經科給有紅單者新

任不得重征
康熙二十三年九卿等議覆戶科給事中孫蕙
奏言海洋貿易宜設立專官收稅應如所請得
旨海洋貿易創收稅課若不定例恐爲商賈累當照關
差例差部院賢能司官前往酌定則例嗣經郎中伊
爾格圖酌定開海征稅則例奏請給與各關定
例款項於橋道渡口征收稅課奉
聖諭向令開海貿易謂於閩粵邊海民生有益若此二
省民用充阜財貨流通各省俱有裨益且出海非貧

民所能富商大賈貿遷有無薄征其稅不致累民今
若照奉差郎中伊爾格圖所奏給與各關定例款項
於橋道渡口等處概行征收何以異於原無稅課之
地反增設一關科斂乎此事恐致擾民爾等傳諭九
卿詹事科道會議具奏戶部等衙門遵
諭議覆福建廣東新設關差止將海上出入船載貿易
貨物征收其海口內橋津地方貿易船車等物
停其抽分并將各關征稅則例給發監督酌量
增減定例從之

康熙二十四年戶部劄稱本部准禮部咨題內
開查定例內開凡外國進貢船隻不過三等語
今奉
聖諭外國進貢船隻所帶貨物一概收稅於柔遠之意
未符等因應將外國進貢定數船三隻內船上
所攜帶貨物停其收稅其餘私來貿易者准其
貿易貿易商人部臣照例收稅等因會議具題
奉
旨依議

康熙二十八年戸部奏
聖諭近聞江浙閩廣四省海關於大洋興販商船遵照則例征收稅課原未累民但將沿海地方採捕魚蝦及貿易小船概行征稅小民不便今應作何征收俾商民均益著九卿詹事科道會同確議以聞等經議
奏奉
旨採捕魚蝦船隻及民間日用之物併餬口貿易俱免其收稅

雍正十三年七月戸部奏言粤海關征收貨物則例於雍正六年經前署撫臣將湖絲木香等款不符緣由查明具題經臣部議覆照現行征收各款分別詳載刋榜曉示務使商民知有定規吏胥無從滋弊等因具題奉
旨依議欽遵行文在案今廣東副都統兼管粤海關稅務毛克明等奏稱則例凡稅則及免例不開者以雜貨算查雜貨每百斤稅止二錢價值相去懸殊一概算作雜貨未免稅額過輕是以歷任遵照引比征收之條設立比例簿冊第未經奏

明又不咨部恐輕重有差礙難畫一遵守理合繕寫比冊一本伏乞
敕部覈覆等語臣部將該關比例稅冊與原額則例較對均有多寡不一但歷任引比征收商賈樂於輸將應如該副都統毛克明等所奏將節年征收比例一體載入例冊刋榜曉示庶征收稅課得有遵守而商民咸知奉行於
國課實有裨益而關政之弊竇自可清除再該副都統奏稱每年外洋所到貨物比例未經開載者按其價值估計輸稅難以預擬俟期滿奏銷另行咨部等語亦應如所奏俟該關一年期滿將收過外洋貨物比例定擬送部查覈并令該監督毋致征多報少以滋侵隱等弊可也等因
奏
旨依議

乾隆二年覆准各省米穀稅例九江粤海蕪湖鳳陽清江廠北新天津浙海等關並廣西之桂林平樂梧州潯州富州賀懷集等府縣皆稱征

收船料未便遽行更張但米穀爲民食所資與
百貨不同若不分别豐歉槪行征收恐歉歲省
分致增米價有妨民食嗣後舊征米税船料各
關除豐登之年遵照舊例按則征收外倘地方
偶遇旱潦其附近省分各關口令該督撫即將
被災情形具奏請
旨寛免凡米穀船一到即便放行俟該地方秋收成熟
方准按照舊例征收
乾隆七年八月二十日戸部會議言內閣鈔出

協理山東道事廣東道監察御史李清芳奏江
蘇布政使管理滸關安寧奏稱滸關米穀麥豆
雜糧等項俱計石征收至船料從不收取今准
部議船料一體輸納等因現在按照各項船隻
長短深淺濶狹覈其受載多寡逐一分晰報部
等語臣思關税一件關係民生查天下各關空
船征料及貨船并征者甚少其餘不過就貨税
銀並無征收船料而戸部議內云各關空船旣
係征料船料自應一體輸納是戸部據數處之

關以懸揣天下之關也安寧奏內稱滸關則例
本不收取船料甚明而云現在按照各項船隻
長短深淺廣狹逐一分晰定議是本不收取船
料之關今將添設船料税額也萬一天下各關
依此例辦理是不問何項船隻有貨無貨凡過
關者俱當上税矣我
皇上至聖至明念切民依將過關米豆盡行免税澤至
渥也今若如此辦理是免商人米豆之税以惠
民而收窮民本不納税之船銀以充用臣雖至

愚必知其不可也且民間有船其裝載糧食者
十之一其不裝載糧食者十之九即以江浙之
蘇松常鎭杭嘉湖等府言之人煙湊集其船隻
之多大小不下數十萬艘百姓賴以資生者何
啻數百萬人其間不裝糧食以往來者居其大
半今若一槪征而税之則自杭之北新關以至
淮安等處千里之內當納船料四五處矣小民
以船爲生父母妻子俱在其中千里往還所得
無幾其船大者賃價不過六七兩小者三四兩

其間行家埠頭抽剝殆盡終歲勤勤涉歷風濤比之行商賈客尤爲可念臣謹細繹
聖諭內各關征收則例不一有征商稅者有征船料者有商稅船料並征者今既蠲米豆之稅其船料一項若不分晰明確著有規條恐致混淆滋弊是以
勅部詳查妥議原以米稅既免恐稅料並征之關混淆滋弊也若將本不征收船料之關議令更張收稅殊與
諭旨不符臣愚以爲凡從前稅船之關仍舊輸納船稅不得以米豆藉口其本無征輸船料者不應議及添設船稅則
聖主之恩膏下究而萬民實受其福矣等因於乾隆七年七月初十日奉
硃批九卿議奏欽此臣等正在覈議間又據協理陝西道事山東監察御史沈廷芳奏稱臣閱邸鈔御史李淸芳奏米稅船料一摺殊未詳悉伏查米豆蠲稅一事荷

聖主斷自宸衷舉由宋迄明五百年掊斂之陋政一旦而廓淸之恤商便民利存萬世凡司計管榷諸臣自當仰體
皇上愛民賤貨之心務崇寬大畧去苛刻今部議乃恐船戶串通分船裝載或有偷漏行令詳查夫
聖主意在廣施恩澤故於米稅之重者旣盡予蠲除豈於船料偷漏之區區尚宜錙銖計較况米商挾貲侔利邀
恩免稅萬姓歡呼已深感戴若雇船載米多裝一船卽多一船之雇費船到關卽行開放聽其所之使米商易於往來則米價自能平減今又議令將免過數目造册報部則凡有米船抵關其石數稅銀之多寡關吏仍須細加盤詰得賄者或卽行先放無賄者或托故留難不特守候稽遲更開吏胥需索今米船旣行免稅則每年所免額稅之數公家卽不必與聞若年滿造册徒滋累商無裨善政必致
恩波不能遍及請將各關米船之船料亦永遠蠲除等

因乾隆七年七月奉
旨九卿一併議奏欽此欽遵於本月十七日鈔出到部
該臣等伏查乾隆七年四月
聖諭米豆各項向因商人販賤鬻貴是以照則征輸第
思小民朝饔夕飧惟穀是賴非他貨物可比今特降
諭旨將直省各關口所有經征米豆應輸額稅悉行
寬免永著爲例至各關征收則例不一有征商稅者
有征船料者有商稅船料並征者今既蠲免米稅其
船料一項若不分晰明確著爲規條恐致混淆滋弊

應如何辦理之處著交該部詳查妥議具奏欽此經
遵經戶部議令該關監督將向例征收空船料銀者
遇有裝載米糧過關其應納料銀應照依空船
料銀之數納料如本係空船及按年抽單納課
者仍照舊例征收但船隻料銀各關俱係收納
何計石征收之關獨不收納料稅或係料稅即
在計石征收之內則例未經開載查各關空船
既係征料是船料自應一體輸納應令該關監
督詳細查明定議報部等因具奏奉

硃批依議欽此通行各督撫監督在案今該御史李清
芳奏稱滸關本不收取船料而云現在按照各
項船隻分晰定議是將添設船料稅額萬一天
下各關俱依此辦理不問何項船隻有貨無貨
過關俱當上稅是將本不征收船料之關議令
更張收稅殊與
諭旨不符請將從前稅船之關仍舊輸納船稅其本無
征輸船料者不應添設船稅又據御史沈廷芳
奏稱天津蕪湖等關向納船料今請一體蠲除

等語臣等正在詳加會議於乾隆七年八月奉
聖諭朕愛養黎元特沛殊恩將關榷米豆等稅悉行蠲
免以爲充裕民食之計但船料一項議論不一現發
九卿會議尚未覆奏朕思此事並無難辦之處向征
船料者應照例征收向不征船料者豈可因免米豆
之稅而轉加征船料者該部即速行文各關知之欽
此欽遵仰見我
皇上加惠商民恩施周洽今船料一項各關監督欽遵
諭旨將舊有船料者照例征收向無船料者不得因免

米豆稅銀轉加船料務俾商販流通米糧價值
平減以仰副
皇仁應將該御史李清芳所奏船料不應添設并御史
沈廷芳所奏船料一體蠲免之處均毋庸再議
至該御史沈廷芳奏稱米稅既除米船到關即
行開放聽其所之今議令將免過數目造冊報
部則凡有米船抵關其石數稅銀之多寡關吏
仍須盤詰不特守候稽遲更開吏胥需索年滿
造冊徒滋累商應請永停等語查各關征收米

糧稅銀送部稽考簿內有將米糧字樣指出者
亦有籠統開造並無米數者而各關年滿奏報
戶部例係將上年所收之數比較覈題今若不
將免過數目造報恐管關之員或藉免稅之名
任意虧缺無從查覈是以議令將免過數目年
滿造冊報部原爲稽考覈題起見且榷關之設
自古職司稽察若云米船到關即可任其所之
不必稽查恐有藉稱米船暗帶違禁等物希圖
影射偷越者在商人或有自愛貲本不必盡出

於此而舵工水手人等奸良不一惟利是圖將
來此等情弊勢所必至則過關查驗放行止以
彙冊報部亦無累商之處今該御史奏請停止
造冊應俟一年造報之後各關免過米糧稅銀
已有成數則以後皆可約畧而知再行停其造
報庶爲妥協又該御史沈廷芳奏稱淮安宿遷
兩關近聞米船到彼關吏以部覆未定仍欲征
收以致米商裹足不前淮宿滸墅既皆若此奏

行失實恐他關亦約畧相等等語查各關欽奉
聖諭即應將蠲免米豆稅銀出示曉諭商民今現據江
南督臣將奏明各關停征米稅原摺送部及據
滸墅關監督安寧奏稱准到部文即將到關之
米穀豆麥雜糧等船欽奉
恩旨免其輸納奏明在案是該御史所奏關吏以部覆
未定仍欲征收以致米商裹足不前之處事屬
風聞原無確見應毋庸議
乾隆十三年四月初八日戶部奏言內閣鈔出

兩廣總督策楞奏稱粵海關規例戶部於火燬文卷案內查取經前撫臣準泰咨送并將歷年更正遺漏各條粘籤聲明准部議覆以海關規例係乾隆元年奏明刊刻未便據咨遽議等因臣於接管關務之後復通行各口逐加細覈現據造送前來臣查粵海關規例從前查造之時因祗就各書役開報陋規卽爲刊刻送部並未與現收條款逐細覈明是以有將現征之條遺漏未經入册者有將口岸平色籠統開列而不爲分晰聲明者有減免在前仍行造入册內者有續經奉文寬免而未及刪除者其中並有實在重復科征歷任查出減免者海關與督撫衙門俱歷有案卷可查實無別項情弊除查照各口現收條款與原刊之册逐一覈對添註並另繕清册咨送戶部外臣謹遵照部議繕摺奏明等因乾隆十三年二月二十四日奉

硃批該部議奏欽此欽遵於本月二十八日鈔出到部

臣等查得粵海關向征外洋商船稅正課之外

另有船規分頭擔頭耗羨等項銀兩從前係官吏私收入己自雍正四年至七年前任巡撫楊文乾等節次報出歸公遞年奏解迨至乾隆元年前任監督鄭五賽等將征收條款自行奏明刊刻送部備查在案嗣因臣部貴州司案卷於乾隆十年九月內被焚行令補造送部旋據調任廣東巡撫準泰咨稱規例條款碎繁從前查報歸公一時考覈難周未能悉行刊入亦有一二因時制宜應酌量覈定者歷任監督隨時咨明督撫更正今將現行各條并節任相沿更正緣由一併登註例册等因臣部以該關規例係乾隆元年奏明刊刻送部未便據咨遽議咨覆該撫各在案今據該督策楞將粵海關原刊規例逐一添註另繕清册奏請更正前來臣部將該關原刊例册并添註更正條款清册逐一詳細較對有從前查報歸公時遺漏而今補載者有平色籠統而今分晰者有銀數訛刻而今改正者有重複開列而今刪除者並有奏明

特旨減免而今聲明者該督旣稱從前祇就書役開報
即爲刊刻送部實無別樣情弊自應更正以垂
永遠遵守又冊內裁減鈔規擔銀八條歷任管
關官員旣因擾累商民隨時咨明督撫裁減商
民稱便均應如該督策楞所奏准其更正仍將
更正條款刊榜曉示畫一征收毋許不法吏胥
格外需索致累商民至冊稱紫泥口載貨每船
規銀二錢內給水手盤費銀三分餘銀一錢七
分歸公崖州口每船家人巡役各收車轎銀七

八錢水手扼港錢二三百文向給家人巡役水
手不入歸公冊報等語查前項規銀旣經奏明
列入例冊理應征收解部何得以爲家人盤費
之用且查該關經費冊內家人等役已給有工
食銀兩未便又將前項規銀重複給發應令該
督將前項規銀仍照舊例征收解部再查規例
銀兩從前旣已奏明歸公即屬正課無異如有
一二因地制宜應行更正之處理宜隨事隨報
庶臣部有所稽查今除前項更正條款應據該

督策楞聲明海關與督撫衙門俱有案卷可查
實無別樣情弊應毋庸議外嗣後倘有更正之
款令將更正緣由聲明報部則部中有所稽查
而內外辦理均得畫一矣等因奉
旨知道了
乾隆二十二年戸部奏言據閩浙總督喀爾吉
善兩廣總督楊應琚會奏稱外洋紅毛等國番
船向經粤海關稽查征稅投牙貿易少至浙江
是以浙海關稅則畧而不詳今乾隆二十年二

十一年外洋番船連來船隻收餉定海運貨寧
波交易往來視同熟境先因該番商偶一至浙
非比久常一切科稅諸事無不逾格從寬茲旣
捨粤就浙若不將粤海浙海兩關則例互相比
較更定章程則道路之遠近無別貨殖之低昂
不分必致奸牙蠹吏私扣暗加不特課額有虧
亦與番商無補悉心會商將粤海關征收外洋
貨稅則例及比例規例并出口貨物估價各冊
逐一查覈除比例緣物類繁多稅則未能備載

以此例彼原無軒輊其規例係從前吏胥家人私收陋例嗣經查出歸公以上二項浙關循照征收毋庸另議增減惟正稅一項未便仍照粵海關科則征收蓋向由浙江赴粵之貨今就浙置買稅餉脚費俱各輕減而外洋進口之貨分發蘇杭亦屬便易該番商既比在粵貿易獲利加多則浙關稅則未便概行減少擬將浙關征收外洋船隻正稅科則照依粵關則例酌議加增其中有貨物產自粵東原無規避韶贛等關

稅課者悉仍舊則概不議加正稅之外仍照加一征耗其粵海關估價一項係將該商出口貨物估計價值按貨本一兩征收銀四分九釐名爲分頭先年亦係官吏家人私收入己之項追後清出歸公今應循照辦理但估價原係按照貨物時值估計科銀未便意爲約畧如湖絲茶葉磁器等各種貨物現就浙江時值多與粵海關原例不符似應按照時值增估更定其中有時價相符者仍循其舊至船隻樑頭之丈尺及

貨物進口出口之擔頭悉照粵關則例征收不准減免其浙江上年咨請改征飯食輕減之案俟更定則例咨部查銷等語查設關收鈔裕課必須通商而剔蠹除奸柔遠尤宜經久外洋紅毛等國番船前因偶一至浙並非經年往來貿易是以浙關原定科則從寬今該督喀爾吉善等既以番船捨粵就浙若不更定章程必致奸牙蠹吏私扣暗加課額有虧與商無補悉心會商將循例征收概不議加及應行加征增估各

款分晰聲明開單會奏除循照舊例科征之比例規例正稅火耗估計各項既無增減毋庸置議外其奏請更定之正稅估價二項臣部按單逐加確覈亦屬因地制宜之道應分繕清單恭
呈
御覽俟
命下之日行文各監督遵照辦理仍將更定條款刊榜曉示晝一征收毋許不法胥役格外需索致累番商再查單開珊瑚珠科稅一條臣部檢查粵

例並無此款係按何例覈稅之處并令浙督查
明報部可也等因奉
旨依議此摺內所稱若不更定章程必致私相暗加課
額有虧與商無補等語尚未深悉更定稅額本意向
來洋船俱由廣東收口經粵海關稽察征稅其浙省
之寗波不過偶然一至近年奸牙勾串漁利洋船至
寗波者甚多將來番船雲集留住日久將又成一粵
省之澳門矣於海疆重地民風土俗均有關係是以
更定章程視粵稍重則洋商無所利而不來以示限
制意並不在增稅也將此明白曉諭督撫知之

乾隆二十四年十二月二十二日總督李侍堯
監督尤拔世會奏言竊臣李侍堯前奏請除外
洋夷船規禮名色以杜混弊以協體制事欽奉
聖諭查審監督李永標一案檢閱粵海關則例內開外
洋番船進口自官禮銀起至書吏家人通事頭
役止共規禮火足開艙押船丈量貼寫小包等
名色共三十條又放關出口書吏家人等共驗
艙放關領牌押船貼寫小包等名色共三十八

條頭緒棼如實屬冗雜臣等查直省各關從無
關禮名色載入則例獨粵海關存有此名者因
從前此等陋規皆係官吏私收入己自雍正四
年起管關巡撫及監督等節年奏報歸公遂同
正稅刊入例冊循行已久自當仍舊征收但存
此規禮名色在口人役難免藉端需索情弊應
請
皇上敕交新任監督尤拔世會同督撫將此前項規禮
等名目一概刪除合併覈算改刊每船進口歸
公銀若干俾歸一定既與體制相協蠹役奸胥
亦不能藉端弊混矣抑臣等更有請者外洋夷
船既經更定則本港洋船及別省至粵船隻一
切規禮名色均請刊改歸公二字以臻畫一再
則例內開載瑣碎各口參差不齊易啟在口人
役高下其手之弊亦請
敕交監督會同督撫詳加覈定以垂永久所有外洋夷
船進口出口規禮名目謹照則例繕具清單恭
呈

御覽是否有當伏乞
皇上聖鑒等因乾隆二十四年九月二十二日奉到
硃批李侍堯會同尤拔世詳議具奏欽此茲臣尤拔世已於十月初二日抵任臣李侍堯遵即會同逐加確覈伏查粵海關凡外洋本港商船貨物出入向則除按照則例科征正稅船鈔之外另有官吏家人通事巡役人等規禮以及分頭擔頭等項銀兩從前原係私收入己從雍正四年至七年前任管關巡撫楊文乾等節次奏報歸公

以後原係彙併征解而則例冊內仍照從前開報各項名色分別臚列誠於體制未協茲遵彙併覈算統作進口出口歸公銀各若干將一切規禮火足開艙驗艙放關押船貼寫小包等名色與各條內凡有字義未協之處悉行刪除更正至丈量領牌原與收稅章程無碍止須除去書役家人收取字樣毋庸過爲更易轉致牽混難明其分頭擔頭等項向有分列數條者今統作一條造報至於各口規則其中間有因船隻貨物大小輕重不同或滿載半載之別是以從前所開征收銀錢有多寡不等字樣旣無一定確數難免書役家人高下其手征多報少茲查明歷年收稅冊檔分別等次開造以杜弊竇以上更正各條均與原收規則毫無增減又查省城大關以及虎門潮州雷州瓊州各口向有書役家人收作飯食舟車等費亦備列則例冊內似有未協但往來稽查港口以及看守洋船押同起貨盤費食用在所必需勢難裁汰茲將前

項銀錢統作歸公造報另列應支條款送部覈定按年支銷奏報俱屬有餘而無不足俟覆覈奏准刊刻頒發各口永遠遵守繁冗旣刪名目亦正洵足清稅款而杜弊端部議從之

乾隆二十八年總督蘇昌奏言粵海關向來除征收正額稅鈔并加一火耗外另有私收規禮火足驗艙開艙押船丈量貼寫放關領牌小包以及分頭擔頭等項陋規銀兩每年不下六七萬兩從前原係丁役私收入己自雍正四年起

歷任管關巡撫監督節次報出歸公一并刻入
例冊征收除支給通關人役火足經費外餘銀
列入雜羨盈餘項下解部迨乾隆九年復經前
任管關廣州將軍臣策楞將粵海關原定經費
逐一覈定應支款項數目并查出另有并兌平
餘漏稅罰料及吏役應給火足截曠銀兩三項
每年約銀二千兩議請另款收貯以充公用於
乾隆九年七月內奏明經部覆准在案此一切
規禮擔頭等項陋規久經歸公支銷報解之原

委也又海關衙門設有承舍等七班人役聽候
差遣并備各稅口換班之用共二百餘名向無
額編工食惟藉商船貨物進出每百斤收擔銀
一分一釐零至一分三釐不等每年約收銀三
四千兩每名歲得十餘兩或一二十兩不等以
爲工食養贍之資亦經前管關將軍臣策楞於
乾隆九年十一月內奏請照舊留給欽奉
俞允又各項陋規雖經節次查出歸公其種種名色仍
刊入例冊征收與體制未協乾隆二十五年復

經前任督臣李侍堯等奏請悉行刪除改作歸
公字樣并查得省城大關虎門及潮州雷州瓊
州各口岸向有家人書役查船收取飯食舟車
銀自一二錢以至一兩錢自一二十文以至五
六百文不等向或以一半歸公一半賞給或全
數給與載入例冊征收查係必須之項亦請改
作歸公名目征收另列支銷條項造報經部覆
准亦在案此又近年逐漸釐正歸公之情節也
查以上各項陋規俱歷經奏明改作歸公條款

刊入例冊征收所收之銀或支給經費或解部
充公均應照舊存留辦理至現在大小口岸除
征收正稅火耗之外惟統收歸公銀兩以資公
用其餘一切紛繁條款悉行刪除實無額外私
征及賄縱浮收等弊並無應革之款所有查明
粵海關陋規久經歸公應照舊存留辦理情由
謹查明奏覆奉
硃批該部知道
謹按此案先一年兩江總督尹繼善奏請將

各關陋規酌量應留應革以資辦公經部將本關規禮擔銀併平罰料截曠以及舟車飯費等六項議留

乾隆三十二年四月戶部咨稱據巡撫兼理臨清關事務崔（名缺）咨稱查得臨清戶關稅則從前原按鈔貫覈算每鈔一貫征收銀三釐一毫七絲三忽耗銀加一嗣於乾隆二十九年本院奏明將鈔貫更定銀數按款覈征不特商稅每單原有奇零尾數即所征糧石空重人載船料等

項每款每票亦各有零星長尾是以向來商人逐日親塡并年滿奏銷分送部科紅單稽考等簿俱將毫絲以下尾數逐一開寫造送今大部議奏各省征解鹽課關稅等項其中條目雖多瑣碎不免有零星撒數但每款各有成總原不難刪繁就簡應令嗣後於總數之下遵照

諭旨歸減等語則關稅一項是否於征收商稅石頭以及空重人載船料每款每單每票各將奇零尾數歸減其分送部科單票簿籍亦按每條歸減

造送抑或止於年滿奏銷之時將征收錢糧總數之下遇有零星長尾在五毫以上者作爲一釐歸併造報其不及五毫悉行減除原奉部咨未經分晰指明恐致辦理舛錯再查戶關原額之外每年向有應解銅斤水脚銀七千六百九十二兩三錢一分二釐五毫嗣後奏銷之時是否將五毫之數仍存其舊抑或統歸三釐奏報擬合咨部示覆等因前來查本部覆奏刪減銀米等項零星尾數原摺內開凡銀數統以釐爲

斷其不及一釐之零數應請折中歸減在五毫以上者作爲一釐歸併造報不及五毫者悉行刪除查各州縣衞經征錢糧向例每戶每歲各給易知由單單內前列細款後開總數便民輸納嗣後應征錢糧統令於由單總數之下遇有奇零遵照歸減其單內前列細款仍存其舊以符賦役全書魚鱗冊籍之款至如征解關稅等項條目雖多瑣碎不免有零星撒數但每款各有成總原不難刪繁就簡應令嗣後於總數之

下一體遵照歸減等因在案是關稅一項自應
遵照原奏於征收稅商石頭以及空重人載船
料每款照舊填註細款其每單每票總數下各
將奇零尾數歸減至造送部科單票簿籍及奏
銷錢糧卽按每單每票歸減總數報銷仍將單
票一并分送以便查覈再各項總數既經按照
原奏歸減則臨淸戶關應解銅斤水脚款內尾
零二釐五毫亦應統歸三釐奏報以昭畫一相
應一併咨覆該撫并通行各管關督撫監督遵

照辦理仍出示曉諭毋許吏役藉端需索
乾隆三十三年七月二十一日戶部奏言臣等
查得本年五月內經內務府奏准通行嗣後各
處官辦
貢物俱令各關照數查驗按例稅課等因在案今
據淮安關監督方體浴奏稱各省所辦
貢物之外每年有官辦銅錫鉛斤紙張顏料木植
毛竹等項經過該關向例俱係除官物外查有
餘貨按數科稅今

貢物更定新例此項官物是否仍照舊例辦理等
語查各處所辦
貢物內務府議令一體查驗納稅者原因押送人
役借
貢品名色夾帶私貨希圖影射漏稅起見至各省
一切官辦物件如該監督所稱銅錫鉛斤紙張
顏料木植等類以此類推不可枚舉但領支帑
項採買運解之物若令一體納稅其稅銀仍須
在正項銀內開銷旣動官帑以辦官物復支官

項以輸官稅一出一納間挹彼注茲實屬徒滋
煩瑣自應悉令循照舊例辦理其官物之外帶
有餘貨仍應按數科稅至奏稱向例銅鉛過關
將所帶添秤餘銅應稅數目塡給印花統歸崇
文門報稅所有各處
貢物可否仿照此例辦理仍將過關月日報內務
府查考等語查官辦銅斤各解員備帶添秤餘
銅例准納稅售賣但其實在餘剩若干必俟交
局足數後方有定準過關時無憑懸擬覈數是

以止照各關應納稅則填給印花以便俟有餘
銅確數彙總科稅至各處
貢物均經開寫
貢單有數可稽原與餘銅之預無確數者不同其
經過各關自應遵照內務府原奏按單逐件查
驗依則收稅以杜偷漏仍報明內務府查覈未
便照銅斤過關之例辦理恭候
命下臣部遍行各關一體遵照可也奉
旨依議

是年十一月初一日戶部奏言山西道監察御
史魯贊元奏稱竊查水陸商販輸課抽分一切
木竹雜貨及船隻梁頭均有一定稅則其各關
則例由部核頒勒為成式俾收與納不得以意
為重輕猶恐吏商交涉奸欺易生又給以循環
親填各印簿親填商本若干納稅若干令商人
親手填註使吏胥無由操縱而因以杜征多報
少之弊一年屆滿繳還原簿部科磨勘以稽情
偽循環簿亦然邇來生齒繁盛商賈增而貨益

流通是以各關取入歲有盈餘惟是收稅成法
間有更易即如親填簿一項不盡商人填註所
上稅銀概由吏胥登記名為流水簿流水簿記
定始謄入親填簿輾轉兌那商無由知伏思簿
名親填乃由吏胥手錄是以察弊之法資作奸
之具改易侵漏何所不可其過往貨上下關猶
可互稽若在本地銷售者報稅之後誰從而稽
其跳換取商販多不諳則例所上銀數又不得
據實自填始終貿貿是以守關之家人吏役一

氣操縱例外索詐以肥私槖而商本益費商本
費而物價騰所關於民間利病非小也臣愚請
令各關口將現定則例刊揭木榜使商民共聞
共見貨物到關秉公驗定令各商按則上稅親
填印簿不必責其字畫一律則呈繳部科筆跡
昭然有無弊端磨勘立見至刊列木榜及收稅
法平并令各該督撫不時輒查勿使吏胥藏奸
庶索詐不行侵漁漸杜矣等因乾隆三十三年
十月十三日奉

硃批該部議奏欽此欽遵於本月十四鈔出到部臣等
伏查雍正二年奉
聖諭各省關稅嗣後將應稅貨物則例刊刻木榜務令
豎立街市使人共見不得藏匿屋內或用他紙掩蓋
以便高下其手任意苛索欽此又雍正七年奉
聖諭各關例有部頒號簿以便稽查茲聞各關另設私
簿征收惟於報部之時始將號簿挨日塡造其意以
據實塡簿則不能逐日有征收之數目恐干駁查是
以設法勻派塡造如此則簿內全非實在數目號簿

亦爲虛設矣嗣後各關於部頒號簿務須據實塡寫
不得仍蹈前轍欽此又乾隆七年奉
聖諭近聞各關司榷人役巧立名色重戳征收勒措需
索弊端百出大爲行旅之害嗣後各該督撫嚴行覈
察遇有此等弊端立卽嚴拏重究如司榷官員瞻狥
袒護亦卽據實奏聞不得視爲具文倘朕再有所聞
或被科道知有實據參奏朕惟該督撫是問欽此欽
遵均經臣部通行在案今據山西道監察御史魯贊
元奏稱各關收稅親塡簿不盡商人塡註所上

稅銀槪由吏胥登記商販多不諳則例所上銀
數又不得據實自塡始終貿貿請令各關口將
現定稅則刊揭木榜使商民共聞共見貨物到
關令該商上稅親塡幷令各該督撫不時較查
木榜平法等語臣等伏思各關刊揭木榜臚列
應征稅則俾商民通曉併設立印簿逐日令商
按則輸稅卽據實親塡如有遺漏不令親塡者
將收稅官參處定例綦嚴且屢經欽奉
聖諭訓飭整頓尤爲諄切詳明是該御史所奏木榜親

塡簿二項均經著有成規遵行已久司榷之員
果能實心經理則吏胥自不敢售其奸僞愚弄
商民如其陽奉陰違潛滋弊竇咎在奉行之不
力並非立法之未周自毋庸另行置議至各關
稅務督撫原有密防嚴查之責果有越例苛征
及重戳浮收等弊耳目甚近何難立卽糾參卽
科道訪聞確切亦可指實參奏若但懸擬其弊
竇請加整頓不過付之具文一加飭行而已究
與裕課恤商之道毫無實效況木榜平法親塡

簿等項在督撫政務殷繁豈能數數自往查勘不過委之屬員仍屬有名無實臣等愚見凡關榷所在均有地方官員一切情弊見聞最易應責令本省督撫嚴行體察一有違例私征等弊即行參究則榷務未有不肅清者至於考較細務如平法之類事涉瑣屑既非政體亦無實際應毋庸議可也等因奉

旨依議

乾隆四十九年奉

聖諭留京辦事王大臣議覆福康安舒常等籌酌粵省洋行事宜一摺內稱洋貨內珍珠寶石等項抽稅易於偷漏應令新任監督等悉心籌酌以期永久無弊等語國家撫御外洋不貴異物每歲番民與內地洋行交易貨物均沾利益原所以體恤夷商至洋貨內珍珠寶石等項並無需用之處向來粵海關抽稅亦屬無多況此等物件本難定價易至居奇且便於攜帶藏匿難保無偷漏分肥否則過於吹求若設法嚴禁逐項搜查實屬不成事體現在京師及各處關隘商

稅則例內本無此項稅課不如聽商人等自行交易免其收稅則諸弊悉清更毋庸多爲防範嗣後粵海關珍珠寶石概不准征收稅課著爲令

乾隆元年兵部尚書甘汝來奏言竊查商賈通有無以便民司市貢貨賄以足賦故關津有過路之稅鎮集有落地之稅酌其所獲利息之多寡不過什取其一以充賦課下不病商上可益

國由來久矣自有司奉行不善往往浮收過取而贏餘之數以出近日則視贏餘多寡爲議敘是以監督有司悉力苛索多方取盈甚則不問則例有無定額總籍口於贏餘無出而誅求不已毫髮無遺嗟茲商旅何堪剝削況其病不獨在商也商增一分之稅即貨長一分之價而民受一分之害是所謂贏餘者非富商之資本實窮民之脂膏也我

皇上愛惜黎元德洋恩溥於田房契紙一項已荷革除深爲民便臣竊以爲商賈一項亦可準此意而畧爲釐定謹將臣耳目所及不便於商民者敬

陳之

一榷稅不宜重複也查一省之內每有設關數處者原因各有出入要口不得不層層稽查非爲已稅者越數百里而復征也乃浙江兩廣等處節節皆關一關甫榷一關又征此甚非立關之本意實奉行之不善也請嗣後凡貨物經過如初關已稅卽給票爲信他關祇驗票放行毋得重征苛勒

一米穀之稅應豁免也查食爲民天非他貨可

比各省原無米穀稅例惟廣西各關獨征之故廣東獨受米穀昂貴之害其餘蕪關淮關等處雖不征米穀之稅但俱照船隻尺寸則例抽報科稅亦仍是米穀征稅也夫米爲窮民所必需之物土窄人稠之地或偶有水旱之鄉皆仰賫於鄰省苟增一關之稅銀卽長一層之米價曷若蠲此毫末之稅項而令小民受飽飫之實惠乎請嗣後凡米穀船到關止稽查有無夾帶私鹽違禁等物槪停其征收稅銀船料則小民沾

無窮之實惠矣

一沿海捕魚船隻不應輸餉也查邊海之地遍處汪洋居民惟有採捕魚蝦藉以活命其船則用單桅不能出洋貿易向例祇在於本縣給照稽其出入並不輸稅近聞各海關監督雖單桅船隻亦令請領關牌同雙桅出海貿易之船一體輸鈔此無論輸鈔之多寡卽請領關牌一次已需規例四五六兩嗟此窮漁奚能堪此請

敕令海疆督撫查明單桅魚船槪免領牌輸餉庶濱海

貧民得有生計不至困廹爲盜則官與商民又胥享安靜之福矣

一魚簺鴨埠之稅宜盡蠲也凡近海居民貧生爲業有用竹簺取魚者有於埠頭養鴨者閩廣之間悉按簺按埠征稅而窮民之生計益蹙矣此項稅銀無多原無裨於

國計而極有害於貧民應請盡蠲除以甦民累

一各關之飯錢宜革也商旅到關未問正稅先索飯錢嘗見貨物無多之客商其所費飯錢竟

有數倍於正稅者請
敕令各省督撫及各關監督務嚴飭胥役凡商旅到關止按則例征收正稅概不許需索飯錢如再有不法之徒剝削商民督撫監督置若罔聞者許科道不時糾參嚴加議處以上數條皆臣見聞所及灼知其甚有病商民故敢不避煩瑣冒昧瀆陳是否可採伏乞
睿鑒施行

嘉慶十一年監督阿克當阿咨會總督吳熊光稱查乾隆五十一六十等年因粵東米價昂貴均有諭商傳諭夷商情願載米來粵發賣免其征鈔之案查澳門黃埔二處夷船均有採買洋米令酌議如有夷人情願載米來粵進泊黃埔者果係專載米石並無別項貨物准免丈量輸鈔仍令空船出口其進泊澳門米船亦須查無夾帶進口貨物始免完納鈔銀仍准其裝貨出口如進口時帶有貨物及黃埔米船進口帶有些須貨物均不得免輸船鈔如此分別辦理庶

於民食餉課兩無遺碍相應咨會查照

道光四年總督阮元奏言溯查乾隆五十一年六十年嘉慶十一年屢有近粵港脚等國租貨夷船載運洋米來粵發賣之事定例夷船進口應丈量船身大小報征船鈔粵海關向無米稅從前洋米來粵並免丈輸船鈔以示招徠祇於糶竣後放空回國不准裝貨出口以示區別此係向來辦理章程近年以來洋米罕到詢之洋商據稱外夷運米遠來雖免完納船鈔而放空回國遠涉重洋並無壓艙回貨抵禦風浪該夷等既憚風濤之險又無多利可圖是以罕願載運合無仰懇
恩准令各國夷船如有專運米石來粵並無夾帶別項貨物者進口時照舊免其丈輸船鈔所運米穀由洋商報明起貯洋行按照市價糶賣糶竣准其原船裝載貨物出口與別項夷船一體照例征收貨稅彙冊報部臣謹會同巡撫陳中孚監督七十四具奏奉

上諭阮元等奏請定洋米易貨之例一摺廣東粤海關向准洋米進口糶賣免輸船鈔糶竣回國不准裝載貨物近年以來該夷等因回空時無貨壓艙難禦風濤且無多利可圖是以米船來粤者少自應將成例量爲變通著照所請嗣後各國夷船來粤如有專運米石並無夾帶別項貨物者進口時照舊免其丈輸船鈔所運米穀由洋商報明起貯糶賣糶竣准其原船裝載貨物出口與別項夷船一體征收稅課彙冊報部以示體恤

道光十一年三月總督李鴻賓會奏言竊臣於道光九年十月因暎咭唎夷船延不進口將曉諭防備及該夷人稟懇減輸規銀各緣由會同臣盧坤附片密奏欽奉

上諭該夷人稟內夷船規銀不論船隻大小一律征收懇請分別納餉等款尚可量爲變通著該督等妥議具奏等因欽此臣等遵查各國夷船來粤向照西洋船例分三等征鈔康熙二十四年定爲酌減二分嗣奉部行西洋船照東洋船例則酌減等因粤海關歷辦稅務係將夷船分爲一二三等均照東洋船例減鈔銀十分之二按船征收丈量各船時樑頭長濶丈尺將應征銀數遞增遞減凡一等大船征鈔自一千一百餘兩至二千一二百兩不等二三等中小船征鈔八百餘兩至四百餘兩不等此粤海關分別等次征收洋船正鈔之舊例也其貨物稅銀則分貨之精粗計以斤兩丈尺照則輸納又於船鈔貨稅之外另有進口規銀不分等次一律完納從前

原屬官吏丁役人等私收入己以作費用迨雍正四年後經管關巡撫臣楊文乾等節次報出歸公遂刊入例冊每船額收進口規銀一千一百二十五兩九錢六分九折扣算隨同正稅解部歷久遵行無異今該夷等以進口規銀呈懇減納奏奉

諭旨准予量爲變通實屬

恩施格外自應仰體

聖主周恤遠人至意酌量裁減以示懷柔臣等悉心

會議夷船進口規銀係於船鈔貨稅之外另有此項以從前官吏所收之使費改爲歸公銀兩原屬與正餉稍有不同自可隨時斟酌俾更樂於輸將通盤合計不獨二三等船規銀過於正鈔必須予以輕減即以一等大船而論各國情形不同亦不可不詳加體察臣等再三查覈每年來粵貿易如咪唎堅國或三十餘船暨二十餘船十餘船不等其一等船不過十之一二二三等船則居十之八九又港脚或三十餘船及

二十餘船不等其一等船則居十之五六二三等船不過十之三四荷蘭咈囒哂等國來船不過三五隻亦係大船少而小船多惟𠸄咭唎國連年夷船到粵二十餘隻全屬一等大船並無二三等船隻若一等船不許酌減則二三等船多之國按船減銀獨沾厚惠一等船多之國所減甚微甚至無船可減未免向隅似於
聖朝一視同仁之道亦有未協應請嗣後各國夷船進口規銀仿照康熙二十四年酌減洋船鈔銀

二分之例將一二三等各船規銀均減去十分之二以昭公溥如此斟酌變通庶各國大小洋船一體仰沐
皇仁同沾渥澤矣至夷船另有出口規銀五百餘兩九折征收爲數較少亦係隨餉解部放關銀一百三十餘兩係撥充普濟堂公用報部覈銷俱應毋庸議減奉
旨俞允

道光十三年奏

上諭盧坤奏籌辦災區民食請動項採運米石並官運商販均照例免稅一摺本年廣東省城被水災區糧價昂貴現經酌動倉穀碾米平糶民食仍虞缺乏必應預爲經畫招徠販運以資接濟據該督體察情形請就近動項採買招商販運著照所請准其於廣西省梧州潯州等府酌借庫銀採買米四五萬石一面遴派妥員前往領運俟陸續買有成數先行回運災區濟糶並招商由官給票分投前往販運一面於該省藩庫米耗盈餘項內酌動

銀五萬兩發交洋商承辦購運洋米減價出糶仍
將糶錢易銀循環轉運俟市價平減再行停止所
有借動庫貯銀兩合計糶折及運脚等項另行籌
補足數歸款其借動廣西府庫銀兩卽就近作正
開銷統歸廣東藩庫分別存貯報撥及歸還原款
以省沿途寄解至採運米石係赴災地出糶毋論
官運商販經過關津均著照例免其納稅以廣招
徠而裕民食餘著照所議辦理

右事例

粤海關志卷八終

粤海關志卷九

稅則二

衣物

衣番布衣每百斤稅銀三錢各色哆囉絨羽紗番衣每件稅八分絨衣各色翦絨番衣
每件各稅四分帽絨帽每百斤稅三錢象牙帽每頂稅二錢三分氈帽每百斤稅二錢
柤草帽每百斤稅一錢綿紗帽每八頂絲帽每四頂番帽每一頂各稅四分帽邊
海龍皮帽邊每副稅二釐四毫帶爐金銀絨絲帶每百斤各稅二兩二錢金線帶每斤稅
一錢中衣羽紗翦絨紬緞番褲每二條稅四分襪緞襪絲襪絨襪每百雙各稅八錢
綿紗襪每百雙稅四錢氈襪每百斤稅二錢靴緞靴每百雙稅一兩

衣物免征沿海貿易小船照數免稅與販大洋者仍照則征
帽矮帽藤草涼帽每百頂各稅二錢帶綿紗帶每百斤稅三錢襪紗襪每百雙稅
八錢布襪每百雙稅四錢靴馬皮靴每百雙稅一兩牛皮靴布靴每百雙各稅六錢
鞋緞紬鞋每百雙稅二錢五分布鞋每百雙稅一錢五分木屐每百雙稅一錢收

食物

米東洋米沙穀米每百斤各稅二錢五分芝麻每百斤稅二錢番荳每百斤稅
一錢麪花麪麪頭乾每百斤各稅五分酒包酒每十包蒲酒每罎豆酒每大罎各稅三分
豆酒每小罎稅三釐洋酒每瓶稅二分每五斤每五圓罐皆作每瓶科算、順酒桂酒每十
瓶惠泉酒每罎各稅一分五釐茶番茶每百斤稅三錢三分三釐細土茶每百斤稅二錢

粗土茶每百斤稅一錢**煙**倭煙每百斤稅一兩五錢倭煙葉每百斤稅三錢煙每百斤稅二錢**葷味**白燕窩每百斤稅四兩紅燕窩每百斤稅二兩紅白對報每百斤稅三兩魚翅每百斤稅三錢鹿筋每百斤稅二錢五分海參鮑魚鯀魚鰻魚破肚子每百斤各稅二錢火腿每百斤稅一錢二分蝦米澹菜牛乳油餅每百斤各稅一錢海菜每百斤稅五分**蔬菜**海粉每百斤稅九錢二分摩菇羊肚菜每百斤各稅三錢香蕈紫菜香小菜每百斤各稅二錢木耳閩笋每百斤各稅一錢**作料**胡椒每百斤稅四錢八角茴香番醬油醬油每百斤各稅二錢蔴油荳油每百斤各稅一錢蒜頭每百斤稅五分**果品**蜜餞丁香桃乳葡萄乾棗番蜜餞各色糖果每百斤各稅五錢蜜餞糖果每百斤稅三錢六分松子每百斤稅三錢核桃肉榛子肉酸子每百斤各稅二錢圓眼茘枝每百斤

各稅一錢二分各色京果每百斤稅一錢柚子落花生每百斤各稅五分**蜜糖**蜜糖每百斤稅二錢麥芽糖白糖冰糖每百斤各稅一錢黃糖片糖每百斤糖水每三百斤各稅六分

凡瓊潮高惠雷廉白糖黃糖片糖每一百八十斤作一百斤科稅大關仍照百斤實算

食物免征沿海貿易小船照數免稅典販大洋者仍照則征收

粉麪米粉豆粉白麪線麪每百斤各稅五分**茶**茶辣每百斤稅二錢**酒**每百斤稅三分**煙**煙草每百斤稅五分**葷味**糟鯆魚每百斤稅一錢二分鹹魚乾沙魚乾魚子西施舌蟶乾蚧乾鹹野味鹿脯牛肉乾鹹肉每百斤各稅一錢鹹魚海蜇每百斤鹹蛋每千箇各稅五分大滷魚每百斤稅二分五釐小滷魚每百斤稅一錢五分**蔬菜**黃花

菜金針菜笋乾荳豉每百斤各稅一錢麵筋每十斤稅八分**作料**鰕醬生薑每百斤各稅五分醋糟每百斤各稅三分**果品**鳳菱角藕粉椰粉欖仁欖乾每百斤各稅一錢橘子柑子橙子雪梨沙梨蔴粉每百斤各稅五分

用物

緞紬紗錦綾羅絹絨褐天鵝絨每疋稅四兩各色緞紬紗錦綾羅絹錦糚緞金緞織花紅緞姑絨剪絨雲絨灑線料每百斤各稅二兩二錢土綿紬土紗土絹土絨織絨每百斤各稅一兩八錢羽緞每丈褐子每百斤各稅一兩羽紗每丈稅六錢番牛郎各色鎖鞋喇洋金緞每丈各稅五錢各色番鎖袱每丈小絨每丈各稅三錢嗶嘰緞紗番紀番斜紋洋剪絨每丈交趾絹西洋紬絹每疋各稅一錢五分**布**繡梭布繡斜紋布每

百斤各稅二兩二錢梭布夏布雲布葛布波羅每百斤一等西洋布每疋各稅五錢斜紋布交趾粗布交趾粗花布每百斤各稅四錢綿布洎布幔布每百斤各稅三錢二等西洋布柳條布袈裟布番斜紋布番布幔繡布幔每疋各稅二錢二分蔴布每百斤稅二錢西洋葛布海葛每疋羽布每丈各稅一錢五分番邊每疋稅一錢西洋粗布每疋稅五分琉球粗葛布每疋稅一分**絲絮纓線**湖絲絲經每百斤各稅五兩四錢烏纓每百斤稅三兩洋金線洋銀線金線線絨每百斤各稅二兩二錢天蠶絲洋絲土線每百斤各稅一兩八錢土絲縱土絲湖綿番紅綿紗每百斤各稅一兩波羅蔴料每百斤稅四錢兩纓每十斤稅三錢綿花花絨每百斤各稅一錢五分金銀線每斤稅一錢帶子綿花每百斤稅七分五釐**皮張**象皮犀牛皮每百斤各稅一兩山馬皮麖皮每百斤各稅二

錢六分鹿皮小花片獐皮每百斤各稅二錢五分銀鼠皮灰鼠皮貉貛皮獺皮每百張各
稅二錢四分牛皮每百斤兎皮每百張各稅二錢貂皮虎皮豹皮每張各稅一錢狐皮
每張小者每二張作一張各稅五分臭皮每百斤稅三分沙魚皮蛇皮每張土沙魚皮每
四張各稅一分**氈毯**大皮花毯西洋大氈每張各稅一兩中皮花毯西洋中氈西洋毛
毯西洋小氈係剪絨綿花被面者每張各稅五錢土氈各百斤稅四錢氈條每百斤稅三
錢線毯每百斤稅二錢小皮花毯洋白氈西洋小坐氈每張各稅一錢大絨條每條稅
六分小絨條每條稅三分**布帛羢皮翠飾零星用物**烏帕香袋
紗汗巾緞棹圍椅褥每百斤各稅二兩二錢翠花絨花每百斤各稅一兩八錢皮手套每
百雙稅四錢番小帳係錦花被面者每張稅二錢洋大手帕每條洋花大棹布每塊絨包

每箇各稅二分西洋小手帕洋花小棹布每塊各稅一分**金銀器**纍絲金器每件銀器
每斤各稅八分洋纍絲銀器每比稅四分**各色金銀器**金推鐘小金亭鑲標
每筒掛推鐘金亭掛金標金亭座每座各稅一兩六錢小銀自鳴鐘每箇稅一兩金標銀
標鐘每箇各稅八錢銀規矩金鼻煙盒每箇各稅二錢大銀人物每件金絲標鍊每副各
稅八分小銀人物銀鼻煙盒每箇金絲帶扣銀絲標鍊金鈕扣每副金劍頭事件鍍金女事
件每件金戒指銀鞋扣每四箇金鈕每四顆銀扣每二十箇金鞋扣小銀調羹叉銀鞭桿頭每
二箇各稅四分**法藍器**大土燒法藍器洋小法藍器每件各稅四分小土燒法藍器
每件稅二分**各色法藍器**洋法藍器自鳴鐘每箇稅四兩洋法藍標每箇稅
八錢洋法藍酒杯洋法藍小菜碟每箇各稅二錢土法藍片盤每件稅八分**銅錫**

器番銅器每百斤稅五分銅器每百斤稅三錢五分錫器每百斤稅三錢**各色**
銅器大自鳴鐘每箇稅十兩中自鳴鐘每箇稅五兩渾天球量天尺每架小自鳴鐘
大弔駝鐘每箇洋羅經每百箇各稅一兩大銅畫每張稅六錢大銅標弔駝標時辰標銅
自行珠箱銅架大顯微鏡每箇銅規矩每四箇番銅花每二枝各稅四錢小銅畫每張稅三
錢銅日規每箇稅二錢剃頭小規矩每箇稅一錢烏金茶壺酒壺水壺每件各稅八分
洋大天屏架每副稅五分烏金爐每箇稅四分洋小天屏架每副稅二分五釐**鐵器**
熟鐵器每百斤稅一錢生鐵器每百斤稅八分**各色鐵器**大洋烏鎗每枝稅四錢
鐵鍋不論二三四五口等連每六連作一百稅二錢小洋烏鎗每枝洋針每斤各稅一錢
洋劍刀每把稅三分洋刀叉洋小刀洋剪刀每把各稅一分**木器**紫檀器檀香器影木

器每百斤各稅九錢鳳眼木器花梨木器鐵梨木器烏木器每百斤各稅一錢**各色**
竹木器紫檀大圍屏每架稅五兩紫檀小圍屏每架稅二兩五錢花梨木大圍屏
楠木大圍屏每架各稅五錢粘金小木棹每張大番琴大風琴每架小番琴每二架木小千
里鏡每二十箇各稅四錢粘金木鸛每箇小風琴每架各稅二錢柳杯每十箇柳瓢每百
箇各稅三分五釐織絨花竹簾每二斤稅一分八釐粘金木扣每二粒粘銀木扣每四粒
各稅一釐**各色珍玩器**珊瑚器每斤大蜜珀箱每對蜜珀鏡架每箇波羅松器每
十斤各稅一兩珊瑚蜜珀牙花盆景每盆玉器每十件鶴頂紅器每斤小蜜珀箱每對各稅四錢
大草珠塔盒每箇珀器每斤雄黃器每十件各稅二錢小草珠塔盒每箇稅八分琥珀沙
漏每斤稅五分**各色石器**青金石磬每架咖石喻茶杯咖石喻大規矩每箇各稅八

錢咖石喻小規矩每箇稅六錢青金石杯盤器每件青金石鼻煙盒咖石喻水罐鼻煙罐
鼻煙盒洋花石小箱每箇鑽石花每枝各稅四錢綠松石器每斤石器每百斤各稅二錢
小咖石喻器每件咖石喻煙球每箇各稅一錢二分瑪瑙器每斤稅一錢青金石小鼻煙
壺洋花石小盒每箇各稅八分瑪瑙杯碟每件稅五分金精石器水精石器每件洋花石
鼻煙壺每箇洋花石調羹每枝洋花石珠每顆咖石喻刀乂每把咖石喻鈕扣大者每十粒小
者每二十粒咖石喻珠大者每五粒小者每十粒咖石喻快子頭每條各稅四分瑪瑙鼻煙
盒每箇稅二分五釐**蠟石器**蠟石器每二斤大蠟人物每箇各稅二錢小蠟人物每
箇各稅八分**磁器**洋磁器細磁器每百斤各稅三錢中磁器每百斤稅二錢粗磁
器每百斤稅一錢土磁器每百斤稅三分凡磁器不秤每十枝作一百斤又每一桶亦作

一百斤不折算係古磁器另算**土器**細土罐每百斤稅二錢大泥人物每箇稅四分
小泥人物每箇傾銀鐠每百箇各稅二分傾銀罐每百箇稅一分泥煙筒每枝稅一釐
燒料器大玻璃燭臺每對玻璃缸每箇各稅六分玻璃箱每箇稅五錢玻璃日規
千里影每箇千里鏡大者每一箇小者每四箇玻璃球大者每箇小者每二箇各稅四錢小玻
璃燭臺每對玻璃影盔時辰牌每箇玻璃杯壺瓶盤每十箇各稅三錢凡玻璃杯壺盤瓶大者
另算大玻璃燈每箇稅二錢四分洋料絲棹亭每架玻璃燈罩每箇各稅二錢玻璃時
辰牌小玻璃燈玻璃小酒桶每箇各稅一錢二分玻璃鏡高七寸寬五寸者每面玻璃鏡櫃
每面玻璃影畫箱每箇各稅一錢玻璃畫鼻煙盒大土玻璃燈小人物每箇各稅六分百
步燈每箇稅六分大珠燈大料絲燈每箇各稅四分小土玻璃燈每箇玻璃鈕扣每二十

箇玻璃水中人每五箇各稅三分小珠燈小料絲燈每箇各稅二分玻璃鼻煙盒每箇稅一
分五釐洋小火鏡玻璃圓小手鏡玻璃小影盒顯微鏡每箇玻璃時辰標蓋每二箇各稅一
分**漆器**漆大圍屏每架稅五錢番漆器每百斤稅四錢漆小圍屏每架稅三錢
雜色漆器每百斤稅二錢五分**骨角皮革器**牙器每百斤象牙席每張各稅二兩
三錢雕花牙屋每座稅一兩六錢小牛角千里鏡每十箇牙船每隻各稅四錢骨器角
器角帶子每百斤各稅二錢牙扇每百把稅一錢大洋角燈每箇稅五分小羊角燈每
一箇稅二分五釐雕花牙器每件洋小皮盒鏡每箇各稅二分**瑇瑁器**每斤稅六
分**螺蚼器**每百斤稅三錢海螺杯每百斤稅二錢螺蚼扇每百把稅一錢螺
蚼鼻煙盒每箇稅一分**諸色鑲嵌器**洋磁器鑲時辰標假山每座稅四兩乘

金鑲鑽石花標鐘風琴每架稅三兩瑪瑙鑲金推鐘瑪瑙鑲鑽石大規矩每箇各稅一兩六
錢瑪瑙鑲鑽石小規矩每箇稅一兩二錢玻璃影畫時辰鐘每箇紫檀鑲石圍屏每架各
稅一兩鍍金鑲標玻璃圓手鏡每面鑲瑪瑙金標瑪瑙鑲鑽石鼻烟罐鑲花石金標鍍金銅
柱棹標鑲水晶石架標每箇各稅八錢鍍金絲瑪瑙規矩鑲花石小規矩洋法藍鑲鑽石鼻
煙盒洋法藍鑲金銀鼻煙盒鑲瑪瑙鼻煙盒鑲花石金鼻煙盒每箇各稅四錢鑲銀大玻璃
箱銀鑲邊玻璃油畫盒鑲油畫玻璃盒每箇皮鑲玻璃小沙漏每十箇各稅三錢鑲瑪瑙鼻
煙罐鑲蜜珀鼻煙盒每箇各稅二錢鑲銀小玻璃箱每箇稅一錢五分玻璃鏡鑲玻璃油
畫每面稅一錢鑲金鼻煙盒銀鑲沙魚皮鼻煙盒鑲洋法藍鼻煙壺鑲洋花石杯金鑲烏木
檳榔箱每箇各稅八分銅鑲玻璃鼻烟盒每箇稅六分銀鑲螺蚼鼻煙盒鑲鑽石戒指每

箇鑲鑽石扣每粒銅鑲磁器鼻煙盒銅鑲瑇瑁鼻煙盒鑲寶石扣每二箇鑲銀杯每二十箇鑲[illegible]
銀箸每二十對各稅四分銀絲小玻璃鏡每箇稅一分 **諸色裱褙器** 大繡洋畫
每張稅一兩二錢 推公洋屏油畫每架稅九錢 小繡洋畫大油畫每張各稅六錢 絹裱
圍屏大紙圍屏每架各稅五錢 紙小圍屏每架小油畫每張各稅三錢 西洋紙畫每百張
各稅一錢 油絹裱畫每軸紙裱畫每二十軸沙畫每三張洋大畫每張各稅六分 紙畫每
百張小冊頁每套各稅三分 **藤草器** 一等佳紋席每張稅四錢二等每張稅二錢三
等每張稅一錢 嘪咀席一等每張稅一錢二等每張稅五分 番花藤席三尺五寸以上者
每張稅二錢三尺五寸以下者每張稅一錢藤鎗桿每百枝稅一錢二分 粗藤席每張洋
鞭桿藤桿每百斤各稅一錢 龍鬚席每張粗若兩張作一張雜用藤桿每百斤各稅五分

棕杯每十箇稅三分五釐 番單草席每張稅三分 番夾草席每張稅二分五釐 **諸色**
零星用物 番眼鏡每百箇稅一兩 交趾扇川扇金扇紗扇每百把兩傘面桿每百
斤各稅一錢 紙面每百把土眼鏡每百筒各稅五分 大紗燈每箇稅八釐 小紗燈每箇
稅四釐
用物免征 沿海貿易小船照數免稅興販大洋者仍照則征收
綿絮線縷 布料每百斤綿線每百斤各稅三錢麻綿每百斤稅二錢 新綿胎每
百斤稅一錢五分 **皮張** 羊皮每百張馬騾驢皮每百斤各稅二錢 狗皮每百張稅六
分 **布綿零星用物** 葛布手巾每百斤稅五錢 麻布手巾每百斤稅三錢
布手巾每百斤稅二錢 **木器** 算盤天平架每百斤各稅二錢 雜色木器每百斤稅一

錢 **藤草竹絲器** 藤竹絲器每百斤稅三錢 竹席每百條竹篦每百斤各稅二
錢 竹轎每乘蒲席每百條雨傘竹簾葵扇粗草席草薦每百斤各稅一錢 **皮革器**
皮箱每百斤稅三錢 大皮鼓每十面稅四分 小皮鼓每十面稅二分 **鐵器** 土針每斤
稅一錢 **土器** 粗土罐每百斤稅一錢

雜貨

藥料 **雜販一切藥材** 除後開各項 **每百斤稅二錢**
黃連丁香每百斤各稅二兩 牛黃每斤肉桂皮沙血蝎沒石子山羊血三七每百斤各稅一
兩五錢 丁香子荳蔻縮砂每百斤各稅一兩四錢 蘆薈烏藥沒藥每百斤各稅一兩二錢
三分 雄黃天竺黃忽金付子川貝母蠟丸丸藥紫河車羚羊角石蟹阿魏每百斤各稅一兩

二錢 紫梗米牙囒米象皮膏膏藥番紅花好木香每百斤各稅一兩 低木香每百斤稅五錢
好低對報每百斤稅七錢五分 好冰片每斤稅一兩 低冰片每斤稅六錢 好低對報每斤稅
八錢 冰片泥每四斤稅一兩 好乳香每百斤稅九錢 低乳香每百斤稅五錢 好低對報每
百斤稅七錢 龜鹿膠阿膠砂仁肉硼砂鹿茸大黃膏每百斤各稅六錢 交趾土桂皮每百
斤稅五錢 臙脂米紅花米紅花蓽茇子紫梗每百斤各稅四錢 知古辣苦果皃茶檳榔膏每
百斤各稅三錢三分三釐 人參每斤人參鬚每十斤砂仁樟腦每百斤各稅三錢 火艾通
大海爐底石每百斤水安息每斤各稅二錢猴棗每箇稅一錢八分七釐五毫 桃核良薑
薑黃黃薑黃蘗土艾訶子冷飯團大楓子紫草山柰沙鱉乾每百斤各稅七分 石膏藿香葉每
百斤稅五分 象膽熊膽蟾酥每斤薯莨香樹皮紅樹皮 紙樹皮每百斤各稅三分

顏料硃砂每百斤稅二兩四錢　盌青每百斤稅一兩六錢　藤黃每百斤稅一兩五錢
洋紅每斤各色洋顏料每百斤各稅一兩二錢　石綠每百斤稅八錢　土硃每百
斤稅六錢　嶶墨靛花每百斤各稅三錢　銅綠黃丹好低蘇木每百斤各稅二錢　土墨土
粉烏煙每百斤泥金末每二斤各稅一錢　大青每斤稅六分三釐　猩猩紅每斤稅五分
二青每斤稅三分一釐　染靛每百斤稅三分　**香料**好番速香每百斤稅二兩　低番速香
每百斤稅一兩四錢　好低對報每百斤稅一兩七錢　安息香每百斤稅一兩二錢　上檀香
每百斤稅一兩　下檀香每百斤稅七錢　上下對報每百斤稅八錢五分　速香每百斤稅八錢
洋麝香每斤稅五錢　黃熟牙香桂蘭香各色細香每百斤各稅四錢　好伽楠香每斤香末
樹香大降香每百斤稅二錢　大小對報每百斤稅二錢五分　麝香每斤麝香殼每四斤苓香

每百斤稅二錢　奇速香每斤稅一錢二分　中伽楠香每斤稅一錢　沉香每斤稅六分
排香各色粗香每百斤各稅五分　**雜料**蘇合油冰片油檀香油每百斤各稅三兩　水
銀每百斤稅一兩二錢　白蠟每百斤稅一兩　洋蠟燭軟蠟洋蠟每百斤各稅八錢　洋漆每
百斤稅六錢　丁香油每斤稅五錢　土黃蠟火漆每百斤各稅四錢　漆每百斤稅三錢
稿燭　蠟燭魚膠硫磺每百斤安息油每斤各稅二錢　花露油每瓶稅一錢五分每罐稅三分
梘每百塊稅一錢二分　牛油燭稿油牛油柳子油牛皮膠青白礬松香每百斤各稅一錢
[illegible][illegible]油每三斤稅三分　花露水后福水每瓶每五罐各稅二分　**紙劄各色**
紙每百斤稅二錢金銀版紙每百斤稅二兩二錢　洋白紙每百斤稅四錢
錫箔紙每百斤稅三錢　千張紙每百斤稅二錢　粗紙每百斤稅一錢　烏金紙每千張稅八釐

金箋紙每張稅一釐
雜色紙料紙蓪花紙扇面每百斤稅二錢　金扇面每二斤稅一錢　紙堆花每張
稅一釐三毫七絲五忽　**雜色珍玩**一等珊瑚枝每斤三等珊瑚枝蜜珀藥珠每十
斤各稅一兩　糟爛大珊瑚珠每斤稅八錢　二等珊瑚枝　糟爛小珊瑚珠每斤各稅六錢
四等珊瑚枝碎琥珀玻瓈　松每十斤各稅五錢　大洋法藍片每塊稅四錢　小洋法藍片每塊
珍珠鶴頂紅每斤草珠每百斤稅二錢　琥珀末每五斤稅五分　**各色石料**瑪瑙
硨磲綠松石嗡鐵石每十斤各稅一兩　大咖石喻片每片黑地白花石蠟石每百斤各稅四
錢　寶忘石每箇稅三錢七分五釐　小咖石喻片每斤片咖石喻石每斤寶沙石每百斤石
階磚每二百斤各稅二錢　瑪瑙珠每斤洋花石洋青石洋花石片每二斤各稅一錢　大青

金石片每斤稅八分　小青金石片每片稅四分　水晶石每斤稅二分五釐　瑪瑙片每塊
稅一分二釐五毫　火石每百斤稅一分　**燒料**土琉璃圍棋子每百斤各稅二錢　洋燒
料每斤稅三分　**金銀銅錫鉛鐵雜貨**皮金銀箔每百斤各稅二兩二錢
番錫每百斤稅八錢　錫箔每百斤稅六錢　銅絲銅箔每百斤各稅五錢　番銅每百斤稅
四錢　銅番鋼鐵線倭鉛黑鉛鉛砂每百斤各稅三錢　爛銅鐵錫粉每百斤各稅二錢　爛
錫每百斤稅一錢五分　金箔每斤稅一錢　爛鐵每百斤稅五分　雷公銅每斤稅四分　**骨**
角羽毛雜貨大象牙每百斤稅三兩八錢　小象牙每百斤稅三兩　大小對報每
百斤稅三兩四錢　碎象牙每百斤稅三兩　馬尾每十斤稅八錢　小螺殼每百斤稅五錢
龜筒卽瑇瑁每十斤稅三錢　虎骨鹿角每百斤各稅二錢　犀角每斤稅一錢八分　珠海

殼牛角每百斤各稅一錢洋明角片料每五斤稅五分 藥每斤稅九分鸞翔每副池雜
毛翠鳥毛每百枝海鵝翎每十斤各稅四分 象骨牛骨豬骨每百斤各稅三分
竹木料楠木壽枋杉木壽枋各板五塊爲一副如係板頭以兩塊作一塊凡每副各稅五錢 大竹五寸以外者每百枝稅三錢 竹木牌凡木圍八寸以下者每連稅二錢 大木圍二尺以上者每根稅六分 中木圍一尺五寸以上者每根杉木板枋每十板楠木板鐵梨板每塊各稅二分 小木圍一尺五寸以下者每根雜木板枋每十塊 椽子木每千根雜木壽枋每塊如係板頭以兩塊作一塊各稅一分
零星竹木藤草雜貨紫檀每百斤稅九錢 紫榆每百斤稅三錢 紫檀紫榆對報每百斤稅六錢 蓮草每百斤稅二錢 藤絲每百斤稅一錢五分 花梨板烏木沙藤包索麻繩每百斤各稅一錢 番花梨番黃楊鳳眼

木鴛鴦木紅木影木每百斤各稅八分 楠木花梨木鐵梨木黃白藤涼粉草茫葉乾每百斤柳子每百箇各稅五分 蔡欖椰每百箇稅三分 柳青桃椰絨每百斤各稅二分 桃椰木每百斤燃燭每十枝各稅一分
諸色零星雜貨每百斤除前開各項**稅二錢**

雜貨免征沿海貿易小船照數免稅與販大洋者仍照則征收

顏料紅土石粉紫粉每百斤各稅一錢 油臙脂每斤稅三分一釐 綿臙脂每十斤稅一分二釐
香料土線香芸香每百斤稅五分
雜料桂花油綠雲油每百斤各稅五錢 浙竹水粉每百斤各稅二錢 米麪酒餅每百斤各稅一錢 靚每百斤稅六分
紙劄草紙每百斤稅一錢
竹料棕竹每百枝稅一錢二分 筀竹班竹每百枝各稅一錢

竹青每百斤稅五分小竹每百枝稅一分
毛骨皮革雜貨羊毛每百斤稅三錢 牛筋每百斤稅一錢
竹木藤草雜貨竹節珠每百斤稅一兩 苧麻燈草每百斤各稅二錢 白麻斑枝花木珠每百斤各稅一錢 棕草根黃麻芥菜子油菜子每百斤各稅五分 花子每百斤稅四分 茶子枯每百斤稅三分 檜柴每百斤稅一分
諸色零星雜貨頭髮每百斤稅八錢

船料

東洋夾板船一等船長七丈四五尺闊二丈三四尺長闊相乘該十八丈該納餉銀一千四百兩 二等船長七丈有零闊二丈一二尺長闊相乘該十五丈四尺該納餉銀一千一百兩 三等船長六丈有零闊二丈有零長闊相乘該十二丈該納餉銀六百兩 四等

船長五丈有零闊一丈五六尺長闊相乘該八丈該納餉銀四百兩
西洋夾板船一等船身丈尺餉額與東洋同 二等船長七丈二尺闊二丈二尺長闊相乘該十五丈八尺四寸該納餉銀一千一百兩 三等船長六丈五六尺闊二丈長闊相乘該十三丈二尺該納餉銀六百兩**以上東西洋船餉銀俱照額減貳征收**

烏白艚船丈尺稅銀與東洋二等船同
出洋大船一等船闊二丈二尺長七丈三尺以上者每丈稅十五兩 二等船闊二丈長七丈以上者每丈稅十三兩 三等船闊一丈八尺長六丈以上者每丈稅十一兩 四等船闊一丈六尺長五丈以上者每丈稅九兩**以上出洋各船丈尺俱長闊相乘按丈科稅**

出海貿易香料艚舶船每尺稅三錢**俱長闊相乘按**

尺科稅　出海鹽船自八尺起科該料銀五錢每長一尺遞加料銀五分
船身算至一丈二尺止料銀遞加至七錢止又自一丈三尺起科該料銀八錢每長一尺遞
加料銀五分船身算至一丈七尺止料銀遞加至一兩止又自一丈八尺起科該料銀一兩
一錢每長一尺遞加料銀五分船身算至二丈二尺止料銀遞加至三兩止　沿海貿
易槳艍船自五尺起科至七尺九寸止每尺科料銀三錢不行遞加自八尺起以上
照鹽船例每長一尺遞加料算以上鹽船槳艍船料俱一年兩
次征收　澳門船澳門發往外洋船照本省洋船例科料
右正稅
玻璃鏡高七寸寬五寸作玻璃鏡一面　每面一錢　大自鳴鐘每箇比自

鳴鐘十箇每箇一兩　中自鳴鐘每箇比自鳴鐘五箇　每箇一兩　金箋紙
每一張比金扇一把　每百把一錢　大洋鳥鎗每枝比千里鏡一箇　每箇四錢
小洋鳥鎗每四枝比千里鏡一箇　每箇四錢　洋酒圓罐每五罐比洋酒
一瓶每瓶二分　洋酒每五斤作洋酒一瓶　每瓶二分　千張紙比雜貨例
每百斤二錢　柳條布比二等西洋布每疋二錢二分　大皮花毯比西洋大
氈每張一兩　中皮花毯比西洋中氈每張五錢　小皮花毯比西洋小
坐氈每張一錢　大蠟人物每箇比玉器五件　每件四分　小蠟人物
每箇比玉器二件　每件四分　金標每箇比千里鏡二箇　每箇四錢　銀規矩
每二箇比千里鏡一箇　每箇四錢　瑪瑙珠每二斤比珀器一斤　每斤二錢　瑪

瑙片每塊比珀器一兩　每斤二錢　劍刀每把比玻璃杯一箇　每箇三分　花
露水每瓶比洋酒一瓶每瓶二分每五罐比洋酒一瓶每罐四釐　番醬
油比番小菜例每百斤二錢　葡萄乾比番蜜餞每百斤五錢五分　藤鞭桿
比沙藤每百斤一錢　牛乳油餅比牛油每百斤一錢　泥煙筒每枝
比傾銀罐一箇每百箇一分　玻璃燭臺每對大者比玻璃鏡六面小者比玻璃鏡
三面每面一錢　青金石鼻煙盒每箇比玉器十件每十件四錢　咖
石喻鼻煙盒每箇比玉器十件每十件四錢　剃頭小規矩每四
箇比千里鏡一箇　每箇四錢　咖石喻鼻煙罐水罐每箇比玉器十件
每十件四錢　火漆比紫梗每百斤四錢　洋小刀每把比番眼鏡一箇　每

箇一分　洋翦刀每把比番眼鏡一箇　每箇一分　玻璃畫鼻煙盒
每箇比玻璃杯二箇　每箇三分　金絲帶扣每副比玉器一件　每件四分　金
絲標鍊每副比玉器二件　每件四分　螺蜔鼻煙盒每四箇比玉器一件
每件四分　雕花牙器每二件比玉器一件　每件四分　銀絲標鍊
每副比玉器一件　每件四分　洋小火鏡每箇比番眼鏡一箇　每箇一分　洋
金線銀線比金線每百斤二兩二錢　厚福水每瓶比洋酒一瓶每五罐
比洋酒一瓶每瓶二分　洋天屏架每副大者比番銅器十斤小者比番銅器五斤
每百斤五錢　羽布比嗶嘰緞例每丈一錢五分　水安息比麝香每斤二錢
小絨六折作鎖鞋喇例　每丈五錢　番斜紋比嗶嘰緞例每丈一錢五分　咖

石喻石比珀器每斤二錢玻璃小影盒每箇比番眼鏡一箇每箇一
分風琴每架大者比千里鏡一箇小者二架比千里鏡二箇每箇四錢爐底
石比藥材每百斤二錢洋累絲銀器每件比玉器一件每件四分猩
猩紅每斤比番紅花五斤每百斤一兩番帽比絨衣一件每件四分百步
燈每箇比大洋角燈一箇每箇五分水晶石每四斤比瑪瑙一斤每斤一錢
玻璨松比碎珀每十斤五錢蒲酒每埕比包酒十包每十包三分惠
泉酒每埕比順酒十瓶每十瓶一分五釐瑇瑁器每斤作龜筒二斤每十斤三
錢油布比綿布每百斤三錢荳酒每埕大者比包酒十包小者比包酒一包
每十包三分排香比粗香每百斤五分三籟比良薑每百斤一錢番

醬油比番小菜每百斤二錢犀牛皮比象皮每百斤一兩烏金爐
每箇比玉器一件每件四分藤鎗桿比棕竹每百枝一錢二分番鋼比鐵
線每百斤三錢交趾扇牙扇比金扇每百把一錢香末比樹香
每百斤三錢冰片油比蘇合油每百斤三兩銀箔比金銀版紙每百斤二
兩二錢布子綿花每二百斤作一百斤綿花每百斤一錢五分銀人物
比玉器大者每件比二件小者每件比一件每十件四錢松子比蘑菇每百斤三
錢桃乳比低乳香側每百斤五錢紙裱畫每二十軸作紬絹裱畫一軸每軸
六分沙畫每三張比紬絹裱畫一軸每軸六分東洋米比沙谷米每百斤
二錢珍珠比珀器每斤二錢桂酒比順酒每十瓶一分五釐草珠塔

大者每箇比玉器五件小者每箇比玉器二件每件四分綿紗襪比布襪每百
雙四錢知古辣苦果比兒茶每百斤三錢三分三釐玻璨松
器比蜜珀每十斤一兩山羊血三七比沙血竭每百斤一兩五錢
番棗比番蜜餞每百斤五錢羊蠟燭比磚蠟每百斤八錢鶴頂比珀
器每斤二錢蜜珀箱每對大者比珀器五斤小者比珀器二斤每斤二錢咖
石喻規矩每箇大者比玉器二十件小者比玉器十五件每十件四錢咖石
喻扣鈕大者每十粒比玉器一件小者每二十粒比玉器一件每件四分咖石
喻快子頭每條比玉器一件每件四分咖石喻煙球每箇比玉器三
件每件四分咖石喻珠大者每五粒比玉器一件小者每十粒比玉器一件每

件四分青金石片每片大者比玉器二件小者比玉器一件每件四分顯
微鏡比番眼鏡每箇一分瑪瑙鼻煙盒每箇比瑪瑙四兩每斤一錢洋
法藍片每塊大者比玉器十件小者比玉器五件每件四分檀香油比蘇
合油每百斤三兩玻璃燈每箇比玻璃杯四箇每箇三分銅日規每二
箇比千里鏡一箇每箇四錢玻璃鼻煙盒每二箇比玻璃鏡一箇每箇三分
時辰標比千里鏡每箇四錢鍼金女事件比玉器每件四分洋法
藍鑲金銀鼻煙盒每箇比玉器十件每十件四錢洋法藍鑲
鑽石鼻煙盒每箇比玉器十件每十件四錢洋法藍小菜碟
酒杯每箇比玉器五件每十件四錢洋法藍標每箇比千里鏡二箇每

箇四錢混天球每架比自鳴鐘一箇每箇一兩推公洋屏油畫
每架比紬絹裱五軸每軸六分油畫每張大者比紬絹裱畫十軸小者比紬絹裱
裱畫五軸每軸六分鑲銀玻璃箱每箇大者比玻璃杯十箇小者比玻璃杯五箇
每箇三分玻璃水中人每五箇比玻璃杯一箇每箇三分絲襪比緞襪例
每百雙八錢洋刀乂比番眼鏡每箇一分纖絨比土絨每百斤一兩八錢
火石每二百斤比廣椰絨一百斤每百斤二分蛇皮比沙魚皮每張一分獺
皮比貉獾皮每百張二錢四分土燒法藍器大者每件比玉器一件小者每
二件比玉器一件每件四錢鐵梨木器比花梨木器每百斤一錢落花生
比芥菜子每百斤五分稿燭蠟燭比浙燭每百斤二錢猴棗每箇

比牛黃二兩每斤一兩五錢銅箔比銅絲每百斤五錢紅花米比紫梗
每百斤四錢鑲金鼻煙盒每箇比玉器二件每件四分金線帶比金
箔每斤一錢洋金緞比鎖鞋喇每丈五錢洋翦絨比嗶嘰緞每丈一錢五
分翠花比土絨每百斤一兩八錢銀鼠皮比貉獾皮每百張二錢四分
小千里鏡每四箇作一箇每箇四錢洋畫每張比紬絹裱畫一軸每軸
六分麻繩比包索每百斤一錢牛油燭比牛油每百斤一錢琥珀
沙漏每斤作珀器四兩每斤二錢金銀線比金箔每斤一錢鹿茸比鼉
鹿膠每百斤六錢紅木比番花梨每百斤八分兔皮比羊皮每百張二錢
番杷比嗶嘰緞每丈一錢五分紙堆花每張作酒線料一兩每百斤二兩

二錢洋白氈比西洋小坐氈每張一錢檳榔膏比兒茶每百斤三錢三
分三釐木小千里鏡每二十箇比千里鏡一箇每箇四錢膏藥比象
皮膏每百斤一兩咖石喻片每片大者比玉器十件小者比玉器五件每件四
分咖石喻茶杯每箇比玉器二十件每件四分丁香油比洋麝香
每斤五錢番茶比兒茶每百斤三錢三分三釐玻璃球大者比千里鏡一箇
小者二箇比千里鏡一箇每箇四錢銀標鐘每箇比千里鏡二箇每箇四錢
大銅標每箇比千里鏡一箇每箇四錢鑲油畫玻璃盒每箇比玻
璃杯十箇每箇三分玻璃鏡鑲玻璃油畫作玻璃鏡算每面一錢銀
鑲邊玻璃油畫盒每箇比玻璃杯十箇每箇三分鳳眼木比番

花梨每百斤八分棕杯每十箇比椰瓢一百箇每百箇三分五釐金扇面
每二斤比金箔一斤每斤一錢灰鼠皮比貉獾皮例每百張二錢四分每紙
蓪花石器紙扇面比雜貨例每百斤二錢泥人物每箇大者比雜
貨二十斤每箇小者比雜貨一十斤每一百斤二錢麪頭乾比白麪例每百斤
五分銅鑲玻璃鼻煙盒每箇比玻璃杯二箇每十箇三錢瑪瑙器
每二斤比珀器一斤每斤二錢番琴每架大者比千里鏡一箇每箇四錢洋
花石調羹珠每枝顆比玉器一件每件四分瑪瑙杯碟每件比瑪
瑙半斤、每斤一錢海葛比西洋葛布例每疋一錢五分織絨花竹簾每二
斤比土絨一斤每百斤一兩八錢鐵錫粉比雜貨例每百斤二錢柚子比柑

子例每百斤五分牙嘯米比番紅花例每百斤一兩洋鞭桿比沙藤例每百斤一錢鑲花石金鼻煙盒每箇比玉器十件每件四分洋絲比進口湖絲例每百斤一兩八錢紫梗米比番紅花每百斤一兩羊蠟比甎蠟每百斤八錢紅樹皮比薯莨每百斤三分袈裟布比二等西洋布每疋二錢二分金鼻煙盒每箇比玉器五件每件四分絲帽每四頂比絨衣一件每件四分波羅麻比葛布每百斤五錢洋花石每二斤比瑪瑙一斤每十斤一兩烏金茶壺水壺酒壺每件比玉器二件每件四分[illegible]瑪油每三斤作蘇合油一斤每斤三分影木比番花梨每百斤八分蜜珀箱每對比珀器二斤每斤二錢臙脂米比紫梗例每百斤四錢象牙

碎比小象牙例每百斤三兩銀器每斤比玉器二件每件四分象牙帽每頂比象牙器一十斤每十斤二錢三分番豆比各色京果例每百斤一錢洋法瑯自鳴鐘每箇比自鳴鐘四箇每箇一兩玻璃時辰牌每箇比玻璃杯四箇每箇三分玻璃影蓋時辰牌每箇比玻璃杯十箇每箇三分鉛砂比黑鉛例每百斤三錢洋燒料每斤比玻璃杯一箇每箇三分冰片泥每四斤比好冰片一斤每斤一兩象牙席每張比牙器一百斤每百斤二兩三錢織花紅緞比各色紬緞每百斤二兩二錢金緞比各色紬緞每百斤二兩二錢黃薑比良薑每百斤一錢玻璃缸每箇比玻璃杯二十箇每箇三分洋青石每二斤比瑪瑙一斤每斤一錢鑲洋花石杯

每箇比玉器二件每件四分大玻璃燈每箇比玻璃杯八箇每箇三分咖石喻刀叉每把比玉器一件每件四分醬油比番小菜每百斤二錢小紙圍屏比小漆圍屏每架三錢金精石器每件比玉器一件每件四分水精器每件比玉器一件每件四分薑黃每百斤比良薑例每百斤一錢香樹皮比薯莨例每百斤三分砂仁肉每百斤比砂仁二百斤每百斤三錢各色翦絨、番衣比絨衣例每件四分各色哆囉絨羽紗番衣每件比絨衣二件每件四分布番衣比布料例每百斤三錢洋紅每斤比硃砂五十斤每百斤二兩四錢錫箔每百斤比錫箔紙二百斤每百斤三錢海龍皮帽邊每副比貉獾皮一張每百張二錢四分綠松石器

比珀器例每斤二錢寶紗石比雜貨例每百斤二錢銀鑲沙魚皮鼻煙盒每箇比玉器二件每件四分零絨比各色紬緞例每百斤二兩二錢量天尺每架比自鳴鐘例每箇一兩金劍頭事件每副比玉器例每件四分銀鼻煙盒每件比玉器例每件四分纍絲金器每件比玉器二件每件四分銀鞭桿頭每二箇比玉器一件每件四分小銀調羹叉每二箇比玉器一件每件四分金鈕每四顆比玉器一件每件四分金戒指每四箇比玉器一件每件四分鑲寶石扣每二箇比玉器一件每件四分金鞋扣每二箇比玉器一件每件四分、銀鞋扣每四箇比玉器一件每件四分千里影比千里鏡例每箇四錢小銅畫每張比紬絹裱

畫五軸每軸六分大銅畫每張比紬絹裱畫十軸每軸六分大土琉璃燈每箇比玻璃杯二箇每箇三分小土琉璃燈比玻璃杯例每箇三分鑲花石小規矩每件比玉器十件每件四分紗扇比金扇例每百把一錢緞椗圖椅褥比各色紬緞例每百斤二兩二錢蜜餞丁香比番蜜餞例每百斤五錢鑲銀杯每二十箇比玉器一件每件四分鶴頂器每斤比珀器二斤每斤二錢玻璃小人物每箇比玻璃杯二箇每箇三分金頭扣每副比玉器一件每件四分羽紗翦絨紬緞番褲每二條比絨衣一件每件四分土法瑯片盤每件比玉器二件每件四分丁香子每百斤比丁香七十斤每百斤二兩小冊頁每套比紙畫一百張每

百張三分羊肚菜比磨菇例每百斤三錢柳子油比麻槁油例每百斤一錢象骨比牛豬骨例每百斤三分繡洋大畫每張比紬絹裱畫二十軸每軸六分繡洋小畫每張比紬絹裱畫十軸每軸六分桃核比各色京果例每百斤一錢皮手套比布襪例每百雙四錢玻璃燈罩每箇比玻璃鏡二面每面一錢鑲金絲瑪瑙規矩每箇比千里鏡一箇每箇四錢寶心石每箇比牛黃四兩每斤一兩五錢虎骨比鹿角例每百斤二錢玻璃影畫箱每箇比玻璃鏡一面每面一錢洋花石片每二斤比瑪瑙一斤每十斤一兩青金石小鼻煙壺每箇比玉器二件每件四分洋花石鼻煙壺每箇比玉器一件每件四分鑲洋法藍鼻煙壺

每箇比玉器二件每件四分小洋法藍器比玉器例每件四分洋花石小箱每箇比玉器十件每件四分洋花石小盒每箇比玉器二件每件四分小牛角千里鏡每十箇比千里鏡一箇每箇四分洋花大棹布每塊比西洋大手帕一條每條二分洋花小棹布每塊比西洋小手帕一條每條一分黑地白花石每百斤比雜貨二百斤每百斤二錢銅自行珠箱比千里鏡例每箇四分藥水每瓶比洋酒一瓶每五罐作洋酒一瓶每瓶二分玻璃鈕扣每二十箇比玻璃杯一箇每箇三分洋羅經比番眼鏡例每百箇一兩小咖石喻器每件比玉器三件每件四分燻金銀織絲帶比金線例每百斤二兩二錢洋白紙每百斤比各色紙二百斤

每百斤二錢蠟石器每二斤比珀器一斤每斤二錢麝香殼每四斤比麝香一斤每斤二錢麥牙糖比冰糖例每百斤一錢糖水每三百斤比黃糖一百斤每百斤六分花露油每罐比蘇合油一斤每斤三分通大海比藥材例每百斤二錢海鵝翎每十斤比池雞尾一百枝每百枝四分鑲蜜珀鼻煙盒每箇比珀器一斤每斤二錢臭皮比茶子枯例每百斤三分人參鬚每十斤比人參一斤每斤三錢洋磁器比細磁器例每百斤三錢洋小皮盒鏡每箇比番眼鏡二箇每箇一分各色洋顏料比水銀例每百斤一兩二錢皮鑲玻璃小沙漏比玻璃杯例每十箇三錢銀絲小玻璃鏡比番眼鏡例每箇一分泥金末每二斤比金箔一斤每斤一錢

粘金木鷴每箇比番藤器五十斤每百斤四錢粘金小木棹每張比番藤一百斤每百斤四錢織絨比土絨例每百斤一兩八錢紫草比大楓子例每百斤一錢角帶子比鮑魚例每百斤二錢銅鑲磁器鼻煙盒每二箇比玉器一件每件四分銀鑲螺蛔鼻煙盒每箇比玉器一件每件四分繡梭布比各色紬緞例每百斤二兩二錢小番琴每二架比千里鏡一箇每箇四錢絹裱圖屏比大漆圖屏例每架五錢沙蠶乾比蝦米例每百斤一錢雕花牙屋每座比玉器四十件每件四分金鑲烏木檳榔箱每箇比玉器二件每件四分鳳眼木器比烏木器例每百斤一錢花露油每瓶比蘇合油五斤每百斤三兩銀扣每二十顆比玉

器一件每件四分銀小自鳴鐘比自鳴鐘例每箇一兩粘金木扣每二粒比金扇一把每把一釐洋針比土針例每斤一錢鴛鴦木比番花梨例每百斤八分玻璃圓小手鏡比番眼鏡例每箇一分粘銀木扣每四粒比金扇一把每把一釐鑲花石金標每箇比千里鏡二箇每箇四錢玻璃影畫時辰鐘每箇比自鳴鐘一箇每箇一兩銅規矩每四箇比千里鏡一箇每箇四錢嗡鐵石比綠松石例每十斤一兩楠木比花梨木例每百斤五分弔駝標每箇比千鏡一箇每箇四錢大弔駝鐘每箇比自鳴鐘一箇每箇一兩玻璃箱每箇比玻璃鏡五面每面一錢玻璃鏡櫃照依玻璃鏡尺寸覈征每面一錢核桃肉每百斤比各色京果二百

斤每百斤一錢象膽比熊膽例每斤三分繡斜紋布比各色紬緞例每百斤二兩二錢椰杯每十箇比椰瓢一百箇每百箇三分五釐蠟石每百斤比雜貨二百斤每百斤二錢銅鑲瑇瑁鼻煙盒每二箇比玉器一件每件四分螺蛔扇比金扇例每百把一錢紙樹皮比薯莨例每百斤三分大紙圖屏比大漆圖屏例每架五錢烏煙比紅土例每百斤一錢鐵梨木比花梨木例每百斤五分楠木大圖屏比大漆圖屏例每架五錢繡布幔比番布幔例每疋二錢二分牙船每隻比玉器十件每件四分檀香器比紫檀器例每百斤九錢花梨木大圖屏比大漆圖屏例每架五錢紫檀圖屏每架比大漆圖屏十架每架五錢珀末每五斤比碎珀一斤每

百斤五兩銅架大顯微鏡每箇比千里鏡例每箇四錢鑲鑽石戒指每箇比玉器例每箇四分安息油比麝香例每斤二錢鸞翎每副比池雞尾一百枝每百枝四分紫檀鑲石圖屏比大漆圖屏二架每架五錢珊瑚蜜珀牙花盤景每盤比玉器十件每件四分影木器比紫檀器例每百斤九錢涼粉草比海菜例每百斤五分玻璃時辰標盞每二箇比番眼鏡一箇每箇一分波蘿麻料八折比葛布例每百斤五錢雷公銅每斤比番銅十斤每十斤四分紫檀小圖屏每架比大漆圖屏五架每架五錢大黃膏比阿膠例每百斤六錢榛子肉每百斤比京果二百斤每百斤一錢青金石盤杯器每件比玉器十件每件四分青金

石磬每架比玉器二十件每件四分鑲銀快子每二十對比玉器一件
每件四分石階磚每二百斤比雜貨石器一百斤每百斤二錢瑪瑙鑲鑽
石鼻煙罐每箇比玉器二十件每件四分瑪瑙鑲鑽石小規
矩每箇比玉器三十件每件四分瑪瑙鑲鑽石大規矩每箇比玉
器四十件每件四分鑲瑪瑙鼻煙罐每箇比珀器一斤每斤二錢鑲鑽
石扣每粒比玉器一件每件四分綿紗帽每八頂比絨衣一件每件四分
番黃楊比番花梨每百斤八分洋漆每百斤比土漆二百斤每百斤三分
洋明角片料每五斤比洋角燈一箇每箇五分糟爛大珊瑚珠
每斤比珀器四斤每斤二錢糟爛小珊瑚珠每斤比珀器三斤每斤二錢

鑽石花每枝比珀器二斤每斤二錢番銅花每二枝比千里鏡一箇每箇
四錢瑪瑙鑲金推鐘每箇比千里鏡四箇每箇四錢鑲瑪瑙鼻
煙盒每箇比玉器十件每件四分金推鐘每箇比千里鏡四箇每箇四錢
鑲花石金標每箇比千里鏡二箇每箇四錢老葉乾比煙草每百
斤五分鍍金鑲標玻璃圓手鏡每面比千里鏡二枝每枝四錢
乘金鑲鑽石花標鐘風琴每架比自鳴鐘三箇每箇一兩掛
推鐘金亭每座比千里鏡四枝每枝四錢小金亭鑲標每箇比千
里鏡四枝每枝四錢玻璃日規每箇比千里鏡一箇每箇四錢蜜珀鏡
架每箇比珀器五箇每斤二錢鑲水晶石架標每箇比千里鏡二箇每

箇四錢玻璃小酒桶每箇作玻璃燈一箇比玻璃杯四箇每箇三分鍼
金銅柱棹表每箇比千里鏡二枝每枝四錢掛金標金亭座
每座比千里鏡四枝每枝四錢洋磁器鑲時辰標假山每座比自
鳴鐘四箇每箇一兩洋燒料絲棹亭每架比大料絲燈五箇每架二錢金
鑲瑪瑙規矩蓋內鑲時辰標每箇比玉器四十件每件四分
馬鞍鑲寶石推鐘一架比自鳴鐘二架每架一兩洋琺瑯
鑲寶石帶頭每副比玉器四件每件四分洋琺瑯鑲寶石嵌
標帶頭每副比玉器四十件每件四分洋燒花頂盆景鑲玻
璃自行人物樂鐘每架比自鳴鐘五架每架一兩洋琺瑯花

頂嵌標花瓶每箇比玻璃瓶四十箇每箇三分鍍金馬鐙每副比番
銅器一百斤每百斤五錢洋琺瑯馬鞍事件每件比玉器件每件四分
皮弓叉撒袋每件比沙魚皮八張每張一分洋瓷器酒杯嵌
時辰標每箇比千里鏡二枝每枝四錢嵌表鑲料石牙扇每把
比千里鏡二枝每枝四錢珍珠鑲寶石鳳冠每頂比玉器二十件每
件四分鍍金標帶扣每副比時辰標一箇每箇四錢洋大琺瑯
帶扣每副比玉器四件每件四分洋瑪瑙帶扣每箇比玉器四件每件
四分鑲瑪瑙洋小刀每把比玻璃杯八箇每箇三分鑲鑽石琺
瑯洋小刀每把比玻璃杯八箇每箇三分琺瑯牙籤筒每四箇比

千里鏡一枝每枝四錢鑲標珐瑯洋小刀每把比千里鏡二枝每枝四
錢鑲寶石珐瑯洋小刀每把比玻璃杯八箇每箇三分鑲金
洋小刀每把比玻璃杯八箇每箇三分珐瑯洋小刀每把比玻璃杯
八箇每箇三分鑲料石嵌標洋腰刀每把比千里鏡二枝每枝四
錢鑲料石鞘靶洋小刀每把比玻璃杯八箇每箇三分小法
條每二條比銀絲標鍊一條每條四分小鋼鍊每四條比銀絲標鍊一條每
條四分鑲寶石牙扇每把比千里鏡一枝每枝四錢金絲鑲寶
石茶具盒每箇比玉器一百件每件四分鑲寶石玻璃嵌表
燭臺每箇比千里鏡二枝每枝四錢金鑲桃式嵌表雙開鼻

煙盒每箇比千里鏡二枝每枝四錢洋珐瑯玻璃鏡雙面棹
屏每架比自鳴鐘一架每架一兩羽紬每丈比羽紗五尺每丈三錢馬尾
布每丈比嗶吱緞五尺每丈七分五釐粘金燒料鼻煙壺每件比鑲
珐瑯鼻煙壺每件八分粘金燒料帶表鼻煙壺每箇比金表一箇
每箇八錢粘金洋花石帶表鼻煙盒每箇比金表一箇每箇八錢
粘金帶表小鼻煙壺每箇比金表一箇每箇八錢粘金鑲瑪
瑙帶表燭臺每對比金表一箇每對八錢鍼金銅絲自鳴雀
嵌表雀籠每架比小自鳴鐘二架每架二兩海龍皮每張比貂皮十張
每張一兩帶表金戒指每件比玉器四十件每件一兩六錢珐瑯帶

標戒指每件比玉器四十件每件一兩六錢珐瑯鑲料石推鐘
每箇比小自鳴鐘一架每箇一兩粘金帶標紗扇每把比千里鏡二枝每
把八錢鑲瑪瑙鑽石大規矩每箇比玉器四十件每件一兩六錢
寶石每斤比珊瑚器一斤每斤一兩鑽石每斤比珊瑚器四斤每斤四兩
鍼金鑲表文房事件都成盤每件比玉器一百件每副四兩
草蔻肉比砂仁肉每百斤六錢洋珐瑯帶表小千里鏡每枝
比千里鏡三枝每枝一兩二錢漂白綿布比斜紋布每百斤四錢帶表玻
璃花瓶每箇比洋珐瑯花項嵌表花瓶每箇一兩一錢鍼金帶標花
瓶自鳴鵲事件梳粧盒比鍼金鑲表文房事件都成盤一副每箇四

兩番漆四面鑲玻璃鏡馬車轎比小自鳴鐘十二架每乘十
二兩洋珐瑯規矩比大咖石喻規矩每箇八錢項帶玻璃鋼鍼
金銅絲嵌標雀籠一箇每箇比小自鳴鐘三架稅三兩項帶
玻璃缸鍼金銅絲雀籠一箇每箇比鍼金銅絲自鳴嵌表雀籠
稅二兩洋木車輪自行椅一張每張比自鳴鐘二架稅二兩
雕花牙㙮比雕花牙屋一座每座一兩六錢五色砌花彩毛布
比番牛郎稅五錢鐵鉢比小自鳴鐘每箇一兩海騾皮每張比貂貛皮十張
每張二分四釐嗶嘰紗比嗶嘰緞每丈一錢五分每洋織絨二丈比嗶
嘰緞一丈每丈七分五釐

右比例
燕窩每一百斤估銀七百八十兩　大自鳴鐘每架估銀五百兩　中自
鳴鐘每架估銀三百兩　土絲　琴線　肉桂　丁香
湖絲　灑金線金銀線帶仝　土絨線　絲帶　絲經
各每百斤　小自鳴鐘每架以上估銀一百兩　人參每一斤　瑇瑁瑇
瑁器　番速香　龜筒　牙器　番紅線紗
絨織花竹簾　金線　瑪瑙器各每百斤以上估銀五十兩
硃砂　金銀版紙　水銀　牙蘭米　硇砂
硼砂各每百斤以上估銀三十五兩　咖石喻每斤估銀三十二兩　鐵線

織絨　繡花斜紋布　天蠶絲　貝母　檀香
速香　黃連　附子　熏金線各每百斤　大天平
每架以上估銀三十兩　象牙　白蠟　大二青各每百斤以上估
銀二十五兩　砂仁　京布線氈　銅器　梭布　斜
紋布　鹿膠　黃蠟　洋酒　東洋米　木香
土綿紬　繡花布　龜膠各每百斤　繡花洋布帳
每頂　時辰標每箇以上估銀二十兩　水安息每斤估銀一十六兩　絨花
氈蠟各每百斤　金地花翦絨繡線翦絨各每疋　小天
平每架以上估銀十五兩　夷茶每百斤估銀十三兩原估八兩乾隆二十五年二月

奏改　銅片　土琉璃　銅法馬雀籠　銅器　銅
絲　松茶各每百斤以上估銀十二兩原估七兩乾隆十五年二月奏改　麻
線　綿布手巾　綿布　番漆器　雄黃　紅
花紅花米同　綿臙脂　番布衣放衣　錫器　蠟丸
布料綿紗帶帆布　葡萄乾　鹿角　藤黃
各每百斤　番琴番琵琶同　西洋氈各每張　漢府緞　天鵝絨
花翦絨各每疋　玻璃鏡每一面高二尺以上估銀十兩　嶽墨
綿花　火腿各每百斤　錦　燻金片金緞　線緞
繡緞　姑絨　繡絲紗　繡花洋布　紅金緞

各每疋　繡裙每四塊作繡緞一疋　大洋角燈每對　繡被面　繡
花洋布被面各每張　大料絲燈　大玻璃燈　大
玻璃缸各每箇　繡花彩每件　杉木板枋每百塊以上估銀八兩
紫梗　樟腦　香蕈各每百斤　繡牛郎每疋每塊長一丈二塊作
一疋以上估銀七兩　胡椒每百斤估銀六兩五錢　紫檀器　蝦米
各每百斤　番眼鏡每百箇　一等嘆咀席每張　灰鼠皮統
繡繭紬衫　羊皮統各每件　翦絨　花程鄉繭
花麻紗絨　繡點紬　繡絹　繡線紬各每疋以上
估銀六兩　大漆圍屏每架估銀五兩四錢　玻璃鏡每一面高一尺　大千

里鏡每枝爆竹天平架　漆　角器　酸子　竹
箆　螺蛔壽山石器　花梨器板　漆器　藤
鞭桿　椰器　沙血蝎　石綠　燈草　石黃
夏布　魚膠漆　力木器　紫粉　骨器
香袋　蓮子　葵扇紙扇面同兒茶　馬錢　顏料
靛花藍　福煙　包索　羊肚菜　土硃
水晶石　骨器　鉛粉　油布　藤絲竹絲器
竹青　雜貨各每百斤以上估銀五兩　彩緞　彩牛朗
閃緞　柳條緞各每疋以上估銀四兩五錢八絲緞　花

八絲緞每疋白鉛每百斤以上估銀四兩四錢桔餅番蜜餞同洋燭
銅綠　蔴布　凡珠　燒料珠　細磁器
土墨　花梨木　牛皮膠　燒料戒指　京果
各每百斤銀花紗　斜紋牛郎　番邊　小黃紋絹
小絨　柳條五絲　花牛郎　程鄉繭　一
等西洋布　闊牛郎　繭緞各每疋番牛郎每疋繡
彩每塊二等嘆咀席每張各色大小絨羽紗番衣每件
繡衣每件銀器每件象牙帽每頂銀器每斤小羊角燈每對
小玻璃燈　小料絲燈　大草珠搶　大草珠

盒　銀累絲玻璃盒各每箇黃蠟燭以上估銀四兩閃五
絲每疋估銀三兩六錢柳條絹　線紗　花絹　柳條布
彩絹　穿花絹　花五絲緞　柳條牛郎
五絲緞　二等西洋布　閃絹各每疋錦花被面
每張黃丹每百斤以上估銀三兩五錢絹　紗　畫花絹各每疋畫
絹斗方每二十塊作一疋以上估銀三兩三錢細土罐　中磁器
八角　各色紙　黑鉛　木器　鉛器　竹簾
錫箔紙　沙藤　藤絲　牛角　竹器　皮
箱　木耳　鉛砂　煙草各每百斤花幔　斜紋紬

牛朗紬各每疋大青竹每百枝牛朗衫　繡花洋
布衫　各色剪絨紬緞番衣　繡牛郎衫　紗
袍褂各每件大洋繡畫　描金　皮畫　大油畫
繡布裙被每張繡裙每條小漆圍屏　絹裱小棹
屏各每架大竹每千枝土眼鏡每百箇以上估銀三兩麻紗彩
花線油絲綿紬　線紬　熏金紗　柳條線
紬各每疋以上估銀二兩八錢粗土片金每疋冰糖　小螺
壳　珠海壳各每百斤以上估銀二兩五錢鐵鍋　茶槁
桐油　醃肉　雪梨　藥材　牛油　醃鴨

牛肉乾　信石　牛皮　牛奶油　甘草　牛
奶餅　番豆黃白豆　芥菜子　蜜糖　土磁
器　木梳　牛燭　芥末　粗土罐各每百斤　畫紗
帳　白縐紗　西洋粗布　點紬　海葛　閃
象眼紬　繡花綾　閃紬　象眼紬　羅　大
藍綾絹各每疋　小草珠盒　小草珠墖　小玻璃
缸　大紗燈　大玻璃燈罩　大千張紙燈
大土琉璃燈各每箇土玻璃燈同　虎皮　小紬畫各每張　繡
花小棹圍每條　小銅畫每軸　絲紗帳每頂　冊頁每副　小青

竹每百枝　小竹每一千枝以上估銀二兩　嗶嘰每丈估銀一兩八錢　鐵
器每百斤估銀一兩六錢　白糖　雨傘　黃白藤　大黃
沙谷米　面杆　麝香　金箔各每斤　雕花牙
器　牙寶塔各每箇　銀羅麻彩每疋以上估銀一兩五錢　柯
子　蜜餞糖果　番小菜　枝圓　醬油醬各每
百斤以上估銀一兩二錢　絹每塊估銀一兩一錢　草紙　米粉　白
麪頭乾　蘇木　鹹魚　水粉　黃糖　燒酒
土粉　豆粉各每一百斤　小雕花牙器每件　銀人物
船每件原估銀五分　錫人物同　玉器　紬衫褲　大蠟人物

各每件　鎖鞋喇即嗩囉絨每尺　絨帽　倭帽每頂　畫絹　土
繭紬　絲紗　帳紗　番布幔　紗畫　麻紗
小彩　絲幔每疋　洋劍刀每把　大花藤席　粗藤席
各每張　小千里鏡每枝　洋紅每兩　洋螺鈿盒　小紗燈
絨狗　小千張紙燈　小土琉璃燈土玻璃燈同
小玻璃燈罩每箇　堂鼓每面以上估銀一兩　犀角每斤　羚羊
角每斤　小花藤席每張以上估銀八錢　良薑　薑黃　冷
飯頭各每百斤　金銀扇面每斤以上估銀七錢五分　絹幔每條　青
紬每塊　紬手巾每疋二十條　土紬　絲手巾　土綾

土縐紬各每疋以上估銀七錢　粗草席　青白礬各每百斤以
上估銀六錢　土法藍器每件　紬絹裱畫每軸　洋酒每瓶方蜜
珀每兩　桂皮　倭煙　知古辣　豆蔻　檀香器
膏藥　番銅器　土針各每斤　斜紋布每疋　泥煙
筒每百枝　小蠟人物每件　酒　土線香　松香各每百斤
以上估銀五錢　玻璃器每件比玻璃杯四箇　繡帽每頂　緞靴每雙　繡
花洋布　手巾每條以上估銀四錢　絲襪　緞襪各每雙
以上估銀三錢六分　銀硃每斤估銀三錢五分　沉香　倭煙葉各每斤
橙子　柑子　柚子　紅土各每百斤　厚福水每罐花露

水同洋酒每罐大木每枝杉木板枋每砧石階磚每塊松雜
木枋每塊番布衣每件以上佑銀三錢小土法藍器每件佑銀
二錢五分檸檬蒜頭各每百斤綿紗襪每雙洋手巾每條藥
水每罐絲帽每頂包酒東洋米各每包竹席每條銀鼠
皮番夾草席各每張大皮鼓每面玻璃水中人每箇
以上佑銀二錢烏煙每百斤佑銀一錢五分銀鑲杯碟每箇佑銀一錢
靚每塊二分食水每罐絨鞋每雙小皮鼓每面土螺蛔盒每箇
傾銀罐雞蛋各每百箇洋刀义中木各每枝緞鞋
每雙藤帽每頂泥人物玻璃杯瓶每件鴨蛋每百斤大

洋紙畫金箔紙灰鼠皮羊皮金箋紙
各每張土氈紙蓪花氈條玻璃松器頭
髮各每斤洋小刀每把佑銀一錢以上金扇瑇瑁扇
牙扇各每把以上佑銀九分布鞋每雙佑銀八分棹布每塊佑銀七分布
襪每雙紙裱畫每軸紬紗畫小洋紙畫土沙魚
皮各每張順酒每瓶小木每枝瑇瑁器銀人物船各每
件棕杯盌椰杯各每箇苧麻每斤以上佑銀五分煖帽
每頂草珠、檳榔各每斤以上佑銀四分杉木每枝佑銀三分紙畫
紙堆花各每張以上佑銀二分五釐紙扇葵扇各每把佑銀一分

右佑值例

大關凡進出外洋本港福潮浙閩等處貨物船隻

總巡口進口胡椒番錫鉛蘇木京果油荳各貨出口磁器藥材各雜貨

行後口爲總巡口所轄小口不征銀兩人役自洋船進口日差派稽查洋船出口完日撤回

東礮臺口進口胡椒番錫鉛蘇木京果油豆各貨出口茶葉磁器藥材各雜貨

西礮臺口同總巡口

佛山口進出稅過洋南各貨

黃埔口同總巡口

虎門口同總巡口

紫泥口並無貨物進出惟征收沿海採捕漁船及進出澳渡瓊南船隻號規

市橋口並無貨物進出惟征收沿海採捕漁船號規

鎮口口進出口零雜各貨及沿海採捕魚船

江門口進口檳榔椰子藤絲荳油各貨出口零星雜貨

澳門總口進口青白糖磁器白鉛各貨出口紫檀番錫胡椒各貨

大馬頭口

南灣口

關閘口

娘媽閣口以上四口爲澳門稽查小口不征銀兩

烏坎總口出產黃白糖及鹹魚蝦米各貨

神泉口出產黃白糖及鹹魚蝦米等物

甲子口出產黃白糖鹹魚蝦米各貨

碣石口歸甲子口轄不征銀兩

汕尾口出產黃白糖鹹魚蝦米各貨

長沙口歸汕尾口轄不征銀兩

鮜門口歸汕尾口轄不征銀兩

平海口出產黃白糖鹹魚蝦米各貨

稔山口歸平海口轄不征銀兩

湖東口歸甲子口轄不征銀兩

墩頭口出產黃白糖鹹魚蝦米各貨

庵埠總口出產黃白糖各貨

雙溪口

溪東口

汕頭口以上三口俱歸庵埠口轄不征銀兩

潮陽口出產黃白糖各貨

後溪口

海門口

達濠口以上三口俱歸潮陽口轄不征銀兩

澄海口出產黃白糖各貨

卡路口

南洋口以上二口俱歸澄海口轄不征銀兩

府館口出口貨船杉木并鹽船鈔等項

東隴口

樟林口歸東隴口轄不征銀兩

黃岡口出產黃白糖及柿花瓜子各貨

烏塘口歸黃岡口轄不征銀兩

北礮臺口出產黃白糖各貨

梅菉總口出產粗紙煙葉薯莨土碗各貨

水東口歸梅菉口轄不征銀兩

硇州口歸梅菉口轄不征銀兩

芷芧口出產粗紙煙葉薯莨土碗各貨

暗鋪口出產粗紙煙葉薯莨土碗各貨

兩家灘口同暗鋪口

陽江口出產粗紙煙葉薯莨土碗各貨

海安總口出產黃白糖花生荳油油粕各貨

東西鄉口

白沙小口

博賒小口

南樵小口

對樓小口

田頭小口

錦囊小口以上七口俱歸海安口轄不征銀兩

雷州口出產黃白糖花生荳油油楷各貨

赤坎口爲雷州口所轄稽查港口所有貨物仍歸雷州口輸稅冊報

樂民口爲雷州稽查小口貨稅五錢以下者許該口就近征收仍彙入雷州口冊報

廉州口出產薯苓海參蟶乾各貨

山口小口爲廉州稽查小港不征銀兩

欽州口出產薯苓鹹魚各貨

海口總口出產檳榔蘇絲椰子楠木板枋牛皮京皮各貨

鋪前口

清瀾口

沙荖口

樂會口

萬州口

儋州口

北黎口

陵水口

崖州口以上九口俱與總口同

右各口稅貨

粵海關志卷九終

粵海關志卷十

稅則三

乾隆十四年十二月二十六日起至十五年十二月二十五日止計一年大關各口共征銀四十六萬六千九百四十兩七錢二分九釐

乾隆十五年十二月二十六日起連閏至十六年十一月二十五日止計一年大關各口共征銀四十五萬九千八百四兩二錢八分四釐

乾隆十六年十一月二十六日起至十七年十一月二十五日止計一年大關各口共征銀五十萬二千七百六十九兩六分五釐

乾隆十七年十一月二十六日起至十八年十一月二十五日止計一年大關各口共征銀五十一萬四千八百一十兩八釐

乾隆十八年十一月二十六日起連閏至十九年十月二十五日止計一年大關各口共征銀五十一萬五千三百一十八兩三分九釐

乾隆十九年十月二十六日起至二十年十月

二十五日止計一年大關各口共征銀四十八萬六千二百六十七兩七錢九分四釐

乾隆二十年十月二十六日起連閏至二十一年九月二十五日止計一年大關各口共征銀四十萬四千九百五十七兩四分八釐

乾隆二十一年閏九月二十六日起至二十二年九月二十五日止計一年大關各口共征銀三十二萬五百二十兩六錢七分八釐

乾隆二十二年九月二十六日起至二十三年九月二十五日止計一年大關各口共征銀三十七萬三十七兩二錢九分五釐

乾隆二十三年九月二十六日起連閏至二十四年八月二十五日止計一年大關各口共征銀三十五萬四千六百六十八兩二分九釐

乾隆二十四年八月二十六日起至二十五年八月二十五日止計一年大關各口共征銀三十五萬六千二百八兩九錢七分二釐

乾隆二十五年八月二十六日起至二十六年

八月二十五日止計一年大關各口共征銀三十八萬二千六百一十兩四分九釐
乾隆二十六年八月二十六日起連閏至二十七年七月二十五日止計一年大關各口共征銀三十八萬二千六百三十兩六錢一分五釐
乾隆二十七年七月二十六日起至二十八年七月二十五日止計一年大關各口共征銀四十一萬一千六百二十三兩七分二釐
乾隆二十八年七月二十六日起至二十九年

七月二十五日止計一年大關各口共征銀四十七萬四千三百三十六兩六錢六分五釐
乾隆二十九年七月二十六日起連閏至三十年六月二十五日止計一年大關各口共征銀五十萬五千三十一兩六錢八分五釐
乾隆三十年六月二十六日起至三十一年六月二十五日止計一年大關各口共征銀五十九萬九千九百六十四兩九錢五分九釐
乾隆三十一年六月二十六日起至三十二年

六月二十五日止計一年大關各口共征銀五十四萬六千七百三十六兩一錢四分二釐
乾隆三十二年六月二十六日起連閏至三十三年五月二十五日止計一年大關各口共征銀五十四萬七千一百二兩四錢九分一釐
乾隆三十三年五月二十六日起至三十四年五月二十五日止計一年大關各口共征銀五十四萬八千三百六兩一錢五分六釐
乾隆三十四年五月二十六日起至三十五年

五月二十五日止計一年大關各口共征銀五十九萬六十三兩二錢七釐
乾隆三十五年五月二十六日起連閏至三十六年四月二十五日止計一年大關各口共征銀五十七萬八千六十六兩五錢九分
乾隆三十六年四月二十六日起至三十七年四月二十五日止計一年大關各口共征銀五十九萬一千九百九十七兩五錢二分一釐
乾隆三十七年四月二十六日起連閏至三十

八年閏三月二十五日止計一年大關各口共征銀五十五萬三千八百二十六兩一錢七釐

乾隆三十八年閏三月二十六日起至三十九年三月二十五日止計一年大關各口共征銀五十四萬一千五百五十三兩一錢八分五釐

乾隆三十九年三月二十六日起至四十年三月二十五日止計一年大關各口共征銀五十四萬一千八百六十三兩七錢三釐

乾隆四十年三月二十六日起連閏至四十一年二月二十五日止計一年大關各口共征銀五十三萬三千一百七十八兩四錢一分二釐

乾隆四十一年二月二十六日起至四十二年二月二十五日止計一年大關各口共征銀五十八萬八千四百七兩九錢六分五釐

乾隆四十二年二月二十六日起至四十三年二月二十五日止計一年大關各口共征銀五十八萬八千四百五十三兩九錢七分

乾隆四十三年二月二十六日起連閏至四十四年正月二十五日止計一年大關各口共征銀五十五萬六千一百八十五兩一錢

乾隆四十四年正月二十六日起至四十五年正月二十五日止計一年大關各口共征銀五十五萬六千二百三十三兩九錢三分七釐

乾隆四十五年正月二十六日起至四十六年正月二十五日止計一年大關各口共征銀五十八萬一千八百二兩一錢九分一釐

乾隆四十六年正月二十六日起連閏至十二月二十五日止計一年大關各口共征銀五十四萬八千八百八十三兩三錢一分六釐

乾隆四十六年十二月二十六日起至四十七年十二月二十五日止計一年大關各口共征銀五十二萬一千一百四十兩五錢五分二釐

乾隆四十七年十二月二十六日起至四十八年十二月二十五日止計一年大關各口共征銀七十九萬七千八百六十一兩五錢七分一釐

乾隆四十八年十二月二十六日起連閏至四十九年十一月二十五日止計一年大關各口共征銀七十四萬八千一百二十五兩七錢一分九釐

乾隆四十九年十一月二十六日起至五十年十一月二十五日止計一年大關各口共征銀八十七萬二千一百五十兩九錢八釐

乾隆五十年十一月二十六日起連閏至五十一年十月二十五日止計一年大關各口共征

銀九十五萬三千九百六十兩六錢六分三釐

乾隆五十一年十月二十六日起至五十二年十月二十五日止計一年大關各口共征銀九十八萬一千六百八十六兩三錢一分二釐

乾隆五十二年十月二十六日起至五十三年十月二十五日止計一年大關各口共征銀一百三萬六千九百九十九兩三錢二分一釐

乾隆五十三年十月二十六日起連閏至五十四年九月二十五日止計一年大關各口共征

銀一百一十萬一千三百六十一兩九錢六分三釐

乾隆五十四年九月二十六日起至五十五年九月二十五日止計一年大關各口共征銀一百一十二萬七千五百六十二兩八錢八分三釐

乾隆五十五年九月二十六日起至五十六年九月二十五日止計一年大關各口共征銀九十九萬五千八百八十二兩五錢二分三釐

乾隆五十六年九月二十六日起連閏至五十七年八月二十五日止計一年大關各口共征銀一百一萬一千四百二十六兩二錢八分三釐

乾隆五十七年八月二十六日起至五十八年八月二十五日止計一年大關各口共征銀八十八萬五千六百一十二兩七錢九分九釐

乾隆五十八年八月二十六日起至五十九年八月二十五日止計一年大關各口共征銀九

十七萬二千九百四十八兩五錢一釐
乾隆五十九年八月二十六日起連閏至六十年七月二十五日止計一年大關各口共征銀一百一十七萬一千九百一十一兩二錢六分
乾隆六十年七月二十六日起至嘉慶元年七月二十五日止計一年大關各口共征銀九十八萬一千一百八十六兩六錢九分
嘉慶元年七月二十六日起連閏至二年閏六月二十五日止計一年大關各口共征銀九十七萬三千一百七十二兩九錢七分五釐
嘉慶二年閏六月二十六日起至三年六月二十五日止計一年大關各口共征銀一百三萬五千七百五十七兩四錢七分七釐
嘉慶三年六月二十六日起至四年六月二十五日止計一年大關各口共征銀九十三萬七千七十三兩二錢六分
嘉慶四年六月二十六日起連閏至五年五月二十五日止計一年大關各口共征銀一百二

十萬一千二百四十六兩五錢三分七釐
嘉慶五年五月二十六日起至六年五月二十五日止計一年大關各口共征銀一百三十三萬六千一百七十一兩八錢三分一釐
嘉慶六年五月二十六日起至七年五月二十五日止計一年大關各口共征銀一百五十四萬七百七十三兩九分二釐
嘉慶七年五月二十六日起連閏至八年四月二十五日止計一年大關各口共征銀一百六十九萬五千三百八十九兩三分
嘉慶八年四月二十六日起至九年四月二十五日止計一年大關各口共征銀一百五十五萬五千五百八十六兩四錢五釐
嘉慶九年四月二十六日起至十年四月二十五日止計一年大關各口共征銀一百六十四萬一千九百七十一兩七錢六分八釐
嘉慶十年四月二十六日起連閏至十一年三月二十五日止計一年大關各口共征銀一百

六十二萬一千三百七十五兩九錢九分八釐

嘉慶十一年三月二十六日起至十二年三月二十五日止計一年大關各口共征銀一百六十六萬三千八百三十兩四分八釐

嘉慶十二年三月二十六日起至十三年三月二十五日止計一年大關各口共征銀一百四十七萬四百六十兩二錢二分六釐

嘉慶十三年三月二十六日起連閏至十四年二月二十五日止計一年大關各口共征銀一

百四十五萬七千二百一兩七錢七分七釐

嘉慶十四年二月二十六日起至十五年二月二十五日止計一年大關各口共征銀一百四十萬八千六百四十一兩八錢六分四釐

嘉慶十五年二月二十六日起至十六年二月二十五日止計一年大關各口共征銀一百一十六萬五千二百六十三兩一錢二分六釐

嘉慶十六年二月二十六日起連閏至十七年正月二十五日止計一年大關各口共征銀一百三十四萬七千九百二十六兩八錢九分一釐

嘉慶十七年正月二十六日起至十八年正月二十五日止計一年大關各口共征銀一百二十四萬六千七百八兩一錢六分

嘉慶十八年正月二十六日起至十九年正月二十五日止計一年大關各口共征銀一百二十三萬五千二百五十七兩六錢九分八釐

嘉慶十九年正月二十六日起連閏至十二月

二十五日止計一年大關各口共征銀一百一十八萬五千四百六十一兩八錢二分六釐

嘉慶十九年十二月二十六日起至二十年十二月二十五日止計一年大關各口共征銀一百三十三萬一千二百三十九兩八錢六分

嘉慶二十年十二月二十六日起連閏至二十一年十一月二十五日止計一年大關各口共征銀一百四十四萬六千九百七十九兩九錢六分五釐

嘉慶二十一年十一月二十六日起至二十二年十一月二十五日止計一年大關各口共征銀一百四十二萬一千三百三兩七錢九分九釐

嘉慶二十二年十一月二十六日起至二十三年十一月二十五日止計一年大關各口共征銀一百四十三萬二千九百一十兩九錢九分九釐

嘉慶二十三年十一月二十六日起連閏至二

十四年十月二十五日止計一年大關各口共征銀一百三十八萬九十七兩八分八釐

嘉慶二十四年十月二十六日起至二十五年十月二十五日止計一年大關各口共征銀一百四十七萬九千八百二十兩一錢二釐

嘉慶二十五年十月二十六日起至道光元年十月二十五日止計一年大關各口共征銀一百四十九萬七千二十二兩四錢九分二釐

道光元年十月二十六日起連閏至二年九月二十五日止計一年大關各口共征銀一百四十八萬五千一百四十六兩八錢三分

道光二年九月二十六日起至三年九月二十五日止計一年大關各口共征銀一百四十萬四千九百一十三兩一錢六分

道光三年九月二十六日起連閏至四年八月二十五日止計一年大關各口共征銀一百四十四萬四千三百二十二兩六錢一分六釐

道光四年八月二十六日起至五年八月二十

五日止計一年大關各口共征銀一百二十九萬八千八百二十八兩九錢六分二釐

道光五年八月二十六日起至六年八月二十五日止計一年大關各口共征銀一百五十七萬六千六百三十七兩一錢六分二釐

道光六年八月二十六日起連閏至七年七月二十五日止計一年大關各口共征銀一百八十五萬四十五兩九錢九分二釐

道光七年七月二十六日起至八年七月二十

五日止計一年大關各口共征銀一百四十四萬一千九百二十四兩五錢九分六釐

道光八年七月二十六日起至九年七月二十五日止計一年大關各口共征銀一百四十九萬九千五百八十兩七錢四分三釐

道光九年七月二十六日起連閏至十年六月二十五日止計一年大關各口共征銀一百六十六萬三千六百三十四兩九錢七分八釐

道光十年六月二十六日起至十一年六月二十五日止計一年大關各口共征銀一百四十六萬一千八百六兩一錢六分三釐

道光十一年六月二十六日起至十二年六月二十五日止計一年大關各口共征銀一百五十三萬二千九百三十三兩二錢四分九釐

道光十二年六月二十六日起連閏至十三年五月二十五日止計一年大關各口共征銀一百四十七萬七千八百四十六兩二錢六分五釐

道光十三年五月二十六日起至十四年五月二十五日止計一年大關各口共征銀一百六十六萬九千七百一十二兩六錢四分一釐

道光十四年五月二十六日起至十五年五月二十五日止計一年大關各口共征銀一百四十二萬四千九百四十四兩一錢六分九釐

道光十五年五月二十六日起連閏至十六年四月二十五日止計一年大關各口共征銀一百六十七萬四千八百五十一兩七錢二分八釐

道光十六年四月二十六日起至十七年四月二十五日止計一年大關各口共征銀一百七十八萬九千四百二十四兩三錢二分三釐

道光十七年四月二十六日起至十八年四月二十五日止計一年大關各口共征銀一百二十四萬二千四百四十四兩二錢一分五釐

謹案乾隆十四年以前案卷霉爛故此篇斷自十五年始

廣屬各口

總巡掛號口每年約征銀九千三百兩零

東礮臺掛號口每年約征銀一千二百兩零

西礮臺掛號口每年約征銀一千三百兩零

佛山掛號口每年約征銀一千六百兩零

黃埔掛號口每年約征銀一千四百兩零

虎門掛號口每年約征銀三百兩零

紫泥掛號口每年約征銀四百兩零

市橋掛號口每年約征銀二百兩零

鎮口掛號口每年約征銀三百兩零

江門正稅口每年額征銀一萬四千三百兩零

澳門正稅總口每年約征銀二萬九千六百兩零

惠屬各口

烏坎正稅總口每年額征銀一千一百兩零

神泉正稅口每年額征銀六百兩零

甲子正稅口每年額征銀一千兩零

碣石掛號口每年約征銀三百兩零

汕尾正稅口每年額征銀二千八百兩零

平海正稅口每年額征銀九百兩零

湖東掛號口每年約征銀一百兩零

墩頭掛號口每年約征銀二百兩零

靖海正稅口每年額征銀一百兩零

潮屬各口

庵埠正稅總口每年額征銀四千二百兩零

雙溪掛號口每年約征銀三十兩零

溪東掛號口每年約征銀六百兩零

汕頭掛號口每年約征銀八兩零

潮陽正稅口每年額征銀五千四百兩零

後溪掛號口每年約征銀三百兩零

海門掛號口每年約征銀四十兩零

達濠掛號口每年約征銀一百兩零

澄海正稅口每年額征銀四千八百兩零

卡路掛號口每年約征銀三十兩零

南洋掛號口每年約征銀二兩零

府館正稅口每年額征銀四百兩零

東隴正稅口每年額征銀六千六百兩零

樟林掛號口每年約征銀六十兩零
黄岡正稅口每年額征銀三千兩零
烏塘掛號口每年約征銀九兩零
北礮臺正稅口每年額征銀三千兩零

高屬各口

梅菉正稅總口每年額征銀二千三百兩零
芷芋掛號口每年約征銀三百兩零
暗鋪掛號口每年約征銀一百兩零
兩家灘正稅口每年額征銀三百兩零

陽江正稅口每年額征銀一千兩零

雷廉屬各口

海安正稅總口每年額征銀三千二百兩零
雷州正稅口每年額征銀三千兩零
廉州正稅口每年額征銀五百兩零
欽州正稅口每年額征銀二百兩零

瓊屬各口

海口正稅總口每年額征銀一萬二千七百兩零
鋪前正稅口每年額征銀六百兩零
清瀾正稅口每年額征銀五百兩零
沙荖正稅口每年額征銀三百兩零
樂會正稅口每年額征銀二千二百兩零
萬州正稅口每年額征銀三百兩零
儋州正稅口每年額征銀一千兩零
北黎正稅口每年額征銀三百兩零
陵水正稅口每年額征銀三千二百兩零
崖州正稅口每年額征銀二千七百兩零

右歷年征數

各口旺月

大關以下各口先後以旺月多者爲次　總巡口　東礮臺口　西礮臺口　黄埔口　墩頭口並自六月至十一月　佛山口　汕尾口並自七月至十一月　江門口　烏坎口　北礮臺口並自四月至八月　庵埠口　潮陽口並五六七十十一等月　芷芋口　暗鋪口並四五六十十一等月　甲子口四五七八九等月　市橋口　鎮口口並七八九十等月　澄海口　陽江口　鋪前口　清瀾口　沙荖口　萬州口　儋州口並四五六七等月　神泉口　靖海口　樂會

口並三四五六等月雷州口二三四五等月海安口三四五六等月黃岡口四五十十一等月東隴口五六七八等月澳門口八九十十一等月平海口九十十一十二等月北黎口　崖州口　陵水口並三四五等月虎門口　梅菉口　海口口　廉州口並四五六等月欽州口二三四等月紫泥口六七八等月府館口旺淡月相間

右各口旺月

各口征鈔耗折成色平碼及征存撥解

大關所收正稅鈔耗紋銀司平其擔規雜項或九成九二色九八平司平不等日逐兌收貯庫

總巡口所收擔規銀兩係九成色九八平每月除支工火外折實司平紋銀解貯大關

行後口不征銀兩

東礮臺口

西礮臺口

佛山口

黃埔口

虎門口

紫泥口

市橋口

鎮口口以上八口俱與總巡口同

江門口征收正稅鈔耗係紋銀其擔規或九成色九八平不等係折實司平紋銀每月除支工火外餘存銀兩同掛號錢文解貯大關

澳門總口征收正稅鈔耗係十字番銀庫平每兩補水八分其擔規雜項收十字番銀九八六澳平每月仍覈實庫平除支工火外餘存銀兩按季解貯大關

大馬頭口

南灣口

關閘口

娘媽閣口以上四口爲澳門稽查小口不征銀兩

烏坎總口征收正稅鈔耗係十字番銀每兩補水七分其擔規雜項收十字番銀係庫平每月除支工火外餘存銀兩按季解貯大關

神泉口征收正稅鈔耗係十字番銀每兩補水七分其擔規雜項收十字番銀係庫平每月除支工火外餘存銀兩按季由總口彙解大關

甲子口所收銀色平頭及支銷與總口同餘存銀兩按季由總口彙解大關

碣石口歸甲子口轄不征銀兩

汕尾口與甲子口同

長沙口

鮜門口以上二口歸汕尾口轄不征銀兩

平海口與甲子口同

稔山口歸平海口轄不征銀兩

湖東口歸甲子口轄不征銀兩

墩頭口

靖海口以上二口與甲子口同

庵埠總口征收正稅鈔耗府擔係紋銀司平其本擔雜項俱收番銀每月除支工火外餘存銀兩按季解貯大關

雙溪口

溪東口

汕頭口以上三口俱歸庵埠口轄不征銀兩

潮陽口征收正稅鈔耗府擔係紋銀司平其本擔雜項俱收番銀每月除支工火外餘存銀兩按季由總口彙解大關

後溪口

海門口

達濠口以上三口俱歸潮陽口轄不征銀兩

澄海口與潮陽口同

卡路口

南洋口以上二口俱歸澄海口轄不征銀兩

府館口征收正稅鈔耗府擔係紋銀司平每月除支工火外餘存銀兩按季由總口彙解大關

東隴口與潮陽口同

樟林口歸東隴口轄不征銀兩

黃岡口與潮陽口同

烏塘口歸黃岡口轄不征銀兩

北礮臺口與潮陽口同

梅菉總口征收正稅鈔耗等項俱收紋銀司平其擔規雜項或紋銀或九三聚實紋銀不等每月除支工火外餘存銀兩按月解貯縣庫俟年滿彙齊各子口稅銀就近撥解兵餉如有餘存仍解大關

水東口

硇州口以上二口歸梅菉口轄不征銀兩

芷芀口餘存銀兩按季由總口彙解

暗鋪口所收銀兩俱係紋銀司平每月除支工火外餘存銀兩按季由總口彙解

兩家灘口與暗鋪口同

陽江口征收稅鈔耗擔規等項俱紋銀庫平每月除支工火外餘存銀兩按季由總口彙解

海安總口 征收正稅鈔耗擔規等項一切俱收紋銀司平每月除支工火外餘存銀兩按月解貯縣庫俟年滿彙齊各子口稅銀就近撥兵餉如有餘存仍解大關

東西鄉口

白沙小口

博賒小口

南樵小口

對樓小口

田頭小口

錦囊小口 以上七口俱歸海安口轄不征銀兩

雷州口 所收銀色平頭及支銷與總口同餘存銀兩按季由總口彙解

赤坎口 爲雷州所轄稽查港口所有貨物仍歸雷州口輸稅冊報

樂民口 爲雷州稽查小口貨稅五錢以下者許該口就近征收仍彙入雷州口冊報

廉州口 與雷州口同

山口口 爲廉州稽查小港不征銀兩

欽州口 與雷州口同

海口總口 征收正稅鈔耗係紋銀司平其擔規雜項或收紋銀九三色九八平不等每月除支工火外餘存銀兩覈實紋銀司平按月解貯縣庫俟年滿彙齊各子口稅銀就近撥解兵餉如有餘存仍解大關

鋪前口 征收正稅鈔耗係紋銀司平其擔規雜項或收紋銀或九二色九八平不等每月除支工火外餘存銀兩按季由總口彙解

清瀾口 征收正稅鈔耗係紋銀司平其擔規雜項俱收九二色司平每月除支工火外餘存銀兩按季由總口彙解

沙荖口

樂會口

萬州口

儋州口

北黎口

陵水口

崖州口 以上七口與清瀾口同

右各口征鈔耗折成色平碼及征存撥解

粵海關志卷十終

粵海關志卷十一

稅則四

大關

凡各外國夷船到查丈該船樑頭照則例長濶相乘分別等第西洋船照東洋船例減二分科征正鈔（無耗正鈔每兩收一錢二分）進口規銀一千一百二十五兩九錢六分（內呿囒哂加一百兩蘇喇減一百兩）出口規銀五百三十三兩八錢（以上俱紋銀九折庫平）

凡洋船進口第一月分收規銀二兩六錢又自

第二月分起每月收規銀一兩三錢不滿一月者按日科算（九折九八平紋銀）

凡進出各貨物照則例科征正稅（火耗加一）又按正稅每兩收銀一分六釐　按貨每百斤收擔頭銀三分八釐內出口貨物估計價值每兩收分頭銀四分九釐（以上紋銀九二折庫平）

凡夷船稟請批照起運零星貨物往來省城黃埔每次收銀一錢（紋銀九折九八平）

凡夷船稟報起布包木箱每次收銀二兩

凡夷船稟請批照僱木匠漆匠往黃埔修船每名收銀一錢

凡夷船駁運進出貨物扁艇每隻收銀二錢四分　如尾艇三板每隻收銀一錢二分

凡洋船進口各項貨物秤驗報稅上行後運往內河別處發賣每百斤拆票銀一分

凡夷船自進口日起至出口日止每日收銀六錢

凡夷船黃埔起貨每日收銀三兩四錢八分（以上俱紋銀九折九八平）

謹按向例凡夷船出口各貨估計價值每兩收銀一錢（九三色九八平）乾隆元年十月奉免

凡夷船出口綢絹牛郎彩閃錦翦絨紗等項每疋收疋頭銀一分（紋銀九二折庫平）

謹按絲斤自乾隆二十五年禁止出洋至嘉慶年開禁復征

凡本港各洋船到查丈該船樑頭照則例長濶相乘分別等第科征正鈔（火耗加一）正鈔每兩收銀

二分九二折進口歸公銀十七兩五錢九分二釐出口歸公銀七十三兩九錢九分二釐　內江南沙船加收銀二兩俱紋銀九折庫平

凡進出口各項貨物照則例科征正稅火秏加一正稅每兩收銀一分六釐紋銀九二折庫平　按貨每百斤收擔頭銀三分四釐

凡出口押載缸瓦每大艇收銀六兩每小艇收銀六錢

米照每張收銀二兩五分

謹按米照乾隆七年六月奉免十四年復征

凡搭載商客腰牌每張收銀一錢一分以上紋銀九折庫平

凡每船自進口日起至清艙日止　又出口自下貨日起至出口日止每日收銀六錢紋銀九折九八平

凡貿易船裝貨往瓊高雷廉各貨物照例科稅正稅每兩火耗加一各貨物每百斤收擔頭銀三分六釐　應免貨物無稅每百斤收擔頭銀二分四釐　每船出口收銀六兩　腰牌每張收銀一錢一分

米照每張收銀三錢五分

凡瓊高雷廉船來省進口在各本口稅過各項貨物每百斤收擔頭銀二分　每船收銀一兩四錢　應免貨物無稅每百斤收擔頭銀二分四釐　空船出口領米照每張收銀三錢五分以上俱紋銀九折庫平

凡撈繒渡船裝貨物往澳照正稅每兩收銀一分六釐　貨物每百斤收擔頭銀三分四釐　每船收銀二兩　扁艇二隻作一隻共收銀二兩以上俱紋銀九二折庫平

凡潮州惠州福建船裝載鹹魚進出口無稅每載收銀二兩三錢　鹹魚不及一載者仍照免貨例每百斤收銀二分　空船出口往潮惠閩領米照每張收銀二錢五分

凡貿易船裝貨物往惠潮每百斤收擔頭銀二分七釐五毫　應免貨物無稅每百斤收擔銀一分九釐　裝載豆麥每船滿載作六分載每

一分載照樑頭科算每兩火耗加一 每分載收銀五錢 又每船收銀二兩一錢

謹按則例米麥雜糧不便按擔征收止論載補科不及一分載者免稅故向來豆麥船隻進口按分數科餉其擔銀照分載餉收如不及一分載者每擔收銀三分三釐其麥子不及一分載者每擔征收歸公銀兩及裝載一分以上并豆貨按載擔銀又小船裝糧米進口均於乾隆七八等年均奉寬免自乾隆十

四年部咨豆麥仍論分載科征麥子按擔征收稅耗不及一分載者仍舊豁免其豆子仍按擔復征

凡惠潮船裝貨來省在惠潮稅過貨物每百斤收擔頭銀一分五毫 每船收銀七錢 免貨無稅每百斤收擔銀一分九釐 生豬每隻收銀四分 出口往惠潮領米照每張收銀二錢五分

凡往虎門裝海蜇白蜆每船收銀一兩七錢

凡閩浙江南天津山東船進出口貨物 進口每船收銀二兩二錢 出口每船收銀一兩六錢 進出口貨物每百斤收擔頭銀四分 豆麥每一分載收銀五錢 免貨每百斤收擔銀一分九釐 出口領米照每張收銀五錢五分 腰牌每張收銀一錢一分 貿易船裝鹽一次收補鈔銀一兩火耗加一 駁鹽照票收銀四錢

凡鹽易惠潮等處船鈔照例科算火耗加一 樑頭每尺收銀五分九四折

凡新烙鹽易船樑頭每尺收銀一錢 每船收銀十三兩九錢

凡新烙水母船收銀七兩三錢

凡新烙蛋艚船收銀四兩九錢

凡鹽易船惠潮等處船隻給牌 春季收銀一兩零五分 秋季收銀五錢五分

凡鹽易船入冊收銀七兩

凡鹽易船改名收銀二兩

凡瓊州船在省換牌收銀三兩七錢 樑頭每

尺收銀一錢九四折
凡新開洋貨行收銀四十兩
凡新開福潮佛山江門海南行收銀一十六兩
凡新充通事每名收銀二十六兩
凡裝載木頭船每船收銀八兩
凡本港船改貿易船收銀九兩四錢
凡貿易船改洋船收銀九兩四錢
凡本港洋船批手本裝鹽一次收銀五兩
凡本港船鹽船往瓊裝貨一次收銀七兩

凡空船往來瓊高雷廉潮惠閩浙江南天津山東等處無銀征收如載有免貨覈征擔銀一兩五錢以上者仍照各本處進口出口例按船征收
凡商船裝載元寶壳往瓊州照依免貨之例征收擔銀外每百斤加收銀一分
凡商船裝載草包往福潮瓊惠等處以每束作四十三斤覈算斤兩每百斤收銀一分
凡往瓊澳併本港洋船中磁器俱七五折科稅

仍以九折覈收擔銀以上除本條註明外餘俱紋銀九折庫平

總巡掛號口

凡夷船本港洋船澳門來往貨每九折紅重一百斤收銀八釐
在澳門稅過串票來省貨物無收　瓊南福建惠潮寧波遼東船來往貨每九折紅重一百斤收銀四釐免例貨物無收　裝鹹魚菜脯麥子每載收銀一錢詳見大關按語　丈量新船收銀五錢報修請丈量者無收　本港洋船進出口　本港洋船下貨　丈量本港洋船以上每隻收銀二錢　丈量新貿易艚船每隻收銀一錢　下本港洋船貨每一單收銀五分　瓊

南進出貨船每隻收銀二錢空船不收　瓊南船下貨每隻收銀二錢　下瓊南船貨每單收銀五分　下缸瓦每一大艇收銀二錢加下零星者不收　澳門福建江南寧波遼東貨船進出每隻收銀五分空船不收　下澳門福建江南寧波遼東貨船每一單收銀五分　惠潮貨船進出每隻收銀三分空船不收　下惠潮貨船每一單收銀三分以上俱紋銀九扣九八平

西礮臺掛號口

凡紅單洋南貨不拘粗細每一百斤　澳來串票貨每一百斤
鎖鞋喇羽緞羽紗每丈作一百斤　嗶嘰緞小絨番

斜紋每二丈作一百斤　洋蓆不拘等數每二張作一百斤
洋布不拘等數每疋作一百斤　洋花被面每張作一百斤
洋酒每十瓶作一百斤　洋手帕每十條作一百斤　翠鳥毛
每百張作一百斤　孔雀尾每一瓶作一百斤　雜木壽枋每一
塊作一百斤　椰子每五十箇作一百斤以上每百斤收銀七釐　白單
洋南貨每百斤收銀一分　楠木壽枋每塊收銀九釐　荔枝
木蔗校每副收銀一錢　本港洋船出入口每隻收銀一兩一錢
海南船有貨入口每隻收銀二兩四錢　海南船有貨
出口每隻收銀一兩四錢　上海寧波船有貨出口每隻收銀

七錢　福建船有貨出入口每隻收銀三錢五分　撈繒船
有貨出入口每隻收銀四錢五分　白艚船有貨出入口
每隻收銀一錢二分以上俱紋銀九扣九八平如空船俱不收
謹按佛山駁運來省白鉛於乾隆二年三月
內裁免

佛山掛號口

凡省來紅單洋南各貨每百斤收銀七釐　翠鳥毛每百
隻作一百斤　省來白單洋貨每百斤收銀二分　省來白
單南貨每百斤收銀一分　澳門來紅單各貨到口每百
斤收銀二分四釐　江門來紅單各貨到口每百斤收銀一分三
釐　江門由路來紅單各貨到口每百斤收銀一分一釐
江門東莞各處來土魚膠到口每百斤收銀一錢二分
鮑魚比例　土紫菜到口每百斤收銀二分四釐　出口收銀二分
海粉比例　江門來椰子每百箇收銀五分　出口收銀二分
佛山白單洋貨出口每百斤收銀二分　佛山白單
南貨出口每百斤收銀一分不及一百斤免征　佛山絨線紬緞
紗湖絲往香澳每百斤收銀二錢四分　佛山紗羅紬緞
湖絲往下路各鄉每百斤收銀一錢二分往上路不收　佛山

茶葉白糖往下路各鄉每百斤收銀一分二釐往上路不收
佛山茶葉白糖往香澳每百斤收銀二分四釐　佛山木
油往香澳並下路各鄉每桶收銀六分每堤收銀一分往上路不
收　佛山磁器往香澳並下路各鄉每子收銀一釐每
笠收銀二釐每桶收銀二分四釐每百子收銀一錢二分往上路不收　佛山
白鉛往香澳每百斤收銀三分六釐往別處不收　佛山水銀
辰砂往香澳每百斤收銀六分往別處不收　佛山白礬冷
飯頭往香澳每百斤收銀一分二釐往別處不收　佛山火腿
漆器往香澳每百斤收銀一分八釐往別處不收　佛山矾石

往香澳每百斤收銀二分四釐往別處不收　佛山南貨紅單
出口每百斤收銀七釐　楠本壽枋每副收銀三分六釐以下洋
貨　燕窩丁香冰片每百斤收銀一錢二分　西洋布每疋
收銀三分六釐　小絨每丈收銀三分六釐　鎖鞋喇嗶嘰緞每丈
收銀七釐　洋棉花每包收銀六分以上俱收紋銀九扣九八平
謹按本地白鉛騐運出口於乾隆二年三月
內裁免

東礮臺掛號口

凡海南船裝檳榔等貨進口每隻收銀二兩四錢　海南
船裝綿布等貨出口每隻收銀一兩四錢　海南船裝缸
瓦免貨出口並無正稅單貨者每隻收銀四錢　本港
洋船裝貨出進口每隻收銀一兩一錢　浙江海船裝貨
出進口每隻收銀七錢　福建海船裝貨出進口每隻收銀
五錢　廣鹽烏艚空船出口騐鹽　廣艚裝缸瓦
等物重五千斤出口　潮州白艚裝貨出口以上
每隻收銀四錢　潮州白艚裝貨進口每隻收銀一錢七分　扁
艇騐夷船餉貨進出口每隻收銀二錢四分　尾艇并夷
三板騐夷船餉貨進出口每隻收銀一錢二分　批照夷

貨船餉貨手本每箇進出口收銀一錢二分　洋南貨拆紅
單出口每百斤收銀七釐　楠板拆紅單出口每塊收銀九釐
雜板拆紅單出口每塊收銀七釐　鎖鞋喇拆紅單
出口每丈收銀七釐　嗶嘰羽緞羽紗羽布拆紅單出
口每丈收銀三釐五毫　洋南貨拆白單出口每百斤收銀一分
以上俱紋銀九扣九八平

黃埔掛號口

凡本港洋船進出口每隻收銀二兩三錢　海南烏艚船
入口每隻收銀二兩二錢　海南烏艚船出口每隻收銀一兩四錢
海南白艚船入口每隻收銀一兩八錢　海南白艚船
出口　山東天津江浙等處船進出口　福建
船裝京果入口以上每隻收銀一兩二錢　福建船裝鹹魚
入口每隻收銀五錢　福建船出口每隻收銀五錢　白艚船
進口每隻收銀三錢五分　白艚船出口每隻收銀三錢　騐鬼
貨扁艇每隻收銀二錢四分　騐鬼貨尾艇三板每隻收銀一錢
二分　鬼子搭寮貯各貨物每箇收銀二兩三錢　修整鬼
船木匠漆匠每名收銀二錢二分　大小鹽船并出進口
空船無餉貨裝者均免以上俱紋銀九扣九八平

市橋掛號口

凡小料船出口水手每名收銀四分六釐四毫　艚船出口每隻收銀一錢四分隨帶三板每隻收銀七分　罟船出口每隻收銀四錢　板罟出口每隻收銀一錢四分　索罟罟料出口每隻收銀三錢六分　篸船出口每隻收銀八分隨帶三板每隻收銀四分　大坭船出口每隻收銀一兩一錢　小蜆艇每隻收銀八分　磚瓦船大船收銀八分小船收銀四分　杉木每截收銀六分　新安柴船進口大船收銀四錢八分小船收銀二錢四分　虎門渡載鹹魚進口每簍收銀八釐　黃角渡載黃麻每把收銀一分五釐薯苓每百斤

收銀四分以上俱收紋銀九扣九八平

江門正稅口

凡往瓊南雷州高州各口貿易船隻　正餉貨紅重每百斤照例征收稅銀　正稅每一兩火耗加一　各正稅貨每百斤紅重收九色擔頭銀四分四釐　正餉貨物滿載每船出口收九色銀九兩七錢　如裝載各餉貨四五十擔至七八十擔每船出口收錢六百文至一百擔者照滿載征收

凡縣牌單桅船批照裝載正餉貨物收九色銀六錢

凡免單各貨物每百斤收九色擔頭銀二分四釐

凡免單元寶殼每百斤收九色擔頭銀四分四釐

凡免單缸瓦每大排收九色擔頭銀六兩六錢　每中排缸瓦收九色擔頭銀四兩四錢　每小艇缸瓦估斤兩每百斤收九色擔頭銀二分四釐

凡往惠潮各口白艚貿易船隻　正餉貨紅重每百斤照例征收稅銀　正稅每兩火耗加一　各正稅貨每百斤紅重收九色擔頭銀四分四釐　如裝載各餉貨四五十擔至七八十擔每船出口收錢六百文至一百擔者照滿載征收　正餉貨船滿載每船出口收九色銀二兩一錢　免單各貨每百斤收九色擔頭

銀二分四釐

凡往浙閩白艚貿易船隻　正餉貨紅重每百斤照則例征收稅銀　正稅銀每一兩火耗加一　各正餉每百斤紅重收九色擔頭銀四分四釐　正餉貨船滿載每船出口收九色銀三兩八錢　如裝載各貨四五十擔至七八十擔每船出口收錢六百文至一百擔者照滿載征收　免單各貨物每百斤收九色擔頭銀二分四釐

凡貿易雙桅船期滿換牌　正鈔銀照則例征收每一兩火耗加一　樑頭每尺收九色規銀五分　換牌收九色銀四兩二錢

客商領腰牌每張收九色銀一錢一分

凡潮州白艚貿易船期滿換牌　正鈔銀照則例征收每兩火耗加一　樑頭每尺收九色銀五分　換牌每張收九色銀一兩五錢

凡海南貿易貨船進口　稅過椰鹹每大簀收九色銀六分六釐每中簀收九色銀三分三釐每小簀收九色銀二分三釐　椰玉每大包收九色銀七分二釐每中包收九色銀三分六釐每小包收九色銀二分四釐　稅過黃白藤藤絲每大把收九色銀三分三釐每中把收九色銀二分二釐每小把收九色銀一分一釐　稅過楠木壽枋每副收九色銀一錢三分二釐

稅過各貨照紅單每百斤收九色銀三分三釐　免單蔗校每副收九色銀二錢四分　稅過椰子照紅單每一千箇收錢一千六百文

凡高州雷州貿易貨船進口　艮薑經稅過每船進口收九八色銀一十二兩每簀收九八色銀二分四釐不滿載不收進口銀每簀收九八色銀七分二釐每一十包作八簀征收　裝載免單荳枯花生菜子滿載照船牌樑頭每尺收九八色銀一兩七錢　船裝貨不滿載照來單批注按分載征收樑頭　如搭有稅過正餉各貨照紅單每百斤收九八色銀三分一釐　荳枯花生菜子滿載仍收樑頭每尺九八色銀一兩七錢　雜木板每塊收九八色銀一分　稅過各貨照紅單每百斤收九八色銀三分一釐

凡陽江梅菉路車來　稅過椰鹹每大簀收九色銀一分八釐　椰玉每大包收九色銀二分四釐　山貨冷飯頭牛皮皮碎等艮薑砂仁鹹砂三籟木耳草仁芝麻蜜糖白糖每包捆埕收錢四文　豆油每埕收錢六文　芥藤土麻每把捆并每百斤收錢一十文　稅過藤絲藤黃蠟等貨照紅單每百斤收九色銀一分二釐　稅過楠木壽板每副收九色銀三分六釐

凡澳門香山渡船進口規例　稅過各餉貨照紅單每百斤收九色銀一分二釐

凡省城各船來口　稅過洋貨照紅單每百斤收九色銀一分二釐

凡省城佛山各船來口　稅過南貨照來單每百斤收九色銀七釐

凡廣西來　黃藤每百斤并把捆收錢一十文

凡有洋船被風淫撈揀洋貨　正餉貨紅重每百斤照則例征收稅銀每兩火耗加一　各正餉貨紅重每百斤收九二色擔頭銀六分四釐每銀一兩加平銀一分六釐

凡廣海各貨來　正餉貨紅重每百斤照則例征收稅銀每兩

火耗加一　各正餉貨紅重每百斤收九色擔頭銀四分四釐　赤菜每百斤收錢一十文　路車往陽江梅菉等處　鐵錫每包收錢一十二文

凡往省佛各鄉行店拆出各貨物　椰鹹每大簀收錢一十五文中簀收錢七文五毫小簀收錢五文　各貨每百斤收錢一十文　椰子每百箇收錢一十文　楠木壽板每副收錢三十文　各行領拆票每張收九色銀一分如覈收號錢二十文以下者免收拆票銀　往省佛糖漏每大船收錢一百二十文中船收錢六十文小艇收錢三十文　往省佛各鄉蔗種甘蔗每大船收錢一百二十文中船收錢五十文小艇收

錢二十文

凡海南陵水來未經稅過貨物　正餉貨紅重每百斤照則例征收稅銀每兩火耗加一　正餉貨每百斤收擔頭銀二分四釐　正餉貨每百斤收銀一分九釐八毫　單桅船批照每張論貨每百斤收銀六釐又每船另收九色銀六錢　正餉貨紅重每百斤收九色銀三分三釐　椰鹹每大簀收九色銀六分六釐每中簀收九色銀三分三釐每小簀收九色銀二分二釐　黃白藤每大把收九色銀三分三釐每中把收九色銀二分二釐每小把收九色銀一分一釐

凡海南清瀾來未經稅過貨物　正餉貨紅重每百斤照則例征收稅銀每兩火耗加一　椰子每一千箇作七百箇照則例征收稅銀　正餉貨每百斤收擔頭銀一分三釐　椰子每百箇紅數收銀四分　單桅船藤步船批照每張收銀一兩二錢　各正餉貨紅重每百斤收銀三分三釐　椰子每千箇紅數收錢一千六百文

凡海南崖州來未經稅過貨物　正餉貨紅重每百斤照則例征收稅銀每兩火耗加一　正餉貨每百斤收擔頭銀二分七釐　各餉貨每百斤收銀二分九釐七毫　單桅船藤步船批照每張收銀一兩五錢又每百斤收銀一分　各餉貨紅重每百斤收銀三分三釐　椰鹹每大簀收九色銀六分六釐每中簀收九色銀三分三釐每小簀收

九色銀二分二釐　黃白藤每大把收九色銀三分三釐中把收九色銀二分二釐小把收九色銀一分一釐　惠潮鹹魚船進口每載收紋銀三兩零七分

虎門掛號口

凡本港洋船進出口每隻收銀三兩零五分福南浙洋船進出照收　瓊南往來裝貨船每隻收銀二兩空船進出免收如有免單批照零星貨物出口者收銀三錢　福南浙貿易船裝貨進口每隻收銀一兩五錢空船進出免收　福建船裝鹹魚進口每隻收銀五錢　廣惠潮貿易船裝貨進出每隻收銀三錢空船進出免收若空船

有免單手本批照零星貨物出口收銀三錢　福南船裝草包等免單貨物出口每隻收銀五錢　鹽蛋艚船裝鹽進口不收空船出口免收若有免單手本批照零星貨物出口收銀三錢　採捕水母船出口有牌每隻收銀八分無牌每隻收銀一錢六分進口不收　採捕水母頭艇出口每隻收銀四分進口不收　小料採捕繒罟魚船出口每隻收銀一錢一分進口不收　新安艇水母頭艇裝竹木缸瓦出口每隻收銀四錢進口不收　新安柴船裝柴進口每隻收銀四錢空船出口不收　採捕水母船出口採柴每隻收銀一錢六分其鹽船於雍正十年裁免　貿易船進口每隻收銀二錢以上俱收紋銀九扣九八平

鎭口掛號口

凡北江杉木牌出口每梢收銀八錢大者以八截爲一梢小者以十三截爲一梢如不及一梢之數者仍照每梢之例按截科算征收　東江杉木牌出口每梢收銀六錢　竹牌出口每一千枝收錢八十文　裝缸瓦船出口每大船收銀五錢小船收銀四錢　裝杉木船出口每滿載收銀五錢不滿載收銀四錢　裝磚瓦石船出口每大船收錢七十文小船收錢六十文　裝壳灰船出口收錢四十文　裝煤炭出口收錢六十文　撈水母頭船出口收銀四分　高

尾艇裝雜貨出口收銀二錢　文莿渡裝雜貨每月收錢四百五十文　裝紙料元寶線香艇出口大艇收錢八十文中艇收錢七十文小艇收錢六十文　石隆鹹魚艇出口收錢十六文　小料罟船出口收錢八十文　魚君艇出口收錢四十文　市橋渡船裝鹹魚每十簍收銀三分　裝柑蔗艇出口收錢四十文　裝片糖船進口收錢五十文　茅州渡北栅渡裝油每一桶收錢十文鐵鍋每連收錢五文　裝大竹船出口收銀三錢小船收銀二錢　裝雜木板枋每十塊收銀三分　以上俱收紋銀九扣九八平

紫泥掛號口

凡部牌雙桅船裝載商貨出口往瓊每隻收銀二兩五錢　部牌雙桅船在瓊裝客商貨進口往省每隻收銀二兩七錢　部牌雙桅船裝鹽進口每隻收銀五錢　部牌雙桅船裝柴進口每隻收銀五錢　部牌雙桅船裝竹葉青竹藤香進口每隻收銀五錢　部牌雙桅船裝載缸瓦出口往高州每隻收銀一兩五錢　部牌雙桅船裝載商貨出口往潮州每隻收銀一兩二錢　部牌雙桅澳渡裝載商貨出進口每隻收銀二錢五分　新安縣照票

船裝載椽子木出口往新安每隻收銀六錢　新安縣照票船裝竹葉青竹進口每隻收銀六錢　新安縣照票船裝柴進口每隻收銀六錢　扁船裝載房料石灰磚瓦出口往澳每隻收銀二錢五分　扁船裝載單票商貨手本照夷人出進口每隻收銀二錢五分　高尾艇裝載單票商貨手本照夷人出進口每隻收銀二錢五分

香山渡船一隻每月收規銀五錢俱收紋銀九扣九八平以上

謹按部牌雙桅澳渡裝載商貨出進口每隻收銀二錢五分乾隆二年三月內裁免

澳門正稅口

凡往來貨物照例征收正稅每兩火耗加一正耗收十字銀每兩加水八分將七分二釐歸入正項解餘銀八釐歸入歸公例內解

凡本澳回帆洋船照本省洋船例論等第科鈔不加耗正鈔收十字銀每兩加水八分　新來外國洋船收銀七十兩

凡貿易船換牌照例論丈尺科鈔每兩火耗加一正耗收十字銀每兩加水八分一年兩次征收

凡熟米麥每擔征正銀六釐耗水照貨例加收詳見大關按語　串票貨每百斤收擔頭銀五分　到澳上稅粗貨每百斤收擔頭銀三分　到澳上稅紬緞中細磁器茶葉白糖倭船此五宗作色貨每百斤收擔頭銀五分　省來照票貨每百斤收擔頭銀二分四釐八毫　上省照運票貨九折淨每百斤收擔頭銀二分四釐八毫

凡本澳洋船回帆收銀三十五兩　本澳洋船批手本大修收銀二十四兩　本澳洋船批手本小修收銀一十二兩　本澳洋船出口每船收銀一十兩五錢　本澳洋船每隻領牌一張收銀五兩六錢

凡福建艚船裝貨進口收銀三兩五錢一分

凡廣渡裝貨進口收銀二兩零六分　廣渡裝貨一百

擔之外者出口與進口例同　廣渡僱西瓜扁裝貨進口收銀七錢　廣渡僱西瓜扁裝貨五十擔之外者出口與進口例同

凡貿易船裝貨由娘媽閣進口收銀四錢　貿易船裝貨由前山進口收銀二錢八分　貿易船裝貨五十擔之外者出口與進口例同　貿易船僱西瓜扁裝貨進出者與本船例同　貿易船換牌樑頭每尺收銀一錢頭季收銀二兩三錢二季收銀一兩八錢　新貿易船請丈收銀一十四兩

凡沙梨頭渡裝貨進口收銀二錢三分　前山渡裝貨

進口收銀二錢七分　高尾艇裝貨進口收銀二錢四分　裝杉木船進口收銀三兩九錢六分　裝缸瓦磚船進口收銀一兩八錢五分以上俱收澳平十字銀

右歸公例一

粵海關志卷十一終

粵海關志卷十二

稅則五

甲子正稅口

凡黃白糖兩雙作一擔每雙重五十二三斤每船免水手每名一擔免神福舵工船戶三擔外餘數每擔毛收十字銀一錢零二釐科餉九折一歸八除分黃糖六分白糖四分照則升稅火耗加一每兩補水七分每船除紅單銀五錢又每擔收銀一分九釐總於一錢零二釐內除算餘剩作餘羨擔頭歸公開報　烏糖兩雙作一擔每擔九折一歸八除照黃糖例科餉火耗加一每兩補水七分毛重每擔收銀三分三釐每船一收紅單銀五錢又每船出口收銀一兩一錢五分五釐

福建進口大木每枝收銀九分九釐　中木每枝收銀六分六釐　小木每枝收銀三分三釐　木段兩段作一枝　杉木靜枋每塊收銀一錢一分　火板每塊收銀九分九釐　水板每塊收銀一分六釐五毫餉照則征收火耗加一

凡餉貨物進出口照例科征稅鈔每兩火耗加一　鹹魚往福建及省城論水手名數每十名免一名每名收銀二錢四分七釐五毫又每船收銀一兩一錢五分五釐　小船載鹹魚往潮及墩頭者每擔七折收銀三分三釐　潮來稅過大中小木每段收銀一分六釐五毫　桶木毛杉椽子每枝收銀八釐二毫五絲　水板每塊收銀一分六釐五毫　梔木每枝收銀一分六釐五毫　中梔木每枝收銀一錢一分

鹹肉蝦乾淡鱟脯每擔收銀六分六釐　鰻脯鯆脯鯖
蜡金針菜苧蔴網浮每擔收銀九分九釐　生豬每十隻作九隻
每隻收錢四十四文　草席草紙竹篾竹葉箍俱四捆作一擔小捆
六捆作一擔每擔收銀三分三釐　車輪板大載收銀一兩一錢小載收銀八錢
鹽艚裝鹽往省每隻收錢六百六十文　蛋艚裝鹽往
潮每隻收錢三百三十文　柴炭船進口每隻收錢二百二十文
缸瓦小竹鹹鱟魚每擔收銀三分三釐　路糖往墩頭每擔
九折收銀六分　又領印票每張收銀五錢　葵潭路糖往墩
頭九折每擔收銀五分　又領印票每張收銀五錢　油桔船滿載

論水手名數每十名免一名每名收銀一兩一錢　加不滿載每擔收銀三分三釐　商
船有部牌者空船出口放收關銀一兩一錢五分五釐　豆麥
船進口按分載科餉擔銀照分載餉收如不及一分載者每擔收銀三分三釐詳見
大關按語
凡丈量新造艚船每隻收銀三兩七錢單桅船不收　丈量新
雙桅商船每隻收銀九兩三錢
凡墩頭貨進口有單來者收錢三百三十文
凡雙桅船換牌按樑頭每尺收銀一錢五分換給新牌收銀一兩五錢
凡省來及各口稅過貨物及免單貨物進口每擔

收銀三分三釐惠屬各口來不收
凡領給串票每張收銀五錢　領給商照每張收銀三錢　領
給印票收錢一百文　領給米照每張收錢一百文詳見大關案語
如零星進口餉貨俱填入彙單報內　串票銀凡正稅不
及五錢者免收　零星烏糖往福潮者照黃糖例科餉
火耗加一每擔毛重收銀三分三釐

外館

凡柴炭船進口收錢三十文　商船載路糖鹹魚生
豬往墩頭收錢三十文　商船裝油桔往潮收錢三十文

商船裝糖鹹魚往閩收錢四十四文其餘空船出口一概不收以
上俱收十字番銀司平正耗每兩補水七分

碣石掛號口

凡鹹魚往閩及省城論水手名數每十名免一名每名收銀二錢四分七
釐五毫又每船出口收銀一兩一錢五分五釐　鹹魚往潮州七折每擔
收銀三分三釐　鰻脯鱟脯蝦脯九折每擔收銀六分六釐　潮來
稅過大木每枝收銀六分六釐　小木每段收銀一分六釐五毫　角
木每枝收銀一分六釐五毫　椽木每枝收銀六釐六毫　墩頭裝貨
有單來者每船收錢三百三十文　小船墩頭裝杉木進口每船

收錢五十文　小船裝生豬往墩頭每十隻作九隻每隻收錢三十
三文　艚船裝鹽往省每隻收錢一百六十文　小船駁鹽
出口每隻收錢四十五文　缸瓦進口八折每擔收銀三分三釐　裝
柴炭船大載收錢一百九十八文小載收錢一百三十二文　裝煤炭進
口每載收錢二百二十文　小船裝灰出口每船收錢二十五文
小船裝水鹹魚出口每包收錢七文　稅過茹苓等貨
每擔八折收銀三分三釐　各船領給印票每張收銀一錢　領給
米照每張收銀一錢　詳見大關案語　以上收銀者俱十字番銀司平正稅每兩補水
七分

烏坎正稅口

凡黃白糖每擔毛收銀八分八釐稅耗平水等銀在內　烏糖餉耗
照例征收每擔毛重收擔頭銀二分　蝦米每百斤收銀三分　蝦
乾每簍收銀九分　螺乾每簍收銀九分　鹹肉八折每簍收銀六分
臭肉脯每簍收銀九分　魚蛙每百斤收銀六分　醃蛋每千箇作
一擔收銀六分　淡脯每簍收銀六分　菜脯九折每簍收銀三分　生
豬每十隻作九隻每隻收銀六分　鹹魚每大簍收銀三分每小簍收銀一分
蜇皮小簍二簍作一擔收銀三分　蒜頭每百斤收銀三分　油枯
每百斤收銀三分　皮碎每百斤收銀三分　牛角每百斤收銀三分

烟梗每百斤收銀三分　糖水餉耗照例科算每百斤收
擔頭銀二分
凡閩來貨物　杉木壽枋以下五項除按照征稅外另收擔頭銀五
錢　杉木板枋每塊收銀一分　水板每塊收銀二分　水藤
每百斤收銀三分　粗紙每百斤收銀三分
凡進口貨物　缸瓦每百斤收銀三分　茹苓每百斤收銀三
分　葵衣每百斤收銀三分　葵扇每百斤收銀三分　燈草
每百斤收銀三分　荳子米麥每石收銀三分詳見大關按語　烟葉每百
斤收銀九分　金針菜每百斤收銀六分　苧蔴每百斤收銀六分

凡潮來稅過木料　大木每枝收銀一錢　中木每枝收銀
六分　小木每枝收銀三分　大木段每段收銀三分　中木段
每段收銀二分　小木段每段收銀一分　椽木每枝收銀六釐　桷
木每枝收銀六釐　桷片每枝如散者每三片作一枝收銀五釐　杉木
板枋每塊收銀一分　雜木板枋每塊收銀六釐　廢木每節收銀
五釐　板皮每塊收銀五釐　門每副收銀八釐　拖風槳每枝收銀
一分　魚網每簍收銀一錢　網浮二小簍作一擔收銀九分　布鞋
每雙收銀一釐五毫　樟木桅夾每副收錢一百文　煤炭每船收錢
三百文

凡往墩頭貨物　路糖九折二包作一擔收銀六分　鹹肉
八折每擔收錢四十文　鹹魚九折每簍收錢十六文　地荳九折每擔
收銀三分　荳油九折每百斤收銀六分　禾蟲乾每百斤收銀三分
生豬每十隻作九隻每隻收錢三十文　茶枯每百斤收銀三分
凡商船換牌照例科征鈔耗按樑頭每尺收銀一錢五分　換給新牌收銀一兩
七錢　如丈量新船加收銀三兩三錢
凡商船出口收銀一兩零五分　領給串票每張銀一兩　凡正
稅不及五錢者免收　領給米照每張收銀三錢詳見大關按語　領給
印票每張收銀五錢惟路糖收銀一兩　領給商照每張收銀三分

凡路糖每載收銀一兩四錢以上所收各項歸公銀兩每兩加平餘銀六分另收錢
六文惟路糖并單票不計兩加收平餘共止收錢一百文　以上收銀者俱十字番銀司平正
耗每兩補水七分
號館　蛋艚船載鹽出口收錢一百二十文　蛋艚船
載各項貨物收錢一百二十文　販艚船載各項貨物
收錢三十文　販艚船載蜆殼進口收錢三十文其餘一切貨物
有未經收過開載未盡者每百斤俱收銀三分

平海正稅口

凡商船換牌照例科鈔雙桅一年兩次火耗加一正耗每兩加平銀六分　樑頭
每尺收銀一錢五分　換給新牌收銀一兩九錢　新烙蛋艚船其正餉加
耗加平各項悉照商船例征收另收給牌銀六兩四錢　單桅船不收　外館掛號收銀一錢
一年一次征收
凡商船進口來稅貨物　長杉桅每枝收錢一百文
中杉桅每枝收錢五十文　大毛杉每枝收錢五十文　中毛
杉每枝收錢三十文　小毛杉每枝收錢一十五文　杉木壽枋
每副收錢五百五十文　火板每副收錢四百文　雜木厚枋每塊
收錢三十文　杉木水板每塊收錢二十文　大毛竹每枝收錢
三文　杉木門枋每副收錢一十二文　槳尾每枝收錢五文　小

青竹每六把作一擔每擔收錢五十文　大椗每門收錢一百文　高
大木桶每個收錢二十文　蝦米魚翅九孔螺破肚子
一切餉貨俱照例征收覈計正稅五錢以上者加收紅單銀二錢正稅一兩以上者
加收紅單銀三錢　凡征稅不及五錢者免收
凡商船載鹹魚滿載出口往福建潮州省城按水
手名數每十名免一名每名收錢一百二十五文　每船出口另收錢一千三百五十文
領給米照印票每張收錢二百五十文　詳見大關案語　領給商
照每張每名收錢三百文
凡販艚運艚裝鹹魚由墩頭往海豐及各路照鹽

票算每百斤收錢八文魚乾每百斤收錢十二文　壚船裝水魚往稔山每載收錢三十文　壚船由稔山裝貨來口茹苓檳榔烟葉一切等貨俱每擔收錢三十文　桁條每枝收錢四文　水板每塊收錢五文

凡商船潮來稅過貨物　連杉清流木每枝收錢三十文　杉木板枋每塊收錢六文　大毛杉每枝收錢三十文　中毛杉每枝收錢二十文　小毛杉每枝收錢一十文　大木每枝收錢一百文　中木每枝收錢五十文　小木每枝收錢三十文　大木每段收錢三十文　中木每段收錢二十文　小木每段收錢一十文　椽子木每枝收錢五文　桷木每枝收錢五文　杉木門枋每副收錢五文　桁條每條收錢八文　網浮　線麪　白麪　青竹　竹篾　蓬斗　油燭　米糖　柑子　黃白藤　草紙　赤菜　蒜頭　布鞋　茹員　水靛　黃麻　黃白糖　糯米飯乾　米粉乾　京果等項以上每百斤收錢五十文　糖水　竹葉每百斤收錢三十文　新網每張收錢二百文　舊網每張收錢一百文

謹按線麪白麪米粉乾糯米飯乾於乾隆八年奉免十四年議定後內麪粉米乾等照舊免征

凡商船載高雷廉稅過茹苓進口照紅單每百斤收錢三十文

凡瓊州來稅過蜜糖檳榔黃白藤等貨每百斤收錢五十文

凡惠屬各口收過稅擔領有單票各貨俱不收擔錢

凡海豐大鵬販艚進口　大八字每副收錢三十五文　中椗每門收錢五十文　中八字每副收錢二十五文　小椗每門收錢三十文　小八字每副收錢一十五文　板椗每塊收錢一十文　雜木水板每塊收錢五文　小椗每枝收錢一十文　大走馬每副收錢一十文　小走馬每副收錢六文　大桅夾每副收錢一百文　中桅夾每副收錢五十文　小桅夾每副收錢三十文　大楓檀每條收錢五十文　小楓檀每條收錢二十文　大樟木尾欽每段收錢五十文　小樟木尾欽每段收錢三十文　樟木樑頭每塊收錢三十文　雜木樑頭每塊收錢一十文　雙柱每副收錢二十文　車心每條收錢二文　扁挑秤桿每二條收錢一文　大柁每門原收錢三四五百文不等今奉禁不出　木屐

身棕屐一百二十雙作一擔每擔收錢三十文　舊柁每門收錢二百文　舊桅每枝收錢一百文　爛麻每捆收錢一十文　爛麻繩每條收錢十文以上二項往稔山　水靛　糖油　地荳　鐵仔　鹹沙　粗茶　蒜頭　菜脯　黃麻以上每百斤收錢五十文　糖水　荳麥詳見大關案語　土藤　磨菌　竹葉俱每擔收錢三十文　生豬每隻收錢三十文　甘蔗每把收錢三文　瓦每千塊收錢五十文

凡省來缸瓦各項免貨每百斤收錢五文無免單每擔收錢十文

甘蔗每把收錢五文　小荳酒十埕作一擔每擔收錢三十文　本港

駁鹽小船一年一次收銀二兩二錢紋銀司平

凡進口出口餉貨毛重每百斤收擔頭銀三分三釐係番銀無補水加平以上收銀者正耗加平收紋銀如收十字番銀每兩補水七分其餘擔頭歸公俱收番銀司平

外館掛號　大烏艚裝鹽往省收錢四百文　水母船裝鹽往省收錢三百文　廣艚裝鹽往省收錢三百文　蛋艚裝鹽往省收錢一百五十文　蛋艚裝貨進出口收錢一百文　販艚裝貨進出口收錢五十文　連艚裝貨進出口收錢三十文　商船縣照裝魚出口收錢一百文如空船進出口俱不收

墩頭掛號口

凡出口各項貨物不拘有餉無餉每擔八折實每擔收銀三分三釐收番銀司平

凡進口各項貨物於惠屬各口收過稅餉領有單照者惟收掛號錢擔銀不收

凡商船進出裝貨收錢一百文　蛋艚船進出裝貨收錢一百文　販艚船進出裝貨收錢五十文　連艚船進出裝貨收錢三十文若空船進出俱不收

凡各船裝靛青一載進口收錢三百文　裝生豬進口無稅過照單者每十隻作八隻每隻收銀三分三釐　小魚船舦身大者每條收銀五錢小者每條收銀三錢　領給印票每張收銀三錢

雜木大樑頭板每塊收錢三十文　中樑頭每塊收錢二十文　小樑頭每塊收錢十文　雜木楓檀大者每段收錢五十文小者每段收錢三十文　雜木小水板每塊收錢五文　雜木短板每塊收錢五文　大八字每副收錢三十文　中八字每副收錢二十文　小八字每副收錢一十五文　雙柱每條收錢五文　大尾襟每塊收錢二十五文　小尾襟每塊收錢一十五文　大走馬每副收錢一十文　小走馬每副收錢五文　桅甲每副收錢一十五文

椗身每條收錢二十文　短枋截每副收錢四文　水柵板每塊收錢四文　小木段即是舵牙每段收錢一文　槳頭每枝收錢二文　槳尾每枝收錢三文　牛車板每塊收錢二文　大長連杉木每枝收錢三十文　中長連每枝收錢二十文　小長連每枝收錢十文　杉木板枋每塊收錢二十文　杉木短筒每條收錢五文　小短筒每條收錢四文　杉木桷子每筒收錢五文　小杉木桁每枝收錢五文　小椽木每條收錢一文　小雜木每條收錢五文　犁椽每枝收錢一文　犁牮每捆收錢五文　曲雰木每件收錢一文　鋤頭柄每把收錢一文　窻板每扇收錢一文

扁挑每二條收錢一文　長板皮每塊收錢五文　短厚板每塊收錢五文　小薄聘板每副收錢二十文　屐身每夾收錢三文　板頭每塊收錢四文　小杉尾每枝收錢一文　大杉尾每枝收錢三文　短碎板每塊收錢一文　小青竹每三枝收錢一文　小木截每截收錢四文　篷拱每枝收錢二文　秤桿每枝收錢一文　大櫓木每枝收錢十五文　小櫓木每枝收錢十文　短板片每筒收錢五文　小短板每塊收錢三文

凡進口水鹹魚一載收錢二百文半載收錢一百五十文

汕尾正稅口

凡正稅鈔每兩火耗加一如往惠屬稅耗無征往各府各省仍征

凡出入稅貨每擔毛重收銀三分三釐

凡換貿易招牌每張收銀一兩四錢又按樑頭每尺收銀一錢五分

領給紅票每張往江南閩浙收銀一兩進口每張五錢凡征稅不及五錢者免收

以上收十字番銀每兩補水七分司平

凡進口稅過貨每擔毛重收銀三分三釐　往省城閩浙惠屬浙江各處蝦乾每簍螺乾鹹肉俱每擔收銀六分六釐

領給商照每張收銀三錢十字番銀無補水司平　以上收

凡潮來稅過領有印票　大木每枝收銀六分六釐　小木每枝收銀一分五釐四毫　中木每枝收銀三分三釐　椽木每枝收銀五釐五毫　桷木每枝收銀三釐三毫　小桅木每枝收銀九分九釐　小毛杉每枝收銀六釐六毫　大木每段收銀四分六釐二毫　中木每段收銀二分三釐一毫　小木每段收銀七釐七毫　濤流尾每段收銀二分三釐一毫　大雜木板枋每塊收銀一分一釐　小雜木板枋每塊收銀五釐五毫　杉木寸枋每段收銀二分三釐一毫　水板每塊收銀一分一釐　杉木板枋每塊收銀五釐五毫　杉木壽枋每塊收銀一錢一分　杉木寸枋每節收銀七釐七毫　桷片每枝收銀三釐　杉木薄板每塊收銀一釐一毫　門枋門每副收銀五釐五毫

以上廿字番銀無補水司平

凡商船販艚出入裝荳麥米缸瓦竹篾竹葉草蓆葵衣麻皮四把作一擔每擔收錢三十三文納荳麥奉免復征詳見大關案語

凡內河公平大安長沙小漠各處進口　雜木薄板每塊收錢一文　雜木樑頭每塊收錢五文　小桁仔　小木仔　欒木　車心　椗齒　雙地俱每枝收錢一文　椗身每門收錢十文　碓木身每副收錢一十五文　木仔每把收錢三文　竹仔每把收錢五文　木棍每十條收錢五文　小

舵每門收錢五十文　梔夾八字龍鬚俱每副收錢二十文　土泥竹每把收錢三文　木盤桶每個收錢二文　大櫃每個收錢十文　小櫃每個收錢四文　大楓櫃尾欸每段收錢五十文以上如由福潮來者另收加一歸公錢

凡裝往惠屬販艚雜貨布每擔收錢三十三文惟收擔錢稅耗不收

公平渡裝糖水每擔收錢十一文　糖每隻收錢十一文

墩頭新溪鹹魚九折每十擔收錢六十六文扁涌港同　公平鹹魚八折每筐收錢三文　閘來新魚網每張收銀二錢二分如潮來收擔頭銀每張作三百斤　潮來網浮二隻作一擔收錢三十三文

凡大鹽船出口收錢五百五十文外館收錢一百文　縣牌船裝貨出入收錢一百文　蛋艚裝貨出入收錢九十文　販艚裝貨出入收錢五十五文　小販艚裝貨出入收錢三十三文

凡各船裝魚往省潮閩每載按水手名數每十名免一名每名收銀一錢四分七釐五毫

凡每船出口收銀一兩一錢五分五釐　領給印票每張收銀二錢　領給米照每張收銀二錢六分若貨船補水惟鹹魚船補水七分詳見大關案語

凡蟟蛤每船收錢五百五十文　鴨蛋每擔收錢三十三文　生豬

出口每十隻作九隻每隻收錢三十三文

凡米進出不上一分載者免餉六折每擔收錢三十三文其不及一分載者每擔征收銀久經豁免詳見大關案語

凡鮜門小渡裝魚往汕尾每筐收錢三文　蝦米雜貨每擔收錢三十三文　鮜門駁運鹹魚入內河每十擔收錢六十六文

凡商船往鮜門裝滿鹹魚俱到汕尾取印票放關　甲子烏墩神泉碣石平海墩頭有照單貨入汕尾口擔銀不收　潮來稅過汕尾收過擔銀貨

物或客人在本口難賣轉運內河四鄉擔銀不再收
凡路糖裝往墩頭每二包作一擔八折每擔收銀六分六釐　領給
印票每張收銀二兩五錢　黃白糖及蝦米等貨往惠府
本口發賣惟照例收擔銀正稅不征以上收銀俱十字番銀無補水司平
凡往墩頭無論餉貨免貨俱不收稅耗惟收擔銀六分六釐十字
番銀無補水司平
凡本口及䑨門拖風漁船回潮州自帶鹹魚免收
水手出口印票補水銀兩每擔七折止收銀三分三釐仍給照單
凡潮來煤炭滿載收錢六百六十文不滿載以分數論減　扁桶來

小毛杉條每十枝收錢三文　糖水往江南閩浙每三擔折
白糖紅重一擔收稅耗　鹹蘿蔔出口比照鹹魚例收　雜木各
色甚多以長短大小比科論收
凡新造艚船照甲子總口例按樑頭每尺收銀一錢五分又
每船收銀四兩八錢
凡閩浙江南來免征則例內貨俱每擔收銀九分九釐
黃白糖兩簍作一擔每簍重五十二三斤每船免水手每名一擔免神福舵工船戶三
擔外餘照數每擔毛收十字銀一錢零二釐科餉九折一歸八除黃糖六分白糖四分照則科
稅加一火耗每兩補水七分每船除紅單銀五錢又除每擔一分九釐總於一錢零二釐內除

算所有餘剩作餘羨擔頭歸公開報
靖海掛號口
凡鹹魚每大簍收錢三十三文中簍收錢二十二文小簍收錢一十一文俱八
折　水鹹魚每載收錢一千八百文　水魚每艙收錢二百文
鹹肉鹹蛋水龜魚脯金龍脯等每百斤收錢六十六文
鰿⿰虫官魚每百斤收錢九十九文
凡荳麥進口每擔收擔銀三分三釐詳見大關按語　稅過各貨
進口每百斤收擔頭銀三分三釐其在惠屬各口稅過者免征　稅過大木
每段收錢四十文　中木每段收錢二十文　小木每段收錢七文

鹽船出口每載收錢一百八十文　稅過桷木欒片每枝收錢
五文　稅過木頭船進口收錢一百文　路糖往墩頭
每兩包作一擔收銀六分六釐　路糖每載收銀五錢錢三百文不收放關
竹篾竹葉每四把作一擔收錢三十三文　小竹青每個捆作一擔收錢
三十三文
凡各船裝貨出口每載收錢一百八十文　煤炭船進口
每載收錢一百六十文　各船放關收銀七錢七分
凡領給印票米照每張收錢一百文詳見大關案語　領給商
照每張收錢二百文　領給紅單每張收銀五錢凡征稅不及五錢者免收

以上收十字番銀司平正稅耗每兩補水七分

神泉正稅口

凡黃白糖兩簍作一擔每簍重五十二三斤每包作一擔免水手每名一擔又免神福舵工船戶共三擔餘照數每擔毛收紋銀八分一釐如十字銀每兩補水七分另每擔收十字銀一分三釐科餉九折一歸八除　黃糖六分白糖四分按則征收火耗加一總於八分一釐內除算餘剩作餘羨擔頭歸公開報　零星烏糖往福建等處九折一歸八除算每擔征稅銀六分耗銀加一每擔收擔頭銀三分三釐

往上海烏糖每擔收銀六分其餘稅耗照黃白糖例

凡新造商船收銀八兩五錢　應換牌同甲子口例不收

掛號單桅不收

凡餉貨免貨出進口及別口稅過貨每擔收擔頭銀三分三釐

凡部牌船出口有貨載每船收銀七錢七分如縣牌小船不收

部牌船裝鹹魚出口每載按水手名數每十名免一名每名收銀二錢四分七釐五毫又每船收銀七錢七分另錢一百文

凡雲霄牌小船裝鹹魚出口每載收錢一千七百八十文連米照印稟等錢在內縣牌船同例內米照錢詳見大關按語

凡小船裝鹹魚往潮州論簍八折征收大簍收銀三分三釐中簍收銀二分二釐小簍收銀一分一釐零星者每簍收錢三十三文　水鹹魚兩擔作一擔每擔收銀三分三釐零星者收錢三十三文　鹹肉牛肉脯河豚脯

蝦乾鯖鮹魚淡墨脯等俱每擔收銀六分六釐　生豬每十隻作九隻每隻收銀四分四釐不及十隻者每隻收錢四十四文　絲蚶鹹草

堅炭大載收錢七百一十文小載收錢三百八十文　金針菜二包苧麻二把俱作一百斤每擔收銀六分六釐　竹葉竹篾草蓆草紙俱四捆作一擔每擔收銀三分三釐

凡灰殼煤炭進口每載收錢一百六十文　鹽船出口每載收錢一百八十文　油枯船出口按水手名數每十名免一名每名收銀九

錢九分又收錢一百文每船出口銀另收　小船裝油枯往潮州每載收錢一千六百文

凡潮州稅過木料進口由東隴來者論載征收擔銀不收稅耗每大載收錢四千六十文中載收錢三千七十文小載收錢一千八百五十文

由庵埠澄海及零星來者論件征收　桅木每枝收銀一錢一分　大木每段收銀三分三釐　中木每段收銀二分二釐　小木每段收銀一分一釐　椽桷木每枝收銀五釐五毫　毛杉每枝收銀三釐三毫　杉木板枋每塊收銀五釐五毫　寸板每節塊收銀一釐一毫　門每合收銀三釐三毫

凡福建木船進口正稅照則例科征火耗加一擔頭照餉科算每兩收擔銀一錢　杉木壽枋每副收銀五錢五分　水板每塊收銀一分一釐
雜木壽枋每副收銀五分五釐　火板每九塊作一副收稅銀三錢火耗加收一擔銀照餉科算收銀三錢三分　大木每枝收銀六分六釐　中木每枝收銀四分四釐　小木每枝收銀二分二釐　凡木段兩段作一枝
凡路糖往墩頭每二簍每二包作一百斤不折每擔收銀六分六釐每載收銀五錢另錢三百文
凡上海商船裝貨進口每一載收銀二兩四錢加不滿載收銀一兩二錢　麥子船出口照分載科稅火耗加一擔銀照稅收如不及一分載者論

擔征收另收加一歸公詳見大關按語　領給米照每張收銀一錢詳見大關按語　領給印票每張收銀一錢　領給商照每張收銀二錢
凡各船裝貨進出口每隻收錢五十文滿載者加收錢五十文
凡本口商船換牌按樑頭照則例科鈔火耗加一樑頭每尺收銀一錢五分又每船收歸公銀一兩一錢　單桅船不收以上收十字番銀司平正耗每兩補水七分

甲子湖東掛號口

凡鹹魚往福建及省城論水手名數每十名免一名收銀二錢四分七釐五毫又每船出口收銀一兩一錢五分五釐另收錢三十文　往潮州及墩頭者每擔七折收銀三分三釐另收錢三十文

凡印米照每張收錢一百文詳見大關按語　商照每張收銀二錢
凡煤炭進口收錢二百五十文　蜆殼出口收錢五十文共餘一切進出貨物俱照甲子口征收

潮州府館正稅口

凡黃白糖毛重每百斤收擔銀四分　糖船上海船每隻收歸公銀八錢　白糖每包收紅單銀二釐　黃糖一釐
凡上海船紅單正餉十兩以內者收銀六錢十兩以外者收銀一兩澄海口係每兩五分算凡征稅不及五錢者免收紅單銀　一切有餉貨物每百斤收擔銀三分

凡上海來苧蔴金針菜每百斤收擔銀四分進澄海口者收銀三分
明杉瓦每百斤收銀四分　廢鐵往瓊州每百斤收擔銀六分
杉木每百段收擔銀四錢五分又收歸公銀四錢五分八八折又每百段收銀一錢零五釐　椽子木每百枝收擔銀五分　杉木板枋每塊收擔銀八釐　雜木板枋每塊收擔銀四釐俱八八折　杉木排紅單每張收銀三錢凡征稅不及五錢者免收紅單銀
凡換貿易船牌樑頭每尺收銀一錢　換牌每張收銀八錢
換鹽船牌樑頭每尺收銀一錢　換牌每張收銀四錢　貿易商船換大名收銀三兩換買名收銀五錢十字番銀司平

凡造貿易商船每隻收銀十兩零九錢收十字番銀司平　造貿易單桅小船每隻收銀六兩單桅船例不歸關欠經豁免　貿易商船大修收銀四兩十字番銀司平

凡荳麥船論分載樑頭每尺收銀一錢詳見大關按語

凡裝明瓦往江南滿載者收銀四兩不滿載者收銀三兩

凡商照每張客人一名者收銀八錢如客人二名收銀一兩二錢潮陽口每名五錢

凡米照每張收銀二錢詳見大關按語　印票每張收銀一錢以上除例收番銀各項外其餘俱收紋銀司平

庵埠正稅口

凡黃白糖往上海除餉耗外每毛重一百斤收府擔銀四分本口擔銀二分滿載收歸公銀三兩一錢又府館歸公銀八錢如不上五百包及單桅小船者各項歸公銀減半每百包例免五包免餉不免擔上海來綿花船照算無府館歸公銀如不滿載者本口歸公銀減半

凡出口船牌掛號收銀五錢福建矾牌三錢

凡商船裝明瓦每百斤收府擔銀四分本口擔銀二分二釐如係滿載每船另收銀二兩三錢

凡府館稅過木排往潮陽大中小木每段收銀九毫九絲

椽木板枋收銀二毫二絲

凡東都船裝荳麥進口按分載征餉外每樑頭一尺收府擔銀一錢每一分載收本口擔銀二錢每船收歸公銀二兩五錢如不及一分載則按擔收本口銀二分詳見大關按語　東都船裝貨出口除餉耗外每擔正免貨俱收本口擔銀二分如係滿載每船另收銀二兩五錢

凡商船裝鐵鍋往瓊州每百斤收本口擔銀四分又每船收銀三兩八錢　單桅船裝載一切免貨除往來本地方外俱每擔收本口擔銀二分　綱椿船十六隻一年兩次每隻每次收銀一兩二錢久經豁免

凡瓊州高州稅過檳榔薯苓等貨俱照紅單毛重每百斤收本口擔銀二分滿載者每船另收銀二兩五錢如半載及小船收銀一兩二錢五分

凡商船換新牌每張收銀二錢　商照每張收銀八錢如多一名郎加收銀六錢　印票每張收銀一錢　米照每張收銀二錢詳見大關案語

凡商船裝海蜇出口每擔收本口擔銀二分上一百擔者七折征收

裝木頭出口大木每段收銀六分　中木每段收銀二分五釐　小木每段收銀一分二釐五毫　杉木板枋每塊收銀一分　椽木每枝收銀六釐　桷木每枝收銀三釐以上六項除餉耗外餘存作擔銀開報

又寸枋每節收銀三釐　門枋每合收銀六釐均按照本口擔銀加一征收如零星木頭往潮陽達濠等處同此例往蓬州鮀浦照此例入折征收

凡折稅過貨物並免單貨物往惠州每擔收銀三分往瓊高均收

銀二分
凡潮陽渡船四隻每隻每月收錢五百五十文
凡裝絲蚶船出口每隻大者收銀二兩小者收銀七錢
凡單桅船裝鹹魚進口或裝木頭船出口往雙
溪查驗大船每隻收錢七十文小船每隻收錢五十文
凡渡船往潮陽達濠　茶葉　牛皮　藥材
錫箔　香蕈　木耳　江西磁器　內河氈帽
氈底以上每百斤收銀一錢　各色京果　未稅過芝
麻　蝦米　內河綿花每包　廢鐵　牛油

鐵釘　麻皮　桐油　茶油　柏油　鰇魚
瓜片　笋乾　槐花　色料　白糖　大布以上
每百斤收銀六分　餅藥　麥子詳見大關案語　烟葉　蒜
頭　茹粉　靛青　桐子　白礬如係小船裝者收銀六分
竹葉　茶枯　棕以上每百斤收銀三分　蔡荳詳見大關
案語　白麻　苧麻　米糖　色紙每塊以上每百斤收銀二
分　大鍋每口收銀一分五釐　中鍋每口收銀一分　小鍋每口
收銀六釐　大豬每隻收銀三分　中豬每隻收銀二分　生羊小
豬每隻收銀一分　土碗大隻收銀一分小隻收銀六釐　香末烏烟

每簍收銀二釐　草紙每塊收銀六釐　竹葉草席每把收銀五釐
黃糖每簍收銀一分九釐　糖漏每簍收銀一分　魚苗每擔收銀四分
扶手每個收銀三釐　犁頭鐵每副收銀二釐　水陡門每副
大者收銀五錢中者收銀四錢小者收銀三錢　樑頭每件收銀二錢　商
船樑頭每件收銀五錢　樵校每副收銀三錢　桅柁椗每椗件收
銀三錢　商船桅柁椗每件收銀五錢　壽枋每塊收銀一錢
船底板每塊收銀一分五釐　杉木板枋每副收銀五釐　車板
每塊收銀四釐　毛杉油枝每枝收銀六釐　流木每枝收銀一分
桷片　撐片每枝收銀三釐以上渡船裝載各貨九折收錢如小船裝往潮陽揭陽

等處實收錢不折另收加一歸公錢以上收銀者正耗府擔存館印票歸公銀係紋銀司平
其餘俱十字番銀司平

溪東小口

凡商船裝載黃白糖往上海每包收擔番銀六釐一毫滿載收歸公銀八錢又掛號收銀六錢　商船上海裝載綿花等貨進
口每百斤收擔銀一分若福建船滿載收歸公銀八錢本港船收銀六錢又掛號新牌收銀
六錢售牌收銀四錢　商船裝載鐵鍋廢鐵出口每百斤收銀二
分又每船收歸公銀八錢掛號收銀六錢
凡福建東都船裝荳麥進口每分載收擔銀一錢無歸公詳見

大關按語若載木料出口水板每塊毛杉每枝板枋每塊椽木每枝桶柴草席每捆以上每件收銀二釐算大杉木每枝淸流木每枝長枋每塊以上每件收銀四釐又每船出口收銀六錢小商船出口收銀三錢

若本港小商船不收

凡單桅小船載貨出進口每百斤收譫銀一分若裝木料每件收錢二文若裝鹹魚進口每載收錢三百文半載收錢二百文

小艚船裝載各貨出進口每百斤收銀一分若裝鹹魚進口滿載收錢二百文半載收錢一百八十文商船裝絲蚶往福建每載收銀一兩小載收銀七錢

凡府來稅過木排往潮陽每排收銀六分

凡裝運鹽船新牌掛號收錢二百文舊牌不收

凡庵埠渡船裝載麻皮桐油鐵鍋出口往潮陽達濠每百斤收錢五文鐵鍋每口收錢一文別貨不收

凡小船三板頭裝載絲蚶進口每載收錢一百文不滿載者收錢六十文小船仔裝載魚苗進口每載收錢五十文

凡高州裝載茹苓進口每百斤收銀一分無歸公出口掛號收銀六錢

瓊州稅過各貨進口每百斤收銀一分無歸公出口掛號收銀六錢

凡各項貨物每百斤收銀一分若零星貨物每百斤收錢一十文

凡出水等貨每百斤收錢五文以下歸公

凡鐵船滿載收銀四錢糖船及綿花船收銀三錢福建商船裝貨出進口滿載收銀一錢五分若小商船滿載收銀一錢單桅小船裝載木料鹹魚出進口收錢五十文府來稅過木排往潮陽每排收銀一分高州瓊州商船進口裝貨滿載收銀一錢五分潮陽小渡每月收錢五十文零星貨物出進口收歸公錢加一石頭船每載收錢六十文車

扇船每載收錢三十文裝載海蜇脚小者收錢三十文大者收錢六十文裝明瓦船每載收錢五十文裝山貨每載收錢一百文裝菜脯船每載收錢五十文綿花船大船糖船鐵船收船頭銀二錢庵埠渡船四隻每月每隻收錢六百文久經豁免達濠渡船二隻每月每隻收錢三百文往汕頭査綿花大船糖船收銀二錢木頭船出口收錢六十文生鐵船收錢十文單桅船載鹹魚進口收牌造至庵埠收錢三十文煤炭船出口每載收錢一百二十文番茹船進口每載收錢五十文糖漏船進口每載收錢六十文以上俱收十字番銀

司平

汕頭小口

凡裝生牛每隻收錢二十文　鹹魚零星小簍每簍收錢二文

零星貨物上府每載收錢二十文

凡大船出進口在庵埠溪東收擔銀本口不收　商船進口收牌送至庵埠收錢三十文　油桔船進口每載收錢一百文如半載收錢五十文

山貨船往潮陽每載收錢一百文半載收錢五十文　進口空糖漏船每載收錢一百文半載收錢五十文　青竹船往潮陽收錢四十文

雙溪小口

凡糖船綿花船進出口收銀三錢　鐵船收銀四錢　商船出進口滿載收銀一錢五分　小商船每載收銀一錢以上俱收十字番銀司平

凡單桅船裝鹹魚木料出進口收錢五十文　潮陽小渡四隻每月共收錢一百二十文　庵埠大渡四隻每月收錢四百文久經豁免　達濠渡一隻每月收錢五十文　海䖳船進口大者收錢三十文小者收錢十五文　裝鹽魚番茹苧荳麥草席油桔等貨船每載收錢三十文內荳麥詳見大關按語　三

板頭裝蚶進口每載收錢五十文　黃岡船裝貨物出進口收錢四十文　小船駁糖至大船每載收錢三十文　三篷船出口收錢十五文　石船炭船出進口每載收錢十五文　瓦船出進口每載收錢三十文　裝蒜頭進口每載收錢二十文　煤炭出口每載收錢一百文如半載及小載收錢五十文　零星木頭往蓬州鮀浦等處每大段收錢一文小者兩段收一錢一文　柴船出口每載收錢二十五文　小船裝魚苗進口每載收錢三十文

澄海正稅口

凡正餉照則例征收每兩火耗加一

凡各貨九折收餉擔頭毛重每百斤收府擔紋銀三分本擔番銀三分

凡無正餉貨物出入每百斤收本擔番銀三分府擔銀不收　如上海江南來金針菜苧麻二項免貨每百斤收府擔紋銀三分本擔番銀一分　福建來者府擔不收

凡貨物出本口用印票附照每張收銀一錢五分貨少者收銀一錢

凡貨物出入照正餉每兩收紅單銀五分凡征稅不及五錢者免收

凡糖船往江南每百包例免五包作九十五包科稅每百斤收府擔紋銀四分

本擔番銀二分另每包收番銀二釐又每船收番銀三兩一錢如載糖不及四百包者收番
銀一兩六錢五分
凡各項貨物稅過進口毛重每百斤收擔番銀三分
凡高州稅過薯莨進口照紅單每百斤收擔番銀六分因薯莨對折上
餉故收銀六分
凡部牌商船出口不拘有貨無貨新牌每張收錢二百文舊
牌每張收錢一百文縣牌亦同　船在南洋港出口部縣牌新者
每張收錢五百文舊者收錢三百文
凡船裝明瓦出口往上海收番銀八兩往本省地方收番銀六兩

凡荳麥船出入按樑頭打分載科稅每正餉一兩火耗加一本口擔銀照正餉一
每兩收擔銀一兩正餉五錢收擔銀五錢府擔照樑頭每尺收擔銀一錢不及一分載者每擔
收銀三分十擔折作八擔六分載者每船收銀二兩九錢　如三分載者每船收銀一兩四錢
五分　其奉免復征詳見大關按語
凡大木每枝收銀一錢五分　中木每枝收銀六分　小木每枝收銀
四分　大木每段收銀六分　中木每段收銀四分　小木每段收銀
二分　椽木每枝收銀七釐　桷木每十枝收銀三分　杉木板
枋每塊收銀一分三釐　雜木板枋每塊收銀二分以上各項擔耗在內
木器每件大者收錢十文小者收錢五文　荔枝船每載收錢四百文少

者收錢二百文　水母船出口滿載論水手算每名收銀一錢五分　賓
門板每副大者收錢四百文小者收錢三百文係杉木松木修整基口所用
凡商照每張收銀八錢每客一名收銀八錢二名收銀一兩六錢三名免一名
米照每張往福建收銀一錢往江南本省收銀二錢詳見大關按語　出水
單每張收錢五文
凡新造商船每隻本口收銀七兩府館收銀十兩九錢
凡新魚網出口每張新者收銀二錢舊者收銀一錢
凡福建裝壽板枋船進口滿載每船收銀二兩九錢半載收銀一兩
四錢五分別處俱不收　裝青竹子船進口論水手算每名收銀一錢

五分十名免一名
凡鐵鍋船出口餉擔銀兩在府館收兌
凡大木每枝收銀七分二釐每段收銀二分一釐　中木每枝收銀三分四釐　杉
每段收銀一分七釐　小木每枝收銀二分七釐每段收銀一分三釐五毫　杉
木壽枋每塊收銀五分　杉木板枋每塊收銀一分　椽木每枝
收銀五釐七毫　雜木板枋每枝塊收銀一分八釐七毫　桷木每十
枝收銀二分五釐七毫　水板每塊收銀一分比杉木板枋大些
凡竹篾竹葉草席每四捆作一擔收銀三分
凡紙碎大者二簍作一擔小者四簍作一擔　草紙四捆作一擔小者六捆作

一擔收銀三分草紙每大塊收錢十文以上節耗擔每兩俱收歸公銀一錢有按船征銀者每兩收歸公銀五分不及十兩者免其按船征收其歸公銀照加一收惟江南糖船不拘擔數包數府館歸公紋銀八錢本口歸公番銀八錢如載不及四百包者減半征收　其餘一切每擔收銀三分

凡鹹魚船進口每載收錢四百四十文小載減半征收　以上正耗府平歸公印票銀收紋銀司平其餘俱收十字番銀司平

本口掛號

凡商船出口新牌收錢五十文縣牌新舊俱收錢五十文

凡大木出口每枝收錢三文　中木每枝收錢一文　小木

椽木每百枝收錢三十文

卡路掛號小口

凡商船裝糖往上海收銀二錢　裝上海貨進口收銀二錢　裝木出口收銀二錢　商船出口新牌收錢一百文舊牌收錢五十文　福建船出口收錢八十文　內河船裝貨往府有單照者收錢三十文　鹹魚船往府收錢五十文　煤炭船進口收錢三十文出口收錢六十文　船在萊蕪駁貨進口收錢三十文　炭船收錢三十文　船在內河裝樹頭收錢三十文　新造商船收銀二錢　以上收銀俱十字番銀司平

南洋小口

凡商船出口新牌收錢二百文舊牌收錢一百文　裝木頭出口收錢二百文　裝鹹魚進口收錢二百文　炭船收錢三十文

各口稅過貨單照進口收錢四十文　灰殼船進口收錢五文　番茄船進口收錢十五文　內河船駁鹹魚上府收錢三十文　新造商船收錢二百文

東隴正稅口

凡往福建單桅船裝載椽木一百八十枝桷木一百八十枝每船收番銀一兩五錢三分　雙桅商船不駝兩傍者同此例加內再下小木每枝另補收番銀一分四釐

其銀除稅耗及紅單銀三錢五分九釐外餘存作擔銀開報後俱照此　其商船裝椽木桷木及駝兩傍者每船收番銀二兩二錢三分內如裝椽桷木半載小木半載不駝兩傍者亦照收番銀二兩二錢三分　如駝兩傍者每船加收銀五錢　往惠者無論大小載每船收銀三錢

往惠商船裝載杉木駝兩傍者如椽頭八尺以外每船收番銀四兩四錢四分椽頭八尺以內每船收番銀三兩八錢七尺者收番銀三兩六錢六尺五寸者收番銀三兩四錢六尺者收番銀三兩二錢其單桅及大商船裝載杉木不駝兩傍者每船均收番銀二兩四錢四分　如內載下雜木每段另補收番銀一錢六分五釐　商船裝黃白糖往江南每百包例免五包免稅不免擔每糖一包收府擔紋銀四分本口擔番銀二分又紅單白糖每包收銀二釐黃糖每包收銀一釐每載府館收歸公紋銀八錢本口收歸

公番銀二兩八錢商照每張塡商人一名收紋銀八錢二名收紋銀一兩二錢如有三名則另塡給商照米照一張收紋銀二錢　米照詳見大關按語

凡商船在江南裝貨進口每百斤收府擔紋銀三分本口擔番銀三分如有金針菜苧麻每擔收府免擔紋銀三分本口擔番銀三分滿載府館收歸公紋銀八錢本口收歸公番銀二兩八錢

在高州裝薯莨進口照單加倍一百擔作七十擔每百擔收錢三千三百文

福州商船裝杉木壽枋進口每副收稅銀五錢火耗加一紅單照正稅每兩收銀五分俱收紋銀又每副收擔番銀三錢按照稅耗單擔算每兩收加一番銀一錢　其雜木壽枋每副收番銀三錢三分內除稅耗補水外餘存作擔銀開報紅單照正稅每兩收銀五分凡正耗不及五錢者免收

凡新造雙桅船每隻收番銀一十七兩九錢九八平單桅例不歸關久經豁免

凡商船裝明瓦出口大船收番銀十兩中船九兩小船八兩不滿載者每簍收錢八十文

在福州裝竹仔進口滿載收錢一千九百八十文

裝水母出口每大艙收錢三百三十文中艙收錢二百二十文小艙收錢一百一十文

凡往黃岡併各處木排每百枝九五折算

大木每枝收番銀一錢六分五釐松木大蝦椿同

中木每枝收番銀一錢一分

小木每段收番銀二分三釐

椽木每十枝收番銀三分三釐

桷木每十枝收番銀一分一釐

杉木板枋每塊收銀二分二釐以上六項除稅耗補水外餘存作擔銀開報另加紅單紋銀三錢又歸公番銀六分

凡毛竹每枝收錢七文七毫小者四文四毫

凡往黃岡平底船裝載貨物木器草席缸瓦每大載收錢四百四十文中載收錢三百三十文半載收錢二百二十文小載收錢一百一十文

青苧黃白麻紅麴牛油茶荳稿油氈底布鞋

蒜頭豬牛骨雜貨草紙大者四捆作一擔小者八捆作一擔

竹葉竹篾四捆作一擔

鹹魚香末綿花葵扇木套底料八夾作一擔

凡一應貨物俱九折每擔收錢三十三文每大船另收錢一百一十文中船收錢八十八文小船收錢五十五文

大船出口

下有免單貨物每擔俱收錢三十三文

各口有單貨物由東隴口查驗收錢四十四文

凡商船新牌收錢四百四十文

蜑船出口收錢四百四十文

縣牌單桅船載貨物出口收錢三百三十文

鹽船新牌收錢二百二十文批照同

凡煤炭浮炭往黃岡鹽竈等處併下大船每大載收錢二百二十文中載收錢一百六十五文小載收錢一百一十文

灰殼船進口大載收錢一百七十六文小載收錢八十八文

出口新魚網每張收錢二百二十文

石門斗大者每副收錢二百二十文小者每副收錢一百一十文

蔗挍同　船裝載鹹白蜆蝴進口大載收錢二百二十文中載收錢一百六十五文小載收錢一百一十文　魚鮭工魚每擔收錢三十三文　鹹魚進出口每擔收錢三十三文　竹仔進出口大把收錢十一文中者收錢五文五毫小者收錢三文三毫　鹹魚船領有別口照單進口者每載收錢二百二十文

凡往樟林近處大雜木長二丈餘每枝收錢二十二文中者收錢十一文小者收錢五文五毫

凡青篗葉出口每十擔八折每擔收錢三十三文　生豬出口每十隻九折每隻收錢十六文五毫　豬仔八折每隻收錢三文三毫　糖漏

每十個收錢七十七文　空糖漏每十個收錢十一文　海山進口

糖員每擔收錢三十三文　牛車板每塊收錢五文五毫

凡往南澳茶荳牛槁等油土布乾果水靛每擔收錢六十六文　黃麻糖水灰麪雜貨每擔收錢三十三文內灰麪詳見平海按語

凡苧麻金針菜進口每擔收錢六十六文出口收錢三十三文　蝦脯出口每擔收錢六十六文　篗乾出口大篗收錢三十三文小篗收錢十六文五毫　荳麥進出口每擔收錢三十三文詳見大關按語

凡樟林小販船上府往還各貨每擔收錢十一文

凡往近地各鄉杉木小木八折每枝收錢十一文椽木八折每十枝收錢十六文五毫　細竹每擔收錢十一文　土竹大把每把收錢十一文小把每把收錢五文五毫　門板每副收錢十一文　灰瓦土磚每載收錢三十三文

凡往近地各處併上府落花生每擔收錢十一文如下大船每擔收錢三十三文　薯莨茶枯出口九折每擔收錢三十三文　鮮果船收錢一百一十文　鮮桔柑子船每大載收錢四百四十文中載收錢三百三十文小載收錢一百一十文　鮮荔枝船大船收錢二百二十文小船收錢一百一十文　烟梗紙碎進口每擔收錢三十三文　商船

在福建裝載鮮荔枝進口收錢四百四十文　柑子橄欖下大船出口六折算每擔收錢三十三文　近地工魚鮭往府八折每擔收錢十一文　小船裝載零星貨物往樟林每擔收錢十一文　出水單每張收錢五文

樟林小口

凡福建小艇出口收錢四十五文

凡南澳渡船往來裝茶荳牛槁等油土布乾果水靛麻布每擔收錢五十文　黃白麻　紅麴　鹹魚　篗葉　海山糖員　烟梗　雜貨　薯莨進口

八折
麥芽糖 荳𩛩進口往府八折 魚脯進口往府八折
金針菜 爛鐵鍋進口 土盌過澳 篷篾四捆作一擔
魚鮭以上每擔收錢三十文內荳麥詳見大關按語
凡草席四捆作一擔 竹葉八捆作一擔 柴藤𩛩線香
錫薄糖水仙草薯粉魚鮭薯苓過澳 荳麥進口過埠
俱八折 網浮竹箍四捆作一擔以上每擔各收錢三十文
凡海南稅過往澳 牛皮每擔 大木每段 生豬
每十隻八折每隻以上各收錢十五文 中豬八折 生羊八折 鹹
魚往府過埠 小木每段 生薑每擔 鍋頭大號每個收錢十文

小鍋頭每個 草紙每塊 竹子每把收錢五文以上
豬仔八折每隻 犁頭七折每個 毛杉每枝 大竹每枝以
上收錢三文 椈木每枝收錢一文
凡澳渡載餉貨報東隴館秤驗輸餉
凡番茄船每載收錢四十文 小船載臭白蜆工魚每船
收錢五文
凡經過米糧小船收錢二百文詳見大關按語
黃岡正稅口
凡柿餅烟葉白糖過埠發賣者每十擔作八擔每擔收錢六十六文過澳者

收錢一百一十文
白礬過埠每擔收錢六十六文 黃糖苧麻每擔收錢三十三文過澳者收錢六十六文 水靛紅白綠荳鹹魚糞
枯毛邊紙蘿蔔乾灰𩛩竹紙落花生線香麥子
竹葉茶荳枯薯粉土布赤菜以上每擔收錢三十三文內荳麥
詳見大關按語灰𩛩詳見平海按語 茶油芝麻柏油過澳每擔收錢一百
一十文過埠每擔收錢六十六文 黃白荳黑荳進口每擔收錢十三文過
埠仍收錢三十三文 土盌過埠兩籮作一擔每擔七五折收錢三十四文 生
豬每隻大者收錢三十三文中者收錢二十二文小者收錢十一文 東隴木
排到口每排收錢八十文另每百枝收錢八文 路擔挑來土絲每個

收錢一百四十四文 陡門板二十塊作一副每副收錢二百三十文小者收錢二
百二十文 金針菜兩包作一擔每擔收錢六十六文 蔗校每副收錢
二百二十文 草紙每束收錢十一文 黃麻出口每擔收錢一百一十
文 土布過澳每擔收錢一百一十文 糖漏每漏五文五毫進口同
無糖空漏每漏收錢一文一毫進口同 犁頭每個收錢五文五毫
木屐樸每擔收錢三十三文 大木脚盤每個收錢五文五毫
外港魚船進口收錢四十四文福建來者收錢一百一十文 裝石灰
船每倉收錢七文七毫 鐵鍋每口大者收錢二十二文小者收錢一十一文
烟梗船每大載收錢三百七十文中載收錢二百六十文小載收錢一百五十文

裝土竈缸瓦每船收錢一百一十文小載收錢七十七文　裝蜊蟥
殼每船收錢一百一十文　茶葉過埠每擔收錢六十六文過澳收錢一百一十
文　裝西瓜每大載收錢八十八文中載收錢七十七文小載收錢六十六文
鹽船進口每票收番銀二錢　草船出口每船收錢三四十文
不等久經豁免　雜木板每十塊作八折每塊收錢三十三文板皮兩塊作一塊
樟木板每塊收錢五十五文大者收錢一百十文　裝青柿大載收錢
六十六文小載收錢四十四文　梘片每十片收錢五文五毫　布鞋每擔
收錢三十三文　毛杉每枝收錢三文三毫小雜同　青流木每殼收錢
三十三文中者收錢二十二文小者收錢一十一文　雜木每枝大者收錢四十四文

小者收錢三十二文　水藤每擔收錢六十六文　中木每枝收錢一十一文
青金子每擔收錢三十三文　走馬木每枝收錢六文六毫　槳
片每枝收錢四文四毫　庵埠併各口進口照單每張收錢四十
四文貨少者收錢三十三文　松木每枝大者收錢一百一十文中者收錢六十六
文小者收錢五十五文　松木板每塊收錢一十六文五毫　樟木每節
大者收錢一百一十文小者收錢五十五文　牀板每十塊收錢五文五毫
麻夏布每擔收錢六十六文過澳者每擔收錢一百一十文　樟板皮每大
者收錢四十四文中者收錢三十三文小者收錢二十二文再薄小者收錢十一文　水
板每塊收錢十一文　木耳每擔收錢六十六文　木櫃每個門每扇收

錢五文五毫　詔安路擔綿花每包約重一百斤收錢一百一十文其船
裝往庵埠浮洋南洋等處　渡船小船駁進薯莨每擔收錢六十六文
過埠收錢三十三文　糖水三簍作一擔每擔收錢三十三文　渡船載
爛鐵鍋進口每擔收錢三十三文　竹篾每捆收錢四文　土鬼
船進口每載大者收錢一百六十五文中者收錢一百五十四文　福建土
船進口每載大者收錢六十六文小者收錢五十五文　灰殼船進口
每載大者收錢九十九文中者收錢八十八文小者收錢三十三文　桃子每船收錢
四十四文小載收錢三十三文　小青竹出進口每把收錢十一文
草席船進口每載收錢四百四十文　浮炭每船收錢三十三文

水車板每副收錢四十四文　鹹蟹每擔收錢三十三文　蒜頭豬
骨葱頭過埠來者每擔收錢三十三文
凡糖船每百包例免五包作九十五包用後用一歸八除折實科税免糖免餉不免擔
每包紅單白糖收銀二釐黃糖收銀一釐免糖包不收紅單銀府擔毛算每百斤收擔頭銀四
分米照每張收銀二錢商照每張收銀八錢客二名共一張者收銀一兩二錢以上俱係紋銀
司平本口擔每百斤收銀二分每載收本口歸公銀八錢府歸公銀一兩　又雙桅
船每隻出口收銀二兩　單桅船收銀一兩五錢以上俱係番銀司平其餘別貨
除餉耗外擔頭府館紋銀三分本口擔番銀三分別貨紅單每張紋銀三錢又按照稅耗擔算
每兩收加一歸公銀一錢內紅單米照商照免收加一歸公銀其征稅不及五錢者免收紅單

銀米照詳見大關按語

烏塘小口

凡各口進口照單每張收錢四十四文　蠔殼每船收錢一百三十二文小者六十六文　福建土船每船收錢五十五文不滿載者收錢四十四文　土鬼船每隻收錢一百七十六文不滿載者收錢一百六十五文　青柿每船收錢六十六文不滿載者收錢五十五文　桃子每船收錢三十三文不滿載者收錢二十二文　瓦船每船收錢三十三文　小魚船每船收錢三十三文　灰船每船收錢三十三文　灰殼船進口每船大者收錢九十九文小者收錢八十八文

潮陽正稅口

凡進出貨物正餉每兩火耗加一

凡糖船往江南雙桅滿載收本口番銀五兩又府館收紋銀八錢　如半載者及單桅船俱減半征收　黃白糖每百包內免神福艙水五包免餉不免擔每一百八十斤作一百斤收餉其擔銀仍照一百八十斤收每百斤收府擔紋銀四分本擔番銀二分　又紅單白糖每包收紋銀二釐　黃糖每包收紋銀一釐　雙桅上海船來滿載收歸公番銀四兩又收紅單紋銀一兩如半載及單桅船歸公銀減半征收　若貨少免征　糖水每三百斤作黃糖一百斤收餉其擔銀仍照三百斤征收府擔紋銀四分本擔番銀二分二釐

凡進出餉貨每百斤收府擔紋銀三分本擔番銀三分三釐其紅單詳正稅多寡征收凡正稅不及五錢者免收紅單銀　明瓦每百斤收府擔紋銀四分本擔番銀二分二釐　如係糖船載往上海者收府擔紋銀四分本擔番銀二分

凡上海來免單金針菜苧麻每百斤收府擔紋銀三分收本擔番銀三分無按船等銀征收者每百斤收府擔紋銀三分收本擔番銀三分三釐　免單貨物進出口每百斤收本擔番銀三分三釐

凡本省各關稅過貨物進口照紅單伸毛重每百斤收本擔番銀三分三釐

凡高來薯莨照紅單每一百斤伸二百斤每百斤收番銀三分三釐以上免單本省高來三項進出達濠海門二口每百斤收本擔番銀三分三釐　後溪口每百斤收本擔番銀二分二釐

凡壽枋進口每副收本擔番銀二錢七分五釐　板枋每塊收本擔番銀一分一釐　桅木每枝收本擔番銀五錢五分　柁木每枝收本擔番銀二錢二分

凡裝水母往福建每載按水手名數算每名收本擔番銀一錢六分五釐

裝絲蚶往福建惠高等處雙桅每載收錢一千九百八十文單桅每載收錢七百七十文　如往潮屬等口每擔收錢二十二文　裝

油枯往潮屬等口每百塊八折收錢一百一十文　福來竹船小竹仔論載按水手名數每名收番銀一錢六分五釐大竹論把每把收番銀三釐三毫惟竹篩四捆作一擔每百斤收本擔番銀三分三釐　稅過貨物往潮屬每擔收錢五文　往福建水魚每艙收錢一百一十文　府城來稅

過木排不論大小每枝段收番銀一釐一毫　商船進出口雙桅每隻收番銀二錢單桅每隻收番銀一錢　庵埠餉渡四隻每月共收錢八百文

鹹水母土鬼往福建等處每百斤收本擔番銀三分三釐如淡者論艙每艙收番銀一錢一分　稅過貨物拆往高雷省城

福建等處每百斤收本擔番銀三分三釐　印票每張雙桅船收紋銀二錢單桅船收紋銀一錢　商照每張收紋銀五錢　新牌每隻收番銀二錢

米照每張收紋銀二錢詳見大關按語以上收銀者俱司平

渡船小船例　荳油　排草　紫海菜　蝦米

鰇魚　龍虱　魚翅　牛筋　銀魚脯　冬

布　夏布　漆　沙蠶　海粉　牛角　牛油

豬油　草帽　黃臘　廢銅以上渡船裝載者每擔收錢五十一文小船裝載者每擔收錢一百一十文　蝦乾　螺乾　烟葉

蠔花　爛鐵以上渡船裝載每擔收錢二十五文五毫小船裝載者每擔收錢六十六文　水靛　蒜頭以上渡船裝載每擔收錢二十五文五毫小船裝載每擔收錢五十五文　黃糖　魚脯　墨蹄脯　米糖

烟仔　冰糖　小蝦乾以上渡船裝載每擔收錢十七文小船裝載每擔收錢三十三文　綑沙　木耳　香蕈　藥材

東香　八角以上渡船裝載每擔收錢八十五文小船裝載每擔收錢一百一十文　白糖渡船每擔收錢三十四文小船每擔收錢六十六文　大豬羊每隻渡船收錢十文二毫小船收錢三十三文　中豬羊每隻渡船收錢五文一毫小船收錢二十二文　小豬羊每隻渡船收錢二文五毫五絲小船收錢一十一文

廣絲每擔渡船收錢四百二十五文小船收錢五百五十文　廣絲雜貨每擔渡船收錢二百五十五文小船收錢三百三十文　路來綿花每擔渡船收錢五十一文小船收錢一百一十文　牛皮每擔渡船收錢五十九文五毫小船收錢一百一十文　油枯每艙渡船收錢一百七十文

達濠口

凡糖船往江南每載收銀一兩七錢如不滿載者及單桅船俱減半征收

凡上海船進口每載收銀一兩七錢如不滿載者及單桅船俱減半征收若貨少免征

凡進出貨物每百斤收擔銀五釐五毫如已按載收銀者每百斤收擔銀五釐

壽板每塊收銀二分七釐五毫　水板每塊收銀二釐二毫　桅舵每枝收銀三錢三分　載水母往福建按水手名數算每名收銀八分二釐

五毫　福建來竹船小竹仔論載照水手名數算每名收銀八分二釐五毫大
竹論把每十把收銀一分六釐五毫惟竹篷四綑作一擔每擔收銀五釐五毫　明瓦
每擔收銀一分六釐五毫如已按載收銀者每擔收銀一分五釐　海蜇每擔收銀
八釐八毫如已按載征銀者每擔收銀八釐如淡者不滿載每艙收銀五分五釐　新
換船牌每隻收銀二錢二分　生豬內館出單每隻收銀五釐五毫惟本口出
單往潮屬大豬收錢三十三文中豬收錢二十二文小豬收錢一十一文
凡進出商船雙桅收銀四錢四分單桅收銀二錢二分以上俱收番銀司平
渡船二隻每月共收錢八百八十文　裝穌魚　蝦米每擔
收錢二百二十文　黃糖每擔收錢二十二文　白糖每擔收錢四十四文

若潮陽給單本口每擔收錢五文五毫　再庵埠來照單麻皮桐
油鐵釘鐵鍋千口作一百斤收錢五文五毫
凡府來稅過大木每枝收錢五十五文　小中椽木每枝收錢
一文一毫若潮陽拆出水照單來每排收錢二十二文
凡小船裝糖往潮屬口岸每百斤收錢三十三文　菜脯
絲蚶每百斤收錢二十二文　鹹土鬼往福建每擔收銀五釐
五毫淡者論艙每艙收銀五分五釐番銀司平　小船裝　白蜆　土
鬼本口出單往潮屬口岸大者每艙收錢一百一十文小者每艙收
錢五十五文　鹽船新換牌收錢二百二十文　絲蚶往福

建及惠高等處雙桅每載收錢九百九十文單桅每載收錢五百五十文
小船往潮屬等口　鯀魚　蝦米每擔收錢一百一十文
蝦脯每擔收錢六十六文　魚脯每擔收錢五十五文　薯粉
豬骨　菜子每擔收錢三十三文　小船庵埠照單裝各
貨進口每擔收錢十一文　惠州裝鹹魚等貨往庵埠
黃岡揭陽潮屬等口雙桅單桅販艚等船每隻收錢
八十八文　木頭船往惠州經過收錢八十八文　裝瓦片
每船收錢四十四文　裝煤炭每船收錢五十五文　裝鹹草船收錢
一百一十文　魚苗水靛每擔收錢六十六文　稅過貨物本

口出單往潮屬等口每擔收錢五文五毫　照單每張收錢五文
海門口
凡糖船往江南每載收銀二兩七錢如不滿載者及單桅船俱減半征收
凡上海船進口每載收銀一兩七錢如不滿載者及單桅船俱減半征收若貨
少免征
凡進出貨物每擔收銀五釐五毫　生豬每隻作一擔算如已按載征銀
者每擔收銀五釐　壽板每塊收銀二分七釐五毫　水板每塊收銀二釐
二毫　福建來竹船小竹仔照水手名數算每名收銀八分二釐五毫大竹論
把每十把收銀一分六釐五毫惟竹篷四捆作一百斤每擔收銀五釐五毫　明瓦

海粉每擔收銀一分六釐五毫如已按載征銀者每擔收銀一分五釐　淡菜每擔收銀八釐八毫如已按載征銀者每擔收銀八釐如淡者不滿載每艙收銀五分五釐
新換招牌每隻收銀二錢二分
凡進出商船雙桅收銀四錢四分單桅收銀二錢二分　以上俱收番銀司平
小船裝鹹草每隻收錢二百二十文　灰殼船大者每隻收錢一百一十文小者每隻收錢六十六文　煤炭每船收錢六十六文　水魚每船收錢五十五文
後溪口
凡糖船往江南每載收銀二兩五分如不滿載者及單桅船俱減半征收

凡上海船進口每載收銀二兩五分如不滿載者及單桅船俱減半征收若貨少者免征
凡進出貨物每百斤收銀五釐五毫　生豬每隻作一擔算　明瓦　蝦米　鰇魚　蝦乾每百斤收銀一分六釐五毫　海蜇每百斤收銀八釐八毫如已按載征銀每百斤收擔銀五釐五毫者止征銀五釐收銀一分六釐五毫者止征銀一分五釐收銀八釐八毫者止收銀八釐　雙桅船裝各貨往福建及惠高雷等處滿載收銀二錢如單桅船減半若貨少者免征
凡進出商船雙桅收銀四錢四分單桅收銀二錢二分　福建來竹船小竹仔照水手名數每名收銀八分二釐五毫大竹論把每十把收銀一分六釐五毫惟竹箍四捆作一擔每擔收銀五釐五毫　壽板每副收銀二錢七分五釐　水板每塊收銀二釐二毫　新換船牌每隻收銀二錢二分　海運鹽船換新牌每隻收銀二錢二分　渡船裝廣絲雜貨往庵埠每擔收銀五分五釐以上俱收番銀司平　絲蚶往福建及惠高雷等處雙桅每載收錢九百九十文單桅每載收錢三百八十五文　小船出單往潮屬等口裝載黃糖　荳油各貨每擔收錢一十一文　渡船往庵埠裝白糖每百斤收錢五文五毫　廢鐵每百斤收錢十一文　油枯每艙收錢一百一十文　再庵埠來

照單　桐油　麻皮　鐵釘每百斤收錢五文五毫　鐵鍋每口收錢一文小者二口作一口算　府城來稅過木排每排收錢十六文五毫　樟木　桅木每枝收錢五十五文　山貨船進口每載收錢一百一十文　缸瓦船進口大船每載收錢二百二十文小船每載收錢一百一十文　油枯裝往潮屬等口每百塊收錢四十四文　魚船出口大者收錢二百二十文小者收錢一百一十文　小船裝土鬼往黃岡等處收錢四十四文　各口稅過貨物進口每百斤收錢五文五毫　小船自揭陽黃岡等處裝貨進口照單算每百斤收錢十一文　鹹草船進口大船每載

收錢二百二十文小船每載收錢一百一十文小船裝桂竹進口八折
每把收錢一文一毫小網船出口收錢三十三文油尖槳木
牛車板每枝收錢三文三毫油槽蔗校每副收錢二百二十文
香末每隻收錢三文三毫蓬葉每百斤收錢四文四毫草席四個
作一擔收錢十一文稅過貨物往潮屬等口每百斤收錢五文
小船裝零碎貨物往揭陽等處每百斤收錢十一文
大渡船每隻每月收錢七百文久經豁免小渡船每隻每月收錢一百
文揭陽渡船每隻每月收錢二百文

北磡臺正稅口

凡黃白糖每包收擔銀二分九釐每船收青紅糖照銀一兩二錢又收銀七錢六分免
擔每包收銀一分九釐每百包免神福糖五包免餉不免擔又每包收銀一釐每船收銀一兩
三錢又收府館紋銀八錢
凡本港商船滿限換牌每尺樑頭收銀一錢又每船收銀三錢六分另
錢一百文本港造新商船府館併本口共收銀一十七兩九
錢鹽船每隻收銀七錢六分若新牌加收銀三錢六分另錢一百三十文
用出商照每張一名者收紋銀八錢二名者收銀一兩二錢米照每張
收紋銀二錢詳見大關按語出水單每張收錢五文
凡商船有貨三五擔至十餘擔者每擔收銀三分三釐若滿

載者加收青紅單銀一兩二錢又收番銀二兩六分府館紋銀八錢凡征稅不及五錢者止
收擔銀灰殼大船每隻收錢三百五文中船每隻收錢二百五文小船收錢
一百六十五文灰殼小小船每隻收錢九十文灰殼平底
小小船每隻收錢六十六文石頭船每隻大者收錢二百五文小者收錢
一百二十五文缸瓦船每隻收錢一百一十文若灰殼船裝載照灰殼船收
煤炭船每隻收錢一百二十五文火炭船每隻收錢六十六文鹹
土鬼鹹白蜆船每船收錢七十七文三板船裝鮮白蜆
鮮土鬼及魚蝦螃蟖等貨每隻收錢十五文如不滿載及用小三
板載者收錢三十三文如小三板不滿載者收錢二十二文絲蚶船每艙收錢

一百一十文如不及一艙者每擔收錢三十三文鹹水草船大者收錢二百
二十文小者收錢一百一十文鹹水草席船大者收錢三百三十文小者收
錢二百二十文番茄芋頭太平底船載者每隻收錢一百一十
文小平底船載者收錢六十六文再小者收錢五十五文
如灰殼船載者照灰殼船收蜆沙每四隻作一擔大者二隻
作一擔每擔收錢三十三文蒜頭糖水荳麥菜脯荳枯茶
枯等貨每擔收錢三十三文內荳麥詳見大關按語油校蔗校
每副收錢四百四十文舊者收錢二百二十文牛車板每塊大者收銀六釐六毫
小者收銀五釐五毫烟葉每簍收錢十六文五毫糖漏船有糖者每

個收錢十文無糖空漏每船照缸瓦船收鐵鍋每口收錢三文犁頭每個收錢一文潮陽渡船每隻每月收錢四百文達濠販艚船每隻每月收錢四百四十文府來稅過木排及庵埠來者每一百八十枝作一排收銀一錢荳枯茶枯如大船載者每隻收錢一千文工魚船大者每艙收錢二百二十文小者每隻收錢一百一十文各口來稅過貨物收錢四十五文以上收銀者正稅府擔商照印票歸公等項係紋銀司平其餘係十字番銀司平

右歸公例二

粵海關志卷十二終

粵海關志卷十三

稅則六

梅菉正稅口

凡薯莨往福潮對折征收黑白糖一百八十斤作一百斤征收蜜糖荳油連鐔七折征收盌器菜盌三十副作一百斤飯盌五十副作一百斤茶鍾菜碟七十副作一百斤

凡往雷州貨物四折征收

凡往雷瓊省佛貨物正稅外每兩火耗加一單內貨物每百斤收錢八文領給紅單收錢一百文凡征稅不及五錢者免收

領給商照每張收銀三錢

凡往福潮貨物收正稅外每兩火耗加一單內進出貨物每百斤收擔銀二分該船裝貨出口上福船收銀二兩潮船收銀一兩九錢五分領給米照各收銀一錢詳見大關案語換船牌收正鈔外每兩火耗加一每張收銀二兩換本口駁運河船牌收銀一兩三錢五分另錢四百文

凡出口免貨麥子糯米黃黑荳每石收錢十一文詳見大關案語煙草大簣收錢八十八文中簣收錢六十六文小簣收錢四十四文小簣收錢三十三文荳枯往潮州每擔收銀八厘往省者每每大載收錢四千四百文中

收錢三千三百文小載收錢二千二百文　土盌往芷芓每百副收錢五十文
線麪線香荳豉靛種鞋韈故衣等每包簣簍大收錢六十六
文中收錢五十五文小收錢四十四文　內線麪詳見平海案語　土針每斤收錢
二十二文　菜頭覘水每缸收錢四十四文　柑子橙子船每載
收錢一千一百文每一分載收錢一百一十文　各免貨批單出口
者收錢一百文　拆椰乾往各處每簣收錢三文　藤絲每三
百斤作一簣　椰玉每三百斤作一簣　葵扇雨傘每捆大者收錢
四十四文小者收錢三十三文　煖帽每條收錢十一文　角子刀路
光樁木每百枝收錢五十五文　以上收銀者正耗俱收紋銀司平其餘俱係十字者

銀司平
凡進口各貨　瓊來稅過椰乾每簣收錢十文　椰玉
藤絲各貨每三百斤作一簣收錢十文　椰子每百箇收錢二十文
椰器每千箇收錢三十文　楠木雜木各壽枋每副收錢二十文
盌青每笠收錢七文　墨渣每笠收錢五文　椰青大包收錢六十
六文中包收錢五十五文小包收錢三十三文再小者收錢二十二文　荳油每罈
收錢十一文每缸收錢二十二文　椰殼每簣收錢二十二文　苧麻每百
斤收錢四十四文　波蘿麻每百斤收錢十一文　土藤絲每把收錢
五文　海南船裝椰乾進口收牌錢一百文　凡零星稅

過各貨每百斤收錢十文

梅菉口外館

凡領有高字號紅單貨物每單收錢一百五十文凡征稅不及五錢
者免收　出口領有紅單稅貨每百斤收錢八文　單尾
批免故衣鞋襪等包簣大者收錢五十五文中者收錢四十四文小者
收錢三十三文再小者收錢二十二文　錢串白麻草席雨傘等
大束收錢二十二文小束收錢十一文　煖帽每條收錢十一文　煙草
大簣收錢八十八文中簣收錢六十六文小簣收錢四十四文小笠收錢二十二文　香
粉線香荳豉灰線麪等每簣收錢二十二文每笠收錢十一文　內線

麪詳見平海案語　黃波墟渡船裝載糖盌柑橙子煙
每羅收錢五文　往芷芓土盌每百副收錢四十四文　往各墟
鐵鍋每連收錢七文　往各墟片糖每簣收錢二十二文　拆單
椰乾往各墟每簣收錢七文　拆單椰乾往兩家灘青
平墟每簣收錢十六文　柑橙子船每載收錢六百六十文每一分載收
錢六十六文　路車綿花綿布雜貨等由內河往塘
墢墟每車收錢十一文　路車海參西利蟹肉由塘墢
內河來每簣收錢二十二文每笠包收錢十一文　、福船紅單每單收九
三色銀五錢另錢一百文凡征稅不及五錢者免收　潮船紅單每單收九三色

銀四錢另錢一百文凡征稅不及五錢者免收 潮船換牌每張收九三色銀二
錢另錢一百文以上收銀者俱司平 河船換牌每張收錢二百文
瓊來椰乾椰玉椰鹹等計三百斤作一簣每簣收錢二十文 瓊
來黃蠟黃白藤盌青白糖山馬麖皮等計三百斤作一
簣每簣收錢二十文 海安來白糖每包收錢十一文 墨渣每大
笠收錢五文小笠收錢三文 福瓊來楠木杉木板枋大副收錢
四十四文小副收錢三十三文 雜木板枋每副收錢二十二文 光檑
木刀路角子每百枝收錢五十五文 芝蔴黑白荳麥子
糯米等每石收錢十一文內荳麥詳見大關案語 蝦醬每缸收錢十六

文 河船駁運薯莨往芷芋每載收錢三百五十文 芷
芋拆單福潮船湯菜盌七寸每百副收錢三十三文 五簋
宮盌每百副收錢四十四文 京果茶酒杯大笠收錢二十二文小笠 蒜頭海蜇皮頁
收錢一十一文 廢鐵每百斤收錢二十二文
川紙每百斤收錢二十二文 牛骨牛角每簍收錢二十二文小簍收錢
十一文 椰青每包收錢六十六文 椰子每百箇收錢四十四文
塘塅來山馬麖皮等大束收錢六文中束收錢五文小束收錢三文
塘塅來土藤絲每把收錢十一文 椰殼椰器每簣收錢二十
二文 蜆皮每載收錢二百二十文如不滿載收錢一百一十文 椰乾每百

簣收錢三十三文 茱子每石收錢十一文
芷芋掛號口
凡潮州福建船進出口貨物每擔紅重收銀一分四釐 薯
莨照紅單對折收 潮州船每隻收銀八錢七分 如換新牌另收
銀二錢七分 福建船每隻收銀一兩二錢七分 福潮杉雜木
壽枋板枋每副收銀一分四釐 免單荳麥油枯每擔收銀八釐
以上司平十字番銀 詳見大關案語
凡瓊南船進口照牌梁頭每尺收錢六十文 凡貨案紅單
每單收錢六十文 椰乾椰玉椰鹹每簣收錢十文如無簣裝者三百斤

作一簣 椰子每百箇收錢四十四文 藤絲黃白藤每三百斤
作一車收錢十文 楠木壽枋每副收錢二十二文 南船每隻收錢
四百五十文
凡領有高字號紅單貨往各處者紅重每百斤收錢十
一文又按紅單每張收錢一百二十文凡科稅不及五錢者免收又按船收錢二百文貨少者
收錢一百文
凡各口稅過貨進口每百斤收錢十一文 煙草每大簣收錢八
十八文中簣六十六文小簣四十四文 荳油每埕收錢十一文每缸算二埕
柑橙果船照批單每千收錢一百一十文每艙收錢四百文 椰青每大

包收錢五十五文小包收錢四十四文　搭小船荳麥（每包收錢十一文）　菉子黑荳土墨（每包收錢十一文內荳麥詳見大關案語）　拆單椰乾（每簟收錢十二文）　各處進口出口紅單尾批　免貨至五六百斤（每百斤收錢十一文貨少者免收）　上本處鋪店蜜糖（每十埕收錢五十五文）　硇州來片糖上鋪（每大簍收錢三十三文中簍二十二文小簍十一文）　板料（每百塊大者收錢一百三十二文小者收錢一百一十文）　裝檳椰河船換船牌（每張收錢二百文）

水鐔尖篙船裝運貨物（每船收錢二百文貨少收錢一百文）

凡有各貨往雷安者（俱准七折）　福來簍裝茶酒鍾

調羹小碟香爐瓶盞等件（俱准每百斤八折簋簋每十五副作一百斤七寸盤每三十副作一百斤菜盌同湯盌飯盌五寸盤每五十副作一百斤俱不折）

尖篙裝運穀往瓊（每大船收錢三百文每小船收錢二百文　詳見大關案語）

陽江正稅口

凡各貨稅照例征收（每兩火耗加一按正餉每兩內館收銀三分外館收銀一分五釐）　擔頭照單內紅重（每百斤內館收擔銀三分外館收擔銀一分五釐）　免單貨（每百斤內館收擔銀三分外館收擔銀一分五釐）

給領紅單（每張看貨多寡征稅五錢以上者收銀一錢二兩以上者收銀二錢三兩以上者收銀三錢凡征稅不及五錢者免收）

凡福潮船載薯莕（二百斤作一百斤征稅火耗擔頭照上收）　又每船（內館收銀五錢外館收銀二錢五分）　米照（收銀三錢詳見大關案語）

換船牌鈔銀（照例征收火耗加一）　又按樑頭牌底（每尺收銀二錢五分）　領牌（每張內館收銀五錢外館收銀六錢　以上紋銀司平）

凡海南船裝載椰乾等貨進口（大者內館收錢四千四百文外館收錢二千二百文小者內館收錢三千文外館收錢一千五百文）　放關不論有貨無貨（大者內館收錢四百文小者內館收錢三百文外館照收）　進口椰乾（每簟內館收錢三十文外館收錢十文）　椰鹹（二簟作椰乾一簟中簟兩

簟作一簟）　椰玉（二包作椰乾一簟）　椰子（每百箇作椰乾一簟）　藤絲黃白藤皮蠟等貨（三百斤作椰乾一簟）　楠木板（每副內館收錢一百文外館收錢五十文）　雜木板（內館每副收錢二十文外館收錢十文）

凡藤步船裝檳榔椰子進口（大者內館收錢二千四百文外館收錢一千二百文　小者內館收錢二千二百文外館收錢一千一百文）　另每船出口（大者收錢三百文小者收錢二百五十文外館照收）

凡水母船由海運裝缸瓦進口（每隻內館收錢一千四百文外館收錢八百文）　錢（每包內館收錢二文外館收錢十文）　椰鹹由江門運來陽江（每簟內館收錢十五文外館收錢五文）　白糖鹹砂土

藤白葉油米各山貨由內河往省佛每一河船外館收錢
一百二十文小船收錢六十文內米貨詳見大關案語　小料魚船每隻每月
外館收錢一百文

暗鋪兩家灘正稅口

凡餉貨俱照則例九折征收餉銀火耗加一　薯苓對折征收　荳油
蜜糖連罉七折征收　餉貨出口按紅單每張收錢三百六十文凡征
稅不及五錢者免征又每張收錢七百九十文餉貨少者減半　餉貨船進出
口收錢九百文又按各船樑頭每尺收錢一百文此二項進出只收一次貨少者減半
凡福潮船裝貨出口收錢二百五十文　領米照一張收錢

三百文詳見大關案語
凡瓊來貨船每船收錢三百七十文貨少減半　往瓊貨船每船
收錢二百文貨少減半　縣牌船裝載貨物收錢三百文進出只收一
次
凡貨船進出外館收錢一百二十文　河船裝載餉貨滿載
收錢四百文半載收錢三百文
凡瓊來椰乾每簍收錢三十文　椰玉每包收錢三十文　椰
青每簍收錢五十六文如小包俱二包作一簍算四五十斤者免征
凡土瓷器頭塔三十副作一百斤二塔五十副作一百斤三塔七十副作一百斤每

百斤收錢十二文　粗紙三籮等貨每百斤收錢一十二文不折
丁紙每排收錢五十六文　火紙每排收錢三十六文　草席每張收錢
二文　煙草每大簍收錢一百二十文中簍收錢一百文小簍收錢八十文　薯
苓照紅單算每百斤收錢二十四文
凡暗鋪蝦米牛角蜜糖牛皮等每百斤收錢三十六文不折
領免單每張收錢一百二十文　領印票每張收錢三百文
生豬每隻收錢五十文　南橋駁運薯苓往芷芎每船收錢
一千五百文如半載者減半　拆單椰乾來往每簍收錢二十文
穀船出口每載收錢三千一百五十文半載收錢一千五百七十五文小半載收錢

一千三百二十文詳見大關案語
凡廣西各埠運鹽過暗鋪口每票收錢三千四百文　暗
鋪醃蝦船往廣西每船收錢一百文　蝦醬每缸收錢五十文
兩家灘蝦醬每缸收錢四十文　雜木板往各墟每塊
收錢五文　紫藤每船收錢三百文小船收錢二百文　芷芎拆單杉
木板進口每塊收錢十二文　河船裝載餉貨往芷芎
搭船領有紅單收錢三百六十文凡征稅不及五錢者免收　血藤
每載收錢一千五百文半載者減半　暗鋪木頭槓船裝貨滿載收錢
五百七十文如不滿載者收錢四百七十文　暗鋪進口各貨有紅單者

照單算每百斤收錢十二文

凡欽州進口牛骨照紅單算每百斤收錢二十四文　瓊來楠木板每塊收錢三十文　雜木板每塊收錢十二文　糞桔船每載收錢三千一百五十文大半載者收錢二千一百六十文小半載者收錢一千三百二十文　椰殼每簣收錢三十文　落花生黃白黑荳每大包收錢二十四文小包收錢十二文內荳錢詳見大關案語　硇州來片糖每擔收錢三十六文　芋種每大船收錢五百文小船收錢三百文　黑糖往廣西每簍收錢六十文　換船牌照則例征收鈔銀火耗加一每樑頭一尺收銀一錢五分　領給牌每張收銀一兩五錢以上俱收紋銀司平

麻章墟掛號口

凡芝麻牛皮每百斤收錢一百二十文　荳油每缸收錢一百文每罈收錢七十文每缸重一百四五十斤每罈重一百斤俱連皮　黑片糖往各村墟每簍收錢六十文往廣西每百斤收錢三十六文　黃白黑荳往各村墟每石收錢五文詳見大關案語　落花生每石收錢五文

謹案麻章墟口舊歸雷州口兼收雍正十一年歸併石城兩家灘口

海安正稅口

凡黃白片糖三項俱以一百八十斤作一百斤算餉　糖水以三

百斤作黃糖一百斤算餉　荳油蜜糖二項俱以一百斤作七十斤算餉　薯莨薑二項俱以一百斤作五十斤算餉　黃白糖僱小艇駁往海口上行轉搭商船往江南者每百包上餉之外向例准免駁載糖五包

凡正稅每兩火耗加一　正鈔每兩火耗加一

凡上餉貨物毛重每百斤收擔頭銀二分一切粗細雜貨同又毛重每百斤收錢二十四文又每包捆件收錢四文

凡黃白片糖糖水毛重每百斤收擔銀一分一釐又毛重每百斤收錢十八文又每包件收錢四文　莨薑不收擔銀每簣收錢七十二文如係包裝者三包作

一簣算

凡雙桅大白艚船裝荳枯滿載每船收錢一十二千文

單桅小白艚裝荳枯滿載每船收錢一十千文　雙桅海南船裝荳枯滿載每船收錢一十千文裝花生黑荳菜子同荳子錢詳見大關案語　單桅海南船裝荳枯滿載每船收錢九千文

單桅小船駁裝荳枯往海口上白艚船每船收錢六千文以上雙單桅船隻如裝荳枯滿載者俱照依前開錢數征收如裝不滿載及有別項貨物搭裝在船者其荳枯按照該船所裝分載遞減科算征收

凡零星駁裝往潮州荳枯每擔收錢三十文　零星駁

裝往海口荳枯每車收錢一百文　煙草花生麥子菜
子荳油自海安港出口往瓊高廉者每包收錢二十八文
內麥子詳見大關案語　生豬由海安港出口往瓊每隻收錢
六十四文　燈草出口每大簣收錢二百文中簣收錢一百文小簣收錢五十文
帶子棉花每包收錢四十文　布故衣每捆收錢五十文
紬故衣每箱收錢一百文　紬布鞋每雙收錢二文　布襪每雙
收錢二文　紗襪每雙收錢四文　布靴每雙收錢六文　藤草涼
帽胎每頂收錢二文　煖帽每頂收錢二文　皮帽每頂收錢八文
土針每斤收錢十文　綿紗繩帶每百斤收錢二百文　縫成公

服每件收錢四文　竹木器梳篦筆每百斤收錢五十文　黃笋
乾每簣收錢一百文每包收錢五十文　木料板枋每塊段收錢十五文
苦糖水每桶收錢十五文　白艚船來安裝載苦糖水
每擔收銀二分　白艚船來安裝餉貨每百斤紅重收銀二分免貨無
收

凡東西二鄉各小港出口花生菜子黑荳每包收錢
十二文內荳子詳見大關案語　東西二鄉各小港出口餉
貨每件收錢四文　良薑每簣作二件　別口稅過各項貨
物給有紅單者每百斤收錢十二文又每件收錢三文　蝦欖醬

每缸收錢十四文　草席每捆收錢十四文　海口拆白單稅
過京布棉花各貨俱每件收錢十四文　海口拆白單來
稅過鐵鍋每六連收錢十四文　木屐每拼收錢三文　藤帽每頂
收錢三文　海口白單照來各項免貨每包件收錢十四文
凡換船牌樑頭每尺收銀二錢五分　換牌每張另收銀一兩一錢
商照每張收銀一錢　米照每張收錢二百文詳見大關案語　往
梅菉廉州潮州江門紅單每張收銀一錢如餉銀不及一兩者不收
以上收銀者俱紋銀司平
凡白艚船裝荳枯出口每隻收錢一千二百文　雙桅海

南船裝荳枯出口每隻收錢一千文　單桅海南船裝
荳枯出口每隻收錢八百文　單桅小船裝荳枯出口
每隻收錢五百文　班渡及雙單桅船裝貨進口每隻收錢
一百文貨少者不收

東西二鄉各小港征收

凡黃白糖出口每包收錢二文五毫　荳油蜜糖土茶等
雜貨每件收錢四文　荳麥每包收錢十五文詳見大關案語　花生
桐子每包收錢十二文沙羅子同　片糖每簣收錢十文　蝦欖醬
每缸收錢十四文　生豬出口每大隻收錢四十文　中豬每隻收錢

三十文　泥藤每擔收錢十二文　木料每條收錢四文每車收錢十六
文　零星出口苦水每桶收錢十文如五十桶以上者俱赴海安館批單
該港止收錢三文　裝艮薑荳枯船出口大船每隻收錢八百文中
船每隻收錢七百文小船每隻收錢六百文　煙草收包收錢二十文　零
星油枯每十塊收錢五文　裝餉貨船出口每隻收錢二百五十
文　生牛每隻收錢四十文　生羊每船收錢一百五十文　海
口折白單來稅過京果棉花每包收錢二十文　海口
折白單來稅過雜木壽板每副收錢三十文　草席雨
傘每捆收錢十四文　藤帽每頂收錢二文　木屐每排收錢一十文

小竹每車收錢二十文　魚網每包收錢二十文　茶子枯每塊
收錢二文　雜木蔗校每副收錢五十文　海口折白單來
稅過鐵鍋每六連收錢十四文

雷州正稅口

凡正稅貨物照則征收每兩火耗加一每毛重一百斤收擔銀三分六
釐紋銀司平　蜜糖每百斤折算七十斤　白糖黃糖片糖每一
百八十斤折算一百斤　糖水每三百斤折算一百斤　荳油每百斤折
算四十斤如往省城江門浙江等處折算七十斤　茹苓每百斤折算五十斤染靛
同　三籟每百斤折算五十斤艮薑同　豬牛骨每百斤折算五十斤

牛油每百斤折算七十斤　檣木壽枋每副作五百斤　雜木
壽枋每副作三百斤　其餘一切稅貨俱九折算紋銀司平

進出各貨掛號免單等錢

凡瓊州稅過椰乾椰青每簀收錢四十文筐同每包收錢二十文
如給部牌雙桅船裝椰乾椰青者收錢一千六百文
縣牌單桅船裝椰乾椰青者收錢二千一百文　如裝
椰乾椰青十餘簀筐者或裝十餘小包者收錢一百
一十文
凡瓊州小船及魚船各貨進口論貨物多寡每載收錢六百六

十文貨少者收錢一百一十文
凡高雷吳川遂溪梅菉黃坡等小船及河船裝
貨進口出口論貨物多寡每載收錢三百三十文半載收錢二百二十文小半載
收錢一百二十文貨少者不收
凡瓊州稅過椰子每百箇收錢五十文　椰殼每簀收錢四十文每
包收錢二十文椰棕同　椰殼每簀收錢二十文每包收錢十文　茶油
枯每箇大者收錢二文小者收錢一文　木套每排收錢十文　藤帽每頂
收錢一文
凡高瓊稅過土棉綢土絲土毡京果糖果芝麻

每百斤收錢五十文　稅過梭布棉布每卷收錢二十文每捆收錢三十文
竹木器每百斤收錢四十文各處進口同　石羔青種荳豉
白線麪粗細麻每百斤收錢四十文如係簍包亦照數收　內線麪錢詳見平
海案語　線香每簣收錢二十文　麥子黑白荳菉荳生
薑每擔收錢四十文　粟米同米豆麥詳見大關案語　稅過棉花每大
包收錢六十文小包收錢三十文花條同　稅過染靛每缸收錢四十文每小笠
收錢五十文　鞋襪每雙收錢二文小者收錢一文　故衣每包收錢四十
文綢緞倂收　稅過各色紙粗紙每百斤收錢四十文每把收錢二十
文　大草席每百張收錢五十文小者每百張收錢四十文　稅過楠

《粵海關志》卷十三　稅則六　雷州　十六

木壽枋每副收錢一百五十文　稅過雜木壽枋每副收錢一百
文　稅過大頭竹每枝收錢二文　旁竹排每大排收錢一千二
百文中排收錢九百文小排收錢六百文半大排作一小排科征　稅過土磁
器茶盤每百副收錢一百文　湯飯盤每百副收錢五十文　五簋
盌每百副收錢二百文　七寸盤每百副收錢一百文　五寸盤每百
副收錢五十文　小碟茶鍾酒盞湯匙每大簍收錢四十文每小簍收
錢二十文　菜頭欖醬蝦醬鹹蛋蛤乾每缸收錢四十文如菜頭
福建小埕裝者收錢二十文　柑橙進口論船大艙滿載收錢七百文小
艙滿載收錢六百文如不滿載者俱按分載遞減科算征收如係河船裝進口每艙收錢八百

文　落花生每擔收錢二十文　葱頭每手車收錢六十文　生
豬每大隻收錢八十文小隻收錢四十文　煙草燈草每大簣者收錢一百
文中者收錢七十五文小者收錢五十文
凡海康荳枯落花生菜子船每載收錢六千六百二十文不滿載
者每一分載收錢六百六十二文按分計算
凡一切貨物已稅進口者細貨每百斤收錢五十文粗貨每百斤收
錢四十文
凡官牛渡船載片糖進口及小船載片糖往石
城每簣收錢一百文

《粵海關志》卷十三　稅則六　廉州　十七

廉州正稅口
凡正稅貨物照則例征收每兩火耗加一每貨一百斤收擔頭銀三
分
凡換船牌照則例征收每兩火耗加一又梁頭每尺收銀二錢五分換
牌每張收銀三錢
凡海南來檳榔照紅單每百斤收擔銀三釐五毫每包收錢二十一文又大船
收錢四千六百文中船收錢三千五百文小船收錢二千五百文如船小貨少收錢二千一百
文
凡瓊雷各處來稅過白糖荳油各項雜貨每百斤收

擔銀七釐每二百斤作一包收錢四十文
凡進口紅單每張收錢一百文
凡血藤往江坪每大船收錢一千六百文中船收錢一千文小船收錢二百文
生豬出口每隻大者收錢一百文中者收錢五十文小者收錢十文　缸
瓦每牛車收錢三百文每車一百件每件收錢三文　進口落花生
黃黑荳每包收錢四十文子錢詳見大關案語　內荳　出口煙草
每大簣收錢二百文中簣收錢一百文　火紙每條收錢三文　朴紙每條
收錢十文　花朗紙每條收錢三十文　土盌兩筒作一合每合收錢三
文　醬醋每埕收錢二十文　燒酒每埕收錢十文　土香每千

收錢三文　木屐每雙收錢三文　水絡每十對收錢五文　酒餅
每斤收錢一文　西利乾每斤收錢一文　松油餅每塊收錢五十文小
者收錢四十文　鹹魚每大簍收錢四十文中簍收錢三十文　故衣每梱
收錢二百文　沙螺乾每大包收錢三百文中包收錢二百文　鹹水
草每大船收錢六百文小船收錢五百文　小竹仔每千枝收錢七十文
江坪來雜字錢每千收錢十六文　稅過椰玉拆運往
欽州每包收錢四十二文
凡薯莨船紅單每張滿載者收銀一兩半載者收銀五錢貨少者收銀三錢凡
正稅不及五錢者免征紅單銀每大船收錢三千文中船收錢二千文小船收錢一千五百文

米照每張收銀一錢詳見大關案語以上俱收紋銀司平
欽州正稅口
凡貨物征收正稅耗銀無論多寡俱係對折征
收並無擔頭掛號等項
凡由別口稅過蝦米進口每大包收錢三十文每小包收錢二十文
稅過粗細磁器進口每百筒收錢一百文　稅過椰玉
每包約二百五六十斤收錢二十文　稅過荳油并雜油每缸一百餘斤
收錢五十文　稅過棉布并梭夏布等每梱約五六十斤收錢三
十文　稅過片糖每簍約重二百七八十斤收錢五十文　稅過白

糖約重一百餘斤收錢二十文　落花生每包約一百五十斤收錢三十文、　欖醬每缸
黃黑等荳每包約一石收錢三十文詳見大關案語
收錢三十文　蝦醬每缸收錢三十文　螺肉乾每百斤收錢一百文
醃魚每簍約一百五六十斤收錢五十文　煙草每簣約二百七八十斤收
錢一百文　菜脯每缸收錢五十文　茶脯每百斤收錢一百文　船
裝滿載收錢二百五十文　裝半載收錢一百二十五文　福潮
船收錢一百文　稅過黃蠟每百斤收錢一百文　木屐每對收錢
一文　荳豉每百斤收錢一百文　出口苧白麻每百斤收錢一百文
煖涼帽每頂收錢五文　布鞋每對收錢五文　故衣每件收錢

五文　布棉襪每雙收錢五文　緞鞋每對收錢八文　大豬每隻
收錢一百文中者每隻收錢五十文小者每隻收錢一十文　火紙每條收錢十文
醬醋每埕收錢二十文　酒餅每百斤收錢一百文　火酒每大
埕收錢二十文每小埕收錢十文　麪每百斤收錢一百文詳見平海案語
粗香每百筒收錢二十文　元寶朴每條收錢二十文　缸瓦每船
收錢二百文小船滿載收錢一百五十文半載收錢一百文零星每件收錢一文　棉
胎每張收錢十文　蚝殼每百對收錢五十文　血藤每船約一百擔收錢
二千文

海口正稅口

凡正餉照則例征收每兩火耗加一　正鈔照梁頭征收每兩火耗加一
凡往省高雷廉貨每擔收銀七釐　椰青每擔收銀九釐　往
福潮江南貨每擔收銀一分進口同　換船牌梁頭每尺收銀
二錢五分　換牌每張收銀五錢　往江坪椰青船每隻收銀十二
兩　木料每件收銀五釐六毫收紋銀司平每兩加平一分以上俱
凡省貨出口并進口每擔收銀一分七釐　陽江貨船出
口每擔收銀一分六釐五毫九折　福潮江南出口并進口每擔
收銀二分五釐四毫九折　洋船進口出口每隻收銀十六兩如船小貨少
收銀八兩　洋貨每擔收銀六分四釐紅重九折紋銀司平

凡新烙船給牌梁頭五尺上下收銀八兩三錢三分　新
烙船給牌梁頭一丈以上收銀十二兩
凡單桅船貨每擔收錢五文每船貨多收錢一百文貨少往本口近處不收
稅過貨折單每擔收銀一分八釐　應免貨每擔收銀二分九折
船戶改名收銀一兩二錢　荳麥每大包收錢五十文詳見大關案語
鐵鍋每連收錢十文　油枯每擔收錢六十文　薑每擔收錢三十
文　燈草每大簣收錢一百二十文　花生每大包收錢五十文　蔴
每百斤收錢五十文　棉花每包收錢三十文　京布每包收錢二十文
佛布每包收錢三十文　草包每大捆收錢一百文每小束收錢二十文

草席每百張收錢一百文　藤帽每頂收錢一文　布皮鞋每雙
收錢一文　鹹魚每擔收錢五十文　皮料每斤收錢三文　魚網
每擔收錢三百文　土盌每副收錢一文　臭皮每捆收銀七分　牛
脯每捆收銀七分　葱頭每車收銀一錢　江南花子每擔收銀三分
六釐九折　米照每張收錢二百文詳見大關案語　印票每張收錢一百
文　墨渣每包收銀六分　蝦欖醬每缸收錢三十文　苦糖
水每擔收錢十文往福建江南等處每擔另收銀一分　海北來荳子每包
收錢五文　往潮州荳子每包收錢二十文詳見大關案語　商照
每張收銀三錢　原單照運每擔收銀一分九折　荳豉每大包收錢一

百文每百斤五十文　**蛇皮**每張收錢二十文　**毛椰殼**每笠收錢一百

二十文如零星每千箇收錢二百文　**煙草**每簣收錢三十文　**覘水**每兩

埕作一百斤收錢三十文　**梅菉酒**每埕收錢十五文　**錢串繩**每束

收錢十文　**皮鼓**每合收錢一文　**竹葉**每把收錢一十五文　**線香**

每簣收錢三十文以上收銀者俱九三色九八平

外館征收

凡東京江門省城陽江福湖江南進出貨物掛號并原拆單每擔收銀七釐九折九三色九八平

凡高雷廉進出貨并原拆單每擔收銀五釐九折九三色九八平

魚網每百斤收錢一百文　**椰青**每擔收銀七釐九折九三色九八平

藤帽每百頂收錢三十文　**草席**每百張收錢三十文　**磁器**每百副收

錢四十文　**單桅裝貨出口**每百斤收錢十文又每隻收錢二百文

苦糖水每百斤收錢五文　**貨船滿載**收錢二百五十文如不滿載者

收錢一百五十文　**荳豉**每包收錢三十文　**換船牌**每張收錢二百

文　**土燒酒**每埕收錢三文　**錢串繩**每束收錢三文　**白單**

往近處稅過貨每擔收錢七文　**草包**每束收錢五文　**麻**每擔

收錢十文　**竹葉**每把收錢五文　**糖船放關**大船收錢三百文小者收

錢一百五十文　**荳麥**每包收錢五文詳見大關案語　**油枯**每百

斤收錢十文　**燈草**每簣收錢十文　**佛布**每個收錢十文　**梭布**

每捆收錢十文　**鹹魚**每擔收錢二十文　**椰殼**每大笠收錢二十文

落花生每包收錢十文　**葱頭**每牛車收錢一百文　**臭皮**每捆收錢

十文　**菜頭蝦欖醬**每缸收錢十文　**煙草**每大簣收錢三十文中者

二十文小者一十文海安給有單進口者不收　**皮料**每百斤收錢一百文

樂會正稅口

凡正稅每兩火耗加一　**正鈔**每兩火耗加一

凡換船牌耗鈔外梁頭每尺銀三錢　**新烙船給牌**每隻收銀十二

兩八錢

凡各貨往本省每擔收銀一分　**各貨往江南**每擔收銀一分

三釐　**各洋貨照紅單九折**每擔收銀六分四釐　**椰青**每擔

收銀一分二釐以上紋銀司平每兩加平銀一分

凡各貨掛號照紅單每擔收銀八釐一毫　**往省城江門**

各貨每擔收銀一分八釐又每船收銀四兩五錢　**往陽江各貨**每簣

收銀三分六釐又每船收銀一兩八錢　**往梅菉雷州各貨**每簣收銀

三分又每船收銀一兩二錢　**楠木壽枋往省城江門**每副收銀

七分　**往江南米照**每張收銀二錢詳見大關案語　**往江南**

商照每張收銀三錢　**單桅船裝貨批照**每張收銀三兩六錢如船

小貨不滿載者收銀二兩七錢　釭瓦船進口每隻收銀三兩五錢如船小貨
不滿載者收銀一兩四錢　稅過船進口每擔收銀一分八釐　應免
貨進口每擔收銀一分八釐　臭皮每擔收銀二分　出口貨船
每隻收銀二兩四錢　各貨船往省城江門梅菉雷州每隻
收銀四錢　往陽江收銀六錢上九二色司平　以

沙茬正稅口

凡收正稅餉每兩火耗加一　貨物每百斤收擔銀一分八釐　換
船牌正鈔銀每兩火耗加一　梁頭每尺收銀三錢　換牌每張
收銀六錢以上紋銀司平每兩加平銀一分

凡往梅菉檳榔每簣收銀三分六釐　往陽江檳榔每簣收銀
四分二釐　往江門檳榔每簣收銀四分八釐　出口紅單每張
收銀三錢凡征稅不及五錢者免收　檳榔船出口每隻收錢九百二十五文
貨船出口每隻另收銀二兩四錢小船收銀一兩四錢以上收銀者俱九二
色司平

萬州正稅口

凡正稅每兩火耗加一　正鈔每兩火耗加一
凡換船牌鈔耗外梁頭每尺收銀三錢　換牌每張收銀六錢　新
烙船給牌正鈔歸公各項共收銀十二兩

凡各貨往本省每百斤收銀二分八釐　各貨往江南每百
斤收銀三分一釐　洋貨照紅單九折每百斤收銀六分四釐以上
紋銀司平每兩加平銀一分

凡各貨放關每百斤收銀二分七釐如往本處內口者不收　進口稅
過貨物每百斤收銀二分一釐

凡單桅船裝貨批照每百斤收銀一分六釐如往本處內口者不收
雙桅貨船出口每隻收錢一千七百文單桅船收錢一千四百文

凡免單貨每百斤收銀一分八釐

凡往江南米照每張收銀二錢詳見大關案語　商照每張收銀

三錢

凡貨船出口每隻收錢六百文　貨船出口每隻收銀一兩二錢
小船收銀六錢以上收銀者俱九二色司平

崖州正稅口

凡正餉鈔每兩火耗加一
凡貨每擔收銀二分七釐
凡換船牌梁頭每尺收銀二錢五分　換牌每張收銀五錢以上紋
銀司平每兩加平銀一分
凡貨船往省城每擔收銀二分九釐七毫　往瓊潮廉西等

貨船每擔收銀三分三釐　單桅船批照每擔收銀一分又每張收銀一兩　免單貨每擔收銀二分四釐　換船牌每尺收銀五分每張收銀一錢　每大船收銀八錢　小船收銀七錢　每大船收錢三百文　小船收錢二百文以上收銀者俱九二色司平

陵水正稅口

凡正餉每兩火耗加一

凡貨物出口每擔收銀二分四釐　如往江南貨每擔收銀二分七釐

凡船鈔每兩火耗加一　梁頭每尺收銀五錢紋銀司平每兩加平銀以上一分

凡單桅船藤步船貨物每擔收銀一分又收批照銀六錢　貨船出口每隻收錢六百文　商照每張收銀三錢　米照每張收銀一錢四分詳見大關案語　楠木壽枋每塊作一百四十斤　雜木每塊作一百二十斤　椰子每箇作二斤照收擔頭出口銀　釘瓦進口大船收錢八百文中船收錢五百文小船收錢三百文以上收銀者九二色司平

凡外洋蘇木烏木等貨每擔收銀六分四釐紅重九扣紋銀司平

總收餉耗擔貨物歸公則例

凡藤絲每擔收銀一錢七分三釐　檳榔每擔收銀九分四釐　椰子每百箇收銀一錢三釐　楠木壽枋每塊收銀一錢四分四釐　雜木壽枋每塊收銀四分　豬牛骨每擔收銀五分四釐　粗香黃白藤藤桿花梨木每擔收銀七分四釐　土黃蠟細香每擔收銀四錢二分　山馬麖皮每擔收銀二錢八分二釐　牛皮鹿角海參魚膠每擔收銀二錢二分二釐　牛角牛油蝦米木耳每擔收銀一錢二分三釐　魚翅樹香每擔收銀三錢二分一釐　鹿筋每擔收銀二錢七分二釐以上俱紋銀司平

北黎正稅口

凡餉貨出口每擔收銀二分七釐紋銀司平每兩加平銀一分

凡往省城餉貨每擔收銀二分七釐　單桅船裝貨往省照印票每張收銀一錢

凡免單貨花子出口每擔收銀一分一釐　免單煙草出口每擔收銀一分七釐　免單鹹魚出口每擔收銀一分七釐　免單鹿脯出口每擔收銀一分七釐　免單煙草花子出口每擔包收錢二文

凡稅過貨進口每擔收銀一分八釐　油枯進口每百箇收銀一錢五分　草席進口每百張收銀五分　竹簀進口每百合收銀一錢五分四箇爲一合　藤帽進口每百頂收銀一錢　草竹帽

進口每百項收銀五分　土盌進口每百副收銀一錢茶酒杯三副作一副　鞋簣雜貨簣進口每箇收銀五分　線麪灰麪簣進口每箇收銀三分詳見平海案語　木屐進口每百雙收銀四分　線香簣進口每箇收銀三分　蝦醬進口每缸收銀三分　荳豉進口每擔收銀二分四釐　雨傘進口每百把收銀五分　米荳進口每包收銀三釐詳見大關案語　其餘零星進口貨物俱按擔收銀一分八釐　楠木壽枋每副作六百斤每副收擔頭歸公銀一錢二釐　雜木壽枋每副作五百斤每副收擔頭歸公銀八分五釐　粗丁紙進口每包收銀三分以上俱收九二色司平

儋州正稅口

凡正餉照則例征收每兩火耗加一

凡換船牌照梁頭收鈔銀每兩火耗加一

凡各貨每百斤毛重收銀二分八釐以上紋銀司平每兩加平銀一分

凡出口毛貨每擔收銀一分六釐五毫往瓊州本地不收

凡進出口免貨每擔收銀二分　進口稅過貨拆單每擔收銀二分

凡換船牌梁頭每尺收銀四錢紋銀司平　換牌每張收銀五錢紋銀司平

凡單桅船裝貨收錢四百文如不滿載收錢二百文　蕉稄每副收銀一錢六分五釐　生豬出口每隻收錢十文　牛骨每百斤收銀二分八釐　黃白藤花梨白木香每百斤收銀二分八釐　鹿筋每百斤收銀二分八釐　山馬麖皮每百斤收銀二分八釐　藤絲每百斤收銀二分八釐　牛角京果瓜子每百斤收銀二分八釐　椰玉每百斤收銀二分八釐　黃蠟各色細香每百斤收銀二分八釐　山馬鹿角牛皮魚膠蜜糖每百斤收銀二分八釐　楠木壽枋每塊作一百二十斤收銀三分三釐六毫　雜木壽枋每塊作一百斤收銀二分八釐以上收銀者俱九二色司平

清瀾正稅口

凡正稅照則例征收每兩火耗加一　正鈔照梁頭征收每兩火耗加一

凡換牌鈔耗外梁頭每尺收銀二錢五分每張收銀二錢　新船印烙給牌銀十二兩八錢

凡各餉貨進出每百斤收銀一分二釐　椰子每百箇七折收餉八折收擔以上紋銀司平每兩加平一分　椰鹹往陽江江門每簣收銀二分四釐　椰乾往梅菉每簣收銀一分六釐　椰乾往雷州每簣收銀二分

凡進出口免單每擔收銀一分六釐進口稅過貨照毛
重每擔收銀七釐椰子每百箇收銀二分六釐單桅船給印
照每張收銀一兩五錢船隻進出收錢三百五十文空船不收由
長峻出口檳榔各貨每簣收銀四釐以上俱收九二色司平
外館掛號
凡出口貨每擔收銀一分三釐進口貨每擔收銀七厘椰子
每百箇作一百六十斤每百斤收銀一分三釐椰鹹往江門每百斤收銀一
分三釐椰乾椰鹹往陽江每簣收銀一分二釐椰乾往
梅菜每簣收銀八釐椰乾往雷州每簣收銀一分

凡船隻裝貨出八收錢一百文空船不收換牌梁頭每尺
收銀五分每隻收銀一錢
凡進出口免單貨每擔收銀八釐以上收銀者俱九二色司平
鋪前正稅口
凡正稅貨每百斤九折照則例征收每兩火耗加一正鈔照則例科算每
兩火耗加一梁頭每尺收銀二錢五分換牌每張收銀三錢
凡椰乾每百斤九折毛收銀八分椰子每百箇七折毛收銀五分九釐
燈油每百斤八折毛收銀九分八釐椰青每百斤九折毛收銀三分染
靛每百斤九折毛收銀四分土棉布每百斤九折毛收銀三錢零七釐

黑糖一百八十斤作一百斤毛收銀八分四釐以上俱紋銀司平每兩加平一分
凡新船給牌每隻收銀一十二兩紋銀司平
凡單桅船裝檳榔乾每十簣收銀三錢五分如五簣以下免收
凡各稅貨每百斤收銀一分
凡稅過貨進口每百斤收銀一分一釐椰乾每簣收銀二釐
椰子每五十箇作一百斤收銀二釐各稅貨每百斤收銀二釐
凡換船牌每張收銀二錢
凡雙桅船出口放關收錢一百八十文
凡免單貨油枯每百塊收錢二百二十文雜木板料每十

塊作一件收銀一分四釐如大者五塊作一件短者十五條作一件薄板二十塊作一件
蘆麻每百斤收錢四十四文醃魚每百斤收錢二十文煙葉每大
簣收錢四十四文每小簣收錢三十三文蘆席每百張收錢二十文舊魚
網每包收錢二十六文石臼每百箇收錢二百文石磉每四箇作一副
每百副收錢二百文粗竹帽每百頂收錢三十文毛椰殼每小簣收
錢三十三文如大簣收錢四十九文線香每百斤收錢二十二文奉神者不收
蝦醬每缸收錢十六文
外館掛號
凡各稅貨照紅單每百斤收銀七釐九折

凡換船牌照梁頭每尺收銀五分每張收銀五分

凡椰乾出口照紅單每百斤收銀七釐九折每簣收銀一分　椰子每五十箇作一百斤收銀七釐九折

凡單桅船裝檳榔每簣收銀九釐　單桅船裝椰青出口每簣收銀九釐　以上貨物出口每船收錢一百一十文如五簣以下免收

凡免單貨　油枯每百塊收錢一百一十文　稅過貨物進口照紅單每百斤收銀五釐五毫　雜木板料每十塊作一件收錢三文如大件者五條作一件短者十五條作一件薄者二十塊作一件　醃魚每百斤收錢十文

蘆席每百張收錢十文　蘆蔴每百斤收錢二十二文　煙葉每大簣收錢二十二文　舊魚網每包收錢十三文　石磉每四箇作一副每百副收錢一百文　石臼每百箇收錢一百文　粗竹帽每百頂收錢十五文　毛椰殼每簣收錢十六文　線香每百斤收錢十一文奉神者不收　蝦醬每缸收錢八文　本港船往各口換牌囘日每隻收銀三錢以上收銀俱九二色九八平

右歸公例三

粵海關志卷十三終

粵海關志卷十四

奏課一

臣謹案番舶下椗之稅始於有唐迨宋淳化初海舶至者十征其一皇祐中總歲入象犀珠玉香藥之數五十三萬有餘治平中又增十萬元制或二十五取一或三十取一其自官發船貿易者細物取十分之二麤物取十五分之二然皆抽貨非輸銀也明嘉靖以後佛朗機居澳門始歲納二萬金爲稅其時中官朘削番商苦之市舶日少我

朝富有寰海

法行寬大

德布懷柔番舶之來恆百餘計歲額乃至百萬於是設典守之官嚴出納之令先之考覈察其盈餘終於報解稽其延緩然而必存羨溢則啓官吏之橫征意在剋期又慮行商之賠墊恭惟

廟謨深遠

訓誥時申

德意旁流推行盡利此榷務所由萬全無弊也歟謹編奏課爲一門而以考覈報解爲二子目焉

凡戶關之屬二十四粤海關居其一焉其課有正額有盈餘粤海正額舊九萬一千七百四十四兩五錢康熙二十七年題減八千三百八十二兩四錢八分三十八年題減四萬三千三百三十二兩今定額銀四萬兩銅斤水脚銀三千五百六十四兩又盈餘銀八十五萬五千五百兩

凡粤海關稅務著督撫一體稽查倘有情弊即隨時參奏其每月到關船數若干所載貨物粗細各若干詳細查明按月造册密行咨報戶部俟一年期滿戶部將督撫所報清册與監督所報清册覈對如查有不符即行參劾

各關監督征收盈餘溢額按多收分數分別給予議叙其歷年足額之粤海關遇有短征盈餘應行著賠議處仍照舊章辦理

京外各關短征稅銀數在三百兩以下定限半年完繳三百兩以上定限一年一千兩以上至五千兩者予限二年五千兩以上至二萬兩者予限三年二萬兩以上至五萬兩者予限六年五萬兩以上至十萬兩者予限八年其數至十萬兩以上者亦予限八年完繳（奏案以奉旨之日起限咨案具到部之日起限）

各關監督完繳關稅賠限均令依限完繳概不准呈請扣俸限滿不完即著革職監追如監追後仍復不完永遠監追其子孫代賠之項亦令

依限完納不完照例監追如係赤貧力難完繳由各該旗籍並歷過任所查明實無財產寄頓取具印甘各結方准據呈奏明在於應得俸廉銀內扣抵清款

管關之員如一任兩任三任各有虧缺概不准接續扣算統計先後所虧銀數多寡併按照例分年完繳

管關之員任滿時倘有以多報少或於虧缺之數以少報多即與侵蝕倉庫錢糧無異應責成

各該督撫就近察訪如有前項情弊立卽嚴參
革職送部監追仍照例治罪倘該督撫狥隱不
奏一併照例議處
各關交代責令接任之員詳細確查若有侵蝕
情弊准其據實參奏扶同狥隱一併議處如查
無虧缺照例具文報部之後卽不得復以前任
短少藉詞推諉
乾隆元年二月初三日戶部奏言臣等查得江
南督臣以征收各項錢糧原係足色紋銀不許

青潮江省納解錢糧必須傾成凸心鏡面無紋
方稱足色每兩必須多加一二分耗折仍係一
兩作爲一兩之用並無毫末之加他省各關稅
課均多效尤雖屬慎重錢糧合計每年傾銷耗
費幾至十萬之多以有用之民膏而靡耗於無
影無形之中殊爲可惜請嗣後無論元寶小錠
止須足色紋銀蜂窠深小絲紋圓細平面潔白
卽行兌收無庸凸心鏡面仍於
國帑毫釐無虧而閭閻實受無涯之節省等因會

題前來查各省征解銀兩並無部頒定式江省
創爲凸心鏡面每年傾銷耗折幾至十萬之多
實爲民累應如該督所請將凸心鏡面無紋錠
式速行革除嗣後地丁關稅蘆課各項錢糧止
須蜂窠深小絲紋圓細平面潔白十分足色者
卽行兌收奉
旨依議
是年四月二十四日戶部奏言議得粵海關兼
收外洋船隻稅課向有船規分頭擔頭耗羨節

省及各行繳送等項銀兩從前原係官吏私相
收受入己後經原任管關巡撫楊文乾等節次
報出歸公每年自數萬兩至十五萬餘兩不等
均係自行摺奏將應解銀兩具批解部彙入考
覈案內題明在案今該撫楊文乾副監督鄭五
賽雖請將掛號船頭開艙放關牌照對單小包
等項歸公銀三萬餘兩米麥豆魚等項歸公銀
三千餘兩又繳送銀三四萬兩不等并洋船進
出口規禮雜費銀一萬餘兩每年約銀八九萬

兩悉予減免其分頭每年約銀一萬數千兩并
擔頭每年約銀三四萬兩係開關以來即有之
項請存留支銷等語但查節年解部案內並無
掛號船頭開艙放關牌照對單小包等項歸公
名色亦無洋船進出口規禮雜費款項且該撫
冊內所開細數均係吏役人等例規是此二項
銀四萬餘兩原為酌給官吏辦公飯食之費並
非歸公解部之項其裝載米麥豆魚等項歸公
銀三千餘兩歸入何項解部之處從前並未咨

報今摺內又未聲明均屬無憑查覈應令該撫
等確查妥議如果有累商民應行裁革者另行
具摺奏請若係相沿舊例日久相安者仍行照
舊辦理使伊等辦公有資不致別生弊端有虧
課額至洋船繳送與分頭擔頭等項皆係前撫
臣楊文乾等奏准充公遞年批解考覈無異即
屬公項錢糧有關
國帑未便竟行裁減應將該撫等所奏之處毋庸
議等因奉

硃批依議又於其年十一月內奉部劄行欽奉
諭旨將繳送銀兩豁免征收
乾隆五年六月初四日戶部奏言查各關解部
盈餘銀兩有較上年短少者向係臣部於題覆
內議令該監督將短少緣由聲明具奏咨覆臣
部如有遲延臣部即行咨催必俟該關將具奏
緣由咨報之日始行結案但各關年滿考覈例
不畫一如北新滸海係年滿題報臣部覈覆其
餘各關只按季咨報於年滿考覈時臣部據咨

覈題設有應行駁查及議令具奏之處該監督
每多遲延往返有需時日以致不能按季考核
請嗣後各關於一年任滿時將銀兩冊檔悉行
解部一面繕本具題臣部即便覈議題覆如有
盈餘數目較上年短少以及應行駁查之處亦
令各關繕本具題庶辦理畫一而考覈亦早得
完結現在臣部題覆北新關考覈一本其盈餘
短少之處擬即令該監督將短少緣由敘用題
本奏覆以期畫一俟

命下之日將粘簽扣實鈐印至各關有留撥內務府公項銀兩向來該關祇將所撥總數入於征收項內報部考覈其動用細款並不開報臣部從無查覈之例合併陳明奉

旨是

是年七月戶部咨稱查各關收稅冊檔向有本部刊刻商填循環稽考等三簿事由印板凡有領冊刷印給發相沿已久不知起於何年試思各關冊檔自應關員預備送部今各關具文到

部俱稱送部鈐印其實並不自行預備多有在京裝訂完備送部其中恐有書吏暗中攬辦需索或差役借名影射開銷均未可定應將各關部冊由頭各刷一張通行各督撫監督嗣後照式刊刷將一年需用冊檔本數自行裝訂成籍於面頁上鈐蓋關印發差送部凡送到之日即鈐蓋部印給發至在京新放監督原無格式需用冊檔本數應令該員具呈赴領事由冊式亦令自行裝釘呈送鈐印給發可也

其年奏准各關任滿但將一年征收額稅繕本具題其或較上年多寡併因何短少緣由不必敘入本內令該監督等另摺具奏

乾隆六年二月初六日戶部奏言臣等伏查各關管理稅務日期前經臣部奏請俱令扣足一年為滿者原無論兩任三任奏報盈餘題銷關稅均應一例辦理若奏報盈餘既令扣足一年而關稅題銷仍復各清各任不惟一事兩歧亦且易啓數目牽混之弊是以調任福州將軍德

敏管理閩海關任內二百三十七日征收稅銀并各項公用動支銀兩先經臣部議令該將軍新柱遵照奏准之例俟接扣一年期滿之日分別奏報在案查各關稅銀兩係奏報盈餘之後方准考覈具題其題奏日期原屬畫一該將軍自應查照辦理所有奏請題銷稅銀毋論兩任三任俱令扣足一年為滿之處毋庸再為置議仍令該將軍新柱將前任德敏任內二百三十七日征收稅銀并各項公用動支銀兩遵照奏

准之例辦理俟
命下之日臣部再通行各省關督撫監督一體遵照可
也奉
旨依議
是月初十日戶部奏言據江南道監察御史金
溶奏稱直省關稅應免報盈餘也查各省關稅
俱有應收正額銀兩而額收之項亦多陸續加
增即如崇文門應收稅銀較之從前原數加增
數萬兩四川夔關應收稅銀較從前亦加增數

萬兩其餘關稅大概皆然而乃正額之外復有
盈餘一項乾隆五年九月據巡視長蘆鹽政奏
報盈餘銀五千餘兩較之元二兩年盈餘數目
未敷奉戶部行令將缺少情由題覆在案夫既
定以額則額之外即濫收非應取也況商人不
憚跋涉之勞以圖錙銖之利而已征之於額中
復取之於額外商人裹足不前則困商貨重利
以售則困民且盈餘取之於額外而盈餘亦必
題報勢必至盈餘之外復有盈餘奉行者借報

盈餘之名反可巧為圖利之計額數有定而盈
餘無定行之既久所以重累商民將不在正額
而在盈餘矣伏乞
恩旨飭令直省關稅嗣後務照定額征收不必復奏盈
餘銀兩其貨物應收正數浮於原額者約照盈
餘之數量為減輕正期足於額中不得設法取
巧亦惠民之一端也等語臣等竊念稅榷之設
定例已久於通津大路商賈必由之地酌立口
岸以防透漏又酌定則例刊刻木榜俾來往通

知以防苛索此裕課之道實務本抑末之義也
其非通津大路非商賈必由之地例不設口岸
不設巡邏日用細物皆聽任交易此便民之舉
即遺秉滯穗之意也伏查雍正元年欽奉
恩詔將各關加添盈餘銀兩作何減除之處令該部酌
議具奏隨經戶部定議將淮安北新關等加增
盈餘額銀盡行裁去令各監督每年應征額稅
照數完解如有盈餘另行據實奏
聞不得侵隱等因奏

旨依議欽遵在案是額外加征久經嚴禁而額征之貨或值充羨按例征收時有溢額該監督不敢侵隱據實報解並非許其違例濫征於正額之外復取盈餘也我

皇上惠愛商民體恤周至於雍正十三年十月內

特頒諭旨凡落地稅銀在鄉鎮村落重複征收者全行禁革又乾隆元年戶部覆准原任督臣條奏各關止收加一火耗其餘一概巧取名色盡行革除如有經費不敷即添動盈餘為各關書吏人役工食之用以絕其勒索之弊計自乾隆元年以來各關報解盈餘較之雍正十三年以前每年已減少四五十萬兩不等然而京師物價並未平減商賈生意向覺蕭條居民不沾實惠行旅嘖有煩言儼若報解贏餘實有以困商民者則有續增口岸過多胥役需索倍甚以至商本加重物貴難售此實權關之吏借盈餘之名以私圖便利者之為累也伏查會典內開各關近多濫征甚至支河小港以及關之近地旱路俱

行攔截肩挑負擔之民盡遭檢束令各該督撫不時查察糾參如別經發覺將該督撫一併處分等語今舊例現在日久廢弛如北新關於報部七務六小關之外復設有西湖德勝壩等處數口岸滸墅關於報部三橋七港之外復設有王莊楊尖等二十餘口岸雖經各該督撫題奏聲明止以稽察偷漏並不抽收貨稅但或借巡查以勒索托盤詰以刁難實所未免其餘各關雖無案可稽而私添口岸亦大概類此至於抽收之弊則巧立名色明索暗增火耗之外又有飯錢有單錢及至納稅又或重其戥砝或短其丈尺層層扣剋種種勒掯商民之受累實職此之由臣等請嗣後各關除從前原設口岸報部有案者仍令照舊設立外其私行增添之口岸及滸墅關北新關私添王莊楊尖等口岸西湖德勝等壩令各該督撫逐一詳查題報禁革凡則例所無木榜所未開載如有浮加斤兩重戥稱收一切巧取之名色具奏革除至於民間日

用細物違例檢束者胥役嚴處官吏嚴參其該
督撫不爲查察或爲徇隱以致別經發覺者卽
遵照會典將該督撫一并處分如此則旣不至
濫征有累商民亦并不至侵隱以飽關吏矣
其年議定嗣後各關贏餘銀如與上年數目相
仿者戸部卽考覈出題如本年所報贏餘與上
年數目懸殊令各該督撫就地方情形詳細查
覈如無侵隱等弊卽據實聲明覆奏倘該督撫
覆奏不實及扶同徇隱別經發覺一并交部議

處
乾隆十四年十一月戸部奏言臣等公同酌議
請嗣後各關征收贏餘銀兩除各關監督向係
自行奏
聞者仍照舊例辦理外其例係報部者該監督於年滿
之時比較上届若有短少卽行申報就近督撫
據實確查如無侵隱情弊該督撫卽行出結會
奏其各關有屬督撫管理者亦令於年滿時互
相出結會奏倘各該督撫僉不實力稽查及有

扶同徇隱等弊或經臣部察出或於他處發覺
立卽據實題參嚴加議處所有比較上居短少
銀兩卽於各該督撫監督名下照數追賠如此
互相稽查庶關稅得收實效而案牘不致繁瑣
抑臣等更有請者查關稅考覈定例內開收稅
官員欠不及半分者降一級留任欠半分至一
分以上者降一級調用欠二分以上者降二級
調用欠三分以上者降三級調用欠四分以上
者降四級調用欠五分以上者革職等語原因

正額短少是以分別議處今查盈餘銀兩多少
雖與正額有間已據各該督撫確查會奏僉無
侵隱情弊但亦緣各管關官員僉未細心稽查
辦理不善之所致若不酌加處分恐啟日漸懈
弛之弊臣等酌議除從前駁查未結各案仍照
向例辦理外應請嗣後征收贏餘銀兩除比較
上居短少不及一分者免議外其一分以上者
罰俸一年二分以上者罰俸二年三分以上者
降一級留任四分以上者降一級調用五分以

上者降二級調用如此立定規條庶管關官員皆知慎重辦理於稅課實有裨益仍令各關監督按照則例征收不得藉端滋擾致干參處再工部所管各關亦應一體辦理俟

命下之日臣部通行各省督撫各關監督遵照奉

聖諭此摺所見雖是但盈餘究在正額之外然非額外別征盈餘緣照額征收儘解其溢於成額者即謂之盈餘是名雖盈餘實課帑也亦即正供也豈有居官食俸受國家豢養之恩至侵課帑而可置之不問之

理然該部定議亦有未協之處如議而行則好論之徒必將謂計臣習於言利故不得不為詳悉開示當康熙年間關差各有專員恣意侵蝕不但無盈餘並不敷正額然至任滿之時未嘗不量其所入派工派差無得飽其私橐者而當時風氣俱視缺額謂分所當然是以雍正年間一番清理凡官侵吏蝕僕役中飽衆燭照而數計焉於是各關以盈餘報者相屬而缺額者從未之聞矣可見歲額本敷盈餘本有向之有缺無盈其弊自在漏巵耳自朕御極而中外人心

畢知政尚寬大希圖欺隱時則盈餘歲減一歲[illegible]漸開虧省正額之端用是曾降諭旨所有較前減少之員交部嚴行察議令其稍知法紀而朕意又恐查覈過嚴則各關自顧考成必求溢羨或致藉端橫索因令數目相彷者該部即行覈題如其大相懸殊令各該督撫就地方實在情形據實聲覆非不知督撫查覈不過據監督之所申報代為奏聞並無另行查辦之處自以盈餘非庫帑可比論之潔己奉公之道固不當染指但尚與侵蝕錢糧有間故為伊等稍留

餘地開一解免之門亦可知朕意之所在矣迄今年復一年較前有減無增部臣以督撫覈題雖稱並無侵隱亦緣該員辦理不善請比照上屆短少至一分以上者各按分定以處分此雖為慎司國計起見然所稱與上屆比較不無流弊有如甲盈一萬則下屆之乙必思盈及萬有五千再下屆之丙又將加增二萬至丁而三萬似此相競不已又將無所底止必致病商斂怨非理財之正道也夫盈餘無額而不妨權為之額朕意當以雍正十三年征收盈餘數目為定

其時正諸弊肅清而亦豐約適中之會也自雍正十三年而上下二三十年之中歲時之豐歉相若也賈舶之來往相若也民風之奢儉相若也則司榷之征收又何至大相懸殊哉嗣後正額有缺者仍照定例處分其各關盈餘成數視雍正十三年短少者該部按所定分數議處永著為例

乾隆十五年六月二十一日戶部奏言臣等查得各關征收稅課有一年期滿者有未及年滿離任者亦有管理一年零數月者是以奏報盈

餘向係按照管關日月各清各任而臣部查覈覆奏如係一年期滿則較上年盈餘成數此較其未滿一年并征收數月者俱係按上年之數勻算比較蓋緣月日畸零無憑查照故於勻算之中寓查覈之意也惟是各關稅課統年征收則貨物之出產皆齊商賈之往來畢集較之上年銀數自應相仿即年歲偶有豐歉亦不過畧有參差如係征收數月則貨物有衰旺之分商賈有多寡之異管關官員或數月內適值貨物

儉少盈餘較絀雖係實力稽征臣部仍行覈查且查管關一年零數月者該監督奏報案內比較一年成數其零月又往往不行比較若概照歷年之數勻算比較未免偏枯臣部礙難查辦臣等公同酌議請嗣後各關管理稅務日期凡接任征收者無論兩任三任俱令扣足一年為滿其管關一年零數月者將一年盈餘奏報零月歸於下屆統俟扣足一年再行彙奏以昭畫一其各任征收盈餘較之成數俱屬無虧及此

任征多能抵補彼任短少者均毋庸議倘此任短少而彼任所餘之數不能抵補者祇將短少之員議處如各任所征銀數俱少者均行照例議處如此分別辦理庶各關有所遵照皆知慎重抑臣等更有請者各關接任征收既令扣足一年為滿司榷各員值貨物豐盛之時以征收盈餘足敷本任數目此外視為無關已責易啟侵蝕之端其值貨物儉少之際又或藉後任可以抵補愈不實力征收均未可定若不立定稽

查之法竊恐彼此觀望轉多推卸之弊請嗣後
各關監督如前任所收稅課實力稽征儘收儘
報飭令接任之員詳細確查出具並無揑飾印
結送部其已經出結以後專行責成接任不得
復將短少緣由推諉前任倘接任官員查出前
任果有征多報少侵蝕等弊即行據實參奏如
扶同徇隱並不實力稽查或經臣部查出或別
經發覺即將濫行具結之員一併交部議處如
此酌定成規庶前任征收數目因後任實力稽
查不致征多報少而後任視為已責亦不得藉
端推卸於稅課實有裨益俟
命下之日通行各管關督撫監督并吏工等部一體遵
照奉
旨依議
乾隆十八年二月十九日奉
聖諭各省奏報關稅盈餘數目較上屆短少部議俱交
督撫查明情由該督撫不過據監督及管關委員所
報取結聲明具覆從未有察出侵蝕情節據實查參

者章奏往返竟成故套甚屬無謂朕思關稅時盈時
絀勢所不免若該監督等無故短少或任意侵肥該
督撫自應隨時查察奏聞治罪如其果無情弊何必
重複聲明徒滋案牘嗣後各省奏報關稅盈餘數目
該部覈覆時毋庸復交督撫查奏
乾隆十九年正月戶部奏言臣等伏查各關近
年奏報盈餘銀兩大抵較多於前是以臣部歷
年查辦如較上屆短少仍行駮查在案今蒙
聖諭以各省督撫查奏關稅竟成故套嗣後覈覆時毋
復交督撫查奏仰見
皇上洞悉榷務崇尚實政之至意臣等公同酌議嗣後
各關征收盈餘銀兩如較上屆短收無幾者臣
部欽遵
諭旨即行隨奏覈結毋庸再行駮查致滋案牘至較上
屆短少數目大相懸殊者令該監督按照該關
該年情形據實奏報如有無故短少任意侵肥
臣部即行查參將所短銀兩在於管關監督名
下照數追賠其工部所管龍江等關亦應一體

辦理俟

命下之日臣部通行各管關監督並知照工部一體遵

照奉

旨依議

是年五月戶部咨稱查關稅盈餘前以雍正十三年成數比較令各關征收盈餘銀兩經本部於本年正月內議以較上屆短收無幾者即行隨奏覈結毋庸再行駁查至較上屆短少數目大相懸殊者令該監督將該關該年情形據實

奏報如有無故短少任意侵肥者本部即行查參將所短銀兩在於管關監督名下照數追賠等因奏明通行遵照在案是各關嗣後奏報盈餘自應遵照本部原奏祇將上屆比較乃各關仍有將雍正十三年成數入奏者辦理殊不畫一應通行各關監督查照

其年戶部咨稱據戶科移稱查各關紅單底簿向由部送科磨對後發回戶部覈題此定例也近因閩海關紅單內有缺少飭經戶部貴州司

換封加印未便專咎關吏之疎虞是以傳令戶部貴州司經手三面查對併酌議嗣後部吏隨紅單底簿到科公同磨對以免推諉嘗經移會戶部原不過稍易從科發部之往返於成例既無更張政體亦歸簡易今戶部以歷來並無部吏赴科磨對之例不肯令部吏前來亦屬循例辦理之意似可毋庸另議章程至戶部移稱令關吏將紅單底簿徑行送科之說則又何為顯置定例而不顧查會典內開凡各關差官員赴

本科親領四季印簿令本商自填納稅數目按季送科差滿仍造送總冊本科移取戶部紅單磨對如有舛混遺限者題參等語是紅單底簿例係該關先送戶部查收本科查對之時始行移取遵循已久歷來無異至於過虞破損恐有推諉似屬不必如果損在關吏未投之先戶部查驗自可當即駁還並即飭令該關嚴謹封固亦無難事若關吏原封投交並無破損僅在戶部署中由廳而承發科由承發科而貴州司相

隔咫尺即可輾轉無須躭延照看查送何至破
損即或間有破損之處戶部查閱查明頁數鈐
印加封本科亦可憑數磨對若云部吏送科磨
對並無明文則令關吏徑行送科亦違定例本
科斷不敢破例而行相應移覆貴部仍照舊例
辦理等因前來除各關征收稅銀紅單底簿戶
部既稱毋庸部吏赴科磨對應毋庸議外至由
部送科之處既經赴科移會本部照會典內開
移取之例辦理相應通行各關嗣後將紅單按

照口岸挨順月分裝釘成本註明張數鈐印加
封於封外注明本數張數同底簿一併交給解
吏敬謹齎送仍移會戶科於該關題本奏
旨發鈔之日即行移文本部出具移會令該關解吏隨
同本部印文將原封親齎送科磨對俟磨對後
嚴密封固按封註明本數張數鈐蓋科印同底
簿移還本部考覈具題以符會典移取之例以
免輾轉交收擦損推諉之虞再查本部辦理外
省題奏事件定有例限今各關紅單底簿即應

戶科移取所有題本例限應於戶科移取到部
之日起限俟戶科磨對移還日再行接算前限
查辦完結
乾隆二十二年奏准嗣後各關征收盈餘銀兩
較上届數目大相懸殊者令監督按照該年情
形據實奏報即交督撫委員赴關嚴查若有征
多報少情弊立即揭參若果儘收儘報出結聲
明具詳由督撫確查具奏其督撫管理各關亦
互相查勘辦理如戶部覈對稅冊經征數目果

屬相符即行准銷有未符者再為指駁詳查至
督撫並不實力稽查及有扶同徇隱情弊查出
參處仍將短少銀兩著落按數分賠
乾隆四十一年三月奉
聖諭前因各關盈餘參差不齊恐每年逐漸加增無所
底止曾經降旨以雍正十三年成數為准示以折衷
之制俾不致多寡懸殊其法最為妥善乃行之未久
部臣復因各關奏報盈餘大概較多於前謂仍以上
届數目為此較遂無成式可循以致遞行短少此部

臣辦理之未善也嗣後各關考覈務照雍正十三年之數比較

是年六月十八日戸部奏言據倉場侍郎嘉謨范時紀將坐糧廳蘇楞額楊有涵經管稅務任內自乾隆四十年四月初九日起連閏至四十一年三月初八日止一年征收正額盈餘銀兩數目循例比較一摺於乾隆四十一年四月十四日具奏十八日奉

旨知道了於四月二十七日鈔錄原摺咨送到部臣等

查得坐糧廳每年征稅銀六千三百三十九兩二錢六分今據該侍郎嘉謨等奏報坐糧廳廳員蘇楞額楊有涵等乾隆四十年分征收正額銀六千三百三十九兩二錢六分臣部查與額征銀數相符至盈餘一項本年三月三十日欽奉

諭旨嗣後各關考覈務照雍正十三年之數比較又乾隆二十二年臣部奏明各關盈餘銀兩短少無幾者准其隨奏覈結等因各在案今該廳員於

乾隆四十年分征收盈餘銀六千二百六十八兩零比較雍正十三年盈餘之數計少收銀二百四十六兩為數無幾應毋庸議再查各關稅務各省地方情形不同而今昔異宜其所收盈餘亦多寡不一臣等將各關近年奏報盈餘銀兩詳加查覈其中比較雍正十三年之數短少者固所時有而比較雍正十三年加多者亦復不少蓋因商貨日盛斯課稅日增若概以雍正十三年之數比較恐日久奉行不善或啓征多

報少之漸臣等公同酌議嗣後奏報盈餘其短少各關於各該監督奏到時臣部悉照雍正十三年之數比較覈議具奏至多收盈餘各關倘有較雍正十三年之數雖多而與近年現在征收數目大相懸殊者臣等於核議奏覆時仍聲明請

旨遵行並請先通行各關監督妥協經理儘收儘解不得因奉行比較雍正十三年之數遂視為有盈無絀胥吏或乘機弊混致與近年現征數目有

虧謹將各關近年盈餘銀兩比較雍正十三年
多寡數目另繕清單恭呈
御覽奉
旨知道了
乾隆四十二年八月初三日奉
聖諭戶部奏查覈揚關征收稅銀較雍正十三年短少
至三萬二千六百餘兩請著落經管之道員孫枯賠
補一摺因命軍機大臣交戶部查該關歷年盈餘之
數較雍正十三年多寡若何今閱單開各年盈餘數

目惟乾隆十四十七兩年較雍正十三年有盈無絀
其餘各年則節次短少並非始自近年各關稅課盈
餘例與上屆相比較朕臨御之初本不知各處所收
關稅多寡之數因諭部臣即以雍正十三年爲准使
胥吏不敢例外苛求監督不能征多報少且使每年
比較不致歲漸加增加減無所厎止實於體恤商民
之中寓司關稅者不致作弊尅減之意並非因雍正
十三年關稅獨多使各關稅必足其數也乃行之未
久部臣因各關奏報盈餘較雍正十三年有盈者居

多若置上屆於不問恐監督以比舊已多即可從中
侵隱易滋流弊請仍與上屆相比較又復通行日久
昨歲考覈淮安鳳陽關較上屆屢形短絀因令復照
雍正十三年比較則所短之數更多自係辦理不善
今揚關亦復節年短少且通計短少最盛者惟此三
關若因此而遍及諸關未免窒礙且恐無識之徒疑
朕於關稅必欲從其多者相覈實不知朕體恤商民
之本意矣若朕有意於帑項增多則不三次通免天
下錢糧其所增益不較此百倍乎又思乾隆二十八

年臨清關征收盈餘較二十七年短少朕曾諭戶部
令與二十五六兩年再行比較嗣經部臣奏稱該關
盈餘之數雖較上屆少銀三萬餘兩而較之二十五
六兩年尚多銀一萬五千餘兩即予免議蓋稅課盈
縮率由於年歲豐歉固難免參差不齊而通計三年
即可得其大概若多寡不甚懸殊原可毋庸過於拘
泥此法最爲平允嗣後各關盈餘數目較上屆短少
者俱著於再上年復行比較如能較前無缺即可覈
准若比上三年均有短少再責令管關之員賠補彼

亦無辭夫朕以雍正十三年爲准者本屬美意今旣有此求全之毀嗣後此例不必行所有揚關本年比較盈餘交該部照此例另行覈議具奏並將此通諭知之

乾隆四十五年

聖諭粤海關經征課税向來原視洋船之多少貨物之粗細以定盈絀非滸墅等關征收內地貨物者可比所有圖明阿短少銀三萬二千二百餘兩據稱係船小貨粗尚屬有因著加恩免其賠補嗣後該部查覈

粤海關征收課税卽以該年之船隻貨物覈實考察毋庸照各關例將上三屆比較

是年十月初四日

聖諭荆關滿任監督哲成額奏應分賠接征前任短少盈餘銀六千三百餘兩又本任內比較上兩屆短少盈餘銀一萬四百餘兩請將房屋盡數折變先交並應得一切俸廉公費儘數陸續坐扣一摺各關缺少盈餘税課定例令其按數賠繳原所以杜侵蝕之弊但如滸墅淮揚長蘆等關監督養廉本優又多留任

接管則以其贏積墊補缺少尚可不至賠累然其中有實因商販稀少並非經征不力者朕尙爲加恩令其減數酌賠至一年報滿之小差養廉本屬無多所値又豐歉不一若以盈餘短少輒令折變房產旣非所示體恤將來差員轉不免視爲畏途甚或有預虞賠墊更別生病商累民之事流弊亦不可不防也旣以其辦理不善量示懲儆亦止須將其任內養廉按數追出不准賞給亦足以蔽其辜何必另將房產交官朕辦理庶務無不斟酌情理從不肯有意從苛所

有哲成額名下應賠銀兩除將伊任內得過養廉覈明扣抵外餘者加恩豁免嗣後此等一年税差並俱照此辦理倘監督等恃有此旨輒敢征多報少則督撫等具有耳目卽當據實嚴參從重治罪

乾隆五十二年奏准各關需用收税冊檔離京最遠之太平粤海閩海等關限關期未滿九月以前差吏赴部請領倘有請印遲延以致擅用本關簿冊登塡者照例嚴參

乾隆五十七年九月十三日

聖諭畢沅奏荊關征收錢糧比較一摺內稱近年因下游之江南安徽江西浙江等處年歲屢豐糧價平減與川省相仿兼之水腳盤費販運每多虧本是以往來船隻稀少以致不能比較最多之年等語各省年歲豐登糧價平減商販自然絡繹關稅正當增盈湖廣近年亦慶屢豐斷無因稔收轉致稅額短絀之理前次淮楊等關短少盈餘即以豫東等省因旱薄收豆麥南下者少爲詞今荊關盈餘短少又藉詞於糧價平減船隻短少則歲歉固絀歲豐亦缺必如何而

後可豈司榷務者因關稅短少而轉望歉收有是理乎各督撫於辦理地方事件欲爲屬員地步往往不顧事理之是非意爲軒輊託詞陳奏即如常平等倉州縣等欲詳採買即云歲豐糧賤宜趁此買補或不欲採買則又云收成雖好糧價尚未平減而該上司亦任其朦混稟報不加稽覈以致各省倉儲不免虧缺若果如畢沅所奏則如湖廣四川江南安徽江西浙江等處糧價平減即應趁此豐收採買使倉儲充足而此數省內常平等倉該督撫亦能一一保其無缺耶各省督撫皆受朕厚恩簡任封圻遇有關[illegible][illegible]糧重務自應各矢天良平日嚴密稽察勿任吏胥舞弊以致虧短或因水旱不齊稍有短絀之處原不妨據實直陳何必藉詞年歲轉成虛飾殊非事君以誠之道嗣後該督撫等於糧價關稅等務宜詳愼確覈俱以實入告勿任屬員等濛混稟報率行轉奏除將畢沅摺交部覈議外將此通諭知之

乾隆六十年正月戶部咨稱據粵海關監督蘇楞額奏粵海自乾隆五十八年八月二十六日

起至五十九年八月二十五日止一年征收稅銀比較盈餘一摺乾隆五十九年十月二十八日奉

硃批知道了欽遵鈔出到部查粵海關比較盈餘固以洋船多寡爲率尤以貨物粗細爲定總在造冊詳明本部將上屆及本年款目細爲覈對方能得其盈絀確數今據前任粵海關監督蘇楞額奏稱該關自乾隆五十八年八月二十六日起至五十九年八月二十五日止一年共到洋船

四十三隻通關各口共收正雜盈餘銀九十七萬二千九百四十八兩零雖比較五十八年分多收銀八萬七千三百三十五兩零比較五十六年分仍少收銀十五萬四千六百一十四兩零而該關冊造只將貨物粗細各數散列開造未將某貨應定爲細者共若干某貨應定爲粗者共若干彙總覈計本部無從覈對至該監督所報清冊共收洋貨船物稅銀七十三萬五千九百四十五兩零與奏報通關各口正雜盈餘

銀九十七萬二千九百四十八兩零銀數亦不符合此係該監督只造洋船貨物稅數未將各口貨物稅數分別開造殊屬未協至該總督造冊送部自應欽遵

諭旨按月密行造報與奏報時無誤覈對方昭慎重今自乾隆五十八年八月二十六日起至五十九年正月二十五日止送部清冊未經分別粗細款目前經行令該督等另造妥冊咨送迄今尚未補造到部又自六月二十六日起至八月二十五日止應行造報清冊亦未造送本部俾無憑覈對應令該督撫即行造送俟咨部到日以便議奏其造送遲延職名業經本部咨取在案亦即遵照本部前行開送覈議仍令該監督將各口岸征收貨物稅數造具清冊及該年所收洋船貨物分別某項細貨各若干某項粗貨各若干彙總覈計粗細總數另造簡明清冊速行送部到日再行覈議覆奏毋得仍前含混致干參辦

嘉慶四年

聖諭向來各關征稅於正額之外將盈餘一項比較上三屆征收最多年分如有不敷即著經征之員賠補以致司榷各員藉端苛斂而賠繳之項仍未能如數完交徒屬有名無實因思各關情形不同所有盈餘數目自應酌中定制以歸覈實而示體恤已於戶部所奏各關盈餘銀數清單內經朕查照往年加多之數分別覈減自此次定額之後倘各關每年盈餘於新定之數再有短少即行著落賠補如於定數或有

多餘亦即儘收儘解其三年比較之例著永行停止至工部船料竹木等稅除渝關盈餘向無定額及由閘等關並無盈餘外其餘亦經分別減定嗣後一律辦理毋庸再行比較又奉

聖諭各省管理關務各員自盈餘減定不行比較之後固不得稍有苛收倘遇征收豐旺之時仍當覈實辦理儘收儘解亦不得以盈餘業經減額將多收稅銀隱匿不報倘經科道覈奏朕有所訪聞必當從重治罪又奉

聖諭各處關稅盈餘經上年酌量刪減後於定額盈餘之外免其逐年比較以示體恤但司榷各員因盈餘定有額數於足額之外未必儘收儘解或任意欺隱藉肥私橐實難保其必無著通諭各處嗣後所征關稅盈餘銀兩如較新定額數實有加增即當據實報出朕必加恩甄敘倘稍有隱匿征多報少一經發覺必將該管之員照監守自盜律治罪

嘉慶五年

聖諭上年將關稅盈餘酌加裁減原以體恤行旅加惠商民在各關監督等自當仰體朕恤商惠民之意不敢於正稅之外復有勒索擾累之事而所派之巡役家人等難保無肆意苛求藉稽查稅務之名妄行勒措情弊現在盧溝橋彰義門經管稅局人役竟有詐索過往行人銀錢等事業經分別懲治輦轂之下尚敢如此其餘各省關稅種種情弊不問可知該監督等所管稅口不止一處於稽查稅務一節不能不另派胥役家人等分任其事務當諄切曉諭不許例外詐索仍時加查訪嚴行管束以絕弊端嗣後京外各

關稅局除隨時密訪外或別經告發或被人指叅如再有詐索飯錢擾累商旅等事不獨將所派之巡役家人等從重治罪並將各關監督一體嚴辦示懲不稍寬貸

嘉慶十七年五月初三日戶部奏言各關征收缺額業經分限賠交倘在限內續有缺額者如數在萬兩以內即令具文報部准其各按承追定限同時完交如數在萬兩以外應否准其接續完交之處令該督撫監督具奏請

旨如係參革降調之員均准其接續完交起限月朔奏
案以接奉
諭旨之日為始咨案以接到部咨之日為始其覈算銀
數應令各歸各年無須併算再查臣部則例每
屆續纂之年如有更改舊例者均應註明嗣後
查照新例辦理字樣臣部及各省不得以舊冊
應行刪除之弊條牽混援引至各省督撫咨請
部示事件有例未備或時地異宜必須酌增更
訂者均應酌議奏明毋得據咨率覆以昭覈實

奏
旨依議
是年六月初四日戶部奏言臣部則例載承追
官員欠項除頭奉
諭旨定有限期專案勒令完繳外其餘採買價脚解送
運脚驛站軍需及預發墊支事竣覈減追繳等
項銀兩均於文到日起旗員即由該都統咨部
查參漢員即由該督撫咨部查參等語惟關稅
監督盈餘短少祇載即行著落賠補並無分限

專條近年賠繳盈餘缺額之案除該監督督撫
奏報缺額仰蒙
恩旨予限完繳並該督撫監督奏請分限完繳奉
旨允准外間有隨案聲明照數完繳亦有援引承追例
咨部分限完繳者未能畫一伏思關稅盈餘賠
項與承追戶屬項下一切銀兩事屬相同若不
明定限期轉恐管關之員以銀數較多藉口力
難清完轉致延宕似應即照承追定例按銀數
多寡分別予限俾得按例措交如逾限不完現
任管關人員臣部指明查參離任人員內任者

旗員由該都統咨部漢員由臣部查明參辦外
任者旗員漢員均由該督撫咨部查參如此明
定章程畫一辦理庶關稅賠項不致久懸奉
旨依議
嘉慶十八年十二月戶部奏言臣等查稅銀係
應解部款嘉慶十七年五月臣部曾經奏准各
直省非有刻不可緩之需不得擅行借動應遵
照原奉

諭旨通行直省於解部税銀毋許藉稱急需奏撥截留
至管關人員短少税銀既奉
旨著賠經部分別定限承追之員自應依限催追未便
任其延宕應請責成該管之督撫都統轉飭將
逾限者勒令立即掃數完繳未滿限者務令限
内全完倘再遲延即指名參辦承追不力一併
查取職名議處奉
旨依議
道光二年總督阮元會奏言竊九月十八日廣
東省西關失火延燒洋行夷館情節業經臣等
陸續陳奏在案正在查勘撫恤閒據夷人大班
喊咂等呈遞夷稟賞夷商通事等譯出據云夷
等遠來中國貿易已近百年仰蒙
列聖鴻慈至優極渥今西關失火風勢過猛以致延燒
存貯貨物館舍將本年販到之大呢嗶嘰及歷
年餘存洋貨暨本夷國王公售之物均成灰燼
其中並有雖經認保尚未分給洋商大呢嗶嘰
等項共覈計應輸税銀十四萬二百四十餘兩

錢糧無著夷等進退無路痛不欲生伏聞
大皇帝仁覆寰區恩周内外惟求大人等代爲叩懇
天恩垂念遠方小夷梯航萬里情節堪憐伏祈
恩施豁免等語又據洋商伍敦元盧棣榮等連名具
呈商等世受
國恩淪肌浹髓茲遇火災原不敢妄有陳訴但商
等十一行被燒者六家其餘五家行館雖未被
災而貨棧房屋亦俱焚燬明年正月即届開征
之期商力竭蹶實難按限支餉亦祈代奏量予
恩施經臣以
前項攸關嚴加飭駁而該商等遍赴臣等衙門求
請不已臣等復親履被災之區逐一察看並委
員詳細查覈該商夷等所訴尚屬實在情形查
粤海關錢糧自上年十月二十六日起連閏計
至本年九月二十五日止一年期滿經臣阮元
兼署關務及臣達三同粤接印兩任共征銀一
百四十八萬五千一百四十餘兩較之嘉慶四
年

欽定止額盈餘銀八十五萬五千五百兩計多收銀
六十三萬餘兩前經臣達三恭摺奏明在案伏
查廣東省此次火災實爲數十年來所未見經
臣等據實具奏其商夷拮据情形早在
聖明洞鑒之中若不稍加調劑明年大餉實難依限
催征臣等伏查本年征收銀一百四十八萬五
千一百四十六兩八錢三分内除出口餉銀五
十一萬五十五兩七錢七分二釐及各口征銀
一十二萬八千五百九十三兩五錢一釐船鈔
銀一十八萬二千九十七兩五錢三分三釐共
計銀八十二萬七百四十六兩八錢六釐仍督
飭征齊屆期解部其進口餉銀六十六萬四千
四百兩二分四釐向例於滿關後六個月内征
齊起解惟是稅由貨出今大呢嗶嘰等物既被
焚燬其尚未分散各行稅銀應由夷人交出者
計十四萬二百四十三兩四錢四分六釐其貨
已給商稅銀應由商人交出者計五十二萬四
千一百五十六兩五錢七分八釐自應分別奏

懇
恩施俾商夷均資調劑臣等查該夷人貨物被焚貲
本已歸烏有若再令交稅未免拮据所有應交
稅銀十四萬二百四十三兩四錢四分六釐可
否准其豁免以示
聖主體恤遠夷出自
鴻慈至該商等應交稅銀五十二萬四千一百五十
六兩五錢七分八釐未便遽請蠲豁臣等酌議
合無仰懇
皇上格外施恩俯准明年先令該商等交銀二十六
萬二千七十八兩二錢八分九釐其餘一半自
道光四年起行館未燒棧房被災者五家分爲
三限其行館棧房俱被焚燬者六家分爲五限
帶征歸款庶商力稍舒征輸較易如蒙
俞允
解項既不致虛懸而該商等感戴
恩施激發天良向後辦理稅餉自必倍加踴躍至內
務府交售參價銀七萬六千八百兩造辦處年

例辦公銀五萬五千兩仍飭令照數交納不容稍有拖延臣等往返熟商意見相同伏祈

聖明訓示奉

上諭阮元等奏商夷被災懇恩調劑一摺廣東省城西關本年九月内不戒於火延燒洋行夷館據該督等查明被災情形較重商夷拮据所有粵海關本年征收稅銀除出口餉銀及各口征銀並船鈔銀兩仍督飭征齊解部外其進口餉銀六十六萬四千四百兩零著照例於滿關後征齊起解實屬力有不逮著照所請加恩將該夷人應交稅銀十四萬二百四十三兩零全行豁免以示體恤其該商等應交稅銀五十二萬四千一百五十六兩零著於明歲先交銀二十六萬二千七十八兩零所餘一半自道光四年起行館未燒棧房被災者五家分為三限其行館棧房俱被燒燬者六家分為五限帶征歸款以紓商力至內務府交售參價銀七萬六千八百兩造辦處年例備公銀五萬五千兩仍著飭令照數交納該部知道

是年七月十九日戶部奏言竊各關收稅銀有一年期滿者有數月離任者亦有管理一年零數月者向來奏報盈餘均係按照管關月日各清各任辦理乾隆十五年臣部奏明各關管理稅務日期凡接任征收者無論兩任三任俱令扣足一年為滿其管關一年零數月者將一年盈餘奏報零月歸於下屆統俟扣足一年再行彙奏其各任所征盈餘較之成數俱屬無虧及此任征多抵補彼任短少者均毋庸議倘此任短少而彼任所餘之數不能抵補者祇將短少之員議處如各任所征銀數俱少者均行照例議處並請令接任之員確查如係儘收儘解出具並無揑飾印結送部其已經出結以後專責接任不得復將短少緣由推諉前任奏奉

諭旨准行在案惟原奏只言處分未曾論及分賠臣部從前辦理賠項均係按本任虧數著令獨賠追後按照處分之例奏明一年覈計勻攤分賠並纂入則例亦在案嗣後於嘉慶二十四年右

翼監督哈豐阿普恭短收稅銀一以請按任分
賠一以請按例分賠各部經臣部奏奉
諭旨現既查明哈豐阿任內所收銀兩尚屬有盈無
絀普恭接任後始行鈌額所有短收銀二千六百
九十一兩零全行著落普恭賠繳等因臣等竊思
關稅一項乾隆年間並無勻攤著賠之條自仿
照處分定以賠項月日例案遂致虧鈌多者追
賠少而處分輕虧鈌少者追賠多而處分轉重
而哈豐阿一案又與久行例案兩歧臣等再三

籌酌關稅月分雖有衰旺不同但前任短少攤
於後任究屬失平況現在調集各關報部印冊
有年月相同豐歉迥異可見稅之衰旺亦視乎
天時人事若以此定爲勻攤必致恃有分賠之
例不免以多報少應請
旨飭令通行管關人員各按各任計成覈算除有盈
無絀者應免置議外其本任鈌額者卽照短收
分數分別正項盈餘辦理庶足以昭公允而歸
覈實如蒙

俞允卽纂入則例一體遵行奉
旨依議
道光四年十一月初七日戶部奏言上年六月
內軍機大臣會同戶工二部議奏各關稅課情
形一摺附片具奏各關賠項章程內稱向例各
關經征稅銀一年期滿管關官員無論兩任三
任倘有短少按照在任月日勻攤分賠歸於道
光二年臣部具奏關稅月分雖有衰旺不同但
前任短少攤於後任恐屬失平請各按各任計

成覈算奏准纂入則例在案惟臣等伏思各關
情形不同立法期於無弊如照勻攤之例恐各
任恃有分賠固不免以多報少如各按各任計
成覈算又恐月分衰旺不同若前任虧短後任
亦未必肯以多收之數全行奏報抵補是否照
舊勻攤抑或遵照新例各任賠補之處請
旨飭下各省督撫就近察看各關情形酌中定擬奏
奉
諭旨各關分賠章程著各督撫就近察看情形應否

照舊勻攤或仍遵新例各按各任賠補之處妥議
具奏當經臣部通行遵照辦理在案茲據各省督
撫等陸續奏咨到部臣等查閩海贛關龍江西
新淮關南北新浙海天津臨清蕪湖鳳陽粵海
太平崇文門坐糧廳山海江海左翼右翼張家
口等十九關俱係請照舊章一年期滿無論兩
任三任勻攤分賠惟滸墅揚關九江殺虎口歸
化城等五關請照新例各按各任賠補臣等伏
查各關征收稅課如係兩任三任各按各任賠

補則月分有瀘旺之殊商貿有多寡之異責令
各自賠繳則多收者不必全交少收者反致賠
累似應仍照舊例統以一年爲期無論兩任三
任倘有短少按照在任月日勻攤分賠較爲平
允各關賠項章程自應概行遵照辦理茲查各
督撫議奏案內淮安江海滸墅揚關同隸江蘇
一省淮安江海既遵舊例而滸墅揚關則遵新
例九江贛關同隸江西一省贛關既遵舊列而
九江則遵新例辦理殊未畫一臣等公同酌議

應請嗣後各關征收稅課遇有短少俱照舊例
毋論兩任三任統以一年三百六十日計算如
有多餘儘收儘解倘有短少卽將一年少收數
目按各任經征月日勻攤分賠其管關一年零
數月者將一年征收數目奏報零月歸於下屆
期滿彙奏至一年內兩任三任此任有餘准其
抵補彼任之不足倘所餘不敷抵補祇將短少
之員議處其足額者免議如各任俱虧分別正
額盈餘均照例議處並令接任之員確查前任

征收銀數實係儘收儘解出具並無以多報少
印結送部則前任虧短後任既可稽查此任虧
短彼任亦可抵補統計一年牽平合算以昭平
允而歸畫一其道光二年所定新例應請卽行
更正是否有當恭候
命下之日臣部行文各管關巡撫將軍監督並知照
吏部工部一體遵照辦理臣部纂入則例永遠
遵行奉
旨依議

道光十二年七月初十日戶部奏言江南道監察御史鄭世任奏稱查乾隆十四年戶部議奏內開向係各關短收正額不及半分者降一級留任欠半分至一分以上者降一級調用欠二分以上者降二級調用欠三分以上者降三級調用欠四分以上者降四級調用欠五分以上者革職其短收盈餘處分亦經議定不及一分者免議一分以上者罰俸一年二分以上者罰俸二年三分以上者降一級留任四分以上者

降一級調用五分以上者降二級調用等語定例之時因係三年比較未經定有盈餘確數故相沿未改也夫必盈餘全數報虧而後虧及正額向來虧正額者即不計盈餘處分今短收盈餘五分以上既以降二級調用而短收正額不及半分轉得降一級留任半分至一分以上轉得降一級調用一似畸輕畸重未足以昭平允應請

飭部妥議量為更改庶辦理兩無妨礙等語臣等查關稅短收處分既有正額盈餘之分自應遞加遞重方可並行不悖今短收盈餘五分以上既以降二級調用而短收正額不及半分轉得降一級留任半分至一分以上轉得降一級調用誠不免畸輕畸重難昭平允查各關稅歷係有盈無絀或間有虧缺止屬盈餘從未有虧及正額者是以遵行已久尚無窒礙近來虧缺漸多並有盈餘全虧而虧及正額之時辦理殊難允協應如該御史所奏量為更改查定例虧缺盈

餘處分輕重適宜自可無庸另議其虧缺正額處分今請改為欠不及半分者降二級調用欠半分至一分以上者降三級調用欠二分以上者降四級調用欠三分以上者降五級調用欠四分以上者革職仍照舊不再計盈餘處分如此辦理庶足以昭平允而管關各員亦更知所警畏其分賠著追年限仍遵照道光十一年八月奏定章程辦理如蒙

俞允俟

命下之日臣部纂入則例永遠遵行並移知吏部工
部通行各管關督撫將軍監督一體欽遵辦理
奉
旨依議
道光十三年五月二十三日戶部奏言據兩廣
總督盧坤等奏稱查各商未完新舊正餉及雜
項共銀一百三十萬六千六百兩二錢一分二
釐經臣彭年將欠數最多各商奏參勒限催追
欽奉

諭旨勒限三箇月將部催正項掃數全完倘逾限無
完即行從重究辦等因隨會同嚴切催追嗣屆三
箇月限滿欠項仍未全完臣盧坤節次嚴檄督
催據天寶等行商人梁承禧等先後完繳銀二
十四萬三千零四兩七分五釐惟萬源行革商
李應桂未完銀十九萬五千七百八十三兩四
錢八釐茂生行革員林應奎未完銀二千三百
五十九兩六錢九分五釐當將李應桂家產查
抄估計所值無多不敷變抵該革商尚有應解

未准部催之歷年正雜各款連前項共計銀三
十一萬四千二百五十三兩一錢七分雖經收
禁比追察其情形實屬無力完繳林應奎早經
革退更屬清款無期惟有著落衆商攤賠已據
怡和等行商人伍紹榮等承認將李應桂林應
奎兩行未完銀兩在於該商等十行名下攤賠
歸款其甲午年未完正雜及癸巳等年應解雜
款除李應桂名下未完銀十一萬八千四百六
十九兩七錢六分二釐已歸衆商攤賠外據各

商陸續完繳銀三十五萬二千五百一十八兩
五錢一分三釐尚未完銀三十九萬四千四百
六十四兩七錢五分九釐據各商以歷年賠累
過重現在新餉緊急貨物滯銷節次稟求寬限
並求將代賠李應桂等欠項接續分限完繳臣
等詳細體察近來洋商殷實者不過一二家自
上年八月至今六箇月之內追完舊欠銀五十
餘萬兩實屬筋疲力盡此時若必令其全完舊
欠勢不得不挪移新餉與其挪掩一時舊欠甫

完新欠復積不若將新餉加緊催征力杜挪掩舊欠分限帶繳逐漸清釐庶足以昭覈實而絕弊原相應仰懇

皇上天恩將各商未完正雜等款銀三十九萬四千四百六十四兩七錢五分九釐俯准此次奏奉

諭旨之日起分限五年帶征全完其怡和等行代賠李應桂等欠項銀三十一萬六千六百一十二兩八錢六分五釐俟前項五年限滿征完後再行分限三年攤賠歸款庶商力稍爲展舒而舊

欠均歸有著等語臣等伏查各商未完正雜等款銀兩既經奉

旨勒限三箇月掃數完繳自應嚴切督催務於限内將各商所欠全數征繳以裕

國課而警延玩豈容於新限甫逾復請分限帶征致各商又生觀望惟據該督等奏稱各商歷年賠累過重又值洋貨滯銷自上年八月至今六箇月之內追完舊欠五十餘萬兩實屬筋力疲盡此時必令全完舊欠勢不能不挪移新餉舊

欠甫完新欠又積不若將新餉加緊催征力杜挪掩舊欠分限帶繳逐漸清釐是尙爲催征新餉年清年款起見且可免挪新掩舊之弊應准其分限帶征但限期未免過寬請將各商未完正雜等款銀三十九萬四千四百六十四兩七錢五分九釐分限三年帶征每年應帶征銀十三萬一千四百八十八兩二錢五分三釐其李應桂等未完銀三十一萬六千六百一十二兩八錢六分五釐業經怡和等十行承認攤賠歸

款應俟前項三年限滿後再行分限二年攤賠歸款每年應帶賠銀十五萬八千三百六兩四錢三分二釐五毫仍責成該監督勒限嚴追於每年帶征之數不得再有絲毫短少倘有未完卽將該商等查抄治罪並將經征經催各監督嚴參懲辦至舊欠旣准寬期完繳則新餉尤應實力催征經此次寬限之後該關額征新餉務須按年征完起解不能借口攤賠稍有延宕倘再不能年清年款卽將該監督從重參辦再查

該關道光十年六月二十六日起連閏至十四
年五月二十五日止奏報征存稅銀除已解部
外尚存關庫銀一百二十九萬五百五十二兩
三錢一分七釐經臣部節次嚴催迄今仍未據
解部似此任意玩延殊非慎重
國帑之道應請
旨飭下兩廣總督廣東巡撫并粵海關監督將前項
存庫銀兩并現據奏報各商續完存庫銀五十
九萬五千五百二十二兩五錢八分八釐迅速

派委妥員按三日一批一併起解赴部交納以
清庫款倘再遲延臣部即行奏明參辦奉
旨依議

右考覈

粵海關志卷十四終

粵海關志卷十五

奏課二

凡直省各關一年期滿題報考覈其所收稅銀
粵海關於一年關期屆滿六箇月內奏報起解
如有逾限不解者將該管監督題參議處
凡各關起解稅銀委員領解時按照程途例限
解部如有守風等情隨時報明經過地方官詳
報督撫咨部稽查在途無故耽延者照例議處
凡各關征收正稅盈餘俱扣准一年自行奏報

一年之外如有餘日交與接任監督歸於下年
期滿時分晰彙報其未及一年期滿離任者將
所收稅銀報交與後任監督詳查出結接征扣
至一年期滿分晰前任本任征收數目彙行奏
報
凡各關監督所收稅銀四季報解部科簿單任
滿之日親自投繳
凡各關任滿具題即將銀數冊籍一同起解仍
於題本內將委員起解日期聲明題報其冊籍

到部移送戶科磨對俟戶科發回之日由部扣限具題如該關題本已到而銀冊遲至二十日後未到者取具該管官職名參處

凡各關起解錢糧俱一體塡給勘合火牌兵牌其節省水脚銀兩同正額盈餘解交戶部

乾隆十四年十一月戶部奏言臣等伏查春秋二季解部銀兩係官兵供餉之所必需事關出納錢糧甚屬緊要豈容任意稽查是以從前會典開載山東河南長蘆山西四省以文到日定

限起解六十日到部江南江西浙江湖廣四省以文到日定限起解八十日到部福建廣東廣西三省以文到日定限起解一百日到部如有逾限照例查參等因在案各省督撫自應遵照定限刻期委員解部以副例限今蘇州本年春撥漕項及兩浙鹽課銀兩臣部俱於四月十七日行文撥解按該省程途定限計算蘇州應於五月初一日接到部文該撫遲至九月初三日委員始行解到已逾定限四十二日兩浙應於五月初四日接到部文而該撫遲至九月二十九日委員始行解到已逾定限六十五日以致前項銀兩不能依限到部實與定例有違相應將委員起解遲延之各督撫鹽政等官職名一併送部查議嗣後凡有解部銀兩務令各該督撫鹽政遵照原定限期以接到部文之日爲始一面遴委妥員按期解部仍將接到部文日期及委員姓名起解日期一并預行咨報以便稽查如各該督撫鹽政有借端遲延或解員沿途

耽擱以致逾限臣部即行題參交部議處如臣部司員不行查出亦將該司員一并交部議處再查滇省辦運京銅向令該督撫將運員起解日期預行報部并行文沿途督撫轉飭經過地方文武員弁實力防護催趲定有章程遵行在案至解送餉鞘尤關重大理應設法稽查加意防護則責有攸歸自無耽延逾限之虞蓋解京餉銀緣由驛起解運送是以經過地方州縣各官不過應付車輛夫馬營汎各員不過撥發兵

役護送原未議有沿途稽查催趲之條以致地
方各官不行查催而餉鞘到時始行備給車輛
夫馬未免稍躭時刻解員又復有任意遷延是
以往往逾限解交殊非慎重錢糧之道應請嗣
後務令各該督撫凡解送餉銀先行知會前途
文武各官預派官弁備齊夫馬車輛俟餉鞘到
時查點掛號立刻起行按站派官一員帶兵護
送交替催趲該解員不許停留嚴行巡查將出
境入境日期並有無事故出具印結轉報督撫

該督撫按日確查加結報部查覈即實有事故
羈延亦有所稽考倘解員無故逗遛及有營私
遷延情弊該地方官不實力催趲及徇隱不報
者該督撫即行題參如該督撫瞻徇不行查出
以致餉銀逾限解交者臣部將各該督撫一并
題參交部議處奉
旨依議
乾隆三十三年八月二十三日戶部奏言兩廣
總督李侍堯奏稱竊臣承准軍機處字寄乾隆

三十三年六月二十日奉
聖諭據管理三庫奏驗兌粵海關委解關稅共短少銀
六千四百餘兩請令德魁明白回奏一摺關稅解部
自應按數兌准卽偶有短缺何至數千餘兩之多且
每錠竟有不按十兩定例缺少數錢至一兩者更不
得藉口於彈兌時之手輕手重併不得以備帶添平
之數改解水腳正項爲詞妄行牽混著傳諭李侍堯
將此項關稅因何致有短平之故詳悉查明據實覆
奏關稅原係督臣兼管見聞尤爲親切斷不可稍有

瞻徇思欲顢頇了事原摺并鈔寄閱看遵
旨寄信并鈔錄原奏到臣伏查粵海關稅務臣有兼管
稽查之責茲因解部銀兩彈兌短少至六千四
百餘兩荷蒙
諭旨下詢臣何敢不據實直陳復有絲毫掩飾查粵海
關歷年起解稅銀奉行奏准定例每千兩應加
銀十五兩入鞘除原有征收加法補平銀十三
兩五錢抵補外尚不敷銀一兩五錢又到庫彈
兌每千兩應補平銀十兩又解內務府備

貢等銀每千兩應補平銀二十兩緣向來起解關
稅銀兩例准每千兩支銀三十八兩五錢以爲
水脚添平等用所有前項解部入鞘不敷銀一
兩五錢補平銀十兩及內務府補平銀二十兩
均於此內支應其間有於十兩二十兩之外尚
須添補者亦均於水脚內節省通融辦理以故
歷來解交從無不足迨至乾隆二十八年關稅
改歸馹遞起解水脚銀兩悉行歸公惟時前監
督方體浴起解乾隆二十八九兩年關稅因加

鞘添平銀兩無欵可動是以仍照向例於水脚
銀內支出奏解嗣奉部駁不准開銷飭行追解
時值方體浴調任淮關未經辦理接任監督德
魁起解乾隆三十年關稅銀兩因加鞘添平銀
兩既已不准支銷實無項可以撥補隨經會同
前署督臣楊廷璋查明實應添補銀數仍請在
於歸公水脚銀內支銷并歷來開銷案據節次
咨部核覆仍行駁飭又經監督德慶會同臣查
明前項應需添補銀兩實無浮冒咨部覈銷於

起解乾隆三十一年盈餘銀兩仍照數於水脚
銀內扣除解部甫經起解旋准部覆止准於水
脚項下撥補入鞘不敷銀一兩五錢其部庫每
千兩補平銀十兩內務府每千兩補平銀二十
兩仍不准覈銷是以監督德魁與臣相酌行令
解員周自邠等將原支添平銀四千五百七十
六兩五錢六分九釐內務府添平銀六百五十
八兩七錢一分一釐仍歸入水脚項下解交一
面將緣由咨明戶部其補平不敷俟彈兌短少

若干行知到粵另行籌畫辦理此該解員等所
以有備帶添平銀兩改作水脚解交之覆也查
粵海關稅銀解京由臣衙門遴委道府大員前
往會同監督解員覆兌每鞘加入銀一十五兩
釘鞘封固起解其部庫內務府添平向係按照
起解銀數於水脚項下分別一十兩二十兩之
數支出另交解員備帶添補入鞘起解且係委
員與監督三面眼同彈兌實屬無從滋弊今解
部三十一年正雜盈餘等銀四十五萬七千六

百五十六兩八錢四分二釐經部庫彈兑短少銀六千四百八十六兩合之每千兩十兩之數尚短少銀一千九百餘兩但如乾隆三十年以添平銀奏補之外尚短少銀二千八百十餘兩亦係解員張若炳等在京設措補足監督衙門現有文稟可據今起解乾隆三十一年稅銀已於水脚項下支出添平銀兩交付備帶續因部駁不准支銷飭令歸入水脚交納以致無項添補短少繁多合計三十年添平與短少之數實

屬不相上下至十兩一錠短少之處查粤海關稅銀係各商自行覓匠傾容交納每錠有十兩以外或九兩七八錢及九兩三四錢者如有不足均以碎銀奏補歷久相沿原非每百兩止有十錠即現在貯庫之銀經臣提取數封逐加稱兑亦有輕重不齊然歸總合兑實無虧短惟在粤兑解之銀到京覆兑輕重自然一律何至多寡如此懸殊臣查此處解銀係委廣州府知府顧光眼同監督解員一律兑准逐封俱經貼有

印花並將部頒法馬交解員齎帶部庫比較在兑解既無輕重之別而交收短少懸殊惟該解員是問仰懇

聖恩飭下銀庫詢明兑收之員劈鞘時印封或有破損情弊即將該解員周自邠等交送刑部查審究議現在兑少銀六千四百八十六兩應俟訊明解員有無情弊另行定議著賠抑臣更有請者查關稅銀兩既經定以由驛起解所有水脚理應歸公自未便復於此內支銷添平銀兩而鞘

外加平僅屬粤海關相沿陋例不免易致弊混今起解銀兩到部兑收既多不足應請嗣後征收稅銀照依解部兑收法馬收足即以原封批解亦毋許鞘外另備添平每逢收銀之日由臣衙門委員前往監同兑收以杜弊竇起解銀兩不致復有虧短而於榷政益得肅清等因奉

硃批該部議奏欽遵隨將原奏付送銀庫查辦去後嗣於乾隆三十三年九月十五日准銀庫付稱當即傳詢監督劈鞘之大使并粤海關解官周自

邠等所有餉鞘內印信有無情弊之處現在
官周自邠等供稱卑職等奉文管解粵海關稅
銀起解時照向例抽兌十數封其中不無手輕
手重間有短少當時補足至裝鞘內十大封計
銀一千兩一小封計銀十五兩俱用皮紙包封
上蓋印花入鞘裝釘堅固封口起解沿途兵役
護送住宿經地方官點明貯庫又經貼有印花
至解交部庫劈鞘眼同大使點驗印封俱無破
損始行拆封彈兌等語又據大使覆稱監劈粵

海關餉鞘時曾經點驗印封並無破損等情查
該大使等旣稱點驗鞘內印封並無破損其中
途有無開拆情弊及該關監督於彈兌包封入
鞘時有無手輕手重之情無從查辦應將原奏
移付查辦等因移覆到部正在覈議間復據粵
海關監督德魁覆奏稱查粵海關稅銀向來起
解赴京例准每千兩支銀三十八兩五錢作爲
水脚添平等項所有應需補平銀兩均於此內
支出添補至乾隆二十六年銀庫奏准定例關

稅每鞘另封加銀一十五兩入鞘前監督臣尤
拔世因大關所收加法補平止有銀一十三兩
五錢尚不敷銀一兩五錢卽於水脚項下撥支
湊足入鞘此外到京彈兌另有不敷亦於水脚
銀內撥補迨乾隆二十八年關稅改歸驛遞水
脚運費歸公之後前監督臣方體浴因加鞘添
平無欵動支於起解乾隆二十八九兩年稅餉
仍照例於水脚內二次支出添平銀八千二百
九十五兩零解京兌收旋奉戶部飭駁不准開

支著令補解前監督方體浴未經辦覆離任臣
於乾隆三十一年九月到粵適值起解乾隆三
十年分關餉之期隨商同前督臣楊廷璋再四
籌畫實無別項可以撥補當經據情會摺具奏
欽奉
諭旨著令將每年實應添補若干詳晰查明於歸公項
下酌量扣出抵補洛部定議等因案至起解乾隆三
十一年分正雜盈餘幷解內務府備
貢節省等銀仍按例於水脚內撥支銀五千二百

三十五兩零以爲添平之項經督臣李侍堯飭委廣州府顧光到關監視傳集解員周自邠夏文中程廷杜等公同用部法馬逐封較準詳愼兌足卽時每封粘貼印花交明該員等親裝入鞘釘固起解嗣於乾隆三十三年正月初九日接准部覆止准於水脚內撥補加鞘銀一兩五錢其餘添平各數仍不准開支是以復經會同督臣李侍堯飭行解員周自邠等將前項添平銀兩照數撥歸水脚項下解交一面會咨戶部

查覈此原係遵照部文歸款並非私行改抵別項至粵海關征收稅餉均係行商自行傾銷交納每錠原有輕重不一總以加添碎銀補足並未按錠成封非敢有意虧短惟臣身任監督之責征解稅餉到部彈兌短少上廑

宸衷實切惶恐何敢復爲隱飾益蹈罪譴謹此據實明白回奏等因奉

硃批這回奏情節該部議奏於九月二十一日鈔出到部臣等查得粵海關起解稅銀除該關征稅每千兩向有征收加法補平銀一十三兩五錢外又於水脚項下撥補銀一兩五錢封入鞘內仍外帶添平銀十兩又解內務府銀兩每千兩添平銀二十兩統於水脚款內開銷嗣因關課改由驛遞水脚節省歸公據該關呈請於水脚銀內照舊劃出添平節經臣部駁飭刪減於上年十一月內議定照閩海太平等關奏准每千兩添平十五兩定數支銷所有該關外帶部庫添平及內務府加平銀兩一概刪除歸入水脚項

下充公報解隨據該監督於起解乾隆三十一年稅銀案內將備帶添平銀兩業經覈飭解員撥歸節省水脚銀款報解緣由會同該督咨報臣部在案嗣因銀庫兌驗該關解到稅銀四十五萬七千六百五十兩共少銀六千四百八十六兩虧短過多據解員稟稱曾經備帶添平續又改作水脚抵交致使短平銀兩無項可補經管理三庫衙門奏令該監督將短少銀六千四百八十六兩作速補解完項幷將起解銀兩何

致短少既經會同備帶添平何以復行改撥別欵之處明白回奏奉

旨知道了欽交兩廣總督李侍堯查明據實覆奏各在案今據該督李侍堯該監督德魁先後覆奏緣該關起解稅銀向係於每鞘加入銀一十五兩之外尚有部庫內務府添平另於水脚項下分別支出交解員備帶後因水脚節省歸公屢經部駁飭據該監督會同督臣楊廷璋李侍堯聲請照舊支銷撥補仍經部議不准添支茲乾隆

三十一年稅銀適當該關起解之時尚未接到部文該監督仍循舊例按照起解銀數於水脚項下共核支添平銀五千二百三十餘兩交付委員備帶甫經起解旋准部駁仍令歸入水脚全數交納隨復與督臣會商行令解員將原支添平銀兩仍作水脚解交其補平不敷俟兌少若干行知到粵另行籌辦嗣經銀庫兌短銀六千四百八十六兩除原帶部庫添平改作水脚報解銀四千五百七十六兩外尚短交銀一千九百餘兩此該督等覆奏此案短少銀兩之情節也至此次解銀據稱係廣州府知府顧光到關傳集解員會同監督較準每封粘貼印花並據該督以前項銀兩兌解既無輕重而交收短少懸殊懇請

勅下銀庫詢明兌收之員劈鞘時印封或有破損情弊即將解員交送刑部查審究擬現在兌少銀兩應俟訊明解員有無情弊另行定議著賠等語臣等伏思該關起解稅課如果照依部頒法馬

足數彈兌則到庫兌收何至短少銀六千四百八十餘兩之多若謂因備帶添平改作水脚解交所致則該關添平銀欵已有每千兩覈定十五兩之數與各關畫一支銷豈應獨有不敷尚須以別欵貼補至水脚一項原應全數節省歸公歷年以來該關於此內支出添平均經臣部節次覈追今該監督以例應充公正項仍欲撥補添平之用牽混支銷殊屬不合况除此項銀四千五百七十餘兩之外尚短少銀一千九百

有餘而較覈所短銀數每千兩自八九兩至三四十兩不等如止係彈兌之手輕手重則各鞘短少銀兩即少有參差亦應不相上下何以多寡數目大相懸殊此不得諉之於一時手輕手重可知也又據銀庫查明監劈餉鞘時點驗印封俱無破損訊之解員據供稱從前領解銀兩時監督先一日兌齊職等照向例抽兌過十數封間有短少當時補足等語是領解之時並未當面逐封兌交解員止於四百五十餘鞘之內

抽兌十餘封已有短少則其餘未經抽兌之各封自必俱有短少可以例推此又不得以當面兌交諉之解員可知也以上情節明係該關藉有鞘外備帶添平於原兌入鞘時並未彈兌足數是以起解銀兩後接准臣部不准鞘外添平之文該監督即有與督臣會商行令解員將補平不敷俟兌短若干行知到粵另行籌辦之語所有前項兌短銀六千四百八十六兩自應令該監督如數補足即行解部完項並將臣部飭

次覈追少解水脚銀兩行令現任監督德魁前任監督方體浴作速按年照數解還以清公款再查銀庫兌收各處銀兩或十兩一錠或五兩一錠俱係一律輕重並無參差不齊今該關解到稅課不按每錠十兩之數畫一傾銷竟有九兩三四錢甚至不足九兩者恐該關恃有添平一項暗中滋偷減之弊或家人與關書銀匠串通舞弊監督受其愚弄而不知以致稅項虧短是以奏令該關確查情節聲覆茲既據該督等

聲明實係該關向例令各商自行覓匠傾鎔每錠原有輕重不齊歷久相沿總以碎銀添補並非有意短少尚無別項弊竇應毋庸議再該督奏稱該關嗣後征收稅銀照依解部兌收法馬收足即以原封批解不得再有短少亦毋許鞘外另備添平等語查各關收納稅銀均經臣部頒給法馬以此征收即以此解交是在關在庫交收雖異而所用部法馬則同並非另有解部兌收之法馬何必藉此為詞另立名色致啟在

關書役巧取浮收擾累商民之弊至[illegible][illegible]分[illegible]平銀兩臣部久經行令該關照各關之例畫一删除在案自可毋庸再議等因奉

旨依議

乾隆四十七年准戶部劄粵海關監督李質穎奏稱竊照粵海關稅餉內地各口俱係隨時驗貨收銀並無拖欠惟外洋夷船到廣俱先投省行認保將載來貨物起貯行內行商又代爲置貨回國所有進口出口各貨俱由行商報驗數

明稅額填單登簿俟洋船全數出口之後始行立限關征每歲相沿行商以代銷洋貨稅從貨出爲詞逐漸拖延以致起解遲滯臣上年四月到任距乾隆四十五年分滿關已逾十五個月洋稅尚未征完臣趕緊催交於閏五月初八日收清起解當即嚴立限期將四十六年分稅餉於十二月二十四日征完起解已逾部限六個月伏思各關稅餉俱係隨貨征收交庫關滿後即可傾銷彈兌造冊報解粵海關情形雖有不同但內部定限滿關六個月以內起解爲期已屬寬餘何致延年逾限實係行商積習疲緩臣當經嚴諭嗣後洋船到關時照各口定例每船查驗進口洋貨完畢即將應輸稅銀先行交納其置買內地貨物下船全竣亦照數交稅給牌出口不許仍前延滯隨據行商潘文嚴等禀稱洋船進口將洋貨起卸各行算給商等代賣完稅甫經起貨之後商等一時不能代爲墊交其出口貨物係保商代夷人置辦所有稅項可以

隨貨扣清先行完繳俾其領牌出口再趕緊將進口洋貨代賣交納稅餉務遵部限之內全數交清不敢稍遲等情又據各國大班囉喇嚏吧啤哆噏等禀稱夷等年年前赴

天朝貿易屢蒙體恤各國夷人甚是感激所有出口貨稅應聽行商先行完交至進口貨稅夷等不能即時措辦懇求照依從前各船回帆之時夷等將貨物按照應交稅數交明行商上緊代賣輸納沾恩不淺等情臣伏體

皇上綏柔遠人之至意俯順夷情洋船進口貨稅准其照常辦理至於出口稅餉商等既稱隨貨交納務飭逐船征完方行給牌出口伏查洋船到廣多寡不等進口出口稅數約計各半如此立定章程則洋船出口之先已將一半稅銀在庫滿關後只餘一半稅銀六個月內商等辦納甚易不致藉詞拖延再逾部限自可永遠奉行現今四十七年分稅餉即照此辦理已遵部限於滿關後六個月內起解謹將酌辦緣由恭摺奏明等因乾隆四十七年八月初二日奉

硃批該部議奏欽遵於本月初六日鈔出到部臣等查得粵海關征收稅餉前因節年奏解遲延恐啟那掩之弊經臣部於乾隆四十三年十月內奏准嗣後總於關期報滿六個月以內迅速奏解如有遲延即行隨奏覈參等因在案今據該監督李質穎以該關稅餉內地各口俱係隨時驗貨征收並無拖欠惟外洋夷船到廣俱先投省行認保將載來貨物起貯行內行商代為置貨

所有進口出口各貨應納稅銀向俟洋船出口之後始行立限開征以致每歲起解遲滯奏請嗣後洋船出口貨物應納稅項飭令行商於代置貨物時隨貨扣清先行完繳其進口貨物應納稅銀照舊於各夷人船隻回帆時辦納如此立定章程不致藉詞拖欠再逾部限可以永遠奉行等語臣等伏思榷關收稅惟在該監督因地制宜隨時妥辦況粵海關濱海通洋與內地各關情形又稍有不同其一切稽征事宜尤當加意經理俾稅課得以按期奏解不致拖延前因該關征收外洋夷船進口出口貨稅銀兩統俟洋船出口之後始行立限起征以致每年奏解遲延今該監督奏請嗣後洋船出口各貨應納稅銀令行商於代置貨物時隨貨扣清先行完繳其進口各貨於夷船回帆之時覈明輸稅從此輸項得以年清年款不致稽遲且於外洋夷人並無苛累籌議尚屬妥協應如該監督奏辦

乾隆四十八年九月戶部咨稱滸墅關嗣後解部餉銀務須遵照定例數在十萬兩者委同知通判知州知縣等官管解數在五萬兩者委州同州判等官管解數在五萬兩以下者委縣丞佐貳雜職等官管解各給批文分期起解庶該解員等各有專責便於照應而沿途地方員弁亦易於護送不致疎虞僉應通行直省各督撫鹽政監督畫一照例辦理以昭愼重

嘉慶十一年六月十六日戶部奏言查各關征收稅銀崇文門左右翼殺虎口等四關係按四季報解滸墅九江揚州淮安蕪湖等五關按兩季報解西新關係分兩次解部坐糧廳張家口太平贛關閩海山海關等十五關均按一年報解等因復思各關征收稅項

國帑攸關自應年清年欵不容稍有延宕近因各關所收稅銀未能按期報解考覈亦未依限題報若不申明舊例立定限期誠恐管關各員日久懈生任意延緩至起那掩之漸臣等公同酌議嗣後各關征收稅銀除粵海關奏准於關期屆滿六個月內報解起程外其餘各關應令按季按年報解統於關期屆滿勒限三個月內全數起解至崇文門左右翼近在京城尤應遵照四季批解亦於關期屆滿勒限一個月內全數解交如有逾限不解者卽將管關之將軍巡撫監督參辦所有各關冊檔限期仍照舊定章程辦理如此予以限制則各關起解稅銀不敢任意遲滯而於榷課亦不致啟侵挪之弊矣奉

旨依議

道光四年戶部奏言伏查各省關稅銀兩例於本省應行扣充兵餉及由部議准其動撥外餘俱解交部庫以供京營兵餉及一切經費等項應用僉無外省自行指撥之例迨嘉慶年間有外省督撫將本省關稅自行指欵請撥經臣部於嘉慶十七年五月內奏明請

旨勅令各督撫遇有實在急需迫不可緩之用准其奏明辦理其非迫不及待之項不得奏請動撥關

稅銀兩奉
旨允行經臣部行文各督撫一體遵照在案七八年來徑請指撥者尚少乃近來各省又復紛紛指撥關稅銀兩視爲故常其因撥辦災賑者固爲迫不及待之項至如地方養廉公費及借墊年例應解河銀等事卽令奏請由部酌撥亦毫不至於遲悞乃復自行指撥關稅在各關監督樂於節省運費慫恿督撫請留而督撫亦樂於留用致與舊章不符殊非慎重

帑項之道臣等伏思京師爲四方之本庫貯備庶政之需
國家薄賦輕徭於各項錢糧從不輕加銖黍歲入歲出皆有一定之額並非務爲封殖卽關稅銀兩解存部庫原以京畿重地每年額需兵餉及一切經費視外省尤爲浩繁若任聽外省自行指撥則都中入庫之項漸少而歲支各欵在在所需又將何項應用臣部爲度支總匯內外緩急各項皆通盤酌劑非外省督撫祇計本省而不他顧者可比相應申明舊案請
旨飭令各督撫俟後如有迫不及待之項應聲明實在情形准其奏明辦理其非迫不及待之欵遇有需用或於本省另籌閒欵抑或請
旨飭部酌撥不得自行指撥關稅以符定制奉
上諭據戶部奏各省關稅銀兩除本省扣充兵餉及部議准其動撥外餘俱解交部庫以供京營兵餉及一切經費請飭各督撫毋得自行指撥等語國家薄賦輕徭各項錢糧從不輕加銖黍歲入歲出

俱有定額並非務爲封殖各省關稅銀兩解存部庫原以備庶政之需若任聽外任自行指撥在各關監督不過節省運費而庫項漸少歲支各欵又將何項應用嗣後各省督撫如有迫不及待之欵仍准其聲敘實在情形奏明辦理其非迫不及待之欵遇有需用或另籌閒欵或飭部酌撥毋得率行指撥以符定制

道光十一年戶部奏言兩廣總督李鴻賓粵海關監督中祥奏粵海關進口稅銀請自癸巳年

分始隨時按船完納以杜洋商挪掩之弊解部
銀兩得提早三月並將壬辰年分未完進口稅
銀分限帶征一摺道光十年八月十九日奉
硃批戶部議奏欽遵於八月二十二日鈔出到部據
兩廣總督等奏稱竊照粵海關征收洋稅進口
出口兩項近年以來每年約收銀一百四五六
十萬兩不等出口稅銀十止三四進口稅銀十
居六七歷來出口稅銀當即按卯完交從無延
欠惟進口稅銀向例俟一年關期報滿後閱三

個月關征再閱三個月奏報征齊起解以符部
限其實起解之時各行商尾欠甚多因滿關後
六個月內續有夷船進口無力洋商往往挪移
新貨餉銀完納滿關以前舊餉自嘉慶年間至
今無不遞年挪掩竭蹶完公迨道光四年以後
各洋行內有麗泉西成同泰福隆等行節次倒
閉共欠稅餉銀六十八萬餘兩夷賬銀一百四
十五萬餘兩皆係現開各行商分攤賠繳商力
甾絀完項日增若不早籌變通恐年復一年將

有積重難返之勢請俟後自癸巳年分爲始進
口貨物於夷船清艙之日責令保商通事先行
報明某貨已經某行買受某貨夷人尚未賣出
已賣之貨由行商完納未賣之貨由夷商交餉
保商代納夷商以貨換貨不許借給行商銀兩
行商照例交易毋許多欠夷商貨價凡有一船
回帆即將一船進口餉銀完清方准請牌出口
遇有洋船因守候新茶出口遲滯者其應納進
口貨餉以驗貨後三個月爲限責成保商完納

不得緩至請牌之時俾免延悞庶進口之貨源
源征收每年關期報滿後三個月即可全數收
清查道光九年七月二十六日起連閏扣至十
年六月二十五日一年期滿係壬辰年分稅餉
共應征進口銀八十八萬六千六百八十七兩
零尚未征存在庫而六月二十六日以後即係
癸巳年分新季稅銀必須趁此劃清方不致新
陳牽混現飭洋商自六月二十六日起夷船進
口貨物即遵照隨時按船納餉於三個月內交

完惟六月二十五日以前應征壬辰年分進口
餉銀若仍照舊於三個月後起卯開征則新餉
舊餉同時並納商力必有不逮茲據洋商伍受
昌等稟請癸巳年進口新餉情愿趕於驗貨三
月後完繳其壬辰年進口餉銀懇請酌展限期
分年帶繳前來臣等查行商貿易每年出入貨
物不甚相懸今已將癸巳年餉稅提早征收則
壬辰年餉項自難同時並納合無仰懇
皇上天恩俯准將道光十年壬辰年分進口稅銀八
十八萬六千六百八十七兩零自道光十一年
起分限五年帶征全完以紓商力仍責成總商
伍受昌盧文錦二人隨時督催毋任再有帶欠
如蒙
俞允則癸巳年分關稅卽可於十一年六月二十五
日滿關後三個月征齊起解計可提早三月以
後逐年照辦自皆年清年款其壬辰年分出口
稅銀仍照舊於十一年春間批解赴部惟壬辰
進口餉銀既分作五年帶征祇可於十一年內

先解五分之一其餘俟十二十三十四十五等
年按年帶征於每年滿關後附各年餉稅一併
解部如此辦理嗣後每年關稅起解之期卽可
早提三月現在壬辰年分進口餉銀分限交納
商力亦不致拮据而夷船貨稅隨到隨征不似
從前限期延緩致疲商挪掩之弊衆商均累攤
賠似於
國課商情均有裨益等語臣等伏查臣部例載各
關一年期滿提報考覈其所收稅銀粵海關於
一年關期屆滿六個月內奏報起解又例載外
洋夷船到粵海關進口貨物應納稅銀督令受
貨洋行商人於夷船回帆時輸納至外洋夷船
出口貨物應納稅銀洋行保商爲夷商代置貨
物隨貨扣淸卽係按卯交足該關應於一年關
期屆滿時將進口出口等稅如數征齊奏報起
解乃該督等奏稱近來該關征收進口稅銀於
一年關期報滿後閱三個月開征是値征收新
餉之時始行開征舊餉且係同時並征並非隨

時完納殊屬與例不符以致該商等掩舊挪新勢所不免今該督等議令進口貨物於夷船清艙之日責令保商通事先行報明某貨已經某行買受某貨夷人尚未賣出已賣之貨由行商完納未賣之貨由夷商交餉保商代納凡有一船回帆即將一船進口餉銀完清方准請牌出口其出口稍遲者以驗貨後三個月爲限責成保商完納不得緩至請牌之時俾免延悞庶進口之稅源源征收每年關期滿後三個月即可

全數收清報解之期計可提早三月等語查例載六個月内奏報起解今以三個月全數收清實可提早三月該督等係爲權提稅課整飭弊端起見應如所奏辦理至該督等奏稱道光九年七月二十六日起連閏扣至十年六月二十五日係壬辰年分稅餉共應征進口銀八十八萬六千六百八十七兩零尚未征存在庫而六月二十六日以後即係癸巳年分新季稅銀必須趁此劃清方免新陳牽混現飭洋商自六月

二十六日起夷船進口貨物隨時按船納餉於三個月内交完惟六月二十五日以前應征壬辰年分進口餉銀若同時並納商力必有不逮奏請酌展限期分限五年帶征全完以紓商力等語查粵海關征收稅銀歷係有盈無絀今因提早征收之故請將壬辰年分進口餉銀帶征完欵以紓商力雖屬該關實在情形但分限五年未免爲期太遠應請將該關道光十年壬辰年分進口稅銀八十八萬六千六百餘兩分限

三年帶征全完於十一年内先解三分之一其餘俟十二十三兩年按年帶征於滿關後附各年稅餉解部其壬辰年分出口稅銀照舊於滿關六個月内奏報起解嗣後該關征收進口餉銀遵照此次奏定章程隨時按船完納於三個月内交完隨同出口稅銀一併報解以清年欵所有臣等覈議緣由是否有當伏祈

皇上訓示遵行謹奏

右報解

粵海關志卷十五終

粵海關志卷十六

經費

臣謹按古者經國之道財用供於有司式法頒於太宰式法定則在上者無過取在下者無妄供所以國用裕而民力紓也我

朝

聖

聖相承

躬行儉德加以左藏充溢無俟取資關稅第考周官

大府之職言關市之賦以待膳服可知量入爲出固不妨取其羨餘以益正供且沿海官吏卽爲商賈設也現行則例粵海關正稅盈餘每年報解部餉外官司之養廉取之吏書之火足取之胥役之工食取之又以補兵餉備緝捕資修船動支欵項罔不裕如恭繹

仁宗睿皇帝聖諭不必稍存惜費之見致有窒礙廢弛葢不吝於用又不輕於用所以能節其用也謹輯經費一門而分其類目曰養廉曰火足曰工

食曰雜支曰籌撥而以捐助考覈附焉
監督歲支養廉銀三千兩內應歸查口委員養廉銀五百兩稟八載曠項下報解
庫大使歲支銀九十六兩平餘項下動支
大關委員一人月支銀一十五兩　歲共支銀一百八十兩
澳門委員一人月支銀一十一兩六錢六分六釐　歲共支銀一百四十兩
謹案通關額設委員七八大關澳門總口兩

處額支火足銀兩餘如惠州潮州高州雷州瓊州五總口於乾隆五十一年六月奏請改委就近地方之丞倅兼管各員俱有本任廉俸停止支給
守庫千把總二人歲共支銀一百九十二兩平餘項下動支
每年移交藩庫正額銀四萬兩又銅斤水腳銀三千五百六十四兩交藩庫兌充兵餉取實收隨同奏銷聲明報部
每年備貢銀五萬五千兩內二萬兩解內務府備貢三萬兩留本省

辦貢有餘仍於年滿時奏明解內務府備貢
內閣費用銀二百兩或年滿隨同奏銷批解或奉文行催隨時批解
庶吉士幫俸銀四十兩
兩次季報飯食銀六十兩首二季報專差批解三四季報隨同奏銷批解
預領冊檔紙張飯食銀二十四兩內批解飯食銀十二兩送部釘裝紙張銀十二兩
戶部領劄飯食銀五十兩隨同首二季報批解
戶部考覈飯食銀三百三十兩

戶科考覈飯食銀二百四十兩
盈餘解費銀十兩以上三款均於年滿隨同奏銷批解
兩次季報盤費銀三百兩首二季一百六十兩三四季一百四十兩
起解盈餘每千兩支解部飯食銀二十九兩年滿隨同奏銷批解
起解盈餘銀兩解內務府備貢等銀每千兩支水腳銀三十八兩五錢
起解京餉協餉分由水陸程自省至京計五十六站零五里至福建省計二十一站零三十六里至廣西省計一十四站零七十里至貴州省計四十六站

（至雲南省計五十六站零六十五里）所解餉銀按每萬兩每站給水脚銀三錢經由英德縣至始興縣水程按每萬兩每站增給水脚銀五分凡解餉時值冬春按每萬兩每站增給水脚銀五分每解餉銀千兩給傾鎔鞘箍銀六錢如不需傾鎔祗給鞘箍銀三錢

大關修理衙署執事銀以二百兩爲率

大關每年心紅紙張銀以三百兩爲率

守口盤費及專差公幹盤費銀以一千兩爲率

雍正十一年題准瓊州等口所收稅銀俟季滿時具文解交粤海關監督庫內沿途經過地方官撥兵護送解役盤費於羨餘項下按程支銷

各口修理稅館銀以二百兩爲率

各口巡船銀以二百兩爲率

各口神供銀以二百兩爲率

丈量夷船每次額定銀三兩

賞給夷商牛麪酒每船銀以三十兩爲率

火足銀兩

大關書吏二名每名月支銀四十兩歲共支銀九百六十兩　惠州總口一名月支銀二十五兩歲共支銀三百兩　潮州總口一名月支銀三十兩歲共支銀三百六十兩　高州總口一名月支銀二十五兩歲共支銀三百兩　雷廉總口一名月支銀二十五兩歲共支銀三百兩　瓊州總口一名月支銀三十兩歲共支銀三百六十兩

大關掌用案書一名月支銀一十兩　歲共支

銀一百二十兩

掌平案書一名月支銀五兩　歲共支銀六十兩

掌稿案書一名月支銀一十五兩　歲共支銀一百八十兩

單房案書一名月支銀五兩　歲共支銀六十兩

算房案書一名月支銀七兩　歲共支銀八十四兩

貢房案書一名月支銀六兩　歲共支銀七十二兩

大關各房繕寫書人無定月支銀三十兩　歲共支銀三百六十兩

大關平櫃一名月支銀八兩　歲共支銀九十六兩

澳門總口總書一名月支銀一十五兩　歲共支銀一百八十兩

櫃書　澳門總口一名月支銀三兩歲共支銀

三十六兩　惠州總口二名每名月支銀五兩歲共支銀一百二十兩　潮州總口二名每名月支銀六兩歲共支銀一百四十四兩　高州總口一名月支銀四兩歲共支銀四十八兩　雷廉總口二名每名月支銀五兩歲共支銀一百二十兩　瓊州總口二名每名月支銀八兩三錢三分三釐歲共支銀一百九十九兩九錢九分二釐

大關清書十二名每名月支銀三兩歲共支銀四百三十二兩

口書　總巡口　西礮臺口　黃埔口　虎門口　佛山口各一名月各支銀四兩每口歲各支銀四十八兩　東礮臺口一名月支銀三兩四錢歲支銀四十兩八錢　碣石口　神泉口　烏坎口　汕尾口　平海口　庵埠口　溪東口　黃岡口　水東口　陽江口　暗鋪兩家灘口　廉州口各一名月各支銀四兩五錢每口歲各支銀五十四兩

鋪前口　儋州口　崖州口各一名月各支銀六兩每口歲各支銀七十二兩　陵水口　樂會口　北黎口各一名月各支銀六兩每口歲各九箇月各支銀五十四兩　江門口二名月各支銀四兩歲共支銀九十六兩　潮陽口　澄海口　北礮臺口　東隴口　雷州口各二名月各支銀四兩五錢每口歲各支銀一百八兩

家人　大關四名月共支銀四十兩歲共支銀

四百八十兩　總巡口　黃埔口各二名月各支銀七兩五錢每口歲各支銀一百八十兩　東礮臺口　西礮臺口　虎門口　佛山口　紫泥口　市橋口　鎭口口　大馬頭口各一名月各支銀四兩五錢每口歲各支銀五十四兩　江門口二名月各支銀四兩五錢歲共支銀一百八兩　澳門總口二名月各支銀六兩五錢歲共支銀一百五十六兩

巡役　總巡口　江門口　惠州總口　靖海口　墩頭口　庵埠口　海門口　達濠口　南洋口　樟林口　芷芋口　暗鋪兩家灘口　雷廉總口　雷州口　欽州口各一名月各支銀三兩每口歲各支銀三十六兩　黃埔口　紫泥口　鎭口口各一名月各支銀四兩每口歲各支銀四十八兩　市橋口一名月支銀三兩五錢歲支銀四十二兩　高州總口二名月各支銀三兩歲共支銀七十二兩　澳門總口五名月各支銀三兩歲共支銀一百八十兩　瓊州總口二名月各支銀三兩六錢歲共支銀八十六兩四錢　崖州口　儋州口各一名月各支銀三兩六錢每口歲各支銀四十三兩二錢　陵水口　樂會口　清瀾口　沙老口各一名月各支銀三兩六錢每口歲各九箇月支銀三十二兩四錢　東西鄉口一名月支銀三兩每歲六箇月支銀一十八兩

右火足

工食銀兩

水手額定每名每月支工食銀一兩二錢　虎門口十八名歲共支銀二百五十九兩二錢　澳門總口十五名歲共支銀二百一十六兩　潮陽口十四名歲共支銀二百一兩六錢　總巡口十三名歲共支銀一百八十七兩二錢　庵埠口十二名歲共支銀一百七十二兩八錢　黃埔口十一名歲共支銀一

百五十八兩四錢　瓊州總口十名歲共支銀一百四十四兩　澄海口九名歲共支銀一百二十九兩六錢　東礮臺口　西礮臺口　東隴口各八名歲各支銀一百一十五兩二錢　江門口　高州總口各七名歲各支銀一百兩八錢　紫泥口　烏坎口　汕尾口　黃岡口　芷芓口　暗鋪兩家灘口各六名歲各支銀八十六兩四錢　佛山口鎮口口　平海口　北礮臺口　東西鄉

口　鋪前口　儋州口各五名歲各支銀七十二兩　市橋口　墩頭口　陽江口　雷州口　廉州口各四名歲各支銀五十七兩六錢　惠州總口　神泉口各三名歲各支銀四十三兩二錢　靖海口　潮州總口欽州口各二名歲各支銀二十八兩八錢碣石口　湖東口各一名歲各支銀一十四兩四錢　樂會口六名每歲九箇月共支銀六十四兩八錢　陵水口五名九箇月共支

銀五十四兩　崖州口　沙老口各四名九箇月各支銀四十三兩二錢　北黎口　清瀾口各三名九箇月各支銀三十二兩四錢萬州口二名九箇月共支銀二十一兩六錢　潮州總口差船水手一名月支銀二兩三錢二分二釐歲共支銀二十七兩八錢六分四釐　總巡口座船水手二名月各支銀一兩二錢歲共支銀二十八兩八錢

火夫（厨子水火夫同）　澳門總口二名月各支銀一兩

歲共支銀二十四兩　惠州總口二名月各支銀五錢歲共支銀一十二兩　神泉口烏坎口　鋪前口　儋州口各一名月各支銀四錢歲各支銀四兩八錢　汕尾口　平海口　墩頭口　芷芓口　陽江口　暗鋪兩家灘口各一名月各支銀六錢歲各支銀七兩二錢　潮州總口三名月各支銀六錢歲共支銀二十一兩六錢　庵埠口　潮陽口　澄海口　北礮臺口　水東口各一名

月各支銀三錢歲各支銀三兩六錢　高州
總口二名月各支銀六錢歲共支銀一十四
兩四錢　雷州口一名月支銀二錢歲共支
銀二兩四錢　瓊州總口內外館四名月各
支銀五錢歲共支銀二十四兩　陵水口
樂會口　萬州口　崖州口　北黎口各一
名月各支銀四錢每歲九箇月各支銀三兩
六錢
大關轎傘扇夫八名月各支銀一兩　歲共支

銀九十六兩
吹手八名月各支銀一兩　歲共支銀九十
六兩
大堂役二名月各支銀一兩　歲共支銀二
十四兩
二堂役　三堂役各一名月各支銀六錢
歲各支銀七兩二錢
聽事役二名月各支銀六錢　歲共支銀一
十四兩四錢

西廳役　東廳役各一名月各支銀六錢
歲各支銀七兩二錢
打掃夫一名月支銀六錢　歲共支銀七兩
二錢
礮手一名月支銀六錢　歲共支銀七兩二
錢
內庫役二名月各支銀六錢　歲共支銀一
十四兩四錢
東西轅役二名月各支銀六錢　歲共支銀

一十四兩四錢
庫丁十八名月各支銀一兩　歲共支銀二
百一十六兩
瓊州總口內外館門役二名月各支銀五錢歲
共支銀一十二兩
雷廉總口海安廟司祝月支銀五錢歲共支銀
六兩
右工食
雜支銀兩

禡祭　總巡口月支銀一兩二錢歲共支銀一十四兩四錢　東礮臺口　西礮臺口月各支銀八錢歲各支銀九兩六錢　黃埔口月支銀一兩六錢歲共支銀一十九兩二錢
虎門口月支銀一兩歲共支銀一十二兩
佛山口月支銀五錢歲共支銀六兩　紫泥口月支銀五錢歲共支銀六兩　市橋口月支銀五錢歲共支銀六兩　鎮口口月支銀六錢歲共支銀七兩二錢　江門口月支銀

八錢歲共支銀九兩六錢　澳門口月支銀一兩六錢歲共支銀一十九兩二錢　惠州總口月支銀五錢歲共支銀六兩　碣石口月支銀二錢二分歲共支銀二兩六錢四分
湖東口月支銀二錢二分歲共支銀二兩六錢四分　靖海口月支銀二錢二分歲共支銀二兩六錢四分　神泉口月支銀四錢四分歲共支銀五兩二錢八分　烏坎口月支銀三錢歲共支銀三兩六錢　汕尾口月

支銀四錢歲共支銀四兩八錢　平海口月支銀三錢三分歲共支銀三兩九錢六分
墩頭口月支銀二錢五分歲共支銀三兩
潮州總口月支銀八錢六分四釐歲共支銀一十兩三錢六分八釐　庵埠口月支銀六錢五分歲共支銀七兩八錢　潮陽口月支銀三錢二分四釐歲共支銀三兩八錢八分八釐　澄海口月支銀五錢歲共支銀六兩
北礮臺口月支銀四錢三分二釐歲共支

銀五兩一錢八分四釐　東隴口月支銀六錢四分八釐歲共支銀七兩七錢七分六釐
黃岡口月支銀三錢二分四釐歲共支銀三兩八錢八分八釐　高州總口月支銀一兩四錢歲共支銀一十六兩八錢水東口月支銀三錢歲共支銀三兩六錢　芷芋口月支銀三錢歲共支銀三兩六錢　陽江口月支銀六錢歲共支銀七兩二錢　暗鋪兩家灘口月支銀五錢歲共支銀六兩　雷廉總

口月支銀一兩歲共支銀一十二兩　雷州口月支銀四錢歲共支銀四兩八錢　廉州口月支銀九錢歲共支銀一十兩八錢　欽州口月支銀六錢歲共支銀七兩二錢　瓊州總口內外館月支銀一兩八錢歲共支銀二十一兩六錢　鋪前口月支銀一兩歲共支銀一十二兩　儋州口月支銀六錢歲共支銀七兩二錢　陵水口月支銀五錢每歲九箇月共支銀四兩五錢　樂會口月支銀一兩九箇月共支銀九兩　萬州口月支銀八錢九箇月共支銀七兩二錢　崖州口月支銀一兩九箇月共支銀九兩　北黎口月支銀八錢九箇月共支銀七兩二錢　清瀾口月支銀四錢九箇月共支銀三兩六錢　沙老口月支銀五錢九箇月共支銀四兩五錢

燭油　大關

天后廟香油月支銀二兩五錢歲共支銀三十兩

總巡口月支銀二兩二錢二分歲共支銀二十六兩六錢四分　東礮臺口月支銀八錢歲共支銀九兩六錢　西礮臺口月支銀一兩六錢六分歲共支銀一十九兩九錢二分　黃埔口月支銀一兩六錢八分歲共支銀二十兩一錢六分　虎門口月支銀六錢歲共支銀七兩二錢　佛山口月支銀七錢九分九釐歲共支銀九兩五錢八分八釐　紫泥口月支銀五錢歲共支銀六兩　市橋口月支銀三錢歲共支銀三兩六錢　鎮口口月支銀四錢二分歲共支銀五兩四分　江門口月支銀五錢七分歲共支銀六兩八錢四分　澳門口月支銀六錢歲共支銀七兩二錢　惠州總口月支銀五錢歲共支銀六兩（又觀音堂燈油月支銀三錢歲共支銀三兩六錢）　靖海口月支銀三錢歲共支銀三兩六錢　烏坎口月支銀二錢歲共支銀二兩四錢　墩頭口月支銀二錢歲共支銀二兩四錢　潮州總口

月支銀五錢四分歲共支銀六兩四錢八分
菴埠口月支銀八錢筆并紙歲共支銀九兩
六錢謹案菴埠潮陽等口有燈油紙筆兩項合併爲一款者不能分載統歸一項而以雙行小字別之 月支溪東雙溪汕頭三口銀一兩
筆并紙歲共支銀一十二兩 潮陽口月支銀
八錢筆并紙歲共支銀九兩六錢月支海門等
口銀一兩五錢筆并紙歲共支銀一十八兩
澄海口月支銀九錢一分筆并紙歲共支銀一
十兩九錢二分月支南洋口銀一兩七分并紙

筆 歲共支銀一十二兩八錢四分 北礮臺
口月支銀一兩一錢三分四釐筆并紙歲共支
銀一十三兩六錢八釐 東隴口月支銀五
錢四分歲共支銀六兩四錢八分 黃岡口
月支銀五錢四分筆并紙歲共支銀六兩四錢
八分 高州總口內外館月支銀八錢三分
歲共支銀九兩九錢六分水東口月支銀一
錢歲共支銀一兩二錢 芷苧口月支銀三
錢五分歲共支銀四兩二錢 陽江口月支

銀六錢歲共支銀七兩二錢 暗鋪兩家灘
口月支銀四錢歲共支銀四兩八錢 雷廉
總口月支銀一兩歲共支銀一十二兩 雷
州口月支銀二錢歲共支銀二兩四錢月支
查河牛燭銀二錢歲共支銀二兩四錢 廉
州口月支銀二錢歲共支銀二兩四錢 欽
州口月支銀二錢歲共支銀二兩四錢 瓊
州總口月支銀二兩八錢五分歲共支銀三
十四兩二錢 鋪前口月支銀一兩六分歲

共支銀一十二兩七錢二分 儋州口月支
銀一錢每歲九箇月共支銀九錢 萬州口
月支銀二錢九箇月共支銀一兩八錢 崖
州口月支銀二錢九箇月共支銀一兩八錢
北黎口月支銀一錢九箇月共支銀九錢
清瀾口月支銀一錢九箇月共支銀九錢
紙筆 總巡口月支銀八錢歲共支銀九兩六
錢 東礮臺口月支銀三錢歲共支銀三兩
六錢 西礮臺口月支銀三錢八分歲共支

銀四兩五錢六分　黃埔口月支銀八錢五
分歲共支銀一十兩二錢　虎門口月支銀
二錢歲共支銀二兩四錢　佛山口月支銀
三錢一分七釐歲共支銀三兩八錢四釐
紫泥口月支銀二錢歲共支銀二兩四錢
市橋口月支銀一錢歲共支銀一兩二錢
澳門口月支銀二兩歲共支銀二十四兩
惠州總口月支銀四錢五分歲共支銀五兩
四錢　碣石口月支銀五分歲共支銀六錢

湖東口月支銀五分歲共支銀六錢　靖
海口月支銀三錢歲共支銀三兩六錢　神
泉口月支銀三錢歲共支銀三兩六錢　烏
坎口月支銀三錢歲共支銀三兩六錢　汕
尾口月支銀三錢五分歲共支銀四兩二錢
平海口月支銀三錢五分歲共支銀四兩
二錢　墩頭口月支銀三錢歲共支銀三兩
六錢　潮州總口月支銀二兩五錢九分二
釐歲共支銀三十一兩一錢四釐　高州總

口月支銀七錢歲共支銀八兩四錢水東口
月支銀一錢歲共支銀一兩二錢　芷苧口
月支銀一錢五分歲共支銀一兩八錢　陽
江口季支銀四錢歲共支銀一兩六錢　暗
鋪兩家灘口月支銀一錢四分歲共支銀一
兩六錢八分　雷廉總口月支銀一兩歲共
支銀一十二兩　雷州口月支銀二錢歲共
支銀二兩四錢　廉州口月支銀二錢歲共
支銀二兩四錢　欽州口月支銀二錢歲共

支銀二兩四錢　瓊州總口月支銀一兩歲
共支銀一十二兩　儋州口月支銀六錢歲
共支銀七兩二錢　崖州口月支銀二錢每
歲九箇月共支銀一兩八錢　沙荖口月支
銀一錢九箇月共支銀九錢

船地各租費　總巡口月支館租銀一兩三錢
五分歲共支銀一十六兩二錢月支行後扁
艇租銀七兩八錢歲共支銀九十三兩六錢
月支槳挽銀四錢八分歲共支銀五兩七錢

六分　東礮臺口歲支地租銀一兩　佛山口月支巡艇槳圍銀三分歲共支銀三錢六分　紫泥口歲支地租銀一兩二錢　江門口月支巡艇租價銀一兩五錢歲共支銀一十八兩　惠州總口歲支巡艇租銀一十二兩八錢又查湖東口艇租銀月支三錢歲共支銀三兩六錢　碣石口月支館租銀五錢五分歲共支銀六兩六錢　湖東口月支銀三錢三分歲共支銀三兩九錢六分　靖海

口月支銀三錢三分歲共支銀三兩九錢六分　神泉口月支銀三錢二分五釐歲共支銀三兩九錢　烏坎口月支大德館地租銀三錢歲共支銀三兩六錢月支巡艇租銀四錢歲共支銀四兩八錢　汕尾口月支鮜門長沙館租銀六錢三分歲共支銀七兩五錢六分月支查港艇租銀五錢八分五釐歲共支銀七兩二分　平海口月支內外館租銀二兩歲共支銀二十四兩月支稔山館租銀

二錢歲共支銀二兩四錢月支查稔山口艇租銀五錢六分七釐歲共支銀六兩八錢四釐　潮州總口歲支查船艇租銀一十七兩七錢九分一釐　庵埠口月支館租銀三兩三錢五分歲共支銀四十兩二錢　潮陽口月支銀九錢一分八釐歲共支銀一十一兩一分六釐月支海門等口館租銀一兩五錢六分六釐歲共支銀一十八兩七錢九分二釐月支巡船租銀四兩五錢六分歲共支銀

五十四兩七錢二分月支查港艇租銀一兩二錢一分歲共支銀一十四兩五錢二分　澄海口月支館租銀一兩三錢三分歲共支銀一十五兩九錢六分月支巡船租銀二兩一錢六分歲共支銀二十五兩九錢二分　東隴口月支樟林口館租銀五錢四分歲共支銀六兩四錢八分月支巡船租銀二兩四錢八分四釐歲共支銀二十九兩八錢八釐　黃岡口月支館租銀一錢七分三釐歲共

支銀二兩七分六釐月支巡船租銀二兩四錢八分四釐歲共支銀二十九兩八錢八釐

高州總口月支館租銀一兩歲共支銀一十二兩水東口月支館租銀四錢歲共支銀四兩八錢　芷艼口月支地租銀一錢歲共支銀一兩二錢月支黃坡館租銀一錢歲共支銀一兩二錢　陽江口歲支館租銀二兩七分　雷廉總口月支館租銀五錢歲共支銀六兩　雷州口月支銀八錢歲共支銀九

兩六錢月支查港艇租銀一兩歲共支銀一十二兩　瓊州總口巡船二隻每隻月支租價銀二兩七錢五分歲共支銀六十六兩月支馬裊館租銀八錢每歲六箇月共支銀四兩八錢　鋪前口月支館租銀一兩三錢四分歲共支銀一十六兩八分　儋州口月支館租銀一兩二錢歲共支銀一十四兩四錢　陵水口月支內外館租銀三兩每歲九箇月共支銀二十七兩　樂會口月支內外館

租銀三兩一錢九箇月共支銀二十七兩九錢　萬州口月支館租銀一兩六錢九箇月共支銀一十四兩四錢　崖州口月支館租銀一兩二錢九箇月共支銀一十兩八錢九箇月共支查船艇租銀二十五兩八錢　北黎口月支館租銀一兩九箇月共支銀九兩查港艇租銀九箇月共支銀一十三兩五錢　清瀾口月支艇租銀八錢四分九箇月共支銀七兩五錢六分月支館租銀一兩八錢九箇月共支銀一十六兩二錢　沙荖口月

支館租銀二兩四錢九箇月共支銀二十一兩六錢

單冊盤費　黃埔口月支銀六錢八分歲共支銀八兩一錢六分　虎門口月支銀二錢歲共支銀二兩四錢　江門口歲支銀七兩二錢　澳門口月支銀三錢歲共支銀三兩六錢　惠州總口月支銀一錢五分歲共支銀一兩八錢　烏坎口月支銀一錢五分歲共

支銀一兩八錢　汕尾口月支銀二錢歲共支銀二兩四錢　平海口月支銀二錢歲共支銀二兩四錢　墩頭口月支銀三錢歲共支銀三兩六錢　高州總口月支銀一兩二錢歲共支銀一十四兩四錢　陽江口月支銀一兩五錢歲共支銀一十八兩　暗鋪兩家灘口月支銀七錢歲共支銀八兩四錢海口海安月支銀四錢歲共支銀四兩八錢

雷州口月支銀四錢歲共支銀四兩八錢

瓊州總口月支銀一錢歲共支銀一兩二錢

清瀾口月支銀一錢五分每歲三箇月共支銀四錢五分　沙荖口月支銀四錢三箇月共支銀一兩二錢

年節神供　總巡口歲支銀三兩三錢　東礮臺口歲支銀二兩四錢　西礮臺口歲支銀四兩五錢六釐　黃埔口歲支銀二兩八錢七分二釐　虎門口歲支銀三兩五錢　紫泥口歲支銀一兩　市橋口歲支銀九錢

鎮口口歲支銀二兩　暗鋪兩家灘口歲支銀一兩　雷廉總口歲支銀一十二兩四錢

雷州口歲支銀一兩二錢　瓊州總口歲支銀四兩四分　鋪前口歲支銀四兩四分

儋州口歲支銀四兩四分　陵水口每歲九箇月共支銀四兩四分　樂會口九箇月共支銀一十二兩四分　萬州口九箇月共支銀六兩五錢三分九釐　崖州口九箇月共支銀四兩四分　北黎口九箇月共支銀四兩四分

清瀾口九箇月共支銀四兩四分　沙荖口九箇月共支銀四兩四分

右雜支

粵海關志卷十六終

粵海關志卷十七

禁令一

臣謹按禮記王制曰關執禁以譏則關之有禁
尙矣
國朝順治年間禁佛郎機人不許入廣東省會荷
蘭之入貢者亦祇令在館貿易其時海禁方嚴
也康熙二十三年始少爲變通而猶禁商船不
得往南洋及雍正五年
累洽重熙民殷物阜

世宗憲皇帝念中外一家特弛海禁於是東南舟楫之
區鯨波不驚商漁樂業荷蘭暹羅等國矯首面
內不憚超數十更以來其他小弱附景希光者
殆不可悉數於是緣其職貢以通其貨賄立之
期會以均其勞逸寬減稅額以豐其生息厚加
錫予以作其忠誠而又覈驗官符嚴詰姦宄弛
張互用畏慕滋深此我
朝市舶之所以盛也詳查各部則例所載禁令大
端不越官吏商販二者官吏之禁令或在於徇

玩或在於苛勒商販之禁令或在於漏匿或在
於逗遛而關入關出之物稽覈尤嚴行之既久
奉法惟謹近年以來獨以鴉片煙流毒中華上
廑
聖慮臣隨同
欽使督撫諸臣實力稽查夷人震懾
天威呈繳煙土至二萬餘箱現復嚴立規條除惡務
盡此實海關要務故於此篇詳載歷次辦理鴉
片煙章程俾萬世有所遵循庶仰副

聖主培國本厚民生之至意焉

官吏禁令

一各關徵稅科則責令該管官詳刻木榜豎立
關口街市並責令地方官將稅則刊刷小本
每本作價二分聽行戶頒發遵照倘該管官
將應刊木榜不行設立或書寫小字懸於僻
處掩以他紙希圖高下其手者該督撫查叅
治罪地方官將應刊稅則不行詳校致有舛
漏或更扶同徇隱者並予嚴叅

一各關應徵貨稅均令當堂設櫃聽本商親自塡簿輸銀投櫃驗明放行其有不令商親塡者將該管官嚴加議處

一各關商塡循環稽考三簿令各關照依部頒冊式事由刋刷裝訂於面頁上鈐蓋關印僉差送部由部鈐蓋堂印給發粵海關限關期未滿九月以前赴部請領如有請領違限及關期已滿冊檔未到擅用本關印簿登塡者照例嚴參分別議處

一各關書吏如該監督於任滿時通情舉保留充各該撫查明參奏議處倘有朋充戀棧按律治罪失察之該管官一併議處

一海洋貿易商船令報明海關監督及地方官該地方官嚴查確係殷實良民取具保結准其依式成造仍取具船主不得租與匪人甘結將船身烙號刋名查明在船人口與例相符塡給執照於出口時呈官驗放若遇舵水偶有事故許該船戶就近召募出具保結赴該海關廳縣請驗照掛號回日覆驗銷號若有詭名頂冒失察情弊俱分別議處治罪

一澳門地方民人向許與夷商交易應責成澳門同知就近稽查出示嚴諭凡民人自與夷商買物不許使用官銀亦不許將官銀換給夷人查有前項情弊拘拏治罪如該同知漫無查察一經發覺卽將該同知嚴參

一各國貨船所帶護貨兵船不許擅入十字門及虎門各海口如敢擅進守口員弁報明驅

逐停止貿易至夷船到口卽令先報澳門同知給與印照注明船戶姓名守口員弁驗照放行仍將印照移回繳銷如無印照不准進口所有夷商買辦之人由澳門同知選擇取具保結承充給予印照在澳門者由該同知稽查在黃埔者卽由番禺縣就近稽查如代買違禁貨物及勾通代僱民人服役查出治罪失察地方官查參

一沿海內地米穀麥豆雜糧有偷運出洋接濟

奸匪及雖無接濟奸匪情弊而希圖厚利將米穀等出洋販賣者俱分別治罪船貨入官地方文武員弁知情賄縱者一併治罪失察者分別議處

一商民將內地頭蠶湖絲及紬緞綿絹私販出洋者照米石出洋例治罪船隻貨物入官失察之員弁議處

一商夷船隻將內地黃金紅黃銅斤銅器私販出洋者照鐵貨私出外洋律治罪關汎文武員弁失察者議處賄縱者治罪若官弁兵役借端勒掯一併分別議處治罪

一各處洋船出口准帶煮食鐵鍋其有額外多帶鐵鍋出洋者照廢鐵出洋例治罪沿海樵採船隻每船止准帶鐵鍋一口每人止准帶斧斤一把在船人數不得過十人令地方官於照內注明出入查驗若有夾帶出口及進口缺少者均嚴行究治官役狥縱一併究處

康熙五十年廣州將軍浙閩總督兩廣總督會同議准洋船初造時報明海關監督地方官親驗印烙取船戶甘結並將船隻丈尺客商姓名貨物往某處貿易塡給船單令沿海口岸文武官照單嚴查按月冊報督撫存案每日食米人各一升並餘米一升以防風阻如有越額之米查出入官船戶商人同罪如將船賣與外國者造船與賣船之人皆立斬所去之人留在外國將知情同去之人枷號三月該督行文外國將留下之人令其解回處斬沿海文武官如遇私賣船隻多帶米糧偷越禁地等事隱匿不報從重治罪

右狥玩之禁

一各關於額設口岸之外有濫差多役於近關水岸各口四出擾民者該督撫察實題參其管關人役有巧立名色需索飯錢重戥苛收者嚴拏究治計贓論罪監督縱容袒護督撫即行嚴參督撫狥隱一併議處

一近關土豪革役冒充巡欄將不應納稅之物

勒索銀錢者許監督及地方員弁協拏究治

一各關商民輸稅塡寫收稅紅單二紙一給商人一送部察核其有不給紅單或納銀數多給票數少及私將紅單撤回多徵勒索者許商民首告究擬

一沿海單桅捕魚船隻概免領牌納稅監督違例徵收該督撫題參

一各省商稅銀兩均令按照額徵數目照例徵收造冊報部其有監收官員橫徵勒索及隱

匿侵蝕者卽行參處

一凡海口外來船隻到岸以及各澳諸項小船出入責令汛口員弁不時稽查如能盤獲私米麥豆雜糧者准賞十分之三在洋拏獲者給半其餘充公首報者賞亦如之若巡查兵役有將居民食米指稱私積借端詐害者嚴拏究治

一使臣出入關口通事及迎送守關官兵不得索取土物陋規違者該管官參處

右苛勒之禁

商販禁令

一客商漏稅照律治罪貨物一半入官若所漏之稅爲數無多分別議罰免其究治粵海關核計正稅在五錢以上者加罰一倍一兩以上者加罰兩倍二兩以上者加罰三倍三兩以上者加罰四倍四兩以上者加罰五倍五兩以上者將貨物一半入官充公一半補稅如走漏免單擔雜等貨核計銀數在五錢以

下者止令完納正數若在五錢以上者均加罰一倍

一海船到岸卽將貨物盡實報官抽分若停歇不報及雖報而不盡不實者分別治罪貨物入官

一凡商賈到關先取官置號單備開貨物憑官弔引照貨起稅如到關不弔引者同匿稅法

一各項商人出洋地方官查明眞實姓名住居地方及往何洋貿易取具里鄰甘結與印照

守口官弁驗准放行仍載入稽考簿內其從外洋販貨進口者亦必詳查人貨訊明經由何洋概行注冊

一出洋小本商民因風信屆期不能回籍請照在廣東者呈明南海縣該縣取具行戶船主保結給與印照行知該地方官備案回日仍赴原衙門銷照其舵水貨客有在番地帳目不清及別項事故者原給照衙門取具鄰船客商水手甘結移行地方官存案回日呈明繳銷

右漏匿之禁

康熙二十四年議准番船貿易完日外國人員一併遣還不許久留內地

右逗遛之禁

康熙二十四年議准貿易番船回國除一應禁物外不許搭帶內地人口及潛運造船大木鐵釘油麻等物

康熙五十七年議准澳門夷人夾帶中國之人并內地商人偷往別國貿易者查出之日照例治罪

雍正三年議准附居廣東澳門之西洋人所有出洋商船每年出口時將照赴沿海該管營汎掛號守口官弁將船號人數姓名逐一驗明申報督撫存案如出口夾帶違禁貨物並將中國之人偷載出洋守口官弁狥情疎縱者革職至入口之時亦將船號人數姓名逐一驗明申報督撫存案除頭目遇有事故由該國發來更換者准其更換外其無故前來者不許夾帶人口及容留居住若稽察不到將守口及地方該管各官照失察例議處又覆准西洋人附居澳門如有夾帶違禁貨物并中國之人偷載出洋者地方官照諱盜例革職

右人口船料之禁

康熙二十三年

詔開海禁其硝磺軍器等物仍不准出洋其時內閣學士席柱奏福建廣東沿海居民情形

諭曰百姓樂於沿海居住原因海上可以貿易捕魚先因海寇故海禁不開今海氛廓清更何所待下九卿詹事科道議尋議准今海外平定臺灣澎湖設立官兵駐劄直隸山東江南浙江福建廣東各省先定海禁處分之例應盡行停止若有違禁將硝磺軍器等物私載出洋貿易者仍照處分其罪

康熙二十四年議准兵器向來禁止不准帶往賣給外國但商人來往大洋若無防身軍器恐

被劫掠嗣後內地貿易商民所帶火礮軍器等項應照船隻大小人數多寡該督酌量定數起程時令海上收稅官員及防海口官員查照數目准其帶往回時仍照原數查驗

康熙五十九年禁止出洋商船攜帶礮位軍器

乾隆三十四年二月

聖諭向來硫磺出入海口俱係例禁原因磺斤係火藥所需自不便令其私販若姦商以內地硝磺偷運出洋或外來洋船私買內地硫磺載歸者必當實力盤詰治罪乃定例於洋船進口時亦不許其私帶殊屬無謂海外硫磺運至內地並無干礙遇有壓艙所帶自可隨時收買備用於軍資亦屬有益何必於洋船初來多此一番詰禁乎嗣後惟於海船出口時切實稽查不許仍帶磺斤以防偷漏之弊違者照例究治其各省洋船入口禁止壓帶硫磺之例槩行停止著爲例

乾隆五十六年四月

聖諭福康安等奏稽查礮位酌定章程一摺內稱各國

來廣貿易洋船向有攜帶礮位刀鎗等項由粵海關監督於該船出入虎門時查驗開報例准隨帶外其本省商船領照出口無論遠赴夷地及赴各省貿易均由守口文武員弁驗照放行不准攜帶礮位等語已於摺內批示矣商船出洋攜帶礮位原爲洋面禦盜之用不特各國來廣貿易商船未便禁止卽內地出口商船概行不准攜帶礮位倘遇海面匪船行刦臨時不能抵禦豈有轉令束手待斃之理況在洋行刦者不獨內地匪徒想各國夷匪亦有糾約爲盜攜

帶鎗礮出沒海洋爲行旅之害而內地出洋商船內轉無礮位抵禦該商等卽不保護貨物亦各愛惜身命若拘泥禁止何以衛商旅而禦盜刼著福康安等卽飭令海口文武員弁祇須於商船出洋時將礮位稽查點驗後仍准其攜帶不可因噎廢食也

嘉慶元年四月

聖諭硝磺火藥例干嚴禁近來海洋盜匪每遇商船卽放礮爲號海洋非出硝磺之地此等硝磺若非奸徒偷賣盜匪又從何購覓是欲杜私販透漏情弊必先

於出產地方嚴行查禁著傳諭各該督撫飭令地方官嚴行查察於官爲給照採辦之外毋許絲毫私售使奸徒不能販運偷賣而盜匪卽無從接濟該督撫等務當飭屬嚴禁毋得日久生懈

嘉慶十一年八月

聖諭吳熊光等奏查明粵東硝磺情形籌辦透漏一摺據稱粵省產磺各廠煎解年久時逾缺乏查有夷船壓艙鹹沙一項亦可煎硝曾經辦理有案且洋船壓帶硫磺例准收買壓艙鹹沙較之倭磺更多若收買不盡尤易透漏似應倣照辦理應請俟夷船進口時卽將壓艙鹹沙及所帶磺斤一并飭商認買俟二項充足可備一二年之用將磺廠封閉硝廠亦一并暫停採煎等語硝磺二項例禁綦嚴豈容稍有透漏今盜船火藥甚多自應設法嚴防杜其接濟吳熊光等請於進口洋船隨時詳驗將壓艙鹹沙及所帶磺斤查明飭商認買以濟營用兼以杜透漏之弊亦是一法著如所奏辦理但盜船之接濟其途甚多總須在海口地方查察嚴密方免透漏如營汎兵丁卽有將

火藥賣給盜船之事前經節次降旨令於濱海各處嚴密稽查水米火藥等項出洋濟匪該督等仍當諄飭各營縣實力奉行方可以杜盜源而靖洋面勿任稍涉疏懈爲要

嘉慶十一年十一月

聖諭御史嚴烺奏稱廣東惠潮兩府奸民違例製造大船以取魚爲名遠出外洋接濟盜匪水米火藥州縣官利其港規不加查禁請飭廣東督撫將歸善等縣現有之違式大漁船查明若干印烙字號造冊申報

督撫存案嗣後大漁船遇有破漏者卽隨時報明地方官拆毀不准復修亦不許違例添造各等語粵省洋匪滋擾日久未能勦淨總由該處奸民接濟水米火藥著吳熊光等卽照該御史所奏實力查禁如有地方文武私得漁船港規縱令奸民通盜一經查出卽當據實叅辦至漁船每船應有若干人應帶水米若干自當予以限制令該御史稱水手人等不得過二十名祇許攜帶數日水米是否可行亦著查明辦理至漁船私濟盜匪粵省既有此弊福建浙江江南

山東等省均應一體查禁以清盜源將此傳諭各督撫知之

右軍器火藥之禁

內地銀兩毋許夷船偷運出洋責令地方文武會督各口員弁丁役實力稽查如有洋商人等將官銀私運夷船出洋及洋商找給夷商貨價攙用官銀者查出無論銀數多寡盡行充公仍照私運例治罪倘有洋行小夥不法匪徒將官銀偷載小艇暗運出口著責成大關總巡並佛山虎門等處關口員弁巡船及巡洋舟師地方文武派撥巡船於各夷船將次回國時嚴密巡查遇有私載官銀立卽拏解究明官銀來歷照例懲治倘由洋行中發出將該商加等治罪

夷商來粵貿易以貨易貨不能價適相符倘遇數行洋商找給夷商銀兩先令同赴粵海關監督衙門聯名出具並無攙和官銀甘結再行找給夷人收銀後倘經員役查出官銀卽將找付官銀之行商嚴行治罪並將聯名出結之行商

一體治罪

雍正八年禁西洋海船毋得販黃金出洋又題准嗣後有黃金販賣出洋者照鐵貨銅錢等物私出外境下海律治罪其監督守口文武官弁受賄故縱與犯人同罪失察者照例叅處

乾隆九年大學士伯鄂爾泰張廷玉奏言福建道監察御史范廷楷奏稱聞得內地姦商私帶制錢往海外各洋與諸番交易用數十文可易番銀一圓獲利最重迨返舶之時或帶番餅或

買洋貨致制錢透漏散布彼地現今百千島嶼
星羅棊布無不行使制錢者又聞閩廣江浙凡
出口洋船無不夾帶制錢查例載私賣制錢下
海者杖一百海禁定例凡商船往來官給照票
并開貨單一紙今若將商船有無夾帶制錢點
驗貨單之時一體盤明原無煩擾仰請
皇上諄切飭諭沿海各省督撫提鎮等訪拏姦商從重
究治別經發覺將該督撫等加以處分奉
旨依議

嘉慶十九年
聖諭據蘇楞額奏嚴禁海洋私運一摺據稱近年以來
夷商賄連洋行商人藉護回夷兵盤費爲名每年將
內地銀兩偷運出洋至百數十萬之多該夷商已將
內地足色銀兩私運出洋復將低潮洋錢運進任意
欺矇商賈以致內地銀兩漸形短絀請旨飭禁等語
夷商交易原令彼此以貨物相准俾中外通易有無
以便民用若將內地銀兩每年偷運出洋百數十萬
歲積月累於國計民生均有關繫著蔣攸銛祥紹查
明每歲夷商等偷運足色銀兩實有若干應如何酌
定章程嚴密禁止會同妥議具奏總督蔣攸銛奏言
臣遵卽會同粵海關監督祥紹傳洋商伍敦元
盧棣榮等嚴切究問當據稟稱紋銀出洋節經
歷任監督示禁夷商來粵貿易向係以貨換貨
彼此准定互易如有應找不敷尾數皆用洋錢
每圓以七錢二分結算兩無加補實無偷運紋
銀出洋情事復取各種洋錢煎試比較足色均
在九成上下不致過於低潮弔查洋商貿易出

入貨簿嘉慶十七年進口貨價一千二百七萬
餘兩出口貨價一千五百一十餘萬兩十八年
進口貨價一千二百六十三萬餘兩出口貨價
一千二百九十三萬餘兩則所稱祗有找回洋
錢之語尙屬可信至於洋錢進口民間以其使
用簡便頗覺流通每年夷船帶來洋錢或二三
百萬圓或四五百萬員亦有數十萬圓不等現
在市價每圓換制錢七百二三十文若至浙江
江蘇等省可值制錢八百數十文江浙商民販

貨來粤銷售後間有徑帶同洋錢者此係該夷洋錢市價昂貴非由夷人擡價欺朦合無仰懇
天恩俯順輿情免其飭禁仍准照常行使以安夷商而便民用奏
旨依議

道光二年二月掌貴州道監察御史黃中模奏言竊查定例廣東洋商與夷人交易祇用貨物不准用銀立法之意至爲深遠嘉慶十四年間因有銀兩偷漏出洋之弊奏

旨飭查經總督百齡會同粤海關監督常顯奏明申禁在案乃近因各省市肆銀價愈昂錢價愈賤小民完糧納課均需以錢易銀其虧折咸以爲苦臣細加探訪實因廣東洋面偷漏依然如故以致内地銀兩漸少其價日增至偷漏之由係因廣東民間喜用洋錢其風漸行於江浙等省於是洋商私用紋銀收買洋錢與江浙茶客交易作價反高於紋銀其洋船出口雖經兩廣總督設有員弁巡查無如查弊之人卽作弊之人率多貪得陋規私行縱放廣東省城多有姦徒與海口員弁素相交結包送貨船出洋是以肆無忌憚此在洋商方自以爲得計殊不知洋錢錯化僅得七八成低銀洋商與夷人兌換則皆十足紋銀而作價反低於洋錢暗中虧折殊甚況天地之生財只有此數外洋日見其多內地日見其少其紋銀一經出洋卽屬去而不返久之內地紋銀缺少並不能以洋錢完糧納課所關於民生者誠非淺鮮臣伏思洋商既用紋銀向

夷人收買洋錢卽不免用銀收買洋貨實屬違例病民卽使各省茶客有需買洋錢洋商理應仍用貨物向夷人收買轉售斷不可私用紋銀應請
旨飭令廣東督撫暨海關監督嚴行查禁並密拏包送洋船之姦徒有犯必懲若海口巡查之員有能拏獲出洋銀兩者立加重賞如查有縱放之員卽行叅革治罪庶幾偷漏之風可戢臣更聞邇來鴉片煙流傳甚廣耗財傷生莫此爲甚相

應請
旨通飭各省關隘一體查拏如係何處拏獲即應究明於何處行走所有各關縱放員弁加以嚴議如此則人人自顧考成或不致得錢賣放之弊而鴉片煙之源可絶內地民生永裕矣奉
上諭御史黄中模奏請嚴禁海洋偷漏銀兩一節所奏甚是定例廣東洋商與夷人交易祇用貨物收買轉貿不准用銀立法甚為周備近因民間喜用洋錢洋商用銀向其收買致與江浙等省茶客交易借價甚高並或用銀收買洋貨實屬違例病民不可不嚴行查禁著廣東督撫暨海關監督派委員認真巡查出口洋船不准偷漏銀兩仍不時查察如有縱放之員即行參革治罪至洋商與外夷勾通販賣鴉片煙重為風俗之害皆由海關利其重稅隱忍不發以致流傳甚廣著該督撫密訪海關監督有無收受黑煙重稅據實奏聞並通飭各省關隘一體嚴密查拏如係何處拏獲即應究明於何處行走所有各關縱放員弁即參辦示懲倘

粵海關志　卷十七　禁令一　二十二

該督撫訪察不力或瞻徇不奏別經發覺立即加之懲處務期洋船出入積弊革除以清關隘而裕民生

道光十三年四月

上諭前因給事中孫蘭枝奏江浙錢賤銀昂商民交困除弊各款當經降旨交陶澍等悉心籌議茲據陶澍林則徐酌籌利民除弊事宜分晰具奏所稱洋錢平價民間折耗滋多惟當設法以截其流一條洋錢行用內地非自近年勢難驟禁當從民便之中示以限制其價不得浮於紋銀庶不致愈行愈廣至請改鑄銀錢大變成法不成事體且洋錢方禁止不暇豈有內地亦鑄之理耶所稱鴉片煙進口潛易紋銀為害最甚該督等務當委飭關津營縣於洋船未經進口以前嚴加巡邏務絶其勾串之源如有偷漏一經查出即將謀利姦商得規兵役加倍重懲法在必行方可除弊所稱紋銀出洋請明定例禁一條刑部律例祇有黄金銅鐵出洋治罪明文於紋銀未經議及著刑部酌定具奏

粵海關志　卷十七　禁令一　二十三

纂八則例頒行
是年十月刑部議奏言福建道監察御史黃爵
滋奏稱紋銀出洋有禁而洋銀無禁意以洋銀
本來自外洋不妨轉用出去而不知內地實積
有仿鑄洋錢之弊今日內地之洋銀卽內地之
紋銀也應請
敕下各省督撫實力稽查凡有仿鑄洋銀之犯卽照
私鑄銅錢科罪至刑部新定黃金出洋治罪專
條僅仿照偷運米穀出洋例似未允協等語臣

部議得懲創固貴從嚴而情罪必期適當白銀
出洋從前原無治罪專條前於奉
旨交議時經臣等查黃金白銀與米穀絲斤之類均
係內地物產其偷運黃金白銀出洋與偷運米
穀絲斤出洋情事相同是以卽照米穀絲斤出
洋另立治罪專條仰蒙
允准通行各省在案所請應毋庸議奉
上諭前據御史黃爵滋奏紋銀應並禁出洋杜絕仿
鑄從重科罪一摺當交刑部妥議具奏茲據刑部

將仿鑄洋錢明定治罪科條具奏著照所議辦理
其禁止洋錢出洋交易事宜是否可行著沿海各
督撫體察情形妥議章程酌核具奏等因欽此嗣
經總督盧坤會同奏言伏查洋銀一項來自夷
船內地因其計枚定價不必較銀色之高低又
無需秤分兩之輕重遠行服賈便於攜帶是以
東南沿海各省市廛通行而粵東爲夷人貿易
之所行用尤廣大商小販無不以洋銀交易海
口出入向不查禁御史黃爵滋因內地每有仿

造洋銀卽與紋銀無異奏准將洋銀一併禁止
出洋原爲慎重海防起見臣等詳加體察並傳
洋商伍紹榮等查詢粵省洋銀出洋有內地商
賈攜帶者有外洋夷船攜帶者在內地商賈或
由別省載貨來售或由粵省攜貲往販多係航
海往還貲本盈千累萬其中固多貿遷貨物而
有時無貨可販或貨少本多卽挾貲而歸或攜
本往別省置貨制錢既難多帶金銀出洋又干
例禁勢不能不攜帶洋銀亦勢不能因商賈攜

有洋銀即禁其不由海洋行走此內地商賈來往不能無出海之洋銀也至夷船載運洋銀來粤係備買貨找價之需所帶洋銀多寡不定其置買內地貨物或多或少亦聽其自便如進口貨多出口貨少該夷船所帶洋銀即有餘剩勢不能禁其不仍帶回即內地洋商與夷人交易除以茶葉大黄湖絲紬緞等物易換洋貨之外價値如有不敷既不便強令夷人添置貨物又不准官銀交兌向以番銀找給歷經奏明有案

旣以番銀找給夷人即不能禁其不載運回帆此外洋夷人來往不能無出海之洋銀也是禁止洋銀出洋於廣東夷商均有窒礙且恐因禁止洋銀而轉致金銀偷漏更於海防非宜至內地仿造番銀名為土板其銀色成本原未必輕於外洋而經紀交易向不行用即間有攙入洋銀行使者亦必挑出發換不特不能行之夷人即內地商賈亦不行使更不必因此為紋銀出洋之慮所有廣東省洋銀出入海口應仍照舊章

辦理免其查禁謹合詞恭摺具奏奉
旨依議

右金銀制錢之禁

乾隆十四年浙江巡撫方觀承奏言竊照雍正五年准開南洋海禁以來商民俱得攜帶內地貨物前往貿易紅黄銅與銅器皆不在例禁之內緣南洋地不產銅商民販往稅輕而利重故販者日多查閱稅簿每年赴南洋貨買之大小銅器常至千百餘件黄紅銅一二萬斤不等伏

思滇銅洋銅竭力採辦恒不敷各省鼓鑄之用而民間日用必需之器具又皆仰給於此今各處錢價昂貴民用維艱實緣銅不充盈豈容復任肆販外洋相應請
旨飭部通行查禁嚴立科條犯者分別究治將銅貨入官並定關汛文武員弁失察故縱處分奉部議
准

右銅之禁

內地商人私行夾帶不成器皿之鐵至五十斤

者將鐵入官百斤以上者照例治罪

雍正七年二月工部議准刑部尚書勵廷儀疏請凡有將廢鐵潛入邊境及海洋販賣者一百斤以下杖一百徒三年一百斤以上發邊衛充軍若賣與外國及明知海寇賣與者絞監候沿口近邊關隘官弁有徇私故縱該管上司題參

雍正九年十二月

聖諭據廣東布政使楊永斌奏稱鐵器一項所關綦重不許出境貨

賣律有明條粵東出產鐵鍋凡洋船貨賣歷來禁止乃夷船出口所買鐵鍋有自一百連至二三百連甚至五百連者一千連者查鐵鍋一連約重二十斤如一船帶至五百連千連即無慮一二萬斤計算每年出洋之鐵爲數甚多誠有關係嗣後請照廢鐵之例一體嚴禁違者該商船戶人等即照例治罪官役通同徇縱亦照徇縱廢鐵例議處凡遇洋船出口仍交與海關監督一體稽察至於商船每日煮食之鍋應照舊置用官役不得藉端勒索滋擾如此則外洋之鐵不致日積日多於防姦杜弊之道似有裨益至煮食器具銅鍋砂鍋俱屬可用非必盡需鐵鍋亦無不便外夷之處於朝廷柔懷遠人之德意原無違礙等語鐵斤不許出洋例有明禁而廣東夷船每年收買鐵鍋甚多則與禁鐵出洋之功令不符矣楊永斌所奏甚是嗣後稽察禁止及官員處分商人船戶治罪之處悉照所請行倘地方官弁視爲具文奉行不力經朕訪聞或別經發覺定行從重議處粵東既行查禁則他省洋船出口之處亦當一體遵行著該部通行曉諭著爲例

右鐵之禁

嘉慶十二年十二月初七日

聖諭朕聞粵海關每年出口白鉛爲數甚多白鉛一項因不能製造彈丸無關軍火之用向未立出洋明禁但係鼓鑄必需之物近年各直省錢局鉛斤日形短少自係販運出洋日多一日之故不可不定以限制以防流弊著傳諭常顯即將粵海關每年出口白鉛查明數目大加裁減或竟可不令販運出洋奏明設禁停止亦無不可該監督務須體察利弊輕重會同

總督酌定章程不可貪圖小利因循滋患也將此傳
諭知之欽此嗣於次年正月監督常顯奏言查白鉛
一項每年出洋數目多寡不齊向不查禁亦無
限制今欽奉
諭旨咨會督臣查明十年以内出洋細數内至少年分
七十餘萬斤至多年分三百三十餘萬斤其餘
年分一二百萬斤不等關例載明照倭鉛例每
百斤收正稅銀三錢加以耗擔歸公等欵共收
銀五錢六分七釐每年收白鉛稅銀約計四五

千兩至一萬數千兩不等伏思白鉛一項出洋
由來已久雖徵稅有限實爲夷人歲需之貨今
若一旦禁止不許出洋在遠夷無知不免心生
疑慮似不足以昭體䘏而示懷柔但白鉛爲内
地鼓鑄必須之物誠如
聖諭不可不定以限制應請嗣後夷船回貨置買白鉛
每年通計各船先以最少年分七十萬斤爲率
查白鉛向於廣東佛山鎮地方憑洋商收買陸
續運省報驗然後賣與夷人出洋嚴密稽查不

許額外多帶如此酌定章程在夷人雖少帶白
鉛仍得以照舊貿易而内地鼓鑄需用白鉛亦不
虞短少似於錢局夷情兩有裨益報
聞
嘉慶十七年廣東布政司曾燠移奉兩廣總督
蔣攸銛行據西洋國使攝理澳夷事務嗋嚬嚸
嚦吃喋啼嚨嗲吐哩喴嚋稟稱白鉛一項爲夷
人所需向聽澳夷均同別貨一律就近澳門白
免鋪商採買自奉定例每年白鉛限以七十萬

斤出洋爲率澳夷離省隔涉素不與洋商交易
未知購運盡被外洋夷船儘額買去澳船連年
缺買大小西洋各埠需用維艱是以於嘉慶十
四五年疊經通稟分撥額鉛三十萬斤歸澳船
買運批令自投洋商均勻撥買無如洋商多方
遏抑至今未蒙撥買據此查出洋白鉛欽奉
諭旨飭令定以限制以防流弊久經奏明每年以買運
七十萬斤爲限不容稍有溢漏經前總督咨准
粤海關監督咨覆查澳門夷船每年征收稅餉

不過數萬餘兩尚不及黃埔十分之一今請以征收稅餉多寡定勻撥白鉛斤數每年勻撥七萬斤令澳夷自投洋商買運如此辦理既與原奏相符亦不致澳夷向隅本司等伏查西洋澳夷恭順

天朝百數十載所納稅餉積算已多況澳門夷船現亦不少今僅撥給十分之一未免偏枯應照七十萬斤之數撥給澳門夷船十分之二計白鉛一十四萬斤其澳夷所稱免投洋商自赴收買恐滋弊端應請照粵海關來咨飭令洋商每年抽出十四萬斤以備澳夷承買

道光十二年七月戶部遵

旨議奏內閣抄出兩廣總督李鴻賓巡撫朱桂楨粵海關監督中祥等會奏外夷各國均已產鉛無須來粵販運請將報部出洋白鉛定額暫行停止應如所奏即將前定出洋額數裁停以歸覈實奏

旨粵東濱臨大海通洋水道甚多現在白鉛停止出洋誠恐日久疎於防範以致奸商販運復有偷漏營私等弊著該督等嚴飭關津要隘地方各隨時認真巡查遇有私販鉛斤即照違例分別嚴辦仍於年終取具關廠各官並無出洋白鉛切實印結送部查覈並酌定稽查章程報部覈辦以垂永久而杜流弊

右白鉛之禁

粵海關志卷十七終

粵海關志卷十八

禁令二

商販禁令

康熙四十七年都察院僉都御史勞之辨奏言江浙米價騰貴皆由內地之米爲奸商販往外洋之故請申飭海禁暫撤海關一概不許商船往來戶部議准自康熙二十二年開設海疆商民兩益不便禁止至奸商私販應令該督撫提鎮於江南崇明劉河浙江乍浦定海各口派兵巡察除商人所帶食米外如違禁裝載五十石以外販賣者其米入官文武官弁有私放者卽行叅處

雍正六年福建巡撫高其倬奏准定出口船隻所帶米石暹羅大船三百石中船二百石噶喇巴大船二百五十石中船二百石呂宋等船大船二百石中船一百石𡋾仔等處中船各一百石如有偷漏以接濟外洋例論罪

雍正八年題准採捕漁船夾帶米穀皆由私牙代置囤戶豫積小船搬運停泊游移之故嗣後米牙必擇身家殷實取鄰甲同行保結如串商代買本人並濫保者一例治罪其海口居民多行囤積私糶者鄰甲舉首免罪止究本人容隱發覺並行連坐外來船均令進口停泊其各澳小船令地方官按數查明編號入冊取具互結令各營縣汛口官弁兵役實力稽查如有盤出私米及首報者准其賞給十分之三在洋拏獲者給半餘入官充公仍飭巡查兵役不得將海口居民食米指稱私積詐害違者按律治罪

乾隆二年議准嗣後如有奸徒偷運米穀接濟外洋者照出洋船隻多帶米糧接濟外洋例擬絞立決其希圖厚利但將米穀偷運出口販賣並無接濟奸匪情弊者計算米一百石以上穀二百石以上照將鐵貨潛出海洋貨賣一百斤以上例發邊衛充軍米一百石以下穀二百石以下照越渡關津例杖一百徒三年至米不及十石穀不及二十石照違制律杖一百仍枷號

一箇月示警
又議准沿海地方內商出洋暨洋商入市每船嚴計人口及往返程期每人糴米日以升半爲率毋許逾限
又覆准偷運麥豆雜糧出洋者照偷運米穀之例科斷

右米之禁

嘉慶二十二年總督蔣攸銛奏稱福建之武彝茶及由安徽入浙江之松羅茶爲西洋夷人必

需之物而各夷中又惟暎咭唎銷售更多從前商人悉由江西內地販運來粵近因洋面平靖希圖迅速漸改爲海運溯查嘉慶十八年始有海運進口之茶七十六萬四千七百九十餘斤至二十一年竟有六百七十二萬三千九十餘斤所增之數已不啻十倍茶葉爲夷人生命所關實爲控制之要道今若任聽商人慣由海運難保無奸商串通黠夷於海中偏僻島嶼隨處寄椗私相買賣又起運之時裝綑堅密多至盈千累萬設有夾帶違禁之物亦無從覺察應請
敕下閩浙安徽各督撫嚴行查禁並出示曉諭產茶之區及各海口自嘉慶二十三年爲始概令仍歸內河過山販運以收稽覈之益奉
聖諭閩皖商人販運武彝松羅茶赴粵省銷售向由內河行走自嘉慶十八年漸由海道販運近則日益增多洋面遼闊漫無稽查難保不夾帶違禁貨物私行售賣從前該二省巡撫並不查禁殊屬疎懈念其事屬已往姑免深究嗣後著福建安徽及經由入粵之

浙江三省巡撫嚴飭所屬廣爲出示曉諭所有販茶赴粵之商人俱仍照舊例令由內河過嶺行走永禁出洋販運儻有違禁私出海口者一經拏獲將該商人治罪並將茶葉入官若不實力禁止仍聽私運出洋別經發覺查明係由何處海口偷漏除將守口員弁嚴參外並將該巡撫懲處不貸漏稅事小通夷事大不可不實心實力杜絕弊端也

右茶之禁

乾隆五十四年總督福康安遵

旨查禁大黃出洋取有各國大班依結酌定章程奏言
伏查粵東地處海疆多通洋面若大黃任其出
洋勢必輾轉入於俄羅斯國內自應亟爲設法
查禁但民間療疾在所必需防範過嚴又恐商
販裹足以致內地藥材短缺誠如
聖諭不可因噎廢食查大黃出產川陝二省商人運販
到粵於省城佛山兩處售賣每年約二十餘萬
斤其賣與洋行各國夷人約十餘萬斤內地各
府州地方亦約銷十餘萬斤至外洋各國與俄

羅斯海道一水可通難保無偷漏之事但各國
療疾亦所必需似未便竟行禁絕其西洋各國
應照琉球之例每年每國販買亦不得過五百
斤飭令省城洋行及澳門商人將售買大黃數
目及賣與何國夷人分晰列冊呈繳南海香山
二縣一面通詳一面移行守口文武員弁按簿
稽查至暹羅一國與粵東向不通貿易大黃一
項嗣後應行禁止惟遇該國進貢之年貢船回
國時每次准其買帶五百斤俾資療疾其安南

一國亦應照琉球之例每次貢使回國購帶五
百斤卽以本年阮光顯等回國爲始報
聞
乾隆五十七年戶部咨稱署兩廣總督郭世勳
粵海關監督盛住奏稱暎咭唎咪唎堅等國夷
商嘏唎哐等稱說恭聞
天朝現准俄羅斯開關通市貨物內大黃一項實係
各國治病要藥懇請照從前仍准各夷商買運
免其限以五百斤定數其出產海龍等項皮張

亦懇准攜帶進口起貯省城售賣並請嗣後內
港出海船隻一律免禁所有應徵稅銀仍飭照
例輸納奏
硃批如所請行
右大黃之禁
乾隆二十四年議准各省絲斤紬緞違例出洋
分別治罪將船隻貨物入官失察之文武各官
議處
乾隆二十七年

聖
諭蘇昌等奏暎咭唎夷商咍囒等以絲斤禁止出洋夷貨艱於成造籲懇代奏酌量准其配買情詞迫切一摺前因出洋絲斤過多內地市值翔踴是以申明限制俾裕官民織紝然自禁止出洋以來並未見絲斤價平亦猶朕施恩特免米荳稅而米荳仍然價踴也此蓋由於生齒日繁物價不得不貴有司恪守成規不敢通融調劑致遠夷生計無資亦堪軫念着照該督等所請循照東洋辦銅商船搭配紬緞之例每船准其配買土絲五千斤二蠶湖絲三千斤以示加惠外洋至意其頭蠶湖絲及紬綾緞疋仍禁止如舊不得影射取戾

乾隆二十九年總督蘇昌會奏言粤省本港船戶林長發等呈稱噶喇巴暹羅港口安南嗎唇叮嘰吸舊港柬埔寨等處各國夷民呈懇配買絲斤紬緞請令每船酌帶土絲一千斤二蠶湖絲六百斤紬緞八折扣算疏下部議尋議內地絲斤外洋勢所必需而海外銅斤可資內地應照商船採辦銅斤之例准其配買絲斤紬緞隨帶出洋易銅既使海外屬國同沐
皇仁而於內地鼓鑄亦有裨益其酌定數目並立法稽查之處行令該督等詳議具奏到日再議詞奉
諭旨據尹繼善等奏覆議弛洋禁絲斤以便民情一摺前因內地絲斤紬緞等物價值漸昂經御史李兆鵬等先後條奏請定出洋之禁以裕民用乃行之日久而內地絲價仍未見減且有更貴者可見生齒繁衍取多用宏蓋物情自然之勢非盡關出洋之故曾降
旨江浙閩廣各督撫令其各就該省情形悉心體察將應否即行開禁之處詳悉妥議具奏今尹繼善等籌酌定議奏請弛禁而莊有恭並稱前撫浙時體察杭嘉湖三府民情亦以絲斤弛禁為便等語江浙之情形如此則餘省亦可概見蓋緣出洋絲斤本係土絲及二三蠶粗糙之絲非腹地紬緞必須精好物料可比徒立出洋之禁則江浙所產粗絲轉不得利是無益於外洋而更有損於民計又何如照舊弛禁以天下之物供天下之用尤為通商便民乎況所產麤絲既不准出洋勢不得不充雜於頭蠶好絲之內二

體售賣於民間組織尤多未便且暎咭唎噶喇巴等
國先後以織紝不供懇請賣給貨買俱已特旨准其
酌帶配用是外洋諸國取給於蠶絲者正復不少亦
宜一視同仁曲爲體卹現在新絲將屆收成所有出
洋絲斤卽著弛禁仍遵照舊例行其各省情形或微
有不同應作何酌定章程及設法稽查之處俟各該
督撫奏齊時該部詳悉妥議具奏尋議採辦洋銅之
官商范清洪額商楊裕和等每年出東洋額船
十六隻應請每船准配二三蠶糙絲一千二百

斤按照紬緞舊額每一百二十斤抵紬緞一捲
扣算如願照舊攜帶紬緞者亦聽其便其非辦
銅商船仍不得援例夾帶其由江蘇省往閩粵
安南等處商船每船攜帶糙絲准以三百斤爲
限不得逾額多帶閩浙二省商船每船准配土
絲一千斤二蠶粗絲一千斤其紬緞紗羅及絲
綿等項照舊禁止至粵省外洋商船較他省爲
多其配往各洋絲斤出洋售賣者按年分覈算
其數目亦較他省加廣請令每船於舊准帶絲

八千斤外再准加帶粗絲二千斤連尺頭總以
一萬斤爲率其頭蠶湖絲緞匹等項仍嚴行查
禁不得影射夾帶滋弊

右絲斤紬緞之禁

外國來使不得私買違
制服色兵器史書一統志地里圖及凡違禁之物伴
送人員亦不得將違禁貨物私相貿易違者俱
按律治罪

右書史之禁

乾隆四十三年四月
聖諭李侍堯奏前在粵省時見近年外洋腳船進口全
載綿花頗爲行商之累因與監督德魁嚴行飭禁嗣
後倘再混裝綿花入口不許交易定將原船押逐初
不知緬地多產綿花今到滇後聞緬匪之寞共羊翁
等處爲洋船收泊交易之所是緬地綿花悉從海道
帶運似滇省閉關禁市有名無實等語所陳切中緬
匪情弊著傳諭楊景素會同李質穎德魁於海口嚴
行查禁如有裝載綿花船隻概不許其進口務實力

奉行勿以空言塞責仍不時留心訪察如有胥役等
受賄私放者立即重治其罪
右綿花之禁
嘉慶十二年十月御史鄭士超奏粤東吏治廢
弛奏
聖諭摺內條奏鴉片煙一項不遵例禁私販私銷起由
閩粤延及各省以至京城內外應請嚴密查拏等語
此雖屬事之小者然於地方風俗殊有關繫該省並
不實力查禁可見積習因循毫無整頓著即一律嚴

拏按法懲治並責令粤海關監督於洋船過口時稽
查杜絕毋許偷漏干咎
嘉慶十六年三月湖北巡撫錢楷奏請飭禁外
洋鴉片煙奏
聖諭著責成各處海關監督嚴加禁遏並交廣東福建
浙江江蘇沿海各督撫認真查察嗣後海船有夾帶
鴉片煙者立行查拏按律懲辦如委員胥吏有賣放
情弊均予量懲倘竟透入內地貨賣一經發覺著窮
究來從何處買自何人不得以買自不識姓名商船

搪塞朦混當將失察賣放之監督及委員人等一併
懲辦
嘉慶十八年六月奉
聖諭自鴉片煙流入內地深為風俗人心之害從前市
井無賴之徒私藏服食乃近日侍衛官員等頗有食
之者甚屬可惡沉湎荒淫自趨死路大有關係深惑
人心不可不嚴行飭禁著刑部定立科條凡商販售
賣鴉片者應作何治罪侍衛官員等買食者應議以
何等罪名軍民人等買食者應議以何等罪名區別

輕重奏定後通行頒示俾羣知警戒以挽澆風欽此
嗣經刑部奏言臣部審辦買食鴉片煙之案因
例無正條俱照違制律杖一百法輕易犯實不
足以示懲儆自應欽遵
諭旨分別官民嚴立科條俾昭炯戒再內地鴉片煙未
能淨絕皆由各海關查察疏懈所致政貴清源
應請
敕交沿海各督撫及海關監督遇有海船進口認眞搜
查有犯必懲奏

旨刑部議奏侍衛官員買食鴉片煙著革職杖一百枷
號兩箇月軍民人等杖一百枷號一箇月均著照所
議辦理近日侍衛官員中朕風聞即有違禁買食者
始因事未發覺免其查究若不知悛改將來或經舉
發即照新例懲辦不能寬貸再太監供役內廷聞亦
有買食者其情節尤為可惡著總管內務府大臣先
通行曉諭如有違禁故犯者立行查拏枷號兩箇月
發往黑龍江給該處官員為奴至鴉片煙一項由外
洋流入內地蠱惑人心戕害生命其禍與鴆毒無異

奸商嗜利販運陷溺多人皆由各處海關私縱偷越
前曾降旨各省海關監督等嚴行查禁乃數年來迄
未遏此並聞各海關竟有私徵鴉片煙稅銀者是竟
導奸民以販鬻之路無怪乎流毒愈熾也著再嚴飭
廣東福建浙江江蘇等省沿海各關如查有奸民私
販鴉片煙冒禁過關一經拏獲將鴉片煙拋棄入海
奸商按律治罪倘各關監督等陽奉陰違私收稅課
著該督撫實力查叅將該監督先行革職由驛具奏
朕必從重懲治其各處輾轉運販之徒並著五城順

天府步軍統領衙門及各直省督撫等一體嚴查按
律究辦

嘉慶十九年五月初四日

聖諭本日崇祿等奏盤獲廣東貢生盧贊跟隨僕人張
四攜帶鴉片煙一案已交刑部審辦矣鴉片煙其性
至為毒烈服之者皆邪慝之人恣意妄為無所不至
久之氣血耗竭必且促其壽命實與自餌鴆毒無異
輾轉流傳最為人心風俗之害其來由於番舶先至
廣東進關後以漸販各省若粵海關各口查禁認真

不許絲毫透入內地則外夷商人皆知中國厲禁之
物不能售賣獲利自必不復攜帶如仍有違禁私與
中國商民交易者查出按例治罪杜其來源較之內
地紛紛查拏實為事半功倍再天主教絕滅倫理乃
異端為害之尤者此在西洋人自習其教原可置之
不問若傳習內地民人不止大干例禁為國家之隱
憂貽害最大比白蓮教為尤甚豈可不思深慮遠乎
蔣攸銛等廣為刊示曉諭該處沿海商民並來粵交
易之西洋人等一體知悉如中國民人有私習天主

敎者地方官立卽訪拏從重治罪其西洋人誘惑內地商民者一經究出拏獲一體治罪斷不寬貸務各凜遵例禁以熄邪說而正人心將此諭令知之

嘉慶二十年三月總督蔣攸銛會同粵海關監督祥紹奏言粵東州縣瀕海者十居六七而香山縣屬澳門地方爲西洋夷人賃居之所向來西洋夷船赴粵東販貨回澳並不經關查驗卽將貨物運貯澳地俟賣貨時方行報驗納稅難保無夾帶違禁貨物之事臣等與海關監督臣

祥紹熟商鴉片煙雖來自外夷其販賣實由漢奸如果漢奸畏法則鴉片煙豈能不脛而走惟流弊已非一日或地方文武畏從前失察處分瞻顧因循勢所難免應請嗣後西洋貨船到澳時先行查驗並明立賞罰凡拏獲鴉片煙之文武委員等職應計其獲煙斤數給予議敘倘地方官及管關委員並守口員弁膽敢得受陋規徇情故縱立卽特參拏問兵役人等挾嫌誣拏卽治以誣良之罪似此酌定條規庶各知有懲勸而查禁益昭愼密矣奉

聖諭鴉片煙一項流毒甚熾多由夷船夾帶而來嗣後西洋貨船至澳門時自應按船查驗杜絕來源至粵省行銷鴉片積弊已久地方官皆有失察處分恐伊等瞻顧因循查拏不力嗣後有拏獲鴉片煙之案除查明地方委員等有得規故縱情事應嚴參辦理外其僅止失察者竟當概行寬免處分至所請拏獲興販煙斤自二百斤至五十斤以上分別紀錄加級及送部引見軍民人等拏獲獎賞以及誣良治罪之處

俱著照該督等所請行

道光元年十月總督阮元粵海關監督達三會奏言臣訪得鴉片煙來路大端有三一係大西洋一係暎咭唎一係咪唎㗐大西洋住居澳門每於赴本國置貨及赴別國貿易之時回帆夾帶鴉片回粵偷鈔暎咭唎鴉片訪係水手人等私置其公司船主尚不敢自帶獨咪唎㗐因少國王鈐束竟係船主自帶鴉片來粵嘉慶二十年欽奉

聖諭如一船帶有鴉片卽將此一船貨物全行駁回不准貿易原船卽逐回本國等因此誠正本清源之辦法惟向來臣與監督衙門傳諭各國大班事件俱發交洋行商人轉爲傳諭欽遵辦理葢洋商與夷人最爲切近夷船私帶鴉片卽能瞞臣等之耳目斷不能瞞該商之耳目如果該商等不徇情面遇有夷船夾帶卽禀明遵

旨駁回船貨不與貿易且於鴉片未來之前先期告誡曉以利害夷人數萬里而來豈敢因夾帶違禁物件自斷茶葉等項正經買賣如此官商同心合力辦理可冀此風漸息迺頻年以來從未見洋商禀辦一船洋商內伍敦元係總商居首之人各國夷情亦爲最熟今與衆商通同徇隱殊爲可惡相應請

旨將伍敦元所得議敘三品頂戴摘去責令率同衆洋商力爲杜絕以爲不實力稽查者戒奏

上諭鴉片流傳內地最爲人心風俗之害夷船私販偷銷例有明禁該洋商伍敦元並不隨時禀辦與

衆商通同徇隱情弊顯然著將伍敦元所得議敘三品頂戴卽行摘去以示懲儆仍責令率同衆商實力稽察如果經理得宜鴉片漸次杜絕再行奏請賞還頂戴倘仍前疲玩或通同舞弊卽分別從重治罪

道光二年十二月初八日

上諭御史尹佩棻奏請嚴禁私食鴉片煙據稱鴉片煙之來福建浙江江南通海口地方俱有私帶總以來自廣東者爲最一由於地方官不認眞查拏或差一二武弁巡查徒爲該弁肥囊之計一由於粵海關之包稅洋船一到卽有包攬上稅者將煙僱載漁船先行寄頓然後查船且聞鴉片非數換不賣獨海巡兵丁不惜減價賣給居心尤爲可惡等語鴉片流行內地大爲風俗人心之害民間私販私食久干例禁節經降旨嚴飭稽查而此風未盡革除總由海口守巡員弁賣放偷漏以致蔓延滋甚著阮元達三於通海各口岸地方並關津渡口無論官船民載逐一認眞查拏毋任員弁稍有

揑飾倘查有奸民以多金包攬上稅及私運夾帶進口等弊立卽從嚴懲辦以除積蠹總在有犯必懲愼勿日久生懈仍歸具文也

道光三年八月吏部兵部會奏言溯查嘉慶二十年欽奉

聖諭嗣後有拏獲鴉片煙之案除得規故縱嚴參辦理外其僅止失察者竟當概行寬免處分欽此是以吏兵二部例內祇有嚴參賄縱之例並無議處失察之條茲臣等公同酌議應請嗣後如有洋船

夾帶鴉片煙進口並奸民私種罌粟煎熬煙膏開設煙館文職地方官及巡查委員如能自行拏獲究辦免其議處武職該管地方官失察處分亦請照文職畫一辦理奉

旨據吏兵二部奏請酌定失察鴉片煙條例鴉片煙一項流毒甚熾總由地方官查拏不力所致向來地方官祇有嚴參賄縱之例並無失察之條且止查禁海口洋船而於民間私熬煙斤未經議及條例尚未周備嗣後如有洋船夾帶鴉片煙進口並奸民私種罌粟煎熬煙膏開設煙館文職地方官及巡查委員如能自行拏獲究辦免其議處其有得規故縱者仍照舊例革職若止係失於覺察按其煙斤多寡一百斤以上者該管文職罰俸一年一千斤以上者降一級調用武職失察處分亦照文職畫一辦理其文武官拏獲煙斤議敘均著照舊例行

道光十一年二月

上諭前據給事中邵正笏奏近年內地姦民種賣鴉

片煙大夥小販到處分銷地方官並不實力查禁當經降旨嚴飭各省督撫確切查明懲辦並將如何嚴禁之處妥議章程具奏茲據阿勒清阿奏查明山西省尚無栽種鴉片煙地方惟太谷平遙介休各縣民人多在廣東及南省等處貿易日久沾染頗有嗜食之人此煙既非晉省所產則係來自外方自應責成各該地方官認眞查拏使販者無從託足則食者不禁而自絕著通諭各直省督撫嚴飭所屬如有姦民種作鴉片煙隨時拏獲究辦

並飭令各關口及州縣文武各員嚴行查禁如有姦商夾帶偷漏一經拏獲即當究明來歷將偷漏之關口暨失察之地方官一併交部議處如後任及他人拏獲亦著將前任失於查拏之員交部議處該地方官並不實力查拏及胥役人等有得規故縱情弊著該督撫嚴參究辦並令地方官按季稟報查覈責成該管道府於年終出具所屬並無種賣鴉片煙切實印結報明該督撫每年具奏一次毋得日久視為具文致干重咎

是年五月兵科給事中劉光三條奏請酌加買食鴉片煙罪名復經部議軍民買食杖一百枷號兩月仍令指出販賣之人查拏如有容隱將食煙人坐以販賣為從例杖一百徒三年職官及在官人役加等治罪仍令督撫及道府州縣官出具署內並無買食甘結年終彙奏刑部又奏言據兩江總督陶澍等奏鴉片煙土惟嚴立科條重懲姦犯先絕其源販者無從託足則食者不禁而自絕查外來興販多由洋船夾帶蘇省各海口關口有為洋船之所必經者稽查尤關緊要臣等迭經移咨各關監督並嚴飭各關道實力查拏又經嚴飭各處守口員弁一體認真查察竊思煙土不能即食必待熬汁而後成販土可以瞞保甲於不知而熬煙則必為街坊所先覺稽查較易請嗣後熬煙人犯即照製造賭具例首犯問擬奉

旨依議

是年七月

上諭李鴻賓等奏查禁鴉片煙章程一摺鴉片煙來自外洋內地奸民近有將罌粟花栽種熬膏售賣漁利前已屢降諭旨通飭各直省督撫各就地方情形妥議章程嚴行查禁茲據李鴻賓等奏粵省惟潮州府屬間有種植罌粟花之事已飭地方官隨時剷拔以杜萌蘖正恐潮州府屬之外栽種者亦復不少至夷商夾帶入口奸民輾轉販賣廣東一省向為尤甚若不杜絕來源以淨根株是以內地有用之財易外洋害人之物流毒方來伊於何

底該督撫等嚴飭所屬州縣如有奸民偷種私賣
等事責令保甲人等首報勘明將地入官並拘犯
卽照販賣鴉片煙例治罪並將徇隱之地保鄉約
及族長人等分别枷責兵役得規包庇從重懲辦
各州縣因公下鄉及編查保甲之便隨時認眞察
訪按季申報該管道府卽委員分往覆查於年終
出具所屬甘結詳報該督撫每年終具奏一次至
外洋夾帶煙泥進口販售尤當設法查拏重究務
使弊端永絕方爲正本清源之道不可有名無實

日久視爲具文致干重咎
道光十四年總督盧坤巡撫祁𡎴監督彭年會
奏言奉
諭旨飭令查明鴉片煙延入內地之由爲拔本塞源
之計查近年鴉片行銷日盛皆由土棍駕駛快
艇透漏飭經咨行舟師將在洋停泊夷船隨時
催令開行並嚴禁民船蛋艇與夷船交易接濟
并嚴拏走私土棍先後經各員弁在洋用鎗礮
擊沉快艇不少復據香山協迭次拏獲與夷船

交易民人及走私快蟹艇隻人船並起獲煙土
業將辦理情形奏蒙
聖鑒在案欽奉前因查夷船來粵多在零丁外洋及
磨刀洋面寄泊各該處均爲貿易商船進口出
口必由之地寄泊夷船有卽時開行者亦有稱
因探聽貨物行市及守風修桅延逗者該處遠
在外洋離省數百里何船躉載鴉片巡洋兵船亦
不能搜查確實未便於衆船聚泊之時遽用礮
火轟擊致失

天朝懷柔之義其躉船一項常年在洋惟有於各國
商船回帆以後查明如有在洋躉私船隻卽調
集水師大加兵威嚴行驅逐第鴉片雖係夷船
載來若無內地匪徒勾串販運該夷人卽有私
貨亦從何行銷可見夷人全藉土販表裏爲姦
則嚴拿走私尤爲扼要現在飭令香山協派撥
巡船二隻在於夷船灣泊洋面常川巡查一切
買賣食物民蛋船隻均不許攏近夷船私相交
易以杜接濟遇有土棍駕駛快艇向夷船與販

鴉片及私買呢羽等貨卽時查拏解究並責成
内河營縣派撥巡船在於各海口及一切通海
港汊分定段落晝夜輪流巡緝遇有奸販偷越
進出卽行拏解各關口一體實力嚴查官弁量
予鼓勵兵役酌給獎賞如員弁疏於巡緝或兵
役得規故縱除兵役照例治罪外將該管官從
嚴叅辦仍飭地方官訪拏開設窰口土棍查鈔
嚴辦並飭洋商傳諭暎咭唎夷商互相查察如
有一船偷漏稅貨卽將衆船不准貿易使其彼

此自相稽察防閑更爲周密又片奏鴉片之害
屢經周諮博採有謂應仍照昔年舊章准其販
運入關加征稅銀以貨易貨使夷人不能以無
稅之私貨售賣紋銀者有謂應弛内地栽種罌
粟之禁使吸煙者買食土膏夷人不能專利紋
銀仍在内地轉運不致出洋者其說均不無所
見然與禁令有違窒礙難行更有謂内地所得
不償所失不若從此閉關停止外夷貿易不知
夷人在粤貿易已閱二百餘年且亦不止暎咭

唎一國萬無閉關之理臣等受
恩深重固不敢畏葸苟安養癰貽患亦不敢徒設危
言不顧全局悉心籌畫與其鋌而走險各處蔓
延不若暫爲羈縻嚴加約束亦不致越駛他省
再行徐圖禁絶至偷漏稅貨重在各口嚴查不
在躉船之有無也奏
上諭廣東夷船私帶鴉片多在外洋售賣卽有内地
匪徒勾串販運經盧坤等嚴飭舟師將在洋停泊
夷船隨時催令開行並禁民船蛋艇與夷船交易

嚴拏走私土棍各等情但洋面衆船聚集之時難
分玉石惟有於各國商船回帆以後查明如有在
洋躉私船隻卽調集水師大加兵威嚴行驅逐仍
飭令該管將弁派撥巡船二隻在夷船灣泊洋面
常川巡緝一切民蛋艇隻均不許攏近夷船私相
交易以杜接濟倘有土棍駕駛快艇向夷船興販
鴉片及私買鴉片貨物卽查拏解究從重治罪並
責成内河營縣派撥巡海在各海口及一切通海
港汊分定段落晝夜輪流巡緝如有奸販偷越進

出卽行拏解各關口一體實力嚴查無論外海內河拏獲走私漏稅人贓船艇卽照例奏請分別獎勵倘員弁疎於查緝或兵役得規故縱除兵役照例治罪外將該管官從嚴叅辦仍飭地方官訪拏開設窰口土棍查鈔嚴懲如不認眞辦理別經發覺從重叅處並令洋商傳諭唤咭唎夷商互相查察如有一船偷漏卽將衆船一概不准貿易使其彼此自相稽察防閑更爲周密盧坤等遇有此等案情有犯必懲不准姑息更不可日久生懈視爲

具文又另片奏夷情爲利息是圖其私販已久必不甘心舍棄或伺官兵撤後復來或窮蹙竄駛他省等語該督等務當嚴加約束外則巡以舟師內則謹防海口使不致行銷無忌亦不致駛越他省總須相機妥辦嚴行禁絕方爲不負委任

粤海關志卷十八終

粤海關志卷十九

禁令三

商販禁令

道光十八年閏四月鴻臚寺卿黃爵滋奏言臣惟
皇上宵衣旰食所以爲天下萬世計者至勤且切而
國用未充民生罕裕情勢積漸一歲非一歲之比其故何哉考諸
純廟之世籌邊之需幾何

巡幸之費幾何修造之用又幾何而上下充盈號稱極富嘉慶以來猶微豐裕士夫之家以及巨商大賈奢靡成習較之目前不啻霄壤豈愈奢則愈豐愈儉則愈嗇耶臣竊見近日銀價遞增每銀一兩易制錢一千六百零非耗銀於內地實漏銀於外夷也蓋自鴉片流入中國我
仁宗睿皇帝知其必有害也故誥誡諄諄例有明禁然當時臣工亦不料其流毒至於此極矣早知若此必有嚴刑重法遏於將萌查例載凡夷船到

廣必先取具洋商保結保其必無夾帶然後聽其入口爾時雖有保結視爲具文夾帶斷不能免故道光三年以前每歲漏銀數百萬其初不過紈袴子弟習爲浮靡尙知斂戢嗣後上自官府搢紳下至工商優伶以及婦女僧尼道士隨在吸食置買煙具爲市日中

盛京等處爲我

朝根本重地近亦漸染成風外洋來煙漸多有躉船載煙不進虎門海口停泊零丁洋中之老萬山大嶼山等處粵省奸商勾通巡海兵弁用扒龍快蟹等船運銀出洋運煙入口故自道光三年至十一年歲漏銀一千七八百萬兩自十一年至十四年歲漏銀二千餘萬兩自十四年至今漸漏至三千餘萬兩之多此外福建浙江山東天津各海口合之亦數千萬兩以中國有用之財塡海外無窮之壑易此害人之物漸成病國之憂日復一日年復一年臣不知伊于胡底各省州縣地丁漕糧征錢爲多及辦奏銷皆以

錢易銀折耗太苦故前此多有盈餘今則無不賠墊各省鹽商俱係錢文交課盡歸銀兩昔之爭爲利藪今則視爲畏途若再至數年間銀價愈貴奏銷如何能辦稅課如何能清設有不測之用如何能支臣每念及此輾轉不寐今天下皆知漏卮在鴉片所以塞之之法亦紛紛講求或謂嚴查海口杜其出入之路固也無如稽查員弁未必悉皆公心每歲既有數千餘萬之交易分潤毫釐亦不下數百萬兩利之所在誰肯認眞查辦偶有所獲已屬寥寥況沿海萬餘里隨在皆可出入此不能塞漏卮者一也或且禁止通商拔其貽害之本似也不知洋夷載入呢羽鐘表與其所載出茶葉大黃湖絲通計交易不足千萬兩其中沾潤利息不過數百萬兩尙係以貨易貨較之鴉片之利不敵數十分之一故夷人之着意不在彼而在此今雖棄粵海關稅不准通商而煙船本不進口停泊大洋居爲奇貨內地食煙之人刻不可緩自有奸人搬運

故難防者不在夷商而在奸民此不能塞漏卮者二也或曰查拿興販嚴治煙館不能清其源亦庶可遏其流不知自定例以來興販鴉片者發邊遠充軍開設煙館者照左道惑人引誘良家子弟罪至絞今天下興販者不知幾何開設煙館者不知幾何而各省辦此案者絕少蓋原粵省總辦鴉片之人據設窰口自廣東以至各省沿途關口聲勢聯絡各省販煙之人其資本重者窰口沿途包送關津胥吏容隱放行轉於

往來客商藉查煙爲名恣意留難勒索其各府州縣開設煙館者類皆奸猾吏役兵丁勾結故家大族不肖子弟素有聲勢於重門深巷之中聚衆吸食地方官之幕友家人半溺於此未有不庇其同好此不能塞漏卮者三也或又曰開種罌粟之禁聽内地熬煎煙膏庶可抵當外夷所入積之漸久不至紋銀出洋殊不知内地所熬之煙食之不能過癮不過興販之人用以攙和洋煙希圖重利此雖開種罌粟之禁亦不能

塞漏卮者四也然則鴉片之害其終不能禁乎臣謂非不能禁實未知其所以禁也夫耗銀之多由於販煙之盛販煙之盛由於食煙之衆無吸食者自無興販無興販則外夷之煙自不來矣今欲加重罪名必先重治吸食臣請

皇上嚴降諭旨自今某月日起至明年某月日止准給一年期限戒煙雖至大之癮未有不能斷絕若一年以後仍然吸食是不奉法之罪民置之重刑無不平允查舊例吸食鴉片者罪僅枷杖

其不指出興販者罪止杖一百徒三年然皆係活罪斷癮之苦甚於枷杖與徒故甘犯明刑不肯斷絕若罪以死論臨刑之慘急更苦於斷癮之苟延臣知其情願絕癮而死於家必不願受刑而死於市惟

皇上明慎用刑之意誠恐立法稍嚴互相告訐以至流及無辜然吸鴉片者是否有癮到官熬審立刻可辨如非吸食之人雖大怨深仇不能誣枉良善果係吸食究亦無從掩飾故雖用刑並無

流弊臣查余文儀臺灣志云咬嵧吧本輕捷善鬬紅毛製造鴉片誘使食之遂疲羸受制其國竟爲所據紅毛人有自食鴉片者其法集衆紅毛人環視繫其人竿上以礮擊之入海故紅毛無敢食者今入中國之鴉片來自噢咭唎等國其國有食鴉片者以死論故各國祇有造煙之人無食煙之人臣又聞夷船到廣由孟臺經安南邊境初誘安南人食之安南人覺其陰謀立即嚴出示禁凡有食鴉片者死不赦夫以外夷之力尙令行禁止況我

皇上雷霆之威赫然震怒雖愚頑之沈溺既久自足以發聵振聾但大計非常情所及惟

聖明乾綱獨斷不必衆議僉同誠恐畏事之人未肯爲國任怨明知非嚴刑不治託言吸食人多治之過驟則有決裂之患今寬限一年是緩圖也

在

諭旨初降之時總以嚴切爲要

皇上之旨嚴則奉法之吏肅奉法之吏肅則犯法之

人畏一年之內尙未用刑十已戒其八九已食者竟藉

國法以保餘生未食者亦因炯戒以全身命此

皇上止辟之大權卽好生之盛德也復請

飭諭各省督撫嚴切曉諭廣傳戒煙藥方毋得逾限吸食並一面嚴飭各府州縣清查保甲預先曉諭居民定於一年後取具五家鄰佑互結仍有犯者准令舉發給予優獎倘有容隱一經查出本犯照新例處死外互結之人照例治罪至如通都大邑五方雜處往來客商去留無定鄰佑難於查察責成鋪店如有容留食煙之人照窩藏匪類治罪現任文武大小各官如有逾限吸食者是以奉法之人等爲犯法之事應照常人加等除本犯官治罪外其子孫不准考試地方官於定例一年後如能實心任事拿獲多起者照獲盜例請

恩議叙以示鼓勵其地方官署內官親幕友家丁仍有吸食被獲者除本犯治罪外該本管官嚴加

議處各省滿漢營兵每任取結照地方保甲辦
理其所管轄失察人照地方官衙門辦理庶幾
軍民一體上下肅清無論鎬鄉僻壤務必布告
詳明使天下曉然於
皇上愛惜民財保全民命之至意向之吸食鴉片者
自當畏刑感德革面洗心如是則漏卮可塞銀
價不致日昂然後講求理財之方誠天下萬世
臣民之福也奏入
諭曰黃爵滋奏請嚴塞漏卮以培國本一摺著盛京

吉林黑龍江將軍直省各督撫各抒所見妥議
章程迅速具奏欽此
道光十九年五月　宗人府等衙門會議奏言
臣等查鴉片之來皆由海口內地奸民與夷匪
私相交易加以弁兵縱容受財護送以致毫無
顧忌肆意暢行錮習益深日甚一日受其害者
類皆沉溺不返幾同毒藥迷人迨至骨立形銷
等於殘廢而執迷不悟莫可挽回我
皇上恫瘝在抱欲為天下除此大患

特命廷臣會同妥議明定章程以期易俗移風還淳
返樸臣等謹就黃爵滋原奏及各省將軍督撫
科道條陳各摺參互考訂擇其實可見諸施行
者臚列以陳用備
採擇竊惟明刑所以弼教立法尤貴因時鴉片之禁
載在爰書果能及早查拿何至流毒如今日之
甚總緣各省大小臣工視為具文不肯認眞查
辦遂致澆風日熾幾成習慣自然當此波靡日
甚之時勢非雷厲風行不足以振聾啟聵查海

販窰口實為禍首罪魁必應一律從嚴分別論
罪方足以破奸徒之膽而昭情法之平至若巡
海兵弁假公濟私內地奸商輾轉銷售以及開
設煙館引類呼朋墮其術者罔不形同鬼域蕩
產傾家傳染幾徧天下覈其情罪實為
盛世所不容必應明罰敕法俾無倖逃使狡獪之徒
共凜然於法律森嚴不敢冒危險以圖重利而
後其源可塞其流自清數十年漸染之風不待
禁而自止矣至於吸食鴉片者初則被人引誘

半屬愚民近則視爲泛常明目張膽已屬罪不容誅倘經此次廣爲勸諭依然怙惡不悛律以藐法則爲亂民律以梗化則爲頑民緣情定讞愚民可寬亂民頑民必不可寬況吸食之弊一日不斷則興販之來一日不絕是興販與吸食厥罪維均斷不容稍從寬典惟有一律從嚴俾吸食者共畏刑書興販者無從牟利庶可根株盡絕永杜弊源此外官員之失察胥吏之得財商船之窩藏關津之偷漏棍徒之冒充官人奸民之栽贓誣陷種種流弊不可勝數臣等謹按所犯情節酌定罪名列爲三十九條伏乞

欽定

一開設窰口等犯向無治罪專條今擬沿海奸徒開設窰口勾通外夷潛買鴉片煙土入口囤積發賣圖利一經審定首犯擬斬立決恭

請

王命先行正法仍傳首海口地方懸竿示衆爲從同謀及接引護送之犯並知情受雇之船戶均

擬絞監候房屋船隻一律入官　吏部查向例洋船夾帶鴉片煙進口等項情弊官員失察處分係按斤數覈議至降一級調用止且只有該管地方官處分其各該管上司並未議及查則例內載洋船夾帶鴉片煙進口及奸民私種罌粟煎熬煙膏開設煙館文職地方及巡查海口委員能自行拏獲究辦免其議處其有得規故縱者嚴參革職私罪若止失於覺察一百斤以上者罰俸一年一千斤以上者降一級留任五千斤以上者降一級調用俱公罪等語竊思現在嚴定章程沿海奸徒開設窰口勾通外夷買煙囤積罪名既擬以斬梟失察之地方官及該管各上司自應分別從嚴酌定處分以昭慎密應請嗣後如有沿海奸徒開設窰口勾通外夷潛買鴉片煙土入口囤積發賣所犯罪名至斬梟者該管各官亦應從重定議如有知情故縱者嚴參革職私罪如失於覺察照奸民倡設邪

教惑衆斂錢之例議處州縣官降二級調用府州降一級留任道員罰俸一年兩司罰俸九箇月督撫罰俸六箇月俱公罪如別處發覺因案審出或上司飭查俱係全獲究辦或隣境關查隨同全獲究辦或自行查出獲犯及半兼獲首犯俱准功過相抵免其議處若獲犯及半未獲首犯或獲犯尚未及半已獲首犯俱照隣境獲犯之例減等議處　兵部查失察之地方官應照失察民人傳習西洋

教例將專汛官降二級調用兼轄官降二級留任統轄官降一級留任提督總兵罰俸九箇月俱公罪知情諱匿不報者專汛官照諱盜例革職私罪該管上司照諱盜例分別議處如別處發覺因案審出隨卽獲犯及半或隣境關查隨同獲犯究辦俱各照隣境獲犯之例減等議處自行查出究辦者免議

一沿海員弁人等收受窰口財物縱放煙土向無治罪專條今擬海口員弁兵丁受賄故縱

無論贓之多寡概擬絞立決其未經得賄但知情徇縱或漏信致令脫逃俱發往新疆地方係員弁充當苦差兵丁爲奴如訊不知情實係失於覺察者兵丁杖一百徒三年文武員弁及失察之海關監督　吏部查沿海設立員弁兵丁原以地近海洋稽查更宜週密若海口吏役人等收受窰口財物縱放煙土罪名既從嚴辦理失察處分亦應從重定議應請嗣後如有海口吏役人等受賄故縱罪

應絞決者失察之該管官卽從重照失察沿海姦徒勾通外夷犯該斬梟之例降二級調用府州降一級留任道員罰俸一年兩司罰俸九箇月督撫罰俸六箇月俱公罪知情徇縱漏信脫逃犯該軍流者失察之該管官降二級留任府州罰俸九箇月道員罰俸六箇月兩司罰俸三箇月督撫罰俸兩箇月俱公罪自行查拏究辦者免議如官員犯有前項情弊照本管官失察吏役處分上加等辦理

犯該絞決者失察之該管官降三級調用兼轄官降二級留任統轄官降一級留任兩司罰俸一年督撫罰俸九箇月俱公罪知情徇縱漏信脫逃罪應發往新疆充當苦差者失察之該管官降一級調用兼轄官罰俸一年統轄官罰俸九箇月兩司罰俸六箇月督撫罰俸三箇月俱公罪上司查出揭參者免議至海關監督失察所屬官員及失察吏役人等犯有前項情弊者均照前例分別議處

兵部查嗣後沿海兵丁如有受賄故縱犯該絞決者失察之該管官卽照失察沿海姦徒勾通外夷犯該斬梟之例降二級調用兼轄官降二級留任統轄官降一級留任提督總兵罰俸九箇月俱公罪知情徇縱漏信致令脫逃犯該軍流者失察之該管官降二級留任兼轄官罰俸一年統轄官罰俸九箇月提督總兵罰俸六箇月俱公罪自行查出究辦者免議如有官弁犯有前項情弊照本管官

失察兵丁處分上加等辦理犯該絞決者失察之該管上司降三級調用兼轄官降三級留任提督總兵降一級留任俱公罪知情徇縱漏信致令脫逃罪應發往新疆充當苦差者失察之該管上司降一級調用兼統官罰俸一年提督總兵罰俸九箇月俱公罪上司查出揭參者免議

一鴉片煙案內合夥開設窰口並合夥興販人犯應分別首從辦理向無專條今擬拏獲鴉

片煙案犯如有合夥開設窰口並合夥興販者無論出錢多寡以造意者為首餘俱以為從論

一寄囤夷船鴉片煙土之犯向無治罪專條今擬沿海姦徒貪利寄囤夷船鴉片煙土流毒內地者照開設窰口從犯治罪其尋常興販煙土案內究出知情受寄之犯減首犯一等治罪

一得財賣放鴉片煙案犯之官役人等向無治

罪專條今擬拏獲興販鴉片煙及吸食之犯如有不肖官吏並兵役人等得財賣放者與本犯一體治罪贓重者計贓以枉法從重論

吏部查拏獲興販鴉片煙及吸食之犯如有吏役人等得財賣放罪應斬梟者失察之該管官降三級調用府州降二級留任道員降一級留任兩司罰俸一年督撫罰俸九箇月俱公罪罪應斬絞立決者該管官降二級調用府州降一級留任道員罰俸一年兩司

罰俸九箇月督撫罰俸六箇月俱公罪罪應斬絞監候者該管官降一級調用府州罰俸一年道員罰俸九箇月兩司罰俸六箇月督撫罰俸三箇月俱公罪罪應軍流者該管官降二級留任府州罰俸九箇月道員罰俸六箇月兩司罰俸三箇月督撫罰俸兩箇月俱公罪自行查拏究辦者免議如官員犯有前項情弊照失察吏役處分上加等辦理罪應斬梟者該管官降四級調用兼轄官降三級

留任統轄官降二級留任兩司降一級留任督撫罰俸一年俱公罪罪應斬絞立決者該管官降三級調用兼轄官降二級留任統轄官降一級留任兩司罰俸一年督撫罰俸九箇月俱公罪罪應斬絞監候者該管官降二級調用兼轄官降一級留任統轄官罰俸一年兩司罰俸九箇月督撫罰俸六箇月俱公罪罪應軍流者該管官降一級調用兼轄官罰俸一年統轄官罰俸九箇月兩司罰俸六

箇月督撫罰俸三箇月俱公罪上司查出揭參者免議

兵部查拏獲興販鴉片煙及吸食之犯如有不肖官兵得財賣放者既與本犯一體治罪失察之該管各官自應仍按罪名議處惟係官兵得財賣放應以次加等定議應請嗣後各省兵丁拏獲興販鴉片煙及吸食之犯如有得財賣放犯該斬梟者失察之該管官卽照失察沿海姦徒勾通外夷罪應斬梟之例加等降三級調用兼轄官降三

級留任統轄官降二級留任提督總兵降一級留任俱公罪犯該斬絞立决者失察之該管官降二級調用兼轄官降二級留任統轄官降一級留任提督總兵罰俸一年俱公罪犯該斬絞監候者該管官降一級調用兼轄官降一級留任統轄官罰俸一年提督總兵罰俸九箇月俱公罪犯該軍流者失察之該管官降二級留任兼轄官罰俸一年統轄官罰俸九箇月提督總兵罰俸六箇月俱公罪

自行查出究辦者免議如員弁犯有前項情弊犯該斬梟者失察之該管上司降四級調用兼統官降四級留任提督總兵降三級留任俱公罪犯該斬絞立决者該管上司降三級調用兼轄官降三級留任提督總兵降二級留任俱公罪犯該斬絞監候者該管上司降二級調用兼統官降二級留任提督總兵降一級留任俱公罪犯該軍流者該管上司降一級調用兼統官降一級留任提督總兵

罰俸一年俱公罪上司查出揭參者免議

一禁卒人等遞給鴉片煙與犯人吸食向無治罪專條今擬內外問刑衙門收禁人犯如有禁卒人等私行傳遞或代買鴉片煙與犯人吸食者發極邊煙瘴充軍其奉官解遞看守之犯解役看役人等有犯前項情弊發近邊充軍贓重者計贓以枉法從重論失察之該管各官　吏部查禁卒人等將鴉片煙與犯人吸食該管官知情故縱者革職私罪失於

覺察管獄官照約束不嚴例降一級調用有獄官降一級留任俱公罪如提解看守之犯解役看役人等將鴉片煙與犯人吸食者該管官失於覺察照有獄官例降一級留任公罪自行查拏究辦者免議　兵部查禁卒人等如有私行傳遞鴉片煙與犯人吸食者失察之管獄官照約束不嚴例降一級調用公罪其奉官解遞看守人犯之兵役人等有犯前項情弊將失察之該管官降一級留任公

罪自行查出究辦者俱免議

一栽煙誣賴之犯向無治罪專條今擬拏獲鴉片煙見發有據者方坐不許妄攀拖累如兵役人等並地方匪棍冒充兵役假以查拏鴉片煙為由肆行搶奪並懷挾讐恨或希圖訛詐栽煙誣賴審實不分首從俱照誣良為盜例發邊遠充軍贓至一百二十兩以上者為首擬絞監候　吏部查定例捕役誣拏良民為盜私用非刑拷逼致死者將失察之州縣

官革職府州降二級調用道員降一級調用臬司降一級留任督撫罰俸一年俱公罪未致死者州縣官降三級調用府州降一級調用道員降一級留任臬司罰俸一年督撫罰俸六箇月俱公罪如係自行訪拏審出未致死者免議已致死者仍照例議處上司查出揭參者免議又定例已革捕役誣良為盜已致死者州縣官降二級調用未致死者降一級調用俱公罪如係自行訪拏審出未致死

者免議已致死者仍照例議處又定例地方豪棍遊行街市藉端訛詐勒騙錢物酗酒行兇州縣官失於覺察者降一級留任公罪自行拏究者免議各等語查捕役假以查拏鴉片煙為由肆行搶奪並懷挾讐恨或希圖訛詐栽煙誣賴既照誣良為盜例治罪失察之該管官亦應照失察捕役誣良為盜例議處係已革捕役亦照失察已革捕役誣良為盜例議處如係自行訪拏審出未致死者免議

已致死者仍照例議處係匪徒冒充兵役犯有前項情弊照失察棍徒訛詐財物例議處自行拏究者免議　兵部查兵役人等栽煙誣賴既照誣良為盜例治罪其失察之該管各官亦應照誣良為盜例覈議應請嗣後在京及各省兵丁如有栽煙誣賴拖累致死者將失察之該管官革職兼統官降二級調用總兵降一級調用提督罰俸一年如未經致死者該管官降二級調用兼統官降一級調

用總兵罰俸一年提督罰俸六箇月俱公罪上司各官查出揭參者免議該管官自行訪拏究出已致死者降二級留任公罪未致死者免議至地方匪棍冒充兵役栽煙誣賴者責令該管營員巡查緝拏如明知不行查拏者專汛兼轄各官俱革職得財私縱謊稱失脫者革職提問俱私罪如不知情失於查拏者專汛官降一級留任兼轄官罰俸一年俱公罪自行查拏究辦者免議

一鴉片煙案犯告稱留養向無專條今擬鴉片煙案內問擬流罪以上人犯有告稱留養者概不查辦

一鴉片煙案內自首及聞拏投首人犯向無專條今擬鴉片煙案內人犯如有事未發而自首者照犯罪自首律准其免罪聞拏投首者於本罪上減一等科斷首後復犯加一等治罪不准再首

一吸食鴉片煙之案止准地方官弁訪拏究辦不許旁人訐告如有訐告者均不准審理儻係干犯名義仍照本律治罪

一開設鴉片煙館原例爲首擬絞監候爲從擬滿流今擬私開鴉片煙館引誘良家子弟者首犯擬絞立決房屋入官從犯及知情租給房屋之犯發新疆給官兵爲奴房屋一律入官兵役受賄包庇與犯一體科罪其知情之地保鄰佑人等俱仍照舊例杖一百徒三年有贓計贓准枉法從重論失察之該管各官

吏部查姦徒開設鴉片煙館引誘良家子弟州縣官知情故縱者革職私罪係吏役受賄包庇罪應絞決者失察之該管官降二級調用府州降一級留任道員罰俸一年兩司罰俸九箇月督撫罰俸六箇月俱公罪自行查拏究辦者免議係失察民人開設鴉片煙館引誘良家子弟並無吏役包庇情事犯該絞決者州縣官降一級調用府州罰俸一年道員罰俸九箇月兩司罰俸六箇月督撫罰

俸三箇月俱公罪如別處發覺因案究出該上司飭查俱係全獲究辦或鄰境關查隨同全獲究辦或自行查出獲犯及半兼獲首犯俱准功過相抵免其議處若獲犯及半未獲首犯或獲犯尚未及半已獲首犯俱照鄰境獲犯之例減等議處　兵部查姦徒開設鴉片煙館引誘良家子弟罪應絞決者失察之專汛官降一級調用兼轄官降一級留任統轄官罰俸一年俱公罪如別處發覺因案審

出隨即獲犯究辦或鄰境關查隨同獲犯究辦俱各照鄰境獲犯之例減等議處倘兵丁受賄包庇罪應絞決者失察之該管官降二級調用兼轄官降二級留任統轄官降一級留任俱公罪自行查拏究辦者免議

一栽種鴉片煙及買土煎熬售賣人犯原例為首發邊遠充軍為從流二千里興販鴉片煙人犯為首發近邊充軍加枷為從滿徒今擬內地姦民人等有栽種罌粟花收漿製造鴉片煙土或煎熬成膏售賣及興販鴉片煙膏煙土發賣圖利數至五百兩或雖不及五百兩而興販多次者首犯擬絞監候為從發極邊煙瘴充軍若興販僅止一二次並為數不及五百兩為首發新疆給官兵為奴為從發極邊足四千里充軍兵役受賄包庇與首犯一體科罪贓重者計贓以枉法從重論其知情租給田地房屋之業主及知情受雇之船戶但在一年以外者發邊遠充軍一年以內

杖一百流二千里半年以內杖一百徒三年田地船隻房屋一律入官有能自行首告將犯指拏到官者免罪田地船隻房屋並免入官首而無獲者但准免罪田地船隻房屋仍行入官鄰佑地保知而不首各杖一百有贓者計贓准枉法從重論仍令各督撫責成該管道府實力查禁其有查禁不力並失察與販之該管各官　吏部查內地姦民人等栽種罌粟花收漿製造鴉片煙土煙膏售賣與

販州縣官知情故縱者革職永不叙用私罪係吏役受賄包庇罪應絞候者失察之該管官降一級調用府州罰俸一年道員罰俸九箇月兩司罰俸六箇月督撫罰俸三箇月俱公罪罪應擬軍者該管官降二級留任府州罰俸九箇月道員罰俸六箇月兩司罰俸三箇月督撫罰俸兩箇月俱公罪自行查拏究辦者免議如係民人栽種罌粟製造鴉片煙並與販煙土煙膏犯該絞候者失察之州縣

官降二級留任府州罰俸九箇月道員罰俸六箇月兩司罰俸三箇月督撫罰俸兩箇月俱公罪犯該軍罪者州縣官降一級留任府州罰俸六箇月道員罰俸三箇月兩司罰俸兩箇月督撫罰俸一箇月俱公罪如別處發覺因案審出或上司飭查俱係全獲究辦或鄰境關查隨同全獲究辦或自行查出獲犯及半兼獲首犯俱准功過相抵免其議處若獲犯及半未獲首犯或獲犯尚未及半已獲

首犯俱照鄰境獲犯之例減等議處　兵部查內地姦民人等如有栽種罌粟花收漿製造鴉片煙土或煎熬成膏售賣及與販鴉片煙膏煙土發賣圖利犯該絞候者失察之專汛官降二級留任兼轄官罰俸一年統轄官罰俸九箇月犯該軍流者專汛官降一級留任兼轄官罰俸九箇月統轄官罰俸六箇月俱公罪如別處發覺因案審出隨即獲犯究辦或鄰境關查隨即獲犯究辦俱各照鄰境

獲犯之例減等議處倘兵丁受賄包庇犯該絞候者失察之該管官降一級調用兼轄官降一級留任統轄官罰俸一年犯該軍流者失察之該管官降一級留任兼轄官罰俸一年統轄官罰俸九箇月俱公罪自行查出究辦者免議此係文武各員降調降留處分均不准抵銷

一栽種罌粟花連畦成畝尚未製煙售賣及收買鴉片煙尚未售賣者原例杖一百徒三年今擬栽種罌粟花尚未收漿製造煙土煎熬

煙膏售賣及收買鴉片煙土煙膏尚未售賣
貽害者爲首發極邊煙瘴充軍爲從杖一百
流三千里
一吸食鴉片煙人犯在京各衙門以奉
旨之日爲始各直省以奉到部文之日爲始均予限
一年六箇月限滿不知悛改無論官員軍民
人等一概擬絞監候其在一年六箇月限内
犯者仍分別辦理
一平民吸食鴉片煙在一年六箇月限内犯案

者照舊例加重杖一百流二千里不能供出
販賣之人加一等杖一百流二千五百里係
旗人銷除旗檔一體實發
一在官人役並官親幕友長隨人等一年六箇
月内在署吸食者照平民加一等治罪該管
官徇隱不究　吏部兵部查在官人役並官
親幕友長隨人等在署吸食鴉片煙該管官
知情故縱者革職私罪如係失於覺察照約
束不嚴例降一級調用公罪自行查出究辦

者免議
一職官買食鴉片煙原例加平民一等治罪今
擬職官買食鴉片煙在一年六箇月内者仍
加平民一等治罪均從重發往新疆地方充
當苦差
一兵丁買食鴉片煙原例加平民一等治罪今
擬在京各旗及各省駐防綠營兵丁買食鴉
片煙在一年六箇月内者發近邊充軍該管
及本管各員弁　兵部查在京各旗營兵丁

買食鴉片煙該管各官如係知情故縱者革
職私罪止於失察者該管官降一級調用兼
轄官降一級留任統轄官罰俸一年俱公罪
各省駐防兵丁有犯亦照此例辦理至綠營
兵丁買食鴉片煙該管各官如係明知故縱
者革職私罪止於失察者該管官降一級調
用兼統官降一級留任提督總兵罰俸一年
俱公罪該管各官自行查出究辦者免議並
於挑募時訊取應募人各該族鄰切實甘結

一開設煙館及栽種罌粟等花製煙售賣並與販鴉片煙首從各犯除現擬死罪外其餘亦俟一年六箇月後均擬絞監候

一拏獲吸食鴉片煙人犯訊明雖經改悔戒絕但存有鴉片煙灰未經燬棄者向無專條酌照不應重律杖八十今擬加二等杖一百治罪

一製造及販賣鴉片煙器具者照造賣賭具例分別治罪　吏部查民人製造及販賣鴉片

煙器具係照造賣賭具例治罪失察之該管官應照失察造賣賭具例革職留任倘未販賣行用卽能訪獲無論已成未成亦照拏獲製造賭具例給予加一級　兵部查製造及販賣鴉片煙器具者旣照造賣賭具例分別治罪其拏獲及失察之地方武職亦應照拏獲賭具並失察賭具例分別議敘議處應請嗣後拏獲製造鴉片煙器具之地方武職首先之員加一級協拏之員紀錄一次倘拏獲

製造之家審明出於某汎將該汎失察之專管官降二級留任至境內有存留舊製器具希圖售賣者該汎專管官未經查出罰俸一年若境內有販賣鴉片煙器具者專管官失於查拏別經發覺將失察之專管官罰俸兩箇月俱公罪

一同居子弟有買食鴉片煙者除本犯照例懲辦外將家長照不能禁約子弟爲竊之例治罪

一職官因吸食鴉片煙犯案在一年六箇月以內發往新疆者永不敘用槪不准各該城大臣等因事保奏

一宗室覺羅買食鴉片煙者若照平民加一等治罪發近邊充軍謹案宗人府則例僅止折圈二年六箇月加責四十板不足以示懲儆今擬宗室覺羅買食鴉片煙者從重發往盛京交該將軍嚴加管束至宗室覺羅職官以及王公內有買食鴉片煙者均從重革職革爵

發往
盛京永不敘用並遵照此次章程予限一年六箇
月如限滿復不知悛改仍有吸食者卽照新
定章程加重擬絞監候應按照舊例宗人府
會同刑部恭進
黃冊請
旨
一太監買食鴉片煙者內務府查太監等供役
內廷理宜敬愼倘有故違禁令怙惡不悛尤當嚴

定章程分別懲辦舊例枷號兩箇月改發各
省給官兵爲奴未免輕縱亦無區別今當法
律森嚴之際若不先行曉諭繼以搜查恐難
淨絕根株仍係有名無實擬自此次奉
旨之日起
宮內圓明園各等處由總管內務府大臣徧行曉
諭所有首領太監內如有從前吸食之人限
一箇月內將煙具等項投內務府衙門自首
取具永遠改悔甘結免治從前應得之罪如

一月限滿並無自首之人或僅有一二處一
二人再由內務府傳知
宮內圓明園總管太監等限三箇月各將本管兼
管之處認眞搜查如有收藏煙具者卽將其
人
奏明交出嚴行審訊從重治罪如三箇月限滿並
未查出或查出若干人交出治罪後仍有吸
食者經內務府大臣訪聞具奏或別經發覺
或該管總管首領等自行查出檢舉或經同

伴告發如係在禁地坐更
宮殿直房禁門以內各直房吸食者訊係實有其
事究出販煙之人不論有癮無癮初犯再犯
擬將該太監定絞監候
奏明後交刑部監禁待質家屬發往新疆地方給
官兵爲奴其失察之總管奏請革職該處首
領不論知情與否俱發往黑龍江給官員爲
奴同屋太監均發往打牲烏喇給官員爲奴
如係首領吸食將失察之本管總管奏請革

職發遣該處其餘首領及太監等俱發吴甸鍘草五年究出販煙之人若係太監審訊得實與吸煙之人同罪若係民人交刑部按現定條規加等治罪如有在外圍直房各地坦公所吸食者一經發覺審擬將該太監枷號六箇月滿日發極邊煙瘴充軍永遠枷號交地方官轉飭看管遇

赦不赦其失察之總管奏請實降二級首領革職同屋太監發吴甸鍘草三年如係首領吸食均照禁門以内新擬罪名辦理如有告假在外或潛往私宅或在他處吸食者一經發覺審實擬將該首領太監在愼刑司永遠枷號不赦若係該首領私宅將其家屬杖一百徒三年房屋入官若係他處將容隱之人交刑部加等治罪亦將房屋入官究出販煙之人交刑部加等治罪其地方失察處分由各該部從重議處失察之總管免議至

陵寢當差首領太監等應令該管大臣委員隨時稽查

如有吸食者卽行

奏明解交愼刑司嚴訊一經審實擬照外圍辦理其王公門上之首領太監及各大臣宅中之太監等應責成該王公大臣等隨時稽查如有吸食者

奏交內務府審實在愼刑司永遠枷號不赦究出販煙之人均交刑部加等治罪其地方失察處分由各該部從重議處若未曾查出別經發覺將失察之王公大臣附摺參

奏以上各條擬請統限半年以內有犯者查出審實如此辦理如自奉

旨之日半年以後

宮門以內有犯吸食者將該犯擬斬監候外圍等處

陵寢當差者及王公門上大臣宅中及已爲民太監等有犯吸食者將該犯擬絞監候

奏明後送交刑部監禁屆期由部聲明請

旨至各項失察處分仍照前議辦理併請嗣後

宮內圓明園各等處如有新放更調之總管首領等自到該處之日限兩箇月將應管之首領太監訪查明確有無吸食應奏報者卽行陳奏如實無其人出具甘結交內務府存案倘於報後查出或係新到該處者審係屬實將吸食之人照新定章程治罪外其失察之處酌量援減若始終失察卽照新例定擬治罪至犯案情形不一稽查尤關緊要如有隨時酌定之處分別請

旨遵辦

一粵東洋商向因貿易准與夷人往來然住澳住行皆有一定限期不准任意羈留嗣後洋行與夷商交易應遵照定限於賣貨完竣後卽令起程如有逾限久留卽照違制律杖一百如查有積囤鴉片情弊照例治罪房屋查鈔入官

一向例緝私兵弁准帶官編字號鳥鎗遇有大夥鹽梟拒捕准令開放格殺勿論嗣後查拏鴉片煙遇有大夥聚衆持械拒敵官兵者亦准施放鳥鎗格殺勿論其拒捕之犯聚至三人以上執持器械殺人者爲首並殺人之犯俱擬斬立決傷人之犯斬監候若傷人未死首犯斬監候爲從下手如刃傷及折傷以上者絞監候傷非金刃又非折傷及在場助勢未曾傷人各犯俱發往新疆給官兵爲奴其聚衆持械未經拒捕之首犯無論興販次數及煙數多寡俱擬絞監候爲從發極邊煙瘴

充軍

一銷燬煙土應防偷換嗣後州縣等官拏獲煙土解省之日該督撫親自查驗眞僞卽行加貼印封存貯司庫酌定日期銷燬屆期該督撫仍將各處解到煙土逐細覆驗沃以桐油並攙和食鹽白礬眼同銷燬務令悉成灰燼投之河海不准委任他員致滋弊混

一沿海各省洋船進口或該督撫親往查驗或派委公正大員前往實力稽查其並無夾帶

煙土各船概不准絲毫滋擾商情踴躍不致裹足不前現在奉天天津江蘇山東各省業將稽查海口章程開單具奏應令各該將軍督撫率同該關監督實力奉行此外各省海口應責成督撫及海關監督就該處情形詳議章程速行具奏

一各省海關監督稽查稅務是其專責洋船進口有無夾帶鴉片煙土亦應一體稽查嗣後責成該監督嚴飭該關胥吏人等於點驗商

貨時認眞檢查報明究治如敢知情縱放並得賄包庇立卽照例嚴懲倘有徇隱偷漏等弊將來別處發覺卽予懲處　吏部查海關監督稽查稅務是其專責洋船進口有無夾帶鴉片煙土責成該監督嚴飭胥吏人等認眞檢查如有知情縱放得規包庇徇隱偷漏者革職私罪失於覺察犯該斬絞立决者降三級調用犯該斬絞監候者降一級調用犯該軍流者降二級留任俱公罪自行查拏究辦者免議此外不通海道各關津均照此辦理

一鴉片總由海口上岸嗣後各省拏獲煙販應將由何處購買何人經手何人包庇護送並由何處上岸及經過何處地方逐一根究分別受賄知情不知情照例懲辦議處　吏部查拏獲販煙人犯審明係由何處購買何人經手包庇護送何處上岸經過何處查有販賣包庇情事州縣官知情故縱者革職私罪

受賄故縱者革職治罪私罪如失於覺察係吏役犯該斬絞立决者該管官降二級調用府州降一級留任道員罰俸一年兩司罰俸九箇月督撫罰俸六箇月俱公罪犯該斬絞監候者該管官降一級調用府州罰俸一年道員罰俸九箇月兩司罰俸六箇月督撫罰俸三箇月俱公罪犯該軍流者該管官降二級留任府州罰俸九箇月道員罰俸六箇月兩司罰俸三箇月督撫罰俸兩箇月俱公罪

自行查拏究辦者免議係民人犯該斬絞立决者州縣官降一級調用府州罰俸一年道員罰俸九箇月兩司罰俸六箇月督撫罰俸三箇月俱公罪犯該斬絞監候者州縣官降二級留任府州罰俸九箇月道員罰俸六箇月兩司罰俸三箇月督撫罰俸兩箇月俱公罪犯該軍流者州縣官降一級留任府州罰俸六箇月道員罰俸三箇月兩司罰俸兩箇月督撫罰俸一箇月俱公罪如別處發覺因

案審出或上司飭查俱係全獲究辦或鄰境關查隨同全獲究辦或自行查出獲犯及半兼獲首犯俱准功過相抵免其議處若獲犯及半未獲首犯或獲犯尚未及半已獲首犯俱照鄰境獲犯之例減等議處若沿途經過並無包庇販賣情事地方官失於查拏者罰俸一年公罪　兵部查拏獲煙販人犯審明由何處購買何人經手包庇護送何處上岸經過何處查有販賣包庇情事專汛官知情

故縱者革職私罪受賄故縱者革職治罪私罪如失於覺察係兵丁犯該斬絞立決者該管官降二級調用兼轄官降二級留任統轄官降一級留任提督總兵罰俸一年俱公罪犯該斬絞監候者該管官降一級調用兼轄官降一級留任統轄官罰俸一年提督總兵罰俸九箇月俱公罪犯該軍流者該管官降二級留任兼轄官罰俸一年統轄官罰俸九箇月提督總兵罰俸六箇月俱公罪自行查

出究辦者免議係民人犯該斬絞立决者專汛官降一級調用兼轄官降一級留任統轄官罰俸一年提督總兵罰俸九箇月俱公罪犯該斬絞監候者專汛官降二級留任兼轄官罰俸一年統轄官罰俸九箇月提督總兵罰俸六箇月俱公罪犯該軍流者專汛官降一級留任兼轄官罰俸九箇月統轄官罰俸六箇月提督總兵罰俸三箇月俱公罪如別處發覺因案審出隨卽自行拏獲究辦或鄰

境關查隨同獲犯究辦俱各照鄰境獲犯之例減等議處若沿途經過並無包庇販賣情事專汎官失於查拏者罰俸一年公罪

一拏獲吸食鴉片煙人犯到案承審之員務須嚴行審訊毋許漏網如有徇情開脫照故出人罪例治罪倘訊係無辜其煙土煙具實係查拏人役栽誣陷害卽將栽陷之人役照例懲辦　吏部查拏獲鴉片煙案內人犯訊係無辜之人卽行省釋倘有待質之處令其聽

候傳質如有濫行收禁將該州縣照濫禁律罰俸一年再降一級調用私罪挾私故禁者照挾私故禁平人杖八十私罪律降三級調用私罪因而致死者革職治罪私罪

一吸食已戒平民例得免罪而官民應分別辦理查吸食鴉片期於能戒而止平民已戒卽同無罪之人若現任官員爲民表率但經吸食之人卽難更司查辦之職嗣後現任各員如有曾經吸食者該上司卽行揭參勒令休

致知而不揭　吏部查現任官員如有曾經吸食鴉片煙該上司知而不揭照徇庇例降三級調用私罪　兵部查官員吸食鴉片煙該上司知而不揭照徇庇例降三級調用私罪惟吸食全以現在有癮無癮爲斷若無癮而以爲曾經吸食則人人皆可誣指必須查有確憑方准揭參如有挾私揭報及任意參奏者　吏部兵部查該上司應照督撫挾嫌參劾屬員例革職私罪係誤行揭參照誤揭屬員之例降二級調用公罪該員本未斷癮

而但以曾經吸食朦混揭報者　吏部兵部查該上司應照循隱例降二級調用私罪

一查向例議敘以獲盜爲最優然亦須拏獲應斬決斬梟三名以上或應凌遲者一二名方准送部引

見其道府大員止加一級今拏獲鴉片各案皆蒙

特恩破格陞擢未便拘以常例嗣後各省文武查拏鴉片認眞出力者准督撫覈實保奏請

旨定奪惟拏獲鴉片全以煙土爲憑一經銷燬眞僞
多寡皆難查究嗣後如有拏獲煙案該印官
將所獲煙土煙膏俱用印封實貼開明斤兩
數目如係大夥例得專案[illegible][illegible]者卽行解
省呈驗倘有以僞作眞以少報多情弊卽行
從嚴參處督撫徇情濫保交部嚴議．吏部
查則例內載地方各官能將鄰境興販煎熬
之犯並鴉片煙一併拏獲者每二百斤給予
紀錄一次每千斤給予加一級以次遞加獲

至五千斤以上者准該督撫奏請送部引
見恭候
欽定如所獲人犯僅止私種罌粟並非煎熬煙斤者
槪毋庸議叙議處等語是向例拏獲興販鴉
片煙二百斤始給予紀錄一次一千斤始給
予加一級五千斤以上始准送部引
見且專指拏獲鄰境人犯始准議叙並無拏獲本境
人犯亦准議叙之條恭查道光十八年六月
十四日據中城御史奏請將拏獲興販吸食

鴉片煙人犯之正指揮李遇亨不論雙單月
遇有同知缺出卽行補用揀調副指揮許之
瑞遇有缺出卽補副指揮郝昇榮以應陞之
缺陞用奉
旨允准經臣部查明與定例不符聲明請
旨於七月十三日奉
旨吏部奏緝獲興販鴉片煙土人犯之正指揮李遇
亨等分別陞補與例未符現在嚴拏鴉片之時李
遇亨等仍著該部遵照前旨陞補以示鼓勵欽遵

在案以後各城拏獲興販吸食鴉片煙人犯
有由本城拏獲別城人犯奏請鼓勵者亦有
本城拏獲本城人犯奏請鼓勵者疊經奉
旨允准臣部欽遵辦理在案竊思欲絕鴉片煙之流
弊失察處分固宜從嚴而按查鴉片之根株
獲犯議叙亦應量予從寬臣等公同酌議處
分既按罪名輕重分別辦理議叙亦應按罪
名輕重分別等差其有拏獲煙犯自應無論
鄰境本境均准給予議叙以示鼓勵惟姦徒

開設窰口潛買煙土囤積及開設煙館與販
囤積並栽種罌粟收漿製造煙土煙膏煎熬
售賣本境地方官本有失察之咎未便與拏
獲鄰境人犯一律辦理應請嗣後拏獲鄰境
姦徒開設窰口勾通外夷潛買煙土囤積及
開設煙館與販囤積並栽種罌粟收漿製造
煙土煙膏煎熬售賣犯該斬梟一名及一案
內拏獲斬絞立决首犯一名從犯三名以
上全獲者均准該督撫保奏送部引

見如衹拏獲斬絞立决人犯一名准其加一級斬絞
監候人犯每名紀錄二次軍流人犯每名紀
錄一次如一年之內所獲人數較多只按名
給予加級紀錄亦不足以示鼓勵查錢糧議
敘例內一官經徵分數錢糧能於每年奏銷
前全完應於照常議敘之外量加優敘等語
以後拏獲與販鴉片煙人犯如一年內拏獲
斬絞立决人犯二名或拏獲斬絞立决人犯
一名又兼獲斬絞監候人犯五名或拏獲斬

絞監候人犯十名以上者應比照每年錢糧
全完於照常議敘之外量加優敘之例酌核
辦理除照例給予加級紀錄外亦准該督撫
保奏送部引
見至本境有姦徒開設窰口勾通外夷潛買煙土囤
積或開設煙館與販囤積或栽種罌粟收漿
製造煙土煙膏煎熬售賣地方官自行查出
破案全行拏獲者始准照拏獲鄰境煙案人
犯之例按名給予議敘如與引

見之例相符者亦准其送部引
見其拏獲煙案人犯例應送部引
見之員該督撫但衹聲請議敘者臣部覈與引
見之例相符即題請送部引
見如該員另有失察煙案處分覈其情罪相等亦准
其聲請抵銷此內有拏獲煙案人犯實在認
眞出力經該督撫奏請鼓勵欽奉
特旨指明以何官陞用或以何官儘先補用應欽遵
諭旨辦理即知照該省遵行如專摺保奏以何官陞

用或以何官補用欽奉
諭旨允准覈與引
見之例相符查係應陞應補之階卽欽遵辦理無庸
送部引
見若覈與現定章程不符或非應陞應補之階仍由
臣部查取審擬供招將不合例緣由聲明請
旨至現任候補人員拏獲煙犯引
見奉
旨以何項官員陞用及儘先補用者若在未陞未補

之前又有續獲煙犯雖覈與引
見之例相符只照例按名給予議叙毋庸再行調取
其業已調取尚未引
見續有拏獲煙犯覈與引
見之例相符者亦只照例按名給予議叙毋庸調取
至現任道府大員拏獲鴉片煙案若與同知
直隸州以下等官一律辦理亦不足以示區
别查道府獲盜定例內載各省道員留心緝
捕首先拏獲盜犯覈與州縣官引

見之例相符者每案准其加一級與例不符者每名
准其紀錄一次若係督同屬員拏獲卽毋庸
給予議叙又定例各省試用知府拏獲盜犯
覈與州縣官引
見之例相符者准其遇缺儘先補用與例不符者照
拏獲別境首夥盜犯之例分別議叙至現任
知府有能首先拏獲盜犯覈與引
見之例相符者每案准其加一級與例不符者每名
准其紀錄一次若係督同屬員拏獲卽毋庸
給予議叙等語原以道府體制較崇是以獲

盜議叙與州縣以下等官亦有區别應請嗣
後如係試用知府拏獲鴉片煙案覈與州縣
等官引
見之例相符者卽查照拏獲盜案例准其遇缺儘先
補用與例不符者分別名數給予議叙其現
任道府拏獲鴉片煙案覈與州縣等官引
見之例相符者每案准其加一級與例不符者每名
准其紀錄一次若係督同屬員拏獲卽毋庸

給予議叙如地方等官拏獲煙案人犯倘有以僞作眞以少報多情弊卽行從嚴參處該督撫徇情濫保將該督撫照徇情例降二級調用私罪　兵部查則例內載地方官能將鄰境興販鴉片煙首犯並煙斤拏獲每二百斤紀錄一次每千斤加一級以次遞加如獲至五千斤者該總督巡撫將該員出具考語送部引

見恭候

欽定等語是向例俱按獲煙斤數分別議叙且專指拏獲鄰境人犯而言並無拏獲本境人犯亦准議叙之條竊思此等姦徒或開設窰口勾通外夷或開設煙館興販囤積或栽種罌粟製造煎熬其人犯罪名俱按情節之重輕則拏獲議叙自不能僅論煙斤之多寡且此等姦徒非拏獲到官無由破案非若地方失事有勒限承緝之責若拏獲鄰境案犯准予議叙而本境僅免失察處分恐各員弁等恃其

破案無由反舍本境應拏之犯而僥倖以邀功其查拏仍不得力惟本境員弁本有失察之咎亦未便與拏獲鄰境人犯一律辦理查例載副將以下拏獲鄰境盜犯罪應斬梟斬決數在三名以上該員本任並無承緝逃盜准該督撫奏請送部引

見恭候

欽定倘未及三名按其罪名分別議叙至總兵果能留心緝捕覈與副將以下等官引

見之例相符者給予加一級其與引

見之例不符者仍照拏獲夥盜例每名紀錄一次又定例地方武職各官一年內拏獲過境十人以上帶有軍器大夥私梟至五起者不論俸滿卽行陞用各等語應請嗣後拏獲鄰境開設窰口等犯如僅獲煙斤人犯未獲仍照舊例按煙斤多寡分別議叙外如首先拏獲罪應斬梟及斬絞立決人犯數在三名以上者卽照拏獲鄰境盜犯之例准該督撫奏請送

部引
見恭候
欽定如未及三名而一年內能全獲五起其首犯內
有罪應斬梟斬絞立決一二名或俱應斬絞
監候者除按名給予加級紀錄外仍照拏獲
大夥私梟之例不論俸滿卽行陞用協拏之
員亦按其罪名分別減等議叙如祗拏獲斬
梟人犯一名者加二級斬絞立決者加一級
監候者紀錄二次軍流者紀錄一次如係總

兵拏獲槩與副將等官引
見之例相符者每案准其加一級與例不符者仍照
拏獲夥盜例每名紀錄一次如係督同屬員
協拏者仍毋庸給予議叙至本境有開設窰
口等犯地方官能自行查出破案全行拏獲
內有罪應斬梟及斬絞立決數在三名以上
者亦准該督撫奏請送部引
見如未及三名而一年內能全獲十起其首犯內有
罪應斬梟及斬絞立決三名或俱應斬絞監

候亦准照拏獲大夥私梟之例不論俸滿卽
行陞用八起以上加二級四起以上加一級
三起以下每一起紀錄一次如地方武職各
官拏獲煙案人犯倘有以僞作眞以少報多
情弊卽行從嚴參處該管各上司徇情濫保
照循情例降二級調用私罪
一查拏鴉片興販與吸食並重今拏獲興販者
得邀議叙而拏獲吸食者並無奬賞非獨兵
役不能得力卽員弁亦有懈心恐吸食一日

不盡卽興販一日不絕現在京內五城拏獲
職官吸食者已邀陞擢嗣後各省如有能訪
獲吸食設法緝拏驗明屬實且人數較多或
不止一案准各督撫查明實在出力之員酌
量奏請議叙　吏部查拏獲興販鴉片煙人
犯係鄰境則分別罪名給予議叙係本境則
必全行拏獲始准分別罪名給予議叙原以
一有興販則流毒亦不止一人是以拏獲鄰
境興販人犯議叙槪予從優卽拏獲本境興

販人犯如能功足掩過亦不沒其微勞至吸
食人犯現擬一年六箇月內擬流一年六箇
月外擬絞若與拏獲與販人犯同按罪名議
敘礙難覈辦且此等人犯有在別處未曾吸
食而來至某處吸食者有在別處曾經吸食
而來至某處復行吸食者有土著紳民愍不
畏法而私行竊食者若與拏獲與販人犯無
論鄰境本境一律分別議敘亦有未協其拏
獲吸食人犯與拏獲興販人犯情節既有輕

重甄敘亦須稍分等差如有拏獲吸食人犯
自應照拏獲與販議敘量為從減而失察處
分亦當稍有區別應請嗣後拏獲吸食人犯
實係土著紳民祇免其失察處分毋庸議敘
若有別處發覺因案審出或上司飭查俱係
全獲究辦或鄰境關查隨同獲犯究辦均准
免其議處如犯被鄰境拏獲該管地方官並
未隨同獲犯照防範不嚴例降一級留任公
罪至往來官紳商民遷徙靡常與實在土著

者迥不相同勢不能再行分別鄰境本境且
致事多轇轕自應無論在何處吸食既行[illegible]
獲每名准給予紀錄一次以示激勸而昭平
允一年內能拏獲十五名以上除照例給予
議敘外准該督撫保奏送部引
見　兵部查則例內載地方武職各官一年內拏獲
過境小夥私梟每二起紀錄一次應請嗣後
拏獲吸食鴉片煙人犯無論鄰境本境每二
案紀錄一次八案加一級十五案加二級如

員弁等果能實力查禁獲犯多起准該督撫
酌量保奏
一在京各衙門及外省督撫有將吸食鴉片之
員列入
京察卓異別經發覺即將原保舉官議處　吏部
查吸食鴉片之員保舉
京察卓異者原保官照濫舉匪人例降二級調用
私罪自行查出揭參者免議惟屬員吸食與
否斷難先期逆料如保舉前實未吸食保舉

後始經吸食原保官應請免其議處至有將
緊要差使派委吸食鴉片之員因而誤公者
統視所誤公務之大小將原派官分別嚴議
不得僅以失察論
一京城地面五方雜處稽察尤應嚴密應責成
步軍統領衙門順天府五城各按所轄地面
嚴飭所屬隨時訪察遇有與販吸食者無論
滿洲漢人官民良賤一體查拏分別奏咨送
交刑部審明治罪其客店廟宇會館如敢知

情窩藏留住或得賄縱容查明一律按例懲
治並嚴禁番役兵捕人等藉端訛索以省擾
累
一保甲之法原以緝捕姦宄今當嚴禁鴉片之
時荒村僻鎮難保無匪徒潛匿應令嚴飭所
屬地方官認眞編查以十家爲一牌設一牌
長每牌上除將逐戶人數生業詳細開載並
將興販吸食鴉片罪名開列俾衆共知責成
牌長如牌内之人有犯卽行舉發倘有受賄

知情等弊一經犯案與地保鄰佑一體懲辦
一朔望宣講宜廣爲勸諭查興販之徒愍不畏
死固非語言所能化導至吸食之人各有身
家果知一經吸食卽犯死罪未必不痛自改
悔嗣後地方官應於朔望宣講後卽將吸食
鴉片之害傳集衆人明白宣示庶父誡兄勉
咸知自愛
以上各條臣等悉心商酌積弊已久非嚴刑峻
法不足挽回有就舊例所無原情定罪者有因

舊例稍寬量爲加重者總期施行無礙有犯卽
懲嚴興販以淸吸食之源治吸食以絶興販之
望此外應有各弊逐細講求準情示罰應請
旨飭下各將軍督撫等各宜激發天良同心協力鼓
其勇敢之氣祛其迴護之私持之以恒體之以
實勿因畏難而中輟勿以條教爲具文有治人
而後有治法積弊雖深轉移有術總使人人知
所警惕則畏法者日衆自犯法者日少而積重
難返之端無難立見肅淸化臻刑措以仰副我

皇上惠愛黎元除惡務盡之至意奉
上諭上年黃爵滋條奏鴉片積弊請旨設法嚴禁當
交各將軍督撫等各抒所見妥議以聞嗣經陸續
奏到並據科道等官先後條陳特降諭旨交大學
士軍機大臣會同各該衙門議奏茲據詳議章程
會同奏入朕詳加披閱尚屬周妥俱著照所議辦
理並著纂入則例永遠遵行各該衙門其卽速行
刊刻頒發各直省將軍督撫等轉行所屬地方文
武員弁一體遵照明白出示曉諭咸使聞知朕維

姑息非所以愛民明刑卽所以弼教鴉片來自外
夷日甚一日兼以內地栽種罌粟影射漁利軍民
人等受其毒者始則被人引誘繼乃習爲泛常甚
至蕩產戕生罔知悛改關繫於人心風俗者甚鉅
若不及早查禁永杜弊源則傳染日深其害伊於
胡底朕痌瘝在抱欲爲天下除此禍患不憚再三
訓誡特議刑章以期易俗移風還淳返樸因思海
販窰口實爲禍首罪魁倘非一律從嚴概置重典
不足以防偷漏而塞來源至吸食之弊一日不斷

則興販之來一日不絕亦不得稍從寬宥今定以
死罪立限嚴懲此外種種流弊尤應隨時隨地實
力稽查歷久不懈庶幾根株淨盡力挽澆風惟是
有治人而後有治法該將軍督撫等果能早爲查
辦何至流毒如今日之甚朕姑寬其既往自此次
明定章程以後其各激發天良滌除積習同心協
力仰體朕懷爲民除害其有不肖屬員諱飾不辦
者立卽據實嚴參重治其罪倘仍意存玩泄視條
教爲具文或畏難苟安或始勤終怠則是甘心骫
法自喪天良朕言出法隨決不寬貸其各凜遵毋

忽
又奉
上諭林則徐等奏夷人帶鴉片煙來內地者請照化
外有犯之例人卽正法貨物入官議一專條並暫
時首繳免罪如何酌予限期之處著軍機大臣會
同刑部議奏旋經奏言臣等伏查鴉片煙流毒中
國爲害日深究其根源皆由夷船潛帶入口
希圖售賣獲利以致愚民被誘吸食寖以成

風現經疊奉
諭旨將鴉片煙案犯從嚴定罪以期盡絕根株臣等
業已會議章程具奏奉
旨准行在案其外夷售賣鴉片煙之躉船在粵東者
亦經
欽派大臣會同該督撫設法購獲勒令將煙土全數
繳出銷燬夷人貿易中土均在
聲教之內亦當知所儆畏悛悔於心惟念夷情嗜利
現在雖經嚴辦猶恐將來復蹈故轍非議定

治罪專條尚不足以示懲儆查律載化外人
犯罪者並依律擬斷又新例載沿海姦徒開
設窰口勾通外夷潛買鴉片煙土囤積發賣
者首犯斬立決從犯絞監候各等語臣等議
請此後夷人如帶有鴉片煙入口圖賣者為
首即照開設窰口例擬斬立決為從同謀者
從嚴擬絞立決由該督撫審明確係帶賣鴉
片煙首從正法並無替冒情弊即交該地方
官督同該夷人頭目將各犯分別正法起獲

煙土全行銷燬其同船之衆是否均係知情
亦由該督撫分別酌量懲治所帶貨物概行
入官以杜貪頑而嚴法禁恭候
命下臣等即行知兩廣總督以奉文之日為始予以
一年六箇月限期如於限內自首將煙土全
數呈繳者仍免其治罪奉
旨依議

右鴉片煙之禁

粵海關志卷十九終

粵海關志卷二十

兵衛

臣謹案有明一代懲倭之詐緣海備禦大者為衛次為所又次為巡檢司所在製船日數百料大船日八櫓哨船日風尖快船日高把梢船日十槳飛船凡五等而各港澳又設有水寨營柵統以指揮千百戶鎮撫總以閫職督以憲臣其時廣東一省分為三路蓋環郡大洋風濤出沒盜賊淵藪故樓船屯哨皆不容緩欽維

聖朝恩覃有截海波不揚固無事明代之補苴張皇老師糜餉也然兵可百年不用不可一日無備

國家於沿海設立汛防專在扶危濟困恭讀

世宗憲皇帝聖訓外洋番估攜貲貿易海風飄發不常貨船或有覆溺全賴營汛弁兵極力搶救仰見

恫瘝在抱衽席斯民二百年來人安物阜而保邦制治豫備不虞嘉慶年間於夷商往來總路建鎮遠獵德各礮臺又於虎門添設水師提督復酌減米艇改造撈繒蓋責效水師守必賴乎礮臺戰則資乎舟楫苟不講求於平日何以收效於一時我

皇上申命疆臣詰戎禁暴夷船越境懾以兵威稅物走私嚴於緝捕榷務邊防固相資為用矣今輯兵衛凡自內洋迄黃埔凡夷船經由之道之必歸防範者具載營員界址所城礮臺兵額舟艦之數以見軍威之盛而以各營季報附焉

雍正七年七月

聖諭粵東三面距海各省商民及外洋番估攜貲置貨

往來貿易者甚多而海風飄發不常貨船或有覆溺全賴營汛弁兵極力搶救使被溺之人得全軀命落水之物不致飄零此國家設立汛防之本意不專在於捕盜賊已也乃沿海不肖之弁兵等利慾薰心貪圖財物每於商船失風之時利其所有乘機搶奪而救人之事姑置不問似此居心行事更甚於盜賊其無恥殘惡已極豈國家弁兵忍為之事乎如雍正六年八月間有福建龍溪縣人徐榜貿易西洋行至廣東新寧縣地方遭風損船廣海寨守備鄧成同兵丁

等巡哨至彼撈獲銀錢私相分取而坐視徐榜等在危困之中不行救護此案現在題叅俟審又聞有香山縣澳門番人月旺貿易交趾於雍正六年十二月在瓊州府會同縣遭風損船該汛百總文秀即駕小船般運貨物及至登岸止還本人緞匹銀器數件其餘藏匿不吐地方官現在查追似此貪殘不法之事廣東福建二省居多而他省沿江濱海之營汛亦所不免此皆該地方督撫提鎮等不能化導於平時又不能稽查懲究於事後以致不肖弁兵等但有圖財

貪利之心而無濟困扶危之念也嗣後若有此等應作何嚴究從重治罪之條使弁兵人等有所畏懼儆戒著沿海督撫各抒己見議奏到時九卿會同再行定議此旨須到之時著一面即行出示宣諭弁兵等一面定議具奏

乾隆五年

聖諭東南沿海一帶如山東浙江福建廣東廣西江南等省俱設有戰船以為海防之備今承平日久官弁漸覺疎忽朕聞船隻數目竟有報部之虛名而十分之中不無缺少二三者至於大修小補之時每因船數太多難以查覆該防營弁及州縣官員通同作弊將所領帑銀侵蝕入己報修十隻其實不過七八隻而又塗飾顏色以為美觀仍不堅固且更有不肖官弁令子弟親屬載販外省或貸與商人前往安南日本貿易取利者以朕所聞如此雖未必各省皆然然亦難保必無其事可傳諭該省督撫提鎮等嗣後嚴行稽查加意整頓務令諸弊盡絕以重海防倘將來再有風聞經朕特遣大臣前往查出則虛冒廢弛之

咎惟於該管之大臣是問

嘉慶五年總督吉慶會奏言虎門海口外沙角山逼近大洋形勢陡削為洋船必經之路該口雖有橫檔南山二門礮臺但海面遼闊遠至三十餘里礮位轟擊似難得力若於此處建設礮臺與橫檔南山遙相對峙形勢聯絡防禦更為周密

嘉慶九年二月

聖諭本日御史周廷森條奏各省水師戰船向照部頒

定式祇能在海邊巡查不能放洋遠出請改照商船制度以收實用一摺各省水師均設有戰船惟船身笨重不便駕駛多有雇用商船出洋堵拏盜匪者且該匪等如遇戰船知係官兵緝捕輒得駕舟逃逸是以各處出洋緝盜往往用商船暗伏兵丁乘其不備以爲掩捕之計今該御史旣有此奏亦爲整飭水師起見但各省戰船亦難一律紛紛改造前次長麟在廣東時曾捐辦米艇數十隻而閩浙兩省近亦倣照商船之式改造於巡洋捕盜頗爲得力因思江省濱

海之區近日屢有盜刦之案自應嚴加搜捕所有該處戰船著陳大文卽行倣照廣東閩浙等省之例妥爲籌辦或另製船隻或改造戰船詳議具奏惟是出洋固須船隻便利而尤在兵丁技藝嫺熟方有實濟若水師日漸廢弛卽多設捕盜船隻仍無裨益該督務須專飭各鎮將認眞操演以期肅清洋面爲要

是年六月

聖諭孫玉庭奏粵東防勦洋匪情形一摺據稱舟師終年在洋迄無成效從古以來治海疆論海防而未聞海戰是以此時以嚴守口岸添駐兵丁爲第一要務等語此論尙屬近理粵東水師廢弛已久紀律全無遂致盜船四出爲患屢有上岸搶刦之事孫玉庭以洋面綿亘三千餘里兵分勢單營員又不得力是以注意防守爲保護村莊之計所奏不爲無見但所謂海防者亦非專事株守竟置舟師於不用粵東官運鹽船及貿易船隻俱由海道行走若無兵船巡護任令盜匪搶刦亦不成事體仍應責成營員於洋面梭織巡查往來緝捕與防兵互相接應設遇近岸之賊

實力捕拏庶盜船畏懼遠颺沿海地方漸臻寧謐

嘉慶十年五月十六日總督那彥成會奏言欽

奉

聖諭據倭什布延豐奏上年澳門幫同捕盜夷船著那彥成延豐卽諭知夷人等以伊等船隻不能得力令其速行駕駛回澳嗣後勿得再用夷船幫同捕盜等因欽此臣那彥成檢查案卷上年夷船捕盜臣延豐以體制攸關且不能得力於上年十月咨明倭什布嗣後停止夷船出洋捕盜當經轉飭

夷目遵照在案茲荷
聖明指示仰見
睿慮周詳臣等曷勝欽服除飛飭藩臬兩司暨澳門委
員等欽遵
諭旨即令該二夷船駕駛回澳嗣後永遠停止出洋捕
盜以示柔懷而昭體制一面飭知沿海文武員
弁並咨明鄰省督臣撫臣一體轉飭挨查務得
該二船實在下落再行覆奏
嘉慶十一年二月

聖諭粵省濱海地方洋匪充斥緝捕緊要而緝捕尤以
船隻為先從前該省設有米艇較舶艍尤為得力嗣
因米艇日漸敝舊地方官以修理不貲意存推諉營
官即以無船駛駕藉口偷安偶有盜警官兵需船配
渡一時猝不及辦輒將商船雇募應用商船無編號
可查設被洋匪搶占豈不轉為賊用甚或肆其詭計
轉將搶占船隻作為商船受雇與官兵駕坐探聽消
息皆屬事之所有現在該省實有米艇若干隻是否
一律修整足敷駕駛著吳熊光會同孫玉庭查明據

實具奏至水師額兵均係本地民人應募充當果能
留心遴募凡勇健之徒皆可籍之營伍地方多一精
銳之兵即少一獷悍匪徒實為一舉兩得
是年六月
聖諭朕恭閱
皇考高宗純皇帝實錄恭載乾隆五十五年八月內欽
奉
諭旨沿海各省設立戰船原以捍禦海疆巡哨洋面關
係基重水師兵丁自以試演水務為急乃該弁兵等

輒稱船身笨重雇用民船其意以民船出海捕盜俱
用本船柁水不須兵丁駕駛是以藉詞推諉該弁兵
止習馬射槍礮等項而於水師營務轉不留心學習
用違所長殊非覈實之道著各督撫等嚴飭舟師實
力訓練俾駕駛嫺熟於戰船出入風濤務期帆柁得
力各督撫於考拔時令其操駕篷船泅水出沒留心
驗看如果合式方准拔補似此行之日久自能悉臻
純熟便於行駛於水師實有裨益仰見我
皇考慎重海疆簡練舟師至意各督撫等如果實力欽

遵則水師兵丁自能嫻習駕駛於出海巡哨又何須另雇舵工乃近來該弁兵等於操駕事宜全不熟習遇放洋之時仍係另行雇募此等舵工技藝高下迥殊其雇值亦貴賤懸絕向來各省商船俱不惜重價雇募能致得力舵工至兵丁等出貲轉雇價值有限往往合該兵丁等數名分例亦僅得次等舵工是名為舟師實不諳習水務又豈能責其上緊緝捕乎若水師不能操舟即如馬兵不能乘騎豈非笑談戰船出没風濤呼吸之間一船生命所繫若非操駕得力

有恃無恐焉能追駛如意此於水師捕務關繫不淺嗣後著沿海各督撫均行通飭所管舟師勤期訓練務令弁兵等於轉帆捩舵折戧駕駛及泅水出没各技藝人人嫻習擇其最優者派令充當舵工專管操駕如果超衆得力以一兵而收數兵之效念其所得分例有限又何妨即以把總超拔優給糧餉倘能屢次出洋加倍勤奮於本船緝捕有效並著該督撫據實奏聞自必隨時施恩升擢如此明示奬勵則水師弁兵豈不人人踴躍奮勉爭先更可收得人之效該督撫等務當實力奉行酌量妥辦具奏以期水師管伍日有起色綏靖海洋

嘉慶十四年四月二十日總督百齡會同奏言查澳門距廣州府屬之香山縣城一百四十五里東西南三面枕海惟北面陸路可通縣城向來西洋夷人在澳門設有礮臺六座係該夷自行居守由縣至澳西路曲折至前山寨地勢開展建有土城居民稠密其寨外左右河路均與環海之海面相通迤南有沙脊一道名曰蓮莖

向有關閘一座障以石垣設門以通行旅其關閘外三里餘即係入澳之三巴門規其水陸險要形制天成以前山寨而控澳門實有拊脊扼吭之勢舊設同知一員管轄海防營把總二員水師防兵九十名又由香山協派都司千總各一員兵丁七十九名駐札協守嗣因香山協副將頻年出海緝捕歷任都司調赴縣城經理營務遂致前山衙署全行傾圮即關閘亦僅派兵二十八名在彼巡查地要兵單殊非慎重邊防

之道必須設立專營內護香山外控夷澳始足以壯聲威而昭體制應請改遊擊一員中軍守備一員水師千總一員把總二員外委二員額外外委二員招募兵馬步戰守四百名分左右二哨作爲前山營其遊擊守備駐劄寨城鎮守均改爲陸路題缺派撥把總一員帶兵六十名專防關閘汛地外委一員帶兵二十名協防關閘外望廈村並將同知舊管之兵丁九十名再新兵十名交水師千總督率外委一員

管帶駕坐槳船在澳門之東西南三處海面往來巡查統歸遊擊管轄就近隸左翼鎮兼轄庶幾規模整肅鈐束分明於邊防益昭嚴密所有新設前山營遊擊守備各一員查有潮州平鎮營之遊擊守備堪以移駐其千總一員請於撫標右營移撥把總二員請將原所設之海防營把總撥歸外委二員請於督標中營移撥額外外委二員俟招募新兵操演純熟即於本營拔補至平鎮營原設遊擊擬以三水營都司改駐

其三水營都司原缺擬以潮州城守營守備改駐該二營事務較簡量爲改撥均足以資彈壓如此一轉移間俸餉各仍其舊而於營制亦不至窒閡矣

嘉慶十四年六月

聖諭百齡等奏查明登花船難於購料成造仍請添設米艇以期迅速竣工俾資緝捕一摺粵洋勦捕匪船米艇具有成效前此吳熊光忽以米艇不能遠出外洋請改造登花戰船二十號往來外洋緝捕將米艇

全行收入內洋防守現經百齡等查明此項船隻所需桅柁大料因須在外番購覓是以二年以來未能購得且此時卽購料成造一經風浪掣損將來亦無料換修仍屬不能應用況粵洋綿亘四千餘里止仗此二十隻之力在外洋策應捕盜寧不顧此遺彼此皆吳熊光全無主見不過逞其臆度之詞妄思更改而於空言陳奏之外仍無實際斷不可行百齡等現已估計船身價値計其一船所需足造米艇兩隻請將原估登花船二十隻工料銀十五萬四千餘兩改

設大中小米艇四十號以期節浮縻而便駕駛所議甚是著即照所奏辦理至目下粤洋緝補緊要而水陸營伍均屬廢弛該督等務當振刷精神實力整頓以期設一兵得一兵之力添一船得一船之用方爲不負委任

是年又奏言查虎門爲省城中路門戸不但夷貨各船均由此進即盜艘亦多往來窺伺實爲第一要隘現在該處各島嶼設有三門沙角大横檔小横檔等處礮臺均屬扼要惟距虎門東

南十餘里之亭步汛左首新涌山俯臨海汊距各礮臺稍遠不能聯絡臣等與護提臣左翼鎮孫全謀再三籌議應請於新涌口添建礮臺一座以資守禦現據該處士民具呈捐出山麓自置窰屋田畝以爲建臺基址照式建築安設礮械由左翼鎮派千總一員帶兵五十名按季輪班駐防其舊設亭步汛即請裁汰

嘉慶十九年總督蔣攸銛奏言東莞縣虎門海口爲夷商出入門戸該處横檔南山設立兩礮臺均有弁兵駐守惟緣海道日久變遷遂致今昔情形各别查虎門之横檔小山與南山對峙海中凡外洋進口之船必由兩山中流駛入從前該處海道水深兩臺東西相對可以轟擊防堵頗爲得力近則南山脚下沙淤約二十里船由沙外至南山西北角入口舊礮臺勢難控制而南山西北角正與横檔緊對擬於西北角山坡添建礮臺一座其横檔礮臺原建地勢較高從上臨下施放礮力不得勢擬於原礮臺東面

城脚增築月牆一道約長八十丈將礮位移於月牆内架放與南山西北角新礮臺及舊礮臺形如品字對船夾擊足以嚴關隘而壯捍衛一應弁兵礮械悉照原額毋庸另議奉部咨准所有新建礮臺名爲鎮遠礮臺

嘉慶二十年總督蔣攸銛奏言粤東海面遼闊港汊紛歧先於嘉慶十五年大幫洋匪平靖之後經前督臣百齡奏准酌留米艇及投誠船額設大中小號米艇一百四十隻分配各營常川

巡緝並經議定各船大小修年限及需用工料
銀數造冊咨部在案茲據水師提督臣童鎮陞
往來洋面體察情形所有大號米艇仍應照舊
派巡以期有備無患其中小之船戧駛折戧不
甚得力應量爲裁改以期實用而節糜費臣等
伏查粵東洋面寧謐而內洋以及沿海港口間
有奸漁窮蛋乘間爲匪亟須隨時偵緝庶不致
萌糵復滋其米艇原係在於外洋聯幫緝捕攻
擊盜船至若淺水處所駕駛不靈自應量爲變

通俾外海內洋均收實效查米艇一項從前亦
係照民船成造今查有撈繒船一項係漁民聚
族而居出海採捕之船無論外洋淺水沿海港
口均能駕駛足可配兵緝捕較之米艇追逐靈
便查外海水師各鎮協營兵撥管駕米艇一百
四十隻另額設繒艍膨仔船十九隻內河舢艚
快馬槳巡各船六十二隻今議裁中小米艇二
十號快馬船九隻內河巡船十五隻仍留米艇
一百二十號繒艍膨仔船十九隻內河槳巡各

船三十八隻並將所裁中小米艇酌改撈繒船
三十四隻即以各案遭風應行補造及奉准未
經領項之龍門協八號碣石鎮左營三號達濠
營一號南澳鎮右營五號海門營三號澄海協
右營二號東山營一號陽江鎮左營七號龍門
協原編廣字十九號中米艇九隻達濠營二號
海門營七號澄海協左營五號水師提標右營
五號崖州營原編南字八號海安營原編碣石
五號及屆應拆造之平海營第五號龍門協第

十號小米艇八隻共船十七隻陸續裁改撈繒
船隻以資內洋緝補至酌改撈繒船隻除將前
項應改米艇十七隻外尚應裁改三隻俟將來
遇有應補造拆造中小船隻再行裁改又中號
米艇拆造每需工料銀三千六百二十兩七錢
六分零小號米艇拆造每需工料銀二千六百
七十七兩八錢七分零計拆造中小米艇各十
隻共需銀六萬二千九百八十六兩三錢八分
以之匀造撈繒船三十四隻每隻約需工料銀

一千六百餘兩共計可節省六七千兩自造竣之日起仍照米艇章程三年准其小修再三年大修再三年拆造亦歸覈實如有被風等事仍照定例隨時奏請辦理又中米艇每隻遞年原額燂修蓬索銀五十兩又加增燂修銀二十五兩小號每隻遞年原額燂修銀四十兩又加增燂修銀二十兩計中小米艇各十隻共需燂修銀一千三百五十兩今改撈繒船勻算每隻每年應給燂修銀二十八兩又加增銀十四兩統計酌裁中小米艇二十隻改撈繒船三十四隻每年支用經費亦屬相仿奉部咨准行

嘉慶二十二年總督蔣攸銛奏言番禺縣屬獵德地方為各夷赴省往來總路應請於此處設立礮臺為中權扼要請於商捐預備礮臺工料項內動支興建礮臺奉部咨准行

是年十二月總督阮元奏言此次徧閱內港外海礮臺兵房俱為得力惟內港大黃滘地方有大河一道南通香山東南通黃埔虎門為商船

之所必經若由大黃滘直抵省城卽可不由東南之獵德是僅建獵德礮臺不足以嚴兩路門戶臣阮元親自相度大黃滘有小石山土名龜岡四面皆水堪以添建礮臺又獅子洋外大虎山係中路外洋進口要道大溜逼近山腳舊建橫檔鎮遠礮臺為第一層門戶若於大虎山腳添建礮臺一座更成重門之勢詢據文武各員及附近士民衆論僉同現飭司委員勘估查照前督臣蔣攸銛原奏在於商捐本款項下動支興建奉部咨准行

道光七年六月初二日總督李鴻賓會奏言粤東外海內河奸匪叢集往往結黨同舟晝夜橫行或偷載違禁私貨或强刦商賈財物此等匪類隨處皆有而由黃埔至虎門一帶接近外洋之處為尤甚雖從前屢經拏辦而其風未嘗少熄所以然者該匪等數十人每共坐一船其船身長而狹兩邊各設木槳數十枝駕駛捷便名曰快蟹艇行走如飛每遇官兵巡船奮力追捕

亦不能及甚且敢用礮械抗拒巡兵而走私漏稅刼財斃命之害因以日熾臣等於上年十月間與水師提督臣李增階會同商議籌所以制伏之策因仿照該匪等所坐快蟹艇式樣製造應用爲以毒攻毒之法長五丈六尺寬九尺六寸安設木槳四十枝務期弁兵駕駛足資追捕覈計自黃埔以及虎門外洋面各要隘地方共有七處須造快蟹艇七隻分設巡查並以此項船隻捕盜則有益地方緝私則有裨關稅因與

前粵海關監督臣達三會同籌議各辦經費共成此舉毋許開銷庫項迨冬臘間將快船七隻先後造竣共用過工價銀三千餘兩隨將各船添備器械交水師提督臣李增階選派精練弁兵按段實力巡緝自上冬至今凡行刼走私各匪大半潛蹤卽偶然駕艇竄同一遇巡船卽自棄其艇而逃陸續奪獲快蟹艇六隻餘多該匪自行鑿破沉溺深井黃埔虎門一帶河道海口頗覺肅清辦理不爲無效半年以來每船派弁一名日給口糧銀六分每船派兵四十名每兵日給口糧銀四分皆係臣等與前監督達三現任監督文連各半籌給其拏獲船匪之弁丁亦皆臣等捐貲給賞至此後每年弁兵口糧及修理船隻添備器械一切用費約計一年需銀四千兩內外非可常行捐辦亦仍不得動用庫款必須籌一經久之策以期支用裕如容俟妥爲籌畫再行具奏奉

上諭廣東黃埔至虎門一帶奸匪叢集其船身長而

狹名曰快蟹艇甚至用礮械抗拒巡兵經李鴻賓等會同李增階議籌制伏之策仿照快蟹艇式樣造快船七隻分段巡查與粵海關監督籌辦經費造竣後交提督選派精兵實力巡緝上年冬間迄今該匪一遇巡船卽自棄其艇而遁陸續奪獲快蟹艇六隻餘多自行鑿沉黃埔虎門海口漸就肅清每船派弁一名日給口糧銀六分每船派兵四十名每兵日給口糧銀四分俱係該督等捐貲給賞所辦甚屬可嘉然必須行之以實持之以久始

於地方有裨此後每年弁兵口糧及修理船隻添
補器械一切用費按年約需銀四千兩勢不能常
行捐辦亦不得請動庫款自應籌一經久之策以
期支用裕如弁兵得資口食出力緝捕不致漸形
廢弛著該督等妥爲籌畫俟奏到時再降諭旨該
督等惟當認眞經理以期永遠遵行毋徒以空言
塞責將此通諭知之

道光十四年三月

上諭本日據程祖洛奏言閩省姦民之貿易廣東者
習學番語卽在澳門交接夷人勾引來閩並據現
獲之王略供認在澳門生理常與夷人交易稔知
夷情凡夷船之帶有鴉片煙土者必先寄泊廣東
外洋勾引私船發賣淨盡再收內洋報稅開艙等
語現在嚴禁鴉片較前查拏甚緊該夷船不能獲
利又素聞內地姦民通信以官兵驅逐夷船不肯
用火器轟擊遂致心存藐玩於閩省洋面有不遵
驅逐之事轉敢施放鎗礮肆行拒捕向來營員驅
逐夷船曾經降旨不准用礮轟擊原期於示威之

中仍寓懷柔之義乃該夷船一遇官船驅逐膽敢
放施鎗礮且該夷人船隻較大外洋本所熟悉官
兵駕駛小船洋面未能偏識又復不敢擅用火器
其應如何防範之處該督撫等務當隨時體察情
形斟酌妥善以靖洋面而杜私販

道光十四年十一月總督盧坤會奏言查明史
嘉靖年間有番人佛郎機入香山濠鏡澳爲市
天啟元年大西洋來中國亦居此澳終明之世
未嘗爲變卽今之澳夷也該夷人歲輸租銀伍
百兩由縣徵解其建設礮臺六座載在縣志檢
查舊案西洋人在澳居住以後有紅毛國夷人
卽今之暎咭唎窺伺澳門常欲脅奪市利西洋
夷人遂設立夷兵建立礮臺以爲居守之計亦
係前明時所設嘉慶十三年暎咭唎夷兵擅入
澳門占據東西礮臺經前督臣吳熊光奏奉
諭旨曉諭退出嗣於十四年署督臣韓崶督臣百齡先
後議設前山營官兵案內又將澳夷舊設礮臺
情形奏明有案本年暎咭唎夷目啤嘮啤擅至

省城不遵法度臣盧坤慮其至澳生事並因西洋夷人近年貧弱恐爲暎咭唎誘脅密派員弁在澳門水陸豫爲調度並開導西洋夷人許以派撥官兵協守礮臺杜其反側之心密作牽制之計亦經奏

聞在案其暎咭唎夷商貿易往來有時領牌赴澳暫寓或安頓家眷往來無常即如本年啤嘮啤押逐出省以後在澳店戸寄寓旋即病故其眷屬亦已搭船回國是澳夷與暎咭唎並非一氣其

設立礮臺番哨所以防禦暎咭唎諸夷而非暎咭唎之聲援由來已久惟該夷建築礮臺實在年分並無確切志載且該夷如果有凌轢居民蔑視官法及奸夷勾結情事即使章程久定亦必應嚴行驅逐當經委員會同地方文武密訪玆據查得該西洋夷人建設礮臺係在前明天啟年間初造有三巴門伽思蘭娘媽閣三處後因荷蘭爭占又添建東望洋西望洋南灣三處礮臺並將初設礮臺加修寬大添設礮位現在

三巴門礮臺安礮四十七具伽思蘭礮臺安礮十八具娘媽閣礮臺安礮二十九具東望洋礮臺安礮二十具西望洋礮臺安礮十三具南灣礮臺安礮五具此外尚有大小礮三十餘位安放西洋夷館其礮口自闊八寸至五寸五分不等並不能容三人蛇行而入所用火藥均由小西洋運來收貯娘媽閣礮臺臨時取用其番哨原設四百八十名嗣因經費不足裁汰二百四十名又頭目兵總五六十人番哨分守礮臺每

日早晨或鳴鼓換班或開放鳥鎗並非終年訓練住澳夷人共五百餘家男丁大小一千餘人黑夷奴二百餘人該國派有嘍嚟哆一名兵頭番差各一名在澳管理該夷人遇天氣晴明三五人馳馬海旁謂之運氣納涼從無多人遍遊山海之事其各國夷人到澳向西洋人暫時租屋居住並無在澳長住之人現在暎咭唎夷商在澳者十九人此外花旗啲嘓晒各國自一二人至七八人不等徧查澳夷並無嗎嚹嘁其人

惟查暎咭唎前有夷商嗎哩啞業經病故或係
傳聽之訛亦未可定以上各情據在澳居住開
店商民衆口一辭亦與臣等平日見聞相符此
澳夷設立礮臺番哨原委及現在詢訪之實在
情形也臣等復審度地勢體察夷情澳門東西
南三面濱海其南面係萬山外洋爲各國夷船
入粤海口北面陸路逼香山縣城該夷人所設
礮臺均在東西南三面望洋而建南面爲獨多
北面並無礮臺是其設險屯兵專爲防禦外洋

而非意在抗衡内地形制顯然距澳門五里即
係前山營所轄之關閘汛爲限制澳夷之界該
處向就河内通海沙脊障以石垣設立一門以
通行旅派有把總帶兵四十六名防守自關閘
西北十五里即係前山營從前設立陸路遊擊
一員守備一員嗣於道光十年將守備移駐大
鵬右營裁減兵額改遊擊爲内河都司管帶千
把總外委四員兵丁三百六十三名與海防同
知駐劄防守臣前赴該營閲兵周覽形勢前山

營控制澳門實有拊背扼吭之勢關閘咽喉界
限尤爲險要天成是澳夷雖有礮臺番哨亦無
險可恃而我内地層層扼要控制即使犬羊反
覆亦不敢肆其玩侮之心又查嘉慶十四年前
督臣　因澳門自伽思蘭礮臺至西望洋礮臺迤
南濱海一帶石坎低矮曾爲暎夷爬越奏奉
諭旨令該夷人加築女牆增高培厚俾資防護亦因暎
夷桀驁恐澳夷力不能禦故爲之固其圉以自
保柔澳夷以所貪即制暎夷以所畏以夷防夷

正與現奉
聖諭先後同揆該夷人久在
皇仁覆幬之中此時如遽行拆毀礮臺驅逐番哨二百
餘年久設之藩籬一旦裁撤數百戸澳夷未免
轉滋疑懼且使各國夷人以西洋人爲
天朝之所屏棄必致咸生鳩占之心轉非綏靖海隅之
道即以内地海疆而論澳門爲廣東門戸本應
建臺設守該礮臺雖建自夷人設遇海防緊要
之時内地派員撥兵督同防護未始不得其捍

衛之力臣等公同酌議所有澳門礮臺番哨應
仍存其舊邀免拆毀驅逐仍嚴加查察不使稍
有違玩以杜衅端
道光十五年二月二十九日總督盧坤會奏言
廣東省城水路東通外洋向在省城東首設立
礮臺爲防盜禦夷之備惟東礮臺逼近省城其
距省二十里之獵德礮臺又因河面淤沙不甚
得勢此時洋面安靜且海口礮臺周密夷船亦
不足慮惟地處海疆省會重地必應多設屏翰

以壯聲威臣盧坤上年與陸路提督曾勝調派
弁兵堵禦暎夷兵船查得省城之東十五里有
中流沙地方係外海入省必由河道河心漲有
沙塗正當水路之衝當時卽在彼安礮列兵阻
遏夷船進出實有扼吭之勢今臣等復與曾勝
會同詣勘委係中流扼要險阻天成應於此處
向東建設礮臺派撥弁兵安設礮位凡有外海
駛入應行堵禦船隻迎面轟擊較東礮臺等處
之從旁攻擊者更爲著力省城保障無過於此

商之署藩司李恩繹暨在省司道均意見相同
當派廣州府等勘估工料共需銀七千兩零海
關衆商亦願一律捐辦毋需動用帑項擬俟虎
門海口礮臺工竣後卽行興辦庶省城護衛益
加謹嚴海防更形愼密矣
大鵬營駐廣州府東南五百里東至歸善縣嶺
凹村陸路三十里西至新安縣獨樹村陸路九
十五里南至外洋北至歸善縣西鄉凹陸路三
里分防五汛一鹽田二沱濘礮臺三九龍礮臺

四紅香爐水汛五大嶼山礮臺
水師提標中營駐東莞縣南七十四里虎門寨
城距省城一百二十里東至新安縣城一百里
南至香山縣城二百三十里西至順德縣城一
百十五里分防十汛一鎭遠礮臺二南山礮臺
三三門卡房四武山五大涌口六大分七閘西
山八新造九鳳涌十沙角礮臺
水師提標左營駐新安縣城東至大鵬營陸程
一百三十里西至虎門寨水程一百里西北至

省水程二百八十里南臨海分防五汛一蓮花逕二南頭礮臺三茅洲墩臺四屯門五深圳
水師提標右營駐同中營分防五汛一大虎山礮臺二横檔月臺三獅子塔礮臺四雞公石礮臺五蕉門礮臺
香山協左營駐香山縣在廣州府南二百二十五里東至新安縣城二百十里西至新會縣城三十里南至本營十字門外洋一百七十里北至順德縣城九十五里分防四汛一雍陌二平

頂山三磨刀角礮臺四吉大
香山協右營道里四至同左營分防九汛一小河洲二黃粱都土城三白鯉沙四新圍五大託山礮臺六虎跳門東岸礮臺七小隱八象角九萬山東澳礮臺
前山營駐香山縣南一百三十里東至香山協左營吉大汛十里南至澳門娘媽閣海二十五里與香山協左營洋面界西至香山協左營沙尾汛六里北至本營南大涌汛十里分防三汛

一望厦二關閘三南大涌

右營址

大鵬營原順德右營遊擊守備千總把總等官康熙四十二年裁順德總兵官將鎮標右營改爲大鵬營屬提標原設遊擊雍正四年改爲參將駐劄東莞縣大鵬所城隸水師提督管轄

參將一員駐劄大鵬所城

謹案左營原大鵬營因管轄大嶼山東涌地方山勢寛廣查察難周兼商夷船隻經由寄泊之道防範最宜嚴密且距大鵬城四百餘

里實有鞭長莫及之勢於道光十一年將大鵬營分作左右二營

左營道光十一年分設左右二營其左營官弁惟把總一員裁撥右營餘俱照原額設

守備一員

千總二員

把總三員

右營道光十一年設駐劄新安縣東涌所城

守備一員道光十一年將前山營守備改設

千總一員道光十一年添設

把總三員 道光十一年添設二員原大鵬改撥一員

水師提標營 中左右前後五營前後二營內河水師餘外海水師

提督一員

中營 嘉慶十五年以左翼鎮中營改設駐虎門城

參將一員 嘉慶十五年以前營參將移撥

守備一員

千總二員

把總五員

左營 原左翼鎮標左營嘉慶十五年改駐新安縣城

遊擊一員

守備一員

千總二員

把總四員

右營 原左翼鎮右營嘉慶十五年改設駐同中營

遊擊一員 嘉慶十五年以左翼鎮中營遊擊移撥

守備一員

千總三員

把總三員

香山協 隸水師提督管轄

副將一員 標下左右二營

左營 駐劄香山縣城

都司一員

守備一員

千總二員

把總三員

右營 同駐劄

都司一員

守備一員

千總二員

把總四員

前山營 原海防營嘉慶十四年改以平鎮營遊擊守備各一員移撥過營原係陸路道光十一年改為內河水師營駐劄香山縣南一百三十里隸香山協管轄

都司一員 原設遊擊一員守備一員道光十一年改設都司其守備改撥大鵬營右營

水師千總一員 率外委一員帶兵百名駕坐槳船在澳門東西南三處海面巡查

把總一員

謹案本營南通澳門與香山協左營洋面交界爲香山一帶門戶緊要之地

右營員

大鵬守禦所城在新安縣

水師提督轄大鵬營參將駐劄所在縣城東南一百二十里大鵬嶺之麓明洪武二十七年廣州左衛千戸張斌築週圍三百二十五丈六尺高一丈八尺城樓四敵樓四警舖十六雉堞六

百五十門三東西南三面環水濠週圍三百九十八丈

東涌所城在新安縣

水師提標右營守備駐劄所道光十一年新設

虎門寨城在東莞縣

水師提標及中營參將守備右營遊擊守備駐劄所明萬歷十六年始建城虎山前旋移山後

國朝康熙二十六年建今寨於石旗嶺築土爲之週圍一百八十六丈久之圯五十七年改建磚城

嘉慶十五年添設水師提督駐劄虎門移改總兵副將抽撥兵丁建造衙署兵房以資守禦

前山寨城在香山縣

海防同知及水師提督轄香山協副將陸路提督轄廣州協外標前山營遊擊守備駐劄所北距香山縣一百二十里而遥南至澳門十有五里而近明天啟始立寨

國朝康熙二十六年建土城週圍四百七十五丈高九尺每城二十丈增築子城一丈凡二十四丈

爲門三北偏於山故不門起礮臺兵房於西南二門之上臺各置礮四位分置城上者六二門外復建臺列礮各十雍正八年設縣丞乾隆八年以肇慶府同知改設前山寨海防同知而前山之勢益重嘉慶十四年設立專營控制澳門移平鎮營遊擊守備兼撥千總外委駐劄作爲前山營隸左翼鎮管轄十五年因設水師提督區分水陸改歸廣州協轄

右所城

獵德礮臺嘉慶二十二年建在番禺縣屬廣州協左營西關汛距本協二十五里至新塘營沙河汛六里下至赤河汛十里

東礮臺在番禺縣屬水師提標後營距營一百十三里上至沙河口汛六里下至順德協右營西關汛十里

中流沙礮臺道光十六年建在番禺縣屬水師提標後營

沱濘山礮臺康熙五十四年建在新安縣屬大鵬左營在營西水程一百四十里

九龍寨礮臺嘉慶十五年建在新安縣屬大鵬左營在營西水程二百九十里

謹案佛堂門原建礮臺一座歸大鵬營管轄因年久圮壞該臺孤懸海外無陸可通又無村庄居民互相捍衛且距大鵬營縣城二百餘里距九龍汛水程四十餘里控制不能得力提督錢夢虎議將該臺移建九龍地方兵與民合聲勢聯絡守禦較爲得力

大嶼山石筍礮臺嘉慶二十二年建在新安縣屬大鵬右營在本營西水程四百里

謹案新安縣屬大嶼山孤懸海外四面皆水爲各夷船必經之處內惟大澳口東涌口二處可以收泊其東涌口向無汛房惟大澳口額設守兵十三名山上向有雞翼礮臺係大鵬營千總駐守但與東涌大澳相距遙遠不能兼顧嘉慶二十二年總督蔣攸銛阮元准部咨於東涌口建汛房八間又於東涌口獅

山腳建礮臺二座兵房七間火藥局一間大澳口楊侯廟後建琛牆十丈

赤灣左礮臺在新安縣屬水師提標左營東南十里南頭礮臺汛距本營二十里上至赤灣右礮臺二里

赤灣右礮臺在新安縣屬水師提標左營東南十里南頭礮臺汛距本營十七里上至石圍塘汛十四里

新涌口礮臺嘉慶十四年建在東莞縣屬水師

提標沙角礮臺汛距本營十二里上至太平汛八里下至左營碧頭汛二十里

沙角礮臺嘉慶五年建在東莞縣屬水師提標中營距本營十一里至三門卡房八里

謹案虎門覽勝云沙角礮臺在木棉洋南面臨大洋勢甚空闊凡閱水操師舟畢集於此惟夷船自龍穴至此則折而西以趨武山雖巨礮僅轟擊其尾無能為力也然臺甚堅壯以備水閱而威外夷亦設險之要津矣故今雖改為望臺仍具載之

威遠礮臺道光十五年建卽南山礮臺前餘地週圍七十丈在東莞縣屬水師提標中營距本營十里下至三門卡房十里

鎭遠礮臺嘉慶十九年建營制同距本營十一里上至武山汛一里下至南山礮臺一里

謹案虎門覽勝云鎭遠礮臺與橫檔礮臺南北對峙相距三百六十餘丈重洋至此為一大束眞天險也葢自老萬山以內下猶有地洋面雖極寬闊舟行必由水道以進猶陸路之康莊也外此則或暗沙淤淺或巨石巉嶒夷船載重艙深入水必二丈餘不遵其道非滯於沙卽壞於石矣故諸夷赴黃埔必先於澳門請雇蛋民之諳於水道者引其舟以行謂之引水官為之司至沙角礮臺呈請報單載明某國船赴某行貿易乃折而西至兩礮臺間其水道寬不過數丈餘皆巨石相觸不敢行也今夷人之黠者亦畧能知之然自此

至黃埔幾二百里不能處處盡悉建臺於此與橫檔礮臺若門之兩扉闔其扉奚自入哉

橫檔月臺嘉慶十九年建在東莞縣屬水師提標右營距本營十二里上至大虎礮臺四里下至板頭汛十二里距鎭遠礮臺三百餘丈

大橫檔礮臺康熙五十六年建

小橫檔礮臺兩臺營制疆里均與月臺同

大虎山礮臺嘉慶二十二年建在東莞縣屬水師提標右營距本營十四里上至獅子塔礮臺

二十六里下至横檔月臺四里

西永安礮臺在東莞縣道光十五年建週圍六十八丈

鞏固礮臺在東莞縣道光十五年建在蘆灣山週圍五十一丈

蕉門礮臺嘉慶十七年建在香山縣屬水師提標右營距本營二十五里上至左口汛十里下至白藤滘汛六里

謹案現蕉門口新礮臺原日建議時係在黃角山建築旋以地非扼要經總督蔣攸銛巡

撫韓對覆勘改建蕉門山嘴腳下逼近獅子大洋西靠深山該處孤懸海外人跡罕到搬運物料均由獅子洋面經過風濤洶湧運價倍增與乃鑿山填海工程浩大十六年二月開工至五六月連遭颶風所築圍壩屢被冲塌至十七年三月工築始竣

三竈山礮臺康熙五十七年建在香山縣屬香山協左營在本營西一百十里

涌口門礮臺康熙五十七年建在香山縣屬香山協左營距本營四十五里上至右營山蕉坑石城環二十里下至平頁山汛十里

磨刀角礮臺在香山縣屬香山協左營在本營西四十九里

大託山礮臺雍正十二年建在香山縣屬香山協右營在本營南七十五里

虎跳門東礮臺雍正十二年建在香山縣屬香山協右營在本營西一百十三里

附澳門西洋夷人礮臺

三巴礮臺臺冠山巔上宿番兵臺垣四周為甎龕以置守夜者臺下為窟室貯焇硝六臺中惟三巴最大

東望洋礮臺

西望洋礮臺兩臺對峙制與三巴同

娘媽閣礮臺在西望洋下

南灣礮臺南灣澳門紀略作南環

伽思蘭礮臺

右礮臺

大鵬營左營

現額弁兵五百零五名

大鵬營右營

現額弁兵四百八十二名

水師提標中營

現額弁兵一千零八十一名

水師提標左營

現額弁兵一千名

水師提標右營

現額弁兵一千一百零一名

香山協左營

現額弁兵八百四十九名

香山協右營

現額弁兵八百四十九名

前山營

現額弁兵三百七十三名

右兵額

大鵬營

左營現額第一第二號大米艇二第三號四號

中米艇二俱巡查經由新安縣海面定期分員會哨惟參將總巡本營并專防大嶼山洋面防範責船嚴緊毋庸會哨

右營現額第一號大米艇一第二號中米艇一

第三至第五號撈繒船三俱巡本營洋面定期分員會哨

水師提標中左右三營

中營現額第一至第四號大米艇四第五號小

米艇一第六號撈繒船一上班守備下班參將管駕遊巡東莞新安香山等縣洋面

左營現額第一至第三號大米艇三第四第五

號中米艇二第六第七號撈繒船二上班遊擊下班守備定期出洋遊巡道光十二年令遊擊專防大嶼山洋面毋庸會哨

右營現額第一第二號大米艇二第三第四號

中米艇二第五號小米艇一第六號撈繒船

一上班遊擊下班參將定期會哨

額設內河巡船五八額內河巡船五

香山協左右二營

左營現額第一號大米艇一第二至第四號中

米艇三第五號小米艇一第六號撈繒船一

右營現額第一第二號大米艇二第三第四號中米艇二第五號小米艇一第六號撈繒船一副將及左營都司均巡澳門洋面毋庸會哨上班以右營守備下班以右營都司定期會哨

額設第一第三第六第九第十號內河巡船五入額第一第二第七第九至第十二第十四號內河巡船八

前山營

現額內河櫓槳船二於屬內經管澳門內河東西南三處河面往來巡查併護押夷船出入口岸水陸巡遊向無會哨

右戰巡各船

各營季報

海口營在瓊州府

南徼臺港由澄海協左營守備造報本營參將咨送

謹案廣東省各汛港口商船所設水梢人數姓名及載運一切出入貨物每歲均由所轄各營查驗按季造冊報明大關

龍門協在欽州

龍門防城永安港日由左右營都司造報本協副將咨送

碣石鎮在惠州府

甲子湖東港口由中軍守備造報左營遊擊呈本鎮總兵官咨送

崎石烏墩港口由中軍守備造報中軍遊擊呈本鎮總兵官咨送

汕尾港口由中軍守備造報右營都司呈本

鎮總兵官咨送

潮州鎮在潮州府

後溪口由中軍守備造報鎮屬潮陽營遊擊咨呈沙汕頭港溪東港由中軍都司左營守備造報鎮屬澄海協副將移送

樟林港南洋港東隴港由中軍都司右營守備造報鎮屬澄海協副將移送

化石營在石城縣

汛內港日由左右哨把總造報本營都司呈

繳

海安營在雷州府

汛內港口由中軍守備造報本營遊擊咨呈

萬州營在瓊州府

汛內港口由中軍守備造報本營遊擊咨呈

崖州協在瓊州府

汛內港口由水師守備造報本協副將移送

右各營季報

粵海關志卷二十終

粵海關志卷二十一

貢舶一

臣謹案歷代正史皆列四夷傳所載諸國固有通貢中國者亦有但聞名而未嘗與中國通者故唐杜佑通典著其例曰於某代通焉於某代聞焉況海南諸國處大瀛之澨相去或三五千里遠者二三萬里揚帆乘舶之尤非可以道里計哉顧海邦檣櫓之盛衰即以覘中原幅員之廣狹洪惟我

國家統一函夏

聲教覃敷前代所稱海外蠻荒今皆時享歲貢府不絕書仰溯

列聖在御疊

沛鴻施

獎暹羅之米舶貸其稅銀

賚荷蘭之使臣逮及醫士貢品飄没

寬下次之補陳絲禁森嚴

允夷商之籲請

免金緞琉璃之納賚
加藤茶錦綺之優頒我
皇上又軫念遠道馳驅載塗雨雪改定越南琉球暹羅四年遣使朝貢一次考諸史傳所書綏懷遠人實未有如我
朝之有加無已者海隅出日罔不率俾殆不足擬今茲梯航之盛矣

暹羅國

暹羅在占城國西南順風十晝夜可至隋唐赤

土國後分為羅斛暹二國暹土瘠不宜稼羅斛地平衍種多穫暹仰給焉元元貞初暹人常入貢至正間暹降於羅斛合為一國明洪武初遣大理少卿聞良輔往諭之暹羅斛國王參烈昭毘牙遣使奉金葉表朝貢還賜大統歷七年遣使沙里拔來朝自言本國令陪臣奈思俚儕剌識悉替入貢云八月舟次烏潴遇風舟壞漂至海南收穫漂餘貢物蘇木降香兜羅綿來獻省臣以聞高帝以無表可據却之九年奉表來乃

命禮部員外郎王恒中書省宣使蔡時敏往賜
詔及暹羅國王之印二十年又貢胡椒萬觔蘇木十萬觔二十八年遣中使趙達宋福等弔祭賜嗣王昭祿羣膺敕諭並賜王及妃文綺羅氈絲布有差永樂元年遣使入賀始稱暹羅國二年遣使坤文貢方物詔內使李興等齎敕往勞之並賜文綺紗帛四年復貢方物且乞量衡為式詔賜古今列女傳給與量衡七年遣使奉儀物祭仁孝皇后命中官以告几筵是歲復遣坤

元現來貢方物先是南海民何八觀等流移海島遂入暹羅至是因其使歸傳諭國王遣八觀等還毋納流移以取罪戾並賚王金絨紵絲紗羅織錦八年貢方物送還流移人賜敕勞之嗣王三賴波磨札剌的興兵侵滿剌加滿剌加訴於朝詔平之其後復遣人朝貢且謝侵滿剌加之罪厚賜之自是每貢賞賚則稍減矣成化十三年遣使羣謝提素英必美亞二人來貢方物美亞本福建汀州士人謝文彬也販鹽下海爲

風飄入暹羅遂仕其國嘗至南都其從子瓚偶遇識之爲織殊色錦綺貿易番貨事覺下吏始吐實焉十七年遣行人姚隆冊封其王宏治中遣給事中林恒復往行冊封禮正德十年貢使至下回回館譯寫大學士梁儲疏據提督少卿沈冬魁呈准回回館主簿王祥等呈竊照本館專一譯寫回回字凡遇海中諸國如占城暹羅等處進貢來文亦附本館帶譯但各國語言文字與回回不同審譯之際全憑通事講說及降

敕回賜俱用回回字今暹羅來貢金葉表文無人識認查近年八百大甸等處音字失傳內閣具題暫留差來頭目藍者歌在館教習合無比照藍者歌事例於暹羅來使內選留一二人在館令其教習待肄業精熟將本使照例送回從之嘉靖元年暹羅及占城等國各載番貨至廣東市舶太監牛榮與家人蔣義山黃麟等私買至南京販賣稅司盤出送南刑部問擬蔣義山等違禁私販番貨例應入官蘇木共三十九萬九千五百八十九觔胡椒一萬一千七百四十五觔可值銀三萬餘兩解內府收貯公用牛榮寅緣內璫得旨給主刑部尚書林俊復疏言現行條例通番下海買賣刼掠有正犯處死全家邊衞充軍之條買蘇木胡椒千觔以上有邊衞充軍貨物入官之條今蔣義山等倚恃威權多買番貨天幸匿稅事發將牛榮等衆奏陛下方俞正法之請尋啟用倖之門忽令給主夫明主愛一嚬一笑倣袴以待有功今三萬餘兩之物

豈一倣袴比給還罪入豈賜有功者比皆臣等之所未喻也伏望大奮乾剛立斷是獄將代爲營救之人並下法司明正其罪疏入乃命以贓貨入官三十二年國王遣使坤隨離等貢白象及方物白象已斃進象牙一枝長八尺牙首鑲金石櫃子十顆中鑲珍珠十顆寶石四顆尾置金鋼錐一根又金盒內貯白象尾爲證萬曆三年九月國王昭華宋頃遣使握坤哪禾思灣等來貢先是有東牛國與暹羅國鄰因求婚王女

不諳遂擁衆攻暹羅陷其城王普喇照普噠哇
自盡擄其長子哪浡喇照爲質時隆慶三年七
月也其次子昭華宋頃嗣爲王以印被兵焚因
奏請另給禮部以印文須賜年久無憑查給且
表字譯學失傳難以辨驗覆題行彼國查取印
篆字樣並取精通番字人員赴京教習五年八
月通事握文源同其使握悶喇握文鐵握文貼
齎原奉勘合赴京請印並留教習番字各賜冠
帶衣服有差六年十月內閣大學士張居正題

據提督少卿蕭某呈請於本館添設暹羅一館
考選世業子弟馬應坤等十名送館教習通事
握文源言其國東連大泥南臨東牛西接蘭場
北界大海由廣東香山縣登舟用北風下指南
針向午行出大海名七洲洋十晝夜可抵安南
海次中有一山名外羅八晝夜可抵占城海次
十二晝夜可抵大崑崙山又用東北風轉舟向
未兼申三分五晝夜可抵大眞樹港五晝夜可
抵暹羅港入港二百里卽淺水又五日抵暹羅

城順風四十日可至若遇東風飄舟西行卽舟
壞猶可登山遇西風飄入東海中有山名萬里
石塘起自東海琉球國直至海南龍牙山潮至
則沒潮退方見舟飄至此罕有存者來貢必用
五六月南風還則用十一二月北風過此不敢
行矣境內有大庫司九曰暹羅曰可剌細馬曰
足曹本曰皮細綠曰東骨胎曰果平匹曰倒腦
細曰討歪曰六毘大庫司猶華言布政司也府
十四曰采納曰老無曰比采曰東板魯曰辣皮

曰匹皮里曰采野曰多鐃曰干無里曰細辭滑
曰采欲曰款細彎曰沾奔曰魁山縣七十二分
隸各府土田東南平衍饒稻西北多大山產諸
香木蘇木城濠用磚砌分八門南北五里東西
十里城中有小河通舟城外西南民居輳集有
外城週遭十餘里王居在城西隅另建一城約
三里餘殿用金妝綵繪覆以銅瓦室用錫瓦堦
用錫裹磚欄杆用銅裹木民樓居不土處上聯
檳榔片覆之亦有用陶瓦者坐臥卽於樓板上

藉以氊及籐薦無床桌椅凳之制其服飾惟王
以受封故留髮冠金嵌寶石帽制類兜鍪上衣
長三尺用五彩緞小袖左袵下用五彩布幔鞋
襪用紅緞官及庶民俱剪髮官一等至四等冠
金嵌寶石帽五等至九等冠五彩絨緞帽庶民
無帽俱着兩截衣襪履用牛皮婦人椎髻於後
飾用金銀簪花戒指鐲釧脂粉貧者用銅上衣
披五色飛花布幔下衣五彩織金花幔拖地長
二三寸足着紅黑皮靸鞋其官制有九等一曰

握啞往二曰握步喇三曰握蟒四曰握坤五曰
握悶六曰握文七曰握板八曰握郎九曰握救
其選舉由鄉鄰舉於大庫司大庫司審其堪用
以文達於王所王爲定期面試至期大庫司引
至王前咨以民事應對得當即授官服候用否
則逐出考課亦以三年爲期人皆有名無姓爲
官者稱握某民上者稱奈某最下稱隘某王出
乘金椎彩轎或乘象車每日旦登殿各官於臺
下設氊以次盤膝而坐合掌於頂獻花數朵有

事則具文書朗誦上呈候王定奪習水戰煮海
爲鹽釀秫爲酒土產珍寶有石櫚子及貓兒眼
青紅綠三色石金鋼鑽金銀鉛錫鐵玳瑁象牙
犀角珠母食貨有胡椒沉香速香降香木香丁
香樹香金銀香大楓子馬前白荳蔻玉荳蔻烏
藥兒茶阿魏鴉片冰片紫梗籐黃破肚子燕窩
沙國米黃臘檳榔椰子布有西洋布濶三尺餘
長四五丈染五色花紋極工巧花木有貓竹黃
竹班竹勒竹根竹竻竹蘇木油木花梨木鐵力

木樟木松木榕木柏木涂木黃楊木檀木烏木
石榴柑橘蓮菊茉莉素馨鷹爪月桂綿葵葛蒲
蔔甘蔗芭蕉菱角棗薔薇露波羅蜜獸有犀象
虎豹熊猴猿貂鼠穿山甲南蛇山羊山牛山豬
海馬獐麂兎鹿豺狐狸馬牛羊貓鼠禽有孔雀
錦雞鷴雉鸛鶴鶯燕雁鴉雀鳩翡翠鷺鷥鴛鴦
水鴨鴿鷄鵝鴨鸚鵡有五彩紅綠白數色魚有
鱷鯇沙鯉鱠鯽鱭銀墨章莆帶鱸黃烏邊鞋底
班宗馬母大口白甲筓殼七星三賴鰍鱔蝦螃

蟹蛤蚌蔬有東瓜西瓜王瓜甜瓜木瓜土瓜苦瓜瓠茄葱蒜韭芥莧蘿蔔波䔖鹿角油菜藤菜海菜角荳扁荳菉荳黄荳紅荳諸物亦海外一大都會也

國朝定貢期三年一貢由兩廣總督廣東巡撫代

題

敕部議准後知照該督撫令其入貢其貢使來有正使二使三使四使其下爲從人赴京者不得過二十六人其貢物爲馴象備象龍涎香幼㕍香

犀角象牙荳蔻降香籐黄大楓子土桂皮烏木蘇木華撥樟腦兒茶皮樹膠皮硫磺檀香冰片翠鳥皮孔雀尾潤紅布大荷蘭氈冰片油薔薇露又貢物一分其數減半或有加進之物聽其隨宜進獻題准收受交内務府象交鑾儀衛表用金葉貯以金筒錦袱錦袋袋上有金鈕金圖加盛以螺鈿盒一貼金盒一並有花緞盒套套上各有金圈其

頒賞賜國王錦八匹織金緞八匹織金紗八匹織金羅八匹紗十二匹緞十八匹羅十八匹

賜王妃織金緞四匹織金紗四匹織金羅四匹緞六匹紗六匹羅六匹貢使各織金羅三匹緞八匹羅五匹絹五匹裏紬二匹布一匹通事緞五匹羅五匹絹三匹從人各絹三匹布八匹伴送官彭緞袍一件如貢使係微員視職分酌減通事從人等俱一例酌減

賞給所

賞國王王妃物件及

特恩加賜物件俱禮部移内閣撰入

敕内交貢使齎回

暹羅國入貢儀注事例

一貢使人等到省委員備辦牛酒米麪筵席等項俟起貯表文方物後前赴犒賞

一起貨通事船主先期將壓艙貨物呈報廣州府轉報委員查明其貨物數目斤兩册彙同表文方物由司詳候督撫會疏題報俟題允日招商發賣其應納貨餉候奉部行分别免

征

一貢使入京通事將起程日期具報廣州府轉報布政司移會按察司領發兵部勘合一道馹傳道路牌一張督撫委送官三員隨同伴送將進京貢使人員稟給口糧夫船數目塡註勘合內經過沿途州縣按日辦應其在省看守貢船人等以奉

旨准貢日移明糧道每名每日支米八合三勺

一貢使入京伴送文職應委道府大員武職應委參將大員並委丞倅一員隨往長途護送自省起程前抵韶州府例委分巡廣州府之督糧道護送彈壓自韶州府南雄州度嶺應委南韶連道護送彈壓出境仍飭各屬照例應付不准絲毫濫應京旋之日一體辦理

一貢使進京令通事先將起程日期報府轉報上司預行取辦祭江豬隻吹手禮生應用

一貢使京旋委員自京護送

敕書大典回廣船到河下迎請安奉懷遠馹館遵奉

筵宴一次候風訊便日起程

一貢使京旋廣州府即諭令各船修葺候風訊順便回國所買回國貨物一切違禁物件不許買帶外其應買貨物俱照定例聽其買回應委官一員監督盤運下船並即令護送該船出口俟其揚帆回報

又定貢使京旋回國在廣東省筵宴一次額支銀一十七兩五錢其守候船隻梢目水手等額支口糧於奉

旨准貢之日起支貢使回廣之日住支伴送之委員自省赴京往回額給盤費銀五十兩均於廣東存公銀內並地丁項下額支米內動支

會驗暹羅國貢物儀注

是日辰刻南海番禺兩縣委河泊所大使赴馹館護送貢物同貢使通事由西門進城至巡撫西轅門安放貢使在頭門外帳房候立俟兩縣稟請巡撫開中門通事行商護送貢物先由中門至大堂簷下陳列通事復出在頭門外兩縣

委典史請各官穿公服至巡撫衙門通事引貢使打躬迎接候巡撫開門陞堂督撫各官正坐司道各官俱坐通事帶領貢使由東角門報門進至大堂簷下行一跪三叩禮賜坐賜茶各官俱起坐驗貢畢將貢物仍先從中門送出西轅門通事引貢使由西角門出至頭門外立候送各官同將貢物點交通事行商貢使同送回馹館貯放

順治九年十二月遣使請貢並換給印敕勘合

順治十六年題准暹羅國探貢船壓艙貨物抽分納稅

康熙二年暹羅國正貢船行至七洲洋面遇風飄失止有護貢船一隻來至虎門仍令遣回

康熙三年七月平南王尚可喜奏言暹羅國來餽禮物却不受是年題准進貢正貢船二隻令員役二十名來京補貢船一隻令六人來京准該國貿易一次其年暹羅入貢方物凡十三種有孔雀六足龜

謹案是年定制孔雀六足龜後俱免進

康熙四年十一月國王遣陪臣握坤司吝喇耶低邁禮等齎金葉表文航海入貢其文曰暹羅國王森列拍臘照古龍拍臘馬嘑陸坤司由提呀菩埃誠惶誠恐稽首頓首謹奏

大清皇帝陛下伏以

新君御世普照中天四海沾帡幪之德萬方被教化之

恩卑國久荷

天朝恩渥未傾葵藿之心今特躬誠朝貢敢效輸款

敬差正貢使握坤司吝喇耶低邁禮副貢使握坤心勿吞瓦替三貢使握坤司敕博瓦綈大通事揭帝典辦事等臣梯航渡海齎奏金葉表文方物譯書一道前至廣省差官伴送京師進獻用伸拜舞之誠恪盡遠臣之職伏冀

俯垂寬宥不恭微臣瞻仰

天聖曷勝屏營之至謹具表稱奏以聞

聖祖仁皇帝命從優賞賚

康熙六年題定暹羅國貢期三年一次貢道由

廣東例於常貢外有加貢無定額又覆准進貢
船不許過三隻每船不許過百人來京員役二
十二名其接貢探貢船概不許放入
康熙七年十一月遣陪臣握坤司吝喇耶低邁
禮等來貢時部議以所貢物與會典不符應令
後次補貢得
旨進暹羅小國貢物有產自他國者與會典難以相符所
少貢物免其補進以後但以伊國所有者進貢是時
貢物內有神幔一條非進

天朝之禮交來使帶回
康熙九年入貢
康熙十一年三月遣使來貢得
旨貢使所攜貨物願至京師貿易則聽其自運或願在
廣東貿易督撫委官監視之
康熙十二年二月遣使臣奉金葉表入貢其表
文云暹羅國王臣森烈拍臘照古龍拍臘馬嘑
陸坤司由提呀菩埃誠惶誠忭稽首頓首啟奏
大清皇帝陛下伏以

天生聖君嗣登寶位剛明果斷國治民安聲聞海外[illegible]
及諸彝卑國世荷
皇恩微臣繼襲踐祚遠霑
九重德化莫能瞻仰
天顏幸遇貢期敢效輸款嵩差正貢使臣握坤司吝喇
耶低邁禮貳貢使臣握坤司殊嘪剩耶西三貢
使臣握坤押瓜瓦恥通官握坤心物邁知理揭
帝典辦事文司叨申理嘑等梯航渡海賫捧金
葉表文方物譯書前至廣省差官伴送

京師朝貢進獻代伸拜舞之誠恪盡遠臣之職恭
祝
皇圖永固
帝壽遐昌伏冀
俯垂鑒納庶存懷遠之義微臣遵
旨再陳明季舊頒敕銀印卑國以憑進京朝貢前因宮
殿火煨燼無存今進京朝貢無可爲憑微臣以
表文內不敢瑣瀆委握耶大庫具文呈部轉奏
聖旨特賜敕銀印以便進京奉貢康熙九年三月內貢

使囘國禮部奉
旨咨文到暹羅內開使臣具表題請伏望
聖恩頒賜敕印以光屬國庶朝貢有憑按古例貢船三
隻到廣貢使捧表進
京朝貢其船置辦國需隨汎囘國庶臣早知
聖體興隆於次年再至廣省迎接
聖敕囘國伏乞
俞旨賜依古例特
敕禮部行文廣省各衙門遵照施行微臣不勝瞻

天仰
聖懽忭踴躍之至謹具表朝貢以
聞後開貢物
皇帝方物金葉表文一道譯字表文一道龍亭一座安奉
金葉表文馴象一隻孔雀四隻六足龜四隻龍涎香
一觔盪石一觔沉水香二觔犀角六座速香三
百觔象牙三百觔安息香三百觔白荳蔻三百
觔籐黃三百觔胡椒三百觔大楓子三百觔烏
木三百觔蘇木三千觔胡椒花一百觔紫梗一
百觔樹皮香一百觔樹膠香一百[illegible][illegible][illegible]六
百張孔雀尾十屏兒茶一百觔鮫綃布六匹[illegible]
花色大布六匹褸天四條紅布十匹紅撒哈喇
布六匹印字花布十匹西洋布十匹大冰片一
觔中冰片二觔片油二十瓢樟腦一百觔黃檀
香一百觔薔薇露六十礶硫黃一百觔
皇后方物一樣減半內止少馴象奉
聖諭暹羅國航海遠來抒誠進貢其蟲蛀短少等物免
令補進嗣後各國皆照此例四月

冊封暹羅國王
頒鍍金駝紐銀印
賜誥命令使臣齎囘
誥曰來王來享要荒昭事大之誠悉主悉臣國家著柔
遠之義朕纘承鴻緒期德教暨於遐陬誕撫多方使
屏翰躋於康乂彝章具在渙號宜頒爾暹羅國森烈
拍臘照古龍拍臘馬嘑陸坤司由提呀菩埃秉志忠
誠服躬禮義既傾心以向化乃航海而請封礪山帶
河克荷維藩之寄制節謹度無忘執玉之心念爾獨

忼朕甚嘉焉今封爾爲暹羅國王賜之誥命爾其益
矢忠貞廣宣聲教膺茲榮寵輯乃封圻於戲保民社
而王纂休聲於舊服守共球之職懋嘉績於侯封爾
其欽哉無替朕命
康熙二十三年遣正使王大統副使坤孛述列
瓦提從人三十名進金葉表文奉
旨覽王奏航海遠來進貢方物具見悃誠可嘉知道了
餘著議奏又奉
聖諭暹羅國進貢員役回國有不能乘馬者官給夫轎
從人給舁夫

是年暹羅國王奏言貢船到虎跳門地方官阻
滯日久迫進至河下又將貨物入店封鎖候部
文到時方准貿易每至毀壞乞
敕諭廣省嗣後貢船到虎跳門具報之後卽放入河下
俾貨物早得登岸貿易又本國採辦器用乞
諭地方給照置辦部議准應如該國王所請
康熙二十四年十二月閣部議准增賞暹羅緞
幣表裏五十

康熙四十七年副貢船加進金線猴二隻又覆
准暹羅國進貢船壓艙貨物如願在廣東地方
貿易照例免其收稅
康熙五十九年入貢方物加進馴犀二隻西洋
金緞二匹大西洋潤宋錦一匹
康熙六十一年四月遣使來貢
賜其國王及王妃紗緞奉
旨朕聞暹羅國米甚豐足價亦甚賤若於福建廣東寧
波三處各運米十萬石來此貿易於地方有益此三
十萬石米係爲公前來不必收稅禮部問暹羅使人

定議具奏欽此遵
旨會問來使據稱該國米用內地斗量每石價值二三
錢今議定載米到時每石給價五錢除爲公運
三十萬石不收稅外其帶來米糧貨物任從貿
易照例收稅
雍正二年十月二十八日廣東巡撫年希堯題
報暹羅國運米併進稻種果樹奉
聖諭暹羅國遵

聖祖仁皇帝諭旨不憚險遠進獻稻種果樹及洋鹿獵犬等物最爲恭順殊屬可嘉作何奬賞著定議具奏所奏穀種鹿犬已經差官送京各種果樹俟來歲春和另行委解運來米石令地方官照粵省現在時價速行發賣不許行戶任意低昂所奏每米一石定價五錢則賤買貴賣甚非朕體恤小國之意著行文浙閩此次已到之米與該國現經發運續到者皆照粵省一體遵行嗣後且令暫停俟有需米之處候朕降旨遵行其壓船隨帶貨物本當照例征稅但該國王

既能輸誠向化冒險遠來此次應輸稅銀著一概免征來船梢目徐寬等九十六名雖係廣東福建江西等省人民然住居該國歷經數代各有親屬妻子實難勒令還歸著照所請免令徐寬等回籍仍在該國居住以示寬大之典

賞船長羅緞共十三匹

加賞十匹

賞番梢每名絹布各十匹

特賜國王各色內緞二十四匹琺瑯器一件玉器七件松花石硯二方玻璃盌十件各色磁器一百四十六件差禮部司官一員齎送廣東交該督撫轉付船長領回

雍正四年覆准暹羅國前經奏旨暫停運米所差探貢二船帶有米石貨物伊等由該國起行尚在未奉旨之先既已涉險遠來聽其就近發買俟風訊回國

雍正六年禮部議覆福建巡撫常賚疏言暹羅國王誠心嚮化遣該國商人運載米石貨物直

達廈門請聽其在廈發賣照例征稅委員監督嗣後暹羅運米商船來福建廣東浙江者請照此一體遵行應如所請得旨依議米穀不必上稅著爲例

雍正七年六月載米船艘因風飄泊其撈回壓船貨物並免征稅七月入貢方物加進寶劍一仗劍一金地交枝柳條版帶二

世宗憲皇帝御書天南樂國扁額賜之又奉聖諭暹羅國遠隔重洋輸誠向化恭順修職歷有年所

[illegible]諭採買物件著行令該撫採買賞給以示朕嘉
惠遠人之意又奉
[illegible]諭該國遠隔重洋所進方物齎送不易朕欲酌量裁
減以示恩恤遠藩之意但此次既已齎送難以帶回
本國著照往例收納其常貢土物內有速香安息香
等嗣後免其入貢是年議准免貢安息香速香胡椒
紫梗織金白袈裟織金紅袈裟織金紅幼布濶
幼花布幼花布花布幔等物十種定如現額是
年該國使臣請出館觀覽京師之勝

特賞銀一千兩聽其購買物件
特賜國王與二年同惟玉器增一件玻璃盌減二件
賜貢使緞八匹銀一百兩又准暹羅國貢使購買駝馬
並動用內庫銀給以價值其年十一月該國貢
使復以採買京弓銅線上請奉
旨著採買賞給
乾隆元年六月國王森烈拍照廣拍馬嘑陸坤
司由提呀菩埃以嗣立故遣陪臣朗三立哇提
等齎篆及方物例貢象一隻因航海故增一以

備又加進金緞二匹花幔一條並咨禮部言往
時
欽賜蟒龍大袍藏承
恩亭上歷世久遠難保無虞[illegible]遺
恩賜一二襲得
旨暹羅遠處海洋抒誠納貢除照定例給賞外可特賞
蟒緞四匹禮部言暹羅國昭丕雅大庫呈稱伊國造
福送寺需用銅斤奉禁之後無從採辦懇請准
其赴粵採買查銅斤關係鼓鑄禁止出洋定例
己久今若准其採買恐日後奸商藉此爲由越

境滋弊應毋庸議得
旨暹羅遠處海洋抒誠納欵採買銅斤一項該國王稱
係造福送寺之用部議照例禁止不許令其採買固
是今特加恩賞給八百觔後不爲例
乾隆七年福建將軍兼管閩海關事務新柱奏
言本年七月內有暹羅國商人方永利一船載
米四千三百石零又蔡文浩一船載米三千八
百石並帶有蘇木鉛錫等貨先後進口查該番

船所載米石皆不足五千之數所有船貨稅銀
未便援例寬免得
旨該番等航海運米遠來慕義可嘉雖運米不足五千
之數著免船貨稅銀十分之三以示優恤
乾隆八年奉
聖諭上年九月間暹羅商人運米至閩朕曾降旨免征
貨船稅銀聞今歲仍復帶米來閩貿易似此源源而
來其加恩之處自當著爲常例著自乾隆八年爲始
嗣後凡遇外洋貨船來閩粵等省貿易帶米萬石以

上者著免其船貨稅銀十分之五帶米五千石以上
者免十分之三其米聽照市價公平發糶若民間米
多不需糶買卽著官爲收買以補常社等倉或散給
沿海各標營兵糧之用俾外洋商人得沾實惠不致
有糶賣之艱該部卽行文該督撫將軍並宜諭該國
王知之
乾隆十三年入貢方物外附洋船貢黑熊一隻
鬭雞十二隻泰和雞十六隻金絲白肚猿一隻
乾隆十四年入貢

高宗純皇帝御書炎服屏藩扁額賜之又
賜蟒緞片金粧緞閃緞各二匹錦四匹緞八匹玉器六
件瑪瑙器二件琺瑯器四件松花石硯二方玻璃
器十件磁器一百四十六件又因續進黑熊白猿
等物加賞國王庫緞十二匹
乾隆十六年奉
聖諭朕閱潘思榘摺內稱本年六月內收入廈口暹羅
商船一隻買回米四千石等語閩浙各處現在需米
孔殷若官爲辦理豈不於民食更有裨益但慮官辦
或致外人多疑或聞內地官爲購覓卽乘勢居奇多

方掯勒必致價值日益昂貴並使商船來往亦不能
隨便攜帶著傳諭喀爾吉善潘思榘令其會同酌量
若無此慮可於暹羅等國產米之處官爲購運或先
行試買看其嗣後可以源源接濟不致啟番人掯勒
之弊抑或應仍聽商人陸續運帶一一詳籌奏聞尋
總督喀爾吉善等言該國地土廣不過百餘里
戸口無幾每年餘米有無多寡並無一定官赴
採買番情趨利如鶩難免居奇昂價止宜聽商

自行買運尚可資其緩急官為購運未便舉行
得
旨俞允
乾隆十八年喀爾吉善奏言暹羅地方近年雖
有商船帶回米石於民食不無裨濟但欲採買
補倉勢須委員領帑前往買運若向商船招買
過洋之米止可隨到隨糶不能日久貯倉今復
加籌酌與其官買補倉不如仍聽商販帶運隨
其多寡皆足有濟民食得

旨俞允是年二月入貢方物加進西洋金花緞番袍金
花緞夾褲各一條西洋金緞帶三條並懇
賜人葠纓牛氂馬象牙及通徹規儀內監部議不可並
飭使臣於歸國後曉諭國王恪守規制益勵敬
恭得
旨方物照例收受其筵宴賞賚著加恩照上次例行
加賜人葠四觔錦緞共二十匹及玉器瑪瑙器琺瑯器
玻璃器磁器銅暖硯
乾隆二十二年入貢

加賜國王蟒緞錦緞各二匹閃緞片金各一匹八絲緞
四匹玉器瑪瑙器各一件松花石硯二方琺瑯
器十三件磁器一百四件
乾隆二十七年入貢
乾隆三十一年入貢皆蒙
特賞物件後該國為花肚番即緬甸所破經兩廣總督
奏明將三十一年原
頒賞賜繳進
乾隆四十六年正月暹羅國長鄭昭遣使臣朗

丕彩悉呢霞握撫突等二八入貢並奏稱自遭
緬匪侵陵雖復土報仇紹裔無人茲羣吏推昭
為長遵例貢獻方物得
旨國長遣使航海遠來具見悃忱該部知道原表並發
賜宴使臣於
山高水長所貢之物
賞收象一隻犀角一擔其象牙洋錫藤黃胡椒蘇木准
其在廣省自行變價併壓艙貨物一體免稅
特賞國長蟒緞錦緞閃緞片金八絲緞玉器瑪瑙器琺

瑯器磁器松花石硯
乾隆五十年入貢正月初二日
紫光閣筵宴
賞正使二使三使有差
乾隆五十一年奉
聖諭據穆騰額奏稱暹羅國每年正副貢船到關其隨帶之船至十餘隻之多又有藉名探貢船隻俱屬內地商船所帶貨物甚多該監督查明應征稅銀若干報明該督撫具題概行寬免殊非杜弊防奸之道請將正副貢船各一隻照例免其納稅其餘船隻俱按貨征稅等語暹羅國修職輸誠遣使呈進方物其正副貢船自應免其征納稅銀豈容內地商船藉名影射希圖免稅此等商船到關時該監督原可逐船履勘除貢物之外若有私帶船隻無難一望而知自應按貨征稅該監督即當商之督撫分別辦理何得概予具題邀免此係該督撫監督等分內應辦之事何必形之章奏候朕降旨始奉行耶除就近傳知穆騰額遵辦外著傳諭富勒渾孫士毅於該國貢船到關

所有正副貢船各一隻仍照例具題免稅其餘若果查係夾帶客商私船俱逐一查明按貨納稅以杜奸商取巧通同弊混之計將此傳諭知之
乾隆五十二年入貢
賜宴紫光閣
賞正副使有差
乾隆五十三年該國遣使入謝
乾隆五十四年入貢
賜宴紫光閣
賞正副使有差
乾隆五十五年入貢恭祝
萬壽
賜宴紫光閣
賞正副使有差
加賞國王
御書福字一個玉如意一柄玉器二件磁器玻璃器八件福字方一百幅大小絹箋四卷硯二方筆墨六匣雕漆盤四件

乾隆五十六年入貢
賜宴紫光閣
賞賚有差
乾隆五十八年入貢
賜宴紫光閣
賞正副使有差
加賞國王大緞福字箋絹箋雕漆茶盤筆墨硯
乾隆六十年貢方物龍涎香沉香檀香白膠香
降眞香金鋼鑽冰片樟腦孔雀尾犀角象牙西
洋氈西洋紅布翠鳥皮甘蜜皮桂皮華撥大楓
子荳蔻藤黄烏木蘇木
皇宮方物其數減半除夕
賜宴保和殿
嘉慶元年恭進
太上皇帝
皇上番字金葉表文漢字表文並方物正月初四日舉
行千叟宴
賜正副使宴於

寧壽宮又宴於
紫光閣
正大光明殿
山高水長
加賞有差
嘉慶二年入貢
賜宴如例
嘉慶四年入貢
賜宴如例
嘉慶六年入貢
賞使臣羊裘纓帽又奉
聖諭暹羅國第二貢使帕窩們孫哖哆呵叭突在廣州
南海地方患病身故情殊可憫現已飭地方官妥爲
照料著加恩再賞銀三百兩遇有該國便船即令先
行帶回將銀兩給伊家屬不必等候此次貢船回國
轉致稽緩嗣後如遇有此等外國使臣在內地身故
之事著照此例辦理
嘉慶七年入貢

賞正副使有差
嘉慶九年入貢
重華宮筵宴
加賞使臣通事有差
嘉慶十二年九月奉
聖諭外洋諸國夷人自置貨船來廣貿易自應專差夷
目親身管駕不得令內地商人代為販運今金協順
陳澄發皆以內地客商領駕暹羅國船隻載貨販賣
雖詢明委係該國王所遣並無假冒揑飾及夾帶違

禁貨物但該國王何以遽肯造船交伊等管帶情節
不無可疑且恐日久相沿必致奸徒潛往外夷賒欠
誆騙或竟冒為夷貨代盜銷贓不可不防其漸吳熊
光請敕下禮部於該國貢使到京時傳知飭禁恐該
貢使回國傳述未能詳切現已另降敕諭申明內外
體制所有金協順等船二隻既已駛至內地姑准其
起貨納稅另製新貨給照回帆自此次飭禁之後如
再有代駕夷船進口即查明懲辦又
敕諭暹羅國王鄭華嘉慶十二年九月據兩廣總督吳

熊光奏稱有船商金協順陳澄發裝載暹羅國貨物
來粵貿易並請於起貨後裝載粵省貨物回赴暹羅
經地方官查明金協順係福建同安縣人陳澄發係
廣東澄海縣人飭傳暹羅國貢使丕雅史滑蓬詢問
據稱金協順陳澄發二船委係由該國新造來粵因
該國民人不諳營運是以多倩福潮船戶代駕並非
冒揑呈遞譯書稟結等情天朝綏懷藩服准令外域
民人赴內地懋遷貨物惠逮遠人恩至渥也惟是中
外之限申畫釐然設關譏禁古有明訓我朝撫御諸

邦如朝鮮越南琉球等國各以本地物產來中土貿
易皆係其本國民人附朝貢之便齎帶前來從未有
中國之人代彼經紀者今金協順陳澄發以閩廣商
民代暹羅營運即屬違禁中土良民謹守法度斷不
敢越制牟利其私涉外域者此中良莠不齊設將販
運貨物隱匿拖欠致啟訟端亦於該國諸多未便本
應將金協順等飭法治罪念其船隻係由該國製造
給令代駕從前未經嚴立科條此次且從寬免究並
施恩准其起貨售兌仍給照令其置貨回帆特降敕

諭知該國王宣明例禁嗣後該國王如有自置貨船
務用本國人管駕專差頭目帶領同來以為信驗不
得再交中國民人營運若經此次敕禁之後仍有私
交內地商民冒託往來者經關津官吏人等查出除
不准進口起貨外仍將該奸商治罪該國王亦難辭
違例之咎柔遠能邇寬既往以示含宏之義宅中馭
外申明禁以嚴踰越之防爾國王其凜遵毋忽特諭
是年貢使到京
重華宮筵宴

加賞有差
嘉慶十四年祝
嘏進貢壽燭十對金鋼鑽一觔冰片二觔燕窩十觔沉
香二十觔犀角二十觔孔雀尾五十屏翠鳥皮
五百張檀香一百觔降真香一百觔砂仁米一
百觔紫梗一百觔象牙二百觔荳蔻二百觔胡
椒二百觔籐黃二百觔荷蘭氈二領
加賞正副使筵宴
重華宮如儀其國王表請倩僱內商駕船奉
旨不准表文給還夷目帶回
嘉慶十五年暹羅國世子遣使進貢請
封在洋遭風沉失貢物九種奉
聖諭據百齡等奏暹羅國齎貢使臣抵粤一摺該國貢
船在香山縣荷包外洋突遇颶風擊壞沉失貢物此
實人力難施並非使臣不能小心防護其沉失貢物
不必另行備進用昭體恤所有鄭佛懇請敕封之處
著該衙門照例查辦俟該使臣回國即令領齎十二
月貢使到京

宴賚如儀
嘉慶十七年十二月入貢
嘉慶十八年十二月奏
聖諭前據蔣攸銛奏暹羅國正貢船隻在洋失火所載
貢使人役及表文方物等件俱無下落僅有副貢船
抵粤當經降旨將該國副貢使及所存貢品十種派
員送京無庸補備正貢今又據蔣攸銛奏該副使啷
抜察哪丕汶知突因在海船感冒風寒又聞正貢船
失火焚燒致受驚恐現在患病難以起程請俟醫治

痊愈再行護送入都等語該副貢使患病受驚正需調理長途跋涉甚非所宜現已屆年節不必再令進京著加恩令將所存貢品十種就近交貯粵省藩庫由該督委員解京其副貢使令在粵休息妥爲調治該國王抒忱納費其正副貢使適因事故不能到京而航海申虔即與齎呈無異所有例賞該國王及貢使人役物件著禮部查明奏聞將賞件發交該督轉行頒給該副貢令其於病痊之日齎領回國並將此旨傳知該國王以示懷柔遠人之意禮部遵

旨將例

賞物件併

敕書交兵部發交該督頒給

嘉慶十九年該國遣使補貢正貢船遭風漂至越南副使在粵患病該國王聞遭風之信復補備貢物遣使來京

賜宴紫光閣

賞正副使有差

嘉慶二十年九月奉

聖諭蔣攸銛等奏暹羅國王聞上年貢船被風損壞復備副貢船遣使補備方物到粵一摺暹羅國所進嘉慶十八年正貢船在洋焚燒其副貢船所齎貢品業經進呈十九年該國王敬補方物分裝正副船入貢適遇颶風漂散現在正副船已先後收泊其表文方物由該貢使齎送赴京該國王因聞貢船遭風之信復備補貢方物來粵其恭順實屬可嘉該國向係三年一貢明年又屆入貢之期著加恩即將此次齎到方物作爲嘉慶二十一年例貢交粵省藩庫存貯俟

明年委員解京其使臣巧鑾紋是通留於粵省俟本年進京各貢使旋粵時一體筵宴俾令回國並傳知該國王明年無庸另備表文方物航海遠來以示懷柔至意貢使到京

同樂園聽戲

賞正副貢使有差暹羅國王復表請用內地水手禮部

奏駁奉

旨依議

嘉慶二十四年副使到京進

萬壽貢大壽燭五對小壽燭五對冰片二兩金鋼鑽一
觔沉香二十觔燕窩十觔犀角二十觔檀香二
百觔荷蘭毯二領降眞香一百觔荳蔻二百觔
砂仁二百觔胡椒二百觔翠鳥皮五百張孔雀
尾五十屏象牙二百觔籐黃二百觔紫梗二百
觔又貢方物如例
加賞副使玉如意仙果獻瑞花普洱茶膏人蔘膏蜜餞
荔支哈蜜瓜
賜宴正大光明殿入
同樂園聽戲

道光二年入貢方物
道光三年進
萬壽貢
道光七年入貢方物
道光九年入貢方物
道光十年進
萬壽貢
道光十一年入貢方物

道光十四年入貢方物
道光十七年入貢方物
道光十九年三月奉
上諭向來暹羅三年一貢著改爲四年遣使朝貢一
次用示朕綏懷藩服之至意

粤海關志卷二十一終

貢舶二

荷蘭國

荷蘭又名紅毛番地近佛郎機明永樂宣德時鄭和七下西洋歷諸番數十國無所謂荷蘭者其人深目長鼻髮眉鬚皆赤足長尺二寸頎偉倍常萬歷中福建商人歲給引往販大泥呂宋及咬𠺕吧者荷蘭人就諸國轉販未敢窺中國也自佛郎機市香山據呂宋荷蘭聞而慕之二

十九年駕大艦攜巨礮直薄呂宋呂宋人力拒之則轉薄香山澳澳中人數詰問言欲通貢市不敢爲寇當事難之稅使李道卽召其酋入城遊處一月不敢聞於朝乃遣還澳中人慮其登陸謹防禦始引去海澄人李錦及奸商潘秀郭震久居大泥與荷蘭人習語及中國事錦曰若欲通貢市無若漳州者漳南有彭湖嶼去海遠誠奪而守之貢市不難成也其酋麻韋郎曰守臣不許奈何曰稅使高寀嗜金銀甚若厚賄之彼特疏上聞天子必報可守臣敢抗旨哉酋曰善錦乃代爲大泥國王書一移寀一移兵備副使一移守將俾秀震齎以來守將陶拱聖大駭亟白當事繫秀於獄震遂不敢入初秀與酋約入閩有成議當遣舟相聞而酋卞急不能待卽駕二大艦直抵彭湖時三十二年之七月汛兵已撤如入無人之墟遂伐木築舍爲久居計錦亦潛入漳州偵探詭言被獲逃還當事已廉知其狀並繫獄已而議遣二人諭其酋還國許以

自贖且拘震與俱三人既與酋成約不欲自彰其失第云我國尚依違未定而當事所遣將校詹獻忠齎檄往諭者乃多攜幣帛食物覬其厚酬海濱人又潛載貨物往市酋益觀望不肯去當事屢遣使諭之見酋語輒不競愈爲所慢而寀已遣心腹周之範詣酋說以三萬金餽寀卽許貢市酋喜與之盟已就矣會總兵施德政令都司沈有容將兵往諭有容負膽智大聲論說酋心折乃曰我從不聞此言其下人露刃相詰

有容無所懾盛氣與辯酋乃悔悟令之範還所贈金止以哆囉嗹玻璃器及番刀番酒餽寀乞代奏通市寀不敢應而撫按嚴禁奸民下海必誅由是接濟路窮番人無所得食十月末揚帆去巡撫徐學聚劾秀錦等罪論死遣戍有差然是時佛郎機橫海上紅毛與爭雄復汎舟東來攻破美洛居國與佛郎機分地而守後又侵奪臺灣地築室耕田久留不去海上奸民闌出貨物與市已又出據彭湖築城設守漸爲求市計

守臣懼禍說以毀城遠徙即許互市番人從之天啟三年果毀其城移舟去巡撫商周祚以遵諭遠徙上聞然其據臺灣自若也已而互市不成番人怨復築城彭湖掠漁舟六百餘艘俾華人運土石助築尋犯厦門官軍禦之俘斬數十人乃詭詞求款再許毀城遠徙而修築如故已又泊舟風櫃仔出沒浯嶼白坑東椗莆頭古雷洪嶼沙洲甲洲間要求互市而海寇李旦復助之濱海郡邑爲戒嚴其年巡撫南居益初至謀

討之上言臣入境以來聞番船五艘續至與風櫃仔船合凡十有一艘其勢愈熾有小校陳士瑛者先遣往咬𠺕吧宣諭其王至三角嶼遇紅毛船言咬𠺕吧王已往阿南國因與士瑛偕至大泥謁其王王言咬𠺕吧國主已大集戰艦議往彭湖求互市若不見許必至構兵蓋阿南即紅毛番國而咬𠺕吧大泥與之合謀必不可以理諭爲今日計非用兵不可因列上調兵足餉方畧部議從之四年正月遣將先奪鎮海港而

城之且築且戰番人乃退守風櫃城居益增兵往助攻擊數月寇猶不退乃大發兵諸軍齊進寇勢窘兩遣使求緩兵容運米入舟即退去諸將以窮寇莫追許之遂揚帆去獨渠帥高文律等十二人據高樓自守諸將破擒之獻俘於朝彭湖之警以息而其據臺灣者猶自若也崇禎中爲鄭芝龍所破不敢窺內地者數年乃與香山佛郎機通好私貿外洋十年駕四舶由虎跳門薄廣州聲言求市其酋招搖市上奸民視之

若金穴益大姓有爲之主者當道鑒濠鏡事議驅斥或從中撓之會總督張鏡心初至力持不可乃遁去已爲奸民李葉榮所誘交通總兵陳謙爲居停出入事露葉榮下吏謙自請調用以避禍爲兵科凌義渠等所劾坐逮訊自是奸民知事終不成不復敢勾引而番人猶據臺灣自若其本國在西洋者去中華絕遠華人未嘗至其所恃惟巨舟大礮舟長三十丈廣六丈厚二尺餘樹五桅後爲三層樓旁設小窗置銅礮桅

下置二丈巨鐵礮發之可洞裂石城震數十里世所稱紅夷礮即其製也然以舟大難轉或遇淺沙即不能動而其人又不善戰故往往挫衂其所役使名烏鬼入水不沉走海面若平地其桅後置照海鏡大徑數尺能照數百里其人悉奉天主教所產有金銀琥珀瑪瑙玻璃天鵝絨瑣服哆囉嗹國土既富遇中國貨物當意者不惜厚資故華人樂與爲市

謹案明史外國傳作和蘭乾隆五十九年奏

旨噴嚪國改寫荷蘭國

荷蘭貢無定期由福建巡撫代題

敕部議准後知照該撫令其入貢

謹案荷蘭貢道後改由廣東康熙六年荷蘭進例從福建入境又經題准嗣後務由廣東

荷蘭貢使有正使副使或專以正使一員其次爲夷目官爲掌書記各一員其下爲從人凡入京者不得過二十名其貢物大尚馬珊瑚珠照身鏡琥珀丁香檀香冰片鳥鎗火石哆囉絨嗶

嘰緞織金氈自鳴鐘凡十三種皆無定數使臣有自進方物者俱照例題明准其收受其

頒賞賜該國王大蟒緞三匹粧緞三匹倭緞三匹片金一匹閃緞五匹帽緞五匹藍花緞五匹青花緞五匹藍素緞五匹衣素緞五匹綾十四匹紡絲十四匹羅十匹絹二匹銀三百兩正使大蟒緞二匹粧緞二匹倭緞二匹帽緞一匹藍花緞四匹青花緞四匹藍素緞三匹綾六匹紡絲六匹絹四匹銀一百兩標官粧緞一匹藍花緞二

匹青花緞一匹藍素緞一匹紡絲二匹絹二匹
銀五十兩副使同庫官掌案官倭緞一匹藍花
緞一匹青花緞一匹藍素緞一匹紡絲一匹綾
一匹紬一匹絹一匹銀四十兩夷目官掌書記
官同從人紬二匹絹二匹銀十五兩通事及伴
送官各彭緞袍一件所
賜國王物件禮部俱移內閣撰入
敕內交來使齎回
順治九年鄭成功寇鎮江敗歸謀取臺灣會荷
蘭通事何斌逋夷負遁鹿耳門說成功以水師
從鹿耳門入與荷蘭相持久荷蘭戰敗棄臺灣
去次年請貢兼請貿易廣東巡撫具奏經部議
駁
順治十二年復來請貢禮部言荷蘭國從未入
貢今重譯來朝誠
朝廷德化所致念其道路險遠准五年一貢貢道
由廣東入至海上貿易已經題明不准應聽在
館交易照例嚴飭違禁等物得

旨荷蘭國慕義輸誠航海修貢念其道路險遠著八年
一次來朝以示體恤遠人之意使臣進貢方物哆囉
絨倭緞各二匹嗶嘰緞六匹西洋布二十四匹
琥珀十塊琥珀珠珊瑚珠各二串鏡一面人物
鏡四面白石畫二面鍍金刀鑲銀刀各一把鳥
鎗長鎗各二桿玻璃杯雕花木盒石山匣各二
箇纓帽一頂皮小狗二箇花鸚哥一箇四樣酒
十二瓶薔薇露二十壺奉
旨賞伴送官巡海道鑲領蟒袍一件護送兵丁緞袍一
件貢使歸國特降
敕諭賜其國王曰惟爾荷蘭國墨投爲也甲必丹物馬
綏掘僻在西陲海洋險遠歷代以來聲教不及乃能
緬懷德化效慕尊親擇爾貢使杯突高嘀惹諸皆色
等赴闕來朝虔修職貢地逾萬里懷忠抱義朕甚嘉
之用是優加錫賚大蟒緞二匹粧緞二匹倭緞二匹
閃緞四匹藍花緞四匹青花緞四匹藍素緞四匹帽
緞四匹衣素緞四匹綾十匹紡絲十匹羅十匹銀三
百兩以報爾忱至所請朝貢出入貿易有無雖灌輸

貨貝利益商民但念道里悠長風波險阻舟車跋涉
闊歷星霜勞勛可憫若朝貢頻數猥煩多人朕皆不
忍著八年一次來朝員役不過百人止令二十人到
京所攜貨物在館交易不得於廣東海上私自貨賣
爾其體朕懷保之仁恪恭藩服慎乃常賦祇承寵命
順治十三年貢使嗶嚦哦哾嘢哈哇嘻等到京
貢鑲金鐵甲一副鑲金馬鞍一副鑲金刀鑲銀
劍各六把鳥銃十三口鑲金鳥銃四口短銃七
口細銃二口銃藥袋三箇玻璃鏡四面鑲銀千

里鏡八角大鏡各一面琥珀五十觔珊瑚珠琥
珀珠各二觔珊瑚樹二十枝哆囉絨五匹嗶嘰
緞四匹西洋布一百匹被十二牀花被面六牀
大氊一牀中氊二牀毛纓六頭丁香五箱共二
百觔番木蔻一箱重三百六十觔五色番花三
包共三百五十觔桂皮二包共二百一十觔檀
香十石共一千觔恭進
皇后鏡一面玳瑁匣玻璃匣烏木飾人物匣各一箇珊
瑚珠琥珀珠各三串琥珀四塊哆囉絨二匹嗶

嘰緞三匹西洋布十八匹白倭緞一匹花氊一
牀花被面二牀玻璃杯四箇花石盒三箇白石
畫二面薔薇露十壺
康熙二年三月荷蘭遣其戶部官老磨軍士丹
鎮總兵官巴連衞林等朝貢請貿易奉
旨准二年貿易一次
康熙三年大兵渡海攻鄭錦等進克廈門荷蘭
國率舟師助勦以夾板船乘勢追擊斬首千餘
級遂取浯嶼金門二島事由靖南王耿繼茂入

奏
賜國王文綺白金等物
康熙五年貢方物大倘馬四匹鞍轡具鍍金鑲
銀馬銃起花金刀各八把鑲金鳥銃三把鑲金
小銃六把大哆囉呢大嗶嘰緞各十六匹中哆
囉呢嗶嘰緞各八匹小哆囉呢一匹嗶嘰緞各
四匹荷蘭絨大花緞各六匹荷蘭五色大花緞
三匹大紫色金緞紅銀緞各一匹大珊瑚珠二
百零二顆五色絨氊五色毛氊各二領西洋花

布三十六匹西洋白細布西洋小白布各一百
匹西洋大白布六十匹西洋五色花布褥十五
領照身大鏡二面小車一張西洋白小牛二隻
琥珀四塊共五觔八兩牡丁香白胡椒各五百
觔檀香三千觔象牙五枝琉璃器皿一箱使臣
又恭進珊瑚珠四串琥珀一塊沉香六塊蜜蠟
金匣銀盤盛珠銀盒各一箇火雞蛋四箇二眼
長鎗二眼馬銃小鳥銃各二把鐵甲一領白爾
善國緞縟一條哆囉絨十匹海馬角二塊小馬

銅獅各一箇小狗二箇銅山一架銅礮二對刀
二把照水鏡四面薔薇露二十罐
賞正使親男一名係開散照從人例
賞給件送守備三等馬一匹照磨官及土通事各緞袍
一件護送兵丁彭緞袍一件奉
旨荷蘭國既八年一貢其二年貿易永遠停止
康熙六年五月國王噶嘍吧王油煩馬綏極再
遣陪臣奉表入貢有刀劍八皆可屈伸馬四鳳
膺鶴脛迅速異常

康熙二十五年六月國王耀漢連氏甘勃氏遣
使賓先吧芝表獻方物哆囉絨十匹烏羽緞四
匹倭緞一匹嗶嘰緞二十匹織金花緞五匹織
金大絨氈四領白幼軟布二百十九匹文彩幼
織布十五匹大幼布三十匹白幼毛裹布一百
匹大珊瑚珠六十八顆琥珀十四塊照身鏡江
河照水鏡各二面照星月水鏡一面自鳴鐘一
座琉璃鐙一架聚耀燭臺一懸琉璃盃五百八
十箇象牙五枝鑲金鳥銃鑲金馬銃小馬銃起

花佩刀各二十把馬銃鳥銃鑲金刀劍利闊劍
各十把彩色皮帶二十佩繡皮帶十佩起花金
劍六把火石一袋雕製夾板船大小三隻丁香
三十石檀香二十石冰片三十二觔肉荳蔻四
甕丁香油薔薇花油檀香油桂皮油各一罐葡
萄酒二桶使臣又進方物銀盤銀瓶各一箇西
洋刀頭六柄荷蘭花緞哆囉呢羽緞各一匹哆
囉絨四匹倭緞織金線緞嗶嘰緞各二匹西洋
咁馬氏布西洋毛裹布西洋沙南鉋布西洋佛

咬𠸄布各二十四請定進貢限期五年一次又
貢船例由廣東入但廣東路近而泊地險福建
路遠而泊地穩請由福建入部議貢期如所請
荷蘭國貿易處所止許在廣東福建兩省
賜敕諭曰朕惟柔遠能邇盛化之嘉謨修職獻琛藩臣
之大節輸誠匪懈寵賚宜頒爾荷蘭國王屬在遐方
克抒丹悃遣使齎表納貢忠藎之忱良可嘉尚用是
降敕獎諭並賜王文綺白金等物王其祗承益勵忠
貞以副朕眷

又定減貢額嗣後荷蘭貢物止令進大尙馬珊
瑚等十三種其織金緞羽緞倭緞及各樣油小
箱腰刀劍布琉璃鐙聚耀燭臺琉璃盃肉荳蔻
葡萄酒象牙皮袋夾板樣船俱免其進獻由是
職貢彌謹雍正初年通市不絕夏秋交來廣由
虎門入口至冬乃回歲以爲常
乾隆元年
特命減荷蘭稅額
諭曰朕聞外洋紅毛夾板船到廣時泊於黃埔地方起

其所帶礮位然後交易俟交易事竣再行給還至輸
稅之法每船按梁頭徵銀二千兩左右再照則抽其
貨物之稅此向例也乃近來夷人所帶礮位聽其安
放船中而於額稅之外將伊所攜置貨現銀另抽一
分之稅名曰繳送亦與舊例不符朕思從前旣有起
礮之例此時何得改易至於加添繳送尤非朕嘉惠
遠人之意著該督查照舊例按數裁減並將朕旨宣
諭各夷人知之
乾隆二十七年准荷蘭國夷商每船配買土絲

五千觔二蠶湖絲三千觔是年十月荷蘭商人
許力等呈稱彼國無織紉之工求量帶紬緞絓
兩廣總督蘇昌奏准每船千觔扣帶紬緞八百
觔著爲例
乾隆五十八年十月奉
聖諭據蘇楞額奏凡紅毛貨船進口與各國夷船一律
丈量收稅等語前因暎咭唎遣使航海遠來輸誠納
賮是以格外加恩將攜帶貨物免其納稅係指此次
貢船而言外省辦事往往膠柱鼓瑟或因有此旨意

有拘泥竟將該國別項貿易商船概行免稅轉致西洋各國心生覬望紛紛籲請一體免稅成何事體著傳諭蘇楞額務遵前旨固不可例外浮收亦不得於貢船之外概行減稅惟當按照定例收納以昭平允

乾隆五十九年十月奉

聖諭長麟等奏荷蘭國遣使齎表納貢懇求進京叩祝一摺披閱長麟等譯書原表該國王因明年係朕六十年普天同慶專差貢使齎表到京叩賀情詞極為恭順長麟等因其表文係公班大臣呢嘘波等代伊

國王出名與體制稍有不符復加盤詰何必如此深論自應准其來京瞻覲遂其向慕之忱著長麟等即傳諭該使臣等知悉並派委妥員護送起程祇須於十二月二十日封印前一二日到京俾得與蒙古王公及外藩諸國使臣一體同邀宴賞並著知會沿途經過省分令各督撫一體派員按例照料以便如期到京再荷蘭因所進表文在京西洋人不能認識並著長麟等於住內地之西洋人有認識荷蘭字體兼通漢語者著派一二人隨同來京以便通譯將此由六百里諭令知之十二月奉

聖諭上年英咭唎國遣使來京恭進表貢所有經過各省曾令各該督撫給與筵宴此次荷蘭國遣使來京本日據陳淮具奏未經給宴但該國慕化輸誠航海遠至自因知上年英咭唎使臣到京時得蒙天朝恩錫優渥宴賚駢蕃是以聞風踵至今該使臣等在途經過省分未預筵宴是同一西洋進貢使臣轉似區分厚薄失中國正大之體該貢使等聞知未免稍覺觖望除俟該使臣等到京後一體酌加賞賚外著傳

諭各該督撫將來該使臣等回程經過時俱仍仿照英咭唎使臣之例酌給筵宴時並宣諭該使臣等此次爾等慕化遠來大皇帝鑒爾恭順從前爾等進京時原應筵宴但因爾等趕於年內到京沿途行走期限緊迫恐耽延時日是以未經筵宴今爾等回程舒徐仍遵旨賞爾等筵宴等語向其明白宣示該使臣等聞知自必益臻歡感也是年貢使到京貢萬年如意八音樂鐘一對時刻報喜各式金表四對鑲嵌金小盒一對鑲嵌帶版四副珊瑚珠一百八

顆琥珀珠一百八顆千里鏡二枚風鎗一對金
銀線三十觔琥珀四十觔各色花氊十版各色
羽緞十版各色大呢十版西洋布十匹地氊二
張大玻璃鏡一對花玻璃壁鏡一對玻璃掛鐙
四對燕窩一百觔檀香五百觔荳蔻一百觔丁
香二百五十觔檀香油三十瓶丁香油三十瓶
奉
旨該國王例賞物件內銀三十兩折玉器二件又
加賞玉如意一柄

御書福字大紅龍緞大紅蟒緞百花粧緞閃緞漳絨綾
羅春紬紡絲及玉器琺瑯器磁器雕漆器文竹
器又
加賞貢使大班寫字人醫生咈嚈哂夷人跟役跟兵各
有差又奉
聖諭據奏荷蘭國貢使搭坐商船來粵船商咭嚀現已
裝貨完畢放洋業據咭嚀將入口出口船料稅銀等
項全數交納荷蘭國貢使遠來納賮恭順可嘉所有
該貢使搭坐商船除進口貨物照例納稅外其應納
船料及出口買帶貨物著加恩免其交稅今此項出
口船料等稅業據全交著俟該貢使回國時仍令給
還以示柔遠懷來至意

意達里亞國

謹案明史外國傳作意大里亞今遵
皇朝文獻通考作意達里亞

意達里亞居大西洋中自古不通中國明萬歷
時泰西利瑪竇入中國卽其國人也其地周一
萬五千里三面環海一面臨高山土田饒沃州

郡繁多其最大者凡六城曰羅瑪曰勿搦祭亞
曰彌朗曰納波里曰熱拏亞曰福樗察羅瑪城
周一百五十里地有大渠曰地白里由城外百
里入於海四方商船騈集於此萬歷二十九年
利瑪竇入京師中官馬堂以其方物進獻自稱
大西洋人禮部言會典止有西洋瑣里國無大
西洋其眞僞不可知又寄居二十年方行進貢
則與遠方慕義特來獻琛者不同但諸番朝貢
例有回賜其使臣必有宴賞乞給賜冠帶還國

勿令潛居兩京與中人交往別生事端不報已而帝嘉其遠來假館授粲給賜優厚利瑪竇遂留居不去四十四年禮科給事中余懋孳言自利瑪竇東來中國復有天主之教留都王豐肅陽瑪諾等煽惑羣眾不下萬人朔望朝拜動以千計夫通番左道並有禁今公然夜聚曉散一如白蓮無爲諸教且往來壕鏡與澳中諸夷通謀而所司不爲遣斥國家禁令安在帝納其言至十二月命豐肅及龐迪我等俱遣赴廣東聽

還本國久之遷延不行所司亦不爲督發

國朝康熙九年六月國王阿豐肅遣部臣瑪訥撒爾達聶等奉表進貢金剛石飾金劍金珀書箱珊瑚樹珊瑚珠琥珀珠伽倆香哆囉絨象牙犀角乳香蘇合油丁香金銀乳香花露花幔花氈大玻璃鏡等物得

旨西洋地居極邊初次進貢具見慕義之誠可從優賞賚遣瑪訥撒爾達聶等歸國行次山陽縣瑪訥撒爾達聶以病故加

恩諭祭

康熙十七年八月阿豐肅遣陪臣本多白壘拉奉表貢獅子並奏言凡在西洋所屬瞻仰巍巍

大清國咸懷尊敬願率諸國永遠沾恩等日月之無窮

聖祖仁皇帝召見於

太和殿宴賚遣歸

康熙二十四年監督宜爾格圖奏言粵東向有東西二洋諸國來往交易係市舶提舉司徵收

貨稅明隆慶五年以夷人報貨奸欺難於查驗改定丈抽之例按船大小以爲額稅西洋船定爲九等後因夷人屢請量減抽三分東洋船定爲四等

國朝未禁海以前洋船詣澳照例丈抽但往日多載珍奇今係雜貨今昔殊異十船不及一船請於原減之外再減二分東洋亦照例行奉

旨俞允

謹案康熙二十三年開海禁令廣東福建沿

海民人許用五百石以下船隻出海貿易其
海口內橋津舟車等物停止徵收是舊例丈
抽已行議減是年因再酌減也西洋諸國以
意達里亞為首故載於此
雍正三年八月意達里亞國教化王伯納第多
遣陪臣噶達都易德豐等表謝
聖祖仁皇帝撫恤恩並賀
世宗憲皇帝登極貢方物厚福水綠玻璃鳳壺里呵嘞
波囉盃蜜蠟盃蜜蠟小瓶琺瑯小圓牌蜜蠟小

刀柄銀纍絲四輪船小銅日規連銀纍絲瓶纍
絲花水晶滿堂紅燈各寶玩器咖石喻鼻煙礶
各色玻璃鼻煙壺各寶圓球各寶鼻煙壺銀纍
絲大小花盤實地銀花盤連座銀纍絲船銀花
匣連銀纍絲小花瓶鑲寶石花銀絲小漏盤線
花畫皮畫皮扇面畫繡花紙盤小銀礶花石片
鐵花盤巴爾薩嗎油咖石喻盞盃鍍金皮規矩
鑲牙片鼻煙盒銀花素鼻煙盒鑲銀花砂漏咖
石喻綠石鼻煙盒阿噶達片番銀筆咖石喻帶

頭片瑪瑙刀柄瑪瑙鼻煙壺各色石鞭頭小石
盒珊瑚珠瑪瑙珠各寶素珠花紙盤香枕囊顯
微鏡石頭火漆印把火字鏡玻璃棋盤棋子火
漆大紅羽緞周天球鼻煙照字鏡使臣歸令齎
敕諭其王曰朕纘承大統勉紹
前徽王地處極遠特遣使齎章陳奏感
先帝之垂恩祝朕躬之衍慶周詳懇至詞意虔恭朕甚
嘉慰使臣遠來已加禮優待至西洋寓居中國之人
朕以萬物一體為懷教以謹飭安靜果能慎守法度

行止無愆自當推愛撫卹茲以爾使臣歸特頒斯敕
並賜糚緞錦緞大緞二十次緞四十王其領受悉朕
惓惓之意又加
賜國王貂皮人蔘洋漆器芽茶紙墨絹扇並文綺又奉
旨其來使賜宴畢差司賓序班一人伴送至廣東該督
撫差官護送出境
雍正四年六月初五日
敕諭意達里亞國教化王覽王奏請援釋放德里格之
例將廣東監禁之畢天祥計有綱一體施恩釋放等

語查德里格於康熙五十九年因傳信不實又妄行
陳奏我
聖祖仁皇帝念係海外之人從寬禁錮及朕即位後頒
降恩詔凡情罪可原者悉與赦免開以自新德里格
所犯與赦款相符故得省釋彼時廣東大吏未曾以
畢天祥計有綱之案入大赦冊內具題上聞今據王
奏請朕查二人所犯非在不宥之條即王不行陳奏
朕亦必察出施恩今特降旨與廣東大吏將畢天祥
計有綱釋放以示朕中外一體寬大矜全之至意茲

因使臣回國再賜人葠貂皮等項用展朕懷王其收
受故茲特諭

雍正五年又遣使貢方物大珊瑚珠寶石素珠
金鑲咖石喻瓶金琺瑯盒金鑲蜜蠟盒銀鑲咖
石喻盒金鑲瑪瑙盒銀鑲藍石盒銀鍍金鑲雲
母盒銀鍍金鑲玳瑁盒玻璃瓶貯各品藥露金
絲緞金銀絲緞金花緞洋緞大紅雨毛緞大紅
哆囉呢洋製銀柄武器洋刀長劍短劍鐵銀花
火器自來火長鎗手鎗上品鼻煙石巴依瓦油
聖多默巴爾撒木油璧露巴爾撒木油伯肋西
理巴爾撒木油各品衣香巴斯第理葡萄紅露
酒葡萄黃露酒白葡萄酒紅葡萄酒咖石喻各
色琺瑯料烏木鑲青石桌面烏木鑲黃石桌面
烏木鑲各色石花條桌織成各種遠視畫

博爾都噶爾雅國

博爾都噶爾雅在歐邏巴極西境周七百里西
濱大洋地分五道四方商船皆聚都城有大河
曰德若經都城西入海通海大市凡六水泉二

萬五千國有二學曰阨物辣曰哥應拔歐邏巴
高士多出此學土產果實絲綿多水族善釀葡
萄酒即過海至中國不壞園圃有周數十里者
禽獸充牣異國名王過其地往射獵焉俗有仁
會恤孤寡煢獨商船至或有死而無主者收其
行李訪其戚屬還之國王隨處遣官爲孤子治
家長則還所有且加益焉明以前未通中國入
本朝西洋諸部落向風内面雍正五年四月其國
王名若望者遣陪臣麥德樂表貢方物奉

旨准其進獻議准該國王感被德化特遣使臣不比尋
常進貢所帶貢物令其水路來京其來使從人
願帶來者聽其帶來願留粵者令該地方官從
豐撥給房舍食物
世宗憲皇帝優加宴賚
賜敕書於國王令麥德樂齎歸國又奏准該國初次進
貢遣內務府郎中一人同在京居住西洋人一
人往迎來使至回國時送亦如之蓋異數也
乾隆十八年三月遣陪臣巴哲格等表貢方物

命欽天監監正劉松齡前途導引至京
召見巴哲格等
賜宴並
賜敕諭博爾都噶爾雅國王曰覽王奏並進方物具見
悃忱洪惟我
聖祖仁皇帝
世宗憲皇帝恩覃九有光被萬方因該國王慕義抒誠
夙昭恭順是以疊沛
溫綸並加寵錫今王載遣使命遠涉重瀛感

列聖之垂慈躔闕廷而致祝敬恭式著禮數彌虔披閱
奏章朕心嘉悅既召見使臣遂其瞻仰之願復親御
帳殿優以宴賞之榮西洋國人官京師者晉加顯秩
慰王遠念茲以使臣歸國特頒斯敕其錫賚珍綺具
如常儀加賜彩緞羅珍玩器具等物王其祇受悉朕
眷懷先是雍正五年朝貢於常賞外
特賜國王人葠四十觔庫緞二十五匹磁器一百三十
件洋漆器六十六件紙三百張墨二十匣字畫
絹一百張及荔枝酒哈蜜瓜松糕茶糕芽茶香

餅燈扇香囊等物又
加賞來使倭緞磁器漆器紙墨扇等物至乾隆十三年
又
特賜該國王龍緞四匹粧緞花緞線緞各八匹百花粧
緞十二匹綾紡絲各二十二匹羅十三匹杭紬
七匹冊頁一付瑪瑙玉器六件琺瑯器二種漆
器十九種磁器三十三種及紫檀木器畫絹香
袋香餅紙墨扇茶又
加賞正使畫絹紙墨扇茶及文綺又隨

勑書賜國王龍緞片金各二匹蟒緞倭緞各三匹糚緞
七匹花緞六匹閃緞花緞青花緞藍緞青緞帽
緞線緞各四匹綾紡絲各二十二匹羅十三匹
絹七匹又因端陽節
加賞國王紗四十匹葛百匹香囊香串宮扇藥錠等物
並正副使紗葛香囊香串藥錠等物益念其遠
來從優錫予焉

粵海關志卷二十二終

粵海關志卷二十三

貢舶三

暎咭唎

暎咭唎一名英圭黎明史作丁機宜職方外紀
作諳厄地海國聞見錄作英機黎葢譯音無定
字也其國在歐邏巴之西爲荷蘭屬國後漸富
强與荷蘭爲敵國復占據北利未亞之地稱加
那大暎咭唎而以歐邏巴之國爲本國距廣東
界計程五萬餘里國中土地平衍宜麥禾果苙
有一山名閙允產黑鉛民爲開採輸稅入官國
人出入處左有那郚右有加釐皮申村皆設立
礮臺二村中皆有大海駕船往來海邊多產火
石王所居名蘭侖有城距村各百餘里王姓名
世系遠者不可考其近者爲弗氏京也治傳子
昔斤京也治昔斤京也治傳子非立京也治
國朝康熙間始來通市後數年不復來至雍正七
年以後互市不絕初廣東碣石鎮總兵官陳昴
奏言臣徧觀海外諸國皆奉正朔惟紅毛一種

奸宄莫測其中有英圭黎諸國種族雖分聲氣
則一請
飭督撫關部諸臣設法防範
乾隆七年十一月暎咭唎巡船遭風飄至澳門
海面遣夷目至省城求濟廣東總督策楞令地
方官優給貲糧修整船隻令俟風便歸國先是
其互市處所或於廣或於浙二十二年部議暎
咭唎不准赴浙貿易於是皆收泊廣東每夏秋
交由虎門入口其土產則有大小絨嗶嘰羽紗

紫檀火石及所製玻璃鏡時辰鐘表等物精巧
絕倫二十四年方嚴絲斤出洋之禁兩廣總督
李侍堯奏言近年暎咭唎夷商屢違禁令潛赴
寧波今絲斤禁止出洋可抑外夷驕縱之氣惟
本年絲斤已收請仍准運還奏入報
可是年暎咭唎夷商洪任輝妄控粵海關漏獘訊有徽
商汪聖儀者與任輝交結擅領其國大班銀一
萬三百八十兩按交結外國互相買賣借貸財
物例治罪

乾隆二十七年暎咭唎夷商白蘭等求仍照前
通市兩廣總督蘇昌請照東洋銅商搭配紬緞
之例酌量配買得
旨每船准買土絲五千斤二蠶湖絲三千斤其頭蠶湖
絲及紬綾緞疋仍如舊禁止不得影射取戾自
是暎咭唎來廣互市每船如額配買歲以為常
其明年并准帶紬緞成疋者二千斤
乾隆五十七年遣使請由天津入貢署總督巡
撫郭世勳奏言外夷各國凡遇進貢俱由例准

進口省分先將副表貢單呈明督撫奏奉
允准之日委員伴送使臣齎帶貢物赴京呈進暎咭唎
國歷來在廣東通商今欲赴天津進口該國王
又無副表貢單臣等未敢冒昧遽行具奏奉
聖諭准其所請以遂其航海向化之誠即在天津進口
乾隆五十八年入貢方物有天文地理音樂大
表等凡二十九種
特賜國王玉如意等品物十餘種
賞正副使副使之子代筆官總兵官聽事官管船官等

品物各有差又於
如意洲賞正副使副使之子總兵官以下品物各
有差八月十三日
萬壽聖節使臣行慶賀禮於
含青齋賞正副使副使之子品物各有差副使之
子繪畫呈
覽賞大荷包及通事總兵官等九員品物各有差二十
四日又於
清音閣

賞正使
御筆書畫冊頁玉杯等品物有差副使副使之子通事
總兵官等九員品物各有差二十九日於
太和門頒給
勅書賜該國王品物數十餘種又隨
敕書賜國王品物數十餘種正使副使副使之子總兵
官副總兵官二員通事管兵等官四員代筆醫
生等官九員貢使從人九名貢船留存管船官
五名留存貢船兵役水手共六百十五名品物

各有差其時貢使在京呈請於直隸天津浙江
等處貿易並懇賞給附近珠山小海島一處及
附近廣東省城地方一處居住奉
旨以該貢使越例干瀆斷不可行
頒給該國王
勅諭曰暎咭唎國王知悉爾國遠在重洋傾心嚮化特
遣使恭齎表章航海來庭叩祝萬壽並備進方物用
將忱悃朕披閱表文詞意肫懇具見爾國王恭順之
誠深為嘉許所有齎到表貢之正副使臣念其奉使

遠涉推恩加禮已令大臣帶領瞻覲錫予筵宴疊加
賞賚用示懷柔其已回珠山之管船官役人等六百
餘名雖未來京朕亦優加賞賜俾得普沾恩惠一視
同仁至爾國王表內懇請派一爾國之人住居天朝
照管爾國買賣一節此則與天朝體制不合斷不可
行向來西洋各國有願來天朝當差之人原准其來
京但既來之後即遵用天朝服色安置堂內永遠不
准復回本國此係天朝定制想爾國王亦所知悉今
爾國王欲求派一爾國之人住居京城既不能若來

京當差之西洋人在京居住不歸本國又不可聽其往來常通信息實爲無益之事且天朝所管地方最爲廣遠凡外番使臣到京驛館供給行止出入俱有一定體制從無聽其自便之例今爾國欲留人在京言語不通衣服殊制無地可以安置若必似來京當差之西洋人令其一例改易服色天朝亦從不肯強人以所難設天朝欲差人常住爾國亦豈爾國所能遵行況西洋諸國甚多非止爾一國若俱似爾國王懇請派人留京豈能一一聽許是此事斷難准行豈

能因爾國王一人之請以致更張天朝百餘年法度若云爾國王爲照料買賣起見則爾國人在澳門貿易非止一日原無不加以恩視即如從前博爾都噶爾亞意達里亞等國屢次遣使來朝亦曾以照料貿易爲請天朝鑒其悃忱優加體䘏凡遇該國等貿易之事無不照料周備前次廣東商人吳昭平有拖欠洋船價值銀兩者俱飭令該管總督由官庫內先行動支帑項代爲清還並將拖欠商人重治其罪想此事爾國亦聞知矣爾國又何必派人留京爲此越例

斷不可行之請況留人在京距澳門貿易處所幾及萬里伊亦何能照料耶若云仰慕天朝欲其觀習教化則天朝自有天朝禮法與爾國不相同爾國所留之人即能習學爾國自有風俗制度亦斷不能效法中國即學會亦屬無用天朝撫有四海惟勵精圖治辦理政務奇珍異寶並不貴重爾國王此次齎進各物念其誠心遠獻特諭該管衙門收納其實天朝德威遠被萬國來王種種貴重之物梯航畢集無所不有爾國之正使等所親見然從不貴奇巧並無更需

爾國製辦物件是爾國王所請派人留京一事與天朝體制既屬不合而與爾國亦殊覺無益特此詳晰開示遣令貢使等安程回國爾國王惟當善體朕意益勵款誠永矢恭順以保乂爾有邦共享太平之福除正副使臣以下各官及通事兵役人等正賞加賞各物件另單賞給外茲因爾國使臣歸國特頒敕諭並賜賚爾國王文綺珍物具如常儀加賜綵緞羅綺文玩器具諸珍另有清單王其祗受悉朕眷懷特此

勑諭又

敕諭曰嘆咭唎國王知悉爾國王遠慕聲教嚮化維殷遣使恭齎表貢航海祝釐朕鑒爾國王恭順之誠令大臣帶領使臣等瞻覲錫之筵宴賚予駢蕃業已頒給敕諭賜爾國王文綺珍玩用示懷柔昨據爾使臣以爾國貿易之事稟請大臣等轉奏皆係更張定例不便准行向來西洋各國及爾國夷商赴天朝貿易悉於澳門互市歷久相沿已非一日天朝物產豐盈無所不有原不藉外夷貨物以通有無特因天朝所產茶葉磁器絲斤爲西洋各國及爾國必需之物是

以恩加體恤在澳門開設洋行俾得日用有資並沾餘潤今爾國使臣於定例之外多有陳乞大乖仰體天朝加惠遠人撫育四夷之道且天朝統馭萬國一視同仁卽廣東貿易者亦不僅爾嘆咭唎一國若俱紛紛效尤以難行之事妄行干瀆豈能曲循所請念爾國僻居荒遠間隔重瀛於天朝體制原未諳悉是以命大臣等向使臣等詳加開導遣令回國恐爾使臣回國後稟達未能明晰復將所請各條繕敕逐一曉諭想能領悉據爾使臣稱爾國貨船將來或到浙江甯波珠山及天津廣東地方收泊交易一節向來西洋各國前赴天朝地方貿易俱在澳門設有洋行收發各貨由來已久爾國亦一律遵行多年並無異語其浙江甯波直隷天津等海口均未設有洋行爾國船隻到彼亦無從銷賣貨物況該處並無通事不能諳曉爾國語言茲多未便除廣東澳門地方仍准照舊交易外所有爾國買賣人要在天朝京城另立一行收貯貨物發賣倣照俄羅斯之例一節更斷不可行京城爲萬方拱極之區體制森嚴法令整肅從

無外藩人等在京城開設貨行之事爾國向在澳門交易亦因澳門與海口較近且係西洋各國聚會之處往來便益若於京城設行發貨爾國在京城西北地方相距遼遠運送貨物亦甚不便從前俄羅斯人在京城設館貿易因未立恰克圖以前不過暫行給屋居住嗣因設立恰克圖以後俄羅斯在彼處交易買賣卽不准在京城居住亦已數十年現在俄羅斯在恰克圖邊界交易與爾國在澳門交易相似爾國旣有澳門洋行發賣貨物何必又欲在京城另立一

行天朝疆界嚴明從不許外藩人等稍有越境攙雜是爾國欲在京城立行之事必不可行又據爾使臣稱欲求相近珠山地方小海島一處商人到彼卽在該處停歇以便收存貨物一節爾國欲在珠山海島地方居住原爲發賣貨物而起今珠山地方既無洋行又無通事爾國船隻既不在彼停泊爾國要此海島地方亦屬無用天朝尺土俱爲版籍疆址森然卽島嶼沙洲亦必畫界分疆各有專屬況外夷向化天朝交易貨物者亦不僅爾嘆咭唎一國若別國紛紛

效尤懇請賞給地方居住買賣之人豈能各應所求且天朝亦無此體制此事尤不便准行又據稱撥給附近廣東省城小地方一處居住爾國夷商或准令澳門居住之人出入自便一節向來西洋各國夷商居住澳門貿易畫定住址地界不得逾越尺寸其赴洋行發貨夷商亦不得擅入省城原以杜民夷之爭論立中外之大防今欲於附近省城地方另撥一處給爾國夷商居住已非西洋夷商歷來在澳門定例況西洋各國在廣東貿易多年獲利豐厚來者日衆

豈能一一給撥地方分住耶至於夷商等出入往來悉由地方官督率洋行商人隨時稽察若竟毫無限制恐內地民人與爾國商人間有爭論轉非體恤之意覈其事理自應仍照定例在澳門居住方爲妥善又據稱嘆咭唎國夷商自廣東下澳門由內河行走貨物或不上稅或少上稅一節夷商貿易往來納稅皆有定則西洋各國均屬相同此時自不能因爾國船隻較多征收稍有溢額亦不便將爾國上稅之例獨惟減少惟應照例公平抽收與別國一體辦理嗣

後爾國夷商販貨赴澳門仍當隨時照料用示體恤又據稱爾國船隻請照例上稅一節粵海關征收船料向有定例今既未便於他處海口設立交易自應仍在粵海關按例納稅毋庸另行曉諭至於爾國所奉之天主教原係西洋各國向奉之教天朝自開闢以來聖帝明王垂教創法四方億兆率由有素不敢惑於異說卽在京當差之西洋人等居住在堂亦不准與中國人民交結妄行傳教尤屬不可以上所論各條原因爾使臣之妄說爾國王或未能深悉天朝

體制並非有意妄干朕於入貢諸邦誠心向化者無不加之體恤用示懷柔如有懇求之事若於體制無妨無不曲從所請況爾國王僻處重洋輸誠納貢朕之錫予優加倍於他國今爾使臣所懇各條不但與天朝法制攸關卽爲爾國代謀亦俱無益難行之事兹再明白曉諭爾國王當仰體朕心永遠遵奉共享太平之福若經此次詳諭後爾國王或誤聽爾臣下之言任從夷商將貨船駛至浙江天津地方欲求上岸交易天朝法制森嚴各處守土文武恪遵功令爾

國船隻到彼該處文武必不肯令其停留定當立時驅逐出洋未免爾國夷商徒勞往返勿謂言之不預也其凜遵毋忽特此再諭並

諭署總督郭世勳密行防範毋任潛行佔住郭世勳覆奏言暎咭唎夷人貿易廣東歷年既久目睹西洋夷商居住澳門未免心生歆羨且同一夷人而暎咭唎國人投澳居住必向西洋人出租賃屋形勢儼成主客是以籲請賞給附近一地方以爲收存貨物之地與西洋人澳門相埒溯查西洋人住澳已二百餘年已往者不必驅之使去暫寄者豈可許其常留況廣東附近各處濱臨海洋尤不容任聽外國夷人紛投錯處誠如

聖諭海疆一帶戒備宜嚴欽此欽遵辦理再查夷人到廣不在澳門居住卽在黃埔泊船往來出入俱由該管官給票照驗不容任意行走現在密飭地方官嚴行查察倘有洋行通事引水及地方無籍之徒串通該夷人詭圖佔住卽密行挐究

是年十二月二十五日奉

聖諭朱珪奏暎咭唎國呈進表貢一摺該國王因前年貢使進京賞賚優渥特具表文土物呈進具見悃忱雖未專使來粤有何不可已准其賞收並發給敕書一道及賞賜緞疋等件朱珪接到後可卽交與該國大班波啷轉送回國俾該國王益加感戴恭順以示懷柔至天朝官員例不與外夷交際其致送前任總督監督禮物朱珪飭令寄回所辦是

嘉慶元年進貢黃色新樣大呢等物

嘉慶九年十二月總督倭什布等會奏言暎咭

唎國王表稱與咈嚂哂國爭鬬及咈嚂哂國有著人到中國謠言疎間等語查嘉慶七年八月間有在澳居住之夷目唆黎哆寄信與在京居住之西洋人索德超言暎咭唎國有大戰船六隻相近澳門停泊恐有覬覦澳門情事轉呈管理西洋堂大臣蘇楞額具奏奉

諭旨查詢經前督臣吉慶查明暎咭唎國護貨兵船均已陸續回國其在澳門外灣泊時並未滋事因該國向來恃强住澳夷人是以驚疑貿易夷船

暎咭唎國貨物最細較別國買賣殷厚該國夷目夷商均稱恭順因與咈嚂哂蠻觸相爭恐爲離間有妨貿易故於表內特陳其事再據該夷目稟稱該國宰相囉咖嗹哩有寄呈

天朝中堂書一封總督書一封并禮物各一分又該國公班理事官呷叱咟有寄呈總督關部書一封呈關部禮物一分當諭以該國王表貢不敢壅於

上聞必據情轉奏至寄呈書信禮物

天朝國法森嚴大臣官員不准與番國交接不但中堂書信禮物不便轉寄卽我等亦不便接閱收受合其毋庸呈出遇便帶回本國奉

聖諭據倭什布等奏暎咭唎國呈進表貢請旨遵行一摺該國王重譯輸誠情詞恭順[illegible]乾隆六十年間曾經附進表貢蒙

皇考高宗純皇帝俯賜賞收加以錫賚賜之敕書此次旣據該國王備進方物自應照例賞收著那彥成等查照辦理並將貢品齎京呈遞再行頒給敕書賞件

俾遂悃忱而示懷柔至另片所奏該夷目稟稱該國宰相有寄呈天朝中堂書總督書一封禮物各一分又該國公班理事官寄呈總督關部書各一封呈關部禮物一分業據倭什布等以天朝法制大臣官員不准與外番交接諭令毋庸呈出帶回本國等語所辦甚是但外番呈進表貢例由總督關差轉奏寄書通問倘屬有因至寄呈天朝中堂之書必係該國王因從前進貢時知有和珅在朝且管理西洋堂事是以此次專函備禮看來所寄之書未必係偏致大學

士公函現在倭什布等已將原信發還不妨向該夷目等將該國所寄中堂之書究係寄與何人之處訊問明晰遇便覆奏至該國與咈囒哂國搆釁興兵不過蠻觸相爭儘可置之不問惟所稱有護貨兵船四隻來廣一節近聞外洋商船到粤均有兵船護送亦不獨暎咭唎國為然必係因洋面不能肅清自為守衛之計迨駛至澳門已近内地口岸或有竊掠之事豈不貽笑外夷該督等當嚴飭地方文武整飭巡防使澳門一帶商船停泊得以安靜無虞至伊等護貨兵船向來必有灣泊處所總當循照舊規勿令任意越進為要再閱譯出該國原表内稱有別項事情要我出力我亦十分歡喜効力等語此言似非無因自係聞洋面時有盜警或需伊國兵力幫同緝捕是以隱躍其詞洋海地面番舶往來原應内地官兵實力查緝焉有借助外藩消除奸匪之理那彥成到任後惟當遵照節次諭旨修明武備整頓營伍使奸徒聞風自遠以懾外夷而靖海疆方為不負委任旋經總督那彥成監督延豐奏言臣等欽遵

諭旨傳諭夷目諭以該國王呈進表貢業荷

大皇帝賞收併諭以

大皇帝君臨萬國恩被四表無論内地外夷均係

大皇帝百姓即如汝國鐘表大呢羽毛等物原非中國必需之物所以准汝國貿易通商者皆出

大皇帝垂憐外夷子民一視同仁之恩此次汝國王恭進表貢

大皇鑒汝等恭順之心

諭令賞收

諭令我等大人們好生恩待汝等併管束内地商人平允交易汝國來此貿易之人亦須安分謹遵禁令毋得有違將進到表貢委官恭送進京再

降恩旨至汝國王子大臣等與中國中堂大人們書信禮物

天朝法度森嚴大臣從無外交之事汝等帶來禮物斷不必送出惟所帶書信必須交出我大人們也不敢私自拆閱將原封恭呈

大皇帝御覽再請

發同至汝國管理貿易頭人不過專爲汝國貿易事務
並無別項面見稟議事件只須在此好好管束
汝國之人不得違禁生事自來中國大人從無
私謁私見之例我大人傳[illegible]
大皇帝恩旨體恤夷商管教內地兵商公平貿易汝等
須知
天朝法度感
大皇帝之恩等語明白曉諭該夷目等人人歡忭叩頭
感服伏查外洋各國夷人見小圖利中國布帛
茶葉等物亦其日用急需各夷又互相蠻觸是
以生恐別夷國閒其往來貿易其書信因從前
未經收受是以帶回澳門今臣等明白宣諭伊
等呈出原封書信禮單臣等又將副本令人譯
出清稿一併呈
覽查各國洋船向來灣泊均有一定處所澳門離省三
百餘里係西洋夷人常川居住向止准西洋夷
船二十五隻更替貿易其餘各國夷船例應收
泊黃埔欲收泊黃埔必須先進虎門虎門離省

一百六十里山岸陰沙自然天險其護貨兵船
祇准在虎門外之潭仔零丁等洋面灣泊而黃
埔虎門潭仔零丁等處層層礮臺常川均有兵
船巡防該夷船收埔時臣等兩衙門仍派武弁
關役彈壓稽查立法極爲周備至各國夷船俱
無兵船惟嘆咭唎國貨船有兵護送而該國商
船亦無兵船惟其國王貨船始有兵船四隻護
送其兵船在虎門外交易後隨同貨船回國不
准少有逗遛其餘各夷國貨船內均有礮火器
械自資防範於例原准攜帶至該國原表稱歡
喜効力等語隱躍其詞誠如
聖諭自係聞洋面不靖或需伊等出力之意查夷人不
過沾沾計利即如上年澳門夷目願備兵船二
隻幫同師船出洋緝捕臣延豐即以體制不符
且不能得力與倭什布議以後停止夷船協捕
而此二隻洋船迄今無蹤亦實無遭風失事等
事細揣其情形不過藉協捕爲名可以免此二
船出入納稅而嘆咭唎國自亦得聞此事希冀

効尤免稅又恐澳門夷船出力有功或待彼國
冷淡其意不過如此至各該國夷船船隻既大
多載礮火向來洋盜俱不敢搶刼澳門等要處
又有師船巡防不敢少有疎失可以毋虞
聖念奉
聖諭那彥成等覆奏嘆咭唎國呈進貢表一摺覽奏俱
悉嘆咭唎獻表輸誠呈進方物前已降旨加恩賞收
現在那彥成等奏明專員賫京俟到京時頒給敕書
賞件用示懷柔至摺內稱澳門夷目願㽞兵船協同
緝捕之處延豐以體制不符且不能得力與倭什布

商議停止所見甚是緝捕洋匪內地自有兵船豈有
天朝藉資外夷之理且安知伊等不窺探虛實因此
生其輕視之心乃倭什布三義助上年於夷船請往
協捕時冒昧允准今該夷船已查無蹤跡可見並非
認眞出力那彥成延豐能見及此較之倭什布三義
助有識多矣至各國洋船向來灣泊既有一定處所
自當仍循其舊那彥成等自當督率所派員弁隨時
留心稽查彈壓勿稍疎懈又據覆奏譯出嘆咭唎貢
使所帶該國宰相寄呈天朝中堂大人書信一節那
彥成等諭以禮物不必送出惟所帶書信必須交出
我們也不敢私拆將原封呈覽等語此語甚是但看
所譯寄與天朝中堂書信其語氣似專向一人而言
並非公信那彥成等當再加以詢問究竟書內所指
中堂係屬何人若該使臣係寄呈天朝中堂之公信
則當明白告知以總督關部俱駐劄粵省經管各國
夷船爾國等寄呈書信尙無不合至於天朝大學士
不止一人皆隨大皇帝在朝辦事從無外交爾國宰

相不應寄呈書函禮物此後不必再有呈遞那彥成
等詢問時看該使臣如何登覆著隨時具奏又經總
督那彥成奏言據該夷目覆稱本國僻處重洋
不知
天朝有幾位中堂亦不知中堂名姓以不過照常辦
理是以所寄書函並無專指等語奉
硃批覽
嘉慶二十一年署總督董敎增會奏嘆咭唎貢
使請由浙江舟山洋面赴天津入貢旋因貢使

禮儀未諳
勅令該貢使由粵回國將貢物頒回仍免其回國茶葉等貨稅銀一萬六百八十兩旋經蔣攸銛奏請該國貨船准其仍在廣東貿易不得駛往他處致干驅逐以昭
天朝懷遠恩施奉
聖諭董教增等奏暎咭唎國遣使入貢一摺暎咭唎國納賮輸誠情詞恭順自應准其入貢其貢船由天津登岸現已降旨諭知那彥成廣惠妥協辦理該撫等

因天津等處口岸無熟悉夷情之人飭商選派諳曉夷語夷字者二人分送直隸浙江督撫衙門以備繙譯之用辦理甚為周妥至該國王所遣夷官咖啦嘁嚧現在粵東省城該撫即傳諭該夷官以爾國王輸誠納貢業經奏明大皇帝仰蒙允准爾國貢使到京定邀恩賚其夷官先行照例遣回本國可也
是年七月奉
聖諭此次暎咭唎國貢使不遵禮節是以降旨即日遣回但念該使臣雖有失禮之愆該國王萬里重洋奉

表納貢其意至為恭順未便絕之已甚轉失字小之意因將該國王貢品內擇其至輕微者地理圖四張畫像二張銅板印畫九十五張加恩賞收仍賞該國王白玉如意一枝翡翠玉朝珠一盤大荷包二對小荷包八箇交該貢使領回以示厚往薄來之意該貢使等領到賞件極為欣感亦頗形悔懼現已自通州啓程俟到粵後著蔣攸銛等仍照例給與筵宴一次並諭以爾等福分淺薄已至宮門不能仰瞻天顏大皇帝憐念爾國王慕化輸誠仍酌收貢件並賞爾國

王貴重品物爾等應感天恩迅速回國俾爾國王敬悉恩意其未收貢件均妥為照料上船勿令損失倘曉諭之後該貢使等復將未收貢件懇乞賞收總以業經奏有明旨不敢瀆請正言拒絕又
敕諭暎咭唎國王曰爾國遠在重洋輸誠慕化前於乾隆五十八年
先朝
高宗純皇帝御極時曾遣使航海來廷維時爾國使臣恪恭成禮不愆於儀用能仰承

恩寵瞻覲筵宴
錫賚便蕃本年爾國王復遣使齎奉表章備進方物朕
念爾國王篤於恭順深爲愉悅循考舊典爰飭百司
俟爾使臣至日瞻覲宴賚悉倣
先朝之禮舉行爾使臣始達天津朕飭派官吏在彼賜
宴詎爾使臣於謝宴時卽不遵禮節朕以遠國小臣
未嫻儀度可從矜恕特命大臣於爾使臣將次抵京
之時告以乾隆五十八年爾使臣行禮悉跪叩如儀
此次豈容改異爾使臣面告我大臣以臨期遵行跪

叩不敢愆儀我大臣據以入奏朕乃降旨於七月初
七日令爾使臣瞻覲初八日於正大光明殿賜宴頒
賞再於同樂園賜食初九日陛辭並於是日賜遊萬
壽山十一日在太和殿頒賞再赴禮部筵宴十二日
遣行其行禮日期儀節我大臣俱已告知爾使臣矣
初七日瞻覲之期爾使臣已至宮門朕將御殿爾正
使忽稱急病不能動履朕以正使猝病事或有之因
祇令副使入見乃副使二人亦同稱患病其爲無禮
莫此爲甚朕不加深責卽日遣令歸國使臣既未瞻
覲則爾國王表文亦不便進呈仍由爾使臣齎回但
念爾國數萬里外奉表納賮爾使臣不敬恭將事代
達悃忱乃爾使臣之咎爾國王恭順之心朕實鑒之
特將貢物內地理圖畫像山水人像收納嘉爾誠心
卽同全收並賜爾國王白玉如意一柄翡翠玉朝珠
一盤大荷包二對小荷包八箇以示懷柔至爾國距
中華遙遠遣使遠涉良非易事且來使於中國禮儀
不能諳習重勞唇舌非所樂聞天朝不寶遠物凡爾
國奇巧之器亦不視爲珍異爾國王其輯和爾人民

愼固爾疆土無間遠邇朕實嘉之嗣後毋庸遣使遠
來徒煩跋涉但能傾心效順不必歲時來朝始稱向
化也俾爾永遵故茲敕諭
謹按暎咭唎向由粵省入貢故按年詳載至
其駛入澳門事蹟則分載夷商門以免牽混
琉球國
琉球土音屋其慈在福建泉州府東海島中魏
晉以前不著於史明代始內向服屬事具明史
國朝順治三年遣使者至京禮部言前朝勅印未

徼未便授封至十一年遣王舅馬宗毅大夫蔡
祚隆等來貢兼繳前朝敕印請封
命兵科副理事官張學禮充正使行人司行人王垓充
副使齎
詔印往封今二年一貢貢道由福建亦無至粵貿易者
嘉慶十五年因貢船遭風收泊粵洋惠來縣神
泉司香黃澳洋面當將表文貢品使臣官伴官
生人等送閩仍由故道入京

粵海關志卷二十三終

粵海關志卷二十四

市舶

臣謹按明時泰西利瑪竇進萬國圖分天下為
五大州一曰亞細亞二曰歐邏巴三曰利未亞
四曰亞墨利加五曰墨瓦臘泥加其後艾儒略
因之為職方外紀雖其說近於夸誕然明列為
圖實指其地似亦非全無依據者竊以為前史
所載外域大都闊於方隅是以有明中葉尚不
知有大西洋其栖泊島嶼之國更無論矣

國家當頓紘壹軌之際九譯來王見聞倍確即今
市舶所集若暹羅若呂宋若蔴喇若噶喇巴則
亞細亞州之地也若荷蘭若意達里亞若嘆咭
唎則歐邏巴州之地也若加那嘆咭唎若咪唎
堅則利未亞之地也此誠韓愈所謂東南際天
地以萬數者莫不瞻星戴斗會極朝宗裒而錄
之亦以見我
聖天子無外之量有以包函而覆幬之焉爾

呂宋國

吕宋居南海中在臺灣鳳山沙馬崎東南至厦門水程七十二更或曰卽意氏班牙海國聞見錄作是班牙爲吕宋之祖家也其國北面高山遠視若鋸齒俗曰宰牛坑山有土番屬於吕宋閩人以其地富饒商販者數萬人往往久居不返至長子孫俗淳樸無爭訟出入佩刀自衛亦時禮佛誦經父子兄弟不同寢席晨昏鳴鐘嚴夜禁黄昏張燈火成市明洪武五年遣使偕瑣里諸國入朝永樂三年遣官齎詔撫諭其國八

年與馮嘉施蘭入貢自後久不至萬歷四年明兵追海寇林道乾至其國國人助討有功復朝貢國中有機易山産金銀傳聞樹生金荳有中國奸民望風滋擾欲往採吕宋拒不納而佛郎機者素與互市久之見吕宋弱可取乃奉厚賄遺王乞地如牛皮大建屋以居王不虞其詐而許之其人乃裂牛皮聯屬至數千丈圍吕宋地乞如約王大駭然業已許諾無可奈何遂聽之而稍征其稅如國法其人旣得地則營室築城

列火器設守禦具爲窺伺計已竟乘其無備襲殺其王逐其人民而據其國仍名吕宋其實佛郎機人也吕宋大山從宰牛坑延繞東南至利仔友水程十二更又南至甘馬力水程二十一更隔海對峙有五島曰班愛曰惡黨曰速巫曰猫務曰烟島各有王人家無所蓄其東南又有萬老高人物土産俱與吕宋相類職方外紀言吕宋産一鷹王又言有一樹百獸不得近之一過其下卽斃似近妄誕云

國朝崇德中吕宋遣使貢於明使臣留閩未還至順治三年福建平守臣送其使入朝四年六月

世祖章皇帝賜以服物

賜勅諭於其王遣歸本國

康熙五十五年奉

聖諭大學士等曰朕訪聞海外有吕宋噶喇巴兩處地方噶喇巴乃紅毛國泊船之所吕宋乃西洋泊船之所彼處藏匿盜賊甚多內地之民希圖獲利往往於船上載米帶去並賣船而回甚至有留在彼處之人

不可不預爲措置也次年定制禁止商船往南洋呂宋噶喇巴等處貿易

康熙五十七年兵部議覆兩廣總督楊琳疏言據原任碣石總兵官陳昂條奏臣詳察海上日本暹羅廣南噶喇巴呂宋諸國形勢東海惟日本爲大其次則琉球西則暹羅爲最東南番族最多如文萊等數十國盡皆小邦惟噶喇巴呂宋最强噶喇巴爲紅毛市舶之所呂宋爲西洋市泊之所而紅毛一種奸宄莫測其中有英圭

黎干絲蠟和蘭西荷蘭大小西洋各國名目雖殊氣類則一惟和蘭西一族兇狠異常且澳門一種是其同派熟悉廣省情形請令督撫關差諸臣設法防備或於未入港之先查取其火礮方許進口或另設一所關束夷人每年輪流貿易不許多船並集查外國夷商利與中國貿易而夷商慴服有素數十年來沿習相安應聽其照常貿易將該總兵所請查取火礮另設一所關束輪流貿易之處無庸議請於夷船一到之時令沿海文武官弁晝夜防衛使其慴服無致失所應如所請奉

旨俞允

雍正五年開洋禁奉

諭旨昔年

聖祖仁皇帝諭旨海外噶喇巴呂宋藏匿盜賊甚多內地之民往往留在彼處隨經廷臣與閩廣督撫議令內地之人留在外洋者附洋船帶回准行在案此乃

聖祖仁皇帝綏靖海疆且不忍令內地之民轉徙異地

實仁育義正之盛心也但數年以來附洋船而回者甚少朕思此輩多係不安本分之人若聽其去來任意伊等益無顧忌輕去其鄉而飄流外國者益衆矣嗣後應定限期若逾限不回是其人甘心流移外方無可憫惜朕亦不許令其復回如此則貿易欲歸之人不敢稽遲在外矣將此交與高其倬楊文乾常賚悉心酌議並如何定例年月之處一併詳議具奏尋議康熙五十六年定例出洋貿易人民三年之內准其回籍其五十六年以後私去者不得徇

縱入口久已遵行在案又現住外洋之船或去
來人數不符或年貌互異者即係頂替私回應
嚴飭守口官於洋船回時點對照票細加稽查
如有情弊將船戶與守汛官員分別治罪至閩
粵洋船出入總在厦門虎門守泊嗣後別處口
岸概行嚴禁得
旨康熙五十六年定例之人隨據福建等省奏報回藉
者幾及二千餘人是出洋之人皆已陸續返棹而存
留彼地者皆甘心異域及五十六年以後違禁私越
者也方今洋禁新開禁約不可不嚴以免內地民人
貪冒飄流之漸其從前逗遛外洋之人不准回籍餘
依議
雍正十三年正月福建提督王郡言呂宋國以
麥收歉薄附洋船載穀二千石銀二千兩海參
七百觔來厦賣銀糴麥多則三千石少則二千
石臣查五穀出洋律有明禁可否准以穀易麥
候
欽定得

旨朕統御寰區內外皆爲一體呂宋雖隔重洋朕心並
無歧視著該督撫提督等轉飭有司按照穀麥時價
均平糶糴不許內地之人抑勒欺詐俾番船載麥回
國以濟其用并將朕旨傳諭來商知之
乾隆十八年六月呂宋番官龍番敎魯那羅船
被風飄入內地照例支給口糧護送歸國
乾隆四十九年進口貿易

小呂宋國

小呂宋即是班牙西北臨大洋東南俯中海西
鄰葡萄牙東北接佛郎機
乾隆六十年總督長麟巡撫朱珪監督舒璽諭
澳門口委員等查乾隆五十一二等年因米價
昂貴經前總督孫士毅飭令商民人等如有挾
貲赴外洋糴濟及自行專載米石到粤者均
免其輸納船鈔現值省城米價昂貴自應援照
辦理查小呂宋爲產米之區其程途又較別國
最近一帆直達可以計日往還除另飭委員傳
諭大班運濟外合就飭知遵照免其輸納船鈔

以示招徠

嘉慶十一年小呂宋及暎咭唎之孟雅拉皆運

米進口

道光十二年十一月布政司會詳稱奉總督盧坤札開粵東產米無多向藉西省接濟至雍正乾隆嘉慶年間遇有外洋貨船載米來粵者寬其貨稅道光四年復經前總督阮元奏請運米夷船無夾帶貨物者進口特免其丈輸船鈔凡所以廣招徠而裕民食也近年以來夷船歲至

洋米未見有餘是否管口押船人役有暗中加索規費致令夷販不前或亦囤戶把持查夷商貿易洋商專任其事自應著落該洋商查明釐剔設法招徠俾洋米源源而來柔遠便民所裨不淺札司即便會同臬運二司督糧道查明妥議詳候覈飭遵照即諭洋行總商限日議覆茲據洋商稟稱夷船載米來粵其米多產自小呂宋亦有由噶喇巴埠頭裝載來者凡裝米來粵之各國夷船均係各由本國駛船前往小呂宋

等處買米裝載來粵該處市價每百觔洋銀或一圓一二毫或一圓三四毫不等總以價在一圓五毫之內各米船裝米每船多者不過四五千石少者止二三千石在六七千石以上者頗少查道光十年分各國共入口米船一十五隻共裝米五百九十六萬五千餘觔洋穀一百二十二萬四千餘觔二共七百一十八萬九千餘觔又道光十一年分各國共入口米船一十七隻計裝洋米六百九十二萬五百餘觔洋穀九

十二萬八千餘觔二共七百八十四萬九千餘觔本年十一月二十日以前共計入口米船二十九隻共裝米一千二百二十六萬四千零十五觔洋穀一十五萬零一百餘觔二共一千二百四十一萬四千一百餘觔以前兩年比較則米船米石進口年多一年今年又多至十餘隻似無因有弊端致令夷販不前之事洋米來自夷洋因受海風潮氣每易霉壞不能囤貯日久似尚無囤積把持之弊再查洋米船隻入口已

於道光四年奏定免征船鈔出口時向有大關征收放關銀共五百一十四兩八錢四分八釐糧道衙門征收放關銀一百一十六兩四錢二分四釐二共放關銀六百三十一兩二錢七分二釐事涉關政且係帑款商等未敢輕議等語本司道等伏查粤東民食向藉西省接濟原不全需洋米但西穀貴賤豐歉不常不能必其年年價賤而到多至洋米價值極貴之時猶較少於內地極賤之數若使源源而至雖西穀偶缺

亦可恃以無虞且洋米產自小吕宋噶喇巴二處不過一隅之地與販亦只港脚花旗諸國至關稅自有暎咭唎呢羽洋布各貨爲大宗米船雖多斷無損於稅額惟向來洋米到省設使任洋行全數留貯恐市價或致增昂今只暫留一半聽候官用仍有一半流通且操縱在官市儈雖欲把持而無所施其技應請如該商等所議自後洋米入口每船由洋行存留一半以二萬石爲率其發賣存留數目每季由洋行報知南

海縣轉報院司道府各衙門查照統歸糧道衙門經理洋行承受洋米不准標價搶買并請移咨海關衙門放關銀兩照例征收倘有管口押船人役暗中加索規費隨時查究懲辦

呡咧喇國

呡咧喇卽小吕宋其地宜稻米賤時石值三四錢卽昂貴亦不過一兩遇風便十日可至澳門

米時哥國

米時哥亦吕宋屬國其地多鑄花邊錢無物產

海舶至粤者惟載銀錢而已

噶喇巴國

噶喇巴本瓜哇故地巫來由種也後屬荷蘭國在南海中由萬山外羅新州繞陸耐國後向南行約四日至崑崙山爲安南境又南行約五日至柔佛國又南行一日至綱甲峽口又過三洲洋正南行三日爲噶喇巴山名頭峙山又南行二十餘里至海峙山過此爲噶喇巴大山廣袤二百餘里有城郭荷蘭番在此約三四千人別

有烏番兵二三千人明時諸番互市其國未嘗一至其地產燕窩麝香丁香沈香落花生蔗糖咖蝰流連子形如柚而小孟姑生形似柿有核其味淸美

謹按噶喇巴爲巫來由種巫來由者莽均達老國也地在東南海中雍正七年以後嘗入中國通市恭載皇朝通考而海國聞見錄以噶喇巴有土番無來由種謂俗以外番之無可考者爲巫來由其誤甚矣

國朝初年噶喇巴始與呂宋蘇祿等通商閩海閩廣間人浮海爲業者利其土產率潛處番地逗遛不返康熙五十六年以噶喇巴口岸多聚漢人恐寖長海盜禁止南洋往來其在外人民不得復歸故土嗣奉恩旨凡五十六年以前出洋民人限三年回籍然亦尚有留者雍正五年弛海禁嗣後通市不絕乾隆元年閩督郝玉麟復奏准自康熙五十六年例禁後私去者不准歸國其例前之民願歸者應聽自便初噶喇巴爲荷蘭人所占委夷目鎭守更代皆聽荷蘭之命漢人居之者以數萬計生長其地曰上生仔司漢人貿易者曰甲必丹人有罪則徙之西隴西隴在西洋中距噶喇巴遠甚荷蘭舊國所屬地也六年閏六月爲羣番所擾荷蘭力不勝遣罪人禦之許立功後令還噶喇巴罪人奮勇効命戰屢捷羣番爲之退却荷蘭卽有立功贖罪之令又慮遣還罪人則西隴

孤弱一再令噶喇巴調無辜漢人往代時有甲必丹連富者以漢人在此貿易惟領票輸銀無調取之例不受命番目拘之被獲者先後不勝計於是漢人大恐鳴金罷市番目怒舉火鳴礮相攻殺傷頗多署福建總督策楞提督王郡聞於朝策楞又奏言被害漢人久居番地屢邀寬宥之恩而自棄王化按之

國法皆干嚴譴今被其戕殺多人事屬可傷寔則孽由自作但噶喇巴以地隔重洋恃其荒遠罔知顧忌肆行殘害恐嗣後擾及商舶請禁止南洋商販俾知畏懼俟革心向化再爲請
旨施恩又廣東道監察御史李淸芳奏言商人往東洋者十之一南洋者十之九江浙閩廣稅銀多出於此一加禁遏則四省海關稅額必至於缺每年統計不下數十萬其有損於國帑一也大凡民間貿易皆先時而買及時而賣預爲蓄積流

通不窮今若一旦禁止商旅必至大困二也應暫停噶喇巴貿易俟其哀求然後再往至南洋各道不宜盡禁奏入
高宗純皇帝令江浙閩廣督撫詳查議奏嗣兩江總督德沛浙閩總督那蘇圖署福建總督策楞兩廣總督慶復皆遵
旨議奏王大臣會同兵部奏言臣等查各督撫所議或請毋庸禁止南洋商販或請暫禁噶喇巴往來雖所議不同其大意皆以仰體
皇上懷柔無外之盛心令海外遠夷悔過自新均霑德澤卽議令暫禁噶喇巴者原欲使其畏懼今聞噶喇巴已將夷目黜責於我船返棹時加意撫慰護送囑令再往並無擾及商客之意宜仍准其通商爲便奏入得
旨俞允
乾隆十五年四月閩督喀爾吉善等奏言龍溪縣民陳怡老久居噶喇巴貿易娶夣噶適番女高冷爲妾賄通夷目謀充甲必丹於十四年五

月潛回厦門爲地方官訪獲以
聞照例遠遣乾隆二十四年禁絲斤出洋二十七年復弛暎咭唎瑞嗹諸國之禁而南洋噶喇巴諸國飭禁如故二十九年十二月廣督李侍堯等奏言噶喇巴諸國仰望
殊恩懇將上緞及二蠶粗絲准一體酌帶其數應以一千六百斤爲率時江南督撫亦以爲請懇嚴立限制不使外番求售無厭或致市價加昂奏入
報

可由是南洋諸國皆得衣被
聖朝章采奉職彌謹云

瑞國

瑞國在西北海中達廣東界俱係海洋計程六萬餘里國中土地平衍有大山三一曰庇高天牙禮花閱三四年輒有光燭天望之若烟火四面巉巖壁立千仞人跡不能到一曰布農故巴黎自山麓達於頂俱白沙童然無一草一木一曰化倫仕高勞華山中產紅銅民爲開採納於

王臣所居土名仕的哥盧國人會聚之地土名乙頓巴染距王居七百餘里國中四面皆大澤汪洋千頃國人之散處者非駕船不能往來乙頓巴染蓋泊船總滙處也凡大市鎭當國人貿易之期則有官司至若古司市者故市鎭皆設館舍以供駐宿置班衙以供使令其人信奉天主俗同暎咭唎通市始自雍正十年後歲歲不絕每春夏之交其國人以土產黑鉛粗絨洋酒葡萄乾諸物來廣由虎門入口易買茶葉瓷器

諸物至初冬回國乾隆二十七年
特旨准配買絲斤是年十月瑞國商棉是呾等呈稱夷等外洋各國雖有絲斤不諳織作以不能自織之國若止准帶絲斤仍屬無由服用現在瑞國已缺乏紬緞二三年懇先准帶紬緞成疋者二千斤由兩廣總督蘇昌代奏并請嗣後每絲千斤止准帶紬緞八百斤毋得額外多求至現在瑞國懇先帶紬緞二千斤之處爲數無多臣等仰體

皇上優恤遠夷至意業准其帶往奏入報
聞其國王姓名世系遠者無考近而可知者曰士的亞多傳子非里地力非里地力傳子亞敦非里地力是爲瑞國王云

嗹國

嗹國地居西北方凡歷海洋六萬餘里始達廣東界一名但國卽黃祁地與荷蘭相對隔一小海國中土地平衍山澤少著名者有一山土名士嗹國人皆從此出入前臨大海左右設礮臺

距王城五十里王所居土名顛地壘王名非壓
德歷王爻爲奚成王祖爲奚壓成其遠者無考
其國人風俗則信奉天主多同嘆咭唎土產黑
鉛琥珀白金及大青葡萄乾之屬自雍正間有
夷商來廣通市後歲以爲常每夏秋之交由虎
門入口至廣東易買茶葉瓷器緜斤至冬初風
信到時駕船而歸本港商人無至其國者乾隆
元年進口貿易

謹按瑞嗹二國皆與俄羅斯接壤海國聞見
錄有黃祁普魯社各因細密里也四國皆在
北海以地圖覈之卽瑞嗹二國也

咪唎㗧國

咪唎㗧俗稱花旗與加那嘆咭唎接壤嘆咭唎
言是其屬國也嘆咭唎之南爲咪唎㗧咪唎㗧
之西亦爲蠻人所居其地產皮其東海中有島
名西氤地亞乾隆五十二年進口貿易其後來
舶甚多幾與嘆咭唎相埒其舶較他國差小隨
時可至非如他國必八九月始能抵口也今各

國通行字相傳爲馬邏可國所遺用二十六字
母諧聲比附以成字各國大畧相同謂之拉丁
字亦謂拉體納字嘉慶二十二年匪犯詐搶咪
唎㗧夷船經督臣蔣攸銛拏獲奏辦奉
聖諭此案咪唎㗧國嗅吔夷船在香山外洋停泊蜑民
李奉廣等詐搶拒捕殺傷夷人五命該督將李奉廣
等拏獲恭請王命分別斬梟並傳齊該國在粤夷商
環視行刑俾知天朝法度森嚴咸知畏服所辦甚是
至將嗅吔夷人量加賞恤一節則辦理錯誤嗅吔夷

船如係裝載該國貨物運赴粤省銷售被內地奸民
搶刼殺傷除將匪犯正法外自應優加賞恤以示懷
柔茲該夷人所帶鴉片煙泥是例禁之物如該夷人
私運入口卽應按律治罪今因其橫被刧奪戕害數
命不行究治已屬恩施何得再加賞恤蔣攸銛卽通
行曉示各夷商以鴉片煙泥產自外夷不准私入內
地天朝例禁綦嚴此次嗅吔夷船私販煙泥因其未
經進口又遭刧掠是以祇將煙泥燒燬免其治罪嗣
後各夷船儻再有私帶鴉片煙泥者進口之日兵役

等照例嚴搜一經搜出除將煙泥焚燬沉溺外必將私販之人從重治罪決不寬貸如此嚴切曉諭先令各夷商一體周知共知儆懼將來有犯必懲更不能託詞未悉例禁也

咊呓喇國

咊呓喇前世未通中國亦佛郎機屬也乾隆七年進口貿易地近噶喇巴其進口也由噶喇巴所屬之曼打拉撒陸路三二日可至若舟行遇東北風一日即至云

馬塔喇國

馬塔喇前世未通中國其地與小西洋望娑羅麻倫你二國皆沿海長數千里回回種也土產緜花花椒魚翅乾隆七年進口貿易

嘡嵋國

嘡嵋國紅毛所屬也自小西洋北爲望娑羅國又北爲麻倫你國又北少西爲暎咭唎國又北少西爲嘡嵋國有城郭物貨殷阜風俗淳厚土產瑪瑙緜花乳香沒藥阿魏魚膏魚翅馬塔喇

暎咭唎嘵包補卽肚諸國在此貿易紅毛居其國者常數千人其後爲嘵包補地乾隆四年進口貿易

蘇喇國

蘇喇國回回種也或曰本明之蘇門荅剌國鄭和下西洋凡三至其國封其酋宰奴里阿必丁爲蘇門荅剌國王迨萬歷閒國兩易姓更國名曰亞齊土產西洋布丁香肉果水安息蘇合油其貢物有寶石瑪瑙水晶石青回回青善馬犀

牛龍涎香沈香速香木香丁香降眞香刀弓錫瑣服胡椒蘇木硫黃之屬地本瘠無麥有禾一歲二稔市道稱平內地商船常往貿易自嘡嵋國北舟行三日陸路四五日可至其國風俗同嘡嵋物產惟血竭爲嘡嵋所無乾隆九年進口

雙鷹國

雙鷹又名打嗹奉天主敎風俗與西洋同與單鷹國爲兄弟患難相恤海舶來粤者用白旗上畫一鷹二頭乾隆四十五年進口

單鷹國

單鷹在雙鷹西北風俗與雙鷹同市舶用白旗畫一鷹乾隆五十二年進口

鷹國

鷹國紅毛種也乾隆五十一年進口

謹按雙鷹單鷹與鷹國皆不知其名但據旗識爲稱

⿰口臨國

⿰口臨國紅毛種也乾隆三年進口

咩啫哩國

咩啫哩紅毛種乾隆五年進口

吡唎⿰口時國

吡唎⿰口時紅毛種乾隆十七年進口

數間盧國

數間盧紅毛種乾隆五十二年進口

甚波立國

甚波立亦紅毛種也嘉慶七年進口

呫味⿰口叵國

乾隆五十一年總督孫士毅咨准監督咨開粵東近省州縣春夏以來雨水愆期以致近山田畝收成歉薄米價昂貴據洋商與各國夷人詢悉附近呂宋國地方米穀平賤等語當經面諭洋商僱船赴買運回接濟隨據萬和行洋商蔡世民稟稱覓有呫味⿰口叵夷船前往外洋呂宋國採買一萬餘千石回粵糶賣所有該船載米進出鈔規懇恩寬免查夷船進出稅鈔一年一次征收今去而復回其求免似屬情理等因在此

查乾隆八年十月二十七日准戶部咨欽奉
諭旨外洋來粵米石在萬石以上例止免船貨稅銀十分之五今呫味⿰口叵前往外洋呂宋國買米請免稅鈔夷船進出稅鈔一年一次征收今去而復回求免似屬情理雖與定例稍有未符但該船貨來粵應征鈔稅業已報納茲該船出洋採買事屬因公自可免其征鈔相應咨覆查照

⿰口路⿰口叵國

⿰口路⿰口叵卽俄羅斯也俄羅斯例在恰克圖通市嘉

慶十年十二月有該國夷商嚕咥嗔吶囋時二
船載皮張銀兩至廣東貿易經總督那彥成奏
奉
諭旨那彥成奏先准延豐咨商有咯咥國即俄羅斯商
船二隻載有皮張銀兩來廣貿易應准開艙輸稅咨
商會銜具奏那彥成正在議駁間又接延豐來字以
新任阿克當阿抵粵延豐即日交卸起程將此案事
宜會銜具奏那彥成阻止不及因飛札與新任監督
暫止開艙卸貨以免日後滋弊各等語此事前據延

豐奏到朕即以伊等所辦麤率傳旨申飭並將延豐
議處那彥成孫玉庭均交部察議諭令吳熊光即查
明該商船如尚未卸貨即令停止納稅奏聞候旨遵
行茲那彥成奏俄羅斯僻在極北向止許在恰克圖
一帶通市今請來廣貿易恐奸商貪利私售且來往
熟悉海道及內地情形亦多未便等語那彥成辦理
此事與朕意相符所見甚是那彥成有此一節可嘉
其在粵東總督任內所獲各罪愆將來議上時朕尚
可加恩未減現在那彥成業已飛札阿克當阿止其

開艙卸貨吳熊光應即會同阿克當阿曉諭該商以
爾等船向止在恰克圖通商貿易本有一定界限不
可輕易舊章著即將船隻貨物駛回本國不許在廣
逗遛並著吳熊光迅飭海船各口岸或該商駛往別
處海口懇求通市均一體駁回並著嗣後嚴密稽查
如各海口有似此越界欲求通市者俱實力禁止免
滋事端又奉
諭旨昨因延豐於咯咥國商船至粵擅令交易一事辦
理麤率已降旨申飭並因延豐摺內有札商那彥成

及會商孫玉庭之語是以將延豐交部議處那彥成
孫玉庭交部察議本日據那彥成奏稱於陸豐途次
接准延豐咨商咯咥國即俄羅斯商船二隻來廣懇
請貿易咨商會銜具奏那彥成正在議駁間適接延
豐來字以新任監督阿克當阿抵粵延豐即日交卸
已將此案事宜會銜具奏那彥成接信後已阻止不
及因飛札新任監督暫止開艙卸貨以免日後滋弊
各等語那彥成所見甚是與朕意適相符合而前此
延豐具奏摺尾後聲敘督臣那彥成現在出省巡閱

與之札商並與撫臣孫玉庭面商意見相同合詞具奏是延豐於辦理此事旣經札商督臣並不候那彥成札覆是否准貿易之處熟商妥辦輒敢擅將意見相同之語誑詞入奏實屬專擅乖謬前經交部議處尚覺稍輕延豐著交部嚴加議處那彥成於俄羅斯商船來粤通市接延豐札商時卽欲議駁原無不合所有前次交部察議之處著卽行撤回至孫玉庭現駐在省城於延豐會商時未經阻止亦隨同准令卸貨輸稅實屬錯誤孫玉庭仍著交部察議

嘉慶十一年正月奉

諭旨據吳熊光等奏查明咯咥國來廣貿易情形一摺咯咥國卽俄羅斯國向例止准在恰克圖地方通市貿易本有一定界限今該國商船駛至粤東懇請赴關卸貨自應照例駁回乃延豐擅准進埔卸貨實屬冒昧且該國商船於十月初八十七等日先後進口延豐於二十九日始行具奏又於咨商總督後並不候那彥成回咨輒以意見相同之語揑詞入告其咎甚重前經降旨將延豐降爲七品筆帖式尚不足以示懲延豐著卽革職仍令在萬年吉地工程處效力行走接任監督阿克當阿因延豐已准該夷商起卸一船貨物亦卽不候那彥成移知率准後船進埔卸載吳熊光孫玉庭未經詳查明確遽准開船回國均屬辦理未協不能無咎吳熊光孫玉庭阿克當阿均著交部議處嗣後遇有該國商船來廣貿易者惟當嚴行駁回毋得擅准起卸貨物以昭定制又奉

諭旨咯咥國貿易船隻業據行商承保起卸貨物自未便復行稽阻此次姑著准其貿易嗣後再有該國船隻來至澳門卽應嚴行斥駁不得擅與通市此一節

並諭阿克當阿知之

啞咻國

道光四年奉

上諭據阮元等奏小西洋啞咻國吱嘜嘆嚧夷船一隻載有胡椒檳榔等貨來至零丁洋面寄椗該國從前並未來過詢係夷商各自各夥並非該國王遣令貿易暫令停泊候旨等語該夷遠涉重洋此次姑照嘉慶年間成案暫准貿易以示體恤該督

等卽飭令洋商傳諭該夷等此處暫准易貨回國
係天朝特恩不得援以爲例嗣後斷不准再來通
市將此諭知阮元等並傳諭七十四知之

越南國

越南舊安南國地嘉慶七年安南國王阮光纘
負
恩納叛自取滅亡農耐國長阮福映遣使恭進表貢縛
送洋盜莫觀扶等三犯是年十二月奉
諭旨安南國爲南徼藩服前此黎維祁與阮光平構兵

先經率屬內投繼復棄國潛遁
皇考高宗純皇帝以黎維祁巽懦無能不能自振
天厭黎民不宜復加扶植惟念其流離失所將黎維祁
送京入旗授職養贍其時阮光平修表敂關籲求內
附並請親詣闕廷祝
釐瞻覲
皇考高宗純皇帝鑒其誠悃
錫之勅印封阮光平爲安南國王阮光平受封之後時
修職貢終其身祗承

恩眷及伊子阮光纘嗣封比年來閩粵洋面屢有刼盜
經疆吏訪聞入告該國竟有潛通窩納之事朕以誠
信懷遠人尚謂事涉疑似祇令飭知該國一體查緝
旋據阮光纘自陳惶悚堅稱實不知情本年八月吉
慶奏到農耐國長阮福映遣使齎進表貢縛送盜犯
莫觀扶等三名係內地奸民經安南招往授以僞職
並給與印劄行刼內洋審訊明確已伏厥辜是阮光
纘豢養盜賊通同刼掠負恩背叛情跡顯然實爲王
章所不宥設阮光纘此時尚膺封土必應聲罪致討

以懲兇詐乃伊國連年與農耐戰攻上年阮福映拔
取富春時阮光纘輒將天朝所
頒勅印遺棄潛逃其罪更無可逭阮光纘不念
皇考高宗純皇帝覆幬深恩又不能繼伊父之志於臣
爲不忠於子爲不孝今已自取滅亡益見傾覆之理
昭然不爽阮福映能爲天朝緝捕逋逃縛獻請旨定
奪並將安南舊領
勅印遣使呈繳深爲恭順茲表陳構兵顛末本係爲伊
先世復讐雖得其國土不敢擅專虔遣陪价納貢請

封除將表文請賜建國名號之處交大學士會同六
部尚書議奏外所有安南阮光纘獲罪覆滅及阮福映
恭順出力緣由先行通諭中外知之尋經大學士六
部尚書議曰考安南古曰南交周曰交阯至趙
佗竊據始自稱爲南越王旋爲漢滅郡縣其地
今南海蒼梧鬱林合浦皆爲廣東西兩省州縣
至五代時土人曲承美據交州僅授爲静海軍
節度使宋太祖開寶三年封丁部領爲安南郡
王眞宗天禧元年封李公藴爲安平王至孝宗

淳熙元年封李天祚爲安南國王安南立國自
此始元明至
本朝封號皆因之覈其疆域實止南越之一隅未
便以一隅之地遽以南越自稱且廣東廣西皆
南越之舊地自漢以來久爲中國若該國復南
越之古名名實旣不相符體制尤爲未協所有
該國長請
賜名南越之處應毋庸議
嘉慶八年六月奉

聖諭前此農耐國長阮福映表陳與安南搆兵顛末爲
先世復讎恭遣陪价齎繳阮光纘遺棄舊
頒勅印並縛獻海洋逋盜恪恭請命朕鑒其航海輸誠
特予嘉納曾經明降諭旨將安南阮光纘獲罪覆滅
及阮福映恭順出力緣由先行宣示中外嗣節據該
國長請錫新封陳明該國係先有越裳之地今併有
安南不願忘其世守籲懇仍以南越名國經疆吏據
情入告部臣議駁以南越命名與徼外封域未協特
念其斂關內附敬抒悃忱命用越南二字以越字冠
於上仍其先世疆域以南字列於下表其新錫藩封

並令廣西撫臣孫玉庭一面檄知阮福映一面委員
伴送齎進表貢使臣赴京諭其緩程行走以示天朝
柔遠之意兹復據孫玉庭奏稱阮福映接奉欽定越
南恩命倍深感激情詞懽忭出於至誠該使業已起
程北上計七月下旬即可到京等語應即加之寵命
封爲越南國王所有應行頒給該國王印信勅書等
件著各該衙門查照定例先期預備並著欽天監衙
門於頒行時憲書內將安南二字改爲越南永遵正

剳至將來冊封時著派廣西臬司齊布森將新頒勅
印帶同來使齎捧出關前往宣示詔旨俾該國王長
承恩眷世守勿替將此通諭知之

道光九年四月

上諭此次越南國王因內地生監遭風漂收到境卹
給衣糧盤費護送回粵實屬恭順可嘉所有帶來
各貨及將來出口貨物均著加恩免其納稅至該
國王請由海道來粵通市一節自當照例駁回但
須妥爲曉示著李鴻賓等傳諭該國王現據爾國

王請由海道來粵通市業經奏聞大皇帝以爾國
王久列藩封素爲恭順爾國地界毗連兩廣向與
內地商民有陸路交易處所貨物流通足資利用
非他國遠隔重洋必須航海載運者可比外夷諸
國如有於各海口越界求通貿易例禁綦嚴今若
允爾國王所請誠恐各外夷船隻偶有攙越混入
以致滋生事端於爾國王諸多未便轉非所以體
恤是以仍令爾國王恪守舊章於廣東欽州及廣
西水口等關各陸路往來貿易毋庸由海道前來

此係大皇帝格外施恩曲加優眷爾國王其善體
此意敬謹遵循爲要該督等接奉此旨卽行遵照
妥爲辦理

道光十三年六月

上諭本日據盧坤等由驛馳奏越南國呈覆照會捕
盜咨文並報到漂失師船已在該國收泊欵給修
葺送回一摺上年十二月二十五日廣東提標中
營二號米艇配帶官兵七十員名因遭風漂流越
南茶山洋面收泊經該國王迎救抵次優給供頓

資用代修船隻在彼閱四月之久外委梁國棟因
遭風受瘴身故復爲遣官料理祭賻有加及師船
起程各兵又有賞賚並撥醫隨行派兵幫駕添械
防禦已於本年五月初四日駛進虎門越南國遠
隔重洋素稱恭順今該國王於內地兵船遭風漂
收到境優待欵給種種周詳曲到虔恪盡禮可嘉
之至著降勅褒獎並賞賜該國王蟒緞四疋內緞
四疋素緞四疋以示寵嘉此次該國王帶有押船
貨物及將來出口貨物俱著加恩免其納稅仍循

照舊章先行開艙起貨銷售俾免稽遲所有該國
差官黎之謙等著該督撫優加賞賚交該國領賞
該督先行文該國王知之
歷年夷船來數附
乾隆十四年己巳十二月二十六日起至十五
年十二月二十五日止一年期內來庚午年分船十
有八
謹案乾隆十三年以前案牘無存可考者自
十四年始每年連閏月統算以足十二月爲

一年有餘月即歸下年接算閏月遞積遞多
以干支年份按之每溢本年之外關例如此
今仍之
十六年十一月二十五日止來辛未年分船十有九
十七年來壬申年份船二十有五
十八年期俱同上來癸酉年分船二十有六
十九年十月二十五日止來甲戌年分船二十有七
二十年期同上來乙亥年分船二十有二
二十一年閏九月二十五日止來丙子年分船十有
五
二十二年九月二十五日止來丁丑年分船七
二十三年期同上來戊寅年分船十有二
二十四年八月二十五日止來己卯年分船二十有
三
二十五年來庚辰年分船十有三
二十六年期俱同上來辛巳年分船十有三
二十七年七月二十五日止來壬午年分船十
二十八年來癸未年分船十有七

二十九年期俱同上來甲申年分船二十有四
三十年六月二十五日止來乙酉年分船三十有一
三十一年來丙戌年分船三十
三十二年期俱同上來丁亥年分船二十
三十三年五月二十五日止來戊子年分船二十有
三
三十四年來己丑年分船二十有三
三十五年期俱同上來庚寅年分船二十有九
三十六年四月二十五日止來辛卯年分船二十有

六
三十七年期同上來壬辰年分船三十
三十八年閏三月二十五日止來癸巳年分船二十
有八
三十九年三月二十五日止來甲午年分船三十有
一
四十年期同上來乙未年分船三十有四
四十一年二月二十五日止來丙申年分船二十有
六
四十二年來丁酉年分船三十有九
四十三年期俱同上來戊戌年分船三十有三
四十四年正月二十五日止來己亥年分船二十有
八
四十五年來庚子年分船二十有五
四十六年期俱同上來辛丑年分船三十有五
又四十六年十二月二十五日止來壬寅年分船二
十有四
四十七年來癸卯年分船十有四

四十八年期俱同上來甲辰年分船三十有六
四十九年十一月二十五日止來乙巳年分船三十
有五
五十年來丙午年分船四十有六
五十一年期俱同上來丁未年分船六十有八
五十二年十月二十五日止來戊申年分船七十有
三
五十三年期同上來己酉年分船六十有五
五十四年九月二十五日止來庚戌年分船八十有
三
五十五年來辛亥年分船五十有九
五十六年期俱同上來壬子年分船三十有八
五十七年八月二十五日止來癸丑年分船五十有
五
五十八年來甲寅年分船四十有四
五十九年期俱同上來乙卯年分船四十有三
六十年七月二十五日止來丙辰年分船五十有九
嘉慶元年期同上來丁巳年分船五十有三

二年閏六月二十五日止來（戊午年分）船五十有一
三年六月二十五日止來（己未年分）船六十有三
四年（期同上）來（庚申年分）船五十
五年五月二十五日止來（辛酉年分）船五十有九
六年來（壬戌年分）船六十有四
七年（期俱同上）來（癸亥年分）船七十
八年四月二十五日止來（甲子年分）船八十有四
九年來（乙丑年分）船七十有七
十年（期俱同上）來（丙寅年分）船八十有五

十一年三月二十五日止來（丁卯年分）船九十有七
十二年來（戊辰年分）船九十有六
十三年（期俱同上）來（己巳年分）船八十有七
十四年二月二十五日止來（庚午年分）船六十有六
十五年來（辛未年分）船七十有七
十六年（期俱同上）來（壬申年分）船五十有一
十七年正月二十五日止來（癸酉年分）船七十有三
十八年來（甲戌年分）船五十有一
十九年（期俱同上）來（乙亥年分）船四十有七

又十九年十二月二十五日止來（丙子年分）船五十有二
二十年（期同上）來（丁丑年分）船七十有三
二十一年十一月二十五日止來（戊寅年分）船一百四
二十二年來（己卯年分）船一百一
二十三年（期俱同上）來（庚辰年分）八十有八
二十四年十月二十五日止來（辛巳年分）船九十
二十五年來（壬午年分）船九十有六

道光元年（期俱同上）來（癸未年分）船九十有四
二年九月二十五日止來（甲申年分）船八十有四
三年（期同上）來（乙酉年分）船六十有五
四年八月二十五日止來（丙戌年分）船七十有一
五年來（丁亥年分）船一百一十有二
六年（期俱同上）來（戊子年分）船八十有九
七年七月二十五日止來（己丑年分）船一百三
八年來（庚寅年分）船八十有六
九年（期俱同上）來（辛卯年分）船七十有六

十年六月二十五日止來壬辰年分船九十有九
十一年來癸巳年分船七十有七
十二年期俱同上來甲午年分船八十有七
十三年五月二十五日止來乙未年分船一百五
十四年來丙申年分船一百四十有三
十五年期俱同上來丁酉年分船一百四十有九
十六年四月二十五日止來戊戌年分船一百九十有九
十七年來己亥年分船二百十有三

十八年期俱同上來庚子年分船一百二十有九

粵海關志卷二十四終

粵海關志卷二十五

行商

臣謹按

國朝設關之初番舶入市者僅二十餘柁至則勞以牛酒令牙行主之沿明之習命曰十三行舶長曰大班次曰二班得居停十三行餘悉守舶仍明代懷遠驛旁建屋居番人制也乾隆初年洋行有二十家而會城有海南行至二十五年洋商立公行專辦夷船貨稅謂之外洋行別設

本港行專管暹羅貢使及貿易納餉之事又改海南行為福潮行輸報本省潮州及福建民人諸貨稅是為外洋行與本港福潮分辦之始其後本港既分隸無常總商章程亦屢易蓋商得其人則市易平而夷情洽商不得人則逋負積而餉課虧

聖訓昭垂

諄諄於停貢獻禁採辦凡以為卹商也而拖欠夷債者必寘之重法所以示調劑之平而專責成之效

成規具在董其事者曷可不加之至意哉

凡粵東洋商承保稅餉責成管關監督於各行商中擇其身家殷實居心誠篤者選派一二人令其總辦洋行事務並將所選總商名姓報部備查

凡外洋夷船到粵海關進口貨物應納稅銀督令受貨洋行商人於夷船回帆時輸納至外洋夷船出口貨物應納稅銀洋行保商爲夷商代置貨物時隨貨扣清先行完納

乾隆四十二年三月奉

聖諭據李質穎奏革監倪宏文賒欠暎咭唎國夷商貨銀一萬一千餘兩監追無着經伊胞兄倪宏業外甥蔡文觀代還銀六千兩餘銀五千餘兩遵旨於該管督撫司道及承審之府州縣照數賠完貯庫俟夷商等到粵給還並請將倪宏文卽照部議酌發等語倪宏文赤手無賴肆行欺詐賒欠夷商貨銀多至累萬情殊可惡而其應追銀兩半係伊兄伊甥措繳半係地方官代賠伊轉得脫然無累僅予發遣實不足以蔽辜倪宏文著發往伊犂永遠安插以示儆懲

乾隆四十五年七月刑部會奏言廣東巡撫李湖等奏稱廣東行商顏時瑛等借欠夷商銀兩分別扣繳給還一摺奉

硃批該部議奏欽此欽遵鈔出到部查例載交結外國誆騙財物發遠邊充軍等語今行商顏時瑛張天球明知借欠奉有例禁乃不將每年所得行用餘利撙節歸還任聽夷人加利滾算顯存誆騙之心應如該撫等所奏顏時瑛張天球應均

照交結外國誆騙財物例擬軍從重革去職銜發往伊犂當差以示懲儆再該撫等奏稱所有泰和裕源行兩商資財房屋交地方官悉行查明估變除扣繳應完餉鈔外俱付夷人收領其餘銀兩著落聯名具保商人潘文巖等分作十年清還庶各行商人不能私借夷債並不敢混保匪人而放債之夷人既免追銀入官且原本之外多得一倍益感

天朝寬大之仁併將辦理緣由剴切曉諭該大班令

其於各該國夷船回航時稟請該國王嚴飭港脚鬼子嗣後不許違禁放債如有犯者即追銀入官驅逐回國臣等更有請者向來外番各國夷人載貨來廣各投各商交易行商惟與來投本行之夷人親密每有心存詭譎爲夷人賣貨則較別行之價加增爲夷人買貨則較別行之價從減祇圖夷人多交貨物以致虧本遂生借銀換票之弊臣等雖嚴行示禁該行商等因無定例亦視爲故套非奉明立科條終難禁遏臣

等悉心籌酌請自本年爲始洋船開載來時仍聽夷人各投熟悉之行居住惟帶來貨物令各行商公同照時定價銷售所置回國貨物亦令各行商公同照時定價代買選派廉幹之員監看稽查臣圖明阿隨時留心察訪務使交易公平盡除弊竇所有行用餘利存貯公所先完餉鈔再照分年之數提還夷人等語查乾隆二十四年十二月軍機大臣議准原任兩廣總督李侍堯條奏內地行商人等有向外夷違禁借貸

者照例問擬所借之銀查追入官等因在案今據該撫等奏稱夷人違禁放債又復重利滾息自應照例追銀入官惟念該夷人於二十三年放債尚在例禁以前仰體

皇上綏柔遠人至意按其原本照例加一倍追還等語查顏時瑛等所供原欠夷人銀兩旣係自二十三年起陸續所借而該夷商等於未禁之時並未截清欠數呈請追還是否在例禁以後有無續行借過之處自應查明分別酌辦但聯名具

保之潘文巖等共有幾人顏時瑛等家產現在估變若干除提餉鈔外餘剩銀兩給付夷人其不敷若干如何攤派分扣之處該撫摺內均未分晰聲明戶部碍難覈議應令另行查明奏到日再議至請自本年爲始洋船載來貨物及回國所置貨物俱令各行商公同照時定價銷售再行選派廉幹之員監看稽查行用餘利存貯公所先完餉鈔等語查行商交易自應聽從其便今因商人每多心存詭譎祇圖夷人多交貨

物於臨時定價任意高下致有虧本借貸諸弊應行設法示禁清理但如該撫等所請派員監看稽查立法之初或無他故久或官員索規吏胥取費難保其無需索擾累漸且串通作弊更難究詰是立一法而欲得其益轉致由此而滋其弊亦正不可不防其如何整飭行規應令該督巴延三監督圖明阿一併查明妥議具奏到日再議再此案係刑部主稿合併聲明臣等謹會同戶部具奏奉

旨依議

乾隆四十九年九月軍機大臣會同總督奏言查粵海關監督穆騰額奏洋商蔡昭復拖欠夷人番銀一十六萬六千餘兩即飭令出結之保商等按年照數分還以清夷欠一摺奉

硃批好知道了欽此昨又據舒璽告知面奉

聖諭令臣等會同該督議奏欽此臣等當即詢之舒璽據稱洋商拖欠夷人銀兩總由夷人於回國時將售賣未盡物件作價留與洋商代售售出銀兩言明年月幾分起息洋商貪圖貨物不用現銀輒為應允而夷人回國時往往有言定一年託故不來遲至二三年後始來者其本銀既按年起利利銀又復作本起利以致本利輾轉積算愈積愈多商人因循負累久而無償等語臣等公同酌議嗣後洋商接受夷人貨物必須公平定價僉令眾商立保將來可以清償始准存留仍立定限務將本利按年全還不得以於限外稍有拖欠如逾限不清即照此次蔡昭復之

例令出保各商先為填還其夷人回國時亦止准於立定年限內按本起利如逾限託故不來即停止利銀尤不得以利作本違例滾剩如此立定章程則夷人回國時既得銷售貨物而行商起息銀兩各有限期自易清還亦可不致拖延積重於柔遠恤商之道彼此均有裨益俟

命下臣舒璽回粵後即會同粵海關監督穆騰額遵照妥辦奉

旨依議

乾隆五十五年十二月奉
聖諭從前廣東巡撫及粵海關監督每年呈進貢品俱
令洋商採辦物件賠墊價值積習相沿商人遂形苦
累上年欽派尚書福康安前往查辦將巴延三等分
别治罪明降諭旨嚴飭該督撫等嗣後不准呈進鐘
表洋貨等物並嚴禁地方官向商人墊買物件以杜
弊端今粵海關監督穆騰額奏稱該商等感戴恩施
代爲呈貢物件但粵省洋商究非兩淮可比此次例
進物件業已到京姑准畱用外嗣後不准該商等再

行呈進貢物俾商力益得寬裕至粵海關監督向不
進呈貢物自德魁由如意館出任監督備物進呈李
質穎等遂相沿辦理但念該監督每年養廉不過二
千五百兩辦公及家用外未必能多有餘貲不可與
三處織造及鹽政養廉豐厚者比嗣後該監督亦不
准備物呈進至該督撫及監督等不得因洋商現已
停止進貢復藉端令墊買物件致滋擾累以示朕體
恤遠商之至意若日久廢弛故智復萌必重治其罪
謹案嘉慶二十五年十月總管内務府奏准

各省將軍督撫織造鹽政關差畢獻方物若
一概停止究於體制未協且無以申芹獻之
忱所有方物仍照舊例呈進粵海關監督遵
奉行知准進朝珠鐘表鑲嵌掛屏盆景花瓶
琺瑯器皿雕牙器皿伽楠香手串玻璃鏡日
規千里鏡洋鏡
乾隆五十六年奉
聖諭行商吳昭平揭買夷商貨價久未清還情殊可惡
應照擬發遣所欠銀兩估變家產餘銀先給夷商收

領不敷之數各商分限代還但内地商人拖欠夷商
銀兩若不卽爲清欠轉致貽笑外夷著福康安等卽
將關稅盈餘銀兩照所欠先給夷商收領再令各商
分限繳還歸款
乾隆六十年七月奉
聖諭朱珪等奏洋商石中和拖欠夷貨價銀審擬具奏
一摺已批該部議奏矣粵省洋商承售夷貨先將價
值議定俟轉售後陸續給價其未售之貨俟下次洋
船到時一面歸清舊欠一面又交新貨不能年清年

欵固屬實在情形但洋商等承售洋貨卽新舊牽算
每有拖欠亦應予以限制此案石中和積欠夷商貨
銀除變產抵還外尚欠五十九萬八千餘兩爲數實
屬過多現據該夷商呈控業經照例懲辦將無著銀
兩著令通行分限代還自可依限淸理但此後各行
商等似此拖欠過多或該國王聞知以內地行商拖
欠夷人帳目多至數十萬兩或竟具表上聞實屬不
成事體著傳諭廣東督撫及粵海關監督嗣後洋商
拖欠夷人貨價每年結算不得過十餘萬兩如有拖

欠過多隨時勒令淸還卽自今歲爲始通飭各洋商
一體遵照辦理將此諭令知之
嘉慶五年監督佶山奏言竊臣欽承
恩命監督粵海關稅務於嘉慶四年八月十二日抵任
所有一切榷務悉照舊章辦理勿事更張惟查
粵海關征輸餉課招接民夷商貨現有外洋行
本港行福潮行三項名目外洋行專辦外洋各
國夷人載貨來粵發賣輸課諸務本港行專管
暹羅貢使及夷客貿易納餉之事福潮行係報
輸本省潮州及福建民人往來貿賣諸稅其外
洋本港一切納餉諸務乾隆十六年間俱係外
洋行辦理共有洋行二十家並無本港名目亦
無福潮行名止有省城海南行八家迨乾隆二
十五年洋商潘振成等九家呈請設立公行專
辦夷船批司議准嗣後外洋行商始不兼辦本
港之事其時查有集義豐晉達豐文德等行專
辦本港事務並無稟定設立案據其海南行八
家改爲福潮行七家亦無案可稽迨乾隆三十

五年因各洋商潘振承等復行具稟公辦夷船
衆志紛歧漸至推諉於公無補經前督臣李堯
堯會同前監督臣德魁示禁裁撤公行名目衆
商皆分行各辦而本港行亦屢有開閉嗣後有
如順行劉如新怡順行辛時瑞萬聚行鄧彰傑
於乾隆六十年因拖欠夷帳被控押追由南海
縣詳議將本港行三家概行革除該商所欠暹
羅夷帳著外洋行衆商先行墊還卽將本港之
行用分年扣還商欠其本港事務仍著外洋行

兼辦以昭愼重業據稟准行旋於嘉慶元年五月據外洋行商以不能兼顧爲辭呈請將本港行事務改歸福潮行商人經理議定章程仍由外洋行統轄復於是年十二月據福潮衆商公舉福潮昌隆行陳緒衍之弟陳長緒承開本港行一家詎陳長緒恃其獨行大肆壟斷侵吞客商於臣到任後疊被客人張啓芳王名利等告發卽於嘉慶四年九月間委粵盈庫大使詢明追還商欠咨明督臣將該商陳長緒立行斥革

臣因與督臣再三籌議本港之生意雖非若外洋行之必須大本行商方可承充而招接暹羅貢使貿易稅餉諸務事頗非細如外洋行有身家之人又不欲充當若仍以不甚殷實本分之人董司其事則將來弊竇正難預計至外洋行之不願兼辦本港者非力不能兩顧不過以外洋之生計利厚自居大商視本港之行利微細若輕取行用則徒費經營如重取行用又恐致許控是以屢爲規避而本港行多設行口旣非經久之道止開一家又起壟斷之階莫若仍著外洋行永遠兼理或公同照料或公委二家承當凡有侵吞把持客商諸弊一經告發惟諸洋商是問在諸洋商自顧身家必謹愼自持諒不敢復蹈前轍也此事臣酌定章程不難卽飭洋商遵諭辦理第恐日久弊生若不奏明則將來該商等竊便推諉本港行一開又必致有劉如新陳長緒等案相應仰懇

聖恩俯准將本港一行裁革仍歸外洋行兼理永著爲

例庶可不悞餉務取信民夷歷久無弊矣臣與督臣往來計議意見相同爲此具奉奏

硃批洋行之本總須正巳督率切勿剝削汝斟酌旣妥卽照汝所辦可也旋經監督咨稱案照本港行事務前經奏准歸併外洋行辦理當經諭飭該商等遵照去後隨據該商潘致祥盧觀恆等稟稱當卽悉心細籌公同酌議所有本港行事務議舉二行値年辦理自嘉慶五年爲始本年舉議同文廣利二行値年六年分係怡和義成二行値

年七年分係東生達成二行值年八年分係會隆麗泉二行值年週而復始輪流值辦如有新充之商即令挨次輪值歇業之商應請除名不准辦理庶洋行現商無分新舊按年挨次輪值無可推諉實為公當至洋行兼辦本港船事務必須設立章程俾衆知所遵守畫一辦理不致日久廢弛滋生事端始可垂諸永久容商等另行悉心妥議章程稟請憲示飭遵商等理合先將遵辦緣由稟覆察奪等情據此查本港行事務

各商等輪年值辦最為公當除批示出具認狀照依本港行向辦事宜自行議明輪年承辦務使商賈流通無欺無詐於
國課商夷兩有裨益
嘉慶十八年監督德慶奏言竊照外洋夷商重譯梯航來廣貿易全賴洋行商人妥為經理俾
知樂利向風以昭
天朝綏懷遠夷至意臣蒙
恩簡任以來一切俱有舊章可循尚無應須查辦之事

惟查舊卷見從前辦理洋商欠餉之案俱移會督撫將乏商家產查封變抵其不敷銀兩著落接辦行業之新商代為補足如行閉無人接開衆商攤賠完結倘再有虧欠夷人銀兩即會同督撫專摺奏明從重治罪歷來辦理無異即如嘉慶十五年間有福隆行洋商鄧兆祥虧餉潛逃經前監督常福移會前督臣百齡撤飭地方官一面嚴緝一面將該逃商家產查封備抵稅餉其行業查有職員關祥向在該行司事其子

關成發亦隨父幫辦有年經洋商黎顏裕結保關成發接辦福隆行務即責令先行墊完鄧兆祥所欠稅餉俟查明鄧兆祥遺產給領變抵雖經辦結在案而鄧兆祥尚未弋獲未得即加懲創現在飭行地方官上緊嚴緝務獲究辦臣伏思洋商承攬夷貨動輒數十萬兩承保稅餉自數萬兩至十餘萬兩不等責成綦重非實在殷實誠信之人不克勝任向來開設洋行僅憑一二商保即准充商並不專案報部本非慎重之

道遇有一商虧餉每致貽累通行而不肖疲商於夷船進口時每有自向夷人私議貨物情愿貴買賤賣只圖目前多攬不顧日後虧折迨至開征即形支絀揆厥所由職因向無總商辦理未能畫一衆商爭先私攬相率效尤遂成積習臣到任後訪悉前情即嚴行飭禁並督同一二誠實商人隨時稽查極力整頓兩年以來各商辦理尚無貽悞惟商力急切未能全臻充裕催征稅課仍有竭蹶情形如將稍乏之商概行革

退另招新商則一時難得其人且生手不諳夷情更恐辦理不善臣與督臣蔣攸銛再四講求與其紛更而無當不若因時以制宜商人之弊巧雖多同行之耳目難掩祇以向無督率之責殷商避累而容隱乏商效尤而競利遂致積習難返關務日疲今欲整關務須察商情欲除弊竇須專責任惟有於各洋商中擇其身家殷實居心公正者一二人飭令總理洋行事務率領各商與夷人交易貨物務照時價一律公平辦理不得任意高下私向爭攬倘有陽奉陰違總商據實稟究臣仍不時面諭各商崇儉黜華各顧大體以期積弊盡除商力漸裕並嗣後如遇選新商責令通關總散各商公同慎選殷實公正之人聯名保結專案咨部備查倘所舉不實或有虧欠餉項情事著落原保商賠繳其因事革退者亦隨咨部註銷令每年滿關後仍將商名造冊隨同各冊檔送部查考以昭慎重如此立定章程庶現在各商可望日有起色將來亦不濫用非人貽累關務奉

聖諭粵東洋商承保稅餉向來僅憑一二商人保舉准充旋因虧折疲乏拖欠逋逃弊竇叢滋著照該監督所請准於各洋商中身家殷實居心誠篤者選派一二人令其總辦洋行事務率領衆商公平整頓其所選總商先行報部存案遇有選充新商時即責令通關散總各商公同聯名保結專案咨部如有黜退報明註銷并於每年滿關日將商名通行造冊送部以備稽考該部知道

嘉慶二十年十一月奉
聖諭蔣攸銛等奏查明洋商拖欠夷人貨帳銀兩業經停利歸本請勒限分年清還一摺該商等經此次清釐之後自遵照定限一律清還毋令再有拖欠惟是該夷人以貨易貨乃壟斷盤剝任令疲商賒欠卽明知亦有不得過十萬之舊章朦朧匿報亦應嚴行飭禁近年內地銀兩爲外夷貿易攜去者動逾百萬日久幾同漏卮著該督撫及該監督留心稽察如外夷有以奇巧貨物攜至洋行重價求售者該監督斷不

准用重價購買呈貢亦不許私行留用此等物件飢不可食寒不可衣令其將中土財貝潛就消耗太覺不值殊爲可惜果能實力禁絕該夷人等知內地不寶異物不能行商則來者漸少易去銀兩亦必日減亦節財流之一道也

道光九年監督延隆奏言竊照粵省外洋行從前共有十三家在西關外開張料理各國夷商貿易向稱十三行街至今猶存其名惟近年止存怡和等七行其餘六家或因不善經營或因

資本消乏陸續閉歇自應另招新商隨歇隨補方可以復舊觀自嘉慶十八年前監督德慶奏請設立總商經理行務幷嗣後選充新商責令總散各商聯名保結欽奉
俞允准行在案是以十餘年來止有閉歇之行並無一行添設推原其故皆因從前開行止憑一二商保結卽准承充今則必需總散各商出具聯名保結方准承充在總商等以新招之商身家殷實與否不能洞悉底裏未免意存推諉倘有一

行不保卽不能承充以致新商雖有急公踴躍之心而歷任監督以格於成例不便著充數年以來夷船日多稅課日旺而行戶反日少買賣事繁料理難於周到勢不能不用行夥於是走私漏稅勾串分肥其弊百出臣等愚昧之見應請嗣後如有身家殷實具呈情願充商經臣察訪得實准其暫行試辦一二年果其貿易公平夷商信服交納稅項不致虧短卽請仍照舊例一二商取保著充其總散各商聯名保結應請

停止如此略為變通實於
國課商情均有裨益奉
上諭延隆奏請變通招募新商章程一摺粵省開設洋行止憑一二商保結即准承充自嘉慶年間奏准設立總商經理其選充新商責令總散各商聯名保結該總商往往意存推諉以致新商格於成例不便著充數年以來洋船日多行戶日少照料難周易滋弊竇自應量為變通著照所請嗣後如有身家殷實呈請充商者該監督察訪得實准其暫行試辦一二年果能貿易公平夷商信服交納餉項不致虧短即照舊例一二商取保著充其總散各商聯名保結之例著即停止

道光十七年總督鄧廷楨監督文祥會同奏言竊照粵東港口准予外夷通商全在行商經理得人方克仰副
懷柔俾梯航溥沾樂利而杜私裕課均攸賴之於榷務所關非細從前洋行共有十三家因日久玩生各商內即有以虧餉逋債治罪者曾於嘉慶十八年經前監督德慶奏請設立總商綜理行務并嗣後選承新商責令總散各商聯名保結等因奉
旨允行迨至道光九年各洋行陸續閉歇僅存怡和等七行不敷經理前監督延隆以招商不前恐責令保結之總商意存推委又經議立變通章程亦奉
旨欽遵在案自是以後缺商隨時招補至今已復十三行舊觀照料無虞不足而新充之仁和行商潘文海試辦已歷七年屢催未據出結咨部又孚泰行商易元昌東昌行商羅福泰暨新充尚未列冊達部之安昌行商容有光試辦或屆二年或逾一年不等臣等現已勒限一月飭令趕緊遵照新例出具一二商切實保結咨部以專責成如逾限無商保結即行咨銷其名仍查明試辦有無經手未完分別嚴追究辦惟是制事端貴因時立法尤期經久現行延隆奏准新例臣等公同悉心確覈有宜於昔不宜於今者有

弊生於法終於扞格難行者蓋粵省洋行十三家由來已久每值船多稅旺從無承辦不周之虞延隆前因各行閉歇將半是以權宜變通聽殷戶自請充商察訪得實即准其試辦其作何限制並未議及小民趨利乘便設逐漸增多伊於胡底且商衆則流品多雜稽查難周十餘年來紋銀出洋鴉片流毒以及走私漏稅諸弊叢生固由外匪因緣爲奸亦難保非竄從內出即如本年三月拿獲走私匪犯梁亞奇等案內起

有洋商羅福泰與逸犯鄭永屏書信因牽涉羣慶水師營守備羅曉峯干預該商掛牌情事經
臣鄧廷楨據實奏參奉
旨革職解回提併審辦現在案雖未定而該商資本不豐交通匪類已可概見當此查辦喫緊之時若不亟截其流誠恐弊將滋甚又試辦一層本爲擇商要術無如人心叵測安知其不於試辦一二年內巧作彌縫以求遂其承商戕法之計迨至限滿取結尾漏已形執法以從究竟何補

是試辦之毫無足恃亦有斷然而無疑者至德慶奏准舊制保商必通行出結曹好曹惡一本大公何等鄭重新例則慮其或涉推諉改議一二商具保遽准承充不知推諉致有遲延其慢尚小若此一二商者使非其親昵即事出賄通馴致覆餗債轅爲害乃大況向辦商欠之案鈔產不敷備抵統派衆商攤賠今已援爲成例無論保商與否不容稍事諉延然與其所賠非所保之人輸資類難甘服何如所賠即所保之人

濫舉各生戒心之爲愈臣等愚昧之見竊以洋商既已招補無缺足敷辦公即當明立限制應請嗣後十三行洋商遇有歇業或緣事黜退者方准隨時招補此外不得無故添設一商亦不必限年試辦徒致有名無實其承商之時仍請復歸聯保舊例責令通關總散各商公同愼選殷實公正之人聯名保結專案咨部著充毋許略存推諉之私以絕其壟斷之念餘俱循照舊例一律妥爲辦理如此明立定限庶幾簡而不

濫充商者必挾重貲責有攸歸保舉者務求殷
實於以裕餉課而杜朋奸似亦不無小補矣奉
上諭鄧廷楨等奏請復承商舊制一摺粵東洋商自
嘉慶年間設立總商經理其選充新商責令總散
各商聯名保結後因夷船日多行戶日少照料難
周易滋弊竇是以量爲變通以殷戶自請充商暫
行試辦停止聯名保結之例茲據該督等查明現
在招補缺商已復舊額足敷辦公自應仍復舊例
以示限制嗣後該商遇有歇業或緣事黜退者方

准隨時招補此外不得無故添設一商亦不限年
試辦以歸殷實其承商之時責令通關總散各商
公同慎選殷實公正之人聯名保結專案咨部著
充並著該督等隨時查察毋許該總商等仍蹈從
前推諉壟斷惡習俾保充者務求殷實而走私漏
稅諸弊亦責有攸歸以裕課餉而杜姦私該部知
道

粵海關志卷二十五終

粵海關志卷二十六

夷商一

臣謹案明初置互市其番舶之來泊無定所率
擇濱海地之灣環者爲澳若新寧則有廣海望
峒東莞則有虎頭門屯門雞棲香山則有浪白
濠鏡皆置守澳官嘉靖之末諸澳盡廢而濠鏡
亦非中國有推原其故番人之得市於濠鏡也
自黃慶始也番人之得居於濠鏡也自汪柏始
也史言吏其土者皆畏懼莫敢詰甚有利其寶

貨佯禁而陰許之者總督戴燿在事十三年養
成其患明政不綱流毒一至於此然而佛郎機
始據之旋爲西洋所攘奪西洋繼有之又不免
爲暎咭唎所窺伺夷人之性惟利是圖以犬羊
之桀驁成蠻觸之爭競故自乾隆年間暎咭唎
屢至澳門呈遞夷禀實非敢有意滋事不過豔
羨西洋之坐享厚利希冀效尤而我
列聖天威震疊
燭照幾先我

皇上又
申命疆臣嚴行約束卽於澳夷亦每事防範誠以地方安危繫乎市易而市易利害在於夷商杜漸防微之道固不可不詳且愼也故以㖏咭唎交涉澳門之事及歷次所議澳夷條約謹著於篇

自香山縣鳳棲嶺迤南一百二十里至前山又二十里爲濠鏡澳不至澳六七里有山嶄然斷亘沙隄如長橋曰蓮花莖莖末山又特起名蓮花山又伏又起中曲坳長五六里廣半之是稱

澳焉遵澳而南放洋十里許右舵尾左雞頸又十里許右橫琴左九澳灣峯表裏四立象箕宿縱橫成十字曰十字門又稱澳門當明代之初諸國互市俱在廣州正德時移於高州之電白縣是時佛郎機最凶狡或駕大舶突入廣東會城久留弗去御史何鰲邱道隆力請驅逐禁絶番舶未幾巡撫林富復請通市嘉靖十四年指揮黃慶納賄請於上官移市舶於濠鏡歲輸課金二萬而佛郎機已破滿剌加擊巴西又與紅

毛中分美洛居盡擅海上之利勢愈强橫適番舶有託言舟漕風濤願借濠鏡地暴諸水漬貢物者海道副使汪柏許之始僅茇舍漸運瓴甓榱桷爲屋佛郎機乘之混入澳乃築城以居閩粵商人趨之若鶩久之其來益衆諸國人畏而避之佛郎機遂專據澳焉其人有吕武勝者尤黠慧土語華言及漢字皆諳曉人呼吕大班嘗債取息獲利累巨萬迨萬歷時西洋來中國亦居此澳傳習天主教佛郎機爲所惑習其教至

國朝康熙年間居澳者盡易西洋人無復佛郎機矣佛郎機所建城一隳於萬歷時之總督何士晉再隳於天啟時之海道副使徐如珂而西洋人居於澳因其遺蹟繕完之雖庳而固大門一曰三巴門小門三曰小三巴門曰沙梨頭門曰花王廟門又設礮臺六最大者爲三巴礮臺列礮二十有八上宿番兵臺之四周爲龕以置守夜臺下爲窟室貯焇硝次則東望洋西望洋兩臺對峙東置礮七西則五娘媽閣礮臺在西望

洋下礮二十有六南環礮臺置礮三嘴斯蘭礮臺置礮七設火藥局於左側有夷目兵頭遣自小西洋率三歲一代轄番兵百五十人番人犯法兵頭集夷目於議事亭或請法王至會鞫定讞籍其家財而散其眷屬上其獄於小西洋其人屬獄候報而行法其刑或戮或焚或縛至礮口而燼之夷目不職者兵頭亦得劾治其小事則由判事官量予鞭責判事官掌刑名有批驗所掛號所朔望禮拜日放告赴告者先於掛號

所登記然後向批驗所投入既受詞集兩造聽之曲者予鞭鞭不過五十亦自小西洋遣來理事官一曰庫官掌本澳番舶稅課兵餉財貨出入之數修理城臺街道每年通澳僉舉誠樸殷富一人爲之番書二名皆唐人凡郡邑下牒於理事官理事官用呈稟上之郡邑字遵漢文有番字小印融火漆烙於日字下緘口亦如之凡法王兵頭判事官歲給俸一二千金有差理事官食其所羸不給俸外紅棍官二等曰大紅棍

曰二紅棍大紅棍於夷人就瞑目時察其貲財而籍記之詢其人以若干送寺廟若干遺子女若干分給戚屬詳書於冊俾無後爭二紅棍於夷人既歿有子女俱幼不能成立者即依大紅棍所開應給之數撫育其子女而經理其餘財待其既長婚嫁畢以付之如無子女悉歸其貲於寺廟其喪婚稽察如內地保甲者曰小紅棍兼守獄獄設龍嵩廟右爲樓三重夷人罪薄者置之上層稍重者繫於中層最重則桎梏於下

有土窟委乾牛馬矢烓火其中名曰矢牢凡
天朝官如澳判事官以降皆迎於三巴門外三巴礮臺然大礮番兵肅隊一人鳴鼓一人颭旗隊長爲帕首韈袴狀舞鎗前導及送亦如之入謁則左右列坐如登礮臺則番兵畢陳吹角演陣犒之牛酒其然礮率以三或五發七發致敬也

順治四年戶部議覆兩廣總督佟養甲疏言佛郎機國人寓居濠鏡澳以攜來番貨與粵商互市蓋已有年後深入省會至於激變遂行禁止

令督臣以通商裕國爲請然前事可鑒應仍照
前明崇禎十三年禁其入省之例止令商人載
貨下澳貿易得
旨准行
乾隆八年十月刑部奏言議得兩廣總督策楞
等奏稱澳門地方係民番雜處之地八年十月
十八日民人陳輝千被夷人晏些盧用小刀戳
傷身死據縣禀據夷目禀稱番人附居澳境凡
有干犯法紀俱在澳地處治百年以來從不交

犯收禁今晏些盧傷死陳輝千自應仰遵
天朝法度擬罪抵償但一經交出收監違犯本國禁
令闔澳夷目均干重辦懇請仍照例按法處治
臣等伏查澳門一區夷人寄居垂二百年中間
聚集番男婦女不下三四千人均係該國夷王
分派夷目管束番人有罪夷目俱照夷法處治
惟民番交涉事件罪在番人者地方官每因其
保屬教門不肯交人出澳事難題達皆不禀不
詳卽或通報上司亦必移易情節改重作輕冀

倖外結省事以故歷查案卷從無澳夷殺死民
人抵償之案今若徑行搜拏追出監禁恐致夷
情疑懼別生事端倘聽其收管又慮日久潛逃
臣等公同酌覈此等事件似應俯順夷情速結
爲便隨飭司檄委該府督同該縣前往妥辦各
夷目遂自行限日將兇犯晏些盧於本月初三
日用繩勒斃臣等查化外之人有犯原與內地
不同若照例解勘成招夷情實有不願且兇犯
不肯交出地方官應有處分若不明定條例誠

恐顧惜考成易起姑息養姦之弊可否仰邀
聖恩特降諭旨嗣後澳夷商人有罪當絞斬而夷情願
卽爲抵償者該縣於相驗之時訊明確切由司
覈明詳報督撫再加覆覈一面批飭地方官同
夷目將犯人依法辦理庶上申
國法下順夷情重案不致稽延而澳夷桀驁不馴
之性亦可漸次遷改等經刑部奏准澳夷殺人
罪應斬絞令該縣同夷目依法辦理免其交禁
奉

旨依議

乾隆四十五年刑部奏言廣東巡撫李侍堯奏稱乾隆二十五年議准內地行店有向夷人違禁借貸勾結者照交結外國詐騙財物例問擬所借之銀查追入官自申明例禁後二十年來各國夷商交易年清年欵從無拖欠夷商之事詎上年九月有暎咭唎國土名吱喃喇吵船一隻船主名嚬噭順帶港腳鬼子番禀一封內稱廣東行商欠夷人銀兩甚多求著行商還回當

傳諭各國夷商大班傳詢據稱本國王吩咐不許放債有違

天朝禁令二十年來俱是年清年楚並無私相借貸之事或我國港脚不肖鬼子攜帶番銀來廣偷放私債亦未可定隨據大班等報開放債鬼子共十一人泰和行顏時瑛欠夷人本利番錢一百三十五萬四千餘圓裕源行商張天球欠夷人本利番錢四十三萬八千餘圓行據張天球供實止欠夷人銀十餘萬兩夷人將利銀一併作本換票收執疊滾加息二十餘年是以積至如許之多查夷人違禁放債又復重利滾息自應照例追銀入官但放債在二十五年例禁之先仰體

皇上綏柔遠人至意按其原本照例加一倍息追還將顏時瑛張天球革去原捐職銜依例交結外國詐騙財物發邊遠充軍所有貲財房屋交地方官悉行查明估變除扣繳應完餉銀外俱付夷人收領併將辦理緣由剴切曉諭該大班令其

寄信轉知該國王嚴飭港脚鬼子嗣後不許違禁放債如再有犯卽追銀入官驅逐回國奉

旨依議

嘉慶四年十一月總督吉慶奏言竊查各外夷來粵貿易船隻惟暎咭唎船大貨多今據暎咭唎兵船總兵嚟爾吔禀稱本國與咈囒哂呂宋二處有隙貨船來粵回國恐被攔截搶奪是以國王派有兵船三隻來往護送船內糧麪已乏懇求准買糧以資口食等情臣卽派中軍叅將

唐光茂等傳諭該國總兵爾等皆遠涉重洋護
貨來廣自應仰體
大皇帝懷柔遠人德意按口計食准買口糧惟查向定
章程商船准其進口在黃地方兵船則在澳門
外洋灣泊不許擅入爾等自應遵照向辦章程
灣泊明白曉諭該夷人等俱各欣感臣會同監
督臣佶山揀派明白洋商照料並飭令海口礮
臺鎮靜彈壓不動聲色嚴密防範仍催該國貨
船趕緊起卸買置貨物隨同兵船依限開行回

國
嘉慶七年暎咭唎國有兵船數隻停泊雞頸洋
面逗遛數月經總督吉慶驅逐始去
嘉慶十三年九月暎咭唎國兵頭嘟嚕嚦託言
咈囒哂滋事藉保護西洋人為名帶兵七百名
進入澳門占據東望洋娘媽閣伽思蘭三處礮
臺奉
聖諭吳熊光等奏暎咭唎國夷兵擅入澳門一事暎咭
唎國夷人藉稱大西洋國地方被咈囒哂占踞該國
因與大西洋鄰好恐西洋人之在澳門者被咈囒哂
欺阻貿易輒派夷目帶領兵船前來幫護所言全不
可信而且斷無此理現在先後到船九隻皆帶有礮
械火藥等物竟敢灣泊香山縣屬雞頸洋面並有夷
兵三百名公然登岸住居澳門三巴寺龍嵩廟分守
東西礮臺實屬桀驁可惡該督等現將該國夷船停
止開艙派員剴切曉諭俟夷兵退出澳門方准起貨
並稱該夷人若再延挨即封禁進澳水路絕其糧食
所辦尚是但究竟如何嚴切曉諭及現在作何準備

之處全未奏及所辦太輭邊疆重地外夷敢心存覬
覦飾詞嘗試不可稍示以弱此時如該國兵船業經
退出澳門則已如尚未退出吳熊光即著遴派曉事
文武大員前往澳門嚴加詰責以天朝禁令綦嚴不
容稍有越犯大西洋與咈囒哂彼此搆釁自相爭殺
原屬外夷情事之常中國並不過問即如近年緬甸
暹羅二國互相讐殺節經攸關求援大皇帝一視同
仁毫無偏向至於中國外藩自有一定疆界試思中
國兵船從無遠涉外洋向爾國地方屯劄之事而爾

國兵船輙敢駛進澳門登岸居住冒昧以極若云因恐咈囒哂欺侮西洋前來幫護殊不知西洋夷人旣在中國地方居住咈囒哂焉敢前來侵奪以致冒犯天朝卽使咈囒哂果有此事天朝法令具在斷不能稍有姑容必當立調勁兵大加勦殺申明海禁又何必爾國派兵前來代爲防護若云洋匪未淨欲思効力天朝尤屬無謂海洋盜匪屢經勦辦不過東竄西逃旣經兵船四路擒拏不日卽可殲盡餘孽又何藉爾國兵力乎看來竟係爾國夷人見西洋人在澳門

貿易趁其微弱之時意圖占住大干天朝厲禁矣爾國臣事天朝平素遣使進貢尙稱恭順乃此次無知冒犯實出情理之外本當卽行拏究姑先明白曉諭爾若自知悚懼卽速撤兵開帆不敢片刻逗遛尙可曲恕爾罪仍准爾國貿易若再有延挨不遵法度則不但目前停止開艙一面卽當封禁進澳水路絕爾糧食並當調集大兵前來圍捕爾等後悔無及如此逐層曉諭義正詞嚴該夷人自當畏懼凜遵吳熊光等仍當密速調派得力將弁統領水陸官兵整頓預

備設該夷人一有不遵竟當統兵勦辦不可畏葸姑息庶足以伸國威而淸海澨此於邊務夷情大有關係該督撫不此之慮而唯鰓鰓於數十萬稅銀往復籌計其於防備機宜全未辦及吳熊光孫玉庭均懦弱不知大體且吳熊光充當軍機章京有年曾經擢用軍機大臣尤不應如此憒憒吳熊光孫玉庭著傳旨嚴行申飭伊等此次來摺僅由馬上飛遞亦屬遲緩此旨著由五百里發往著吳熊光等卽速遵照辦理並傳諭常顯知之

又奉

聖諭前因暎咭唎國夷兵擅入澳門吳熊光等所辦懦弱當經降旨嚴飭並令軍機大臣將奏到暎咭唎國所遞原禀繙譯進呈朕詳加披閱禀內所敘之詞多不恭順如所稱該國王多派戰船兵丁赴中國海面若咈囒哂國人來至澳門預備防堵等語殊不成話該國王旣知爲中國海面卽不應派兵擅入況咈囒哂國夷人並未來至澳門何得藉詞越進天朝兵精糧足卽使外藩部落或敢桀驁思逞不難聲罪致討

若蠻觸相爭敢闕求救天朝一視同仁亦斷無偏護何須該國王豫籌防堵耶又稱佛蘭哂係各國仇人該國王派兵作敵以期保護中國博勒都雅噗咭唎三國買賣等語尤屬謬妄試思天朝臣服中外夷夏咸賓蕞爾夷邦何得與中國並論又稱天朝海面盜案甚多商販被刦該國王派備兵船情願効力勦捕等語竟係意存輕視現在海洋水師兵船梭織巡緝沿海各口岸斷絕接濟盜匪日形窮蹙豈轉待外夷相助種種藉詞背謬於邊務夷情大有關係該督接

閱夷禀早當驅逐駁飭乃止以停止開艙封禁進澳水路絕其糧食虛言由等常馬遞入告且該督等具奏後該國夷船曾否退去亦未據續行馳報吳熊光不應如此糊塗懈怠實出意想之外試思邊防重地任令外夷帶兵闌入占據礮臺視爲無關緊要不知有何事大於此事者該督等接奉此旨卽著將夷船現在情形如何密飭籌備之處速行奏聞無論退去未退去卽由五百里具奏

是月二十八日

聖諭吳熊光覆奏噗咭唎夷船尚在澳門延挨觀望情形一摺所奏仍係一片空言並未設法驅逐殊屬遲緩外夷擅入內地分占東西礮臺地方緊要事務孰有大於此者吳熊光身任封疆重寄接據禀報早應馳赴該處躬親籌辦乃任其登岸住守兩月有餘船隻人數日益增多竟如入無人之境及接奉嚴旨尚不卽時親往督辦僅止委員前往又未將派委何員如何飭諭之處詳晰聲敘所稱統兵勦辦之語亦未將該夷人設不肯退出卽從何路進兵一一部署周

妥酌摺內尙稱早爲籌備果爾則節次奏報之摺何以未將籌辦之法詳細奏及耶且據稱夷人一經登岸則毫無伎倆又稱恐其挺而走險竄入沿海地方掠食滋擾顯係自相矛盾看來吳熊光平日因循廢弛祇知養尊處優全不以海疆爲重大負委任矣吳熊光著傳旨嚴行申飭先降爲二品頂戴拔去花翎仍交部嚴加議處用示薄懲現已另降諭旨令永保速赴澳門相機專辦卽與欽差無異吳熊光接奉此旨仍著速赴澳門親身驅逐如能於永保未到之先

將夷人速行驅逐尚可稍贖前罪倘永保到時或夷
人尚未退去竟需酌調兵力吳熊光不得有意阻撓
致令掣肘將此由五百里諭令知之仍著將夷人是
否退去情形速行覆奏以慰廑注

其年十一月

聖諭昨據吳熊光等奏暎咭唎夷兵全數退出澳門一
摺此次該國夷人自七月來至澳門住守數月有餘
夷情叵測必有所爲而來何以又無故而去且所稱
見聖諭嚴明兵威壯盛業已不敢抗違之語所見係

何諭旨所派係屬何兵並未一一聲敘況夷稟尚未
呈遞吳熊光輒稱夷船風信一過即不能開行如果
切實懇求即准其開艙俾夷情不致遲悞等語竟欲
以開艙見好於夷人豈非示之以弱乎外洋來至內
地貿易輸納稅課原因其恪守藩服用示懷柔並非
利其財貨若沾沾以征榷爲重無怪該夷人肆意居
奇意存輕視也永保馳抵粵東即會同韓對詳查暎
咭唎夷船因何擅入內地自七月至今呈遞夷稟幾
次吳熊光如何批示所稱水陸兩途嚴密布置官兵

所派係屬何兵節次奏稱派員剴切曉諭並聖諭嚴
明之語所見係何諭旨所派係屬何員因何全行退
出有無豫准開艙貿易之事逐一奏聞倘永保到彼
後吳熊光等業已准令開艙即當查明因何允准是
否係該國夷人具稟懇求抑係吳熊光先行准令開
艙該夷人始行退去之處一併據實具奏不可稍有
隱飾

嘉慶十四年二月

聖諭韓對奏查閱澳門夷民安堵並酌籌控制事宜一

摺澳門地面西洋人舊設礮臺六座其自伽思蘭礮
臺至西望洋礮臺迤南沿海一帶本有石坎因形勢
低矮上年暎咭唎夷兵即由此爬越登岸今擬加築
女牆一道增高四五尺共長二百餘丈經韓對查閱
指示該夷民目等歡欣願辦應即令其尅期興工俾
資防護

其年四月

聖諭百齡奏俟本年暎咭唎國貨船到時先期偵探各
情形所見甚是該國夷人素性強橫奸詐雖現據夷

商喇咈所稟夷兵不敢再來之語亦未可深信上年該夷兵來澳時吳熊光等不立行查辦卽失之於寬此時自應濟之以猛著傳諭百齡於本年該國貨船到時先期留心偵探如再敢多帶夷兵欲圖進口卽行調集官兵相機堵勦倘止係貿易船隻並投遞謝罪哀懇稟件亦應飭令停泊港外該督一面奏聞候

朕降旨遵行又

聖諭各省封疆大吏守土是其專責遇有關涉外夷之事尤當立時親往勘辦務臻妥協方爲無忝厥職前

次吳熊光在兩廣總督任內暎咭唎國商船帶兵入澳占踞東望洋娘媽閣伽思蘭三處礮臺雖內係西洋商人防守所設但現在中國地面卽與闌入內境無異吳熊光身任封圻其咎竟無可辭本日據百齡查奏上年七月二十一二等日該夷兵船來至雞頸洋面八月初二日抵澳上岸占據西洋礮臺地方文武節次稟報吳熊光批令照常防範至二十六日見該夷不退諭令封艙復經遊擊祁世和香山縣彭昭麟等請兵堵逐吳熊光亦俱批以鎮靜不可張皇彼

時香山縣有澳內居民四散澳民乏食之稟吳熊光總未親往查辦該夷兵見無準備將兵船三隻駛進虎門停泊黃埔吳熊光因於九月初四日具奏始派兵防範並令碣石鎮總兵黃飛鵬管帶師船在省河一帶灣泊至二十三日該夷兵又駕坐三板艇船由黃埔至省城外十三行停住求見總督懇請代奏在澳寓住吳熊光總未見面祇令其回黃埔候旨並飭禁買辦火食該夷兵慌急駕船行至十三行裝取火食官兵喝阻不理黃飛鵬開礮轟斃夷兵一名帶傷

三名該夷兵卽行退回至十月初奉到諭旨吳熊光僅檄調各標兵丁在黃埔澳門駐劄防守並未攻擊至十六日恭宣諭旨夷人當卽畏懼願撤兵復求開艙吳熊光諭令全行退去始准貿易該夷兵陸續退至外洋等語暎咭唎夷船帶兵入澳藉名保護西洋陰圖占地謀利情殊詭譎卽應立時驅逐況此次該夷兵遇官兵開礮並不敢稍有抗拒及奉有嚴飭諭旨亦卽畏懼開帆遠去是該夷兵尚知震懾天威無他伎倆設吳熊光於該夷兵登岸之初卽親往彈壓

曉以大義一面調兵防守該夷兵自知所畏懼即行退出庶足宣示國威吳熊光於此等要事遲至月餘始行具奏既未親往查辦該夷目兵求見又祇派員往諭並不面詢斥逐雖開艙在夷兵既退之後而許其開艙究在夷兵未退之先是奏報既屬遲延辦理又行畏葸且屢次夷人具禀乃吳熊光批示並轟斃夷兵等事並未入奏亦屬含糊吳熊光由軍機章京蒙

皇考高宗純皇帝不次超擢用至軍機大臣復經朕簡

歷任三省總督非新進不曉事者可比乃種種錯謬實屬辜負委任吳熊光前已革職著拿問交軍機大臣會同刑部審訊定擬具奏至孫玉庭前在廣東巡撫時並不將前後情形據實陳奏又不會同吳熊光迅速妥辦軟弱無能豈可復勝巡撫之任孫玉庭著革職回籍

是年八月總督百齡奏言暎咭唎祖家貨船到粵歷係帶進虎門灣泊黃埔等候開艙貿易因上年有該國夷兵入澳之事當飭澳門同知虎門守口員弁香山縣偵探本年該國祖家船到粵如果貨船以外仍照向年止帶護貨兵船一三隻均令停泊外洋仍俟該夷具有謝罪禀件即當奏請

諭旨遵辦茲據該夷商大班喇嚹等呈稱本年祖家貨船十有六隻將次到粵再四哀懇先為具奏冀得早進黃埔免致久泊外洋有風濤之險並齎呈該夷漢字禀各一件奉

聖諭上年該國夷兵冒昧入澳曾經降旨令該督察看

該國夷人如果畏罪感恩俟其貨船到日奏明請旨定奪今伊祖家船十六隻將次到粵夷商等所具禀函以涉險遠貿悔罪乞請為詞尚屬恭順著准其照常貿易惟該夷人所帶兵船原以外洋遼闊自備不虞若貨船既抵內地焉用防範著該督嚴切諭禁令其將兵船留泊外洋恪遵功令為要

嘉慶十五年十一月總督百齡等會奏言暎咭唎國大班喇嚹以洋商鄭崇謙等負欠過多輒行私給資本串同民人吳亞成代理行務實屬

違例多事未便任其久留內地覬覦壟斷現在
暎咭唎祖家公司貨船陸續到粵該國因喇咈
連年承辦貿易事務不妥有違
天朝功令已另派新大班啵啷不日來粵更換應俟
該大班啵啷到粵即飭令將喇咈驅逐回國毋
許逗遛以杜弊竇

嘉慶十九年十一月

聖諭朕聞本年八九月間有暎咭唎護貨兵船違例闖
入虎門又有暎咭唎夷人哃噹[口東]前於該國入貢時

曾隨入京師年幼狡黠回國時將沿途山川形勢俱
一一繪成圖冊到粵後不回本國留住澳門已二十
年通曉漢語定例澳門所住夷人不准進省哃噹[口東]
在粵既久夷人來粵者大率聽其教誘日久恐致滋
生事端著蔣攸銛等查明哃噹[口東]有無教唆勾通欵
蹟如查有實據或遷徙安置奏明妥辦又

聖諭蔣攸銛等奏密陳夷商貿易情形及酌籌整飭洋
行事宜一摺所奏俱是粵省地方瀕海向准各國夷
船前來貿易該夷商遠涉重洋懋遷有無實天朝體
恤之恩然懷柔之中仍應隱寓防閑之意近來暎咭
唎國護貨兵船不遵定制停泊外洋竟敢駛至虎門
其詭譎情形甚為叵測蔣攸銛示以兵威派員詰責
該大班始遞禀謝罪此後不可不嚴申禁令該夷船
所販貨物全藉內地銷售如呢羽鐘表等物中華儘
可不需而茶葉土絲在彼國斷不可少倘一經停止
貿易則其生計立窮書云不寶遠物則遠人格該督
等當深明此意謹守定制內固藩籬不可使外夷輕
覷嗣後所有各國護貨兵船仍遵舊制不許駛近內

洋貨船出口亦不許逗遛如敢闖入禁地即嚴加驅
逐倘敢抗拒即行施放鎗礮懾以兵威使知畏懼所
有該督等請嚴禁民人私為夷人服役及洋行不得
搭蓋夷式房屋鋪戶不得用夷字店號及清查商欠
不得濫保身家淺薄之人承充洋商並不准內地民
人私往夷館之處均照所議行

嘉慶二十一年七月總督蔣攸銛示暎咭唎夷
人從前禀求指一闊野地方行走閒散以免生
病曾准於每月初三十八兩日令赴關報明派

人帶赴海幢寺陳家花園內聽其遊散以示體恤但日落卽須歸館不准在園過夜並責成行商嚴加管束不許水手人等隨往嘈雜滋生事端玆查近年已無陳家花園各夷人每有前赴花地遊散之事從前原定每月兩次准該夷人出外閒遊玆酌定於每月初八十八二十八日三次每次十名人數無多隨帶通事易於約束添以次數則夷人可以輪替前往於俯順體恤之中仍寓稽查防閑之意准其前赴海幢寺花

地閒遊散解夷人每次不准過十人以外著令通事赴經過行後西礮臺各口報明帶同前往限於日落時仍赴各口報明回館不准飲酒滋事亦不得在外過夜如不照所定日期名數或私行給與酒食一經查出定將行商通事從重究治夷人卽不准再去閒遊其洋貨店鋪人等如敢私與夷人潛赴花地閒遊並引誘勾結作弊軍民人等無故阻攔滋事並干嚴究

粵海關志卷二十六終

粵海關志卷二十七

夷商二

道光二年澳門衆夷逐其番差兵頭西洋住澳夷人向由該國設番差兵頭等官番差者轄番衆如內地文員兵頭者轄番兵如內地武員是年番差兵頭虧缺庫項夷人逐之而自立番差兵頭小西洋總管官聞之遣巡船一夷兵水梢二百餘人以牌照至澳查辦澳門夷衆言兵頭雖派自小西洋而番差則派自大西洋去年已

稟國王不願受小西洋牌照巡船船主及舊番差訴於總督將軍監督尋議夷人自行查辦之事內地本可不過問但小西洋不應派兵來粵飭文武令其事竣開行

道光八年十三行夷樓前面臨河處所有公司馬頭向係停泊公司三板船隻及夷人貨物上落之處因與新荳欄馬頭毗連舊築園牆一道以防民夷混雜夷人因河身淤淺改挪向前改築未行稟明粵海關衙門及地方官聽候批准

經總督李鴻賓曉示
道光九年監督延豐咨稱𠸄咭唎夷館前面西
邊添築圍牆先經廣州府督同南海縣勘明尚
與河道無碍請免拆毀至東南二面不許再行
圍築豎立碑禁在案
道光十年二月據洋商伍受昌等禀稱前據𠸄
咭唎國大班盼師等欲於東南二面添築圍牆
東邊木板易石俾上落貨物得免無虞當奉批
斥著即傳諭該夷等恪遵禁令不得妄生覬覦

嗣於本月初九日初更時候忽有黃埔該國公
司夷船三隻水手一百餘名上省該夷商督令
將公司館前鋪地木板拆去將靖遠街口海旁
餘泥連夜搬運填平所拆木板低窪之處商等
立即會同前去向該夷曉諭阻止該夷商等强
硬不服等因查公司館係洋商建造給與夷人
來省暫住之所該夷人貿易事竣仍應回澳門
居住其館前餘地不與夷人相干何得率衆黑
夜偷填違犯禁令札委廣州協廣州府剋即傳
集洋商逐一勘明將該夷填土挑挖淨盡俾地
勢仍舊該夷等如敢抗阻即遵照新奉
諭旨將該夷等嚴行驅逐
是年廣州將軍慶保會奏言查各國夷人航海
來粵貿易每年春夏皆寓居澳門至秋冬間因
出進貨物均在省城洋行交兌即移駐省中夷
館其隨帶番婦向只准居住夷船乾隆十六年
始准寄居澳門仍不准攜帶進省各處番夷就省投行交易原無准帶婦女到省之例乾隆十六年閏五月十二日夜有荷蘭國夷船咾嗹乘三板帶有番

婦一名番女二名上至瑞豐行居住經飭令該夷即將番婦寓居澳門俟開船時帶領回國
迨乾隆三十四年有𠸄咭唎國夷商啡哐私帶
番婦來省居住經將該番婦押往澳門出示嚴
禁三十四年以後傳聞間有私攜番婦來省或
潛住數日無人知覺旋即回澳門此則無案可
稽本年春間訪有番婦到省潛住之事現在𠸄
咭唎國大班盼師復攜帶番婦來至省城到公
司夷館居住又該夷商由船登岸坐轎進館經
臣李鴻賓諭飭洋商即將番婦驅令回澳並飭

嗣後夷商進館不許乘坐肩輿務遵舊制毋得稍違該大班等因聞外間訛言有派兵圍逐夷商番婦之說心懷疑畏通信黃埔灣泊各夷船令水手百餘人乘夜將礮位數座及鳥鎗等件收藏小船艙內偷運省城夷館臣即飭令洋商通事等嚴詰該夷私運礮座等物至館其意何居據稱實因聞得即日派兵將夷人番婦一併攆逐一時惶懼情急將船上隨帶防身鎗礮夜間運來實不知礮位不准攜帶之物復查該夷

等乘坐三板小船上省下澳向准其攜帶鳥鎗二三桿以防盜賊固屬不禁若船上礮位歷來不准移至省館當經嚴飭該夷速將礮位鳥鎗刻即運回本船水手人等速歸黃埔夷人遵將礮位攜歸番婦遣回澳門

其年十二月洋商伍受昌盧文錦潘紹光等稟稱向來各國夷船來廣貿易皆係各備貲本自行買賣惟嘆咭唎國向設有公班衙發船來粵貿易名爲公司船設立大二三班等在粵管理貿易事務該國來粵夷商水稍及所屬港腳等國來粵夷商水梢均由大班管束是以事有專責歷久相安茲該大班等忽聲稱本國設立公班衙定有年期計至道光十三年以後即已期滿散局嗣後無公司船來粵貿易將來本國有船來粵亦係散商與港腳船無異查該國專以貿易爲務公司既散則事不相統攝該夷梢等素性不馴若無管束之人萬一有違犯
功令之事雖斥責究辦究於公事無裨應請諭飭

大班嘸咍呼及早寄信回國轉知該國王倘若將來公班散局仍否設立大班到粵管理該國及港腳各夷商來粵貿易船隻既多人數不少倘有違犯
天朝功令究竟責問何人轉盼該公司即屆散局之期務令該國預爲籌協等語經監督中祥批斥該夷來粵貿易自雍正十二年其該國設立公班衙及公司大班名目已見於乾隆十五年該夷稟牘距今八十年之久中間並未聞有公班

衙散局之說是否該夷商貿易居奇故爲聳聽殊難憑信惟所禀預爲公事起見現已准總督部堂咨諭令該商等傳諭大班寄信回國如果公司散局仍應酌派曉事大班來粤總理貿易

道光十一年三月十六日

上諭李鴻賓等奏申明防範外夷舊章並酌議變通增減以便遵守一摺暎咭唎夷商前次因求減輸規銀延不進口上年又有私帶番婦住館偷運鎗礮至省城等事旋卽自知悔悟不致始終抗違唯

夷情詭譎必須嚴申禁令以重防閑舊定章程今昔情形不同亦有因時異宜之處該督等酌量增減俾共相遵守并責令員弁兵役實力巡防行商通事認眞稽察以資控馭所有酌議八條著照所議辦理該夷商前次屢違禁令因自知悔悟從寬免其懲辦但必須責令遵守舊章豈得再有違犯若任其日增倨傲玩視法度恣意抗違漸至益形驕縱莫敢誰何尙復成何事體該督等嚴內地之成規杜外夷之滋事總當於撫馭綏來之中不失

天朝體制方爲妥善倘辦理不能妥協將來該夷商輒敢再違禁令致生事端惟該督等是問勿謂誥誡之不早也

是年四月南海縣禀稱據洋商伍受昌等禀稱本月初一日撫憲會同關憲親臨暎咭唎夷館諭令將館前西邊道光七年所築牆一度計長一十一丈六尺東邊木板一度計長一十一丈六尺南便海邊馬頭木栅欄一度計濶一十一丈又館前淤積餘地一段悉照丈尺掘毀茲商

等遵諭於本月初二日僱覔工匠興工將該夷館前西邊道光七年所築牆一度計長一十一丈六尺東邊木板一度計長一十一丈六尺南邊馬頭上栅欄計濶一十一丈淤積餘地照西邊牆一十一丈六尺濶一十一丈連馬頭石塊西邊牆脚石塊東邊木板脚石塊已於本月初十日一并遵限掘毀完訖理合禀報等情到縣據此理合據情通禀察覈

其年六月監督中祥咨稱據洋商伍受昌等禀

暎咭唎公司夷館前舊有地一段東西建有圍
墻南邊海旁原有石砌坡岸上設疎木柵欄一
道以防鼠竊夷人起落貨物俱由於此本年四
月奉憲臺會同撫憲親臨面諭將西邊七年所
築之牆及東邊木板南邊坡岸柵欄連淤積地
段一并掘毀面奉撫憲諭將新築之處掘至舊
日基址其舊基址馬頭上應砌回坡岸以便夷
人起下貨物准於舊日馬頭上仍用石塊砌築
坡岸照舊立疎木柵欄一道以防鼠竊用符體

制而肅觀瞻

是月奉

上諭前因有人陳奏廣東貿易夷人日增桀驁暎咭
唎動違禁令各款曾經降旨交朱桂楨逐款嚴密
訪察據實具奏茲據該撫查明上年暎咭唎國大
班啷嘍嘛回國二班嘀㖿充大班即將眷口婦人
帶至省城夷館並坐小轎登岸進館故行違例又
心疑官兵要用礮轟擊並將船上所用礮械潛運
至館自爲保護經該督李鴻賓會同將軍慶保等

派兵防範該夷人等始知畏懼潛將礮械運回婦
女亦均陸續搬回皆係嘀㖿主使所致其延不開
艙一節該國夷商并各國夷商亦皆歸怨因所帶
羽毛大呢等物不能即時起卸致經潮濕半多虫
蛀虧折本錢該國王已將其撤回懲治近所換之
大班嚹咍咟人尚恭順一切買賣俱屬安靜現在
嚴飭彈壓稽查使不敢再違禁令已往之事不復
苛求至新砌臨水馬頭較舊日馬頭寬出十餘丈
實屬違例旋經該撫親往查看飭令拆毀淨盡一

律如舊該夷亦並無違抗並據該撫查詢夷人只
知求利不過受人唆使曾經該督將私送緣呢小
轎之謝五嚴辦至地方官與夷商貿易貨物向無
交涉尚無苛虐情弊惟通事買辦引水各項人等
良莠不齊難保不勾引串唆匪徒練習快蟹船隻
爲夷人運私偷稅兵役朋比爲姦自應拏辦嗣後
該督等總當隨時稽查妥爲防範並著水師員弁
會同州縣認眞巡緝如有快蟹船隻走私漏稅者
立即查拏究辦毋得稍涉疏懈

其年八月洋行商人伍受昌盧文錦潘紹光謝隸華李應桂梁承禧嚴啟祥潘文濤馬佐良潘文海稟稱竊商等前稟請將暎咭唎公司夷館前馬頭照舊修復並砌回坡岸以便夷人起下貨物一案奉批查公司夷館南便馬頭新淤餘地一段業經該商等遵尺丈挖毀完竣其舊有石坡駁岸尚未修築將來夷船進口人貨難以上落本關部正擬札商署督部堂諭飭該商等早日興工趕辦茲據稱前於四月內該商已面

奉憲諭將舊址馬頭砌回坡岸等因具徵署督部堂體恤懷柔之至意此項工程亟應早日興工務於夷船進口之先普律修築完竣用符體制而肅觀瞻其沿坡一帶水勢是否深通貨船能否攏近並著該商等測量水勢如有淺澁之處設法淘濬一律深通俾貨艇足資灣泊貨物易於搬移至所稱坡岸之上設立疎木柵欄一道此時夷館規模與道光二年未經被焚以前制度已有不同本可毋庸設立况夷館自有門戶關閉足防鼠竊何須於門外數十丈之外貼近馬頭地方豎立疎木柵欄方可無鼠竊本關部親至其地路徑記憶甚明所請礙難准行仰即遵照可也仍將砌回坡岸淘深水勢各緣由俟工竣稟報查考等因嗣奉南海縣主札奉本府轉奉督憲札飭商等將暎咭唎夷館前馬頭遵照於舊日馬頭趕緊砌築坡岸石塊以便夷船貨物上落仍遵照憲行不得於坡岸之上建設柵欄致干查究並將興工工竣各日期稟候

通報各等因奉此商等伏查暎咭唎公司夷館前舊有地一段東西濶一十一丈南北長一十五丈係舊日建築馬頭之地今遵於七月十四日興工修築馬頭砌回坡岸石塊將南北長八二丈現計南北長一十四丈八尺東西濶照舊於八月二十四日工竣坡岸之上並未建設柵欄至沿坡一帶測量水勢亦已淘濬一律深通於貨艇可資灣泊貨物易於搬移所有興工工竣日期合遵稟候察覈

是年九月二十九日監督中祥咨稱現據洋商伍受昌等禀稱據暎咭唎公司大班嗎咍呯二班嗲哌嚹等投稱公司夷館前馬頭前蒙憲恩批諭准令照舊日基址修築以便起下貨物惟奉批諭坡岸之上設立疎木柵欄一道此時夷館規模與道光二年未經被火以前制度已有不同本可毋庸設立疎木柵欄所請礙難准行等諭夷等查舊日馬頭上面原有矮牆欄口一道中間開門二度起下貨物其門係用疎木子

柵門以便啟閉道光二年被災因馬頭前淤積上落貨物艱難將馬頭遷出臨河道光七年時西邊砌築磚牆一道與新荳欄民人馬頭隔別惟東南兩邊奉諭不准用磚砌築現奉將淤積餘地及馬頭掘去復回原日舊址而馬頭欄口矮牆柵欄未准建復因思從前設立矮牆原爲華夷有別免滋事端起見今馬頭已蒙照舊日基址修築完整而矮牆柵欄未蒙准建但公司夷館馬頭與新荳欄民人馬頭貼連且荳欄馬頭比公司夷館之馬頭伸出十餘丈橫水渡十隻櫂列在前若不建復柵欄毫無關阻蛋戶艇隻日夕在此灣泊日則畏行人往來混雜夜則怯鼠竊潛藏且此馬頭係上落貨物之所若一時貨多報驗後勢難立刻盡行搬進館內不得不於此處暫時安放陸續方能搬進館內安頓因北邊雖有門戶關鎖而南邊馬頭並無關欄蛋戶船隻男女人等可以隨時灣泊上落行走倘不設立柵欄不獨貨物難於關顧更恐華夷

混雜滋生事端夷等在在可虞況矮牆高不過五六尺用疎木子柵門內外可以望通非高牆密板間絕者可比建此不過稍爲關欄起見於地方似無妨碍而華夷得以有別貨物藉以安全免商等代爲禀懇憲恩格外體恤准令於馬頭照舊建設矮牆一道遠夷賴安夷等十分沾感等情并據繪具該馬頭新舊形圖前來商等理合據情禀候憲臺察覈可否俯如該大班等所請准令照舊建設之處出自憲恩等因據此

當批查公司夷館修復馬頭前經該洋商等稟請於坡岸上照舊設立疎木柵欄一道以防鼠竊等因當查夷館自有門戶關閉足防鼠竊何須貼近馬頭地方竪立疎木柵欄方可無虞鼠竊所請礙難准行批飭遵照去後今復據該總商等稟稱若不建復柵欄蛋戶日久灣泊貨物難於兼顧更恐華夷混雜滋生事端等語所稟自係實情應准其建設柵欄一道用分界址而示關欄惟查該商等原稟但稱海旁馬頭原有

石砌坡岸上有疎木柵欄一道以防鼠竊云云今忽藉以大班為詞舊日馬頭上原有矮牆一道請於馬頭上照舊建設矮牆一道等情該大班去年甫經更換何從知有舊日矮牆欄口且該商等前稟照舊設立疎木柵欄一道之語顯有不符所請興築矮牆之處未便准行致滋走漏而礙瞭望仰卽仍照前稟於修復馬頭坡岸之上通行設立疎木柵欄一道不得旁作矮牆並不得添用木板事關奏案合亟稟遵仍俟疎

木柵欄設立之後稟報查考並俟咨明護督部堂查照可也等因印發外相應咨會為此合咨

貴部堂煩查照施行

道光十二年正月洋商伍受昌盧文錦潘紹光謝棣華李應桂梁承禧嚴啟祥潘文濤馬佐良潘文海稟稱竊商等於上年九月代暎咭唎公司大班嗎咍吓等據情轉稟懇將夷館馬頭上照舊建設矮欄一案奉憲臺諭飭仍照前稟於修復馬頭坡岸之上通行設立疎木柵欄一道

不得旁作矮牆並不得添用木板事關奏案合亟稟遵諭商等卽便遵照建設疎木柵欄一道並將發還公司馬頭新舊圖形二紙照式辦理俟疎木柵欄建立工竣之日稟報仍將此二圖繳關備查等因奉此商等遵於上年十二月底僱匠興工在馬頭坡岸之上通行設立疎木柵欄一道茲於本年正月初十日工竣並未興築矮牆所有工竣日期理合稟報

是年七月初二日

上諭據納爾經額奏六月十八日有嘆咭唎夷船復駛至山東洋面並刊刻通商事畧說二紙大意以粵省買賣不公希冀另圖貿易為言該夷人情殊可惡已經諭納爾經額嚴飭將弁在彼彈壓不許居民私相交易一俟南風稍息即督押南駛驅出東境因思該國夷人向例止准在廣東貿易立法綦嚴乃該夷明知故違且以廣東買賣不公為詞是否廣東洋商貿易不能公平抑或夷商另有他故藉端狡詐著李鴻賓等體察情形據實具奏至該

夷船駛入內地必先由廣東洋面經過如果水師員弁實力巡堵何致令其北駛至一經闌入內洋則洋面遼濶阻截較難即多派兵船驅逐截回或致別生事端實屬不成政體著李鴻賓等妥籌防堵章程並曉諭該夷人以天朝定制該國夷船止准在廣東貿易不准任意駛入內洋就地銷貨俾該夷恪遵定例是為正辦並飭李增階率水師將弁兵丁認眞巡邏隨時稽查倘有北駛夷船力行截回如再有闌入沿海內洋惟該督等是問其能

當此重咎耶尋經總督盧坤會同監督中祥奏言查自道光十年奏准酌減夷船規費該夷商等感激

皇上深恩無不遵照關稅則例踴躍輸納每歲嘆咭唎到粵夷船二十餘隻情形極為綏順其咪唎㗼港脚各國夷商來粵貿易者均無異詞該洋商與夷商交易並無不公之處其駛至閩浙山東嘲嗄咪甲唎等船詢據該洋商及夷商大班等均稱不知有此船名且稱該大班在粵遠離

本國數萬里是否該夷船因江浙山東等省洋貨價值比粵加昂圖獲重利假捏船名違例四竄實難懸揣其由該國何路駛往山東亦無從悉知惟嘆咭唎夷船例不許駛往別省收泊貿易無論其如何牟利販私總應立定章程毋令任意遠颺方得控制之術

其年十月二十五日

上諭據國祥等奏佐領徐士斌等禀報十月初二日在城隍島遙見西南海面有嘆咭唎夷船一隻行

駛甚速當即駕駛戰船跟踪追逐等語暎咭唎夷船前由福建浙江江蘇山東等省外洋遊奕又駛至朝鮮國被該國王驅逐不與貿易今復由朝鮮國駛至盛京該夷行踪詭譎隨處逗遛殊爲可惡現據國祥等責成佐領管帶弁兵尾追該夷船押令出境與隣省巡查各官明白交替著琦善陶澍程祖洛鍾祥林則徐富呢揚阿魏元烺等嚴飭沿途州縣及水師營弁管帶兵丁駕駛船隻於該夷船過境立即驅逐不許令其停泊登岸將貨物與

民人交易致令滋生事端至米糧尤不許沿海居民私行賣給接濟該夷船一抵廣東即著盧坤朱桂楨中祥等嚴詰該夷船各省遊奕是何意見並諭以天朝制度爾國只應在廣東貿易不准私越各省嗣後務須遵守定制不得有違即飭該國大班管束飭令迅速回國將此各諭令知之

道光十四年三月總督盧坤咨粤海關監督中祥稱暎咭唎國公司散局事關外夷商船在内地貿易重務課稅攸關總不可散而無稽其該國公司散局之故該商等應向該大班詳細詢明並應熟籌妥議具禀相應咨會一體飭諭該商逐一查明移覆察覈以便會奏旋於四月准覆稱據該大班稱本國埋造公班衙定有年期今期已滿不能復埋將來散商船隻來粤貿易詳細章程尚未得知並聞得本國有夷官來粤等語五月會同具奏奉

諭旨即飭洋商令該夷商寄信回國另派曉事大班前來管理貿易事宜以符舊制

是年八月初六日總督盧坤會同粤海關監督中祥奏言暎咭唎國貿易公司道光十三年期滿散局經諭大班寄信回國酌派曉事大班來粤總理貿易十四年六月有該國兵船載送夷目嘷嘮啤一名來粤稱係查理貿易事務兵船停泊外洋該夷目換船至省外夷館居住不肯接見洋商旋赴城外呈致臣盧坤書信封面用平行款式妄寫大暎國字樣當飭廣州協副將韓肇慶諭以

天朝制度疆吏從不與外夷通達書信復摘敘歷次
奏定夷人貿易條款諭飭洋商傳諭開導前後
四次旋據該商禀覆該夷目不遵傳諭聲言伊
係夷官監督非大班人等可比以後一切事件
應與各衙門文移往來不能照舊由洋商傳諭
伊亦不能具禀祗用文書交官轉遞堅執不移
請即停止該國買賣臣當將本應封艙因體卹
散商衆人暫從寬緩緣由批飭再行曉諭該夷
目若罔聞知并據報嘆咭唎國復來兵船一隻

與前來兵船同在虎門口外九洲沙瀝洋面停
泊復經咨行加緊防堵並嚴禁商漁艇隻攏近
接濟隨飭委員前往面加查詢該夷目不肯令
通事轉傳言語無憑曉諭臣等會同熟商惟有
照例封艙將嘆咭唎買賣暫行停止再粤海關
近年征收夷船商稅嘆咭唎國約計銀五六十
萬兩在
祭藏原無關毫末而
國用爲重亦不敢不通盤籌畫惟夷情貪得無厭

愈示含容則愈形傲睨現在外洋私販鴉片夷
船日多正在設法整頓又來此謬妄之夷目該
國以貿易爲生衆商紛紛載貨前來急於銷售
載貨回國斷不肯輕擲貲本守候悞時各散商
見嘩嘮呷屢次違抗心多不服現據在海關禀
求開艙必不任聽固執自悞營生且內地大黃
茶葉磁器絲斤爲該國必需之物溯查嘉慶十
三年及道光九年因該夷人滋事封艙旋據籲
請復開此該國不能不與中華交易之明証該

夷人除礮火以外一無長技現已商同將軍臣
哈豐阿等派撥弁兵在省城內外分設堆卡加
意巡防澳門一帶亦密派員弁水陸分投布置
鎮靜防範不至疏虞亦斷不敢稍涉張皇肇衅
釁事仍飭該府縣訪查漢奸嚴拏懲辦至外夷
貿易係洋商專責今夷目嘩嘮呷來粤該商等
既不先行禀報節飭傳諭又一無能爲殊屬玩
忽仍查明有無情弊嚴參究處奉
上諭嘆咭唎國夷人素性兇狡與中華不通文移惟

化外蠢愚未諳禁例自應先行開導令該商等傳
諭飭遵茲該夷目旣執拗頑梗不遵法度自當照
例封艙稍示懲儆俾知畏懼如該夷目及早改悔
照常恭順懇求貿易卽准奏請開艙祇期以情理
之眞誠化犬羊之桀驁但能無傷大體卽無庸過
事苛求倘該夷人自恃船堅礮利陰蓄詭謀不聽
約束犬羊之性急則反噬則驅逐出省不能不示
以兵威其省城內外及澳門一帶大嶼山礮臺等
處務須密派弁兵加意巡邏不動聲色鎭靜防範

至外夷在內地通市如能照常安靜自當一視同
仁曲加體恤况天朝嘉惠海隅並不以區區商稅
爲重該國貿易百數十年諸事均有舊章豈能以
該夷目一人之執謬絕商船之往來總當通盤籌
畫設法整頓自未便任聽該夷目固執致各散商
紛紛向隅務隨時察看情形酌量辦理固不可於
國體有防稍事遷就亦不准令邊夷啟衅稍涉張
皇至該夷目膽敢抗違有無內地漢奸暗中唆使
必應嚴飭該府縣密速訪拏從重懲辦其外夷貿
易係洋商專責茲該夷目來粵該商等旣不先行
稟報飭飭傳諭又無一能爲殊屬玩忽著該督等
查明有無情弊嚴參究辦其現在籌備防範各處
該督等當約束弁兵密飭稽查防守以備不虞不
准輕啟衅端致煩兵力俟察看夷情安靜卽行撤
回仍將辦理情形隨時據實具奏毋稍含混

其年九月初二日

上諭前據盧坤等奏暎咭唎國夷情謬妄當經降旨
令盧坤等鎭靜防範倘該夷目陰蓄詭謀不聽約

東卽行驅逐出省示以兵威本日又據哈豐阿等
由四百里馳奏八月初五日有夷人巡船二隻乘
風闖入內河該處礮臺放礮攻擊攔截夷船膽敢
抗拒施放連環大礮回擊現經左都統帶左司協
領海明楊承震二員水師旂營佐領二員驍騎校
四員兵三百五十名於八月初十日駕船前往獵
德隘口會同綠營將弁實力防堵等語此次暎咭
唎夷人啤嘮哩自稱夷目來粵查理貿易事宜不
領紅照擅自來省率遞書函旣經盧坤等傳諭封

艙停其貿易自應悔悟恭順俯首認罪何以膽敢闖入內河我兵放礮攔截該夷船竟敢放礮回擊彼此有無損傷迨經帶兵防堵該夷船現在停泊何處且盧坤既與該將軍等面商撥派水師兵船妥爲堵築何以此次摺內盧坤等並不會銜外夷准令通商本係天朝體恤嘆咭唎夷人犬羊性成心懷叵測由來已久此次夷船僅有二隻夷人亦不過四百若不乘此加以威懾俾知畏懼將來釀成巨患重勞兵力倘復成何事體著盧坤暨該將

軍等悉心會商通盤籌畫倍加留意防範切勿輕視既不可稍事遷就致滋後患亦不可過涉張皇肇啟邊釁盧坤等接奉此旨即著迅速查明並將現辦情形由四百里據實覆奏又奉

上諭本日據盧坤等由驛馳奏嘆咭唎兵船闖入內河調兵驅逐一摺此次嘆咭唎夷目律嘮啤來粵貿易不遵法度該夷兵船二隻番梢共三百數十人寄泊外洋經該督於六月間即咨會水師提督李增階派委參將高宜勇前往海口防範并檄行

提標將弁督飭礮臺嚴密看守迨該督等照例封艙以後又復咨令防堵勿任夷船進口乃竟疎於防禦致該夷兵船於八月初五日乘水漲發闖進海口各礮臺弁兵開礮轟擊該夷船放礮回拒隨於初九日駛至離省六十里之黃埔河面停泊現經該督等調派水師嚴行驅逐廣東水師提督中軍參將高宜勇於六月間即經往海口堵禦輒任該夷兵船駛入內河已屬疎玩復據稱夷船乘潮駛風阻擋不及更難保非有心掩飾高宜勇著先

革職枷號海口示衆仍著該督查明如有玩縱掩飾情弊即行從嚴參辦再降諭旨所有守臺怠玩各弁既經派人接替俱著先行枷號各礮臺示儆仍查明疎縱情形一併嚴參水師提督李增階海防是其專責乃該夷船闖駛入口徑行越過各礮臺守臺各弁兵丁於兩隻夷船不能擊退殊堪痛恨看來各礮臺俱係虛設武備廢弛一至如是該提督平日所司何事李增階現因病請假亦斷不堪起用著先行革職事定後再降諭旨兩廣總督

盧坤既稱六月間咨商防堵並非措手不及事出意外可比自應遴派得力將弁嚴行備禦何致任令該夷船駛入內河不能防阻是該督無謀無勇咎無可辭有損國威深負委任盧坤著革去太子少保銜拔去雙眼花翎先行革職暫留兩廣總督之任戴罪督辦如果辦理迅速諸臻妥協尚可稍從末減倘因循貽悞致滋後患定當以軍法從事決不寬貸凛之愼之又奉

上諭據該督等奏稱調用大船十二隻每隻用大石塊十萬斤橫沈水內用粗大錨纜繫椗復用木排在水面阻塞堵其入省水路並調集提標大師船二隻督標大小師船六隻及新會順德各營縣內河巡船二十餘隻配備兵械嚴密巡防又調撥督標兵丁三百名撫標兵丁三百名提標兵丁七百名府縣壯丁三百名整備槍礮在兩岸陸路防備其大黃滘支河派委叅將盧必沅帶領巡船二十餘隻在彼攔截並用大木排堵塞河面又於對河建設木閘委都司洪發科率領督標精銳兵五百

名水師兵一百名運帶撞礮及劈山威遠大礮以一百五十名防守礮臺以三百五十名紮營策應等情盧坤恐澳夷西洋人爲暎咭唎夷人所惑飭委副將秦裕昌會同文員曉諭布置並一體防範不致疎虞該西洋夷人極爲恭順感激情願自行防守極應如此辦理又另片奏此時前路兩處全行堵塞後路亦在長洲岡地方購備大石派永靖營兵丁三百名令遊擊玉祿管帶防守一俟碣石等處師船駛入即將大石堵塞河內該夷船即無出路並預備大小船百數十隻暗藏硝磺柴草引火之物爲火攻之計等語暎咭唎夷人桀驁性成必懷叵測由來已久此次夷船僅有二隻番梢亦不過三四百人果能絕其進出之路阱獸釜魚何難頃刻掃蕩惟該夷目律嘮啤既稱來粵貿易何以一經封艙狡焉思逞竟敢闌入內河放礮回拒殊出情理之外恐尚有別項船隻遙爲接應必須確切查明通盤籌計該督等接奉此旨卽悉心會商妥速辦理如該夷目一經懲創計窮力蹙俯首

引罪尚可寬其一綫即飭洋商曉以利害責其擅進兵船擅用礮火並詰以因何來省之故倘仍執迷不悟頑抗如前該督等即請戎行相機驅勦務令該夷目震懾天威悔悟恭順該督等倘仍前玩愒釀成巨患朕惟知執法從事斷不能倖邀寬典也凜之愼之又奉

上諭本日據哈豐阿由馹馳奏㖾咭唎兵船夷目均已押逐出口一摺此次㖾咭唎夷目喍嘮哩來粵貿易不遵法度該督照例封艙該夷目又不請牌

照擅令兵船二隻闖入海口進至內河黃埔地方經該督調派文武員弁兵丁並咨調旂營提標師船及新會等縣內河巡船分布前路及兩岸扼要處所該夷兵船人等見河面木排橫亘槍礮如林大小師船排列數里陸路亦處處駐兵紥營聲勢聯絡軍威嚴整該夷目等伏處舟中內外消息不通進出無路惶恐悔罪懇求給牌下澳該督因該夷目違禁膽玩若即准其出省來去自由不足以懾服夷情飭令洋商伍敦元嚴加詰問該夷目因

何不領牌照擅將兵船闖入內地意欲何爲且於兵丁開礮轟擊時輒敢放礮回拒令其明白登答方准出省旋據該夷商咖喍昭等覆稱喍嘮哩係屬夷目與大班不同不曉事體實因商船封艙保護貨物緣海口兵丁開礮轟擊夷兵亦放礮自護深知悔錯且該國商梢數千人俱以夷目不遵法度爲非無一附和之人該督等因該夷目喍嘮哩旣已認錯乞恩衆散商節次籲求自應寬其一綫逐令出口即准該商等赴粵海關請領紅牌該督

派委文武妥員於八月十九日將喍嘮哩押逐出口該夷兵船兩隻亦於是日開行押出虎門海口所有調防各處水陸官兵概行撤回分別歸伍歸巡當該夷進退兩難之際何難立行勦滅但此等外夷趨利若騖其不諳例禁之處不值與之深較朕亦不爲已甚玩則懲之服則舍之該督等辦理此案尚合機宜前因該督等不能先事預防致令該夷兵船闖入內河勞師驅逐是以降旨分別革職示懲今旣將該夷目等押逐出口是該督等始

雖失於防範終能辦理妥善不失國體而免衅端朕頗嘉悅盧坤著加恩賞還太子少保銜並給還雙眼花翎其前次疎防亦難辭咎著仍帶革職留任所有海防各營汎乃水師提督專轄前任水師提督李增階業經革職現已事定著毋庸議即令回籍已革水師提標中軍參將高宜勇著俟枷滿一月後即行釋放其看守礮臺怠玩各弁著一併枷滿釋放此係朕格外施恩該督等惟當知感知懼力加振作於營務海防隨時認眞訓練務將從

前積習痛行湔除俾士卒悉成勁旅以壯聲威而副委任又奉

上諭此次暎咭唎夷目嘩嘮哩來粵貿易不遵法度並將兵船二隻闖入內河經官兵開礮截闖膽敢放礮回拒節經盧坤將該夷船進出之路全行堵塞該夷目瞭見柴草船隻惟恐火攻實形惶恐現據該國散商咖啡喀等投稱嘩嘮哩自認不諳例禁是以未領牌照兵船實因護貨悞入虎門自知錯誤乞求恩准下澳兵船即日退出求准出口該督派文武妥員於八月十九日將嘩嘮哩押逐出口該夷兵船業於二十二日押出虎門海口並將所調官兵撤回歸伍辦理尚爲妥善該督等務嚴飭所派將弁加意防範不得因該夷船業經出口稍存怠玩又另片奏該省水師營伍人材甚少俟新任提督到粵後從長商辦又各處礮臺有無應行更定事宜俟親往查勘酌量辦理至該國公司既散仍應另派大班管理方可相安等語暎咭唎夷人與內地通市向來不通文移然必須有統攝

之人專理其事著該督等即飭洋商等令該散商等寄信回國另派大班前來管理貿易事宜以符舊制至沿海各處礮臺尤當力加整頓不可有名無實著該督於校閱營伍時親往虎門一帶逐加查勘如有應行更立事宜務當悉心妥議總期有備無患實在得力方足以壯聲威而資防禦其營務海防一切章程著俟新任提督關天培到粵後該督等會同籌商設法整飭力除從前怠玩積習俾該將弁等有勇知方悉成勁旅至關口進出貨

查全在粤海關監督廉以飭躬嚴以馭下方能懾
服諸番著該督等會同新任監督彭年將廢弛積
弊痛加整頓其如何釐剔弊端之處著即商酌詳
議釐定章程據實具奏將此諭知盧坤祁𡎴並傳
諭彭年知之又奏
上諭有人奏近聞暎咭唎國大船終歲在零丁洋及
大嶼山等處停泊名曰躉船凡販鴉片煙者一入
老萬山先以三板艇駁赴躉船然後入口省城包
買戶謂之窰口議定價値同至夷館兌價給單即

僱快艇至躉船憑單交土其快艇名曰快蟹亦名
扒龍礮械畢具每艇壯丁百數十人行駛如飛兵
船追拿不及各洋呢羽等貨稅課較重亦多由躉
船私行售賣等語海防例禁綦嚴豈容夷船逗遛
售私漏稅且鴉片煙流毒內地疊經降旨嚴行飭
禁自應實力查拿務使根株淨盡若如所奏躉船
之盤踞不歸快蟹之飛行遞送灌輸內地愈禁愈
多各項貨物特有躉船售私紋銀之出洋關稅之
偷漏未有不由於此者該督等督飭所屬即將躉

船設法驅逐快蟹嚴密查拿勿任照前停泊致啟
售私漏稅等弊該夷船如或驅此泊彼巧爲避匿
即責成巡哨水師認眞巡緝從嚴懲辦毋得稍有
諱飾並著將查辦情形先行據實具奏
道光十五年十二月署總督巡撫祁𡎴會奏言
據洋商伍紹榮等轉據暎咭唎夷商覃義理稟
夷人來粤貿易所有書信必須往來傳遞逆風
難行今有港脚煙船能行逆風並無帆檣止有
煙管船內燒火煙氣由管通出船旁兩邊各駕

車輪煙動輪轉行駛甚速欲行進省遞信恐沿
途礮臺關口疑慮驅逐信達轉稟飭行知照等
情臣查外夷貨船進至黃埔收泊其護貨兵船
及別項船隻止准在外洋寄椗不准擅入海口
查該夷人此項煙船曾於道光十年駛至外洋
旋經回國今欲將煙船進省送信惟夷情狡黠
且詭異不經之船未便准其入口諭飭師船在
洋防範十一月十三日該船往內洋行駛礮臺
將號礮點放始行駛出至今尚未開行奉

上諭外夷遞送書信向有章程自應循照辦理何可以詭異不經之船擅入海口暎夷素性詭詐雖現據查明煙船並無滋事情形惟既已飭禁不准進口乃仍欲駛入內洋實屬藐法著鄧廷楨等嚴飭各營縣及虎門各礮臺隨時查察嚴行禁阻防範並諭飭澳門西洋夷目派撥夷兵在南灣一帶巡查勿任煙船水手人等登岸滋事仍即驅逐開行回國毋令久泊外洋倘該夷人不遵法度竟肆桀驁立即懾之以威俾知儆懼該督等務當熟籌妥

辦循照舊章不得稍有疎懈將此諭知鄧廷楨祁𡊮關天培並新任粵海關監督文祥知之

道光十六年十二月總督鄧廷楨奏言本年十一月內接據暎夷義律由澳門傳稟內稱准本國公書特派遠職來粵總管本國商賈水梢乞准赴省等情經委員馳赴澳門查問據稱義律即噂啞係暎咭唎四等職於道光十四年秋間到澳經引水具報有案該夷住澳兩載承辦暎咭唎商船回國船牌簽字現因公司未復並無大班奉該國王命一等大臣信知派伊管理商梢事務不管貿易若有商梢滋事唯伊是問等語訪之澳夷及各國夷商僉稱該夷人極安靜並無別故等情雖稟與向派大班不符但名異實同總之以夷馭夷不許別有干預似可量爲變通查照從前大班章程准其至省照料現令該夷暫居澳門聽候據情入奏如蒙

恩准再行咨令粵海關監督給領紅牌進省奉

上諭據鄧廷楨奏稱暎咭唎國公司散局以後大班

不來上年十一月內該國特派遠職來粵總管本國前來貿易之商賈水梢等語該國來船絡繹自應鈐束得人以期綏靜今該夷既領有公書文憑派令經管商梢事務雖與向派大班名目不同其爲鈐束則一著准其依照從前大班來粵章程至省照料并飭令粵海關監督給領紅牌進省以後任澳住省一切遵照舊章不准逾期逗遛致開盤踞之漸該督等正可藉此責成該夷小心不准干預滋事仍應密飭該管文武及洋商等隨時認眞

防察倘該夷越分妄爲或有勾結漢奸營私骫法
情事立卽驅逐回國以絕弊源
道光十八年六月暎咭唎兵船二隻駛至虎門
外龍穴寄椗經總督鄧廷楨會同水師提督關
天培密爲設備遣官諭以禁例並示兵威旋卽
駛去

澳船二十五號名目

第一號呋咐嗶喃
第二號咹哆呢咕嚕嚤

第三號嚰嘁吣嘟嚧
第四號嗱咃哩咕哆呢
第五號呢啊咕哂喃嗶
第六號啣咕唎咃
第七號咙嘮咯嘿
第八號呢咕嘮啡嗚味
第九號喏嚦啞啵嚅
第十號嘲啞㘓嗄
第十一號嗶嘍嚧吅嘍咃咕嚕嚤

第十二號唎咹嘍咯嚧嗎
第十三號嘁嚰咧味哂嗶
第十四號嗎啫哥嘿嗟
第十五號嚰嘁唎呱咯
第十六號喽啰啲嚓嘁嚕
第十七號嗉呰嚩喏咖喇啝嚧
第十八號咈哏㖞嘮呢嘮
第十九號嚬嘶吅咍
第二十號吅嘍咹哆呢

第二十一號啷啵囉哂呀哩
第二十二號喏嚜嚎吖噫
第二十三號嗶嚙咪
第二十四號嚰嘁嗷咣咃囉咱
第二十五號咈哏哂咕吖喇嗦嘍
番舶視外洋夷舶差小以鐵力木厚二三尺者
爲之錮以瀝青石腦油矴以獨鹿木束以簳縫
以椰索其碇以鐵力木水桫底二重或二檣三
檣度可容數百人行必以羅經掌之者爲一舶

司命每舶用羅經三一置神樓一舶後一梔間必三針相對而後行向編香字號由海關監督給照凡二十五號乾隆十年同知印光任分守時有一十六號比張汝霖捿任止一十三號二十餘年間飄沒殆半澳番生計日絀其夷目舶稅上貨抽加二次加一五又次加一小艇曰三板長丈餘

粤海關志卷二十七終

粤海關志卷二十八

夷商三

廣東布政使潘思榘疏

伏思外夷託處內地祗圖市易通商規取歲利原可毋庸禁絕若如前明御史臣龐尚鵬疑其竊據窺伺疏請仍令撤房屋船灣泊舊澳使海壖棲附之夷紛然失所殊屬過當第夷性類多貪黠其役使之黑鬼奴尤為兇悍又有內地姦民竄匿其中為之教誘唆使往往冒禁觸法桀鷔不馴凌轢居民玩視官法更或招誘愚民入教販買子女為奴僕及夾帶違禁貨物出洋種種違犯雖經督撫臣嚴行示禁臣亦力為整飭究以越在海隅未得委員專理勢難周察臣愚以為外夷內附雖不必與編氓一例約束失之繁苛亦宜明示繩尺使之遵守查前明曾設有澳官後改歸縣屬至雍正八年前督臣郝玉麟因縣務紛繁離澳窵遠不能兼顧奏請添設香山縣縣丞一員駐劄前山寨就近稽查第縣丞

職分卑微不足以資彈壓仍於澳地無益似宜倣照理猺撫黎同知之例移駐府佐一員專理澳夷事務兼管督捕海防宣布
朝廷之德意申明
國家之典章凡駐澳民夷編查有法洋船出入盤驗以時遇有姦匪竄匿唆誘民夷鬬爭盜竊及販買人口私運禁物等事悉歸查察辦理通報查覈庶防微杜漸駐澳夷人不致蹈於匪彝長享

天朝樂利之休而海疆亦永荷敉安之福矣

澳門同知印光任議　乾隆九年

一洋船到日海防衙門撥給引水之人引入虎門灣泊黃埔一經投行即著行主通事報明至貨齊回船時亦令將某日開行預報聽候盤驗出口如有違禁貨物夾帶查明詳究

一洋船進口必得內地民人帶引水道最爲緊要請責縣丞將能充引水之人詳加甄別如果殷實良民取具保甲親鄰結狀縣丞加結申送查驗無異給發腰牌執照准充仍列冊通報查考至期出口等候限每船給引水二名一上船引入一星馳稟報縣丞申報海防衙門據文通報并移行虎門協及南海番禺一體稽查防範其有私出接引者照私渡關津律從重治罪

一澳外民夷雜處致有姦民潛入其教并違犯禁令之人竄匿潛藏宜設法查禁聽海防衙門出示曉諭凡貿易民人悉在澳夷牆外空

地搭篷市賣毋許私入澳內并不許攜帶妻室入澳責令縣丞編立保甲細加查察其從前潛入夷教民人竄匿在澳者勒限一年准其首報回籍

一澳門夷目遇有恩懇上憲之事每自繕稟逕熟識商民赴轅投遞殊爲褻越請飭該夷目凡有呈稟應由澳門縣丞申報海防衙門據詞通稟如有應具詳者具詳請示用昭體統

一夷人採買釘鐵木石各料在澳修船令該夷

目將船身丈尺數目船匠姓名開列呈報海防衙門即喚該船匠估計實需鐵斤數目取具甘結然後給與牌票印照并報粤海關衙門給發照票在省買運回澳經由沿途地方汛弁驗照放行仍知照在澳縣丞查明如有餘剩繳官存貯倘該船所用無幾故爲多報買運希圖夾帶等弊即嚴提夷目船匠人等訊究

一夷人寄寓澳門凡成造船隻房屋必資內地匠作恐有不肖姦匠貪利教誘爲非請令在澳各色匠作交縣丞親查造冊編甲約束取具連環保結備案如有違犯甲鄰連坐遞年歲底列冊通繳查覈如有事故新添即於冊內聲明

一前山寨設立海防衙門派撥弁兵彈壓番商稽查姦匪所有海防機宜均應與各協營一體聯絡相度緩急會同辦理老萬山澳門虎門黃埔一帶營汛遇有關涉海疆民夷事宜

商漁船隻出口入口一面申報本營上司一面并報海防衙門其香山虎門各協營統巡會哨日月亦應一體查報

澳門同知張汝霖議乾隆十四年

一驅逐匪類凡有從前犯案匪類一概解回原籍安插取具親屬保鄰收管不許出境並取澳甲嗣後不敢容留結狀存案將逐過姓名列榜通衢該保長不時稽查如再潛入滋事即時解究原籍保鄰澳甲人等一體坐罪

一稽查船艇一切在澳快艇果艇及各項蛋戶罟船通行確查造冊發縣編烙取各連環保結交著保長管束許在稅廠前大馬頭灣泊不許私泊他處致有偷運貨物藏匿匪竊往來誘賣人口及載送華人進教拜廟夷人往省買賣等弊每日派撥兵役四名分路巡查遇有潛泊他處船艇即時稟報查拏按律究治失察之地保一并連坐兵役受賄故縱與犯同罪

一禁賒物收貨凡黑奴出市買物俱令現銀交易不得賒給亦不得收貨黑奴物件如敢故違究逐出澳

一犯夜解究嗣後華人遇夜提燈行走夷兵不得故意扯滅燈籠誣指犯夜其或事急倉猝不及提燈與初到不知夷禁者冒昧誤犯及原係姦民出外姦盜致被夷兵捉獲者立即交送地保轉解地方官訊明犯夜情由分別究懲不得羈留片刻並擅自拷打違者照會該國王嚴處

一夷犯分別解訊嗣後澳夷除犯命盜罪應斬絞者照九年定例於相驗時訊供確切將夷犯就近飭交縣丞協同夷目於該地嚴密處所加謹看守取縣丞鈐記收管備案免其交禁解勘情罪允當即飭地方官眼同夷目依法辦理其犯該軍流徒罪人犯止將夷犯解交承審衙門在澳就近訊供交夷目分別羈禁收保聽候律議詳奉批回督同夷目發落如止杖笞人犯檄行該夷目訊供呈覆該管衙門覈明罪名飭令夷目照擬發落

一禁私擅凌虐嗣後如有華人拖欠夷債及侵犯夷人等事該夷即將華人稟官究追不得擅自拘禁屎牢私行鞭責違者按律治罪

一禁擅興土木澳夷房屋廟宇除將現在者逐一勘查分別造冊存案外嗣後止許修葺壞爛不得於舊有之外添建一椽一石違者以違

制律論罪房屋廟宇仍行毀拆變價入官

一禁販賣子女凡在澳華夷販賣子女者照乾隆九年詳定之例分別究擬

一禁黑奴行竊嗣後如有黑奴勾引華人行竊夷物即將華人指名呈稟地方官查究驅逐黑奴照夷法重處不得混指華人串竊擅捉拷打如黑奴偷竊華人器物該夷目嚴加查究其有應行質訊者仍將黑奴送出訊明定擬發回該夷目發落不得庇匿不解如違即

將該夷目懲究

一禁夷匪夷娼窩藏匪類該夷目嚴禁夷匪藏匿內地犯罪匪類並查出賣姦夷娼勒令改業毋許窩留惡少賭博偷竊如敢抗違除內地犯罪匪類按律究擬外將藏匿之夷匪照知情藏匿罪人科斷窩留惡少之夷娼男婦各照犯姦例治罪如別犯賭博竊盜其罪重於宿娼者仍從重擬斷并將失於查察之夷目一并處分知情故縱者同坐

一禁夷人出澳夷人向例不准出澳奉行已久今多有匪夷藉打雀爲名或驚擾鄉民或調姦婦女每滋事端殊屬違例該夷目嚴行禁止如敢抗違許該保甲拏送將本犯照違制律治罪夷目分別失察故縱定擬

一禁設教澳夷原屬教門多習天主教但不許招授華人勾引入教致爲人心風俗之害該夷保甲務須逐戶查明禁止毋許華人擅入天主教按季取結繳送倘敢故違設教從教與保甲夷目一併究處分別驅逐出澳

謹案張汝霖所議經總督策楞覈准爲漢番交二道勒石通衢漢夷商民咸知畏忌

知縣張甄陶論澳門形勢狀

澳夷在粵貿遷藉以資民而桀悍亦足生事圖近利者視爲必不得已之局懷遠慮者視爲必不可解之憂竊以二者皆非也蓋夷人之必當備者三其不足備者亦三而所以制之者亦有三何則凡異端左道邪說旁門皆以教詐財而

夷人獨以財行教此其志不在小故所至之國無肯容留惟明之末造人心喜異利瑪竇始入售其說一時士大夫或震其歷學之精詣或眩其藝事之經奇其實疇人歷算古有專司分杪差歧亦無大害至於鳴鐘風琴響樂水車非奪天巧則不能成以利民用全無所濟徐光啓殫心水器未有施行湯若望講究火攻何嘗一試惟是蟠踞澳門歷局聚徒嘗利而已今其立說有刊行皆下俚不足比二氏之皮毛惟以利啗

人從之日衆凡一貧民入教每歲與以十餘金又讀書識字之人入教每歲數十金又另擇頭人暗相邀結牢絡分肥爲利尤厚近年奉禁而貪昧者仍首鼠兩端非爲服教歸依只是利心難割緣西洋治世國王之外別有善世國王僧身僧服惟以行教爲事凡夷商夷僧能誘人入教者殿最多寡給其餼食以此精心煽誘凡內地之人入教彼國立明冊籍謬加秩號藉口中華信奉卽可震讋諸番至其所用十字水籤不

過鉛汞煎鍊若得華人目睛點入卽可成銀都無銷耗凡奉教之人臨死則夷人以布冪其面喃喃持咒懺悔乘間竊其睛以去點鉛之外雜之藥物別有奇功用之不窮術由於此事頗祕密民爲所愚卽如香山縣界各邑人民從前入唐人寺禮拜改服爲夷業經封閉今聞其弊尚未盡絕只向之入唐人寺者今入三巴寺尤顯迹可見[illegible]稅關司稽察而民事不親同知駐前山而鞭長莫及雖有縣丞移駐官卑秩小遂令

難行若稍縱容卽滋芽孽可慮者一且夷性堅忍過人凡所規畫期於必遂如服習此藝未精卽戒子孫世世承學故其奇技淫巧若出天成實皆積思所到其謀入中土積慮尤深卽如澳門本屬紅毛賄遷之地至萬歷間始有西洋夷人雜居之不知何以潛奪默移全歸彼類曲營臺榭旁及青洲高建礮臺隱如敵國納地租卽取償地租輸關稅實未輸關稅蓋夷人所納地租僅五百兩卽將此澳內屋地租與在澳商民

每歲收租數倍其額又其貨船入口不敢稽查但量船身卽搬入澳迨至內地商人赴買始行輸稅是所稅皆內地之泉流非夷人之刀布也雖

天朝體統不計錙銖但夷性不若其漸茲而若其漸近近日宿冬夷人住省竟不回澳卽在十三行列屋而居危樓相望明樹番旗十字飄颺一望眩目雜居狎處旣恐事端射利鈎奇又妨商業澳門在遠猶恐他虞漸入省城殊難操縱可慮

者二且入國問禁出使從俗况在陪藩尤宜恭順而夷性狡陰有異於此凡觸禁網雖明知無所逃遁必强顏抗拒以此爲能如從前鬼兵擅折稅館柵門抗不就逮停稅封船幾於一月桀驁不顧至諭澳門居民盡行遷出示以閉關遏糴始憂稿餓送出鬼兵懲責修柵謝罪又如封禁唐人寺一案先亦强抗稱願回國後經丞令武職各帶兵役前往諭以果願回國立即出具遵依以憑題達始知悔懼將寺閉封然只封其

中一座兩旁今仍如故又如前年毆斃人民公然抗匿前張丞百方勸諭始一出訊旋即領回順風揚帆徑歸本國後雖參處官吏已經招之不來又如去歲丞令逼詳禁約勒碑澳地條內有不許引誘華人入教一款必不肯從延抗多時後乃以番字碑立議事亭漢字碑立縣丞公署草草了事難馴已甚長此安窮可慮者三然而謂之不足慮者何也蓋制馭番夷在揣得其情而制其死命則自氣奪而不敢肆所謂知彼

知己上兵伐謀者也今由澳門往小西洋水程幾於半載由小西洋而歸大西洋則須過大嵛山賈舶難行浩無畔岸以此來中土者多不願回即使此輩千紀伏誅該國安能爲之虐恥且以澳門地形論之由香山縣南去一百二十里前山有寨名曰蓮花相其形勢宛然惟肖蓋前山如荷根山路一線直出如莖澳地如心此外如大小十字門九洲洋雞頸頭金星山馬騮洲星羅碁布宛如花之瓣澳夷男婦共有二千餘

人如蟭螟蠕動於荷心蓮蕋之中非能爲害於華嚴香海也其地不生五穀菜蔬一切仰於內地關閘堅閉立稿非難即使泥沙淺海可以潛行走漏一夫豈足爲憑澳夷知之甚審不過外强中乾以求苟免其形勢一不足慮又或謂夷舶往來歲收其利今倘操之已蹙彼則相率飄然而去不特歲額立絀而粤民之游食者亦無以爲生不知澳夷並非輸其本國之貨而販鬻於中土不過以澳門爲居貨之地以暹羅蘇祿

交阯呂宋爲行貨之地耳今考其輸稅絕無大西洋土物雖以鼻煙無用今亦累歲不來惟是錫蠟胡椒檳榔檀木之類皆由外番各國販運而來又得中土之細茶茯苓湖絲糖果之物販往各番抽其所得先輸本國之稅以養夷僧夷目夷兵又施其半入寺行教是彼方以澳爲利藪非由彼國挾鏹而至於澳從前制府題限澳船以二十五號爲額今連年澳夷失利有被風漂沒者有缺貲不能營運者僅餘十號是澳船

額不止去其半矣而粵中關稅輒日增益事理灼然去留何損蓋該夷壟斷逐利素爲諸番所惡若西夷船逐漸減少則各番國亦必逐漸增至且彼舍澳門則歷局無灌輸之路其伎立窮各番無囘易之途其財立匱是彼當仰命於我我不應有虞於彼二不足慮又或恐其失志難歸遊魂島外或刦掠沿海諸寨或引誘內地人民不知洋夷若離澳門如魚失水現在如紅夷佛郎機與彼深仇一遇大洋相爲屠劊闌入內

地船笨難行至於入教姦民不過爲財起意天主教除不祀神祇祖先以外別無他能三不足慮雖然善籌國者無忘衣袽無忽蜂蠆無以未陰雨而弛綢繆無以已治安而遺厝火則不可不籌所以防微杜漸永遠久安者其策亦有三一曰治之以漸二曰示之以別三曰備之以豫何謂漸治語曰猛虎在深山百獸莫敢抗居檻牢之中搖尾乞憐求食積威約之漸也今夷人之肆久矣欲驟而馴之勢不可得是必漸以束

之使徐入吾條轂而後可從前設有海防同知雖儀衞規制頗屬赫喧其實馭夷肯綮全在行商導之立卽爲非惕之易隨斂戢今同知不司稅務則不能駕馭行商通事高而無民勢不相屬今雖據暴令稟請夷船出入必經同知點驗其實從前同知何嘗無點驗之責正如十羊九牧徒見贅疣審欲振肅紀綱莫如覈綜名實但將稅關協辦之驍騎校改用同知兼理則自然外夷內商悉就約束而小艇漏稅違禁出海入

寺奉敎諸弊自除再於澳地設同知公館一所往來居住彈壓番夷稽查姦宄情既相習愛戴自生可使革心何憂不率是治之之策一曷謂示別澳夷舊有城垣爲明總制何士晉所墮今尚築有短垣一帶垣以下係望夏莊今縣丞所駐空無居人垣以內則澳夷之居華人雜入其中賃屋營生租既歸夷又日滋釁從前有遷民出澳之語詳牘雖在託之空言今若暫請將關稅贏餘酌給一二萬金搭造官店賃與澳民初年免租以爲遷徙之費次年以後將租抵稅十載可完十載以後歲收其利審能行此有數利焉夷人居樓上賃華人居下體統倒置遷則可免一也夷人最重夜禁而華人好爲竄夜往來易於挑釁啓侮遷出則不相涉二也盜賊無自竄入擾害夷人三也漢姦無因拐誘夷婦四也且百物工匠皆在澳外夷每事俯命於我何敢跳梁勝於以口舌爭五也此治之之策二曷謂備豫今粵人談澳夷輒爲變色不知如佛郎機

紅毛皆非善類而內泊黃埔尤近肘腋此地迫居省會無用設官請倣閩省海關之例番舶入境起柁封鈸開船之日給還出口仍請照會各國夷王令自行曉諭一年之後如例遵行則規制森嚴可保永遠無事是治之之策三也雖現今

德威宣暢中外同風何庸長慮卻顧然欲覩未然而彌後患其策實不外此雖事關重大非敢以卽見之施行或者千慮之愚足資采擇

知縣張甄陶上制澳夷狀

一澳門設有海防同知專司彈壓番夷規制頗爲鄭重其實事權不屬夷性桀驁如初且未設此官之前該地離香城窵遠一切事可已夷漢各不生心自設此官專司澳務其內地之法不得行於夷而夷人之事皆得責於我轉之多事又其駐劄衙門在前山寨內離澳地十三里凡事不聞不見不過委之駐澳縣丞此官幾於虛設雖有標兵一百把總二員

稽查夷船出入其實夷船只由關部稽查同知兵役不登船查驗不過照依關部稟報具文而已伏思澳夷之犯法負固皆其夷目爲之與澳夷無與因澳夷但知有夷目而不知有

天朝之官是以聽夷目之驅遣今欲束以條鈐而馴其血氣宜使合澳夷人漸知有

國法之可遵官吏之可恃則自漸有知識不聽夷目之驅遣而夷目亦不得借其氣勢以自張

應將稅關委員改用同知料理則一切番舶出入皆聽同知之稽查而一切情形無不瞭於同知之意內而又視其欲惡爲之調劑則其心彌復歸向雖復夷目廹之附己亦不肯從夷目失衆夷之助自然不敢恣肆十數年後可使就繩約如內地語云虎噬人而媚養己者順也或疑夷性難測不宜以同知廹處恐有意外之事而縣丞驍騎校亦皆職官雜居已久何嘗滋事哉

一澳夷言語不通必須通事傳譯歷來俱以在澳行商傳宣言語該商人之鼻息兩相浹洽言語易從後於設立同知定議章程之時內有將同知標兵撥出二名充爲通事一條商人卽欲卸責地方而標兵充當通事旣與澳夷不相諳熟不能得澳夷要領且人微言輕反以啓侮更或侵漁生事關係非輕仍請照前用洋商通事乃商人視爲畏途多方推諉此件頗爲馭夷樞要用商人則夷人曲折無

不諳曉用兵役則此輩無知反視夷人爲奇貨滋事作姦其弊無窮况商人之當通事猶民人之充當地保按年輪換不過暫時答應非有苦累不可聽其置身事外蓋澳夷惟利是知別無瞻顧商人服飾麗都錢財充牣可以取重於夷人又平日夷人孰良孰莠孰富孰貧無不周知斷不宜驟易生手兵役致傳譯不通事有窒礙

一向來各番從無帶人口入內地之例近來乃

有一二番舶將婦女載入內地經前制憲行司查議許其寄搭澳門居住回船仍載出口蓋恐番婦在行民夷雜處恐滋意外澳門則夷人氣類相通別無嫌忌也不知澳夷性情黠巧與各番不同凡澳夷與番夷欲其離不欲其合何則凡關部之例各番船俱由東莞虎門入口卽時赴關上稅每番舶一隻上稅二三萬金不等惟澳夷之船則由十字門入口收泊澳門並不向關上稅先將貨搬入澳

自行抽收以充番官番兵俸餉又有羨餘則解回本國至十三行商人赴澳承買然後赴關上稅是所稅乃商人之稅與澳夷無與又則例甚輕每一舶不過收稅三四千金不等故澳夷得住澳之後震誇諸國以澳門地圖爲寶近年以來天主教不行該國夷王不肯輸財於澳澳夷漸以困苦所有題定洋船照私賃呂宋夷舶影射入澳均分其利者其跡甚祕無可尋求猶幸各番與澳夷不睦尚未

有勾通之路且澳夷藐視諸番不相款洽今若聽各番得以婦女入澳則由寄頓而探視由探視而親熟萬一鑿破混沌將澳船名號賃與各番則澳門添數舶於稅額不增外番漏一舶則於稅有缺海關每舶少萬餘金之稅則澳夷輒增數萬金之利關係非小請於現在洋舶回空之時嚴諭以後不許攜帶婦女入口萬一仍有無知番人將婦女入口者卽責令行家看守以洋行住一番婦料無大

事不可聽其寄頓澳門以爲交通捷徑

一澳門雖爲地無幾然夷人入住多年專以行教爲事其志實不在小蓋由該國有二王一曰善世國王係屬僧身一曰治世國王係屬民身僧王氣勢在民王之上專以行教爲事如聞中土奉教者衆則源源輸財而至澳中始得饒富澳中舊有唐人廟一所唐人奉敎者皆入廟禮拜凡香山順德新會東莞南海番禺沿海嗜利之徒多入其教至乾隆九年

香山令張汝霖始詳請將廟封閉大費心力始克遂事此後各處奉教民人始不敢至唐人廟禮拜然聞尚有竟至三巴寺禮拜者此爲禁戢夷人之根柢但令其教不行則氣勢自然衰止仍請飭沿海各附近澳門州縣每年將不許陰行奉教及偷至三巴寺禮拜事由禁諭一次其禮拜之期在冬至前後仍飭澳門同知嚴緊稽查但邪教永永不行則此等夷人久之又久亦與內地耕鑿之民同安

無事矣

部覆兩廣總督李侍堯議乾隆二十四年

一據稱夷商在省住冬應請永行禁止也外洋夷船向係五六月收泊九十月歸國即間有因事住冬亦在澳門居住乃近來多有藉稱貨物未銷潛留省會難免勾結生事請嗣後夷船到粵銷貨後令其依限回國即有行欠未清亦應在澳門居住將貨物交行代售下年順搭回國查粵東貿易夷船其自進口以至歸棹原有定期本不許潛留內地近因行商等或有借欠未清以致該夷商等藉詞遷延留寓省會希圖探聽各省貨價置買獲利而內地民人亦遂有誘令誆騙者今該督請於銷貨歸本後依期隨同原船回國則該夷商等不得藉詞逗遛而內地商民亦不得往來交接實緣爲姦自屬立法制防之道應如所請辦理但夷商等既依期歸棹一切銷貨歸價自應責成殷商公平速售按期清楚不

得任意拖欠即有零星貨物未經銷完伊等交易年久自不無遞年通融搭銷帶還之處但能信實相安彼此不致苦累原可無庸繩以官法若令該夷按年歸國將貨物交行商代售其中不肖行商知其勢難久待或有意揞留壓滯有所不免嗣後遇有此等情弊一經告發地方官應將姦商按律處治毋庸稍有寬貸其夷商有因行貨未清情願暫留澳門居住者聽其自便毋庸概勒歸國以免擾

累

一據稱夷人到粵宜令寓居行商管束稽查也歷來夷商到廣俱係寓歇行商館內乃近來嗜利之徒多將房屋改造華麗招留夷商圖得厚租任聽漢奸出入教唆引誘縱令出外閒行以致私行交易走漏稅餉無弊不作請嗣後凡非開洋行之家概不許寓歇其買賣貨物必令行商經手方許交易如有縱夷人出入以致作姦犯法者分别究擬地方官不

實力稽查飭禁一併參處查夷商到粵寓歇行商館內稽查管束原不許任意出入若非官充行商招引投寓不獨勾引出入無從覺察而交易貨物多寡不經行商通事之手更滋弊竇應如該督所請嗣後令夷商歇寓責成現充行商館內送寓居住加謹管束房屋或有不敷並令行商自行租賃撥人照看毋許出入漢奸私相交易但行商等不得以操縱在已遂有把持短價勒掯並令地方官留

心訪察嚴加查禁則姦宄既可永杜而遠夷亦不致苦累矣

一據稱借領外夷資本及雇倩漢人役使並應查禁也查近年夷商多將所餘資本雇倩內地經營之人立約承領出省販運則本地行店亦向伊借領本銀生息互相勾結請嗣後內地民人倘敢故違將借領之人從重究擬查向來夷商到粵貿易祇許將帶來貨物售賣置買别貨回國其應禁止出洋之貨概不

得私行販運近來內地行店民人多有借夷商資本貿販冀沾餘潤致有劉亞遍等之徒借領謀利教唆滋事於地方甚有關係應如該督所請令借領資本之行商人等據實首明勒限清還免其究擬嗣後倘有違禁借貸勾結者照交結外國借貸誆騙財物例問擬所借之銀查追入官至夷商所帶番廝人等足供役使原不得雇內地民人此後設立買辦通事外如有無賴民人貪財受雇聽其指

使服役者應交地方官飭諭通事行商實力嚴查禁止倘有徇縱一併懲治

一據稱外夷雇人傳遞信息之積弊宜請永除也夷商購買貨物分遣多人前往浙江等省不時雇覓千里馬往來探聽貨價低昂即如汪聖儀之案臣等所發牌單公文尚未遞到該犯先已得信逃避又如欽天監劉松齡等兩次奏請方守義等願赴京效力俱以澳門來信爲詞皆由內地民人代爲傳齎信息請

永行停止查外來夷商投行交易自不得任其藉詞探聽雇倩脚夫傳遞消息以致內地姦商往來交結此等積習亟宜革除應如該督所請嚴諭行商脚夫人等嗣後一切事務俱呈地方官聽其酌量查辦如有不遵禁約仍前雇倩往來即將代爲雇覓及遞送之人一併嚴拏究治至西洋人寄住澳門遇有公務轉送欽天監應飭令夷目呈明海防同知轉詳督臣分別咨奏之處亦應如該督所請

辦理

一據稱夷船進泊處應請酌撥營員彈壓稽查也夷船進口之後向係收泊黃埔地方每船夷梢多至百餘名或二百名不等均應防範向例酌撥廣州協標外委帶兵搭寮防守但外委職分卑微不足以資彈壓請嗣後於臣標候補守備內酌撥一員督同稽查其米薪日用請於粵海關平餘項下每月酌給銀八兩幷令附近之新塘營酌撥槳船一隻與該

處原設左翼鎮中軍槳船會同稽察俟洋船出口即行撤回查夷船收泊所帶夷梢爲數衆多種類各別性多暴悍易於滋事行兇而內地姦民蛋戶復爲勾引均所不免自應嚴行防範不致滋生事端今該督旣稱向派廣州協外委一員帶兵十二名不足以資彈壓應准其於督標內揀派候補守備一員專駐該處督同守寨弁兵實力防範稽查其候補人員例無廉俸所有每月酌給銀八兩之處

亦應如該督所請准其於海關平餘項下酌量撥給并酌撥槳船會同巡邏彈壓至所撥弁兵俟夷船進口派往出口撤回如有巡防疎懈或致生事該管上司即嚴行參處

兩廣總督百齡監督常顯議嘉慶十四年

查從前議奏防範規條本爲詳備因日久玩生致滋弊竇除再申明例禁督令切實奉行外至於今昔情形不同有應隨時增易者謹分晰數條

一外夷兵船應停泊外洋以肅邊防也查外夷來廣貿易先將貨船停泊零丁等處外洋報明引進黃埔河面以便查驗開艙從不許護貨之兵船駛入內港近年以來漸不恪守舊章應請嗣後各國貨船到時無論所帶護貨兵船大小概不許擅入十字門及虎門各海口如敢違例擅進經守口員弁報明即行驅逐一面停止貿易

一各國夷商止准暫留司事之人經理貨帳餘飭依期歸還不許在澳逗遛也查外夷商船向係每年五六月收泊九十月歸國該夷商或因貨物未銷或有行商掛欠未清向准在粵海關請照下澳暫寓住冬仍俟行帳算明即於次年催令回國邇來該夷等竟有在澳久居遷延不去者名數較多且種類不一誠恐別滋事端嗣後各夷商如銷貨歸本後令其依期隨同原船歸國不得在澳逗遛即有行欠未清止准酌留司事者一二名在澳住

冬清理責令西洋夷目及洋行商人將留澳夷人姓名造冊申報總督及粵海關衙門存案俟次年即令歸國亦申報查考如敢任意久住或人數增多查出立即驅逐

一澳內華夷宜分別稽查也查澳內西洋人房屋自乾隆十四年議定章程止許修葺不許添造嗣因西洋夷人生齒日繁以致屋宇逐漸增添至澳內華人原議不准攜帶妻室以杜販賣子女之弊嗣因西洋夷目呈稱華夷

貿易惟賴殷實華人方足取信若室家遷移則萍蹤靡定虛實難稽是以住澳華人仍准攜帶妻室安土重遷亦難概令挈眷遠徙惟澳內爲地無多華夷雜處若不定以限制恐日致蔓延應將西洋人現有房屋若干戶口若干逐一查明造冊申報已添房屋姑免拆毀不許再行添造寸椽華人挈眷在澳門居住者亦令查明戶口造冊存案止准遷移出澳不許再有增添庶於體恤之中仍寓防閑

之意

一夷船引水人等宜責令澳門同知給發牌照也查各國夷船行抵虎門外洋向係報明澳門同知令引水人帶引進口近年竟有匪徒冒充引水致滋弊竇嗣後夷船到口卽令引水先報澳門同知給予印照註明引水船戶姓名由守口營弁驗照放行仍將印照移回同知衙門繳銷如無印照不准進口庶免弊混

一夷商買辦人等宜責成地方官愼選承充隨時嚴察也查夷商所需食用等物因言語不通不能自行採買向設有買辦之人由澳門同知給發印照近年改由粵海關監督給照因監督遠駐省城耳目難周該買辦等惟利是圖恐不免勾通外內商販私買夷貨並代夷人偷售違禁貨物並恐有無照姦民從中影射滋弊嗣後夷商買辦應令澳門同知就近選擇土著殷實之人取具族長保鄰切結

始准承充給與腰牌印照在澳門者由該同知稽查如在黃埔卽交番禺縣就近稽查如敢於買辦食物之外代買違禁貨物及勾通走私舞弊並代雇華人服役查出照例重治其罪地方官徇縱一并查參

一夷船取貨時責令洋行按股交易不准姦夷私行分撥也查夷貨到粵向係行商公同酌議貨物之貴賤均自承辦不致彼此多寡懸殊近年夷商司事者竟隨意分撥售賣內地

行商因其操分撥之權曲意逢迎希圖多分貨物轉售獲利而姦夷遂意爲肥瘠有殷商而少分者有疲商而多撥者以致年帳不清拖欠控追者不一而足嗣後夷貨到時由監督親督洋行總商於公司館內秉公按股籤掣均勻分撥不得任令乏商影射多買虧欠夷帳庶足以昭平允而杜爭端

謹案原議凡六事最後夷船起貨令洋行按股分撥一條經部議駁

粵海關志卷二十八終

粵海關志卷二十九

夷商四

澳門同知王衷駁西洋國使嵋嚹嘸嘫吃噤咘喹哆吐喱哦嗨議嘉慶十五年八月

一據稟舊例西洋夷人上省置辦貨物料理貿易事宜祇經喽嚟哆代稟澳門關口即可放行並無批照求飭照舊章承辦據府廳議查夷人上下省澳向由洋商稟明粵海關衙門批照俾沿途各衙門得於稽查於乾隆五十四年經澳門同知侯丞稟請夷人上省由該同知衙門給照辦理更爲周密又於乾隆五十九年閱該同知韋丞具稟夷人上省亦照下澳之例仍令行商就近稟請粵海關衙門給照庶稽查周密茲該夷稟請由澳門關口准照放行則沿途各衙門並無文檄行知憑何稽察夷人上下省澳關係非輕倘有疎虞轉非設立澳防同知專司稽查之本意嘉慶十二年據夷官喽嚟哆具稟業經會議前例

永遠遵行未便妄請更改今所請礙難准行
一據稟俯念澳夷無田耕鑿准設二十五號洋船往來貿易營生以資養育彼時人口未獲盈千今生齒日繁男女計至五千餘衆且因近年外國打仗來往艱難竟至衣食無資乞再添船二十五號俾得源流貿易藉以養生准粤海關及府廳查澳夷趁洋船隻始於雍正三年經總督孔毓珣題奏部咨定以限制誠恐夷船日多來者日衆請將彼時現存洋

船二十五號編列字號作爲定額只准修葺補額不准額外添置推原昔日立法之意誠恐船多人衆或致滋事生端嘉慶十二年據夷官嘜嚟哆具稟業經會議此洋船二十五號係久經題定額數未便無端添設今仍請添造礙難准行
一據稟澳額船鈔昔蒙恩例准照東洋船例征輸曾有設立碑牌永爲垂誌今將鈔白呈查應奉新例征輸等語并該夷續稟前由今移

准粤海關查覆澳夷洋船如新船頂額即照東洋船例丈量長闊相乘至一十五丈四尺以上作爲頭等每尺鈔銀六兩二錢二分二釐二毫二絲二忽長闊相乘至一十五丈四尺以下作爲二等每尺鈔銀五兩七錢一分四釐二毫八絲五忽長闊相乘至一十二丈二尺以下作爲三等每尺鈔銀四兩並無四等船例另收澳例新船規銀七十兩次年原船回澳即照本港船例丈量長闊相乘至一

十六丈零作爲頭等每尺一兩五錢長闊相乘至一十四丈作爲二等每尺一兩三錢長闊相乘至一十丈零作爲三等每尺一兩一錢長闊相乘至八丈者作爲四等每尺九錢如相乘數目有不相近者稟明以兩等船例對報另收舊船規銀三十五兩如外來洋船不論初來再來俱照東洋船例輸鈔另收澳例規銀七十兩再澳例係收十字花銀應照庫平兌收每銀一兩另補水銀八分歷久遵

行遞年由粵海關衙門入冊報部在案並無現增新例毋庸另立章程嘉慶十二年據夷官唛嚟哆具稟業經議覆今應遵照舊章辦理毋庸改議

一據稟洋船壞漏必須修葺雇用工匠之人免其稟報不致串通衙差弁役藉端需索准粵海關查覆夷船大修例收歸公銀二十四兩小修收歸公銀一十二兩向有一定數目繳存關部衙門報部未便免其稟報以致歸公銀兩無著

一據稟凡有紅單鹽船經由寄碇者飭定停泊娘媽閣口外分列兩傍無許擁進內河將責載沙石塡塞海道且至洋船歸港稍有挾碰動輒生端行據府廳查覆紅單鹽船閒有攜帶零星貨物在該處交易由來已久未便遽行斥禁如只寄碇船隻灣泊內地誠恐勾串土人載運夷貨出洋走漏稅課應請飭令灣泊娘媽閣口外不得入口以昭愼重嘉慶十二年據夷官唛嚟哆具稟業經會議遵照舊章辦理在案今應仍照舊章辦理毋庸另議章程

一據稟白鉛一項原係西洋倾銀鑄器必用之物且合洋船貢載最善之貨向例俱准澳船裝運出口近因新例遞年限以七千擔出洋緣額數無多俱係黄埔別國洋船盡額購買出口以致西洋等埠需用艱難求恩給澳門遞年限以三千擔爲度俾澳船得以裝運回洋准粵海關及府廳查覆白鉛一項爲內地鼓鑄必需之物先經前憲會同關部奏明每年限以七十萬斤爲率續奉

聖諭令大加裁減或竟可不令放運出洋查明設禁亦無不可等因欽遵在案是前定七十萬斤爲數已多難以再行加增所有買鉛章程前經議令洋商在佛山收買若干由佛山同知查明斤兩塡給印照運至省河復赴南番兩縣驗明截角申報關部衙門覆驗無異始准夷人分裝

出口查辦最爲嚴密況澳夷購貨向無行商承報茲據稱每年乞准買運若如所請則一切無所責成似非前議立法防弊之本意如果該夷必須白鉛應令該澳夷卽照外洋買鉛之例自投洋商報明收買應由佛山同知及南番二縣並粵海關衙門遞相稽察以免日久弊生致滋浮買透漏之弊

一據稟澳夷設立委喙哆係本國派點在澳所有奉公接應及與華夷交涉事件稟訴呈詞

俱由經理當有權握自後如有稟呈地方官不爲申理者准其直達大憲庶下情不致枉屈而在澳華夷猶知畏敬等語據府廳查覆澳夷向來遇有稟陳事件俱由地方官代爲轉稟各憲示遵至華夷交涉事件向例亦由委喙哆據呈地方官准理現在並無屈抑情事應請嗣後如果地方官有不爲准理之事固應准其直達大憲倘並未稟呈地方官而直行越訴者應卽照民人越訴不准之條辦理

一據稟上路來澳各處貨物以及日食所資前因海道未靖其水腳稅務較前加倍以致貨殖高昂華夷日用維艱據府廳查覆澳門地方貨殖均由省垣佛山各處市鎮轉運到澳售賣值價隨時長落並無一定嗣後凡民夷買食均照市價公平交易毋庸立定章程

一據稟澳夷生齒日繁人多屋少竟至失所無依求恩奏請准行新建至各工匠稟報批牌

飭定章程如係舊屋重修免其稟報據府廳查覆澳夷房屋廟宇止准修葺壞爛不得於舊有之外添建一椽一石違者以違
制論并嘉慶十二年據夷官委喙哆具稟業經會議應永遠遵守未便更張至夷屋壞爛許其復修向來該承修工匠先將應修處所繪圖稟報以杜添建之弊自應照舊稟報以便稽查地方官如果查明別無情弊立卽批准給修不得假於書役之手以杜浮費而垂永久

一據稟澳夷買辦旣經點驗鄉民誠實者給領
牌照免其改換新牌不致串通衙差弁役藉
端需索據府廳查覆夷人買辦嘉慶十四年
奏准章程凡夷人買辦著令澳門同知選擇
土著殷實之人取具族鄰保結始准承充給
予腰牌印照以便稽查代買違禁貨物及勾
通走私之弊應飭上緊招募選充將花名列
冊申送以憑傳驗查此項人役如係承充之
後或欲別業稟退以及病故事故需人接充

應令其將牌繳銷改換新牌以杜私充滋弊
其牌務令當堂發給不得假手胥役以免需
索
一據稟澳夷上省下澳及澳中華夷搬運貨物
應用挑夫動以公務爲詞藉端需索每致留
難阻滯卽夷人自有黑奴搬運家私移頓貨
物實可無庸雇倩者竟有攔街毆奪起釁爭
端應稟地方官嚴加究治伊等頑抗異常據
府廳查覆澳中挑夫設有夫頭每逢渡船往

來承挑貨物及夷人上省下澳均須雇倩近
因米價高昂各夫頭因日用不敷未免腳價
比前較增應請飭禁不許多索至黑奴搬運
家私什物應聽該夷人自便挑夫倘有攔阻
混爭地方官出示查禁有犯卽行究處
以上各條經粵海關監督廣州府澳門同
知循照舊章覈議內如洋船澳房不能添
設澳船稅鈔歷有定規未便更張白鉛祇
能照依定數憑行赴佛山塡照向買未便

分給三千聽西洋夷人在澳裝運其餘各
條或原有禁例或日久恐滋流弊應如議
遵循辦理
廣東布政使曾燠會議詳駁暎咭唎國大
班嗌哝咺議嘉慶十五年十月
一稱伊等辦理貿易遇事遞稟若必用夷字恐
致譯錯誤事據該府等議以內地稟事悉用
漢文繕寫事由本係
盛世同文之義因外夷不識漢字是以准用夷字係

屬格外體恤今該夷商等情願學寫漢字似於書同文之義尚無妨礙卽向來夷稟亦多用漢文請俯順夷情准其稟事時書寫漢文本司道等議查夷性譎詐不一恐致勾引內地民人代爲書寫如遇言語涉荒謬一經查究則又以不諳漢文倩人代寫爲推卸地步不可不防其漸應請嗣後如該大班能寫漢字准其自書若本不諳習仍用夷字免致狡混而杜弊端

一地方官行用文書諭內用蠻夷等字似有輕侮之意府議以蠻夷二字係外國統稱在南曰蠻在西曰夷猶內地民人曰漢人祇係稱呼並無輕侮之意況澳門係香山縣地方各國夷人往來貿易遇有交涉事務不能不由地方官就近查考豈可推敲字句請毋庸議本司道等查此係夷目等不諳文義應如該府等所稟稱毋庸置議並請飭知洋商明晰開導示以並非輕侮以釋其疑

一地方官若有事至行請先爲通知府議地方官赴行查察係爲防範內地匪民慮有擾累外夷之事本無可疑先爲通知亦屬兩便並無窒礙本司道議准地方官有公事前赴洋行查辦本非祕密原可預先通知以示推誠布公之道應如所請辦理

一公司船戸有事駕三板來往關口巡役請無攔截府議以夷船旣准貿易自應准其遇事往來關口巡役查看往來船隻事隸關部請

移咨查照舊章辦理本司道議准公司船戸遇有公事似可准其坐駕三板往來由粵海關查照向例辦理倘有攜帶違禁貨物仍須由各關口查辦以示體制而免疏虞

一夷商來粵貿易須用民人爲挑夫守門所用不下數百丁若用夷人恐與小民爭執府議以十三行及澳門公司館內向來雇用挑夫守門燒茶煮飯買物等項人等均不可少請照舊章准其雇用惟跟班沙文向例並未准

行請照舊章禁止本司道議准挑夫守門人等若一概禁止該夷人來粤貿易未免不能熟悉自應仍准雇用惟省城十三行及澳門公司館每處需用若干名應請移知粤海關酌定名數飭行遵照俾易稽覈其沙文名目仍應嚴行禁止

一歷來護送貨船來粤之兵船在川鼻茭椅零丁雞頸等洋面灣泊因乘風時便難常在一處請照常給買辦一節府議以巡船護送貨

船往來粤省向有一定灣泊地方業於嘉慶十年三月經總督那彥成具奏在案自應照舊章辦理但護送貨來即當護送貨往若貨船已經回國巡船即不得逗遛外洋致啓他國夷商口實請嗣後嘆咭唎巡船准令照舊護送貨船往來貨船未經回國以前准其給與買辦若貨船已經回國巡船即不得逗遛外洋以符舊例本司道議准貨船在外洋來粤惟祖家船有兵船護送此係該國愼重之

意並未禁止但兵船灣泊例祗准在外洋地方不得逼近內洋自應仍照舊章一俟祖家貨船貿易竣回國即應普同護送回帆不得逗遛亦不准再給買辦如此立定章程巡船自不能任意灣泊

一貨船在內巡船在外不得不以三板往來相通求禁止關口師船攔截府議以巡船三板與貨船三板往來關口斷難一一辨識稽查之法惟論有無違禁夾帶情弊請嗣後嘆咭

唎貨船進口後如有送信三板往來在內出者赴省城稅館黃埔稅館報驗在外入者赴橫檔稅館報驗驗明並無軍械私貨由稅館給與照票知會附近師船礮臺准予放行不必禁阻其有違禁夾帶者照例阻止本司道議准貨船駛入內河巡船祗准在外洋停泊如有三板往來似未便全行禁止然遇有出入各關口稅館必須嚴查如無違禁貨物軍械給予照票始准放行如查有弊混仍行阻

止則以體恤之中仍寓防閑之意似可准行
一前日有港脚船出口已得紅牌被師船放礮
向轟求定章程禁止府議以貨船已領紅牌
自應放行不可阻止但該船已赴稅館報明
稅口亦應就近知會礮臺方知何船出口以
憑轉報請嗣後貨船領牌出口由稅口知會
礮臺弁兵可免歧誤本司道議准貨船出口
既已領牌自應卽由稅口隨時知會礮臺驗
放以免阻止致滋紛擾

一咪唎㗰國與暎咭唎國不睦所有暎咭唎貨
船常被咪唎㗰在夷洋拏獲其掠過貨物亦
不容隨便售賣府議以各國船隻來粵貿易
均有原領各國批照可據是以船至萬山須
用引水看過船隻實有貨物問明來歷始赴
澳門掛號掛號後引至虎門報驗方始引進
黃埔舊例相循已久若驗明既係貨船又有
批照另於舊例外別生枝葉便易滋擾請仍
照舊章辦理至夷洋有無夷船互相爭執內

地無從查考應毋庸議本司道議准查各國
貨船來粵惟以該國批照為憑其貨物來歷
本難稽考至該夷人等互相爭執係外夷之
事不值顧問應毋庸置議

廣州府知府陳鎮覈暎咭唎國大班益花
咂議嘉慶十五年十月

一暎咭唎夷商稟帖准用漢文係為俯順夷情
遇事方便起見如款式語句不合應駁換再收其
有關陳奏事件請仍用夷字以符體制

一暎咭唎夷商稟事密封交行商代遞係指緊
要事務經赴總督轅門陳訴者而言其尋常
貿易事務請仍赴粵海關衙門呈遞以及交
涉地方尋常事件仍赴澳門同知香山縣及
縣丞衙門就近呈遞以昭畫一
一各國夷商來粵貿易統歸粵海關衙門經管
其有交涉地方事務在澳門者歸澳門同知
香山縣及縣丞經管在黃埔者歸番禺縣及
茭塘司巡檢經管立法最為簡便惟暎咭唎

向有護貨兵船是以師船礮臺亦須隨時查
考此次議定章程凡出入送信小三板船隻
均赴稅口掛號查驗給與照票如果該夷目
等約束嚴緊請由稅口知會就近礮臺放行
但不得稍滋事端致違
天朝一視同仁之意
一大班嗌咘哐等在粵貿易係受暎咭唎國王
委任其具稟大小事件與內地辦公無異斷
無以私廢公之理請嗣後夷商稟事但論其

事之應稟不應稟不問其船之開艙與不開
艙即有遲延亦係伊等自誤其事毋庸查問
如此則浮言可息夷情益覺安帖
一內地辦理犯法民人本與外夷無涉而以訛
傳訛最易煽惑請嗣後辦案如有交涉外夷
之處必先有文書飭行公司館查照如無文
書即不干外夷之事該夷商等無須詢問
兩廣總督蔣攸銛監督祥紹疏嘉慶十九年十月
查南洋諸夷以暎咭唎爲最強而並非富饒惟

藉貿易爲資生之計其貨物不到內地亦別無
銷售之處且呢羽鐘表中華儘可不需茶葉土
絲彼國斷不可少是其不能不仰給於貿易者
其理易明惟是懷柔駕馭必當杜漸防微粵民
趨利若鶩首在查禁漢姦[illegible]年如私借夷人貲
本及拖欠夷債之鄭崇謙[illegible]瓊沐士芳等均
經照例懲辦現復訪有曾爲夷人服役積有家
產賸捐職銜仍與夷人交結之李耀李懷遠二
名業經拏獲查鈔審明定擬具奏在案臣等仍

督飭地方官密加偵訪如有似此者均應逐一
嚴懲並不准民人私爲夷人服役責成洋商通
事稽查其住居澳門及省城十三行之貿易民
人不得搭蓋夷式房屋卽售賣夷人衣履之舖
戶亦不得用夷字店號以杜勾通而嚴區別向
來兵船護送貨船到粵貨船自行進口兵船卽
駛往零丁潭仔洋面停泊嘉慶十四年原奏但
稱不許進十字門及虎門各海口語涉籠統嗣
後應仍其舊不得駛入內洋亦不准於所護貨

船出口之後復有逗遛致干驅逐至設立洋商令其互相貿易卽藉以稽察夷情必須身家殷實辦事明妥交易始能公平不欠夷人私債庶不致爲夷人所輕視邇來充當洋商者共有十人實在貲財素裕者不過三四家其餘雖皆有同商互保承充而本非殷實不過圖得行規承充後又不善經理無處揭借不能不欠夷人之帳旣有夷帳卽不能不賒客商之貨以抵還夷人迨至積欠逾多不敷挪掩爲夷商所挾制是

以評估貨價不得其平內地客商轉受虧折之累若俟該疲行陸續乏敗時再行清理恐有積重難返之勢向例貨船出口海關監督衙門發給印照同國卽取具夷人兩無帶欠夷字甘結存案此事竟成故套難以憑信臣等再四熟商俟冬春交易事畢派委明幹大員督飭總商伍敦元盧棣榮確查各商私欠夷帳多寡如爲數有限易於歸結者勒限清完准其承充外倘拖欠過多不肯據實供吐卽應奏明斥革將承辦

貿易行規歸於殷商分辦仍照向辦章程查鈔變抵不敷之數令衆商按股攤還現在各商已有代還之欵應俟攤完後分年續攤並飭此後不得濫保身家淺薄之人違者一體治罪如此則夷人不能擡價居奇以挾制洋行洋行亦不敢低估侵欺以拖累商賈且夷帳旣已清釐每年貨船回國卽有未售完之貨可交住澳門大班等料理或酌留數人亦屬無多仍嚴禁內地民人不准私往夷館庶立法益臻周密而弊端

可期剔除

兩廣總督李鴻賓監督中祥疏道光十一年二月

粵東省會濱臨洋海番船往來防察最宜周密乾隆年間因暎咭唎國夷商違犯

天朝禁令經前督臣李侍堯奏定防範外夷章程五條用資約束迨日久玩生漸形疎畧道光九年暎咭唎夷商因求減輸規銀延不進口上年又有私帶番婦住館偸運鎗礮至省等事雖一經具奏該夷卽知悔悟不致始終抗違但夷情詭

諭必須嚴申禁令以重防閑且舊定各條今昔情形不同亦有因時異宜之處應酌量變通俾可共相遵守臣等率同藩臬兩司將原定章程參酌時勢量爲增減責令員弁兵役實力巡防行商通事認眞稽查嚴內地之成規即以杜外夷之滋事似於控馭綏來之道益加周密謹會同核議章程八條敬呈

御覽

一夷商進口後泊船處所應照舊派撥弁兵稽

查其住居行商館內即令行商約束以免滋事也查原定章程夷船進口收泊黃埔地方酌撥廣協外委一員帶兵十二名搭寮防守併於督標內揀派候補守備一員督同稽查復於附近之新塘營酌撥槳船一隻與該處原設左翼中營槳船會同稽查俟夷船出口即行撤回等因現在毋庸另議更改惟是日久視爲具文應隨時密加訪查加巡兵怠惰偷安即行分別嚴懲至夷商寓歇洋商館內

向係責成行商管束其置買貨物必令行商經手原以防範姦民引誘教唆嗣後夷商居住行商館內不許夷商擅自出入致與姦民交易營私其在省河坐駕三板船隻不准揚帆飛駛與省河民船碰撞爭鬧凡附近省城村落墟市不准聽其遊蕩以杜釁端

一夷人私帶番婦住館及在省乘坐肩輿均應禁止也查各國夷人帶婦婢至省居住久經嚴禁乃上年嘆咭唎國大班違例帶攜已驅

逐回澳訪察來省之婦係屬該夷商由本國帶來其隨從夷婢則係澳門居住之西洋婦女受雇服役嗣後應嚴諭各國大班夷商不許攜帶夷婦至省居住倘敢故違即停其買賣並即押令回澳一面責成關口巡查弁兵如遇夷人攜帶婦婢赴省即行攔阻截回又飭澳門同知轉諭澳門西洋夷目嘆嚟哆及番差等此後西洋婦女受雇與各國夷婦服役只准在澳門居住不准違禁聽其隨帶赴

省如違惟唆嗾哆是問至夷人在省坐轎皆因姦徒送給及肩夫貪利所致除諭飭各國夷人遵照嗣後不得在省乘轎上岸外併嚴禁姦商不得給送肩輿代雇輿夫及受雇肩擡希圖獲利一經訪聞即嚴拘究治

一夷人偷運鎗礮至省應責成關口巡查弁兵嚴加禁遏也查夷商在省不准帶攜鎗礮禁令本屬森嚴乃上年忽有夷人偷運鎗礮載至省城夷館殊違舊制嗣後應責成關口巡

查弁兵認眞訪察遇有夷人偷運鎗礮赴省垣夷館即行攔截不准前進若弁兵失於覺察甚或知情放縱致夷人復有偷運鎗礮至省之事即提該弁兵人等分別究擬

一夷商雇倩民人服役應稍變通也查原定章程夷商住居館內除設立買辦通事外如民人受雇服役者嚴查禁止等因查內地民人雇給夷商服役向有沙文名目久已禁革自應仍照舊章嚴行禁止惟近日各國夷商來

者益眾其看貨守門及挑水挑貨等項在在需人而夷商所帶黑鬼奴性多蠢暴若令其全用黑鬼奴誠恐聚集人多出外與民人爭擾轉致滋生事端應請嗣後夷館應需看貨守門及挑水挑貨人等均由買辦代為雇倩民人仍將姓名告知洋商責成該管買辦及洋商稽查管束如此等民人內有教誘夷商作姦洋商買辦即隨時稟請拘究

一夷商具稟事務應酌量是否緊要分別代遞

自遞也查夷商稟詞應否交行商代遞抑應自行投呈必須明定章程方免混行越訴應諭飭噢咭唎與各國夷商遵照嗣後遇有事關緊要必須赴總督衙門稟控者應將稟詞交總商或保商代遞不准夷人擅至城門口自投倘總商保商執意攔阻不為代遞致夷情不能申訴方准夷人攜稟前赴城門口營員接交其投稟時只准一二夷人前往不准帶領多人張皇其事若事屬尋常行商並未

攔阻不爲代投及不應具稟之事該夷人輒行逞刁違抗帶領多人至城門遞稟者卽將該夷商貿易暫停一月不准買賣貨物以示懲儆其餘尋常貿易事務應赴粤海關衙門具稟及尋常交涉地方事務應赴澳門同知香山縣及香山縣丞等衙門稟陳者均仍准照常控理

一借貸夷商銀兩應杜拖欠弊端也查原定章程商民違禁借貸夷商銀兩串引勾結者照

交結外國借貸誆騙例問擬所借之銀查追入官等因是行商借貸夷商銀兩舊章久爲嚴密惟行商與夷商交易有無拖欠尾項向於夷商出口時虛報了事不足以昭覈實而杜朦隱應請嗣後除商民借貸夷商銀兩串引勾結者仍照例究治外其行商與夷商交易每年買賣事畢令夷商將行商有無尾欠報明粤海關存案各行商亦將有無尾欠據實具結報明粤海關查考如有行商虧本欵

業拖欠夷商銀兩查明曾經具報者照例分賠未經報明者卽不賠繳控告亦不申理所有應償尾欠銀兩應飭令行商具限三箇月內歸還不准延宕如已歸給卽取具夷商收字報明存案若逾期不償許該夷商控追倘逾期該夷商不願控追應聽其便其當時不控過後始行控追者不爲申理以杜新舊影射之弊

一夷商不得在粤住冬應變通舊章隨時防範

也查原定章程夷船五六月間在粤收泊九十月間回國不得留寓省城探聽物價置買獲利及與內地民人往來交接勾緣爲姦如有行貨未清情願暫留澳門居住者聽其自便等因乾隆年間各國夷船至粤不過三四十號今則多至七八十號至百號不等近年暎咭唎國公司夷船每於七八月間陸續來粤換兌貨物至十二月及次年正二月內出口回國該國公司大班夷商人等於公司夷

船出口完竣之後請牌前往澳門居住俟七八月間該國貨船至粵該大班人等復請牌赴省料理貿易此外港脚咪唎㗎各國夷船至粵生理來去並無定期非暎咭唎之有公司者可比其一人名下每年至粵船隻或一二號或三四號或本人無船將貨物附載別船售銷該夷商均在省經理是現在夷船既倍多於前而收泊之期復無定且其在粵經理商務年久相安自不必拘定以九十月間

回國嗣後夷商如果早抵省城貨物全銷仍令照舊按期返棹倘遲至八九月間始行到粵售貨需時應責成各行商將住省夷商認眞稽查約束一面公平售貨迅速兌價不得拖欠捐延各國夷商一俟貨銷事竣不論何時即行隨船回國或前往澳門居住不得無故潛留如此量爲變通則遠夷均無久滯省城之事而姦民亦鮮藉端勾引之弊矣

一暎咭唎國公司船戶駕駛往來及夷商貨船領牌出口均應遵定制也查夷船貿易其公司船戶遇有公事往來坐駕三板艇隻自難禁止應照舊准其駕駛倘有攜帶違禁貨物即著落各關口弁兵嚴查稟辦惟向來夷目船戶始准坐駕插旗三板船隻若非夷目船戶不得妄駕插旗之船仍應循照舊章俾無朦混其由澳門黃埔至省及由省至黃埔澳門均照舊章請給紅牌毋得來去自由致干查究至夷商貨船領取紅牌出口向赴稅館

報明仍應由稅口隨時知會礮臺驗放免致攔阻滋鬧

兩廣總督盧坤疏 道光十四年十月

暎咭唎與內地通市誠如
上諭必須有統攝之人專理其事而經理又必須經紀中人如從前之大班等項方可與內地洋商交易臣已飭洋商伍敦元等傳諭該國散商寄信回國另派大班來粵管理貿易事宜以符舊制不得仍令夷目前來致如律勞啤之徒生事

端有礙貿易現復恭錄

諭旨飭商傳諭欽遵

兩廣總督盧坤監督中祥疏道光十五年正月

竊外洋夷人來粵貿易自乾隆二十五年奏定防範規條以後嗣於嘉慶十四年道光十一年經各前督撫臣先後酌議章程奏准遵行立法已屬周密第奉行日久或竟成具文或漸生流弊上年嘆咭唎公司局散該國商人自來貿易司總無人雖經諭飭該夷商等寄信回國仍派大班來粵管理而現在商多人雜事無統屬必應頒發章程俾資遵守唯時事有今昔之殊且嘆夷公司既散貿易情形與前亦稍有不同除舊章無須更議各條照舊申明曉諭並將查辦夷欠嚴拏走私各章程先經專案具奏外尚有應行酌量增易規條經臣等率同藩臬兩司詳加籌議肅體制以防踰越嚴交結以杜漢奸謹出入之防專稽察之責庶防範益昭詳慎仍嚴飭洋商公平交易各顧大體俾諸番共沾

聖澤咸凜畏懷

一外夷護貨兵船不准駛入內洋應嚴申禁令並責成舟師防堵也查貿易夷人酌帶兵船自護其貨由來已久向例止准在外洋停泊俟貨船出口一同回帆不許擅入海口自嘉慶年間以來漸不恪守舊章上年又有闖入海口之事雖該夷船駛入內河淺水之處毫無能爲而防範總應周密除虎門一帶礮臺現在分別增建移設添鑄大礮籌備堵禦外應嚴申例禁嗣後各國護貨兵船如有擅入十字門及虎門各海口者卽將夷商貨船全行封艙停止貿易一面立時驅逐並責成水師提督凡遇有外夷兵船在外洋停泊卽督飭各礮臺弁兵加意防範並親督舟師在各海口巡守與礮臺合力防堵弁兵倘有疎懈嚴行叅處務使水陸聲勢聯絡夷船無從闖越

一夷人偷運鎗礮及私帶番婦番哨人等至省

應責成行商一體稽查也查夷人除隨身攜帶刀劍鎗各一件例所不禁外其擅將礮位及鳥鎗軍械並番婦人等運帶赴省定例責成關汛弁兵稽查攔截唯關汛固有盤查之責而夷商在省外夷館居住其房屋皆係向行商租賃該商等耳目切近斷無不知自應一體責令稽查嗣後各國夷人概不准將鎗礮軍械及番婦番哨人等運帶至省如有私行運帶者責成租館行商查阻不許令其入

館一面赴地方官呈報如有容留隱匿即將該行商照私通外國例治罪關汛弁兵不行查出仍分別失察故縱從重究處

一夷船引水買辦應由澳門同知給發牌照不准私雇也查澳門同知衙門向設引水十四名遇夷船行抵虎門外洋應報明該同知令引水帶引進口其夷商在船所需食用等物應用買辦亦由該同知選擇土著殷實之人承充近來每有匪徒在外洋假充引水將夷人貨物誆騙逃走并有匪類詭託買辦之名勾串走私等弊迨事發查拏因該匪徒詭託姓名無從緝究嗣後澳門同知設立引水查明年貌籍貫發給編號印花腰牌造冊報明總督衙門與粵海關存案遇引帶夷船給與印照註明引水船戶姓名關汛驗照放行其無印花腰牌之人夷船不得雇用至夷船停泊澳門黃埔時所需買辦一體由該同知給發腰牌在澳門由該同知稽查在黃埔由番

禺縣稽查如夷船違例進出或夷人私駕小艇在沿海村莊遊行將引水嚴行究處如有買賣違禁貨物及偷漏稅貨買辦不據實稟報從重治罪

一夷館雇用民人應明定限制也查舊制貿易夷人除通事買辦外不准雇用民人道光十一年奏准夷館看守門戶及挑水挑貨人等均由買辦代雇民人惟愚民騖利鮮恥且附近省城多諳曉夷語之人若聽夷人任意雇

用難免勾串作姦自應定以限制並宜專以責成嗣後每夷館一閒無論住居夷人多寡祇准用看門人二名挑水夫四名夷商一人雇看貨夫一名不許額外多用其人夫責成夷館買辦代雇買辦責成通事保充通事責成洋商保充層遞箝制如有勾串不法唯代雇保充之人是問仍令該管行商按月造具各夷商名下買辦人夫名籍淸冊送縣存案隨時稽查其挑貨人夫令通事臨時散雇事

畢遣回至民人受雇爲夷商服役之沙文名目仍永遠禁止倘夷人額外多雇人夫及私雇沙文服役將通事行商一併治罪

一夷人在內河駛用船隻應分別裁節並禁止不時閒遊也查夷人入口貿易貨船停泊黃埔其在省城澳門往來向惟嘆咭唎公司船戶准坐駕插旗三板船隻此項三板船身較大上有艙板易於夾帶器械及違禁貨物現在公司已散所有插旗三板船應行裁革至

夷人在夷館居住不准擅自出入嘉慶二十一年前督臣蔣攸銛任內酌定每月初八十八二十八三日准其附近遊散一次近年該夷人往往不遵舊章必須重申禁令嗣後各夷人船到黃埔或在省城澳門往來通信祇准用無篷小三板船不得再用插旗三板船隻其小三板經過關口聽候查驗如有夾帶違禁貨物及礮位器械卽行驅逐在館居住夷人祇准於初八十八二十八三日在附近

之花地海幢寺散遊一次每次不得過十人限申刻回館不准在外住歇飲酒如非應准出遊日期及同遊至十人以外並赴別處村落墟市遊蕩將行商通事一併治罪

一夷人具稟事件應一律由洋商轉稟以肅政體也查外夷與中華書不同文其中閒粗識漢字者亦不通文義不諳體制具稟事件詞不達意每多難解并妄用書信混行投遞殊乖政體且同一夷務或由洋商轉稟或由夷

人自稟辦理亦不畫一嗣後凡夷人具稟事件應一概由洋商代爲據情轉稟不必自具稟詞如係控告洋商事件或洋商有抑揹不爲轉稟之事仍許夷人自赴地方官衙門稟訐立提洋商訊究

一洋商承保夷船應認派兼用以杜私弊也查夷船來粵舊例係由各洋商循環輪流具保如有違法唯保商是問嗣恐輪保有把持之弊凡港腳夷船均聽其自行具保惟現在公

司已散所來夷船散漫無稽若責令仍照舊例由洋商輪保恐有抑勒之弊而竟任其自行擇保亦難保無勾串情事嗣後夷船到粵照舊聽其自投相信之行爲認保一切交易貨物請牌完稅公事均由認保承辦收納餉稅查照則例毋許絲毫加增仍每船設立派保一人各行挨次輪派專司查察如認保行商與夷人通同舞弊作姦或私增稅銀拖欠夷帳責成派保之商據實呈首分別究追派

保徇隱察出並究

一夷船在洋私賣稅貨應責成水師查拏並咨沿海各省稽查也查各國夷船販運貨物來粵理應入口完納稅鈔由洋商發賣乃該夷船等往往寄泊外洋進口延緩亦有竟不進口旋卽駛去者不特躉賣鴉片並恐私銷洋貨臣等每據稟報卽嚴切批行舟師催令進口如不進口立時驅逐不准逗遛並在各海口分派員弁嚴拏走私匪徒歷經拏獲出洋

販賣鴉片人船究辦惟粵省與福建浙江天津等省洋面毗連各省姦徒坐駕海船在外洋與夷人私相買賣貨物卽從海道運回此等姦販旣不由粵省海口出入無從堵拏而洋貨分銷入口漸少於稅餉甚有關係嗣後應責成水師提督督飭舟師在於外洋嘗川巡邏如有向夷船私買洋貨商販卽行拏解究辦並立定章程無論何省海船置買洋貨一律赴粵海關請用蓋印執照詳註貨物數

目不准私買咨明閩浙各省通行遵照並於
各海口嚴行稽查如有海船運回外洋貨物
查無海關印照即屬私貨照例究辦船貨入
官

粵海關志卷二十九終

粵海關志卷三十

雜識

臣謹案夏禹定高山大川伯益類草木別水土
而山海經作焉自是伊尹有朝獻之令周書有
王會之篇露犬紞牛乘黃茲白四海異物粲然
畢陳蓋學者辨物既於此廣見聞而王者大同
亦因之覘漸被後王德薄不能及遠魏晉六朝
疆分南北尚不能攬中原之全況在海外哉夷
考歷代經籍漢書藝文志有海中日月彗虹雜
占及海中二十八宿國分與五星順逆等六家

但言天象不及地輿至隋志始有交州以南外
國傳臨海水土物志唐志有顧愔新羅國記達
奚通海南諸番行記豈鉛槧之無人實榛狉之
未開耳我
朝混一車書冠帶之倫納賮奉琛載於
皇清職貢圖者不可悉數又自通商互市帆檣輻輳
日異月增番客估師儕於編戶故晦明風雨可
測而知巨澥重溟按程可屆昔揚雄把弱翰齎

油素以紀別國方言誠以扶輿磅礴非博識不能該則搜錄舊聞亦識海驗風之一助云若夫眞臘風土紀及禽魚桂海虞衡偏詳草木其細已甚概無取焉

海中雜占

朝看東南黑勢急午前雨暮看西北黑半夜看風雨廣輿圖

右占天

早起天頂無雲日出漸明暮看西邊無窮明日晴明　遊絲天外飛久晴便可期清朝起海雲風雨霎時辰　風靜鬱蒸熱雲雷必震烈東風雲過西雨下不移時　東南卯沒雲雨下巳時辰雲起南山暗風雨辰時見日出卯遇雲無雨必天陰　雲隨風雨疾風雨霎時息迎雲對風行風雨轉時辰　日沒黑雲接風雨不可說雲布滿山低連宵雨亂飛　雲從龍門起颶風連急雨西北黑雲生雷雨必聲訇雲勢若魚鱗來朝風不輕　雲鉤午後排風色屬人猜夏雲鉤

內出秋風鉤背來　曉雲東不慮夜雨愁過西雨陣雨雙煎大颶連天惡惡雲半開閉大颶隨風至風息始靜然　亂雲天半繞風雨來多少風送雨傾盤雲過都晴了　紅雲日出生勸君莫出行紅雲日沒起晴明不可許廣輿圖

右占雲

秋冬東南起雨下不相逢春夏西北風夏來雨不從　訊頭風不長訊後風雨毒春夏東南風不必問天公秋冬西北風天光晴可喜　長夏風勢輕舟船最可行深秋風勢動風勢浪未靜夏風連夜傾不晝便晴明　雨過東風至晚來越添巨風雨潮相攻颶風難將避　初三須有颶初四還可懼望日二十三颶風君可畏　七八必有風訊頭有風至春雪百二旬有風君須記　二月風雨多出門還可記　初八及十三十九二十一一作二十四　三月十八雨四月十八至風雨帶來潮傷船人難避　端午訊頭風二九君還記西北風大狂回南必亂地　六月十

一二彭祖連天忌七月上旬來爭秋莫船開八月半旬時隨潮不可移廣輿圖

逐月定日惡風　正月初十二十一日乃大將軍降日逢大殺午後有風無風則雨　二月初三十七二十七日午後有大風雨　三月初九十二二十四日有大風雨　四月初八十九二十三日午時有大風雨　五月初十十一十九日申酉時有大風雨　六月十九二十七日卯辰有大風雨　七月初七初九十五二十七日有大風　八月初三初八十七二十七日有大風　九月十一十五十七十九日有惡風雨　十月十五十八十九二十七日府君朝上帝卯時有大風雨　十一月初一初三十九日有大風雨　十二月初二初三初五初六廿二二十八日有大狂風東西洋考

南海夏秋間或雲物慘然則其暈如虹長六七尺此候則颶風必發故呼爲颶母忽見有震雷則颶風不能作矣舟人常以爲候豫爲備之嶺表錄異

南海多颶風颶者具四方之風也或曰懼風言怖懼也初則自東而北而西而南乃止未至時三日雞犬爲之不安既大至則林宇悉拔覆舟殺稼俗有朝三晚七晝不過一之諺亦頗驗云圖書編

右占風

烏雲接日雨即傾滴雲下日光晴朗無妨　早間日珥狂風即起申後日珥明日有雨一珥單日雨珥雙起　午前日暈風起此方午後日暈風勢須防暈開門處風色不狂早白暮赤飛沙走石日沒暗紅無雨必風　朝日烘天晴風必揚朝日燭地細雨必至　暮光燭天日光晴彩久晴可待日光早出晴明必久返照黃光明日風狂午後雲遮夜雨滂沱廣輿圖

右占日

虹下雨雷晴明可期斷虹晚見不明天變斷虹早掛有風不怕廣輿圖

右占虹

曉霧即收晴天可求霧收不起細雨不止　三日霧蒙必起狂風白虹下降惡霧必散廣輿圖

右占霧

電光西南明日癹癹電光西北雨下連宿　辰闕電飛大颶可期遠來無慮遲則有危　電光亂明無風雨晴　夏風電下來秋風對電起閃爍星光星下風狂廣輿圖

右占電

螻蛄放洋大颶難當兩日不至三日無妨滿海荒浪雨驟風狂大海無慮至近無妨　金銀徧海風雨立待海泛沙塵大颶難禁若近山岸仔細思尋　烏鰡弄波風雨必起二日不來三日難抵　水上鵝毛風大難拋東風可守回南暫傲　白蝦弄波風起便和廣輿圖

右占海

每月初一三十日初二三四五六日水醒至初七平交十五水又醒至十六十七十八十九二十日水俱醒二十一日水平如前水醒流勢甚緊凡船到七州洋及外羅洋值此數日斟酌船身不可偏東宜扯過西至初八九十一二三四水退流東二十三四五六七八水俱退東船到七州洋及外羅值此數日斟酌船身不可偏西西則無水宜扯過東東西洋考

右水醒

凡行船可探西水色青多見拜浪魚貪東則水色黑色青有大朽木深流及鴨鳥聲見如白鳥

尾帶箭此係正針足近外羅對開貪東七更船便是萬里石塘內有一紅石山不高如看見船身低下若見石頭可防水痕忌日忌行船裝載大月初一初七十一十七二十三三十日忌小月初三初七十二二十六日忌東西洋考

右水忌

月上潮漲月沒潮漲大訊潮光小訊月上　水漲東北東南旋瀠西南水回便是水落　北海之潮終日滔滔高麗潮來一日一遭　萊州洋

水南北長落北來是長南退方覺　揚子江內糧舟之患最怕船密大風緊急　繫定且守船走難纜鈕定必向直至沙岸　走花落矴神鬼驚散要知矴地大洪泥硬灘山一般鐵矴可障海中泥海順抛水矴黑水洋深接繳數尋成山開處名羅鼓地磨斷宗毛篾繳可抛成山鐵山萬丈深泉　廣輿圖

右占潮

廣州潮

廣人以潮汐為水節或日一潮而一汐或日兩潮而兩汐皆謂之節其在番禺之都朝潮未落暮潮乘之加以終風前後相蹙海水為之沸溢是曰沓潮一歲有之或再歲有之此則潮之變水之不得其節者也若以歲之十月自朔至於十有二日候潮朔日潮盛則明年正月必有大水二日則應二月日直其月至於十有二日皆然此亦潮之常而人罕知之蓋水之神於節者也　粵東筆記

瓊州潮

凡江浙之潮皆有定候獨瓊海之潮半月東流半月西流潮之大小隨長短星不繫月之盛衰亦甚異也　太平寰宇記

欽州廉州潮

嶺外錄欽州廉州日止一潮謂之小水朔望大潮謂之先水廣州記石洲名黃山在海中山北日一潮山南日再潮　廣潮輯說

崖州潮

周密癸辛雜識續集廣王駐硇州屬雷州界改號祥興至己卯歲二月北軍大至戰於崖山自曉至午南北皆倦欲罷平日潮信凡兩時卽退適此日潮總不退北軍雖欲少退而潮勢不可止遂死戰南軍大潰　海潮輯說

海中澳港

沿海之中上等安澳可避四面颶風者凡三十三處曰馬蹟曰兩頭峝曰長塗曰高丁港曰沈家門曰舟山前港曰潯江曰烈港曰定海港曰

黃岐港曰湖頭港曰梅港曰石埔港曰豬頭澳曰海門港曰松門港曰蒼山澳曰玉環山梁澳等澳曰楚門港曰黃花水寨曰江口水寨曰大澳曰女兒澳中等安澳可避兩面颶風者凡一十八處曰馬木港曰長白港曰蒲門曰覯門曰竹齊港曰石牛港曰烏沙門曰桃花門曰海閘門曰九山曰爵溪澳曰牛欄磯曰旦門曰大陳山曰大床頭曰鳳凰山曰南麂山曰霓澳其餘下安等澳只可避一面颶風如三姑山衢山之

類不可勝數必不得已寄泊一宵若停久恐風反别訊不能支矣又潭岸山灘山許山之類皆圍生無澳一面之風亦所難避可不慎乎圖書編

東洋記

天地之大何物不容輕清之氣包涵萬類星辰日月亦有所不及而聖人測理備至定四方製指南分二十四籌由近之遠莫出範圍啟後世愚蒙識萬國九州然而九州之外又有九州謹按四方外國地方海道人物風土粗據所見聞而略誌之俾後之君子有所採擇朝鮮居天地之艮方聯

盛京對天津古箕子地分郡縣幅員里道朝貢經由歷代史典輿圖備紀無庸剿說其南隔一洋日本國屬之對馬島順風一夜可抵明關白爲亂者是也自對馬島而南寅甲卯東方一帶七十二島皆日本倭奴之地而與中國通貿易者惟長崎一島長崎產乏粟菽難供食指開貿易入公家通計終歲所獲利就長崎按戶口均分

國王居長崎之東北陸程近一月地名彌穀譯曰京受封漢朝王服中國冠裳國習中華文字讀以倭音予奪之權軍政國事柄於上將軍王不干預僅食俸米受山海貢獻上將軍有時朝見而已易代爭奪不爭王而爭上將軍倭人記載自開國以來世守爲王昔時上將軍曾篡奪之山海應貢之物不產五穀不登陰陽不順退居臣位然後順若如故至今無敢妄冀者官皆世官世祿遵漢制以刺史千石爲名祿厚足以

養廉故少犯法卽如年僉舉一街官街官者鄉保也歲給贍養五十金事簡而閒通文藝者爲高士優以禮免以徭俗尚淨潔街衢時爲拭滌夫妻不共湯盥飲餘婢僕尚棄之富者履坐絮席貧者履坐薦席名曰毯踏棉各家計攤毯踏棉之多寡爲戶口男女衣服大領闊袖女加長以曳地畫染花卉文采褌用帛幅裹繞足著短襪以曳履男束帶以插刀髡鬚而薙頂額留鬢髮至後枕闊寸餘向後一挽而繫結髮長者修

之女不施脂而傅粉不帶鮮花剪綵簪珥而插玳瑁綠髮如雲日加滌洗薰灼楠沉髻挽前後爪甲無痕惟恐納垢至於男女眉目肌理不敢比勝中華亦非諸番所能比擬實東方精華之氣所萃人皆覆姓其單姓者徐福配合之童男女也徐福所居之地名曰徐家村其塚在熊指山下其國男子年五十餘陽多痿奴者儂也故呼之曰倭奴俗尊佛尚中國僧敬祖先時掃墓廬得香花佳果非敬佛僧則上祖墳人輕生有

犯法者事覺向荒山割肚自殺無累他人立法最嚴人無爭鬭語言寂寂呼僮僕鳴掌則然諾無售買人口傭工期滿卽歸所統屬國二北對馬島與朝鮮爲界朝鮮貢於對馬而對馬貢於日本南薩峒馬與琉球爲界琉球貢於薩峒馬而薩峒馬貢於日本二島之王俱聽指揮氣候與山東江浙齊長崎與普陀東西對峙水程四十更廈門至長崎七十二更北風從五島門進南風從天堂門進對馬島坐向登州薩峒馬坐

向溫台地產金銀銅漆器磁器紙箋花卉染印海產龍涎香鰒魚海參佳蔬等類薩峒馬山高巉巖溪深水寒故刀最利兼又產馬人壯健嘉靖間倭寇者薩峒馬是也日本原市舶永嘉因倭之漁者十八人被風入中國奸人引之爲亂髡鬚薙額雜以遠處土語遞相攘掠羣稱倭奴後平回國僅十八人王正以法隨禁市舶中國聽我往彼至今無敢來者倭載十八奇士普陀往長崎雖東西正向直取而渡橫洋風浪巨險

諺云日本好貨五島難過厦門往長崎乘南風見臺灣鷄籠山北至米糠洋香蕈洋再見薩峒馬大山天堂方合正針糠蕈二洋者洋中水面若糠粃水泡若蕈菌呼之爲米糠洋香蕈洋薩峒而南爲琉球也居於乙方計水程六十八更中山國是也習中國字人弱而國貧產銅器紙螺甸玳瑁無可交易其衣冠人物貢由福州久熟習見故不詳載自日本琉球而東水皆東流莊子所謂尾閭之不知何時已而不虛也海國聞見

錄

東南洋記

東南諸洋自臺灣而南臺灣居辰巽方北自鷄籠山至南沙馬崎延袤二千八百里與福興泉漳對峙隔澎湖水程四更隔厦門水程十有一更西面一帶沃野東面俯臨大海附近輸賦應徭者名曰平埔土番其山重疊野番穴處難以種數捕鹿而食薯芋爲糧不知年歲以黍熟釀酒合歡爲年性好殺以人頭爲寶文身黑齒種種不一晨聽鳥音以卜行事吉凶男女野合成耦迨崇禎間爲紅毛荷蘭人所據就安平大港建磯臺城三層以防海口教習土番耕作令學西洋文字取鹿皮以通日本役使勞瘁番不聊生鄭芝龍昔鯨鯢海上娶倭婦翁氏生成功隨帶數十倭奴聚泊臺灣視海外荒島不足以有爲仍寇江浙閩粵因囑其子曰倘不可爲臺灣有如虬髯之安及鄭成功寇鎮江敗歸阻守金厦始謀取臺灣會荷蘭之通事何斌逋夷負鈎

鹿耳門知港路深淺説成功聯檣並進荷蘭嚴守安平大港成功從鹿耳門進水漲三丈餘入據臺灣與荷蘭相持甚久因諭之曰臺灣係我先王所有現存倭人爲爾等所據今還我地資貨無染荷蘭悉眾而去至康熙二十二年鄭克塽歸順方入版圖以承天府爲臺灣府天興州爲諸羅縣萬年州爲臺灣鳳山二縣雍正二年分諸羅北之半線爲彰化縣鳳山沙馬崎之東南有呂宋居巽方厦門水程七十二更北面高

山一帶遠視若鋸齒俗名宰牛坑山有土番屬於呂宋與沙馬崎西北東南遠拱中有數島惟一島與臺灣稍近者名曰紅頭嶼有土番居住無舟楫往來語言不通食薯芋海族之類產沙金臺灣曾有舟到其處呂宋大山北從宰牛坑延繞東南背爲大西洋干絲臘是班呀所據地宜粟米長者五六分漳泉人耕種營運者甚盛年輸丁票銀五六金方許居住經商惟守一隅四方分定不許越界廣納丁票聽憑貿易東南

洋諸番惟呂宋最盛因大西洋干絲臘是班呀番舶運銀到此交易絲紬布帛百貨盡消島番土產雲集西洋立教建城池聚夷族地原係無來由番今爲據轄漢人娶無來由番婦者必入其教禮天主堂用油水畫十字於印堂名曰澆水焚父母神主老終歸天主堂挖坑土親肩而埋富者納貲較多寡埋堂上基內貧者埋墻外三年一清棄骸骨於深澗所有家貲明於公堂天主妻子作三股均分其蠱殊甚毋傳女而不

傳子即如牛皮火腿咒法縮小如沙令人食而脹斃又有蝦蟆魚蠱之類彼能咒解從口躍出成盤父子兄弟亦不得共寢席夜啟戶聽稽察拭床席驗有兩溫氣者捕以罰晨鳴鐘爲日方許開市肆經營午鳴鐘爲夜闔市寂閉不敢往來昏鳴鐘爲日燈燭輝煌如晝營生夜半鳴鐘爲夜以閉市肆晝夜各以三時辰爲日爲夜傍午挺夜禁闔地皆鬼市下接利仔叐水程十二更至甘馬力水程二十一更二處漢人從呂

宋舟楫往彼貿易利仔叐之東南隔海對峙有五島班愛惡黨宿務貓務煙網巾礁腦中國俱有洋艘往通亦係無來由族類山海所產與呂宋同如鹿麂牛皮筋脯蘇木烏木降香速香黃蠟燕窩海參等類水程必由呂宋之利仔叐海而南呂宋至班愛十更至惡黨二十三更至宿務二十四更至網巾礁腦五十八更人愚罔有知識家無所蓄需中國布帛以蔽身國各有王惟謹守國土其東南又有萬老高丁機宜二國

居於巳方國土人物產類相似水程呂宋至萬老高一百七十四更至丁機宜二百一十更由呂宋正南而視有一大山總名無來由息力大山山之北爲蘇祿從古未奉朝貢雍正戊申六年至閩貢獻西鄰吉里問又沿西文萊卽古婆羅國再繞西朱葛礁喇大山之正南爲馬神其山之廣大長短莫能度測山中人跡所不到產野獸亦莫能名其狀蘇祿吉里問文萊三國皆從呂宋之南分籌而朱葛礁喇必從粵南之七

州洋過崑崙茶盤向東而至朱葛礁喇一百八十八更馬神亦從茶盤噶喇巴而往水程三百四十更廈門由呂宋之蘇祿水程不過一百一十更共在一山南北遠近相去懸殊矣又隔東海一帶爲芒佳虱大山由馬神至芒佳虱水程二十七更復繞而之東卽係丁機宜東北係萬老高而蘇祿吉里問文萊朱葛礁喇總名皆爲無來由繞阿番性喜銅鉦器皿皆銅沿溪箸屋爲居俗甚陋身不離刃精於標鎗見血卽斃以

采色布帛成幅衣身經商其地往來乘莽甲卽小舟鬆從持利器相隨產珍珠冰片玳瑁海參燕窩烏木降香海菜藤等類而馬神番性相似人尤狡獪紅毛人曾據其港口欲佔其地番畏火礮莫敢敵入山以避用毒草浸洗上流使其受毒而自去產銅鑽胡椒檀香降香科藤荳蔻冰片鉛錫燕窩翠羽海參等類鑽有五色金黑紅者爲貴置之暮夜密室光能透徹投之爛泥污中上幔青布其光透出各番以爲首寶大如棋

子值價十萬餘兩西洋人購之爲至寶呂宋至吉里問三十九更至文萊四十二更此皆東南洋番國而朱葛礁喇馬神非從呂宋水程應入南洋各國因同蘇祿文萊南北大山是以附載東南洋俾覽者識其形勢焉海國聞見錄

南洋記

南洋諸國以中國偏東形勢用針取向俱在丁未之間合天地包涵大西洋按二十四盤分之卽在巽巳矣就安南接聯中國而言海接廉州

山繞西北而環南直至占城形似半月名曰廣南灣秦象郡漢交阯唐交州宋安南明交阯陸接兩粵雲南風土人物史典備載後以淳化新州廣義占城謂廣南因舅甥委守淳化隨據馬龍角礅臺北隔一水與交阯礅臺爲界自淳化而南至占城爲廣南國亦稱安南王阮姓本中國人氏古日南郡產金楠沉諸香鉛錫桂皮象牙綾絹燕窩魚翅赤菜糖與交阯相類以交阯爲東京廣南爲西京强於交阯南轄祿賴東埔

寨崑大嗎西南隣暹羅西北接緬甸栽荊竹爲城人善没紅毛呷板風水不順漂入廣南灣者國遣小舟數百人用竹筒攜細縷没水密釘細縷於呷板船底遠槳牽縴船以淺擱火焚而取其輜重今紅毛呷板以不見廣南山爲戒見則主鴛舟者曰鬆長國有常刑廈門至廣南由南澳見廣之魯萬山瓊之大洲頭過七州洋取廣南外之呫嗶囉山而至廣南計水程七十二更交阯由七州西繞北而進廈門至交阯水程七

十四更七州洋在瓊島萬山之東南凡往南洋者必經之所中國洋艘不比西洋呷板用渾天儀量天尺較日所出刻量時辰離水分度卽知爲某處中國用羅經刻漏沙以風大小順逆較更數每更約水程六十里風大而順則倍累之潮頂風逆則減退之亦知某處心尚懷疑又應見某處遠山分別上下山形用繩駝探水深淺若干駝底帶蠟油以粘探沙泥各各配合方爲確準獨於七州大洋大洲頭而外浩浩蕩蕩無

山形標識風極順利對針亦必六七日始能渡過而見廣南呫嗶囉外洋之外羅山方有準繩偏東則犯萬里長沙千里石塘偏西則恐漂入廣南灣無西風不能外出且商船非本赴廣南者入其境以爲天送來稅物倍加均分猶若不足比於紅毛人物兩空尚存中國大體所謂差毫釐失千里也七州洋中有種神鳥狀似海雁而小喙尖而紅脚短而綠尾帶一箭長二尺許名曰箭鳥船到洋中飛而來示與人爲準呼是

則飛而去間在疑似再呼細看決疑仍飛而來獻紙謝神則翺翔不知其所之相傳王三寶下西洋呼鳥插箭命在洋中爲記廣南沿山海至占城祿賴繞西而至東埔寨廈門至占城水程一百更至東埔寨水程一百一十三更東埔寨雖另自一國介在廣暹二國之間東貢廣南西貢暹羅稍有不遜水陸各得並進而征之番係白頭無來由裸體居多以布幅圍下身名曰水幔（讀平聲）地產鉛錫象牙翠毛孔雀洋布蘇木降

香沉速諸香燕窩海菜藤自東埔寨大山繞至西南爲暹羅由暹羅沿山海而南爲斜仔六坤大哖丁噶呶彭亨山聯中國生向正南至此而止又沿海繞山之背過西與彭亨隔山而背坐爲柔佛由柔佛而西爲麻喇甲即丁噶呶之後山也由麻喇甲而西出雲南天竺諸國之西南爲小西洋戈什噠暹羅沿山海至柔佛諸國各皆有王均受於暹羅國所轄古分羅暹二國後合爲暹羅國俗崇佛王衣文彩佛像肉貼飛金

用金皿陸乘象亭象輦舟駕龍鳳分官屬曰招誇以裸體跣足俯腰蹲踞見尊貴不衣褌而圍水幔尊敬中國理國政掌財賦城郭軒豁沿溪樓閣羣居水多鱷魚從海口至國城溪長二千四百里水深闊容洋船隨流出入通黃河支流夾岸大樹茂林猿猴采雀上下呼鳴番村錯落田疇饒廣農時闔家棹舟耕種事畢而回無俟鋤芸穀熟仍棹收穫而歸粟莖長二丈許以爲入貢土物因播秧畢而黃河水至苗隨水以長

水尺苗尺水丈苗丈無澇傷之患水退而稻熟矣幹河入中國勢猛而急支河入西域歸東埔寨暹羅以出海勢散而緩田疇藉以肥饒故產米之國石可三星俗語補鹿枝頭牽牛上樓蓋鹿爲水漂沒擱息於樹梢溪屋爲水注浸引牛於樓人有被虎啖鱷吞者告於番僧僧咒拘而虎自至咒攄綿紗於水而鱷自縛剖而視之形骸猶存有受蠱者向僧求咒則解是以俗重佛教富者卒後葬以埪即釋氏塔也又有一種男

女名謂尸羅蠻與人無異但目無瞳子人娶之亦生男女夜眠魂變爲貍狗率類向水厠嗜食糞穢將明附魄若熟睡翻覆其身魂不得附歸女爲經紀人戲以酸柑擠汁噀之眼淚長流而不可忍人染痢者若不洗滌夜爲尸羅蠻舐食化作小物入穀道而食腸腹故居暹之人以近水搭厠便於淨滌又有一種共人共者咒法名也刀刃不能傷王養以爲兵衛犯事應刑番僧以咒勸化之使其自退共法方與受刑國多祟

魔相傳三寶到暹羅時番人稀少鬼祟更多與三寶鬬法勝許居住一夜各成寺塔將明而三寶之寺未及覆瓦覗鬼之塔已成引風以側之用頭巾頂插花代瓦幔覆今其塔尚側三寶寺殿今朽爛樑纏猶存於屋瓦洋艘於篷頂桅上加一布帆以提弔船身輕快爲頭巾頂又於篷頭之傍加一布帆以乘風力船無欹側而加快爲插花番病每向三寶求藥無以濟施藥投之溪令其水浴至今番唐人尚以浴溪澆水爲治

病外洋諸番以漢人呼唐人因唐時始通故也番俗死後焚而後葬爲消除罪孽又一種生前發願死後恬問飼鳥飼魚者恬問卽捨身也恬問鳥喫之山石之上羣鳥翱翔畢集然後內一鳥紅嘴足先下而啄羣鳥集下頃刻僅存髏骨收而埋之恬問魚焚化成灰和麪作塊投之溪亦有先飼鳥後飼魚兩者皆兼之矣國造巨艦載萬餘石求桅木於深山大樹先以咒語告求允許方敢下斧不則樹出鮮血動手者立亡用

牛挽輦沿途番戲以悅之咒語以勸之少有不順則拔木而自回舊地挽至廠所其靈方息産銀鉛錫洋布沉束象牙犀角烏木蘇木冰片降香翠毛牛角鹿筋藤蓆佳紋蓆藤黃大楓子荳蔻燕窩海參海菜以銀荳爲幣大者重四錢中者一錢次者五分小者二分五釐其名曰撥皆王鑄字號法不得剪碎零用找以海螺巴廈門至暹羅水程過七州洋見外羅山向南見玳瑁洲鴨洲見崑崙偏西見大眞嶼小眞嶼轉西北

取筆架山向北至暹羅港口竹嶼一百八十八更入港又四十更共水程二百二十八更而東聯東埔寨僅水程一百十三更何以相去甚遠蓋東埔寨南面之海一片盡屬爛泥故名爛泥尾下接大横山小横山是以紆迴外繞而途遠也由暹羅而南斜仔六坤宋腳皆爲暹羅屬國大哖吉連丹丁噶呶彭亨諸國沿山相續俱由小眞嶼向西分徃水程一百五六十更不等土產鉛錫翠毛佳紋蓆燕窩海參科藤氷片等類

相同惟丁噶呶胡椒甲於諸番爲美番皆無來由族類不識義禮裸體挾刃下圍幅幔檳榔夾煙嚼穀米和水香貿易難容多艘而柔佛一國山雖聯於彭亨其勢在下水程應到崑崙用未針取茶盤轉酉至柔佛計厦門水程一百七十三更番情與上諸國相似而所產相同較之暹美而倍多年經商可容三四舶就舟交易產沙金國以鑄花小金錢爲幣重四五分銀幣不行由柔佛而西麻喇甲亦係無來由族類官屬名

曰惡耶國王彷暹羅用漢人理國事掌財賦產金銀西洋布犀角象牙鉛錫胡椒降香蘇木燕窩翠毛佳文席等類金錢銀幣皆互用往西海洋中國洋艘從未經歷到此而止厦門水程二百六十更至於小西洋烏鬼國大西洋雖與大塊相聯西洋呷板來往語具大小西洋記麻喇甲南隔海對峙大山爲亞齊係紅毛人分駐凡紅毛呷板往小西洋等處埔頭貿易必由亞齊經過添備水米自亞齊大山生繞過東南爲萬

古屢盡處與噶喇巴隔洋對峙紅毛回大西洋者必從此洋出然後向西南過烏鬼呷繞西至大西洋就中國往噶喇巴而言必從崑崙茶盤純用未針西循萬古屢山而至噶喇巴厦門計水程二百八十更原係無來由地方爲紅毛荷蘭所據分官屬名曰呷必丹外統下港萬丹池問三處下港產胡椒萬丹另埔頭池問產胡椒檀香而噶喇巴甲諸島番埔頭之盛各處船隻聚集貿易中國大西洋小西洋白頭烏鬼無來

由島番磬珍寶物食無所不至荷蘭建城池分埔頭中國人在彼經商耕種者甚多年給丁票銀五六金方許居住中國人口浩盛住此地何啻十餘萬近荷蘭亦以新唐禁革不許居住令隨船而回茶盤一島居崑崙之南毗於萬古屢山之東皆南洋總路水程分途處島番捕海為生產佳文草蓆細而長者年僅足二席之用入王家辟蟲蟻值價四五十金次者二三十金再次十金值一二金者猶錦繡布褐之相去也海國聞見錄

小西洋記

小西洋居於丙午丁未方從麻喇甲暹羅繞西沿山而至於白頭番國人即西域之狀綣鬚環耳衣西洋布大領小袖纏腰裹白頭故以白頭呼之國有二東為小白頭西為包社大白頭二國北接三馬爾丹即噶爾丹之本國也而三馬爾丹之北鄰細密里也國而細密里也之西為俄羅斯國小白頭東鄰民呀國民呀人黑穿着皆白類似白頭英圭黎荷蘭佛蘭西聚此貿易民呀之西接天竺佛國民呀之東南遠及暹羅民呀之南臨海民呀之北接哪嗎西藏及三馬爾丹國屬而小白頭南入於海之地曰戈什嗒東西南三面皆臨大海外懸一島曰西崙中產大珠戈什嗒東之沿海地名有三曰網礁臘係英圭黎埔頭曰房低者里係佛蘭西埔頭曰呢顏八達係荷蘭埔頭西之沿海地名有二曰蘇喇曰網買皆英圭黎埔頭其地俱係紅毛置買

所建也　包社大白頭國東鄰小白頭北與小白頭皆聯三馬爾丹西北枕裏海西鄰東多爾其西南鄰阿黎米也南臨大海　多爾其分東西二國皆回回東多爾其國不通海東鄰大白頭東北傍裏海北接惹鹿惹也西鄰西多爾其南接阿黎米也　裏海者諸國環而繞之東北細密里也西北俄羅東三馬爾丹西惹鹿惹也西南東多爾其南包社大白頭內注大海不通海棹其水惟從包社出海故為裏海　惹鹿惹

也一國亦不通海東傷裏海西傷死海北聯俄羅斯南接東西多爾其女人姿色美而毛髮紅氣味臭衣着同白頭貢於包社　死海者卽黑海源從地中北俄羅斯南西多爾其東惹鹿惹也西民哞呻四面環繞不通大海故爲死海而西多爾其民哞呻二國不通小西洋之海而濱於中海之東北中海係從大西洋之海而入語附大西洋記　阿黎米也東鄰包社大白頭北接東西多爾其西北濱於大西洋之中海西聯

烏鬼國陸地一隅自西至西南與烏鬼之地隔對一海南臨大洋國爲多爾其所屬貢男女於多爾其爲奴婢　烏鬼國東北山與阿黎米也相聯向西南生出坤申方大洋何啻四五國之遠其盡處曰岬卽中國支山入海盡處曰表表者標也佛蘭西曰岬英圭黎曰吸皆順毛烏鬼地方是以紅毛岬板從小西洋來中國者由亞齊之北麻喇甲之南穿海過柔佛出茶盤而至崑崙自岬而東至戈什嗒自戈什嗒而東至亞

齊其海皆呼曰小西洋人黑白不同皆西域裝束長衫大領小袖裹頭纏腰國富庶產寶器生銀洋布丁香肉果水安息吧喇沙未油蘇合油等類以金爲幣鑽石爲寶海國聞見錄

大西洋記

案紅毛等國居於西北辛戌乾方而鬼國自坤申而繞極西至庚西方皆烏鬼族類之國總而名之曰大西洋地缺東南乾艮坤三方博厚相均而於巽未缺少故外生東南斷續諸國尚未

適均而又於噶喇巴萬古屢之東南另生一地以補東南之缺案天圖分度十二月日月方行到之度正當烏鬼地方之岬處日月行度坤巽相對因人蹟不到尚未立名曾詢之佛蘭西人云昔時伊國岬板曾到彼處地有土人語言不通執其數人而去伊國王載之歸此所以地面正四方於適均之處未均而又補之也是以西洋人誌四方洋名以東南缺處之海洋爲小東洋與戈什嗒少西之小西洋相對以日本之洋

爲大東洋與紅毛大西洋相對　自烏鬼地方係順毛烏鬼北與小西洋阿黎米也之山相聯沿海生向西南坤申方而盡呷處方繞向西北與閭年烏鬼王國爲界又於呷之東面懸海大山係嗎里呀氏簡烏鬼一國間有舟楫通粤東自閭年又向西北復繞出極西酉方一帶皆閭年綣毛烏鬼地方又自西復往西北與蘇麻勿里烏鬼爲界中又一國亦名烏鬼國王西面皆沿海接聯北面一帶陸地俱聯蘇麻勿里東與

接聯阿黎米也之順毛烏鬼爲界周圍皆屬烏鬼地方種類繁多肌骨皆黑生相不一地方廣闊難以族舉沿海亦有通舟楫貿易者各國以爭鬬擄掠爲事所掠人口活者俟紅毛經過售買爲奴死者類牲畜剖塊晒乾爲食蘇麻勿里亦係烏鬼西臨大洋北鄰彌黎呂黎惹林二國南北相聯人口稀少山林深密多產奇狀野獸彌黎呂黎惹林西臨大洋北一帶與貓喇貓里也毗聯貓喇貓哩也乃回回族類多爲海賊在

中海西海劫掠西臨大洋北一帶與紅毛隔中海對峙海從西入東自隔海之西北而東沿中海有葡萄牙是班呀佛蘭西那嗎民呼呻西多爾其而盡中海之東處阿黎米也由阿黎米也而向西直出至西洋皆貓喇貓里也中海沿邊之地南北東諸國三面夾繞惟西通外海是爲中海海產珊瑚西洋人求中國者謂中海阿黎米也之地西聯烏鬼陸地處恨不能用刀截斷即於中海可通阿黎米也內海而出小西洋戈

什嗒至亞齊出茶盤何用繞極西極西南極東南而至噶喇巴北上茶盤遠近相去年餘之遠也　葡萄牙者澳門之祖家也東北二面地鄰是班呀西臨大洋南俯中海　是班呀者呂宋之祖家也西北臨大洋東南俯中海西鄰葡萄牙東北接佛蘭西　佛蘭西者西臨大洋北接荷蘭南鄰是班呀東接那嗎　那嗎者天主國王處也北接黃旗東沿中海而至民呼呻由民呼呻沿東南中海而至西多爾其由西多爾其

東沿中海至阿黎米也由阿黎米也向西沿中海之南貓喇貓里也之地而出西洋就民哖呻之陸地東至死海北聯那嗎民哖呻者天主之族類也此從中海東北之地而言　荷蘭者嗎喇巴之祖家也西鄰佛蘭西沿佛蘭西而至西北皆臨大海北面隔海對峙英圭黎東鄰黃旗南接那嗎由荷蘭北海而至黃旗　黃旗者均係紅毛種類素未通中國近有舟楫來粵營生南接那嗎民哖呻東鄰普魯社爲界普魯社係

俄羅斯種類也北接杏因西隔海與英圭黎對峙沿北海而至杏因　杏因者西北海之國亦係紅毛種類素未通中國西南隔一海與英圭黎對峙英圭黎一國懸三島於杏因黃旗荷蘭佛蘭西四國之外海自杏因沿海而東繞俄羅斯自俄羅斯而東至細密里也皆爲北海不能行舟海冰不解故爲冰海自杏因而南至烏鬼諸國皆爲大西洋紅毛者西北諸番之總名淨鬅髮披帶赭毛帶青氈卷笠短衣袖緊襪而皮履高後底畧與俄羅斯至京師者相似高準碧眸間有與中國人相似者身長而心細巧凡製作皆堅緻巧思精於火礮究勘天文地理俗無納妾各國語言各別以摘帽爲禮而尊天主者惟干絲臘是班牙葡萄呀黃旗爲最而辟之者惟英圭黎一國産生銀哆囉呢羽毛緞嗶嘰玻璃等類海國聞見錄

粵海關志卷三十終

國朝柔遠記十八卷附編二卷（卷一至卷八）

〔清〕王之春輯

《國朝柔遠記》十八卷《附編》二卷，清王之春輯。之春（一八四二—一九〇六）字爵堂，號椒生，湖南清泉（今衡陽）人。是書又名《中外通商始末記》，係據上諭、奏疏及中西著述等，依年月編纂成書。卷一至十八記順治元年（一六四四）至同治十三年（一八七四）清廷對外交涉之詳情。《附編》二卷，卷一爲瀛海各國統考，記荷蘭、英、法、美等國勢力及其東侵情形，並《蠡測卮言》十三篇；卷二爲沿海形勢考略，又列《寰海地球剖圓圖》、《沿海輿地圖》、《三島分圖》等，圖後均附説明，記其地理形勢、風俗民情等。據清光緒間刻本影印。

國朝柔遠記二十卷

國朝柔遠記敘

柔遠一書臣友王之春所輯也之春以文人兼武事馳驅江海間防北塘駐京口遊歷日本長崎橫濱於中外交涉事見聞周洽暇則博稽
國朝掌故凡有關於遠畧者提綱摘要殫歲月之功成爲是書誠撫遠之宏圖綏遠之良策也夫秦漢而還多事四夷往往兵連禍結爲累世隱憂卽勒石燕然山繫單于頸致闕下而財窮力竭得其土不可治得其人不可臣隋珠彈雀之誚所難免焉至若兩晉南宋已事率皆君臣翫泄養癰貽患自小其朝廷史冊所書千載下讀之猶令人髮指其罪烏可貸哉昔宣聖與魯君論文武之政於遠人則曰柔誠以遠人不可遽恤之以威也遽恤之以威則彼必震動不安又不可故示之以弱也故示之以弱則彼必狡焉思逞此而求一至善不易之經則非柔不爲功且夫柔之云者非我之自處於柔也道在順其歸附之心而孚之以誠信則柔者益柔所謂變友柔克也化其獷悍桀黠之習而迪之以中庸則不柔者亦柔所謂高明柔克也今觀所編穆然仰見
列祖
神宗聲教四訖廣乾坤覆載之恩宏遐邇一體之量揚丕冒之仁於國外消反側之萌於無形用能梯山航海視遠如歸服詠心歌無遠弗屆雖其間或剿或撫或戰或和不必盡歸

一致而變通盡利要皆範躍冶之金陶汰之以適於用闗
出林之虎馴伏之以安其常蓋自文武以後柔遠之政未
有若是之盡美盡善可以行久遠而無弊者臣奉
命巡視長江兼閱海防屢欲彙纂我
朝懷柔遠人之謨宣布
皇仁於中外且舉數百年來先後任事諸公成敗得失之數藉
資法戒期於臨事而不惑而簡練務煩苦無暇晷此書實
先得我心之所同然者故序以行之之春年甫强仕喜著
書皆切於時務異日才猷愈老識見愈深文章經濟當更
有進於今兹者則是書特其嚆矢耳
光緒八年仲春上浣臣彭玉麟謹撰

嘗謂惟聖知幾亦惟聖因天天之欲合四海爲一家也幾
早見於康乾之世幾見而先覺者我
聖祖仁皇帝
高宗純皇帝也因天而弗違者我
文宗顯皇帝也康熙三十三年俄羅斯遣使來朝
上諭外藩朝貢固屬盛事總當以牧甯中國培養元氣爲根本
乾隆四十一年刑部奏駮李質穎讞英商獄不得其平傳
旨申飭反覆數百言
兩聖人燭微洞遠若皆逆知後世之有洋務者非知幾其神乎道
咸間海氛亟矣
文宗顯皇帝獨決大計社稷轉危爲安得以全力蕩平髮捻而海
外各國亦化干戈爲玉帛非因天弗違乎士大夫生當其
世出覩隮享承平上下數千年縱横九萬里胸中不能無
感慨有感慨斯有論列有發明此柔遠記之所由作耳記
凡二十卷編年繫月採輯至當將使讀者於通商大局知
其所原起知其所滋蔓並知其所究竟甚盛心也雖然事
之原起當所聞世事之滋蔓當所見世而事之究竟則尚
在未來吉凶悔吝變動不居至可喜亦至可懼懼將奈何
心
列祖
列宗之心而已矣心
列祖

語曰前事不忘後事之師也運會之變遷人事之旋轉雖智者憂深思遠不能逆料於先時而知其所究竟惟一以前事爲法戒而衷於至當不易之理則百世之下猶可以燭照數計固不事區區推測之私也易曰知幾其神中庸曰至誠之道可以前知蓋恃此矣我

聖朝豐功偉烈厚澤深仁丕冒海隅無有遐邇乃或膺重寄者罔知大體坐失機宜往事具存前鑒不遠此王之春柔遠一書所由輯也夫閉關絶俗之說無論在今日爲迂談也即質之三代盛王亦豈狷然自好劃堂奧而守之謂聊固吾圉云爾哉禹貢紀要荒周官有職方氏之掌明堂之位九夷八蠻如在幕庭故凡含生負氣之屬梯山航海翕然嚮至固時勢爲之不得不然者亦

列祖

列宗聲教之所訖非偶然也誠務修其德政則四海猶一家如天君泰而百體從令苟或失之則指臂之間亦驅使之所不及遑論其他乎道咸之間海氛日熾維時當事者每不諳於彼此之情形自互市以來申明條約轉危爲安而旣福倚伏之機又即在是之春究心於當世之務獨於中外交涉緣起通商始末采摭不遺較之近時朔方備乘瀛寰志畧諸編或跼蹐一隅或侈張博物皆無當於經世之實用惟是書綜稽掌故並恭録

歷朝諭旨指示方畧黜陟人材非徒長駕遠馭之資亦考鏡

列宗之心奈何自治其内而已矣十數年前人事之杌隉旣以因

天心而挽回數十年後天心之禍福又將因人事而旋轉理固有可必者記有之日月所照霜露所隊凡有血氣莫不尊親在古人原非託諸空言在我

朝尤可見諸實事何以驗之即於梯航重譯之十數國驗之蓋莫不尊親之幾已倪也於此時果能極深研幾以承

天眖所謂柔遠人四方歸之

盛業不可以是編爲左券之操也哉

光緒八年歲次壬午仲夏月臣譚鈞培謹敘

得失之林也詩曰不愆不忘率由舊章有心斯世者可以統觀前事而深長思矣

光緒九年歲次癸未二月臣衞榮光謹敘

古今之國勢自唐虞三代至秦而一變井田封建諸法蕩焉無存此一時也自漢唐以後至
國朝道咸中而又一變舉際天並海從古不通中華之國並梯山航海重譯來同此又一時也斯二者皆天也雖然天不變道亦不變蓋至變中有不變者存焉論者僉謂天主耶穌諸教自明季闌入中土思奪吾堯舜孔孟之席吾謂不然蓋不特彼教不能奪吾堯舜孔孟之席且深幸堯舜孔孟之教將盛行於彼都而特自今日始何者堯舜孔孟之教爲天地立心爲生民立命乃乾坤所繫以不敝者也天地之生人爲貴薄海内外諸國皆人也皆可與入堯舜孔孟之道者也特自古不通中國又相去數萬里禮聞來

學不聞往敎故不知有聖人未得聞其敎耳天誘其衷以互市故朋遊於中土而漸近吾禮義之敎自當幡然大變其故俗尚何慮其奪吾堯舜孔孟之席哉中庸不云乎惟天下至誠爲能盡其性則能盡人之性能盡物之性物之性且當盡況異域同在並生並育之中若聽其外聖敎而終失其性何以贊化育而與天地參乎天心仁愛聖人有敎無類必不忍出此也聖人之道譬如天地之無不持載無不覆幬是以聲名洋溢乎中國施及蠻貊舟車所至人力所通天之所覆地之所載凡有血氣者莫不尊親故曰配天此正堯舜孔孟之實錄也其曰舟車所至則今日之火輪舟車聖賢早知之矣此聖敎將行於各國之大機括

也夫聖教在中國亦以漸而及也堯舜都冀州其時惟今山西山東直隸河南陝西數行省爲中原餘皆要荒服也孔孟時吳越荆楚尚爲蠻服宋以來三江兩湖閩越黔滇川粵始大盛文學比鄒魯謂非聖教之自近而遠歟我
朝雍正中滇黔川楚兩粵諸苗猺改土歸流亦自開闢以來始沾
王化至乾隆中新疆拓土二萬里則中土業已偏覆無遺繇是可以及外國矣然則堯舜孔孟之敎蓋漸推漸遠初無一息之停也臣友王之春有見於此爰撰
國朝柔遠記自
世祖訖
穆宗朝凡懷柔泰西諸國之事蹟皆備紀之雖不無猗那先民之思然正以見
累朝聖人兼容並包如天之量天欲使堯舜孔孟之教自中國以施及蠻貊
列聖先天而不違故在二百年前卽已啟其機括蓋天地無外聖人無外故
列聖之包涵偏覆亦無外吾知百年內外盡地球九萬里皆當一道同風盡遵聖教天下一家中國一人之盛其必在我
朝之
聖人無疑矣目下泰西諸國皆能識華文仿中制譯讀四子五經書丕變其陋俗英國近有比遞斯尼教以躬行實踐爲

宗此卽堯舜孔孟之正教也彼其所謂天主耶穌希臘諸教已自悟其非而遷喬出谷矣豈非自然之氣機動於不自知
列聖早已啟其端哉之春又以已意撰蠡測卮言十三篇曰愼約議聯與國廣學校精藝術固邊防修船政興礦利防漏稅强兵力練民團禁販奴編教民論鴉片皆時務切要之言語曰識時務者爲俊傑反是則迂儒俗吏而已當今日之時勢强鄰相逼而來幾成戰國之局雖孔孟復生亦不能不因時而立制以孔子固聖之時者也孔子陳九經曰柔遠人來百工孟子極論交鄰之道已預知今日之時事此十三篇者皆救時之急務也雖然有本焉富强其末也孔子曰足食足兵必要其歸於民信又曰庶矣富矣必要其歸於教之孟子曰修其孝弟忠信可使制挺以撻堅甲利兵此我中國自堯舜禹湯文武周公以來歷世相傳之本務而不可一日忘者也洋人所奉者天主然而天道之所忌彼皆犯之殘忍天所忌也洋人於火攻則精益求精於鴉片則栩鴆毒以害人充其量不至盡天下之人類不止犯天之忌一機巧天所忌也洋人無事不用機械犯天之忌二强梁天所忌也洋人則以强淩弱以衆暴寡犯天之忌三陰險天所忌也洋人吞噬兼併每蓄意於數十年前而坐收後利犯天之忌四狡猾天所忌也洋人智取術馭得寸進尺犯天之忌五忘本天所忌也洋人不敬祖先廢

宗絕祀犯天之忌六黷武天所忌也洋人恃其船堅礮利不戢勢將自焚犯天之忌七專利天所忌也洋人上下交征利君臣父子兄弟懷利以相接犯天之忌八奢侈天所忌也洋人厚於自奉窮奢極欲犯天之忌九忌刻天所忌也洋人暗分朋黨彼此猜嫌犯天之忌十然則爲洋人計由今之道無變今之俗亦斷難必其有終故惟幡然改從堯舜孔孟之教然後不失乎人之性而無犯造物之所忌此堯舜孔孟所以爲天地立心爲生民立命而吾中國之所以爲中國者在此不在彼也然則言時務者雖師彼之所長尤當以堯舜孔孟相傳不變之道爲本務而後可與言富强也

光緒十年甲申三月臣李元度謹敘

昔道光時有臣曰魏源著一書曰

聖武記自

開國之初用兵次第以及康熙中勘定三藩乾隆時蕩平回部備載無遺迹

皇朝武功之盛以傳示後世其意至深遠也今光緒朝又有臣曰王之春著一書曰

國朝柔遠記自順治以迄於同治於中外交涉機宜以及通商始末凡所以控御八荒懷柔萬國者皆在焉視魏源之書用意尤爲深遠然源之書已風行於時而之春之書知者猶罕竊嘗受而讀之喟然而歎曰

天之所以宏覆無外而我

國家所以長駕遠馭陶六合爲一家者其將在此乎晉皇甫謐帝王世紀云自神農以上有大九州柱州迎州神州之等黃帝以來德不及遠惟於神州之內分爲九州是說也儒者或未之深信及佛氏之書出而四大部洲之說興更爲儒者所不道乃自泰西諸國通乎中夏則海外五大洲曰歐羅巴曰利末亞曰阿細亞曰南北亞墨利加曰墨瓦蠟泥加固皆舟車之所至人力之所通矣以是推之佛氏四大部洲可信而神農以上大九州亦可信夫神農以上如天皇地皇之類固荒遠難稽而伏羲都陳神農亦都陳後又都魯載籍有徵學者亦皆信之然則神農以上君臨大九州者皆吾中國聖人而四夷無與焉天下大勢合久

必分分久必合今遠人來驩視道如咫此蓋分而復合之
徵意者吾中國有大聖人將合大九州而君之以復神農
以上之舊乎世徒見其人心計之奇巧器械之精良挾其
長技淩犯我邊陲則惴惴焉懼中國之不可以爲國而不
知治天下有本有末其心計之奇巧器械之精良則天實
啟之使得以自通於中國者也皆其末也若夫其本則固
在我中國矣當孟子時有善戰者有連諸侯者有辟草萊
任土地者人人以爲得富强之策亦猶今西國之人心計
奇巧器械精良雖孟子無以尙之也孟子則一言以折之
曰盍亦反其本矣所謂反其本無他焉省刑罰薄稅斂使
仕者皆欲仕於其朝耕者皆欲耕於其野商賈皆欲出於

其塗鄰國之民皆仰之如父母如此者在孟子時不過朝
秦楚莅中國而在今日則雖統大九州而爲之君不難矣
草茅微賤不足窺測
朝廷德意然竊見
聖天子精求吏治勤恤民隱一遇水旱偏災疆吏未及上聞而
璽書已先下問可謂得其本矣異時德洋恩溥使東西洋皆
在怙冒之中以復神農以前東西九十萬里南北八十五
萬里之盛軌此一編也非其嚆矢乎愚故曰較魏源之書
其意更深遠矣
光緒十有一年乙酉秋八月臣俞樾謹敘

夫先王之訓耀德不觀兵止戈之文安民而和衆是以崇
密降於因壘有苗格於舞階雖近在要荒但示懷柔之意
豈遠違聲教必伸撻伐之威我
國家文德覃敷遐邇馴伏四荒四極八殥八紘舉凡山經地
志所不能詳大章豎亥所未及步者罔不重譯獻雉攸關
貢獒納牛羊稱唐帝之畜牲進燕支爲漢宮之顏色畏威
懷德者數十國薦來厚往者二百年迨夫光豐以來大肆
要求謂漢孰與我大稱兵竟逆顏行
列聖心切保民
戒深黷武
含容如地

覆幬辟天
准予通商重行立約因所利而利之視不勝猶勝也說者慮滋
蔓難圖植荆受刺謂他族之逼處迺非種之當鋤不知魏
絳和戎實深沈之至計趙范挑衅徒孟浪以貽憂景延廣
劍詡橫磨范文虎舟矜遠泛卒至禍延君國傾覆全師凡
此前車堪爲殷鑒或又謂虎欲雖逐象猛可馴旣悔罪而
輸忱不必操之以蹙復效逆而犯順何可示之以柔歸獄
於始事之人責難於養癰之後則同舟無共濟隻手何以
挽狂瀾衆慼出矢言殺身究何裨時局當事之苦心莫諒
異時之公論自明今者回紇受盟契丹結好玉帛相見敦
槃聿修固不必厪杞人墜天之憂而續江統徙戎之論然

而揚湯不可以止沸抱火爠厝夫積薪竊恐鹵莽者冀僥倖以圖功畏葸者徒因循而貽誤不懲既往曷救將來否則徒習佉盧拉丁之文僅通象譯狄鞮之語遂以華洋關涉委諸傖儈交通適與爲緣動輒得咎爰搜葺陳編考證往事自定鼎起訖同治止仿綱目編年之體就中外交涉之端詳晰編次著爲是書俾顛末盡窺得失互證冀以默消夫隱患實有難已之苦衷欲使善於約束羈縻或有裨於久安長治也夫

光緒六年歲次庚辰仲夏月上澣臣王之春謹敘

凡例

一此書事實自恭錄

列聖上諭及

頒發官書外并搜錄當時諸臣奏疏與名臣撰述西人圖志及各家私著可採擷者薈萃而成間有得之聞見者要必采訪確實不敢稍涉虛誣所有管蠡之見間附於後

一我

朝統一寰宇珍賮之貢史不絕書是編本爲中西互市成和諸事而作其於服從最久之藩部屬國年例貢獻與夫封冊　命使　錫賚讌犒既列王會之圖自有職方之掌不及備錄惟是　聲教所訖舟航雖直接東瀛而輪蹄亦可徠西極所賴我內外藩服扞蔽其間攷策陳編莫非

累朝

文德所綏服

武功所戡定茲取其勢有交通事相關涉者并畧識其端俾薄海咸仰瞻

盛烈

一此書編年以紀事於當日在事諸臣仿史傳一律書名惟意在表見事狀除本官外凡封爵謚號不及備錄至

命官授職有關洋務者並揭書以繫事

一自開國訖同治一

朝掌故惟　起居所職　中祕所藏不能悉窺其外間傳播

於五大洲各國交涉事實搜羅畢載
皇上沖齡嗣位聰明天亶聲靈震疊萬國梯航來者日衆容俟采訪著爲續編故紀元以來事均未載

一我
朝幅員之廣遠邁前代其　內府皇輿全圖及各家傳刻本並五大洲各圖皆考證所資惟各直省沿海疆界島嶼前人雖間有圖繪恆苦畧而不詳茲特將沿海各口及臺澎瓊州各島詳細繪列著爲圖說附諸卷末俾言防海者得以覽焉

一中西和約內載凡與各國公文均不用夷字此編惟恭錄

上諭並昔日奏牘未便擅改餘均遵照和約不用夷字以昭大同之盛

一此書搜輯陳編詳稽往事不過自備遺忘未敢問世而索閱者多苦不暇給遂付手民以代鈔胥至事迹糾紛不無譌漏容俟續補勘正焉

國朝柔遠記目錄

國朝柔遠記附編目録

國朝柔遠記卷一

臣 彭玉麟恭定
臣 王之春敬編

甲申 順治元年

秋七月修正曆法

初明太祖取元授時爲大統曆改太史院爲欽天監兼置回回曆科承用積久而差萬曆九年大西洋意大里亞國人利瑪竇來廣州香山澳後入京貢方物其人精推步之學士大夫皆重之自是而龐迪我熊三拔龍華民鄧玉函等後先踵至皆善天文曆算瑪竇以三十八年四月卒其年十一月朔日食曆官推算多謬五官正

周子愚請譯迪我三拔所攜曆法諸書以資采擇禮部因奏取知曆儒臣與迪我三拔同測驗南京大僕少卿李之藻亦上西洋曆法薦迪我等時庶務因循未暇也崇禎二年五月朔日食禮部侍郎徐光啟依西法推算與大統回回互異光啟法驗擢本部尙書督修曆法因請開局舉之藻華民玉函旋又徵西洋人湯若望羅雅谷等供事曆局譯書演算前後撰進曆書百卷後山東參政李天經代爲監督亦進曆書星屏儀晷時言曆者四家大統回回外別立西洋爲西局又魏文魁以布衣言曆徵爲東局屢測星行交食惟天經等所推密合十六年三月朔日食測又獨驗詔西法改爲大統曆法値

寇氛日亟未及施行明年正月李自成逼山西詔輔臣李建泰督師剿賊命若望隨征修火攻利器行未幾賊鋒已逼京畿建泰入保定沒於賊賊敗我　朝召爲內院大學士若望隨至京師進所製星球日晷遠鏡并輿地屏圖請應用諸曆依西洋新法推算七月上言敬授人時全以節氣交宮與太陽出入晝夜時刻爲重若節氣之時日不眞則太陽出入晝夜刻分俱謬矣曆稽大統回回舊曆所用節氣止泥夫古且北直之節氣春分秋分前後俱差一二日況諸方乎新法之推太陽出入地平環也則有此晝而彼夜此入而彼出之理若舊法以一處而概諸方故種種差訛難以枚舉今以臣局新

法所有諸方節氣及太陽出入晝夜時刻俱照道里遠近推算明列篇首開卷瞭然得　旨試行乃以新法造時憲書　頒行各直省此我　朝用西人治曆之始然西洋國俗大都崇奉天主耶穌教利瑪竇來華即奉有耶穌經像並盛言天主爲天地萬物之主宰其徒黨繼至者相率和之或居京師或在各直省開堂禮拜以其說煽誘愚衆時廷臣已有惡之請驅斥者特當事因其曆法準驗不肯嚴爲禁絕遂使彼教流染中華議和戰通貢市胥此濫觴矣

臣按利瑪竇之師丁氏學於歐几里（著幾何原本者）遂得私淑幾何宗旨攜其書東來一時士大夫如徐光啟李

之藻等爲之潤色其文詞新法之行實於此始於是
熊三拔龐迪我等測驗於前湯若望羅雅谷等編纂
於後勝國祚終書成而迄不能用遭逢　聖代龍
興因其成帙用備疇人之掌遂爲一代授時改憲之
權輿記有之日有開必先其是之謂乎至於其徒益
繁竟有藉新法以陰行其敎法者則當時楊光先已
先見及之萌櫱不札將尋斧柯殆謂是哉

遣朝鮮侍子歸國
朝鮮爲青州逾海之地舜割爲營州周以封箕子本中
國地與盛京界鴨綠江　國初天聰崇德間　王師一
再征之入其都城分畧八道諸島獲其王妃王子宗室

及羣臣家屬國王李倧委身歸命質其二子湦淏奉正
朔歲時貢獻有征伐調兵護從一如明舊制後雖屢以
失期違約被　詰責然　遺詔猶免其歲貢三之一是
年以平定中原遣其質子還國免歲貢之半其後康熙雍正乾隆三朝屢減貢額僅存什之一

乙酉順治二年
秋八月朔日有食之　詔行新歷法
先是六月湯若望上言臣於明崇禎年間曾用新法製
測量日月星晷定時考驗諸器連遭賊燬臣擬另製進
呈今將本年八月初一日日食照新法推步京師所見
日食分杪並起復方位圖像與各省所見不同之數開
列呈覽及期　命大學士馮銓同若望赴臺測驗與所
算合有　旨行用新法
冬十一月以意大里亞人湯若望掌欽天監事
湯若望旣爲監正累加太僕太常寺卿　敕賜通微教
師

丁亥順治四年
夏六月遣小呂宋使臣歸國
小呂宋本名蠻里喇一作馬尼刺在臺灣沙馬崎東南
距厦門水程七十二更海中行船分一晝夜爲十更以炷香爲度每更約行六十里旁
多小島而小呂宋爲大四周各千餘里土蠻居之明洪
武五年其使偕瑣里諸國來貢永樂八年與馮嘉施蘭

復貢後久不至地產金珠瑇瑁燕窩海參烏紅木煙糖
米穀閩人商販者至數萬人嘉靖中是班牙來其地互
市是班牙即西班牙同治三年和約稱日斯巴尼亞或稱日國隆慶中遣其
臣墨瓦蘭一作米牙蘭駕巨艦東來抵蠻里喇豔其土廣腴
謀襲取乃厚賂遺王乞地如牛皮大建屋以居王不虞
其詐許之乃製牛皮聯屬至數百丈乞如約王業許諾
遂聽之是班牙漸營室築城設守禦萬歷初突以兵船
襲殺其王以其地爲屬藩遣一酋來鎭萬歷四年官軍
追海寇林道乾至其地國人助討有功復朝貢自是與
中國通商貿易歲倍已又慮華人爲變多逐之歸留者
悉被侵奪二十一年其酋侵美洛居役華人助戰有潘

和五者爲其哨官蠻人待華人虐甚因謀刺殺其酋和五等盡取其金寶甲仗駕舟以歸失路之安南時酋子郎雷貓吝駐朔霧聞之率衆馳至遣僧至閩陳冤乞戮仇人償父命巡撫許孚遠以聞上飭閩浙督撫禮遣之初酋之被戮也其部下居呂宋者盡逐華人於城外孚遠遣人招還然華人嗜利趨死不顧久之復成聚其時礦稅使者四出奸宄蠭起言利有閻應龍張嶷者言小呂宋機易山素產金銀採之可得厚利詣闕奏聞上納之遣海澄丞王時和偕嶷往勘呂宋欲殺嶷賴諸華人共解獲釋歸厥後呂宋疑中朝將襲取其國諸流寓者爲内應謀盡殺之先後死者二萬五千人移書閩中守

臣言華人將謀亂不得已先之巡撫徐學聚等告變疑坐誅上並移檄呂宋數以擅殺罪其後華人復稍稍往而蠻人利中國互易亦不拒崇禎末遣使入貢使臣留閩未還先年福建平守臣送其使入都至是遣歸本國

秋八月佛郎機來廣東互市

佛郎機卽法蘭西一作佛蘭西歐羅巴洲大國也東界日耳曼及瑞士意大理亞南界地中海西班牙西界西洋大海西北界英吉利北界比利時日耳曼北極出地四十一度至五十度倫敦經綫偏西四度至東八度舊三十三部後改八十一部山海四周形勢險固民性謙和尚禮節而易反覆機變男女喜歌舞佚蕩軍士尚勇

好戰前者傷亡後者繼進士好文學精醫科歷法文字爲各國誓約所循語言爲歐羅巴之官音狀貌衣服器用與荷蘭英吉利畧同土產銅鐵鉛錫礬煤水晶玻璃鐘表羽紗呢絨衣棉蔗糖葡萄其地漢以前皆山林土蠻好擄掠羅馬征服之(羅馬今意大里亞)漸知遵化後土酋自立爲國唐元宗時有臣曰鎚者才勇絶倫回回侵逼血戰破敵其孫甲利王當德順時平蠻靖難時羅馬内亂以兵取其地大半後與羅馬教主議復其西都之君號羅馬教主亦冊爲西朝之君至宋時國人往猶太國(卽如德亞今土耳其藩屬)拜耶穌墓與回回交惡屢相攻戰與英吉利搆兵互相勝負明正德時路義第十二王好戰爲日耳

曼王所擄贖歸國中素崇天主克力斯頓舊教與波羅斯特之耶穌教爭戰國王征之不能克乃聽民各隨所願而崇舊教爲多朝政有五爵分理數百年來嗣王多驕侈不恤下屢侵淩鄰國府藏虛耗斂怨臣民常致有篡奪廢置之事其始來廣州也以正德間據東南洋滿刺加(一名麻六甲今英吉利屬地)地逐其王十三年遣使臣甲必丹來貢方物請封詔給値遣還其使久留不去剽劫行旅掠買良民食小兒其使火者亞三復賓緣江彬得侍帝十五年御史邱道隆言滿刺加乃勅封之國而佛郎機敢併之且啗我以利邀求封貢決不可許宜卻其使臣明示順逆還滿喇加疆土方許朝貢御史何鼇言佛郎

機最凶狡兵械較諸番獨精前歲駕大船突入廣東會城礮聲殷地留驛者違制交通入都者桀驁爭長今若仍聽其往來貿易勢必爭鬬殺傷南方之禍殆無紀極祖宗朝貢有定期防邊有常制故來者不多近因布政吳廷舉謂缺上供香物不問何方來卽取貨致番舶不絕於海澨蠻人雜遝於州城防禁既疏水道益熟此佛郎機所以乘機突至也乞悉驅在澳番舶及番人潛居者禁私通嚴守備庶一方獲安亞三侍帝驕甚明年武宗崩下亞三吏自言本華人爲番人所使乃伏法絕其朝貢其年七月又攜土物求市守臣請抽分如故事詔復拒之嘉靖二年遂寇新會之西草灣指揮柯榮百戶

王應恩禦之生擒其將別都盧疏世利等四十二人獲其二舟餘三舟賊復接戰應恩陣亡賊亦敗遁官軍得其礮卽名爲佛郎機副使汪鋐進之朝其小二十斤以下遠可六百步其大七十斤以上遠可五里火礮之有佛郎機自此始（職方外紀昔有佛王名類斯者惡回回據如德亞伐之始制大銃因其國在歐羅巴洲回回遂概稱西士人爲佛郎機而銃亦沿襲此名瀛環志畧火礮之法創於中國明初元駙馬帖木兒王撒馬兒罕威行西域歐羅巴人有投部下爲兵弁者攜火藥礮位以歸諸國講求練習又變通其法爲鳥槍遂爲戰陣利器）自是諸番貢不以時及勘合差失者悉行禁止未幾巡撫林富上言粵中公私諸費多資商稅番舶不至則公私皆窘因陳許佛郎機互市有四利部議從之自是佛郎機得市香山澳又越境商於福建二十六年

巡撫朱紈嚴禁通番番無所利則整衆犯漳州之月港浯嶼副使柯喬禦卻之後又犯詔安官軍迎擊生擒賊首李光頭等九十六人紈用便宜斬之怨紈者御史陳九德劾其擅專給事中杜汝楨往驗言此滿剌加商人往來販鬻無僭號流劫事不當擅誅紈遂被逮自殺蓋不知是時之滿剌加卽佛郎機也紈死海禁復弛佛郎機遂縱橫海上無忌而其市香山澳濠鏡者至築室建城雄踞海畔若一國（此澳門有洋樓之始然佛郎機旋去澳不居今所居者乃葡萄牙也）先是暹羅瓜哇占城浡泥諸國互市皆在廣州市舶司領之正德時移高州電白縣嘉靖十四年指揮黃慶納賄請於上官移之濠歲輸課二萬金佛郎機遂得混入

久而諸國皆畏避之後僞稱滿剌加入貢已改稱蒲都麗家部議言必佛郎機也乃卻之番既築城聚海外雜番廣通貿易至萬餘人吏莫之詰甚或利其貨寶佯禁而陰許之番又潛匿倭寇總督張鳴岡檄番人驅倭出海因上言今倭去而番尚存有謂宜剿除者有謂宜移之浪白外洋就船貿易者顧兵難輕動濠鏡在香山內地官軍環海而守彼日食所需咸仰於我一懷異志我卽制其死命若移外洋則巨海茫茫奸宄安詰制禦安施似不如申明約束無啟衅無弛防相安無患之爲愈從之因設雍陌營千人戍之天啟元年監司馮從龍等毀所築城番亦不敢拒蓋番人本求市易初無不軌謀

而中朝疑之過甚不許其朝貢又無以制之故議者紛
紛然終明之世此番固未嘗為變也至是廣督佟養甲
疏言佛郎機國人寓居濠鏡澳門與粵商互市於明季
已有歷年後因深入省會遂飭禁止請嗣後仍准番船
通市自後每歲通市不絕惟禁入省會
臣按劉淵入而晉室亡祿山寵而唐室亂非我族類
必鋤而去之江統徙戎之論不得謂非先機之哲也
佟養甲援明之舊代佛郎機請許通互市其意原欲
廣 聖朝招徠之仁昭覆載之量而豈知臥榻之側
他人原未可鼾睡哉履霜而凜堅冰雨雪而先集霰
春秋之例所以謹微而慎始者良有以也

順治九年（壬辰）
秋七月欽天監監正湯若望進渾天星球地平日晷儀器
冬十二月西藏羅卜藏嘉穆錯達賴剌麻來朝
西藏即烏斯藏古吐番今唐古特（一作土伯特）在川滇西徼
外地分三部為三藏前藏曰康為察木多（亦曰喀木在巴塘西）中
藏曰衞為布達拉（即吐番建牙之所）達賴剌麻居之後藏曰藏
為扎什倫布班禪剌麻居之又併極西之阿里為四部
北界青海河源（古星宿海）南界雅魯藏布江（即大金沙江上游為古黑水由
緬甸入南海）西界雪嶺（即岡底斯山為葱嶺南幹）東南界怒江（江外即野人境）西
南界廓爾喀通東印度（即東天竺今孟加臘英吉利屬地）居萬峯中為
岷山大小金沙瀾滄怒江諸源所流匯地寒确不宜稻

穀惟產青稞豆麥牛羊仰中國茶布及諸布施距京師
萬四千里自唐太宗以文成公主下嫁吐番贊普通中
國元世祖封番僧八思巴為帝師大寶法王領其地西
藏遂為釋教宗主明代廣封法王國師諸號許世襲通
朝貢其地僧多於民舊皆紅教（僧帽袈裟俱尚紅）其後專習祕
咒流為邪幻有宗喀巴崛起思改革即會眾自黃其衣
冠演大乘教有二大弟子曰達賴剌麻曰班禪剌麻皆
能世以呼畢勒罕（華言化身）轉生自言所往弟子輒迎立之
達賴一世曰敦根珠巴贊普之裔世為番王亦出家嗣
宗喀巴始以法王兼藏王事二世根敦嘉穆錯自置第
巴代理兵刑賦稅弟子稱胡土克圖則分掌教化始以

活佛聞於中國武宗遣使迎之不至三世鎖南堅錯名
益震紅教之大乘大寶諸法王多改從黃教蒙古諸汗
王皆拱手聽教令時順義王俺答躬入藏迎至青海鎖
南堅錯戒其好殺勸東還俺答亦勸其通中國乃自甘
州遺大學士張居正書自稱釋迦牟尼比邱然皆未嘗
受封中國至五世羅卜藏嘉穆錯當我 朝崇德初蒙
古喀爾喀三汗請延達賴明年因厄魯特使遺達賴書
於是達賴班禪及藏巴汗青海固始汗各遣使自塞外
繞道至盛京奉書及方物並獻卦驗知當一統及定鼎
燕京復各遣使貢獻表頌功德 詔遣使迎達賴至是
至京 上賓之於太和殿建西黃寺居之及行餞之

南苑德壽寺　授金冊印　封西天大善自在佛領天下釋教普通鄂濟達賴剌麻　命和碩親王碩塞以八旗兵送之自是塞上諸部安謐多賴其教誡以釋爭而諸番蒙古之嚮服中國亦時藉其用焉

丙申順治十三年

荷蘭表請修貢

荷蘭今和約中稱和國俗稱紅毛歐羅巴濱海之國東界日耳曼普魯社南界比利時西南界法蘭西西北界西洋大海北極出地五十度至五十三度英倫經緯偏東二度至五度地形低窪築堤以禦海潮人戶稠密大似中國江蘇田少而土膏腴草茂可資畜牧禽獸鱗介充斥自

昔專務通商故國小而富饒工技精巧善造氈呢羅絨羽紗嗶嘰鐘表古土番部羅馬征服之繼爲日耳曼所據蕭齊時地歸法蘭西置酋長法有內亂諸酋自立分十七小部後有不爾疴尼亞復併爲一北宋時海潮決堤居民皆沒都城幾沒積水匯爲巨浸曰亞爾零海明成化中爲奧地利亞所有正德時西班牙王兼王其地荷蘭舊分南北部北卽荷蘭崇耶穌新教南則彌爾尼王卽比利時崇天主舊教王以峻法抑新教荷蘭人阿蘭治起兵拒西班牙破之復自立國分爲七部遂晏然富庶百數十年商舟遠泛與東南洋通貿易於麻六甲蘇門答臘遍設埔頭噶羅巴島爲大小西洋出入中國門戶

富盛甲兩洋亦據其海口建設城邑流通百貨由是遂東北之婆羅洲卽大瓜哇美洛居巴布亞大小諸島以次據岸立埔大抵東南洋諸島國惟小呂宋爲西班牙所有餘皆屬之荷蘭小西洋諸島國今多屬英吉利嗣聞葡萄牙法蘭西市香山澳豔之萬歷二十九年遂以大艦巨礮薄香山欲通貢市澳人力爲防禦引去有久居大泥暹羅屬之奸商誘之通賄稅使高寀其酋乃抵澎湖築舍爲久居計會撫按嚴禁通海始去然是時法蘭西橫行海上荷蘭思與爭雄復東來破美洛居各島後又奪臺灣據澎湖築城設守守臣懼禍說以毀城遠徙卽許互市天啟三年乃毀所築城去已而互市不成則復築城澎湖掠漁舟

運土俾華人助築尋犯廈門官軍俘斬數十人乃詭詞求款仍泊舟風櫃仔出沒浯嶼白坑東椗莆頭古雷洪嶼沙洲甲洲濱海郡邑爲戒嚴巡撫南居益至上言臣入境以來番船五艘續至與風櫃仔船合凡十一艘其勢愈熾有小校陳士瑛先遣往交畱巴卽噶羅巴宣諭其王至三角嶼遇紅毛船言交畱巴王已往阿南國卽荷蘭因與士瑛偕至大泥謁其王王言交畱巴已大集戰艦議往澎湖求互市若不見許必至搆兵蓋阿南卽紅毛番國而交畱巴大泥與之合謀必不可以理諭非用兵不可部議從之四年遣將奪鎮海港口城之紅毛退守風櫃仔益發兵攻擊荷蘭窘求緩兵遂退兵澎湖之警

以息而據臺灣者猶敎習土番招誘華人耕作築安平赤嵌二城以自固崇禎間爲鄭芝龍所破不敢窺內地者數年乃私貿外洋十年仍駕四舶來廣州求市總督張鏡心力持不可遁去奸民知事終不成不敢復句引而臺灣竟爲鄭成功所奪順治十年因廣東巡撫請於朝願備外藩修職貢至是齎表請朝貢部議五年一貢　詔改八年一貢以示柔遠

丁酉順治十四年

夏四月欽天監秋官正吳明烜劾監正湯若望不實議罪赦免

回回科秋官正吳明烜疏言湯若望所推七政書水星

二八月皆伏不見今水星於二月廿九日仍見東方八月二十四日又夕見又言若望舛謬三事一刪除紫炁一顚倒觜參一顚倒羅計　命內大臣等公同測驗水星實不見議明烜詐妄之罪援赦得免

己亥順治十六年

安南入貢

安南今越南國北界廣東廣西雲南西界暹羅東南際大海北極出地自八度至二十三度中綫偏西自八度至十三度都於富良江南岸富良江今亦日紅河源於雲南日河底江即梨花江又日元江地產五金絲茶漆靛木棉肉桂象牙胡椒諸香料衣冠仍唐宋之制職官選舉文字大都遵倣中國坐則席地貴人迺施短榻尙循古制國中禁令甚嚴紅毛人以鴉片誘據交畱巴復誘安南安南覺其陰謀犯者立置重典又嚴禁天主敎有入敎者殲滅之不與西洋通市乾隆中阮光平以廣南篡據安南引法蘭西人爲助與之通市後遂據其西貢地本古南交秦以交阯隸象郡漢置交阯郡後改交州唐置安南都護府五代時曲承美竊據始自立國爲外藩宋初封丁璉爲安南郡王三傳而爲其臣黎桓所篡黎亦三傳而爲臣李公蘊所篡李八傳無子傳其臣陳日炬陳歷十二傳而爲其臣黎季犛所篡前明張輔沐晟等蕩平其地置安南布政使後簡定季犛相繼復叛嘉靖元年莫氏篡黎上用張經言封黎氏爲安南都統使莫氏爲安

平令其南界之林邑古越裳氏地西漢置九眞日南郡漢末自立爲國後稱占城宋時併於眞臘稱占臘明代爲安南所併稱廣南以交阯爲東都廣南爲西都鎭以重臣爲藩封後廣南日强乾隆嘉慶中新舊阮氏皆以藩封得國是年大兵征雲南莫敬耀首納款至軍貢方物　詔封爲安南都統使

夏六月明鄭成功陷鎭江進薄江寧總兵梁化鳳大敗之成功遁還海島

初明嘉靖中海賊林道乾竄據臺灣爲琉球人所逐倭人又逐琉球而據其地天啟時泉州人鄭芝龍往附之因家臺灣倭旋爲荷蘭所逐芝龍與其黨入海爲寇崇禎中巡撫沈猶龍招降之敗荷蘭寇閩之師積功官至都督同知福王立封安南伯南都破唐王稱號隆武芝

龍及禮部尚書黃道周等奉之順治三年唐王被執死芝龍降於我　朝而芝龍娶倭婦所生子成功及兄子彩聯等并擁衆海上猶奉隆武年號而成功最强連陷濱海諸府州縣已而彩聯之金門厦門亦於七年盡爲成功所奪遣使朝桂王永歷於湖南封延平郡公屢陷海濱諸縣圍漳州十年　朝廷下令招撫令芝龍以書招之彩聯等皆降獨成功不從十四年永歷遣使進成功延平郡王招討大將軍至是聞　王師三路攻永歷於雲南乃大舉會浙江張煌言之師内犯江南圖牽制是月以海艘乘風潮上焚沿江木柵斷横江鐵索破瓜洲遂陷鎮江進逼江寗謁孝陵移檄遠近東南大震時

上幸南苑議親征兩江總督郎廷佐佯通款以緩攻祟明總兵梁化鳳赴援化鳳望敵營不整因大出師以三路攻其前以勁騎繞出山後夾攻敵遂大潰又燒其海艘五百餘成功遂以餘艦遁還

辛丑順治十八年

鄭成功攻臺灣逐荷蘭而取其地　詔徙沿海居民嚴海禁

鄭成功自江南敗歸崎嶇海上日久屢進取無功謀奪臺灣爲窟穴會荷蘭通事何斌逋負巨債投成功請爲嚮導至是進泊澎湖紅毛以大舟沈塞港口礮發潮漲丈餘數百艘倏抵岸遂克赤嵌城進圍王城半載不下乃絕水源以困之荷蘭棄臺灣以大舶遷去鄭氏遂有臺灣與金厦兩島相犄角　詔沿海居民三十里界外盡徙内地禁漁舟商舟出海以杜句通總督李率泰遂遷同安之排頭海澄之方田邊境八十八堡安置内地

國朝柔遠記卷一

國朝柔遠記卷二

臣彭玉麟恭定
臣王之春敬編

癸卯康熙二年

夏六月荷蘭入貢

荷蘭自順治十三年請貢經禮部議准後是年始由廣東入貢刀劍八皆可屈伸馬四鳳膺鶴脛迅速異常
詔嘉賚之

冊封琉球國王

琉球東洋小國也有三十六島紆蟠如虬龍流動故稱流虬後改琉球南北四百里東西不足百里在日本薩

司馬南値臺灣東北都於那壩其島較大海風甚烈地磽瘠少米民食番薯唐宋以來始通中國明初入貢太祖賜以閩人善操舟者三十六姓後日本虜其王不屈復送還國修貢如常舊有山北山南中山三部後中山王并之以國小而貧爲日本所屬役惟世奉中國正朔先是國王尙質於明季請封未果使者畱閩順治中轉送禮部繳前敕印循舊典差行人張學禮副使王垓等往竣事　賜王及妃蟒緞綾綢各四十八匹使還隨賜一品服往冊封尋以海氛未靖暫停至是仍差學禮貢槍刀扇紙琉黃蕉布胡椒等物自是定貢舟三年一至許販鬻中土貨物免其稅國中資以爲利焉

甲辰康熙三年

克厦門金門展沿海居民地界

鄭成功既破荷蘭而有臺灣　朝廷遂誅芝龍及鄭氏在京者元年成功卒長子錦經一作守厦門入臺嗣立靖南王耿繼茂總督李率泰貽書招錦錦請如琉球朝鮮例不報時明桂王已滅而錦猶奉永歷年號至是繼茂率泰及降將施琅黃梧等進兵克厦門金門浯嶼降其眾萬八千錦遁歸臺灣始展沿海居民界復舊業

十二月戊午朔日食不應黜湯若望

初徽州歙縣人楊光先告欽天監正湯若望傳天主教且其造時憲書有十謬一不用諸科校正之謬二一月

有三節氣之謬三二至二分長短之謬四夏至太陽行遲之謬五移寅宮箕三度入丑宮之謬六刪除紫炁之謬七顚倒觜參之謬八顚倒羅計之謬九黃道算節氣之謬十歷止二百年之謬禮科議駁不准至是又摘本年是月日食交會之誤狀告禮部曰湯若望陽假修歷之名陰行邪教之實散布邪黨於濟南淮安揚州鎭江江寧蘇州常熟上海杭州金華蘭谿福州建寧延平汀州南昌贛州廣州桂林重慶保寧武昌西安太原絳州開封並京師共三十堂每堂一年五十餘會每會收徒二三十人各給金牌繡袋妖書會單以爲憑驗請照大清律左道妖言二條治罪　旨下禮部會吏部同審

湯若望等及傳敎之歷官李祖白擬大辟免死其作序之給事中許之漸罷黜

乙巳 康熙四年

以楊光先爲欽天監正

是年特授楊光先欽天監右監副旋授監正光先以但知推步之理不知推步之數且以攻罷異端爲邪黨所忌潛伏殺機恐遭陷害力辭新職疏凡五上卒不准辭

丙午 康熙五年

封安南國王黎維禧

時黎維禧繳呈明桂王永歷所給敕印　詔遣使封爲安南國王自後貢獻定六年兩貢並進貢道由廣西太

平府入關不由海道

戊申 康熙七年

秋七月欽天監監副吳明烜罷以治歷南懷仁爲監副

懷仁大西洋人於　上初元來華在監治歷劾奏吳明烜所造八年己酉歲時憲書七政民歷內閏十二月應是九年正月又一年兩春分兩秋分種種謬誤刑部議明烜罪奉　旨從寛杖四十革職以懷仁爲監副

己酉 康熙八年

秋八月議欽天監正楊光先罪

光先在監數年吳明烜爲監副因本年置閏之誤明烜已爲南懷仁所劾光先自覺其非自行檢舉但時憲書已　頒行乃下　詔停止閏月下光先於獄刑部議光先罪當斬　上憐其年老加　恩從寛免死至是戍後遇赦歸行至山東暴卒（光先赦歸至山東暴卒時有謂其爲湯若望之黨毒死者但東華錄祗云年老加恩免死疇人傳祗云歸卒其毒死之說諸書皆無明文當日傳聞之詞未知確否）

先是湯若望雖罷黜而羽黨實多天主教傳布中國光先自憤其先憂之隱不白於天下後世嘗著不得已書闢其敎法深爲若望之黨所嫉其不得已上篇云歷官李祖白天主教之門人也著天學傳概一卷其言曰天主上帝開闢乾坤而生初人男女各一子孫居如德亞國此外並無人居當是時事一主奉一敎紛歧邪說無自而生其後生齒日繁散走遐逖遂爲大東大西有

人之始即爲中國有人之始夷考其時當在伏羲氏是中國之初人實如德亞之苗裔天學固其所懷來也延至唐虞三代君臣告誡於朝聖賢垂訓於後往往呼天稱帝以相警勵其在書曰昭受上帝天其申命用休詩曰文王在上於昭于天魯論曰獲罪於天中庸曰郊社之禮所以事上帝孟子曰樂天畏天事天何莫非天學之法語微言是中國之敎無先天學者噫小人而無忌憚亦至此哉不思今日之天下即三皇五帝之天下也祖白謂歷代之聖君賢臣是邪敎之苗裔六經四書是邪敎之微言將何以分別　本朝之君臣不爲邪敎之苗裔乎而弃其端者曰康熙三年杜下史毘陵許之漸

敬題噫異哉史臣諫官而亦爲此言耶雖前明之季學士大夫如徐光啟李之藻李天經馮應京樊良樞等多爲天主教作序然或序其歷法序其儀器序其算數至進天主書像未有序之者實湯若望自序之可見徐李諸人猶不敢公然得罪名教也若望之爲書也曰男女各一以爲人類之初祖未敢直言覆載之内胥其敎之子孫祖白之爲書也則盡中國而如德亞之矣盡中國之古先聖師而邪教苗裔之矣盡歷代之聖經賢傳而邪教緒餘之矣豈止妄而已哉天主教不供君親是率天下而無君父者而之漸之序曰二氏終其身於君臣父子而莫識其所爲卽儒者亦不能無樊噫是何言也

二氏寺觀奉龍牌尙識君臣佛經言供養千辟支佛不如孝堂上雙親尙知父子況吾儒以天秩天敘天倫天性立教乎惟天主耶穌以犯法釘死是莫識君臣耶穌之母瑪利亞有夫名若瑟而曰耶穌不由父生是莫知父子何顚倒之甚也楊墨之害道也不過爲我兼愛而孟子卽拒之曰楊墨之道不息孔子之道不著傳槪之害道也苗裔我君臣學徒我周孔祖白之意若曰孔子之道不息天主之教不著孟子之拒恐人至於無父無君祖白之著恐人至於有父有君而許君爲祖白作序是拒孔孟而尊祖白矣邪教開堂於京師宣武門之内東華門之東阜城門之西山東之濟南江南之淮安揚州鎭江江寧蘇州常熟上海浙之杭州金華蘭谿閩之福州建寧延平汀州江右之南昌建昌贛州東粤之廣州西粤之桂林蜀之重慶保寧楚之武昌秦之西安晉之太原絳州豫之開封凡三十窟穴而東粤之香山澳萬人盤踞其間成一大都會暗地往來若望藉歷法以藏身金門而棊布邪教之黨羽於十三省要害之地其意欲何爲乎明綱之所以不紐者由廢祖宗之法弛通海泄漏之律徐光啟以歷法薦利瑪竇等於朝以數萬里不朝貢之人來而弗譏其所從來去而弗究其所從去行不監守之止不關防之十三直省之山川形勢兵馬錢糧靡不收歸圖籍而弗之禁古今有此玩待外國

人之政否我　朝因明之待西洋如此習以爲常不察伏戎於莽萬一竊發百餘年後將有知予言之不得已者其下篇云天主教所事之像名曰耶穌手執一圓像問何物則曰天問天何以持於耶穌之手則曰天不能自成其爲天猶萬有之不能自成其爲萬有必有造之者而後成天主爲萬有之初有其有無元而爲萬有元超形與聲不落見聞乃從實無造成實有不需器具先造無量數天神無形之體次及造人其造人也必先造天地品彙以爲覆載安養之需故先造天造地造飛走鱗介種植等物然後造人男女各一男名亞當女名厄襪以爲人類之初祖天爲有始天主爲無始有始生於

無始故稱天主焉次造天堂以福事天主者之靈魂造地獄以苦不事天主者之靈魂人有罪應入地獄者哀悔於耶穌之前並祈耶穌之母以轉達於天主即赦其人之罪靈魂亦得升於天堂惟諸佛爲魔鬼在地獄中永不得出問耶穌爲誰曰即天主問天主宰天地萬物者也何爲下生人世曰天主憫亞當造罪禍延世世苗裔許躬自降生救贖於五千年中或遣天神下告或託前知之口代傳降生在世事跡預題其端載之國史降生期至天神報童女瑪利亞胎孕天主瑪利亞怡然允從遂生子名曰耶穌故瑪利亞爲天主之母童身猶未壞也問耶穌生於何代何年曰漢哀帝仁壽庚申二年

噫荒唐怪誕亦至此哉夫天二氣之所凝非可造而成者也設天果有天主則覆載之內四海萬國皆天主所宰制必無獨主如德亞一國之理且既稱天主凡天下事皆天主主持當其下生三十三年誰代主宰其事天既無主則天不運行地不長養人不死生物不蕃茂乾坤或幾乎息矣天主欲救亞當胡不下生於造天之始乃生於漢之仁壽庚申天主造人當造盛德至善之人以爲人類之初祖猶恐後人之不善繼述何造一驕傲爲惡之亞當致子孫世世受禍且其子孫中又有聖有賢有智有仁不盡亞當之所爲又何人造之哉天主下生救之宜過化存神型仁講讓登一世於熙皞其或庶幾乃不識其大而好行小惠惟以瘳人之疾生人之死爲事又安能救一世之雲礽去惡而遷善以還造化之固有哉釋氏銷罪崇善去惡彼教但以奉耶穌母子者即升之天堂不奉者即下之地獄使奉者皆善人不奉者皆惡人猶可說也苟奉者皆惡人不奉者皆善人不已顛倒賞罰乎謂佛墮地獄中永不得出誰則見之而耶穌生釘十字架現身劍樹苦海豈有主宰天地萬物之人而不能自主一身之性命乎豈有造化世界之上帝而世人能戕之戮之乎剽竊釋氏天堂地獄之唾餘而反唇相謗則離道教方士之剽佛謗佛不如是甚也且又援儒而謗儒歷引六經之上帝斷章以證其爲天

主而曰蒼蒼之天乃上帝所役使或東或西無頭無腹無手無足未可爲尊況地爲眾足所踐汙穢所歸安有可尊之勢夫不尊天地而尊上帝猶可言也尊耶穌爲上帝不可言也耶穌而誠全天德之聖人也則必一言而爲法後世一事而澤被生民若伏羲文王之明易象堯舜之致時雍大禹之平水土周公之制禮樂孔子之明道德斯萬世之功也耶穌有一於是乎如以瘳人之病起人之死爲功此華佗扁鵲祝由幻術之事非大聖人之事也更非主宰天地萬物者之事也苟以此爲功則何如不令人病不令人死之功爲更大也以上帝之聖神廣運一一待其遇病瘳之遇死起之則已不勝其

勞況遇耶穌者一二不遇耶穌者無窮其救世之功安在也且利瑪竇之書止載耶穌救世功畢復升歸天而諱其死於王法至湯若望黠不若利瑪竇乃並其受罪釘死直圖而布之其去黃巾五斗米之張道陵幾何世或以其制器之精奇而喜之或因其不婚不宦而重之不知其儀器精者兵械亦精適足爲我隱患也不婚宦者志不在小乃在誘吾民而去之如圖日本取呂宋之已事可鑒也詩曰如彼雨雪先集維霰又傳曰鷹化爲鳩君子猶惡其眼今者海氛未靖譏察當嚴揖盜開門後患宜毖寍使今日詈予爲妒口毋使異日神予爲前知斯則中國之厚幸也夫

臣按戰國時楊朱墨翟之言盈天下孟子不得已以能言拒之甘負好辯之名而堯舜禹湯文武周公孔子之道賴以不喪於天下後千餘年佛老之說陷溺人心韓子不得已作原道以明先王之敎而堯舜禹湯文武周公孔子之道亦得未墜於地我　朝定鼎之初湯若望挾其新法混入中國一時喜其歷法準驗稍弛中外之大防遂致腥羶雜處光先不得已而爲是篇言耶穌自稱爲上帝雖與福音書稍歧然閑先聖闢異端義正詞嚴亦大有功於名敎而當時言天學者右湯而左楊抑何不思之甚耶

冬十二月禁直省立天主堂

先是欽天監官依舊法推算康熙八年十二月當置閏南懷仁言雨水爲正月中氣是月二十九日値雨水卽爲九年之正月不當閏置閏當在明年二月監官多直懷仁言乃改閏二月遂　特旨許西洋人在京師者自行其教凡在各省開堂設教者禁之

庚戌康熙九年

金川土司嘉勒巴內附

金川在四川松潘廳徼外有二源一出小阿樹土司經黨壩入境爲大金川一源較近爲小金川皆以山產金礦得名二水合流後爲大渡河西南會打箭鑪河而南又東至嘉定會靑衣水入岷江漢冉駹外徼隋置金川

縣唐維州地明隸雜谷安撫司其地萬山叢矗溪流洶湧深寒多雨雪惟產靑稞蕎麥番居皆石碉至是其土司嘉勒巴來附　上以其俗崇西藏釋教給演化禪師印俾領其衆

復起湯若望欽天監正

自是時憲書用西歷新法永爲定制若望後以十七年卒

夏六月意大里亞入貢

意大里亞一名以他里卽後漢書大秦國以其人長大類中國故中國人以此稱之非其本名又名犂韃在歐羅巴洲南境東北界土耳其亞得利亞海西南并界地中海西北界法蘭西大山北界瑞士東北界奧地利亞北極出地自三十八度至

四十六度英國中綫偏東自四度至十六度本昔之羅馬國即天主教宗國歐羅巴列邦建置本末以額力西爲最著（額力西一名厄勒祭在意大里亞東希臘其都城一區之地昔并於土耳其今希臘仍自爲一國）當周時尚强盛爲希臘諸國漢始爲意大里亞所并即羅馬也國創於周至漢而成秦西混一之勢東西分裂在東晉侵削在六朝及唐宋宗社之墟在明景泰祚歷二千餘年而後法蘭西英吉利代興利瑪竇始以萬國全圖幾何歷法天主耶穌經像汎海九萬餘里而入中國故惟意大里亞足以綱紀大西洋開古今中外一大變局其羅馬語言文字法制技巧諸西國猶宗之今疆土已裂爲十三國國王雖偏處東方而西部羅馬舊

都之天主教化王猶爲諸西國總持萬國全圖之說曰天下有五大洲一曰亞細亞凡百餘國而中國居其一二曰歐羅巴凡七十餘國而意大里亞居其一三曰利未亞（一作阿非利加）亦百餘國四曰亞墨利加（即米利堅洲）地當全球之半分爲南北二洲最後得墨瓦蠟泥加洲（即澳大利亞一稱阿塞尼亞）而五域中大地盡矣爲天主教之說者曰天主名耶穌即救世主也一稱基督於漢哀帝仁壽二年（西人言天主生年亦不一有以爲在殷周者有以爲在虞夏者然以今西洋諸國紀年按之則此爲合）產於亞細亞西境之如德亞國即猶太也（今南土耳其藩屬）天主爲上帝之子代天行化以聖教導民嘗贖人之罪代受酷刑釘於十字架而死死而復活昇天其教傳播西土有

彼得羅者產於羅馬爲天主十二門徒之首繼闡教化又有伯多琭寶琭二人至羅馬講明天主事理人多信之而後總王公斯瑙丁立殿以崇奉之即今意大里亞教化王所居是教化王者所以代天主在世布教之君也其說大畧如此今夷考教王厥初爲教師當劉宋時羅馬西都爲北狄峩特族所據教師乘機傳會福音之說引誘諸蠻而鈐東之遂操國權而加特力教興焉（天主教分爲三總名克力斯頓教加特力乃天主舊教之名一稱洋教又有額力教波羅士頓教爲諸國後起新教一名西教常以爭教之故結黨相攻伐）中値法蘭西滅峩特以地歸教師號教化王以教人尊信天主故又稱教主總教主死則各國分領之教主會推一老成者以嗣其位諸有大事

則請命焉奉爲聖父神師各國有不遵教者則滅其國或廢其君故各國王雖非其臣莫不致敬盡禮後雖其權稍替然如法蘭西之創霸英吉利非族之起兵皆先請命天主以至遠方來焚香者歲以萬計又拜天主母瑪利亞像籲禱尤虔故民多惰農自安林多伏莽捕亟則以天主堂爲逋逃藪此意大里亞教王大致也顧國人習技能善推步往往挾度數之學以藏身飾天主之說以惑衆利瑪竇以萬歷九年來廣州歷久始至京師中官馬堂以其方物進獻稱大西洋人禮部奏言會典止有西洋瑣里無大西洋眞僞不可知又寄居二十年方進貢則與慕義特來獻琛者不同且所貢天主及天

主母圖既屬不經而所攜又有神仙骨夫神仙飛昇安得有骨則唐韓愈所謂凶穢之餘不宜入宮禁者況此等方物未經臣部譯驗徑行進獻則內臣混進之罪有不容辭者及奉旨送部乃不赴部審譯而私寓僧舍臣等不知其何意不報帝竟嘉其遠來給賜優厚公卿以下咸與晉接利瑪竇安之留居不去其徒來益衆有王豐肅（職方外紀以爲即西班牙王名亞豐肅世傳歲差本原皆其攷定製爲一定圖像）陽瑪諾者居南京專以天主教惑人又盛誇其風土人物遠勝中華禮部郎中徐如珂惡之乃召兩人授以筆劄令各書所記憶悉舛謬不合乃與侍郎沈潅給事中晏文輝等合疏斥其邪說惑衆且疑爲佛郎機所假託乞亟行遣逐給事中余懋孳亦以爲言帝納之令豐肅及龐迪我等俱遣赴廣東聽還本國時迪我等以明歷法在欽天監同測驗奏乞寬假不報乃怏怏去豐肅尋變姓名復入南京行教如故他如龍華民畢方濟艾如畧熊三拔皆意大里亞人而湯若望羅雅谷等既共纂成崇禎歷書若望遂入　本朝官監正至是國王遣使奉表貢金剛石飾金劍金珀書箱珊瑚樹琥珀珠伽南香哆囉絨象牙犀角乳香蘇合香丁香金銀花露花幔花氈大玻璨鏡等物大西洋去中國水程八萬里其道由地中海西出大洋南行過福島（島在利未亞洲之西西人言地輿者昔以此島爲中綫以分東西緯度）東南行泛利未亞海過大浪山折而東過西南

海東北行過小西洋又東行至小呂宋入廣東境（此往時大西洋來華海道迂折所經故稱八九萬里後益熟悉道里漸趨直徑至同治間各國商人在土耳其之東埃及國蘇彝士地開蘇彝士新河百七十里由西紅海達地中海以通輪舟較當日海道省二萬里）

冬十二月暹羅遣使請貢

暹羅國在東南洋東界越南南界海西南界滿剌加西界緬甸西北隅界南掌（即老撾）北界雲南北極出地八度至二十一度中綫偏西自十四度至十八度國都曰曼谷環境皆山東南海口即售水眞臘國有二大水一瀾滄江發源青海經雲南入境至東埔寨入海一湄南河發源雲南之李仙把邊等河由北境會諸水而南入海國西南有斜仔（一作埓仔）六坤宋腒勝（一作宋卡）大年（一作大呢）丁葛奴彭亨諸番部皆其屬國地饒沃產米尤多百物豐盛爲海舶市埠之最有銀錫金剛寶石犀象翡翠鸚鵡火雞沈速伽南降眞諸香烏木蘇木棕竹貓竹胡椒豆蔻阿魏冰片諸藥料材木作船甚堅美民多習逸俗崇佛教寺像華侈文字皆旁行後乃稍習中國字向惟知尊重中國閩廣人在其地者甚衆官屬亦多以中國人爲之風俗勁悍習水陸戰堅木栅爲營與緬甸同其國即古越裳地晉宋爲扶南王隋唐爲赤土國及婆羅剎地後分暹與羅斛二國元時暹嘗入貢始知其名羅斛後幷有暹境明洪武中貢馴象給賜印文始稱暹羅國與老撾南掌占臘千賓文萊鄰後幷爲所屬萬歷二十年

倭據朝鮮暹羅請潛師直擣日本兵部后星主之廣督
蕭彥持不可乃已其西屬國舊有滿剌加柔佛正德中
爲法蘭西所破而葡萄牙荷蘭疊據之立市埠今英吉利於舊柔佛立市埠卽新嘉坡
然暹羅迄崇禎十六年猶入貢其效順中
國如此至是遣使請貢換給印敕勘合許之
癸丑康熙十二年
暹羅遣使朝貢
暹羅既得請使還其國王森烈拍臘照古龍拍臘馬嘑
陸坤司由提呀菩埃遂遣使臣握坤司吝喇邪低邁禮
偕貳貢三貢使臣等具金葉表文貢馴象孔雀鮫布諸
香有　旨褒嘉頒賜敕印自後職貢時通其入貢由海

道抵粤東
春三月吐魯番入貢
吐魯番在天山南路時回疆各城尚有元裔汗王吐魯
番蘇勒檀汗至是遣使入貢疏言臣國蹇遭變亂不能
進獻今地方稍平特遣兀魯和祭於一千八十三年二
月十八日遠貢方物其紀年蓋用回教故也回敎以摩哈默德離本國之年爲元起唐高祖武德四年
甲寅康熙十三年
鄭錦陷漳州泉州汀州邵武興化及惠州潮州諸府縣
鄭錦自失厦門衰弱不敢内犯十二年冬平西王吳三
桂反雲南靖南王耿精忠亦叛告援鄭氏許給以漳泉
二府錦遂渡海而西與合從進陷漳泉諸府精忠旋背
約
秋八月　命治歷南懷仁鑄火礮
西洋火器輕利時三藩背叛鄭錦復猖獗海上因　命
南懷仁鑄西洋火礮三百二十尊助大軍進勦
丙辰康熙十五年
收復漳泉諸府
耿精忠與　王師抗屢敗挫鄭錦又侵奪其地前後受
敵乃於是年反正導康親王傑書之師攻鄭錦遂復漳
州泉州諸府
俄羅斯人來　貽書其國察罕汗

俄羅斯一作鄂羅斯地跨亞細亞歐羅巴兩大洲北境
又兼得亞墨利加洲葛西模斯之一隅在歐羅巴者有
東西南大小加匽南新藩俄羅斯七大部東俄羅斯卽比特華部新都彼德羅堡所在大俄羅斯則舊都莫斯哥所在
在亞細亞者爲東西悉畢爾
卽西伯利部一作西比里阿東西悉畢爾各分二區是爲新東
藩之四大部四部一都莫斯一科利弗東部一雅古薩一甘查甲合歐洲七部共
十一大部聖武記以計由之舊都莫斯哥之新都西哈薩克之喀山合悉畢爾爲四大斯科又以奪阿藻東北之地曰司馬廉曰郭羅多曰佛羅尼三斯科及索遷舊疆之那爾瓦合爲八大斯科又按海國圖志俄羅斯全圖則於西七大部東四大斯科外又有依烏拉嶺東南哈薩克西北之三大斯科部落分合難以强同豈前後有變更抑載記有紛錯耶姑存此以備考大部稱爲大斯科猶華言省
治也所屬有小斯科及柏興則若府治縣治然疆域東

接彌利堅洲即亞墨利加洲之墨領海峽墨領一作北令或作伯淋其古利羣島則界日本東南界黑龍江蒙古新疆哈薩克與中國相首尾南界黑海裏海波斯土耳其西界洲中海一名波羅的海奧地利亞普魯社瑞典北至冰海北極出地自三十八度至七十八度福島經綫自二十二度至一百六十八度東西二萬餘里幾得地球面八之一國中央多坦平惟東藩地負阿爾泰山大興安嶺之陰東西二洲間則烏拉嶺自裏海以屬北海爲葱嶺北幹中以一徑爲二大洲之關鍵大抵種植材用皆產西南境東多砂磧瀉鹵北皆冰雪不毛而產五金珍寶及狐鼠貂獺海馬鱗介之屬人民罕居夏則有晝無夜冬則有夜無晝

國人碧目深睛鬚髮黃赤黑睛者相傳漢李陵遺種各部種族甚繁有天主教回教釋教各以地之相近唯所奉性勇悍樂戰鬪騎兵尤趫捷奴僕之數極多五爵至以多寡爲產業之大小稅則猶循什一之遺兵則給農田使養兵無事則兵亦助耕國人向多獷野近設學館購書籍雅尚文藝朝以大臣分理國政然事少定例權皆其主自操之故事多任臆常生叛亂自昔不通中國漢則渾窳屈射堅昆丁零諸國爲匈奴所屬唐爲黠戛斯骨利幹宋初有女王以國地分給其十二子至元初爲阿速欽察阿羅思吉利吉思昂可新諸國日尋干戈而太祖滅之以封長子朮赤地皆在葱嶺北未至東方阿羅思族裔

逃於北海之計由而臣於元俄羅斯即阿羅思轉音也元亡族姓爭俄族亦內亂明宏治中有部長部長名伊挽瓦爾西或稱宜萬王或稱以文第一王乞援於西費雅國即瑞典國假其兵以靖亂又起兵盡驅蒙古恢復舊疆自立爲汗又幷東方之西比厘阿即東悉畢爾始抗衡歐羅巴洲傳至萬歷季年國亂有彼得羅王一作比達王發憤修政潛遊荷蘭諸國船廠火器局講習工技歸國選授才俊建設藝館遂破瑞典而建新都即號彼得羅堡新都在東俄部一名比特革其北海舊都曰莫斯哥自遷新都後復還舊都至道光中爲佛郎機所燬今仍都彼得羅堡攻取南方以資游牧通海路以廣貿遷招俊傑以任將帥國勢日強疆土益闢其與我　朝通商也當　龍興之初其東部曰羅剎者地里

備考以爲此係南俄部端戈薩司之兵善騎善戰領兵者爲彌特厘由東洋海岸收毳鑛之貢沿艠雅臘河至麥加湖即呼倫貝爾泊徑抵黑龍江北岸據雅克薩尼布楚二地樹木城居之侵擾諸部時我　大兵亦方定黑龍江索倫達瑚爾及使犬使鹿各部兩師相值各罷兵鬬又越興安嶺南向侵掠布拉特烏梁海四佐領崇德四年我　大兵再定黑龍江毀其城兵退而羅剎復城之順治十一年遣兵逐之十五年調高麗兵逐之又數遣大臣督兵以餉不繼而返而十二年及十七年俄羅斯察罕汗兩附貿易人至京奏書亦絕不及邊界事至是其商人尼果賚等至　上召見之賜察罕汗書令管東羅剎毋擾邊陲

丁巳 康熙十六年
收復惠潮諸府
上年康親王之師收復漳州泉州後至是惠州潮州亦
反正鄭錦遁入厦門
戊午 康熙十七年
鄭錦復侵沿海城堡
錦在厦門復集衆侵沿海城堡　詔復遷濱海居民申
舊禁
秋八月遣意大里亞使臣歸國
意大里亞以九年入貢至是　召見於　太和殿賜宴
遣歸　上以其遠泛重洋傾誠慕義　錫賚之典視

他國更優
己未 康熙十八年
總督姚啟聖提督楊捷解漳州泉州圍進克海壇金門厦
門
鄭錦將劉國軒等復陷海澄官軍死者三萬餘都統赫
穆林提督段應舉皆遇害　詔罷總督郎廷相以姚啟
聖代之與提督楊捷夾攻解漳泉圍國軒遁還海澄扼
守諸島相持久不決乃厚積舟師并檄荷蘭夾板船助
勦未至官軍已克復海壇海澄進逼厦門國軒遂棄金
厦二島遁歸臺灣
庚申 康熙十九年

貝子賴塔貽書招鄭錦
先是總督李率泰貽書招錦至是貝子賴塔復貽書招
之錦請如約惟欲留海澄爲互市地姚啟聖不可
辛酉 康熙二十年
復展沿海居民地界
時沿海府州縣及金厦二島均已收復總督姚啟聖巡
撫吳興祚疏請沿海民展界復業從之
壬戌 康熙二十一年
築黑爾根及齊齊哈爾城
築城備俄羅斯侵軼也自十九年附尼果賚等　貽書
察罕汗久未有答書而羅刹仍潛侵淨里溪等處遷延

不去復東掠人畜於赫哲費雅哈飛牙喀奇勒爾諸地
藪我逋逃阻我索倫貂貢將割據黑龍江東北數千里
甌脫地　上以其密邇留都不可滋蔓又重開邊釁
因遣都統彭春等以兵獵黑龍江徑薄其郛偵形勢於
黑爾根及齊齊哈爾各築城戍之置十驛通水運又令
喀爾喀車臣汗斷其貿易以困之
癸亥 康熙二十二年
夏六月水師提督施琅征臺灣平之鄭克塽降
先是鄭錦頻年出兵在外用陳永華言命子克𡒉監國
長而才然婢出也二十年錦卒成功妻董氏入間言殺
克𡒉而立次子克塽襲延平王幼弱不任事事皆決於

侍衛馮錫範人心益失於是總督姚啟聖奏鄭錦死子少國内亂時不可失時塽將劉國軒貽書啟聖請如琉球諸國例稱臣入貢啟聖以聞　上不可　命進兵將出師啟聖欲候北風直取臺灣施琅欲乘南風先取澎湖奏言澎湖不破臺灣無取理澎湖失則臺灣不攻自潰請以戰艦三百水師二萬獨任討賊而留督臣廈門濟餉　詔從琅策時劉國軒擁衆守澎湖甚嚴我軍次七罩灣適潮漲舟乘以進會颶風夜發怒濤山立國軒壘壁環二十里四面列巨礮琅親督大艦衝圍矢集琅目不少卻國軒自率二萬人泊牛心灣別屯萬人於雞籠嶼相犄角琅乃分兵三路以五十艘出雞籠為奇

兵分敵勢自督五十六艘分八隊攻其中堅又以八十艘繼後每路中復各分三隊不列大陣約以五艘攻其一艘人自為戰酣鏖竟日聲震數百里焚百餘艘殺萬有二千人凡海洋占候雲合風生雷鳴風止是日將戰黑雲起敵方相賀忽聞霹靂皆驚愕失色遂大敗國軒由吼門冒險突圍而逸我軍乘勝至鹿耳門膠淺不得入泊海中十二日潮不至忽大霧潮高丈餘舟師平行而入鄭氏驚曰先王得臺灣鹿耳門漲今復然天也於是遣偽官鄭平英等齎表至施琅軍前降琅請　頒赦招撫　上諭鄭克塽曰帝王撫御寰區仁覆無外即海隅日出之邦無不欲其咸登袵席共樂昇平爾祖父

自明季以來出沒海洋盤踞島嶼本朝定閩後爾祖鄭成功竊據海隅甘外王化以及爾父鄭錦句引奸徒窺伺内地屢經剿撫頑梗怙終爾方童穉妄思效爾前人倚險負固飄突靡常故特選將練兵出洋進剿爾等果能悔罪投誠率所部偽官軍民人等悉行登岸將前罪盡行赦免仍加恩安插務令得所爾等其審圖順逆善計保全以副朕宥罪施仁至意克塽遂率劉國軒馮錫範等俱薙髮降臺灣平臺灣在閩海中縱千有餘里衡四五百里地脉自福州鼓山越大洋為澎湖諸島又東二百里為臺灣起雞籠山南盡沙馬碕東南渡洋為小呂宋東即大東洋東北直琉球日本北則朝鮮盛京西

北為青徐江浙海疆西與福泉興漳相値西南走交廣檣帆相接濱海土地饒沃一歲三熟山前多泉漳惠潮民徙墾山後皆土番所居曰社有三百餘社分生熟二種生番居深林密箐言語不通熟番亦與居民雜處通市而皆射生飲血嗜殺械鬬土產布穀五金煤礦毛羽皮革竹木絲漆蔗糖甚豐其地古不與中國通罕有至者即宋史所謂澎湖東有毘舍那國是也明嘉靖後海賊林道乾竄踞後為鄭成功所有至是施琅言臺灣一島之地實腹内數省之屏蔽棄之恐轉資荷蘭　上可其奏命籍之初置府一曰臺灣縣三曰臺灣曰諸羅（乾隆時改嘉義）分設彰化曰鳳山以知縣理之又設兵備道一總兵

官一以統轄之飭戎備焉

開海禁

時沿海居民雖復業尚禁商船出洋互市施琅等屢以
爲言又荷蘭以曾助勦鄭氏首請通市許之而大西洋
諸國因荷蘭得請於是凡明以前未通中國勤貿易而
操海船爲生涯者皆爭趨疆臣因請開海禁設粵海閩
海浙海江海榷關四於廣州之澳門福建之漳州浙江
之甯波府江南之雲臺山署吏以蒞之

乙丑康熙二十四年

夏四月黑龍江將軍薩布素圍雅克薩城

先是都統彭春征雅克薩城二十三年正月羅刹懼乞

降官軍獲其鳥槍以歸未幾羅刹潛據雅克薩如故
　上命黑龍江將軍薩布素等統兵圍之阿達哈哈番
馬喇言若取羅刹田禾則羅刹不久自困侍衛關保來
亦以爲然　上諭令薩布素等酌議或由陸路進以
所刈禾投江下流或水陸並進以所刈禾船載以歸已
而薩布素等不能及時進取田禾　詔責之　特命都
統瓦山與薩布素等詳議以聞於是會奏我兵擬於四
月杪水陸並進抵雅克薩城招撫如不納款則攻其城
倘萬難克取卽遵前　旨毁其田禾以歸　上又諭
云兵非善事不得已而用之向者羅刹無故犯邊收我
逋逃後漸越界而來擾害索倫赫哲飛牙喀奇勒爾諸

地剽刼人口搶擄村庄攘奪貂皮肆惡多端是以屢遣
人宣諭復移文來使羅刹竟不報命反擾害益甚爰發
黑龍江兵扼其往來之路羅刹又竊踞如故不送還逋
逃應卽翦滅今大軍將逼臨雅克薩城姑再宣諭羅刹
倘仍抗拒則大兵相機而行四月官軍乘冰釋水陸並
進將神威將軍火器置前急攻之其頭目額克里舍勢
窮乞降克其城歸其人於雅庫舊部

丙寅康熙二十五年

秋九月　詔薩布素班師

是年正月羅刹復以五百人攜火器來據雅克薩依舊
址築城以居薩布素率所部二千人圍攻之死守不去

值荷蘭貢使在都稱與俄羅斯逼鄰乃　賜書付荷蘭
轉達其汗時察罕汗已卒新察罕汗嗣立知中國東方
距已遼遠且限以行國非若西北之西費雅西南之圖
里雅卽普魯社今布國近在肘腋所必爭也於是商議復書海
道往還迅速九月復書卽至言中國前屢　賜書本國
無能通解者今已知邊人搆釁之罪自當嚴治卽遣使
臣詣邊定界請先釋雅克薩之圍許之遂　詔薩布素
等退師

葉爾羌汗遣使來貢

葉爾羌在葱嶺東漢莎車地順治初回疆各城尚皆有
汗皆元太祖次子哈薩岱之裔非回回族哈密有巴拜

汗吐魯番有蘇勒檀汗葉爾羌則阿布都汗皆以葉爾羌爲大宗每表貢皆葉爾羌汗署名至是表貢稱臣成吉思汗（即元太祖）裔承蘇賫滿業汗蓋是時尚未爲回酋所有逮準噶爾攻破回疆各城後無復表貢

戊辰康熙二十七年

置定海縣

定海縣舊曰舟山一曰翁洲在寧波海中周百餘里即越句踐欲徙吳夫差甬東之地先是順治三年大兵定浙東明監國魯王航海先至舟山守將黃斌卿不納遂入閩明遺臣多附之五年其將張名振阮駿陷健跳所王朝先旋攻斬斌卿於舟山迎魯王居之七年閩浙總督陳錦言浙東舟山海寇及各寨山寇皆以故國爲名狼狽相倚交通閩粵窺伺蘇松久爲東南之患請進兵由定海關出海乘風潮半日可到攻其不備錦旋與都統金礪等會兵進破四明諸山寨乘大霧渡海克其城魯王遁赴廈門錦遂奏設陸兵千水師二千以守後又爲鄭成功所破據官軍復攻克之提督田雄言舟山不難於復而難於守請以滿兵駐防增戰艦補水師分汛偵剿嗣因海警稍息議政王等言舟山本棄地守亦無用應令都統率兵回京康熙二十三年巡撫趙士麟總兵孫惟統疏言舟山爲寧郡藩籬請移定海總兵駐守二十五年奏請設縣治至是建縣　賜名定海屬寧波府而以舊定海縣爲鎮海

秋九月漠北喀爾喀蒙古各部來附

喀爾喀蒙古元太祖十五世孫達延車臣汗居於北庭（即古北匈奴單于庭元代稱和林）有子十一徙漠南者爲敖漢柰曼巴林札魯克什克騰烏珠穆沁浩齊特蘇尼特九部其季子格呼森扎賚爾仍留漠北析部眾分授七子爲七旗分東西中三路各立汗掌之是爲土謝圖汗及車臣汗札薩克圖汗三部其地東界黑龍江西界厄魯特北界俄羅斯南訖瀚海以皆在漠北故喀爾喀終明代不見於史　國初崇德時平漠南插漢部喀爾喀遣使貢名馬甲冑元狐白貂鼠及俄羅斯火槍回部弓箙鞍轡阿爾瑪斯斧　詔定歲獻九白之貢（白駝一白馬八日九白）其後相繼歸誠編入八旗駐京蒙古者爲舊喀爾喀有順治中及初元來歸　賜牧喜峯張家兩口外之札薩克左右翼爲內喀爾喀其外喀爾喀在漠北中葉專侫刺麻懈武事所部復自相搆兵爲厄魯特覬覦準噶爾汗噶爾丹因之挑釁是夏遂大舉入其庭喀爾喀再戰再北三部落數十萬眾瓦解先後東奔於是戴青台吉等二十八人各率所部入邊請降　旨准於汛界內遊牧至是土謝圖汗與其弟率兩翼台吉及澤卜尊丹巴胡土克圖等入汛界乞降沿邊阿霸哈納諸台吉皆從之內附

己巳康熙二十八年

冬十二月俄人來歸雅克薩尼布楚城
先是俄羅斯使臣費岳多羅額克里謝等由陸路至喀
爾喀土謝圖汗境文移往復至是始與我領侍衛内大
臣索額圖等會議於黑龍江一循烏倫穆河一作綽爾納河相
近格爾必齊河上游之石大興安嶺以至於海凡山南
流入黑龍江之溪河盡屬中國山北溪河盡屬俄羅斯
一循流入黑龍江之額爾呼一作古納河爲界南岸盡屬
中國北岸盡屬俄羅斯乃歸我雅克薩尼布楚二城定
市於喀爾喀東部之庫倫立石於黑龍江兩岸刊泐會
議條款雜用滿漢拉提諾一作喇第納蒙古俄羅斯五體文
字於是東北數千里化外不毛之地盡隸版圖自後貿
易之使每歲間歲一至未嘗稍違節制

庚午康熙二十九年
秋七月　詔親征噶爾丹八月朔左翼兵大破之於烏蘭
布通
噶爾丹西域厄魯特四衛拉蒙古之綽羅斯部台吉也
篡殺兄僧格長子索諾木阿拉布坦而自立爲準噶爾
汗以詐力兼并四衛拉日綽羅斯牧伊犁日杜爾伯特牧額爾齊斯河日土爾扈特牧雅爾郎塔爾巴哈台日和碩特牧烏魯木齊徙青海又思北併喀爾喀使人激怒
土謝圖汗土謝圖汗執而殺之因藉詞報復揚言借俄
羅斯兵且至喀爾喀探無是事守備懈噶爾丹因領勁
騎襲破其帳土謝圖汗潰遁傾國大奔途遇我使臣張

鵬翮等往俄羅斯喀爾喀遣使乞援使臣以使事曉之
噶爾丹偵知我師不爲喀爾喀也復蹴之幷擊破其左
右翼部及哲卜尊丹巴大剌麻等於是土謝圖三汗及
澤卜尊丹巴胡土克圖等部衆俱奔潰先後投我漠南
乞降噶爾丹亦遣使入貢遂得兼有回部青海漠北益
驕蹇　上敕還喀爾喀侵地率衆西歸不聽至是以
追喀爾喀逃人爲名選銳東犯侵及烏爾會河尚書阿
爾尼等以蒙古兵擊之失利侵及内札薩克　上遂
詔親征　命撫遠大將軍裕親王全福爲左翼安北
大將軍恭親王常寧爲右翼右翼遇賊於烏朱穆沁戰
復不利噶爾丹遂乘勝而南尋停止恭親王兵　命康
親王傑書會兵駐歸化城　上巡兵至博洛河屯
回鑾八月朔撫遠軍躡賊於烏闌布通大戰破其駝城
賊驚潰噶爾丹夜遁

辛未康熙三十年
車駕幸多倫泊　受喀爾喀蒙古汗王朝
多倫泊在獨石口外二百五十里即元上都地　上以新附喀爾
喀衆數十萬宜訓以法度先檄内外札薩克各蒙古皆
豫屯多倫泊百里外　車駕臨莅上三旗親軍營居中
八旗前鋒營二護軍營十火器營四分二十八汛環
御營而列傳　諭内外蒙古移近　御營五十里不得
入哨内屆期陳鹵簿　御帳殿於網城南　受朝　賜

宴次日　上躬擐甲胄大閱申嚴約束土謝圖汗等具疏請罪宣　勅諭分左右中三路爲三十七旗劃內蒙古水草地俾游牧近邊仍留其汗號比內札薩克各旗而建彙宗寺於其地以安其刺麻時噶爾丹與達賴刺麻及厄魯特各台吉遣使上尊號卻之

國朝柔遠記卷二

國朝柔遠記卷三

臣彭玉麟恭定
臣王之春敬編

壬申康熙三十一年

詔免朝鮮常貢

先是征準噶爾時以火槍便利制勝因立火器營於是朝鮮國王進鳥銃三千桿　詔永免朝鮮黃金及青藍紅木棉等貢

甲戌康熙三十三年

俄羅斯遣使入貢

時有二犯逃入俄羅斯俄羅斯遣人送回理藩院行文

獎之遂復遣使入貢　上閱其章奏　諭大學士曰鄂羅斯人材頗健從古未通中國距京師甚遠自嘉峪關行十一二日至哈密自哈密行十二三日至吐魯番吐魯番有五種部落過吐魯番卽俄羅斯境聞其國有二萬餘里漢張騫出使西域或卽彼處史載霍去病曾出塞五千里想或有之今塞外尙有碑記可考至外藩朝貢雖屬盛事恐傳至後世未必不因此反生事端總之中國安甯則外釁不作故當以培養元氣爲根本要務耳

丙子康熙三十五年

車駕復親征噶爾丹噶爾丹遁走

先是噶爾丹自烏蘭布通敗遁後仍侵掠我臣服之喀
爾喀且害我使人而陰遣使誘内蒙古各部叛歸己
上恐勞師襲遠欲復致其來一戰覆之因密諭科爾
沁土謝圖親王沙津遣人僞許内應噶爾丹果沿克魯
倫河而下掠喀爾喀納木札爾陀音遂踞巴顔烏蘭因
命安北將軍伯費揚古爲撫遠大將軍從歸化城進
發揚威將軍覺羅舒恕西安將軍博濟振武將軍孫思
克等由鎮彝取昆都倫一路前後起程皆爲西路將軍
薩布素統盛京甯古塔黑龍江科爾沁兵沿克魯倫河
進爲東路　上自統中路大兵出獨石口皆赴瀚海
約夾攻沙磧不宜車乃留大礮駝載子母礮每駐營

上親撫士卒行至滚諾爾遇雪從官及軍士服物由
車運者及暮不至時一等侍衛海清從　上命海清
以駝載既至之内府帳房及食物柴炭分賜令棲息舉
火軍士歡躍如慶更生　上又諭曰馬亦畏寒其肥
者猶可無恙其瘦者或致凍斃宜順風馳二三里許令
人圍繞之使氣息漸温則無妨矣可傳諭衆知之行至
西巴爾台聞有俄羅斯助虜之信大學士伊桑阿力請
回鑾　上怒曰朕祭告天地宗廟出征不見虜而返
何以對天下且大軍一退則虜盡鋭向西路不其殆乎
遂躬率兵前行諸軍以次進發抵克魯倫河　上手
繪陣圖指示方略先遣使告以　駕至噶爾丹不信登

北孟納蘭山望見　御營黄幄龍纛環以幔城又外
爲網城軍容山立大驚拔營宵遁因　命領侍衛内大
臣搜討近地　上親率前鋒追之三日至拖諾山而
還噶爾丹中途欲拒戰而衆奔不可止沿途遺棄老弱
輜重廬帳器械無算　上駐蹕克勤和碩而　命領
侍衛内大臣明珠盡運中路之糧以濟西師
夏五月撫遠大將軍費揚古大破噶爾丹於昭莫多
噶爾丹西走適西路兵遇之時我師度磧士馬飢疲難
馳擊費揚古謂非反客爲主以逸待勞不可乃距敵三
十里止營遣前鋒兵四百且戰且卻誘之至昭莫多遵
上所授方略皆下馬步戰約聞角聲始上馬而麾

左右翼步騎先據小山陣於東餘沿土臘河北陣於西
將軍孫思克以綠旗兵居中據山頂臨之賊爭山頂鋒
甚鋭我兵據險俯擊弩銃迭發藤牌繼之每進輒以拒
馬木列前自固虜冒矢銃鏖鬬至暮不退費揚古遥望
虜陣後人馬不動察其婦女駝畜乃麾沿河伏騎一横
衝入陣一襲其輜重山上軍奮呼夾擊大敗之夜追三
十里比曉收軍斬數千級降三千人獲馬駝牛羊廬帳
器械無算噶爾丹妻阿奴頎晳敢戰披銅甲佩弓矢騎
異獸似駝精鋭悉隸麾下至是亦斃於礮噶爾丹以數
十騎遁
秋七月　命内閣翰林院修平定朔漠方略

時　上因噶爾丹遁逐之盡境而止勒功於察罕拖諾山及昭莫多之山班師凱旋御史阮爾訓疏言我皇上御極以來如天覆育罔不率俾乃冥頑如噶爾丹自外生成致　聖主赫怒躬董六師親臨朔漠恩威遠播算無遺策益自啟蹕以迄回鑾往返一百日之内跋涉五千里而遙迅奏膚功丕揚神武爲從古帝王所未有請宣付史館敬述方略勒成一書布之中外傳示無窮　詔下禮部翰林議如所請是月遂　命内閣翰林院等官修平定朔漠方略

秋九月葉爾羌回酋阿布都實特來降

噶爾丹當强盛時攻破天山南路各城盡滅元裔諸汗

乾隆中蕩平準部時惟吐魯番舊頭目莽蘇爾自喀喇沙爾來降外此西域已無蒙古遺種　其回教祖謨罕驀德一作摩哈麥一作馬哈麻又稱派罕巴爾二十六世孫瑪墨特已於明季與兄弟分適各國自墨德一作墨克古天方即波斯東踰葱嶺居喀什噶爾乾隆時霍集古兄弟雖誅其先世和卓墓仍令回戶管守至今尚存子孫散處西域各城人皆崇而奉之亦各有長時葉爾羌回教酋阿卜都里實特亦爲噶爾丹質諸伊犁至是噶爾丹敗遂乘間率其子額爾克蘇爾唐脫身來降上賜銀幣遣官送至哈密仍歸葉爾羌

丁丑　康熙三十六年

春二月　命北平大將軍馬思哈撫遠大將軍費揚古征噶爾丹　車駕幸甯夏

噶爾丹屢敗後精鋭軍資喪盡回部青海哈薩克皆隔絶背叛欲西歸伊犁則畏兄次子策妄阿拉布坦之偪欲投俄羅斯俄人拒不受準部諸台吉絡繹來降噶爾丹窮蹙無計迺遣使納款　行在探　朝廷意　詔數其罪令親身來降仍許以喀爾喀恩例待之而噶爾丹倔强終不至至是迺　遣馬思哈費揚古分兩路進兵每路兵各三千每兵二名從僕一人馬五匹四兵合爲一伍帶百日口糧前進　車駕復幸甯夏就近指授機宜

閏三月噶爾丹自殺部屬皆來降朔漠平

時　車駕復自甯夏進駐白塔噶爾丹左右親信聞大

兵將至皆密款附噶爾丹遣其子塞卜騰巴珠徵糧哈密爲回人禽獻噶爾丹進退無地至阿察阿穆塔臺仰藥死其下丹濟拉一作丹吉喇其姪　以噶爾丹尸及其女鍾齊海來歸餘衆盡降自是阿爾台山以東皆隸版圖拓喀爾喀西境千有餘里而反喀爾喀於漠北增編爲五十五旗大臣請行慶賀禮　上曰噶爾丹之死乃天所助昔喀爾喀窮蹙來歸不得不允其内附噶爾丹假此搆難犯我邊境是以爰整其旅爲一勞永逸之計我師所至無水之地而靈泉湧出不毛之土而庶草蕃蕪事悉稱意今西北永甯其不致獲咎者幸矣宜先謝天

戊寅　康熙三十七年

夏四月減粤海關額稅

上諭大學士等廣東海關收稅人員搜括商船貨物概行徵稅以致商船稀少關稅缺額且海船亦有自外國來者如此瑣屑甚覺非體著減額稅銀三萬二百八十五兩著爲令

置定海榷關英吉利來互市

英吉利（粤東初稱英圭黎一作暎咭黎或作諳厄利）歐羅巴洲强國地本三島孤懸大西洋迤東兩島相連南英倫（一作英蘭國都倫敦一作蘭頓）在焉北蘇格蘭（一作斯葛蘭一作斯哥西亞又作師古泰）迤西別島曰阿爾蘭（一作愛倫島又作伊爾蘭）三島各分數十小部旁各有羣島東界荷蘭南界法蘭西海峽半日程北至大北海西至

大西海北極出地五十度至六十一度經綫偏東一度至西十度有奇都臨但西河（一作坦米斯一作達彌塞河）宮室壯麗舟車輻輳商貨充牣工藝精巧爲歐羅巴一大都會國有大書院以聚學徒凡刑名星歷醫術藝事各有師學多藏書文字用二十六字母切字多正字少旁行斜上謂之拉體納書向奉克力斯頓天主教後改婆羅特士頓爲耶穌新教人多長大白肌碧睛髮拳黃故亦稱爲紅毛地產銅鐵錫煤呢羽其珍產異種多從商舶采自遠洋土雖腴而地狹人稠歲以海舶移罪犯及窮民於荒島給貲墾闢又奪據各島爲藩屬如外大西洋之北亞墨利加洲西南之亞非利加洲海濱亞細亞洲之印度及各島與東南洋之阿塞尼亞洲（此洲在南極下西人最後得之爲五大洲卽澳大利亞島）凡數十處遠者距數萬里皆立市埠收貢稅及種植而以海船聯絡之故在西洋諸國尤稱雄富其國古爲土番部落後有北狄峩特族據之漢時羅馬渡海略定其地屬意大里者四百餘年六朝時峩特族卑勒敦據之爲據蘇格蘭之斯各多比德斯兩部所攻求援於安各羅安各羅亦峩特族兵强地偪因脅降之後分爲七唐貞元中有豪酋平七國爲一後大尼（卽嗹國）復據之宋眞宗時英北族有酋曰威廉（一作給列爾美）請命羅馬教皇伐大尼破之遂王本國嗣王顯理第二克伊琳大洲（卽阿爾蘭）元至正中併蘇格蘭國旋分爲二明初國屢亂

以改尙西教（卽耶穌新教）與西班牙相攻勝之勢遂振萬歷間有女主卒無子英人奉蘇格蘭王嗣位二國合一稱英吉利古不通中國至天啟間始有聞又未來華故不見明史順治初其王遇弒嗣王强民習洋教（卽天主舊教）不從招荷蘭王率兵至荷蘭王遂入卽王位是爲威廉第五自後國勢益振及臺灣平開海禁設四榷關浙海關在甯波商船出入海港往返百四十里中多礁石每回帆逕去英吉利貨船時往來澳門厦門復北泊舟山（卽定海縣）甯波海關監督屢請移關定海縣部議未許至是監督張聖詔以定海港澳闊深水勢平緩堪容番船亦通各省貿易請捐建衙署移關以便商船當增稅銀萬餘

詔可乃於定海城外道頭街西建紅毛館一區以安置夾板船水梢人等此英吉利商船來定海之始然時雖通市亦不能每歲來華也

己卯康熙三十八年

四川提督唐希順克打箭鑪

打箭鑪在四川西徼明正土司所屬地高寒因山爲城西通裏塘巴塘達西藏時西番多擾提督唐希順遣守備王允吉等率兵攻克之以其地爲番夷互市通貢總匯入藏驛路所經因定界於中渡

庚辰康熙三十九年

俄羅斯遣使齎表至

俄羅斯使臣齎表至京師　上諭大學士曰俄羅斯地方遙遠僻處西北海之隅然甚誠敬噶爾丹窘迫求救於彼留拒而不荅曩者遣人分畫疆界即獻尼布楚地以東爲界尼布楚等處原係布拉忒吳郎海諸部落地彼皆林居以捕貂爲業人稱爲土中人後俄羅斯彊盛幷吞之能遂獻還允當軫念也

癸未康熙四十二年

額濟納土爾扈特人來降

土爾扈特種人在額濟納者見朔漠盡平亦相率來降詔編置一旂與阿拉山（卽賀蘭山）厄魯特蒙古同游牧甘涼塞外

乙酉康熙四十四年

冬十一月　詔翰林院習外國文字

時大學士等以俄羅斯貿易來使齎至原文繙譯進呈上閱之　諭曰此乃拉提諾託多烏祖克俄羅斯三種文也外國文有三十六字母者亦有三十字五十字母者朕交剌麻詳考視之其來源與中國同但不分平上去聲而尙有入聲其兩字合意甚明中國平上去入四韻極精兩字合音不甚緊要是以學之者少漸至棄之問翰林院四聲無不知者問兩字合聲則不能知中國所有之字外國尙知之特不全耳此後翰林院宜學習外國文字

戊子康熙四十七年

秋七月免暹羅貢使貨稅

暹羅國王森列照拍廣拍馬嘑陸坤司由提耶菩埃遣陪臣入貢　詔貢使所攜貨物免徵其稅

己丑康熙四十八年

秋七月許商船由內洋販米赴甯波紹興

時浙江巡撫黃秉中疏言甯波紹興等處連歲歉收米價騰貴計惟招商可平市價而溫台二府豐收米賤格於出洋之禁請許商民由內洋販運以濟甯紹從之

辛卯康熙五十年

土爾扈特遣使入貢

土爾扈特本厄魯特四瓦剌部（一作衛拉卽瓦剌音轉）之一其游牧地曰雅爾（卽今塔爾巴哈台）爲元脫歡及也先裔明季所部和鄂勒汗與鄰部有釁率其子書岱青等投俄羅斯俄羅斯以其行國也指裏海額濟勒河之南圖里雅（卽普魯社）東哈薩克北無城郭地使之游牧其舊地則輝特部居之至和鄂勒曾孫阿玉奇仍回舊部嗣汗以女妻策妄策妄離間其子散札布率萬五千戶來伊犁盡沒入之而逐散札布阿玉奇遂全部仍投俄羅斯至是聞準噶爾敗亡遣使假道俄羅斯來貢　上欲悉其要領旋遣兵部郎中圖理琛等往報之假道俄羅斯經西悉畢爾及喀山兩斯科使臣過境其邊臣以察罕汗命致禮

餼以兵護行往返三載以五十四年三月歸備記所經爲異域錄數萬言繪圖呈　覽其河道大者曰色棱格河曰厄爾齊斯河皆發源中國（色棱格河出漠北阿爾泰山東額爾齊斯河出阿爾泰山西）流入北海其近北海處夏至無夜冬至無晝後俄羅斯人至亦稱其地去北極二十度以上爲北海堅冰凝結人不能至云

癸巳康熙五十二年

春二月海盜程尚義降

是月　上諭朕昨問投誠海賊程尚義伊等出洋行劫遇西洋船懼其火器不敢逼近惟東洋船則掠其銀米亦不盡取以此商船仍往來不絕中國與西洋地方

俱在赤道北四十度內海洋行船中國人多論更次（十六里爲一更）西洋人多論度數自彼國南行八十度至大浪山始復北行入廣東界常六閱月在海中不見一山又自西洋至中國有陸路可通因隔俄羅斯諸國行人不便故皆從水路俄羅斯距京都約萬二千里西洋及土兒虎特（卽土爾扈特）地方皆與俄羅斯接界俄羅斯倚土爾扈特馬匹土爾扈特助之大敗雪西洋又西去溫多斯坦布海兒夜兒根等處產棉製甲四十層可敵浙江棉八十層曾以鳥槍試驗知之又過哈密六百里有吐魯番去雪山百餘里其人晝伏至夜始出耕種地甚熱而多石日出時耕種輒熱死又哈薩克卽古陽關地其人性

好鬬常結隊以殺擄爲事人心亦智若婦女被人擄去必乘間手刃其人而回地亦熱草極肥盛馬皆汗血所產蘋果葡萄梨等物皆大而美又西北回子種類極多皆元後裔又有一支在小西洋約十萬人皆住帳房惟北極下最寒往時有人築室而居明年往觀之已無復存者但見林間雪深數丈而已昔人云北海有積冰數百丈信不誣也

丁酉康熙五十六年

廣東碣石鎮總兵官陳昂請禁開堂傳教

初嚴傳天主教之禁各省私設教堂未奉追毀又以西人得自行其教日久法弛漸相煽惑總兵官陳昂因言

天主一教設自西洋今各省開堂聚衆此輩居心叵測
目下廣州城内外尤多加以洋船所匯同類招引恐滋
事端乞循例嚴禁毋使滋蔓從之
戊戌康熙五十七年
秋九月　命皇子允禵爲撫遠大將軍屯青海
征準噶爾也先是噶爾丹自殺其下丹濟拉以其尸并
其女來歸其兄次子策妄阿拉布坦初逃居土魯番遣
使乞降已而乘隙收集伊犁遂奪其尸以獻　上以
策妄方親附又其地遼遠費轉輸遂畫阿爾台山（即金山）
以西俾游牧復成西域大部落遂思併厄魯特爲一杜
爾伯特先已附之於是迫逐土爾扈特汗阿玉奇父子

仍投俄羅斯又贅和碩特汗拉藏之子丹衷於伊犁而
使大策零敦多卜於先年秋潛兵由騰格里入西藏襲
殺拉藏汗遂自立爲四部總汗是月又覆我將軍額倫
特侍衛色楞援藏之師於喀喇河　上恐其左右憑
陵將不可制於是　命皇十四子允禵爲撫遠大將軍
視師青海南北路諸軍皆從大將軍取進止旋起程暫
駐西甯
以楊琳爲兩廣總督
琳疏言西洋人開堂設教其風未息請循五十六年例
再行禁止報可
己亥康熙五十八年

夏六月永甯協副將岳鍾琪撫定裏塘巴塘
四川打箭鑪西三百餘里爲裏塘又西數百里爲巴塘
皆通西藏西甯雲南孔道各有土司舊屬前藏時策零
據藏番酋多爲所誘大軍將進討都統法喇令副將岳
鍾琪領綠旂兵抵裏塘其酋目達哇等語不遜鍾琪乘
其無備擒送首逆七人斬之隨宣　詔撫諭進收巴塘
令成都教諭楊世祿先招撫其酋結果翁布二人遂齎
其土地戶口冊籍詣軍降
庚子康熙五十九年
春正月　詔大軍護噶爾藏達賴剌麻赴西藏
第五世羅卜藏達賴剌麻之卒也其第巴（官名）桑結欲專

國不使班禪剌麻代持教欲使衆尊己遂匿不發喪唆
噶爾丹使覆喀爾喀及噶爾丹敗竄又使其胡土克圖
濟隆代爲乞和以誤我追師及　詔加詰責始惶恐具
奏而立紅教之僞剌麻與策妄及拉藏汗交惡拉藏誅
桑結而立博克達山之剌麻爲達賴青海諸蒙古不之
信別以裏塘之噶爾藏嘉穆錯爲眞達賴擁至西甯塔
爾寺坐牀兩部爭議未決策妄已遣策零敦多卜侵藏
襲殺拉藏汗而禁其所立新剌麻及覆我拔藏之師
上乃封噶爾藏爲宏法覺衆第六輩達賴剌麻　賜
冊印　命平逆將軍延信等自青海率滿漢兵及諸蒙
古汗王台吉等送之入藏　命護軍統領噶爾弼爲定

西將軍率兵自打箭鑪出軍容甚盛
免西洋人德克里罪
初以妄行陳奏獲罪　詔從寬禁錮未幾赦之
秋九月大軍入西藏賊將策零敦多卜遁回伊犁西藏平
大軍既進賊將敦多卜自拒中路凡三襲我軍皆敗走
將軍噶爾弼自南路進至察木多（卽前藏）奪橋據險欲俟
中路兵偕進恐期久糧乏用副將岳鍾琪計卽招土司
前驅集皮船以渡直趨布達拉（卽中藏）分兵斷賊饟道沿
途招降番目傳大小第巴各廟剌麻宣示拯救至意時
北路牽制之師將軍富甯安傅爾丹祁里德等亦分途
進擊準噶爾邊境降其宰桑焚其積蓄獲牲畜萬計敦

卜多無援應又腹背受敵遂大潰由騰格里舊路（騰格里海在布達拉西北其北岸大山有鐵索橋之險策零侵藏所經）竄還伊犁得達者無幾
兩軍既會於藏搜討偽藏王達格咱賊目藍占巴及宰
桑剌麻助逆者諸蒙古汗王台吉遂擁新達賴登座
詔賜以土地人民而取博克達剌麻歸京師以拉藏舊
臣貝子康濟鼐掌前藏台吉頗羅鼐掌後藏事葢自五
世達賴剌麻卒後（羅卜藏卒於康熙壬戌年）西陲擾亂三十餘年至
是始定　御製文紀事勒石大招寺（大招寺在布達拉之薩喇城爲西藏諸城之首寺爲唐公主所建爲駐藏大臣會諸貝子大剌麻議事之所）時將軍有乘勝來
年大舉之請因哲卜尊丹巴剌麻代策妄請罪　諭令
自戢暫停進兵西藏既定於是　遣理藩院主事勝住

偕剌麻楚爾沁等往圖西徼外山川以阿里西三百餘
里之岡底斯爲天下衆山水之根葢卽葱嶺南幹（時回疆未收故疑岡底斯卽昆崙）
（壬寅）康熙六十一年
暹羅運米至蠲其稅
時暹羅貢使言其地米甚饒裕銀二三錢可買稻米一
石　詔令分運米三十萬石售於閩廣浙江免收其稅
（癸卯）雍正元年
安置西洋人於澳門
閩浙總督覺羅滿保奏稱西洋人雜處內地在各省起
天主堂邪教徧行聞見漸淆人心漸被煽惑請將各省

西洋人除送京効力人員外餘俱安置澳門其天主堂
改爲公廨誤入其教者嚴行禁飭奉　諭遠夷住居各
省已歷年所今令其遷移可給限半年委官照看毋使
地方擾累沿途勞苦
（甲辰）雍正二年
春二月撫遠大將軍年羹堯奮威將軍岳鍾琪征叛酋羅
卜藏丹津破走之青海平
青海在西甯府西瀦水七百餘里（海中有二島不通舟楫惟氷合可通卽古弱水）西回疆南衞藏北玉關袤延二千里古西戎地漢爲
鮮水諸羌後爲吐谷渾唐末入吐番始隸衞藏崇佛教
明封番酋爲禪師國師復併入套酋俺荅後元裔和碩

特部（和碩特亦厄魯特四部之一）固始汗自西域來據之南併衛藏
國初崇德中遣使自塞外通貢順治初導達賴剌麻
入　覲受　封　賜金冊印旋卒有十子一在套西一
在西藏居青海者八部叛服不常及噶爾丹襲殺鄂齊
圖汗（固始汗兄子）青海和碩特諸台吉懼稍內附康熙中
駕幸甯夏時宣　諭八台吉皆入　覲　詔封固始汗
子達什巴圖爲親王餘授貝勒貝子公有差爲近藩及
達什巴圖子羅卜藏丹津襲爵從大軍定藏歸以唐古
忒及青海舊皆和碩特屬部已爲固始汗嫡孫仍冀總
長諸部於元年夏誘諸部與盟令復故號而自號達賴
渾台吉以脅諸部不從者加以兵親王察罕丹津遂內

奔河州關外又誘青海大剌麻察汗諾們汗使從已諸
番剌麻等同時騷動寇掠西甯　詔侍郎常壽往諭爲
所執　上乃　命川陝總督年羹堯爲撫遠大將軍
四川提督岳鍾琪爲奮威將軍討之羹堯先分兵防其
內犯又守險扼其入藏及通準噶爾之路遣諸將分攻
潰其黨羽各蒙古貝勒貝子公等多來歸降其脅從部
落十餘萬是年正月鍾琪進攻黨賊剌麻沿途焚其寨
堡寺舍斬馘六千惟丹津負嵎於柴木達（距西甯一千餘里）羹
堯請調兵四萬分四路進攻（西甯松潘甘州布隆吉爾）鍾琪請乘春
草未生以精兵五千馬倍之兼程擣其不備　詔從鍾
琪策是月出師先後殲殪其守險偵伺之賊賊無哨探

乃蓐食銜枚宵行百六十里黎明抵其帳賊猶未起倉
皇大潰丹津衣番婦衣騎白駝遁官軍循河源西窮追
至桑駝海無路而返而丹津已橫越戈壁投準部矣俘
其母妻弟妹逆目斬馘八萬降數萬擄獲無算往返兩
月　詔封羹堯一等公鍾琪三等公勒碑太學鍾琪旋
進勦黨賊土番於莊浪衛西山（郎唐石堡城）禽斬大半賊蹙
乞降又乘時勘定西甯番奏傚土司設番目隸廳衛而
增置大通安西河州柳溝各衛改西甯衛爲府青海辦
事大臣駐節於此追繳諸番兵器及明國師印敕限每
寺剌麻毋過三百闢青海地千餘里分　賜各蒙古
暹羅貢稻種果樹

暹羅貢船內稍目水手九十六人本中國人貢使求免
回籍許之
夏六月定來粵洋商船額數
通政司右通政梁文科奏查香山縣澳門地方明季嘉
靖間租與紅毛居住屢年來戶口日增居心未必善良
不可不嚴加防範以杜隱憂今宜設一弁員在澳門彈
壓凡外洋人往來貿易不許久留並不許內地奸民句
通爲匪則地方安靜庶不致有意外之虞奉　旨交兩
廣總督孔毓珣詳細訪詢籌計妥確以聞毓珣回奏臣
查其地原有香山協把總一員帶兵五十名防守又澳
門內旱路十餘里地名前山寨設有城池關門不容西

洋人擅入內地現有都司守備領兵駐防四面安設礮
臺控制是原有官兵彈壓惟嚴飭用心巡查無庸另議
安設矣惟是康熙五十六年定例禁止南洋不許中國
人貿易澳門因係夷人不禁獨佔其利近年每從外國
買造船隻駕回貿易船隻日多恐致滋事臣擬查其現
有船隻仍聽貿易定爲額數朽壞准修此後不許添置
以杜其逐歲增多之勢至外國洋船每年來中國貿易
者俱泊省城黃埔地方聽粵海關徵稅查貨並不到澳
門灣泊報可
秋九月山東巡撫陳世倌請禁回教不許
東撫陳世倌疏言左道惑民律有嚴禁如回教不敬天

地不祀神祇另立宗主自爲歲年黨羽衆盛濟惡害民
請概令出教毀其禮拜寺　上諭此種回教原無一
可取但其來已久且彼教亦不爲中土所崇尚率皆鄙
薄之卽彼教中稍有知識亦似有不得已之情從無平
人入其教門之理則彼所謂教者亦止此數非蔓延難
量之事至彼之禮拜寺回回堂亦惟彼類中敬奉而已
何能惑衆朕令汝等嚴禁眩幻駭人動衆之事如僧道
回回剌麻等其來已久今無故欲一時改革禁除不但
不能徒滋紛擾有是治理乎未知汝具何意見也
冬十月安置西洋人於廣州
時　上諭孔毓珣如西洋人之安插亦未甚妥外來

之洋船發放尤屬不當令命爾總督其地其盡心竭力
一一料理毓珣奏稱查各省居住西洋人先經閩浙督
臣滿保題准有通曉技藝願赴京効力者送京此外一
概送赴澳門安插嗣經西洋人戴進賢等奏懇寬免逐
回澳門發臣等查議臣思西洋人在中國未聞犯法生
事於吏治民生原無大害然厤法算法各技藝民間俱
無所用別爲一教原非中國聖人之道愚民輕信誤聽
究非長遠之計經臣議將各省送到之西洋人暫令在
廣州省城天主堂居住不許出外行教亦不許百姓入
教遇有各本國洋船到粵陸續搭回此外各府州縣天
主堂盡行改爲公所不許潛往居住業會同將軍撫提

諸臣具題其澳門居住之西洋人與行教之西洋人不
同居住二百年日久人衆無地可驅守法納稅亦稱良
善惟伊等販洋船隻每從外國造駕回粵連前共二十
五隻恐將來船隻日多呼引族類來此謀利則人數益
衆臣擬將現存船隻編列字號作爲定數不許添造並
不許再帶外國之人容留居住亦經具疏請　旨此安
插兩種西洋人是否妥協伏候　聖裁再外來洋船
向俱泊於近省黃埔地方來回輸納關稅臣思外洋遠
來貿易宜使其懷德畏威臣飭令洋船到日止許正商
數人與行客公平交易其餘水手人等俱在船上等候
不得登岸行走撥兵防衞看守定於十一十二兩月內

乘風信便利將銀貨交清遣令還國則亦不致別生事端矣奉　諭朕於西洋教化原無深惡痛絕之意但念於我中國聖人之道無甚裨益爾詳加酌量若果無害則異域遠人一切自應從寬若繩之過嚴則又不是矣

乙巳雍正三年

春三月臺灣生番歸化

先是浙閩總督滿保福建巡撫黃國材於二年冬疏報臺灣生番蘭郎等四社歸順又鳳山縣南山前生番歷歷等五社北山後八里岡等六十五社諸羅縣北山前本祿等四社凡七十四社生番歸化至是續報彰化內山巴荖遠等四社猫仔等十九社咸歸化尋　諭云生番歸化野性難馴要在安戢得法封疆大吏當嚴飭屬員施恩布教令心悅誠服永無變更方不愧柔遠之道

秋八月西洋教化王遣使入貢

時教化王伯納地哆遣使臣噶達都易德豐表貢方物使還　賜諭曰覽王奏並進貢方物具見悃誠我聖祖仁皇帝怙冒萬方無遠弗屆　龍馭升遐中外臣民悲思永慕朕纘承大統勉思紹述前徽教化王地處極遠特遣使臣齎章陳奏感　先帝之垂恩祝朕躬之衍慶周詳懇至詞意虔恭朕心嘉慰使臣遠來朕已加禮優待至西洋寓居中國之人朕以萬物一體為懷時時教以謹飭安靜果能慎守法度行止無虧朕自推愛撫䘏兹因爾使臣歸國特頒斯勅並賜妝段錦段大段六十四次段四十四王其領受悉朕惓惓之意

丁未雍正五年

蘇祿入貢

蘇祿國在南洋小呂宋羣島西南婆羅洲東北地當赤道下三島相連島甚渺小惟兼有婆羅洲東北隅地由廈門往水程百一十更產明珠玳瑁蘇木降香藤條鸚鵡戶口頗繁而民食不足本巫來由繞阿番族勇悍善鬬民多習為海盜地磽瘠食不足糴於別島廈門商船至蘇祿水程百二十更國有東西峒三王明永樂中并率妻子來朝後併為一西班牙既據呂宋再以兵攻蘇

祿反為所敗是年其王遣使至閩貢方物並求內附　上以其險遠不許

春三月開閩省海禁

閩督高其倬疏言福興漳泉汀五府地狹人稠自平定臺灣以來生齒日繁山林斥鹵悉成村落無田可耕流為盜賊勢所不免臣再四思維惟廣開其謀生之路如開洋一途前經嚴禁但察富者為船主商人貧者為頭舵水手一船幾及百人其本身既不食本地米糧又得沾餘利歸養家屬若慮盜米出洋則外洋皆產米慮透消息則今廣東船許出外國豈福建獨虞洩漏慮私販船料則中國船小不足資彼之用似開洋於地方有益

請弛其禁尋下廷議行

夏四月葡萄牙入貢

葡萄牙即布路亞（一作博爾都噶亞　一作波耳都欺）歐羅巴極西小國

北界西班牙（即大呂宋一名日斯巴尼亞）西南臨大西洋北極出地

三十七度至四十二度英綫偏西九度至十二度國有

三大江皆源自西班牙有二學歐羅巴高材多出其中

土產果實絲綿善釀葡萄酒其地古名盧西達尼本西

班牙西境後爲回國所併三百餘年宋紹聖時西班牙

恢復故土有臣曰英黎給將兵有功王妻以女以盧西

達尼數城封之其子襲位攻破回部拓地漸廣國人奉

以爲王是爲葡萄開國之祖後與西班牙並立明嘉靖

間有賢王以馬努以利能立法制稱極治至孫英黎吉

當萬歷八年阿非利加洲回部來侵戰沒無子國仍爲

西班牙所幷隸者六十年西政貪殘葡人起兵逐守者

復立故王支屬與西搆兵二十餘年賴英吉利起兵助

之國迺僅存先是歐羅巴諸國元代以前罕通別土葡

人精天文厤算用儀器測量星日躔次度數知水陸方

向遠近宏治間國王遣善操舟者駕巨艦望南駛行循

阿非利加西洲之西沿海越赤道下遶大浪山（即岌朴）東

北行歷阿非利加東境抵五印度國復東駛至麻六甲

又從蘇門答臘噶羅巴海峽徧歷東南洋諸島所至輒

留葡人立新埔正德十一年先後至中國舟山甯波泉

州隆慶初至廣東香山縣濠鏡（即澳門）請隙地建屋歲納

租銀五百兩時上方珍玩皆中涓取辦於粵當事利其

居積寶貨便供給總督林富代爲請葡人遂築樓館營

埠市於澳是爲歐羅巴通市粵東之始後西班牙荷蘭

法蘭西英吉利諸國相繼東來爭闢新埠葡亦建藩部

於南亞墨利加洲嗣因國內亂其小西洋東南洋各埠

咸被諸國侵奪僅餘澳門爲諸國東來之逆旅萬歷初

意大里人利瑪竇來華士大夫方與講求厤法葡人亦

以能治厤聞朝議改用新法亦居其人於澳門故粵人

稱居澳者爲大西洋其國終明代未嘗朝貢至是遣使

臣麥德樂表貢方物抵粵巡撫楊文乾遣員伴送至京

召見　賜宴於常賚外　特賜人蔘緞匹瓷漆器紙

墨字畫絹鐙扇香囊諸珍加　賞使臣旋　命御史常

保住伴送至澳遣歸國麥德樂在澳天主堂率洋商誦

經行禮恭祝　聖壽

議入天主教烏爾陳等罪

時已革宗室貝勒蘇努子烏爾陳蘇爾金庫爾陳以結

黨亂政後私入天主教　廷議請即正法奏　上諭

烏爾陳等不遵滿洲正道崇奉西洋之教朕令伊等悛

改遣王大臣等分晰開導乃伊等固執不願悛改如此

昏庸無知與禽獸奚別何必加以誅戮烏爾陳等非力

能搖動政事斷不可姑容於世者可比此等人正法與

否並無關係今王大臣等因蘇努父子從前所行大逆不道請將烏爾陳等即行正法所奏雖是但朕從前已將伊等之罪暫行寬宥今復將伊等正法西洋人不知其故必以爲伊等因入西洋教被戮轉使伊等名聞於西洋著將烏爾陳等交與步軍統領阿齊圖擇一地方牢固鎖禁俾得窮究西洋道理如知西洋敬天之教自然在朕前奏請改過也

宣諭釋道天主等教同異

佛誕之日適與西洋國使臣表賀事相值　上因諭廷臣云向來僧道家極口詆毀西洋教西洋人又極詆佛道之非互相訕謗指爲異端此皆以同乎已者爲正道異乎已者爲異端非聖人所謂異端也孔子曰攻乎異端斯害也已孔子豈以異乎已者概斥之爲異端乎凡中外所設之教用之不以其正而爲世道人心之害者皆異端也如西洋人崇尚天主天以陰陽五行化生萬物故曰萬物本乎天此即主宰也自古有不知敬天之人不敬天之教乎如西洋之敬天有何異乎若曰天轉世化人身以救度世此荒誕之詞乃借天之名以蠱惑狂愚率從其教耳此則西洋之異端也朕意西洋立教之初其人爲本國所敬信或者尊之如天倘謂立教之人居然自稱爲天主此理之所無也釋氏以清淨無爲爲本明心見性爲功若必棄置倫常同歸寂滅更妄談禍福煽惑凡庸藉口空門潛藏奸宄此佛教中之異端也儒者守先王之道讀聖賢之書庶民奉爲坊表倘以詩書爲弋取功名之具科目爲廣通聲氣之途或逞流言邪說以動人聽聞或工豔曲淫詞以蕩人心志此則儒中之異端也凡中外設教之意未有不以忠君孝親奬善懲惡戒淫殺明已性端人品爲本其創設之人自非凡夫俗子必有可取方能令人久久奉行至末學後人敷衍支離而生種種無理謬說遂成異端矣彼西洋之教不必行於中國中國之教豈能行於西洋如蘇努之子烏爾陳等愚昧不法之輩背祖宗違朝廷甘蹈刑戮而不恤豈不怪乎西洋天主化身之說尤爲誕幻天主既司令於冥冥之中又何必託體於人世若云奉天主者即爲天主後身則服堯服誦堯言者皆堯之後身乎此則悖理謬妄之甚者也西洋人精於厤法國家用之且其國王慕義抒誠虔修職貢數十年來海洋寧謐其善不可泯蒙古之尊信佛教惟言是從故欲約束蒙古則剌麻之教亦不輕棄而不知者輒妄生疑議乃淺近狹小之見也總之人心不公見理不明以同已爲是異已爲非互相誹譏幾同仇敵不知人品類不齊習尚不一不能強異亦不能強同且各有長短惟存其長而棄其短知其短而不昧所長則彼此可以相安方得聖帝明王明通公溥之道而成太和之宇宙矣

六月禁內地民久留外洋

先是康熙末以噶羅巴及呂宋皆紅毛西洋泊船之所藏匿盜賊甚多內地民希圖獲利往往留在彼處有旨交廷臣議准其附洋船帶回內地至是奉　諭云

聖祖仁皇帝綏靖海疆且不忍內地之民轉徙異地實仁育義教之盛心但數年來附洋船回者甚少朕思此等貿易外洋多係不安本分之人若聽其去來任意不論年月久遠伊等益無顧忌輕去其鄉而飄流外國者益衆矣嗣後應定限期若逾限不回是其人甘心流移外方無可憫惜朕意不許令其復回內地如此則貿易之人不敢稽遲在外矣

秋九月與俄羅斯訂恰克圖互市界約

俄羅斯察罕汗卒後其妃代臨朝爲叩肯汗遣使臣薩瓦暨俄官伊立禮與我理藩院尚書圖禮善喀爾喀親王策凌在恰克圖議定喀爾喀北界自楚庫河以西沿布爾固特山至博移沙嶺咸豐八年中俄和約載有雍正六年所立沙賓達巴哈之界碑當即此地爲兩國邊境而互市於恰克圖議定陳兵鳴礮謝天立誓庫倫檔案載雍正五年七月十五日兩國大臣議定由恰克圖鄂爾懷圖兩處中間界址所立之鄂博起橫至西邊鄂爾懷圖色楞格河起至沙畢適嶺共立鄂博二十四處由布爾固特依山南巴彥梁起至東邊額爾古納河源之阿巴哈依圖山分界共立鄂博四十八處後嘉慶二十三年會勘一次有手具地圖存案

定俄人來京就學額數

俄羅斯國界近大西洋者崇天主教其南境近哈薩克者崇回教其東境近蒙古者崇佛教康熙間嘗遣人至中國學剌麻經典以綏東方之衆並遣子弟入國子監習滿漢語言文字居舊會同館派滿洲助教一人漢助教一人教習之至是定俄人來學剌麻者額數六人學生額數四人十年更代爲例

冬十月平臺灣叛番

高其倬疏報臺灣水連沙等社兇番自康熙六十年朱一貴作亂後不納賦餉肆行劫掠臣令臺廈道吳昌祚等率弁兵番壯分路裹糧進勦擒首惡骨宗等各社相繼歸誠

國朝柔遠記卷三

國朝柔遠記卷四

臣　彭玉麟恭定

臣　王之春敬編

戊申雍正六年

春正月　敕諭安南國王黎維祹定邊界

先是雲貴總督高其倬奏安南國邊濵疆界有內地舊境一百二十里應即清理於賭咒河立界國王黎維祹具奏陳辯　上命總督鄂爾泰再行確查給還八十里於鉛廠山下小河內四十里立界國王復疏辯五年五月頒　敕該國王不必以從前侵佔內地為嫌中心疑懼拳拳申辯為此無厭之求則亦負懷遠之仁矣九

月復　遣內閣學士任蘭枝偕左都御史杭奕祿等往諭宗至國王奉　敕悔罪上表謝至是復以鄂爾泰所查鉛山廠山地立界並　敕杭奕祿等齎　敕往諭曰朕前令守土各官清疆界原屬行之內地未令清查及於安南也督臣高其倬以職任封疆詳考志書兼訪輿論知開化府與安南分界處當在逢春里之賭咒河於是一面設汛一面奏聞比因該國陳奏朕特降旨令撤汛另議立界又恐高其倬固執已見復命接任總督鄂爾泰秉公辦理鄂爾泰體朕懷遠之心定界於鉛廠山下小河較舊界已縮減八十里誠為仁義盡至朕統御寰宇凡臣服之邦皆隸版籍安南既列藩封尺地莫非吾土何必較論此區區四千里之地祇以兩督臣定界時該國王激切奏請陳訴甚為不恭該國王既失事上之道朕亦無由施惠下之仁非朕初心也頃鄂爾泰呈進該國王上年十二月章奏知該國王深感朝廷之仁自悔從前之失詞意虔恭朕甚為嘉悅在王既知盡禮在朕便可加恩況此四十里之地在雲南為朕之內地在安南仍為朕之外藩一毫無所分別著將此地仍賞賜該國王世守之

二月減朝鮮貢

禮部題朝鮮國補進貢物奏　諭朝鮮年貢之例每年貢米百石朕念該國路程遙遠運送匪易著減去稻米

三十石江米三十石每年進貢江米四十石便足供祭祀之用永著為例

夏四月禁索洋船規禮

先是粵撫衙門內班門子胡龍超持署巡撫阿克敦諭帖往虎門調取暹羅國船主葉舜德到省押繳銀六百兩方准開艙舜德謂我輩仰慕　天朝航海載米被風飄流到粵今去此銀兩將來國王著落賠補關係身家性命龍超不聽舜德因初來粵貿易船已進港不得已賣米繳銀至是楊文乾來撫粵舜德同番官乃嘛稟陳前事文乾據奏稱　皇上德威遐播遠方絕域重譯來朝竭誠進貢為從來所未有　皇上格外加恩

何等深厚而阿克敦反向遭風之洋商勒索規禮若傳至遐方在阿克敦之聲名固不足惜其如　天朝國體何臣再四思維卽暫借公項銀六百兩令司道等傳齊番官番商當堂曉諭此項銀兩並非署巡撫所得俱係衙役家人勒索今已究出照數發還免爾等回國賠補葉舜德等感激　皇恩歡呼舞躍而去請此後嚴行禁革永著爲令奉　諭料理甚當可嘉之至

五月左都御史查郎阿率兵入西藏討叛台吉阿爾布巴誅之留兵駐防

先年冬西藏噶布倫藏中官名貝子阿爾布巴及公隆布鼐台札爾鼐等忌貝子康濟鼐欲投準噶爾　上命內

閣學士僧格副都統馬臘往藏撫綏繼　遣左都御史查郎阿副以都統邁祿領滿漢兵鑾儀使周瑛領川陝兵與滇兵三路俱進師未至藏而台吉頗羅鼐已先率札什倫布及阿里兵邀其去路至是擒阿爾布巴等獻於軍　詔封頗羅鼐爲貝子總前後藏事移達賴剌麻於裏塘以避準噶爾而留僧格馬臘周瑛等分駐其地是爲大臣駐藏之始又　詔頒唐古特字律例而收前藏之巴塘裏塘隸四川設宣撫土司治之中甸維西屬雲南設二廳治之立界碑於南墩甯靜山嶺西各土司仍屬西藏厥後與準噶爾成和章嘉胡土克圖代爲達賴剌麻請以巴塘裏塘仍還前藏　詔以其商稅　賜之地仍內屬

閏七月禁運米出洋

先是　上聞近海地方偷運米石出海之弊尚未盡除　諭交淸查之員一併嚴查是月御史伊拉齊奏稱臣已與督撫臣會銜飭沿海文武各員嚴禁稽查數月並無一盤獲雖向有無賴小民因西洋人收買希圖重價將米石載小船偷渡出界近亦無之惟間有窮苦漁船多買食米零星賣與洋船聞松江府城天主堂西洋人畢登榮莫滿託言暫住養病時或出門拜客士民多有歸其教者揆此西洋人常有貿易船隻往返走洋恐有偷賣米石之弊又聞各省尙有潛住之洋人煽惑愚

民實無益於中國而有損政教仰懇　皇上飭江南督撫令各府州縣細查如有潛住之西洋人盡行報出作何遞送回澳之處一面料理一面奏明通行各省督撫一體遵查不惟黜異端以崇正學亦可杜偷運米石出海之弊報可

秋八月浙江總督李衛請嚴日本防

日本國古稱倭奴唐始稱日本在東海中平列三大島北曰對馬與朝鮮相值中曰長崎與浙之定海相值華商多互市於此水程四十更南曰薩峒馬與溫台相值餘小島甚多極東北之蝦夷島與俄羅斯東海屬島相距北極出地自二十九至四十七度自東北至西南縱

斜約五千里東西相去約九百里物產不豐惟出黃金
紅銅習用中國文字技藝皆精美其王相傳自開國不
易姓秦始皇遣方士徐福求仙將童男女入海不返遺
種所在多有漢始通中國唐宋皆嘗入貢元世祖遣范
文虎興師十萬伐之至平壺島大風破舟文虎等盡棄
其師逃歸自是有輕中國心明初入貢後屢寇掠沿海
郡縣嘉靖間胡宗憲爲總督以計擒斬渠魁戚繼光俞
大猷等協力勦之患始息萬歷時倭酋平秀吉寇朝鮮
幾爲所併　國朝龍興東土始震懾聲靈不敢復動雖
通商市亦惟我之估舶往而彼不來至是有蘇州余姓
洋商言倭王原中國人苗裔歷世相傳若土著爲之則

王不能享祚民皆有災臣下雖極强盛猶奉以虛名從
無篡奪之事而號令征伐一秉於上將軍不由國王主
持因此將軍肯出重聘倩内地人教演弓箭籐牌偷買
盔甲式樣初有福州民王應如於天文戰陣事涉獵不
精而好談論首受萬金爲教陣法不久即死復薦一廣
東長鬚年滿千總每年受倭數千金爲釘造戰船二百
餘號習學水師又洋商鍾觀天沈順昌久領倭照貿易
倭人信託鍾復帶去杭城武舉張燦若教習弓箭每年
得銀數千沈亦帶去蘇州獸醫宋姓療治馬匹又商人
費贊侯薦一紹興革退書辦在倭講解律例復因不能
通曉逐歸曾留我等銅鉛質當凡貿易人到倭皆圈禁

城中週砌高牆内有房屋開行甚多名土庫止有總門
重兵守之不許外走得知消息到時將貨收去官爲發
賣一切飲食皆其所給回棹時逐一消算扣除交還所
換銅觔貨物押往開行至聘去之人則另在隱密之地
造船之說吾等嘗親聞之等云浙督李衞聞知遂奏稱
日本雖蕞爾島夷恃其銅礮攻擊甚遠刀械犀利非常
前明曾屢爲患　本朝威靈懾伏屏迹多年從無干犯
中華　聖祖仁皇帝俞允會議於東洋貿易止許
内商往販禁其自來原有深意今彼不惜重貲招集無
賴習學内地弓矢技藝無故制造戰船姦懷叵測不無
窺伺恐乘隙欲爲沿海搶掠之謀然前明水師未設戰

船不修被其突犯登陸始與接戰使得展其跳躍之長
故從前江浙地方多受荼毒今沿海水師星羅碁布戰
船駕駛精熟官兵皆能奮勵用命倭夷平素未諳水戰
設或有警臣等聯絡鄰省會同堵截邀於海中勦殺攻
其所短自獲萬全不致上廑
聖懷但彼狡謀惟在
重利引誘凡愚人孰不貪婪往墮術中故江浙閩廣好
事棍徒甘爲心腹通風走線甚多伊要得内地之信頗
易而中國欲知其的耗實難今若遽將訪出之徒張皇
拏問則販洋往來人多傳至彼地恐至激而生事臣愚
以爲　天朝之待外夷罪惡昭著者必申征討之誅
若迹涉隱微則當示以羈縻防範未然臣現密飭沿海

文武營縣及各口稅關員役藉盤詰米穀軍器名色嚴
行稽查凡出洋裝貨包箱各物悉令開驗一應水手舵
工商人奴僕附搭小客俱著落牙行查明籍貫年貌取
保結限期回籍返棹進口點驗人數缺少者拏究其水
師兵船嚴督各鎮協營整頓礮械練習攻戰之具不時
哨巡耀揚威武以爲有備無患之計一切廢弁驗其因
公罣誤原無大過不在解發安置之列而人材尚可效
用者分別收錄食糧不使閒居窮苦爲人所誘姦商無
賴通同句引之人俟訪實後相機另行拏究明正典刑
彼時倭夷聞之知事已敗露防範嚴密自必震服
天威絕其邪心矣奉　上諭當年　聖祖曾因

風聞動靜特遣織造烏林達麥爾森改扮商人往彼探
視回日復　命大抵假揑虛詞極言其懦弱恭順嗣後
遂不以介意而開洋之舉繼此而起朕即位後亦經念
及尚未暇諭卿所以此奏深合朕心又聞噶喇叭呂宋
聚有漢姦不下數萬朕經屢次密諭閩廣督撫加意體
訪具奏且復聞日本與朝鮮往來交好蹤迹甚密云云
總之安內攘外要不出前諭固本防患盡人事以聽天
命爲第一良策也
冬十月飭沿海邊備
初李衛奏稱日本島嶼與浙江江南洋面最近止三十
餘更路程風順四五晝夜可到今浙江原屬臣轄江南

沿海地方近又奉　旨命臣節制即當知會督撫提臣
調度嚴防但其乘風飄忽四路可通閩廣山東天津錦
州等處仰祈　皇上密飭督撫諸臣一體留心防察
則雖有姦計亦無所用矣奉　上諭所見甚是隨便
皆密令訪察防範此通頒諭旨一例及卿庶不露卿首
先陳奏之迹也是月初六日兩廣總督孔毓珣遂覆奏
云思我　皇上聖仁威武四海嚮風薑爾島夷諒無
他念但浙江督臣李衛稱旣有所聞則粤東與日本亦
屬一水相通且南洋之禁初開諸番羅列防範自宜更
加嚴密臣已嚴飭沿海各鎮營勤練舟師設備火器於
汎口出入人船嚴行稽查礮臺時加瞭望今奉　諭旨

臣俟會審事畢即赴厓門虎門澳門附近緊要海口親
歷查察舟師并汛守礮臺其不能周歷之處分委道府
大員巡查如有應行奏　聞之事臣自當具摺密陳至
於水師以礮火爲重其砂礮等項必應存留奉　上
諭此事虛實未的只可密飭防備不宜明顯致令風聲
遠播外夷生疑畏之心
冬十一月立洋商總
初風聞日本句誘中國無賴商民往彼教習技藝於是
嚴禁商船出洋自外洋回棹之船亦加意盤查嗣密訪
察知別無狡志又知與西洋天主教結爲世仇雖東西
海面俱通彼此不能相容凡商船往倭有奉此教者立

卽加害並鐵鑄天主之形令下船諸人脚踹登岸又彼地人惟沙思馬一處（日本轄八十一島內有薩摩州番言撒子馬卽薩司馬之譌音地在日本西南）最爲勇悍其地俱不足慮浙督李衛奏稱各洋商貿易不宜遽行禁絕且從前止領夷人倭照我 天朝並未定有到彼作何管束稽查之法今擬會同江南督撫諸臣於各商中擇身家最殷實者數人立爲商總凡內地往販之船責令伊等保結方許給以關牌縣照置貨驗放各船人貨卽著商總不時稽查如有夾帶違禁貨物及到彼通同作姦者令商總首報於出入口岸處所密拏倘商總徇隱一體連坐庶幾事有責成可杜前弊容臣到蘇公同議定辦妥再爲陳覆至是覆奏辦

理東洋商船事宜略云綏來柔遠 聖主廣運之鴻模杜漸防微人臣守土之專責日本海島小邦密邇江浙內洋向通市易數年以來設立倭照挾制客商始則要求禮物繼則勒帶人貨干犯禁條不一而足臣每留心密訪誠恐徑竇不塞積久生端隨將前奏所開先後拏獲各商人等親帶赴蘇會同署江省督撫二臣范時繹尹繼善復加細訊內鍾觀天首先供吐曾爲代帶武舉張恆晫現在東洋已令伊父寫信前往設法喚歸又費贊侯供認曾帶崇明縣醫生周岐來往彼治病業經回籍經臣於途間喚到面訊是實據稱夷人每事訪求 天朝故實新聞諸樣書籍無所不有又李昌謀供認曾帶所畫慶祝 萬壽圖西湖四季及城隍山迎會景象現有底稿起出非係中國輿圖又柯萬藏魏德卿二犯供認曾於閩省請曾璧峰等九人前往東洋在普陀洋面爲臣訪知先差弁員等候盤獲又沈順昌供認曾允攜帶弓箭未曾製備其私造迷鏃箭頭一萬箇欲趕李商之船帶去情由嚴訊堅未肯認又鄭大山供伊堂弟鄭大威現在東洋未回曾往廣南代帶去家象野象各一象奴二人尚存活象一現在長崎今年又託吳瑞觀帶象配數緣風信不順未來並訊據鍾觀天等供出尚有楊澹齋帶去秀才孫太源沈登偉在彼講習 大清會典中原律例未曾歸浙又朱來章之兄朱

佩章先曾帶去閩人王應如教書已病歿在洋又閩商陳艮選帶去廣東人稱係甯波住居之年滿千總沈大成實楊姓冒頂前往教習陣法現在彼處又郭裕觀代帶僧人馬匹各等情今朱來章先經臣訪聞誘喚至署問知情由前已奏明後又供出曾帶過各項書籍五百本當卽收具的保同俞孝行給與銀兩各自置貨密往東洋探信去訖其陳艮選因在日本未回已令海口文武等候緝拏郭裕觀係廈門人密咨福建尚未獲到以上各供與臣前所訪聞不爽惟輿圖盔甲軍器式樣因未現獲雖在狡飾而臣揆其情節大象尚由安南取送則此等事皆有之總緣夷人嗜利於商船回棹時各指

名令其攜帶違禁人物不遂其請卽有捐照退貨之舉
而商人貪倭照貿易惟命是從若不嚴加稽查將來無
所底止伏思我　皇上德威遠被六合之内皆同胞
與況遠夷絲綿綢帛服食器用久仰給於　天朝未
便遽行概加屏絕惟是各省商人多在江浙二處出口
賢愚不等散漫無紀非設商總盤查無以專責成臣與
范時繹尹繼善公同酌議當面傳集洋商博訪利弊令
其公舉殷實老練之人數名臣等又加察訪甄別派出
閩浙各商李君澤等八名立爲商總責令分省稽查一
切盤驗舉首之法詳細開列使之互相牽制從此不敢
妄有夾帶其現在犯案各商按其情罪輕重監禁取保

並將家口查明交鄉總看守俟所遣朱來章俞孝行回
棹及招歸張恆暐等到日探明夷人實在行徑再爲酌
量定擬請　旨分別發落合將臣等會核設立規條飭
行曉諭示稿繕進再查康熙五十六年定例除安南通
商外其餘西南諸洋禁止往販今福建督臣高其倬奏
請西南諸洋許往貿易已荷　聖恩允准臣愚以爲
江浙與閩洋相同自應循照福建近議准行則例一體
嚴行查驗等云奉　上諭覽詢訪各情形俱悉此議
甚屬妥協事事俱宜如此留心命卿總督浙江朕於東
南一隅早釋顧慮之念矣此項商總既專責成公私俱
賴以濟宜再三詳審務須得人爲要應達部者咨部存

案可也
己酉配雍正七年
英吉利復來通市
英吉利自康熙間通市後商船或間歲一至猶未每歲
常來至季年廣東碣石鎮總兵陳昂奏言臣偏觀海外
諸國皆奉正朔惟紅毛一種奸宄莫測中有英圭黎（即英吉利 初頒）諸國種族雖分聲氣則一請飭督撫關部諸臣設
法防範從之至是海禁既開始互市不絕
減免暹羅例貢
暹羅自順治初卽效貢職維謹至是減免該國安息速
香袈裟布匹等貢並　御書天南樂國扁額　賜之

西南洋諸國來互市
先是康熙中雖設海關與大西洋互市尚嚴南洋諸國
商販之禁自安南外並禁止内地人民往販比因粵閩
浙各疆臣以弛禁奏請是年遂大開洋禁凡南洋之廣
南港口柬埔寨及西南之柹仔六坤大呢吉蘭丹丁葛
奴單咀彭亨諸國咸來通市廣南國北接安南漢曰南
郡晉唐後曰林邑占城明代占城爲安南所奪以封其
臣阮氏爲附庸阮氏本中國人以地險兵强自爲一國
屢與安南搆兵（嘉慶季年廣南農耐王阮福映以舊阮滅新阮始併安南爲一國改號越南）
港口國東南濱海國王鄭姓地數百里眞臘舊境又稱
本底國柬埔寨卽舊眞臘自稱甘孛智譌爲澉埔只轉

爲柬埔寨(東又有訛作東者)一作平波底阿其地北接占城南
際海盡處爲爛泥尾由粵虎門經七洲洋七千二百里
地近赤道天氣炎熱禾一歲數稔土產鉛錫犀象翠羽
孔雀瑇瑁蘇木降眞沈速諸香檳榔豆蔻海參燕窩故
舊名富貴眞臘其先本扶南屬國王姓刹利氏後並扶
南有之隋代入貢至唐國分爲二北多山號陸眞臘南
多水號水眞臘久復合爲一國宋屢入貢與占城爲仇
滅之而王其地改號占臘明初國猶富盛職貢不絕至
國初已弱小僅存爲安南暹羅所役屬不復仍眞臘
故號自列於王會竟與港口皆併於廣南而廣南又併
安南稱越南焉(越南以眞臘故地爲西都嘉定省今爲法蘭西所有名西貢)柬埔寨

西界暹羅內海暹羅西南海岸有地由西北伸於東南
連山如脊山東有小國七首曰埗仔一作斜仔距廈門
百八十更南曰六坤再南曰宋卡(一作宋腳閩音謂腳爲卡)或作宋
腒勝俗信佛不食豬與回回同惟君臣嫡庶之分甚嚴
再南曰大呢郎大年再南曰吉蘭丹中華人多在二處
采金地多瘴癘惟溪水清涼浴之可已疾俗嗜鴉片土
番善標槍時出劫殺行人再南曰丁噶奴一作丁加羅
國人終身不出境向無航海者極南曰彭亨音近邦項
當海濱地盡處北極出地一度離中綫偏西十三度轉
西卽舊柔佛有地曰息力(一作息辣)一名烏丁焦林一名星
架坡往時丁噶奴單咀彭亨皆柔佛所屬後番部徙別

島遂爲大西洋東來四達扼要之地(嘉慶中英吉利據其地名新嘉坡爲)
南洋第一埠頭(閩粵人謂之新州府)諸國地各數百里皆狠𦞦裸國巫來
由番族類裸跣夾刃出入與眞臘同俗皆歲貢暹羅爲
屬國所產金銀鉛錫犀象翡翠玳瑁蜜蠟胡椒檳榔沙
藤蘇木氷片沈速伽楠香諸物亦略相同至是海禁旣
弛諸國咸來互市粵閩浙商亦以茶葉瓷器色紙往市
後並准帶土絲及二蠶胡絲其往也由粵東虎門至曾
萬山經七洲洋至舊柔佛用未鍼計水程九千里若由
柔佛轉循海岸而西北則爲麻六甲明代已爲大西洋
葡萄牙和蘭疊據爲市埔矣(今又爲英吉利新藩)
(庚戌)雍正八年

夏五月浙江總督李衞毀杭州天主堂
初西洋人德瑪諾在浙有　旨催令回京瑪諾呈稱老
病寒冬長途難行李衞委員驗明代請寬限調治至是
委官伴送至廣東澳門安插杭城天主堂因此閒空地
方官請撥役看守李衞奏稱西洋人原異域外教無知
愚民多有貪伊厚利暗入其教並及駐防旗下亦染此
風甚有關係臣前設法嚴禁始知斂迹此等深心結納
意欲何爲乘此未可再留根株以杜日久後釁查勘規
模制度與佛宮梵宇不符伏思海洋中惟天后最顯靈
應卽外夷西洋各種人無不敬畏　本朝屢奉
敕封褒崇凡近海處俱有大廟商民往來祈禱瀰杭州

控扼江海未有專祀臣意將天主堂改爲天后宮擇德行羽流供奉香火則祀典旣清而異端靖其萌蘖矣報可

福建巡撫劉世明請禁民習天主教

時閩撫劉世明奏言福建民習天主教者闔家俱喫齋臣通飭嚴禁得　旨但應禁止邪教惑衆者從未有禁人喫齋之理若將此等安擧以爲盡心任事實力奉行則大誤矣

夏六月大將軍傅爾丹等率師征準噶爾敗績副將軍查弼納巴賽副都統戴豪海蘭西彌頼定壽蘇圖侍郎永國死之

噶爾丹旣死其姪策淩多爾濟奔阿爾泰山北稽首稱臣　仁皇帝受降凱旋朔漠蕩平其後休養招徠部落漸强稍侵犯喀爾喀　仁皇帝練兵籌餉爲深入計會策逆死子噶爾丹策零嗣少年聰黠善撫士卒諸台吉樂爲之用　上決意征之　命傅爾丹爲大將軍副將軍查弼納巴賽副都統戴豪海蘭西彌頼定壽蘇圖馬爾齊侍郎永國塔爾岱達福等皆從征八月會師於科布多城噶逆遣將僞降言其國攜貳與哈薩克迭戰經年馬駝羸弱可襲取也傅欲進師定壽請耀兵境上全師凱旋永國海蘭等皆以爲然傅不從出境數百里及博克託嶺聞賊至遣蘇圖往勦傅移師東

陷和通淖爾（譯言澤也）下　定壽蘇圖等中矢殞西彌頼率本部援之兵潰身殉永國戴豪海蘭自縊於幕栈上查弼納躍馬舞刀賊皆披靡潰圍出不見傅恐蒙陷帥罪復入陣死達福殿軍被殺巴賽血戰死之惟塔爾岱冒鋒矢出中槍血殷征衫蒙古醫以羊皮蒙之三日始甦事聞　上震悼貶傅爵　賜卹諸臣家

雍正九年（辛亥）

滇徼外西南諸夷來貢獻

先是四[illegible]雲貴總督鄂爾泰言雲貴大患無如苗蠻欲安民必先制夷欲制夷必改土歸流始一勞永逸　上知其才可辦寇以爲滇粵黔三省總督任以其事爾

泰勦撫兼施自四年至九年事大定其在滇徼外先革土司後勦猓夷及進勦瀾滄江內孟養茶山諸土夷則在滇西南極邊界連緬甸事平昇普洱爲府於思茅橄欖壩設官置戍以扼蒙緬老撾門戶惟瀾滄江外仍歸效順之車里土司江內土蠻全改流設官於是西南諸夷咸內附効貢職廣南富州土府州各願增歲糧而永昌邊外孟連土司獻銀廠維西邊外怒江（一作路江）野夷（夷有怒夷俅夷怒夷卽貉㺄野人爲戳猓烏魯爾菟族種人名老卡止割脣塗以五色獵牲爲食又爲赤髮野人）歲輸皮幣於騰越州邊界老撾（卽南掌國古越裳氏）景邁（卽八百媳婦國）皆來貢馴象其四川靑海間別有番族土司小部落隸西藏者不可勝數

巴爾布來附

巴爾布卽巴勒布亦作庫爾卡又稱白布或稱白木戎地形長狹北接後藏雪山東界哲孟雄西南界孟加拉亞加拉部英吉利屬天道和煖產稻穀其人亦雕題種類采衣塗額短身陰鷙俗尚佛教地分布顏罕葉楞罕庫庫木罕三部所屬仍有小部至是遣使至藏請內附駐藏大臣具奏允准頒　敕書三道並　賜蟒緞玻璃瓷器旋於十二年三部罕各奉金葉表章貢哈達珊瑚琥珀卡昇緞布孔雀及地圖謝　恩後爲屬部廓爾喀所併在乾隆時

壬子雍正十年

噶爾丹侵喀爾喀部落超勇親王策凌大破之於光顯寺初傅爾丹既敗虜勢日張因闌入喀爾喀時策凌遠屯他戍酋帥利其厚資欲擄其游牧其副曰彼爲盟長北藩之最强者若激其怒以遏吾歸路諸顏難生還也諸顏譯言君也不從因破其塞擄其妻孥驅牛羊數萬以行南犯大青山　上命大學士馬爾賽佩撫遠大將軍印一等侯李杕副之率兵數萬遏其歸路虜知有備因而南擄諸蒙古策凌聞警趨歸知妻孥已被擄計無所出時理藩院侍郎綽爾鐸轉餉至彼因謁告故且欲奔訴於　朝綽爾鐸笑曰蒙古諸藩以王爲最　朝廷方倚以辦賊今雖妻孥失陷勁卒尚存若躬率諸部遏

其歸路可一戰成功妻孥可全疆域可復　朝廷必厚賚酬勞收功遠矣策凌遂反旆向敵其護衛某能日行千里嘗立高峰上拱手作鵰立狀賊人不覺因命其潛入賊營悉知其虛實然後檄調諸部落蒙古兵得三萬人曰賊衆三十萬以一誅十可以禦敵矣乃日行三百里至光顯寺曰其險已爲吾據賊雖百萬可成擒也寺左河右山衆請登山據險曰賊知吾據要害若自上游以渡反難成功也因命諸滿軍背水而陣諸蒙古軍於河北而自率勁旅萬人伏於山側且屬諸將曰聞胡笳聲卽率以進部署始定賊果大至滿兵佯敗虜衆適追掠閒聞陣後作胡笳聲須臾旌旆徧滿山谷策凌倏作蒙古語曰策凌在此阻君之行因率衆從右山下馳如風雨擲帽於地曰不破賊不復冠矣我軍無不一當百爭先用命谷中之尸可踏而行也河北諸蒙古聞笳聲結隊以進復半渡擊之虜衆大潰其副戰死噶逆馳白駝夜遁河水盡爲之赤先是馬爾賽之師屯於烏蘭城以爲虜不復經此日置酒高會李杕故馬戚惟其言是用諸路捷書至諸軍咸欲出師立功邀賊歸路馬不許賊竟得從容去　上大怒斬馬爾賽於軍杕遣戍超勇王策凌等論功　封賞有差

瑞丁來互市

瑞丁國卽瑞典一名蘇以天又名綏亦占粵中呼爲藍

旂國在歐羅巴極西北境與挪威(一作挪耳瓦又作諾魯威)同一區有連山脊起自北而南瑞在山之東境東北接俄羅斯西費耶斯科(即瑞國芬蘭舊境割與俄人者)東南距波羅的海(即州中海)西距大洋北至冰海地形南北長而東西狹北極出地五十五度至七十二度英中綫自東五度至二十二度北境岩墝荒寒少人夏至日輪橫行地面冬令夜長九時不見日者七十五日夏令晝長九時不見月者七十五日暴熱多蚊過此則霰雪交集南境稍沃可耕多湖澤五穀不足民食番薯俗奉波羅士頓特教(即洋教)俗龐無盜士好文學專心技藝推求金石草木性質窮極天象爲西土麻法之宗土產銀銅鐵錫硫磺木料皮貨古爲

土番部落宋時有大酋建城邑爲瑞典立國之始與嗹國相爭爲所兼併明正德時全復故土　國初其王加爾祿斯曾敗波蘭大呢俄羅斯三國之師聲震一時終以好戰而敗割東境芬蘭以講於俄羅斯國遂以削至是始來華互市計至廣東海程六萬里

閏五月平臺灣大甲西番

閩撫趙德麟奏臺灣北路大甲西番殘害官兵經總兵呂瑞麟道員倪象愷已將脅從等社撫定續有鳳山縣南路姦民聚衆傷兵經提督王邵追勦解散其大甲西番土官率令全社就撫時議者因臺灣屢次叛亂有請建郡縣城垣者　上曰臺灣非內地比其易於收復亦因賊無險可據設有城垣必負嵎抗拒更費兵力矣故臺灣郡縣僅種刺竹爲衛

秋七月禁來粵洋艘停泊黃埔

粵東外洋商艘舊泊虎門口外康熙五十年間移入黃埔(番禺縣境距省城四十里)早晚演銅鐵大礮居民驚恐右翼鎮總兵李維揚謂省會之地何得容他族逼處請飭令仍在虎門海口灣泊有　旨交總督鄂彌達巡撫楊永斌閱看回奏彌達等覆云臣等查虎門所屬亙海汪洋風濤甚險口外口內皆不可長久灣泊若現在夷船停泊之黃埔逼近省城一任洋商揚帆直入早晚試礮毫無顧忌未免駭人聽聞該鎮臣所言實有可采伏查香山縣

澳門河下上至沙窩頭下至孃媽閣地闊浪平現今澳夷各洋船皆在此停泊安穩無虞況從前洋艘原泊此地緣康熙二十五年粵海關監督臣宜爾格圖據澳夷目嘍囉哆等結稱澳門原設與西洋人居住從無別類外國洋船入內混泊題部覆准故至今各洋船皆移泊黃埔但臣等詳查澳門原係內地西洋人不過賃居豈容澳夷視爲已物如云澳門爲西洋人之地不便容別國洋艘停泊豈黃埔內地顧可任其久停耶請自雍正癸丑爲始凡各外國夷船仍照舊在澳門海口拉青角地方與西洋澳夷船同泊往來貨物即用該澳小船搬運仍飭沿途營汛往回一體撥槳船護送礮位軍器不

得私運來省如此則内地防範周密夷船亦無漂泊之
虞矣報可
癸丑雍正十一年
春二月禁販鐵出洋
時有商民陳秦使販鐵出洋經閩洋巡船查獲稟陳總
督郝玉麟巡撫趙國麟將貨物入官並奏請通行嚴禁
奉　上諭如此實心任事何患諸弊不除吏治民風
之不就理也殊屬可嘉之至
冬十二月姦民蔡祖伏誅
初姦民蔡祖往呂宋日久是年九月忽偕呂宋二番人
來閩並攜番錢四甲箱約五千金於大担門外雇小船

夜投漳州福河廠蔡家村將招人入天主教閩安協副
將張天駿稟知總督郝玉麟密諭汀漳道郭朝鼎漳州
知府王之琦查獲船戶水手供出蔡祖帶番人聖哥在
後坂社嚴登家立諭龍溪縣知縣孫國柱拏獲嚴登及
聖哥並搜出天主教圖象等書蔡聞信潛逃尋於安福
縣西演深山内捕獲玉麟隨將蔡祖等所得聖哥銀及
行李番錢等給還差員押往廈門覓呂宋便船載回彼
國圖象等書銷燬船戶水手等杖徒蔡祖照左道惑人
律絞決
甲寅雍正十二年
準噶爾遣使求和許之撤西師留屯戍

青海羅卜藏丹津之走投準噶爾也策妄納之　朝廷
遣使索獻不奉　詔西師旋罷及策妄死子噶爾丹策
零立狡黠好兵屢犯邊　廷議討之多以天時人事未
至難遽圖大學士張廷玉以爲當討遂　命傅爾丹爲
靖邊大將軍屯阿爾泰山出北路岳鍾琪爲甯遠大將
軍出西路會策零遣使特磊表獻丹津中途聞師出而
返因　詔兩軍緩出賊旋劫西路科舍圖牲畜嗣又遣
賊將大小策零敦多卜犯北路官軍喀爾喀親王策淩
於九年秋大破之鄂楚勒河十年秋又大破於哈剌庥
齊泊追至鄂爾昆河擊斬大半賊幾就殲而我師以援
應不至收軍　上震怒斬縱賊失機將帥於軍前而

以左都御史查郎阿署定遠大將軍張廣泗副之復大
破賊於布隆吉河賊自是不敢深犯而遣使請和
上以大軍久暴露至是降　諭罷征而　遣侍郎傅鼐
學士阿克敦往準噶爾　諭以利害策零遂遣垂納木
喀齎表請貢有　旨諭定疆界比阿克敦等歸又遣哈
柳隨至京奉表云準噶爾台吉噶爾丹策零具奏恭進
大皇帝聖明去年令達什等以阿爾台遊牧事具
奏奉　大皇帝諭旨爾請喀爾喀與厄魯特以阿爾
台山爲界俱照見在駐牧無相掣肘言辭恭順朕甚嘉
之故復遣使前往幸蒙　聖恩鑒允不勝懽忭又
諭旨有云分界之處尚未指明蒙古遊牧無定若不指

定山河爲界日後邊民生釁於久遠之計仍無裨益前
者我遣垂納木喀具奏亦正爲此耳令議定界請循布
延圖河南以博爾濟昂吉勒圖烏克克嶺噶克察等處
爲界北以遜多爾庫奎多爾多輝庫奎至哈爾奇喇博
木喀喇巴爾楚克等處爲界我邊界人等仍在山後遊
牧不得越阿爾台嶺其山前居住蒙古部人止在札卜
堪等處遊牧彼此相距遠遠庶可兩勿牽涉謹此具奏
奉
諭朕爲天下共主無分畛域一視同仁凡有奏請
可行則允之不可行則卻之百請亦不允也爾言厄魯
特無過阿爾台遊牧其言近理朕即信之又請蒙古止
居札卜堪見今蒙古遊牧原未嘗踰札卜堪也爾又請

循布延圖河南以博爾濟等處北以遜多爾庫奎等處
爲界謂卡倫大半向前布延圖托爾和兩卡俱在爾國
界中意欲我卡倫稍向內移此必不可行之事爾豈不
知乃復牽率而言乎況設卡防守所用不過數人何關
輕重然自我
聖祖時設立之卡倫豈可於今忽
移動之乎夫休兵息民永歸和好即定界與否亦非要
事但使彼此遊牧互相隔遠卡倫則安設如故至科布
多並不復駐兵止於每年應畧地時各遣二三十人前
往巡視約不相害如此區處爾之猜疑亦可盡釋矣台
吉其遵旨定議凡使命往返二載始定議以阿爾台山
爲界厄魯特游牧不得過界東喀爾喀亦不得過界西

遂量撤西師北路築城於鄂爾昆河留戍卒屯田防狄
西路則於哈密巴里坤置戍
夏五月遣東波蔗孤綿難民回國
上年八月廣東欽州龍門協營汎有遭風洋人小船一
男婦大小三十四人訊係東波蔗孤綿國人前往暹丹
貿易行至東京海面遭風擊破大船過小船逃生因西
南風飄到知州徐志培將船戶西利并難番男婦護送
至省總督鄂彌達飭司撫恤給發口糧至是有內地二
商船往安南港口鄂彌達隨飭將難番按口計程給糧
令分搭二船便道回國隨經奏
聞奉
上諭飄溺
之患最爲危險憫惻之懷何分中外亟應加意撫恤

乙卯雍正十三年
春正月小呂宋來廈門乞糴
小呂宋麥收歉薄附洋船載穀二千石銀二千兩海參
七百觔來廈門易麥提臣王𦶜以例禁五穀出洋奏請
詔曰國家嚴禁五穀出洋者乃杜奸商匪類暗生事
端若各國米糧缺少隨時奏聞朕尚酌量豐餘以濟之
今載穀易麥更近情理著均平糶糴以濟其用
丙辰乾隆元年
冬十月裁減荷蘭稅額
初荷蘭通商粵省歷年納稅尚輕後另抽加一之稅洋
商深爲不便至是
諭曰朕聞外洋紅毛夾板船到廣

時泊於黃埔地方起其所帶礮位然後交易俟交易事竣再行給還至輸稅之法每船按樑頭徵銀二千兩左右再照則抽其貨物之稅此向例也乃近來夷人所帶礮位聽其安放船中而於額稅之外將伊所帶置貨見銀另抽加一之稅名曰繳送亦與舊例不符朕思從前洋船到廣既有起礮之例此時仍當遵行何得改易至於加添繳送銀兩尤非朕嘉惠遠人之意著該督查照舊例按數裁減並將朕旨宣諭各夷人知之

丁巳乾隆二年

秋閏九月遣琉球難民歸國

是夏琉球有載粟米棉花二船遭颶風傷損飄至浙江

定海縣境總督大學士嵇曾筠等貲給衣糧修整船桅器具交還餘貨咨赴閩省附同奏上　諭曰朕思沿海地方常有外國船遭風飄至境內者朕胞與爲懷內外並無歧視外邦人民既到中華豈可令一夫失所嗣後有似此遭風漂泊人船著該督撫飭有司加意撫䘏動用存公銀兩賞給衣糧修理船隻并將貨物查還遣歸本國以示朕柔遠人之至意永著爲例

戊午乾隆三年

準噶爾汗噶爾丹策零請通西藏并通市許之

初厄魯特噶爾丹曾入西藏爲剌麻歸募其兄子自言受達賴剌麻封爲準噶爾博碩克圖汗及策妄阿布坦立與拉藏汗結昏姻而襲殺拉藏禁其所立達賴又搜各廟寺重器送伊犁固爾札廟而阿爾布巴等之害康濟鼐亦欲往投準噶爾自是留兵駐藏皆以防準夷爲要噶爾丹策零初立即請赴藏煎茶聲言欲送還所擄拉藏二子　詔嚴兵爲備至是策零因成和請通市又請入藏煎茶皆許之人馬皆限以數於是盡罷西北兩路兵凡策妄策零及後那木札三世皆請赴藏煎茶每費不貲而　朝廷亦　賜茶葉香帕以助其施焉

庚申乾隆五年

秋九月蘇祿來請朝貢許之

先是雍正六年貢方物求內附未許是年國王送回內

地遭風商船並請朝貢許之

壬戌乾隆七年

冬十一月優䘏英吉利遭風巡船

英吉利巡船在大洋遭風颿至廣東澳門遣酋目至省城求濟總督策楞令地方官給貲糧修船隻遣之

癸亥乾隆八年

秋九月減免暹羅米船商稅

先是元年六月暹羅國王咨禮部言往時　欽賜蟒龍大袍藏承　恩亭上歷世久遠難保無虞懇　恩再賜一二又每年造佛送寺需用銅斤求暫開禁采買部議不可　詔特賞蟒緞四匹加　賞銅八百觔後不爲

例至是奉　旨暹羅商人運米至閩源源而來嗣後外
洋貨船帶米萬石以上者免船貨稅銀十之五五千石
以上者免十之三即載米不足五千之數亦免船貨稅
銀十之二嗣是閩撫陳大受奏言閩商前赴暹羅販米
其國木料甚賤應聽造船運回給照查驗報可閩督又
奏准商人赴暹羅運米至二千石以上者查明議敘
賞給頂帶

丁卯乾隆十二年

金川土司莎羅奔叛

戊辰乾隆十三年

夏五月禁商民從呂宋國天主教

己巳乾隆十四年

大學士經略傅恆討金川叛酋莎羅奔降之

金川自嘉勒巴內附庶孫莎羅奔以土舍從岳鍾琪征
西藏羊峒番有功奏授金川安撫司遂自號大金川而
以舊土司澤旺爲小金川以女阿扣妻之　上即位
十一年莎羅奔劫澤旺奪其印與地檄諭始還之已又
攻革布什咱及明正土司不遵諭反傷官兵巡撫紀山
請勦　命雲貴總督張廣泗督四川進屯美諾澤旺所居以
澤旺弟良爾吉從時莎羅奔居勒烏圍兄子郎卡居噶
爾厓廣泗奏調兵三萬分二路一由川西入分攻河東
一由川南入分攻河西皆阻險不前諸將多失事請增
兵　上命大學士訥親往經略起岳鍾琪赴軍自効
訥親至限三日取噶爾厓總兵任舉戰沒廣泗輕訥親
不知兵以事相讓而實困之將相不和士皆解體又良
爾吉本與阿扣通甚不利官軍之助小金川陰爲賊耳
目廣泗以漢奸王秋之言信任之師久無功　上逮
廣泗　廷訊不服斬之訥親尋亦賜死而　命大學士
傅恆代其任至則斬良爾吉阿扣王秋斷內應具奏軍
事本末略云訥親初至不察情形惟嚴切催戰致任舉
敗沒銳挫氣索一以軍事諉張廣泗廣泗又爲奸人所
愚惟恃以卡攻卡以碉攻碉之法無如賊碉林立致傷
亡數千臣查攻碉最爲下策槍礮惟及堅壁是我徒攻

石而賊從暗擊轉得攻人且碉外開濠兵不能越而賊
得伏其中自下擊上又戰碉高銳建造甚巧數日可成
缺壞隨補頃刻立就且人心堅固至死不移攻一碉難
於克一城即臣所駐卡撤左右山頂即有三百餘碉計
旬日半月得一碉亦非數年不能盡惟有使賊失其所
恃而我乃得展其所長臣擬俟大兵齊集分地奮攻而
別選銳師旁探間道裹糧直入踰碉勿攻繞出其後即
以圍碉之兵爲護餉之兵番外備既密內守必虛我兵
從捷徑擣入則守碉之番各懷內顧人無固志可不攻
自潰又云鄉導必用土兵小金川尤爲驍勇今良爾吉
已誅澤旺與賊爲仇驅策自可得力至沃日瓦寺兵彊

而少雜棱綽斯甲兵衆而儒明正木坪忠順而彊幹不足革布咱兵銳可當一路雖各土司環攻分地之說不可恃亦可資其兵力前此每得一碉卽撥兵防守致兵力日分卽使毀碉而賊又立卡是守碉毀碉均爲無益今賊仍各處增碉不知臣決計深入不與爭碉惟俟四面布置出其不意直搗巢穴以取渠魁必能報捷

上以小醜勞師二載誅兩大臣又失良將任舉已不釋然及是聞其地險力艱轉恨訥親廣泗不早以實告且屢奉

皇太后息兵甯邊之諭反復寄諭　命班師

時兩路兵已連克碉卡賊聞官軍決計深入又斷內應大懼莎羅奔故德鍾琪乃遣人乞降鍾琪輕騎徑抵其

巢賊見其親至大喜翌日遂從鍾琪皮船出洞詣軍傅恆升壇幄責其抗　命莎羅奔稽顙誓遵六事歸土司侵地獻凶酋還兵民納軍械供徭役乃宣　詔赦其死諸番焚香作樂獻金佛謝班師　詔封傅恆一等威勇公岳鍾琪三等威信公立碑太學

庚午乾隆十五年

駐西藏都統傅淸左都御史拉布敦誅叛賊朱爾墨特死之增兵戍藏

朱爾墨特郡王頗羅鼐之子襲父封以駐藏大臣不便於己先奏罷駐防兵陰通書準噶爾爲外應旋襲殺其兄揚言準部兵至聚黨謀變傅淸拉布敦覺之欲先發

而左右無一兵迺以計誘至寺手刃之旋爲賊黨所害時五世班禪已卒達賴使番部公爵班替達攝藏事禽逆黨以聞　詔以二臣先事靖變　贈一等伯而　命將軍策楞班第來藏永禁西藏及準部往來之路自是西藏始不封汗王貝子以四噶布倫分其權而總於達賴剌麻增駐藏大臣兵千五百戍之

秋九月準噶爾宰桑薩喇爾來降

初準部自噶爾丹以後三世皆梟雄及十年噶爾丹策零死次子那木札爾立童昏狂惑多戮宰桑爲諸台吉所殪立其庶兄剌麻達爾札而大小策零兩部裔欲立其弟策妄達什大小策零本同族台吉以謀勇爲策妄

父子兩世將兵故大策零之孫達瓦齊與小策零之子達什達瓦首被翦鋤故達什達瓦妻先率所部叩關來投徙熱河編旗籍薩喇爾者達什達瓦宰桑也不自安時賓音伯勒克又將奪其戶口分賞各宰桑故薩喇爾率所部千戶來降　命安插察哈爾地方尋授散秩大臣及後阿睦爾撒納襲殺達爾札而達爾瓦篡立其杜爾伯特台吉三車稜又率三千戶來降　上俱封其降人卹其部衆

辛未乾隆十六年

夏六月緬甸遣使來朝貢

緬甸國古朱波地漢通西南夷謂之撣唐謂之驃宋元

謂之緬又稱蒲甘乃其王城在滇徼永昌南二千里北界騰越野夷東北界雲南南掌（即老撾）南界暹羅并柧加剌海西界東印度英吉利屬地西北界前藏北極出地自十五度至二十七西綫自東八十九度至九十八水有瀾滄江怒江（怒一作潞）西有大金沙江（即檳榔江所匯源出西藏名雅魯藏布江）皆自雲南貫境國中恃以爲險而大金沙西南與東恆河合流入南海天時溫熱穀果極豐禽獸繁衍虎象甚多產五金鋼鑽鹽硝硫磺信石紅藍寶石性貪詐尚佛教唐宋皆貢中國元數征之明初置宣慰使司（明宣慰使司有六曰車里曰木邦曰八百大甸曰老撾曰孟養其一即緬甸後增爲十）萬歷間其酋莽體瑞併吞諸部又臣木邦蠻暮隴川千厓孟密諸土司

屢犯邊後爲劉綎鄧子龍擣阿瓦（即緬都城）破入之巡撫陳用賓又約暹羅夾攻破之自是不敢內犯永歷入甸其臣李定國遣使約古喇暹羅議犄角攻裂其地而　大兵已取永明王於阿瓦遂不果雍正九年緬與景邁交鬨景邁（即八百媳婦國）遣使至普洱求貢乞比暹羅南掌總督鄂爾泰疑而卻之緬偵知之遂揚言亦將入貢益兵攻景邁破之而貢竟不至怒江東有波童山銀場與滇邊之茂隆銀場近至是場商吳尚賢說緬王莽達喇以貝葉表文及塗金塔馴象十敂關求貢雲貴總督碩色以聞　上諭朕思緬甸越在荒裔自前明嘉靖後職貢不通我朝定鼎之初即能禽送朱由榔傾心效順茲復

專遣陪貳賫表闕廷向化奉琛具昭忱悃向來蘇祿南掌等國入貢筵宴賞賚俱照各國王貢使之禮所有緬甸貢使到京一應接待事宜亦應照各國王貢使之例以示綏遠於是　親御太和殿受使臣朝賀　錫賚緬王緞帛玉器有差

國朝柔遠記卷四

國朝柔遠記卷五

臣彭玉麟恭定
臣王之春敬編

壬申乾隆十七年

春二月布魯克巴入貢

布魯克巴在後藏南北界前藏帕爾東界貉貐野人南界阿薩密西南界孟加拉（阿薩密孟加拉今皆英吉利屬地）西界哲孟雄（哲孟雄後爲廓爾喀所并）東西長而南北狹亦轄五十城爲紅敎剌麻總持之地天時物產勝西藏頗類中國產棉花大黃惟漢民罕至舊分布魯克（一名德白拉作）葛畢（一名比斯尼）兩族雍正十年兩族相仇殺先後赴西藏投誠貝子頗羅鼐

爲和解之尋各遣使入藏奉表謝兩族旋合爲一乾隆元年貢方物至是其汗諾彥林親又遣使入貢　上曰布魯克巴遐方部落傾忱向化甚屬可嘉著優賞以示褒異（嘉慶後布魯克巴爲廓爾喀所并）

癸酉乾隆十八年

春二月暹羅入貢

先是乾隆十四年暹羅入貢有　御書炎服屏藩扁額之賜至是入貢并懇　賜人葠纓牛良馬及通徹規儀內監部議不可　詔賜人葠

夏四月西洋博爾都噶里雅遣使入貢

博爾都卽葡萄亞一作布路亞遣使巴哲格伯里多瑪諾入貢奉表言臣父昔年仰奉　聖主聖祖皇帝

世宗皇帝備極誠敬臣父卽世臣嗣服以來纘承父志敬效虔恭臣聞寓居中國西洋人等仰蒙　聖主施恩優眷積有年所臣不勝感激懽忭謹遣一介使臣以申誠敬因遣使巴哲格等代臣恭請　聖主萬安並行慶賀伏乞　聖主自天施降諸福以惠小邦至寓居中國西洋人等更乞　鴻慈優待再所遣使臣明白自愛臣國諸務俱令料理臣遣其至京必能慰悅　聖懷其所陳奏伏祈　採納得　旨覽王奏並進方物具見悃忱

甲戌乾隆十九年

春二月蘇祿入貢禁商民充外洋正副貢使

時蘇祿國蘇老丹嘛喊味安柔律噒遣使附閩人楊大成船入貢福建巡撫陳宏謀以聞部議查該國於雍正五年始奉表通貢至乾隆七年復修職貢茲該國王遣使嘮獨萬喳喇等齎捧表文方物來閩應如所請給夫馬勘合委員伴送來京所帶土產貨物聽照例貿易免徵關稅惟查該國以楊大成列爲副使楊大成卽武舉楊廷魁緣事被斥復藉出洋貿易冒充該國副使若不嚴加懲儆恐內地民人習以爲常出洋滋事不應如該撫所題僅交原籍管束請照例改發黑龍江充當苦差並行文該督撫知照該國王嗣後凡內地在洋貿易之

人不得令承充正副使至該國王願以地土丁戸編入
天朝圖籍伏思我　朝統御中外荒夷向化該國
土地人民久在薄海臣服之内該國王懇請來年專使
齎送圖籍之處應毋庸議從之
秋九月厄魯特輝特部阿睦爾撒納偕和碩特杜爾伯特
台吉來降
阿睦爾撒納和碩特部拉藏汗孫其父丹衷妻策妄女
先生子班爾珠而丹衷被戮妻改適輝特部酋遺腹生
阿睦爾撒納及噶爾丹策零死次子那木札嗣汗位昏
亂妄殺諸台吉其殪之而立其庶兄刺麻達爾札阿睦
撒納性陰很見準部内亂思搆之而已乘其釁與其黨

謀立其弟策妄達什不遂因與大策零之孫達瓦齊偕
奔哈薩克達爾札遣台吉將兵追討阿睦撒納潛回舊
部簡精鋭突入伊犂襲達爾札殺之恐人不附已以達
瓦齊族貴立爲汗而已爲輝特台吉居雅爾（郎塔爾巴哈台）以
母兄班爾珠爲和碩特台吉又娶杜爾伯特台吉達什
女而襲殺達什脅降其子納默庫而遷帳於額爾齊斯
河合行三部恃功驕蹇遂與達瓦齊生隙達瓦齊因自
領精兵三萬使驍將瑪木特將兵八千夾攻之阿睦撒
納不能抗遂與納默庫班爾珠挈輝特和碩特杜爾伯
特三部衆東奔至是敂關内附　上大喜封阿睦撒
納爲親王二台吉郡王瑪木特見諸台吉内附必召大

兵又知達瓦齊不可輔亦脱身來降授内大臣
乙亥乾隆二十年
春二月　王師征準噶爾其部衆皆來降
阿睦撒納之來降也　覲熱河言伊犂可取狀　上久
知其爲部衆畏服可驅策嚮導乘機大舉大學士傅恆
贊之遂定議出師以尚書班第爲定北將軍阿睦撒納
副之瑪木特等爲參贊永常爲定西將軍薩賴爾副之
班爾珠等爲參贊降人三車稜納默庫等皆以所部兵
從兩副將軍各領前鋒三千皆準夷渠帥建其舊纛先
進其同族大台吉噶爾藏多爾濟及舊回酋和卓木皆
先後迎降各台吉宰桑道左獻酮酪羊馬至札哈沁有

得木齊巴哈曼集及宰桑敦多克各率戸口百千降
上諭軍機大臣如細查伊等戸口恐其反生疑惑當
曉諭伊等仍舊安居毋使驚懼似此則投誠必多於是
師行數千里無阻
夏五月師入伊犂達瓦齊南遁回人執以獻
是月朔西路軍皆會博羅塔拉河達瓦齊素嗜酒不設
備倉卒率病衞走保伊犂西北格登山我師長驅追襲
降人阿玉錫等以二十餘騎往覘乘夜突搗其營賊瓦
解多不戰而降達瓦齊南走回疆投烏什城爲阿奇木
伯克霍吉斯擒獻并獲青海叛賊羅卜藏丹津　上
御午門受俘皆赦其死并封達瓦齊親王霍吉斯郡王

入旗籍回酋大小和卓木在伊犂者使歸舊部於是天
山南北二路皆不血刃而定
秋八月阿睦撒納叛
初厄魯特四部部各有汗綽羅斯治伊犂和碩特治烏
魯木齊徙青海杜爾伯特治額爾齊斯土爾扈特治雅
爾不相君臣自綽羅斯準噶爾强盛伊犂始爲四部盟
長抗衡中國者數十年　上欲俟伊犂大定仍衆建
而分其力而阿睦撒納欲爲四部總台吉專制西域與
其黨聚謀逆蹟漸著將軍等密以聞　旨令阿睦撒納
九月至熱河飲至同四部台吉受封至是阿睦撒納中
途遷延行抵烏隆古河近札布堪舊游牧詭言暫歸治

裝由間道逸去四出煽亂伊犂諸剌麻宰桑蠭起應之
時大兵已撤留伊犂兵僅五百班第等力戰被圍死之
西路兵亦退　旨逮永常治罪以定邊左副將軍策楞
代之仍分兩路進討
英人來甯波互市
時英吉利商船收定海港總商喀喇生通事洪任輝船
商華茁臻請於甯紹台道轉詳大府請收泊定海運貨
甯波許之踰年遂增數船
丙子乾隆二十一年
秋七月　王師追阿睦撒納進征哈薩克連戰敗之
哈薩克回部之大者也西人稱曰韃靼里亦曰達爾給

東北界科布多之烏梁海南界塔爾巴哈台東南界伊
犂北界俄羅斯西南界浩罕布魯特安集延納木干諸
部地分三部左部鄂爾圖玉斯右二部齊齊玉斯烏拉
玉斯亦稱中部西部其左部自古爲行國逐水草游牧
爲古康居地廣草蕃茂多馬牛風俗物產文字略與蒙
古準部同而語言稍異西北境曰伊什河地苦寒其汗
惟盛夏居之右二部則有城郭爲古大宛大夏地北極
自三十六至五十一度西綫偏東四十三至七十八度
厄魯特强盛時哈薩克皆爲所屬歲納馬是春　大兵
討阿睦撒納長驅至特克勒河阿逆遁入哈薩克左部
誘煽其汗阿布賚拒命策楞以頓師不進褫職至是將

軍達爾黨阿哈達哈分西北路進討阿布賚遣和集博
爾根以四千騎走魯爾而自率千餘騎西行我西路軍
進破和集前隊二千於雅爾爾山擒其渠楚魯克又破
其後隊二千騎而北路軍亦敗阿布賚於毫沙爾克山
下獲渠帥昭華什遂抵伊什河阿逆僅隔一谷將軍信
諜者言令駐軍阿逆復徐颺去乃遣所獲渠帥歸諭令
禽獻阿逆往返稽延而準部降夷宰桑皆變阿逆自哈
薩克潛歸會諸賊於博羅搭拉河準部復大擾
丁丑乾隆二十二年
秋七月哈薩克來獻馬請通貢市
諸降夷之叛也　上以準部夷酋甫受封賞歸輒叛

知厄魯特不可以德懷是年三月　命左副將軍成衮
札布出北路右副將軍兆惠出西路大加援討會諸部
自相吞噬又痘疫死亡相望官軍長驅至賊皆敗走逆
酋先後授首阿睦撒納復遁入左哈薩克兆惠及參贊
富德窮追深入其地阿布賚汗懼遣使請罪表貢良馬
誓擒阿逆以獻適阿逆往投使人先收其馬阿逆驚徒
步夜走入俄羅斯界乃擒獻其黨而和集博爾根亦率
三萬戶納款軍門會其西部與中部搆兵阿布賚使與
我使臣單騎入兩陣閒指揮宣檄皆解甲聽命適富德
方追準部逸賊至右部軍于莽格特城遂詣軍納款賫
表京師其表文曰哈薩克小汗臣阿布賚謹奏中國

大皇帝御前自臣祖額什木汗揚吉爾汗以來從未
得通中國聲教今祗奉　大皇帝諭旨加恩邊末部
落臣暨臣族靡不歡忭感慕　皇仁臣阿布賚願率
哈薩克全部歸於鴻化永爲中國臣僕伏惟中國
大皇帝睿鑒謹遣頭目七人及隨役共十一人賫捧表
文恭請　萬安並敬備馬匹進獻謹奏　上諭哈薩
克汗阿布賚悔過投誠稱臣入貢遣使至營情辭懇切
見在護送進京哈薩克一部素爲諸厄魯特所畏去歲
叛賊阿睦爾撒納逃竄往投我師追擒直入其境阿布
賚率其部落遠從數千里旋欲縛獻阿逆以贖前愆爲
阿逆所覺遁回準噶爾復肆鴟張然阿逆所以煽惑諸

厄魯特及回子等衆者惟恃一哈薩克耳茲阿布賚既
已請降約以阿逆如入其地必擒縛以獻則叛賊失其
所恃技無所施此一大關鍵也朕心實爲之慶慰哈薩
克即大宛也自古不通中國昔漢武帝窮極兵力僅得
其馬以歸史冊所傳侈爲宣威絕域茲乃率其全部傾
心內屬此皆　上蒼之福祐　列祖之鴻庥
以成我大清中外一統之盛非人力所能爲也著將哈
薩克汗阿布賚降表繙譯宣布中外並將此通行曉諭
知之於是授所部王公台吉世爵定三年一貢歲一市
於烏魯木齊以馬羊易緞布而稅其百一惟北哈薩克
未通中國云

秋八月俄羅斯假道黑龍江運糧不許
俄羅斯請由黑龍江挽運本國口糧　上以其違約不
許
冬十一月禁英商來浙互市
廣督上言浙關正稅視粵關則例酌擬加徵一倍部議
從之得　旨楊應琚所奏勘定浙海關徵收洋船貨物
酌補贛關船稅及樑頭等款並請用內府司員督理關
稅一摺已批該部議奏及覽另摺所奏所見甚是前摺
竟不必交議從前令浙省加定稅則原非爲增添稅額
起見不過以洋船意在圖利使其無利可圖則自歸粵
省收泊乃不禁之禁耳今浙省出洋之貨價值既賤於

廣東而廣東收口之路稽查又加嚴密卽使補徵關稅樑頭而官辦止能得其大槪商人利析秋毫但予以可乘終不能强其舍浙而就廣也粤省地窄人稠沿海居民大半藉洋船爲生不獨洋行之二十六家而已且虎門黃埔在在設有官兵較之甯波之可以揚帆直至者形勢亦異自以仍令赴粤貿易爲正本年來船雖已照上年則例辦理而明歲赴浙之船必當嚴行禁絶但此等貿易細故無煩重以綸音可傳諭楊應琚令以己意曉諭番商以該督前任廣東總督時兼管關務深悉爾等情形凡番船至廣卽嚴飭行戶善爲料理並無干爾等不便之處此該商等所素知今經調任閩浙在粤在

浙均所管轄原無分彼此但此地向非洋船聚集之所將來止許在廣東收泊交易不得再赴甯波如或再來必令原船返棹至廣不准入浙江海口豫令粤關傳諭該商等知悉若可如此辦理於粤民生計並贛韶等關均有裨益而浙省海防亦得肅清看來番船連年至浙不但番商洪任輝等利於避重就輕甯波地方必有奸牙串誘並當留心查察如市儈設有洋行及圖謀設立天主堂等事皆當嚴行禁逐則番商無所依託庶可斷其來路耳如或有難行之處該督亦卽據實具奏尋覆奏遵　旨曉諭番商洪任輝等回帆並札行甯波定海各官一體遵照見在並無設立洋行等情弊報聞

戊寅乾隆二十三年

春正月俄羅斯獻出阿睦撒納逆屍準部平

阿逆逃入俄羅斯　上命理藩院移文索之俄羅斯以渡河溺死聞既而患痘眞死遂移屍至恰克圖請大臣往驗　上諭桑寨多爾濟等據俄羅斯邊界報稱逆賊阿睦爾撒納出痘身死今將身屍送至恰克圖等處請遣人驗看等語看來逆賊阿睦爾撒納罪惡貫盈身死屬實琳丕勒多爾濟向認識阿逆今天氣寒逆屍尚未腐壞接到此旨桑寨多爾濟卽遣琳丕勒多爾濟速往恰克圖驗看並曉示彼處頭目云爾等念兩國和好將逆賊之屍送來以彰信義大皇帝深爲嘉悅又

諭準噶爾一事自用兵以來伊犁旣已蕩定而哈薩克汗阿布賚等亦輸誠內嚮實皆仰荷　上蒼之默佑列祖之鴻庥獨因叛賊阿睦爾撒納逋逃未獲以致勞我師旅於今三年蓋此賊一日未能成擒則西事一日不能就緒不得不極力追捕以爲邊圉久遠之計非朕好爲窮兵黷武從前所降諭旨甚明去歲聞阿逆竄入俄羅斯境內俄羅斯向爲和好之部定議彼此不許容留逃人況阿逆罪大惡極尢非他逃人可比當令理藩院行文俄羅斯薩納特衙門向索今據辦理俄羅斯邊界事務喀爾喀親王桑寨多爾濟等奏稱俄羅斯畢爾噶底爾差圖勒瑪齊畢什拉等前來移文內稱阿

逆逃至伊境渡河被溺隨經救出拘禁旋因患痘身死今將屍獻出等語若惟恐不能取信於天朝而亟亟以獻屍爲確據者夫以阿逆之貪殘狡詐貽害生靈負恩悖叛天良滅絕卽暫逃於顯戮必難逭於冥誅斷無久延視息之理其身死諒無可疑至俄羅斯之收留叛賊始未嘗不欲撫而用之及其已死無可希冀然後獻出亦係其實在情節且彼旣以謹守舊約克全信義爲詞自不當逆料其詐拒而不受更行深責也況國家之所期必獲者不過阿睦爾撒納耳今其人已死其屍已得準噶爾全局自可以告厥成功朕惟以大公之心爲順應之舉斷不肯恃我國威誅求過當萬一所獻不實意

圖欺罔則其曲自在俄羅斯彼若妄生事端則朕可以上告天地而下對臣民再興師問罪亦未爲遲卽無知苟安之徒亦無從議朕爲好武矣始議向俄羅斯索取阿逆時衆人之意未必不竊議又生邊釁是總不知駕馭外藩之道示之以謙則愈驕怵之以威則自畏此二言若子孫世世能守實大清國億萬年無疆之庥也卽如漢唐宋明和親稱姪歲幣屢增是亦遜讓之極矣而於邊患甯稍救耶卽如俄羅斯既已收留叛賊若不嚴行索取彼必不將屍獻出設從史貽直陳世倌所議且將還就隱忍竟若叛賊一入俄羅斯遂無可如何者所謂唾面自乾之爲朕甚恥之朕於軍國重務惟有乘機

度勢因物順理不但初無搆釁於俄羅斯之心卽此用兵三年雖未如康熙雍正年閒之久而朕已慮衆人之勞時切於懷特因叛賊未獲萬難中止初非朕之本意也向使前後在事諸臣果迅合機宜則叛賊自不至逃竄亦當早爲弋獲何至展轉愆期此用人不當實朕之愧然統計連年軍興征調皆出自公帑不但未加賦閭閻而賑恤有加於往歲此亦天下臣民所共知者今逆屍已獲伊犂全部悉入版圖徐謀耕牧纘承　皇祖　皇考未竟之緒而自古未通中國之哈薩克亦皆稱臣納貢其於我皇清疆宇式廓萬年久安之道爲有益爲無益朕亦不更置論至葉爾羌喀什噶爾等

回部原可計日平定不必更煩動衆所有阿睦爾撒納身死俟解到之日驗明戮示以彰國憲先將此通行曉諭知之未幾厄魯特叛台吉舍楞害我都統唐喀祿自伊犂復逃入俄羅斯我使索之又不與　上怒絕其恰克圖貿易

秋七月布魯特來附

布魯特分東西部東部五爲古烏孫西境西部十有五則昔之休循捐毒也唐時爲大小勃律皆游牧無城郭人貧而悍好擄掠疆域風俗亦皆介準回之閒東部在天山北準部西南舊游牧特穆爾圖泊左右爲準部所逼西遷寓安集延　王師定伊犂始復故地散處新疆

回疆卡外部長稱鄂拓克稱其君曰比先年六月將軍
兆惠追厄魯特逸賊至其界遣侍衛往諭其薩雅克薩
拉巴噶什兩部其鄂拓克遣使獻牛羊百頭將軍設宴
而示之講武咸大詫服於是兼撫定霍索楚及啟台兩
鄂拓克凡四部共二千餘戶其薩婁鄂拓克亦以所部
五千戶來歸五部幷遣使入朝貢馬其西十五部在天
山南及葱嶺西麓部各百千戶皆以額德格納部長之
大兵追逆回霍集占徑其地其渠阿齊畢（一作阿奇木）阻回
酋與戰奉書將軍率所部一十萬口願為臣僕以未出
逭不敢入中國遣使朝　京師　上嘉之加其渠散
秩大臣頭目皆　賞翎頂於是東西兩布魯特皆內附

設二品至七品頭目由將軍大臣奏放歲進馬受　賚
互市如哈薩克之例遣使巡其部落如內地焉
塔什干來附
塔什干（干亦作罕）明史作達失干亦城郭回部在喀什噶爾
西北千三百里東界布魯特東南界浩罕那木干東北
連哈薩克右部漢康居大宛交界之地平原多園林果
木土宜五穀民居稠密舊為右哈薩克屬部是年參贊
大臣富德追討哈薩克錫拉至其地遣使撫諭回眾先
有準噶爾逸賊額什木札布在其境內即擒以獻時所
部吐爾占文與右哈薩克戰我使諭以釋爭相睦乃大
感悟奉表求內屬遣使朝貢惟又附浩罕為屬城蓋以

弱小介於哈薩克浩罕之閒故皆得而役屬之
葉爾羌回酋霍集占叛官軍進討圍庫車破其援兵
回部在葱嶺東天山南路即漢西域城郭三十六國大
小回城數十莊堡千計東西六千餘里南北千餘里舊
皆佛教今回教初回教祖國曰天方（今阿剌伯）在葱嶺西數
千里當隋唐閒（回教紀年起唐高祖武德四年）有墨德墨克國王謨罕
驀德（一作瑪哈穆特或作摩哈麥或作馬哈麻又稱派罕巴爾）生於麥加性聰敏初
服賈贅於寡婦家大富因入山讀書數年欲於佛教洋
教外別創教門以自異造經三十篇禮拜持齋禁食豬
肉徒黨日盛遂據有廣土鄰部皆畏而從之其教遂蔓
延西土傳二十六世有瑪墨特者與兄弟分適異國於

明季東踰葱嶺而居各城靡然從之康熙中值厄魯特
盡執元裔蒙古諸汗并質回酋於伊犂及噶爾丹敗回
酋阿布都實特自拔來歸　聖祖優卹之遣歸葉
爾羌是為霍集占之祖至其子瑪罕木特欲自為一部
仍為噶爾丹策零所襲執幷羈其二子長布拉敦（亦作博羅
尼都）次霍集占使督回民墾地輸賦即所謂大小和卓木
也（猶華言聖裔）二十年　王師定伊犂釋布拉敦歸葉爾
羌使統舊部而留霍集占居伊犂掌回務阿逆之變集
占助逆　王師再克伊犂遁歸布拉敦初欲集所部聽
約束霍集占以曾助逆自疑阻欲乘準部反側未安
王師久勞自立國乃集其伯克阿渾等自立為巴圖爾

汗回戶數十萬皆靡惟庫車拜城阿克蘇阿奇木伯克鄂對等不從皆奔伊犂我招撫之副都統阿敏道旋被害於庫車事聞乃以雅爾哈善爲靖逆將軍率滿漢兵萬餘進討五月由吐魯番進攻庫車霍集占兄弟率烏槍兵萬餘由阿克蘇捷徑來援六月我軍邀擊擒斬過半霍集占兄弟率餘兵入庫車城鄂對曰賊不株困圍城勢必遁請伏兵兩要隘以待雅爾哈善不爲備兩逆酋果以四百騎出西門夜遁於是布拉敦奔喀什噶爾霍集占奔葉爾羌守庫車回酋阿布都亦以八月突圍出餘衆開門降　上迺誅失機之將軍參贊　命將軍兆惠富德自北路移師而南兆惠以步騎四千先行

十月至葉爾羌賊已堅壁清野掘濠固守我師就黑水河結營賊數萬來攻築長圍以困我受圍三月掘井得水掘窖得粟賊駭爲神時富德在北路聞黑水營圍急卽率兵三千冒雪赴援

己卯乾隆二十四年

春正月官軍大破回賊於葉爾羌還駐阿克蘇

時副將軍富德中途遇賊五千騎轉戰四晝夜渡葉爾羌河距黑水營三百里賊愈衆不能進適巴里坤大臣阿里衮以兵六百解馬駝至副都統愛星阿亦以千兵至三路進逼賊壘兆惠亦勒兵潰圍出賊敗潰入城兩軍還駐阿克蘇俟師集繼進

禁絲觔出洋

時禁英吉利商船赴浙貿易於是皆收泊廣東每夏秋交由虎門入口又時方嚴絲觔出洋之禁兩廣總督李侍堯言近年英吉利洋商屢違禁令潛赴甯波今絲觔禁止出洋可抑外洋驕縱之氣惟本年絲觔已收請仍准運還奏入報可

夏六月收復回疆各城酋逆西遁官軍追討至巴達克山回衆皆降

先是四月遣兵援和闐復二回城至是兵二萬馬駝三萬皆集阿克蘇兆惠由烏什取喀什噶爾富德由和闐取葉爾羌逆酋見前此　王師以四百戰數萬以三千

戰守數月已震讋兵威又回衆初念其先世推戴恐後及霍集占虐用其民衆皆解體莫肯效死兩逆酋遂棄城驅人畜踰葱嶺西遁欲投敖罕不報迺赴巴達克山我前鋒追及哈喇彈爾即葱嶺巔之黑龍池斬獲五百又追及阿爾楚山斬其驍將阿布都又追至伊西洱庫河迺巴達克山界霍集占以萬衆據北山及迤東諸峯決死戰我師緣北山巔俯擊又分扼其走路賊潰無所逃乃令鄂對等樹回纛招降凡降回衆二千牲畜萬計逆酋兄弟乃挈妻孥及舊僕數百人走巴達克山兆惠等遂撫定喀什噶爾葉爾羌二城投順者免罪查出各城遷來回衆二千五百餘戶均送阿克蘇備屯田以喀什噶爾爲

參贊大臣建牙之所節制南路各城與葉爾羌英吉沙爾和闐爲西四城烏什阿克蘇庫車闢展爲東四城并東路哈密土魯番哈喇沙爾共十有一城分設辦事領隊大臣鎭之又各設三品至六品阿奇木伯克理回務不得專生殺回疆平

秋七月下英商洪任輝於獄

時英吉利商人洪任輝必欲赴甯波開港既不得請自海道直入天津仍乞通市甯波並訐粵海關陋弊是月

命福州將軍來粵按驗有徽商汪聖儀與任輝交結擅領其國大班銀一萬三百八十兩按交結外國互相買賣借貸財物例治罪監督李永標家人七十三等苛

勒有狀併擬罪如律永標以失察革職以誘唆之劉亞遍戮市英商洪任輝　上命押往澳門圈禁三年滿期交大班附船押回於是粵關規費裁改歸公總督李侍堯因奏防範外夷五事一曰禁夷商在省住冬二曰夷人到粵令寓居洋行管束三曰禁借外夷貲本並雇倩漢人役使四曰禁外夷僱人傳信息五曰夷船收泊黃埔撥營員彈壓皆報可

冬十月巴達克山來獻逆回酋馘請歸附遂入貢

巴達克山一作八答黑商葱嶺西南城郭回國也漢烏秅國距葉爾羌千餘里北界敖罕西界布哈爾南界北印度之克什彌爾距北極三十六度中綫偏西四十四度明永樂中曾通貢其地羣山環繞城東負徙多河兩岸有縣度之險田土膏腴兼耕鑿牧獵之利戶口十餘萬先是逆回酋霍集占兄弟率餘衆奔至其境詭言假道往墨克國一作塞克即波斯謁其教祖而謀襲據巴達克山又以其酋不親迓怒斬其使欲約鄰部擾之縱兵肆掠其酋素爾坦沙怒拒戰于阿爾渾楚嶺先後禽布拉敦霍集占兄弟副將軍富德進軍瓦漢城即窩罕在其國東北境移檄索賊素爾坦沙以逆酋與已同派罕巴爾欲縛獻恐爲諸部所責霍集占復陰約塔爾巴斯國使攻之溫都斯坦亦興兵謀奪逆酋兄弟乃遷其兄弟于密室殪之而獻其馘是時惟霍集占函首軍門其布拉敦尸被盜去二十八年巴達克山始獲其尸并妻子來

獻惟布拉敦次子逃入敖罕故敖罕有逆酋遺孼　率所部十萬戶降明年遣使入　朝貢刀斧及八駿馬受　封賞甚厚自是貢職不絕

博羅爾來附

博羅爾葱嶺東南城郭回國也北界東布魯特東界乾竺特南界雪山西界巴達克山去北極三十七度偏西四十三度四境皆山西北有河人戶三萬餘有部落室居無文字別一種族與諸回部語言不通衣帽似安集延深目高鼻濃髭男多女少恆數人共一妻俗甚陋土半沙鹵故人多貧苦地惟多桑甚爲糧飲山羊血馬湩爲酒其酋曰比以人口爲賦稅生子女納其半貢於各

回城爲奴婢取值給用至是因巴達克山内附亦舉所部三萬戶詣軍納款

冬十一月浩罕來附

浩罕卽敖罕一作霍罕又曰哥干葱嶺西回國距喀什噶爾西五百里漢大宛地東界布魯特北界哈薩克西南皆布哈爾環之去北極四十一度偏西四十六度有四大城曰瑪爾噶朗曰納木干最西爲浩罕城其酋居之又有賽瑪爾堪廢城卽元人所置撒馬兒罕行省以封駙馬帖木兒最東一城曰安集延其人好賈遠游遍天山南北路故西域統名浩罕爲安集延四城皆濱那林河(一作納林河水從葱嶺西流入鹹海)又有小城三塔什干部雖哈薩克族亦兼附之故又稱浩罕八城風俗略同南路諸回城土著耕種而富强勇鷙過之性陰狡習攻掠與布哈爾爲勁敵時大軍追逆回霍集占逆酋遣使欲投安集延不報既而將軍遣侍衞撫定布魯特西部至其境其酋額爾德尼迓入城曰饋羊酒瓜果餱糧氈毹良馬詢訪中國疆域物產風俗形勢兵馬器械侍衞廣宣 朝廷德化額爾德尼畏慕奉表并上將軍書稱爲至威至勇如達賚札西特之將軍旋貢馬 京師然亦無所謂汗血者未幾烏什之變回賊所遣赴浩罕之巴敦布爲布魯特禽獻又是時霍集占兄弟爲巴達克山所殲其遺孽逃至浩罕尚留其地

壬午 乾隆二十七年

阿富汗入貢

阿富汗卽愛烏罕一作尼士丹又名阿付顏尼在巴達克山西南回部大國也北界布哈爾東界印度南界俾路芝西界波斯東西二千餘里南北千餘里介漢大月氏安息境兼明哈烈俺都淮之地永樂閒嘗偕哈烈通貢國分九部有三大城每城相距二十餘程首部曰喀布爾(一作喀奔一作甲布爾)都城壯麗戶口殷繁天氣酷熱多雨境多沃壤俗重耕種勝兵十五萬惟鳥槍刀矛無弓矢土產鐵錫礬鹽硫磺氈毯國本波斯東境明正德時有巴爾卑者割取三城爲國康熙初乘波斯衰亂兼并全土未幾波斯復興攻滅阿富汗後波斯又亂阿富汗王子仍收復東境與波斯并立當逆回霍集占爲 王師所敗假道巴達克山稱將赴阿富汗往默克祖國爲巴達克山擒殺阿富汗酋愛哈默特沙及溫都斯坦(卽北印度)之塞哥(又稱克什彌爾)興師問罪巴達克山懼貽以中國文綺具言霍集占負中國及擾巴國罪阿富汗遂與連和以兵拒溫都斯坦渡河而取其地於是組織雕鏤工匠畢備奄宦傳令文物爛然阿富汗亦聞中國之盛未知道里遠近遂因巴達克山内附遣使偕來以覘中國廣大于是年貢刀及四駿後屢貢良馬是爲中國回疆最西之屬國再西則默克等回教祖國(卽今阿剌伯)皆古安息條支

境過此卽地中海接歐羅巴洲矣

夏五月寬絲觔出洋禁

英吉利商人喑囒等以絲觔禁止出洋其貨艱于成造求仍照前通市粵督蘇昌奏稱洋商籲懇代奏酌量准其配買情辭迫切奉　諭前因出洋絲觔過多內地市價翔踴是以申明限制俾裕官民織紝然自禁止出洋以來並未見絲觔價平亦猶朕施恩特免米豆稅而米豆仍然價踴也此蓋由於生齒日繁物價不得不貴有司恪守成規不敢通融調劑致遠夷生計無資亦堪軫念著照該督等所請循照東洋辦銅商船搭配綢緞之例每船准其配買土絲五千觔二蠶湖絲三千觔以示

加惠外洋至意其頭蠶湖絲及綢緞綾疋仍禁止如舊不得影射取利自是英吉利來廣互市每船如額配買歲以爲常

秋九月釋英人洪任輝於獄

先是英吉利船來粵攜番官公班衙番文懇釋洪任輝疆吏飭駮至是三年屆滿釋洪任輝交大班附舶載回兩廣總督照會英吉利國王收管約束毋任潛入內地英吉利來粵商人由是知所斂戢

癸未　乾隆二十八年

冬十二月准琉球買絲

琉球國疏請購買絲觔部臣議駮旋奉　諭琉球本宜遵循例禁第念該國爲海邦遠藩織紝無資不足以供章服據奏情詞懇切著加恩照英吉利國例准其歲買土絲五千觔二蠶湖絲三千觔用示加惠外洋至意餘悉飭禁如舊所有稽察各關口岸及出入地方仍加意嚴查以杜影射

甲申　乾隆二十九年

春正月博羅爾遣使來朝貢

博羅爾既因巴達克山內附旋與巴達克山釁爭來乞援葉爾羌都統新柱爲遣諭巴達克山還俘罷戰博羅爾遂遣使入　朝貢劍斧及玉柄匕首又博羅爾東有乾竺特地接後藏無城郭宮室鑿穴以居有米麥其俗

敬火每晨向之禮拜（卽唐代所稱景教舊俗）其酋曰汗國貧寡以人口爲賦與博羅爾同俗至是亦同內附歲貢金一兩五錢

布哈爾來附

布哈（哈或作噶）爾卽西哈薩克又稱塞（卽薩克之轉音）或稱札（一作甲）布西人又謂之木哈臘葱嶺西大回國也距葉爾羌四十驛西北界俄羅斯北界哈薩克東界浩罕東南界巴達克山及克什彌爾南界阿富汗西南界波斯幅員恢闊部落甚多抱鹹海而達裏海爲古大夏大宛西境卽元之卜花爾其鄂勒推帕等屬城匝阿母河左右皆元行省撒馬兒罕所轄明永樂宣德兩朝陳誠李達使西

域皆嘗經其地但彼時疆域甚小其後撒馬兒罕分裂布哈爾得其地之大半稱韃靼里（或作韃而靼）都城曰布加拉亞去北極三十九度西綫偏東六十四度氣候頗炎冬無大雪產馬駝棉布金玉珠寶五穀及骨種羊俗長騎射性强悍時與浩罕搆兵昔惟與我通市二十五年回部平遣使　敕諭是年其部長因巴達克山請以所屬內附蓋慕中國之盛大而來也此外或爲附庸小部力不能自達　天朝者尚有數十部落

秋七月罷閩浙總督楊廷璋

黃仕簡奏稱廈門洋船陋規內總督每年得受銀一萬兩巡撫每年得受銀八千兩奉　旨朕以當此法紀肅

清之日督撫受恩深重何至任意貪婪若此如果屬實則大奇之事楊廷璋溺職負恩罪實難逭但此等陋習料非僅福建一省爲然別省幸而不致敗露則亦姑置不究今既訊有確據豈可不示以創懲楊廷璋擢任封疆以來尚能實心任事是以簡用大學士仍留總督之任乃不能正已率屬致啟屬員巧爲逢迎借端欺蝕之漸不但不堪表率封疆卽令其還京供職亦有何顏面復廁綸扉耶姑念其宣力有年齒復衰邁不忍據加擯斥著加恩賞給散秩大臣來京效力自贖

秋九月釋朝鮮國人犯禁罪

時朝鮮國人樸厚贊等十八越江偷打貂皮被駐防兵拿獲部臣照會朝鮮國王國王奏請卽正法　上諭樸厚贊等違禁越江卽行正法原屬罪所應得第念向來此等罪犯曾邀格外從寬若遽前後參差未免或有向隅之憾是以定擬時已有　旨改爲監候然在中朝字小之仁雖不妨過厚而於藩服越邊之例禁又豈可稍弛倘日久因循該屬不知奉教條而輕犯法轉非加惠該國至意嗣後遇有似此罪犯應將首惡之人明正典刑以昭國憲此案不卽照此處分者以未經申諭於前事同不教而殺所不忍爲耳該國王其約束所屬宣示朝章如復不悛朕亦不能爲奸民曲法屢宥也刑部可行文該國王知之

乙酉乾隆三十年

秋七月籍桑寨多爾濟家

定邊左副將軍成袞札布奏劾喀爾喀親王桑寨多爾濟私與俄羅斯貿易　上特命尚書阿里袞查辦又派軍機章京往張家口查得桑寨多爾濟將皮張物件私售屬實奉　諭桑寨多爾濟自幼養育內廷受恩深重於停止俄羅斯貿易後理宜嚴加查禁今乃首先給票射利深負朕恩其罪實難寬宥著阿里袞查明伊祖丹津多爾濟所遺家產外其餘俱照入官

秋八月俄羅斯綽爾濟刺麻丹巴達爾札等請附

瑚國璽阿奏稱丹巴達爾札等遣索特巴稟稱伊等游

牧地近邊境情願歸順　天朝但恐被俄羅斯追索致
生事端請於和好改約時歸順方安並探恰克圖停止
貿易之故再請歸順時遣卡兵邀迎奉　諭丹巴達爾
札等遣索特巴來稟特以我停止恰克圖貿易或搆兵
端如不歸順伊等游牧地近慮先受害若豫歸順又恐
我擒執送還故來探信如遣人再來瑚圖靈阿當云我
皇上統一區宇外藩慕仁歸化無不容納爾果輸誠歸
順代奏後必加恩收留如恐執送俄羅斯則從前俄羅
斯曾收留我國逃人舍楞等此時豈有將爾等送還之
理至于恰克圖貿易特因俄羅斯近年諸事推諉不能
即速完結且增加稅額以致物價昂貴是以停止並非

欲搆兵端倘俄羅斯敢于滋事彼時再行裁度丹巴達
爾札等如欲歸順聽從其便否則亦無抑勒之理若請
遣兵邀迎我天朝亦斷不行此誘人之事曉諭後遣還
可也

丁亥乾隆三十二年
冬十二月將軍明瑞征緬甸大破其兵於蠻結
緬甸自莽氏吞併諸土司惟暹羅南掌即老撾越裳氏及景邁
即八百媳婦國古剌諸國與之抗又忌茂隆銀場吳尚賢波龍
廠貴家相傳為明桂王遺臣之後木邦土司及場商吳尚賢說緬酋
麻哈祖一作莽嗟喇入貢旋以事為滇吏追還斃諸獄而場
眾散緬酋亦為木疏土司甕籍牙所篡以兵擊破貴家

木邦貴酋宮裏雁敗竄近邊孟連土司奪其孥賄為貴
酋妻囊占襲殺永昌守楊重穀誘宮裏雁戮之木邦酋
亦走死緬益無忌擾及孟連耿馬諸內屬土司囊占幷
怨中國蔟緬土目內犯車里土司官軍三路俱敗時三
十年事也　詔大學士楊應琚自陝甘移督雲貴會賊
漸退官軍乘閒收復應琚遂奏緬可取狀使人誘致孟
密孟養整邁蠻慕諸土司使獻土實則地懸緬境而移
文檄緬言不降即進討緬乃大出兵攻陷木邦景綫時
副將趙宏榜襲克新街緬來爭宏榜走還賊尾而入分
兵圍騰越永昌各營汛襲猛卯城應琚皆不以聞
上廉得其實諸將多以失守逗留論死應琚亦以貪功

掩敗賜自盡而　詔明瑞自伊犁以將軍兼雲貴總督
大舉征緬議以將軍率大兵由木邦孟艮攻東路參贊
額爾登額由孟密出新街水路會于阿瓦緬甸都城以前月
出宛頂至木邦獲積糧留參贊珠魯納按察使楊重英
以兵五千守之明瑞自率兵萬二千為浮橋渡錫箔江
至蠻結賊二萬立柵十六以待領隊大臣觀音保麾兵
先據山左哈國興等三路登山俯薄之一呼直偪其壘
連破三柵餘皆宵遁大獲糧械捷聞　詔封明瑞誠嘉
毅勇公
臣按緬甸古朱波地明時置二宣六慰緬酋莽氏至
乾隆時莽喇嗟素畏茂隆波龍一作波童二廠茂隆廠吳

尚賢者石屏州民家貧走廠爲胡盧國大山王蜂筑所信任與開茂隆銀廠廠大贏有壯丁數十萬波龍廠貴家宮裏雁者一作桂家宮裏燕故永明遺裔自號貴家開波龍廠亦有壯丁數十萬二廠强盛爲莽氏所畏隱然爲滇省屏藩旣而尚賢思得胡盧王封號說莽酋入貢而已實欲乘其利不得志怏怏歸滇大吏追繫之獄餓死而茂隆廠敗宮裏雁素輸緬甸歲幣及甕籍牙奠立不復輸甕酋攻之宮裏雁不能支擕家屬徒衆千餘及貲財内徙寄住孟連地方孟連土司刁派春收其兵器戶索銀三兩令安插於猛尹各圌寨雁不欲受土司管轄已相嗟怨總督吳達善知其

有明代所遺七寶鞍索之雁不與吳遂挈其妾婢六人赴石牛廠派春又重索雁妻囊占牛馬童女囊占怒襲殺派春雁實不知七月永昌守楊重穀欲邀功誘禽之布政使姚永泰曰孟連之變雁不與知況其夫婦不睦避居兩地今若留雁可爲緬酋之忌按察使張坦麟審稱雁雖堅供不知情但勢窮來歸先令妻屬詭計歸服以致劫殺應正法吳以前鞍不與故切齒於雁從張議殺雁檄諭緬人以雁旣誅殺囊占及凶目等當即挐送時囊占已嫁緬酋之弟懵駁緬人以爲有心指其淫行益忿恨會木邦罕黑相句結而二廠敗散緬無所畏遂侵擾内地之耿馬闌入孟

定耿馬土司罕國楷石牛廠委員周德會聞永順鎮田允中已進發率練兵截殺普拉布吳以德會爲殺良冒功置之法而緬人益輕中國遂侵猛龍景綫各隘口吳畏葸惟戒官兵不與戰而已嗣任總督劉藻挈丞令數員於除夕猝發抵普洱分檄各路之兵時發時止人莫知所從　上以陝督楊應琚調任而降劉爲巡撫劉懼自裁楊又信副將趙宏榜之言謂各土司樂内附懵駁之母勸其子臣服有機可乘卒二百人襲蠻暮之新街緬酋遣頭目僞乞降宏榜不察犒而遣之永順都司劉天佑騰越都司馬拱垣領兵四百自翁冷出關會新街宏榜方祭纛饗士卒賊

數千乘船猝至力戰相持者兩日夜遂與馬拱垣等潰圍屯鐵關壁再戰木邦復失利有　旨賜楊應琚自盡遂　詔將軍明瑞大舉討緬時議二路出師明瑞由錫箔路參贊大臣額爾登額由猛密路約相會於阿瓦緬都城也路經木邦留參贊珠魯納等以五千人守之爲後路聲援明瑞以萬二千人擊賊于蠻結賊結十六柵以待領隊大臣觀音保總兵哈國興登山三路俯擊連破三柵賊宵遁蓋賊自新街交兵以來從未經此大創已首竄喙伏不敢復抗矣會明瑞一目中傷幾殞數日稍愈復進兵至象孔迷失道而軍中糧匱不能復進又慮猛密之師或已先入而

將軍退兵則法當死聞猛籠有糧且與猛密近遂定計赴之時值歲除駐兵數日果多糧倉賴以濟終不得猛密消息遂還師糧雖多牛馬倒斃莫能運人攜數升餘焚之賊掠我病兵知糧盡悉眾來追綴我後至蠻化我營山頂賊營山半明瑞伏兵箐中晨起吹三波倫啟行賊蟻附而登萬眾突起槍礮聲如雷賊驚墜自相踐踏屍滿山谷殺數千人由是不敢追近而賊之先一日過者已柵於要路攻之不入得波童人引道由間路出賊又先分兵襲木邦陷我師珠魯納死楊重英被執於是木邦之賊亦至額爾登額之趨猛密也攻老官屯不克頓兵數月奉　詔援明瑞

遂撤師於是老官屯之賊亦至賊眾麕聚共四五萬人而額爾登額之援兵終不至還至小猛育距糧台僅二百里明瑞度兵可自達乃令諸將達興阿總兵哈國興等領兵乘夜出而身自拒賊相隨者領隊大臣觀音保札拉豐阿總兵常青德福及巴圖魯侍衛數十人親兵數百人及晨血戰無不一以當百已而札拉豐阿中槍死觀音保發矢連殪數賊留一矢以箭鏃殪喉死明瑞身負數創氣僅屬力疾行二十里壩遇賊賊眾日增我兵日減孤軍無援轉戰六十餘日每晨起督戰且戰且撤及歸營率以昏時勺水未

入於口糧久絕僅啖牛炙一臠猶與士卒同之所攜皆饑疲創傷而撫循備至無一叛心擬之漢李陵之禦單于無以過焉其死也非不能自拔也特以阿瓦未至猛密無音懼無以返　命遂誓以身徇而上已有全師速退之旨以路阻未達豈非天哉方軍勢益蹙明瑞戰益力謂左右曰非不知竟死也正欲使賊知　國家威令嚴明將士用命則深知所畏而後來者易於捷事耳其謀國之深又豈徒慷慨赴死者嗚呼烈丈夫矣

乾隆三十三年（戊子）

春大軍引還緬人來追將軍明瑞參贊觀音保皆死之緬人貽書請和不報

先我軍雖捷而緬境益險狹師進至象孔迷失道賊燒屯積馬牛乏草度不能至阿瓦乃向孟籠獲糧至歲除而北路之師無音問乃取道大山土司擬向木邦以歸緬知我軍糧盡悉眾來追我軍且戰且行日三十里至蠻化我軍營山巔賊營山半明瑞謂賊輕我甚乃五鼓吹波倫三啟行而盡伏箐以待賊聞聲爭上山來追萬槍突出賊潰墜坑谷皆滿殺賊數千然是時賊已分路潰我木邦之師戕珠魯訥執楊重英軍旋凡六十日至小猛育（距宛頂糧台二百里）追賊已蝟集數萬而　詔移北路赴援之師不至明瑞乃令軍士乘夜出度皆得自達而自

與巴圖侍衛親兵數百斷後與賊血戰領隊大臣札拉豐阿中槍死侍衛親兵皆散明瑞觀音保皆死之時二月十日也然明瑞之死緬人不知懼再討旋歸俘卒八人齎貝葉書附以楊重英及木邦土司苗溫之書詣軍求和書云昔吳尚賢至阿瓦敬述　大皇帝仁慈樂善我緬王用是具禮致貢蒙　賜緞帛玉器自是商旅相通初無仇隙近因木邦蠻暮土司從中播弄興兵爭戰致彼此損傷人馬今特請循古禮貢賜往來永息干戈副將軍阿里袞以聞　上以軍所傷亡僅十之一二然將帥親臣皆捐軀非大舉無以雪憤　命絕之勿報而　命大學士傅恆爲經略阿桂阿里袞爲副將軍

再圖大舉

秋八月復准俄羅斯來恰克圖互市

瑚圖靈阿奏稱恰克圖通商一事業將理藩院議定十三條行知俄羅斯廓密薩爾廓密薩爾願一一欽遵辦理奉　上諭俄羅斯既知遵照章程著准其通商其由內地前往貿易人等交理藩院辦理遣往（凡俄羅斯貿易之事理藩院設庫倫辦事大臣掌之與東西兩將軍會商皆行文于其國薩那特衙門）

己丑乾隆三十四年

秋七月經略傅恆征緬甸孟拱孟養土司皆迎降

傅恆以四月至軍徵滿漢兵數萬馬騾六萬軍械皆刻期集恐師老氣懈不如乘銳用之不及俟霜降是月渡戛鳩江而西（即大金沙江上游亦曰檳榔江）孟拱孟養土司皆迎降各獻馴象四牛百頭糧數百石于軍緬人時方刈穫未能集兵又非其腹地故歷二千里兵不血刃士馬已觸暑雨多疾病又未習道路勢難深入矣

冬十月　王師大破緬於蠻暮江復圍老官屯緬人請和師旋

初擬大軍渡戛鳩江從孟拱孟養由陸直擣阿瓦偏師由東岸夾江下取孟密而遣提督哈國興率兵及工匠至野牛壩（在蠻暮）造舟以通兩軍聲勢至是戰艦成閩水師幷集阿桂東路軍從虎踞關至乃迎經略合軍而進以是朔渡江抵蠻暮出金沙江緬已列舟江口水陸來

犯國興及海蘭察率舟師乘上游上風蹴之殺溺數千阿桂循東岸令步兵矢銃兩發而勁騎從左右鈔入賊大潰阿里袞西岸之師亦捷而傅恆及阿里袞已病乃擬不向阿瓦而剿老官屯賊壘（前歲額爾登額阻兵此地）屯臨金沙江我軍偪其東寨寨據大坡周二里柵皆鉅木環以三濠外臥大樹銳其枝外向我軍大礟擊之木洞而柵不塌哈國興斫箐中百丈老籐爲長絙募敢死士三千人夜往鉤之輒斷乃挾膏薪踰濠火之柵木濡潤不能爇後穴地道實火藥轟之柵突起丈餘我軍挺刃以待柵忽落如是者三不復動蓋柵坡迤下地道平進土厚之故然緬自是震懼乃遣人立柵遞文請於兩軍適中處

親來議款復以其酋孟駁書至阿桂與諸將議進止皆以水土瘴癘願罷兵乃令明亮國興等往會其頭目眇旺模責以進表納貢歸逃人返土司侵地緬亦欲我歸其木邦孟拱孟養三土司議未決而緬去國興乃單騎入其柵定議而還時阿里袞已卒傅恆以疾退居銅壁關　上以大軍再破賊足張國威　諭班師於是緬酋遣使齎貝葉書詣經略饋方物陳請入貢遂焚舟鎔大礮而還遷木邦孟拱蠻暮三土司於關內

辛卯乾隆三十六年

夏六月土爾扈特來附

土爾扈特阿玉奇之復投俄羅斯也居額濟勒河兩岸世以南岸爲王庭而居其台吉等於河北自康熙中入貢後至乾隆十九年復貢傳至阿玉奇之孫烏錫巴當二十二三年　王師定伊犁凡厄魯特之逃入俄羅斯者悉隸烏錫巴部爲新土爾扈特於是兩岸各十餘萬戶氈幕牲畜不可勝計初康熙中俄羅斯曾徵土爾扈特兵攻西費雅國土爾扈特兵不習戰多創至是叩肯汗復徵其兵攻圖理雅土爾扈特兵屢衄其族台吉舍楞方叛殺我都統唐喀祿自伊犁逃往盛言伊犁可取狀新投人同辭附和勸還故土烏錫巴年少信之與其台吉剌麻宰桑定議於冰合時將北岸部落同渡東徙適河久未凍烏錫巴遽率南岸十餘萬口啟行沿途破俄羅斯邊城四俄羅斯追之已出境將假道哈薩克哈薩克力戰拒之改道布魯特布魯特羣起環攻其輜重牲畜迺改道各邊界戈壁地絕水草旬日飲牛馬血以行人畜死亡大半自去冬月至是始及伊犁卡倫僅存尫羸七萬餘口將軍舒赫德嚴兵爲備遣人迎詰烏錫巴與其下計議數日始以慕化歸附爲辭且云俄羅斯經典教尚不同願依中國興黃教之地奏聞廷議以降人中有叛臣舍楞疑有姦且受俄羅斯叛藩恐啟釁　上以舍楞前竄時我再檄索之而俄羅斯不與是我詞直土爾扈特既背俄國若復于我彼將焉往且求生而致死不仁急之使鋌而走險不智乃受其降　命理藩院移文其邊吏告以土爾扈特本中國部落舍楞乃我叛人歸斯受之無爽盟約俄羅斯亦無他言收其故地改建他藩部與我通市如故封烏錫巴爲汗以下王貝勒公台吉有差給牲畜官茶米麥羊裘布棉氈廬費帑金二十餘萬供億宴犒勞來相望降夷息喘如歸獻西洋鐘表火槍及所受明玉印乃　賜哈拉沙地爲游牧著勒士斯土爲王庭開都河兩岸可耕牧地如其故地仍分新舊二部各設札薩克新部二旗在烏粱海烏古嚨河統于科布多參贊大臣舊部在伊犁北路統于將軍有事徵調合之康熙初綏服青海之舊土爾扈特四旗與四十二年來降同阿拉善山（阿拉山郎賀蘭山）游牧之

額濟土爾扈特故今有和博克薩素布勒罕有齋爾有晶河有庫爾喀喇烏蘇諸土爾扈特各旗

丙申乾隆四十一年

春正月定西將軍阿桂俘金川叛酋莎羅奔及索諾木兩金川平

先是莎羅奔歸順未幾郎卡主土司事漸桀驁逐澤旺及革布咱土司侵掠鄰境不已　詔總督阿爾泰檄九土司環攻之阿爾泰姑息但諭返諸土司侵地即以安撫司印給郎卡且許其以女妻澤旺子僧格桑由是兩金川相倚為奸時澤旺老病郎卡亦旋死三十六年郎卡子索諾木誘殺革布咱土司僧格桑亦再攻鄂克什

及明正土司遂與官兵戰　上以前此出師本以救小金川今小金川反悖逆罪不赦阿爾泰以歷載養癰又按兵不進　賜死　命大學士溫福自滇赴川尚書桂林為總督溫福由西路桂林由南路進討僧格桑懼求援索諾木索諾木潛遣兵助逆次年春克復諸土司地未幾官軍三千陷沒桂林匿不以聞被劾乃以阿桂代參贊赴南路以皮船宵濟奪其險狹進抵美諾僧格桑及妻妾已先後竄入大金川我軍至底木達俘澤旺檄索諾木獻僧格桑不應　上以賊酋同惡相濟宜一舉並滅　命溫福為定邊將軍阿桂豐伸額為副將軍分三路入三十八年春溫福以扼險不得前別取道駐營木果木令提督董天弼屯守底木達溫福仍襲前此以碉卡逼碉卡之法修築千計兵二萬餘大半散於各卡索諾木陰使小金川頭目由美諾溝出煽諸降番使復叛遂羣起應之首攻陷天弼營劫糧台而潛襲木果木溫福不嚴備賊突薄大營四面蹦入溫福中槍死師大潰海蘭察赴援殿衆由間道出小金川復陷惟阿桂軍獨完乃授阿桂定西將軍副以明亮增調健銳火器營索倫吉林兵進剿轉戰至美諾盡復小金川　赦進討大金川而大金川自初用兵以來增壘設險嚴密十倍大軍三路進攻阿桂首克羅博瓦山既阻那穆山乃從間道克色淜普寨又力克薩斯甲重險乘勝直臨

遜克宗壘勒烏圍外障賊震懾酖殺僧格桑獻其尸及妻妾頭目至軍乞赦已罪阿桂檻送京師而攻益急賊亦死守乃冒險克墨格山距勒烏圍二十里賊退守康薩爾山復頓兵兩月四十年春力攻克之復聚守朗噶寨巢愈近守愈堅且地多雨雪又數月乃克之七月始抵勒烏圍其官寨西臨河礪牆堅厚柵卡層立敗賊咸聚守我軍先破卡寨柵數十重南路明亮軍攻河西以絕其援而以大礮環轟官寨破之則莎羅奔兄弟頭目已先遁赴噶爾厓矣九月復進攻西里碉柵中槍礮雨下我兵亦立柵以漸進逼焚其木城次攻克科布曲山遂進據瑪爾古山俯瞰賊巢索諾木之母姑姊妹及番目多出降惟

賊心腹死黨皆在圍中而河西軍之阻額爾替山又阻札烏古山者至是河西分拒之賊內顧喪膽明亮富德亦所向克捷合軍徇各險皆下十二月三路軍皆會噶爾崖築長圍斷水道困之大礮晝夜霆擊飛走皆窮索諾木窘急遣其兄乞哀不許乃從莎羅奔及頭目妻子挈番眾二千出寨奉印獻軍益自　王師討小金川閱二載而有木果木之潰又復小金川移師進討大金川又閱二載餘至是始克蕩平獻俘　廟社論功行賞有差而緬甸西南夷皆震慴矣

冬十月　飭邊疆將軍督撫護卹夷商

時刑部奏咸廣東巡撫李質穎咨稱革監倪宏文賒欠

英吉利商人貨銀萬餘兩無還問擬杖責未協議將倪宏文改擬杖流監追奉　旨將李侍堯申飭李質穎交部察議令查倪宏文家產變抵仍勒限一年監追再照部議發遣如限滿不完卽令督撫司道及承辦之府州縣於養廉內照數攤出傳旨賞給夷商收領回國以示體卹　諭旨且謂夷商估舶冒越重瀛本因覓利而至自應與之公平交易使其捆載而歸方得中華大體若遇內地奸民設局賒騙致令貨本兩虧尤當如法訊究乃李質穎僅擬薄懲而欠項則聽其自行清結有斷無追竟令外洋孤客負屈無伸豈封疆大臣懲惡綏遠之道幸而刑部奏駁朕始得知爲之更正若部臣亦依樣

照覆其錯謬尚可問乎中國撫馭遠人全在秉公持正令其感而生畏方合政經若平日視之如草芥任聽地棍欺凌而有事嗚官又復袒護民人不爲清理彼既不能赴京控訴徒令蓄怨於心歸而傳語豈不輕視督撫且朕此番處置非止爲此事蓋有深慮漢唐宋明之末季多昧於柔遠之經當其弱而不振則輕忽而虐侮之及其强而有事則又畏懼而調停之姑息因循卒至釀成大釁而不可救宋之敗明之亡皆坐此病不可不引爲殷監也方今國家全盛遠近震慴威靈自不敢稍萌異志然思患豫防不可不早杜其漸此事督撫皆以爲錢債細故輕心掉之而不知關係甚大所謂涓涓不息

將成江河者也朕統馭中外一視同仁如內扎薩克諸藩恭順誠服朕皆撫若兒孫每至必歡欣踴躍與舊滿洲蒙古之執役無異卽新附之準夷回部年班來者朕亦必聯之以情待之以禮厚其餼賚而遣之眾亦莫不懷德感恩幾與內扎薩克相等卽如伊犁與哈薩克易馬一節或哈薩克所驅至者本不皆善馬原不妨如法擇而取之若既是可用之馬卽當按其所值與之市易始能經久無弊或所給緞匹輕薄暗減其價彼貿易已已非一日皆能悉其底裏口卽不言而心豈能允服既違立法通市之本意其流弊且無所底止朕每以此廑懷該伊犁將軍不可不實力妥辦以裕永久之規若聽

其日趨日下而不知返朕一有所聞惟該將軍是問又
如朝鮮安南琉球日本南掌及東洋西洋諸國凡沿邊
沿海等省分夷商貿易之事皆所常有各該將軍督撫
等並當體朕此意實心籌辦遇有交涉詞訟之事斷不
可徇民人以抑外夷即苗疆番境諸省亦當推廣此意
妥行若仍視爲具文再有此等事件一經發覺或經朕
訪聞及言官糾劾必將該將軍督撫重治其罪不能視
此案之僅與議處也將軍督撫皆當善體朕意毋怠毋
忽自可寓久安長治之計即我世世子孫敬體朕意守
而勿失億萬年無疆之慶詎不在是邪此旨著傳諭各
將軍督撫一體遵照並著入於交代令後任永遠遵行

勿稍玩忽並另錄一分交上書房俾皆恪循罔懈

丁酉乾隆四十二年

春正月　勅諭哈薩克部阿布賚

金川平各藩部益震讋阿布賚遣使朝覲請獻塔什罕
三萬戶不許　賜諭曰爾所奏托忒字表交稱爾願將
數世徵貢之塔什罕三萬戶人丁獻納前爾使鄂札爾
齊至伊犂呈請將軍將軍行文飭駁朕謂其所辦甚當
今爾復以此請朕統一寰宇爾哈薩克布魯特霍罕安
集延回眾皆朕臣僕一視同仁前爾因爭塔什罕土地
向霍罕額爾德尼構兵遣都勒特克呼前來請援經伊
犂將軍飭駁朕曾降旨宣示爾今復以塔什罕爲爾數

世徵貢之屬裔欲納於朕是爾無力爭奪欲假天朝兵
力耳爾哈薩克塔什罕皆朕之臣僕豈肯爲爾攻彼乎
他部如有謀取爾哈薩克者亦將允其請乎汝惟善自
保守游牧不可妄生覬覦也再爾稱阿渾曾言經內有
白帽之人屏逐默克哈薩克等深懼斯言願永爲臣妾
不加屏逐斯言甚怪天朝於外藩恭順則撫恤之鴟張
則罰滅之兩金川負朕厚恩復敢抗王師故殄滅耳今
爾歸順已久朕方加惠撫恤豈肯無故屏逐故特賜諭
旨惟期永荷朕恩恭順自効無妄行逆億以自速禍也

庚子乾隆四十五年

秋七月西藏羅卜藏巴丹伊什班禪剌麻來朝

初四世班禪剌麻羅卜藏垂吉崇德中同達賴通貢順
治初達賴入覲班禪以年老未偕至是六世巴丹伊什
來祝　上七旬萬壽詔倣札什倫布廟式建須彌福
壽廟於熱河接見於　避暑山莊之澹泊誠敬殿舊以
賓禮優之惟跽不拜至是班禪固請拜從之至京接見
於南苑德壽寺仍居西黃寺昔　世祖禮達賴處
也未幾以痘終京師比舍利龕歸　車駕幸西黃寺送
之時七世達賴年少未受封及班禪卒乃使齎冊印往
封初　上習蒙古語及平回部金川習回語番語及
班禪入朝復習唐古特語重譯朝見告語如一家外此
五世達賴大弟子章嘉胡土克圖康熙中自藏來朝

命住持梟宗寺在多倫泊章嘉通宗乘爲　世宗藩邸所敬禮其第二世呼畢勒罕轉生多倫泊曾奉　詔來京譯定大藏經咒又佐莊親王允祿修同文韻統是爲黃教第四支與哲卜尊丹巴一支皆亞于達賴班禪二支皆以神異鎮服僧俗而藏中之紅帽黑帽各小支皆不能與黃教等又達賴班禪及哲卜尊丹巴歲遣貢使不列朝見年班餘如駐漠南北蒙古及洮岷之大刺麻各有班期或歲至或三歲至惟入朝黃則仍內地冠服之制

甲辰乾隆四十九年

米利堅來購茶

米利堅米一作彌即美理哥西語名奈育士迭猶華言合衆國也故又稱兼攝邦國今和約中即稱合衆國又稱美國粵東俗稱花旗其旗方幅紅白相間右角上另作一小方黑色上以白點綴北斗七星形北亞墨利加洲大國也北界英吉利屬地東界亞蘭的海即大西洋西界大洋又稱外大西洋即大東洋南界美詩哥及得撒德一作沙海灣東西約萬里南北數千里北極出地二十五度至五十二度西綫自西七十度至百二十七度押罷拉既俺大山環其東落機大山繞其西此洲山自北而南以落機爲宗猶亞細亞之昆侖也水以密士失必一作米西悉比爲綱曲折萬里會密蘇爾鼇河南入海猶中國之黃河也此外名水曰阿巴拉濟哥刺曰哥倫比亞曰朝比勒曰德拉瓦勒北境迆西有大湖分四汊曰衣羅乖一作翕大羅曰休崙曰蘇必力爾曰密歎安迤東又有伊爾鼇及安剔衣鼇阿二湖相屬諸湖皆北與英吉利屬地分界國中平原沃野數千里水土平良天時和正土產五金礬礦石炭絲麻蠟蜜五穀蔬果棉花材木藥料凡二十七部外有四小部首部爲戈攬彌阿一作哥倫米阿都城在焉立國始由華盛頓其都城即以華盛頓爲名其地明以前尚荒蕪民居亦罕外國史略云美理哥未闢之初土人以獵爲生食肉寢皮不知闢墾然今鋤地掘出墳墓似古有廣大城邑或日本高麗曾到之地宏治五年意大里人哥倫一作閣龍請西班牙國王遣船初尋得此土十年又有亞美理哥即墨利哥至此遂以名洲繼有哥爾德斯訪得此洲赤道北土而葡萄牙人嘉奴東經利未亞洲一作阿非利加洲歷印度至中華而東遂西抵美理哥而返繞大地一週始知爲圜體是時英吉利亦調船航海抵北洲開墾法蘭西和蘭諸國聞風踵至各據爲屬互爭不已萬歷間英吉利首開創費治彌亞之地建城置官天啟中因人衆遂分居新韓賽羅底島及緬部名新英吉利康熙初又奪荷蘭屬地改新約基旋並奪瑞典之新遮些底拉華時法蘭西亦開墾新地於其北建礮台以防英英總制止之不可請於王遣兵船與戰三載英佛兩將皆創死而英卒奪據其土甚百數十年漸拓而有十三部戶口百數十萬以後商賈日盛英人心侈遂欲加重稅餉時有公司船自中國販茶至例賣者納稅而責令買

者納之土人不服於是南蠻羅連部相約不買公司茶治彌亞新約基茶船皆被驅逐波士頓之茶至爲土人投諸海王聞大怒發兵至將他稅皆强勒倍徵民死不肯從各部衿耆會議欲與客民仍前和好收回新令撤兵英王不聽增兵焚掠居守大酋督征愈急衆皆怒遂潛約各部出壯丁整戰艦推華盛頓爲帥於乾隆四十一年檄告各國數英吉利王淩虐之事遂自立新國以拒英英王見檄益怒愈增兵入境時新國事起倉卒軍需器械未備華盛頓激厲其衆奮力拒戰經年而英師漸老又得法蘭西和蘭等皆有憾於英出兵相助凡血戰八年各國之師數十萬傷亡不可勝計英王知終不

可勝議和罷兵聽自立國盡割其南境腴壤而僅存北鄙不毛之地華盛頓既定國欲謝兵柄歸衆恐英人敗盟堅留之於是仍各部舊領不設君長而推華盛頓爲大伯理璽天德即總統也仍以四年或八年爲限任滿則從各部中公擇可者不世及新國既立即於是年遣船至中國購茶是爲米利堅來粵互市之始

乙巳乾隆五十年

冬十月釋西洋人巴亞里央於獄

先是大西洋人入中國者意大里亞爲多自歷用西法因許其設堂京師自相傳教於是踵門受廛之輩皆以入京當差爲名而歐羅巴洲各國聞風而來者足跡遂徧于各直省巴亞里央私入內地傳教經湖廣地方官查拏究出直隸山東山西陝西等省俱有私自傳教之人事聞交刑部審擬永遠監禁旋　諭此等人犯不過意在傳教尚無別項不法情節且究係外夷未諳國法若永禁囹圄情殊可憫俱著加恩釋放交京城天主堂安分居住如情願回洋者著該部派司員押送回粵以示柔遠至意

丙午乾隆五十一年

封鄭華暹羅國王

暹羅鄰緬甸東南與緬世仇自明巡撫陳用賓曾約暹羅夾攻緬破之而桂王入緬其臣李定國遣人約古剌

國朝柔遠記卷五

暹羅犄角攻緬各遣使報諾而吳三桂已取王於阿瓦故緬事起楊應琚亦有約暹羅夾攻之奏　王師再舉亦有用暹羅之議值暹羅爲緬殘破議遂寢未幾暹羅竟爲緬酋孟駁所滅四十三年暹羅民憤緬苛虐推其遺臣鄭昭起兵盡復舊封復出師侵緬航海來貢且告捷　朝廷不使亦不止也及昭子華嗣立亦材武緬酋孟雲不能支徙居蠻得至是華仍表貢請封　詔封華暹羅國王

戊申乾隆五十三年

緬甸來貢

先是老官屯之役與緬目議款班師緬旋以木邦孟拱

蠻暮三土司未歸不肯入貢且貽書來索阿桂遣都司
蘇爾相齎檄答之復被留　敕阿桂於秋冬率偏師擾
之阿桂以偏師不可深入不如休息數年外約暹羅同
時大舉　上以大舉非計乃罷阿桂以大學士溫福
代之旋值金川叛阿桂溫福皆赴四川緬亦方用兵暹
羅三十八年緬目得魯蘊遣孟迤等入關議時方急金
川不暇問未幾緬酋孟駁死子贅角牙立四十一年兩
金川平緬懼再討請入貢并求開關市因出蘇爾相而
楊重英不至乃　命阿桂及李侍堯重赴滇勘邊界嚴
兵備緬酋孟魯殺贅角牙自立國人又殺孟魯而立甕
籍牙季子孟雲前此兵釁皆未與聞又值暹羅復國與

之搆難乃思附中國既聞暹羅鄭華受封益惴甚於是
由木邦齎金葉表文金塔一馴象八及寶石番毯諸物
款關稱臣入貢并歸楊重英等表言已嗣國家深知孟
駁父子前罪久欲進貢因暹羅侵擾是以稽遲　上
洒諭暹羅罷兵

庚戌　乾隆五十五年

秋九月安南阮光平入朝

初安南國王黎惟譓明嘉靖初爲其臣莫登庸所簒惟
譓走保淸華其孫維潭破莫復國實其臣鄭氏阮氏之
力世爲左右輔政後鄭棟乘阮死孤幼出之使王廣南
而自專國事至棟將簒國而忌廣南之强乃誘其土酋
阮岳阮惠攻滅廣南王及棟死其子内閧惠赴廣南兵
攻滅鄭氏而阮氏復專國國王黎維耑犒以兩郡維耑
旋卒嗣孫黎維祁立惠又盡取象載珍寶歸廣南而使
貢整留鎮都城整思扶黎拒阮以王命率兵奪回象五
十惠旋使其將阮任攻破東京整戰死維祁出亡遣使
投訴中國時五十三年事也明年　朝廷命粵督孫士
毅及提督許世亨出師討惠惠敗走克復東京維祁復
國惠復集廣南之衆於正月朔夜來襲皆以象載大礮
官軍倉卒禦敵衆寡不敵遂潰維祁挈家先遁士毅奪
渡富良江走還鎮南關世亨及總兵張朝龍以下皆擠
溺死維祁母子復來投惠既踞安南自知貫禍大懼

王師再討又廣南方與暹羅搆兵聞暹羅貢使將入京
恐乘其後迺敂關謝罪乞降改名阮光平遣其兄子光
顯齎表入貢言守廣南已九世與安南敵國非君臣又
蠻觸自相爭非敢抗中國且請立廟祀死綏將士并請
親覲京師　上以維祁再棄國并冊印不能守是天
厭黎氏不能存立阮光平既請親覲非前代莫黎僅貢
代身金人之比且安南自五季以來曲矯吳丁陳莫黎
阮互相吞噬前代曾郡縣其地反側不常不足釐南顧
憂乃　允其請維祁編旗籍安置京師至是光平來朝
祝　上八旬萬壽宴熱河山莊班親王下郡王上
賜冠帶　封安南國王遣歸後二年卒子光纘嗣立

緬甸遣使來朝賀一詔封孟雲緬甸國王

時値　上八旬萬壽緬酋孟雲遣使朝貢乞　敕封又緬自中國閉關市以來土產象牙蘇木翡翠碧玉銅廠悖雲南官商采買者皆壅滯且頻年用兵暹羅國用日絀至是并請開關市皆許之旋遣使　賜敕印　封孟雲緬甸國王定十年一貢

國朝柔遠記卷五

國朝柔遠記卷六

臣彭玉麟恭定
臣王之春敬編

壬子乾隆五十七年

秋七月大學士福康安討廓爾喀降之

廓爾喀本巴勒布念四汗城名地當孔道故名獨著自古不通中國俗獷很習攻戰既以小部兼併布顏罕葉楞罕庫庫木罕三部五十八年其酋剌納巴都爾復併哲孟雄巴作木朗洛敏湯諸部疆域廣長數千里戶口百餘萬遂與我西藏以交易滋擾初後藏班禪剌麻以四十五年來朝覲　上七旬萬壽　朝廷禮之如達

賴剌麻　錫賚優渥王公以下布施山積是冬班禪卒於京師舍利西歸其兄仲巴方治商上事商上藏中掌財賦之稱珍瓌貲貨盡爲所有一無施舍其弟舍瑪爾巴亦以紅教不得分惠憤唆廓爾喀藉商稅增額食鹽糅土爲詞於五十五年春入寇唐古特兵不能鬬我援剿之侍衛巴忠等復調停賄和以賊降飾奏諷其遣酋瑪木野入貢受封明年藏中歲幣爽約廓夷責負償復冒險深入大掠札什倫布仲巴挈貲先遁剌麻俱潰走全藏大震

上知駐藏諸臣不足恃　命大學士福康安爲大將軍超勇公海蘭察爲參贊率兵進征由青海草地至藏是夏所調索倫及金川土練兵皆集敗其屯聶濟隴

絨轄之賊盡復藏地六月大舉深入首奪鐵索橋之險次破東覺嶺之險進至雍雅山直抵朗古廓夷震懾乞降不許復三路進攻六戰六捷深入七百餘里踰大山二重奪其夾河北岸之山其南岸大山後卽其國都陽布之地是時其國南鄰印度之披楞卽孟加拉亦卽甲臘爾明史作榜葛剌已為英吉利屬部披楞其都城名一名噶里噶達佯以兵船赴援而陰窺其邊境廓夷兩支大敵益懼再遣使軍前乞哀時我軍進攻小挫而境愈險且恐大雪封山難返乃允其降盡獻所掠藏中財寶歸被執之噶布倫而獻舍瑪爾巴之尸并貢馴象番馬樂部請永遵約束定五年一貢所貢象馬由定結大

路經披楞之巴爾底薩小部迂道月餘始至藏其部長備米草人夫護送並蒙 賞賚大軍摩崖紀功而還畱土番兵三千漢蒙古千戍藏自是駐藏大臣行事儀注始與達賴班禪平等其四噶布倫及番目缺均大臣與達賴會同選授定經費巡查額制事權始一又以歷輩達賴班禪各親族營私專利致召兵戎自是 特頒金奔巴瓶供大招寺遇呼畢勒罕出世互報差異者納籤瓶中誦經降神駐藏大臣會同達賴班禪於宗喀巴前掣之以息爭蓋漢南北與青海各蒙古及滇蜀各邊土司皆崇信黃教邊民强橫故因慈悲以銷殘殺假靈異以降服其心此神道設教之微意也而非乘用兵之後亦無由變革焉

與俄羅斯訂恰克圖市約

先是俄羅斯納我叛賊舍楞絕其恰克圖貿易已而復開市五十四年又以納我叛人閉市嚴禁大黃茶葉出口至是俄人復以爲請乃由庫倫辦事大臣與訂市約五條有云恰克圖互市於中國初無利益因你薩那特衙門籲請是以開市

癸丑乾隆五十八年

秋八月英吉利來朝貢

先是五十七年十月英吉利商人波朗亞免質臣等來廣州以其國王雅治命稟請督府因前年 大皇帝

萬壽未申祝釐今遣使臣馬戛爾尼等將由天津入貢經粵督郭世勳奏聞奉 諭准其所請至是英吉利使臣至京庚午 上御萬樹園大幄次引 見正使馬戛爾尼副使司當東等己卯 賜英吉利國敕書曰咨爾國王遠在重洋傾心向化特遣使恭齎表章航海來庭叩祝萬壽並備進方物用將忱悃朕披閱表文詞意肫懇具見爾國王恭順之誠深爲嘉許所有齎到表貢之正副使臣念其奉使遠涉推恩加禮已令大臣等帶領瞻覲錫予筵宴疊加賞賚用示懷柔其已回珠山之管船官役人等六百餘人雖未來京朕亦優加賞賜俾得普霑恩惠一視同仁至爾國王表內懇請派一爾國

之人住居天朝照管爾國買賣一節此則與天朝體制不合斷不可行向來西洋各國有願來天朝當差之人原准其來京但既來之後卽遵用天朝服色安置堂內永遠不准復回本國此係天朝定制想爾國王亦所知悉今爾國王欲求派一爾國之人住居京城既不能若來京當差之西洋人在京居住不歸本國又不可聽其往來常通信息實為無益之事且天朝所管地方至為廣遠凡外藩使臣到京譯館供給行止出入俱有一定體制從無聽其自便之例今爾國若留人在京言語不通服飾殊制無地可以安置若必似來京當差之西洋人令其一例改易服飾天朝亦從不肯彊人以所難設

天朝欲差人常住爾國亦豈爾國所能遵行況西洋諸國甚多非止爾一國若俱似爾國王懇請派人留京豈能一一聽許是此事斷斷難行豈能因爾國王一人之請以致更張天朝百餘年法度若云爾國王為照料買賣起見則爾國人在澳門貿易非止一日原無不加以恩視卽如從前博羅都噶爾亞意大理亞等國屢次遣使來朝亦曾以照料貿易為請天朝鑒其悃忱優加體恤凡遇該國等貿易之事無不照料周備前次廣東商人吳昭平有拖欠洋船價值銀兩者俱飭令該總督由官庫內先行動支帑項代為清還並將拖欠商人重治其罪想此事爾國亦聞知矣外國又何必派人留京為此越例斷不可行之請況留人在京距澳門貿易處所幾及萬里伊亦何能照料耶若云仰慕天朝欲其觀習教化則天朝自有天朝禮法與爾國各不相同爾國所留之人卽能習學爾國自有風俗制度亦斷不能效法中國卽學會亦屬無用天朝撫有四海惟勵精圖治辦理政務奇珍異寶並無貴重爾國王此次齎進各物念其誠心遠獻特諭該管衙門收納其實天朝德威遠被萬國來王種種貴重之物梯航畢集無所不有爾之正使等所親見然從不貴奇巧並無更需爾國製辦物件是爾國王所請派人留京一事於天朝體制既屬不合而于爾國亦殊覺無益特此詳晰開示遣令貢使等安

程回國爾國王惟當善體朕意益勵款誠永矢恭順以保乂爾有邦共享太平之福又因其使臣越分干請罔知大體使諭使臣於朝復　敕誡其王諭曰據爾使臣稱爾國貨船將來或到浙江甯波珠山及天津廣東地方收泊交易一節向來西洋各國前赴天朝地方貿易俱在澳門設有洋行收發各貨由來已久爾國亦已遵行多年並無異語其浙江甯波直隸天津等處均未設有洋行爾國船隻到彼亦無從銷賣貨物況該處並無通事不能諳曉爾國語言諸多未便除廣東澳門地方仍准照舊交易外所有爾使臣懇請向浙江甯波珠山及直隸天津地方泊船貿易之處皆不可行又據爾使

臣稱爾國買賣人要在天朝京城另立一行收貯貨物發賣倣照俄羅斯之例一節更斷不可行京城爲萬方拱極之區體制森嚴法令整肅從無外藩人等在京城開設貨行之事爾國向在澳門交易亦因澳門與海口較近且係西洋各國聚會之處往來便益若于京城設行發貨爾國在京城西北地方相距遼遠運送貨物亦甚不便從前俄羅斯人在京城設館貿易因未立恰克圖以前不過暫行給屋居住嗣因設立恰克圖以後俄羅斯在該處交易買賣卽不准在京城居住亦已數十年見在俄羅斯在恰克圖邊界交易卽與爾國在澳門交易相似爾國既有澳門洋行發賣貨物何必又欲在

京城另立一行天朝疆界嚴明從不許外藩人等稍有越境攙雜是爾國欲在京城立行之事必不可行又據爾使臣稱欲求相近珠山地方小島一處商人到彼卽在該處停歇以便收存貨物一節爾國欲在珠山海島地方居住原爲發賣貨物而起今珠山地方既無洋行又無通事爾國船隻不在此停泊爾國要此海島何用天朝尺土俱歸版籍疆址森然卽島嶼沙洲亦必畫界分疆各有專屬況外夷向化天朝交易貨物者亦不僅爾英吉利一國若別國紛紛效尤懇請賞給地方居住買賣之人豈能各應所求且天朝亦無此體制此事尤不便准行又據稱撥給附近廣東省城小地方一處居

住爾國夷商或准令澳門居住之人出入自便一節向來西洋各國夷商居住澳門貿易畫定住址地界不得踰越尺寸其赴洋行發貨夷商亦不得擅入省城原以杜民夷之爭論立中外之大防今欲於附近省城地方另撥一處給爾國夷商居住已非西洋夷商歷來在澳門定例況西洋各國住廣東貿易多年獲利豐厚來者日衆豈能一一撥給地方分住耶至於夷商等出入往來悉由地方官督率洋行商人隨時稽察若竟毫無限制恐內地民人與爾國夷人間有爭論轉非體恤之意覈之事宜自應仍照定例在澳門居住方爲妥善又據稱英吉利國夷商自廣東下澳門由內河行走貨物或

不上稅或少上稅一節夷商貿易往來納稅皆有定則西洋各國均屬相同此時既不能因爾國船隻較多徵收稍有溢額亦不便將爾國上稅之例獨爲減少惟應照例公平抽收與別國一體辦理嗣後爾國夷商販貨赴澳門仍當隨時照料用示體恤又據稱爾國船隻請照例上稅一節粵海關徵收船料向有定例今既未便于他處海口設行交易自應仍在粵海關按例納稅無庸另行曉諭至於爾國所奉之天主教原係西洋各國向奉之教天朝自開闢以來聖帝明王垂教創法四方億兆率由有素不敢惑于異說卽在京當差之西洋人等居住在堂亦不准與中國民人交接妄行傳教華夷

之辨甚嚴今爾國使臣之意欲任聽夷人傳敎尤屬不
可以上所諭各條原因爾國使臣妄說爾國王或未能
深悉天朝體制並非有意妄干朕於入貢諸邦誠心向
化者無不加之體恤用示懷柔如有懇求之事若于體
制無妨無不曲從況爾國王僻處重洋輸誠納貢
朕之錫予優加倍于他國今爾使臣所懇各條不但於
天朝法制攸關卽爲爾國王謀亦俱無益難行之事茲
再明白曉諭爾國王或誤聽爾下人之言任從夷商將
貨船駛至浙江天津地方欲求上岸交易天朝法制森
嚴各處守土文武恪遵功令爾國船隻到彼該處文武
必不肯令其停留定當立時驅逐出洋未免爾國夷商

徒勞往返勿謂言之不豫也其懔遵毋忽特此再諭
冬十二月遣英吉利使臣返國
初英吉利貢舟至天津七月抵都後貢舟卽先還泊定
海及獻見事畢九月貢使回國　上令使臣由內河
至定海放洋　特簡軍機大臣戶部侍郎松筠以兵護
行所過提鎭陳兵接護貢使於路求請寓甯波市茶絲
各物松筠爲奏懇免稅既而抵杭州以行李從人登定
海貢舟使臣仍請道內河達廣　上念其重譯輸忱
許之飭松筠回京　命兩廣總督長麟督帶過嶺是月
使者自粵乘貢舟返國蓋此次英人藉貢陳乞本謀立
馬頭減關稅如澳夷事例意望舟山（卽定海縣以舟珠音近故又稱珠山）

既未遂所求　上恐其至澳句煽他國夷商開邊釁
故　特簡重臣陳兵衛護行　諭旨覆奏皆用六百里
馳遞火票排單嗣　上念英夷貪狡終恐日久生心
復以前頒該國王　敕諭二道宣示兩廣總督入交代
內俾後來知所從焉
乾隆六十年（乙卯）
英吉利復入貢
先是五十八年英吉利貢使將歸有　旨許再來款貢
時在粵之大班波朗上事國王備貢物由商船寄粵請
代進署兩廣總督朱珪譯其副表以前年貢使入都賞
賚優渥藉乞表悃忱又言　天朝大將軍前年督兵

至的密英國曾發兵應援的密卽廓爾喀此指五十七
年大學士公福康安用兵西藏時也英人蓋以是明其
效順之忱奏入　敕書賜賚如例
嘉慶四年（己未）
廣南酋阮福映禽獻海寇　詔暴安南納叛之罪
安南王阮光平父子以兵篡國國用虛耗商舶不至乃
遣烏艚船百餘總兵十二以采辦軍饟爲名多招中國
海盜爲鄕導入寇閩粵江浙各省奏禽海賊屢有安南
兵將及總兵敕印　詔移知安南初不謂國王預知也
會黎氏甥農耐王阮福映乞師暹羅克復農耐奪其富
春舊都幷縛海賊莫扶觀等來獻皆中國奸民受安南

詔
僞職者又上攻克富春時所獲阮光纘封冊金印
以阮氏父子臣事天朝乃招納叛亡藪奸誨盜負恩莫
大今國都冊印不保滅亡已在旦夕足徵傾覆之不爽
其命兩廣總督吉慶赴鎭南關勤兵備邊俟阮福映攻
復安南全境以聞

壬戌嘉慶七年
春三月英人窺澳門
時英吉利𢍰來兵船六泊雞頸洋淹留數月意窺澳門
住澳之大西洋人稟訴兩廣總督吉慶云英吉利兵船
泊零丁洋距澳甚近欲登岸借居洋房恐其滋事懇求
保護吉慶飭洋商宣諭回國至六月始去特遣其酋陳

謝謂法蘭西欲侵澳門故舉兵來護譌言請勿輕信意
將掩其迹也會住京之西洋人索德超等言其事于工
部侍郎管西洋堂務大臣蘇楞額　上聞馳諭吉慶
以英人開帆日奏得　旨有犯必懲切勿姑息無隙莫
擾亦勿輕率

秋七月蘊端多爾濟請巡俄羅斯邊界
時喀爾喀親王蘊端多爾濟請巡查恰克圖東西卡倫
奉　諭俄羅斯交界四十七處卡倫向來未定巡查之
例今蘊端多爾濟奏稱明年四月親查恰克圖西十九
處卡倫後年再查恰克圖東二十八處卡倫逾十年與
庫倫辦事大臣輪流一次往查亦屬嚴肅邊界之意著

照所請行但俄羅斯人等多疑著蘊端多爾濟於巡查
卡倫以前明白曉諭使俄羅斯固畢爾納托爾等知巡
查原欲永清二處交界並無別故自不至心生疑懼也

冬十二月封阮福映爲越南國王
阮福映復破東京盡有安南遣使入貢備陳搆兵始末
爲先世黎氏復讎其舊封農耐本古越裳地今兼幷安
南不忘世守乞以越南名國　詔封福映越南國王而
歸黎維祁遺櫬及黎臣懷故土者還國蓋新阮篡黎十
餘年而復滅于舊阮例仍六年兩貢並進

乙丑嘉慶十年
春二月英吉利來貢

時英吉利國王遣其酋多林文附商船來粵獻方物奉
表云英吉利國王雅治管愛倫等處地方呈　天朝
大皇帝從前　太上皇帝恩威遠播四海昇
平今　大皇帝仁慈威武天下太平均同一德凡有
本國人來中國貿易俱蒙一體公平恩待因　天朝
百姓不能來我國貿易我已分付在港腳等處地方官
員如與中國相連地方遇有　天朝百姓兵丁人等
務要加意相待卽遇有別項事情要我出力我亦十分
歡喜效力我與法蘭西國前已修和因和之後伊國彊
悍無理是以我今復與伊國戰爭我今本意原欲和好
無事豈料伊國彊橫凌辱致我不能忍受又於海口地

方設立重兵顯有歹意我恐被伊國佔奪無奈亦止得
設立重兵防守並非意存好鬬我雖然與伊國戰爭仍
可照舊來中國貿易通好並無阻滯那法蘭西國海口
雖有重兵我已用兵圍住伊不能出口此外又多派兵
船護送是以我貿易船隻可保無虞又幸遇　大皇
帝聖明卽使法蘭西國有著人到中國謠言疏間我國
我想　大皇帝必不聽信再伊國不獨存心想戰占
奪我國並欲占奪我之屬國伊國若兵力不能相敵伊
必另設陰謀卽伊國恃彊設計我國均能設備提防可
保無虞查該法蘭西國內已亂十三年法蘭西老國王
為人甚好竟被伊國人弒害深為可憫可恨如今伊國

有一人做國長存心無道意欲惑亂人心使通國之人
不顧五倫不畏天地我想伊斷不能惑亂中國　大
皇帝英明素著定然洞察其奸恭祝　大皇帝長享
四海昇平之福具本國些須土物伏乞　大皇帝賞
收經粵督倭什布繙譯呈進并奏云查英吉利國王表
內所稱與法蘭西國爭鬬及法蘭西有著人到中國謠
言疏間等語查係嘉慶七年六月間有住澳之夷目委
黎多寄信與在京之西洋人索德超言英吉利有大戰
船六隻近澳門停泊恐有覬覦情事轉呈管理西洋人
大臣蘇楞額具奏　諭旨查詢經前督臣吉慶查奏英
吉利護貨兵船均已陸續回國其泊澳門外時並未滋

事因該國向來恃彊澳夷是以驚疑今該國王表文所
稱謠言疏間之語自係指前事而言本年該國亦有護
送貨四兵船來廣隨貨船仍回國並無絲毫滋事且貿
易夷船英吉利貨物最細較別國買賣殷厚該國目商
均稱恭順臣等竊測其隱因與法蘭西釁觸相爭恐為
離間有妨貿易故於表內特陳其事密詢洋商潘致祥
等僉稱係此意該二國僻居西北海外去粵東甚遙斷
無虞別滋事端語似可信可以仰慰　聖廑嗣奉
廷寄覆奏云伏查外洋各夷商並該國商船俱無兵船
惟該國王貨船始有兵船四隻護送在虎門外交易後
同貨船回國不少逗留臣等亦派兵役防送至各夷貨

船均有礮火器械自資防範原准攜帶該國原表歡喜
效力等語自係聞洋面不靖或需伊等出力之意如澳
門夷目願備兵船幫同出洋緝捕臣以體制不符出示
停止揣其情形不過藉協捕為名冀免此船出入納稅
而英夷得聞此事亦希效尤免稅又恐澳門夷船有功
或待彼國冷淡意不過如此至各國夷船既大多載礮
火洋盜俱不敢搶劫澳門等處又有師船巡防不致少
有疏失可以無廑　聖念奏入　上命齎貢入京
按例　須賞并　諭新任總督那彥成以整飭戎備勿
令澳門近地致有竊掠貽笑遠人其護貨兵船停泊總
當循照舊規勿令逾越為要

夏四月禁西洋人刻書傳敎

御史蔡維鈺奏請嚴禁西洋人刻書傳教奉　諭京師設立西洋堂原因推算天文參用西法凡西洋人等情願來京學藝者均得在堂棲止乃各堂西洋人每與內地民人往來講習並有刊刻書籍私自流傳之事在該國習俗相沿信奉天主教伊等自行講論立說成書原所不禁至在內地刊刻書籍私與民人傳習向來本定有例禁今奉行日久未免懈弛其中一二好事之徒創立異說妄思傳播而愚民無知往往易爲所惑不可不申明舊例以杜歧趨嗣後著管理西洋堂務大臣留心稽察如有西洋人私刊書籍卽行查出銷毀並隨時諭知在京之西洋人等務當安分學藝不得與內地民人往來交結仍著提督衙門五城順天府將坊肆私刊書籍一體查銷不得任聽胥役藉端滋擾致干戾咎

圈禁西洋人德天賜於厄魯特營房

廣東民陳若望私代西洋人德天賜遞送書信地圖拏解刑部並究出傳敎習敎多人刑部奏將各犯分別定擬得　旨德天賜膽敢私行傳敎不惟愚民婦女被其煽惑兼有旗人亦復信奉並用漢字編造西洋經卷至三十一種之多若不嚴行懲辦何以闢異說而杜歧趨且該國原係書寫西洋字內地民人從無傳習今查出所造經卷俱係刊刻漢字其居心實不可問此在內地

愚民已不得傳習而旗人尤不應出此關繫人心風俗者甚巨所有寄信人陳若望在堂講道之漢軍周炳德會長民人劉朝棟趙廷畛朱長泰漢軍汪茂德或往來寄信或展轉傳惑著照刑部所擬發往伊犂給厄魯特爲奴仍先用重枷枷號三箇月以示懲儆民婦陳楊氏以婦女充當會長尤屬不安本分著發往伊犂給兵丁爲奴不准折枷收贖民人簡恆曾代爲寄信請人傳敎漢軍佟恆善經反復開導執迷不悟俱著枷號三箇月滿日發往伊犂給厄魯特爲奴周炳德汪茂德佟恆善既自背根本甘心習學洋敎實不齒于人類均令銷去旗檔德天賜來京當差不知安分守法妄行刊書傳敎實爲可惡著圈禁厄魯特營房交慶傑嚴爲管束以杜煽惑

五月管理西洋堂事務常福罷

甲申朔　上諭向來西洋堂事務俱派總管內務府大臣管理而歷任總管之大臣等不能實心經理其派委司員亦不常川稽查大率有名無實卽如近日德天賜等妄行刊書傳敎煽惑旗民此皆由歷任該經管大臣官員等平日不能認眞查察以致伊等敢於私通書信往來交結現在管理西洋堂事務之常福著無庸兼管改派祿康長齡英和管理其應如何設立章程嚴加管束之處著祿康等悉心妥議具奏尋議酌派司員到

堂稽查設立堆撥輪流巡綽撤毀堂額天主字樣禁止旗民彼此往來封禁該堂女堂房屋稽察海淀各堂寓所譯驗該國投寄信書編造服役人數冊檔示諭習教治罪條款禁止收買藥材洋草從之

禁旗人習天主教

時有佟瀾色克舒敏李慶喜因傳習天主教革職交刑部審辦刑部奏佟瀾等俱願出教請革職免其治罪奉
諭佟瀾等均係旗人且任職官輒敢棄背根本學習洋教見雖據供明眞心改悔但恐因一時畏罪求免伊等全家久爲邪說所惑一經釋放或仍私相崇奉其言殊難憑信佟瀾色克舒敏李慶喜仍著在刑部羈禁將

伊家屬傳至令其當面告誡各將洋教不祀祖先不供門竈等事全行改革仍交各旗查明伊全家出教屬實由該管參佐領具結詳報再行釋放如釋放後再敢私行習教卽加倍治罪決不寬貸

秋暹羅入貢

時暹羅貢表又言方出師攻緬獲捷復頒　敕諭解之緬聞亦款關求入貢疆吏以非貢期卻之緬亦自是循例修貢不絕

冬十一月申嚴粤省傳教禁

奉　上諭軍機大臣等本日朕恭閱　皇考高宗純皇帝實錄乾隆四十九年十一月內欽奉
聖諭以西洋人蔓延數省皆由廣東地方官未能稽察防範所致向來西洋人情願進京效力者尚須該省督撫奏明允准後遣員伴送來京何以此次羅瑪當家竟公然分派多人赴各省傳教澳門距省甚近地方官平日竟如聾瞶毫無覺察自有應得處分倘嗣後仍有西洋人潛出滋事者一經發覺惟該督撫是問卽當重治其罪等因又奉　聖諭以孫士毅奏委員伴送西洋人德天賜等四人進京已敷當差嗣後可無庸選派俟將來人少需用之時另行聽候諭旨等因仰見
皇考禁絕邪說訓誡嚴明至意當德天賜等進京效力之時在京西洋人已敷當差卽　諭令停止選派可

見西洋人等來至內地授徒傳教爲害風俗早在
聖明鑒察之中粤省澳門地方洋船往來該國人等自因赴廣貿易與內地民人句結始能惑衆傳教如果粤省稽察嚴密何至私越內地乎本年因江西省拏獲爲西洋人送信之陳若望及山西省民人李如接引西洋人若亞敬傳教等案業經根訊明確分別懲創嗣後著該督撫等飭知地方官於澳門地方嚴查西洋人等除貿易外如有私行逗留講經傳教等事卽隨時飭禁勿任潛赴他省致滋煽誘其有內地民人暗爲接引者卽當訪拏懲辦庶知儆懼並當曉諭民人等以西洋邪教例禁綦嚴不可受其愚惑致蹈法網俾無知愚民各知

遷善遠罪則西洋人等自無所肆其簧鼓即舊設有天主堂之處亦不禁而自絕此尤潛移默化之方該督撫等惟當善爲經理實力稽查絕其根株正其趨向亦整風飭俗之要務也

冬十二月禁俄羅斯商船來粵互市

先是有嚕㖿國商船二來粵請互市總督那彥成駁不許監督阿克當阿不俟札覆遽令開艙卸貨有　旨將阿克當阿同前監督延豐巡撫孫玉庭議處至是總督吳熊光查奏得　旨據吳熊光等奏查明嚕㖿國即俄羅斯國向例止准在恰克圖地方通市貿易本有一定界限今該國商船駛至粵東懇請越關卸貨自應照例

駁回乃延豐擅准進埔卸貨實屬冒昧且該國商船于十月初八十七等日先後進口延豐于二十九日始行具奏又于咨商總督後並不俟那彥成回咨輒以意見相同之語揑詞入告其咎甚重前經降旨將延豐降爲七品筆帖式尚不足以示懲延豐著即革職接任監督阿克當阿因延豐已准該夷商起卸一船貨物亦即不俟那彥成移知率准後船進埔卸載吳熊光孫玉庭未經查明遽准開船回國均屬辦理未協不能無咎吳熊光孫玉庭阿克當阿均著交部議處嗣後遇有該國商船來廣貿易者惟當嚴行駁回毋得擅准起卸貨物以昭定制

（戊辰）嘉慶十三年

秋九月英人謀襲澳門不果

初英吉利有大班喇咈者約孟甲剌（即孟加臘）兵頭以兵船十艘窺伺安南爲安南所燼無顏返國以所餘艘順抵粵洋其船大者番梢七百中者二百小者百人他槍礮劒刀火彈稱是舊制英吉利護貨兵船泊十字門外時貨船未至乃紿言護貨既而兵頭度路利揚言法蘭西侵據大西洋國主遷于亞美利加洲英吉利與大西洋世好慮法蘭西入澳滋擾因以兵來助其實不得逞于安南思佔澳門爲補牢計也澳夷不敢校然英人懼中國不從亦未敢顯言據澳總督吳熊光飭洋商諭大班

俾兵船日夕回帆度路利不聽將入澳登岸定居澳夷理事官委黎多服從詭云國主有書許令安置八月二日以二百人入三巴寺百人入龍嵩廟以二百人踞東望洋百人踞西望洋在三巴寺者復移于西洋市樓熊光與監督常顯諭洋商挾大班赴澳慰遣堅不肯行乃下令封艙禁貿易斷買辦移駐澳左翼碣石二鎮師船五十紅單船二十六自虎門進省防護而英吉利復續來兵船八每船番梢六七百泊雞頸九洲洋虎頭門在東莞縣爲中路海洋進口要隘左翼鎮駐兵于此建礮臺焉是月朔日以三兵船闖入虎門進泊黃埔熊光奏聞得　旨英吉利夷人藉稱大西洋地方被法蘭西佔

踞該國因與大西洋鄰好恐大西洋人之在澳門者法蘭西欺阻貿易輒派夷目帶領兵船前來幫護所言全不可信而且斷無此理見在先後到船九隻皆帶有礮械火藥等物竟敢灣泊香山縣屬雞頸洋面並有夷兵三百名公然登岸居住澳門三巴寺龍嵩廟分守東西礮臺實屬桀驁可惡該員等見將該國夷船停止開艙派員剴切曉諭俟夷兵退出澳門方准起貨並稱夷人若再挨延即封禁進澳水路絕其糧食所辦尚是但究竟如何嚴切曉諭及見在作何準備之處全未奏及所辦太輭邊疆重地外夷敢心存覬覦飾詞嘗試不可稍示以弱此時如該國兵船業經退出澳門則已如尚未

退出澳門吳熊光即行遴派曉事文武大員前往澳門嚴加詰責以天朝禁令綦嚴不容稍有越犯大西洋與法蘭西彼此搆釁自相爭殺原屬情事之常中國並不過問即如近年緬甸暹羅二國互相仇殺業經叩關求援大皇帝一視同仁毫無偏向至于中國外藩自有一定疆界試思中國兵船從無遠涉外洋向爾國地方屯紮之事而爾國兵船輒敢駛進澳門登岸居住冒昧已極若云因恐法蘭西欺侮西洋前來幫護殊不知西洋夷人既在中國地方居住法蘭西焉敢前來侵奪以致冒犯天朝即使法蘭西果有此事天朝法令俱在斷不能稍爲姑容必當立調勁兵大加剿殺申明海禁又何

必爾國派兵前來代爲防護若云洋匪未淨欲思効力天朝尤屬無謂海洋盜匪屢經剿辦不過東竄西逃既經兵船四路會拏不日即可殲盡餘孽又何藉爾國兵力乎看來竟係爾國夷人見西洋人在澳門貿易趁其微弱之時意圖佔住大于天朝例禁矣爾國臣事天朝平素遣使進貢尚稱恭順乃此次無知冒犯實出情理之外本當即行拏究姑先明白曉諭爾若自知悚懼即速撤兵開帆不敢片刻逗留尚可曲恕爾罪仍准爾國貿易若再有延挨不遵法度則不但目前停止開艙一面即當封禁進澳水路絕爾糧食並當調集大兵前來圍捕爾等後悔無及如此逐層曉諭義正詞嚴該夷人

自當畏懼懍遵吳熊光等仍當密速調派得力將弁統領水路官兵整頓預備設該夷人一有不遵竟當統兵剿辦不可畏葸姑息庶足以伸國威而清海澨此於邊務夷情大有關繫該督不此之慮而惟鰓鰓于數十萬稅銀往復籌計其于防備機宜全未辦及吳熊光孫玉庭均懦弱不知大體且吳熊光孫玉庭此次來摺僅由馬上飛遞亦屬遲緩此次著由五百里發往吳熊光等即速遵辦並傳諭常顯知之又　諭英吉利國所遞原稟繙譯進京朕詳加披閱稟內所敘之詞多不恭順如所稱該國王多派戰船兵丁赴中國海面若法蘭西國人來至澳門預備防堵等語殊不成話該國王既知爲

中國海面卽不應派兵擅入況法蘭西國夷人並未來
至澳門何得藉詞越進天朝兵精糧足卽外藩部落或
敢桀驁思逞不難聲罪致討若蠻觸相爭敂關求救天
朝一視同仁斷無偏護何須該國王豫籌防堵耶又稱
法蘭西係各國仇人該國王派兵作敵以期保護中國
博勒都雅英吉利三國買賣等語尤屬謬妄試思天朝
臣服中外夷夏咸賓蕞爾夷邦何得與中國並論又稱
天朝海面盜案甚多商販被劫該國王派備兵船情願
效力勦捕等語究係意存輕視見在海洋水師兵船梭
織巡緝沿海各口岸斷絕接濟盜匪日形窮蹙豈轉待
外夷相助種種措詞背謬于邊務夷情大有關繫該督
等接閱夷稟早當驅逐駁飭乃止以停止開艙封禁進
澳水路絕其糧食虛言由尋常馬遞入告且該督等具
奏後該國夷船曾否退去亦未據續行馳報吳熊光不
應如此糊塗懈怠實出意想之外試思邊防重地任令
外夷帶兵闌入佔據礮臺視為無關緊要不知有何事
大于此事者該督等接奉此旨卽將夷船見在情形及
如何密飭籌備之處速行奏聞無論退去未退去卽由
五百里具奏

冬十一月遣永保赴粵查辦

先是吳熊光撤香山虎門兵回營自備九月二十三日
度路利率兵目十餘散兵四十水梢二百自黃埔以三
板船三十餘直抵會城入洋館二十六日又載三板船
十餘以禁斷買辦為名云至十三行公司洋館取其儲
蓄碣石總兵黃飛鵬時統師駐省河飛礮擊之斃英兵
一傷英兵三始懼而退其入夷館者自若也又值封艙
令下大班請還累年洋帳載所已市茶出口或退茶洋
行而價銀息銀全償監督常顯嚴詞飭駁續來商船皆
泊零丁洋停其帶引入埔會英吉利祖家（卽歐羅巴本國）一船
主至以封艙懟大班曰犯中國而絕市雖得澳門猶石
田也不如已先時英船七月抵廣換貨後十月卽可回
帆至是停滯港外數月各國商人亦咸怨之十月十日
奉抗延勦辦之　諭各路官軍雲集距澳門八里之關
閘二十里之前山寨復增兵防守英人乃大恐慮其貿
易之停也始議遷晌澳番約以番銀六十萬圓犒軍澳
番輸款英吉利之兵總悅大班乃具狀歸誠請給買辦
復開艙以入埔其入澳英兵撤遣回國熊光許焉是月
七日遂先後起碇去十一日復開艙驗貨熊光遂以英
吉利兵船全數退出澳門入奏奉　諭此次該國夷人
自七月來至澳門住守數月有餘夷情叵測必有所為
而來何以又無故而去且所稱見聖諭嚴明兵威壯盛
業已不敢抗違之語所見係何諭旨所派係屬何兵並
未一一聲敘況夷稟尚未呈遞吳熊光輒稱夷船風信
一過卽不能開行如果切實懇求卽准其開船見好於

夷人豈非示之以弱乎外夷來至內地貿易輸納稅課
原因其恪守藩服用示懷柔並非利其財貨若沾沾以
徵榷爲重無怪該夷人肆意居奇意存輕視也永保馳
抵粤東卽會同韓崶詳查英吉利夷船因何擅入內地
自七月至今呈遞夷稟幾次吳熊光如何批示所稱水
陸兩途嚴密布置官兵所派係屬何兵節次稱奏派員
剴切曉諭並聖諭嚴明之語所見係何諭旨所派係屬
何員因何全行退出有無豫准開艙貿易之事逐一奏
聞仍嚴切曉諭英吉利夷人以爾等擅入澳門實屬冒
昧斷不能仍准貿易倘自知悔罪畏服倍加恭順于二
三年後再行懇請彼時爾國貨船亦止准在澳門以外

停泊俟奏聞大皇帝俟旨遵行設再欲攜帶兵船卽當
永斷貿易聲罪致討倘永保到彼後吳熊光業已准令
開艙卽當查明因何允准是否係該國夷人具稟懇求
抑係吳熊光先行准令開艙該夷始行退出之處一併
據實具奏不可稍有隱飾旋罷吳熊光以永保爲兩廣
總督韓崶爲廣東巡撫

國朝柔遠記卷六

國朝柔遠記卷七

臣彭玉麟恭定
臣王之春敬編

己巳嘉慶十四年

春二月增築澳門礮臺

時永保道卒韓崶抵任查閱澳門奏稱澳門西洋人舊
設礮臺六坐自伽思蘭至西望洋礮臺迤南沿海一帶
石坎形勢低矮上年英吉利夷兵由此登岸今擬加築
女牆一道增高四五尺共長二百餘丈該處夷民等亦
歡欣願辦奏
旨俞允於是前山寨設遊擊守備水師
千總各一把總外委額外外委各二募馬步兵四百分

左右哨爲前山營一把總率兵六十防關閘況其閘外
之望廈村並派弁兵協防又於虎門亭之新埔山添建
礮臺蕉門海口排椿沈石以杜繞虎門進獅子洋之路
層疊鈐束以資控制

夏四月吳熊光讁戍伊犂

時奉
上諭各省封疆大吏守土是其專責遇有關
涉外夷之事尤當立時親往勘辦務臻妥協方爲無忝
厥職前此吳熊光在兩廣總督任內英吉利商船帶兵
入澳佔據東望洋娘媽閣伽思蘭三處礮臺雖向係西
洋商人防守所設但究在中國地面卽與闌入內境無
異吳熊光身任封圻卽應立時驅逐況此次該夷兵遇

官兵開礮並不敢稍有抗拒及奉有嚴飭諭旨亦即畏
懼開帆遠去是該夷兵尚知震懾天威無他伎倆設吳
熊光於該夷兵登岸之初卽親往彈壓曉以大義一面
調集官兵防守該夷兵自必知所畏懼卽時退出庶足
宣示國威吳熊光於此等要事遲至月餘始行具奏旣
未親往查辦該夷兵目求見又止派員往諭並不面詢
斥逐雖開艙在夷兵旣退之後而許其開艙究在夷兵
未退之先是奏報旣屬遲緩辦理又形畏葸且屢次夷
人具稟及吳熊光批示並轟斃夷兵等事俱未入奏亦
屬含糊吳熊光由軍機章京蒙　皇考高宗純皇
帝不次超擢用至軍機大臣經朕簡用歷任三省總督

非新進不曉事者可比乃種種錯謬實屬孤負委任吳
熊光前已革職著拏問交軍機大臣會同刑部審訊定
擬具奏熊光尋遣戍伊犁

夏五月定廣東互市章程

時百齡代永保任兩廣總督抵任二日馳赴澳門詢訪
盡得英人覬覦實情遂奏請俟本年英吉利國貨船到
時預遣員弁偵探得　旨所見甚是該國夷人素性強
橫譎詐雖見據夷商喇咈所稟夷兵不敢再來之語亦
未可深信上年該夷人來澳時吳熊光等不立行查辦
旣失之於寬此時自應濟之以猛俟該國貨船到時先
期留心偵探如再敢多帶夷兵欲圖進口卽行調集官

兵相機堵勦倘止係貿易船隻並遞謝罪哀懇稟件亦
應飭令停泊港外該督一面奏聞候朕降旨遵行百齡
又奏酌籌民夷交易章程經軍機大臣議覆奏　諭所
議甚是嗣後各國護貨兵船俱不許駛入內港夷商銷
貨令卽依限回國並令洋商早清夷欠其澳內西洋人
不准再行添屋民人眷口亦不准再有增添引水船戶
給照銷照俱責成澳門同知辦理夷商買辦選擇殷實
之人始准承充至向來夷貨到粵皆由該國自行投行
公平交易以順夷情而服夷心今該督等請由監督不
論殷商之商按股掣籤竟以外夷貨財爲調劑之商之
計事不可行著仍查明舊例妥協辦理

六月造米艇

先是吳熊光督粵請造登花戰船緝捕洋盜至是百齡
奏查登花船難於購料成造仍請添造米艇以期迅速
竣工俾資緝捕奉　旨粵省勦捕匪船米艇具有成效
前此吳熊光忽以米艇不能遠出外洋請改造登花艦
二十號往來外洋緝捕將米艇全行收入內洋防守見
經百齡等查明此項船隻所需桅舵大料因須在外洋
購覓是以二年以來未能購得且此時卽購料成造一
經風浪掣損將來亦無料換修仍屬不能應用況粵洋
緜亙四千餘里止仗此二十船之力在外洋策應捕盜
甯不顧此遺彼皆吳熊光全無主見不過逞其臆度之

詞妄思更改而於空言陳奏之外仍無實際斷不可行百齡等現已估計船身價值計其一船所需足造米艇兩隻請將原估登花船二十隻工料銀十五萬四千餘兩改作大中小米艇四十號以期節浮糜而便駕駛所議甚是著即照所奏辦理又諭云遂溪縣東海地方先經吳熊光議請設立參將專營在督撫各標抽丁防守嗣吳熊光又以東海不產瓢木奏請停止建營改募水師添船緝捕今據百齡等查明該處沙土鬆浮建築城堡礮臺難資經久又與廣州灣遙相對以一隅駐守之兵當四面可通之路亦復難資控制是此事亦不可行吳熊光始則並未詳細確查繼知事有所難又復回護

前議不肯據實奏明更改一味遷延且如何改募水師添船若干並如何派人管帶之處亦全未議及殊屬因循闒茸毫無振作茲百齡等請將新造米艇二十隻專在東海巡防以二十隻在西路洋面策應其配駕巡兵即於通省水師按數勻派既可無庸建立營汛亦無庸改募水師其吳熊光原議裁撤督標後營及提督兵丁之處本與營制不符且陸路口岸防守緊要斷不可輕議裁革百齡等所見皆是此時應行分別歸伍撤募之處亦均照所奏辦理至目下粵洋緝捕緊要而水路營伍皆屬廢弛該督等務當振刷精神實力整頓以期設一兵得一兵之力添一船得一船之用方為不負委任

庚午嘉慶十五年

英商請減行用銀不許

行用者每價銀一兩奏抽三分以給洋行商人之辛工也繼而軍需出其中貢項出其中各商攤還洋貨亦出其中遂分內用外用名目此外尚有官吏之需求與閒遊之款接亦皆出於入口出口長落之貨價以故洋利漸薄是年大班喇咈等訴於廣東巡撫韓崶略曰始時洋商行用減少與夷無大損益今行用日夥致壞遠人貿遷如棉花一項每石價銀八兩行用二錢四分連稅銀約四錢耳茲棉花進口三倍於前行用亦多至三倍每石約銀二兩即二十倍矣他貨稱是各洋行費用皆

由祖家貿易攤還其何以堪伏懇照舊酌量裁減遠人幸甚韓崶與總督監督及屬僚核議僉謂洋人無利可獲或可杜其偕來遂不許

辛未嘉慶十六年

秋七月申嚴洋人傳教禁

時奉　上諭西洋人居住京師原因其諳習算法可以推步天文備欽天監職官之選昨據管理西洋堂務大臣查明在京者共十一人除福文高李拱辰高守謙三人見任欽天監監正監副南彌德在內閣充當繙譯差使又畢學源一人通曉算法留備敘補賀清泰吉德明二人均年老多病不能歸國此外學藝未精之高臨

淵等四人俱已飭令回國見在西洋人之留京者止有七人此七人中其有官職差使者出入往來俱有在官人役隨地稽查不能與旗民人等私相交接其老病者不過聽其終老不准擅出西洋堂外人亦不准擅入管理大臣及官員弁兵巡邏嚴密諒不敢有聽其傳教惑衆之事至外省地方本無需用西洋人之處即不應有西洋人在境潛住從前外省拏獲習教人犯每稱傳播始於京師今京師業已按名稽覈徹底清釐若外省再有傳習此教者必係另有西洋人在彼煽惑地方匪徒私自容留不可不加之厲禁除廣東省向有西洋人來往貿易其居住之處應留心管束勿任私行傳教有不

遵禁令者即按例懲治外其餘各直省著該督撫等飭屬通行詳查如見有西洋人在境及續有西洋人潛來者均令地方官查拏具報一面奏聞一面遞交廣東遣令回國如地方官辦理不力致令傳教惑衆照新定條例嚴參重處若內地民人私習其教復影射傳惑者著地方官一律查拏按律治罪將此通諭知之

甲戌嘉慶十九年

春正月禁洋商運銀出洋

蘇楞額奏稱近年來夷商賄通洋行商人藉護回夷兵盤費爲名每年將內地銀兩偷運出洋至百數十萬之多復將低潮洋銀運進任意欺蒙商賈以致內地銀兩漸形短絀請　旨飭禁奉　上諭夷商交易原令彼此以貨物相準俾中外通易有無以便民用若將內地銀兩每年偷運出洋百數十萬歲積月累於國計民生均有關係著蔣攸銛詳細查明每歲夷商等偷運足色銀兩出洋實有若干應如何酌定章程嚴密禁止會同妥議具奏

冬十一月禁英人傳教

先是乾隆間英人司當東隨入貢使臣至京後貢使歸司當東留住澳門誘惑愚民甚衆至是　上特降旨聞有英吉利夷人司當東前於該國入貢時曾隨入京師年幼狡黠回國時將沿途山川形勢俱一一繪成圖

冊到粵後又不回本國留住澳門已二十年通曉漢語定例澳門所住夷人不准進省司當東在粵既久夷人來粵者大率聽其教誘日久恐至滋生事端著蔣攸銛等查明司當東有無教唆句通款蹟如查有實據或遷徙安置奏明妥辦

冬十二月申定互市章程

兩廣總督蔣攸銛密陳洋商貿易及酌籌整飭洋行事宜奉　上諭粵省地方瀕海向准各國夷船前來貿易該夷商遠涉重洋懋遷有無實天朝體恤之恩然懷柔之中仍應隱寓防閑之意近來英吉利國護貨兵船不遵定制停泊外洋竟敢駛至虎門其詭詐情形甚爲

叵測蔣攸銛示以兵威派員詰責該大班始遞稟謝罪此後不可不嚴申禁令該夷船所販貨物全藉內地銷售如呢羽鐘表等物中華儘可不需而茶葉土絲在彼國斷不可少倘一經停止貿易則其生計立窮書云不寶遠物則遠人格該督等當深明此意謹守定制內固藩籬不可使外夷輕視嗣後所有各國護貨兵船仍遵舊制不許駛近內洋貨船出口亦不許逗留如敢闌入禁地卽嚴加驅逐倘敢抗拒卽行施放槍礮懾以兵威使知畏懼所有該督等請嚴禁民人私爲夷人服役及洋行不得搭蓋夷式房屋鋪戶不得用夷字店號及清查商欠不得濫保身家淺薄之人承充洋商並不准內地民人私往夷館之處均照所議行

乙亥嘉慶二十年

春三月申禁鴉片煙

鴉片煙一曰波畢一曰阿芙蓉又曰阿片本罌粟殼所造產印度之孟阿拉（卽孟加臘一曰明呀喱首部曰加爾吉達又有八旦拏及麻哈默那皆孟阿拉屬邑均產鴉片）及曼噠喇薩（卽麻打拉薩）孟邁（一作孟買又稱港腳）馬剌他（一作麻爾窪）盎叭哩唧肚（二部皆在小西洋）諸處有公班白皮紅皮大小土之分明中葉始入中國（見李時珍本草綱目及龔雲林醫鑑）康熙初以藥材入口每擔稅銀三兩又每包加稅二兩四分五釐時尚無吸食（雍正中年希堯刊集驗良方屢載鴉片亦不聞吸食）其入內地附西洋諸商船歲不過二百箱自英吉利在孟阿拉購片土立市埔至乾隆二十年因搆釁葛滅孟阿拉乘勝蠶食五印度諸部其中東南三部則全爲所役屬地產棉花（棉花亦元太祖用兵印度時移種入中國稱吉貝布）又產鴉片英人倍徵其稅遂專擅印度鴉片之利（此外產鴉片之地惟馬剌他不盡屬英轄而煙土亦多由英埔孟邁出口又跨亞歐兩洲間之都魯機亦歲有千餘箱米利堅運之來華）其運載亦附英人船旂船名格拉巴約載三百蔓（千六百八十斤爲一蔓）每箱載兩滿每滿各重六十七棒（十二兩爲一棒棒一作磅）其價自一千三百至千五百魯卑不等（五十先士值一魯卑二魯卑值一番銀）以分售各處（英吉利本國原禁食鴉片外洋吸食者有都魯機印度及無來由各番族）乾隆季年閩粤吸食漸多粤督奏禁入口然官吏奉行有名無實嘉慶初元申禁鴉片躉船在黃埔者改泊澳門或急水門

而私銷如故每年已三四千箱至是粤督蔣攸銛等奏查禁鴉片章程奉　上諭鴉片煙一項流毒甚熾多由夷船夾帶而來嗣後西洋貨船至澳門時自應按船查驗杜絕來源至粤省行銷鴉片煙積弊已久地方官皆有失察處分恐伊等瞻顧因循查拏不力嗣後有拏獲鴉片煙之案除查明地方委員等有得規故縱情事應嚴參辦理外其僅止失察者竟當概行寬免處分至所請獲興販煙斤自二百斤至五千斤以上分別紀錄加級及送部引見並軍民人等拏獲獎賞以及誣良治罪之處俱著照該督等所請行

冬十月西洋人蘭月旺伏誅

時湖南耒陽縣查獲西洋人蘭月旺授徒傳教巡撫翁元圻以聞奉　諭蘭月旺以西洋夷人潛入內地遠歷數省收徒傳教煽惑多人不法已極著翁元圻嚴切訊究審明後將該犯問擬絞決奏明辦理其供出之犯按名查拏務獲並飛咨各該省一體嚴緝究辦耒陽縣知縣常慶查緝認眞於此案辦竣後送部引見再行施恩

十一月禁買洋人奇巧貨物

時蔣攸銛等奏查洋商拖欠夷人貨帳銀兩業經停利歸本請勒限分年清還奏　上諭此項洋商節年拖欠夷人貨帳銀兩據該督等查明各行欠項自嘉慶十七年至十九年共還過銀一百三十萬兩零見尚欠夷

帳二百六萬兩按照欠數多寡分定年限歸還該商等經此次清釐之後自應遵照定限一律清還毋令再有拖欠惟是該夷人以貨易貨乃壟斷盤剝任令疲商賒欠即明知有不得過十萬之舊章朦朧匿報亦應嚴行飭禁近年內地銀兩爲外夷貿易攜去者動逾百萬日久幾同漏卮著該督撫及該監督留心稽察如外夷有以奇巧貨物攜至洋行私行留用此等物件飢不可食寒不可衣令其將中土財貝潛就消耗殊爲可惜果能實力禁絕該夷人等知內地不寶異物不能行銷則來者漸少易去銀兩亦必日減亦節財流之一道也

丙子嘉慶二十一年

夏六月英吉利遣使入貢

初英吉利迭修職貢未如所望舉兵來澳門又不得逞仍思藉貢輸忱以希　恩澤五月英吉利公使加拉威禮來粵東遞稟云英國太子攝政已歷四年感念

純皇帝恩德仰慕　大皇帝仁聖於上年九月遣使起程來獻方物仍循乾隆五十八年貢道由海洋舟山一路至天津赴都懇總督先奏時總督蔣攸銛方入朝巡撫董教增權總督事許番官晉見故事督撫大吏見暹邏諸國貢使於節堂貢使皆拜伏如陪臣禮加拉威禮不肯迫洋商白總督議相見儀往復再三教增不得已許之其日總督及將軍兩副都統海關監督畢坐

節堂大陳儀衛加拉威禮上謁免冠致敬通事爲達意教增離座起立問英吉利國王好復坐乃詢貢使行日程途允爲入告加拉威禮徑出此即所議相見儀也當教增立詢時將軍以下皆振衣起副都統張永清獨據案不少動意殊拂然比教增奏入而貢使羅爾美都副貢使馬禮遜乘貢舟五已達天津　上命戶部尚書和世泰工部尚書蘇楞額往天津率長蘆鹽政廣惠料理貢使來京一晝夜馳至圓明園車路顛簸不堪又衣裝皆落後詰朝　上升殿受朝會時正使已病副使言衣車未至無朝服何以成禮和世泰懼獲譴遂飾奏兩貢使皆病　上怒卻其貢不納遣廣惠伴押使臣

回粤

秋七月蘇楞額和世泰廣惠等降革有差

初英吉利貢使齎表　上覽表文失辭抗若敵體復鋪張伐法蘭西戰功有要挾意又值理藩院迓接不如儀　上故疑使人之慢絕不與通羅爾美等既出都有以實入告者　上始知不盡貢使之罪復降　諭錫賚追及良鄉酌收貢物仍　賜國王珍玩數事並敕諭其王交兩廣總督蔣攸銛俟貢使至粤頒發　敕諭曰爾國遠在重洋輸誠慕化前於乾隆五十八年

先朝　高宗純皇帝御極時曾遣使航海來

庭維時爾使臣恪恭成禮不愆於儀用能仰承　恩

寵瞻覲筵宴　錫賚便蕃本年爾國王復遣使齎奉

表章備進方物朕念爾國王篤於恭順深爲愉悅循考

舊典爰飭百司俟爾使臣至日瞻覲宴賚悉倣

先朝之禮舉行爾使臣始達天津朕飭派官吏在彼賜宴詎爾使臣於謝宴時即不遵禮節朕以遠國小臣未嫻儀度可從矜恕特命大臣於爾使臣將次抵京之時告以乾隆五十八年爾使臣行禮悉跪叩如儀此次豈容改異爾使臣面告我大臣以臨期遵行跪叩不至愆儀我大臣據以入奏朕乃降旨於七月初七日令爾使臣瞻覲初八日於正大光明殿賜宴頒賞再於同樂園賜食初九日陛辭並於是日賜遊萬壽山十一日在太和門頒賞再赴禮部筵宴十三日遣行其行禮日期儀節我大臣俱已告知爾使臣矣初七日瞻覲之期爾使臣已至宮門朕將御殿爾正使忽稱急病不能動履朕以正使猝病事或有之因止令副使入見乃副使二人亦同稱患病其爲無禮莫此之甚朕不加深責即日遣令歸國爾使臣既未瞻覲則爾國王表文亦不便進呈仍由爾使臣齎回但念爾國王數萬里外奉表納貢爾使臣不敬恭將事代達悃忱乃爾使臣之咎爾國王恭順之心朕實鑒之特將貢物内地理圖畫像山水人像收納嘉爾誠心即同全收並賜爾國王白玉如意一柄翡翠玉朝珠一盤大荷包二對小荷包八箇以示懷柔

至爾距中華過遠遣使遠涉良非易事且來使於中國禮儀不能諳習重勞脣舌非所樂聞天朝不寶遠物凡爾國奇巧之器亦不視爲珍異爾國王其輯和爾人民慎固爾疆土無間遠邇朕實嘉之嗣後無庸遣使遠來徒煩跋涉但能傾心效順不必歲時來朝始稱向化也俾爾永遵故茲敕諭又　諭此次英吉利國進貢使臣至天津海口登岸特命蘇楞額廣惠傳旨賜宴令其謝宴行三跪九叩禮如合式即日帶京如不諳禮儀具奏候旨其原船勿令駕駛仍由原路回津泛海回國蘇楞額廣惠故違旨意徑行帶來又縱令原船私去伊二人之咎在此因事已不妥又命和世泰穆克登額迎赴通

州演禮以七月初六為限限内如儀再行帶來滿限尚未如儀即行參奏候旨和世泰穆克登額於初五日含混具奏初六日徑行帶來朕於未初二刻御勤政殿召見伊二人先詢以演禮之事伊二人免冠磕頭云並未演禮及至再問以既未演禮何不參奏和世泰云明日進見必能如儀此一節伊二人之咎已同前二人矣至初七日早膳後卯正二刻朕傳旨升殿召見來使和世泰初次奏稱不能快走俟至門時再請二次奏稱正使病泄少緩片刻三次奏稱正使病倒不能進見即諭以正使回寓賞醫調治令副使進見四次奏稱副使俱病俟正使全愈後一同進見中國為天下共主豈有如此

侮慢倨傲甘心忍受之理是以降旨逐其使臣回國不治重罪仍命廣惠護送至廣東下船近日召見廷臣始知來使由通州直至朝房行走一夜來使云進見朝服在後尚未趕到便服焉能瞻謁大皇帝此等情節和世泰見面時何不陳奏即或遺忘或晚間補奏或次日一早具奏俱可直至將次升殿總未奏明情節伊二人之罪重於蘇楞額矣若豫先奏明必改期召見成禮而返不料庸臣誤事至此朕實無顏下對臣工惟躬自引咎耳四人之罪俟部議上時再行處分先將此旨通諭中外及蒙古王公等知之尋議上得　旨蘇楞額革去工部尚書鑲紅旗漢軍都統加恩以三品頂戴降補工部左侍郎仍留總管内務府大臣廣惠降内務府八品筆帖式和世泰革去理藩院尚書鑲白旗漢軍都統仍留公爵總管内務府大臣穆克登額革去禮部尚書鑲黃旗漢軍都統降補鑲黃旗漢軍副都統

冬十二月英吉利貢使回國

先是英吉利貢使返粵總督蔣攸銛亦宴賚如常仍免其歸舟茶稅遵將辦理一切奏聞奉　上諭英吉利國貢使不能行謝宴禮儀乾隆五十八年到粵時並未給與筵宴此次自無庸張令入宴行禮該督等所奏頒賞使臣筵席三桌仍賞給牛羊等物所辦甚是至另片所請再行頒發諭旨宣明該貢使等失禮之咎令該國

王自行查辦殊可不必前該督所奏刊刷告示發給該國來粵貿易各船朕即諭以六合之外存而不論降旨飭令停止該督尚未接到復為此奏總之此事蘇楞額一誤於前和世泰再誤於後朕權衡裁度恩威並濟厚往薄來辦理已為允協此後勿庸多煩詞說該貢使如此狡詐即頒發諭旨伊歸國後亦豈不能隱匿捏造虛詞以自文其過竟當置之不論較為得體俟該貢使到粵該督於接見時當堂正正諭此次爾等奉國王之命來天朝納貢不能成禮即屬爾等之咎仰荷大皇帝深仁大度不加譴罰仍賞收爾國王貢物頒賞珍品此乃天高地厚之恩爾等回國不可不知感激至爾國向

在粵東貿易即係爾國一定口岸倘將來再有進貢之事總須在粵東收泊候督撫具奏請旨遵辦毋得徑往天津即駛至彼處該官吏亦必遵旨駁回爾等豈非跋涉徒勞如此明白宣諭伊等自當畏威懷德不必與之辯論曲直也朕又思英吉利國於乾隆五十八年入貢時懇請在浙江甯波貿易此次該國貢船來往經過浙洋並未寄椗其意似專欲來天津貿易以遂其壟斷之謀該督總當設法將伊國來津之意嚴行杜絕使之不萌此念即來亦不能徑達方爲妥善至波臣等五人既均係夷商見在仍准該國貿易自不必全行驅逐致啟其疑即聽從其便可也是月英吉利貢使回國瀕行攸

銛等復宴於海幢寺曉之曰　大皇帝不寶異物後可勿勞貢獻如必欲入貢廣東爲爾國貿易之所貢舟應收泊廣東毋徑赴天津致令駁回使臣唯唯攸銛復曰爾國通市廣州於今百年凡爾之俸餉經費一惟於市取辦市之貲每歲以數千萬計其利溥矣中國之裨益於爾尤大矣繼今以往宜効順毋自誤使臣應聲曰凡市中國與本國兩利毋徒爲我計也於是天津增設水師置總兵官一未幾又省之

丁丑嘉慶二十二年

春三月雲南徼外逆夷高羅衣伏誅

時臨安邊外逆匪高羅衣滋事雲貴總督伯麟以勦撫事具聞得　旨逆夷高羅衣膽敢自稱窩泥王並將附從漢奸等僞封官職裹脅至萬餘人搶擄江外土司地方復率衆搶渡窺伺地方實屬罪大惡極事關邊境軍情伯麟此摺僅由三百里具奏殊屬不曉事體嗣後奏報皆當由五百里馳遞俟辦理完竣即由六百里馳奏見在僞封軍師之漢奸章喜業經禽獲訊明該逆等犯事緣由伯麟雙林等已派調本省官兵及廣南土練定期進勦此事務須一鼓撲滅不可因循疲玩如見調兵力尚有不敷貴州官兵素稱趫捷該督即行添調或一千名或五百名迅速來滇選派曾經出師打仗奮勇將弁帶領迅即進勦此時賊衆初集兵貴神速趁此煙瘴

未起之時立即禽渠掃穴不可靳惜小費遷延時日若辦理遲緩一至暑熱瘴生官兵即須撤退使賊得以乘暇裹脅秋冬再舉則勞費更重伯麟等務勉力辦理將首逆高羅衣及逆姪高借沙等尅期禽獲凌遲處死其餘烏合之衆自必即時瓦解其章喜一犯暫行牢固監禁俟首逆就禽質訊明確一并凌遲以伸國法而靖人心未幾悉數禽獲誅之　上又諭云首犯高羅衣以江外夷民膽敢謀逆滋事據該犯供稱因江西湖廣等處漢人在夷地貿易取利甚爲刻苦遂借驅逐漢人爲名聚衆謀逆等語夷民愚蠢無知多因內地民人私往夷地或潛相煽惑或激生事端釀成大案致勞兵力戕

害生靈此案拏獲之僞軍師章喜一犯卽係漢奸見將首從各逆悉數殲獲邊境敉甯正當趁此出示曉諭嚴飭沿邊各州縣凡內地民人不准私往夷地貿易侵奪夷人生計若有私越邊境者查明嚴禁治罪務令弭患未形勿再滋生邊隙爲要

己亥 嘉慶二十四年

冬十二月禁廈門洋船運茶

時董教增奏閩省廈門洋船請仍返運茶葉　上諭軍機大臣等所奏甚屬非是前閩浙等省販粵茶葉多由海道運往經蔣攸銛以洋面遼濶漫無稽查恐有違禁夾帶等弊奏請仍照舊例改由內河行走業經明降

諭旨通行飭禁自諭禁之後洋面日見肅清海口無從偷漏卽黠夷如英吉利不能串通奸商私用售買亦皆遵奉禁令虔受約束爲法甚善必應永遠遵行今董教增忽請准廈門洋船仍返運茶葉則與由海返粵何異明係受奸商慫慂冒昧陳請董教增著傳旨申飭所奏不准行

國朝柔遠記卷七

國朝柔遠記卷八

臣彭玉麟恭定

臣王之春敬編

辛巳 道光元年

申鴉片煙禁

初禁鴉片時已裁稅額禁雖嚴而私銷益廣價亦日增鴉片躉船泊於澳門者繼仍移入黃埔皆於貨物中夾帶私售至是查出奏　旨重申前禁凡洋艘至粵先由行商出具所進黃埔貨船並無鴉片甘結方准開艙驗貨其行商容隱經事後查出者加等治罪

壬午 道光二年

以阮元爲兩廣總督

時鴉片躉船又改泊急水門金星門等處鉤結內地奸民往來傳送包買則有窰口說合則有行商賄通則有關卡衙門一切規禮攬運則有快艇護送甚至礮械拒捕於是躉船歲來粵漸增至萬箱洋商易貨無多輒載銀出洋元憂之乃疏禁鴉片以嚴馭洋商爲務遇事裁抑之有洋船在黃埔殺人元必得犯人乃已洋商不能庇犯人自刎死又有擊殺民婦者亦絞決抵罪洋人憚之然元當日又有暫事羈縻徐圖驅逐之密奏後乃日卽因循矣

丙戌 道光六年

秋八月回孽張格爾寇回疆陷西四城　詔授大學士長
齡揚威將軍討之
初回酋大小和卓木以叛爲巴達克山禽殪獻馘布拉
敦（亦名博羅尼都）長子阿布都里旋亦俘入次子薩木克匿居
浩罕有三子次張格爾以誦經祈福傳食諸部落奸回
假以斂財惑衆嘉慶末喀什噶爾參贊大臣斌靜荒淫
失回衆心張格爾始糾布魯特數百寇邊官軍敗之禽
斬幾盡張格爾棄騎遁出塞官軍亦返　上槪逮斌
靜代以永芹嗣是逆回屢寇掠內地回多爲其耳目往
捕輒遁領隊大臣以兵二百出塞掩之不獲則縱殺游
牧之布魯特妻子百餘其酋汰克列憤甚率所部追覆

官軍於山谷　詔以伊犂將軍慶祥代永芹奸回阿布
都拉陰通賊堅稱逆裔無子慶祥信之不爲備是夏六
月張格爾糾布魯特安集延五百人由開齊山路突至
回城拜其先和卓之墓（地去喀什城八十里）協辦大臣舒爾哈善
領隊大臣烏凌阿率兵千往勦殺賊四百圍大瑪雜賊
突圍出各回應之旬日萬計慶祥盡調營卡兵還分烏
凌阿穆克登布將之迎戰渾河先後沒於陣賊遂圍喀
什噶爾張格爾懼我援兵速至求助於浩罕許以喀城
玉帛子女浩罕酋將萬人至張格爾尋悔酋怒即自以
所部攻城不下率兵宵遁張格爾遣兵追覆其衆降者
二千勢益張是月喀城陷英吉沙爾葉爾羌和闐相繼

陷伊犂將軍長齡奏逆酋已據巢穴全局蠢動斷非伊
犂烏魯木齊援兵六千所能克復惟有速發大兵四萬
以萬五千護糧二萬五千進戰　詔授長齡揚威將軍
山東巡撫武隆阿陝甘總督楊遇春均參贊會兵阿克
蘇特頒　密諭十條指授方略而賊陷各城後進至渾
巴什河（距阿克蘇四十里）時援兵自庫車哈拉沙至者擊敗其
渡河之賊賊退走南岸我兵亦渡河再敗賊禽斬千百
賊遂不敢窺河北東四城始無虞
丁亥道光七年
廣東巡撫朱桂楨毀英商公局
初粵城外民居失火多斥爲平壤英商欲廣其公局以

次侵占拓地數里地當渡口居民欲返故地不得控於
總督李鴻賓置不理粵人謂其受賄乃乘其人　覲控
於巡撫朱桂楨桂楨素有威望洋商憚之受控立置通
事於獄洋行懼誤開艙事免究乃親督拆毁之
春三月大軍克復回疆西四城逆回張格爾敗竄浩罕
賊陷各城盡戕兵民雖黑帽回亦以非其支派縱白帽
回虐之阿克蘇阿奇木伊薩克等潛遣人赴和闐結黑
回伯克縛僞帥獻城會冬雪封山兵阻城復陷二月六
日大軍發阿克蘇深入半月未見賊已糧盡日食瘦駝
羸馬賊忽決河阻我軍戈壁中轉得水以飲士馬進至
洋阿巴特賊二萬據橫岡我兵分路奪岡賊敗潰禽斬

其半盡得糗糧牲畜以濟師乘勝至沙布都爾回城破賊數萬殪其渠復進至阿瓦巴特回城賊依岡背河我軍以勁騎各五百分探閒道繞賊後晨壓賊壘而軍步兵居中騎兵張左右翼進賊佯退欲誘我登岡而反乘之我軍槍礮進偪藤牌兵虎衣虎帽躍入陣賊馬驚亂而我千騎已突擊其背賊大潰禽斬各半殪安集延二渠追至渾河比賊悉衆十餘萬背城阻河而陣築壘列銃勢張甚我軍先遣死士夜擾終夜讙囂會大風起撼木揚沙大霧晦楊遇春曰天贊我也霧晦中賊不辨我多少又不虞我即渡且客兵利速戰難持久乃遣千騎繞下游牽賊勢遇春自率親兵騦渡上游前鋒扛礮轟

之聲勢與風沙相竝賊驚擾比曉我兵盡渡乘勢衝入賊土崩遂復喀什噶爾張格爾已先期遁浩罕獲其甥姪及安集延夷帥推立汗薩木汗竝從逆伯克先後殺賊無算生禽四千遇春及提督楊芳遂分途復英吉沙爾葉爾羌和闐　上以出師期殄元惡乃臨巢兔脫棄前功留後患長齡等皆受譴仍勒限捕賊

冬十二月參贊大臣楊芳追禽張格爾於喀爾鐵蓋山張格爾初以厚利啗安集延入寇及四城破安集延搜括回戶張格爾又濫誅殺失回衆心及逃至浩罕不受傳食諸部落亦漸不能供時中國馳諭諸部禽獻者爵郡王賊愈遠颺長齡令楊遇春楊芳出塞搜捕遇春屯

色勒庫芳屯阿賴（阿賴蔥嶺之脊脊以西水皆西流爲喀城赴浩罕之路）絕徼饟道愈艱而芳遇浩罕伏賊鏖戰一晝夜始嚴陣出險

上責諸將孤軍突入老師糜饟　命留兵八千防喀城餘九千令隨遇春入關以芳代參贊又將軍等曾密奏　手諭以事平後可否做土司分封之例令籌議長齡言愚回崇信和卓猶西番之信達賴已成錮習即張逆就禽尚有子姪在浩罕終留後患勢難以八千留防之兵制百萬犬羊之衆若分封伯克如伊薩克等效順均非白回所心服惟有赦回酋博羅尼都之子阿布都里乾隆時羈在京師者令歸總轄四城庶可服內夷制外患武隆阿奏善後亦言留兵則不敷戰守兵多則難

繼度支不若以兵饟歸并東四城無需更守西四城漏卮　上均責斥之　命直隸總督那彥成以欽差大臣赴回疆代長齡籌善後是月長齡等密遣黑回出卡揚言大兵全撤喀城空虛諸回翹首以望和卓木張格爾果復率步騎五百欲乘官軍歲除不備入卡煽衆圖襲喀城仍由開齊山入阿木古回城黑回要拒賊知有變即折奔出卡芳率兵三路追至喀爾鐵蓋山擊斬幾盡張格爾棄騎登山見勢逼欲自刎副將胡超等督兵奪刀生禽之捷聞　詔封長齡一等威勇公楊芳三等果勇侯阿克蘇貝子伊克薩晉郡王餘賞賚有差郊迎受俘如舊典

戊子道光八年
春正月英大班部樓頓遁回
初洋船到口大班等恭請紅牌來省館詰朝穿大服佩
刀劍詣各洋行行商或先辭以事不見俟再來然後往
答一惟行商言是聽自來船益多銷茶益盛行商爭仰
厚潤於洋船將到行商即出遠迎又常踞十三行之英
酋能通漢字漢語常矜其出入口稅餉歲幾百萬而澳
番貨稀稅少翻得坐享澳門市易租賃之利每欲效之
遇新來商船多方煽動嗣因粵撫拆毀園牆柵欄商船
皆泊零丁洋不入口開艙以八事入稟要挾又糾各國
人附勢惟米利堅不從謂我國有船至汝英國貿易必

遵英國制度今來中國圖覓利耳如無利即請汝亦不
來何喋喋也向例洋船到即開艙交易事畢止一二月
及寄碇外洋既久貨物霉蒸食用亦絀大班部樓頓見
難了事至是潛附舟遁歸而行商以貿易久擱行用無
出齊至澳解勸適有火輪船自孟加拉來者令其作速
開艙毋悞貿易事遂寢
粵洋行司事謝治安以罪下獄
先是洋商在粵通市定制不得攜家屬自大班公司既
設出入自便是秋遂有大班挈一洋婦來粵城時東裕
洋行司事謝治安爲置肩輿出入久之侈然自大翻不
許行中人乘轎入館大吏聞之立拏究治安死獄中大

班輙架大礮洋館外設兵自衛大吏恐激變乃遣通事
諭令撤兵礮速遣洋婦回國於是洋行具稟託以大班
患病需人乳爲引請俟稍愈遣之
辛卯道光十一年
冬十月浩罕求復通貢市許之
初張格爾就禽逆妻及子布素普時年六歲尚留浩罕
一云張逆子有布作魯克二人皆在浩罕又助逆之阿坦台汰列克未獲長
齡那彥成竝檄諭浩罕縛獻逆屬浩罕遣使來賀請被
虜兵民可獻出惟回經無縛獻和卓子孫之例那彥成
屢遣間購之并招諭布噶爾巴達克山達爾瓦斯諸部
使與浩罕攜貳　上以幺麿無關邊患　敕防兵嚴

守卡倫禁其貿易以困之不必貪功生釁那彥成遂先
後奏安內制外數十事悉　允行因嚴禁大黃茶葉出
卡而盡驅內地夷商諸夷被逐出卡竝沒其貲咸憤怨
聞大軍已班遂奉張逆兄玉素普爲和卓木糾布魯特
安集延將入寇回郡王伊薩克密報賊警喀什噶爾參
贊大臣札隆阿不信及十年八月警至始遣兵禦之敗
績卡外賊遂猖獗　詔參贊大臣哈朗阿楊芳赴阿克
蘇調兵進勦而賊已圍喀城及英吉沙爾又分寇葉爾
羌辦事大臣璧昌率漢回兵屢卻之札隆阿亦三敗賊
衆而伊犂參贊大臣容安將援兵抵阿克蘇不即進敗
賊復葉爾羌而喀英二城圍久不解　上逮容安以

哈豐阿領其兵進破其中途之賊比至英吉沙爾賊已磐掠回城皆解圍出塞伊薩克先以疑謗黜還舊職葉城阿布都滿以助守功仍襲其祖霍吉斯郡王封時浩罕聞大兵將三路出討亦築邊牆又遣使求貢俄羅斯乞援俄人不受浩罕乃遣頭目赴喀城訴前事請通貢市　欽差大臣長齡以聞　命悉如所請浩罕大喜遣使來抱經盟誓納貢通商而以兵巡俄羅斯界張聲勢然浩罕於二十二年竟爲布噶爾所破滅虜其王子伯克遣使來告捷立浩罕酋之弟爲布噶爾附庸

癸巳道光十三年

英商公司罷

西洋市廣東者十餘國皆散商惟英吉利有公司公司者數十商集貲營運贏則計本均分凡通商他國之始造船礮修河渠占埠頭築廛舍費輒巨萬故惟衆力易擎不足則國王亦貸以貲本資其轉運故貿易一出於公司其局初立於印度繼立於粤東及通市日久壟斷他商揮霍公帑費愈重利愈微又初設公司限三十年及限滿而公司欲專其利不肯散局以助本國兵餉爲詞請再展三十年而開支仍多浮冒且於運回之貨居奇踊貴百物滯銷國人皆不服屢控國王請廢公司爲散商各自貿遷頗爲大班等所持故公司與散商交惡初公司貲本銀三千萬圓主事二十四商首領二人司機密每商捐銀二千五百圓贍之道光十年本國計入公帑銀萬有五百萬圓公費出九千萬圓公欠項千五百萬圓公司貿易已無利十二年計貲貨自本國及印度運出者估價三千萬圓而所售回僅千六百萬圓公司乃遠遜散商國主慮其黨與日多驟不可制是年遂散公司局盡收帑本聽商自運而第征其稅

甲午道光十四年

盧坤復請設英公司

初廣東英公司未散時各大班恃其勢大金多每抗衡中國官吏至是公司散勢本渙而易制時盧坤新任粤督誤聽洋商言以英公司雖散而粤中不可無理洋務

之人遂奏請　飭令洋商寄信回國仍援前例派公司大班來粤管理貿易英國王遂遣領事律勞卑（一作勞律）以是秋由澳來粤大吏以未經通報闖入省河疑非其國王所遣乃派員押回澳門

丙申道光十六年

英人遣義律來粤

律勞卑既逐英國王繼遣義律來粤議在粤設審判衙門專理各洋交涉訟事其貿易仍聽散商自理然其時各洋貲本首推英商而義律是冬攜妻子來粤名雖爲約束商人水手不管貿易實則總攝其事洋行尤謹事之在粤諸番咸仰其鼻息不敢異同

定食鴉片煙罪
時鴉片煙禁循名不核實徒資奸蠹是歲已銷至三萬餘箱太常寺卿許乃濟上言近日鴉片禁愈嚴而食者愈多幾遍天下蓋法令者胥役棍徒之所藉以爲利法愈峻則胥役之賄賂愈豐棍徒之計謀愈巧臣愚以爲匪徒之畏法不如其騖利且逞其鬼蜮伎倆則法令亦有時而窮究之食鴉片者率皆浮惰無志不足輕重之輩亦有逾耆艾而食之者不盡促人壽命海內生齒日繁斷無減耗戶口之虞而歲竭中國之脂膏則不可不早爲之計閉關不可徒法不行計惟仍用舊制照藥材納稅但祇准以貨易貨不得用銀錢購買應將紋銀番

洋一體嚴禁偷漏又官員士子兵丁不得漫無區別犯者請立加斥革免其罪名該管上司及統轄各官有知而故縱者仍分別查議似此變通辦理庶足以杜漏卮而裕國計有　旨交議而一時議者謂其有傷政體於是內閣學士朱嶟給事中許球封章迭上幷陳澳門近日情形請嚴治漢奸奉　上諭鴉片煙來自外洋流毒內地例禁綦嚴近日言者不一或請量爲變通或請仍嚴例禁必須體察情形通盤籌畫行之久遠無弊方爲妥善著鄧廷楨等將摺內所奏如販賣之奸民說合之行商包買之窰口護送之蟹艇賄縱之兵丁嚴密查拏各情節悉心妥議力塞弊源據實具奏至許球另片所稱澳夷情形是否實有其事著一幷議奏是時鴉片弛禁之議已絀疆臣奏覆悉請嚴定販賣吸食罪名凡吸煙販煙例禁始而枷杖繼而流徒者至是請皆以死論

丁酉 道光十七年

廣東復設水師巡緝船

先是鴉片躉船由澳門移入黃埔道光初　嚴旨查禁乃復移至零丁洋（在老萬山內其地水路四達）洋貨艘至先以鴉片寄躉船而後以貨入口閩浙江蘇商船皆在洋販運粵則在口內議價後潛從口外運入六年總督李鴻賓專設水師巡緝船而巡船受私規銀日且逾萬私放入口

其年突增至躉船二十五艘煙土二萬箱十二年盧坤督粵因裁撤之而奸商私販日充斥至是總督鄧廷楨復設巡船而巡船仍沿舊規且與之約每萬箱另餽數百箱與水師報功甚至師船代運進口副將韓肇慶以此獲功擢總兵賞孔雀翎而鴉片遂歲至五六萬箱矣

戊戌 道光十八年

夏四月鴻臚寺卿黃爵滋奏禁食鴉片行保甲連坐法

鴻臚寺卿黃爵滋奏請將鴉片從嚴懲辦以塞漏卮意在嚴吸食之罪名定保甲之連坐其略云近年銀價昂而錢價賤每紋銀一兩易制錢千今則兌一千六百有奇耗銀於內地實由粵中洋船鴉片煙盛行漏銀於外

洋也蓋自鴉片流入中國道光三年以前每歲漏銀數百萬兩其初不過紈袴子弟習爲淨靡嗣後上自官府搢紳下至工商優隸以及婦女僧尼道士隨在吸食粵省奸商句通兵弁用扒龍快蟹等船運銀出洋運煙入口故自道光三年至十一年歲漏銀一千七八百萬兩十一年至十四年歲漏銀二千餘萬兩十四年至今漸漏至三千萬兩之多福建浙江山東天津各海口合之亦數千萬兩以中土有用之財塡海外無窮之壑易此害人之物漸成病國之憂日復一日臣不知伊于胡底查鴉片煙製自英吉利嚴禁本國人勿食專以誘他國之人使其輭弱既以此取葛留巴又欲誘安南爲安南

嚴禁始絕今則蔓延中國槁人形骸蠱人心志喪人身家實生民未有之大患其禍烈於洪水猛獸非雷厲風行不足以振聾發聵請仿周官重典之法治以死罪又云耗銀之多由於販煙之盛販煙之盛由於食煙之衆無吸食自無興販則外夷之煙自不來矣今欲加重罪名必先重治吸食又云伏請　飭諭各督撫嚴飭府州縣淸查保甲預先曉諭居民定於一年後取具五家互結仍有犯者准令舉發給予優獎倘有容隱一經查出本犯照新例處死外互結之人照例治罪通都大邑往來客商責成鋪店如有容留食煙之人照窩藏匪類治罪現任文武大小各官如逾限吸食者照常人加等子孫不准考試官親幕友家丁除本犯治罪外本管官嚴加議處各省滿漢營兵照地方官保甲辦理管轄失察之人照地方官辦理庶軍民一體上下肅淸漏卮可塞銀價不致再昂然後講求理財之方誠天下萬世臣民之福疏上　詔內廷諸臣及各省將軍督撫會議速奏時湖廣總督林則徐奏最剴切言鴉片不禁絕則國日貧民日弱十餘年後豈惟無可籌之餉抑且無可用之兵　上謂深識遠慮之言遂　詔來京面授方略以兵部尚書　頒欽差大臣關防赴粵東查辦

己亥道光十九年

春正月欽差大臣林則徐至廣東查禁鴉片煙

林則徐是月馳驛抵粵與兩廣總督鄧廷楨申嚴煙禁頒新律以一年又六月爲限吸煙罪絞販煙罪斬時嚴拏煙犯洋人不敢庇匿於是鴉片躉船悉寄碇零丁洋凡二十二艘聞欽差至將徙避則徐欲窮治其事否會水師提鎭飭各營分路扼守傳令在洋躉船先將鴉片悉數繳銷方准開艙又傳集十三洋行商人伍怡和等令傳諭各洋公司商人估較煙土存儲實數令卽稟覆幷索歷年販煙奸商查頓顚地二人查頓聞風遁去義律先知其事託回澳門住冬不至各洋商觀望遷延不覆及事亟義律始來省入洋館中如弗聞適顚地乘間逃脫則徐遂以兵役監守洋館而於省河琶洲徼得二

礮臺設橫筏以斷其小舟往來移咨海關監督封閉各洋泊黃埔船貨物停其貿易撤其沙文而羈禁之（凡漢人受雇洋館充其買辦者曰沙文）洋人供應既窘消息不通躉船之在洋面者亦以兵役防守斷其水陸接濟餉道垂絕義律懼始謀於各商通查躉船所存煙土實數呈出凡二萬二百八十三箱飭即駛赴虎門候收繳

夏四月欽差大臣林則徐燬鴉片煙土

先是則徐會同鄧廷楨赴虎門咨會提鎮統各營兵船分布口門內外海關監督駐稅口稽查於是泊零丁洋之躉船二十二艘先後駛至虎門繳出煙箱如數收畢每箱償茶葉五觔復傳集外洋各商令其具結永不售

賣煙土事後犯者人即正法貨船入官據奏奉　旨所繳鴉片煙土飭即在虎門外銷燬完案無庸解送來京俾沿海居民及在粵夷人共見共聞咸知震讋該大臣等唯當仰體朕意覈實稽查毋致稍滋弊混則徐遂會同督撫提鎮率員弁悉集虎門監視銷燬將煙土就海灘高處樹柵開池浸以鹽滷投以石灰頃刻湯沸自焚啟閘隨潮入海是時中外屏懾遂下令盡逐外洋躉船與澳門奸匪躉船一朝失利遂生觖望義律恥見挫辱遂以此鼓動國人教唆國主英吉利國王謀於上下議院僉以此項貿易本干中國例禁其曲在我遂有律士丹衙門遞稟求禁並請禁印度人栽種波畢又有地爾注者在倫敦（英國都）作鴉片罪過論以為既壞中國風俗又使中國猜忌英人反礙通商之局英王聞而是之然自燒煙之信傳入外洋茶絲日見翔踊銀鋪利息長至六分義律遂以為鴉片興衰實於國計民生兩有關係國王惑焉則徐因兩次照會該國王始則懾之以威繼則懷之以德詞義嚴正

秋七月廣東水師參將賴恩爵敗英人於九龍山

時林則徐諭令各洋船先停洋面候查丈量船身入水漬痕尺寸必無夾帶鴉片斤兩者方准入口開艙各國商俱唯唯如命英義律獨違抗不肯具結謂必俟其國王命定章程方許貨船入口而遞稟請准其國貨船泊

近澳門不入黃埔則徐嚴駁不許又禁絕薪蔬食物入澳義律率妻子及被逐奸商與住澳之五十餘家同遷去澳寄居尖沙嘴貨船義律甚慙憾乃潛招其國兵船二又取貨船配以礮械假索食突攻九龍山參將賴恩爵揮兵發礮沉其雙桅船一其所雇躉船逗留漢仔者亦旋為水師攻燬義律懼求澳門洋人轉圜願遵新例惟不肯即交毆斃村民之犯又遞稟請毋逐尖沙嘴貨船且俟其國王之命水師提督關天培以兇犯未繳擲還其稟而義律益怨

以林則徐為兩廣總督

冬十月廣東水師提督關天培擊敗英人英船遁出外洋

時我師船五艘在洋巡歷英船見我師紅旗遂來攻天培發礮應之斷其船頭鼻又壞其柁樓英兵多落海死餘遁還尖沙嘴時英人又窺我官涌岡營以小舟登岸來攻亦多爲我礮所斃我師連勝英船恐我師乘夜火攻又毒水泉無可吸飲義律乃宵遁出老萬山外洋

十一月罷英吉利互市

先是申嚴煙禁大理寺卿曾望顏請封關禁海盡停各國貿易林則徐力陳不可及義律抗兵旋奉　上諭英吉利夷人自議禁煙後反復無常若仍准其通商殊屬不成事體至區區關稅何足計較我朝撫綏外國恩澤極厚英夷不知感戴反肆鴟張我直彼曲中外咸知

自外生成尚何足惜其卽將英吉利國貿易停止於是遂下封港之令自廣州澳門大小河口悉派師船封禁防範英貨船先後三十餘艘皆不得入其往來偵探之船爲我師船搜捕人煙俱獲一日數起英商人人怨懟義律義律不得已於是復遣人投稟乞恩言今諸事擾亂心多憂慮自後願照　大清律例辦理請仍許英夷回居澳門則徐以新奉　諭旨難驟更復嚴斥堅與之絕而英貨船皆泊老萬山外洋不肯去惟以厚利啗島濱亡命漁舟蜑艇送致薪蔬且以鴉片與之市故寄椗雖遙而冒險趨之若鶩

廣東增嚴海防

林則徐自至粵時卽使人日探刺外洋情事翻譯洋書購其新聞紙具知洋人藐水師而畏海濱梟徒及漁船蜑戶乃募壯丁五千人給月餉銀六圓贍家銀六圓其費皆各商捐助於虎門橫檔嶼設鐵鍊木筏暗椿購各國洋礮二百餘增列兩岸守之而雇同安米船紅單拖罟船六十備戰艦以大舟二十小舟百備襲攻則徐親赴獅子洋校閱幷購舊洋船爲式令兵勇日習躍登中艙分攻首尾之法務乘晦夜據上風爲萬全必勝計其內河各口非有沙礁者盡增防兵守禦屹然

道光二十年庚子

春正月廣東遊擊馬辰焚匪船於長沙灣

林則徐旣督粵與水師提督關天培密籌水師船未可遽出外洋乃以所募漁船蜑艇配以弁兵令遊擊馬辰率之先分赴各洋島澳潛伏約晦夜乘潮退往潮漲還出其不意突攻之於長沙灣焚運煙濟英匪船二十餘幷岸上篷寮生禽奸民十餘焚溺無數英船倉皇開避我兵乘潮急退無一傷者

夏五月林則徐遣兵逐英人於磨刀洋

時英船匪船泊磨刀外洋林則徐遣師船往襲之以火焚英杉板船二斃英弁目數人有英船帆桅著火棄椗逃去延燒大小匪船十餘禽獲漢奸十餘時義律先回國請益兵其文武多主戰其商賈皆不欲最後卜於羅

占土神三得戰闢國王遂命其外戚伯麥率兵船十餘及印度兵船二十餘來粵遂以其先至之大小兵船十二火輪三泊金星門則徐以火艘十每兩船綆以鐵索乘風潮往攻英船皆亟避去又懸重賞募斬獲英酋目以下等級有差獲兵艦者火藥礮械繳官餘悉充賞於是漢奸皆爲英人所疑忌盡遣去英人莫測內地虛實不敢復駛進粵海口

閩浙總督鄧廷楨敗英人於廈門

英人見粵防嚴密徘徊旬月無隙可乘遂起碇乘風東北去林則徐飛咨閩浙沿海各省嚴防閩督鄧廷楨偵知英船將取道廈門預募水勇在洋巡邏時英船泊南澳島西北水勇僞爲商船乘夜駛近英艦突以火罐噴筒攻其柁尾殲英兵數十焚其帆桅二艘英人猶疑海盜仍駛至廈門遞書求通貿易廷楨不答英船來攻廷楨調水師迎擊口門外不克乘夜以師船收港時水師提督陳階平已先期告病因督兵備道劉耀春固守礮臺囊沙壘垣自衛敵礮不能透遂轟破其兵艦一英船屢卻遂復乘南風犯浙

六月英人寇定海知縣姚懷祥典史全福總兵官張朝發死之

定海縣卽舟山故地四面皆海無險可扼英船自閩洋遁至偵其無備思據焉初游奕洋面守者以爲賈船不

設備是月初四日洋艘分二幫一向西行駛此卽義律赴天津之船時未至定海也一北入定海火船兵船大小二十六艘輪煙蔽天時總兵張朝發將親督水師出洋令中軍遊擊羅建功護在營遊擊王萬年等分路堵勦翼日突有洋艘二駛至道頭街知縣姚懷祥偕建功登舟詰之則手出文書脅懷祥獻城時英統兵者一統領水師伯麥一統領陸路兵官布爾利其文稱啟定海縣主速將所屬海島堡臺一切投獻惟聽半箇時辰卽行開礮轟擊等語懷祥不答退謀於朝發請於道頭街扼守朝發曰城非吾責吾領水師知扼海口而已不可縱之登岸時英船已連檣而進建功等以外洋礮火利於水不利於陸請以水陸各兵半撤至近城之半路亭扼守半撤入城登陴接應朝發不可次日朝發督水師出港口有英杉板舟徑來投函此卽聲明粵東燒煙歸咎林鄧與所遞天津書畧同朝發不受麾軍士開礮擊之英舟乃逸初七日英兵船並列口門內外朝發統各營放礮相持英人以飛礮自桅檣上注攻其左右軍各營潰兵士傷亡無數船亦碎沈朝發方親接戰猝中礮傷左股不能軍親兵救之回鎮海而殞於是英舟徑泊城下先是朝發出港懷祥與典史全福謀城守令四門皆塞以土袋語建功曰在外者主戰戰雖敗不得入在內者主守守雖潰不得出蓋欲以致之死地交相厲也及朝發敗建功等託以城門重閉不得入相繼回鎮事亟懷祥見城內無兵預遣全福赴村堡募鄉勇數百甫至卽潰

懷祥獨坐南城上英兵梯城入懷祥奔赴北門以印交僕送府自投明魯王諸臣叢葬處梵宮池死之全福持刀立獄門有勸之去者曰吾職在此安敢逃及寇至大罵不屈被戕

臣按懷祥號履堂福建侯官人嘉慶戊寅舉人道光乙未大挑補定海縣是年五月蒞任即修葺張太傅肯堂止水亭初太傅守翁州築雪交亭於邸中夾以一梅一梨開花則兩頭相接語人曰此吾止水也後大兵破翁州公及四姬一子婦一女孫諸僕婦暨參軍事之儀部蘇兆人等廿七人共殉於此一時相繼殉難者吳稚山尚書並監國妃嬪及大臣文武等數

十人皆葬於北門補陀之茶山名曰同歸域其下爲成仁祠祀殉難諸臣即懷祥投水處也懷祥殉難之前二日集幕中諸人語之曰守土之義不可不死君等寇至則去盍早圖之乃各按館金遣去揮淚而別觀此知懷祥非徒倦於友誼即造次顛沛間亦從容不苟出北門過成仁祠曰此昔人殉難處吾何憾遂投池死昔太傅以雪交亭爲止水死志已決今懷祥到任即首葺之不踰月而難作則是亭又懷祥止水之先讖也典史全福字疇五甘肅人性剛直幹事明決卒與懷祥同殉總兵張朝發以七月五日歿於鎮海當其受傷落水遇救回鎮豈有意逃死哉撫臣謂其愎諫撤守以致喪師失城未免不樂與人爲善故士民憐之海外彈丸之地纍然爲古戰場越二百年劫運重逢前有殉國之義旅後有死職之三忠舟山片壤浩氣鍾焉與弔湘哀郢同千古矣

以伊里布爲欽差大臣赴浙視師

時伊里布任兩江總督　特旨命爲欽差大臣馳赴浙江視師勦賊

秋七月廣東禦英人敗之

定海既陷英人分出之船復游奕於閩粵各洋突攻關閘在澳門後我守兵礮沈其數小舟傷英兵數十已而林則徐偵英帥士[illegible]兵船五在磨刀洋遣副將陳連升游擊

馬辰率五艘勦之每艘兵五百馬辰一艘先至即乘上風攻之礮破英帥船頭鼻遂攲側英兵多溺英帥窘甚以小舟十餘來圍舟小礮低我船外障木排襯以糖包無損而英船乘間遁獲其帥旗

八月英義律來天津要撫

時大學士琦善任直隸總督義律乃駛至天津以其國巴里滿衙門照會中朝宰相書遣人詣大沽口上之大略言粵東燒煙之釁起自林鄧二人因及索償不與遵其訴遂是以越境而來遂入浙港之由且多所求索一索貨價二索廣州廈門福州定海上海各港口爲市埠三欲敵體平行四索犒軍費五不得以外洋販煙之船

貽累岸商六欲盡裁洋商浮費義律又言在浙時曾遞
書總兵不受再遞書巡撫亦不受不得已始越天津呈
訴琦善據奏遂力持撫議天津道陸建瀛謂英船尚踞
定海逆情顯著而託以請撫爲詞是據邑以要我也請
以此時奪其舟船而羈縶其酋長俾繳還定海然後徐
議之琦善不可旋宴其酋目二十餘人皆連蜷箕踞有
舞槍飛刀於座上者琦善爲之動色以溫言撫之許以
奏乞　大皇帝格外恩施並遣重臣詣粵東平反煙
案英酋大喜時火輪兵船先後至津者八艘聲稱尚有
兵船在後義律見琦善假以辭色因張大其國之富强
及船礮之堅利出入抗行意得甚及議定後遂起碇去
以琦善爲欽差大臣赴粵
義律之在天津督院遞詞乞撫也有中堂若赴廣東我
們卽可永遠和好之語琦善深祕之義律既去遂請入
都面陳撫事中樞力贊之遂　頒欽差大臣關防令琦
善馳赴粵東查辦
烏爾恭額免
時浙撫烏爾恭額以失守海疆自請嚴議奉　旨革職
留任續因英人赴津追論其事奉　上諭烏爾恭額
當該夷前在浙江投遞稟帖欲求轉奏乃於接收時並
不將原書呈奏遽行擲還以致該夷船駛往各處紛紛
投訴實屬昏憒致誤機宜烏爾恭額著伊里布委員解

交刑部治罪烏爾恭額被逮入都奉　旨交大學士軍
機大臣同刑部會訊供稱當日夷人投遞書函已在攻
破定海之後況書係固封其中措詞是否得失未便折
閱自念守土之官既失城池罪名難逭今未克復定海
卽爲呈奏原書爲罪更大是以送還謹於籌辦摺內將
退還原書大略情形具奏未經詳晰聲敘係因彼時防
守海口安撫居民日夜籌畫精神昏憒不知請　旨定
奪自揣謬妄糊塗辜負　天恩祇求從重治罪遂
赦沿海督撫遇夷船投書卽收受馳奏
臣按烏爾恭額在浙不能預防邊患授之以瑕咎無
可諉而其不受英人投遞之書未爲謬妄琦善欲徇
義律之請遂謂其壅下情於上達實則還書之舉尚
不外持之以正也
託渾布代英義律奏事
義律行過山東巡撫託渾布具犒迎送奏曰義律馬利
遜等自天津回南過山東內洋接見時甚爲恭順聲稱
伊等此來志在乞　恩今幸蒙　大皇帝鑒察欽差
大臣赴粵東查辦不勝欣感不敢在途滋擾詰以來船
止五隻餘船抵何處據稱伊等初來曾糾約孟雅喇國
兵船四十隻孟雅喇卽東印度之孟加喇　爲後援嗣蒙　恩旨恐該
國不知情由誤行侵犯故由天津起碇後先撥船三隻
由天津迅速回南止其前進云先是琦善在　上前

多造滕語廷臣皆未之聞迨東省奏至始知義律之來
意謂此行如蒙允准即回粵聽候查辦否則糾約兵船
在後即張紅旗圖滋擾於是中外皆知琦善之志衰而
氣餒矣

罷兩廣總督林則徐

初定海告陷　上以邊釁之開燒煙實啟之時粵東
奏報拏獲煙犯奉　硃批外而斷絕通商並未斷絕內
而查獲奸犯亦未能盡淨無非空言搪塞不但終無實
濟反生出許多波瀾思之曷勝憤懣看汝何以對朕也
林則徐遂具摺請罪附片請戴罪赴浙圖勦大意謂該
逆所憾在粵而滋擾乃在浙粵省無可乘之隙故窮蹙

而思他逞也則徐旋罷以怡良暫署總督事

以江蘇巡撫裕謙署兩江總督

時裕謙署兩江總督見英寇披猖深懷憤激聞琦善粵
東之行不禁浩歎適義律南歸迂道過江蘇裕謙懸重
賞購之急乃潛赴鎮海

伊里布犒英師

時英義律由天津來浙乘肩輿入伊里布大營衢州守
備周光璧厲聲叱之始步而入伊里布方接琦善撫議
咨會與義律分庭抗禮諸將皆莫敢言並遣家丁張喜
赴英船犒師往來不絕英水師統領伯麥踞定海數月
聞撫事定聽洋艘四出游奕至餘姚有土人誘其五桅
船入擱淺灘獲黑白番數十人內番婦一人裝飾甚盛
有傳爲外洋公主者伊里布聞之飛檄餘姚縣設供張
委員護送入粵

冬十二月英人陷沙角副將陳連升及其子舉鵬千總張
清鶴死之

琦善以十月抵廣州尋授兩廣總督至即查義律繳煙
印文欲求林則徐罪不可得則欲斬首劫英船之副將
以謝英人軍情憤怨義律又請撤沿海諸防虎門爲廣
州水道咽喉水師提督駐焉其外大角沙角二礮台燒
煙後益增戍守師船火船及蛋艇扒龍快蟹悉列口門
內外至是裁減兵艘遣撤壯丁殆盡而水師多化爲漢

奸又撤橫檔暗樁而義律乘舟往來反得探水誌徑內
地虛實盡泄凡報漢奸緝鴉片探敵情者輒被訶斥務
反則徐所爲又專任漢奸鮑鵬往來傳信其人本義律
所奴視於是益輕中國義律遂日夜增船櫓造攻具招
納叛亡首索煙價（義律初在天津投書但索貨價及見內地報書不復及禁煙事遂索煙價）繼求香港馬頭且行文趣琦善速覆而數遣人挑戰琦
善亟使人欲諭止之義律曰戰而和未爲晚也是月十
五日突攻沙角礮臺副將陳連升兵六百英船礮攻其
前而漢奸二千餘梯山攻其背連升以地雷扛礮擊斃
英兵四百餘而火藥已竭援兵不至英人並力攻礮臺
陷之連升及子舉鵬千總張清鶴皆力戰死之英人又

以火輪三板赴三門口焚我戰船十數艘水師亦潰

總兵李廷鈺乞援琦善不許

英人進攻大角礮台千總黎志安受傷推礮落水潰圍出礮臺陷英人恐取水中礮分兵戍守於是虎門危急水師提督關天培守靖遠礮臺總兵李廷鈺守威遠礮臺游擊馬辰守靖遠礮台各僅兵數百遣弁告急不應廷鈺回至省城哭求增兵以固省城門戶琦善恐妨撫議不許文武屬僚亦皆力求初允遣兵二百繼增至五百以小舟乘夜暗渡分布各礮臺惟恐義律知而義律仍挾兵力索煙價香港並行文水師提督限三日內回覆琦善據奏略曰該逆不候回文輒行攻擊道兩礮臺

破後提臣請將該夷前次來文從權照復藉作緩兵之計庶可量爲布置函致前來伏思此間水師兵械技藝廢弛已久經該夷猖獗之後益形氣餒爲今之計總須設法先行止住夷船俾得並力籌辦而該夷前日來文本戰後再商之說臣以該夷續有所請其來文接收與否反屬兩難若如該提臣所稱將前日來文從權照復而今次情形已與前日不同該夷既不候照復此間更不值覆伊前日之文惟思該夷前日具報之書總應聽候回文何以輒先滋擾不若借此作爲詰問之詞觀其是何意見再行登復庶以後該夷續有來文係其稟復文書既於　國體無傷或仍可設法羈縻甫經備文去

後復准提臣函稱十六日將虜我官兵何一魁釋放仍致該提臣文書一件交其隨帶經提臣籤復發去隨又一書列明請求各款聲稱聽候於三日內照復等語隨代提臣具覆將文稿寄交繕發告以業經行文諮詢俟其登覆再辦

廓爾喀請效順

廓爾喀西南境與英人所屬東印度孟阿臘一作孟加拉或作八察接壤世相仇也是時聞英人入寇即致書稟駐藏大臣言小國與底里一作第里之屬地相接每受其侮今聞底里與京屬構兵京屬屢勝小國欲率所部往攻底里所屬以助天討時廷臣不知底里即英吉利屬地孟阿臘

京屬即指中國之廣東顧答以蠻夷相攻　天朝例不過問於是廓人罷攻印度之師而英人入寇無內顧憂矣後江甯款議成英人歸印度者以此大驕廓爾喀則反脣於駐藏大臣云一說當英吉利大擾江浙時廓爾喀因求助餉往攻印度不許遂自以兵乘虛往攻大有破獲英人回救不及乃以所得中國銀數十萬贖其俘千人以和

國朝柔遠記卷八

国家出版基金项目
NATIONAL PUBLICATION FOUNDATION

海上絲綢之路文獻集成

總主編　陳支平　陳春聲

歷代史籍編 68

主編　范金民

海峽出版發行集團
THE STRAITS PUBLISHING & DISTRIBUTING GROUP
福建人民出版社

本册目次

國朝柔遠記十八卷附編二卷（卷九至附編卷二）

〔清〕王之春輯

國朝柔遠記卷九

臣彭玉麟叅定
臣王之春敬編

辛丑道光二十一年

春正月琦善以香港許英

粵東時已許償煙價銀七百萬圓而英義律索香港甚力琦善慮虎門失事許之而未敢入奏乃歸浙江英俘易定海義律度香港未可驟得先遣人赴浙繳還定海續請獻出沙角大角礮臺以易之琦善乃以出查礮位為辭陰與義律訂期會於蓮花城義律出所定貿易章程並給予香港全島如澳門故事皆私許之

琦善伊里布罷

時義律繳還定海伊里布在浙接粵東咨文遂以收復定海聞　上諭伊里布不遵諭旨惟知順從琦善屢次奏報始以兵礮未集藉詞緩攻繼以接得繳還定海之札即信以為真殊非初命赴浙勦辦之意仍令折回本任時　上已知琦善不足任遂　命宗室奕山為靖逆將軍尚書隆文湖南提督楊芳為參贊大臣赴粵勦辦琦善罷

暴英人罪

先義律因琦善許給香港請用關防為據琦善未敢遽從但屬其安靜守候既咨伊里布以收復定海省釋囚俘遂據義律來文附奏　上大怒奉　詔覽奏曷勝憤懣不料琦善怯懦無能一至於此該夷兩次在浙江粵東肆逆攻占縣城礮臺傷我鎮將大員荼毒生民驚擾郡邑大逆不道覆載難容無論繳還定海獻出礮臺之語不足深信即使真能退地亦只復我疆土其被戕之官兵罹害之民人切齒同仇神人共憤若不痛加勦洗何以伸天討而示國威奕山隆文兼程前進迅即馳赴廣東整我兵旅殲茲醜類務將首從各犯通夷漢奸檻送京師盡法處治至琦善身膺重寄不能聲明大義拒絕要求竟甘受其欺侮已出情理之外且屢奉諭旨不准收受夷書膽敢附摺呈遞代為懇求是何居心且

據稱同城之將軍都統巡撫學政及司道府縣均經會商何以摺內阿精阿怡良等並未會銜所奏顯有不實琦善著革去大學士拔去花翎仍交部嚴加議處

籍琦善家

時義律以香港業經琦善允給遽諭居民以香港為英屬埠又照會我大鵬營副將令將營汛撤回粵撫怡良以聞略言自琦善到粵以後如何辦理未經知會到臣忽外間傳說義律已在香港出有偽示逼令該處民人歸順彼國等語方謂傳聞未確蠱惑人心隨據水師提督轉據副將稟鈔偽示前來臣不勝駭異惟大西洋自前明寄居香山縣屬之澳門相沿已久均歸中國之同

知縣丞管轄而議者猶以爲非計今該夷竟敢脅 天朝士民占踞全島該處去虎門甚近片帆可到沿海各州縣勢必刻刻防閑且此後內地犯法之徒必以此爲藏納之藪是地方既因之不靖而法律亦有所不行更恐犬羊之性反復無常一有要求不遂必仍非禮相向雖欲追悔從前其何可及伏思 聖慮周詳無遠不照何待臣𢚩𢚩過計但海疆要地外夷公然主掌並敢以 天朝百姓稱爲英國之民臣實不勝憤懣第一切駕馭機宜臣無從悉其顛末惟於上年十二月二十八日欽奉 諭旨調集兵丁預備進勦並令琦善同林則徐鄧廷楨妥爲辦理均經宣示臣等晤見時亦請添募

兵勇以壯聲威固守虎門礮臺防堵入省要隘今英夷窺伺多端實有措手莫及之勢現既見有夷文僞示不敢緘默謹照錄以聞奉 上諭香港地方緊要前經琦善奏明如或給予必至屯兵聚糧建臺設礮久之覬覦廣東流弊不可勝言旋又奏請准其在廣東通商並給予香港泊舟寄住前後自相矛盾已出情理之外況此時並未奉旨允行何以該督卽令其公然占踞怡良所奏覽之曷勝憤懣朕君臨天下尺土一民莫非國家所有琦善擅予香港擅准通商膽敢乞朕格外施恩且伊被人恐嚇奏報粵省情形妄稱地理無要可扼軍器無利可恃兵力不堅民情不固摘舉數端危言要挾不知是何肺腑如此辜恩誤國實屬喪盡天良琦善著卽革職拏問所有家產卽行查抄入官初琦善之陛辭也 面諭以英夷但求通商則已如要挾無厭可一面羈縻一面奏請調兵未令其撤防專款也及英人攻陷礮臺 上震怒有煙價一毫不許土地一寸不給之 旨并調四川貴州湖南江西兵赴勦 命林則徐鄧廷楨隨同辦理然琦善不與則徐廷楨議事又不增兵爲備時將軍奕山參贊楊芳隆文已在途次 廷寄令兼程赴粵而琦善仍以定海收復撫事可成續奏香港地勢及現在籌辦情形 上恐奕山等到粵復踵權宜請撫故轍將琦善前後摺奏及 硃批交將軍等閱看

復奏 廷寄言英夷種種不法殊堪髮指前有旨令楊芳先行赴粵會防並令奕山等兼程前進計已接奉遵行該將軍等到粵後務卽會集各路官兵一意進勦不可存一通商之見稍涉游移更不可因有繳還定海之事少加寬縱又密飭將軍等訪查當日琦善與義律屢次晤面談論香港之事彼時有無官員在旁該夷目與琦善有無私相餽送之事逐一查奏

以兩江總督裕謙爲欽差大臣赴浙視師討英

初裕謙代伊里布任兩江總督聞伊里布在浙逗留不敢進兵心弗善也至是伊里布回任 上命裕謙爲欽差大臣馳赴浙江會提督余步雲迅勦裕謙始專任

浙事意謂犬羊之性非大加懲創無以善後遂上書主
勦並以義律心懷叵測繳還定海之說恐售其欺請
飭壽春鎮總兵王錫朋統各鎮官兵仍行前進奉
上諭所奏極是逆夷攻踞定海之後姦淫搶掠荼毒生
靈凡我士民志切同仇人思敵愾裕謙此次赴浙以順
討逆以主逐客以衆擊寡必當一鼓作氣聚而殲旃朕
佇望該大臣迅奏膚功懋膺上賞時定海鎮海等處尚
有英船四出游奕裕謙遣兵節次焚勦並誅其酋目一
人初英將踞定海虐使定民用法嚴酷殺人者先以刀
割裂其皮納入水銀周身灌注活剝而懸焉裕謙既獲
其酋亦令如法誅之又英人之死於定海令掘其尸焚
之通衢以洩定民之憤事聞於粵粵東撫事方定英人
又以報復爲詞以圖犯浙
春二月英人寇虎門水師提督關天培死之
時義律聞大兵將至所請必不行謀先發初六日以火
輪兵船直抵虎門提督關天培守靖遠礮臺礮中英舟
一有頃英船連檣而進我軍衆寡不敵紛紛潰散天培
中槍自刎礮臺陷威遠橫檔各礮臺聞警亦潰總兵李
廷鈺副將劉大忠皆敗走虎門陷各隘所列大礮三百
餘幷林則徐前購西洋礮二百餘門皆爲敵有英師乘
勝直薄烏涌湖南兵千餘初至倉卒出禦粵兵退湘兵
且戰且走阻水溺死者半總兵祥福拒戰不克與麾下

二將赴敵死之烏涌去省六十里城中大震十三日參
贊楊芳抵粵時各路官兵未集而虎門內外舟師悉被
燬楊芳議以堵爲勦使總兵段永福率千兵扼東勝寺
陸路總兵長春以千兵扼鳳凰岡水路亦僅掘濠築壘
未沈船下椿獵得及二沙尾稍狹雖堵塞而無兵礮守
禦英人初讋楊芳宿將威名又不悉內河形勢未敢深
入而漢奸盡探虛實以報二十四日英船將闖入省河
經鳳凰岡官兵擊退倏潮長南風大起英人又增兵船
杉板三十餘艘乘風擁至官兵轟擊英船恃其堅厚冒
死深入飛礮火箭並力注攻楊芳懼蹈虎門覆轍復議
羈縻
美利堅爲英人請款
時英人雖扼險要然見　朝廷赫怒琦善鐫逮恐林則
徐起用我軍一振和議永絕且洋船兵費浩大亟欲通
商以裕餉又初停止英人貿易時迭經　上諭仍准
西洋恭順之各國照常通商及英人犯順各國商船俱
阻外洋不得入黃埔各國亦皆咎之及虎門烏涌潰陷
於是美利堅法蘭西諸國貨船隨英船後進口適鳳凰
岡官兵與英人相持美利堅領事赴營請進埔開艙兼
爲英人緩頰謂英人既繳還定海仍不敢更有他求惟
通商乃　天朝二百年來　恩例懇仍循舊制並呈出
義律筆據有不討別情惟求照常貿易如帶違禁貨物

即將貨船入官之文又言英之商人并未隨同滋事若
該貨船入口藉可制服師船時定海師船亦至粵舳艫
相望徧樹出賣鴉片之幟楊芳見敵入堂奧守具皆乏
而煙價香港皆不索亦欲姑藉此緩兵以退敵收險遂
與巡撫怡良聯銜奏請　上以其復踵權宜請撫故
輙　嚴旨切責不許
三月　詔林則徐會辦浙江軍務
時靖逆將軍奕山參贊隆文及總督祁墳並抵廣州奕
山問計於林則徐則徐言寇勢已深新城卑薄無險可
守宜遣人計誘英船退至獵得大黄滘之外連夜下樁
沈船岸上迅壘沙城守以重兵大礮爲省城外障俾彼

不能制我之命而後調集兵勇船礮以守爲戰俟風潮
皆順葦筏齊備再議乘勢火攻應出萬全奕山不能用
有　詔林則徐以四品京堂馳赴浙江會辦軍務葢去
冬浙閩總督顔伯燾與浙江巡撫劉韻珂兩江總督裕
謙並有密疏陳林則徐琦善功罪至是裕謙赴浙代伊
里布故有是　命
夏四月官軍夜襲英人不克英人犯廣州城
義律聞和議未可成復索烟價及香港楊芳以攻具未
備水勇未集不欲浪戰奕山見各省兵至者萬有七千
合粵兵數萬遂聽部將之言冀倖一勝以提督張必祿
屯西礮臺出中路楊芳由泥城出右路隆文屯東礮臺

出左路以四川餘丁及祁墳所募水勇三百駕小舟攜
火箭噴筒分路而伏於朔夜突攻英船適逆風焚其二
桅船二杉板小船五英兵焚溺死者數百義律自洋館
登舟竄免并誤傷美利堅人數十英兵大集反乘順風
以攻我我兵退保入城英船入碇十三洋行前河南兵
禦之殺傷相當燬我師船三艘時總兵段永福守天字
礮臺副將岱昌參將劉大忠守泥城礮臺總兵長春守
四方礮臺義律仍投書約戰翼日英兵水陸并攻我兵
皆反走天字礮臺八千觔礮未放即爲英兵錮以鐵釘
泥城爲佛山鎮要道岱昌大忠聞礮倉皇遁港內筏材
油薪船及水師船六十餘艘皆爲英兵及漢奸所燼遂

回刧十三洋行燒城外市廛火光燭天英又分兵繞東
而北往攻四方礮臺臺據省城後山俯瞰全城層崖峭
徑一夫可以當關山下英兵僅百餘而守臺兵千望風
爭竄墜崖死者無數督撫聞急飛檄閩中新至水勇往
援將軍阿精阿以省城緊要令截回礮臺被奪英人既
據險要乘夜築土城運礮藥於上於是闔城軍民如坐
穽中矣英人日夜以火箭礮彈俯擊入城幸大雨不爇
箭彈多墜空地然外城低薄英人并力專攻東南隅人
無固志楊芳日坐城樓督戰急輒身當其衝廣州知府
余葆純復請講款義律索煙價千二百萬美利堅商人
居間許其半議既定奕山慮傷　國體乃奏初八日焚

擊大挫凶鋒續稱義律窮蹙乞撫求准照舊通商永不售賣鴉片將所償費六百萬改爲追交商欠　上乃不復深詰約限五日交銀先令粤海關出二百萬圓餘從藩運兩庫給之且約將軍及外省兵先出城英船始退虎門十六日奕山隆文退屯金山隆文憤恚病卒

廣州義民敗英人於三元里

初將軍參贊屢奏粤民皆漢奸故遠募水勇於閩令官兵擒捕不問是非皆殺之又湖南兵以騷擾故與民勇相仇而英人初不殺粤民所獲鄉勇皆釋還以市恩及英兵日肆淫掠與粤民結怨撫議既定士民以大帥無謀官兵怯懦議論沸騰適英人以得賂撤四方礮臺兵

肆掠城外初十日將擾佛山鎮取道泥城經蕭關三元里里民憤起報復號召各鄉壯勇槍械雲集四面邀截英兵終日衝突不能出死者二百餘殪其渠帥伯麥月霞畢獲其兵符黃金劍雙頭手礮義律亟馳援復被重圍時揭竿起者百有三鄉不械而集衆至數萬義律亟遣人突圍出告急於余葆純葆純慮敗撫議馳往解散竟翼義律出圍登舟免時三山邨民亦擊殺英兵百餘獲二礮及刀槍九百餘件佛山義勇三百餘亦圍攻各英兵於龜岡礮臺乘風縱毒烟以眯其目殲英兵數十又擊破應援之杉板船新安縣武舉庾體羣於初四日以火舟三隊自穿鼻洋乘夜潮至虎門攻其後比英船

驚覺火舟已逼役艙火藥轟發燬其大兵船一餘船遁竄十七日英船漸退出大舶有膠淺者鄉民復將截而火之欲奪回講款之銀義律移文總督出示曉諭衆始解散事先後　上聞　詔責諸帥調集各省兵何反不如區區義勇俱交部議義律亦慚憤强出僞示言百姓此次刁抗姑與寬容後毋再犯粤紳民亦回檄討之義律偵知內河有備竟不敢報復且知粤市之未可復開思變計矣

秋七月英人犯厦門陷之總兵江繼芸及副將凌志都司王世俊死之

英人之受款廣州也我師則敉一時之危英亦亟欲得

銀以濟餉皆未及議通商章程及義律受困三元里畏粤民之悍不敢入內河貿易各洋商又不肯赴香港乃復索沙尖嘴及九龍山將軍等弗許而內河修復礮臺增設要害不復能闖突羣商以咎義律議款時未索他埠乃詭稱英國王褫義律職改命濮鼎查爲兵帥欲復擾沿海又英人曾犯厦門失利故意圖犯浙藉修閩怨閩浙總督顏伯燾赴厦門增防而輕鄧廷楨之僅僅自守不能用攻遂請餉造戰艦五十募新兵五千水勇八千欲出洋馳擊而於口門外唔嶼青嶼大小儋增三礮臺備多而力分及粤東議款成有　旨裁兵節餉而閩洋日來洋艘游奕方督修船礮備出洋攻擊初九日英

船已泊鼓浪嶼翼早駛進厦門先以火輪船東西往來
試礮路我兵禦於嶼口礮沈其火輪兵船五而英諸船
蜂擁齊進以多船注攻一礮臺破再攻一臺以小舟分
路登岸我守靑嶼仔尾嶼鼓浪嶼之兵雖三面環擊而
礮臺皆磚石未壘沙垣自辰至酉大半被燬官軍不能
存立水陸皆潰金門鎭總兵江繼芸中礮落水死延平
協副將凌志署淮口都司王世俊水師把總紀國慶楊
肇基季啟明皆力戰死英人反旋我大礮轟官署皆燬
興泉永道劉耀椿同知顧效忠皆走伯燾退保同安英
人據厦門肆掠鄉民陳姓以五百人抗英五千衆英用
車礮民用抬槍英兵死者百傷者千陳姓死者三人傷

者十三人耳英人遂不敢久駐大幫駛赴浙江惟留數
艘駐鼓浪嶼伯燾卽以收復奏　聞
八月英人復攻厦門副將林大椿遊擊王定國戰死
英人留鼓浪嶼之酋復招工匠增造小舟爲窺伺内河
計至是復以大船五小船三十餘入厦門木椿港礮沈
我師船五副將林大椿游擊王定國中礮死提督普陀
保總兵那丹珠督兵禦之礮沈其大船一始退出初顏
伯燾力排撫議意氣甚鋭及至喪師奉　諭逆夷沿海
滋擾厦門尤其垂涎之地該督不能先事預防致倉卒
失事咎無可逭姑念夷人豕突而來弁勇奮力抵拒擊
沈夷船六隻此時業已收回著從寬免其治罪降三品
頂戴留任
英人復陷定海總兵葛雲飛鄭國鴻王錫朋死之
裕謙正月赴浙英船時已去定海謙任事剛鋭而未嫻
武備力援林則徐而則徐旋有遣戍新疆改赴河工之
命蓋廣東鹽運使王篤於　召見時救琦善而排則
徐及則徐去而浙事亦無所倚時各省方裁兵節餉忽
聞英人在粤新增兵船聲言將移兵入浙時伏暑南風
潮旺裕謙方次嘉興乃奏以統帶來浙之江甯駐防兵
並徐州鎭兵五百前赴鎭海相機籌辦因言洋人以通
商爲命而通商有一定馬頭奕山等旣爲籲懇　天
恩自當籌及全局與之要約堅定爲一勞永逸之計斷

無僅令其退出虎門仍復滋擾他省之理現旣聞有赴
浙之謠何以不向該逆詰問明白轉行咨飭嚴防以致
沿海各省訛傳不一不但各省調防之官兵未便請撤
卽居民人等亦皆當同仇敵愾舍本業而荷戈以待應
請　旨飭下靖逆將軍奕山向該逆嚴行詰問究竟是
否誠心乞撫抑仍是得步進步之故智使各省有所遵
循臣不勝翹悚待　命之至其時英人赴浙語雖傳播
而奕山以撫事方定未便上聞遂復奏　廷寄謂該夷
赴浙滋擾旣屬風聞從何究其來歷且果別有思逞斷
無先將傳播逗漏之理著裕謙仍遵前旨將江浙調防
官兵酌量裁撤不必爲浮言所惑以致糜餉勞師及裕

謙抵鎮海而廈門已告陷於是飛檄定海總兵葛雲飛
同嚴州鎮總兵鄭國鴻安徽壽春鎮總兵王錫朋統各
鎮兵五千嚴守定海是月初英酋濮鼎查郭士利等果
以大小火輪兵船二十九艘先犯乍浦以礁險不利而
退十二日復犯定海初以四舟駛進竹山門我軍礮破
其頭船大桅退去十四日英兵繞吉祥門入攻東港浦
為我礮所御由竹山嘴登岸國鴻等督兵禦之殺傷相
當會連日陰雨轉戰泥淖中士卒漸疲十七日英人三
路進攻以小舟渡兵登山撤舟死戰首陷曉峯嶺錫朋
中槍死壽春營潰有頃竹山門兵亦潰國鴻死之雲飛
扼道頭街孤軍巷戰敵揮刀削其半面猶手刃殺數人

植立崖石間而死定海復陷　上聞謂其以四千殘
師當二萬巨寇均從優賜卹初英師退去議築定海外
城雲飛欲包市埠於內左右以山為城有諍者曰天下
無一面之城此海塘非外城也敵若左右踰山入即在
城內矣備多則力分山峻則師勞請環內城為郭勿包
市埠勿倚外山庶城足衞兵兵足守城裕謙未親勘不
以措意至是失事果如所言

英人陷鎮海縣　欽差大臣裕謙及狼山鎮總兵謝朝恩
死之英人進據甯波府

英人踞定海數日乘勝自蛟門島進攻鎮海鎮海以笠
山為外障招寶山為內屏上有威遠城明代築以禦倭
者時鎮海防兵僅四千裕謙使提督余步雲率其半守
之總兵謝朝恩率其半守金雞嶺相犄角而自駐鎮海
城督之及定海警至裕謙上東城見招寶山張白旗疑
之（西洋戰則張紅旗和則挂白旗）乃約期盟神誓衆步雲託足病不赴
二十六日英船薄鎮海分犯各營裕謙登城督戰惟金
雞嶺兵力戰擊殺英兵數百而步雲詣城上請遣外委
陳志剛赴英師議款又請退守甯波不許步雲初不令
士卒開礮英兵向招寶山復以小舟載兵由山後石洞
攀而上步雲即棄礮臺西走裕謙令截止潰兵不能止
英據招寶山俯攻鎮海城金雞山守兵見之亦亂朝恩
率親兵三百拒戰中礮死二山既陷督師營亦潰英兵

自北門入裕謙知不可為令副將豐伸泰護關防送浙
江巡撫遂由東門赴學宮投泮池未絕家人至援之出
輿至甯波有傳英人以十萬金購裕謙者左右復以小
舟載抵餘姚而瞑進至西興壩（左蕭山縣境）　巡撫劉韻珂探
弁至為購棺衾抵杭州死已五日顏色猶生時鎮海文
武皆棄走甯紹台道鹿澤長遁入慈谿縣丞李向陽死
之甯波距鎮海六十里忽聞步雲走還郡中大驚而英
人探水至邵港於是知府鄧廷彩以下皆覓小舟奔上
虞步雲復單騎走居民遷避一空二十九日英人以大
小兵船直薄靈橋門城虛無人其酋郭士利率衆入踞
府署張偽示安民郡以西水漸淺狹英人旋以杉板小

舟進至餘姚我兵望風潰復犯慈谿城中逃散已盡英人亦不守焚掠而去

臣按鎮海之地明人刻石於威遠城上以爲平倭第一關蓋浙省之咽喉而東南之門戶也使裕謙當日以步雲守孤懸之定海三鎮抗天險之雄關步雲雖有貳志何至開門揖盜又使於白旗預懸時申明軍法如穰苴之斬莊賈原不爲專抑或如魏絳之於揚干戮其麾下一人以殉則諸將弁必皆股栗自致於死地計不出此以三鎮敢死之將而置於必不可守之城以庸碌無能之人而授以險要必爭之地卒至以隨侯之珠而彈千仞之鵲力竭軀捐無裨國事是

豈有數存其間耶然一腔熱血報國拳拳烈魄忠魂原不讓唐之張巡宋之劉錡以獨步矣而論者謂其以剛愎取敗此之楚子玉趙括不亦過哉

法蘭西來粵輸情

初英人再犯定海乞援於法蘭西時有法兵頭至香港傳聞英酋濮鼎查自浙潛回屢與法兵頭會遂有奏英逆糾集天竺佛蘭西小呂宋諸國同惡相濟者有　旨交靖逆將軍奕山曉諭解散於是法兵頭懼以助逆干　天朝詰責自香港來粵坦求見奕山聞其有兵船在後欲令反攻英人兵頭答稱英法新和無衅此來先須講款若款議不允方可藉詞交兵奕山疑而遣之

仿造安南船礮不果

時有越南國人阮得烘來廣州訴新會船戶梁潘輝等昔曾遭風漂至越南壞船借伊銀未償在省守候追欠復呈稱伊見英人如此猖獗不過恃船堅礮利本處戰船力不能敵越南所造船頗堅厚皆甘露鬼子駕駛如中國給國王文書當可代造每船約費四百金但越南與英人近無嫌隙事宜機密語經　上聞　敕下兩廣總督祁𡎴廣東巡撫梁章鉅並廣西巡撫周之琦一體訪確𡎴等覆奏云越南雖產木植若造堅厚大船亦非數百金所能辦即造成該船式樣本地無人駕駛前督臣林則徐仿製越南軋船四隻內港外洋均不可用

是其明徵又越南之於　天朝久稱恭順聞昔曾戰敗英人至今兩不侵犯此特見之前人說部係嘉慶十三年事迄今三十餘年英人日見强肆且與越南未再交兵未聞有英人畏懼越南之語又續奏略云臣等以此事所關重大因據越南國人阮得烘稟詞會同隨時密訪有貿易越南之順德縣民人周彥才來省稱本年八月伊甫自越南回家越南現因英人滋事亦隨時警備造戰船數隻每船三桅四十餘槳船身以硬木爲之厚五六寸或七八寸不等又仿造英吉利屬國新洲貨船十餘皆堅重有餘而靈動不足該國銅礮少鐵礮亦不甚大又寓兵於農戰陣多以象力取勝能陸戰而不

善水戰該國由都城出海三十餘里各外國貨船如至該國入港時先將各船礮械搬岸代爲看守俟出港時交還是越南向恐各國在其國滋事並未聞英逆有畏懼越南之説其瓊山縣民陳姓所言亦略同又鄉勇中礮手林九曾被張保招去與越南打仗後經投回因令管帶之紳士密向查詢據稱越南船有金艔銀艔之名如天津來粵貨船式堅牢而不能快駛其內河船有名牙釵者長十餘丈闊二丈槳百枝亦看風勢爲遲速曾被張保打沈數隻似難與英人對敵又欽州知州黃定宜稟稱本籍廣西龍州與現任之欽州均與越南東北境毗連惟距該國都富春二千餘里傳聞該國向製巡

洋大師船二隻皆附近居民合力采堅實大木造成以銅包底俗呼銅皮船約載二三百人船雖堅而不靈外有巡洋小兵船用籐爲之亦止載至四五十人雖行駛較便第遭風撞礁亦即破散前此該國修造巡船大者數月小者幾一月始竣是工匠亦非迅速查道光二十年間該國頭目阮廷豪等兵船在崖州洋遭風破壞遞至欽州轉送回國擄獲三銅礮重者八十餘觔輕者三十餘觔式與内地過山鳥槍相似又越南現聞英人滋事慮其擾邊亦修防守去冬添造戰船至今尚未畢工時探英逆消息又道光中該國奸民陳如海糾結內地匪黨楊就富等在南洋狗頭山嘯聚劫掠該國兵力不

足曾請內地舟師幫捕始殲厥渠魁可見該國巡船並不得力臣等於該國情形節次訪查大略相同伏思該國世受　天恩素稱恭順現在國王阮福暶新受　敕封尤當感　恩圖報如果船堅礮利兵力精强斷無不竭誠報効而該國王並未表文陳請亦未呈懇督撫轉奏其力不從心未能與英人爲難已可想見其事遂寢

臺灣道姚瑩敗英人於雞籠港

初英船至鹿耳門外泊馬鬟隙洋官兵擊走之然臺澎外洋時有英船往來是月十五日艋舺營參將邱鎮功等以遠鏡窺見一雙桅大船多帶杉板在萬人堆洋有

人升桅頂瞭望當即警備次日英船駛進礮擊三沙灣礮臺壞一兵房姚瑩督鎮功率守備歐陽寶等接應鎮功手然八千觔大礮擊斷英船桅索船即退出風潮驟湧衝礁擊碎落水死者甚眾有鳧水登岸或上杉板駛竄者鎮功督兵追擒黑番四十三人手刃四人游擊安定邦守備許長明千總陳大坤等各擒獲有差又有白黑番二十餘人駕一杉板在大武崙港外次早淡水同知曹謹帶壯勇搜捕至草嶼有白番二人紅番五人藏匿壯勇直前擒斬獲其洋圖冊頁洋書皆繪記山海形勢城池人物車馬形狀是役共擒紅白黑番百三十八斬馘三十二人捷聞奉　上諭覽奏均悉昨生擒夷

人漢奸多名該逆夷中必有洞悉夷情者究竟該國地方周圍幾許所屬國共有若干其最爲强大不受該國統束者共有若干英吉利至回疆各部有無旱路可通平素有無往來俄羅斯是否接壤有無貿易相通此次遣來各僞官是否授自國王抑由帶兵之人派調著逹洪阿姚瑩等逐層密訊譯取明確供詞據實具奏毋庸諱匿

九月以大學士宗室奕經爲揚威將軍侍郎文蔚副都統特依順爲參贊大臣赴浙討英人

英人旣陷甯波鎭海侵軼四出浙省大震巡撫劉韻珂告急於　朝詔以奕經爲揚威將軍文蔚特依順俱參

贊　飭調陝甘兵二千隨赴浙江進剿

以怡良爲欽差大臣赴閩會辦軍務

時英舶在閩者尚踞厦門鼓浪嶼　詔怡良以欽差自粵東赴閩會同勦辦尋罷顏伯燾以怡良代爲總督

冬十月揚威將軍奕經次蘇州

奕經是月抵蘇駐軍館滄浪亭時浙撫專任西路防守自江以東則坐待大軍有以專閫距浙太遠爲言者奕經不納英人在甯海聲勢甚盛紹興東逼慈谿求援日亟奕經以兵力尚單復遣赴淮徐招募山東義勇欲俟各路兵齊聚而進

十二月大兵次杭州

先是十一月浙江大雪四晝夜平地深數尺英酋濮鼎查畏寒南赴福建甯波英兵及漢奸儘三千人而奕經方次嘉興時　詔舉沿海智勇之士廣咨方略奕經雖設匭聽人上書然凡言練兵選將申紀律備火器者以爲常談卽立功宿將前福建水師提督王得祿投効亦不用徒託腹心於幕屬年少寄耳目於蘇浙州縣前泗州知州張應雲獻計謂英人入內地皆漢奸爲嚮導然不過啗之以利非有恩義之結令其效死今甯波紳民靡不延頸以望大軍而漢奸多其鄉人誠能以重賞招撫我兵攻城使爲內應此兵法所謂因閒也奕經深然之遂專以購反閒爲得計定議進取甯波鎭海一路以

應雲主之定海一路以知州王用賓主之並充左右翼長軍抵杭州特依順至自福建奕經不甚與議令駐守杭州惟與文蔚率師進駐錢塘江

國朝柔遠記卷九

國朝柔遠記卷十

臣彭玉麟恭定
臣王之春敬編

壬寅道光二十二年

春正月揚威將軍奕經復甯波鎮海不克

大兵進次紹興府將軍參贊定議同日分襲甯波鎮海使敵不相援應張應雲先約甯鎮紳士令所購漢奸內應而未能質其家屬仮以我軍舉動輸敵英人聞大兵將至悉聚守甯波應雲請刻日渡曹娥江先據慈谿為戰地乃下令移營進發二十三日奕經大兵營東關(在紹興)文蔚駐慈谿東門外以四千人使金華協副將朱貴

參將劉天保分屯長谿嶺及大寶山以圖鎮海總兵段永福以四千人半伏甯波城外半屯大隱山以圖甯波應雲率所募鄉勇千五百人駐駱駝橋為南北兩軍策應(甯波在鎮海南)約以晦日首尾幷舉俄而師期洩英人知之反令漢奸句結鄉勇倒戈相向兩軍見事急先期進剿遂以二十八日三路分襲甯波鎮海其踰甯波西門入者盡為英兵所殺南門則洞開縱我兵入英兵踞街樓兩旁火彈雨下我軍信漢奸言謂軍至即開門縛獻英酋未攜火器潰退英伏兵自北門截之前後受敵陣亡二百餘永福聞敗即退至東關其慈谿之兵天保欲立首功先發甫至鎮海城外即大呼譟英兵警覺火礮齊發招寶山英兵亦應之天保退走越日駱駝橋鄉勇中夜悉自驚潰奔入大寶山其由乍浦顧漁舟渡岱山圖復定海一路之師半渡亦為英人所覺焚燬大半

臺灣道姚瑩敗英人於大安

初英人屢窺大安港(在淡水廳彰化縣界)見防守嚴不敢駛近至是有三桅船一帶杉板船四欲入口姚瑩令淡水同知曹謹彰化知縣黃開基護北路副將關桂游擊安定邦等馳往堵禦設伏於港北之土地公港英人見大安有備復退出巡檢高春如謝得琛所募漁船粵人周梓等以土音招英船漢奸與語誘從土地公港入為暗礁所擱船即欹側伏兵齊起時船距岸甚近關桂等以大礮

攻擊英人急不能脫船破落水死者無數逃上杉板及跳登漁船者得琛等率兵勇圍擊斃白番一紅黑番數十生擒白番十一紅黑番三十八並漢奸五獲礮共二十門及刀械與甯波鎮海官物蓋攻浙之兵回至閩洋窺伺者捷聞奉　上諭覽奏欣悅大快人心該夷上年窺伺臺灣業被懲創復敢前來滋擾姚瑩以計誘令夷船擱淺破舟斬馘大揚國威實屬智勇兼施不負委任允宜特沛殊恩以嘉懋績自是英船不敢再犯臺灣

二月英人攻慈谿營金華協副將朱貴及其子武生昭南督糧官即用知縣顏履敬死之

官軍襲甯波鎮海既不克反墮漢奸空城計然祇喪亡

金川精兵一二三百尚無大失朱貴率陝甘兵六百回屯
大寶山收集駱駝橋潰勇圖進攻劉天保謝天貴領河
南兵各六百為左右翼初四日英人由小西壩登岸由
夾田橋繞慈谿東北門攻大寶山朱貴麾所部迎擊以
扛礮數十擊退者再英兵傷亡三四百仍冒死前進而
左右兩軍按兵不動自辰至申貴軍饑渴交加猶誓死
格鬬戰方酣鄉勇亂竄或反拒官兵英兵乘間抄襲山
後有三火輪船進大亭江直逼山下巨礮火筒射燒營
帳煙焰障天左右軍即驚潰反衝亂其陣朱貴腹背受
敵見勢不支卓豎所執大旗於壘怒馬馳赴斬數十級
身受重傷馬踣復躍起奪敵矛左右衝盪復中火槍乃

踣子昭南以身障之格殺數人被創無完膚同時麾下
二百五十人皆死焉督糧官即用知縣顏履敬素與朱
貴意氣相得糧臺距大寶山二里登高觀戰良久奮起
曰吾不可不助易短衣持佩刀奔赴其僕止之不可乃
執梃以從俱中礮死時文蔚駐長溪嶺里鏖戰時有請
往援者諍久之始許發兵二百薄暮未遣而敗聞侍衛
容照司員聯芳等請退避遂宵遁至東關全軍遂潰以
後營夜被漢奸焚燬奏聞次日猶未至也長谿嶺營既
潰軍氣大喪初七日將軍參贊棄紹興走西興巡撫劉
韻珂飛檄毋許一卒渡江違者軍法從事於是文蔚乃
回紹興奕經渡江回杭州

以耆英為杭州將軍
起用伊里布
伊里布既回兩江總督任後以家人張喜往來洋船事
涉通番逮入都奉　旨遣戍至是大兵敗績於慈谿巡
撫劉韻珂以事勢危急奏陳十可慮末曰凡此十者皆
屬必然之患非皆屬無解之憂若不早為籌畫則國家
大事豈容屢誤現在將軍奕經赴海甯州查看海口參
贊大臣文蔚留紹城調置前路防守究竟此後應作何
籌辦將軍等似尚無定見臣渥被　生成若不將實在
情形直陳倘省垣不守臣粉身碎骨難蓋前愆伏乞
皇上俯念浙省實在危急獨操　乾斷飭將軍等

隨機應變妥協辦理俾浙省危而復安即天下亦胥受
其福臣不勝迫切待命之至又片奏云臣前請將已革
兩江總督伊里布改發浙江軍營效力贖罪未蒙　允
准恩出自　上臣何敢復行瀆請惟念該革員獲罪
究屬因公且其按兵不戰究與僨事誤國者有別我
皇上愛惜人才凡中外獲咎臣工苟心迹可原咸荷
棄瑕錄用或令戴罪立功不知凡幾如周天爵林則徐
等亦皆令其及時自效仰見　聖德如天不使諸臣
終身廢棄伊里布與周天爵等同係譴戍情罪似均且
公忠體國並無邀功近名之心現在將軍等差委需員
除隨帶司員外又調取各省丞倅牧令來浙並令本省

之貢舉生監查辦事件若老成謹慎不貪功不圖利如
伊里布者正可以備器使況該革員爲英逆所感戴卽
其家人張喜亦爲英逆所傾服若令其來浙或該逆聞
之不復內犯亦未可定可否仰懇　天恩將伊里布
發至浙江軍營效力贖罪之處出自　聖裁如蒙
皇上鑒其無他望賜采納旋奉　密諭劉韻珂奏
請將伊里布發至浙江軍營効力贖罪已有旨令隨耆
英前往矣現在浙省剿辦既難得手則防堵是第一要
務萬不可再有疏失該將軍等惟當激厲衆心協力守
禦不可因前此失利稍存畏葸致該逆乘機更肆猖獗
耆英此來已諭令與該將軍等相度機宜通籌大局臨

時自必密商至防堵保衛是將軍參贊等專職倘有疏
虞獲咎孟浪朕惟將軍等是問該將軍等接奉此次密
諭惟有默識於心斷不可稍露風聲致令在事員弁兵
丁羣相觀望貽誤事機也

臺灣兵備道姚瑩奏籌海防

初英人寇大安雞籠皆受創在粵英船聲稱大舉報復
上憂臺灣單薄　廷寄臺灣爲閩海要區向係該
逆垂涎之地此次駛入逆船復經該總兵等殲剿難保
無匪徒闖入冀圖報復現據奕山等奏逆夷有遣人回
國添調兵船滋擾臺灣之語該總兵等於一切堵剿機
宜自必先事預籌妥洽現在情形若何有無續來滋擾

萬一該逆大隊復來該處駐守弁兵及招募義勇是否
足資抵禦其如何定謀決策層層布置可操必勝之券
著達洪阿等會同王得祿悉心定議時得祿病故而怡
良方授閩浙總督舊制以臺灣遠在海外軍情不必由
閩中督撫轉奏兵備道與總兵得專摺奏事於是達洪
阿姚瑩覆奏云臣等查臺灣戍兵名雖一萬四千內除
澎湖兩營隔海噶瑪蘭一營遠在山後其山前一廳四
縣地亘一千餘里海口林立民情不靖現當戒嚴若遇
大幫洋船實形單薄欲請兵內地則本省海防吃緊缺
額戍兵尚難補足欲請兵外省則客兵地利生疏且遠
隔重洋緩不濟急惟臺人習鬬膽氣較優且自衛鄉邦

其情較切若曉以大義優其爵賞尚可有爲是以臣等
自二十年八月先後赴南北路督同廳縣委員遍諭紳
耆聯各莊團練義勇半守本莊半聽官調已據各屬冊
報練勇四萬七千一百有奇請領義旗腰牌此皆平時
不領經費調用始給口糧其各海口則自二十年洋船
窺伺臺灣擊退後及上年廈門失守洋船再犯雞籠臣
等陸續添派守口常駐弁兵三千六百六十八名益以
調募屯丁義勇水勇五千五百餘名其分防陸路守城
及澎湖兵勇均不在內惟兵勇分駐只可禦三數洋船
設有大幫則需調取陸營兵及團練義勇出禦仍遵
聖訓不與海上爭鋒俟其登岸設伏擊之伏思用兵

之道氣不可餒貴從容布置言不可夸貴切中機宜謀不在奇貴深明事勢人不在眾貴協力同心洋人之長在火船火器守禦之法其要有五一曰塞港各省近皆講求當各因地勢而用臺郡近城惟國賽港與三崑身之新港最寬深新港現用大竹簍及木桶載石填塞國賽港則以不堪用之哨船並製大木籠千餘載石堆水中均設兵勇守之至四草港與安平大港對峙安平為重兵所在而以偏師扼守四草港內復製大木排四座上架大礮攔截港門更製長二丈大木攢數百枝上施大鐵鑽帶鉤貫以籐條橫浮水上以罣其船此塞港與守港之法也二曰禦礮沿岸設石壁外以竹簍貯土作

礮堆或用大竹簍夾築土牆長數百餘丈下更挖濠埋釘桶竹簽或布鐵蒺藜臣達洪阿近更製地雷埋伏數十處以待三曰破其鳥槍水中用竹筏上設木架張牛皮棉被使水勇乘之以進岸上則於籐牌外新添翻架五十名為一排後藏小銅礮抬礮抬槍可以破其鳥槍火箭火鏢又鍊翻被手法用五十八為隊以水溼棉被張其兩角兼執兩刃排列而前長矛鳥槍隨進較籐牌更為得力四曰守城臺灣郡城逼近海邊安平即係西城三郊商賈雲集之所向有礮臺三座近更加築堅厚復圍建木柵七百餘丈守以義勇城內八坊八十二境諭令紳士鋪民每段樹柵自選壯丁稽查嚴守現在送

冊亦五千餘人此臣等籌防城內外之大概情形也五曰稽察奸民夷雖猖獗皆由所在奸民句引廣東廈門甯波本洋商所聚通市已久無賴之徒素貪其利故為之用臺灣向無洋商洋船不到似無此患而民情不靖則其患更深昨鳳山逆匪張從竟以廣西逃軍在廣東與通番奸民句結回臺糾人為英內應幸為臺灣縣知縣閻炘擒獲首從伏誅並究出英用漢奸劉相蘇旺為主謀本年夷首濮鼎查復自定海遣夷目顛林偕漢奸黃舟等以重貲來臺窺探欲行句結久即被獲而南北匪徒上年復痛加殲剿惟是英逆既屢次失利懷憾轉深果否遂能戢其邪謀尚在未定臣等益當督飭文武

隨時嚴密稽查以防意外之虞且夷囚現在郡監一百六十八名解省既有不可久禁亦非善計甫經奏請訓示設未奉到　批回而大幫猝至惟有先行正法以除內患是為要著至臺灣惟郡城臨海最為險要其餘廳縣皆距海數十里民莊皆用竹圍足禦夷礮獨海口沙地水鹹不能種竹惟令各口添礮墩土牆相機辦理又各口惟雞籠三面環山險峻可守滬尾兩山對峙一港中通其險次之此外則一望平沙港門皆在水中或有暗礁沈汕猶可限阻洋舟否則全仗人力自當相度地勢而行不能一律辦理現令各民莊自相結聯倘洋人登岸即同官兵設法邀擊葢兵事頃刻變易全在不

失機宜非成法所能盡者亦惟存乎其人將吏果皆有勇能謀是又臣等之愚所不敢遽信也臣等才識庸愚當此鉅任惴慄時深何敢遽操必勝惟有竭誠畢慮仰報　高厚鴻慈於萬一

三月廣東遣通事至浙

時廣東遣諳悉英語之通事二人來浙　上命奕經等將所獲夷目幹布爾詳訊該國一切情形奕經覆奏云臣等遵將　諭旨各條飭司員詢該白番等供稱自英吉利國都至廣東總視風信順逆爲遲速速則一月即至香港至遲亦五六月可到所過地方若佛蘭西急欲罷士即罵達剌沙姑路庇令罵勒格新嘉坡等處皆

英吉利所屬所經他國均難指實或船上淡水乏食遇洋面附近之山即以小船攏岸取水其地名未能細辨至克食米爾乃孟加剌所屬孟加剌又英吉利所屬英船止到加剌吉達其地小河可通克食米爾亦有陸路距加剌吉達約千里復有陸路通魯慎大呂宋佛蘭機等處此次來浙均該國王所調英吉利兵其呂宋孟加剌雙鷹國人不能當兵所同來之各國洋人乃船長僱來辦事及充水手該國女主乃因前國王無子立其姪女名域多唎贊英吉利所屬渣罵剌國王之子名鼻蓮士阿剌拔國人稱爲法是滿乃該國第一等官職不預國事至欽差提督等名從未聽聞非女主所授想皆私立名色至犯浙一切事件從前則占那麗架蘭頓調度死在定海後則占那哥付調度其人向在甯波廈門定海等處占那哥付乃罵達剌沙之句連那官即陸路兵頭也義律去年由廣東回國其有無音信來浙均未能知鴉片煙土乃孟加剌米鄉所出就深山僻處秘造即其本國苟非製造之人俱不准入觀蓋恐洩漏其術彼不得專其利英吉利及美利堅佛郎西大呂宋花旗雙鷹等國俱係赴孟加剌益米各處販入內地祇圖貪利實無詭謀等云

夏四月英人犯乍浦副都統長喜同知韋逢甲以下死之

英人據甯波見我軍曠日持久欲乘勝逞志浙西偵知

尖山海口沙淤舟行多窒遂思北窺松江造小蛋船爲入淺河計索甯波紳士犒軍銀百二十萬員許退兵遂於三月二十六日去甯波而撥船專守招寶山要口是朔鎮海英船亦退去惟留四舟兵千餘守定海餘悉出大洋偵之初不知所往奕經遂以大兵收復甯波聞初九日突犯乍浦分泊西山嘴唐家灣先以船礮列陣與官兵相持而以小舟登岸攻東門不克轉攻南門漢奸縱火內應城遂陷副都統長喜禦之受重傷投水前鋒救出越日卒同知韋逢甲率義勇防堵海塘礮傷左脇亦越日死佐領隆福禦賊於天尊廟火起突圍出躬追者至隆福掣佩刀奮砍數人力竭自刎驍騎校該杭阿

守北門城陷有勸之走者叱去遂死之佐領果仁佈妻塔塔拉氏城陷懼受辱有勸避去者氏曰若遇賊則求死不得矣遂與二女投井死生員劉楙松城陷出走遇英兵逼書僞示不從被戕傭工陸貴遇英兵令抬礮不從被槍死木工徐元業英兵逼之導搜婦女不從以刃自刺庠生劉東藩女年二十二未嫁賊以刃脅東藩女懼辱投井死劉進女鳳姑年十九聞城陷出避遇英兵復返英兵尾之急遂痛詈被戕凡官弁兵民婦女殉難者七百餘人兵備道宋國經退守嘉興

臣按英兵自入浙以來所過城邑民人皆先走避惟乍浦濱於大洋出其不意豕突而來罹禍最酷然下至兵民婦女無靦顏求活者具見　國家養士之隆食士之報皆知以忠義相激勸可謂難矣

時耆英伊里布先後來浙劉韻珂既續奉相機籌辦之　密諭遂與奕經趣伊里布至乍浦有　旨授伊里布乍浦副都統英人踞乍浦數日揚言進攻嘉興伊里布至仍遣家人張喜見英酋郭士利告以撫事有成令先退至大洋先是乍浦接仗我軍生擒英人十六名械送嘉興獄郭士利索之急伊里布許俟船退即遣還英人伊里布釋英俘於獄英兵退

如約遂以收復乍浦奏聞

修復虎門礮臺

時御史蘇廷魁奏言聞英人爲孟阿剌攻破該逆兵船紛紛遁回請乘機修築虎門礮臺及粵垣外燕塘壚大沙河龜岡各要隘以資防禦有　旨交靖逆將軍奕山等確訪仍相度機宜妥籌辦理奕山覆奏略云臣等伏查本年二月間風聞英逆所屬孟阿剌地方向有英國兵目領黑白番兵各數百駐守因黑番出兵多傷亡僅白番兵不敷駐守該兵目於去冬勒派土著商民充兵役因而搆怨羣起刺殺兵目並將白番兵數百焚斃殆盡嗣據香港探報英人前佔孟阿剌埠頭藉產鴉片厚利得充兵餉因被孟阿剌麽㐫鬼子將八顛之弟殺死奪回鴉片埠以致兵餉不繼臣等以得自傳聞究無確據曾於前摺內奏及是該御史所奏不爲無因惟該逆兵船是否因此遁回前飭查探其說如果屬實自不應復有兵船駛至乃現在英逆兵船火船又陸續駛到三十餘隻查探已有向東行駛者餘船或云留泊香港或云亦欲駛往江浙是番船駛回孟阿剌應援之說實未可信但近日又訪聞英國之東有恩田國恩田國即緬甸國之音譌相距約三月水程英人欲得其地被恩田國計誘於本年正月殺斃英兵萬餘名現在干戈未息又聞英逆先與喀布爾打仗現又與治拉拉拔打仗有地名古斯尼仍被治拉拉拔奪回該逆深恐喀布爾與治拉拉拔相和好又訪聞喀布爾與孟阿剌各處總名印度等語奴

才等竊思該逆在海外欺凌各國因而各國與之爲難似係事所必有而現在查詢該國人衆所有孟阿剌恩田國及喀布爾各情節或稱得自傳聞或稱並無其事所言地名亦恐傳播語音不無譌錯一時殊難得實云

國朝柔遠記卷十

國朝柔遠記卷十一

臣彭玉麟恭定
臣王之春敬編

夏五月英俘⿰口聖噶等伏誅

先是淡水雞籠海口擒獲英人總兵達洪阿兵備道姚瑩將提郡查訊因嘉義匪徒滋事暫停及事平仍分起提解來郡委臺灣知府熊一本知縣閻炘帶習英語之宋廷桂何金逐一研訊將奏誅之復奏　上諭御史福珠隆阿奏請暫留罪夷以便解省訊究一摺臺灣擒獲逆夷多名如果尚未正法即著劉鴻翺飭令達洪阿等按照該御史摺內所陳千里鏡一節毋庸查究外其

餘逐層究詰明白曉諭務得實情密籌辦理冀有裨益於攻勦機宜姚瑩覆奏畧云臣等欽奉　諭旨後復加研訊據黑番頭目咀莉啌等供稱伊等均紅毛望結仔吽勝油各島人駕夾板洋船向屬英人管轄每年俱納鴉片煙土爲貢稅前年中國查禁煙土無從銷售英王遂索納金銀各島亦因煙土難銷無金銀供應仍求收納煙土英王即於檳榔嶼望結仔實力等處雇調兵船七十餘隻在孟加剌會齊大船用八九百人小船五六百人每人月給番銀四五圓至十餘圓不等又漢奸數人沿途賣貨買物供用令大頭目帶各船至中國與領事義律求通商因中國嚴禁如初即帶各船至虎門舟

山厦門等處滋擾去年英王撤回義律另以璞鼎查爲領事大頭目隨派三十餘船攻厦門續派二十餘船再攻浙江又派伊等三桅船三隻來臺窺伺伊等船於八月十二日晚先到雞籠外洋其同來二船不知何處阻停伊等遂於十六日駛入雞籠口與官兵開礮相攻被岸上礮擊倒大桅伊船立破船中番官三人一名可失萬一名巴刺不一名龍不奔見勢危急一於拜天後跳海一傷目其一同白番數十黑番三百餘及漢奸數十分駕杉板船四隻逃走官兵乘船追至諸夷或投海死或被殺死伊等均被生擒船上大小礮三十餘門及藥彈金銀器物俱各散失此該夷船聽從英逆各處滋擾

來臺被擒原委也詰以漢奸姓名里籍據稱漢奸俱粵人前英人在廣通商與管事白番相識是以雇在各船照料伊等實不知其姓名詰以製藥製礮該逆能否造辦據稱火藥船隻俱在本國及息辣製造礮用銅鑄伊等但能用藥點放不能造辦詰以硝磺米石由何處偷漏所需內地何物接濟畏懼中國何項兵法據稱硝磺米石俱由息辣孟加剌等處運來或各處漢奸接濟船中所帶乾麪粉餅極多非必需內地之物至在中國打仗最怕擱淺是以到一海口必量深淺最怕火攻是以船之兩舷皆用夾木中層注水以防礮火等語臣等復詰以檳榔嶼望結仔息辣孟加剌實力等處是否國名

所獲圖冊番書是何奸計據稱孟加剌實力是英國屬島檳榔嶼望結仔息辣三處是英國大碼頭在葛剌巴一帶順風亦須四五月方到中國至所帶圖冊是沿途各島及中國地圖番書是管船白番甲畢丹之物伊等黑番俱不識字莫能解說等供再三嚴詰矢口不移臣等查該逆番等因天朝不准販賣煙土輒聽英人調派分至各省滋擾實屬罪大惡極若如該御史所奏解省審辦非惟現乏文武官兵護解過海且此項黑番俱各島烏合愚蠢之人問以祕要情形不能明晰且恐洋面番船聞而截奪應否仍照臣等原議卽在臺正法以彰國憲而快人心抑如該御史所奏暫緩正法之處臣

等未敢擅便請奉　旨將頭目監禁留存聽候諭旨其餘概行正法於是將雞籠擒黑番一百二十三名除受傷在途在監身斃外又留存頭目咟莉啌哈吻叻嘛二人其餘望葛等一百十七名斬決又將大安生擒紅白黑番四十九名解郡訊供後亦留存紅番頭目顛林大夥長律比二夥長吧底時三夥長科因諫呢副頭目忿文白番頭目伊些駱黑番頭目忍滿七人其餘紅番肫哩等三名白夷密林等十名黑番伊騷等二十九名悉誅之

英人陷寶山縣江南提督陳化成死之

寶山城東南爲吳淞黃埔交匯入海之口實爲上海崇

明管鑰洋面寥闊不如口內之東溝江灣可設伏火攻惟東西礮臺有礮三百餘又海塘高厚礮不能透塘上土堆如雉堞可蔽身小沙背則塗灘峭岸險亦足恃江南提督駐松江府陳化成莅任六日而定海警報至遂馳赴吳淞口相度形勢建營於海塘高岸激厲將士拊循軍民冬則踏雪巡營夏則海潮盛時水深及尺未嘗移營及乍浦失守江浙騷動總督牛鑑駐師上海有兵三千籐牌八百化成恃以無恐是月三日英火輪船四由外洋探水入輪煙蔽天鑑驚疑束手適奕經檄令權宜設法羈縻之遂遣弁齎禮物赴英船不答初八日英船開礮化成亟麾令然礮沈其二艘又折其二艘之桅斃英兵三百餘人鑑聞之喜出寶山南門登塘觀戰適爲一飛礮驚退滁州兵在後者走河南徐州兵皆潰總兵王志元亦走英兵遂由小沙背登岸化成前後受敵中礮死東溝江灣之兵同潰英兵遂入寶山牛鑑走嘉定自丹陽句容回江甯武進士劉國標負化成尸匿蘆葦中越十日嘉定知縣練廷璜求得之殯於嘐城民爭詣哭奠繪像祀之事聞　賜謚忠愍時江浙士民諸曰一戰甬江口督臣死提臣走再戰吳淞口提臣死督臣走同化成殉難者守備韋印福千總錢金玉許林許攀桂把總龔齡增外委徐大華姚雁宇等七人

英人陷上海典史楊慶恩死之

上海距寶山八十里居民聞警郎遷徙文武各官買舟將遁典史楊慶恩聞之求見上官言事不得而返比吳淞失守參將繼倫率兵棄城去兵備道巫宜禊知縣劉光斗先後走松江所募福建水勇乘機焚掠慶恩頓足長歎作牘呈上官竟投筆曰吾亦從此逝矣倉皇出小東門呼扁舟渡春申浦探囊得百錢與舟子其僕意其避去從之舟至中流慶恩突躍入水僕號呼曰此我主上海捕廳也舟子不顧急搖槳去僕求救不得亦走十一日英船駛至上海城已空無人比英兵退慶恩家人求之於周家渡蘆叢中見番尸十餘中有漢衣冠者則慶恩也乃斂以歸事聞奉　旨優卹

英人犯松江府壽春鎮總兵尤渤禦卻之

英人既入上海十三日復以火輪杉板駛至松江時尤渤統壽春鎮兵二千調守松江整陣以待英師開礮渤令我兵皆伏避之礮過而起則我礮齊發相持半日而退次日復至亦如之英人不得逞而返英人又將窺蘇州以火輪船探水至泖湖輪膠於水草乃還遂於二十日退出吳淞口

夏六月英人陷鎮江副都統海齡闔門死之

英人又以杉板小舟擾及無錫界並崇明靖江江陰境鄉民聚眾逐之不勝去遂自福山放洋游弋圖入長江而未測江水淺深沙綫曲折及內地虛實乃劫沙船導

火輪船駛探知各險要皆無備沙港荻洲皆無伏乃決意深入先是有鎮江紳士請於常鎮通海道周項以圖山關江流狹隘可兩岸設防且備火攻項乃親往相度形勢紳士爲指陳堵截守禦事宜項笑曰鋌而走險彼必不來來則俟其擱淺而圖之若先縻數萬金以設萬一之防誰其任之遂不設備初八日英船乘風潮直入進薄瓜洲城兵民已逃盡轉窺鎮江參贊大臣齊慎湖北提督劉允孝督兵禦於城外相持三日勢不支退守新豐距郡城四十五里城中守具不備又未團練民勇相助惟駐防兵千餘綠營兵六百副都統海齡率之以守初攻不克英人乃佯攻北門而潛師自西南以火箭

射入城延燒房屋乘間梯城入守兵皆潰居民紛紛逃出乃焚滿營海齡爲所殺闔戶盡焉項及鎮江知府祥麟丹徒知縣錢燕桂等先後棄城走鎮江素繁富英人積憾駐防焚殺擄掠慘甚甯波寶山

淮揚鹽商賂英師

京口既失英船礮聲震江岸瓜洲儀徵之鹽船估船焚燬殆盡梟匪乘間劫掠火光百餘里揚州爲鹽漕交匯自京口逾江泝流止半日程淮南北場運商人惴甚時漢奸諜者揚言英人戒師期將因糧於揚以規取江甯非速備贖城費以求免禍且旦夕至贖城者英人挾兵索賂之口號也商人聞警將盡室行有江壽民素善淮商門客自請往詗之諜者以告馬利遜呼之入索賂款六十萬壽民請減其半英酋方欲疾趨江甯意不在揚許之時淮商皆中落咄嗟莫辦具白於運使但明倫不可商人曰納賂以行成不猶愈於齎糧而藉寇乎明倫嘿喏無以應乃作商人提借之款飭總商具領事後歸償卽日交壽民致送鎮江英船遂於二十八日進逼江甯東南大震

秋七月英人犯江甯耆英伊里布牛鑑與英人成和

英火輪兵船八十餘艘連檣溯江而上自觀音門至下關（在江甯北河外）烽火照徹城中時牛鑑自吳淞敗還沿江警報曰亟而不謀守禦　朝廷方廑慮漕運咽喉與沿海

之民已　敕耆英便宜從事羈縻之又英酋已先奉其國王諭但得他省通商不必更索兵費煙價卽鴉片亦不再販故在乍浦亦有前往天津求和遵國王所諭之言而耆英方自浙啟行伊里布亦奉　詔自浙馳至未敢自專故鑑惟日促耆英之至而飛書照會英酋以欽差大臣已奉　諭旨允定和好不日可到以緩兵是月初三日伊里布亦遣家人張喜偕揚商夥詣英船羈縻之其酋璞鼎查謾語曰耆將軍未知何日到我軍數萬遠來轉輸難繼方謀就食城中若欲俟耆將軍速爲我辦餉糈三百萬治邸舍城中入而徐議可也二人歸告時壽春鎮兵已抵城下將校陳平川等皆憤怒請決

一戰鑑不許曰然則請閉城登陴而守鑑遽拂衣起駐
防將軍德珠布在座亦拂衣起江甯故南都城守嚴重
將軍祿牡鑰督府有急事亦需將軍令箭然後啟英船
初至德珠布亟傳令閉諸門時居民戒京口焚掠之慘
方遷避去猝聞重閉之令有路藉死及委殯去者鑑與
德珠布交疏相劾伊里布調停其間約以巳啟申閉及
敵情叵測鑑猶恐誤撫局不設備德珠布怒即閉內城
授兵登陴居民益恐時張喜復至英船英人要求各款
一索煙價商欠兵費銀二千一百萬一索香港為市埠
並通商於廣州福州廈門甯波上海五港口一英官與
中國官用敵體禮餘則劃抵關稅釋放漢奸等款未請

鈐用　國寶喜言煙價兵餉廣東已給過六百萬今索
價更奢索埠更多若何馬利遜言此我國所索豈即中
國所許此次通商為主不重在銀錢但得二三港貿易
餘則中國裁酌可也而諸大吏未即覆初六日耆英入
城按各款逐款詰之適英酋閶增調壽春兵至謂我借
款緩師初八日突張紅旂揚言今日如不定議者詰朝
攻城意蓋欲款局速成非望所求盡允而諸帥即夜覆
書一如所言亦絕不及鴉片煙禁翼日遣侍衛咸齡布
政司黃恩彤甯紹台道鹿澤長往告各款已代請俟
批回即可定約遂急驛馳奏且謂敵設礮鍾山之巔全
城性命在呼吸實則山頂極峻礮無由上且距英船數

十里又謂乾隆時征緬棄銅壁關外五千里云云
上覽之憤甚時軍機大臣謂兵興三載糜餉勞師曾無
寸功靖難息民撫之便遂許之惟福州省會飭以泉州
換給所請鈐用　國寶著易以該大臣關防時三帥以
將修好遣喜等約期相見馬利遜（英官名其人能為漢語）謂喜曰
我洋人不諳中國禮節欽使制府必欲來者請以本國
平行禮見蓋惟舉手加額而已十五日耆英等暨侍衛
司道詣英舟與璞鼎查等四人相見即用其禮議訂盟
約十七日復親具牛酒犒師英酋忽辭不見亟遣喜往
問故馬利遜曰前議款無可更易有一不從則請相見
以兵耳諸帥奉　批旨懼撫事中沮秘不聞惟奏乞俯

如前請又稱鈐用　國寶乃該國王所藉覘向背從違
者否則各議條皆不行　上雖知諸臣危言要挾而
度其終不能戰也遂許之而耆英等果於覆奏後即已
一如所請十九日率僚屬赴靜海寺（在儀鳳門外）璞鼎查兵
衛導從入寺相見將議款各畫諾二十一日璞鼎查偕
馬利遜入城至上江考棚答謁大吏集隊仗鼓吹聲礮
迎入璞鼎查雖兵頭而馬利遜辯給多智酒酣馬利遜
言我兵本不敢輕入內江緣七次遣人沿江探水至蕪
湖遇險狹處周視蘆葦間不見一兵然後敢入若和議
不成長江天塹固將一決勝負也耆英詫甚謂彼何以
識長江天塹之語故有傳其為漢奸仕英者初英船抵

下關嘗由陸分擾及句容鄉鎮又漢奸所在充斥恩彤令城內挨戶行保甲法立柵給牌嚴啟閉以防內奸民甚德之自張喜通撫事恩彤與英酋往還日密人以是譏之又英人自以異言異服初未敢輕出至是侈甚恣意游覽有英人見婦女之皙者執手調謔居民憤甚羣捽而毆之其酋怒將趣衆赴闕恩彤亟往謝而酋必欲按問乃枷鎖軍犯數人詣謝旋諭軍民謂外洋重女輕男執手是其本俗居民慎勿滋事端遂傳為口實

法蘭西人來江甯

法蘭西及美利堅與英吉利皆世仇英人入犯并阻諸國貿易諸國欲各調兵船來粵與之理論林則徐曾兩

次奏及以琦善一意主和而止琦善甫褫逮美利堅酋卽出調停故有但許通商不索一切之請乃廣東誤攻殺美利堅數人故不肯復盡力而法蘭西酋於英人再敗盟後卽來兵船二兵帥一并請代造二船曰水底鴉能伏水中攻船底否則請火藥及兵饟銀數萬代攻虎門香港之英船又請以船礮駕中國而敎我兵駕駛運用之法可倣造十船分布各海口俾英不敢逞奕山祁墳皆遲疑莫之應其酋又請赴浙江代為議款使英人不敢為無厭之求否則藉與為難奕山亦不肯奏及怡良以聞又恐其情叵測坐視遲延半載至是月駛赴吳淞則英人已深入法人因請我船導之入江而官吏申

請稽時比至江甯則款議已成數日璞鼎查懼其搖撼撫事遣舟迓之問勞有加法兵頭猶謂戰則求援和則不告數誚讓之而英人待之益恭法兵頭懊喪而返於是分提藩運各庫銀給付本年六百萬（議款二千一百萬本年交六百萬餘分作三年完結）至八月杪英船出江九月始盡回東海其鼓浪嶼及定海則俟三年銀數交後始撤

劉韻珂致書耆英伊里布牛鑑

江甯撫議定浙撫劉韻珂恐人議其奏起伊里布為請撫之地以解浙危又見所允款議多礙大局遂致書耆英等畧云聞撫局已定念計出萬全自當預防後患而鄙人不無鰓鰓過慮者查英船散處閩粵浙蘇較多其

中稱有他國糾約前來者又聞粵東新到洋船十隻倘該逆退兵後或他國出而效尤或卽英人託名復出別肆要求我未能深悉夷情安能盡服醜類此宜慮者一該逆曾在粵就撫迫給銀仍復滋擾前車可鑒此次議定後或又稱國主謂今酋目等辦理不善撤回別生枝節此宜慮者二該逆屢有前赴天津之言去年投書之某今年所獲之陳祿皆云雖給銀割地決不肯不往天津而現索通市碼頭又不及天津殊為可疑此宜慮者三通商必明立章程各有關口應輸稅課倘仍阻商抗課勢必難聽一經禁止必啟事端此宜慮者四通商之後民人與該國獄訟應聽有司訊斷倘此後各省案涉

夷人彼乃抗不交犯如粤東林維美之案何以戢暴而服民此宜慮者五罷兵後各海口仍需設防如修造礮臺戰船添設兵伍營卡本以防海倘該逆猜疑阻撓致海防不能整頓此宜慮者六通商須治奸民今内地漢奸現投該處者應令全數交出聽候安插否則勢必恃夷犯法不逞之徒將陸續往投以害良民倘該逆庇護官法難施必尋衅隙此宜慮者七旣定碼頭則除通商地面餘皆不容泊岸倘任意闌入致民衆驚惶或掠取婦女牲畜民人糾合抗拒彼必歸咎於官興兵構怨此宜慮者八通商原非割地而現已毀定海城垣造洋樓亘數里洋兵挈眷以居有據地之意倘各省均如定海舉腹内之地畀人轉瞬卽非我有此宜慮者九中國凋敝之故由於漏銀出洋今各省洋船漏銀更甚利源勢將立竭會子交子之弊政行國用民用之生計已絕嗣後雖准以貨易貨更須嚴禁漏銀出洋而衅隙卽開於此此宜慮者十至議給之款各省分撥承示須勸紳富捐輸歸款浙省自軍興以來商民捐助餉需爲數已鉅甯郡爲全省菁華又爲洋人搜括一空去歲復遭災歉各屬飢民滋事業經勸捐賑濟實已竭蹷從事若責以賠夷之款勢必不應若如川省之議增糧賦江浙萬不能行必至忠義之心漸成怨毒之氣故勸夷之銀可勸捐而賠夷之銀不可勸捐他省完善之地或有可勸捐

浙省凋敝之區萬難勸捐惟諒察之又云成敗安危之機自此而定如病證本合用大黃芒硝忽爾瞑眩一醫遽易以參朮後醫知其誤仍用硝黃而配方雜亂佐使無等屢試益劇於是庸醫羣以爲硝黃不可用再投參朮不復瞑眩而痼疾遂成矣就今大勢而論文官愛錢又惜死武官惜死又愛錢加以兵無鬬志民有亂心帑藏空虛脂膏竭盡戰亦敗和亦敗然戰之敗敗於無人和之敗敗於失策英人反覆姑不具論卽善後事宜而論已儳焉如不終日導之爲逆者漢奸也其爲逆主謀及荷戈相從受其雇役者何止萬人英雖戢兵若輩肯散歸田里乎如仍混迹於英藉勢作奸犯科官不能詰吏不能捕況英旣以兵脅和固已夜郎自大通商碼頭清道而來文武官吏皆將趨避取人財貨掠人妻女又敢問乎一也名曰四處碼頭實則隨地可到假令深入漸進遨遊各城市孰能禦之二也不軌之徒干犯國紀竄身夷館卽屬長城三也民犯夷則惟恐縱民以怒夷夷犯民又將執民以媚夷地方官祇知有夷不知有民四也水師將弁本皆懦法洋盜出沒伺劫祇須懸一英旗我兵便已膽落五也挾兵通商自必免稅沿海諸國大率爲英人脅服此後貨船皆附入英人我設關而彼收稅六也黃巖一縣無不吸鴉片煙晝眠夜起杲杲白日闃其無人月白鐙紅乃開鬼市煙禁大開鬼世將成

七也兩年來干戈擾攘專爲禁煙專爲漏銀今煙禁仍開銀盡可待八也夫國家所特以治天下者法也民所特以納稅課通貨物者銀也今法窮於夷銀盡於夷雖欲戢兵其將能乎然大局既壞攻補兩難而徒責今日之庸醫殺人則亦未爲平允耳

臣按韻珂此書指陳後患深切著明而法窮銀盡二語尤足駭通商後一切弊端而論者每惜其言行之不符蓋江甯之撫雖耆伊二相成之而二相之來江甯實韻珂使之但韻珂用意深巧既幸紓目前之難又自惜身後之名撫局既定恐貽天下後世口實特爲此書以貽三帥覽者見其置身局外反覆千言必

謂當日撫局韻珂未嘗與聞殊不知薦起伊里布疏中雖不及一撫字而該逆感戴傾服等語早已失言至是又倡爲攻補兩難和戰俱敗之說以自諉韻珂其黠矣哉故統觀其前後奏詞謂韻珂未與撫議恐百喙不能辯矣

冬十二月逮治沿海失事文武官論罪有差

撫議既成洋船盡退廷臣交章論劾有謂竭千萬民庶之脂膏保二三庸臣之軀命者　上亦念誓師命將戰既無人和眞失策追論前事　詔以不守長江險隘逮治牛鑑以耆英代之又褫逮領兵將帥奕山奕經文蔚余步雲等交刑部治罪按律問擬斬監候有差惟余步雲以裕謙家人控於都察院奏聞　上以其情罪最重即行正法其餘沿海失守城池之道府縣及領兵官失事逃走者懲處有差

以伊里布爲欽差大臣赴廣東督辦通商事

蠲免沿海被寇地方錢糧

罷臺灣鎮總兵達洪阿兵備道姚瑩

江甯議款成約各歸還俘獲而臺灣先後英俘百六十五人已於五月奉　旨伏誅惟以白酋還之璞鼎查抵厦門積懷憾恨遂訐臺灣鎮達洪阿兵備道姚瑩冒功貪賞擅殺其遭風逃難商民弁張僞示思與臺灣搆怨而主款官吏及失守文武亦忌之肆爲蜚語瑩等申奏

云臣等遵　旨釋還英俘及此次遭風英人業將兩次委員護送並厦門英官來臺灣情形具奏茲據各稟委員張肇鑾護送此次遭風洋人二十五名已於十月初八日交訖其委員盧繼祖梁鴻寶護送釋回頭目顛林等九十名因風於十月二十一日始到厦門先有洋船在港口守候即將顛林等攬去鼓浪嶼尚未給回照風聞璞鼎查已到厦門與鼓浪嶼夷酋札士必作何忽生異議以爲臺灣正法之洋人皆係遭風洋商不應正法等語臣等不勝駭異查臺灣洋面自上年八月初一後即有洋船南北遊奕並無風暴初九日始有颱風至十二日申刻即止該洋船係十三日申刻泊雞籠外洋十

五日辰刻移泊近口之萬人堆十六日卯刻駛進口門
對三沙灣礮臺連發兩礮打壞兵房我兵卽放礮回擊
見其桅折繩斷船卽退出口外衝礁擊碎該船來臺遊
奕在未起颶風之先及到雞籠洋已在風息之後且先
泊外洋後進口門中歷三日之久何得謂之遭風如係
商船爲何開礮攻我礮臺且尚有所獲洋人大小礮位
多門及戰甲可證及九月初五日又有三桅洋船至雞
籠攻我礮臺石壁燒我哨船一隻因上岸洋人爲我兵
礮斃始退似此攻戰交鋒何竟不言而以遭風藉口本
年正月大安之役先有三桅洋船三隻在彰化五汊港
外洋臣等設伏定計密遣漁船誘其擱淺擊破除殺溺

外生擒顚林等四十九人及廣東奸民鄭阿二黄舟等
五人起獲礮械內多甯波鎭海各營軍器鐫有字號並
起獲浙江提督水師號衣旗幟各二署温州鎭左營守
備本汛水陸程途山水形勢冊一浙江巡撫札温州左
營包游擊捕盜又札包游擊查獲販買鴉片之犯各二
弁穎州營左軍葛守備札辪外委查守兵陳廷儉各印
文現俱存庫可驗若係商船何有此物其爲在浙騷擾
之兵船無疑且據該夷目及奸民鄭阿二等供稱係璞
鼎查自定海遣來持書尋臺灣逃軍張從等內應而張
從已於上年由臺被獲正法果有其人似此供證確鑿
乃揑稱遭風商船以飾其在臺挫衂之恥夷情狡詐一

至如此且事在和議未定薄海同仇卽使洋船實係遭
風亦當乘勢攻擊方爲不失兵機豈有釋而不擊禽而
不殺之理況洋人夾板雖多中多派用商船打仗勝則
稱爲兵船以耀其武敗則指爲商船以諱其短此無足
怪乃於和議已成之後追尋前事謂臺灣不當以其人
正法成何理耶臣等幸逢　聖明在上此等無理之
言本不足上瀆　宸聰但夷情難定其在臺者已感
激恭順於先而在厦者忽爲此飾情翻異之說誠恐訛
言易滋於大局甚有關係現在來臺洋人雖已悅服但
江浙大幫洋船尚未南歸不可不防患於意外今旣有
所聞不敢不據實上陳　聖鑒又奏云前此僥倖成

功實由仰承　聖訓先事指示機宜又得文武員弁
紳士義民人思敵愾憤切同仇且督撫臣深悉海外情
形屢次令臣等便宜行事不爲遥制是以臣等不避嫌
疑遇事徑行具奏故能不失機要境土安全卽正法之
夷自上年八月及本年正月俘獲皆羈留久之迨該逆
連犯乍浦吳淞始奉　旨正法誠以海外奸民屢次句
通滋事衆至百數十人久恐生變彼時尚未就撫不得
不除內患仍留其頭目未肯全誅臣等仰體　皇上
格外之仁安敢濫殺敵未就撫兵商皆我仇讎況騷擾
有據前後奏牘具在祇以上崇　國體下固人心張我
軍威作我士氣乃蒙　聖主俯鑒海外孤危內安外

擴之難十倍內地不惟臣等及全臺文武屢邀 寵
恩迥逾常典並以臺地人心浮動之區紳士義民能知
大義每於 賞勸獎勵之中特加優異 聖謨廣遠
燭照遐方所以鼓士氣而勵戎行迥非臣下所能企及
臣等力小任重本深以爲懼臺灣之賞愈厚則英人之
忌愈深觀該酋示中有云中華之辱莫甚於此其情亦
可見矣厦門與臺灣對峙洋人在厦設立碼頭商船往
來貿易臣等在臺實犯彼之大忌今僞示稱請大臣代
奏伸冤諒此虺蜮之情斷不能逃 聖鑒而臣等密
邇仇讎彼必藉口而來滋擾縱使防禦周詳人心鞏固
第方今受撫之初豈可以一隅致礙大局伏乞 皇

上天恩將臣等開缺即日撤回聽候 欽派大臣到
臺查辦俾臺灣免生兵釁至臺灣各口要隘設防兵勇
前已酌量抽減以節經費今夷既與臺灣爲難不得不
仍行嚴備並求 迅賜簡放鎮道以重地方而專職守
時諸大吏慮兵端再啟各據洋人遞詞入奏者英竟劾
臺灣鎮道冒功達洪阿姚瑩遂罷

國朝柔遠記卷十一

國朝柔遠記卷十二

臣 彭玉麟恭定
臣 王之春敬編

癸卯 道光二十三年

春正月 詔怡良讞臺灣獄

時英酋流言四布欲罪臺灣鎮道以雪憤詔閩浙總督
怡良渡臺查辦並奏 廷寄儻此案稍有隱飾不肯破
除情面以致朕賞罰不公不明又誤撫夷之局將來朕
別經察出試問怡良當得何罪凜之慎之怡良既渡臺
即欲傳 旨逮問而臺郡兵民望其騶從相與喧譟不
已達洪阿亟諭解之次日又持香炬赴愬行營復經鎮

道撫循遣散而全臺士民遠近奔赴合詞申理怡良懼
激變受其詞慰而遣之然既奉 明諭不欲誤和撫之
局思從權完案至是宣傳 上意迫鎮道具供以兩
次洋船之破一係遭風擊碎一係遭風擱沈實無兵勇
接仗之事據奏又稱此事在未經就撫以前各視其力
所能爲該鎮道志切同仇理直氣壯卽辦理過當尙屬
激於義憤惟一意鋪張致爲藉口指摘咎有應得達洪
阿姚瑩遂不敢堅執前情求奏請治罪

夏五月逮臺灣鎮總兵達洪阿臺灣道姚瑩入都

怡良等奏上有 旨逮達洪阿姚瑩入都交刑部會同
軍機大臣訊結議上奉 上諭該革員等呈遞親供

朕詳加披閱達洪阿等原奏僅據各屬文武士民稟報
並未親自訪查率行入奏有應得之罪姑念在臺有年
於該處南北兩路匪徒疊次滋擾均迅速蕆事不煩內
地兵丁尚有微勞足錄達洪阿姚瑩著加恩免其治罪
業已革職應毋庸議初姚瑩就逮時上浙撫劉韻珂書
云瑩與達鎭軍以禽斬夷俘爲夷目譎愬大帥相繼糾
彈更有摭拾浮言爲彼之助者致干　震怒逮問入都
旣負　聖明特賁之恩又孤上台知薦之德惶悚難
言即當赴省候文就道不得面辭承明諭原奏未嘗不
是惟斬俘太急再逾兩月則撫議成而事可免又謂鎭
道此行非辱甚矣大君子持論之允也顧尚有未白於

左右者今局外浮言不察情事言鎭道冒功上干
天聽夫冒功者必掩人之善以爲已美未有稱舉衆善
而以爲冒功者也雞籠距郡程十日大安稍近程亦五
日皆在臺之北境兩次擒夷均非鎭道身在行間惟據
文武士民稟報之詞耳自古軍中驗功皆憑俘馘旂幟
鎧仗有則行賞故人人用命是以周師耀武史有漂杵
之文項羽自刎漢有五侯之賞所謂兵貴虛聲寬則得
衆也雞籠之破洋舟雖以衝礁大安之破洋舟雖云擱
淺然擐甲之士不懈於登陴好義之民咸奮於殺敵乘
危取亂未失機宜洋舟前後五犯臺洋草嶼賊船句結
於外逆匪巨盜乘機散亂於內卒得保守巖疆危而復

安未煩內地一兵一矢者皆賴文武士民之力也第無
以鼓舞而驅策之焉能致此況當時各路稟報皆稱接
仗計誘所獻夷因礮械衣甲圖書旣驗屬實復有綠營
旂幟軍衣刀仗與浙江巡撫營官印文火藥道里數冊
確係騷擾內地之兵船其時敵焰方張蹂躪數省荼毒
我民人戕害我大將　朝廷屢有專征之命閫外曾無
告捷之師　宵旰憂勤忠良切齒郡中得破舟擒夷
之報咸額首稱慶謂海若効靈助我文武士民殲此醜
類亟當飛章入告上慰　九重焦憤之懷且以張我
三軍挫敵銳氣在事文武方賞勞之不暇豈爲鎭道不
在行閒功不出已遂貶損其辭哉鎭道原奏皆據衆報

彙敘未言鎭道自爲即文武稟報亦未沒士民所獲士
民亦未有控文武攘其功者怡憲渡臺逮問鎭道成算
早定一時郡兵不服其勢洶洶鎭軍懼變親自拊循慰
諭乃散翌日衆兵猶人持香一炷赴　欽使行署泣
愬而全臺士民遠近奔赴具呈爲鎭道申理者甚衆皆
未邀臺案議敘之人也雖憲批不准然皆已受其辭有
案可稽則鎭道非有冒功之心明矣雞籠洋舟到口三
日後乃開礮我兵亦開礮相持大安洋舟實爲漁人所
誤擱淺兵民因以乘之當時陳辭初非臆造詎料就撫
後追憾臺灣擒斬其人偏張僞示以爲中華之辱莫甚
於此計逐鎭道以快其私大帥相繼糾參而臺灣冒功

之獄成矣在諸公創鉅痛深以爲甫得休息深懼再啟
兵戎謀 國之意夫豈有他正月二十五日怡憲抵臺
次日傳 旨逮問以所訪聞令鎮道具辭瑩與鎮軍熟
計英人强梁反覆今一切已權宜區處膚愬之辭非口
舌所能折辯鎮道不去而英或至必不能聽其所爲英
或別有要求又煩 聖廑大局誠不可不顧且愬出
英人若以爲誣英必不肯服鎮道 天朝大臣不能
與夷對質辱 國諸文武卽不以爲功豈可更使獲咎
失忠義之心惟有鎮道引咎而已蓋英未撫以前道在
揚威勵士既撫以後道在息事安民鎮道受 恩深重
事有乖違無所逃罪理則然也且上年十二月初三日

鎮道見英僞示卽照錄具奏自請撤回查辦其摺在口
守風聞怡憲已奉 旨渡臺乃追回鈔呈怡憲舟次繕
摺猶存今以罪去誠乃本懷將來入都亦必如前請罪
以完此案夫世俗紛紛皆由富貴功名之念重君臣道
義之念輕耳苟利社稷卽身家在所不計古有殺身成
仁毁家紓難者彼何人哉怡憲不諒志士立身以爲及
此尚形强嬌頗相詰責不能辯也至臺灣鎮道奏事乃
國制也隔海文書往復不能刻期軍中朝夕百變若
事事請命則貽誤多矣惟念大君子有知己之感區區
微忱幸亮察之又與方植之書云年前接讀手書及論
洋務文深爲嘆息所論何嘗不中無如任事人少畏葸

者多必舍身家性命於度外眞能得兵民心審事局之
全察時勢之變復有强毅果敢之力乃可言之此非鹵
莽輕躁所能濟事也雖有善策無幹濟之人奈之何哉
今世所稱賢能矯矯者非書生則獄吏但可以治太平
之民耳曉暢兵機才堪將帥目中未見其選也況局勢
已成挽回更難爲力耶瑩五載臺灣枕戈籌餉練勇設
防心殫力竭甫能保守危疆未至僨敗然舉世獲罪獨
臺灣屢邀上賞已犯獨醒之戒鎮道受賞督撫無功又
有以小加大之嫌況以英人之强黠不能得志於臺灣
更爲膚愬之辭恫喝諸帥逐鎮道以逞所欲江南閩中
彈章相繼大府銜 命渡臺逮問成見早定不容剖陳

當此之時英爲原告大臣靡然從風斷非口舌能爭之
事鎮道身爲大員斷無嘵嘵申辯之理自當委曲以全
大局至於臺之兵民向所恃者鎮道在也鎮道得罪誰
敢上控大府外結怨於兇酋乎委員迫取結狀多方恐
嚇不得不遵於是鎮道冒功之案成矣然臺之人固不
謂然也迨見鎮道逮問精兵千人攘臂呶呼其勢洶洶
達鎮軍懼激變親自拊循婉曲開譬衆兵乃痛哭投戈
而罷士民復千百爲羣日匍伏於大府行署紛紛僉呈
申訴者凡數十起亦足見直道自在人間也覆奏已上
天子聖明令解內審訊尋繹 諭辭嚴厲中似猶
有矜全之意或可邀末減也委員護解啟程當在五月

中甸大局已壞鎮道又何足言但願委身法吏從此永靖兵革以安吾民則大幸耳夫君子之心當爲　國家宣力分憂保疆土而安黎庶不在一身之榮辱也是非之辨何益於事古有毀家紓難殺身成仁者彼獨非丈夫哉區區私衷惟鑒察焉倘追林鄧二公相聚西域亦不寂寞或可乘暇讀書補身心未了之事豈不美哉

以兩江總督耆英赴粵督辦各國商事

江甯和議亟成法蘭西美利堅人先屢居間議款皆不得與頗有違言其年冬伊里布以欽差大臣至粵東議互市章程英人欲各國皆就彼挂號始輸稅當事每曲徇英人意於是法人美人皆憤言我非英屬國且從未

猾夏憑陵何反厚彼而薄我不肯從又英酋先受困三元里不敢復市廣州及議款成許以廣州貿易而粵民羣起拒之聚衆數萬殺英人於市又殺英官於澳海焚其館而掠其貲督撫再三諭散之璞鼎查時在粵不敢報復而歸咎於官吏伊里布既以始終附成和議爲時指摘又見粵事多棘手至是以憂卒　詔耆英往接辦遂許法美二國互市皆如英例不用洋商任往各海口與官吏平行英人反以此市德於各國而各國之從以合

甲辰道光二十四年

英人築福州烏石山

時劉韻珂任閩浙總督英領事官李某以有事請見韻珂不得已許之及見則請立通商碼頭欲於會城內外自南臺至烏石山造洋樓南臺在福州城外烏石山則城內形勝之地韻珂難之紳士許有年等亦聯名稟阻且以上年粵東阻止入城爲言領事怒訴於兩廣總督耆英謂二十三年粵人阻止入城之議係督撫藉端推諉今閩人又將效尤請即照會閩浙總督加意彈壓耆英言和約第二條所載領事官住五處地邑並非專指城內而言今百姓同聲疑阻豈能遽治以違抗之罪至十一條內聲明兩國屬員往來平行照會此乃文書往來非指住處而言未可牽引比附然值交還欠款照江

甯約已付甲辰年銀二百五十萬應將舟山鼓浪嶼退還中國於是英公使在粵言該國領事在閩應將原約准在福州城內建樓今既不許恐交還鼓浪嶼之約亦將背盟閩粵兩督與之往復辯論英公使乃請以二日退還鼓浪嶼但退還後仍請在彼處建屋以居者英言約內但有五口居住之說是福州廈門可造房屋鼓浪嶼不得造房屋然英人執之如左券矣

臣按李領事初欲在白塔寺賃屋居住居民沮之卒援福州建造房屋之議擅入城中佔居烏石山閩人知爲虎頭生角形家所忌而不能阻始歸咎於當事之不善處分而韻珂遂因此被劾去

乙巳道光二十五年

俄羅斯國進呈書籍三百餘種

耆英奏准設天主堂

直省開堂傳教自昔例禁綦嚴至五口通商亦無許其增設教堂聚徒講教而江甯議款定自英人法蘭西美利堅皆不與又法蘭西貨船至中國者少而私赴各省傳教者爲多殊不便於中國之禁於是二國相繼詣粵督呈稱天主教勸人爲善並非邪教請弛習天主教之禁耆英據奏部議准於海口設天主教堂惟不許奸誘婦女及誆騙病人眼睛違者仍治罪自是西洋人寄居五口者皆設天主教堂按房虛昴星值日之期七日一

宣教法洋商是日停止貿易入廟禮拜謂之安息日歲以爲常然人民不服其教者亦以此屢起衅端官吏調停其間而已

冬十二月英人入廣州城義民禁之

英人既於福州烏石山建樓居大僚與修往來晉接之儀英人因是冀入居廣州城粵民謂洋人向不准入城爲　天朝二百年來例禁況五口通商粵東但有澳門不聞廣州也合詞愬於耆英請申禁不省乃大集南海番禺紳耆傳遞義民公檄議令富者助餉貧者出力舉行團練按戶抽丁除老弱殘廢及單丁不計外每戶三丁抽一以百人爲一甲八甲爲一總八總爲一社八社爲一大總旬日間城鄉鎮市鐙旗相望衆議洶洶不藉官餉亦不受官約束良莠錯雜浸浸與官爲仇矣英酋璞鼎查之返粵粵民即禁其入城酋方逞志於江甯懼見挫遂逡巡去嗣有洋艘至請入見耆英難之至是其酋復以事請面商耆英乃遣廣州知府劉潯赴英舟謂將曉諭軍民訂期相見粵人偵知之於城廂徧張揭帖約以英酋入城日閉城起事適潯自英船歸民有擔油者犯其前導隸捽而笞之市人譁曰官方清道以迎洋鬼其以吾民爲魚肉也一時烏合乘衅而起隨潯噪入府署聚至數千人闖入內宅取潯衣笥搜其冠服焚之堂下曰彼將事夷不復爲　大清官矣潯踰垣奔

訴督撫懼激變亟出示安撫之乃散又揭帖議刼十三洋行英酋遂逸去自是廣州民遇英人登岸輒多方窘辱之英人不堪反以爲大吏指使也數貽書責讓耆英不能辯而懼敗撫局無計以弭之謀於粵紳則曰此衆怒不可與爭也又曰吾鄉之民能爲　國家効力勦賊不願從撫也若督撫將軍一朝下令示以能執干戈禦外侮者受上賞某雖不武亦願備前驅耆英無以答也時番禺紳士潘士誠發憤捐貲延法人雷壬士於家造船礮水雷演試如法先後奏聞進呈　詔廣東新造戰艦交其承辦毋令官吏侵蝕於是粵民乘間以翻撫局英人入城之議不果行

丙午道光二十六年

黃恩彤免

初黃恩彤爲江甯布政司助成和議撫局已定升授廣東巡撫至是被劾罷歸

以徐廣縉爲廣東巡撫

冬十月以葉名琛爲廣東布政司

丁未道光二十七年

春二月與瑞典及哪威國訂通商約

哪威本名挪耳瓦在瑞典西境負大山之背地形長狹如帶北抵冰海西抵大西洋南與嗹鄰其境稍沃夏日長九時冬夜長九時極北冬有夜無晝夏有晝無夜地旣荒

寒不毛居民身不逾四尺以魚爲糧本嗹屬國嘉慶中各國公使會議於維也納以瑞地近嗹者歸嗹而以哪威屬瑞瑞自雍正間來粵商船亦歲至粵人呼爲藍旗國時法美諸大國通商俱得倣英和約條款而瑞本小國不能盡循因請並訂通商條款耆英雖督兩廣實兼總理五口通商善後事宜辦理外國事奏請許之遂與瑞公使李利華訂約三十三條而耆英旋內召矣

以徐廣縉爲兩廣總督葉名琛爲廣東巡撫

夏五月耆英赴召至江蘇讞獄與英人成和

時五口通商上海最盛洋人暇日輒駕杉板船四出游覽而英人尤橫有麥伯思舟泊青浦境與居民鬬爭適有縣之糧艘集舵工水手等助居民相捽擊英衆多傷幷毀其船滬領事聞之詣上海兵備道某請按問主者窮治首從兵備道亦素惡其橫又以事關地方不應越訴乃謾語以鬬毆細故不足深詰領事怒語侵之兵備道拂衣入謂上海知縣曰番漢雜處平民鬬毆此犬兔之逐耳執民以媚夷吾不爲也英人求直不得乃遣副領事羅伯孫等以小火輪至江甯陳訴時李星沅新任總督適閱綠營兵聞之亟遣員弁馳詣下關偵之領事求入城見總督面訴星沅欲援舊檔止之不可乃准前此英酋與耆英等相見於上江考棚用平行儀節越日遂遣員弁導之入城江甯民以壬寅報恩寺之怨相與

喧噪英兵呵逐之居民競投磚石擲其酋導行之員弁委曲調護始得入考棚因訴青浦被毆劫毀船貨值若干萬及上海道不爲申理星沅權詞撫之令回上海聽候奏請查辦英舟乃起椗去星沅方奏委布政司赴上海適耆英自粵東內召過江蘇遂奉　旨讞其獄耆英恐失英人懽於緝治青浦水手外又以賂款作賠款而置兵備道於劾典星沅以此不懌踰年遂以疾乞養歸

戊申道光二十八年

俄羅斯商船來上海求互市不許

初嘉慶間俄羅斯由黑海沿裏海南侵游牧各回部英吉利旣據東南兩印度漸拓及温都斯坦印度中而北於

是葱嶺西自布哈爾愛烏罕（即阿富汗）數大國外凡韃韃里（一作韃靼）皆并於俄夾恆河城郭回國半屬於英道光十九年愛烏罕與沙蘇野相攻沙酋求救於英印度兵頭愛酋亦走愬於俄俄起兵南攻巴社（即古波斯國）取機洼木哈臘（即布哈爾）欲復還故地以窺印度思奪英鴉片稅餉之利英亦嚴兵爲備於是英俄邊界僅隔印度歌士一大山爭戰不休英亦思自息搆爭議未定而粵東罷英互市聲其罪讐英者咸快之俄亦思結援中國遣使自比革爾起程來華約中國以兵二萬由緬甸西藏夾攻印度事雖未行而英惴甚或欲乘俄未至速入寇或料中國未必遽信俄言而防守中印度綦嚴英旋助土耳其（即都魯機）與俄血戰數年始講和而罷逮江甯撫議定法蘭西美利堅未與議者旋亦照英例並在五口通商而俄人自嘉慶十一年貨船來粵駁回後至是有一船亦來上海求市經大吏奏明駁回蓋其商船偶隨諸國私來非奉其國命故即回帆去又俄皮貨珍貴如貂狐海龍駝絨灰鼠之類專售中國若由海船而經炎方鮮不蛀朽故通市之在恰克圖而不由海道以此然俄恃其強亦常至各口後遂有四國聯盟合從稱兵事

（己酉）道光二十九年

兩廣總督徐廣縉廣東巡撫葉名琛進爵有差

先是耆英奏　召將去粵英人以其管轄五口又原議撫事大臣堅執江甯前約請定入城之議耆英以粵民爲詞請徐圖之期以二年後當踐約英酋復要其入告許之耆英既去英人益桀驁視後至蔑如也又以往時預撫局者先後去粵更多所要求遂復以入城照會總督徐廣縉粵紳乘間說廣縉曰彼求無厭公能盡厭其求乎否則需者事之賊也今吾粵民眈眈者皆在英矣若公投袂一呼則負杖入保者皆至何憂不克至是英酋文翰堅請入城與總督議事廣縉辭之而自出虎門詣英舟文翰出所求通商各款並申二年入城之約廣縉不荅歸與巡撫葉名琛畫戰守策時南海番禺各鄉團練之師先後並集紳士請師期廣縉告曰洋人志期入城不許則必挾兵以要我當先守俟其動而後戰則曲在彼矣越日英舟闖入省河連檣相接輪煙蔽天廣縉復單舸前往諭以衆怒不可犯文翰謀質廣縉舟中以要請俄而省河兩岸義勇呼聲震天文翰大懼乃請罷兵修好不復言入城事廣縉徐以温言撫之遂開艙互市如初奏入　上方悟粵民之可用而前此諸臣皆以畏葸故失之覽奏大悅　諭曰夷務之興將十年矣沿海擾累糜餉勞師近年雖略臻靜謐而馭之之法剛柔不得其平流弊以漸而出朕深恐沿海居民蹂躪故一切隱忍待之蓋小屈必有大伸理固然也昨因英夷復申粵東入城之請督臣徐廣縉等迭次奏報辦理

悉合機宜本日又由驛馳奏該處商民深明大義捐貲禦侮紳士實力匡勷入城之議已寢該夷照舊通商中外綏靖不折一兵不發一矢該督撫安民撫夷處處皆抉摘根源令該夷馴服無絲毫勉强可以歷久相安朕嘉悅之忱難以盡述允宜懋賞以奬殊勛徐廣縉著加恩賞給子爵准其世襲並賞戴雙眼花翎葉名琛著加恩賞給男爵准其世襲並賞戴花翎以昭優眷發去花翎二枝著即分別祗領穆特恩烏蘭泰等合力同心各盡厥職均著加恩照軍功例交部從優議敘候補道許祥光候補郎中伍崇曜著加恩以道員儘先選用並賞給三品頂戴至我粵東百姓素稱驍勇乃近年深明大

義有勇知方固由化導之神亦其天性之厚難得十萬之衆利不奪而勢不移朕念其翊戴之功能無惻然有動於中者乎著徐廣縉葉名琛宣布朕言俾家喻戶曉益勵急公親上之心共享樂業安居之福其應如何奬勵及給予扁額之處著該督撫等奬其勞勩錫以光榮毋稍屯恩膏以慰朕意餘均著照所議辦理時粵東好事者倡言將欲乘勝沮其通商文翰聞之而懼貽書廣縉請重定粵東華洋通商之約於是粵紳言於廣縉曰洋人覬覦入城誤自江甯之約未經顯揭耳今必欲以粵東專約請者須首嚴洋商入城之禁明載約中以杜其後文翰見衆怒洶洶不敢堅執遂莅盟粵人又要以出示曉諭洋商恪遵新約亦許之廣縉以聞登入檔案

自是英人在粵稍斂戢矣

國朝柔遠記卷十二

國朝柔遠記卷十三

臣彭玉麟恭定
臣王之春敬編

辛亥咸豐元年
耆英免
時　上初嗣位英人以火輪船駛赴天津稱來弔
大皇帝喪直隸總督以聞　上召問大學士穆
彰阿耆英以請助執紼出自外洋修好之忱對意在許
之　上知其情叵測一旦假以辭色必有覬覦非分
之求與其卻之於後不如拒之於前　命直隸總督諭
遣之英人亦遂起碇去　上見其情恭順始悟前此

逞志邊疆實自議撫諸臣未戰而先示之以弱故洋艘
既退即分別譴責以耆英爲首罪先罷斥並　特頒詔
諭爲當年主戰得罪諸臣昭雪
詔雪達洪阿姚瑩冤
初　上在潛邸即深知達洪阿姚瑩之冤至是　詔
告天下有曰當時政府力排異己如達洪阿姚瑩之盡
忠盡力有礙於己必欲陷之於是臺灣之獄大白姚瑩
等尋起用
秋八月與俄羅斯定伊犁塔爾巴哈臺互市
中國與俄羅斯初止在恰克圖通商掌以部員仍總於
庫倫辦事大臣至是俄人請增伊犁塔爾巴哈臺互市

由伊犁將軍奕山參贊大臣與之定約奏准通商章程
十七條
癸丑咸豐三年
春二月廣西賊洪秀全陷江甯洋人助逆
廣西金田賊洪秀全初亦以習天主教糾眾煽亂去年
冬由湘陷漢陽武昌是年正月東竄陷沿江各城是月
進陷江甯未幾有洋人自上海以火輪船泊下關與之
句通先是賊攻長沙兩江總督陸建瀛請閱兵九江察
看沿江要隘時有獻守江之議者謂洋人自就撫通商
以來甯波上海各口均有舟師若遣員赴彼賂其領事
兵頭等俾以火輪入江助勦足備不虞事不果行及賊

犯江甯時湖南提督向榮奉　命爲欽差大臣以長江
無備檄蘇松太道吳健彰與洋人議商而領事兵頭等
答以不助官亦不助賊健彰知不可另募紅單夾板船
以應及洋船突抵下關賊初疑爲官兵之借助也將拒
之其人曰爾無我虞此來爲通市耳乃徐出其槍械火
藥示賊軍賊大喜鼓吹迎其酋入城與之聯教通欵俾
常接濟軍火由是其酋來往賊營蹤迹詭祕雖江甯人
不知其助官助逆也時賊營括掠沿江大小城邑財寶
山積洋人大獲其利
秋八月廣東人劉麗川作亂陷上海知縣袁祖惠死之
香山人劉麗川初與上海兵備道吳健彰有舊欲藉此

貪緣出入健彰聞其在滬多不法又以身居監司不復與通麗川遂生觖望竊道庫關餉甚饒乃糾集在滬粵人及福建之青巾江右南贛之編錢會黨數日間得二千人闖入上海縣城首戕知縣袁祖惠遂入道署以兵脅健彰突有洋館頭目格叱之挈健彰去逆黨乃劫庫餉據城張僞示藉以洋行公司鈐記所劫餉銀鎔爲番錢益招致亡命寇掠旁縣將句粵逆進寇蘇杭聞洋館領事溫那治曾在江甯與粵逆通麗川求代爲納款許之乃託貿易遣火輪船二駛赴江甯時鎭江各大營巡船見火輪船游弋江上形迹可疑水勇徑登其舟拏獲槍械火藥及洋人二名并僞函僞摺函卽溫那治寄與

賊目書稱前在南京蒙相待優厚并爲照顧貿易之事我等同教中人決不助官與衆兄弟爲仇今寄來火器火藥各若干祈早爲售脫摺卽麗川稱臣於秀全求援應者并獻倭刀一柄時兩江總督怡良駐常州親訊不諱遂咨粵督欲聲洋人助逆罪終以內患方殷恐誤撫局不遑究詰健彰以通番養賊革職尋起用

乙卯咸豐五年

春正月江蘇巡撫吉爾杭阿復上海擒劉麗川誅之

劉麗川陷上海後連陷川沙靑浦南匯及嘉定寶山諸廳縣聲勢嚮應各土匪附之官兵屢進攻不克巡撫吉爾杭阿謀設長圍斷其援而上海北門外洋涇濱爲洋人租界四周築牆樹柵官兵不得立營壘而賊轉於洋行南首據陳家木橋壘壁以通軍火饋餉官兵束手時賊勢日熾商賈裹足各國貿易亦衰於是吉爾杭阿乃謀之各國法蘭西提督辣呃爾首請助順復與英吉利領事阿利國商暫讓南首馬路聽官兵築營壘而美利堅人懼毀其牆外房屋有難色乃許以估價贖回議旣定遂於先冬首擊退扼橋之賊漸移營而前距壘而攻之官兵水陸攻圍六門約期皆備雲梯而賊自城上槍礮火包雨下兵勇不得上時北門附郭有高屋一區官兵得而據之俯瞰城中礮斃紅衣賊目數人日有斬獲二十七日賊來撲橋聲言掠洋涇濱各商亦勒兵嚴防

與官兵并力拒擊賊又鈔襲橋營後皆擊退之追至城濠擒斬僞將軍林阿朋歲除日官兵攻城失利傷亡百數十人正月朔旦吉爾杭阿巡壘見城賊僅放鳥槍無大礮知其藥彈將罄乃密期諸營夜發是夕賊見官軍失利又以歲首開筵盡醉有百姓偵得之以告遂導官兵由東南梯而入賊衆倉卒覓槍械不得驚潰麗川率百餘賊縱火由西南門縋城走總兵虎嵩林督兵追至虹橋廣西兵復邀截之生擒麗川斬之時官兵攻東南法兵備西北又派營將以拖罾船截其由江入海之路遂獲全勝復上海及旁縣

臣按溫那治始則助賊攻而終則乘其敝所謂利盡

而交疏也若賊勢不衰則且益助之爲暴患有不可勝道者有謂洋人之情扶强而抑弱豈虛語哉

丙辰咸豐六年

秋九月英人犯廣州大學士總督葉名琛督義勇拒之

中西前約載凡有不法華民逃至香港或在英船潛匿者英官查交華官若華官探聞在先亦准照會英官移取其英人犯法逃華者亦如之是月初十日有洋艇張俄羅斯國旗來粵河水師弁兵見所載皆華民將罪之通番遂械舟子十二人送省船主以愬領事巴夏里至舟查勘營弁不爲禮巴夏里怫然乃照會粵督以營弁不應擅執且明舟子無罪請釋之總督葉名琛不許又

因包公使以請許之英水師提督西某欲尋衅名琛遣送舟子於領事廳而領事以事關水師弗受二十六日英水師遂攻我黃埔礮臺名琛遣雷州知府蔣某至領事廳詰其由時西提督亦在焉同答曰傳言誤聽屢乖二國之好歸語總督當入城面議之葢意不在舟子欲藉面議爲入城計也名琛以道光戊申己酉間已與英人重定粵東之約辭之而粵人亦執前約及英人示諭洋商不准入城載入新聞紙者上書爭之時名琛已奉

頒欽差大臣關防督辦洋務巴夏里遂屢致書名琛謂壬寅請款凡領事官相商事件得於地方官衙署相見自粵東禁入城以來傳言誤聽壅閼不通請仍循江甯舊約以通中外之好不省於是英人興師攻粵城粵民率團練義勇入保英人遂不克遑復請釋甲入見亦不許

冬十月廣州義勇禦英人屢卻之

英人既積憤是月英水師遂攻我虎門橫檔各礮臺越日又毀我大角頭礮臺及亞西娘二礮臺時沿河礮臺皆有官兵義勇協防凡英艇經其側卽開礮相持無虛日十七日有花旗（美利堅旗號）船自澳門入經沿河礮臺兵勇不辨誤擊其貨船二彌領事致書粵督亦不省因與美人有隙已而英人又移兵攻近城礮臺粵民城守者見英人猖獗咸思洩憤於是積薪灌油燬英人洋行六

時洋艘至粵者爲義勇沿河截擊人船多傷官不能禁有英火輪船尾繫划艇載燼餘珍玩自省河至虎門夜半突有華艇蟻集開礮轟擊輪船亟棄划艇而遁

丁巳咸豐七年

冬十二月英人法人連兵陷廣州城

先是英人攻廣州不克馳告其國主集上下院議之（英制上院爲大臣下院爲紳士）其相臣巴米頓力主稱兵而紳士不從存謂宜先遣公使至中土請重定盟約不許而後稱兵我有辭矣於是簡其伯爵額爾金來華擬由粵入都先將火輪兵船分泊澳門香港以俟又遣人約法蘭西連兵法人聽命額爾金至粵初謀入城不可與水師提督領

事等議款照會粵中官吏俟其復書定進止名琛以其
書語多狂悖置不答亦不備英人遂糾合法蘭西彌利
堅俄羅斯合從稱兵適法兵船來粵遂合攻城城陷執
名琛歸於其國將軍穆克德訥巡撫柏貴以聞奉
上諭葉名琛以欽差大臣辦理夷務如該夷等非禮妄
求不能允准自當設法開導一面會同將軍巡撫等妥
籌撫馭之方乃該夷兩次投遞將軍巡撫副都統等照
會並不會商辦理卽照會中情節亦祕不宣示遷延日
久以致夷人忿激突入省城實屬剛愎自用辦理乖謬
大負委任葉名琛著卽革職

大學士裕誠覆英俄法美書

英人踞粵後自知背約因效義律赴天津往事歸罪粵
中官吏以自說乃與法美俄三國議各遣屬官赴江蘇
見兩江總督以書求轉達　中朝宰相俟照覆於是四
國各遣屬官由上海至蘇州時兩江總督何桂清駐常
州趙德轍任江蘇巡撫見之以遞書告德轍乃咨送桂
清以聞大學士裕誠既得各國書旋覆英國云爾英國
在廣東舉事皆由葉總督辦理不善我　皇上已將
伊革職並著黃宗漢赴廣辦理外國事務爾英國差官
欲修和好可速赴廣東與黃宗漢會晤本大臣參謀內
政未便預聞外國之事故特札江蘇督撫轉諭覆法國
書略同覆美國云英法二國連合起兵爾花旗不預獨
能修好排解我　皇上實嘉賴之但英法起兵實因
葉總督辦理不善我　皇上將伊革職著黃宗漢赴
廣辦理外國事務爾花旗國官果能從中排解可速赴
廣東會晤其覆俄羅斯書則云爾俄羅斯與　大清
向有私約廣東稱兵爾國亦不預惟爾國向在黑龍江
貿易並無立馬頭通商之說如有相爭事件可速赴黑
龍江我國自有　欽差大臣在彼可以面議勿庸與本
大臣議事

戊午咸豐八年

春三月粵紳侍郎羅惇衍翰林院編修龍元僖給事中蘇
廷魁設團防局

時英法踞廣州民多不附而北門外九十六鄉素與洋
人為仇謀保衛計佛山鎭紳士倡設團防局首嚴清野
禁絕漢奸相約洋人入其界者登時格殺侍郎羅惇衍
等親赴各鄉團練得數萬人揚言戒期攻城英法聞之
而懼是時將軍副都統皆在城中英人防其內應悉收
駐防兵械脅降旗民司道聞佛山起義間行出城惟巡
撫以英法防守不得出初中西釁起地方官嚴禁華人
受外洋雇役省城旣陷英人逼令巡撫示諭以中外講
和不日罷兵通商爾等凡在麥高香港等處（麥高與香港對洋香港在珠江口北麥高在南其民多仰食於外洋）為英法署中辦理文案及受雇
後人等前遵示辭退者仍速回原署照舊辦理毋得觀

望不前團防紳士聞之謂中西釁啟漢奸向來違抗封
艙之案必先撤其沙文（沙文卽華民受洋人雇役者）使之供應窘絕
遂出示令粵中各府縣鄉村耆老首事通飭民間男女
有在香港麥高等處爲外洋人敎書辦文及效力雇役
人等統限一月内回家違者收其家屬或繫其親族於
是漢奸歸者二萬餘人洋人身司炊爨不堪其苦以告
領事巴夏里僞諭華民言現今公使水師提督在天津
與　大清議和不日卽可通商爾等仍各還原業卽
地方官亦應仰體　皇上之意毋再阻撓致激他釁
因遣火輪船一往新安張示鄉勇突發殺傷數洋人並
殺其帖示之士民麥高之示亦得不懸英法在省垣者

聞之旋起兵攻陷新安
　臣按佛山之局紳民同心聲勢響應惜不能成紀律
之師故築室多謀而攻城鮮效繼以天津之役滬上
之行執政主和疆臣觀望紳民之掣肘愈甚義氣爲
之不伸是以卒鮮成效君子惜之
夏四月英人法人連兵犯大沽游擊沙春元陳毅死之
先是大學士裕誠覆英法美俄四國書令其分別在廣
東及黑龍江候查辦時四國人已至上海而英額爾金
及水師提督並法兵船踵至阻之不可遂由海道徑窺
天津三月四國舟泊海口遣人前赴大沽港口投書照
會直隸總督譚廷襄以聞　上命

戶部侍郎崇綸内閣學士禮部侍郎烏爾棍泰馳赴天
津與廷襄商辦夷務直沽去海口二百里一日大沽港
南北岸均設礮臺爲天津門戶港外沙磯一道凡海船
入口所必經稍不習輒虞擱淺四國投書時廷襄先遣
人以小舟導之行自此洋人數以小船探水廷襄以時
方議款弗之禁亦不設備遷延二旬洋艘漸習又以遠
鏡窺礮臺虛實時美俄請款船泊口内英法不俟命是
月初八日以小輪船及杉板數十闖入大沽口官兵開
礮相持不克前路礮臺陷游擊沙春元署游擊陳毅皆
死之同殉者陳榮台振岡全布增錦蔡昌年恩榮季榮
長富廣均劉英魁諸人副都統富勒登太營北岸守後

路猝聞前軍失利兵皆驚潰後路礮臺亦陷京營礮械
俱失
罷直隸提督張殿先天津鎭總兵達年大沽協副將德奎
廣東義勇謀討洋人
時英人在廣州聞城外白雲山有鄉勇屯防以兵百餘
人往及見鄉勇人衆懼不敵次日復調兵千人偕進而
鄉勇已去英兵追至數里外欲返其酋怒追至日中戰
傷者五人暍死者六十餘人其醫生（外國出兵皆有醫生隨後）亦爲
鄉團擒殺時義勇聞洋船北犯天津心愈忿膽益壯不
時潛燒其居又殺法美及印度兵數人且有潛置毒飯
中爲法人所覺故亦不願居粵城

奕山以松花江左岸地與俄羅斯

中俄自康熙雍正間曾再定邊界至是乘我粤寇方棘與英法美合以圖我然三國志在邀利俄則欲蠶食我邊地雖不與英法攻擊大沽而以邊地爲請　朝廷命往與黑龍江將軍議於是將軍奕山以是月十六日會俄國東悉畢爾將軍岳福在愛琿城議定和約先劃分中俄東界將黑龍江松花江左岸由額爾古訥河至松花江海口爲俄羅斯屬地右岸順江流至烏蘇里河爲

大清國屬地由烏蘇里河至海之地如接連兩國交界之間爲兩國共管其黑龍江松花江烏蘇里河此後止准中國俄國行船他國船不准由此行走其黑龍江左岸由精奇里河南至豁爾莫勒津屯凡滿洲人原住之屯及所佔漁獵之地永遠居住仍歸黑龍江將軍副都統管理俄羅斯人等不得更相侵犯於是繪圖作記以滿漢俄羅斯三體字刊立界碑

欽差大臣科爾沁親王僧格林沁率師赴天津防勦京師立團營

時京師戒嚴五城皆設團防局以惠親王綿愉主之

起用耆英

英吉利兵頭及公使率以五等伯爵充之畀以全權職銜示將在外不受中制之義時　朝命侍郎崇綸烏爾棍泰至天津英人以從前議款皆以相臣總其事崇綸等不足當全權之任辭不見惟得與美俄二國使臣往來而已二國復以撫事請　上命大學士桂良吏部尙書花沙納馳赴天津查辦惠親王綿愉宗室尙書端華大學士彭蘊章會奏已革大學士耆英熟悉夷情請起用　上召對密幄卽日　賞侍郎銜偕赴天津並諭自展謨謀不必附合拘泥時直隸總督譚廷襄已照會美俄使臣至天津商辦二使臣遂偕來與桂良花沙納相見

五月　賜耆英自盡

耆英抵津往謁英使不得見有言英人與耆英有隙者蓋耆英內召時英人以其通商原議大臣請照江甯約定入城議耆英許奏請而未敢以聞故英人以此懷恨桂良聞之懼阻撫事請　召回耆英　上不悅耆英卽回抵通州　廷寄令仍留天津自行酌辦耆英徑由通入都告僧格林沁以初五日可抵軍營時綿愉方自僧營歸途接僧營遞致耆英函乃與巡防處宗室大臣議謂洋人叵測耆英並未辦有頭緒輒藉詞卸肩且未奉　特旨擅自回京因請　飭下僧格林沁將耆英卽在軍前正法奉　上諭耆英畏葸無能大局未定不候特旨擅自回京不惟辜負朕恩亦何顏以對天下是屬自速其死著僧格林沁派員卽將耆英鎖杻押解來京交巡防王大臣軍機大臣會同宗人府刑部嚴訊比

奏覆　上謂耆英擅離差次之罪輕而諉過卸肩之罪大乃　賜自盡

廷臣請罷撫議

初桂良等至天津紳民遮謁道左請率團練助官兵防勦桂良撫而遣之英有里國太本嘉應州人世仰食於外洋隨英公使額羅金以行營參贊爲謀主聞桂良至即持所定新議五十六條自海口至要桂良允准桂良辭之適津民與洋人釁鬪里國太在焉衆憤起擒之謀殺之桂良譚廷襄聞之恐誤撫局亟遣員弁解散釋里國太送回舟時　廷臣僉謂洋人叵測喜怒不常非大彰撻伐不足以振　國威於是部寺臺諫聯章請罷撫

議侍講殷兆鏞一疏尤切著其畧云洋人犯順以來無識庸臣但求速和了事　社稷隱憂不遑復顧琦善耆英伊里布等旣誤之於前致貽今日天津之患今之執政者誤之於後貽禍更有甚焉者矣近聞和議垂成爲賠償兵費等款以堂堂大一統之中國爲數千洋人所制輸地輸銀惟命是聽而禍之尤烈者莫若京城設館內江通商各省傳敎三條聞者椎心雖婦孺咸知不可古語云毋滋他族實逼處此宋太祖云臥榻之旁豈容他人鼾睡京師重地外夷朝貢猶且禁其出入防其交接禮畢遄返毋許逗留安有強敵世仇而聽該酋置館雜居齊齒胡越橫行輦轂羌逆布滿街衢自古及今實所未聞近惟琉球國都英人盤踞滋擾甚至闖入王宮莫敢攔阻此其患無俟臣縷述也長江自吳泝蜀中貫天下之半與海口情形不同海口通商已爲失計然譬之人身猶四肢癱瘓之疾也內江華洋雜處則疾中心腹矣東南漕運非海卽河大江爲出入所必經設一旦江海並梗何由而達仕宦商賈之往來章疏文報之馳遞海非要道河實通衢洋人但以數船橫截江路則南北將成兩界維揚漢口鹺綱疲敝梟販競作再得逆人爲逋逃主鹽利勢必盡歸彼有而官鹽將廢不但此也所佔口岸太多聲勢愈大與漢民交接事件愈煩釁端亦易於起地方官袒夷則民拂袒民則夷拂彼覘虜

一總督宰相如縛犬豕其包藏禍心無所不至譬猶養虎在檻養盜在家隨時可以猝發此議若成大事便去欲求爲東晉南宋之偏安豈可得哉至於傳敎一節臣不知其所謂天主者何人大率惑世誣民隱蓄異志不然彼國尊天主自行其敎可耳何必游歷各省倀倀不憚煩苦若是近日之長髮賊亦奉天主敎者也其煽惑句結已可概見矣彼知輿地廣輪之數山川阨塞之形兵衛之強弱壤地之肥瘠到處交結豪俠賑恤貧窮爲收拾人心計該逆蠶食海外小國皆用此法有明徵也謀國者曰通商傳敎此時姑先許之俟各省軍務完竣然後舉行夫民困於鋒鏑久矣賊燄雖熾人心未渙猶

冀重亨　昇平若去一寇復招一寇天下何望將吏
士民無不解體而散心或日屆時徐議所以拒之之策
臣恐積弱之餘萬難發憤現值兵臨城下大臣猶曰釁
不可自我開相率靦顏忍恥況許於前而拒於後則直
在彼而曲在我誰肯爲　國家出力耶或藉有要約不
待賊平遽入內地布置周密與長髮賊隱爲犄角否則
擊賊自效別有要求否則奪賊之城邑而有之以爲非
取諸我也種種棘手謀國者曰不和則戰戰果有把握
耶臣請詰之曰然則和果有把握耶夫和果有把握從
前反覆姑勿追論第自今歲北竄以來我之委曲順從
不爲不至何以猖獗日甚可見諱戰求和和愈難成成

則禍且不測謂戰必無把握何以前年李開芳林鳳翔
等北犯凶燄數倍於番卒至片甲不返此無他當時一
意於戰故有進無退今則一意於和故反勇爲怯也現
在僧格林沁兵威已壯講求戰守振刷精神該逆頗知
畏懼近日天津人民爭鬭之事該逆亦避其鋒鹽梟海
盜有欲焚搶洋船者有跪求　欽差總督願糾衆打仗
者　欽差總督不許故未敢擅動耳不得以偶經小挫
遂謂津民不足用也試　飭桂良譚廷襄等鼓勵兵民
於文武屬吏紳士中得如謝子澄者統率之懸購重賞
隨宜施設並令附近州邑廣募壯勇聽候調遣一面明
降　諭旨大張撻伐順天直隸京官有願回籍團練者

命設法辦理如此多方准備一旦狡焉思逞僧格林沁
大兵扼之於前各路鄉勇躡之於後加以洩水塞土諸
法洋船欲進不能欲退不得而謂不足制其命者臣不
信也聞廣東九十六鄉民風驍勇前年平紅頭賊皆賴
其力洋人往搜軍器受傷而回又糾南海番禺兩縣令
鄉民聲言洋人入我界者不論何人登時殺死遂不敢
入三月羅惇衍龍元僖蘇廷魁到處團練已有數萬人
至今曾否打仗無有捷報意者　朝廷未與主張耳抑
羅惇衍等恐如黃琮寶堺之獲咎耶擬請　優旨作其
銳氣刻日大舉惟黃宗漢稟承執政主和之議繞道遷
延請　飭速往會勦勿再徘徊觀望轉掣紳民之肘務

使同心協力迅奏膚功天津洋船聞之必有折回自救
者而我截其海口歸路雖未必聚而殲旃要非孟浪以
僥倖也謀國者曰一戰不勝奈何曰請添兵再戰戰有
勝有敗和則有敗無勝矣曰勝之於此報復於他處奈
何勝之於今報復於後日奈何曰始終不忘戰而已矣
犬羊之性但經懲創往往不敢報復觀於道光年間臺
灣失利惟有藉手耆英以報達洪阿等而至今不敢垂
涎臺灣其無能亦可見矣自古兵凶戰危原非得已盡
人事以待天成敗利鈍雖諸葛亮不能逆覩謀國者動
以事無把握搖惑　聖斷箝制人口沮喪士氣坐失
事機其意直以望風乞降爲快抑又何也比年各省用

兵勝負無常得失互見諸臣何不以事無把握爲慮而亟欲櫜弓戢矢耶伏願　皇上通籌大局深顧後患知敵欲之難期饜足念事勢之尚可挽回左右親貴之言未必盡是大小臣工之策非盡無稽執政諸臣請放洋船内駛者何人請允酋目要脅者何人清夜思維或亦自知狂謬祇緣畏罪怙非陽作執迷不悟　皇上不忍遽誅應請面加　訓示俾各改心易慮收效桑榆否則難逃常憲　嚴諭譚廷襄等非分要求不得安奏事至則戰無所依違他如奕山之以黑龍江外五千餘里藉稱閑曠不候　諭旨拱手授人此尤寸磔不容蔽辜臣知　皇上之必有以處之也　訏謨既定　涣

汗斯頒薄海懔然咸知　上意所在庶臣民之志固而蠻夷之風懾　天討聿新操縱在我或遂戰之或終撫之再行臨機應變臣非不知今日所言者　皇上已厭聞之特以事屬憂危情深迫切濡淚瀆陳伏乞

聖明洞鑒

欽差東閣大學士吏部尚書花沙納與俄人美人及英人法人定和款

英人法人攻大沽礮臺時俄美二國不與其船仍泊海口　上頗嘉之遂准俄人黑龍江邊界議以桂良花沙納充全權大臣於是月初三日先與俄使公普在天津議定和約十二款初八日又與美使列衞廉議定和約三十款俄美又爲英法居間十六日桂良等遂與英使額爾金議定和約五十六款專條一款又與法使若翰保悌斯大陸義噶羅議定和約四十二款補遺六款時疆事孔棘桂良等曲意從之

國朝柔遠記卷十三

國朝柔遠記卷十四

彭玉麟恭定
王之春敬編

六月遣桂良花沙納巡視江蘇

先是大沽礮臺未修海防戰守多棘手　上甚憂之及桂良罷兵議撫之奏至並呈天津和議各款　上謂稅則事必須親歷海口相度地宜　特旨飭洋艘先回上海而派欽差馳赴江蘇是月初六日　命桂良爲欽差大臣須發關防偕花沙納基溥明善往上海並同兩江總督何桂淸籌議諸國通商稅則條約

廣州義勇復省城不克

總督黃宗漢初莅任卽奬諭粵東人民略云道光二十年閒予以道銜奉　命來粵歴四年逮署臬司曾目擊英人屢欲入城皆爲爾等攔阻時予愛爾等民人及民人敬予有如父子兄弟後升山東臬司及陝西藩司雖去粵邦數年未嘗一日忘爾等人民之忠勇也今予奉　命來粵不啻舊邦爾等民人亦如見舊主但惜粵東河山風景如昨而變故多端更異往昔卽如梧州肇慶俱有匪徒吾民之苦亦已極矣今又加之以外禍其何以堪竊思洋人本以通商爲事今乃不務本業日事攻戰查彼國人現居省城者不過數千離本國甚遠豈能舉傾國之師而來我中土廣省地方一　朝號召雖數萬人不難一呼立至此固明知之目下城厢內外民房半爲英法所據商賈遷徙民人離散彼亦情知廣人憤怒實深是以在城斂迹不敢外出日夕防守寢食不安且英人量已之力不能取勝而求其舊仇之法人以助之予恐數年後法人亦必受其欺焉花旂在粵通商多年謹守前約不務攻戰予實嘉之現英人聞我　皇上調集大兵不日可至儻能洗心悔罪我　皇上必寬宥之不然則是冥頑自取罪戾必盡殲之無赦爾軍民有能出資助餉恢復城池者定當一一保奏是月十四夜四更義勇七千人潛來襲城圍其三門梯城將登門外有英人巡夜局藏積火藥義勇爇之轟發地震數里

而未傷及英人英兵迎擊義勇敗績微有死傷

秋八月撤廣東團防局

初天津議撫咨會粵督値英人攻陷新安姑戢兵以俟粵民聞撫事已定而會城未返無不決眦指髮侍郎羅惇衍知番情狡詐不能帖然就撫乃託巡緝土匪請綏撤佛山團練局粵督以聞洋人難端果復起欽差大臣桂良到滬卽照會四國訂期商定稅則事英法言粵督黃宗漢暨紳士羅惇衍龍元僖蘇廷魁於天津定和後仍行招勇且徧出賞格謂有能送領事巴夏里首者賞銀叁萬兩甚至開礮傷斃我兵致不得已攻陷新安請問是何意見桂良懼撫事中阻答以彼時粵中因江西

南贛等處均有賊蹤道途梗塞天津咨會未到所致英人乃云必欲刻期商定稅則先須罷黃總督及粤紳團練之兵許之

冬十月定英法美通商稅則

欽差大臣大學士桂良尚書花沙納兩江總督何桂清等及法美使臣皆先後來滬惟俄以陸路通商不與英使額爾金往東洋遣領事三人來會議所定各款三國畧同凡通商稅則一冊善後條約十款（按美人和約初稱合衆國此約稱亞美利駕後祗稱美國）彼此畫押各國由使臣齎回候其國王覆書來天津呈請換約桂良等奏入奉　旨依議時英人以條約准增設長江海口貿易馬頭欲先察看沿江形

勢定約後卽遣水師領事以輪船入江溯流至漢口踰月而返法國傳教人亦紛紛赴各省請設天主教堂賃小船入內河地方官不復詰是年冬法教士至浙垣留數月始去

西班牙葡萄牙二國請立約

西班牙卽大呂宋（一名干絲臘一作以西把尼亞又作是班牙卽中西和約中日斯巴尼亞今止稱日國）東界法蘭西南距地中海西界葡萄牙北距大西海北極度自三十六至四十三英綫偏東自一度至十三境有大山數疊劃分三土中土爲歐洲最高地天時燥熱產五金珍寶果實牲畜漢爲意大里西境晉以降迭爲北狄回部所據後亦分散明成化中諸部復合一爲始建國有女王疑大海西復有國土宏治初遣其臣哥倫（一作閣龍）駕巨艦西尋得亞墨利加洲南土驅土番以國人實之墨西哥祕魯智利諸國皆爲所屬大獲銀鑛之利嘉靖初復遣其臣墨瓦蘭航海而南轉東至亞細亞洲南洋之蠻里喇據其地建埔是爲小呂宋檣帆遂達粤東故粤東所用洋銀昔皆呂宋番餅恃富不修政遂至衰亂康熙中王殁無子奧地利與法蘭西王爭所立卒立法王之孫乾隆末與法共攻英吉利爲所破嘉慶中法王拏破侖廢西王而自立其弟爲王西與英共攻法得復國然國勢衰弱亞墨利加藩國多叛僅存古巴及小呂宋而已及中西五口通商西班牙與其鄰

國葡萄牙嚮在粤東貿易至是皆來上海見英法俄美皆立條約遂並呈請謂　天朝通商二百餘年於我大西洋各國一視同仁今英法等國已奉　大皇帝恩准立約我等各國事同一律若但准通商不准立約不但來往無憑且恐受有約之國藉詞脅制桂良初堅拒之復諭滬商詢之英法諸國皆云大西洋各國向無統屬未便阻之桂良據奏　朝議未許

桂良致書英法美使臣議通商善後事

時通商諸國紛集領事以下弊端難稽桂良思稍爲之防因照會英法美各公使畧云天津和約載貴國人民若有蓋印執照准聽前往內地各處惟此項印照務由

各領事察看請領之人實係體面自愛者方准塡發不可誤給有關緊要是以照會貴大臣等商酌究應如何妥辦方免滋事希詳細示覆其無和約之國本不應與有約之國視同一律祇以本大臣等未悉外國情形不肯遽行立法防弊合先奉商査貴國商民如或犯案可交領事懲辦此外各國領事皆係商人本是無權管束且已亦走私作弊豈惟不能服衆反使衆商效尤本大臣等商議如各國欲設領事必須各國特放一員方准管事不得以商人充領事致有名無實至貴國新開通商口岸自須每口設一領事官俾得妥爲管束但領事官尙有數事爲向來領事官屢於關礙和好事不稟本

國上司無情無理恃强妄爲實於和好大有窒礙應特請貴大臣轉飭各領事嗣後有與地方官意見不合彼此辯論之事各稟大憲請示遵行不得仍前由領事官自出主見務使恪遵條約永敦友誼又如中國官憲本未輕慢領事而領事每指爲輕慢則品級先當明定章程以杜爭論査三國條約領事官與中國道臺同品又査法國條約大憲與中國京外大憲俱用照會二等官員與中國省中大憲公文往來用申陳中國大憲用劄行兩國平等官照相並之禮等語援照此意領事官旣與道臺同品總領事應與藩臬同品如此定明方免爭端又査上海近有中國船戶由各國領事給發旗號計

船三十餘隻日漸增添殊多不便此等船戶向不安分然無外國旗號猶不敢玩法爲匪今恃旗號爲護符地方官因有外國旗號欲加之罪諸多掣肘遂致無所不爲犯案纍纍上海如此各口可知尤慮煽成巨禍致啟中外爭端萬不能不立法禁絕擬請貴大臣卽飭各口領事官嗣後永不准以貴國旗號發給中國船戶前已給者撤銷本大臣仍示諭如中國人有擅領外國旗號者嚴究俾知警戒凡此均爲永全和好度兩國有益無弊英公使額羅金復云前准貴大臣等來文請本大臣將中外交涉之件公同法美兩國各大臣會議其中諸節實屬緊要俱當熟商未及率覆惟再四虛心籌酌外

亦同法美兩國各大臣會議若以本國官民而論來文所敘礙難各端本大臣則係毫無過慮一則天津條約定准英民入內地通商遊行之議本國切願盡心勸辦防其借此美舉反致妄行定必嚴飭各領事官凡非體面和厚之人萬不許給照一則英國旗號其例甚嚴任載噸數必滿定額有英人或爲貨主或爲船主方給旗號如貴國船艇未遵例擅敢升豎英旗須直行知會領事官必能設法懲究杜絕此弊一則所稱領事官數事凡本國派員出境已到各邦當待官民必以公平和洽爲準倘貴國官員恆同此心一體行辦則彼此官員和誼自必永存勿絕偶有不合意見之處卽各宜早報上

憲此法實爲妥協爾國大憲往來密邇則有事直捷奏
聞致免兩邦爭執肇釁興戎至于未立條約各國民
人貴大臣詢以作何辦理本大臣似難置答何則因有
不歸本國所屬民人諸凡作爲本國不任其責除將茲
款轉報秉政各大臣奏候御覽外合先奉一詞果在各
口海關派曉暢練習著名誠實之員徵餉皆從一律辦
理相待商民毫無偏袒諒貴大臣所指情弊必大半消
除至來文所稱因貴大臣等不明外國情節是以詢訪
思貴國原爲大邦貴大臣職推大員本大臣敢敬問中
土大員何必措不明外事之詞泰西各邦並無難達祕
密之境各國都城人皆可履其地若蒙遇　　大皇帝

特派稱任大員前往西土　命以凡有益於國體保其
無礙應知之學必得明了本大臣不論別國而本國則
必以實心友誼接待如有意博訪審察各節任便咨詢
通徹由此兩邦永存和好之據日見增廣保全周妥與
法公使噶囉覆云前准照會奈忙不得覆所以遲延至
今現本大臣奉本京都來文云和約條款甚屬得當本
大臣諒本國同英國諸件俱要速商以求完結但本京
都發此文時仍知廣東兇惡之事日日加增嗣後有文
行至本京都者尚未接回文本大臣諒回廣東至香港
時或能接到如不到本大臣亦必於回本國之前知會
全權大臣布會同英國欽差並中國官員商量一並辦

妥又本大臣不數日卽欲起程蒙貴大臣諸般厚情所
辦諸事悉皆允和以後中國與法國各遵和約一切有
礙之事盡行消除貴國諒信法國眞無二意可永結同
心之好矣又美公使列衞廉覆云准貴大臣來文本大
臣細心察閱其中所問所論俱屬歷練爲友好起見本
國向與中華和睦今仍此心詳覆於後一美國商民之
進內地也按天津條約有云中國有何利益施及他國
准美國一體均沾是則美國人之進內地旣同他國所
有請執照等情均應准行當如英法兩國一般俟大伯
理璽天德旣得國會紳耆議允批准和約後必明立律
例交領事官禁止不請執照或強請執照等事本大臣

亦當呈明國家設立章程致免美國商民違犯貴國憲
典可也一整理有約無約各國之法也本大臣身爲和
好大國奉使之員向知此事自應變通然稍有難行今
請將中國所能行者畧爲陳列首應與討問欲立約之
國定立條約也前西班牙國來求立約而中國不允今
葡萄雅爾（雅爾卽亞字長言之音亞一作牙）亦求取矣使中國肯同定
約自當稍減無約之國今姑無論卽任其仍前如是本
大臣尚有一法可稍通融按泰西各國公使凡此國領
事奉遣至別國者若不得所往之國準信延接卽不得
赴任今凡有稱領事而中華　國家或省憲地方官不
肯明作準信延接者彼卽無權辦事是則中國於此等

兼攝領事卽可推辭不接已延接者亦可刻卽聲明不與交往設有美國人兼攝無約領事藉此作護身符以圖己益者地方官可以直卻不與延款遇有事故著彼投明美國領事自應隨時辦理間或美國人兼攝領事而代無約商民求地方官幫助申理地方官礙情代為辦理者亦可對彼說明並非職守當然祗由於情面而已又若此等自稱領事有與海關辦理船隻餉項事宜者地方官可卻以必須按照條約遵行儻彼固執己見干犯制例者中國地方官自應用強禁阻前在天津時本大臣照會桂中堂花冢宰以中國必須購造外國戰艦火輪船者特為此故足徵所言非謬也一領事不得

干預貿易也現美國定制凡干涉買賣者不得派作領事官一領事與地方官爭論也前此動多牴牾本大臣深為怨憤亦與貴大臣同心今既奉本國大伯理璽天德命飭為使臣業經設法將一切事宜妥為辦正嗣後果有仍前事款請照知本大臣定當修正若領事官有何不合之處地方官按理據實直斥其非不與共事本國國家並使臣斷無可控之端但最善之法地方官將己職守攸關並合理之處照尊國之法據直論列自可申理矣一按定品級總領事之說也總領事之設美國奉使駐紮中華者從無此制一發給旗號也本大臣曾面詢領事官據稱從無給發細查底冊亦向無此事本

大臣復嚴諭領事嗣後無致有此也以上業已據問直達猶有管見須照知者以本大臣之意貴大臣似宜上
奏　大皇帝定立　國家旗號各省咸皆遵守俾中國公私船盡行升用蓋美國制度凡本國之人必用本國旗號泰西各國莫不皆然今中華貿易之盛而無旗號以保護何不亦如他國之法使商船與盜賊有所區別而免商民之借用與假冒外國旗號哉茲本大臣現已將奉使職守之事全行妥辦一俟護理有人再行照知卽當起程返國惟願貴大臣諸事順適咸宜至天津約內所云永久和好及遇有要事襄助之語美國固以友好為心中華有何需用美國之處美國定當以和厚

之法竭力襄辦但請貴國亦謹守約款所載及訂定各事務使一言一字不脫漏是本大臣與美國之厚望也桂良據奏厥後中國造輪船購戰艦用龍旂亦多采其議

臣　按英人詞意始則諉卸末寓譏彈中則似謂天津所定條約皆可一律准行其居心殊不可問實里國太主之也美人雖稍恭順然措詞大意似謂中國欲定章程須分別有約無約之國又謂中國不允呂宋立約而葡萄亞今已取求又似欽使等已有所允意葢澳番寄居中國盤踞已久美人因得窺其淺深假使西班牙葡萄亞來請立約時曉之以理感之以情

懷之以恩怵之以威雖犬羊之性難馴蛇豕之心必戢討不出此竟思以毒制毒徒貽魑魅之訕笑莫禁梟族之效尤縱虎入林開門揖盜固非一朝一夕之故而當時執事之人責亦有所難辭矣

己未咸豐九年

夏五月欽差大臣僧格林沁敗英人於大沽口

時各國來天津換約尋桂良上海原議告以天津大沽港口現在設防令各國換約之舟改由北塘（在大沽口北十餘里）海口入皆唯唯惟命惟英船先抵天津海口俄羅斯繼之突背前約闖入大沽口直隸總督恒福遣員持約前往輒令改道不聽二十四日英船駛至灘心將鐵鏁用

炮炸裂時僧格林沁已飭官兵嚴防俟其進口擊之越日有小火輪杉板十三艘皆豎紅旗挑戰復將港口鐵鏁鐵椿拉倒遂逼礮臺開礮轟擊我兵放礮相持沈燬其數船餘船亦中礮不能行駛逃出攔江沙外者一艘而已英人見舟師失利復以步隊接戰我軍又大敗之轟斃數百生擒二人里國太亦受傷我提督史榮椿副將龍汝元都司齊連布護軍校塔克愼千總王世驍把總張文炳陣亡奉　上諭此次夷人受大創全軍覆沒我軍士奮勇異常遂操全勝之算著僧格林沁先在捐輸項下提銀五千兩分別奬賞所有在事文武員弁另行查明保奏直隸提督史榮椿大沽協副將龍汝元身先督戰奮不顧身致被礮傷殞命實堪痛惜著交部從優議卹並於直隸天津及各該原籍建立專祠其同時陣亡之海口營都司齊連布等均著照例分別議卹以慰忠魂

與美利堅換約

大沽之役美利堅之舟後至恪遵滬約改道北塘呈遞國書直隸總督具奏　上諭英法俄羅斯到津不遵桂良等原約闖入大沽口內以致挫敗實由自取並非中國失信其時美利堅使臣華若翰仍依桂良等原約駛至北塘海口求請進京呈遞國書經恒福等具奏該國照會情詞恭順是以朕准令來京呈遞國書本日據

桂良等將該國使臣華若翰照會該大臣等公文呈閱見其詞意恭敬出於至誠所有該國使臣齎來國書准其呈遞卽派桂良等接收至換約一節本應回至上海互換朕念其跋涉遠來特准將和約用寶鈐印交恒福前至北塘海口與該國使臣互換換約之後永遠和好以示朕懷柔遠人惇崇信義至意

臣按美人初亦與英法合從內犯特其國在外大西洋距中國逾遠且建國未久猶遵循華盛頓遺規不敢輕動凡遇兩國相爭必調停其間以聯交故其國亦以近少戰爭馴致富庶合其全部得儕於數大國之列當其來請換約非不欲效英俄之肆志並可聯

絡英俄及見英俄已受大創諸欲皆不得逞卽思居閒排解而勢已決裂不可挽回故特卑詞陳請易倨爲恭　上念禍亂方深固結其心或可攜貳其黨是以但示賞罰之公不存逆億之見其後同治十一年藩籬頗能自固遂自恃其強悍突以兵船至朝鮮意圖搆釁吞併其國並先行文照會欲朝鮮國王與該國公使面議朝鮮覆書云我國雖小爾國雖大斷不能與爾國之臣會話又云我國以四千年文章禮義之邦三千里峻險膏腴之地斷不能一旦輕棄並將照會擲還美人嬲之不已朝鮮出兵驅逐美兵登岸肆擾及一千三百里互有斬獲傷朝鮮帶兵官一

員旋以受傷兵十一人醫愈送歸欲易其被擒者朝鮮拒之致書云我國之人旣已被擒無論死活其權卽操於爾國不復過問所云爾國之人有被擒者屬其送還其權亦操之於我國不能送還也美人技無所施引兵而退朝鮮卽收其國之習天主教者凡四千餘人盡誅之聞朝鮮所用盔甲重四十觔內布外包銅鐵又竹盔約重十餘觔兵器悉遵古制頗不利戰而以口舌折衝竟使強鄰不敢輕萌窺伺毋亦上下同心有非我族類必鋤而去之之意地利不如人和詎繫夫大小強弱哉

庚申　咸豐十年

夏六月英人法人復寇天津直隸提督樂善死之

英人旣敗於天津復自粵東募潮勇數千人圖報復是月英人法人以兵輪船再泊天津海口時　上命僧格林沁嚴防大沽南北兩岸及海口報至僧格林沁度其仍取道大沽或徑由北塘襲大沽後路乃以重兵守大沽南岸而預伏地雷火礮於北塘兩岸以俟英人懲大沽之創而窺北塘礮臺未設守兵乘之入口初未敢登岸及駐北塘連旬乃潛通內地奸匪盡得我虛實挖去地雷長驅而入副都統德興阿以兩營守新河拒戰而敗英人據新河復進據唐兒沽而以小火輪舢板分由大沽口入膠淺不得進懼我軍乘之乃張白旂請款

僧格林沁欲爲致人之計令官兵靜以待之二十六日英舟忽得水轉動闖入大沽口其由唐兒沽撲入者逕襲北岸礮臺直隸提督樂善督兵拒戰中礮死時僧格林沁尙守南岸礮臺屹然不動英人未敢驟犯　上聞英兵已登岸　命大學士瑞麟帶京營兵一萬赴通州扼守

秋七月僧格林沁奉　詔班師至張家灣天津遂陷

時執政有奏請罷兵議撫並　召回僧格林沁以敢英兵僧格林沁謂我退一步英必進一步北岸礮臺雖小挫然得此軍扼此要地猶足捍衞畿輔今自撤藩籬如津門何如京師何爲憤惋泣下乃自天津退軍張家灣

距通州五里初七日英人遂陷天津
臣按是時大沽北岸礮臺雖失而僧王一軍尚據南
岸彼猶有所憚也王既率師内衛英遂乘勢直驅聞
洋船泊津守者僅千數百人每夜各船四面然鐙以
爲疑兵其登岸踞廟寺者人更無多時以數人持槍
巡邏廟外以防警津民有議焚其舟殲其人截其歸
路者當事恐礙撫局弗許惜哉
復遣僧格林沁進軍通州
先是　上命侍郎文俊前粵海關監督恆祺來天津
議撫洋人以其官卑不足當全權之任弗見也尋　命
大學士桂良往是月十五日桂良抵津照會洋人商和

局英公使額羅金參贊巴夏里請增軍費及准在天津
通商並請各國公使酌帶散兵數千人入京換約桂良
以聞　上大怒嚴　旨拒絶　飭僧格林沁瑞麟仍
進守通州防内犯
副都統勝保率師入援通州
英法見和議不就於津城均張白旂僞求款而以所募
潮勇及所部兵二萬餘北上募勇無紀律不能約束初
懼有伏兵未敢深入繼知無備沿河戒行擾及河西務
廷臣復有以撫事請者輒張皇寇勢且以　上駐蹕
海淀非所以備不虞請即日　移入大内及洋氛内犯
左右又歷贊巡幸二十四日　硃諭内廷王大臣等入

朝待　命遂有坐鎮京北之　旨又云將以巡幸之
備爲親征之舉於是亟　召副都統勝保刻日會貝子
綿勳調八旂禁兵萬人赴通州助勦勝保聞寇氛甚逼
上疏力諫謂不可爲一二奸佞所誤　上意稍安
八月英人犯通州
英兵自河西務薄張家灣遂犯通州　上命怡親王
載垣赴通議欵時桂良及軍機大臣穆蔭皆在英使額
羅金遣其參贊巴夏里入城議和請循天津原議並約
法使會商翌日宴於東嶽廟法使無詞巴夏里起曰今
日之約須面見　大皇帝以昭誠信又曰遠方慕義
欲觀光上國久矣請以軍容入王見其語不遜答以須

請　旨定奪久之巴出王密會僧格林沁計擒巴夏里
送京師以法使尚恭順仍禮遣之兵端復作時　上
適秋獮自　行在詔以恭親王奕訢爲全權大臣守京
師豫親王義道吏部尚書全慶宿衞紫禁城大學士周
祖培守外城大學士桂良駐城外防勦
詔南軍入援
勝保既敗遂急驛奏　行在請亟　召南軍入援謂
用兵之道全貴以長擊短西逆專以火器見長若我軍
能奮身撲進兵刃相接賊之槍礮近無可施必能大捷
蒙古京旂兵丁不能奮身擊刺惟川楚健勇能俯身猱
進與賊相搏西逆自必大受懲創請　飭下曾國藩袁

甲三等於川楚勇中挑選若干名派員管帶卽日起程赴京以解危急卽日奉　諭逆夷犯順撫議未成現在外軍營川楚各勇均甚得力著曾國藩袁甲三各挑選川楚精勇二三千名卽令鮑超張得勝管帶並著慶廉於新募彝勇及各起川楚勇中挑選得力數千名卽派副將黃得魁游擊趙喜義管帶安徽苗練向稱勇敢著翁同書傳振邦飭令苗沛霖遴選練丁數千名派委妥員管帶均著兼程前進剋日赴京交勝保調遣勿得藉詞延宕坐視君國之急惟有殷盼大兵雲集迅掃逆氛同膺懋賞是爲至要將此由六百里加緊各諭令知之

釋英人巴夏里

時團防大臣大學士周祖培尚書陳孚恩等集議中州會館籌辦團練城守事恭親王桂良皆駐城外英人索巴夏里恒祺請釋之勝保不可黃宗漢請殺之議未定英酋請開安定門入與恭王面定議和王見都城內外係一身安危因遷居廣甯門外瑞麟文祥從焉祖培倡言於廷曰撫議已成彼攻我拒均之失信不如納之乃約以次日定和議而釋巴夏里於獄遣恒祺送歸巴夏里等來訂換約之期

九月和議成

和議既定是月十一日與英人交換前約並續增新約恭親王具護衛儀仗入城偕大學士賈楨周祖培尚書趙光陳孚恩侍郎潘曾瑩宋晉等宴英酋額爾金於禮部大堂分左右列坐通事往反傳命宴畢換約續增條約九款翼日與法人換約亦宴法使噶羅於禮部大堂續增條約十款和議既成英法使臣請將前後條約頒行各省大吏按照辦理恭親王據奏奉　上諭恭親王奕訢等奏互換和約一摺本月十一十二兩日業經恭親王將八年所定和約及本年續約與英法兩國互換所有和約內所定條款均著逐款允准行諸久遠從此永息干戈共敦和好彼此相安以信各無猜疑其約內應行各事宜卽著通行各省督撫大吏一體按照辦理旋與俄人換約俄使臣伊格那替業幅與王大臣等

相見續訂和約十五款此後通商不論恰克圖及現准英法二國通商各海口分別酌議另立通商稅則條款大半與英法同惟續增條約大意在申定兩國邊界凡黑龍江及西疆交界之處應各派大臣秉公查勘以防異日爭端許之

臣按和議既成論者每歸咎當時王大臣不肯力爭任洋人之予取予求致臥榻之側爲他人所鼾睡不知當時京兵新敗於內援師遠駕於外其平日矢口以忠憤陳說者拨手咋舌不能發一策出一謀甚或逃匿之不暇恭親王以天潢之胄躬捍大難屹然不摇雖迭蒙　行在密旨趣其扈蹕而以社稷爲重

不動聲色力持大體既杜其無饜之要求卒能委曲成和此其所保全者大而其所設施者遠也執事後之議論以瞽局中之艱危烏乎可哉

詔止勤王之師

時兩江總督曾國藩湖北巡撫胡林翼聞洋氛犯闕鑾輿北狩熱河京師戒嚴未奉入援之　詔即往復籌商作北援議八條疏請帶兵入衛畧云臣自恨軍威不振甫接皖南防務旬日之間徽甯失陷又聞夷氛內犯憑陵郊甸東望吳越莫分　聖主累歲之憂北望灤陽驚聞　君父非常之變且愧且憤涕零如雨應懇　天恩於臣與胡林翼二人中　飭派一人帶兵

北上冀效尺寸之勞稍雪戴天之恨尋以和議既成奉上諭皖南北均當喫緊之時該大臣等一經北上難保逆匪不乘虛思竄擾及完善之區江南湖北均為可慮曾國藩胡林翼均著毋庸來京

臣按英人連兵各國乘虛內犯原恃我東南未靖故敢妄肆披猖當時若暢以和議與之羈縻而徐待外省援師戮力殲勦　翠華北狩狐鼠無城社之憑義旅南來虎狼入圈阱之內縱不聚而殲旃其能不俯首帖耳以聽命於我哉　上欲以誠信待外洋且不忍生民之塗炭既允和議即止援兵匪足以昭覆載之仁毋亦運會所開欲使中外一家以闢數千載未有之創局耶

法人請助勦粵逆卻之

時粵逆洪秀全久踞江甯侵擾數省勢益猖獗法使噶囉意在修好且欲獲漁人之利因誇其船礮堅利謂大國如有所需聽其銷售若仿式製造則派匠役前來教習操演又請於海口助中國勦賊所有該國停泊各口兵船悉聽調遣王大臣等先後奏聞　行在　上不許

以廣東九龍司地與英人

九龍司巡檢屬新安縣地鄰香港總督勞崇光先租與英使巴夏里至是續定和約即將其地付英人管轄與

香港並為英屬地而徙其民

國朝柔遠記卷十四

國朝柔遠記卷十五

臣彭玉麟恭定
臣王之春敬編

庚申咸豐十年

冬十月建總理各國通商事務衙門

時各國交涉紛煩軍機處難以兼理因議建總理衙門奉　上諭恭親王等奏辦理通商善後章程一摺均係實在情形卽照原議辦理京師設立總理各國通商事務衙門著卽派恭親王奕訢大學士桂良戶部左侍郎文祥管理並著禮部頒給欽命總理各國通商事務關防應設司員卽於內閣部院軍機處各司員內滿漢

挑取八員卽作爲定額毋庸再兼軍機處行走輪班辦事侍郎銜候補京堂崇厚著作爲辦理三口通商大臣駐紮天津管理牛莊天津登州三口通商事務會同各該將軍督撫府尹辦理並頒給辦理三口通商大臣關防其廣州福州厦門甯波上海及內江三口潮州瓊州臺灣淡水各口通商事務著江蘇巡撫薛煥辦理新立口岸惟牛莊一口歸山海關監督經管其餘登州各口著該督撫會同崇厚薛煥派員管理所有各國照會隨時奏報並將原照一併呈覽一面咨禮部轉咨總理衙門並著各該將軍督撫互相知照其吉林黑龍江中外邊界事件並著該將軍等據實奏報不准稍有隱飾

俄人請助剿代運不許

俄人換約之後亦有助兵剿賊代運南漕之請王大臣等以聞奉　行在諭本年秋間英法兩國帶兵撲犯都城業經換約退兵俄羅斯使臣伊格那替業幅亦卽隨後換約該酋見恭親王等面稱髮逆在江南等處橫行請令中國官兵於陸路統重兵進剿該國撥兵三四百名在水路會擊必可得手又稱明年南漕運京恐沿途或有阻礙伊在上海時有美國商人及中國粵商情願領價採辦台米洋米運京如令伊寄信上海領事官將來洋船沙船均可裝載用俄美旗幟卽保無虞等因中國剿賊運漕斷無借資外國之理惟恐江浙地方糜爛

兵力不敷剿辦如借俄兵之力幫同辦理逆賊若能早平我之元氣亦可漸復但恐該國所貪在利藉口協同剿賊或格外再有要求不可不思患預防法郎西在京時亦有此請著曾國藩等公同悉心體察如利多害少尚可爲救急之方卽日迅速奏明候　旨定奪至代運南漕一節江浙地方淪陷明年能否辦理新漕尚無定議然漕糧爲天庾正供自不可缺該商所稱采辦運津是否可行應如何妥議章程辦理之處並著曾國藩袁甲三薛煥王有齡酌量情形迅速具奏嗣經袁甲三奏覆略云我軍剿賊向來水陸兼籌並非專恃陸路長江上下均有水師本與旱隊互相策應如艇船紅單長龍

舢板拖罾等船不下數百號所招廣楚各勇器械精良
遴著戰功果能統率得人妥爲駕馭不難得其死力非
中國無水兵也亦非中國水兵不如外國也今該夷請
我軍由陸路進剿該國撥兵三四百名在水路會擊以
每船數十人計之夷船不過數號而謂必可得手臣愚
未敢遽信也且我軍廣楚各勇係內地民人尙有因糧
餉不足延不起碇並結黨肆搶情事矧外夷之人祇能
將就牢籠而不能服我節制者乎此時協同剿賊卽謂
自備口糧而我之隨時犒賞必不可少幸而戰勝則矜
功要挾所求無厭豈能滿其所欲不幸偶有小挫或船
隻損壞或兵丁傷亡勒索賠償又將有詞可藉誠如

聖諭該國所貪在利格外要求不可不思患預防也
不但此也我軍水師廣勇居多該夷之與我爲難亦多
挾廣勇而來萬一私相句結其禍更烈卽令杜其句結
而以桀驁不馴之徒兩相猜忌則爭端競起必至枝節
横生況夷人素習天主教本年六月卽有墨利加國借
英夷船駛赴金陵傳教之事髮逆之煽惑人心亦藉天
主教爲名與該夷所習相同難保無暗中句通情弊一
旦奉　命而來久居內地引虎入室並且爲虎添翼恐
此時招之使來他日不能麾之卽去也體察情形熟思
審處非特利少而害多實覺有害而無利區區愚衷竊
以爲必不可行惟求　皇上乾綱獨斷計出萬全與

其悔之於後不如愼之於初也抑臣更有請者夷人名
爲就撫實則包藏禍心若眞有利於我該夷亦必不肯
爲我謀上年俄夷進火器一萬件彼時外間聞之均以
兩國相爭斷未有肯以火器予人者該夷必別有詭謀
繼果藉詞遷延遲其愚弄之計本年各夷犯順安知非
俄夷唆使耶且俄夷向於內城設館人地最爲熟悉本
年聞在天津議事者卽前住俄館之人都人尙能識之
該夷距我甚近水陸兼通尤不可不加意嚴防也至交
商買米借用俄美旗幟保護運津一節以現在夷情揣
之其氣甚驕其心愈侈萬一發價之後事有變遷恐更
無計可施都中需米甚殷臣於海運事宜未能深悉應

如何設法轉輸曾國藩等自能籌　旨妥辦另候
聖裁國藩煥有齡等覆奏尋至旋奉　上諭恭親王
奕訢等議曾國藩袁甲三薛煥瑞昌王有齡等各摺片
稱江南官軍尙未能進剿金陵卽令夷船駛往非但不
能收夾擊之效並恐與賊相持如薛煥所慮句結生變
尤宜預防該撫所擬令夷兵由陸路進剿非獨經過地
方驚擾卽支應一節諸多窒礙夷性貪婪一經允許必
至索請多端經費任其開銷地方任其蹂躪等語並於
英酋威妥瑪來見與之談論終日該酋已吐實語謂剿
賊本中國應辦之事若借助他人不占地方於彼何益
非但俄法克復城池不肯讓出卽英國得之亦不敢謂

必不據爲己有因舉該夷攻奪印度之事爲證借夷勦賊流弊滋多不可因目前之利而貽無窮之患惟此時初與換約拒絶過甚又恐夷性猜疑轉生叵測惟告以中國之兵力足敷勦辦將來如有相資之處再當借助以示羈縻並設法牢籠誘以小利法夷貪利最甚或籌款銷其槍礮船隻使其有利可圖卽可冀其暱就以爲我用儻上海夷人諄請助兵勦賊著曾國藩薛煥量爲奬勉續有兵船駛入內地案照條例攔阻並著該大臣等就現在兵力設法攻勦逆賊毋再觀望至法夷槍礮既肯售賣並肯派匠役教習演造亦令曾國藩等酌量辦理卽外洋師船現雖不暇添製或仿夷船製造或將

彼船撥用誘之以利以結其心而我得收實濟其受雇助勦祇可令華夷自行辦理（二語係硃筆點改）於大局或有裨益仍卽在於通商稅內籌辦至代運一節由薛煥招商運津無論華夷一體販運無須與該夷預行會商美性較純與英法不同其應如何駕馭俾其感順以杜俄夷市德於彼之心亦著曾國藩等妥爲辦理於是助勦代運之議遂寢

辛酉　咸豐十一年

春正月考取滿漢軍機章京入總理衙門辦事

江西布政使張集馨赴九江辦理開市事宜

初英酋卜魯士照會同時換約之王大臣稱現行天津新議第十款所載長江一帶各口英商船隻俱可通商本國現擬於漢口九江兩處先行開商惟現江西尚未安靖所有兩口通商之處照後開章程暫行辦理凡有英船上下大江裝載貨物無論進口出口應納稅餉均在上海或鎮江各關按照新章納稅各關監督皆宜妥爲設法務使各船遵行再英船欲上大江當向海關先行報明所存保護船隻之兵器火藥鉛彈若干請給照單該關口查明所報軍器數目如在情理之中卽應注明給發儻查有額外軍器或並無照單私行售賣軍器藥彈等物卽將該船所載貨物全行入官並驅逐該船出口不准在江面貿易以上各節應請查照並咨湖北

江西各大吏一體遵辦總理通商衙門據奏允准覆以南省軍務尚未肅清長江道路是否疏通應由貴大臣斟酌辦理時江西巡撫毓科奏九江通商事屬創始關係甚巨恐非九江關監督一人所能辦理擬請遴委藩司大員赴潯會同籌辦現藩司張集馨詳稱徽地巨寇分股竄陷東流建德上犯湖口彭澤勢甚狓猖潯郡一帶商賈屏跡此時遽往商辦不但交易無人尤恐逆氛肆擾有礙外國舟行應請展緩赴潯因亟飛章　行在而英水師兵頭霍某遽以小火輪兵船五載兵八百偕洋商於初二日自吳淞口起碇駛赴長江初十日抵鎮江於雲台山（在鎮江城西門外）規造公署商棧其水師提督和

普赴江甯上游參贊巴夏里亦相繼赴九江漢口皆沿江探水登岸測驗形勢商民不知所為所至震駭文報沓至南昌毓科亟飭集馨帶員遄赴九江辦理建立通商馬頭之事

二月英人始立漢口市埠

前月二十六日英國火輪船一抵漢口其酋威司利行商韋伯通事楊光讓等渡江至武昌見大學士總督官文後遂覓棧房一所議歲給房租銀四百兩留楊光讓住漢是月朔巴夏里續以小火輪兵船四載兵數百至漢偕屬官往見官文亦稱查辦九江漢口開港事以九江諸事未定先來漢勘地建棧通商其水師提督賀布

亦次日率屬官二十八來言將往上游探水非有他意官文遂飭於所經地方文武沿途迎護巴夏里因於楊林口（在漢口鎮下街尾）定基橫闊二百五十丈縱長百一十丈府縣會勘立界藩署給丈量地基租約鈐印交在漢領事同地方官集居民議價立券照給畢聽英商興築棧房應納丁漕歲由英商赴縣清完其他國來漢立埠須在英行以下擇地益棧不得上占正街議甫定賀布自上游返旋與巴夏里先後東行留夏某以小火輪船一碇泊漢口是為英人立漢口市埠之始

英人始立九江市埠

江西布政司張集馨赴九江途接廣饒九南道文恆署九江知府程元瑞亟報遄抵九江未幾巴夏里自漢口至與會商租地立市事而巴夏里欲先察上下游地勢始定議十三日遂偕往湖口諸酋僉以湖口地扼鄱陽總滙為江西門戶欲在彼立市委員馬長康告以湖口城內多亂石城外俱沙土難建樓棧且峭岸急溜風濤險惡商船難泊必多裹足又地接建德東流時虞賊擾水陸防軍雜處易啟衅端不如九江且符原議巴夏里始與諸酋以遠鏡四覰以盤盛水銀測驗地底果皆沙石遂允回九江十五日於龍開河（在九江府城西門外）東量地橫闊一百五十丈縱長五十丈巴夏里謂弓步未準再按指南鍼以繩較準得縱長六十丈內民居三百餘戶巴

夏里議給每畝錢五十千不願者地方官酌提公費津貼遂依議立永租地基約以一百五十畝科算丁米正耗銀數按年由領事清交德化縣歸入編糧項下集馨遂與巴夏里聯銜畫押各執一紙是為英人立九江市埠之始

夏四月美人始立九江市埠

先是三月美國水師總領施碟烈倫以火輪船至九江尋去是月美商金甯謙及瓊記旗昌行商等由漢回泊九江擇地勘定琵琶亭（在九江府城西門外）空地三十畝以地勢低窪遠興工塡墊布政司張集馨遣人往詢荅云我國在此貿易不大擬不設領事通商事均商人自主惟租

地換約須俟領事至時會辦集礬因彼國與俄國領事皆無消息遂請回省値粤匪上竄黃梅洋商疑其閒礬潛回傳入總理衙門再被劾罷歸後美領事別列子至集礬已罷通商事悉以九江關監督經理別列子不往會商而洋商輒集工匠就前勘地砌牆築垣居民以未給價阻之別列子始赴道署止許照英國價例給發監督以紳民所稱此雖濂溪書院空址然在大街繁盛之區與龍開河偏僻有水者不同駁詰之別列子悻悻去監督因照會駐漢口總領事始准依民間買賣然較前所勘定之界亦增索至五十畝又以地在龍開河西與英界事同一律監督遂飭地方官會同劃界其價較英

商稍增是爲美人立九江市埠之始

初購外洋船礮

時粤逆彼猖恭親王奏請購買外洋船礮謂粤逆蔓延七八省滋擾十數年原其故由於道光間沿海不靖其時散遣之潮勇從逆之漢奸窺見　國家兵力不足遂句結煽惑乘閒抵隙一發而不可驟制迨用兵既入財用漸匱外國從而生心得步進步要求無已内憂外患其事不相屬而其害實相因臣等現辦理外國各事期於拔本塞源是以上年曾奏請　飭下曾國藩等購買外洋船礮並請　派大員訓練京兵無非爲自强之計不使受制於人然購買船礮未知曾國藩等是否辦理

甲辰康熙三年

克厦門金門展沿海居民地界

鄭成功既破荷蘭而有臺灣　朝廷遂誅芝龍及鄭氏在京者元年成功卒長子錦經一作守厦門入臺嗣立靖南王耿繼茂總督李率泰貽書招錦錦請如琉球朝鮮例不報時明桂王已滅而錦猶奉永歷年號至是繼茂率泰及降將施琅黃梧等進兵克厦門金門浯嶼降其衆萬八千錦遁歸臺灣始展沿海居民界復舊業

十二月戊午朔日食不應黜湯若望

初徽州歙縣人楊光先告欽天監正湯若望傳天主教且其造時憲書有十謬一不用諸科校正之謬二一月

掃蕩惟大江上下游均有水師中間並無堵剿之船非獨無以斷賊接濟且恐由蘇常進剿則北路必受其衝是以上年曾國藩奏陳攻取蘇常金陵須有三支水師其一則由江北造船但造船必須設廠購料興工非年餘不成自不如用火輪船剿辦更爲得力南省雖舊有二隻並非打仗之船且已有一隻敗壞臣等詢之赫德據稱外洋火輪船大者每隻數十萬兩上可載數百人小者每隻數萬兩可載百數十人船在内地不利行駛若用小火輪船十餘號益以精利槍礮其費不過數十萬至駕駛之法廣東上海等處多有能之者可雇内地人隨時學習用以入江必可奏效若内地人一時不能

盡習亦可雇用外國人兩三名令其司柁司礮而中國雇用外國人英法亦不得攔阻如欲購買其價值先領一半俟購齊驗收後再行全給此等款項據赫德單稱征收洋藥正子稅外一經進口無論販至何處銷售再由各該地方官給與印票仍照牙行納帖之例每帖輸銀若干如辦理得宜除華洋各稅外歲可增數十萬可作爲購買船礮之用臣等令其將船礮洋槍價值分晰開單先行呈送如蒙　俞允擬將價值奏明後即請於上海廣東各關稅內先行籌款購買並給赫德札文令其購買運到時交廣東江蘇各督撫雇內地人學習俟駕駛得法再入大江應請　飭下曾國藩等熟計遵行至法國歌士者來見亦稱現欲回國請給令其購買船礮札文伊即稟請該國王代爲購買俟將來稅項收有成數再行扣還等語臣等以英法事同一律未便意存軒輊如伊必欲請辦亦應照赫德開明價值先給一半似於事亦無所損有　旨交曾國藩等籌辦而南北洋購置外洋船礮由此起矣

秋七月俄人美人設領事於漢陽

先是湖廣總督官文咨總理衙門稱英國領事官及俄美二國貨船已陸續抵漢而俄美並無領事官任意裝載往來漫無稽攷請妥議遵辦總理衙門尋訂定章程凡各國商船往各通商口岸必須設有領事官管理方准貿易如該國無領事官准託別國領事官代理亦須別國領事官允管方許該商開艙貿易否則任意前往不惟不准貿易即該國人有被人凌害情事地方官一概不理江蘇巡撫薛煥因飭上海道傳諭美國在滬領事美領事覆稱漢口通商已另派西地惠林士爲領事此時想當任事辦理三口通商大臣亦傳諭俄國領事孟第孟第言該國並未另設領事官亦無船隻前往漢口貿易恐係別國假冒或該處官吏查報未實後江蘇海關道忽接俄國領事夏德爾覆稱現奉本國駐京欽差委本領事兼理鎭江九江漢口等處本領事因轉請美國駐漢領事惠林士代理本國漢口通商事務云

臣按俄人貪狡與英無異其不敢如巴夏里之顯肆奸猾者蓋幅員雖闊於諸國而多荒寒曠廢之土國主類好大喜功民多不從其所欲往往掣肘歷代罕通中國元太祖滅之以封長子朮赤元衰始漸恢復疆宇日以强大我　朝定鼎聲威遠震重譯莫不梯航俄亦遣侍子入學成中外大一統之盛顧彼族貪惏成性不知感　列聖懷柔之德乘我多難未平合縱外洋要挾百端狡焉思啟我　顯廟度量如天念其輸情内向已二百餘年故可以包容者終不欲邊釁自我而開乃彼妄思逞蛇豕之情得步進步反覆無常即領事之設彼若無船貨至漢何必

託他國代理孟第所言率憑臆對而彼國之觀望徘徊形迹詭祕亦可概見矣

與布路斯及德意志諸國立約

布路斯（一作破魯斯）卽普魯社國（一作埔魯寫）在歐羅巴中央東界俄羅斯南界㙤地利亞西南界日耳曼北抵洲中海（卽波羅的海）首部曰伯靈爾西部雜於日耳曼者則與法蘭西荷蘭比利時鄰北極度自四十九至五十六偏東自六度至二十東西二千餘里南北千餘里土產五金硝礦五穀果牲畜俱備舊屬日耳曼康熙中乃自立國嘉慶初奪歐塞特里及波蘭屬部旋爲法蘭西所敗割其地大半及法王爲俄人敗退布人遂聯諸國攻之入法

都恢其故土加益焉迺增修國政勸農工講軍實利器用遂爲西土顯國向來粵港通商人以其旗識之稱單鷹國五口既開旋來上海比見英法等國換約亦呈請照辦江蘇巡撫薛煥不可其使臣斐悌理阿里丕艾赴天津呈三口通商大臣請立條約總理通商衙門欲令法公使阻之法使言布路斯爲我與國德意志公會各國又布路斯與國也彼國亦久商粵中今求立約請照我國條款有減無增王大臣以　聞有　旨令布使在天津守候　命總理各國事務倉場總督崇綸充全權大臣赴天津會崇厚酌辦布使呈條約四十二款附款一條通商章程十款另款一條稅則一冊所代呈德意

志公會各國部名均照該國條約辦理惟准布國以五年後許派秉權大臣一員駐京兼辦各國事餘與法國條約略同遂以是月二十八日定約德意志者日耳曼列國總部名舊名邪馬尼居歐洲中原縱橫數千里爲古大國明代盛强奧地利布路斯皆其屬部康熙中奧布强大皆自立國日耳曼散爲三十六國大者千餘里小者百數十里稱王者四如古五等諸侯各君其國嘉慶中爲法蘭西脅降法王旋喪敗各部始復爵土二十年歐洲各國公使會議維也納（奧地利國都）以奧布本日耳曼所分而嗹與荷蘭壤地交錯遂合稱同盟四十國有大事會議道光二年公會議兵制同盟仍三十六國（中西

和約所列各國部名邦晏撒遜漢諾威威而顛白而額巴敦黑辛加習利黑星達而未司大布倫師額阿爾敦布爾額魯生布而額撒遜外抹艾生納撒遜麥甯恩撒遜阿里廷部而額撒遜各部而額大孥掃宜得克比而孟地安阿而得疊掃郭定安阿而得比爾你布而額立貝實瓦字部而魯德司荅實瓦字部而孫德而士好遜大支派之各洛以斯小支派之各洛以斯郎格缶而德昂布而士以上二十五國模令布而額水林模令布而額錫特利子以上二邦律百克伯磊門昂布爾以上三漢謝城惟漢謀威四國同治五年爲布國所倂）國人多聰明闊達西土以爲貴種英法立國之祖皆其國人故視爲宗國布路斯東西八部入日耳曼公會者六各國商船亦時來粵故布人代爲之定議立約俾事同一例焉（同治十年布國亦改爲德意志故今祇稱德國）八月增設長江洋關

初議洋商入長江進口出口正稅均在上海鎮江關交納九江漢口無征收故原訂章程第七款有沿途任便起貨下貨不用請給憑單不用隨納稅餉之語江蘇巡撫薛煥謂如此則毫無稽攷應飭令洋商將運進長江之貨除完海關正稅不計外其應完內地半稅先在上海完者由上海給憑單上駛出口貨物如在漢口及九江出口者先在漢口九江完稅由該關給憑單下駛似此上下稽核始無偷漏之弊大學士湖廣總督官文因奏請增設漢口洋關謂今春髮逆上犯漢口巨商大賈遷徙一空所到洋貨皆於各行以貨易貨暗運而去不交進口貨單亦不報出口貨目以致毫無稽查其應完

子口稅雖有上海來文而領事等則云先完正稅當俟完子口稅於條約所當查辦者反置不理其應完出口貨稅則英使謂當仍至海關交收及司道傳詢領事等則稱漢口無關亦無監督稅事司員憑何稽納此皆意存欺蔽也若竟聽其往來自便則長江數千里隨處可載貨卸貨將沿江上下之利盡歸外洋而中原脂膏將竭且有內地奸商船插洋旗藉此私售私買甚至將米糧銅鉛禁運之物運出難免不銷售賊中關礙大局實多非獨偷漏稅課已也至釐金原濟軍餉而洋商執一稅不二稅之說未允抽釐不思納稅出自洋商收釐取之華商兩不相涉又內地商人現赴湖南北產茶處購買動謂英商雇夥違抗釐金似此情形則內地商人皆可稱洋行雇夥內地貨物皆可指洋商採辦山鄉市鎮皆可作通商口岸將條約所稱不逾三口之文祗成虛設皆由無憑稽查故也惟有於漢口設洋關收稅照海關明定章程並設官行盤驗入口出口在地收票發票並禁華洋雇夥往各埠采辦悉由商販自運到漢入行售賣庶可杜絕弊源亦與前議條約相符現飭漢陽府勘擇地基設立關卡並請添設監督一員督辦關稅事務以專責成報可於是九江亦循照漢口辦理先後均設洋關

九月與英人訂長江通商章程

時漢口九江均設洋關而章程未立總理各國事務衙門因與英使卜魯士議暫訂長江通商章程十二款納稅章程五款即各口通共章程由是各國貨船出入始有可稽

國朝柔遠記卷十五

國朝柔遠記卷十六

臣彭玉麟恭定
臣王之春敬編

壬戌同治元年

選募洋將授美英法人等官

粵賊淪陷蘇松常太各城上海以各國通商所在賊未遽擾然勢漸危逼蘇松太道吳煦及前蘇松糧道楊坊初雇印度人充伍又欲增募呂宋人爲兵蘇州人王韜獻策曰招募洋兵人少餉費不如募壯勇而雇洋人領隊平日以洋法教演火器務令精練當可收效從之美國人華爾來華煦初雇令管帶印度兵旋有 旨撤印

度兵華爾願隸籍中國煦留令管帶常勝軍協守松江時滬上通商諸國亦慮賊擾亂商務阻礙貿易雖英人曾與粵賊有兩不相犯之約至是亦謀自衞於是英水師提督何伯法水師提督卜羅德並率船礮列守禦備攻剿有 旨英法兩國自換約後彼此均以誠信相孚此次上海幫同剿賊具見眞意爲好克盡友邦之誼著傳 旨嘉奬並嗣後如有外國協同助剿之處著薛煥隨時迅速具奏以彰中外和好同心協助之意薛煥督華爾等首破賊於松江之迎禧濱天馬山賊則據高橋華爾偕美人白齊文邀同英法兵弁攻其右參將李恒嵩擊其左大破之奏 旨華爾白齊文均 賞四品翎頂旋以攻爕萬唐周浦各賊壘幷加三品頂戴華爾以副將補用及收復松江甯波鎭海慈谿各城何伯卜羅德均以在事出力蒙 嘉奬於是洋弁咸願爲中國效用矣

優䘏陣亡諸洋將

初華爾帶印度兵隨攻嘉定大倉再克松江屢攻青浦遞受重傷至是賊復窺甯波陷慈谿華爾攻克慈谿城中槍洞胸回甯波死江蘇巡撫李鴻章飭以中國冠服斂葬有 旨嘉憫從優賜䘏仍於松江甯波建立專祠他如法國兵官勒伯勒東助官兵克復甯波慈谿餘姚權授總兵克上虞進攻紹興親然巨礮炸傷頭頂而殞

同時傷亡者有兵頭范夫哈格齡二員其接帶之法弁達爾第福先領洋槍隊隨官軍攻剿回滬管帶法國教練勇權受江蘇副將法提督令赴甯領勒伯勒東所部亦以急攻紹城中槍殞又法提督卜羅德亦在南橋督戰陣亡先後均獲優䘏

春二月與俄人訂陸路通商章程

俄人先止在陸路通商故定約於陸路綦詳至是通商陸路更增總理各國事務王大臣與俄之把公使在京議定陸路通商章程二十一款於天津續增稅則一冊

秋八月暫波里國咘哈國來營口互市卻之

通商各海口既增外洋素不著聞之小國亦多聞風來

華有暫波里國商人德勒耶領法國執照來營口租房設行又有咘哈國商人阿文亦來營口將設行而無執照盛京將軍咨總理通商衙門轉詢法公使哥士耆亦云暫波里國名未經列入布國和約不知係何國所屬之國惟本國領事並未呈請批准濫為別國商人代發執照自當嚴飭遂函致英國牛莊領事請卽行阻止將法執照掣回兩國商人遂逡巡去

九月與英人續訂長江通商章程

長江旣設洋關去年總理各國事務衙門與英使卜魯士所訂長江試辦章程及納稅各款尚未畫一至是復與之續訂長江通商統共章程七條

癸亥同治二年

浙江巡撫左宗棠禽白齊文

初華爾戰歿白齊文統全隊索餉數十萬未應遂劫餉銀潛投僞忠王李秀成為之謀主勸秀成盡棄江浙兩省地斬伐茶桑焚燬廬舍然後并合大隊轉戰直趨北方據秦晉齊豫上游中原之形勢以控東南其地為水師力所不至乃可以遲秀成弗聽齊文旋為大兵所擒以條約無專治洋人之款致之美領事領事遣之約毋再入中國白齊文復由日本潛至漳州助賊

臣案白齊文美之無賴子也始助官兵繼助賊反覆無常狠子野性惟利是趨袁甲三云外洋協同勦賊幸而戰勝則矜功要挾所求無厭可稱先見之明此時川廣湘淮諸軍將皆貔虎士盡能羆克復城池業已大半豈上海賊壘不能埽除英法美見賊勢已蹙堅請助勦意欲邀功我　皇上不忍拒絕過甚恐啟猜疑轉生叵測偶爾借助以示羈縻乃因未遂所欲遽投賊營甘為效死其不敢顯與我為難者並非因新約初定恐失信於　天朝實見我軍威大震不敢抗衡也孰知天道惡盈天心悔禍賊固殄滅彼亦就擒自作孽不可逭其白齊文之謂乎

夏五月與丹國立約

丹國卽嗹馬一名嗹國一名大尼在歐羅巴洲西北地隘合羣島

始成國東界波羅的海卽洲中海南界日耳曼西界大西海北隔海與那威鄰北極度自五十三至五十七英綫偏東度自五至十一國都在西蘭島有加的牙港扼波羅海數千里咽喉設關榷稅土惟產五穀牲畜往時民以捕魚操舟劫掠沿海後有賢主修政曾滅那威服瑞典明初猶强後乃衰弱嘉慶中與法蘭西和約同襲英吉利英人先舉兵圍其都城乃乞盟其來市粵東也以雍正時粵人稱為黃旗國至是遣其使臣拉斯勒福窪地瑪羅多羅福等來華抵天津徑赴京師署三口通商大臣董恂以該使並未知照無故來京亟函知總理衙門飭城門阻之而英使言丹國來人乃㑹館賓客請勿阻

總理衙門以丹使此來無非恃有奧援儻力阻其入則英人必起難端遂置不問英威妥瑪復代請立約恭親王告以丹使初到中華不循中國定章擅越天津來京議約輕視我中國中國不即驅逐已爲懷柔之至萬難允其立約威妥瑪乃言丹與英爲姻婭之國並援法使爲布路斯葡萄亞代請換約之例固請王大臣等欲行拒絕恐厚彼薄此貽英人以口實許之太易又恐紛紛效尤因語以丹使如欲中國允行必須循中國章程仍回天津照會三口通商大臣懇請據情奏明　特派大臣赴津會同三口通商大臣方可立約否則不能威妥瑪詞屈請嗣後外國使臣到津應令天津領事告知中

國常例又爲函致三口大臣代爲之謝大臣等以聞有
　旨交總理各國事務衙門核議尋議定丹國和約五十五款通商條約九款稅則一册大略與英國同

秋八月與和國立約

和國卽荷蘭康熙中曾以夾板船助剿臺灣鄭氏故與中國通商最早至是見西洋諸國踵至亦來天津援例呈請立約三口通商大臣以　聞朝議許之卽由三口通商大臣在津與其使臣訂和約十六款另款一條

甲子同治三年

遣人出洋採辦機器

西洋諸國製造船礮皆以機器爲之用力少而成功多曾國藩因廷臣有採買外洋船礮之議謂上海已設製造局不如購其機器自行製造經費較省新舊懸殊於是遣粵人運同銜容閎出洋採辦各機器

夏五月優獎洋將戈登及出力各員弁　頒賞有差

英人戈登見中國優待外人遂投李鴻章麾下二年春接帶常勝軍權授江蘇總兵同官軍攻克福山及太倉崑山各州縣嗣蘇常省府城肅清將常勝軍遣撤鴻章奏請加提督銜　賞花翎黃馬褂　賜提督章服四襲并表功旗幟功牌其繙譯軍火局礮隊兵官及打仗隨營各洋弁由英公使總稅務司查開請獎凡一等二十八人阿里查等六名各給一兩四錢金寶星摩爾安德

二十二名各給一兩二錢金寶星二等滿士費滿三德二十四人各給一兩金寶星三等愛林十二人各給銀牌由蘇松太道仿造交各領事分給佩帶陸續資遣莫不懽忭以去他如日意格德克碑投左宗棠麾下者宗棠因材器使厚糈以縻之官階以厲之故咸樂盡其力焉

秋九月與日斯巴尼亞立約

日斯巴尼亞（此從和約所自稱又止稱日國）卽西班牙咸豐季年曾與葡萄牙求立約不得請而去至是援西洋諸小國皆得立約之例復來天津呈請　朝議許之　命總理各國事務大臣同三口通商大臣與其使臣依撤別拉嘎多

利嘎瑪議定和約五十二款專條一款（同治六年崇厚復與日使瑪斯公立文憑一件）

乙丑同治四年

以兩江總督兼理南洋大臣

南洋自五口通商外洋麕集換條約諸事交涉紛繁咸豐八年曾頒　欽差大臣關防或歸兩廣總督或歸兩江江蘇督撫兼管是年始定歸兩江總督專責於是有南洋大臣之稱每年額撥南洋經費洋稅項下江海關二成粵海山海浙海閩海滬尾打狗二口（二口在臺灣）各關四成華稅項下分解一半照四成例算並派各省釐金項下江蘇浙江各二十萬湖北廣東福建江西各十

五萬協濟南洋籌辦海防及添製船礮軍械之需

夏五月左宗棠再禽西洋叛將白齊文及助賊洋人克令細仔誅之

白齊文初為官軍所擒以和約無專治洋人之條致之美領事領事遣之約毋再入中國白齊文復由日本潛至漳州與英人克令細仔投賊并為左宗棠軍所獲福州美領事慶樂請令歸國正法宗棠以其罪大不許委弁自閩解蘇審辦道經浙江蘭谿匯頭灘舟覆解弁及白齊文三犯皆溺死

秋九月與比利時國立約

比利時舊名彌爾尼壬（一名北義）歐羅巴小國也北界荷蘭東界普魯社西部西南俱界法蘭西西北界大海北極自四十九至五十一度英綫初度至三度地溫土腴物產繁庶製造精良本荷蘭南部明初荷蘭王查理好兵喜誅戮南部叛之附入西班牙康熙中歸奧地利為藩屬嘉慶初法蘭西王拏破侖兼并諸國南部及荷蘭先為所奪及法王敗荷蘭復立國南部復與之合然南部仍天主舊教荷蘭尚耶穌新教輕視之道光十一年南部遂別立日耳曼小侯為王稱比利時國以兵拒荷蘭而法人助之荷蘭絕其港口乃造鐵路火車轉運達海其國商船　國初曾來粵東後久絕迹道光季年法人復為請通市而貨舟不至及五口通商亦赴上海呈請

立約巡撫辥煥以布路斯使臣不遵理諭徑赴天津此時續至之國若再嚴拒必至效尤前往且比利時在各口通商素稱安靜此次來滬亦無從中指使具奏至是因西洋諸小國既皆得立約遂　簡欽差總理各國事務大臣董恂會三口通商大臣崇厚酌議與其使臣金德俄固斯德訂定和約四十七款通商章程九款稅則一冊其使臣實兼帶法國和國西班牙寶星云

丙寅同治五年

春正月與英人法人議定招工章程

時中外和好已大定諸色人等彼此皆得雇覓不相限制而尚未詳定章程總理各國事務王大臣遂與英法

二國公使各訂定招工章程二十二條又三節
秋九月與義國立約
義國卽意大里亞歐羅巴古一統之國卽後漢書大秦
國其王常欲通漢爲安息郎波斯今巴社白頭回國遮遏不得通桓
帝延熹九年其王安敦遣使自日南徼外獻象牙犀角
玳瑁始得一通東晉時分東西王東王至明代爲土耳
其所滅西王則都羅馬劉宋時峩特族滅之立國三百
餘年法蘭西取之以都城奉天主教皇後分合不一諸
部時尋干戈嘉慶中法王拏破侖略定爲藩部及各國
公使會議於維也納分其地爲九凡大部四小部五總
爲意大里亞至是亦請立約　朝議許之由總理各國

事務大臣及三口通商大臣與之訂定和約五十五款
通商章程九款
冬十一月以沈葆楨總理福建船政
時講求海防力圖自強閩浙總督左宗棠因請創立船
政派重臣總理　上命沈葆楨總司其事專摺奏事
先刻木質關防印用一切事宜及需用經費均與英桂
吳棠徐宗幹等商辦時葆楨方丁憂在籍以材非其任
力辭不許
十二月採買外洋機器至
容閎自前往西洋至是採辦機器百數十種至上海交
製造局是爲鐵廠曾國藩言閎往返三載不避艱阻請
予獎勵有　旨議敘
丁卯同治六年
春三月設同文館於京師
天文算學中幾何一書原本西洋人歐里几得作其學
有傳出自冉有後中國喪失流傳泰西彼土智士得而
專精用以推步故　國初臺官參用西人時京師有洋
館乃議設同文館並招集士子學習推算及泰西文字
語言而雇西人教習廷臣諫疏皆留中御史張盛藻請
毋庸招集正途　批諭以朝廷設同文館取用正途學
習原以天文算學爲儒者所當知不得目爲機巧於讀
書學道無所偏廢大學士倭仁因上疏云數爲六藝之

一誠如　聖諭爲儒者所當知非歧途可比惟以臣
所見天文算學爲益甚微西人教習正途所損甚大有
不可不深思而慮及之者請爲我　皇上陳之竊聞
立國之道尚禮義不尚權謀根本之圖在人心不在技
藝今求之一藝之末而又奉夷人爲師無論夷人詭譎
未必傳其精巧卽使敎者誠敎學者誠學所成就者不
過術數之士古今來未聞有恃術數而能起衰弱者也
天下之大不患無才如以天文算學必須講習博采旁
求必有精其術者何必夷人何必師事夷人且夷人吾
仇也咸豐十年稱兵犯順憑陵我畿甸震驚我
宗社焚燬我園囿戕害我臣民此我　朝二百年來未

有之辱學士大夫無不痛心疾首飲憾至今　朝廷亦不得已而與之和耳能一日忘此仇恥哉議和以來耶穌之教盛行無識愚民半爲煽惑所恃讀書之士講明義禮或可維持人心今復舉聰明雋秀　國家所培養而儲以有用者變而從夷正氣爲之不伸邪氣因而彌熾數年以後不盡驅中國之衆咸歸於夷不止伏讀
聖祖仁皇帝御製文集諭大學士九卿科道云西洋各國千百年後中國必受其累仰見　聖慮深遠雖用其法實惡其人今天下已受其害矣復揚其波而張其焰邪聞夷人傳教常以讀書人不肯習教爲恨今令正途學習恐所習未必能精而讀書人已爲所惑

適墮其術中耳伏望　宸衷獨斷立罷前議以維大局而弭隱患天下幸甚疏入不報

夏四月籌造輪船經費

曾國藩奏目今添造輪船運河隄工皆萬不容緩之事查江海關洋稅一項自扣款結清以後提解四成另款存儲部庫本係奏定專撥之款不敢動用絲毫惟餉項萬緊仰懇　天恩俯准酌留二成以一成爲專造輪船之用以一成酌濟淮軍奉　旨俞允

六月沈葆楨入船政局任事

沈葆楨既力辭船政不許左宗棠奉　命西征復再三敦勸葆楨猶屢辭終莫獲請至是服闋不得已起任事猶舉七難入告稱臣之材望迥非左宗棠比而所處之地又各不同洋人性善疑非其素所信服之人動生疑忌日意格德克碑久隸左宗棠麾下其公忠果毅親見之而習知之固宜爲之盡力臣於二將無一面之識其難一也輪船經費與別項軍需不同稍不應手便礙大局其難二也紳受治於官者也爲所治者忽然與之並列其勢必爭其難三也官之於民有分以相臨故威則知懲恩則知勸紳與士民等耳恩威俱窒其難四也欲速則不成惜費則不成其難五也外國可法之事無多而製器之工實臻神妙其人非有聰明絕異之質但此精益求精密益加密不以見難自阻不以小得自足此

意正自可師內地工匠專以偷工減料爲能用意即已迥別故不患洋人教導之不力而患內地工匠向學之不殷非峻法以驅之重賞以誘之不足以破除痼習其難六也日意格德克碑功成之日既獲厚利又得重名名利所歸妒之者衆求分其利求毀其名皆在意料之中稍涉游移則前功盡棄左宗棠威望足以鎮之非臣所能及其難七也具此七難何敢輕率從事惟念時事多艱　皇太后　皇上且旰食宵衣焦勞中夜　君若爲臣子者狃於避謗遠罪之私智何以上荅
父而自立於天地之閒是以再四躊躇欲辭不敢計惟有毀譽聽之人禍福聽之天竭盡愚誠冀報　高厚鴻

慈於萬一臣所深恃者　諭旨諄切知自强之道斷自
宸衷以萬不得已之苦心創百世利賴之盛舉必
不爲浮說所搖但願共事者體　朝廷之心以爲心勿
以事屬創行而生畏難之見勿以議非己出而存隔膜
之思則大功之成拭目可俟矣

戊辰同治七年

夏四月南洋派輪船赴天津助防

曾國藩奏上海鐵廠製造火輪船及廣東艇船仍須酌
改營制略仿西洋之法時捻匪張總愚竄擾天津三口
通商大臣崇厚請派輪船赴津助防　上飭曾國藩
與巡撫丁日昌撥上海捕盜輪船至津巡查海口而上

海兩舊輪船方修整不能遠駛適福建新造華福寶輪
船購米上海國藩添給洋礮檄令北行

閏四月武英殿大學士兩江總督曾國藩閱洋礮輪船工
程

初國藩擬會同丁日昌履勘外海水師營伍核議章程
是月初十日國藩至上海駐鐵廠查閱洋礮輪船工程
洋人聞國藩將至遣巡捕呵禁行車淸道以待既至諸
國領事皆來謁國藩嘉其意亦禮遇之

秋七月調曾國藩補直隸總督整頓練軍

六月遣使出洋與美國增定條約

時外洋諸國公使領事等交錯來華周知內地虛實而
中國於外洋情事僅得傳聞未親歷目覩有以彼能來
我亦能往爲言者於是　特派欽差爲重任大臣二品
頂戴志剛孫家穀均充辦理中外交涉事務大臣赴大
東洋抵華盛頓美國都城名與美國總理各國事務大臣增
訂條約八款

己巳同治八年

春三月與俄國續訂陸路通商條約

俄人陸路通商章程以元年所訂未備復商增改於是
命總理各國事務王大臣與其使臣續訂陸路條約
二十二款

秋七月與奧斯馬加國立約

奧斯馬加此從和約所自稱或止稱奧國卽奧地利亞一名歐塞特里阿亦歐
羅巴大國東北界普魯社俄羅斯東南界土耳其抵亞
得亞海及意大里西界瑞士日耳曼北極自四十二度
至五十一經綫自東六度至二十四地高燥產金石宜
人物氣序溫和唐時法蘭西取其地號奧斯的里元初
日耳曼酋攻克之立爲王稱東國傳至阿爾麥配匈牙
利一作寒牙里女主國合於奧遂爲大國明正德時國內亂
迎西班牙查理第五爲日耳曼王破法蘭西其弟嗣位
又臣服意大里諸部遂稱伯西土康熙三十九年日耳
曼各部皆自立從此東國稱奧地利亞不復稱日耳曼
後又侵得波蘭地幅幀日廣嘉慶中其國君進稱可汗

和約中稱大皇上　法蘭西王拏破侖侵伐四鄰日耳曼列國皆納款奧獨不爲之下及拏破侖喪敗歐羅巴諸國各遣公使集議維也納（奧國都城名）返法所侵各國地以日耳曼散弱難自立乃議立公會聯結爲與國以奧爲盟長日耳曼近始別自爲德意志（或止稱德國）故論歐洲國勢以俄英法奧爲稱海禁開時即互市廣東粵人以其旗識之稱雙鷹國至是亦請立約　朝議許之由總理各國事務大臣及三口通商大臣與其使臣訂定和約四十五款通商章程九款稅則一冊

庚午同治九年

夏五月天津民擊殺法國領事豐大業

初天津奸民張拴郭拐以妖術迷拐人口爲知府張光藻知縣劉傑擒獲伏誅桃花口民團復獲迷拐李所之武蘭珍送縣供稱受迷藥於教民王三於是民間喧傳天主教堂遣人迷拐幼孩挖眼剖心爲藥料又以義塚內屍骸暴露者皆教堂所棄人情洶洶三口通商大臣崇厚及天津道周家勳等往會法國領事豐大業帶蘭珍赴堂同訊鞫蘭珍語多支離與原供不符譏弗能定崇厚遂回署適士民觀者麕集偶與教堂人違言磚石相拋擊豐大業徑至崇厚署咆哮忿詈崇厚撫慰之不從以洋槍擊崇厚不中走出路遇傑復以槍擊之誤傷傑僕居民見者萬眥齊裂遂羣起毆斃豐大業鳴鑼集衆焚燬教堂洋房數處教民及洋人死者數十人

命大學士直隸總督曾國藩赴津查辦教案

崇厚上疏自請議並請　飭大員來津查辦　上諭崇厚奏津郡民人與天主教起衅現在設法彈壓請派大員來津查辦一摺曾國藩病尚未痊本日已再行賞假一月惟此案關緊要曾國藩精神如可支持著前赴天津與崇厚會商辦理匪徒迷拐人口挖眼剖心實屬罪無可逭既據供稱牽連教堂之人如查有實據自應與洋人指證明確將匪徒按律懲辦以除地方之害至百姓聚衆將該領事毆死並焚燬教堂拆毀仁慈堂等處此風亦不可長著將爲首滋事之人查拏懲辦俾

昭公允地方官如有辦理未協之處亦應一併查明毋稍迴護曾國藩務當體察情形迅速持平辦理以順輿情而維大局國藩覆陳據天津道來稟武蘭珍所供之王三業經弋獲必須訊取確供武蘭珍是否果爲王三所使王三是否果爲教堂所養挖眼剖心之說是否憑空謠傳抑係確有證據此兩者爲案中最要之關鍵從此兩層悉心研鞫力求平允乃可服中外之心　諭旨飭臣前往仍垂詢臣病臣之目疾係根本之病將來必須開缺調理不敢以病軀久居要職至眩暈新得之病現已十愈其八臣不敢因病推諉稍可支持即當前往一面先派道員博多宏武等迅速赴津會同天津道府

詳訊辦理
夏六月罷天津知府張光藻知縣劉傑
是月朔曾國藩復奏　上諭曾國藩奏所稱案中最要關鍵等語可謂切中事理要言不煩日內如可支持卽著前赴天津會同崇厚悉心商辦國藩遂力疾啟行作遺書誡其二子云外國性情兇悍津民習氣浮囂俱難和協恐致激成大變余自咸豐三年募勇以來卽自誓效命疆場今年老病軀危難之際斷不肯吝於一死以自負初心恐邂逅及難而爾等諸事無所禀承茲略示一二以備不虞所囑凡二千餘言比國藩行至任邱函致崇厚先將俄國誤傷之三人及英美兩國之講堂

速爲料理不與法國併議途次奉　上諭此案起衅之由因迷拐幼孩而起總以有無確據爲最要關鍵必須切實根究曲直旣明方可另籌辦法至洋人傷斃多名若不將倡首滋事之犯懲辦此事亦難了結初十日國藩至天津津舊有水火會皆諸俠少矜尚意氣不畏彊禦咸豐初粵賊北竄津郡士民倡團擊退之畿輔賴以保全自西洋通商民教時時相訌當事者委曲求全或未能持平津人怨民氣之不伸也曩國藩至力反所爲甫下車咸來進策或欲藉津人義憤之衆驅除洋人或欲聯俄英各國之交專攻法國或欲劾崇厚以伸士民之氣或欲調兵勇以爲應敵之師國藩以粤捻方平

西陲未靖海内凋瘵方資休息未可遽肇邊衅又接譯署函有鑒於旋戰旋和之失宜一意保全和局遂示諭士民宣布　聖主懷柔外國息事安民之意故致崇厚書則云禍則同當謗則同分報友人書則云寧可得罪於清議不敢貽憂於　君父及放告投訴數百人訊及挖眼剖心皆無事實惟拐匪案拏到教堂之王三安三等皆市井無賴供詞反覆狡展國藩令緩訊以爲洋人轉圜之地法公使羅叔亞來見以四事相要曰賠修教堂曰埋葬豐大業曰查辦地方官曰懲究凶手羅叔亞旋照會請將府縣官及提督陳國瑞抵命國藩拒之與崇厚會奏稱王三雖經供認授藥武蘭珍然且時

供時翻仁慈堂查出男女訊無被拐情事至挖眼剖心則全係謠傳毫無實據此等謠傳不特天津有之各省皆然以理決之必無是事至津民所以生憤則亦有故教堂終年扃閉莫能窺測可疑者一中國人民至仁慈堂治病恆入留不出可疑者二仁慈堂死人有洗尸封眼之事可疑者三仁慈堂所醫病人雖親屬在內不得相見可疑者四堂中掩埋死人有一棺而兩三屍可疑者五百姓積此五疑衆怒遂不可遏仰懇　明降諭旨通飭各省俾知謠傳多係虛誣以雪洋人之冤以解士民之惑已將道府縣三員均撤任聽候查辦尋奉
上諭曾國藩崇厚奏查明天津滋事大概情形又奏請

將天津府縣革職治罪等語已均照所請明降諭旨宣示矣此次陳奏各節固爲消弭衅端委曲求全起見惟洋人詭譎性成得步進步若事事遂其所求將來何所底止是欲弭衅而仍不免起衅也初國藩本不欲加罪府縣因叔亞要求不已崇厚又屢以爲言國藩以其久習洋務姑從之及劾疏甫上旋自悔憾內閣鈔發奏稿不全都人士見之謂國藩亦偏護洋人貽書相責國藩惟自引咎而已崇厚猶力主府縣議抵並盛言洋人兵彊礮利不許即將發難國藩乃漫應曰彼以我爲無備而畏死乎吾已密調隊伍若干糧餉若干況我自募勇剿賊以來此身即已許 國卒荷 聖祚綿長之庥賴

將帥用命之力轉戰數千里掃盡狂氛蕩平巨寇刻下舊勳名將雖止十存四五然如左宗棠李鴻章彭玉麟楊岳斌輩類皆念切時艱心存 君國且久經戰陣其才十倍於我我年逾花甲有渠等共匡 帝室何死之足畏崇厚嘿然退乃馳奏法國勢將決裂曾國藩病勢甚重請由京另派重臣來津辦理國藩見羅叔亞要求罔饜不復信崇厚言因 諭旨垂詢覆稱焚燬教堂之日衆目昭彰若有人眼人心等物豈崇厚一人所能消滅其爲譌傳已不待辨至迷拐人口實難保其必無臣前奏請 明諭力辨洋人之誣而於迷拐一節言之不實不盡誠恐有礙和局現在焚燬各處已委員與修王三安三該使堅索已經釋放查拏凶犯一節已飭新任道府拏獲九名拷訊黨羽惟羅叔亞欲將三人議抵實難再允所求府縣本無大過送交刑部已屬情輕法重彼若不擬搆衅則我所斷不能允者當可徐徐自轉彼若立意決裂雖百請百從仍難保其無事 諭旨所示弭衅仍以起衅確中事理且佩且悚外國論強弱不論是非若中國有備和議或稍易定竊臣自帶兵以來早矢効命疆場之志今事雖急病雖深此心毫無顧畏不肯因外國要挾盡變常度抑臣更有請者時事雖極艱難謀畫必須決斷伏見道光庚子以後辦理洋務失在朝和夕戰無一定之至計遂使外患漸深不可收

拾 皇上登極以來外國彊盛如故惟賴守定和議絕無改更用能中外相安十年無事津郡此案愚民憤激生變初非臣僚有意挑衅儻從此用兵則今年即能倖勝明年彼必復來天津即可支持沿海勢難盡備朝廷昭示大信不開兵端實天下生民之福惟當隨時設備以爲立國之本二者不可偏廢臣以無備之故辦理過柔寸心抱疚而區區愚慮不敢不略陳所見疏上即日奉有張光藻劉傑交部治罪已屬過當若在津正法萬難允准之 諭

命大學士湖廣總督李鴻章督師入衛京畿兵部尚書毛昶熙赴天津會辦教案

崇厚既奏稱曾國藩病勢甚重請另派重臣來津辦理教案奉　上諭此案關係頗大該督抱恙甚劇照料或有未周已諭令丁日昌星速赴津幫同辦理但丁日昌航海前來須在旬日以外先派毛昶熙前赴天津會辦惟該國兵船業已到津意在開衅不可不預為防範已諭令李鴻章帶兵馳赴畿疆候旨調派

秋七月毛昶熙李鴻章丁日昌來天津保定

毛昶熙既奉　命以侍講吳元炳刑部員外郎劉錫鴻總理衙門章京陳欽惲祖貽隨行是月初五日至津適英國公使威妥瑪亦至毛昶熙約洋人會議既集欽按理抗辦洋人不能詰羅叔亞固執前說徑行回京崇厚

適奉出使法國之　旨請入都　陛辭　上遂命昶熙署理三口通商大臣國藩遂與會奏羅叔亞回京緣由請中外一體堅持定見並將連日會議問答情形具報總理衙門又請將福建船局購辦京米截留二萬石儲津以備李鴻章軍餉時鴻章督辦陝西軍務奉帶兵防衛畿疆之　命即日率師啟行星夜兼程至潼關馳奏洋人照會內稱天津府縣幫同行兇主使動手等語所聞得自何人所查得有何據必須將府縣如何幫同主使證據交出由中外大員會同提集當堂質訊乃可成信讞而服眾心丁日昌啟行時亦奏稱自古局外之議論不諒局中之艱難然一唱百和亦足以熒聽而撓大計卒之事勢決裂國家受無窮之累而局外不與其禍反得力持清議之名現在事機緊急守備則萬不可缺至於或戰或和應由　宸衷獨斷不可為眾論所搖又稱百姓紛紛聚眾地方官不能認眞彈壓過誤似亦不輕奉　上諭該使臣非禮之求斷難遷就而於近情之請必當趕緊辦理以示誠信此時如將下手滋事之犯按律懲辦則洋人自不至節外生枝再歸咎於府縣二十五日日昌至天津即日懸賞勒限緝拏兇犯

詔提督劉銘傳來直隸統率銘軍

時劉銘傳以病假在籍曾國藩謂欲保和局而安民之道在預備不虞以為立國之本因請　旨檄催劉銘傳

赴直隸統帶銘軍並陳明江面水師與洋面不同彭玉麟楊岳斌現均在籍必思所以捍禦外侮徐圖自强之法奉　旨報可越日又　諭該督到津後統籌全局次第辦理其中委曲求全萬不得已之苦衷在稍達事理者自無不諒刻下府縣一層堅持定見當可就我範圍如能將為首滋事及下手之人嚴拏務獲訊取確供按律議抵大局似可釐定近來內外臣工往往遇事初起時徒事張皇迨禍患略平則又泄沓成風為目前苟安之計即使創立戰守章程而在事諸臣奉行不力有名無實遂使　朝廷深謀遠慮均屬具文似此因循成習何時可冀自彊何時可卒外患宵旰焦憂無時或釋

八月調曾國藩補兩江總督以李鴻章爲直隸總督
總理衙門奏天津一案與洋人照會往來辯論情形奉
諭鈔寄令曾國藩迅速緝兇詳訊嚴辦催取府縣親
供及早結案適兩江總督馬新貽遇刺　上命國藩
仍督兩江李鴻章調補直隸總督國藩疏陳前在假期
内馳赴天津實因津事重大不敢推諉臣目病甚重江
南庶政繁殷若以病軀承乏貽誤必多目下津案未結
仍當暫留會辦一俟奏結卽請開缺調理奉　上諭
兩江事務殷繁職任綦重曾國藩老成宿望前在兩江
多年情形熟悉措置咸宜現雖目疾未痊但能坐鎮其
間諸事自可就理所請另簡賢能之處著毋庸議仍著

俟津案奏結卽前赴兩江之任毋再固辭時派陳欽劉
錫鴻丁壽昌會訊天津府縣國藩與毛昶熙丁日昌親
臨覆訊遂奏呈府縣親供奉　上諭天津教案尚未
辦有端倪爲日已久若不趕緊辦結必致另生枝節著
李鴻章馳赴天津會同曾國藩丁日昌督飭承審各員
認眞研鞫及早擬結二十三日國藩等會奏審明津案
兇犯分別定擬計供證確實者十一人無供而有確證
者四人共計可正法者十五名擬軍流者四人擬徒者
十七人報解送府及鈔呈陳國瑞供詞奉　諭陳國瑞
既與津案無干涉毋庸令總理衙門刑部覈辦惟報解
府縣送部附片奏稱天津府縣本無大過張光藻尤著

循聲臣之初意豈肯加以重咎過聽浮議舉措失宜遽
奏交刑部此疏朝上夕已悔憾外間物議紛紛不平此
次該革員等入獄誠恐洋人執臣原奏欲得而甘心則
臣之負疚愈深請　敕刑部細核供詞從輕定議以平
天下吏民之情臣亦稍釋隱憾並申陳各省民教滋事
實情籌議預杜後患之法時大學士倭仁亦抗疏稱我
列祖列宗開國以來未嘗有枉罪臣子之事況
天津一案公論昭彰守令之辦理不善勢必處於無可
如何並非指使張守賢聲素著皆久在我　皇太
后　皇上洞鑒之中往者林則徐姚瑩達洪阿之獄
事情重大十倍於茲我　宣宗成皇帝曾爲息事

安民稍施薄譴旋以民望所歸復職大用我　文
宗顯皇帝登極殊諭猶謂忠臣盡忠宣力深責當時宰
相不能扶持今我　皇上亦欲息事安民亦斷無不
思　祖制罔顧憲章之理又云自古朝有忠臣仇
敵所忌善謀國者斷不肯喪國家忠臣之氣以遂仇敵
快害之心漢殺鼂錯以悅吳楚究不能止吳楚之叛而
徒貽景帝以刻薄之名宋殺岳飛以悅金究不能禁金
人之欺而徒貽高宗以忘仇之罪我　皇上自必上
法　祖宗豈肯襲漢宋之誤今日重罪守令以謝
夷人將來此端一開何以立國惟有仰懇　天恩施
格外之仁以存正氣而培國脈於一時權宜之中仍爲

百世不拔之計　上深納之

九月安置張光藻劉傑於黑龍江

初按察使錢鼎銘奏　諭仍將府縣解赴天津時府縣已請假他出奉　上諭軍機大臣呈遞直隸按察使錢鼎銘稟函不勝詫異張光藻劉傑以奉　旨治罪人員即使患病屬實亦應在天津聽候查辦乃該革員等一赴順德一赴密雲捏病遠避尙復成何事體　朝廷令該革員赴津實由示係全之意乃皆不能體會置身事外曾國藩率行給假他出實屬不知緩急國藩因飛檄催光藻傑來津先後赴案遂奏該員自六月十六日撤任即行請假臣見其本無大過故允所請後奉到

諭旨即飛檄催提日下均已到案惟法國照會總理衙門指稱該府縣主使證據應按照所指情節逐一質訊再取具親供錄送核辦至查拏兇犯現已獲三十七名仍飭盡數弋獲從嚴懲辦以杜外患後續獲犯八十餘名國藩委員質訊株累者分別開釋具奏並以辦理遲延自請嚴議將府縣交刑部於是讞詞畢具刑部奏獄上初六日遂奉　諭前因天津知府張光藻知縣劉傑於民教啟衅一案事前既疏於防範事後又不能迅速獲犯當經降　旨革職交刑部治罪嗣經曾國藩等取具親供並將該革員等押解到部茲據刑部奏請按照刁民滋事地方文武不能彈壓撫綏革職例從重發往軍臺効力並以案情重大應如何從重改發之處請旨等語該府縣責任地方乃於津民滋事不能設法防範致匪徒乘機戕害多命又未將兇犯趕緊拏獲情節較重且該革員等於奉　旨交部治罪後張光藻竟敢私往順德劉傑亦私往密雲任意逗留尤屬藐玩張光藻劉傑均著從重改發黑龍江効力贖罪以示懲警至津民因懷疑激忿不遵地方官彈壓輒敢逞兇殺害至二十餘命之多且將其仁慈堂內貞女殺害尤爲兇殘現經曾國藩等拏獲滋事人犯審明分別情節輕重將馮瘸子等十五犯擬以正法小錐王五等二十一犯擬以軍徒既屬情眞罪重即照所擬將馮瘸子等即行處

決小錐王五等分別發配安置經此次嚴辦之後各省地方官務當曉諭居民安分守法毋任再生事端遇有中外交涉事件按照條約持平妥辦務使中外商民彼此相安以靖地方案始結

冬十月罷三口通商大臣

毛昶熙署理三口通商大臣自以爲虛糜　朝廷之祿徒撓督臣之權即欲奏請裁撤因津案未結難於入告至是始奏裁通商大臣并歸直隸總督辦理以一事權奉　旨交李鴻章議覆鴻章覆上請裁併後增設海關道一員管理各國交涉事並議上新章十餘條均報可譯署又議總督兼辦通商事務必近駐　天津方資鎮定

於是總督定以每年冰泮開河後駐天津以冰合封河後回保定

閏十月以直隸總督兼理北洋大臣

自咸豐十年專設北洋三口通商大臣於天津至是裁歸直隸總督兼管因有北洋大臣之稱　頒發關防

十一月以陳欽爲天津海關道

陳欽以部郎在總理衙門有年洞悉中西交涉情形以會議津案曾國藩曾奏欽辯才足以折服强悍誠心足以感動彼族請署理天津知府至是總督李鴻章請准增設天津海關道欽以記名道與選用道沈保靖同擬進奉　旨以欽補授

國朝柔遠記卷十六

國朝柔遠記卷十七

臣彭玉麟恭定
臣王之春敬編

辛未同治十年

秋七月募子弟出洋學藝

西洋工藝專精船礮堅利中國籌辦海防常雇洋匠教習至是曾國藩李鴻章會奏派委刑部主事陳蘭彬江蘇同知容閎選聰穎子弟赴泰西各國肄習技藝從前斌椿志剛孫家穀等奉　命游歷海外親見各國軍政船政皆視爲身心性命之學中國當師倣其意藉通其法查照美國新立和約擬先赴美國學習計其程途由東北太平洋（太平洋即大東洋亦即外大西洋）乘輪船徑達美都月餘可到已飭陳蘭彬等酌議章程所需經費請　飭下江海關於洋稅項下按年指撥勿使缺乏並請　飭下總理衙門將該員所議章程酌核奏　旨報可

與日本國立約

日本在明代藉市貢煽誘沿海奸民寇鈔海疆不已至我　朝始伏處東隅不敢動康熙以後雖通市而禁絕貢舟然亦惟我之估帆往而彼之商船不來及聞西洋諸國咸得在中華互市去年遣使來上海請通商立約並致書總理各國事務衙門略云日本國從三位外務卿清原宣嘉從四位外務大輔藤原宗則致書於　大

淸國總理外國事務大憲臺下茲者我國往昔以降與貴國往來交誼特深方今與西洋諸國定約貿易者或謂我國未曾與貴國結盟竊思我國雖僻處海隅尚非遠隔重洋貴國聲教仰慕久矣大西洋各國且荷一視同仁不分畛域諒不肯令我國受西洋諸國脅制擬早年遣使來修盟好祇以國家多故未果然此事終不可久曠也今本省業經奏准權派從四位外務權大丞藤原前光正七位外務權少丞藤原義質從七位文書權正鄭永甯等命往貴國定其通信通商正約或駐劄京師或往來各港等因該使臣等投至貴憲臺下則祈隨時接待聽其陳述本國所望事件並求貴憲著實周旋

從善襄成本省特附此書致上謹言書末紀明治三年歲次庚午七月總理衙門據奏議駁不許至是復遣使來天津懇請通商立約時大學士直隸總督李鴻章兼理北洋大臣閱其照會恭順又鑒於西洋諸國不遵理諭徑赴京師若行嚴拒勢必效尤前往遂允代奏

上以聲教西被而不東漸非所以宏懷柔遠人之量

廷議允行　命鴻章照會日本使臣酌擬章程鴻章遂與其全權大臣從二位大藏卿藤原宗臣伊達氏訂修好條約十八款通商章程三十三款於二十九日畫押奉

批准將約互換刊行各處使彼此官民咸知遵守所設領事官在福州者兼管廈門臺灣淡水在上海者兼管鎭江漢口九江甯波在香港者兼管廣州汕頭瓊州通商各事

壬申同治十一年

春二月許美國領事官代辦瑞士國商務

瑞士國一名蘇益薩又稱綏沙蘭在日耳曼南奧地利西法蘭西東意大里北幅幀縱橫各數百里萬山壘峙中峰高入雲霄歐洲大河多源於此地產五穀藥材俗儉樸馴良少兵革稱西土樂郊古屬羅馬後屬日耳曼元代日耳曼王重歛苛虐瑞士人逐守吏推頭人據險拒之遂自立國分十三部皆擇鄉官理事不立王侯嘉慶初法蘭西攝王拏破侖以兵力强取之改十九部拏

破侖敗各國公使會議於維也納益以他國交錯之三部爲二十二部仍聽其自推鄉官諸大國不得箝制有氐烏的部居民造時辰表歲獲銀數百萬其商船至中國以無約小國不設領事官至是請美領事代辦商務美公使照會稱遂次蘭國經總理各國通商衙門覆准此次美國領事代辦該國事務祇可照料不能兼攝至通商納稅等事仍照向來無約各國祇准在海口通商其內地口岸及內地游歷設局招工等事均不得一律均霑美使照覆更正遂次蘭爲瑞士國美領事雖得照料瑞士國商務不得稱瑞士國領事官然是時上海通商如昂不爾瑞威敦各小國無論有約無約所設領事

類多商人兼充地方官惟不與印文往來間用信函亦
不稱爲領事官云

冬設招商局

時八荒四極自古絕域不通之國咸來賓享互市各海口李鴻章恐中國之利盡爲洋商所侵失業之民悉爲洋人所誘因請設局招商自置輪船分運漕米兼攬商貨冀稍收回厚利奏　旨報可於是除天津舊有局棧外於上海設招商總局又於牛莊煙台福州廈門廣州香港汕頭甯波鎮江九江漢口及外東洋之長崎橫濱神戶西南洋之新加坡檳榔嶼安南呂宋等十九處各設分局委道員朱其昂盛宣懷許鈐身唐廷樞徐潤葉廷眷等先後入局專司其事

甲戌　同治十三年

夏四月日本犯臺灣番社

先是日本有船在臺灣遭風破壞土人救出難民官爲護送交回上海領事是月初三日忽有日本船一號來後山沿海地備載糖酒嗶吱諸物云欲與生番聯和立馬頭通市續有劉穆齋等屢墨西哥國人嗶嚕之船亦來後山岐萊至花蓮港觸礁船破時有加禮宛及七交川等五社生番助之拖曳船人因以溼物分給各番且求寄住番莊嗣有成富清風及啤嚕經頭圍語縣丞鄒祖壽云此次失去洋銀千餘圓意藉向生番尋衅至是突以兵船三路進攻番社一由風港一由石門一由四重溪路各五六百人生番紛紛逃竄牡丹高士佛加芝來竹仔各社咸被焚又聲言進攻龜仔甪社其時尚有兵輪船泊廈門於是臺灣戒嚴

命船政大臣沈葆楨渡臺灣設防

臺灣報至總理衙門王大臣請派大員查看情形
上以李鶴年事繁　命沈葆楨領輪船聲言巡閱臺灣相機籌辦葆楨遂密奏日本越境稱兵此其意有所圖尚何待問即示以撻伐之威並不得謂釁開自我惟近來議洋務者非一意畏葸苟安目前不恤貽患將來則專務高談義憤快心不妨孤注一擲於　國家深遠之

計均何當焉臣夙夜思維謹以管見所及爲　皇上陳之一曰聯外交倭人狡譎非常其稱兵也西人曾斥其非我將情形照會各國領事請其公評曲直如其怵於公論斂兵而退上也否亦展轉時日我得集備設防其鬼蜮端倪亦可隨時探悉一曰儲利器日本之敢於鴟張者恃美國暗中資助又有鐵甲船二號雖非完璧而以推尋常輪船則綽綽有餘彼有而我無之水師氣爲之奪則兩號鐵甲船不容不購他如洋煤洋火合膛之開花彈以及火龍火箭之類尤須多辦明知所費不貲必有議其不量力者然備則或可不用不備則必啟戎心乘軍務未興之時尚可爲牖戶綢繆之計遲則無

及矣一曰儲人才此時欲消除萌蘗須得折衝樽俎之才黎兆棠膽識兼偉洞悉洋情臣請調之前來以期集思廣益毋失機宜一曰通消息臺洋之險甲諸海疆欲消息常通斷不可無電線由福州陸路至厦門由厦門水路至臺灣水路之費較多陸路之費較省合之不及造一輪船之貲瞬息可通事至不虞倉卒矣

日本攻生番糾索加芝來等社

初日本有數兵船寄碇琅璚是月二十日以一船載生番俘馘及傷亡兵回國餘船續赴厦門又以一船赴後山載兵百餘過噶瑪蘭入雞籠口買煤琅璚遂無倭船其登岸之兵二千餘人分駐大浦琅璚龜山時以輪船

運糧械濟軍又以財物誘降番社其牡丹各社已破者番衆逃匿絶巘遂移兵脅龜仔角社社番誓死不降糾索等十一社社給一旗加芝來社番目人復導之攻碏社二十八日以二百人從石門入八十人從風港入破三社殺生番數人倭兵死者二十餘傷者五十餘人

命福建布政使潘霨赴臺灣會商設防

時　上厪慮臺疆　命福建布政使潘霨赴臺灣幫同沈葆楨籌畫並會商福州將軍文煜巡撫李鶴年提督羅大春等辦理　諭云現在日本兵船登岸各國船隻復駛往福建洋面較李鶴年所奏情形尤爲喫緊著沈葆楨懍遵前旨與潘霨慎密籌畫隨時會商文煜李鶴年等悉心布置毋令日本侵越並預杜各國覬覦方爲妥善著文煜等將撥餉撥兵事宜妥速籌辦毋誤事機日本是否回兵臺灣鎭道如何與之理論卽著據實奏聞

五月沈葆楨潘霨至臺灣

沈葆楨潘霨奉　命後均於是朔率洋將日意格斯恭塞格由馬尾啟程分乘安瀾伏波飛雲各輪船霨船直放大洋葆楨暨日意格等兩船沿各口查察抵南日（山島名在興化海中）海壇鎭總兵黃聯開巡洋亦至葆楨詢悉洋面情形越三日抵澎湖登勘礮臺形勢翼日抵安平霨已先二日至既接臺灣鎭道具悉日本侵擾情事遂奏稱

辰下所宜行者三曰理諭曰設防曰開禁開禁非旦夕所能辦必外侮稍定乃可節次圖之理諭一節則臣霨過滬時業與彼國公使柳原前光往復辯論該酋始則推諉繼忽自陳追悔爲西人所賣商允退兵有手書可據乃到臺後察其情狀恐未足信則設防萬不容緩臺地亘千餘里固防不勝防要以郡城爲根本城去海十里而近洋船礮力及之有餘海口安平沙水交錯望之坦然中一小阜突出俗呼紅毛臺蓋明季荷蘭國揆一王踞臺灣時築也爲地震所圮而磚石堅厚遺址尚存礮亦鏽而不適用近日西洋礮火猛烈磚石礮臺雖堅不足恃臣擬仿西洋新法於是處築三合土大礮臺一

坐安放西洋巨礮使海口不得停泊兵船而後郡城可守又北路淡水噶瑪蘭雞籠一帶物產殷厚蘇澳民番關鍵尤他族所垂涎故日意格謂急須派兵船駐紮且去郡千里有事鞭長莫及臣等商派靖遠輪船迎提督羅大春鎮之並飭長勝輪船同通曉算法之藝生轉入山後周迴量水淺深探其形勢鎮道等添招勁勇著力訓練多籌子藥煤炭以備不虞又稱防務方殷費用殷繁臣等既駐臺地時有動支若俟省城展轉撥解恐難應手致誤事機可否將臺灣鹽課關稅釐金等款應行解省者儘數截留歸臺灣道衙門支銷俾遇事得迅速舉行再有不足則由省城撥解而來以免支絀又稱臺

澎之用內地班兵也當時以新入版圖民情浮動若用在地之兵恐其聯為一氣計弭內變非計禦外侮也積久生弊班兵視為畏途往往雇倩而來伍籍且不符何有於技勇臣昨到澎湖踏勘陂陀周迴數十里無一山一田一樹為向來未見之瘠壤然颶颶作時臺南數百里舍此更無泊船之處地則極要守則極難守將吳奇勳謂此地班兵七百餘人皆疲苶不可用該處不生五穀民以捕魚為業自少至老袵席風濤誠招此輩以易班兵民間既開生途防務尤為得力臣等商諸鎮道咸謂全臺均宜照此辦理否則并兵缺額俟內地募補而來動淹累月緩不應亟且臺地閩粵兩籍互相箝制可

無意外之虞即使弊端踵生事平不難改歸舊制可否將臺澎班兵疲弱者先行撤之歸伍其曠餉招在地精壯充補以固邊防皆奉　旨允行

潘霨夏獻綸赴倭營

是月初八日潘霨偕臺灣兵備道夏獻綸隨員張斯桂洋將日意格斯恭塞格等乘輪船由安平冒風濤出海日昳抵琅𤩝登岸宿車城詰朝抵倭營晤其中將西鄉從道以葆楨照會並柳原前光書函與之辯論及來報謁復逐條窮詰中將詞屈霨旋復造其營中將辭以病霨及獻綸遂遣人傳各社番目惟牡丹中社里乃三社以避倭不出至者凡十五社百五六十人服飾詭陋言

語啁啾通事譯傳大意皆謂日本欺凌懇求保護因諭令具狀均願遵約束不敢劫殺霨等宣示　國家德意加以賞犒番目等咸求設官經理永隸編氓遂歡欣鼓舞而去霨等因中將不出將還中將內慚復來謁仍堅以生番非中國版圖為詞及示以臺灣府志所載生番歲輸番餉之數與各社所具結狀倭將羞憤霨等厲聲曉譬乃復婉謝以耗費無著為言及復以理斥倭將請遣人附我輪船一至上海致書柳原前光一請廈門電報寄音回國暫止添兵霨等遂返而風潮愈厲輪船已退入澎湖改由番社陸行鳥道獸蹊蜿蜒如綫輿從飢憊止宿風港翼日抵枋寮始出番境及回府城往返凡

十日

日本與牡丹社番議和

日本逐牡丹社番遂踞其地旋有輪船二先後至一運往後山射寮港一載兵二百倭婦十餘泊射寮港（在龜山下）攜食物什具農器及花果草木各種分植龜潭後灣為久居計復購土人約牡丹社番目於保力莊議和其北路王字番不肯和者成富清風請兵往攻蓋欲兼營南北兩路諸番也有倭兵數人在柴城挑一民婦其家人斥之為所戳傷鄉鄰一時憤集爭投以石倭兵被擊傷遁去思率黨尋仇其魁謂眾怒難犯且將與番社議和何可遽啟衅端力阻之蓋至是日本亦畏番之地險而

民悍矣

沈葆楨請派水師提督彭楚漢率師來臺灣

時日本見我嚴防番地皆登版籍番民久已歸化難盡誘又自知力不能敵詭謀已無所逞然猶虛聲恫喝冀倖有功適沈葆楨奏　諭云日本若能就我範圍斂兵回國自當消弭衅端儻再肆志妄為即當聲罪致討不得因循遷就轉誤事機沈葆楨與潘霨當相度機宜悉心籌辦應如何調撥之處著會同文煜李鶴年妥速布置以維大局葆楨覆稱倭奴雖有悔心然窺我軍械不精兵力不厚貪鶩之念積久難消退兵不甘因求貼費貼費不允必求通商此皆有萬不可開之端不可勝窮之弊非益嚴儆備斷難望轉圜倘恃其款詞日延一日奸民乘隙構煽必致事敗垂成班兵惰窳性成募勇訓練無素擬請於北洋大臣借撥久練洋槍隊三千於南洋大臣借撥久練洋槍隊二千如蒙　俯允請　飭其雇輪船來臺乃有勦敵之軍前接新任福建水師提督彭楚漢天津函云是月可以抵閩所有臣等請撥北洋洋槍隊三千人如該提督尚在津門應懇　飭令統帶來臺以資各營表率提督羅大春經臣鶴年奏留內地不能不從新改圖南路迫近倭營則以鎮臣張其光專其任該鎮原有部勇一營並內地調勦廖有富之兩營更增募五營以遏衝突臺北之要甚於臺南常有倭人

窺伺則以臺灣道夏獻綸專其任該道原有部勇一營擬添募一營以杜旁竄又據張其光稱前南澳鎮總兵吳光亮打仗勇敢夏獻綸稱浙江候補道劉璈甚有勇略各請奏調前來合無仰懇　飭兩廣總督浙江巡撫派令刻日東行俾收臂助臺民尚義而難持久且漳泉粵三籍氣類不同須得人聯絡前署臺灣鎮曾元福熟悉民情鄉評亦好臣等擬令其倡南北鄉團以資保固並分招後山鄉道諭致屯番生番各頭人與之要約此布置陸路諸軍情形也閩廠輪船除來往各口傳遞信件外不敷調遣擬於滬局添調數號由統領吳大廷督帶來臺彌補空隙此續籌布置水軍情　形北洋畿輔重

地南洋財賦奧區所借洋槍隊倭兵退後即令歸防彼時召募勇營亦當漸臻馴熟至倭情叵測更當隨時偵探一切防務宜更區畫者續當馳奏

與祕魯國立約

祕魯即孛露（一作北盧）國在南墨利加洲北界可侖比亞東界巴西南界玻非利亞西距大東洋南極出地自三度至二十三偏西自六十九度至八十四境有安達斯大山高入雲霄東則沃野穀果草木皆美地產金銀惟不產鐵以攻銀鑛故農事皆荒恆苦饑饉古土番地明嘉靖中西班牙既得此洲新地於可侖比亞聞祕魯銀鑛尤旺遂遣軍深入番王偪於礮火不能抗遂為所據鎮

以大酋歲收金銀多於墨西哥國益以富故其俗亦奉西洋天主教　國朝嘉慶時西班牙為法蘭西所困屬藩皆叛祕魯因與智利合兵逐其守者而自立國分七部道光初分東南高祕魯之地別立為玻非利亞凡六部至是亦請立約　朝議許之由北洋大臣直隸總督李鴻章與其全權大臣總兵葛爾西耶訂定和約十九款專條一款

六月埤南番目陳安生買遠來歸化

埤南通社丹社北路由海道繞山南而東輪船日半始至陸道由下淡水穿山百七十里可通其地西準鳳山膏腴遠勝瑯璚番社七十有二丁壯萬人倭久垂涎畏

甲辰　康熙三年

克廈門金門展沿海居民地界

鄭成功既破荷蘭而有臺灣　朝廷遂誅芝龍及鄭氏在京者元年成功卒長子錦（一作經）守廈門入臺嗣立請南王耿繼茂總督李率泰貽書招錦錦請如琉球朝鮮例不報時明桂王已滅而錦猶奉永歷年號至是繼茂率泰及降將施琅黃梧等進兵克廈門金門浯嶼降其眾萬八千錦遁歸臺灣始展沿海居民界復舊業

十二月戊午朔日食不應黜湯若望

初徽州歙縣人楊光先告欽天監正湯若望傳天主教且其造時憲書有十謬一不用諸科校正之謬二一月

時山後有大鳥萬千仔角二社為倭脅誘倭旋增兵駐風港又遣諜至茄鹿塘（離風港二十四里）潛探沈葆楨以地近枋藔宜防急飭營將王開俊由東港進駐枋藔以戴德祥一營由鳳山駐東港為後應倭知我有備相戒益嚴又由龜山分兵營於三家厝而以輕舠自風港沿岸至枋藔測水以輪船運衣糧接濟時葆楨遣驛夫齎文赴瑯璚至平埔倭兵阻之葆楨因移書詰其中將西鄉而倭人水野遵入豬勝束高士佛諸社聲言索前年琉球被戕人屍首攜遠鏡周覽各山又自後灣開道達龜山巔其風港之營又將分駐平埔為援應因遣其通事彭城中平來探至瑯璚謁委員周有基訊以前日中國所

議柳原前光何以尚無覆書並問中國四處布兵何意有基以巡查漫應之葆楨知其心已動其氣必餒因照會倭將勸令回兵否則大兵雲集必將不利於爾倭將志益阻退

以提督唐定奎統軍赴臺灣助防

時李鴻章亦深慮臺地兵單及沈葆楨請借撥洋槍隊即奏以屯徐州之淮軍十三營令提督唐定奎統之至瓜洲以輪船分次赴臺葆楨遂奏稱澎湖為臺廈命脈所關守備弱處臣等正四顧徬徨及連接李鴻章覆函如久旱得霖大喜過望臣等飛派輪船迎之兵力既厚彼族詭謀或有所懾而中沮然東洋探報變態日增勿

恃其不來恃我有以備之但非大枝勁旅仍無以壯民氣而戢戎心惟懇　恩催其迅速前來臣等非敢貪功好戰但倭情如此不能不先事圖維仍請　旨飭彭楚漢速赴水師提督新任庶臺灣澎湖氣脈藉以靈通金廈諸防亦資鞏固奉　旨俞允又潘霨先募前煙臺稅務司博郎練洋槍隊而囑前署鎮曾元福為招土著壯勇五百交博郎教習至是霨偕元福博郎等赴鳳山舊城募土勇并勵鄉團因親履海口之打鼓山大科園五塊處踏勘要隘建兵柵以待淮軍分駐

沈葆楨撫降生番

沈葆楨欲招撫臺南北路生番南路擬由下淡水開山路通埤南遣人隨埤南番目從山後探路出山前既知埤南番與西路各社番素隔絕葆楨恐入山愈深則用力愈難且慮有他虞首宜招徠及遣總兵張其光自鳳山往勘麟樂上元諸莊（在下淡水）詢之土人始知由潮州莊通埤南路直而坦時崑崙鐃望祖力扶圳鹿坡角四社番聞總兵至來求見其光撫慰遣還抵下淡水有山豬毛社番總目求見且願出力其光駐騎待之又有扶里煙六社番目率百餘人迎謁其光分賞銀牌衣服諭以薙髮引路開山皆首肯歡呼云惟有番丁受賞歸途為屯番伏槍傷斃一人都司丁汝霖以白其光其光不即往查遽回府城又不告知葆楨葆楨奏劾旋以無妨大

局仍留任俾訖其事此招撫臺南生番情形也北路自蘇澳至岐萊港水程百餘里懸流逆浪舟行甚險陸路二百餘里則懸崖峻峭古木老藤叢雜兵難大進於是擬開平路以寬一丈山蹊寬六尺為準屬夏獻綸由旂後乘輪船往巡繞道澎湖紳耆言前有倭船駛近放礮居民驚駭獻綸諭令亟辦團練自衛以輪船添募水勇駐之於是淡水葛瑪蘭各廳屬皆設鄉團蘇澳地扼衝要民番雜處獻綸恐易啟衅遂躬駐其地葆楨慮蘇澳至岐萊水陸艱險路未開而獻綸以一營駐之力太單令增募土勇兩營有事則充伍無事則開山俟路成則分移岐萊諸處墾荒運火藥數萬磅給之獻綸遂開岐

萊新道節次設蔡駐勇復增募勇夫三百料匠二百同入山伐木不十日開路近千丈臺北生番自此多歸附矣

國朝柔遠記卷十八

臣彭玉麟恭定

臣王之春敬編

秋七月哨弁李長興卻倭兵於茄鹿塘

時倭營在後灣風港者蓋房堀濠豎竹圍日演槍礮又以酒食召居民而給以綾布氊扇諸物旋以輪船載兵六百並雇琉球工役百餘人軍糧槍械稱是於初三日乘昏夜至茄鹿塘向防營壘發槍礮以小船載兵將登岸哨弁李長興密分兵勇伏竹圍內誡無譁俟既近起擊之倭見我軍寂然久之知有備遽斂隊退時美國人格塞爾在倭營來郡訪洋將斯恭塞格並探柳原前光到京所議若何中國調兵何意斯恭塞格據公法荅之且告以李讓禮爲厦門領事挐解往滬格塞爾意沮而去

籌造鐵甲船

初沈葆楨奉　命防臺即言鐵甲船當購電報當設遂招電線洋匠到臺擬從臺灣府城北至滬尾轉白沙渡海過萬安寨（在福清縣）登陸至馬尾（在福州省城東）先從陸路起工洋匠請回滬與外國電局商議洋將日意格以臺地與滬粵隔遠采購多艱因留斯恭塞格於臺自請歸滬另雇工匠購辦物料葆楨並諭其定買鐵甲船二旋雇來礮臺洋匠頭帛爾陀魯富二人槍礮洋教習都布阿拉

保德蛤利孟貝魯愛四人到臺令於安平海口相度要隘繪圖以進葆楨旋疏陳防務略云臺地六七月間颶颶時作琅璚浪湧難泊輪船龜山倭營又當風衝亦難站脚倘我陸兵厚集乘此烈風暴雨併力合勦彼鐵甲船不得近岸孤軍懸絕不難盡殲之海隅此等情形想亦倭所深悉所以日來情狀倍見張皇若八九月風浪漸平彼之輪船必麕集海岸互爲攻援我之防水較防陸更亟此時非多備戰艦不爲功現在栁原至都款服與否尚未可知臣等夙夜深籌既望淮軍卽至又盼鐵甲遄來蓋爲此耳又疏請併力防務以伐戎心聞李讓禮爲厦門領事所擒又爲滬領事所釋雖信否未可知

究一李讓禮之去來何關大局我苟可以自信彼亦無所能爲淮軍計日可以到臺臣爵復於初四日馳赴鳳山飭將營棚薪米一切具備南路得此勁旅可壯聲威提臣羅大春已起蘇澳揚武輪船往載其原部楚勇一營夏獻綸派朱名登所招楚勇聞亦成軍日内均可東渡北路亦足資捍禦澎湖守備素虛現借海關凌風輪船駐彼教習分閩廠六船隨之合操陣法並兼顧地方惟安平之礮臺擬照西法興築所雇洋匠初至尚未施功而臺地自六月以來暴風猛雨迭作通計臺城二千七百餘丈倒塌千有餘丈坼裂又三四百丈固由始基不愼亦緣臺地常震土弱沙鬆甎石難購所致見已發

銀由臺灣知府周懋琦轉飭紳士分段監修多加蜃炭厚砌基址冀以外防衝突内固人心而役鉅工繁非一時可畢電線已有成言近復翻異屢經日意格駁詰乃欲以舊線搪塞臣等飭其不許遷就致重款虛糜然電線尚可緩圖而鐵甲船必不容少臣等曩派船政總監葉文瀾同日意格赴滬定買近據函稱所議英國之船非英使周旋其間無從成購丹國一船合約垂定旋以不肯擔承直駛入中國及換中國旗號復致中變日耳曼一船有船無礮製成且逾十稔水缸只堪包用兩年臣思　國家擲此巨款原爲利用起見倘費百餘萬帑金易一朽爛之船將益爲外人所侮臣囑日意格勿憚

往復之勞務求堅緻之物倘議購不成不如鳩工自造雖三年求艾要可計日成功南北撫番開路諸事勇夫齊集畚鍤日興惟中路水沙連秀姑巒一帶爲全臺適中之區腹背膏腴之壤故洋人在臺者每雇奸民帶往煽惑番衆聞該處社寮竟有教堂數處深林壘嶂罪人積匪往往逋匿其間如逆匪廖有富等卽恃以藏身而彰化之集集街近復有梟匿斃命之事安保日後不爲倭族句通斷我南北之路臣等與營務處黎兆棠商令募兵前往撫番搜匪並開路設防要之倭將非不知難思退而其主因貪成虐不惜以數千兵民爲孤注之舉謠言四布冀我受其恫喝遷就求和倘入其彀中必且

得步進步此皆屢試屢驗之覆轍早在　聖明洞鑒
之中議者以爲臺地得淮軍得鐵甲船則戰事起臣等
以爲得淮軍得鐵甲船而後撫局成夫費數百萬帑金
殲此貪主所陷溺之數千兵民不特無以體　皇上
徧覆之仁抑且不足示　天朝止戈之武臣等之汲
汲於儆備非爲臺灣一戰計實爲海疆全局計廟　國
家勿惜目前之巨費以杜後患於未形彼見我無隙可
乘自必帖耳而去但寬其稱兵旣往之咎已足見　朝
廷逾格之恩倘妄肆要求伏懇我　皇上堅持定見
以卻之彼暴師於外怨讟繁興不待揮我　天戈而
內亂將作倘議者徒急欲銷兵臣等恐轉成滋蔓矣

沈葆楨請獎稅務司好博遜

夏獻綸來蘇澳招撫岐萊生番首查倭人劉穆齋失銀
社番有無盜劫以防倭人藉口滬尾稅務司好博遜習
知倭情願相助許之令與委員偕至蘇澳集訊船戶卑
魯等知日本人破船後銀物均搬至岸雇人守之惟欲
從生番租地及許月給引線人辛資則給有洋銀其稱
失銀千圓則均不知獻綸立飭噶瑪蘭通判洪熙恬委
員張斯桂與好博遜乘船往勘花蓮港倭人遭風破船
處研訊其地要人李振發暨南日番目潤濶加禮宛社
番目八寶並居民曾生等其詞大略與卑魯同無劫掠
事惟先後受雇佃工價銀百八十圓其租地銀則以番
目來益不受而止番目等隨繳出日本前給旂物及城
主靜兒玉利國上田新助三人合具原單成富清風題
扇又詢猴猴社番目籠爻孝禮亦云五月間該船回泊
南風澳尚見內有三倭人所攜箱籠諸物具在獻綸遽
稟葆楨因奏稱查日本和約第三條禁商民不准誘惑
土人第十四條約沿海未經指定口岸概不准駛入第
二十七條約船隻如到不准通商口岸私作買賣准地
方官查拏今臺後岐萊地方中國所轄並非通商口岸
此次前赴岐萊之成富清風兒玉利國上田新助雖准
該國領事品川請給遊歷執照何得潛往句引土番種
種均違和約現已確查岐萊各社並無竊盜銀物應毋

庸議其繳出旗扇各件臣等當飭[illegible]交蘇松太道沈秉
成轉給駐滬之日本領事收回將前次所給遊歷執照
追銷惟前聞到岐萊者爲劉穆齋此次番目所供俱係
成富清風據洋行呈出成富清風名紙背印字穆齋其
爲一人無疑其違約妄爲之處應由該國自行查辦以
後該領事請發執照應查明實在安分之人方許發給
一面鈔錄城主靜等原單暨各民番供結咨呈總理衙
門照會其外務省轉飭該國領事照章辦理以弭衅端
至稅務司好博遜深明大義踴躍從公涉履危途弭我
邊患除地方官及各委員俟彙案保獎外合無仰懇
天恩飭總理衙門先將好博遜酌議獎勵以答其效

順之忱

提督唐定奎統軍駐鳳山

唐定奎統洋槍隊自徐州起程沈葆楨派輪船七號赴瓜洲迎載是月十二日均抵澎湖以小輪船陸續載至旂後登岸分駐要地定奎自駐鳳山縣城軍勢甚壯定奎往謁葆楨備籌攻戰方略葆楨深以為然屬其蓄銳養精以俟　朝命定進止

秋八月日本遣人來軍致書

日本素惡天主教痛絕西洋人近見諸國縱橫海表與我立約通商遂復變易衣冠事事仿泰西亦欲稱雄東海屢為諸國所愚比窺伺臺灣見我軍威甚振民志甚

固意頗悔然猶冀美國人援助不卽旋師至是其酋遣吉利用通等六人自瑯璚來致書一復葆楨責其傷我鄉民阻我驛書之事請以後公差給予執照一復勸其退兵謂當俟柳原前光及久大保商定彼兵進退應需主命葆楨恐倭情狡詐藉覘虛實亦密遣人往偵知倭人頭給附近奸民洋銀七百圓酬其招番及收前琉球死者顱骨之勞又給近番號旂布物惟疫癘流行日有死亡其副都督川琦通事彭城中平管糧官富田等相繼染疫以重值所雇美人機慎為入牡丹諸社繪圖亦病甚歸自是倭營已情見勢屈矣

提督羅大春同知袁聞柝剿撫臺灣叛番

羅大春在北路開山自東澳鑿幽險至大南澳嶺（距嶺東澳二十餘里）有番賊伏叢莽伺我軍翼日踰嶺刊木兵役方瘁凶番數百突以刀標鳥槍從林薄來犯都司陳光華守備黃明厚千總王得凱等率勇迎拒傷斃數番始各駭散我兵亦傷五人進至大南澳平埔廣長數十里有竹園番四十餘社集衆數千將邀我軍架巨木為臺憑高下瞰大春患其據險力拒猝難剿平遣人往撫其渠皆聽命因增募勇夫千人以助役葆楨又調駐臺南東港總兵戴德祥前往而咨唐定奎分營駐東港為枋寮後援南路則袁聞柝督人夫自赤山拔斬荊棘踰獅頭山入雞籠坑埤南番目陳安生等已率番衆循山闢路

出崑崙坳以迎我軍附近番社亦各繳倭旗歸化崑崙坳及內社番目率二百餘人請領開路器具為前導聞柝各加賞犒旁有望祖力社番目武甲素仇埤南率衆伏箐林放槍邀截之埤南番格殺武甲等三人聞柝馳諭望祖力社亦悔罪求撫葆楨恐聞柝孤軍深入無後繼令副將李光進扼雙溪口游擊鄭榮進駐內埔為應援時淮軍均在鳳山張其光與南澳鎮總兵吳光亮所募粵勇二千亦至旂後軍聲愈壯

秋九月日本兵大疫多遁歸

時沈葆楨奏　上諭日本兵船在後灣風港一帶意圖招誘番衆恫喝村民日久相持情形漸怯現在防務

漸臻嚴密惟中路水沙連秀姑巒一帶地方最爲緊要刻下該處社寮竟有教堂數處並有逃匪逋匿其間難保倭族不暗爲句通肆其煽惑即著迅速籌商妥爲調派一面撫綏番衆搜捕匪徒一面開路設防力求固守毋使倭族得售其奸安平礮臺著沈葆楨設法興築臺城倒塌見經發款興修著即飭令周懋琦認眞經理鐵甲船必不可少沈葆楨等當切實籌辦力圖自强閩廠准其興造得力兵船以資利用續奉　諭云日本雖未啟兵端然日久相持終非了局現在淮軍續抵鳳山羅大春所調泉勇業抵蘇澳滬尾雞籠等口亦擬調募兵勇扼紮布置漸臻周密當隨時聯絡以壯聲威剌桐腳

莊民有句引倭兵往攻龜紋社之議當飭令王開俊迅傳該處民番解仇息事毋任別滋事端鐵甲船購買未成仍著沈葆楨妥速籌議以資得力修築礮臺勢不容緩著沈葆楨等迅速辦理毋失機宜羅大春招勇開通番社該處事務愈繁需餉愈鉅著文煜李鶴年王凱泰設法籌濟於是葆楨設防益嚴密唐定奎厲兵以待戰潘霨夏獻綸巡視諸軍稽核練丁清查番社戶口給印牌以固人心民番俱歡欣遵辦倭無間可乘續到輪船一載兵七百餘一載琉球工役二百餘皆多備藥彈及鍬鋤繩索器具將爲久駐之計者旋亦遣歸並載回受疫兵役千三百餘人後至遞信之船皆不復留泊惟初

七日倭忽移兵一棚至新街渡莊民將戶出壯丁二人設防守倭遽撤棚歸營翼日倭列飛輪大小銅礮於營外添兵巡邏爲衞旋張示云新兵之至乃替換舊兵非有他意各莊其安堵如故然營中疫死日多醫云水土不服所致皆涕泣思歸遁歸者日益衆倭將不能禁

築安平礮臺

張其光派員赴上海購大鐵礮十恐洋式礮臺遽難集事先以巨筐盛沙上小石堆垛爲蔽及雇來礮臺洋匠沈葆楨以候補知府凌定國與洋將勘定三鯤身基地（地濱海距安平及臺灣府城均七里有奇）先爲圖以進礮臺方式四向共寬百八十丈角爲凸形中爲凹形凸列大礮以利遠凹列

洋槍以防近亭丈六尺厚丈八尺有奇外周重濠寬丈注水深七尺臺容千五百人置大礮五小礮六兵二百七十二輔以洋槍隊資防守臺下爲避礮室以備更番休息後爲倉庫以儲軍糧藥彈其牆則三合土壘成層層撐以竹木以防敵礮外圍以甎其厚五尺以防久雨地震坍塌之慮計磚六百萬竹木灰石稱之惟臺基盡沙地運土須十餘里甎則由泉廈購運遂以定國董其役凡半載畢工而內地江海各要隘礮臺亦以次倣築

增臺灣各路番地防營

先是沈葆楨剿撫番地分三路開山黎兆棠領中路羅大春領北路袁聞柝領南路時兆棠雖招募成軍其地

途徑叢雜岩壑深阻水沙連等地久爲逋逃藪擬先搜積匪次撫生番新軍不敷分布請益兵葆楨令吳光亮率粵勇兩營自郡城赴之大春既至大南澳值大風雨棚帳皆飛兩溪盛漲決爲四渠工役停阻結筏以渡番賊從叢葦中狙擊守備黃明厚等各受鏢傷又犯蘇澳碉樓大隊追至始退散我軍復進至石屋平坡數十里菅茅深丈餘惟山水頗清腴前爲濁水溪距石屋十餘里路極險仄各社亦語言互異其通事嚮以欺番爲利號番割番無所訴則邀殺以洩憤故通事入番惴甚其絕深阻者亦不能詳故每進必留兵以防後路大春商於葆楨以輪船配兵械駐海口移戴德祥營益以新募勇分屯

蘇澳以壯聲援葆楨屬大春仍加意招徠許民番咸助開山閘析在南路開闢已越崑崙坳近埤南界距崑崙坳八十餘里俯瞰臺東滄瀛在望惟入山愈深番社愈雜沿途留隊扼險兵漸單亦請增營爲後繼葆楨令張其光率粵勇兩營馳赴內埔調前路各軍以次進駐

冬十月日本遵約撤兵

初潘霨函致倭使柳原前光申前約及照覆以未得聯銜印文爲詞沈葆楨如請換給而柳原已由滬入都總理各國事務王大臣與之辯論其使臣雖詞屈而未能就緒是月初九日葆楨接總理各國事務衙門函稱倭事議定三條辦法已畫押互換大久保即赴臺灣會同

其中將撤兵所有修道建房倭人所費不貲已許給銀四十萬兩撤兵後營房概交付中國官收管當先派妥員馳赴倭營驗收即派兵駐守以便籌辦善後事宜因附寄會議憑單並互換條約及給總稅務司赫德劄各一初十日倭領事福島九成偕通事吳碩謁葆楨云大久保已往琅璠特令面陳一切並開呈事宜五條一從今約五六日間敝國撥船必齊到琅璠載兵回國應請如期駕至該地與我西鄉中將會彼此料理交代事宜又貴國所派兵員現不過充交代之用彼此照應可不必多一從前兩國大臣來往公文彼此撤回註銷永爲罷論其沈潘兩大臣與西鄉中將曩日一切來往公文

亦宜就琅璠交換一我國人民被生番殺死遺骸就當時收埋舊址更建墓碑表之將來如有親戚朋友航海就近港口之際藉便登岸掃祭者務望使伊即日登岸拜奠而歸一交代事訖即望貴道飛劄及電報上海道臺處轉申北京總理衙門查照一本國現在廈門派設領事將來如在貴臺所轄之地有交涉敝國事件務望貴道速即照會敝領事以便照辦葆楨以撫局已成允其所請惟於登岸祭掃一節飭臺灣道照覆約來時須有領事官蓋印執照祭畢即歸俾免生事派臺灣府周懋琦領員弁於十三日赴琅璠幷照會西鄉從道令按照條約交代飭遊擊鄭榮率安撫軍一營由赤山拔隊

自陸會之大久保已於初八日抵琅璚次日倭兵東裝以牛車載槍礮器具登舟懋琦同委員陳讃都司沈國先於登岸時卽函知西鄉從道十四日西鄉遣通事吳碩請懋琦往交出葆楨前發照會五件懋琦亦將倭營前發照會兩件還之且索與民間交涉字據西鄉允諾因出酒果相款排槍隊送懋琦歸十五日領事福島九成送來本處人民租地合約七紙並告知先撤風港之兵懋琦派巡檢周有基及把總沈如生往十八日風港倭兵登舟復寄繳風港租約呈詞十一紙懋琦恐民間尙有遺字西鄉函復謂管內數員病故無從尋檢以後均爲廢紙遺營房三十七間二十四日西鄉從道將龜

山營兵及夫役凡千餘人悉登舟遣人交草房百有二間板木千二百有五片懋琦復以有基偕千總郭占鼇照收西鄉船是夕去餘船次日盡去懋琦亦回郡而留鄭榮安撫軍分駐龜山風港資彈壓葆楨遂將倭兵盡退各情形具奏

遣使駐外洋各國

初中西既成和諸國先後各設駐京公使一人加以全權之號名雖保護商民實覘中國動靜曾國藩李鴻章王凱泰均議奏請遣使外洋　上初以事屬創行未報臺灣事定鴻章再疏略云各國互市遣使所以聯外交而中國並其近者亦置之殊非長駕遠馭之道同治十年日本初議條約臣與曾國藩均奏請於立約後中國應派員駐紮日本管束我國商民藉可聯絡此舉未可再緩擬請　飭下總理衙門王大臣遴選熟悉洋情練達兵事之三四品京堂大員請　旨賞給崇銜往駐日本聞橫濱長崎箱館各處中國商人約近萬人既經立約不可置之度外俟公使到彼應再酌設總理事官分駐口岸自理訟賦以維　國體不特此也泰西各國亦當　特簡大臣輪往兼駐重其廩養定以年限以通情款其在中國交涉事件有不能議詰或所立條約有大不便者徑與往復辯論隨時設法商辦似於通商大局有裨經總理衙門王大臣等議覆奉　旨報可

臣按通商各國在　京師設公使於行省設領事非必欲聯中國之交也蓋欲備知中國情形乃彼來而我不往則彼於我不啻燭照數計而我於彼反如正牆面而窺暗室也自遣使分往絕域而後各國之地形物產風俗政令我亦可盡悉其離合轉變我亦可隨時偵探馳報見聞既確聲教自通不致情事隔閡我乃得以張弛駕馭其間聞中華人在外洋者暹羅約二十餘萬呂宋二三萬新加坡七八萬檳榔嶼五六萬新舊金山十餘萬長崎神戶橫濱等處亦各以萬計公使既出於是復分設領事大事由公使核辦而貿易訟獄之事則領事扶持調護之商之害官爲

釐剔商之利官不與焉而後中國之人不致爲外邦所凌虐仍爲中國之民內地富商大賈知　朝廷設官外洋不棄我輩皆可廣爲招徠絲茶大宗亦可自爲運銷而中國之權旣自操斯外國之利亦得分矣

國朝柔遠記卷十八

國朝柔遠記附編卷一

臣彭玉麟敬定
臣王之春恭譔

瀛海各國統考

昔吉甫著玁狁之功李牧樹匈奴之望漢繫單于之頸唐犂突厥之庭大丈夫手揮十萬橫磨劒縱橫邊外勒天山碑鐫燕然銘然後入玉門關封萬里矦誠得志於時者之所爲也然古之所謂立功塞外者不過如禹貢之荒服職方之蕃國與中國相距實不甚遠卽史傳所稱昆堅丁零黠戛斯大秦骨利幹諸國亦屬張皇王會之盛而偶通重譯耳若騶衍九州之說山海十洲之書尤爲傳聞髣髴渺

而無據地球九萬里誰能晝井計疆而學章亥之步也哉自有明中葉西班牙葡萄牙荷蘭航海西來中土始有西人之跡逮我　朝守在四夷而利碼竇陽碼諾湯若望南懷仁穆尼閣柰端輩接踵相望而後五大洲之國喁喁向化誠開虞夏商周漢晉唐宋元明四千餘年未有之局今試按其地而計之在東南曰亞細亞洲其地東距東洋中國在焉餘則有朝鮮日本琉球及俄羅斯東境南距印度海則爲越南南掌暹羅緬甸及南洋羣島西距紅海地中海黑海則有布哈爾愛烏罕波斯俾路芝西南則五印度阿剌伯及土耳其中東境西北則哈薩克諸部北距俄羅斯北境冰海此亞細亞洲之大略也在西北爲歐羅巴洲

烏拉嶺（亞歐二洲東西分界）及黑海界其東地中海橫其南大西海浮其西黃海注其中都於黃海東岸之彼得羅堡者俄羅斯也都於西岸之斯德哥爾摩者瑞典也都於南岸之哥卑的給者丹國也迤東爲普魯士之東部其都曰伯靈瑞典之西爲瑙威其都曰格里士持阿拏丹國之南普魯士之西爲日耳曼實居歐羅巴洲之中普魯士之南日耳曼之東爲奧地利亞其都曰維也納奧地利亞之東南枕黑海接亞細亞界爲土耳其其都曰君士但丁土耳其之南爲希臘其都曰亞德納斯日耳曼之南爲瑞士瑞士之南斗入地中海爲意大里亞列國日耳曼之西北臨大西洋海爲荷蘭其都曰亞摩斯德耳登荷蘭之南爲比利時其

都曰不魯舍扯斯日耳曼之西比利時之東爲普魯士西部兩部夾日耳曼之左右蓋普魯士本日耳曼所分之國也比利時之南普魯士西部之東南瑞士之東爲法蘭西其都曰巴黎斯法蘭西之西南爲西班牙其都曰馬特西班牙之西臨大西洋海曰葡萄牙其都曰里斯波亞法蘭西之西北有倫敦蘇格蘭阿蘭爾三島鼎峙海中爲英吉利倫敦即英吉利之所都也此歐羅巴洲之大略也在西南爲阿非利加洲其地廣莫而荒昧僅東北一隅近印度海紅海地中海其國則有埃及一曰麥西努北阿阿北西尼亞等國在西爲亞墨利加洲分爲南北兩境南亞墨有巴西孛露（即祕魯）智利波非利亞金加西臘等國北亞墨之

大國爲米利堅小國爲墨西哥餘爲英俄法屬地此亞墨阿非兩洲之大略也又南洋之極東有大荒島曰澳大利亞又曰南亞細亞即世所稱新金山也其地自爲一洲約二萬餘里荒曠無人近人比之亞細歐羅亞墨利加阿非稱爲五大洲而實英人之所闢即英吉利遙領之屬地也故論五洲之土地亞細爲最大亞墨頗與之相埒阿非視亞細之半歐羅視阿非之半澳大僅甌脫耳而論各國之強弱阿非之埃及等國雖聲教稍通實受役於歐羅北亞墨之米利堅於乾隆四十年華盛頓奮其沈雄之才卓然崛起駸乎有若敖蚡冒以啟山林之勢與英吉利血戰八年遂割亞墨之南境而國以立地廣人衆通商最多勢與

歐羅諸大國抗衡風土略近中國流寓多華人而克累弗尼亞省尤衆世稱舊金山即其地也然自開創以來分國爲二十餘部不以位傳子孫而以伯里璽天德主之四歲一易退位者與齊民齒民無常主而百餘年恰無爭戰之事誠非好大喜功之國南亞墨之孛露邇歲始通中國而相去益遠地小而貧故談海防者不急於阿非亞墨澳大三洲而在於東西南三洋東洋即亞細之東境日本在焉自秦時立國西漢時即與中國通隋唐宋屢入貢元范文虎伐之無功明代復通貢然數犯邊稱倭寇焉　國初通國書定銅船采買之制同治中始立和約近日效法泰西而衣冠易唐制度禮樂非漢文章矣惟能禁鴉片煙天主

教不使之入境足以差強人意其地與高麗琉球相毗東與俄鄰既與高麗立約而於琉球則滅之識者已知其非無意於高麗也西洋即歐羅巴諸國以俄羅斯爲最大英吉利法蘭西普魯士皆強盛勢可相敵若土耳其若奧地利亞地土雖大而已日就頽弱其餘小國鱗次櫛比錯雜其間諸大國各肆其鯨吞蠶食之心互相兼并互相猜忌亦互相救援頗似春秋五伯爭雄之世而俄羅斯爲諸國所忌因忌生嫉合縱而連橫又成戰國同謀抗秦之局俄之土地東有西伯利八部界中國之北面西連高加索五部南鄰印度遠包中國之西面迤北則波羅的海東五域三十七部再西則波蘭十四部又跨海逾墨領峽據北亞墨

利加之一隅曰監加札隸西伯利部康熙中擾我索倫立碑定界遂通商於車臣汗部之恰克圖其後日益南向道光中脅降西域回部布哈爾諸族通波斯以噬印度漸與後藏相鄰咸豐中兩次請地自黑龍江以東雅克薩尼布楚諸城烏魯木齊以西伊犂庫車阿克蘇諸城皆割而據之而喀什噶爾葉爾羌乘機竊據同治十三年以重兵降回部之基發通道於巴克達山至北印度之克什米爾幾有漢陽諸姬楚實盡之之患又東得日本薩莫蝦夷之地以科爾立十八島易之更跨東海繞出高麗之東開礦采煤鐵近又駐兵黑龍江界將營造火車路以通中國雖因通商日久歷二百年不敢開釁而其心未嘗不叵測也英

吉利倫敦五十二部蘇格蘭三十三部阿蘭爾三十二部三島地輿廣輪不過中國一省惟屬地爲最多西得北亞墨之北境東得五印度迤南得南洋羣島越海控馭皆在數萬里之外建藩部四曰孟加臘曰痲打拉薩曰孟買曰亞加拉孟加臘之東北緬甸之西北有阿薩密部本土夷崇佛教英人據爲別部東距騰越猓夷怒夷偏之南距前藏貉貐布魯克巴隔之去中國僅咫尺又南印度之南海中大島曰錫蘭古狼牙修地英人滅之循海而東阿克剌朗谷兩埠取之緬甸再東則有新嘉坡痲剌甲檳榔嶼三埠地近暹羅又得澳大全洲又有別島曰搦日倫敦爲亙古人迹不到之處又由倫敦至澳大所經之地有太平洋

之飛幾島亦稱屬焉又有獅山諸地在阿非之西界特墨拉拉諸地在南亞墨之南界遥領之國誠有更僕難數者但倫敦三島地本褊小山澤之利開采殆盡惟仗印度爲外府兵餉皆取資焉近年英主稱徽號以印度綴國號之下其殆有平王東遷之志歟又聞謀開鐵路由印度以通雲南其殆有改趨西道之志歟未可知也法蘭西地方二千里建八十六部其人精於算學機器尤長於用兵號令如山萬足一步前者雖死後者不敢不進火器之利冠於泰西嘉慶時其王拏破崙第一百戰無前威行西土卒以弗戢自焚亦吳王夫差之流亞也同治中其王拏破崙第三與普國搆兵爲普所虜其大臣賜矮士等復與普和政

用米利堅之俗不立君以首領統國政同治十年踼矮士任首領十二年麥馬韓代之麥馬韓者挐破崙第三之大臣兵敗不能死君亡不能救又從而代之而國人皆以爲賢賢者固如是乎前咸豐八年以兵船往越之南圻先後侵踞嘉定等省設西貢總督以治其地嗣復添造戰艦扼富良江踞順化佔海防河內處處偪緊雖黑旗黨之劉永福爲法所憚而孤掌難鳴正不能測其所終近又營埠暹羅藩意緬甸無非爲撤我藩籬之計也法誠無賴之尤者也若魯士東西二境共八部本日耳曼所分之國地小於法兵亦弱於法然其君臣勵精圖治卒能破法蘭西割其愛勒塞斯洛脫七城之地彷之樂毅破齊不是過焉誰謂

小國之不能勝大國也亦在人之自彊而已德意志本三十六列國奉之爲主雄視四方郎英俄亦憚其彊盛惟時天主教盛行各國皆尊禮之而法蘭西爲尤甚獨德國大臣畢士麻克惡之盡奪教主之權繩以官法故教至德國而窮萬國公報云教人猛如虎貪如狼德意志搏而縛之翦其爪牙又云教人久持太阿德人奪其柄而擊之批其頰而扼其喉德之彊盛畢士之力居多故語其相業泰西之管夷吾也論其拒教又泰西之西門豹也畢士亦人傑也哉意大里亞爲歐羅巴古一統之國漢書謂之大秦其後日益衰微嘗爲土法所併屢滅屢復如楚縣陳封陳之舉至嘉慶二十年各國仿葵邱衣裳之會尋宋虢弭兵之

盟大會於維也納各反侵地修好息兵遂定其國爲九大國有四曰羅馬教主踞之曰多斯加納曰薩爾的尼亞曰拉布勒士小國有五曰巴爾厤曰摩德那曰盧加曰摩納哥曰勝馬里虐道光二十八年薩爾的尼亞王威克妥耳依馬努嗣位能中興其國咸豐十一年遂爲合衆國復故號取羅馬都之收教主之權而國稱彊國焉土耳其本回部崇瑪哈穆特之教與泰西殊趨其地分中東西三境東境五部中境六部在亞細亞洲內西土八部都城所在俗無彝倫政無綱紀屢爲俄人所侵陵同治十三年國主以荒淫被廢是又蹈陳靈公之覆轍也奧地利亞盛時日耳曼意大里皆其藩屬今則儕爲與國瑪加本其附庸近已

合爲一國疆域三千餘里亦大國也瑞士分二十二部不立王侯推鄉官理事近日交歡於德力黜教黨立爲合衆之國國勢方興未艾也希臘本古名邦今爲新造之國地分十部國小而治瑞國處窮髮之北瑞典二十四部挪耳瓦十七部北負冰海貧苦特甚丹馬國尤小地形從日耳曼北出如人舒臂與瑞國南境相迎距國分五部小而貧矣西班牙三土四十九部國弱於法而地相若明時航海得呂宋地遂成大國道光中女主依撒伯爾拉立屬地多叛同治中大臣廢女主而迎立意大里亞世子阿馬得牙在位二年其前王之從子登卡洛斯遙奉女主之子阿耳分所旣而自立戰爭不休阿馬不安於位遜歸國人迎立

阿耳分所屬國復合而登卡洛斯則儼然敵國矣葡萄牙本小國處西海之濱附於西班牙地分六部明隆慶時航海至廣東乞租香山濠鏡隙地疆臣林富代請於朝許之因立埠於澳門實爲泰西通市之始荷蘭比利時本一國所分東十一部爲荷蘭西九部爲比利時比利時無足重輕荷蘭好勤遠略南洋島嶼占據最多但德國寖昌而又偪近肘腋荷蘭恐終爲德屬而南洋凡爲荷埠者若隸於德則東道關鍵德人握之是又爲英法所必爭也南洋諸島國臺灣之南爲呂宋再南爲西里百島西里百之東北爲摩鹿加再東爲巴布亞大島西里百之北爲蘇祿再西爲婆羅洲由廈門趨七州洋過昆侖而南爲噶留巴再西

爲蘇門答臘大小亞齊在焉巴蘇兩島相望海口之峽曰巽他卽舊港地爲歐羅巴西來要道蘇門答臘之東北有大島爲新嘉坡麻喇甲稍西別一小島曰檳榔嶼明以前諸島國皆稱朝貢同列藩服迨歐羅巴人航海遠來其始以重幣購片土爲埠艤舟立市盤踞既久漸而刦其君奪其地百餘年閒翦滅殆盡惟蘇祿以彈丸僅存邇年來呂宋亞齊之人逐西班牙荷蘭所置之吏復自立爲國於是南洋各島皆有勝廣求六國後之勢五印度在緬甸之西兩藏之西南地方數千里明時葡萄牙荷蘭經營其地立市通商　國初英人毆而奪之而南中諸部有爲英滅者有聽其置吏而空存守府之名者有受役爲藩國者僅廓

爾喀克什米爾新的亞信地等國尚能自存餘皆隸英籍矣蓋自同治以來法蘭西侵占安南之嘉定省英吉利侵占緬甸之朗谷俄羅斯踞我黑龍江日本滅我琉球國而且通商之埠日多交涉之事愈繁卽所定約章亦多挾制要求必遂其欲而後已所以縱談時務者或投袂而起曰寇不可長也是宜戰或借箸而籌曰釁不可開也是宜和有老成持重者曰藩籬不可不固也是宜守而究之能守而後能戰能戰而後能和設我之防閑不密兵甲不堅彼將入我堂奧踞我臥榻欲與之和不可得矣如我之防維既嚴士卒思奮彼且因通商之故永訂盟好何敢踰滹溝半步哉故欲保中外之和局不得不防之於豫因就臆見

所及可以彊兵可以富國可以興利可以除害者著卮言十三篇明知管不可以窺天蠡不可以測海而有觸斯鳴其敢避夏蟲語冰之誚也乎

瀛海各國分界圖例言

從來輿地之學非圖不明而欲辨地球之廣莫非分五大洲不明而欲識國之大小非從五大洲中分出各國不明五大洲何亞細亞洲歐羅巴洲亞美利加洲亞非利加洲澳大利亞洲是也省言之則爲亞爲歐爲美爲非爲澳既分五洲又分各國間有一國在一洲之內其屬國在他洲視本國疆界更大數倍者惟以橫直墨點方格等分別各國土爲記俾考地理者得以較量五洲各國之幅員長短茲列其例於左

一凡廣輪之數遵康熙中疇人所測以縱黍尺計（今工部營造尺）每二百里準天象一度得七萬二千里適符周天度數雖

緯度距兩極而縮然割圜亦可開方茲照西綫剖分二圖

一凡直畫如圖中▥俱屬　大清地如十八省西藏蒙古滿洲高麗等處皆是　一凡橫畫如圖中▤俱屬歐洲英國之地如美洲坎拿答亞洲之印度緬甸等國澳洲全地非洲雜地皆是　一凡墨點如圖中▒俱屬俄羅斯之地如歐洲亞洲北界皆是　一凡斜畫從右到左如圖中▨俱屬歐洲法國之地如亞洲之安南非洲之馬達葛士加島並非洲內地數處皆是　一凡方格如圖中▦俱屬歐洲德國之地如非洲雜地皆是　一凡橫畫中有墨點如圖中▤俱屬美洲美國之地除美洲外該國並無屬地　一凡直畫中有墨點如圖中▥俱屬荷蘭國之地荷國本

在歐洲所屬地則在亞洲東南孫達諸島一帶地方其屬地人數較本國則多五倍　一凡五大洲中其餘小國概不以橫直墨點方格等爲記如西班牙又名大呂宋國在歐洲而屬國則在小呂宋臺灣以南又如葡萄牙國亦在歐洲而非洲之中猶有數屬地歸葡萄牙管轄又如比利士國亦在歐洲其屬地名孔國則在非洲較原地多七十倍以上諸國但記其名並不另作記識以爲區別

蠡測卮言十三篇

慎約議

成周之建封諸矦也其誓詞曰黃河如帶泰山如礪國以永甯爰及苗裔於是鐫玉版鏤金枝藏在盟府子子孫孫永保用享降及春秋互相雄長彊凌弱衆犯寡有能內尊外攘事大字小者則狎主齊盟以爲諸矦主故魯史一書大抵皆紀會盟之事也然昔之所重者在修好故珠槃玉敦昭皇天而告之則重誓詞今之所重者在通商故綱舉目張列條款而晰之則重約議所謂公法者卽萬國之合約章程也然法既曰公自宜顧名而思義曩者中國與英法兩國立約時皆先兵戎而後玉帛被其迫脅兼受朦蔽

所定條款受損實多往往有出乎地球公法之外者厥後美德諸國及荷蘭諸小國相繼來華立約維時中國於洋務利弊未甚講求率將利益均霑一條刊入約內一國所得各國安坐而享之一國所求各國羣起而助之遂使泰西諸國協以謀我挾以要我幾幾有固結不解之勢同治十年日本遣使來求立約兩江督臣曾國藩直隸督臣李鴻章先後商訂始將均霑一條刪去約中並載明日本商民不准入內地販運貨物限制綦嚴節經該國屢次翻悔每每斥駁現聞各國駐京公使間有會商之事日本獨不得與其尚未聯爲一氣者未必不因約議之稍異也約議之不可不慎非明徵歟至若洋人居中國不歸中國官管

理試問華人之居外洋者何如外國人到中國不收身價試問中國人之到外洋者何如（華人到美國每人每歲收稅銀一二元不等）且中國所徵於各國商貨之入口者稅甚輕華船至外國納鈔之重數倍於他國卽以鴉片論在孟米出口每箱徵銀六十磅中國稅銀僅十磅中國出口茶稅每箱僅徵每百元之七五不上一成至英國入口所徵不下四五成至於煙台之約且彊減中國稅則幾於諠賓而奪主合彼此而較之公於何有法於何有更有詞雖甚公而法甚不公者如十六款所書英民有犯事者皆由英國懲辦中國人欺凌擾害英民皆由中國地方官自行懲辦詞甚公矣不知中國之法重西國之法輕如華人與洋人同犯命案華法

必議抵西法僅罰鍰果孰利而孰害耶又如公法所書一千八百五十八年英法俄美四國與中國立約嗣後不得視中國在公法之外玩其詞意重視中國乎抑輕視中國乎親待中國乎抑疏待中國乎噫異矣雖然往者不可諫來者猶可追條約非一成不變者也下屆更修和約之日宜明告各國曰某約不便於吾國某法不便於吾民某稅不合於吾例須斟酌以協其平彼如不允則據理直爭百折不回彼亦無術以處之也且前之彼所挾而要求者以滇案未清耳今前案既結彼已無所藉口且英國於條約之內事尚未能盡行理已先絀茲復以理相折諒英有不得不允之勢英既允餘無慮矣卽或各執一詞相持不決

則因此款於我稍有所損必取別款之稍有益於我者以抵之變通盡利亦不必過爲操切務使利害相權贏絀相當於是案中國律例合萬國公法別類分門折衷至當勒爲成書庶不至事事受制於人有太阿而倒以持之也善夫曾國藩與威妥瑪書曰他日換約去所不便擇其便者此誠不易之通論不然過爲優容遇事曲從將我之所謂懷柔彼之所謂尊奉也我之所謂含宏彼之所謂畏葸也物必自朽蠹始得而乘之氣必自餒人始得而侮之而可不嚴以辨之慎以將之哉

聯與國

秦之所以兼幷者遠交而近攻蜀之所以抗魏者聯吳而釋怨多助者彊寡助者弱其大較也　聖朝撫有函夏韋鞲毳幕之邦敂關麕至亙古莫京猶復簡命重臣軺車相屬於道重之以盟誓申之以條約一視同仁言歸於好撫柔之道至矣盡矣然而各國之情僞不同彊弱互異有可爲我用者有不能爲我用者試得而約言之俄人狡詐彊悍歐洲之地蠶食殆盡其邊疆直接中國東西北三面延袤幾至二萬里其近邊如浩罕諸國哈薩克布魯特諸部落皆脅之以兵威實欲盡撤我藩籬若東三省近邊之地不獨庫頁島歸於俄即黑龍江綏芬河吉林等處所屬之

穹廬亦多爲所割據而且經營回疆侵占伊犂久覘我爲弱肉而不能爲我用者也日人短小精悍性情堅僻其主亦好大而喜功邇年來入臺灣議朝鮮廢琉球依附西人妄生覬覦駸駸乎有得步進步之勢此亦不能爲我用者也然日之不敢逞志於我者恐俄之乘其虛也俄之不敢逞志於我者恐德之躡其後也德人以兼幷坐大爲利二十年來敗丹敗奧敗法今猶增兵協餉如臨大敵者惟欲一挫俄人然後與民休息耳其與我通商之處爲數無多而情意尚屬密洽其前相蕭活曾游中土濡染我　朝敎化實深景仰是德可爲我用者也美國志在通商且素暱於我其前總統格蘭忒感北洋大臣李鴻章接待之優曾

與日主爭及琉球曉之以順逆之理脅之以彊弱之勢大意直我而曲日旋有瓜分琉球之議日主含糊其詞遂力斥其非是美亦爲我用矣法人自八十年前拏破崙兼并各國有囊括四海之勢厥後一就禽於英八年前其姪復就禽於德方今元氣初復執政紛更未暇遠略俄人常欲聯之法人因畏德不敢結俄而其心未嘗不嫉俄也雖前以傳教之故見惡於我近以安南之故有隙於我而欲牽制俄人不得不與之羈縻英人向以水師之彊器械之精稱雄長於亞細亞德與法皆不及其於俄人則鄙其武備之不精復忌其疆宇之日擴前既不許泊兵船於黑海後復不聽攘土地於天山是固俄人之所畏者也日人之於

英尤敬而信之邇來變制度更服色改正朔一一惟英法是崇是固以英爲護符而不敢出其範圍者也若英人之於中國前雖讎敵今則友邦其急急於通商者不過惟利是圖非欲擾我民人貪我土地也而且略知信義頗尙豪俠自立約以來於公法研之最熟其日中國有事各國調停言雖不可恃而亦非全不可信也目今法國有創深痛鉅之情英國有脣亡齒寒之懼中國欲馭日人而制俄人首宜交德次宜交美以及瑞丹普日和比義奧諸小國皆宜聯絡輸誠結以信義非必藉爲外援而荷戈執殳供我驅策第使之不爲人助卽不啻爲我助以夷制夷所謂以毒攻毒也雖然各國宜交而俄倭與英法遂不必交乎而

非也彼以和來我以戰往不可也孤立無援與生釁同亦不可也是宜防患於未然弭變於無形可以信孚者以信孚之可以術馭者以術馭之內峻其防外弭其隙而緩急輕重之閒是在能辨之者

廣學校

今之自命爲通儒者以洋務爲不屑鄙西學爲可恥有習其言語文字者從而腹誹之且從而唾罵之甚至屛爲名教之罪人噫甚矣夫所貴於儒者貴其博古耳通今耳試問今之儒者通各國言語乎通各國文字乎卽叩以各國之名能適知乎徒拘拘於制藝之末而學問經濟盡於是而已矣方今海防孔亟而所謂熟悉洋務者不過市儈之徒正宜培養人材攻彼之盾卽藉彼之矛誰謂西學可廢哉又況西學者非僅西人之學也名爲西學則儒者以非類爲恥知其本出於中國之學則儒者當以不知爲恥卽以文字論古之制字者本三人下行者爲蒼頡從左至右

而旁行者爲佉盧從右至左而旁行者爲沮誦泰西之字實本於佉盧也天文歷算本葢天宣夜之術周髀經春秋元命苞等書言之詳矣墨子曰化徵易若鼃爲鶉五合水火土離然鑠金腐水離木同重體合類異二體不合不類此化學之祖也均髮均縣輕重而髮絕不均也均其絕也莫絕此重學之祖也臨鑑立景二光夾一光足被下光故成景於上首被上光故成景於下鑒者近中則所鑒大景亦大遠中則所鑒小景亦小此光學之祖也亢倉子云蜺地之謂水蜺水之謂氣汽學之祖也禮經言地載神氣神氣風霆風霆流形百物露生電氣之祖也關尹子言石擊石生光雷電緣氣以生可以爲之淮南子言黃埃青曾赤

丹白礜元砥歷歲生澒其泉之埃上爲雲陰陽相薄爲雷激揚爲電鍊土生木鍊木生火鍊火生雲鍊雲生水鍊水反土中國之言電氣詳矣至於圜一中同長方柱隅四讙圜規寫叏方柱見股重其前弦其軲法意規員三神機陰開剞劂無迹城守舟戰之具蛾傳羊坽之篇機器兵法皆有淵源墨言理氣與管子關尹子列子莊子互相出入韓非子呂氏春秋備言墨翟之技削鵲能飛巧輗拙鳶班班可攷泰西智士從而推衍其緒而精理名言奇技淫巧本不能出中國載籍之外儒生於百家之書歷代之事未能博攷乍見異物詫爲新奇亦可哂矣但西學規例極爲詳備國中男女無論貴賤自王子以至於庶人至七八歲皆

入學在鄉爲鄉學每人七日內出學費一本納合中國錢三十文在城爲城學每人一月出學費一喜林合中國銀一錢七分如或不足地方官捐補其曰鄉曰城者特就地而言之其實卽鄉塾也塾中分十餘班攷勤惰以爲升降其不能超升首班者不得出塾學藝鄉塾之上有郡學院再上有實學院再進爲仕學院然後入大學院學分四科曰經學法學智學醫學經學者第論其敎中之事各學所學道其所道無足羨也法學者攷論古今政事利弊及出使通商之事智學者講求格物性理各國言語文字之事醫學者先攷周身內外部位次論經絡表裏功用然後論病源製藥品以至於胎產等事更有技藝院格物院均學習汽機電報織造

採礦等事又有算學化學攷驗極精算學兼天文地球句股測量之法化學則格金石植動胎溼卵化之理再有船政院武學院通商院農政院丹青院律樂院師道院宣道院女學院訓瞽院訓聾瘖院訓孤子院養廢疾院訓罪童院餘有文會印書會別有大書院數處書籍甚富任人進觀總之造就人才各因所長無論何學必期實事求是誠法之至善者也中國取士止分文武兩科文科專尚時藝錢穀兵刑非所習也武科雖以騎射技勇見長究之武經尚未識爲何書遑問韜鈐前此髮捻等匪跳梁其建大功而蕩羣醜者武科中人乎抑非武科中人乎然而武科正大可用也方今戰守之策不外水師火器兩途誠能於武

科中設三等以攷試之一試以山川形勢進退之方二試以算學機器製造之能三試以測量槍礮高低之度其兼擅眾長者不次超遷其專工一藝者量材任事選將之道將於是乎在近年來我　朝總理衙門派幼童出洋學習萬里從遊法至良意至苦矣但童子何知血氣未定性情心術愈染而愈失其本來盡棄其學而學恐盡變於夷者也不如將西國有用之書條分縷晰譯以華文刊行各直省書院每院特設一科請精於泰西之天算地球船政化學醫學及言語文字律例者爲之教習或即以出洋學習之學成返國者當之其學徒則選十歲以上廿歲以下不得過長以致口音之難調亦不得過稺以致氣質之易染

又或於科歲兩試所錄文武俊秀擇其有志西學年亦相當者就其性之所近專習一科其理易通其效更速又況名列庠序咸知自愛旣可以收當務之益復不背於聖人之教而諸生之數奇不偶者又別開一途以博取功名誰不樂於從事哉至於在院膏火宜倣龍門書院章程官爲籌備肄業期滿歷試上等者准赴京都同文館或總理衙門攷驗攷驗之後或給以經費赴外國大書院學習三年或派赴總理衙門及船政機器等局當差或充各國出使隨員譒譯庶幾人材日廣風氣日開不獨長西人之所長何難駕西人而上之哉現　京都設有同文館滬上設有廣方言館近復創立中西書院廣其額至四百餘人分爲

兩院其法以疏通文字者爲超等以年齒稍長而讀書多者爲一等其餘各有差凡三等超等一等以午前學西學午後學中學二等以午前學中學午後學西學三等以年較少專習中學而緩西學恐以西學分其心也粵東與蘇州新設有西塾專教西語西文西算設綫案報測電諸學設額雖少可以漸推而漸廣爲洋務培植人材正未可量鄙人聞之因不禁喜色相告也

精藝術

西人之所長者技藝耳中國爲人才藪豈無智能之士與之並駕而馳者執業不精故讓他人之我先耳西人每製一器專心致志而爲之稍有苦窳必從而改造之甚至守愚公移山之法父而子子而孫至再至三務期抵於精而後已雖費鉅金不惜也中國偶有舉動旁觀必從而擬議之阻撓之未睹其成先慮其敗故懷才之士亦不敢輕於一試技之所以不良也方今海防喫緊南北洋機器局務一體舉行循循乎有蒸而日上之勢然中國雖設其局仍倩西人以握其樞機彼爲我用而我實爲彼用也竊以爲機器一項最宜講求爲類甚多而水雷火器尤關切要電

報次之水雷有三曰伏雷埋伏以待敵利於守也曰行雷曰送雷直趨敵舟利於戰也設伏雷之處又宜多設浮表疑雷以誤敵人令彼防不勝防而猶恐不足以破之也故行雷送雷濟之行雷之類不一大約以奧國所創之魚雷美國所製之箭雷爲最良送雷亦有桿雷索雷之分魚雷者形長而兩端銳或用銅殼前藏棉藥尾有螺輪中腹蓄氣撥輪自行箭雷曾在天津造試其行較遲此皆游行水中稍露形迹所謂多方以誤之也索雷者以長繩繫曳於小艇之後或左或右直趨敵舟相擦而過則雷相觸而發桿雷者縛雷於桿端其桿連於艇首斜插敵舟之下發雷以轟之若募敢死之士平日操練精熟手眼敏捷何患不

勝哉且今之對壘者先用槍礮其器以銅礮爲良又以德人所製之克鹿卜礮爲最精而陸路行山之礮不若用十二磅彈礮其體輕其質堅礮子合膛且命中而及遠所配開花彈計藥一磅可及數十里之遙其彈可炸百餘片殺敵多而取攜便誠利器也至若水陸近攻宜用氣球小礮彈配開花其功與十二磅彈礮同又普國所造之墨迭兒魯士礮其形不甚大其用極爲迅速制如六門槍四周有八輪皆以螺釘綰之不用之時卽可卸置倘有失利分委而棄之不至爲敵人之資此尤可以戰可以守也洋槍亦有前膛後膛之分論運用前膛不若後膛之靈論修整後膛不若前膛之便然當殺敵致果之時總取其靈巧者爲

宜若德之馬地尼英之士乃大法之查治布美之七響至三十四響後膛槍又德之新製後膛茅塞槍皆屬可用其槍之機器不必過多亦可便於修理而後門火管須用銅托又須多備一副以備不虞但一礮有一礮之性質各槍有各槍之規模彈固分夫大小藥必權其錙銖務須自行製造庶幾操縱自如若一一仰給於人購諸外國一旦有事釁起而爲閉糴之謀徒手何能禦敵又況我能擊人亦必防人之擊我倘或以劣爲優以舊爲新不徒受其紿而實受其害乎是宜選出洋學習之返國者或倣其式而造之或更心裁獨出以鬭巧而爭奇精益求精日就月將彊盛之圖端在於斯邇來機器局製造槍礮業有成效而議

者猶謂可以省費則將成之功敗於一旦獨何心哉電報一節本屬末事然有益於商民兼有利於軍國葢兵貴神速先發方能制人昔普法搆兵普人於行軍處徧設電報而盡毀法人之所設卒以敗法電報之效彰彰如斯我國家版圖日廓各省距京都或萬里或數千里一旦疆埸告急而飛章入奏　廟算遙頒動經數十日恐有鞭長莫及之患查津沽爲近　畿水道門戶宜先設一電綫由是而吳而浙而閩而粵凡屬海疆及西北近邊諸要隘次第舉行無事以便商賈其利猶小至事關緊急乃見奇功近又有德律風者如傳聲器亦藉電氣以行數百里間直可對語斯又便之至便者也總之製器尚象利用本出於

前民幾何作於冉子而中國失其書西人習之遂精算術自鳴鐘創於僧人而中國失其傳西人習之遂精機器火車本唐一行水激銅輪自轉之法加以火蒸氣運名曰汽車火礮本虞允文采石之戰以火器敗敵名爲霹靂凡西人之絕技皆古人之緒餘西人豈眞巧於華人哉吾深恐華人之大巧而仍自安於拙也

固邊圉

昔充國籌邊止上屯田一策匈奴斂迹惟畏李牧一人當務之急握其要不必取其繁也　國家守在四夷甌脫之地綿亙萬餘里而西之新疆中之張家口東之東三省尤爲喫緊之處固不可稍留罅隙而予人以窺伺之端張家口山海關一帶有險可據雖兵力單弱幸有李鴻章淮軍練軍人悍器精星羅棊布移緩就急暫可無虞新疆回捻初平湘軍聲威俄人畏服左宗棠置辦一切善後事宜斟酌盡善固已無懈可擊但土地遼濶半就荒蕪一宜廣開屯田一宜分設官守我　朝分職本遵成例而道與時爲變通正須因地而制宜若將新疆一帶分別各道編爲州

縣以專責成兼設巡撫以歸統轄庶成金湯永固之基而無鞭長莫及之患屯田一則現已次第舉行尤須推而盡利不可得半而止更將蠶桑鹽礦等務廣開利源變磽地爲沃地不言防而防自固矣東三省爲發祥之地列聖陵寢多在其中尤宜加倍慎重極力防維以重根本竊以爲蒙古之部落宜整頓也吉林之金匪宜收撫也海參崴宜設領事也琿春宜設知府也黑龍江之馬隊宜招也鄂倫春之獵戶宜編也何以言之蒙古素多忠義勇敢之士自來用兵屢資其力無如各部窮苦其勢渙而不振現聞伯王承乃父僧王之遺爲諸部旗所信服若令其部署邊防嚴加整頓每年給若干金以爲制械犒賞之用則

西北邊陲不啻增一雄鎮矣金匪之頭目曰韓顯忠其人公正而有才統率其衆數十萬人甚有條理祗以挖金爲業不敢秋毫犯吾百姓嘗懷報効之心恨無請纓之路名雖爲匪而實非匪也若撫爲我用令其各攜家口成村而居俾墾荒地塡實空虛既可不費一餉而可比之屯軍矣海參崴地屬於俄與我國最爲密邇近來華人之商於此者日見其多一有事故皆歸俄官主持偏重偏輕在所不免若設領事與之會辦不特爲華商之主宰兼可覘俄人之動靜琿春與俄偪鄰實爲滿州之門戶前雖派員辦理實未設有專司所以該處旗民往往爲俄人所侵侮若設官以爲之牧則中澤可以奠哀鴻卽邊疆可以捍戎馬矣

至若黑龍江之馬隊一往而衝突無前素稱雄於天下鄂倫春之獵戶百發而槍礮皆中恆見畏於俄人若將馬隊之隊兵復爲招之以壯聲威將獵戶之戶口逐爲編之以入行伍以我國之所長中俄人之所懼安敢不俯其首而帖其耳哉至於設險守隘秣馬厲兵應有之義亦不必爲僊言也己雖然固邊者不可不恤藩以藩服卽邊疆之屏障也　國朝邊藩有四曰安南曰緬甸曰暹羅曰南掌海藩有二曰高麗曰琉球緬甸見侵於英國勢日蹙暹羅依附於英朝貢不入南掌介於暹羅之間已有不能自存之勢是三國者無庸高論矣安南屢爲法人所侵削現雖割地求和而西貢不復東京堪虞勢亦岌岌矣況安南接壤

中國入鎮南關以後陸路可達內地倘全境爲法人所轄將來稍有違言直可叩關而至爲今之計鎮南宜增兵額以絕其覬覦內地之心南洋宜設兵船以塞其往來自便之路滇粵設邊防以固我之門戶東京添戍兵以固彼之根本且與法人約西境各路仍歸安南設官治事惟通商口岸歸法人置領事管轄再將通商事宜斟酌改定列安南爲自主之國同在會盟之中法人雖不能事事相從而見我國全力之所注亦必顧大局而畏公法不敢日肆其吞幷之心萬不可苟且因循浸尋而爲琉球之續也琉球既爲倭人所滅夷爲縣鄙幸此案至今未結尚有轉機查琉球原部三十六島北部九島中部十一島南部雖有十

六島而周迴不及三百里北部中有八島早爲日人所佔僅存一島當其廢滅之候中國疊次直爭已有割島分隸之說在日人之意欲以南島歸我而換利益均霑之約李鴻章奏以南島瘠貧得地而不能治卽予之球人球人亦不能藉以爲國以無用之物而增受害之約得不償失力持正論球案所以延閣也況此一役也爲謀主者薩摩人耳國人惎薩摩之日彊不以爲然者亦半現復遣官遣兵勞費不支而又迫於淸議或亦稍有悔心乘其悔而圖之事尚大有可爲也高麗歷遵聖教恪守藩封而北偪於俄南迫於倭式微之嘆幾不能免與其杌隉而堪虞何必堅確以自守若與西洋諸國立約通商俄倭雖欲思逞西人

恐其妨於商務必從而助之我又從而援之彼此互救易與圖存以此制彼意在斯乎總之藩服之地與內地同以後與各國換更和約宜將恤藩一則刊入約例與之休息又復勤修邊備不遺餘力凡遇交涉之事悉以和平中正之心行其忠信篤敬之道未事無虛憍臨事無牽延有事無畏葸無事無荒怠事之應理者始終如一以行之事之不可允者百折不回以絕之據公法合約爲辨論本人情物理爲周旋即或自作不靖則曲在彼而兵威不揚我有備而同心敵愾又何畏彼之堅甲利兵也哉

修船政

自閩滬設立船廠以來華人漸通西法以機器造機器成效彰彰而議者謂機器可廢船廠可停彼非不知輪船之利也誠以華廠造船之價半倍於洋廠購船之價同一利器與其多糜帑金不如節省繁費意非不佳惜狃於近見而未總全局以籌之也洋人之所以悍然與我爲難者非不知我民心之甚固也非不知我兵力之尚彊也而敢於得寸思尺要求無已者恃有兵船謂彼能來而我不能往耳今欲防洋而仍購洋人之船且倩洋人以爲船之主是發之者洋人收之者亦洋人中國雖有船謂爲無船可也即謂此船仍爲洋人之船亦可也則何如自造之爲得也

方今要務全在戰守兵船爲急商船爲輔其事須並行而不悖往年中國特設招商輪船奪洋人之所恃收中國之利權殺費苦心洵爲良策然自議定華商買僱輪船章程而後除招商局外無一人入廠購船更無一人入廠租船者何也良以船價太昂成本重大恐有折閱兼之風濤可畏是以裹足不前今欲暢通商務使之日新而月盛不如於圖利之中更加鼓舞之權凡有富商招集股分造一船出洋者船價與洋廠等而又照軍功例酌賞職銜駕駛三年獲利甚厚者更優賞之名利兼收誰不踴躍而從事況華商出洋販運與洋人歲時相接則聲氣可通利弊情形見聞眞切遇有交涉事件亦可調停折服利於商未必非

利於國也至外洋各埠華民有願得兵船保護者當自籌養費報明領事請公使轉咨船局派船游弋或一年或半年更調他船藉資歷練其一埠不能養一船者則合數埠共養之如是則船局不必更籌養船之費兵船並無坐耗國帑之名海道之沙線可以熟中外之聲氣可以聯商民資其捍衛公使可壯聲援誠一舉而數善備焉者也若夫兵船之制其名不一利於水戰者曰鐵衡船利於攻堅者曰鐵甲船利於肆擊者曰轉輪船利於環攻者曰蚊子船而總以鐵甲船爲最精近日美國更造碰船其前鋒利如椎遇鐵甲船直前撞之轟然破裂其價亦甚廉計鐵甲船一號費在百萬餘金碰船一號約二十餘萬金省一鐵甲

船可造碰船五六號將來出洋征勦必須鐵甲船十數號以備戰攻目前用費不充不如先造碰船分駐海口防禦可期得力然後續造鐵甲船以成全盛之規正所謂由漸而入者也但海口甚多節節設防恐兵船不能如是之衆是宜將近海各省分爲四鎮擇地立營各設水師多築礮臺旣防之於洋面復防之於海口務使聲氣相通指臂相聯方爲萬全之策查津沽爲京都咽喉而奉天之牛莊山東之煙台皆爲要害若僅設防於津門而東奉二口全無牽制之兵防猶未固也若以直東奉爲一鎮以鐵甲船或碰船數號以蚊子船轉輪船十餘號立營於旅順口並威海衛之中添築礮臺相爲表裏又設分防於大連灣據奉

直之要隘則北可以聯津郡東可以接牛莊而北洋之防以固江浙僅設內防長江只有礮臺守則有餘戰則不足旣不能戰又何以爲守若以江浙長江爲一鎮如北洋例立營於長江口外旣可以固我天塹復可以照應甯波舟山一帶而中洋之防以固臺灣爲七省門戶地頗豐饒窺伺者多宜立營於澎湖以爲閩省重蔽是福建臺灣宜爲一鎮也粵省華洋雜處洋船蟻集較之他省尤爲緊要宜自爲一鎮一體立營以守之而分防於瓊州北海等處則南洋之防以固至東西各洋亦宜每洋派一鐵甲兵船巡遊各埠名衛商務實諳敵情庶處處收海防之實效不徒博海防之虛名也已雖然船政宜修矣而造船駛船尤不

可不得其人也華匠雖有巧思而堂奧初窺聞見未廣總不如洋人之精是宜選上等華匠及出洋學徒之聰穎者親赴外洋各廠參互攷訂務得其術他日藝成返國果能神明變化可廣其傳酌賞官職使之綜理廠務則工匠之賢否經費之多寡瞭如指掌不至受欺於匠人則造船得人矣船主柁工大副二副等色人目中國每每闕乏卽有可爲大副二副者類皆幼童出洋之學徒性根未定嗜好易染於量星探石測風防颶等件尚未講求事關緊急恐未可靠查泰西船政本有專門之學其法須先通數國言語文字並嫺天算地輿諸術然後官爲攷校如能測度數諳風潮以及各國海口礁石之有無水勢之淺深測驗表

度措置器機一一合法方能充副柁工閱歷三年不致誤事方升爲正柁工如果心靈手敏可操一船之權然後升爲船主鄭重周詳有如此者中國欲收船政之益宜仿其法選十餘歲之世襲聰慧子弟（成童則習不能染世職則人不能輕）或聘教習或出洋學習務使精益求精確有把握則中國多一船卽有一船之利雖糜費於目前必程功於異日自彊之機自固之術胥於此矣前兩江督臣沈葆楨嘗以未辦鐵甲船爲憾事其遺摺有云天下之弊在於因循目下若節省浮費專注鐵甲船未始不可集事若復徘徊瞻顧執咎無人事機呼吸遲則噬臍老成之慮深且遠矣

興礦利

地不愛寶久而必宣此自然之理也泰西之所以稱富彊者精於礦務耳但外洋國雖日富而山澤之利已窮中華國儲不充而山澤之利實富其故何也西人以採礦之故窮山僻壤搜羅無遺不徒金礦將盡卽煤鐵之礦亦盡所以爲西人慮者恆謂數十年後雖有船而船不能行其說實大有所見中國爲財賦奧區雲南出銅山西出鐵湖北江西湖南出錫齊魯荆襄出鉛臺灣出硝以及伊犂淘金和闐採玉礦產之富誠爲五大洲所未有所可惜者產於地而仍棄於地耳非不知礦利之大有益也一則因前明殷鑒之不遠一則因機器款鉅之難籌查明萬歷廿四年開礦遍天下命中官爲礦使編富民爲礦頭礦無所得勒民墊賠甚至誣爲盜礦從而傾陷之所以國脈民命交受其困流毒者廿餘年嘉靖三十五年開礦費三萬餘金而得銀二萬八千五百不足償失成化間採金於湖廣等郡役五十五萬人死者無算僅得金三千餘兩前事如此宜後之開辦者之掣肘也不知明之所採者金銀礦也意在聚斂且任用非人事之所以易敗也今之宜開者煤鐵礦也意在便民且當務爲急事之所以必成也方今海防孔急不得不用輪船用輪船不得不需煤鐵倘必取給於洋人是洋人添一利藪中國又多一漏巵機器款本甚鉅措辦爲難但試辦之初何必賴此各省防營頗多若在某省

開礦先僱西人之精於礦學者或用滇黔川邊老民之諳習者測量衰旺確有把握然後以防營開採果得巨礦再以機器濟之豈遂爲晚乎又或謂開礦於地脈有礙聚集多人恐生事端此又一孔之儒之目論也伏讀乾隆五十二年十月　諭曰京城外西山北山一帶開採煤窰及鑿取石塊自元明以來迄今數百餘年取之無盡用之不竭從未聞以關係風水設有禁例豈開採硫磺遂至於地脈有礙卽云開採硫磺恐集聚多人滋擾地方則每歲採取煤觔石片所用人夫不知凡幾豈皆善良安分之徒何以並未見有滋生事端之處　聖諭詳明最足破世俗疑惑之見又或謂山澤地塹無非民業祖父所遺子孫世守

卽給價而買之此應彼否奈何曰此尤易爲謀也地不必歸於官而利轉得分於民未有窒礙而不行者或又問曰開礦之利其利安在曰開礦有礦稅利於國帑也鐵可以造船煤可以行船利於海防也開礦用營兵藉其力兼習其勞利於兵也兵之口糧出於礦稅利於餉也開礦之處多在叢巖旣有營兵客匪不敢占踞利於防盜也冶鐵需匠運煤需夫養活不知多人利於窮民也火化之宜人人賴之煤價旣廉貧民受惠利於日用也其利如此可勝言哉又況銅鐵煤礦之類中國之所出者多則外洋之所入者少日計不足月計有餘富強之基舍此無他術矣儻若掘土而得金破石而得玉此尤　國家之福而爲天下臣民所額手也抑又思之開礦卽可開鑄雖屬緒餘正可相輔而行近來洋人收取中國大錢出洋鎔銷卽中國商民亦多蹈此弊者故錢價日昂大錢日少亦宜一體設法禁止並於開礦處開局鼓鑄亦流通國脈之一道也

防漏稅

從來王道不尚富彊聖世不言功利藏富於國不如藏富於民之爲愈也　國家深仁厚澤薄其稅斂有準乎什一者有數十而取一者恤民之艱待民之厚蔑以加矣自道光二十二年大開海禁維時當事者不知中國稅額輕於各國四五倍或七八倍故立約之時洋人各貨進口納稅後聽華商販運各地所過關稅祗案估值每百兩加稅不得過若干分稅於華民者輕故稅於洋商者亦輕也厥後天下多故軍餉支絀於是始爲權貨抽釐之法創辦之始洋貨亦在各子口征課尚無異詞迨咸豐八年中西重訂條約始定洋貨土貨願一次納稅可免各子口征收者每百兩征銀二兩五錢給半稅單爲憑無論運往何地他子口不得再斂其無半稅單者逢關過卡照例抽釐體恤洋商可謂至矣然洋人欲壑難填猶復藉端要求煙臺條約定於租界內不收洋貨釐金卽洋貨之運入內地者不論華商洋商均可領半稅單此又格外通融之法無如日久弊生漏卮難塞華商之黠者串通洋人互相蒙蔽往往洋人代華商領半稅單而私取其費者華商亦代洋人裝運各貨而冒用護照者漢奸與洋人譸張爲幻流弊滋多近又有三聯單者無論往何地購何貨先在洋關報明數目繳半稅方可領單領單之後聽其採辦運行沿途釐卡不敢過問至貨到時查明數目相符如數繳稅於是各商民利其稅輕而期速趨之若鶩以中國自主之權而爲洋人所把持釐金之受困不已多乎查始權釐時歲收二千萬今之所收者不過四分之三而且日少一日有損無益於是董其事者嚴爲比較藉杜侵蝕密設分卡以防偷漏而究之委員之侵吞滋甚胥役之訛索益繁徒困於民無利於國故縱談時務者慨然謂釐金之當撤也然則謂釐金果宜撤乎目今軍務雖平元氣未復　國帑猶未裕也防兵不能裁也海防猶未措辦也設或更起事端款將奚籌豈旋撤之而旋設之乎然則謂釐金不宜撤乎洋商之包攬華商之偷漏徒供虛耗未獲實功何樂而爲此也爲今之計不如去釐金增關稅於釐務無所損而商民則有益焉何以言之所謂裁撤釐金者非必盡天下之釐金而撤之裁之也不過於通商各埠或洋貨或土貨去其釐而加其稅耳若明定章程核計道路之遠近如某貨自某處至某海口須經幾卡應釐若干某貨自某海口至某處路經幾卡應釐若干一總稅之不必節節稽征是釐雖撤而實存而包攬偷漏等弊雖奸商無由施其技矣且關稅交納之後運行無阻不必守候而驗貨不必逐卡而留停欲至某處可刻期而待爲日更速成本較輕卽所加之稅實隱攤於貨價之中而取償於售主商民又知某貨之不復納稅也更樂於販運銷暢益多所謂於商有益者此也況洋人所藉爲口實者動謂中國釐卡林立收數互有異同以

致洋貨阻滯不行若撤釐而加稅彼亦何說之詞而說者謂關稅已有成規從而加之洋人必不能允不知所加之稅卽所抽之釐與其散而征之不如總而稅之兼之洋人稅額以值百取二十取四十爲斷更有值百取六十值百取百者若以值百取二十爲準華稅之重猶從洋稅之輕舉是以折之彼將何詞以對又或謂釐金取之華民權歸中國自止若歸幷於稅倘洋人於下次修約時復以稅重爲詞利權不幾爲所撓乎是宜聲明加稅免釐之故如欲減稅仍舊抽釐庶可以永杜洋人之口也抑又思之稅出於商欲充稅務先宜暢通商務西人之所以富彊者官商一體耳所有贏餘公家存之卽有折閱公家認之故能重

其本而來卽厚其利而返中國之集成巨款出洋貿易者尙鮮其人是彼以貨而取中國之銀我不能以貨而收回中國之銀利源不將竭乎計洋人入口之貨每歲售值八千餘萬中國出口之貨惟絲與茶爲大宗近來印度等處皆植茶桑出數與中國相若倘幷此而失之是誠有出而無入矣又如呢布一項洋人買中國絲棉織成之轉售中國每歲約銀三千餘萬良由機器便捷所以獲利甚厚若我亦仿織之亦可闢一利源或疑用機器以代人工恐奪小民之利不知洋布羽呢本非中國之物與民業毫無關涉況製自中國可省運資價必更廉便閭閻之取求攻洋人之利藪是誠一舉而兩得者也伏讀嘉慶十九年正月

諭曰洋商交易原令彼此以貨物相準俾中外通有易無以便民用若將內地銀兩每年偷運出洋百數十萬歲積月累於國計民生均有關係仰見　聖慮淵深於中國銀兩出洋之患早已　洞鑒今時事更非昔比出數照前更鉅若之何不早爲之所也宜急令地方官廣勸農民於山谷隙地遍植桑茶繅絲製茶之法尤宜加意講求務使較勝於印度將來所出愈多價可酌減貨精值廉何患銷路之不廣而且招集商股以機器造呢布若成本不敷或援乾隆五十一年商人王世榮請借帑銀嘉慶十七年蘆商義和泰懇借運本均敕部議行之例是誠無損於國而大有便於民也總之出口之貨宜求其多而稅則輕之

入口之貨宜杜其來而稅則重之收我利權富我商民擴我遠圖胥於是乎在

彊兵力

後周世宗謂侍臣曰凡兵務精不務多今以農夫百不能養甲士一奈何朘民之膏養此無用之物乎誠哉是言也我　朝兵制每省編置綠營而同治初年克復東南數省近又收復回疆皆賴歷年招募之勇而經制之兵未聞有一軍足以勝殺敵致果之任者何也蓋勇爲新募非精壯不收兵皆舊充而疲老未汰也然年力富彊技藝嫺熟之人皆不願充兵而願當勇其充兵者皆市井無賴衰老疲弱者耳蓋勇糧每月四兩餘銀卽每年扣發兩月每月尚得銀三兩有奇而戰兵馬兵之糧皆不及焉守兵步兵更無論矣故兵額雖多與無兵等査淮練勇雖有三千八百餘人而散漫無紀疲傭居多前任各漕臣明知其然皆以爲一時裁遣恐滋事端隱忍相安不加整頓署漕督臣譚鈞培莅任不及三月汰其衰弱歸幷於馬步各營頓然改觀已成勁旅以是見任事之在人認眞也直隸綠營改立練軍創自前督劉長佑曾國藩莅任時復重新整頓成效已著各省有倣行而未盡改者有全行未改者今欲變其錮習不如以綠營爲練勇兼寓減兵增餉之法爲最善常人之情勤則奮而逸則偷綠營向以防守爲名且有此疆彼界之分而一切築城鑿池修堤治河諸役非其任也而且安居於家待炊而食目未睹乎戰陣身未經夫沙場名爲戎行之士實等遊惰之民以之執戈而衛枚愚者亦謂其不可誠仿練軍之法汰其弱者老者留其彊者壯者列幕而居於城塘之上日加操練倘有工役一體派行卽有徵調無分畛域則力以愈用而愈出技以愈練而愈精三年之後而謂兵之不彊無是理也又況利之所在人必爭之中人之產歲獲百金則有餘若能準情酌理照舊章而優增其餉則一人爲兵而舉家之事蓄於此取盈焉得之可以自贍失之必至自危誰不勇於自彊而肯以游惰致遭斥革哉或者謂目今餉項支絀建議者方欲減之如煙臺紅單船募廣東水勇五百名月餉自十五兩至八兩不等今擬改爲額兵一律給銀三兩以期節費增餉之說萬不能行不知所增之餉卽出於所減之中誠使用一兵卽得一兵之力雖裁十兵之餉以幷養一兵猶愈於額多而無一兵之可用也昔武侯治蜀以減兵而勝魏岳忠武以背嵬兵五百而破金兵在多乎哉

練民團

三代以上寓兵於農無事則躬耕有事則敵愾誠良法也降及後世此制不講久矣惟民團則差近之而論者謂民團無濟於事軍興以來未聞有民團爲國家出力者而實非通論也民團設自民間不供調遣既不調遣何能殺賊而立功不過自相保護有備無患而已然而民團能自衛其鄉即能有益於國也况湖州之趙忠節紹興之包義士自備軍餉訓練民團卒能捍衛一方非其功歟廣東之民團當英人入境時一敗之於三元里再敗之於三山村且焚其雙桅船一艘非其功歟又如澧州之五福團岳州之平江團安徽之廬州團四川之中江團江蘇之溧陽金壇

團類皆實事求是不務虛名勝於召募者多矣攷德國兵制民除殘疾外悉充伍籍法國章程部民能効力者即籍爲兵普國君臣臥薪嘗膽國人莫不知兵遂以敗法英俄諸國近皆效之葢泰西各國寓兵於士農工商之中有警則人皆可將士盡知兵猝爾徵調可集數十萬不糜兵費實足兵額至愜至當正未可因其夷而夷之也我　國家設立武科州縣取士爲數最多而自身列庠序以後往往無所事事爲農則可恥爲商則無資名雖爲武而實無用武之地若一體舉行民團先擇武生中之可爲什長者百人設局訓練教以刀矛槍礮等法學成則各教其所轄之十人十人學成又各教營中之人昔吳起對魏武侯曰用兵之道教成爲先一人學戰教成十人十人學戰教成百人百人學戰教成千人千人學戰教成萬人萬人學戰教成三軍以近待遠以逸待勞以飽待饑以主待客正此謂也雖然團既設自民間權宜操之長上使不歸地方官管轄恐其桀而不馴宜案名造册繳之官府官府案時簡閱果有深知武略者酌保官職以示鼓勵其有不知陣法者又必延師教之兼教以禦敵立身諸大務以作其忠義之氣則鋤耰亦可敵愾婦豎亦喜談兵國不費餉人盡知方以之滅敵可也以之禦敵亦可也以之自守可也即以之報國亦無不可也自彊之基與自固之術孰有愈於斯而且古來名將多出田間衛青牧豬樊噲屠狗陶桓公燕居

而運甓祖豫州中夜而枕戈練兵之地安知不即爲選將之地哉而或有爲粉飾承平之說者曰我　國家政事修明紀綱整飭潢池既無盜弄之變遠邦安有窺伺之心若處處練團兵日日修守備不獨遠人相視而竊笑即民情亦俶擾而不安無戎而城不幾流於士蔿之所爲乎不知居安不可以忘危有備乃可以無患若各直省舉行民團或且視爲具文而沿海各處之民團不得不爲之講求葢洋人之所畏者不在中國之官而在中國之民則何弗因其所畏而爲未雨之綢繆耶

禁販奴

國家戶口日廣生齒日繁謀食之徒往往不擇地而蹈以單孑一身涉重洋萬里致使　天朝百姓受奴辱於洋人誠可憫矣其尤為慘酷者粵東澳門汕頭等處西人設招工館應其招者名其人為豬仔人也而畜名之即以獸畜之命名之意已乖天和然此猶明明招之也更有寓粵洋人串通奸商誘賣鄉愚於秘魯古巴亞灣孥等處其始或炫之以財或誘之以賭又或倏指為負欠強曳入船有口難伸無地可逃每年被拐者動以萬計及抵彼埠尤以極勞極苦之役少憩即刑告假不許生入地獄之門死作海島之鬼且其中不無良家之子貴冑之兒不能勞苦駭死

風濤望斷家鄉斬絕宗祧誰無良心而忍聽其如此哉後雖此風稍熄近又故智復萌刑者不可復贖往者不能復返不亟思所以禁之則中國之良民不盡入異域之畜道乎近賴兩廣總督張樹聲關心民瘼迭次出示嚴禁沿海地方拐販又與招工局嚴立條約凡應招之人先取親族甘結次取街鄰保結然後報明華官華官親加詰問果屬情願毫無逼勒然後令該局造具清册正副兩分詳載年貌籍貫並中保姓名送華官蓋印至出洋時聽華官登舟案名查點後方准駛行即以副册咨行當地領事官領事官於船到時亦案名查驗如有册上無名或姓名年貌不符者即以拐販論船主加等懲辦船沒入官其無領事之處永遠不准招工如是則拐販之風可以絕即情願應招者某處若干人某年若干人皆有成案可攷中外均便稽查洋人見中國之鄭重民數如此其至也亦不敢肆意凌虐此誠萬不可緩之急務也即已出洋為奴之人亦不可徒作旁觀之太息宜令各國公使領事認眞清查密為保護昔有販阿洲黑人為奴者英國集商禁止出資贖釋堂堂　天朝果能自庇其民仿英人贖黑人之例是誠出水火而衽席之也然而言之匪艱行之維艱積習難返鉅款何籌視溺而不援天下無此忍者從井以相救天下又無此仁人是不過徒托空言而不能見諸實事也可慨也夫

可慨也夫

編教民

國家崇正學闢異端　教澤涵濡數百年於兹矣而欲破堯舜禹湯文武周公孔子之道之藩籬借天堂地獄之説以蠱惑我民心者其泰西之傳教乎泰西本基督一教其後分而爲三英吉利德意志丹麥荷蘭及瑞士瑙威瑞西等國所從之教耶穌教也意大利奥馬加比非利亞法蘭西日斯巴尼亞葡萄牙比利時等國所從之教天主教也小亞細亞歐羅巴東俄羅斯希臘等國所從之教希臘教也各分門戶互結黨援即在西國已起爭端迨明季天主教始入中國從者尚少厥後利瑪竇南懷仁等挾天算地輿之學來遊内地其所著七寶等書理亦與儒者相近故當時士大夫皆與之遊不甚鄙之至道光咸豐間法人屢遣教士學習華語奔走四方開設講堂於是奸民遂借進教爲護符詐鄉愚凌孤弱占人之妻侵人之產及至事發教士私相袒護或匿之講堂或縱之海外人民怨極羣思報復遂至燬教堂毆教士津案甫結滇案旋生中外幾於失和皆天主一教階之厲也第急於傳教者祇屬法人實與他國無與中國人民未及辨此統聞洋人之名而即惡之一見洋人之來而即避之因甲嫉乙在所不免且法人本非富強其所以自備貲本周流勸導必欲廣其傳者實欲以小利小惠收拾人心人心既附然後可以惟吾說之是從此中國大有所利耳不料利不能圖害且隨之欲以

之愚人者適以之自愚上年普國之戰教人實啟其端西班牙謂法國獨居惡名受其實禍伊戚自貽將誰之咎近聞印度拒額力士教德國逐耶穌教葡萄牙西班牙皆籍教黨財產入官意大利封教堂七十餘間簿籍其產此誠自爲消長之機現法人已知中國之良民斷不入教其入教者不過傭工貧民耳村嫗社婦耳即有桀黠莠民藉圖生計其實亦陽奉而陰違於是自怨自艾深悔從前傳教之失各國又羣起而咎其傳教之非可見秉彝之德出於自然發於天性而天堂地獄之説不足以勝之也但華人之已入迷途者亦復不少欲救其弊宜將教民開明年貫姓名報明地方官另編爲一冊即教士亦應歸地方官約束遇有事故依華法秉公照辦教士不得過問庶幾入教之民仍不失爲中國之民即教士亦無所逞其庇縱矣尤可慶幸者自美德二國派員來華親睹　中朝教化而後實深欽慕即各國亦莫不佩服現在泰西之入學者必習中國言語文字所有五經四子書概行刊刷先刻華文而以西文註釋之日日諷誦其景從之心較之中國人之入彼教者爲更切可見堯舜禹湯文武周公孔子之教仁之至義之盡天理人情之極則無一毫矯彊於其間而凡有血氣者自可不言而信不勸而從也將來漸推漸廣風氣日開聖教盛行率薄海食味辨色別聲之人而皆不敢出於堯舜禹湯文武周公孔子之教之外天主云乎哉

論鴉片

攷李時珍本草綱目阿芙蓉俗名鴉片性澀有微毒並未言能殺人之事今則生食者急以殺之吸食者徐而殺之而不解人之何以甘受其殺而不辭也當西人鴉片入境之初禁煙之議持之甚堅奈始則操之過急繼則縱之過寬流毒至今幾無術可以挽回計鴉片進口之數每年約七萬餘箱每箱售銀五百兩總計值三千五六百萬中國每箱收稅三十兩計銀不過二百二十萬中國漏出之銀每歲實三千數百萬兩之多果孰得而孰失乎中國利源之涸可立而待也於是薦紳先生目擊時艱羣起而議之有謂宜禁內地之仿種者有謂宜禁洋藥之入口者有謂

宜加洋藥之稅者更有謂不必禁內地之種方可分洋人之利權者然其中皆有弊焉方今各直省除江西湖南外餘省之種罌粟者日多無論不能驟禁也即能禁止而吸食者爭取購於洋人是又爲洋人之敺而予以壟斷之權也外洋入口之貨以鴉片爲大宗利源所在誰肯遏之且旣不能禁之於前何能禁之於後相持太甚適啟釁端至若加收釐稅則價愈昂價愈昂則吸者可以漸稀似亦補救之一法然每見吸食之人雖饔飧不給猶必多方設法以謀煙貲幾見有因價貴而不食乎況所加之稅洋人即隱增入售價之中於洋人無所損而吸食之貧民益促之貧也若謂聽內地之種冀以所出日多藉分洋人之利不

知出愈多則價愈賤價愈賤則吸者愈多遍地而種之必盡人而吸之將使中國之人生盡爲吸食鴉片之人死盡爲吸食鴉片之鬼可不悲乎惟有不收洋藥關稅嚴禁吸食庶不至貽笑於洋人而絕中國無窮之隱害我　國家政令風行捷於影響惟鴉片一項屢禁而如不禁者以釐稅未免耳旣收其釐而不准其售有是理乎收釐旣爲官物而吸食則爲私犯有是禁乎且獨禁下民之吸食而官府之吸食如故有是情乎所以雖有禁煙之令亦不過視爲具文隱忍相安旋禁之而旋弛之耳今若不收釐稅則購取吸食者即科以私罪誰敢復犯且禁煙是我　國自主之權洋人不敢過問洋藥雖不禁其入口而苦無售處

則不禁之禁也而內地之種更不禁而自除矣而說者曰方今海防孔急凡製造船政及出使經費等件皆取給於關稅欲並此而免之司權政者不爲是言也不知關稅不可免而洋藥之稅則不得不免免之無大損於國不免實大害於民　國家爲民除害雖費鉅款在所不惜況區區洋藥之稅乎如以　餉項支絀刻欲彌補則免於此者可加於彼權變自在人爲耳況　朝廷善政停免捐輸然停捐所以重名器而免洋藥之稅所以恤民命也則安得不免其稅而嚴爲之禁耶其戒煙之法官府限若干日庶民限若干日犯者庶民照例嚴辦官府加等其貧民戒煙而苦無藥貲者官府若能設法酌給是又法外之仁而變通

盡利者也上年盛道宣懷在天津創設戒煙局已著成效各直省似可踵而行之總之鴉片本屬毒人之物泰西各國准播種而不准吸食卽日本越南亦禁之甚嚴惟中國之人習焉不察受其毒蠱者已百餘年其吸食之人荒時廢業毀體傷財是誠可憐可痛若能永遠禁止弊絕風清則國脈以培元氣以復利源以裕是則蒙之所深幸也夫

國朝柔遠記附編卷二

臣彭玉麟恭定
臣王之春敬編

沿海形勢略

直隸與山東聯壤卽墨縣南望淮安東海所城左右相錯如咽喉莞鑰由淮達萊片帆可至登萊乃泰山餘絡凸生於海東南北三面巨浸文登營控北山之險尤海東之盡處也成山以東旱門灘九峯赤山白蓬頭諸島縱橫沙磧聯絡潮勢至此沖激澎湃舟難猝達文登更扼東海之要甯海威海成山靖海四衛隸焉自東北崆峒半洋西抵長山蓬萊田橫沙門鼉磯三山芙蓉桑島錯落盤踞以爲登州北門之護過此而北卽爲遼陽洵天造地設之要區也北直

蘇州沿海險隘甚多舉其大者常熟之福山港白茆塘太倉之劉家河七丫港嘉定之吳淞江黃窰港爲往來之通衢三吳之門戶一府之要無逾於此長洲則泖湖浩淼吳江則鶯湖接連吳縣則太湖交通皆出入逕道腹裏之關鍵一縣之要於斯爲甚其次福山以西有三丈浦斜橋以東有許浦金涇劉家河以北有新塘浪港茜涇吳淞以南有寶山以東有老鸛觜均屬要害至如淮揚東瀕大海很山當江海之吭蓼角嘴港界揚之東南朐山據淮海之首鬱州鶯游山界淮之東北中包泰興之周家橋鹽城之射

陽湖山陽之雲梯關廟灣等處率皆濱海要區尤宜相地置備焉南直

兩浙形勝大半負海論列郡之隘口温則飛雲横陽館頭台則松門海門甯則定海太浹湖頭渡紹則三江沙門杭則龕赭兩山嘉則乍澉二浦杭居腹裏而以錢塘港海門爲分口南岸甯紹北爲松嘉極西盡處爲杭州沿海之中可避四面颶風之處凡二十三可避兩面颶風之處凡一十八其餘下等安嶴可避一面颶風之處不可勝數然定海爲甯紹之筦鑰舟山又海外之藩籬澳凡八十有三昌國衛四面環海到處可以登泊葢江南控制在崇明浙東扼險在舟山天生此二處屹峙汪洋以障蔽浙直門戶洵江南浙東第一重鎮也兩浙

閩嶠二面當海者興泉是也四面當海者福漳是也其地之衝要如晉江之深扈獺窟興化之心平海龍溪之海門漳浦之島尾南靖之九龍寨溪皆是也然莫有如福甯州之允險者葢地勢自西北而東南至省城盡之矣福甯則又於東南突出海中其左爲甌栝海居東面其右爲福興海居南面惟福甯獨當東南北三面之海原爲烽火門水寨連江縣原爲小埕水寨莆田縣原爲南日水寨同安縣原爲涪嶼水寨漳浦縣原爲銅山水寨其間島澳叢襍巨艘悉可寄碇登涉焉南閩

粵省襟江帶海其東出海則虎頭門門之東曰南頭係全粵之門戶其西出海則崖門門之西曰廣海衛惟香山澳居省西南外番住泊於此葢嶺南沿海諸郡惟惠潮與閩連壤柘林爲嶺東第一關南澳當閩粵交界在大海之中左爲閩疆指臂右迺粵省咽喉可以設險可以屯田原設南頭參將廣海守備控制於外虎頭門把總防守於內又添一部水軍往來捍禦周且備也東粵

按京師天津東向遼海外對朝鮮左延東北山海關甯遠出旅順口鴨綠江達高麗右袤東南山東利津由海倉口登州至成山衛登州旅順南北隔海遙對東縣倉島西匝兩京登萊登州一郡陡出東海盡於成山海船往盛京天津率以成山爲標準轉西南之靖海鼇山靈

山遂至江南海州海州下廟灣上舊黄河出海之口河濁海清沙泥沈實東向紆長支條縷結名五條沙中間深處呼曰沙行如往山東必恃沙行以寄泊江南沙船底平少擱無礙閩船底圓架接高昂涉此頗險兼之江浙東向澎湃外無屏山綏其水勢故潮汐比他省爲更急如往山東兩京必從盡山對東開行一日夜避過此沙方敢北向凡登萊淮海之稍可寛其海防者職由五條沙爲之保障也廟灣南自如臯通州至京江口內狼山外崇明以爲筦鑰崇明上鎖長江下扼吳淞東有洋山馬蹟花腦陳錢諸山毘連浙之甯波定海外島他如嘉興之乍浦錢塘之鼈子餘姚之後海甯波之蛟川要

疆相聯實內海之堂奧皆藉定海以爲外藩衢山劍山更出定海之外汪洋巨浸洵稱要害江浙外海連馬蹟山北屬江山南屬浙陳錢外在東北俗呼盡山山大奧廣泊可百餘艘南之島嶼由衢山岱山至定海由劍山長塗達普陀普陀直東而外即洛迦門有東霍山夏月回洋船經此賊艘伺劫尤多且與盡山南北爲犄角南自崎頭至昌國衛接內地外有韭山弔邦等山賊匪出入無常此則甯屬也自甯入台州黃巖沿海而下內則佛頭松門楚門外則茶盤石塘枝山大小鹿在在爲賊艦經由南接樂清溫州瑞安金鄉蒲門爲溫屬內海樂清東峙玉環外即三盤鳳皇北屺南屺而至北關及閩

海連壤之南調此則溫台內外海逕寄泊樵汲之區也閩海內白沙埕南鎮烽火三沙五虎至閩安外自南關大小崳閭山東永至白犬爲福甯福州外護左翼之藩籬南自長樂之梅花鎮東萬安爲右臂外自磁澳至草嶼石牌洋隔於中海壇大島環之是閩安爲全省之咽喉海壇實右臂之扼要福清萬安南視平海內虛海套是爲興化外有南日湄州再外烏坵盖東北有東永東南有烏坵猶浙之南北屺東霍衢山江之有馬蹟盡山係海壇之所當加意者泉州北崇武獺窟南祥芝永甯左右拱抱內藏郡治下連金廈以達漳州漳自太武而南鎮海六鼇古雷銅山縣鐘可以寄泊南澳以分閩粵

泉漳之東外有澎湖凡三十六島其要在媽宮西嶼頭北港八罩四澳南風波恬浪靜黑溝白洋皆可暫寄待潮山低洋大水急流迴北之吉貝沈礁一線直生東北一日未了內悉暗礁惟一港蜿蜒非熟諳者不敢放棹澎湖之東即臺灣北自雞籠對峙福州白犬洋南自沙馬崎對峙漳州銅山延綿二千八百里西則一片沃壤自海及山淺潤適均約百里許西東穿山入海約四五百里崇山疊箐生熟番蟻聚建一郡四縣志考備載郡治南抱七崑身至安平鎮大港隔港沙洲直北達鹿耳門鹿耳隔港之大線頭沙洲至隙仔海翁隙皆西護府治港汊雖多僅可容澎船三板其巨艘之可以出入者

惟鹿耳雞籠淡水港而已南澳東懸捍衛漳之詔安潮之黃岡澄海閩粵海洋適中要隘外有北澎中澎南澎俗名三澎內自黃岡大澳至澄海放雞廣澳錢澳靖海赤澳乃潮郡支山入海匪艇出沒尤甚賊爲潮產居多赤澳一洋自甲子南至大星平海雖屬惠州而山川人性與潮無異故於中之碣石立一大鎮下至大鵬佛堂門急水門由虎門而入粵省外自小星筆管沱濘九州洋各嶼至老萬島嶼門戶叢雜到處可樵可汲粵匪不第艄艋艟艦即內河槳櫓漁人皆能出海剽掠藏垢納汚莫此爲甚粵省左捍虎門右扼香山雖外護順德新會亦全粵之要津外海內河奸宄不少況共域澳門外

防番船與虎門爲犄角未可輕視外出十字門而至魯萬爲洋艘番船徑行之準下接於崖門戙船澳馬鞍諸山此肇屬廣海陽江雙魚之外衞也高郡電白外大小放雞下磷雷州白鴿錦囊南至海安中懸硇州暗有礁沙非深諳者莫敢內行實則高郡端藉沙礁之庇雷州三面濱海對峙瓊州渡海百二十里自海安繞西北至合浦欽州防城以及白龍之江平萬甯袤延千七百里海安下廉州宜南風上宜北風防城有龍門七十二逕逕逕水道相通廉多沙欽多島地以華夷爲限瓊州屹立海中地從海安度脈南崖州東萬州西儋州北瓊州與海安對峙瓊之山海港澳尤多沿海州縣環繞熟黎

熟黎環繞生黎生黎環繞五指嶺七指山一西一南周圍陸路千五百三十里府城中路直穿黎心至崖州五百五十五里萬州東路直穿黎心至儋州五百九十里沿海沈沙行舟艱險內山生黎嵐瘴殊甚往宜熟而不宜生然生可往熟而不可入內界熟黎水土習宜是以夾介其間此亦外海稍次之臺灣惜田疇不廣歲仰需於高雷縱產沈楠等於廣南甲於諸番又非臺地之沃野千里所可同日而語矣爰採大略以備披圖便覽焉

之春記

沿海圖例言

海防非可與江河同論也蓋護田疇固城邑與防江河之意同而所以治防之道則異舊有海防通志籌海圖編等書乃前朝專言備倭之略匪特卷帙繁瑣抑且時勢互殊今則海宇澄清內備塘工以捍潮患煮滷以益民生外則招徠懷遠異產珍錯並各洋魚蝦蠃蚌苔蘚藻蟄亦利育斯人於無旣惟是巨浸茫茫島嶼星懸梟獍潛蹤帆檣淨跡爲奠乂斯民計不得不周以邏察而邏察權宜又當先審諸形勢焉各省沿海郡邑志載職其地者原可按圖索驥至於全局形勢舊聞有總圖藏於

天府外省罕得覽焉今沿海圖考前人諸書之所載并見聞之

所及統邊海全疆繪成一卷今昔情形異宜又細加考輯參以註說亦可收指掌之助云爾

一是圖第繪邊海形勢其毘連內地諸竟自有郡邑各圖可攷凡海疆州縣雖抵海邊較遠者亦必酌量方位書載以便查核

一水師重鎭駐劄之所與郡縣佐貳分防之處第書地名即可按查

一外洋險要與內洋島嶼厖雜港口衝僻爲此圖肯綮是以詳細咨訪按核現今情形確繪卽將各說於每段下分晰註明使閱之了然

一聯省相接界限大段載明至州縣分界每有改歸增載

之處可勿繁及
一圖首列指南鍼準二十四籌分向環海各區可見中華之沿海大勢如此後閱口岸細圖其遠近險易更加明悉至中華所屬邊海界共七省起遼左　盛京東南盤旋轉山東至廣東南向轉西而抵交阯以天度分得二十七度有零之界也

沿海輿圖

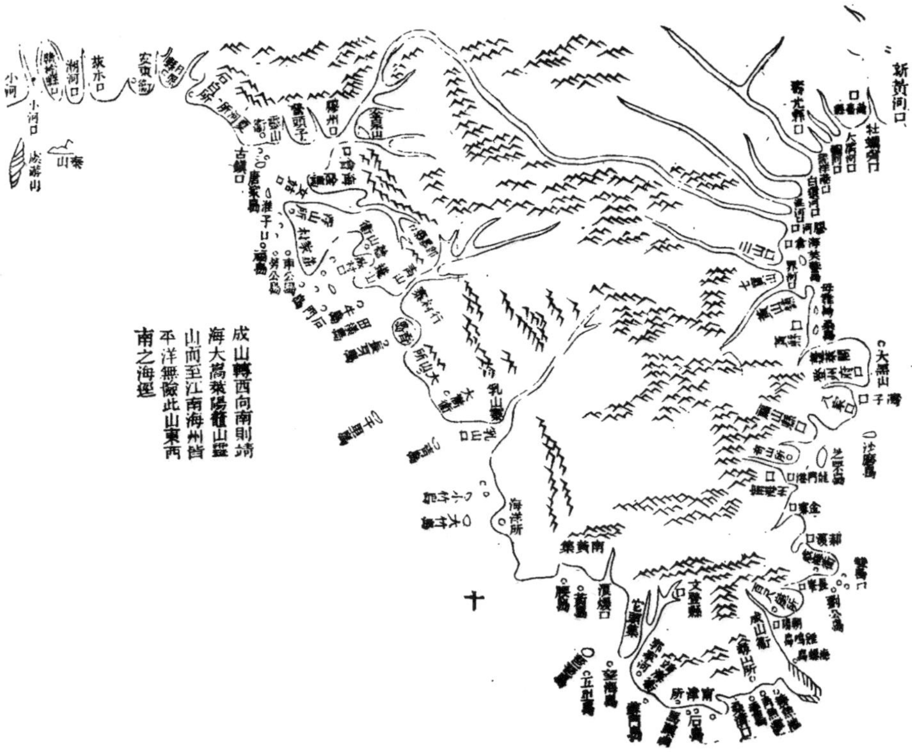
成山轉西向南則靖海大嵩萊陽鰲山靈山而至江南海州皆平洋無險此山東西南之海運
成山衛
乳山寨
海陽所
新黃河口

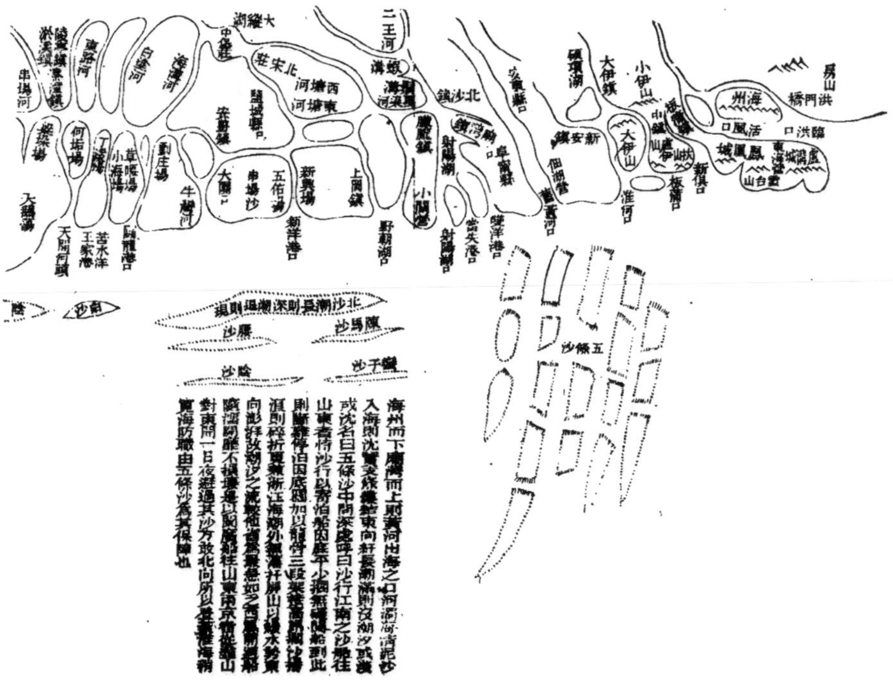
北沙潮長則深潮退則現
陳馬沙
廖沙
鐵子沙
陰沙
五條沙

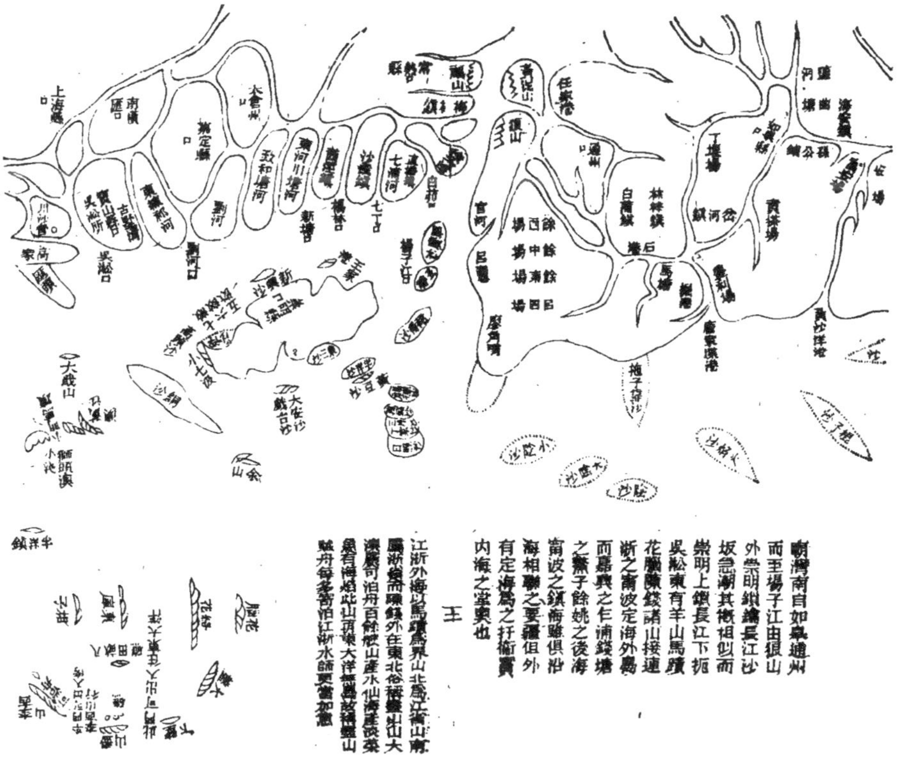

啲灣南自如皋通州
而至揚子江由狼山
外崇明鎖鑰長江沙
坂急潮其險相似而
崇明上鎮長江下扼
吳淞東有羊山馬蹟
花腦陳錢諸山接連
浙之甯波定海外島
而嘉興之乍浦錢塘
之鱉子餘姚之後海
甯波之鎮海雖俱沿
海相聯之要疆但外
有定海爲之扞衞實
內海之堂奧也
江浙外海以馬蹟爲界山北屬江衞山南
屬浙衞而陳錢外在東北俗稱盡山山大
澳廣可泊舟百餘艘山產水仙海產淡菜
泉有海蜒此山頭東大洋無島故賊艘盤山
賊舟每多寄泊江浙水師更當加意

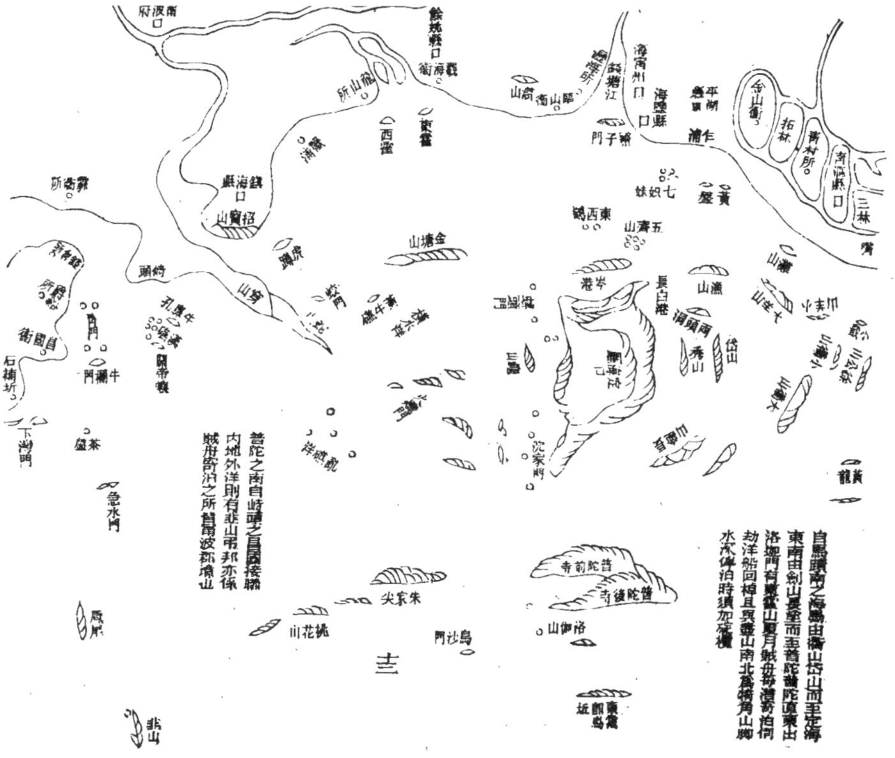

自馬蹟南之海島由衢山岱山而至定海
東南由劍山長塗而至普陀普陀直東出
洛迦門有東霍山夏月賊舟每潛寄泊伺
劫洋船回棹且與衢山南北爲犄角山腳
水深停泊時須加碇纜
普陀之南自崎頭之昌國接勝
內地外洋則有韭山甬邦亦係
賊舟寄泊之所皆甯波郡境也

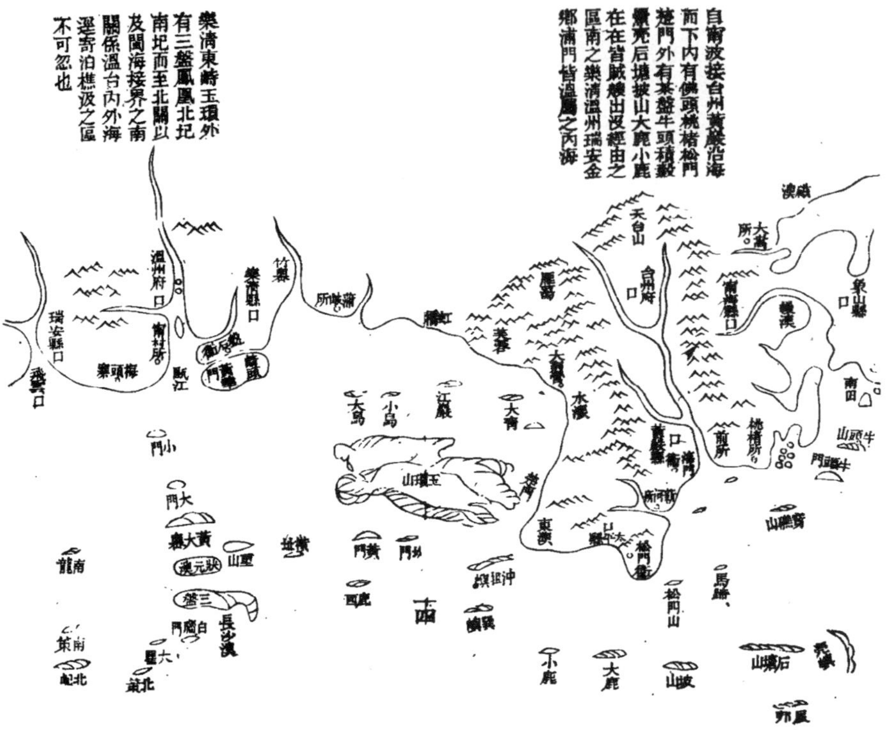
自甯波接台州黄巖沿海
而下内有僞頭桃楮松門
楚門外有茶盤牛頭積穀
覆亮后壋披山大鹿小鹿
在在皆賊艘出沒經由之
區南之樂清温州瑞安金
鄉滿門皆温屬之内海
樂清東嶠玉環外
有三盤鳳凰北圮
南圮而至北關以
及閩海接界之南
關係温台内外海
逕寄泊樵汲之區
不可忽也

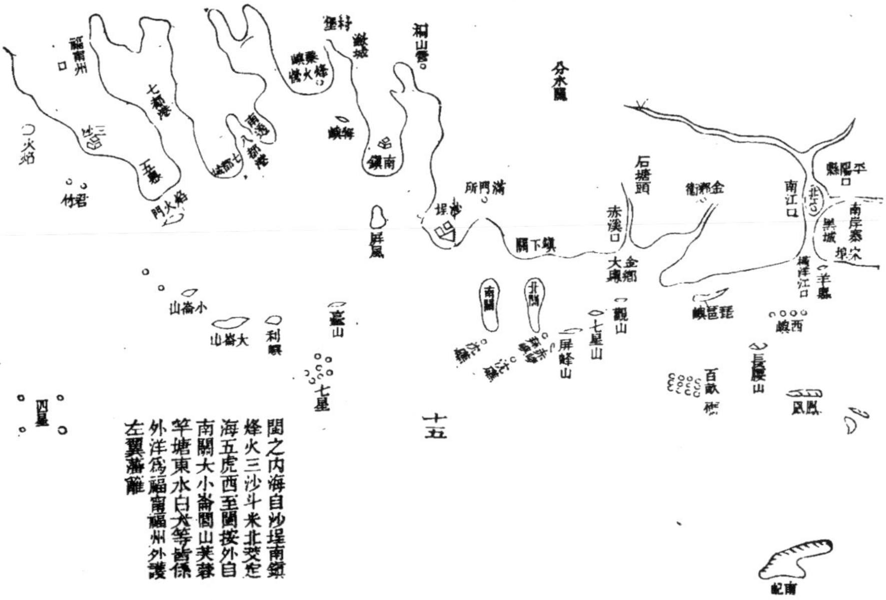
閩之内海自沙埕南鎮
烽火三沙斗米北茭定
海五虎西至閩按外自
南關大小崙閩山芙蓉
竿塘東水白犬等皆係
外洋爲福甯福州外護
左翼藩籬

十五

南岸長樂之梅花鎮東萬安爲右臂外自磁澳而至羊嶼中隔石牌洋外環海壇大島閩安雖閩省水口咽喉海境是爲閩省右翼扼要

六

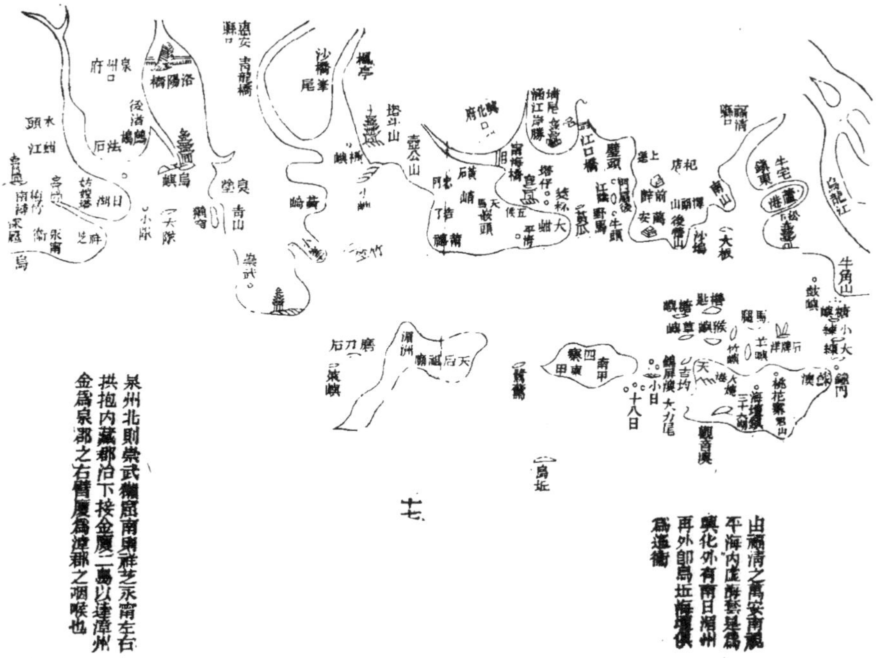

泉州北則崇武獺窟南則祥芝永甯左右拱抱内藏郡治下接金廈二島以達漳州金爲泉郡之右臂廈爲漳郡之咽喉也

七

由福清之萬安南視平海内庭湄洲是爲興化外有南日湄州再外即烏坵海壇俱爲連衛

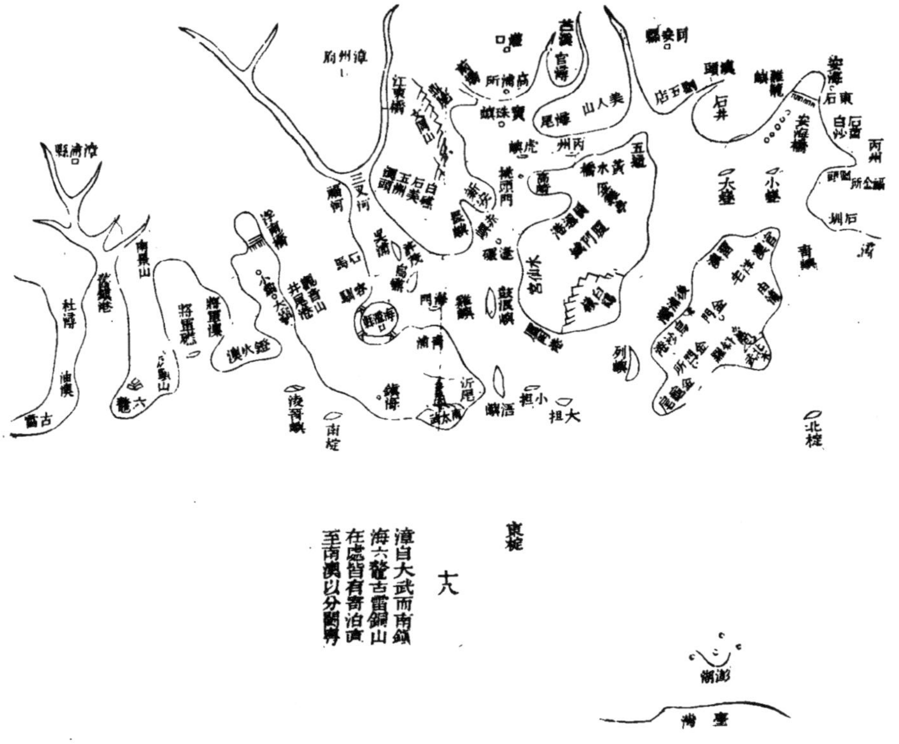
漳州府
漳自大武而南鎮海六鼇古雷銅山在處皆有寄泊而至南澳以分閩粵
澎湖
臺灣

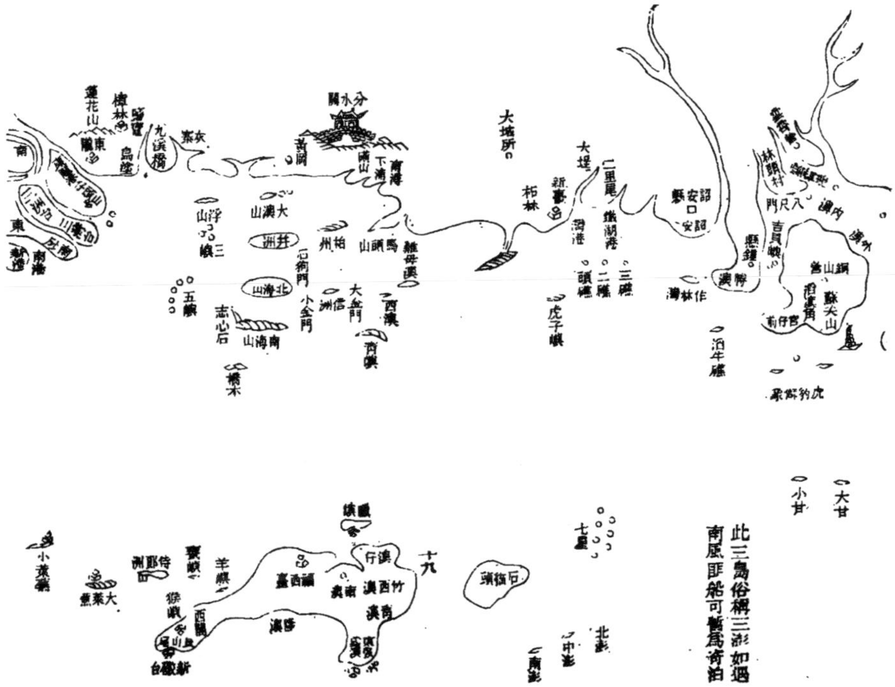
分水關
大甘
小甘
此三島俗稱三澎如遇南風匪船可暫爲寄泊

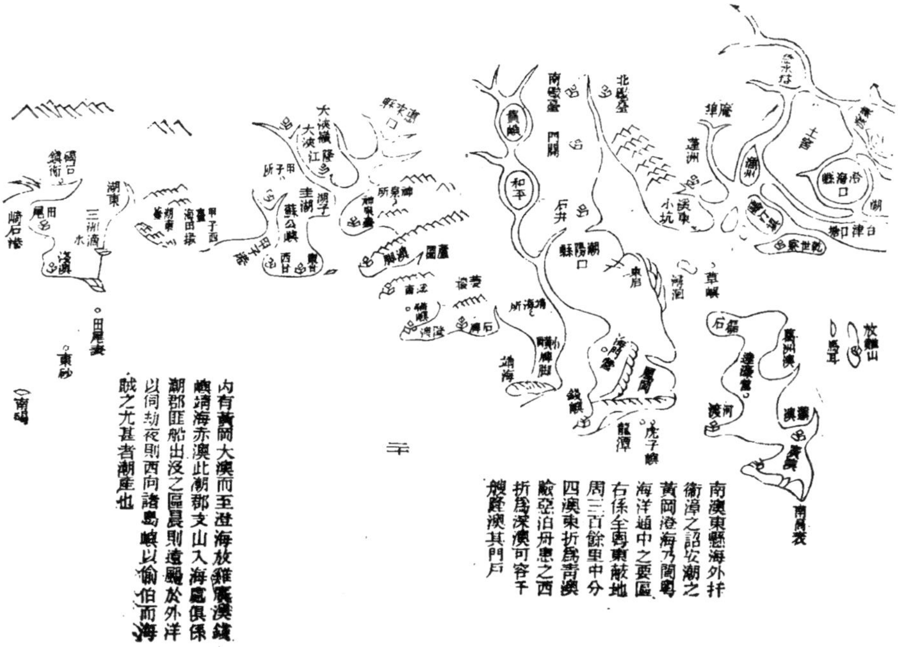
南澳東懸海外扞衛漳之詔安潮之黄岡澄海乃閩粤海洋適中之要區右係全粤東藩地周三百餘里中分四澳東折爲青澳險亞泊舟患之西折爲深澳可容千艘隆澳其門戶
内有黄岡大澳而至澄海放雞廣澳錢嶼靖海赤澳此潮郡支山入海處俱係潮郡匪船出沒之區晨則遠颺於外洋以伺劫夜則西向諸島嶼以偷泊而海賊之尤甚者潮産也

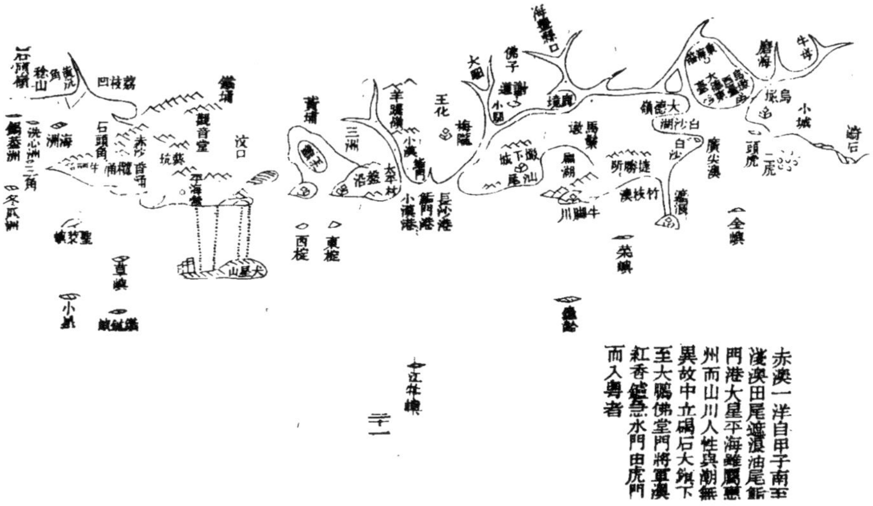
赤澳一洋自甲子南至遮浪田尾遮浪油尾新門港大星平海雖屬惠州而山川人性與潮無異故中立碣石大鎮下至大鵬佛堂門將軍澳紅香爐急水門由虎門而入粤者

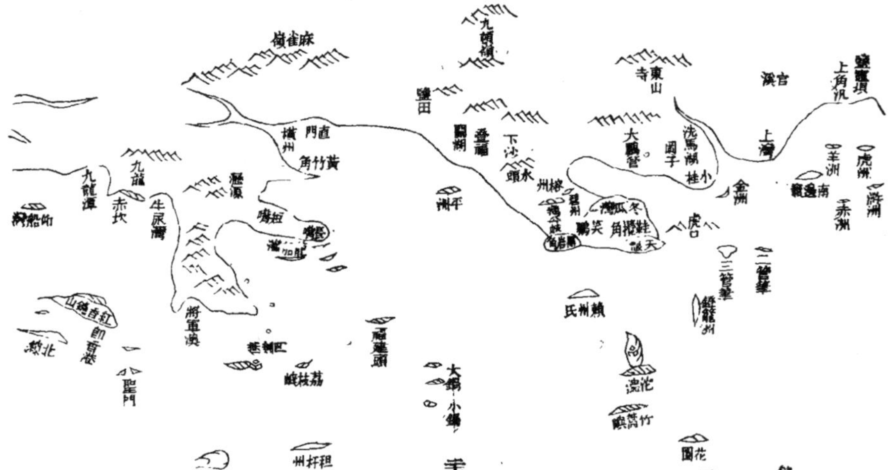

外自小星筆管沱濘福建頭大小鍋山佮竹山旗纛嶼九洲洋而至老萬島嶼不可勝數處處均可樵採在在可以灣泊粵之賊艘不但贈船海船可以伺劫內河漿船櫓船漁船皆可出海臺聚剽掠粵海之藏垢納汙者莫甚於此

廣省左扞虎門右抱香山而香山雖外護順德新會實省會之要地不但外海捕盜內河緝賊港汊四通奸匪出沒且共域澳門外防番船與虎門爲犄角不可泛視也

三四

外洋十字門而至老萬此洋艘番舶來往經山之標準下楂崖門三竈大小金烏豬上川下川蠍船澳馬鞍山此緊關廣海陽江雙魚之外護也

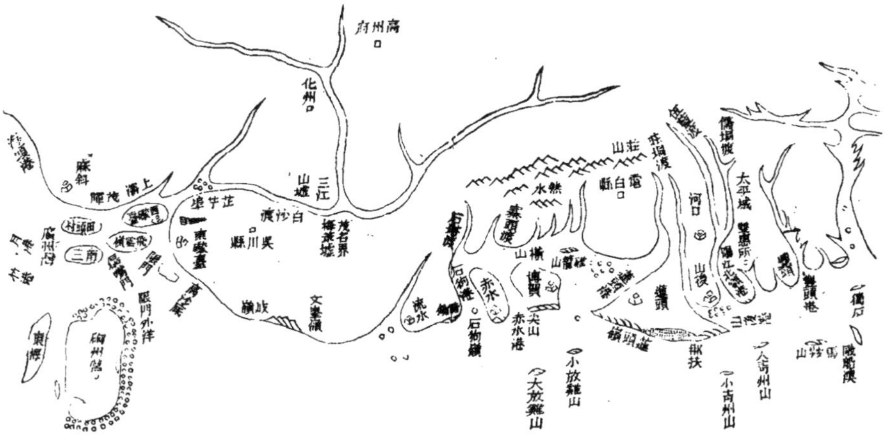

三五

高郡之電白外有大小放雞吳川外有硇州下鄰雷州之白鴿錦囊而至海安自放雞而南至於海安中縣硇州暗礁暗沙難以悉載非深諳洋徑者莫敢內行而高郡海彊實藉諸沙礁之庇

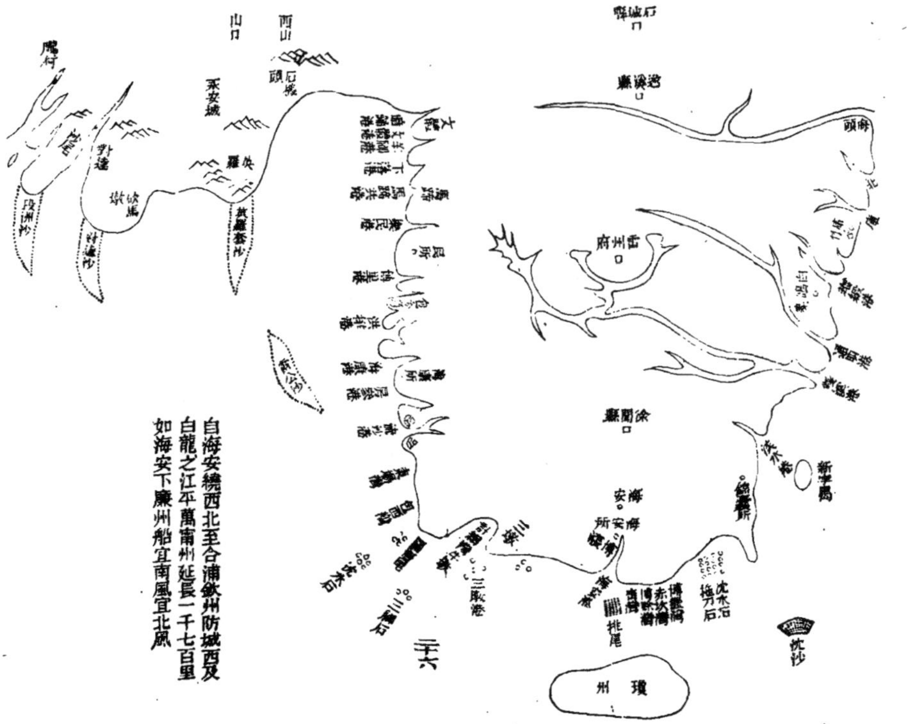

自海安繞西北至合浦欽州防城西及白龍之江平萬甯州延長一千七百里如海安下廉州船宜南風宜北風

三十六

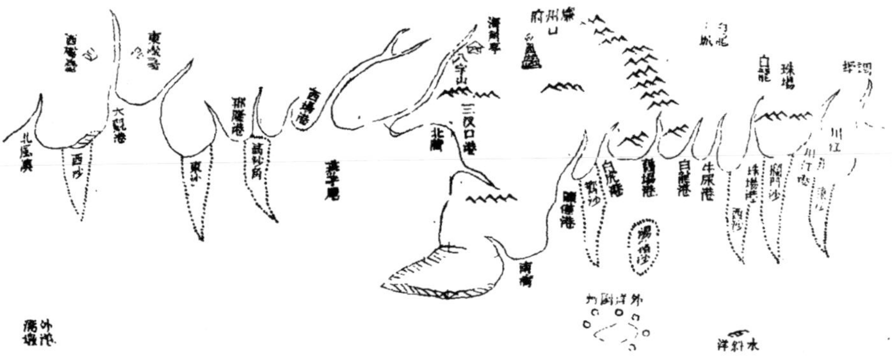

自廉之冠頭嶺而東白龍調埠川江永安山口烏兔處處沈沙難悉名載

三十七

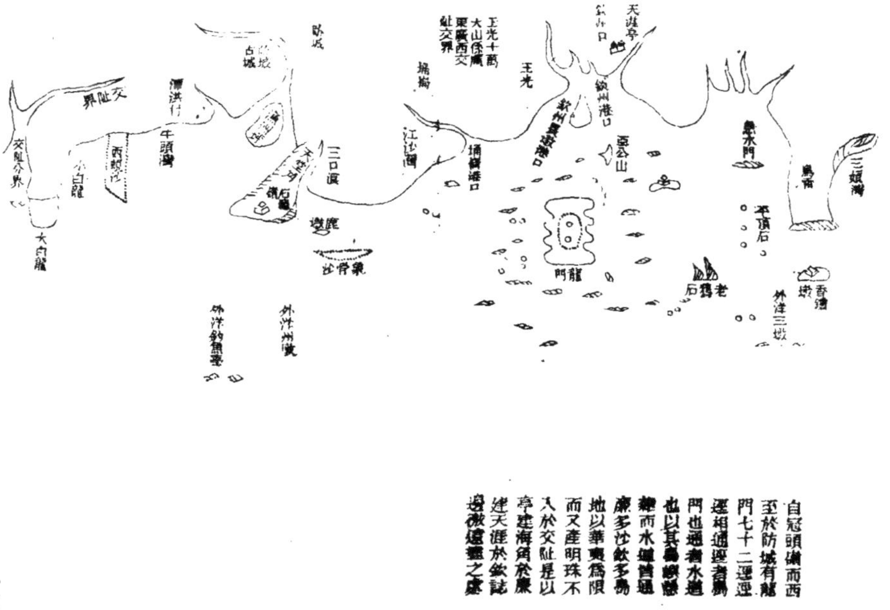

澎湖之東水程四更抵臺郡鹿耳門進口又一更至郡城其境坐東南面西北延袤一千五十二里（乾隆甲午年丈量得實）與閩之福興泉漳四郡對照（分註各港口下）西面一片沃野沿海至山最濶處不逾百里建一郡四縣在籍居民雖曰五方雜處實閩粵人為多（土產風俗載諸志乘）郡治南抱七崑身至安平鎮大港隔港沙洲接鹿耳門再隔港之大線頭沙洲而至隙仔海翁線皆西護府治全臺地脈發軔於福之鼓山自五虎門山蜿蜒入大洋中為竿塘（又名關潼）白畎二山穿海至臺之雞籠山起脈磅礴千餘里南至沙馬崎為盡境（相傳地脈自此又穿海直通呂宋）有府治西之木岡山為郡少祖通郡山勢皆西向內地（諸山本無正名皆從番語譯出）民與熟番為界熟番與生番為界如橫穿山徑由生番境抵東面沿海約四五百里內崇山壘箐蜂窠蟻穴野番類聚即熟番亦畏之而熟番內亦係種類不一語言不同獷悍不易馴也港之可巨艘出入惟鹿耳門與雞籠上淡水等港如鳳境之赤山打鼓等港亦通大舟但內海難容多艘其餘內路之蟯港北路之鹽水八掌港笨港海豐港鹿仔港大甲西二林三林中港竹塹蓬山凡十二處僅平底之澎船四五百石之三板頭船堪以進出如雞籠山為度琉球日本之規路南沙馬崎為渡呂宋小南洋等標準誠扞禦內地沿海要疆也

大海洪波只分順逆惟廈至臺隔岸七百里號曰橫洋廈自大嶝或浯嶼放洋水深碧或翠色如靛初渡紅水溝色

稍紅赤尙不甚險次渡黑水溝色如墨自北流南又稍窪下廣約百里湍流腥穢有紅黑間道者異蛇及兩頭蛇繞船游泳風則驚濤鼎沸險冠諸海此更進爲淺藍色入鹿耳門水色黃白如河水矣渡臺用巽巳針東南風爲順望見澎之西嶼頭貓嶼花嶼可進若計程應至澎而諸嶼不見定失向矣急收原處候風自澎至鹿耳門以北極爲準夜無星定巽巳偶偏子午則流入大洋

又福建閩安鎭與臺之淡水城東西相望計水程只七八更若由淡水放舟半日程卽望見竿塘山自竿塘趨定海岸行大海中五六十里卽五虎門兩山對峙勢甚雄險乃閩省門戶門外風力蕩舟入門靜綠淵渟再進爲亭頭再

十里卽閩安鎭

至洋面雖分一日一夜爲十更焚香作度每更約六十里但洋面風潮順逆有遲疾其法以木片於船首投入海人從船首速行至船尾其木片正與人行齊到更數准若人至船尾木片未至爲不上更而遲或木片先人至則爲過更而疾矣

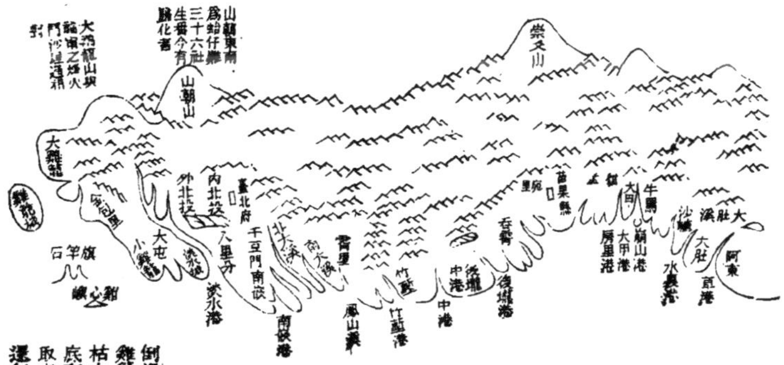

倒洛溝產金土番間有擒至雞籠淡水易布者但其地山枯水冷巉巖峻峭返流處水底有金沙土番採金入水底取之如小豆不服水土者生還無幾

臺灣後山圖

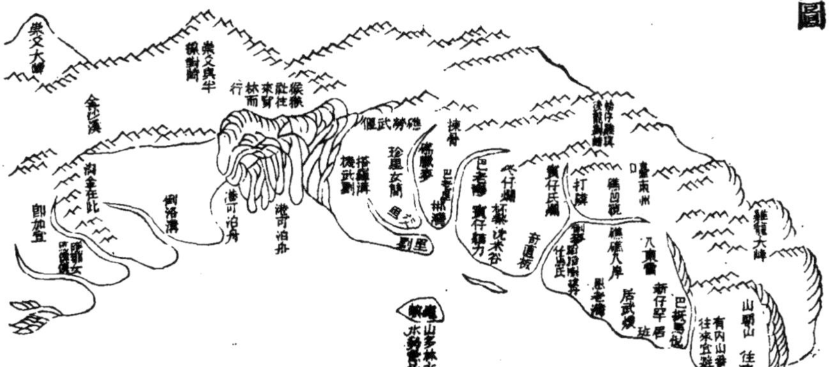

厦門自大嶝放洋過紅水黑水溝望見澎之西嶼頭貓嶼花嶼均可收泊洋程七更如內海則八罩媽宮北港遇北風亦可泊舟若南風不但有山嶼皆可寄碇倘風平浪靜卽黑溝白洋均可暫寄以俟潮流向南之大嶼花嶼貓嶼北風不可寄泊其澎之水師以媽宮前爲內海北面大北山南面八罩嶼東之陰陽東吉西之外塹大池角等均屬外海洋帆遇南風宜巡緝花貓大嶼諸島恐有匪船停寄形勢則內港可容千艘外港不容方舟四圍島嶼有五十餘大者三十六島離澎總不逾百里水程周遭三百餘里洋大而山低水急而流迴北之吉貝沈礁一線直生東北一日未了內皆暗礁礧石布滿僅存一港蜿蜒非熟習深諳者不能棹進如東去臺灣由東吉洋四更至鹿耳門

澎湖圖

瓊州屹立海中從雷郡之徐聞縣海安所度脈南崖州東萬州西儋州北瓊州與海安隔洋面一百二十里沿海諸州縣環繞熟黎又環繞生黎而生黎環繞五指山七指山五指西向七指南向其通府境周圍陸路一千五百三十里府城中路直穿黎境至崖州五百五十里萬州東路直穿黎心至儋州三百九十里自海口之東路沿海惟文昌之潭門港又名青瀾港樂會之新潭那樂港萬州之東澳陵水之黎蛋港崖州之榆林港與西路沿海惟澄邁之馬裊港儋州之洋鋪港昌化之新潮港感恩之北黎港可以挽泊民船現僅青瀾榆林洋鋪三處水深可泊輪船其餘港汊雖多不能寄泊而沿　沈沙行舟實爲艱險內山生

黎嵐瘴殊甚吾人可往熟黎而不可往生黎生黎可往熟黎而不可到吾地熟黎夾介其間以水土上習宜故也此亦海外大地惜乎田疇不廣歲仰需於高雷非若臺灣沃野千里之比惟產沈楠諸香等於廣南甲於諸番耳

瓊州圖

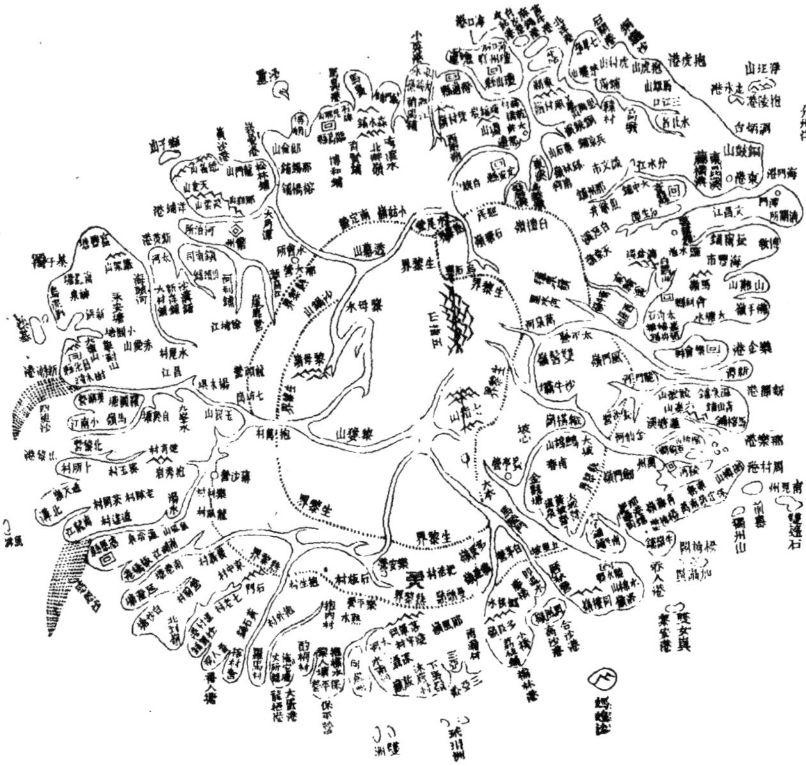

跋

道光咸豐以來　朝廷以如天之量涵冒遠人許各國通商以息兵禍紓民力既中外如一聲教所可暨者舟車民物往來交遺於是豪達識時者流綜其緐賾著爲媕學號曰洋務侔之者衆則機詐騖利之徒往往依傅於其閒致其事見訾於賢士大夫而經濟之學又隱然有門戶矣臣竊有慨焉以爲事局之變時會啟之人心之聰明才智亦將日新而無窮惟士大夫以根柢之學出而究習庶務舉其要領洞而明之俾　國家有幹濟之才否則賢能者既以爲不足道樂道者又非其人日逞其伺便乘利之謀而莫能燭其情僞得失之所在前事之僨鮮不繇此然則洋務者固今日之所急而所以講求洋務者則惟恃賢士大夫有以盡其實事而收其實效焉爾臣奉　命視學來粵且三載權藩司臣王之春以所輯　國朝柔遠記十八卷坿編二卷見示臣受而讀之蓋記　國朝以來中外交涉之事既詳且盡而坿編諸作於各島之地理形勢以及情志之向倍藝事之得失物力之盈縮尤能曏乎言之殆臣所謂賢士大夫盡其實事者乎且其所言如此而平日之經濟勛烈固足副之當丙戌丁亥閒越南之事既定法蘭西請勘其界　天子命使赴之時方官高廉兵備道法人於欽防以西諸地嘖有歧辭之春堅持舊址据證明碻詰折夷使不少叚借使臣賴之其事以蕆曩歲案試廉

欽彼都人士尚由由樂道之頌其能不置此固其經濟之
一耑而臣所謂盡實事而收實效者又灼然有明驗矣不
禁三復斯編竊願世之賢士大夫汲汲焉求當世之先務
勿使愚不肖者起而承其乏則於著書者之意殆有當也
光緒庚寅二月臣樊恭煦跋於西江舟次

柔遠全書六種（國初成案一至道咸成案二）

〔清〕謝家福輯

《柔遠全書六種》，清謝家福輯。家福（一八四七—一八九六）字綏之，號望炊，吴縣（今江蘇蘇州）人。同治間諸生，總辦蘇州電報分局。此書分《國初成案》二卷、《道咸成案》十卷、《和約彙編》六卷首一卷附一卷、《善後雜鈔》十卷、《中外紀事本末》十一卷、《備録》一卷，起順治元年（一六四四），終光緒七年（一八八一），輯録歷朝與海外諸國交涉之檔案。《國初成案》爲順治迄嘉慶五朝訓諭奏議，《道咸成案》爲道光、咸豐兩朝官書及私家言，《和約彙編》即各國條約暨文牘，《善後雜鈔》爲和議以來公私奏議。取材豐贍，有條不紊，足資考證。據上海圖書館藏稿本影印。

國初成案一

柔遠全書一

柔遠全書

國初成案全卷

洋事奏表　英國

道咸成案卷一

上諭　道光十六年至道光二十年

道咸成案卷二

○鴉片例禁變通摺　許乃濟

○籌議嚴禁鴉片摺　林則徐

○銀昂宜禁鴉片片　林則徐

○粵省鴉片紋銀外洋片　林則徐

○鴉片流毒[illegible]摺

○收繳煙土摺　鄧廷楨　林則徐等

○夷人繳土請定刑律片　林則徐

○銷繳煙土摺　林則徐等

○銷繳煙土完竣摺　林則徐等

道咸成案卷三

○英夷抗不交凶摺　林則徐等

○九龍洋面轟擊英船摺　林則徐等

覆奏英夷兵船摺　延[illegible]

○請嚴塞漏卮以固國本摺　黃爵滋

○遵旨查覆吸煙販煙懲辦摺　林則徐

○奉報抵粵摺　林則徐

○會奏查勘銷化煙土摺　林則徐等

○煙土一律收清摺　林則徐等

○查奏虎門排椿砲台摺　林則徐

○嚴禁越窩洋船片　林則徐

[illegible]具摺　林則徐等　林則徐等

○[illegible]門摺　林則徐

○驅逐英船出洋摺　又

○穿鼻尖沙嘴疊擊英船摺	林則徐等
呈吉宮布英夷畢收摺	又
封關禁海條議摺	又
英夷續來兵船摺	又
道光成案卷四	
定海失守摺	烏爾恭額
查探定海夷情摺	林則徐等
○英夷反復停止貿易摺	又
燒毀匪船擊夷擒拘摺	又
焚剿匪船擒獲漢奸摺	又
英夷兵船情形片	又
英夷兵船續至剿堵摺	林則徐等
閩洋攻石二隻擊退一隻摺	又

柔遠全書總目

草莽臣吳縣謝家福恭輯

國初成案二卷

我　朝開國以來　聖　聖相承二百數十年　怙冒深恩罔間內外既普　德澤共識尊親即今聘盟各國其初固列朝貢之班罔敢陨越譯洋務者慎毋恥目前而忘厥初輯順治迄嘉慶五朝

訓諭奏議諸有關於脩德來遠之經者為國初成案第一

道咸成案　卷

泰西勃興中外隔閡安攘之機我謀未豫拯民水火
遽起兵戎豈始謀之不臧抑奸回之誤國和而復戰
戰而復和二十年中幾若舉碁不知不能和必不能
戰不能戰必不能和撫馭攻守息息有權衡寓乎其
間輯道光咸豐兩朝官書及私家言爲道咸成案第
二
和約彙鈔　卷
議款而後條約爲重約所已許豈可苟違約所未許
豈可苟從屈彼則亂屈已則病乃履交涉之地而昧
條約之原者抑何多也得毋頭緒繁多體例隱約乎

時不加探討臨事無所依据乎輯各國條約暨文牘之麗於約章足以執券從事相説以解者爲和約彙鈔第三

善後雜鈔　卷

大病之後亟宜調攝顧用藥有寒熱温凉之異治標培本之殊醫家割股之心一也通商而後忽忽卅年朝野獻替累牘盈編王道霸術宜古宜今愚鄙不能知亦不敢知也凡有濟於國家謂宜兼收並蓄擇而取之有執政在輯議和以來公私奏議爲善後雜鈔第四

中外紀事本末　卷

中朝父母外夷子孫自古迄今斷無不慈之父母豈無不孝之子孫甚或愈慈而愈不孝愈不孝而愈慈甘旨罔顧財產頻分縱雖必驕疾之必亂所由飲恨吞聲長此終古且不忍見子孫之子孫循環報復也抗顏犯上罪案昭昭輯中外紀事本末第五

右五種都　卷編既成序以所以作者之意附列於目時值

大行慈安皇太后鸞馭賓天悲感欲絕無意人間故輯錄者終於光緒七年辛巳三月云　謝家福識

柔遠全書卷一　國初成案之一

吳縣謝家福荅輯

順治元年十一月庚戌朝鮮國王李倧奉

上諭朕戡定中原誕登大位人民愛戴率土蒙休故特渙

綸音大赦天下爾朝鮮國攄誠效順歷有歲年恪共藩

服宜沛隆恩特遣爾世子李溰歸國所有一切罪犯盡

行赦除其永不敘用官李敬遇李明翰李敬式閔性慧

四人爾世子欲求任用姑如請准從此外諸員仍不准

敘用自十月初一日以後諸罪概不准援赦至每年進

貢方物皆出於民其額進紵布四百疋蘇木二百斤茶

一千包俱着蠲免再各色棉綢二千疋着減一千疋各
色細布一萬疋着減五千疋布一千四百疋着減四百
疋粗布七千疋着減二千疋順刀二十把着減十把餘
俱如舊其元旦冬至萬壽慶賀禮物念道途遥遠俱着
於慶賀元旦時一併附進欽此謹按該國封貢不絶歷被恩綸不及盡載
順治四年六月丙子琉球安南呂宋國王同奉
敕諭朕撫定中原視天下為一家念爾　自古以來世
世臣事中國遣使朝貢業有往例今故遣人敕諭爾國
若能順天循理可將故明所給封誥印綬遣使賚送来
京朕亦照舊封錫欽哉故敕

順治十一年七月戊子奉

旨遣兵科副理事官張學禮行人王垓封琉球國世子子

尚質為中山王欽此謹按該國封貢不絕歷被恩綸不及盡載

順治十三年閏五月癸丑土魯番國貢馬三百二十

四匹奉

旨賞減賚西馬四匹蒙古馬十匹嗣後進貢馬匹應照此例

其別項貢物仍令遵照會典欽此

順治　年

敕教化王曰使臣遠来朕已加禮優待至於西洋寓居中

國之人朕以萬物一體爲懷時教其謹飭安静果能慎

守法度行止無愆朕自推恩撫卹兹以使臣歸國特頒

斯敕

順治十三年八月

敕諭荷蘭國王曰爾國僻在西陲海洋險遠歷代以来聲
教不及乃能緬懷德化效慕尊親擇爾貢使赴闕来朝
虔修職貢地逾萬里懷忠抱義朕甚嘉之用是優加錫
賚以報孚忱至所請朝貢出入貿易有無雖灌輸貨貝
利益商民但念道里悠長風波險阻舟車跋涉閱歷星
霜勞勩可憫若貢期頻數猥煩多人朕皆不忍着八年
一次来朝所攜貨物在館貿易不得於廣東海上私行

移十七年後

貨賫爾其體朕懷保之仁恪恭藩服慎乃常職祇承寵

命特此敕諭　按東華錄六月戊子入貢

順治十八年四月癸卯奉

敕諭安南國王黎維祺曰朕惟修德來遠盛代之宏謨納

欵歸仁人臣之正誼既輸誠而向化用錫命以宣恩褒

忠勸良典甚重也爾安南國王黎維祺僻處炎荒保有

厥衆乃能被服聲教特先遣使來歸循尋覽表文忱悃

具見古稱識時俊傑王庶幾有之朕心深為嘉尚用錫

敕獎諭仍賚爾差官叙仁根銀幣衣服等物遣安南館

通事序班一員伴送至廣西境上並敕廣西巡撫沿途

撥發兵馬導之出疆昭朕嘉與懷柔之意爾受茲寵命其益勵忠勤永作屏藩恪修職貢丕承無斁欽哉特諭

謹按該國封貢不絕歷被恩綸不及盡載

順治十七年五月丁巳先是鄂羅斯國察漢汗於順治十二年遣使請安貢方物不具表文因其始行貢禮賚而遣之並賜敕命每歲入貢後於十三年又有使至雖具表文但行其國禮立而授表不跪拜於是部議來使不諳朝禮不宜令朝見卻其貢物遣之還後閱歲察罕汗復遣使齎表進貢途經三載至是始至表內稱一千一百六十五年又有稱大汗下諸王大臣議僉謂宜逐其使卻其貢物奉

旨外邦從化宜加含容以示懷柔鄂羅斯遠處西陲未霑

教化乃能遣使奉表而來亦見慕義之忱來使著該部

與宴賁物察收察罕汗及其使量加恩賞但不必遣使
報書爾衙門可即以表文矜誇不遜不令陛見之故諭
其使而遣之欽此

康熙二年三月壬辰以荷蘭國遣出海王統領兵船
至福建閩安鎮助勦海逆又遣其戶部官老磨軍
士丹鎮總兵官巴連衛林等入貢刀劍名馬奉
旨各賜銀幣
康熙三年閏六月癸亥以二年冬助剿海逆奉
旨頒賜荷蘭國王叚疋銀兩
康熙四年二月壬申暹羅國王森列拍臘照古龍拍
臘馬嘑陸坤司由提呼呀菩埃遣使入貢奉
旨賜賚按該國封貢不絕歷被恩綸不及盡載
康熙七年三月丁卯奉

上諭凡外國之人除進貢方物外將貨物在邊界處所貿易有無定例着兵部詳察具奏欽此

康熙九年六月甲寅西洋國王阿豐肅遣使瑪訥撒爾達聶等入貢金剛石飾金劍金珀書箱珊瑚樹琥珀珠伽南香哆羅絨象牙犀角蘇合香丁香金銀花露花幔花氊大玻璃鏡等物奉

旨西洋國地居極遠初次進貢着從優賞賚欽此按即義大利亞

康熙十二年六月辛丑奉蘇勒檀汗遣使兀魯和奈入貢奉

旨吐魯番國途遠進貢殊難以後止着進貢馬匹玉石其餘各物免進以示朕軫念遠人之意欽此

康熙十五年五月丙戌鄂羅斯察漢汗遣其臣尼果
賴罕伯理爾鄂維策貢方物奏稱鄂羅使僻處遠
方從古未通中國不識中國文義不諳奏疏儀式
今特向化輸誠願通貢使奉
旨鄂羅斯國所處甚遠誠心向化特遣其臣貢獻方物甚
屬可嘉所奏之處議政王大臣等議奏欽此
七月議政王大臣等覆奏鄂羅斯察漢汗向化入貢
應行賞賚使臣不嫺典禮不便給與敕書應令理
藩院諭来使云爾主欲通和好應將本朝逋逃根
忒木爾遣還另簡使臣遵中國禮行方許照常貿

易奉
旨賜鄂羅斯察漢汗使臣等鞍馬袍服等物欽此
康熙十七年八月西洋國王阿豐素遣使本多白壘
拉貢獅子奉
旨賞賚又奉
上諭產獅之西洋國極遠即彼處亦難得之得則進貢中
國今西洋國進貢之獅朕心以爲無甚奇處但念彼自
極遠處進奉嘉其誠心不便發回所以收養耳朕不好
奇物也

康熙二十二年九月理藩院尚書阿穆瑚瑯奉

上諭朕統一寰區無分中外凡爾民人咸吾赤子惻然憐憫皆欲使各安其居各安其業鄂羅斯國羅刹等無端犯我索倫邊疆擾害虞人肆行搶掠屢匿根特木圖等逃人過惡日甚朕不忍即遣大兵勦滅屢行曉諭令其自釋過愆速歸本地送還隱匿逃人前次所差使臣尼過來亦經曉諭但羅刹尚執迷不悟反遣部下人於飛牙喀奇勒兒等處肆行焚殺又誘索倫打虎兒鄂羅春之打貂人額提兒克等二十人入室盡行焚死此曹雖經曉諭藐不畏法因特遣將軍統兵駐守黑龍江呼馬

兒等處不許羅刹仍前恣意妄行遇即擒殺頃者羅刹諸人經過黑龍江地方遇我將卒降其三十餘人奏至朕體好生之德未戮一人皆加豢養使各得其所今雅克薩尼布潮羅刹等若改前過將根特木圖等逃人送來急回本地兩相安於無事於彼為益不淺倘猶執迷不悟留我邊疆彼時必致天討難免誅罰如路遠難歸傾心投誠者朕亦納之必加恩恤使各得其所爾衙門即遵旨明白具文曉諭彼有何言令其回奏欽此

康熙二十五年七月議政王大臣等奉

上諭向者羅刹侵犯雅克薩潮尼布潮諸地戕我居民邊境

騷然曾諭鄂羅斯察漢汗來使尼果來等撤回其衆自
後竟不覆奏反在在侵犯肆行擾害意尼果來未達前
旨於察漢汗復令被擒羅剎持書從喀爾喀地宣諭之
亦不覆奏因遣發官兵往雅克薩招撫羅剎不戮一人
令其頭目額禮克謝等持書歸去羅剎聞我師言旋復
回雅克薩築城以居朕思本朝頻行宣諭曾未一答而
雅克薩羅剎又死守不去或尼布潮諸地隔阻前書未
達或雅克薩羅剎皆彼有罪之徒不便歸國俱未可知
今聞荷蘭國貢使稱伊國與鄂羅斯接壤語言亦通其
以屢諭情節備悉作書用兵部印付荷蘭國使臣轉發

移下七月之後

鄂羅斯察漢汗處收回雅克薩尼布潮羅刹於何處分立疆界各毋得逾越則兩界人民均得寧居不失永相和好之意察漢汗覆奏時令其使由陸路直來若陸路難通即以疏來付荷蘭國代奏再以此作書發西洋國轉達之欽此

九月議政王大臣等奉

上諭鄂羅斯國察漢汗以禮通好馳使請解雅克薩之圍朕本無屠城之意欲從寬釋其令薩布素等撤回雅克薩之兵收集一所於近戰艦處立營并曉諭城内羅刹聽其出入毋得妄行擾奪俟鄂羅斯後使至定議欽此

康熙二十五年七月丙申禮部題荷蘭國王奏請定
進貢限期五年一次又貢船准由福建進路奉
旨依議欽此
七月戊申
敕諭荷蘭國王朕惟柔遠能邇盛代之嘉謨修職獻琛藩
臣之大節輸忱匪懈寵賚宜頒爾荷蘭國王耀漢連
甘勃氏屬在遐方克抒丹悃遣使賫表納貢忠藎之忱
良可嘉尚特降敕獎諭并賜王文綺白金等物王其祇
受益勵忠貞以副朕眷欽哉

康熙三十二年十月丁酉鄂羅斯察漢汗遣使進貢奉
上諭鄂羅斯國人材頗健但其性偏執論理亦多膠滯從
古未通中國其國距京師甚遠然從陸路可直達彼處
自嘉峪關行十一二日至哈密自哈密行十二三日至
吐魯番吐魯番有五種部落過吐魯番即鄂羅斯之境
聞其國遼闊有二萬餘里漢時張騫曾出使西域或即
彼處地方明永樂曾經出塞彼時以為甚遠按其所至
之地離此亦不過千餘里史書所載霍去病曾出塞五
千里想或有之今塞外尚有碑記可考至外藩朝貢雖
屬盛事然傳至後世未必不因此反生事端總之中國

安寧則外釁不作故當以培養元氣為根本要務耳

康熙三十七年四月壬戌大學士等奉

上諭聞廣東海關收稅人員搜檢商船貨物概行徵稅以致商船稀少關稅缺額且海船亦有自外國來者如此瑣屑甚覺非體著減額稅銀三萬二百八十五兩著為

令欽此

康熙三十九年十月　日奉

上諭英圭黎船隻遭風飄來可憫着該地方官善加撫䘏酌量資助給足衣食乘時發回本國以副朕柔遠之意欽此按英圭黎即英吉利

七月乙卯奉大學士等進呈鄂羅斯奏本奉

上諭鄂羅斯地方遙遠僻處西北海隅然甚誠敬噶爾丹窘迫求救於彼曾拒而不答曩者遣人分畫疆界即獻尼布潮地以東為界尼布潮等處原係布拉咸吳梁海諸部落之地彼皆林居以捕貂為業人稱為樹中人後鄂羅斯強盛遂併吞之已五六十年矣即此允當軫念

（遵服請救畫疆獻地出自忠誠）

也

康熙四十四年十一月壬申大學士等以鄂羅斯貿易來使原文譯呈奉

上諭此乃拉提諾託多烏祖克鄂羅斯三種文也外國之文有三十六字母者亦有三十字五十字母者朕交喇嘛詳考視之其來源與中國同但不分平聲上聲去聲而尚有入聲其兩字合音甚明中國平上去入四韻極精兩字合音不甚緊要是以學之者少漸至棄之問翰林官四聲無不知者問兩字合音則不能知中國所有之字外國亦有之特不全耳此後翰林院宜學習外國文字

康熙五十二年二月甲寅大學士等奉

上諭朕昨問投誠海賊陳尚義伊等出洋行刼遇西洋船隻懼其火器不敢偪近惟遇東洋商船則掠取其銀米亦不盡取以此商船仍往來不絶也中國與西洋地方俱在赤道北四十度内海洋行船中國人多論更次西洋人多論度數自彼國南行八十度至大狼山始復北行入廣東界常六閱月在海中不見一山又自西洋至中國有陸路可通因隔鄂羅斯諸國行人不便故皆從水路而行鄂羅斯距京師約萬二千里西洋及土兒虎特地方皆與鄂羅斯接界鄂羅斯倚土兒虎特馬匹土

兒虎特用鄂爾（羅）斯皮張往年鄂羅斯與雪西洋戰土兒虎特助鄂羅斯大敗雪西洋又回子溫都斯坦布海兒夜兒根等處產棉製甲四十層可敵浙江棉八十層曾以鳥鎗試驗知之又過哈密六百里有吐魯番地方去雪山百餘里其人晝伏至夜始出耕種其地甚熱而多石若日出時耕種輒熱死又哈薩克即古陽關其人性好鬬常結隊以殺擄為事人心亦齊若婦女被人擄去其擄去之婦女必乘閒手刃其人而回此地亦熱草極肥盛馬皆汗血所產蘋果葡萄梨等物皆大而美又西北回子種類極多皆元太祖後裔又有一支在小西洋

約十餘萬人皆住帳房惟北極下爲最寒往時曾有人
築室而居明年人往視之其人已無復存者但見林間
雪深數丈而已昔人云北海有積冰數百丈向以爲荒
誕以此觀之信不誣也總之西北地方極大其風土亦
各不同朕曾詳悉訪問是以周知也

康熙五十五年十月辛亥大學士等奉

上諭朕訪聞海外有呂宋噶喇吧兩處地方噶喇吧乃紅
毛國泊船之所呂宋乃西洋泊船之所彼處藏匿盜賊
甚多內地之民希圖獲利往往放船帶米載去並賣船
而回甚至有留在彼處之人不可不豫爲措置也

十月壬子大學士九卿等奉

上諭天下事未有不由小而大小者猶不可忽大者益宜留心爾等在衙門或能辦理事務或以清白自持亦止爲身計耳其關繫封疆大事未必深思遠慮也即如海防乃今日之要務朕時加訪問故具知原委地方督撫提鎮亦或未能盡悉也朕南巡過蘇州時見船廠問及咸云每年造船出海貿易者多至千餘回來者不過十之五六其餘悉賣在海外齎銀而歸官造海船十隻尚須數萬金民間造船何如許之多且有人條奏海船龍骨必用鐵梨笏木此種不產於外國惟廣東有之故商

人射利偷賣即加查詢俱捏稱遭風打壞此中情弊速宜禁絶海外有呂宋噶喇吧等處常有漢人自明代以來有之此即海賊之藪也官兵出哨或遇賊船四五隻兵船止一二隻勢不能敵舵工又不奮力向前將領亦無可如何不過尾追而已何能勦滅耶張伯行曾奏浙江之米多出海販賣斯言未可盡信然不可不爲豫防出海貿易海路或七八更遠或二十更所帶之米適用而止不應令其多帶再東洋可使貿易若南洋商船不可令往第當如紅毛等船聽其自來耳且出南洋必從海壇經過此處截留不放豈能飛渡乎又沿海礮臺足

資防守明代即有之應令各地方設立往年由福建運米廣東所雇民船三四百隻每隻約用三四十人通計及數千人聚集海上不可不加意防範臺灣之人時與呂宋地方人互相往來亦須豫為措置凡福建廣東及江南浙江等沿海地方之人在京師者爾等可加細詢朕令廣州將軍管源忠閩浙總督滿保兩廣總督楊琳來京陛見亦欲以此面諭之海外如西洋等國千百年後中國恐受其累此朕逆料之言又漢人心不齊如滿洲蒙古數千萬人皆一心朕臨御多年每以漢人為難治以其不能一心之故國家承平日久務須安不忘

危爾等俟管源忠等到後京會同詳議具奏欽此

康熙五十六年正月庚辰兵部會同管源忠滿保楊

琳議復海禁奏

旨依議欽此

四月戊戌兵部議覆廣東碣石鎮總兵陳昂請禁洋

教奏

旨依議欽此

康熙五十七年二月丁亥兵部議覆兩廣總督楊琳

奏請防備洋船奏

旨依議欽此

雍正二年十二月壬戌禮部議覆浙閩總督覺羅滿
保奏請將西洋人安插澳門奉
旨西洋人乃外國之人各省居住年久今該督奏請搬移
恐地方之人忘行擾累着行文各省督撫伊等搬移時
或給與半年數月之限令其搬移其來京與安插澳門
者委官沿途照看送京毋使勞苦欽此

雍正三年十月癸酉

敕諭西洋教化王伯納弟哆覽王奏並進貢方物具見悃
誠我
聖祖仁皇帝怙冒萬方無遠弗屆
龍馭升遐中外臣民悲思永慕朕纘承大統勉思紹述
前徽教化王地處極遠特遣使臣齎章陳奏感
先帝之垂恩祝朕躬之衍慶周詳懇至詞意虔恭披閱之
餘朕心嘉慰使臣遠來朕已加禮優待至於西洋寓居
中國之人朕以萬物一體為懷時時教以謹飭安靜果
能慎守法度行止無愆朕自推愛撫卹茲因使臣歸國

特頒斯敕並賜糚緞錦緞大緞六十疋次緞四十疋王
其領受悉朕惓惓之意

雍正四年十月　日内閣奉

上諭蘇祿國遠在海外隔越重洋從來未通職貢今輸忱
向化甚屬可嘉閩省起送來京之時着沿途地方官護
送照看應用夫馬食物着從厚支給以示朕嘉惠遠人
之至意欽此

雍正四年六月丙寅西洋意達里亞國教化王伯納
地方哆奏援釋放德里格例將畢天祥等釋放奉
敕諭德里格於康熙五十九年內因傳信不實又忘行陳
奏我
聖祖仁皇帝念係海外之人從寬禁錮及朕接位後頒降
恩詔凡情罪可原者悉與赦免開以自新德里格克所犯
與赦款相符故得省釋彼時廣東大吏未曾以畢天祥
計有綱之案入大赦冊內具題上聞今據王奏請朕查
二人所犯非在不宥之條即王不行陳奏朕亦必寬出
施恩今特降旨與廣東大吏將畢天祥計有綱釋放以

示朕中外一體寬大矜全之至意欽此

雍正五年四月初八日

諭內閣九卿等曰今日為佛誕之期恰遇西洋國使臣上表稱賀兩事適然相值故於在廷諸臣奏事之暇偶將朕意宣諭爾等知之向来僧道家極口詆毀西洋教而西洋人又極詆佛老之非彼此互相訕謗指為異端此等識見皆以同乎已者為正道而以異乎已者為異端非聖人之所謂異端也孔子曰攻乎異端斯害也已孔子豈以異乎已者概斥之為異端乎凡中國外國所設之教用之不以其正而為世道人心之害者皆異端也如西洋人崇尚天主夫天以陰陽五行化生萬物故曰萬物本

乎天此即主宰也自古以来有不知敬天之人乎有不敬天之教乎如西洋之敬天有何異乎若云天轉世化人身以救度世人似此荒誕之詞乃借天之名蠱惑狂愚率從其教耳此即西洋之異端也朕意西洋立教之初其人為本國所敬信或者尊之如天倘謂立教之人居然自稱為天主此理之所必無也釋氏原以清淨無為為本以明心見性為功所以自修自全之道善莫於此若云必昧君臣之義忘父子之親棄置倫常同歸寂滅更有妄談禍福煽惑凡庸藉口空門潛藏奸宄此佛教中之異端也儒者守先王之道讀聖賢之書凡厥庶

民奉爲坊表。倘或以詩書爲弋取功名之具，視科目爲廣通聲氣之途，又或逞其流言邪說以動人之聽聞，工爲艷詞淫曲以蕩人之心志，此則儒中之異端也。即如巫醫二者，雖聖人之所不棄，然亦近於異端。而巫以祀神祇，醫以療疾病，皆不得不用者。至村巫誘人爲非，庸醫傷人之命，此即巫醫中之異端也。安可因其異端有害於人而不用藥乎？不獨此也，即一器一物，皆以備用，乃位置不得其宜，或破損失其本體，便成異端矣。子疾病，子路請禱，子曰：某之禱久矣。蓋子路之禱，異端也；夫子之禱，正道也。同一事，而其中之是非邪正分焉。是者

正者即為正道非者邪者即為異端故所論只在是非邪正之間而不在人已異同之迹也凡天下中外設教之意未有不以忠君孝親奬善懲惡戒殺戒滛明已性端人品為本務者其所創設之人自然非尋常凡夫俗子必有可取方能令人久久奉行也至末學後人敷衍支離而生種種無理悖謬之説遂成異端矣與其教有何涉乎中國有中國之教西洋有西洋之教彼西洋之教不必行於中國亦如中國之教豈能行於西洋如蘇努之子烏爾陳等愚昧不法之輩背祖宗違朝廷甘蹈刑戮而不恤豈不怪乎西洋天主化身之説尤為誕幻

天主既司令於冥冥之中又何必託體於人世若云奉天主之教者即為天主後身則服尭之服誦尭之言者皆尭之後身乎此則悖理謬妄之甚者也西洋人精於歷法國家用之且其國王慕義攄誠虔修職貢數十年来海洋寧謐其善亦不可泯蒙古之人尊信佛教惟言是從故欲約束蒙古則喇嘛之教亦不輕棄而不知者輙妄生疑議乃淺近狭小之見也總之天下之人存心不公見理不明每以同乎已者為是以異乎已者為非遂致互相譏誹幾同讎敵不知人之品類不齊習尚亦不一不能强之使異亦不能强之使同且各有所長各

有所短惟存其長而棄其短知其短而不昧所長則彼
此可以相安人人得遂其用方得聖帝賢王明通公溥
之道而成太和之宇宙矣

雍正五年六月

上諭蘇祿國隔越重洋未通職貢今該國王輸誠向化遣
使遠來進貢方物奏辭懇切具見悃忱其有應行議奏
之處著大學士九卿詳議以聞欽此

勅諭蘇祿國王毋漢末毋拉律林曰朕惟職貢虔修爲臣
輸忠之大義寵施宏普大國柔遠之常經越重海以瞻
雲識嚮風之有素宜加賚予以勵藎誠爾蘇祿國王毋
漢末毋拉律林屬在遐陬克抒丹悃敬恭遣使梯航不
隔於滄溟懇切陳詞琛贄並將其方物慕義之忱良可
嘉尚是用降勅奬諭並賜王文綺器皿等物王其祇受

益矢恪恭副朕眷懷至王所請貢期念爾國遠在重洋往來迢遞酌俟五年之外一修貢獻之儀若王有所敷陳則隨時上達故茲敕諭

六月丁未内閣奉

上諭昔年曾奉

聖祖仁皇帝諭旨海外噶喇吧乃紅毛國泊船之所吕宋乃西洋泊船之所彼處藏匿盜賊甚多内地之民希圖獲利往往留在彼處不可不預為措置隨經廷臣與閩廣總督議令内地之人留在外洋者准附洋船帶回内地奉

旨准行在案此乃

聖祖仁皇帝綏靖海疆且不忍令內地之民轉徙異地實

仁育義正之盛心也但數年以來附洋船而歸回者甚少

朕思此輩多係不安本分之人若聽其去來任意不論

年月之久遠伊等並無顧忌輕去其鄉而飄流外國者

愈眾矣嗣後應定限期若逾限不回是其人甘心流移

外方無可憫惜朕意不許令其復回內地如此則貿易

欲歸之速不敢稽遲在外矣將此交與高其倬楊文乾

常賚悉心酌議並如何限定年月之處一併詳議具奏

欽此

上諭康熙五十六年定例之時隨據福建等省奏報回籍
者幾及二千餘人皆（是出洋之）已陸續人皆已陸續返棹而存留
彼地者皆安心異域及五十六年以後違禁私越者也
方今洋禁新開禁約不可不嚴以免內地人民貪冒飄
流之漸其從前逗留外洋之人不准回籍餘依議欽此
十月丁亥奉
旨鄂羅斯既欲將伊等馬匹牲畜牧放邊外着照所請行
即派司官一員前去稽查盜賊禁止鬬毆並曉諭鄂羅
斯郎喀爾等留住之人必須揀選善能管轄者為首使
約束爾等之人毋令生事再行文與就近居住之總管

等着各屬下人加意約束防禁盜賊鄂羅斯係外藩小
國如伊等馬匹牲畜被人偷竊遺失查係何處地方即
着該地方總管等查緝交付若不能查獲着該地方總
管等照數賠償欽此按原奏邊外係張家口外

雍正七年八月　　日內閣奉

上諭呂宋被風夷船既已開往廣東佛山着廣東督撫查照給與口糧加意撫䘏聽其候風回國嗣後凡有外國船隻遭風飄入內地者俱着該地方官查明緣由悉心照料動支公項給與口糧修補船隻俾得安全回其本國以副朕恩䘏遠人之至意欽此

雍正九年九月　　日理藩院奉

上諭邊疆地方報稱鄂羅斯之郎喀前來鄂羅斯近來甚屬恭順伊等貨物至楚庫拜星處即行申報而邊疆地方遲延致使伊等久候時值隆冬其盤費馬畜未免困

苦朕特施恩着理藩院派官一員於戶部庫內領銀一
萬兩前往賞給以為途中買換馬畜之費欽此
雍正七年九月甲午雲貴廣西督鄂爾泰奏南掌國
玉島孫貢象二隻蒲編金字表
文一道奉
旨南掌國遠在西南徼外從來未通職貢今輸誠向化甚
屬可嘉滇省起送來京之時着沿途地方護送照看應用
夫馬食物着從厚支給以示朕加惠遠人之至意欽此

乾隆元年十二月　　日奉

上諭朕聞外洋紅毛夾板船到廣時泊於黃埔地方起其所帶礮位然後交易俟交易事竣再行給還至輸稅之法每船按梁頭徵銀二千兩左右再照則抽其貨物之稅此向來之例也乃近來夷人所帶礮位聽其安放船中而於額稅之外將伊所攜置貨現銀另抽加一之稅名曰繳送亦與舊例不符朕思從前洋船到廣既有起礮之例此時仍當遵行何得改易至於加添繳送銀兩尤非朕加惠遠人之意着該督查照舊例按數裁減並將朕旨宣諭各夷人知之欽此

乾隆五年九月　日奉

上諭蘇祿國隔越重洋道路遥遠該國王傾心向化奏請

朝貢並將失風商船送回内地甚屬可嘉着准其所請

俟使臣來時地方官加意照看以副朕柔遠之意欽此

乾隆十七年九月　　日奉

上諭尚書舒赫德奏據欽天監監正劉松齡稟稱有西洋博爾都噶里雅國遣使臣巴哲格來請安進貢等語已照雍正七年之例派內務府郎中官柱同該監監正劉松齡馳驛前往接取可傳諭該督阿里袞俟官柱等到粵時其該國使臣可酌量款以筵宴所有沿途一切供應並着量從豐厚以示懷遠之意欽此

乾隆四十一年十一月二十四日奉

上諭刑部奏駁李質穎咨稱革監倪宏文賒欠英吉利國夷商嗡等貨銀萬餘兩無還問擬杖責未協議將倪宏文改擬杖流監追一案已依議行並明降諭旨將李侍堯申飭李質穎交部察議令將倪宏文查產變抵仍勒限一年監追再照部議發遣如該犯限滿不完即令該省督撫司道及承辦此案之府州縣官於養廉內照數攤出并傳朕旨賞給該夷商收領歸國以示體恤矣此等夷商估舶冒越重洋本因覓利而至自應與之公平交易使其捆載而歸方得中華大體若遇內地奸民設

局賒騙致令貨本兩虧尤當如法訊究乃李質穎僅將該犯擬以薄懲而欠項則聽其自行清結所謂有斷無追竟令外洋孤客負屈無伸豈封疆大臣懲惡綏遐之道幸而刑部奏駁朕始得知其詳為之更正若部臣亦依樣葫蘆照覆其錯謬尚可問乎中國撫馭遠人全在秉公持正令其感而生畏方合政經若平時視之如草芥任聽地棍欺淩而有事鳴官又復袒護民人不為清理彼既不能赴京控訴徒令蓄怨於心歸而傳語島夷豈不輕視督撫鄙而笑之且或慮粵商好惡至呼籲仍復成空將來皆裹足不前洋船稀至又復成何事體且

朕此番處置非祗為此事蓋有深慮漢唐宋明之末季多昧於柔遠之經當其弱而不振則忽而虐侮之及其强而有事則又畏懼而調停之姑息因循卒致釀成大釁而不可救宋之敗明之亡皆坐此病更不可不引為殷鑒也方今國家全盛諸屬國震懾威靈自不敢稍生異志然思患預防不可不早杜其漸英吉利夷商一事該督撫以為錢債細故輕心掉之而不知其關係甚大所謂涓涓不息將成江河者也朕統御中外一視同仁如內札薩克諸藩恭順誠服其輩行本小朕加撫若兒孫每至必歡欣踴躍與舊滿洲蒙古之執役無異而新

附之準夷回部年班來者朕亦必聯之以情待之以禮
厚其餼賚而遣之衆亦莫不懷德戴恩幾與內札薩克
相等皆內外臣工所共知者即如伊犁與哈薩克易馬
一節辦理亦須妥善或哈薩克所驅至者本不皆善馬
原不妨如法擇而取之若既是可用之馬即當按其所
值與之市易始能經久無弊設或所給緞疋輕薄暗減
其價致所得不償所售哈薩克貿易已非一日皆能悉
其底裏口即不言而心豈能允服即違立法通市之本
意其流弊且無所底止朕每以此廑懷該伊犁將軍不
可不寔力妥辦以裕永遠之規若聽其日趨日下而不

知返朕一有所聞惟該將軍是問恐不能任其咎也又如朝鮮安南琉球日本南掌及東洋西洋諸國凡沿邊沿海等省分夷商貿易之事皆所常有各該將軍督撫等並當體朕此意寔心籌辦遇有交涉詞訟之事斷不可狗民人以抑外夷卽苗疆番境諸省亦當推廣此意妥行若仍視為具文再有此等事件一經發覺或經朕訪聞及為言官糾劾必將該將軍督撫重治其罪不能似此案之僅予議處也將軍督撫皆朕委任之人惟當善體朕意毋怠毋違自可寓久安長治之計卽我世世子孫敬體朕訓守而勿失億萬年無疆之慶詎不在是

耶此旨著傳諭各將軍督撫一體遵錄並著入于交代
令各後任永遠遵行勿稍玩忽並另錄一分交上書房
俾皆恪循罔懈欽此

頒給英吉利國王敕諭

皇帝敕諭英吉利國王知悉咨爾國王遠在重洋傾心向化特遣使恭賫表章航海来廷叩祝萬壽並備進方物用將忱悃朕披閱表文詞意肫懇具見爾國王恭順之誠深為嘉許所有賫到表貢之正副使臣念其奉使遠涉推恩加禮已令大臣帶其瞻覲錫予筵宴叠加賞賚用示懷柔其已回珠山之管船官役人等六百餘名雖未来京朕亦優加賞賜俾得普沾恩惠一視同仁至爾國王表內懇請派一爾國之人住居天朝照管爾國買賣一節此與天朝體制不合斷不可行向来西洋各國有願来天朝當差

之人原准其来京但既来之後即遵用天朝服色安置堂
内永遠不准復回本國此係天朝定制想爾國王亦所知
悉今爾國王欲求派一爾國之人住居京城既不能若来
京當差之西洋人在京居住不歸本國又不可聽其往來
常通信息實為無益之事且天朝所管地方至為廣遠凡
外藩使臣到四京譯館供給行止出入俱有一定體制從無
聽其自便之例今爾國若留人在京言語不通衣服殊制
無地可以安置若必似来京當差之西洋人令其一例改
易服飾天朝亦從不肯強人以所難設天朝欲差人常住
爾國亦豈爾國所能遵行況西洋諸國甚多非止爾一國

若俱似爾國王懇請派人留京豈能一一聽許是此事斷難行豈能因爾國王一人之請以致更張天朝百餘年法度若云爾國王為照料買賣起見則爾國人在澳門貿易非止一日原無不加恩視即如從前博爾都噶爾亞意達里等國屢次遣使來朝亦曾以照料貿易為請天朝鑒其悃忱優加體䘏凡遇該國等貿易之事無不照料周備前次廣東商人吳昭平有拖欠洋船價值銀兩者俱飭令該管總督由官庫内先行動支帑項代為清還並將拖欠商人重治其罪想此事爾國亦聞知矣爾國又何必派人留京為此越例斷不可行之請況留人在京距澳門貿易處

所幾及萬里伊亦何能照料耶若云仰慕天朝欲其觀習教化則天朝自有天朝禮法與爾國各不相同爾國所留之人即能習學爾國自有風俗制度亦斷不能效法中國即學會亦屬無用天朝撫有四海惟勵精圖治辦理政務奇珍異寶並不貴重爾國王此次賫進各物念其誠心遠獻特諭該管衙門收納其實天朝德威遠被萬國來王種種貴重之物梯航畢集無所不有爾之正使等所親見然從不貴奇巧並無更需爾國製辦物件是爾國王所請派人留京一事於天朝體制既屬不合而於爾國亦殊屬無益特此詳晰開示遣令貢使等安程回國爾國王惟當善

體朕意益勵欵誠永矢恭順以保乂爾有邦共享太平之
福除正副使臣以下各官及通事兵役人等正賞加賞各
物件另單賞給外茲因爾國使臣歸國特頒敕諭並錫賚
爾國王文綺珍物具如常儀加賜綵緞羅綺文玩器具諸
珍另有清單王其祗受悉朕眷懷特此敕諭
皇帝敕諭英吉利國王知悉爾國王遠慕聲教向化維殷
遣使恭賫表貢航海祝釐朕鑒爾國王恭順之誠令大臣
帶領使臣等瞻覲錫之筵宴賚予駢蕃業已頒給敕諭賜
爾國王文綺珍玩用示懷柔昨據爾使臣以爾國貿易之
事禀請大臣等轉奏皆係更張定制不便准行向来西洋

各國及爾國夷商赴天朝貿易悉於嶴門互市歷久相沿
已非一日天朝物產豐盈無所不有原不藉外夷貨物以
通有無特因天朝所產茶葉磁器絲觔為西洋各國及爾
國必需之物是以加恩體卹在澳門開設洋行俾得日用
有資並沾餘潤今爾國使臣於定例之外多有陳乞大乖
仰體天朝加惠遠人撫育四夷之道且天朝統馭萬國一
視同仁即廣東貿易者亦不僅爾英吉利一國若俱紛紛
效尤以難行之事妄行干瀆豈能曲徇所請念爾國僻居
荒遠間隔重瀛於天朝體制原未諳悉是以命大臣等向
爾使臣詳加開導遣令回國恐爾使臣等回國後禀達未

能明晰復將所請各條繕敕逐一曉諭想能領悉據爾使
臣稱爾國貨船將来或到浙江寧波珠山及天津廣東地
方收泊交易一節向来西洋各國前赴天朝地方貿易俱
在澳門設有洋行收發各貨由来已久爾國亦一律遵行
多年並無異語其浙江寧波直隸天津等海口均未設有
洋行爾國船隻到彼亦無從銷賣貨物況該處並無通事
不能諳曉爾國言語諸多未便除廣東澳門地方仍准照
舊交易外所有爾使臣懇請向浙江寧波珠山及直隸天
津地方泊船貿易之處皆不可行又據爾使臣稱爾國買
賣人要在天朝京城另立一行收貯貨物發賣倣照俄羅

斯之例一節更斷不可行京城為萬方拱極之區體制森嚴法令整肅從無外藩人等在京城開設貨行之事爾國向在澳門交易亦因澳門與海口較近且係西洋各國聚會之處往来便益若於京城設行發貨爾國在京城西北地方相距遼遠運送貨物亦甚不便從前俄羅斯人在京城設館貿易因未立恰克圖以前不過暫行給屋居住嗣因設立恰克圖以後俄羅斯在該處交易買賣即不准在京城居住亦已數十年現在俄羅斯在恰克圖邊界交易即與爾國在澳門交易相似爾國現有澳門洋行發賣貨物何必又欲在京城另立一行天朝疆界嚴明從不許外

藩人等稍有越境攙雜是爾欲在京城立行之事必不可行又據爾使臣稱欲求相近珠山地方小海島一處商人到彼即在該處停歇以便收存貨物一節爾國欲在珠山海島地方居住原為發賣貨物而起今珠山地方既無洋行又無通事爾國船隻已不在彼停泊爾國要此海島地方亦屬無用天朝尺土皆歸版籍疆址森然即島嶼沙洲亦必畫界分疆各有專屬況外夷向化天朝交易貨物者亦不僅爾英吉利一國若別國紛紛效尤懇請賞給地方居住買賣之人豈能各應所求且天朝亦無此體制此事尤不便准行又據稱撥給附近廣東省城小地方一處居

住爾國夷商或准令澳門居住之人出入自便一節向来西洋各國夷商居住澳門貿易畫定住址地界不得逾越尺寸其赴洋行發貨夷商亦不得擅入省城原以杜民夷之爭論立中外之大防今欲於附近省城地方另撥一處已非西洋夷商歷来在澳門定例況西洋各國在廣東貿易多年獲利豐厚来者日衆豈能一一撥給地方分住耶至於夷商等出入往来悉由地方官督率洋行商人隨時稽察若竟毫無限制恐內地民人與爾國商人間有爭論轉非體恤之意核其事理自應仍照定例在澳門居住方為妥善又據稱英吉利夷商自廣東下澳門由內河行走

貨物或不上稅或少上稅一節夷商貿易往来納稅皆有定則西洋各國均屬相同此時自不能因爾國船隻較多征收稍有溢額亦不便將爾國上稅之例獨為減少惟應照例公平抽收與別國一體辦理嗣後爾國夷商販貨赴澳門仍當隨時照料用示體卹又據稱爾國船隻請照例上稅一節粵海關征收船料向有定例今既未便於他處海口設立交易自應仍在粵海關按例納稅毋庸另行曉諭至於爾國所奉之天主教原係西洋各國向奉之教天朝自開闢以来聖帝明王垂教創法四方億兆率由有素不敢惑於異說即在京當差之西洋人等居住在堂亦不

准與中國人民交結妄行傳教尤屬不可以上所諭各條原因爾使臣之妄説爾國王或未能深悉天朝體制並非有意妄干朕於入貢諸邦誠心向化者無不加之體卹用示懷柔如有懇求之事若於體制無妨無不曲從所請況爾國王僻處重洋輸誠納貢朕之錫予優加倍於他國今爾使臣所懇各條不但於天朝法制攸關即為爾國代謀亦俱無益難行之事茲再明白曉諭爾國王當仰體朕心永遠遵奉共享太平之福若經此次詳諭後爾國王或誤聽爾臣下之言任從夷商將貨船駛至浙江天津地方欲求上岸交易天朝法制森嚴各處守土文武恪遵功令爾

國船隻到彼該處文武必不肯令其停留定當立時驅逐

出洋未免爾國夷商枉勞往返勿謂言之不預也其凜遵

毋忽特此再諭乾隆五十八年頒　謹按使臣名麥

加尼

頒給英吉利國王敕諭　嘉慶二十一年

敕諭英吉利國王知悉爾國遠在重洋輸誠慕化前於乾
隆五十八年　先朝　高宗純皇帝御極時曾遣
使航海來庭維時爾國使恪恭成禮不愆於儀用能仰承
恩寵瞻　覲筵宴　錫賚便蕃本年爾國王復
遣使賫奉表章備進方物朕念爾國王篤於恭順深為愉
悅循考舊典爰飭有司俟爾國使臣至日瞻覲宴賚悉倣
先朝之禮舉行爾使臣始達天津朕飭派官吏在彼
賜宴詎爾使臣於謝宴時即不遵禮節朕以遠國小臣未
嫻儀度可從矜恕特命大臣於爾使臣將次抵京之時告

以乾隆五十八年爾使臣行禮悉跪叩如儀此次豈容臤異爾使臣面告我大臣以臨期遵行跪叩不致愆儀我大臣據以入奏朕乃降旨於七月初七日令爾使臣瞻覲初八日於正大光明殿賜宴頒賞再於同樂園賜食初九日陛辭並於是日賜遊萬壽山十一日在太和門頒賞再赴禮部筵宴十二日遣行其行禮日期儀節我大臣俱以告知爾使臣矣初七日瞻覲之期使臣已至宮門朕將御殿爾正使忽稱急病不能動履朕以正使猝病事或有之因祇令副使入見乃副使二人亦同稱患病其為無禮莫此之甚朕不加深責即日遣令歸國爾使臣既未瞻覲則爾

國王表文亦不便進呈仍由爾使臣賚回但念爾國王數
萬里外奉表納貢爾使臣不能敬恭將事代達悃忱乃爾
使臣之咎爾國王恭順之心朕實鑒之特將貢物内地理
圖畫像山水人像收納嘉爾誠心即同全收並賜爾國王
白玉如意一柄翡翠玉朝珠一盤大荷包兩對小荷包八
箇以示懷柔至爾國距中華遥遠遣使遠涉良非易事且
來使於中國禮儀不能諳習重勞唇舌非所樂聞天朝不
寶遠物凡爾國奇巧之器亦不視為珍器爾國王其輯和
爾人民慎固爾疆土無間遠邇朕實嘉之嗣後無庸遣使
遠來徒煩跋涉但能傾心效順不必歲時來朝始稱向化

也俾爾永遵故茲敕諭

嘉慶二十一年七月　日奉
上諭此次英吉利國貢使到天津時謝筵不遵禮節至通
州已稱叩跪必能如儀迨至御園朕將次陞殿正副使
臣俱託病不能瞻覲是以降旨即日遣回但念該使臣
雖有失禮之愆該國王萬里重洋奉表納貢其意至為
恭順未便絕之已甚轉失字小之意因將該國王貢品
內擇其至輕微者地理圖四張畫像二張銅板印畫九
十五張加恩賞收仍賞給該國王白玉如意一枝翡翠
玉朝珠一盤大荷包二對小荷包八個交該貢使領賫
回國以示厚往薄來之意該貢使等領到賞件極為欣

感赤頗形悔怯現已自通州起行俟到粵後著蔣攸銛等仍照例給予筵宴一次並諭以爾等福分淺薄已至宮門不能瞻仰天顏大皇帝憐念爾國王慕化輸誠仍酌收貢件並賞稱該國王貴重品物爾等應感激天恩迅速回國俾爾國王敬悉恩意其未收貢件均妥為照料上船勿令損失倘曉諭之後該貢使等復將未收貢物懇乞賞收總以業經奉有明旨不敢瀆請正言拒絕欽此

國初成案二

柔遠全書二

柔遠全書卷二　國初成案之二

請誅邪教疏 康熙三年七月二十六日 楊光先

竊惟一家有一家父子一國有一國君臣不父其父而父
而父他人之父是為賊子不君其君而君海外之君是為亂
臣亂臣賊子人人得而誅之況汙辱　君親毀滅　先聖
安可置之不討西洋人湯若望本如德亞國謀反正法賊
首耶穌遺孽明季不奉彼國王朝貢私渡來京邪臣徐光
啟貪其奇巧器物不以海律禁逐反薦於朝假以修歷之
名陰行邪教延至今逆謀漸張令歷官李祖白造天學傳
槩妖書謂東西萬國皆邪教子孫六經四書是邪教之法
語微言非背　本國從他國乎如此妖書罪在不赦主謀

者湯若望求序者利再可作序者許之漸傳用者南敦伯安景明潘進孝許謙又布邪黨於濟南淮安揚州鎮江江寧蘇州常熟上海杭州金華蘭谿福州建寧延平汀州南昌建昌贛州廣州桂林重慶保寧武昌西安太原絳州開封並　京師共三十堂香山嶴盈萬人踞為巢穴接渡海上往來若望借歷法以藏身　金門窺伺　朝廷機密若非內勾外連謀為不軌何故布黨要害之地傳妖書以惑天下人且時憲歷面敢書依西洋新法五字暗竊正朔之權以尊西洋明示天下以　大清奉西洋正朔毀滅我國聖教惟有天教獨尊今僧道香會奉　旨嚴革彼獨敢

抗〻　朝廷每堂每年六十餘會每會收徒二三十人各給
金牌繡袋以為憑驗光先不信乃託血親江廣假投彼教
果給金牌一面繡袋一枚妖書一本會期一張証二十年
來收徒百萬散在天下種種逆謀非一朝夕若不速翦除
實養虎貽患雖　大清之兵强馬壯不足慮一小醜茍至
變作然後剿平生靈已遭塗炭莫若除於未見更免勞師
費財伏讀　大清律謀叛妖書二條正與若望祖白等所
犯相合事關萬古綱常憤無一人請討布衣不惜齏粉效
忠歷代　君親謹將天學傳槩妖書一本邪教圖説三張
金牌一面繡袋一枚會期一張順治十八年黄歷一本並

光先正國體呈稾與許之漸書稾具告　禮部叩懇　題
參依律正法告　禮部正堂施行

闢邪論上

楊光先

聖人之教平實無奇一涉高奇即歸怪異楊墨之所以為異端者以其持理之偏而不軌於中正故為聖賢之所距矧其人其學不敢望楊墨之萬一而怪僻妄誕莫與比倫羣謀不軌以死於法乃妄自以為冒覆宇宙之聖人而欲以其道教化於天下萬國不有所以迸之愚民易惑於邪則遺禍將來定非渺小此主持世道者他日之憂也故不憚繁冗據其說以闢之明萬歷中西洋人利瑪竇與其徒湯若望羅雅谷奉其所謂天主教以來中夏其所事之像名曰耶穌手執一圓象問為何物則曰天問天何以持於

耶穌之手則曰天不能自成其為天如萬有之不能自成其為萬有必有造之者而後成天主為萬有之初有其有無元而為萬有元超形與聲不落見聞乃從實無造成實有不需材料器具時日先造無量數天神無形之體次及造人其造人也必先造天地品彙諸物以為覆載安養之需故先造天造地造飛走鱗介種植等類乃始造人男女各一男名亞當女名厄襪以為人類之初祖天為有始天主為無始有始生於無始故稱天主焉次造天堂以福事天主者之靈魂造地獄以苦不事天主者之靈魂人有罪應入地獄者哀悔於耶穌之前竝祈耶穌之母以轉達於

天主即赦其人之罪靈䰟亦得升於天堂惟諸佛為魔鬼在地獄中永不得出問耶穌為誰曰即天主問天主主宰天地萬物者也何為下生人世曰天主憫亞當造罪禍延世世子孫許躬自降生救贖於五千年中或遣天神下告或託前知之口代傳降生在世事蹟預題其端載之國史降生期至天神報童女瑪利亞胎孕天主瑪利亞怡然允從遂生子名曰耶穌故瑪利亞為天主之母童身尚猶未壞問耶穌生於何代何時曰生於漢哀帝元壽二年庚申噫荒唐怪誕亦至此哉夫天二氣之所結撰而成非有所造而成者也子曰天何言哉四時行焉百物生焉時行而

物生二氣之良能也天設為天主之所造則天亦塊然無知之物矣焉能生萬有哉天主雖神實二氣中之一氣以二氣中之一氣而謂能造生萬有之二氣於理通乎無始之名竊吾儒無極而生太極之説無極生太極言理而不言事苟以事言則六合之外聖人存而不論論則涉於誕矣夫子之不語怪力亂神政為此也而所謂無始者無其始也有無始則必有生無始者之無無始有生無始者之無無始則必又有生無無始者之無無無始遡而上之昌有窮極而無始亦不得名天主矣誤以無始為天主則天主屬無而不得言有眞以耶穌為天主則天主亦人中之

人更不得名天主也設天果有天主則覆載之内四海萬國無一而非天主之所宰制必無獨主如德亞一國之理獨主一國豈得稱天主哉既稱天主則天上地下四海萬國物類甚多皆待天主宰制天主下生二十三年誰代主宰其事天地既無主宰則天亦不運行地亦不長養人亦不生死物亦不蕃茂而萬類不幾息乎天主欲救亞當胡不下生於造天之初乃生於漢之元壽庚申元壽庚申距今　順治己亥纔一千六百六十年而開闢甲子至於今計一千九百三十七萬九千四百九十六年此黄帝太乙所紀之歷元非無根據之説太古洪荒都不具論而天皇

氏有干支之名伏羲紀元癸未則伏羲前已有甲子孔子
删書斷自唐虞而堯紀元甲辰距漢哀庚申二千三百五
十七年若耶穌即是天主則漢哀以前盡是無天之世界
第不知堯之欽若者何事舜之察齊者何物也若天主即
是耶穌孰抱持而納於瑪利亞之腹中男女媾精萬物化
生人之常經也有父有母人子不失之辱有母無父恐不
可以為訓於彼國況可聞之天下萬國乎世間惟禽獸知
母而不知父彼教不知父尊無父之子為聖人實為無夫
之女開一方便法門矣瑪利亞既生耶穌更不當言童身
未壞而孕胎何事豈童女怡然之所允從且童身不童身

誰實驗之禮內言不出公庭不言婦女所以明恥也毋之童身即禽獸不忍出諸口而號為聖人者反忍出諸口而其徒反忍鳴之天下萬國乎耶穌之師弟禽獸之不若矣童身二字本以飾無父之嫌不知欲蓋而彌彰也天堂地獄釋氏以神道設教勸怵愚夫愚婦作善降之百祥作不善降之百殃即現世之天堂地獄而彼教則奉之也升天堂不奉之者墮地獄則天主乃一邀人媚事之小人奚堪主宰天地哉使奉之者皆善人不奉皆惡人猶可言也苟奉者皆善人不奉皆惡人將顛倒善惡而不恤乎釋氏之懺悔即顏子不二過之學未嘗言罪盡消也而彼教則哀

求耶穌母子即赦其罪而升之天堂是奸盜詐僞皆可爲天人而天堂一大逋逃藪矣拾釋氏之唾餘而謂佛墮地獄中永不得出無非滿腔忌嫉如真爲世道計則至大至正如吾夫子正心誠意之學以修齊爲體治平爲用著論自尊奈何闢釋氏之非而自樹妖邪之教也其最不經者未降生前將降生事蹟豫載國史夫史以傳信也安有史而書天神下告未來之事者哉從來妖人之惑衆不有所籍託不足以傾愚民之心如社火狐鳴魚腹天書石人一眼之類而曰史者愚民不識真僞咸曰真天主也非然何國史先載之耶觀盖法氏之見耶穌頻行靈蹟人心翕從

其忌益甚之語則知耶穌之聚衆謀而為不軌矣官忌而
民告發非反而何耶穌知不能免恐城中信從者多盡被
拘執傍晚出城入山園中跪禱被執之後衆加耶穌以僭
王之恥取王者絳色徽衣披之織剛刺為冕以加其首且
重擊之又納杖於耶穌之手比之執權者焉僞為跪拜以
恣戲侮審刑官比辣多計釋之而不可得姑聽衆撻以洩
其恨全體傷剝卒釘死於十字架上觀此則耶穌為謀反
之渠魁事露正法明矣而其徒邪心未革故為三日復生
之説以愚彼國之愚者不謂中夏之人竟不察其事之有
無理之邪正而亦信之皈之其愚抑更甚也夫人心翕從

聚衆之蹟也被人首告機事之敗也知難之至無所逃罪也恐衆被拘多口之供也傍晚出城乘天之黑也入山園中逃形之深也跪禱於天祈神之佑也被以王者之袞冕戲遂其平日之願也僞爲跪拜戲其今日得爲王也衆撻洩恨洩其惑人之恨也釘死十字架上正國法快人心也其徒諱言謀反而謀反之真實無一不自供招於進呈書像說中十字架上之釘死正現世之劍樹地獄而云佛在地獄何所據哉且十字架何物也以中夏之刑具考之實凌遲重犯之木驢子爾皈彼教者令門上堂中俱供十字架是耶穌之弟子無家不供數木驢子矣其可乎天主造

人當造盛德至善之人為人類之初祖猶恐人之不善繼述何造一驕傲為惡之亞當致子孫世世受禍是造人之人貽謀先不臧矣天主下生救之宜興禮樂行仁義以登天下之人於春臺其或庶幾乃不識其大而好行小惠惟以瘳人之疾生人之死履海幻食天堂地獄為事不但不能救其雲礽而身且陷於大戮造天之主如是哉及事敗之後不安義命跪禱於天而妖人之真形不覺畢露夫跪禱禱於天也天上之神孰有尊於天主者哉孰敢受其跪孰敢受其禱以天主而跪禱則必非天主明矣按耶穌之釘死實壬辰歲三月二十二日而云天地人物俱證其為

天主天則望日食既下界大暗地則萬國震動夫天無二日望日食既下界大暗則天下萬國宜無一國不共睹者日有食之春秋必書況望日之食乎考之漢史光武建武八年壬辰四月十五日無日食之異豈非天醜妖人之惡使之自造一謊以自證其謊乎連篇累牘辨駁其非總弗若耶穌跪禱於天則知耶穌之非天主痛快斬截真為照妖神鏡也一語允堪破的而必俟數千言者蓋其刋布之書多竊中夏之語言文字曲文其妖邪之說無非彼教金多不難招致中夏不得志之人而代為之創潤使後人第見其粉飾之諸書不見其原來之邪本茹其華而不知其

實誤落彼雲霧之中而陷身於不義故不得不反復辨論以直擣其中堅世有覩耶穌教書之君子先覽其進呈書像及蒙引日課三書後雖有千經萬論必不屑一寓目矣邪教之妖書妖言君子自能辨之而世有不及知之無狀其有不與同中國者謹舉以告夫天下之學人焉今日之天主堂即當日首善書院也若望乘魏璫之焰奪而有之𢾺

大成至聖先師之木主踐於糞穢之内言之能不令人眦欲裂乎此司馬馮元飈之所以切齒痛心向人涕泣而不共戴天者也讀孔氏書者可毋一動念乎邪說詖行懼其日滋不有聖人何能止息孟子之距楊墨惡其充塞

仁義也天主教豈特充塞仁義哉禹平水土功在萬世先儒謂孟子之功不在禹下以其距楊墨也茲欲距耶穌息邪教正人心塞亂源不能不仰望於　主持世道之聖人韓愈有言人其人火其書廬其居吾於耶穌之教亦然

闢邪論中

聖人學問極功祇一窮理以幾於道不能於理外又穿鑿一理故其言中正平常不為高遠奇特之論學人終世法之終世不能及焉此中庸所以鮮能也小人不恥不仁不畏不義恃其便佞之才不識推原事物之理性情之正惟以辨博為聖瑰異為賢罔恤悖理叛道割裂墳典之文而

支離之譬如猩猩鸚鵡雖能人言實不免其禽獸也利瑪竇欲尊耶穌爲天主首出於萬國聖人之上歷引中夏六經之上帝而斷章以證其爲天主曰天主乃古經書所稱之上帝吾國天主卽華言上帝也蒼蒼之天乃上帝之所役使者或東或西無頭無腹無手無足未可爲尊況於下地乃衆足之所踏踐汙穢之所歸安有可尊之勢是天地皆不足尊矣如斯立論豈非能人言之禽獸哉夫天萬理之大宗也理立而氣具焉氣具而數生焉數生而象形焉天爲有形之理理爲無形之天形極而理見焉此天之所以卽理也天函萬事萬物理亦函萬事萬物故推原太極

者惟言理焉理之外更無所謂即天之外更無所謂天也易之為書言理之書也理氣數象備焉乾之卦乾元亨利貞彖曰大哉乾元萬物資始乃統天夫元者理也資始萬物資理以為氣之始資氣以數為之始資數以為象之始形而理自見焉故曰乃統天程傳乾天也專言之則道也分言之以形體謂之天以主宰謂之帝以功用謂之鬼神以妙用謂之神以性情謂之乾專者體也分者用也言分之用而專之體自在矣天主教之論議行為純乎功用實程子之所謂鬼神何得擅言主宰朱子云乾元是天之性如人之精神豈可謂人自是人精神自是精神觀此則天

不可言自是天帝不可言自是帝也人舉頭見天以上帝稱天非天之上又有一帝也書云欽若昊天惟天降災祥在德與天叙天秩天命天討詩云畏天之威天鑒在茲皆言天也上帝是皇昭事上帝言敬天也予畏上帝不敢不正言不敢逆天也惟皇上帝降衷下民衷者理也言天賦民以理也禮云天子親耕粢盛秬鬯以事上帝言順天時重農事也凡此皆稱上帝以天尊也非天自天而上帝自上帝也讀書者毋以辭害意焉今謂天為上帝之役使不識古先聖人何以稱人君為天子而以役使之賤比之為君之父哉以父人君之天為役使之賤無怪乎令飯其教

者必毀天地君親師之牌位而不供奉也不尊天地以其無頭腹手足踐踏汙穢而賤之也不尊君以其為役使者之子而輕之也不尊親以耶穌之無父也天地君親尚如此又何有於師哉此宣聖木主之所以遭其毀也乾坤俱汨五倫盡廢非天主教之聖人學問斷不至此其誇詡自西徂東諸大邦國咸習守之也吁嘻異乎哉自有天地以來未聞聖人率天下人於無父無君者也諸大邦國茍聞此道則諸大邦國皆禽獸矣而況習守之哉夫不尊天地而尊上帝猶可言也尊耶穌為上帝則不可言也極而至於尊凡民為聖人為上帝猶可言也至尊正法之罪犯為聖

人為上帝則不可言也古有聖人而正法者否上帝而正法吾未之前聞也所謂天主者主宰天地萬物者也主宰天地萬物而不能主宰一身之考終尚云天主耶彼教諸書於耶穌之正法不言其釘死者何事第云救世功畢復昇歸天其於聖人易簀之事亦太草草矣夫吾所謂功者一言而澤被蒼生一事而恩施萬世若稷之播百穀契之明人論大禹之平水土周公之制禮樂孔子之法堯舜孟子之距楊墨斯救世之功也耶穌有一於是乎如以瘳人之病生人之死為功此大幻術者之事非主宰天地萬物者之事也苟以此為功則何如不令人病不令人死其功

不更大哉夫既主宰人病人死又主宰人瘳人生其無主宰已甚安敢言功故祇以救世功畢復昇歸天八字結之絕不言畢者何功功者何救蓋亦自知其辭之難措而不覺其筆之難下也以正法之釘死而云救世功畢復昇歸天則凡世間淩遲斬絞之重犯皆可援此為絕妙好辭之行狀妖書妖言悖理反道豈可一日容於中夏哉

闢邪論下

詳閱利瑪竇闡明天主教諸書論議實西域七十二種旁門之下九十六種邪魔之一其詆毀釋氏欲駕而上之此其恒情原不足輕重利瑪竇之來中夏並老氏而排之士

君子見其排斥二氏以為吾儒之流亞不覺其教之邪也且其書止載耶穌救世功畢復昇歸天而不言其死於法故舉世縉紳皆為其欺蔽此利瑪竇所以為大姦也其徒湯若望知識卑闇於利瑪竇乃將耶穌之情事於進呈書像中和盤託出予始得即其書以闢之豈有彼國正法之罪犯而來中夏為造天之聖人其孩孺我中夏人為何如也耶穌得為聖人則漢之黃巾明之白蓮皆可稱聖人矣耶穌既釘死十字架上則其教已為彼國之所禁乃彼國又惑其教而欲行之中夏是行其所犯之惡矣其衷詎可測哉若望之流開堂於江浙閩粵實繁有徒呼朋引類往

來海上天下之人知愛其器之精工而忽其私越之干禁是愛虎豹之文而豢之卧榻之内忘其能噬人矣夫國之有封疆關之有盤詰所以防外伺杜内洩也無國不然今禁令不立而西洋人集中夏者行不知其遵水遵陸止不知其所作所為惟以精工奇巧之器鼓動士大夫天堂地獄之説煽惑我愚民凡皈之者必令粘一十字架於門上安知其非左道之暗號乎世方以其器之精巧而愛之吾正以其器之精巧而懼之也輸之攻墨之守豈拙人之所能哉非我族類其心必異不謀為不軌於彼國我亦不可弛其防範況曾為不軌於彼國乎茲滿漢一家蒙古國戚

出入關隘猶凴符信以行而西洋人往來反得自如而無譏察吾不敢以為政體之是也正人必不奉邪教奉邪教必非正人以不正之人行不正之教居內地為顯官國之情勢保無不外輸乎人無遠慮必有近憂謀國君子無以其親暱而玩視之也彼教大規行教之人不婚不宦考若望之不婚則比頑童矣不宦則通政使食正二品服俸加二級掌欽天監印矣行教而叛教已不守彼國之法安能必其守我大清之法哉詩云相彼雨雪先集維霰陽和布氣鷹化為鳩識者猶惡其眼故著斯論以表天主教之隱禍有如此論甫刻成客有向予言利瑪竇於萬歷時陰

名其徒以貿易為名舳艫銜尾集廣東香山澳中建城十
六座守臣懼請設香山參將增兵以資彈壓然彼衆日多
漸不可制天啟中臺省以為言降嚴旨撫臣何士晉廉潔
剛果督全粵兵毁其城驅其衆二三十年之禍一旦盡消
此往事之可鑒也今若望請彼教人來治歷得無借題為
復踞澳之端乎海氛未靖譏察當嚴　廟堂之上宜周防
飭之畫無更揖盜自詒後日憂也續因所聞補贅論末憂
國大君子鑒之

與許青嶼侍御書

新安布衣楊光先稽首頓首上書侍御青翁許老先生大人臺下士君子搦七寸管自附於作者之林即有立言之責非可以苟然而已也毋論大文小文一必祖堯舜法周孔合於聖人之道始足樹幟文壇價髙琬琰方稱立言之職苟不察其人之邪正理之有無言之真妄概以至德要道許之在受者足為護身之符而與者卒有比匪之禍不特為立言之累且并德與功而俱敗矣斯立言者之不可以不慎也吾家老不曉事豈不可以為鑒哉茲天主教門人李祖白者著天學傳槩一卷其言曰天主上帝開闢乾

坤而生初人男女各一初人子孫聚居如𢘽亞國此外東西南北並無人居依此說則東西萬國盡是無人之空地當是時事一主奉一教紛歧邪説無自而生其後生齒日繁散走遐邀而大東大西有人之始其時畧同祖白此說則天下萬國之君臣百姓盡是邪教之子孫祖白之膽信可包天矣考之史冊推以歷年試問祖白此史冊是中夏之史冊乎是如𢘽亞之史冊乎如謂是中夏之史冊則一部二十一史無有如𢘽亞天主教六字如謂是如𢘽亞之史冊祖白中夏人何以得讀如𢘽亞之史必祖白臣事彼國輸中國之情尊如𢘽亞為君中夏為臣故有史冊歷年之論不然我東彼西相距九萬里安有同文之史冊哉謀背本國明從他國應得何罪請祖白自定在中國為伏羲氏謂我伏羲是天主教之子孫豈非賣君作子以父事邪教祖白之頭可斬也即非伏羲亦必先伏羲不遠為中國有人之始伏羲以前有盤古三皇天皇氏已有干支自天皇甲子至明天

啟癸亥凡一千九百三十七萬九千四百六十年為天官家中積分歷元祖白歷官不知歷元之數而謂伏羲以前中夏無人豈止於惑世誣民已哉欺天罔人之罪祖白安所逃乎此中國之初人實如悳亞之苗裔伏羲是如悳亞之苗裔則五帝三皇以至今日之聖君聖師聖臣皆令其認邪教作祖置盤古三皇親祖宗於何地即寸斬祖白豈足以盡其無君無父之辜以中夏之人而認西洋之邪教作祖真雜種也上天何故而生此人妖哉自西徂東天學固其所懷來也生長子孫家傳戶習此時此學之在中夏必倍昌明於今之世矣伏羲氏時天主教之學既在中夏家傳戶習且倍昌明於今之世必其書有存者自有書契至今絕無天主教之文祖白無端倡此妖言出自何典不知祖白是何等心竅國家有法必剮祖白之胸探其心以視之延至唐虞下迄三代君臣告誡於朝聖賢垂訓於後往往呼天稱帝以相警勵夫有所受之也豈偶然哉以二典三謨六經四書之天帝為受之邪教之

學誣天非聖極已即啖祖白之肉寢祖白之皮猶不足以泄斯言之恨其見之書曰貽受
上帝天其申命用休詩曰文王在上於昭于天魯論曰獲
罪於天無所禱也中庸曰郊社之禮所以事上帝也孟子
曰樂天者保天下凡此諸文何莫天學之微言法語乎往時
利瑪竇引用中夏聖經賢傳以文飾其邪教令祖白徑謂中夏之聖經賢傳是受邪教之法語微言祖白之罪可勝
誅乎審是則中國之教無先天學者無先天學則先聖先賢皆邪教之後學矣
凡百君子讀至此而不痛哭流涕與之共戴天者必非人也噫小人而無忌憚亦至此
哉不思我　大清今日之天下即三皇五帝之天下也接
三皇五帝之正統　大清之　太祖　太宗
世祖　今上也接周公孔子之道　大清之輔相師儒

也祖白謂歷代之聖君聖臣是邪教之苗裔六經四書是邪教之微言將何以分別我　大清之君臣而不為邪教之苗裔乎祖白之膽何大也　世祖碑天主之教文有曰夫朕所服膺者堯舜周孔之道所講求者精一執中之理至於玄笈貝文所稱道德楞嚴諸書雖嘗涉獵而旨趣茫然況西洋之書天主之教朕素未覽閱焉能知其說哉大哉聖謨真千萬世道統之正脈後雖有聖人弗能駕世祖斯文而上之也蓋祖白之心大不滿　世祖之法堯舜尊周孔故著天學傳槩以闢我　世祖而欲專顯天主之教也以臣抗君豈非明指本國從他國乎而弁其端者

曰康熙三年歲在甲辰春王正月柱下史毘陵許之漸敬
題噫吁戲異乎哉許先生而為此耶學士大夫如徐光啟
李之藻李天經馮應京樊良樞為天主教作序多矣或序
其曆數或序其儀器或序其算數至進呈書像一書則罔
有序之者實湯若望自序之可見徐李諸人猶知不敢公
然得罪名教也若望之為書也曰男女各一以為人類之
初祖未敢斥言覆載之內盡是其教之子孫君子直以妄
目之而已祖白之為書也盡我　大清而如德亞之矣盡
我　大清及古先聖帝聖師聖臣而邪教苗裔之矣盡我
歷代先聖之聖經賢傳而邪教緒餘之矣豈止於妄而已

哉實欲挾　大清之人盡叛　大清而從邪教是率天下無　君無父也而先生序之曰二氏終其身於君臣父子而莫識其所為天即儒者或不能無弊噫是何言也二氏供奉　皇帝龍牌是識君臣經言齋千辟支佛不如孝堂上二親是識父子況吾儒以五倫立教乎唯天主耶穌謀反於其國正法釘死是莫識君臣耶穌之母瑪利亞有夫名若瑟而曰耶穌不由父生及皈依彼教人不得供奉祖父神主是莫識父子先生反以二氏之識君臣父子謂為莫識君臣父子以耶穌之莫識君臣父子謂為識君臣父子何刺謬也儒者有弊先聖乎先賢乎後學乎不妨明指

其人與衆攻之如無其人不宜作此非聖之文自毀周孔教也楊墨之害道也不過曰為我兼愛孟子亟距之曰楊墨之道不息孔子之道不著傳槩之害道也苗裔我君臣學徒我周孔祖白之意若曰孔子之道不息天主之教不著孟子之距恐人至於無父無君祖白之著恐人至於有父有君而先生為祖白作序是距孔孟遵祖白矣儒者不能無弊先生自道之也意者先生或非　大清國之產乎或非　大清國之科目乎胡為邪教序此書發此非聖之言也先生過矣尋復思之是非先生之筆也何以明之先生讀書知字發身庠序為名進士名御史於聖人之道幼

學壯行熟矣非先王之法服不敢服非先王之法言不敢言先生所素定也肯為此非聖妖書序哉或者彼邪教之人謀以先生乃　朝廷執法近臣又有文名得先生序以標斯書使天下人咸曰許侍御有序則吾中夏人信為天主教之萬裔矣妖言惑衆有魚腹天書之成效故託先生之名為之序以搖天下人心為邪教証將來也必非先生筆也不然或先生門人幕客弗體先生敬慎名教之心假先生文以射自鳴鐘等奇器必非先生筆也再不然近世應酬詩文習為故套有求者率令牀頭捉刀人給之主者絕弗經心不必見其文讀其書也況先生戴星趨　朝出

即入臺治事退食又接見賢士大夫論議致君澤民之術奚暇讀其書哉使先生誠得讀其書見我伏羲氏以至今日君臣士庶盡辱為邪教子孫六經四書盡辱為邪教餘論當必髮豎眥裂擲而抵其書於地尚肯為之序乎此先先之所以始終為必非先生筆也光先之闢邪論距西集殺青五六年矣印行已五千餘部朝野多謬許之而先生獨若未之見豈於非聖之書反悅目乎必不然矣於此愈信必非先生筆也雖然光先能信必非先生筆有位君子能信必非先生筆天下學人能信必非先生筆但此序出未二月已傳遍長安非先生筆而先生不亟正之恐後之

人未必能如光先如今日有位君子如今日天下學人能信必非先生筆也得罪名教雖有孝子慈孫豈能為先生諱哉猶之光先今日之呼吾家老不曉事也先生當思所以處此矣天主耶穌謀反於如德亞國事露正法同二盜釘死十字架上是與衆棄之也有若望之進呈書像可據然則天主耶穌乃彼國之大賊首其教為彼國厲禁與中夏之白蓮聞香諸邪教同彼國為大罪人來我國則為大聖人且謂我為彼教之苗裔而弗知辱謂我為彼教之後學而弗知惡使如德亞之主臣聞之不嗤我中夏之士大夫無知識乎先生雖未為序而序實有先生之名先生能

晏然已乎以謀反之遺孽行謀反之邪教開堂於京師宣武門之內東華門之東阜城門之西山東之濟南江南之淮安揚州鎮江江寧蘇州常熟上海浙之杭州金華蘭谿閩之福建州寧延平汀州江右之南昌建昌贛州東粵之廣州西粵之桂林蜀之重慶保寧楚之武昌秦之西安晉之太原絳州豫之開封凡三十窟穴而廣東香山嶴盈萬人盤踞其間成一大都會以暗地送往迎來若望籍歷法藏身　金門棊布邪黨於　大清京師十二省要害之地欲何為乎明綱之所以不鈕者以廢前王之法爾律嚴通海泄漏徐光啟以歷法薦利瑪竇等於朝以數萬里不朝

貢之人來弗識其來去弗究其去行不監押之止不關防之十五省山川形勢兵糧靡不收歸圖籍而弗之禁　大清罔明之待西洋如此遂成習矣伏戎於莽萬一竊發先生何術以謝此序乎時憲歷面書依西洋新法五字光先謂暗竊正朔之尊以予西洋而明示天下以　大清奉西洋正朔具疏爭之令惑衆之書已刊印傳播邪黨已分布各省咽喉結交士夫以為羽翼煽誘小人以為爪牙收拾我天下人心從之者如水就下　朝廷不知其故羣工畏勢不言養虎卧内識者以為深憂而先生不效賈生之痛哭反為作序以諛之乎光先抱杞憂者六年矣懷書　君

門抑不得通惟付之筆伐口誅以冀有位者之　上聞先生乃　天子諫臣不比光先之無官守言責執典章以聲罪致討實先生學術所當盡職分所當為者況有身後之累一序乎光先與先生素未謀面而輒敢以書唐突先生者為天下古今萬國君臣士庶之祖彌衛為古先聖人之聖經賢傳衛為天下生靈將來之禍亂衛匪得已也請先生速鳴攻之之鼓以保立言之令名以消身後之隱禍斯光先之所以為先生計非誚讓先生也幸先亟圖之

康熙甲辰三月二十五日光先再頓首面投

西洋國王表 康熙十七年八月

西洋國王阿豐素謹奏請

大清皇帝萬安前次所遣使臣瑪訥撒爾達聶叨蒙

皇帝德意鴻恩同去之員俱沾柔遠之恩聞之不勝懽忭

時時感激隆春仰巍巍

大清國內寵光因諭凡在西洋所屬永懷尊敬

大清國之心祝

萬壽無疆俾諸國永遠霑恩等日月之無窮今特遣本多

白壘拉齎獻獅子天主降生一千六百七十四年三月十

七日奏 按西洋即義大利亞

俄羅斯國王表 康熙二十七年九月

鄂羅斯國察漢汗奏

皇帝所賜之書下國無通解者及尼果賚歸問之述

天朝大臣以不還逋逃根特木爾等騷擾邊境爲辭近者

下國邊民構釁作亂

皇帝遣師辱臨境上恭請察明作亂之人發回正法除遣

使議定邊界外先令米起佛兒魏牛高宜番法俄羅瓦等

星馳賫書以行乞撤雅克薩之圍詳晰作書曉諭下國謹

奏

與鄂羅斯國議定疆界之碑（康熙二十八年）　徐元文

皇帝撫有天下殊方重譯罔不賓服師武既揚文教亦訖
湯湯巍巍以成大一統之治惟鄂羅斯國在黑龍江西北
陲夙嘗通使效貢後其邊人弗戢潛入雅克薩築城以處
擾我屬部獵戶使我獵戶弗寧厥居於是　廟謨柔遠先
之以文告既不共命則移偏師攻其城克之惟　皇帝
德並天覆神武不殺所獲之俘悉縱悉遣且資之舟車餱
糧俾返其所王旅既旋抄略未已用興師復圍其城彼乃
遣使講好請定疆域康熙二十有八年夏　皇帝遣領
侍衛內大臣索額圖等至於尼布潮之地宣布德意鄂羅

斯國使者費岳多羅額里克謝等皆悅服相與畫疆定界
使我邊人與其國人分境捕獵期永永輯睦無相侵軼約
既定勒之貞石以昭大信垂諸久遠專條列如左
一將由北流入黑龍江之綽爾納即烏倫穆河相近格爾
必齊河為界循此河上流有石大興安嶺以至於海凡
嶺南一帶流入烏龍江之溪河盡屬我界其以嶺北一
帶之溪河盡屬鄂羅斯國界
一將流入黑龍江之額爾古納河為界河之南岸為我屬
河之北岸令為鄂羅斯屬其南岸之眉勒爾客河口所
有鄂羅斯房舍遷移北岸

一雅克薩之地額羅斯所治之城盡行除毀所居鄂羅斯
人民及諸物用聽撤往察汗汗之地
一兩國獵戶人等毋許越界如有一二小人擅自越界捕
獵偷盜者即行擒拏送所在官司準所犯輕重懲處若
十數相聚持械捕獵殺人搶掠者必奏聞即行正法雖
有一二人犯禁彼此仍相和好毋起釁端
一從前我大清國所有鄂羅斯之人及鄂羅斯國所有我
大清國之人仍留如舊不必遣回嗣後有逃亡者許不
收留即行送還
一和好既定以後一切行李有準令往來文票者許其貿

易不禁

請廢天主教堂疏　　張伯行

為請廢天主教堂以正人心以維風俗事竊惟我　皇上
天縱聖神崇儒重道數十年來海內嚮風唐虞三代之隆
不是過也切見西洋之人歷法固屬精妙　朝廷資以治
歷設館　京師待以優禮於理允宜不謂各省建立天主
教堂甚盛邊海地方如浙江廣東福建尤多臣蒞任以來
細查確訪見其徒衆日廣意誠有未安者敢竭其愚焉凡
人之生由乎父母本乎祖宗而其原皆出於天未聞舍父
母祖宗而別求所為天者亦未聞天之外別有所謂主者
今一入其教則一切父母祖宗概置不祀且駕其說於天

之上曰天主是悖天而滅倫也堯舜禹湯文武列聖相承
至孔子而其道大著自　京師以至於郡縣立廟奉祀數千
年來備極尊榮之典今一入其教則滅視孔子而不拜是
悖天而慢聖也且　皇上以孝治天下而天主教不祀父
母祖宗　皇上行釋奠之禮而天主教不敬先聖先師恃
其金錢之多煽惑招誘每入其教者紳士平民分銀若干
各以次降臣愚以為漸不可長且入教之人男女無別混
然雜處有傷風化閩省地方如福州泉州興化漳州福寧
州沿海各郡縣布置尤多每教堂俱係西洋人分主焚香
開講收從聚衆日增月益不可禁止誠恐其意有不可測

臣以菲才謬膺特達之知授以巖疆重任夙夜祗慎惟恐無以上報

主知此事尤臣在閩所目覩而不得不言者故敢極竭盡愚誠伏望特降明詔凡各省西洋人氏俱令回歸本籍其餘教徒盡行逐散將天主堂改作義學為諸生肄業之所以厚風俗以防意外倘其不時朝貢往來則令沿途地方官設館供億足矣臣不勝惶悚隕越之至

酌陳澳門等事疏雍正三年　廣督孔毓珣

查西洋人附居廣東之澳門歷有年所聖朝嘉其嚮風慕義之誠所以包容覆育俾得安居樂業但種類日繁惟資出洋貿易若無以防範恐逐利無厭必致内誘奸滑外引蕃夷混淆錯雜漸滋多事查澳門夷船舊有一十八隻又從外國買回七隻大小共二十五隻請將現在船隻令地方官編列字號刊刻印烙各給驗票一張將船户舵工水手及商販夷人該管頭目姓名俱逐一填註票内出口之時於沿海該管營汛驗明掛號申報督撫存案如有夾帶違禁貨物併將中國人偷載出洋者一經查出將該管

頭目商人敢夷人並船戶柁水人等俱照通賊之例治罪若地方官不實力盤查狥情踈縱事發之日俱照諱盜例題叅革職此夷船二十五隻題定之後如有實在朽壞不堪修補者報明該地方官查驗明白出具印甘各結申報督撫准其補造仍用原編字號倘有敢偷造船隻者將頭目工匠亦俱照通賊例治罪地方官失於覺察者亦俱照諱例革職其西洋人頭目遇有事故由該國發來更換者應聽其更換其無故前來之西洋人一概不許容留居住每年於夷船出口入口之時守口各官俱照票將各船人數姓名逐一驗明通報倘有將無故前來之人夾帶入口及

容留居住者將守口各官并該管之地方文武各官照失
察例議處舵工水手及頭目人等俱照窩盜例治罪

蘇祿國王表 雍正五年六月

蘇祿國王蘇老丹臣母漢末母拉律林表言臣僻居荒服遠隔神京幸際昌期末由趨覲邇來天無烈風淫雨海不揚波知中國必有聖人臣捧閱歷朝紀事原有覲光之例是用遣使臣龔廷採阿石丹奉臣赤心仰陳彤陛敬獻本國所產土物聊效野人負暄之意

請約束澳夷條欵 雍正九年　　印光任

一洋船到日海防衙門撥給引水之人引入虎門灣泊黄埔一經投行即着行主通事報明至貨齊回船時亦令將某日開行預報聽候盤驗出口如有違禁夾帶查明詳究

一洋船進口必得内地民人帶引水道最為緊要請責縣丞將能充引水之人詳加甄别如果殷實良民取具保甲親隣結狀縣丞加結申送查驗無異給發腰牌執照准充仍列冊通報查考至期出口等候限每船給引水二名一上船引入一星馳禀報縣丞申報海防衙門據

文通報并移行虎門協及南海番禺一體稽查防範其有私出接引者照私渡關津律從重治罪

一澳内民夷雜處致有奸民潛入其教并違犯禁令之人竄匿潛藏宜設法查禁聽海防衙門出示曉諭凡貿易民人悉在澳夷墻外空地搭篷市賣毋許私入澳内並不許携帶妻室入澳責令縣丞編立保甲細加查察其從前潛入夷教民人并竄匿在澳者勒令限一年准其首報回籍

一澳門夷目遇有恩懇上憲之事每自繕禀浼熟識商民赴轅投遞殊爲藐越請飭該夷目凡有呈禀應由澳門

縣丞申報海防衙門據詞通禀如有應具詳者具詳請
示用昭體統
一夷人採買釘鐵木石各料在澳修船令該夷目將船身
大尺數目船匠姓名開列呈報海防衙門即傳喚該匠
估計實需鐵斤數目取具甘結然後給與印照并報關
部衙門給發照票在省買運回澳經由沿途地方汎弁
驗照放行仍知照在澳縣丞查明如有餘剩繳官存貯
倘該船所用無幾故為多報買運希圖夾帶等弊即嚴
提夷目船匠人等訊究
一夷人寄寓澳門凡成造船隻房屋必資內地匠作恐有

不肖奸匠貪利教誘為非請令在澳地各色匠作交縣
丞親查造冊編甲約束取具連環保結備案如有違犯
甲鄰連坐遞年歲底列冊通繳查核如有事故新添即
於冊内聲明
一前山寨設立海防衙門派撥弁兵彈壓番商稽查奸匪
所有海防機宜均應與各協營一體聯絡相度緩急會
同辦理老萬山澳門虎門黄埔一帶營汛遇有關涉海
疆民夷事宜商漁船隻出口入口一面申報本營上司
一面并報海防衙門其香山虎門各協營統巡會哨月
日亦應一體查報

改天主堂為天后宮記

李衛

自明季萬歷間大西洋利瑪竇入中國造為天主之名而其教遂蔓延於愚夫愚婦之口其徒之入中國者遂大興土木營建居室於通都大邑之中我　朝定鼎以來　聖祖仁皇帝念其人生長海外遠來就化雖其說不經然皆具心思知識未必不可教導居之京師使沐浴　聖朝德化之盛久而幡然改悟歸以教其國中之人咸知天經地義之正此覆載深仁不遺一物之義也豈知荒誕狂悖之見固結而不可解我　皇上御極之初洞燭其奸黠其人皆歸南澳不得盤踞內地而直省之所為天主堂者以次

而改雖然自利瑪竇之入中國迄今幾二百年浸淫沈溺惑其教者未必一旦豁然有悟即悟矣或以爲不妨存而不論以見天地之大無所不有是其得罪於天而爲害於人心風俗者卒未大白於天下也夫不申其罪無以服附和之心不誅其心無以破奸詭之膽夫教稱天主是風雲雷雨陰陽寒暑彼皆得而主持之也不知未有天主之前將竟無有陰陽寒暑風雲雷雨乎抑將別有主持之者俟天主出而授之柄乎此其謬一也入其教者必先將本人祖宗父母神牌送與燬棄以示歸教之誠不知天主生於空桑乎抑亦由祖宗父母而生也彼縱生於空桑亦不得

率天下之人而盡棄其水源木本之誼况人之所以敬天奉天者以天實能生人生物耳今以生我之父母祖宗而棄絶之尚何取於生人生物之天而敬之奉之此其謬二也棄絶父母祖宗者欲專其敬於天主也然聞西洋之俗亦有君臣有兄弟朋友且生生而不絶則何不盡舉而廢之而所以事天主者尤專且篤而獨父母祖宗棄若敝屣此其謬三也西洋之教一技一能務窮思力索精其藝而後止設所得止及於半而死則舉而授之其子脱其子猶有未就則復舉而授之其孫或一傳或三四傳其藝始精則羣然推而奉之以爲此可以行教之人矣今之入中國

者悉此類也夫一技一能原無當於生人日用之重至於奇技淫巧尤為王法所不容今既不知有祖宗父母則為其祖宗父母者當亦不復以子孫視之獨至奇技淫巧之事父忽念其為子而不啻箕裘之授子忽念其為父而不啻堂構之承此其謬四也藝既精矣遂可出而設教行道矣夫既祖宗父母之盡棄其他漠不相識之人復何關欣戚而必窮數世之精力以利他人之用此其謬五也然此雖足為人心風俗之害而弊止及於惑其教之人其罪尤猶小若其居心之險則尤有大不可問者西洋去中國數千萬里而遙非經歲不得達又有大海風濤之險去故鄉離

妻子跋涉而來以人情論必有所利而為之故携帶土物造作器用其誑中國之金錢誠不可以數計乃闌入其教者必有所資給人有定數歲有定額焦心勞思取中國之財而仍給之中國之人圖利者恐不若是之拙也或云每年紅毛船到必廣載其國中之金錢以濟其在中國行教之或又云彼來中國者皆善黃白之術以彼國之金錢而用之中國夫以此數人之行教而國中居守之人肯傾貲以佐其用則其所圖者非利也彼既以天主之教惑人而復借黃白之術以要結人心是其設心殆有在矣或又為之說曰彼其志欲行教耳好名之人能讓千乘之國何難

去故鄉離妻子蹈不測之大海以博後世之名夫好名之人或有捨其身以徇人者然一人好名何為盡一國之人亦皆好名而傾資以助之也且絡繹而來其居天主堂者所在而有抑何好名者之多也此蓋非無所為而為之者一見其技於噶嚁吧矣再見其技於呂宋矣又幾肆其技於日本矣為行教計耶抑不為行教計耶且愚夫愚婦未有不以禍福動其心者今日本於海口收港登陸之處鑄銅為天主跪像抵其國者不蹈天主像則罪至不赦夫既為天之主而受海外一國如此蹂踐毀蔑卒亦無如之何其不能禍福人明矣所精者儀器而璿璣玉衡見之唐虞

矣所重者日表而指南車周公曾為之矣所奇者自鳴鐘而銅壺滴漏漢時早有之矣所駭人者機巧而木牛流馬諸葛武侯已行之鬼工之奇五代時已亦有之至今尚有流傳之者是其說不經其所製造亦中國之所素有其為術又不能禍福人吾不知何為而人之惑之也今毀其居室改為祠宇撤其像燬之詭秘者設以莊嚴夫而後人目不見天主之居耳不聞天主之說異端邪說久且漸息其有關於風化豈淺鮮哉

議奏夷人晏些嚧刃斃陳輝千案摺 乾隆八年

刑部

内閣抄出據兩廣總督策楞等議奏前事本部議得該督等奏稱澳門地方係民蕃雜處之地乾隆年八十月十八日在澳貿易民人陳輝千酒醉之後途遇夷人晏些嚧口角打架以致陳輝千被晏些嚧用小刀戳傷身死據縣驗傷取供塡格通報并密稟西洋夷人犯罪向不出澳赴審是以兇犯於訊供之後夷目自行收管至今抗不交出臣同前撫臣王安國誠恐該地方失之寬縱當即嚴批照例審擬招解嗣據該縣屢催隨稟據夷目稟稱蕃人附居澳

境凡有干犯法紀俱在澳地處治百年以來從不交犯收禁今晏些嚧傷斃陳輝千自應仰遵 天朝法度擬罪抵償但一經交出收監違犯本國禁令合澳夷目均干重辟懇請仍照向例按法處治候示發落等詞具禀臣等伏查澳門一區夷人寄居市易起自前明中葉迄今垂二百年中間聚集蕃男婦女不下三四千人均係該夷王分派夷目管束蕃人有罪夷目俱照夷法處治重則懸於高竿之上用大礮打入海中輕則提入三巴寺內罰跪神前懺悔完結惟民夷交涉事件罪在蕃人者地方官每因其係屬教門不肯交人出澳事難題達類皆不禀不詳即或通報

上司亦必移易情節改重作輕如鬪殺作為過失冀俾外
結省事以致歷查案卷從無滇夷殺死民人抵償之案今
若徑行摟拿追出監祭恐致夷情疑懼别滋事端倘聽其
收管無論院司不能親審碍難定案承招併慮曠日持久
潛匿逃亡致夷人益生玩視法紀之心　天朝政體攸繫
臣等公同酌核此等事件似應俯順夷情速結為便惟照
夷法礮火轟死未免失之過慘隨飭司檄委該府督同該
縣前往妥辦去後兹據按察使陳高翔詳據廣州府知府
金允彝詳稱遵即宣布德威嚴切曉諭并將兇犯應行絞
抵之處明白示知各夷目遂用繩勒斃闔澳番人靡不畏

而生感等情前来臣等查核原供釁起於撞跌角毆殺非
有心晏些嚧律應擬絞既據該夷目已將凶犯處治一命
一抵情罪相符除批飭立案外所有臣等辦理緣由理合
奏明抑臣更有請者化外之人有犯原與內地不同澳門
均屬教門一切起居服食更與各種夷人有間照例解勘
承招夷情實有不願且凶犯不肯交出地方官應有處分
若不明定條例誠恐顧惜考成易啟姑息養奸之獘可否
仰邀　聖恩特降諭旨嗣後澳夷殺人罪應斬絞而夷人
情愿即為抵償者該縣於相驗之時訊明確切由司核明
詳報督撫再加覆核一面批飭地方官同夷目將犯人依

法辦理一面據實奏明并抄供報部查核庶上申　國法
下順夷情重案不致稽延而澳夷桀驁不馴之性亦可漸
次悛改等因具奏前來查律稱化外人有犯並依律問斷
俱期於律無枉無縱情實罪當其他收禁成招等項節目
原不必悉依内地規模轉致碍難問擬今據該督等奏稱
澳夷均屬教門一切起居服食更與各種夷人有間照例
解勘承招夷情實有不愿請嗣後澳夷殺人罪應斬絞者
該縣相驗時訊明確切詳報督撫覆核飭地方官同夷目
將犯人依法辦理一面據實奏明等語應如所奏請嗣後
在澳民蕃有交涉謀故鬭毆等案其罪在民者照律例遵

行外若夷人罪應斬絞者該縣於相驗之時訊明確切通報督撫詳加覆核如果案情允當該督撫即行批飭地方官同該夷目將該犯依法辦理免其交禁解勘仍一面據實奏明并將招供解部存案其晏些嚧戳傷民人陳輝千身死一案該督等既稱山犯應行絞抵之處據夷目眼同屍親將晏些嚧用繩勒斃著人滌不畏而生感等語應毋庸再議

與夷官庇利那議定澳門章程　乾隆十四年

張汝霖

一驅逐匪類凡有從前犯案匪類一概解回原籍安插取具親屬保鄰收管不許出境並取澳甲嗣後不敢容留結狀存案將逐過姓名列榜通衢該保長不時稽查如再潛入滋事即時解究原籍保鄰澳甲人等一體坐罪
一稽察船艇一切在澳快艇果艇及各項蛋戶罟船通行確查造冊發縣編烙取各連環保結交保長管束許在稅廠前大馬頭灣泊不許私泊他處致有偷運違禁貨物藏匿匪竊往來誘賣人口及載送華人進教拜廟夷

人往省買賣等弊每日派撥兵役四名分路巡查遇有潛泊他處船艇即時禀報查拿按律究治失察之地保一併連坐兵役受賄故縱與犯同罪

一賒物收貨凡黑奴出市買物俱令現銀交易不得賒給亦不得收買黑奴物件如敢故違究逐出澳

一犯夜解究嗣後在澳華人遇夜提燈行走夷兵不得故意扯滅燈籠誣指犯夜其或事急倉猝不及提籠與初到不知夷禁冒昧悞犯及原係奸民出外姦盜致被夷兵捉獲者立即交送地保轉解地方官訊明犯夜情由分別究懲不得羈留片刻並擅自拷打違者照會該國

王嚴處

一夷犯分别解訊嗣後澳夷除犯命盜罪應斬絞者照乾隆九年定例於相驗時訊供確切將夷犯就近飭交縣丞協同夷目於該地嚴密處所加謹看守取縣丞鈐記收管備案免其交禁解勘一面申詳大憲詳加覆核情罪允當即飭地方官眼同夷目依法辦理其犯該軍流徒罪人犯止將夷犯解交承審衙門在澳就近訊供交夷目分别羈禁收保聽候律議詳奉批回督同夷目發落如止杖笞人犯檄行該夷目訊供呈覆該管衙門核明罪名飭令夷目照擬發落

一禁私擅凌虐嗣後遇有華人拖欠夷債及侵犯夷人等事該夷即將華人禀官究追不得擅自拘禁庠牢鞭責違者按律治罪

一禁擅興土木澳夷房屋廟宇除將現在者逐一勘查分別造冊存案外嗣後止許修葺壞爛不得於舊有之外添建一椽一石違者以違制律論罪房屋廟宇仍行折毀變價入官

一禁販賣子女凡在澳華夷販賣子女者照乾隆九年詳定之例分別究擬

一禁黑奴行竊嗣後遇有黑奴勾引華人行竊夷物即將

華人指名呈稟地方官查究驅逐黑奴照夷法重處不得混指華人串竊擅捉拷打如黑奴偷竊華人器物該夷目嚴加查究其有應行質訊者仍將黑奴送出訊明定擬發回該夷目發落不得庇匿不解如違即將該夷目懲究

一禁夷匪夷娼窩藏匪類該夷目嚴禁夷匪藏匿內地犯罪匪類并查出賣姦夷娼勒令改業毋許窩留內地惡少賭博偷竊如敢抗違除內地犯罪匪類按律究擬外將藏匿之夷匪照知情藏匿罪人律科斷窩留惡少之夷娼男婦各照犯姦例治罪如別犯賭博竊盜其罪重

於宿娼者仍從重擬斷并將失於查察之夷目一并處
分知情故縱者同坐
一禁夷人出澳夷人向例不准出澳奉行已久今多有匪
夷藉打雀為名或驚擾鄉民或調戲婦女每滋事端殊
屬違例該夷目嚴行禁止如敢抗違許該保甲拏送將
本犯照違　制律治罪夷目分別失察故縱定議
一禁設教從教澳夷原屬教門多習天主教但不許招授
華人入教致為人心風俗之害該夷保甲務須逐戶查
禁毋許華人擅入天主教按季取結繳送倘敢故違設
教從教與保甲夷目一並究處分別驅逐出澳

奏英夷貢表轉進摺乾隆六十年十二月　粵督朱　粵關舒

奏為英吉利國呈進表貢奏明請
旨事據洋行商人蔡世文等稟稱據英吉利國大班披朗稱伊國王備具
恭進
大皇帝表文方物由本國夷船寄粵令伊面見
總督關部大人將表貢賫呈轉求代奏等語臣等當即傳見該大班據將夷字正副表二件伊國自書漢字副表一件貢物一分呈出臣等公同閱驗其漢字副表雖係中華自書而文理舛錯難以句讀隨令通曉該國自書之通事將夷字副表與漢字表核對另行譯出臣等核其文義緣該國王因前年貢使進京仰蒙
皇上懷柔體恤

賞賚渥優不勝喜歡感激是以備具表文土物呈進以表悃忱且聲明前年　天朝差大將軍帶兵到的蜜地方伊國曾發兵相助此事在從前貢使起身之後他們不曾得知是以未在　大皇帝前奏明等語臣等詢問該大班的蜜是何地方據云在中華西北地方與本國海道毗連等語是的蜜似即係廓爾喀地名其所稱曾經發兵相助之語措詞極為恭順而又意存見好外夷慕化輸誠並仰德威廣被惟是各國進貢向係專遣使臣賫奏今該國並無貢使來粤止係該大班接到表貢求臣等轉奏與例未符謹繕錄貢單同原表三件恭摺奏呈　御覽其貢物

如准　賞收侯　命下臣等另行委員齎送京師

乾隆六十年譯出漢字夷表

英吉利國王雅治管佛蘭西並愛倫等處地方呈　天
朝　大皇帝我宗室議政大臣馬甘尼由　天朝京
都回到本國帶有　大皇帝書信所諭情由恩典我心
中十分感謝歡喜所差貢使進的禮物蒙　皇上賞收
賚到　御賜各物當即拜領足感　大皇帝記念彼
雖隔重洋但俱要望通國太平無事百姓安寧蒙　大
皇帝諭稱凡有我本國的人來中國貿易俱要公平恩待
此是最大　天恩雖　天朝百姓不能來我國貿易
若有來的我亦要盡心一樣看待我已分付在港脚等處

地方官員遇有　天朝百姓兵丁人等務要以好朋友相待從前　天朝差大將軍帶兵到的蠻地方我國兵總亦曾相助前貢使到京時未得我們因都士丹地方音信是以未曾將此事奏明將來如有機會亦可以表我的誠心據貢使回稱　大皇帝萬壽康寧並稱我將來年壽仰託　鴻福均同一樣我心寔在歡喜感激惟望中華同外國永久共沐　天恩順具本國些須土物伏乞賞收自英吉利國本都呈一千七百九十五年六月二十日

片奏嘉慶九年十二月　粵督倭　關延

查英吉利國王表內所稱與佛蘭西國爭鬬及佛蘭西國有著人到中國謠言疎間等語查係嘉慶七年八月間有在澳居住之夷目委黎多寄信與在京居住之西洋人索德超言英吉利國有大戰船六隻近澳門停泊恐有覬覦澳門情事轉呈管理西洋人大臣蘇楞額具奏欽奉

諭旨查詢經前督臣吉查明英吉利國護貨兵船均已陸續回國其澳門外灣泊時並未滋事因該國向來情強住澳夷人是以驚疑等情奏蒙

聖鑒在案今該國王表文所稱謠言疎間之語自係指前事而言本年該國亦有

護送貨物兵船四隻來廣隨即護送貨船回國並無絲毫
滋事且貿易夷船英吉利國貨物最細較別國買賣殷厚
該國夷目夷商均稱恭順　臣等窺測其隱因與佛蘭西蠻
觸相爭恐為離間有妨貿易故於表內特陳其事密詢洋
商潘致祥等亦僉稱委係此意該二國僻居東北海外去
粵東甚遥斷無虞別滋事端等語似屬可信可以仰慰
聖廑

嘉慶九年譯出漢字夷表

英吉利國王雅治管愛倫等處地方呈　天朝　大
皇帝從前　太上皇帝恩威遠播四海昇平今　大
皇帝仁慈威武天下太平均同一德凡有本國人來中國
貿易俱蒙一體公平恩待我因　天朝百姓不能來我
本國貿易我已分付在港脚等處地方官員如與中國相
連地方遇有　天朝百姓兵丁人等務要加意相待即
遇有別項事情要我出力我亦十分歡喜効力我與佛蘭
西國前已修和因和之後伊國強和無理是以我今復與
伊國戰爭我本意原欲和好無事豈料伊國強橫凌辱致

我不能忍受又於海口地方設立重兵顯有歹意我恐被伊國佔奪無柰亦只得設立重兵防守並非意存好鬥我雖然與伊國戰爭仍可照舊來中國貿易通好並無阻碍那佛蘭西國海口雖有重兵我已用兵船圍住伊不能出口此外又多派兵船護送是以我貿易船隻可保無虞又幸遇

大皇帝聖明即使佛蘭西國有着人到中國謡言疎間我國我想

大皇帝必不聽信再伊國不獨存心想占奪我國並欲占奪我國之屬國伊國若兵力不能相敵伊必另設陰謀即伊國恃强設計我國均能設備提防可保無虞查該佛蘭西國內已亂了十三年佛蘭西老

國王為人甚好竟被伊國人弑害深為可憫可恨如今伊國有一人做了國長存心無道意欲惑亂人心使通國之人不顧五倫不畏天地我想伊斷不能惑中國　大皇帝英明素著定然洞察其奸恭祝　大皇帝長享四海昇平之福具本國些須土物伏乞　大皇帝賞收自英吉利本都一千八百四年五月二十二日

覆奏嘉慶十年三月

粵督那　關延

奏為英吉利國呈進表貢接奉　廷寄恭摺覆奏事伏查
外洋各國夷商俱無兵船惟英吉利國貨船有兵護送而
該國商船亦無兵船惟其國王貨船始有兵船四隻護送
其兵船在虎門外交易後隨同貨船回國不准少有逗遛
臣等亦派有兵役防送其餘各夷國貨船内均有礮火器
械自資防範於例原准攜帶至該國原表稱歡喜效力等
語隱躍其詞自係聞洋面盜賊不靖或需伊等出力之意
查夷人不過沾沾計利即如上年澳門夷目願備兵船二
隻帮同師船出洋緝捕臣延即以體制不符且不能得力

與倭議以後停止夷船恊捕於本年正月會　奏在案而此二隻洋船迄今無踪亦實無遭風失事等事細揣其情形不過藉恊捕為名可以免此二船出入納稅而英吉利國自亦得聞此事希兾效尤免稅又恐澳門夷船出力有功或待彼國冷淡其意不過如此至各該國夷船船隻既大多載礮火向來洋盜俱不敢搶刦澳門等要處又有師船巡防不致少有疎失可以無廑

聖念

柔遠全書 三

道咸成案一

柔遠全書卷三　道咸成案之一

吴縣謝家福恭輯

道光十八年閏四月初十日奉

上諭黄爵滋奏請嚴塞漏卮以培國本一摺着盛京吉林黑龍江將軍直省各督撫各抒所見妥議章程迅速具奏摺併發欽此

八月十八日奉

上諭林則徐錢寶琛奏查拿烟販收繳烟具情形各等語鴉片烟流毒中國為害已久現經該督撫等剴切曉諭嚴行禁止設局收繳烟具數月以來軍民人等咸知畏

法該地方官等亦能力加振作現在湖北省拿獲及首繳烟土烟膏共一萬二千餘兩收繳烟槍一千二百六十餘杆湖南省報獲烟販十餘起收繳烟槍三千五百四十餘杆均已分別劈毁所辦甚屬認真可見地方公事果能振刷精神實心查辦自可漸有成效該督撫等惟當督飭所屬乘機諭戒有犯必懲呈繳者予以自新隱匿者力加搜捕斷不准始勤終怠日久視為具文總期觥靡積習立即挽回方為不負委任所有拏獲土烟土為數最多之湖北漢陽縣知縣郭覲辰著加恩賞加知州升銜以示鼓勵欽此

九月初八日奉

上諭陳鑾奏委員拿獲販賣鴉片烟土懇請鼓勵等語各省鴉片烟漸染日深流毒甚鉅倘該地方官早能認真查緝淨絶根株何至錮習相沿從嚴懲辦且各省澆風日熾前據直隸山東江蘇湖北湖南陸續奏獲各案朕已立沛恩施從優獎勵着各直省督撫趁此整頓同心合力不分畛域上緊查拿毋得稍有鬆懈其販賣開館等犯固應從重懲辦即文武官員軍民人等吸食不知悛改者亦着一體查拿分别辦理現在各直省將軍督撫遵旨妥議章程業經降旨飭令大學士等會議一俟

奏定朕即折衷畫一頒發遵行該督撫等務當振刷精
神力袪積習勿生觀望之心以副朕意將此通諭知之
欽此
九月十一日奉
上諭鴉片烟流毒内地官民煽惑沾染日深前年太常寺
少卿許乃濟奏請弛禁朕即以為不得政體本年鴻臚
寺卿黄爵滋奏請嚴禁當降旨飭令直省將軍督撫妥
議章程昨復令大學士等會議朕於此事深加痛恨必
欲淨絶根株毋遺（貽）遠患并於名見内外臣工時詳加察
訪從無一人議及弛禁者冒昧瀆陳殊屬紕謬着降為

六品頂戴即行休致以示懲儆欽此

十一月十五日奉

上諭湖廣總督兼兵部尚書銜林則徐著頒給欽差大臣關防馳驛前往廣東查辦海口事件所有該省水師兼歸節制欽此

十二月十六日奉

上諭本日據鄧廷楨奏籌調師船將備聯幫駐泊洋面堵截民夷售私並水陸交嚴以除錮弊一摺著林則徐馳抵廣東後即將各該處情形悉心體察所有摺內所議駐洋守堵各事宜會同鄧廷楨通計熟籌務臻妥善覈

實辦理原摺着鈔給閱看將此諭令知之欽此

道光十九年正月初九日奉

上諭本日據鄧廷楨怡良片奏查辦粤省鴉片烟情形朕詳加披閱具見肫誠為國之心惟當此可乘之機仍應督飭文武員弁趁勢嚴拏毋稍鬆懈務使根株淨盡錮弊全除林則徐計應早晚到粤該督等仍遵前旨協力同心盡泯畛域勉之又勉以副委任至林則徐前此面奏請頒發檄諭曉示外夷著與鄧廷楨酌商是否可行倘必須頒發著即妥擬底稿具奏經朕披覽再行檄發

欽此

正月二十七日奉

上諭據鄧廷楨等奏通諭各國夷商湔除舊污並繕錄諭稿進呈朕詳加披閱措辭正大所見亦屬周到現在外洋拋泊各躉船是否盡數回國其並非躉船又非進口貨船往來各洋寄碇者能否絕迹著林則徐會同該督等嚴飭水師各鎮協營調集師船在各洋面聯幫追捕毋任再有偷漏其窯口烟館各犯並着通飭各屬搜拏淨盡以絕根株其茶葉大黃果否為該夷所必需倘欲斷絕是否堪以禁止不至偷越之處並著悉心訪察據實具奏林則徐面奏請頒發各國檄諭著仍遵前旨與鄧廷楨商酌妥擬底稿具奏經朕披覽再行頒發將此

諭令知之欽此

同日奉

上諭本日據鄧廷楨怡良奏稱諭逐港脚夷商喳噸現在下澳附船回國等語該夷喳噸來粵貿易多年所有躉船鴉片多半係其經營實為奸夷渠魁現因稽查嚴密恐懼圖歸雖據該督等奏稱該夷請牌下澳於臘月底定可開行但該夷盤踞既久黨羽必多現在各躉船尚未回帆其所存烟泥豈肯即行拋棄難保不別肆詭謀著林則徐嚴密訪查該夷喳噸是否實已下澳開行確於何日起椗如尚在逗遛即著嚴行驅逐據實覆奏務

使奸夷盡去錮弊悉除方為不負委任將此諭令知之
欽此

道光十九年二月十六日奉

上諭據鄧廷楨等奏籌議虎門海口創造木排鐵鍊添置礟臺礟位一摺已降旨允准虎門海口為粤海中路咽喉現當籌議海口章程自宜妥為布置以資巡防該督等所請於海面安設木排鐵鍊以羈絆夷船並添設礟臺添置礟位之處是否有益著林則徐詳細查察情形據實具奏原摺著鈔給閱看將此諭令知之欽此

二月二十日奉

上諭林則徐奏體察洋面堵截情形一摺廣東海口為各夷船出入經由要道自應水陸交嚴以除錮獘茲據奏

稱現在夷船既經移動自須到處跟蹤即使該躉船駛出老萬山猶恐内海匪船潛逃赴外洋交結等語著林則徐即親赴虎門澳門等處相機度勢通計熟籌務使外海夷船不得駛近口門妄生覬覦内地匪船不敢潛赴外洋私行勾結嚴密巡防盡除錮弊方為妥善俟中路辦竣再往東路察看機宜核實辦理該大臣係特簡前往查辦大員務須悉心籌議從容辦理不必急於蕆事務期除惡淨盡方為不負委任特此諭令知之欽此

道光十九年三月初十日奉

上諭林則徐着調補兩江總督未到任以前著陳鑾暫行署理牛鑑著署理江蘇巡撫裕謙著署理江蘇布政使江蘇按察使朱襄署理欽此

三月十九日奉

上諭各國夷商業經遵繳烟土自應加恩准予照常互市以示懷柔嘆咭唎既有在粤領事及住省夷人經該大臣等就近諭知辦理應手所有檄諭該國之處亦著暫緩頒行統俟議定興販吸食各罪名頒行新例時於善

後章程内另行詳細籌議仍遵前旨擬稿進呈再行頒

發欽此

同日林則徐片奏示諭夷人稿奉

硃批朕覽及鴉片一日未絶本大臣一日不回之句朕心深為感動卿忠君愛民之心皎然於域中化外矣欽此

三月二十日奉

上諭本日據林則徐由驛馳奏查辦躉船儘數呈繳烟土一摺可嘉之至躉船私販烟土希圖脱逃經林則徐等截回躉船二十二隻起獲烟土二萬二百八十三箱該

夷船畏法自首情尚可原著免治罪該督等奏請酌賞
茶葉之處照所議辦理此項烟土為數甚多俟收繳完
竣即查明實在箱數派委明幹員弁解京以憑收驗林
則徐等查辦妥協自應量加獎勵林則徐鄧廷楨著交
部從優議叙怡良豫堃關天培著交部議叙欽此

三月二十五日奉

上諭前據林則徐等馳奏躉船鴉片盡數呈繳請解京驗
明燒燬當降旨允行本日據御史鄧瀛奏稱廣東距京
程途遼遠所繳烟土為數較多恐委員稽察難周易啟
偷漏抽換之弊等語林則徐等經朕委任此次查辦粵

洋烟土甚屬認真朕斷不疑其稍有欺飾且長途轉運不無借資民力著無庸解送來京即交林則徐鄧廷楨怡良於收繳完竣後即在該處督率文武員弁公同查覈目擊燒燬俾沿海居民及在粵夷人共見共聞咸知震讋該大臣等惟當仰體朕意覈實稽查斷不准在事員弁人等稍滋弊混欽此

三月　日奉

上諭嗣後拏獲吸烟人犯不准以呈繳烟膏烟具入奏其從前投首不實之犯仍著各督撫等嚴飭該地方官隨時查察如有再犯即加重治罪以杜朦混而歸覈實將

此諭令知之欽此

道光十九年四月初三日奉
旨前因林則徐等在廣東洋面截回躉船起獲烟土至二
萬餘箱之多當降旨將林則徐鄧廷楨交部從優議敘
怡良豫堃關天培交部議敘茲據該部奏請將林則徐
鄧廷楨各加一級紀錄二次怡良豫堃各加一級此次
烟土係在夷船起獲與内地迥不相同林則徐鄧廷楨
著各賞加二級怡良豫堃關天培著各賞加一級著加
恩俱准隨帶欽此

道光十九年五月初五日奉

上諭朕惟姑息非所以愛民明刑即所以弼教鴉片來自

外夷日甚一日兼以內外栽種罌粟影射漁利軍民人

等受其毒者始則被人引誘繼乃習為泛常甚至蕩産

戕生罔知悛改關繫於人命風俗者甚大若不及早查

禁永杜弊源則傳染日深其害伊於胡底朕痌瘝在抱

欲為天下除此禍患不憚再三訓誡特議刑章以期易

俗移風還淳返樸因思海販窑口實為禍首罪魁倘非

一律從嚴概置重典不足以防偷漏而塞来源至吸食

之弊一日不斷則興販之罪一日不絶亦不得不稍從

寬宥今定以死罪立限嚴懲此外種種流弊尤應隨時隨地實力稽查歷久不懈庶幾根株淨盡力挽澆風惟是有治人而後有治法該將軍督撫等果能早為查辦何至流毒如今日之甚朕姑寬其既往自此次明定章程以後其各激發天良湔除積習同心協力仰體朕懷為民除害其有不肖屬員諱飾不辦者立即據實嚴參重治其罪倘仍意存玩泄視條教為具文或畏難苟安或始勤終怠則是甘心骩法自喪天良朕言出法隨決不寬貸其各懔遵毋忽欽此

五月二十八日奉

上諭林則徐奏訪獲刊賣假揑照會外國公文人犯一摺
廣東查辦海口防堵躉船業經該國夷商遵繳烟土茲
據該大臣等訪聞廣州省城坊市忽有刊賣假揑照會
嘆咭唎國公文之事拿獲浦口翁亞潑據供係由外縣
陳姓士人輾轉傳抄等語案關探聽事件詐傳言語必
應按律究辦翁亞潑著交林則徐等審訊確情其供出
之陳姓著嚴拿務獲究明假揑刊賣實情照例分别治
罪欽此

道光十九年六月十八日奉

上諭林則徐等奏銷烟委員染毒身故懇恩議卹一節廣東候選府經歷現任博羅縣典史陳鎔奉委銷化鴉片烟土染受穢毒因公殞命著加恩交該部照例賜卹欽此

道光十九年七月十九日奉

上諭林則徐等奏遵旨審擬撤任知府家丁得賄私放烟土一摺此案撤任廣西梧州府知府劉錫方於家丁張鎬即張漢三婪贜縱烟至六次之多毫無覺察本有應得之咎現當查辦鴉片吃緊之時關隘稽察尤為緊要豈容家丁賄縱實非尋常疏忽可比劉錫方著即行革職以示懲儆餘著照所議辦理欽此

七月二十日奉

上諭林則徐等奏請將原派巡緝營員革職審辦一摺廣東准升水師提標後營守備蔣大彪順德協右營守備

倫朝光前經派赴海洋巡緝拿獲販烟運銀各案犯茲
據該大臣等訪有侵匿縱放情弊必應嚴行審辦蔣大
彪倫朝光俱著即革職交林則徐鄧廷楨提同案內各
犯嚴審確情按律定擬具奏欽此

道光十九年八月十七日林則徐等奏唉夷抗不交
凶查辦情形摺奉
上諭著林則徐等趁此警動之際力除弊竇所有該國大
小船只游奕洋面跡有可疑者均着驅逐出境俟該夷
等悔罪畏服領賞回國并將凶犯繳出再行酌辦欽此

道光十九年九月初五日林則徐等奏九龍洋面轟
擊洋船摺奉
硃批朕不慮卿等孟浪但誡卿等不可畏葸先威後德控
制之良法也相機悉心籌度勉之慎之欽此
上諭當此得勢之後斷不可稍形畏葸示以柔弱雖據該
夷領事義律說西洋夷目懇求轉圜但該夷等詭詐性
成外示恐懼內存叵測不可不防著林則徐等相度機
宜悉力籌畫如果該夷等畏罪輸誠不妨先威後德倘
仍形桀驁或佯為畏懼而暗布戈矛是該夷自外生成
有心尋衅既已大張撻伐何難再示兵威林則徐等經

朕諄諭諒必計出萬全一勞永逸斷不敢輕率僨事亦
不致畏葸無能也欽此

九月二十三日林則徐等奏尖沙嘴夷船情形摺奉
上諭前後駛回各船難保不潛赴東西兩路冀圖私銷著
即派員跟蹤偵察嚴飭沿海各營認真防範至所出切
結如果可靠自必漸就肅清倘該夷迫於勢蹙暫作緩
兵之計日後再有反覆即當示以兵威斷絕大黃茶葉
永遠不准交易俾冥頑之徒知所儆懼林則徐已放兩
江總督現雖專辦此事豈能常川在粵即鄧廷楨統轄
兩有公務繁多亦不免顧此失彼仍當通盤籌畫辦理

結實俾日後凈絕根株方稱一勞永逸欽此

道光十九年十月初一日奉

上諭鄧廷楨奏查緝鴉片三載於茲刁狡豪猾之徒本厚利豐一經確訪嚴拏已獲者形僇及身未獲者逋逃亡命身家既失怨讟遂興始而風影訛傳繼且歌謠遠播以查拏為希旨以掩捕為貪功以偵緝為詭謀以推鞫為酷虐甚至誣以納賄目為營私譏廷議為急於謀財訾新例為輕於改律種種狂悖無非為烟匪洩忿等語

朕因鴉片烟流毒傳染貽害生民特派林則徐會同鄧廷楨等嚴行懲辦以挽頹風乃該匪徒等輒因查拏嚴切肆行詆毀深堪憤恨前於道光十六年間曾經降旨

以為此等鬼蜮伎倆實與匿名揭帖無異飭令各直省大吏遇有傳播歌謠密拿懲治乃申諭未久該匪等竟敢藐法作奸阻抗新令若不亟加懲辦何以儆狡猾而息刁風況林則徐鄧廷楨怡良等皆朕親信大臣俾以重任現在查辦鴉片正在吃緊之際斷不可因羣言之淆惑稍形懈弛林則徐等務當協力同心勉益加勉嚴飭所屬明查暗訪將編造歌謠之人拏獲到案訊明起自何人有無授意主使從重定擬治罪毋稍疎縱欽此

道光十九年十月二十三日奉

旨這所參失查奸商夾帶烟土之廣東署南雄直隸州事

候補直隸州知州陳坦道署南雄協副將事南韶連鎮

中軍游擊拴住於過客馬姓夾帶烟土過嶺並不立時

掩捕追至鄰封移緝僅獲店影二名又未查獲烟土烟

膏此際查拿鴉片吃緊之時實屬玩視補務陳坦道拴

住著先行一併摘去頂戴勒限兩月嚴拿店主彭與榮

及馬姓務獲移解江西歸案審辦倘逾限無獲即嚴參

示儆欽此

道光十九年十一月初八日林則徐等奏穿鼻尖沙嘴疊擊夷船摺奉

上諭林則徐等奏轟擊夷船情形一摺覽奏均悉唊咭唎國夷人自議禁煙之後反覆無常前次膽敢先放火礮旋經剴諭僞作恭順仍勾結兵船潛圖報復彼時雖加懲創未即絕其貿易已不足以示威此次吐嚂夷船復敢首先開放大炮又於官涌地方占據巢穴接仗六次我兵連獲勝仗並將尖沙嘴夷船全數逐出外洋該夷心懷叵測已可概見即使此次出具甘結亦難保無反覆情事若屢次抗拒仍准通商殊屬不成事體至區區

稅銀何足計論我朝撫綏外夷恩澤極厚該夷等不知
感戴反肆鴟張是彼曲我直中外咸知自外生成尚何
足惜著林則徐等酌量情形即將嘆咭唎國貿易停止
所有該國船隻盡行驅逐出口不必取具甘結其毆斃
華民兇犯亦不值令其交出嘴唧一船無庸查明下落
並著出示曉諭各國列其罪狀宣布各夷俾知嘆夷自
絕天朝與爾各國無與爾各國照常恭順仍准通商倘
敢包庇嘆夷潛帶入口一經查出從重治罪其沿海各
隘口並距夷埠不遠之各海島均著林則徐相度機宜
密派員弁兵丁嚴加防護毋稍疏懈此次攻擊夷船提

督闗天培奮勇直前身先士卒可嘉之至著賞給法福
靈阿巴圖魯名號仍交部從優議敘以示獎勵所有在
事出力員弁著查明保奏候朕施恩陣亡及受傷弁兵
著林則徐等查明咨部照例辦理欽此
同日奉
上諭林則徐奏據實附陳等語已革湖南撫標游擊馬辰
湖北漢陽縣丞彭鳳池均著准其留於廣東交林則徐
差遣委用欽此
十一月二十三日奉
上諭前據林則徐奏參廣東署南雄直隸州知州陳坦道

署南雄協副將拴住失察奸商夾帶鴉片烟土一千九百九十餘兩當降旨將該員等摘頂勒緝茲據查明該州協原稟此案起獲烟土實止一千一百九十餘兩原奏係屬錯誤著即更正欽此

道光十九年十二月初一日奉

上諭鄧廷楨著調補兩江總督兩廣總督著林則徐調補

鄧廷楨未到任以前兩江總督麟慶兼署欽此

初二日奉

上諭林則徐奏請將道員暫行移駐澳門查辦夷務等語

廣東澳門地方為各國夷商貿易總匯之區現在清釐

積弊控馭尤資得人該處雖設有同知縣丞各一員惟

官職較小尚不足以窮弊源而制驕縱著照所請即飭

令高廉道易中孚暫行駐札澳門督同該同知等查辦

夷務所有前山寨内河水師都司一員帶兵三百六十

三名著即歸該道節制遇有緩急聽其調遣俟一二年
後夷務肅清再將該道撤回任所以重職守餘著照所
議辦理欽此
同日奉
上諭林則徐奏夷人帶鴉片烟來内地者請照化外有犯
之例人即正法貨物入官議一專條並暫時首繳免罪
如何酌予限期之處著軍機大臣會同刑部議奏欽此
十一日奉
上諭本日據曾望顔奏夷情反覆請封關禁海設法剿辦
以清弊源一摺又另片奏澳夷互市貨物亦請定以限

制等語著林則徐怡良關天培鄧繼昌悉心妥議具奏

并傳諭豫堃知之欽此

柔遠全書卷　道咸成案之二

吴縣謝家福恭輯

道光二十年正月十九日奉

上諭林則徐奏請將緝獲烟犯各員開復等語廣東署南雄直隸州事候補直隸州陳坦道署南雄協副將事南部連鎮中軍游擊拴住前因過客烏姓夾帶烟土未能立時捕獲當經降旨摘去頂戴勒限嚴拿茲據該督查明該員等於兩月限內將本案各犯全數弋獲尚知愧奮陳坦道拴住均著准其開復頂戴欽此

道光二十年二月十二日奉

上諭林則徐奏查明籌辦夷務出力員弁遵旨保舉開單

呈覽並一摺廣東南雄直隸州知州余保純著遇有不

論何項知府缺出即行奏補仍交部從優議敘廉州府

知府珠爾杭阿佛岡同知劉開域臨高縣知縣蔣在昂

南海縣知縣劉師陸番禺縣知縣張錫蕃新安縣知縣

梁星源樂昌縣知縣吳思樹均著交部從優議敘候補

通判李敦業著免補本班以同知升用龔耿光著補缺

後以知州升用試用知縣壽祺方玉連殷作梅陳裕垂

均著交部從優議敘廣州府經歷彭邦晦著以知縣補

用候補縣丞張起鵾著以縣丞即候候補州判丁曰生
候補府經歷縣丞羅江候補府經歷朱甸霖均著於補
缺後以應升之缺升用五斗司巡檢殷輔著賞加州同
銜樂昌縣典史徐守和著以縣丞補用候補從九品姚
恭訓著補缺後以縣丞補用候補鹽知事陳峻著補缺
後以場大使補用補補縣丞李錫綬候補從九品鈕兆
祺王貽槐鈕兆台均著儘先補用水師提標左營游擊
麥廷章著賞戴花翎加參將銜候補守備何芳著賞戴
花翎遇缺即補提標後營額外衛佐邦著賞戴藍翎以
千總升用增城營參將陳連升著以副將升用肇慶水

師參將張斌著賞戴花翎香山協都司洪名香著以游
擊升用新會營守備任通標著以都司升用督標千總
黃者華把總張九經撫標把總劉文鳳均著賞戴藍翎
書吏李裕昌著以從九品歸班儘先選用何炳勳著扣
滿年限以從九品儘先選用單併發欽此

同日奉

上諭林則徐等奏差遣各員得力懇請恩施等語湖北漢
陽縣縣丞彭鳳池已革湖南撫標右營游擊馬辰前經
降旨交林則徐差遣委用茲據該督等奏稱該二員不
辭勞苦隨時差遣得力彭鳳池著發回省省以知縣遇

缺即補馬辰著准其以都司補用歸部銓選以示鼓勵
欽此
二月十九日奉
旨前據林則徐奏保舉廣東南雄直隸州知州余保純當
經降旨遇有不論何項知府缺出即行奏補茲據吏部
奏稱請旨之缺例不准由外請補余保純著遇有廣東
省應選知府無論各項缺出准其補用所有該省請旨
之缺概不准補以符定制欽此

道光二十年五月二十九日奉

上諭張成龍著調補廣東陽江鎮總兵所遺浙江黄巖鎮總兵員缺著以何岳鍾對調張成龍到任後由該督詳加察看如果堪勝南澳鎮總兵之任再行奏請與惠昌耀對調欽此

道光二十年六月十九日奉
上諭林則徐奏請將守備革審一摺廣東大鵬右營水師守備林東榮著即革職交該督提同已獲各犯並勒緝未到犯証嚴行訊究是否營職官兵通同買烟吸食有無前項劣蹟務得確情按律定擬欽此

六月二十三日奉
上諭烏爾恭額等奏嘆夷滋事擾及海疆上年廣東今春福建已經降林則徐鄧廷楨等力籌勦辦該夷畏威遠遁朕早經降旨飭令嚴加防禦該撫形同木偶致有定海之虞該省軍務廢弛已可概見且所奏甚屬含混此次

勦滅必得淨盡方洩朕忿如有漏網惟撫撫是問欽此

硃批浙江水陸營伍之廢弛不問可知區區小醜膽敢如此披猖文武大吏即張皇失措平日豈竟知養尊處優耶另有旨欽此

同日奉

上諭暎夷因查辦烟土絕其牟利之念朕早知其必有竄入海口滋擾之舉屢經訓諭有海口各省督撫提鎮嚴密防範不至該夷駛入本日據烏爾恭額奏暎夷致書定海鎮總兵肆其狂悖並知夷人俱已登岸圍攻城池覽奏之餘實堪痛恨此等醜類不過小試其技據奏仍

欲藉勢售私他何能為該巡撫提督果能認真防堵水陸交嚴何致縱入登岸有三四千人之多似此偶遇事端文武大吏即張皇失措浙江營伍廢弛不問可知已另有旨烏爾恭額祝廷彪交部嚴加議處至定海鎮孤懸海外被圍甚急該撫自應添撥水師馳往援救而該夷船難保不窺視寧波鎮海等處要口妄希占據着即派委將兵分路嚴防無許竄入本日已降旨由四百餘飭令余步雲酌帶弁兵前往勦辦計日可到該撫等務當悉心籌畫稍贖前愆倘再有疎虞必當從重治罪也將此由四百里諭令知之欽此

同日奉

上諭烏爾恭額奏嘆夷船隻駛入浙江定海縣登岸滋事情形一摺前因查禁鴉片烟廣東省已斷絕該夷貿易迭經降旨令沿海各督撫嚴加防範何以毫無覺察形同木偶致令登岸滋事烏爾恭額祝廷彪均著先行交部嚴加議處欽此

六月二十六日奉

上諭本日據烏爾恭額等由驛馳奏定海縣城失守現籌堵禦一摺此次嘆逆船隻攔衆滋事官兵猝遇寇賊自應出奇制勝謀定後動乃該總兵張朝發愎諫撤守以

致喪師失城情罪重大游擊羅建功等於是（敗）後遂即回營亦屬罪有應得定海鎮總兵張朝發署中軍游擊羅建功護營游擊錢炳煥護右營游擊王萬年署中營守備龔配道均著革職拿問交部分別定罪烏爾恭額祝廷彪籌備不力前經（降）旨交部嚴加議處茲據該部奏請革職尚不足以蔽辜惟現當防堵之時若竟予罷斥治罪轉得置身事外烏爾恭額祝廷彪著先行革職暫留本任帶罪圖功以觀後效署鎮海營參將彭德耀鎮海縣知縣黃維同均著撤回仍留該處聽候差遣沈粵巡檢徐桂馥請救已遲著即斥革署定海縣知縣姚懷祥

典史余福俱不屈投水被害身死實屬可憫著該部加等議卹餘著照所議辦理欽此

六月二十八日奉

上諭此次嘆吉利逆夷滋事攻陷定海現經調兵會剿不難即時撲滅因思該夷先經投遞揭帖悉其狂悖逆夷文字不通中國必有漢奸為之代撰且夷船多隻闖入內洋若無漢奸接引逆夷豈識路途以食毛踐土之民敢於自外生成為夷匪主謀嚮導實屬罪不容誅至治海弁兵疎於防範已非尋常失察可比若竟勾連接引尤堪痛恨著盛京山東山東江蘇廣東福建各將軍督

撫提鎮等分飭各屬嚴密查拿如有內地奸民潛蹤出入一經獲案嚴究有無通夷導逆情事從重懲辦其疎防縱奸弁兵亦著一體嚴拿加等治罪務令奸宄淨盡毋任一名漏網此次諄諭之後如各該省海口仍有漢奸出入別經獲案不特該弁兵等從嚴究辦定將該將軍督撫提鎮等一併嚴懲決不寬貸懍之慎之將此通諭知之欽此

道光二十年七月初二日奉
上諭給事中沈鑅奏請飭沿海各省團練水勇一摺着沿海各將軍督撫等酌量地方情形妥議具奏欽此
七月初九日奉
上諭伊里布着頒給欽差大臣關防馳驛前往浙江查辦事件兩江總督及鹽政即務着裕謙兼署欽此
同日奉軍機大臣字寄江督伊　本日奉
上諭浙江定海縣逆夷滋事烏爾恭額辦理不善已降旨革職令隨營在效力復因閩省亦當吃緊鄧廷楨未便遠離本日明降諭旨頒頒給伊里布欽差大臣關防著馳驛

前往浙江查辦事件矣該督接奉此旨即將總督鹽政關防交裕謙兼署該督即行馳赴寧波察看情形再定進勦江蘇省水陸將備如有得力者准其帶往差遣現在烏爾恭額所調本省兵諒已齊集並節次降旨余步雲帶兵赴浙及鄧廷楨酌派水師會勦諒亦先後降阿到伊里布厚集兵力相度機宜務須好謀而成以副朕望將此由五百里諭令知之欽此

七月初十日　内閣奉

旨前據烏爾恭額奏暎夷船隻在定海縣洋面滋事定海鎮張朝發悞諫撤守以致喪師失城情罪重大署中營游

擊羅建功功左營游擊錢炳煥右營游擊王禹年署中營守備
龔配道於散敗後回營亦罪有應得當降旨將該總兵等
革職拿問交部治罪分別從重定罪擬刑部將張朝發擬斬
監候羅建功等發新疆充當苦差俱按律問擬該總兵
敗後退散情形究竟若何該撫所奏未能詳細着伊里
布於抵浙後提同該革員嚴行訊究務得確情以伸國
法而懲將來毋稍狥隱據實具奏欽此
七月二十八日軍機大臣字寄奉
上諭本日據伊里布奏勦辦𠯈逆機宜一摺據奏𠯈夷佔
據定海其船聚於港口分泊要隘據險拒守並於經由

各島嶼設礮守兵探截抗拒等語該夷船身堅大鎗礮便利若在海洋接戰驟難制勝所請趕造船隻之處恐緩不濟急徒勞無功著無庸議現有夷船駛至天津投遞訴冤稟帖已降旨令琦善妥為辦理該大臣於抵浙後必須訪察明確謀定後動斷不可急圖收復冒昧輕進該夷人有呈遞字件即著派員接受將原件由驛馳奏將此由五百里諭令知之欽此

同日奉

上諭本日據伊里布奏密陳江浙水師情形請旨飭閩廣督臣遣兵會勦一摺又據該大臣由驛馳奏起程赴浙並

帶員前往等語覽奏均悉現在余步雲已奏保帶兵赴浙此時已抵鎮海該大臣所帶江蘇兵丁暨烏爾恭額所調浙江各路弁勇鄧廷楨所撥水勇千名諒已雲集不為單弱至閩廣東兩省海口隨在各關緊要若分兵赴浙不獨鞭長莫及且恐顧此失彼未能計出萬全總之行軍之道謀畧為先紀律之師以一當百該大臣老成持重必不至銳意見功或虞失挫惟暎夷現據定海主客之勢既殊若在洋面接仗彼轉得用其所長至收復之策務須通盤籌畫確有把握謀定後戰如何布置之處奏明後再行進勦至所請隨帶文武各員署鎮江

府知府黄冕卸署金匱縣知縣試用通判孫逢先及佐雜三員並狼山鎮總兵謝朝恩京口協副將林明瑞平望營都司曾得勝著准其帶往又另片奏請飭福建金門鎮兵總兵竇振彪赴浙江省交該大臣差遣委用之處已諭知鄧廷楨札調前來將此由四百里諭知伊里布並諭余步雲知之欽此

道光二十年八月初十日　軍機大臣字寄

上諭本日據伊里布馳奏浙浙籌辦情形一摺覽奏俱悉暎夷占據定海分船游弋蹤跡詭秘該大臣務須加意防堵仍遣得力之員分投偵探該夷匪所恃全在洋外船堅礮利一經登陸其技立窮該大臣總當鎮靜持重不可在外洋與之接仗如敢登岸即行痛勦倘探得該夷船隻駛出外洋不必窮追所有定海縣民應行撫卹及文武員弁應派委署之處著該大臣妥為籌辦至所奏調派壽鎮來浙協力堵禦並請調閩粵水師會勦之處著此旨施行將此由五百里諭令知之欽此

八月二十二日奉

上諭琦善著作為欽差大臣馳驛前往廣東查辦事件直隸總督著訥爾經額署理陝甘總督着瑚松額署理欽此

同日奉

上諭前因咦夷在天津海口投遞呈詞甚覺恭順籲懇恩施當飭令琦善剴切曉諭不准滋擾祇許赴粤叩關如果出於至誠該大臣等自能代為轉奏乞恩茲據琦善奏稱該夷聽受訓諭業經全行起椗並禀稱沿海各處如不開熗炮亦不敢生事端倘被攻擊勢難已於回手

定海之兵亦可撤回一半等語該夷前次猖獗雖屬有激而成殊堪髮指必應痛剿示威現在福建之泉州浙江之乍浦江蘇之寶山崇明各洋面均經前後轟擊夷船大挫其鋒該夷既懇請赴粵乞恩自不必窮於所往本日已降諭旨派琦善作為欽差大臣馳驛前赴廣東查辦事件俟該大臣到粵後自能辦理妥洽但恐沿海各督撫不知現在情形將此由五百里寄示伊里布宋其沅裕謙郘甲名托洋布鄧廷楨林則徐等一體遵照各守要隘認真防範如有該夷船經過或停泊外洋不必開放鎗炮但以守禦為主勿以攻擊為先其應布置嚴

密之處仍不可稍形鬆懈是為至要本日琦善原摺照
會𠸄夷底稿及該夷回文均着抄給閱看將此由五百
里各諭令知之欽此
八月二十八日奉
上諭鄧廷楨吳文鎔奏請防堵經費一摺閩省為海疆重
地訓練兵勇稽查要隘原不因𠸄夷船隻往來游奕始
行防守至於𠸄夷占踞定海因前撫臣未受該夷訴冤
呈詞以致激成事端現在該夷僅止困守並未敢四出
滋擾鄧廷楨等所稱腹背受敵未知所受何敵該夷因
閩浙疆臣未能代為呈訴冤抑始赴天津投遞呈詞頗

覺恭順現在特派大臣赴粵查辦不日即可戢兵鄧廷
楨等所稱該夷猖獗不知在何處猖獗總因該革員等
種種辦理不善遂費周章着吳文鎔即將本省各鎮弁
兵照常認真訓練堅守海口所需支發錢糧著斟酌籌
畫裁汰浮糜其應用欵項隨時奏聞所有該省僱募水
勇賃漁船着即酌量裁汰以節糜費而昭核實欽此

道光二十年九月初三日奉

上諭前因鴉片流毒內地特派林則徐馳往廣東海口會同鄧廷楨查辦原期肅清內地斷絕來源隨地隨時妥為辦理乃自查辦以來內而奸民犯法不能盡絕外而興販來源並未斷絕甚至本年𠸄夷船隻沿海游奕福建浙江江蘇山東直隸盛京等省紛紛徵調糜餉勞師此皆林則徐等辦理不善之所致林則徐鄧廷楨著交部議別嚴加議處林則徐即來京聽候部議兩廣總督著琦善署理琦善未到任以前着怡良暫行護理此次𠸄夷投遞稟帖訴稱冤抑朕洞悉各情斷不為其所動

惟該督等以特派大員辦理終無實濟轉致別事〔滋〕事端
誤國病民莫此為甚是以特加懲處並非因該夷稟訴
遽訴予嚴議也欽此

九月初四日奉

上諭本日據伊里布馳奏浙省水師分別招徠僱募毋庸
另行調撥一摺覽奏均悉嘆夷來至天津遞稟訴冤現
經琦善妥為查辦業已起椗南旋本日據托渾布奏夷
〔二船〕一律放回其駛至附岸小船查詢夷人據稱遵旨南旋
聽候欽差查辦等語該夷現在情詞頗為恭順著伊里
布查明在浙夷船是否全行退回所有招募水師有應

撤應留之處該大臣即酌量情形分別妥為辦理再本日據鄧廷楨等奏福建前募水勇由陸起陸前進聽候調遣等語此次水勇如果毋須調撥亦著伊里布飭令仍由陸路折回以節糜費至該大臣所奏寧波府屬拏獲夷匪二十餘名著即妥為收管俟有商船赴粵之便解赴廣東省交琦善辦理托渾布原摺片著抄給閱看將此由五百里諭令知之欽此

九月初八日奉

旨前派林則徐鄧廷楨在廣東查辦鴉片乃將逾兩年不但未絕根株轉致該夷赴近畿呈訴冤抑成何事體已將

該督等誤國誤民之不善之處降旨宣示茲據吏部遵
旨將該督等議以革職寶屬咎所應得林則徐鄧廷楨
均著照部議革職林則徐著即挈回鄧廷楨亦著迅速
前赴廣東以備查問差委欽此

九月十二日奉

上諭暎夷前在浙江投遞字帖預求轉奏烏爾恭額於接
收夷書時並不將原書呈奏即行擲還即以致該夷船駛
往各省紛紛投訴寶屬昏瞶謬妄致誤機宜烏爾恭額
著即行拏問著伊里布派委妥員速行解京交刑部治
罪欽此

道光二十年十月二十三日奉

上諭朕因鴉片流毒中外傳染日深屢經降旨飭令該地方官嚴行查辦上年頒發新定章程嚴立科條給予限期務使吾民湔除惡習永絕根株自定例以來各省大吏奏報拿獲烟犯所在多名薄海內外必已父戒其子兄勉其弟咸知畏法自新誠恐愚民狃於積習尚存觀望冀幸之私即日限滿屆滿或以無藐藐法朕甚憫焉著通諭各省將軍督撫等督飭所屬認真辦查至京師為首善之區所有部旗大小各衙門尤當合力同心嚴查究辦若心存推諉試問盡職乎斷不可因罪名較重

稍存姑息之心仍蹈養奸之習如果實力奉行不留餘
孽即從前查辦不嚴原可寬其既往倘因規避處分仍
前玩泄以致錮習朕必不能輕恕是在内外諸臣訓諭
督催不遺餘力轉瞬届限無蔸法干罪之人用副朕除
惡務盡之意勉之望之欽此

道光二十年十一月十二日奉

上諭劉韻珂奏探訪定海夷情一摺覽奏均已悉諭令已於武

闈事竣馳赴鎮海會同伊里布確查情形籌辦矣劉韻

珂奏未便以渠探聞之詞為據著伊里布再行詳細確

查情形究竟若何並著密咨琦善一面據實具奏欽此

同日奉

上諭英夷詭譎異常朝夕反覆早在意計之中朕前次准

令琦善赴粵查辦原係為斯民謀長治久安之計策現在

如該夷聽受訓諭將定海退還安靜無事固為善策倘竟不遵約束另籌

琦善想已到粵辦法統俟粵省奏到再示機宜倘粵省

辦理不能妥協或該夷意主尋衅其勢萬不能已彼此

應調何處弁兵著伊里布一面檄調一面奏聞該大臣尤當先事綢繆計出萬全是為至要倘籌辦疎懈將來有誤機宜朕惟伊里布是問恐不能當此重咎也欽此

十一月二十六日奉

上諭伊里布奏續撫難民等語據查入冬以來定海各嶴居民多行內地統計已有八千餘名著即籌款發給賑卹著並飭令該地方官妥為安插毋任失所前任定海縣知縣姚懷祥典史全福遇難不屈甚屬可嘉著照部議

賜卹欽此

十一月廿七日奉

上
諭御史蔡家玕奏籌制𠹭夷事宜一摺該夷目等現在
廣東聽候查辦尚屬恭順毋庸遽議勦擊所有該御史
籌議各條著暫為存記倘將來事有變更再行體察情
形如各條內有可採擇之處酌量妥為辦理原摺着鈔給
閱看欽此

道光二十年十二月初三日奉

上諭昨據琦善奏嘆夷回粵情形一摺已降旨飭令相度機宜酌量辦理矣該夷因斷絕貿易貪利無厭其始乞如恩查辦朕因該夷惟利是視不值竭中國之財力與之計較故示以羈縻原冀平其驕悍之氣便可戢兵乃現據琦善奏稱此次嘆夷自浙回粵更加傲慢等語該夷包藏禍心狡焉思逞恐後此無厭之求益無底止琦善面受機宜自仍以開導為先但恐事有變更如有不得不攻剿之處則兵貴神速不可稍有遷延坐失機宜特此申諭琦善伊里布並沿海各將軍督撫等務當隨時

體察嚴密防範其平日得力之將弁及應用之鎗炮火藥等件均當預為籌備務使措置得宜操練有準前諭各兵雖有撤歸回伍者而本地防兵為數亦復不少尤當分布要隘有備無患琦善又奏稱懿律即欲回國並向東駛去等語夷目詭譎異常難保不藉詞仍回浙省並騷擾沿海各地方著該將軍督撫等留意偵探有夷船務查虛實萬不可受其欺矇致有僨事至大吏責任守土經此訓諭之後自必倍加兢惕無稍疏懈倘有如定海失守者則烏爾恭額前車鑒具在朕必不稍為寬貸也凜之特此各諭令知之欽此

十二月初七日奉

上諭劉韻珂奏籌辦撫卹定海難民一摺著照所議辦理如有不敷准其在於截留軍需項下酌量動用事竣核實報銷欽此

十二月初十日奉

上諭據御史石景芬奏請合江浙兩省兵力乘其驕惰出其不意機會可乘時不可失等語逆夷包藏禍心占據定海江浙沿海隘口必應慎密防備著伊里布裕謙按照摺內所指各海口悉心籌畫何處必須防守何處可以進剿先事豫籌密為布置並遴選將弁准備鎗炮一

俟廣東洛照實情形形即行相機堵剿兵貴神速計必萬全務須一鼓作氣聚而殲旃倘事前不知籌度臨時坐失機宜朕惟伊里布裕謙是問恐不能當此重咎也

欽此

道咸成案二

柔遠全書 四

柔遠全書卷　道咸成案之三

吳縣謝家福恭輯

道光二十一年正月初六日奉

上諭我朝撫馭外夷全以恩義各國果能恭順無不至加優禮以期共樂昇平前因西夷鴉片流毒日甚特頒禁令力挽澆風惟暎咭唎恃其驕悍不肯具結是以降旨絕其貿易乃並不知愧悔日肆鴟張突於上年六月間乘駕夷船數十隻直駛定海占據城池復於福建浙江江蘇山東直隸奉天各省洋面任意往來多方滋擾該逆夷桀驁不馴至於此極原不難整我師旅悉數殲除

因念該夷投遞書函自鳴寃抑不可不為之查究以示
大公特命大學士琦善馳赴廣東據實查辦倘該夷稍
有天良自應全數赴粵靜候辦理乃一半起程歸行一
半仍留定海是其狡黠情形已堪髮指近聞數月以来
姦淫婦女擄掠資財建築炮台開窄河道且令偽官出
示諭民納粮百姓何辜罹兹荼毒興言及此寢食難安
迨琦善抵粵後明白開導乃敢妄求無厭既思索償烟
價又復請給馬頭朕早料其反覆無常斷非信義之所
能喻特命簡調四川貴州湖南江西各路精兵前赴廣
東又調湖北湖南安徽各路精兵前赴浙江預備攻剿

茲據琦善馳奏該逆夷於上年十二月十五日糾約漢
奸乘坐多船直逼虎門洋面開炮轟擊傷我官兵並將
大角炮台攻破沙角炮台占據是其逆天悖理性等犬
羊實覆載所難容亦人神所共憤惟有痛加剿洗聚而
殲旃方足以彰天討而慰民望現在所調各省勁兵計
可早到著伊里布剋日進兵收復定海以蘇吾民之困
並著琦善激勵士卒奮勇直前務使逆夷授首檻送京
師盡法懲治嚴拿盡數乃止至沿海各省洋面迭經降
旨嚴密防範著各該將軍督撫等加意巡查來則攻擊
並曉諭官民人等思敵愾志切同仇迅贊膚功共膺

上賞實有厚望也將此諭中外知之欽此

同日奉

上諭琦善奏㖞夷攻占炮台情形一摺逆夷到粵以後日形猖獗迭經朕嚴諭各省慎密周防相機勦辦爾文武大員宜如何妥為布置本日據琦善馳奏該處沙角炮台竟為逆夷占奪大角炮台亦被攻破並有戕傷將弁搶奪師船之事可見該署督等於防禦各事宜全未豫行籌備琦善著交部嚴加議處仍督率調到各官兵奮勇以勦迅奏膚功關天培身任提督統轄水師平時既督率無方臨時又倉皇拮据先行革去頂帶仍令帶罪

立功以觀後效所有傷亾將弁兵丁該署督確切查明具奏欽此

正月初九日奉

上諭奕山著授為靖逆將軍隆文楊芳著作為叅贊大臣均頒給關防馳馹前赴廣東勦擒逆夷欽此

正月十一日奉

上諭奕山等奏請隨帶司員一摺理藩院員外郎西拉本候選員外郎知府銜福奎兵部筆帖式慶福户部員外郎穆騰額李湘棻筆帖式全興均著准其隨帶軍營聽候差委一併馳馹前往欽此

正月十二日奉

旨奕山著賞給大緞袍褂料各二件隆文楊芳著賞給大緞袍褂料各一件楊芳賞賜物件著奕山帶往御前頭等侍衛珠勒亨三等侍衛德崇額乾清門二等侍衛岳額三等侍衛德勒格哩每名賞給銀八十兩正白旗二等侍衛忠太正黄旗三等侍衛巴楊阿布特海粘杆處藍翎侍衛福明鑲黄旗委護軍參領那瑪善每名賞給銀四十兩健鋭營前鋒校拴住文英德奎穆隆阿烏勒精阿海瑞阿靈阿副前鋒校海通玉興藍翎長訥欽布興奎前鋒慶瑞伊拉通阿慶泰火器營鳥鎗護軍校舒

志穆特布海通烏鎗藍翎長英勒根太武瑞每名賞銀三十兩戶部員外郎穆騰額李湘棻理藩院員外郎西拉本候選員外郎知府銜福奎每人賞銀四十兩戶部筆帖式全興兵部筆帖式慶福每人賞銀三十兩俱由廣儲司給發欽此

正月二十六日奉

上諭前因𠹭夷自浙回粵復肆悖逆攻陷炮台特授奕山為靖逆將軍楊芳隆文為叅贊大臣集調各路精兵聲罪致討茲據琦善奏𠹭夷獻出沙角大角炮台並遣人赴浙繳還定海懇請俯准所請暫示羈縻等情覽奏曷

勝憤懣不料琦善怯懦無能一至於此𠸄夷兩次在浙江廣東肆逆攻占縣城炮台傷我鎮將大員荼毒生靈驚擾郡邑大逆不道覆載難容無論繳還定海獻出炮台之語不可憑信即使真能退地亦只復我疆土其被害之官兵罹害之民人切齒同仇神人共憤若不痛加勦洗何以伸天討而示國威若奕山隆文兼程前進迅即馳赴廣東整我師旅殲玆醜類務將首從各犯通夷漢奸檻送京師盡法懲治其沿海各省將軍督撫尤當加意嚴防來即攻擊務令片帆不返得奏膚功至琦善身膺重寄不能聲明大義拒絕妄求竟敢受逆夷欺侮

已出情理之外且屢奉諭旨不准收受夷書此時膽敢
附摺呈遞並代為懇求是何居心且據奏稱同城之將
軍都統巡撫學政及司道府縣均經會商何以摺內阿
精阿怡良等並不會銜所奏顯有不實琦善著革去大
學士拔去花翎仍交部嚴加議處欽此

道光二十一年二月初六日奉

上諭本日據怡良奏逆夷投書狂悖並於香港地方出有偽示又據楊芳奏剿夷事宜各一摺逆夷日肆鴟張膽敢占踞香港地方指稱屬伊收管出示逼令該處民人歸順實堪髮指此皆由琦善畏葸無能受其欺朦以致愈形猖獗已有旨將琦善革職拏解來京矣楊芳所論現在大局或一面收復定海一面准其在偏僻小港屯集貨物等語亦屬非是此時萬不許作此議論裕謙現在業經到浙當已布置周妥惟有迅加進剿殲此醜類務使片甲不返以彰天討而快人心怡良楊芳摺並着

抄給閱看將此由五百里馳諭知之欽此

同日奉

上諭祁墳著補授兩廣總督未到任以前着怡良兼署欽此

同日奉

上諭前因唊逆日肆猖獗降旨令琦善等嚴密防範如有必須攻勦之處不可遷延悮事嗣因該逆攻占炮台特將琦善交部嚴議仍諭令奮力勦除以圖補救乃琦善到粵以後甘受逆夷播弄節經諄切告誡迷而不遵自稱專辦夷務不令阿精阿怡良與聞迭次奏報情形非

係開脫逆情即屬代求恩宥於一切防守剿堵事宜置
之不問並因該逆有繳還定海之言輒將義律呈遞伊
里布文件及該夷目給與留浙頭目夷信為由馹遞交
伊里布聽信順從遲延觀望本日據怡良馳奏𠸄夷投
遞逆詞並在香港地方出有偽示一摺香港地方緊要
前經琦善奏明如或給予必至屯兵聚糧建台設炮久
之覬覦廣東流弊不可勝言旋又奏請准其廣東通商
並給香港地方泊舟寄居前後自相矛盾已出情理之
外況此事並未奉旨允行何以該督即令逆夷公然占
據現據怡良奏報𠸄夷盤踞香港稱係琦善說定讓給

已有文據並僞發告示稱該處百姓爲唤國之民覽奏
殊堪痛恨朕君臨天下尺土一民莫非國家所有琦善
擅與香港擅准通商朕膽敢乞朕恩施格外是直代逆
乞恩且伊被人恐嚇奏報粤省情形妄稱地理無要可
扼軍械無利可恃兵力不固民情不堅摘舉數端危言
要挾更不知是何肺腑如此孤恩悮國實屬喪盡天良
琦善著即革職鎖拿派副都統英隆並飭怡良指派同
知知州一員一同押解來京嚴行訊問所有琦善家產
即行查抄入官欽此
二月初　日奉

上諭前因逆夷占據定海特命伊里布為欽差大臣相機
籌辦並因該逆自浙回粵日肆猖獗屢經降旨令伊里
布迅速進兵不必俟廣東知會即行攻剿乃伊里布不
遵諭旨惟知順從琦善屢次奏報始以兵炮未集藉詞
緩攻繼以接得繳還定海之札即信以為實已有旨令
掣回本任命裕謙馳赴浙江作為欽差大臣會同提督
余步雲迅速剿辦伊里布未回任以前所有兩江總督
著程矞采暫行兼護矣本日據裕謙馳奏逆夷未受懲
創飭兵仍行前進一摺所奏均是逆夷攻據定海之後
奸淫搶奪荼毒生靈凡我士民志切同仇人思敵愾裕

謙此次赴浙以順討逆以主逐客以衆擊寡必當一鼓
作氣聚而殲旃朕佇望該大臣迅奏膚功懋膺上賞斷
不可因該逆現有繳還定海之說稍事　回又墮逆夷
詭計而蹈琦善伊里布孤恩誤事之故轍懍之至伊里
布身膺特簡迭次催令進兵並不遵旨剿辦株守數月
觀望遷延甚屬畏葸不堪伊里布著交部嚴加議處欽
此

二月十四日奉

上諭前因嘆夷在天津投遞夷書聲稱訴寃朕惟　仁育義
正無間華夷特命琦善赴粤查辦並諭知伊里布暫緩

進兵旋因該夷日肆猖獗迭經降旨令伊里布迅速進
兵攻復定海乃伊里布屢次奏報總以兵炮未集為詞
直至探明該夷願繳定海確信始行遣將帶兵前往本
日據奏定海業已收復夷船全數起椗等語逆夷占據
定海已竟數月現因粵省命將出師聲罪致討方行繳
還定海全數起椗出洋可見逆夷並無能為設使伊里
布奉到進兵諭旨熟審順逆主客之勢密籌剿辦攻取
之宜一鼓作氣四面兜捦復我故土殲除醜類庶足以
伸天討而快人心乃觀望遲延株守數月直至該夷聞
有大兵望風遠竄遂將定海收回可為庸懦無能之至

前將該督交部嚴議照溺職例革職實屬咎所應得姑
念一時簡用乏人伊里布著革去協辦大學士拔去雙
眼花翎暫留兩江總督之任仍帶革職留任處分八年
無過方准開復以觀後效欽此

二月二十三日奉

上諭齊慎著作爲參贊大臣酌帶川兵數百名星馳赴粤
會同劉辦欽此

二月二十七日奉

上諭琦善奏虎門炮台失守提督陣亡一摺逆夷攻擊虎
門炮台及烏誦卡座廣東水師提督關天培香山協副

將劉大忠遊擊麥廷章署湖南提督祥福遊擊沈占鰲
守備洪達科先後被害殊堪憫惻俱著加恩照例賜䘏
以慰忠魂其傷亡兵丁亦著查明照例辦理欽此

道光二十一年三月初四日奉

旨顏伯燾奏提督年老久病請旨開缺一摺陳階平著以原品休致福建水師提督著竇振彪調補廣東水師提督著吳建勳補授欽此

三月初五日奉

上諭昨因虎門炮台失守提督陣亡降旨令兵部議卹茲據該部議奏原任廣東水師提督關天培除照例賞給銀兩給予世職外著該撫查明伊子孫幾人均於服闋後送部帶領引見候朕施恩原任廣東海口營參將奏補香山協副將劉大忠著加恩照副將例賜卹原任廣

東碣石鎮標右營都司奏署水師提標右營遊擊麥廷章著加恩照遊擊例賜卹該二員應得卹典該部另行議奏原任湖南鎮筸鎮總兵祥福左營巖門遊擊沈占鰲提標中營守備洪達科均著照該部所議賜卹該六員統領士卒為國捐軀殊堪憫惻著該督撫於事竣後即在遇害地方建立專祠以慰忠魂而彰節義餘依議欽此

三月初六日奉

上諭楊芳奏抵粤查明前次湖南官兵在烏涌與賊相持除炮擊汊弱外短兵相接斫斃逆夷多於陣亡官兵等

語可見我兵精鋭奮勇直前若使調度有方必不致孤
軍失守兹據奏稱陣亡鎮將備弁三十一員兵丁四百
十五名除業經降旨賜卹外其餘均著該督撫查明分
别奏咨議卹以慰忠魂至楊芳經朕特受參賛大臣抵
粤後即能相機布置籌備合宜危城立保無虞逆夷不
敢近逼各軍民等現在安堵如常同心協力勢必滅賊
指日大兵雲集即可迅奏膚功楊芳曉暢軍務先聲奪
人深堪嘉悦著先行交部從優議叙欽此

三月初七日奉

上諭怡良等奏前奏陣亡香山協副將劉大忠一員續行

查該員於落海後凫水遇救得生等語所有劉大忠卹
典著即撤銷欽此
上諭據怡良等奏廣西梧州協副將周枋帶領兵丁在廣
東烏涌地方接仗陣亡著兵部照例議卹以慰忠魂欽
此
三月十二日奉
上諭本日據楊芳馳奏逆夷欲進省河官兵奮力擊退一
摺㗖逆於二月二十四日駛駕兵船闖進省河經楊芳
等先期預備擇要埋伏逆夷開砲轟擊總兵長春被炮
子擦傷右顴皮破血流仍復奮不顧身開炮迎抵擊沈

逆夷三板船二隻人船俱沒並將其大兵船擊斷大桅
該逆勢極倉皇即時退去等語自㖏逆犯順以來從未
受創此次擊沈夷船二隻殲斃夷匪多名洵足以伸天
威而寒賊膽參贊大臣楊芳調度有方出奇制勝朕心
實深嘉悅著交部從優議叙南贛鎮總兵長春帶傷督
戰忠勇可嘉著加恩賞戴花翎並賞給格特呼勇巴圖
魯名號此次傷亡兵弁及在事出力官弁著該大臣確
切查明具奏欽此

三月二十日奉

旨據兵部奏陣亡遊擊業已題補參將楊棠奏請賜卹等

語周枋著照參將例賜䘏欽此

三月二十一日奉

上諭前因福建已革舉人陳姓有通夷主謀情事降旨交鄧廷楨派員查拏嗣將已革在逃之同安縣舉人陳元華獲案審訊茲據顏伯燾奏稱訊明陳元華因案斥革逃往台灣地方所有在台月日住處及寄帶家信各情現經逐一勘訊委無通夷受聘主謀情事等語陳元華因案斥革輒敢在押脱逃其爲不安本分可知且現訊各情所供並無通夷之處亦無確據除將脱逃本案訊明定擬外著顏伯燾劉鴻翔再行嚴審確供無任狡展

欽此

三月二十三日奉

上諭楊芳奏請酌加調徵兵丁鹽菜並給長夫工食銀兩等語著照所請現在調徵官兵應支鹽菜銀兩准其援照出邊之例每兵酌加銀四錢俾資食用其官兵及兵丁餘丁鹽菜及官兵口糧仍照例運供至每兵百名例給長夫四十名日支工食銀八分此次調徵滿漢官員兵丁均著照此例辦理其派換守城之督標撫標綠營及駐防滿洲營官兵仍按防勦例酌量支給欽此

三月二十四日奉

旨劉鴻翔著馳驲前往福建巡撫之任欽此

三月二十五日奉

上諭前據海齡奏請將沿海通商各馬頭暫時封閉當經降旨令伊里布裕謙議奏旋據伊里布奏擬一律封閉朕已覺所議窒礙難行降旨駁斥茲據裕謙奏封港之議徒有礙於安分商漁而於杜絕接濟仍未得要等語所見極是沿海通商各馬頭若仍照舊准商民往来貿易毋庸封港並嚴飭文武員弁於商漁船隻出入實力稽查如有匪徒偷漏消息接濟該夷米糧硝磺等物著即懲辦以順輿情而杜勾結欽此

三月二十七日奉

上諭前因㖡逆大肆猖獗傷我提鎮大員疊經降旨命楊芳先行會同怡良等領兵攻勦以伸天討而快人心今據楊芳等奏各省調兵到粵已有八千餘名之多尚不知及時進勦遷延觀望甚至仍請准令㖡夷所屬之港脚商船在粵貿易是有意阻撓怠慢軍心殊出情理之外楊芳怡良等著先行交部嚴加議處欽此

三月二十八日奉

上諭劉韻珂奏飭員督辦甯紹台温四府防禦各工一摺前因該四府所屬海口有應修築炮台營房及添鑄炮

位之處當經降旨令劉韻珂親往履勘茲據奏稱省城防禦要緊未敢遽行遠離所有該四府防工業經專飭各道督屬會營詣勘酌量形勢就近委員估計督辦著該撫即嚴飭承辦各員赶緊興辦仍飭各該道留心查察毋任草率偷減事竣驗收或該撫周歷履勘或派藩臬兩司前往三處著屆時酌量辦理總期工歸核實以肅海防而資抵禦欽此

同日奉

上諭劉韻珂奏請飭河南省代備抬鎗白蠟杆應用等語浙江省現在防禦逆夷軍械必應寬為儲備著河南巡

撫飭屬代為打造抬鎗五百杆購造直長白臘杆三十
杆運送解赴浙江省備用惟器械固須精明而運用尤
貴嫺熟著顏伯燾劉韻珂飭令各營將弁隨時練習以
收實效餘著照所議辦理欽此

道光二十一年閏三月初一日奉

旨卓秉恬等奏琦善抄產內民人楊寶呈報寶抵香河兩縣房地租息一案著內務府歸案辦理欽此

閏三月初三日奉

旨前因楊芳怡良不能及時進勦英逆仍請准令所屬之港腳商在粵貿易降旨先行交部嚴加議處茲據該部議照溺職例革職實屬咎所應得惟現當剿辦喫緊之時若竟予罷斥轉得置身事外楊芳怡良俱著從寬改為革職留任以觀後效欽此

閏三月十三日奉

上諭伊里布著來京聽候諭旨兩江總督著裕謙補授其未到任以前著程矞采暫行兼署梁章鉅著調補江蘇巡撫周之琦著補授廣西巡撫馳驲前往梁章鉅俟周之琦到任後即赴新任毋庸來京請訓其未到任以前江蘇巡撫著程矞采署理欽此

閏三月二十三日奉

上諭保昌等奏請添造抬炮一摺福州駐防八旗及水師於旗營准其添造五十杆以備守禦所需鐵斤匠工銀五百五十餘兩准其於旗庫擦賞餘剩銀內動支工竣造冊咨部核銷餘依議欽此

道光二十一年四月初十日奉

上諭國家設立兵丁勤加訓練所以嚴武備而戒不虞總督有統轄之責必應於平時認真督率將備加意練習使之有勇知方一旦猝遇外侮何患不破敵摧堅立功

奏凱道光十二年兩廣總督李鴻賓廣東提督劉榮慶因辦理軍務臨時不能得力平素毫無整頓曾經遣戍前任兩廣總督鄧廷楨歷任多年懈惰因循不加整頓所設排練空費錢糧全無實用以致該省兵丁柔懦無能諸多畏葸虎門之後竟有夷匪買通者思之殊堪痛恨前任兩廣總督林則徐經朕特給欽差大臣關防辦

理廣東事件繼復令其實授總督全省軍務皆其統轄既知兵丁染習甚深便應多方訓導勤加練習其於夷務亦當德威並用控馭得宜乃辦理諸未妥協深負委任鄧廷楨業經革職林則徐著革去四品卿銜均從重發往伊犁效力贖罪即由各該處起解以為廢弛營務者戒欽此

四月十一日奉

上諭英隆奏押解琦善將次到京一摺琦善著交刑部鮑鵬亦著一併解交刑部派睿親王莊親王惠親王定郡王大學士軍機大臣六部尚書合同刑部審訊欽此

同日奉

上諭裕謙奏參演放大砲炸裂多位傷斃兵丁之鎮將備弁請分別降補議處一摺防堵海疆首重大炮必須酌準鉛彈如法演放不致有炸裂之虞如浙省各鎮將備弁平時既漫不經心當此用兵之際仍不勤加練習以致炸裂大炮四位致斃兵丁多名必應加嚴參辦所有督率無方之總兵副將著交部議處其練習不精之參將等均著降補仍責令練習以觀後效至該大臣奏稱浙江各營弁拔弁缺俱限試以大砲如不諳練即不准升補等語大砲非尋常軍器時時可以練習亦非遇人

皆能放嗣後著責成提標大員於沿海各營將備弁兵
認真操練如法演試務期試放有準不准再有炸裂如
不能諳練即著據實參辦以重海防而昭核實欽此

同日奉

上諭裕謙奏查明擒獲夷匪之各項出力人員開單呈覽
一摺㗰咭唎夷匪上年侵犯浙江慈谿餘姚等處地方
文武印委各員搶斬多名復計誘夷船陷入沙河該夷
始不敢窺伺内地又自上年六月迄今該處官民及委
員書吏防堵夷匪俱有微勞其尤為出力人員自應量
予恩施以昭激勸等因欽此

四月十八日奉

上諭奕山等奏勦辦省河逆夷兵船一摺甚屬可嘉據稱逆夷兵船自大王滘二沙尾兩路連檣近逼省垣該將軍等於四月初一日飭令將弁挑選熟習水勇一千七百餘名交都司胡俸紳帶領分赴攻勦暗藏火器乘駕快艇埋伏各處並督令官員在沿岸乘勢攻擊該弁勇等分作三隊先抄後路攻其左右該夷四面受敵同時火發弁勇伏身船上直撲船底鉤住船身拋擲火器須臾燒燬西路白鵞潭大兵船二隻大杉板船四隻小艇三隻划船十餘隻東路二沙尾小杉板船數隻逆夷被

擊及溺斃者不計其數總兵張青雲等伏於西炮台督兵開砲其逆夷上岸者均被殺死次日該逆駕船報復又被官兵開砲擊碎杉板船三隻逆夷均退等語該逆夷自去冬猖獗以來毒烟漸旺經此次懲創足以快人心而勵衆志著奕山等仍加意防守省垣毋令逆夷兵船駛入各路要緊隘口督令官弁分段嚴密隘堵毋稍疎虞其應如何設法進勦之處即乘勢赴機籌畫計出萬全迅奏膚功以膺懋賞奕山隆文楊芳祁𡎴督率有光著先行交部從優議叙發去白玉翎管一隻四喜搬指一個帶鈎一個黃辮珊瑚豆大荷包一對小荷包兩

對著奕山祇領白玉翎管二個撇指二個黃辮珊瑚豆
大荷包兩對小荷包四對著隆文楊芳祇領在事出力
文武員弁著該將軍等查明保奏候朕施恩所有傷亡
弁兵水勇著分別咨部辦理欽此

四月二十四日奉
上諭前據楊芳奏逆夷欲進省河官兵奮力擊退降旨令
將在事出力員弁確查具奏茲據遵旨核實開單呈覽
自應量予施恩以示鼓勵欽此

四月二十七日奉
上諭本日訥爾經額奏請將伊里布家人張禧截拏解到

已降旨將張禧交部歸案審訊茲據奏稱該犯於四月
二十二日行抵河間該府知府哈忠阿先已奉文轉行
截拏所屬本任景州等四州縣何以不轉行扣留是否
各州縣未奉府札著訥爾經額查明具奏欽此

同日奉

旨伊里布現已到京著派睿親王莊親王惠親王定郡王
大學士軍機大臣六部尚書會同刑部傳訊家人張禧
著交刑部歸案審訊欽此

道光二十一年五月十二日奉

上諭前據裕謙奏浙江甯波府知府鄧廷彩保守鎮海懇
恩賞戴花翎當經降旨允准玆據給事中陳光亨奏州縣失陷城池其不同城之道府例應住俸帶罪催勦保守城池祇可將功抵罪該大臣復行保奏恐致趨避徇情等語固屬申明定例惟定海一縣係孤懸海外較之內地不同城之知府自有區別鄧廷彩保守鎮海在事出力經該大臣賞戴花翎奬勵亦未為過優該給事中所奏著毋庸議欽此

五月十九日奉

上諭前據奕山等奏焚勦省河逆夷兵船當降旨飭令將在事出力文武員弁查明核實保奏茲據該將軍等奏稱此次兵勇焚燬船隻開砲力敵兩晝夜凡有登岸之賊無不處處殺退總兵張青雲自手點放八千斤大砲接連轟擊揮兵抵敵該省武舉及義勇頭人亦能焚船攻賊斬殺逆夷先鋒夷目及黑白夷匪多名現在夷船均已退出虎門該文員弁等著有勞績自應量予施恩以示獎勵欽此

五月二十一日奉

上諭前據黃爵滋奏籌辦海防宜募兵節餉等情當飭沿

海各督撫等體察情形酌量辦理茲據裕謙查覆原奏所稱招募鄉勇水勇等項與江浙兩省籌辦章程略同至水勇一項多係以漁為業事後遣散仍可理其故業若久聚一處恐致别滋事端且江浙兩省地窄人稠旣無閒田可撥又未便另立一營所有該侍郎所請設立營屯安插水勇之處著毋庸議欽此

五月二十六日奉

上諭戶部尚書隆文由翰林改授部曹洊升卿貳擢任尚書在軍機大臣上行走老成端謹辦事實心前因𠸄夷滋事經朕特簡為參贊大臣馳往粵東辦理軍務方資

倚畀茲聞溘逝軫惜殊深著加恩贈太子太保銜照尚
書例賜卹賞給廣儲司庫銀二千兩經理喪事任內一
切處分悉與開復應得卹典該部察例具奏靈柩回京
著沿途各督撫妥為料理並准其入城治喪伊長子刑
部筆帖式桂清次子懷清著俟百日孝滿後該旗帶領
引見以示朕篤念藎臣至意欽此

五月二十八日奉

上諭劉韻珂奏緝獲烟匪一摺浙江定海洋面匪船遊奕
經該撫等委員緝拏格斃匪犯二名拏獲七十八名搜
獲鴉片烟土二萬四百三十餘兩並有夷字烟票二紙

現訊供詞互異其烟土來歷亦訊無確供該犯等販賣烟土又有夷字票據其爲販賣夷貨已有明證難保無勾通透漏等情必應嚴加究訊著劉韻珂親提陳姓等犯嚴訊確供盡法懲治並著督飭所屬一體嚴密躧緝遇有奸民盜匪立拏嚴究毋許稍有疏懈欽此

道光二十一年六月初九日奉
旨伊里布著交原審之王大臣會同刑部定擬罪名具奏
欽此

六月十一日奉
上諭參贊大臣楊芳久歷戎行懋著勞績昨因在廣東軍營患病當經諭令安心調理現在該參贊病尚未愈若仍留廣東辦理軍務伊力疾從公轉恐不能靜養楊芳著即回湖南提督之任該參贊務當仰體朕心加意攝養報國宣猷為日正長也欽此

同日奉

上諭奕山等奏廣東省城　神廟顯應請頒給匾額一摺
據奏此次㖶夷肆擾撲近省城　正欲開砲粵秀山觀音
大士神像顯靈居民共見撲滅火箭雷雨傾盆冲没漢
奸夷匪多人夷人無不畏懼現在海氛既熄省垣安堵
護國庇民仰邀神貺朕實深寅感著發去親書匾額交
奕山祇領處詣廟中敬謹懸掛以答　神府欽此

六月十三日奉

上諭顏伯燾奏請將調防陸路弁兵分別更換一摺閩浙
調防官兵前經降旨令該督酌量裁撤所有厦門等處
調撥防堵官兵現在應否應撤之處著該督仍遵前旨

體察情形妥議具奏欽此

六月十四日奉

旨前因伊里布於浙江軍務辦理不善降旨交王大臣定
擬罪名兹據仁壽等會議具奏此案伊里布以欽差大
臣辦理浙江夷務不能迅速攻復定海屢奉諭旨即行
進勦一味遷延觀望實屬庸懦無能前任兩江總督伊
里布著即革職發往軍臺効力贖罪以示懲儆餘依議
欽此

六月十五日奉

上諭前據御史陳岱霖奏廣東夷匪滋事鎮遠砲台九千

斤大砲炸裂傷斃守兵五百餘名走散等語當有旨令
祁墳等查奏茲據查明本年二月鎮遠砲台並無炸裂
惟威遠砲台因與夷匪接仗連次轟擊並炸裂大砲二
位並非九千斤炸傷紀委鍾朝安砲兵陳榮升等四名
並未斃命亦無五百餘名之多防台兵亦非因砲裂走
散且當日原防弁兵計兵二十七名另有壯勇九十一
名亦不至五百餘名之數該御史所奏著毋庸議欽此

同日奉

上諭山東濰縣知縣招子庸著解任交托渾布派委妥員
迅速押解來京聽候質訊欽此

六月十七日奉

上諭楊芳奏請解任就粵調理一摺楊芳病體未愈當有

旨諭令回湖南提督之任加意攝養著楊芳仍遵前旨

即回本任安心調理俟調理痊愈即行奏聞以慰廑念

又另片奏鼓勵兵勇陸續取用軍需銀二萬四千兩除

將俟俸扣抵等語著加恩彙入廣東軍需項下報銷毋

庸扣俸歸結欽此

同日奉

上諭訥爾經額奏酌量撤兵歸伍一摺前因粵省夷船業

已退出虎門諭令該省將調防官兵酌量裁撤茲據奏

稱直隸天津大沽海口等處前共調兵六千七百餘名除將各口情形詳加體察扣留兵三千二百名防守外其餘三千四百餘名請行裁撤歸伍等語著照所議辦理所留兵丁其大沽北塘等處仍著陳金綬石生玉督飭管帶回營仍駐山海關協同防守所有酌留將備帶領該督仍隨時酌量情形如何行陸續裁撤再行查明量爲撤減湖北提督劉允孝前經簡派往洋督同防範現在各員業已裁撤自可毋庸久駐著來京陛見後再回任欽此

六月二十三日奉

旨已革大學士琦善著照王大臣等所議斬監候秋後處
決欽此
六月三十日內閣奉
上諭前據訥爾經額奏訊究王承祚等傳鈔夷書一案係
由壽春鎮總兵王錫朋之子王承瀚處取來王承瀚供
係家人謝瑞禀帖內寄到當有旨令裕謙飭取該鎮親
供並將謝瑞交出歸案訊究茲據該督撫訊明將謝瑞
寄帶夷書各情並取具該鎮親供具奏謝瑞著即解赴
直隸交訥爾經額歸案審訊王錫朋在浙洋帶兵無從
覺察著加恩免其察議嗣後各省傳播夷書夷事如實

係有關重大者著各該將軍督撫酌量情事分别嚴辦其止係從前新聞互相鈔寫並無關於國事者著即銷燬毋庸根究以杜滋擾欽此

道光二十一年七月初三日奉
上諭林則徐著免其遣戍即發往河工効力贖罪欽此
七月初六日奉
上諭奕山等奏遵旨酌保打仗守城出力文武員弁及擒
斬逆夷之紳士義勇懇恩鼓勵開單呈覽一摺本年四
月𠸄夷在廣東攻擊西砲台經該將軍等督率文武員
弁及紳士義勇等防守堵勦擒斬逆夷多名其尤為出
力者自應量予恩施以昭激勸等因欽此
七月初十日奉
旨前據顏伯燾奏酌議閩省軍需條欵當降旨交軍機大

臣會同該部議奏嗣據會同查照例案分別准駁俱着
照所議辦理國家經費有常豈容漫無限制該省先後
動撥銀數業有一百五十萬兩之多該總撫當力加撙
節核實支發飭承辦屬員毋許絲毫揑飾事竣造冊報
部詳細核銷俾昭慎重倘意存浮冒於現撥款項外再
行續請動撥亦斷不邀允准也欽此

七月十一日奉

上諭裕謙奏查明原任廣東水師提督關天培現有子孫
並該故員尚有親母等語關天培次子關登龍現年已
十八歲着於服闋後送部引見伊母吳氏年逾八旬着

地方官每月酌給銀米以養餘年欽此

七月十七日奉

上諭楊芳現在因病回省特依順著賞給都統銜作為參贊大臣馳驛前往廣東所有楊芳參贊大臣關防即着

特依順祗領欽此

七月二十八日奉

上諭逆夷占據厦門難保不乘風北駛江浙兩省毘連閩界前經降旨着裕謙等嚴密防範諒已各加準備如兵力不敷准其酌量調撥該大臣等務須妥為布置毋稍疏虞萬一夷船駛至即激勵將士同心敵愾以彰天討

欽此

道光二十一年八月初四日奉

上諭裕泰奏湖南提督回省請暫緩接印一摺楊芳自粤回至湖南病體尚未痊愈著賞假調理暫緩接印以期速痊所有湖南提督篆務仍著台湧署理欽此

同日奉

上諭劉鴻翔奏請撥軍需銀兩一摺所需銀三百萬兩著户部速議具奏並准其暫於藩庫各款内先行墊應俟部項解到歸欵欽此

八月初八日奉

上諭顔伯燾奏陣亡之金門鎮總兵江繼芸准丱福建福

甯鎮遊擊淩志汀州府守備王世俊水師把總紀國慶

楊肇基李啟明均著該部照例賜卹欽此

八月十八日奉

上諭顏伯燾等奏逆夷於七月初九日闖進厦門青峪口門當經在事文武擊沈火輪船一隻兵船五隻該逆蜂擁而進分路上岸以致厦門失守當降旨責令顏伯燾迅速收復本日據報厦門街巷各處並無夷人蹤跡商民復業台米流通等語逆夷遊奕沿海滋擾厦門尤其垂涎之地屢經諭知顏伯燾等嚴密防範該督駐札厦門半年之久不能先事預防以致倉卒失事本屬罪無

可逭姑念逆夷豕突而來弁兵奮力抵拒擊沈夷船六
隻此時厦門業已收回著從寬免其治罪仍交部嚴加
議處欽此
八月二十日奉
上諭前任福建布政使鄭祖琛著即赴鎮海軍營隨同裕
謙商辦事件欽此
八月二十一日奉
上諭福建提督竇振彪於夷匪滋擾厦門未能先事預防
著交部嚴加議處其防堵不力各員弁例有處分著顔
伯燾查明具奏欽此

八月二十四日奉

上諭裕謙奏逆夷大幇侵犯定海官兵登時擊退一摺據奏八月十有二日逆船二十九隻掛帆起椗先有大輪船二隻引帶大船二隻乘潮闖入竹山門經定海鎮總兵葛鴻飛在半塘土城看準苗頭開砲擊斷逆船頭桅一枝該逆無暇拒敵冒死逃出吉祥門旋復繞入下渠門又經鎮標左營遊擊張紹廷在東港之浦土城督率弁兵迎頭轟擊該逆即時退出我兵無損等語覽奏欣慰此次大幇逆船直撲定海總兵葛鴻飛乘彼砲不能近我之時迎頭攔擊將首先攔入之船擊斷頭桅挫其

兇燄遊擊張紹廷督兵轟擊逆船即時退出均屬奮勇可嘉前據裕謙奏逆夷併幫犯浙盛嶴石浦等處經官兵兩處擊退茲復於大幫攻撲之時先機迎擊俾逆夷不及措手冒死逃回該大臣督率有方先行交部議叙仍俟大功告蕆再應懋賞葛雲飛著加恩賞加提督銜先換頂戴張紹廷着以參將即行升用其餘在事出力員弁着該大臣秉公保奏候朕施恩欽此

八月二十五日奉

旨淩志着照遊擊陣亡例賜卹欽此

八月二十七日奉

上諭本日據裕謙奏定海失守現在嚴守鎮海一面督兵進勦一摺據八月十二日夷船駛至竹山門經總兵葛雲飛督兵開砲擊斷夷船大桅當即逃出十四日逆夷由竹山嶼登岸經總兵鄭國鴻督兵開放抬砲擊殺逆夷無數十五日在玉塊山支搭帳房我兵又擊斃逆夷數十餘名十七日進攻定海葛雲飛親自開砲擊中夷船火藥當即焚燒該逆分作三路進攻我兵前隊陣亡後隊繼進所用抬砲至於紅透不能裝打猶捨命轟擊該總兵等苦戰六晝夜連得勝仗無如連日風逆浪大逆船梗阻策應之兵無從東渡我兵勢難抵敵十七日

定海失守裕謙自請從重定罪等語裕謙著交部嚴加
議處其陣亡之總兵王錫朋鄭國鴻葛雲飛署定海縣
知縣石浦同知舒恭受均着交部照例賜卹所有陣亡
弁兵着裕謙查明咨部照例賜卹欽此

八月二十八日奉

上諭兩江總督裕謙經朕特簡欽差大臣駐紮浙江專辦
防海事務乃會同提督余步雲在鎮海營籌辦半年之
久並未曾先機布置至定海縣城失守昨已降旨將裕
謙嚴議余步雲着交部嚴加議處浙江巡撫劉韻珂專
在省城籌防未能兼顧與烏爾恭額尚屬有間着交部

議處欽此

道光二十一年九月初三日奉
旨兵部奏請將王錫朋鄭國鴻照總兵例賜卹葛雲飛可否照提督例賜卹具奏請旨葛雲飛前經賞給提督銜先換頂戴着即照提督例賜卹王錫朋屢著戰功被害尤慘著加恩亦照提督例賜卹鄭國鴻照總兵例賜卹該故員本兼雲騎尉世職如何歸併分襲之處着該部核議具奏至同知舒恭壽議卹之處着該部聽候諭旨
遵行欽此

上諭浙江定海鎮總兵提督銜葛雲飛處州鎮總兵鄭國鴻江南壽春鎮總兵王錫朋當定海失守之事同時陣

亡已降旨令該部照例賜卹本日據裕謙奏此次戰守六晝夜開放大砲擊焚逆船惟葛雲飛所練親兵最為得力陸路殺賊壽春處州官兵均極勇敢勦殺逆夷一千數百名因該逆驅使閩粵漢奸捨死登岸衆寡不敵以致失事現在葛雲飛鄭國鴻屍身業已從厚殯殮王錫朋屍身尚無着落覽奏為之墮淚該總兵等奮勇殺賊効命疆場深堪憫惻除照例賜卹外加恩各賞銀五百兩由各原籍藩庫給發並着該省督撫查明該故員等子孫幾人據實具奏葛雲飛鄭國鴻王錫朋俟定海收復後建立專祠該故員等靈柩回籍時並著各該地

方官妥為照料此次隨同葛雲飛鄭國鴻王錫朋陣亡將弁兵丁除分別奏咨照例卹賞外並著裕謙確切查明分咨各原籍督撫將其家屬從厚撫卹用示朕憫節昭忠有加無已至意欽此

上諭裕謙奏請將部撥解閩軍需改撥浙江一摺所有撥解福建之兩淮運庫銀七十萬兩着准其改解浙江其福建應撥軍需着戶部速議具奏欽此

九月初五日奉

上諭前經降旨顏伯燾寬免治罪仍著交部嚴加議處茲據該部議請革職已屬從寬姑念厦門業已收復着加

恩降為三品頂戴革職留任以觀後効欽此

上諭怡良著作為欽差大臣馳驛前往福建會同顏伯燾劉鴻翔辦理軍務欽此

上諭牛鑑著署理兩江總督迅速馳驛前往欽此

上諭奕紀著加恩釋放發往廣東軍營効力贖罪欽此

上諭奕經著授為揚威將軍哈朗阿胡超著授為參贊大臣馳驛前往浙江辦理軍務欽此

上諭現在浙江軍營籌辦防勦所有應用軍需銀兩著戶部速議具奏欽此

上諭明慶布淩阿伊昌阿俱著跟隨奕經前往浙江差遣

委用欽此

上諭琦善著加恩釋放發往浙江軍營効力贖罪欽此

上諭容照著賞給三等侍衛馳駬前往浙江交奕經差遣委用欽此

九月初六日奉

上諭文蔚著馳駬前往浙江查辦軍務欽此

上諭前任藩司鄭祖琛下士雲候補知府孫寶善均著即赴浙江省城隨同劉韻珂辦理粮台事務欽此

九月初七日奉

上諭本日已改派文蔚為參贊大臣胡超著帶領陝西兵

一千名馳駉前往天津會同訥爾經額辦理防堵事務
欽此
上諭端華着馳駉前往浙江查辦事件所有隨帶司員着
一併馳駉前往欽此
上諭文蔚着授為參贊大臣馳駉前往浙江辦理軍務欽
此
九月初八日奉
上諭參贊大臣特依順即赴浙江辦理軍務欽此
上諭現派參贊大臣特依順前赴浙江軍營哈哴阿着仍
回山海關辦理防堵事務欽此

上諭兩江總督裕謙功臣後裔世篤忠貞朕簡用封圻當夷逆滋事特派為欽差大臣辦理浙江軍務該督銳意圖功方資倚畀茲以鎮海縣城失陷投水殉節為國捐軀深堪憫惻著加恩贈太子太保銜照尚書例賜卹任內一切處分悉予開復伊祖班第於乾隆年間在伊犂殉節入祀昭忠祠今該督臨危致命不忝前人着入祀昭忠祠並俟軍務完竣後於鎮海建立專祠以彰藎節其靈柩回京時着沿途地方官妥為照料並着伊弟裕恒前赴江蘇迎接到京時准其入城治喪應得卹典該部察例具奏欽此

上諭牛鑑著補授兩江總督即迅速馳驛前往毋庸來京
請訓欽此
上諭天津毗連畿内防備尤為緊要所有陝西後起兵一
千名飭令全前起天津著並胡超管領與所帶頭起官
兵一千名到天津後並作為後路應援該提督仍遵前
旨會同訥爾經額商定屯駐地方以期得力毋稍遲悞
欽此
九月初十日奉
旨楊芳奏請假調養一摺又另片奏請回籍省墓等語楊
芳著賞假三個月調理仍准其暫行回籍省墓欽此

上諭琦善著發往軍臺充當苦差毋庸前往浙江軍營欽
此
上諭烏爾恭額著加恩釋放發往軍臺充當苦差欽此
上諭管遹羣著賞給六品頂戴隨同揚威將軍奕經前往
浙江辦理糧台事務欽此
上諭貴州安義鎮總兵段永福着馳驛前往浙江隨同揚
威將軍奕經辦理軍務欽此
九月十二日奉
旨前有旨將琦善烏爾恭額發往軍臺充當苦差茲據兵
部奏稱軍臺只有效力贖罪並無苦差可以充當既係

向辦成案琦善烏爾恭額均著改為發往軍臺効力贖
罪欽此
上諭自上年𠸄夷犯順以來滋擾廣東福建浙江三省沿
海居民慘罹鋒鏑或被搶掠一空或致流離失所朕統
御寰區痌瘝在抱每閱各處奏報為之寢食不安已命
奕經為揚威將軍特依順文蔚為參贊大臣調集各路
精兵尅期進勦大兵到浙自必迅速竣功惟各路所調
官兵經過郡縣地方恐或約束不嚴藉端滋擾著該將
軍等嚴飭管兵各員嚴飭所屬謹守律紀秋毫無犯違
者即以軍法從事如有縱容徇隱别經發覺惟該將軍

等是問其沿海各處鄉村均宜自行團練鄉勇聯絡聲
勢上為國家殺賊下即自為保其身家其有奇才異能
足備禦侮之用者許赴軍營自行投效該將軍量材器
使遇有出力之處隨時保奏候朕施恩從前三省教匪
滋事儘有由義勇出身擢至大員者該將軍等務當多
方激勸咸使有勇知方一藝一長毋稍屈抑凡兹薄海
臣民皆朝廷赤子二百年來食毛踐土具有天良當此
逆夷不靖自必志切同仇斷不可為奸夷所惑自外生
成其或被脅陷賊自拔歸來亦即宥其既往予以自新
俾得同贊膚功共享太平之福著沿海各督撫刊刻謄

黄通行曉諭用示朕外攘内安至意欽此

九月十四日軍機大臣面奉

諭旨裕謙隆文靈柩回京時前五六日着該站咨報軍機

處欽此

九月十六日奉

上諭劉韻珂奏請飭在籍人員招商販米赴浙懇免輸關

税一摺浙江辦理軍務一應兵民口粮最關緊要據該

撫奏稱廣招米商販米赴浙以資接濟其派員前赴浙

江江西安徽等省廣為招徠此項米石著於經過各關

津免其征税即刻放行不許留難阻滯欽此

上諭劉韻珂奏請簡派藩司一員赴浙襄辦軍需一摺前任藩司卞士雲迅即馳驲前往浙江會同藩司常恒昌辦理軍需事務欽此

九月二十一日奉

上諭足兵所以衛民各直省設立營伍遇有征調每以老弱游民充數平日營伍本不足額迨經調撥遂至人數過少設有緩急更安望其折衝禦侮即着各督撫飭令州縣於添設民壯之外應募土兵勤加訓練並選其精鋭收置營伍既可保衛地方兼可預備徵調該督撫務當行之以實不得虛應故事冒濫錢糧致滋流弊將此

通諭知之欽此
九月二十五日奉
上諭隆文靈柩到京入城後著派惠親王前往奠醊欽此
九月二十六日奉
上諭前因廣東副將陳連升父子陣亡有旨令祁墳察看該故員等子嗣才具奏聞候旨茲據奏稱該故員子嗣陳起騰陳受桂等現在湖北原籍並未來粵無憑察看等語著湖廣總督裕泰就近傳喚察看才具奏明候旨施恩該副將父子同時殉節忠孝兼全勇烈尤著准其在陣亡處所建立專祠以慰忠魂欽此

上諭前因已故兩江總督裕謙在浙殉節降旨照尚書例
賜卹令該部查例具奏玆據禮部等查照定例請給祭
葬銀兩立傳入祠給予世職等語該前督臨危致命為
國捐軀深堪憫惻着照部議辦理並着加恩予謚用示
朕憫節褒忠至意欽此

九月二十七日奉

上諭江南狼山鎮總兵謝朝恩臨陣捐軀屍骸未獲浙江
鎮海縣縣丞李向陽自縊殉節殊堪憫惻俱着加恩交
部賜卹以慰忠魂欽此

九月　日奉

旨此案鮑鵬以迭次代人買烟之犯夤緣前赴夷船傳話並隨琦善前赴粵東經王大臣等擬照交結外國例加等發遣鮑鵬著發往伊犂給官兵為奴遇赦不赦山東濰縣招子庸明知鮑鵬係不安本分之人不加拒絕仍留在署內薦舉傳話咎無可辭招子庸著即革職無庸再交部議該革員任內有無經手未完事件著該撫查明辦理山東巡撫托渾布聽從招子庸薦舉派令鮑鵬前往夷船傳話亦有不合著交部議處欽此

道光二十一年十月十一日奉

上諭達洪阿等奏擊沈夷船擒斬逆夷獲奪砲位一摺本年八月以來夷船迭向台灣外洋遊弈停泊經該總兵等飭屬嚴加堵禦是月十六日卯刻該夷船駛進口門對二沙灣砲台發砲攻打經該參將邱鎮功等將安防大砲對船轟擊淡水同知曹謹等亦在三沙灣放砲接應邱鎮功手放一砲立見夷船桅折索斷退出口外冲礁擊退夷人紛紛落水死者無數其上岸及乘船駛竄者復經該參將督同署守備許長明等帶兵駕船赶往並經即用知縣王廷幹等駕船出洋幫同出力生擒黑

夷多名格殺黑夷多名並有白夷自行投水其時復經
千總陳大坤等駕船開砲擊沈杉板船一隻格殺白夷
並生擒黑夷多名又據曹謹等在大武崙港外追獲外
竄杉板船一隻刺殺白夷及生擒黑夷多名並撈獲黑
白夷屍身砲位搜獲圖冊此次文武義首人等共計斬
獲白夷五人紅夷五人黑夷二十二人生擒黑夷一百
三十三人撈獲夷砲十門搜獲夷書等件辦理出力甚
屬可嘉提督銜台灣鎮總兵達洪阿著賞換雙眼花翎
台灣道姚瑩著賞戴花翎達洪阿姚瑩及道銜台灣府
知府熊一本均著交部從優議叙其在事出力各員弁

兵勇義首人等著據實保奏候朕施恩傷亡兵勇查明照例賜卹已革候補同知前台灣縣知縣託允通阿丁憂候補同知前署彭湖同知徐桂邦休致通判銜前福清縣知縣盧繼祖均著准其留於台灣差委此因軍務緊要是以允准其餘不得援以為例該部知道欽此

十月二十一日奉

旨鎮海縣縣丞李向陽着照陣亡例給予雲騎尉世職襲次完時給予恩騎尉世襲罔替欽此

道光二十一年十一月初四日奉
上諭本日召見正紅旗將原任尚書隆文之子帶領引見
朕追念藎臣深為憫惻隆文著加恩入祀賢良祠其長
子桂清著以刑部主事遇缺即補次子懷清著以服闋
後以六部筆帖式遇缺即選欽此
十一月二十日奉
旨裕謙靈柩到京後著派成郡王載銳前往奠醊欽此
十一月二十一日奉
上諭祁𡎴等奏遵旨查驗副將受傷情形一摺廣東肇慶
協副將慶宇香山協副將劉大忠督標中軍副將達邦

阿前據該督等奏因防守砲台不力被傷落海遇得救生奏請革職當飭令祁墳梁寶常將該副將等果否受傷確切查明具奏茲據該督等親提驗明慶宇等所受傷痕委無欺飾情弊慶宇劉大忠達邦阿著照前議一併即行革職欽此

十一月二十六日奉

上諭原任兩江總督裕謙之姪德峻著准其過繼裕謙為子欽此

道光二十一年十二月初四日奉

上諭用兵之道責乎紀律嚴明賞罰必信誠以紀律嚴則法度自昭賞罰信則恩威並濟我國家承平垂二百年各省將弁所以恩養而教育之者至優極渥偶遇徵調宜何如爭先恐奮為國立功乃自上年軍興以來屢與㖈夷接仗惟定海一役力戰六晝夜之久擊斃夷匪無數其餘各仗帶兵各員不能申明紀律激勵士卒以致臨陣脫逃逆夷之凶燄竟不可滅實由統兵大員一味姑容致將士不能用命若不亟加整頓何以挽積習而勵軍心著揚威將軍參贊大臣等查明失守各城首先

逃走之將弁兵丁嚴加訊明即照軍法從事毋稍寬縱
惟犯法者既正刑誅立功者當膺懋賞激勸以壯其氣
錫賚以奬其勞全在該將軍等開誠布公勗以忠義使
人人有勇知方同心敵愾似此貪狡兇夷罪惡貫盈揆
之人心天理殲滅何難若使紀律嚴明賞罰必信自可
迅奏膚功茲特發去內花翎五十枝藍翎五十枝搬指
八十個翎管四十個小刀九十把火鐮七十五把六品
頂六十個七品頂八十個著珠勒亨等帶往軍營交揚
威將軍奕經等祗領其將弁兵丁及收羅異材並檄調
各省官弁人等內如有梭織先登不避鋒鏑斬獲夷目

者該將軍等即將領去各件優加賞賚仍叙述事蹟據
實保奏朕必破格施恩該將軍等仍當恩威並用整飭
戎行以副朕綏靖海疆至意欽此

十二月初九日奉

上諭前因顏伯燾陳奏厦門失守情形恐有不實不情面
諭端華馳往密查茲據該侍郎覆奏大致均屬相符即
新兵水勇數目多寡亦不甚懸殊惟以總督大員駐札
厦門登時失守輒即退保同安泉郡庸懦無能罪無可
逭嗣因厦門業已收回從寬免其治罪降為三品頂戴
革職留任原期愧奮圖功藉資補救近又閲歷次奏摺

無非虚詞搪塞全無實濟其現應如何設法攻與勦之處概未籌及種種荒謬實屬孤恩溺職顔伯燾著即行去革任欽此

上諭怡良著馳驛前往福建查辦事件廣東巡撫著梁寶常署理遺廣東布政使著祁𡊮委員署理欽此

上諭閩浙總督著楊國楨補授即馳驛速赴新任毋庸来京請訓其未到任以前著怡良署理欽此

十二月十八日奉

上諭楊國楨著馳驛来京再赴新任欽此

十二月二十二日奉

上諭顏伯燾奏查明前次廈門陣亡之傷亡受傷各員請分別卹賞開單呈覽一摺又另片奏署遊擊張然之胞姪民人張慶瑞隨同陣亡可否賜卹等語著該部查例具奏單併發欽此

十二月二十九日奉

上諭達洪阿等奏擊退夷船並帶兵勦辦台灣南北兩路夷匪均經擊散各一摺本年八月㖠夷駛進台灣口門經該鎮道督率兵勇擊沈船隻擒斬夷匪多名當降旨分別加恩茲據奏稱逆夷復於九月間乘駕三桅船隻至淡水雞籠口滋擾該逆突進口門直撲砲台大砲齊

發勢甚猛烈經我兵開砲圍擊三沙灣地方復有夷匪登岸其勢甚兇業經我兵用砲擊斃二人乘機逃竄當此逆夷滋擾之時突有北路嘉義匪徒鳴鼓搖旂乘機滋事該鎮道等親統精兵馳往勦辦拏獲股首江先等及夥匪多名並鎗斃格殺賊匪無算其先因播散謠言拏獲正犯監禁欲為內應之江波一犯亦經該府熊一本提出杖斃該鎮道等正在擬辦並搜拏餘黨間復伏兵勇兩路合擊生擒瞽匪吳慈等及夥犯無算現在賊匪均經擊散地方安靜等語逆夷兩次侵犯台郡該鎮道等督率兵勇奮力攻擊兩月之內連獲勝仗其南北

兩路乘機滋事匪徒亦經該鎮道等親督文武兵勇即
時撲滅辦理妥速甚屬可嘉達洪阿著賞給騎都尉世
職姚瑩熊一本均著賞給雲騎尉世職在事出力各員
兵勇義首人等著據實保奏候朕施恩傷亡弁兵查明
咨部照例賜卹欽此

海上絲綢之路文獻集成

總主编　陳支平　陳春聲

歷代史籍編

69

主编　范金民

国家出版基金项目
NATIONAL PUBLICATION FOUNDATION

海峡出版發行集團
THE STRAITS PUBLISHING & DISTRIBUTING GROUP
福建人民出版社

本册目次

柔遠全書六種（道咸成案三至六）

〔清〕謝家福輯

道咸成案三

柔遠全書 五

柔遠全書卷

道咸成案之四

吳縣謝家福恭輯

道光二十二年正月初六日奉

上諭怡良等奏升任副將暫留防堵等語福建金門鎮總兵詹功顯著准其暫留澎湖防堵俟夷務告竣後再赴新任欽此

上諭前任浙江提督王得祿現在台灣協同防堵著加恩照提督例支給養廉俾資辦公欽此

正月初七日奉

上諭楊國楨奏腿疾增劇懇請開缺一摺楊國楨著准其

開缺回籍調理一俟病痊即行來京聽候簡用欽此
上諭閩浙總督著怡良補授廣東巡撫著梁寶常補授均
毋庸來京請訓欽此
正月二十日奉
上諭前據劉韻珂奏英逆復犯餘姚代理縣事司獄林朝
聘親赴夷船斥令退回當諭令奕經等確查保奏茲據
該將軍等查明該員請將以縣丞儘先補用等語逆夷
復犯餘姚意圖肆擾該代理知縣林朝聘聞有欲燒民
房之謠即率水勇家丁親上夷船責以大義聲色嚴厲
該逆旋即開船而去實屬勇敢有為林朝聘著加恩以

知縣儘先廾用留於浙江遇缺即補並給予六品軍功
頂戴賞戴藍翎以示激勸欽此
上諭劉韻珂奏原任壽春鎮總兵王錫朋屍身現已尋獲
棺殮請再加賞喪費等語上年定海陣亡各鎮所有葛
飛雲鄭國鴻均經於軍需欵内提給銀三千兩王錫朋
因屍身無着並未飭給該鎮為國捐軀事同一例現在
其子扶櫬回籍治喪自應照葛雲飛等之例一體給予
喪費王錫朋除前已恩賞銀五百兩外著直隸總督於
該省藩庫内補給銀二千五百兩傳屬具領以示優卹
至狼山鎮總兵謝朝恩前已有旨交部賜卹現在屍身

無著且與王錫朋等臨陣捐軀已得確據者究有區別
著毋庸另給喪費欽此
正月二十五日奉
上諭湖南提督楊芳假滿回任現當防勦吃緊之時台湧
現在帶兵未便更易生手所有湖南提督仍著台湧署
理欽此

道光二十二年二月初三日奉

上諭劉韻珂奏請將監造軍器未能合式各員分別議處並自請議處一摺浙江金華等府及永康縣承辦鳥鎗腰刀各件多未合式驗收委員亦未能嚴加釐剔當此軍需緊要之時若不分別示懲不足以資整頓所有承造鳥鎗之金華府知府崇福温州府知府于培鼎嘉興府知府劉榮熙處州府知府恒奎署衢州府揀發知府珠熉前署永康縣事試用縣丞楊肇修承造腰刀之永康縣知縣羅超曾驗收鳥鎗之撫標中軍參將尚安泰驗收腰刀之城守營把總閻繼昌俱著交部分別議處

仍將各腰刀勒令承造各員等物賠修酌用劉韻珂著
交部察議其丁憂嘉興縣丞龔振麟承造鳥鎗不合用
者亦有四杆惟製造各項軍器甚多著有微勞據該撫
另片保奏著免其議處並准仍留浙江軍營以資驅策
事竣後即行飭令回籍欽此

上諭劉韻珂奏軍需項下動支銀兩等語揚威將軍等所
委各員及地方紳士各赴各處籌辦攻勦事宜需用銀
兩均係在省局及浙江糧台曹江糧台乍浦支應局支
領又將軍參贊到浙後陸續札提銀錢應用領給各局
臺如數批解所有上年十一月起至本年正月二十一

日止共支過銀五十七萬四千三百兩准其於軍需項

下作正開銷事竣核實報部欽此

二月初七日奉

上諭上年降旨將林則徐發往伊犁効力贖罪嗣因東河

需人委用將林則徐調赴河工差遣現在東河合龍在

即林則徐著仍遵前旨即行起觧發往伊犁効力贖罪

欽此

二月初八日奉

上諭劉韻珂奏籌撥軍需銀二百萬兩著户部速議具奏

其前經部撥之鹽課等款四十六萬六千兩著以山西

山東河南陝西江西各巡撫及江甯藩司剋日遵照部文解存蘇州藩庫以備浙省提用毋稍遲延欽此

二月十三日奉

上諭耆英著馳驛前赴廣州將軍之任欽此

二月十五日奉

上諭穆彰阿著馳驛前往天津會同訥爾經額商辦事件欽此

二月十七日奉

上諭耆英著馳驛前往浙江署理杭州將軍奇明保著俟耆英到浙後來京候旨欽此

上諭伊里布著改發浙江軍營効力贖罪欽此
旨廣州將軍著阿精阿署理俟新任將軍將到日再行交
卸來京欽此

二月二十日奉
上諭爾之焦急情形朕已洞悉有將不可恃有兵不可用
文官以挍水為護身之符而又多方掩飾深堪痛恨爾
一到任即遇有事之秋非爾之過其殫心竭力一切軍
務襄助揚威將軍速殲逆夷克復郡縣朕將酬庸之不
暇尚其罪爾乎勿為過慮勉之加勉無負朕意欽此

二月二十一日奉

上諭奕經等奏密派委員焚燒逆夷船只燒斃夷匪一摺據奏二月二十五日夜間奕經等並劉韻珂飭令鎮海縣知縣葉堃商同鎮海縣生員王師真統領火藥船只及水勇數十名由僻港駛至鎮海縣對逆夷大船發火即將停泊稅關道頭之大夷船後尾燒燃該逆夷等驚起呼號不及鮮放杉板紛紛竄入水中彼時生員王師真即乘勢督催水勇頭目人等將火藥船只重重繼進各杉板船四面圍住過船搜察火具融通機關各船火藥立時並發附近暗伏鄉勇亦各發砲開鎗作為疑兵應援鄉勇水勇陸續撤退並無一人受傷焚燬夷船及

燒斃逆夷不少等語該逆經此懲創自已膽懾心驚著
奕經特依順文蔚齊慎劉韻珂仍當商同相機攻勦無
失機會鎮海縣生員王師真設法密辦前船親往督催
鄉勇燒焚逆夷實屬勇敢出力著加恩賞給六品頂戴
並賞戴藍翎鎮海縣知縣同知銜葉堃上年失守縣城
本有應得之罪姑念此次辦理火攻船只燒燬夷船尚
為出力著從寬免其治罪仍責令設法防勦如果始終
奮勉殺賊立功必當再沛恩施以昭獎勵所有奕經等
請將該員賞戴花翎之處著毋庸議欽此
上諭裕泰奏遵旨察看陳連升子嗣才具尚堪造就一摺

原任廣東副將陳連升長子陳展鵬次子陳起鵬著於
服闋後送部引見再降諭旨其陳連升義子陳舉鵬之
嗣子陳受桂著俟年及歲時再行送部引見欽此

二月二十四日奉
旨伊里布著賞給七品職銜咸齡著賞給四等侍衛著交
耆英帶往浙江差委一并馳驛欽此

上諭齊慎著仍作參贊大臣携帶關防馳驛前往浙江軍
營欽此

二月二十七日奉
上諭前因奇明保年逾七旬精力就衰降旨令耆英馳往

浙江署理杭州將軍因念省城為根本重地防堵尤關緊要將軍參贊分駐各處要隘祇有特依順一人帶兵在省恐不足以資控制著英著頒給欽差大臣關防馳驛前往浙江省城會同特依順嚴密防守如兵力尚單應調本省及他省官兵即著斟酌一面飛檄調取一面由驛具奏倘有疏虞惟耆英特依順是問劉韻珂身任巡撫守土是其專責一切防堵事宜亦著會同籌辦至浙省沿海各處口岸仍責成奕經文蔚齊慎擇要防守相機攻勦該將軍大臣等惟當同心協力以期戰勝守堅毋負委任勉之望之欽此

二月二十八日奉

上諭朕維攘外必先定内禁暴即以安民近因逆夷犯順不得已而用兵每逢征調必諄諭各督撫嚴飭管帶員弁毋任沿途滋擾並因浙江命將出師明諭該將軍等分飭所屬謹守紀律秋毫無犯違者即以軍法從事諒該將軍督撫等必能仰體朕心必致無貽民困矣本日據御史呂賢基奏近海之區藉防堵以派責征兵之境借調撥以索費並各該經過地方以護送借給為名科歛無度湖北湖南安徽等處有加派勒捐之事浙江直隸山東亦然請旨飭禁等語地方遇有軍行偶爾借資

民力各省官民自必志切同仇羣思報效朕屢經降旨將捐輸踴躍者破格恩施所以教忠急公慕義之忱也倘地方官奉行不善至加派勒捐是陽借辦差之名陰圖肥己之橐甚或縱令吏胥藉端需索致國家衛民之舉先滋病民之弊亦不可不防其漸著各該督撫諄飭所屬遇有勸捐各項務當核實辦理俾士民所輸之款一一皆歸實用官吏毫無染指庶使感奮之氣上下相孚並著各該督撫等隨時密查如有前項情弊立即據寔參辦毋稍姑息用　朕軫恤民力戢暴安良之至意將此通諭知之欽此

二月二十九日奉

上諭奕經等奏查明接仗情形並獲漢奸訊取供詞一摺逆夷竊據三城肆行滋擾又復勾結奸匪窺探軍情實堪髮指茲據奏逆首噗嘮嗑于上年八月定海打仗時被萬雲飛用砲轟斃現在夷船噗姓係屬假冒並慈谿接仗時砲斃逆夷頭目寧波城内夷人盡為挂孝據報即係逆夷巴姓又逆夷安突德臂受一鎗並有大夷目受傷甚重死夷屍身共載五船前往定海埋葬又最要漢奸陳東鈞等五犯現已並獲訊明正法其餘所獲夷目漢奸人數甚多等語現在緊要著名逆夷或臨陣受

誅或被傷垂斃其助逆肆惡之漢奸亦經先後擒獲是
逆夷以漢奸為爪牙漢奸即以逆夷為利藪表裏為奸
殊堪痛恨惟該將軍既經剴切曉諭于前茲復查拏懲
辦于後想軍民人等自當曉然于順逆利害之故志切
同仇益加感奮著奕經等激勸將士相機進勦其未獲
奸匪仍當嚴密查拏毋稍疎懈務期迅使郡縣盡掃逆
氛以伸天討而警奸邪欽此

道光二十二年三月初六日奉

上諭奕經等奏查明與逆夷接仗陣亡各員請分別賜卹一摺覽奏殊為憫惻浙江金華協副將朱貴身受三處鎗傷臨陣戰歿其子武童朱昭南隨同打仗身受二槍同時殉難實屬忠義可嘉朱貴着照總兵例賜卹朱昭南並着一併賜卹仍着該將軍等查明朱貴現尚有子幾人及朱昭南有無子嗣幾人之處即行具奏候朕施

恩甘肅西寧鎮左營遊擊黄泰陜西隆德營守備徐官署陜甘總標下烏闌營守備陳芝蘭四川大金河叅將加副將銜巴圖魯名號阿木穰瓦寺土守備哈克里浙

江侯補知縣顏履殷均着照例賜卹以慰忠魂該部知
道單並發欽此
三月初九日奉
上諭前經有旨令卞士雲幫同浙江藩司常恒昌辦理事
件茲據劉韻珂奏稱藩司常恒昌舊患肝疾並未復發
精力尚可所有浙江藩司事務仍飭該司自行辦理其
杭州軍需總局仍責成卞士雲轉司各總具職毋致貽
悮欽此
三月十二日奉
上諭原任浙江提督王得祿自乾隆年間募勇從征著有

勞績嘉慶初年改用水師歷討閩浙粤洋海寇身經百
戰迭建勳勞蒙　皇考仁宗睿皇帝擢廾提督錫封子
爵嗣提提督因病乞休兩次在籍幫同勦平逆匪特賞
太子太保銜以示優眷上年逆夷在閩滋擾該提督親
練壯勇駐扎澎湖協勦方冀為國宣勞長承恩眷茲聞
溘逝軫惜寔深著加恩追贈伯爵晉加太子太師銜照
提督例賜卹並賞銀五百兩經理喪事即由福建藩庫
動支發給該家屬祗領任内一切處分悉予開復應得
卹典該衙門察例具奏其應世襲子爵二等著該部照
例辦理欽此

三月二十七日奉

上諭奕經等奏定海燒夷船打獲勝仗一摺原任處州鎮總兵鄭國鴻之子候補批驗所大使鄭鼎臣等前經該將軍等派令招集水勇雇募火攻船隻會同營員渡海暗伏定海縣城內並各嶴島預備焚燒攻勦茲據奏三月初四日鄭鼎臣暗向各船裝載柴草火藥等物駛至梅山港分三路向北前進守備徐積寶督率火攻船隻先由十六門分為十排放進道頭該處停泊大夷船二隻各排船隻重重繼進圍住逆船即時引燃惟正值東南風大作火光燭天人聲鼎沸逆夷始猶開砲轟擊繼

見篷索全燃無處躲避向杉板船逃竄武舉蔣忠清等帶兵應援亦開槍放砲迎面攻擊逆船驚亂自相觸沉多隻並有退還仍被焚燒者及逆船放砲反致自行擊斷大桅兩根其逃走杉板船夷奔向竹山門水勇頭目袁高榮帶船自小渠山駛來該逆用槍箭擊射反將紫草燒燬直向噴燒又焚夷船多隻蝦峙港停泊最大夷船一隻千總韓慶瑞王廷穎並壯勇頭目李世茂等帶領大號火攻船二十餘隻一齊放進乘風發火首先燃燒大桅篷索等件該逆僅止開放四炮艙板均已引燃不及解放杉板船各夷焦頭爛額鳧水逃生逆夷火葯

被燒焗欹飛過山頂即時挽倒船沉不見蹤跡惟時筆
功頂戴詹成功把總吳大升在定海城內望見火燄知
係火攻得手當經奪獲槍刀等件其城外埋伏之委員
鈕沉等焚燒沿城房屋以助聲勢鄭鼎臣復見王金山
有逆匪屯扎上山攻擊逆夷旋即潰散我兵追殺數十
餘名奪獲夷箱等物其自北駛來接應之火輪船二隻
亦被放槍擊破燒計燒毀大夷船二隻內燒沉一隻燒
毀觸沉三板船數十隻被燒沉溺擊殺逆夷三四百人
我兵全無傷亡等語覽奏曷勝嘉悅逆夷自上年侵擾
海疆從未在海洋大受懲創此次奕經文蔚由蘊至杭

運籌数月密派員弁先期埋伏乘風潮順利之時焚燒大小夷船擊殺夷匪数百名實屬調度有方出奇制勝奕經著加恩賞換双眼花翎發去双眼花翎一枝並白玉喜字翎管一個交奕經祗領文蔚著賞加頭品頂戴特依順駐守省城盡心防禦著與奕經文蔚均交部從優議敘其在事出力員弁及水陸兵勇著奕經等查明據實保奏分別鼓勵俟朕施恩欽此

三月二十八日奉

上諭楊芳奏假滿病未痊愈懇恩開缺調理一摺楊芳著准其開缺回籍該提督久歷戎行懋著勞績著加恩在

籍支食全俸以養餘年欽此

道光二十二年四月初二日奉
上諭朱貽南隨伊父朱貴同時陣亡忠勇可嘉茲據奕經
等遵旨查明朱貽南之子朱綱年甫四歲現在原籍著
俟及歲時由該原籍督撫送部帶領引見候朕施恩欽
此

四月初五日奉
上諭本日達洪阿姚瑩由五百里馳報逆夷復犯台灣破
舟殲逆一摺據奏淡水同知曹謹署鹿港同知魏瀛澎
湖通判范學恒彰化縣知縣汪開基副將關桂等稟報
正月三十日有三桅夷船杉板船在淡水彰化交界之

大安港外洋行駛入口見兵勇衆多攻撲不進復退出外洋經貓霧東巡檢高春如及大甲巡檢謝得琛所募之漁船粤東人周指等與逆夷船上廣東漢奸作土音招呼誘從土地公港駛進果爲暗礁所擱其船欹側入水該處埋伏兵勇齊發關桂及署右營遊擊安定邦令署守備何必提千總何建忠李步雲把總翁標桂林飛鵬等施放火炮奮力攻擊其船遂破逆夷紛紛落水者不計其數復有數十人手持器械跳上漁船該廳縣將備同大甲巡檢謝得琛竹塹巡檢汪顯外委黄振輝李英魁等及義首總理兵勇奮力圍擊殺斃白夷一人黑

夷五十人廣東漢奸五名奪獲夷炮十門又獲鉄炮鳥
槍圖書腰刀各件等語覽奏欣悅大快人心該逆上年
窺伺台灣業被懲創復敢前來滋擾達洪阿姚瑩以計
誘之令夷船淺擱破舟斬馘大揚國威寔屬智勇兼施
不負委任亟宜特沛恩施用嘉懋績達洪阿着加恩賞
加太子太保銜並賞加阿爾達春巴圖魯名號姚瑩着
賞加二品頂戴達洪阿姚瑩均交部從優議敘所有在
事文武出力員弁及義首人等均著開單保奏候旨施
恩欽此
四月初七日奉

上諭達洪阿等查奏明上年台灣擊沉夷船擒斬逆首案内出力文武義首人等懇請鼓勵開单呈覽一摺上年逆夷駛入台灣雞籠山地方經文武各員弁擊沉夷船並擒斬逆夷多名辦理甚屬出力自應量予施恩題升台灣水師副將艋舺營叅將邱鎮功著賞戴花翎淡水同知曹謹著以知府升用先換頂戴俟補同知直隸通判范學恒著加知府銜署北路右營遊擊噶瑪蘭都司安定邦著以遊擊即行升用先換頂戴即用知縣王廷幹著賞加知州銜艋舺縣丞宓惟慷著以知縣儘先升用賞戴藍翎署噶瑪蘭守備許長明著以守備儘先升

用賞戴藍翎艋舺營守備千總歐陽寶著以守備升用先換頂戴署滬尾水師守備陳大坤之子陳功著賞戴藍翎侯補從九品周晋昭劉其鍾均著儘先補用德化縣典史陶榮著以縣丞升用千總陳建春外委尤登和均著賞戴藍翎葛瑪蘭外委任升金色呈外委林光章均著以把總拔補郝芝著賞給六品軍功職銜兵目何得和李超鳳兵丁楊得貴等六名均著逹洪阿記名分別以外委額外拔補屯外委李逢春著賞給屯千總頂戴總理監生謝集成著賞戴藍翎陳經邦董事吳助友義首林得芳均著賞給六品軍功職銜總理姜秀鑾義

首生員范玉成鮑鄂均著賞給七品軍功職銜義首謝永瀫等均著加恩賞給八品軍功銜以示獎勵欽此

四月十一日奉

上諭奕經等奏查明守備陷賊不屈致被戕害一摺守備王國英在寧波打仗身受重傷脅降不屈罵賊身死寔屬忠勇可嘉著加恩照叅將例賜卹以慰忠魂並著奕經于就近軍需項下賞銀五百兩給伊子外委王錫文辦理喪事即以千總拔補欽此

上諭奕經等由驛馳奏大兵進攻寧郡逆夷畏懼竄退現在派員收復一摺據稱夷情近已窘迫該將軍等密派

将備委員帶領兵勇分路進發嗣因鄭鼎臣等燒燬大小夷船殺斃逆夷数百名寧鎮兩城逆夷驚惶無措又加伏勇隨處驚擾自二月以來先後擒斬沉溺各逆不下数百名衆逆益覺窮蹙現經管帶官兵之遊擊高峻及分帶勇壯之請升副將托金太帶兵赶近夷船乘勢截擊該逆等遥見兵勇望至不敢迎拒紛紛奔上船隻泊逆遺棄物件倉皇遁赴鎮海即于三月二十七日收伏寧波郡城等該逆自上年八月占據鎮海之後並據寧郡蹂躪居民勒索財物可恨已極現因屢次被創勢蹙力窮又以大兵截擊紛紛逃遁以此窘迫情形不難立

就殄滅著該將軍參贊等乘勝跟蹤追截相機收復鎮
海所有此次在事出力人員著確切查明據實保奏欽
此
四月十二日奉
上諭劉韻珂查奏陣亡將弁開單呈覽一摺上年浙江定
海鎮海三縣失守該將弁等臨陣捐軀殊堪憫惻所有
副將重祥遊擊張玉衡托雲保都司張樫守備李雲龍
李躍淵千總王萬龍陳慶三洪武琮周萬治把總岳永
泰金鼇任宗斌解天培胡大純馬錦龍蔡步高外委湯
國英武英泰林賫吳定江金釗俱著准其照陣亡例賜

卹以慰忠魂欽此

上諭劉韻珂奏遴員請升要缺知縣一摺着照所請浙江餘姚縣知縣員缺准其以林朝聘升補俟軍務完竣再行送部引見欽此

上諭此次定海焚燒夷船據奕經等屢次查訪確實並經委員呈有斬獲夷首及夷人物件夷船板槳可憑又訊據鄭鼎臣禀覆如有不真願甘軍法等語該逆占據郡邑勢甚猖獗倘未經此大創何至張皇窮迫令將大小船隻退出甯郡是定海夷船被焚毫無疑義護理定海鎮總兵事遊擊周士法禀報浙江巡撫與該委員等所

查情形不符顯有不實著交部嚴加議處欽此

四月十八日奉

上諭奕經等奏逆夷猖獗乍浦失守一摺逆夷甫經退出寧波輒復聚集船隻駛近乍浦攻撲該將軍等未能先事預防以致乍浦失守奕經文蔚特依順劉韻珂均著交部嚴加議處欽此

四月二十二日奉

上諭浙江提督余步雲經朕畀以海疆重任上年定海失守總兵王錫朋等帶領各路防兵苦戰六晝夜之久該提督並不督兵應援以致孤城失守迨至鎮海寧波接

踵失事總督及總兵等先後殉難余步雲輒敢節節逃避當鎮海寧波未失之時與定海尚隔海洋若使鼓勵士卒奮勇當先嬰城固守地勢既據上游精兵復聚重鎮何至四路潰散頃刻不支言念及此實堪痛恨總緣該提督平日訓練無方臨時貪生畏敵首先退縮大懈軍心作此厲階罪難擢數早經降旨飭揚威將軍奕經查明屢次退敗情形按律治罪用彰國憲此因軍務吃緊查訪非猝猝所能遂先其所急暫緩逮問乃軍營將弁兵丁等相率效尤紛紛潰散此皆余步雲之倡也非據奕經等奏稱乍浦失守不過數時之久該處將弁兵

丁不為单弱何至逆夷甫至尚未交鋒遽爾奔潰棄城
幾同兒戲總因余步雲身為提督屢失城池並未查究
遂令各懷倖免之心不思破敵之計遲延觀望坐失事
機若再不整飭紀綱大申軍令何以挽習而振軍威余
步雲着即革職交奕經傳旨鎖拏派委妥員押解送京
交軍機大臣會同刑部審訊治罪至前次另查失守定
海鎮海寧波三城及此次乍浦失事各文武員弁兵丁
除鎮海縣知縣葉堃著有微勞尚足功過相抵其餘均
著經查明首先潰散之員弁兵丁開单請旨此後務當
嚴申紀律如再有臨陣退怯首先潰散者即以軍法從

重一面正法一面奏聞毋許仍存姑息致令士氣不揚
該將軍等整理戎行副朕委任欽此
四月二十三日奉
旨奕經文蔚特依順劉韻珂均著加恩改為革職留任所
有奕經前次賞戴雙眼花翎文蔚賞加頭品頂戴並交
部從優議叙俱著撤銷特依順前次從優議叙之處著
一併撤銷欽此
上諭林朝聘著准其卅署餘姚縣知縣仍俟軍務完竣後
送部引見欽此
上諭劉韻珂奏浙江乍浦同知俟補知縣韋逢甲當乍浦

失守之時帶領鄉勇在西行汎防守被逆夷戕害該員
爲國捐軀深堪憫惻著照例賜卹以慰忠魂此外陣亡
弁兵人等著查明後由該將軍等照例辦理欽此

四月二十七日奉

上諭朕以鴉片烟流毒中國貽害生民前歲特降諭旨飭
令各省嚴禁再三剴切申誡因廣東爲外夷通商之所
特令林則徐前往查辦各國夷商均遵約束惟英夷逆
目義律以燒燬烟土之故藉口滋事因林則徐辦理不
善旋亦罷斥遣戍乃該逆于道光二十年六月潛逃浙
洋竊據定海繼于天津海口呈遞禀詞朕惟中外一體

念切懷柔不以其侵擾在先詐辦在後遽加屏絕復命
琦善前往廣東確查核辦又將伊里布在洋擒獲逆夷
頭目安突德等多名特予寬典免其誅戮于定海退出
之時即行給還該狡詐反覆要求無厭明知琦善意在
撫馭不設防守竟爾稱兵首禍進犯大角沙角各砲台
傷我提鎮大員擾我海疆黎庶逆夷因販烟土而肇啟
衅端復陽爲乞情而陰圖詭計背信負恩神人共憤朕
之命將出師實由此也至靖逆將軍奕山等到粵逆夷
已竄入內港窺伺省垣彼時帶兵守土大吏僉以該逆
貪利性成希冀通市懇將商欠該逆銀兩准令給還朕

至誠待物從不以逆億為念如果得利相安不至別圖
滋擾邑區之施實非所吝蠢爾醜類何足為仇此又朕
軫念薄海生民不得已之權宜也孰料逆夷包藏禍心
欺天滅理粵東甫經斂跡閩浙又復揚波定海再窺連
城襲據以致督臣殉節鎮將捐軀荼毒生靈罪難擢髮
爰命揚威將軍奕經等帥師攻勦數月以來賊退寧波
旋陷乍浦是該逆在粵則以厚施為飽颺之謀在浙則
以擄掠為貴粮之具察其兇狡情狀實已罪惡貫盈
上天降鑒以加誅戮下民何罪罹此慘酷朕憮躬循省
五内焦勞每念毒孽未除顛連莫拯痛心自責恨才德

之未逮夙夜難安將軍參贊督撫及内外文武大臣亦宜仰體朕懷亟蘇民困勿存苟安之見狃于目前勿存僥免之私貽臭于後至于將弁兵丁動謂船堅礮利兇燄難當因而見賊倉皇望風先潰殊不知賊之深入早已自蹈危機果人人奮勇直前有進無退加以鄉民義勇層層接應則主客之勢既異衆寡之數又因地乘機何難制勝是逆夷之肆意猖獗皆士氣不揚所致也其漢奸皆係窮蹙愚民或以生計維艱爲利所誘遂至甘心從逆暫飽身家試思蹂躪者誰之鄉里搶掠者誰之貲財賊來則驅之使前俾當鋒刃賊去則委之于後仍

蹈刑誅苟有人心當知悔恨朕為天下生民主若祗顧目前苟安無事不思大者遠者一聽烟毒横流不行禁止是朕上負
皇考付託之重恩下不能保吾民之生命思及此曷肯不竭力禁止也目前雖奸夷驚擾日肆貪殘爾閩帥暨臣宜如何激發天良申明紀律奮勇爭先者賞不踰時退縮不前者誅之無赦如此則何攻不克何守不固耶從前辦理不善諸臣除分別懲創外飭令帶罪圖功冀其知感知奮勉贖前愆倘復坐失機宜殃民縱寇國法具在不能為若輩再寬也至士民中果有謀勇出衆之才激于義憤團練自衛或助官軍以復城

邑或扼要隘以遏賊鋒或焚擊夷船擒斬大憝或聲明
天義開啟愚頑能建不世之功定邀非常之賞總之禁
烟所以恤民命禦寇所以衛民生朕宵旰思艱兢兢業
業爾諸臣亦惟和衷共濟鼓勵戎行不懈不昧以作士
氣必能翦除夷孽掃蕩海氛與天下蒼生共享昇平之
福茲將辦理夷務情形及朕為民除害之本意特諭中
外知之欽此

四月二十九日奉

上諭奕經等奏定海兵勇連次奪獲焚燒逆夷大小船隻
一摺據稱初八日壯勇頭目王廷功等在定海螺頭門

搶擊逆夷鄉勇白成位等用火罐燃夷船該夷竄逃避
伏王廷功帶領鄉勇民人將船奪獲駛回並將夷目丁
時儀之弟砍例割獲首級水勇沈仁賢等砍斃白夷一
名委員鄭鼎臣等接奉札諭悉載火藥從後路進兵至
十二日乘風大作副將鄭宗凱遊擊沈廷功派令守備
徐櫝寶將火船配裝七十餘隻督同兵勇水勇將船繞
進該夷大船先暗放火藥罈一瓶即時轟破夷逆船頭
我船連攏繼進火燄飛騰四面放槍賊殺過船多被焚
燒繞計燒斃沉溺擊斃約有三餘人將兩桅大船燒去
半截三桅大船三隻兩旁燒燬並燒斷大桅二根燒壞

大杉板船四隻奪獲大火箭夷硝七斤船板及逆夷救火之水坡等件解赴到營呈驗等語該逆迭次猖獗因未受懲創今被焚燒亦可見船堅炮利之不足恃如果將軍參贊及沿海封疆大吏處處皆能準備火攻船隻相機籌辦該逆必胆裂心寒不敢再行窺伺此次火攻船隻其最為出力之副將鄭宗凱著升補福建福寧鎮總兵遊擊沈廷功著以參將遇缺即行升用均著賞戴花翎委員鄭臣著給四品頂戴並賞戴花翎該將軍等調度有方奕經著賞還雙眼花翎文蔚著給還頭品頂戴特依順齊慎均著交部從優議敘至在事文武員弁

及兵丁鄉勇水勇民人等均著該將軍叅贊查明保奏
候朕施恩欽此
上諭牛鑑奏特叅移駐弁兵之遊擊等語所奏甚是江蘇
金山營遊擊塔明阿前因夷船駛入乍浦遽將守塘弁
兵移至門外駐守雖據同知沈炳垣查稟四門為乍浦
來路該遊擊因乍浦民人紛紛東來駐兵彈壓盤查現
已照舊移回塘岸尚無退避情事惟軍旅之事有進無
退兵屬在前遽爾回兵遠岸難保不人心動搖紀律不
嚴往往由此塔明阿著降為守備留營差遣以觀後效
尤著知所儆戒欽此

道光二十二年五月初二日奉

上諭奕經等奏長喜因傷身故著該部照例賜卹伊里布著賞給四品頂戴署理乍浦副都統欽此

五月初三日奉

上諭奕山等奏查明前任提督關天培陣亡時兵丁走散情形一摺設兵所以衛民必期有勇知方近日海疆防守官兵奮勇殺賊者固不乏人至於臨陣退避見賊先逃致主帥陣亡汛地失守此種失降士卒不難悉數駢誅因念罪有首從不忍概予誅夷特命將軍督撫等將首先潰散之犯嚴查懲辦該將軍督撫等身膺重寄具

有天良自應將實在情形迅速覆奏候朕酌量情節法
所難宥者立正刑章情有可原者量從末減庶于嚴申
紀律之中仍寓務卹慎刑之意乃本日奕山等奏關天
培在靖遠砲臺陣亡兵衆同時逃走並無確切證據等
語郭標等五名既據可　互相指出即各親提研訊方
可得實乃直至該把總畏罪自盡始行親提以致均無
質證率即擬結請將郭標等五名革伍責懲殊屬輕縱
所有逃散之兵丁郭標歐振彪唐成恩吳就芬蘇勝亮
均着發往新疆充當苦差以示懲儆又另片奏拏獲漢
奸溫東幅一名究出被脅入影赴官廳投首之從犯蘇

亞馨等三名將蘇東幅正法蘇亞馨等擬軍等語廣東
漢奸在在皆有該省年餘僅獲一温東幅即係被脅入
夥之蘇亞馨等三犯又稱赴官投首可見平日並不查
拏不過以此塞責奕山身任統帥祁𡌴梁寶常俱係封
疆大吏如陳奏事件如是不誠不實跡近欺詐亦屬錯
謬奕山祁𡌴梁寶常均著交部嚴加議處欽此

五月初十日奉

旨前因奕山等覆奏關天培陣亡時兵丁走散情形跡近
欺詐辦理錯謬當降旨交部嚴加議處茲該部議以革
職實屬咎所應得奕山著革去御前大臣領侍衛內大

臣都察院左都御史從寬仍留正紅旂漢軍都統與祁
墳梁寶常著改為革職留任以觀後效欽此
五月十四日奉
上諭牛鑑奏逆船闖入吴淞提督陳化成失守一摺逆
夷突集船隻攻撲寶山江南提督陳化成督率弁兵在
塘堵禦相持七日之久開砲轟壞夷船三隻傷斃夷匪
數十人該縣地本海濱即將巨砲安于大船桅上施放
茲將土塘轟裂捍蔽無資該提督陳化成該縣城旋亦失
守覽奏曷勝悼惜陳化成久歷海洋素昭忠勇此次臨
敵亦極果敢竟爾捐軀允宜特沛殊恩以慰忠藎陳化

成著交該部照提督例賜卹仍加恩賞銀一千兩即由
江蘇軍需局給發並著該原籍督撫查明該故員子嗣
幾人據實具奏併于殉難處所及原籍各建專祠該故
員靈柩回籍時并著各該地方官妥為照料其陣亡將
備兵丁由該督一併查明具奏欽此

五月十五日奉

上諭現在江蘇軍需緊要著户部迅即籌撥銀一百萬兩
解赴蘇州備用欽此

五月二十日奉

上諭江蘇海口現有夷船滋擾天津濱海之區自應先事

預防昨經降旨將賽尚阿馳往天津會同訥爾經額商
辦事件賽尚阿即作為欽差大臣頒給關防同該督辦
理防堵事務巴清德那桑阿隨同前往乾清門侍衛托
精阿伊克精阿倭里布長山均著一併帶往酌量差遣
俱著馳驛遇有陳奏事件巴清德那桑阿著一同列銜
欽此

五月二十五日奉

上諭劉韻珂奏病勢未痊請賞假調理一摺劉韻珂著賞
假一月安心調理欽此

上諭卞士雲著賞給三品頂戴署理浙江巡撫所辦浙江

糧臺事務著管遹羣接辦欽此

五月二十八日奉

上諭余步雲現據奕經等派員解京俟到京時著派軍機

大臣會同三法司嚴訊定擬具奏候補府黄冕裕謙家

丁余升著一併歸案質訊欽此

道光二十二年六月初一日奉

上諭麟慶奏嚴防海口並覆陳漕運經行各處情形一摺南河所轄吳河灌河射陽湖三處海口該夷杉板小船既可駛入自應嚴加防範著該河督嚴飭各邑巡防瞭探並將所選河兵勤加訓練毋任稍有疏懈俟湖南幫船過竣即飭委該道親往督巡至漕運經行要道南河以瓜洲江口為門戶而自海入江要隘則以江陰鵞鼻嘴為最要該處江窄山峻下有伏礁若於此處扼扼險守禦如有夷船駛近我兵轟擊自可得力其應如何添兵駐防之處著牛鑑麟慶程矞采會同商酌務令足資

防守毋稍大意其瓜洲江口內河亦著該督等督飭所
屬小心籌防遇有形迹可疑漢奸即行盤詰嚴拿以重
防守而利漕行將此諭令知之欽此

六月初九日奉

上諭牛鑑奏逆夷闖入江陰縣境現在相機防禦一摺據
奏夷船五六十隻駛近福山其火輪船二隻已乘潮駛
過江陰之鵝鼻嘴大小逆船均在江中寄椗等候探水
該督現已分飭鎮道將前備之火攻船整理周密相機
截擊齊慎牛鑑均已趕赴京口等情覽奏均悉逆夷由
海入江先遣火輪船闖入江陰即難保無大幫逆船跟

蹤內犯大江形勢究與外海不同如果逆船駛進務將備防之火攻等船相機截勦一面於京口上下地方嚴行防堵再於鵞鼻嘴下游沙線灣曲處所用船裝載沙石填塞要害斷其歸路其江北口岸亦須派員帶兵嚴密防禦前據奕經等奏已將派撥之江西兵二千名攜帶火砲四十位擡炮一百桿迅觧江蘇計此時當已抵蘇著耆英齊慎牛鑑劉允孝程矞采會同商酌於扼要處所駐紮如兵力尚單即著曉諭紳民人等僱備船隻團練義勇激以忠義許以重賞既可為國殺賊即以自衛身家當可濟兵力之所不逮該大臣等務當設法拒

守於萬難之中乃求保全之策方於國事有益也而殊勳立奏本日據德珠布等奏請撥兵應援一摺現在齊慎牛鑑業已馳抵京口江寧省城緊要應如何添兵防守着該督等妥商辦理毋稍疎懈將此由六百里諭令知之欽此

六月十一日奉

上諭奕山等奏官兵凱撤請分別開行等語湖南次湖北次雲南次四川次貴州次江西按省起行即飭沿途各地方官妥為辦理并委帶兵官弁嚴為約束毋許滋擾欽此

上諭奕山等奏廣東省城
神廟顯應請頒給匾額一摺據奏此次英夷肆擾撲近
省城正欲開砲粵秀山觀音大士神像顯靈居民共見
朴滅火箭雷雨傾盆沖没漢奸夷匪多人夷人無不畏
懼現在海氛既熄省垣安堵護國庇民仰邀神貺朕實
深寅感著發去親書匾額交奕山等祗領虔詣廟中敬
謹懸掛以答神庥欽此

六月十二日奉
旨戶部奏粵海關短收稅課應否照例勻攤賠交等語粵
海關因查辦夷務停其貿易以致稅課短絀所有短收

盈餘銀三萬四千八百三十一兩著准其豁免欽此

上諭劉韻珂奏查明陣亡各總兵後裔一摺原任浙江定海鎮總兵葛鴻飛之子葛以簡著賞給文舉人次子葛以敦著賞給武舉人均准其一體會試原任處州鎮總兵鄭國鴻之孫監生鄭鋕監生鄭鍔均著賞給文舉人准其一體會試用示朕表忠延賞至意欽此

六月十五日奉

上諭本日據德珠布興倫奏逆船繫泊焦山一摺又另片奏現於烏龍山設伏並用小船裝載柴薪備攻等語覽奏均悉逆船越過圌山關向東馬頭而來在防官兵開

砲轟擊當即退去但恐大幫來犯京口必應嚴加防禦該處有齊慎劉允孝帶兵協防揚威將軍撥兵往援計已到彼首尾互應當不致再有疎虞惟江寧省城為根本重地士民聞風驚惶在所不免著牛鑑德珠布協力同心和衷商辦於萬難之中力求保全之策斷不可稍形畏葸株守省城輒稱人力難施一籌莫展至省城紳士不乏急公好義之人即百姓亦豈無勇敢慕義者惟在該將軍總督激勵衆心諭以大義號召團練以滅寇氛其軍糧一切所關匪細斷不容稍有缺乏糧臺現在蘇州已有旨諭令耆英程矞采等設法轉輸源源接濟

仍著牛鑑責成江寧江蘇兩藩司妥速辦理不准稍形
推諉至火藥鉛斤官兵糧餉為行軍要需豈能缺少本
日已有旨諭令程矞采速籌運濟並揀派精兵以為聲
援至江寧地方據稱江面稱濶惟烏龍山狹窄可以設
伏德珠布現派兵丁千餘名安炮守禦著即併力防堵
所備柴薪船隻倘能乘機縱火焚燒逆船該逆自必遠
遁不敢深入庶省城能保無虞也該將軍之功甚偉也
將此由六百里加緊諭令知之欽此
上諭祁𡎴奏請將辦理糧台之藩司飭令回省並將各局
分别撤留等語粤省夷船現已退出虎門軍務漸定江

西藩司本任事務殷煩趙炳言著即飭令回省辦事餘
著照所議辦理欽此
六月十七日奉
上諭牛鑑奏逆船闖過京口省城情形危急一摺逆夷船
隻已來大汎越過圌山關現復由京口揚帆上駛欲至
江寧該督因其來甚猝省城兵力單薄商同攖城固守
著德珠布輿倫會同該督竭力守禦毋稍疎虞該省城
雖高厚萬一該逆以小船攖岸扒城而入尤應嚴密防
範凡可以攀登之城堞分別派兵扼守並著相視攖岸
處所駕巨炮於城上向擊著該將軍等會商妥辦奕經

現已有旨諭令帶領將弁星速起援保衛省垣并諭齊
慎劉允孝酌量一人帶兵赴省協防江南提督仍准以
尤渤暫署所請將聚寶通濟兩門留放米商並任聽居
民搬運出城等語俱着照所議妥辦該督務須遴委妥
幹員弁嚴密稽查彈壓米石一經截卸趕緊催令米販
出城毋任奸匪得以混跡藉端滋擾是為至要又另片
所奏情形已密諭欽差大臣耆英相機辦理矣將此由
六百里加緊諭令知之欽此

六月十八日奉

上諭昨因逆船闖過京口江寧省城危急有旨諭令奕經

馳往應援本日據德珠布奏逆夷揭擲大幫船已將瓜洲口門封堵京口江甯現俱危急並有夷船駛進儀徵口揚州亦甚可危又據齊慎等奏夷船五十六隻由京口至瓜洲一字排列並於金山插有紅旂各等語逆夷闖入大江勢甚猖獗江甯鎮江揚州一帶防堵均十分緊急着奕經迅即帶領得力將弁兵勇星夜馳往該處度量情形緩急如江南吃重即馳往江南江北吃重即馳往江北該將軍務當遵奉諭旨即速啟行毋稍貽誤將此由六百里加緊諭令知之欽此

六月二十一日奉

上諭耆英齊慎奏鎮江剿擊情形各一摺逆夷船隻闖入大江攻犯京口我兵開炮擊斃逆夷數十人並落水多名該夷復聚集多船蜂擁而至驟由西北各路登岸經齊慎等督率將弁迎敵把守經周兆熊手點撞炮擊斃紅衣夷目一人官兵衆勢下壓槍炮齊施並令刀矛手左右抄襲傷斃逆夷三百餘人該夷復用車推炮上岸我兵仍奮力前進傷斃逆夷不計其數該夷復由間道攻撲北門經副都統海齡督率弁兵併力堵禦詎復分股攻擊西南西南門城內突有火起提督劉允孝帶兵往救該逆用炮塞斷各路漢奸到處放火截殺前隊多有

受傷不能前進惟時西南兩門竟被攻破府城失守逆
夷猖獗我兵相持七八晝夜率因兵分力單以致不支
所有副都統海齡及府城文武官員現在作何下落並
此次傷亡弁兵著耆英迅即查明具奏其首先擊斃兇
目之把總周兆熊著加恩以守備儘先升用先換頂戴
齊慎劉允孝自請從重治罪之處仍令帶罪立功以觀
後效欽此

六月二十三日奉

上諭但明倫著賞加按察使銜所有揚州至清江浦一帶
防堵事宜即責成該司悉心妥辦遇有應行陳奏事件

著准其單銜具奏欽此

上諭李湘棻著馳馹前往清江浦會同麟慶辦理淮安揚州一帶防堵事務所有彈壓回空軍船事宜一併著會同朱澍辦理欽此

上諭據程矞采奏京口失守情形並請飭麟慶帶兵移駐揚州等語現在該河督因時屆大汛修防吃緊不能遠離本日已降旨責成鹽運使但明倫專司揚州防堵事務並加該運使按察使銜准其單銜奏事至江北一帶防兵短少已飭河南山東調兵前往應援該二省兵未到以前該撫先行體察情形妥籌團練並飭但明倫帶

領兵勇彈壓梟徒勿令釀成腹心之患其江陰洋面尚
有夷船停泊該撫已將撥到之廣西兵七百名咨交耆
英統帶在無錫地方堵禦以防乘虛闌入著照所議辦
理至副都統海齡遇害該府縣尚不知下落俟查明確
實再降諭旨將此由六百里諭令知之欽此
六月二十四日奉
上諭耆英奏查明鎮江城陷時京口副都統海齡並其妻
及次孫同時殉節該副都統為國捐軀忠義可嘉著加
恩照都統例賜䘏並著耆英派委妥員尋覓該副統及
伊妻伊孫屍身妥為盛殮並查其現有子女一同護送

回旗該副都統有子幾人著俟百日孝滿後由該旗查
明一併帶領引見候朕施恩俟軍務完竣後著該地方
官建立專祠以表忠藎伊妻及伊次孫一併附祀又據
奏驍騎校祥玉没水殊堪憫惻著耆英於查明確實後
咨部加等賜卹並著於該副都統祠内一併附祀欽此
上諭周天爵著馳驛迅赴清江浦隨同麟慶朱樹李相棻
辦理一切防堵事務欽此
六月二十六日奉
上諭李廷鈺著馳驛迅赴江蘇交耆英差遣委用廣東潮
州鎮總兵著祁墳派員署理欽此

六月二十七日奉

上諭蘇廷玉著仍以四品京堂起用會同孫善寶辦理糧臺事務欽此

上諭鄭祖琛著辦理浙江糧臺事務欽此

上諭浙江布政使著孫善寶補授毋庸前赴新任著在江蘇辦理糧臺事務所有浙江布政使著管遹羣署理欽此

六月二十九日奉

上諭據齊慎奏逆夷於二十二日由鎮江北門退出回船仍留二千餘人在城其船有閘向儀徵三江口一帶停

泊等語該逆舍鎮江而北渡必係窺伺揚州前調山東河南兵丁計日可到著麟慶酌加調撥傳諭但明倫竭力守禦其河道應填塞者即行填塞以斷其竄入之路總宜層層布置設伏互爲聲援前路要隘固當撥兵嚴守而後路接應尤不可虛勿令排列江干孤軍無助一經挫失該逆則入無人之境又蹈他處覆轍是在該督等洞燭機宜妥爲調度其所保全者大矣凜之愼之將此由六百里諭知麟慶並傳諭但明倫知之欽此

上諭奕山等奏凱撤官兵陸續分起行走先令侍衛珠勒亨等回京當差侍衛巴揚阿管帶後起鍵鉛大器各營

官弁另行起程等語著直隸山東江蘇安徽江西各督
撫分飭沿途州縣照例給付船隻夫馬毋許遲悮並著
該督撫於凱撤官兵入境時傳知令帶兵之員所帶弁
兵毋許沿途滋擾倘弁兵等需索騷擾等弊管帶官不
能約束即著沿途各督撫據實參奏此旨即給予珠勒
亨閱看欽此

上諭奕山等奏海洋陡發颶風轟擊𠸄夷房寮馬頭並漂
失船隻一摺據稱六月初四日寅刻海面颶風陡發海
島大雨傾盆尖沙嘴所泊大小夷船漂泊擊碎漢奸大
小划艇漂出大洋所存大小四十餘船桅舵俱壞淹斃

夷匪漢奸不計其數帳房寮蓬吹撥無存所築馬頭掃
除一空朕披覽之餘感邀　天貺既深欣幸更屬愴惶
該夷惡貫滿盈肆其荼毒多行不義竟　天誅此皆冥
漢之中神靈默佑餘氛銷伏綏靖海疆允宜虔備辦香
以申誠敬著發往大藏香二十炷交奕山等分詣各廟
宇謹敬報謝並派惠親王綿愉恭詣　皇穹宇睿親王
仁壽恭詣　皇祇室瑞郡王奕誌恭詣　宣仁廟　凝
和廟成郡王載銳恭詣　昭顯廟　時應宮均於二十
九日城內齋宿三十日分詣行禮並著太常寺敬謹預
備欽此

道光二十二年七月初二日奉

上諭此次逆夷滋擾江蘇浙江兩省沿海州縣被其蹂躪轉徙流離耕耘失業朕甚憫焉轉瞬將屆刈穫之時該農民當失所之餘輸將無力何堪更此催科若待該督撫奏報展轉需時恩澤未能迅速所有江浙兩省被兵州縣除定海鄞縣鎮海三縣本年錢粮業經有旨豁免外其兵各州縣本年錢糧漕米均著加恩悉予寬免至鄰近州縣並未被兵亦恐有妨農業並著該督撫等分別查明請旨酌減十之二三以昭體卹該督撫即刊刻謄黃遍行曉諭務使寔惠及民毋使吏胥舞弊用副朕

軫念民艱速沛恩膏之至意欽此

上諭牛鑑奏現在逆夷情形一摺覽奏均悉昨日已降旨
飭令耆英會同伊里布妥協辦理諒已盡心籌畫該督
給發照會以耆英伊里布皆係親信大臣奉有諭旨專
辦此事祇須兩國商量妥協該大臣等即可定議並無
遊移惟此辦理必當十分明白留意一勞永逸勿貽後
患至防禦等事仍應一律嚴密不可大意據稱在籍紳
士團練協防朕心甚慰該逆反覆無常情殊詭譎省城
等處仍應有備無患欽此

七月初三日奉

上諭牛鑑奏查明上海縣文武官員下落等語上海縣典史楊慶恩捐軀殉節情殊可憫著交部照例賜䘏餘仍著該督查明確實具奏欽此

上諭本日御史孫起端奏請將軍船水手乘時勵用一摺據稱糧船水手人等編入行伍按名給餉可為紀律之師等語此等烏合之衆平時既未練習安能望其深明紀律即使乘時勵用事平之後人數甚多又將作何安置且恐愈滋流弊所奏著無庸議惟摺內所稱各幫俱有頭目凡遇幫船爭鬥得頭目一言水手無不聽從現雖不敢設立會首名目而各幫暗中自有推尊之人著

耒澍麟慶李湘棻密諭總運千總分幫詢訪頭目諭以各就各幫約束水手俾共安本分或自行團練保護船隻勿被逆夷勾結貪一時之重利致清白良民頓為叛逆日後身家俱喪倘賊船逼近糧艘如能奮勇抵禦殺賊立功自當立予重賞如此剴切曉諭俾共聞知感恩感奮庶幾該水手等不為賊用而為我用亦安內攘外之一道也將此諭令知之欽此

上諭程矞采奏防守蘇州一帶情形一摺覽奏均悉據奏逆夷退出鎮江仍任意往來各情節昨已降旨飭令耆英等曉諭軍民等暫緩復業免墮該逆奸計伊里布此

時已抵無錫與耆英會商妥辦一切程矞采惟當督飭文武員弁分路嚴守要隘勿令逆船竄入江浙來販稀少仍當設法招徠源源接濟本日據程矞采奏已派員赴上游採買米四萬石由蕪湖進口歷高淳縣東壩解蘇著程矞采曉諭官紳令其傳知軍民人等鎮靜以待紳耆勸捐團練經吳廷琛等名募壯丁闔廂一帶聲勢聯絡務當同心協力認真堵禦並嚴防土匪搶掠為國出力即所以自衛身家昨經降旨飭令奕經在王江涇駐紮靜候耆英等商辦消息吳淞口夷船未退尤渤現在松江府防堵著諭令嚴密防守遇有夷船入口滋擾

即著設伏攻擊倘逆䑸連幫而來勢難抵敵著臨時酌
量情形飛速知會奕經赶緊撥兵應援又另摺奏現將
摺報等項設法改道遞行等語著照所議辦理將此由
六百里諭令知之欽此

七月初四日奉

上諭奕經等奏查明乍浦接仗情形一摺此次陣亡員弁
業經降旨賜卹其先經潰散自行投回之兵丁張九皋
等六十九名著刑部定地發遣充當苦差單併發太湖
營把總沈大熊于敗退後未隨大隊行走先期到平湖
著即革職發往新疆充當苦差太湖右營遊擊巴升廣

東新會營參将洪應逵定海左營遊擊張紹廷乍浦中營水師守備朱昌熾嘉興協右營守備李繩淦雖均帶傷痕惟未能督催弁兵奮勇禦敵著一併革職降為兵丁以觀後効杭嘉湖道宋國經駐紮乍浦半年有餘辦理未能妥協著交部議處漢中鎮總兵德坤帶兵策應繫殺逆夷甚多甘肅中衛協副将哈拉吉那往來策應腿受矛傷尚非怯敵退避著加恩免其議處欽此

上諭奕經奏查明乍浦接仗情形将陣亡員弁開單呈覽浙江乍浦滿洲右營佐領委署左營八旗前鋒協領音登布右營防禦貴順左營佐領降福驍騎校伊勒哈畚

報順署左營佐領右營防禦額特赫右營驍騎校法杭阿水師營把總薛大榮陝甘固原城守營千總李廷貴蔡紹堡千總張淮泗永昌營把總王榮莊浪營把總孫登霄甘肅提標前營把總馬芝榮署西安營外委藍翎馬異朱朝貴土門堡額外外委馬成功臨陣捐軀情殊可憫著交部照例賜卹以慰忠魂其陣亡兵丁應得卹典著另行咨部辦理欽此

七月初六日奉

上諭德珠布奏鎮江失守自請嚴議一摺德珠布著交部嚴加議處欽此

上諭京口副都統海齡著照都統陣亡例賜卹欽此

七月初七日奉

上諭麟慶奏儀徵揚州漸俱安定現仍加謹防堵一摺據奏瓜洲江邊停泊三桅夷船二隻儀徵沙漫洲老沙影各泊火輪船一隻其金焦兩山上下共泊夷船六十餘隻瓜洲口及儀徵口各有大船三隻現已設法將水路探截並於旱路要隘挖坑設伏並發倉平糶慰諭居民地方漸以安定等語所辦甚好所有團練壯勇之知事王英秀知縣彭以竺署監掣同知陳廷恩等各團練壯勇或數百名或千餘名會同守城或率同委員紳士撫

慰居民均屬出力可嘉另片奏催漕米夾工之効東河通判王恩熹告假回籍之分發湖南侯補布政司理問秦廣鏞自備資斧隨營効力所帶壯丁驗明得力著准其留於南河差遣如江北有警即著麟慶量才調委一經勤辦得手朕必破格施恩或逆夷偵知即江北有備不敢窺伺而該員等捍禦有功統俟軍務告竣後由麟慶確切保奏侯朕施恩並將此旨傳諭該員等以資激勵至梟匪乘機搶劫必須認真嚴辦毋稍寬縱據儀徵匪類爭私互鬥現在雖已解散仍須加意嚴防至黄河以北土匪聚衆尤應乘其未發妥速掩捕此時外患未

平斷不可復多內顧著麟慶相度機宜或及時招募或
設法解散或先事捕獲銷患未萌是為至要所奏漢奸
剪髮刺臂身帶腰牌及棺木中暗藏火炮著飭屬隨時
隨地留心訪察惟當持以慎密倘稍露風聲俾逆夷知
我識破勢必改換形跡搜捕更難著手又另片奏沿江
小船非梟即漁恐為逆夷所誘雇覓難保集事等語軍
務緊要不得不慎雇船既屬難行仍著嚴守江北以杜
內竄將此由六百里諭令知之欽此

七月十一日奉

上諭前經降旨著四川陝甘二省挑選精兵各一千名聽

候調遣該督等諒已遵旨挑選矣現在逆夷船隻闖入
大江直逼江寧即江北淮揚一帶亦形吃重著寳興即
將所挑兵一千名派委得力將弁管帶馳赴江寧交牛
鑑調遣富呢揚阿陶廷杰即將所挑兵一千名派委得
力將弁管帶馳赴清江浦交麟慶調遣並將應用軍械
揀選精良各自攜帶毋稍遲誤再前降諭旨令寳興購
買木料製造戰船以資水戰著即趕緊辦理所有船上
應用砲位亦著趕緊鑄造並相度戰船形勢妥為安置
候旨調用至招砲一項陝甘鑄造局尚為精良併著富
呢揚阿等多為鑄造以備調用將此由六百里各諭令

知之欽此

上諭前任福建興泉永道劉耀椿朕因其係保舉人員官聲尚好昨將該員升任四川按察使玆據廖鴻荃奏失地之員轉邀升擢未愜衆望等語劉耀椿上年失守廈門惟該督奏請嚴加議處維時因閩浙兩省失守各員多尚未據奏到是以未經降旨懲辦所有福建浙江及江蘇三省失守城池各員著該督撫迅速查明恭奏毋得再有遲延遺漏劉耀椿既有應議處分自未便遽加升擢著以道員留于福建交怡良差遣委用仍入于應議各員内一同核辦欽此

上諭麟慶奏調防兵丁將次到齊預籌分撥設局一摺覽
奏均悉該逆出有偽亦擬由三江口入運河滋擾係聲
東擊西鬼蜮技倆然不可不防據稱揚州三江河及三
江口先經堵截其餘各港汊亦皆沈船繫樹夾船如敢
竄入究竟能否堵禦尚須妥為籌畫不可稍涉大意運
河東岸縴堤平坦尤應設法布置該逆鎗砲猛烈若僅
恃土壘以為蔽衛未必確有把握仍當相度地勢另籌
良法務臻妥善至啟壩洩水一節原為膠滯逆船起見
若甫見一二小船遊奕遽行啟壩縱被膠滯勦殺無多
實為不值該河督等總當預為籌畫成竹在胸倘能將

逆大船設法誘入然後啟壩洩水俾聯艅擱淺進退維
艱再行火攻船筏圍繞焚燒當可得手所調山東兵丁
因本境防守緊要難以調撥已改調河南兵丁六百名
計日可到本日又飛調陝甘兵一千名諭令速赴清江
該河督等務即分別派撥總以扼要得力為妥其高郵
寶應等處若將兵丁分派一二百名前往防禦未免過
形單薄殊屬無益至木筏業經扎就所備共有若干但
乘流放下務當運用有準過早則無濟於事稍遲又不
得力總要恰當逆船屯泊之際酌量水勢行走遲速約
計火藥燃著之時適與逆船相值乘勢火攻必可制勝

更須嚴密防維勿被漢奸乘間暗𦘕致有他虞江北辦
理防堵事宜軍需設局以備支應自不可少惟現當籌
畫經費之際該河督受恩深重必應加意樽節務求事
事核實勿任虛糜所有應用各款如能于河工項下設
法節省以供支發方免另行籌撥其各廳所捐製抬鎗
及銅山縣知縣趙毓丹捐硝二萬八千斤著𫝑慶即將
該員等職名開單咨部議叙此外如有捐資出力有裨
軍務者並著隨時奏請鼓勵另片奏團練鄉勇招致頭
目等語著即飭屬隨時團練以資防禦甘泉捕役頭目
楊泳既熟悉梟匪情形著准其招致驅遣惟梟匪等情

性無常嚴防勿爲逆夷買用又但明倫奏籌辦防堵情形一摺俱悉著隨同麟慶認真辦理防勦事宜其摺內所稱多掘陷坑暗置地雷等語尤應密爲布置方可于事有濟所有揚州府地方著但明倫妥爲招輯以安衆志而固疆圉將此由六百里諭知麟慶李湘棻傳諭但明倫並諭令都勤豐阿順保知之欽此

七月十六日奉

旨江蘇上海縣典史楊慶恩著照陣亡例給予雲騎尉世職襲次完時給予恩騎尉世襲罔替欽此

七月十七日奉

上諭程矞采奏現在防守事宜一摺覽奏均悉據稱蘇州省城　尚屬安謐惟逆船除到江寧外各海口尚有停泊該撫惟當加意嚴防毋得稍形疎忽至另片奏佛郎西亞國夷目遞書求見聲稱欲赴揚子江勸令英逆戢兵未知真偽現既未為僱船倘夷目自行前往亦著毋庸禁止已有旨交耆英伊里布酌量辦理矣將此由六百里加緊諭令知之欽此

上諭程楙采奏遵旨籌辦防勦情形一摺覽奏均悉著嚴密妥辦毋稍疎虞所稱查照古法有用竹大將軍頗稱迅猛現飭覓匠分手製造等語如試放果能致遠即著

多多製造備用至所請飭調精兵多備船筏巨礮前赴蕪湖前已有旨令裕泰挑撥矣江寧省城現在危急該撫仍隨時偵探耆英等現辦情形妥商預備將此由六百里加緊諭令知之欽此

七月二十日奉

上諭麟慶奏籌辦淮揚地方情形一摺據稱三汊河等口分派叅將繼倫等管帶兵勇駐防都勒豐阿到浦已令星夜赴揚扼要防堵並派捐丁効力之秦廣鏞前往周莊一帶巡緝私梟編就木筏酌留十大架安泊坐灣以備攔截之用其餘另改二十架期於轉棹便捷等語均

著照所議妥為辦理該河督仍當會同李湘棻但明倫
悉以講求務臻盡善所有投効之舉人朱百谷同知陳
榮于昌進孔繼鑅通判曹文振黄海安知州李賡同王
恩沛鍾照主簿黄銘仁惲保從九品姜淮等均准於南
河差遣該舉人等或團練壯丁或捐資製備軍械著與
縣丞孫旅同知陳韶等俟軍務告竣核實保奏實在出
著有勞績固當優予恩施即未經調用亦必量為獎勵
至儀徵鹽匪現已將頭目熊有成等招募團練並設法
解散黨羽該梟匪等既知歸正該河督等仍當加以激
勸其一二出色果能管束得宜不致滋生事端即准給

予頂戴其防堵分局亦照所議分派顏以熉等管理將
此由五百里諭令知之欽此
七月二十一日奉
上諭特依順奏查明乍浦滿洲營失陷關防圖記等項一
摺據奏乍浦失陷之後遺失右司關防一顆協領圖記
一顆著該部鑄造頒給其佐領圖記三顆即由該部飭
交布政司刊刻給領以資鈐用又另片奏軍政屆限等
語所有杭州乍浦八旂官兵軍政准其俟明年舉行欽
此
七月二十二日奉

上諭劉韻珂現已銷假回任卞士雲著署浙江布政使管

遹羣仍著辦理浙江糧臺事務欽此

七月二十三日奉

旨候補知府黄冕著即革職歸案審訊欽此

上諭但明倫奏收復瓜洲招集匪徒各一摺夷船退出江

口瓜洲業經收復着招徠居民妥為撫輯仍飭員弁兵

勇小心守禦無得稍有疎懈至儀徵濱臨大江梟徒乘

間竊發現在招集頭目尚聽約束仍當妥為彈壓毋任

滋生事端其事平以後應如何設法解散之處著斟酌

妥辦慎勿稍留後患其餘沿江各村自相團練均著照

所議妥為辦理將此由四百里諭令知之欽此

七月二十四日奉

上諭麟慶奏委員前赴瓜洲撫慰居民淮揚情形大定一摺覽奏均悉夷船退出瓜洲居民陸續搬回地方安靜著即督同運司但明倫妥為撫輯仍當飭屬加意防範勿謂夷船開去斷不再來滋擾致有疎虞倘夷船全數退出大江著即隨時偵察將所調防兵一面奏聞一面分別截留裁撤以節糜費官紳士庶如有急公好義踴躍捐輸者該河督開單奏聞朕必破格施恩等因欽此

七月二十六日奉

上諭程楙采奏防堵情形一摺逆夷雖已效順難保非甘
詞飾詐懈我軍心該撫諄飭將士加倍嚴防並先將江
西恇怯之兵撤回歸伍所見甚是現在西梁山江岸被
水兵丁已移駐山頭未能暗中設伏東梁山尤為喫重
前派遊擊萬興未歷戎行所帶兵丁又多柔弱著即撤
回未汛其遊擊嵩山曾在定海接仗所帶壽春鎮兵五
百名現派赴東梁山防守可期得力至該撫現募鄉勇
已有一千四百餘名沿江州縣亦各雇有鄉勇並勸諭
紳富自相團練均著實力辦理以資防守無少踈懈其
咨調江西銅砲十五位已諭令吳文鎔迅即委員解至

蕪湖关將此由六百里諭令知之欽此

道光二十二年八月初一日奉

上諭卞士雲奏請將糧臺報銷先為酌定章程等語浙省自軍興以來所設糧臺或併或分或添或撤其間經手之員不一將來核辦報銷必應各專責成庶免歧混舛錯所有該省道光二十年六月以後各局臺支用銀錢將來軍務竣後核理報銷均着責成經手人員按照歷次奏定章程分案別類按例造冊詳報由總局彙核文案請銷其經手人員無論隣省本省彼時因有升調事故離浙者或暫行扣留或臨時飭調或隨時咨詢並着分別酌量辦理至將軍參贊前後所提軍需項下銀兩

作何支用既非由省局及分局經理事竣之日即着該將軍參贊飭令經管之員詳細造具清冊歸入總局一併報銷餘依議欽此

八月初二日奉

上諭耆英等奏夷務已定和約鈐用關防一摺並開列各條呈覽該大臣既已從權允許且摺內所稱堅欲於福州貿易並設立會館攜帶家眷等款均於七月二十六日所降諭旨內概行允准該大臣等自請治罪之處前已有旨無庸議洋商舊欠不敢求官作保修復炮臺墩堡並無異說此兩節似尚恭順至單開各條朕詳加披閱

俱著照所議辦理惟尚有所斟酌妥協者即如該夷赴
各該口貿易無論與何商交易均聽其便一節須曉諭
該夷一切聽汝自便與地方民人交易但日久難保民
人無拖欠之弊只准自行清理地方官概不與聞至分
年給銀一節為數過多究由何處措給將來責成耆英
一手經理務當預為籌及明晰具奏單內所稱二十一
年六月十五日以後該國在各城收過之銀兩數扣除
等語究係在何城收過銀兩若干扣除若干亦著查明
具奏其各國被禁人口自應一律施恩釋放以示格外
之仁又所稱中國之人與該國來往或跟隨伺侯該國

官人均准免罪一節可告以此次既經和好兩國民人視同一體斷不致概行誅戮倘該民人等别經犯法我國自當照例辦理與該國無涉將來五處通商之後其應納税銀各海關本有一定則例該夷久在廣東豈有不知者至中國商人在内地貿易經過關口自有納税定例所稱銀兩未清以前定海之舟山海島厦門之古浪嶼小島均准其暫住數船俟各口開關即着退出亦不准久為占據以上各節着耆英等向該夷反覆開導不厭詳細應添註約内者必須明白簡當立杜後患萬不可將就目前草率了事其有應口講指畫該夷方能明

白者亦著飭令通事往返傳説令其折服據稱𠸄夷船隻八月初十日前後必可退出長江著迅速妥辦以慰廑念将此由六百里加緊諭令知之欽此

八月初八日奉

上諭程矞采奏籌借銀款解往江寧並鎮江等處夷船情形一摺據奏接准耆英等咨會已在藩運等庫撥銀六十萬兩解赴江寧鎮江番船停泊者尚有九隻其餘劉河江陰等處所泊夷船往來無定吴淞口外泊有𠸄夷船二隻佛郎西亞國二隻等語覽奏均悉著妥為防範不得以現在夷情恭順稍存大意另摺奏籌撥附近省

分銀一百萬兩已飭戶部速議具奏此項銀兩原備現在支發及將來善後事宜之用著程矞采嚴飭管局各員加力撙節不得稍有虛糜總須將來善後事竣尚有盈餘方為妥善將此由六百里諭令知之欽此

道光二十二年九月初五日奉
上諭前因鎮江失守副都統海齡自縊殉難念其為國捐軀
特加優䘏嗣據御史黄宗漢奏海齡誤殺良民被民戕
害降旨令耆英再行詳查覆奏茲據奏稱海齡自縊身
死被火焚燒據協領武忠阿切實供明令催德明等十
四人于灰燼中尋得海齡屍骨撿獲殉難時所著袍襟
並札委曾經稟　海齡之常鎮道周頊確查取具合營
官兵押結紳士顔崇禮等十六人切結實係城陷自縊
並非被人戕害鎮江民人亦無圍署內變情形惟不聽
民逃難以致城陷慘遭蹂躪貲財盡飽夷囊並將形跡

可疑之人概予駢誅辦理失當等語海齡固守鎮江拏獲奸細辦理草率原有應得之咎惟既闔門殉難大節無虧著仍遵前旨照都統例賜卹前據禮部奏賜卹海齡事宜均著照議辦理以慰忠魂其御史安詩所奏總兵王忠元尅扣兵餉等情亦據查明該總兵實無虛報兵數冒支口糧情事惟不能約束兵丁致滋騷擾吳淞失守引兵卻退實屬無能現已病故著無庸議欽此

初六日奉

上諭原任京口副都統海齡著准其予謚欽此

上諭卓秉恬奏遵旨查辦原任壽春鎮總兵王錫朋子孫

一摺王錫册長子監生王承泗次子生員王承瀚均着
賞給文舉人准其一體會試欽此
上諭但明倫奏夷船全數退出圖山關外淮揚水陸肅清
一摺覧奏均悉大幫夷船已于九月初一日全數退去
大江南北運道肅清瓜州䑨徠人民業經撫卹所有鎮
江被難窮黎著麟慶等即飭但明倫動碾倉穀交地方
官分别散給毋令一夫失所鹽梟頭目既知悔罪即著
曉諭夥黨改過自新仍暗為防範潛消反側其編入保
甲者務當隨時稽查毋令遊手滋事其情愿回籍者即
逐程資遣交原籍州縣嚴加約束不得復任外出至外

省調防官兵均即陸續撤回江都甘泉兩縣所屬北鄉等處所募義勇如果得力可資巡緝現當驚惶甫定之際自應暫留驅使事竣設法遣散所有善後一切事宜著但明倫隨時稟商麟慶李湘棻等次第興辦其揚州儀徵防堵出力文武員弁及商局内董事出力各員名著麟慶李湘棻核實保奏候朕施恩將此諭知麟慶李湘棻並傳諭但明倫知之欽此

九月初八日奉

上諭劉韻珂奏請飭部撥濟軍需銀兩一摺著户部籌撥銀六十萬兩解赴浙江備用欽此

上諭劉韻珂奏夷務漸平分别辦理情形等語被難民人准其資遣回籍自謀生計並照議酌給銀兩修葺房舍以資棲止乍浦十五村莊飭令該縣撫卹一月口糧旗民修建房舍之費著俟該旗人回乍浦時該撫會同杭州將軍乍浦副都統等商酌辦理其鄞縣鎮海兩處難民一萬九千餘名口著遣赴紹興金華嚴州等府屬各縣安插所留數千名准其大口日給錢四十文小口二十文俾資養贍所用錢文即在軍需項下支銷欽此

九月初九日奉

上諭麟慶等奏請撤河南防兵仍酌留兵勇一摺夷船駛

向大洋江面現已肅清淮揚地方安定防兵自宜先撤所有前調河南南北兩鎮官兵著即遵前旨交南陽鎮總兵都勒豐阿統帶分起歸伍其挑留河南防兵四百名一併河漕兩標調防官兵調還即著與義勇壯丁盡行遣散至江北存砲無多自應趕緊製造惟江防砲位與海洋情形不同祇須三五百斤之砲即足資防禦且亦靈便適用不必定須五千兩以下至千餘斤大砲也周天爵現在抵浦已有旨令署漕運總督著李湘棻仍遵前旨一切事宜與該署督妥商辦理其黃興煌是否黃安民曾否為非仍著確查具奏又另片奏捐助軍械

之程信信于昌廸師炳蔡廷榮沈子燮徐志涇秦鏡俱
准留工差遣一俟軍械敷用即行停止如均照所議辦
理將此由四百里諭令知之欽此

九月初十日奉

上諭前據耆英等奏海齡殉難實屬有旨仍照都統例賜
卹並　部議卹典照議辦理本日復據耆英等奏尋獲
海齡及伊妻伊孫屍骸並京口副都統印信又查明道
員稟　各欵並京口打仗陣亡受傷官兵各一摺原任
京口副都統海齡于鎮江城陷時自縊殉難前據耆英
等詢取旗員確供並閤營押結復據該城紳士等衆口

一詞其為臨難捐軀已無疑義茲復尋獲屍骸眼同伊子宜琛泰驗明認領並獲海齡原著藍沙袍褂及伊妻所帶玉環碓鑿有據且搜獲漢奸亦止處斬十三人其餘訊係平民均經釋放是周頊原稟各欵係屬得自傳聞而海齡見危授命大節無虧允宜特為宣布以息浮言前有旨准照部議入祀京師昭忠祠並于該地方建立專祠所有隨同殉難之伊妻伊孫俱著附祀專祠海齡靈柩著耆英等派員獲送回旗至驍騎校祥雲先將副都統印信投入井中旋亦投水自盡其父馬甲長松業已陣亡其妻鄔琅罕濟勒們氏慮遭污辱先將二女

刺死復自戕盡節伊母卜氏懷抱伊幼子廷耀投塘遇
救不知下落等情闔門殉難忠節兩全可嘉可憫祥云
前已有旨附祀海齡祀内伊父馬甲長松除歸入陣亡
兵丁案内照例賜卹外著與祥云一併附祀以慰忠貞
其母卜氏其子廷耀仍著耆英等確切訪查務得實在
下落毋任離流失所常鎮道周頊所稟尖實著與該處
城陷後未經殉難文武各員一併查明再行嚴參所奏
京口打仗陣亡受傷官兵數目並牛鑑奏　上海接仗
陣亡受傷官兵覧奏均悉所有各處陣亡官兵著即交
部照例賜卹受傷官兵著該部分別輕重查照例案具

奏單併發欽此

九月十三日奉

上諭嘆夷滋擾沿海省分已及年餘牛鑑身任封疆早已
知悉自升授兩江總督以來宜如何加意防維扞衛殭
圉乃屢經朕曉諭小心防範不可稍涉大意該督一味
自是祗知嚴防吴淞海口迨夷船駛入又不能守以致
該夷等一犯長江進通江甯省垣量數月工夫毫無准
備糜餉勞師令人忿恨現在嘆夷業經就撫船隻全數
出江回海朕矜念黎民塗炭不得不曲意勉從耆英等
所請准令嘆夷通商俾吾民樂業安居免罹鋒鏑而追

維前事咎有攸歸牛鑑以一品大員封圻重寄孤恩溺職有傷國體若不嚴加懲辦何以昭國法而勵官常牛鑑著即革職拿問由耆英派員解京交刑部治罪程矞采亦有守土之責究因防獲蘇州省城未經　兵督戰與牛鑑有間德珠布于鎮江失守亦有防堵不力之咎均著交部分別嚴加議處欽此

上諭奕山著來京供職所有隨帶人員俱著回京當差欽此

九月十四日奉

上諭兩江總督著耆英補授伊里布著作為欽差大臣補

授廣州將軍迅即馳驛速赴新任無庸來京請訓耆英所帶欽差大臣關防著交伊里布祇領江蘇按察使黃恩彤四等侍衛咸齡准伊里布帶往廣東辦理事件耆英所帶盛京佐領兵丁及杭州防禦兵丁等即飭各回本處伊里布所署乍浦副都統著將依順派員署理欽此

上諭耆英等奏夷船全數出江入海並遵旨查復及請赴粵東會辦餉稅各一摺覽奏均悉本日已明降諭旨將牛鑑革職拿問兩江總督著耆英補授伊里布作為欽差大臣補授廣州將軍馳驛速赴新任俟伊里布接奉

此旨著即帶同江蘇臬司黄恩彤四等侍衛咸齡迅即起程赴粵辦理餉稅事宜該夷既稱除五港口外倘有船隻駛往即以貨物入官情詞尚屬切實其嗣後商欠亦不求官為代還一層俟伊里布到粵時再為要約切實免致日後籍口啟衅佛郎西船已與㖆夷船隻先後出江似不致别生事端亦著伊里布再加確探有無别情另行具奏所有廣東省年來應付㖆夷洋銀三百萬元已諭令該督及粵海關監督嚴追商欠無誤充交其香港民户犯案應行分别審理之處亦照耆英等所議諭知該督等矣現在夷船雖已入海尚未全行南駛者

英已授兩江總督所有上海等處應辦事宜著次第妥
辦至此次議定通商罷兵息戰在事出力之黄恩彤咸
齡及文武員弁等必應量予恩施以貽奬勵惟此時夷
船尚未回粤遽爾加恩與體製甚有関礙著俟廣東辦
理通商大局就緒後再行奏請耆英所帶盛京杭州官
弁兵丁著即飭令各回本處所有辦理餉税及一切通
商事宜著耆英通盤籌畫與伊里布詳細商酌務臻妥
善以便伊里布到粤後逐欵定議俾得日久相安毋滋
流弊將此由六百里加緊諭令知之欽此
九月十五日奉

上諭特依順奏遵旨飭令乍浦滿洲營官兵眷屬統歸嘉興駐扎並查明殉難男婦子女懇恩旌獎一摺前乍浦失陷時滿洲營殉難男婦子女五十五名據該署將軍查明屬實准其造册送部照例旌獎以慰忠貞欽此

九月十七日奉

上諭德珠布奏請將京口軍政展限一摺京口被難駐防官兵前經暫駐各處現在吏務既定該處舊有衙署兵房是否尚堪居住其散處蘇常丹陽江寧之男婦子女應如何資送回郡之處著該將軍次第籌辦妥議具奏本年京口駐防軍政著緩至下屆舉行餘著照所議辦

理欽此

九月二十日奉

上諭㕘夷現已就撫一切通商章程善後事宜在在均關緊要著耆英授兩江總督所有江蘇通商善後諸務著會同程矞采尤渤籌議辦理其江北一帶善後並著該督等會同李湘棻籌辦至浙江福建二省雖非該督統轄之處惟事期經久法宜畫一即有因地制宜之處亦必會商妥議俾夷務有所遵守辦理不致兩歧所有浙江通省善後各事亦著耆英會同劉韻珂段永福一併妥議其福建善後事宜著怡良劉鴻翱賫振彪普陀保

悉心籌辦至該省通商章程仍着怡良等咨商耆英妥
為籌議現在夷務甫定該督等務須因時因地謀及久
遠總期民夷相安盡善無弊切不可將就目前致貽後
患至兩江總督本有兼轄河防之責暫且毋庸兼管俟
各省會商事件辦理完竣再行照常兼護欽此
上諭奕經等奏浙江夷船退出請將各路兵勇酌撤一摺
現在㕥夷就撫江面肅清所有奕經等帶赴江南丹陽
無錫之河南等省各弁兵六千餘員名即着分起陸續
撤回該弁兵所請借支俸餉添補衣履之處即著照議
札撤糧臺准其借支仍報部存案並行知各省統俟回

營之日照例分年坐扣歸款至遣散壯勇內有距原籍較遠者即着自離營之日起每名酌給年月口糧并按站發給制錢一百文俾資還費所有領過軍火器械一概收繳其由餘丁募充者着隨同各該省官兵行走仍歸原營著按日分起行走并飭令委員及原帶官隨後督催前進務期約束嚴明無任逗遛滋事將此諭令知之欽此

九月二十三日奉

上諭現在𠺌夷就撫准令通商由海入江之處自應加意防範從前所設水師船隻幾同具文且今昔情形不同

必須因地制宜量為變通所有戰船大小廣狹及船上所列鎗砲器械應增應減無庸設守不拘何項名色准以製造精良臨時適用為貴即如各岸所安大砲及屯守兵丁若令其終年在彼擺列駐紮斷無此辦理必應設法妥籌期於有濟至臨敵之時砲位兵丁不可排列前面後路應如何層層接應或旁抄夾擊出奇設伏方可制勝無論陸路水師其兵丁應如何遴選技藝勤加訓練方臻純熟船上與岸上施放鎗砲各有機宜應如何分別講究倘仍視為一概相同臨時安能得力至江海要隘如何布置方可扼要固守種種善後事宜著者

英等各就地勢悉心講求妥議章程具奏其江北一帶著仍遵前旨會同李湘棻辦理將此各諭令知之欽此

九月二十五日奉

上諭浙江提督段永福由鄉勇出身屢次出兵著有勞績前因從征回疆生擒逆酋張格爾克藏大功特加升擢去年由廣西右江鎮總兵升任浙江提督方資倚畀茲聞遽逝深堪惋惜著加恩照提督例賜卹任内一切處分悉予開復並賞銀三百兩在于浙江藩庫給領治喪所有應得卹典該部查例具奏欽此

道光二十二年十月二十四日奉

上諭耆英奏請將上海失守文武各員解部質訊一摺蘇松太道巫宜禊上海縣知縣劉光斗揚州參將繼倫提標右營守備王嘉謨均著革職交該督委員押解刑部審辦欽此

上諭牛鑑解到時著派軍機大臣會同刑部審擬罪名具奏欽此

十月二十六日奉

上諭祁𡊮奏洋商清完欠項請開復職銜一摺廣東商人梁承禧先因欠項褫革監追於一年期内將銀次第清

完尚知愧奮所有前革議敘道銜並捐納訓導職銜著准其開復商人潘文海欠繳銀數先已遵限完繳其前革捐職州同職銜著一併開復欽此

上諭兵部奏遵旨核議鎮江失守各員分別辦理鎮江城守營千總陳慶祥先經該撫委赴鵞鼻嘴防堵嗣經該督調回守城該參將未及赶到城已陷究屬策應遲延著照部議革職從寬免其治罪守備盧萬春未能城固守乃因傷躲避改裝出城署京口水師副將孝順武未能先自設法攔截致夷船駛入長江毫無阻帶均著革職交刑部核其情節分別治罪欽此

十月二十七日奉

上諭江蘇常鎮道周頊鎮江府知府祥麟署丹徒縣事金壇縣知縣錢燕桂均著革職典史徐人驥理事同知金英亦著一併革職其祥麟錢燕桂應得罪名著刑部核議具奏同城之捕盜佐貳等官仍著江蘇巡撫查取職名咨部核議欽此

道光二十二年十一月初二日奉
旨浙江奉化縣知縣金秀堃著即革職其應得罪名著刑
部核議具奏欽此
十一月初四日奉
上諭前任提督陳階平著准其回籍調理在籍藩司鄭祖
琛如無經手事件亦著准其回籍養親欽此
十一月十二日奉
上諭奕山奏自粵回京請鼓勵出力各員并開單呈覽軍
營文武員弁果能殺賊立功一經奏到朕必破格施恩
優加升賞至隨營差委遴員防堵並未與賊接仗若遽

與議叙必致沿海各員省紛紛續請實屬冒濫所有此
次開单各員及另片二件懇請鼓勵之處均不准行欽
此

十一月十三日奉

旨前降旨將浙江定海鎮海寧波餘姚各府縣失事員弁
兵丁交刑部核議治罪茲據該部按例定擬具奏已革
前署定海縣事石浦同知舒恭受鄞縣知縣王鼎勳署
餘姚縣試用知縣彭崧年已革鎮海營參將周維藩寧
波城守營都司李宗白係有守土專城之責均著照部
議斬監候秋後處決已革寧波府知府鄧廷彩已革定

海鎮右營遊擊胡得耀衢州鎮總兵李廷揚黃巖鎮標
中營守備林亮光揀發遊擊豊升阿金華協右營守備
張光宗署黃巖鎮標右營守備吳邦海升補昌石營守
備羅建業江西廣信營叅將國勒明阿九江鎮標前營
守備羅廷芳候補都司蘇蘇勒通阿浮梁營都司詹山
紹興協都司邵景揚署提標中營叅將周三及署提標
前營遊擊德昆右營遊擊吳金標或係同城知府或係
勷協同防勷均著照部議發往新疆充當苦差餘依議
欽此

十一月十四日奉

旨已革奉化縣知縣金秀堃已革把總汪長清均著照部
議斬監候秋後處決餘依議欽此
十一月十七日奉
旨前曾降旨將鎮江失守文武員弁交刑部分別治罪茲
據該部按例定擬具奏已革鎮江府知府祥麟已革京
口副都統孝順武守備盧萬春均有守城之責俱著照
部從重發往新疆充當苦差盧萬春于接仗墜馬後躲
進民舍改裝出城情尤不堪著加枷號一個月滿日再
行發遣已革丹徒縣知縣錢燕桂係屬守土州縣何以
隨同齊慎在城外駐紮嗣復移駐新豐齊慎何以不飭

令回城之處著兩江總督分別咨查嚴議確情定擬具
奏欽此
十一月二十三日奉
旨已革兩江總督牛鑑身任封圻辦理防堵半載有餘既不能固守吳淞口又不能嚴守長江以致寶山等縣及鎮江府城相繼失陷犯及省垣實屬防堵不密貽誤機宜牛鑑著照議定為斬監候秋後處決欽此
十一月二十五日奉
上諭劉韻珂奏懇恩請將鹿澤長舒恭受二人暫留寧波責令幫同接任之員辦理事務俟夷務完竣後再照刑

部按定罪名科斷等語國家設官分職責有攸歸失事之員罪名輕重自有一定即令其人官聲素著辦事亦有微勞功不掩罪斷難因人地相需輒令留備差遣且恐此端一開流獘滋甚又何以治刑罰之平現在鹿澤長業經革職舒恭受已降旨照部議斬監候秋後處決該撫所請暫留寧波幫辦之處著不准行至所請將林亮光免予治罪與張從龍何一鵬一併開復原官或酌量降補等語營員帶兵遇敵失律之咎罪所難逭所請開復降補之處著不准行姑念已革遊擊林亮光防守金鷄山砲臺被夷刀傷額顱等處經該撫提省驗明傷

痕皮開骨裂已將該員列入頭等傷咨部賞卹已革都
司何一鵬在金鷄山接仗被刀砍傷鼻梁又被鎗擊碎
踝骨暈殞被擄慘割股囬經義民周明珠等乘間搶回
傷痕確鑿已革護總兵張從龍駐劄招寶山被火燒傷
倒地經該兵丁搶回該撫親驗頭面兩手潰爛不堪該
革員等均能臨陣爭持受傷甚重與奔避逃生者迥異
情節尚屬可原何一鵬張從龍業經革職免罪林亮光
著加恩免其發遣一併留于浙江交劉韻珂差遣如能
始終勤奮續有勞績再行據實具奏欽此
十一月二十六日奉

上諭耆英續行查明上海寶山二縣失守文武各員并防堵吳淞海口將領分別革職降補議處一摺着該部議奏欽此

道光二十二年十二月初四日奉
上諭福建水師提督竇振彪前因廈門失守降旨交部嚴
加議處該部議以革職實屬咎所應得姑念廈門失守
之時該提督巡洋外出且廈門即時收復竇振彪著加
恩改為革職留任八年無過方准開復該提督惟當知
感知奮激發天良於海疆操防事宜倍加整頓以圖後
效而贖前愆欽此
旨兵部奏遵旨核議廈門防堵不力各員請革職治罪一
摺等語福建水師提標中軍參將事南澳鎮右營遊擊
陳勝元水師提標右營遊擊事後營遊擊楊靖江著一

併革職其應得罪名著刑部核議具奏欽此

旨兵部奏遵旨核議上海寶山失守各員請革職治罪等

語吳淞營守備請升南滙營都司易占魁吳淞營參將

升任蘇松鎮總兵周世榮署川沙營參將事提標右營

遊擊崔吉瑞署右營遊擊事撫標中軍參將封耀祖均

著革職所有應得罪名著刑部定擬具奏其調派防勦

之各路帶兵將備仍著該督確查補行送部核議欽此

十二月初五日奉

上諭臺灣兩年以來勦辦各起逆案動用道庫備貯經費

本應專案報銷據達洪阿奏多與防夷事務牽涉難以

分晰造報著准其併入案内一體造報欽此

十二月初六日奉

旨前據怡良等奏福建廈門防堵不力之文武各員據實

叅奏當降旨交該部議奏茲據吏部定擬具奏前任興

泉永道劉耀椿廈門同知顧教忠同安縣知縣盛朝輔

石潯司巡檢金光耀均著照部議革職廈門地方雖無

城池顧教忠以專防同知較之兼轄道員及並未駐劄

之地方官責守較重應如何治罪之處著刑部核議具

奏該管泉州府知府亦有應得之咎著怡良等查取職

名交部核議欽此

旨前據耆英等奏請查上海寶山失守各員請分別降革
議處等語當降旨交該部議奏茲據吏部按例定擬具
寶山縣知縣周恭壽係有守土之責主簿金文煥分應
協防典史胡長庚失守監盜均著照議革職上海縣縣
丞慶仁主簿李國璜先經離境與同城失守者有間著
照部議降三級調用毋庸查級議抵李國璜無三級可
降著即革職其周恭壽應得罪名著刑部核議具奏以
上各員均不准其留辦善後事宜至兼轄寶山上海之
知府知州並同城之佐貳官及吳淞司巡檢應議各職
名著該督一并查明咨部另議欽此

十二月十六日奉

旨前因浙江杭嘉湖道宋國經駐劄乍浦半載有餘辦理
防堵事宜未能妥協請旨交部議處吏部照溺職例議
以革職實屬咎所應得宋國經著即革職以示懲儆欽
此

上諭軍機大臣會同三法司奏請將已革提督余步雲依
律擬監後斬聲明情節較重請旨即行正法等語著未
經與議之大學士及九卿科道再行詳議欽此

上諭軍機大臣會同三法司奏遵旨嚴審定擬一摺已革
江南候補知府黃冕訊無擅撤鄉勇情事惟已帶兵防

堵即與同城知府無異黃冕著照議發往新疆充當苦
差餘依議欽此
十二月二十一日奉
旨已革寶山縣知縣周恭壽吳淞營參將升任總兵周世
榮署撫標右營遊擊中軍參將封耀祖均著照議斬監
候秋後處决已革吳淞營守備請升都司易占魁著發
往新疆充當苦差已革署川沙營參將提標左營遊擊
崔吉瑞著發往新疆効力贖罪欽此
旨已革廈門同知顧教忠署水師提標中軍參將南澳鎮
右營遊擊陳勝元署水師提標左營遊擊事後營遊擊

楊靖江均著發往軍臺効力贖罪欽此

十二月二十四日奉

上諭前據軍機大臣會同三法司議請將已革提督余步雲依律擬斬監候聲明情節較重請旨即行正法當令未經與議之大學士九卿科道再行詳議茲據合詞覆奏仍照原議定擬余步雲由行伍出身擢至提督當嘆夷滋擾浙江之時伊與裕謙防守鎮海乃鎮海被擾總兵王錫鵬等轉戰六晝夜之久余步雲並不督兵應援以致孤城失守三鎮陣亡已屬罪無可逭然使鎮海寧波保全無事則無救定海之罪尚可稍從寬貸迨嘆夷

駛入鎮海余步雲身在行間既不能衝鋒迎擊復不能
嬰城固守鎮海失守退入寧波寧波失守退入上虞以
一品武職大員身膺海疆重寄從未殺獲一賊身受一
傷畏死貪生首先退縮以致帶兵將弁相率效尤奔潰
棄城直同兒戲每一念及憤恨實深且廣東之關天培
祥福江蘇之陳化成福建之江繼芸皆以提鎮殉難即
定海失陷總兵王錫朋葛雲飛鄭國鴻力戰陣亡鎮海
寧波失事總兵謝朝恩被砲轟擊落海身死裕謙以文
員督師殉節獨余步雲係本省提督乃竟志在偷生靦
顏人世倘不置之於法不惟無以肅軍旅而振人心且

何以慰死節諸臣忠䰟於地下余步雲著照大學士九
卿科道等會議即行處斬派刑部尚書阿勒清阿監視
行刑以伸國法朕辦理刑名悉本矜卹各省應死重囚
苟有可原情節無不以生全況係一品員豈忍遽加誅
戮似余步雲之見敵輒退首作厲階法無可貸不能不
明正典刑也將此宣諭中外知之欽此
十二月二十九日奉
上諭耆英奏查參江陰上以不能阻遏夷船之水師各員
弁一摺前次嘆夷犯順江陰以上之鵞鼻嘴圌山關一
帶均為要隘已故徐州鎮總兵王志元在彼駐劄防守

所帶徐州鎮標各營官兵素稱勁旅果能駕馭得宜悉
屬可用乃王志元於吴淞接仗時觀望不前旋即退避
迨經飭赴江陰防守鵞鼻嘴夷船入江又不發一矢不
放一炮以致夷船得以長驅直入似此怯懦無能喪師
失律情罪尤重若使其人尚在必應立置典刑以彰國
法令雖倖逃法網仍應明正其罪王志元着即追革其
職並奪封典其子孫永不准其出仕以昭烱戒京口左
營千總凌慶鰲候補千總趙慶元京口左營遊擊李澄
署京口右營遊擊事守備袁雙魁京口左營守備孫耀
清或係水師汛守營員或係水師將領均應設法堵截

乃僅知株守陸地未能同心協力奮勇阻遏均有應得之罪凌慶鰲趙慶元均著即行革職李澄袁雙魁孫耀清著交部分別嚴加議處欽此

道光二十三年二月二十二日奉

上諭廣州將軍伊里布由科甲出身洊膺疆寄擢任綸扉前因事遣戍旋經棄瑕錄用授為欽差大臣廣州將軍令赴粵辦理善後事宜正資倚畀茲聞溘逝深為軫惜著加恩追贈太子太保銜照將軍例賜卹任內一切處分予開復應得卹典該衙門察例具奏其靈柩回京時著准其入城治喪以示朕篤念藎臣至意欽此

三月初七日奉

上諭著英著作為欽差大臣馳驛前往廣東查辦事件兩江總督著璧昌署理未到任以前著孫善寶暫行護理

欽此

三月二十四日奉

上諭前因達洪阿姚瑩奏報二十一年八月間𠸄夷船隻駛進臺灣滬口經該鎮道等督率兵勇擊沉船隻上年正月間復有夷船欲駛進口經該處兵勇誘令擱淺節次擒斬夷人多名並起獲内地軍器旗幟等件迭經降旨將該鎮道及在事出力人員加恩奬賞嗣因該夷丁就撫後投文訴稱達洪阿等妄戮遭風難夷作爲接仗俘獲朦混奏報當令怡良渡臺查辦兹據奏稱聞官民人等僉稱兩次夷船之破一因遭風擊碎一因遭風沈

擱並無與之接仗及計誘等事詢之達洪阿姚瑩亦認係鋪張入奏咎無可辭呈遞親供請奏明治罪等語以事原在該夷未經就撫之先即使彼時激于義憤該鎮道據實入奏朕自有辦理之法乃欺飾冒功情殊可惡一則稱為接仗一則稱為計誘直至怡良渡臺查明後方始呈遞親供認罪殊屬孤恩自取罪戾達洪阿姚瑩均著革職解交刑部派軍機大臣會同該部審訊定擬具奏所有臺灣雞籠大安兩次保奏出力人員除義勇人等外所有文武員弁曾加獎賞之處均著撤銷朕撫馭中外一視同仁該鎮道等現有應得之罪斷不肯因

呈出自外夷遂漢焉置之不問中外臣民當共喻朕一

秉大公之至意欽此

四月初四日奉

上諭本日據御史陳慶鏞奏琦善等三人起用為刑賞失

措無以服民等語前因琦善奕經文蔚先後辦理夷務

未能奏効當將琦善等革職治罪因思從前辦理不善

總由朕無知人之明以致琦善奕經文蔚諸人喪師失

律迄無成功朕惟有返躬自責愧悔交深何肯諉罪臣

工以自寬解琦善等韜畧未嫻限于才力現在年力正

強是以棄瑕録用予以自新令據該御史剴切指陳請

收成命覽奏亢直敢言朕非飾非文過之君用人行政
一秉至公初無成見豈肯因業有成命不便收還自存
迴護耶琦善奕經文蔚均著革職即令閉門思過以昭
賞罰之平至黜陟之權操之自上本非臣下所能干預
該御史所奏于情法未能持平朕亦不能曲從以邀譽
中外臣民應曉然于朕撫躬引咎虛懷納諫之至意也
欽此

上諭

道光二十四年

上諭咈囒哂及各外國習教之人止准其在通商五口地
方建堂禮拜不得擅入內地傳教等因欽此

道光二十五年四月十三日奉

上諭據崇恩奏天主教弛禁恐滋流弊暫緩通行頒示一
摺據奏天主教雖以勸善為名而拜師授徒與別教無
異如明示免其治罪恐有狡獪之徒藉端影射陽為崇
奉天主教實則隱與別項教會潛相勾結不可不豫嚴
其防等語所奏甚是愚民設教惑人不獨山東為然各

該督撫等接奉此旨惟當於地方各官謁見時面飭隨時體訪有傳習此教而不滋事者毋庸查拏但不必宣揚於外致刁徒得以影射煽惑別滋流獘將此各密諭知之欽此

道光二十六年正月二十五日奉

上諭前據耆英等奏學習天主教為善之人請免治罪其設立供奉處所會同禮拜供十字架圖像誦經講說毋庸查禁均已依議行矣天主教既係勸人為善與別項邪教迥不相同業已准免查禁此次所請亦應一體准行所有康熙年間各省舊建之天主堂除改為廟宇民居者毋庸查辦外其原舊房屋各勘明確實准其給還該處奉教之人至各省地方官接奉諭旨後如將實在習學天主教而並不為匪者濫行查拏即予以應得處分其有藉教為惡及招集遠鄉之人勾結煽誘或別教

匪徒假託天主教之名藉端滋事一切作奸犯科應得
罪名俱照定例辦理仍照現定章程外國人概不准赴
內地傳教以示區別將此諭令知之欽此

上諭

道光二十七年五月十九日奉

上諭近自海疆多事以來屢經朕再三訓諭該督等自能認真督飭實力講求斷不致仍前廢弛不知振作以目前而論東南各省夷情雖皆就範而粵東民情浮動且華夷雜處難免忿爭設一旦激生事端所恃以及時徵調者惟江西各營較近著李星沅接奉此旨務就江西各營將弁加意整頓總期有勇知方共得勁旅二三千名倘遇粵省偶有調遣無難一呼即至等因欽此

上諭

道光二十八年三月初五日奉

上諭李星沅等奏夷目來省控訴現委藩司道員馳往覆查一摺覽奏均悉華夷接壤地方立有一定界址倘有違約私行必致鬬毆以啟爭端不可不防其漸茲據該督等奏稱𠸄夷麥都思等三名違約至青浦縣地方散書與看守減船舵工水手爭毆受傷該領事以該縣獲犯無多派夷目來省控訴旋據陸建瀛告知該署臬司行抵上海將滋事水手獲辦該領事已無異言而該繙譯官仍以未得該領事行知為詞堅求另委大員前往

會辦該督現已飭委藩司等前往會同該署臬司查辦著李星沅等即先行飭令該藩司等覆加詳慎體察情形迅速查辦及早完結免生枝節總期持平妥協日久相安至耆英係總辦夷務之員五口通商事務均應管理本應前赴上海查勘現在雖有細微波折亦須前往指示機宜著無論行抵何處接奉此旨即改道馳赴江蘇就近查看大局如李星沅等辦理未竣即著耆英會同商酌務得其平勿留嫌隙陸建瀛所屬各海口儻該夷有陳訴等情即著飛速知會耆英李星沅以憑核辦至舊定界址不准違約私行該夷等或有未盡知悉之

處著耆英致信廣東令該夷酋廣爲申明約束勿令該
夷人再有越界散行致啟爭鬭之事耆英所用文移等
件准其鈐用兩江總督關防將此各諭令知之欽此

道光二十八年三月初六日奉

上諭本日據陸建瀛片奏該夷小船赴省申訴據署臬司
等稟稱前赴上海續獲互毆各犯令其認明懲辦夷目
帖服已遣人將赴訴之船截回等語該撫此奏係在會
奏之前該夷船前來申訴只係一船夷目已經李星沅
接見抑或另有一船經地方官開導截回著查明具奏
至青浦縣獲犯二名該夷認非正兇旋經獲犯枷責夷

目帖服該知縣是否辦理不善亦著查明辦理等因欽
此
道光二十八年三月　日奉
上諭本日據李星沅陸建瀛奏夷船業已出江入海沿途
竝未登岸一摺覽奏均悉此次嘆夷以爭毆細故輒赴
總督衙門申訴無非藉口於前定條約内有儻遇不平
申訴省垣大憲之語自當設法告以申訴只憑文牒未
便夷酋親赴督轅李星沅等現擬咨會徐廣縉照會各
該國公使嗣後遇有應行申訴之事即就近備具伸陳
封交地方官代遞聽辦自係尚未接奉前降諭旨現計

者英將抵江蘇應如何照約開導杜絶違約私入内地之處著即會同李星沅陸建瀛一面體察情形妥籌具奏一面飛咨徐廣縉曉諭夷民相安無事至所稱上海口岸本與⿰口德酋再三要約以早出晚歸不准在外過夜為斷所約本屬明白曉暢以後該夷等如復不遵條例者英亦應豫為勸諭屆時似此違約私行致有爭鬬勿議我國置之不理該地方官於事過之後剴切曉諭居民設遇夷人何足計較毋得擅自毆傷致起他衅至耆英遵旨前赴上海果否不致啟該夷驕恣妄求之心不能遥度著該督察看情形自行斟酌又李星沅另片奏

仍令藩司傳繩勛前往上海覆查夷情等語著即照議
辦理將此各諭令知之欽此

上諭

道光二十八年八月二十日奉

上諭李星沅等奏哦囉嘶商船請在上海貿易已飭開導回帆一摺覽奏已悉以後該國商船如果再來嘵瀆該督等惟當循照舊章以理阻卻斷勿令其時存覬覦致啟效尤之漸至此次哦囉嘶來稟既由暎夷領事轉送將來難保不互相勾串以該國貨物附入暎商影射貿易此亦夷情詭譎之常不值與之較論嗣後倘哦囉嘶人與船隻俱不入口其貨物竟歸入暎夷售賣彼此俱未明言似不必說破以全大局而示優容諒暎夷亦不

肯出此也等因欽此

上諭

道光二十八年十月初三日奉

上諭自五口通商以來各省大吏撫馭得宜尚屬安靜惟華夷雜處良莠不齊吳淞為腹地門戶客貨夷船向稱繁盛開設行店及往來說合貿易之人若不嚴行查察必有遊匪巨蠹溷蹟為奸或受夷人賄囑刺探事情即如廣東省以捐納知府之民人麥慶培竟無恥為夷人之耳目以此類推則凡微員武弁更難保無見利忘義之事不可不加意查察該督撫接奉此旨著密派精細曉事大員於民夷聚集之地留心訪察如有通夷主唆

行蹤詭秘者即行懲辦尤渤統轄營伍更宜詳察官兵
倘有勾串設法拏辦惟此弊禁其在我於人無尤不得
另啟邊畔即官民亂法亦須確有憑據方可伸法倘紛
紛誣訐則大失朕思患豫防之本意矣慎之將此各密
諭知之欽此

道光三十年　月　日奉

上諭此次大學士潘世恩禮部尚書孫瑞珍工部尚書杜
受田保舉之告病雲貴總督林則徐協辦大學士戶部
尚書祁雋藻保舉之翰林院修撰劉繹吏部尚書文慶
保舉之丁憂回籍前任刑科給事中蘇廷魁工部尚書
杜受田保舉之休致前任漕運總督周天爵禮部尚書
孫瑞珍保舉之休致前任兵部侍郎戴熙戶部右侍郎
朱鳳標保舉之降調前任工科給事中陳慶鏞禮部右
侍郎曾國藩保舉之降調前任太常寺少卿李棠階均
著各該督撫傳旨飭令各員迅速來京聽候簡用該員

等抵京後除應行具摺人員外其餘各員具呈吏部代
奏候旨至大學士潘世恩與兵部尚書魏元烺保舉之
前任福建臺灣道降補四川蓬州知州姚瑩着仍遵前
旨赴兩淮差遣俟□務辦有起色即行送部引見欽此

道光三十年十月十八日奉
硃諭任賢去邪誠人君之首務也去邪不斷則任賢不專
方今天下因循廢墮可謂極矣吏治日壞人心日澆是
朕之過然獻替可否匡朕不逮則二三大臣之職也穆
彰阿身任大學士受累朝知遇之恩不思其難其慎同
德同心乃保位貪榮妨賢病國小信小信以陰柔售其

奸偽學偽才以揣摩逢主意從前夷務之興穆彰阿傾排異己深堪痛恨如達洪阿姚瑩之盡忠盡力有礙於已必欲陷之耆英之無恥喪良同惡相濟盡力全之似此之固寵竊權者不可枚舉我

皇考大公至正惟知以誠心待人穆彰阿得以肆行無忌若使

聖明早燭其奸則必立置重典斷不姑容穆彰阿恃恩益縱始終不悛自本年正月朕親政之初遇事模稜緘口不言迨數月後則漸施其伎倆如英夷至天津伊猶欲引耆英為腹心以遂其欲謀使天下羣黎復遭荼毒其心

陰險實不可問潘世恩等保舉林則徐則伊屢言林則徐柔弱病軀不堪錄用及朕派林則徐馳往廣西剿辦土匪穆彰阿又屢言林則徐未知能去否偽言熒惑使朕不知外事其罪實在於此若耆英之自外生成畏葸無能殊堪詫異伊□在廣東時惟抑民以奉夷罔顧國家如進城之說非明驗乎上乖天道下逆人情幾至變生不測賴我

皇考燭悉其偽速令來京既不即予罷斥亦必有待也今年耆英於召對時數言及𠸄夷如何可畏如何必應□周旋欺朕不知其奸欲長保祿位是其喪盡天良愈辯愈

彰直同狂吠尤不足惜穆彰阿暗而難知耆英顯而易
見然貽害國家厥罪惟均若不立申國法何以肅紀綱
而正人心又何以使朕不負
皇考付託之重歟第念穆彰阿係三朝舊臣若一旦置之重
法朕心實有不忍着從寬革職永不敘用耆英雖無能
已極究屬迫於時勢亦着從寬降為五品頂戴以六部
員外郎候補至伊二人行私罔上乃天下所共見者朕
不為已甚姑不深問辦理此事朕熟思審處計之久矣
實不得已之苦衷爾諸臣其共諒之嗣後京外大小文
武各官務當激發天良公忠體國俾平素因循取巧之

積習一旦悚然改悔毋畏難毋苟安凡有益於國計民
生諸大端者直陳勿隱毋得仍顧師生之誼援引之恩
守正不阿靖恭爾位朕實有厚望也布告天下咸使聞
知朕意道光三十年十月十八日特諭欽此

道咸成案四

柔遠全書 六

定海通商八弊摺 道光二十一年正月

江督裕　謙

竊袪弊不可不決防患不可不嚴籌　國家之大計不可僅顧目前馭化外之夷情不可稍殊事後查夷船停泊定洋者尚有二十餘隻定城亦未獻還如果有真心赴粵既
恩准查辦自應率類以往何以分黨竊踞恐該夷有欲定海通商之意自不得不深慮遠圖柰此粵議未定之時縷陳弊患仰乞　聖鑒一在地利查粵東海口係外夷互市之區然亦僅准其舟泊澳門例不容其進口其廣州城外設立虎門一城駐札重兵虎門之外與南山橫檔兩峙

安設砲位為虎門門户其外又有蕉門三門兩處亦俱設
砲位為虎門外垣故夷人有深患虎門砲台之談不敢輕
犯是澳門之内海口既迴環諸山又疊立拱衛形勢控制
防範綦嚴至定海縣孤懸海外並無咽喉險要可以控扼
其西直達寗波之鎮海象山奉化乍浦及紹興之餘姚再
西又達台州之寗海黄台温州之永清瑞安玉環等處正
北直通杭州之錢塘海寗又北直達嘉興之海鹽平湖乍
浦外城且與江蘇之崇明上海通州一潮可達二千餘里
大小海口數十處並與沿海石塘及江口河道處處可通
如英夷在此通商地勢散漫一無鈐束即極力稽查亦斷

難周密且馬頭既立該夷盤踞日久恐於江河形勢探訪熟悉不可不防其漸此定海之難准該夷通商者一也一在物産浙江為東南財賦之區通省皆稻杭嘉湖三府又産蠶絲温處二府又産鉎鐵杭嚴金衢温台寗紹各府則又皆産茶葉鐵器例禁出洋蠶絲素為夷人所重其茶葉則夷人以之為命是中華之所以能制外夷者在此而外夷受制於中華者亦在此故粵東與夷人交易茶葉為先若夷人在定海通商稻穀鐵器既就近謀取而各處茶葉更必百計潛收以控制該夷之物産轉使該夷之取攜甚便不特耗内地之貨弛該夷之畏行且恐其居奇轉售他

國獲價倍蓰適足以遂其貪而益其富此定海之難准該夷通商者二也一在勾結查該夷自佔據定海其城之殷實有力先已沿海逃避其貧苦無聊者不能不困守攻剿現聞該夷有取城中典當衣被散給老幼之事是其要結伎倆已有明徵浙省沿海半以捕魚為業者以海為生之戶既無恒產即少恒心若該夷在定海通商遍施小惠恐無衣食之徒即甘心為其役使而乍浦海口又逼近杭嘉湖及蘇松等府糧船水次查糧船水手多係無業遊民桀驁性成亦難保不為夷人以利誘惑而閩洋自係海盜叢藪定海一帆可通更恐其勾結為害此定海難准該夷通

商者三也一在禁鴉片鴉片毒流外省而來源實自粵東自上年嚴定例條各省隨時懲辦漸有成效唉夷因廣東斷其烟利故來浙滋擾思欲巧濟其奸其通商以售貨實假售貨以售烟現聞該夷在定海城内設舖面行售似未必即無禁物遽行查察深恐另生枝節有碍粵東查辦若該夷在定海通商與閩廣江蘇山東直隸各省往來通便勢必潛謀分售蝪遂欲𨷖聽之則流毒滋漫禁之則陽奉陰違威之則又恐其詭計彌縫轉得藉口不能相安張弛兩難寬嚴無濟此定海難准該夷通商者四也一在關稅查甯波浙海關稅征稅銀七萬九千餘兩乍浦温州各小

口均附於寧波正口報銷其税銀俱由閩廣正東六律來浙商船及本省商漁船隻徵收而定海實爲各船進口必由之路自嘆夷佔據定海各船已裹足不前現聞該夷已有在定海强取漁税之事若准其在此通商良懦商艘勢必畏葸不來訐詐商漁未必不倚附偷漏即新定章程該夷一一遵守而得不償失實已隱受其欺是閩粤之税既少而浙關之税又缺其課額必兩地支絀此定海之難准該夷通商者五也一在防費查嘆夷豕突定海數月以來浙省防費縱准其將來在粤貿易瀕海口岸尚須擇要防守若准在定海通商以狡獪之夷人居適中之洋面各省

防範更宜倍加嚴密防夷於粵與防夷於浙其難易迥不相同且使其在定海日久土盜漁船必為該所用土盜即係夷人漁船即係夷船隨處可到不特海防宜設即江防河防亦俱難弛防愈多則費愈煩防愈久則費愈鉅　國家經費有常亦不值因海外之畜奴過耗府庫之財賦此定海之難准該夷通商者六也一在　國體我　朝柔懷遠人中外久准各夷在澳門互市若喚夷僅止不願在粵貿易已是自外　生成乃因通商而先佔定海佔定海而又求通商恐其擇地設立馬頭久已垂涎定海尚准其在此通商是該夷欲將在定海通商竟能在定海通商有所

挾而求者適如得其願以償不特恐遂該夷之奸並恐潛
滋他夷之詐似不足以懾夷情而尊　國體此定海之難
准該夷通商者七也一在民心查浙省風氣素本柔弱即
即水陸兵丁其膽力亦遜於粤閩而民心之懦更甚即如
㕡夷佔據定海各嶴居民紛紛逃避寗波府城者萬餘人
迨酌量撤防鎮海居民又聯名具稟嘵嘵懇留此時粤省
查辦尚在未定而民心驚惶已難言狀若准該夷在此通
商且恐驚惶者尚不止寗波一府之民即以寗波一府而
論定海本邑之命終無歸家安業之日其不欲歸者此心
可知其意欲歸者此心莫測也此定海難准該夷通商者

八也種種弊患關係非輕若僅瞻顧目前誠恐周章事後
臣何敢鉗口不言致孤　倚畀倘芻蕘可採惟求　聖恩
訓令廣東　欽差大臣琦善計出萬全慎重妥辦必不可
准該夷在定海通商則夷奸可破而海疆可期漸安矣

夷繳炮台量允所請摺　道光廿一年正月廿八日

粵督　琦善

寄諭軍機大臣密寄奉　上諭據琦善奏㖆夷情日逐迫切現在籌辦一摺該夷反復譸張難以理諭著琦善一面與之說諭多方覊絆一面妥為預備倘事有變更即奮勇攻擊以懾夷膽等因欽此伏查該夷桀驁性成誠如　聖諭難以理喻而其船隻之多大小悉備火器之利遠近兼施此間水師廢弛已非一日雖現在提臣關天培亦頗竭力鼓勵兵心而積重難返終多畏葸且該夷動輒火攻師船碍難貼近再加以漢奸導引水陸交竄省城又無要可

扼
奴才昨因目擊情形萬不得已欲以一人之身極衆人之身不避重罪量允所請具
奏在案茲欽奉
諭旨跪聆之下惶懼倍深雖現在業據該夷情願撤還定海沙角等處經
奴才於未逢
廷寄之先輒以勢出無可如何酌允代懇
恩施冒昧之咎實所難辭理合一併再行恭摺密奏請
旨將
奴才從重治罪以儆庸懦伏乞
皇上聖訓

附片

再唉夷遵照繳還定海沙角籲懇通商寄居並
奴才冒昧量允所求請
旨治罪業經分別具奏在案查該夷於本

月二十三日遞到夷書二件一係繳還定海一係請於尖沙嘴香港寄居奴才以尖沙嘴新建炮台設兵防守非如香港孤懸外洋可比且以兩處地方礙難允准當又備文仍令委員持往辦論茲於二十五日又據該夷投到回文二件一係只請於香港處停船寄居一係求釋夷人二名奴才查現在大局將定前所獲之夷人自無庸拘留即准其查明釋放至於香港地方奴才先已派員委往勘文俟奉

旨准其居住再與該夷酌定限制至廣東開港一節該夷狡執異常其情屬迫不及待迨經再四論說已據該夷於二十三日來文內聲明請以明歲正月初旬為期奴

才代奏乞　恩摺內自道光二十一年起似於明降　諭
旨尚無窒碍

𠸄夷遵繳定海沙角摺 道光二十一年正月廿八日

粵督　琦善

竊𠸄夷目前赴天津稟訴奉　旨准其查辦後該夷已心知欽感迨本月十五日正在查辦之際祇緣該夷僻居化外向無紀律當此夷兵環聚之時未能約束致弁兵情急占奪沙角炮台並將大角炮台攻破該夷旋即自知悔懼現在據稱情愿將定海繳還統撤奸船回棹並將粵東之沙角炮台獻出惟該夷素以懋遷為務歷蒙　天朝寬大之恩准令通商俾叨　豢養自斷其貿易後本國無以為生並以該國距此數萬里航海向來動輒經年越歲拋撤

鄉井隔離骨肉情可矜憐向觀西洋夷人久沐　天朝曠
典懷柔得以攜眷在澳門寄居今此事同一律欲求代懇
天恩自道光二十一年起准其仍來粵通商並請仿照西
洋人寄居澳門之例准其就粵東各洋之香港地方泊舟
寄居即不敢再求往他省貿易各等情懇請代　奏前來
奴才除給咨該夷令其作速由道賚赴浙江將定海速即
獻還　奴才亦即收回沙角炮台各可否仰懇　聖恩俟伊
里布奏報收回定海後　俯准該夷自道光二十一年起
仍前來粵通商並仿照西洋人在澳門寄居之例准其就
粵東各洋之香港地方泊舟寄居出自逾格鴻慈

飭繳定海摺 道光二十一年正月二十八日

大臣 伊里布

竊奴才於道光二十一年正月十六日接到廣東欽差大臣兩廣督臣琦善六百里來咨以嘆夷已遵照繳還定海及該督之沙角該督原爲代懇 天恩准其前來粵東通商並請仿照兩洋夷人寄居澳門之例將廣東外洋之香港地方給與泊舟寄住業已據情代 奏囑即收回定海一面撥兵前往彈壓等情並據取到夷目義律呈遞奴才來文一件又該夷目給與留浙頭目咆囒等信三件奴才折閱義律呈遞之文亦願將定海獻還查本年正月初

三月以後疊接琦善來咨知該夷在粵鴟張正將攻剿事
宜逐加籌備茲該夷自知悔誤畏罪輸誠情願撤兵納
土自可無庸勞師　奴才　現將粵省送到義律所給咆咀等
信件專弁賫交催令速將行裝什物搬運下船擇期起椗
一面派委鎮將帶兵前往縣城彈壓防範以備不虞其前
獲之夷俘晏士叮喇打厘等除已病斃四名外其餘俱遵
前奉　諭旨概予釋放俟夷船起椗之時押至船內交收
至義律文內聲稱伊國商人將貨物帶至定海行銷懇令
寧波商民收買俾免虧折等語雖係該夷貪圖小利第展
轉交易有稽時日且恐啟該夷妄冀在浙通商之念未便

准行奴才現已據與義律覆文並諭知咆𠺕嚴爲斷絶以免衅端

馳抵鎮海籌辦善後摺　道光廿一年二月初八日

大臣裕謙

竊奴奉命赴浙勦辦送夷當將由上海赴程日期並夷俘晏士吖喇吖哩應暫緩釋放壽春鎮營兵仍飭前進緣由先後奏報旋於石門縣舟次承准軍機大臣字寄道光二十一年正月二十四日奉上諭本日據伊里布馳奏飭繳定海縣一摺前有旨諭裕謙兼程赴浙作為欽差大臣會同余步雲攻勦夷逆克復定海既據伊里布奏稱接到廣東來信並義律呈遞文件願將定海繳還等語逆夷反覆無常所言殊不足信着裕謙於抵鎮海後察看情

形如定海已經繳還着即撫卹難民修理城池一切善後防守事宜妥為經理倘詭言獻地仍復負隅即遵照前旨相度事機痛加勦洗不可因有繳地之説為其所愚仍蹈伊里布故轍逆夷所請將貨物帶至定海行銷懇令商民收買斷不准行所有前調赴浙之皖楚等省官兵不可中止仍着裕謙催令前進協辦攻勦前獲夷俘晏士咑喇咑喱等必繳還定海方可釋放交收伊里布原摺發交閱看即由該大臣發督祇領欽此仰蒙　皇上洞燭機先周詳指示跪誦之下欽感莫名　奴才於二月初七日馳抵鎮海軍營欽遵傳　旨授受欽差大臣關防並將　上諭一道

批摺二件一併現交伊里布祇領並准伊里布咨會二月初三日派領總兵鄭國鴻王錫朋葛雲飛帶兵三千餘名橫渡定海於初四日登岸即據該夷目繳還城池當將晏士叮喇叮哩釋放該夷目於初五日率衆登舟起椗南去惟蠏時港洋面因風擱淺尚有三船來去湖廣省兵簡派之員韓振先琦忠二員業已咨行返回前調江蘇兵二千亦應停止等因奴才伏查現在定海雖據繳回而蠏時港洋面既有來去夷船即所稱已經南去者查探亦未駛離浙境連日西北風大作該夷順風揚帆瞬息可以千里而遲遲其行已屬叵測且查接受咨內有廣東撫臣怡

良咨會該夷竟敢將香港之土地人民視為己有將我副將賴恩爵撤回營外諭我香港民任彼主掌欲改法度收稅鈔種種狂悖令人眥裂髮指且由定海駛去之夷船尚在觀望更難保其不復折回定海查此殘破之城子女貲財砲位軍械不為掠去即被殘毀為今之計惟有一面撫卹難民以收人心一面擇要設守以固我圉然後妥議經久之計奴才已飛調現駐寧波府城辦理軍需局務之臬司周開麟並蘇州候補府黃冕會督寧波府知府鄧廷采酌代委員銀兩星夜渡黃會同總兵鄭國鴻等並署定海縣知縣舒恭受勘明地勢情形妥議安撫設立章程總不

令一夫失所一隙可乘為主所有軍需局務責成寗紹台
道妥為經理惟定海現無砲位而鎮海一帶安設之砲位
現亦成功只可在於沿海安設砲內酌量抽撥先行解往
其觀望來去之夷船亦已嚴飭沿海水陸文武各官慎密
防範嚴絕接濟務使無利可圖有威可畏惟內多應與撫
臣劉韻珂商辦事件若僅緘商咨詢恐有詞不達意之處
奴才業經咨會撫臣即日前來面加商確再行親赴定海
相機辦理至壽春鎮標兵一千三百名徐州鎮標兵一千
名江寗駐防八旗名三百名皆係揀選精練之卒應俟廣
東省定局後再行撤退合併陳明

請通飭探量沿海水勢情形疏 道光二十一年二月十九日

江督 裕謙

竊惟㗇逆所恃惟船與礮而礮既不能離船船又不能近岸是船礮所不能至之處甚多緣夷船喫水甚深故不畏風浪而畏礁淺但使內地城池不偏臨海口即或城瀕于海而城外有淺灘十數里夷船便不能駛近若該逆改換杉板小船則只可裝載二三十人無篷帆無礮位無鍋竈不能橫渡大洋不敢遠離大船一經上岸不難全數殲擒上年浙省㗇逆兵船闖偪餘姚塘岸陷擱淺沙人船竝為我兵勇所獲其搶登杉板小船竄逭者竟亦不能回定為

上虞慈谿擒獲不食已經二日此外夷大兵船不能駛近淺岸而小船又不敢遠離大船肆逆之明證至於數千斤之大礮夷船雖能任載而只可施於深水外洋不能施於近岸之內洋蓋內洋水淺近岸又必有明沙暗礁為之攔護若放此數千斤之大礮船必倒退一經擱淺船底著實立刻震裂故在內洋施放亦止一二千斤及數百斤之礮不過口門窄而後身寬多受火藥且施放靈熟較官礮略遠一二里然亦止及數里以內實無遠及十餘里之事即如定海城外之道頭距城僅三里故夷船能及至鎮海城外有淺灘十餘里夷船初亦曾試開數礮未及城數里而

墮自後不復開礮蓋恐官兵知其力量所止至乍浦沙灘較近夷船與官兵開礮便互有損傷廣東福建所奏亦然是彼礮能及我則我礮亦能及彼我礮不能及彼則彼礮亦不能及我灘距岸遠船不能近卽礮不能及又其明證不然夷船既侵犯虎門厦門定海何愛於守泊數月之鎮海及來往必由之乍浦等處而不敢屢犯乎又何愛於四面環海之台灣瓊州而不犯乎沿海洋面外似一望汪洋其實水中沙線千條萬縷縱横曲折卽平底沙船尚必多雇小舟熟習沙線者探水引路乘潮行駛潮退立虞淺擱故凡船之利於大洋者必不利於内港猶之利於内港必

不利於大洋至江蘇除崇明吳淞口最爲險要外其常鎮揚三府州所屬江面外無屏障潮來甚溜亦難防守至于黄河口有五條大沙或沉或浮東向直出若遇東風則風水相逼轉舵不靈舟隨溜擱靡不損壞即海運沙船尚必繞出其外山東登萊二府之成山雖陡入東海而非通商馬頭不過爲南北往來之標準天津洋面外有旅順口登州府城南北對峙中間山島林立洵爲天險其直沽口距天津府城甚遠船入内港既非若大洋之可以横行衝突又非逼城咫尺之可以礮火攻擊且北人不習於海並無漢奸至奉天所屬各港口門均淺且有綿沙爲閩廣南洋

島船所最畏何况夷船是以海賊蔡牽等滋擾浙閩粤三
省十餘載從無擾及山東直隸奉天之事即北洋貿易亦
均係平底沙船其閩廣南洋鳥船赴關東者甚少蓋北洋
之情形與南洋之情形迥乎不同南洋多石島之明險而
北洋多沙線線之暗險夷船畏暗險甚於明險並非處處
堪虞港港可入祗緣承平日久不但民不知兵抑且官吏
水師皆不知考求試驗扼要以待一聞外洋夷船夷礮不
知如何猛烈如何神奇風聲鶴唳草木皆兵遂致沿海皆
為不靖相應請旨敕下沿海各省將軍督撫通飭所屬
縣營徧歷本屬洋面測量水勢之深淺灘岸之遠近沙線

之險易何處小舟可通而重載大船不能到何處內地大船可通而外洋大號夷船不能到以及港岸口門距大洋若干里險溜暗礁若干處一一試探酌量情形分别最要次要何處應安兵安礮防守何處應令地方居民自爲團練防守何處勿庸防守一面修理軍械操練兵丁籌備糧餉製造鉛彈火藥整飭塘汛驛站以期有備無患并明白出示曉諭兵民該夷除船礮外别無技能而其船礮所能至又不過數處且其來意止圖要求通商并無奢望亦斷不敢深入不必到處張皇自相驚擾以安人心以節兵力以省經費仍隨時差人偵探一有夷船入境即嚴禁淡水

食物接濟違者以通夷論斬梟示海濱該夷船如敢駛近口岸相度礮力能及即開礮轟擊該逆無隙可乘糧茍告匱斷不能與我持久倘敢鋌而走險或入淺灘或登陸岸便可大加剿洗不令其一人生還此以逸待勞以主待客之法亦即堅壁清野之法

駁水師改綠營疏道光二十一年三月　欽差大臣裕謙

竊臣仰蒙　廷寄知參贊大臣楊芳片奏內有請改水師為陸路之議臣前在署兩江總督任內及現在浙江軍營亦皆將巡洋官兵酌量撤回防守口岸蓋因逆夷船堅礮大馳逐於汪洋大海之中是其所長我兵承平日久水務廢弛船隻又不甚堅大合用不值與之海洋接仗然止可為一時權宜之計一俟夷務平定必應簡練水師講求船械以為久安長治之圖若竟將水師改為陸路則海中島嶼巡哨無人幾同棄置非徒示弱外夷任其占據更慮沿海盜匪結聚成幫肆無忌憚為患甚於逆夷蓋逆夷專恃船

礮既不長於陸戰内地路徑又不熟悉斷不敢深入亦不能深入循海拒守斷其貿易杜其接濟尚可制其死命若洋盜則膽氣壯於逆夷步履捷於逆夷膂力技藝勝於逆夷道路情形熟於逆夷始則出海劫掠客商繼將登陸滋擾郡縣且逆夷異言異服一望而知洋盜則皆内地民人無從辨識隨處可以登岸隨地可以潛跡雖有陸路重兵駐守要隘終不能環海而守之亦不能執途人而一一盤詰之水師一癈竊恐逆夷甫平洋盜復起逆夷尚不過疥癬之疾洋盜幾可為心腹之患此等權變在楊芳亦以為萬不得已臣則以為斷不可行

㖞逆投書狂悖並於香港揭貼偽示據實　奏聞摺

道光二十一年　廣東巡撫怡良

竊臣於道光二十一年正月初二日得兩次欽奉　諭
旨遵將預備情形由驛　奏聞在案嗣據大鵬協副將賴
恩爵稟稱㖞逆遞該副將照會一角係收管香港地方令
內地撤回營汛等由照抄具稟到臣接閱之下不勝駭異
髮指竊惟我　國家撫有寰區無遠弗屆薄海內外悉子
悉臣即至重譯來廷亦莫不懷柔綏服乃㖞逆義律等妄
肆鴟張已忘名分況復胆思狡逞指稱欽差大臣琦與之
說定讓給實為駭人聽聞該大臣到粵如何辦理雖未經

洛會到臣然以事理度之亦萬無讓土地人民聽其主掌如該逆夷所稱已有文據之理既無從悉其真偽徬徨夙夜心急如焚乃聞民間傳説嘆逆在香港地方帖有偽示逼令該處民人歸順等語方謂傳聞未確鼓惑人心即據水師提督轉據副將賴恩爵禀抄偽示移洛前來則是該夷竟以香港視為已有要害之地為其所據相去虎門甚近片帆可至沿海之新安東莞香山順德及省城各處勢非刻刻戒備不可嗣後内地犯法之人必於此為藏納之所是必地方既因之不靖而法律亦有所不行更恐犬羊之性反覆靡常一有要求不遂之時必仍以非禮相向雖

欲退悔從前其何能及且大西洋自前明寄居香山縣屬之澳門相沿已久所有在澳華夷均歸同知縣丞管轄議者猶以為非計今該夷竟欲將天朝土地人民占據全島更恐滋致後患伏思宸謨廣運聖慮周詳定能灼照靡遺不使奸宄得以遂志何待愚昧為之過計但臣忽聞海疆要地外夷竟思主掌並敢以天朝百姓稱為𠸄國子民臣實不勝憤恨第一切駕馭機宜令琦善同林則徐鄧廷楨妥為辦理始經宣示臣等時見琦善亦均悉心商請添募壯勇以壯聲勢固守虎門炮臺防堵入省要隘竊惟用兵之道全在識定心堅若再稍涉游移

逆夷窺伺多端實有措手不及之慮現既見有夷文並據
禀抄僞示不敢緘默謹抄録二紙恭呈
御覽

嘆逆與大鵬協照會道光二十二年怡巡撫進呈

大嘆國軍師統帥各師總兵官伯麦為照得本國公司大臣義律與欽差大臣爵閣部堂琦說定諸事將香港等處各島地方讓給嘆國主掌已有文據在案是該島現係歸屬大嘆國主治下地方應請貴官速將該島各處所有貴國官兵撤回四向洋面不准兵後稍行阻止難為往来商漁人民當思兩國已議和好本統帥望幸也可常遠相安自必盡心竭力以保各事善安而貴國官兵如有滋擾阻止使民不安係貴國終非誠心求和之明証本帥定必查照嚴辦本

帥存心誠信先應明白指示望免爭端為善為此照
會須至照會者右照會廣東大鵬協鎮賴

暎逆在香港所出偽示

大暎公司大臣駐中華領事義律軍師統帥水師總兵官伯麦示為曉諭事照得
本公使大臣奉命為暎國善定事官現經與　欽差
大臣爵閣部堂琦議定諸事將香港等處全島地方
讓給暎國寄居主掌已有文據在案是爾香港等處
居民現係歸屬大暎國主之子民故自應恭順樂服
國主派來之官其官赤心保護爾等安堵不至一人
致害爾居民向來所有田畝房舍產業家私概必如

舊斷不輕動凡有禮義所關鄉約律例應准如舊亦無分毫更改之議且未奉國主另降諭旨之先應擬照　大清律例規矩主治居民除不得拷訊研鞫外其餘稍無所改凡有長老治理鄉里者仍聽如舊惟須稟明暎官治理可也倘有暎民及外國人等致害居民准爾即赴附近官前稟明定即為爾查辦至所有各省商船来往貿易均准任意買賣所有稅餉船鈔掛號各等規費輸納大暎國帑倘嗣後有應示之事即由派来官憲隨時曉諭責成鄉里長老傳轄小民使其從順毋違一千八百四十一年二月初一日

東渡定海建城募勇摺　道光二十一年三月初

大臣裕　謙

竊照奴才於三月初六日卯刻由招寶山過海適值風潮平順不逾兩時即抵定海馬頭連日周歷查看該縣境在鎮海乍浦之東石浦象山之北突立洋面縱橫三百餘里東西北皆層巒疊嶂山腳沿海均有淺灘小船處所可以登岸惟迤東之沈家門迤西之岑港兩處水勢較深可容一二大船然皆距城在五六十里之外中隔崇山峻嶺是我步卒最易見長之地已於該處各置陸兵防守可保無虞該縣城池三面負山半東鎖山岑內前有稻桶山接連

東徼山爲之屏障左右有曉峯青壘諸山輔翼形勢最爲扼要雖南面一二里即前臨大海有吉祥山大渠三口之外洋進港之門戶港内洋面寬廣水深十數丈逆夷大船皆可寄椗攻我城池然該逆砲力雖能及城而不能洞城上年該逆乘其無備前來豕突設我鎮將弁兵固守城池何至易破如是乃紛紛攜眷内渡該逆始敢登陸攻城遽遭失陷蓋定城非不可守之城乃無守城之人所致也言念及此不勝憤恨奴才現在督同臬司周開麒總兵王錫朋鄭國鴻葛雲飛江浙文武各員虛衷採訪相度情形已將東徼山嶺築做炮城一座週圍一百三十一丈南面接

築月城一座計二十一丈又有青壘山至竹山脚横築土城一道共長一千四百餘丈又曉峯嶺青壘山樣山鎖山各置瞭台兵房擇要安設砲位或背山立營或倚城捍衛聲勢現已聯絡首尾皆能策應設使逆夷在粵敗竄再來嘗試希圖一逞則我砲皆能及彼彼砲不能及我寓戰於守尤爲以逸待勞之計所有　奴才分別砲台土城各處先經督飭次第興辦月餘以來最要之道頭土城二百三十餘丈仿照河工搶險之法日逐委員跑牌買土雖值春雨並旬而大小委員皆立於風雨之中晝夜督築尤幸役夫均係難民既思得錢餬口又圖自衛身家老幼奔馳爭先

恐後截止十五日查驗土功已有八九分工程其次要之道頭以西四百餘丈又次之東岳山以東八百丈亦有六七分工程現在船泊海洋見有土城遮護不得窺伺內城再閱兩旬便可一律完竣至定海內城牆垣鼓裂無多不過堞城損壞趕修尚易為力其砲城兵房亦經預飭購運磚石鮮用並土應鑿削東岳山向外石腳使之陡立不能攀援即以石料就近工用尤為省便此　奴才審度形勢相機設守立以工代賑之情形也定海孤懸海外雖守禦加嚴而內地策應之兵不可不預籌進步逆夷專恃船砲未便與之洋面擊逐　奴才已密飭鎮將帶同弁兵時於島嶼

往來奔走務期熟悉形勢瞭如指掌即雨夜亦能登涉並
於岱山招募水勇三百多名定海四五百名無論海島漁
民及閩省船戶擇其水性熟諳膂力技藝過人者派委員
弁配領新造十六槳快船及買雇漁船百餘隻分起帶領
或打扮網漁貿易販賣出洋巡哨或密帶大鎗器械相機
焚勦倘該逆兵船再來定海滋擾即由穿山岐頭山等處
載渡各路陸兵從中接應務使山嶴險夷皆無阻滯洋面
偵探聲息相通水勇攻勦其船官兵兜擒於陸用我所長
攻彼所短此奴才密籌內外策應及招募水勇之情形也
逆夷占據定海至八月之久城池內外舖戶居民全行逃

散除偏僻鄉嶴數處該逆未敢深入此外近城市肆無不遭其荼毒官兵初至人跡稀疏經奴才於附近沿海各縣徧示招徠並委江南候補知府黃冕浙江寧波府知府鄧廷彩等星夜馳往會督署定海縣事石浦同知舒恭受趕辦撫䘏安集流亡俾得及早復業又飭派江南試用通判孫　帶同委同委員將寧波等處收養難民資送回籍經臬司周開麟督同該員等於破垣瓦礫內查明房屋數間照例給發修費趕營棲址一面查造保甲挨貼門牌分別大小戶口查給口糧仍將應撫姓名給發房屋修費查照戶數間數米數銀數先行榜示使之共知俾實惠均沾

無所蒙蔽其應放銀米責成各委員親身散放不經書役之手此奴才督查房閭戶口撫卹難民之情形也伏思定海一城既須防守目前尤宜運籌善後舊設總兵一員統轄水師二千六百名專管巡防洋面無城守之責故前總兵張朝發不肯退保城池以致縣城失陷茲當兵燹之後必須添設陸路官兵以資城守並為水師接應惟國家經費有常須於列營裁撤抽撥方無缺餉之虞容與提臣余步雲將內地陸路各營通盤籌計咨會閩浙督撫臣彙入善後章程奏明辦理奴才將大局籌定擬於拜摺後仍回鎮海軍營居中調度俟定海局撫卹竣放土城砲城

等工全完再當親歷查驗指受機宜以期有備無患一勞
永逸

附片

再查康熙年間曾暫准紅毛夷船在定海通商久經停止
而該縣之南馬頭俗呼紅毛道頭附近並有夷館基地奴
才抵定海後留心採訪自道光十二年以來每至夏秋輙
有夷船駛入浙江洋面因該道頭地方多有閩人寄寓售
銷鴉片烟土並接濟米水牲畜是以距定海二百里之青
龍港東西硂等處洋面竟爲該夷熟遊寄泊之所　奴才現
修築土城已將紅毛道頭及夷館基地全行拆毀并將該

處民房遷徙城內酌留西門出入晝啟宵閉一如內城之制使土城以外一無所有以絕逆夷覬覦之念而斷內地接濟之源好在定海本非商賈輳集之所民居多以耕漁為業別無他項貿易於守禦既備於民間亦無不便合併

附片陳明

附片

再浙江省自拿獲逆夷一名殺傷三名後夷船旋即竄去半月以來附近一帶洋面並無夷船蹤跡據台州府具報所屬之寧海縣報有夷船一隻在金漆門等處外洋遊奕無定等語奴才已密派員弁帶領兵勇馳赴該處相機辦

理仍會同提臣余步雲督飭鎮將弁兵嚴加防守不任稍
形踈懈外合併附片陳明

奏彌利堅代英夷請款疏 道光二十一年

參贊大臣楊芳

竊照英吉利逆夷于二月二十四日乘駕兵船及火輪三板等船欲進省河經鳳凰岡官兵奮力擊退即于二十五日繕摺由六百里馳

奏在案是日米利堅國領事多利那因該國貨船並不在禁止通商之列先經琦善批准帶進黃埔貿易適值英夷攻打虎門被阻不得入口聞鳳凰岡官兵擊退逆船來向營盤稟訴據總兵長春報知前來當飭署廣州府知府余保純帶同通事譯訊據多利那稱英夷既被擊退自不敢再有他求惟念稱兵犯順係英國兵頭所作之孽其帶貨商船並未敢隨同滋事而因此

阻滯年餘不得貿易在該商為其本國兵頭所累原不足
惜而我米利堅等國向來恭順不敢私賣禁物蒙　天
朝恩准照常貿易極為感激乃到粵經年被英國牽累不
能進埔開艙以致貨物霉爛貲本虧耗現查英國夷商情
亦急迫可否于此次擊退兵船之後姑准其商船一體貿
易庶各國不被英國妒恨免致阻梗牽留而英國貨船在
埔其兵船即有顧忌而不敢滋事似亦制服之一法等語
臣諭以該夷所言雖亦近理殊不知英夷肆逆逞凶罪惡
重大實自絕于　天朝今蒙　命將出師特申
天討即謂夷商並無助逆究係英國之人又安敢以通商

為請正詞回覆去後是日逆船雖無動靜而探知退泊未遠臣料其早晚又必來擾戒備益嚴惟省城所存礮位不如虎門之大虎門礮臺既失礮亦隨之且外海師船在虎門者均被逆夷燒燬别營舟師刻難調集雖有內河巡船及招募水勇快艇祇能防而不能攻臣與兼署督臣怡良等正極焦切適于二十六日巳刻長潮之際南風大起該逆大小兵船添至七隻火輪船三隻三板船二十餘隻果皆乘風擁至其時鳳凰岡等處營盤各放鎗礮擊斃夷兵不少而逆船恃其堅厚且行且拒冒死闖入省河飛礮火箭施放無數幸各城上下內外已將官兵壯勇排列如山

不令少有空隙且臣等先經示諭軍民以防禦英逆與他寇不同其礮彈能于遠處裂開以燒房屋而火箭又著物即燃此時保衛城垣首須撲除火患是以于列隊兵勇之外復逐段多添撲火兵丁使房屋不燒人心即定雖是日逆船礮箭施放不絕而省城内外周密巡防並無一處失火該逆見守城如此嚴緊立即移竄空曠之白鶴灘中心暫行下椗不敢逼近城垣亦不敢復放礮箭第仍慮其堵截上下游各船則省中一切日用以及軍火所需皆無不棘手正在分籌勸逐間復據洋商伍怡和等以各國領事夷商于英逆帶兵之人無不交口詐詈該兵船因見城上

岸上均各森嚴亦即畏懼而退二十七八九等日兵船及
火輪船三板船均陸續開離省河惟各國夷人在粤均望
承平謂英夷既經繳還定海不敢更有他求惟貿易一事
係　天朝二百年來稠疊　恩施不得不代懇法外
施仁仍循舊制呈出義律等所立筆據有不討別情惟求
即准照常貿易如帶違禁之貨即將船貨入官字樣是其
前此要求奸計此時無可復施惟臣等奉　命督兵祇
知軍務為亟斷不因各國連番環請稍任懈我軍心即其
筆據之言雖曾寓目仍如無覩第既有此情形理應據實
入　告固不敢冒昧陳乞亦不敢壅于　上聞至其

所云貿易夷人並未隨同滋事貨船入口正可制服夷兵等語臣暗訪明查尚非誕妄而就兵機而論亦有時以縱為擒與其峻拒羣夷恐致一同觖望或先從權制馭借以

聖主指示機宜不勝凛感悚惶之至密運深謀伏候

途次訪聞粵省情形摺 道光二十一年三月十五日

靖逆將軍奕山

竊奴才等於三月初五日初九日兩次承准軍機大臣寄諭令奴才等星夜儹行並率後到官兵整旅而進如可抄賊後路相機攻勦等因欽此前來奴才等知識淺陋仰蒙聖主指示方畧跪聆之下欽佩無極當即一面儹行一面飛咨浙江停止續調官兵二千八百名廣西新調官兵二千名令其迅速南下又札飭南韶台道楊九畹除已過韶境赴省者毋庸停止外其餘無論何省全行截留令其整頓軍兵聽候隨同前往各在案奴才等於三月十二

目馳過廣東南雄州界接准南韶道連稟稱雲貴湖南四
川官兵由部赴省者已有八千餘名此外各省後起官兵
尚未抵粵無兵可留恐　奴才等即日到韶不及催提現撥
韶州鎮標兵三百名護送　奴才等又催到湖北參將達三
所帶弁兵三百名隨同前往至續調湖南湖北廣西兵丁
尚未入境不能久待惟廣東砲位大半被失除守城安放
外餘則不敷攻守前據江西撫臣咨稱札委員外郎福奎
稟稱江西佚城鐵炮十餘位因存貯年久外則繡裂堂口
内凹澁澀不平不堪施放此外湖南廣西續調者尚據咨
覆所調硝礦亦未到粵奴才等正在焦急又訪聞逆夷於

虎門失守後兵船直抵黃浦海珠等砲台亦為所得貨船停泊廣州城外逆夷屢次施火砲火箭打入城內吏兼奸民乘亂禁掠省城內外商民紛紛逃避適咪唎㗔懇求通商省中大臣等暫事羈縻許為奏請剋下夷船不肯退出外洋仍在黃浦接應聲言俟奴才等到省即求定局等語奴才等聞之不勝憤悶伏思㗆逆內犯以來占據砲台連傷提鎮山戕所至豈真莫之敢當總緣前在議撫自撤藩籬是以伊占據砲台連傷提鎮乘虛深入進逼門庭在該大臣等因時制宜從權而奴才等奉命征勦豈敢依違觀望坐失機宜上負委任惟兵力既難猝集砲藥又

未運到設 奴才 等到粤據絕通商夷人必盡力攻城倘有意外之虞救援不及是欲廣州反速之失陷日下寇志不宜再長 國威不宜再損必須計出萬全方合 聖訓此時督臣 祁𡎴現過海嶺 奴才 等在韶州暫行停泊飛咨該督臣迅速趕赴會商聚集各路官兵在近省旱路可通扼要地方分營防守催齊火藥暗造攻守器具分頭埋伏激勵兵勇出其不意將內泊者先行痛勦使該夷喪膽並防截各河港議示以久守聞夷船糧儲窘迫利在併力速戰不過急於要脅售貨以濟其用若堅壁清野俾漢奸無利可貪黨羽必滅然後撥派精銳抄其後路排填河西下水

陸連環分道兜擒使逆夷片帆不返以彰　天討而快人心

覆奏各國夷情疏道光二十一年　靖逆將軍奕山

竊臣等承准軍機大臣字寄道光二十一年正月十九日奉

上諭怡良奏接辦粵海關務稅課短絀一摺據稱粵海稅務以夷稅為大宗本年所到夷船不及十分之二因各國之船為英夷攔阻不能進口是以六月後正當徵輸暢旺之時轉致短絀等語廣東例准各國通商其恭順各國自仍照常貿易英夷强悍桀驁阻撓各國生計各國豈肯甘心失利著奕山隆文祁𡎴於先後抵粵時查明各該國情形果否怨恨英夷阻撓生計抑稍有觖望於

天朝未能招徠撫綏以致向隅失業據實具奏將此各諭

令知之欽此臣等抵粤後密加查明緣粤海關務舊章例
准通商各國除居住澳門西洋夷人貨船向在澳門卸貨
外其餘米利堅佛蘭西荷蘭國大小呂宋國嗹𠯿㕸國植
國瑞國單鷹國雙鷹國英吉利國並港脚各國貨船向例
應進黃埔查驗開艙各該國距粤程途遠近不同每年來
船數目約在一百餘隻二百隻不等自二十年三月二十
六日起截至六月初二日止祇到有米利堅國呂宋國貨
船十九隻自是之後並無貨船進口蓋因英夷犯順駛有
兵船來泊澳洋所有各國貿易商船均被英夷阻撓不得
進口英夷强悍桀驁各該國力不能制阻遏外洋無不同

深怨恨迨至本年二月初六日英夷闖入虎門攻破烏涌
卡座夷船直達黃埔是以向准通商之米利堅國佛蘭西
國及港脚貨船共四十二隻始得隨後進口英夷懇求通
商經臣楊芳會同撫臣怡良體察情形　奏明仍准恭
順各國照舊通商各夷無不欣感共戴　皇仁並不敢
觖望于　天朝傳訊各通事所稟亦俱相符現在雖經
開艙而殷實客商均經紛紛遷避商民交易者甚屬寥寥
臣等現已出示曉諭令其急速回來各安生業與恭順各
國照常貿易無須驚疑日來漸次歸業民情少覺安貼

募兵節餉摺 道光二十一年四月

戶部侍郎黄爵滋

竊思暎夷猖獗沿海戒嚴籌兵籌餉在在均關緊要臣奉
命往廣東閩浙竊見該省招練水勇辦理情形雖權宜
定裨急用有可通行各省者緣我　國家承平已久水師
廢弛兵額既缺非用水勇鄉勇無以助攻守戰艦未修非
募商船漁船無以資駕駛至於陸兵不習水性止能守岸
而不能守口臣於奉使之際留心訪察親見海口離岸汪
洋無際近則數里遠則數十里或一二百里一遇夷船駛
至若不許其進口必須出口接仗若不許其登岸必須下

岸交鋒惟遠攻乃其進守非利涉不能有功苟僅列營以待未免向若而驚是陸兵之不能入水猶海舟之不能行陸也臣前在福建廈門察看堵禦情形水師不如水勇陸兵不如鄉勇均用商漁船來往攻探約飭嚴防實有成效上年穿山洋面追逐夷船水勇陳埥奮勇攻擊蒙 恩准保奏士氣民心頓加鼓舞此雖一時應變之計而實萬里經久之謨臣思逆夷勞師襲遠本不足虞惟慮我師征調有需時日彼來我未集我散而彼又來使中國財力耗散於無用之地殊為不值故惟募勇則可以節餉目前既容易集事而經久之計即在其中查自暎夷占據定海擄掠

荼毒民不堪命其棄家來逃者數且逾萬人謂即於其中選用壯丁先驅作為嚮導潛入以作內應然後聚集兵勇統率雜眾乘駕兵民船隻環攻而進人人思歸報仇必能決以死戰尅日成功其最要如閩之廈門等處又須專用水師濟用水勇進攻退守可保無虞次要如浙江之乍浦江蘇之崇明等處須分標水師督率水勇巡口鄉勇守岸互為聲援使夷人不敢他犯至荒岸散口農漁聚處惟責成地方官弁團鄉勇聲勢絡繹以警窺竊計水須選熟識形勢技勇過人者督令協同水師循環防守如果足額可用即將陸兵漸次裁撤以杜虛糜鄉勇各顧田廬無不自

相糾結一加鼓勵競相激勸則輸力兼肯輸餉養勇則為養兵收徵調百人之費即可招練千人而徵調千人之用不及招練百人以此節餉何啻十倍或謂沿海多屬奸民恐其偷漏硝磺器械又為夷人接應不知此輩用則為勇不用則為奸其室家妻子俱居內地勢難挾以出洋一旦開其歸路彼必願為我用加以嚴行稽察更可斷絕私逃矧夷性貪而多疑自定海失守彼時特懸賞格定民即生擒夷人以獻該夷人大懼盡逐新附漢奸不敢收留此用水勇鄉勇以離間漢奸之要術也或謂民船率通夷黨更難收用不知商漁俱係利徒今既封港海道不通船戶即

皆失業其舵工水手不下數十萬人夷奸或巧為勾結或肆行刦制若令准捐助餉自是備糧殺敵至於漁船舊有漁甲之例開泊有定期出入有定地斷其接濟即應廣為招徠與商船一體團練一遇夷船入口即援我師陸地散戰避炮之法糾合數百艘四面兜勦更番迭進就令夷船開炮不過一面受敵而我師三面圍殲定能制勝昔安南用軋船破嘆夷使其喪膽永不敢犯即以此法此用商漁船以制夷命之要策也乘此急為招練俾沿海之民家自為守人自為戰以急濟緩以逸待勞人人盡屬精兵處處皆為重鎮迨事平之後則商船得以歸業漁船得以歸次

鄉勇得以歸農惟水勇人多雜項除計功拔擢用外或留補缺額或另立一營或度葦蕩屯田或籌閒欵生息以作安插蓋夷性反覆狡詐即令一時懲創難保其去不復來海防不得稍疎即水勇不得驟撤內戢奸民外防夷匪其法莫善於此現在粵海沙角炮臺被夷奪占緣虎門水師即不敷用陸兵不能水戰若先多備水勇協同水師出口接戰該夷何能闖入今既登岸陸兵方能得手而截其歸路使彼首尾不能相顧尤待水勇得力 皇上赫然震怒宣示中外迅奏膚功共膺上賞此時薄海聞風自無不勇於赴義應請一面 飭諭沿海任事諸臣迅速招練鄉勇

並相度現在及將來各處情形如何辦理之處速議具
奏務為持久之計並責成地方文武員弁實力奉行如有
貽誤失機即照例以重治罪如稍徇隱一面　飭下吏部
兵部明定章程水勇鄉勇擒獲夷首漢奸守口得功者酌
定議叙等級或捐資修造炮械顧募船只酌予軍功議叙
並將來水勇應如何安插之處一併妥議施行如此則人
思敵愾志切同仇而一勞可以永安矣

焚勦省河夷船摺道光二十一年四月初五日

將軍奕山

竊奴才等於閏三月二十日將山水驟至未能赴期進勦情形恭摺具奏在案拜發之後即同廣東將軍臣阿精阿督臣祁𡊮撫臣怡良副都統臣裕瑞前任督臣鄧廷楨派員嚴密防守一面備辦火船設添局招水勇分路抄襲正在趕辦間而河水仍來消落逆夷船隻自大王滘二沙尾兩路連檣駛進謀攻省垣先是奴才懸掛賞格遍示軍民設計擒獲㗘夷一名著賞洋番二百元適有外委王成仕等擒獲探路逆夷二十餘名奴才等督同藩臬兩司嚴行

鞫訊究出逆夷招集漢奸定計水陸分襲省城是以奴才等不敢坐失機宜遂決計先發以制之前經派定翼長總兵段永福張青雲長春翼長上行走前提臣張必祿副將祺壽等分派陸路設炮防守西西炮台又當逆夷來路尤為緊要派張青雲督率副將楊開雲帶同四川湖南兵弁加意防堵令管理水勇局司員外郎西拉本李湖椉挑選願告奮勇又藍翎都司胡倴紳守備孫應照五品軍功藍翎千總楊澤六品軍功藍翎外委陳朝陽六品軍功藍翎外委馮成川等帶領分起暗藏火箭火彈手執鈎鐮乘駕小快艇於初一日傍晚各處埋伏令三更後一齊焚擊奴

才等會同阿精阿怡良裕瑞分守各門並派御前侍衛珠勒亨德冲額　乾清門侍衛岳松額德勒格爾二等侍衛忠泰三等侍衛巴揚阿粘桿處侍衛富明委護軍參領那瑪善等於城上分東西兩路分段巡邏督令官兵在沿岸乘勢轟擊該弁勇等分爲三隊力攻其左右先抄其後路同時並發該逆黑暗不知我兵多少倉卒受敵四面同時火發弁勇伏身水上直撲其船底將長鈎鈎住船身拋擲火毬火箭火彈噴筒逆夷開炮環擊而不能下及水面須臾火焰冲天帆檣船舵隨風旋轉逆夷號呼之聲遠聞數十里紛紛落海自子至寅共燒西路白鵞潭逆夷大兵船

二隻大杉板船四隻小艇杉板船十餘隻此外來路二沙尾燒小杉板船數隻逆夷被擊及溺水死者不計其数亦有乘便撈救得生男婦夷船存往仍有夷人大兵船三隻圍攻西炮台抵死抗拒天色已明水勇未能再行直上總兵張青雲等督兵開炮該總兵伏兵台下逆夷上岸者殺死数人夷船始退於南岸逆夷自去冬猖獗以來此次始經受創兵勇壯氣倍增而逆夷狡黠異常探知奴才等所編木排火船炮船俱在泥城上作遂於初二日黎明趕來救援大火輪船三隻三板船四五隻同攻西炮台以火輪船駛往窺伺泥城該處官兵開炮抵拒擊沈三板船一隻

旋即退回查明未經配兵零星炮船被其焚燒數隻餘俱
未動該夷兵船仍挑列西炮台對面間斷開炮總兵張青
雲督兵固守竟日相持未被攻壞此初一日夜及初二日
攻勦防守之實在情形也惟逆夷性類犬羊慾不畏死外
洋屯泊兵船為數尚多俱乃陸續駛進省河有增無減廣
州省城堅厚完繕無虞新城庳薄最為可慮　奴才等不敢
因乘夜進攻偶然得手遂致稍為鬆動惟有同心協力賞
罰必信鼓勵將弁奮勇圖功以冀守城池仰紓　聖主南
顧之廑除將傷亡弁兵水勇花名分別咨部辦理所有在
事督辦出力員弁容俟再行開單恭呈　御覽可否鼓勵

之處出自　皇上天恩

答英將軍防禦粵省六條

林則徐

一水道要口宜堵塞嚴防也此時夷船既破虎門深入堂奧查省河迤東二十餘里有要隘曰獵德其附近二沙尾兩處皆有礮臺其河面寬約二百丈水深二丈有零又省河西南十五里有要隘曰大黃滘亦有礮臺其河面寬一百七丈水深三丈餘尺若前此果於該兩處認眞堵塞駐以重兵則逆夷兵船萬難闖進省垣高枕何須戒嚴乃既延悞於前追悔無及今夷船正於此兩處要隘橫亘堵截使我轉不能自扼其要幾如骨鯁之在咽喉矣惟有密飭近日往來說事之員督同洋商先用

好言誘令夷船退離此兩處而在我則密速備運巨石
僱齊人夫一見其船稍退即須乘機多集夫兵累千連
夜填塞河道一面就其兩岸厚堆沙袋每岸各駐精兵
千餘先使省河得有外障然後再圖進勦此事不可緩
圖尤不可偏廢若僅駐重兵而不塞水道則夷船直可
闖過雖有兵如無兵也僅塞水道而不駐重兵則逆夷
仍可拔開雖已塞猶不塞也塞之駐之而不堆沙袋則
以兵欑礮立脚不住相率而逃仍猶之乎不塞不駐也
此兩處辦成後應致力於內洋之長洲崗及蠔盞最後
則籌及虎門彼處有南沙山巨石可采如何堵塞容再

酌議

一洋面大小船隻應查明備用也查虎門所泊師船除沙角失事時被焚十隻外聞尚有提中營二號三號大米艇二隻五號小米艇一隻提右營三號大米艇一隻五號小米艇一隻現停鎮口自應由水師提督配齊弁兵礮械以備調用其虎門以外附近之水師營分東則提左營大鵬協平海營碣石鎮西則香山協廣海寨現在各有師船若干配駕弁兵礮械若干亦應分飭配足報明候調至省河有府廠運廠兩處均係成造師船之所現在各有造竣師船幾隻另購堪以出洋大船幾隻應

飭據實開報并將蓬索槓棋即日備齊聽候查驗再上
年府廠改造巡船及新造安南三板現在尚存幾隻裝
配礮械若干亦即開明聽用其招到快蠏船十九隻現
泊何處此内壯勇若干礮械若干亦即稟候核奪
一大小礮位應演驗撥用也查此次虎門内外各礮臺既
被占奪所失銅鐵礮位令各師船計之不下五百餘尊
其中近年所買夷礮約居三分之一盡以藉寇資盜深
堪憤恨今若接仗非先籌礮不可而礮之得用與否非
先演放不可查佛山新鑄八千斤火礮十四尊僉謂無
處試放殊不知演礮並不必極寬之地祇須水上備一

堅固之船安礮對山打去其山上兩頭設柵攔截必不至於傷人並須堆貯大沙袋每袋約長四五丈寬二尺餘堆成横竪各一丈高七八丈以為礮靶對靶演放既有準頭而礮子之入沙囊深至多少尺寸果否沙可攩礮亦即見有確憑矣此十四尊試過如皆可用即日運省備防其餘即於佛山如式再鑄倘試後有須酌改鑄法之處亦即就近諭匠遵辦以臻周妥又番禺縣大堂現有五千斤夷礮四位似可撥至離省十五里之鴈塘墟向來演礮處所亦照前式堆排沙袋演試又廣協箭道有夷礮六位斤重較小似可撥在北較塲如式堆演

所有來粵客兵即令該管官帶領輪班演礮如此則礮力之遠近礮欃之堅鬆與兵技之高下無不畢見一舉而三善備焉再前據廣州協趙副將開報該協箭道并賢良祠現存該用各礮約五百位又紅單船拖風船卸下各礮亦約有一百位雖俱不大然未嘗不可備防似應分別查驗演放以便分配各船及岸上營盤應用至裝配船兵宜將船隻駕到將近佛山之五丫口茉莉沙瓜埠口等處分起裝就聽調庶免疎虞

一火船水勇宜整理挑用也查夷船在內河最宜火攻前月經楊參贊飭備柴草油料松香裝就火船約百餘隻

閩係署督標中軍副將祺壽候補知縣錢燕詒等經理其事茲隔多日恐柴草等物霉溼短少應飭查明重加整理其裝載之船原只以備焚燒固不必堅固新料但亦不宜過於斁舊且必須有蓬方能駛風若專藉一二人之力猶恐推送遲緩不能成功其船約以數隻為一排駛近夷船則環而攻之能於各船頭尾繫大鐵釘釘住夷船燃火使之推不開拔不去當更得力其未用之先此船宜移上遊近佛山一帶裝載完妥黨夜乘風與有礙各船一同放下隨攻隨燉諒必有效又內河東路之茭塘司一帶另有捐辦火船百餘隻即某所捐辦也

分段停泊如需應用亦可隨時調集以收夾擊之效至
水勇一項人人以為必須僱用惟患其有名無實前此
虚糜僱資已非一次除淇澳之二百八十人係鮑鵬為
前琦部堂僱用聞已散去可毋庸議外若運臬兩司訪僱
之水勇一百二十名聞有董事管帶應可得用第未知
其船現泊何處似應查點試驗又番禺縣張令原由揭
陽帶來壯勇三百名皆係以鳥鎗擅長每人各有自帶
之鎗施放頗準此一起雖係僱為陸路之用而上年曾
經諭明肯下船者多加僱資彼即欣然下船似宜將此
壯勇三百名作為水戰之用此外再僱務須考其技藝

查其底裏必使層層保結不任濫竽並諭明臨陣爭先者即予拔官如敢潛逃立斬示衆信賞必罰自足以勵士氣而壯戎行矣

一外海戰船宜分別籌辦也查洋面水戰係英夷長技如夷船逃出虎門外自非單薄之船所能追勦應另製堅厚戰船以資制勝上年曾經商定式樣旋因局面更改未及製辦其船樣尚存虎門寨如即取來斟酌趕緊製造分路購料多集匠人大約四個月之内可成二十船以後仍陸續成造總須有船一百隻始可敷用此係海疆長久之計似宜及早籌辦若此船未成之前即須在

洋接伏計惟僱覓本省潮州及福建漳泉之草鳥船亦以百隻為率將其人船器械一齊僱到給予厚資聽其在洋自與夷船追擊不用營員帶領以免牽掣仍派員在高遠山頭瞭望探報果得勝仗分別優賞其最得力者賞拔弁職充入營伍緣漳泉潮三郡人性強悍能出死力既可兼得名利自必踴躍爭先較之本地弁兵顧惜身家者相去遠甚至於能在水裏潛伏之人查本省陸豐縣之高良鄉饒平縣之井洲及福建澎湖之入罩鄉其人多能久伏水中似亦可以募用其火攻器具如火箭噴筒火毬火鑵之類亦宜多為製備以便臨陣拋

用
一夷情叵測宜周密探報也查逆夷兵船進虎門內者在
三月中旬探報有三桅船十四隻兩桅船三隻火輪船
一隻兩桅大三板四隻單桅大三板一隻其各國貨船
在黃埔者現有四十隻自虎門以外則香港地方現泊
有夷兵船十七隻伙食船三隻此等情形朝夕變遷並
非一致似宜分遣妥幹弁兵輪流改裝分路確探密封
飛報不得捕風捉影徒亂人意其澳門地方華夷雜處
各國夷人所聚聞見最多尤須密派精幹穩實之人暗
中坐探則夷情虛實自可先得又有夷人刊印之新聞

紙每七日一禮拜後即行刷出係將廣東事傳至該國
並將該國事傳至廣東彼此互相知照即內地之塘報
也彼本不與華人閱看而華人不識夷字亦即不看近
年僱有繙繹之人因而輾轉購得新聞紙密為譯出其
中所得夷情實為不少制馭準備之方多由此出雖近
時間有偽託然虛實可以印證不妨兼聽并觀也至漢
奸隨拏隨招自是翦其羽翼之良法但漢奸中竟有數
十等其能為之畫策招人棹弄文墨製辦船械者是為
大奸須將大者先除則小者不過接濟食物即訪拏亦
易為力矣

夷船環攻官兵奮勇摺　道光二十一年四月初六日

將軍奕山

竊奴才等於四月初三日拜發焚勦夷船摺後因新城單薄民房周環三面臨水慮其東西並進一時禦防不及且漢奸到處竊伏乘機放火趕緊將分駐城東城北官兵抽丁輪替又泥城一路議河係由白鵞潭往石門佛山繞道所有木排火船俱由此放出恐夷人紛駕杉板邀截又調分駐燕塘總兵博勒移營石門小心防範該夷深懼火焚先以大兵船四五隻下椗花地口外又以兵船停泊二沙尾下觀其動靜勢甚倉皇奴才等嚴飭兵勇預備戰具而瀕

海所剩大船被漢奸勾引焚燒石門備辦木排急不能到亦恐為其所覺反使有備正在設法另調閩夷船自西南東北兩路帆檣齊進於初三日巳刻分攻西炮台天字馬頭東炮台等處連環轟擊更番迭進炮子打入新城老城內其勢甚猛經總兵段永福琦忠長春張青雲等督率將士併力抵禦轟沉火輪船一隻相持至暮漢奸又拋擲火罐火毬焚燒臨水房屋幸我兵不顧身亦以火箭火器拋擲焚其三桅兵船一隻東炮台打打夷人大桅一枝震落四五名落水直至三更後始行少退我兵亦有傷亡初四日黎明夷人又復擁至彼此對轟兵勇擊死夷人數名開

炮自炸轟碎杉板船一隻　奴才等前飭首縣雇覓裝載炮
械紅單鳳船為其所燒木排紅單船兵勇趕牽入石門上
流淺處未被焚燒查佛山石門為通省要道正慮該處兵
力單弱適接前遞來信參贊大臣齊慎日内可抵佛山奴
才等公同商酌函致該參贊即將所帶官兵分駐佛山石
門一帶督率總兵文哲琿博勒恭武等在彼擇要堵禦以
防前往滋擾此次守禦將弁奮力勦拒兩晝夜不息城門
堵閉枵腹臨敵幸糧台早備乾糧縋城而下兵丁不致饑
疲　奴才等又恐後之應援不及添派　御前侍衛珠勒亨
等並司員福奎穆騰額筆帖式慶福江西縣丞曾承禧督

率壯勇分段嚴守以防漢奸攻撲督臣祁𡎴撫臣怡良飭
廣州府知府余保純南海縣知縣梁星源番禺縣知縣張
熙宇於各城內巷口設立水櫃救火器具派撥兵勇處處
嚴守惟新城之內商民多避入老城更兼附近臨河村民
自虎門失守之後各處炮台均被占據而闌入內河盤踞
省城左右各處水路要隘俱有漢奸為之導引探知我初
進攻而逆夷引進兵船數十隻並廣招漢奸分布內外轉
相煽惑拏獲多名訊明立即梟示而漢奸暋不畏死趨之
若騖殊堪憤恨現在陸路官兵足敷調遣奴才等惟有鼓
勵將士努力防勦將軍阿精阿撫臣怡良副都統裕瑞等

晝夜輪替巡城不敢稍有鬆懈

遵旨添差并擬駐札地方摺　道光廿一年四月

江督　裕謙

竊奴才於蘇州舟次承准軍機大臣字寄道光二十一年四月初五日奉　上諭云云等因欽此於上海縣公寓承准軍機大臣密寄道光二十一年四月初七日　上諭前飭令祁墳怡良傳知林則徐賞給四品卿銜迅赴浙江聽候諭旨本日據祁墳等奏稱林則徐業於閏三月十三日由粵馳驛赴浙等語著裕謙於林則徐到浙後酌畧相當差使奏明請旨欽此查浙江撫臣劉韻珂於四月初四日行抵鎮海軍營奴才即於是日起程十六日在上海縣接

受兩江総督關防業經恭摺　奏報在案切念奴才質性凡庸仰蒙　皇上畀以兩江総督重任又　命管帶欽差大臣經理浙江軍務受　恩愈重稱職愈難敢不勉竭血誠悉心籌度惟江浙二省聯成一氣防剿皆可有成之計惟吳淞海口為江蘇之門戶鎮海縣為浙江之門戶相離千有餘里又須渡江盤壩亙有舟楫之滯即晝夜兼程必須旬日始到其文報往來因海濱並無驛路向以僱船或人代馬以日行三百里為準計其往返程期亦須旬日夷船出没於深水外洋朝南暮北並無一定即由內洋行走而乘風順潮頃刻可到若非於鎮海上海兩處各駐大員隨

機布置切恐有顧此失彼之虞即如奴才現在上海經理
一切鎮海幸有浙撫臣劉韻珂在彼督率調度始可放心
則軍務事件間不容髮既不據各屬稟報之詞臆斷遥制
又恐畏葸者臨事張皇粗疎者輕敵孟浪設誤事機所關
係匪細即如奴才將江蘇防堵事宜籌備妥洽折回鎮海
後其於江蘇情勢亦復相間且兩江總督本任事務繁重
辛丑鹽引甫經定期開綱在在均須就近督辦奴才遠經
鎮海亦恐鞭長莫及查浙江之嘉興府城離乍浦海口八
十餘里由乍浦用小漁船沿海行駛如遇風水俱順隨潮
往來於鎮海定海二處均為一潮可達即風或須阻不過

兩湖可到彼民間船隻絡繹不絕聲息相通又自嘉興河另有捷徑由松江而達上海計程二百數十里以船代馬數時可到實為江浙通中之地且兩省咽喉之要路今林則徐仰蒙　皇上天恩棄其瑕疵　賞給卿銜飭赴浙江約計程期四日内總可到浙該員向為兵民悦服逆夷所畏憚其一切設施亦能體用兼備奴才素所深知如蒙聖慈飭令林則徐駐扎鎮海軍營更替劉韻珂回省即由該員會同浙江提臣余步雲督率鎮海妥為籌辦仍不時往來定海巡查彈壓該員必能激發天良仰副委任奴才赶緊將上海防堵鑄炮各事宜籌辦妥協次赴寶山崇明

親加籌度布置再囑署江蘇撫臣程矞采前來上海會同
江南提臣陳化成實力巡防奴才仍遵
旨折回鎮海將
防勦事宜與林則徐余步雲面加商定再回嘉興駐扎居
中調度策應庶江浙兩省首尾相顧彼此可以互相關照
不致有所掣肘至江蘇洋面甚為安靜並無夷船蹤跡魚
帆暢旺兵民輯睦浙江洋面近亦靜謐雖仍有一二夷船
忽隱忽現並不敢有所窺探定海軍民亦均相安堪為仰
慰　宸廑

省城難守權宜辦理摺道光二十一年四月十五日

將軍奕山

竊奴才等於本月初六日將連日接仗緣由馳報在案查廣東省會城池立於觀音山之麓前臨大河西北韶肇南連府州之水由花池滙流入海客商行旅即從此道入省河排列多艘咽喉已為所扼東西兩路由獵德大黄滘達黄浦而至虎門海道分岐徑路叢雜彌漫平衍並無要隘可守且田塍窄狹不能扎營駐兵北路各山皆可俯瞰城中時有夷人潛往窺伺戒備未易前此備辦火攻各具皆於離城十五里之泥城用廣西觧到木植稻草從三水縣

屬之金山等地方以下分頭委員編紮該夷探知木排工次將成自初一日開仗以後該夷即密遣杉板船前往探水經看守弁兵開放鎗炮擊退初五日夷船三十八隻全數駛入攻城另駕火輪船駛至泥城河面開炮漢奸隨作水手混入官軍船左右縱火將先前裝運柴草已燒過半其漢奸見水上岸自陸路抄官之後三面受敵泥城不能拒守此時河道梗塞文報難通趕辦砲位一切既無前往督催亦無從運送來省至兵糈尚有倉儲可碾而民間食米未免皆來自鄉間茲已堅守城池則商販不前尤於民食有碍蕉之火砲不絕新城居民相率移入老城以內相

持日久即不能無匱乏之虞民氣一動不堪設想省城重
地為全省關係稍有疎失則各府州縣匪徒必致乘機蜂
起況大兵聚集亦復在在可虞倘在郊野行兵尚可層層
擇險誘敵而省城萬勿棄理城存與存本係奴才等一身
之責而城亡與亡實非地方萬全之計奴才等日夜焦思
萬分着急先是勘得省城北面原有砲台製甚狹隘不能
多駐兵丁只得於北城挑選精兵安砲固守逆夷船由泥
城登陸直逼北城之上開砲轟擊致斃逆夷十餘名漢奸
一百餘名該夷退守土山而砲台已為所踞天已昏黑官
兵暫收入城迨初七日城內居民紛紛遞稟籲懇保全合

城民命又據守堡兵丁稱報城外夷人向城内投錢似有所言當即差參將熊瑞升俾令看視見有夷目數人以錢指天指心熊瑞升不解何語即喚通事詢據文云要稟大將軍有苦情上訴總兵段永福喝以天朝大將軍豈肯見爾奉命而來惟知有戰該夷目即免冠禮屏其左右盡將兵杖投地向城作禮段永福向奴才等稟請詢問即差通事下城問以抗拒中華屢次猖獗有何冤抑據稱咲夷不准貿易貨物不能流通貨本折耗負欠無償因新城之河兩邊砲火連擊不能傳語是以來此求大將軍轉懇大皇帝開恩追還商欠俯准商通立即退出虎門繳還

各砲台不敢滋事等語旋據衆洋商稟稱該夷央該商等轉圜結求照前通商並將歷年商欠清還伊即將兵船全數撤出虎門以外等情　奴才等通盤籌畫虎門藩籬既失內洋無所憑依與其以全城百姓生靈與之爭不可必得之數似不若俯順輿情以保全城以甦民困切計廣東一省關榷賦稅每歲不下三百萬兩祇須夷務清釐數歲後元氣可復若堅持日久或有意外之虞不特復大費周章
奴才等商酌派委廣州府知府余保純妥為查辦姑如商民所請暫准其如各國一體貿易先甦民困該逆以通商為命容俟夷船退出漢奸解散之後先從省河以及虎門

各處要隘填塞河道增築砲台添鑄砲位門戶既固阻守
足據即扼其吭如再鴟張立杜通商庶辦理有所措手

附片

再查粵東與各國通商近今二百年洋商夷商彼此交易
歷年既久商欠自多節經夷商稟請清理前各任監督將
積欠再多之洋商斥革監禁其欠項若干各商攤認歸還
在案此係向來之辦法也茲據原商任秉鑑等稟稱前與
暎夷交易積欠曾與議明分年歸款自十九年停止暎夷
貿易至今未能歸結茲蒙飭令查明迅速清理商等豈敢
稍事推延除商等自行極力籌措外尚不敷銀二百八十

萬兩時既倉促且茶絲各商俱已遷避一時無可借貸懇
將軍將庫貯款內撥借二百八十萬兩由商等具領以清
夷欠分作四年在各項生意作價用內按數攤出將現借
之項全數歸補等語奴才等再四思維雖由商欠而目下
關係夷情萬一稍有差失所關匪細不如俯准洋商借領
按年解還終歸有著是以不揣冒昧一面奏　聞一面先
為墊借欠項既清庶夷商無可藉口

夷船退出省河摺　道光廿一年四月廿六日

將軍奕山

竊奴才等於四月十五日拜發保固省垣從權辦理一摺後，一面嚴守城池安戢居民，一面飭令夷船趕緊起椗。該夷當即退出十餘隻。又據該夷目遣兵頭嘩喻稟稱：實係各國夷商向其索欠，情急是以懇求准予清理，並非有心干犯天朝，乞將軍各大人在大皇帝前懇恩宥赦。

奴才等查夷船此番闖入內河，俱是漢奸導引，雜以各島野夷，借端生事，搶擄鄉村，不可不急為殲除。但漢奸形迹詭秘，有衣夷服者，有扮作兵勇者，散漫各處，必須分路兜

截若不分兵四出恐辨别不真殃及平民激成事端不如本地鄉民團結義勇易於識認當即傳諭城西北東北各鄉團勇頭人梁彩焕等分路搜捕殺死漢奸及黑白夷匪二百餘名内夷目二名奴才等分前遣義勇紳士於南岸擒斬大頭目一名據其密報係屬咱嘮夷人出洋番萬元購求其屍該紳士等密藏深室是否屬實再行查明具奏現在夷船已陸續退出大黄滘獵德各砲台已派兵防守省垣城門一律開通商民照舊生理安堵如常惟遷涉遠移者尚懷觀望奴才已出示招安並查明被火房間妥為撫恤所有流亡可期歸業至粤省炮台散失炮位即須

補砌添鑄量為變舊制截高補抵相度整理以期守禦得力周壅永久近省河道修築不及而要隘處所或用木排或用沙石尤須趕辦且現在漢奸土匪在南海縣屬之三元里等村乘勢搶劫尚須分兵前往就近彈壓聯絡聲勢以固民心奕山隆文帶兵二千名分往石門金山一帶會同參贊大臣齊慎籌辦一切並查驗後路木排船隻以備放下堵塞河口又於離城十五里燕塘地方駐兵二千名總兵琦忠管帶以防東路楊芳留住省會同臣祁墳撫臣怡良等督率內外各兵及　御前侍衛珠勒亨等嚴密防守新任水提督吳　亦即飭令赴任揀帶福建水勇前赴

虎門查收炮台一俟夷船退出外洋奴才等即親身周歷
再行妥議章程以固藩籬而資保障

附片

臣自到粵以來烏涌大王滘鳳凰岡等處俱失臣與參贊
商議設立大砲嚴兵把守俱設立砂袋木樁壘石以檔炮
子挖土坑以資兵丁存身城腳俱加沙袋周圍完固臣與
參贊另募福建水勇數千名儘備木排禾草放火攻打於
初一日在西炮台與夷人交戰火燒夷人杉板船五隻打
斷門炮位大桅二枝夷船俱退臣於五鼓正欲援兵進勦
夷船多添十六隻火船八隻杉板八十餘隻一齊擁進由

泥城登岸直燒大北門小北門三面夾攻火箭炮子到處
兵房俱燒兵無立身勢迫退回城內萬民號呼天遮道求
乞和好據稱夷人前因繳煙土未蒙賞價今乞賞回銀一
百萬兩將兵退出虎門並無他求臣詢之香港一帶地方
可以繳還否伊云琦中堂給伊現有文據在案臣恐危城
與戰萬民塗炭亦無用武之地暫行應許令其退出收回
砲台另求攻勦以復香港故土乞將臣等交刑部治以死
罪並祁墳怡良等交刑部嚴加議處謹將萬民求和附片
具奏

鎮海防勦浙兵緩撤摺 道光廿一年六月廿三日

大臣 裕謙

竊奴才在嘉興行營先行承准軍機大臣字寄道光二十一年六月十一日奉 上諭現在廣東夷船經奕山等節次焚擊業已退出虎門所調各路官兵業已陸續撤回歸伍所有寶山鎮海等處調防官兵著該大臣體察情形有可酌量裁撤之處迅速奏聞請 旨又於六月十二日奉
上諭粤東夷船情形恭順已降旨准令在該省通商並令出具永不售賣鴉片烟土甘結該夷等自不敢再去粤東夾帶銷售惟閩浙兩省口岸甚多該夷惟利是圖難保

不勾給偷售著該大臣等督飭所屬偵探巡查遇有洋船
在洋游奕即密為防範不准其潛近口岸稍有偷售並嚴
查奸民勾串販運別滋事端各等因欽此查江蘇防兵於
未奉
諭旨之先因江寧和州等府江潮泛溢被水成災
各營官兵現在調防寶山金山等處誠恐匪徒乘機生事
即經奴才咨商署江蘇撫臣程矞采江南提臣陳化成將
駐防金山縣之江寧各營官兵三百名駐防寶山縣東門
外之遊兵營兵一百名蕪萊營兵一百名先行撤退回營
彈壓兇區又因寶山縣東門外地方緊要而崇明風氣剛
勁各處紳民同心協力自備資斧團練鄉勇頗為得力現

護蘇松鎮總兵繼倫統領該標官兵三千餘名會崇明縣
知縣熊傳栗委員丹徒縣知縣王清茂和衷激勸戰陸兵
民均已有備無患所有前次調赴崇明縣協防之徐州鎮
標官三百名撤赴寶縣東門外駐紮以抵撤退官兵之數
業准程矞采陳化成咨覆照辦在案其餘江浙兩省調防
官兵正在遵　旨酌辦間適接靖逆將軍奕山等來咨以
逆夷久有赴浙江滋擾之信現又風聞欲赴浙江報復剥
皮掘屍之恨並准兩廣督臣祁𡒄各會傳聞逆夷有新到
兵船火船一俟齊集即赴浙江咨飭嚴防等因前來　奴才
伏思該逆稱兵犯順佔據我城池戕害我提鎮大員焚搶

我民人房舍發掘我民間墳墓屈指其罪擢髮難數即使
全夥擒誅剥其皮而痛處之亦不為過祗因該逆性等犬
羊勝不武之是於以收復定海並經奕山等節次焚擊又
為廣東義民痛加勦殺擒誅酋首之後即蒙　皇上格外
天恩准予照舊通商該逆苟具人性當如何感激　殊施
安分貿易冀贖前愆乃又造作浮言揺惑人聽其意究屬
何居若謂　奴才擒誅其管船之夷目一名又掘棄定海夷
屍應行報復則我陣亡之提鎮將備弁兵被焚被掘民間
之廬舍墳墓難以數計又將若何取償似此驕傲無性膽
玩已極　奴才不禁眥裂髮指揆其伎倆不過因廣東紳民

已與有不共戴天之勢而浙江官兵士民皆能恪遵奴才調度攄險設伏靜以待之該逆自知衆怒難犯又慮奴才擊其游奕之貨船中懷疑懼故造此浮言恐嚇愚民惰我士氣以遂其銷售私貨之計適惟南風司令海洋潮汐旺盛之時不可不防奴才察核江省防堵情形程矞采陳化成均能不避嫌怨不遺餘力和衷商辦甚屬鎮靜嚴密可以放心奴才兩江總督本任事務雖甚煩重究非刻不可緩奴才現將緊要事件趕緊清釐擬於六月二十九日統領前次奏帶來浙之江寧駐防八旗勁旅並徐州鎮標精兵共五百名由嘉興起程前赴鎮海會同劉韻珂余步

雲體察情形隨機查辦倘該逆竟敢豕突而來則是於通
商之後有意侵犯　奴才惟有會督鎮將激勵兵民水陸夾
攻務使片帆不返一人不還以伸　天討而洩民忿所有
江浙兩省調防官兵應請暫緩撤退至該逆以通商為命
而通商有一定碼頭奕山等既為籲懇　恩施自當籌及
全局與之要約堅定為一勞永逸之計斷無止令退出虎
門仍任滋擾他省之理既聞有赴浙江之謠何以不向詰
問明白轉行咨飭嚴防以致沿海各省訛傳不一風謠日
甚不獨各省調防官兵未便請撤即居民人等亦皆同仇
共忿思舍其本業而荷戈以待實與　國計民生兩有關

係相應請　旨敕下靖逆將軍奕山等向該夷嚴行詰問
究竟是否誠心乞撫抑乃是得步進步之故智俾各省有
所遵循奴才不勝翹企待　命之至

裕大臣防守定海告示道光二十一年

照得嘆夷肆逆占據定海遊弈各省正在合兵剿捕之際窮促乞撫仰蒙　皇上聖德如天准其赴粵查辦原因該逆等類犬羊勝之不武是以網開一面不與深較乃該逆貪詐性成見廣東地方業已弛備即搶擄兵船攻占炮臺甚至偽洛我大鵬協副將令將營汛遷回內地並在香港地方出有偽示抑勒居民竟若視為彼有其在定海又發掘墳墓姦淫婦女虐使良民搶奪食物占住民房廟宇無惡不作實屬覆載難容神人共憤我　皇上痌瘝在抱寢饋難安　命將出師大張撻伐　特命本大臣前來統江浙

統兵進剿該逆聞風畏懼於本大臣未到之先業已繳回定海起椗南去該逆之得步輒思進步宣威即知畏威情形已可概見現在定海地方業即繕守完備派撥良將帶領精兵五千在彼鎮守其往來海道亦伏有水勇船只鎮海及沿海口岸本大臣會同　浙江提督余　浙江撫部院劉　統領雄兵一萬餘名節節設守處處戒嚴倘該逆經廣東擊敗之後復敢犯我邊疆不啻如蛾撲燈如魚投網正好大加剿洗斷不能任其一人生還猶恐各路官兵數月以來困於聞見未肯爭先更恐有等奮勇義民因無明文不便協剿並恐有等失身逆黨欲圖自拔因慮地方

官吹毛求疵覬望徘徊致阻其殺賊立功之心合亟明定
賞格出示曉諭
一無論文武官員弁兵商民漢奸人等有能將𠸄逆裝
載八十門礮之大兵船擒獲一隻駕駛獻官者賞洋
銀二萬圓小者按礮數遞減每少礮一門減洋銀三
百圓所有船內物件除礮械鉛藥鐵彈鴉片違禁船繳
外其貨物鐘表銀錢等物不論多寡全行賞給若將
大兵船燒燬擊沈一隻確有實據者賞洋銀一萬圓
小者遞減其首先出力之人　奏請　賞戴翎枝官
則越級超陞兵民賞給官職

一將噗逆貨船擒獲一隻駕駛獻官者除礮械鉛藥鐵彈鴉片等物連船繳官外其貨物鐘表銀錢不論多寡全行賞給若係三枝桅大貨船另賞洋銀一萬圓二枝半者賞洋銀五千元焚燬擊沈確有實據者各比擒獲賞三分之一

一將噗逆杉板船擒獲一隻駕駛獻官者賞洋銀五百圓擊沈者減半給賞

一生擒逆首義律懿律伯麥者每擒一名賞洋銀五萬圓嗎禮遜布耳利每擒一名賞洋銀三萬圓　奏請賞戴翎枝不次獎擢如係以次僞官按其職分之大

小以次遞減仍酌量保　奏殺死偽官將首級來獻者如係義律懿律伯麥嗎禮遜布耳利仍照生擒論賞其餘減半論賞

一生擒白鬼子一名者無論是兵是民賞洋銀二百圓積至五名以上　奏請　賞戴翎枝生擒黑鬼子一名者無論是兵是民賞洋銀一百圓積至十名以上　奏請　賞戴翎枝殺死黑白鬼子將首級來獻者照生擒例減半論賞

一倘能兵民合力漢奸用命將大幫夷船逆匪焚殺擒獲盡絕全得勝仗永靖海疆者更當　奏懇　殊恩

破格奬賞以示鼓勵

一漢奸自行投回禀首機密者由所在文武各官派員送来本大臣軍營聽候辦明虛實密授機宜不得攔阻

一如能擒獲逆夷即將其左耳割下若已經殺死亦將其左耳割下密爲收藏再將該逆或首級解送来營其收藏左耳之人不可一路行走防人搜奪倘中途被人將逆夷或首級搶去不必與之爭競即令持其左耳之人来營報功聽候查拏攘奪之人治罪其持耳來報者一俟查明即照格給賞

一擒大夷船必當黑夜乘潮順風潛行駛至船旁乘其不備或將火種擲入艙內或焚燒其船篷奮勇擒殺則彼措手不及欲逃無篷放炮則爾等船只低矮亦不致受傷此為萬全之策斷不可先行吶喊致令有備

一如見有游弈夷船須在離船里許可為該逆鳥槍所不能及大炮業已過頭之處揚威吶喊故作攻奪之狀誘其追趕引入軟沙暗礁使之閣淺撞損徐圖擊擒

一圍攻杉板船須避其鳥鎗誘其登岸而擒之或下水

將其船拖翻均無不可

一沿海村莊宜各自團練協力同心晝夜瞭探以防其乘間滋擾如僅止一二家搭棚棲止者應歸併大村以壯聲勢蓋因官兵僅能把守要隘保衛爾民不能沿海排列以致散漫

密奏廣東夷務摺道光二十一年六月

閩督顏伯燾

竊臣以廣東夷務為萬里海洋安危所繫而閩粵直為唇齒尤為呼吸相通是以多用諜探節據稱報四月初一日逆夷火輪船一隻停泊十三行海面官兵開炮攻擊至晚燒有杉板船一隻夷人亦有損傷初二日該夷駕火輪船一隻駛至省西泥城一路開炮兵勇望風而逃燒我船六十餘號初三四五等日逆夷駕船十餘隻開炮攻打上岸防兵四散逃走被燒民房甚多並佔去四方炮台初六日炮子打入老城直抵貢院經廣州府余保純向逆夷面議

息兵該夷始索洋銀千百萬圓後定六百萬圓又須將軍
叅贊撤退方肯退出其銀已由藩運海關三庫湊給俱各
交訖並聞四月十五日已作為追交商欠議撫情形專摺
馳　奏探聞之下心膽俱裂正在疑信間適接藩司曾望
顏來稟錄廣東司王廷蘭寄該司信函尚有偵探所不及
悉者夫逆夷非不可撫然必痛勦之後窮蹙乞命殲其渠
魁釋其餘黨始能俯首貼耳久安無事今賊勢方張資之
以庫藏則何不以之養我士卒修我戰備如謂商民紛紛
求息不得不曲狥所謂以固人心則何不於誓師之始集
其紳士耆老痛哭而申效死之義與之圖守且廣東民情

非不可用四月初十日有蕭岡三元里等鄉数萬人圍困義律等衆功在垂成而余保純得義律私書出城彈壓民始解去在該府未始不藉口於議撫之後不應妄生枝節是真以六百萬之資可以求安也具此肺腑何以為臣子該處鄉民等誓詞二紙各處傳鈔言雖鄙俚亦足以見大義之在人心況撫之之權在我而受撫之情在彼逆夷初無受撫之情何以言撫臣向廣東鈔來逆夷偽文一件示四件悖逆之詞令人髮指復於議撫後拆去大角沙角橫檔等炮台磚石移往香港起造馬頭房屋儼然視為故物又廣東咨內粘单亦有四月初九日有夷人十一名至香

港傳喚鄉耆舖戶稱係㖿逆知縣姓堅來查未知將軍叅贊如何入　奏又五月初六日接准廣東督臣祁墳四月二十四日來咨逆夷搶去省廠未竣工師船五隻等語如此情形斷非效命歸誠之象奕山隆文已於四月十五日復移駐離省六十里之小金山楊芳尚在城中齊慎亦已入城納賄之後無復有亡羊補牢之計若謂賊已飽橐而去必不再來苟且於目前又思彌縫於異日計亦左矣臣伏念上年八月該逆赴天津投遞呈詞不過藉緩定海之師耳琦善宴其頭目二十餘人嬉笑怒罵隱忍受辱于天津道陸建瀛請盡數勾留令其繳還定海琦善以為書生之

見冬間裕謙於前署兩江總督任內懸重賞以購義律而該逆在鎮海與伊里布分庭抗禮非前任衢州府守備周光璧聲色俱厲義律且肩輿而出入今年琦善又與該逆會飲於蓮城琦善已視為固然不敢稍存他意乃自虎門失守琦善拏問北上參贊大臣楊芳適先至粵相持數日旋復效尤臣猶以為外示羈縻內外修戰守而義律偃臥於夷館已將匝月又縱之去及奕山隆文馳至幾於無可措手查楊芳前於江西途次接奉參贊大臣印信即有偏僻小港准逆夷屯絶貨物之語甫經到粵撫議又起是楊芳之與琦善其心思智慮如出一轍疊經　聖諭訓飭猶

敢復萌故智奕山隆文閱歷未深尚可諉為不諳軍門戶
虎門一失全勢以去　臣廣東人未嘗一至省城凡遇廣東
來者詢之莫不謂琦善弛備失防開門揖盜而炮為守門
之具盡被搶去台亦拆毀楊芳並不據實直陳懇乞　聖
恩寬以時日鑄炮造船訓兵練勇俟奕山隆文剋日謀定
而與之戰一味托大粗疏僥倖僨事此時奕山隆文再扶
同掩飾　君門萬里何以稍釋南顧之廑香港為商船駛
至內洋必由之路其島曰洪香爐上有營房居民並非偏
僻小港可比既被占據不惟該逆船隻悉由其便即我商
船駛入內洋亦必遭其搜查啟抽稅之漸我　朝統馭中

外尺寸之土不可以與人香港一島亦與定海何異即使香港計日可復烟船紛紛四出等於遊魂此事終無了局是啖虎狼以肉而欲止其搏噬也為今之計急宜大張撻伐奕山隆文叠經逆夷嘗試已懷輕之之心楊芳年老耳聾湘南之兵丁首先滋事不能約束尤不足以當此重任

天恩逾格此時准其暫示羈縻量撤各處分調之兵　特簡親信重臣激勵人心作養士氣督造炮船用本省之人作本省之兵勇勿以一時小勝而存矜喜之心勿以一事稍挫而懷退縮之事至於經費浩繁惟在用之得當不當省而省費且滋甚廣東若能厚卹將士精修戰具

覓聚奇才異能於以圖功即或額外增加多亦不過數十萬之間不此之圖六百萬拱手奉之寇盜孰得孰失較然易明計自廣東至於盛京海口林立夷船去來無定撤防無期與其日日用之而車薪不熄何如一日用之而燎原可滅孫子兵法云用財欲泰誠不易之言也臣駐扎廈門督造炮船而泉州及漳州興化各澚洋面該逆遊奕停泊者或三四隻或八九隻即廣東議撫之後亦無虛日痛心切齒何能一日姑容但炮船未備輕於舉動必礙全局一俟炮船齊備其各處停泊之船即當奮力攻擊不敢畏難苟安自取咎戾所有廣東臬司王庭蘭寄信一件廣東民

人誓詞二件送逆夷偽文偽示五件原底不無字畫訛舛
敬謹照抄恭呈　聖覽事機萬緊幸惟　乾綱獨斷早定
淵謨俾見綏靖海疆四夷賓服蒼生受福矣

附片

再正在封摺間文據探報廣東四月十五日一摺已奉
俞允初八日勝仗並邀　恩旨等因臣接閱之下不勝駭
愕四月初八日廣東業經傾財罷戰安得復有勝仗即初
一日之仗亦僅小勝旋即潰散是所奏具以痛剿乞撫欺
蒙　天聽大膽昧良不料如此之甚臣實無任憂迫憤懣
並據探報逆夷現在復萌禍芽猖狂尤甚膽敢由香港潛

開大路一通香山一通惠州揆此情形該逆據有六百萬之銀肆行無忌其爲譎詐萬端已可概見督撫兩臣現已剴切獎諭各鄉團練者慎終如始既以自衛又可報 國省城當可無虞等情臣現有所見理合附片密 奏

附片

再浙江定海縣善後事宜業經 欽差大臣裕謙辦理妥浙江撫臣劉韻珂接手辦理防堵亦頗嚴密廣東事關重大 特簡自必有人倘一時乏人 簡放裕謙似可當廣東之任惟其氣大銳敢乞 皇上密飭暫示羈縻事備而後動庶幾萬全無慮四品卿銜臣林則徐前在廣東辦理

海口事宜以粤民誓詞揆知其能得人心亦有威望其王
庭蘭信函所稱民怨之者自指販烟之莠民而言如以為
裕謙之副尚能得力浙江海口或即以撫臣劉韻珂長駐
鎮海會同浙江提督臣余步雲辦理其巡撫事務即以藩
司常恒昌代辦重大事件仍令隨時稟商似亦不致掣肘
福建海口最多厦門尤為緊要臣既一手經理浙江係臣
所轄臣當刻刻留心不敢視同膜外廣東事關一體尤須
不分畛域斯無貽誤廣東督臣祁墳撫臣怡良辦理地方
甚好祁墳已經手夷務怡良始終其事雖非所敢專主將
來接手辦理能否不致迴護伏候　聖裁

致福建布政使曾望顏書　廣東按察使王庭蘭

再啟者粵省此番用兵所調各省兵萬有七千兵不可謂不多各庫款項數百萬餉不可謂不足至木料買自廣西火藥及鎗炮解自江西徽省軍裝器械不可謂不備而卒至決裂潰敗一至於此實由當事既少有章程而用兵復毫無紀律有筆墨之所不能言而又有所不敢言者　弟靦然面目憤氣填胸此邦乃吾兄桑梓之地自必望信甚殷特就當日實在情形有不可解之事四有可惜之事機二有可為痛哭者三為足下言之廣東設炮台以來大角沙角虎門三遠橫檔烏涌獵德二沙尾以及省河等皆為要

隘古人相度地勢碁布星列聲勢聯絡實為今人所不能為夷船之至省河也固漢奸所引進實因我無備使然琦相來粵先存一不敢戰之心畏之如虎使早為未雨綢繆斷不至此賊破虎門賊至烏涌則急撤獵德炮台之兵賊至二沙尾則急撤省河炮台之兵其意以為我不撤兵兵必為彼所敗不如姑退入城以為講和之地步不知省之有炮台猶人家之有門戶也賊到門而門不閉可乎開門揖盜百喙奚辭迨至臥榻之前已被他人鼾睡乃獨咎於始事之人不亦冤乎此不可解一也夷船之進內河其初並不知內地虛實用一二小杉板載漢奸探水次第而入

至我所載石沈船之處不見一將一兵以為守禦故得將
木樁碎石陸續起去放心進此無人之境非如入無人之
境也城守時有拿獲漢奸訊知彼處每日有漢奸十六人
分為四班進城偵探我處探事終日誑報自相恐嚇者居
多故兵船撤退之時始見其有擱淺數日不能動者或用
小船起撥或用火輪船舉曳使早半月有一二能事者探
得實情用快蟹米艇載水勇向其擱淺之船四面圍繞用
火焚之非易事歟乃彼有用心探水之人而我無用心探
事者彼能用漢奸為內應而我從未聞用一夷奸作離間
此不可解二也更不可解者賊掘香港大蓋帳棚百餘間

並設有偽令初一日據引水報大蓋帳棚忽折去一半又據報夷衆紛紛上船凡夷船在烏涌獵德一帶共六十餘隻火輪船數隻杉板船十餘隻云云某早間行香因於進見時妥希未議以為夷衆既由香港上船彼處必見在空虛如能分一路暗襲其巢穴一用重兵守泥城如省河打仗時可以出奇由花地抄其後路縱未必全勝亦可以牽制其兵奈當事以書生之見無應者迨事敗之後羣歸咎於發令太早不知賊船已全數駛進虎門其意何在我不擊彼彼必擊我先發制人未為不可特布置失當耳初一日打仗後夷船稍退以火輪船二隻趨泥城泥城為北門

咽喉亦為佛山要路此重地也先是橫檔失守有參將劉大忠者兵敗而逃當事以殉難聞奉
旨以副將例賜卹嗣因其逃回始以受傷免水得生復奏為解至是復派伊與其協岱昌同守此地岱昌從未身列戎行一卑鄙無賴之小人耳因係親信派充營任平日以冀口糧爭供應為能因買辦木料製辦火藥可以沾潤復夤緣前往雇一柴洞艇逍遙於其間距泥城水口尚有里許聞炮聲即倉皇遁去至今未聞作何參劾此不可解三也初五日漸迫炮台兵將捲包而走夷船揚帆至於馬頭馬頭上原設兵勇千餘放空炮數聲亦皆遁去其實都守以下將官皆在城

中不出是難以敢死大義責之兵也惟是時城門全閉五
六七三日夜間用火炮火箭直打城中城外東西南三面
大勢互天燒去民望千餘呼號之慘不堪言狀大師有令
凡兵自城外逃回者開門准進而城中百姓則不准放出
一人夫兵所以衛民乃藉城以衛兵此不可解四也義律
往洋行十餘日省中夷人杉板船數隻而已不可擒也伊
亦毫無准備有時夷律乘轎買物往來廛里間此時如遣
敢士數十至彼處擒之直囊中物耳乃屢進言於當路總
以現在講和未可輕動噫此可謂宋襄仁義之師矣此可
惜一也初十日賊將四方炮台退出將取路泥城三元里

村衆因其淫掠憤極鳴鑼一時揭竿而起聯絡一百零三鄉勇婦數萬人圍之數重夷衆僅千餘人冒死突圍死者八九十人又殺死兵頭二人受傷無數百姓雖亦有傷者然人衆可恃愈擊愈多斯時我兵在城者萬餘齊叅贊新到有生力軍五百近在金山如其有令兩路齊出接應鄉人使其腹背受敵雖未必聚而全殲當勦殺略盡矣乃計不出此不知何時義律將余首府傳出囑其彈壓又不知何時余首府私出城外與衆人和解彼百姓安知大義不過因其輪姦一老婦人憤激而起雖人衆直烏合耳今見官到此隨漸漸解去而夷衆乃得退回船中此夷人自破

虎門以來未有如此之受創者也事機之失至今實爲扼腕夫逆夷滋事豈獨漢奸引導亦衆百姓使然蓋廣東自少穆查辦烟案以來禁興販鴉片雷厲風行未免操之過急故兵怨之夷怨之差怨之營將武弁亦皆怨之當積重之餘以爲絶我衣食之源也故於逆夷蠢動之時羣相附和此輩既不畏王章又何知國體反恐逆夷不勝鴉片不行則前轍不能復蹈而逆夷又四布流言以爲與官爲仇絶不向民生加害於是奸民貪其利頑民受其愚雖督撫曉諭示以能擒逆夷者賞有差等數月以來絶無明驗及至賊奪四方炮台復淫掠不堪始悟其奸操戈相向設使

當時困城再遲數日必有為內應而門迎賊者食毛踐土乃良者少而莠者多能不寒心真可痛哭者矣　國家承平久矣民不知兵官不知兵而兵亦不知兵當粵中告警之時官民無不引領而望屈指而算以為某處調兵數千某處來兵數百指日雲集似此小醜跳梁縱難蕩平亦可時以無恐乃衆兵未到以前即聞路中有搶奪人財者又聞有毆傷差役者及到省兵不見將將不見兵紛擾喧呶全無隊伍斯時雖心知其不可用而竊幸其尚不滋事也不料初五以後往往兵鬬殺人較塲中死屍不知凡幾城中逃難之民指為漢奸或奪其財物城內洶洶幾於激變

尤可異者初二日冢兵搶奪十三行皆負肩擔多有逃去者並有無故成羣竟行遁走者點兵冊從不清查一二及至沿途討要口糧清遠各處將逃兵數千重新應付回省及以進赶鬼子迷路為詞當路又以冢兵受驚加賞試思追赶殺人理應向前豈迷路返走者今日之兵如此則後日之兵可知一省之兵如此則天下之兵可知　國家養兵千日用兵一時興言及此能無痛哭乎弟以拙才毫無見識然誅奸之心亦矢志於寤寐自到貴省四月於茲乃竟有此際遇有時欲自盡其分所當為並有時欲自効其力所能為無如分淺言輕徒覺掣肘提庫中之黄鏹惟有

心酸壁城上之曰旗能無髮指旣承乏於此地想亦在衆
人清議之中然實有不可活不得死不敢病不能走之苦
袖手捫心能無痛哭至好如君必有以教我以上數條皆
上數條皆係實情並無一字虛語縱係貴省叔數當亦國
運使然所慮者一蹶不振從此爲外夷所輕更恐無賴匪
徒漸生於内地側身四望天下當重任者更有幾人欲著
武功惟有愼選大將縱有小醜不可輕調重兵云云福建
水勇於初五日進城正逆夷由陸路上四方炮臺之時督
撫用令箭令其出城應敵阿將軍不開城門而炮台從此
失守是亦恨事

夷示　道光二十一年

告示衆民按全安業事現在經英國特派大官等與粵東

奉　命諸大憲酌議戢兵尚諸大憲誠心守約並不另議

攻戰則衆民無庸惶懼即行回來省會照常安業可也蓋

此次粵省攻戰之事原非大英國官兵官憲情願相攻素

因　欽差大臣等無信爽約妄行攻戰以致本公使大呂

等不得已交攻矣雖然兩國相爭既事未善定須向　皇

上討要伸冤秉公定事尚未善定以先仍以難白伸冤與

朝廷交攻而在粵省早經議酌戢兵貿易如非　欽差

將軍等自行失信則斯省定無擾害之情試思　欽差大

臣等在粵所成何功莫非祇令爽約致失　朝廷之體並
使無辜良民萬端受害者不計其數矣今乃本公使大臣
等不忍加害再約議戢兵一俟　欽差大臣等離粵北還
則諸民已可再安其業也合行示知　為此告示衆民知悉
循照可也特示

會擬琦善治罪摺 道光廿一年六月廿三日

睿親王　仁壽

道光二十一年四月十三日奉　上諭英隆奏押解琦善將次到京解交刑部派睿親王莊親王惠親王定郡王大學士軍機大臣六部尚書會同刑部審訊等因欽此旋據廣州副都統英隆將琦善押送到部臣等會同監提琦善逐層訊問取具親供節次奏蒙　聖鑒在案復加研訊緣琦善於上年奉派前往廣東查辦夷務因無人通曉夷語路過山東時信致巡撫托渾布索要濰縣知縣招子庸廣東同鄉能曉夷語之鮑鵬帶往粵東琦善抵粵後先以理

曉諭嗣該夷求討貿易馬頭商議未定即攻擊大角炮台並將橫檔炮台圍困琦善困救急無策允代　奏給予香港地方一所寄居該夷意圖挾制即在彼假出僞示支搭帳房十二月内該夷欲交定海遣在粵夷船前往知會琦善函致伊里布囑其帶兵前往收復該夷給予留浙頭目信函亦附入封内由驛遞往本年正月初五日琦善赴虎門查勘舟師獅子洋面亦因義律求見以定海繳還欲求通商呈出所議章程數條多係貿易瑣務琦善以其多有窒碍當加指駁其時首府及將弁並洋商等俱在該處伺候惟鮑鵬通曉夷語是以令其傳話十九日琦善復往查

看虎門炮位至蛇頭灣地方義律又來求見懇給予香港
全島並另擬寄居貿易各條欵求為蓋用關防琦善未經
允許二十八日該夷聞大兵將到勢必攻勦時思蠢動琦
善慮虎門危急差鮑鵬給予文書一件內稱如到香港全
島囑其安靜等候俟　奏明後方可定議並面諭鮑鵬如
夷情不順即將文書帶回鮑鵬見其情形兇惡未曾給付
二月初一日該夷攻陷沙角炮台琦善救援莫及經臣等
會詳供悉前情再三究詰琦善惟有戰慄恐惶自認罪無
可逭至於該夷目議話不過暫為羈縻未敢詭秘亦未收
受餽送惟種種辦理不善祇求代為轉　奏仰懇　天恩

從重治罪嗣於六月十六日奉
旨琦善著交原審王大
臣會同刑部定擬罪名具奏欽此遵即擬結此案琦善以
欽差大臣查辦廣東夷務宜如何慎重周詳計出萬全
該夷既不遵照曉諭辦理已屬猖獗即當
奏請調兵赴
日勦除乃妄冀羈縻暫以香港地方俾得有所借口於一
切防守事宜不預為設備以致該逆迭將炮台攻陷要隘
失守實屬有誤機宜自應按律問擬琦善合依守備不設
失陷城寨者斬監候律擬斬監候秋後處決鮑鵬一犯前
在夷館私充買辦易有不法別案應俟審明另結

道咸成案五

柔遠全書七

飛飭革員折回東河片 道光二十一年七

大臣裕謙

再奴才承准軍機大臣廷寄道光二十一年七月初三日奉上諭本日已明降諭旨將林則徐發往東河效力贖罪矣前有旨將該革員發往伊犁即由浙江省起解如該革員尚未起程或離浙江不遠即飛飭沿途地方飭知該革員迅速折回東河無稍遲延欽此奴才在杭州途次曾親見過沿途節節水阻行程不能迅速約計此時尚未必行出江南省境奴才業已繕發傳牌飛飭沿途地方官查明該革員不論行抵何處即飭設法兼程前進速赴東河

併咨令應行該過之安徽河南各督撫一體查探勿任稍有遲延二十一年七月十六日奏

禀夷船克制之法

江浙委員

伏查夷船最大者長十五丈寬二丈餘次者長十二丈寬一丈九尺高五層下三層裝貨吃水二三丈上二層出在水面礮位多者七十二門次者五六十門不等礮位安設兩旁其船頭尾皆高仰不能安礮與內地兵船不同船頭有東丈大斜木一根一應精巧帆索均繫其端謂之頭萁乃一舡之把握非數十人不能運動而尾後之柁機括靈活只須一二人便可手撥與內地之全力在柁尾又不同大桅係大木三截接駕並非一木獨豎駛風能行三面若迎面頂風則較內地洋船尤形笨緩其桅雖稱堅固所懸

礮位甚小有警即放桅礮以為號令臨戰或仰空飛墮礮子以警敵人其實並非攻擊之用前廣東林制憲用價一萬八千元購得西洋大號舊夷船一隻一備兵勇演習仰攻大量查勘具得實在情形我兵攻擊之法當避其兩旁而專注其首尾緣兩旁不但有礮且夷兵皆伏艙內彼能外繫〔擊〕〔我〕而難內攻惟頭鼻無礮而挽鼻掌索之夷均立船面無所遮護但能斷其頭鼻或殺挽鼻夷兵則全船皆亂不能行駛我兵迎頭搶上勢如破竹矣又舡尾有後樓玻璃窗二面係船主所居瞭望之地其下係火藥艙亦其要害若用小船水勇于尾後攻擊使彼船旁礮位無從施放而

我以火器擲入艙內則船主等不難一轟而斃此用內地小船克制大夷船制勝之法蓋西洋花旗夷及安南夷破英吉利均係專用小船去年鄧制憲在廈門即得力于水勇夾攻其首尾而林制憲派調師船兩次接仗亦係斷其頭鼻皆獲勝仗是以夷船在粵惟遠泊大洋方敢下椗至近港口二三十里以內私販鴉片則船必終夕隨風潮往來行走不敢停留蓋恐我小舟水勇乘夜潛襲天明即返夷目入夜昏暗不能瞭準難于施礮抵禦及至浙江招寶山下則數大船停泊數月距岸雖近無所畏憚實由浙江不知閩廣設策破夷未曾出師攻擊之故若能內河守禦

嚴密再募水勇乘用内地綱船杉板船草鳥船之類改装
漁販船户潛攏夷船前後夾攻夷船轉東則尾隨而東轉
西則尾隨而西夷船笨大不如小船之靈捷夷礮不能及
即賊技無所施且焚且攻夜出晝返則道頭港招寶山之
船何能守留數月安然無事誠恐將來夷船駛入江境我
兵勇未諳攻擊之法合亟稟請通飭沿海營縣先購募沿
海漁户水勇練習火船攻剿技藝分藏各港口内遇有夷
船駛入内河即仿用前法夜乘風潮攻其首尾使該夷受
創永遠不致窺伺實于扼要剿堵大有裨益

擒斬逆夷并陳浙江洋面情形摺　道光廿一年七月

大臣裕謙

竊奴才前因鎮海定海寧波等縣洋面各有夷船游奕計共八隻並火輪船一隻其情叵測當將備禦情形于七月廿六日恭摺具奏在案奴才旋又遣人查探定海洋面之夷船及火輪船均不知去向寧海洋面之夷船已開去二隻尚有一隻鎮海洋面有夷船三隻其餘各處洋面傳聞不一尚未探確二十七日鎮海之盛嶴地方有夷匪二十餘名駕坐杉板小船潛行登岸探看該處先經防守穿山等處之副將福禧条將文斌因夷船遊奕處所不遠且

係便灘易於徒涉派撥弁兵在彼埋伏該處居民亦因奴
才二月間到浙即懸有賞格搶獲白夷一名賞洋銀二百
元黑夷一名賞洋銀一百元亦皆圖賞戒備是以於夷匪
登岸後兵力奮勇勦擊該夷匪猝不及防無暇抵拒擒過
白黑夷匪各一名又擊遂受傷落海者數名餘皆逃回大
船將擒過夷匪派弁押解內黑夷一名因被擊過重行至
鎮海城外殞命其白夷解到行營奴才當委江蘇補知府
黃冕譯訊據白夷供名嗢哩于二十天之前兵頭噗嗎嗑
合伊船同嗢囉叮啉兩船從廣東開行來浙以消貨為名
探聽各防守情形出入路徑回去報信因無船向其買貨

短少淡水食物登岸搶擄致被擒獲噗嘅喳已往廈門不知如何打仗亦不知其何時來浙並赴天津與否火輪船並非同幫等供奴才查現准粵省咨文有夷船已定椗由福建浙江直至天津之語該逆夷現為探聽而來火輪船係送信現已來而復去必係已往廈門送信據供並未同幫並不知噗嘅喳何時來浙殊不足信提臣余步雲擬將該逆好為養活隨時詢問敵情並作別用奴才當以不斬間諜雖係行軍成法但該逆已為擒獲之人割去左耳並受重傷未必即能養活且即能養活而言語不通情形狡詐現在譯訊供情真假已不可知安能備詢敵情致墮其

其術若作別用適足搖惑軍心廣東之失事由於各懷兩端可為前車之鑒現在厦門又已失守斷無再持兩端之理且該逆驕盈已極斷不能因不誅此逆遂不來浙滋擾亦未必因誅此逆肆逞更甚不足以堅重志 奴才又因該逆前在廣東有 奴才曾將逆夷剝皮之謠隨即發令飭委兼署狼山鎮總兵謝朝恩寧紹台道鹿澤長將該逆嗢哩綁出營門先將兩手大指連兩臂及肩背之皮筋剝取一條留作 奴才馬韁再行凌遲梟示其黑夷味哈吻亦即戮取首級剝皮梟示俾衆咸知 奴才有勦無他以杜其首鼠兩端之念察訪兵民無不踴躍稱快所有賞項 奴才已飭

糧台查明照格發給謹將原定賞格及訊取逆夷供詞分
繕清單恭具
御覽奴才正在繕摺間又接鎮海縣探報
火輪船來青龍港洋面遊奕奴才惟有激勵兵民格外謹
愼堅壁以持該逆果來侵犯務期痛加勦洗以伸　國威
斷不敢稍有遷就之心致負　聖主訓誡諄諄至意

夷入厦門情形摺　道光二十一年七月

閩督　顔伯燾

竊臣六月二十七日欽奉　上諭廣東夷船退出虎門調防官兵著體察情形酌量裁撤等因欽此正在欽遵辦理間探得廣東夷情反覆欲以香港換九龍山地方並寓索多端意甚叵測厦門緊要未敢遽議裁撤水師提督以廣東甫經議撫現尚無事恐盜踪未戢仍行出洋巡緝迺月末歸七月初九日酉時該夷突來火輪船兵船數十餘隻銜尾闖進青嶼口門當即飛調金門鎮江繼芸並飭在事文武小心防範又令查有曾經出洋經商通曉夷語之陳

姓前往查探旋於初十日早據陳姓帶回該逆交給照會
提臣竇振彪偽文一件當交原件發交陳姓欲令擲還旋
因瞭見該逆等船三十四隻起篷進駛情形殊惡臣不敢
拘泥隨將偽文拆閱係咲夷偽公使璞姓及偽水師提督
巴姓偽陸路提督郭姓照會水師提督臣竇振彪之件俱
未書名偽文內稱如不議定照上年天津所計各件辦理
即應交戰並云請將厦内城邑炮台俱行讓給英國軍士
暫為據守迨諸事告定仍行繳還等語拆閱之下不勝憤
恨其船行走迅速業已駛進當即督同興泉永道劉耀椿
率同在事文武督令弁兵開炮並排列水勇分堵隘口自

白石頭汎起一路連絡開放萬斤及數千斤以下大炮數百門傳令對岸之峙仔尾中路之鼓浪與三面兜擊打沉該逆火輪船一隻兵船五隻該逆一面回炮一面蜂擁而進並放下小杉板分路上岸守護炮台將弁自護副將淩志等以下或受重傷或即殞命各營兵丁以及各路水勇俱多傷亡維時臣寧同興泉永道劉耀椿親自督戰見該逆船以七八隻併力攻一炮台其餘先後夾持旋攻旋進一台破又攻一台兇猛異光我軍連環開炮受傷兵丁血內狼籍其同隊兵丁猶各裝藥下子奮力拒敵及見將弁內有傷亡環視痛哭仍復極力回炮而將領等奮不顧身

其受傷未死者亦各皆裂髮指催督愈急壯勇等分布各處見有三板夷兵上岸盡力堵禦上而復下者或三四次或四五次亦皆斬殺無算自辰至酉臣目覩情形隨機飭令劉耀椿率帶印委各員往來指揮於兵勇炮火之間各兵更加感奮盡出死力無如該逆船隻過多其大船約有千餘人中者五六百人小者亦二三百人炮愈放愈多人愈殺愈厚臣與該道劉耀椿及印委各員俱懷帶印信分路攻擊臣行寓及衙署並無城垣護衛且俱遠在水堤臣石寨之外均被逆夷砲火飛擊延燒悉為灰燼該道等見勢不能支向臣同聲一哭誓從臣死惟臣世受國恩該

道等亦得遥承　豢養　主憂臣辱豈僅死所能塞責况
厦門爲同安縣所轄之一島港路何通城外僞文内有城
邑讓給暫據之語萬一該逆乘此危迫空虚之際分其三
板裝載夷兵暗襲同安尤爲可慮且厦門商賈居民男婦
紛紛逃避節經厦防同知顧教忠分路護送安插街巷已
屬空虚城内若再有事人心更屬驚恐當即剴切曉諭飭
令各員隨臣退守縣城該道劉耀椿先經派營福建軍務
亟須同行因一路安撫鄉民察看形勢水師尋尾劉五店
各汛皆係厦門咽喉該道領顧教忠移駐尋尾臣復另調
同安營及抽撥五道兵各二百名交給該道帶往督同該

同知兩處屯扎在鄉就近團練民勇窺瞰動靜以圖進取
所有分防各將領等交與金門鎮臣江繼芸極力支持除
調陸路提臣普陀保帶兵前來接應並差幹弁赴洋迎催
水提臣竇振彪星夜趕回商辦外伏念臣自到泉州知廈
門地方吃重雖無險可守不敢畏難久居泉郡決意常川
駐扎廈門並即會督文武前往嶝嶼大小擔逐一履勘處
處皆可設險隨即督令該道劉耀椿委員趕辦各處炮台
甫經竣工而三處需大炮三百門又改加重鼓鑄及置辦
商船五十餘隻約需大炮千門採鐵鎔鑄雖已倍工趕辦
而神物重大未能尅期蕆事空台空船悉成廢物以致第

一重門戶無從措手是日南風大作該逆船隻又佔上風
我軍烟火迷目　臣力竭心殫所願不遂撫心自問何以為
臣子惟有仰乞　皇上鴻施逾格將臣即交刑部從重治
罪與泉永道劉耀椿自辦理夷務實心實力一意孤行時
勢維艱與臣同一束手該道雖統轄興泉永三府州而衙
署設在厦門咎無可辭請將該道交部嚴加議處提臣竇
振彪督師出洋巡緝厦門被占尚非該提臣意料所及惟
厦門全係所轄咎實難逭應請將該提臣交部議處至現
在籌辦情形並傷亡將士俟查明確數續行陳奏

厦門失守摺道光二十一年七月

閩撫劉鴻翔

竊臣於本年七月十二日接陸路提臣普陀保咨七月初十日戌刻准督臣顏伯燾自厦門軍營八百里咨會現有逆船多隻駛泊大擔一帶亟應調兵協勦咨調精兵一千名協勦等因又據同安縣知縣盛朝輔稟報厦門大擔内外洋共有三桅夷船十二隻火輪船十二隻兩桅夷船十餘隻大小遠近不等等情臣等當以暎逆夷船多隻胆敢駛至厦門滋擾現在督臣顏伯燾駐扎勦辦該夷一經被創必至四處竄逸即經飛行沿海各口岸文武嚴密把守

並查閩安協所轄五虎門一口為省垣咽喉扼要之區最為吃重先已飭派水師佐領黄振麟帶兵在洋嶼一帶安炮防守茲復會商飭令臬司裕康督糧道常大淳馳往會同該管副將逐細查勘添派兵丁實力堵禦去後茲於十四日卯刻先接同安縣知縣武朝輔稟報該縣厦門大擔内外有夷船三十餘隻覬覦防堵行抵江頭地方見百姓紛紛來縣稱船攻打鼓浪嶼勢甚猖獗稟報十一日早督臣顏伯燾移駐同安探悉厦門業已失守等情臣等接閱之餘不勝憤懣惟厦門究竟如何失守該縣並未逐細稟閩裕康等會同武員實力防禦務保無虞除查探厦門實

在情形再行具　奏一面飛調延建邵各營兵丁二千名
至省聽候調遣

逆夷離岸開去夷船摺　道光二十一年七月廿四日

閩督顏伯燾

竊照逆夷竄入厦門滋擾經臣於七月十二日據實陳明並將彼佔口岸辦理情形於二十一日續行具奏在案查逆夷於初十日佔據厦門口岸之後船隻陸續來去無定約計大擔門外直至十三路口總有四十餘隻內外分泊經臣飭令興泉永道劉燿椿等勸諭後兩路各紳士民人一百三十餘鄉聲勢聯絡衆志成城凡有逆夷水陸止處所晝則尋殺無時夜則亂石向擲該逆被擾不堪自知立脚不住又兼臣面諭該道督飭印委各員等連馬巷團

練壯勇萬餘人同安新　兵募有三千餘人復備火攻小船
千餘隻機會既有可圖不容坐失即於拜摺後飛飭該道
妥速辦理旋於二十二日接該道來稟二十日接臣札飭
寅夜派令署同安縣裕禄會同同安營參將劉大彰率帶
巡典各員團練紳士護守城池惟時提臣竇振彪業已赶
至同安與該道再四熟商會督署延平協副將双保署水
師中軍參將陳勝元水師營遊擊受傷未痊之楊靖江廈
防同知顧教忠沙縣祁之釪候補未入流霍明高分帶新
兵五百名陸提標兵四百名十四馬巷壯勇二千名劉五
店洔尾西路兜至廈門各鄉並飭平潭同知志奎霞浦縣

典史章森在後殿軍接濟軍粮署馬巷通判劉銘本到劉
五店接應船隻即以馬巷壯勇之未渡者作為後路應援
正擬二十一日進勦適據口岸探差回報岸上夷衆聞我
兵民畢集悉數搬移下船其被我擊壞船隻惟火輪船現
在修理餘已修備完竣於二十一日黎明開去三十餘隻
未知何向聲言大隊不日復來留船五隻俟官為給足一
千二百萬之銀再行開駛等語本欲乘勢攻擊滅此朝食
以洩衆憤惟思近水市肆半已被焚一經交鋒將無餘燼
商賈畏戰之心與鄉民敢戰之情兩不相謀事在兩難必
須斟酌妥辦等情臣思閩省防堵全力注在廈門此外惟

台灣地大兵多尚難搖動他如各處港口皆以兵額所限不能調防以本標之兵派守本標之汛每處或數百人或百餘人或數十人均未能厚集兵力省城雖有五虎門之險兵單砲少亦非萬全之計以臣材力所及施之於廈門猝遇大幫夷船猶以船砲未備勢不能支放在他處實覺步步堪虞雖現在團集兵勇之力擊此未去之船極易得手然必聚而殲之乃無後患若既未能使之大創生懼萬一擊動全局該夷最務報復倘肆其貪殘之性各處攻打聲東擊西左支右拙不堪設想即使收復廈門亦總須別營壘廣積糧儲方可据守若一仍舊貫賊來仍無可禦查逆

夷專與官兵為難見有官兵即併力攻打惟尚款要買民
心是以絕不與民為仇一以民衆可畏一以圖消貨物臣
反覆思維此時可督飭佐事文武勸諭商賈人等實力團
集兵勇所有各處砲位官兵暫行徹後數里不近海邊交
鋒埋伏扼要之地俟其登岸即舉號盡力勦殺堅壁清野
逆夷既無可擄掠又不得逞其强暴放炮數聲使爾駛去
如金門海澄既已行之有效臣仍思廣之益與各省共圖
後舉不敢稍執己見不敢意存推諉事苟有成一身利害
皆所不計

附片

再逆夷遍市漢奸異常狡譎來船四十餘隻內外縣行開
去三十餘隻獨留五隻其是否設計誆誘正未可知現在
臣所領舊兵雖已收回二千餘名惟甫經挫衄萬不可用
新兵新勇甫應招募其技藝心思未能深悉尚少有閃失
此後更難望振作之氣是以現在廈門停泊祇可暫為聽
之若果多日不動則所開之船必已遠駛一力圖勦其船
自屬易易一經收復廈門晝夜併工作守禦之策似為得
力合併聲明

收回厦門摺　道光二十一年八月初四日

閩督顏伯燾

竊照逆夷竄離厦門口岸於七月二十一日開去船三十餘隻尚有五隻在港遊奕經　臣飭令厦防同知顧教忠安集逃避四鄉民人並查明被害之家量予撫卹於七月二十四日由驛馳　奏在案茲於二十六日據興泉永道劉耀椿稟偁同知顧教忠奉委前至厦門口岸會同署水提中軍叅將陳勝元查得各處街巷並無夷人蹤跡所有逃避各鄉男婦陸續轉回各尋舊業商賈市肆未經殘毀者亦漸有交易台米亦流通經該同知遴處安撫人心稍定

並經該道移營妥為彈壓諄諭各鄉紳耆各率子弟保衛相資其被害之家尚須逐細查詢造冊詳請撫卹等情臣查廈島中後兩路一百三十餘鄉雖皆被燬無犯而前面口岸炮火所及人民驚恐痛目疚心自夷船開去三十餘隻之後臣分遣員役各赴高山用鏡瞭望附近大擔東椗一帶大洋帆影不絕或駛泊一隻至十餘隻不等具在廈門港内或五六隻或八九隻來往遊弈不敢登岸有時在鼓浪嶼與聲言起蓋夷樓必須官為給銀方肯全行開駛逐日探問如有文員在廈門即欲呈遞夷書是以顏教忠暫住鄉間與陳勝元察看動静隨時稟報酌量辦理

夷船滋擾鎮海象山摺　道光廿一年八月初五日

大臣裕　謙

竊照前據防守鎮海縣穿山等處之嘉興協副將福謙太平營叅將文斌等在盛嶴地方擒獲夷匪嗢禮等業經奴才叅摺具　奏在案奴才當以此次夷船之少係屬倏去倏來四處散泊莫能考其隻數揆厥狡詐情形若非守侯大幫即將肆擾各口分我兵力不可不嚴為之防盛嶴在鎮海縣東南離城一百餘里面海背山層巒疊嶂地方甚為僻遠逆夷斷不能深入居民亦屬無多向登山東望定海之山勢港道瞭如指掌上年六月初間逆夷初至浙洋

時先登峙用千里鏡周圍窺探然後疾駛定海該逆嘔哩
既為探聽消息路徑而來其登峙之故必因登高望眺所
供亂擄甜水食物係是詭詐之辭殊不可信該處僅止防
兵二百名未免單薄隨經會商提臣余步雲在鎮海城外
抽撥寧海營兵一百名水勇一百名派委押發副將都隆
阿候補知縣韋進甲先後馳往策應八月初二日清晨約
有逆夷二三百名駛放杉板小船在雙嶴地方同時登峙
開放鎗炮轟擊沿海零星草房維時防守盛嶴之署提標
左營守備黄英賢衢州鎮標左營把總嚴殿揚望見雙嶴
火起即踰山往勦該逆乘勢闌入盛嶴追黄英賢等退回

督率兵民奮力勦擊盛嶴州房已被放火延燒太平營參將文斌得信帶兵往援督飭黄夢賚等擊斃夷匪不計數目並奪夷鎗夷銃夷刀等件該夷即逃竄回船我兵陣亡者二名受傷者一名該逆大船仍在該處十餘里外遊奕此鎮海與獻嶴地方夷匪上岸滋擾業經登時擊退之情形也又象山縣之石浦地方濱臨大海外雖有山島遮護而銅瓦門口濶水深夷船亦可闖入該處僅有防兵四百名亦恐不敷先已會商撫臣劉韻珂提臣余步雲就近在於象山協標各營抽撥兵一百名等酌嶴砲位飭押發副將吉祥候補知縣賴呈前往協防八月初三日突有火輪

船夷船各一隻闖入銅山門當經防守官兵開炮轟擊該夷船亦放炮拒敵並探聞銅山門之外尚有夷船四五隻遊奕不定現在署石浦同知李華會同副將吉祥子添募鄉勇督率官兵協力守禦署象山縣知縣久達得信後亦已帶領鄉勇馳赴援應兵民固結軍威尚盛該逆雖不敢登岸滋擾亦仍相持不去此象山縣石浦地方夷船闖入現在堵禦之情形也奴才又准福建撫臣劉鴻翱咨會廈門夷船只剩五隻其餘二十餘隻俱於七月十二日起椗往東北外洋駛去查廈門之東北係由福州福寧而至浙洋迄今已經半月浙江洋面未見大幫夷船而參星錯落

四處滋擾其意不過誘我分投堵禦即乘間伺隙以圖一逞 奴才惟有堅持定見會同余步雲激勵將士勸諭居民慎之又慎以守為戰以防為勦杜其覬覦抑其兇燄再籌一鼓殲除之計其盛嶴雙嶴地方究被焚燬民房若干間有無傷斃人口情事 奴才已飛飭寧紹台道鹿澤長委員酌帶銀兩星夜前去查明撫卹並傳諭沿海居民官兵止能扼要駐防不能環海設守堅壁清野兵家成法如有零星村落無可設守之處情願歸併大嶴者悉聽其便不為禁止亦不得自相驚擾致墮奸計其江蘇洋面亦已飛咨撫臣梁章鉅提臣陳化成妥為預備不敢稍有鬆懈

定海香港廈門情形疏道光二十一年八月　裕謙

查浙江沿海六府綿延一千數百里海口林立可容大船出入之處甚多惟鎮海為適中之地又為全浙門户定海則孤懸海外乍浦為江浙咽喉此三處最為喫重扼要而鎮海縣城濱臨大海係洋舶聚集所在尤為逆夷垂涎口岸自當以全力注之浙省防兵統計雖有一萬五千餘名係連各該處額設官兵之請給鹽菜者一併計算實在鎮海定海二處除本營額設官兵外各止調派外營外省兵三千餘名乍浦地方除駐防八旗官兵外止有調防兵八百餘名其餘四五千名分防沿海各口自一二百名至數

百名不等本形單薄現在逆夷四出紛擾處處喫重據各該地方官紛紛稟請添兵策應固屬實在情形但臣通盤籌畫浙江及附近各省業已無兵可調且該逆游魂海上朝東暮西飄忽不定設我聞警調派水陸奔馳尚未行抵該處而該逆又顧而之他徒然勞師糜饟疲於奔命適墮其術所幸各處海口相距府縣城池近或二三十里遠或六七十里雖有水路可通絕少夷船能到之處逆夷斷不敢深入亦不能深入況該逆所恃者船與礮若敢舍舟登陸則我兵民併力剿殺制之亦易不比四面環海非舟莫渡所在之難以措手是以權其輕重緩急督飭地方官以

多募鄉勇為援應之策而全力仍注於鎮海定海二處其乍浦地方現有副都統長喜杭嘉湖道宋國經駐劄防守亦甚可靠再臣前訊白夷供詞據稱現在廣東香港地方止有兵船三隻岸上有兵千名礮臺尚未築好等情現在又准福建撫臣劉鴻翱咨會廈門止有夷船五隻是香港廈門二處皆已空虛正可乘機克復傾其巢穴除密咨各該省外可否請　旨敕下靖逆將軍奕山等閩浙督臣顏伯燾等迅速慎密辦理之處出自　聖裁

大幫夷船入浙疏 道光二十一年八月　裕謙

臣查逆夷於占踞厦門後即起椗北來先在浙江洋面零星游弈滋擾盛嶴石浦等處登時擊退業經臣於八月初六日恭摺具奏在案嗣於初六七八九等日逆船連檣而來在於象山定海三縣洋面停泊約計共有四十餘隻初九日申時有火輪船一隻帶領兵船九隻駛至離鎮海縣城四五十里之黄牛礁洋面停泊又有十隻已在離鎮海縣一百餘里之崎頭洋起椗北來復行中止揆厥情形似將逆撲鎮海惟該逆自閩起椗半月後始到鎮海等縣洋面始則四處滋擾一經擊退又觀望不進是否因防守

嚴密不敢輕犯抑另有詭計殊難測度查鎮海縣以招寶金鷄兩山爲門戶而金雞山尤爲扼要已派翼長狼山鎮總兵謝朝恩統領將備弁兵嚴行防禦其招寶山上本有遊擊張從龍等帶兵駐劄提臣余步雲親統精兵駐於招寶山下之東嶽宮又東嶽宮迤西有攔江埠礮臺遥對口門與金雞招寶兩山互相犄角現有衢州鎮總兵李廷揚統領將備帶兵駐劄並於兩岸密排火攻水勇船隻凡有可以爬越偷渡之處亦皆分駐兵勇挑挖暗溝密布蒺藜防其水陸並進並據鎮海縣城廂士民按戶各出壯丁一人協同守禦臣督率寧紹台道鹿澤長鎮海縣知縣葉堃

堅守縣城鎮靜以待該逆儻敢前來侵犯即當激勵將士
痛加剿洗以彰　天討其定海縣地方亦有逆船二十餘
隻停泊口門之外經總兵葛雲飛王錫朋鄭國鴻署知縣
舒恭受等同心協力設法守禦尚未闌入內港該處居民
因仰沐　聖恩稠疊悉皆枕戈以待臣現飭鎮海定海兩
縣多雇漁船往來探報以聯聲援惟綜計鎮海定海兩處
調防及本營官兵不及一萬分段駐守尚嫌單薄且該逆
分幫來擾即無策應之兵臣已飛調江寧八旂官兵八百
名壽春鎮標官兵一千名兼程前來鎮海以便調遣

陳明堅守鎮海疏 道光二十一年八月　裕謙

臣風聞廈門之失守，由於該逆併聚大幫，連環開礮轟擊，彈如雨下，兵民不能站立，或死或退，該逆卽乘機登岸，搶占礮臺，卽用我礮以擊我兵民所致。是以臣於礮臺前後左右俱挖有暗溝，徧布蒺藜，以杜其衝突，其護礮兵勇皆有遮蔽，靜以伺之。惟逆船四十餘隻，其中雖間有貨船，每船不過數十人，而其兵船多或六七百人，少亦三四百人，截長補短，以每船三百人計算，業已踰萬。彼可併幫來犯，我則必須扼要分守；彼可數日不來，我則必須時刻防備。已成彼衆我寡、彼聚我散、彼逸我勞之勢。且自粵至閩莫

之敢攖賊勢日張臣何敢輕視況該逆乘潮順風而來前船卻退則後船猝不及防必致兩船皆損是以不得不逞其驕盈之氣冒死前進並無退縮之心我兵本皆未歷戰陣又各存一礮火難禦之見略有閃避即墮其計是又該逆則一船一心且衆船一心我兵則一人一心也臣自祖宗以來效命疆埸世受國恩茲又奉命專征既不敢孤負朝廷亦不敢玷辱祖父惟有殫竭血誠身先作則拊循士卒激以忠義之氣解其畏葸之心並躬率文武官弁誓於神前城存俱存以盡臣職斷不肯以退守為辭離卻鎮海縣城一步尤不肯以保全民命為辭接受逆夷

片紙此非臣敢效匹夫之勇甘為孤注之投蓋因鎮海地方稍有疏虞則逆燄愈張兵心愈怯沿海一帶必將全行震動非此不能固結兵心滅此朝食更非此不能挽回瞻顧徘徊之積習臣為保鎮海即所以全大局起見謹附片陳明

定海失守疏道光二十一年八月

欽差大臣裕謙

竊臣於八月十五日子時將逆夷於八月十二日侵犯定海登時擊退並有夷船二十九隻橫截鎮定洋面尚有十餘隻隱見不定緣由恭摺具奏甫經拜發風潮陡作鎮海縣城外平地水深四五尺官兵帳房皆在水中夷船張帆起椗勢將乘風逕進鎮各官兵先將火藥礮位搶護稍高處所堅壁不動該逆無隙可乘欲前又卻適風轉西北潮隨風落逆船即轉帆東駛直撲定海旋據鎮海縣等屢次探報聽聞定海礮聲未絕又見有擊破之三版船數隻及無篷桅之大夷船由定海漂出隨風南去惟連日風逆

浪大又為逆船梗阻不獨策應之兵一時無從東渡即探報亦不能刻期往返直至十八日申時據臣遣派前赴定海查探弁兵飛報十三日午時有夷船十三隻在內地瞭望不見之竹山門外停泊旋有火輪船二隻三桅船一隻駛進竹山門經總兵葛雲飛等督兵開礮擊斷夷船大桅當即竄去十四日連檣駛進攻打曉峯嶺開放三四百礮我兵伏于石岩之中竝未受傷該逆駕駛三板船由竹石碑登岸經處州鎮總兵鄭國鴻督率弁兵開放擡礮擊殺夷匪無數傍晚該逆繞至定海南面孤懸海中之五奎山登高瞭望十五日即在山上支搭帳房我兵即在土城開

礮遥擊打壞帳房五頂逆夷十數名十六日該逆先從吉祥門駛進攻打東港浦經我兵連開大礮轟擊該逆不敢駛進旋即攻打曉峰嶺竹山二處至酉時逆夷登岸被我兵槍礮轟擊死者不計其數十七日丑時該逆又使火輪兵進攻定海鎮總兵葛雲飛親自開礮擊中其船上火藥當即焚燒片板無存巳時該逆分作三路一由五奎山迎面攻打一由東面之東港浦一由西面之曉峰嶺進攻壽春鎮總兵王錫朋首當其鋒督兵開放槍礮轟擊夷匪冒死前進我兵前隊陣亡後隊繼進業將夷匪殺退數次無如愈殺愈多我兵所用擡礮至於紅透不能裝打猶捨命

死戰至未時逆夷約有三四千分路登岸我兵勢難抵敵
等情臣正在調兵策應并具摺　奏報間旋據定海縣典
史鄧鈞帶同水勇救護定海糧臺委員同知黄維誥等并
銀九千兩及定海縣印信到營臣傳詢黄維誥據稱定海
縣城已於十七日未時失守歷訴十二日以後接仗情形
與探報大略相同詰以文武各官下落則稱壽春鎮總兵
王錫朋被礮打斷一腿陣亡處州鎮總兵鄭國鴻在竹山
門外陣亡定海鎮總兵葛雲飛在東嶽宫陣亡署定海縣
知縣石浦同知舒恭受攖城固守被火箭打傷旋即殞命
其餘將備弁兵苦戰六晝夜均已筋疲力盡陣亡者甚多

一時無從查悉至登岸逆匪身穿黑衣黑袴皆係閩廣亡
命夷匪隨後指揮被我兵擊殺一起又有一起接踵而至
約計總有萬餘人其所持器械擡槍火罐火箭等項無所
不有又有皮梯可以爬越城池山嶺寡不敵衆以致失守
定海糧臺本在城內署知縣舒恭受因事在危急恐資盜
糧委令典史鄧鈞帶領鄉勇將糧臺搶護至城外山嶴寺
內并將印信交付家屬囑令鄧鈞倘或縣城疎失即行保
護內渡城內難民亦已保護出城因連日接戰道路不通
致未隨時稟報等情臣聞信之下不禁眦裂髮指惟查該
逆驕盈已極定海既已失守則我之槍礮器械又為彼有

勢將回撲鎮海現在會同余步雲督率鎮將協力守禦城存俱存斷不敢稍有退志以冀保守斯土一面專遣精細改裝易服前赴定海查探敵情并查王錫朋鄭國鴻葛雲飛舒恭受等屍身下落及陣亡將備弁兵共有若干員名招集散卒毋使驚疑致爲賊用又分派員弁在於沿海一帶稽查奸細安插難民俟辦有頭緒另行具　奏至臣前此請調江寧駐防八旗官兵八百名壽春鎮標官兵一千名現已飛檄催調尚有駐劄江蘇寶山縣之徐州鎮標官兵三百名本爲江浙兩省策應之兵臣先已咨商江蘇撫臣梁章鉅提臣陳化成酌量情形分別調派已准咨覆遣

令星夜兼程前來約計今明日可到又有巡洋北來為夷
船阻滯不能回營之黄巖鎮標官兵一百數十名臣亦已
截留在鎮協力守禦再前奉　諭旨派調江西兵二千名
前赴福建昨接福建撫臣劉鴻翶來函知該省以招雇民
兵為得力毋須另調外省官兵現在厦門業已收復更無
須多兵而浙江需兵甚急臣於接到定海危急探報後即
已繕發傳牌竝咨明閩省督撫將江西兵二千名截赴浙
江俟各兵到齊再用漁船分遣東渡埋伏山奥就近招募
鄉勇克復定海至壽春鎮總兵王錫朋處州鎮總兵鄭國
鴻定海鎮總兵葛雲飛署定海縣知縣石浦同知舒恭受

會督將備弁兵若戰六晝夜連得勝仗祇以衆寡不敵効
命疆場忠憫可嘉相應請　旨加恩賜卹并請將臣交部
從重治罪以為失地喪師者戒
竊臣於八月十九日將定海失守緣由具　奏後當即專
遣妥人前赴定海探明逆夷距守城池口岸并將夷船二
十八隻散泊游弈意似阻我往來道路而揆其詭詐必將
乘風雨交作之時來撲鎮海尚有夷船十餘隻除焚毀擊
損外餘俱不知去向現在鎮海守禦極為嚴密倘敢前來
侵犯必當激勵兵民剸其死命至該逆習見我沿海兵民
風氣柔脆遂以漢奸為前驅肆其猖獗若不痛加剿洗必

致蔓延不已臣查各營官兵皆有守土之責若紛紛徵調不獨遠近不齊心力不一且曠日持久適足增長逆燄惟有江南之徐州鳳陽潁州三府民人膂力技藝素稱精熟又能尚信義重然諾激而用之滅此朝食不啻摧枯拉朽至其雇資雖較調集官兵不無多費而浙省雇募水勇每名須先給安家銀十兩每日飯食錢三百文若雇徐州等處鄉勇不過每名再加安家銀十兩當無不踴躍從事臣不揣冒昧已飭素稱勇往能事熟悉情形之安徽太平府知府舒夢齡前赴鳳潁二府雇覓其徐州鄉勇聞河臣麟慶本已招有成數臣即飛咨麟慶代為招募統計以五千

人為率分起管帶前來以備調遣其前請截調之江西兵
二千名以一千名駐劄鎮海縣城一千名駐防寧波府城
為後路策應至定海鎮總兵葛雲飛處州鎮總兵鄭國鴻
屍身業據定海義民搶護回鎮臣率同文武各官親詣看
明屬實惟遍體重傷殊堪憫惻已飭糧臺從厚棺殮暫寄
郡城傳屬扶回壽春鎮總兵王錫朋聞於受傷垂斃之時
被逆擄去有壽春兵十人捨命追奪該逆開礮轟擊兵丁
死者七人尚有三人現無下落亦未查實名姓并聞該逆
因恨壽春兵殺賊最多王錫朋督戰又力將王錫朋細加
臠割屍身無着洵屬可慘可恨所有定海鎮總兵處州鎮

總兵闗防二顆先經葛雲飛鄭國鴻封交親隨弁兵懷藏
逃出現已解送來營　臣已會商余步雲飭委提標右營水
師游擊周士法暫行護理定海鎮總兵印務署提標中軍
參將張從龍暫行護理處州鎮總兵印務其壽春鎮總兵
闗防本未攜帶所有江南壽春鎮總兵浙江定海鎮總兵
處州鎮總兵員缺相應請　旨迅賜簡放并請　敕令兼
程來浙以備調遣至定海難民業經寧波府知府鄧廷采
妥為安插　臣前此　奏明飭調之前任福建藩司鄭祖琛
已於八月二十日到營鎮海地方尚稱安靖謹恭摺具
奏

再臣專遣精細土人前赴定海探知帶兵來浙逆酋即係上年被定海鄉民包祖才拏獲解送後經釋回之安突德及偽知縣郭士立二人並無噗嘛喳其人又有定海縣差役李彪人甚明白能幹上年經寧波府知府鄧廷采派令往來定海探聽消息後被該逆查知擄去今仍帶回定海臣已專人前往招撫俟其來時或用或誅察看情形再行酌辦現在該逆派兵把守城門搜檢進出之人城內居民之未及遷避者按户散給錢文已經遷避者即將其房屋燒毀鋪面均不准關閉日用重價買物要結人心並在岑港沈家門三江等處安設帳房逆船則分繞各嶴停泊游

弈阻我大兵去路又聞該逆因此次侵犯定海我兵連日轟焚其火輪船一隻大兵船三隻三版船多隻又在陸路剿殺逆夷一千數百名為年餘來未有之惡戰而惟壽春兵殺賊最多處州兵次之是以深恨壽春官兵勒令各奧居民不許藏匿渡載如有擒獲送去者送給洋銀並稱將令漢奸穿著號衣詐為逃兵襲取鎮海其言雖皆無據而此次轉戰六晝夜開放大礮轟焚逆船者惟已故定海鎮總兵葛雲飛所練親兵五百名最為得力其在陸路殺賊皆係壽春兵當先處州兵繼進是眾目共睹異口同聲之事現在招回壽春官兵甚屬寥寥處州官兵亦不甚多其

餘如浙江提標等營將備弁兵雖未據報有投回實數而
風聞觀望探聽者不少可為明證至該逆攻撲定海時先
向土城及竹山曉峰嶺開放大礮不下千餘出不能損傷
我一兵一卒而逆船轉為我屢次擊焚其船礮之技業已
窮竭遂用三板船駁載閩廣漢奸雜以黑夷在竹山曉峰
嶺登岸即將三版船駛去另載一起前來如是數次其船
即去而不返以該逆不甚愛惜之漢奸黑夷置之死地本
屬破釜沈舟之計設浙江提標等營官兵盡能如壽春處
州兩標官兵之奮不顧身前隊陣亡後隊繼進畢竟主客
勢踈祇須再相持一二時不獨不難制其死命且可使該

逆知所儆畏不敢再肆鴟張乃提標等營官兵性本柔懦
技藝又不如壽春等標之純熟一臨大敵卽倉皇失措事
敗垂成逆燄復熾將臣年餘以來心血盡付流水上無以
對　君父下無以對兵民此臣之所痛心負疚百身莫贖
者也現在鎮海防兵惟徐州鎮標官兵一千名可以備戰
收集之壽春處州等標官兵現尚不過三四百名且多受
傷者其續調之壽春兵一千名計須九月底始到另請截
調來浙之江西兵二千名及江寧八旂官兵八百名只可
爲防守之用不足與言戰餘皆浙江兵丁守且不足深恃
剿更不敢再用適有定海義民徐保兄弟四人竊負總兵

葛雲飛鄭國鴻屍身來營臣詢知徐保兄弟有踰牆走壁之能又聞署定海縣知縣舒恭受係於城破時服毒自盡為定海居民搶護出城灌救得生藏之山墺該員又已絕粒數日現在生死尚無確信臣已遣徐保飛赴定海密訪舒恭受如果未死該員素得民心能用民力本係浙江好官囑其善為調養糾集義民以待大兵倘能設法剌其頭目則逆兵瓦解更可轉敗為功但大兵之可用者止有徐壽兩標兵二千餘名難以集事若調湖南四川官兵非特緩不濟急且桀驁難制適足誤事前在廣東可為殷鑒浙江之鄉勇水勇亦不過羈縻匪類不使內訌而已若招集

閩廣亡命則與漢奸無所分辨且性情浮動重利輕義非能真為我用者也　臣再四思維江南之徐州鳳陽潁州三府毘連豫省人性爽直而有信義不乏技藝精熟勇敢有為之人非逆夷及漢奸所能望其項背現在該三府所屬因黃水下注流離堪憫若不勝強悍有力之徒妥為安頓恐致滋生事端實為心腹之患　臣已分投招募不惜重資亦不論其有無犯案只須其膽壯技熟挑選四五千人分起管帶前來為一鼓殲擒之計該民人等與徐壽兩標兵丁閭閻相望氣味相投激使為壽春兵報仇雪恥必能得力較之徵調遠省官兵既免曠日持久並可以一當五事半

之後分撥各營入伍差操可望悉成勁旅又可造就人材

免其流入匪類洵爲一舉兩得

寧波失守摺　道光二十一年八月

浙撫　劉韻珂

竊照鎮海失守寧波郡城朝不保暮自慈谿縣西至省城人無固志業経臣劉韻珂於前月二十八九本月初一等日疊次　奏報在案兹於初六日午刻據寧紹台道鹿澤長稟稱該道於前月二十六日在鎮海督戰因該逆猖獗我兵不能抵禦金雞招寶等山及縣城先後失守該道知争不可為投入城河殉節當時昏迷被水勇撈起用小船送至慈谿縣始行蘇醒腿已跌損聞提督退守寧波　欽差大臣裕謙殉節後経士民救起送至郡城復由郡至省

在途身故該道見潰兵紛紛內竄即帶傷赴至上虞一帶
招集潰散欵至寧波守禦本月初一日據寧波府知府鄧
廷彩家人招榮赴舟次稟稱前月二十八日逆夷火輪船
一隻至郡洛探量水勢二十九日辰刻夷船八隻駛進郡
城鄧廷彩與提督勤縣等督兵上城守禦因兵數無多該
逆連開火炮轟擊不能抵禦夷衆七八百人一擁入城鄧
廷彩跳入西門江中被小船户撈起載送出城氣息已絕
用薑湯灌救稍有微息現在存亡未卜其餘文武各官不
知下落該家丁路過慈谿見縣城已經空虛等情臣等查
鎮海失守寧波即已勢如纍卵前已據實陳明令於二十

九日即行失陷是浙東已失一重屏蔽所屬之奉化象山二縣處在寧郡東南均皆濱海今郡城既失則該二縣俱被隔絶深為可慮寧波之西雖江道漸窄該逆大船不能直入而杉板小船則在在可通初一日接慈谿縣王武曽來居民紛紛遷避勢難瓦全等語令該家丁又稱路過慈谿城邑已空是該縣已成無人之境而慈谿以内之餘姚上虞會稽山陽蕭山等縣及省中民人邇日均多遷徙大約距寧逾近則遷徙愈多倘該逆探聞似此情形或駕杉板小船或由陸路乘虛内犯恐慈谿以上各縣亦均難保守即使該逆一時不能深入而内地奸民乘隙搶掠人數

日積月多更恐所在嘯聚將成内訌言念及此不禁胆碎心寒臣等與司道通盤籌畫現在情形惟有扼要守禦以期保護紹興並浙省其自紹侵犯省城之路查浙東内地形勢曹娥江為緊要關隘下可以顧餘上慈谿各縣可以保紹即省城自應設兵駐守俾免該逆長驅直入並可彈壓地方查拏匪類暫杜内變惟浙省此時無一兵可調祇有前次遣往寧波應援之江寧旗兵八百名尚未抵寧臣等已飛飭帶兵各官即在曹江一帶駐扎並將蘇省所解之抬炮撥發五十桿送往備用第該處駐兵防堵為目前第一要務必得謀為兼備之大員至彼調度方期有濟日

來省中民情愈益驚惶勢甚岌岌臣日夜設法鎮撫尚難安輯且該逆兇焰正熾尤恐其由海道西犯乍浦並由海甯州之尖山逆犯省城臣劉韻珂斷不便再行出城致根本重地復有搖動且省城僚屬紳民亦均不容出省查前任福建藩司鄭祖琛明幹有為臣劉韻珂深悉其才前經欽差大臣裕謙奏調赴鎮已蒙助俞允該司甫經到鎮城遂失陷不及有所展布今已自鎮回省臣劉韻珂勉以大義令赴曹江督防不避險隘毅然自任現已發給令箭札飭該司帶同文武員弁馳往該處相機堵禦並嚴拿內地奸民即在彼從嚴懲辦俾民心稍復安定甯紹台道

鹿澤長既在上虞招集潰兵各令一併前往曹江與鄭藩司等聲援其糧臺亦在紹興安設俾可就近支發特是歷次
奏調之壽春鎮江西湖北等處官兵均尚未到曹江現設之兵為數甚屬無多且當歷次挫衂之後士氣消阻人心搖動事之濟否臣等實不能逆睹至省標滿綠各兵本屬單弱臣劉韻珂疊次僱募鄉勇團練義民現在城內城外約計共有二萬餘人連日傳見義勇頭目激以忠義賞給銀兩伊等亦頗感動然鎮定兩處重兵先後潰散省兵素本柔脆鄉勇義民尤係不經行陣之人事急之際是否能收其用殊難預定臣劉韻珂驚恐焦愁心力已竭疲

億不堪雖捐糜頂踵無以上報　生成惟有仰懇　皇上
亦以機宜俾有遵守不勝感禱再臣劉韻珂自膺疆寄半
月之內連城被陷並懇　勅部從重治罪以為失地喪師
者戒其餘紹台道鹿澤長衢州鎮總兵李廷揚或殉節被
救或在鎮受傷退回內地現值用人之際應請暫緩查議
俟事竣再行議定公罪以收指臂之助

鎮海失守摺 道光二十一年八月廿九日

浙撫 劉韻珂

竊臣等前因定海失守乍浦省垣兵力單弱於本月二十一日會摺奏請飭調江西湖北兩省兵二千名來浙分防在案嗣於二十七日亥刻疊接鎮海等縣營禀報二十四五等日夷船三十餘隻由定海陸續駛入鎮海之蛟門在笠山虎山蹲山一帶遊弈等情臣等以笠山等處距鎮海縣城不過十餘里該逆連艅內駛顯係窺伺鎮海正在奏報間二十八日酉刻接據寧波府鄧廷彩六百里禀報該府在郡辦理防工二十六日午刻驚聞逆夷於是日

攻犯鎮海由招寶山口開炮闖入　欽差大臣裕謙親督
官兵堵禦無如夷砲猛烈不能抵當隨即殉難被百姓救
護出城送至郡城昏迷不醒鎮城業已失守急應招集散
兵設法防勦除稟寧紹台道及提督妥速辦理合亟飛稟
等情臣等接閱之下忿氣填膺目眥皆裂憤懣難名該逆
於旬日之間連陷兩縣鴟張已極寧波府為浙省東南重
鎮全恃鎮定兩縣為之屏蔽今兩縣先後失守該府籬藩
全撤並無險要可扼而府城向為商賈馬頭民殷物阜該
逆垂涎已久既將鎮海攻陷距府城水陸均止六十里我
兩處砲械悉為彼有難保不乘勢內犯臣劉韻珂責任封

折分應親督重兵馳往應援惟省城逼近尖山要口夷船可以直達城下較寗波尤為緊要兩省標協綠營兵力甚單守衛尚屬不敷勢不能多為調撥且省中五方雜處良莠不齊又自定海被陷以來該縣難民及鎮海寗波等處民人紛紛來省復有安徽江南江北被水災黎接踵前來更恐有奸宄混跡其中現在省城內外居民一聞鎮海驚信盡皆驚懼各思遷避尤恐匪徒乘機滋事此時臣劉韻珂若酌帶兵丁二三百名馳往寗波於該處未必即能有濟而省垣根本重地設有他虞為患更大臣等與司道等通盤籌畫現在寗波情形究竟若何難以懸揣而自寗

波內河以至紹興再由紹興以至省城除錢塘曹娥二江外其餘皆係支河汊港該逆大船斷不能到惟恐其杉板小船分頭竄入滋擾流毒地方官戕害黎庶惟有紹興上虞餘姚一帶趕緊設兵防堵阻其內竄之路以期保護臣等不得已現於撫標挑選精兵二百兵並壯健鄉勇一百五十名飭委臬司蔣文卿齎帶令箭會同金華協副將朱貴并文武員弁馳往該數處適中要之處巡防堵禦如遇逆夷及漢奸駕坐小船闌入此地即督飭兵勇同本處鄉勇痛加勦擊俾令不敢深入飭委另補知府王壽昌帶同佐雜數員齎帶銀兩前往餘姚縣之後一帶地方雇募鄉

勇該處風氣剛勁人皆強壯定以禦侮折衝臣等現令該
府不惜重資廣為招募並令臬司確探寧波消息如果逆
夷前往侵犯即就近轉飭該府將所雇各勇陸續遣赴寧
波以為占守之助其自鎮海散回兵丁如有至紹興上虞
餘姚等處者亦由臬司就近截回寧波以資道用至提臣
余步雲寧紹台道鹿澤長下落寧波府來稟並未確切指
明此外各鎮將或存或亡亦未稟及惟該府現稟內載有
稟請提督等招集散兵之語是余步雲等均尚無恙即其
餘文武各員無恙者諒亦不少現有飭令該司確切查訪
並查鎮海寔在失守情形另行　奏報惟是該逆強悍兇

悖叠次攻陷城池罪大惡極實為天地之所不容神人之所共憤亟應大加撻伐攘除兇逆克復疆圉以彰　天討第浙省重兵本皆聚於鎮定兩處今該兩處之兵皆係潰散之餘不能深資倚類此外各兵分守本境尚形不足萬難再撥其裕謙前此　奏調之徐州兵三百名壽春兵一千名江寧駐防旗兵八百名又奉調赴閩截今來浙之江西兵二千名　臣等請調之江西兵一千名内除徐州兵江寧旗兵已先後到浙又　臣等所調之江西湖北官兵到浙後應分防省城乍浦外裕謙所調之壽春江西兵三千名現俱未經入境且為數無多逆夷兇燄甚熾恐不足以資

攻戰裕謙現又昏迷　臣等復未嫺韜畧況省垣乍浦在在吃重均應從嚴防守勢難遠離惟未仰懇　皇上天恩迅賜　簡派帶兵大臣多發京營及各省勁兵兼程來浙勦辦以期克復感沐　鴻慈實無既極再臣劉韻珂前因定海失守已請　旨交部議處今鎮海又復失守應請　勅部併案嚴加議處以示懲儆

代奏謝　恩摺　道光二十一年八月

南河督麟慶

竊臣於八月初三日接據林則徐呈稱則徐先於本年六月間在鎮海軍營奉浙江巡撫行知欽奉　上諭林則徐革著去四品卿銜從重發往伊犁效力贖罪即由該處起解等因欽此隨蒙委員護按照驛路行抵江蘇揚州府屬之儀徵縣例應起旱適值水發路淹未能前進七月十七日在儀徵奉到江蘇巡撫行准兵部咨奉　上諭林則徐著免其遣戍即發往東河效力贖罪欽此則徐聞　命之下伏地碰頭莫名感悚切念則徐前以廣東遣戍獲咎伊

節洵屬罪所應得乃蒙　恩慈曲宥法外　施仁免其西
塞之荷戈俾東河而負鍤愧修防之未能諳習省愆尤而
倍切慚惶現因儀徵一帶旱路未通亟由水路前進總冀
早到東河工次勉効駑駘庶幾稍贖前愆仰副　聖主格
外矜全之至意所有感激下忱因已取道清江浦理合呈
請據情代　奏叩謝　天恩等語臣謹據呈代　奏

附片

再臣承軍機大臣字寄欽奉　上諭東河祥鳳漫口其刷
寬丈數及水所經過由何處入潮著麟慶派員詳晰查明
繪圖貼說呈覽等因欽此臣遵即選派宿南廳通判婁晉

宿北營守備李本珠飭令帶同繪圖千總譚慶成前往確查時恐人地生疎或有舛誤正深計慮適林則徐遵旨赴東河効力路過清江臣深悉其諳練河務且曾任東河於該處情形最為熟悉面囑復查當即飭令婁晋等往俟林則徐到後隨同將口門刷寬丈數確切重量該員等再順溜乘舟而下將漫水所過地方及由何處入河詳晰查明繪圖貼說由臣復核恭呈御覽惟水路紆折往返需時合先附片覆陳伏乞聖鑒

提臣駐守臬司回省揭道光廿一年九月十五日

浙撫劉韻珂

竊臣於九月十二日承准軍機大臣字寄九月初六日奉
上諭本日余步雲由六百里奏寗郡城空虛設法捍禦
一摺時因鎮海失守該提督退保寗波郡城尚能捍患無
虞尚可為浙省障蔽茲據該提督奏稱炮位無存兵丁無
可調提空虛景象遥想可知現在逆夷已在城外量水深
淺必乘虛攻擊如該地方鄉民等力保孤城正在危急着
劉韻珂設法救援惟省城尤為緊要又恐該聲東擊西使
我不能相顧是在該撫通盤籌畫擇要防守如寗波已被

逆夷滋擾占據即着該撫傳旨飭令余步雲同在省城協
力防堵其紹興郡縣與寧波毗連倘有可救援之處亦着
極力設法分兵扼守總之勢能兼顧務當勉力為之以副
朕望將此由六百里加緊諭知劉韻珂並着諭令余步雲
知之欽此遵查寧波府城業於前月二十九日失守臣已
會同將軍臣奇明保等恭摺　奏報並因寧紹毗連寧波
不守則紹興可虞該處一帶惟曹娥江最為扼要上可保
障紹興下可應援餘姚慈谿二縣臣因省城民心驚惶不
能遠離即　奏委前任福建藩司鄭祖琛等帶兵駐守其
地以資控扼嗣知提臣余步雲於寧波失守後退守上虞

臣復囑令該提督即赴曹江與鄭祖琛等會籌堵禦兼籍以保衛紹興並斷該逆自紹直犯省垣之路至慈谿餘姚二縣均在曹江之外與寧波府唇齒相依現聞慈谿紳士於通郡小港內排定木樁夷船或一時不能竄入其餘姚則居民四散城邑空虛昨據探報或稱該縣已經失陷或稱尚未失陷或稱失陷之後逆夷復又退去紛紛不一臣距隔較遠不能確知現已飭令鄭祖琛確查稟報另行具摺奏報並因江寧旂兵八百名湖州兵二百已抵曹江前欽差大臣裕謙截留之江西兵二千名內頭二三起兵一千五百名亦將次到彼該處兵勢稍振移咨提臣探明

餘姚如果並未失隘或失隘之後逆夷已退回即分兵前往守禦並就近援救慈谿是現在情形曹江實為重鎮如使該處可守則紹興以西各縣可保無虞並可策應餘慈二縣必須提　臣在彼與鄭祖琛等會籌妥辦自不宜移至省垣致孤該處聲勢　臣現已咨令該提督仍駐曹江毋庸來省惟省城乃根本重地倘夷船由定海西駛可由乍浦尖山直抵城外　臣因此時兇逆逼處寧波不得不先其所急令提　臣鄭祖琛等扼守曹江而省城之備禦不可稍疎現與藩司常恒昌暨將軍　臣奇明保副都統　臣恒興等督飭滿綠官兵並鄉勇義民竭力捍禦但兵勢單弱義勇又

係不經行陣之人現在公同籌議擬俟江西末起兵五百名到浙即行留衛省垣又壽春兵一千名亦將入境並擬以一半留省一半遣往曹江俾不至顧此失彼至省中大員將軍副都統祇能料理滿營軍務臣興藩司二人綜司一切實屬應接不暇臬司蔣文慶現駐紹興府城督理糧台為曹江後路聲援合糧台事務已委衢州府知府湯俊往與紹興府知府定保會同辦理已有專管之員應令臬司即行回省以期省中襄理有人不致貽誤其紹興府地方應否另駐大員臣當移行提臣等逐細籌商如果不可無人即令現在曹江之寧紹台道鹿澤長移駐其地以示

聯絡

調兵招勇分赴江浙片　道光廿一年九月

南河督　麟慶

再臣接准提臣陳化成撫臣梁章鉅咨稱英夷在浙肆擾江省洋面毘連上海寶山尤為緊要添調河標兵三百名即日起行等語隨即選中營官弁二員兵七十名右營官弁四員兵二百名洪湖營弁一員兵三十名共兵三百名飭委右營遊擊李連輝連帶領配足火藥鉛丸軍裝器械於九月初七等日分起星夜前赴上海聽用並諄囑帶兵官嚴加約束行走以期早奏膚功至臣標廟灣營所轄黃河灌河射陽等海口雖有大沙攔護逆船不能駛進但杉

板小船難免窺視且須隄防漢奸勾結接濟現飭該營署遊擊徐濤會同佃湖營都司王酬水陸嚴巡並飭就近各廳營將所團練河兵義勇勤加訓練撫綏以鼓士氣處處留心防範不敢稍存大意再據淮海道趙廷熙稟稱海州鶯遊山口門係漕標東海營所轄直通大洋最關緊要現即親往巡查防備

又片

再承准軍機大臣字寄九月初十日奉

上諭前據裕謙

奏明飭委舒夢齡僱募鳳陽潁州二府鄉勇並飛咨麟慶將徐州府鄉勇招募赴浙備遣本日據劉韻珂奏英逆在

浙滋擾大兵指日雲集無須假力於鄰省之民人等語着麟慶程楙采即行停止僱募欽此竊臣前准　欽差大臣裕謙抄摺移咨内開徐州鄉勇聞河臣麟慶已招有成數即飛咨代為招募等語查上年逆夷在洋滋事臣標廟灣營所轄各海口均通大洋且中右等營官兵迭經調防上海存兵較單恐附近匪徒不靖本擬招募鄉勇繼思應募者遊手居多難循紀律事平後安插匪易是以曾飭河第各營在河兵内遴選勇壯團練技藝藉資彈壓而壯聲威平日仍各歸原伍所需盤費器械均係臣及該管道並廳營捐辦本年春間按營較閱曾奏奉硃批認真練習妥辦

欽此在案今裕謙謂臣招勇徐州鄉勇已有成數實係遠道傳聞之訛惟因來咨軍情緊急志切同仇不容歧視第河兵修防之責難於應調曾札徐州毓道衡飭縣招募旋據稟稱招集團練有稽時日若無以技平民充數徒滋糜費等語臣思勇名為鄉用之於近或可得守望相助之效用之於遠斷難收折衝克敵之功本屬無益茲蒙　諭旨

謹即遵欽停止僱募

水勇小舟攻擊情形疏　奕山

道光二十一年八月二十八日奉　上諭給事中朱成烈奏拒礮之法以牛革兩片聯而為一使尖其脊如蛤之開頁於背後高出於首賊如開礮則羣伏于地牛革上窄下寬礮子必皆滾落此陸戰之法若與水戰則以木轤置于小舟之上亦以牛革為之如船蓬式而尖其脊礮子到脊滑不能住皆從兩旁滾入水中且小舟高不過一尺木轤高不過三尺大礮自六七尺以上飛過不能擊及可操必勝之權等語現在逆夷凶惡全恃礮火我兵于避礮之法不可不博採眾論加意講求著該將軍參贊及沿海各

將軍督撫體察情形該給事中所陳禦礮之法是否可行據實具奏將此各諭令知之臣等當即如法用牛革雙層上窄下寬製就蛤形傍設二環在內左右分執以便開合起伏于常操時用擡礮選試鑼鳴即伏可躲避惟兩手持牌不能執持鎗械又不能遮身後之人夷人炸礮落地始行轟裂四擊毒火滿地即使牌可護身不能前進夷人闖至徒手亦不能殺賊至木驢載以小船加牛皮三層臣等親放至海面使快蟹船以子母礮演放二百步外兩層俱透五百斤礮中之連船俱覆春間在燕塘製造護船攩牌以大木為架用籐笆二層棉胎二層牛皮三層用一千斤

大礮在三百步外試之中皆洞徹詳細體察情形以此禦夷皆不得力惟粵省現製長牌下綴雙輪以籐為托以棉絮厚鋪其上幔以牛皮覆以濕被牌上留孔以紅糖鹽水灌透永不乾燥以二人執之在前行則護礮止則為營植牌時牌尖向後斜立火箭擡礮俱可自上溜過陸戰尚屬可用該給事中又稱水戰則以牛皮木驢置于小舟之上而尖其脊礮子到脊滑不能住等語該給事中意在以小勝大以卑避高誠不易之論粵中水勇亦用此法惟船上不用木驢係用八人以槳盪扒龍小艇旋轉如飛駛進賊船即覆舟下水以首戴之而行一近賊船即反船趨上拋

擲火彈火礮得勢則鈎船而上不得勢仍覆舟荷之而行大礮下擊子必落水且人在水中萬不能中但此等人非真習水性者不能驅使陸續廣為招徠現在僅得二百餘人隨火船出沒或可乘間制勝

夷船復至淡水雞籠摺 道光廿一年十月

臺灣總兵達洪阿

竊照台灣淡水雞籠口官兵於本年八月十六日擊沈夷船一隻生擒斬馘夷匪一百六十五人奪獲夷船炮圖冊提郡審辦緣由業經臣等恭摺具奏在案茲據艋舺營叅將邱鎮功淡水同知曹謹稟報九月初五日辰刻又有三桅夷船一隻在雞籠口外停泊初掛紅旗繼換白旗於是日申刻駛近萬人堆頭放杉板入口等情臣等以夷性詭詐現掛紅旗則其意在攻戰何以忽換白旗頭係佯為欲和探我虛實查該處口內三面環山形勢頗峻其險可憑

夷砲猛烈自可避其所長當經密飭營縣於山上分藏炮位如果不能取勝即照督臣通飭堅壁清野之法憑險埋伏待其登山殲擒之一面將口內居民暫行遷避去後茲據艋舺營叅將邱鎮功淡水同知曹謹委駐雞籠口澎湖廳通判范學恒先後禀報添調兵勇赴雞籠山上各要隘安設炮位分別埋伏把守該同知又調精練鳥鎗屯兵二百五十名分住雞籠港尾兩口協防該夷船自初五日酉刻駛至萬人堆先放杉板一隻進口窺探言聲索還首獲夷人每口願送洋銀一百元遲疑久之至十三日辰刻該夷人突至口門直撲二沙灣砲台大砲齊發甚屬猛烈我

兵亦即開炮回擊署守備許長明外委伍雲升在三沙灣
之鼻頭山見有登岸夷匪其勢甚兇立即開炮擊斃二人
衆始退去惟炮台石壁被其攻破二沙灣及三沙灣兩處
兵勇住房亦被炮火燒燬迨至日暮該兵勇等退守要隘
該同知復添調總理姜秀鑾帶領精練鳥鎗壯勇一百名
及擺接八芝蘭等保壯勇亦均到助戰探聞口外龜頭洋
面尚有夷船放炮等情正在批行間十九日戌刻復據營
廳禀報十四日早我處添調兵勇屯兵俱已到齊該夷匪
見我人衆山險不敢仰攻已於是日午刻駛逃出口同外
夷船竄向外洋北去風狂浪大不便追擊查勘炮位有損

壞五門尚可修復口内停泊波字二號哨船一隻被火延燒兵勇亦有受傷數人尚無損失拾獲夷炮鉛子十餘枚重二三斤不等各等語臣等查此次夷船雖因見我兵衆多山形險峻不敢登山仰攻駕駛而去報復之心未必遽息當更加意嚴防

又片

再前獲夷犯一百三十三人先經臣等會派文武員弁分起赶解來郡審辦現在嘉義匪徒滋事暫留土城隨後起解人接淡水同知曹謹艋舺營叅將邱鎮功稟報先於拿獲夷人之後巡查至雞籠口門左邊皀踏右山下有自刎

夷尸二具一白夷卧石上一黑夷卧石下白夷頭帶黄金冠胷前掛金絲帶尾綴金絲墜十二個身穿紅呢戰甲内襯白細紬摺衫及細緑毡褌脚穿五色織絨鞋面白無鬚頭髮捲縮其為擊碎夷船之頭目無疑黑夷頭戴黑皮冠狀如僧帽身穿紅色毡衣及油緑毡褌似係夷奴等情臣等查該尸身即係船破時自行投水之白夷既已自盡庸毋庸議

鎮將移駐臺澎片　道光廿一年

怡良

再臣顏伯燾前准軍機大臣字寄欽奉上諭本日據達洪阿等奏夷船滋擾台灣經該總兵等督率員弁痛加勦洗覽奏為之一快惟逆夷被殲之後難保無大夥匪船闖入滋擾該督等接奉此旨即飭王得祿迅速移駐台灣協同攻勦並因內地各營實無大員可以委往澎湖防守隨即檄行台灣鎮會同台灣道察看澎湖情形如須遴委妥員前往防守即由該鎮道遴委飭遵現據台灣鎮總兵達洪阿具稟澎湖協副將詹功顯升任遺缺應委署澎湖孤

懸海中重洋遠阻最為緊要現在台灣營水師之員請將
詹功顯仍留澎湖暫緩卸事俟防夷事竣再行飭赴新任
等情臣查澎湖協副將詹功顯前奉　諭旨補授金鎮總
兵即經委員前往接署以便交卸内渡前赴金門新任在
案其金門鎮總兵篆務現係參將沈河清護理該地方亦
極安靖所有新授金門鎮總兵詹功顯自應准予暫留澎
湖防堵以資熟手俟夷務告竣再飭前赴新任

道咸成案 六

柔遠全書 八

遵旨保奏摺　道光廿二年正月

揚威將軍奕經

竊奴才等於正月初七日承准軍機大臣字寄道光二十
一年十二月二十七日奉上諭劉韻珂另片奏代理餘
姚縣事司獄林朝聘親赴夷船諭以大義斥令退回以安
黎庶等語以微員而能勇敢尚屬可嘉着該將軍等查明
保奏等因欽此旨寄信前來奴才等查上年十一月初
七日㗰夷復入餘姚據代理知縣衢州府司獄林朝聘稟
稱因該城守兵單弱衆寡懸殊戰守具難於初八日帶同
水勇陳美金等親登夷船曉諭情理該夷欲將該員帶去

寗波經兩岸民人齊聲阻留該夷因見眾怒難犯即將該
員放回開船而去等因由巡撫劉韻珂據稟具奏欽奉
諭旨令奴才等查明保奏復經奴才等札飭委員詳查稟
報茲據現在曹江辦理糧臺前任福建藩司鄭祖琛稟稱
該司就近派員密赴餘邑訪查縣城内外紳民並同去之
水勇人等均稱此次夷船復至餘姚該代理縣聞有砍燒
民房之謠即帶同水勇家丁親上夷船責以天朝待汝
不薄因何屢次擾害百姓逆夷見其聲色嚴厲即欲帶往
寗波經兩岸觀看居民同聲阻留始將該員放回開船而
去等語眾議僉同並無捏飾奴才等查浙省各城自唉逆

犯順以來該地方官大半怯懦無能聞風先避以致逆夷
猖獗肆情滋擾此次該逆復犯餘姚代理知縣林朝聘以
佐雜微員暫攝縣事竟能親登夷船責以大義雖逆船旋
復退走未必即由該員斥退而該司獄奮不顧身勇敢有
為殊堪嘉尚現奉
諭旨查明保奏合無仰懇
天恩將
代理餘姚縣衢州府司獄林朝聘留於浙江省以縣丞儘
先補用並請
賞戴藍翎以昭激勸

委署臬司片　道光廿二年正月

浙撫劉韻珂

再按察使蔣文慶現奉揚威將軍奕經參贊大臣文蔚飭赴曹江辦理防堵事宜令於大兵到齊辦理大營糧臺事務據報於十二月二十二日起程查該司此次前赴曹江回省之遲早難以預定所有臬司衙門日行事件應行委員代辦以免積壓而昭慎重除飭委調赴省垣辦理防堵之金衢嚴道布彥博勒格暫行代辦其軍需總局應行會核事宜亦令該道會同前任湖南布政使卞士雲等稽核辦理

保舉署令片　道光二十二年正月

浙撫　劉韻珂

再上年十一月十六日逆夷闖入餘姚縣城至十八日退出當時未知該署縣彭嵩年下落　臣以兵燹之餘防禦撫綏悉關緊要劄飭前任福建藩司陳祖琛寗紹台道鹿澤長飭令在彼管帶水勇委員衢州府司獄林朝聘暫行代理縣事在案茲據該司道等以該員自奉委代理以後緝獲土匪安輯災民事事不遺餘力民心愛戴且十二月初七日夷船復至餘姚該員不避艱險挺身直至該逆船內諭以大義該逆遂即退去民間益加感激有士民翁會陶

等多人以該員署理餘邑等詞聯名赴道具呈議請俯順
輿情即以該員委署等情由藩司常恒昌代辦臬司金衢
嚴道布彥博勒格會詳前來臣查士民保留官吏本干例
禁且林朝聘以司獄微員亦不得越級署理縣篆惟現值
海疆有事之際與平時不同該員代理月餘安内攘外著
有微勞民庶均深眷戀若另易生手轉恐貽誤地方應請
破格委令署理俾資保護

動用軍需片 道光廿二年正月

浙撫 劉韻珂

再將軍等密委各省文武委員督飭投効人員及地方紳士多赴乍浦曹娥各處及定海鎮海餘姚慈谿等縣籌辦攻勦事宜或招募壯勇或雇覓船隻或製造器具臣與總局司道均不能深知其詳所有各委員需用銀兩洋錢制錢均係在省局及紹興糧臺曹江糧臺乍浦應支局等處支領事關緊迫均應按數給發以資濟用又將軍參贊到浙後亦陸續札提銀錢應用均經各局臺隨時如數批解計自上年十一月起至本年正月二十一日止將軍參贊

及委員人等支提過銀十七萬二千九百兩零又洋銀三十四萬一千三百二十六元係在省城紹興等處用銀易換計銀二十九萬一百兩零又錢十四萬千亦係用銀易換計銀十萬二千二百兩零三項合共銀五十七萬四千三百兩零均在軍需項下動支至此項將來應如何報銷容俟事竣之日與將軍等另行核議辦理

逆夷猖獗營盤被燒摺　道光二十二年二月

將軍　奕經

竊逆夷自正月二十九日寗波鎮海二城接仗以後公然不懼各逆每日帶領夷船駛駕火輪船漢奸為之導引在寗波慈谿地界數十里內外各路搜查凡係曾經住居兵勇屯貯火藥之房屋廟宇無不用火炮火箭轟擊奴才文蔚大營屯紮長溪嶺頭山嶺層疊接聯慈邑連日將各處兵勇調撥屯紮派令管帶兵勇之副將朱貴游擊謝天貴都司劉天保等在慈邑北門以外各山分營暫屯以為前路犄角之勢即再行進兵亦於寗鎮兩城就近乃該逆夷

等於二月初四日午刻駛駕大夷船二隻杉板船數十隻

逕進大西埧又有火輪船二隻亦隨帶杉板船數十隻駛

至丈亭復由漢奸指引在祝家渡地方將前次暗伏勇壯

之民房數十間開炮轟擊全行燒燬轉向東北駛至距慈

谿三里之太平橋停泊又火輪船一隻即在丈亭地方橫

阻以截大隱上兵勇援路維時副將朱貴等遠聞炮聲旋

見有形狀若商民數百人直入慈谿縣内尚謂鄉民避炮

進城即處逆夷攻撲營盤隨即排隊預備迎敵不意轉瞬

間此項商民忽由北門衝出脫去外面衣服手持槍械始

知盡係逆夷裝扮當即開砲攻擊轟斃逆夷數十人我兵

並無損傷勇隊亦即向前助敵頗為得力其時由太平橋
北來大隊逆夷業已攏近兵勇人等奮力復擊殺逆夷數
十人正在相持間又忽由城根轉出假充鄉勇之夷人漢
奸一隊忽脱去號褂由東門向營盤横冲我兵益加奮勇
三面迎拒不意蔥谿山背後突有無數夷人扒越山頂槍
炮齊發由上冲下兵勇立脚不住傷亡數百餘人回視營
盤帳房已被火箭燒燬我兵槍已擊熱鉛丸火藥又皆用
盡力不能支遂各潰敗　奴才文蔚本日未刻據探有大小
夷船多只在大西埧文亭等處往來即於嶺頭瞭望遥見
夷船來去如飛火光冲天炮聲不絶正在差人探視旋聞

慈谿縣城有槍炮之聲時因慈谿山營盤去長溪嶺尚有二十里之遥趕緊調派都司劉鳳翔帶領山西抬炮兵一百名四川鳥槍兵二百名迅速前往接應乃山勢灣曲其前路狹仄處所已為漢奸暗中焚燒隨令各兵剷除而勇壯前已退回前面擁塞遂致救應不及其時天已昏黑逆夷亦各回船兵勇紛紛來營而各山溝數處火起不知何人所放并有假扮鄉勇難民數百餘人逕入長溪嶺山口當即派員前往攔阻查 奴才文蔚所帶兵丁僅止一千餘人除撥守糧台及本日派去接應兵丁具留營官兵為數無多恐不敷抵禦致有疎虞即飭令移營 奴才文蔚甫經

下山未及數里嶺頭業已火起對山又有火箭飛來帳房什物大半燒燬嗣經查明即係假扮鄉勇漢奸之所為奴才文蔚於二月初五日亥刻即已受餓一日半矣至曹江與奴才奕經會合一處查點此次接仗員弁只有游擊謝天貴淩長星都司劉天保等趕到其副將朱貴等是否陣亡尚無確信統將前後兩次傷亡及奮勇出力各將士詳細查明再行具奏請旨分別辦理惟奴才前於正月二十九日攻取寧鎮兩城既未能即時克復此次慈谿接仗復致失利奴才奕經身膺統率調度無方奴才文蔚專督前路前次攻城既未得手茲復被夷逆燒營燬盤損傷將

士實屬無能 奴才等 天恩咎實難辭惟有請 旨將奴
才奕經 奴才文蔚交部從重治罪以為昏昧無能者戒惟
查此次浙東用兵該省水陸地勢處處港汊紛歧其旱路
上能沿河行走實者不過四五尺勢不能大隊攻勦是以
奴才等數月以來悉心籌畫必須明攻暗襲正奇並用或
能得手不意曹江以東到處漢奸充斥商民十有七八孰
奸孰良竟莫能辨所有 奴才等現在兵勇數目若干營盤
幾處某日行至某處以及帶兵官員面貌姓名莫不詳細
記認至逆夷船堅炮利向止於水路為便而所有寧波一
帶山勢陸路漢奸處處為之引導反較我兵熟悉 奴才等

帶領官兵由蘇來杭時號稱精兵十二三萬慮欲震懾夷心使之畏懼乃自兵過曹江所有兵勇若干俱為漢奸逐隊細數官兵虛實逆夷無不盡知以故兩次接仗轉致失利在此等漢奸不過貪洋銀乃至奉
旨准其自投來歸並准立功一體賞賚如此
天高地厚之恩竟不回心向化 奴才等恐愚民無不知解文義除張貼告示外復編成俚俗之言刊刻手諭幾千百張遍行傳布數月之久總無一悔罪來歸者自外
生成甘與犬羊同類甚至打仗之際百姓男婦毫無畏懼從旁指點嬉笑竟不知是何肺腑 奴才等現已拏獲數名其中竟有膽敢夜入 奴才文蔚

營內逼近稽窺之人現在訊取供詞愈究愈多奴才等誠不料該處人情敗壞至此刻下若照前次局面辦理仍屬於事無益曹江地方逼近賊巢漢奸窺伺軍情朝發夕至應布置一切必不能十分嚴密自未便仍在曹江屯紮查紹興府城去曹江不及百里城內地勢亦屬緊嚴且教塲寬展盡可屯紮官兵奴才文蔚即暫住紹興府待罪一面休養士卒調派前路防守事宜但此時春潮漸長前次漢奸已代逆夷聲言有欲由鱉子門內犯省城之謠而定海一路是否得手又有夷船在黃盤洋游奕梗塞該處亦無礁耗若未能牽其後路則海口尤宜加意防守奴才特依

順現雖統帶官兵在萬松嶺駐紮遥控尖山乍浦兩路以
目前情形而論乍浦本有守兵及撥調陝甘官兵共有四
千七百餘名山東及福建鄉勇亦有二千餘名尚堪防禦
惟尖山一帶止有湖北官兵一千名在海口駐守且須分
屯各堡恐不免於單弱至其地勢究竟若何夷船是否能
到必須逐一履勘確實奴才奕經即由曹江帶領河南官
兵一千名渡錢塘口順海塘親赴該處查看布置如有逆
夷窺覘即就近控制應援此後宜如何籌辦之處奴才等
竭盡心力公同細商務期盡殲醜類庶以少贖前愆

焚燒鎮海夷船摺　道光廿二年二月

將軍奕經等

竊臣奕經文蔚於進攻寧鎮之先密令各處預伏壯勇以備臨期接應正月二十九日接仗雖未能一時全行得手而小路仍有壯勇潛伏茲據鎮海縣知縣同知銜葉墍禀稱從前接禀臣等面諭並臣劉韻珂飭即商同鎮海縣生員王錦真密造裝葯器具發火機關演試靈便另辦船具選擇水勇多名並由各委員協助鄉勇以備進攻二月二十五日夜間生員王錦真統令火葯船十二隻分作六排水勇四十餘名由僻港撐至鎮海附近夷船處所時已四

吏將頭排葯船用下繩從水底繫定乘潮退之時對逆夷大船發火即將定泊税關道頭之大夷船後尾燒燃是時響聲震地火光燭天該船夷衆驚起但聞呼號之聲不及解放杉板紛紛竄入水中其餘夷船聞聲遂各駕大小杉板船前往撲救彼時生員王師真即乘勢督催水勇頭目並各散勇將後隊五排葯船重重繼進逆夷見前後左右皆是我軍船隻各杉板即將四面圍住過船搜查火具觸動機關各船火葯立時並發烟焰冲天硫磺葯彈上下飛騰我船與夷船攙雜一處均經燃着逆夷亦莫能辦認惟聞人聲鼎沸各船遥見如此聲勢即時開炮槍炮從兩面

轟擊彼時該令所帶鄉勇並附近暗伏鄉勇在曠僻處所聞逆夷槍炮之聲亦各發火開槍作為疑兵應援逆夷不知虛實但見各處火焰又有槍聲疑我軍有無數兵勇其槍炮愈放愈多復向江面亂擊直至天色將明各鄉勇水勇隨時陸續撤退藏匿並無一人受傷至該逆被焚杉板及焚斃夷匪因時在深夜不能確計其數但是夜火光甚熾逆夷號呼不絕約計焚燬之船燒斃之人實屬不少臣等誠恐該令侈張其辭札飭甯紹台道鹿澤長在曹江就近訪查約與該令葉堃原稟相符自應奏請　恩施以示鼓勵相應請　旨將鎮海縣知縣同知銜葉堃寬免從前

失守縣城之罪並賞戴花翎鎮海縣生員王師真應請
賞給六品頂戴　賞戴藍翎其出力之鄉勇水勇均由
臣酌量獎賞

奏佛蘭西國夷情疏 道光二十二年二月　奕山等

查佛蘭西與英夷毘連疆界各為一國素稱強悍前因爭擾地方搆有嫌隙彼此交兵多年後經議和該國亦與廣東向來交易上年十二月間據報該國新到兵船一隻兵頭真時爾士思利管駕來粵泊在香港對面尖沙嘴地方並云後尚有兵船未到等語正在密飭查訪間旋據報稱佛蘭西兵頭士思利乘坐小三板來省入館當經密飭洋商等暗為訪詢據云來省意欲面見官府有稟商事件不肯明言帶有素曉中華言語之和尚玉遮依里達二人同來稟稱該國兵頭有密商軍務不用通事傳話懇請面稟

等情臣等以該國向通貿易素稱恭順乃英夷興兵犯順阻撓各國生意未始不怨恨英夷今既據禀請當面密陳軍務正可因勢利導駕馭羈縻為以夷攻夷之計當即於距城十里之半塘地方傳令來見詢其來意據稱該國王聞英夷與中華搆兵恐該國商船被其擾累是以遣伊前來保護並諭令到此從中善為解散臣等諭以爾國向稱恭順素所深知英逆如此頑梗不化肆行強暴將來爾等各國必受其害爾國王既遣爾帶兵前來果能出力報効必自當據實奏明 大皇帝格外優待恩施據稱我國與英夷雖屬敵國但現在新和無隙可乘不能妄動若無故

攻彼恐別國不憤不如息事罷兵早了此局方爲妥當訊以
爾有何息事之法據稱伊願與英夷講說伊若允從則已
如不允從即向其藉詞交兵等語臣等諭以英逆屢次犯
順現在侵犯寧波定海等處致干
聖怒簡派揚威將
軍各路帶兵前往勦辦此時本將軍等如何敢擅准令伊
講說據稱大人等既不敢奏我先出外洋與英夷兵頭講
說如有何信息再來回報當即酌加賞賚該兵頭及和尚
旋即辭出外洋又據汛弁探報逆夷兵頭僕鼎查於上年
十二月間由浙潛回香港又探得佛蘭西兵頭到香港與
逆夷兵頭見面二次旋據香山駐澳縣丞張裕稟稱佛蘭

西和尚玉遮等面稟該兵頭現有要事於正月十六日開船前往呂宋去看兵船留話給眞時爾和尚進省稟覆二月初五日眞時爾到行呈遞說帖仍以解和為詞希冀賞給英逆馬頭臣等察其行事以英逆新與連和佛夷思於中取利又思分地故為之居間夷情詭譎多端該兵頭雖陽為恭順焉知不藉探內地虛實別生事端雖現在該夷同米利堅各國夷商進省行照常貿易而無故求和不能不疑遂以好言拒絕並導以不可助逆玉石俱焚若能為中國出力　大皇帝必加恩於爾等語除密飭水陸兵勇嚴加防範覘其動靜外所有佛蘭西兵頭來省情形不

敢壅於　上聞據實附陳

覆奏各國夷情疏道光二十二年二月　奕山等

道光二十二年正月二十四日奉　上諭有人奏英逆糾集天竺佛南小呂宋等國夷船數十隻同惡相濟請飭曉諭解散等語此等遠夷被該逆糾合自係迫以威利未必真心相助果能設法解散以孤其勢此事或有轉機着該將軍督撫體察情形悉心籌畫如果各夷可以理諭即剴切宣示曉以大義俾不為逆夷所愚但須斟酌盡善然後舉行又須持以慎密斷不可少露風聲原片着抄給閱看欽此臣等伏查原奏內聲稱鎮海等處停泊夷船數十隻五月初六日定海新到夷船二十一隻初九日又到夷

船四十餘隻或云來自天竺或云佛南及呂宋各夷等語查前次奏報逆船摺內自四月至五月初六日止先後共出老萬山駛赴浙洋者計四十七隻所稱鎮海定海兩處停泊逆船自必即係四月內由粵駛往船隻但從前據該營縣探報均稱該船係自英逆本國駛來並無聲明別國之說茲復細加探訪緣西洋諸國總名為歐羅巴洲並無天竺國名目史載天竺國一名身毒在月氏東南數千里其俗重佛法又聞天竺一名印度孟呀喇及喀布爾皆係印度之一隅喀布爾即前此傳聞與英夷打仗之國孟呀喇則英夷屬國至佛南國或即係佛蘭西因夷語西字是

尾音以致傳寫不一本年春間佛蘭西國兵頭眞時爾及土思利管駕兵船來粵帶有素曉華語之和尚王遮依里達二人同來謁見曾經臣等將曉諭該夷情形奏明在案風聞該國與英逆兩不相下現因英逆日强恐其蠶食早已整頓兵船預為防備呂宋在粵洋之東南該國如赴浙江即由臺灣福建一帶北駛原不必由粵洋經過有無船隻助逆無從而知聞該國貧而弱自顧不暇未必能以兵助逆且該國商船向在澳門貿易亦頗恭順惟訪聞海外各國另有一種船隻名為西裟柳其船上多係黑夷礮火俱備往往受僱於各外國代人打仗索價數萬員至一二

十萬員不等現在英逆分擾各省難保非此等船隻在內
該逆揷以旗號即作為伊本國之船亦未可知臣等伏思
佛蘭西與呂宋各國素稱恭順原可以理曉諭設法解散
惟該國是否與英逆同惡相濟無從得其確據且該國現
無大兵頭在粤僅止小夷商貿易似未便向其講說轉失
天朝體制查佛蘭西兵頭於春間呈遞說帖本以代
英逆講和為辭嗣因該兵頭土思利出洋後總未再來臣
等隨時體察情形如果有機可乘自當因勢利導以靖逆
氛而崇　國體

兵敗慈溪十大可慮疏道光二十二年　浙江巡撫劉韻珂

竊臣前因揚威將軍奕經與參贊大臣文蔚遣兵攻取寧波鎮海二城未能克復恐逆夷以報復為名到處衝突當經飭屬從嚴防堵並於初六日繕摺奏報在案是日傍晚接准防守上虞之衢州鎮總兵李廷揚函稱聞初四日我兵與逆夷在慈溪縣城外接仗勢甚危急次日又接行營糧臺各委員張鏡等會禀長溪營參贊文大營於是夜放火燒燬等情臣接閱之下萬分焦灼正在確加查報間揚威將軍旋自曹江回省臣細加詢問據云是日逆夷與假扮商民鄉勇之漢奸分為數隊先在慈溪城外與我兵接

仗或直逼於前或暗襲於後或橫衝於旁四面攻撲其鎗炮火箭又極猛烈我兵死者五六百人營盤帳房俱被焚燬兵勇勢不能支紛紛潰散至昏暮之際又有漢奸數百人假充難民入山適令文蔚移營一面先行下山乃未行數里即入山之漢奸將營盤燒燬臣復詢以前次攻城不克情形據云伊等自上年抵蘇州後因堂堂正正之師恐難取勝是以委令泗州知州張應運等與他方紳士用重賞招撫該逆任用之漢奸令其轉邀義勇分伏城內俟大兵進勦之時作為內應詎事幾洩露被該逆預作準備而用為內應者又有反為賊用之人故城池未復兵勇轉多

傷亡各等語臣已知該逆之兇燄難以遏抑然總以本省
兵勇類皆怯懦或者調集勁師可冀一勝故於鎮海失守
之時即經奏請調派精兵來浙攻剿以雪前恥仰蒙我
皇上不惜度支簡調川陝等省師徒遠道赴浙皆係百戰
之餘一可抵十迥非本省官兵可比且揚威將軍抵蘇後
又招集江南山東等省義勇其精壯勇悍亦無異於川陝
之兵聲勢不可謂不壯況將軍等密籌數月一切布置區
處悉從隱秘臣忝任封圻猶不能深悉遑論其他機宜不
可謂不密以將軍之深謀秘計加以各省之勁旅銳師似
無難於搗渠掃穴臣祗慮大兵到後該逆畏懼遁逃竄擾

他處初不料征勦竟無成功轉致摧兵折將實為事出意外浙省自去秋以後官紳士庶無不企望捷音及延頸數月復聞敗衂人心渙散愈甚於前竊恐此後之用兵更為不易而目前之大局深屬可危臣焦慮私衷難以枚舉謹為

皇上略陳其概查各省官兵鄉勇兩遭挫衂銳氣全消即防守他處未經接仗之兵皆聞敗中餒茲復欲鼓而用之其勢必難復振臣所焦慮一也現在各兵既難深恃似宜另調然西北各省距浙窵遠非四五月不能到浙該逆驕縱已極未必如前次之伏而不出事等燃眉豈能待於四五月之後況各鎮額兵類皆強弱參半即浙省初

次所調之壽春兵極為精勇及第二次復行調派其膂力材技與初次迥不相同他省情形諒亦如是即續行添調亦恐無濟於用臣所焦慮者二也該夷火器之精不特火砲一項其火箭火彈亦無不猛烈異常無可抵禦我兵以血肉之軀安能當此利器但有數百人為其所傷則餘衆自然瓦解雖有技勇亦無所施臣所焦慮者三也論者本謂該逆不堪陸戰而兩年之中該逆之戰勝攻取皆在陸路且能爬越山嶺又有漢奸為之導引各處蹊徑較我兵更為熟悉其隱謀詭計復在在出我兵所備之外使吾萬難防閑臣所焦慮者四也水戰尤為該逆之所習我欲制

其死命必當籌海洋制勝之策若僅攻取之於陸路無論現在師徒撓敗未能取勝即使日前（後）幸獲勝仗而該逆登舟遁去我兵祇能望洋而歎逆焰未息後患難窮臣所慮處者五也該逆前在定海半載有餘茲在寧波等處又經數月以小信小惠要結人心在大家巨室自不致為其所誘至無賴之徒則皆被該逆勾通漢奸樂為盡力即有不能從逆之人亦因該逆並未淩虐彼此相安轉以大兵進剿為慮是民間已鮮同仇敵愾之心此次將軍等往彼攻剿先在寧波慈溪一帶屯札兵勇現在被該逆偵知將兵勇住歇之房屋悉用炮火轟燬各民人因急公好義橫被

摧殘此後人皆畏禍孰肯用命恐為該逆之耳目者將不獨在漢奸臣所焦慮者六也大兵屢敗敵驕我餒不惟攻剿甚難防守亦極為不易恐該逆所到之處無復完城而乍浦為浙江咽喉省城為根本重地尤為緊要現在乍浦雖有兵勇六千餘名然本省之兵與閩省之兵本不足恃陝甘及山東兵勇為數又屬無多設被逆夷豕突恐難堵禦至省城距尖山一百餘里道路綿長兵勇之數轉不如乍浦之衆議者以尖山口內水淺沙淤恃以無恐不知該逆之杉板船到處可達原不論水勢之深淺況目下春潮已長水漸充盈不特杉板船可通恐大輪船亦可駛入當

此際人情震動士氣不揚倘有逆船數只突然內竄必致全城鼎沸不戰自潰且臣聞近來無業游民希圖搶掠有不以該逆之內犯為可懼而以該逆之內犯為可喜者紹興嘉興等府皆然即省中亦復不免人心如此又安望共謀保衛臣所焦慮者七也浙省上年秋成固屬歉薄然未經成災之處仍屬有收乃有漕各屬收納漕糧多未完竣且有收未及一半之處實為從來未有此實因逆氛不靖花戶人等半已流離半懷觀望遂至輸納不前追呼罔應今大兵復有失利催征更屬為難體察情形實難免於貽誤而地丁南米之不能催納更可類推且乍浦有警則江

省蘇松二府亦難免震恐收糧亦多掣肘臣所焦慮者八也去冬杭州紹興湖州各縣匪徒聚衆搶掠勢甚鴟張雖由十一月間猝被雪災而起實則因該逆匪滋事各匪知地方官不能兼顧故遂藐法逞兇臣分委文武多方彈壓威惠兼施甫就解散然首逆各犯尚未弋獲難保不潛相煽惑散而復聚況上年雪災之後春花多未補種現在米麥蔬果價日增昂小民度日艱難即使前此各奸民未能復集安保此外不另有不逞之徒乘機而起臣所焦慮者九也自該逆犯順以來沿海七省徵備已經兩載而逆勢轉益驕橫不惟浙省之防剿皆難即他省亦在在吃重在各

將軍督撫臣思患預防自己盡臻嚴密然以浙省覆轍推
之臣不敢謂他省之竟爾無虞設令再有摧破實屬大虧
國體且就令該逆不復他擾而浙省一日不能罷兵他省
即一日不能弛備糜餉勞師伊於何底臣所焦慮者十也
凡此十端皆屬必然之患亦皆屬無解之憂若不早為籌
畫則國家之事豈容屢誤臣心急如焚寢食俱廢將軍
現赴海寧州查勘海口情形參贊大臣文蔚留駐紹興府
城調度前路防守事宜究竟此後應作何等籌辦將軍等
似亦尚無定見臣渥被生成若不將實在情形直陳於
聖主之前設日後省垣不守臣雖粉身碎骨亦屬罪

人伏乞　皇上俯念浙省事在危急獨操　宸斷　敕
令將軍等隨機應變妥洽辦理俾浙省危而復安即天下
亦共受其福臣不勝迫切待　命之至再臣前請將已革
兩江總督伊里布改發浙江軍營効力贖罪未蒙　允准
何敢復行瀆請惟念該革員之獲罪究屬因公且較之僨
事誤　國者亦有區別我　皇上愛惜人材凡中外獲
咎臣工苟心迹可原或仍棄瑕錄用或令戴罪立功不知
凡幾近如周天爵林則徐等亦皆令其及時自效仰見
聖度如天不使諸臣終身廢棄之意伊里布與周天爵等
同係遣戍之人情罪似無二致且公忠體　國並無急公功

好名之心臣生平所見者止此一人現在將軍等差委需員除隨帶司員之外又調各省之丞倅牧令來浙委用並令本省舉貢生監查辦事件若老成誠慎不貪功不圖利如伊里布者正可以備任使況該革員為逆夷所感戴若令其來浙或該逆聞知不復內犯亦未可定道光二十二年三月初一日具奏

定海焚燒夷船獲勝摺 道光廿二年三月

將軍奕經等

竊查定海孤懸海外現在逆夷占據恃為巢穴洋面風潮既屬險惡逆夷船隻又復堅固督兵進攻頗難得力當因浙江候補披驗所大使鄭鼎臣係上年陣亡原任處州鎮總兵鄭國鴻之子稍知軍事曾隨伊父在定海辦理防堵於該處洋面情形亦為熟悉特派該員招集水勇僱募大攻船隻即委令總司其事會同營員渡軍暗伏縣內外並各島嶴預備焚燒攻勦并札委現駐乍浦督辦防堵事宜之杭嘉湖道宋國經及山西遺缺知府王用賓經理錢糧

督飭辦理惟海洋風潮無定難以尅期舉動該委員曾慶
次禀報定期進勦或以風信不順或因逆夷預知已有防
備皆未能動手　奴才奕經文蔚恐該大使等冒昧輕進連
次札知該道宋國經等轉飭各營員委員如風潮不順務
須暗伏不動設有隙可乘即行布置進攻亦不得坐失機
宜並諭令各水勇内查其柔脆膽怯者即行撤回庶免臨
時誤事幫項亦稍可節省旋由該委員陸續撤退水勇約
有二千餘名　奴才等派委押令回籍節次奏明在案兹於
三月初十日送據杭嘉湖道宋國經等轉據委員鄭鼎臣
禀報三月初四日督催水勇火攻船分路放入十六門等

處焚燒大夷船共四隻杉板船數十隻擊斃逆夷多名並
據軍功頂戴詹成功把總吳大升禀稱在城內埋伏內應
燒燬逆夷房屋殺斃逆夷數十名生擒白夷一名並將奪
獲夷鎗夷刀等件呈繳　奴才等因定海遠隔重洋究竟焚
燒夷船若干有無擊斃夷匪據鄭鼎臣禀詞尚有揑飾難
於盡信隨飭宋國經等覈實確查並派令御前侍衛珠勒
亨三等侍衛容照帶同台州同知陸模前往乍浦嚴密飭
查嗣據杭嘉湖道宋國經等連次具禀前由該道派委鹽
大使劉允蘭等五員改裝出洋赴黃盤洋彩旗門等處而
自定海駛來漁商船隻及販貨商山江姓等查與禀報

相符侍衛等到乍浦復嚴密由定海來乍之商民張大江等分別查問均無異詞據實稟覆並將奪獲及撈獲夷衣夷物被燒篷索船板等件解送前來查得委員鄭鼎臣於正月間帶領船勇出洋逆夷處已有漢奸告知夷船逐日在各嶴搜捕並出僞詞銀兩提拿該員所有出洋各船隻均分向偏僻小港潛伏兼之風潮總未順利遲至月餘未敢輕進嗣將各船漸次驟集鄞縣大嵩港内停泊乘隙舉動並預行通知在定海城内埋伏之軍功頂戴詹成功等如望見海面火起即行接應放火殺夷至初三日初四日風平潮靜當即暗令各船裝載柴草火藥等物先駛至梅

山港黄昏大港分三路向北前進適東南大作守備徐模
寶督率火攻船隻先由十六門地方分作七排奮勇放進
道頭該處停泊大夷船三隻逆夷見頭排船隻攏近即時
開放槍炮各船同時發火水勇趕緊換坐小船或鳬水逃
生風急潮緊七排船隻重重繼進内有兩排未能牽掛夷
船隨潮駛過其餘俱圍住逆夷即時引燃火光燭天人聲
鼎沸逆夷始猶極力撲滅並用炮四面轟擊終見篷索全
燃火勢益盛無處躲避逆等分入三板船逃竄被水師効
用武舉蔣忠清等管帶後路兵勇接應亦開槍放炮迎面
攻擊該逆匪船隻驚亂復自相觸沈多隻並有退回仍被

焚燒者東嶽見道頭火起連炮八九炮聲震數里火攻船隻雖被逆炮擊沉數隻而夷船大桅亦被自擊連斷二根該勇等乘勢喊殺逆夷大半落海只因黑夜潮急不及撈獲亦有脱逃上岸北徑向東嶽宫定海縣城内逃避其逃走杉板船奔向北山門又遇水勇頭目袁高榮帶領大攻船自小渠山駛來該逆即用鳥槍火箭擊射轉將柴草燒燃風催火猛烟燄迷天直向夷船噴燒逆船逃避不及又被焚燒多隻至蝦峙港地方自上年秋間停泊最大夷船一隻總未移動是晚千總韓慶瑞王廷鰲並勇壯頭目李世茂等帶領大號火攻船二十餘隻一齊拔進乘風發火

首先燒燃逆夷大桅等件烈燄飛騰在船逆夷僅止開放
四炮舵板均已引燃不及解放杉板船各夷多半焦頭爛
額鳬水逃生轉瞬間逆船火葯燒燃聲如巨雷烟燄飛過
山頂即時桅到船沈不見蹤跡維時軍功項戴詹成功把
總吳大升等在定海城内望見東南海面火燄冲天鎗炮
連聲不絶知係火攻得手當即約齊兵勇先行放火延燒
逆夷房屋乘其撲救擾亂之時奮力攻擊逆夷鎗炮並拖
兵奮力向前擊殺逆夷數十名生擒白夷一名並奪獲刀
鎗等件時已天明内伏兵勇人數較單恐被逆夷看出形
跡嗣後轉難藏伏因止割取首級數顆仍前分藏各處預

備再行乘機攻勦所獲白夷暫藏民人許成明家内所割首級亦因夷人守城嚴密尚未能拿出城外埋伏之委員鈕沅等放火焚燒沿城房屋以助聲勢但距夷匪較遠未能擊殺擒獲至委員鄭鼎臣分爲三路船隻發火後即上螺頭門山頂登高瞭望即見城内火光騰躍又有鎗炮之聲並見五奎山有逆夷屯紮即分飭弁勇先行奮力上山攻擊該逆亦開鎗炮迎拒此地夷匪人數無多旋即潰散我兵乘勢追擊復殺死十餘人並奪獲夷箱夷刀衣帽等物數十件旋有火輪船二隻自北駛來應接各逆夷即時開炮迎敵擊破艙板一塊逆夷隨於洋面開炮堵截天已

漸明勢難前進該營弁委員等漸次撤退復行遣人順流撈取燒殘夷船板片等物多件仍回至大蒿港停泊陸續查點各路弁勇止十多人帶有鎗傷並火箭燒傷亦有在水中被礁石及船幫傷者並無一人陣亡統計此次火攻燒燬大夷船四隻內燒沉一隻三板燒燬觸沉者共有數十隻並城內擊殺逆夷將各處停泊之船聚集一處不能遠駛四面用横木支撑攔運木料修理燒燬夷船往來益加盤詰處處查問官兵現屯何地頗有畏我火攻之意查逆夷自上年滋擾海疆者海洋水面從未稍受懲創今於二月間鎮海焚燒一次止燒燃大夷船杉板船多隻逆夷

自相擊殺多名尚未燒沈大夷船茲復於定海各洋焚燒大夷船三隻三板船數十隻並燒沈大夷船一隻城內洋面復擊殺夷匪數百名逆夷向恃其船隻堅固又以我兵並無出海兵船故敢全來洋面猖狂無忌不虞我軍竟以小船火攻打獲勝仗該逆受此大創足使其膽碎心驚而我軍亦倍加氣壯奴才等現在激勵將士即日乘勝前進相機攻勦所有此次焚獲勦匪逆夷及在事出力人員統俟確切查明再行據實保奏

夷犯臺港破舟生擒摺 道光廿二年三月

臺鎮　達洪阿

竊道光二十二年正月二十六日戌刻據彰化縣稟報二十四日卯刻有三桅夷船三隻在五叉港外洋向北駛去臣等查該處與淡水鹿港二廳接壤飛飭該廳縣以逆夷詭詐難保不近口窺伺稟遵不與海上爭鋒之　旨惟宜以計誘其擱淺設伏殲擒去後茲於二月初三日復據淡水同知曹謹署鹿港同知魏瀛委員澎湖通判范學恒彰化縣知縣黄開基護北路副將關桂禀報該廳縣等遵照密劄顧募漁船假作漢奸在北路一帶港口偵探三十日

卯刻果有三桅夷船一隻隨帶杉板三四隻在淡彰交界之大安港外洋欲行入口該廳縣當即會同鬬桂及署北路右營遊擊安定邦等督率員弁兵勇在駐堵禦一面在港口迤北之土地公港分兵埋伏逆夷見大安港口兵勇衆多攻撲不進復退出外洋細經貓霧巡檢高如春大甲巡檢謝得琛所募之漁船粵人周梓等與夷船上廣東漢奸作土音招呼誘從土地公港駛進果爲暗礁所擱其船歪側入水夷人十分驚慌該處埋伏兵勇齊起夷船距岸不遠已在水搖簸不能行駛鬬桂安定邦督令署守備何必捷千總何建恩李青雲把總翁標桂林飛鵬等拋放大

炮奮力攻擊逆夷危急不能回炮延至巳刻其船遂破夷人紛紛落水不計其數或跳上杉板船竄逸復有數十人手持短械跳上漁船該廳縣將備用大甲巡檢謝得琛竹塹巡檢汪昱外委蘭振輝李典魁等及義首總理兵勇奮力圍擊殺斃白夷一人紅黑夷數十人生擒白夷十八人紅夷一人黑夷三十人廣東漢奸五名奪獲夷砲十門又鐵砲一門鳥鎗五桿腰刀十把均係鎮海寧波營中之物等語前來臣等查該夷前經懲創復敢來台滋擾仰仗

天威計破其舟溺斃斬馘無數生擒白紅黑夷四十九人奮獲砲械圖書並將通夷奸民拿獲實足以快人心而彰

國憲惟夷情兇狡兩次敗衂必圖大幫報復除督飭文
武鼓勵士卒激勸義首頭人壯勇同心協力加意嚴防一
面委前候補同知台灣縣知縣托克通阿署北路都司岑
連高馳往查看夷船搜取炮械行提各犯來郡錄取供情
辦理

覆奏英夷情形疏道光二十二年　　奕經

竊臣等准軍機大臣字寄道光二十二年三月奉上
諭本日據奕經等奏廣東送來通事二名熟悉夷語現派
司員向逆夷等連日隔別詰問等語白夷幹布爾既屬頭
目必知該國一切情形且現有通事二名自可一面妥為
撫養一面細詢該國底裏着奕經等詳細訊明英吉利國
距内地水程據稱有七萬餘里其至内地所經過者幾國
克食米爾距該國若干路程是否有水路相通該國向與
英吉利有無往來此次何以相從至浙其餘來浙之孟加
剌大小吕宋雙鷹國夷衆帶兵頭目私相號召抑由該國

王招之使來是否被其裹脅抑或許以重利該女主年甫二十二歲何以推為一國之主有無匹配其夫何名何處人在該國現居何職又所稱欽差提督各名號是否係女主所授抑係該頭目人等私立名色至逆夷在浙鴟張所有一切調度偽兵及佔據郡縣搜刮民財係何人主持其事義律現已回國果否確實回國後作何營謀有無信息到浙該國製造鴉片煙賣與中國其意但欲圖財或另有詭謀以上各條該將軍等即分別詰問詳晰具奏將此各諭令知之欽此臣等遵即督飭司員等帶領通事將各條逐件連日詢問據該白夷等供稱自英吉利國城至內地

廣東地方總視風信遇順風時不過三個月即至香港遲則四月五月不等至遲亦不過六個月即可以到所過地方若佛蘭機急欲罨土即罵達剌沙姑路庇令罵勒格星加坡等處皆英吉利所屬其所經有何國均難指實名目或船上淡水乏食遇有洋面附近之山即用小船攏岸取水其地方名目未能細辨至克食米爾即孟加剌地方孟加剌是其總名克食米爾乃孟加剌所屬孟加剌又英吉利所屬英吉利所有大船到加剌吉達為止其地有小河可通克食米爾亦有陸路距加剌吉達約計千里復有陸路通魯慎大呂宋佛蘭機等處此次來浙之兵均係該國

王所謂祇有英吉利人當兵其呂宋孟加剌雙鷹國之人不能當兵所來之各國夷人乃商船僱工係該帶兵官僱來辦事及充當水手該國女主乃老國王之姪女國王無子其姪女賦性聰明故立為主名域多喇乃英吉利所屬渣罵剌國王之子名鼻連士阿剌拔國人稱為法是滿及該國第一等官職並不干預國事至欽差提督等名從未聽聞亦非女主所授大約皆係私立名色至犯浙一切事件從前乃占那麗架蘭頓調度自該逆死在定海後乃占那哥付調度其人一向在寧波厦門定海等處占那哥付乃罵達連剌沙之勾連那官即陸路之兵頭也義律係去年

即由廣東動身回國其有無音信來浙該白夷等均未能
知曉鴉片烟土乃孟加刺孟米鄉所出就深山地方秘密
製造其本國人茍非製造鴉片之輩俱不准入鄉看其製
法蓋恐洩漏其術其利或為所奪英吉利及西洋花旂等
國俱係赴孟加利盃米各處販入内地但欲圖利並無詭
謀等語以上各條經司員等逐件細詢理合恭摺覆奏

查明雞籠擊夷出力文武摺 道光廿二年四月初七日

臺鎮　達洪阿

竊道光二十一年十月十一日奉　上諭達洪阿等奏擊沈夷船擒斬逆夷奪獲砲位一摺此次文武義首人等共計斬馘白夷五人紅夷五人黑夷一百二十三人擄獲夷砲十門搜獲夷書多件辦理出力甚屬可嘉提督銜台灣鎮總兵達洪阿著賞換雙眼花翎台灣道姚瑩著賞戴花翎達洪阿姚瑩及道銜台灣知府熊一本均着交部從優議敘其在事出力各員弁兵鄉勇義首人等着據實保奏候朕施恩欽此　臣等查上年八月以來夷船迭在台灣外

洋游奕臣等督飭各屬嚴密防堵是月十六日卯刻該夷
船駛進口門攻打二沙灣炮台經艋舺營參將邱鎮功等
安放大炮轟擊夷船淡水同知曹謹候補同知直隸州彭
湖通判范學恒亦在三沙灣放炮接應邱鎮功手放一炮
擊中夷船桅折索斷退出洋外冲礁碎夷人溺死無數其
上岸及乘船駛竄者復經該參將督同署守備許長明歐
陽寶等帶兵駕船赶往生擒格殺黑夷多名即用知縣王
廷幹派兵隨同艋舺營縣丞宓惟康出洋生擒黑夷多名
署滬尾守備千總陳大坤署北路右營遊擊安廷邦等截
拏逃竄逆夷將其杉板擊沉斬獲多名同知曹謹復遣丁

屬帶同役勇至外洋草嶼斬馘搜獲夷書圖冊屯弁義首
人等亦皆奮勇出力隨同官兵打仗擒獻夷人砲械洵足
以快人心臣等謹遵聖諭查明最為出力分別開單恭
呈御覽可否仰乞恩施鼓勵俾海外官民益加奮勉
出自天恩

乍浦被陷摺　道光廿二年四月十八日

將軍　奕經等

竊臣等於本月初八日接據駐守乍浦之杭嘉湖道宋國經馳報有夷船二十餘隻於初七日自江省之金山洋面轉入乍洋其火輪船二隻已拖帶杉板在西行汎往來遊奕等情當查該逆早有退出寗波滋擾他處之語今大幫船隻突至乍浦顯係包藏禍心該處地無險要逆蹤又屬鴟張誠恐難以抵禦即經委令七品職銜伊里布等連夜起程赴彼設法羈縻一面飭令該道等鎮靜防守將辦理緣由於初九日繕摺馳奏在案是日又接乍浦副都統

臣長善等以該逆船内人數甚多若同時分投攻撲防守兵勇勢不能支咨請派兵策應臣等因查揚威將軍等所統各兵均在紹興府以東省城兵數本單薄難抽撥惟續調之陜甘兵二千名内頭起一千名有已經抵省者有將次抵省者可以撥往應援遂不及與揚威將軍等咨商即札飭帶兵各官趕緊前往至初十日巳刻又據宋國經馳報初九日辰刻該逆將各船在天后宮西山嘴唐家灣獨山寨一帶排列與我兵相持又據平湖縣知縣胡培荃稟稱該逆在乍浦海塘外木船上擄去水手二名旋即放回該逆向該水手聲稱欲俟攻陷乍浦後進攻嘉興等語臣

查該逆於初九日已與我兵在乍相持伊里布等於初六日夜自省前往須至初十日方能到乍至陝甘兵更難尅期而達其勢均屬無及私衷萬分焦灼迨是日酉刻復接胡培𡎴及嘉興府知府劉榮熙禀報乍浦業已失陷十一日辰刻又接在彼防守之陝西漢中鎮總兵德坤甘肅中衛協副將哈拉吉那等呈報初九日逆夷將大小各船排列陣勢另用杉板船數十隻每船各載數十人分撲西山嘴唐家灣等處其大船亦開放大砲直向內逼該鎮等督兵奮勇放砲抵禦斃逆無數我兵亦多傷亡詎該逆由燈光山等處登岸火箭齊發乍浦城內復漢奸接應亦放大

箭烟熖張天各兵不能開目紛紛潰散乍城失守該副將哈拉吉那被矛戳傷右退與該鎮德坤退至平湖等情前來臣等接閱之下髮指皆裂憤懣難名伏查乍浦為浙西保障猶之定海為浙東藩籬該逆於上年十二月本年二月兩次用火輪船赴彼游弈窺探其蓄意攻犯已非一日因其衆佔我寗波鎮海定海三城力不能分得以幸全今該逆用船數隻兵數百名據住鎮海招寶山要口將寗波鎮海各船全數退出復將定海之船分出數隻併力攻擊乍浦以致一朝而陷其居心之險毒實為可恨現在乍浦既失逆氛離省甚近可以朝發夕至省中兵力本不如乍

浦之衆地勢又極為綿長遼濶水陸交通各兵分段把守勢甚单弱且自屢聞敗衄兵心已皆不寒而慄更難冀其踴躍用命本年二月以後尖山口内漲有沙塗本可阻遏逆艅而前数月連遇大雨漲沙漸被沖失該逆又在定海製有小船多隻淺處俱可行駛設竟豕突而來則根本重地實屬可危至該逆現又有窺伺嘉興之語雖未必非惑我軍心但嘉興額設兵丁先多調赴乍浦郡城留兵無幾今乍浦之師已經潰散即招回防守亦恐未必得力設府為江浙咽喉設有疎虞則兩省中斷文報俱不能通不特浙省勢同瓦解而江省亦為患匪輕又平湖海鹽二縣離

乍浦均止二十餘里平湖自乍來嘉興之路海鹽自乍至
省城之路現在均無守兵勢皆危迫臣等通籌各處情形
不禁慟哭現在親督省中將弁激勵士卒為背城一戰之
計其嘉興府等處惟有將撥往乍浦之陜甘兵一千名分
別地勢之緩急酌量分往防守並准揚威將軍等札飭壽
春鎮尤渤帶河南兵六百名馳往嘉興復准移會俟續調
之廣西河南兵二千名到浙亦一併截留派赴嘉興一帶
藉圖保衛惟是逆夷勢甚猖獗而我地廣兵稀實無濟於
事至臣劉韻珂職司守土屢失地方實屬罪無可逭臣特
奏命飭勒臣耆英臣恒興統轄滿營今旗兵駐防重地

失事均屬不能辭咎仰乞　皇上勅部從重治罪以昭儆
戒

逆船分䑸北駛摺 道光廿二年四月

浙撫 劉韻珂

竊臣前因逆船已自南而北並聞省厦門添有新到之船稱欲攻犯天津當經恭摺

奏報在案嗣據象山鎮海等縣先後稟報金塘東嶼等洋面見有逆船遊奕茲於本月十三日戌刻復據寧波府等稟稱初十日探得鎮海招寶山下泊有逆船一隻定海道頭竹山門蠏臍港金塘等洋共泊逆船五十三隻並聞此外尚有續至之船亦不日可到各逆口稱係向天竺國借來又稱船內係呂宋人民各船在定港會齊酌留呂宋人在定把守其餘分幫至天津

吴淞滋擾等情臣查去秋該逆攻陷定海等處之時其船共計四十餘隻嗣雖有增减不離乎此數今定鎮兩洋船至五十三隻而定海縣所轄之滿山洋面尚有逆船三隻昨接兩江督臣牛鑑咨會據稱攻犯寶山其船共計二十六隻是江浙兩省現共有逆船八十四隻較之去秋船數增至一倍前所云厦門到有逆船之説竟屬確實該逆糾合醜類蹂聚各洋居心實屬叵測現在寶山已陷勢必窺伺崇明上海而天津一口該逆本稱欲往侵犯令其船隻既已增添且值此風順潮盈更難保其不分艅北駛必須從嚴戒備以免不虞至山東奉天各口雖非該逆注意之

區然一則路所必經一則地居切近亦應防其竄擾

覆奏印度夷情疏（道光二十二年）

奕山等

道光二十二年四月奉 上諭御史蘇廷魁奏粵海逆夷潛遁當乘機速辦善後事宜一摺據稱傳聞英夷爲孟阿喇攻破逆夷兵船紛紛遁回請選派兵勇趕緊修築虎門礮臺以資抵禦廣東省城東北陸路名燕塘墟賊若乘間而入頃刻可至其要隘莫過於城東之大沙河宜築長堤省城西南地名龜崗其東岸宜設營兵使彼首尾不能照應水陸皆可制勝等語逆夷恐惡貫滿盈結怨各國現在傳聞有孟阿喇攻襲之語着奕山等密查粵東所泊夷船駛去若干隻夷衆傳說若何如果該國有事逆夷陸續

逃遁該國夷人在粤甚衆總可得其實在底裡或係他國
與英逆有爭鬬之事或孟阿喇糾集别國與之爲難均著
查訪明確據實速奏該將軍等前奏修復虎門各路礮臺
必須由内及外次第辦理此時該逆如果將船隻陸續撤
退留泊廣東無幾正可趁此趕緊購料興工集事毋稍觀
望並着奕山相度機宜倘可乘該逆窘迫之際出其不意
明攻暗襲殄滅無遺亦足以紓衆憤而快人心至燕塘墟
大沙河軀嵩爲賊陸路所必經應否築堤設營水陸交嚴
之處着奕山等相度地勢妥籌辦理該御史原奏着鈔給
閲看將此由五百里諭令知之欽此臣等伏查本年二月

間風聞英逆所屬之孟阿剌地方向有英夷兵目帶領黑白夷兵各數百名駐守因黑夷出兵在外多有傷亡僅剩白夷兵不敷駐守該逆兵目於去冬勒派土夷商民充當兵役因而搆怨羣起剌殺夷目並將白夷兵數百名焚斃殆盡嗣又據香港探報英逆前佔孟阿剌埠頭藉產鴉片厚利得充兵餉因被孟阿剌麽恡鬼子將八顛之弟殺死奪回鴉片埠以至兵餉不繼等語當經臣等以得自傳聞究無確據會於前次奏報摺內聲明在案是該御史所奏合之粵中傳聞不為無因惟該逆兵船是否因此紛紛遁回前此密飭查探茲據署大鵬協副將及各處探報前聞

孟阿剌將英國兵頭戕害英夷遣火輪船來粵赶回兵船
巡船駛至孟阿剌應援之說如果屬實自不應有兵船駛
至乃現在英逆兵船火船又陸續駛到三十餘隻查探所
到之船已有向東開駛者其餘灣泊各船或云留泊香港
或又云亦欲駛往浙江據查探情形似該逆夷船隻駛回
孟阿剌應援之說未必可信但近日又訪聞得英國之東
另有恩田國相距約三月水程英夷欲得其地被恩田國
設計誘騙於本年正月内殺斃英兵萬餘名現在干戈仍
未止息等語又傳聞逆夷先與喀布爾打仗現在又與治
拉拉拔打仗有地名古斯尼仍被治拉拉拔奪回該逆夷

深恐喀布爾與治拉拉拔和好又訪聞喀布爾與孟阿剌
各處總名印度等語奴才等竊思該夷在海外欺淩各國
因而各國與之為難似係事所必有而現在查詢該國夷
眾所有孟阿剌恩田國及喀布爾各情節或稱得自傳聞
或稱並無其事其所言地名亦恐傳播語音不無譌錯一
時殊難得實

浙洋情形片道光廿二年五月

浙撫劉韻珂

再逆夷目竄入江省之後浙省定海鎮海洋面仍有夷船停泊增減靡常計数總在二十隻內外又寧海縣外洋亦有夷船二三隻時來時去此外各處並無番船蹤跡惟民間均傳言粵省又新到夷船多隻將欲來浙茲於本月十七日據慈谿縣稟稱十三日探得定鎮兩洋共泊夷船二十隻並聞唊咭唎又來船四十二隻內三隻即在二十隻数內其餘三十九隻聞在青龍港內停泊又定海縣城內祖印寺及城外道頭一帶房屋夷人起造一新稱有新至

嘆國夷官夷兵前來居住又據平湖縣禀報本月十二日
以後乍浦彰旗港燈光山一帶有夷船一隻遊奕各等語
前來臣查乍浦所見之船自係由定海吳淞分駛前往至
定海青龍港等處如有新到夷船四十餘隻並有偽官欲
至祖印寺道頭各處居住自係來自粵省近日該省尚無
咨報夷船來浙之文況自粵至浙必須經過溫台兩府所
屬洋面該府縣亦未報有夷船過境縱或該夷在外洋行
駛不能全數瞭見而船至四十餘隻之多斷無各海口均
不見一船之理且寧波等府縣及在彼文武各員亦均無
禀及究竟總鎔所探係從何處而來據稱係得自傳聞誠

恐未必確實惟該縣既經探稟民間又有此謠自應認真
防範

寶山失守提督陣亡摺　道光廿二年五月初九日

江督　牛　鑑

竊照五月初七日馳奉相持情形臣於拜摺後復週歷海塘會晤提臣陳化成據該提臣面稱經歷海洋幾五十年海上防禦全憑砲力此身在砲彈中入死出生難以數計刻下佈置精密可打勝仗並囑臣放心等語詎料初八日夘刻臣正傳署遊擊張蒽轉傳軍令間驟聞塘岸砲響知係開仗即至南門城外親往督戰庶將士見臣親至益加奮勵惟時砲子從空亂飛冐險而往乃甫至教塲地面炮彈在臣前後左右落者無數遥見該大船巍如山高係將

臣炮安在柁工覷定臣所隨之隊重迭施放隨兵被擊死者十餘人俄報提臣陳化成在塘對擊曾轟壞夷船三隻約傷斃夷匪數十人夷匪仍迭放大炮火箭不止教場房屋以及將台連被打破臣憤懣填胸恨不以一身敵愾而將士見勢危急扶臣折回見砲彈所着處屋瓦亂飛草木披靡臣自度萬無生理行至五六里之遥漸至城門竟未遭其毒燄臣回至縣城城內居民本少業已搬空而寶山令周恭壽帶鄉勇二十名已在月浦堵防堵俄報提臣業已陣亡遊擊張蒽身帶重傷周恭壽墜馬跌傷又報上塘業已轟裂所堆土牛多被打塌逆匪由衣周塘岸登岸臣

看此光景已不可支即從西門退出不過四五里之遥即見東門一帶火起又見西砲台存貯火藥之處並被焚燒又探報逆船二隻已驀進海口尚恐後船連檣而進上海無險可守知已不可復問 臣於黄昏時始抵嘉定連夜持令箭收集各營潰兵即馳至太倉州城防堵劉河要口並一路查探逆䑸截其入省之路要道保守根本重地 臣惟有仰天痛哭自怨自恨又提督陳化成為 國家忠勇兼全之臣遽効死於頃刻之際 臣又不禁仰天痛哭伏念臣一介庸儒未嫻軍旅仰荷 皇上不次鴻恩擢兩江半載以來於提鎮文武等講求防禦舉凡練兵繕戎賞功懲惰

一切機宜實已蒿目腐心不遺餘力詎料逆夷兇猛迥出
尋常意料之外此次挫失臣目擊身經方知兇燄非可猝
制委非將士不肯用命惟臣忝在封圻統兵無術致有麼
失實撫躬自問萬死難償惟有仰求　天恩先將臣從重
治罪以爲失律者儆

陳天津禦夷情形疏道光二十二年五月　揚威將軍奕經

竊五月十一日臣等因逆夷攻陷江蘇寶山縣飛飭總兵尤渤帶兵改道赴蘇接應旋接到兩江總督牛鑑來咨寶山失守提督陳化成業已陣亡該督現在退至嘉定地方連日據各路禀報夷船由西南外洋駛向東北而去紛紛不一現在上海已有夷船二十餘隻定海道頭等處停泊及駛出夷船約四十餘隻陸續在金塘羊山橫水各洋面游奕無定現又據象山縣官禀報自西南外洋駛來四桅三桅二桅等船十六隻亦向東北駛去大約夷船統在八十隻內外其形長圓不一並不似一國之船但逆船即多

分竄沿海迤北各口岸均屬喫緊臣等已飛咨各督撫將
軍加意防範至天津海口為畿輔切近之區年來一切防
堵事宜節經
欽派大臣審度周詳該督及帶兵大臣
定能布置妥善設逆夷膽敢竄進必將自取滅亡惟臣等
到浙半年以來身歷其事所有該逆伎倆見聞較為親切
該督等或未能灼悉謹就所知臚叙五條以備防堵之助
一天津貨船皆能直抵閘門逆夷如欲駛近宜以鎮寧防
守為要凡係商漁船隻皆宜聚於閘內勿使出入免致
奪我船隻資為逆用且凡通海港汊及偏僻小路均宜
派人稽查堵截毋令一人來往以斷漢奸傳遞消息接

濟糧食並令府城內外各居鋪連環取保其廟宇等處
概不許容留閒人庶不致造作浮言搖惑衆心
一江浙地狹路仄難於布列陣勢不得不於沿海近海之
處安兵防堵北方地勢寬展儘可於逆夷火礮不及之
地扼要安營並於高阜處搭設高架遥為瞭望以次傳
報該逆惟恃船礮如欲豕突上岸彼之大礮一時不能
運動我兵用抬礮連環轟擊較為得力
一沿塘築土墩不甚可恃逆礮力猛有準不過一二礮土
墩便已坍塌其逆礮大半自桅頂施放憑空下擊我兵
雖藏伏墩內仍不能避或於營外建築土城庶可避其

火箭

一逆夷聲東擊西是其慣技每當鎗鋒相施烟焰迷漫之際彼必多方從背後及兩旁繞出或沖營陣或截營盤我兵腹背受敵遂不得手是宜先將各處小路設法截斷或撥兵瞭望堵築并加意防守營盤自不致有顧此失彼之虞

一北方地勢既曠逆夷登岸必以大隊攻撲我兵即須以大隊迎敵該逆總以五人魚貫一排腰插手鎗尖刀背插火箭其鳥鎗以四桿輪替為首者施放第五人裝藥以次傳遞聯絡不絕我兵於正面攻剿之外尤須於遠

處多伏馬隊兩旁橫衝其陣彼必自亂並查逆夷慣用炸礮我兵易致受傷如臨敵之際地勢寬展宜各以數十人分作數隊庶彼炸礮落於空地不致每發傷人以上五條請飭下直隸總督及帶兵大臣酌議辦理或於防剿事宜稍有裨益

上海失守松江擊夷摺　道光廿二年五月十四日

江督牛　鑑

竊照　微臣　駐紮崑山居中調度兩日以來據各路探報初八日在吳淞接仗時擊沉大輪船一隻又擊壞大夷船二隻沉擱沙灘又擊斷大夷船中桅一隻仍前駛去並查得該逆入寶山城後點明各船轟斃夷人約有二百餘人之多使本地强壯丁勇為之搬運物件下船旋即陸續留住充補斃夷之數又於十二日巳刻報到該逆船四隻於十一日午刻駛近上海縣城夷匪數百人即從新閘登岸繞進北門該縣商民久已遷徙一空力不能支即於未刻失

守又於十二日午刻據壽春鎮尤渤署淞江府王紹復稟報該逆船由浦江駛入城外砲聲不絕該鎮即將所帶官兵出城分紮四隊嚴陣以待該守上城督戰見黃浦江面由東南駛來火輪船二隻杉板船四隻開放大炮五六十聲我兵見其將近東汊口岸開炮回擊該逆相持至申刻仍由東南而去伏查該逆充狡兇異異常見我兵隊伍整齊不敢近岸難保其不糾約多艅而來 臣已飛飭各路官兵嚴加防禦相機伏擊

偽示　道光二十二年五月二十七日

大暎欽奉全權公使大臣璞為列情曉諭事示夫天之所覆地之所載國家不一而萬國之中無不為天父上帝所治者即無不為一家兄弟也既如一家兄弟其宜相友通交不應自誇自能明矣乃暎咭唎國自極西邊來與極東之中國相交已歷二百餘年之當此時間中國官憲屬經妄思彼大我小擅敢待我不平而英國不欲與相爭即經忍耐多年迨及道光十九年間中國　皇帝降旨嚴禁鴉片進口特派大臣林則徐前赴粵省辦理此事該大臣既不能捉拿諸國走私之人欲止其進口已無法可施即應

與諸國所設官員酌議章程以辦善妥乃胆敢將在粵省所住英國官員及商人等強行拘留嚇以死罪意欲將當年所有之鴉片勒取解京以自取名于　皇帝之前也其住粵省之英國官員見情如此即賴君主之權曾令凡英國商人者將在粵省所有之鴉片全行繳出方得救命于水火之中與其中國官員待英國人等大不端者一也我大暎君主既見　大清官員待我似此不端又見該大臣此外多有不義辦法即經特派水師統帥懿律與原在粵省任所領事官者義律給賜兩臣全權命與清官酌議善定諸事因念中國官員往年多有不義之處此次再有大

不端之情理命該統師帶同水陸軍師寄居中國海島地方倘若　清朝情愿認錯伸冤即可善定諸事惟恐不肯伸冤即當行義動兵相爭該統帥等當經赴天津之白河口將大暎䍐相之公文遞投爵閣督部堂琦善接收轉遞京中與衆䍐相議定旋據該閣督部照會該統帥等云以事關粵省難即善定倘如赴粵東酌議即早速定明等詞其英國大臣等仍欲相和交通不願爭戰就即循照赴粵與琦善相往來文書疊次面議奈事未議明而在京宰相不誠無信奏諫撤回琦善另派大將軍奕山前往粵省命其即行爭伏致暎人無奈只得強取虎門一帶炮台及攻服

省城勒取銀兩以贖其不誠無信之罪夫中國似此無信
其待我大不端者二也且　欽差大臣裕謙及各省將軍
大臣等往往遇我民人因大風破船或被孽徒誘惑上岸
者稍不存良心擅敢以所俘掠之人酷心殘殺並敢欺詐
呈奏揑飾告示假以連日相爭拿獲船隻殺斃多名各等
捷報㖔人耳目即如去年春閒裕謙大臣之告示及呈奏
定海上年情形如在廣東之奕山四月閒所奏打毀多船
在閩省之顏制台呈奏所復廈門及台灣道等兩次將遭
風之船人捉獲詐奏以打仗得勝俘掠多名並本年在浙
江之奕經等未壞一船未害一人呈奏燒燬多船重重假

揑奏聞及妄殺俘人致使仍不相和其為待我大不端者三也至貿易一端原經唉國商人在各省買賣貨物與衆民有益無害惟廣東官員因欲自享其利經揑飾奏聞諫
皇帝止准在粵貿易限與洋商十三行買賣只准與該洋商及官設通事人等來往俾得該官等高下其手隨時勒索任憑揑奏矣中國官員待我大不端者四也除此四大端者另外有不公平之情無計雖屬可惡可恨而亦無庸詳細列明也茲因中國如此不端相待是以本全權公使大臣奉命前來中國務求伸冤然後善定事宜復修舊和當未伸冤之先則有統領水陸軍師大憲等奉命照義爭

戰專心求為伸冤迨有中國大臣奉　皇帝欽賜全權准
其自行酌商辦理纔可戢兵不戰矣夫伸冤照需之大端
者三也即賠還所奪之貨物及年來相戰之使費一也其
兩國官員以友理相待平行通交二也割讓海島以給暎
人居住貿易免致再釀爭端三也得此三者不難善定也
本公使大臣恐爾民人等被官員誘惑令爾向我兵弁相
害致惹軍師怒氣累及家眷特先列情曉示為此示仰沿
海各省衆民知悉爾等各自安分務業不宜聽人挑唆與
我相爭免致連累身家為幸勿謂言之不先也特示　大
暎一千八百四十二年七月初五日示

国家出版基金项目
NATIONAL PUBLICATION FOUNDATION

海上絲綢之路文獻集成

總主編　陳支平　陳春聲

歷代史籍編 70

主編　范金民

海峽出版發行集團
THE STRAITS PUBLISHING & DISTRIBUTING GROUP
福建人民出版社

本册目次

柔遠全書六種（道咸成案七至和約彙編一）

〔清〕謝家福輯

道咸成案七

柔遠全書九

鎮江被圍退守新豐摺 道光廿二年六月

江督牛鑑

竊臣於六月十五日申刻據常鎮道周頊稟報本月十四日辰刻逆夷萬餘衆登岸一面攻城一面放火參贊大臣齊慎湖北提臣劉允孝早已排隊預備登時開炮打傷六人又打傷騎馬頭目一名又打傷二人逆夷受傷者甚已將奔敗復從後面兜圍官兵人數太少恐受重傷齊慎劉允孝已退至去鎮江府城四十五里之新豐鎮地方又稱該逆用大炮攻鎮江北門不動又用火箭射入城中火光四起城外一併放火現在派撥京口之江西兵一千名業

已潰散情形十分危急等語　臣查該逆猖獗至此是其專用全力據長江之險畧地攻城不但江陵省城危在旦夕當此人心震恐之餘而蘇浙揚淮亦有不支之勢由長江而至安慶府城水程不過六七百里安徽亦將有風鶴之警且連日以來鹽梟處處蠢動放火肆搶雖經查拿數起不能禁止伏求　皇上睿謀乾斷迅　賜保全之策以綏疆土而拯民命如逆船駛至金陵並懇　聖恩准　臣設法塹事羈縻以待援兵之至

夷至京口奮力堵擊摺　道光廿二年六月

參賛大臣齊慎

竊奴才齊慎於初八日將京口危急截留提督劉允孝所帶官兵一千名具奏在案是日辰刻奴才海齡據東馬頭防堵官兵稟報瞭見京口江面有白布帆篷夷船數十隻連檣蜂擁而來大輪船二隻駛至南岸撲攻當經在防佐領果星阿恒明帶領官兵開砲轟擊逆夷亦開砲回擊將一帶砲房打碎甲兵受傷者三名我兵仍伏土墩下瞭準逆夷船身開砲連擊致斃逆夷數十人奴才海齡親駐北門城樓相機調度並飭協領武忠阿帶領京口青州官

兵馳赴接應　奴才齊慎先已揀派參將張富遊擊張奉明
王貴等帶領奮勇弁兵在城東北一帶扼要山梁江岸嚴
陣以待該逆勾結漢奸駛駕三板小船預伏岸側聞火輪
船上砲聲震動捨命搶上江岸我兵各持刀矛自上壓下
刺擊落水者多名　奴才齊慎帶領得力弁兵親身督戰並
恐漢奸到處潛伏復派隨營委員嚴密稽查該逆夷旋擊
旋進相持自辰至未見我兩路官兵砲火聯絡隊伍整齊
仍將火輪船折回東北行駛退往圌山關停泊初九日午
刻該逆復駛船在焦山江面遊奕適提　臣劉允孝帶兵渡
江前來該逆夷瞭見兵數衆多仍即退出初十日辰刻復

分駕船隻由焦山駛至金山江面往來遊弈奴才齊慎一面知會海齡督率旗兵嚴守城垣一面會同劉允孝督率官兵各於東北山梁江岸整齊隊伍開砲轟擊奈是日風大潮長江面寬砲力不能遠及所有護砲土墩半被逆夷擊塌守台甲兵難以蔽身奴才海齡因將旗營官兵調入城內添有四門晝夜嚴加防守詎逆情詭譎十一日復駛船至金山停泊中流情殊叵測是日揚威將軍奕經所派九江鎮李錡帶領官兵二千名陸續前來督臣牛鑑原擬於此項弁兵內酌留五百名防守京口茲復准來咨應留官兵一千名交奴才齊慎督率防守惟查探逆夷尚有大

幫兵船五六十隻相隨在後現在停泊圖山關者已有三十餘隻察看情形該逆竟有併力直前攻撲之勢奴才等惟有協力同心激勵將士相機堵勦以期仰報　鴻慈於萬一

巴郭來文

大英國統領水陸軍門巴郭爲照會事本軍門等因奉君命在中國議戰昨已攻破鎮江曾經城中旂漢等兵盡力擋抵終不能擋抵得住致殞力者甚多而我兵突進據守本軍門等統兵適將前往金陵心懷仁義不忍害生靈特先令照會貴將軍部堂特派委員面議贖省免戰之禍仍將分晰咨知若無計可施寔不贖江寧則本軍門不得不破城池但省會蒙皇帝不准照前所討諸款則本軍門亦不能全行罷兵今將贖救省會之計題起惟望貴將軍部堂熟思之

照會噗鼎喳 道光二十二年六月二十日

兩江總督部堂牛　為戰爭由於情隔用特開誠布告共通情愫事照得人秉天地之氣以生無論華夷不外情理六合之大四海之寬各君其國各子其民分疆畫界設關隘以稽查彼此不得相侵者理也中華物產至為富饒遐荒絕域亦多珍異有無通公平交易以共聯和好者情也我　大清國撫有華夏綿亙二萬里而至於朝鮮極東之地貴國則居外洋極西之地相距甚為遼遠我　列祖列宗視中外為一體通商結好者已二百年　今上皇帝聖神文武事事敬　天法　祖宜於今而忽改舊章其起衅之由

實為鴉片流毒而起民以食為天鴉片非菽粟也而華人
食之愈染愈衆耗其財戕其命害有不可勝言者烏得而
弗禁然亦自禁吾華人之吸食耳人之良莠不齊我國有
買食之莠民故貴國有販賣之莠民初非貴國強使之買
強使之食也禁鴉片而併禁通商亦非我 皇上懷柔遠
人之本意也若禁通商而大啟兵端尤非我 皇上綏靖
萬邦之本意也不然當貴國前公使天津申訴之時何以
即 降旨許赴廣東聽候查辦又於未收定海之先屢頒
聖諭沿海防軍不得開砲是我 皇帝如天好生之大
德溥海內外無不悉知即貴國臣民亦當共見共聞至廣

東查辦之原委本部堂未官閩粤不能深悉而就現在浙情事而論自我定鎮失守以後今年三月　皇帝賞給伊中堂四品頂戴來赴軍營又　命署理乍浦副都統印務試思伊中堂前以畏懦得罪今又何以驟加　擢用本部堂微末小臣不能仰窺　高深然而　聖心之仁育意必有所在矣乃自四月以來貴國之弁兵入我乍浦惱我吳淞殲我提督大員今又攻破鎮江府城我江南百姓聞風大震莫不結社團丁各衛身家即本部堂職任封疆亦惟有據險固守誓死報　國迨儀徵縣抄呈貴公使所貼告示則又以結好申寬為詞乃知兩國本意原無不合祗以

形迹之間愈離愈遠致成決裂如果中國之所以相待者於情理稍有未愜即不妨據實直陳是非可以立見或竟由貴公使撰表賫由本部堂代遞或詳悉叙述公文由本部堂代奏均無不可兩情既通夙嫌自解然後事可成而好可久若徒恃船堅砲利窮兵黷武日事戰爭縱令我中國久享太平攻戰之具未備以致迭遭荼毒然貴國將卒亦豈不多有損傷孰無父母妻子遠離數萬里之外與我戰爭兵連禍結何時可了豈不大拂　上天好生之德乎

天道惡盈而好謙悖情理者　昊倉弗佑我中國亦惟戒盈守謙成敗利鈍一聽之於　天命貴國最敬者　天

最重者信倘得盡達隱情上邀　帝鑒同好棄惡休兵息民自今以後貴國仍得享利無窮貴公使之為本國効忠立功豈不更光明磊落乎若夫兩軍壘互有傷殘此皆各其主不足為怨又況我中國本未興戎因貴國相攻而自為守禦貴國遠來固多糜費我中國三年防守其費不更相倍蓰耶本部堂一介書生未嫻軍旅仰蒙　皇上畀以封疆重任不敢不竭盡心力報答　君恩而目擊生民流亡遷徙土匪到處搶刼實屬疾首痛心自問生平毫無所長惟此一片血誠足以矢天日而告鬼神用特開誠布公遣弁賫文投告望貴公使權衡夫天理人情速決大計熟

慮而深處之本部堂有一語失實神人共殛須至照會者

江寧危急請兵應援摺　道光廿二年六月

江督牛　鑑

竊臣於本月初八日由京口溯流而上行抵江寧省城一路察看形勢大江山闢而至京口現復揚帆上駛欲至江寧臣與將軍臣德珠布副都統臣興倫公同商議江寧城外沿江一帶雖有險隘可通而其來甚猝火攻等器具已屬趕辦不及城外斷難交鋒不能不嬰城固守查江寧省城三面臨江設守大屬不易本城除滿營兵三千餘名外臣督標營兵僅有一千餘名此外客兵如提督劉允孝所帶湖北兵一千名經參贊大臣齊慎奏明截留京口其揚

威將軍調撥防浙之江西兵二千名經臣酌擬以京口最
關緊要以一千名留於京口為牽制攔截之計以一千名
協防江寧日內亦未到來兵力實形單弱又揚威將軍所
撥之炮四十尊因江面阻隔亦未解到臣復察看省城雖
屬臨江而自江干至城或三五里至八九里不等城本高
厚女牆雖多圮壞而城身堅鞏夷炮轟擊尚足當之最可
虞者以小船攏岸扒城而入臣現逐加查看凡可以攀登
之城堞分別最要次要派兵拒守並相視攏岸之處駕臣
砲於城上向下擊之以為固守待援之計惟是該逆此次
厚集船砲大舉入逗其勢較前益張省城兵力既單器械

又未充備臣雖躬督將士殫竭心力而於守禦殊無把握
豕膺戎寄未能禦侮保疆致醜夷益肆兇横臣萬死何足
蔽辜城存與存城亡與亡夫復何言顧國事所關重大
又非一死所可塞責臣又何敢預存此念慕其奮勉堅凝
之氣臣惟有求其心之所可盡竭其力之所能為以期稍
為補救於萬一除飛咨揚威將軍率帶防浙官兵星速赴
援外伏乞　皇上敕令趕緊遣兵來江解省城之危迫至
提督劉允孝奉　旨仍署松江提督查該督現留京口協
防距松江幾及千里勢難兼顧江南提督篆務應請仍以
以尤渤暫署候防務稍緩再令劉允孝前往署理合併陳

明

附片

再六月初六日該逆火輪船二隻在圖山關遊奕探水經守關弁兵擊損其一隻夷匪有落水者數人次日即分來大船八九隻將炮台擊塌並將兵房燒燬官員不知下落又據常鎮道稟報所有臣督飭備辦之火攻船隻木簰初八日午刻該逆火輪船二隻駛進焦山口外隨即點放順流而下烟燄騰烈其一隻即退回下流二十餘里之外其一隻仍由北岸駛至金山探水回去是日適值東南風大作以致未能延燒等語臣查火攻一法用之於焦山口門

最為得力雖經臣嚴催趕辦無如為時倉促且木商逃散料物不能齊備遂致接應無繼逆船得以闖入臣不勝憤恨之至

又片

再臣正在拜摺間接據高賢巡檢宋汝楫稟六月十一日已刻見有夷船三隻駛赴儀徵之老河影停泊該處本為鹽梟出沒之地現已有私販聚衆滋擾等語又據常鎮道周頊稟報十一日卯刻該逆大幫船隻全數駛過焦山已將瓜州口門封閉斷絕運道辰刻復見有大船六七隻望江寧進發並稱鎮江紳士有捐職同知顧崇禮者於初十

日午刻隻身前往焦山直上夷船口稱鎮揚兩處民專來求見該夷詳問來意回稱斷不驚動百姓只要岸上不開砲我們並不動手千萬放心又再三詰問大皇帝意思如何對以不知又問伊中堂因何不來又作告示大大張係歷數前此相待之不端此來轉為伸寃之道有三一則還烟價一則還戰費一則內外臣工用平行禮一則量割海濱地作為貿易之所此數大事若行其餘不難等語臣伏查老河影向有私梟盤踞聚至數萬臣光經密飭署運司但明倫設法安頓今逆夷內犯之際該私梟忽行乘機滋擾而常鎮道所稟該逆復有要求之詞臣均不敢壅於

上聞

鎮江夷退防守蘇州摺 道光廿二年六月十三日

蘇撫程矞采

竊據丹陽等處先後探報前因夷船駛入圌山關京口副都統海齡復即將城門全行關閉以防溷進漢奸迨該逆攻陷城池民人倉猝出城所遺貲財被該夷匪肆行搜索搬至府署大堂存貯勒令貧民代為運送船中並將我處銅鐵砲位安放城上忽於二十二日城內夷匪俱用鼓吹登船二十三四等日復又入城晚間仍即回船居住所有城牆垛口大半拆毀民房衙署間段焚燒復於大路挖掘深坑埋藏火砲木匣上蓋蘆蓆不准民人踐踏等情查該

夷既已攻陷鎮城不數日即行退出仍復任意往來所埋果否即係地雷城上又安設砲位數門亦難保不別生奸計臣於得信後即飛飭常鎮道周頊密委文武各員選帶兵丁前往該處巡防並將難民妥為安撫至該夷前有内犯江寧之說並有火輪船二隻駛至燕子磯江面旋即退回現在京口僅泊夷船一隻其餘大幫數十隻均在金焦兩山及儀徵一帶遊弈靡常行踪實為詭秘前奉 諭旨預為小艇火攻或從後路設法攔截並懸立重賞購募水勇船戶及曉諭紳耆捐貲團練以資保衛等因欽此仰見洞燭幾先多方指示莫名欽感第船隻水勇皆不敢攖

敵燄兇鋒無人應募即如老河影地方所泊鹽船在江中
素稱堅大水手亦桀驁不馴前見夷船即放擡鎗該逆開
砲回擊兼施火箭竟將鹽船燒燬人貨俱沉鮮不聞風披
靡該夷所泊船隻分布江中恐我截其歸路節節俱有策
應我兵亦無計可施至紳耆團練一節已於奉　旨後即
邀同前任雲南按察使候補京卿吳廷琛前任湖南衡水
郴桂道高翔麟前任廣東雷瓊道董國華等妥為籌辦並
恐在籍人員不克周知復恭錄　諭旨遍行曉示現據吳
廷琛等會商已於蘇省城外招募壯丁一千七百餘名防
守城廂所需飲食工資經該紳等勸諭捐輸隨時支發闢

廂聲勢極為聯絡臣惟有持之以靜守之以嚴如有滋事
匪徒即行從重懲辦以弭內患而禦外侮此外各府州縣
亦均勸令紳士捐貲練勇各衛身家自較徵調之兵為得
力務使同懷義憤庶衆志可以成城署乍浦都統伊布里
奉
旨折回已於二十六日由嘉興行抵蘇州當即馳赴
無錫會同
欽差大臣耆英籌辦事宜

籌防內竄摺 道光廿二年六月十八日

南河督 麟慶

竊臣於六月十六日承准軍機大臣字寄六月十三日奉
上諭現在逆夷猖獗有由揚子江直犯江甯之謠該逆如由內河北駛必多備小船由瓜州進口直趨揚州淮安各處不可不加意嚴防此時牛鑑駐守江甯省城勢難兼顧著責成麟慶于由江入河扼要處所嚴密防堵毋令連艅直入如兵力稍單即趕緊團練水勇設法守禦或雇覓小船裝載柴草引火各物暗伏港汊乘夜焚燒使不得揚帆徑渡是為至要如防堵不嚴稍留罅隙致河面有夷船

闌入惟該河督是問將此由六百里加緊諭令知之欽此
伏查南河以瓜州口為門戶而自海入江以江陰縣鵝鼻
嘴為要隘臣於初七日奉到　諭旨飭令會商防守遵即
移咨適常鎮道稟逆夷船只已於初四日駛過該處旋據
揚州府江都縣等稟稱夷船已過圖山關逼近瓜州經運
司飭減運糧船用竹簍麻袋實以土石在內河扼要之三
汊河沉船實填特揚州城兵甚少請即添補協防等因臣
以事關緊要急商漕臣各抽撥兵百名往援　奏明在案
旋即督臣咨稱運庫有銀一百二十萬兩請代收存隨經
委員解到臣即飭分貯河庫及淮安府並截留前調右營

兵五十名防守以昭慎重隨選弁改裝密赴江口一帶偵探情形兹據稟查得瓜州城內居民遷徙一空其大小兩口各有三桅夷船停泊江面有杉板夷船遊弈十一日見有火輪船二隻駛向西南上游而去當至三汊河查看沈船處所有江都縣知縣彭以竺庫大使宋佩縂在督工辦船已鑿沈兩頭築坎中留小口可通船行以便商旅等語臣思逆夷猖獗不可不設法守禦而其法誠如 聖鑒以以縱火為要是以曾派河營叅將吕邦治馳赴下游會同署江防同知雷體乾察看通江港汊情形測探水勢深淺或設法堵塞或扼要埋伏 如有杉板船闖進內河即就近

用存工料裝小船乘夜縱火又選派外南營守備黃佩採
木植以備紮筏縱火以及發樁攔等用茲又派三江營守
備安振業馳往揚城收買竹頭木屑雜用柴草倘遇火輪
船到赶就河勢灣曲之處順流放下以滯其輪此外更有
淺水阻淺一法已飭呂邦治親赴揚河廳屬將兩岸涵洞
閘板全取隨赴揚糧廳本擬盡放歸江去路適值江水陡
長丈餘放須内灌先取壁虎橋等四處餘再查看江潮長
落酌辦又高邦四坎淺水入海最為便捷特下河早稻尚
未收穫一經取放有碍民生仍飭暫緩如果夷船敢入内
河赶即取坎使河水陡落以膠其舟即派該泰將會同淮

揚河權其輕重相機酌辦惟是揚州居民聞夷船入江紛紛遷徙北來清江戶口日增米糧日貴深慮宵小竊發是以河營上兩年所團練河兵選調來浦派中軍副將秦攀蓴會同淮揚淮海二道督率操練藉壯聲威而資彈壓今奉 諭旨嚴飭防堵 臣受 恩深重益當竭力籌防惟江北兵單人心恇怯清江浦為水陸咽喉五方雜處並無城垣且有河庫今更添運庫移貯銀兩深慮慢藏又時屆大汛河湖長水修防吃緊 臣刻不可離至揚州為財賦之區聲名夙著逆夷必定垂涎防守匪易查兩淮鹽運使但明倫平日辦事認真商民愛戴現在運庫銀兩已移泰壩停

運儀徵停綱鹽務事減所有揚州府防堵事宜應請 旨
責成但明倫督辦其高郵一帶為北來要津四坎均在境
內且距該管鹽城縣射陽湖海口不遠應責成淮揚道恩
齡專駐接防其黃河灌河等海口及海州青口鶯遊門等
處本係淮海道所轄設有夷警應責成淮海道趙廷熙馳
往督防臣居中策應務期協心同力籌畫萬全不留罅隙
仰副 聖主委任之至意獨是前因京口文報不通地方
官議請改途儀徵今又不通者三日係沿江均有夷船遊
奕之故現在督臣牛鑑已回江寧閩提臣劉允孝亦帶兵
赶往京口有參贊臣齊慎駐紮自可無虞特夷船不退南

北隔絶運道民生鹽務河工均關緊要查由江入河一路
係揚河河標漕標淮安等四營地方額兵本少又經上海
等處屢次調防二千餘名更形单薄現在留防蘇州地方
自應移咨調回無如大江不通一時難到而附近之徐州
鎮亦多調防江南等營各有海口不容輕調是現在江北
全力言守尚難而夷船在江勢不能厚集兵力設法守禦
似應先事預籌合無仰懇　天恩在江南連界之山東河
南營分酌調一二千名多攜抬砲揀派幹員管帶來浦再
行進駐揚州相機辦理庶於大局有裨倘夷船敗退立即
奏請停止以節經費

又片

再欽奉　諭旨如兵力稍單趕緊團練水勇等因仰見
聖慮周詳垂慈體恤曷勝欽服惟查熟悉水性之漁丁蛋
户多住海濵清江相距稍遠若招募鄉勇又大半係潰散
之餘其氣已餒戰均不足恃且易聚難散徒滋糜費是以
臣遵團練水勇之　諭仍擬用舊練河兵特以伏汛責重
修防柢可選用四百名各有原任約束較易獨團練飯食
器械等用均係　臣與道廳捐辦今既調集清江計每日飯
錢等用必需數百串現在雇船採木置備引火在在均需
經費力實不逮查清江官紳曾有捐輸海疆銀八萬三千

三百兩現貯河庫經臣於本月十三日奏明並聲請聽
候部撥各在案如蒙　賞收合無仰懇　天恩先將此項
作爲軍需團練之用臣核實經理事竣仍歸江蘇省局稽
查彙總報銷

籌議江防片 道光廿二年六月

賽尚阿

再准蘇撫臣程矞采抄摺咨會一件內稱夷船大幫闖入江口已過江陰之鵞鼻嘴地方情形甚為危急等語該逆如此猖獗誠如該撫臣所奏不特江陰對岸之靖江通州等處人心震動即揚州鎮江等府均屬可危臣等揆度情形勢恐所慮尚有不止如該撫所云者緣鎮江為江浙兩省運道所必經而揚州尤為南漕之總滙該逆前在浙江耳聞有搜索揚子江黃河圖形之說是其斷我運道蓄謀已非一日假使大幫直入南則擄掠鎮江北則擄掠揚州

西則堵塞瓜州三路盤踞使我本年之漕船不能歸次則水手未必相安明年之秋粮不能北來則倉儲有關支放是不必逆船北駛我固已坐受其困矣臣等再四熟籌該逆雖勢蹙日張而由海入江未必非自投絕地誠使一意攻勦實為可乘之機緣該逆盤踞海上肆意横行所恃者海面空濶無時無風亦無風不可駛遂覺莫與爭衡江路較海逼窄一順一逆風祗兩面如遇旁風雖江船尚須沿岸帶牵該逆船隻較大或遇順風豈能飛駛且沿江支河港汊隨在皆是我兵擇地設伏或兩路夾攻或一路横衝均可折其兇勢臣等所以謂該逆自投絕路也所可慮者

沿江小船無處數萬隻其中或商或漁甚至鹽梟土匪良莠萬有不齊此輩若經逆夷啗之以利挾之以威誘入彀中其患較漢奸爲尤甚爲今之計與其逆夷乘勢勾結莫如自我先招徠之其招致之法則在廣其路而厚其資廣其路則梟匪亦可當兵厚其利則商漁亦甘効命是在實心任事之員先拉其船之大小以定價之多寡雇有雇價買有買價以若干船隻設一甲掌之再幾倍其數以總甲掌之俾如身之使臂臂之使指於各船中多用硝磺柴草大彈火箭及一切火攻之具在逆船之上下游奕妥爲安置上游得力則放上游船燒之下游得力則放下游船燒

之以迷定機以多取勝當不難立稀其睍昔宋臣韓世忠以巨艦戰於長江屢獲勝仗卒以海船無風不能行駛為金兵所敗是其明証總之逆勢雖張議攻勦於長江較之海面確有把握想刻下沿江勦諸臣當已早見及此妥為籌備惟值滅此朝食之際臣等苟有所見曷敢緘默不言其究竟能否確合沿江機宜伏乞斷自

宸衷飭下江蘇督撫暨帶兵各大臣相機辦理

遵

旨覆陳辦理情形摺　道光廿二年六月廿二日

南河督麟慶

竊臣前將籌防江北河道情形於本月十八日恭摺由驛覆陳在案十九二十兩日疊准軍機大臣字寄六月十六日奉

上諭本日據齊慎等奏逆船駛至京口連日接仗情形一摺京口為大江鎖鑰該逆分䑸肆擾並有大幫兵船隨後繼進若逆船由瓜州進口直趨揚州淮安一帶則處處防範宜嚴前已有旨諭令該河督設法堵禦倘兵力尚單或就近酌調徐州兵丁以資策應或於隱僻之處潛設伏兵俟逆船駛入縱火焚燒再以精兵截其歸路當可

得手該河督辦理河工於軍務並非專管但際此逆夷猖獗之時自當協力同心不分畛域倘能相機妥辦俾運道無阻塞之虞而揚州一郡得保安全是該河督之功甚偉也將此由六百里加緊諭令知之欽此又六月十七日奉

上諭本日據牛鑑奏逆夷闖過京口瞬息可到江寧現在竭力防守一摺江寧為省會重地牛鑑現在彼專辦防堵江北一帶勢難兼顧着責成麟慶加意嚴防毋使逆船竄入致運道文報稍有阻碍且江北向有鹽梟出没當此逆夷肆擾之際恐其乘機竊發滋擾地方或潛投逆黨反為所用不可不力加防範着麟慶密嚴稽查毋致別釀事

端是為至要將此由六百里加緊諭令知之欽此臣伏思
攘外必先安內制勝全在相機仰蒙　皇上指示機先
訓以同心協力跪誦之下欽感莫名當查夷船入江後據
江都縣稟報初十日停泊瓜州經守備曾廣樞帶兵堵禦
該逆夷見即放砲連傷二兵居民驚散十二日駕杉板船
直入瓜州口因三汊河已有官兵防堵隨即截田由閘關
橫阻河道不准民船往來又據揚州府稟報初十日有匪
引夷由外港繞至三江營地方登岸砍傷額外顧鎮海兵
丁張文搶搬軍庫該署守備萬長松聞信赶往追勦經兵
丁湯文壽奪獲夷刀一把匪即逃至江邊由小船接應而

去等語臣以該逆夷搶去軍裝誠恐有冒充兵丁等情獘札飭各營縣嚴加防範近探得夷船仍在大江遊奕瓜儀各口均有三桅夷船停泊攔截行人不容過渡其駛往江甯之船作何舉動尚未得有確報揚州淮安一帶則因兵力甚单民多震恐臣於所屬各員將一切防堵事宜悉心籌備外亦鎮靜以固民心至徐州鎮日前本以調用因知其屬次調往上海為數不少該處界連曹单潁亳民情強悍存兵尤不宜单現在徐州道查明有無可調覆到再核至團練鄉勇易聚難散官不可用而守望相助民尚可為現在兵既短絀不得不藉資民力是以檄飭淮揚各州縣

勸諭紳商捐資團練自相保衛並以署淮南監掣同知陳延恩淮北監掣同知朱沅兩淮候補運判鄭士彥范守誠本自與紳商情熟特委該員等幫同地方官勸獎以成此舉所有團練事宜仍令該紳商自行經理查揚州距瓜口僅四十里當夷船駛入大江時人心驚惶紛紛遷徙鄉間或夜半訛傳寇至因而羣起逃避匪徒即趁機搶掠實屬為害閭閻再江北向有和梟誠如　聖諭深慮竊發更慮潛投逆黨　臣惟督飭地方官欽奉遵　聖訓協力防範查日前惡棍陳三虎等行不法當即恭請　王命稍知儆畏近有調到團練河兵勤加操演清江地方尚屬安靜嗣後

淮揚一帶尚有梟匪滋事若非立正典刑難用法紀應請
由臣督飭地方文武拏到盡法懲治其應解省者審實經
解臣處復核正法以儆兇頑而杜萌孽

嘆𠾼喳來文 道光二十二年六月二十三日

大英欽奉全權公使大臣世襲男爵嘆　為照會事六月二十日接准貴部堂來文均切閱悉竊戰爭所係禍害極深和好所結福益綿延固本全權公使之所悉知而晝思晚慮者即本公使奉君欽賜全權特為此意俾解嫌除害而善定久好乃貴國久未相待心居盈滿致褻我君特委之官平時磨折以損我民苦勞之貲若必始終執迷不伸先日已結之冤不保後日無蹈舊轍則本公使必無所以除戰害定復和好之大計矣夫和好之事皆賴　皇帝善定宜照本國管理通外事務大臣前經照會貴部堂已閱

儀徵縣抄呈本公使所貼告示中亦曾畧行敘述尚蒙
皇帝降旨照此商辦善定就可早行戢兵則其中華官憲
年來背情違理辦事致貽禍累民害已深極當時即得止
息本全權公使專心慕求和我惟望　皇帝俾賜全權
命臣前來與本公使酌商事宜而未蒙俾以全權　命臣
以先我統領水陸軍門郭已仍必欽遵君命行兵本公使亦
無由善辦也惟貴部堂熟思之是所切望須至照會者一
千八百四十二年七月三十日

照會巴郭

總督部堂牛為照會事照得本部堂前閱貴軍門來文有贖省城以免戰禍之語當即籌備銀六十萬兩擬先交三十萬兩餘俟兵船退出再行續交專弁備文照覆在案茲據貴軍門回文索戰費三百萬元方肯罷兵按本部堂前許之數多至三分之二事關通好保民本部堂何所吝惜惟江寧現在情形有不得不為貴軍門推誠相告者江寧名為南京乃明朝之南京非我　大清之南京也名為省會並非通商馬頭民間靠耕織為生並無富商大賈不惟不及廣東百分之一亦不及寧波十分之一此共見共聞

不難詢訪而知也加以自道光十一年後連年大水成災
綢緞鋪户十閉其七錢糧大半減免庫款賑濟飢民又因
用兵以來撥廢甚多以致官民俱形困乏本部堂前許之
六十萬兩名為紳民輸湊實則官為墊辦並無一言相欺
者若如貴軍門索要之三百萬元實屬無從湊足此時將
就答應必致臨時不能送交徒滋失信於事無成相應據
實照覆至貴公使來文總稱中國官憲相待不平不公以
致戰禍不息即如此次本部堂因見貴國告示有伸冤通
好之說即力主和議三次冒死奏奉　恩旨允准通商並
如貴公使所請專派大臣妥辦是本部堂待貴國並無不

平不公之處可以上質天神乃貴軍門統帶兵船驚我百
姓占我江口本部堂　皇帝已允議和不肯再想爭端是
以先期收兵入城輸飭帶兵官鎮靜防守不准開槍放砲
城外並無伏兵沿江各營謹守汛地不為暗箭傷人之事
並應許致送銀六十萬兩所以待貴國者可謂厚矣而貴
軍門必欲多索我貲不肯退兵俾本部堂一片好心反惹
惡意若和議大局不定必干　皇帝震怒致本部堂又蹈
琦爵閣部堂拏問治罪之覆轍試問貴軍門之所以待本
部堂公乎不公乎平乎不平乎現在　欽差大臣已到且
奉　皇帝諭旨着便宜行事從權辦理字樣是兩國和好

通商指日可定本部堂不勝欣悦至贖城戰費之說其名不順本部堂擬致送銀一百萬元以為犒勞貴國軍士之資務祈貴軍門將三百萬元之說置之不議誠將本部堂之所以待貴國與貴軍門之所以待本部堂者孰厚孰薄孰誠孰詐兩相比較一熟思之須至照會者

照會噗㖿喳

總督部堂牛為照覆事照得本部堂接到來文所叙各情
知貴公使一心老實正直辦事本部堂不勝敬服適值
欽差大臣一品銜前閣部堂伊　亦於是日到省奉　皇
帝便宜行事從權辦理之　諭旨是兩國和好之事諸日
可成本部堂尤為欣悦來文稱未定和好以先統領軍門
等無由罷兵務望會同守省大員等妥議暫行戢兵等語
惟現在江寧實情並本部堂一片至誠有不能不為貴公
使詳述者緣前因貴軍門有贖省城以免戰禍之語當即
籌備銀六十萬兩擬先交銀三十萬兩餘俟兵船退出再

行續文專弁備文照覆茲據貴軍門回文索戰費三百萬元方肯罷兵按本部堂前許之數多至三分之二事關通好保民本部堂何所吝惜惟江甯名爲南京乃明朝之南京照前致巴郭云云務望貴公使轉致貴軍門俾知本部堂一片至誠並無一分欺飾再貴公使來文囑爲據情代奏等因業經遵照辦理並咨欽差大臣伊耆二位大人至江甯將軍德興與本部堂同心一德協辦此事並無絲毫他意因彼此所駐之地相去甚遠會搞會印許多不便業已當面商明由本部堂單銜辦理此事合併聲明須至照會者

照會嘆喝嗹

江督部堂牛為照覆事照得此次和好通商不但江南帶兵官員不敢具　奏就是揚威將軍也不敢奏請本部堂深念兩國相爭未免互有傷損大拂上天好生之德即貴國將士拋棄父母妻子遠來萬里之外連年打仗何日是了是以本部堂將儀徵縣所貼告示內四條之項冒死據實陳奏幸邀　皇上允准特命耆　伊　專辦和好通商之事計日即可了結是本部堂有罷兵休民好意方謂貴國感念之不暇乃正在講和之際貴國大幫兵船忽然來到是一番好意反啟兵端試問貴國信在何處義在何處

萬一　皇帝聞知必以本部堂之言為不實怒而治罪本
部堂尚復何說之詞且使江南百姓同聲為本部堂抱冤
而兩國和好之事又誰肯出而調停辦理耶惟望貴公使
深思而熟計之至來弁所稱本部堂毋庸前來講說之處
是否貴國主意如何希見覆施行計抄呈　上諭一道

勘明隍城島情形摺 道光廿二年六月

東撫 托渾布

竊臣前承軍機大臣字寄欽奉
上諭據奕經奏奉天旅順水師營面前南北隍城二島為奉天山東兩省分路凡船隻往來天津等處必由左右經過實為南來海路要隘請預為把守安設砲位添駕船隻使兩省聲勢聯絡巡邏探哨等語天津為近畿重地旅順隍城諸島既為南來海路要隘是嚴守各口即足以斷夷船來路著耆英於盛京存貯炮位內擇其大而有準者運往旅順各口相度形勢或築台安設或用船駕駛其迤南隍城各島要地著托渾

布選運大砲一體安置設有夷船駛至兩面轟擊可期得力該將軍巡撫等務各相度機宜迅速妥辦仍將如何辦理之處各繪圖貼說具奏原摺抄給閱看將此各諭令知之欽此伏查西北隍城二島在東省登州府城東北距城二百四十里兩島毗連遥望如一壙向來但稱隍城島並無南北之分島之東北計海程一百八十里係奉天旅順口鐵山此一百八十里之内為南來商船赴直隸天津及奉天錦州等處經經由海道中樞政考内載隍城島與盛京之鐵山中間相隔一百八十里其中並無泊船之所自鐵山起九十里之内令　盛京官兵巡哨自隍城島起

九十里之内令山東官兵巡哨此兩省分轄之界即原摺所稱南來海路之要隘也　臣以該處外洋面遼闊且中樞政考載明中間並無泊船之處似屬大洋孤絕之地無險可扼島上安放砲位能否轟擊夷船必須遴委幹員詳晰確勘當經附片　奏明札委登萊青道王鎮登中營遊擊搭青阿水師營遊擊陳振疆俟春融水洋前往查勘嗣據勘議由登州鎮　臣王明確核咨覆旋值　臣親抵登郡復問該道等詳細查詢情形悉心參酌隍城兩島均各周圍約二三里孤峯高聳亂石嵯峨北島聞有零星漁戶南島並無居民該道等於履勘扶攜至北島頂上最高處四面瞭

望浩無涯際間奉天鐵山所在土人指點北洋隱約中若有山形海氣微升即渺無所見北望數十里有商船經過如島如鶩浮游海面水溜勢急倏忽不見兩峯對峙遥望既不分明商船來往多在近島數十里之内島上俯瞰尚未真切則夷船由大洋竄駛不能一一瞭見更可意度而知兩省各於山島安設大砲遇有夷船駛過兩面夾攻度計砲力所及南北止於二三十里其中間之百餘里洋面斷非兩面砲力所能轟擊惟島上有兵有砲亦足以懾夷膽而壯軍威以現已由登州府城酌撥大小砲數位派有兵數十名官赴該島常川駐守至駕船巡探本係向辦舊

章自海口戒嚴臣慮水師兵力單弱即飭添雇漁筏多募
水勇協同官兵節節巡防現准　盛京將軍直隸督臣咨
會亦於各海口嚴兵防禦三省聲勢已極為聯絡伏讀節
次欽奉　諭旨必待夷船駛近砲力所及再行轟擊必須
設法誘之登陸方可聚而殲旃仰見　聖明洞悉形勢
指示機宜實為萬全勝策今三省既各有重兵防守要隘
惟有隨時咨令互相策應如遇夷船駛近或以砲轟擊或
設計誘擒南近則南攻北近則北攻又將各處沿海口岸
及民居島嶼分兵巡防杜其薪水接濟使逆夷進之所窺
退有乏食之虞似足以固藩籬而制賊命

造礮工價難符例價疏　　奕山

查軍營器械必須整齊鎗礮必須堅利方足以壯軍威辦理防堵善後礮械尤須製造精良粵東舊存軍械及各兵丁隨帶軍裝本不敷用且損爛遺失均應隨時添補惟時值急需工價物料倍昂於平日若照例價核發斷難備辦且此次新鑄三千斤以上各大礮礮身愈重則膛口愈寬礮子則須加大加重適與膛口配合方能轟擊有準又恐礮子過重不能及遠查夷人所用大礮子多有通心亦有空心者今倣照製造庶幾模大質輕可期攻堅致遠又將空心礮子分作兩開鍊成熟鐵中係鐵練約長尺許用時

將鐵練收入空心仍舊扣合無異尋常礮子一經轟擊出口則兩半飛舞形如蝴蝶轟擊中夷船桅索即行鉤掛焚燒名為蝴蝶礮子再舊式礮子合縫處總有線痕一道橫梗中央轟擊時不無窒礙現在飭匠鑄造務須磨光無線此等名目做法例所不載其工料價值亦非尋常所鑄礮子可比應請俟各樣礮子鑄成後核明銅鐵斤重數目彙同裝軍器械各項援照浙江奏案於例價外酌加四成俾工料可期堅固而製辦不致棘手事竣一律造銷再英夷猖獗全恃火器猛烈我軍亦須多添鎗礮廣東自興軍以來至今已陸續鑄造銅鐵大小礮千餘位自數百斤至八千

斤及萬餘斤不等並有各國夷人護貨來粵帶有大礮鳥鎗其鎗礮鑄造精良別有自來火鳥鎗推動機關即能燃放無需火繩較為靈便當飭洋商及紳士軍民廣為購買而價值亦較昂貴應請按照購買製造實價確切造具細冊核銷至鉛丸火繩軍營需用甚多查乾隆五十七年工部奏明各省備辦鉛丸不准另開耗鉛火工其火繩一項常年操演所用令兵丁自備以歸節省倘遇另案軍需動用該督撫預行奏明均照京城製造藥鉛火繩工料辦理奉

旨依議欽遵在案今英夷滋事各兵勇操練巡防需用藥鉛火繩等項為數不少製造鉛丸不無火耗未便

責令自備應請照奏定章程均照京城製造工料辦理但廣東產蔴較少火繩向用榕樹皮成造用之已久毋庸更張應仍按麻火各繩分別例價核銷又查從前舊式礮架笨滯艱澀施轉不能如意且係尋常雜木木性鬆脆一經礮發震動榫縫開裂既難取準又不能再行施放況從前所用礮位數百斤及一千斤上下者居多此次添鑄二三千斤至一萬斤以上大礮斷非舊式礮架所能運動即五六百斤各礮架亦須堅實利用現係揀選至堅至重之檍木及油椎等木裝作兩層上層四小鐵輪中貫鐵心如磨盤式以便旋轉下加兩大木輪四全鐵輪以憑扯運中間

着力處所加用鐵條外包鐵皮其木輪釘以鐵瓦所用工料價值較之從前製造相去懸殊而運用較靈查大礮之轟擊有準全在礮架得力未便因工料昂貴即為遷就除一萬餘斤之大礮架尚須籌議製辦外其已經製造之大小礮計架一千五百餘座內有照舊用式樣另換工料者有平底兩層四輪中用磨盤心者有照夷式四輪兩旁加用滑車以便牽拉進退者又有照夷船內所用礮架分為兩層者費用計復不貲謹將各礮架式樣繪繕圖說四分並另繕礮架價值銀數清單先行恭呈

御覽

請造戰船疏

方熊飛 安慶監生

英夷犯順荼毒生靈所有猖獗日甚者以我軍徒守於岸無戰船與之水戰耳海口城市居民稠密綿亘數里防守弁兵叢集海岸夷礮轉擊不必審準發無不中房屋傾頹兵民傷斃無膽者相率而逃有勇者不免而死於是議者動謂逆夷船堅礮利其鋒莫當不知逆夷之礮固利我軍之礮何嘗不利但夷船在水進退左右四面皆能自如我軍只有後退一路其餘三面皆受其制蓋在岸者其勢聚聚則易於中在水者其勢散散則難於中此勝負所由分也夫邊疆有警則戰場在陸沿海有警則戰場在水我軍

若有戰船散布水面夷船不過三四十隻其來必乘風濤之便不能一時俱到乘其大幫未至纔到數船即放礮轟之隨來隨剿既可省力即使大幫全至我軍但能預先提向上風壓而擊之則火彈火箭火罐固可因風施爲即風色或轉逆風不利攻擊則游弈趨避沿海港汊皆我内地可以寄椗而夷船不能也戰船定係兩旁有木架高下兩層遇賊即用綿絮漁網浸海水掛之賊礮雖猛以柔制剛以水尅火不能爲害夷船高大如山體勢笨重非風不行海上亦有數日無風者昏夜暗令善水者數人乘無風時伏其舵後用斧鋸斷其繫桅巨纜舵必上仰而不得力一

遇風作其船自覆即不覆亦不能動此時若用漁船連環
堆載火薪油硝夜往焚之漁船低小夷礮不能下及夷船
底面雖有銅片包裹而船上之蓬蓆繩索一燒船亦坐困
此時再以戰船逼之殆如釜中之魚將焉逃哉而且將士
在船四圍皆水不比在岸之一人先逃衆即相牽而潰也
既絶逃生之念自萌敢死之心此時勇氣百倍何患攻之
不力戰之無功愚昧之見各海口用戰船數十隻雇漁人
之素習風濤慣駛船舵者以充水勇在船訓練每船以百
人爲斷以武弁數人領之廵防海洋自是有備無患之勝
算何也各處沿海城市如前此所失之鎮海寧波諸處以

及後之守失等處皆海港以內之地非即海濱其距海濱或百餘里如天津之距海濱百二十餘里是也至近亦有數十里皆非海船之夷礮所能及惟逆夷知無戰船以襲其後故敢直入內港攻陷城池搶奪無忌若有戰船散處外洋彼必不敢直入港內而懼戰船之截擊港口斷其歸路矣則港內地方何至有失守之虞不但此也凡有漢奸與逆夷通水米販煙土者即以戰船阻截放礮擊之逆夷之糧食無從而給煙土無從而賣財物無從而掠水戰無從而勝計窮勢蹙坐而待斃矣此一勞永逸之道而議者概不及此蓋因承平日久額設之戰船例價甚輕監造者

不肯賠累板薄釘稀一遇風濤顛播必至破壞不堪適用若得新造戰船每船必須萬金方能堅實修造計百萬金恐耗經費故隱忍不言不思逆夷之患何時能休軍餉之需伊於胡底以防守無益之費作造船練兵之資當時之所費相當後日之所省甚大如日造船必待時日之久緩不及急則一面修造戰船一面僱大商船以應之且僱大漁船以助之但能善乘風潮亦可出奇制勝至戰船成則無慮矣請以地勢之所宜酌為船數之多寡而詳定之奉天天津粵之虎門閩之厦門皆最大海口也各宜二十隻浙之定海宜十五隻其乍浦宜十隻以為策應江蘇之崇

明宜十五隻其上海宜十隻以為策應福建之福州山東之登州二處海口最狹防守猶易各宜十隻凡十處共船百五十隻無事各廵海口一有警報福州廈門相近可以互援江蘇浙江可以互調赴援山東天津奉天亦可以互調赴援外洋乘風乘潮行船瞬息千里應敵者相與暫阻於前赴敵者不難隨蹤於後我軍前後夾攻逆夷腹背受敵將見守無不堅戰無不勝是在水之百五十戰船遠強于在岸之數十萬雄兵尚何逆夷之足云況戰船一造即操必勝之權有明徵矣前此李提督之以三十隻船破粤東艇賊三百餘船又破台灣巨盜蔡牽八百餘船又姚總

督之破鄭芝龍皆係船滅賊以少勝多又况逆夷聞修戰
船諒必心驚膽喪不俯首求欵即望風而潰不戰而自遁
矣豈非策之最上者哉戰船之修宜及此時亡羊補牢三
年蓄艾未為遲也迨夷匪盪平即以此船巡洋緝盜武備
張而不弛遐方畏而胥懷長治久安在此一舉

噗鼎喳來文　道光二十二年七月初一日

為照會事六月二十八九七月初一等日連接貴部堂來文共四角均切閱悉得知貴部堂經將本公使前次照會情由即行上奏　貴國朝廷已奉　皇帝明降諭旨交與欽差大臣廣州將軍耆前大學士伊　專辦和好之事此即　皇帝畀賜全權將二三年間兩國不幸隔絕之端善為籌議妥辦本公使誦讀來文心悅極深前蒙　降旨耆將軍伊中堂作為欽差大臣善定事宜本全權公使得見快足惟貴部堂來文有載本公使告示內所叙各僭未免有負氣不平之語等言此係貴部堂尚未洞悉前事所出蓋告示內所叙貴

國大憲年來如何欺負不端相待各情無非確實果然甚
堪詫異正足惹人忿恨乃本公使蒙奉君上降命特派議
和欽畀全權得為君心妥辦作主善定大英　大清兩國
極緊至要之鴻務自必推誠重信正直辦事惟求一心老
實焉肯絲毫懷恨其斷無不平之處請貴部堂再熟思之
茲聞　欽差大臣等不日可至惟俟來到之日本全權公
使當必以相和一番好意即行會商而未來之先既我統
領軍門等有在當然無由罷兵務望貴部堂會同守省大
員等仍得設法與統領軍門等妥議暫行戢兵容俟兩相
酌商是否有所以定久好俾亟救民命免其受戰爭之禍

夫未定和好以先戰爭戢兵等事統歸統領等作主特望
皇帝允准即照英國東公討要之處善定方能本公使
轉致罷兵貴國子民纔得休息安堵經本公使於六月二
十三日由京口明白照會矣嘆國此次討要之處係因中
國大員多端欺負難為本國一向不顧相爭曾經忍耐多
年雖言從前未及上干御聽此時則已俱述陳上聞
皇帝無不洞悉本國務要所討以保將來相安竊惟本公
使自至中華一年以來一心正直總無遽行求此捨彼反
覆無定之處容待本公使追述前情俾貴部堂洞悉而得
據情陳奏　上聞夫於上年六月間本公使初到廣東之

時即經照會兩廣總督祁　以本公使奉命前來善定和好正願貴國全權大臣亦來酌商本公使即忻然會議等由分明剖晰矣旋後於未至浙省寧郡之議再經本公使兩次照會貴國京中宰相即由浙江巡撫劉　欽差楊威將軍奕　先後賚送挽請轉遞京師並將前次在粵照會之公文抄船謂閱在案可見本公使多方求將專派善定和好之情上達　皇帝御聽伏念　皇帝聖明一聞聽情即知本公使毫無反覆詭狡之心則雖上年以來沿海居民之屢遭毒害者總由該省辦事大員庸懦不堪固執拘泥欲挽回國事稍無所能惟得用以空言戲弄我嘆國大

權之所致也本公使接准來文亦欲以年來隔絕之情相行通達用特開誠布告俾貴部堂代行奏聞並祈將文內所開情由轉咨欽差大臣耆伊二位知之此所以望須至照會者　再來文有請面會之言惟思尚未先行詳議和好之情未知果否能定久好面晤亦無所益則未便遽行相會也請貴部堂照諒之須再照會者　一千八百四十二年八月初六日

今將大暎國向大清國所要各條開明於後

開交還銀兩若干一端

陸百萬元為鴉片價值乃係向暎國領事及居住粵省英

商者所索以贖命也　三百萬元爲行欠乃洋行商至廣東查原係國家所餘者而我人只得與其貿易也　一千二百萬元爲水陸軍費以得伸我官與商所受之寃也然而自本大臣來中華之日所收之銀若干爲暫贖某某城之意可扣除也　此銀必交按年號於左　六百萬銀必交於立刻也　六百萬銀必交於癸卯年也　五百萬銀必交於甲辰年也　倘有此銀若干按年號尚未交足則每年每百元加息五元亦可也

關兩國官員來往一端

英國住中華之總管官員與　大清臣等有往來文書則

用照會字樣英國屬員則用申呈字樣大臣批發則用札
行字樣二國屬員有所來往者則當平行照會二國之商
賈有所上達官憲者則用禀明字樣爲善也
關讓地通商一端
大清必將香港地方讓與大英永遠據守蓋大英之國體
既被　大清之凌辱理當讓地方以伏其罪而補所傷之
威儀也　大清必准英人在粤之廣州閩之福州廈門浙
之寧波江蘇之上海五處通商其所納之餉税必有定數
則例曉示而各處必有大英副領事居住專理大英商賈
事宜者與該地方官往來公文也　凡有額數行商賣買

之例自必廢矣我英人貿易者不得與何人買賣而該納
之餉銀先交與本國領事之官俾轉交納海關亦可也
英國貨物既在廣州福州廈門寧波上海等處一次納稅
者可遍運行天下亦所過之稅關不得加稅例所加者應
行估價為例每兩不過　　大清皇帝必降諭旨謄錄
天下示衆人凡係與我大英人有來往者或住在我英人
所據各處者不得加罪且凡係我英人被擒者中國人為
我事留坐監者必同均皆行放矣前情者乃全權公使和
約之大畧而既受　皇上由蓋付　國寶應准決定本大
臣即諭令水陸路軍退讓南京運糧河京口等處並不攔

阻中華商賈貨船惟鎮海之招寶山廈門之古浪嶼及舟山三處係我官兵所鎮守而本大臣必俟銀兩定數交清與及所前言之各海口曾已開關方退讓之亦可也

儀揚漸安仍加防堵摺 道光廿二年七月初三日

南河督麟慶

竊臣於六月二十六日承准軍機大臣字寄六月二十三日奉上諭前有旨諭令狼山鎮總兵都勒豐阿帶練習精兵前來策應本日復降旨飭令鄂順安挑選精兵數百名又諭令托渾布麟魁挑選曹州兗州兩鎮兵丁一千名或數百名均攜帶抬砲前來交麟慶調度差遣分撥揚州各口岸嚴密防範勿令夷船駛入但明倫已賞加按察使銜所有揚州事宜即責成但明倫督辦嗣後有關軍務摺件著由六百里馳奏等因欽此又七月初一日承准軍機

大臣字寄六月二十六日奉　上諭麟慶奏遵旨辦理情形一節覽奏均悉揚州距瓜州僅四十里且為江北籓籬必須竭力保守計狼山鎮順保所帶之兵不日可到其南陽鎮都勒豐阿及所調山東河南官兵諒接奉諭旨即已起程如李湘棻未到以前曹州兗州兩鎮兵弁已抵清江即著麟慶先行管帶并將各路先到官兵於揚州扼要口岸嚴加防範至梟匪乘間滋事尤為可慮拏獲後自應立正典刑著照該河督所議辦理等因欽此跪誦之下仰見聖主籌畫周備訓示詳明曷勝欽感伏查日前將籌防情形具　奏後即飭淮揚道恩麟駐往高郵督防一面選

派旗弁改裝赴江一帶偵探昨弁回據禀行至瓜州江邊見大小口外停泊三桅船二隻儀徵沙漫洲禮祀洲老河影各泊火輪船一隻江面有夷船遊奕共三桅大船桅上懸砲口斜向下船艙三層共上層列有砲眼火輪船之輪安在中艙偏後兩傍船首列有三船尾列砲二桅上無砲靠水旁船幫列有砲眼并見三輪船一隻共一輪在前行駛如飛又據守備安振業禀稱奉飭登高明寺塔極頂詳細瞭望當即會同署江防同知雷體乾於二十五日登塔望見金焦兩山上下共泊大小夷船六十餘隻瓜州口及儀徵洲上各有大船三隻并見有大輪船靠大江南岸馳

向下行又據江都縣知縣彭以竺禀稱瓜州口内三汊河地方共有三口前經釘樁沈船尚難堵遏復覓大樹連根帶枝繫以鐵錨沈在水底足資攔禦而水仍通流三江口内亦經防辦至旱路要隘均挖陷坑并安地雷砲督同兵勇擇要設伏以備夷匪登岸即引大燒擊等語至揚府城當逆夷入江之時居民大半遷徙店鋪全行閉歇食用交匱經運司但明倫知府晏曙東知縣彭以竺盧元良等親自逐户勸諭發義倉平糶并設太平局籌辦防堵事宜保赤堂收養貧民委運判鄭士彦經歷武祖德知事安樹森等經理紳士顏崇禮黄錫慶魏廷槐江壽民等分董其事

又曾於春間派知事王秀英團練壯勇三百名茲又新募七百五十名署知縣彭以竺自練鄉勇五百名協同存誠弁兵及河漕二標派往之兵分駐城廂晝夜巡防維時梟匪散在四鄉乘機搶刼刻亦經該府縣盡法懲治閭閻頼以稍安至三江口直通內河各要隘已特調淮安營參將景興帶兵守霍家橋等處又狼山鎮總兵順保檄派太州營遊擊賡音保帶兵駐仙女廟防範均已周密其儀徵縣城濱臨大江為商運捆盐之地即為梟匪聚集之區匪類有二在陸曰回畨在水曰巴杆老向因爭私互鬬前於六月十一日夜又相仇殺回畨縱火燒燬鹽船巴杆老亦放

火焚燒沿江梟匪房屋逆夷見而驚疑連開大炮火光燭天城內居民望而大亂知縣陳方杰署遊擊酋永森因變起黑夜攖城固守臺署南監掣同知陳延恩於未奉札之前已團練鄉勇一千八百名藉壯聲威並親自巡行勸諭率同子監委員湯貽嗣紳士陳尚玉張鴻瑞等分投撫慰民心始定逆船於十二日駛到因知有備至今半月有餘倏泊倏開未敢登岸嗣訪得各梟匪鬨散後無處存身已杆老漸皆就募回奮多住六合一帶鄉間掠搶並有竄入洪澤湖之謠臣已派洪湖營千總劉步魁駐守禮河絕其來路又聞江浦黃河以北亦有土匪聚象欲圖滋事現派

武舉鄭通等分投踹探如有實跡即當派員帶兵會同各地方官兜拏嚴辦以杜滋蔓現在清江因下游居民遷徙人衆米糧騰貴以致民情惶惶宵小竊發臣已捐資委員馳赴湖西購米運浦以平市價各米店聞風價亦漸減地方安定惟查夷匪在江遊奕勢必勾結漢奸探聽虛實查拏為第一要務特恐書差藉端滋擾查前准督臣咨稱真正漢奸髮辮剪齊臂刺蟲形或蝴蝶形身帶夷字小腰牌為據臣已刷印賞格徧貼通衢曉諭居民僧俗人等隨地扭獲來轅請賞一面揀委妥員留心嚴緝並咨淮關監督臣松桂一體密拏查該關客貨船隻久不流通南來各船

半載家眷誠恐夾帶違禁軍器火藥亦屬隨時稽查茲據
該監督覆稱現於關口用纜船攔截每日酌開數次以使
行旅又准江蘇軍需局呈報訪聞吳淞口外逆夷新造一
物狀如棺木中藏火砲情殊詭譎亦咨該監督遇有棺木
並須詳詢來歷倘無確據即飭暫厝曠地不准過關以嚴
防範前蒙　天恩飭調山東河南兵丁並派南陽鎮臣都
勒豐阿前來臣已札商但明倫酌定口岸俟到後分撥扼
要防堵

附片

再承准軍機大臣字寄欽奉　上諭賽尚阿片著抄給閱

看欽此並鈔片到臣隨即欽遵詳加尋繹奏所稱逆夷三路盤踞使本年之漕船不能歸次則水手未必相安明年之新糧不能北來則倉儲有關支放生受其困等語實屬洞悉情形切中時弊至逆船入江應雇買小船招致商漁梟匪多用硝磺葦草及火攻之具以燒其船洵為制勝妥策惟是唉夷船堅砲利江水寬濶火輪風帆均可四面行駛近之不易況現已連艅橫行江面凡通內河港汊口岸均有夷船停泊南岸鎮江北岸瓜洲俱被占踞所有大號帶江紅船早已遠避現在沿江小船非梟即漁半係牟利之徒而逆所用全出擄掠不難重啗恐此輩有先為逆

夷所誘者此時若議雇覓難保集　臣惟有欽遵　諭旨督率兩淮運司但明倫等協力同心嚴守江北河道以杜内竄並訪拿漢奸梟匪庶期淮揚兩郡得保安全仰紓　宸廑

附片

再臣前調團練河兵為彈壓梟匪之用刻已到齊飭交標營副將泰攀蕚統領查有漕標建陽衛守備李國英技藝出衆鎮標箭營都司朱得志管轄嚴肅業經咨調派令管帶勤加練習又據催漕來工之投効東河通判王恩壽告假回徐之分發湖南候補布政司理問秦廣鏞各帶壯丁

四十名呈請自備資斧隨營効力所募壯丁均確有身家情甘出具保給俟夷逆平定各自解散等語隨委道考驗丁壯技藝且有抬鎗三十餘桿尤為得力臣查該紳士等慕義急公實因世受國恩同深敵愾當即批獎留用理合附片陳明

防兵預籌分撥摺 道光廿二年七月初五日

南河督 麟慶

竊臣承准軍機大臣字寄六月二十九日奉 上諭據齊慎奏逆夷於二十二日由鎮江北門退出回船仍留二千餘人在城其船有開向儀徵三江口一帶停泊等語該逆夷舍鎮江而北渡必係窺伺揚州前調山東河南兵丁計日可到著麟慶酌加調撥傳諭但明倫竭力守禦其道應填塞者即行填塞以斷其竄入之路總宜層層布置設伏互為聲援前路要隘固當撥兵嚴守而後路接應尤不可虛勿專注意江干孤軍無助一經挫失該逆則入無人之

境又蹈他處覆轍是在該河督等洞燭機宜妥為調度其所保全者大矣稟之慎之欽此仰見我皇上智照周密指示幾先跪誦之餘莫名欽感查江面夷船現據報稱前月二十七八等日陸續駛往上餘二十餘隻內一隻四桅船身較大其餘仍在金焦一帶遊奕瓜洲三江口及儀徵停泊之船均未駛行並有杉板船載砲至瓜洲口內八里舖探水意在窺伺揚州尋據江都縣知縣彭以竺稟逆夷出有定於七月初三日由三江口入運河趨高寶勸民遷徙偽示臣恐係聲東擊西隨飭各屬嚴密防守茲已過期並無動靜緣逆夷多疑見有準備未敢深入現在揚洲

三汊河及三江口內河先經堵截其餘各汊港亦皆飭屬
沉船繫樹並飭揚糧揚河二廳預備碎石如果有警立即
拋作品字式俾阻夷船而仍不礙水道頃據淮揚道恩齡
稟稱運河東岸纖堤平坦恐逆夷舍舟登陸擬在堤上擇
要築做土壘以備伏兵已飭酌辦至高郵四壩原擬早啟
洩水第因壩下民田正值收穫是以得守且守所幸仰賴
聖主鴻福本年湖水不大智信二壩現暫堅守運河水
淺實得地利茲徐州兵調到三百三十名並准河南撫臣
咨會挑兵六百名即日分起前來又南陽鎮臣都勒豐阿
報於二十六日先行起程其山東兵計亦不日可到除揚

州前經督撫派出之兵已自蘇州調回本汛外現就各路
調防兵數約計二千名臣與運司但明倫商酌謹遵　旨
擬於揚州各要隘派一千二百名作為前路高郵寶應淮
安清江派八百名以備後路接應互為聲援又狼山鎮臣
順保於本月初六日自揚來浦臣接見後即囑其馳回防
守一俟南陽鎮臣都勒豐阿到後留兵駐防仙女廟該鎮
即趕緊折回狼山緣該境所轄海門等廳營均屬沿江海
又為通太等處屏障且夷船退出必經之路恐其登岸滋
擾必須嚴加防範當囑順保悉心籌辦扼要守禦為各路
兵丁不日到齊所有支發糧餉製備火藥軍裝器具俱應

預籌查江甯及蘇州雖各設有軍需局而相距均遠且江路梗塞不通是以赶於清江浦設立江北軍需局委署河庫道趙廷熙總理同知王國佐周維新經管局務在工學習兵部員外郎陳景滈稽查文案其高郵揚州亦各設局接濟飭運司淮揚道揀員經理並派編修劉芳主事金安瀾分司稽查以專責成至軍器一項因淮徐所屬各州縣向來獲匪俱將所持兵械貽庫當經專弁揀取交局修理備用此内抬槍一項尤為利器現不惜重價向民間收買藉以消土匪之用茲據各河廳呈請每廳各捐備四桿計共八十桿又銅山縣知縣趙毓丹請捐解硝二萬八千觔現

據河標左營稟獲私硝五百餘觔中營會清河縣稟獲私硝一千二百餘觔均屬交局收用刻下硫磺短缺已移咨河南撫臣代為購運至木筏業經扎就以備火攻為思為思柴薪不如柳枝煉火省費當發刀本運脚令各河營每營採辦五百束計得一萬束赴交應用再准 廷寄飭將侍郎杜受田所奏生員張煥元書內木簰火攻之議鈔給閱看查四川湖廣大木簰向在江甯以上停泊解散改小始入內河現在大江上游能否如式改造裝載引火各物順流放下應聽兩江總督臣牛鑑安徽巡撫臣程楙采酌辦理

附片

再臣欽奉　上諭御史呂賢基所奏招服鹽梟以賊攻賊原摺著鈔給麟慶閱看倘能訪其著名頭目設法招徠或懸以重賞或給予頂戴是既可助順討逆兼可潛戢亂萌著麟慶酌量形勢妥速辦理欽此並抄摺到臣伏查原摺所稱為今之計莫若招服鹽梟以賊攻賊欲服梟徒必先服梟徒之首以計招致大仗頭副仗頭等諭以大義誘以重利等語誠為目前要務查沿江梟匪儀徵最多臣前摺業已陳及並聲明運司但明倫署同知陳廷恩知縣彭以竺已募鄉勇三千餘名聞即係此項梟匪現在江防楊糧

二廳及沿江五十三洲宜陵仙女廟等大村鎮自行團練亦皆半用梟徒正與該御史所奏相合至高郵以北距江較遠刻下紳民團練專用土著既有守望相助之誼而土匪亦藉以招徠不致為饑寒所廹是自行團練真堅壁清野之第一義所以臣并飭徐海二屬一體照辦至仗頭等名目仗器即械實乃窩家其為匪另有頭人俗稱老大昔年頗有着名如黃玉林等犯嗣因迭次拿辦黨羽解散出沒無常現無着名頭目糧船尚未回空水手是否可用容隨後與朱樹李湘芬商辦再前接揚威將軍臣奕經函商隨營効力已賞頂戴之甘泉捕役頭目楊泳熬悉梟匪情

形可否用為招致臣因所見正同即請飭令設法渡江來
揚聽用合併附片覆陳

照會噗鼎喳 道光廿二年七月初九日

兩江總督部堂牛為照覆事七月初六七日接貴全權公使暨貴國水陸軍門初五初六覆文閱悉之餘深佩貴公使朝暮思念和好之本心且云酌定和好交通永久不但贖城免戰之說可置不議凡以先討取贖城免戰之數並可整入將來議和須要之總數非欲逼之以所難尤非貪酷求財之心更見公恕為懷語語誠篤不欺尤深佩服文內所云伸已往而保將來本部堂深知貴國積年在廣東貿易受盡欺詐抑勒之端不一而足　欽差大臣伊耆亦均知之現在伊耆兩大臣必要逐一查明痛加禁革俾貴國以後

通商得利而免害其貴國所要各條現有　欽差大臣作
主會辦不難指日可成本部堂不勝欣悦之至須至照會
者
再正在發文間適張士淳等回署知貴公使聞有壽春調
兵之説心疑本部堂通商一節全屬緩兵之計因議於明
晨開仗等情此等訛言不知從何布起本部堂素以誠信
待人不料竟不為貴公使所信服此時如果開仗非獨城
中百姓生靈受其荼毒且通商一事係本部堂再三奏請
方蒙　聖恩准行今若徑行開仗本部堂城存與存不難
一死報　國而通商之説盡棄前功恐貴公使亦所利也

皇壽春鎮兵前此原經扎調旋因與貴公使議和當即發文傳止茲將原稿送去閱看即可釋然又於八日亥時奉到本月初二日 上諭一道謹將原封原摺一併附呈貴公使閱看仍希發回備案

今將所要行欠各條款均一一照覆于後

一烟價行欠軍費各項共銀二千一百萬元貴公使來議以自來中國之日所收之銀若干可以除扣等情足見貴公使公平正直毫無貪利之心不勝佩服但所收之銀扣除揚州之五十萬元下餘五百五十萬元應即措繳其下餘之一千五百萬元係作為分年交清之處會

商酌奪
一英國官員來往文書大臣用伸呈批發札行其商賈上
達用稟以兩國屬員來往各用平移均屬允協自應妥
商
一粵東海關之弊在於條款過多司事者拘牽舊例以致
遠商受其擾累即如貨船一到自進口日起至出口日
止總督海關衙門均派有員役押船之官役每日均取
規費此外薪水食物均由買辦之手上下澳門全須牌
照支取皆不便於遠人者而奸商經手行用費無不任
意開銷貴公使條款所稱比稅銷增多一二倍自係實

在情形此時雖經通商本大臣等定必禁革以伸既往而保將來所要香港居住自必照行其廣州福州廈門寧波上海五處通商除廣州本有關稅定例外其餘香港各關則例不同尚須兩國會議以昭遵守
一要零星各事如不得加罪往來之人及釋放被擒被罪之人均屬可商
一前約既定所有貴國水陸路軍退讓還南京京口等處不但中華商賈貨船具見貴公使誠信修好然諾無欺其招寶山鼓浪嶼又舟山三處兵船必待銀兩全數交清及各海口開關方始退讓始言有疑慮之心本大臣

至誠相待欺詐全無聽貴公使再行酌奪

形勢危迫允夷所請摺 道光廿二年七月初九日

大臣耆英　伊里布

竊臣等於本月初八日將辦理夷務情形恭摺馳奏先於初七日據該夷將請求各款開列清單交委員塔芬布等攜回臣等公同閱看一係索討洋錢二千一百萬元本年先交六百萬元其餘分年帶交一係索討香港作為馬頭並求准往廣州福州廈門寧波上海等處貿易一係與中國官員用平行禮其餘雖尚有請求大抵不出三款之外並據堅稱若能如其所請即當永遠和好不敢再啟兵端不如所請即行開仗並赴別省滋擾等語臣等正在會同

酌議擬即明晰照覆詎料初八日戌刻該夷因風聞訛傳有壽春兵來省防勦之信忽換紅旂並于鍾山之上安設大砲聲稱定于次早開砲攻城勢甚猖獗臣等查江寧省城曾已派撥弁兵分段防守惟週圍五十餘里兵力不敷且所調江西湖北徐州各官兵均曾經挫衂士氣不揚未敢恃以為固況鍾山逼近省會該夷登高臨下一經轟擊勢必不支兼之民風柔懦一聞此信均各驚慌即有男女數萬人赴臣等各衙門遮道號呼籲請救命臣等伏查該夷目犯順以來由粵赴閩歷浙入江屢經　命將出師總未能挫其兇鋒近復大集醜類兵船多至八十餘隻輒敢

攻陷京口橫據長江斷我南北衝要茲復連檣並進直偪
金陵以致危在旦夕臣等目覩萬分緊急情形若再事固
執萬一危城不保臣等死不足惜所慮三省根本一有搖
動不惟京口梗塞不通即安徽江西湖北各省會該夷均
可揚帆直達並據江都縣彭以竺探報該夷若有戰不勝
即遣奸偷挖高堰等情如果屬實禍患尤不可問臣等伏
思該夷所請各條雖係貪利無厭而其意不過求賞馬頭
貿易通商而止尚非潛蓄異謀與其兵連禍結流毒逾深
不若姑允所請以報江南大局現以照會該夷申以盟誓
如果悔禍戢兵即照所議各條速為商定一面奏明乞

恩尚犬羊之性仍不馴伏臣等惟有激勵將士嬰城固守成敗利鈍非所逆睹惟念臣等均荷

聖恩畀以重任不能宣威殄逆又復胆大擅專罪難擢數應請

旨將臣等一併從重治罪

京口江寗現在夷情摺 道光廿二年七月十一日發 二十三日奉 批

蘇撫程矞采

竊照鎮江夷匪於六月二十二日登舟後旋又入城并蘇州一帶防禦情形業經臣於二十七日由驛馳　奏在案嗣據探報該夷船陸續向西南行駛其鎮江城外停泊之船遂漸減少城內夷匪出入無時擄捉民人教演槍砲并勒令代為砌路又將城磚拆入同江口木料運至教場有脩蓋房屋之說即經迭次知會參贊齊慎督臣牛鑑等加意防範去後茲復據探報截至七月初四日止鎮江甘露寺前泊船九隻續由西南駛回二隻共計十一隻又江寗

自六月二十八日起至初四日止共到夷船二十五隻均
在下闢嵜椗尚未蠢動在後未到船隻甚多各等情查該
夷兇狡異常實堪憤恨若不大加懲創誠不足以伸　天
討而快人心惟邇來逆燄正張即水勇已多退避我兵當
迭次挫衄之後尤覺風鶴俱驚昨奉　上諭杜受田奏廣
東生員張煥元有木簰火攻之議將原片鈔給閱看惟在
相度機宜妥為辦理等因欽此仰見　多方指示欽感難
名前次夷船駛入閩山闢即經會同督臣委員購買桐油
柴草裝貯船艙順流縱火焚燒未嘗不欲藉火攻以為制
勝之具無如該逆工於趨避且槍砲猛烈洪濤巨浪之中

非人力不能控制而人在簰上燒槳兼施該逆在桅上施
放大砲彈丸從空飛墮火箭亦紛至沓來該兵勇等無所
遮護氣已先餒斷難操縱自如是故攻擊之策務須計出
萬全方為得力至木簰一項安省聚集較多江甯籌備亦
易臣已會督在事文武各員察看情形相機辦理至江甯
現極危急業經　欽差大臣耆英署乍浦副都統伊里布
馳往會籌商辦飭調臬司崇恩前赴無錫駐防適撤回之
京口高資二營官兵五百名因京口不能渡江折回候示
即經臣飭令赶赴無錫交給崇恩統帶現因揚州地方逼
近江口雖經督臣飭調徐州鎮兵五百名并札該叅將繼

倫將調防福山兵丁二百名調防和尚渠兵丁一百五十名馳回方汛連河漕兩標所撥官兵僅止一千餘名臣復飭令調赴無錫之京右營兵一百五十名亦回瓜州本汛防禦所有河南撫臣遵　旨預備官兵六百名現已咨報起程將來行抵清江應由河臣麟慶酌量調撥頃准揚威將軍咨會奉　旨調撥官兵前赴安徽已移知參贊齊慎將統帶之壽春鎮官兵五百名交給署壽春鎮岱昌帶赴安省囑即抽撥官兵五七百名交齊慎調派當因廣西副將倭什洪額帶領廣西官兵四百五十名在於常州之奔牛鎮防守應否即行調撥經臣咨商齊慎去後復准揚威

將軍咨會將調防各口岸之廣西官兵全數交給齊慎管
帶臣因崑山之白塔灣地方尚有廣西官兵二百五十名
即飭署參將德喜帶領星馳前往并咨會督臣另行派兵
抵防其奔牛鎮之廣西官兵相距丹陽僅數十里朝發可
以夕至飭俟齊慎應須調用時再行前往否則仍在該處
屯駐亦足以備聲援所有鎮江潰散之青州滿營兵丁已
陸續收集一百九十餘名現由齊慎管帶又滿營被難男
婦三千餘名先後逃至丹陽因該處駐扎重兵地方狹窄
臣已飭赴常州府城地方官妥為安插按日給發口糧錢
文免致失所現在江陰鵞鼻嘴尚泊大夷船兩隻劉沙一

隻吳淞口一隻又佛郎西亞國一隻其餘往來無定之船據報數目不一前蘇松太道巫宜禊稟六月二十七日有三桅大輪船一隻杉板船一隻由吳淞口駛入浦江該道即會同署提右營遊擊封耀祖署上海縣知縣秋家丞親自出城安慰居民彈壓土匪並遣親信之人前往查探實山人民因奉官長諭禁不肯賣給該夷菜物故欲見官講理且欲上海通商該道因恐夷人登岸蹂躪即與署縣秋家丞親詣該船諭以通商一事必須　大皇帝施恩容俟詳請奏明定奪食物不許接濟外夷亦屬　天朝禁令非該道等所敢擅專該夷目唯唯無詞即於是日申刻將船

退去觀之人亦即解散民間照常安業等情臣查該道等接見夷目係為保衛閭閻不得不從權辦理該夷雖未見登岸滋擾尤應加意嚴防除飭令認真防範外

附片

再臣接據蘇松太道巫宜禊稟稱六月二十四日據寶山縣民人王世勳投稱伊在海塘經過被佛郎西亞國夷人勒令送信伊畏懼不允該夷用刀嚇逼並稱信內別無他事不過要求幫助　天朝是以賫書投遞等語該道因該夷船既另是一國且欲求幫助當將來書拆閱係佛郎西亞夷目則濟勒遞書求見詞意極為恭順與王世勳所言

相符惟與𠸄夷船隻同泊吳淞難保非串通一氣當以我
朝令功非奏明不能與外夷接見之語諭令回覆忽於
初三日風聞夷船定欲乘潮至上海該道恐民居驚擾不
得不坐船前往距城數里地方等候即於初四日該夷目
帶同通使等乘坐雙桅杉板船二隻由董浦江駛進該道
飭令上船相見據稱伊國與𠸄咭利並稱強盛兩國爭戰
三十年嗣經和好今該國王聞𠸄夷內犯恐其佔據馬頭
益加強橫特派兵船二隻前來探聽伊船於上年十月到
粵尚有一隻約今年六月可到實欲幫助　天朝並非通
𠸄夷打仗現欲先赴揚子江先見噗鼎喳然後稟見總督

勸令暎夷戢兵因船隻重大不能行江請代雇民船前往
等情該道尚以定例非奉正朔之國前來朝貢不能擅為
雇船面加申諭該夷隨即回船駛去等情臣查佛郎西亞
國僅止一船停泊吳淞口外係於暎夷大幫船開去鎮江
始行駛來據稱並不從逆打仗難以可信惟探聞定海地
方前有停泊該國船二隻與該夷所稱尚有兵船一隻須
本年六月始到廣東之語不符則今戢兵之説亦難察其
真偽其代僱民船一節尤屬碍難准行至該夷欲見督臣
本屬有干例禁今該道從權接見實出於不得不然現在
探聞該夷在於吳淞口外攔截商船自是意圖乘坐前往

除函商　欽差大臣耆英署乍浦副都統伊里布督臣牛
鑑等妥為防範外合併據實陳明

道員升臬請釋羼疑摺　道光廿二年七月十一日

廖鴻荃

臣近讀　上諭四川按察使着劉耀椿補授欽此查劉耀椿山東進士現任福建興泉永道駐札廈門上年失守即係任內之事既不殉節又未黜謫已屬僥倖苟免茲復晉授臬司外議頗多　臣愚亦無不駭異伏思我　皇上臨御二十餘年賞功罰罪一秉大公何于失守疆土之劉耀椿轉加　恩擢或其人才難得畧其前愆而期後效如秦用孟明之意非他人所能比方抑或查明廈門失守全係顏伯燾之罪伊無須分任其咎亦乞　降旨明白宣諭以釋

羣疑否則劉耀椿亦冒升階未愜眾望事體猶小誠恐統
兵之將帥守土之官吏誤會　聖意謂失守廈門如劉耀
椿者不特免罷並可升官將來更有何人為國固守城池
捍禦殺敵乎此其所關於國事軍心者甚鉅　臣　于劉耀椿
素不認識誠以吏務方殷賞罰勸懲為行兵之首要不得
不披瀝愚誠冒昧密陳

覆奏沿江情形摺道光廿二年七月十三日

皖撫程楙采

竊照道光二十二年七月十一日巳刻承准軍機大臣字寄道光二十二年七月初五日奉上諭本日據耆英奏逆船西駛漸至浦口儀徵等語現在逆夷方張倘竟泝流而上深恐擾及沿江各省因思江面究非海洋可比若從安慶之安慶江西之九江湖北之武昌漢陽各集重兵多備船隻槍炮及火攻器具順流壓下則逆夷在下風其勢于焚擊著安徽江西湖北各督撫接奉此旨迅就該處情形酌量或備船隻或用木筏及一切火攻器具派委得力

文武員弁統領兵勇隨時確探逆夷踪跡一經接到者兵咨會即行順流放下層層接應多備槍炮合力攻勦並飭令互相援應毋分彼此不但自固藩籬即鄰境亦藉保衛倘該逆得受大創不致天塹有阻梗之虞該督撫等之功甚偉也勉之慎之將此由六百里加緊諭令知之欽此仰見

聖慮周詳預操勝算臣跪聆之下欽服莫名伏查江皖唇齒相依前經臣派調本省官兵二千九百暨募鄉勇一千二百名擇險設伏並派嚴州營參將經文泰管帶漁船三百隻預備火攻相機兜勦一面請調豫楚官兵隨帶大炮大藥炮子並飛咨兩湖江西督撫飭屬代造木簰解

皖應用先後由驛馳　奏在案連日詧探江省信息諸臣
意在議撫倘令夷情反覆一經接到耆英咨會自當督兵
進勦惟是火攻器具在所必需節經飭催藩司安徽道委
員督屬搜求沿江本籍船隻又重價購求泅水之人以便
設機焚擊其各營舊存法槓劈山子母等砲大不過四五
百斤小者僅止數十斤臣先遍訪皖江無人諳習鑄炮咨
會鄰省代雇良工茲准湖北撫臣趙炳言函復覓有炮匠
周德芳等六名咨送來皖據稱該工匠僅能鑄造小炮大
炮未曾鑄過已在省局星飛赶造猶恐緩不濟急臣熟商
司道據署臬司徐思莊查照古法有用竹大將軍頗稱迅

猛現飭覓匠分手製造如試放果能致遠亦足以破賊艓
一面調集減運糧艘預備攻戰現在逆夷逼近江寧城外
倘竟泝流而上皖省兵單力弱獨當一面固難勝算先操
且慮該逆乘此和議未成潛入皖江游奕不擊則任其恣
情窺探自撤藩籬擊之又慮議敗垂成該夷有所藉口以
臣愚昧之見逆夷詭詞要脅肆欲無厭議撫則暫示權宜
會勦則實為長策臣服膺　聖諭胆氣倍增伏思江西湖
北等省俱在安徽上游自應互相援應與其各守各境兵
分力弱曷若結隊連檣乘流進擊臣受　恩深重當此軍
務緊急正勉圖報効之秋合無仰懇　皇上天恩敕下兩

湖江西各督撫臣挑選精兵多備船筏巨砲及一切火攻
器具前來蕪湖與臣合力進勦以遏其前南河督臣由瓜
州出擊以截其後揚威將軍統領大兵攻復鎮江以分其
勢江寧攖城固守俟各路大兵雲集內外夾攻庶使該逆
胆落一鼓殲除

道咸成案八

柔遠全書十

祖定條約摺　道光廿二年七月

大臣耆　英
伊里布

竊臣前因𠻳夷猖獗江甯萬分危急冒死允夷所請並乞
將臣等從重治罪緣由馳　奏在案彼時實因安危呼吸
稍遲即變是以權宜從事暫戢兇鋒以便派委大員前往
妥議臣等於發給照會後即委四等侍衛咸甯署江甯布
政使按察使黃恩彤於初九日乘夜出城親赴夷船向該
夷酋明白曉諭並會議一切章程即據夷酋馬利遜等四
人出艙相見該侍衛等持以至誠曉以大義及覆開導而
該夷酋等請求各欵堅執如前加以駮詰則負氣不服該

侍衛等連日與之議駁始據該夷將通商輸稅各事宜粗
定條欵迫詰以如果允准所請兵船是否即行退出長江
該夷酋等聲稱俟各欵議定後先給洋錢六百萬元伊等
即將長江所泊各船全行退出吳淞口外江寧京口等處
决不再存阻遏惟鎮海之招寶山廈門之鼓浪嶼及定海
三處須俟全銀付清方肯退還等語該侍衛等以為期太
久復據理向爭該夷酋僅允將招寶山先行退出其餘仍
執原議據該侍衛等將詰辦情形稟明臣等公同熟籌權
其利害均有難以拒絶之處謹將酌辦各條另繕清单恭
呈　御覧再該夷於酌擬條欵復據稟稱此次和好通商

既蒙
皇帝恩准鈐加
御寶伊等亦請伊國王蓋用印信兩國各執奉為世守方可永結和好馬利遜則稱伊聞從前頒給各國
敕書均用
御寶務求請於所議條款內鈐蓋
御寶如不見允伊等回國後無可取信國王必致再有爭端所有前議條款即可無庸置議等語是該夷之意專以
御寶之准用與否為向背從違察其隱衷實因悔禍厭兵慮恐再有翻悔欲為一勞永逸杜絕後患之計該夷性本多疑若非示以
恩信易啟反側之端合無仰懇
天恩俯准所請俾南北不致阻遏商民立解倒懸是所失者雖大而所保全者尤為重大

一該夷求給洋銀二千一百萬元一欵查該夷本索洋銀三千萬元先經張喜等再三駁詰始去九百萬元定為二千一百萬元之數據稱以六百萬元作為烟價以三百萬元作為商欠以一千一百萬元作為軍需又經該侍衛咸寧等當以烟價已由廣東還過六百萬兩豈得重索商欠應由洋商清理何能官為償還至該夷所用軍需尤不得取償於中國向其反覆駁辯據該夷等聲稱鴉片烟並非暎國所虛均係購自鄰國攸關成本自被燒燬二萬箱賠折不少前給之六百萬兩不足原價一半是以此次仍須補還至商欠本應洋行清理因洋商

延遲不還積欠甚鉅所稱洋銀三百萬元尚不及原欠十分之一祇求行文廣東查明各欠商勒限追繳倘不能追出仍須官為保交其軍費一節緣此時業經議和所有兵船均應犒賞遣散所費不貲若不蒙議給則兵船之願退與否伊等不得過問倘爭戰不息恐中國將來費用不止此一千一百萬元之數且伊等兵船已佔據江口阻塞要衝若能令其早退所益於中國甚大各等語該侍衛等復向詰難而該夷酋怒目呆視不復置辭且查該夷挾制要求殊堪痛恨第思業經攻陷京口據我長江不惟鎮郡猝難克復且恐南北梗塞為患滋

深與以前之游奕海上情形迥異不得不捐鉅費以全大局且所索洋銀二千一百萬元按紋銀七折計算共一千四百七十萬兩除商欠三百萬元折銀二百一十萬兩應由廣州查明欠商勒追歸欵外尚有一千二百六十萬兩本年先交之六百萬元計銀四百二十萬兩現在江蘇民捐商捐已有一百數十萬兩祇須官為墊發仍當續有樂輸其餘分三年交清每年不及三百萬兩且有該國交納稅課可以足抵似與國家經費不致周章較之用兵歲需之數不及三分之一與其徒博征勦之名莫收實效孰若竟作權宜之計永息兵端所

有本年先交之四百二十萬兩今將江浙安徽三省藩運各庫通融借撥統於捐項內籌措還款俟奉旨後即飛行飭遵

一該夷求賞香港寄居並請在廣州福州廈門寧波上海等處通商貿易一欵該侍衛咸寧等當以香港業經該夷建造房屋尚可乞恩准與借居其廣州等處貿易未免為數太多至貿易章程及輸納稅課亦應早為詳議向其明晰詰問據該夷酋等聲稱以香港為寄居之地必須廣州等五處為銷貨之所如果不准與伊等現在尚未收復之廈門寧波鎮海定海乍浦寶山鎮江各

處亦不肯退還至伊等赴各處貿易必須設副領事隨
往經理約束夷人斷不滋事其應納稅銀亦照中國則
例按數輸稅並不延欠惟伊等在廣東貿易均有額定
行商致被從中朘削受害匪細嗣後應由伊等自行投
商公平交易其稅銀即由副領事自赴海關完納不經
行商之手以免侵扣而歸簡易等語該侍衛等復諭令
將廣州等五處應由刪減該酋等堅執不從臣查該夷
借居香港及赴閩浙通商均經奉　旨准其所請五處
貿易雖未免較多惟該夷攻佔廈門寧波鎮海等處久
經退出迄今未能收復至香港古浪嶼定海招寶山等

仍據守未退克復尤難即守以大桴而洋面難與交鋒徒滋曠日持久與其任被佔據孰若准其歸我土地與之通商且既願遵例輸稅即屬悔禍向風倘此後結以恩信控馭有方彼既有馬頭即可捍蔽海疆未必不轉爲我用應請　敕下各省督撫查照粵海關通商輸稅章程妥議辦理

一該夷所請與中國官員用平行禮及被擄夷人並被誘漢民一體懇　恩釋放二款　臣查平行禮可通融而夷務完竣後亦應釋夷囚以堅和好寬脅從以安反側均事屬可行該侍衛咸齡等未與辨駁

詳陳夷務摺　道光廿二年七月二十日

大臣耆英
伊里布

竊臣等連次委員與暎夷議定條欵及從權酌辦各緣由業經由驛馳奏在案因前議條欵尚有未盡明晰之處復飭四等侍衛咸齡署江寧布政使江蘇按察使黃恩彤并添委前經札調之甯紹台道鹿澤長石浦同知舒恭受前往妥議正在辦理間於七月十九日承准軍機大臣字寄是月十三日奉上諭云云同日奉上諭云云欽此遵旨寄信前來查夷酋噗嘣喳先有請臣等出城面見以堅和好之約臣等亦知事涉冒險惟該夷性悍多疑動輙

反復若拒絶不往非唯示以怯懦尤恐易啟猜嫌當即定
於十五日輕舟減從先至該夷之火輪船復經夷目導引
緣梯而上直至三桅兵船該夷酋等率同夷兵擺隊跨刀
作樂奉酒雖其心難揣測而貌甚恭謹臣等當向噗鼎喳
等諭以兵爭之害通商之利現蒙　大皇帝逾格　施恩
自當永結和好不得再啟衅端該夷等踴躍歡欣似知感
戴旋於十九日在城外靜海寺行答拜之禮復固請入城
面訂和約臣等以虛驚百姓向其辭復據噗鼎喳聲稱伊
止帶隨從數人不帶一兵祇求派兵迎護入城以示兩無
猜忌等語詞甚諄切臣因大局將定不得不俯順其請已

定於二十一日選擇公所委員妥為照料俟入城後議定
和約再行照錄呈　覽外伏思臣等此次酌辦夷務勢出
萬難策居最下但計事之利害不復顧理之是非如該夷
請求洋銀多至二千一百萬元馬頭多至五處臣等雖甚
駑下亦知經費有常海疆至重不容輕有所許第念寇勢
方張據我要害四肢之患漸成腹心之疾若不藉此轉機
速為招撫該夷豕突狼奔何所不至且二年以來合數省
兵力言勦言防總難得手此時該夷續到兵船較前加倍
萬一江甯有失彼得泝江而上水深岸濶備分兵單砲位
趕鑄不及勝負之勢已可預料倘從此南北阻遏禍患更

難枚舉且該夷船堅砲猛初尚得之傳聞今既親上其船目覩其礮益知非兵力所能制伏思臣等前摺所請捐鉅費以全大局者實出於萬不得已至福州貿易一節侍衛咸齡等前於會議時已曾以既有廈門無庸兼及福州向其爭辨據馬禮遜等聲稱廈門相距福州尚有數百里海路可通伊等販買茶葉以福州為最便務求准予通商等語茲復委熟悉閩省之寗紹台道鹿澤長再向熟商該夷等堅執不從查寗波上海廈門等處該夷曾經占據業已退出而要口俱泊有夷船倘不允所請勢必復來攻奪殘敝之餘防守尤屬不易定海之既得旋失是其前車臣等

前摺所云與其任彼估據孰若歸我土地與之通商者實已見於此而既准貿易即屬馬頭舉凡設領事立夷館住家眷勢不能遏其所請其平行禮曾屬末節於　天朝體制亦大有所損惟既經曲事羈縻亦復無暇顧惜至於善後之難於措手他國之不免生心亦所慮及而害猶其輕事先所急但得罷兵通商方可徐圖控馭此又臣等籌之至熟而不得不出於最下之策者也再鎮江失守時揚州商民逃散危在旦夕經商人顏崇禮屢至夷船再三央懇并由商捐銀三十六萬兩送給該夷收受夷船始不北犯並不關防守之力現已議明在於先交之洋銀六百萬元

内扣除五十萬圓以抵前數該夷酋與臣等見面後即將鎮江被擄之兵民十二人及出差安徽致被拘留之知縣朱之庚均行送還其前經掠去之洋銅商船亦許即釋放

臣等具有血氣目覩夷情縱恣憤激難名第以利害相權安危攸繫不得不降氣抑心冒死强忍以冀事之有成未敢逞匹夫之勇致成决裂惟既不能宣威殄冦又復大胆擅專罪難擢數乃蒙

皇上天恩遲加誅譴臣伊里布復蒙

賞戴頭品頂翎感愧交縈惶悚無地

偵察夷情摺　道光廿二年七月二十日

皖撫　程楙采

竊查皖江南北兩岸惟東西梁山最爲扼要之區前經臣
親詣查勘奏明委派六委營叅將張雲亭蕪采營遊擊萬
興freq帶兵勇分駐兩山防堵並密令該將等在於江岸挖
塹堆築土牛並設牛皮擋子俾我兵得以藏身點砲轟擊
山頂多張旂幟遥作聲勢業據該將等次第遵辦詎自七
月初十日起至十六日止連日大雨上游諸水滙注以致
江潮陡長三尺餘寸較五月盛長之時尤爲浩瀚當飭安
徽道周祖植馳赴東西梁山復勘情形稟報核辦去後兹

據該道回稟勘得西梁山地勢較低江岸被水漫淹兵勇不能屯紮現在移駐山頂虛實顯露東梁山地勢稍高尚又掘塹設伏奇正兼施等語臣查東西梁山巉峰屹立南面山頂峭削兵弁退可藏身故稱天險若暎夷泝流而上迎面均屬平坡必須度地挖壕伏兵邀擊方能得手今西梁山江岸已被水淹東梁山尤為吃重前派兼采營遊擊萬興未歷戎行才難應變所帶本營兵一百五十名率多柔脆應即撤令回營防守本汛查有揚威將軍遵　旨派回安徽協守之壽春鎮兵五百名係委壽中營遊擊高山管帶該遊擊曾在定海連日接仗熟習軍情飭令前赴東

梁山代防可期得力又揚威將軍派來江西兵二百名現亦稟報到蕪臣查該兵丁曾在鎮江失利已經挫衄之餘恐遇敵益形恇怯臣現在以防待勦全仗激揚士氣期于以少勝多若軍士稍涉驚恐人心易於搖動應請將江西兵撤回歸伍除咨明揚威將軍江右撫臣外臣查現募鄉勇已有一千四百四十名尚有應募而來防者其毘連江境南北岸之州縣亦各雇有鄉勇二三伯名並勸諭紳富自相團練足資防守近日連接欽差大臣耆英乍浦都統伊里布兩江總督牛鑑來信有逆夷現經就撫並不登岸滋擾等語臣思該夷刻下雖效順而犬羊反復難保非

非甘詞飾詐欵借此以懈我軍心諄飭將士加倍嚴防時
懷敵愾必待夷艅駛出江口方敢次第撤防以昭慎重再
江水現尚日見增長低窪田禾間被淹浸幸兩岸堤壩先
已加築高厚足資捍衛再查東西梁山江面較窄溜勢湍
急如果兵砲得力足資堵禦第皖省並無致遠炮位節經
臣咨調湖北浙等省砲匹來皖赴鑄仍緩不濟事茲當查
江西省鑄有一千五百斤銅炮三十五位咨會酌撥解皖
備用去後旋于六月二十九日准江西撫臣吳文鎔咨覆
江西省本無多炮前准兩江總督江蘇巡撫咨撥即于十
九委代陽縣丞蔡中和等管解一千斤銅砲十位五百斤

銅砲五位合膛砲子八百個砲架砲具十五副由長江經赴揚州交收惟連日北風下游江路梗阻前項砲位尚恐未能直達如行抵安慶蕪湖一帶即可截留備用此時惟以賊為義當無分畛域等因經臣轉咨兩江督臣牛鑑江蘇撫臣程矞采覆准留皖備用在案乃連日差弁迎提江西炮船查無消息接江西撫臣函稱前項砲位業經九江鎮道留于潯陽預備防堵臣愚以為安徽為長江門戶關係兩湖江西諸省安危省度事機自應先其所急九江固為緊要然使安徽有失則江楚先撤藩籬該鎮道遽將砲位截留未免不知緩急且江省尚有存砲二十位何難

在後運赴潯陽除分別飛咨會合兼仰懇　皇上天恩俯
念安徽防堵緊要敕下江西撫臣　迅將前調銅砲十五位
並砲子等件赶緊委解來兼以便扼要防堵

鹽船難資攻勦摺　道光廿二年七月

湖督裕泰

竊臣裕泰於道光二十二年七月初八初九初十等日先後承准軍機大臣字寄奉上諭朕聞江廣鹽船最為堅固於江路素稱熟習多在武昌一帶停泊並向有銅船行走預備入江撈銅之人號為水摸能於江底潛伏半日因思逆夷現在自海入江肆意猖獗總緣江防廢弛水戰船有名無實以致逆船橫行不能堵截若果有堅實江船並募練熟水性之人駕駛得法于沿江一帶或合力迎擊或分路夾攻當可制其死命江南現有逆船滋擾無暇辦理

着裕泰於武昌停泊各船內酌量預雇堅緻鹽船並救生紅船三五百隻即於水摸中挑募水性最熟之人或千名或數百名認真練習水戰隨時探明安徽江蘇如有逆船闖入即派委妥弁迅將此項船隻順流而下當可大挫其鋒果能試用得力該督之功甚偉也將此諭令知之欽此又奉　上諭着裕泰遵照昨降諭旨赶緊雇募練習探明該二省江面何處現有逆船迅即派員駕駛前往慎勿遲悞等因欽此又奉　上諭現有逆燄方張尚意泝流而上深恐擾及沿江各省着安徽江西湖北各督撫接奉此旨迅就該處情形酌量或備船隻或用木筏及一切火攻器

具派妥得力文武員弁統領兵勇隨時確探逆夷蹤跡一
經摺到耆英咨會即行順流放下層層接應多備槍砲合
力攻勦並飭令互相援應毋分彼此不但自固籓籬即鄰
境亦藉資保衛各等因欽此伏查吳楚各郡大半濱江現
在鎮江既已失守則大江一帶在在皆需防範是守江重
於守城水戰急於陸戰亟應修備戰船添雇水勇設法堵
勦使天塹不致有梗阻之虞斯為至要　臣等日夜籌維正
深焦灼茲復欽奉前因當遵查楚岸現在停泊夷船雖有
數百隻而其船頭尾高聳形勢陡彎吃水甚深大者裝鹽
至一千數百引計重五六千石不等體質笨滯非風不行

小者多係巴桿吊鈎等項裝載貨物之船不甚堅固似難以之禦敵且引鹽在船亦無處可以卸載其餘貨船雖多半屬板薄釘稀難以架砲即救生船體質亦小與渡船大略相同現存無多均屬不堪適用因思逆夷兩載以來其船堅砲利兼有漢奸勾結所向披靡恣橫無忌今以內地船隻砲械與之對敵誠恐難操必勝之權竊計逆砲雖堅宜於遠而不宜於近能上擊而不能下及若以漁船小划散佈江面則其大砲可及似當用間出奇乘其不備蜂擁而前聚而擊之或亦制勝之一道查木簰一項向係川南等幫木商扎成至漢轉運下游刻下尚多停泊未運之木

今擬用木札筏數十座取其整木縱橫平鋪風不能翻浪不能沉每筏以寬二丈長四五丈為率筏前安設木架酌定高低平排如堵外用牛皮包鑲加以棉被遮蔽于內以防敵賊火砲仍各用鐵索一字排聯橫於江面如遇逆船既不能越過兼可順流衝擊可攻可守筏內酌派官兵安設槍砲火箭水龍雲梯及各行器械每筏各隨帶漁划小哨船數十隻多募熟諳水手順流鼓棹偵探策應仍選雇民船但取堅實不拘名目加幫穩固釘以環鈎為連環舟或可分可合中載柴草火器各隨筏以防焚攻惟木筏只宜順水艱于轉側不能乘風飛駛仍當隨時偵探遇有可

乘之機則棄筏登划飛棹前進以多為勝趨避自如較為
得力至水摸一項多在四川兩湖北宜昌府屬之歸州巴
東一帶亦有之漢陽雖有為數無多其深知水性能於江
底潛藏半日者亦頗難其人向來打撈沉溺銅船多用繩
將水摸繫拉能始下水撈取非如能行水面潛伏水底者
可比然此項水摸人等究于江面水性是所熟悉臣裕泰
已飛行宜昌府等飭令赶緊選雇多名迅速解省或令駕
駛船筏往來伺應或令潛伏水中壞其船纜總期相機布
置設法辦理選派弁兵練習水戰臣等仍隨時激揚士氣
待以至誠以鼓其勇敢忠憤之志惟扎造木筏稍需時日

容俟嚴催趕造一有成局即妥議章程另行恭摺具奏
一面探明逆船現在何處亦即派委得力員弁管帶駛往
策應臣等受恩深重當茲逆燄披猖恨不滅此朝食共
息神人之憤惟有督率司道悉心籌辦務期湧資實用以
仰副聖主指示機宜宵旰勤籌之至意

收復瓜洲摺　道光廿二年七月

淮運司司　但明倫

竊臣前以瓜洲內之三汊河地居正衝為揚州第二重門戶最關緊要自逆夷佔據瓜洲後即飭委員星夜趕用大船大木堵塞河口添撥兵勇分投暗伏並委員親赴沿江各洲勸諭居民團練外設疑陣內聯聲勢嚴加防禦惟以逆勢鴟張大兵未集飭令兵勇非遇夷人內竄不得冒險輕動一月以來時有黑白夷人各持器械擺隊上岸然僅行止三汊河以外之八里鋪而止似未知我虛實有不敢深入之意嗣聞大幫夷船駛往江寧仍留大船一隻小船

十餘隻攔截瓜洲口其餘大船皆附近金山停泊臣以夷情叵測船雖漸少安知非誘我兵弛防冀可内竄隨督同揚州府知府晏端書東派委署江防同知雷體乾江都縣知縣彭以竺試用鹽知事王英秀管理鄉勇局之儘先選用郎中黄錫慶坐補廣西恩恩縣知縣魏廷瑜揚州營守備宋天麒河營守備安振業瓜洲營守備曾廣楹奇兵營把總方綱等督率兵勇嚴密捍禦勿任稍存大意兹於本月十六日哭添三桅大船一隻停泊瓜洲口門即有黑白夷二三百人仍前擺隊上岸行過八里鋪將近三汊河經兵勇望見鳴鑼齊起各洲義勇亦聞聲遠近相應該夷見兵

勇向前聲勢甚衆遂回船飛駛出口停泊南岸該員等即
率領兵勇乘勢移駐瓜洲當將瓜洲收復飭查各衙門並
未損壞惟砲擊民房數間燒燬茅屋一間現據耆民于瓦
礫中撿得該夷砲子二個一重二十七斤一重二十五觔
臣仍嚴飭委員弁兵加倍小心守禦以防逆夷復來不得
稍有疎懈

招集團練摺　道光廿二年七月

淮運　但明倫

竊臣前奉

諭旨辦理揚州至清江一帶防堵事宜當將籌辦情形恭摺覆奏嗣於七月初九日接奉撫臣程矞采行知六月二十三日奉

上諭本日已降旨責成但明倫專司揚州防堵事務在江北一帶防兵短少已飭河南山東調兵前往應援並飭但明倫帶領兵勇彈壓梟徒勿令釀成心腹之患欽此又奉河臣麟慶行知六月二十九日奉

上諭前調山東河南兵丁計日可到著麟慶酌加派撥並傳諭但明倫竭力守禦其河道應填塞者即行填塞

前路要隘固當撥兵嚴守而後路接應尤不可虛勿專注意江干孤軍無助等因欽此伏查逆夷恃其船堅砲利肆意侵擾若全軍排列江干誠如　聖諭後路少援孤軍無助不可不慮且前以瓜洲內之三汊河正當衝要為揚州之前路門户先經用大船大木沈塞水口可資堵禦並飭派兵勇及瓜洲營退回弁兵暗伏于此以備逆夷闖入即乘機奮逐其三江口仙女廟等處為揚城後路亦經酌派兵勇堵截現又將陸續調到之徐州及狼山兵分別撥派各要隘且仍居中策應雖兵數尚少而前後聲勢聯絡現在城內紳民多有急公好義分段捐設柵欄其無力捐辦

之處亦經委員勘估一律給項全脩輪流支更柝聲徹夜奸匪無從混跡其遷徙舖户亦已設法招徠各復舊業安堵如故惟江路梗塞鹺運行旅尚未流通至儀徵濱臨大江為揚州右臂前此夷船在逼近縣城之老河影地方停泊開砲轟擊延燒民房既懼外敵當前又慮梟徒竊發其勢十分危急經臣飭署監掣同知陳延恩設法招集梟徒轉危為安所招梟徒其中有老大名目即係伙頭别稱若一千八百餘名其嚴密防守局中商董亦奮勉從事遂得輩犇嗰以重資不能招致所需飯食較團集土著鄉勇酌加一二倍各皆應募而至聽受約束事平之後似不難設

法散去無虞後患沿江洲民經臣飭委江都縣知縣彭以
竺試用運判鄭士彥鹽經歷武祖德等親往勸諭團練除
前奏明五十三洲之外又有裏河之仙女廟宜陵鎮孔
家涵霍家橋等處共三十餘村並甘泉縣所屬之邵伯鎮
一帶地方均自團練一氣聯絡互資捍衛較之客兵鄉勇
似為得力臣飭該委員等前往周歷稽查分別犒賞並酌
量津貼以示獎賞而助其不及現在通泰海三分司所屬
之濵海各場商灶亦均飭仿照辦理莫不戮力同心互相
守望匪徒無容身之所不致釀成心腹之患

淮揚安定嚴緝梟匪摺道光廿二年七月

南河督麟慶

竊臣承准軍機大臣字寄七月初七日奉　上諭麟慶奏儀徵揚州漸俱安定現仍加謹防堵一摺所辦甚好云云欽此仰見我　皇上洞燭幾先多方　指示跪誦之下欽感難名伏查江南夷船據報北岸瓜洲口停泊一隻南岸分泊十一隻其大幫均駛赴上游六七十隻文報隔絕不通火輪杉板在江游奕倏東倏西江北防守不容不嚴臣因前聞有初三內犯之謠密飭署江防同知雷體乾江防河營守備師長鑣親往探查茲據稟於初五日改裝乘小

舟由廖家溝至霍家橋見河標把總陳茂雄帶兵駐守遂
由沙河口渡夾江登洲灘居民安堵並詢無夷船竄入當
由石洋溝折回嗣運司但明倫議稟查自江通揚水道一
由瓜洲口至三汊口寶塔灣抵南門一由三江口至宜陵
鎮一由入港口至孫汪鎮均抵仙女廟一由汊河至霍家
橋嚴家橋抵灣頭閘均屬緊要現在瓜洲口被逆夷佔據
三汊河已派揚州營叅將繼倫帶兵把總方綱管帶義勇
駐防所有河南兵到應請在三江入港沙河等口內擇要
屯扎就近互為應援并聲明三汊河三江口各路沉船繫
樹抛石設伏等事均已籌備又派前泰州運判許惇詩奏

留遊擊馬辰會同江都縣於初八周歷三江口等處伏查
加防茲於十二日河南南陽鎮臣都勒豐阿隨帶千總常
清魁博望巡檢張文蔚又親兵一百零四名到浦與臣接
晤後即囑其星夜赴揚與但明倫相度地勢扼要防堵隨
後兵六百名分起行走擬到浦即全令赴揚交都勒豐阿
管帶以資約束臣並親諭各起將弁按名加賞兵丁嚴申
紀律不得在途滋擾現在民情安帖惟鄉間鹽梟土匪不
免乘機搶竊誠如聖諭外患未平斷不可復多內顧尤
應乘其未發妥速掩捕臣前奏王恩壽奏廣鏞等捐丁効
力茲蒙恩諭准留差遣並許獎勵當即宣示至儀徵鹽

匪目前曾將就募情形奏
聞在案繼思既有老大之稱即應有名隨選差幹弁密往訪得巴桿老一種籍隸湖南永州再多專佳老河影現稱老大者九人熊有成陶林唐正源劉朝五吳清山李忠伍登雲熊鳳祥陳發其手下之人共分五曹悉聽指揮已被署鹽掣同知陳延恩招募團練回命一種大半係鳳顯回教居多其頭目聶升耿錦美耿如潔耿錦銳等四人已被子監委員寶山縣主簿湯翁嗣招致等語旋據陳延恩稟稱六月十一日夜鹽梟爭私互鬥後恐其鬥散為吏所用隨密委批驗所大使程松同紳士陳書玉改裝冒險直入巴桿老巢穴勸令歸正熊有

成等感激情願就募又以回奮散處江濱頗難偵訪且恐與巴桿老挾嫌激變當囑湯翁嗣同稅課大使朱大受紳士吳尊榴等親往勸導並設法解散選練其黨陶中亮等一百二十人查梟匪蔓延已久今于江海不靖之際竟恣為我用懇請即先賞頂戴以繫其心而激其氣臣已批令指保一二出色者遵 旨給予頂戴仍即勗以立功後再加優賞以勵其餘至漢奸獪異常誠如 聖諭逆夷知我說破勢必改揆形迹臣惟有飭屬密訪以期奸宄潛消閭閻靜謐再揚州防堵分經恩齡稟請以卸署興化縣事上元縣知縣龔潤森管理以專責成

瓜洲收復摺　道光廿二年七月

南河督麟慶

竊臣承准軍機大臣字寄七月十一日奉　上諭麟慶奏調防兵丁將次到齊預籌分撥設局一摺等因欽此仰見我　皇上垂廑東南添兵禦敵跪誦之下欽感難名伏查夷船入江占踞瓜洲經臣等飭運司但明倫等設法防堵通江各路沈船築壩陸路多掘陷坑暗置地雷各情形節經奏蒙　聖鑒茲據署江防同知雷體乾三江營守備安振業馳禀夷船于十六日退出瓜洲奉運司飭委會同江都縣知縣彭以笠候補知事王英秀並瓜洲營守備曾廣

楹巡檢王毓麟即于是晚入瓜洲城内察看各處衙署及民居間有損動並搜獲夷船初到時所開砲子二箇一重二十六斤半一重二十五斤隨招撫居民陸續搬回鋪户逐漸開張情形極為安靜該員等共登南門大觀樓瞭見大江共泊夷船十二隻内二溜一隻金山後兩隻簰灣一隻甘露寺三隻焦山三隻新河口一隻高資港一隻當將砲子携呈運岸一面運回由閘關將沿途該逆所出偽示概行洗滌等情臣查夷船之去自因見有預備而夷情詭譎不可不防現仍密致但明倫都勤豐阿順保等加謹防守以備不虞惟淮揚一帶情形既定若再添兵轉虞驚擾

且經費亦屬不敷所有蒙　恩飭調陝甘並續調河南兵
丁已經到防弁兵均應俟夷船全行退出大江後由臣一
面奏　聞一面分别截留撤裁以節糜費

到浦察看防堵情形摺　道光廿二年七月

常少李湘棻

竊臣於二十日抵浦淮河道總督臣麟飭令管理防堵局署河　道趙廷熙造送兵勇分防及軍械清冊咨送前來又據河漕兩標副將徐攀蕚　升將各營兵弁花名一併咨送臣處臣詳加披閱河漕兩營兵計調赴江南及分守江北之外現在存伍者僅敷本汛防守不能再行選撥軍械木牌火箭臣逐一驗看抬槍一百三十餘桿可用者只五十餘桿其餘皆收買　户者灌葯下子不甚靈便現在打造尚須改製以求得用火箭可作一窩蜂而不及遠臣

所帶銕筒火箭已發給式樣選匠照作飭局采買銅錢赶
鑄劈山炮以為前敵衝突之用其　置大小木牌尚須裝
載葯物　實效毋任虛糜查外調徵兵河南已到六百名
内河堅守尚不可恃雖期進取揚州如何布置未據運司
洛報　臣處想已另摺具稟　臣毎于接見弁紳即告以夷人
上岸除火箭鳥槍之外並無他　亦以橫擊攔截之法教
以牌槍疊進之勢避鋭乘瑕必可制勝反復開導聞者漸
覺膽壯加以練習令其得心應手必不至望風而遁

鎮江擊夷遵旨保奏摺 道光廿二年七月

參贊齊慎

竊奴才于七月初七日奉　上諭齊慎奏逆夷現在情形一摺據稱探明逆夷于二十二日由鎮江北門出城上船仍有黑白鬼子漢奸數千百名在城外巡遊約計城內尚有逆夷漢奸二千餘名等語覽奏均悉該逆詭譎異常既已退出鎮江復留鬼子漢奸多名難保不誘令我兵深入別圖陷害著齊慎曉諭兵民人等暫緩復業免墮奸計城內埋藏鐵砲匣木仍須探明作何用處巡船有二十餘隻須從外洋甫經駛入其閘至儀徵三江口一帶究有若干

船隻意欲駛往何處著一併查明具奏該參贊大臣現在駐扎丹陽以西擇要防禦又帶領官兵五百名前往新豐一帶屯扎新豐為內地緊要門戶務當嚴防守禦勿令該逆窺伺竄入尤宜稽查漢奸恐代為蹈探路徑至揚州一帶為該逆所垂涎本日已另降諭旨飭令麟慶但明倫加意堵禦矣將此由六百里諭令知之欽此仰見　聖明指示周詳無微不至奴才舄勝欽感適揚威將軍奕經派令陝甘鎮總兵德坤甘肅中衛協副將哈拉吉那帶領陝甘官兵一千名已于六月二十八九等日陸續來到當即飭令揀擇扼要地方嚴密防堵去訖至該逆夷于城內埋藏

鐵砲木匣由漢奸不時來往未能發看亦未見有動靜其大幫夷船駛至江寧儀徵一帶共有六十餘隻至鎮江停泊之船忽增忽減總在十隻以外未易定其去來十三日欽奉

上諭齊慎奏寅夜摸樁擊殺逆夷多名一摺據奏六月二十七日夜隨營從九品郭藩會同縣丞齊在鎔等帶領精兵潛入鎮江府城分伏暗襲擊斃騎馬夷目一名又擊斃逆夷不計其數偵探夷逆教場點人連前共擊斃八百餘名等語覽奏欣悅可嘉之至此次出力員弁兵丁准其查明保奏一併候朕施恩其受傷兵丁查明撫卹現在京口夷船尚有二十二隻如一旦可乘機隨時妥辦欽

此仰見 皇上洞燭無遺 聖恩高厚鼓勵戎行微劳必
録凡文武員弁兵丁聞 命之下無不歡欣鼓舞亟思報
効奴才伏查㖈夷據守鎮江以來搜掠貨物内犯丹陽為
咽喉要地奴才多方奬勵官兵人心思奮適隨營從九品
郭藩會同縣丞齊在鎔等 自帶奮勇精兵改裝混入鎮
江府城吩咐寅夜摸樁六月二十八日夜突起襲殺斃馬
夷目一名刀砍棒擊逆夷不計其數叅將國勒明阿等帶
領弁兵防堵水陸要隘沐雨櫛風晝夜未息逆夷不敢内
犯此次摸樁又復帶兵備辦乾糧在外接應文員中如楊
浔質亦能隨同出力均屬勤奮不避艱險並有郭藩齊在

鎔楊滘質呂廷棟奴才由粵帶赴浙江前次收復寧波府均係在事出力洵屬勤奮可嘉之員至各省弁兵奮勇直前不畏兇燄抑且身帶多傷尤屬奮勇可嘉奴才因思欲杜軍威必須重賞使人奮興方可摧堅禦敵是以伏懇
天恩准令奴才保奏謹將在事員弁兵丁擇其尤為出力者分別開具清單恭呈御覽仰懇恩施逾格准予鼓
勵以昭激勸再該逆夷自初四日于北固山上延揷有紅旂一面隨據甘肅副將哈拉吉那山東參將張富等管帶奮勇兵丁前往鎮江迤南水陸設伏時刻防範該逆未敢入内窺伺旋聞廣州將軍耆英等在江寧辦理羈縻已有

端倪因飭該將等嚴密提防且勿貪功襲殺免啟逆夷口實

已定和約摺道光廿二年七月廿六日發
八月初九日奉　批

大臣耆英等

竊臣等親往夷船招撫暎夷及所請各款勢難拒絕緣由業經由驛馳奏在案道光二十二年七月二十二日承准
軍機大臣寄是月十七日奉　上諭耆英等奏連日與暎夷會議粗定條約一摺覽奏忿恨之至朕因億萬生靈所係實關天下大局故雖忿恨莫釋不得不勉允所請藉作一勞永逸之計非僅為保全江浙兩省而然也該大臣等所稱可救燃眉是徒知救急於目前並未計貽憂於日後所商各條內尚所應行籌酌之處即如該夷船隻既肯退

出長江又肯退出招寶山其前請之通商貿易五處除福州地方萬不可予或另以他處相易外其廣州廈門寧波上海四處均准其來往貿易不得占據久住至藉詞索欠一節該大臣等須婉轉曉諭該國與内地通商已二百年向係和好從前貨物交易銀錢往來俱係內洋商與汝等自行經理我國官員向不過問且此中貿易曲折價值低昂甚爲瑣屑況各國言語不通斷非地方官所能經理嗣後各處通商自應仍照舊章毋庸更改倘該商有格外苛求過於勒扣之處不妨向粵海關監督說明必將該商懲處斷不姑容所稱商欠一節除三百萬元由廣東查明商

欠追還外其餘斷難官為保交至現議先交之六百萬元
自應付給以示誠信除現在民捐商捐一百數十萬兩外
其不敷之數准其暫於江浙安徽藩運各庫通融借撥統
於捐輸項下還款其各省貿易該夷自納稅銀由副領事
親赴海關交納不經行商之手一節有無空碍漸滋流弊
之處仍著該大臣等再行妥議具奏至官員用平行禮及
將被虜夷人并被誘漢民一體懇恩釋放俱著准其所請
又另片奏請於所議條內鈐蓋御寶等語該夷不以汝等
印信為憑而以御寶為憑雖屬可惡尚不失尊崇之意向
來頒給外國勑書均用御寶著准其鈐蓋惟如何賫呈鈐

蓋之處仍先行奏明酌核辦理經此議定之後該大臣等務當告以大皇帝相待以誠所求無不允准從此通商永相和好汝國亦應以誠相待斷不准再啓兵端違悖天理不但業經滋擾各省不得後來尋衅即沿海之廣東福建臺灣浙江江南山東直地奉天各省地面亦不准夷船駛入此時既經和好各省官兵應撤應留我國自有斟酌至內地舊有城池墩壘并砲台等亦應次第修築以復舊規並非創自今日此係為防緝洋盜起見並非防禦該夷而設不必妄生疑慮其有他省現尚不知和好信息見有夷船駛入輒行攻擊者亦不得藉為口實以上各節總在該

大臣等深思遠慮切實定議永杜兵萌不可稍涉含糊將就目前仍存不了之局慎之慎之本日據程矞采片奏佛郎西亞國夷人前往吳淞江口等語該夷所請各節是否另有詭計諒該大臣等接到該撫信函後自必妥商辦理矣程矞采及奕山等前陳各片俱著抄給閱看將此由六里百加緊諭會欽此遵

旨寄信前來查該夷前請入城共訂和約以示不疑臣等察其已就馴撫即定期七月二十一日派撥弁兵前往迎護夷酋噗唃喳帶同親隨十九人安靜入城與臣等在公所面議和好當將前經截留江寧將軍德珠布奏摺一件包封交還並將連日集議各條

撰就和約譯出漢文呈遞前來臣等公同閲看雖文理未能通暢而大旨尚屬明晰其所列各條仍不出前請三事之外并未續有增添亦無違悖字句正在核辦間接奉諭旨指示周詳夷情向背均在聖明洞鑒之中臣等曷勝欽服當即派委四等侍衛咸齡署江寧布政司江蘇按察使黃恩彤浙江寧紹台道鹿澤長石浦同知舒恭受前往夷船宣示恩旨並將奉旨指出各款向其明白開導該夷酋懽嘷喧闐已　允准所請極知感戴一切解嫌釋疑及修復砲台墩堡各事宜均敬謹聽從並無異說其商欠一節據云廣東洋行積欠伊國銀兩甚多今自以洋

銀三百萬元為斷此外不敢求官為保交至以後通商各事宜誠如　大皇帝聖諭事甚瑣屑渠等亦不敢求官為經理惟在廣東貿易以來深受洋行朘削以後情愿自投行商按例輸稅免致暗被侵漁渠等既蒙　恩准赴各處貿易必須設立會館以為貯貨之所分派領事以為總辦之人方能束索眾商勿許生事又伊國至中國七萬餘里遠涉重洋經年方能往返一次務求准其挈眷同來免致離散渠等既得貿易又有室家並當感　天朝厚恩安分輸稅並協助官兵緝捕洋盜以期報効至福州乃武彞茶聚集之所又設有海關販貨納稅係屬最便且其地舊有

琉球館渠等事同一例是以籲請　施恩今蒙　大皇帝
駁飭不准仍格外　加恩許以他處相易惟天津密邇
京都渠等不敢妄有請求此外濱海之區販茶最便無過
福州且係中國極南之地與廣州情形相等仍求　大皇
帝恩准賞給等語該侍衛等婉轉再三開導固請如前　臣
等查夷人通商之所即屬馬頭向在廣東一處今既准夷
赴各處貿易凡該夷運來之呢羽鐘表及中國所産之茶
葉絲綿不能不聽其互市成交而夷貨數多斷非旬月所
能就邅發售限以泊船久待漫無歸着彼之轉既滯我之
鈐束尤難似夷館領事均難拒其所請至向來夷船進口

攜帶家眷止准留住夷船不許寄居會館立法本屬嚴益加益竊思夷船之所難制者誠以飄忽往來洪濤巨浪之中朝東暮西瞬息千里是以能為邊患今若有室廬以居其貨有妻拏以繫其心既挾重貲又攜家室顧戀滋多控制較易況英夷重女輕男夫制於婦是俯順其情即以暗柔其性似更不必過事防閑再查武彝茶產自建寧聚於福州行於西洋諸國為最遠該夷因販茶求住福州貿易尚屬真情考福州形勢與廣州同為海疆分較諸寧波上海之逼近蘇杭者似尚有輕重之分若堅拒不准許易他處該夷既以天津藉口誠恐又添枝節臣等再三熟商復

連日偵探夷情業經買石壓艙分船探水為出江歸海之計又行知各兵船不准攔阻過江船隻並照會臣等委員至鎮江府彈壓土匪是該夷罷兵亁撫已有實據似未便堅執一端致碍大局當再訂於二十四日面語噗呺喳據呈出原定和約四冊請臣等鈐用關防渠亦加用圖印分執為據以示永無反復據該夷酋聲稱蒙 大皇帝逾格

天恩俯定所請斷不敢久佔長江亦不敢滋擾他處一似探明水路即行退兵等語察其情詞亦屬可信臣等辦理夷務先行擅專輊許茲復不能立爭罪無可逭應請

旨將臣等一併從重治罪再前由吳淞强佔沙船前來講

和之佛郎西帶兵夷目則濟勤亦於二十四日據英夷帶
同來見並無所言似因和議已成無從置　知關　聖廑
合併附陳至奉　旨賞給該夷銀兩現即陸續交領約計
夷船在八月初十前後必可退出長江不致悞糧艘回空
之限使江南肅清即恭摺　奏報再㬥咭唎等前請俟和
約議定　賞加　御寶以昭信守欽奉　恩旨准行該夷
酋不勝欽感據云此時兵船尚未即退不敢遽請　御寶
俟退出長江請鈐用以昭恭順等語係屬尊崇敬信之意
除俟届期再行妥議奏請
一嗣後　大清　大皇帝與㬥國公主永存和平所屬華

英人民彼此久睦各住他國必受該國保佑身家安全

一自今以後　大皇帝恩准英國人民帶同所屬家眷寄居沿海之廣州福州厦門寧波上海等五處港口貿易通商無碍英國公主暨嗣後世襲主位者常遠主掌任立法治理

一因　欽差大臣等於道光十九年二月間將英國領事官及民人等强留粤省嚇以死罪索出鴉片以為贖命今　大皇帝准以洋銀六百萬元償補原價

一凡英國商民在粤貿易向例全歸額設行亦稱公行者承辦今　大皇帝准其嗣後不必仍照向例凡有英商

等赴各該口貿易者毋論與何商交易均聽其便且向
例額設行商等向有赊欠英商甚多無措清還者今酌
定銀洋三百萬元作為商欠之數由中國官為償還
一因　欽差大臣等向英國官民人等不公強辦致須撥
發討求伸理今酌定水陸軍費洋銀一千二百萬元
大皇帝准為償補惟自道光二十一年六月十五日以
後英國在各城收過銀兩之數按數扣除
一以上酌定銀數共二千一百萬元此時交銀六百萬元
癸卯年六月間交銀三百萬十二月間交銀三百萬元
共銀六百萬元甲辰年六月間交銀二百五十萬元十

二月間交銀二百五十萬元共銀五百萬元乙巳年六月間交銀二百萬元十二月間交銀二百萬元共銀四百萬元自寅壬年起至乙巳年止四年共交銀二千一百萬元倘接期不能交足則酌定每年每月每百元加息五元

一凡係英國人無論本國屬國軍民人等今在中國所管轄各地被禁者　大皇帝准即釋放

一凡係中國人前在英人所據之邑居住者或與英人有來往者或有跟隨及伺候英國官人者均由　大皇帝俯降　諭旨謄黄天下　恩准免罪凡係中國人為英

國事被拿監禁者亦加　恩釋放

一前第二條内言明開闢俾英國商民居住通商之廣州等五處應納進口出口貨稅餉費均宜秉公議定則例由部頒發曉示以便英商按例交納今又議定英國貨物自有某港按例納稅後即准由中國商人遍運天下而路所經過稅關不得加重稅例只可按估價則例若干每兩加稅不過某分

一議定英國住中國之總管大員與中國大臣無論京内京外者有文書來往用照會字樣英國屬員用申陳字樣大臣批覆用札行字樣兩國屬員往來必當平行照

會若兩國商賈上達官憲不在議內仍用禀明字樣

一俟奉　大皇帝允准和約各條施行並以此時准交之六百萬元交清英國水陸軍士當即退出江寧京口等處江面並不再行攔阻中國各省商賈貿易至鎮海之招寶山亦將退讓惟有定海縣之舟山海島廈門廳之古浪嶼小島仍歸英兵暫為駐守迨及所議洋銀全數交清而前議各海口均已開關俾英人通商後即將駐守二處軍士退出不再佔據

一以上各條均關議和要約應俟大臣等分別奏明　大皇帝硃筆批准及英國公主判定後即速相交俾兩國

分執一册以昭信守惟兩國相離遥遠是以另繕二册
先由　欽差大臣等及英國公使蓋用關防印各執一
册為據俾即日按照和約開載之條施行妥辦

行抵無錫暫駐摺道光廿二年七月廿八日

將軍奕經

竊奴才前奉諭旨著奴才選帶將弁兵勇移駐常州一帶，當將官兵分起行走，作為換防，併奴才亦即隨後移營督飭前進各等情，於十八日具奏在案。茲於七月二十八日行抵江蘇無錫地方，接到欽差大臣耆英、兩江總督牛鑒、署乍浦副都統伊里布合咨議撫𠸄夷之事，條約已成，於二十四日會用和約關防，欽遵諭旨知照前來。奴才查無錫距常州不過九十里，此時自無須再行前進，即在無錫一帶暫行屯扎，聽候耆英等咨會夷船退出消

息至乍浦地方停泊夷船一隻現仍在洋面遊奕雖該逆
聲言並不上岸滋擾而濱海居民未免稍涉惶懼現在杭
嘉湖道宋國經親赴平湖一帶彈壓土匪即就近督率文
武各員鎮靜防守地方尚形安謐惟奴才現在帶兵在蘇
省駐扎其嘉興等處止有護副都統薩彌爾翰率帶滿兵
副將福禧統帶漢兵弁並無大員駐守刻下究屬空虛自
應欽遵前奉　諭旨酌派大員駐扎嘉興一帶以資控制
查有前任福建提督陳階平人極老練自上年駐守曹江
迄今將及一載辦理防堵一切均甚安協奴才於啓行之
時即已扎調該提督即行移駐嘉興藉資鎮守可期得力

曹江一帶尚有按察使蔣文慶在彼駐守提督段永福現
住上虞相距甚近聲息易通尚不致有踈虞

軍需浩繁再請撥濟摺道光廿二年七月廿九日

江督牛鑑等

竊照夷船攻陷上　以後蘇省設立糧臺總局自本年五月二十日開局以來核計支發兵勇口糧餉坐日船價及製備軍火器械並堵塞河道等項約共用銀七十七萬有奇除借用浙江寄存軍需銀五十三萬兩外由蘇藩庫設法籌墊已至二十餘萬兩庫款並形支絀其各路領款隨時支給均屬刻不可緩之需所有前奉部撥軍需銀一百萬兩除河南銀五萬兩已經解司濟用其部餉銀五十萬兩及兩淮鹽課銀十四萬兩又已飭令解赴江寧為籌辦

夷務之用尚有山東山西兩省銀三十一萬兩 臣已飛札
催提即使日內全數解蘇尚不敷歸還借墊各款雖江甯
現已議撫而夷船難期全數退出亦必須有備無患是沿
江沿海調防官兵未便遽行議撤所費仍屬不資況將來
收復鎮江等處撫卹難民資送雇勇及修理城垣倉庫衙
署並給發 房修費等項應辦善後事宜需用尤多不特
甯蘇兩藩庫無款可墊即鄰近各省亦難借用不能不先
事預籌刻下需用孔殷若由遠省撥銀尚恐緩不濟急據
總局浙江藩司孫善寶等具詳請 奏前來相應仰懇
聖恩俯念蘇省待支緊迫 勅部再行籌撥附近省分銀

一百萬兩迅速解蘇以便隨時濟放庶免臨事周章

續報軍需片道光廿二年七月

浙撫卞士雲

再揚威將軍參贊大臣奉　命專征密派各省委員督飭
報効人員及地方紳士等至浙籌辦攻勦事宜所需銀錢
均由省局等處支提嗣經將軍等抵浙後向各局提銀應
用計自上年十一月起至本年正月二十一日止陸續提
過銀五十七萬四千三百兩零經撫臣劉韻珂查明銀數
附片具奏奉　旨着准其于軍需項下作正開銷事竣覆
實報部等因欽此欽遵在案茲查自前此奏報後截至五
月底止將軍參贊及各委員復先後向省局支提銀二十

六萬四千兩又洋銀八萬四百元合銀六萬九千六百九
十兩又錢四十八千文合銀二十四兩三共合銀三十三
萬三千九百十五兩均在軍需項下動支應付茲據總局
司道詳請具奏前來除遵奉前　旨作正開銷俟事竣會
同將軍參贊彙覈辦理外謹附片具　奏

酌定報銷章程片道光廿二年七月

浙撫卞士雲

再浙江自道光二十年六月間暎夷突入滋事佔據定海徵兵集餉防勦兼施迨至二十一年二月該夷納還定海仍在粵東鴟張浙省防兵未撤至八月該逆復來浙侵犯攻陷定鎮鄞三縣本年四月又陷乍浦兩年之中軍務蝟集迄今尚未解嚴查省城自軍興之初即設總局一處寧波鎮海各設分局二處乍浦亦設支應局一處及定海收復又在該縣設局一處至寧波等處失守將該三處分局歸併于紹郡在紹興府城設立糧臺一處嗣曹江上虞餘

姚等處分駐兵勇復在該三處各設支應局一處迨揚威
將軍等督兵進勦復在曹江添設大營糧臺其叅贊特依
順文蔚軍前亦各設支應供應糧餉奉化縣因分兵駐扎
為大洋聲援亦在該縣暫設糧臺一處後叅贊齊慎督兵
赴蘇應援復設隨營糧臺沿途供應現在上虞餘姚糧臺
歸併于曹江大營糧臺亦移于紹興乍浦支應局亦因該
處失守移設嘉興奉化糧臺業已裁撤叅贊齊慎隨營糧
臺亦經蘇省各委員接辦計兩載以來各糧臺或併或添
皆係隨時酌量辦理其間有司道督辦者有府廳州縣承
辦者有鄰省人員委辦者所有一切餉糈俸賞軍火器械

或自局撥解或即由各糧臺購製給發事務既劇用項甚繁其款目之糾纏文案之紛雜非經手之員不能溯其委而窮其源現在軍務未竣尚不能覆辦報銷而報銷之法不能不先為酌定臣與總局逐加校議伏查司道以下各員在各糧臺辦理軍需事宜皆係經管銀錢其所用之數所銷之數若非本人逐項冊報接手者輾轉稽查難免歧混舛錯應請將浙省道光二十年六月以後各局臺支應銀錢將來覆辦報銷時俱著落經手人員按照歷次奏定章程分案列款按例造冊詳報由總局彙核分案請銷其鄰省人員以及浙省各員因升調事故離浙者或暫行扣

留或臨時飭調或隨事咨詢分别事務之大小銀錢之多寡届時酌定如此明定章程庶足以專成而重帑項至揚威將軍參贊大臣與將軍等所委各省文武及報効人員地方紳士承辦攻勦事宜陸續在各局臺支提銀錢本年正月間曾經撫臣劉韻珂將銀數附摺奏報現又經臣將續提銀錢另摺附奏查此項銀錢作何支用省局及各分局俱未深知將來事竣之日應由將軍參贊與撫臣會督總局飭令經管之員另行核議報銷其各州縣支應兵差等項糧臺人員經手者亦仍由各州縣自行銷算彙核以清眉目

道咸成案九

柔遠全書十一

川陝調兵可停摺 道光廿二年八月

江督 牛鑑

竊臣於道光二十二年八月初六日准大學士四川總督
臣寶興咨本年七月十一日奉 上諭前經降旨著四川
陝甘二省挑選精兵各一千聽候調遣該督諒已云云至
交麟慶調遣等因欽此當於省標各營及維川北重慶永
寧等營挑備精兵一千名分為三起委員管帶赴江茲頭
起兵于七月二十一日起程咨會點收調遣前來查英夷
就撫仰荷 天恩俯准通商俟本年交項付清兵船即全
數退出長江臣與 欽差大臣耆英等嚴催藩運各庫撥

欽速即解省轉交以期夷船早退一日江路即早清一日
現已陸續交兑約計八月二十内外總可令催兵船出江
該夷等通商念切實出至誠萬不致再有反覆而川省頭
起官兵甫於七月二十一日起程計三起兵弁全到江省
至速亦須九月中旬彼時夷船早經退出各處已調在防
之兵尚應酌量減撤川兵無須勦堵未免遠涉為勞合無
仰懇　聖慈停止調撥飛　勅經過各省查明四川官兵
行抵何處即令全數折回川省俾休兵力而節郵傳至江
南既已安堵瓜口現經通行江北淮揚一帶本調有河南
等處官兵似亦足資防範其陝甘奉調精兵一千尚未准

陝甘督臣咨會係于何日起程可否一併停調　勅下經
過各省查明傳知帶兵官即令回營歸伍之處出自　聖
裁再江省民情安輯停泊江面夷船陸續開行佛郎西亞
夷目則濟勒沙船業經退出吳淞據松太道巫宜禊稟已
於八月初七日回帆未知是否歸國其續到之兵官已自
乘坐沙船來省與暎夷船隻同泊江干現在並無要求之
處臣已會同耆英等籌商相機妥辦另摺具奏合併陳明

噗𠿘喳来文　道光廿二年八月十一日

日前本公使由火輪接收暎國文信得知兵船火輪船數隻另帶軍士內裝駛河三板等類或于英國曾已開行將近開行止要前來中華等情其已開行之船不分大小有字號入報者僅十一隻而陸續開行舳艫相接來中國者另有之迨及接到和好之佳音方可止撥矣本公使自應照會貴大臣以便　奏明一併咨會各省督撫大人知照施行恐二國既講和好而兵船軍士不知加添必致惹人之駭異疑慮是本公使一片友誼之心特此照會等情到本都統大臣部堂據此咨會飭知等因

詳議善後摺 道光廿二年八月十六日

大臣耆英等

竊臣等酌辦夷務實在情形連次繕摺陳奏並將和約各條開單呈　覽道光二十二年八月初三日承准軍機大臣字寄七月二十六日奉　上諭耆英等奏詳陳夷務情形親往夷船妥為招撫一摺覽奏忿恨之至朕惟自恨自愧何至事機一至於此於萬無可奈之中一切不能不勉允所請者誠以數百萬民命所關其利害且不止江浙等省故强為遏仰各條均准照議辦理惟該夷所請均已允准即當迅速定議全數退出大江不得任其耽延驚擾行

旅至此外一切緊要事件必應籌及者均著責成該大臣等一一分晰妥議不厭反覆詳明務須永絕後患該大臣既知善後之難於措手他國之不勉生心即因思前顧後豫為籌畫於勉從下策之中力求弭患未然之計倘稍留罅隙日後有所藉口以致別生枝節辦理掣肘是耆英伊里布自貽伊戚不惟無以對朕更何顏以對天下再佛郎西亞國夷目則濟勒到後情形若何甚為廑念著一併奏慰將此由六百里加緊諭令知之欽此又於八月初九日承准軍機大臣字寄是月初二日奉　上諭耆英等奏夷務已定和約鈐用關防一摺並開各條呈覽該大臣既已

從權允許等因欽此先後遵 旨寄信前來臣等查該夷
請求各款雖已定有和約十三條一切善後事宜尚須明
晰妥議立定章程畫一辦理方可期一勞永逸永杜衅端
其奏 旨指出各款尤須宣示該夷俾知遵照誠如 聖
諭不厭詳細萬不可將就目前草率了事當即派四等侍
衛咸齡署江寧布政使江蘇按察使黃恩彤浙江寧紹台
道鹿澤長石浦同知舒恭受連日接見夷酋及覆詳議該
夷嗎唎遜囉咘坦嘟哋唎均通漢文兼習漢語勿須通事
傳說反致隔閡該侍衛等與之口講指畫推誠開導酌定
善後事宜彙分八條稟經臣等備文明晰照會該夷酋噗

嗎喳亦即照覆均無異說謹將各條另繕清單恭呈　御
覽至此次奉　旨指出各欵如該夷赴各口貿易一節聽
其自便但日久難保民人無拖欠之弊祇准自行清理地
方官概不與聞一節查前議商欠三百萬元即在二千一
百萬元總數之內此外欠項均不能官為保交業經與該
夷議定並奏明在案後於繕復條款內載明此後該夷自
投之行非中國額設行商可知如有欠債只可官為著追
不能官為償還等語現據該夷覆稱嗣後利害均由自取
萬不再求官為還欠其情業已帖服又如此次既經和好
兩國人民視為一體斷不概行誅戮倘該民人等別經犯

法我國自當照例辦理與該國無涉一節查該夷原議此欵係專指犯順以來被誘被脅之民人而言臣等竊以此等莠民即屬漢奸與暎夷相為表裏暎夷既散漢奸亦能服聚惟人數衆多究係
國家赤子繩以峻法則相率為盜宥以寬典則反正來歸自當蠲除既往予以自新是以
臣等奏懇
天恩准予釋免以安反側至通商以後華民歸中國管束暎商歸暎國自理華民有罪逃至暎館者暎夷不准庇匿暎商有罪逃入內地者中國即行交還均經
臣等明定善後章程該夷亦切實照覆是該民人等別經犯法自當仍由該管官照例懲辦該夷斷不致藉端阻撓

至各關稅銀該夷情愿按照則例如數輸將惟稱粵海關丁書稅役向多陋規求為查明禁革其中國商人按例交納關稅非該夷所得越阻該夷於本年六月十二日以後止有揚州商人致送曹平銀三十五萬五千兩折洋銀五十萬元現已議明扣除此外並未收過銀兩再舟山古浪嶼暫住兵船應俟各口開關即行退出不准久為佔據一節前經議及該夷酋必欲俟銀兩分年交清方始退還現經奉 旨飭議復向開導該夷准稱和約既定必須堅守未便遽行更易至渠等酌留兵船不過數隻既不侵奪百姓亦不攔阻商船均與善後章程內切實議定不致滋生

事端惟求代　仍如前約等語臣等查該夷既以堅守和約為嗣若不允所請轉恐藉口反覆其兵船如何漸次撤退應俟開關後由地方官察看夷情相機妥辦其分年措給銀兩臣等悉心籌畫所有癸卯年六月應給洋銀三百萬元擬於廣東洋商欠款內先行儘數追交十二月應給洋銀三百萬元擬於各海關稅銀內撥給倘有不敷再於廣東福建藩運各庫內籌款指交至甲辰乙巳兩年應給之項屆期各海關均已開關稅額議定成數應俟通盤計算是否足以相抵再行籌辦至新設五處馬頭尤非善後事宜可比必應妥為籌定以期永久安堵容臣等同

未盡各事宜悉心詳議務期周妥

一廣東洋行商欠除議定三百萬元官為保交外此後暎國通商現今議明無論與何商交易均聽其便既係暎國自投之行即非中國額設行商可比如有拖欠止可官為著追不能官為償還查此欵業據該夷照覆嗣後通商利害均由自取若有欠項由管事官呈明內地官著追萬不可再求官為償還

一和議既定永無戰爭所有廣州福州廈門寗波上海五處止可貨船來往未便兵船遊奕其五處之外沿海各口及直隸奉天山東天津臺灣諸處非獨兵船不便來往即

貨船亦未便貿易均宜各守疆界以期永好查此欵業據
該夷照覆一俟友港開關則例頒行即由嘆國君主出示
曉諭嘆民止准商船在五口貿易不准駛往各處至該國
尚有水師小船數隻往來各口稽查貿易亦當協同中國
地方官阻止商船不准他往並請中國地方官嚴禁華民
除議明五港外不准在他處與嘆商貿易
一既經議和各省官兵應撤應留須聽中國斟酌其內地
砲臺墩壘城池業經殘毀者均應次第脩整以復舊規寔
為防緝洋盜起見並非創自今日嘆國既相和好不必有
所疑慮或行攔阻查此欵業據該夷照覆以上各事均應

聽中國斟酌修整如舊係屬正辦嘆國斷無攔阻之理益
此次和好惟賴中國誠信踐約而嘆國亦當專心以信守
為務
一廣東福建及浙江等省距江寧較遠之處不知和好信
息見有嘆國兵船駛入或相攻擊均須原情罷戰不得援
為口實致乖和好查此欵業據該夷照覆兩國和好信息
業經由火輪船速行曉諭所有嘆國水陸軍帥自必與中
國兵民互相友愛倘有攻擊之誤未足為仇惟求臣等速
將和議情由飛行各省一體知照免致分爭更屬忺幸
一和好之後付給本年所交銀兩各兵船自應退出江寧

京口即福建廣東浙江等省停泊兵船亦須約定同時退出散遣歸國方堅和好其定海之舟山廈門之古浪嶼據議仍歸暎兵暫為駐守但不便多住兵船致中國百姓暗生疑慮與該二處通商之事轉多窒礙所有每處泊船若干隻自應預為申明以示限制查此欵業據該夷照覆俟本年銀兩交清後所有兵船自應退出江甯京口等處其他省停泊船隻除舟山古浪嶼二處酌留兵船數隻管理貨船及香港仍須留兵駐守外其餘可遣散歸國蓋留兵於他國未免重費暎國意在省費必不多留兵船中國不必為慮致傷和好

一舟山古浪嶼泊有兵船須令帶兵官約束兵不得侵奪民人致乖和好并聞古浪嶼所泊兵船曾有攔阻中國商船扣收貨税之事此時既經通商應令各兵船不得於中國商船再行攔阻抽税查此欵業經該夷照覆各處兵船本應帶兵官嚴為約束此時和議已定尤當彼此親愛所有攔阻商船即應釋放不得再行抽税各情早經行文各處曉諭在案嗣後倘有不遵致有侵奪攔阻情弊即當嚴行議究不致有乖和好

一暎國商民既在各口通商難保無内地民人交涉獄訟之事應即明定章程暎商歸暎國自理華民由中國議究

俾免釁端他國夷商仍不得援以為例查此欵業據該夷照覆甚屬妥協可免爭端即應遵照辦理

一內地奸民犯法應行究辦若投入嘆國貨船兵船必須送出交官不可庇匿有違信誓致傷和好查此欵業據該夷照覆內地犯法奸民若投入香港及嘆國貨船兵船即行送出交官斷不庇匿其嘆國及屬國逃民逃兵若潛進內地中國亦須一例送交嘆國近地理事官領回以敦和好

淮揚情形摺　道光廿二年八月十九日發

南河督臣麟慶
太常卿李湘棻

竊臣麟慶於七月二十四日奉到　批回承准軍機大臣字寄道光二十二年七月二十日奉　上諭麟慶奏籌辦淮揚地方情形一摺據稱三汊河口等分派叅將繼倫等管帶兵勇駐防都勒豐阿到浦已令星夜赴揚扼要堵並派捐丁効力之奏廣鏞前往周莊巡緝私梟編就木筏酌留十天架安泊坐灣處以備攔截之用其餘另改二十架期于轉棹等語均着照所議妥為辦理該河督仍當會同李湘棻但明倫悉心講求務臻盡善等因欽此　又臣李湘

棻于八月初七日奉到　批回承准軍機大臣字寄道光
二十二年八月初三日奉　上諭李湘棻奏察看防堵情
形并察布淮揚後路一摺覽奏均悉清江浦一帶為水陸
扼要之所自應妥為布置現在夷船未退黃河漫溢游民
乘間聚衆為匪勢所難免是練兵治具不僅為防夷而設
至江寧夷務情形已畧悉梗概所備各路兵丁除漕標河
標仍歸該督等分遣各處照常安置防守外其因防夷調
取兵勇著麟慶李湘棻會同商議酌留數百名分布要隘
以資防禦總期實在得力不在人數之多轉致有兵無實
河北間有旱蝗淮徐之間捻匪勾結搶掠尤宜預為設法

捜捕淨盡勿令滋擾等因欽此又淮漕運總督臣朱樹兩
次恭錄
諭旨命臣麟慶臣李湘棻會同妥議回空軍船
章程等因欽此臣等跪誦之下仰見
皇上安內攘外
聖訓周詳無任欽佩臣等遵即轉行兩淮鹽運但明倫妥
為辦理一面設局督造器械挑選壯勇務求一器一勇俱
歸精銳並密飭沿江一帶暗備兵勇以為邀截之用臣李
湘棻正擬由淮揚赴而屢接江南及揚州函稱英夷業已
就撫大局將定切不可辦理兩歧致生變端止可遥作聲
勢等語旋又據運使但明倫稟稱夷船已退出瓜洲居民
安堵請酌量撤留防兵分要堵禦臣等以夷船雖退大幫

仍在鎮江江寧傍泊客商過江藉口查驗間有阻撓其行蹤詭祕不可稍涉大意當即咨派三江營守備安振業江防營守備師長鏕探聽夷船作何動靜一有聞動即行飛報茲據該弁稟稱探得本月十二日自江寧退回大夷船七隻十三日退回大船四隻十四日退火輪船二隻大小船二十二隻十五日退回大船十一隻又據三江營報十四日申刻有大船二隻火輪船一隻由圌山關江面向外駛行酉刻過鰻魚沙等語臣等又飛飭該弁駕坐小舟跟蹤前往鵝鼻嘴一帶瞭望俟夷船全出大洋再行續報臣等查夷船雖係退動而鎮江尚有停泊俟大幫掃數開出

則南北江口木橋攔壩均可疏通又恐在長江下游北岸
滋擾早經檄飭狼山鎮總兵順保撤兵回鎮以備守禦又
檄調南陽鎮總兵都勒豐阿帶兵七百名移駐仙女廟西
備高寶湖匪東防漢奸由三江口抄襲後路又據候補運
判鄭士彥稟稱查明沿江各州縣及陝河並各鄉現在紳
民捐資團練義勇計有九萬餘名聲勢極為聯絡儀徵除
招撫除已稈老回籍二百七十餘名外尚有分守各隘鄉
勇一千八百餘名臣李湘棻又親赴淮安一帶激勵紳民
其抒義憤無不踴躍爭先董事紳士韋坦丁晏等亦認真
經理團勇之外復議修補城垣臣等復扎派北監掣同知

朱沆協同該府縣認真籌畫以期盡善至河南後起官兵
一千名係于本月初八首陸續到浦臣等傳齊兵勇于十
三日在清江演武場校閲器械鮮明槍炮猛烈軍容極為
壯肅百姓觀者莫不以手加額交相幸慰謂此後可恃以
安枕臣等自辰至戌逐名試驗擇其技藝最精者河南兵
丁四百餘名河標及修防兵丁一百餘名義勇三百餘名
當即派員分帶練習火器以為前敵衝突之選遞臣李湘
棻之手候選司務李麟遇由山東招募義勇武生孫漢李
百安等四十三名並攜銅炮五尊亦于是日到場臣麟慶
親自校閲甚為勇健可用當飭帶火器勤加操演查夷船

既已開動所有續調陝甘兵一千五百名應　奏請停止
臣等一面飛咨前途即行折回以節勞頓而省糜費

查辦報銷摺　道光廿二年八月十六日

江督　牛鑑等

竊照𠸄夷前次滋擾浙洋即至吳淞一帶游弈惟時徵兵
集餉擇要嚴防先在上海設立支應局本年五月内
寶山上海兩縣相繼失守夷船旋即闖入大江攻陷鎮江
郡城窺伺揚州並直逼江寧省會後又陸續調集官兵壯
勇籌畫防勦經臣等先後　奏准在蘇州省城設立糧臺
江寧設立防堵總局並將上海支應局改為崑山分局及
松江常州兩郡城各設分局以期無誤供支河臣麟慶因
江北調防兵丁將次到齊　經　奏明于清江浦設立總

局揚州高郵兩處各設分局支發淮揚一帶兵糧參贊大臣齊慎自浙帶兵來蘇駐扎丹陽地方復于軍前分設糧局委員會同地方官就近經理迨揚威將軍奕經督率兵勇移駐無錫時有專管行營糧臺前任福建藩司鄭祖琛督飭各委員分別承辦其餘有司道督辦者有府廳州縣承辦者有委隣省人員辦理者所有一切餉糈俸賞軍火器械或由蘇州糧臺撥解或由各分局購製給發事務甚劇用項更煩其欵目之糾紛文案之冗雜均非經手之員不能溯其源委現在㖟夷就撫常州崇明分局先已裁撤一俟官兵全行撤防各局陸續撤去即查辦報銷據浙江

布政使孫寶善蘇州布政使李星沅江蘇按察使調任山
東按察使覺羅崇恩議由經手各員分别按款造報會詳
請
奏前來臣等覆加酌核此次委各局辦理軍需人員
俱已經管錢糧其所造之數即其所用之數局處無從得
悉即彼局之員亦不知此局底裡自應如該司等所議責
令原委員各歸各處逐款冊報庶免舛錯糾纏應請將蘇
省自軍興以來各局支用錢糧除防堵案內先用商捐銀
兩業經
奏定章程分門别類按例核寔造冊詳報內如
參贊大臣齊慎行營糧臺及松江常州崑山崇明各分局
用款由蘇糧臺彙核揚威將軍奕經行營糧臺到蘇用款

由藩司鄭祖琛彙核江甯用款由江甯總局彙核分别轉詳統由臣等核明逐案題銷此外清江浦及揚州高郵各分局用款由清江浦總局彙核聽候河臣核題如有鄰省人員以及蘇省各員因廾調事故離蘇或暫行扣留或臨時調飭或隨事咨詢按事務之大小錢糧之多寡届時酌定如此明定章程庶足以專責成而重帑項至沿途各州縣支應兵差等項並非屬員經手仍應由各該州縣自行彙核報銷以清眉目再上年揚威將軍奕經參贊大臣文蔚奉命赴浙進勦駐蘇籌辦事宜奏請在蘇州省城設立浙江後路糧臺接應浙省糧餉軍械計今將

及一載款目文案亦甚紛煩應一體着落經手之員查照
例案造報由總局彙核詳經臣等移送浙省并案核銷如
有事故離蘇之員造報不清亦即分別留調咨詢以昭核
寔

淮揚安堵摺　道光廿二年八月

淮運司　但明倫

竊臣前于七月十八日將夷船退出瓜洲情形及儀徵招集梟徒尚聽約束緣由恭摺具　奏七月二十三日欽奉
諭旨著招徠瓜洲居民妥為撫輯儀徵梟徒現在招集頭目仍當妥為彈壓事平以後應如何設法解散之處著斟酌妥辦慎勿稍留後患等因欽此當欽遵督率揚州府知府晏曙東等將瓜洲招回難民查明實在乏食戶口買備米石運往賑濟并督飭員弁將揚儀招集梟徒妥為彈壓維時該夷已在江寧省城就撫計日可退而瓜洲儀徵

一帶江面為夷船退回必由之路又經派委文武員弁前
往彈壓茲大幫夷船已於九月初一日全數退出圌山關
外大江南北運道肅清淮揚一帶人民安定無不仰頌
皇上洪福共樂太平惟瓜洲招徠人民已經臣買米撫卹
而鎮江僅一水之隔自遭㗖夷荼毒道殣相望所遺困苦
窮黎並須賑卹臣不敢稍分畛域已稟明督臣牛鑑河臣
麟慶動碾鹽義場穀二萬石交該地方官督同商董分別
散給貧乏及招回難民俾救目前之急至儀徵鹽梟頭目
熊有成等業經河臣麟慶奏蒙　賞給頂戴該目頗知悔
罪從此可望自新即使故智復萌其姓名籍貫有案可稽

無難立拿懲辦其餘夥黨亦經馴伏聽受約束惟此等獷
悍之徒宜散而不宜聚現在夷船既退自應　欽遵　諭
旨設法解散臣愚擬札飭署南監掣同知陳延恩逐加傳
詢如愿在儀居住者取其不再販私切結備案聽其另謀
生計仍編入保甲隨時稽查其回原籍者開具花名清冊
逐程咨遣回籍責令各原籍州縣嚴加約束不得復任外
出滋事如有潛回儀境嚴拏究辦正在飭行間接據徵縣
知縣陳文杰稟稱會同奇兵營遊擊芮永森陸續將招撫
梟徒多方開導僉稱或因房屋被焚或因眷口先去伊等
隻身在儀苦無生計情愿各回原籍安分謀生如果寔屬

似不難于遣散容臣督同署淮南鹽掣同知陳延恩及該營縣酌量妥為辦理不使稍留後患至江都甘泉兩縣所屬沿江各州各内河各鎮團練之義勇並予告在籍大學士臣阮元在揚州北鄉公道橋地方捐資雇募團練均較客兵甚為得力匪徒不敢入境現當驚惶甫定之時巡緝未宜少懈臣仍督飭各董事照前嚴為防範其外省調防官兵經太常寺少卿臣李湘棻河臣麟慶會奏次第撤回以節糜費前次堵塞之三汊河霍家橋水口等處為南北往來要津且糧船現屬回空已飭原辦委員趕將沈堵大船木石錨鍊全行起除以通舟楫現在揚城民情和

輯廛市喧闐光景漸與舊時無異而自揚達淮往來行旅亦皆安帖足以仰紓宸廑此外善後事宜臣當隨時稟太常寺少卿臣李湘棻督臣牛鑑河臣麟慶撫臣程矞采次第辦理伏念揚州自夷船入江以來外敵當前土匪竊發情形危險已極見經派委文武員弁設法堵塞各江口並招集梟徒嚴治搶犯捐錢買米以安民心而固根本迨恭奉恩命防堵責有攸歸隨事稟商河臣麟慶復藉資于羣力所有揚儀在事文武員弁及紳商局董均能始終奮勉得以危轉為安可否由臣將最為出力各員及在局紳董等開單陳請太常寺少卿臣李湘棻河臣麟慶校明

保奏獎勵之處出自　皇上天恩

江甯夷船均已開駛摺　道光廿二年八月

江督牛　鑑

竊照江甯夷船前已開去三分之二經臣等於八月十六日附片陳明嗣後每日開行夷船二三四隻不等計截至二十五日止草鞵夾江面仍泊夷船十二隻另有佛郎西亞夷船一隻茲據噗鼎喳照會内稱現蒙　大皇帝恩准通商諸事均已議定擬於二十六日率同兵船迅速出江等情旋因搬運壓艙石塊躭延二日即於二十八日早所有夷船全數開行其佛蘭西夷船亦隨同駛去經臣等委員查明草鞵夾至觀音門一帶江面並無夷船停泊除派

委署江南鹽法道積喇明阿浙江參將尚安泰護江出江

一俟夷船全出大江江面廓清另行馳　奏

製造出洋戰船疏　道光二十二年八月　奕山

道光二十二年六月十四日奉　上諭前據奕山奏廣東會捐造大號兵船一隻頗能駕駛出洋可見木料人工隨地皆有急公好義正不乏人嗣後如有捐貲製造戰船礮位者該督撫查明保奏朕必照海疆捐輸人員從優鼓勵欽此又七月十五日奉　上諭沿海向備戰船原以為巡哨衛禦海之需近來名省多半廢弛不能適用是以海氛不靜禦寇無資廣東為沿海首要之區必應先行整頓前經降　旨諭令該省製造大號戰船自必早為籌畫妥密辦理惟此項船隻無論大小總以堅固適用為主並

能于中間安放礮位若僅依向來水師戰船修造仍屬有名無實著該將軍等極力購求雇覓工匠迅將各樣大小戰船趕緊製造其式樣如何著先行繪圖貼說馳奏呈
覽如木料不能堅實製造不能如法將來經朕派員查出惟奕山等是問倘一時不克湊集如有可購買之處著即先行設法購買欽此又七月十六日奉
上諭前因
海疆防禦首重戰船降
旨飭令粵省酌籌製造並將方熊飛原呈鈔給閱看茲復據金應麟奏請飭多備船隻其造舟之法如子母舟聯環舟及樓船走舸鬬艦海鶻游艇蒙衝並三層船兩頭船閗頭釘船皮船等項式樣不一

著奕山等悉心體訪查明該少卿摺內所奏各船究以何項船隻最為得力即購備堅實木料趕緊製造並將擬造船式繪圖貼說具奏其該省洋商內如有深悉造船之法及力能設法購買夷船者並著文豐留心訪察加以激勸原摺著鈔給閱看將此諭知奕山祁𡊮等知之欽此臣等伏查該少卿金應麟具奏各項船隻俱係徵諸載籍所論不為無稽惟是造舟之法貴因時以通變尤貴因地以制宜往往有宜于古而不宜于今宜于江而不宜于海者該少卿奏稱川廣之船足以制江閩粵之船可以防海原非專指粵東一省而言而臣等體察粵東現在情形自應專

于講求防海禦敵之船以期得力若如該少卿所稱子母舟一項遇敵即鈎其舟母船縱火與彼俱焚伏兵開子船歸聯環舟一項分為兩舟中連以環遇敵縱火前環既解後舟即回二者但可為焚燒敵船之用又如走舸輕若飛鷗游艇即回軍轉陣蒙衝則開掣掉空矢石難破四者但可為掩襲敵舟之用至于樓船則建樓三重可馳車馬鬭艦則百二十步以木為城但質體笨重昔人已慮其陡起暴風人力難制又如三層船首尾造暗艙以通上下中層鋪刀板釘板以設機關兩頭船兩頭製柁遇東風則西馳遇南風則北馳以及悶頭釘船狀如板片人在艙底每多

掩蔽水拍船上亦不沉沒皮船用生牛馬皮竹木緣之狀如箱形以竿繫木相輔而行以上各項船隻式樣不一現在粵東省河内如快蟹拖風及撈繒八槳等船似亦大同小異然悉心體察僅可用之于江河港汊若施之于茫茫大海則亦未見其盡善也匪特此也即如粵東自上年造船以來紳士許祥光等捐造船二隻左右設槳六十四枝輕捷便利若駛往大洋又苦于不能盪槳批驗所大使長慶承造船一隻仿照昔人兩頭船之法兩頭製柁中設兩輪以激水左右設槳三十六枝以上三船僅可備内河緝捕之用廣州府知府易長華承造船一隻較之例造大號

來艇工價加倍雖可駕駛出洋但木料板片未能一律堅
緻亦難禦敵惟查上年紳士潘仕成捐造船一隻倣照夷
船作法木料板片極其堅實船底全用銅片包裹以防虫
蛀現已調撥水師營弁兵駕駛逐日演放大礮臣等親往
白鵞潭督令操練礮手已臻嫻熟轟擊甚爲得力現在潘
仕成續又造成新船一隻照舊船加長工料亦仍舊堅固
尚有未造成二隻與此船同式督工趕辦約九月內亦可
造竣本年夏間有米利堅國兵船二隻護送夷貨駛至黄
埔該夷船人告知通事等云伊外國兵船結實長大如
天朝官員想上船看視儘管來看等語維時南韶連總

兵馬殿甲署督糧道西拉本赴東路一帶稽查壯勇與提督吳建勳等登其兵船該兵頭呈獻小三板船一隻伊國地理圖一册隨優加賞賚以示懷柔當即逐細察看該兵船分上下兩層安設大礮四十餘位均有滑車演放推挽極為純熟其尤靈便處中間大桅及頭尾桅均三截蓬亦如之設值風暴即將上截桅蓬落下較之我船桅係整枝尤覺適用譬如北風若行船自南而北即係頂風謂之折戧我船遲笨戧駛行似梭織夷船轉蓬靈便戧駛略偏風而行我船向用木碇棕繩若遇急流巨浸下碇不能抓地該夷船碇純用鐵造尤為得力隨覓巧匠照該船形勢製

造船樣一隻臣等公同閱看悉心籌畫逆夷恃其船堅礮
利因我師船不能遠涉外洋與之交戰所以肆行無忌監
生方熊飛所稱額設戰船例價甚輕監造者不肯賠累以
致板薄釘稀難禦風浪係屬實在情形而該少卿所稱造
船之法寬以歲月持以實心無惜重貲無拘文法數語尤
屬中肯此時如講求最為得力之船必須倣照夷船式樣
庶堪與該夷對敵惟最大夷船礮位三層可安大礮七十
餘位船身長十七八丈亦覺製造維艱茲擬就其中等兵
船式樣如法製造並將官紳等造成各項船隻分別繪圖
貼說恭呈
御覽至採辦木料上年委員赴欽州一帶

購買據稟洋面不靖安南木商不肯出海無從購辦查堅
實木料出產于外洋者居多現在設法招商採辦並傳諭
粵海關監督文豐曉諭洋商購買夷船茲據該監督呈稱
轉據洋商稟稱現在黃埔夷船俱係載貨來粵仍須原船
載貨回國未肯出售俟探聽進埔之船如有堅固願售者
再行設法購買等語至現在潘仕成造成戰船一隻核實
估價計銀一萬九千兩該監督情願捐廉陸續發給無須
動用帑項各等情理合一併奏　聞再查製造戰船既
取其工堅料實斷不能吝惜重價必須先造大號戰船三
十隻再造小號船三四十隻既可為大船羽翼又可資洋

面緝捕所費實屬不貲臣等公商擬將粤東現届拆造年分例修師船暫停製造以冀節省經費為改造大船之用每年節省為數無多容隨後籌出欵項再為奏明辦理

又道光二十二年五月靖逆將軍奕山奏查逆夷巡船有大中小三等專為接仗而設大巡船載礮七十餘門中巡船載礮四十餘門小巡船載礮二十餘門其裝兵船則僅有礮十門八門及四門二門不等係為夷兵居住及裝載火食之用

進呈演礮圖說疏

奕山

道光二十二年七月二十二日奉
上諭有人奏近得一書名演礮圖說係丁拱辰所著此人曾在廣東鑄礮演試有準亦曉配合火藥之法著奕山祁𡎴查明是否實有丁拱辰其人現在曾否在粵所製礮臺礮位果否堅固適用據實具奏又聞廣東造得火輪船亦頗適用著即繪圖呈進並將是否內地匠役製造每船工價若干一併詳悉查明具奏欽此伏查丁拱辰係福建監生前來軍營投効呈獻象限儀一具測量演礮高低之法當經臣等于上年冬月間親往燕塘地方用象限儀測視演放尚為有準該

監生頗知急公曾賞給六品軍功頂戴該監生著有演礮圖說係講求演礮準則而於配合火藥以及修築礮臺鑄造礮位亦只有論說未經親爲製造前經署督糧道西拉本即就原書詳加考校復於團練壯勇之時或在平地低處或於礮臺高處先立靶於水面用象限儀測視演放大礮往往中靶者多該道與丁拱辰互相參酌擇其演礮要法別擬圖說數則言簡意括刊掛礮臺俾人人易曉現在駐守各臺壯勇俱能深明其法其臺上礮架一律製造滑車絞架推挽亦極靈便除別製象限儀二具交齎摺差弁帶京呈進外兹將丁拱辰所著原書及該道西拉本更訂

數條各繕一册先附報便咨送軍機處進呈至於火輪船式曾於本年春間有紳士潘世榮雇工匠製造小船一隻放入内河不甚靈便緣該船必須機關靈巧始能適用内地匠役往往不諳其法聞澳門尚有夷匠頗能製造而夷人每造一火輪舟工價自數萬員不等將來或雇覓夷匠倣式製造或購買夷人造成之船隨時酌量情形奏明辦理再查本年六月間紳士潘仕成獨力報効不惜重貲雇覓米利堅國夷官壬雷斯在僻靜寺觀配合火藥又能造製水雷據該紳士聲稱所製水雷一物尤為精巧利用曾派人在彼學習技藝俟將來造成後如果演試有效該

紳士自行派人齎送到京聽候閱驗合併陳明

覆奏越南軋船情形疏道光二十二年　兩廣總督祁　𡎴

道光二十二年八月十八日奉　上諭朕聞英吉利逆夷在粵滋擾有越南國貿易人聲聞英夷悖亂天常稱兵犯順並云彼國善製船礮工且迅速各項火器精於英吉利所為若有文檄與之彼國自能效順等語逆夷近日疊肆猖獗必應設法大加懲創越南是否素為該逆所最畏船礮火器是否能制英夷之命其願為效順之語果否出於至誠抑係别有所圖著祁𡎴梁章鉅確探密查並於接奏後密行知廣西巡撫周之琦一體查探據實具奏事關重大毋稍含混亦慎勿洩漏是為至要將此密諭知之臣

等遵查此事先於本年四月間有越南國人阮得烘在臣
衙門呈控新會縣船行梁潘輝等於數年前失風漂
至越南打沉船貨向伊借銀買帶貨物今來粤追討未償
呈懇追還等語隨飭縣傳訊梁潘輝等供認欠銀屬實即
行措交阮得烘在省守候追欠之時復在臬司衙門呈遞
一紙内稱伊在粤見英夷如此猖獗不過恃船堅礮利本
處戰船力不能敵該國所造之船頗為堅厚皆係甘露鬼
子駕駛如中國給該國王文書當可代造不過四百金即
造一隻並稱該國與英夷近無嫌隙事宜機密等語臣等
隨訪查越南雖素産木植若造一堅厚大船亦非數百金

所能辦即造成該船式樣本地無人駕駛前督臣林則徐
仿照越南製成軋船四隻內港外洋均不可用是其明徵
又查阮得烘不特外出貿易本年隻身來粵並不常住越
南恐非安分之徒揆其情詞不過冀覬速爲追欠似無别
意其所稱該國可代造船隻之語該國王並不知曉臣等
以事關外夷未敢冒昧俟再訪查辦理旋據新會縣禀報
欠項全數交清給領即飭令阮得烘回國茲奉　諭旨
飭查當即一面飛行廣西撫臣周之琦一體確實查探臣
等一面密爲商核查越南之於　天朝久稱恭順聞昔
曾戰敗英夷之師至今兩不侵犯此特見之前人說部係

嘉慶十三年之事迄今已閱三十餘年英夷日見强肆且與越南未再交兵故未聞有英夷畏懼越南之語至其船礮之堅利與否廣東距越南較遠一時難得確據容臣等再為探訪該國船礮火器果否精於英夷所為該國王有無至誠效順之意遂一設法確探密查並俟廣西撫臣就近查訪實情是否可行移知到日另行具奏

致耆伊二公書 道光二十二年八月

劉韻珂

撫局已定後患頗多伏念計出萬全定必預防流弊而鄙人勰勰過計有不能不以管蠡所見為執事陳之者查㖑夷船隻散去粵閩浙蘇為數至多其中有稱他國糾約前來又粵東近時尚有新到夷船數十隻倘該夷返兵之後或有他國出而效尤或即該國詭名復至别欲要求變幻莫測我未能深知夷情又安能盡服醜類此不可不慮者一也該夷在粵前經給予銀兩仍爾滋擾無休反覆成性前車可鑒此處議定之後又或稱國主之令又謂㩳郭等酋辦理不善撤回本國别生枝節此不可不慮者二也該

夷屢有前赴天津之謠去年來投書之陳東鎬及今年又
獲之郭逆義子陳祿皆云雖給銀割地不肯不往天津而
現索馬頭却又不及天津殊為可疑能杜其北上之心可
免事後之悔乎此不可不慮者三也該夷通商既定自必
明立章程各處關口應輸稅課萬一該夷仍向商船阻勒
勢不得不聽其病商擾課一經禁止必起爭端此不可不
慮者四也該夷通商之後各省均照澳門定制民人與該
夷獄訟須聽有司訊斷萬一案涉夷民抗不交出兇犯又
如粵東林經喜之案何以戢夷暴而安民心此不可不慮
者五也該夷罷兵之後各處海口仍須設防如修造砲臺

戰船各路兵伍營卡本以防海非為勦夷尚該夷猜疑阻
撓以致防海不能整頓此不可不慮者六也今日漢奸盡
為夷用一經通商須將內地民人現投該夷處者令全數
交出聽候定地安插否則介乎夷漢之間勢必恃夷犯法
從此不逞之徒又將陸續投夷匪徒擾害良民該夷萬一
護庇有法難施必尋衅隙此不可不慮者七也該夷既定
馬頭則除通商之外餘皆不能停泊上岸倘有任意闖入
以致民衆驚惶或取牲畜或掠婦女民人不平糾合抗拒
夷必歸罪於官興問罪之師此不可不慮者八也名曰通
商並非割地而現在定海已將城垣折毀建造夷樓綿亘

數里挈眷居住大有據邑之意倘各省均如定海殊非通商體制腹内之地奉以事夷轉瞬之間即非我有此不可不慮者九也中國凋敝之故由於漏銀出洋今各省均有夷船漏銀較將愈易大利之源勢將立涸會子交子之獘政將行國用民用生機已絶嗣後惟以貨易貨較前又須嚴禁漏銀分毫出殺必無赦而釁隙之開即在於此此不可不慮者十也以上十條諸公自必早為見及無待芻蕘之獻諍聒之言幸垂恕宥至於浙省現在撥解之銀八十萬兩只能解至蘇州藩庫不能遠解金陵該夷之情實在何如無從懸揣萬一稍有中變此銀豈可虛擲今留存司

庫委員守之果能永息兵端即可起解湊數倘有可疑姑
緩給予係為起重節項起見諒不責其拘墟也承示此項
銀兩須勸紳富捐輸歸欵浙省自興兵以來商民助捐餉
需為數實已不少寧郡為合省精華又被逆夷擄掠一空
去秋收成本欠冬間有遇霉災各屬飢民滋事節經勸捐
賑濟體察紳富情形實已竭蹶從事若復以賂夷之欵勸
令捐輸勢必不應即如川省之議增漕賦江浙萬不能行
必致忠義之心漸成忍毒之氣故勦夷之銀可捐而賂夷
之銀不可捐也他省完善之地可捐而浙省殘破之區萬
難捐也珂惟有據實陳奏不敢稍有欺蔽愚戇之言亦惟

大君子含容而幸教之　再者成敗安危之機自此而定譬如病症本合用大黃芒硝忽爾瞑眩一醫遽易醫以參朮後醫知其誤仍黃硝而銖兩輕減配方雜亂屢試屢劇於是庸醫盡以黃硝固不可用投以太劑參朮病苦不復瞑眩而自是以遂成錮疾不可為矣就今天下大勢而論文官貪錢而又怕死武官惜死而又愛錢加以兵無鬭志民有亂心帑項空虛脂膏竭盡戰亦敗守亦敗和亦敗然戰守之敗敗於無人而和之敗敗於失策該夷之反覆與否姑不具論即善後事宜而論已有慮焉如不終日之勢導夷為逆者漢奸也除尋常受雇探視放火各把外其為

逆主謀及為執戈相從者何止萬人夷雖戢兵若輩肯妥歸田里乎必仍混迹於夷藉夷之勢作奸犯科以謀衣食官不能詰吏不能捕一也夷既以兵脅和固已夜郎自大通商馬頭清道而前文武官吏且將尹邢避面掠人子女取人財物又敢問乎二也名曰四處通商實則隨地可到假令逆夷數十百人遨遊蘇嘉湖等處街處市孰能禁之三也不軌之民干犯國紀竄身夷館即屬長城四也民患夷則恐縱民以怨夷夷犯民則又將執民以媚夷地方官知有夷不知有民五也水師將弁本皆懦怯洋盜出没伺劫商船只須懸一大㖔國旗號我兵已膽落亦幸以此自

解六也挾兵通商自必免稅沿海諸國大半為暎夷脅服此後貨船皆附入暎夷我開關而彼收稅七也然此事痛心切齒者只在用兵誠使兵戈不用區區之稅固不足云黃巖一縣無不吸烟晝眠夜起杲杲日出闃其無人月白燈紅乃開鬼市通商之後烟禁大開鬼市將盛八也兩年以來干戈不止專為烟禁專為漏銀烟禁仍開銀盡可待九也夫國家所以恃以治天下者法也民所恃以納課通貨物者銀也今法弊於夷銀盡於夷雖欲戢兵其可得乎然大局既壞攻補兩難而徒責今日庸醫殺人則亦未為平允耳

淮揚撤防摺　道光廿二年九月

河督麟慶

竊臣等將夷船退動辦理匪徒情形具奏後於八月二十八日准軍機大臣字寄二十三日奉上諭麟慶等奏辦理淮揚後路匪徒一摺據奏云云欽此臣等伏查前奏在浦義勇三百餘名皆係逐名驗試選募並無外調亦未續招嗣因夷人就撫又沙汰五十名現存二百五十餘名練習火器俱能精熟其揚州申報各鄉紳民捐資團練九萬餘名分守要隘一千八百名巴桿老回畬二百七十餘名則係運司但明倫署南監同知陳延恩等自六月中夷人

滋擾之時陸續添募以補兵力之不足現據稟稱巳捍老
回奋等俱願資送回籍所餘各州縣鄉義勇係屬土著寓
勇於民並無難散滋擾之弊又據稟稱夷船於八月二十
八九等日全數退出圌山關復據臣等前委偵探夷情之
三江營守備安振業江防營守備師長鑣等疊報自八月
十一日起至九月初一日止前後退出夷船共八十一隻
俱由鵞鼻嘴駛向大洋上游無一船存留是江面現巳肅
清淮揚地方安定防兵亟宜先撤臣等查河南南陽鎮地
方緊要應請將南北兩鎮調到官兵一千七百餘名飭交
鎮臣鄀勒豐阿即日統帶分起歸伍惟是河漕兩標官兵

現在調防蘇松一千四百餘名均未回營而清江浦正辦回空洪湖堵壩蓄水濱湖要隘諸須防範且空運軍船已入江境淮北票鹽銜尾開行水手梟匪易於滋事尤應是以嚴肅臣等復行籌商擬挑留河南防兵四百名擇老練官弁張士凱李丙寅楊鼎金繆奇賢等四員管帶協同河營團練及選募義勇並投効各員捐備壯丁分駐黃運河岸以壯聲威一俟標兵調還即將暫留兵勇盡行遣撤現在揚州高郵既無分駐之兵分局應即先裁防堵總局亦改軍器局專司支發口糧製造砲械當查江大砲存貯無無多前調狼山鎮鍈砲十尊半因年久澁鏽不能及遠現

有安東知縣張嘉琳試用知縣施燕辰捐鐵十萬助顧備
工價成造奈清江苦無良工已咨浙江巡撫代覓鑄砲匠
人來浦趕辦五千觔以至千餘觔數十位以備江北扼要
隘口安放至辦理善後揚州以北重在彈壓回空水手刻
下江南軍務告竣各處散遣壯勇絡繹北來良奸莫辨難
保不影射滋擾必須軍船歸次道路安靜軍械完備方可
以次清釐而治江要隘守禦慮及久遠尤重在地方營汛
俱係督撫所轄臣麟慶現駐江次趕辦運道不能兼顧查
候補知府周天爵業於八月二十七日抵浦臣李湘棻擬
先將應辦各件交伊經理即赴揚州會同運司但明倫踏

勘明晰　奏交督臣牛鑑撫臣程矞采覆核歸入江南善
後事宜次第興辦以固封守其江北梟匪滋事者刻已拿
獲數起審係法無可貸另行分别首從嚴辦示懲惟蕭縣
兇匪縱紅等未獲已責成地方營汛跟從擒捕其餘未經
滋事之地恪守　聖諭飭令各屬寬嚴互用以防激成事
端至黃玉林之子黃興煜臣李湘棻已飭江都縣知彭以
竺查訪招致俟到揚時親究實情斷不敢稍涉游移致貽
滋蔓再外南營守備黃佩昨由洪湖探至安境現無黃安
民其人並訪得巢湖一帶亦無巨販云自夷人入江後各
梟匪多奔至上游走私等語查單犯陳文學熟悉沿江窩

巢頃已自廣東調回俟到浦後用以偵探不第私匪頭目可以周知即黃興煌是否黃安民曾否為非真偽均可立證容另查明具奏

夷船全數出江摺　道光廿二年九月初十日

大臣耆英等

竊照唉夷未幫船隻於前月二十八日起碇開行飭委鹽法道積喇明阿浙江參將尚安泰護送出海當經會摺具奏在案茲據積喇明阿等稟報大幫夷船於九月初三日全數出江入海並據沿江各州縣稟報夷船八十五隻均已陸續出江惟佛郎西船一隻其船較大且無火輪船帶領是以初八日始行駛出鵞鼻嘴亦出江入海等情呈報前來伏查唉夷犯順已歷三年此次入據長江為我心腹之患七月初五日該夷船全幫駛至江甯排列江干計

圖一逞經臣伊里布臣牛鑑委令張喜及武舉張攀龍等冒險赴船再三與之陳說省城大局得免決裂迨初六日臣耆英由丹陽馳至復飭令佐領塔芬布張喜陳志剛等出城設法羈縻漸期就緒詎該夷於初八日忽聞訛傳又行中變隨復換掛紅旗聲言初九日即欲開仗復經臣等飭委四侍衛咸齡署江寧布政使江蘇按察使黃恩彤面見該夷剴切招撫始得鴞音來革通布輸忱當此兩番危險之時事在於呼吸幸蒙　訓示招撫事宜期於必成臣等遵循辦理大局始定茲大幫夷船業經出江入海暫泊吳淞行將遣散回國皆由　皇上招攜懷遠　文德誕敷

寬其既往之誅即以極生民之困普天臣庶感戴同深所有臣等節次面見該夷與要約各條復蒙　指授機宜遂加籌議該夷酋諸形馴順就我範圍察其通商之意實出至誠既經受撫以後情詞亦極恭順即如前次八月初十日恭值　皇上萬壽聖節該夷酋噗喘喳文稱遠涉重洋仰慕　聖德欽祝　福禧延洪請臣等代陳恭賀之忱等語具心服之誠尚為可信嗣後各省撫馭得宜斷不致再肆鴟張又形翻覆足可仰慰　宸廑再查四等侍衛咸齡署江寧布政使按察使黃恩彤於七月初八日該夷復欲攻城維時已近夜分闔城驚懼該侍衛等帶同佐領塔芬

布及張喜等乘夜出城登舟招撫被時㖞夷兵船在草鞵
夾一帶江面遠近排列恃其鎗砲方欲乘氣相凌而咸齡
黃恩彤不動聲色明白開導折以大義示以無欺卒能義
定通商罷兵息戰此後籌商條欵屢至夷船往來於濤浪
之中折衝於兵戈之際夷情得以貼服該侍衛等之力為
多惟咸齡曾任二品大員黃恩彤係三品大員握荷　生
成均不敢仰邀　甄敘而臣等收其指臂之助實未敢壅
於上　聞此外在事奮勉文武員弁等可否容　臣等擇其
尤為出力者分別奏懇　恩獎伏候　聖裁再定海縣城
及招寶山現經議定退還除知照揚威將軍浙江撫臣外

並差委札調之甯紹台道鹿澤長乍浦同知舒恭受前往
收復合併陳明

會議覆奏摺 道光廿二年九月

大臣伊里布等

竊臣等於道光二十二年九月十八日承准軍機大臣字寄九月十四日奉 上諭耆英等奏夷船全數出江入海并遵旨查覆及請赴粤東會辦税務各一摺覽奏均悉本日已明降諭旨將牛鑑革職拿問兩江總督著耆英補授伊里布作為欽差大臣補授廣州將軍馳驛速赴新任矣云云欽此臣等查外夷通商輸税舊有定章一切則例案據俱在粤東其應行變通興革各事宜亦須到粤後體察實在情形方能酌辦惟夷情之向背 國課之盈虛胥繫

乎此所關匪細臣過為搜剔則例窒礙難行倘畧事通融
又易滋偷漏臣等公同商酌大約稅額一循則例而交易
務示公平凡索取過當雜項暨一切應行詳籌事宜容臣
伊里布抵粵後查明斟酌去留與督臣暨海關監督會商
酌議請　旨遵行此外福州等處與粵東各有不同惟進
口之貨物以呢羽鐘錶洋布等物為大宗出口之貨以茶
葉白糖湖絲等物為大宗其餘懋遷有無厥類匪一而粵
東既議定章程自可通行各口仿照輸稅至各處添設馬
頭既准該夷建立夷館挈帶眷屬自投行商以示體卹該
夷既渥被　恩慈自不致復萌反側未盡各事宜仍須隨

時相機妥辦除上海等處應辦事宜應由臣耆英次第辦理其嗣後商欠不求官為代還一層前已與該夷議定載入條款俟到粵時再與要約切實免致日後藉口並查探佛郎西有無別情另行具奏外臣伊里布於拜摺後即率同四等侍衛咸齡起程赴粵江蘇臬司黃恩彤一俟軍需局務交卸完竣即行馳往不致遲誤合併陳明

分撤浙防摺　道光廿二年九月二十日

特依順
劉韻珂

竊臣等接准揚威將軍移會轉准軍機大臣字寄道光二十二年九月初八日奉　上諭昨據耆英奏夷船全數退出鎮江江面肅清擬即與奕經會商分別撤留兵勇等語當降旨依議行矣現在逆夷已經就撫船隻盡行出江自毋庸多設防兵虛糜帑項所有徵調各省官兵著該將軍酌量地方遠近陸續分起撤回歸伍其招募鄉勇亦著次第遣散仍嚴飭帶兵員弁及沿途地方官妥為彈壓毋許滋擾至江浙兩省本營派防官兵何處應暫留差遣何處

應先撤歸伍並着會同該督撫酌量情形妥籌辦理以節
勞費等因欽此恭錄移會前來查臣等前准揚威將軍來
咨以英夷現已就撫江省船隻全數退出長江所有浙省
各項勇壯即應遣撤其在浙官兵是否全行撤退即由臣
等酌核辦理臣特依順臣劉韻珂當將省城等處勇壯給
與盤費並令沿途地方官雇備夫船陸續分起遣撤現在
業已撤竣其浙東駐防各勇及委員鄭鼎臣所募船勇亦
由臣文蔚就近轉飭各委員全數撤退茲欽奉前因伏查
浙省乍浦及招寶山等處夷船均已退出雖定海尚被佔
據而該夷就撫以後仰感 天恩情甚馴順正宜示以不

疑以冀其始終帖服所有歷次奉調來浙之各省官兵除
調赴江蘇外計省城紹興等處尚有四千六百餘名每日
鹽糧等費為數不貲自應全行撤回歸伍日等現擬分作
九起於本月二十二日為始間日起程分路撤歸業已撤
令帶兵鎮將督飭員弁從嚴約束一面咨行經由各省督
撫及本省地方官將船隻人夫預為雇集一俟各兵到境
即照例應付前進並合沿途妥彈壓以免逗遛滋擾至浙
省各營官兵惟提標額設較多定海鎮標數亦不少上年
該數處先後失守將各兵招回內地分駐曹江上虞等處
守禦本年該夷甯波退出城雖收回因內地需兵防堵提

標兵丁大半仍留於曹江上虞其定海鎮標之兵亦在二處駐守茲夷船退赴大洋寧鎮兩處應行派兵防禦提標兵自應分在二處駐紮至大海尚未收復該鎮標兵亦一併移駐寧鎮與提標兵協力巡防以兩標官兵全駐寧鎮足敷差遣此外各營調防官兵應俟外兵撤竣再行酌量遣回俾資操防而節帑項

道咸成案十

柔遠全書十二

查明獎勵摺　道光廿二年十月廿二日

達洪阿
姚瑩

竊臣等本年五月十九日接准內閣道光二十二年四月初五日奉
上諭本日達洪阿姚瑩由五百里馳奏逆夷復犯臺港破舟殲逆一摺至俟朕施恩欽此臣等伏思此次破舟擒夷實由仰承
聖謨先事指示文武奉行妥洽而義首士民亦皆共奮同仇爭先擒斬逆夷以洩義憤臺灣本係不靖之區莠民雖多而好義之人亦復不少當逆夷犯順之初經臣等曉以大義諭令團練壯勇立皆鼓舞奉行至今不懈一聞夷船到口即聚集義首蔡麗山同漁

舟周梓即蔡梓等遵募誘敵之在籍員外郎鄭用錫七品
小京官王雲鼎舉人劉獻廷拔貢生陳文榮廩生陳嘉猷
總理謝秋林歡等隨同文武員弁各有擒斬逆夷奪獲炮
械等件義首人等深恨逆夷乘其破舟之後紛紛下水打
碎其船在事文武目擊情形無不為之一快當打船之後
頗有撈獲夷人銀貨者臣等先經出示除炮械圖書入官
外其餘銀貨盡數充賞不許官人詐索分毫義首民人咸
欣鼓舞足以償勞臣等謹將文武員弁及義首人等尤為
出力者開列其餘義首未敢濫入仰副聖主優奬臺灣
士民好義急公之意

會定奕山等罪摺 道光廿二年十月

宗人府

道光二十二年十月十一日内閣奉　上諭國家命將出師征討有罪原以保疆土而申撻伐該將軍參贊等宜何如激勵將士申明紀律謀勇兼施剋期奏績以副朕委任之重上年𠸄夷滋擾粤東特命奕山為靖逆將軍授以重兵前往攻勦乃奕山赴粤未及入城逆夷兵圍困省城又不能奮我兵威勦除殄滅及夷船退出省河佔據香港事閲年餘一味因循束手無策以致該夷竄入閩浙江蘇肆行滋擾是其坐失事機厥咎甚重嗣因定海鎮

海寧波相繼失守爰命奕經為揚威將軍文蔚特依順為
參贊大臣前赴浙江徵調各路精兵俾得克復三城用揚
我武乃奕經等駐紮蘇州省垣籌畫數月集兵募勇以期
一鼓成功覽其所呈分路埋伏水陸並進各圖說其運籌
非不周也無如謀事不密先期洩漏以致該夷處處預為
准備我兵到彼不能得手因之乍浦失陷傷我兵弁遂得
直犯長江毫無梗塞是奕經祇知株守一隅不圖收復老
師糜餉誤國殃民文蔚駐紮紹興坐視夷氛但以退守為
計一籌莫展殊屬無能又安用其將軍參贊為耶奕山奕
經文蔚已有旨飭令回京均着交部治罪以示懲警特依

順齊慎到粤在後未與唤夷接仗惟將依順在浙於乍浦失守不能設法救援齊慎帶兵前赴江蘇不能保守鎮江復又未能用兵收復亦有應得之咎特依順齊慎均着交部嚴加議處欽此欽遵到部除叅贊大臣特依順等應得處分應由兵部遵　旨辦理外查例載軍臨敵境託故違期三日者斬監候又守邊將帥守備不設為賊所掩襲因而失陷城寨者斬監候各等語此案靖逆將軍宗室奕山前往粤省攻勦唤夷事閱年餘一味因循以致該夷竄入各省肆行滋擾誠如　聖諭遲迴觀望坐失事機歛咎甚重奕山應革去職任依軍臨敵境託故違期三日者斬監

候揚威將軍宗室奕經參贊大臣文蔚辦理浙江軍務籌
畫非不周亟唯先期洩漏既不能克復三城又致乍浦復
行失守誠如　聖諭祇知株守一隅不圖收復但以退守
為計失陷城寨厥咎甚重奕經文蔚均應革去職任依守
邊將帥守備不設為賊所掩襲因而失陷城寨者斬律擬
斬監候與奕山俱秋後處決查奕山前已奉　旨回京應
恭候　命下由刑部飛咨沿督撫查明奕山行抵何處即
行委員解交宗人府收禁奕經文蔚現奉　諭旨飭令折
回核報軍需應否俟辦理軍需完竣後由浙江巡撫將該
二員分別解交宗人府刑部監禁之處伏候　訓示遵行

再此摺由刑部主稿合併陳明

接夷照會辦理緣由摺　道光廿二年十月

大臣伊里布等

竊臣伊里布自江省前赴粵東，於本月初四日行抵浙省，與臣劉韻珂接語，詢知定海夷船靜謐，夷酋羅伯聃等至郡暫住，欲俟噗嘽喳到後相視設建夷館基址，所帶人數無多，情甚馴順。臣伊里布以浙省現無應行商辦之事，遂易換船隻，於初五日早起程前進。是日亥刻，臣劉韻珂接據寧紹台道鹿澤長稟稱：初一日噗嘽喳到郡，與該道相見，執禮甚恭，惟據馬禮遜呈出照會一紙，內稱該夷前在江寧曾說定欽差大臣耆英赴粵辦理一切，今聞耆英

已放兩江總督祇臣伊里布一人赴粵似與前約不符又
前議條款內有漢奸一概釋放謄錄天下之語今未見頒
貼謄黃不知何故是以備具照會囑該道轉呈臣劉韻珂
代為奏請仍令耆英赴粵查辦並將釋放漢奸一節頒發
謄黃等語該道當以中國體制惟　恩赦大典豁免錢糧
等事方用謄黃布告天下此外尋常　恩旨不在此例今
漢奸已遵　旨免罪釋放不能再請謄黃至粵東稅課事
宜現有臣伊里布前往辦理與耆英往彼無異並未有爽
前約且此事臣劉韻珂本未與議萬不能代為轉奏等語
向各夷反覆開導辯論至一時之久各夷無可置喙始將

照會收回詎馬禮遜旋又往見鹿澤長復呈出照會一紙以臣劉韻珂既不便代奏伊等不敢強求惟求轉咨耆英自行奏請並求將釋放漢奸一節設法妥辦該道以該夷堅求轉呈不便拒之太甚且該夷已自向耆英照會固拒亦屬無益將該夷照會一件一併呈送查核酌辦等情臣劉韻珂查閱照會係囑令移咨耆英奏請與臣伊里布同往粵省商辦各事宜並奏懇頒發釋放漢奸謄黄與鹿澤長所禀無異伏查耆英前於該夷在江之時雖有前赴粵東之說但未經奉有　諭旨不得即指為成約現在臣伊里布已奉　命赴粵耆英雖簡督兩江仍奉　旨會籌江

浙閩三省通商之事亦與赴粵無異該夷自應速赴粵東
聽候臣伊里布到彼逐一籌辦何得復以耆英同往為請
惟夷性多疑而又自謂素重信行今因耆英先有許以赴
粵之說復行中止意以中國不能踐信疑有他故是以一再
籲求以覲我中國之舉動該夷先欲臣劉韻珂代為具奏
經鹿澤長再三辯駁業已無可置辭乃旋又易請奏為請
咨飭求鹿澤長轉遞似其意已堅執必欲得所請而後止
臣劉韻珂若復以不便轉咨向覆則該夷疑忌愈深復因
此另生枝節於　國家大局殊有關係即不然而江浙相
距甚近該夷復駕火輪船隻直至江甯向耆英面懇則夷

艅既退之後復又竄入長江搖感觀聽震驚民心亦屬不
成事體二者實皆為可慮時臣伊里布行程離省甫及百
里臣劉韻珂因夷酋既未赴粵即臣伊里布早至該省亦
屬無益當即專員邀留來省遂加商確彼此𠃌處相同現
已備錄該夷照會移咨耆英酌核辦理一面將業已轉咨
緣由向該夷照覆並以耆英現在奉旨會辦江浙閩三
省通商之事經理者仍屬夷務與前往粵東無異且臣劉
韻珂與閩浙督臣怡良江蘇撫臣程矞采等先未與聞撫
議一切俱未熟悉今耆英與臣伊里布二人一留江省一
赴粵東彼此可以隨時關會粵事一定則江浙閩之事亦

因而全定毋庸更端正條　皇上懷柔遠人欲期迅速蕆
事俾該夷等可以及早歸國並在各省早設馬頭之至意
該夷等亟宜仰體　聖恩不宜再有干請等詞向該夷凱
切曉諭并令鹿澤長及署寧波府舒恭受面為勸導臣伊
里布即在省暫住如該夷釋然無疑不復以耆英偕往為
請臣伊里布即當星馳赴粵否則再容具奏請　旨至該
夷所請釋放漢奸須發謄黄一節前此臣伊里布與耆英
向該夷議撫之時本有此約業已載入條款謹呈　御覽
奉　旨允行移咨到浙臣劉韻珂因恭繹　諭旨並無飭
令刊布謄黄之語是以祇將漢奸釋放未經謄黄張貼今

該夷照會內既求轉咨耆英奏請又面求鹿澤長設法妥
辦是其意念甚堅但此事似覺稍有流弊現就該夷設法
妥辦之語另求善全之策已會同臣伊里布聯銜出其告
示以歷次所獲夷俘漢奸業已遵旨釋放嗣後軍民人
等不得再行查拏等詞發至寧波等處張貼庶與滕黄稍
有區別亦以籍塞該夷之請已於照覆該夷文內將此事
敘明該夷能否不復再請謄黃亦俟覆到再行察辦再奴
才伊里布於九月二十五日自江寧起身緣大江風信無
常武虞阻滯是以取道杭州錢塘江一帶行走較為妥速
期於冬月內到粤以踐前與夷酋噗嘣喳面訂之約本月

月七日由富陽縣回至杭州接奉軍機大臣字寄道光二十二年九月二十九日奉　上諭本日伊里布等馳奏遵旨會議一摺據奏通商輸稅則例案據俱在廣東須到粵後體察情形方能酌辦其商欠不求代還一層已與該夷議定載入條款各等語著伊里布於到粵後察看情形將稅課事宜妥行定議固須俯順夷情猶須善籌國課萬不可稍存遷就貽誤將來其商欠一節再與切實要約不能官為代還免致日後藉口所有應議各事宜該大臣務當慎之又慎不准稍留罅隙庶民夷日久相安不致另生枝節方為妥善另片奏隨帶員弁已明降諭旨允行矣將此

由四百里諭令知之欽此奴才此去粵東惟有欽遵　諭
旨勉竭駑駘將稅餉事宜妥為商定總期外無夷情内有
裨於　國課其商欠不求官為代還一節尤關緊要必須
與之切實要約詳細寫明載入條款之内萬不敢稍留罅
隙致滋日後藉口以仰副我　皇上訓示周詳無微不到
之至意

再奏越南軋船情形疏 道光二十二年　祁　埴

十月十五日承准軍機大臣字寄奉
上諭祁埴等馳
奏遵查越南國人阮得烘在粤守候追欠曾於臬司衙門
呈稱英夷猖獗專恃船堅礮利該國所造之船頗為堅厚
如中國給該國王文書即可代造揆其情詞不過冀懇追
欠現在欠項全清已經飭令回國至該國之船礮果否堅
利尚須查探等語廣東距越南較遠一時難得確據自係
實在情形著祁埴梁章鉅確加查訪該國船礮火器是否
精於英逆所為該國王有無至誠效順之意逐一設法探
詢確實即行奏聞欽此臣等以此事所關重大必須查探

明確不敢稍有虛飾因思現在欽州知州黄定宜籍隸廣西龍州其在籍時應有所聞而欽州地方又與越南接壤就近查訪亦易得實當即據越南夷人阮得烘前在省城所稟之言一面嚴密飭行該州詳加訪察一面會同隨時密訪有常往越南貿易之順德縣民人周彦才及瓊山縣民人陳姓現在省城詳加詢問據周彦才口稱本年八月伊甫自越南起身回家越南現因英夷滋事亦隨時警備約造有戰船七八隻每船三桅四十餘槳船用長木直板船身則以硬木為之厚五六寸或七八寸不等又另有仿造英吉利之屬國新洲貨船約十餘號亦用硬木製造皆

堅重有餘而靈動不足該國銅礮頗少鐵礮亦不甚大又該國寓兵於農其打仗多以象力取勝但能陸戰而不善水戰該國由都城出港三十餘里始為大海各外國貨船如至該國議明入港後該國先將各國船中礮械搬至岸上代為看守俟出港時送還看來越南向恐各國在其本國滋事並未聞英逆有畏懼越南之説訪之陳姓所言亦大略相同又訪聞現募鄉勇中有礮手林九其人從前曾被張保招去後經改過投回復為良民曾幫張保與越南打仗必知底細隨令管帶鄉勇之可靠紳士密向查詢據稱越南戰船有金蟹銀蟹之名如天津來粵貨船式樣堅

牢而不能快駛其內河船有名牙釵者長十餘丈濶二丈槳百枝亦看風勢為遲速曾被張保打沉數隻看來難與英夷對敵等語又據欽州知州黃定宜稟稱本籍龍州地方與現任之欽州均與越南之東北境毗連惟距該國王駐劄之富春地方尚有二千餘里其海防船隻製作未能深悉就平日傳聞該國向製巡洋大師船二隻悉令附近居民合力探取堅巨大木輸納成造以銅包底故俗呼為銅皮船約可載二百餘人至三百人不等此項船隻料件雖堅滯笨不靈此外復有巡洋小兵船多用籐篾穿紮而成俗名籐船止可坐二三十人或四五十人其船行駛較

便第遭風撞礁即行破散前此該國王令夷官修造巡船
大者幾及數月小者亦幾一月始竣是木料雖多而工匠
未見迅速且查道光二十年間該國夷目阮廷豪等兵船
在崖州洋面遭風沉船遞至欽州轉送回國有撈獲銅礮
三位一重八十餘斤一五十餘觔一止三十餘觔式樣與
內地過山鳥鎗相似又聞越南現聞英夷滋事亦慮擾其
邊地修備防守該國自去冬添造戰船至今尚未畢工時
時託人探聽英逆消息等語又檢閱檔案道光十二三年
間該國奸民陳加海糾結內地遊匪楊就富等在夷洋狗
頭山嘯聚刦掠曾經該國以兵力不足請內地舟師前往

幫捕始能殲厥渠魁可見該國巡船並不得力臣等查廣
東省雖距越南稍遠然該國情形節次訪查大畧相同伏
思該國世受　天恩素稱恭順現在國王阮福曔新受
敕封尤當感　恩圖報如果該國船堅礮利兵力
精强斷無不竭誠報效之理而該國王並未表文陳請亦
未呈懇督撫據情轉　奏其爲力不從心未能與英夷爲
難已可想見除由廣西撫臣周之琦就近查訪確實另
奏外所有臣等會同密訪緣由理合先行具　奏

覆奏仿造夷式兵船疏

祁𡎴

九月二十五日奉　上諭奕山等奏製造戰船一摺據稱快蟹拖風撈繒八槳等船僅可用於江河港汊巡緝之船亦止備內河緝捕難以禦敵惟在籍郎中潘仕成捐造之船極其堅實駕駛演放礮手已臻嫻熟轟擊甚為得力並仿照米利堅國兵船製造船樣一隻現擬酌照英夷中等兵船式樣製造並將年分例修師船暫停節費為改造大船之用各等語朕思防海事宜總以造船製礮為要各省修造戰船竟同具文以致臨時不能適用深堪憤恨此次所造各船自不致拘守舊式有名無實據奏停造例修

師船改造戰船所辦甚合朕意均著照議辦理惟海船大
礮係屬懸放火藥發時勢必向後坐掣如何得有準頭現
該督等奏業已嫻熟得力著將如何施放之處再行詳晰
具奏所進圖說各五件著再繕就三分咨交江蘇福建浙
江督撫本日已有旨諭令各就該省洋面情形詳加履勘
何者合用奏請製造並將原件發給訥爾經額轉交托渾
布閱看如果合用將來均需粵省製造分運各省據奏潘
仕成所捐之船堅實得力以後製造船隻即著該員一手
經理斷不許令官吏涉手仍致草率偷減所需工價准其
官為給發並不必限以時日俾得從容監製務盡所長等

因欽此臣等遵即傳到該員潘仕成恭宣

諭旨該員

感激天恩情詞踴躍自願墊發銀兩交木商購備船

料由該員監工製造盡心竭力務使一船得一船之用旋

據禀稱即行先發銀十萬兩交木商出海約可購船料十

餘分等情臣等查此項經費銀兩仍須由官給還前經靖

逆將軍奕山會同臣等奏明擬將粵東現屆拆造年分例

修師船暫停製造惟每年節省為數無多隨後再行籌款

奏辦等因在案茲督同各司道等覆行詳查所有届限應

行大修小修各項師船原因雖有損壞尚堪修理若一概

不修是以有用之船全歸廢棄而各海口額定船隻短少

太多難資巡緝是已届小修大修船隻似仍應照例修理其届限應行拆造船隻係全照價製造即可全行停止合計各廠每年應行拆造師船多者十餘隻少者八九隻間有三四隻者其師船有米艇及撈繒等項之殊米艇又有大中小之别每隻例價自一千六百餘兩至四千三百餘兩不等就十年以來比較經費若每歲節省約計三萬兩上下不等此外别有遭風損壞師船事出不虞不在尋常歲修之例每年難以核定亦擬將應修者仍行估修應改造者亦即一律停止以歸節省惟每歲節省銀兩無多不敷改造大船之用查本省外省士民援照豫工新例在廣

東藩庫報捐前於具奏辦理夷務用過銀兩數目摺內聲明有已上兑銀十七萬兩統應歸入軍需項內備支嗣後陸續報捐截至九月底止計共捐銀四十五萬餘兩現在軍務既定可無意外之需廣西留防兵丁一千五百餘名已全數撤令歸伍水陸各勇亦經分別裁撤止存六千餘名每月不過用銀五六萬兩此後壯勇尚可再行裁汰更可節省所有造船之費即可在報捐銀兩內動用其一切製造事宜統由潘仕成一手經理毋許官吏涉手仍欽遵前奉

諭旨咨商兩湖四川督臣將可造大船堅實木料俟體察實在可用即分別咨取一併發交潘仕成監製

俟造就三十隻後是否足用再行酌量辦理並另造小號
戰船三四十隻跟隨大船作為羽翼常用駕駛操練將來
舊式師船每年停造之數漸多即將此項新船補撥各海
口平時可資巡緝有事調備不虞似於海防有裨至前奉
諭旨飭令粵海關監督臣傳諭洋商設法購買夷船
已據洋商伍秉鑑潘正煒稟稱捐買米利堅呂宋夷船各
一隻臣等查驗木料堅實尚堪應用惟船隻尚小且亦舊
舊現仍督飭洋商隨時察訪購辦謹將船隻圖說各五件
遵
旨照繕移咨江蘇福建浙江各省備查再船內放
礮取準一節查夷船桅上造有桅盤用中等木椿鑲做形

似半筐其上可容十餘人桅上所用大礟係用繩懸拽起安置桅盤之上現在潘仕成所造之船船身係照夷船製造其桅蓬則仍是內地式樣船上止有桅杆並無桅盤不能懸放大礟現在所造船內用礟架安置演放轆轤其礟架圖說先已進呈俟下次采到木料即全仿夷船桅盤之式一律製造前又有造就夷船小樣一具業經奕山攜帶回京豫備進

呈

審明定擬牛鑑罪名摺

道光廿二年十二月初二日

大學士穆彰阿

道光二十二年九月十四日內閣奉　上諭咲夷滋擾沿海省分等因欽此又於十月二十四日奉　旨牛鑑解到時等因欽此旋據兩江總督宗室耆英派員已將革兩江總督牛鑑解送到部　臣等會同監提牛鑑逐層訊問據牛鑑供稱伊於去年十月任事即馳赴上海籌畫防堵乃祇知嚴防吳淞又不不能嬰城固守其餘鵞鼻嘴等處但知調集兵勇專事堵禦又不能詳度機宜在在周密致夷船竟乘潮漲風順駛入大江既臨鎮江又逼進省城係伊辦

理錯繆屬實臣復以逆夷攻陷定海以後屢奉　諭旨令其在江備防不可稍存大意該革督奏稱長以內夷船斷難竄入確有把握後來該夷何直犯長江又在吳淞海口奏稱曾備戰船多隻究竟作何着落向其究詰又據牛鑑供稱伊先因江口水淺灘高意料夷船斷不敢深入所以稱有把握不料五月初旬江水驟長夷船得以闖入實係伊防備不周至在吳淞海口所造水輪船共大小一百餘隻均被夷人大砲擊沉僱覔之水手竟不知下落並稱伊種種辦理不善祇求從重治罪等供應即擬結查律載守備不設失陷城寨者斬監候牛鑑合依律擬斬監候秋後

處决

審訊定擬余步雲罪摺道光廿二年十二月廿四日

大學士穆彰阿

道光二十二年四月二十二日奉

上諭浙江提督余步雲經朕畀以海疆重任上年定海失守既總兵王錫朋等帶領各路官兵轉戰六晝夜之久該提督並不督兵應援以致孤城失守迨至寧波鎮海接踵失事總督及總兵等先後殉難余步雲輒敢節節退避當鎮海寧波未失之時與定海尚隔海洋若使鼓勵士卒奮勇當先嬰城固守地勢既據上游精兵復聚重鎮何致四路潰散頃刻不支言念及此實堪痛恨總緣該提督平時既訓練無方臨時復

貪生畏敵首先退縮大懈軍心作此厲階罪難擢數早經
降旨令揚威將軍奕經查明屢次退敗情形按律治罪用
彰國憲比因軍務吃緊查訪非倉猝所能遂先所急暫緩
逮問乃軍營將弁兵丁相率效尤紛紛潰散此皆余步雲
為之倡也非據奕經等奏稱乍浦失守不過數時之久該
處將弁兵丁不為單弱何致逆夷甫至尚未交鋒遽爾奔
散棄城幾同兒戲總因余步雲身為提督屢失城池並未
查究遂人人各懷幸免之心不思破敵之計遲延觀望坐
失事機若再不整飭紀綱大申軍令何以挽惡習而整軍
容余步雲著即革職交奕經傳旨鎖拿派委妥員押解送

京交軍機大臣會同刑部審訊治罪等因欽此嗣於五月
二十八日奉　上諭余步雲現據奕經等派員解京俟解
到時著軍機大臣會同三法司審訊定擬具奏候補知府
黃冕裕謙家人余升著一併歸案質訊欽此旋據該將軍
等於七月初十日先後將余步雲黃冕余升解送到部經
臣等　奏明將黃冕革職收審具案內應行質訊之江寧
城守營副將豊伸泰鎮海縣知縣葉堃候補縣丞謝榮光
亦據該將軍等於十一月初七日十二月初三等日先後
伴送前來臣等查此案先據原任兩江總督　欽差大臣
裕謙家人余升以余步雲心懷兩端即裕謙在鎮海城上

督戰時上城面見裕謙欲轉事竊麋並有該提督於是日嫁女一家三十餘口實屬可憐之語有副將豐伸泰知縣葉堃可証迨暎夷開砲轟擊余步雲又先後退守寧波以致裕謙力竭殉難等詞在浙江巡撫衙門呈遞復據原任江南狼山鎮總兵謝朝恩之子候補縣丞謝榮光在該撫處稟稱該員先後帶領鄉勇在金雞山小浹港地方防堵後經江南候補知府黃冕令將鄉勇移至沙解嶺以致夷匪即由小浹港上岸該員父子俱受傷落海謝朝恩至今屍身無着等語是余步雲是否懷挾私心有意退守及黃冕因何移撤鄉勇之處實為此案緊要關鍵雖業經浙江

巡撫查明余步雲退守寧波係與裕謙投入泮池撈救出城實因該革員之訓練無方貪生畏敵即與余升呈控已屬罪狀顯然當即督飭章京司員監提余步雲當堂宣讀
諭旨飭令據實登覆余步雲伏地碰頭戰慄失措無可置辯惟稱上年八月十三日聞報定海接仗得勝後連日未得續報該革員商之裕謙裕謙以定海地險兵多鎮海止有三千餘名不能前往接應且又颶風大作難以前去以致失守至二十四日夷船駛入蛟門其時該革員係防守鎮海城外招寶山沿江砲台夷船於二十六日四路轟擊先由小浹港上岸環攻金雞山總兵謝朝恩受傷陣亡

該革員見招寶山火起督兵前往將受傷總兵張從龍救護下山並將爬上後山逆夷揮兵擊下馳回沿江放砲擊損夷船數隻被逆夷砲子擦傷左腿不能起視忽報該夷從招寶山後竄入又見縣城火起馳赴策應詎全城均潰紛傳裕謙業已退守該革員隨亦退回甯波督同守兵三四百名防守至二十九日夷船陸續排泊分股進攻兵少勢孤漸至潰散革員右足又被乘馬壓傷暈眩之中從人換馬挾出不得已負傷馳至上虞招集散兵以遏逆夷皆因一時糊塗漸愧無地仰懇　從重治罪等語臣等復詰以余升所控各情據稱二十六日裕謙將該革員約至鎮

海城上虞及守兵单弱該革員答以早應　奏添裕謙云
你是提督你也可奏並囑以總須破敵方好該革員隨即
回營實無勸令覊縻及自稱家眷可憐之語且該革員是
日並未嫁女可以查問質之余升亦稱伊是日係在公寓
看守印信得之兵民傳說實未親聞並云因豐伸泰向伊
告稱裕謙與余步雲說話時有若要退守你亦可奏之言
是以呈內叙及提訊副將豐伸泰及是日同在城上之鎮
海縣知縣葉堃僉稱當時實止聽見裕謙言你是提督你
也可奏一語後豐伸泰因見余步雲退守甯波意揣當時
必係與裕謙商議退守故向余升牽連述及此外實無欲

行羈縻並提及家眷等語此余步雲節節退守及余升原辯不盡得實之情形也至黃冕移撤鄉勇一節訊據黃冕供稱前經裕謙派委協同謝朝恩帶兵在鎮城外金雞山防堵八月二十五日裕謙將該革員傳至城上給發令箭諭以小浹港地方逼海太近該處雖曾派撥鄉勇數百名防守但此外近海登陸之路尚多與其分路迎抵不如扼要合擊令傳知謝朝恩將該處鄉勇移撤沙鮮嶺官兵營房無論夷兵由何路登陸皆可從半山下壓該革員即於是日持令諭知謝朝恩因小浹港鄉勇係伊子候補縣丞謝榮光管帶當時即傳喚謝榮光赴營叱該革員回繳令

箭之時與謝榮光路遇告以移撤鄉勇情由其時該革員乘坐小艉所帶令箭謝榮光未曾看見詎移撤鄉勇後夷船即於二十六日分路進攻並由小浹港上岸繞至山後合擊沙蟹嶺謝朝恩中砲落海陣亡該革員因被火炮轟傷即由鎮海一路回江蘇實未敢擅撤鄉勇等語質之謝榮光供亦相符並據謝榮光供稱前因伊父殉難死身無著己身亦被槍箭中傷左肩甲落海經水勇救起一時痛親情切在浙江巡撫處稟訴情形雖非為控告黃冕所供黃冕給與令箭一節訊明是日余升亦曾在旁目擊以屬毫無疑義此又黃冕不能協同防守及謝榮光在該省具

稟之原委也臣等復親提研詰僉供如前應即擬結查例
載守邊將帥被賊攻圍城寨不行固守而輒棄去又平時
守備不設為賊所掩襲因而失陷城寨者斬監候又例載
沿海州縣若遇盜賊坐發攻圍不行固守而輒棄去同城
城知府及捕盜官發邊遠充軍又律載斷罪無正條比律
加減此案已革提督余步雲身係武職一品大員受　恩
深重且在浙江經年之久全省軍務是其管轄乃不知訓
練士卒盡心固守輒見敵即退定海鎮海寧波各城致㕭
夷得以深入腹地查該㕭滋事以來廣東江南各提臣靡
不捐軀報　國獨該員員於　欽差大臣裕謙殉難後猶

籍口招集散兵節節退守為各路怯戰弁兵之倡雖現據供稱亦曾臨敵受傷全無證據及招集散兵之後亦未恢復一城斬殺一賊迹其運次退守之狀實屬屢犯應死之條較之此次查辦軍營失事問擬斬候各員情罪尤重誠如　聖諭首作厲階罪難擢髮既未得正法軍前應比照刑律加重問擬余步雲應照守邊將帥被賊攻圍城寨不行固守而輒棄去及平時守備不設為賊所掩襲因而失陷城寨者斬律擬斬監候但請　旨即行正法以肅法紀而昭烱戒已革江南候補知府黃冕雖訊無擅撤鄉勇情事惟既經裕謙派令協同謝朝恩帶兵在金雞山防堵即

與同城知府及捕盜官無異亦各科以不行固守之罪黄冕應照沿海州縣若遇盜賊生發攻圍不行固守而輙棄去同城知府及捕盜官發邊遠充軍例發邊遠充軍仍從重發往新疆充當苦差江甯城守副將豊伸泰向余升傳述裕謙之言雖不無失實究於余步雲罪名無關查該員前在鎮海經裕謙派令保護各印信至浙江巡撫衙門呈繳與臨敵而退者不同應與前因燒燬夷船出力經革任揚威將軍奕經奏准免罪之鎮海縣知縣葉堃均飭令仍回本任候補知縣謝榮光在招寶山隨同伊父謝朝恩打仗身受各傷有據且伊父業經殉難應免置議裕謙家人

余升僅據傳聞之言具呈控告訊由痛主情切所致亦應即予省釋

附片

再臣等正在審辦間據余步雲之子候選縣丞余長錫以瀝情代父受罪等情具呈在刑部衙門投遞內稱余步雲從軍四十餘年從無回惑此次鎮海失守余步雲即欲驟馬赴敵經余長錫同親丁數人力持鞭繩乘其昏迷扶回迨寧波城陷余步雲坐馬中鎗倒地壓傷右腿亦由伊等救護出城聲明伊父不得效命疆場皆由伊等陷親不義求為奏明代余步雲受罪臣等查核呈內各情惟余步雲

在鎮海時係由伊等扶出之處與余步雲原供不符顯有不實且即使余步雲實由該員等救扶以致節次退守亦不能因此遽寛余步雲之罪律擬內亦無又犯罪准令伊子代受之文應毋庸議

請推廣文武科試疏 道光二十三年　廣督祁𡎴

竊臣於上年欽奉　諭旨著就所屬文武員弁勤加訪察如有才能出衆民心愛戴及洞悉夷情深通韜略者隨時酌量海疆地方何人與何地相宜不拘資格即行奏請升調候朕擢用等因欽此臣因留心體訪廣東文武各官凡久於其任者均尚可熟悉夷情而深通韜畧者實難其選已將無員可保緣由另摺覆奏伏思內外文武臣工多以科甲為策名之始文場鄉會試第三場試以對策武場鄉會試內場試以默寫武經主司果於是取人士子果於是考究本足以覘實用祗以相沿日久不免視為具文其

弊由文試惟重制藝聲律武試惟取命中挽強士子以後場無足重輕漫不經心相率流爲剽劉抄襲徼倖進身迨服官以後無暇講求文則止論錢穀簿書而不知經濟武則僅講弓馬騎射而不習韜鈐循分供職即可晋秩除官猝然有事之秋所學非所用是猶不識藥性醫方而責以衛生切脈不習規矩律呂而責以製器和音何能程功奏効今但請文武兩科申明功令尚恐積習既深仍屬有名無實臣愚以爲有文事者不廢武備令將於武備收得人之效即須就武備開取士之途似宜於奉行成法之中微寓變通考選之制如文試第三場策問五道請定爲五門

發題曰博通史鑑曰精熟韜鈐曰製器通算曰洞知陰陽
占候曰熟諳輿圖情形令士子報名應試時照從前本經
之例於册内分别填註考官仿元人經疑以兩書異同設
作問題果能貫通闡發而首二場文藝尚屬平順者即一
律中式蓋經學已於二場發題考試則發策不必復問史
學則於古今成法無所不該最徵器識其餘四門若兵書
則詳水戰之陣法圖志則通外域之夷情併足裕遠謨而
操勝算至武試除默寫武經外請添問策一道分韜略技
藝火攻水戰四門仍如文試令該生指項註册入内場日
亦舉以為問所對不必深論文理亦不必限字數如能各

就所習確鑿指陳而騎射與膂力尚屬合式者亦一律中式仍請
欽派大臣於文武二科試策覈實磨勘以免剿襲之弊如此認真遴選士子自必爭自濯磨恐一時難以舉行請自下屆鄉會試為始數科之後月異日新人才或可期輩出或將謂現行鄉會試策問固已周備何必專限五門使易於懷挾倖獲不知求全責備淹貫為難專門名家講求較易現行名雖美其優者僅以考據見長餘多臨時敷衍成篇毫無實濟若各就專門之學主司臨時就其諸說之可疑者發問又何從揣摩懷挾或又謂以此取人恐蹈能言而不能行之弊然能言而不能行者固所必

有斷無不能言而能行者課虛責實未嘗不可拔十得五
又武謂兵法占驗理宜秘密且術數及拳棒教師向例所
禁不可以入於策問然以所此防奸究而非所以待秀良
且以跅弛不羈之才收入彀中俾就範圍而效驅策似亦
收攬人才免入歧途之一道以上三說皆不足慮至現在
文武官員雖一時未能得人然文職微員及武營未弁難
保無因職分卑微不能上達以致無所表著並士民人等
伏處草茅即有竒才異能因不攻舉業無由効用未免向
隅考唐宋以來廣設科目名臣接踵可否將博通史鑑五
門分立五科　特詔舉行無論現任致仕大小文武職

官及軍民人等准以所業由該地方官申送督撫考校如所言足資採用及技蟿精强即行分别咨明吏兵二部調取入京詳加考試選其才具眞實者奏明引見分别酌用如此鼓舞振興庶不致用非所學日起有功可以稍慰我
皇上遴選才能整飭戎政之至意

刑賞失措無以服民疏道光二十三年四月　陳慶鏞

竊惟行政之道莫大於刑賞刑賞之權操之於上而喻之於民所以天下之大公也大學論平天下之道在於絜矩絜矩者何民之好惡是也民何好何惡好賢而惡不善耳倘見賢而不能舉舉而不能先見不善而不能退退而不能遠其端不過優柔寡斷而其後遂貽害於國家經意深微不可不察也逆夷滋事以來自總督將軍以至州縣丞倅禽駭獸奔紛紛藉藉惟知船炮之足驚誰復典刑之是懼去年秋後夷船退出大江烽煙稍靜我皇上赫然震怒於失律之罪有難寬始命沿海疆臣將一切敗將逃官

詳查確覆交部治罪於是最辱國之靖逆將軍奕山揚威將軍奕經參贊大臣文蔚兩江總督牛鑑浙江提督余步雲後先就逮部臣按律問擬斬候余步雲情節較重即於十二月二十四日正法凡有血氣之倫莫不拊掌稱快僉謂國法前雖未伸於琦善今猶伸於余步雲而今而後前車之鑒凜然誰復肯蹈必然之誅而不求生於一戰哉乃二十六日即奉　上諭起用琦善為葉爾羌帮辦大臣邸報聞傳人情震駭既而徐徐解曰古聖王之待罪人也有投諸四裔以禦魑魅之法今之琦善毋乃類是未幾且以三品頂戴為熱河都統矣旋且用奕經為葉爾羌帮辦大

臣文蔚為古城領隊大臣矣夫逆夷之甘於猖獗沿海兵
將之敢於逃竄馴至今日海水羣飛鯨鯢跋浪逞其所欲
莫敢誰何者實由琦善於逆夷入寇之始首示以弱惰我
軍心助彼毒燄令海內靡爛至於此極即罷斥琦善終身
不齒猶恐不足以作士氣而饜民心何況鞶帶再加脫俘
囚而薰沐之乎至奕經之罪雖較之琦善少減文蔚之罪
較之奕經又可少減然我　皇上命將出師若何慎重奕
經乃夜郎自大深居簡出頓兵半載並未身列行閒騁其
虛憍之氣志盈意滿期於一鼓而復三城卒之機事不密
貽笑敵人殺將覆軍一敗不振此不待別科其驕擾供億

招權納賄之罪事而罪已不勝誅矣臣亦知奕經爲　天潢貴胄我　皇上篤念親親必不忍遽加顯戮竊意即幸邀寬典亦應圈禁終身銷除册檔以無貽　宗室之羞豈圖收禁未及三月輙以〔已〕棄瑕錄用且此數人者我　皇上特未知其見惡於民之深耳倘俯采輿論誰不切齒於琦善而以爲罪魁誰不疾首於奕經奕山文蔚牛鑑諸人而以爲投畀之不容緩直道猶存公論可畏非臣一人之私言也側聞琦善意侈體汰跋扈如常葉爾羌之行本屬怏怏今果未及出關即蒙　召還爲熱河都統密邇神畿有識無識之徒無不撫膺太息以爲我　皇上嚮用琦善之

意尚不止此萬端有事則熒惑　宸聰者必仍係此人履
霜堅冰深足懼也頃者　御試翰詹以烹阿封即墨命題
凡百臣工能無惕息而今兹刑賞若此臣之愚昧未審
皇上所謂阿者何人即墨者何人假如　聖意高深偶或
差忒而以即墨爲阿以阿爲即墨將無譽者毁者有以淆
亂是非耶所望　皇上力奮天威收回成命體大學絜矩
之旨鑒盈廷毁譽之真國法稍伸輿情可慰臣不勝激切
屏營之至

仿鑄炸礮片 道光二十四年　陝甘總督林則徐

竊臣前次奏特仿照洋礮之法製備應用等因謹已捐資集匠將現有之礮位先造轉輪車架以利推運而便旋轉又封口礮子一項向來俱用實鐵彈於致遠攻堅已屬得力但一礮只斃一賊多亦不過數賊而止臣曾見洋礮有空心彈子之法名為炸彈因容授匠人做法即在臣行署督令試鑄虛其中而留一孔此中半裝火藥雜以尖利鐵稜仍將其孔塞住納於礮口將孔向外一經放出其火力能到之處彈子即必炸開彈內之藥用磺較多可以橫擊一二百步其彈子炸成碎鐵與內貯之鐵稜皆可橫衝直

撞穿肌即透遇物即鑽一礮可抵十數礮之用近日鑄成
試放已向遠處裂開附近民人觀者如堵不知所用何法
而竟詫爲未有之奇是此種炸彈實爲行軍利用現就礮
口尺寸多製土模鑄造應用其前派遊巡將弁疊據禀報
自舊臘下半月至今各於沿山隘口逐加搜捕實已全無
賊蹤即荒僻山梁積雪深厚之處亦無人馬行跡臣復密
加查訪均屬相符據兵民僉稱總因礮火猛烈賊番聞風
遠遁

和議貽禍至烈伏求　博採讜論力黜邪謀早決大計轉危為安疏

殷兆鏞

竊自夷匪犯順無識庸臣但求速和了事　國家苟安一日即苟為一日之親王宰相而社稷隱憂不遑暇顧琦善耆英伊里布等既誤之於前致貽天津今日之患今之執政者復誤之於後其貽患更有甚焉者矣近聞和議垂成如賠償兵資等款以堂堂大一統之中國為數千夷人所制輸地輸銀惟命是聽而禍之尤烈者莫如京城設館内港通商各省傳教三條聞者椎心雖婦孺咸知不可臣意桂良花沙訥等身為　大清臣子稍有天良決不忍嘗試

入奏　皇上燭照如神即使嘗試入奏必不致墮其奸計也古語云無滋他族實逼處此宋太祖云卧榻之旁豈容他人鼾睡　京師重地外夷朝貢猶且禁其出入防其交接禮成而返毋許逗遛安有强敵世仇而聽其設商置館雜居齊齒胡越並行　輦轂蕃夷布滿街衢自古及今實所未聞琉球國都英夷盤踞滋擾甚至闖入王宮莫敢攔阻者其患無待臣之縷述也長江自吳入蜀中貫天下之半與海口情形不同海口通商已為失計然譬之於人身猶四肢癱瘓之疾也内江華夷雜處則疾中腹心矣東南漕運何由而達仕宦商賈之往來奏疏文報之驛遞海

非要道江實通衢夷人但以數船橫截江路南北將成兩界淮揚漢口鹽綱疲敝梟販充斥再得逆夷為逋逃藪鹽利必盡歸夷有而官鹽將廢不但此也所占口岸愈多聲勢愈甚與漢民交涉事件愈繁釁端亦愈易啓地方官袒夷則民拂袒民則夷拂彼視擄一總督宰相如縛一豕其包藏禍心何所不至譬猶養虎在牖豢盜在家隨時可以猝發此議若成大事便去欲求東晉南宋之偏安尚可得乎至於傳教一節臣不知所謂天主者云何大率惑世誣民隱蓄異志不然彼國奉天主自行其教可耳何必傳人傳人可耳何必游歷各省僕僕不憚煩若此近日之長髮

賊亦奉天主教者也其煽惑勾結流毒已可概見彼既游歷各省覽知地輿廣輪之數山川扼塞之形兵衛之强弱壤土之肥瘠到處交結豪俠周恤貧窮爲收拾人心之計該夷蠶食海外小國皆用此法有明徵也謀國者曰通商傳教姑先許之俟各省軍務告竣然後舉行夫民困於鋒鏑久矣賊燄雖張人情未涣猶冀重享昇平若去一寇復招一寇天下何望將士人民孰不解體或曰屆時徐議所以拒之臣恐積弱之餘萬難發憤現值兵臨城下大臣猶曰釁不可自我而開相率腼顔忍恥況許於前而拒於後則直在彼而曲在我又誰肯爲國家出力耶或逆夷一

有要約不待賊平遽入內地布置周密與長髮隱爲犄角之勢否則擊賊自效別啓要求否則奪賊之所踞城邑而有之以爲非取之於我此皆種種棘手謀國者曰不和而戰戰果有把握耶臣請轉詰之曰和果有把握耶從前反覆姑勿追論第自今北竄以來我之委曲順從可謂至矣而竟猖獗日甚可見諱戰求和和愈難成成則禍且不測謂戰必無把握何以前年李開芳林鳳祥北犯凶燄數倍於夷卒至片甲不返此無他當時一意主戰故有進無退今時一意求和故變勇爲怯也現在僧格林沁兵威已壯講求戰守振刷精神逆夷頗知畏憚近日天津民人有與

夷衆爭鬭者該夷亦避其鋒鹽梟海盜有欲焚搶夷船者
有跪求　欽差總督糾衆打仗者　欽差總督不許
故未敢擅動耳不得以偶經小挫遂為津民之不足用誠
飭桂良花沙訥勿專議和會同譚廷襄鼓勵兵民於文武
屬吏紳士之中得如謝子澄其人者統率之懸購重賞隨
宜設施並合附近州邑廣募壯勇聽候調遣一面明降
諭旨命其設法辦理如此多方準備一遇狡焉思逞僧格
林沁振之於前各路鄉勇躡之於後加以洩水塞河諸法
夷船欲進不能欲退不得而謂不足制其命者臣不信也
聞英夷謀主哩嘓吠係廣東嘉應州人兇悍異常每至桂

良花沙訥公館淩辱咆哮臣不解桂良花沙訥坐擁兵衛亦已不少何至畏一哩嘓吠而不敢校曾被津民擒住
欽差總督反為解釋擬請飭令設法捕獲立即梟示不必稽留訊解以免疏虞又聞廣東九十六都鄉民驍勇前年平紅頭賊皆出其力夷匪往搜軍器受傷而回欲挾南海番禺兩縣同去鄉民聲言入吾界者不論何人立時殺死遂不敢往三月初羅惇衍龍元僖蘇廷魁到彼團練已有數萬人至今曾否打仗尚無捷報意者　朝廷未與主張耶抑羅惇衍等恐如黃琮竇垿之獲咎耶擬請　優旨作其銳氣魁日大舉惟黃宗漢稟承執政主和之意繞道

遷延請
飭速往合勦勿再觀望徘徊轉掣紳民之肘務使同心協力迅奏膚功天津夷船聞之必折回自救我截其海口歸路雖不敢謂盡殲醜類要非孟浪之徼倖也謀國者曰一戰不勝奈何曰縱兵再戰戰有勝亦有敗和則有敗而無勝曰勝之於此處而報復於他處勝之於今日而報復於後日奈何曰始終不忘戰而已犬羊之性但經懲創往往不敢報復道光年間臺灣失利惟有藉手耆英以報達洪阿等至今不復垂涎臺灣其無能已可概見兵自古兵凶戰危原非得已盡人事以待天成敗利鈍雖諸葛亮不能逆覩謀國者曰以事無把握搖惑
聖聽

閒執人口沮喪士氣坐失事機其意直以望風乞降為快
抑又何也比年各省用兵勝負無常得失互見諸臣何不
以事無把握為慮而亟請櫜弓櫜矢耶伏願　皇上統
籌大局深顧後患知夷欲之難期饜足念時勢之尚有可
為左右近貴之言未必盡是大小臣工之策非無可采執
政諸臣請放夷船內駛者何人請允夷酋要脅者何人清
夜自思或亦自知狂謬祇緣畏罪獲愆易作執迷不悟
皇上不忍遽誅請嚴加訓示俾各洗心易慮收效桑榆
否則難逃常憲嚴飭桂良花沙訥譚廷襄等非分要求不
得妄奏事至則戰無所遲回他如奕山之黑龍江五千餘

里藉稱閒曠不候
諭旨拱手授人此尤寸磔不足以
蔽辜者臣知
皇上必有以處之也訏謨既定渙號既
頒薄海懔然咸知
上意所在庶臣民之志堅而蠻夷之
氣懾
天討聿彰操縱在我或遂剿之或終撫之再行相
機應變臣非不知今所言者
皇上已厭聞之實已危
險情更迫切是以抵觸忌諱濡淚瀆陳伏乞
聖明洞
察咸豐八年

代僧王格林沁密擬陳夷務摺稿　僧格林沁

竊逆夷牛羊之性犬豕之羣不識綱常罔知倫理是實無父無君之國類皆不臣不子之人既已蠶食諸夷復欲虎視中國其志固無厭足其釁蓋有由來溯我　朝自開國以來　列聖以偃武修文為事是以養兵不用汰卒歸農興學校制禮樂遂以開二百餘年太平之盛文治既久武備失修道光二十二年逆夷陡生叛心以烏合之衆長驅直入沿海將士夙未精練遂致棄甲拋戈望風而遁粵閩江浙蹂躪殆徧猶幸林則徐敗之於粵東陳化成敗之於江蘇我武既揚逆夷漸懼不意琦善等受賄議和掣肘

全局致陳化成喪敗殉節林則徐充發新疆逆夷得在上海等處列肆販烟以逆夷無用之泥土易中原養命之脂膏是以逆夷日富中國日虚其志實不止通商取利直欲疲困中原逞其狡計然十餘年來尚不敢輕舉妄動者懼中原未必無人也自見賊擾粵西賽尚阿身為經營（略）隔水列營養成賊勢而中原之經略不足懼陸建瀛身為督臣畏縮不前致賊直抵金陵而中原之督撫不足懼親王奕山以黑龍江外五千餘里之地矯制授敵而中原之親王不足懼葉名琛身為爵憲輕身赴敵擄作俘囚尚且忍恥偷生而中原之爵憲不足懼桂良花沙訥等奉　命議和

逆夷日往館舍吵嚷甚至穢罵語侵　皇上桂良等塞耳罔聞忍氣吞聲而中原之宰相不足懼中原一舉一動彼無不冷眼旁觀要皆無足懼也遂敢任意驕横肆無忌憚而所懼者惟　皇上耳今進言於　皇上者無不謂連年以来兵荒交迫人民流離内兵不解莫搆外兵姑且議和再彰撻伐然此皆庸臣誤國之説也　臣請言和之害夫既准其和必先准其議彼欲京師置一大員一切機密計議而行名曰計議而行實則禀命而行是　皇上未知逆夷先知内閣軍機等處可以廢而彼却便宜行事其害一也通商十餘年中國情形已極凋敝况復各省通商則中原全

力勢必盡（為賊）有其害（名）一（曰）也（通）商賈齎盗糧其害二也彼欲各省多設會館多置夷員來往船隻不准盤查其意實欲窺探地輿繪成圖本一旦舉事則通商船隻暗藏軍器披圖取路關塞不能盤查官府不能禁止一時並舉雖武侯復生亦當束手其害三也又欲各省傳習天主教絶滅倫理廢棄綱常愚者即（以）於耶穌之邪説蠱惑之智者即以中國之金銀要結之不數年間耶穌之説流行孔孟之道不作勢必不成世界一旦舉事則愚者蠱惑已甚智者要結已深中國人民反為賊用其害四也至於敵體稱謂尤失上國體統夷人貪得無厭倘再一跳梁又不知如何稱謂種種

逆欵無非欺蔑　皇上不止妄自尊大而已諸大臣等素
餐尸位視若無覩一聞賊至則觳觫恐懼妄奏求和無非
欲全身家保妻子誰復以社稷為重生靈為重真可恨可
歎可笑可憐也臣等聞　皇上宵旰焦勞甚至節食減膳徹樂憂
心如煎諸大臣等受恩深重宜如何竭忠圖報乃聞內閣
大臣惟相與飲泣力持和議桂良花沙訥等數月以來迄
無成見大約逆夷愈驕大臣愈懦大臣愈懦逆夷愈驕以
臣愚見不若乘其驕而擊之至於勝敗兵家常事勝不足
以喜敗不足以懼人心非不可奮興天命非不可挽回何
至以堂堂上國俯首乞和於外夷哉　宣宗成皇帝一時

權宜准予通商在天之靈無不望　皇上驅逐犬羊以維
國脉此時苟復議和大非　先皇遺意矣[illegible]受　顧命之
重苟（此時）默不一言他日何面目以見　先皇用是瀝血陳言
伏願　皇上詔回桂良等罷撤和議迅飭沿海督撫將軍
多設礟臺嚴行防堵苟邀天之幸而夷敗則敗即知懼懼
即受盟一夷既懼諸夷皆懼而後綏之以德撫之以恩
聖天子守在四夷金湯永固矣昔高（宋）宗議和南渡偏安諸
葛渡瀘南蠻不叛可為前鑒至於金陵小醜乃癬疥之疾
不足憂焉伏願　聖明俯賜采納臣不勝感激之至

厲兵勦夷摺咸豐十年九月初二日　　勝保

竊各路官兵陸續到齊奴才於各將官來謁之時勉以忠孝大義反覆開導俾知急難勤王非尋常出師可比務當振刷精神實力講求戰法以冀一戰成功仰紓宵旰之深憂稍贖臣子之重疚該將官等聆奴才言論似尚能感發奮興力圖報效惟數千里赴援弁兵不無疲憊其取調皖豫各省勇練尚無確信自須量予休息始可即戎無如諸臣汲汲以議撫為事方且訂期開城為休息兵民之策奴才雖責在剿賊亦未便一意孤行孟浪決戰然竊以為逆夷數月以來滋擾我閭閻震驚我禁闥遷卤我重器

焚掠我園庭為臣民不共戴天之讐千古非常之變輕我太甚其志愈驕此時倡言攻城稱兵挾制奴才裂眥出血恨不食其肉而寢其皮恭親王等迫於無可如何徒深焦灼議撫諸臣信其詭謀無求不應自謂兵微力弱恐兵端一啓收拾為難夫以各城門上大小礮位數千守兵數萬城池如此其高深如此其堅固而城外又有援師非竟全然無備自奴才思之戰而勝固可雪恥復讐戰而不勝和亦未晚現在惟恐稍拂其志惟命是從夫春秋書城下之盟當時猶為深恥況開門揖盜以堂堂天朝拱手讓人乎即進城無事而如其所約分守一門留兵三載包藏禍心

六飛果於何日回鑾更或踞守城門反兵相向將置　宗
社臣民於何地奴才夙夜籌思無一而可者也此時守城
大臣惟慶惠團防大臣惟周祖培堅欲開城牢不可破該
逆胆敢於地壇一帶脩築炮台熟視其於咫尺之間擔畚
取土而莫敢誰何奴才非其事權雖辯說萬端竟不能挽
已成之局再四思維惟有齊集援兵獨新壁壘靜以觀變
如該夷能謹守約束相安無擾奴才亦不敢自生外釁如
竟顯然反覆或屯兵不撤意在久踞奴才自當相機而動
奴才前在八里橋接仗所帶無得力之軍且任事不久猶
與賊鏖戰多時若非臨陣中傷幾成大捷然據逃出民人

衆口僉稱是日之役賊死千餘載屍九船回津為衆目所
共睹況此時兵力厚於昔日加以日為訓練以之滅賊或
未能以之勝賊則可必此後惟求　聖主作主一其事權
示以方略不致有扞格掣肘之虞俾奴才可以自盡其才
自伸其志庶冀削平禍亂奠安畿疆以仰酬　高厚於萬
一

論夷務疏　　沈兆霖

竊夷人自八年抵天津後迭次搆釁歷年辦理未協夷情至本年七月間竟由天津內犯大言恐嚇要求無已　皇上明降諭旨歷數數年來夷人罪狀　大申天討中外臣民同聲稱快惟夷衆雖不滿萬餘而火器勝於中國能及遠而有準然臨陣者果能奮勇無前毫無畏葸即有所傷而以我之衆乘彼之寡亦不難於殲滅惟現在火器難禦之戕見先入爲主則氣已稍挫倘毫無把握輕於一試設一撓敗必至不能復振故臣以爲當今之計宜以緩攻堅持爲主先　飭直隸總督恒福并督辦民團之焦祐瀛張

之萬以督標之兵李地之勇時時擾其海口之船再命
天津府知府石贊清與焦祐瀛張之萬協辦團練石贊清
膽識兼備久得民心團練必能奏效或殺其酋或焚其船
使之兼顧海口不能驟進即進亦必留勁卒守船此所謂
攻其所必救也僧格林沁八里橋之兵及瑞麟勝保統帶
各隊須相隔前後一二拾里分作三處紮閘使緊相呼應
以為犄角之勢皆宜堅溝高壘勿輕與戰嚴為之備使敵
至不能驟拔若奉調各路之兵陸續而來亦飭令分擇要
地紮住俾由通至津處處能聯絡接應而深林隈隱之處
又多設旌旗鼓角使之動生疑畏正兵厚集其勢持重養

威而以奇兵乘其懈復以疑兵惑其心彼種種牽掣必將
徘徊而不敢進於是密拏奸細以防其叵測嚴斷接濟以
絕其餉源與之相持一月有餘而朔風大作海口將冰度
其所帶之餉亦將罄盡自必急圖遁歸矣昔周亞夫堅壁
不戰人以為懦而卒破七國正此計也臣又聞夷人所倚
為謀主者惟巴雅里一人前此擄去葉名琛亦係此人之
計餘如額尔金噶囉等皆不能畫策今巴雅里就擒敵已
失其所恃必將設法索回據國法言之自應即予誅磔何
煩再計然敵之勢本利在速戰若即行誅戮恐憤兵深入
其勢益銳莫若暫且牢固監禁有照會與彼即告以夷兵

前進先斬此人使之繫望生還而不敢鋭舉輕進倘彼詭言放回此人即便受撫務祈　乾斷獨伸勿為浮議所惑總須令其兵船全數退出海口悉照八年所定各款立定和約一款不增然後　允予加恩釋放仍不准原船帶回改由陸路押解上海交還方為穩妥否則該夷素以和議誘我一為所誘此人釋回仇我必甚其設計必更毒於前矣臣愚昧之見是否足備　采擇伏乞　聖鑒再臣思數年辦理夷務諸臣皆一味遷就希圖了事該夷不知　聖恩寬大以為我實懼彼於是百計要求得步進步遂至不可收拾今既　聲罪致討便當專講守禦之法勿汲汲於

言撫忽討忽撫持議兩端而將士之心不堅即議撫者亦無從措手矣故持久以困之多方以誤之為目前之至計而撫之一說勿再夾雜現在該匪暫留不進必又將以撫誘我實則懈我軍心而彼因得以肆其詭詐臣愚以為此次辦法戰宜緩不可遽求倖勝撫更宜緩不必急圖息事而壁壘如何堅固聲援如何聯絡如何先占地勢使彼不能銳進如何豫防火器使彼不能撲營全在統兵大臣熟籌而速計之總之　詔旨既下該夷必且震慴　天威而又獲其謀事之人祇宜靜以制之緩以竢之當有轉機順其自然之勢而無懼無迫弗使辦法有一毫紊亂則夷務

不難大定矣臣愚昧之見是否有當伏乞　聖鑒

再論夷務疏

竊自古馭夷之道皆務懷柔不矜遠略誠以勝之不武不肯疲中國而結怨四夷也然偶尔犯順擾及邊陲則撻伐膺懲亦所不諱本年三月俄米英法四國夷船駛至天津要求多款　皇上聖度如天專以安民戢兵為務疊　命大臣前往議撫所請各條奉　恩允者已十之七八中惟夷酋駐京內江通商兩事關繫最鉅駐京則入據腹心朝政動多牽制內江則奪我關隘長江無可設防議者欲撫局之速成謂不妨依違應允再圖日後熟商殊不知

國家所以威服遠人首重誠信與其責言於異日不如慎諾於此時且所許已多當不至因此二條遽至決裂并求明降璽書將此二條萬難應允之故反復曉諭　推至誠以宣示杜非分之干求彼等誦此　皇言自然信服必不再以蒙蔽見疑即使仍前狡詐竟起爭端則釁自彼開便當儘力殲除俾知畏懼雖勝負原難豫定而權主客之勢彼軍已入重地審衆寡之數彼兵不過數千且彼所長者祇有礮耳若絮屏藤牌及屢伏屢進皆避礮之良法可使衆軍勤加演習人人有恃無恐膽氣日壯然後進而攻其所短彼短於夜戰我即潛師以乘之於暗彼短於技擊

我即疾趨而迫之於近齊之以軍律激之以忠義勵之以重賞直前而義不反顧小挫而氣不少衰如此而勝算在我當亦無堅不摧矣且夫兵不厭詐取其克敵而已聞此時津人各懷義憤中有練勇二千人皆敢死之士屢請於官願効死力官以恐撓撫局頻加禁遏臣愚以為若竟用兵則僧格林沁所統各軍自當進剿一面密飭譚廷襄陰諭練勇出其不意進薄夷船短兵截擊奪其船者全船充賞事後勇首給予議叙各勇仍加賞賚使該夷跋前疐後兩面受敵雖欲久留不可得矣從而議撫撫亦易矣若必過為顧慮懼啟兵戎并駐京內江二條暫時允許恐夷

欲無厭日後朝中之虛實盡知江路之往來益熟禍有不可勝言者彼時之用兵更难於今十倍可不為之遠慮哉

臣愚昧之見是否有當伏乞

聖鑒

覆奏勝保請飛召外援摺 咸豐十年九月初六日 曾國藩

竊臣於八月二十六日承准軍機大臣字寄咸豐十年八月十一日奉　上諭本日勝保奏夷氛逼近闕下請飛召外援以資夾擊一摺據稱用兵之道全貴以長擊短逆夷專以火器見長若我軍能奮身撲進兵刃相接賊之鎗礮近無所施必能大捷蒙古京旗兵丁不能奮身擊刺惟川楚健勇能俯身柔進與賊相搏逆夷定可大受懲創請飭下袁甲三等各於川楚勇中共挑選得力若干名派員管帶即行起程剋日赴京以解危急等語逆夷犯順奪我大沽礮臺占據天津撫議未成現已帶兵至通州以西距

京咫尺僧格林沁等兵屢失利都城戒嚴情形萬分危急
現在軍營川楚各勇均甚得力著曾國藩袁甲三各選川
楚精勇二三千名即令鮑超張得勝管帶並著慶廉於新
募彝勇及各起川楚勇中挑選得力者數千名即派副將
黃得魁游擊趙喜義管帶安徽苗練向稱勇敢著翁同書
傅振邦飭令苗沛霖遴選練丁數千名派委妥員管帶均
著兼程前進剋日赴京交勝保調遣勿得藉詞延宕坐視
君國之急惟有殷盼大兵雲集迅埽逆氛同膺懋賞是為
至要將此由六百里加緊各諭令知之欽此跪讀之下神
魂震越痛憤無地是日又聞徽州失守之信旋又接勝保

咨敬悉　聖駕巡幸熱河臣既自恨軍威不振甫接皖南防務旬日之間兩郡失陷又值夷氛內犯憑陵郊甸東望吳越莫分　聖主累歲之憂北望灤陽驚聞　君父非常之變且愧且憤涕零如雨而以新軍敗潰又不得不強顏撫慰鎮定人心鮑超一軍自甯國失後漸紮太平自徽州失後又令其回駐漁亭以遏寇氛欽奉　諭旨飭鮑超赴京交勝保調遣竊計自徽州至京五千餘里步隊趲程須三箇月乃可趕到而逆夷去都城僅數十里安危之幾想不出八九兩月之內鮑超若於十一月抵京殊恐緩不濟急若逆夷凶頑猶豫相持果至數月之久則楚

軍入援豈可僅以鮑超應　詔應懇
天恩於臣與胡林翼二人中飭派一人帶兵北上冀效尺寸之勞稍雪
敷天之憤非敢謂臣與胡林翼二人遂能陷陣衝鋒殺敵
致果也特以受
恩最深任事日久目前可帶湘鄂之
勇途次可索齊豫之餉呼應較靈集事較速鮑超雖號驍
雄之將究非致遠之才兵勇未必樂從鄰餉尤難應手縱
使即日飭令起程而弁勇懷觀望之心途次無主持之人
必致展轉濡滯本年四月初五日將軍都興阿奉馳赴揚
州之
命即於初十日拜摺起程厥後因楚勇憚遠行
之勞途中虞餉項之缺遷延至八月十九日乃果成行今

若令鮑超率師北上即再四嚴催亦不免於遷延度才審勢皆懼無濟如蒙聖恩於臣與胡林翼二人中飭派一人督師北向護衛京畿則人數稍多裨益較大惟臣若蒙欽派北上則當與左宗棠同行皖南暫不能進兵祗能退守江西境内胡林翼若蒙欽派北上則當與李續宜同行皖北暫不能進兵祗能退守湖北境内俟該夷就撫之後仍可率師南旋再圖恢復皖吳臣等雖均有封疆之責而臣國藩本未接印胡林翼尚有督臣經理皆無交卸事件一經派出數日即可就道區區微忱伏乞聖慈垂鑒

遵旨籌撥京餉分批起解疏十年十月初八日

胡林翼

督發

竊照本年九月二十八日準兵部火票遞到軍機大臣密寄九月十八日奉上諭：昨因用項浩繁，部庫未裕，業經諭令户部將各省應解京餉迅行咨催，現在撫局定議，唤咈兩酋業已互換和約，惟尚有償給兵費，部庫無款可籌，自應由各省迅速籌解，以濟要需。著直隸、山東、河南各解銀二十萬兩，山西、陝西各解銀三十萬兩，湖北、湖南、四川各解銀十數萬兩，無論何款，趕緊籌撥，委員星速兼程解京，赴庫交納。銀兩一日不到，即唤咈一日不能退兵，京

師根本重地事係安危該督撫藩司等共濟時艱諒不能
膜視也將此由六百里密諭恒福清盛賈臻常績譚廷襄
官文胡林翼翟誥崇實並傳諭文謙知之等因欽此伏查
㖞咈兩酋稱兵犯順挾制多方要求無厭臣等職任封圻
未能提一旅之師直搗逆氛以紓
君父之憂惶悚莫
名現在撫議已成祗須償給兵費雖鄂省征餉支絀萬狀
第京師為根本重地安危所系分應竭力籌解共濟時
艱飭據藩司嚴樹森署糧道唐訓方會詳司庫存款無多
僅有徵獲洋藥稅銀三萬五千兩可以撥解又道庫上年
漕折早已無存本年甫經開漕尚未徵收此項解款萬不

能緩自應先其所急將庫存南折供支旂綠兵米欵内借
撥銀六萬五千兩以足十萬兩之數仍俟徵獲漕折收有
成數撥還南漕原欵以資兵食除飭委留楚補用知縣文
南邦張聲正張晉禮等分三起管解赴部庫交納於十月
初七十二十七等日啟程以利遄行而濟急需並咨行河
南直隸地方沿途催儹妥為護送外所有籌撥京餉委員
分批起解緣由謹合詞恭摺覆　奏

籲請　回鑾疏　　沈兆霖

竊本年八月因夷務未定　皇上暫幸熱河以為集兵控制之計在廷諸臣皆知當時情勢不得不然九月中英法兩國均已換約二十七日夷兵退盡廷臣合詞　奏請回鑾奉　上諭本年天氣漸届嚴寒朕擬暫緩回鑾俟明歲再降諭旨欽此又准軍機大臣字寄十月初一日奉上諭此次夷人稱兵犯順恭親王奕訢等與之議撫雖已換約然退兵後各國尚有夷酋駐京者且親遞國書一節既未與該夷言明難保不因朕回鑾再來饒舌該王大臣等奏請回鑾係為鎮定人心起見然反覆籌思祇顧目前

之虛名而貽無窮之後患朕意本年暫緩回鑾俟夷務大定將回鑾一切事宜辦理再本年回鑾之舉該王大臣等不准再行瀆請等因欽此臣等跪讀之下仰見　皇上計深慮遠籌及萬全之至意惟本年　回鑾何敢多瀆而統籌　國勢有不忍緘默不言者謹就臣管見所及詳悉陳之夫　聖駕之暫幸熱河與暫緩　回鑾皆因夷務未定起見臣雖未與聞撫議而換約時臣在城內親見其事竊謂夷兵雖衆而強其意不過藉以脅和並無利我疆土之志也八月廿九日夷兵入城時臣遣人往觀兵約萬人薄城而上其氣甚惡九月十一日英國換約自安定門至禮

部門外綿亘十餘里步步為營約萬餘人器甲精嚴居民皆閉戶不出如有異志則此二日已可占據都城惟所欲為矣換約之時臣細窺額爾金等面容皆懷疑懼知夷人未必不畏我客謀故嚴為設備並非别有意計也至十二日法國換約則便覺坦易禮部門外至安定門並無一兵惟禮部門內羅列千餘人自衛而已計開城至退兵共十九日該夷未傷一人未燬一屋故此次夷人内擾我國之虛實固為夷人窺破而夷人之虛實亦為我國窺破夫以萬餘衆入城而仍換約而去全城無恙則該夷之專於牟利並無他圖已可深信其親遞國書一節臣私心揣度亦

可姑允所請撫慰数言總期不損　國體不拂夷情斷無
意外之患竊思夷人雖蠢尔海邦果能示以誠信尚易羈
縻且通商一層本與中國兩有利益所慮者以通商為名
而志在土地人民耳就今日之情勢論之危至於擁兵入
城尚不足慮此後豈有再重於此者乎彼處漢奸雖多此
時為彼設計亦祇在要求圖利一邊臣愚竊以為夷人不
足慮也至中外大計則可慮者極多京兵不可用宜如何
訓練粵捻久未平宜如何議剿庫藏空虛宜如何備豫南
漕不繼宜如何採買其事皆較夷務為鉅亦較夷務為难
熱河距京不甚遠誠如　聖諭與在京無異而　皇上不

在城内各署事件雖亦照常辦理不至曠誤久之亦恐敷
衍具文漸臻疲玩蓋進則無所禀承而退則無所警畏也
況京師聞見尚確邸報仍通故城内幸俱安靜疑懼不生
若地稍遠則言論哤雜傳聞失實民志不定宵小必從而
生心當都城戒嚴時畿南一帶在在皆有土匪各屬下忙
錢粮均遷延不肯即納聞此時尚嚴催罔應若輩皆有業
之民尚復藉端觀望倘素不安分之徒且將造作謠言乘
機煽惑河間土匪其已見者也然此猶密邇畿輔者耳至
遠省則聞　乘輿未回且謂都城危殆粵捻各匪益輕
朝廷濟甯之圍幸即解散倘再肆其鴟張安保河北之不

騷動乎此皆臣之所謂可慮者也臣竊數史策之紀巡幸者惟唐為多然寇急則暫幸旁郡事定則即還舊京故能人心繫屬轉危為安誠以神京為四方所歸極可暫離不可久曠也又金元兩朝皆興於朔漠及其得中國也俱入居於內地夫豈不樂舊都之安習而欲同車書一聲教非居中土不可元以開平府為上都即今熱河之地每年一幸夏往秋返蓋宅中圖大有國之常經也況現值多事之秋曠　宮闕而弗居局偏陲而久戀雖　萬幾無曠庶事咸理而使綱紀日漸廢弛人情各懷疑貳匪徒遂萌北竄之謀四夷有輕中國之意甚非計也現今正屆嚴寒已奉

諭旨暫緩　回鑾臣何敢瀆請惟求　皇上內定於中
俟明歲春融即啟蹕還京以慰羣臣之仰望以釋遠邇之
危疑此事關係大局安危其幾甚微而其理至顯全在
宸衷獨斷弗為衆論所游移則臣民幸甚天下幸甚臣受
恩最深若懼譴責而不言寸心益增負疚用是不揣冒
昧上瀆　宸聰臣不勝悚切屏營之至

和約彙編一

柔遠全書 十三

和約彙編總目

卷首

「交涉成案」

凡例

一各國條約繁多驟難檢閱且迭經修改易眛所從爰就道光壬寅以迄同治甲戌前定各約依類彙錄庶因革異同之處一目了然續有修改隨時補輯

一
上諭
國書恭錄卷首章奏案牘另編一卷以資考徵

一案牘引用例標歲月爰將立約日期彙錄卷首以便查考

一遇檯寫之處悉仍原約惟轉輾傳鈔不無差誤魯魚

臨地不殊亦不逐条細註今特綜舉大綱附列于此雖原約亦自精有參差照此書寫大致不訛閱者審之大英國至大秘國宜另行低一字寫

亥豕尤不免焉閱者正之

一各國條約字句相同者即書同某國某款以省篇幅字句小異者逐一註明若僅國名之異如大英國三字遇法國約當改寫大法國之類可照下開國名改寫不再逐條細註

大英國 凡遇商民船只之上只書英國不加大字各國一律惟法國美國天津約亦均加有大字

大法國

大合衆國 通商善後條款及華咸頓和約均改寫大美國

大俄國羅斯國 陸路通商約均書大俄國

大嗹嘛國哪威國等

大布國暨德意志通商稅務公會和約各國 惟大君主大臣之上只書大布國

大丹國

大日斯巴尼亞國

大和國

大比國 惟大君主大臣之上間書大比利時國

大

義國　大奧斯馬加國　大日本國　大秘國　其
中雖略有參差照此書寫當無大礙訛
一各國條約惟日本略有歧異餘雖條約不同辦法總
歸一律且一國更改各國無不比照閱者不可不察
至俄國秘國通商章程因係比照各國故並未逐細立約
閱者尤宜意會可也
一道光壬寅後廣東所立善後通商約已於天津約中
聲明作為廢紙又同治戊辰英國所定新約及通商
章程亦作罷議故不采入各條另錄一卷附後以資考證
一是書之輯竊欲中外官民遇有交涉事件善體

懷柔之意凡條約當行者絲毫不可與爭條約所不當行者絲毫不可相讓庶以關其口而杜其漸

同治甲戌季秋吳縣謝家樹(福)蘭階氏識

英國立約日期英國即瀛環志略英吉利國

江寧和約十三款於道光二十二年七月二十四日

即一千八百四十二年八月二十九日

大清

大皇帝特派

欽差便宜行事太子少保鎮守廣東廣州將軍宗室耆英

頭品頂戴花翎前閣督部堂乍浦副都統紅帶子伊

里布

大英伊耳蘭國

君主特派

欽奉全權公使大臣英國所屬印度等處三等將軍世襲

男爵璞鼎查在江寧議定

天津約五十六款專條一款於咸豐八年戊午五月

十六日即一千八百五十八年六月二十六日

大清國

皇帝特簡大學士桂　尚書花

大英國

君主特簡伯爵額在天津議定

通商善後條約十款稅則一冊於咸豐八年十月

大清欽差大臣東閣大學士正白旗滿洲都統總理刑部

事務桂　經筵講官吏部尚書鑲藍旂漢軍都統稽
察會同四譯館花　太子少保兵部尚書都察院左
都御史江南江西總督何　二品頂戴武備院卿明
五品卿銜軍機處行走刑部員外郎段
大英欽差世襲額羅金並金喀爾田二郡伯爵額在上海
議定
北京續約九款於咸豐十年九月十一日即一千八
百六十年十月二十四日
大清大皇帝特派和碩恭親王
大英大君主特派內廷建議功賜佩帶頭等寶星會議國

政世職上堂内世襲額羅金並金額爾田二郡伯爵
額爾金在北京禮部衙門議定
長江各口通商暫訂章程十二款長江納稅章程即通商各口通共章程五款於咸豐十一年九月
總理各國事務衙門與
英國卜大臣議定
續訂長江通商統共章程七款於同治元年九月
總理各國事務衙門議定
戊辰新約十六款戊辰通商章程十款於同治七年
即一千八百六十八年

大清國欽差總理各國事務王大臣
大英國欽差駐劄中華便宜行事大臣功賜佩帶二等寶
星阿在北京議定按此約因英國商會議阻未經交換

補輯

招工章程二十二條又三節於同治五年正月十九
日
大清欽命總理各國事務和碩恭親王
大英欽差特簡駐劄中華便宜行事大臣功賜佩帶二等
寶星阿在總理各國事務衙門議定

煙臺會議條約第一端昭雪滇案第二端優待往來各節第三端

通商事務專條一欵於光緒二年　月　日即一千八百七十六年　月　日

大清欽差便宜行事大臣文華殿大學士直隸總督一等肅毅伯李

大英欽差便宜行事大臣勲賜二等寶星威妥瑪在煙臺議定

法國立約日期 法國即瀛環志略中佛郎西國俗稱佛蘭西

天津約四十二款補遺六款於咸豐八年即一千八百五十八年

大清國

大皇帝欽差便宜行事全權大臣東閣大學士總理刑部事務桂　吏部尚書廂藍旂漢軍都統花

大法國

大皇帝欽差頭等全權大臣御賜勲勞大星俄羅斯大敕帶大西洋降生大星世襲男爵喏𠿭㖡嗁嘶吠嗹嚱嗒囉在天津議定

通商善後條約十款稅則一册另款一條於咸豐八
年中國
大皇帝特派
欽差大臣東閣大學士正白旗滿洲都統總理刑部事務
桂　經筵講官吏部尚書鑲藍旗漢軍都統稽察會
同四譯館花　太子少保兵部尚書都察院左都御
史江南江西總督何　二品頂戴武備院卿明　五
品卿銜軍機處行走刑部員外郎段　會同
大法國欽差大臣葛在上海議定
北京約十欵於咸豐十年九月十二日即一千八百

六十年十月二十五日

大清國

大皇帝特派欽差大臣和碩恭親王

大法國

大皇帝特派內閣大學士世襲男爵葛羅在北京議定

補輯

招工章程二十二條又三節於同治五年正月十九

日

大清欽命總理各國事務和碩恭親王

大法署理欽差全權大臣駐劄中國京都總理本國事務

伯在總理各國事務衙門議定

美國立約日期美國即瀰環志略中利米堅合衆國俗稱花旂

天津和約三十欵於咸豐八年五月初八日即一千

八百五十八年六月十八日

大清

大皇帝特派

欽差東閣大學士總理刑部事務便宜行事全權大臣桂

吏部尚書鑲藍旂漢軍都統便宜行事全權大臣花

大合衆國

大伯理璽天德特派

欽差駐劄中華便宜行事全權大臣列衛廉在天津議定

税則一册通商善後條約十款於咸豐八年十月初
三日即一千八百五十八年十一月初八日
大清欽差大臣東閣大學士正白旂滿洲都統總理刑部
事務桂　經筵講官吏部尚書鑲藍旂漢軍都統稽
察會同四譯館花　太子少保兵部尚書都察院左
都御史江南江西總督何　二品頂戴武備院卿明
五品卿銜軍機處行走刑部員外郎段
大亞美利駕合衆國欽命駐劄中華便宜行事全權大臣
列在上海議定
華盛頓約八欵於同治七年六月初九日即一千八

百六十八年七月二十八日

大清國

大皇帝特派

欽差辦理中外交涉事務重任大臣蒲　二品頂戴辦理

中外交涉事務大臣志　二品頂戴辦理中外交涉

事務大臣孫

大美國

大伯理璽天德特派

欽命總理各國事務大臣徐在美國華盛頓議定

俄國立約日期　俄國即瀛環志略中峩羅斯

天津約十二款於咸豐八年五月初三日即一千八百五十八年伊云月初一日

大清

大皇帝欽差全權大臣東閣大學士總理刑部事務桂

吏部尚書鑲藍旂漢軍都統花

大俄羅斯國

自專主依木丕業拉托爾特簡全權大臣承宣管帶東海

官兵戰船副將軍御前大臣公普在天津議定

北京約十五款於咸豐十年十月初二日即一千八

百六十年諾雅卜爾月初二日

大清國

大皇帝欽派内大臣全權和碩恭親王

大俄羅斯國

大皇帝欽差内大臣伊格那替葉福在北京議定

陸路通商章程二十一款於同治元年二月初四日

即一千八百六十二年二月二十日

大清欽命總理各國事務王大臣

大俄欽差全權二等御前大臣把在北京議定

續增稅則一冊於同治元年二月十一日在天津議

定
陸路續約二十二款於同治八年三月十六日即一
千八百六十九年四月十五日
大清欽命總理各國事務衙門和碩恭親王大臣
大俄欽差全權大臣倭在北京議定

瑞國立約日期瑞國即瀛環志畧中瑞國哪喊即瀛環志畧中瑞國屬部挪耳瓦

廣東約三十三款於道光二十七年二月初四日即

一千八百四十七年三月

大清

大皇帝特派

欽差大臣太子少保協辦大學士兵部尚書兩廣總督部

堂總理五口通商善後事宜辦理外國事務宗室耆

英

大喘噢國哪喊國等

大君主特派

欽差便宜行事全權駐中國公使大臣李利華在廣東議
定

布國立約日期布國即瀛環志略中普魯士國德意志即瀛環志畧中日耳曼

和約四十二款附欵一條通商章程十欵另款一條

稅則一冊於咸豐十一年七月二十八日即一千八

百六十一年九月初二日

大清國

大皇帝欽差總理各國事務全權大臣倉場總督部堂崇侍郎銜辦理三口通商事務特加全權大臣大理寺少堂崇

大布國

大君主為本國並為德意志通商稅務公會之　拜晏

撒遜　漢諾威　威而顛白爾額　巴敦　黑辛加

習利　黑星達而末司大　布倫帥額　阿爾敦布

爾額　魯生布而額　撒遜外抹艾生納　撒遜麥
寗恩　撒遜阿理廷部而額　撒遜各部而額大
好掃　宼得克比而孟地　安阿而得疊掃郭定
安阿而得比爾你布而額　立貝　實瓦字部而魯
德司答　實瓦字部而孫德而士好遜　大支派之
各洛以斯　小支派之各洛以斯　法郎格缶而德
昂布而士二十五國模令布而額水林　模令布而額
錫特利子二邦律百克　伯磊門　昂布爾三漢謝城欽差
內廷大臣御賜紅鷹大星聖喏嗡大帶世襲伯爵斐
悌理阿丕艾在天津議定

丹國立約日期 丹國即瀛環志略中嗹國

和約五十五款通商條約九款稅則一冊於同治二年癸亥五月二十八日即一千八百六十三年七月十三日

大清國

大皇帝特簡

欽差大臣總理各國事務頭品頂戴工部左侍郎鑲紅旂蒙古副都統恒

欽差辦理三口通商大臣兵部侍郎鑲紅旂漢軍副都統崇

大丹國

大君主特派原任駐劄大美國京都代國大臣功賜佩帶

丹波羅格三等寶星准帶大法國五等寶星步軍總

兵拉斯勒福寵地瑪羅多羅福在天津議定

和國立約日期　和國即瀛環志略中荷蘭國

和約十六款另款一條於同治二年八月二十四日

即一千八百六十三年十月初六日

大清大皇帝特派

欽差兵部侍郎全權大臣辦理三口通商事務鑲紅旂漢

軍副都統兼管天津等關崇

大和國大君主特派

欽差駐劄中華便宜行事全權大臣礬在天津議定

日國立約日期　日國即瀛環志畧中西班牙

和約五十二款專條一款於同治三年九月初十日

即一千八百六十四年十月初十日

大清國

大皇帝特派

欽差全權大臣頭品頂戴總理各國事務大臣薛　兵部

左侍郎辦理三口通商大臣崇

大日斯巴尼亞國

大君主特派

欽差全權大臣御賜勳勞大星依撒別拉嘎多利嘎瑪議

定

續輯

古巴華工條欵十六欵於光緒三年十月十三日即

一千八百七十七年十一月十七日

大清國大皇帝特派總理各國事務衙門大臣沈　毛

董　成　夏

大日國大君主特派駐劄中國欽差兼駐劄粵南暹羅欽

差御賜頭等意薩貝勒等寶星大臣伊　在京師議

定

比國立約日期比國即瀛環志畧中比利時

和約四十七款通商章程九款稅則一册於同治四年九月十四日即一千八百六十五年十一月初二日

大清國

大皇帝特簡

欽差大臣總理各國事務戶部右侍郎兼管錢法堂事務實錄館副總裁董　兵部侍郎鑲紅旂漢軍副都統辦理三口通商事務兼管天津等關崇

大比國

大君主特派

欽差便宜行事大臣功賜佩帶禮阿波勒德寶星並佩帶

西班牙國寶星法國寶星和國寶星冕旒三等寶星

金德俄固斯德議定

義國立約日期義國即瀛環志略中意大利亞

和約五十五款通商章程九款稅則一册於同治五年九月十八日即一千八百六十六年十月二十六日

大清國

大皇帝特簡

欽差總理各國事務全權大臣戶部左侍郎兼管三庫事務譚　辦理三口通商大臣兵部侍郎鑲紅旂漢軍副都統崇

大義國

大君主特派

大義國欽差全權大臣便宜行事水營副都督阿議定

奥國立約日期 奥國即瀛環志畧中奥地利亞
和約四十五款通商章程九款税則一册於同治八
年七月二十六日即一千八百六十九年九月初二
日

大清國
大皇帝特簡
欽差全權大臣戶部尚書總理各國事務董 太子少保
兵部侍郎鑲紅旂漢軍副都統辦理三口通商事務
崇

大奥斯馬加國

大皇上特簡

欽差全權大臣佩帶頭等寶星畢議定

日本國立約日期

修好條規十八款通商章程三十三款稅則一冊於同治十年辛未七月二十九日即明治四年辛未七月二十九日

大清國

欽差全權大臣辦理通商事務　太子太保協辦大學士兵部尚書直隸總督部堂一等肅毅伯李

大日本國

欽差全權大臣從二位大藏卿伊達在天津議定

秘魯國立約日期　秘國即瀛環志畧中秘魯國

和約十九款專條一款於同治十三年五月十三日

即一千八百七十四年六月二十六日

大清國

大皇帝欽差全權大臣太子太保武英殿大學士兵部尚

書直隸總督部堂一等肅毅伯李

大秘國

大伯理璽天德欽差全權大臣水師總兵葛爾西耶議定

和約彙編卷一目録

中外交涉條欵

和好

立約脩約附約内事件各國比照

文約字體

中國政事禁令工作洋人不得干預

洋人不得在中國海洋爭戰

使臣駐京

使臣覲見及官員相見文移稟牘儀節

肄業

和好條款

〔英國〕江甯約一款一嗣後

大清

大皇帝

大英

君主永存平和所屬華英人民彼此友睦各住他國者必

受該國保祐身家全安○八款一凡係

大英國人無論本國屬國軍民等今在中國所管轄各

地方被禁者

大清

大皇帝准即釋放○九款一凡係中國人前在英人所據之邑居民者或與英人有来往者或有跟隨及伺候英國官人者均由
大皇帝俯降
諭旨謄錄天下
恩准全然免罪且凡係中國人為英國事被拏監禁受難者亦加
恩釋放
〔法國〕天津約一款嗣後
大清國

皇上與
大法國
皇上及兩國商民毋論何人在何地方均永遠和好友誼
敦篤彼此僑居皆獲保護身家
〔美國〕天津約一款一嗣後
大清與
大合衆兩國並其民人各皆照前和平友好毋得或
異更不得互相欺凌偶因小故而啓爭端若他國有
何不公輕藐之事一經照知必須相助從中善爲調
處

俄國天津約一欵嗣後兩國臣民不相殘害不相侵奪永遠保護以固和好○北京約八欵俄羅斯國商人在中國中國商人在俄羅斯國俱仗兩國扶持

瑞國廣東約一欵一嗣後

大清與喘典國哪威國等及三國民人無論在何地方均應互相友愛真誠和好共保萬萬年太平無事

布國和約一欵嗣後

大清國與

大布路斯國暨德意志通商稅務公會和約各國均永遠和好敦篤友誼各國商民彼此僑居皆獲保護身

家
丹國和約一款從此永遠和好敦篤友誼兩國商民
人等彼此僑居皆全獲保護身家資財
日國和約一款
大清國
大皇帝
大日斯巴尼亞國
大君主及兩國商民永遠照舊敦篤友誼兩國商民人等
彼此僑居皆全獲保護身家
比國和約一款

大清國
大皇帝與
大比利時國
大君主以及兩國商民等語同法國一款

〔義國〕和約一款同丹國一款○五十四款至各國如有與
大清國有利益之事與義國民人無碍義國亦出力行
辦

〔奧國〕和約一款嗣後
大清國與
大奧斯馬加國永遠和好敦篤友誼兩國商民彼此僑居

皆獲保護身家

〔日本國〕脩好一款嗣後

大清國

大日本國倍敦和誼與天壤無窮即兩國所屬邦土亦各以禮相待不可稍有侵越○二款若他國偶有不公及輕藐之事一經知照必須彼此相助或從中善為調處

〔秘國〕和約一款嗣後

大清國與

大秘國既經和好敦篤友誼下同丹國一款

立約修約條款附約內事件各國比照

英國天津約一款一前壬寅年七月二十四日江寧所定和約仍留照行廣東所定善後舊約並通商章程現在更章既經併入新約所有舊約作為廢紙〇二十七款一此次新定稅則並通商各款日後彼此兩國再欲重修以十年為限期滿須於六箇月之前先行知照酌量更改若彼此未曾先期聲明更改則稅課仍照前章完納復俟十年再行更改以後均照此限此式辦理永行弗替〇五十四款一上年立約所有英國官民理應取益防損各事今仍存之勿失

倘若他國今後別有潤及之處英國無不同獲其美

〇北京約八款一戊午年原約在京互換之日

大清大皇帝允於即日降諭京外各省督撫大吏將此原約及續約各條發鈔給閱并令刊刻懸布通衢咸使

知悉

法國天津約二十七款至稅則與章程現定與將來所定者大法國每處每時悉照遵行一如厚愛之國無異○四十款若有應行更易章程條款之處當就立換章程年月核計滿十二年之數方可與中國再行籌議至別國所定章程不在大法國此次所定條約內者大法國領事等官與民人不能限以遵守惟中國將來如有

特恩曠典優免保祐別國得之大法國亦與焉○四十二款中國即將本和約章程行文內外各憲徧行周知

○善後條約另款一天津條約第二十七條所載因

兩國貨物或土產或工藝一時不同而價值有低昂
之殊其稅則有增減之別每七年較訂一次等語今
兩國
欽差大臣會議將七年之期改為十年其二十七條所載
七年較訂之說作為廢紙
〔美國〕天津約三款一條約各款必使兩國軍民人等
盡得聞知俾可遵守　大合衆國於
批准互易後立即宣布照例刊傳　大清國於
批准互易後亦即通諭都城並着各省督撫一體頒行○
三十款一現經兩國議定嗣後

大清朝有何惠政恩典利益施及他國或其商民毋論
關涉船只海面通商貿易政事交往等事情為該國
並其商民從來未沾抑為此條約所無者亦當立准
大合衆國官民一體均沾○華盛頓約二款嗣後如
有於兩國貿易興旺之事中國欲於原定貿易章程
之外與美國商民另開貿易行船利益之路皆由中
國作主自定章程仍不得與原約之義相背
〔俄國〕天津約四款海路通商章程將所帶貨物呈單
備查抛錨寄碇一律給價照定例上稅納課等事俄
國商船均照外國與中華通商總例辦理○五款俄

國在中國通商海口設立領事官為查各海口駐劄
商船居住規矩再派兵船在彼停泊以資護持領事
官與地方官有事相會並行文之例蓋天主堂住房
並收存貨物房間俄國與中國會議置買地畝及領
事官責任應辦之事皆照中國與外國所立通商總
例辦理〇十二款日後大清國若有重待外國通商
等事凡有利益之處毋庸再議即與俄國一律辦理
施行〇北京約十五款互換和約後將此和約原文
曉諭各處應辦事得地方
〔瑞國〕廣東約二款倘中國日後欲將稅則更變須與

喘唺國哪喴國等領事等官議允如另有利益及於各國喘唺國哪喴國等民人應一體均沾

〔布國〕和約四十款中國

大皇帝今後所有恩渥利益施於別國布國及德意志通商稅務公會和約各國無不一體均沾實惠〇四十一款若於現議章程條款內有欲行變通之處應俟自章程互換之日起至滿十年為止先期六個月備文知照中國如何酌量更改方可再行籌議若未曾先期聲明則章程仍照此次議定辦理復俟十年再行更改〇通商章程另款一現在議定將來兩國貨

物或土產或工藝一時不同而價值有低昂之殊其
稅則有增減之别每十年較訂一次
丹國和約二十六款此次定約其中關於通商各款
以及稅則日後彼此兩國再欲重脩以戊辰年六月
底為期期滿須於六箇月之前先行知照酌量更改
倘若彼此未於六箇月之前聲明更改則稅課仍照
前章完納復俟十年再行更改以後均照此限式辦
理永行勿替○五十四款各國所有已定條約內載
取益防損各事
大丹國官民亦准無不同獲其美嗣後

大清國或與無論何國加有別項潤及之處亦可同歸一致

和國和約十五款一現經兩國所定條約凡有取益防損之道尚未議及者若他國今後別有潤及之處和國無不同獲其美○另款此次新定條約凡各國稅則居重脩年分和國亦可與曾經換約各國一律辦理不必另立年限

日國和約二十三款同英國二十七款○五十款同丹國五十四款

比國和約四十五款同布國四十款○四十六款同布國四十一款

義國和約二十六款同丹國二十六款惟戊辰二字改為己卯未添如未到

己卯年以前別國更改稅則義國亦准與中國商議更改〇五十四款（同丹國五十四款）

奧國和約四十三款今後中國如有恩施利益別國之處奧斯馬加國亦無不一體均沾實惠〇四十四款（同英國二十七款末添）若嗣後中國與有約各國或有更改稅則重脩和約之事奧斯馬加國亦可不拘年限一律照改

日本國通商約三十一款如彼此海關章程嗣後有變通之處由理事官詳請駐京大臣隨時照會商辦〇三十二款兩國現定章程嗣後若彼此皆願重修

應自互換之年起至十年為限可先行知照會商酌

改

秘國和約八欵俄國商船准在中國通商各口往來運貨貿易別國凡有利益之處秘國亦無不均沾〇

九欵中國商人在秘國通商各處起卸貨物輸納稅餉不能較諸相待最優之國稍有增加秘國商人在中國通商各口起卸貨物輸納稅餉俱按通商總例稅則亦不能較諸相待最優之國或有增加之處〇

十六欵今後中國如有恩施利益之處舉凡通商事務別國一經獲其美善秘國官民亦無不一體均沾

實惠中國官民在秘國亦應與秘國最爲優待之國官民一律〇十八欵嗣後兩國若於現議至議定辦理止同布國四十一欵惟備文知照中國句改彼此備文知照

文約字體條款

英國天津約五十款一嗣後英國文書俱用英字書寫暫時仍以漢文配送俟中國選派學生學習英語熟習即不用配送漢文自今以後遇有文詞辯論之處總以英文作為正義此次定約漢英文字詳細校對無誤亦照此例○五十一款各式公文無論京外內叙大英國官民自不得提書夷字

法國天津約三款凡大法國大憲領事等官有公文照會中國大憲及地方官員均用大法國字樣惟為

辦事妥速之便亦有繙譯中國文字一件附之其件
務盡力以相符候
大清國京師有通事諳曉且能譯大法國言語即時大
法國官員照會大清國官員公文應用大法國字樣
大清國官員照會大法國官員公文應用大清國字
樣自今以後所有議定各款或有兩國文詞辯論之
處總以法文做為正義茲所定者均與現立章程而
為然其兩國官員照會各以本國文字為正不得將
繙譯言語以為正也
〔俄國〕天津約十二款今將兩國和書用俄羅斯並清

漢字體抄寫專以清文為主

〔布國〕和約五款凡

大布國秉權大臣以及德意志通商稅務公會和約各國領事官有公文照會中國大憲暨地方官均用德意志字樣書寫惟暫時仍以漢文配送倘配送漢文內有旨義不合之處仍以德義志字樣為正中國官員有公文照會亦以中國文字為正不得將繙譯文字以為正也至於現定和約章程用中國文字並德意志字樣合寫兩國公同較對無訛因法國文字係歐羅巴人所通習是以另備法國字樣稿本各一分

倘日後中國與布國有辨論之處即以法文稿本為證

〔丹國〕和約五十款

大丹國大臣並領事官等員所有行知大清國大臣官員等公文各件俱用英字書寫仍以漢文譯錄暫為配送俟中國學習英文熟習通澈即不必配送漢文惟遇日後設有文詞辨論之處丹國總以英文作為正義此次定議漢英文字詳細校對以期無訛○五十一款同英國五十一款

〔和國〕和約十四款嗣後

大和欽差大臣及領事等官行移文書與
大清特簡大員及地方監督等官和國俱依和字書寫仍
以漢文配送若遇有文辭辯論之處各以本國文字
為正此次所定漢和文字詳細較對無訛亦依此例

日國和約五十一款日斯巴尼亞國官員有公文照
會中國官員均用日斯巴尼亞國字樣書寫並繙譯
中國字相連配送至於此次所定各款章程應以漢
洋字同寫公同較對無訛各以其國字為憑

比國和約八款

大比利時國大臣並領事官等員所有行知

大清國大臣官員等公文各件俱用法字書寫仍以漢文譯錄暫為配送中國官員有公文照會比國官員亦用漢字書寫倘日後有辯論之處各以本國文字為正此次議定條約漢法文字詳細校對以期無訛亦依此例

義國和約五十款同比國八款惟法字俱改義字兩○五十一款同英國五十一款

奧國和約七款同比國八款惟法字書寫改為德意志字書寫又漢法改為漢洋

日本國修好六款嗣後兩國往來公文中國用漢文日本國用日本文須副以譯漢文或只用漢文

〔秘國〕和約十七欵此次所定之約係中國文日斯巴尼亞文英國文三國文字譯出九紙嗣後如有未甚妥洽之處彼此除各用本國文字外亦可兼看英文

中國政事禁令工作洋人不得干預條欵

美國華盛頓約八欵凡無故干預代謀別國內治之事美國向不以為然至於中國之內治美國聲明並無干預之權及催問之意即如通線鐵路各等機法於何時照何法因何情欲行製造總由中國

皇帝自主酌度辦理此意預已言明

日本國脩好三欵兩國政事禁令各有異同其政事應聽己國自主彼此均不得代謀干預强請開辦其禁令亦應互相為助各飭商民不准誘惑土人稍有違犯

洋人不得在中國海洋爭戰條款

〔美國〕華盛頓約一款

大清國

大皇帝按約准各國商民在指定通商口岸及水路洋面貿易行走之處推原約內該款之意並無將管轄地方水面之權一并議給嗣後如別國與美國或有失和或至爭戰該國官兵不得在中國轄境洋面及准外國人居住行走之處與美國人爭戰奪貨刦人美國或與別國失和亦不在中國境內洋面及准外國人居住行走之處有爭奪之事有別國在中國轄境

先與美國擅起爭端不得因此條欵禁美國自行保
護再凡中國已經指准美國官民居住貿易之地及
續有指准之地或别國人民在此地内有居住貿易
等事除有約各國欵内指明歸某國官管轄外皆仍
歸中國地方官管轄

〔日本國〕修好規十五欵其平時日本人在中國指定
口岸及附近洋面中國人在日本指定口岸及附近
洋面均不准與不和之國互相爭鬭搶刦

使臣駐京條款

英國天津約二款一

大清皇帝大英君主意存睦好不絶約定照各大邦和好常規亦可

任意交派秉權大員分詣

大清大英兩國京師○三款一

大英欽差各等大員及各眷屬可在　京師或長行居

住或能隨時往來總候本國

諭旨遵行云云至在京師租賃地基或房屋作為大臣等

員公館

大清官員亦宜協同襄辦僱覓夫役亦隨其意毫無阻

攔待

大英欽差公館眷屬隨員人等或有越禮欺藐等情弊

該犯由地方官從嚴懲辦○四款一

大英欽差大臣并各隨員等皆可任便往来收發文件

行裝囊箱不得有人擅行啓拆由沿海無論何處皆

可送文專差同

大清驛站差使一律保安照料凡有

大英欽差大臣各式費用皆由英國文理與中國無涉

總之泰西各國於此等大臣向為合宜例准應有優

待之處皆一律行辦○六款一今兹約定以上所開

應有
大清優待各節按是語兼及第三第五款使臣覲見及官員相見文移儀節日後
特派大臣秉權出使前来大英亦允優待視此均同
〔法國〕天津約二款凡有
大法國
特派欽差大臣公使等予以
詔敕前来
中國者或有本國重務辦理皆准進京僑居按照大西各國無異又議定將来假如凡與中國立有章程之
國或派本國

欽差公使等進京長住者
大法國亦能照辦凡進京之
欽差大臣公使等當其暫居京師之時無不按照情理全
獲施恩其施恩者乃所有身家公所與各来往公文
書信等件皆不得擅動如在本國無異凡欲招置人
通事服役人等可以延募毫無阻攔所有費用均由
本國自備中國
大皇帝欲派
欽差大臣前往大法國京師僑居無不各按品級延接全
獲恩施照大西各國所派者無異○北京約二款

大法國
欽差大臣進京換約時或於途次或在京師
大清官員均以相宜
欽差之優禮接待
美國天津約五款一大合衆國大臣遇有要事不論
何時應准到北京暫住云云但每年不得逾一次到
京後迅速定議不得躭延往來應由海口或由陸路
不可駕駛兵船進天津海口先行知照地方官派船
迎接若係小事不得因有此條輕請到京至上京必
須先行照會禮部俾得備辦一切事欵往返護送彼

此以禮相待寓京之日按品預備公館所有費用自
備資斧其跟從　大合衆國
欽差人等不得逾二十人之數僱覓華民供役在外到處
不得帶貨貿易○六款一嗣後無論何時倘中華
大皇帝願與別國或立約或為別故
允准與衆友國　欽差前往京師到彼居住或久或暫即
毋庸再行計議
特許應准　大合衆國
欽差一律照辦
〔俄國〕天津約二款遇有要事俄國使臣或由恰克圖

進京故道或由就近海口預日行文以便進京商辦
使臣及隨從人等迅速順路行走沿途及京師公館
派人妥為預備以上費用均由俄國經理中國毋庸
預備

〈布國〉和約　二款

大布路斯國
大君主欲派秉權大臣一員進中國京師亦無不可
大清國
大皇帝欲派秉權大臣一員至比耳令京師事同一律其
德意志和約各國不得自派秉權大臣進京是以布

路斯國所派大臣並為和約各國大臣所至京師之
秉權大臣欲帶家眷隨員人等在京師或長行居住
或隨時往來總俟本國
諭旨遵行○三款
大清國所派秉權大臣於居住之處無不按照情理全
布
獲恩施所有身家公所與各來往公文書信等件皆
不得被人擅動凡欲僱募送信人通事服役人等皆
聽其便所有費用兩國自備資斧至在京師租賃地
基或房屋作為大臣等員公館兩國官員亦宜協同
襄辦僱覓夫役亦隨其意毫無阻攔

丹國和約二款凡大邦敦好睦鄰向有各遣
欽差通好之禮今茲兩國定約亦可按照常例彼此交派
代國行權大員往来通好○三款
大丹國欽差大臣凡有要務商酌約准前赴
京都會議定辦即照各國行權大員常規一體優待所
有僱覓内地夫役均隨其意各官不得偏為拘詒倘
若有人擅將
大丹欽差公館眷屬隨員人等越禮欺藐該犯由中國地
方官從嚴懲辦○四款
大丹君主欽差大臣并各隨員等皆可往来内地各處所

有收發文件行裝囊箱無論沿海何處皆可送文不得有人擅行拆啓專差同

大清驛站弁兵一律保安照料凡有大臣並各眷屬隨員等各項費用皆由丹國支領與中國無涉總之丹國大臣入華當照泰西各國於代國大臣向為合宜優待之處同一優禮相待○六款所開

大清國應行優待丹國大臣各節日後中華秉權大臣出使前往

大丹國亦應同一優待

〔和國〕和約一款

大和君主可特派秉權大員前來中國照料通商事件云
云若有公務可往京師辦理往還費用皆由和國支
理與中國無干凡有和國官員往來中國地方官務
必設法照料不得攔阻欺凌

日國和約二款

大日斯巴尼亞國
大君主欲派秉權大臣一員至中國京師亦無不可
大清國
大皇帝欲派秉權大臣一員至日斯巴尼亞國京師事同
一律所派秉權大臣於居住之處下同布國三款○三款同英

國四欵惟除去費用等三句　○專條因現時好繙譯官缺少經

大清國

大日斯巴尼亞國

欽差全權大臣兩相約中議定一俟和約章程畫押之日

起扣滿三年後日斯巴尼亞國方派秉權大臣並隨

帶家眷隨員人等來京居住均與最好之國

欽差無異限內仍准每年一次抵京餘毋庸再行計議

比國和約二欵

大比利時國

大君主欲派秉權大臣一員進中官京師亦無不可

大清國
大皇帝欲派秉權大臣一員至布律斯京師事同一律○
三款
大比利時國欽差大臣至一體優待止同丹國三款下云所有身家公所與各往来公文書信等件皆不得被人擅動凡欲雇募送信人通事服役人等皆聽其便倘若有人擅將
大比利時國欽差公館眷屬隨員人等越禮欺藐該犯由
中國地方官從嚴懲辦○四款同丹國四款惟首句改大比利時國欽差大臣又不得有人擅行拆啓專差等十字改作所差之人應七字○六款同丹國六款

義國和約二款（同丹國二款）○三款

大義欽差各等大員及各眷屬可在　京師或長行居住或能隨時往来總候本國

諭旨遵行倘

大義欽差到中國時中國即照各國駐京欽差大臣常規一體優待所有僱覔內地夫役（以下同丹國三款）○四款

大義國欽差（以下同丹國四款）○六款（同丹國六款）

奧國和約二款（同丹國二款）○三款

大清國

大奧斯馬加國所派秉權大臣若有公務或住兩國京城

或隨時往来各聽其便居住之處無不按照情理全
獲恩施所有身家公所與各往来公文書信等件皆
不得被人擅動凡欲僱募送信人通事服役人等均
無不可倘有人擅將兩國
欽差公館眷屬隨員人等越禮欺藐等情查係何國之人
即由何國按理從嚴懲辦○四款大奥斯馬加國
欽差大臣以下同丹國四款惟除去與中國無涉五字
〔日本國〕倚好約四款兩國均可派秉權大臣並攜帶
眷屬隨員駐劄京師或長行居住或隨時往来經過
内地各處所有費用均係自備其租賃地基房屋作

為大臣等公館並行李往来及專差送文等事均須
妥為照料○五款凡兩國派員初到任所須將印文
送驗以杜假冒
秘國和約二款凡友邦睦鄰向有各遣
欽差大臣通好之禮今兩國定約亦可按照常例彼此交
派代國行權大員往来駐劄京師茲准中國
欽差大臣並眷屬隨員人等駐劄利馬都城亦准秘國
欽差大臣並眷屬隨員人等駐劄京都彼此或久住或隨
時往來均聽其便○三款兩國
欽差大臣公館應照各國行權大員常規一體優待

使臣覲見及官員相見文移稟牘儀節條款

〔英國〕江寧約十一款一議定英國住中國之總管大員與
大清大臣無論京內京外者有文書往來用照會字樣
英國屬員用申陳字樣大臣批覆用札行字樣兩國屬員往來必當平行照會若兩國商賈上達官憲不在議內仍用稟明字樣爲著○天津約三款英國自主之邦與中國平等
大英欽差大臣作爲代國秉權大員覲
大清皇上時遇有碍於國體之禮是不可行惟

大英君主每有　派員前往泰西各與國拜國主之禮亦

拜

大清皇上以昭畫一肅敬○五款一

大清皇上特簡内閣大學士尚書中一員與

大英欽差大臣文移會晤各等事務商辦儀式皆照平

儀相待○七款領事官署領事官與道台同品副領

事署副領事及繙譯官與知府同品視公務應須倚

署相見會晤文移均用平禮○五十二款船上水師

各官與中國官員平行相待○咸豐八年九月欽憲桂花明段照會

英法美三國使臣云領事官既與道臺同品總領事應與藩臬

同品

法國天津約四款將來兩國官員辦公人等因公往來各隨名位高下准用平行之禮大法國大憲與中國無論京內京外大憲公文往來俱用照會大法國二等官員與中國省中大憲公文往來俱用申陳中國大憲用札行兩國平等官員照相並之禮其商人及無爵者彼此赴訴俱用稟呈○五款中國地方官與該領事等官均應以禮相待來往移文俱用平行

美國天津約四款嗣後　大合衆國駐劄中華之大臣任聽以平行之禮信義之道與　大清內閣大學

士文移交往并得與兩廣閩浙兩江總督一體公文往来至照會京師内閣文件或交以上各督撫照例代送或交提塘驛站賫遞均無不可其照會公文加有印封者必須謹慎賫遞遇有咨照等件　内閣暨各督撫當酌量迟速照復○七款一嗣後中國大臣與大合衆國大臣公文往来應照平行之禮用照會字樣領事等官與中國地方官公文往来亦用照會字樣申報大憲用申陳字樣若平民禀報官憲仍用禀呈字樣均不得欺藐不恭有傷友誼至兩國均不得互相徵索禮物○八款一嗣後中國督撫與合衆

國大臣會晤或在公署或在行轅均須彼此酌定合宜之處無得藉端推辭常事以文移往來不可煩瑣會面。九款一大合衆國如有官船云云近至沿海各處如有事故該地方大員與船中統領以平行禮儀相待。十款一大合衆國領事及管理貿易等官云云當與道臺知府平行遇有與中華地方官交涉事件或公文往來或會晤面商務須兩得其平即所用一切字樣體制亦應均照平行

俄國天津約二款嗣後兩國不必由薩那特衙門及理藩院行文由俄國總理各國事務大臣或逕行

大清之軍機大臣或
特派之大學士往來照會俱按平等設有緊要公文遣使
臣親送到京交禮部轉達軍機處至俄國之全權大
臣與
大清之大學士及沿海之督撫往來照會均按平等兩
國封疆大臣及駐劄官員往來照會亦按平等俄國
酌定駐劄中華海口之全權大臣與中國地方大員
及京師大臣往來照會均照從前各外國總例辦理
瑞國廣東約四款領事遇有交涉事件或公文往來
或會晤面商務須兩得其平○三十款同美國七款惟友誼改公

誼兩國改三國○三十一款日後如有國書遞達中國
朝廷者應由中國辦理外國事務之
欽差大臣或兩廣閩浙兩江總督等大臣將原書代
奏○三十二款其兵船之水師提督及水師大員與中
國該處港口之文武大憲均以平行之禮相待

布國和約三十款同英國五十二款

丹國和約五款凡有丹國事務均歸
大丹欽差大臣與
大清中國大臣會議商辦無論文移會晤皆應按照平儀
相待○七款定其品級即領事官署領事官與道臺

同品副領事官與署副領事官及繙譯官與知府同
品因公來往倚署相見會晤文移悉用平禮為是○
十款兩國職員來往行文各應按照品級官階定式
所有平行各官文移均用照會丹國領事官以下詳
呈各省督撫均用申陳督撫均用札行各等字樣至
於各國商民人等設若有事請由各官查辦應用其
禀字樣○五十二款同英國五十二款
和國和約一款和國係自主之邦若遇有碍國體之
禮不可飭其必行和國秉權大臣與中國大臣文移
會晤俱用平行儀式相待其通商各口正領事官署

領事官與道臺同品副領事官署副領事官與知府同品會晤文移各按品級○十三款同英國五十二款

日國和約四款凡領事官及署領事官與道員同品副領事官及署副領事官並繙譯官與知府同品其權職均與別大國領事等官無異因公來往衙署相見會晤文移悉用平禮○五十一款同法國四款○四十八款同英國五十二款

比國和約五款同丹國五款○七款同丹國七款○九款兩國職員來往行文各應按照品級官階定式比國大憲與中國大憲公文往來俱用照會比國二等官員與

中國省中大憲公文往来用申陳中國大憲用劄行兩國平等官員照相並之禮其商人及無爵者彼此赴訴應用其稟字樣○四十一款同英國五十二款

義國和約五款同丹國五款○七款同丹國七款○十款同丹國十款○五十二款同英國五十二款

奧國和約五款同丹國五款○三十四款同英國十二款

日本國修好約五款兩國官位雖有定品授職各異如彼此職掌相等會晤文移均用平行之禮職卑者與上官相見則行客禮遇有公務則照會相等之官轉申無須逕達如相拜會則各用官位名帖○八款

兩國商民彼此互相控訴俱用稟呈

秘國十款船上水師各官與地方官平行相待

續輯

英國煙臺約二端現由兩國官員往來會晤以及文移往返一切事例京外尚有未協之處自宜明定章程免啓爭端茲議應由總理衙門照會各國駐京大臣請其會同商訂禮節條款總期中外官員看待駐居中國各口等處外國官員之意與泰西與各國交際情形無異且與各國看待在外之中國官員相同

肄業條款

美國華盛頓七款嗣後中國人欲入美國大小官學學習各等文藝須照相待最優國之人民一體優待英國人欲入中國大小官學學習各等文藝亦照相待最優國之人民一體優待美國人可以在中國按約指准外國人居住地方設立學堂中國人亦可在

美國一體照辦

俄國天津約十款俄國人習學中國滿漢文義居住京城者酌改先時定限不拘年分如有事故立即呈明行文本國核准後隨辦事官員逕回本國再派人

来京接替所有駐京俄國之人一切費用統由俄國付給中國毋庸出此項費用駐京之人及恰克國或各海口往来京城送遞公文各項人等路費亦由俄國付給中國地方官於伊等往来之人程途一切事務要妥速辦理

延僱洋人條款（參看延請教習條）

英國通商十款任憑總理大臣邀請英人帮辦稅務並嚴查漏稅判定口界派人指泊船只及分設浮樁號船塔表望樓等事毋庸英官指薦干預

法國通商十款（同英國通商十款惟末句刪去）

美國通商十款（同英國通商十款惟英人改美國人）〇華盛頓約八款將来中國自欲製造各項機法向美國及泰西各國

借助襄理美國自願指准精練工師前往并顧勸各

國一體相助中國自必妥為保護其身家公平酬勞

布國通商十欵總理大臣欲邀布國暨德意志和約

各國之人下同英國通商十款惟英官改布國暨德意志和約各國之官

日國和約九欵全文載延請教習條

奧國通商九欵同英國十款

客民入籍考試條款

美國華盛頓續約五款

大清國與
大美國切念民人前往各國或願長住入籍或隨時來
往總聽其自便不得禁阻為是○六款惟美國人在
中國者不得因有此條即時作為中國人民中國人
在美國者亦不得因有此條即時作為美國人民

日本國脩好條規十一款兩國商民在指定各口云
無論居住久暫均聽己國理事官管轄不准改換
衣冠入籍考試

行教條款

〔英國〕天津約八款　耶穌聖教暨　天主教原係為善之道待人如己自後凡有傳授習學者一體保護其安分無過中國官毫不得刻待禁阻

〔法國〕天津約十三款　天主教原以勸人行善為本凡奉教之人皆全獲保佑身家其會同禮拜誦經等事概聽其便凡按第八款備有蓋印執照安然入內地傳教之人地方官務必厚待保護凡中國人願信崇天主教而循規蹈矩者毫無查禁皆免懲治向來所有或寫或刻奉禁天主教各明文無論何處概

行寬免○補遺一款西林縣知縣張鳴鳳敢將本國
傳教人馬神父恣意殺死本係有罪之人應將該知
縣革職并言明嗣後永不得蒞任○二款西林縣既
經革職即照會大法國
欽差大臣知照又將革職事由備載京報○北京約六款
應如道光二十六年正月二十五日
上諭即頒示天下黎民任各處軍民人等傳習天主教會
同講道建堂禮拜且將濫行查拏者予以應得處分
又將前謀害奉天主教者之時所充之天主堂學堂
塋墳田土房廊等件應賠還交法國駐劄京師之

欽差大臣轉交該處奉教之人並任法國傳教士在各省租買田地建造自便

美國天津約二十九款一耶穌基督聖教又名天主教原為勸人行善凡欲施諸已者亦如是施於人嗣後所有安分傳教習教之人當一體矜䘏保護不可欺侮凌虐凡有遵照教規安分傳習者他人毋得騷擾○華盛頓約四款現在議定是美國人在中國不得因美國人民異教稍有欺負凌虐嗣後中國人在美國亦不得以中國人民異教稍有屈抑苛待以昭公允

俄國天津約八款天主教原為行善嗣後中國於安分傳教之人當一體矜卹保護不可欺侮凌虐亦不可於安分之人禁其傳習若俄國人有由通商處所進內地傳教者領事官與內地沿邊地方官按照定額查驗執照果係良民即行畫押放行以便稽查

布國和約十款凡在中國者或崇奉或傳習天主教暨耶穌聖教之人皆全獲保佑身家其會同禮拜誦經等事概聽其便

丹國和約八款丹國民人傳授耶穌聖教果係安分無過中國官員不得刻待阻難均應保護相安

和國和約四款和國所奉　基督聖教即耶穌天主教傳教之士若安分傳教在内地中國官一體保護如中國習教民人犯中國律令之事仍由地方官照例懲辦如無過犯不得刻待禁阻

日國和約六款一　天主聖教以下同英國八款

比國和約十五款同法國十三款惟按第八款之八字改為十字

義國和約八款義國民人傳授　天主聖教果係安分無過中國官員不得刻待阻難均應保護相安凡中國人願信崇天主教而循規蹈矩者毫無查禁懲治

清理邊界條款

英國江寧約三款一因

大英商船遠路涉洋往往有損壞須脩補者自應給與

沿海一處以便脩船及存守所用物料今

大皇帝准將香港一島給予

大英

君主暨嗣後世襲主位者常遠據守主掌任便立法治理

○北京續約六款一前據本年二月二十八日

大清兩廣總督勞崇光將粤東九龍司地方一區交與

大英駐劄粤省暫充英法總局正使功賜三等寶星巴夏

禮代國立批永租在案茲
大清大皇帝定即將該地界付與
大英大君主並歷後嗣并歸英屬香港界內以期該港埠
面管轄所及庶保無事其批作為廢紙外其有該地
方華民自稱業戶應由彼此兩國各派委員會勘查
明果為該户本業嗣後倘遇勢必另遷別地
大英國無不公當賠補

俄國天津約九款中國與俄國將從前未經定明邊
界由兩國派出信任大員秉公查勘務將邊界清理
補入此次和約之內邊界既定之後登入地冊繪為

地圖立定憑據俾兩國永無此疆彼界之爭○北京
約一款議定詳明一千八百五十八年瑪乙月十六
日即咸豐八年四月二十一日在愛琿城所立和約
之第一條遵照是年伊云月初一日即五月初三日
在天津地方所立和約之第九條此後兩國東界定
為由什勒喀額爾古納兩河會處即順黑龍江下流
至該江烏蘇里河會處其北邊地屬俄羅斯國其南
邊地至烏蘇里河口所有地方屬中國自烏蘇里河
口而南上至興凱河兩國以烏蘇里及松阿察二河
作為交界其二河東之地屬俄羅斯國二河西屬中

國自松阿察河之源兩國交界踰興凱湖直至白稜
河自白稜河口順山嶺至瑚布圖河口再由瑚布圖
河口順琿春河及海中間之嶺至圖們江口其東皆
屬俄羅斯國其西皆屬中國兩國交界與圖們江之
會處及該江口相距不過二十里且遵天津和約第
九條議定繪畫地圖內以紅色分為交界之地上寫
俄羅斯國阿巴瓦噶達耶熱皆伊亦喀拉瑪耶倭怕
啦薩土烏等字頭以便易詳閱其地圖上必須兩國
欽差大臣畫押鈐印為據●上所言者乃空曠之地遇有
中國人住之處及中國人所占漁獵之地俄國均不

得占仍准中國人照常漁獵●從立界碑之後永無更改並不侵佔附近及他處之地○二款西疆尚在未定之交界此後應順山嶺大河之流及現在中國常駐卡倫等處及一千七百二十八年即雍正六年所立沙賓達巴哈之界碑末處起往西直至齋桑淖爾湖自此往西南順天山之特穆爾圖淖爾南至浩罕邊界為界○三款嗣後交界遇有含混相疑之處以上兩條所定之界作為解證至東邊自興凱湖至圖們江中間之地西邊自沙賓達巴哈至浩罕中間之地設立界碑之事應如何定立交界由兩國派出

信任大員秉公查勘東界查勘在烏蘇里河口會齊於咸豐十一年三月內辦理西界查勘在塔爾巴哈台會齊商辦不必限定日期所派大員等遵此約第一第二條將所指各交界作記繪圖各書寫俄羅斯字二分或滿洲字或漢字二分共四分所作圖記該大員等畫押用印後將俄羅斯字一分或滿或漢字一分共二分送俄羅斯收存將俄羅斯字一分或滿或漢字一分送中國收存互換此記文地圖仍會同具文畫押用印當為補續此約之條

中俄邊界文移條款

俄國北京約九款向來僅止庫倫辦事大臣與恰克圖畢爾那托爾及西悉畢爾總督與伊犁將軍往來行文辦理邊界之事自今此外擬增阿穆爾省及東海濱省固畢爾那托爾遇有邊界事件與黑龍江及吉林將軍往來行文●恰克圖之事由恰克圖邊界廓米薩爾與恰克圖部員往来行文●該將軍總督等往来行文俱按天津第二條和約彼此平等且所行之文若非所應辦者一概不管●遇有邊界緊要之事由東悉畢爾總督行文軍機處或理藩院辦理

○十一款兩國邊界大臣彼此行文交官員轉送必有田報東悉畢爾總督恰克圖固畢爾那托爾行文送交恰克圖廓米薩爾轉送部員庫倫辦事大臣行文即交部員轉送恰克圖廓米薩爾阿穆爾省固畢爾那托爾行文送交愛琿城副都統轉送黑龍江將軍吉林將軍行文亦送交該副都統轉送東海濱省固畢爾那托爾與吉林將軍彼此行文俱託烏蘇里琿春地方卡倫官員轉送西悉畢爾總督與伊犁將軍行文送交伊犁俄羅斯領事官轉送遇有重大緊要事件必須有人傳述東西悉畢爾總督固畢爾那

托爾等庫倫辦事大臣黑龍江吉林伊犁等處將軍
行文交俄羅斯國可靠之員亦可

中俄驛遞條款

俄國天津約十一款為整理俄國與中國往來行文及京城駐居俄國人之事宜京城恰克圖二處遇有來往公文均由台站迅速行走以半月為限不得遲延躭誤信函一併附寄再運送應用物件每屆三個月一次一年之閒分為四次照指明地方投遞勿致舛錯所有驛站費用由俄國同中國各出一半以免偏枯〇北京約十二款按照天津和約第十一條由恰克圖至北京因公事送書信因公事送物件往返限期開列於後●書信每月一次物件箱子自恰克

圖至北京每兩箇月一次自北京往恰克圖三箇月
一次送書信限期二十日送箱子限期四十日每次
箱子數目至多不得過二十只每只分兩至重不得
過中國一百二十斤之數所送之信必須當日傳送
不得躭延如遇事故嚴行查辦●由恰克圖往北京
或由北京往恰克圖送書信物件之人必須由庫倫
行走到領事公所如有送交該領事官等書信物件
即便留下如該領事官等有書信物件亦即帶送●
送箱只時開寫清單自恰克圖及庫倫知照庫倫辦
事大臣自北京送時報知理藩院單上註明何時起

程箱只數目分兩多少及每箱分兩於封皮上按俄羅斯字繙出蒙古字或漢字寫明分兩數碼●若商人為買賣之事送書信物箱願自行雇人另立行規准其預先報明該處長官允行後照辦以免官出花費○十三款大俄羅斯國總理各外國事務大臣與
大清國軍機處互相行文或東悉畢爾總督與
軍機處及理藩院行文此項公文照例按站解送並不拘前定時日亦可設有重要事件恐有躭誤即交俄
國可靠之員速送●大俄羅斯國
欽差大臣居住北京時遇有緊要書信亦由俄國自行派

員解送該差派送文之人行至何處不可使其耽延
等候所派送文之員必係俄羅斯國之人派員之事
在恰克圖由廓米薩爾前一日報明部員在北京由
俄羅斯館前一日報明兵部

補償銀兩條款

英國江寧約四款一因

大清

欽差大憲等於道光十九年二月間經將

大英國領事官及民人等强留粵省嚇以死罪索出鴉

片以為贖命今

大皇帝准以洋銀六百萬圓償補原價○五款向例額設

行商等內有累欠英商甚多無措清還者今酌定洋

銀三百萬圓作為商欠之數准明由中國官為償還

○六款因

大清欽命大臣等向
大英官民人等不公强辨致須撥發軍士討求伸理今
酌定水陸軍費洋銀一千二百萬圓
大皇帝准為償補自道光二十一年六月十五日以後英
國因贖各城收過銀兩之數
大英全權公使大臣為
君主准可按數扣除○七款以上三條酌銀數共二千一
百萬圓應如何分期交清開列於左●此時交銀六
百萬圓●癸卯年六月間交銀三百萬圓十二月間
交銀三百萬圓共銀六百萬圓●甲辰年六月間交

銀二百五十萬圓十二月間交銀二百五十萬圓共
銀五百萬圓●乙巳年六月間交銀二百萬圓十二
月間交銀二百萬圓共銀四百萬圓自壬寅年起至
乙巳年止四年共交銀二千一百萬圓倘有按期未
能交足之數則酌定每年每百圓加息五圓〇十二
款一候奉

大清

大皇帝允准和約各條施行並以此時准交之六百萬元
交清大英水陸軍士當即退出江寧京口等處江面
並不再行攔阻中國各省商賈貿易至鎮海之招寶

山亦將退讓惟有定海縣之舟山海島厦門廳之古浪嶼小島仍歸英兵暫為駐守迨及所議洋銀全數交清而前議各海口均已開關俾英人通商後即將駐守二處軍士退出不復佔據○北京約三款一戊午年原約後附專條作為廢紙所載賠償各項

大清大皇帝允以八百萬兩相易其應如何分繳即於十月十九日在於津郡先將銀五十萬兩繳楚以本年十月二十日即英國十二月初二日以前應在於粵省分繳三十三萬三千三百三十三兩内將查明該日以前粤省大吏經支填築沙面地方英商行基之

費若干扣除入算其餘銀兩應於通商各關所納總數内分結扣繳二成以英月三箇月為一結即行算清自本年英十月初一日即庚申年八月十七日至英十二月三十一日即庚申年十一月二十日為第一結如此陸續扣繳八百萬總數完結均當隨結隨交

大英欽差大臣專派委員監收外兩國彼此各應先期添派數員稽察數目清單等件以昭慎重再今所定取償八百萬兩内二百萬兩仍為住粤英商補虧之欵其六百萬兩少裨軍需之費載此明文庶免棼糾○

九款一續增條約一經盖印畫押戊午年和約亦已
互換須候續約第八款内載
大清大皇帝允降諭旨奉到業皆宣布所有英國舟山屯
兵立當出境京外大軍即應起程前赴津城並大沽
炮台登州北海廣東省城等處應俟續約第三款所
載賠款八百萬兩總數全完方能回國抑或早退總
候
大英大君主諭旨施行
法國北京約四款己未年在天津所定補遺第四款
内載中國賠補軍需銀二百萬兩兹已删去今復議

定賠補銀共八百萬兩在此數內已收到去歲粤海關繳銀三十三萬三千三百三十三兩零其餘銀兩宜在中國各海關每年收稅銀若干按五分之一扣歸其交銀之時係三箇月交一次首次宜於咸豐十年八月十七日起而於十一月二十日止但所交之銀或紋銀或洋銀俱可其銀應交

大法國駐劄中國之

欽差大臣或所派之員亦可但限定於十月十八日在津郡一盤現交銀五十萬兩將來

大法國駐劄中國

欽差大臣暨中國大臣各派委員會議定立如何交收銀
兩如何立定收單等事再為妥定○五款中國今所
賠補之銀本係為軍需又為法國商人及所保護者
在廣東省城所有行内物件被百姓或燒或刦將来
大法國將此賠補之銀均公允分攤與被累之法國人
其銀扣一百萬兩派與法國民人及其所保護者為
補其害或為慰其苦其餘皆抵軍費○七款
大法國水陸二軍俟在天津收銀五十萬兩方能退出
天津屯佔大沽烟台二口待至中國將所賠之銀全
數交清後所有法國武弁佔踞中國各地方均應退

出境界然任水陸各大將軍於天津紮兵過冬而俟所定賠補之現銀給清後則撤大軍退出津郡〇八款戊午年所定原約互換之日所有法國屯於舟山之軍立當出境續約條所定應繳銀五十萬兩繳清之日除統兵官暫駐天津過冬諒不便即行撤兵外應如第七款内所言即駐津各軍亦應離城退至大沽炮臺登州北海廣東省城各等處駐劄俟續約所定賠補銀八百萬兩全數繳清以上各駐軍再當掃數撤歸

国家出版基金項目
NATIONAL PUBLICATION FOUNDATION

海上絲綢之路文獻集成

總主編　陳支平　陳春聲

歷代史籍編

71

主編　范金民

海峽出版發行集團
THE STRAITS PUBLISHING & DISTRIBUTING GROUP
福建人民出版社

本册目次

柔遠全書六種（和約彙編二至五）

〔清〕謝家福輯

和约彚编二

柔遠全書十四

和約彙編卷二目録

准僱華民出洋禁止籍端拐騙

禁止凌害洋商焚掠財產

約束洋人水手

洋船應由船主自主不得封用

兵船入口

被災洋船入口

禁止冒用旗號

設立領事條款

英國江寧約二款且

大英

君主派設領事管事等官住該五處城邑專理商賈事宜與各該地方官公文往来令英人按照下條開叙之例清楚交納貨税鈔餉等費○天津約七款一

大英君主酌看通商各口之要設立領事官與中國官員於相待諸國領事官最優者英國亦一律無異○咸豐八年九月欽憲桂花明段照會英法美三國大臣云各該國按指無約之國欲設領事必須各國特放一員方准管事不得以商人作為

領事以致有名無實至

貴國新開通商口岸自須每口設一領事官云云應行

特請

貴大臣轉飭各口領事嗣後有與地方官意見不合彼

此辨論之事各稟大憲請示遵行不得仍前由領事

官自出主見務使恪守條約○（是年十二月初十日准額大臣文云）彼

此官員和誼自必永存勿絕偶有不合意見之處即

據來文各宜早報上憲此誠良法實為妥洽

法國天津約第五款任憑設立領事等官在第六七款內所列中國沿海及河各埠頭辦理本國商民交涉事件與各地方官公文往來並稽查遵守章程中國地方官與該領事等官均應以禮相待云云倘有不平之事該領事等官准逕自申訴省垣大憲并控訴本國

欽差全權大臣遇有領事等官不在該口大法國船主商人可以相託與國領事代為料理否則逕赴海關呈明設法妥辦○咸豐八年十月十九日准葛使臣回文業已詳明本國

凡作新開口之領事俱不得以商人兼攝方可辦事
又領事官有屢次鬭碍和約不詳上憲之事必有實
據方可憑信本法國定不曲從任其再有此等之事
美國天津約十款如地方官及領事等官有侮慢欺
藐各等情准其彼此將委曲情由申訴　本國各大
憲秉公查辦該領事等官亦不得率意任性致與中
華官民動多牴牾嗣後遇領事等官派到港口大合
衆國大臣即行知照該省督撫當以優禮款接○十
九款遇有領事等官不在港內應准大合衆國船主
商人託友國領事代為料理否則逕赴海關呈明設

法妥辦○咸豐八年十月初五日准列大臣回文現美國業經定制凡干涉買賣者不得派作領事官矣又若領事官有何不合之處地方官按理據實直斥其非不與共事本國國家並使臣斷無可控之端○華盛頓約三款

大清國

大皇帝可於大美國通商各口岸任便派領事官前往駐劄美國接待與英國俄國所派之領事官按照公法條約所定之規一體優待

俄國天津約五款俄國在中國通商海口設立領事官為查各海口駐劄商船居住規矩云云皆照中國

與外國所立通商總例辦理○北京約五款庫倫准設領事官一員酌帶數人自行蓋房一所在彼照料其地基及房間若干並餵養牲畜之地應由庫倫辦事大臣酌核辦理○八款俄羅斯國可以在通商之處設立領事官等以便管理商人並預防含混爭端除伊犂塔爾巴哈台二處外即在喀什噶爾庫倫設立領事官中國若欲在俄羅斯京城或别處設立領事官亦聽中國之便兩國領事官各居本國所蓋房屋如願租與通商處居人之房亦任從其便不必攔阻又兩國領事官及該地方官相交行文俱照天津

和約第二條平行

瑞國廣東約四款既准赴五港口貿易應須各設領事等官管理本國民人事宜中國地方官應加款接云云如地方官有欺藐該領事各官等情准該領事等將委曲申訴中國大憲秉公查辦但該領事等官亦不得率意任性致與中國官民動多牴牾○二十三款每屆中國年終分駐五港口各領事官應將瑞嗹國哪喊國等一年出入口船只貨物數目及估定價值詳細開報各本省總督轉咨

户部以憑查驗

布國和約四款現已議准通商各口布國暨德意志通商稅務公會和約各國任憑設立總領事一員領事副領事署副領事等官每口一員前往辦理本國商民交涉事件中國官員於該領事等官均應從優款待如相待諸國領事官最優者無異凡別國所邀優恩之處德意志官員一律相邀遇有領事等官不在該口德意志國商民可以相託與國領事代為料理否則逕赴海關呈明設法妥辦○附條

大清國與

大布國既經議定德意志通商稅務公會和約各國並

模令布爾額水林　模令布爾額錫特利子兩邦和約章程所有附入之律百克　百磊門　昂而爾三漢謝城議事廳亦准自派領事官前往通商口岸辦理本城事務

〔丹國〕和約七款中華通商港口

大丹國設立領事等官或一員或數員酌量丹商情形隨時定派中國官員接待各國領事官最優之禮亦於丹國不使或異又設若通商無論何口

大丹國以為無須設官均可暫交友國領事從權代辦丹國事務

和國和約一欵其通商各口亦可分派正副領事官或署正副領事官駐劄云云必須各省督撫通商大臣接有和國秉權大臣公文方可通行各監督地方等官會同辦事○九欵若領事官署領事官不在該處則將船牌艙口單等件檢交監督官辦理

日國和約四欵

大日斯巴尼亞國

大君主可設立領事等官在中國通商之各口又至所派之員必須日斯巴尼亞國真正職官不得派商人作領事官一面又兼貿易若係小口貿易不多日斯巴

尼亞國可暫令別國真正領事官料理仍不得託商人代辦

比國和約七款（同丹國七款）○（同治乙丑九月十四日准金大臣照會）嗣後比國所派駐扎各口領事副領事各等官如有辦理不按條約有不協之處

貴國即行照會比國

欽差大臣或代國大員一准來文一面即將該領事撤任云云至於所託別國領事副領事各等官代辦事務者一有不協之處亦應一例同辦

義國和約七款任憑設立領事等官在中國沿海及

河各埠頭通商之所辦理本國通商交涉事件並稽
查遵守章程中國官員接待各國領事官最優之禮
亦於義國不使或異又倘有不平之事該領事官准
逕自申訴省垣大憲並控訴本國
欽差全權大臣設若通商無論何口
大義國以為無需設官均可暫交友國領事從權代辦
義國事務以歸簡易遇有領事等官不在該口義國
船主商人可以相託別國領事代為料理否則逕赴
海關呈明設法妥辦○同治五年九月十九日准阿大臣回文接准
貴大臣本月十五日來文以本國如在中國通商各口

設立領事官務希揀派真正官員不得以商人濫充此職等因照會前來本大臣均已閱悉除將
貴大臣來文各等情節詳細達知本國特請於派員時
妥為查核辦理

奧國和約六款奧斯馬加國設派總領事一員並領事副領事署領事等官前往已通商各口辦理本國商民交涉事件中國官員於該領事等均應從優款待與相待諸國領事官最優者無異如奧斯馬加國於各口不派領事官可以相託別國真正領事官代為料理○同治八年七月二十日准畢大臣照會　本國所派各口領事

等官必係本國真正職官概不用商人充當又經商
定若係本國不便遣派領事官之口其領事一切事
務可託别國真正領事官料理仍不得託商人代辦
日本國修好五欵凡兩國派員初到任所須將印文
送驗以杜假冒○八欵兩國指定各口彼此均可設
立理事官約束已國商民○十六欵兩國理事官均
不得兼作貿易亦不准兼攝無約各國理事如辦事
不合衆心確有實據彼此均可行文知照秉權大臣
查明撤回○通商五欵如該口未設理事官准船主
將船牌艙口單自赴海關呈驗照章辦理

秘國和約四欵

大清國派總領事並領事副領事署領事等官前赴秘國各處有別國領事駐劄地方辦理本國商民交涉事件秘國亦接待各國領事最優之禮一體相待

大秘國派總領事並領事副領事署領事等官前往中國已通商各口辦理本國商民交涉事件中國官員接待各國領事官最優之禮亦於秘國領事官不使或異惟必須真正官員不得委商人代理○茲議定秘國保護華民擬於秘國各府地方凡有華民居住之處即在該處衙門內設一漢文繙譯官以便通曉

華民語言隨時保護

續輯

〔日國〕光緒三年十月十三日伊使臣照會　中國人前往古巴居住一事本大臣前已將該處較他處尤難之情形在貴大臣前屢次述明并請如派總領事領事副領事官務希專派中國本國之人

中西商民訴訟條款參看中西商民犯法分別究治條款

〔英國〕天津約十七款凡英國民人控告中國民人事件應先赴領事官衙門投稟領事官即當查明根由先行勸息使不成訟中國民人有赴領事官告英國民人者領事官亦應一體勸息間有不能勸息者即由中國地方官與領事官會同審辦公平訊斷

〔法國〕天津約四款大法國人每有赴訴地方官其稟函皆由領事官轉達領事官即將稟內情辭查核適理妥當隨即轉遞否則更正或即發還中國人有稟赴領事官亦先投地方官一體辦理〇三十五款凡

大法國人有懷怨挾嫌中國人者應先呈明領事官覆加詳核竭力調停如有中國人懷怨大法國人者領事官亦虛心詳核為之調停倘遇有爭訟領事官不能為之調停即移請中國官協力辦理查核明白秉公完結

〔美國〕天津約二十八欵大合衆國民人因有要事向中國地方官辯訴先禀明領事等官查明禀内字句明順事在情理者即為轉行地方官查辦中國商民因有要事向領事等官辯訴者准其一面禀地方官一面到領事等官禀呈查辦倘遇有中國人與大合

衆國人因事相爭不能以和平調處者即須兩國官員查明公議察奪更不得索取規費並准請人到堂代傳以免言語不通致受委曲

瑞國廣東約二十四款一嗹噸國哪𡁻國等民人因有要事至中國商民因有要事止同美國二十八款下云向領事等官辯訴先稟明地方官查明稟內字句明順事在情理者即為轉行領事等官查辦倘遇有中國人與嗹噸國哪𡁻國等人因事相爭不能以和平調處者即須三國官員查明公議察奪

布國和約三十四款布國暨德意志通商稅務公會

和約各國民人每有赴訴地方官之處其稟函應先投遞領事官察核適理妥當允宜隨即代為轉遞否則發還更正中國人有稟赴領事官亦先投遞地方官一體辦理〇三十五款布國暨德意志通商稅務公會和約各國民人有控告中國人者應先赴領事官署投稟鳴冤領事官查明情由後竭力勸息使不成訟中國人有受布國及德意志通商稅務公會和約各國人之冤欲訴諸領事官者領事官亦應一體勸息間有不能勸息者即移請中國官會同領事官核明秉公完結

丹國和約十七款丹國民人遇有控告華民事件皆應先禀領事官查明根由先行勸息使不成訟中國民人有赴領事官告丹民者領事官亦應一體調處間有不能使和者即由地方官與領事官會同審辦公平訊斷

和國和約六款和國民人與中國民人有控告案件必須領事官與地方官各先為勸息如有不能勸息再行照會公平訊斷

日國和約十四款同英國十七款〇五十一款同法國四款

比國和約十六款同丹國十七款

〔義國〕和約十款同法國四款〇十七款同丹國十七款

〔奧國〕和約三十八款同丹國十七款

〔日本國〕脩好條規八款兩國商民彼此互相控訴云云理事官應先為勸息使不成訟如或不能則照會地方官會同公平訊斷

〔秘國〕和約十二款同丹國十七款惟首句改秘國民人在中國遇有控告華民事件又中國民人句改華民有赴領事官告秘國民在中國者〇十五款中國商民在秘國有控告事件准其原被告任便呈稟地方官照例審斷與秘國商民及待各國商民之例一律辦理

中西商民犯法分别究治條款

〔英國〕天津約十六款一英國民人有犯事者皆由英國懲辦中國人欺凌擾害英民皆由中國地方官自行懲辦兩國交涉事件彼此均須會同公平審斷

〔法國〕天津約三十八款凡有大法國人與中國人争鬧事件或遇有争鬬中或一二人及多人不等被火器及别器毆傷致斃者係中國人由中國官嚴拏審明照中國例治罪係大法國人由領事官設法拘拏迅速訊明照大法國例治罪其應如何治罪之處將来大法國議定例款如有别樣情形在本款未經分

晰者俱照此辦理因所定之例大法國人在各口地
方如有犯大小等罪均照大法國辦理
美國天津約十一款倘華民與大合衆國人有爭鬭
詞訟等案華民歸中國官按律治罪大合衆國人無
論在岸上海面與華民欺侮騷擾毀壞物件毆傷損
害一切非禮不合情事應歸領事等官按本國例懲
辦至捉拏犯人以備質訊或由本地方官或由大合
衆國官均無不可〇十八款倘兩國人有倚强滋事
輕用火器傷人致釀鬭殺重案兩國官員均應執法
嚴辦不得稍有偏徇致令衆心不服

俄國天津約七欵通商處所俄國與中國所屬之人若有事故中國官員須與俄國領事官員或與代辦俄國事務之人會同辦理○北京約八欵陸路通商事宜欵下凡兩國商人遇有一切事件兩國官員商辦倘有犯罪之人照天津和約第七條各按本國法律治罪●其不關買賣若係爭訟之小事領事官及該地方官會同查辦各治所屬之人之罪●若有殺人搶奪重傷謀殺故燒房屋等重案查明係俄羅斯國人犯者將該犯送交本國按律治罪係中國人犯者或在犯事地方或在別處俱聽中國官按律治罪遇有大小

案件領事官與地方官各辦各國之人不可彼此妄拿存留查治○十款查辦邊界大小事件俱照此約第八條由邊界官員會同查辦其審訊兩國所屬之人俱照天津和約第七條各按本國法律治罪

瑞國廣東約二十一款一嗣後中國民人與瑞典國哪威國等民人有爭鬬詞訟交涉事件中國民人由地方官捉拏審訊照中國例治罪瑞典國哪威國等民人由領事等官捉拏審訊照本國例治罪但須兩得其平秉公斷結不得各存偏護致啓爭端○二十九款同美國十八款惟兩國均改三國

布國和約三十八款中國人有與布國及德意志通商稅務公會和約各國民人欺凌擾害之處致干法紀者由中國官嚴拏照中國例治罪布國及德意志通商稅務公會和約各國民人有與中國人欺凌擾害之處致干法紀者由本國領事官嚴拏而照本國之例治罪

丹國和約十六款丹國民人有被華民違例相欺約准地方官查拏照例審辦華民有被丹國人違例相欺丹國官員亦應按例查拏究治

和國和約六款中國民人有欺凌擾害和民者皆歸

地方官審判和國民人有犯事在中國者皆由領事官審判各按本國法律嚴辦

〔日國〕和約十三款中國人有欺凌擾害日斯巴尼亞國人者由日斯巴尼亞國領事官知照中國地方官自行懲辦日斯巴尼亞國人有欺凌擾害中國人者亦由中國官知照日斯巴尼亞國領事官一體懲辦若有殺人搶奪重傷謀殺故燒房屋等重案查明係日斯巴尼亞國人犯者將該犯送交領事官轉送小呂宋地方按律治罪

〔比國〕和約十九款同丹國十六款●比民如在各口地方有

犯大小等罪均照比國例辦理

〔義國〕和約十六款同丹國十六款

〔奥國〕和約三十九款同丹國十六款

〔日本國〕脩好約八款領事官下凡交涉財產詞訟案件皆歸審理各按己國律例覈辦○九款兩國指定各口尚未設理事官其貿易人民均歸地方官約束照料如犯罪名准一面查拏一面將案情知照附近各口領事按律科斷○十三款兩國民人如有在指定口岸勾結强徒為盜為匪或潛入内地放火殺人搶刼者其在各口由地方官一面自行嚴捕一面將情飛

知理事官倘敢用兇器拒捕均准格殺勿論惟須將致殺情跡會同理事官查驗如事發內地不及赴驗者即由地方官將實在情由照會理事官查照其拏獲到案者在各口由地方官會同理事官審辦在內地即由地方官自行審辦將案情照會理事官查照倘此國人民在彼國聚衆滋擾數在十人以外及誘結通謀彼國人民作害地方情事應聽彼國官徑行查拏其在各口者知照理事官會審其在內地者由地方官審實照會理事官查照均在犯事地方正法

秘國和約十三款同丹國十六款惟首句改秘國民人在中國又第五句改華民有

被祕國人在中國

續輯

英國煙臺約二端　一咸豐八年所定英國條約第十六款所載云云全錄等語查原約內英文所載係英國民人有犯事者由英國領事官或他項奉派幹員懲辦等字樣漢文以英國兩字包括前經英國議有詳細章程並添派按察司等員在上海設立承審公堂以便遵照和約條款辦理目下英國適將前定章程酌量修正以歸盡善中國亦在上海設有會審衙門辦理中外交涉案件惟所派委員審斷案件或因事權

不一或因怕招嫌怨往往未能認真審追茲議由總理衙門照會各國駐京大臣請將通商口岸應如何會同總署議定承審章程妥為商辦以昭公允○一凡遇內地各省地方或通商口岸有關係英人命盜案件議由英國大臣派員前往該處觀審此時應先聲叙明白庶免日後彼此另有異議威大臣即將前情備文照會請由總理衙門照復以將來照辦緣由聲明備案至中國各口審斷交涉案件兩國法律既有不同只能視被告者為何國之人即赴何國官員處控告原告為何國之人其本國官員只可赴承審

官員處聽審倘觀審之員以為辦理未妥可以逐細辯論庶保各無向隅各按本國法律審斷此即條約十六款所載會同兩字本意以上各情兩國官員均當遵守

洋人相訟條款

〔英國〕天津約十五款英國屬民相涉案件不論人產皆歸英官查辦

〔法國〕天津約三十九款大法國人在通商各口地方如有不協爭執事件均歸大法國官辦理遇有大法國人與各國人有爭執情事中國官不必過問

〔美國〕天津約二十七款大合衆國民人在中國通商各港口自因財産涉訟由本國領事等官訊明辦理若大合衆國民人在中國與别國貿易之人因事爭論者應聽兩造查照各本國所立條約辦理中國官

員不得過問

〔瑞國〕廣東約二十五款同美國二十七款惟大合衆國四字改喘噢國哪嘁國等

○二十六款倘遇有外洋別國凌害喘噢國哪嘁國等貿易民人中國人不能代為報復

〔布國〕和約三十九款凡布國及德意志通商稅務公會和約各國屬民所有或人或產相涉案件皆歸本國官員查辦如本國屬民與外國屬民有爭執情事中國官亦不為之申理

〔丹國〕和約十五款丹國屬民相涉案件不論人產皆歸丹官查辦設與別國有事涉訟應遵某國前與丹

國定約辦理中國不必與聞以上案件如牽涉有中國人仍應按照第十六七兩款會同中國官辦理

〔和國〕和約六款和國屬民相涉案件皆歸領事官審判與中國無涉

〔日國〕和約十二款同丹國十五款惟第十六七兩款改為第十三十四兩款

〔比國〕和約二十款比國人與比國人下同法國三十九款惟大法二字改為比字

〔義國〕和約十五款同丹國十五款

〔奧國〕和約四十款同丹國十五款惟第十六七兩款改為第三十八三十九兩款

〔秘國〕和約十四款同丹國十五款惟刪去中國不必與聞六字又十六七改為十二

十三　又屬民下涉訟
下均加在中國三字

緝捕逃人條款

英國天津約二十二款中國民人因犯法逃在香港或潛住英國船中者中國官照會英國官訪查嚴拏查明實係罪犯交出通商各口倘有中國犯罪民人潛匿英國船中房屋一經中國官員照會領事官即行交出不得隱匿袒庇

法國天津約三十二款凡大法國兵船商船水手人等逃亡領事官或船主知會地方官實力查拏解送領事官及船主收領倘有中國人役負罪逃入大法國廨所或商船隱匿地方官照會領事官查明罪由

即設法拘送中國官彼此均不得稍有庇匿

〔美國〕天津約十八款倘大合衆國民人有在船上不安本分離船逃走至内地避匿者一經領事官知照中國地方官即派役訪查拏送領事等官治罪若有中國犯法民人逃至大合衆國人寓館及商船潛匿者中國地方官查出即行文領事等官捉拏送回均不得稍有庇匿

〔俄國〕北京約八款俄羅斯國人私往中國人家或逃往中國内地中國官員照依領事官行文查找送回中國人在俄羅斯國内地或私住或逃往該地方官

亦當照此辦理

瑞國廣東約二十九款一瑞嗅國哪嘁國等民人間有在船上不安本分離船逃走至內地避匿者中國地方官即派役拏送領事等官治罪若有中國犯法民人逃至瑞嗅國哪嘁國等人寓館（以下同美國十八款）

布國和約三十二款凡布國暨德意志通商稅務公會和約各國官船商船水手人等逃亡領事官或船主將情報明地方官務必實力查拏解送領事官及船主收領倘有中國人役負罪逃入布國暨德意志通商稅務公會和約各國人寓所或商船隱匿地方

官將情照會領事官立即設法拘送中國官收領

丹國和約二十一款丹國民人居住房屋以及丹國船只適地方官查出有內地逃犯潛匿不出約准行知丹國領事官即行交出不得隱匿袒庇

和國和約六款如和民有犯罪潛逃入中國內地華民有犯罪潛逃入和民船屋均應領事官與地方官隨時照會查實即行送出均不得隱匿袒庇

日國和約十八款通商各口倘有中國犯罪之人潛匿於日斯巴尼亞國房屋及船中者一經中國官員照會領事官即行查明交出不得隱匿袒庇若有日

斯巴尼亞國水手民人因犯法逃在中國房屋或船中潛住一經日斯巴尼亞國領事官照會地方官即行查拏交送

比國和約四十三款（同法國三十二款惟大法二字改為比字）

義國和約二十二款（同丹國二十一款）凡義國兵船商船水手人等逃亡領事官或船主知會地方官實力查拏解送領事官及船主收領

奧國和約三十六款官船商船水手人等逃亡領事官或官弁船主將情報明地方官務必實力查拏解送領事官及官弁船主收領倘有中國人役負罪逃

入奥斯馬加國人寓所或商船隱匿地方官將情照會領事官立即設法拘送中國官收領不得徇庇措留

日本國脩好十二款此國人民因犯此國法禁隱匿彼國公署商船行棧及潛逃彼國各處者一經此國官查明照會彼國官即應設法查拏不得徇縱其拏獲解送時沿途給予衣食不可淩虐

中俄邊界緝捕人畜條款

俄國北京約十款遇有牲畜或自逸越邊界或被誘取該處官員一經接得照會即行派人尋找並將蹤跡示知卡倫官兵其係逸越尋獲者或係被搶查出牲畜俱依照會之數將所失之物尋獲立即送還如無原物即照例計賍定罪不管賠償●如有越邊逃人一經接得照會即設法查找找獲時送交近處邊界官員並將逃人所有物件一併送回其緣何逃走之處由該國官員自行審辦解送時沿途給與飲食如無衣給衣不可任令兵丁將其凌虐如尚未接得

照會查獲越邊之人亦即照此辦理

錢債條款

英國天津約二十二款中國人有欠英國人債務不償或潛行逃避者中國官務須認真嚴拏追繳英國人有欠中國人債務不償或潛行逃避者英國官亦應一體辦理○二十三款中國商民或到香港生理拖欠債務者由香港英官辦理惟債主逃往中國地方由領事官通知中國官務須設法嚴拏果係有力能償還者務須盡數追繳秉公辦理

法國天津約三十七款將来若有中國人負欠大法國人船主及商人債項者毋論虧負誆騙等情大法

國人不得照舊例向保商追取惟應告知領事官照會地方官查辦出力責令照例賠償但負欠之人或緝捕不獲或死亡不存或家產盡絕無力賠償大法國商人不得問官取賠遇有大法國人誆騙中國人財物者領事官亦一體為中國人出力追還但中國人不得問領事官與大法國取償

美國天津約二十四款中國人有該欠大合衆國人債項者准其按例控追一經領事官照知地方官立即設法查究嚴追給領倘大合衆國人有該欠華民者亦准由領事官知會討取或直向領事官控追俱

可但兩國官員均不保償

俄國北京約八欵兩國商人遇有發賣及賒欠含混相爭大小事故聽其自行擇人調處俄國領事官與中國地方官止可帮同和解其賒欠帳目不能代賠

瑞國廣東約十六欵一中國商人遇有拖欠瑞典國哪威國等人債項或誆騙財物聽瑞典國哪威國等人自向討取不能官為保償若控告到官中國地方官接到領事官照會即應秉公查明催追還欠倘欠債之人實已身亡産絕誆騙之犯實已逃匿無踪瑞典國哪威國等人不得執洋行代賠之舊例呈請著

賠若瑞典國哪威國等人有拖欠誆騙華商財物之
事仿照此例辦理領事官亦不保償
〔布國〕和約三十七欵中國人有負布國及德意志通
商税務公會和約各國屬民欠項而不償還或潛行
逃避者中國官一經收到債主呈詞務須認真責令
欠主賠償嚴拏逃犯追繳債主布國及德意志通商
税務公會和約各國民人有欠中國人之債而不還
或潛行逃避者布國及德意志通商税務公會和約
各國官員亦應一體辦理但均不得向兩國官員取
償

丹國和約二十二欵丹國民人若有華民欠債不償約准地方官認真代為催繳或有潛行逃避情事應嚴為緝拏追還丹人欠債不償或潛行逃避者丹國官亦應一體辦理但均不能官為賠償

和國和約六欵倘華民有欠和民債務潛逃者若地方官查知自當嚴拏追究和民有欠華民債務潛逃者和國官員查知亦當嚴拏追究兩國官均不代為賠償

日國和約十九欵同丹國二十二欵

比國和約十八欵同丹國二十二欵

義國和約二十三款同丹國二十二款

奧國和約四十二款同丹國二十二款

日本國脩好八款其竊盜逋欠等案兩國地方官只能查拏追辦不能代償

海洋捕盜條款

英國天津約十九款英國船只在中國轄下海洋有被強盜搶劫者地方官一經聞報即應設法查追拏辦所有追得贓物交領事官給還原主〇五十三款中國海面每有盜賊搶劫大清英視為向於內外商民大有損礙意合會議設法消除

法國天津約三十四款遇有大法國商船在中國洋面被洋盜打刦附近文武官員一經聞知即上緊緝拏照例治罪所有贓物無論在何處搜獲及如何情

形均繳送領事官轉給事主收領倘承緝之人或不能獲盜或不能全起贓物照中國例處分但不能賠償

美國天津約十三款倘商船有在中國所轄内洋被盜搶刦者地方文武員弁一經聞報即當嚴拏盜賊照例治罪起獲原贓無論多寡或交本人或交領事官俱可但不得冒開失單至中國地廣人稠萬一正盜不能緝獲或起贓不全不得令中國賠還貨款但若地方官通盜沾染一經證明行文大憲奏明嚴行治罪將該員家產查抄抵償

瑞國廣東約二十六款若瑞典國哪威國等商船在中國所轄內洋被盜搶劫者中國地方文武官一經聞報即須嚴拏強盜照例治罪起獲原贓無論多少均交近地領事等官全付本人收回但中國地廣人稠萬一正盜不能緝獲或有盜無贓及起贓不全中國地方官例有處分不能賠還贓物

布國和約三十三款船只在中國洋面被洋盜打劫地方官一經聞報即應設法查拏照例治罪所劫贓物無論在何處搜獲及如何情形均繳送領事官轉給事主收領倘承緝之官或不能獲盜或不能全起

贓物照中國例處分但不能賠償贓物

丹國和約十九款丹國船只在中國管下洋面有被強盜搶刼者約准地方官一經聞報即應設法追拏查辦所有追獲贓物直交領事官發還失主倘承緝官不能獲盜起贓祇可准照中國例處分但不能賠償○五十三款中華海面近有賊盜搶刦向於內外商民大有損礙

大清大丹各國約定會議設法消除

和國和約七款和船在中國轄下海洋被刦地方官聞報迅即設法查拏如追有贓物交領事官給還原

主中國官不能代為賠償

日國和約十六款（同英國十九款）倘承緝官不能獲盜起贓祇可照中國例處分不能賠償

比國和約四十四款（同法國三十四款惟大法國改比國）

義國和約十九款（同丹國十九款）〇五十三款（同丹國五十三款）

奧國和約三十七款（同英國十九款倘承緝官云云同日國十六款）

日本國通商約二十九款兩國商船云云或在洋面被刧亦由該地方官設法嚴緝起贓獲物送交理事官給還原主倘未能緝獲贓犯均各照例處分不能代償

准僱華民出洋禁止藉端拐騙條款

英國北京約五款以後凡有華民情甘出口或在英國所屬各處或在外洋别地承工俱准與英民立約為憑無論單身或願攜帶家屬一併赴通商各口下英國船只毫無禁阻該省大吏亦宜時與

大英欽差大臣查照各口地方情形會定章程為保全前項華工之意

法國北京約九款同英國五款惟或願攜帶家屬改或願攜家眷

美國華盛頓約五款現在兩國人民互相來往或游歷或貿易或久居得以自由方有利益除兩國人民

自願往來居住之外別有招致之法均非所准是以
兩國許立條例除彼此自願往來外如有美國及中
國人將中國人勉强帶往美國或運於別國若中國
及美國人將美國人勉强帶往中國或運於別國均
照例治罪

日國和約十款凡有華民情甘出口在日斯巴尼亞
國所屬各處承工俱准與日斯巴尼亞國民人立約
為憑無論單身或願攜帶家屬一并由通商各口前
往該處官員與日斯巴尼亞國官員查照各口地方
情形會定章程為保全此項華工之意但不得收留

中國逃人及另有拐賣不法情事如有前項情獘一經地方官知會領事官即行查出送還中國究辦不得措留

〔秘國〕專條現因秘國地方有華民多名且有稱該華民有受委屈之處茲本大臣彛意欲兩國通好會同商訂先立通商條約和好往來庶幾彼此無不同心合意一面由中國派員前往秘國將華民情形澈底查辦並出示曉諭華工以便周知一切秘國無不全力相助以禮接待俟中國委員到時秘國無不諭知各處地方官實力襄助盡職辦理如查得實有受苦

華工合同年限未滿不拘人數多寡均議定由委員開單知照地方官傕主倘不承認即由地方官就近傳案訊斷若華工仍抱不平立許上告祕國各大員再為覆查凡僑寓秘國無論何國人民呈禀式樣最優者華工應一體均沾其益自秘國核定此項章程之日起凡華工合同已經期滿若合同內有傕主應出回國船脚之議該工人有願回國者即當嚴令傕主出資送回又各華工合同若無送回字樣合同已經期滿該工人無力自出船資有願回國者秘國應將該工人等附搭往華船上送回船資一切無須工

人自備秘國自行料理○和約六欵
大清國與
大秘國切念民人前往各國或願常住入籍或隨時往來
或游歷或貿易或傭工或久居得以自由方有利益
除兩國民人自願往来居住外別有招致之法均非
所准現經兩國嚴行禁止不准在澳門地方及各口
岸勉強誘騙中國人運載出洋違者其人各照本國
例從嚴懲治至所載運之船一併按例罰辦

續定招工章程

謹將咸豐庚申年九月十一十二等日中外各國欽差大
臣在京先後續立增約內指華民出口在外洋别地承工
俱宜酌情會定章程以期保其身家禮體今中國移行按
約行辦為此

大清欽命總理各國事務和碩恭親王

大英欽差特簡駐劄中華便宜行事大臣功賜佩帶二等
寶星阿

大法署理欽差全權大臣駐劄中國京都總理本國事務
伯　同在總理各國事務衙門議定招工章程開列於左

第一欵一中國通商口岸凡有商民欲請准設公所開辦招工擬與該工人何以立約所內華工何以治理各等節應將合同底稿並在公所治理工人章程各紙稟請領事官查閱又因各國搭船之例不同必有該商已經按例遵辦實據領事官始能查明

第二欵一該商稟請前來領事官查其實屬殷實妥當之人即將所呈合同章程各節查核酌情刪改方可轉移該管地方官查閱俱屬妥協立給印牒准設招工公所領事官即將印牒及合同等件一併在本署鈔録存案

第三欵一印牒既出不能無故註銷其有故者必須地方

官與領事官會議如果意見相同該所方可關閉罷招該商自不准追請賠償。

第四欵一合同章程等件該商須於招工公所門外房中書寫懸掛以便工人均可知其詳細合同章程等件及經地方官暨領事官查明准辦該商嗣欲删改均可稟明施行惟各該官尚未批准不可專自擅行至於該商或欲遣人代覓承工准將合同章程各件抄單稟請領事官及地方官用印發給收執方准遣人分赴該省鎮鄉等處代為宣布

第五欵一招工各商既立合同與該華工定議務須按期

逐欵盡守凡有自約之處惟該商是問俱按伊國之例傳案究審

第六欵一招工各商欲遣華民代覓承工此項承遣者必由地方官先給蓋印准單方可前往後或干例無論故違誤犯惟本人是問俱歸地方官傳案究審

第七欵一凡有招工事務中國專派委員協同監理華民有欲承工任便赴所該商眼同委員註寫姓名於簿註畢該工任聽回家或在公所候搭便船出洋

第八欵一華民承工出洋或係獨身一人或係携同家眷所立合同字樣必須逐欵開載　一指定何國何處承工

年限多寡　一限滿回國計其人口約保水脚路費若干　一在彼作工預定日期時刻　一在彼承工應受衣物工食並各等利益　一遇有疾病醫治醫藥不用該人工值　一隻身出洋或有眷口留在中華意欲按年計月撥給養家之費應扣若干　一所有今定章程第八九十以及十四二十二等款盡須開列以上七節之外不准更加形似工人容免全行之條倘有擅加理應置勿庸議

第九款一合同所定承工年限不准逾於五年期滿如欲回國彼處必將合同所註水脚路費若干按數備全交付便船送回中華如或限滿不欲回國其法有二一則聽憑

本處官憲准否留住准時即將合同原定路費一項全數
付給便用一則聽其復行承工另立合同即將原約所定
銀數付給一半聽其自用而此次合同仍不過五年為期
期滿仍照前次合同原數付船送回設若華工到彼處後
患病不能作工該處不俟限滿先行按數給錢送回否則
准其赴官稟請伸訴
第十款一承工工作日期時刻定准七日之內必得休息
一日一日之内作工不過四時六刻即外國九點鐘零二
刻也如足所定日時之數不准强其工作過時至於休息
時日之間如果正工之外該工力能别有操作抑或另承

工課准向本主酌定酬值惟牧畜以及日用常事仍屬正工不必因係休息時日格外議酬

第十一欵一華民年不及二十歲者或欲承工出洋必須取具本身父母准往憑單蓋用地方官印信方准承招如或無從取其父母確據亦應取具地方官蓋印憑單如無此單不准前往

第十二欵一所有華工姓名既已註簿自是日起至少扣至四日方准監理委員面前將合同念與該工聽明問其是否願往伊實願去立即領其畫押

第十三欵一合同既已畫押該工自應總由招工商人准

否離所不能擅自出入將次下船之日監理委員親至公所該華工當面認明畫押合同是實領事官即將合同抄存備查該船未出口之前一日海關監督暨領事官或行親往或派委員赴船將該華工按數點名核對清楚將單繳到監督領事官各署分別畫押抄錄存案點名然後華工內有變約不肯前往即准查明居住公所之日每日追取飲食之銀一錢如該工無款歸償應交該管官按例治罪

第十四款一華工未走之先該商如有預支銀兩皆應以為承招賞需之用不准追還惟支因用安家之費准商預

支每月扣還一元以清欠欵其數亦不准過六月工值此項銀兩該領事官必須設法實令安家不得別用其餘支借各項一概不准又以華工或在船上之時或至彼處之後曾借銀兩等物約明期滿後作工抵還一併嚴禁如至期滿將欲回國之時或有債主伸訴藉此情節請為扣留華工亦必不准因此攔阻

第十五欵一所有招工公所其中如何辦理領事官與地方官既經會議定章華民承工居住總須遵照奉行

第十六欵一華工居住公所或有滋事各等情弊立即鎖禁俟地方官委員查收按例審辦所中商夥人等不准擅

行治辦
第十七欵一所有該口招工公所俱准兩國委員隨時任便出入傳問華工所中房間均歸該員等查管以期分撥華工眷屬人口得以團聚免其雜混又以各房必須治理精潔方足怡養精神華工畫押合同以及下船之時該委員等亦當在場監視如見所下之船似不妥協恐碍於人准令華工暫免下船俟覓醫生抑或熟識船隻之人勘明裁奪船内華工内有現患傳染症人即刻令其離船上岸
第十八欵一華工下船委員點名開單該商按照所招之工每名出銀三元交付海關銀號收存以備監理委員經

費

第十九欵一犯法華民或在逃或越獄承工地方官查出照會領事官交出領事官立飭移付地方官計期該犯居住所中之日除償銀一錢以補該商虧欠外所有所中簿上註明付給該犯銀錢衣物等項亦應一體償還

第二十欵一各國運載客民之船所有布（應）將每日置客寓船房預備火食保其整潔俱有定例招工之商欲將華工運往外洋先須稟明領事官查核實有符於定例方准運往惟於領事官既經批准或有委員以該船尚有不妥情節稟明地方官以為不宜出口海關暫准不給紅牌俟能

確切詳査轉報該國欽差大臣會議定奪
第二十一欵一華工下船點名開單應備兩本分别存留帶往船到前指定某國口岸該船主先將副本邊沿註明華工在途或已死生疾病各等情節呈上伊國領事官並該處地方官等請為分别畫押以備送回俟該單至中華之時招工商人必呈領事官即合轉移地方官查核
第二十二欵一華工出洋到彼夫婦不能分派兩處作工幼兒不及十五歲者不准令離父母至於華民在彼承人招工不分舖户莊田其後舖田轉付他人該工亦當奉為招主如或招主仍在舖田或因别故欲使另投他主該工

自願方可否則不准强行更換
以上各欵公同酌定之外又經言明除華民不待承招自行出洋中國官憲毫不攔阻外若有意圖招工不遵章程另行設法招至華民承約出洋作工此為例所嚴禁查出另行重辦又有華民不肯離國有人胆敢私行騙往勉强脅從即照刑部奏定新章立予正法且以招工事務既經明定章程通商各口均准設所仍須地方官與領事官會議監理方為按例興辦設若某口內外各官無從會議該商理應不准開所招工等語以上三節核定存案中外官民應與前項二十二條同一遵守奉行令於同治五年正

月十九日將章程等件各繕三分蓋印畫押以照信守

日國古巴華工條欵

玆
大清國大皇帝　大日國大君主甚願將中國人民前往
古巴寓居之事重新商訂妥協以期永無相左之處為此
大清國大皇帝特派總理各國事務衙門大臣沈　毛
董　成　夏　作為全權大臣
大日國大君主特派駐劄中國欽差兼駐劄粵南暹羅欽
差御賜頭等意薩貝勒等寶星大臣伊　作為全權大臣
妥議其事所有議定各條開列於後

第一欵　所有同治三年九月初十日　大清國　大日

國在天津定立條約內載立約爲憑招華人承工各節嗣
後既不招人出洋承工自無庸立約爲憑惟前約第十欵
內有不得收留中國逃人之語仍遵其舊
第二欵　前約承工出洋未能盡善之情既經今已除去
自應將前者議及賠償一層兩國互相罷論
第三欵　兩國定准嗣後彼此庶民出口前往無論單身
或攜帶家屬皆以出於情甘自願爲要總不准或在中國
各口或在他處妄用勉强之法及施詭譎之計誘令華民
人等不出情願而往如有　兩國人民船主人等違背此
約者則　兩國必將其人從嚴查辦均照本國律例從重

定擬罪名　大日國又允所有待各大國同類之人最優之處中國人民或已在古巴者或嗣後前往者亦應一體均霑

第四款　中國所開之通商各口如有中國男女人等自願備川資往古巴居住者　大清國自此聽其自便并無禁阻之意並令通商各口關道及地方等官如有遵照此次之約願載該民前往者通商各口關道及地方等官自聽各國之船在該口內自備應用之物以便載客出口所有該船之船行及地方等官亦不攔阻

第五款　所有華民出口前往一切情事是否果遵此約

各章之處各該口關道及地方等官自可自行詳細查明以昭慎重如有華人自願出洋者應先赴關道處報名掛號請領蓋印執照此項執照各關道預先備辦送交日國領事官畫押蓋印由關道發給該華人上船出洋俟船到古巴後由該處該管官將關道原給蓋印執照送交中國領事官查驗其通商各口載客出洋之船關道仍可派中國委員 大日國領事官亦派委員同往該船親為訪察如查出華人內有並未領關道所給蓋印執照者立將此等華人撤回倘到古巴後有未領關道所給蓋印執照之華人即由該處日國官員會同中國領事官商辦至船欲

何時出口該船主船東務將開船時刻先期報明以期委員於應查各節詳細驗明不致因循貽悞如該船主不遵此章輙以開船在即不及候驗為辭則照會日國領事官先將船牌等件存署不發並准將該船扣留照日國律例辦理俟各章遵辦後方可放行

第六款　大清國即派總領事官前往古巴夏灣拏地方駐劄此外所有日國准各國領事官等員駐劄之各處地方中國亦可一律派員前往駐紮惟所有中國派總領事等官一節均照互相訂明之辦法辦理日國允待中國各員與待各國駐紮古巴各官一樣　大清國所派之總領

事副領事等員　大日國古巴各官自應盡力照料令其易於稱職妥為保護在彼本國之民

第七款　所有在古巴中國人等均准隨便出島他往唯其中倘有罪犯應行候訊者不在此例至華民在島隨便來往立業自應設法以與第三款所言之利益相符以上或應由日國執政大臣會同中國駐劄日國　欽差大臣抑或由日國夏灣拏地方官會同總領事官妥設良法俾令中國人等均能獲此約內所言之益與各大國在彼同類之人一例相待唯所設法既應與該處防範滋事之章均宜相符即以後在島再立防範滋事之章亦皆包括又應

由日國地方官每人予以隨便往來之准單一紙至此准單自應與各國人所執之單式樣相符

第八欵　一中國人等或自被告赴署分辯者或為原告赴署理論者所有該處日國讞局優待各國兩造之處該讞局應令中國人等一律均霑　一中國人等在讞有事之時准其延請律師及傳話之人無論他國日國均准請去且或自覓其人或請中國總領事領事等員代覓均可惟其人必須按照日國律例能在日國讞局承辦此事者方可延請　一至現今在古巴島之華民人等內有未行互換此次條約之前自言曾受委屈者均可前往該處日國

讞局訴其寃枉該處讞局即將各案次序確查秉公斷結與優待各國人所能得者一樣

第九欵　大清國所派夏灣拏之總領事官急與該島各該管官妥訂章程令現今在古巴之華民人等以及嗣後再來之華民均皆報名掛號立花名册其册存於中國總領事等官署内每人由領事官發給執照一紙以為業經報名之據此等執照應呈各府城莊寮等所查驗　一古巴地方官急將該島各處現有華人多寡之數並其姓名知會中國總領事等官並設良法令中國總領事等官易於前往該島莊寮等處以便將中國在彼承工之人實在

情形親自詳察

第十欵　各國之船願載華民出洋除此約各條自應一體遵照外尚宜遵守其本國載客之章以免船上或乏應用之物或缺防客染病之法各等情形是各國之船若不遵守此二項規矩即不准載客出洋

第十一欵　一現今在古巴承工之華人內恐有從前在中國或讀書或作官及此項人之親屬　大日斯巴呢亞國敦崇和誼願將此項人等由日國自出船資載回中國以昭誠衷俟此次條約互換後即行開辦惟應由中國總領事領事等員先將寔在情形查明知會日國該處地方

官俟該處地方官將各情詳細核明如果屬實即將其人放行載回　一現今在古巴之華工内所有年老力衰以致不能作工之人並中國孤寡婦女茲　大日國允將此二項内自願出島回國之人亦由日國出資送回

第十二款　一現今在古巴之華工合同期滿原合同内如有僱主人等應送回國等語　大日國自應督令該僱主人等按照合同而行　一現今在古巴之華工人等内亦有工期已滿而原合同未載送回本國之語者至此項内誠恐有無力自備船資回國之人應由古巴地方官與中國總領事等官詳商設法以便送回　一所有現今在

古巴合同之期已滿之華工俟此次條約互換之後即應一體予以期滿之執照一紙所有以上第七欵所言之利益其人自應一體均霑其人或願仍在該島居住或願出島他往均聽其便

第十三欵　古巴島各處地方官倘察某處當時情形其處若聚人過衆恐滋事端以致地方不靖該地方官一面禁止中國人等一面知照領事官不准前往居住與待各國人一律辦理若果有此情形即不得以第七欵有隨便來往之語為辭

第十四欵　一現今在古巴工期未滿之華人仍應按合

同之期將工作滿其餘如執照准單等一切事宜新到之華人與期滿之華人所獲利益亦應一律同霑　一現今在古巴所有拘於各處工所之華人俟此次條約互換之後一體放出並將應立之章内所定各項執照亦皆發給總將其人與在彼處各項華人一律相待至於犯罪已未定案之人仍送官監候結

第十五款　大清國　大日國在此次所立各條内日後如有願行删改之意則應至少於一年之前預行知會以備日後詳商　大清國如於華民出洋一事内以後若將此次條約未載之利益施及他國則日國即應一體均霑

第十六欵　現今所立各條應由　兩國　御筆批准於
八個月限內在　大清國都中互換或能先期互換均可
右載條約今已將法文日文漢文各二分校對無訛在
大清國光緒三年十月十三日
大日國一千八百七十七年十一月十七日由兩國所派
秉權之大臣在京師親各畫押鈐用關防以昭信守

給日國伊使照覆十月十三日

為照覆事本月十二日接准貴大臣照會內稱中國
人前往古巴居住一事經貴衙門各大臣與本大臣
屢次商議定立條欵而現今所定條約第六欵內載

所有派中國總領事等官一節均照互相訂明辦法辦理等因查嗣後貴國派此等官員前往該處自爲保定各節謹照條欵辦理起見若非慎重之人難盡其責本大臣前已將該處較他處尤難之情形在貴大臣前屢次述明并請如派總領事領事副領事官務希專派中國本國之人爲此現請貴衙門將貴國允否此節照此辦理之處妥爲示復等因前來查條欵第六欵内中國派總領事等官一節本王大臣等與貴大臣屢行籌議已極詳明玆准前因自當查照辦理相應照覆貴大臣查照可也須至照會者

收日國伊使照覆十月十三日

為照覆事本日接到來文内開俟彼此畫押蓋印後

本衙門應即奏明飭令南北洋大臣轉飭通商各口

關道等官此後倘有自願出洋之華人已經領有該

關道執照下船時忽有不願出洋者如該船船東船

主有借墊華人銀錢若干該關道等應令該華人將

親立券約呈驗相符後即行勒令如數繳還倘有未

能繳還情事應由該關道等取具的保俾歸有着等

因前來查如此辦理實於今已畫押之條欵易於得

手自應由本大臣即行轉飭各口本國領事官查照

一切辦理可也為此照覆須至照會者

禁止凌害洋商焚掠財產條款

〔英國〕天津約十八款英國民人中國官憲自必時加保護令其身家安全如遭欺凌擾害及有不法匪徒放火焚燒房屋或搶掠者地方官立即設法派撥兵役彈壓查追並將焚搶匪徒按例嚴辦

〔法國〕天津約十款倘有中國人將大法國禮拜堂墳地觸犯毀壞地方官照例嚴拘重懲○十二款凡大

法國人在通商各口地方所有各家產財貨中國民人均不得欺淩侵犯○三十六款將來大法國人在通商各口地方為中國人陷害凌辱騷擾地方官隨在彈壓設法防護更有匪徒狂民欲行偷盜毀壞放火大法國房屋貨行及所建各等院宅中國官或訪聞或領事官照會立即飭差驅逐黨羽嚴拏匪犯照例從重治罪將來聽憑向應行追贓着賠者責償

美國天津約十一款大合衆國民人在中華安分貿另辦事者當與中國人一體和好友愛地方官必時加保護務使身家一切安全不使受欺辱騷擾等事

倘其屋宇產業有被内地不法匪徒逞兇恐嚇焚毀侵害一經領事官報明地方官立當派撥兵役彈壓驅逐並將匪徒查拏按律重辦○十二款倘墳墓或被中國民人毀掘中國地方官嚴拏照例治罪○華盛頓約四款至兩國之墳墓當一體鄭重保護不得傷毀

俄國北京約六款其俄國商人在喀什噶爾貿易物件如被卡外之人進卡搶奪中國一概不管

瑞國廣東約十七款同英國十二款○十九款一嗣後喘唺國哪喴國等民人在中國安分貿易與中國民人互

相友愛地方官自必時加保護令其身家全安并查禁匪徒不得欺淩騷擾倘有內地不法匪徒逞凶放火焚燒洋樓掠奪財物領事官速即報明地方官派撥兵役彈壓查拏并將焚搶匪徒按例嚴辦

布國和約三十六款同英國十八款

丹國和約十八款丹國民人約准中國官憲自必時加保護令其身家全安如遭欺淩擾害及有不法匪徒放火焚燒房屋搶掠財貨又准地方官立即設法派撥兵役彈壓查拏將該犯按例嚴辦並將所搶財物盡力追交倘承緝官不能獲犯起贓祇可准照中

國例處分

（和國）和約七款和民在中國者地方官必時加保護如有欺凌擾害恣意搶掠即當設法查追並將該犯按律嚴辦

（日國）和約十五款同英國十八款

（比國）和約十四款同法國十二款○十七款同丹國十八款

（義國）和約十八款同丹國十八款惟又准地方官改應有地方官

（奧國）和約十三款同法國十二款○四十一款同丹國十八款惟又准地方官改為應有地方官末加不能賠償

約束洋人水手條款是類各條上文載給發內地執照條款內

英國天津約九款惟水手船上人等不在此列應由地方官會同領事官另立章程妥為彈壓

法國天津約三十三款水手登岸須遵約束規條所有應行規條領事官議定照會地方官查照以防水手與內地民人滋生事端

美國天津約十八款至大合衆國商民水手人等均歸領事官隨時稽查約束

瑞國廣東約二十九款至瑞典國哪威國等商民水

手人等均歸領事等官隨時稽查約束

丹國和約九款同英國九款○十六款嗣定約之後丹國即專定約束丹民章程

日國和約七款同英國九款

比國和約十款至各色船只水手人等不在此例應由地方官會同領事官另立章程○十九款同丹國十六款

義國和約九款同英國九款○十六款同丹國十六款

奧國和約十一款同英國九款

日本國脩好約十一款兩國商民在指定各口彼此各宜友愛不得攜帶刀械違者議罰刀械入官

秘國和約五欵至於水手云云同英九欵

洋船應由船主自主不得封用條款

法國天津約十二款至中國官員無論遇有何事均不得威壓强取大法國船只以為公用私用等項○三十九款至大法國船在通商各口地方中國官亦不為經理均歸大法國官及該船主自行辦理

瑞國廣東約二十六款貿易船只進中國五港灣泊仍歸各領事等官督同船主人等經管中國無從統轄○二十八款貿易船只財物在中國五港口者地方官均不得强取威脅如封船公用等事

比國和約十四款同法國十二款

〔義國〕和約十八款同法國十二款

〔奧國〕和約十三款同法國十二款

兵船入口條款水師官與中官相見儀節載使臣覲見官員相見條內

英國天津約五十二款英國師船別無他意或因捕盜駛入中國無論何口一切買取食物甜水修理船只地方官妥為照料

法國天津約二十九款

大法國

皇上任憑派撥兵船在通商各口地方停泊彈壓商民水手俾領事得有威權將來兵船人等皆有約束不許滋事生端即責成該兵船主飭令遵守第三十三款載約束洋人條各船與陸地交涉及鈐制水手之條例辦理

至兵船議明約定不納各項鈔餉○三十款凡大法國兵船往來游弈保護商船所過中國通商各口均以友誼接待其兵船聽憑採買日用各物若有壞爛亦可購料脩補俱無阻礙

〔美國〕天津約五款大合衆國大臣遇有要事不論何時應准到北京暫住云云不可駕駛兵船○九款大合衆國如有官船在通商海口游弈巡查或為保護貿易或為增廣才識近至沿海各處云云如有採買食物汲取淡水或須脩理等事中國官員自當襄助購辦遇有大合衆國船只或因毀壞被刦或雖未毀

壞而亦被刦被擄及在大洋等處應准大合衆國官船追捕盜賊交地方官訊究懲辦

瑞國廣東約三十二款如有兵船巡查貿易至中國各港口者云云該船如有採買食物吸取淡水等項中國均不得禁阻如或兵船損壞亦准修補

布國和約三十款同英國五十二款惟首句改布國及德國官船

丹國和約五十二款同英國五十二款

和國和約十三款和國師船在中國轄下海洋別無他意或因捕盜駛至各口置買一切食物薪水修理船只云云

日國和約四十八款同英國五十二款

比國和約四十一款同英國五十二款下加十並約定不納各項稅餉

義國和約五十二款同英國五十二款

奥國和約三十四款同英國五十二款下加十該師船進出口一切稅鈔俱不輸納

日本國脩好約十四款兩國兵船往來指定各口係為保護已國商民起見凡沿海未經指定口岸以及內地河湖支港概不准駛入違者截留議罰惟因遭風避險收口者不在此例○通商二十款兩國兵船

進出通商各口無須報關候驗

秘國和約十款兩國兵船可以赴彼此凡有別國兵船所至各口一切買取食物烟煤甜水修理船隻地方官妥為照料又該兵船進出口一切稅鈔俱不輸納

被災洋船入口條款

英國天津約二十款英國船只有在中國沿海地方碰壞擱淺或遭風收口地方官查知立即設法妥為照料護送交就近領事官查收

法國天津約三十款倘大法國商船遇有破爛及別緣故急須進口躲避者無論何口均當以友誼接待如有大法國船只在中國進岸地方損壞地方官聞知即為拯救給與日用急需設法打撈貨物不使損壞隨照會附近領事等官會同地方官設法著令該商梢人等回國及為之拯救破船木片貨物等項

美國天津約十三款大合衆國船只在中國洋面遭風觸礁擱淺遇盜致有損壞等害者該處地方官一經查知即應設法拯救保護並加撫䘏俾得駛至最近港口脩理並准其採買糧食汲取淡水

俄國天津約六款俄國兵商船只如有在中國沿海地方損壞者地方官立將被難之人及載物船只救護所救護之人及所有物件盡力設法送至附近俄國通商海口或與俄國素好國之領事官所駐紥海口或順便咨送到邊其救護之公費均由俄國賠還俄國兵商船只在中國沿海地方遇有修理損壞及

取甜水買食物者准近中國附近未開之海口按市
價公平買取該地方官不可攔阻
瑞國廣東約二十七款貿易船只若在中國洋面遭
風觸礁擱淺遇盜致有損壞沿海地方官查知即應
設法拯救酌加撫卹俾得駛至本港口脩整一切採
買米糧汲取淡水均不得稍為禁阻如該商船在外
洋損壞漂至中國沿海地方者經官查明亦應一體
撫卹妥為辦理
布國和約三十一款商船遇有破爛及緣別故急須
進口躲避者無論何口均可進去不用完納船鈔船

內貨物如為修船之故而須上岸者亦不納稅惟將該貨留在監督官照顧以免影射情弊如該船在中國近岸地方損壞擱淺收口地方官聞知立即設法妥為拯救商稍保存船只以及打撈貨物不使損壞所救水手人等務必妥為照料設法護送就近領事官查收

〔丹國〕和約二十款丹國船只有在中國沿海各處或有碰壞擱淺以及遭風收口約准地方官查知立即設法妥為照料船上丹民就近交領事官查收

〔和國〕和約七款和船在中國沿海地方擱淺碰壞或

遭風收口地方官聞報即當設法照料護交就近領
事官
〔日國〕和約十七款同英國二十款
〔比國〕和約四十二款同布國三十一款
〔義國〕和約二十款同丹國二十款
〔奧國〕和約三十五款同英國二十款
〔日本國〕通商約二十九款兩國商船遭風收口均由
該處地方官照料送交理事官安置
〔秘國〕和約十一款中國船隻如遇天災在秘國沿海
地方碰壞擱淺以及遭風收口該處海關官員自當

設法相帮所有未遭失險之貨物如不欲出售自應不納稅銀遇險船隻秘國亦與待别國船隻一律至秘國船隻遇有天災在中國沿海地方或碰壞擱淺以及遭風收口有時將貨卸岸修理船隻概不納稅亦不給船鈔地方官查知自當設法妥為照料船上商民送交就近領事官查收

禁止冒用旗號條款

英國咸豐八年九月欽憲桂花明段照會英法美三國大臣云又查上海近有中國船户由各國領事給發旗號計船三十餘隻日漸增添殊多不便此等船户向係不安本分然無外國號旗猶不敢玩法為匪今恃旗號為護符地方官因外國有號旗欲加之罪躊躇不決諸多掣肘遂致無所不為犯案纍纍流弊無窮上海如此各口諒均不免尤慮煽成巨禍致啟中外爭端萬不能不立法禁絕擬請

貴大臣即飭各口領事官嗣後永不准以

貴國旗號發給中國船户如有從前已給者一概撤銷本大臣一面出示曉諭如有中國人擅領外國旂號張挂駕駛者應行查拏從嚴究辦俾知警戒（即於十二月初十日准額大臣來文云）一則英國旗號其例甚嚴核該船任載噸數必滿定額則有英人或為資主或為船主方給旗號以表秉持如有貴國船艇未遵此例擅敢升豎英旗一經查出止須直行知會領事官必能設法懲究杜絕此弊

法國天津約二十八款倘有別國冒用大法國旂號者大法國設法禁止（咸豐八年十月十九日葛大臣來文云）

載法國之船船主係法國人水手有法國人一半方
准給發旂號
美國天津約十四款若別國船只冒大合衆國旂號
作不法貿易者大合衆國自應設法禁止○二十六
款倘日後另有別國與中國不和云云大合衆國商
船不得私帶別國一兵進口及聽受別國賄囑換給
旂號代為運貨入口貿易倘有犯此禁令聽中國查
出充公入官○咸豐八年十月初五日列大臣来文云一發給旂號也
本大臣曾經面詢領事官據稱從無給發廹細查底
冊亦向無此事本大臣復嚴諭領事嗣後無致有此

也
瑞國廣東約三十三款若別國船只冒喘咉國哪喊國等旗號做不法貿易者喘咉國哪喊國等自應設法禁止
奥國和約十款倘有冒用奥斯馬加國旂號者奥斯馬加國設法禁止
日本國脩好約十七款兩國船只旂號各有定式倘彼國船只假冒此國旂號私作不法情事船貨均罰入官如查係官為發給即行叅撤

和約彙編三

柔遠全書十五

和約彙編卷三目錄

各口通商條欵

商口建設浮樁等工

僱用引水

稽查進口洋船

通商船只須向己國領取船牌

商船進口呈遞船牌艙口單

商船出口報領紅單憑換船牌等件

商船入口領單開艙

商船上貨下貨須領准單

商船撥貨須領准單

內地游歷通商

江海各口通商居住條款

〔英國〕江寗約二款一自今以後

大皇帝恩准

大英國人民帶同所屬家眷寄居

大清沿海之廣州福州厦門寗波上海等五處港口貿易通商無礙○天津約十款一長江一帶各口英商船只俱可通商惟現在江上下游均有賊匪除鎮江一年後立口通商外其餘俟地方平靖云云准將自漢口溯流至海各地選擇不逾三口准為英船出進貨物通商之區○十一款一廣州福州厦門寗波上

海五處已有江寧條約舊准通商外即在牛莊登州
台灣潮州瓊州等府城口嗣後皆准英商亦可任意
與無論何人買賣船貨隨時往來至於聽便居住賃
房買屋租地起造禮拜堂醫院墳塋等事並另有取
益防損諸節悉照已通商五口無異○北京約四款
一續增條約畫押之日
大清大皇帝允以天津郡城海口作為通商之埠凡有英
民人等至此居住貿易均照經准各條所開各口章
程比例畫一無別

法國天津約六款議定將廣東之瓊州潮州福建之臺灣淡水山東之登州江南之江寗六口與通商之廣東福州厦門寗波上海五口准令通市無異○七款凡大法國人家眷可帶往第六款所開中國沿海通商及江之各口市埠地方居住貿易工作平安無礙常川不輟若有蓋印執照任聽在議定通商各口周游往來○二十七款大法國人凡有鈔餉輸納其貨物經此次畫押載在則例並非禁止並無限制者

不拘從本國及别國帶進及無論帶往何國均聽其便中國不得於例載各貨物别增禁止限制之條○北京約七款直隸省之天津府尅日通商與别口無異

〔美國〕天津約十四款一大合衆國民人嗣後均准挈眷赴廣東之廣州潮州福建之厦門福州臺灣浙江之寧波江蘇之上海並嗣後與合衆國或他國定立條約准開各港口市鎮在彼居住貿易任其船只裝載貨物於以上所立各港互相往來○十五款一大合衆國民人在各港口貿易者除中國例禁不准携

帶進口出口之貨外其餘各項貨物俱准任意販運往來買賣○華盛頓約五款

大清國與

大美國切念民人前往各國或願常住入籍或隨時往來總聽其自便不得禁阻為是現在兩國人民互相來往或游歷或貿易或久居得以自由方有利益○六款美國人民前往中國或經歷各處或常行居住中國總須按照相待最優之國所得經歷常住之利益俾美國人一體均沾中國人至美國或經歷各處或長行居住美國亦必按照相待最優之國所得經

歷常住之利益中國人一體均沾

俄國天津約三款今議准由海路之上海寧波福州府廈門廣州府臺灣瓊州府等七處海口通商若別國再有在沿海增添口岸准俄國一律行辦

瑞國廣東約三款嗣後喘㖘國哪喴國等民人俱准其挈帶家眷赴廣州福州廈門甯波上海共五港口居住貿易其五港之船只裝載貨物互相往來俱聽其便○五款除中國例禁不准携帶進口出口貨物外其餘各項貨物均准其由本國或別國販運進口售賣並准其將中國貨物販運出口赴本國或別國

售賣

〔布國〕和約六款廣州潮州厦門福建寧波上海芝罘天津牛莊鎮江九江漢口瓊州臺灣淡水等口大布國暨德意志通商稅務公會和約各國民人家眷等皆准居住來往貿易工作平安無礙船貨隨時往來常川不輟

〔丹國〕和約十一款各國議定通商口岸如牛莊天津烟臺上海寧波福州厦門臺灣淡水廣州汕頭瓊州及長江之漢口九江鎮江江寧各口丹國商民亦可任便出入通市准與無論何人均得聽意買賣所有

賃房買屋租地起造建立廟堂醫院墳塋等事亦隨其便

〔和國〕和約二款廣州潮州福州厦門寧波上海天津牛莊登州臺灣淡水瓊州等口和商皆准貿易船貨任便往來云云其漢口鎮江九江等口和商亦可一律前往通商

〔日國〕和約五款同丹國十一款○四十七款中國商船不論多寡均准前往小呂宋地方貿易必按最好之國一律相待若日斯巴尼亞國嗣後有何優待別國商人之處應照最優之國以待中國商人

比國和約十一款各國議定通商口岸如牛莊天津烟臺上海寗波福州厦門臺灣淡水廣州汕頭瓊州及長江之漢口九江鎮江江寗各口比國商民亦可携眷前往居住貿易工作

義國和約十一款同丹國十一款

奧國和約八款同比國十一款○四十三款中國商民如赴奧斯馬加國貿易應與奧斯馬加國最為優待之國商民一律

日本國脩好約七款嗣後兩國既經通好所有沿海各口岸彼此均應指定處所准聽商民來往貿易○

通商約一款中國准通商各口上海隸江蘇松江府上海縣鎮江隸江蘇鎮江府丹徒縣寗波隸浙江寗波府鄞縣九江隸江西九江府德化縣漢口隸湖北漢陽府漢陽縣天津隸直隸天津府天津縣牛莊隸奉天海城縣芝罘隸山東登州府福山縣廣州隸廣東廣州府南海縣汕頭隸廣東潮州府潮陽縣瓊州隸廣東瓊州府瓊山縣福州隸福建福州府閩縣厦門隸福建泉州府厦門廳臺灣隸福建臺灣府臺灣縣淡水隸福建臺灣府淡水廳日本國准通商各口橫濱東海道武藏州神奈川縣轄箱館北海道渡島州開拓使轄大阪畿內攝津州大阪府轄神户畿内攝津州兵庫縣轄新瀉北路道越後州新瀉縣轄夷港北路道佐渡州佐渡縣轄附於新瀉長崎西海道肥前州長崎縣轄築地東海道武藏州東京府轄現稱開市場

秘國和約八欵中國商民准在秘國通商各處往来運貨貿易一體與别國商民同獲利益秘國商船准在中國通商各口往来運貨貿易别國凡有利益之處秘國亦無不均沾

續輯

英國煙臺約三端隨由中國議准在湖北宜昌安徽蕪湖浙江温州廣東北海四處添開通商口岸作為領事官駐札處所又四川重慶府可由英國派員駐寓查看川省英商事宜輪船未抵重慶以前英國商民不得在彼居住開設棧行俟輪船能駛上後再行

議辦至沿江安徽之大通安慶江西之湖口湖廣之武穴陸溪口沙市等處云云輪船准暫停泊全文載長江通商章程

租地賃屋條款

英國天津約十二款一英國民人在各口並各地方意欲租地蓋屋設立棧房禮拜堂醫院墳墓均按民價照給公平定議不得互相勒措

法國天津約十款凡大法國人按照第六款至通商各口地方居住無論人數多寡聽其租賃房屋及行棧存貨或租地自行建屋建行大法國人亦一體可

以建造禮拜堂醫人院周急院學房墳地各項地方官會同領事官酌議定大法國人宜居住宜建造之地凡地租房租多寡之數彼此在事務須按照地方價值定議中國官阻止內地民人高擡租值大法國領事官亦謹防本國人強壓迫受租值在各口地方凡大法國人房屋間數地段寬廣不必議定限制

美國　天津約十二款一大合衆國民人在通商各港口貿易或久居或暫住均准其租賃民房或租地自行建樓並設立醫館禮拜堂及殯葬之處聽大合衆國人與內民公平議定租息內民不得擡價措勒如

無碍民居不關方向照例税契用印外地方官不得
阻止大合衆國人勿許强租碍占務須各出情願
瑞國廣東約十七欵民人在五港口貿易或久居或
暫住均准其租賃民房或租地自行建樓並設立醫
館禮拜堂及殯葬之處必須由中國地方官會同領
事等官體察民情擇定地基聽瑞典國哪威國等人
與内民公平議定租息内民不得擡價掯勒遠人不
許强租硬占務須各出情願
布國和約六欵至於賃房買屋租地造堂醫院墳塋
等事皆聽其便按此欵上文列江海各口通商居住條内

〔丹國〕和約十二欵丹國民人准在通商各口一帶地方意欲租地蓋屋設立棧房建造廟堂醫院墳塋等事均按民價照給公平定議不得互相勒掯

〔和國〕和約二欵若欲租賃地畝房屋設立棧房禮拜堂醫院墳塋等事各聽其便租價公平定議不得互相勒掯按此欵上文列江海各口通商居住條內

〔日國〕和約八欵商民在通商各口地方租地蓋屋設立棧房禮拜堂醫院墳墓均按民價公平定議照給不得互相勒掯

〔比國〕和約十二欵凡比國人按照第十一欵至强壓

迫受租值向止同法國十款

義國和約十二款同丹國十二款

奥國和約九款凡奥斯馬加國人按照第八款至誆

買迫受租值向止同法國十款

日本國通商約二款兩國官民准在議定通商各口租賃地基各隨其地成規照辦總須由地方官查勘無礙民居墳墓方向詢明業户情願出租方可公平議價立契由地方官蓋印交執不得私租强租其内地及不通商口岸不得租地蓋屋至現准通商各口租定地基後蓋造房屋或作居住或開行棧地方官

可以隨時往勘

延請教習雇用夥船夫役條欵

英國天津約十三欵一英民任便覔致諸色華庶襄執分内工藝中國官毫無限制禁阻○十四欵一游行往来卸貨下貨任從英商自僱小船剝運不論各項艇只僱價銀兩若干聽英商與船户自議不必官為經理亦不得限定船數并何船攬載及挑夫包攬運送倘有走私漏稅情弊查出該犯自應照例懲辦

法國天津約十一欵大法國人在通商各口地方聽其任便雇買辦通事書記工匠水手二人亦可以延請士民人等教習中國語音繕寫中國文字與各方

土語又可以請人幫辦筆墨作文學文藝等工課各等工價束脩或自行商議或領事官代為酌量大法國人亦可以教習中國人願學本國及外國語者○十八款凡大法國船主商人應聽任便雇各項剝船小艇載運貨物附搭客人其船艇脚價由彼此合意商允不必地方官為經理若有該船艇誆騙走失地方官亦不賠償其船艇不限以只數亦不得令人把持並不准挑夫人等包攬起貨下貨

美國天津約十七款並准僱覓廝役買辦工匠水手延請通事司書及必須之人並僱用內地艇只其工

價若干由該商民等自行定議或由領事等官酌辦

〇二十五欵一大合衆國官民延請中國各方士民

人等教習各方語音並帮辦文墨事件不論所請係

何等之人中國地方官民等均不得稍有阻撓陷害

等情

瑞國廣東約八欵其僱覓跟隨買辦及延請通事書

手僱用內地艇只搬運貨物附載客商或添僱工匠

廝役水手人等均屬事所必需例所不禁應各聽其

便所有工價若干由該商民等自行定議或由各領

事官酌辦中國地方官勿庸經理〇十八欵一准噹

嘆國哪威國等官民云云同英國二十五款

布國和約九款中國無論何省之買辦通事書記工匠水手人等布國暨德意志通商稅務公會和約各國民人皆准其僱用其工錢束脩任聽兩家自爲酌議若欲僱覓小船送人運貨亦無禁阻至於延請士民人等學習中國字文與各方土語或以外國之言教内地之人亦可

丹國和約十三款丹國民人約准任便覓致諸色華庶襄執分内工藝中國不得限制禁阻〇十四款丹國民人凡欲游行卸貨下貨各等事務約准自僱小

船駁運不論何項艇隻僱價銀兩若干均聽丹民與船主自議不必官為經理該船又不得限定額數並船户攬載挑夫攬運一切情弊均不准行惟該艇干涉走私漏稅情弊查出該犯自應照例懲辦

和國和約五款（同英國十三十四款）

日國和約九款商民任便覓致諸色華庶襄執分内工藝中國官毫無限制禁阻如中國人覓致日斯巴尼亞國人承工亦照此辦理○十一款（同英國十四款）

比國和約十三款比國人在通商各口地方聽其任便僱買辦通事書記工匠水手工人亦可以延請士

民人等教習中國語音繕寫中國文字與各方土語

又可以請人幫辦筆墨作文學文藝等工課各等工

價束脩自行商議○二十九欵同丹國十四欵末句易查出照例罰辦

義國和約十三欵義國民人約准任便雇覓廝役買

辦工匠水手人等中國不得限制禁阻再延請士民

人等教習中國語音及各方土語或教習中國人願

學義國語音均聽其便○十四欵義國民人凡遇游

行卸貨下貨各等事務均准自僱小船駁運不論何

項艇隻僱價銀兩若干均聽義民與船主自議不必

官為經理若有該船艇誆騙走失地方官亦不賠償

義國所僱之船不得限定額數該船户攬載挑夫攬運一切情弊俱不准行惟是該艇干涉走私漏稅情弊查出該犯自應照例懲辦

奧國和約十二款同比國十三款〇十九款同丹國十四款末句易查出照例罰辦貨罰入官

日本國脩好十款兩國官商在指定各口均准僱用本地民人服役工作管理貿易等事其僱主應隨時約束勿任籍端欺人尤不可偏聽私言致令生事如有犯案准由各地方官查拏訊辦僱主不得狥庇〇通商約九款兩國商民在通商各口撥運貨物聽其

自僱夫船給發僱價官不經理亦不限定何船何夫
攬運倘有走私漏稅海關查出照章辦理

商口貨埠界限條款

英國通商約六款至各口界限並上下貨物之地均由海關妥爲定界既要便商更不得有礙收稅知會領事官曉諭本屬商民遵辦

法國通商約六款同英國通商六款

美國通商約六款同英國通商六款

瑞國廣東約十七款應由五港口地方官各就民情地勢與領事官議定界址不許踰越

布國通商約六款同英國通商六款

丹國通商約六款同英國通商六款

比國通商約六款同英國通商約六款

義國通商約六款同英國通商約六款

奧國通商約六款同英國通商約六款

日本國通商約十三款兩國通商各口界限并上下貨物之地均由海關妥為定界既須便商更不得有碍收稅

續輯

英國煙臺約三端一新舊各口岸除已定有各國租界應毋庸議其租界未定各口應由英國領事官會商各國領事官與地方官商議將洋人居住處所畫

定界址

禁止覇持貿易條款

英國江寧約五款一凡

大英商民在粤貿易向例全歸額設行商亦稱公行者

承辦今

大皇帝准以嗣後不必仍照向例乃凡有英商等赴各該

口貿易者勿論與何商交易均聽其便

法國天津約十四款將來中國不可另有別人聯情

結行包攬貿易倘有違例領事官知會中國設法驅

除中國官宜先行禁止

瑞國廣東約十五款一各國通商舊例歸廣州官設

洋行經理現議定將洋行名目裁撤所有𠴊㖉國哪
𡁻國等民人販貨進口出口均准其自與中國商民
任便交易不加限制以杜包攬把持之弊

遇有戰事各口貿易條款

法國天津約三十一款將來中國遇有與別國用兵除敵國布告堵口不能前進外中國不為禁阻大法國貿易及與用兵之國交易凡大法國船從中國口駛往敵國口所有進口出口各例貨物並無妨碍如常貿易無異

美國天津約二十六款倘日後另有別國與中國不和中國止應禁阻不和之國不准來各口交易其大合衆國人自往別國貿易或販運其國之貨物前來各口中國應認明大合衆國旂號便准入港惟大合

衆國商船不得私帶別國一兵進口及聽受別國賄

囑換給旂號代爲運貨入口貿易倘有犯此禁令聽

中國查出充公入官

瑞國廣東約二十二款同英國二十六款惟各口改五口又大合衆國改瑞嗹國

哪㗚國等又充公入官改拏辦

義國和約二十一款同法國三十一款惟各例改各樣

日本國脩好約十五款嗣後兩國倘有與別國用兵

情事應防各口岸一經布知便應暫停貿易及船只

出入免致互有傷損

有賊處所禁止游歷通商接濟賊匪條款

英國天津約九款英國民人准聽持照前往內地各處游歷通商云云惟於江寧等處有賊處所俟城池克復之後再行給照○咸豐十一年九月二十七日內江通商大臣薛承准總理各國事務衙門咨再本衙門與卜大臣當面議定中國有賊處所如洋船私往停泊應由中國拏辦轟擊如中國船隨同洋船入江並非洋商所雇仍照中國例懲辦洋商不得包庇

法國天津約六款其江寧俟官兵將匪徒剿滅後大法國官員方准本國人領執照前往通商○八款其

駐札中國大法國官員如給執照之時惟不准前往
暫有匪徒各省分
布國和約八欵至各口有賊處所亦應俟地方平靖
方准前往
丹國和約九欵其江寧等處有賊處所俟城池克復
之後再行給照前往
和國和約二欵惟有賊匪地方和國民人不得前往
游歷出入和國商船亦不得私自往來接濟軍火糧
食如查有違犯者將船貨全行入官其違例之人交
就近領事官辦理

日國和約七款惟於有賊處所不准給照前往俟地方平靜之後再行給照○四十九款所有米糧各樣食物鎗礮火藥火器等件及一切貨物日斯巴尼亞國商人并船不得私行販運赴有賊處所接濟賊匪違者一經查出將船貨全行入官其違例之商人仍交日斯巴尼亞國照各國例嚴行懲辦

比國和約十款同法國八款

義國和約九款其有賊處所俟城池克復之後再行給照前往

奧國和約十款中國各省地方設有賊匪與斯馬加

國商民不得請照前往游歷出入尤不得私自往来
接濟軍火糧食如查有違犯者將船貨全行入官其
違例之人交就近領事官辦理

沿江沿海未開口岸不准私自貿易條欵

英國天津約四十七欵一英商船隻獨在約內准開通商各口貿易如到別處沿海地方私做買賣即將船貨一併入官

法國天津約七欵若有蓋印執照任聽在議定通商各口周游往来惟明禁不得在沿海沿江各埠私買私賣如有犯此例者船隻貨物聽憑入官但中國地方官查拏此等船隻貨物於未定入官之先宜速知會附近駐口之大法國領事

美國天津約十四欵但該船隻不得駛赴沿海口岸

及未開各港私行違法貿易如有犯此禁令者應將

船隻貨物充公歸中國入官

瑞國廣東約三欵但五港口外不得有一船駛入別

港擅自游奕又不得與沿海奸民私相貿易如有違

犯此條禁令者應按現定條例將船隻貨物俱歸中

國入官○三十三欵凡有擅自向別處不開關之港

口私行貿易云云聽中國地方官自行辦理治罪

布國和約七欵商船除約内准開通商之口外其餘

各口皆不准前往貿易如到別口或在沿海各處地

方私做買賣即將船貨一併入官

〔丹國〕和約四十七款丹國商船獨在條約內列通商各口准其貿易如到别處沿海地方私做買賣船貨一併入官

〔和國〕和約十二款和商船隻惟在約內准通商各口貿易如到沿海沿江别處地方私作買賣船貨一併入官倘船隻遭風犯險避入者不在此例該處官長自當設法照料俟諸務允妥令其出口起程不准在彼私行買賣如有私行起岸販貨者仍將船貨入官

〔日國〕和約四十三款同英國四十七款惟沿海下加沿江兩字

〔比國〕和約二十一款比國商船准在條約內列通商

各口往來運貨貿易如到別處沿海地方私作賣買船貨一併入官但中國地方官查拏此等船隻貨物於未定入官之先宜速知會附近駐口之比國領事

義國和約四十七款同丹國四十七款

奥國和約十款同比國二十一款

日本國通商約二十七款兩國船隻如到不准通商口岸私作買賣准該處地方官查拏在中國即將船貨一併入官在日本國貨物入官罰洋銀一千元仍知照該管理事官存案

商口建設浮樁等工條款

英國天津約三十二款通商各口分設浮樁號船塔表望樓由領事官與地方官會同酌視建造○通商約十款其浮樁號船塔表望樓等經費在於船鈔項下撥用

法國通商約十款同英國通商十款

美國天津約十六款設立浮桴亮船建立塔表亮樓由通商各海口地方官會同領事官酌量辦理○通商約十款同英國通商十款

布國通商約十款同英國通商十款

丹國和約三十一款同英國三十二款惟領事官上加丹國二字

日國和約二十八款同英國十二款

義國和約三十一款同英國三十二款惟領事官上加義國二字

奥國通商約九款同英國通商十款

僱用引水條款

英國天津約三十五款一英國船只欲進各口聽其僱覓引水之人完清稅務之後亦可僱覓引水之人帶其出口

法國天津約十五款凡大法國船駛進通商各口地方之處就可自僱引水即帶進口所有鈔餉完納後欲行揚帆應由引水速帶出口不得阻止留難凡人欲當大法國引水者若有三張船主執照領事官便可着伊為引水與別國一律辦事所給引水工銀領

事等官在通商各口地方秉公酌量遠近險易情形定其工價

〔美國〕天津約十七款一大合衆國船只進口准其僱用引水帶進俟正項稅款全完仍令帶出

〔瑞國〕廣東約八款貿易船只進口准其自僱引水赴關隘處所報明帶進俟稅鈔全完仍令引水隨時帶出

〔布國〕和約十一款船只駛進通商各口任聽自雇引水之人即行帶進迨其船貿易輸稅全完欲行回帆亦准僱覔引水之人隨時帶出

丹國和約三十四款同英國三十五款

日國和約三十一款同英國三十五款

比國和約二十二款同英國三十五款

義國和約三十四款同英國三十五款下加所給引水工銀及引水人等應遵規條地方官會同各國領事官商量定立

奧國和約十四款同英國三十五款

稽查進口洋船章程

英國天津約三十六款英國船只甫臨近口監督官派委員弁丁役看守或在英船或在本艇隨便居住其需用經費由關支發惟於船主並該管船商處不得私受毫釐倘有收受查出分別所取之數多寡懲治

法國天津約十六款大法國船一經引水帶進口內即由海關酌派妥役一二名隨船管押稽查透漏該役或搭坐商船或自僱艇只均聽其便所需工食由海關給發不得向船主及代辦商人等需索倘有違

例即按所索多寡照例科罪並照數追償

美國天津約十八款大合衆國船只一經進口即由海關酌派妥役隨船管押或搭坐商船或自雇艇只均聽其便

瑞國廣東約九款貿易船只到口一經引水帶進即由海關酌派妥役隨船管押該役或搭坐商船或自雇艇只隨同行走均聽其便其所需食用由海關按日給銀不得需索商船絲毫規費違者計贓科罪

布國和約十二款商船到口監督官即派妥役一二名看守稽查偷漏該役或搭坐自僱之船或在德船

均聽其便所需工食等費皆由中國海關支給惟不得於船主或管船之人需索銀錢倘有違例即按所索之多寡按例科罪照數追還

丹國和約三十五款丹國船只甫臨近口約准該監督任意派委員弁丁役看守或在該船或在本艇隨便居住其需用經費由關支發惟該員役不得向船主船商私取毫厘倘敢收受查出分別所受之數多寡由該關監督按例酌量輕重懲治其罪

日國和約三十二款同英國三十六款

比國和約二十三款同布國十二款

義國和約三十五款同丹國三十五款下加並將所索多寡照數追償

奧國和約十五款奧斯馬加國船只甫臨近口約准該關監督任意派委員弁丁役看守或在該船或在本艇隨便居住其需用經皆由關支發惟該員役不得向船主船商私取毫釐

日本國通商約四款兩國商船進通商各口海關即派員弁丁役看守或在商船或在關艇隨便居住其需用經費由關支發不得向商船稍有需索違者按律追辦

洋商船只須向已國領取船牌條欵

日本國通商約三欵兩國商船往来通商各口須在已國海關及地方官衙門領取船牌註明樑頭丈尺噸數船名及舵水姓名年歲籍貫加蓋印信以便持赴理事官處及各海關查驗如無船牌不准往来倘船牌損失准其呈明海關發給護照回籍補領

商船進口呈遞船牌艙口單條款

〔英國〕天津約三十七款英國船只進口限一日該船主將船牌艙口單各件交領事官即於次日通知監督官並將船名及押載頓數裝何貨物之處照會監督官以憑查驗如過限期該船主並未報明領事官每日罰銀五十兩惟所罰之數總不能逾二百兩以外至其艙口單內須將所載貨物詳細開明如有漏報揑報者船主應罰銀五百兩倘係筆誤即在遞貨單之日改正者可不罰銀○通商六款進口限一日報領事知照云云無論先後總以該船進口界限時

刻起算以免參差爭論

〔法國〕天津約十七款船進口在一日之內並無阻礙其船主或貨主或代辦商人即將船牌貨單等件繳送領事官該領事官於接到船牌貨單後一日內即將船名人名及所載噸數貨色詳細開明照會海關倘船主怠慢於船進口後經二日之內不將船牌貨單呈繳領事官每逾一日罰銀五十圓入中國官但所罰之數不得過二百圓○通商六款同英國通商六款

〔美國〕天津約十九款商船進口或船主或貨主或代辦商人限二日之內將船牌貨單等件呈遞本國領

事等官收存該領事即將船名人數及所載噸數貨色詳細開明照會海關○通商六款同英國通商六款

瑞國廣東約十款同美國十九款

布國和約十三款船只進口一日後毫無阻滯之處其船主或貨主或管船商人即將船牌貨物清單繳送領事官領事官於接到船牌貨單後一日內即將船名人名及所載噸數貨色詳細開明照會海關以憑查驗倘船主怠慢於船進口後二日內不將船牌等件呈繳領事官每逾一日可罰銀五十圓但所罰之數不得逾二百圓之外○通商六款同英國通商六款

丹國和約三十六款丹國商船進口之後約准以十二時爲限該船主必將船牌艙口單各件交領事官即於次日通知海關並將船名及押載頓數裝何貨物之處照會監督以憑查驗船主如過限期並未報明領事官每日罰銀五十兩惟所罰之數總不能逾二百兩至其艙口單内須將所載貨物詳細開明如有漏報揑報者船主應罰銀五百兩倘呈單入關後該商自查筆誤尚准刻即赴關改正惟總以十二時爲限可不罰銀○通商六款丹船進口限十二時云云無論先後總以該船進口界限時刻起算

和國和約九款和國船只進口限一日內該船主即將船牌艙口單等件檢交領事官即於次日將船名及運載噸數裝何貨物等情照會監督官以便查驗倘過限期該船主並未報明領事官每日罰銀五十兩所罰之數總不能逾二百兩其艙口單內須將所載貨物詳細開明如其漏報揑報等項船主罰銀五百兩若係誤筆速於遞單之日改正可以不罰

日國和約三十三款同英國三十七款

比國和約二十四款同法國十七款惟首句換比國商船進口在一日之內○通商六款同丹國通商六款

義國和約三十六款同丹國三十六款○通商六款同丹國通商六款

奧國和約十六款同英國三十七款○通商六款同英國通商六款

日本國通商約五款兩國商船進通商各口限一日内該船主將船牌艙口單交理事官即於次日通知海關並將船名及押載噸數裝何貨物之處開單同送以便海關查驗如過二日限期除日曜日不計以進口之時算起歷十二時為一日尚未報關在中國每日罰船主銀五十兩所罰之數不得逾二百兩之外在日本國每日罰船主銀六十元至艙口單内須將所載貨物詳細開明如

查有漏報揑報之貨在中國將貨入官並罰船主銀五百兩在日本國漏報者罰如貨稅之數揑報者罰貨主洋銀一百二十五圓倘有誤報即在遞單之日改正免議逾限不改在中國每日罰銀二十兩所罰之數不得過一百兩之外在日本國罰洋銀十五圓

○通商約六款兩國商船進口除所載貨物開單報關外另將船上自用各物及應行免稅各物開一清單送關驗免倘賣與又仍照稅則完納若將應稅貨物混入免稅單內希圖隱漏查出將貨入官

商船出口報領紅單憑換船牌等件條欵

英國天津約四十一欵各船完清稅餉之後方准發給紅單領事官接到紅單始行發回船牌等件准其

出口

法國天津約二十一欵凡大法國船所有鈔餉一經全完海關即給與實收呈送領事官驗明即將船牌交還准令開行

美國天津約二十二欵統俟鈔稅全完由海關發給

紅牌然後領事官方給還船牌等件云云倘有未經完稅領事官先行發還船牌者所欠稅鈔當爲領事官是問

瑞國廣東約十三款統俟稅鈔全完海關給發紅單由領事官驗明再行發還船牌准該商船出口回國

布國和約二十一款所有稅鈔一經全完監督官即准發給紅單呈送領事官驗明即將船牌交還准令開行

丹國和約四十款丹國商人完清稅餉之後該關監督發給紅單爲出口之據

和國和約九款至於欲出口之時必待完清頓鈔税餉後方准給發紅單領事官接閱紅單始行發回船牌艙口單等件准其出口

日國和約三十七款日斯巴尼亞國船只下同英國四十一款

比國和約三十一款同布國二十一款

義國和約四十款同丹國四十款

奧國和約二十五款各船完清税餉之後方准發給紅單領事官接到紅單始行發回船牌等件准其出口其未經完税領事官斷不可發還船牌

日本國通商約八款一經完清税項海關發給紅單

理事官接到紅單即發船牌准英出口

商船入口領單開艙條欵

英國天津約三十八欵監督官接到領事官詳細照會後即發開艙單倘船主未領開艙單擅行下貨即罰銀五百兩並將所下貨物全行入官

法國天津約十七欵迨領事官照會海關後海關即發牌照准其開艙倘船主未領牌照擅自開艙卸貨罰銀五百圓所卸之貨一併入官

美國天津約十九欵照會海關方准領取牌照開艙起貨倘有未領牌照之先擅行起貨者即罰洋銀五百大圓並將擅行卸運之貨一概歸中國入官

瑞國廣東約十款同美國十九款

布國和約十三款監督官接到領事官詳細照會後即准該船開艙倘船主未領牌照自行開艙卸貨可罰銀五百圓所卸貨物一併入官

丹國和約三十七款丹國商船進口經該關監督接到領事官按約詳細知照後即發開艙單倘該船主未領開艙單擅行卸貨罰銀五百兩並將各該貨物全行入官

和國和約九款俟監督官接到領事官照會發給開艙單方准起貨倘船主未領開艙單擅行起貨亦罰

銀五百兩並將所現起之貨物全行入官

日國和約三十四款同英國三十八款

比國和約二十四款同法國十七款

義國和約三十七款同丹國三十七款

奧國和約十六款同英國三十八款

日本國通商約七款海關接到理事官知照後即發開艙單倘船主未領開艙單擅行卸貨在中國罰銀五百兩並將所卸貨物入官在日本國將所卸貨物入官

商船上貨下貨須領准單條款

英國天津約三十九款一英商上貨下貨總須先領監督官准單如違即將貨物一併入官

法國天津約十九款凡大法國商人每卸貨下貨應先開明貨單呈送領事官即著通事通報海關便准其卸貨下貨

美國天津約二十款商船販貨進口出口均將起貨下貨日期呈報領事等官由領事等官轉報海關屆期派委官役與該船主貨主或代辦商人等眼同秉公將貨物驗明以便按例征稅

瑞國廣東約十一款同美國二十款

布國和約十四款上貨下貨總須先領監督官准牌然後方可准行如違即將貨物入官

丹國和約三十八款丹國商人上貨下貨總須先領監督官准單如違即將貨物一併入官

和國和約十款和船上貨下貨亦須先領監督官准單如違亦將貨物一併入官

日國和約三十五款同英國三十九款

比國和約二十八款同丹國三十八款

義國和約三十八款同丹國三十八款

〔奧國〕和約十七欵同丹國三十八欵

〔日本國〕通商約七欵商船上貨下貨須先領海關准單如違即將貨物入官

商船撥貨須領准單條款

〔英國〕天津約四十款各船不准私行撥貨如有互相撥貨者必須先由監督官處發給准單方准動撥違者即將該貨全行入官

〔法國〕天津約二十五款凡剝貨若非奉官特准及必須剝運之處不得將貨輙行剝運遇有免不得剝貨之處該商應報明領事官給與執照海關查驗執照准其剝貨該海關可以常著胥役監視倘有不奉准而剝貨者除遇有意外危險不及等候外所有私剝之貨全行入官

美國天津約二十三款大合衆國船只停泊口內如有貨物必須剝過別船者應先呈明領事官轉報海關委員查驗確當方准剝運倘不稟明候驗批准輒行剝運者即將所剝之貨歸中國入官

瑞國廣東約十四款商船停泊口內不准互相剝貨倘有必須剝過別船者由該商呈報領事官報明海關委員查驗明確方准剝運倘不稟明候驗輒行剝運者即將其剝運之貨一併歸中國入官

布國和約二十七款剝貨若非奉監督官特准不得將貨自行剝運如違除意外危險不及等候外所有

私剏之貨全行入官

丹國和約三十九款丹國商船不准私行撥貨如欲互相撥貨必須先由監督發給准單方准動撥違者即將該貨全行入官

和國和約十款各商船只不准擅行撥貨如欲撥貨必先由監督官給領准單方准動撥違者將所現撥之貨入官

日國和約三十六款日斯巴尼亞國商船（下同英國四十款）

比國和約二十七款（同布國二十七款）

義國和約三十九款（同丹國三十九款）

奥國和約十八款同英國四十款

日本國通商約七款至撥貨亦先由海關發給准單方准動撥違者在中國將貨物入官在日本國罰洋銀六十圓

內地游歷通商條款

英國天津約九款英國民人准聽持照前往內地各處游歷通商云云經過地方如飭交出執照應可隨時呈驗無訛放行僱船僱人裝運行李貨物不得攔阻如其無照其中或有訛誤以及有不法情事就近送交領事官懲辦沿途止可拘禁不可凌虐○通商約八款前往內地通商一款現議京都不在通商之列

法國天津約八款大法國人欲至內地及船只不准進之各埠頭游行皆准前往然務必與本國

欽差大臣或領事等官預領中法合寫盖印執照其執
照上仍應有中華地方官鈐印以為憑如遇執照有
遺失者大法國人無以繳送而地方官員無憑查驗
不肯存留以便再與領事等官復領一件聽憑中國
官員護送進口領事官收管均不得毆打傷害虐待
所獲大法國人○通商八欵同英國通商八欵
美國天津約十二欵泊船寄居處所商民水手人等
只准在近地行走不准遠赴內地鄉村市鎮私行貿
易○通商八欵現議美國商民前往內地通商不得
到中華京都貿易○華盛頓約五欵

大清國與
大美國切念民人前往各國或願常住入籍或隨時來
往總聽其自便不得禁阻為是現在兩國人民互相
來往或游歷或貿易或久居得以自由方有利益〇
六款美國人民前往中國或經歷各處或常行居住
中國總須按照相待最優之國所得經歷常住之利
益俾美國人一體均沾中國人至美國或經歷各處
或長行居住美國亦必按照相待最優之國所得經
歷常住之利益中國人一體均沾

瑞國廣東約十七款（同美國十二款末句改不准遠赴內地鄉村任意閒游尤不得）

赴市鎮私行貿易

布國和約八款其欲前往內地須由領事暨地方官發給蓋印執照隨時飭交隨時呈驗如遇執照遺失無以繳呈中國官員務准亡執照之人暫憩以待另請執照或護送其人至近口領事官收管亦可然皆不得毆打或聽他人傷害○通商八款同英國通商八款

丹國和約九款一丹國民人准聽持照前往內地各處游歷通商云云經過地方如飭交出執照即應隨時呈驗無訛放行該民僱船僱人裝運行李貨物不得攔阻如其無照其中或有訛誤以及查出沿途或

有不法情事就近送交領事懲辦惟於途中祇可拘禁不可凌虐○通商八款同英國通商八款

〔和國〕和約三款和國民人可往內地游歷通商若要前往內地各處游歷須由起程處所領事官發給執照地方官蓋印為憑經過地方官驗照放行若欲僱船僱人悉從其便倘無執照或有照訛誤以及有作為不法等情該處官長解交就近領事官懲辦沿途止可拘禁不可凌虐又如入內地販運貨物須按照各國新定章程辦理

〔日國〕和約七款其並不携帶貨物之民人專為持往

內地游歷執照由領事官發給又經過地方如飭交出以下同英國九欵

比國和約十欵比國民人准聽持照前往內地各處游歷通商又如遇執照有遺失者比國人無以繳送而地方官員無憑查驗不肯存留以便再與領事官復領一件如查出沿途或有不法情事聽憑中國官員就近送交領事官收管懲辦惟於途中止可拘禁不得凌虐所獲比國之人○通商八欵同英國通商八欵

義國和約九欵同丹國九欵○通商八欵同英國通商八欵

奧國和約八欵如內地販運貨物須照各國章程辦

理○十一款其並不携帶貨物之民人專為持往內
地游歷執照由領事官發給　又經過地方如飭交出
以下同英國九款○通商八款同英國通商八款
日本國通商約十三款至官民游歷均照兩國通行
舊章辦理○十四款中國商貨進日本國通商各口
在海關完清稅項後中國人不准運入日本國內地
其日本國商貨進中國通商各口在海關完清稅項
後任憑中國人轉運中國內地各處售賣逢關納稅
遇卡抽厘日本人不准運入中國內地違者貨均入
官並將該商交理事官懲辦○通商十五款兩國商

民准在彼此通商各口購買各土産及別國貨物報關查驗完稅裝運出口不准赴各内地置買貨物如有入各内地自行買貨者貨均入官並將該商交理事官懲辦以上兩款係因兩國各有指定口岸故須明定限制

秘國和約五款中國民人如安本分但能不違秘國章程律例無論何處任便游歷秘國民人亦准持照前往内地游歷通商云云所經過地方如飭交出執照即應隨時呈驗無訛放行該民僱人僱船僱車裝運行李貨物不得攔阻其貨物應照報單章程辦理

如其無照或有訛誤以下同丹國九款

續輯

英國煙臺約專條現因英國酌議約於明年派員由中國京師起行前往編歷甘肅青海一帶地方或由內地四川等處入藏以抵印度為探訪路程之意所有應發護照並知會地方大吏暨駐藏大臣公文屆時當由總理衙門察酌情形妥為辦給倘若所派之員不由此路行走另由印度與西藏交界地方派員前往俟中國接准英國大臣知會後即行文駐藏大臣查度情形派員妥為照料并由總理衙門發給護

照以免阻碍

給發內地執照條款

英國天津約九款英國民人准聽持照前往內地各處游歷通商執照由領事官發給由地方官蓋印云云如通商各口有出外游玩者地在百里期在三五日內毋庸請照惟船上水手人等不在此列應由地方官會同領事官另立章程妥為彈壓惟於江寗等處有賊處所俟城池克復之後再行給照○咸豐八年九月欽憲桂花明段照會英法美國大臣天津和約內載貴國人民若有蓋印執照准聽前往內地各處惟此項印照務由各領事察看請領之人實係體面自愛者方准填發不

可誤給○咸豐八年十二月初十日准英國領大臣照覆云天津條約定准英民進入內地通商游行之議本國切願盡心襄辦防其借此美舉稍致反為妄行定必嚴飭各領事官凡非體面和厚之人萬不許給照

法國天津約八款大法國人欲至內地及船只不准進之各埠頭游行皆准前往然務必與本國欽差大臣或領事等官預領中法合寫蓋印執照其執照上仍應有中華地方官鈐印以為憑云云凡照舊約在通商各口地方大法國人或長住或往來聽其在附近處所散步動作毋庸領照一如內地民人無

異惟不得越領事官與地方官議定界址其駐札中
國大法國官員如給執照之時惟不准前往暫有匪
徒省分其執照惟准給與體面有身家之人為憑○
咸豐八年十月十九日
准法國葛大臣照復云領事官如發執照須要認明
此人係正經好人前往内地何處作何生理始行蓋
印給發執照上須載中法二國字文及本人年貌係
籍何處作何生理方准領事官同中國地方官一并
蓋印此執照發出一年為期每年更換其執照紙費
俱係本人奉納
〔美國〕咸豐八年十月初五日
准美國列大臣照復云定必明立律例交給領

事官禁止不請執照或強請執照等事本大臣自當

呈明

國家設立章程

布國和約八款通商各口近處游玩如地在百里期

在三五日内毋庸請照其欲前往内地須由領事暨

地方官發給蓋印執照

丹國和約九款一丹國民人准聽持照前往内地各

處游歷通商所領執照由領事官發給由地方官蓋

印云云如在通商各口出外游玩者地在百里之中

期在三五日内可以毋庸請照至於水手船上人等

不在此例應由地方官會同領事官另立章程妥為彈壓其江寧等處有賊處所俟城池克復之後再行給照前往

和國　和約三款和國民人可往內地游歷通商若要前往內地各處游歷須由起程處所領事官發給執照地方官蓋印為憑又惟通商各口有欲出外游玩者路在百里內期在三五天無庸請照惟水手船上人等不在此例

日國　和約七款其並不携帶貨物之民人専為持往內地游歷執照由領事官發給由地方官蓋印又如

通商各口有出外游玩者地在百里期在三五日内毋庸請照惟船上水手人等不在此列應由地方官會同領事官另立章程妥為彈壓惟於有賊處所不准給照前往俟地方平靜之後再行給照

比國和約十款内地各處游歷通商所領執照應由欽差大臣或領事等官發給中法合寫蓋用印信其執照上仍應用地方官鈐印為憑又如在通商各口出外游玩者地在百里之中期在三五日内可以無庸請照至於各色船只水手人等不在此例應由地方官會同領事官另定章程其駐紮中國之比國官員如

給執照之時惟不准前往暫有匪徒各有分其執照

只准給與體面有身家之人為憑

義國和約九款同丹國九款惟除去江寧等處四字

奥國和約十一款其並不携帶貨物之民人至妥為

彈壓止同日國七款其駐劄各口之奥斯馬加國領事官如

給商民執照之時只准給與體面有身家人為憑〇

十款中國各省地方設有賊匪奥斯馬加國商民不

得請照前往游歷出入

日本國通商約十三款至官民游歷均照兩國通行

舊章辦理惟請領執照應責成理事官查明實係安

分之人方可發給免致滋生事端

秘國和約五欵俄國民人亦准聽持照　至妥為彈壓

上同丹國九欵惟所領執照句下改為由領事官蓋印發給復由地方官蓋印內係日斯巴尼亞文字並中華文字云云下方接如在通商句　又三五日內改五日之內

内地不准開設行店條欵

和國和約三欵不准在内地開設行店

日國和約八欵至内地各處並非通商口岸均議定不得設立行棧

奥國和約八欵不准在内地開設行店

長江各口納稅通共章程此係本衙門所議納稅章程五款

第一款

洋商由上海運洋貨進長江須在上海將進口正稅完納俟到長江各口後一經離口自入內地販運如無長江各關稅單者逢關納稅遇卡抽釐遇有外國商人欲在長江各關請入內地之稅單即令該商於運貨過卡之先照約在該關完一子口稅方准發給稅單不再另徵

第二款

洋商由上海運土貨進長江其該貨應在上海交本

地出口之正税並先完長江復進口之半税俟到長江各口後一經離口販運無論洋商華商均逢關納税遇卡抽釐

第三款

洋商由上海運別口所來之土貨已在別口交過出口税並在上海交過復進口税如再出口往長江毋庸再在上海納出口税並長江復進口之税俟到長江各口後一經離口販運無論洋商華商均逢關納税遇卡抽釐

第四款

洋商如在長江口岸自入内地買土貨或本商自去
或用本國人或用内地人均可惟必須先向海關請
領買貨報單單内註明該貨某日到某子口應運通
商某口實屬本商土貨自必納完半稅等詞並於單
内填註本商姓名或本行字號為憑此等報單通商
各口海關自行備辦俟准領事官咨請發給並無使
費

第五款

洋商由長江口岸運土貨回上海若係洋商人内地
自販之貨已在江口完一子稅即有過卡實據可憑

如在本江口所買之貨即係已由內地人交過各內地稅則在長江下貨時均不必在長江各口完稅俟到上海進口時交長江出口之正稅并先將一半稅存在銀號如在三個月限內出口運往外國確係原包原貨并無拆動抽換情形即將所存之銀交還如在上海銷賣或逾限未出口即將所存一半稅入帳作為復進口之稅或限內出口有拆動抽換情形除將一半稅入帳外仍另納出口之正稅

以上通共章程五款除長江應收進出口正稅及復進口半稅均在上海完納與別海口不同餘如洋商入內

地賣洋貨買土貨進口入內地銷買以及土貨復進口
報明不日出洋各項存銀納稅領單請照一切辦法南
北各海口均照長江一律辦理

英國告示

大英欽差大臣卜　　為
曉諭事照得子口稅餉復進口稅並免單三節本大
臣現已定明章程開列於左英國各商遵行

第一款子口稅餉

一英商欲將洋貨進入內地貿易或運土產前往海口
云云列入洋貨除市既織外運入內地洋商在內地買土貨出口兩條內

一英商運土貨出口云云列入洋商在内地買土貨出口條内

一土貨運進内地云云列入土貨及香港貨進内地條内

一長江議訂章程暫准商船自上海前赴漢口九江貿易所有土貨下江洋貨上江若係僅在本口買賣均無庸納内地税餉惟洋貨到漢口九江等處後復進内地及内地買土貨如領有子口執照納完半税若無執照逢關納税遇卡抽厘以照分别之道

第二款各貨免單

一洋貨進口納税後列入洋貨納税進口復運别口條内

一土貨出口列入土貨納税出口後復進口條内

第三款　土貨復進口稅

一土貨出口先定出口之稅餉列入土貨納稅出口後復進口條內

一土貨復進他口之時列入土貨復進口後仍販出洋條內

一土貨如限內列土貨復進口後仍販出洋條內

一土貨復進他口列土貨納稅出口後復進口條內

一土貨復進各口列土貨納稅出口後復進口條內

一上海與漢口九江通商仍照暫訂章程辦理所有土貨上下大江應納出入之正稅及由上海運土貨進長江長江運土貨回上海應交復進口之半稅現定均在上海納完俟大江平靖另行辦理惟有該商報

明是復出外洋之貨則照本款第二節當將半稅交

關存留該貨果得限内出口半稅亦准照數交還

此係英國告示即係本衙門所議五款章程之意再本

衙門所議納稅章程五款係專指長江而言而英國告

示内三大款雖即係五款之意却不盡指長江是以南

北各口俱宜遵辦

咸豐十一年九月

長江暫訂通商章程按此係總理衙門所定後於同治元年續經改定

第一款

外國各船隻欲過鎮江口上大江者由上海領事官處請領江照由領事官轉請上海海關此江照准往漢口為止只係上海海關可發俟查明該船應納進出口各稅連船鈔已經納完方可給照其照由上海海關送與領事官轉給該船船主即由領事官將其船牌畱署俟該船回日將原照送繳領事官轉送海關然後領回船牌

第二款

凡商船來往長江准帶應用兵器以為保衛之資其
兵器數目聽上海海關按度情理酌定發給軍器執
照載明礮槍刀藥等件若干准其照數帶往由海關
將此軍器執照送與領事官由領事官發給該船船
主俟該船回上海之日將執照內所開原帶礮槍刀
藥等件按數帶回如有用去者即將如何用處報明
如該船帶回軍器火藥缺少執照所開數目又不能
將如何用處并無弊端報明或查出該船在長江不
論何處私將器械火藥各等類出賣或多帶軍器與
照內數目不符者即將江照撤回不准該船在長江

貿易

第三款

一該船由上海起程上長江之時聽憑上海海關隨意派員或丁役等不過一二人一同駕往鎮江該船主不得阻止并將所派員役照料安置坐落之處其經費一切由關支給該船自上海至鎮江一帶地方均不准貿易如有私自買賣係違天津和約第四十七款章程可照約内所議處辦

第四款

各船到鎮江必先在該處灣泊并報明領事官鎮江

關方准過口該船一到鎮江即將江照軍器執照上海海關紅單船上除水手外所帶商客等人名數單共四件親遞領事官查照如欲即刻前往由領事官將以上四件轉送鎮江關查明聽關派員役上船查看如無應取銀物又無應留事故由關將上海原發江照軍器執照兩件給還船主另給鎮江紅單一件方准開行該船在鎮江如逾一日之限不即前往則由船主報領事官照會海關並起貨下貨一切等事均必遵照天津和約第三十七等款辦理仍由船主將艙口單及所帶商客等人名數單禀遞領事官由

領事官將該船江照軍器執照留署俟鎮江關發紅單時始將此二照給還船主方准前往如有船隻未照章程請領江照軍器執照鎮江紅單三件私行往長江即係違天津和約第四十七款可照此款處辦

第五款

各船到九江漢口限一日之内由船主將江照軍器執照鎮江紅單艙口單並船上商客等人名數單共五件遞交領事官查收留署俟出口之時仍將出口艙口單及所帶出口商客等人名數單遞交領事官由領事官始將江照軍器執照鎮江紅單三件發還

船主其鎮江紅單内由領事官註明何日遞交何日給還字樣如船隻直過九江不灣泊者則毋庸報到如過該處不起貨下貨免將艙口單遞交領事官

第六款

各船隻下長江時一到鎮江必在該口灣泊報明領事官鎮江關一切事宜均照以上第四款由鎮江進口上長江章程一律辦理仍聽鎮江關隨意派員或丁役不過一二人駕同前往上海由該船主遵照以上第三款一切照料只准該船直往上海均不許在沿途各處停候交易

第七款

凡船隻遵照此章程在長江來往貿易其應納稅餉既照以上第一第四第六各款辦理則天津和約第三十八三十九四十四十一四款章程與彼無涉准其在九江漢口任便起貨下貨不用請給准單不用隨納稅餉俟回上海遵照前章辦理

第八款

船隻在長江各口遞領事官艙口單內必註明所帶各貨件數按貨開明或觔兩或長短或價值分別列明

第九款

一洋商欲運油蘇錮鐵米糧麪食木植銅錢須赴關報明數目若干運往某口請給執照先由該商呈具保單聲明必將貨物送至某口聽某口海關查驗該貨數目相符均經起卸即由某口海關將執照畫押蓋印限三月內繳回儻逾三月之期而執照未得送回按其錢貨原本照數罰繳入官外將該船江照撤回不准在長江貿易以上各節均於保單內註明至請給執照如係向在中華設洋行之人准其自行呈具保單若非向設洋行之人則同妥商二人聯名呈

具保單以上各貨除銅錢不納稅外餘均照則納稅

第十款

一英商買僱內地船隻裝貨上下長江稟請該口領事官咨會該關發給內地船照先由該商具呈保单聲明必將該船及貨物送至某口海關聽海關查驗船貨相符均經起卸即由某口海關將執照畫押蓋印限二月內繳回儻逾二月之期而執照未得送回按其船貨價值罰繳入官至所請船照如係向在中華設洋行之人准其自行呈具保單如非向設洋行之人則同妥商二人聯名呈具保單其內地船應征

税料應由各口自向内地商人辦理

第十一款

凡船只有違前款章程不論何款將江照撤回不准在長江貿易亦可將違章之船送回上海可另並治以違犯條約之咎又如遇人因事故將該船主禀告各口領事官由領事官將該船留在口内俟將所告之事查明辦理完結之後方准開行

第十二款

以上暫訂各章程如與各口收税情形有滯礙難行之處應由兩國

欽差大臣隨時會同核議以歸妥善

英國告示此係英國告示即本衙門所議十二款章程之意

本年二月所定十款內第一至六款無庸另議

第七款按照新章程改用

第八九二款仍舊辦理第九款應改作末款之上

第十至十四款共五款所議均在通商三節告示之內亦可無庸重議

第十五款內有可從不可從者英商販運油蔴鋼鐵米糧麪食木植銅錢並買僱內地船隻均照善後條約第五款之道聽商呈具保單辦理分別開列

於左

一英商欲運油蘇云云同通商衙門所議第九款

一英商買僱内地船只云云同通商衙門所議第十款

咸豐十一年九月

長江通商續訂章程

第一條

凡有英商之船在長江貿易者只准在鎮江九江漢口三處貿易沿途不准私自起下貨物如違此例由該關即將各該船貨均可入官長江出口土貨在以上三關出口以及無免單之進口洋貨未完半稅之進口土貨到以上三關進口均由各該江關查驗自行徵收稅餉按照條約已開通商各口辦理一切事宜

第二條

凡有英商之船在長江貿易者現議分為兩項其一由鎮江上江暫做長江買賣之大洋船以及各項划艇風篷船隻其二由上海入江常做長江買賣之內江輪船以上兩項船隻在何口貿易均照條約及該口章程辦理如帶軍器火藥等件應於上江時先將數目報明該關由關在所給上江之照單內註明件數查驗放行之後查出該船私加其數抑或在長江私將軍器火藥出賣該船均可入官凡來往各船如遇中國之巡查輪船欲行查驗立即呈明船牌各件查驗放行

第三條

大洋船之例凡有英商之大洋船以及划艇風蓬等項船隻抵鎮江時如在鎮江貿易即在鎮江徵收稅鈔若由鎮江再行上江前往九江漢口等處者須由船主將船牌呈交鎮江領事官查收並將艙口單呈鎮江關查驗俟由領事官行文來關方由關發給護照一紙名爲鎮江護照內註明該船帶用兵器槍礮刀藥等件若干水手多寡並押載噸數以及國號由關任便將船艙封固派差押送前往上江該船抵九江或上江或下江須由船主將其護照呈關查驗說

船在九江漢口起下貨物所有納稅一切事宜均照該口章程辦理俟回鎮江須將護照繳關註銷由關查明稅鈔完清各事均妥方發給紅單准領回船牌開船出海下江時由關任便隨時派差押送至狼山凡有船在鎮江以上若該船無鎮江護照並無中國之牌照者由關查出即將該船入官

第四欵

內江輪船之例凡有英商之輪船自上海常做長江買賣者應准將船牌呈交上海領事官留署由領事官轉請江海關給發輪船江照一紙該江照以六個

月為限期凡有此江照者即可照內江輪船之例起下貨物完納稅餉凡有江照之輪船抵鎮江九江無論上江下江須將江照呈關查驗嗣後有江照之輪船須在鎮江九江漢口輪流完納船鈔輪船上江下江皆由各該關任便隨時派差坐船同往押送凡有江照之輪船若有違背各口章程之事除首次照例罰辦外下次再違即由關自行將該船江照作為廢紙以後不准該船過鎮江上江無江照之輪船抵鎮江者若過鎮江上江須照第三款大洋船划艇風篷等項船只之例辦理

第五條

凡有江照之輪船裝載土貨須由該商在裝貨口先將正半兩稅一併完清方准裝貨俟該貨抵上海若在三個月限內復出口前往外國應由該商赴江海關請領執照作為該貨已往外國之實據將執照呈交江漢九江鎮江關則可將該商所納復進口半稅發給存票以抵日後應完之稅但欲往外國之貨抵上海之時亦應報明凡有此等輪船裝載別船所撥之貨該貨在未撥之先須照起貨之例完納稅餉由關查明各進口稅完清方准撥貨

第六條

凡有洋商僱用内地船只運貨者除按照條約納稅外仍令其照辛酉年暫定章程之例呈具保單請領執照該船到關仍照内地船例完納船料如單貨不符照保單内註明之銀數罰辦俟江西肅清即行停止

第七條

凡大洋船輪船及領有英國船牌之划艇風篷並洋商僱用内地運貨等船由出口之關給發總單至所過通商之口如起卸貨物即由該船主將其總單呈關查驗方准起貨

以上各章程日後如有滯礙難行之處應隨時核
議以歸妥善
同治元年九月

續輯長江增議章程

英國煙臺約三端至沿江安徽之大通安慶江西之湖口湖廣之武穴陸溪口沙市等處均係内地處所並非通商口岸按長江統共章程應不准洋商私自起下貨物今議通融辦法輪船准暫停泊上下客商貨物皆用民船起卸仍照内地定章辦理除洋貨半税單照章查驗免厘其有報單之土貨只准上船不准卸賣外其餘應完税厘由地方官自行一律妥辦外國商民不准在該處居住開設行棧

俄國陸路通商納稅條款

准憑執照赴陸路通商每處不得過二百人

天津約四款嗣後陸路前定通商處所商人數目及所帶貨物并本銀多寡不必示以限制○北京約五款俄羅斯國商人不拘年限往中國通商之區一處往来人數通其不得過二百人但須本國邊界官員給與路引內寫明商人頭目名字帶領人多少前往某處貿易並買賣所需及食物牲口等項所有路費由該商人自備

准華商赴俄國內地通商

北京約五款中國商人願往俄羅斯國內地行商亦
可

喀什噶爾給地通商

北京約六款試行貿易喀什噶爾與伊犁塔爾巴哈
台一律辦理在喀什噶爾中國給與可蓋房屋建造
堆房聖堂等地以便俄羅斯國商人居住並給與設
立墳塋之地並照伊犁塔爾巴哈台給與空曠之地
一塊以便牧養牲畜以上應給各地數目應行文喀
什噶爾大臣酌核辦理
准兩國人隨意買賣

北京約七欵俄羅斯國商人及中國商人至通商之處准其隨便買賣該處官員不必攔阻兩國商人亦准其隨意往市肆鋪商另發買賣互換貨物或交現錢或因相信賖帳俱可

居住通商不設限期

北京約七欵居住兩國通商日期亦隨該商人之便不必定限

准商民定貨典房立券報官

北京約八欵兩國商人在通商之處准其預定貨物代典鋪房等事寫立字據報知領事官處及該地方

官署遇有不按字據辦理之人領事官及該地方官令其照依字據辦理

邊界百里內免稅

北京約四款此約第一條按此款載入清理邊界條所定交界各處准許兩國所屬之人隨便交易並不納稅各處邊界官員護助商人按理貿易其愛琿和約第二條之事此次重復申明○陸路約一款兩國邊界貿易在百里內均不納稅其稽查章程任便兩國各按本國邊界限制辦理○陸路續約一款同陸路約一款准領執照赴蒙古貿易

陸路約二款俄商小本營生准許前往中國所屬設官之蒙古各處及該官所屬之各盟貿易亦不納稅其不設官之蒙古地方如該商欲前往貿易中國亦斷不攔阻惟該商應有本國邊界官執照內用俄字漢字蒙古字鈐印並註商人姓名貨色包件駝牛馬匹數目若干如無執照前往查明除貨入官外將該商按照北京和約第十條被逃獲送之法辦理該領事官嚴查不准未領執照商民前往貿易○陸路續約二款同陸路約二款惟首句除小本營生四字再於駝牛馬匹數目若干之下添入行抵中國第一邊卡應將執照呈官查驗或用戳記或以

畫押為憑四句

准俄商由張家口赴津販貨沿途憑照放行

陸路三款俄商運俄國貨物前往天津應有俄國邊

界官並恰克圖部員蓋印執照內用兩國文字註商

目及隨人姓名貨色包件數目此項貨幫止准由張

家口東壩通州直抵天津任憑沿途各關口中國官

員迅速點數抽查驗照蓋戳放行其照限六箇月在

天津關繳銷如各口有抽查拆動之處查畢後仍由

各口加封其拆動件數並於照內註明以憑查核該

關查驗不得過一箇時辰倘有商人遺失執照將貨

物扣留中途即行報明原給執照之官並呈明日期號頭妥速補給執照註明補給字樣以便查驗放行

○陸路續約三款俄商運俄國貨物至蓋戳放行上同陸路三款下云如各口有抽查拆動之處查畢後仍由各口加封其拆動件數並於照內註明以憑查核該關查驗不得過一個時辰其照限六箇月在天津關繳銷倘有商人遺失執照即行報明原給執照之官並呈明日期號頭妥速補給執照註明補給字樣以便查驗放行一面至就近之關口報明查驗相符暫給憑據准其執此前行以免躭悞如在張家口報明請領

憑據應由在口之俄商代出保結方給字據嗣抵天
津如所報貨色件數與補給之原照不符即按第七
款辦理惟該行是問其所失之照作爲廢紙

張家口酌留貨物銷售

北京約五款俄國商人除在恰克圖貿易外其由恰
克圖照舊到京經過之庫倫張家口地方如有零星
貨物亦准行銷○陸路四款俄商路經張家口按照
運津之貨總數酌留十分之二於口銷售限三日内
禀明監督官於原照内註明驗發准單方准銷售該
口不得設立行棧○陸路續約四款俄商由恰運俄

國貨物路經張家口按照運津之貨總數任便酌留若干於口銷售限三日內禀明監督驗發准單將酌留之貨交納稅項後方准銷售惟該口無庸設立領事官以及行棧

天津張家口兩處分别納稅

陸路五欵俄商運俄國貨物至天津應納進口正稅按照各國稅則三分減一在津交納其留張家口二成之貨亦按稅則三分減一在張家口交納○陸路續約五欵俄商運俄國貨物至天津應納進口正稅按照各國稅則三分減一在津交納其酌留張家口

之貨仍按各國稅則在張家口交一正稅
張家口納稅貨物運赴津通補還多交之稅
陸路六欵如在張家口二成貨物已在該口納稅領
有稅單而貨物有未經銷售者准該商運赴通州或
天津銷售不再納稅○陸路續約六欵如在張家口
酌留俄國貨物已在該口納稅領有稅單而貨物有
未經銷售者准該商運赴通州或天津銷售不再納
稅並將在張家口多交之一分補還俄商即由該口
發給執照内註明
張家口天津兩處俄商舞弊貨罰入官

陸路七款俄商所運無論何項貨物如至天津查有拆動抽換或張家口截留之貨數目多於十分之二及繞越他處不按第三款之路而行一經中國官查出某商違例其貨物全行入官○陸路續約七款俄商所運俄國貨物如至天津除報明留張家口之貨件外查有原貨抽換或與張家口酌留之貨數目不符某商違例其貨全行入官但沿途實係包箱損壞必應改裝裝畢行抵就近關口報明如查驗原貨色相符即於單照內註明方可免其議罰倘或繞越他處不按第三款之路而行將原貨私行售賣一經查

出某商違例即將其貨全行入官如僅繞越他處並未將貨銷賣即罰令完交一正稅其罰令入官之貨如果商人情願將原貨變價交官自應與中國妥商按照原價從公估價交官亦可

俄商由津販貨至南北各口應補足正子兩稅

陸路八款俄商如由天津運俄國貨物由水路赴議定南北各口則應按照各國稅則在津補足原免三分之一稅銀俟抵他口不再納稅如由天津及他口運入內地均應按照各國稅則納一子稅以上進口事例〇

陸路續約八款同陸路八款

俄商在各口販貨仍照各國總例納稅

陸路九款俄商在議定南北各口販買土貨由水路出口進口及由俄國販洋貨由水路進口出口仍照各國總例一律辦理○陸路續約九款（同陸路九款）

買貨納稅領照回俄不再征稅

陸路十款俄商在他口販買土貨運津回國除在地口按照各國總例交納稅餉外其赴天津應納一復進口稅（即正稅之半）該領事官發給兩國文字執照天津關蓋印註明商人姓名貨色包件若干方准起運赴恰克圖不再重征並飭令遵照第三款之路而行沿

途不得銷賣如違即將該商貨物全行入官所有經
過通州東壩張家口查驗之例按照第三款章程辦
理口陸路續約十款俄商在他口販賣土貨回國不
留在彼銷售如在他口全稅交完有單可憑至此不
再征稅以免重征該領事官發給兩國文字執照天
津關蓋印註明商人姓名貨物包件若干方准起運
赴恰克圖不再重征並飭令遵照第三款之路而行
沿途不得銷賣如違即按第七款辦理所有經過通
州東壩張家口查驗之例按照第三款章程辦理其
照自起程日為始限六箇月內到恰克圖繳銷如遇

躭延應於起限前報明領事官及地方官等如違罰辦倘有商人遺失執照按第三欵辦理

由津通販内地貨回俄應完一正稅

陸路十一款俄商在天津通州販買土貨照第三款之路由陸路回國均按照各國稅則完一正稅領取執照不再重征沿途不得銷賣如違罰辦○陸路續約十一款俄商在天津通州等處販買從内地所來土貨照第三款之路由陸路回國均按照各國稅則完一正稅領取執照不再重征沿途不得銷賣

在津販已納復進口稅土貨回國一年内免稅

陸路續約十二款俄商在津販賣復進口土貨由陸路回國如在原口完清全稅於一年限內出津運往俄國一切與章程相符不再重征並將暫存天津復進口半稅給還存票沿途不得銷售領取執照一切按照第十款辦理嗣後天津復進口納稅章程中國與各國一行擬改俄國亦一律改定

在張家口販賣土貨回國應完子稅

陸路十二款俄商在張家口一處販買土貨應交出口稅銀按照各國稅則交一子稅即正稅之半在張家口交納該口發給執照以後不再重征沿途不得銷賣

如違罰辦○陸路續約拾四款同陸路十二款惟土貨下加回國二字末四字節去

在通州買土貨回國應完正稅

陸路十三款俄商在通州買土貨應預先報明東壩按各國稅則完一正稅由東壩收稅發給執照註明貨色包件若干沿途亦不准銷賣如違罰辦○陸路續約十三款同陸路十三款惟土貨下加回國二字末四字節去

在津買進口洋貨回國應納子稅

陸路十四款俄商在天津或他口販買別國洋貨由陸路回國如別國已交正稅子稅有單可憑不再重

征如別國只交正稅未交子稅該商應按照各國總
例在該關補交子稅○陸路續約十五款同陸路十四款
由津通張販貨回國務須單貨相隨
陸路十五款俄商由天津通州張家口販貨回國務
須單貨相隨以憑查驗自起程日為始限六箇月內
到恰克圖銷照如遇有躭延應於限期前報明領事
及地方官如違罰辦倘有商人遺失執照將貨物扣
留中途即行報明原給執照之關並呈明日期號頭
該關妥速補給執照註明補給字樣以便查驗放行
以上出口事例○陸路續約十六款俄商由天津通州張家

口販貨回國務須單貨相隨以憑查驗放行其銷照限期及遺失執照一切按照第十款辦理以上出口事例

免稅貨物比照各國章程

陸路十六款所有各國稅則第二款所載俄商由陸路販貨亦按照一律辦理○陸路續約十七款同陸路十六款

偷漏及夾帶違禁貨物應將各貨入官

陸路十七款俄商如有偷漏及挾帶違禁之物如各國稅則第三第五兩條所載各物件均應將貨入官如該商自備軍器護身應在恰克圖報明填入執照

每人各帶兵器一件〇陸路續約十八款同陸路十七款

稅則不載之貨估價抽稅

陸路十八款凡有洋貨土貨爲各國稅則未載者應照各國值百抽五總例一律辦理惟值百抽五總例定稅數目以後俄商與中國各關恐有爭端即將所有俄國貨物於各國稅則未載者或幾處不符者及中國磚茶各等貨現應於天津定議續則補於此款以及各國稅則之内〇陸路續約十九款凡有洋貨土貨爲各國稅則未載者按照俄國天津定議續則辦理如續則及各國稅則亦未載再照各國值百抽

五總例辦理

不得包庇華商運貨

陸路十九款俄商不得包庇華商貨物運往各口○

陸路續約二十款同陸路十九款

修改條約期限

北京約十四款日後如所定陸路通商之事內設有彼此不便之處由東悉畢爾總督會同中國邊界大臣酌商仍遵此次議定章程辦理不得節外生枝至天津所定和約第十二條載立約條內亦應照舊勿再更張○陸路二十款此次新定章程試行三年為限俟

限滿或俄國或中國有欲行更改之處應於六箇月
內照會如限滿未經知照仍應展至五年後六箇月
內會議酌改如有要緊窒礙之處尚未滿限立即會
議酌改○陸路續約二十二款此次議定章程試行
五年為限下同陸路二十款
任憑中國官嚴防偷漏
陸路二十一款凡有嚴防偷漏諸法按照各國總例
任憑中國官隨時設法辦理○陸路續約二十一款
同陸路二十一款

補輯英國陸路通商條欵

烟臺約第一端一所有滇省邊界與緬甸地方來往通商一切應如何明定章程於滇案議結摺內一併請

旨飭下雲南督撫俟英國所派官員赴滇後即選派幹妥大員會同妥為商訂●一自英歷來年正月初一日即光緒二年十一月十七日起定以五年為限由英國選派官員在於滇省大理府或他處相宜地方一區駐扎察看通商情形俾商定章程得有把握並於關係英官民一切事宜由此項官員與該省官員隨

時商辦或五年之內或俟期滿之時由英國斟酌訂
期開辦通商至去年所議由印度派員赴滇曾經給
發護照應仍由印度節度大臣隨時定奪派員妥辦

柔遠全書十六

和約彙編四

和約彙編卷四目錄

官棧

進出口税

估價抽税

報税准除包皮

貨物受傷估税

内地子口税不過正税之半

洋貨在租界免厘

洋貨運入内地先納子税領取運照沿途免征厘税

土貨運進内地逢關納税遇卡抽厘

免税貨物進内地除金銀洋行李外仍納子税

洋商在内地買土貨出口報納子稅領取運照沿途
不征厘稅
洋貨納稅進口復運別口請領免單不再征稅
洋貨納稅進口仍運出洋分別期限給票還銀
土貨納稅出口後復進口再納半稅領單再運別口
不再征稅
土貨復進口後仍販出洋所納半稅分別期候給票
還銀
禁販各貨
販運洋藥納稅
販運銅錢

販運米穀等糧
販運豆石豆餅
販運硝磺白鉛
販運書籍
免稅貨物
進口貨物稅則
出口貨物稅則

船鈔條款

英國天津約二十九款英國商船應納鈔課一百五十噸以上每噸納鈔銀四錢一百五十噸正及一百五十噸以下每噸納鈔銀一錢凡船只出口欲往通商他口並香港地方該船主禀明海關監督發給專照自是日起以四箇月為期如係前赴通商各口俱無庸另納船鈔以免重輸

法國同治四年八月更定二十二款凡船按照第二十款進口出二日之外與未開艙卸貨之先即將船鈔全完按照例式凡船在一百五十頓以上者每頓納鈔銀四錢不及一百五十頓者每頓納鈔銀一錢凡船只出口欲往中國議定通商他口並往來安南國內法國所轄埠頭與附近之日本碼頭該船主禀明海關監督發給專照自是日起以四箇月為期如係前赴議定通商各口俱無庸另納船鈔以免重輸如在四箇月之外另納船鈔一次所有大法國三板等小船無論有篷無篷均照一百五十頓以下之例每頓輸鈔銀一

錢每四箇月納鈔一次其大法國商人僱賃中國船艇亦按四箇月納鈔一次以上係更定第二十二款其原舊第二十二款不輸船鈔等字樣作為廢紙

美國天津約十六款大合衆國船只進通商各港口時必將船牌等件呈交領事官轉報海關即按牌上所載頓數輸納船鈔每頓以方停四十官尺為準凡在一百五十頓以上者每頓納銀四錢不及一百五十頓者每頓納銀壹錢凡船只曾在本港納鈔因貨未全銷復載往別口出售或因無回貨須將空船或未滿載之船駛赴别港覓載者領事官報明海關將

鈔已完納之處在紅牌上註明并行文別口海關查
照俟該船進別口時止納貨稅不輸船鈔以免重征
〇二十二款大合衆國船只進口後方納船鈔
瑞國廣東約六款船只赴五港口貿易者均由領事
等官查驗船牌報明海關按所載頓數輸納船鈔計
所載貨物在一百五十頓以上者每頓納鈔銀五錢
不及一百五十頓者每頓納鈔銀一錢所有以前丈
量及各項規費全行裁革或有船只進口已在本港
海關納完鈔銀因貨未全銷復載往別口轉售者領
事等官報明海關於該船出口時將鈔已完納之處

在紅牌內註明並行文別口海關查照俟該船進別口時止納貨稅不輸船鈔以免重征○七款若僱用內地艇只不在按頓納鈔之例○十三款商船進口後於領牌起貨時應即將船鈔交清按第六款七款應改從各國例

布國和約二十三款商船應納鈔課各按船牌所載若干頓而納一百五十頓以上每頓納鈔銀四錢一百五十頓正及一百五十頓以下每頓納鈔銀一錢既納鈔後監督官給發執照開明船鈔完納倘該船駛往別口即於進口時將照送驗遂按照第二十一款載商船出口條自領執照之日起以及四箇月止無庸再

輸船鈔以免重複

丹國和約二十八款同英國二十九款下加至丹國船只舠兩以拉四嗹為準約定一拉四嗹為兩頓以示均平

和國和約八款和國商船應納頓鈔八十六拉四以上當作英國一百五十頓以上每頓納鈔銀四錢八十六拉四正及八十六拉四以下每頓納鈔銀一錢凡船只納清船鈔由監督官發給執照開明船鈔完納倘該船欲往他處自領照日起在四箇月期內前赴通商各口毋庸另納頓鈔

日國和約二十款商船應納鈔課至開明船鈔完納

句止同布國二十三款下加所有噸數照依英商噸數計算○二十五款船只出口欲往通商他口並香港及澳門地方該船主應稟明海關監督發給專照自是日起以四箇月為期如係前赴通商各口俱毋庸另納船鈔以免重輸

比國和約三十二款同布國二十三款惟按照第二十一款句改按照第三十一款

義國和約二十八款同英國二十九款

奧國和約二十七款同布國二十三款惟按照第二十一款句改按照第二十五款末加所有噸數照依英國噸數計算

日本國通商約十七款日本國商船進中國通商各

口應納船鈔凡船在一百五十頓以上者每頓納鈔銀四錢一百五十頓以下者每頓納鈔銀一錢由海關給照以四箇月為期如在四箇月限內進出中國通商各口毋庸另納船鈔四箇月限滿仍應照納云

云至中國商船進日本國通商各口無庸完納船鈔只納規費每進口十五元出口七元

船未開艙即行出口免納船鈔條款

英國天津約三十款一英國貨船進口並未開艙欲行他往者限二日之内出口即不征收船鈔倘逾二日之限即須全數輸納此外船只出進口時並無應交費項○通商六款限二日之内云云無論先後總以該船進口界限時刻起算以免參差爭論

法國天津約二十款凡船進口尚未領有牌照卸貨即與第十九款所載（載商船上貨下貨條）在二日之内可出口往別口出在此不必輸納鈔餉仍在賣貨之口完納鈔餉○通商六款（同英國通商六款）

美國天津約十九款倘有進口並未開艙即欲他往者限二日之內即行出口不得停留亦不征收稅餉船鈔均俟到別口發售再行照例輸納倘進口貨船已逾二日之限即須輸納船鈔○通商六款同英國通商六款

瑞國廣東約十款同美國十九款末加仍由海關填發紅牌知照別口以免重征

布國和約二十款貨船進口並未開艙欲行他往者限二日內出口不必輸納鈔餉並無應交費項倘逾二日之限即須全數輸納○通商六款同英國通商六款

丹國和約二十九款同英國三十款惟二日兩字改二十四時○通商六款限二十四時出口云云無論先後總以該船進口界限時刻起算

和國和約八款和船初進口並未開艙欲往他處限兩日内出口即免征收頓鈔倘逾二日之限雖不開艙亦須全數輸納此外並無他項雜費

日國和約二十六款同英國三十款下加凡船進口一到之時即應報明以備查核如於二日時刻内漏報照例罰辦、

比國和約二十五款同布國二十款○通商六款同丹國商六款通

義國和約二十九款同英國三十款惟二日兩字改二十四時○通商六款同丹國通商六款

奧國和約二十四款同英國三十款惟二日兩字改二十四時○通商六款同英國通商六款

日本國通商約十七款倘船進通商各口並未開艙欲行他往者限二日之內出口不收船鈔如逾二日之限即須全數輸納此外均無別項規費

坐船兵船災船免納鈔稅條款

〔英國〕天津約三十一款英商在各口自用艇只運帶客人行李書信食物及例不納稅之物毋庸完鈔倘有例應完稅之貨則每四箇月一次納鈔每噸一錢

〔法國〕天津約二十二款所有大法國三板等小船無論有蓬無蓬附搭過客載運行李書信食物並無應稅之貨者一體免鈔若該小船載運物貨照一百五十頓以下之例每頓輸鈔銀一錢按是款於同治四年更定惟更定之約未及坐船免鈔故仍將原約采錄○二十九款至兵船議明約定不納各項鈔餉

瑞國廣東約七款民人在各港口以本國三板等船附搭客商運帶行李書信及例不納稅之零星食物者其船只均不須輸納船鈔外若載有貨物即應按不及一百五十頓之數每頓納銀一錢

布國和約二十三款在各口用艇只運帶客人行李書信食物及例不納稅之物毋庸完鈔倘該小船一併載運例應完稅之貨物即按照一百五十頓以下之例每頓納鈔一錢〇三十一款商船遇有破爛及緣別故急須進口躲避者無論何口均可進去不用完納船鈔如為修船之故而須上岸者亦不納稅惟

將該貨留在該省官為照顧以免影射情弊

丹國和約三十款丹國商民准聽在各口自用艇只運代客人行李書信食物以及例不納稅之物約准毋庸完鈔倘若裝載例應完鈔之貨則定按照四箇月一次納鈔每噸一錢

和國和約八款若犯風打壞船只入口修理不在此例免其完納噸鈔如係通商之口起貨販賣仍應完納稅鈔和商在各口自用艇只帯運客人行李書信以及例不納稅等物無庸完鈔如駁運例應完稅貨物每四箇月納鈔一次每噸納鈔銀一錢

日國和約二十七款同英國三十一款
比國和約三十二款同布國二十三款〇四十一款英國師船云云並約定不納各項稅餉
義國和約三十款同丹國三十款
奧國和約二十七款同布國二十三款〇三十四款該師船進呂一切稅餉俱不輸納
日本國通商約十八款兩國商船經過通商各口買辦船上應用雜物以及遇險暫時進口躲避並不貿易者船內所載之貨無須報官倘有交易照章開報完稅如船應修理貨須過撥入棧者報關查驗給單

起岸俟船修竣原貨裝運出口免其納稅若起棧後
就地發賣仍應照章納稅○二十欵兩國兵船進出
通商各口無須報關俟驗船上所用雜物均准免稅
如起岸發賣仍應報明照章完稅
秘國和約十欵同奥國三十四欵○十一欵全文載被災洋船入口條

稅則各國比照條款參看立約條

英國江寧約十款通商之廣州等五處應納進口出口貨稅餉費均宜秉公議定則例由部　頒發曉示以便英商按例交納○天津約二十四款一英商起卸貨物納稅俱照稅則為額總不能較他國有彼免此輸之別○二十六款前在江寧立約第十條內定進出口各貨稅彼時欲綜算稅餉多寡均以價值為率每價百兩征稅五兩大概核計以為公當旋因條內載列各貨種式多有價值漸減而稅餉定額不改以致原定公平稅則今已較重擬將舊則重修允定

此次立約加有印信之後奏明請派戶部大員即日
前赴上海會同英員迅速商奪俾俟本約奉到
硃批即可按照新章迅行措辦
法國天津約九款凡中國與各有立章程之國會議
整頓或現或後議定税則關口税噸税過關税出入
口貨税一經施行辦理大法國商人均沾用昭平允
○二十三款按今税則是有準繩以後毋庸加增倘
有海關書役人等不守例款詐取規費增收税餉者
照中國例究治○二十七款大法國人在通商各口
貿易凡出口入口均照兩國

欽差大臣所定印押而附章程之稅則輸納鈔餉云云已
定稅銀將來並不得加增亦不得有別項規費云云
如將來改變則例應與大法國會通議允後方可酌
改

美國天津約十五款所納稅餉惟照粘附在望厦所
立條約例冊除是別國按條約有何更改即應一體
均同因大合衆國人所納之稅必須照與中華至好
之國一律辦理

瑞國廣東約二款來中國貿易之民人所納出口入
口貨物之稅餉俱照現定例冊不得多與各國一切

規費全行革除如有海關胥役需索中國照例治罪

○五款均照現定條約納餉不得另有別項規費

〔布國〕和約十五款商民在通商各口凡有進出口貨物皆按後附税則上税定税之外更不得加增別項規費○四十款日後如將税則關口税噸税過關税出入口貨税無論何國施行改變一經通行布國暨德意志通商税務公會各國商民船主人等亦一體遵照毋庸再議條款

〔丹國〕和約二十三款丹國商民起卸貨物輸納税餉約准俱照税則為額總不能較諸他國或有彼免此

輸之弊○二十五款丹國商民出入各貨應納稅課均照本約後附稅則為例

和國和約十款和商起落貨物及經過内地稅關納稅俱照稅則為準總不能較他國有多寡不均之數

日國和約二十一款商人起卸貨物納稅俱照咸豐八年各國稅則為額總不能較他國有彼免此輸之別

比國和約二十款比國商民起卸貨物輸納稅餉約准均照本約後附稅則為例總不能較諸他國或有彼免此輸之別○四十五款同布國四十款

義國和約二十四款同丹國二十三款

奥國和約二十款商民起卸貨物輸納稅餉約准俱照稅則為額總不能較諸相待最優之國或有加增之處如未至脩約之年中國與無論何國將現定稅額或增或減一經定議各國一律通行奥斯馬加國亦一律遵照○二十八款倘日後出入貨正子各稅或增或減並如何交納之處中國與無論何國議有定章一經通行奥斯馬加國亦一體遵照○四十三款如中國將稅則關口稅頓稅過關稅出入貨稅及各口隨時設法杜弊各章程無論與何國議定一經

通行與斯馬加國商民船主人等亦一體遵照毋庸
再議條款
日本國通商約十一款中國商船貨物進日本通商
各口應照日本海關稅則完納日本商船貨物進中
國通商各口應照中國海關稅則完納
秘國和約九款全文載立約修約條

官號代收稅銀明定成色革除鎔費條款

英國天津約三十三款稅課銀兩由英商交官設銀號或紋銀或洋錢按照道光二十三年在廣東所定各樣成色交納○通商約九款向例英商完納稅餉每百兩另交銀一兩二錢作為傾鎔之費嗣後裁撤英商毋庸另交傾鎔銀兩

法國天津約二十一款海關酌定銀號若干可以代中國收大法國應輸餉項該銀號所給實收一如中國官所給無異所輸之銀或紋銀或洋銀海關與領

事官核其市價情形將洋銀比較紋銀應補水若干
照數補足○通商約九款同英國通商九款
美國天津約二十二款所有稅銀由中國官設銀號
代納或以紋銀或以洋銀按時價折交均無不可○
通商約九款同英國通商九款
瑞國廣東約十三款其完納稅銀由中國官設銀號
代納或以紋銀納餉或以洋銀折交均照現定章程
辦理
布國和約二十二款監督官設立銀號若干可以代
監督官收布國及德意志通商稅務公會和約各國

應輸稅項該銀號所給收單一如監督所給無異所輸之銀或紋銀或洋銀監督官與領事官核其市價情形將洋銀比較紋銀應補水若干照數補足○通商約九款同英國通商九款

〔丹國〕和約三十二款丹國商民輸納稅課銀兩應交官設銀號或以紋銀或以洋錢其應何色銀兩與各國商人一律

〔日國〕和約二十九款稅課銀兩由日斯巴尼亞國商人交中國官設銀號或紋銀或洋錢其應何色銀兩與各國商人一律

比國和約三十七款同布國二十二款

義國和約三十二款同丹國三十二款

奧國和約二十六款同丹國三十二款

日本國通商約十一款至兩國各口海關云云並完税銀色彼此商民均應隨地遵照舊章辦理不得稍有異議

秤碼丈尺條款

英國天津約三十四款秤碼丈尺均按照粵海關部頒定式由各監督在各口送交領事官以昭畫一○通商約四款凡有稅則內所算輕重長短中國一担即係一百斤者以英國一百三十三磅零三分之一為準中國一丈即十尺者以英國一百四十一因制為準中國一尺即英國十四因制又十分因制之一英國十二因制為壹幅地叁幅地為一碼四碼尺三因制即合中國一丈均以此為例

法國天津約二十六款凡通商各口海關均有部頒

秤碼丈尺等項應照造一分比較準確送與領事官署收存輕重長短一與粤海關無異每件鐫戳粤海關字樣有鈔餉各銀輸納中國者俱依此秤碼兑交如其秤丈貨物爭執即以此式為準○通商四款凡有稅則内所算輕重長短中國一担即係一百斤者以法國六十吉羅葛林厯零四百五十三葛稜厯為準中國一丈即十尺者以法國三邁當零五十五桑的邁當為準中國一尺即法國三百五十八密理邁當

美國通商約四款同英國通商四款凡遇英字易美字

〔瑞國〕廣東約十二款各口領事官處應由中國海關發給丈尺秤碼各一件以備丈量長短權衡輕重之用即照粵海關部頒之式蓋戳鐫字五口一律以免參差滋弊

〔布國〕和約二十八款凡通商各口海關監督官須有部頒秤碼丈尺等項一付送與領事官署存留其輕重長短一與粵海關無異所有鈔稅各銀輸納中國者俱依此秤碼兌交如有秤丈貨物爭執即以此式為準○通商約四款凡有稅則內所算輕重長短中國一担即係一百斤者以布國暨德意志公會各國

一百二十唪呔二十七嚾呔一咕嚧呔八嗻呔即法國六十吉羅葛稜厤零四百五十三葛稜厤是為中國一百斤中國一丈即拾尺者以布國暨德意志公會各國十一呋嘶二咋哩零九分即法國三邁當另五十五桑的邁當是為中國一丈中國一尺即布國十三因制另七分即法國三百五十八密理邁當

丹國和約三十三款一秤碼丈尺約准均按照粵海關部頒定式由各監督送交各口領事官收用又准該秤碼等項其分兩均照續定通商章程第四款為例○通商四款（同英國通商四款凡遇英字易丹字）

日國和約三十款同英國三十四款

比國和約三十六款同布國二十八款○通商四款同英國通商四款凡遇英字易比字

義國和約三十三款同丹國三十三款○通商四款同法國通商四款凡遇法字易義字

奧國和約三十二款秤碼丈尺約准按照粵海關部頒定式由各監督送交各口領事官收用所有鈔稅各銀輸納中國者俱依比秤碼兑交如有秤丈貨物争執即以此為準並秤碼等項其分量均照續定通商章程第四款為例○通商約四款同布國通商四款惟遇布國暨

德意志公會各國等字均改奧斯馬加國五字

日本國通商約十一欵至兩國各口海關已經較准秤碼丈尺云云彼此商民均應隨地遵照舊章辦理不得稍有異議

嚴究走私漏稅犯禁條欵

〔英國〕天津約四十六欵中國各口收稅官員凡有嚴防偷漏之法均准其相度機宜隨時便宜設法辦理以杜弊端○四十八欵商船查有涉走私該貨無論式類價值全數查抄入官外俟該商船帳目清後亦可嚴行驅除不准在口貿易○通商約十欵通商各口收稅如何嚴防偷漏自應由中國設法辦理條約業已載明然現已議明各口畫一辦理是由總理外國通商事宜大臣或隨時親詣巡歷或委員代辦任憑總理大臣邀請英人幫辦稅務並嚴查漏稅云云

至長江如何嚴防偷漏之處俟通商後察看情形任憑中國設法籌辦

法國天津約二十八款若或有商人船只在各口走私無論何等貨價何項貨物並例禁之貨與偷漏者地方官一體拏究入官再中國可以隨意禁止走私船只進中土亦可以押令算清帳項刻即出口○通商十款 同英國通商十款

美國天津約十四款其有走私漏稅或携帶各項違禁貨物至中國者聽中國地方官自行辦理治罪大合衆國官民均不得稍有祖護○通商十款 同英國通商十

款惟英人改美國人

俄國天津約四款如帶有違禁貨物即將該商船所有貨物概行查抄入官

瑞國廣東約三十三款凡有擅自向別處不開關之港口私行貿易及走私漏稅或攜帶鴉片及別項違禁貨物至中國者聽中國地方官自行辦理治罪瑞典國哪喊國等官民均不得稍有袒護

布國和約七款或在沿海各處地方私做買賣即將船貨一併入官○通商十款通商各口收稅如何嚴防偷漏自應由中國相度機宜隨時便宜設法辦理

中國總理外國通商事宜大臣或隨時親詣巡歷或委員代辦任從其便總理大臣欲邀布國暨德意志和約各國之人幫辦稅務並嚴查漏稅云云至長江如何嚴防偷漏之處俟通商後察看情形任憑中國設法籌辦

丹國和約四十六款中國各口官員下同英國四十六款〇四十八款同英國四十八款〇通商九款通商各口收稅如何嚴防偷漏自應由中國設法辦理條約業已載明外現定各口畫一辦理以期妥善至長江如何嚴防偷漏之處俟通商後察看情形任憑中國設法籌辦

和國和約二款至長江如何防弊之法任憑中國隨時設法辦理〇十二款同英國四十六款〇若和國商船在通商各口查有涉走私該貨無論式類價值全數查抄入官外仍可將該船驅逐不准在各口通商

日國和約四十二款同英國四十六款〇四十五款同英國四十八款

比國和約三十八款同英國四十八款〇三十九款同英國四十六款惟除去收稅二字〇通商九款同丹國通商九款

義國和約四十六款同英國四十六款〇四十八款同英國四十八款〇通商九款同丹國通商九款

奧國和約十款商船查有涉走私情弊該貨無論式類價值全數查抄入官外押令該商算清帳目刻即嚴行驅逐不准在各口貿易○三十三款同英國四十六款

○通商九款同英國通商十款

日本國通商約十九款兩國商船如有裝運私貨者在中國除將私貨全數查抄入官外船只驅逐出口不准在通商各口貿易在日本國將私貨入官○三十款兩國各口收稅官員凡有嚴防偷漏之法隨時察看情形設法辦理各商皆應遵行

續輯

英國煙臺約三端　一香港洋面粤海關向設巡船稽查收稅事宜屢由香港官憲聲稱此項巡船有擾累華民商船情事現在議定即由英國擇派領事官一員由中國選派平等官一員由香港選派英官一員會同查明核議定章遵辦總期於中國課稅有益於香港地方事宜無損

入官船貨罰款均歸中國條款

英國天津約四十九款約內所指英民罰款及船貨入官皆應歸中國收辦

布國和約二十九款凡有商人違約與後附通商稅則致有罰銀抄貨入官之處應歸中國官收辦

丹國和約四十九款條約所載丹民罰款以及船貨入官各項皆歸中國收辦以充公用

和國和約十二款凡約內所有和商罰款船貨入官皆歸中國收用

日國和約四十六款同英國四十九款

法國和約四十款同丹國四十九款

義國和約四十九款同丹國四十九款

奧國和約三十三款條約所載奧斯馬加國商民罰款以及船貨入官各項皆歸中國收用

官棧條款

日本國通商約二十一款兩國通商口岸若欲設立官棧以備儲貨所有官棧章程當由兩國自行酌定惟貨物初行入棧均應暫免納稅至銷售時必須完清稅項棧租方准領出倘欲照章轉運別口只交棧租亦免納稅

進出口稅條款

英國天津約二十五款輸稅期候進口貨於起載時出口貨於落貨時各行按納○通商一款凡有貨物僅載進口稅則未載出口稅則者遇有出口皆應照進口稅則納稅或有僅載出口稅則未載進口稅則者遇有進口亦皆照出口稅則納稅倘有貨物名目進出口稅則均未賅載又不在免稅之列者應核估時價照值百抽五例征稅

法國天津約十九款大法國商人不欲自行計議稅

餉另倩熟悉之人代為計議完稅亦聽其便如有事後異言均不准聽○二十一款議定大法國船主或商人卸貨完稅則例俱遂次按數輸納至出口下貨亦然○二十四款凡大法國船進通商口如將貨在此卸去多寡即照所卸之數輸納其餘貨物欲帶往別口卸賣者其餉銀亦在別口輸納○通商一款同英國通商一款

美國天津約十九款或有商船進口止起一分貨物者按其所起一分貨物輸納稅餉未起之貨均准其載往別口售賣○二十二款進口貨物於起貨時完

税出口貨於下貨時完税○通商約一款同英國通商約一款

瑞國廣東約十款同英國十九款○十三款同美國二十二款

布國和約二十一款進口税卸貨時完納出口税下貨時完納○二十五款船主一進通商各口欲將貨物在該口但卸幾分即照所卸之數納税其餘貨物欲帶往别口卸賣者其税銀亦在别口輸納○通商約一款同英國通商約一款

丹國和約二十四款約准進貨之税於起載時輸納出貨之税於落貨時繳餉○通商約一款同英國通商一款

和國和約十款輸税之期進口貨於起貨之時出口

貨於落貨之時云云各行按納

日國和約二十二款同英國二十五款

比國和約二十六款同布國二十五款○三十一款同布國二十一款

款○通商約一款同英國通商約一款

義國和約二十五款同丹國二十四款○通商一款同英國通商一

款

奧國和約二十五款同丹國二十四款○二十九款同布國二十五

款○通商一款同英國通商一款

日本國通商約八款兩國商船輸稅期候進口貨於

起載時出口貨於落貨時各行按納○十二款兩國

貨物如有稅則未經賅載者由海關按照市價估計每值百兩收稅銀五兩○二十八款兩國稅則如有僅載進口稅則至亦皆照出口稅則納稅上同英國通商一款

佔價抽稅條欵

英國天津約四十二欵至稅則所載按價若干抽稅若干倘海關驗貨人役與英商不能平定其價即須各邀客商二三人前來驗貨客商内有願出價銀若干買此貨者即以所出最高之價為此貨之價式

法國天津約十九欵至估價定稅之貨若商人與華人意見不合應彼此喚集二三商人驗明貨物以出價高者定為估價

美國天津約二十欵若内有估價定稅之貨或因議價高下不等除皮多寡不齊致有辯論不能了結者

限該商於即日內禀報領事官俾得通知海關會商酌奪若禀報稽遲即不爲准理

瑞國廣東約十一款同英國二十款

布國和約十六款至稅則所載按價若干抽稅若干如商人與華人不能平定其價即須兩家各邀客商二三人前來明驗其貨商客願買出價高者定爲估價照此抽稅

丹國和約四十一款丹國出入各貨如係值百抽五之貨倘海關驗貨丁役偶與該商各存己見不能定價約准各邀客商二三人前來驗貨該客商內有出

最高之價者即以爲該貨之價式免致收稅不公

和國和約十一款同英國四十二款

日國和約三十八款同英國四十二款

比國和約三十款同丹國四十一款

義國和約四十一款同丹國四十一款

奧國和約二十一款同丹國四十一款

日本國通商約十二款兩國貨物如有稅則未經賅載者由海關按照市價估計每值百兩收稅銀五兩若貨主不肯照關所估之價售賣應聽其便仍令照海關所估之價完稅

報稅准除包皮條款

英國天津約四十三款凡納稅實按斤兩秤計先除皮包粉飾等料以淨貨輕重為準至有連皮過秤除皮核算之貨即若茶葉一項倘海關人役與英商意見不同即於每百箱內聽關役揀出若干箱英商亦揀出若干箱先以一箱連皮過秤得若干斤再稱其皮得若干斤除皮算之即可得每箱實在觔數其餘貨物凡係有包皮者均可准此類推倘再理論不明英商赴領事官報知情節由領事官通知監督官商量酌辦惟必於此日稟報遲則不為辦理此項尚未

論定之貨監督官暫緩填簿免致後難更易須俟秉
公核斷明晰再為登填

法國天津約十九款凡輸稅餉以淨貨為率所有貨物應除去皮毛倘大法國人與海關不能定各貨皮毛輕重就將爭執各件連皮過秤先定多寡約數再復除淨皮毛秤其斤重即以所秤通計類推當查驗貨物之時如其意見不合大法國商人立請領事官前來該領事官亦即知會海關從中盡力作合均限一日之內通報否則不為准理於議論未定之先海關不得將互爭數目姑寫册上恐後難於核定

美國天津約二十款若內有估價定稅之貨或因議價高下不等除皮多寡不齊致有辯論不能了結者限該商於即日內禀報領事官俾得通知海關會商酌奪若稟報稽遲即不為准理

瑞國廣東約十一款同英國二十款

布國和約十七款凡輸稅項以淨貨為率所有貨物應除去包皮倘布國及德意志通商稅務公會和約各國商人與海關人役不能定各貨包皮輕重就將爭執各件連皮過秤先定多寡約數再復除淨包皮秤其輕重即以所秤通計類推○十八款當查驗貨

物之時如有意見不合布國及德意志通商稅務公會和約各國商人可赴領事官稟報該領事官將情知照海關從中儘力作合惟應於一日內稟報否則不為辦理於議論未定之先海關不得將互爭數目姑寫冊上恐後難於核定

丹國和約四十二款丹國商民輸納稅餉以下同英國四十二款惟商量改會議又辦理改稟聞又尚未論定改未定斤數

和國和約十一款凡納稅以斤兩計者務必先除皮包粉飾等料以淨貨輕重為準倘稅關人役與和商意見不合自當兩造同往驗貨若目力不能瞭察之

貨再有理論不明和商於一日內赴領事官稟知情由領事官會同監督官商量酌辦惟此未論定之貨監督官暫緩騰簿

日國和約三十九款同英國四十三款

比國和約三十款同法國十九款

義國和約四十二款義國商民輸納稅餉以下同英國四十三款惟商量改會議又辦理改稟聞又尚未論定改未定斤數

奧國和約二十二款奧斯馬加國商民輸納稅餉以下同英國四十三款惟商量改會議又辦理改稟聞又尚未論定改未定斤數

日本國通商約十款兩國商人完稅以淨貨實數為

准將皮包除算至包皮輕重由關抽秤一二件餘則
類推

貨物受傷估稅條款

英國　天津約四十四款一英國貨物如因受潮濕以致價低減者應行按價減稅倘英商與關吏理論價值未定則照按價抽稅條內之法置辦

法國　天津約十九款進口貨物遇有損壞應核減稅銀照估價之例秉公辦理

布國　和約十九款進口貨物遇有損壞應核損壞多寡按價減稅秉公辦理倘彼此理論不能定價則按照第十六款所載按價抽稅之例辦理

丹國　和約四十三款丹商貨物或因潮濕等由損壞

致價低減該關應行按價減稅倘該商與關吏理論價值未定則照第四十一款所載值百抽五之貨同法定辦

和國和約十一款如貨物因受潮濕以致價值低減者應行按價減稅倘和商與關吏理論價值未定即照按價抽稅之法辦理

日國和約四十款同英國四十四款惟英商改日國商人又末句改則照第三十八款所載值百抽五之貨同法定辦

比國和約三十款同丹國四十三款惟除去第四十一款所載七字

義國和約四十三款同丹國四十三款

〔奧國〕和約二十三欵同丹國四十三欵惟則照第四十一欵改為則照第二十一欵

〔日本國〕通商約十欵如有受潮損壞貨物不能按則完納者估價抽收每值百兩收稅銀五兩

内地子口税不過正税之半條款

英國江寗約十款今又議定英國貨物自在某港按例納税後即准由中國商人徧運天下而路所經過税關不得加重税例只可按估價則例若干每兩加税不過△分○天津約二十八款一前據江寗定約第十條内載各貨納税後即准由中國商人徧運天下而路所經過税關不得重加税則只可按估價則例若干每兩加税不過△分等語在案迄今子口課税實為若干未得確數英商每稱貨物或自某内地赴某口或自某口進某内地不等各子口恒設新章

任其征稅名為抽課實於貿易有損現定立約之後或在現通商各口或在日後新開口岸限四箇月為期各領事官備文移各關監督務以路所經處應納稅銀實數明晰照復彼此出示曉布漢英商民均得通悉云云分載洋商在內地買土貨出口及洋貨進內地兩款中所征若干綜算貨價為率每百兩征銀二兩五錢俟在上海彼此派員商酌重修稅則時亦可將各貨分別種式應納之數議定此僅免各子口零星抽課之法海口關稅仍照例完納兩例並無交碍〇通商七款內地稅餉之議現定出入稅則總以照納一半為斷等語分載洋商在內地買

貨及洋貨進內地等各條款中內地稅則經此次議定既准一次納稅概不重征所有英國第二十八款所載經過處所應納銀實數明晰照覆彼此出示曉布華英商民均得通悉一節可毋庸議

法國天津約二十三款大法國貨物在通商各口已按例輸稅中國商人即便帶進內地經過稅關只照現例輸稅不得復索規費○通商七款內地稅餉之議至概不重征止同英國通商七款

美國通商約七款一內地稅餉之議至概不重征止同英國通商七款

瑞國廣東約十三款其進口貨物由中國商人轉販内地者經過各關均照舊例納税不得另有加增

布國和約二十四款貨物在通商無論何口既已按例輸税倘欲轉販内地者經過各關只照現定通商則例輸税不得另有加增云云中國海關書役人等不守例款詐取規費或多收税餉者照中國例究治

○通商約七款内地税餉之議現定出入税則總以照納一半為斷

丹國和約二十七款應納内地税餉云云一次完納之例准照續定税則章程第七款所載除有第二款

指明每值百兩完稅二兩五錢外按第二款云云載免稅貨物條款中

其餘各貨總以出入稅則照納一半為準其該貨應

納正稅仍宜於卡稅半稅完納外如數完繳

日國和約二十四款同丹國二十七款惟准照下加各國二字

比國和約三十三款同丹國二十七款

義國和約二十七款同丹國二十七款

奧國和約二十八款同丹國二十七款○通商七款同布國通商七款

續輯　洋貨在租界免厘條款

英國煙臺約三端一所有現在通商口岸按前定各條約有不應抽收厘金之界茲由威大臣議請本國准以各口租界作為免抽洋貨厘金之處俾免漫無限制・各口租界免洋貨厘金云云侯英國會商各國再行定期開辦光緒二年十月二十七日總理衙門札總稅務司文云本衙門現與德國巴大臣面議上海一口已定有洋商租界凡有洋商進口真正洋貨無論賣與華商洋商自光緒三年正月初一日起上海租界內不再抽收厘金

洋貨　運入内地先納子稅領取運

照沿途免征厘稅條款

英國天津約二十八款惟有英商云云或在口有洋貨欲進售内地倘願一次納稅免各子口征收紛繁則准照行此一次之課云云洋貨則在海口完納給票為他子口毫不另征之據○通商約七款運入内地各貨該商應將該貨名干若干原裝何船進口應往内地何處各緣由報關查驗確實照納内地稅項該關發給内地稅單該商應向沿途各子口呈單照驗蓋戳放行無論遠近均不重征云云若進出有違

此例反業經報明指赴何口沿途私賣者各貨均討入官倘有匿單少報等情將單內同類之貨全數入官所運各貨如無內地納稅實據應由海關飭令完清內地關稅始行發單下貨出口以杜隱漏○咸豐十一年九月英國卜大臣示第一款一英商欲將洋貨進入內地貿易云云准其或照內地例逢關納稅遇卡抽釐或照善後條約第七款所載洋貨請有稅單云云則照約完一次子稅即正稅一半以上兩層各聽其便

法國通商約七款同英國通商七款

美國通商約七款同英國通商七款

布國和約二十四款或在口有洋貨欲進售內地倘

願一次納稅免各子口征收紛繁應查照各國通商

稅則辦理〇通商七款同英國通商七款

丹國和約二十七款或將洋貨運入內地銷賣應納

内地税餉或於過卡隨時分數報完或在海關一次全行完納均准聽便輸交○通商七款同英國通商七款

和國和約十款輸税之期云云過内地關洋貨於給票之時各行按納

日國和約二十四款同丹國二十七款

比國和約三十三款同丹國二十七款○通商七款同英國通商七款

義國和約二十七款同丹國二十七款○通商七款同英國通商七款

奧國和約二十八款同丹國二十七款○通商七款同英國通商七

欵

日本國通商約十四欵其日本國商貨進中國通商各口在海關完清稅項後任憑中國人轉運中國内地各處售賣逢關納稅遇卡抽厘

續輯

英國烟臺約三端一洋貨運於内地請領半稅單照各國條約内原已訂明白自當遵辦嗣後各關發給單照應由總理衙門核定畫一欵式不分華洋商人均可請給並無參差云云所有應定章程免致滋生弊端之處威大臣即願會同總理商門設法商辦至

通商善後章程第七款載明洋貨運入内地及内地置買土貨等語係指沿海沿江、沿河及陸路各處不通商口岸皆屬内地應由中國自行設法防弊

土貨[redacted]運進內地逢關納稅過卡抽厘

條款

英國咸豐十一年九月英國卜大臣示第一款土貨運進內地不得祇完納半稅總按各省內地例逢關納稅遇卡抽厘

免稅貨物進內地除金銀洋行李外仍納子稅

條款參看免稅貨物條

英國通商約七款免稅各貨除金銀外國銀錢行李三項毋庸議外其餘海口免稅各物若進內地仍照每值百兩完稅銀二兩五錢

法國通商約七款同英國通商七款

美國通商約七款同英國通商七款

布國通商約七款同英國通商七款

奧國通商約七款同英國通商七款

洋商在内地買土貨出口報納子税領取運照

沿途不征厘税條欵

英國天津約二十八欵惟有英商已在内地買貨欲運赴口下載云云倘願一次納税免各子口征收紛繁則准照行此一次之課其内地貨則在路上首經之子口輸交云云給票為地子口毫不另征之據○通商七欵至運貨出口之例凡英商在内地置貨到第一子口驗貨由送貨之人開單註明貨物若干應在何口卸貨呈交該子口存留發給執照准其前往路

上各子口查驗蓋戳至最後子口先赴出口海關報完內地稅項方許過卡俟下船出口時再完出口之稅若進出有違此例及業經報明指赴何口沿途私賣者各貨均罰入官倘有匿單少報等情將單內同類之貨全數入官所運各貨如無內地納稅實據應由海關飭令完清內地關稅始行發單下貨出口以杜隱漏○咸豐十一年九月英國卜大臣示第一款一英商欲將洋貨進入內地貿易或運土產前往海口下船准其或照內地例逢關納稅遇卡抽厘或照善後條約第七款所載洋貨請有稅單土貨請有運照則照約完一次子

稅即正稅之半以上兩層各聽其便又英商運上貨出口到第一子口開單報明呈單或本商自去或使用本國人或內地人均可惟聞已有到子口報貨假稱前往海口准過以後沿途私賣內外稅餉皆為偷漏之情弊現定報單內聲明該貨某日到某子口應運通商某口實屬本商土貨自必納完半稅等詞註明單內並在報單之底填註或本商姓名或本行字號為憑此等報單通商各口海關自行備辦俟准領事官咨請發給並無使費

法國通商約七款同英國通商七款

美國通商約七款同英國通商七款惟英商改美國商民

布國和約二十四款凡在内地買貨欲運赴口下載云云倘願一次納稅免各子口征收紛繁應照各國通商稅則辦理○通商七款同英國通商七款惟英商二字改布國暨德意志和約各國十字

丹國和約二十七款丹國商民販賣土貨運口出洋云云應納内地稅餉或於過卡隨時分數報完或在海關一次全行完納均准聽便輸交○通商七款同英國通商七款

日國和約二十四款同丹國二十七款

比國和約三十三款同丹國二十七款○通商約七款同英國通商七款

義國和約二十七款同丹國二十七款○通商約七款同英國通商七款

奧國和約二十八款同丹國二十七款○通商約七款同英國通商七款

續輯

英國煙臺約三端洋商將土貨由內地運往口岸上船條約內亦有定章英商完納子口半稅請領單照即可運往海口若非英商自置土貨該貨若非實在

運往海關出口不得援照辦理所有應定章程免致
滋生弊端之處威大臣即願會同總理衙門設法商
辦至通商善後章程第七款載明洋貨運入内地及
内地置買土貨等語係指沿海沿江沿河及陸路各
處不通商口岸皆屬内地應由中國自行設法防弊

洋貨納税進口復運别口請領免單不再征税

條欵

英國天津約四十五欵英國民人運貨進口既經納清税課者凡欲改運别口售賣須禀明領事官轉報監督官委員驗明實係原色原貨查與底簿相符並未拆動抽换即照數填入牌照發給該商收執一面行文别口海關查照仍俟該船進口查驗符合即准開艙出售免其重納税課如查有影射夾帶情事貨罰入官○咸豐十一年九月英國卜大臣示第二欵一洋貨進口納税後復運通商他口之時該商向關請領免單實爲無論

何口海關不得重納税餉之據

法國天津約二十四欵遇有大法國人在此口已將貨餉輸納轉欲載往别口售賣者報明領事官照會海關將貨騐明果係原封不動給與牌照註明該貨曾在某口輸餉俟該商進别口時將牌照呈送領事官轉送海關查騐免税即給與牌照卸貨一切規費俱無惟查出有夾私誆騙等弊即將該貨嚴拏入官

美國天津約二十一欵運貨進口既經納清税餉倘有欲將已卸之貨運往别口售賣者禀明領事官轉報海關檢查貨税底簿相符委員騐明實係原包原

貨並無拆動抽換情弊即將某貨若干担已完税若干之處填入牌照發該商收執一面行文別口海關查照俟該船進口查驗符合即准開艙出售免其重納稅餉若有影射夾帶情事經海關查出罰貨入官

瑞國廣東約二十款同美國二十一款

布國和約二十六款商人在通商一口已將進口貨物納稅後轉欲載往別口售賣者即報明監督官將貨驗明果係原封不動載往通商別口時監督官給與牌照註明該貨曾在某口輸稅此口監督官驗過牌照即准卸貨不收餉稅一切規費俱無惟查出有

影射夾帶情弊該貨嚴拏入官

丹國和約四十五款洋貨進口納清稅課後欲改運他國抑或通商別口約准禀明領事官轉報監督委員驗明寔係原包原貨查與底簿相符並未拆動抽換即當按照該貨經納正稅之數發給存票云云該票無論何商呈驗均准專抵該關進出口貨稅不准持赴別關抵課倘於委員查驗之間查有揑報各等情弊全貨俱罰入官

和國

和國和約十款和商販運外國貨物出口已經納清課稅仍欲將貨轉運別口售賣須禀明監督官委員

檢驗果係原包原貨與納稅底册相符並無拆動抽換情弊則該商可向監督官請領存票一紙内註明所完稅銀若干他日不論本關進口出口之貨均可將此存票當作完納稅項之用其轉運之貨抵他口時再行納稅若查有影射假冒夾帶等情將貨亦罰入官

日國和約四十一款　同丹國四十五款

比國和約三十五款　同丹國四十五款

義國和約四十五款洋貨進口　至　不准持赴別關抵課　止同丹國四十五款下加　倘若該商欲將已納稅之貨載往別

口售賣海關應給免税單俟該商進別口再將此單呈送海關查驗後即給卸貨牌照一切規費俱毋庸再納

奥國和約三十一款洋貨進口至發給存票上同丹國四十五款下云尚查有漏税情形中國將貨物入官云云該票無論何商呈驗均准專抵該關進出貨税不准持赴別關抵課倘若該商將已納税之貨載往別口售賣欲請海關發給免税單者海關應給免税單不發存票俟該商進別口時將此單呈送海關查驗後即給卸貨牌照一切税課毋庸再納

日本國通商約十六欵貨物進口完稅後如欲改運
通商別口售賣報由海關驗明實係原色原貨並未
拆動抽換即給收稅執照特往別口海關查驗相符
准其出售免再納稅若有影射抽換夾帶情事貨罰
入官

洋貨納稅進口仍運出洋分别限期給票還銀

條款

英國天津約四十五款一英國民人運貨進口既經納清稅課者云云至或欲將該貨運出外國亦應一律聲稟海關監督驗明發給存票一紙他日不論進口出口之貨均可持作已納稅餉之據

布國和約二十六款商人在通商一口已將進口貨物納稅後云云如欲將貨運出外國海關監督官發給存票一紙言明運貨出口之商人業已多納稅課若干待他日有貨上稅不論進口出口均可持票作

已納稅餉之據照數除算

丹國和約四十五款洋貨進口納清稅課後欲改運他國云云約准禀明領事官轉報監督委員驗明實係原包原貨查與底簿相符並未拆動抽換即當按照該貨經納正稅之數發給存票云云該票無論何商呈驗均准專抵該關進出口之貨稅不准持赴別關抵課倘於委員查驗之關查有揑報各等情弊全貨俱罰入官

和國和約十款和商販運外國貨物進口已經納清課稅云云或欲仍將該貨運出外國若經完稅亦當

一體聲明票監督官驗明發給存照一紙他日不論進口出口之貨均可將此存票當作完納稅項之用

日國和約四十一款同丹國四十五款

比國和約三十五款同丹國四十五款

義國和約四十五款洋貨進口至不准持赴別關抵課止同丹國四十五款

奧國和約三十一款洋貨進口至發給存票止同丹國四十五款下云尚查有漏稅情形中國將貨物入官云云該票無論何商呈驗均准專抵該關進出貨稅不准持赴別關抵課云云嗣後中國與無論何國定立給發存

票限期一經通行奧斯馬加國亦一體遵照

續輯

英國煙臺約三端一咸豐八年所定條約第四十五款內載英商若將已完納稅項洋貨復運外國稟明海關監督發給存票他日均可持作已納稅項之據等語原約並未定有年限今訂明三年為期限滿不得將此項存票持作完納稅項之據○光緒二年十月二十七日

總理衙門札總稅務司　本衙門與德國巴大臣面議凡有進口真正洋貨已完進口正稅後如欲運往外國實係原包原貨並無拆動抽換自光緒三年正月初一日起

核計該貨進口之日到該貨出口船之日在三十六
個月限内准其請領存票或將存票換取現銀聽商
自便其光緒三年正月初一日以前發給存票不扣
限期准抵税銀不換現銀

土貨納稅出口後復進口再納半稅領單再運別口不再征稅條欵

英國天津約四十五欵全文載洋貨納稅進口復運別口欵內○咸豐十一年九月英國卜大臣示第二欵云　一土貨出口先完出口之稅該商欲運通商他口必向該關請給已完出口稅之單照俟到他口復納進口之半稅嗣欲復運通商他口亦必先向該關請給已完復進半稅之單照方可前往各口海關毫不重征惟遇海關驗明查出該貨有拆動抽換之弊即不准請免○又第三欵　土貨出口先完出口之稅餉該商欲運他口應完復進口稅其數現定

正稅之半　又一土貨復進他口該商實有失去出口單照即將出口正稅交關存留俟關咨會某口查明是否完過稅項如查明是實立准照數發還正稅　又一土貨復進各口該商呈經在他口納完復進半稅之單照後無論何口海關毫不得重征稅餉

法國天津約二十四款　全文載洋貨納稅進口復運別口款內

美國天津約二十一款　全文載洋貨納稅進口復運別口款內

瑞國廣東約二十款　全文載洋貨納稅進口復運別口款內

布國和約二十六款全文載洋貨納稅進口復運別口條內

丹國和約四十四款沿海議定通商各口載運土貨約准出口先納正稅復進他口再納半稅後復欲運他口以一年為期准向該關取給半稅存票不復更納正稅嗣到改運之口再行照納半稅

日國和約四十四款同丹國四十四款

比國和約三十四款同丹國四十四款

義國和約四十四款同丹國四十四款　○四十五款至於土貨自通商各口運入他口按例納完半稅後云云倘若該商欲將已納稅之貨載往別口售賣海關應給

免税單俟該商進別口再將此單呈送海關查驗後即給卸貨牌照一切規費俱毋庸再納

輿國和約三十款十四款同丹國四〇三十一款至土貨自通商各口運入他口按例納完半税後云云倘若該商欲將已納税之貨載往別口售賣欲請海關發給免税單者海關應給免税單不發存票俟該商進別口時將此單呈送海關查驗後即給卸貨牌照一切税課毋庸再納云云嗣後中國與無論何國定立給發存票限期一經通行輿斯馬加國亦一體遵照

土貨復進口後仍販出洋所納半税分别期候給票還銀條欵

〔英國〕天津約四十五欵全文載洋貨納税進口仍運出洋欵○咸豐十一年九月英國卜大臣示第三欵一土貨復進他口之時倘該關報明該貨欲往外國亦准將復進口半税交與海關存儲限期三個月于限内出口運往外國即將半税發還該商收入如逾限未出口即為入帳日後再要運往外國自應重納一正税又一土貨如限内雖報出口而寔非原包原貨顯有拆動抽换情形除已納復進口

之半稅不能交還外尚應納出口之正稅

布國和約二十六款全文載洋貨納稅進口仍運出洋款內

丹國和約四十五款至於土貨自通商各口運入他口按例納完半稅後該商再欲運往外國以一年為期期內亦准一律發給半稅存票該票無論何商呈驗均准專抵該關進出口貨稅不准持赴別關抵課倘於委員查驗之閒查有揑報各等情弊全貨俱罰入官

日國和約四十一款同丹國四十五款

比國和約三十五款同丹國四十五款

義國和約四十五欵至於土貨（至）不准持赴別關抵課（止同丹國四十五欵）

奧國和約三十一欵至於土貨（至）不准持赴別關抵課（止同丹國四十五欵下云）嗣後中國與無論何國定立給發存票限期一經通行與斯馬加國亦一律遵照

禁販各貨條欵

英國通商約三款一凡有違禁貨物如火藥大小彈子炮位大小鳥鎗幷一切軍器等類及内地食塩以上各物概屬違禁不准販運進出口

法國通商約三款同英國通商三款

美國通商約三款同英國通商三款

布國通商約三款同英國通商三款

丹國通商約三款同英國通商三款

比國通商約三款同英國通商三款

義國通商約三款同英國通商三款

奥國通商約三款同英國通商三款

日本國通商約二十五款凡係違禁貨物如火藥大小彈子礮位大小鳥鎗並一切軍器等類及中國口外馬匹有關軍政等物槪應禁止兩國商人均不准販運出口違者將貨入官仍各按本律懲辦○又二十六款中國內地食鹽不准日本人販運日本鹽觔亦不准運入中國售賣違者均各按律罰辦

販運洋藥條款納稅

英國通商約五款洋藥准其進口議定每百觔稅銀三十兩惟該商止准在口銷賣一經離口即屬中國貨物祇准華商運入內地外國商人不得護送即天津條約第九條所載英民持照前往內地通商并二十八條所載內地關稅之例與洋藥無涉其如何征稅聽憑中國辦理嗣後遇修改稅則仍不得按照別貨定稅又止准照新章買賣敢違此例所運貨物全罰入官

法國通商約五款洋藥准其進口至不得護送止同英國

五款下云即天津條約第八條所載如法國人有領中法合寫蓋印執照欲至內地或到內地生理者斷不准販賣洋藥其洋藥入內地應如何征稅聽憑中國辦理至全罰入官止同英國五款

美國通商約五款洋藥准其進口至不得護送止同英國

五款下云在天津條約第三十條所載中國凡有利益施及他國者准美國商民一體均沾按此美國商民亦可前往內地通商至內地關稅之例向與洋藥無涉其如何征稅聽憑中國辦理至全罰入官止同英國五款

布國通商約五款洋藥准其進口　至不得護送　止同英國

五款下云即現定和約章程第八款所載布國暨德意志各國有領蓋印執照前至內地者斷不准販賣洋藥其洋藥入內地如何征稅聽憑中國辦理　至　全罰入官　止同英國五款

丹國通商約五款　同英國通商五款惟該商改丹商又外國改丹國又天津條約句至二十八條所載句止改為即條約第九條所載丹民持照前往內地通商並二十七條所載

比國通商約五款　同英國五款惟即天津條約句至二十八修所載句止改為即條約第十條所載比民特照前往內地通商並三十三條所載

義國通商約五款　同英國五款惟英民改義民二十八條改二十七條除去天津二字

輿國通商約五款同英國五款惟即天津條約第九條改為即條約第八條英民改輿民

續輯

英國煙臺約三端一洋藥一宗咸大臣議請本國准為另定辦法與他項洋貨有別令英商於販運洋藥入口内由新關派人稽查封存棧房或躉船俟售賣時洋商照則完税並令買客一併在新關輸納厘税以免偷漏其應抽收厘税若干由各省察看情形酌辦○洋藥在洋關併納厘税云云俟英國會商各國再行定期開辦

販運銅錢條款

〔英國〕通商約五款又銅錢不准運出外國惟通商中國各口准其以此口運至彼口照現定章程遵行該商赴關報明數目若干運往何口或令本商及同商二人聯名具呈保單抑或聽監督飭令另交結實信據方准給照别口監督於執照上註明收到字樣加蓋印信從給照之日起限六個月繳回騐銷若過期不繳銷執照即按其錢貨原本照數罰繳入官其進出口均免納税至船載無論淺滿均納船鈔又止准照新章買賣敢違此例所運貨物全罰入官

法國通商約五款　同英國通商五款

美國通商約五款　同英國通商五款

布國通商約五款　同英國通商五款惟第三句改為准布國暨德意志和約各國商民

以此口運至彼口

丹國通商約五款　同英國通商五款

比國通商約五款　同英國通商五款

義國通商約五款　同英國通商五款

奧國通商約五款　同英國通商五款

日本國通商約二十六款兩國銅錢除照章轉運別口外各不准販運出洋如有商人私販查拏入官

販運米穀等糧條欵

英國天津約四十五欵外國所產糧食英船裝載進口未經起卸仍欲運赴他處概無禁阻○通商五款又凡米穀等糧不拘內外土產不分何處進口者皆不准運出外國惟英商欲運往中華通商别口則照銅錢一律辦理出口時照依稅則納稅其進口毋庸納稅至船載無論淺滿均遵納船鈔又止准照新章買賣敢違此例所運貨物全罰入官

法國通商五款同英國通商五款

美國天津約二十一款如大合衆國船只運載外洋穀米進各港口者若並未起卸亦准其復運出口○通商立款同英國通商五款惟英商改美國商人

布國通商五款同英國通商五款惟英商二字改布國暨德意志和約各國商民十二字

丹國和約四十五款其外國所產糧食丹船裝載進口未經起卸仍欲出洋概無禁阻○通商五款同英國通商五款

和國和約十款至於外國所產糧食和船裝載進口
全未經起卸准其復運出口如已經起卸轉運中國
別口仍照税則納税章程辦理
日國和約四十一款同丹國四十五款
比國和約三十五款同丹國四十五款○通商五款同英通商五款
義國和約四十五款同丹國四十五款○通商五款同英通商五款
奧國和約三十一款同丹國四十五款○通商五款同英通商五款
日本國通商二十二款兩國所產米麥糧食除照章
轉運別口外各不准販運出洋若船上水手搭客自
需約計數目報明海關給照准其照買存船備用

販運豆石豆餅條款

英國通商約五款又豆石豆餅在登州牛莊兩口者英國商船不准裝載出口其餘各口該商照稅則納稅仍可帶運出口及外國俱可又只准照新章買賣敢違此例所運貨物全罰入官

法國通商約五款同英國通商五款惟英國商船改為法國船

美國通商約五款同英國通商五款惟英字改外字

布國通商約五款同英國通商五款惟英國二字改布國暨德意志和約各國十字

日本國通商約二十三款登州牛莊兩處豆石豆餅日本商船不得前往裝載如在通商別口買運者照

則納稅准其出口

販運硝磺白鉛條欵

英國通商約五欵又硝磺白鉛均為軍前要物應由華官自行采辦進口或由華商特奉准買明文方准進口該關未能查明該商實奉准買定不發單起貨此三項止准英國商人於通商海口銷售不准帶入長江並各内港亦不准代華商護送除在各海口外即係華民貨物與英商無涉又祇准照新章買賣敢違此例所運貨物全罰入官

法國通商約五欵同英國通商五欵

美國通商約五欵同英國通商五欵

布國通商約五欵同英國通商五欵惟英國二字改爲布國暨德意志和約各國十字

丹國通商約五欵同英國通商五欵惟進口改起貨

比國通商約五欵同英國通商五欵惟進口改起貨

義國通商約五欵同英國通商五欵惟進口改起貨

奧國通商約五欵同英國通商五欵

日本國通商約二十四欵硝磺白鉛均爲軍前要物應由中國官自行採辦或日本商人奉中國官准買明文方准進中國通商各口如有私販查拏入官按律懲辦日本商人亦不得在中國通商各口將中國硝磺白鉛私運出口違者將貨入官仍按本律懲辦

販運書籍條欵

〔法國〕天津約十一欵亦可以發賣大法國書籍及採買中國各樣書籍

〔美國〕天津約二十五欵並准其採買中國各項書籍

〔瑞國〕廣東約十八欵同美國二十五欵

〔布國〕和約九欵德意志書籍與中國各樣書籍彼此亦可發賣採買

〔比國〕和約十三欵比國書籍與中國各樣書籍彼此亦可發賣採買

〔義國〕和約十三欵同法十一欵

奧國和約十二款同比國十三款

日本國修好約十七款兩國書籍彼此如願誦習應

准互相採買

免稅貨物條款

英國通商約二款一凡有金銀外國各等銀錢麵粟米粉砂穀米麵餅熟肉熟菜牛奶酥牛油蜜餞外國衣服金銀首飾攙銀器香水碱炭柴薪外國臘燭外國煙絲煙葉外國酒家用雜物船用雜物行李紙張筆墨氊毯鐵刀利器外國自用藥料玻璃器皿以上各物進出口通商各口皆准免稅除金銀外國銀錢行李毋庸議外其餘該船裝載無論淺滿雖無別貨亦應完納船鈔倘運往內地除前三項仍毋庸議外其餘各貨皆每百兩之物完納稅銀二兩五錢

法國同

美國同

布國同

丹國同

比國同

義國同

奧國同

柔遠全書 十七

和約彙編五

和約彙編卷五目錄

關稅則例

進口貨物稅則

油蠟礬磺類　香椒類　藥材類　雜貨類　醃臘海味類　顏料膠漆紙劄類　竹木籐椰類　鏡鐘表玩類　布疋花幔類　綢緞絲絨類　酒果食物類　銅鐵鉛錫類　珍珠寶石類　纓皮牙角羽毛類　俄國增布疋花幔綢緞皮張藥材類　奧國增纓皮牙角羽毛類

出口貨物稅則

油蠟礬磺類　香料椒茶類　藥材類　雜貨類　顏料膠漆紙劄類　器皿箱盒類　竹木籐椰類　衣帽靴鞋類　布疋花幔類　綢緞絲絨類　氊絨毯席類　糖果食物類　俄國續增油臘椒茶類

進口貨物稅則

油蠟礬磺類

蠟日本　每百觔　陸錢伍分

蘇合油　每百觔　壹兩

硝只准按章程發賣　每百觔　伍錢

黃蠟即蜂蜜蜡　每百觔　壹兩

硫黃只准按章程發賣　每百觔　貳錢

香椒類

安息香　每百觔　陸錢

安息油　每百觔　陸錢

檀香　每百觔　肆錢

白胡椒　每百觔　伍錢

黑胡椒　每百觔　叁錢陸分

沉香　每百觔　貳兩

降香　每百觔　壹錢肆分伍厘

藥材類

阿魏　每百觔　陸錢伍分

上冰片　每觔　壹兩叁錢
下冰片　每觔　柒錢貳分
丁香　每百觔　伍錢
母丁香　每百觔　壹錢捌分
牛黃印度　每觔　壹兩伍錢
兒茶　每百觔　壹錢捌分
檳榔膏　每百觔　壹錢伍分
檳榔　每百觔　壹錢伍分
參美國　每百觔　陸兩
揀淨參鬚參美國　每百觔　捌兩

乳香　每百觔　肆錢伍分

沒藥　每百觔　肆錢伍分

荳蔻花即肉果花　每百觔　壹兩

肉果荳蔻　每百觔　貳兩伍錢

白荳蔻　每百觔　壹兩

木香　每百觔　陸錢

犀角　每百觔　貳兩

水銀　每百觔　貳兩

洋藥　每百觔　叁拾兩

檳榔衣	每百觔	柒分伍厘
砂仁	每百觔	伍錢
肉桂	每百觔	壹兩伍錢
虎骨	每百觔	壹兩伍錢伍分
鹿角	每百觔	貳錢伍分
血竭	每百觔	肆錢伍分
大風子	每百觔	叁分伍厘

雜貨類

火石　每百觔　叁分

雲母殼　即珠海売　每百觔　貳錢

銅鈕扣　每一百四十四粒　伍分伍厘

漆器　每百觔　壹兩

繩　呂宋　即繩索　每百觔　叁錢伍分

傘　各様　即洋遮　每柄　叁分伍厘

香柴　每百觔　肆錢伍分

煤　外國　每頓十六擔一百八十斤　伍分

火絨　每百觔　叁錢伍分

醃臘海味類

上燕窩	每觔	伍錢伍分
中燕窩	每觔	肆錢伍分
下燕窩	每觔	壹錢伍分
黑海參	每百觔	壹兩伍錢
白海參	每百觔	叁錢伍分
白魚翅	每百觔	壹兩伍錢
黑魚翅	每百觔	伍錢
紫魚（即乾魚）	每百觔	伍錢
魚肚	每百觔	壹兩

鹹魚　每百觔　壹錢捌分

魚皮雜魚皮　每百觔　貳錢

海菜海帶同　每百觔　壹錢伍分

牛鹿筋　每百觔　伍錢伍分

蝦米　每百觔　叁錢陸分

淡菜　每百觔　貳錢

鯊魚皮　每百張　貳兩

顏料膠漆紙劄類

呀囒米　每百觔　伍兩

大青　每百觔　壹兩伍錢

蘇木　每百觔　壹錢
紫梗　每百觔　叁錢
水靛　每百觔　壹錢捌分
魚膠不是魚肚膠　每百觔　陸錢伍分
皮膠即牛皮膠　每百觔　壹錢伍分
籐黃　每百觔　壹兩
栲皮即紅樹皮　每百觔　叁分

竹木籐椰類

沙籐　每百觔　壹錢伍分
烏木　每百觔　壹錢伍分

桅重木〇長不過四十幅地或長不過拾貳邁當零拾玖桑的邁當　每根　肆兩

桅重木〇長不過六十幅地或長不過拾捌邁當零貳百捌拾柒蜜理邁當　每根　陸兩

桅重木〇長過六十幅地或長過拾捌邁當零貳百捌拾柒蜜理邁當　每根　拾兩

桅輕木〇長不過四十幅地或長不過拾貳邁當零拾玖桑的邁當　每根　貳兩

桅輕木〇長不過六十幅地或長不過拾捌邁當零貳百捌拾柒蜜理邁當　每根　肆兩伍錢

桅　輕木〇長過六十幅地或長過拾捌邁當零貳百捌拾柒蜜理邁當

每根　陸兩伍錢

梁　重木〇長不過二十六幅地四方不到十二因制或長不過柒邁當零玖百捌拾伍蜜理邁當四方不到叁百零伍蜜理邁當

每根　壹錢伍分

板　重木〇長不過二十四幅地寬十二因制厚三因制或長不過柒邁當零捌百柒拾柒蜜理邁當寬叁百零伍蜜理邁當厚柒拾柒蜜理邁當

每百根　叁兩伍錢

板　重木〇長不過十六幅地寬十二因制厚三因制或長不過柒邁當零叁拾壹桑的邁當寬叁百零伍蜜理邁當厚柒拾柒蜜理邁當

每百片　貳兩

板　輕木各樣

每四方長闊千幅地或四方長闊玖拾貳邁當零捌百貳拾

柒蜜理邁當　柒錢

板麻栗樹○長闊方圓　每幅地或叁拾桑的邁當零肆蜜理邁當

叁分伍厘

紅木　每百觔　壹錢壹分伍厘

毛柿　每百觔　叁分

呀嚹治木長不過三十五幅地寬一幅地八因制厚一幅地

每根　捌錢

鏡鐘表玩類

自鳴鐘　每值百兩　抽稅伍兩

時辰表　每對　壹兩

珠邊時辰表　每對　肆兩伍錢

千里鏡雙眼千里鏡掛鏡穿衣鏡掛屏　每值百兩　抽稅伍兩

八音琴　每值百兩　抽稅伍兩

布疋花幔類

麻棉帆布長不過五十碼或長不過肆拾叁邁當零捌拾捌桑的邁當　每疋　肆錢

棉花　每百觔　叁錢伍分

布原色白色無花斜紋〇寬過三十四因制長不過四十碼或寬過捌拾陸桑的邁當長不過叁拾陸邁當零伍拾柒桑的邁當　每疋　捌分

布原色白色無花斜紋〇寬過三十四因制長過四十碼或寬過捌拾陸桑的邁當長過叁拾陸邁當零伍拾柒桑的邁當　每十碼或玖邁當零拾肆桑的邁當　貳分

布　美國○原色白色無花斜紋○寬不過三十因制長不過四十碼或寬不過柒拾陸桑的邁當長不過叁拾陸邁當零伍拾柒桑的邁當　每疋　壹錢

布　美國○原色白色無花斜紋○寬不過三十因制長不過三十碼或寬不過柒拾陸桑的邁當長不過貳拾柒邁當零肆拾叁桑的邁當　每疋　柒分伍厘

布　原色白色無花斜紋○寬不過三十四因制長不過四十八碼或寬不過捌拾陸桑的邁當長不過肆拾叁邁當零捌拾捌桑的邁當　每疋　捌分

布　原色白色無花斜紋○寬不過三十四因制長不過二十四碼或寬不過捌拾陸桑的邁當長不過貳拾壹邁當零玖拾肆桑的邁當　每疋　肆分

色布　有花無花○寬不過三十六因制長不過四十碼或寬不過玖拾壹桑的邁當長不過叁拾陸邁當零伍拾柒桑的邁當　每疋　壹錢伍分

花布白提布白點布○寬不過三十六因制長不過四十碼或寬不過玖拾壹粂的邁當長不過叁拾陸邁當零伍拾柒粂的邁當每疋壹錢

印花布寬不過三十一因制長不過三十碼或寬不過柒拾捌粂的邁當長不過貳拾柒邁當零肆拾叁粂的邁當每疋柒分

查印花布一項法國章程於咸豐拾壹年八月內議改每疋寬至捌拾陸粂的邁當長自肆拾至伍拾伍邁當為例每疋共納稅銀壹錢貳分理合註明

袈裟布寬不過四十六因制長不過二十四碼或寬不過壹邁當零拾陸粂的邁當長不過貳拾壹邁當零玖拾肆粂的邁當

每疋　柒分

袈裟布　寬不過四十六因制長不過十二碼或寬不過壹邁當零拾陸桑的邁當長不過拾邁當零玖拾柒桑的邁當　每疋　叁分伍厘

袈裟布　稀○即洋紗○寬不過四十六因制長不過二十四碼或寬不過壹邁當零拾陸桑的邁當長不過貳拾壹邁當零玖拾肆桑的邁當　每疋　柒分伍厘

袈裟布　稀○即洋紗○寬不過四十六因制長不過十二碼或寬不過壹邁當零拾陸桑的邁當長不過拾邁當零玖拾柒桑的邁當　每疋　叁分伍厘

緞布　寬不過三十六因制長不過四十碼或寬不過玖拾壹桑的邁當長不過叁拾陸邁當零伍拾

染桑的邁當　每疋　貳錢

柳條布　寬不過四十亠因制長不過十二碼或寬不過壹邁當壹桑的邁當長不過拾邁當零玖拾染桑的邁當　每疋　陸分伍厘

毛布　各色○寬不過二十八因制長不過三十碼或寬不過捌拾壹桑的邁當長不過貳拾柒邁當零肆拾叁桑的邁當　每疋　叁分伍厘

絨棉布　各樣○長不過三十一碼或長不過貳拾捌邁當零叁拾肆桑的邁當　每疋　貳錢

棉線　每百觔　柒錢貳分

棉紗　每百觔　柒錢

蔴布　細○長不過五十碼或長不過肆拾叁邁當零捌拾捌桑的邁當

蘇布 粗○即蘇竹布棉絲布長不過五十碼或長不過肆拾叁邁當零捌拾捌桑的邁當　每疋　伍錢

每疋　貳錢

田絨 長不過三十五碼或長不過叁拾貳邁當　每疋　貳錢

羽布 寬不過二十四因制長四十碼或寬不過陸拾壹桑的邁當長叁拾陸邁當零伍拾柒桑的邁當　每疋　貳錢

綢緞絲絨類

手帕 四方長闊不過一碼或四方長闊玖百不過拾伍蜜理邁當　每拾貳塊　貳分伍厘

金線真　每觔　壹兩陸錢

金線假　每觔　叁分

銀線真　每觔　壹兩叁錢

銀線假　每觔　叁分

哆囉呢寬五十一因制至六十四因制或寬壹邁當零貳拾玖桑的邁當至壹邁當零陸百貳拾伍蜜理邁當　每丈一百四十一因制為一丈或叁邁當零伍拾伍桑的邁當為丈　壹錢貳分

嗶吱寬三十一因制或寬柒拾捌桑的邁當　每丈　肆分伍厘

羽緞荷蘭國〇寬三十三因制或寬捌拾叁桑的邁當

每丈　壹錢

羽紗英國○寬三十一因制或寬柒拾捌桑的邁當

每丈　伍分

羽綢　每丈　叁分伍厘

小呢番紀等類佛蘭絨同　每丈　肆分

絨線　每百觔　叁兩

床氊　每對　貳錢

花剪絨長不過三十四碼或長不過叁拾壹邁當零捌拾伍蜜理邁當

每疋　壹錢伍分

羽綾寬三十一因制或寬柒拾捌桑的邁當

每丈　伍分

小羽綾寬三十四囙制或寬捌拾伍桑的邁當　每丈　叁分伍厘

下等絨即至粗絨　每丈　壹錢

剪絨長不過三十四碼或長不過叁拾壹邁當零捌拾伍蜜理邁當　每疋　壹錢捌分

酒果食物類

橄欖無論乾鮮　每百觔　壹錢捌分

鼻烟外國　每百觔　柒兩貳錢

銅鐵鉛錫類

生銅（如銅磚之類）　每百觔　壹兩

熟銅（如銅扁銅條之類）　每百觔　壹兩伍錢

生鐵（如鐵磚之類）　每百觔　柒分伍厘

熟鐵（如鐵條鐵板鐵箍之類）　每百觔　壹錢貳分伍厘

鉛塊　每百觔　貳錢伍分

鋼　每百觔　貳錢伍分

錫　每百觔　壹兩貳錢伍分

馬口鐵　每百觔　肆錢

日本銅　每百觔　陸錢
鉛片　每百觔　伍錢伍分
白鉛只准按章程發賣　每百觔　貳錢伍分
黃銅釘黃皮銅　每百觔　玖錢
商船壓載鐵　每百觔　壹分
鐵絲　每百觔　貳錢伍分
珍珠寶石類
瑪瑙　每百塊　叁錢
瑪瑙珠　每百觔　柒兩
玳瑁　每觔　貳錢伍分

玳瑁碎　每觔　柒分貳厘

玻璃片　每箱（四方每一百幅地或四方每玖邁當零貳百捌拾肆蜜理邁當）　壹錢伍分

珊瑚　每觔　壹錢

纓皮牙角羽毛類

牛角　每百觔　貳錢伍分

生牛皮　每百觔　伍錢

熟牛皮　每百觔　肆錢貳分

海龍皮（即海虎皮）　每張　壹兩伍錢

大狐狸皮　每張　壹錢伍分

小狐狸皮　每張　柒分伍厘

虎皮豹皮　每張　壹錢伍分

貂皮　每張　壹錢伍分

獺皮　每百張　貳兩

貉貛皮　每百張　貳兩

海騾皮　每百張　伍兩

灰鼠皮銀鼠皮　每百張　伍錢

海馬牙　每百觔　貳兩

象牙不碎的　每百觔　肆兩

象牙碎的　每百觔　叁兩

兔皮麂皮	每百張	伍錢
犀皮	每百觔	肆錢貳分
翠毛孔雀毛等類	每百張	肆錢

俄國續增

布疋花幔類

布原色白色如南哈科連廓耳等照各國稅則第二種布	每十碼	貳分
色布如南哈等	每丈	壹分伍厘
印花布	每丈	玖厘肆毫
回絨	每丈	貳分叁厘

雨過天晴布　每丈　叁分捌厘

碎花錦布　每丈　叁分柒厘

絨綿布柯西聶特米立挪思六色特漬或耳訥　每丈　貳分柒厘

綢緞類

哈喇寬不過七十因制　每丈　壹錢叁分貳厘

哈喇寬不過六十四因制　每丈　壹錢式分

大呢寬不過七十因制　每丈　壹錢式分

哈喇大呢寬不過五十六因制　每丈　壹錢

皮張類

羊皮板	每百板	貳兩柒錢五分
色香羊皮	每百張	貳兩貳錢五分
香羊皮	每百張	貳兩
牛皮	每十張	柒錢伍分
駱駝絨	每十張	壹兩貳錢伍分
狼皮	每十張	叁錢
沙狐皮科爾薩其	每十張	貳錢伍分
香鼠皮照各國稅則灰鼠銀鼠例	每百張	伍錢
太平貂皮	每十張	壹兩貳錢五分
貓皮	每百張	伍錢

野貓皮　每百張　柒錢伍分
公達什狐皮　每十張　叁錢
白狐皮（別斯此）　每十張　貳錢伍分
月兒熊皮　每十張　叁錢
猞猁猻皮（額里面）　每十張　壹兩伍錢
灰羖羢羊皮　每十張　肆錢
黑羖羢羊皮　每十張　貳錢
（黑白）白哈喇羊皮　每十張　（壹錢捌分／壹錢）
（貂腿／掃雪腿）皮　每百對　伍錢
白狐腿皮　每百對　貳錢伍分

黑狐腿皮　每拾對　叁錢伍分
紅狐腿皮　每拾對　柒分伍厘
海龍尾　每箇　壹錢貳分
生羊山羊皮　每百張　陸錢
藥材類
羚羊角　每百觔　壹兩
奧國增
纓皮牙角羽毛類
豪子皮　每百張　貳兩
大狼皮　每張　壹錢伍分

小狼皮　每張　柒分伍厘

出口貨物稅則

油蠟礬磺類

白礬	每百觔	肆分伍厘
青礬	每百觔	壹錢
八角油	每百觔	伍兩
桂皮油	每百觔	玖兩
薄荷油	每百觔	叁兩伍錢
牛油	每百觔	貳錢
桕油	每百觔	叁錢
油芝蔴油荳油棉油茶油桐油各等	每百觔	叁錢

蓽蔴油　每百觔　貳錢
白蠟　每百觔　壹兩伍錢
香料椒茶類
茶葉　每百觔　貳兩伍錢
八角　每百觔　伍錢
麝香　每觔　玖錢
八角渣　每百觔　貳錢伍分
時辰香各樣神香　每百觔　貳錢
藥材類
三奈　每百觔　叁錢

樟腦　每百觔　柒錢伍分
信石　每百觔　肆錢伍分
桂皮　每百觔　陸錢
桂子　每百觔　捌錢
土茯苓　每百觔　壹錢叁分
澄茄　每百觔　壹兩伍錢
良薑　每百觔　壹錢
石黄　每百觔　叁錢伍分
大黄　每百觔　壹兩貳錢伍分
姜黄　每百觔　壹錢

高麗日本參上等　每觔　伍錢

高麗日本參下等　每觔　叁錢伍分

鹿茸嫩　每對　玖錢

鹿茸老　每百觔　壹兩叁錢伍分

牛黄中國　每觔　叁錢陸分

班貓　每百觔　貳兩

桂枝　每百觔　壹錢伍分

陳皮　每百觔　叁錢

柚皮上等　每百觔　肆錢伍分

柚皮下等　每百觔　壹錢伍分

關東人參	每值百兩	抽稅伍兩
薄荷葉	每百觔	壹錢
甘草	每百觔	壹錢叁分伍厘
石羔	每百觔	叁分
五棓子	每百觔	伍錢
蜂蜜	每百觔	玖錢

雜貨類

料手鐲即燒料釧	每百觔	伍錢
竹器	每百觔	柒錢伍分
假珊瑚	每百觔	叁錢伍分

各色爆竹　每百觔　伍錢

羽扇　每百柄　柒錢伍分

料器　每百觔　伍錢

各色料珠　每百觔　伍錢

雨遮即紙傘　每百柄　伍錢

雲石　每百觔　貳錢

蒲紙畫　每百張　壹錢

紙扇　每百柄　肆分伍厘

珍珠假　每百觔　貳兩

古玩　每值百兩　抽稅伍兩

葵扇細　每千柄　叁錢陸分
葵扇粗　每千柄　貳錢
駱駝毛　每百觔　壹兩
棉羊毛　每百觔　叁錢伍分
山羊毛　每百觔　壹錢捌分
氈碎　每百觔　壹錢
紙花　每百觔　壹兩伍錢
土煤　每百觔　肆分

顏料膠漆紙劄類

銅箔　每百觔　壹兩伍錢

紅丹　每百觔　叁錢伍分

錫箔　每百觔　壹兩貳錢伍分

銀硃　每百觔　貳兩伍錢

油漆畫　每件　壹錢

鉛粉　每百觔　叁錢伍分

黄丹　每百觔　叁錢伍分

硃砂　每百觔　柒錢伍分
紙上等書籍同　每百觔　柒錢
紙下等　每百觔　肆錢
油紙　每百觔　肆錢伍分
墨　每百觔　肆兩
漆　每百觔　伍錢
棕　每百觔　壹錢
蔴　每百觔　叁錢伍分
燈草　每百觔　陸錢
綠膠染水用　每觔　捌錢

索廣東　每百觔　壹錢伍分
索蘇州　每百觔　伍錢
漆緑　每百觔　肆錢伍分
蠣殼　每百觔　玖分
綠皮　每百觔　壹兩捌錢
土靛乾的　每百觔　壹兩
坑砂糞草田料　每百觔　玖分
器皿箱盒類
牛骨角器　每百觔　壹兩伍錢
磁器細　每百觔　玖錢

磁器粗	每百觔	肆錢伍分
紫黄銅器紅銅錫器同	每百觔	壹兩壹錢伍分
木器	每百觔	壹兩壹錢伍分
象牙器	每觔	壹錢伍分
漆器	每百觔	壹兩
雲母殼器	每觔	壹錢
籐器各樣	每百觔	叁錢
檀香器	每觔	壹錢
金銀器	每百觔	拾兩
玳瑁器	每觔	貳錢

皮箱皮楨	每百觔	壹兩伍錢
皮器荷包等	每百觔	壹兩伍錢
窑貨瓦器	每百觔	伍分
黄銅器	每百觔	壹兩
銅鈕扣	每百觔	叁兩
銅絲	每百觔	壹兩壹錢伍分
生銅	每百觔	伍錢
舊銅片	每百觔	伍錢
竹木籐椰類		
各色竹竿	每千根	伍錢

籐肉 即籐片　每百觔　貳錢伍分
木 橋樑舵柱桁　每根　叁分
衣帽靴鞋類
衣服 布○襪同　每百觔　壹兩伍錢
衣服 綢　每百觔　拾兩
靴鞋皮緞各色　每百雙　叁兩
草鞋　每百雙　壹錢捌分
綢帽　每百頂　玖錢
氊帽　每百頂　壹兩貳錢伍分
草帽緶　每百觔　柒錢

布疋花幔類

夏布細　每百觔　貳兩伍錢

夏布粗　每百觔　柒錢伍分

土布各色　每百觔　壹兩伍錢

舊棉絮即爛布碎　每百觔　肆分伍厘

棉被胎　每百件　貳兩柒錢伍分

棉花　每百觔　叁錢伍分

綢緞絲絨類

湖絲土絲各等絲經　每百觔　拾兩

野蠶絲　每百觔　貳兩伍錢

絲帶（欄杆桂帶絲線各色）　每百觔　拾兩

綢緞（綢縐紗綾羅剪絨繡貨等類）　每百觔　拾貳兩

絲棉雜貨（如絲毛之類）　每百觔　伍兩伍錢

四川黃絲　每百觔　柒兩

同功絲　每百觔　伍兩

川綢（山東繭綢）　每百觔　肆兩伍錢

緯線　每百觔　拾兩

各省絨　每百觔　拾兩
絨廣東土產絲做成　每百觔　肆兩叁錢
蠶繭　每百觔　叁兩
亂絲頭　每百觔　壹兩
氊絨毯席類
席子各樣　每百張　貳錢
地席　每捲四十碼或叁拾陸邁當零伍拾柒桑的邁當　貳錢
皮毯　每張　玖分
毡毯　每百疋　叁兩伍錢

糖果食物類

蜜餞並各色糖果	每百觔	伍錢
醬油	每百觔	肆錢
白糖	每百觔	貳錢
赤糖	每百觔	壹錢貳分
冰糖	每百觔	貳錢伍分
烟絲各樣如黄烟水烟之類	每百觔	肆錢伍分
烟葉各樣	每百觔	壹錢伍分
鼻烟中國	每百觔	捌錢
大頭菜	每百觔	壹錢捌分

粉絲　每百觔　壹錢捌分

酒即土酒　每百觔　壹錢伍分

海菜海帶同　每百觔　壹錢伍分

火腿　每百觔　伍錢伍分

皮蛋　每千個　叁錢伍分

欖仁　每百觔　叁錢

杏仁　每百觔　肆錢伍分

香菌即香信　每百觔　壹兩伍錢

木耳　每百觔　陸錢

金針菜　每百觔　貳錢柒分

桂圓	每百觔	貳錢伍分
桂圓肉	每百觔	叁錢伍分
荔枝	每百觔	貳錢
蓮子	每百觔	伍錢
芝蔴	每百觔	壹錢叁分伍厘
花生	每百觔	壹錢
花生餅	每百觔	叁分
瓜子	每百觔	壹錢
荳（牛莊登州不准出口）	每百觔	陸分
荳餅（牛莊登州不准出口）	每百觔	叁分伍厘

米麥雜糧穀同　每百觔　壹錢

蒜頭　每百觔　叁分伍厘

栗子　每百觔　壹錢

黑棗　每百觔　壹錢伍分

紅棗　每百觔　玖分

俄國續增

油臘類

黄油　每百觔　叁錢

椒茶類

磚茶　別種茶葉另有稅則不得援照此例

每百觔　陸錢

和約彙編卷六目錄

廢約

通商善後條約道光二十三年

一所有

欽差
公使大臣畫押鈐印進出口貨物稅餉則例附粘之冊

嗣後廣州福州廈門寧波上海五港口均奉以為式

一所有

欽差
公使大臣畫押鈐印新定貿易章程附粘之件嗣後五

港口均奉以為式

一新定貿易章程第三條貨船進口報關一欵內所言

罰銀若干圓及貨物查抄入官等語此銀連貨皆應

歸中華　國帑以充公項

一廣州福州厦門寧波上海五港口開關之後其英商貿易處所只准五港口不准赴他處港口亦不許華民在他處港口串同私相貿易將來英國公使有諭示明不許他往而英商如或背約不服禁令及將公使告示置若罔聞擅往他處港口遊奕販賣任憑中國員弁連船連貨一併抄取入官英官不得爭論倘華民在他處港口與英商私串貿易則　國法具在應照例辦理

一前在江南業經議定以後商欠斷不可官為保交又新定貿易章程第四條英商與華商交易一欵內復

將不能執洋行代賠之舊例呈請着賠切實聲明在案嗣後不拘華商欠英商及英商欠華商之債如果帳據確鑿人在產存均應由華英該管事官一體從公處結以照平允仍照原約彼此代為着追均不代為保償

一廣州等五港口英商或常川居住或不時來往均不可妄到鄉間任意遊行又更不可遠入內地貿易中華地方官應與英國管事官各就地方民情地勢議定界址不許踰越以期永久彼此相安凡係水手及船上人等俟管事官與地方官先行立定禁約之後

方准上岸倘有英人違背此條禁約擅到内地遠遊者不論係何品級即聽該地方民人捉拿交英國管事官依情處罷但該民人等不得擅自毆打傷害致傷和好

一在萬年和約内言明允准英人攜眷赴廣州福州厦門寧波上海五港口居住不相欺侮不加拘制但中華地方官必須與英國管事官各就地方民情議定於何地方用何房屋或基地係准英人租賃其租價必照五港口之現在所值高低為準務求平允華民不許勒索英商不許強租英國管事官每年以英人

或建屋若干間或租屋若干所通報地方官轉報立
案惟房屋之增減視乎商人之多寡商人之多寡視
乎貿易之衰旺難於預定額數
一向來各外國商人止准在廣州一港口貿易上年在
江南曾經議明如蒙
大皇帝恩准西洋各外國商人一體赴福州廈門寧波上
海四港口貿易英國毫無靳惜但各國既與英人無
異設將來
大皇帝有新恩施及各國亦應准英人一體均沾用示平
允但英人及各國均不得藉有此條任意妄有請求

以照信守

一倘有不法華民因犯法逃在香港成潛住英國官船貨船避匿者一經英官查出即應交與華官按法處治倘華官或探聞在先或查出形跡可疑而英官尚未察出則華官當為照會英官以便訪查嚴拿若已經罪人供認或查有證據知其人實係犯罪逃匿者英官必即交出斷無異言其英國兵丁水手或別項英人不論本國屬國黑白之類無論何故倘有逃至中國地方藏匿者華官亦必嚴行捉拿監禁交結近地英官收辦均不可有護庇隱匿有乖和好

一凡通商五港口必有英國官船一隻在彼灣泊以便將各貨船上水手等嚴行約束該管事官亦即藉以約束英商及屬國商人其官船之水手人等悉聽駐船英官約束所有議定不許進内地遠遊之章程官船水手及貨船水手一體奉行其官船將去之時必另有一隻接代該港口之管事官或領事官必先具報中國地方官以免生疑凡有此等接代官船到中國時中國兵船不得攔阻至於英國官船既不載貨又不貿易自可免納船鈔前已於貿易章程第十四條内議明在案

一萬年和約內言明俟將議定之銀數交清其定海古浪嶼駐守英兵必即退出以地退回中華為此預行議明于退地之後凡有英官居住房屋及所用之棧房兵房等無論係英人造建或曾經修整均不得拆毀即交還華官轉交各業户管理亦不請追修造價值庶免致遲延不退以及口角爭論之事以敦和好

一則例船鈔各費既議定平允數目所有向來英商串合華商偷漏稅銀與海關衙役私自庇護分肥諸弊俱可剔除英國公使曾有告示發出嚴禁英商不許稍有偷漏並嚴飭所屬管事官等將凡係英國在各

港口來往貿易之商人加意約束四面查察以杜弊端倘訪聞有偷漏走私之案該管事官即時通報中華地方官以便本地方官捉拏其偷漏之貨無論價值品類全數查抄入官並將偷漏之商船或不許貿易或俟其帳目清後即嚴行驅出均不稍為袒護本地方官亦應將串同偷漏之華商及庇護分肥之衙役一併查明照例處辦

一嗣後凡華民等欲帶貨往香港銷售者先在廣州福州廈門寧波上海各關口遵照新例完納稅銀由各海關將牌照發給俾得前往無阻若華民欲赴香港

置貨者亦應准其赴廣州福州厦門寧波上海華官
衙門請牌來往於運貨進口之日完稅但華民既經
置貨必須用華船運載帶回其華船亦在香港請牌
照出口與在廣州福州厦門寧波上海各港口給牌
赴香港者無異凡商船商人領有此等牌照者每往
來一次必將原領牌照呈繳華官以便查銷免滋影
射之弊其餘各省及閩粵江浙四省內如乍浦等處
均非互市之處不准華商擅請牌照往來香港仍責
成九龍巡檢會同英官隨時稽查通報
一香港必須特派英官一員凡遇華船赴彼售貨置貨

者將牌照嚴行稽查倘有商船商人並未帶有牌照
或雖有牌照而非廣州福州厦門寧波上海所給者
即視為偷漏亂行之船不許其在香港通商貿易並
將情由具報華官以便備案如此辦理不惟洋盜無
可混跡即走私偷漏各弊亦可杜絕矣
一香港本非五處馬頭可比並未設有華官如有華商
在彼拖欠各國商人債項由英官就近清理倘欠債
之華商逃出香港實在潛回原藉確有家資產業者
英國管事官將情由備文報知華官勒限嚴追但中
華客商出海貿易必有行保若英商不查明白被其

假託誆騙華官無從過問至英商有在五港口欠各華商帳目而逃赴香港者華官若以清單及各憑據通報英官英官必須查照上文第五條辦理以歸畫一

一

一前條載明凡係華民帶貨往香港銷售或由香港帶貨至各港口者必由各關發給牌照等語今議定各港口海關按月以所發給之牌照若干張船隻係何字號商人係何姓名貨物是何品類若干數目或由香港運至各港口或由各港口運至香港每月逐一具報粵海關粵海關轉爲通知香港管理之英官以

便核明稽查該英官亦應將來往各商之船號商名
貨物數目每月照式具報粵海關而粵海關即便通
行各海關查明稽核如此互相查察庶可杜絕假用
牌單影射偷漏等弊而事亦不致兩歧

一英國之各小船如二枝桅式一枝桅大三板划艇等
名目向不輸鈔今議定各船中香港赴省由省赴澳
除僅止搭客附帶書信行李仍照舊例免其納鈔外
倘載有貨物無論出入口及已未滿載但使有一担
之貨其船即應按噸輸納船鈔以昭覈實惟此等小
船非大洋船可比且不時來往進口每月數次不等

亦與大洋船之進口後即停泊黃埔者不同若與大洋船一例納鈔未免偏枯嗣後此等小船最小者以七十五噸為率最大者以一百五十噸為率每進口一次按噸納鈔一錢其不及七十五噸者仍照七十五噸計算倘已逾一百五十噸者即作大洋船論仍按新例每噸輸鈔五錢至福州等口並無此等小船往來應無庸議

一凡係此等英國二枝桅一枝桅划艇等小船必須領英官牌照用英漢字樣言明大小何等樣船隻能載若干噸以便稽查

一此等小船每到虎門即必停止通報與大洋船無異
倘內載有稅貨物均應在黃埔關口通報到省城時
即將牌照繳存管事官收執以便代請粵海關准令
起貨未經粵海關允准擅自卸貨即按照新定貿易
章程第三段貨船進口報關一欵辦理
一容俟進口貨既起清出口貨又全下船其進口出口
稅與船鈔亦已完納駐省管事官即給還牌照准其
開行
一凡係不依此規條者一經查出即與走私偷漏一例
究辦等因合就出諭仰各等民人知悉各宜凛遵毋

違特示
道光二十三年八月十五日在廣東虎門立

英國新定和約十六款 同治戊辰

大清國　大皇帝　大英國　大君主今欲將戊午年五月十六日所定條約益臻恪守因案查前定條約第二十七款内載此次新定稅則並通商各款日後彼此兩國再欲重修以十年為限等語兹彼此均循照前約量加修增是以　大清國　大皇帝特派總理各國事務　大英國　大君主特派欽差駐紮中華便宜行事大臣功賜佩帶二等寶星阿各將所奉全權大臣便宜行事之　上諭互相較閲俱屬妥當現將會議修增各款開列於後

第一款　一中國允凡與通商各國所定條約章程内有

益於各國者英國商民亦得一體均霑英國允凡英國商民欲援中國與各國所定條約章程之益一體均霑即應照中國與各國所定條約章程之欵一體遵守

第二欵　一中國允凡通商各口英國俱可派領事官駐紥英國允凡英國以及英國屬地各口中國俱可派官駐紥彼此均照待各國官員最優之禮相待

第三欵　一英國允進口之洋布大泥洋絨三類於進口時正子兩稅一併完納中國允該進口正子併完之三類洋貨在通商口岸省分均免重征

第四欵　一英國允英商照章領照赴內地置土貨運赴

海口沿途逢關報稅遇卡抽釐中國允此項土貨如係出口運往外國者一年之内准將沿途所納稅釐與子口半稅銀數比較其多餘者照數發還若報明出口復進口多則勿庸給還

第五款　一英國允香港運來之貨若實係中國出產則與洋貨有别該貨入内地時須照各項土貨之例逢關報稅遇卡抽釐中國允英商運土貨前往香港按照往通商各口之例一體發給出口正稅之憑據俾於復進口時照例完納復進口半稅

第六款　一英國議開溫州口岸通商中國照允中國議

將前約所載之瓊州口岸作為罷論英國亦照允

第七款　一中國允英國商船每四個月只征船鈔一次英國允凡英船進口無論作運貨之船或作堆棧之船或作躉船或自備中國式様之船均須按期照例納鈔

第八款　一英國允英商船隻出口須報明前往何處並將出口貨單呈關備驗中國允倘有英商捏報貨物應罰之銀總在五百兩內按情定罰

第九款　一英國允凡應辦罰欵者監督或稅務司可與領事官會訊中國允凡貨物應罰入官者領事官可與監督或稅務司會訊又議由兩國會同商定通商律例

第十欵　一中國允充當引水船者均給執照為憑英國允凡無照冒充引水者按章懲辦又允聲明舊約妥速會定約束水手章程

第十一欵　一中國允凡進口洋貨復行出口回國者若在三個月內出口所領存票准其持票換領現銀英國允洋貨進口後於三十六個月限外始行出口者勿庸發給存票

第十二欵　一英國允加征進口洋藥稅銀中國允英商領照入內地准其自備中國式樣之船篷槳篙櫓各船照章前往又准通商口岸酌量情形設立關棧又准由九江

關監督自備輪船一隻在鄱陽湖口一帶拖帶英商乘坐中國式樣之船又准將長江茶葉出口保單一層能否停止先爲試行又准由南省通商大臣酌定兩三處開採煤觔又准將南省各口出口土煤減稅

第十三欵　一英國允加征出口絲觔稅銀中國允蕪湖江口作爲通商口岸又准將外國所產糧食於進口後復行出口回國者免征出口稅銀又准船廠所用雜物免征進口稅銀又准將英商家用雜物船用雜物再行詳開名目免征進口稅銀又准將進口之洋煤鳥糞免稅進口之時辰表白胡椒黑胡椒馬口鐵木料均准減稅

第十四款　一中國允由通商各關各將本關銀色明定章程英國允凡英商民所領入內地各項執照以一年為期期滿須繳

第十五款　一現修條款有未改舊章者仍遵舊約辦理其已改新章者即照新約辦理

第十六款　一今將以上增修之條約章程改易稅則各款既定理應恭候兩國　御筆批准遵行彼此兩國　特派大臣在　大清京師會晤互交現兩國　欽差大臣先為親筆畫押蓋用關防以昭信守

英國新修善後章程十款同治戊辰

現將新修條約再行酌定章程俾得申明以昭周備所有後開各章程兩國官民應與條約一仝遵守為此兩國大臣蓋印畫押以貽信實

第一款　一進口洋貨如洋布大呢洋絨等貨均准進口時正半兩稅一併在關完納日後欲將前項洋貨運入通商省分售賣均免重征若英商自往仍須照章請領護照若雇華人代往或賣與華商轉運均不必再請運洋貨入內地執照即可任便沿途售賣經過關卡概不重征惟該關卡仍須照例查驗以防夾帶別貨運販違禁貨物等弊

又進口洋貨除前欵載明正子並交之三類洋貨外其別項洋貨進口正稅業經照章完納若運入內地照舊章完納半稅請有運洋貨入內地執照者沿途查驗放行概不重征若未有請完過半稅執照者仍逢關納稅遇卡抽釐華洋商一律辦理又華英各商運前欵載明正子並交之三類洋貨赴通商省分者若另帶別項洋貨者並無完過半稅執照其別項洋貨應關逢納稅遇卡抽釐若無完過半稅執照之別項洋貨經過關卡匿不報明或攙雜土貨影射查出均將同類之貨全數入官又華英各商欲將前欵載明正子並交之三類洋貨於正子並交後運至不通商省

分售賣者應赴海關請領運洋貨入内地之執照註明指赴何處途中經過關卡照章查驗概不重征倘非照内所開貨物或有多出之貨均將該貨入官俟到指定之某處後其照即作廢紙其貨與各該處土貨無異應照各該處章程或納税或抽釐均無不可

第二欵　一入内地買土貨或英商自往或雇用華人代往均須預先照章在海關請領空白報單其在内地置貨未運到本關以前沿途所經關卡應與華民一體完納税釐由該關卡將所收税釐數目註寫報單之上印用戳記付該商收執報單内所載之土貨沿途不得私賣違即照

章罸辦又英商自内地運土貨到最後子口該商應赴該口税務司處報明遵驗將報單呈關存查倘十二個月内原土貨運往外國香港不在其内除照納出口正税外其應交之半税准將該貨交過沿途税釐扣算少則飭該商補足多則由該關給還如報明出口復進口多則無庸給還

第三款　一凡洋貨進口完税後如欲運往外國實係原包原貨亦無拆動抽換核計該貨進口之日到該貨裝載該出口船之日在三十六個月限内准其照章請領存票以抵該關别税船鈔銀不在内逾限不准如該洋貨距進

口之日在三個月限內即行運往外國者其所領存票准其赴本關銀號換取現銀逾期不准至土貨復進口後再行運往別口該商請領存票仍照一年限期辦理逾限不准

第四款　一英商出入內地所領各項單照自給領之日起以十二個月為限過期即作廢紙仍應令該商將廢照於所限十二個月後再限一個月呈繳本關核銷倘逾限不繳即不准其再行請領

第五款　一通商口岸如何設立關棧即由該關監督會同總稅務司酌量情形妥議章程辦理倘有碍難設立之

處亦可不設

第六欵　一九江關監督自備輪船一隻專在鄱陽湖口一帶拖帶英商乘坐中國式樣之船前赴九江關口其拖帶經費該商按照拖帶船隻定例呈繳定該關查收

第七欵　一凡英商請照入內地賣洋貨或請領報單入內地買土貨或入內地賣復進口之土貨均可自備中國式樣篷槳篙櫓之船照章前往該商在內地可以暫賃客店或暫租民房堆放貨物均不得張掛行名招牌該商領報單入內地所置之土貨不得即在內地售賣所租華人店房如該華人有應完納之各官項英商不得包庇該處

商民亦不准滋擾現今刊刻告示發各省轉交地方官張貼曉諭至英商自備入內地之中國式樣船隻均須由稅務司發給該船關旗並執照一紙由監督加蓋印信以憑稽查其往來內地須張掛該關所給之旗號遵照該關之專章如無印照而揑造關旗或另掛別項洋貨（行）旗號或有照而另掛外國旗號者即係假冒均將該船貨一併入官

第八款　一南省句容樂平雞籠三處產煤所由南省通商大臣查看該處情形自行派員試辦其應否雇用洋人幫工及租買機器一切悉憑通商大臣主政挖出之煤華洋商均可買用

第九欵　一英商家用雜物船用雜物從前條約本有載明免税各件今再將該英商家用船用雜物由總税務司分别開明附後以免牽混若運入内地售賣仍照舊章完納税餉

第十欵　一英商船厰所用雜物實係修理船隻者進口時查驗確實准其免税若製造新船仍將該新船照值百抽五例完納税至開船厰者必先赴關領照並具保結結内所註明各節悉由該關妥議辦理至應行免税之物由總税務司核定名目以免牽混

計開　新修税則

進口珠邊時辰表每對仍照舊則征銀四兩五錢　時辰表金者每對征銀一兩銀者每對征銀五錢　白胡椒每百斤減為四錢　黑胡椒每百斤減為二錢　馬口鐵每百斤減為二錢　外國所產糧食進口後復運往他處免其納稅但須照章領單不准私自起下洋煤鳥糞並各項免稅之物一併領單不准私自起下　木料准其酌減稅銀俟派員前往上海妥議核辦　洋藥仍照舊定專條辦理惟進口稅每百斤改征稅銀五十兩　出口湖絲土絲各等絲經每百斤改征稅銀二十兩　四川黄絲每百斤改征稅銀十兩　土煤除天津登州牛庄三口仍照前定

稅則納稅外其餘通商各口每百斤減爲五釐

英商答中國尚書論戊辰和約書

接到貴部答我商人論及新換和約之札內云英商見所立和約甚不滿意而朝廷不以為怪茲衆商已將朝廷大意伏繹又遵恪貴部之命聯函再論此事云

一朝廷論和約第一欵之意與我商人合故議着中國或刪或改我商人聞之甚為喜悅自我商等奉稟之後聞香港商人聚會謂罷開瓊州港口一欵甚不合宜而欽差亞路覺謂待回國將此意奏知朝廷然後隨為商議與中國朝廷會議再開我商等備聞此說亦甚如願則此和約必寄往北京會議或添或改方能定立故今求朝廷將我商

等所論再四尋繹節取其長將有益之欵添入有碍之欵删除勿辜負從前和約所得之好處也

二論及中國加增出口絲稅一欵在貴部則謂所加增者不過將天津和約稅項較平所以朝廷不能相拒是貴部之意謂照天津和約中國宜於絲項出口照價徵五釐之稅因今照舊徵收則絲稅太輕非向日立約本意故准中國更換加增絲稅也我商等深服貴部辯論但前和約所謂照五折徵稅者非獨指絲一項而言各貨均如是也我商等之意則以為中外兩朝廷如各擇一出口之貨加增稅項以為己利者則顯屬非公平矣如云將稅則較平則

各貨均宜較平如前稟所云茶稅即應一例照式大為減少以今茶價而論所徵之稅不獨五釐已增至一分二釐半矣若謂絲價歸貴照舊徵稅中國歉於所應得者十四萬磅今則茶價甚平照舊徵稅中國過於所應得者五十萬磅矣故我商等謂該欽差准此一款是有乖附託保護本國貿易之任也

三照貴部所答我等所云內地絲稅一款我等謂立定一實稅則以免沿途徵收非有傷於敵體也如貴部以法國而說在我等則以為若英國朝廷與法國朝廷商議立定一實若干之稅則可以免沿途浮收即如在中國入口先

納此稅斯為十分公平也如地方官員再行徵收則此十分不合矣至云及領牌一欵在貴部則以中國販絲者領牌與前者英國販茶者領牌為比然在英國業茶之家每年領牌只費十一个司令零六個半邊呢在中國領牌則論賣貨之多寡為抽如南潯絲客每年或賣百包或千包則每年應納五百磅或五千磅矣此乃中國官員見我等既免內地之稅故生此領牌之法矣也故不得謂此欵可助其准行蓋此顯係無信實華人一見無益必變法以暗背和約也

四所云內地之半稅在我等則謂此欵大有害於英人之

在中國貿易者在貴部及本國欽差則謂我等商人錯會
天津和約第二十八欵為英人貨物一納半稅入內地沿
途俱可免稅在我等再四尋思此欵確係一納半稅既有
執照沿途俱可免抽矣蓋和約云內地出口貨遇頭一卡
納稅入口貨遇頭一港納稅納畢則出執照故所至內地
皆不用納稅前者立天津和約欽差大臣迨爾見致書於
當時總理衙門則云今達上和約一紙其和約第二十八
欵云出入口貨照正稅復納半稅後俱可免稅在該欽差
曾云我國貿易興隆皆重賴此欵云云以此而說所納半
稅即以內地浮收各稅即在欽差之意亦以為納此半稅

即須替内地各稅今朝廷之意實與此最緊要之欵不符
故我商等意見極有未明也
五天津和約立此半稅原由人納與不納今則成例必納
且分有通商無通商省分矣現今在通商省分則不用執
照且既納此項以後不用再納此前天津和約所定者也
今竟有所經縣分仍用再納者故商等甚不滿意茲貴部
來函不獨不能除去商等之不滿意且將成實商等之不
滿意也今此稅項顯屬地方官貴部前云中國即欲力行
此欵亦有所不能即中國能守英國朝廷亦不欲中國力
行此欵今我等納了許多稅項仍未見得回少許利益又

何以謂之利益哉今求再設一法務可令中國遵守前者中國已經失信吾國駐劄中國官員莫不知之而朝廷云中國不久自能踐信着令中國官員不行浮收此論亦甚無憑據

六論及無通商省分則新和約於貿易大為有碍蓋不獨到頭一卡納稅即沿途到步亦當納也今若依新和約則我等貨物到中國竟有中國一半地方係任地方官員浮收者是從前所得有益之欵盡歸烏有故我等終不能易此論也蓋照新和約內字意顯係我英國貨物一任中國官員立意加抽矣歷任駐劄中國欽差及亞路覺皆云浮

抽之欵乃第一要緊之事故我等主意亦力陳此欵之不合也緣此新和約實乃未經參訂漫議立者豈知我國足頭貿易一經失足則無有着足處矣

七領事於香港一欵貴部云此欵乃中國要事因香港乃通商港口也我等十分未明何以將香港謂之通商港口香港乃英國屬地乃無稅納之港故我等悉依前稟之意謂准此欵與中國即極無智慧蓋非但不能使兩國友愛且招摇香港居民以啓爭端也雖有由香港走私漏稅入內地者然亦由華官不能覺察所致萬不意貴部竟云中國應立領事官於港以司理稅務也

八不准入內地居住及不准乘輪船入內地貴部於此二欵竟不題及是亦極無智慧且使吾等失色中國人甚喜輪船蓋喜其附貨搭客快便若不准此欵則是阻滯貿易不宜載入和約也

九貴部云和約諸欵若有試用不合則朝廷將為隨時更換但貴部須知出入口貨物每年所與中國稅項過於舊時者六十萬磅另半稅二十萬磅不在此內也若日後方行議改中國似為有意損刻於彼必力行相拒矣

十貴部云中外人心不同西人在中國貿易而亦有悅此和約者然在中國各處及香港上海商人聚會謂此新和

約不合貴部亦已知之矣且並我等具稟之人亦無一人
謂此和約相宜者也
十一求貴部不可將此和約遽行准立俟徐爲參訂務求
英國與中國互相有益之欵方可妥立也

国家出版基金项目
NATIONAL PUBLICATION FOUNDATION

海上絲綢之路文獻集成

總主編　陳支平　陳春聲

歷代史籍編

72

主編　范金民

海峽出版發行集團
THE STRAITS PUBLISHING & DISTRIBUTING GROUP
福建人民出版社

本册目次

柔遠全書六種（和約彙編六至善後襍鈔三）

〔清〕謝家福輯

和約彙編六

柔遠全書十八

和約彙編附卷

交涉成案一

上諭俯准條約

道光二十二年九月二十四日江寧和約十三款奉

硃批俱著照所議辦理欽此

咸豐十年九月十五日內閣奉

上諭恭親王奕訢奏互換和約一摺本月十一十二等日業經恭親王奕訢將八年所定和約及本年續約與英法兩國互換所有和約內所定各條均着逐欵允准行諸久遠從此永息干戈共敦和好彼此相安以信各無猜疑其和約內應行各事宜即著通行各省督撫大吏一體按照辦理欽此

上諭洋教

咸豐十年十一月初二日奉

上諭嗣後各該地方官於凡交涉習教事件務須查明根由持平辦理如習教者果係安分守己謹飭自愛則同係中國赤子自當與不習教者一體撫字不必因習教而有所刻求各該地方官務當事事公平分別辦理以示綏撫善良之至意等因欽此

同治七年九月二十四日奉

上諭本日據總理各國事務衙門奏現辦理傳教各案中外未能相安請飭迅速完案並通飭各省按約辦理一

摺河南省南陽因還堂聚衆江蘇揚州毆辱教士福建臺灣壯勇殺死教民該國使臣屢請拏辦正凶情辭迫切必須迅速完案方免事機決裂已諭江蘇福建河南各督撫迅速辦理矣惟思傳教一事載在條約自難顯為禁止惟在修明正學自端趨向乃能崇正黜邪潛消隱患遇有交涉事件尤當持平辦理當行者就案完結當拒者按約辨明庶可關其口而奪其氣嗣後各該地方有傳教之洋人務令士民各守本業不得聽信浮言無端尋隙倘有不安本分教士滋擾地方即知會領事官按約懲辦必俟民教相安不致釀成巨案各直省將

軍督撫等通飭各地方官妥慎辦理毋稍偏狥致滋流弊原摺各抄給閱看欽此

同治九年六月二十日奉

上諭總理衙各國事務衙門奏法國使臣藉兵要挾漸不可長嗣後該省遇有交涉案件並著各該將軍督撫飭屬勒限完結以弭後患至傳教一事流弊固多而地方有司如能先事圖維經權互用未嘗不可杜其干預著各該將軍督撫大臣等密飭地方官遵照前次總理衙門通行成案悉心體察豫為經理倘能辦理妥協即准其與催科撫字一例考成以冀挽回積習消弭衅端欽此

上諭前因天津地方有匪徒迷拐幼孩牽涉教堂民間懷疑起釁將法國領事官羣毆斃命焚燬教堂並毆斃多人乘誤殺俄國商民情形甚屬可憫業經降旨將崇厚及辦理不善之地方官先行交部議處仍令曾國藩確查具奏並將迷拐匪徒及爲首滋事人犯嚴拏懲辦因思各國通商以來遇有交涉事件皆有條約可循中外商民相安已久朝廷一視同仁但分良莠不分民教各處匪徒如有影射教民作奸犯科者即應隨時訪拏詳細究明從嚴懲辦豈可任民間傳播謡言妄行生事此次天津既有民間滋鬧之事恐各省地方亦不免因此

懷疑起釁着各省督撫嚴飭所屬地方官務須剴切曉
諭妥為彈壓並將各處通商傳教地方隨時保護毋任
惡民藉端滋事欽此

同治〔光緒〕二年九月十二日奉

上諭總理各國事務衙門奏川省民教滋事各案請飭迅
速持平辦結一摺四川省民人與該處教民挾嫌搆釁
案犯到官地方官自應將滋事根由確切訊明秉公迅
速辦結何得日久拖延乃該處川北廳及內江隣水南
充巴州營山等處均有民教滋事之案未據訊結殊屬
延玩着成都將軍四川總督飭該地方官迅將各案查

訊明確持平辦理並隨時分別良莠撫綏彈壓毋任尋
仇生事以靖地方欽此

上諭中外交涉事件迅速了結

同治五年二月二十日奉

上諭總理各國事務衙門奏請飭各省督撫將中外交涉事件迅速了結等語洋人性多堅執遇有交涉事件必求悉如所願惟在臨事揆度機宜辦理迅速方不致因遲生疑因疑生憤乃近來各省辦理交涉事件不論事之難易相率懸宕甚至有數年不結者即如廣東潮州入城一事不立教堂不設關卡不開行棧三條言之已久阿禮國斷非近日始知乃先則不言而近忽言並無其事可見因循延誤於和好大局關係非輕著各該將

軍督撫府尹等嚴飭各地方官嗣後於中外交涉事件務須迅速辦理其易於了結者固應隨時妥辦即有為難之事亦當析之以理諭之以情與之反復辯論萬不可一味遲延致彼族有所藉口激成他變是為至要等因欽此

畀大英國書：

大清國　大皇帝問　大英國　大君主好　朕寅承

天命中外一家眷念友邦永敦和好特選賢能智士前駐京合衆國使臣蒲安臣熟習中外情形於辦理兩國交涉事宜可期代達衷曲并派二品銜志剛孫家穀同赴　大英國俱膺特簡重任大臣以為真心和好之據朕知此三臣忠勤醇謹必能辦理妥協務望推誠相信得以永臻友睦共享昇平諒必深為歡悦也同治六年十二月初六日

報大日本國書

大清國　大皇帝復問　大日本國　大皇帝好茲

接使臣副島種臣賫到　来書披閱之餘實深欣悅朕祇

承

天命寅紹丕基中外一家罔有歧視矧關鄰誼

尤重推誠上年所立條規現已宣諭刋布　嘉儀孔多足

徵

厚意用答微物藉使寄將願我兩國永敦和好同荷

天庥朕有厚望焉同治十二年

上諭出使各國

同治六年十月二十六日奉

旨總理各國事務衙門奏使臣蒲安臣處事和平洞悉中外大體著即派往有約各國充辦理各國中外交涉事務大臣餘依議欽此

同治六年十一月初一日奉

旨總理各國事務衙門奏請派員前往有約各國辦理中外交涉事務一摺據稱花翎記名海關道志剛樸實懇摯器識閎通道銜記名繁缺知府禮部郎中孫家穀老成勤慎穩練安詳以之出使洵堪勝任等語此次出差

事屬創始自應量示優異志剛孫家穀均着賞加二品頂戴孫家穀並賞戴花翎即派該二員前往有約各國充辦理中外交涉事務大臣以重委任餘依議欽此

光緒元年八月初八日奉

上諭候補侍郎郭嵩燾二品頂戴直隸候補道許鈐身派出充使英國欽差大臣應行隨帶人員並中國繙譯官着與李鴻章妥商揀派欽此　按副使改派劉翰清

光緒二年十二月初二日奉

上諭二品頂戴直隸候補道許鈐身着發往福建船政局差委該員前派出使日本國着改派三品銜升用翰林

院侍講何如璋充出使日本國欽差大臣並着賞加二
品頂戴即選知府張斯桂着賞加三品頂戴充出使日
本國副使欽此

上諭覲見使臣

同治十二年五月二十日奉

上諭總理各國事務衙門奏各國駐京使臣籲請覲見呈遞國書一摺現在賫有國書之駐京各國使臣著准其覲見欽此

同治十二年六月初三日王大臣面奉

旨准於本月初五日在紫光閣覲見欽此謹按是日入覲者日本國使臣瑣意西馬俄國使臣倭良嘎理美國使臣鏤斐迪英國使臣威妥瑪法國使臣熱福理和國使臣費果蓀

同治十三年四月初一日奉

上諭前據總理各國事務衙門奏俄國使臣籲請覲見呈

遞國書一摺着准其覲見欽此謹按是月初五日覲見使臣布策

同治十三年七月初五日奉

上諭前據總理各國事務衙門奏比國使臣籲請覲見呈

遞國書一摺着准其覲見欽此謹按是月二十日覲見使臣色而能仕

同治十三年十月十六日奉

上諭前據總理各國事務衙門奏日本國美國使臣先後

籲請覲見呈遞國書各摺片著准其覲見欽此謹按日本國使臣柳原前光美國使臣愛弗黎

上諭宣示體制 一

光緒元年八月二十九日奉

上諭總理各國事務衙門奏請宣示諭旨體制及酌定各部院大臣與各國駐京大臣往来一摺所奏辨明諭旨體制甚是至與各部院大臣往来之處著照所擬辦理

欽此

上諭保護洋人內地游歷

光緒元年九月十一日奉

上諭總理各國事務衙門奏申明各國條約請飭各省遵照一摺洋人入內地游歷各國條約均經載明必須請有執照蓋用中國印信經過地方隨時呈驗放行倘有不法情事亦載明就近交領事官辦理沿途止可拘禁不可淩虐如非體面有身家之人概不許給與執照條約本極明晰地方官不難分別辦理近有英國繙譯官馬嘉理在雲南邊境被戕一案其為何人戕害業派李瀚章馳往查辦嗣後各督撫務當通飭所屬地方細核

條約本意遇有各國執持護照之人入境必須照約妥為分别辦理以安中外而杜釁端欽此

和約彙編附卷

交涉成案二

札文

欽差大臣辦理江浙粵閩內江各口通商事務江蘇巡撫
部院薛　為
札行事咸豐十一年九月二十七日承准
欽命總理各國事務衙門咨本衙門現與　英國
卜大臣議定長江暫行章程十二款又各口通商章
程五款外卜大臣曉諭英商告示二張即係五款十
二款之意其告示係英國以英文繙譯雖次序不同
文義稍減第大致與本衙門所定五款十二款無異
即希貴撫仍按本衙門所定漢文條款迅速飛咨各

口所有長江通商按照長江章程十二款辦理又南北各口按照通商章程五款辦理庶與條約相符而稅課不致有虧現因英國已將英文告示發去是以本衙門先將條款咨行貴撫所有往來照會再行抄寄以免遲誤再本衙門與

卜大臣當面議定中國有賊處所如洋船私往停泊應由中國拏辦轟擊如中國船隨同洋船入江并非洋商所僱仍照中國例懲辦洋商不得包庇又凡長江各口所產本地土貨歷年抽收本地之釐稅並非為洋商交易添設者華商不得因與洋商交易抗不

交納稅釐洋商更毋得出頭干預再英商雇買內地船隻如雇中國船照內地例令中國船戶交納船料如英商買用中國船隻其置買時如中國向有買賣船稅應令內地船戶完交船稅完稅後洋商來往運貨仍令洋商照內地船完交船料統希貴撫查照內地舊例斟酌辦理并通行各口遵辦是為至要所有現定各款係與赫稅務司議定現在赫稅務司已起身赴滬該稅務司到時即照議定條款令其妥為辦理外另將英國告示二紙抄去以備與本衙門所定條款核對可也再本衙門所議納稅章程五款係專

指長江而言而英國告示內三大款雖即係五款之
意卻不盡指長江是以南北各口俱宜遵辦等因到
本署大臣承准此合行抄單札飭札到該關即便轉
飭遵照辦理仍移常鎮道知照並報明
督部堂
撫部院衙門查考毋違特札
計抄單
咸豐十一年九月三十日

保護洋教諭單 同治元年正月

欽命總理各國事務和碩恭親王為給發諭單事照得咸豐八年天津議定法國條約第十三條內載凡中國人願信從天主教而循規蹈矩者毫無查禁皆免懲治又載向來或寫或刻奉禁天主教各明文無論何處概行寬免各等語除按照和約業經行知各督撫將八年十年所定各款一體遍行張貼外又於上年十一月初二日恭奉諭旨嗣後各該地方官於凡交涉習教事件務須查明根由持平辦理如習教者果係安分守己謹飭自愛則同係中國赤子自當與不習教者一體撫字不必因習教而有

所刻求各該地方官務當事事公平分别辦理以示撫綏善良之至意等因欽此惟此事雖已屢次通行各省督撫遵照辦理然各省中不協情事仍復層見迭出屢據習教者具呈申訴推其不協之由首因習教者不欲如往派攤各項迎神賽會演戲燒香諸冗費據云此等事件與伊無涉故不能勉强照攤而各該地方官與不習教民人等必欲伊等一律派攤是以時起爭端本爵合再備文知會各省俾知

上意及本衙門所議庶各省得有一定遵循

皇上一視同仁之意於不致臨事疑慮用能仰體我習教不習教者無不愛如赤子且天主教原以勸人行善

為本其大旨與儒釋道同是以康熙年間曾經准行然伊等亦不能因係教民遂欲俾免各項公費如有差徭及一切有益等項亦應照不習教者一律應差攤派惟迎神賽會演戲燒香等事與伊等無涉永遠不得勒派勒攤至地方官若遇有上二項合派之事必須實按直道分剖不得曲為牽混比如所派內計公費四成冗費六成即應指明習教人止攤四成其餘六成與伊等無涉永免勒出又若因習教人不肯攤與教規相反之無益各費致被不習教人凌辱毆打並搶掠什物焚毀田禾等情該處地方官必應為之澈底根由按律法嚴懲其搶掠焚毀各物亦即令

照數賠償務須平允再業經與法國酌定傳教士並非官員故不能干預別項公私事件保護習教人等然伊等均係端方之士在伊本國亦皆為人所敬重其本意原係勸人為善況現際中國與法國誠心友睦自應格外厚待以敦契誼以後如有傳教士用稟呈赴訴地方官若確係理直之事必應立即秉公辦理不可稍有苛求以上各節除業經通行知照各省外為此發給諭單俾得家諭户曉勿須遷就以期遏爭端而安善良特諭

札英法美領事官禁買內地房產　　蘇撫李鴻章

為札行事照得本部院克復蘇城亟圖招集流亡速歸故土細加查訪聞有房屋猶存業已出賣或衹剩地基亦歸他人管業者其中半係城未收復避難在滬時私自出售且聞有賣與外國商人之事查通商條約英國第十二款英國民人在各口並各地方意欲租地蓋屋設立棧房禮拜堂醫院墳墓均按民價照給公平定議不得互相勒掯等語又查本年十一月初三日本部院承准　總理衙門咨開英國牧師彬為霖在福建漳州府龍溪縣買屋契載杜賣查漳州係屬內地英國人不應在內地買屋即係約

第十二款亦專指各通商口岸租地買屋而言條約內並無內地字樣是內地地基並不應准其租賃所有郴牧師在漳州買屋之處飭地方官按約禁止等因今蘇州明係內地外國人租地蓋屋尚且不可何況買屋買地違約妄行此端斷不可開致傷友誼現經出示曉諭居民將未收復以前買賣屋地契據均作廢紙不足為憑屋地仍還原主或由原主備價贖回誠恐　貴國商人未能盡曉應請貴〔該〕領事速行諭禁各商切勿故違條約收買蘇城內外房屋地基從前如有誤買屋地未便作准應飭令各商自行找尋中人向原主退還契價倘洋商仍欲違約佔據應將

房屋地基一併入官倘中國賣主揹價不還應由地方官
嚴行懲辦押追以昭公允須至札者右札
大法國駐滬領事官喇
大英欽命管理本國通商事務駐札上海領事官馬
大美國駐滬領事官西
同治二年十一月

交涉事件迅速了結片 同治五年二月　總理衙門

再查洋人性多堅執遇有交涉事件必求悉如所願或當以理折之以情喻之在乎臨事揆度機宜而總不外乎辦理迅速庶不致十分為難乃近來各省往往因洋人狡執不論事之難易相率懸宕甚至有數年不結者在各省何嘗非為慎重起見而洋人遂有所藉口始則謂我不肯辦繼且謂我不能辦語多唐突橫生枝節折服愈難即如廣東入潮州城一事不立教堂不設關卡不開行棧三事言之已久何禮國斷非近日始知乃先不言而今忽言之則因遲而生疑因疑而生憤計圖一逞愈久而愈激也臣等

以為中國與洋人交涉事件遇有易於了結者應即隨時妥辦不特彼族無可藉口即有為難之事我亦可以情理與彼辯証萬不可再事因循延誤應請旨飭下各該督撫轉飭各地方官務須振刷精神將中外交涉事未了結各案迅為逐件查催不可再事遲緩庶幾以後辦理洋務或可少費周章

通商大臣兩江爵閣督部堂曾批鎮江道稟鎮江人民等因洋人租屋滋事一案同治七年八月初六日由道札縣

查城内建堂之案同治四年間法國教堂在浙江會稽縣賃房咨准總理衙門核復内地建堂由来已久但傳教原係外國之人如買地為建堂之用其賣契内衹可載明賣作本處天主教堂公產字樣若係洋人在内地置買私產與條約不合仍行禁止等因轉行在案近年江寧安徽所辦法國教堂立契均照此辦理今鎮江本係通商口岸江皖既行允准立堂並給公所鎮江亦同一律即在城内賃房設堂亦屬應准另查同治五六年法國雷教士在安慶

已買定雙蓮寺之屋因紳民懷疑不允改作書院公所經府縣在城外擇買堂基城内另租公所雷教士始欣然樂從鎮江亦可做照安慶之律仰該道督同府縣於城内另租公所妥辦稟覆至租屋傳教必須百姓出借者赴縣呈明方准成交一則恐外國教士與中國刁民私相授受二則恐奸民偽契盜賣使教士之買者吃虧三則與上海租地先行報明查視再行税契辦法亦屬一律四則與會稽案内只准置立教堂不准置買私産亦屬相符仰將此四層與領事暨各洋人反覆陳説當可信從仍將傳教係條約准行開導士民務使人人共知不必與之為難

豫閩蘇省現辦傳教各案中外未相能安措

總理衙門王大臣

竊查咸豐八年英法兩國所定條約內有耶穌天主等教在中國傳習者一體保護毫無刻待禁阻等語迨至咸豐十年復經議准後臣等接辦明知耶穌等教與中國不同必多窒礙是以詰辦相持未肯輕易互換迨事機緊逼衆議交催換約不得不委曲求全以顧大局既換之後無論如何棘手總宜隨時酌核情理辦理得宜乃年來外間辦理教案數年不結拖延日久變端百出其間有教民藉勢誇張報怨生事亦有軍民憤激過深故滋釁隙所以外國

不免有所藉口近如河南省南陽還堂一案疊據撫臣李
鶴年函請南陽教堂之事為和約攸關固不敢托持正議
要譽于紳民亦不敢草率欺矇貽憂于大局並稱南陽民
人傳貼聚衆其勢洶洶現仍迅圖了結各等語今復江蘇
揚州聚衆毆辱教士福建臺灣壯勇殺死教民兩案據督
臣曾國藩咨報已將揚州之案訊辦粗有頭緒其臺灣一
案尚未據督臣英桂將如何辦理情形咨報而該國使臣
屢次照會前請挐辦正兇情辭迫切爭執不已並該國有
兵船前往揚州臺灣兩處自行彈壓之說等因深恐事機
決裂難以收拾一面照覆該國駐京使臣飭領事官妥辦

一面飛咨曾國藩英桂派委熟悉洋務之司道大員會同該處之領事官迅速籌辦理即日議結務使華洋相安不致橫生枝節臣伏思耶穌等教既為條約所准行彼係照約而請我更難以顯為禁止惟在我修明正學自能端其趨向不必揚湯止沸愈激愈堅是以臣等遇有交涉教務事件一經該使臣知會無不立行該省嚼令持平辦理惟兩造之曲直案情之虛實臣等無從懸揣全在各省大吏及地方官機相處置當行者就案實結當拒者按約辯明不致日久遷延致貽後患相應請旨飭下調任直隸總督前兩江總督曾國藩閩浙總督英桂河南巡撫李鶴年各

將現辦未結之教案迅速設法完結並請諭令各直省將軍督撫通飭各地方官如有傳教之洋人務令士民各守本分不得聽信浮言無端尋隙倘有不安本分教士滋擾地方即知會領事官按約懲辦務使民教相安不致釀成巨案庶足靖教務而杜爭端同治七年九月

札文

署理通商大臣曾　同治七年九月二十一日准
總理各國事務衙門咨咸豐十一年所定通共章程第一
款洋貨入內地有逢關納稅遇卡抽厘之說然必須該商
無長江各關稅單可呈是未完過正半各稅者方能如此
辦理試取英約二十八款及善後條約第七款詳細查閱
便知洋貨進口後交清海關正稅及子口半稅者沿途呈
驗稅單即應放行遠近均不重征即華商販運洋貨江寧
和約第十款及天津和約第二十八款均載有各貨納稅
後即准由中國商人徧運天下又稱洋貨內地稅在海口

輸納給票為他子口毫不另征之據等語是洋貨入内地無論華商洋商但執有半税單均不得再征厘税若謂華商販運洋貨執有半税單若不交厘即屬影射偷漏此係厘卡章程並非條約所載英約四十六款中國各口收税官員凡有嚴防偷漏之法均准隨時設法辦理等語約内文義亦係指各海口應收之正税及内地應收之一次半税而言並非專為厘卡而設至税單則須交清子税後方能由關給發其同治二年十二月間英國卜使所擬告示則專指洋商入内地自賣洋貨而言大意祇有兩層云該商若不願交内地子税便逢關納税遇卡抽厘若不願逢

關納稅遇卡抽厘便交內地子稅二者聽其自便務須按
約辦理斷不可因厘背約徒啟領事爭論等因札關移行
遵辦九月二十六日奉到

海洋行船碰船條欵照會

欽加按察使銜監督江南海關蘇松太道應　為

照會事照得通商各口華洋船隻來往江面每有磕碰沉損彼此各執一詞爭訟不休因思船隻被碰之後如何應賠如何不應賠

貴國當有一定條例必須明白出示曉諭庶使華洋各商均能得悉知所避忌為此照會

貴總領事請煩確查

貴國定例明晰示覆以便出示曉諭以省案牘而免唇舌須至照會者

右照會

大亞美理駕欽命駐劄上海管理總領事事務西

同治七年四月十三日

大亞美理駕欽命駐劄上海管理總領事事務西　　為

照覆事准

貴道四月十三日文開以問美國有何定例免得來往

水面中外船隻磕碰以便出示曉諭中國人等省其

爭訟案牘而貴居吾等情准此查聯邦合衆國即本

國定例内揀選數款繙譯漢文送請

貴道查閲恰好

英法兩國在水面行船定例與聯邦國大概相同而
諸別國亦無不符該條欵之用非獨欲船主指點如
何行駛避碰亦須遇有碰事稟明斷案官查據錯於
何處法度定當如此現將聯邦美國公堂如何辦過
大概情由明晰照覆
一如有碰船之事惟一船共總有錯別船毫無錯處
應派有錯之船除賠自己所受之害外亦應賠償
別船受碰之害
一如有碰船之事兩船皆有錯處有時定斷分認修
船費用各半但非常定之例有時斷歸各修各船

所受損壞

一如難定何船有錯應思分認修船費用各半為好

但有時定斷各修各船所受損壞亦可

一如或碰船兩船皆無錯處自應受其損壞兩不相

賠總之凡遇碰船之事倘一船有不當心之處應

在公堂表明非因不留心相碰之故原告亦須呈

出兩個憑據自己無錯其錯在被告至於夜間船

上所挂燈光公堂斷過如若蓬船走火輪船所行

之路夜間不挂燈光被輪船撞碰輪船不應賠償

究竟如若輪船毫不當心有時亦可照不當心之

錯斷賠茲准前因合行照覆為此照送英文條例
並譯抄漢文條冊一本又羅盤圖一張合併送請
查收請煩查照施行須至照覆者

右照覆

大清欽加按察使銜監督江南海關蘇松太道應

同治七年四月十五日照覆

條冊

一先序其略以後條欵內凡火輪船有時用篷不用
水氣名曰篷船在用水氣之時或用篷不用篷亦
算輪船所論水氣即中國人總名火輪船

二夜間船上用燈自日入起到日出止或天清明或天昏暗應照以後條款内所用之燈光顏色不准用别樣燈光

三火輪船夜用燈光凡行駛之時計派四等燈用外國字A B C D以中國字甲乙丙丁比之如火輪船行駛之時應用A字即甲字燈光放於頭桅係最皎潔白光之燈可以常常映射天邊照羅盤上箕三十二點之二十點是自船之前面左右各十點即至船偏後左右各二點在全黑無霧夜間十五里遠可以看得見

又B字即乙字燈光係在船右邊舉一綠色燈可以映射天邊照羅盤算十點是自船頭至船右偏後二點其光均在右邊在全黑無霧夜間六里遠可以看得見

又C字即丙字燈光係在船左邊舉一紅色燈可以映射天邊照羅盤算十點是自船頭至船左偏後二點其光均在左邊在全黑無霧夜間六里遠可以看得見

又D字即丁字係隔光之帘要分開綠紅燈光將帘安放居中約設在綠紅燈前三尺以避對面來

船看錯要緊

四火輪拖船拖別船之時除兩傍放綠紅燈光外夜間應在桅上參差挂兩個白色燈光如此可以分別單輪船其桅上所用參差二燈與各輪船所用白色光一般

五蓬船所用燈光或自行駛或有火輪拖船拖帶之時夜間所用燈光與輪船所用之燈光一樣獨桅上之白燈不准用

六除蓬船外仍有小蓬船天好之時用燈與別船一樣倘遇天時不好風大之時可以容其將燈放於

板上但必須顯明清楚不可使来船看見紅光在右綠光在左更當留心以防放錯綠光燈須用綠色紅光燈須用紅色各燈不能不用隔帘

七停泊船之地方或輪船或篷船或應停泊之間或停於船行之路自日入至日出時應懸一燈在頂顯明之處高船板二十尺不能過二十尺外係用白色圓燈闊八寸周圍二尺四寸此燈應該常常照映周圍至少三里

八其引水篷船所用燈光不同別船一樣應該用在桅尖上一箇白色燈可以照映四圍在每點鐘時

分作四次須放火把亮光
九大小漁船行走之時准其不用燈光與別船相同
但日入至日出時須用一個燈籠半邊綠色在右
半邊紅色在左燈中有分開紅綠色之帘該燈應
挂二十尺高或別船来時或我船到彼應顯明此
光亮綠色不可在左紅色不可在右以免碰損或
停泊之時或抛綱之際應挂一白光燈籠在右間
時以防碰撞亦可時時准用火把放其光亮惟白
光萬不可少
十遇有輕霧重霧之時須要吹號遠遠通知或日間

或夜間有霧之時凡船不能不有吹號在一點鐘之間有六分每五分必須用號令凡火輪船行駛之時用水氣吹吸銅管其銅管放於烟通之前至少須高八尺又篷船用角吹號又火輪船與篷船不行之時必須用銅鐘橦響皆須每五分時吹響一番不可不用

十一管舵行駛之意如兩船頂頭相過或稍偏近逼近之時似有碰像兩船推舵人各推舵柄向左如此各船兩相左讓

十二如有篷船橫直駛來似有碰像如若一船有風

在左一船有風在右應風在左邊之船讓路但如兩船橫直駛来一船風在左稍逆一船風在右稍順應風在右邊之船讓路如兩只船風在一邊自應上風船讓路總之順風船應讓逆風之船

十三如兩只火輪船用水氣之時頂頭而来似有碰像兩船管船之人各推舵柄向左如此各船兩相左讓

十四如兩只火輪船橫直駛来似有碰像係在左之船應讓在右之船之路

十五蓬船並火輪船用水氣時兩船相遇似有碰像

應該火輪船讓篷船路

十六論火輪船緩輪如火輪船駛近別船如有碰傢應該暫緩或是退輪且遇有霧之時各火輪船總宜緩走

十七快船追趕緩船快船宜當心免碰緩船

十八如何將十二條十四條十五條十七條解明有一個船應該防備讓別的船之路別的船照舊走路仍有法則須見十九條便知

十九總之雖照以前十八條應當辦理究竟如遇有想不到之事或險在目前須照頃刻之險情節查

辦以便方免碰壞之事

二十防碰之事無論何船為最要緊不能借故忘記

此等本分在前十九條内已定船行水面皆要照

例掛燈吹號當心望外各等情事如若違背以至

碰壞别船或被别船碰壞自船不能不認真辦理

江蘇蘇松太兵備道涂　為

照商事查接管卷内本年六月二十一日接准

來文防備船碰條欵應將中國添列專條六月十二

日與

各國領事商加一條已親筆書押抄録照請核詳等

因當經
杜前署道轉詳在案茲奉
通商大臣行准
總理衙門咨覆所議碰船章程另加一條語意未明
札道與
貴總領事領事悉心另議等因現經本道酌議一條開列照
商為此照會
貴總領事領事請煩商定示覆所有六月十二日議加一條
並望註銷施行須至照會者
計開改擬

一中國風篷篙櫓以及巡漁鹽木各船如被輪船
及夾板船碰撞損失船貨由中國官與領事官
會訊明白憑公估價斷賠其人口受傷未死者
每名給卹銀一百兩因此殞命者加倍給卹

右照會

大美英布俄意荷西日丹國領事官

同治八年九月十五日

與各國使臣書 由洋文譯出與原本未必相符

總理衙門

自中外互市以來所訂條約原期有利無弊彼此相安垂諸悠久而不變乃查看近年雖有條約非但不能行之於將來即目前亦有難安之勢矣其通商一事尚稱平順可免爭端惟傳教之流弊有不可勝言者按傳教之本意原屬勸人為善而天主教之與中國民心大為鑿枘何哉殆辦法未能合宜有以致之耳所當亟求妥法挽回補救庶於各國和好之大局與各國通商之大局無礙也傳天主教士所至地方往往與民不合故歷年各種案件頗有不能相容之處　貴大臣當亦知之有素矣夫天主教之初

來中國也名曰西儒其始入教者不無安分之人而自換約後大為不然遂使勸人為善之教華人皆輕視之而存不服之心加以入教者倚勢欺人於是不服之心固結而不可解迨民教相爭釀成案件地方官理當查辦而教士又出而庇護之教民藉此藐視官長民心更為不服且當中國有事之秋凡一切罪人訟棍俱以教中為逋逃藪從中生亂百姓始而抱怨繼將成恨終且為仇各處民人不問天主耶穌有無區別而皆指為天主教也不知西洋各國疆界有分而概視為外國人也禍端一啓凡駐居中國之西人所在皆為危境即安居無事之省百姓亦聞而生

疑疑心甚而忌心生焉據此情形安有不激而生變者耶究其寔教非一教國各一國縱使告者諄諄難必聽者不藐藐也本王大臣任事十年旦夕焦勞不料今年天津之案果變生倉猝不及防矣該處地方官查獲正凶駢首受戮以及賠償撫卹各件雖云辦理尚妥而中心總未釋然皆因民教不安必致滋事成案以後僅照此案為成例恐辦法愈辦而愈難亦禍端愈多而愈烈也豈得相安無事乎總之各省教案雖因百姓積怨而成寔由教民相逼處此耳各省一切案件地方官辦理固未盡善未嘗不由中西各國辦事大員明知民教意見未能融洽不早為立法

挽回一旦事出不測外國只求滿其所欲而人心服與不服不暇顧問全屬以力為强而中國地方官無法可施只圖敷衍了事暫顧目前不思久遠之計即或與外國熟計深思籌商善後之策非不肯平心論事而皆以萬不可行者强為勸勉反為阻滯此豈代兩國誠心辦事之人哉今本王大臣統觀全局甚欲中外永遠和好必先妥籌善法因思泰西各國彼此均有教士互居其地其所以能久遠相安者非處置得宜曷克臻此故傳教與習教者行所無事也以本王大臣所聞不論何國教士住居某國即以某國之法律風俗是遵從無自立門户者若抗違國法官令

僭越權柄以及損人名節有害人民使人疑而生怨種種不法之事皆有嚴禁以治之即如在中國立堂傳教必先令本地士民悦而不怨信而無疑方可辦理自然彼此久安何得拆堂毀教乎而傳教人再將分內所行之事一一宣示於衆人之前實無有與教相反者更不為習教人所指使擅預地方公事以勢壓人招紳民之怨到處教士皆能如此則百姓可與之久安官員亦易於保護矣近觀在中國傳教者所行所為實與本王大臣所聞各節大不相同猶之一國之中有無數敵國而自專自主者似此而欲久安官民不同心怨恨豈易能乎本王大臣思患預防惟

恐津案已結各處教民聞之必以津案為口實而反氣燄凌人平民不怨毒更甚乎一旦發洩而成巨案地方官辦理不下督撫亦無可如何即總理衙門有力難施倘將中國百姓同心變亂我

大皇帝遣將命師萬不能胥中國之民而悉誅之況衆怒已成誰肯束手待斃及至事難挽救再啟中外和好保全大局彼此均無能為後得不歸咎於中外各國辦事之大員乎且無論中外何國必以得民心為要民心未得以勢迫之定必生變國家政令雖嚴亦難望其遵行不怠也中外辦事大員身當其任補救無方忍置中國與各國商民同溺患難之中不思以善法維

持後來一切公事萬難措辦矣本王大臣欲顧全和好大局力求補救之法特擬章程八條一併繕送　貴大臣查閱查〔除〕致各國大臣外專此縷布惟希諒鑒

一教中所立育嬰堂向未報官立案而收養幼孩其中事難共白因此釀疑起衅者有之何不將外國育嬰堂概行裁撤以免物議如必欲設堂只收奉教者無人撫養之孩然亦必報官立案註明何日收養何人准於何日領回并准無嗣者具結取保抱養為子似此方昭核寔至於教外幼孩當由中國督撫飭令各屬地方官選派紳董自行收養中外各行其善自免疑端

查中國育嬰堂之例幼孩出入必將來歷報明地方官
到堂後其家准來看視待長成後或無子者准其具保
抱養為嗣或仍准其家來堂領回無論何教仍歸本教
堂中亦善於撫育足為善事之一端也聞各國在本國
設立育嬰堂其辦理與中國畧同惟於中國所立外國
育嬰堂收養幼孩不問來歷不肯報官到堂後他人不
得抱養其家不准領回且不許親人來看如此何能不
使百姓生疑即如津案妄傳挖眼剖心曾經奏明并無
其事而民心至今疑懷莫釋故能箝其口萬不能服其
心而欲將來不再因事生耶果能將外國育嬰堂概行撤

回仍歸本國設立凡中國幼孩無論在教與否皆歸收養中國各省辦此善事不可枚舉何必西人攙越致以善舉而啓疑團故此事不如各行其善實爲兩便

一各教堂内凡中國婦女概不准入堂即外國女修士亦不准在中國傳教所以嚴規矩而免人疑議也

查中國素以名節廉恥爲重男女異居不相授受禮至肅也天主教開禁以來婦女入堂男女不分各處教堂相習成風無怪百姓輕視傳教且疑有穢亂之事

一傳教士居住中國當從中國法律風俗不得自立門户尤不可有違國法官令僭越權能以及壞人名節淩辱民

人令人多疑而犯衆怒若毀及中國聖教公憤難容各教
士悉歸地方官約束至中國教民一切所事與平民無異
凡演戲賽會自當照章免派錢文而應有差徭與地方公
事不得藉端推諉至於應繳在官錢糧應納業主租項更
不准恃強掛欠外國教士不可包攬抗違遇有民教交涉
訟事聽憑地方官從公審斷傳教士不得插身帮訟如原
被告有教民在内不准隱匿不到致案中之人拖累無休
倘教士干預訟事地方官將請託原函稟呈督撫咨報本
衙門將教士撤回本國而教民若有户婚田畝詞訟擅敢
央求教士出面說情者地方官從嚴究辦

查中國崇重儒教以及釋道兩教推之喇嘛原非中國人而無不敬守中國法令凡是非曲直聽官辦理聞外國傳教士居住各省者國律風俗在在遵行從不自立門户違國法背官令僭權攬權或汚人名節虐待平民致人懷疑而犯衆怒教士既來中國傳教自應歸地方官約束乃竟有驕矜自大藐視官長殊非自愛而習教者本係中國黎民更宜守分與平民一律況教民鄉城皆有鄰里鄉黨更宜彼此親睦乃遇有地方公事與公舉各欵輒敢恃教免攤自待已薄何怪人皆輕之更有抗糧拒捕辱官虐民等事教士不知底細反為刁惡教民

所慼包庇不肯送官究辦於是有犯重罪投入教中而求保護者且各省教民結訟竟有外國教士出頭干訟如四川教民婦女騙賴平民租項反戳傷平民身死法國主教者居然行文說情教民婦女竟不抵罪川民無不切齒貴州入教者遇有訟事自稱教民以為護符惡跡可知況各省民間互相結婚入教者必令不入教者退婚或父兄入教必指不入教之子弟出忤呈控到官教士袒護各種情事何能免人怨恨

一中國人外國人相居密邇用法兩無所偏若遇命案當抵償者中國人照中例外國人照西例以服民心無論中

外辦案當就本案定罪不得於辦罪之外另議賠償且不得於本犯之外任意牽連無辜紳商受累而地方官遇有民教交涉之案或民人欺入教者照所犯之事擬罪或入教者欺民人亦照所犯之事擬罪均當平允如習教者行為不法為地方官訪聞或被人告發自當照例拏辦教士皆不得包庇隱匿如有庇匿不到案者先將犯法者照例究辦仍將庇匿抗傳之教士與犯人一律辦理或將教士撤回本國

查同治六年四川歐鶖教士馮弼樂一案業已拏獲冉老五正法有梅教士硬指紳士主使逼勒賠銀八萬兩

本係無知貧民滋事及至激成巨案反逼守令紳富賠
銀此等情形怨望最深又查同治八年四川酉陽教士
李國一案實由教民逼人退婚肇禍經　崇將軍　李
中堂會辦已將正凶何彩正法劉幅擬絞而教民殺死
平民及歷年姦擄焚殺首惡教民王學鼎張添㟨等雖
已議罪終不到案其司鐸覃輔臣糾衆殺斃團民趙永
林等二百餘命梅教士聲稱已赴外洋不能查辦川民
愈加忿怒
一法國傳教士所往何省傳教於所領執照內必將某省
某府詳註照内指定在某省傳教不得暗赴他省并註明

某人收執不准轉給他人該教士所過關卡一切應納稅
貨不得私自攜帶希圖偷漏至抵某省某府應將所領執
照即呈地方官衙門驗看如驗得人地不符或私授中國
教民頂冒除將原照註銷外如查出有私買私受與不法
等事定將頂替教民嚴究仍將教士驅之回國凡照内教
士姓名以華字為憑各處易於認別若教士或回國或病
故或改業理將執照繳銷至各省有叛逆之處領照之人
不准前往將来有教士請照前往之省查係軍務之省即
將執照一概停給所以明保護之意也
查貴州教案内趙教士一名所領執照并未註明於花

名冊內嗣德繙譯來函據稱查得洋文冊內有被傷身死之趙司鐸實係同治四年六月二十五日領照之瑞勤思即其人也誤爲趙姓云云又查同治四年六月二十五日三百二十五號之瑞勤思乃往四川者而貴州護照簿內實無趙姓亦無瑞勤思似此傳教省分與教士姓名先後互異何堪取信而能保護又教士林輔臣殺死俄人案內林輔臣先充教士又服役於布館中而原照竟不繳還或私相轉給或遺落他人非但冒充之弊難免且恐落於逆賊之手則國家受害甚大亦大失教中體面

一傳教士本係勸人為善當於收人入教之先細訪其人有無作惡犯罪之事當收者收之不可收者去之應照中國所有廟宇知會地方保甲登記册內便於查核之例如收一人必分別立限呈報地方官於何年月日進教者係何處人向來作何事業實無犯罪更名以便查考或其人出外或病故皆當報明其人進教時本無罪惡進教後所為不法旋即逐出教外一體呈報按月按季彙登總册呈送地方官備查地方官如查菴廟寺院之例按月按季前往稽查則教名無玷而民教俱各相安

查同治五年貴州巡撫案報貴定縣有冉石保等先曾

從賊嗣入教民袁玉相夏正興團中藉教中聲勢糾衆殺害王江保左寅壽二人重傷三人將其家財什物牛馬擄搶一空又查同治八年貴州巡撫案報遵義縣公稟内有宋玉山唐神仙譚元帥蹇元淵等先曾從賊受偽職嗣入教中擾害鄉城人民不可勝計又有楊希伯劉開文鄭小明霍閏九趙文菴等皆係遵屬素不安分之人同入教中在堂執事鄉愚被其訛索孤弱受其欺凌出入衙門干預公事若教民涉訟審虛楊希伯等率領教民多人鬧入縣衙强逼縣官另斷教民被官管押即用外國教士名帖硬請釋放他如强佔人之妻女財產

及人命重案不可枚舉

一洋教士在中國當照中國規矩不可干名犯義擅用關防印信於大小衙門送遞照會如有本身應訴之件而於他項詞訟無關者准照中國儒教士子之例繕稟呈明地方官核辦如欲晋見中國大憲亦與中國士人見大憲之例同其見地方各官亦同此例但必相見以禮毋許擾亂公堂有失體統

查同治六年成都將軍洛報法國有洪主教者移行四川省局官員擅用關防同治七年本衙門收到貴州主教胡縛理照會 一件擅由提塘官驛遞送且保舉前任

道員多文等請予優獎山東傳教士有擅稱巡撫之事
四川貴州教士因教案而有請撤地方官之責是侵官
吏之權事已難恕甚至侵　國家之權情實難容似此
無理已極安得不犯衆人之怒
一嗣後教士不得任憑私意指請索還教堂以免啓衅所
有教中買地建堂或租賃公所當與公正原業主在該管
地方官呈報查明於風水有無妨碍即使地方官核准尤
必本地民人衆口同聲無怨無惡始可照同治四年定章
註明契上係中國教民公共之産不可僞託他人買産成
交更不得聽信奸民蒙蔽私自買賣成交

查傳教士久居中國本欲彼此相合中國人無所忿恨自然攸往咸宜邇來教中一切行為多致中國民心不服即如查還教堂一節近年各省地方抵還教堂不問民情有無窒碍强令給還甚至紳民有高華巨室硬指為當年教堂勒逼民間讓還且於體制有關之地以及會館公所菴堂為闔境紳民所最尊最重者皆任情需索抵作教堂況各省房屋即實屬當年教堂而多歷年所或被教民賣出民間輾轉互賣已歷多人其從新修理之項所費不貲而教士分文不出逼令讓還此等情事如何不令百姓怒目耽耽視同仇讐而激生事變

以上所開各節不過舉其大略而言足見傳教士行爲非
是民教不安之証譬如有病延醫審病發藥急求有益無
害不致因傳教一端而傷中外和好大局也推之各省案
件尚多不及縷述總之人有善惡懲惡即以勸善猶之奸
商弊獘不嚴辦奸商而公正商人必受其累教士傳教不
問善惡招之使來一入教中則不善者必藉教勢欺害良
民甚而抗拒官長衆怒已成將合中國百姓如津民之恨
洋人當其時　國家政令雖嚴亦難挽救豈非危險之至
乎兹擬各條中國自必竭力保護不失寬和之道而教士
如能實力奉行自可相安無事倘以此爲不便於教士不

合於教規惟有請回本國傳教可耳中國教民中國定與不入教者一視同仁無所厚薄此非不准教士傳教於中國也實因教士未能自安本分爲不肖教民所惑勢必激成衆怒而至決裂之地矣與其臨時無可挽回不如及早籌防之爲愈也按回文無一語中理故不錄

申明條約請　旨飭遵摺同治十一年正月

總理衙門王大臣

竊查咸豐十年大清國與大英國議立條約有優待使臣一條如有欺藐等情由地方官從嚴懲辦其收稅欠債各章程俱經一一開載明晰自換約後已逾十年各國商民在各口與中國民人往來遇事雖偶有齟齬其安分和平之人尚無欺凌中國之意而於中國官員亦復有禮相待至於各關征收洋稅雖係按照條約而內地亦間有誤行征收之處其華洋各商交涉買賣洋商因間有拖欠洋〔華〕商之款而華商拖欠洋商之款亦自不少均經隨時飭令各該省持平妥辦冀免偏枯茲准英國駐京大臣來臣衙門

面稱中國人庶每待外國官民輕慢中國官憲未曾設法禁阻翻形顯露不睦百姓耳濡目染效尤滋甚商人被各關重納之稅或由該管官員失察受損或由官號以及各商騙欠地方官既弗責償反為庇護以致數案歷年相積不結請為奏明請旨飭遵各等情並准照會稱湖北廣濟縣因有公事與縣理論地方官聲稱向未見過條約等語臣等查外國官民來華辦事通商照約本應以禮相待況外國安分和平之人亦並無欺凌中國之意中國官民自不應故存輕慢外國之心至於各關收稅本應照約征收不宜舛錯所有各商交涉賬目中國若不將華商拖欠詳

商之款速為清釐設遇洋商拖欠華商之款何以令外國設法清結緣中國辦事向來秉公況與各國交涉事件尤應彼此持平相應請旨飭下各直省務宜恪遵咸豐十年條約凡遇外國官民均當以禮相遇小民或不知悉並令出示諭曉一體遵照其餘外國駐京大臣與禮遇中國官員無殊或有越禮欺藐等情必應從嚴懲辦其有地方官未經看過條約者應由該督撫一律飭令閱看至各關卡如查明實係誤收洋商之稅應行交還者及中國商人拖欠洋商銀兩各案應由南北洋通商大臣查照臣衙門歷次行文分別應還不應還迅為了結庶嗣後中外辦理交

涉事件足以昭和平而免爭競同治十一年正月二十一日奏

照會蘇松太道開濬吳淞同治十三年接到　英國領事麥加利

照得本年二月間函詢吳淞口淤沙情形如有詳報上憲之事即請稿錄送旋於二月二十七日接准函送詳稿一紙當經分移　各國領事查覽嗣託本領事代為轉達查稿内所敘派候補直隸州高牧會同寶山縣曽令前詣該處查看據稱水面遼闊沙形伏水不過懸揣詢之該處土著人等此沙歷來情形如何即賴伊等所言以為無論中外器具均屬人力難施具文申復即由　貴道據情詳請轉咨核示似此查察　各國領事僉謂太覺忽畧均有不愜之意至高牧曽令能否辦事不敢妄議惟此項水程乃

屬格外要工該二員雖於尋常公事或可擅長而於此事
恐未能深識籌畫之策其所查辦者亦何能悉臻妥善也
且該二員辦理是事如同游戲緣查詳稿所云水面遼闊
但能懸揣詢據漁農所答之言以附自揣之意其為遊戲
已屬顯然若憑原稟轉詳　各國領事以為殊難依託尚
祈　貴道勿作罷論仍即籌一良法札飭妥為查勘查
貴道屬下人才甚衆即　貴關之河泊司熟悉海面事務
總營造司素知洋器挖泥究竟有無利益且關内另有數
員頗能核算是事與通商全局有何干涉如或置西人於
不論亦可於華員中選派熟悉海務者前往勘辦諒其查

察情形自較前勘之二員更為切實也至　各國領事所辯論者係欲　貴道盡心體察事關彼此要務碍難延緩因浦江漲灘凡高大者漲之必速衆人目所目覩當初議時其灘尚小桃挖較易迄今大而且堅已覺難以措手將來愈久愈漲迨至口門將閉苟非中號小號船隻不能駛進商船出入艱難則上海通商日漸蕭索矣但生意必有道路此口既閉勢將遷移別口從此洋商貿易　貴關稅餉豈不同遭損害前經　貴道詳報時恐未將此等情弊細加較量如今已逾兩載其間上海交易起落無常中外均有干係諒在　洞鑒之中惟望　貴道須知　各國領

事所請者尚合情理并知此舉准行彼此同受利益也近日　恭親王咨會　各國駐京大臣文内有云吳淞所漲沙灘乃是天生地設將來設有外警中國正可藉局保衛滬城之門户等語　各國大臣自各有嗣照覆茲本領事等另有一言特為　貴道陳明因思此舉誠無庸慮萬國常臻安謐當安謐之際總以流通貨物為要此時雖將水道挖開便於營運日後如須設立奇謀防守地方不難於數日内將其閉塞若以此法不足防禦并可於兩岸口門隨意添設炮臺尤為穩妥為此照會　貴道請煩查照施行。

奏請宣示　諭旨體制及酌定大臣往來疏光緒元年八月

總理衙門　王大臣

本年五月間臣衙門　奏請豫儲熟悉洋務人才當經奉
旨准行嗣復奉有候補侍郎郭嵩燾二品頂戴直隸候補
道許鈐身出使　諭旨伏查臣等前此　奏請豫儲熟悉
洋務人才原不僅爲辦理中外交涉事務起見而出使往
來各節亦均寓其中誠以人心必無睽隔方不致互有牴
牾而欲無牴牾必先洞悉情形同治六年間臣衙門志剛
孫家穀出使各國差旋卽據述曾及與外國各衙門大臣往
來交接而各國駐京大臣亦疊次向臣等稱說前事並言

各國大臣在京各部院大臣均未與之往来在官者既與
疏遠無怪民庶不以外國官民為重等語臣等查各部院
大臣向不與之往来固屬恪循無外交之義惟中外修睦
日久現又派員出使今昔情形不同雖不能悉照泰西款
待使臣之事似亦不必竟無往来應請旨由臣衙門與
各部院大臣商定往来節目俾得盡悉緣由庶往来者不
致因周旋之際或生嫌忌之端即未與往来者亦可漸知
中外交涉情事此臣工往来交際道理不可不令中外咸
知也從来與國相交本無軒輕乃外國不知者每見抄錄
諭旨内於某國字様未經擡寫疑有尊卑之分且恐啓

中國官民輕視之漸雖迭經告以　上諭係轉諭中國臣
民例不擡寫若　國書則無不擡寫即如歷次　國書內
兩國　君上彼此均係擡寫而某大國字樣亦係擡寫況
各國條約內所刊尤足為憑何致疑有尊卑惟此節雖迭
經講繹究未明白宣示仍難使外中人人明悉且恐無知匪
人以此挑生事端此兩國之往來交際道理不可不令中
外咸知也以上兩層臣等公同商酌深恐彼此不能體察
其所以然之故但强事虛文不防實弊勢必愈求近而愈
疏愈求益而愈損於中外交涉事務極有關係用敢縷晰
上陳仰懇　恩准　宣示以釋羣疑而維大局

申明條約保護洋人游歷疏光緒元年九月　總理衙門王大臣

竊查各國條約於洋人入內地行走一節均載明必須請有執照盖用中國印信此項持有執照之人經過地方隨時呈驗放行不得攔阻留難其于遺失執照或執照訛誤或有不法情事亦載明就近交領事官辦理沿途只可拘禁不可凌虐並於約内載明執照惟准給與體面有身家之人或另于約外申明凡非體面和厚之人萬不許給照各等因各國條約所載大同小異總不外使地方官於此等執有護照之人得以細核條約本意分别辦理今雲南邊境有英國繙譯官馬嘉理被害一案欽奉諭旨派

李瀚章前往查辦究係如何被害將來自不難水落石出惟未經查明之前誠恐各省地方官因有此案未明條約本意互相猜疑遇有應行保護者轉因畏難而亦不保護甚或民間以訛傳訛別生枝節均不可不豫為防範相應奏明請旨飭下各直省大吏轉飭地方官於各國執有護照之人入境務須一體細核條約本意妥為分別辦理以安中外如蒙俞允除臣衙門前已將各國條約咨送各省外再由臣衙門將約內所載執照游歷分別保護辦法各條摘出專抄分送各省仍令轉給地方官一律照辦光緒元年九月十七日發抄

馮道憲照會英領事光緒二年三月停止鐵路

為照會事查洋商擅築吳淞鐵路一事節經本道請貴領事諭飭停工未荷允行但事屬違約合再開列各條照會為此照會貴領事請煩查照迅速轉飭停工聽候京信并祈見覆施行

計開

一由上海開設鐵路至吳淞及用火輪車在鐵路上行走係違我　朝廷素願而明欺我　朝廷也

一各國一切工務以及築路等事其權原歸各國朝廷掌理遍查地球各國從未有任別國之人開造火輪

車路者即如日本一國祇在他國借債而築造火輪車路仍由該國自主倘我中國竟任他國之人造路不但為地球内各國所笑且恐此端一開各國不依

一英國或美國凡築鐵路有礙隣居地業或礙公路以及水道若未經請准立法之總部萬不能行

一人民在他國購置實業如地皮及房屋等其人之地皮與房屋本應遵照該國之律法除非條約内曾經載明方能照辦

一華英通商條約并未有准人購地開築鐵路亦未有准人自上海開路至吳淞

一現在所築鐵路已堵塞損壞許多公路小路以及水道業有大損又於隣近居民多有不便

一現已在港道上架造橋梁往來載貨船隻均受阻礙

一當初有一起洋人囑托亞領事及白領事於同治十一年間會銜代請前上海道台允其購地之時彼固明知若不得地方官允准即尋常道路且不准開設況鐵路乎

一當初代請前上海道台給發允購地皮照會原不過欲設一條尋常馬路

一前上海道台於同治十二年二月二十八日之照會

並無推廣增益之事且道台當時亦斷不答應抽收路捐

一自領事與前道台創論此事以來領事並未顯然對華官說明該公司買地將何作用之實意若華官明知或料定要造鐵路用火輪車在此路上行走斷無允准之理

一前次阿伯領事來文係築馬路是以前道將租契蓋印今既改造鐵路則與前文不符所有前任已印租契及一切造路告示自今以後均應作為廢紙

一所設之謀為非他國之律例所能行除非地方官明

有答應方可舉行是以本道以理照會拒駁不准蓋看出當初未向前任請准造路確係有挾私偽之見及至貴領事來函請免納稅之火輪器具仍稱造車路之用并未將火輪車路聲明本道立即拒駁而所有送來要請蓋印之契地當時即不答應蓋用是該公司所購之地其未蓋印者尚多安得謂係該公司之業且本道但盡人事阻止不准開工悉以理爭並未以勢力強阻

一總論此事將以明告領事等又特以明告美國領事查普安臣當初續立條約第八款內載鐵路欲行製

造總由中國　皇帝自主酌度辦理等語今我
皇帝並無開造鐵路之諭旨倘領事照舊執迷助
該公司成事是實有違萬國公法並違和約條款幫
扶暗謀欺騙之事有礙本國　朝廷及百姓且如此
堅執明明可大傷中國與有約各國友睦之誼也
一英國條約第三十九款内載英商上貨下貨總須先
領監督官準單如違即將貨物一併入官又四十六
款内載中國各口收稅官員凡有嚴防偷漏之法均
準其相度機宜隨時便宜設法辦理以杜弊端又通
商章程第六款載明各口上下貨物之地均由海關

妥為定界又江海關定章浦江泊船起下貨物之所自新船廠起至天后宮為界商船祇許在例準起貨下貨之界內起貨下貨各等語是吳淞既非起貨下貨之所又吳淞口一段盡屬海塘關繫民生農田保障為中國最要緊之事斷不能任百姓將官地盜賣建造房屋碼頭今洋商創造鐵路用火輪車自上海至吳淞口行走是何意見且吳淞既不準起下貨物倘違犯關章本道惟有查拿罰辦請問造此鐵路火輪車何用

一上海貿易租界自洋涇浜起至虹口為止有法國租

界有英國租界有美國租界吴淞口係寶山縣所管不在通商租地界限之内又各國通商章程祇有上海口岸並無寶山地界通商今所造之火輪車路係何國租界

一此次洋人造鐵路用火輪車諒因中國從來未有欲創此舉以為推廣地步但輪船槍礮等項外洋所有者中國皆已一一仿造若鐵路與火車中國不難自造無藉洋人開端且洋人若欲廣造鐵路則須租購基地所費不貲中國自造無須地價難易判然洋人若欲藉此圖利斷乎不能既屬無利可圖而必欲作

違約之事請問其意何在

以上各條如蒙貴領事察照迅速轉飭該商停工聽候貴國駐京大臣及總理衙門回信自有妥當辦法如置之不理本道亦可照會各國領事並刊入新聞紙使地球各國天下官民共見共聞想貴領事為各國領袖在中國多年深悉中外情形凡事均敦和誼此事全仗貴領事設法辦理如能妥為中止幸不至決裂則天下人民無不仰望大德本道尤為感激無盡也

鐵路會議條欵 光緒二年

大清國 三品銜湖北候補道朱 監督江海關蘇松太道馮 布政使銜直隸遇缺題補道盛

大英國漢文正使梅

會議上海至吳淞鐵路條欵事宜公同較閱悉屬妥當合將會議辦法逐條開列於左

一鐵路一事 李大臣與 威大臣在煙臺面商為保中國自主之權彼此派委員朱道臺盛道臺會正梅正使與上海關道面商通融辦法現在江寗省城會訂條議面呈 南洋大臣核定辦理彼此畫押照繕二分各執一分為據再由關道等將此條議呈明

北洋大臣江蘇撫憲鑒核梅正使亦將此條議呈明
咸大臣鑒核
一鐵路擬歸中國買斷所有地段鐵路火輪車輛機器
等項由中國買斷之後即與從前洋商承辦之公司
無涉
一現在所議買斷地段鐵路火輪車輛機器等停車房屋項由中
國切應還該公司價值若干即由上海道英領事邀
同公正商人各兩位詳細查明各項細數由中國照
數核給兩不相欺惟開行一年之久應照英國公司
向例遞年核減之數折實照減

一價值分作三期交付查明價值之日中國即先付第一期價銀三分之一該公司先將地契繳還上海關道半年屆時中國再付第二期價銀三分之一一年屆期中國付清第三期價銀三分之一由上海道照會領事飭令該公司前來具領

一以一年為限期自光緒二年九月十五日起至光緒三年九月十五日止由中國買斷一切價銀全數付清所有地段鐵路火輪車等項均即點交中國承管行止悉聽中國自主從前洋商公司不得過問一年以前因中國價銀尚未清付自光緒二年九月十五

日起一年之内火輪車行止應聽該洋商公司承辦盈虧亦與中國無涉所有如何保護一切章程由上海道會同英領事商辦俟訂明後即當謹遵

一吳淞至上海已成一段鐵路其起止約三十里一年以前因中國尚未將價銀付清暫由該洋商公司辦理但准其搭客往來不得違礙關章并不得添購地段推廣鐵路

一前因行車壓斃人命一案應妥議撫卹銀兩轉給

一現議通融辦法大致已定不得再有更改關道與領事以前一切照會彼此銷案不再爭論

一此次辦法係兩國和好爲保中國自主之權期於中國有益而與洋商無損故格外通融由中國買斷以後如欲做鐵路等事應與中國先行商明不得以現在辦法援以爲例

一該公司在英國原雇洋匠及監工人馬利生應查明當日原訂合同由中國買斷之後應如何給付工價或留用或退回本國按照原訂合同辦理以昭信守倘若留用一切悉聽中國官調度不得擅專

奏定保護沿海船只章程 光緒二年五月 總理衙門

一定地段以專責成也查沿海島嶼星羅犬牙交錯非明定界址必致彼此推諉茲責成沿海廳縣會同營汛明定所轄界限每十里為一段飭令就近公正紳耆保舉地甲一人其島嶼則保舉耆老頭目一名列名責報以專責成凡遇中外船隻漂撞礁淺一切危險本船日則高掛白旗夜則接懸兩燈以示求救在地之居民漁户人等見有此等旗燈即時首報地甲頭目一面飛報文武汛官一面酌量夫船數目集艘助救其文武汛官聞報後即督率兵役親往勘驗救護不得稍有遲誤其往來報信之人一切費

用均由失事船主給還惟官役不得勒索使費
一明賞罰以免推諉也查沿海文武汛官如有救護貨船
至一萬兩以上中外人等救至十名以上者一經該管上
司查明申報及領事官照會關道有案藩司立即註册記
功三功以上者文武汛官詳請酌記外獎五功以上者分
別詳請　題升以示優獎其地甲頭目亦分別上次勞績
隨時賞給頂戴匾額以昭激勸倘文武汛官不肯認真辦
理照例叅懲地甲頭目若有援救不力甚至希冀分肥者
分別輕重嚴究至於望見船只危險首先報知地甲頭目
及文武汛官者以初報之人為首功由失事船主給予花

紅大船多至三十兩中小船以十兩為度
一定章程以免混亂也凡遇險船只其力尚可自存船主
並不願他人上船者則救援之人自不得混行上船倘船
主須人援救或係應先救船或係應先救貨或係應先救
人均聽船主指揮不得自行動手救起貨物應寄頓何處
亦由船主作主其有擅行搬取或私自藏匿者一經船主
及地甲頭目指明查有確據者即行由官追究治罪倘有
人出首確鑿者亦賞以應賞之欵誣控者不准並行反坐
一定酬勞以資鼓勵也凡救起之貨須候文武汛官驗報
如係外國船貨則并報明附近領事官會同查核將貨估

價按照出入多寡難易抽撥充賞多至三分之一以賞救援之人若有貨無人則須稟明就近地方官及領事官秉公將貨酌賞倘無貨有人則須將人救護無論中國外國之人均先行給以衣食就近送交地方官領事官妥給船夫分別資送回籍倘係外國人無領事可交者即報明通商局資給盤川俾令自行回國其小船出力救護者倘本人無力可以酬謝者即就近稟報地方官小船每救人一名賞給洋銀十元就近由地方官先行核給按月彙報通商局撥還虛揑者嚴究至遇風濤洶湧人力難施或在大洋爲救援所不及者均宜各安天命不得任意株連

一廣曉諭以資勸戒也凡遇海濱愚民皆緣不知救援之
有賞不救船之有罰是以坐視不救或致乘機搶奪此後
所有沿海文武各官均宜將以上告示條規分別札行各
汛嚴加告誡並將告示條規書寫木牌徧處懸挂使一切
漁戶愚人皆知遇險之船救護為有功不救護為有罪庶
人人有救船之念在其胸中不致視為無足重輕之舉矣
光緒二年五月初四日奉
旨依議欽此
稟南洋通商大臣　上海道馮焌光
敬稟者竊奉　憲臺行准　總理衙門咨德國安拏船遭風

被搶一案准福建巡撫將保護中外船隻遭風遇險章程五條抄行飭遵等因職道捧誦之餘　丁撫憲所定保護章程實已周密詳盡惟竊見從前曾有廣東盜匪先後偵知金花及士迫兩輪船裝有錙重欲圖搶劫因而結伴搭船開至中途將駛船洋人謀害者不特船內正經搭客一同被累且巡洋舟師捕獲為難至上海寧波長江搭客偷竊物件之案亦不一而足推原其故皆由搭客並未稽查遂致盜匪得以溷迹欲絕此弊惟有凡遇搭船華人必先令其赴洋行登簿覓本地鋪戶行棧作保該洋行問明來歷將搭客姓名年貌籍貫與保人姓名一併查記填給搭

船單註明姓名交搭客持往輪船照驗船中司賬查對相
符准其往船開行倘不先赴洋行領單逕自登舟者驅逐
上岸無保人者概不准搭似此分別良莠使奸匪無從託
足可免意外之虞擬請　總理衙門照會各國公使轉飭
各口領事曉諭洋行一體遵辦

總理各國事務衙門札總稅務司光緒二年十月二十七日

為劄行事本衙門現與德國巴大臣面議洋商出售洋貨在上海租界內免其抽厘及發給存票准其以三十六箇月為限各開辦日期准巴大臣面稱曾經會商各國大臣在案應將開辦日期開列於後

一上海一口已定有洋商租界云云錄入和約彙編卷四洋貨在租界免厘款內

一凡有進口真正洋貨云云錄入和約彙編卷四洋貨納稅進口仍運出洋款內

以上兩條除由本衙門照會各國大臣並通行

南北洋大臣飭屬遵照辦理外相應劄行總稅務司查照可也

照錄德國大臣照會總署稿

為照會事頃接　來文備悉一切其內所開上海租界內不再抽厘一節甚為妥協惟洋藥並不在不應抽厘貨物之內此已由本館阿繙譯轉達應再特為復知至來文所開存票定限一節亦屬妥善又前因洋商運用現錢一節若寔係准洋商將自己銅錢運往內地採買土貨亦無不妥善矣為此照會須至照會者　十月廿二日

酌議真正洋貨租界内免捐章程十二條光緒二年

一議須將真正洋貨共有若干名目用一粉牌逐件寫列並將中外均有之物亦逐一詳細註明懸挂新關不特便於臨時分辨且可使辦捐委員遵照牌上所開洋貨各件於租界内概行免捐以昭信守

一議租界内洋貨雖業已定議免捐惟洋藥一項向不照洋貨之例是以不准完納子口稅示與別項洋貨有別前訂通商章程内另有專條現在煙臺併捐加稅章程亦未議定亟宜籌商併捐數目現在洋藥一項非但分別剔明不在租界免捐之内所有併捐章程亦應同時並

舉核定捐數同於開辦租界洋貨免捐之日舉辦

一議貨船到埠由新關委員會同司稅所派之人同往查驗查係真正洋貨委員即於洋貨包皮騎縫上印一真正洋貨戳記以免牽混

一議由捐局派員會同新關委員查驗貨上有真正洋貨戳記者再於騎縫上加印租界内免捐五字可免運往他處時爭論庶洋貨不致吃虧以示體卹改日運貨他往時驗無租界内免捐戳記雖真正洋貨必係當日未完半税未經查驗如不補完半税亦須照土貨辦理

一議租界内洋商洋貨及賣與華商洋貨現定概行免捐

自當恪遵惟租界內土貨亦屬不少除真正洋貨照新
章免其收捐外所有內地及閩廣各土貨仍須照章抽
厘稽查各局公所自當仍舊查核以免土貨偷漏

一議原貨出口時須驗明新關真正洋貨及捐局租界免
捐兩戳記毫無拆動形迹准照原貨出口章程辦理如
有不符與原印時改樣者擬請比照漏稅章程將貨充
公

一議租界內各項土貨運入內地者仍照向章赴捐局報
捐由各捐局發給分運單以便沿途照驗使各商不致
受稽遲之累

一議外國船及中國船領外國牌照者裝來各處華商土貨雖在新關報税而各項土貨向不准完納子口税餉仍應照向章辦理以示與洋貨有別

一議洋貨完子口税後發給税單運入内地各捐局卡照單查明並無單外夾帶別貨立即放行令既洋貨包皮各有新關兩戳記到卡查驗時更易迅速以免該商等守候

一議各項洋貨運出租界外者如有子口税單照驗即遵章免捐如無子口税單者仍逢關納税遇卡抽厘

一議現存各棧洋貨俟華商承買後届出貨之時報明新

關由税司派人會同委員前往該棧將華商買運洋貨
加蓋戳記以便租界内免捐而符新章
一議租界内稽查華商土貨此係中國自辦本國土貨與
外國人無涉如有外國人出頭包庇稍損中國自主之
權照例議罰

英國兵部新定水師大小官員拜謁章程 按此章於光緒三年由英國傅署公使照會總理衙門咨由通商大臣通飭

案照本國水師兵船分駛各國地方與他國水師兵船相遇彼此拜謁答拜等事原當明定章程俾得有所適從現經本部咨行總理各國事務丞相分別諮商有水師之各國均經會議妥協茲將所定章程開列於後通行各海水師一體遵照將來本國水師兵船或在本國各口或在他國地方一律照辦可也

第一端首次派員致意照拂　凡本國水師各船或一隻或數隻不等無論何處灣泊遇有他國水師兵船駛至即

由本國統領官派員前往來船照例問明照彿若來船係屬數隻或帮當往該帮統領官之船照前致意隨由來船之管船官派員前往本國船上謝步

第二端彼此拜謁　凡有水師兵船或一隻或數隻無論何處灣椗如有他國兵船或一隻或數隻不等駛來倘來船之統領官與先到船隻之統領官品級相將則於二十四鐘點以內應由來船之統領官前往躬拜其先到船隻之統領官仍限二十四點鐘為期當往答拜設或兩國統領官品級不同應由品小者先行躬拜其往拜并答拜之限均照以上所開事理奉行茲將水師管船各官銜職品

級開列於左　計開　頭等水師提督　二等水師提督
　三等水師提督　水師總統　水師總兵　水師副將
叅將　水師游擊
第三端統領大員躬親答拜之例　一凡水師提督總統
總兵等員先向他國水師提督及總統等員拜謁訖即由
彼國水師提督總統等員親行答拜若係水師叅將副將
游擊等員來拜當由水師提督或總統等員特派標下總
兵或副將叅將等員代為答拜　一凡副將叅將游擊等
員先行拜謁水師總兵等員後即當躬行答拜　一凡各
國水師兵船或彼無論何日相遇一俟統領官彼此拜謁

後當由來帮各船之管船官向先到各船之管船官處往拜後分别答拜　一此項章程業已通行諸商咸知禮尚往來各國水師斷無軒輕均當恪遵

善後襍鈔一

柔遠全書 十九

致劉次白撫部鴻翱書

道光壬寅告病蘇撫　梁章鉅

某自引疾得請後即應旋閩因斂裝之際忽聞浙東㖹夷猖獗大帥奔回杭州錢塘江一帶戒嚴莠民乘機刦啟行旅相戒裹足不得已暫至揚州避之嗣因揚城警報踵至探知夷艘已迫焦山口復踉蹌挈家於六月初渡江時京口草木皆兵一葉扁舟從鋒鏑中奪路而出甫過丹陽即聞鎮江府城已被夷兵攻破道途梗阻幸途遇帶兵大帥齊禮堂參贊慎北來救援某與參贊曾為甘隴同寅承其沿途擁護星夜趲馳得以安抵蘇州復連夜乘潮至富陽神魂始定六月杪至衢州探聞江南大吏以千萬金錢與

暎夷議和許其與江南浙江福建廣東四省設立馬頭互
市業經奏准嗚呼此乃城下之盟不得已權宜之計惟我
皇上如天之德深憫東南百姓久遭荼毒勉從疆吏所請
使民氣得以小蘇凡薄海含生負氣之倫無不感頌
皇仁而咨嗟太息於臣工之措理失當也七月初至浦城
本擬即日買舟順流歸里忽聞暎夷復欲在福州添設一
馬頭執事已為據情奏請不勝駭愕且聞省垣紳户紛紛
各為搬移之計因此觀望不前繼聞此事已奉　中旨再
三駁飭仰見　聖明覆載無私洞鑒於萬里之外俾濱海
臣庶均各安耕鑿於　堯天舜日之中為之額手稱慶乃

不數日又聞執事以此事須奏求順夷情則誠某之所不解也試問執事夷情重乎民情重乎夫前此之准議和乃我
皇上之順民情以順夷情此經中之權史傳中屢有之今此之請添馬頭乃執事之拂民情以順夷情果何説以處此民爲邦本執事於本末之分順逆之理亦曾熟思而審處之乎且此事本末至易明也以省分論福建不能先於江南廣東浙江也以富强論福建不能勝於江南廣東浙江也乃江南浙江廣東每省只設一馬頭而福建一省獨必添一馬頭以媚之此又何説以處之且江南之上海浙江之寗波福建之廈門廣東之澳門本爲番舶交易

之區而福州則從開闢以来並無此舉今以亘古未聞之事而為恭奉外夷之故强率吾閩數十萬户商民必與上海寧波澳門廈門一律辦理於國計民生政體均所未安此又何説以處之况中原濱海各省不一而足倘該夷援福州之例於山東索登州馬頭於直隷索天津馬頭於遼東索錦州馬頭則概將唯命是聽乎况外番如嘆夷者亦不一而足倘各外番並援嘆夷之例亦於濱海各省請分設馬頭則又將惟命是聽乎且福州省城外距五虎門大海尚有百十里之遥蘇州省城外距常熟海口不過百里浙江省城外距龕赭海門亦不過百里廣東省城則外距

澳門不過數十里若皆以海道可通之故各援福州之例並請於各省會分設馬頭又何詞以拒之且執事亦知該夷所以必住福州之故乎該夷所必需者中國之茶葉而崇安所產尤該夷所醉心既得福州則可以漸達崇安此間早傳該夷有欲買武夷山之說誠非無因若果福州已設馬頭則延建一帶必至往來無忌某記得道光乙未年春夏之交該夷曾有兩大船停泊臺江别駕一小船由洪山橋直上水口時鄭夢白方伯以乞假卸事回籍在竹崎江中與之相遇令所過塘汛各兵開炮擊回則彼時已有到崇安相度茶山之意其垂涎於武夷可知此時該夷氣

覦視十年前更甚得隴望蜀人之常情況犬羊之無厭乎
此局果成其弊有不可殫述者願執事合在城文武各官
及在籍老成紳士從長計議極力陳奏必可上邀　俞旨
下洽輿情使暎夷知中國不可以非禮干妄自當帖然聽
命甚不願後日以盧龍之責歸咎於當時之大吏及士大
夫也敢拜下風伏惟鑒察幸甚

致訥制軍書　劉韻珂

浙省軍興以來商民助餉為數已多寗郡為全省精華逆夷搜括一空上年秋歉饑民滋事集貲賑濟實已竭蹶復以賄夷之銀勸令捐輸勢必不應若如川省之議增糧賦萬不能行必致忠義之心變為怨怒之氣故剿夷之銀可勸捐而賄夷之銀不可勸捐也某惟據實陳奏不敢稍有欺蔽愚戇之言惟大君子含容而牽救之就近天下大勢而論文官愛錢而惜死武官既惜死而又愛錢以致帑藏空虛脂膏罄竭軍無鬬志民有亂心戰固敗守亦敗和復敗然戰守之敗敗於無人和之敗敗於失策逆夷之反復

與否姑不具論即目前善後之計已有儳焉不終日之勢蓋助夷為逆者漢奸也除尋常偵探放火各犯外其為逆夷主謀執戈相向者何止萬人夷雖戢兵若輩混迹不去藉夷之勢作奸犯科以謀衣食官不能詰一也吏不能捕夷既以兵脅和夜郎自大通商馬頭清道而前文武官吏皆將如尹邢避面二也取人財貨掠人子女出入蘇杭街市孰能禁止三也不軌之民干犯　國法一經逮問則竄身夷館即屬干城四也民犯夷則惟恐縱民以悅夷夷犯民則又將捉民以媚夷地方有司知有夷而不知有民五也水師將弁本多怯懦洋盜出沒搶刦商旅或懸一大英國

旗號我兵勢難查緝且亦顧以此自解六也力脅通商必求免稅西洋諸國大半爲英夷所降服此後貨船我設關而彼取稅七也黃巖一縣貧富吸煙杲杲出日閒其無人月白燈紅乃開鬼市通商之後烟禁大開鬼市將成八也年來干戈擾攘專爲禁烟禁烟專爲漏銀鴉片仍行銀盡可待九也　國家所恃以通商裕課者銀也今銀盡於夷法亂於夷財匱民窮且生他變即戢兵亦復何及十也撫綏既定後患頗多伏念計出萬全定必預防流弊而鄙人鰓鰓過慮者不得不即管蠡之見更爲執事陳之英夷船隻散處閩粤浙蘇者甚多退兵之後或有他國出而效尤

或即英夷託名後至別肆要求我未能深悉夷情又安能盡服醜類此不可不慮者一也英夷在粤初已就撫迨給與銀兩復肆滋擾此次議定後或稱國王之命謂郭僕等酋辦理不善調回本國別生枝節此不可不慮者二也逆夷屢有北赴天津之説上年投書之陳在鎬及今誘獲之郭僕義子陳祿言雖給銀割地終不肯不往天津而前索通商馬頭却又置天津於不問反覆詭譎情殊可疑能杜其北上之心方免事後之悔此不可不慮者三也通商之後各省關稅自必明定章程萬一英夷阻勒如故勢不能聽其病商攘課一經追究必啓爭端此不可不慮者四也

澳門定制民人與英夷獄訟一聽有司訊斷萬一案及夷人抗不交出凶犯如廣東林經喜之案何以戢夷暴而平民心此不可不慮者五也罷兵之後各省海口仍須設防如修造礮臺戰船增設兵伍營卡初非剿夷而猜嫌阻撓致海防不能整頓此不可不慮者六也通商定議須治奸民廮令夷人悉數交出定地安插否則介乎夷漢之間恃夷犯法萬一夷人護庇官法難施必生衅隙此不可不慮者七也英夷既立馬頭則馬頭之外不容上岸倘或任意闖入掠取牲畜婦女民人不平糾合抗拒夷必歸罪於官即起興兵問罪之師此不可不慮者八也名曰通商而英

夷拆毀定海城垣建造夷樓挈眷居住倘各省均如定海轉盼之間即非我有恐非通商體制此不可不慮者九也中國漏凋敝之故由於漏銀出洋夷船既多漏銀更甚適令會子交子之弊將行國用民用生機交困此後雖準以貨易貨比前更須嚴禁漏銀分毫出洋殺必無故而釁端之開即在於此此不可不慮者十也

弗蘭西通商章程書後　張穆

弗蘭西五口貿易章程內有大可慮之事三而最甚者爲沿海立禮拜寺公然行其所謂天主教者案天主教自明萬歷間利瑪竇入中國久欲以此惑衆明政雖不綱而其時士知節義講壇林立一二夷人之口豈能奪數百年惇詩說禮之心我　朝定鼎政教修明但資其天算小術彼亦以一藝自安故邪說久不行今乃明與要約聽弗夷習教授徒誑惑愚民何也或謂天主教與白蓮教等白蓮教蔓延北方其極熾不過如林清祝現止矣何能爲是大不然白蓮教殆古五斗米喫菜事魔之類爲之首者即至愚

無教之民州縣官但出一示禁之輙伏不敢動無高官顯
秩之人為之包庇其黨雖衆而勢則孤也今揆弗夷情勢
儼然與中國並大方且要索挾持不畏我　皇上何況
羣有司哉沿海之民有入其教者倚敵國為逋逃主負嵎
自雄誰敢過問且白蓮教率斂財入己故愚民之稍不愚
者即不為所惑而天主教則捐斥金錢轉予習教之人民
即不愚恐一時飢寒念切且謂不妨偶一習之也既已習
之能不為所用乎又況犬羊之性荒忽無常萬一敗盟兆
釁凡兵船所泊之處下一令曰習天主教者不殺當此之時
試問從者衆乎不從者衆乎僅愚民從之邪將不愚者亦

從之邪民從之不可問也兵從之更不可問挾兵威以鼓其邪說假邪說以償其大欲土崩瓦解旋至立效恐自古謀人國下人城者無此速且易矣然此必至之勢也前者逆嘆破鎮江有儼然儒巾而上書夷酋甘心作賊者有爭具牒狀乞為賊充里長者人心敝壞至今日已極我官民久已畏夷如虎何況加以天主教之扇誘乎故曰最為可慮也明史稱佛郎機強與呂宋互市久之見其國弱可取奉厚賄乞地如牛皮大建屋以居王不虞其詐許之其人乃裂牛皮聯屬至數千丈圍呂宋地乞如約王駭然業已許諾無可奈何其人既得地即營室築城列火器設守禦

具已竟乘無備襲殺其王據其國仍名呂宋實佛郎機也
今章程內載五口地方凡弗蘭西人房屋間數地段寬廣
不必議立限制俾弗蘭西人相宜獲利與明史所稱乞地
為約事彷佛相似假如祖其故智肆行吞占恐立制之初
華夷已不能相安章程未載别國所定章程不在弗蘭西
條欵內者弗蘭西不能限以遵守惟中國將來如有　特
恩曠典優免保佑别國得之弗蘭西亦與焉是其抗稅搆
禍冀獲漁人之利之志已隱躍言外譸張狡展難以逆料
凡此皆事之至可慮者甲辰十一月初九日私記

海疆宜重守令論

張穆

漢宣帝有言曰與我共治天下者其唯良吏二千石乎爰躬自引問璽書奬勞有功賜金封爵遇公卿缺輒得超任光武初即大位未遑他務先封前密令卓茂為太傅褒德侯明帝承之每下詔書多嘉循吏故西京之盛盛於元康神爵之間東京之盛推建武永平焉明宣宗命大臣各舉所知出典劇郡各賜敕書得便宜從事是以得況鍾莫守愚諸人明之治亦未有如宣德者也由是觀之守令者國家之根本而培養元氣者也守令賢故民附民附則知親上守令賢故民肅民肅則知畏上民親且畏則法立而令

易行賦稅不期足而自充竒羨不期絕而自遠於是乎民和而天降之福則風雨時草木茂年豐人樂而嘉祥應何則民以君為心君以民為體而守令者中握之機樞也人雖感患大病胃氣不傷則必愈天下雖有大變民心不散則不危一方守令賢則一方安天下守令賢而天下安矣今

國家重熙累洽垂二百年暎咭唎一海外禽獸國耳狂噬三年而海隅為之驛騷帑藏為之耗竭今縱能如當事者所云可以帖耳受撫而虎狼在户反復莫必師屢挫辱既無得氣之兵民困徵輸並無可籌之餉萬一他日卒然有變可不為深懼乎今之計國是者徒纖悉於微茫之

利粉飾乎訓練之名不知民財已竭豈能供上之求廩給不充豈有可練之卒至於徵無可徵餉無可餉而一切苟且之政將行唐代宗德宗金宣宗明神宗之弊不深可懼乎方今良法美意事事有名無實譬之於人五官猶是手足猶是而關竅不靈運動皆滯是以當極盛之時而不及四朝已敗壞至此嗚呼豈非庸臣尸素當職謬享太平之福至於紀綱暗紊萬事暗隳所貽之隱憂乎今欲求韓白之才何能倉卒遇也即有桑孔之智豈能旦夕奏效也所恃者自

列聖以至　今上皇帝愛民如子之仁元氣深厚耳夫重士必食士之報愛民必食民之報自漢

以來民之安居樂業蕃衍休養未有盛於我　朝者也是
以粵東屢遭逆夷之毒而忠愛不衰義檄義旂相繼而起
閩省廈門逆夷畏民驅逐遁不敢居即江蘇素稱孱弱而
沿海沿江之民亦間有殺賊自效者此真　祖宗積
累之厚　皇天眷佑之深所當乘其機而利用之也
然則欲治今日之天下則莫若固未散之人心欲固未散
之民心則其要歸於擇守令而海疆之善後卒亦無以易
此焉何也今之所患者漢奸而漢奸皆內地之民也守令
賢則必善行保甲愛民守令如父母則糾察易而密奸民
何所容乎其善一矣今之所患者鴉片守令賢則民聽其

訓誨父戒子兄勉弟以共遠鴆毒而吸食之徒且不容於家庭不齒於鄉里不待嚴刑峻法而習惡可消其善二矣今之所患者無兵守令賢則各鄉皆可團結一旦有事荷耰鋤者皆兵也不勝調發萬萬哉其善三矣民皆為兵何憂於餉其四善矣熟其地利悉其險易則街衢之間阡陌之地皆可掘溝為險設伏無形其善五矣撫其傑黠使為商賈羣其心潰其腹其善六矣教化既行則民效醇儉而外洋淫巧之物將日漸不行省民間金錢之耗而風俗日美其善七矣商漁奸販必有魁傑為之首守令賢則能知其蹤迹廣為招致使為我用大則將才小則精卒也如是

而綠營鈍弱之兵可以汰其善八矣化奸為良鹽稅日益可以裕國其善九矣潛驅黙率使民由之而不知干城腹心壯於無形内地不擾逆夷不疑其善十矣此與練兵勇修礮臺空談守禦卒為夷人所禁而不得施者功相萬也愚故曰治今之天下莫要於擇守令而海疆之善後尤莫要於此也難者曰沿海之省縣亙幾之千里安能盡得賢守令而任之應之曰天生人才惟生大才不數今欲　朝廷求賢而曰必為管樂蕭韓岳飛王守仁諸人誠知其難也若守令則凡實心為國為民者即是良吏以天下之大而不能擇數十人乎特患不求之耳曰求之而督撫不以

實應奈何曰令督撫保舉十九皆趨走便習之人海疆則趨走便習者之畏途也非忠心愛國之人決不願往非胸有把握而洞曉事體之人決亦不敢往其願往敢往者則必漢章所稱悃愊無華之吏矣夫悃愊無華之吏今之督撫所遺也而海疆之令下則趨走便習之人必共舉平日督撫所遺者以為已脫避之地矣而悃愊無華者有忠君愛國之心又能通曉事體亦無不樂於膺薦以思一展布愚故曰選守令於他地則保者或不公選守令於海疆則保者必多實又況內外臣工各有耳目又何必專恃督撫哉雖然愚猶願　國家寬其處分援之便宜俾之真能展

布而勿掣其肘也一不如條例焉而有罰一事擅焉而有
罰督撫藩臬一婦四姑重重令壓時恐得罪又況繁簡不
均動輒更調民情未習瓜代已開雖有善心終無表見則
漢明之宣賜書勅久任超擢之意其亦當取法乎嗚呼由
海疆善後而慎擇守令由海疆守令而推之天下　朝廷
復以誠意體之上下交欣歡若一體百廢竝修百利並舉
則是　國家何憂無財何憂無將奚恥而不雪奚敵而不
服乎哉

製洋器議

馮桂芬

有天地開闢以來未有之奇憤凡有心知血氣莫不衝冠髮上指者則今日之以廣運萬里地球中第一大國而受制於小夷也以地球三百六十度每度二百五十里或云二百里或云二百三十里如圓周積計之大海三分去一實爲方一里者十三億五千萬我大清國北自興安嶺南至厓州距四十三度計萬七百餘里東自庫頁島南至噶什喀爾距七十七度計萬九千餘里截贏補縮約南北八千里東西萬一千里爲方一里者八八千百萬是一國而居地球十有五分之一也餘百許國俄英法米爲大據英人地里全

志稽之我中華幅員八倍於俄十倍於米百倍於法二百倍於英但就本國言屬部不與地之大如是五州之内日用百須無求於無他國而自足者獨有一中華地之善又如是雖彼中輿地書必以中華首列非畏我非尊我直以國最大天時地利物産無不甲於地球而已而今顧靦然屈於四國之下者則非天時地利物産之不如也人實不如耳彼人非俱首重瞳之奇我人非僬僥三尺之弱人奚不如且中華扶輿靈秀磅礴而鬱積巢燧羲軒數神聖前民利用所創始諸夷晚出何嘗不竊我緒餘人又奚不如則非天賦人以不如也人自不如耳天賦人以不如可恥也可恥而無

可為也人自不如尤可恥也然可恥而有可為也如恥之莫如自強夫所謂不如實不如也忌嫉之無益文飾之不能勉強之無庸向時中國積習長技俱無所施道在實知其不如之所在彼何以小而強我何以大而弱必求所以如之仍亦存乎人而已矣以今論之約有數端人無棄材不如夷地無遺利不如夷君民不隔不如夷名實必符不如夷四者道在反求以上諸議備矣惟　皇上振刷紀綱一轉移閒耳此無待於夷者也至於軍旅之事船堅礮利不如夷有進無退不如夷夷人練兵首重行步先較定遠近若干丈尺行若干步又較定鐘表若干分秒行若干步千人一律行軍時兩膀齊舉其間雖流矢洞穿無礙陣法之整實勝於我然豈我不能為之事乎書曰不

愆於六步七步乃止齊焉古法本如是亦禮失求野之一證又以左傳視其轍亂之說言之則古時車戰雖乘馬之步亦齊也而人材健壯未必不如夷是夷得其三我得其一故難勝北兵亦能有進無退是我得其二故間勝粵人軍械半購諸夷而不備并能有進無退是我得其二有半故半勝然即良將勁兵因械於敵如天之福十戰十勝而彼能來我不能往犁庭埽閭固無其事後患正無已時而況乎勝負未可知也得三與得二有半究有間也何如全乎其為得三之相奎當也果全乎其為得三不特主客異形勞逸異勢且我有可以窮追之道彼有懼我報復之心殆不啻相當焉斯百戰百勝之術矣夫得二之效亦道在反求而

無待於夷然則有待於夷者獨船堅礮利一事耳魏氏源論馭夷其曰以夷攻夷以夷款夷無論語言文字之不通往來聘問之不習忽欲以疏間親萬不可行且是欲以戰國視諸夷而不知其情事大不侔也魏氏所見夷書新聞紙不少不宜為此說蓋其生平學術喜自居於縱横家者流故有此蔽愚則以為不能自强徒逞譎詭適足取敗而已獨師夷長技以制夷一語為得之夫九州之大億萬衆之心思材力殫精竭慮於一器而謂竟無能之者吾誰欺惟是輸倕之巧至難也非上知不能為也圬鏝之役至賤也雖中材不屑為也顧為者不能為能者不屑為必不合

之勢矣此所以讓諸夷以獨能也道在重其事尊其選特設一科以待能者宜於通商各口撥款設船礮局聘夷人數名招內地善運思者從受其法以授衆匠工成與夷製無辨者賞給舉人一體會試出夷製之上者賞給進士一體　殿試廩其匠倍蓰勿令他適夫　國家重科目中於人心久矣聰明知巧之士窮老盡氣銷磨於時文試帖楷書無用之事又優劣得失無定數而莫肯徙業者以上之重之也今令分其半以從事於製器尚象之途優則得劣則失劃然一定而仍可以得時文試帖楷書之賞夫誰不樂闓且其人有過人之稟何不可以餘力治文學講吏治

較之捐輸所得不猶愈乎即較諸時文試帖楷書所得不猶愈乎即如另議改定科舉而是科卻可並行不悖中華之聰明智巧必在諸夷之上往時特不之用耳上好下甚風行響應當有殊尤異敏出新意於西法之外者始則師而法之繼則比而齊之終則駕而上之自強之道實在乎是昔吳受乘車戰陣之法於晉而爭長於晉趙武靈為胡服而勝胡近事俄夷有比達王者微服傭於英局三年盡得其巧技國遂勃興安南暹羅等國近來皆能仿造西洋船礮前年西夷突入日本國都求通市許之未幾日本亦駕火輪船十數徧歷西洋報聘各國多所要約諸國知其

意亦許之日本蕞爾國耳尚知發憤為雄獨我大國將納汙含垢以終古哉孟子曰國家閒暇及是時明其政刑又以敵國外患同於法家拂士尹鐸曰委土可以為師保今者諸夷互市聚於中土適有此和好無事之間隙殆天與我以自強之時也不於此急起乘之祗逆天休命後悔晚矣或曰管仲攘夷狄夫子仁之邾用夷禮春秋貶之今之所議毋乃非聖人之道耶是不然夫所謂攘者必實有以攘之非虛憍之氣也居今日而言攘夷試問何具以攘之所謂不用者亦實見其不足用非迂濶之論也夫世變代嬗質趨文拙趨巧其勢然也時憲之秝鐘表槍礮之器皆

西法也居今日而據六秝以須朔修刻漏以稽時挾弩矢以臨戎曰吾不用夷禮也可乎且用其器非用其禮也用之乃所以攘之也以經費言之軍械之價常十倍然利鈍所分勝敗係之固當別論輪船亦然然彼則一年而一運此則一年而一二十運移往時鹽船糧船費用改造輪船即百船已不止千船之用無事可以運鹽轉粟有事可以調兵赴援呼應奔走無不捷豈特十倍之利哉或曰購船雇人何如曰不可能造能修能用則我之利器也不能造不能修不能用則仍人之利器也利器在人手以之轉漕而一日可令我饑餓以之運鹽一日可令我食淡以之涉

江海一日可令我覆溺倉卒有隙幡然倒戈舟中敵國遂為實事而購值不貲歲修不貲賞犒不貲使令之不便駕馭之不易其小焉者也是尚不如借兵雇船之為愈也借兵雇船皆暫也非常也目前固無隙故可暫也日後豈能必無隙故不可常也終以自造自修自用之為無弊也夫而後內可以盪平區宇夫而後外可以雄長瀛寰夫而後可以復有本之强夫而後可以雪從前之恥夫而後完然為廣運萬里地球中第一大國而正本清源之治久安長治之規可從容議也夫窮兵黷武非聖人之道原不必尤而效之但使我有隱然之威戰可必克也不戰亦可屈人

也而我中華始可自立於天下不然者有可自強之道暴棄之而不知惜有可雪恥之道隱忍之而不知所為計亦不獨俄英法米之為患也我中華且將為天下萬國所魚肉何以堪之此賈生所為痛哭流涕者也

善馭夷議

馮桂芬

今國家以夷務為第一要政而勦賊次之何也賊可滅夷不可滅也一夷滅百夷不俱滅也一夷滅代以一夷仍不滅也一夷為一夷所滅而一夷彌强不如不滅也盛衰倚伏之説可就一夷言不可就百夷言此夷衰彼夷盛夷務仍自若然則馭夷之道可不講乎馭夷之道不講宜戰反和宜和反戰而夷務壞忽和忽戰而夷務壞戰不一於戰和不一於和而夷務更壞今既議和宜一於和坦然以至誠待之猜嫌疑忌之跡一切無所用耳屬於垣鐘聞於外無益事機適啓瑕釁子貢曰無報人之志而令人疑之拙

也有報人之意而使人知之殆也事未發而先聞危也三者舉事之大患（見史記孔子弟子傳戰國策燕策蘇代語略同蓋本子貢）以今日行之直所謂無報人之志而令人疑之者也然則將一切曲從乎曰非也愚正以為曲從其中外猜嫌疑忌其中之非計也夷人動輒稱理吾即以其人之法還治其人之身理可從從之理不可從據理以折之諸夷不知三綱而尚知一信非真能信也一不信而百國羣起而攻之箝制之使不得不信也吉勇烈之事（見重專對議）即能為理屈之明證然則和可久恃乎曰難言也蓋嘗博采旁咨而知諸夷不能無異志而目前數年則未也中華為地球第一大國原隰衍沃

民物蕃阜固宜百國所垂涎年来徧繪地圖轍跡及乎滇黔川陜其意何居然而目前必無事者則以俄英法米四國地醜德齊外睦内猜互相箝制而莫敢先發也俄與英法講和未久咸豐三年俄伐土耳其欲滅之英法及墺地利薩丁邪救之至六年三月始議和凡連兵四年大小數十戰陣亡及黑海遭颶風冬凍夏疫死者俄數十萬人英法十萬人為近今泰西一大事米嘗大困於英米本英屬部乾隆中英與法搆兵久練餉奇急米人不能堪衆推華盛頓為帥拒英英不支乃議和嘉慶十七年和英人又入米都英法亦世搆兵嘉慶二十年法主拿破倫死之後始和其於他國亦無歲無戰爭要其終講和多而兼并少故諸夷多千年數百年舊國諸夷惟米新造外俄祿利哥開國當唐懿宗時英咸康開國當宋英宗時法路易開國當宋理宗時諸小國亦多久長至日本自周惠王時至今不易姓與西夷無涉不特兼并

難即臣屬亦不易何則諸夷意中各有一彼國獨强即我國將弱之心故一國有急難無論遠近輒助之蓋不僅輔車脣齒之說英嘗助俄伐土耳其埃及後悔之英志云坐令土弱俄强至今爲梗其意可見其識見遠出乎秦時六國之上如土耳其欲并希臘俄英法救之俄欲并土耳其西班牙欲并摩洛哥皆英法救之汔歸於和彼於小國猶爾況敢覬覦一大國哉津門戊午之事發端於英輒牽率三國而来者無他不敢專其利也懼三國之議其後也庚申之事得當即已者亦懼俄米之議其後也可取而忽舍可進而忽退夫安有興師動衆間關跋涉八萬里之遠無端而去無端而復来哉不待智者而知

其不然矣故曰目前必無事也可以坦然無疑也將来四
國之交既固協以謀我或四國自相鬬一國勝而三國為
所制而後及於我然四國之相讐勝於讐我交必不能固
而自鬬則為日必不遠可慮也又西藏之南及新疆天山
南路皆與英屬部孟加拉本若等境接壤可慮也俄境東
自興安嶺西至科布多毘連者數千里近聞俄夷蹤蹟已
及綏芬河一帶距長白吉林不甚遠更可慮也然則前議
自強之道誠不可須臾緩矣不自強而有事危道也不自
強而無事幸也而不能久幸也矧可猜嫌疑忌以速之使
有事也自強而有事則我有以待之矧一自強而即可弭

之使無事也自强而無事則我不爲禍始即中外生靈之
福又何所用其猜嫌疑忌爲哉

采西學議

馮桂芬

傳稱左史倚相能讀三墳五典八索九邱孔安國曰九州之志謂之九邱詩列十五國之風康成譜序云欲知源流清濁之所處則循其上下而省之欲知風化芳臭氣澤之所及則旁行以觀之孔子作春秋有取於百二十國寶書伊古儒者未有不博古而兼通今綜上下縱橫以為學者也顧今之天下非三代之天下比矣周髀算經有四極四和與半年為晝半年為夜等說後人不得其解周禮職方疏神農以上有大九州後世德薄止治神州神州者東南一州也騶衍談天中國名曰赤縣神州中國外如赤縣神

州者九當時疑爲荒唐之言顧氏炎武不知西海夫西洋即西海彼時已習於人口職方外紀等書已入中國顧氏或未見或見而不信皆未可知今則地球九萬里莫非舟車所通人力所到周髀禮疏騶衍所稱一一實有其地據西人輿圖所列不下百國此百國中經譯之書惟明末意大里亞及今英吉利兩國書凡數十種其述耶穌教者率猥鄙無足道此外如算學重學視學光學化學等皆得格物至理輿地書備列百國山川阨塞風土物産多中人所不及昔鄭公孫揮能知四國之爲子産能舉晋國實沈臺駘之故列國猶有其人可以中華大一統之邦而無之乎

亦學士之羞也今之習於夷者曰通事其人率皆市井佻達游間不齒鄉里無所得衣食者始為之其質魯其識淺其心術又鄙聲色貨利之外不知其他且其能不過略通夷語間識夷字僅知貨目數名與俚淺文理而已安望其留心學問乎惟彼亦不足於若輩特設義塾招貧苦童稚兼習中外文字不知村童沽暨穎悟者絕少余嘗於吾鄉村塾義塾中物色異敏之士數十年無所得而又漸染於夷場習氣故所得仍與若輩等今欲采西學宜於廣東上海設一翻譯公所選近郡十五歲以下穎悟文童倍其廩餼住院肄業聘西人課以諸國語言文字又聘內地名師課以經史等學兼習算學一切

西學皆從算學出西人十歲外無人不學算今欲采西學自不可不學算或師西人或師內地人之知算者俱可聞英華書院墨海書院藏書甚多又俄夷道光二十七年所進書千餘種存　方略館宜發院擇其有理者譯之由是而秝算之術而格致之理而制器尚象之法兼綜條貫輪船火器之外正非一端如歷法從古無數十年不變之理今時憲以乾隆甲子為元承用已逾百年漸多差忒甲辰修改墨守西人舊法進退其數不足依據必求所以正之聞西人見用地動新術與天行密合是可資以授時又如河工前造百龍搜沙之器以無效而輟聞西人海港刷沙其法甚捷法用匹馬大火輪置船旁可上可下於潮退時下其輪使附於沙而轉之沙四飛隨潮而

去凡通潮之地皆宜之黃河水性湍急更無處不宜自下流迤邐而上積日累月鍥而不舍雖欲復由地中行之舊不難此不特黃河可用北河亦可用即南運河徒陽等處亦可用且東南水利久不治數日之霖積月不退宜於通潮各海口如法濬之使下流迅駛則上流雖不濬而自有一落千丈强之勢可收事半功倍之效　是可資以行水又如農具織具百工所需多用機輪用力少而成功多是可資以治生其他凡有益於無　國計民生者皆是奇技淫巧不與焉三年之後諸文童於諸國書應口成誦者許補本學諸生如有神明變化能實見之行事者由通商大臣請　賞給舉人如前議中國多秀民必有出於夷而轉勝於夷者誠今日論學一要務矣夫學問者經濟所從出也太史公論治曰法後王本荀子為其近已而俗變相

類議卑而易行也愚以為在今日又宜日鑒諸國諸國同時並域獨能自致富强豈非相强〔類〕而易行之尤大彰明較著者如以中國之倫常名教為原本輔以諸國富强之術不更善之善者哉且也通市二十年來彼酋之習我語言文字者甚多其尤者能讀我經史於我朝章吏治輿地民情類能言之而我都護以下之於彼國則瞢然無所知相形之下能無愧乎於是乎不得不寄耳目於惷愚謬妄之通事詞氣輕重緩急轉輾傳述失其本指幾何不以小嫌釀大衅夫馭夷為今天下第一要政乃以樞紐付之若輩無怪彼己之不知情偽之不識議和議戰汔不得其要領

此　國家之隱憂也此議行則習其語言文字者必多多則必有正人君子通達治體者出其中然後得其要領而馭之地理全志作於癸丑年書中於日本國記其欺侮亞美利加觸石漁船時思報復於安南國極惡其譏防之嚴榷稅之重於緬甸國亦有胥吏橫征之怨未幾日本安南皆有兵端可見彼國書不可不觀若能知其未譯之書所得必倍多綏靖邊陲道又在是如謂六合之内論而不議封故見而限咫聞恐古博物君子必不爾也

重專對議

馮桂芬

春秋時以善辭令為學問之一端若臧文仲子産之類代有其人夫子論士品以使於四方不辱君命居於孝弟信果之上又曰誦詩三百不能專對雖多亦奚以為可見當時專對之重列國以後此學遂廢閒有如富弼曹利用諸人止一人一事艷為美談蓋不為專才久矣今海外諸夷一春秋時之列國也不特形勢同即風氣亦相近焉勢力相高而言必稱理譎詐相尚而口必道信兩軍交戰不廢通使一旦渝平居然與國亦復大侵小强陵弱而必有其藉口之端不聞有不論理不論信如戰國時事者然則居

今日而言經濟應對之才又曷可少哉如吉爾杭阿公甲寅上海之事官軍攻劉麗川於上海軍洋涇西營卒戲洋涇殺夷女二卒亦傷二人其明日夷從賊攻我八營潰餘布政使吉爾杭阿公十有一營未動抵暮一赫蹄來界言弁兵某等百許人犯我界殺人盡今夕縛以來不者詰朝且踹若十有一營百許人者皆我良將勁兵也公以示劉君存厚曰我今日事可見是不可戰我欲法汾陽單騎見虜事以理爭之彼平日相見動輒稱理宜得當萬一不然君能帥偏師燬夷場吾死不恨劉君曰能次晨公從四騎抵理事官阿里國門阿里國拒不見强之而後出便申前語公曰安有我　大皇帝兵勇而可無故殺之者乎獨殺吉某則可吾戴吾頭來矣延頸作就殺狀阿里國大笑曰何至是公因曰兵勇犯若界曲在我若以一介之使索此罪人敢不從命今與逆賊比而攻我曲在若矣貴國不惟曲直之是講天實鑑之非吉某所畏也有戰而已勝負何常之有阿里國無以對卒定約通好而還咸豐四年三月十日事也僉曰是役也大軍獲全蘇省安堵皆吉公一言之力通商二十年來善馭

夷者莫若吉公若戊午津門之議有一吉公必不至是是專對得人之效也昔漢武帝詔察茂材異等可使絕國者於古有徵於今尤亟應請　特詔中外大臣各舉所知有口辯有膽氣機牙肆應之人時　賜召對以驗之量予差遣以試之用備他日通商大臣之選庶幾折衝樽俎毋致隕越貽羞矣

建中探本論

中外交涉由來久矣周以後三千餘年大都盛於西北畧於東南隋唐之高麗釁由黷武不足深論元明始與日本搆而亦因民導之非必憑陵上國也今日泰西各地恃舟航之利萬里咫尺海之所至無不與中國共之其交涉之道與前代迥異固當深思而熟慮未可以一端言也今之議者輒曰此不共戴天也曰此不可與爭鋒也曰有條約在我惟因物付物隨事持平也噫此三議者皆皮毛而未得其髓者也我之兵勢卽強能與大海角逐乎我之撫循雖殷能終饜其欲乎一波未平一波又起能始終民教相

安乎築室於道和戰日紛而中土之元氣日爲之朘削得不深懼者哉易曰君子見機而作不俟終日聖人不諱言機機也者道之微乎微者宇宙間爲四大洲中國僅亞細亞一洲中一隅耳然文物之盛物產之豐丁口之繁才智之衆泰西地兼四大洲其中至强之國以十數計皆自以爲不如遠甚見之所著文字中非中國自夸也且自廣東庚子之後迄今三十年各邦無敢萌遼金之想以侮蔑我邦者中華之國勢亦可謂盛矣哦嘆法普咪五方並峙約縱連橫實與春秋相類而尊周之志猶在未衰及是時而無以自强則十數年後必淩遲而爲戰國生民之禍其殆

始矣泰西立國之雄論者輙謂其舟堅其炮利其機器巧其算學精故欲師夷之長技以制之舍此四者不為功而不知其根本之圖則在於政令簡下情達國是公養人厚雖日事戰鬬而臨陣則釋俘決獄無殊辟醇樸寬易有中土上古之風故心志齊一號令嚴明而又有利器以助之此所以動輙致勝也我不直探其本而惟末是務則縱有其船有其礮有其技而無其上下簡嚴忍鷙之勢則亦徒為寇資而已五國之勢方不相下以中土互市為利而各不能專亦猶燕秦十六國紛紜而晉人得以安處高歡宇文之爭軌而齊梁得以晏然此非彼之不能噬我特彼自

相噬相忌而勢有不可耳髮捻之殃甚於巢林闖獻以次
蕩掃實賴　九廟在天之靈立國規模根深蒂固駕
乎漢唐之上令果能以平髮捻之精神心志貫其餘勇而
為中外交涉之遠猷固猶未晚也然則其在富強乎世之
所謂富強者聚歛耳蒐練耳我之所謂富強則在富於人
材強於刑政八字而已試就康雍乾三朝往事言之準噶
爾喀爾喀羅剎土扈特爾霍集占大小金川緬甸安南其
環伺而長驅者指不勝屈也　三聖人臨御亦惟是
簡賢任能張弛互用中外之治具畢舉先有以大服十八
省兵民之心而作之氣故不戰而屈人來王來享莫之敢

後猶乎人身正氣日壯外邪自當退聽不僅日施攻伐之
峻劑也樞庭者古之政府也始於雍正其時　詔諭
累千百言反覆誥誡指示詳明有摺到兩三日後始
發寄者乾隆中葉海內事簡旋閱旋答迄為成法實則
今日事機之冗甚於前令人之才智遜於前而欲於俄頃
之間發踪導窾固大難矣然乾隆以後一事出詢按期不
覆則　嚴詰隨之令則經年高閣而無問之者　王
言之輕幾同文具此赫聲濯靈不足以震動恪恭關乎天
下之視聽一也乾隆以前滿人重於漢人內閣重於六部
六部重於翰詹台諫非真幹濟不能任封疆非真學問不

能操文柄雖以沈文慤錢文恭之僅以詩文結　主知而其集中論田賦耗羨諸作皆洞悉民隱諳習朝章非茫然不知時王之制者自嘉道後一以資格再以科目數典忘祖所習非所用而治道日衰於今益甚此經濟不求掌故不習關乎天下之趨向二也民為邦本食為民天旱乾水溢時所恒有而　列聖之痌瘝胞與一日萬幾皆在閭閻生計中故雨暘銀米旬有報月有稟各令長達之大吏大吏達之於上有未及成災而　卹詔已頒者有此邦稍歉而早移他邦之粟者水利興河道闢儲積預養之教之子萬民而無一夫之不獲故三朝一百三四十年比

户可封老死不知流離之苦今則渺然不復覩矣官與民隔膜焉中與外隔膜焉何省之民力盈何省之民力絀孰為休養地方孰為廢弛庶務浩浩然齊於一邱之貉此民生憔悴帝力何有關乎國計者三也六部者天下之政令所萃光武以吏治責三公重尚書之職明太祖不設宰相分隸六部我　朝威柄自上盡袪明代票擬之陋以外事責督撫而內以六官馭之輕重相維部權尊則　主威盛嘉道後斤斤例案六卿拱手仰鼻息於胥吏物極而返至咸同而六部如贅疣矣六部不得收天下之柄悉天下之事理日惟毛舉細故以束縛賢能之施為而天下亦不以

政柄歸之問錢穀幾何不知也問決獄幾何不知也以丙吉之相業而為令日之部臣其寬弛渙散有關乎天下之政本四也賞罰者馭世之大柄必賞一人而天下皆勸必罰一人而天下皆儆馴至於不賞而民勸不怒而民威於鈇鉞則賞罰之用約而收效極博我朝　聖祖世宗
高宗於進退黜陟之間每以一人而發通諭必使海內臣工曉然於功罪之所在且用賢有破格有循資破格者必實有破格之才循資者亦必有循資之實固有釋褐十年至內外大僚之人亦有登第二三十年必閱歷久遠京察記名外任道府由簡調繁幾經迴翔始任以疆寄者破格

之人才必有大過人而取信於衆循資之夙望亦必有成績而足服乎人心令自軍務以來始而取一二帶勇之能往往超遷極速近年則有並未帶兵並未籌餉而疎逖之士但經密薦密舉即登顯要以致輿望未孚甚至舉國不知其姓名而已超華膴論者必曰此依附於某中丞者否則必某宮保之門下也以朝廷嚮用之大員而羣摘為竈奥取容之賤客偶罷一職則又曰與某大僚不洽也否則某當事之所忌也以揚清激濁之風裁而為酬恩報怨之餘地以致殊擢不足以為榮峻罰不足以為辱閭之天下如見肺腑黜陟之未平有關於風會五也清議者天下人

士之所歸也浮議者家國安危之所忌也明代相庸君闇萬歷以後口説日滋國是因之顛倒我　朝力拯其弊雍正年間嚴究朋黨政令為之一新然正論自明羣心悉服大學士鄂爾泰苗疆失機一總兵某劾之擬罹大辟兵部主事李玉洲一司官耳毅然不肯畫議部議遂止錢灃曾錫寶參和珅於炎赫之際此外則以巡檢劾太監縣令劾旗員者不可勝計直情徑行公道大彰強項者多由此嚮用

大聖人執兩用中消朋黨而申氣節是非一準於理不容一毫矯偽偏倚至此今則惟勢是視惟利是趨侍郎不敢抗尚書藩臬不敢爭督撫迎其意旨相率取容

惟恐其拂逆而順之不暇至於市井小人之浮議輕譽輕毀無稽讕語一入當軸之耳則雖有賢能亦疑而沮格局中之正論則深惡之局外之浮議則深惑之剛柔茹吐近乎倒置此有關於世道人心六也以上六者皆列祖列宗殫精竭智以求宗社磐石之安而攘斥四夷混一華夏以仁義為干櫓胥出斯道以視今日之安危果何如乎　本朝庶政弛於近六十年時人但見海疆多事之前拘墟例文牽制資格端拜詳視需次而至公卿遂疑在前之遠模大猷亦復相類故解散樞紐盡脫畦町髮捻之除實有賴焉但此可以處變而不可以處常漢高以馬上治

天下之誚尚且不免況近之所為又非諸軍初起之舊法

涼之弊已見其形終怠之情將與道咸時相埒茍披尋

列朝寶訓實錄方畧會典諸書綱舉目張樸實周匝

當未有不歎盛美之不可幾而知近事之淺且易也杜牧

之議河北曰上策莫如自治孟子曰壯者以暇日修其孝

弟忠信可使制梃以撻秦楚之堅甲利兵今日之籌邊惟

遠師孔孟之言上復

祖宗之舊則正論在是權論

亦在是紛紛議戰議和不待深辯而自廢然返矣

我戰則克論

金安清

客有詢於余曰今日之洋務應戰乎應和乎余曰此何待言亦戰而已矣客曰其船之堅其炮之利其軍心之悍且整我之所效法西人之利器已用心十餘年而彼之機巧層出不窮鎗炮之後開門不已進而至於連珠炮矣船之火輪不已進而至於鐵甲且水雷矣我雖疾足以往彼則絕塵而奔果何恃而操必勝乎余乃喟然曰君父之仇不共戴天春秋之義九世猶復我

宣宗成皇帝之海疆遺憾也　遺詔不入廟不配

天不立聖德神功碑我　文宗顯皇帝之北狩熱河也

聖躬不懌馴至大漸凡此異類之偪迫茍為大清國臣子

者豈可一日忘諸心乎是戰之說不必問其有可恃與否第當審義之當戰與否耳然而亦有說焉夫人定勝天天定亦勝人至天與人交相感而其勝乃可必天之心何在在於民民之心何在在於君使君之心能事事惟民是依民之心刻刻亦惟吾君是戴則其兵有不勝用者矣財有不勝理者矣獨不見美利堅之於英吉利普魯斯之與佛郎西乎美利堅本英屬之民耳至英君虐斂不能撫有其人遂黰然起而為之敵血戰八年至今自成一國普魯斯受法人之挾制七八十年一旦君民合力圍其都降其主全力挫滅之而有餘此豈分別彼此船炮之低昂乎只在君與民之心合與不合之分耳故今日議戰不必問

我之船炮如何當先審我軍民之心為如何我大清之入主中國聖聖相承深仁厚澤前後三藩之變川楚之變甚而近日髮捻之變皆由民心尚固得以第（次）蕩平然今日與洋人對敵我之軍民能効死力與否能不為敵資所透（誘）甘為前導與否尚不可知也則戰之說固亦未易輕言也今欲為戰之說必先求戰之本本者何吏治也民生也士習也軍紀也國家於此四者盡其心得其法則我中國之根本固矣心膂壯矣朝與野一其道同其風上下貴賤固結而為一心兵之鼓勇而出也彼一炮能傷百人我以千人進彼一炮能傷千人我以萬人進悉如普人攻法國之炮台使大炮併無裝放之暇而如林如

旅之衆亡命直前苟近其身則鎗炮無所施能遷遠於海則輪船鐵甲有所不能到則彼亦其如我何而無奈我民之心未易收也閩廣之無賴百金之餌爭為漢奸焉津沽之匪人千金之賄私賣地雷焉以如此之軍如此之民即鎗炮過於洋人十倍而必敗於敵者可操劵也我

聖祖高宗之百戰無敵於天下也試觀其時之吏治如何之清民生何如之厚士習何如之醇軍律何如之嚴譬如士民之家家政井然田産秩然奴僕之於主人無不頂而戴之則偶於他人訟無不勝矣反是則外釁方來內訟旋起甚至輸主人之實情於敵故自古及今從未有內未安而外可攘者也普國之君今年八十外矣其幼年即

為法人所辱含垢忍恥者幾何時卧薪嘗胆者幾何時任賢任能睦鄰結援又幾何時至國脈强而民氣振日耳曼各國則皆推尊之澳地利亞則已摧敗之然尚未肯與法人爭迨法人强令王子不許為西班牙之主且異其詞而曲允之至萬不得已横逆屢加通國之人皆裂眥攘臂而不與共天日夫然後始陳師而出焉及法境盡矣法君虜矣猶許其議和而不欲遂墟其地雖受害之法人至今亦無有痛詈普國者其恤民以仁使民以義深謀違（遠）筭强忍陰鷙能令其國之人皆樂為之死待之數十年後而果於一發此中國古人中句踐田單所不能為者又豈書生紙上談兵撫劍疾視空言無補以宗社大計僥倖孟浪

而一試之可比哉余嘗聞之老輩矣雍乾時作吏者其將赴任也必先慮律例之不諳詞訟之不決胥吏之未易馴伏緝捕之未易精勤惴惴焉懼為宗黨羞今則所慮者陋規之不豐耳錢漕之不多耳親與友責望之重耳上司同寅趨承之煩耳昔之為民者日出作焉日入息焉以見官府為畏途以欠錢糧為巨累今則吸煙而已酗酒而已能健訟於公庭為豪能恣橫於鄰里為快昔之為士也終年不窺園終身不廢讀布其衣疏其食村塾之館不過十金市井之徒不交一揖有更數十次小試而白首為童終不改其儒素之業以貪利他圖者今則未遍五經已登黌序伏案數刻便事嬉游于訟事為固然闈考場為本分

稍有才調非替人鎗代即揀訟扛帮而悉以為狎邪博進之資至窮餓而不悔嗚呼官也民也士也其狼藉至此其尚能親其親長其長而為國家効死不去乎哉至於兵則更有奇焉者昔之各省官兵奉調出政（征）也父母泣於途妻子慟於野其視從軍為至苦矣有過而哂其怯者則對曰此行死於敵者十之四五死於法者十之二三幸爾生還無幾一勝仗所賞者一二月錢糧耳一克城所得者一枝籃翎極矣受　皇家豢養數十年有事能不以死報乎今則兵勇之往軍營合家有喜色詰以何以若是之勇則對曰勝則大發洋財平居亦可冒（虛）糧吞公費即有不合棄弁以回無名藉可稽與平

民無别又從何處查我萬一喪亡世襲先之專祠繼之出兵不數年非提督即總兵花翎黄馬褂更易易也如是則以從軍為樂夫四海之民以從軍為樂則其於畏法懷恩二者尚有一二在念哉以從軍為苦者仰　君上如天如神不令之出則已出則有必死之志焉以從軍為樂者不過四兩五錢募我一月耳一月盡則漠不相關何往而非逃生謀利之路兵心之不堪更有出官民士之上者求其敵愾同心以身許國視敵如仇以馬革為幸者有幾人哉故論今日洋務必以戰之一字為天經地義而所以能戰之故雖不能如普魯斯經營五六十年亦必下二十年

極若夫自　兩宮皇太后　皇上親王大臣樞輔部侍台諫外而封疆司道守令無不振刷精神臥薪嘗胆破除一切習氣處處循名責實實事求是無一事不綜核到底無一人不功罪顯然凡資格嫌疑推諉趨避敷衍顢頇各弊痛心湔洗使中國庶政烝烝日上民則皆遂其生士則皆樂其業官則加費以保其廉兵則重餉而嚴其罰此則安內之大概也至與各國交結之道則宜恪守大信凡可允者既允之後立即照辦不可允者始終堅執且婉詞以曉喻之使之心服凡通商各國皆宜使聘往來不絶並添駐洋公使七八人擇其通達事體公忠誠實為外人

敬禮者與之連絡款洽庶可洞知外情一旦有事不致茫無所措在外流寓之人皆各設領事斂以餉而練為兵緩急之間海外亦可調遣此則攘外之大概也如此表本兼治二十年内姑且相與羈縻二十年後察有機會可乘則約西北之與國糾中外之義民庶幾可以為非常之大舉乎若不能下此苦功而專以虛驕之詞淺薄之見自居忠義不問安危則夫人而能之於社稷大計又何關一絲之輕重哉吾所謂戰者與天下之人同吾所謂能戰能勝之道則與天下之人異然欲舍我之道以求勝則自古及今由内至外斷斷乎無此理也客為之爽然失色而退乃濡

筆紀之

上協揆倭中堂仁書　同治癸亥

王炳

竊以元臣謀國不棄葑菲草野愚忱難甘緘默伏見西洋人傳教一事勢焰重大害屬非常有養癰貽禍之憂實世道人心之患非蒙碩德曷冀轉圜自古邪教之興皆足以敗常亂俗為國家之大害故王者設有嚴禁而左道亂政法所必誅誠思深慮遠不使姦慝邪偽之術貽禍於蒼生也漢之季年張角兄弟創為五斗米教以愚黔首黄巾之禍駸延以至三國其黨始息前明中晚白蓮教起傳徒聚衆叛逆稱戈倏起倏滅至於我　朝嘉慶年間教匪之擾蔓延四川湖廣陝西三省用兵十年之久始能底定然総

未有蹂躪幾遍天下方在用兵剿除而復使之明目張膽公然傳習非惟不禁又使我官吏為之羽翼以誣惑天下若今日天主耶穌教者也天主教倡自西洋自前明萬歷時流入中國康熙年間嚴為設禁歷百數十年疊次懲辦而私相傳習者究未盡絕長髮粵逆其遺毒也然各處傳習猶畏禁令秘不敢露自議和弛禁以來各處紛紛傳習入教之人日新月盛不可紀極遠不敢論即以　畿輔之地言之保定河間正定等十府州縣每處已數百千人不等安肅一縣向有教會近日傳習愈衆遂有萬人之多直隸各州縣官接奉上憲札諭會同妥辦等情教員遍赴

各州縣衙門逼令州縣官出示曉諭鄉村令人奉教稍有遲迴即時尋釁生事州縣官懼干譴責不敢違執遂使
朝廷命官盡供彼教之驅役令吾赤子陷於匪僻之中夫
聖祖世宗之所以嚴禁傳教者誠深燭其奸邪而為杜漸防微之計也今西洋人謂彼教原係為善之道傳授習學不得禁阻是豈 祖宗之聖明反不如今日哉恐亦巧飾邪說以誤中國而我中國未能洞察其奸詐之謀耳天下之禍伏於一日之間恒發於數十年之後若今日傳教之害有不待數十年後而始發者稍有知識莫不寒心奈何聽其日積月累而不早為之

計哉天主之教其大罪有八聽其傳習其大害有十請得而陳之按耶穌生於猶太國其母馬利亞時尚未嫁妄言天主託生實無父之人也及其既長棄家遠遊傳徒行教一日與其門徒十二人坐於樹下講道其母與兄尋至欲其回家據西洋記載皆言耶穌之生馬利亞時為處女然耶穌本又有兄則無夫生子其俗實然不獨耶穌一人無父也門徒以告耶穌不認曰能奉吾教者即吾母兄不能奉教即非母兄母兄哀勸終不肯認於是母兄拜哭去此道光二十六年在上海聽西洋人麥都司所講與新約全書所載之說相同夫中國聖人之教不外五倫墨氏兼愛孟子謂之無父耶穌之不認母兄是無父之尤者乃奉為教主以教天下後世是率天下後世

皆為無父之人矣此其大罪一也耶穌返國國人傾城出迎國主恐其惑衆生亂即將耶穌釘死十字架上並取二盜與之同釘十字架即釘死罪人之刑具也耶穌之徒私取耶穌埋之造言耶穌死後三日復活升天供立十字架惑衆聚徒既可活何必升天去既升天十字架何必供黨羽更盛遂挾衆以脅其君執其國柄以上見不得已錄及某維廉地志至今西洋諸國教主之權重於國主政令大者悉由教主稍有違忤廢立由之賦稅所入大半歸諸教主供其資用是以其教廣行西洋無國不徧孟子謂楊氏無君不過為我而已未嘗真敢蔑視人君也今天主教妄自尊大藐視人主自弛禁以來所見奉教之人無不

指斥　乘輿謂　皇上與教主接見先拜天主次行平禮是率天下皆為無君之人矣此其大罪二也洪荒開闢之初文字未興無可稽考五帝之說雜見於宰我問五帝德諸篇然已荒遠不可盡曉是以孔子删書斷自唐虞信以傳信疑以傳疑不敢誣惑後人也易緯所傳史註所錄稱天皇地皇人皇雖遠不可信要亦開闢以後之說未敢言及開闢以前今天主教有創世記一書稱天主手造天地七日而成既無天地何有日何有七日天主其先手造日然後手造天地乎不然造此言語於理未合甚矣愚人何不明此意耶可憐是未有天地先有天主矣又云天主降生而為耶穌創世記不言是天主親筆不知七日造成天

地之說何從知之又自降生之歲至今癸亥為一千八百六十三年以中國之史考之距同治二年以前一千八百六十三年正當漢元帝之時上距唐虞尚有二千餘年更無論三皇以上不知西洋與中國同一天地乎抑別有天地乎使同一天地則漢元帝時中國已在近古不知西洋何故直至此時纔得天主降生是耶穌之徒造此大謊以神其說使人無可質證此之謂誣天其大罪三也人道之大不外禮義廉恥禮義緣五倫而立忠君親上愛親敬兄長幼有序夫婦有別此之謂禮義能全乎此謂之為善苟反乎此即謂之惡今天主教設立神父每至入教之家別

就曲室令婦女更迭承奉又擇女絕其婚嫁終身承侍謂之真女凡入教之人新婚初夕令男子避去神父宿於新婦房中謂之赦罪夫以其教之無父無君既已如彼而其黷亂男女同於禽獸又復如此是其蔑棄倫常無禮無義並無廉恥為惡已極而猶動曰勸人為善此之謂誣人其大罪四也鬼神之說自古有之中庸曰鬼神之為德其盛矣乎雖不必如廟中塑像之狀然體物不遺洋洋如在詩曰神之格思不可度思矧可斁思神之可畏可敬而不可褻玩理固然也故自天地日月星雷風雨以至山川城社門行井霤莫不有神自古至今無弗分為等殺因時致祭

昭其誠敬今天主教則謂自天之上至於天下但有耶穌為之主張一切神道皆為毁棄夫四海之大人物之衆王法所不及治者幸有神道黙助今天主教抹去神道使人心無所忌憚而惟彼教是從與諸邪教實出一轍此其居心安可問乎是欲鼓衆先以毁神其大罪五也天堂地獄之説始於佛書其事有無從無實據縱使有之亦必忠臣孝子義夫節婦與凡正直無邪之人方得升天其無父無君不忠不孝淫亂邪僞姦惡欺詐之人必入地獄以理言之固如是也今天主教竊取佛書之説以惑愚人曰能奉教者死登天堂不奉教者皆入地獄甚至佛不能奉天主

教亦入地獄是佛之言天堂地獄寓有勸善懲惡之意而天主教則專借其說以誘人從教初不問何者為善何者為惡名曰闢佛實是盜佛其大罪六也論語曰慎終追遠民德歸厚自天子以至庶人莫不有宗祖古禮天子七廟諸侯五廟大夫三廟士一廟庶人祭於其寢人子不忍死其親故事死如事生事亡如事存報本追遠盡其孝思蓋自仁率親自義率祖別其親疏分其等殺皆所以厚民之德而成其化化成德厚則民皆尊尊親親而無犯上作亂之事今天主教曰人死無知不必立主祖宗不必祭祀滅子孫愛敬之心敗我　國家孝治之化此其滅絕祖宗其大

罪七也佛老之教或宗清淨或主空寂離垢去欲無干法紀衛道之士猶深惡之為其外倫常而言道德也此外邪教以術愚人徇私縱欲挾勢橫行小則瀆亂彝倫大則謀為不軌今天主教不老不佛並不離垢去欲淫邪縱恣惑亂民人誘衆聚徒結為死黨煽誘不已愈衆愈妙與諸邪教毫無少異使非實有陰謀如楊光先所云謀奪人國者何故如此此其挾邪猾夏包藏禍心其大罪八也自道光二十一年海疆用兵大吏多望風逃避外國覬覦中國之心於是益急和議既成外洋在東南各海口通商遍立天主堂傳徒行教然民人畏法者衆漸染其教僅止沿海之

民教人猶未多也咸豐十年天津用兵擧戈犯　闕逆跡鴟張可為極矣然竟不敢據有城邑者誠畏中國人民之衆也故但要為盟約以通商廣取中國之財利即以傳教陰結中國之人心夫國家治安天下以固人心為本豈容他國陰為邀結令既准其傳教愚民無知易受籠絡一入其教則人心但知有教主不知有國法矣此其摇動邦本害之一也天主耶穌分新舊二教舊教法國主之所行尤廣新教則英國主之君皆奉教主約束是國之大權全歸教主也今兩國和議通商條約各數十條而行教僅止一條雜於其間若非甚重也者此正彼國深心乘人所忽也

迫既定約准行乃立為章程約飭地方官會同辦理我
國家自有不得不從之勢地方官會辦者何事哉不過示
諭各鄉村令人奉教而已地方官明知有害　國家迫於
時勢隱忍從之夫　祖　宗禁止邪教以杜亂
萌原為子孫萬世之計今乃舉　列朝所嚴禁者為天
主教一旦反之轉為教令使　祖　宗之法不
信於後世此其淆亂　祖法害之二也夫錢糧所入
關係正供地方官何敢稍分輕重乃應山縣奉教人地糧
欲按四六分完納因縣官楊蔚本不允即抗不完繳縣官
拘案責追亦不得不然之事也正定府副教主將楊蔚本

歐辱復致　上憲將楊蔚本撤任幸此時教人有數日後入教衆多萬一教主出令凡有錢糧由教主減成收納又將何以禁之此把持錢糧害之三也國家設官理民聽訟所以平其曲直也凡涉訟庭理無兩是不得不伸直以抑曲而險健之徒呈身入教稍挾嫌怨即訴教師遂遣教員赴官勒提不容對質逼令責罰平民之與教人遇有事故到官不問曲直總當佑教人而抑平民否則教師又與官吏為難此其貽害善良害之四也善良之民受其壓抑無所控告不得不皆入彼教以求無害天下之民皆　朝廷赤子今盡驅之令入彼教彼既以教為網羅民即視彼教為

淵藪此其敗壞風俗害之五也天下之士惟賢哲之資始能堅定不易中材以下鮮不隨風而靡今彼教初行學堂子弟尚知其非然安肅等縣已有生監入其教者行之既久見聞日熟習與性成入之甚易風行於野則在野者化勢淩於朝則在朝者惑如前明之季彼教尚微朝士已有入其教者今復開其方便畀以事權日變日化不獨愚民被誘秀士亦將入之不獨鄉民被誘朝士亦將入之此其壞人心術害之六也天下之所以治者人倫攸叙而人倫所賴以叙者聖人之道也今天主教既誘我人民蔑棄倫常趨於禽獸之路而其所著各書恣肆無忌莫非謗毀孔

孟夫孔孟之道垂於萬世誠不因蚍蜉之撼而有損然正之與邪勢不並立彼教日盛則從孔孟者必至日衰孟子云楊墨之道不息孔子之道不著今天主教邪說誣民充塞仁義豈直楊墨之比哉此其榛蕪聖道害之七也入教之人亦有黠者心知其意姑借其教以遂其私萬一教師神父之中有如逆賊楊秀清之人即用其術以愚衆人亦且無如之何是他項邪教猶得明為禁戢而比附於天主無從知其陰謀是其借資奸逆害之八也天下威柄操之自上則不至於敝令西洋人既以行教之事示尊威於我中國而我天津大沽等處又復延西夷以訓練我兵綠營

兵操疲敝反不如彼東南用武復向借兵是以天主教之威勢因之益重吏民無不畏之萬一日後中外稍有齟齬積威所震孰敢誰何此其盜竊威權害之九也易曰履霜冰堅機之所動事必有然故聖人即微知著預為之防春秋傳曰人臣無將將則必誅今天主教之事豈止將之云哉前壬寅年和約尚無傳教之事此次換約所以增入傳教者非傳教不足以洨中國人之心也假使十二年後再行換約彼恃教人之衆所增之欸必更有萬不可從者此深識遠慮之士撫膺太息而不敢言也此其關礙國計害之十也夫天下非常之事必有非常之謀慮始足以挽救之伏

維執事道隆德備位尊望重社稷之所倚重蒼生之所託
命必能圖其萬全密告　聖后正缺誤於已然杜患害
於未至某一介書生何敢妄談大事且方今夷教盛行威
勢赫赫言出於口禍至殺身然不敢畏禍而不言者受食
毛踐土之　深恩誦孔孟程朱之正道幸際設鐸懸鞀
之　聖治又遇吐哺握髮之大賢是以不避忌諱陳書
左右伏惟俯賜裁察天下幸甚世道幸甚冒瀆尊嚴不勝
慄慄戰懼之至

正教一

王炳

道原於天有道斯不能無教教也者所以維道也無二天即無二道無二道故無二教昔聖人繼天以立極即體天以明道道之在人也如飲食之充腹衣服之周身不可頃刻不具而人顧往往自遠於道遠於道斯失其為人之性而日與禽獸近矣聖人憂之為之教焉使人無失其道而已矣其所教者何也曰父子有親君臣有義夫婦有別長幼有序朋友有信其大端也即所謂道也掌之以司徒輔之以學校有悖是者制刑罰以繩之故舉是五者而人之所謂仁義禮智信者無不賅焉即天之付於人者無不備

焉堯舜禹湯文武之所受授者此也孔顏曾思孟之講明者此也國家之所以平治天下者亦此也人人所可知人人所可能實則人人性分所自有初無高遠奇異之術荒忽杳渺之談使人外乎倫常日用而别有所謂教也自聖人没而微言絶七十子之徒没而大義乖而後異端競起别有所謂道以惑世而誣民楊墨之徒盛於周佛老之徒肇於漢唐宋以來聖人之道雖賴諸儒復明而天下之所謂教者卒不可得而一老氏主清净佛氏尚虚無其徒滿天下誣天以誣道誣道以誣人充塞乎仁義敗亂乎綱常是我道之賊也而世乃與吾儒並稱曰三教嗚呼教豈得

有三哉近世以來其有立乎老佛之外而似老非老似佛非佛者又紛紛而雜出矣凡奸人之魁亂世之雄欲罔世其濟其私者無不假教以立名愚民蚩蚩墮其邪術甚至如白蓮焚香白楊八卦諸教種種名目舉戈搆逆貽誤蒼生殄戮滅亡踵趾相接王制曰執左道以亂民殺　國家禁令著在律例曰凡傳習邪教拜師傳徒惑衆者為首擬絞立決為從發回城給大小伯克及力能管束之回子為奴示之懲創絕其根株凡以安天下之民而防其亂也

正教二

王制又曰廣谷大川異制民生其間者異俗剛柔輕重遲

逮異齊五味異和器械異制衣服異宜修其教不易其俗齊其正不異其宜夫所謂修其教者修其三綱五常也五方之民俗雖不同其君臣父子夫婦兄弟朋友之倫一也則其有義有親有別有序有信之性亦一也故殊方異域之人如高麗日本遠在東海安南交阯僻在南荒本奉西竺之教自前代賜以詩書遂有皆服中國之教而知禮讓之事其他如回回之有教門喇嘛之有紅黃二教皆其種人自相傳奉未嘗誘中國之人入其教故　國家亦不禁之所謂不易其俗也獨有西洋之天主教自明萬歷年間利瑪竇始入中國遣其徒王豐肅等傳教各省盜竊佛老

之言造為天主手造天地七日而成之說老子云有物混成先天地寂兮寥兮獨立而不改周行而不殆可以為天下母吾不知其名字之曰道釋氏達磨倡曰有物先天地無形本寂寥能為萬象主不逐四時凋天主教陰竊其言而為之說復造耶穌以為天主真子供奉十字架上七日一禮拜之十字架者耶穌犯罪釘死之刑具也耶穌之徒造言釘死三日復活昇天轉為煽惑傳徒結衆明臣徐如珂識其為漢之米賊唐之米民首上章黜之至徐光啟因其人明歷算之法轉加崇信薦湯若望於崇禎帝至我　朝定鼎之初用其歷法官以欽天監職而其教之傳於中國者自順天山西河南山東江南福建廣東廣西各省皆有天主堂歙人楊光先起而闢之上言於

聖祖仁皇帝聲其奸罪　聖祖赫然震怒逐去若望禁止其教於是天主堂之在各省者得以毀廢光先作不得已錄以著其事以謂寧可使中國無好歷法斷不可使西洋邪教為禍於中國誠慮之遠也然其教雖已禁革而各處暗為傳習實未嘗絕其流行於廣西之教遂為大害則長髮粵逆是已粵逆所傳之詔有曰天父天兄有曰贊美大主有曰贊美耶穌不奉偶像不敬鬼神不祀祖宗七日一禮拜天主所傳之說已被黠賊改易與西洋所傳稍異然其惑世誣民則一也西洋諸國天主教始自羅馬据西洋人慕維廉著地志云羅馬部自宋代遭北狄攻伐駐羅馬之教師乘機宣佈徒衆紛繁由是天主

教與馬妄自尊崇僭上帝位自誇能力據疆裂土遂操政權號曰教化主其殁時各教主會議公擇老邁者續大統其教傳佈各國一如不服從輒起釁搆兵使百姓仍遵其主是以教主之權甚大焉英咭唎國又創為耶穌新教地志云明時日耳曼人路得別立耶穌新教謂之正教專信耶穌斥天主教為異端邪說兩教之人互相誹毀其實天主耶穌則一也其書有新約全書舊約全書創世記三種為兩教最初文字鄙俚妄誕至淺至陋三書來自西洋譯書者循其本語無所粉飾自是彼教真面目若天學初階諸書皆經中國入教之徒潤飾以聖賢經傳文飾奸言徐光啓李之藻諸人罪可勝誅乎近復購中國文士誤為種種經說其間彌近理而大亂真者時亦有之然取新舊約全書觀之則其底蘊具在不足置辨西學据景教碑文謂其教自唐時已入中國然按碑文存鬚削頂不蓄臧獲不聚財貨之語則其人自是髠徒非今教師神父之類至判十字以定

四方下一判字明有十字如甲乙之類不得踞為十字架之左證大秦寺祇神與天主耶穌不類則天主教之來尚未遠也今國家休息生靈俯准㗒咭唎咈囒西諸國和好通商而和議條約內有任聽中國人傳習天主耶穌教不禁之說定議之際未及詳改愚竊以為大誤也外夷所藉口者通商而已別無他意也傳教之事與通商何涉彼負其桀很之性不能奉我中國之正教以革其鄙俚僻陋之邪教則亦已矣又何必令吾中國之民去其父子君臣夫婦長幼朋友之道以習外國之教哉今士大夫有以其教為不足慮者曰其所惑者愚人而已稍有知識者即不足以惑之此一說也亦知天下之所以亂者皆愚人為之乎

愚人至衆也結衆愚人以入其教日積月累聚而愈衆教主一呼羣愚響應愚人之中又有黠者即以其術愚衆人而用之天下之亂庸有既乎當粤逆萌蘖之初廣西當道亦以為不足慮也而玩忽之豈意勢成燎原遂至不可收拾從前禁止傳教其餘毒所留猶致敗壞如此況明使之傳教其為禍害何可勝言哉粤匪之亂半天下矣十餘年來廣西廣東湖南湖北江西安徽等省雖漸次肅清其在江南浙江尚復連城跨邑重煩兵力剿捕天主教之禍已彰彰矣尚可聽外夷之傳教哉譬之人身正當病發之時痛苦未除又復受病欲其不至危殆不可得也

正教三

今夫人身之病患在於邪氣實元氣虛則必先治其元氣而後施針砭投藥石以去其邪而病乃愈百姓者國家之元氣也邪教者國家之邪氣也今欲固國家之元氣以除其邪氣亦惟修吾正教而已矣修教之法其道有三一曰重農桑一曰隆學校一曰明法令令天下之民易與為亂者患貧故也其所以貧者在乎棄本而逐末惡勞而好逸親民之官橫征暴斂多方以朘削之民於是乎多以農為苦矣彼見逐末之用力少而獲利多較勝夫務本之用力多而獲利少也遂相與棄農而就末趨市井為商賈而農

損其一趨州縣為僕隸而農損其一趨江湖為游手之徒而農又損其一甚則趨林藪為盜賊之徒而農又損其一天下之財惟出於地者為無窮四者之人日益多則用之者衆而財傷力田之人日益少則生之者寡而財匱身家之計薄則禮義之心微為善則難為非甚易欲其不為異端所誘也難矣欲救其敝莫如激勵斯民使之樂從事於田畝重勸農之任開力田之科慎選廉能以為民牧貪污州縣概行罷斥務使親民之官潔己愛民薄賦稅減繇役以休養培民氣以生聚厚民財野無曠土國無游民家給人足恥為非義夫然後民顧身家不為邪僻所誘而教化

可行矣學校者教化之所由出也古所謂養耆老以致孝
恤孤獨以逮不足上賢以崇德簡不肖以絀惡者胥於學
校乎責之令　國家之制府州縣各有學學各有教授訓
導之官其任至重也其事至要也如考其所爲則皆虛糜
廩祿雖有而如無庠序之士四民之表率而儒官則教士
之師也今州邑學官送考之外更無所重索贄之外更無
所事不模不範欲其毓財興化由教士以正四民也必不
能矣今惟嚴選學官必其德行純備者始可以膺是職定
課法立程限先行誼後文章課士之暇推行鄉約宣講
聖諭實心以從事教士以化民其有異端邪教誘惑

愚民者士以聞於師師以聞於地方官地方官不以時治師得而糾之其或發覺由州縣而學官不知者學官受其罰如此則正教崇而邪教可息矣夫　祖　宗之法令可恪守而不可輕變者也　聖祖仁皇帝聖諭曰黜異端以崇正學　大清律例載西洋人在內地傳集天主教及旂民人等轉為傳習為首者擬絞立決與諸邪教一律定罪嘉慶二十一年正月來揚縣訪獲西洋人蘭月旺潛入內地行教收徒煽惑多人一案　仁宗睿皇帝將西洋人立置典刑未嘗少貸夫　祖宗之禁邪教非徒以其煽惑鄉愚敗俗傷風也亦深燭

其結衆聚謀之奸必至釀亂而為逆也從前教匪之害姑不遠引即如今日之粤匪正天主教之殷鑒也然則禁止邪教法令不可以不嚴條約不可以不改使愚民曉然知邪教之不可從也而無陷於辟則所以全天下之命者大

正教四

或曰國家之所重者信也令與外洋諸國和已成矣議已定矣忽舉成議而更張之其如失信外夷何且外夷負其桀很之性勢將藉口復啓兵端此太咎也誰敢任之曰信也者緣義以行者也論語曰信近於義言可復也明乎非義之信言不可復也故事苟非義雖百改之不為失信今

試問外夷之乞盟也為但欲通商乎抑其包藏禍心以陰
害中國乎如其止在通商別無他意也則告之曰天主耶
穌之教於交易之事無與也不必令中國之人傳習也中
國之人自有中國之教為中國之子民即當遵中國聖人
之教猶之外國之人世守外國之教也我　大清
列祖
列宗以來禁止傳教著在律文今若聽民傳
習外國之教知其誤而不改正徇一時之小信蔑
祖
宗之常法其不可一也外國之傳習既不禁則
其他邪教皆將無以禁之狥和之一事礙中國之政令其
不可二也且外夷之傳教也藉稱勸人為善而已中國聖

人之教非不善也何必舍中國而從外夷今外夷欲揚己善反掩人善其不可三也儻其定不欲改是外國固執己見全無謙和之道所謂善者何在以理遣之以情諭之以勢示之外夷雖橫必可服也改之如何曰原係外洋之人聽其習教不禁外其中國民人如有傳習天主耶穌之教者有

祖

宗之成法在中國之官自治中國之民外洋人不得干預儻情諭理遣仍不欲從是和好之議非止為通商一事實欲邀結中國之子民以陰害中國矣目前雖有和好之名日後必為悖亂之舉與其養癰貽禍於異日不如竭力整頓於目前中國人民之衆外夷尚

有畏忌之心現在爲日未深被邀結者尚少外洋雖强夷
人雖衆勝負之勢未可知也我何畏彼哉

條議　　　　余治

竊天下之大勢全在人心人心視乎政教人心不可貳即政教不容兩歧從古馭民之術未有政教錯出而可以一道同風者我　朝崇儒重道正學昌明政教維新普天一律即有二氏之教與儒稍異然其徒皆奉公守法不敢自外即有過犯有司官得執法治之與平民無異其教首如僧綱道紀諸司本係印官僚屬無敢一毫狥庇從未聞有恃教主作護符以撓我政權者以故數千年来相安無事二氏之外又有回民然除口外回回不免妄逞螳臂外其雜處中國之民數百年間亦未聞有滋生事端者緣回

民之奉教雖異亦不過自守其師傳自成其部落初未有四出傳教之事且其徒亦恪遵功令未聞有恃教主之勢動輒與地方官相齟齬者若天主教之行於中國則不可同年而語矣查天主教崇奉耶穌大旨亦歸勸善在外國不可謂非賢者流也中國聖人之教未能徧及外國天生耶穌以化其俗以治其人人地各有所宜即政教亦歸一轍各行其教即各子其民未始不可聽其羣相尊奉也今以其教行於中國則中國之政令歧矣蓋自和約有准其行教一條直省各屬得自立教堂因有教民華民之別門户一分遂不能相安於無事在議和之初亦以中外既歸

和好則彼此可悉化嫌疑故　朝廷亦予以寬大之恩不欲過分夫畛域非有他意也乃以今觀之實有勢出兩歧萬難持久不可不早為熟籌而善處者何則天無二日民無二王入教之民皆中國之子民也二百年食毛踐土何一非中國服教畏神之民即何一非中國尊君親上之民乃未入教之先有司官得而治之既入教之後若輩即隱然以客民自處有司官往往動多窒礙而政教於是乎遂窮夜郎自大之流更復恃勢招搖逢人煽惑謂吾教主奉國王命中來中國傳教上可與督撫分庭抗禮區區州縣又何足數有輕吾教者吾教主以一柬入州縣州縣官固

必如式奉行即不然吾教主以一東入司道司道必據情
轉飭彼州縣官又何能為其徒見其教主之勢傾官長也
其志益驕其情益縱而其氣亦日益橫長厚懦弱者固羨
其勢之可恃而入教者既踵相接即貪饕無厭酗酒打降
之輩亦樂其教之不必持齋戒殺悉可升天也而入教者
更閧然聚甚至作奸犯科群不逞之徒且以此為逋逃藪
而歸其教者乃如水之趨下不可禦矣入教者既日益衆
彼信教者方各挾其私心相附和因利乘便日與華民相
訾警積不相能事端百出傳教者固不勝其憤鬱悔恨之
情即地方官亦更有棘手而無如何者近年各直省教民

與華民滋事之案層見疊出細故微嫌輒成大獄每出一事動煩當事者苦心調處奔命不遑舌敝唇焦恐不得當近日教民為數無多且猶如此異日其教盛行棋布星羅所在皆是教民與華民趨向既殊睚眦不免水火不相入即犄角之勢成加以教民中敗類日多而逞私報復藉勢稱干者更紛紛而起官欲辦教民則教民東西響應洶洶之勢既不可攖欲辦華民則華民切齒之餘衆怒難犯亦豈肯甘心俯首以供教民刀俎者至是而官府必左右為難稍一不當時事將不可問此積薪之勢也或者曰外國人行教於中國不惜重資立教堂興義學分教書惟日孜

致隨地勸善亦足以助中國政教所不及其好善之誠人人共見必謂其有窺伺籠絡之心亦非持平之論況各國和議大臣均屬主張大局未有不顧中外人民各安其業永永和好爲　國家卜億萬年苞桑之固者乃日久弊生至於此極以勸善始以縱惡終亦和議之初萬不料其若此者也然而其教既以盛行即欲不至於此亦不可得至是而悔籌之不早恐已遲矣然則如之何而可也聞之揚湯止沸莫如釜底抽薪爲今之計莫如出全力以新吾（我）國之政教吾（我）國既日以正教導吾（我）民以一我國之人心則先入者既爲之主後來者自無所容正教既明彼教自格不

相入曲突徙薪成全和約於是乎在謹擬條陳數則芻蕘之見是否有當惟高明教之

一保甲宜一律飭查也　保甲為弭盜安良要務即入教之民均屬我　國良民同受　國家庇蔭自宜一律編查華民教民固應分別品流而既一律入甲則十家必互相保護出入相友守望相助同心協力以防外患責成保長甲首一體聯絡華民固不得以其教民而生猜忌之心即教民亦不得以入教自外蓋天主教以愛人為首務則聯保甲以敦鄉鄰之愛當亦行教者所愛樂聞也

一鄉約宜變通推廣也　我　朝鄉約之設每逢朔望恭

讀　聖諭巨典煌煌本係十分鄭重無如奉行不力日久遂成具文即有賢能官長實心從事而講者不得其人久之亦必廢弛況限定朔望在城市豈能徧及窮鄉且環立不坐人情亦斷難耐久無怪其旋聚旋散也竊思彼外國人不遠數萬里不惜重資來中國講書隨處設立教堂高其閈閎潔其庭宇備具坐櫈主講之人四出勸善不辭勞苦其辦事何等認真而我堂堂上國行教勸善之方反不能與之齊驅並駕能無歎然應請力為整頓斟酌變通隨地推廣地方官公事紛繁勢不能徧歷各鄉宜責成善堂紳董分任其事城中就善堂設立鄉約總局另籌公款

併入附辦各鄉就社廟設立鄉約分局局中備列長櫈以便環坐其講生由總局延請老成款品能詞令者五人酌定薪水川資一人專主城中宣講除朔望邑廟拈香正印官必親到督講外餘日四門挨講每門每月二次即委學官或佐貳官督率之其四人分赴四鄉宣講逐月各圖挨次周流宣講不得限定一處各鄉更分舉鄉約董分任其事仍由該鄉董添舉有心善士作副講生以資會講屆期香燭茶點各小費及副講生略送節金由各鄉董另籌存入善堂支取其宣講之法講生肅立恭讀官紳席地坐聽士民環立定制宜遵惟官紳事繁或不能久留即宣講者

因官紳在座亦必不能暢所欲言應請量爲變通讀畢
聖諭後官紳去留從便講者聽者不妨相率列坐從容
聚談照尋常講書之例天理王法人情及一切善惡果報
均可列入明白淺近反覆開陳藉以申明正教聯絡人心
隱消其好異之萌即默堅其從正之志并須由地保先爲
傳諭届期該處父老子弟必須相率赴聽講生勤惰不同
勤者官爲加奬惰者辭去另舉蓋講者苟能實心從事不
憚勤勞聞者自必鼓舞感動如此力行教化則人心風俗
定可蒸蒸日上即彼國之人見我國之聖教大行必且欣
然慰而廢然返矣又何憂中外之不能永永和好耶

一善書宜廣分也　外國傳教者各處分送教書逢人說勸其書徧布各鄉目染耳濡日久必與俱化我國　聖經賢傳詞旨高遠領悟為難化俗導蒙莫如各種善書特窮鄉僻壤無人布送雖有善心無由激發蚩蚩小民既不得日聞正教並不得多看善書而彼教方日以其書紛紛傳送無怪乎無識愚民樂聞其說多為所牽率而去也應請多刻淺近善書出自官長按查保甲分布甲首或即發各圖蒙館師加以諭單責成分講俾互相傳誦以破其蒙洵足為教化之一助

一家祠宜一體勸設也　我　朝以孝治天下禮隆報本

凡屬臣民應知觀感祖宗雖遠祭祀宜誠除各族向有祖祠以奉春秋祀事外每家必須設立祖先堂以奉栗主以便四時薦享以伸子孫追遠之誠須曉以祖宗為人家根本固斯枝葉茂祖宗安即子孫昌人家興敗胥在於是豈可不敬至家宅竈神本在五祀之中自應一體崇奉即推之寺廟神像崇德報功莊嚴森列令人起敬畏之心設教以神聖人大有作用故象教雖始於竺乾迄於今薄海人民莫不敬奉正可藉資感化況威靈昭著各有彰彰事蹟不妨臚舉示人以昭徵信正不必作過高之論適以張其燄而助之攻也

一蒙館宜分別懲勸也　易曰蒙以養正聖功也師道立則善人多故蒙師尤為教化之源子弟一生趨向均係於此無如近日蒙師積習相沿於初學童蒙每多不與講解不知貧户子弟勉力從師不過二三年率多輟業若非舉一切為人道理為之明白開導將終身憒憒墮入下流此非蒙師誤之誰誤之者應請官為整頓凡各鄉蒙館師宜諭令勤勤講解一面分發淺近訓蒙善本使之熟讀默記仍不時委學師查察分別勤惰加以賞罰俾童蒙日聞善言先入者為之主長大時自不為他歧所惑矣此尤教化之源師道立則善人多洵不誣也

一義學宜變通立局也　義學之設為培植子弟起見洵屬善政顧即以一邑論丁口數十萬其貧戶子弟之力不能讀書者必以數萬計即有義學數十處所收子弟不過數百人核之合邑貧戶子弟不及百之一二況塾設多在城市其就近而得入者竟可佔列數年其額滿不收與遠不能及者求一日入塾而不可得又何足以昭公溥同此治下乎民同此無力從師之輩徒以所居較遠致聖賢義味不獲使孤寒子弟略與共嘗聞弦誦而徘徊望門墻而莫及臨淵徒羨憾切向隅一視同仁之謂何當亦當事之人所惻然興感者特欲徧設義塾則經費浩繁萬難周徧況

近今義塾大都襲善舉美名不免具文從事試問一塾十数童蒙叨佔二三年其能明白做人道理者幾人竊恐教督不嚴阿蒙如舊費多效少於風俗何裨伏思讀書為學以學做人為第一義非為科名地也如果資性聰明其材足以成器自應力為培植其小家子弟質地平常磨磚本難作鏡只須使之略知做人道理略識数百字便足夠一生受用擬就邑城設立教習小學規矩局局分十塾延請老成有品能勤於講解者十人為之師敦請公正紳董数人經理其事專以教習小學規矩講說孝子悌弟善惡果報等事為主入局習學只以三月為期以便各鄉貧家子

弟挨班送進各得教習一番俾人人得明白做人大義一塾可收子弟二十名一年三次更班可教習六十名十塾可教習六百名十年之間可教習六千名其中如有資質穎異氣宇不凡者應另行提出格外栽培先由各鄉圖查造十二歲以上貧户子弟名册統計若干各圖挨班送局或拈鬮以定先後局中備具供膳卧具一入局後不准一日閒曠嚴定課程一切灑掃應對拜跪周旋衣冠飲食言語坐立事事教以程式毋許懶惰放逸違者責以夏楚如此三月之間耳聞目見無非善言善行心地自然開明氣質自然變化較之入塾三五年師或不善教督道理一句

不明反學成多少頑戲輕薄之習者功效誠有天淵之別
或以三月之期太促為疑不知此局原因義學不能徧設
致孤寒子弟更無有別法略與教督不得已而出此為教
習規矩起見與義學本不相同比之僧家受戒以四十九
日為期究竟得習知出家規矩冠禮一日之訓言鄉約一
日之聽講尚非無補況聽講至三月之久耶若得各邑設
立此局得實心董事主持可使各屬貧家子弟無一人不
略沾聖化童而習之少成若性蒙養既端終身自不為歧
途所惑況子弟薰陶三月後習聞師說必歸告其父母兄
弟家人婦女無一不共聞正教則聖化之所被者更彌綸

周徧無隙可乘矣

一彈唱評話宜一律諭飭也　古人樂官多取瞽者矇誦瞍賦均屬詩詞箴銘無一非教化所寓聖人所以化無用為有用今之瞍矇多降為江湖謀食一派故士大夫鄙不屑道若輩但知趨投時好往往流入放蕩淫穢大為人心之害即有一二勸懲之語亦不過曲終奏雅無補纖毫然而所到之處鬨動多人列坐環聽娓娓不倦此極好勸善地位也為政之要在去其太甚苟可引人入善何妨隨俗而施況其人多口角便利動人尤易正可藉以為鄉約之助應請通飭各屬曉諭彈唱評話諸家宜一律以勸善為

主毋許襍入淫褻更宜將各種說部重為删定去其不可為訓者再另撰各種勸善歌詞刋刻分布諭令一體習熟以期一唱百和聽者動心如此則消閒聚坐之時無非警聵覺聾之地而正教亦附以並行正不必以其鄙瑣而忽之也

一梨園宜一律釐定也　從來施教者每以不能家喻户曉為慮予竊以為有一家喻户曉局面一舉而感動千百萬人大可移風易俗而又可不費一錢者惜無人為之整頓於其間轉致傷風敗俗而不可問良可歎也或曰國家立教之方無所不至學宫書院義學鄉約節孝坊祠歲

費帑金数十萬無非為教化斯人計然日久不免具文終不能家喻户曉而予顧以不費一錢即可以家喻户曉何言之易也予因進而詰之曰宋江晁盖三十六天罡七十二地煞以及張生紅娘普天之下三尺童子皆知之如此家喻户曉海内偏傳予以為其故安在或曰此看戲中来也予曰予既知由看戲中来則梨園演劇豈非一極好家喻户曉局面而又可不費一錢者耶或乃悚然起曰然則吾子將奈何予曰古来樂府隷於太常本宜官為統率降及後世士大夫每以為戲而不遑過問悉聽曲子相公自為主張自為去取而勸善懲惡之地轉變而為誨盜誨淫

幾至倒戈內向為教化之大敵當國大臣仔肩世道焦心竭慮日期教化之行但於義塾鄉約力求推廣卒之所費甚鉅收效無多而於梨園一節不費一錢即可家喻户曉者轉不為之措意舍易求難非計之得也孝經云移風易俗莫善於樂今樂雖與古樂懸殊而梨園演劇所以傳忠孝節義之奇使人人觀感激發於不自覺實足為風化人心之助宜講鄉約人皆厭聽若以鄉約之法出之以戲則人情無不樂觀試演一日必有千百老幼男婦環觀羣聽耳濡目染之餘必有默化潛移之妙此真極好勸善局面一舉而可使千百萬愚夫愚婦無不入耳警心較之鄉約

之功何啻百倍何憂不能家喻户曉耶爲今之計亟宜以振頓梨園爲拯時要務應請通飭各屬凡有梨園必官爲釐定其不可爲訓者悉删之永禁不許演唱凡可通行演唱者必取其有益近日人心風化之劇選定名目一律頒行責成有司官嚴行示諭再另撰勸善新戲按切時事作對病方頒發各班責令一體學習如無此戲者不准在境演唱如此則普天之下人人得於觀劇時觸目驚心隱動其固有之良即默堅其先入之見但得當道一提倡間即可轉移風化中流砥柱隻手狂瀾於是乎在草茅下士翹首期之

善後穕鈔二

柔遠全書 二十

代上蘇撫李宮保鴻章書 同治甲子　王韜

某再拜上書中丞閣下閣下經略江左於今三年天下莫不重閣下之名中外莫不震閣下之威士民莫不仰閣下之惠克亂以武用兵如神求之古今疇其匹哉矧又舍己從人集思廣益網羅賢俊各盡其才而復猥照光采於窮簷遐陬之中過聽譽言辟書遠至將置諸幕府收其一得某粵東一布衣耳才不足為世用言不足為世采行不足為世奇何所見聞謬加賞拔聞命駭越捧檄竦仄伏自維省深以不克副盛心所期是懼是以謹將憲劄繳呈蓋一則由自審之素一則實不敢以不材愚耳乃日昨丁雨生

觀察書來備述閣下拳拳垂注之意且云士當為知己者用為某曷顧此言也乃為其人有可知之實其才有可用之端故能得當以報而某非其人也然側聞華嶽不舍塊壤江河不擇細流用能成其高深故芻蕘見詢於聖人葑菲無遺於下體昔齊桓公於九九之數猶且見收今既幸逢閣下博采兼取又何敢終嘿顧竭蠢愚以瀆高聽夫天下大利之所在即大害之所在至危之所乘即至安之所乘何則以中國益遠人大害也以遠人助中國大利也江左民命幾於泯絕至危也閣下拔諸水火登諸衽席至安也然而利不可忘害安不可忘危為利害安危之所係惟

在閣下閣下以不世出之略成不世出之功而適會此不世出之機天蓋特委重任於閣下而將大有造於我中國之民也夫豈第八府六州六十一縣之蒼生是賴哉當賊之方張也江左所全僅滬邑彈丸地耳用兵者幾難措手閣下絕江而來次第濟師談笑揮衆從容應敵則於行軍見閣下之律戰無不勝攻無不取臨陳指揮親冒矢石三軍之士莫不媿奮則於將兵見閣下之勇戰誘兼施剿撫並用積悍餘魄崩角請宥生之見閣下之仁殺之見閣下之斷此固不世出之略也一鼓而覆圍滬數十萬之賊以張士氣再戰而拔二堅城期月之間名都卒復所克城邑

以十數俾陷賊之民重覩日月每見閣下之旌旗無不額手交慶太息感泣而又為國為民不分畛域出餘力以殲嘉城之巨寇桀逆而扼浙賊之吭飈馳電掃奏捷俄頃事莫速於此勳莫烈於此此固不世出之功也但是二者猶未足以盡閣下之才而某之所謂重任者固不僅在攻城殺賊也當今光氣大開遠方畢至海舶估艘羽集鱗萃歐洲諸邦幾於國有其人商居其利凡前史之所未載亘古之所未通無不款關而求互市我　朝亦盡牢籠覊縻之概與之通和立約近聞呂宋日本又將入請矣合地球東西南朔九萬里之遙胥聚於我一中國之中此古今之創事

天地之變局所謂不世出之機也顧或者謂此皆足為中國之害而不足謂中國之利欲如古王者之說則必盡驅而遠之不與同中國方可然而勢不能也歐人自有明之衰入賈中國蓋將三百年於此近於中國無處不至無事不稔詎能一旦驟徙其跡且亦不足以彰我大一統之盛也況乎西人來此羣效其智力才能悉出其奇技良法以媚我中國奈我中國二十餘年來上下恬安視若無事動循古昔不知變通薄視之者以為不人類若而畏之者甚至如虎由是西人之事毫不加之意反至受其所損不能獲其所益習其所短不能師其所長逮乎今日始有轉機

而某又深慮其既轉而旋遏之也能始終持之者在閣下耳西人通商大局昔盛於粵東而今盛於滬邑閣下持旌吳會正值此極盛之時至艱之日天特欲閣下一捄其禍之烈也夫天下之為吾害者何不可為吾利毒蛇猛蠍立能殺人而醫師以之去大風攻劇瘍虞西人之為害而遽作深閉固拒之計是見噎而廢食也故善為治者不患西人之日橫而特患中國之自域天之聚數十西國於一中國非欲弱中國正欲強中國以磨礪我中國英雄智奇之士然計自通商以來利害相較每利小而害大歲入餉稅千百萬以供軍需俾轉輸得以有濟此利之小者也堅舶

利器可以購售外弁西兵可以募集同仇敵愾俾攻勦得以相資此亦利之小者也粵東之釁幾至敗壞決裂凡所要求無不如命旁海諸郡咸通賈舶江漢腹地盡設埠頭形勝之區皆與我共十餘年間乘我中國之有事而縱橫淩躒至此此真可為太息痛哭流涕者也而猶有可冀幸者則在今日之一轉機耳去害就利一切皆在我之自為

日本與米部通商僅七八年耳而於鎗炮舟車機器諸事皆能搆製精心揣合不下西人巍巍上國堂堂　天朝豈反不如東瀛一島國哉我中國幅幀萬里地非不廣也生聚三億民非不衆也採山搜海材非不足也能自奮發何求

不濟然而有其志無其機弗能爲也有其機無其權亦弗能爲也有其權無其人并弗能爲也今此三者皆舉而集之閣下之一身天亦若遲迴審顧至今日而始委之閣下閣下不爲誰可爲者而某竊敢以先後之次爲請從來治遠必以近始治末必以本始徒知強兵威敵而不知治民是猶形悍於外神躁於中能暫張而不能久持者也故在今日握要之端亦惟曰治中以馭外而已治中急務首在平賊賊至今日已不足平勢蹙情沮皆無固志土崩瓦解頃刻立見常郡既殲則金陵亦拔燔賊巢俘渠魁可以奏功於反掌何則金陵一城逼江倚山四面可攻飛礮裂彈勢

必莫禦況賊之負嵎已非庚春之比浙平則外援絕矣皖清則上游斷矣惡積禍盈終至焦爛魚游沸釜獸陷窮阱烹而剥之不亡何待然則賊平之後我可自此息肩乎猶未也蓋亂所由始不在亂之日治所由致不在治之時漸摩使之然也賊之未平固足為憂賊之既平猶未足深喜治創者貴拔其本治漏者務塞其源然則閣下在今日治將何先亦先盡其在我者而已在我者有三易治有三大病以三易治之時去三大病之積患庶有豸乎何為三易治江左之民素以賦重為官詬每興一傜役設一捐輸動以為上將朘我以生也蚩蚩何知利去怨積一旦罹賊之

酷剝膚切身皆非其有於是始悔前此之不急公奉上而
感念
聖朝覆育之恩則民氣靜易治也江省防兵舊額
五萬承平日久多以老弱充列虛數冒糧及至有事倉卒
召募實不可用迺來數年悍寇竄鄰大營在近而城中無
可練之精卒可守之利器尚可以為固乎今則百戰之餘
一可當十行陳紀律攻守情形不教而明人人自奮但當
感之以恩懷之以威無不為我所用則兵志固易治也百
度廢弛多由吏惰西禍之平人皆苟安無遠略好名者以
文事為粉飾言利者以理財為優劣庸擢異退務為因循
盜在門戶晏然高寢於是賊至乘之罔知所措今則久歷

行間目擊身親必能一反委靡之積習以成振飭之新型必果必信毋苟毋簡勿以喜事擾勿以無事弛則吏習勤易治也何為三大病人材者國勢之所係也國家之有人材猶人身之有精神今竊見內外人材習為軟熟其弊之漸必至委靡不振其故皆由不喜切直而悅諂諛以至鯁亮者退柔媚者進其間或有有為之材而閱歷已久過於老成持重其作事不肯擔持大利害其居位亦無大榮辱恬緩取容寖成風尚人材之罷厥病曰痿財用者國命之所寄也一國之強弱萬事之成敗恒由乎此軍興以來括天下之財賦削天下之脂膏以填巨壑循至民生日蹙國計

日敝下損而上益瘠且令日所以取諸民者皆非正額所謂苟且不終月之計也顧賊一日不滅則此諸弊政一日不可去是猶飲盐泉以療渴服猛劑以治邪明知其不可而暫行之者也財用之竭厥病曰廷法制者國家所以馭下也執法棄制其蔽必至視為具文非法制之不善實心奉行者無人耳是以一變而其權不操諸官而操諸吏令天下内事動持於部議外事一由於吏手以畏葸為精能以闒茸為歷練以進言為喜事以言法為更張朝廷之上牢不可破即有良法美意奇才異能可施諸實用者偶不合於成例輒為部議所格曰此舊法不可壞定制不可更

也卽曰破格仍不外乎文章科第卽曰求賢未聞別設一途以取士登進人材旣拘以資格則不問其才否外而郡邑諸吏上下其手顛倒是非官一切不能問曰非是且遭駁斥持守愈固蒙蔽愈深厥病曰痼今欲振作人材增重國勢則莫如風厲在位開直言極諫之科欲充裕財用培養國命則莫如疏生財之源閉言利之門欲防吏弊掃積偷則莫如變通新法行法得人顧此雖關乎天下之計至於江左一隅亦不外求才立法與利除弊數大端而已江左旣已久罷科場許行薦舉則所以薦舉者仍在語言文字乎抑將在政事軍旅乎或采之虛名試之實效乎此數

者雖足以名才而但舉其所能知不能及其所未知則真才仍或不出其中令請分八科以取士拔其尤者以薦諸上一曰直言時事以覘其識二曰考證經史以覘其學三曰試詩賦以覘其才四曰詢刑名錢穀以觀其長於吏治五曰詢山川形勢軍法進退以觀其能兵六曰考歷算格致以觀其通七曰問機器制作以盡其能八曰試以泰西各國情事利弊言語文字以觀其用心行之十年必有效可見江左既經創鉅痛深之後户版衰減殷富散亡已萬不如前而所以鎮撫善後一切之事其費且什百於前欲征之於民民力不堪不取於民費將安措顧所難僅目前

而已招集流亡撫恤災困俾各歸其所給之牛種課之耕作無主不墾之地許以其出半歸於官減賦損捐勿再多取令其重困其他裁冗去煩革奢崇儉開源節流次第舉行不出三載其病可甦然後我有餘力以作泰西田具織器教之耕織夫天下之大利在農桑其次在商賈誠使農不惰於田婦不嬉於室商不重征賈不再榷各勤其業爭出吾市則下益上富其財豈有匱乏哉不知藏富於民而動言小利開一捐設一局徒飽此輩之谿壑所謂怨歸於上利歸於下非計之得也昔者江左之敝壞於官者一壞於吏者三其最大者曰漕政曰訟獄一邑之糧握其權者

為漕總其餘以次遞分其羨至於官者十之六七而已至於京師者十之四五而已一郡之胥役大邑數千小邑亦數百魁其曹者曰管班出入裘馬僭侈無度非朘諸民何以為生令請一切盡革其弊清漕慎獄勤政恤民去貪黠汰冗雜稽核無私委任得當又濟之以實心實政庶乎可已於是巨者既舉乃治其小者曰清盜源閩江浙之間小艇千百淫博聚衆名為鎗船此輩不耕而食不織而衣游惰無業藉博為生良弱者被其所欺凶暴者倚之為黨出沒水鄉白晝刦奪除之忽散緩之復聚賊至則為賊用賊衰則去賊以媚官令有法於此焚其船奪其械驅其衆使

歸農殺一儆百勿為民害蓋及今除之力省而害小釀之至他日力費而害大勢必然也曰鋤悍族恃衆附賊假勢濟私者是也曰除莠民充偽官以虐良民者是也是二者於事後雖不當深究但其果有實跡亦必擯之遠方毋使溷我善類是亦古者去惡扶善之意也治中之規模略具此矣請更進言夫馭外之法其大端有二曰握利權曰樹國威西人之與我通商不過曰嗜我利而已顧中國之利祇有此數曩者在五口西洋各貨自有華商購販捆載往北今雖設多埠但奪華商之利未必遽為西人之益況爭利者非一國通商者非一地費增而利薄則亦豈能有贏

哉計西人與我以貨易貨彼購絲茶我售呢布出入略相等漏卮之最大者則在鴉片或者謂西人之嗜茶亦猶吾民之嗜煙令西人於各處徧栽茶樹數十年之後可以不賴中國之茶而自足煙禁既開且榷其稅勢已難禁與其歲縻數千萬以益西人曷若自我栽種以收其利徒愛惜損國體之虛名而不顧潄國本之實禍是亦一偏之見也且榷煙稅於國體獨無損乎與其冒不韙以收利百之一孰若全收利之百況栽煙與禁煙可以並行禁兵而不禁民禁新吸而不禁舊食禁内而不禁外其後栽煙日廣吸煙日減西人販煙之利日漸微其來必不禁而自止而我

亦可漸用我裁抑之法所謂將欲奪之必姑與之原非以害民之物許民蓋有大不得已之苦心在也西人近時亦興蠶桑之利特其地多寒稍不相宜然可見中國之利歎西人無不欲攘為己有其用心實精而勝而我中國於自有之材且不念及誠可謂不善謀利者矣木棉我所自出絲斤我所本有所少者火機之紡器織具耳而可購求制造也先去數萬金以購之來試行有效然後精心仿製用以教民十家一具紡綿織布一具可兼百人之工則一家可享數十家之利西國田具如犁耙播刈諸器力省工倍可以之教農以盡地力貨舶輪船運載及遠可以之教商

以通有無有事官用無事商雇各獲其便蓋西國於商民皆官為之調劑翼助故其利溥而用無不足我皆聽商民之自為而時且遏抑剝損之故上下交失其利今一反其道而行之務使利權歸我而國不強民不富者未之有也

今者之兵有隊長日加教練有西人日為指授有悍賊日與接仗發礟用鎗其法盡明攻城結壘其律已整已成可用之兵而深慮賊平之後日就廢弛所設火器各局經數易督撫以後或以惜費裁或以無益罷不見昔時西事之興人人自以為知兵人人自以為稔西務人人自以為能製洋砲一旦議和絕不一講其故轍可知也不知延盜於

門養虎於室其備安可稍弛賊之既平正當講演武事耳一曰練兵額無取增而取精人無取智而取敢戰按期訓習無稍間惰二曰精鑄鎗炮有勝兵必先有利器無吝財而致窳必加料以求良臨陳有恃戰氣自倍三曰建築礮臺沿江濵海一帶當於要害設立炮臺一準以西人新法所以扼險制變猝遇有事緩急可恃四曰用輪船開設船廠雇匠搆造巡緝洋海備禦盜賊用之於捕務運載糧米郵遞文札用之於國事如是有備無患可戰可守不至一有變端倉皇無措夫水之有蛟龍山之有猛獸伏乎其中咸乎其外漁樵自不敢狎至焉明乎此則知兵不可廢矣

是在得人而已或者曰如是之言輪船用乎江海鎗炮用於軍旅田器織具用於農婦秝算格致用以取士語言文字用以通彼此之情不幾率中國而西人之乎我中國先文教而後武功重德性而輕詐力不以近功易遠畧耻機心而賤機事視之若甚拙且鈍焉接之若可狎而侮焉而久之為其所化而不知或陰中其病而罔覺是實能以至柔克至剛至弱克至強也自古仁義為國其敝也衰甲兵為國其亡也蹶是以泰西諸國其興勃然而亡亦忽焉不見羅馬盛於漢荷蘭盛於唐西班雅盛於宋葡萄牙盛於明而今皆衰矣就在中國而觀商之鬼方周之玁狁漢之匈

奴晉之拓跋五胡唐之吐蕃回紇宋之契丹女真其種類或存或亡而所謂中國者數千年以來如故也政事法令未嘗改易土地人民未嘗損失且唐時回人之散居天下至今何如宋時猶太人之入處河南至今何如奈何欲以暫來之西人易數千年之中國用夏變夷則有之矣未聞變於夷者也不知如或之言所謂主人枯槁客自棄去之說也如是則中國必先自受其敝且勢必需之窮年必世而非目前權宜補救之方也況我之所以效西人者但師其長技而已於風俗人心固無傷也如謂既師其長則中外交固而情洽或將久處我中國不知西人以有利而來

者安知不以無利而去機器既設貨出必多波畢既裁煙來必賤彼之利藪且為我所奪矣何慮之有夫及今尚可有為之特而為之先事預圖先機遠慮因治以防亂居安以思危則可享長治久安之利是亦古人謀國者之深心至計也某草茅微賤罔識忌諱辱承知過敢竭區區伏惟進而教之不勝幸甚外呈所著火器略說一卷譯自西書間參管見竊見西人入中國凡秝算輿地醫學格致之書無不徧譯獨於製器造炮一事未及一言豈以是為不傳之秘哉或者不欲以所長示人也明人所輯湯若望則克錄專講鎗炮製造之法頗為賅備然較之於今間有不同

蓋近時用心日細制器極精視昔已遠過之矣至於用炮
先在用兵則非空言縱譚所能者也求賜訓言以增光寵
干冒尊嚴主臣主臣某再拜謹上

擬與英國使臣威妥瑪書　蔣敦復

威君足下别來八載悵各一方足下翔武于天衢鄙人蠖屈于海上緬想光儀末由接迹頃有人自都門來或傳足下至總理衙門親遞新議論畧總稅司赫君復遞局外旁觀論連篇累牘各數千言中外情形反復辯論語重心長動中竅要有心人讀之無不毛髮灑然憤媿無地使乎使乎愛我中國抑何厚乎然鄙人竊怪公等巧于代謀而自謀則拙也明于料人而料已則暗也又怪中外情好雖甚浹洽揆之于理終有所隔閡而難通也足下在吾中國多歷年所近駐京師日閱邸抄四方奏報上下弊病無不周

知越俎而謀欲使借法自强又恐他日不能守信倉卒有變緩不濟急與赫君所言內情外情大畧相同第名為公論實挾私智虛聲恫喝無所不至嘻亦太甚矣某也聞有國有家者凡有舉動必準人情合天理不徒恃强取勝也公等云云似六合之外別有一理請設譬以明之令有世家鉅族大廈連雲修治之人稍稍損壞有比屋居者語之曰爾有多屋臨于通衢吾將賃焉不俟允否强納契券入而據之他日又曰爾之家垣墉剝落盜賊充斥曷不壁汝曷不禽治爾力不任吾將助爾助爾爾之家則為吾有爾無與已敢問足下此何理也如足下輩所言不肯與不能

二事一則強之使肯一則必有能者出而攘臂何以異于是且足下亦知中外人情有同有不同乎一論通商中國帝王崇本抑末貴農桑而賤商賈關市之征所以懲其黷貨無厭而使之重去其鄉也通海通番舊有例禁令之越數萬里重洋往來貿易外邦人樂至中國中國人不願至外邦此中外人情不同非可強而致也旣為商營什一權子母謀餘利以畜妻子厚身家此中外人情所同非可歧而視也乃自西國與吾通商凡可以攘我之利源奪我之利權者悉載條約惟恐不盡西計得矣中國之人何聊賴乎至十年換約之説公等又云將來西國有所必請必得

請必遂其所得而後已平心察之其所必欲乃我中國所必不能行之事信如斯言中國自西自東自南自北皆將有西人車轍馬跡焉中國五嶽四瀆天之所設地之所限遂西人之欲則必有有力者一舉手而平五嶽填四瀆蕩蕩便便任其所之無不快意肆志而後可則必盡中國百千萬億人民供其役使百千萬億財貨金寶入其府藏百千萬億土田宮室苑囿納其賦税百千萬億精靈血肉飛潛動植服其聲威娱其視聽之數者必萬取萬勝萬萬無不可而後可如有萬分之一所不可者則我中國人民必將羣起而剚刃于西人之腹財貨金寶西人知愛而不知

惡必名曰腐腸之毒餌附骨之癰疽土田宮室苑囿西人能入而不能出必盡驅而納之于罟擭陷阱之中精靈血肉飛潛動植西人狎而玩之勤而侮之必將環而伺之跬步之間房闥之地造次顛沛無一不相與為難凡此者何也不準人情不合天理勢所必然無足深怪足下徒見西國目前有形之利不知他日無形之害如此其大也一論傳教中國之教堯舜禹湯文武周公孔子此數聖人者未嘗執途人而語之曰爾必從吾教然從古至今自天子以至于庶人未有不從堯舜禹湯文武周公孔子之教者出乎堯舜禹湯文武周公孔子之教之外卽入乎禽與獸之

中人而願為禽與獸也則已不願為禽獸則必從堯舜禹湯文武周公孔子之教堯舜禹湯文武周公孔子之教仁之至義之盡天理人情之正無一毫矯強于其間夫是以不言而信不待勸而自成也天主一教西國教士奔走四方學習國語開設講堂千言萬語舌壞唇傷不過勸人一信字故其教名曰信天主此必其中有不可信之道矣即返之于己亦有不自信者矣夫不可信而求信已不自信而欲使人信非人情必不信無論不信即千百人中或有一二人信者大抵傭工手民村子竈妾至愚下賤輩耳亦有黠桀莠民衣冠敗類喪其行檢鄉里不齒無所得食竄

名彼教以圖生活然且教士耳目所不及則亦敬鬼神祀
遺像拜先人邱隴顯犯其所謂十誡豈真不樂升天堂不
畏入地獄哉秉彝攸好之德出于至性發于自然天堂地
獄之說不足以勝之也中國異端之害古有楊墨今有釋
老釋近墨老近楊二氏之教世主固嘗奉之漢唐以來能
自立教者要亦有故佛氏一大智慧人所傳內典經中國
文人才士為之潤色奧義微言往往而有中材以上受其
牢籠老氏籍隸中土官周柱史其教慈儉清淨不貪為寶
世主用之天下亦治若夫天教明季始入中國利瑪竇南
懷仁諸人皆通天算輿地之學材藝絕倫其所著七克等

書切理饜心頗近儒者故當時士夫樂與之遊今之教士其來者問有如利南輩其人者乎無有也所論教事荒謬淺陋又不曉中國文義不欲通人為之潤色開堂講論刺刺不休如夢中囈稍有知識者聞之無不捧腹而笑夫以二氏之教廣博精微尚無足引人出于古聖先王之道之外況遠不及二氏之天教欲使之行于中國烏可得耶然而西人之必欲行其教于中國其用意蓋有在矣中國之人未有信從也彼固知之是有術焉施小惠使饜其口腹行小善使震其耳目從而誘之以美福厚報使迷惑其心志變易其肺肝溺焉不返不顧利害生死惟吾說之是從

天下無事戎伏于莽一旦有事入吾教者皆雲合響應起而叛其長上嗚呼是禍中國也中國之人知其為禍故愈不信從非上之人禁之使不從也仁義中正之道入人者深君臣父子昆弟夫婦朋友之序確乎不可易天堂地獄之說果不足以勝之也請一言以蔽之中國堯舜禹湯文武周公孔子之教一日不絕西國之教一日不行彼行是教者豈不大愚乎哉通商傳教二者事之已然者也更有未然之事則僕之所尤可怪者矣赫君論中有云試問中國將來能常為自主之國否斯言也他人不解僕則解之泰西各國政有三等一民為主西語曰伯勒格斯令南北

美利加等國是也一君民共為主西語曰京今之英國是也惟西語曰恩伯臘者即中國帝王之號政刑大事君自主之今俄羅斯法蘭西墺地利諸國是也西國有是三等故稱中國為自主之國而鰓鰓焉使自審其將來之能與不能將惡中國而利其不能耶抑愛我中國惟恐不能而望其能也如惟恐不能而望其能則我中國從未有不能自主者五帝官天下其傳賢也君主之三王家天下其傳子也亦君主之秦以前天下為侯國侯國各有主天子為侯國之主秦以後天下為郡縣郡縣皆有主皇帝為郡縣之主仁如堯舜民之主也暴如桀紂亦民之主君臣之際

名分甚嚴恩禮至重名分嚴故莫敢為主恩禮重故共戴一主惟其能也故名曰自主之國如使以西國民為主君民共為主之政行于中國此大亂之道也或謂蒼鵝出典午東白雁來天水空割有夏宜興戎中國將來不能自主殆指此耶此大謬不然之說也中國所以能常為自主之國者在德不在力以無道行之雖強必亡以有道守之雖弱必昌晉政不綱骨肉相戕非五胡所能滅也江左偏安可謂弱矣以符氏之强一萌投鞭之志淝水奔潰國隨以亡趙宋南渡康王孱王虜馬臨江兵氣不揚元祖起自漠北定鼎燕京不及百年大命已傾不務修德以力經營天

人之際蓋可覩矣迨夫明祚之將終也皇天眷顧命我
聖清入主中夏世世相承靡有失德　今皇帝沖齡踐阼
兩宫母后慈訓有加親藩夾輔羣臣輯睦小醜跳梁漸
次撲滅海内喁喁望治　國家深仁厚澤固結人心者二
百餘年矣豈與往昔璮裘之君可同日語哉然則何謂不
能赫君之意直謂將來西國協力以攻中國中國地方瓜
分而瓦裂如是則不能常為自主之國矣嗚呼噫嘻言不
可若是其易也是利吾中國之不能自主也盍亦思中國
不能自主之大不利于西國乎今日通商傳教二大事孰
許之我　皇上許之海内人心固有所不欲也雖不欲而

上有　天子又有　天子之命吏與西國使臣共立條約並天率土莫敢不遵此中國能自主之明效大驗也假令他日　天子下一詔曰今與西國條約所載有不便于爾民者余一人不能自主惟爾民任自為之百姓固有所痛心疾首積怒深怨于西人聞是　詔下雖三尺童子亦將肉袒被髮荷戈執梃而前與西人併命于一日燎原之火不可撲也鷙鳥之擊弗及避也其他非中國臣子所忍言及是時天下英雄承敝而起既無所主為患更速西國奈何而欲吾中國將來不能自主也昔在有唐吐蕃回紇聯翩入寇中自擕貳更受唐約鈔掠輜重狼狽而返蓋人各

有心師難用衆勢如連雞莫敢先動見利忘義同室相攻首為禍始卒以凶終夫亂者治之機中國之亂有中國之法足以治之強者弱之兆西國之强舉事一不當而弱之者至矣僕所深怪自謀拙而料已暗者正謂此也竊意高明之見必不出此或者異邦之人紛紜聚論有此數說公等傳述所聞俾我中國君臣知所戒心有備無患愛吾中國可謂厚矣僕亦請為西國計自今以往與我中國相待以誠相守以信毋為妄舉毋生傷心天理人情斟酌盡善他時換約去所不便擇其便者務令彼我之間均獲利益誠如是則中外相安永保無疆之休若逞其私智乘機漸

進欲要吾以必不能從之事從此外國生事中國多事一
治一亂誰强誰弱天下事未可知也僕不佞往者自蘇返
滬獲共話言相知之雅欽欽弗諼願效忠告之義不避忌
諱無所逃罪謹奉書以聞伏惟亮詧並使赫君知之何如

致西士威先生書　　　　　　　　　　　　　金安清

威先生閣下往來上海十餘年來習聞閣下天稟過人好
學博鑒縱橫數萬里上下數千年無不通曉洞達真所謂
豪杰之士合地球五大洲罕有倫比屢思領教言而未得
昨游滬上於書學中獲讀閣下所上通商衙門旁觀論畧
及新議共兩篇所以為中國謀者至深且切講信修睦篤

重友誼凡我中土士民皆當為之贊歎佩感夫中土之與
貴國通商最先一百數十年來茶絲之往其利不可殫述
而於　貴國尤鉅蓋上海未設岸口之先他邦不能直達
中國必由英商轉輸英商得以加價先獲其利也道光朝
以燒烟之事偶爾失和致　貴國有五口之議用兵則
貴國獨任其勞通商則各邦同受其利在　貴國為西洋
領袖不欲專其利孔於大體固宜然以昔年一口之通與
後來各口之通相較　貴國一已之利權此亦大損於舊
矣迨庚申春令　貴國在上海公議本不欲決計爭兵外
而何辭内而端肅不諳洋務不明大道致　貴國不得已

而有天津之役實一時氣運所關也乃　貴國不囿小嫌彼此和好之後凡通商地界皆助中國驅除賊盜至公至正之心尤足以稱羨遠近故上自恭親王及各省督撫皆謹守和約以禮接交與前數十年情形迥不相同祇以粵逆雖靖餘孽尚多四路出師軍務煩冗潮州及田提督二事稍有迂回何嘗別有意見其他應行整頓之事每思次第籌議今讀大著以借法自强緩不濟急諄諄相告其意甚盛其勢則有所難行素仰閣下貫串古今凡中土史鑑無不搜討謹以芻蕘之俚言為閣下一一詳陳之可乎夫地球四周十數萬里有百數十國風尚各各不同大抵中華

開闢最早東天地清淑之氣而生故治貴文明不務險遠
三皇五帝以迄明代亞細亞一洲尚不全通此外數洲更
無論矣歷代相仍雖國之理亂不一而治術則分剛柔行
政但分仁暴總不以强弱為斷君德果仁雖弱亦强君德
苟暴雖强亦弱剛者雖强於一時柔者則永于百世秦始
皇築萬里長城滅六國毁井田焚書坑儒銷天下兵器其
威烈不但中土所無即西洋著名之拿破倫華盛頓亦萬
分不及乃未至二世一田夫起事遽至喪亡千年之後又
有元世祖其兵威直至俄羅斯可謂强矣然刑政不尚柔
仁甫及百年亦不能久有其國我　大清朝龍興東土

奄有遼金舊地薩爾虎一戰破明兵四十八萬萬歷天啟時克地直至山東省城所向無敵乃屢次自許明人講和息兵不以强富自滿一旦應　天順人奉為中華之主其時兵威之盛何令不行然除薙髮衣冠無一事改變風俗故民心感戴雖以三藩之叛川楚之亂皆歸破滅即今日粵逆之變為時不為不久失地不為不少而民無怨心人無去志有如大議中所云天下賢愚百姓未有異心一段此即不專恃强而億萬斯年終不能弱之確證也蓋中土立國大旨有三曰教化曰政刑曰風俗教化者聖賢主之政刑者帝王主之風俗者百姓主之教化者千百年不變

能變者惟聖賢政刑者遞時而變能變者在帝王風俗則有一時而即變者有萬古而不能變者雖主之者百姓而百姓亦不能自變其變不變之權上歸之天而已故教化政刑者皆以補風俗之偏而救其弊至於風俗則雖帝王聖賢只能去其太甚聽其自然不可以力爭不可以智取也夫中國之與西洋風土人情無一不異中國十八省山川平遠了無奇崛故民氣亦較和而心志則不能一非若西洋到處高山大澤曠野萬里語言文字隔海皆同中土則一省一府之中亦有相懸殊者不止南省北省之別也今即中華一國之中而言欲强北人行舟南人乘馬尚且

不可又何能以西洋之風俗强之中華乎今　大議所列各欵如本省迴避加兵餉復關稅尚係一國之政刑但有益于中國何所不可至建義學醫生立電氣標修輪船苟有華商亦不必上煩君上若創鐵路開五金山礦等事驚民擾衆變易風俗直無異强秦築城銷兵雖以本國帝王行之亦必天下大亂又何況他國之代謀乎先生所知所講者政刑也强弱也帝王之所主也而不知中國所不能强者民心也風俗也即帝王亦難以厲民也　貴國之政官與商不分商與民不分官之事商可主持商之事官可干預故官可行商即可行民亦可行中國則官自官商自

商民自民士自士各修本業各不相同官而兼商謂之忘廉商而預官謂之越分乃唐虞以來之風俗非大清朝初創之政刑先生必欲合而一之不亦難乎況貴國不以民心為重官權為輕如咪哩堅之向係英國屬地中間民心有異即亦自成一國舍而不問習學天主舊教者最先耶穌一出雖有教主亦不能彊西洋各國禁去耶穌而奉天主夫同此一教同此一國凡民心之趨向貴國亦不能彊東為西豈非明証乎至于理財之事中國丁有錢田有賦商有稅定制之外多取絲毫即為暴政近時各省用兵不得已始有釐捐稍稍取之于商而群情亦不

能無怨　貴國則經費皆與商相通朝廷並不自主如鴉片烟每箱抽至數百兩湖絲每包亦然中國尚能仿行豈不大善而竟不能也此大有益于中國者尚不能效西洋所為又能以厲民之事效西洋乎夫中國之風氣固至弱矣亦至强矣譬如大海之水千波萬浪可謂强矣而峨艑巨艦皆能借海為用若內地一陂一塘之水淺僅數尺可謂至弱矣而小舟重載即須膠沈以强弱而言豈海內轉不若塘水乎勢不能也莊子所云水在堂坳芥可為舟施以杯杓則膠矣總之中國之民御以柔道則馴施以仁政則服强以所不願則渙散而不可收拾　先生為中土久

安長治計既以忠謀遠慮相告亦不能不以所見及者為
貴國勸蓋條約所載乃一字不可違如潮汕雲南兩事
是也國政之嚴明在中華亦所切念如兵餉官制是也風
俗之難移於　貴國必徒勞無益無論中土自辦與外國
代辦皆不能到如開鐵路金銀礦是也竊窺先生之議不
過欲尊西洋之體制而取厚利於中國兩事耳統而論之
未必不可行未必立時能行現在中國用兵未蕆　主
上幼冲　兩宮皇太后督率恭親王及諸大臣只能事
事恪遵　祖訓謹守成規以冀海宇蕩平靜待　大
皇帝及年親政　主上英明神武天縱之姿不數年間

自有一番振作卽仿周王之周行天下巡幸西洋與　貴
國相見亦未可定并不止派員往各國駐扎之事推而廣
之并可酌派內商載絲茶往各國貿易也至于輪車鐵路
為各國圖便起見則舍鐵路之外可與貿易變通無碍于
民之事亦不一而足雖不商之朝廷卽華商數人苟可有
益亦能集事令先生必欲事事干之朝廷又必欲朝廷强
之百姓豈非欲易反難欲速反緩竊為先生不取也　高
明教之

萬名青藜

郭名嵩燾

上曾侯相書

金安清

竊安清生長吳越中年游宦自道光庚子海疆有事始二十餘年周旋大江南北於洋務不憚繁屑求其山川風土習尚政刑遇各國洋人輒喜與之辨論而考訂其紀載離合異同之故因知今日籌邊與漢唐以來事迹逈異當咸豐五六年間即深以和議為然戊午入都引對時天津方異釁紛乘騷然立約至四十七條而入京入江兩端關係尤巨萬藕舲力阻入京宋雪老力阻入江　朝廷合諸王大臣部寺臺諫議於圓明園尹杏農至以死生為去就爭之尤力一時鼎沸京官翰林中惟郭筠仙外官在京者惟

崇名實

桂名良　花名沙納

梅名啟照　潘名霨　何名桂清

安清二人不主戰説安清作豢夷説一篇以寬免沿海關稅抵其入江入京兩事為崇樸山所見取呈惠親王面奏
文宗
先皇歎異深賞之而安清不知也五月二十八日即匆匆出都桂花二使於六月初九日由天津回都覆
命旋奉
特旨與現任内務府大臣明善同赴上海為補救之策悉如安清所言經畫之隨員中有梅小岩潘蔚如尚目擊其事乃至蘇而何根雲王雪軒交阻之其意恐滬稅去而和春之餉不支殊不知安清意在杜其入江則洋人不能預聞内事即以所減之稅加之於釐與軍餉仍無出入且陽居免稅之名陰得加厘之效一舉

柔遠全書六種　善後襍鈔二

而可收兩善乃何王不就安清原議窮其底蘊致兩星使在滬半年一無要領而去洋人仍照舊議赴津換約僧王背盟就戰洋船於無意之中受此巨創乃糾合法人旱隊買馬復定大舉然尚在主和也次年春經上海華商出名如弦高犒師故事罷兵議欵英人已允償兵費二百萬即免北行乃薛覲唐揣摩時局力駁其說洋人遂決計用兵直臨北塘非賴　宗社之靈決裂尚可問乎今日普人之待法人果何如哉中堂武功卓越正氣剛方宜乎始終主戰乃自駐師安慶以來獨以懷柔撫御為事此誠老成謀國精識遠慮不讓古人縱不亮於同時必見亮於後世夫和之一字南

宋諸儒以為第古惡名北宋以前無此成見也世人史學太疎囿於積習自三代以下主戰亡國者有之未有以主和亡國者先帝殂於白帝吳蜀不共戴天而武侯卒不與吳爭後人無譏其忘仇蒙垢者回紇吐蕃辱肅德代三宗極矣而汾陽鄴侯皆議主款北宋之寇萊公范文正富鄭公司馬温公於遼於夏無不議和神宗踐阼富公即云願陛下二十年口不言兵此十數公者豈古來無氣男子哉誠知其時其力有所不可耳迨遼金搆釁航海夾攻之說起蔡攸童貫思立恢復幽薊之奇功橫挑邊釁宣和因而北轍韓侂胄希不世之勳一戰而首領不保金人以忠謬

謐之非古来利害之昭昭者乎今聞一二好事之人挾持正論惟願中堂主用兵之策以冀鑿空開邊安清竊以為關係甚大有不可不再三審慮者髮捻之禍海内元氣已極敝矣無業游民失職游勇伏戎於莽紛紛皆是此時鎮撫安集之不暇若又從而為意外之圖則如大病甫愈之身尚欲負重致遠一有蹉跌禍不可知非可以虛名而受實禍也泰西各國鼎峙緩則相噬相吞急則相援相助竭天下之力敵一國可也而不可敵衆國竭天下之力支一時可也而不可支數載況外釁一起内訌必生洋人用財如泥沙沿海五六省之莠民熙熙攘攘隨地皆是既無法

今可畏又無資財可圖一旦效其腹心供其驅策四路揭竿而起則洋人不必親執戈矛而中土已不勝其獘此勢之必然者若建議者明知無必勝之權而姑作大言以為見長之地則可在中堂屈於清議姑為整飭營伍而為他日自强計亦可若妄啓兵端不思後患而以國事民命為嘗試之具則有如宋仁宗曹后所云事成不過南面受賀不成則萬民肝腦塗地矣以之希速效則糜帑先已不支以之騖虛聲則敵情必致僨囬目前安內之不暇遑計外國乎上天好生王者無戰以中堂平日之德望而浮議尚思搖撼之奚可哉近時議論率以　宏德殿醕邸倭相以

下皆主用兵一旦　親政必有以和議為非之禍故此時不可不預占風氣此一說也在常人則可在中堂則不可或云和戰同無把握而戰則正論所歸當以練兵籌餉為主縱至萬分危殆之時以一死上報　社稷尚不失為忠義此又一說也然常人則可中堂亦不可蓋　大清二百餘年之天下四海蒼生所賴皆在中堂一人正當熟籌利害坐鎮浮囂如于忠肅之力闢南遷張江陵之許俺答互市於衆論紛紜之際獨表一朝之大經大法以砥柱中流方為無愧若守硜硜之節博悠悠之名而不問全局之實濟與否則　九廟在天之靈亦恐不安安清六十三

年衰病之質溝壑計無多日芻蕘不信於人而不忍不苦口危詞以竊陳於左右者一息尚存深不願再覩從前之變故而為盛德累也干冒鈇鉞昏瞀無序不勝悚惕低徊之至

上曾侯相書

湖南紳士

同里末學素蒙教育固不敢以無關輕重之言上煩裁答故未奉書前月閱邸鈔敬悉特派相國查辦天津事件中外之人翹首企趾以瞻經綸相國以天下第一偉人辦天下第一難事必將大雪數十年之憤以成中興之業在此一舉也以今日中外事勢而論相國以三朝元老之望旋乾轉坤之功嘉謨入告必無不見信之理即不然大臣以道事君不可則止相國萬一遇有掣肘之處必以去就爭之蓋天下之所以望相國者若此以今日中外之事勢而論萬一兵連禍結沿海諸省必受其害而且綠營未可恃

天津烏合之民兵又未可恃冒昧開衅必損國威不若隱忍與之講和此相國之苦心亦天下之所諒也然而民心之可畏十倍於外患自古有外患而可以立國者未有失民心而可以立國者今日之民心雖未必盡知忠孝至於慈之一字則至愚之人亦皆知之刳目剖心即與教堂無涉然王三則何為者也洋人之保護王三又何為者也天視自我民視天聽自我民聽誰刳之誰剖之天豈不知而欲民之不知無是理也即對官放槍亦豈能容近聞王三已交洋人都中衆口紛傳以為怪事不敢隱默謹以聞閫之相國相國之隱忍求和以顧國脉也然上帝有好生之

德斯民有義憤之氣必不能終絶於兩間抑鬱之極不能禁其不發此危機也况昔日夷情不畏戰今日之夷情畏戰何以言之夷但求利耳昔日與夷戰夷一勝則我有傷而夷無損也故不畏戰以倖一日之勝今則夷之貿易居屋在中國者以億萬計我戰雖傷夷亦大損豈彼之所欲者哉若决與戰夷必求和求和在彼則夷可馭矣不然使齊境内盡柬其敵不可言者夷將言之不可為者夷將為之不能知所底止矣隱忍與和使中外從此無事天下蒙相國之福則雖一時未愜於心終必感之然而恐未必無事也以天下第一偉人中外之畏服者而猶隱忍于此夷

蓋有輕中國之心矣相國深謀遠慮或欲抑先揚非末學
所能窺測萬一出於從旁慫惥之人别有隱情是不可知
竊以相國已為千古傳人不欲使後世有毫髮嗟惜敢佈
腹心伏乞垂鑒

防海芻論

登萊青道龔易圖

論定謀　今夫人狃於耳目之小不足與言域外之觀也習於尋常之說不足與謀創見之事也今天下之言敵情者有曰我惟固我之民心修我之政事率由舊章以求自强凡彼人之情偽强弱無足置議此文士因循之見王衍所以召石勒之禍也有曰彼惟海上自雄倘登我陸地聚兵即可殲之此武夫傲倖之情弊噲欲以十萬衆横行匈奴之論也充文士之説禍變猝乘茫無一策積弱之弊周之東遷可鑑也充武夫之說一至決裂職為厲階輕舉之弊宋之南渡可鑑也是惡可言哉夫欲議非常之事非有

非常之人不可也欲立非常之功非有非常之見不可也問自古及今有能越數萬里之遥以舟師而謀人國者乎無有也自古及今有能製數十萬斤之礮納于至千餘斤之重擢堅至數十里之遠者乎無有也自古及今有能通十萬里之信息而計日可達者乎無有也自古及今所無者而今有之則今天下固創局也事之創者而欲就拘墟之士泥古之人求之是猶坐井觀天所見者豈天也哉且自古及今中國無所謂海防也唐伐自驪元伐日本罄其軍而未得一利迨明有倭患戚繼光出始以戰勝然亦制之陸地未嘗越海一戰也我　朝之初鄭成功踞台灣一

隅騷動遍東南各省沿海居民悉内徙竭天下兵力謀之數十年始能以師絶海收台地入版圖以舟師越海而開拓土地者惟我　朝斯役能其功然自是以後議海防者亦不過日嚴斥堠絶接濟而已無他策也至西洋不靖兩有海上之盟而海防亦無可間及今日而謀之求之古無成效也求之今無良法也況近日之敵情較之昔又有殊矣昔之難者英法二國耳今則來盟者至十餘國之多昔之居敵者惟閩粵兩省耳今則深入内地與我有共險之勢昔敵人僅始有輪船耳近則有鐵甲船鐵礮台之製有後膛礮轉輪礮之利有餅子藥棉花藥之精有格林槍及

各種快槍之捷又設電綫通報瞬息可達萬里此非可以尋常之計概之也乃時人狃於習見動以法古為言視人之言洋務者或以為妄或以為怯局中謀之局外非之謀之者太息流涕之不足非之者嘻笑怒駡之有餘詩曰發言盈庭誰敢執其咎此之謂也是在　秉國鈞者力持定見不為浮言所惑不為俗論所搖力主海防之議期之可行持之永久選求識時之士與議維新之圖密之惟幄運之折衝及此未雨之時早求三年之艾則天下幸甚

論審敵　孫子曰知己知彼百戰百勝自古伐國之謀未有不知其國之虛實而能置議者也今彼人之來我國者

為通商為傳教通商者得我國之利傳教者得我國之情我之動靜彼胥探而得之而彼人用心專鷙凡我國之制度云為以及刑律典章之事莫不精研而討論蓋用心如彼其摯也而我之於彼以為重洋之遠無足問以為蠻彝之俗無足求欲能知彼國之情難言矣既不能知敵之情則何以為防敵之策乎夫歐羅巴不一其國也而國之最强惟英法俄美為最者近則德國亦稱雄矣英以財雄法以兵悍俄初强於陸而弱於海嗣勤習輪船於英得其法以歸遂大治水軍與英法連戰數年而駕其上美則襲英之餘習能自立國以為抗衡德初受制之法堅忍自强竟

能報其怨於數十年之後此其謀國所以能致富强之故皆可取以為則也夫中國幅員之廣較之歐洲諸國有過而無不及何以獨形其絀哉歐洲之俗惟利是求而能人為一心家為一藝專精致慮以求其至我中國則人自為心所習非所用所言非所行侈寬博浮華之名而無果毅宏遠之實及今不知變計竊慮每況愈下也且所謂變計者豈謂用夷變夏哉趙武靈欲習騎射而先胡服漢武帝欲習樓船而鑿池於昆明則習騎射與樓船為是而胡服與鑿池為非也古人曰善師者惟師其意吾固安吾禮樂文物之常而雜取其法以備擊衝捍禦之用夫何為而不

可然而欲取資之必先深知之試問今日有深知敵情之士乎漢之張騫班超趙充國等皆能深知敵情者也唯知之故能立功於絶域非貿貿然從事也漢武帝欲肆志於四方必先求奇材異能及能使絶域者故漢之邊材自武帝始盛然則何世無才亦視上之所以求之者如何耳近時江閩兩省亦遣年少學生從學外洋以求練習然期之十五年之遠緩不濟急且未知所學者果何如竊意近時中國習於外洋語言文字者不少其中亦有能爲翻譯而留心時事者與其留爲偵探之用不如收其材俾令自効以爲耳目之一助擬請沿海封疆大吏密訪人才如有通

習洋務者考其文藝試其技能厚糜以廪餼酌許以功名飭令遍赴各國察其風俗政令訪其日新之技能按時郵報不畀以使命之權免致生事惟以巡歷為名令其自往以遍閱海外之情勢校其長短以為取資或能潛身入其機局密習其技或能傾心交其酋長密探其情庶彼國之動靜利害可以周知而預為防範以效其所長未始非邊防之先要者也所費無多而所資甚廣其中果有人材可用歸而校之亦不妨量能予祿以為任海防者之佐使且使人知上意所向當不乏益求精習之人如得其人拔十得一猶將為之使更有進焉何莫非為異日儲才之一道

也

論形勝　今將布天下兵力於四海之濱沿海處處均行設守非為無此兵力即亦無此守法也況彼人志在要求而不在擄掠各國各爭其利即各國各護其名即使和局決裂一旦稱兵必將窺我名城奪我要岸以為據防要賂之計絕不肯沿海紛擾以自敗其通商也此明者皆能知其然既知其然而議防者仍欲沿海布置則置兵力於無用之地勢薄而防不能防何如收兵屯集要害之區以為猛虎在山之勢也今以中國海疆論之直奉東江浙粵閩七省地方袤長數千里欲遍布兵力令沿海無隙地不容

敵國一人上岸雖愚者亦知萬有不能然則其擇要焉耳中國海防最要爲天津津門京畿之蔽也其次莫如江南長江財賦之區也此人人皆知之然而津門之守宜如何長江之守宜如何餘省之守宜如何此不可不先事計慮也倘必須事至而謀敵人窺伺某地即調兵某地以應之脫令彼聲東擊西瞰我空虛之地罙然内犯必至抽兵不及回布防不及竄是猶布棊着着落人後矣此頭痛治頭脚痛治脚爲近時醫手之通病也爲今之計莫如核海道之遠近分設重鎮以爲犄角之勢計直奉東三口爲一段江浙長江爲一段閩及台灣爲一段粵省自爲一段互四

大鎮各駐水師無事則聲息相通有警則兵力可合如常山之蛇首尾並應者然又如津門一重鎮也而津門之屏輔則在奉東二口而東省尤為要區也咸豐十年英法犯津之時其兵船輜重糧餉均分駐於威海崆峒各島此明徵也現時津門已駐重兵而東奉二口並無牽綴之兵是北洋之防未固也江浙僅設內防長江僅立礮台而無外海大枝水師是中洋之防未固也閩省之海口足守而廈門之守則難粵之省城逼近香港台灣新闢之土不善創置則為他國所垂涎是南洋之防未固也且時事亦亟亟矣英得印度而始強復得南洋諸島且駐兵香港及日本

矣法則駐兵於安南矣俄則取日本之庫頁島而為水師碼頭矣彼英德各國雖一時未分力東驅而其志固未嘗一日忘也脫一效尤而來逼近中土而擇地焉則敵兵常在肘腋之間不得復諉為重洋之遠隔也而我則環顧四隅一任客所欲為不能爭之域外而并無以應之域中此亦厝火積薪之日也彼人越國遠謀必先籌藏身之地而後能以舟師探我口岸如守嚴不得入則密探旁口以陸兵繞我守師之後使我隳守以納其舟師然後得以肆志此即天津之役由北塘而入之前鑒也關西國用師如南北花旂之役及布國得入法國皆用斯術也茲天津之守

既設立礮台於沽門而岸上後路復駐重兵彼自與間可入且沽口横沙亦難久駐輪船彼必先以威海等處為屯糧屯船之所如能以舟師犯津若我能合直奉東三省之力立一大枝水師姑先以鐵甲船二三隻為帥以輪船十隻為佐立營於威海衛之中則登郡羣島彼自不敢屯營矣且由威海北赴津門以輪船而計亦僅一日之程東赴牛莊亦不過半日之遠均可互相聯屬彼不能赴此而北則畿輔不致震驚即彼捨此而前有大枝水師牽綴其後彼不能無返顧之虞而我以陸兵拒之於前再以舟師搗之於後彼不勝我必殲旃華而勝我亦不敢久駐此所

謂奇正相生者也則北海之防固矣長江之險内守既嚴再於海上亦仿此制擇鎮江近海之島再駐一大枝舟師彼亦不敢遽入長江自受夾擊其勢必出此也則東海之防固矣閩省之防以台灣為屏蔽此時台地新拓其勢不能不立重兵以為鎮撫免異族再生他心宜亦仿此制立一大枝水師於澎湖以為閩之重防粵省逼近夷疆為外洋屯聚之所而財賦充斥能以自固其防亦宜設立一枝水師以為重鎮則南海之防固矣至各省各濱海之城扼要之區均宜置陸兵防守務與水師能通聲氣以相聯屬其餘濱海之地團民自守不必設兵非其欲得之鄉彼必

不生覬覦且北地海濱多有沙淤南地海濱多背山嶺渠皆不能捨舟深入既入亦無能據地要求我固可省此兵力餉力以專為重鎮之聚精萃鋭也況既有四大鎮之水師則沿海計日可達即彼在別處登岸固可亟肆以疲之多方以誤之以收主客相持以逸待勞之效也脫不然者各省固各省之防兵布而不能周餉分而不能厚徒有防海之名而無防海之實雖愚者亦知不以彼易此也是所謂乘勢利便者也

論軍實　我　國家二百餘年以來竭天下財賦之入分三分之一以養兵迨事變猝起而不能得一兵之用反以

召募鄉勇敵其事功此亦古之所無而今之所獨也自髮捻各匪削平之後論者知募勇不可持久而創為練兵之說於是有裁汛併營者有加餉練軍者卒之數年之久無一省得一枝勁旅足資緩急豈兵果無良哉蓋在行間十年知之審矣猶是兵也一入勇營則成精壯猶是勇也一歸行伍則戀身家非惟兵勇如此則素習帶勇號稱將材者一至擬標歸營授以軍職率皆束縛手足為無能為竟若兵與勇判為兩途帶兵與帶勇判為二術者何也蓋近日勇營之制以一人為營官合數營為統領一營官之令一營從之一統領之令一軍從之所有粮餉文書均責之

一人無紛歧無躐越也故令一則志一志一則軍一合其軍而用之如臂使指身使臂也綠營之制則不然將與弁不習弁與兵不習特以官相統屬耳而且兵餉有主之者將不能損益也兵額有主之者將不能進退也軍裝器械予藥馬乾有一定不可移之數將不能預籌存支也用人之權一兵目足以主之理財之權一營書足以主之動輒挾持其上鬨其口而奪之氣即有拔俗之才令其專閫有其官無其權何能為哉故不如驅市人為戰尚足以自行斷制也而近之為將者半出於科舉所習之弓刀石非臨陣之用再如京中需次十餘年甫得一官筋力已疲何能

赳桓哉而計祿之入不足以贍家食救貧之不暇何能致力於兵即有以行伍入官者由戰陣而來既苦官場之規矩而軍中揮霍已慣反視得祿為奇窮遂灰心不甘任進者有之為將如此為兵如彼以今之兵制安內患尚不足恃何能以禦外侮乎即使挑其精壯並營而練之督以知兵之將加以津貼之糧而疲者仍故蓋就原營而選出之其兵目營書之弊不能改也其奏銷拘牽之弊不能革也其玩惰因循之習不能除也此練兵之不可恃也然則如之何而可曰唐張說改府兵為彍騎人皆非之以為輕於改制致府兵終不能復當時府兵必有萬不可用者故不

能不改耳不然如明于謙改織兵為團營何以遂得其利
斯亦得以變制咎之乎今試以各省直綠營兵額計之大
省數萬小省萬餘養兵四五十萬而無一兵足資不知變
計此天下事之大患也竊以與其調兵操防而積習仍不
能除不如停兵勿補裁其額節其餉另於海疆創立防營
募取新兵另立營制以求善法如試之可期久遠即永立
營鎮以為防海之遠圖合計沿海七省如前論所議立重
鎮每鎮應設外海水師若干額陸兵若干額先定將弁兵
丁之名數以為準則再於各沿海各該督撫提鎮各標該
計見存額兵若干可以裁去其半不復補充取其額以歸

海防如本省不足再以鄰省益之直隸則助以山西奉天則助以黑龍江吉林山東則助以河南江南則助以湖北安徽浙江則助以湖南福建則助以江西廣東則助以廣西均飭取其兵額歸於海防以資重鎮如減兵額二名取其口糧以養海防兵丁一名則仍以有定之餉養有定之兵而兵食足充矣倘其額不足再籌他餉以立新營計其數亦不必過增庶餉力可以少省至於兵丁之糧食衣帽及應用軍裝旂幟火藥槍礮力矛等項均於每省各立一粮台派員專司按時給發不令營中自行採買庶免綠營尅扣侵挪之弊其一切操練之法均取足敵洋人之所長

另立操防章程以時演習不令兵丁有内顧家室之憂不令將弁有趨蹡應對之習惟日以訓練爲事庶幾精益求精或資足恃如此辦理較之就綠營操練自較專精即較之添募勇營亦較稍有節制且勇丁募散無定爲勇者率非土著難以持久不如使共知爲永立之營則弁兵均安心插腳希圖上進而爲之將者又能明其賞罰嚴其黜陟使之進有所取退無所歸則士皆自奮矣若夫武科之設原以斂天下材武之人戢其心志此澤宫習射之餘意也承平之日不得不然兹當有事之秋或於制科之時於弓力石之外再立一程以求能操洋槍洋礮及嫻於海中駕

船能習水戰之士併於武舉額內酌取若干名以為中額如有中式者即發海防營歸標候補使天下材武之輩知有路足以進身則更有自求學習之人而人材益進矣

論器械　間嘗與歐洲人詢海上戰事之略而知彼之所恃以為攻者三所恃為守者四攻之具曰鐵衝船曰轉輪礮曰鐵甲船守之具曰礮台曰水雷曰水中衝柜曰浮鐵礮台鐵衝船宜於水戰轉輪礮船宜於肆擊鐵甲船宜於攻堅其寔三者皆鐵甲也而木輪船及田雞礮船皆在其次焉其所為守者四者又相因焉無水雷則礮台不能守無衝柜則水雷無所依而岸上不能立礮台之處又恃浮

鐵礮台為循環焉蓋各視其口岸之所宜以設險也至礮火之利初以開花子為尚近欲轚鐵甲船之堅又以開花子不如實心子實心子不如螺絲鑽子此皆以彈鉅礮猛為功非極大之礮不能受非極大之巨舶不能載故於陸地之礮台為尤宜而其為言曰岸上礮台築以石不如沙土露天之台不如有太平蓋通徹之台不如有隔堆礮房宜寬敞毋令蔽煙以殺人藥房宜堅密毋令受敵以延火台之外宜有牆台之後宜有溝台之式宜圓不宜方宜曲折不宜直致礮窗宜小不宜大礮座宜多不宜少所用之礮宜有轉盤可以肆應此數式色色俱備而水中無衝柜

等項阻船之物則鐵甲船仍可直進而礮台仍不能守何也船之進速台中之礮不及多放船之礮多台中之礮不能回應且其船堅即受一二處之傷非其要害而行駛自如故必須有阻船之物橫截水口留其船以受台中之礮而彼始不敢久停也故有礮台必須有水中之衛柜所謂衛柜者或以鐵或以木或以石或浮水面或伏水中其製不一大抵以堅固挺牢為主而最宜者莫如絞繩之椿隱其其繩於水底使輪船過之而入其機軸以縶其輪則其船進退不能自由矣即使知而去之而為時已久則受礮必多矣此其意即中國鐵鎖橫江之意也所置之物惟慮

火攻故浮於水面不如隱伏於水中而所謂水雷者近以棉花葯所製引以電氣者為最佳然僅用水雷於水中布之不密敵船仍可避而行也布之即密敵人仍可以他物先觸使發再以舟進也或用物鈎曳而去之也故用水雷必雜布於衝柜之内使之不能去或堅釘於衝柜之端使之不能避而岸上之礮台乃得力矣至於海上無險可扼之處而其地必不能任敵人上岸者則惟有多用浮鐵礮台上置轉輪巨礮隨岸上下以為防守其陸戰則專恃槍隊近日西洋各國快槍之製愈出愈精而陣式堅整有進無退是其所長故禦之於陸仍不如禦之於水為得勢也

其說如是歷訪不虛則我之所籌自固者萬不能不精其器械而蹈以卒予敵之誚也今試以中外短長較之船堅礮利器具精良彼之長一地理水勢夷險必知彼之長二隊伍整嚴人肯致死彼之長三而彼之所短者有一有長必暴不憚告人雖有精堅船礮得利必售是其短也地勢散漫人心不齊我之短一軍無善器地無堅城我之短二望洋生阻船楫無功我之短三我之所長者有一人心不外附彼能得地不能得民且越國遠圖所用不背我固可以逸待勞收主客相形之勝是我之所長也是宜收彼之所暴者而求精之則彼之三長失而我之一長足恃矣近

年以來江南福建俱有船廠津滬俱設機器局皆斯意也而船廠所作之船較之外國商船尚足相等較之彼之兵船則十不及五矣毋論鐵甲船也機器廠所出火藥彈丸尚足資用而槍礮仍不能製毋論巨礮也且製之自我需價反昂購之於彼需價或省則何也中國之工力本省於外洋而又省一海道遠運之資而製之反昂者則以所需之煤鐵必購自外洋也中國有煤而不知操中國有鐵而不知鍊甘於委利於人則未計之於早也及今而計之欲使物必已出恐無及矣則先求購於外洋矣然而鐵甲船鐵礮台可購也而修船之廠不能無巨礮快槍可購也而

製造彈藥之廠不能無使有船而無廠每一修理則仍赴西洋乎是有船與無船等使有槍礮而無子藥彼人一旦閉市不通是有槍礮與無槍礮等是宜沿海通計某處宜設鐵甲船若干隻鐵礮台若干隻木輪船若干隻岸上礮台若干座巨礮若干尊陸營快槍若干桿水雷衝柜若干具每年操演應用彈藥若干數修船之廠宜何地為安穩製子藥之廠宜幾處方足用通盤而計之逐事而謀之同力合作必期於成斯亦重關設險之先務者也

論餉需　今天下不患弱而患不富不患貧而患不知緩急今計司農歲計之入天下地丁歲入者三千萬除水旱

災緩外計可得二千萬天下鹽課漕折合計之亦不下千萬有贏近時各省釐金所入亦以千餘萬計夫地丁鹽課漕折入有常經而旗綠營餉各官廉俸州縣坐支亦有常經出入兩相抵也釐金之入則勇餉耗之雜用耗之局員之薪水耗之然猶有出有入也至於海稅之入則是和戎之後意外之進項既從海上得之即應儲為海上之需計自通商以來除扣還洋欵外終年所入或數百萬以至千萬不等便皆留而儲之以備不時之需迄今當有數千萬之蓄矣乃漸入漸用仍無所存一旦有事且借洋商之欵以為漏脯充飢之計是何為也夫編氓之持家商賈之居

肆皆須自量緩急以籌出入始無虞也使有貲而不能絜其短長權其輕重無事則暗耗而不知有事則稱貸以自損其敗也不能計日況經國乎乃今之歲用常經營餉耗之而無以得兵之勇廉俸耗之而無以得官之廉廩餼耗之而無以得士之恥此猶曰相沿成例也其取有損而無益者則曰捐輸始之報捐者皆富人子弟也　國家取其嬴以制用而彼者亦梯階冠帶以為榮無所損也其獘亦止於濫名器而已今之報捐者皆窶人子耳朝入粟得官其暮已不自保矣且所入者又多稱貸為之補官之日索逋盈堂勢不能不侵官帑侵則恭進恭追纍纍而補繳者

什無一二不得補官則飢餓不能出門戶上官憫其將斃又不能不量給薪水以存其身是　國家朝取其貲暮償其息此上下兩虧而均無所益者也何至今而不知變計也居今日而議餉責之地丁鹽漕歲有支矣責之釐金營有餉矣責之捐輸入已竭矣况海防所需有創辦之費有經久之費創辦之費非先有數十萬以為基不可經久之費非歲得數百萬以善復不可久將何所籌畫乎然而經財之道分則薄而合則厚耗則竭而積則羸今日各省所用之費豈皆萬不可緩者乎使有稍輕外海防者即宜節其用以濟急竊計省分之最嗇者奉省陝甘廣西雲貴六

省無所挹注其餘皆完善之區如四川江蘇湖南湖北廣東福建江西山西浙江皆大省也直隸山東河南安徽皆中省也應令各該省每歲所入除京餉應用外無論地丁鹽漕稅釐所入撙節取盈大省每年提存五十萬中省每年提存三十萬不准短少積之三年計可得一千六百萬有奇各至海關洋稅所入自今以往毋論何項均不提用積之三年即以四成計之亦可得一千二百萬有奇二者計可得三千萬則足為創辦之費矣再計海防所需鐵甲船以十計約需千萬鐵礮台船以三十計約須五百萬各項大礮及添置木輪船添購各種快槍亦計以五百萬各

要口之礮台水雷衡拒等物亦計以五百萬其餘募兵創始之費及添置修船礮及煤鐵諸廠之需約計五百萬或足創辦倘或不敷所去不甚遠矣此後仍按年仿此居積以為經久之費每歲洋稅有四百萬各省所提亦有五百餘萬一年有十萬之需矣倘有餘貲即急收煤鐵之利設法開擴置爐以自取用則各項費用可省而所出有餘亦可銷售得利不比船廠機器廠之有出無入也竊以及此而計之七年之病猶可得三年之艾倘再因循愒日一旦有警則洋稅已無所取資而彼人再有挾求更恐侵蹙目甚將有制吾之手足者不能不忍飢節食以求葯餌也或者

曰此三年中何不即急謀之曰用不足者事不興不觀善於持家者乎米塩薪炭有貲蓄之則食常有餘計日而市之入手即罄矣何能計夫市價哉此即俗所謂富能儉而貧不能儉之説也況此三年中非無事也凡船廠器械何者合用何國可購何處設廠為宜船廠各廠宜如何設用煤用鐵宜如何取海道夷險宜如何知要地險隘宜如何守所用之人材宜如何求所謂之弁兵宜如何募一年定其謀二年行其策三年立其基計亦非有三年之久不可語曰難與圖始可與樂成事固莫難於謀始也始之不基而但以三年為久豈知龍蠖之屈伸哉

論合併　今中國與外洋異外洋之勢合中國之勢分外洋以從衆爲政有議院有耆老會上下合也有電報以通信有輪船火車以致速遠近合也人專其藝而不遷官守其業而不雜以志合也然而無君臣之分無父子之親故其國能富能强而不能常定故曰夷狄無百年之國也今中國相安于位分相維于名教相習于礼義此所謂萬年不拔之基也然而名多而實少分隔而情暌實少而情暌則渙渙則弱弱則貧此相因之勢也　國有大謀大猷

廷議下之疆吏疆吏議而上之此與彼不能無參差也及其議行也　廷臣復會而議之内與外不能相斟度也故

一事飭議往返輒經年而不能定至各省得行之事一隔省界即各分畛域非相諉即相爭雖兩省大吏志同道合而其勢終不能聯此以措置尋常之事尚不可而可以謀海防之大計乎今使以海防之事令各省自謀之則其勢必分而不能合何也沿海七省督撫之意見不能盡同而其屬又各存見好上司之意則其人分海口不分疆界則無以專責成一分疆界必各存自固吾圉之心則其地分兵力盡強弱之不同餉力有充絀之不一各存私見勢不能無則其兵與餉分且也設船廠設機器廠此省與彼省兩不相謀則所製之礮是否合于所製之船所製彈藥是

否合于所購之槍礮不能計也且此之所製而彼亦製之
則兩多積此之所無而彼亦無之則用不周又各省此時
各購洋中船礮槍械自必分員採辦承辦之員不過詢之
洋行此省所欲得者彼省亦欲得之則必爭購如是則優
增彼省所已購在此省必欲購之則不問其器之何如但
取其名之必副彼洋商巧僞百出將以舊物應求如是則
器敝是皆分而不合之弊也今夫天下事合則力專力專
則任重任重則事成故我　國家于河漕諸大政凡有創
常之舉必擇重臣以臨之所以專其任而總其權也竊以
今日之事宜責成各省疆吏各議其地之所宜而　分遣

重臣各專其任會同疆吏以謀之譬如沿海之兵宜如何則　擇一知兵大臣為各省之率周巡海疆語見其地之險要勻布兵力之重輕一旦有事則居中調度以重長子帥帥之任如是則兵合矣海防之餉宜如何則　擇一任餉大臣與各省核議盈需須籌緩急合各省之通以制軍用所有收支出入籌布而勻分之如是則餉合矣船礮器械之廠宜如何則　擇一熟習洋務大臣與各省詳議其所宜細度其所用先議設廠之地再考製器之工務令所製必可成所購必可用以時核其工匠驗其技能審其價值寛其藏儲如是則器械合矣是三者既得其人以為之

倡則天下之材將奔走輻輳以為之應是所謂差綱在綱有條而不紊也此同以同力之說也

論持久　今夫艱鉅之任非貞之以恒不能得效也創始之謀非經之歷試不能知難也防海之策以上論之詳矣然其次第首得人次積餉次練兵次製船械此四者皆非一蹴可幾必須集思廣益曠日持久而議之行之始能得其要領也然而中國之習一人發其難百人議其非一人任其事百人訾其後且舉事不能不需巨欵需巨欵不能不先有所糜則更啟衆之疑生衆之謗始則衆疑之繼且衆非之再則衆疑謗集之必至任之不終行之不逮此不

能持久之勢也凡舉事要在用人用人之賢不肖不等一人有疵則衆議隨之一事稍誤則全局皆之必致因噎廢食即所用之人得當矣而無羣材羣策以輔翼之初或得人繼而無人以承其後則其事亦廢此亦不能持久之勢也上下恬嬉茍幸無可貪其通商之利初與相安漸與相忘即使勉强薦舉或為之而不力或始之而無終此又不能持久之勢也夫中國之制外夷未有不持之于久而能制之者漢高祖困于匈奴分武帝奮發有為遣兵出塞初亦中外兩困至宣帝之末始收其功唐高祖困于突厥太宗即位親自教射卒擒頡利致之闕下皆能奮厲于久而

始藏其功也且外夷之性雖經久必變而亦量敵而進不敢輕試觀歐洲諸國大小相錯時有戰鬥盟誓之事而美國兵力最少獨能與諸國相安則以四面皆海之故今中國地勢與美國相同雖無火車以通兵道無電報以達軍情故籌防之兵不能不厚然究屬海道遼遠彼必不能傾國而來但使我有備無虞彼亦不敢遽啟兵釁儻吾圉能固或彼人自有爭併之事亦不難坐收其利不然者觀此時勢既有輪船鐵舶以通中外彼必不肯恝置于我我亦不能禁彼不東來亦終我世將與之委蛇卧榻之側不容鼾睡茲已實逼處此而可任之乎故曰兵可百年不用不可

一日不備易曰王公設險以守其國左氏曰不備不虞不可以師鑒古揆今無逾于此方今　朝政肅清于上疆臣戮力于下水旱無憂盜賊不發雖東南元氣未充西北逋寇未盡但使議屯田以食西北之兵收逋戶以復東南之利則天下因為全善之時而斯時尚屬未雨綢繆之日及今而不為為之而不力力之而不久通商必換約換約必要求要求而允則受制不允則敗約變患相仍積久愈甚倘非任斯任者有堅苦貞固之心以為任重道遠之計欲求其歷久不渝者難矣所願上下中外同力一心不以欵謗敗其志不以艱苦懈其行不以目前苟安忘其慮必求

人材有經久可用之人餉力有經久可用之餉所練之兵歷一年得一年之精進所製之器多一廠收一廠之事功日計不足歲計有餘匪惟制勝于當時實可永垂于異日則為我　國家鞏苞桑之基亦內外臣民所共繫雲霓之望者也

上李爵相書

郭嵩燾

二月初八日寄上第三信想塵鈞鑒此間政教風俗博大深厚似其氣象方日加新推求其立國本末其始君民爭政交相屠戮大亂數十百年至若爾日而後定初非有至德善教累積之久也百餘年來其官民相與講求國政白其君行之蒸蒸日臻於上理至今君主以賢明稱人心風俗進而益善計其富彊之業實始自乾隆以後火輪船創始乾隆初未甚以為利也至嘉慶六年始用以行海又因其法創為火輪車起自嘉慶十八年其後益講求電氣之學由吸鐵機器傳遞書信至道光十八年始設電報於其

國都漸推而遠同治四年乃達印度自道光二十年與中國搆兵火輪船遂至粵東同治四年再搆兵而電報徑由印度至上海矣其開創才數十年乘中國之衰敝七萬里一瞬而至然亦足見天地之氣機一發不可遏中國士大夫自怙其愚以求遏抑天地之機未有能勝者也來此數月實見火輪車之便利三四百里往返僅及半日其地士紳力以中國脩造火輪車相勸勉且謂英國富彊實基於此其始亦相與疑阻即以初抵倫敦蘇士阿摩登海口言之往來車運用馬二萬餘處防其生計也迨車路開通用馬乃至六七萬蓋以道途便利貿易日繁火輪車止出一

道相距數十里以下來就火輪車者用馬逾多也去冬道上海見格致書院藏一火輪車道圖由印度直通雲南一出臨安以東趨廣州一出楚雄以北趨四川以達漢口又由廣州循嶺以出湖南而會於漢口乃由南京至鎮江東出上海又東出寗波北出天津以達京師見之怪咋謂雲南甫通商即籌及火輪車路也及來倫敦得此圖知已出自十餘年前凡其蓄意之所至無不至也印度火輪車繞及阿薩密其道通中國分山南北兩道北道由阿薩密直抵依拉襪底河南道繞出緬甸折而東北以會於依拉襪底河而達蠻允大率雲南通商一二年後兩處鐵路所必興

脩者日本公使見語云天地自然之利西人能發出之彼爲其難吾爲其易豈宜更自坐廢中國土地之廣人民之衆各國所心羨也聞至今一無振作極爲可惜嵩燾赧然無以爲答前歲入都本意推求古今事宜辨其同異得失與西洋通商千餘年因鴉片煙之禁而搆難以次增加各海口内達長江其勢日逼其患日深宜究明其本末條具其所以致富彊之實而發明其用心而後中國所以自處與其所以處人者皆可以知其節要謀勒爲一書上之總署頒行天下學校以解士大夫之惑朝廷所以周旋遠人之心固自有其遠者大者當使臣民喻知之以爲此義明

即國家億世之長基可操券而定也道天津亦曾為中堂陳之及至京師折於喧囂之議論喋不得發竊謂中國人心有萬不可解者西洋為害之烈莫甚於鴉片煙英國士紳亦自恥其以害人者為搆釁中國之具也力謀所以禁絕之中國士大夫甘心陷溺恬不為悔數十年國家之恥耗竭財力毒害民生無一人引為疚心鐘表玩具家皆有之呢絨洋布之屬徧及窮荒僻壤江浙風俗至於舍國家錢幣而專行使洋錢且昂其價漠然無知其非者一聞修造鐵路電報痛心疾首羣起阻難至有以見洋人機器為公憤者曾劼剛以家諱乘坐南京小輪船至長沙官紳起

而大譁數年不息是甘心承人之害以使朘吾之脂膏而挾全力自塞其利源其愚不可瘳矣辦理洋務三十年疆吏全無知曉而以挾持朝廷曰公論朝廷亦因而奬飾之曰公論嗚呼天下之民氣鬱塞壅遏無能上達久矣一二鴟張無識之士大夫鼓動游民以求一逞官吏又從而導引之宋之弱民之亡皆此鴟張無識者爲之也今且下移於羣不逞之頑民無有能考覽史事體察民情以知其所以然者嵩燾楚人也生長愚頑之鄉又未一習商賈與洋人相近葢嘗讀書觀理歷考古今事變而得之於舉世譁笑之中求所以爲保邦制國之經以自立於不敝沛然言

之略無顧忌而始終一不相諒竄身七萬里之外未及兩月一參再參亦遂幡然自悔其初心不欲復爲陳論而見聞所及有不敢不陳之中堂者日本在英國學習技藝二百餘人各海口皆有之而在倫敦者九十人嵩燾所見二十人皆能英語昨見有長岡良芝助者故諸侯也自治一國今降爲世爵亦在此學習律法其戶部尚書恩婁葉歐摹至奉使講求經制出入謀畫仿效行之所立電報信局亦在倫敦學習有成即設局辦理而學兵法者甚少蓋兵者末也各種技藝皆立國之本也中堂方主兵故專意考求兵法愚見所及各省營制萬無可整頓之理募勇又非

能常也西洋此數十年中無憂搆兵直可以理勢决者考求倫敦募兵之法皆先使讀書通知兵法而後入選遣醫士相其血脈膽氣筋骨堅强而後教之跳躍次第盡鎗礮技藝之能事乃編入伍其根柢厚矣此豈中國所能行者一身之技無能及遠正慮殫千金以學屠龍技成無所用之嵩燾欲令李丹崖攜帶出洋之官學生改習相度煤鐵及鍊治諸法及興修鐵路及電學以求實用仍飭各省督撫多選少年才俊資其費用先至天津上海福建各機器局考求儀式通知語言文字而後遣赴外洋各就才質所近分途研習各機器局亦當添設教師二三人以待來者

但須一引其端庶冀人心之知所趨向也此間有斯諦文
森者年七十餘各國鐵路多所創造尤勤勤焉勸中國之
急為之謹將所擬節略上呈抑嵩燾之意以為事事須洋
人為之必不可常也當先使中國人通曉其法挨及國隸
阿非利加其修造鐵路先遣人赴英國鍊習而後依仿行
之此最可法伏乞鈞示以憑與李丹崖會商辦理竊以為
方今治國之要其應行者多端而莫急於仿照西法以立
富彊之基如此二者可以立國千年而不敝其為利之遠
且大者不具論也其淺而易見者有二利中國幅員逾萬
里郵傳遠者數十日乃達聲氣常苦隔絕二者行萬里猶

庭戶也驟有水旱盜賊朝發夕聞則無慮有姦民竊發稱亂者此一利也中國官民之勢懸隔太甚又益相與捍蔽朝廷耳目以便其私是以民氣常鬱結不得上達二者行富民皆得自效以供國家之用即羣懷踴躍之心而道路所經如人身血脈自然流通政治美惡無能自掩則無慮有貪吏遏抑民氣為姦利者此又一利也三代盛時不過曰吏效其職民輸其情而已其道固無以加此也論者徒謂洋人機器所至有害地方風水其說大謬脩造鐵路電報必於驛道皆平地面為之無所鑿毀至於機器開煤吸水以求深也煤質愈深愈佳中國開煤務旁通洋人開煤

務深入同一開採淺深一也有何防礙即以湖南地產言之鐵礦多在寶慶煤礦多在衡州而科名人物以此二郡為獨盛湘潭石潭產煤世家巨族多出其地湘鄉煤產無處無之功名爵禄尤稱極盛世人一闗之議論無與發其蒙者何不近據事實徵之中國百姓自為之而自利之無故羣起而阻難數十年後洋人所至逐漸興修其勢足以相制其利又足以啖姦豪滋事者役使之以為用吳淞鐵路買地為之竟無術可以阻遏則使權利一歸於洋人而中國無以自立傳曰天之生此民也使先知覺後知使先覺覺後覺也先知先覺之任必朝廷大臣為之是以政教

明則士大夫之議論自息亦在朝廷斷行之而已至於國家根本大計度今之時量今之力有難以一二舉行者而切要者數端無關根本大計而要為諸政之所從出不先務此雖有良法美意日起以圖功亦終歸於無濟一曰禁止鴉片煙原鴉片煙之禁實自雍正時其始供藥品而已賴政教修明官吏奉法民間無敢吸食者至道光中其氣始熾嵩燾少時尚未聞此於時物利豐阜家給人足百姓守法惟謹迨後鴉片煙之害興而世風日變水旱盜賊相承以起即今日洋禍之烈實始自禁鴉片煙而金田賊首亦因洋務散勇嘯聚山谷馴至大亂是此鴉片煙不獨

戕賊民生耗竭財力實亦為導亂之原洋人至今引為大咎中國反習而安之竊以為鴉片煙之害不除諸事一無可為而求其禁止之方有至簡而易行者其法在先官而後民先士子而後及於百姓一用勸導之術而以刑罰濟其窮其用罰亦惟動其廉恥之心而激使自立寬以二十年之期必可保其禁絶不至稍有貽患嵩燾前摺已詳言之無可易者此一事也一曰開墾江浙荒土初聞洋人惟務商賈之利於農田不甚經營也至是始知其不然其通商專務富民所税茶酒及煙數者而已餘皆無税歲計商賈贏餘而估其所獲之利約八十分取一略於中國之户

稅所得寶星及他表記沕之用器有稅畜犬以上有稅并加入常稅之内其歲入有常三百磅以下不稅國家經制所入一取之地稅其勤地力至矣往見陳文恭公巡撫陝西河南專意農事興水利溉田在湖南教民耕種諸法悉備可為知本計者江浙經亂後距今十二三年荒蕪之田未墾者仍多百姓憚於疏闢之勤而自惜其力州縣苦於奏銷之累而并没其名荒者聽其蕪萊墾者亦相為隱匿宜亦戶部所應經營督撫所應勸導者此又一事也一曰喀什噶爾之地宜割與雅谷刋氐羌數叛酒泉光武仍其君長賜以印綬吐谷渾從浩亹河部元振請即其所置之

邊要密邇義取羈縻無所顧惜至於漢建校尉唐置都護遠逾萬里近或數千降胡雜虜因叛襲封以為故事無足比論惟喀什噶爾之地逼近安集延其勢不能築葱嶺為長城以遮遏之浩罕諸部立國最久乘喀什噶爾之亂襲據其地猶懾中國之威而思託為附庸去歲威妥瑪代為之請嵩燾謂當俯順其心與為約誓令繳還各城但得一鎮守烏魯木齊之大臣信義威望足以相服可保百年無事若徒將兵力攻之曠日持久耗費無已幸而克捷而浩罕諸部近在肘腋搆兵縱掠終歲騷動殆未知所以善其後也夫經國者務籌久遠主兵者惟取進攻是以棄地之

議不能出之將帥也惟恃朝廷權衡緩急輕重秉成算以宣示機宜而後將帥之威伸而朝廷之恩乃深入遠人之心使之俯首而聽約束故以謂威妥瑪之代請實機會之不可失者此又一事也一曰伊犂一城宜與俄羅斯約以埀久遠英俄兩國勢足相敵而英人務拓地以興利俄人務襲土以開疆無端乘亂襲據伊犂此其志在掠地而已竊度新疆事定令俄人交付伊犂一城必尚多煩議論西洋公法無乘亂據人土地之例勢且要求兵費許以收贖而非有巨欵足厭其心知其必不能允也故莫如反其道而行之不責其減價而贖之我而責其準所贖價交易而

羈之彼如日本庫頁一荒島猶欲全據之必不肯輕易退還伊犁明矣與其含糊懸宕以生其戎心莫如明與定約畫疆分界可保數十年之安必不得已收回黑龍江以西地與之互易亦尚有名可據此又一事也一日停止各省釐捐嵩燾於釐捐籌餉知之甚明行之甚力湖南開辦釐捐實一力贊成之在粵東陳覆釐捐情形援古證今自謂能得其要領然凡為釐捐以籌餉也原非國家經制軍務告竣十餘年訖今不議停止則非事矣且法久則弊生各省本無急需相與視為閒欵不甚措意是以辦理日久收數日微驟有軍務籌畫餉糈踵事循章習為故常將吏無

可施力尤兩敝之道也前歲因滇案議停租界釐捐是專為洋人免釐何異毆魚而致之淵毆雀而納之叢不獨有失民商之心其　傷國體實甚意謂宜及時停免各省釐捐租界免釐一節自應删除竝與立約因事籌餉不在此例而如福建之茶浙江之絲及凡物産之在其地者應收土稅以備地方之用不與釐捐同免此皆可據理以求勝者舊時茶稅每箱八兩五口通商驟減至二兩五錢胄與赫總稅司言之渠意亦謂如此此各省自有之利尚可設法另議無並土稅不準完納之理中國自有之利操縱宜出之朝廷審於此事極有不安於心者此又一事也嵩燾

本奉使海外凡中外交涉事件稍有所見例得上聞懷欲陳之久矣徒念京師蒙被口語側身天地至無所容朝廷亦不能不採納人言加之賤簡又甫出洋屢見參案更不敢有所陳論自取愆尤獨念中堂為國重臣中外得失利病所關宜廑盛慮區區所陳準時度勢略舉其切要者措之而得行之又至簡而易非徒為高遠難行之言以自快其議論者往與寶相論今時洋務中堂能見其大丁禹生能致其精沈幼丹次之亦稍能盡其實其餘在位諸公竟無知者寶相笑謂嵩燾既精且大嵩燾答言豈惟不敢望精且大平生學問皆在虛處無致實之功其距幼丹尚遠

雖然考古證今知其大要由漢唐推之三代經國懷遠之略與今日所以異同損益之宜獨有以知其深竊以為南宋以來此義絶於天下者七百餘年此則區區所獨自信者也惟中堂採擇上陳推而行之所以裨國家必多矣

善後蒋鈔三

柔遠全書二十一

請設廣方言館疏 同治二年正月二十二日奏　李鴻章

竊臣前准總理衙門來咨遵議設立學習外國語言文字學館為同文館等因伏維中國與洋人交接必先通其志達其欲周知其虛實誠偽而後有稱物平施之效互市二十年來彼酋之習我語言文字者不少其尤者能讀我經史於 朝章憲典吏治民情言之歷歷而我官員紳士中絕少通習外國語言文字之人各國在滬均設立繙譯官一二員遇中外大臣會商之事皆憑外國繙譯官傳述亦難保無偏袒捏架情弊中國能通洋語者僅恃通事凡關局軍營交涉事務無非雇覓通事往來傳話而其人遂為

洋務之大害查上海通事一途獲利最厚於士農工商之外別成一業其人不外兩種一廣東寧波商夥子弟佻達游閒別無轉移執事之路者輒以學習通事為逋逃藪一英法等國設立義學招本地貧苦童稚與以衣食而教肄之市兜村豎來歷難知無不染洋涇習氣亦無不傳習彼教此兩種人者類皆資性蠢愚心術卑鄙貨利聲色之外不知其他且其僅通洋語者十之八九兼識洋字者十之一二所識洋字亦不過貨名價目與俚淺文理不特於彼中兵刑食貨張弛治忽之大瞢焉無知即遇有交涉事宜詞氣輕重緩急往往失其本旨惟知藉洋人勢力播弄挑

唆以遂其利欲蔑視官長欺壓平民無所忌憚即如會辦防堵一節間與通習漢語之大酋晤談尚不遠乎情理而瑣屑事件勢不能一一面商因而通事假手其間勾結洋兵為分肥之計誅求之無厭挑斥之無理支銷之無藝欺我聾瞽逞其簧鼓或遂以小嫌釀大釁洋務為　國家懷遠招携之要政乃以樞紐付若輩之手遂至彼已之不知情偽之莫辨操縱進退託不得其要領此非細故也京師同文館之設寔為良法行之既久必有正人君子奇尤異敏之士出乎其中然後盡得西人之要領而思所以駕馭之綏靖邊陲之原本寔在於此惟是洋人總匯之地以上

海廣東兩口為最種類較多書籍較富見聞較廣語言文字之粗者一教習已足其精者務在博采周咨集思廣益非求之上海廣東不可故行之他處猶一齊人傳之說也行之上海廣東更置之莊嶽之間之說也臣愚擬請仿照同文館之例於上海添設外國語言文字學館選近郡年十四歲以下資稟穎悟根器端靜之文童聘西人教習兼聘內地品學兼優之舉貢生員課以經史文藝學成之後送本省督撫考驗請作為該縣附學生准其應試其候補佐貳佐雜等官有年少聰慧願入館學習者呈明由同鄉官出具品行端方切結送局一體教習藉資照料學成後

亦酌給升途以示鼓勵均由海關監督督籌試辦隨時察覈具詳三五年後有此一種讀書明理之人精通番語凡通商督撫衙門及海關監察督應添設繙譯官承辦洋務即於學館中遴選承充庶關稅軍需可期核寔而無賴通事亦斂迹矣夫況通商綱領固在總理衙門而中外交涉事件則兩口轉多勢不能以八旗學生兼顧惟多途以取之隨地以求之則習其語言文字者必多人數既多人才斯出彼西人所擅長者推算之學格物之理制器尚象之法無不專精務實泐有成書經譯者十纔一二必能盡閱其未譯之書方可探賾索隱由粗顯而入精微我中華智巧

聰明豈出西人之下果有精熟西文轉相傳習一切輪船火器等巧技當可由漸通曉於中國自强之道似有裨助

通商大臣毋庸特設各疏 同治二年

兩江總督 曾國藩

竊臣於上年六月初六日奏改長江通商大臣一案經總理衙門議將駐扎處所及廉俸各款請 旨仍飭臣會同薛煥酌定具奏臣即遵與薛煥往返函商悉心籌畫統計通商大臣廉俸一項添設官屬書役等項每年約須銀四萬餘兩目前即無庸另建衙署而于長江各口租備行館雇用輪船所費亦已不貲數年後漸推漸廣勢必有增無減濱江四省中外交涉事件果能一一取決於專設之大臣誠不敢為 國家惜帑項惟事有粗論之而僅得其端俛細審之而始盡其曲折者薛煥奉到會議廉俸之 旨

又經專函與臣縷商具道長江通商使臣所以可裁之故
蓋有數端其大意以為自各國公使駐京一切裁決於總
理衙門凡各口洋務偶違條約有時可與力争則可就關
員結辦即臨以督撫而有餘有時爭之不服則動向公使
陳訴雖臨以大臣而無濟大臣巡歷各口督撫近駐本省
洋人性急弗耐守候不能不由本省就近辦理有時督撫
奏咨未及到京公使早已周知郵遞之遲不及輪船之速
況由大臣展轉覆咨更恐貽誤事機至華洋商民爭鬭搆
衅關涉刑名案件事隸地方有司尤不能不資督撫之力
庶飭辦易而呼應靈通商縱有專員在内仍不能免總理

衙門之煩瀆在外仍不能減各省督撫之責任虛縻一官
有名無實各等語剴切見商　臣　比致覆書深服其言之精當
然猶以蘇皖羣盜如毛疆　臣　專謀軍事深恐難兼洋務厥
後李鴻章奉命兼顧通商大臣數月以來秩然就理益信
華洋交涉之事均係畫一定必不可省之事是五口大臣固
屬可裁即長江大臣亦同虛設相應請　旨仍照薛煥原
奏裁撤通商大臣一缺歸併本省督撫及將軍經理以節
糜費　同治二年具奏

總理衙門　奕　訢

竊　臣　衙門准軍機處抄交同治九年九月十六日軍機大

臣面奉　諭旨毛昶熙奏敬陳管見一摺着該衙門議奏
欽此查原奏內稱天津在京師肘腋華洋雜處易滋事端
一有不靖所關匪細近來添設三口通商大臣駐紮其地
專辦洋務兼督海防立法至為周密惟中外交涉事件均
須地方官相助為理而鎮道府縣皆非所屬倘或各存意
見必須函商督　臣於數百里外緩不濟急至該處海防尤
關緊要向係會同直隸總督提督籌辦數年以來漸失本
意督提二臣以相去較遠遂諉為通商大臣專責而地方
文武員弁陰違陽奉呼靈(應)不靈查三口通商事務不及五
口之多而五口專歸兩江總督總辦十年以來著有成效

應請三口通商亦不專設大員所有洋務海防均宜責成直隷總督悉心經理並　特頒給　欽差大臣關防以昭信守其新鈔兩關税務紛繁可否添設海關道一員專司其事並管理尋常華洋交涉案件遇有疑難大事仍禀請督臣指示至三口通商衙署即可作為督臣行館由督臣酌量緩急有事則暫駐津郡無事則仍回省城各等語臣等伏查咸豐十年間欽奉　諭旨設立三口通商大臣專辦天津登州牛莊各海口事務維時大局初定洋關開辦伊始臣等因天津為畿輔屏蔽海疆咽喉奏明於天津通永等鎮抽撥兵丁習練洋鎗隊伍以備防剿緩急之用洋

務海防原係直隸總督應辦之事特以督臣遠駐省城彼時東豫各省匪踪未靖無暇兼顧津防是以設立三口大臣駐津會商督臣辦理並非直隸總督專辦地方三口大臣專辦通商也況近來民教相爭案件迭出全賴地方官多方撫馭先事預防本年津門之案雖屬變起倉猝如果該地方官同心協力相助為理不難弭患未萌何致釀成事端上煩　宵旰該尚書原奏內稱地方文武員弁陽奉陰違其庸懦者以予奪之權不屬既欲遂其因循延玩之私其巧滑者以督撫之勢不侔復潛用其觀望迎合之術寔為切中現時情弊是設官所以鎮撫地方而地方官派

特不能指臂相聯抑且坐觀成敗若不及早變計由本省
大吏督辦不惟無以靖嚴疆并恐無以弭邊釁與其分任
而事有偏廢何如專任而責有攸歸臣等公同商酌應如
該尚書所奏三口通商不必專設大員所有洋務海防均
責成直隸總督悉心經理並仿照南洋通商大臣之例頒
給　欽差大臣關防以昭信守並請將山東登萊青道所
管之東海關奉省奉錦道所管之牛莊關仍歸該大臣統
轄以免牽制而一事權至總督駐劄保定控制扼要津郡
係該督所轄原應兼顧惟海防緊要異常洋務變遷無定
一旦有事由地方官禀商請示每至坐失機宜自應參酌

移紮以便就近彈壓設有緩急呼應較為靈便如應該尚書原奏仿照兩江督臣兼辦河漕輯駐江北成案請旨飭下該督每年於海口春融開凍後移紮天津冬令封河後仍回省城天津遇有要件仍不必拘定封河回省之制原設三口大臣衙署即改為直隸總督行館至新鈔兩關稅務應否添設海關道一員專司其事之處應由督臣李鴻章酌議奏明辦理同治九年十月二十日奉旨議覆

李鴻章

目前最急者須先添設海關道一員查咸豐十年十二月間崇厚由長蘆鹽政改授三口通商大臣職分較卑按照

條約并無載明通商大臣與領事交涉儀式往來公文俱用照會平行迨崇厚洊升侍郎相沿已久碍難更改茲臣以總督兼辦又蒙特頒欽差大臣關防各國和約載有專條未便過事通融致褻國體而啟外人驕慢之漸且臣曾兼任南洋大臣五年舊例尚在未可前後易轍計惟添設海關道比照各口現辦章程責成道員與領事官稅務司等商辦一切隨時隨事稟臣裁奪其有應行知照事件臣即札飭關道轉行領事遵照至往來會晤儀節務皆斟酌適宜此等事理雖小動關體制不敢不慎又中外交涉案件洋人往往嬌强有關道承上接下開諭調停易得

轉圜不獨常洋兩稅須人專管也向來地方添設員缺多
就閒缺裁改各口關道並有兼轄地方之責查直省道缺
各當要地無可改併天津道承辦海運每年南漕百萬石
由該道陸續接運赴通煩難已極未能兼任洋務致有偏
廢相應請
旨准令添設津海關道一缺專管洋務及新
鈔兩關稅務凡華洋交涉案件責令該道督同府縣各官
認真妥辦并由直隸總督揀員請補俾可呼應得力如蒙
俞允請即勅部先行鑄給關防未盡事宜仍續行妥議
具奏九年十月二十六日具奏二十八日奉　旨

奏設上海製造局摺 同治三年

曾國藩
李鴻章

竊自同治初元臣軍到滬以來隨時購買外洋鎗礮設局鑄造開花礮彈以資攻勦甚為得力上年春間蒙總理各
國事務衙門函詢學製各種火器成效何如當即詳細具覆以短炸礮與各種炸彈均能製造其炸礮及洋火藥非得外國全副機器不能如法試造現亦設法購求以期一體學製至於各國運用之妙與洋人之貴重此器暨日本視中國之強弱以為向背各情形亦推闡陳明經總理衙門抄函恭呈
御覽並以臣函中所言慮患防微與該衙門所籌適相符

合宜趁南省軍威大振洋人樂於見長之時將外洋各種
機器實力購求期得盡窺其中之妙有事可以禦侮無事
可以示威等語於同治三年四月二十八日奏蒙
諭旨飭由火器營派撥護軍參領薩勒哈春等官兵四十
八員名到蘇經臣酌派在丁日昌韓殿甲及洋人馬格里
等三局分習製造專摺覆奏在案查製造船礮軍火各種
機器有通用者有專用者若買製齊全須數十萬金僱覓
中外匠工採購外洋銅鐵木炭等料亦需費不貲臣處所
設西洋礮局其機器僅值萬餘金不全之器尚多祇可量
力陸續添購以求進益前因曾國藩派人赴英美各國採

訪該處船廠機器實價臣並議及此物若託洋商回國代購路遠價重既無把握若請派弁兵徑赴外國機器廠購求學習其功効遲速與利弊輕重尤非一言可決不若在就近海口訪有洋人出售鐵廠機器確實查核議價定買可以立時興造進退之權既得自操尺寸之功均獲實濟擬飭海關道丁日昌在滬訪購如製器之器已可購得若干仍應添補若干或宜另擇安口試辦容通盤籌議略有端倪方可入

告以上各情均經節次函商總理衙門一面飭訪購辦此臣處前議辦鐵廠機器之原委也又去年十二月初九日

欽奉
寄諭昨據御史陳廷經奏緣營水師廢弛請飭整頓營伍
製造軍火一摺著曾國藩李鴻章會同水師奏明辦理原
摺抄給閱看等因欽此遵查原奏所議軍火一節大意以
夷情叵測恃有戰艦機器之精利逞其貪縱賊彼機巧之
器非不可以購求學習以成中國之長技請於廣東等處
海口設局行取西洋工匠置造船礮以期有備無患等語
雖語焉未詳未得要領而大致與總理衙門暨臣等所籌
議不謀而合曾國藩平時亦持此論自應遵
旨商酌辦理茲據丁日昌稟稱上海虹口地方有洋人機

器鉄厰一座能修造大小輪船及開花礮洋鎗各件實為洋涇浜外國厰中機器之最大者前曾問價該洋商索值在十萬洋以外是以未經議妥茲有海關道事唐國華歷外國多年熟習洋匠本年因案革究贖罪情急與同案已革之扞手張燦秦吉等願共集資四萬購成此座鐵厰以贖前愆厰内一切機器俱精所有匠目照舊發價任憑遷移調度其餘厰中必需之物如銅鐵木料等件另值銀二萬兩由該關道籌借欵項給發採買以資興造先行請示前來當查唐國華一案既情有可原報效軍需贖罪亦有成案可援此項外國鐵厰機器覓購甚難機會尤不可失

批飭速行定議稟候分別具奏並飭該廠一經收買即改為江南製造總局正名辦理以絕洋人覬覦其丁日昌及韓殿甲舊有兩局即併總局一切事宜責成該關道丁日昌督察籌畫會同總兵韓殿甲暨素習算造之分發補用同知馮焌光候選知縣王德均熟諳洋軍火之候選直隸州知州沈保靖一同到局經理所有出入用款收發器具稽查工匠分派委員數人各司其事分飭遵照去後旋據丁日昌等查造該廠機器物料件數清冊擬具開辦章程約有數端一核計局用房租薪水及中外匠工等有定之款月需銀四千五六百兩其添購物料多寡不能預定大

約每月總在一萬兩以上一查原厰所用之洋匠計留八人其匠目科而一名技藝甚屬精到所有輪船鎗礮機器俱能如法製造現擬於華匠中留心物色督令操習如有技藝與洋人等者即給以洋人工食再能精通則拔為匠目以示鼓勵一現造洋鎗器俱尚未全備已令匠目趕製全副約大小四十餘件數月可以成功如式仿製即省功力惟已製洋鎗必需銅帽又必需洋藥皆係相因而至之物不容偏廢但開製藥機器工料尤為繁重容再設法購求俾可推行盡利一查鐵厰向以修造大小輪船為長技此事體大物博毫厘千里未易絜長較短目前尚未輕議

興辦如有餘力試造一二以考驗工匠之技藝其鑄全織布挖河犁田諸器雖可仿製但其法式同中有異觸類引伸尚須考究尤當權其輕重緩急庶不致凌躐無序一前奉議飭以天津拱衛京畿宜就廠中機器仿造一分以備運津俾京營員弁等就近學習以固根本現擬督飭匠目隨時仿製一面由外購來添補但器物繁重非窮年累月不能成就尚須寬以時日庶免潦草塞責一查本廠現在虹口每年房租價銀六七千兩實為過費兼之洋涇浜習俗紛華遊藝者易於失志廠中工匠繁多時有與洋人口角生事均不相宜應請擇地移局其他所議如機器宜擇

人指授工匠不令隨意去留費用宜實報實銷賞罰宜明定章程以上各條均屬切實臣查此項鐵廠所有係製器之器無論何種機器逐漸依法仿製即用以製造何種之物生生不窮事事可通目前未能兼及仍以鑄造鎗礮籍充軍用為主月需經費臣隨時於軍需項下通融籌撥如將來各種軍器仿照洋式造成取攜甚便即可省購買洋軍火之費上海虹口地方設局於久遠之計殊不相宜稍緩當籌款另建房屋移至金陵沿江偏僻處所以便就近督察曾國藩採辦西洋機器俟到滬後應歸併臣處措置至前次派在丁日昌韓殿甲兩局之護軍校達嚨阿等四

員京營兵二十名已飭入廠學習其儘先參領薄勒哈春
副參領崇喜等所帶弁兵本在蘇州西洋砲局該局機器
與上海鐵廠亦自同源仍可互相觀摩惟此事形下不能
形上與規矩不能與巧將來各弁兵所得之淺深恐難以
一例繩也機器製造一事為今日禦侮之資自強之本總
理衙門原奏言之甚詳已在
聖明洞鑒之中抑臣又有所陳者洋機器與耕織刷印陶
植諸器皆能製造有裨民生日用原不專為軍火而設妙
在借水火之力以省人物之勞費仍不外乎機括之牽引
輪齒之相推相壓一動而全體俱動其形象固顯然可見

其理與法亦確然可解惟其先華洋隔絕雖中土機巧之士莫由鑿空而談逮其久風氣漸開凡人心智慧之同且將自發其覆臣料數十年後中國富農大賈必有仿照洋機器製作以自求利益者官法無從爲之區處不過銅鐵火器之類仍照向例設禁其善造鎗砲在官人役當隨時設法羈縻耳天下至奇至異之事究必本於平常之理如或不然則推之必不能遠行之亦不能久陳廷經原奏以中國修造鐘表推之於機器雖有精粗大小之别可謂談言微中中國文物制度迥異外洋獉狉之俗所以郅治保邦固丕基於勿壞者固自有在必謂轉危爲安轉弱爲強

之道全由於仿習機器臣亦不存此方隅之見顧經國之略有全體有偏端有本有末如病方亟不得不治標非謂培補修養之方即在是也如水大至不得不繕防非謂濬川澮經田疇之策可弗講也事無鉅細樂成固難而圖始尤不易自來建一議興一利勞臣志士纏綿而經營之及乎習之既久相安於無事或幾不察其所自來而追溯創議之初於此中難易得失之數幾經審慎曷敢鹵莽而一試哉臣於軍火機器注意數年督飭丁日昌留心訪求又數月令辦成此座鐵廠當盡心力所能及者而為之日省月試不決效於旦夕增高繼長尤有望於方來庶幾取外

人之長技以成中國之長技不致見絀於相形斯可有備
而無患此則臣區區愚誠之所覬幸者也

新議論略照會

同治五年二月　英國使臣阿禮國

為照會事照得本大臣進京三月有餘備文瀆問甚少蓋奉我國欽差大任甚重先宜將已結未結各等案件詳覽清查方可隨時陳論諒貴親王亦以為然故已將本館所存案件全行閱畢而所有尋常各案雖皆明悉尚有內外相關最要之端從前雖在貴國十六年未能盡諳亦不能僅見存案便悉必須詢問方知其詳因思已未年間雜華兩國來往儀節尚未盡備我大君主深欲和議商務永保其全日見增益本大臣仰體君心凡有關於敦誼和睦之事必須詳細查核斟酌當理更思外交增減全在內地禍

亂能否速平是為至要之務因此令叅贊大臣威卽將中華目今大勢以及百官相待外國情形借用外國新樣各等節備具略論一紙以期本大臣庶可得知其實茲該大臣遵行繕具前來閱覽之下深悉論內所陳情理貴親王可以詳查實與大局良為有益當令該大臣赴署面交列位大臣轉達因查威大臣署理本國事務已及年半外在中華許久所有內地語言文義以及人情稍為通曉想貴親王亦所深知更可知其凡於中華官民各事無論取益防損無不盡心關切茲將內治外交危險之處言明其危何在不能不指其由則不能不切切直直言之是以本大

臣似可毋庸備文照會不如委曲以達務望貴親王鑒大臣此婉轉之心尚不將要論一紙輕置為幸也為此照會須至照會者

新議論略説帖

英國使臣威妥瑪

今日奉阿大臣派弟前來親將論略一件呈覽弟有兩節奉懇諸位大臣原諒一在文理内有轉折自與貴國不同此次所具此篇過長其次序本末難免有欠圓到之處且因外國理論與貴國亦殊迴異不免中有欠順之詞一則事體蓋思凡人處事稍欠妥協雖有本人好意相勸中心未免不愜惟是旁觀有危必須切直而陳方盡友誼之分

遵備畧論所議各節數年共事以來大半無非瀆告今奉
阿大臣詢及貴國目今大勢以及將來如何不能不為切
直言之其所以更應直言者實因目前時勢尤危非謂毫
無起色但較前稍為進步而據弟所聞各國每有緩不濟
急之言此言日見其多而體諒之心似覺減少我阿大臣
深以本國相待貴國無非敦篤友誼之義惟思本國商民
在華日久或難保護抑或偶因别故勢迫自行設法完局
諸國亦必相從他國先至於此本國亦難獨違我阿大臣
洞悉其理指明中華免危之計惟在借法自强故令弟備
此以聞尤因中外諸務較之從前頗為膠膝之至内或受

劃斷處另一行寫

危外亦不免其害然則此次所陳雖由中華現時不佳而起而中華所有諸病亦為我國嗣後受害之漸為此不能不為直陳敢祈原諒大英國欽差阿詢及中華目今大勢欲知嗣後和好保其長久咸叅贊總以憑中國能否內願改政外篤友誼遵行特陳大略一竊以現在所有承辦中外各國事務不分華外各大臣欲知將來有無常能盡誼只得設為問答方見其實試問中華日後能否保其自主此言無所不包甚願中國永能防侵害觀其時勢免代慮之深　一中華內患甚深外交或未至失和大概亦皆冷淡而立約各大邦來華各有難棄之要務天下之亂屢年

不止各國想敦誼不願干預而大亂未已早晚誠恐易致攙越況因交結鄰邦多有堅執閉絕有瀆各國體制何能遂其睦好之心且內地治理尚執定見不肯借取新法平治內亂保其外局現不受損日後更增所有應得之利實致中國原有不願干預之心因此見減少　一所云內患甚深歷年有之不必遠觀自道光二十五年以來邸報所傳　上諭摺奏等件覽畢可知目今直省之中若云全省無賊實不易言蓋賊皆會匪入會實意不過搶掠旗號所書均欲立國為君即如雲南滋亂之極甚至有無官員皆不可知新疆回民到處變亂更至奉天原係國初根本其

處民人命產竟難相保　一如此大患推問何由曾讀
上諭摺奏其故有二一則水旱之災民受窮困强壯者搶
掠為生軟弱者無力抗拒因亦從其為賊皆係天意人難
預防一則各省官吏或有失義或係無才事先不能防備
事後不能辦治此係人事據見邸報尚屬人多天少　一
至於軍務捕務更閱邸報可知軍務缺兵捕務乏役俱由
原額錢糧甚少日所支者尚不足原額之數至於錢糧一
節則地丁糧米鹽稅脫欠甚多總之所有入國大宗無非
缺欠外省因缺銀糧只得設法權計亦不過暫顧目前即
如內地運貨釐金收稅內外商局均受其捐尤因隨時隨

事開局征稅不能不設官該員俸祿有名無實何能保所征皆歸官庫就是所征皆歸官庫則時事未平易得藉故支用果有不歸花費即屬虛糜　一天下豈無能治之人可謂不乏賊已漸平惟海邊內地尚有數處或云總有通商各口幸有外國保守因此而得外國人日閱京報確知中國大臣實有認真出力者有為中國忘身者其得立功效甚足嘉尚然而中國欲憑一處偶見之功即將天下大局挽回決乎不能何則此等良臣不能處處皆是而且不能久任地方常往別處調用而有人補其缺未必盡一樣出力認真天下大患甚重決不能恃一二處良臣盡力

遂遍除全患果能天下太平總不能按成例舊法得益要在早為圖之吏治官役不分文武皆求其實務使糧餉充足而中國可足餉之要有二焉一則自取本國之材務期濟困一則速與各國篤結友誼　一似此新法辦理古來從無此道是以中華各官不甚樂為外國未明其理蓋查華儒最重之書內載窮則變變則通通則久竊思果能按此而行不數年生民即可甦困無如官吏紳士論及變通二字只以變回舊法方保國政必能久通亦非無故因見世間歷代興衰多有變亂多年難於治平亂極甚有無主之時各有彼此攻打百姓皆疲終有英雄出世有力平亂

黎民以為奉天甘心相服伊既開國為治悉遵往古之法初時敷妥漸次滋生事變依舊不治是與時與古相同衰時亦與古一樣此中華史鑑累朝世世有之士人見此興廢視為轉輪之常自問其後必仿古而知惟目令欲思良法只鑑古而行若然則為悞會之至蓋內政外交兩節令已互結不能分論此與古不同之要處也　一天下各國分論東西東國之間中國尊榮自古以來四面鄰邦無非向化間或不畏兵威亦無不共服其教三千餘年皆是如此其間東西諸國有並未來華有偶然一來如令泰西諸國或與官悉往來或與百姓通商其國若論智略不亞中

華若論兵力似覺稍勝各國在華各有要務不能棄置係
中國立約許為相保如果肯保深悉力有可及所謂中外
互結一也歷代史鑑實無比照之處則天下大亂終或不
能平治欲問後來結局自難酌古準今仍照前言往古興
衰常理蓋中華果至終衰之時諸國各有要務見必受險
難免干預保全一國干預諸國從之試問將來中華天下
仍一統自主抑或不免各屬諸邦此不待言而可知　一
茲論終衰之勢或問何用此言此史鑑所載歷代治亂曾
問士人皆以　國朝遠勝前代自壬子年南省會匪滋起
動稱義兵欲將江山恢復漢人而十二載以來除甘為賊

匪以及慫賊從附其外體面富庶問曾有乎卽有亦甚少也觀此天下賢智百姓至今未有異心若謂終衰可計今非其時賊匪斷難遽能成事而內地日久未平百官仍執已見不肯外借新法則賊患難平至於終衰而中國尚因別故亦難防其移權之厄此別故者各國大局係中國一日不能保全各國一日難免代其承保而使外國代承其責實免外國代為作主此中國失權危險之處曾已提及不能不為再論　一若中國好古惡新者內有每稱各國新為設法代謀其名雖似相助其實無非私利意欲後可占地自立而細看此數年來各國相處情形可以信其必

無是理溯道光己亥年英國失和三年未絕方能罷兵定約時除香港一處本係民稀地荒小島此外有聞英國索要何地又至庚申英法兩國帶兵北來兵勢正盛何難逞其欲奮之心乃北上未定大局而止英法之兵尚代擊退金陵之賊後增條約一得在京畫押兩國全軍立即往南退去旋據續約所載抵項未完尚須留兵防守數處而未結未收各國先行調回又以換約以來五年之間條約以内屢有未盡之處各國雖屬經分辯而通商各口一帶皆為合軍協同剿辦有人謂助剿亦為我國商民之利益乎此語非虛亦可見并無占地之心如有其心尚肯助官擊

賊乎　一英法兩國如此協同總非有心侵占不言可知而好古惡新者甚疑新法包藏惡意試問催中國另取新法催之吏甚者係何國大臣多英法兩國大臣也蓋其設疑者實不知各國代謀諸事不惟於中國無損反於中國有益雖謂於中國有益實於中國更有大益何則中國果能聽議各國民人進華固能取益而中國一取其策定保其富平富平一保自主之權亦能永保不移更有所議者絕無外國之利容為續議　一中華全益者即如命大臣駐各國京都一節英國瀆告非止一次或問外國有何裨益實無其益若問中國有何益處益實多焉蓋各國原命

大臣進華駐京其意云何無論英國他國實處在外每起辦論無法可以了結誠恐易生兵衅五年以來屢有各國雖陳不合之件若如從前無代國大臣駐京易致生事幸因有此得免此於友誼大局彼此均為有益惟遇設有何國大臣所定中國之意不同中國既無大臣駐伊國只由伊大臣自向本國辦駁何人在彼能代設辦然則中國肯命大臣駐外國比外國駐華大臣更為有益此中國全益與外國無益係外國大臣代議特設能駁本員之良法尚有人疑外國代謀必藏惡意觀此可知其言之誤矣　一此議既為中華之益而中國不肯行外國論及非以各國

大臣駐京不便暫時通融辦理慢圖退去則無以知其不為之心此節姑不論而命員在外國又有益處中國尚未見及固無足怪但不如聽勸而行況際天下大亂之時須行更甚蓋泰西各國素以相命大臣為盡往來之理以同禮者聯為局中不同禮者視為局外中原果願一體互命其益有二如今中國獨立不與鄰邦相交各國未免心寒能與相通度可易虛為熟各國有關切之心斯其無故之漸較易防堵抑或適與何國因事較論中華果為有理其餘各國必同用力相助用言解勸

一此乃外設代國大臣之議可見係中國全益其餘新法各事外國雖受其益

中華受益尤多如各省開設鐵道飛線及開采五金煤礦
操練水陸各軍國用不足約請借貸醫學各項設館教習
以上各新法中華如定意試行各國聞之無不忻悅益固
多焉一則中華試辦其初須約外國相帮迨熟習方能辭
去卽如海關税務司自設以來内外既免生事税銀亦見
其增此係管理通商各官無不知而税務司數員雖皆請
外國人在請辦各員管理税務其權是否皆在中國外國
無一肯駁更俟將來中華能悉外國語言規矩至辭去外
國各員自理税務中華具此材能外國無不欣美之極而
設税務司一舉原係外國代議中華成例向有此條此則

外國代謀變通之法未必於中國有損轉為有益至各國又有忻悅之故一則前項新法商局大受其益二則内地從此容易治平外國人來往通商易得保全各國亦可無慮其忻悅者此也惟思新法中華取用外國得利而内地之亂可望太平國帑之虛可以充實此均中華倍得利更有得利者在保全自主之權蓋各省既平洋商可保無危用項既足兵力可以自强由此庶幾可防外國干預代為致力之損此免移權之計其最要者此其一也　一論中國自主之要一則借法興利除弊以期内地復平若論其二立宜設法更求外國和睦如果不能立命代國大臣往

來駐紮亦宜設法使其免疑見輕前所言外交冷淡此乃
實言總理各國事務衙門一處恭親王暨列位大臣與代
國各大臣往來皆係以禮相待並無絲毫不用此屬至善
而內外相交餘禮不分京外尚覺美不如斯即如泰西各
國京都代國大臣前來駐京每得入朝秉政各官無不相
接來中華京師大不相同實緣中國向來之禮從不願與
外國交易閉門不納外省尤甚各處官士不明發其意皆
暗存是心外國官民無不留意於中念中外各國三十年
來數次失和細查其故總因中華有來無往蓋士人素言
各國技藝材能雖有所長總不如中華禮義學問之盛又

言中華天子尊崇最上諸國之君果欲相交尚以不能平行欲問衅起之原實由此也而外國理論官士時露不佳之心實由此故而致何以免抱怨之漸惜中華官士論及外國事務大略分為二端一則有如前言變通二字只以變回舊法因查史鑑所載周王修內攘外但復此策即可太平天下一平嗣將遠人一齊逐出一則或云變通亦不可少必先變通而後能安定俟安定後再將遠人驅去如此前後兩論一問何以不用新法因是新法而已一問何以不留遠人因是遠人而已其論或欲專主舊法或欲稍取新議於大局毫無利益而見言色反於中國有損蓋天

下大亂日久起色甚少各國因其屬民有所思慮明知中華不求新法大亂難平而中華總不自取亦不肯聽人代謀為此更有所慮況見各處官士皆有外視之心尤增易致氣惱之情　一總之近聞各國官民分論中華自今及後之事條約所載優待之處凡我官民未能無得失無論於我國體商局兩端中華皆有未盡或問通商各節何以不能盡守條約每答以內外未平官民未足惜力真有未足通商各口近見防賊非畏外國之民即用外國兵力打退甚至每有賊來之處但有外國人居住本地官民即可無慮然雖如此而百官仍以各國不能平行衆士原有作

官之基亦皆共熟此理外國代籌預防雖是而卒不肯從屢見外國無非相助之意中國猶疑為敵之心雖自無力尚輕視外國外國以信代謀如何定亂總不肯聽力雖疲極尚望天下自行挽回反將外夷逐出何況匪類原係華民實因吏治不佳生變試問助官原期保民官既待民未周助之何為故此我各國無用待其自撤果其不能速於自撤則代其立意設法反欲將我驅出究屬何意迨至此等時勢我國尚須自來保護如何即刻先防其失將內地治理廣取財利不但我民取利有裨即華民亦受平亂之益若論華民改為外民何謂取益實因既受苦累之極或

問外國如此措置必致損財實因不難補償此等外論初
亦有之近來稍見其多矣　一外國如此議論非不知歷
代隆風蓋知中華早以聖教文化迥出東方諸國之上是
以東西各國無不欣慕尊榮惟念時世之艱世世有之而
史鑑所載中國最為尊重之規亂機將至未見能預防變
亂屢次相生亦未見能覩前失以圖後來防備中華之患
如一年之中四季循環考其興衰始終皆成一律直至前
明均不能謂後代比前代顯有隆污又有人云堯舜之時
為最外國人考內外不同之事惟以此件為獨竒蓋查進
華之約英法俄美各國以其五百年與千年以前相比五

百年景況較前為强以目今與五百年相比則目前較五百年前愈强又念自古以來四海之內無論何國如不欲洽比其鄰盡心勇進齊驅未聞不為鄰邦所併試問中華豈令隣國仍是匈奴西番乎英國早得緬甸一分法國亦得安南俄國分在西路朝鮮之外或問三國皆有必占內地之心乎此姑無深論要在英國已有緬甸離雲南不遠法國已有安南離廣西不遠俄國不必再論前項二處與中華連界一萬餘里可慮者不在外國有無侵占之心而在各處有易侵占之勢設若中國復間續增條約立定五年以來三國所辦事件中豈能盡情盡理乎而三國之待

中國惟恐或有不周中國之待三國亦有不同之處若論如此內外卽應互相體諒而內外之力均平此言可用惜力不平則此理恐難常保强國不卽力求伸屈彼卽自為體諒至今並無求伸之舉固因友誼皆知中國現在大亂尚以諸國向以一國不肯輕動則各國均不輕動惟思各國旣已負屈各國又有難棄之事尤以果有舉動則諸國莫不敢益念此更思各國正强倘遇一時或有不洽之處無論關乎體制抑他故忽見某國若非搆兵亦必用言挾制所有前問新議中華向不自取某國勉强代為豈非碍於中國體制設或代為之時外國之人用中國之財將中

國置之不問猶得謂之自主乎即謂暫存之像亦恐難保其常蓋因一起代為之端何有限制此實目前之危若問易危為安只有一言中國果有立意速借新法之實形則各國一聞必皆盡力相扶倘疑中華如此嗣後有謀國察機僞圖其利則有碍於中國不必疑也各國皆有應圖之利必不令一國專取可知此中轉有保中國得以自主於其中　一總之此次所陳重在不思變通仍復舊法而執此成見非謂總理各國事務衙門中所陳者實因其餘百官不知外國事務係屬何事更不知與外國相交較諸事尤為扼要因此凡有外國新議皆以為不然竊思目前景

況內地隨處日有新機無論百官願否更改而為事甚迫似難不欲前進亦確不禁必進之勢也要在勇往方免牽制直言之嗣後中國不久必須擇定兩節之一自招外國人協同去弊興利可以永保自主之權或以仍舊懷疑杜絕外國則外國亦以疑心相待中華言動或有細故以致準情相復必於全體無失之道關係匪淺簡言其理從則可以興而復强否則必致衰而不振

局外旁觀論

中國總稅務司赫德英國人

一矮人立於長人肩上所見必遠於長人廬山真面目惟在山水外者得見其全旁觀敢抒所見亦然或效一得之愚

一論事必察真實始能扼要以虛為實所論浮誇以實為虛所見無確況事情之與日變通勸行之道貴因乎時惟望當局者采聽焉

立論貴乎實所論中華自有紀載以來歷數千年莫古於中國而自四海各國觀之莫弱於中國事之真也自古不通於外國近數十年年各國漸漸與中國往來若欲閉關拒絕原所不易情之變也不此之計而所謂立言施行者果何所主哉

一論中華情事

者一日內情一日外情也今日之外情係由前日之內情所致而日後內情亦必由外情所變　一內情局外難言旁聽者只可轉傳如律例本極允當而用法多屬因循制度本極精詳而日久盡為虛器外省臣工不能久於其任以致盡職者少營私者多寄耳目於非人而舉動未當供貪婪於戚友而民怨弗聞在京大小臣工名望公正者若於管轄甚多分內職分反無講求之暇部員任胥吏操權以費之有無定准駁使外官清廉者必被駁飭如是而欲民生安業豈可得耶各省籌畫款項動逾萬萬而兵丁欠餉竟致累月經年兵勇之數稱千百萬按名排點實屬老

弱愚蠢充數而已平日挑擡營生未經訓練一旦令其戰陣實驅市人而使鬬以刀矛為末耜駐防人等平時拉弓舉石只講架式股肱怠惰只得養鳥消遣賊至未決一死戰而全家自盡請卹矣對敵之時賊退始皆前進賊如不退兵必先退帶兵官且以勝仗具報矣乃殺一二平民或由賊去而遇未剃髮之村農且以斬馘髮逆無算入告邀功矣通經原為致用而今之士人書籍非不熟讀詩文非不清通使之出仕而於人所應曉之事問之輙不能答一旦身居民上安能剔弊釐奸定制為上下所遵守如居官者迴避本省一條係為防弊而設然人品豈無正直原籍

情形既熟言語皆通名望所孚乃格於成例而使官別省
俸滿即行升調於地方公事未深究胥吏反得久踞衙署
以售其奸年滿更換之說盡屬虛語此例所欲禁弊即由
此例而生禁止邪教原為崇正乃各省以神靈顯佑奏請
匾額者屢屢各省撥款造催而民言剝皮及至大小所需
飭令捐備例不准銷是令舞弊也法本善而反惡種種非
是以致萬國之内最馴順之百姓竟致處處不服變亂吁
事不以實而徒飾虛文可乎　一旁觀者論内情文武各
事之行盡屬子虛執法者惟利是視理財者自便身家在
上者即有所見亦如無見遠情不能上達上令不能遠行

以上各情局外常論中國以此懦弱若不振有窺伺之意即內與外往來者連聞其說難保無藐上不服作亂之害所言今日之外情由昔日之內情所致何也中華土產本為外國所缺外國各貨內地可銷由此有通商之舉其勢日密居官者初視洋人以夷待之如狗人來日多身物無可倚恃必須定章方有可憑是以道光年間始動干戈嗣有條約均以日後必要為善惟條約所允地方常有違背令洋人疑懷上司不知所致而上憲不悟無奈復動干戈得有隨時赴京明文方息迨後因可赴京以為更妥乃大臣初次北上仍以夷相待違約阻止復致興兵在京換約

派常駐之大臣致有庚申年之事似此文事皆由智淺而欲輕人力弱而欲服人現在某事當行某事不當行已有條約可憑一經背約卽有問故之患所言外患由內召此也茲仍貿貿而行必啟外多進一步之衅　一外情係內情所致而外情何也前數十年中國與外國並無往來亦無所謂章程且中國或不知外洋有如許國現在議定條約有十國之多駐京有外國所派大臣新設有衙門專辦各國事務且數年前幾次有事可見外國所請以力可得通商條約非中國本意係由外國而定外國定約係因保全來往之故各國來往之故不同為通商有三大國而定

約之要又有三曰邉界曰傳教曰貿易而其國為俄法英也至邉界一節俄國與中國有萬里之相連畫界辦交涉事件非有定章不可是以俄國往來較列國為早現在定約邉界已與昔年不同至傳教一節奉天主教及耶穌教者以此為正以別教為邪傳教者皆謂盡此之本分而使益於彼傳耶穌教者非止一國之人且小有不同皆係民間捐資令往各處傳教以為善舉與國家無涉傳天主教者不同各國之人皆有然教內有教皇統轄各處傳教之人與各國君為平等而各國以天主為教之國皆當為之護法奉此為國教而法國為首通商各條約內皆有准傳

教並保護奉教章程奉教者交接周密無處不聽傳教之
言傳教者無不奉教皇之命傳教內有故奉教各國必來
調理即如法國因廣西有害死傳教之事致派兵直抵京
門至貿易一件各國雖有分而英國為首論貿易之事不
過以貨納何稅何處作口岸何處准居住等語為要有章
程可憑各國皆有着落若一違章均與各國有關不得輕
視以上三節既定有條約必應於邊界循照舊章必應准
傳教而保護奉教必應於貿易遵守各章此數言係保外
情　一外情如此照辦與否於內情有何關係　一民間
立有合同即國中立有條約民間如違背合同可以告官

准理國中背條約在萬國公法准至用兵敗者必認舊約賠補兵費均外加保方止中國初次與外國定約並未以條約為重不過聊作退敵之策至今萬衆之内或有一二人知有條約然未識條約之重未知違約之害　一照約辦理内情如何曰民化而國興外國所有之方便民均可學而得中國原有之好處可留而遵外國之方便者不一而足如水陸舟車工巧器具寄信電機銀錢式樣軍火兵法等均極精妙國民與沾其益願學者皆能學故曰民化中外來往日多而敦好外無多事之擾内有學得之益故曰國興　一不照辦如何照辦則年比年相識日比日相

親民化而國興若違章大不同乃有動兵之舉國亂之災旁觀皆言違約者或因不肯照約或因不能照約若因不肯必至有出而勉強者若因不能必至有起而代行者前次動兵可見泰西最小之國尚有必得之力或者邊界有事俄國何難佔地若教内有故致由外進兵奉教者何難相助若貿易有阻止而英國進兵各國必從一經動兵外國有得無失是以當留心而免之常聞外論中國官民可以利動勢處極弱而不守信若再有動兵之事成敗得失不待智者而决是以或有應辦或有請辦不如早辦不致日後為人所勉強也　一内情壞至此外國險至此内事

旁觀者自不敢多勸已有章程旁觀者祇可指出内外必欲辦之事　一内所應行其難辦首在無財然無財非因民間真無財亦非因理財所得之少惟官之下取於民者多而上輸於國者少民力亦肯多輸難在無財是以各項錢糧均應整頓即如鹽課地丁稅餉之項各項應派明幹大員將各處情形細查從新定日後之辦法其地丁一項本係甚輕無人耕地自無地糧既耕地糧本輕或可照土產貴賤分别征多征少浮耗當去而正供自增其鹽課一項無私鹽之處甚少而辦鹽之員未嘗無財其稅餉一層沿海各口内地各關均有飽私囊而漏公項之弊以上三

項若認真整頓日後所得之銀可敷國家之用錢糧之外應派大員查察如舊例之應變通删改者不致於日後應辦之事有窒碍財既得而例無碍文武各事不難更正文之要惟各官俸祿各等官員應予以足敷用度定數不致再外設法得錢廾官加俸查明署內應用人若干并開銷經費官署各人雖數不少向係均得度日之銀左右之民均言被勒其民不服並非因被勒之多因無定時無定數而係私取若因國家用度新定民間應納各項銀兩必無不服所交之銀并無格外為難反或較少仍足各官重祿各署定費若此意向外任詢問如何均不願必答不行茲

法實益國政豈有外不遵內而必以內聽外之理武之要在兵精不在兵多兵法兵數兵餉均有應改各省若有兵五千人常留營操練不准出外謀生十八省不過九萬之多此時百萬不得力而省京都只養一萬之數此費可於洋稅扣滿四成之數支銷再文武應准本省居官為官係明理之人在本省熟悉風俗語言署內有舞弊較外省來人更易查出其餘一切事宜日後可設法隨時整頓必致國安民富　一凡有外國可教之善法應學應辦卽如鑄銀鑄錢以便民用做輪車以利行人造輪船以便涉險置電氣以通信外國之好法不止四條然旁觀勸行之意不

在此係在外國日後必請之事　一
大皇帝召見各國駐京大臣若不允見雖不便遽至失好恐必藉他端而生事不如先告以可見　一命大臣駐劄外國於中國有大益處在京所駐之大臣若請辦有理之事中國自應照辦若請辦無理之事中國若無大臣駐其本國難以不照辦　一准洋商合華商會製輪車電機等事　一以上所勸行係將舊例地丁鹽課稅餉官俸兵制整頓外係召見命使會製召見無損命使自護會製民富　一内外所勸行者若云非一日能好然愈早則愈好惟應另有數事立應料理若不將此數事辦完想辦餘事恐晚船將沉白日

不及修矣　一潮州進城之事經五年之久文書往來至今領事未曾進城而事愈久愈難多年不照條約辦理均言或以未肯或以未能之故茲再不辦必致生事　一係田提督未奉上次所錄　上諭與先數日給駐京大臣閱看之稿有不同之處以致幾生釁端雖奉有諭旨若知其人仍安居無事後辦此案不足行事至其未完各事不如早了　一未了各事勸早料理者非他倘不早了必致興動干戈無不知中外交兵外有必勝之勢若敗而始了各事外必不能以此而罷兵也外所欲得之事現已深知若再戰勝其事更不可問矣　一旁觀所論並非恐嚇之

輕語而外日後必引各事並非欲害中國各國所欲並無他意惟願中國能守和睦如上年照約退兵各處會同勦賊可見實心相待之意中外通商若以後不再動兵外亦甚悅即如求益免損各顧體面各國往來常有因此等事而用兵也若潮州并田提督二事實有此情若仍因循不辦必致生事生事則不了矣　一潮州進城一節事關大局宜派大員往辦或請旨命廣督前往或命李宮保前去至田提督一節不如由京派大員跟兵役數名內江輪船直赴川查提到案二事尤宜速辦數日後新到英國大臣若知有五年未辦之事難以再待將就法國因貴州事未

究必不甘服一處有事各處必羣起相向中國有失而無得

一所說日後內情必由外情而變此意可明奉勸各事若不試辦無庸提及泰西各國左近日本暹羅各小國若要作亂無可抵擋若照行泰西各國必致忻悅無事不助無時不合蓋萬國來往向來各國讓各國之事中國若不讓各國必不服若讓而中國作萬國之友其地廣大其民衆多文義均通安分務工止有國政轉移無難為萬國之首若不轉移數年之內必為萬國之役日後之內情均由此日之外情而生此日之外情在王爺大人之手諸臣之決斷萬民之造化也

上李宮保鴻章書　　應寶時

接奉憲行密劄恭錄上諭飭即欽遵會同丁運司悉心妥議詳辦等因伏念職道久荷仁帡時聆鈞誨於洋務事件每自留心體察廣為諮詢以期緩急之間備顧問於萬一茲奉前因除照錄函商丁運司另行酌核會銜詳覆外謹先將平昔寸衷所蓄而不敢發者密抒於牘祈垂察焉伏思外夷自古為中國患太上服以德其次讋以威其次馭以術又其次結以盟德不足而威威不足而術術不足而盟至盟而和益不足恃矣此從來中外交接之大較也而其間之強弱屈伸一經克制遂若有無可如何者則

不關乎勢之大小也力之衆寡也理之曲直也計之巧拙也純視乎氣之壯餒而已矣西洋人窺我中國已非一日前人早有慮之者然歷康熙雍正乾隆以来罔伺狙伏不敢動何則我氣盛而彼氣尚餒也迨至道光時壹臣失策乞地之議成而彼乃有以測我矣講和之計遂而彼又有以脅我矣使當時一意主剿則彼初不敢深入不能持久猶足以折其方張之氣使受約束乃當剿而撫當撫而剿築室道謀情見勢屈從此我之氣愈衰彼之氣愈熾至於今而夷酋盤踞京師夷船歷據津要束縛馳驟惟所欲為肆口謗言無所不至且顯以其謀我者怵我以代我謀者

迫我此中國亘古來未有之奇恐或成中國亘古来未有之變真可寒心真可裂眥者也夫彼之逆為恫唱者曰內情外情彼之豫為要挾者曰借法自強緩不濟急而所反覆申論總以中國將来不能守信為疑然則我今日之所以應彼者無他法亦惟恃信而已事在條約之內絲毫不可與爭事在條約之外絲毫不可相讓彼以信為矛我以信為盾謹遵不失目前似亦無從搆難至我之虛實致為外夷歷歷指陳洵堪憤恨然狂吠狺狺未必非我之藥石也堂堂中國一旦受侮至此奚啻太王之於葷鬻漢高之於匈奴及今思所以致此之由懲前毖後誠如

聖諭

應如何設法自強有備無患議關中外大計本非庸材下吏所敢妄參惟仰蒙宮保爵憲廣益集思俯垂下問敢不殫竭蕘忱臚列大綱冀資採擇一曰重保傅以輔主德二曰崇理學以正人心三曰廣延攬以拔真才四曰遲升降以責久效五曰勤招墾以盡地力六曰審形勢以飭邊防而總之以綜核名實蓋所陳雖不出老生常談苟事事講求實際似終可以培士氣勵士氣以銷其桀驁不馴之氣不戰而屈人之兵亦自強之急務也中國幅員數萬里古稱關中河山雄固天府奧區實據建瓴之勢且距海千里而遠尤足以養威重而拱辰居其次莫如今之京師襟帶

山海萬國朝宗惟自元明建都以來已五百有餘歲矣地大物博菁英畢呈且太近海疆已成該夷往来熟路陰謀叵測匪可端倪萬一再如庚申衅起倉卒將奈之何若周遷豐鎬景祚彌隆以古準今出之聖謨宸斷不得已而策其次則請挑取其能打仗之士勿狃京營故套精習洋槍練至五萬人統以知兵重臣選忠勇大將分領之以二萬駐京城內外以三萬紥扼山海關通州等處藉防捻馬各匪爲名列犄角之勢翼衛京城一面陽從所請簡派能持大體使臣前往英法美俄四國駐紥察看彼國動靜虛寔隨時奏報尤爲思患綢繆以備猝不及防

之至計易之誠曰履霜詩之儆曰集霰今夷情如此其見端豈霜霰而已哉此時惟　朝野上下相與臥薪嘗胆急起力行以作中國積弱之氣庶幾轉危爲安轉逆爲順檮昧之見罔識忌諱干冒瀆陳無任戰栗兢悚之至同治五年

上李宮保鴻章書論鐵路　蘇松太道應寶時

接奉鈞諭准總理衙門函開英公使面稱上海黃浦江地方洋商起貨未便請由海口至各商業經租就之地創修鐵路一道計三十里由外國捐資等語是否有碍民居及海口形勢如何飭即密委幹員查看繪圖馳送等因三月初八日職道公回當即密飭上海縣王令宗濂寶山縣祁令德昌暨委員陳令福勲葛經歷繩孝將吴淞至滬陸路逐細勘覆茲據繪圖面呈前來職道伏查鐵路火輪車一事於同治二年十月間據英法美三國領事照會黃前道呈請憲臺核辦至三年二月職道前次代理之時正英領

事巴夏禮到滬之日屢向職道商問如何不便之處職道以一函復絕巴夏禮遂不復言即各國領事至今亦未提隻字當時各國領事係請從上海造至蘇州今又改為海口造至租界地內其意不過先辦一隅而其實則欲搖惑中國耳目使知鐵路新奇便利以開由滬達蘇由蘇達京由京達俄羅斯而通泰西各國輪車之轍茲奉飭查覆謹將妨碍之處再為憲臺詳陳之查上海之洋商租界起至吳淞海口計程三十六里尚有舊路一條其間浜河較濶者三十二處均造木橋兩岸皆係田廬路下暗排木溝以通田水之處不一而足若造鐵路地溝填實莫資溉灌田

土難耕農民必致失業一不可也聞之洋人造路先用煤炭磚石平鋪地上燒過三次使成焦土然後澆鐵築路燒地之時兩岸風烟迷目居民不能存身即田禾亦必薰槁輪車來往烟熖瀰漫響震四野附近數十里之田均不能種既妨農事復傷地脉方圓百里之内必致聚衆滋鬧二不可也吳淞至滬路形灣曲不利輪車若另開一路則居民屋廬墳墓在在皆是生者無以居死者無以藏豈肯甘心出售上海洋人因開馬路强買民間田畝所有田價及遷屋遷棺之費至今轇轕不清地方官屢催罔應數十畝地尚然不能取信於民何況綿亘數十里之遥田地詞訟

必致山積三不可也造路既拂民情倘民間暗中侵損或群起毁壞中國官勢難代保永固洋商空費工需無從貿利必致藉辭索賠誰能執此重咎四不可也内地貨物往來陸路則肩挑水路則船載靠此營生者不下數千百萬人一旦改用輪車若輩無可謀生必致聚而為盜從此搶刦相尋於内外商民均多不利五不可也洋人通商係有一定口岸一經海口准造輪車恐愈推愈遠將来不通商之内地盡為輪車所到從前設立條約於不通商口岸禁罰甚嚴此端一開必致各處仿行如何杜絕六不可也上海為通商口岸載在條約吳淞海口則寶山縣所管現在

洋船停泊黃浦貨稅由上海新關稽征照英國條約第二十五款所載進口貨於起貨時出口貨於落貨時分別納稅從無違背若鐵路開在吳淞則新關當設何處一經改易不但經費累萬無所從出且與條約不符七不可也凡此數端皆造鐵路之大弊在洋商欲作此舉不過便於運貨其利固大而有害於洋商之處亦復不小現在英公使謂鐵路修成則挑挖浦江無關緊要行止均可聽便等語明知挑挖浦江為費較鉅經職道屢次拒絕藉此為挾制地步鐵路既不允辦則該公使必請開浚浦江然挑浦尚於水利有益開路則於大局實多妨碍且數千百里之地

忽成數千百年未有之奇駭聽覩聞莫此爲甚

同治五年

閩省設廠造船疏

浙閩總督　左宗棠

竊維東南大利在水而不在陸自廣東福建而浙江江南山東直隸　盛京以迄東北大海環其三面江河以外萬水朝宗無事之日以之籌轉漕則千里猶在户庭以之籌懋遷則百貨萃諸廛肆匪獨魚鹽蒲蛤足以業貧民舵艄水手足以安游衆也有事之時以之籌調發則百粤之旅可集三韓以之籌轉輸則七省之儲可通一水匪特巡洋緝盜有必設之防用兵出奇有必争之道也況我　國家建都於燕津沽實為要鎮自海上用兵以來泰西各國火輪兵船直達天津藩籬竟成虛設星馳飆舉無足當之自

洋船准載北貨行銷各口北地貨價騰貴江浙大商以海船為業者往北置貨價本愈增比及回南費重行遲不能減價以敵洋商日久銷耗愈甚不惟虧折貨本寖至歇其舊業濱海之區四民中商居什之六七坐此闤闠蕭條稅釐減色富商變為窶人游手驅為人役並恐海船擱朽目前江浙海運即有無船之慮而漕政益難措手是非設局急造輪船不為功從前中外臣工屢議雇買代造而未敢輕議設局製造者一則船廠擇地之難也一則輪船機器購覓之難也一則外國師匠要約之難也一則籌集巨款之難也一則中國之人不習管駕船成仍須雇用洋人之

難也一則輪船既成煤炭薪工需費不貲月需支給又時須修理之難也一則非常之舉謗議易興創議者一人任事者一人旁觀者一人事敗垂成公私均害之難也有此數難無怪執咎無人不敢一紓籌策以徇公家之急臣愚以為欲防海之害而收其利非整理水師不可欲整理水師非設局製造輪船不可泰西巧而中國不必安於拙也泰西有而中國不必（能）傲以無也雖善作者不必其善成而善因者究易於善創如慮船廠擇地之難則福建海口羅星塔一帶開槽濬渠水清土實為粵浙江蘇所無臣在浙時即聞洋人之論如此昨回福州參以眾論亦復相同是

船廠固有其地也如慮機器購覓之難則先購機器一具鉅細畢備覓僱西洋師匠與之俱來以機器製造機器積微成鉅化一為百機器既備成一船輪機即成一船成一船即練一船之兵比及五年成船稍多可以布置沿海各省遥衛津沽由此更添機器觸類旁通凡製造熗炮炸彈鑄錢治水有適生民日用者均可次第為之惟事屬創始中國無能赴各國購覓之人且機器良楛亦難驟辨仍須託洋人購覓寬給其值但求其良則亦非不可必得也如慮外國師匠要約之難則先立條約定其薪水到廠後由局挑選內地各項之少壯明白者隨同學習其性慧而有

巧思者無論官紳士庶一體入局講習拙者惰者隨時更補西洋師匠盡心教藝者總辦洋員薪水全給如斬不傳授者罰扣薪水似亦易有把握如慮籌集鉅欵之難就閩省論海關結欵既完則此欵應可劃項支應不足則提取釐稅應之又臣曾函商浙江撫臣馬新貽新授廣東撫臣蔣益澧均以此為必不容緩願湊集巨欵以覩其成計造船廠購機器募師匠須費三十餘萬兩開工集料支給中外匠作薪水每月約須五六萬兩以一年計之需費六十餘萬兩創始兩年成船少而費極多迨三四五年則工以熟而速成船多而費亦漸減通計五年所費不過三百餘

萬兩五年之中　國家捐此數百萬之入合雖見多分亦見少似尚未為難也如慮船成以後中國無人堪作船主看盤管車諸事均須雇倩洋人則定議之初即先與訂明教習造船即兼教習駕駛船成即令隨同出洋周歷各海口無論兵弁各色人等有講習精通能為船主者即給與武職千把都司由虛銜洊補實職俾領水師則材技之士爭起赴之將來講習益精水師人材固不可勝用矣且臣訪聞浙江寗波一帶現亦有粗知管駕輪船之人如選調入局船成即令其管駕似得力更速也如慮煤炭薪工按月支給所費不貲及修造為難之費則以新造輪船運漕

而以僱沙船之價給之漕務畢則聽受商雇薄取其值以
為修造之費海疆有警專聽調遣隨賊所在絡繹奔赴分
攻合剿尅期可至大凡水師宜常川住船操練俾其服習
風濤長其精力深其閱歷然後可恃為常勝之軍近觀海
口各國所駐兵船每月操演數次儼臨大敵遇有盜艇即
踴躍攫擊以試其能所以防其惡勞好逸者如此且船械
機器廢擱不用則朽鈍堪虞時加淬厲則晶瑩益出故船
成之後不妨裝載商貨藉以捕盜而護商兼可習勞而集
費似歲修經費無俟別籌也至非常之舉謗議易興始則
憂其無成繼則議其多費或更譏其失體皆意中必有之

事然愚竊有說焉防海必用海船海船不敵輪船之靈捷西洋各國與俄羅斯咪利堅數十年來講求輪船之製互相師法製作日精東洋日本始購輪船拆視仿造未成近乃遣人赴英吉利學其文字究其象數為仿製輪船張本不數年後東洋輪船亦必有成獨中國因頻年軍務繁興未暇議及雖前此有代造之舉現復奉　諭購雇輪船然皆未為了局彼此同以大海為利彼有所挾我獨無之譬猶渡河人操舟而我結筏譬猶使馬人跨駿而我騎驢可乎均是人也聰明睿知相近者性而所習不能無殊中國之睿知運於虛外國之聰明寄於實中國以義理為本藝

事為末外國以藝事為重義理為輕彼此各是其是兩不相喻姑勿置論可耳謂執藝事者舍其精講義理者遺其粗不可也謂我之長不如外國藉外國導其先可也謂我之長不如外國讓外國擅其能不可也此事理之較著者也如擬創造輪船即預慮難成而自沮然則治河者慮合龍之無期即罷畚築治軍者慮蕆役之無日即罷徵調乎如慮糜費之多則自前道光十九年以來所糜之費已難數計昔因無輪船所費不可得而節矣今仿輪船正所以預節異時之費而尚容靳乎天下事始有所損者終必有所益輪船成則漕政興軍政舉商民之困紓海關之稅旺一

時之費萬世之利也縱令所制不及各國之工究之慰情勝無倉卒較有所恃且由鈍而巧由粗而精尚可期諸異日孰如羨魚而無網也計閩浙粤東三省通力合作五年之久費數百萬尚非力所難能疆臣誼在體國奉公何敢惜小費而忘至計至以中國仿製輪船或疑失體則尤不然無論禮失而求諸野自古已然即以熗炮言之中國古無範金為炮施放藥彈之製所謂炮者以車發石而已至明中葉始有佛郎機之名　國初始有紅衣大將軍之名當時得其國之器即被以其國之名謂佛郎機者即法蘭西音之轉謂紅衣者即紅夷音之轉蓋指紅毛也近時

洋熗開花炮等器之製中國仿洋式製造亦皆能之砲可仿製船獨不可仿製乎安在其謂爲失體也 臣 自道光十九年海上事起凡唐宋以來史傳別錄說部及 國朝志乘載記官私各書有關海國故事者每涉獵及之粗悉梗槩大約火輪兵船之製不過近數十年事於前無徵也前在杭州時曾覓匠仿造小輪船形模粗具試之西湖駛行不速以示洋將德克碑稅務司日意格據云大致不差惟輪機須從西洋購覓乃臻捷便因出法國製船圖冊相示並請代為監造以西法傳之中土適髮賊陷漳州 臣 入閩督剿未暇及也嗣德克碑歸國繪具圖式船廠圖冊並將購

覔輪船機招延洋匠各事宜逐欵開載寄由日意格轉送漳州行營德克碑旋来漳州接見臣時方赴粵東督剿未暇定議德克碑辭赴暹羅屬日意格俟信彼此往返講論漸得要領日意格聞臣由粵凱旋擬来閩面訂一切臣原擬俟其来閩商妥後再具摺詳陳請旨因日意格尚未前来適奉購雇輪船寄諭應先將擬造輪船緣由據實馳陳同治五年五月十三日具奏

竊臣前議習造輪船曾將應辦情形及請簡放船政大臣接管籌發購器募匠銀兩各緣由業經迭次陳明臣於交卸督鹽兩篆後駐營城外東教塲嚴裝以待洋員之至

本月二十三日道員胡光墉偕日意格德克碑來閩據日意格等稟呈保約條議清摺合同規約各件業經法國總領事官白来尼印押擔保臣逐加覆核均尚妥洽所有鐵廠船槽船廠學堂及中外公廨均匠住屋築基砌岸一切工程經日意格等覓中外殷商包辦由臣核定計共需銀二十四萬餘兩船槽尤為通局最要之件應用法國新法購辦鐵板運来船廠嵌造成槽此外一切局中應用什物由護撫臣周開錫委員估置日意格德克碑俟船廠估定即回法國購買機器輪機鋼鐵等件並購大鐵船槽一具募僱員匠来閩一面開設學堂延致熟習中外語言文字

洋師教習英法兩國語言文字算法畫法名曰求是堂藝
局挑選本地資性通敏穎悟通文字義子弟入局肄習並
採辦銅鐵木料一俟船廠造成即先修造船身庶来年機
器輪器（機）運到時可先就現成輪機配成大小輪船各一只
此後機器輪機可令中國匠作學造約計五年限内可得
大輪船十一只小輪船五只大輪船一百五十匹馬力可
裝載百萬斤小輪船八十匹馬力可裝載三四十萬斤均
照外洋兵船式樣總計所費不逾三百萬兩惟採買物料
一切有此月需多彼月需少者勢難畫一應將關稅每月
協撥兵餉五萬兩劃提四萬兩歸軍需局另款存儲以便

隨時撥付而前後牽計仍不得踰每月四萬之數以示限制抑區區之意有不敢不盡者茲局之設所重在學造西洋機器以成輪船俾中國得轉相授受為永遠之利也非如僱買輪船之徒取濟一時可比其事較雇買為難其費較僱買為鉅　臣德薄能淺不足為其難又去閩在即不能為其難當此時絀舉盈之際凡費宜惜鉅費尤可惜而顧斷斷於此者竊謂海疆非此兵不能强民不能富僱買僅濟一時之用自造實無窮之利也於是則雖難有所不避雖費有所不辭然而時需五載銀需二百數十萬兩事屬創舉成否未可預知幸而學造有成縱局外議論紛紛微

臣尚有以自解設學造未能盡洋技之奇即解造輪船不能自作船主曲盡駕駛之法則費此五年之時日二百數十萬之帑金僅得大小輪船十六號機器一分鐵廠船槽船廠及各房屋雖所造輪船較尋常購買各色輪船精堅適用而估計所費多於買價一倍於大局仍少裨益責以糜帑咎何可辭凡此皆宜預為綢繆而不能預為期必者故此局之定愛臣者多以異時之咎責為臣慮局外之阻撓為臣疑即日意格亦言此時局之面既更勢難兼顧如欲停止願將已領之銀仍即繳回臣答以事在必行萬無中止之理但願一一謹守條約盡心經畫共觀厥成如有差

謬當自請　朝廷嚴加議處而已察看情形似尚可望其有成

同治五年十一月初五日具奏

酌議學習天文算學章程並推廣招考人員疏　總理各國事務衙門

竊臣等前因製造機器火器必須講求天文算學議於同文館內添設一館招取滿漢舉人恩拔副歲優貢生前項正途出身之五品以下京外各官考試錄取延聘西人在館教習並聲明一切章程俟奏酌定奏請施行等因於同治五年十一月初五日具奏旨依議欽此欽遵在案臣等伏查此次招考天文算學之議並非矜奇好異震於西人術數之學也蓋以西人製器之法無不由度數而生今中國議欲講求製造輪

船機器諸法苟不藉西士為先導俾講明機巧之原製作之本竊恐師心自用徒費錢糧無裨於實際是以臣等衡量再三而有此奏論者不察必有以臣等為不急之務者必有以舍中國法而從西人為非者甚且有以中國之師法西人為深可恥者此皆不識時務之論也夫中國之宜謀自强至今而已亟矣識時務者莫不以西學製洋器為自强之道疆臣如左宗棠李鴻章等皆能深明其理堅持其説時於奏牘中詳陳之上年李鴻章在上海設立機器局由京營揀派兵弁前往學習近日左宗棠亦請在閩設立藝局選少年穎悟子弟延請洋人教以語言文字算法

畫法以為將來製造輪船機器之本由此以觀是西學之不可不急為肄習也固非臣等數人私見矣或謂雇賃輪船購買洋鎗各口均曾辦過既便且省何必為此勞費不知中國所當學者固不止輪船鎗炮二事即以輪船槍炮而論雇買以應其用計雖便而法終在人講求以得其源法既明而用將在我盖一則權宜之策一則久遠之謀孰得孰失不待辦而明矣至以舍中法而從西人為非此亦臆説也查西説之源根實本於中術之天元彼西土目為東來法特其人性情縝密善於運思遂能推陳出新擅名海外耳其實法固中國之法也天文算學如此其餘亦無

不如此中國創其法西人襲之中國倘能駕而上之則在我既已洞悉根源遇事不必外求其利益正非淺鮮且西人之術我　聖祖仁皇帝深韙之矣當時列在臺官垂為時憲兼容並包智周無外　本朝掌故亦不宜數典而忘又況六藝之中數居其一古者農夫戍卒皆識天文後世設為厲禁知者始鮮我　朝康熙年間特除私習天文之禁由是人文蔚起數學咸行治經之儒皆兼治數各家著述考證俱精語曰一物不知儒者之恥士子出户舉目見天顧不知列宿為何物亦足羞也即今日不設此館猶當肄業及之況乎懸的以招哉若夫以師法西人為恥

者其說尤謬夫天下恥莫恥於不若人查西洋各國數十年來講求輪船之製互相師法製作日新東洋日本近亦遣人赴英國學其文字習其象數為仿造輪船根本不數年後亦必有成西洋各國雄長海邦各不相下無論矣若夫日本蕞爾國耳尚知發憤為雄獨中國狃於因循積習不思振作恥孰甚焉今不以不如人為恥而獨以學其人為恥將安於不如而終不學遂可雪其恥乎或謂製造乃工匠之事儒者不屑為之臣等尤有說焉查周禮考工一記所載皆梓匠輪輿之事數千百年黌序奉為經術其故何也蓋匠人習其事儒者明其理理明而用宏焉今日之

學學其理也乃儒者格物致知之事並非强士大夫以親執藝事也又何疑乎總之學期適用事貴因時外人之物議雖多當局之權衡宜定臣等於此籌之熟矣惟是事屬創始立法宜詳大抵欲嚴課程必須優給廩餼欲期鼓舞必當量予升途謹公同酌擬章程六條繕呈御覽恭候欽定 同治六年正月二十二日奉旨

一請專取正途人員以資肄習也查天文算術義蘊精深非夙知勤學用心之人難以漸窺底蘊與專習外洋語言文字之學生不同前議專取舉人恩拔副歲優副貢生及由此項出身人員今議推廣凡翰林庶吉士編修檢討並五

品以下由進士出身之京外各官俾充其選緣該員等研
經有素善用心思致力果專成功自易服官者由京外各
衙門保送未仕者取具同鄉官印結及本旗圖片徑赴臣
衙門具呈由臣衙門定期試以策論等項考取送館學習
其各省保送人員程途遠近不齊難以久候應俟咨送到
時陸續考試以免躭延至京外各衙門咨送此項人員務
擇其年在三十以内者方可咨送如有平日講求天文算
學自願來館學習藉資印證以精其業者其年歲亦可不
拘
一請飭各員常川駐館以資講習也蓋成事必由居
肆力學務在親師本館留學各員必須朝夕在館講習問

學學其理也乃儒者格物致知之事並非强士大夫以親執藝事也又何疑乎總之學期適用事貴因時外人之物議雖多當局之權衡宜定臣等於此籌之熟矣惟是事屬創始立法宜詳大抵欲嚴課程必須優給廩餼欲期鼓舞必當量予升途謹公同酌擬章程六條繕呈御覽恭候

欽定同治六年正月二十二日奉旨

一請專取正途人員以資肄習也查天文算術義蘊精深非夙知勤學用心之人難以漸窺底蘊與專習外洋語言文字之學生不同前議專取舉人恩拔副歲副優貢生及由此項出身人員今議推廣凡翰林庶吉士編修檢討並五

也查三載考績　朝廷課吏之方誠以功力積至三年優絀無不立見今議每屆三年舉行大考一次分别等第高等者立予　奏奬並酌量差遣試用下等者照常學習俟下屆考試再行察看　一請厚給薪水以期專致也查此次留學各員難保無寒畯之士必須優加體䘏乃可冀其用志不紛今議在館各員除飯食由臣衙門備給外每月仍各給薪水銀十兩俾資津體庶内顧無憂而心益專矣　一請優加奬勵以資鼓舞也查該員等學習三年試居高等足見其平日用心勤苦始終不懈自應格外優奬以為後之留學者勸今議此項人員均准各按升階格外優

難方可積漸見功若朝出暮歸往来蹀躞則晨夕之荒功不少而心思亦因以不專今議在館學習人員無論京外均一體留館住宿飯食由臣衙門備給其出入由該管提調設立號簿隨時登記以便稽查至本衙門如有應送差使以及考試等事仍准照舊辦理以期兩不相妨

一請按月考試以稽勤惰也查在館學習人員果能專心致志自可日起有功惟其中勤惰之分亦必隨時考察用資策勵今議俟該員等學習半年之後按月出題考試一次由臣等親加校閱分別甲乙優者記功劣者記過功過分而勤惰見相形之下奮勉益生

一請限年考試以觀成效

天文算學宜歸欽天監講習無庸招集正途多人以養士氣而專責成疏

掌山東道監察御史張盛藻

竊臣考堯典授時分命羲和周禮軼司空一篇漢儒補以考工記未聞水火工虞之職俱習鳥火虛昴之文亦未聞天官六屬俱習考工之事我朝頒行憲書一遵御製數理精蘊不爽毫釐可謂超軼前古矣即或參用洋人算術不過借西法以印證中法耳近見邸鈔總理各國事務衙門請設同文館專用正途科甲人員學習天文算術為以製造輪船洋槍之用臚列六條意在專心講習考課又恐人之不樂從也乃厚給廩餼復與獎敘以鼓舞之

其誘掖奬勸用心苦矣臣愚以謂　朝廷命官必用科甲正途者為其讀孔孟之書學堯舜之道明體達用規模宏遠也何必令其習為機巧專明製造輪船洋槍之理乎若以自强而論則　朝廷之强莫如整紀綱明政刑嚴賞罰求賢養民練兵籌餉諸大端臣民之强則惟氣節一端耳
朝廷能養臣民之氣節是以遇有災患之來天下臣民莫不同仇敵愾赴湯蹈火而不辭以之禦災而災可平以之禦寇而寇可滅皆數百年　深仁厚澤以堯舜孔孟之道為教有以培養之也若令正途科甲人員習為機巧之事又藉升途銀兩以誘之是重名利而輕氣節無氣節

安望其有事功哉　臣以謂設立專館只宜責成欽天監衙門考取年少穎悟之天文生算學生送館學習俾西法與中法互相考驗至輪船洋槍則宜工部遴選精巧工匠或軍營武弁之有心計者令其專心演習傳授其法不必用科甲正途官員肄習其事以養士氣而專責成　臣職司獻納未敢以緘默自安惟念此舉於士習人心大有關係可否　飭令在廷諸臣悉心妥議之處伏乞　聖裁同治六年

同文館延聘夷人教習天文算學恐滋隱患疏同治六年

文淵閣大學士倭仁

竊奴才昨見御史張盛藻奏天文算學無庸招集正途一摺奉上諭朝廷設立同文館取用正途學習原以天文算學為儒者所當知不得目為機巧於讀書學道毋得（無所）偏廢等因欽此數為六藝之一誠如聖諭為儒者所當知非他途可比惟以奴才所見天文算學為益甚微西人教習正途為害甚大有不可不深思而慮及之者請為我皇太后皇上陳之竊聞立國之道尚義禮不尚權謀根本之圖在人心不在技藝今求一藝之末而

又奉夷人為師無論夷人詭譎未必傳其精巧即使教者誠教學者誠學不過術數之士古今來未聞有恃術數而能振衰起弱者也天下之大不患無才如以天文算學必須講習博采旁求必有精其數者何必夷人何必師事夷人且夷人我仇也咸豐十年稱兵犯順憑陵我　畿輔震驚我　宗社焚燬我　園囿戕害我臣民此我　朝二百餘年來未有之辱學士大夫無不痛心疾首飲恨至今　朝廷亦不得已而為之和耳能一日忘此仇恥哉議和以來耶穌之教盛行無知愚民半為煽惑所恃讀書之士講明禮義或可維持人心今復舉聰明雋秀　國家所

培養而儲以有用者變而從夷正氣為之不伸邪氣因而彌熾數年以後不盡驅中國之衆咸歸於夷不止伏讀

聖祖仁皇帝御製文集諭大學士九卿科道云西洋各國千百年後中國必受其害仰見

聖慮深遠雖用其術實惡其人令天下已受其害矣復揚其波而張其焰耶聞夷人傳教素以讀書人不肯習教為恨令令正途從學恐所習未必能精而讀書人已為所惑適墮其術中耳伏望

宸衷獨斷立罷前議以維大局而弭隱患天下幸甚

請　旨撤銷同文館疏　楊廷熙

竊惟修德行政實千古臨御之經畫人合天乃百代盛强之本自来奇技淫巧衰世所為所以唐虞修明天道亦祇授時齊政亟為典章未聞使義和仲叔作推步之書成周記列考工亦祇分職授官勤於省試未聞令庠序學校習工師之事推之孔子不言天道孟子不重天時非故秘也誠以天文數學禨祥所寓學之精者禍福之見太明思自全而不為世用凡事委諸氣數而或忘其忠孝節義之心若學之不精則悖逆違天道聽塗說必開天下奇邪誑惑之端為世道人心風俗之害伊古以來聖神賢哲不言天

而言人不言數而言理其用意至深遠矣前月見總理各國事務衙門請開設同文館專用翰林進士恩拔副歲少年科第官員延西洋人教習天文算學以為製造輪船機器之用臚陳六條俱奉

旨准行旋見御史張盛藻奏

請改派學習繼見大學士倭仁請罷前議臣以為同文館之議或可中止茲復見總理衙門示期考試錄取送館肄習臣數月餘以來日夜研思原奏覺其事其理其言有不可解者十焉謂學士大夫不可無羞無恥而必欲激其羞惡之良愧恥之念其見未嘗不善然而中國可羞可恥者未有大於西洋之流毒西洋人之倡亂矣自道光年間起衅粵東其前誤於琦

善等喪師辱國失守沿海礮臺任其盤踞香港因得潛窺內地虛實熟悉江海水道故由廣東而浙江而天津搆數千年未有之禍擾亂中國之邊疆憑陵中國之城池侵踞中國之關口耗散中國之人民屢和屢叛　國家貧弱因之其後誤於端華肅順等藉寇要君挾制沿海將帥因而戰守失策於咸豐十年乘中原多事又復渝盟敗約肆虐京華焚燒　宮闕以致　文宗顯皇帝龍馭上賓諸王大臣目擊其事身受其災正宜嘗膽臥薪處心積慮勤思破敵之良策廣求濟變之人才以掩當年之羞以雪數世之恥方足以激勸天下也乃令日不羞不共戴天之仇

而蓋不知星宿之未何其忘大恥而務於小恥也此臣之
不解者一也原奏稱西人制器之法無不由度數而生又
稱其法本中國之法特西人縝密善於運思意以為深明
天文數學無過西人此又所見之不廣也中國自羲軒堯
舜禹湯文武周公孔孟以及先儒闇出或仰觀俯察開天
明道或繼承纘述繼天立極使一元之理二五之精三極
之道旁通四達體之為天人性命參贊化育之經用之為
帝典王謨聖功賢學之準廣大悉備幽明可通所以歷代
天文數學中國為精即方技藝術亦惟中國最備如渾天
儀乾鑿度太元洞極潛虛星紀九章三率周髀皇極諸書

相繼而起恐西人之輪船機器未必有如此幽深微妙矣況中國為人才淵藪理教數千載　國朝精蘊二百餘年時憲無失閏之譏天象無昏迷之誚是此時之天文數算較歷代為尤精也夫以中國之大養士之久豈無一二知天文數學之士足以駕西人而上之哉即如康熙乾隆時當塗縣徐文靖一文學士作山河兩戒考取諸家之辨論與西士之書互相考證其間星宿多寡度數躔次歧異國不一而足可見西洋於天文數學未必精也又有侍郎胡煦作周易函書明河洛理數指陳勾股尺算俱採入　四庫全書最易通曉何不令天下舉而習之而必自畀尊人

舍中國而師夷狄此臣之不解者二也原奏稱報造輪船機器苟不藉西人為之先導俾講明機巧之原製作之本竊恐師心自用徒費錢糧徒勞人力意必以輪船機器為西洋恃以制勝中國之具因思用輪船以敵輪船用機器以禦機器其策尤非也夫有利器者在有善其事之工而器始利有善事之工無善用之人其器不利即有善用之人遇有人焉能破之其器仍不利嘗見宋史載水賊楊么浮舟湖中以輪激水其行如飛官舟迎之輒碎而岳飛兵到不數日其船悉破其人就擒可見輪船機器不足恃也況中國數千年未嘗用輪船機器而一朝恢一朝之土宇一代

振一代之版章即如我　朝自開剏以來與西洋通商非一日彼之輪船機器自若也何康熙時不准西洋輪船數隻近岸彼即俯首聽命不敢入內地一步及至道光咸豐年間沿海將帥督撫開門揖盜內廷大臣以耳為目先存畏憚之心請　旨屢示寬容而彼愈張虎燄章猶有僧格林沁於天津一戰破彼輪船十餘隻又可見輪船機器即西洋人用之亦不足恃也今不思破之之方及禦之之術竊恐中國將來之輪船機器較彼尤精而用之不得其法不得其人未必不徒費錢糧徒勞人力也此臣之不解者三也原奏稱論者不察必以為臣等為不急之務第思此時當

務之急不在天時而在人事不在算數機巧而在政治修明近來洋人伏於肘腋間橫行恣睢沈機觀變　朝廷憂勤惕厲奮其神武求天下之人才咨民間之疾若近責樞密大臣正本清源謀遠慮遠飭將帥督撫作忠義之氣盡教養之道如此則紀綱立號令行政教興洋人雖衆機器雖利輪船雖多斷不敢肆行無忌也今自　皇上御極以來汲汲以求賢為念而廷臣薦舉半皆獲罪人員縱時時以安民為心而彫敝餘生官吏猶從而剝削新章一出成憲屢更軍務未竣賞賚反復嘗見久經奏調保舉人員部曹胥吏竟置　諭旨於不問輒敢駁斥律例煩苛此曹

司胥吏所以得從中舞弊也舉劾當爐陳事實今則於六
法之外擬一二語以為甄叙無怪薦彈乖異無實不足示
勸懲也宰輔不聞撻伐之書臺諫竟無祛除之本人才不
（且資格限難於自致賢才所以多消沮官[illegible]無以養廉士夫所以荒職業[illegible]未修於上實學）
興國用不足兵氣不揚國威不振善政未修於上實學未
講於下而猶令舍人事以習天文數學此　臣之不解者四
也原奏稱中國之宜謀自强至今而已亟也夫自强之道
（豈在天文數學以下[illegible]輸器哉）
在潛修其政養民身而固民心　臣觀史冊見歷代之致昇
（皆有平誠興[illegible]之今天下有[illegible]其職之臣工綜武經文一時天下畏威[illegible]民子女[illegible]）
平臻郅治者無過於此今西洋以數千魑魅魍魎橫恣中
（不[illegible]貽敗之[illegible]不[illegible]服之宏規宰輔不聞撻伐之書臺諫竟無驅除之議吏部惟知循例即以為得人戶部只知收捐即以為富國　兵制大壞）
原　朝廷猶因循含忍有自强之心無自强之政而徒張
（器部不知工作未精而工部不省無感乎人才不興國用不足兵氣不揚國威不振也）
大其言曰我將以自强也　臣未聞將與仇人先告之曰我

將精其術以殺汝也且未聞將與仇人就而謀之曰汝曷不教我術使我得以殺汝也此臣之未解者五也原奏稱招取翰林進士五項正途京外官員考試錄取延聘西人在館教習此尤大傷風教夫洋人之與中國敵國也世仇也天地神明所震怒忠臣烈士所痛心無論片長薄技不足為中國師即多材多藝層出不窮而夷夏之辨不得不嚴尊卑之分不得不定名器之重不得不惜夫所貴乎科甲人員者以其讀聖賢書因以移風易俗為己任也一旦使其師事夷狄無論其不肯為也如其肯為之則其心又何可問其人又何可用哉況年少之人朝夕相聚西人或

懷私挾詐施以蠱毒飲以迷藥以致昏瞀不醒種種流弊不可勝言忠義之氣自此消廉恥之道自此喪機械變詐之行亦自此起矣此臣之不解者六也原奏稱西洋各國講求輪船之製互相師法製作日新僱買以應其用計雖便而法終在人講求以得其源法既明而用將在我因開設同文館夫洋人詭譎自出所謂狡焉思逞侵凌中國者方將以輪船機器網中國無窮之利斷不肯以精微奧妙指示於人就令其盡心竭力舉其理其源細微曲折全行教授亦不過製成船器與之並駕齊驅已耳而破敵之禦敵之要豈能並以相告哉況輪船必熟江海水道水性而運

用始靈令使科甲人員習(明其理悉其原)之將來造輪船時勢必引繩削墨一一教工匠製作又必紛紛報明江海水勢深淺教水手運行制敵之法有如是之勞而成功者乎竊見古今堅甲利兵足以制敵之命較機器尤精也而人不為用屢有棄甲曳兵之時高城險塞足以為國之衛較輪船尤固也而人不為守屢有棄城失險之候可知天時不如地利地利不如人和也茲不操出奇之勝算而為依樣之葫蘆此臣之不解者七也原奏稱李鴻章左宗棠等皆能深明其理堅持其說或設藝局或設機器局揀派兵弁與少年子弟延請洋人教習以語言文字算法畫法以為將來造輪船機

器之本由此以觀是西學之不可不急為肄習也臣（愚）以此事疆臣行之則可皇上（行）之則不可兵弁少年子弟學之則猶可科甲官員學之斷不可何也疆臣之制作信從者不過一省一時朝廷之詔令遵守者則在天下（後）萬世兵弁子弟學之不過（成其）藝事科甲官員學之即可寖成風俗也蓋科甲官員四民之所瞻仰天下之所崇奉者也查耶穌之教流入中國有年不能誘良秀而行習者以其書皆（事）怪誕不經之書（事）其教乃違天害理滅倫廢義之教所以稍有知識者必不聽其蠱惑也今而使少年科甲（官）人員北面（習其天文數學）修弟子之儀不二十年循例陞轉內而公卿大臣外而督

撫大吏皆惟教是從惟命是聽出於門墻者也萬一徇私情廢公義其害可勝言哉又恐天下之人因科甲尚且學習遂相習成風或奉行不善一時顓蒙愚魯之輩奸宄不法之徒藉習天文算學為名結黨成群互相引誘煽惑倚彼勢力造言生事洋人愈得進步由是西教本不行於中國而總理衙門請　皇上導之使行也此臣之不解者八也原奏稱事屬刱始立法宜詳欲嚴課程必須優給廩餼欲期鼓舞必當重予升遷是於勤惰之中亦寓賞罰之道竊思賞罰為驅策天下之大柄賞罰宜公祿養宜厚豈僅於同文館一處哉近日陝甘滇黔豫楚賊氛正熾軍士

飢諱屢告京外大小官員廉俸裁撤未見增加從公枵腹而　朝廷之賞罰無信隨時而行殺賊立功者不稽核真偽於前而苛求出身於後特開補交捐免保舉之條此賞之不信也因罪獲譴者不追咎其既往徒予自新於將來有加倍捐復之例是罰之不信也而且遇缺存遇缺之名即用無即用之實披堅執銳者率皆為夤緣循行數墨者厚膺其爵賞將何以勵戎行而伸士氣也茲於同文館厚廩餼廣陞途何明於此而暗於彼畧其大而舉其細也此臣之不解者九也原奏稱外人之物議雖多而當局之權衡宜定臣於此籌之熟矣此言尤屬偏執已見專擅挾持

啟
皇上以拒諫飾非之漸夫自古帝王立中建極務
在天理順人情故詢事考言用中執兩而後成為大智懸
鞀設鐸博採旁收而後不拂於人心若事當於理可行自
必詢謀僉同無有疑議若事斷不可行之物議沸騰甚至
不畏人言浮動置若罔聞尼沮者招懲諫諍者獲譴則有
王安石之行新法秦檜之主和議大抵如是也其後禍及
天下害貽後世何莫非膠固擅權强出裁斷之所致哉伏
見我本朝成憲凡改一制度設一官職必下王大臣九卿
翰詹科道會議妥協覆奏施行所以無專擅諸弊令新立
一同文館而令翰林進士科甲正途出身京外各官皆從

事夷狄此何等重大事件關係匪輕豈總理衙門四數五人之私見遂能決然行之而無弊乎即觀其原奏命意亦兢兢於人言務為迴護掩覆是其設立同文館之初未嘗不明知此事之不當於天理不洽於人心不合於衆論而必欲潰夷夏之防為亂階之倡此臣之不解者十也臣知同文館為總理衙門請

旨准行未嘗計及於行之害不行之利狃於目前忽於日後強詞奪理萬難挽回惟見兩

宮

皇太后自聽政以來遇事必虛衷訪問斟酌至善不拘於成見茲於同文館之設規制乖謬務請

收回成命以杜亂萌而端風教弭天變而順人心若事在必

行恐失信於外洋又生衅隙仰懇將翰林進士科甲有職事官員撤銷惟報取曾經學過天文算學者考錄送館與西人互相印證如此則無失信於外夷亦可無傷於風化也再同文館係宋代獄名考宋史蔡京等當國擅權殘害忠良排斥正士有異已者即下同文館獄是同文館之名非美名也今復襲之而令翰林進士五項正途官員相聚其中既失之考據而又非嘉予士林之盛舉矣竊因人情疑懼議論紛紛實不能已於蕘之獻者越職言事之罪在所不辭冒罪直陳上瀆

天聽伏乞

聖鑒　同治六年

第十字作主云云為止

稟覆賠脩教堂案

衡永郴桂道　黃文琛

敬稟者案奉　憲台六百里排單札開照得湘潭衡州焚燒天主堂一案前將各該縣奏參摘頂勒限賠脩現據湘潭縣稟報業已賠修完竣而衡清兩縣尚未據報興工行令職道嚴飭趕急辦理查明稟復等因奉此遵查此案職道甫經到任即據衡清兩縣耆民夏士培等以異類恣橫公懇驅逐聯名具稟敘述詳明情詞激切職道以該民等身居田野雖未知和戎之策事有經權然小民愴懷時事念切身家泣涕陳詞忠義憤發亦實出於萬不容已當經職道喻以　聖朝寬大柔遠懷來凡屬臣民宜體　先皇

帝戢武安民之意恪遵和約不必遇事深求錄批榜示去後旋據教民李心精郭進德等具呈援案邀請脩復又經職道飭傳到案曉以利害切實開導該教民等尚知感悟均各俯首無辭隨聞該教遵諭自行集費在於原毀之地動工興脩職道密飭查勘該堂基址縱横不及四丈新建房屋二重制類民居頗為整潔所需工料亦屬無多現已將次完竣而士民並無過問者就加體察似覺民氣已和彼此相安無異茲奉檄飭賠脩職道隨集該二縣再四籌商惟審度情形實有難於遵辦之處不得不就管見所及縷晰陳之伏查該教自和好頒行內地准其傳習例禁一

弛不軌之徒羣相附和而衡清兩縣向之習其教者亦皆倚為護符邪妄奸污肆無顧忌此間士民受害最酷切齒痛恨不啻同仇本年四月乘考聚衆焚燬該堂拆毀教民房屋人逾數萬勢甚洶洶幾至釀成巨禍現雖加意撫循民情漸謐然究之心懷嫌怨易啟猜疑設一旦官予賠修則教民愈驕百姓愈憤勢不兩立必致激成事端矧原案勒賠之員劉令鳳儀早經去任陳令寶善交卸在邇無論事權不屬動形掣肘即使該令等責無可辭竊恐今日官修明日民燬一經橫決收拾為難非特重拂輿情抑且大礙撫局而況該教民自經職道諭飭亦深知獲罪地方禍由

自取即甘心自願承修其不欲搆怨士民已可概見茲既據自行修復則成功不毀自未便再事更張轉滋口實職道忝權斯郡調俗易風先在絜民好惡當此時局多艱邊釁固不可開人心更不可失悉心籌畫其官為賠償諸多礙難昌若聽其自修可弭後患現在衡郡辦理未能與湘潭畫一係彼此情形不同自應因地因時量為變通以求至當未敢稍涉拘泥職道為顧全中外大局起見理合抄錄原呈二紙稟賫察核

附錄公呈

為異類恣横人道淪胥籲懇驅禁以除亂本事竊維天

主教者肇自島夷情同禽獸前古未之有也明季西洋
國人利瑪竇湯若望南懷仁等先後航海闌入中國浸
滛而各省郡邑有天主堂浸滛而不根細民習天主教
此外人入華而邪教胎禍之始我　朝革故鼎新滌瑕
蕩穢毀其堂火其書逐其人凡傳教習教者皆罪所不
赦載在　憲章著有律令蓋自　列祖　列宗　聖諭
諄諄煌煌無非欲億兆日納於軌物之中而毋或越於
蕩平之治法至嚴意至深也何圖逆夷久沐　聖主無
外之化得規廣洲互市之利猶復包藏禍心屬饜谿壑
潛至內地術賺顓氓刋布邪説譸張誣罔傳教植黨到

處橫行彝倫攸斁廉恥道喪髮逆因之假耶蘇教名號揭竿而起縱横粤閩黔蜀江鄂皖豫齊陝流毒半天下不可收拾矣至庚申八月之變普天同憤而逆夷亦遂明目張膽連衡勾引四野騷動人情洶洶將不知所底止而彼教無天無聖無父無祖宗無夫婦乃至無人道其窮兇極惡益暴揚於天下實以明其然也天一而已以主宰言則曰上帝以彼教變其名則曰天主舉耶蘇以考其實耶蘇生於漢哀帝之元壽二年不知元壽以前之天又誰為之主耶抑虛位以待耶其敢於無天悖一堯舜禹湯文武周公孔子繼天立極萬世之聖人也

乃彼教妄作妖書醜詆唾罵甚至蔓入曲阜毀壞聖林
廟寢其敢於無聖悖二萬物本乎天人本乎祖開闢以
來豈違斯義耶蘇為巴斗國王磔死乃彼教即崇奉其
磔死之十字架為主凡入教者必先自斧其祖先木主
凡五祀神位而後受之推而稱父為老兄母為老姊敗
倫蔑理顛倒綱常其敢於無父無祖宗悖三天以陰陽
五行化生萬物其道造端乎夫婦風化所繫名節攸關
莫先於此乃彼教既招引其夫必牽誘其婦受以媚藥
誑為仙丹使其慾火中燒自就媟淫一經交接則本婦
視夫如糞土其生女不嫁留傳教主其敢於無夫婦悖

四上天有好生之德乃彼教蠱迷從教婦女共器澣浴探討陰竅或取黑藻或取紅丸恣其所為以致吸取童精針刺腦髓夭札嬰孩虐及黃口又於從教之將死者必遣同教數人往屏其家屬唸經求教趁其人尚有氣息即剜目剖心為洋偽銀之用隨以繒布束尸促入棺殮其敢於絕人道悖五此五悖足蕪萬惡以故當日行之利木亞洲而利木亞洲為其所奪矣行之印度而印度為其所併矣行之日本而日本為其所亂矣孰是以推其狡焉思啟匪伊朝夕今茲之為所謂司馬昭之心路人皆知者也設使彼教終得行於中華則數千年衣

冠禮義之邦一旦化為倮蟲鯷人之域獧獧獸畜禽羣豈不大可痛哉豈不深可恨哉竊為今至計正宜慎固海防闌截市舶拔本塞源銷沮戎心而　聖朝寬大猶宏怙冒之仁　闓澤遐敷用廣懷柔之義勉就和約無黜武事逆夷罔知悛艾輒敢布散醜類到處起建教堂號召嘯聚凡諸犯罪論死之徒遁入彼中藪奸逋究莫敢誰何即如天主教之在我衡州也道光年間即有醜徒悄誘無知愚民私習其教稱為教門然爾時　國家功令森嚴若輩猶深自秘密不敢顯然於地方相詐虞也已而永安賊起遠近謠言大刦將臨天父天兄出世

細根其說實出於教門之口時值多事法禁稍弛匪徒
漸次猖獗教主之來昔以微服今輿馬矣傳教之時昔
以昏夜今白晝矣禮拜之地昔在鄉曲今城市矣勾引
之徒昔皆細民今士大夫矣然見其汲汲如狂亦不過
以異端鄙之初不知其為非作歹之至如此之極也迨
咸豐壬子粵賊竄楚境衡民一日數驚居城者盡室行
在野者荷擔待而教門晏如也方且賤值貯米粟鳩工
匠大興土木積石鼓書院側如山愈益以奉天主免刦
數煽惑鄉愚更出多金傾動一時凡平人入其教者予
銀拾兩生監以上予如援例報捐之數聞有衡人自賦

中逃歸備述賊狀實與教門無異而教門亦稍稍自敗露於是恍然知教門非我族類而衡人實竊竊抱實偪處此之憂矣自此而後教門之在別省者不得盡知而在我衡州則怪怪奇奇難以擢髮數姑舉其昭彰在人耳目者言之軍興以來清查防堵雖窮鄉僻壤皆當奉行而教門無一臂助者籌餉捐輸雖僧道流寓莫不踴躍而教門無一拔毛者不特此也北門有十字街教門嫌觸其忌諱聚衆毀民房易街道一市大譁相持數日始罷又教門發引有小兒戲於道傍揚灰如十字形輒縶兒父兄生員蕭方規勸解兼遭毒毆且舁棺入兒室

以瘗鄰里為醵金頓首謝始解又遣其黨四出鬻糖餅設店稱施葯悮食之者小兒多泄瀉死大人必發狂思入其教又下闕有來雁塔教門引夷目數人悄登其上用遠鏡俯瞷全城內外形勢繪圖以去又素行不法之張道榮案發收繫一投彼教即有夷目來為扛護官府即釋不敢問又教門有船隻數十終年往來載運每月數回每船木桶數百收發於城外香水菴而封識甚固不知為何物其更可駭者去年二三月間和議頒行之後教門男婦羣聚於天主堂日以千計大揭通衢將以拆城隍廟築道友堂以某日撤府縣學 聖位奉十字

架起復散布流言動稱伊教大行迂孔當廢衡民膽敢抗違將來廣東湖北兩省教主必興問罪之師又稱刦數亦天主所造髮逆其兄弟們乃奉行天主刦運者也衡人多充當官勇逆天不祥將來必遭屠戮之刦因思我衡本四衡地上達兩廣下達兩江以今日之見見聞聞果一旦乘間竊發教門之在榕城桂管者踰嶺而北教門之在廣東江南者泝湘而南更有本地之教門數十戶為之居停主人齎寇兵藉寇粮外合裏應我衡郡生靈庸有噍類乎又思教門奇淫左道蔑綱常鮮廉恥本為　聖世所必誅　王者所不教在我　皇上俯允

和議之後彼若稍為斂跡教門自為教門百姓自為百姓　化日光天之下何所不容原可相安無事乃至巍我　王章侮我　先聖敗壞我風俗蔑絕我倫常弁髦我官府勾誘我子弟窺伺我城廂我衡郡軍民人等食毛踐土二百餘年在智者見遠原深抱杞人之憂即愚者察近豈竟無身家之念鬱抑莫伸挺而走險夫是以有本年四月三日之舉則是我衡民好為多事實教門之與衡人以大不堪而激而成之者也至謂我衡人此舉當日並不稟明官府率爾為之誠屬冒昧然伏讀

世宗憲皇帝聖諭則今日之事正雍正年間故事也閱

邸報豫章一帶百姓亦不甘教匪凌辱則今日之事又江西之已事也況我衡湘士民自聞逆夷震逼　京師凡在血氣之倫已莫不茹痛含酸卧薪嘗膽又值　圓明園被燬　先皇帝北狩木蘭道路訛傳不一而教門勢更梟張語言無狀實有若輩口可得而言吾民耳不忍得而聞者罪大惡極非僅僅瀦其居室足蔽其辜近聞各大憲著落地方官曲為調停欲將所燬之天主堂仍為修復獨不思衡民所毀特近城之天主堂耳四鄉七屬實未暇及在衡人方恨未盡巢穴一旦官為修復凶燄再張其所以魚肉我衡人者將來不知更作何狀蓋

在教門未生事以前衛人已為偷安之局而教門既生事之後衛人淩無兩立之勢是即威以三尺不能俯首帖耳以聽命於逆夷且更有說焉衆口鑠金衆志成城以是蚩蚩者激於義憤心存　君國不惟稍洩不共戴天之恨並可永弭肘腋反側之憂上紓　宵旰下救桑梓雖涉事專擅而情可哀矜倘普天之下填東海者羣銜以一石移南山者盡出其三人各直省大憲復能酌其地因其時作其氣而用之靖內奸以禦外患吾見髮逆雖衆未必不頓失其聲援洋寇雖强未必能過海口一步也如其姑息從事異類復滋圖目前處堂之歡志

他日噬臍之患則就衡郡一隅論之固有養疽貽患之餘殃即合天下全局籌之又豈久安長治之策也哉恭逢大人福星照臨下車伊始修明政治整飭綱常是用瀝血合詞公懇作主云云

預籌脩約疏

兩江總督　曾國藩

竊臣於九月二十三日承准軍機大臣密寄同治六年九月十五日奉　上諭總理各國事務衙門奏預籌修約事宜請飭濱海沿江通商口岸地方將軍督撫大臣各抒所見一摺前因原議十年脩約為期已近據該衙門奏請飭南北洋通商大臣於熟悉各員中每處選派二員於十月咨送來京當經降旨允准惟前奏祇欲於選派各員內收羣策羣力之效而於通盤大局尚待籌商本年十二月即英約前期六箇月先行酌改之期各該將軍督撫大臣務於十一月內奏到毋稍延緩俟總理衙門密函條說寄

到時諸臣其審時度勢妥商萬全以濟時艱而副委任詳
細覆奏等因欽此仰見我　國家推心置腹博採廣諏之
至意欽佩曷任詳繹總理衙門原摺密函層層商析謀堅
執固拒之辭而又不欲大局之決裂懷雪恥報讐之志而
又不欲彼族之猜疑實屬審時度勢苦心經營臣於預籌
換約一事前接總理衙門四月之函當經分飭各關查議
開列清册經臣詳晰加簽業於九月二十一日遴派候補
道孫士達等二員由滬進京賫投以備採擇在案茲復荷
諭旨垂詢臣愚以為與外國交際最重信義尤貴果
決我所不可行者宜與之始終堅持百折不回我所可行

者宜亦以豁達大度片言立定斷不宜若吐若茹稍涉猶豫之象啟彼狡辨之端大抵洋人之在泰西數百年來互相吞併無非奪彼國商民之利然後此國可以得志其來中國也廣設埠頭販運百貨亦欲逞彼朘削之詭謀隘我商民之生計軍興以來中國之民久已痛深水火加以三口五口通商長江通商生計日蹙小民困苦無告迫於倒懸今若聽洋人行鹽則場商運販之生路窮矣聽洋人設棧則行店囤積之生路窮矣聽小輪船入內河則大小舟航水手舵工之生路窮矣聽其創辦電線鐵路則車驢任輦旅店脚夫之生路窮矣就彼所要求各事言之惟挖煤

一事借外國開挖之器與中國永遠之利似尚可以試辦
應實時條議册内以為可行臣亦加簽從而題之其餘如
小輪船鐵路等事自洋人行之則以外國而占奪内地之
利自華民之附和洋人者行之亦以豪强而占奪貧民之
利皆不可行以上各節臣於孫士達等賫京册内逐款簽
明總就小民生計與之切實理論自有顛撲不破之道如
果洋人爭辯不休儘可告以即使京師勉强應允臣等在
外仍必以全力爭回即使臣工勉强應允而中國億萬小
民窮極思變與彼為仇亦斷非中國官員所能禁止中國
之王大臣為中國之百姓請命不患無辭置辯甚至因此

而致決裂而我以救民生而動兵並非爭虛儀而開釁上
可以對　天地　列聖下可以對薄海蒼生中
無所懼後無可悔也至請　覲遣使開拓傳教三事臣派
員賫京册內皆未議及伏查康熙十五年　聖祖仁
皇帝召見俄人尼果賚等其時儀節無可深考然當日與
俄羅斯議界通市實係以敵國之禮待之與以屬藩之禮
待高麗者逈不相同道光咸豐以來待英法米三國皆仿
康熙待俄國之例視同敵體蓋　聖朝修德柔遠本不
欲胥七萬里之外洋而悉臣服之也擬請俟　皇上親
政之後准其入覲其儀節臨時酌定既為敵國使臣不必

強以所難庶可昭坦白而示優容遣使一節中外既已通好彼此往來亦屬常事論者或恐使臣之辱命或憚費用之浩繁此皆過慮之詞似應令中外大臣留心物色隨時保舉可使絕國人員儲以待用不論官階不定年限有人則遣無人則不遣權仍在我彼亦斷不致以許而不遣遂啟兵釁頃准總理衙門咨已奏派志剛等出使西洋從此源源通聘使事漸多縱或有一二不能專對之 臣亦安知無蘇武班超富弼洪皓者流出乎其中為 國家揚威而弭患此可慨然許允者也至開拓傳教一事查天主教之始專以財利餂人近日外國教士貧窮者多彼之利有所

不給則其說亦將不信自秦漢以後周孔之道稍晦而佛教漸行然佛教興扵印度今日之印度則多從回教而反疎佛教天主教興扵泰西今日之泰西則另立耶穌教而又力攻天主教可見異端之教時廢時興惟周孔之道萬古不磨但使中國修政齊俗禮教昌明彼雖百計開拓亦終鮮尊信之者況目前各省郡縣多立教堂業已拓之無可再拓將來換約之時該國如扵此條瀆請不已似可許以隨時行文保護彼教但不必再添條款亮不至更肆要求矣此數端者其害稍輕不特不與力爭並可有求立應獨至鐵路輪船行鹽開棧等事害我百姓生計則當竭力

相爭不設抵制之詞不用嚴峻之語但以婉言達之誠意動之始終不可移易使彼知恤民以保邦乃千古帝王之常經亦我朝　列聖之家法在今日中國多事洋人方張我不能因曲徇和議而不顧內地生民之困即異日中國全盛洋人衰弱我亦但求保我黎民而別無耀兵海外之心彼雖倔强詭譎當亦知理直不可奪衆怒不可犯或者至誠所感易就範圍區區愚見是否有當謹獻芻蕘以備採擇同治六年

第一號輪船工竣並陳機器局情形疏 同治七年九月初二日

兩江總督曾國藩

竊中國試造輪船之議臣　于咸豐十一年七月覆奏購買船砲摺内即有此說同治元年二閒駐扎安慶設局試造洋器全用漢人未雇洋匠雖造成一小輪船而行駛遲鈍不甚得法二年冬閒派令候補同知容閎出洋購買機器漸有擴充之意湖廣督臣　李鴻章自初任蘇撫即留心外洋軍械維時丁日昌在上海道任内彼此講求禦侮之策製器之方四年五月在滬購買機器一座派委知府馮焌光沈保靖等開設鐵廠適容閎所購之器亦于是時運到

歸併一局始以攻勦方殷專造鎗砲亦因經費支絀難興船工至六年四月臣奏請撥留洋稅二成以一成為專造輪船之用仰蒙　聖慈允准于是撥款漸裕購料漸多蘇松太道應寶時及馮焌光沈保靖等朝夕討論期于必成查製造輪船以滊鑪機器船壳三項為大宗從前上海洋廠自製輪船其滊鑪機器均係購自外洋帶至內地裝配船壳從未有自購式樣造成重大機器滊鑪全具此次創辦之始攷究圖說自出機杼本年閏四月間臣赴上海察看已有端緒七月初旬第一號工竣臣命曰恬吉輪船意取四海波恬廠務安吉也其滊鑪船壳兩項均係廠中

自造機器則購買舊者修整參用船身長十八丈五尺濶二丈七尺二寸先在吳淞口外試行由銅沙直出大洋至浙江舟山而旋復于八月十三日駛至金陵臣親自登舟試行至采石磯每一時上水行七十里下水行一百二十餘里尚屬堅緻靈便可以涉歷重洋原議擬造四號今第一號係屬明輪此後即續造暗輪將來漸廣即二十餘丈之大船可伸可縮之煙筩可高可低之輪軸亦可苦思而得之上年試辦以來臣深恐日久無成未敢率爾具奏仰賴

朝廷不惜巨款不責速效得以從容集事中國自強之道或基于此各委員苦心經營其勞勛亦不可沒也溯自

上海初立鐵廠迄今已逾三年先後籌辦情形請略為
皇上陳其概開局之初軍事孔亟李鴻章飭令先造鎗礮
兩項以應急需惟製造鎗礮必先有製鎗製礮之器乃能
舉辦查原購鐵廠修船之器居多造砲之器甚少各委員
詳攷圖說以點線面體之法求方圓平直之用就廠中洋
器以母生子觸類旁通造成大小機器三十餘座即用此
器以鑄砲鑪高三丈圍逾一丈以風輪煽熾火力去渣存
液一氣鑄成先鑄實心再用機器車刮鏇挖使砲之外光
如鏡內滑如脂製造開花田雞等砲配備砲車炸彈藥引
木心等物皆與外洋所造者足相匹敵至洋鎗一項需用

機器尤多如碾捲鎗筒車剖外光鑽挖內膛鏇造斜稜等事各有精器巧式百出鎗成之後亦與購自外洋者無異此四五年間先造鎗砲兼造製器之器之情形也該局向在上海虹口暫租洋廠中外錯處諸多不便且機器日增廠地狹窄不能安置六年夏間乃于上海城南興建新廠購地七十餘畝修造公所其已成者曰汽鑪廠曰機器廠曰熟鐵廠曰洋鎗樓曰木工廠曰鑄銅鐵廠曰火箭廠曰庫房棧房煤房文案房工務廳中外工匠住居之室房屋頗多規矩亦肅其未成者尚須速開船塢以整破舟酌建瓦棚以儲木料另立學館以習繙譯一事係製造之根本

洋人製器出于算學其中奥妙皆有圖說可尋特以彼此文義扞格不通故雖日習其器究不明夫用器與製器之所以然本年局中委員于繙譯甚為究心先後訂請英國偉烈亞力美國傅蘭雅瑪高温三名專擇有裨製造之書詳細繙出現譯成汽機發軔汽機問答運規約指泰西采煤圖說四種俟擬學館建成即選聰穎子弟隨同學習妥立課程先從圖說入手切實研究庶幾物理融貫不必假手洋人亦可引伸另勒成書此又擇地遷廠及添建繙譯館之情形也茲因輪船初成之際理合一併附奏

国家出版基金项目
NATIONAL PUBLICATION FOUNDATION

海上絲綢之路文獻集成

總主編　陳支平　陳春聲

歷代史籍編

73

主編　范金民

海峽出版發行集團
THE STRAITS PUBLISHING & DISTRIBUTING GROUP
福建人民出版社

本册目次

柔遠全書六種（善後襍鈔四至七）

〔清〕謝家福輯

善後襍鈔四

柔遠全書二十二

報赴天津起程日期摺 同治九年六月初七日

曾國藩

竊臣於五月二十九日覆陳赴津查辦一摺奉
上諭曾國藩眩暈之證現已十愈其八日內如可支持即著前赴天津會同崇厚悉心商辦等因欽此數日以來在署練習行步登階降階不令左右扶掖雖飲食尚未復常而兩足漸覺有力已於本月初六日自省啟行
諭旨飭查各節容俟抵津後與崇厚面商妥辦其傷斃人口據天津縣知縣稟報已獲屍具妥為棺斂者法國十三人俄商三人其餘尚未查確其焚燬房屋據天津縣知縣稟報法國教堂一處公館一處仁慈堂一處洋行一處又

誤毀英國講書堂四處美國講書堂二處臣與崇厚往返函商擬先將俄國誤傷之人及英美誤毀之講堂速爲料理應賠償者先與賠償不與法國一併議結以免歧混此議能否辦到現尚未敢預期至教堂牽涉迷拐之案訊供雖稍有端倪尚未能確指證據天津倡首滋事之衆彈壓雖漸就安戢然而未敢查拏正兇二者查辦之要莫大於此而棘手之處亦在於此臣智慮短淺此次赴津深懼措置乖方失機僨事除俟到津後隨時奏明請

旨遵行外所有起程日期恭摺由驛馳報伏乞

聖鑒

查明津案大概情形摺 同治九年六月二十三日　曾國藩

竊臣國藩於六月初九日靜海途次承准軍機大臣字寄

六月初八日奉

上諭曾國藩奏起程赴津籌辦情形一摺據稱教堂牽涉迷拐之案訊供稍有端倪尚未能確指證據等語此案啟衅之由因迷拐幼孩而起總以有無確據為最要關鍵必須切實根究則曲直既明方可再籌辦法至洋人傷斃多人情節較重若不將倡首滋事之犯懲辦此事亦勢難了結著曾國藩崇厚悉心會商體察事機妥籌辦理以期早日完案免滋後患曾國藩擬將悞斃俄國人命及悞毀英

美兩國講堂先行設法議結不與法國牽混所見甚是著
卽會同崇厚妥為商辦以免轇轕將此由五百里各密諭
知之欽此臣等伏查此案起衅之由因奸民迷拐人口牽
涉教堂並有挖眼剖心作為藥材等語遂致積疑生憤激
成大變必須確查虛實乃能分別是非曲直昭示公道臣
國藩抵津以後逐細研訊教民迷拐人口一節王三雖經
供認授藥與武蘭珍然尚時供時翻又其籍在天津與武
蘭珍原供在甯津者不符亦無教堂主使之確據至仁慈
堂查出男女一百五十餘名口逐一訊供均稱習教已久
其家送至堂中豢養並無被拐情事至挖眼剖心則全係

謡傳毫無實據臣國藩初入津郡百姓攔輿遞禀数百餘人親加推問挖眼剖心有何實據無一能指實者詢之天津城内外亦無遺失幼孩之家控告有案者惟此等謡傳不特天津有之即昔年之湖南江西近年之揚州天門及本省之大名廣平皆有檄文揭帖或稱教堂拐騙丁口或稱教堂挖眼剖心或稱教堂誘污婦女厥後各處案雖議結總未將檄文揭帖之虚實剖辨明白此次詳查挖眼剖心一條竟無確據外間紛紛言有眼盈罈亦無其事蓋殺孩壞尸採生配藥野番兇惡之族尚不肯為英法各國乃著名大邦豈肯為此殘忍之行以理決之必無是事天主

教本係勸人為善
聖祖仁皇帝時久經允行倘戕害民生若是之慘豈能容於康熙之世即仁慈堂之設其初意亦與育嬰堂養濟院略同專以收卹窮民為主每年所費銀兩甚鉅彼以仁慈為名而反受殘酷之謗宜洋人之忿忿不平也至津民之所以積疑生憤者則亦有故蓋見外國之堂終年扃閉過於祕密莫能窺測底裏教堂仁慈堂皆有地窖係從他處募工修造者臣等親履被燒堂址細加查勘其為地窖不過隔去潮濕庋置煤炭非有他用而津民未盡目覩但聞地窖深邃各幼孩幽閉其中又不經本地匠人之手其致

疑一也中國人民有至仁慈堂治病者往往被留不令復出即如前任江西進賢縣知縣魏席珍之女賀魏氏帶女入堂治病久而不還其父至堂婉勸回家堅不肯歸因謂其有藥迷喪本心其致疑二也仁慈堂收留無依子女雖乞丐窮民及疾病將死者亦皆收入彼教又有施洗之說施洗者其人已死而教主以水沃其額而封其目謂可升天堂也百姓見其收及將死之人聞其親洗新尸之眼已堪詫異又由他處車船送致來津者動輒數十百人皆但見其入而不見其出不明何故其致疑三也堂中院落既多或念經或讀書或傭工或醫病分類而處有子在前院

而毋在後院毋在仁慈堂而子在河樓教堂往往經年不不一相見其致疑四也加以本年四五月間有拐匪用藥迷人之事適於是時堂中死人過多其掩埋又多以夜或有兩尸三尸共一棺者五月初六日河東叢塚有為狗所發者一棺二尸天津鎮中營游擊左寶貴等曾經目覩死人皆由內先腐此獨由外先腐胸腹皆爛腸肚外露由是浮言大起其致疑五也平日熟開各處檄文揭帖之言信為確據而又積此五疑於中各懷忿恨迨至拐匪牽涉教堂叢塚洞見胸腹而衆怒已不可遏迨至府縣赴堂查訊王三豐領事對官放鎗而衆怒尤不可遏是以萬口譁噪

同時並舉猝成巨變其浮囂固屬可惡而其積疑則非一
朝一夕之故矣今既查明根源惟有仰懇
皇上明降諭旨通飭各省俾知從前檄文揭帖所稱教民
挖眼剖心戕害生民之說多屬虛誣布告天下咸使聞知
一以雪洋人之冤一以解士民之惑並請將津人致疑之
端宣示一二天津風氣剛勁人多好義其僅止隨聲附和
者尚不失為義憤所激自當一切置之不問其行兇首要
各犯及乘機搶奪之徒自當捕拏嚴懲以儆將來在中國
戕官斃命尚當按名擬抵況傷害外國多命幾開邊釁刁
風尤不可長惟當時非有倡首之人預為糾集正兇本無

主名津郡人心至今未靖向來有曰混星子者結黨成羣好亂樂禍必須佐以兵力乃足以資彈壓頃將保定銘軍三千人調紮靜海此軍係記名臬司丁壽昌統帶該員現署天津道缺一俟民氣稍定即以緝兇事件委之該署道督同府縣辦理當可勝任至武蘭珍供犯既已牽涉教堂經 臣崇厚飭令地方官赴堂查驗實為解釋衆疑起見近日江南亦有教堂迷拐之謠亦即如此辦理其後豐大業等之死教堂公館之焚變起倉猝非復人力所能禁止惟地方釀成如此巨案究係官府不能化導於平時不能預防於先事現已將道府縣三員均行撤任聽候查辦由 臣

國藩揀員署理同日另片具奏其殺斃人口現經確查姓
名實數惟仁慈堂尚有女尸五具未經尋獲其餘均妥為
棺殮交英國領事官李蔚海收存俄國三人已由該國領
事官孔氣驗明掩埋謹開列清單恭呈
御覽法國公使羅淑亞業經到津議及賠修教堂事宜臣
等擬即派員經理餘俟議有端緒續行陳奏其誤斃俄國
之人命誤毀英美兩國之講堂亦俟議結另行具奏所有
查明大概情形謹具摺先行會
奏伏乞
聖鑒

請將天津府縣官交刑部片 同治九年六月二十三日 曾國藩

再法公使羅淑亞以本月十九日到津臣國藩迎至臣崇厚道商衙門與該使相見辭氣頗為和婉但以賠修教堂埋葬豐領事將地方官懲究及查辦兇手等語為辭二十日崇厚復至該使公館所言與十九日略等迨至二十一日該使忽大變聲口聞有照會臣處一牘語言暴很挾制多端二十二日投遞到臣據照會內稱不將府縣及提督陳國瑞即行抵命早晚該國水師提督到津即令其便宜行事等語臣與崇厚妥籌熟商該府縣等實不應獲此重咎惟該使要求之意甚堅若無以慰服其心恐致大局決裂

且地方官事前既疏於防範事後又不能迅速獲犯其訊辦拐匪亦有操之過蹙之處相應奏明將天津府知府張光藻天津縣知縣劉傑二員即行革職請
旨飭交刑部治罪以示懲儆而維大局其陳國瑞一員不知法國有何證據聞該員現在京城因照復該使將陳國瑞交總理衙門就近查辦其照會及臣照復之件鈔送軍機處備查理合附片陳明伏乞
聖鑒訓示謹
奏

覆陳津事各情摺 同治九年六月二十八日 曾國藩

竊臣承准軍機大臣密寄六月二十三日奉
上諭有人奏風聞津郡百姓焚毀教堂之日由教堂內起有人眼人心等物呈交崇厚收執該大臣於奏報時並未提及且聞現已消滅等語所奏是否實有其事著曾國藩確切查明據實奏明聞至所稱傳教有礙通商一節應如何設法弭衅之處並著詳察情形妥籌具奏原摺著鈔給閱看將此密諭知之欽此同日又奉
上諭前據曾國藩奏本月初六日啟程赴津現抵該處已逾多日此案起衅根由想該督必已詳細查明妥為籌辦

矣迷拐一案究竟有無確據此係緊要關鍵即着該督迅速具奏以慰廑系並將現在籌辦之法及該處近日民情一併奏聞崇厚已派出使法國自應及早啟行着曾國藩體察情形如崇厚此時可以交卸即着該侍郎先行來京陛見以便即日起程其通商大臣事務着曾國藩暫時接辦成林現已病痊銷假不日亦可馳赴天津俟該京卿到時曾國藩即可將通商事務交卸將此由五百里各密諭知之欽此臣於二十三日業將查明大概情形會同崇厚恭摺具陳在案洋人挖眼取心之說全係謠傳毫無確據故彼族引以為恥忿忿不平焚毀教堂之日衆目昭彰若

有人眼人心等物豈崇厚一人所能消滅且當時由教堂取出必有取出之人呈交崇厚收執亦必有呈交之人此等異事紳民豈有不知 臣 抵津後查訊挖眼取心有無確據紳民俱無辭以對內有一人言眼珠由陳大帥自帶進京大帥者俗閒稱陳國瑞之名也其為訛傳已不待辨原其訛傳所起由崇厚前月二十四日專弁到京向總理衙門口稱有搜出眼珠盈罈之說其時倉卒傳聞該弁未經考實致有此訛其實眼珠若至盈罈則堂內必有千百無目之人毀堂之時何無一人見在即云殘害其屍具又將何歸此可決知其妄也者

諭旨飭詢迷拐一案究竟有無確據臣查挖眼剖心決非事實迷拐人口實難保其必無天津之王三安三河間挐獲之王三紀靜海現留之劉金玉供詞牽涉教堂在在可疑臣前奏係力辨洋人之誣請發明諭故於迷拐一節言之不實不盡誠恐有礙於和局當時另有片奏密陳迷拐之可疑旋因慮及偶有漏洩法使羅淑亞必致又興波瀾洋人此時斷不肯自認理虧不如渾含出之使彼有轉圜之地故臨發時將密片抽出將來此案辦結仍當再申前說請令教堂仁慈堂均由地方官管轄庶冀永弭衅端至

諭旨飭詢傳教堂有礙通商一節臣上年在京曾與臣文祥論及傳教不宜兼設育嬰堂文祥力言其勢不能禁遏禁育嬰堂且不能況能禁傳教乎

諭旨飭詢現在辦法臣已為昭雪挖眼剖心等事之誣以平洋人之心其焚毀教堂公館業已委員興修王三屢經翻供現已釋還教民安三迷拐被獲因獄詞未定而該使索之甚堅亦經暫行釋放至查拏正兇措手稍難已飭新任道府拏獲九名拷訊黨羽至俄國誤傷三人前經委員與俄國領事官孔氣商酌每傷一人給予銀卹五千兩該領事當以請示國主為辭昨經臣處動用公牘再為詢商

惟法使羅淑亞必欲將天津府縣及陳國瑞三人擬抵經
臣照復該使府縣並非有心與洋人為難陳國瑞不在事
中仍復曲徇所請將該府縣奏交刑部治罪昨據該使照
會仍執前說必令該三員抵償又遣繙譯官德偉力亞來
臣處面稱必如照會所言方可不決裂臣與辨論良久問該
使稱府縣主使究有何據德偉力亞不能指出然其辭氣
始終狡執未就範圍臣查府縣實無大過送交刑部已屬
情輕法重該使必欲使議抵實難再允所求由臣處給予照
復另錄送軍機處備查彼若不擬構衅則我所斷不能允
者當可徐徐自轉彼若立意決裂雖百請百從仍難保其

無事

諭旨飭詢近日民情雖經臣疊次曉諭而其疾視洋人尚難遽予解化良民安分畏事每欲自衛身家莠民幸災樂禍輒欲因亂搶奪浮動之意至今未定故有邀集眾紳往見羅使者亦有撕毀教堂告示者現有銘軍二十人在此彈壓當可無虞但臣舉措多不愜輿情堪內疚耳

諭旨詢及崇厚如可交卸即著先行來京現在辦理雖有端倪羅使尚未應允臣於夷務素未諳悉且病勢久深崇厚與洋人交涉已久無事不熟應請

飭令該侍郎暫緩赴京留此會辦俾臣不致僨事於大局

實有裨益所有微臣奉

旨查詢緣由謹繕摺覆陳伏乞

覆陳津案各情片 同治九年六月二十八日　曾國藩

再臣正繕摺間承准軍機大臣密寄六月二十五日奉

上諭曾國藩崇厚奏查明天津滋事大概情形一摺另片奏

請將天津府縣革職治罪等語已均照所請明降諭旨宣示矣曾國藩等此次陳奏各節因為消弭衅端委曲求全起見惟洋人詭譎性成得步進步若事事遂其所求將來何所底止是欲弭衅而仍不免啟衅也該督等現給該使照會於緝兇修堂等事均已力為應允想該使自不至再生異詞此後如洋人仍有要挾恫喝之語曾國藩務當力持正論據理駁斥庶可以折敵燄而張國維至備豫不虞

尤為目前至急之務曾國藩已委記名道臬司丁壽昌署理天津道篆其駐紮張秋之兵自應調紮附近要隘以壯聲威李鴻章已於五月十六日馳抵潼關所部郭松林等軍亦已先後抵陝此時竄陝回匪屢經官軍剿敗其燄漸衰若移緩就急調赴畿疆似較得力著曾國藩斟酌情形趕緊覆奏再降諭旨日來辦理情形若何能否迅就了結並若隨時馳奏總之和局固宜保全民心尤不可失曾國藩總當體察人情向背全局通籌使民心允服始能中外相安沿江沿海各督撫本日已有寄諭令其嚴行戒備陳國瑞當時是否在場到津後即可質明虛實已令神機營

飭令該提督赴津聽候曾國藩查問矣將此由五百里各
密諭知之欽此臣查此次天津之案事端宏大未能輕易
消弭中國目前之力斷難遽啟兵端惟有委曲求全之一
法臣於五月二十九日覆奏摺內曾聲明立意不與開衅
兩月以來
朝廷加意柔遠中外臣民亦已共見共聞臣等現辦情形
仍屬堅持初議而羅酉肆意要挾卒未稍就範圍
諭旨所示洋人詭譎性成得步進步若事事遂其所求將
來何所底止是欲弭衅而仍不免啟衅確中事理洞悉敵
情臣等且佩且悚目下操縱之權主之自彼誠非有求必

應所能潛弭禍機此後彼所要求苟在我稍可曲徇仍當量予轉圜苟在我萬難允從亦必據理駁斥惟洋人遇事專論強弱不論是非兵力愈多挾制愈甚若中國無備則勢燄張若其有備和議或稍易定現令張秋全隊九千人拔赴滄洲一帶略資防禦李鴻章前在潼關臣已致函商論萬一事急恐須統率所部由秦入燕此時陝回屢受大創若令李鴻章入陝之師移緩就急迅赴畿疆辦理自為得力英法兩國水師提督頃已均在大沽其請示國主旬日內當有覆信法國若僅與津人為難則稱兵必速若要求無厭直與

國家爲難則稱兵較遲李鴻章若於近日奉
旨移軍東指當不嫌其過緩臣於洋務素未研求昨二十一日眩暈之病又復舉發連日心氣耗散精神不能支持目光愈瞢二十六日崇厚來臣處面商一切親見臣昏暈嘔吐左右扶入卧内不能强起陪客該大臣已有由京另派重臣來津之奏臣自咸豐三年帶兵早矢效命疆場之志今茲事雖急病雖深而此志堅實毫無顧畏平日頗知持正理而畏清議亦不肯因外國要挾盡變常度
朝廷接崇厚之奏是否已派重臣前來應否再派李鴻章東來伏候

聖裁抑臣更有請者時事雖極艱難謀畫必須斷決伏見
道光庚子以後辦理夷務失在朝和夕戰無一定之至計
遂至外患漸深不可收拾
皇上登極以來外國盛強如故惟賴守定和議絕無改更
用能中外相安十年無事此已事之成效津郡此案因愚
民一旦憤激致成大變初非臣僚有意挑衅倘即從此動
兵則今年即能倖勝明年彼必復來天津即可支持沿海
勢難盡備
朝廷昭示大信不開兵端此實天下生民之福雖李鴻章
兵力稍強然以外國之窮年累世專講戰事者尚屬不逮

以後仍當堅持一心曲全鄰好惟萬不得已而設備乃取以
善全和局兵端決不可自我而開以為保民之道時時設
備以為立國之本二者不可偏廢臣此次以無備之故辦
理過柔寸心抱疚而區區愚慮不敢不略陳所見伏乞

覆陳彭玉麟等出處江海異形片 同治九年七月十五日 曾國藩

再臣前奉六月十四日
寄諭令彭玉麟迅赴江南并垂詢劉銘傳能否來直楊岳
斌起用能否得力等因續奉六月二十七日
諭旨令臣檄催劉銘傳兼程赴直統帶銘軍以備緩急等
因欽此查捻逆肅清以後劉銘傳即堅請開缺臣七年北
上時過劉銘傳於清江再三慰留該提督面稱畿輔如有
警急仍當投袂而起昨臣檄調張秋銘軍即經致函勸駕
催令迅速赴軍目下淮勇半已遣撤李鴻章所部多係選
用宿將添募新勇惟銘字一軍尚係百戰之舊卒其開花

礮隊亦較他軍為尤精但駐防過久恐於戰事稍疏若令
劉銘傳親出統馭不難復還舊觀戮力用命劉銘傳在同
時諸將中實為魁傑之材此次催令來直可否稍事優異
之處伏候
聖裁彭玉麟前治水師積勞過久謝病還家近來每與臣
書屢言病狀增劇
諭旨飭赴江南未審能否即出楊岳斌上年不憚千餘里
之遥訪鮑超於夔州李鴻章過夔門聞有此事即欲薦令
復出治軍海上與臣往返函商其後楊岳斌覆鮑超書以
親老身病為辭議遂中止今奉

諭旨臣已致書楊岳斌彭玉麟二臣詢其能否再出俟有復信續行奏陳臣竊謂治海上之水師與江面之水師截然不同江則輕舠小艇已為利器海則非有堅重輪船配用巨礮斷不足自立以與敵爭衡江則兩湖三江之人皆可召募海則風潮掀簸非閩廣甯波沿海之人往往嘔吐發軟不能便習重洋江則支湖小港一望可知海則浩無津涯非練習多年不足以定方向而測淺深其餘均須艱難創造另起鑪錘長江得力之將帥用之海上殊恐遷地弗良今中國輪船甫經修造尚不盡如洋人兵船之式洋槍洋礮甫經操練亦不能及洋人技藝之精至若召募水

軍出海操演此時尚未議及苟欲捍禦外侮徐圖自強自非內外臣工各有卧薪嘗膽之志持以一二十年之久未易收效然因事端艱鉅畏縮不為俟諸後人則後人又將託辭以俟後人且永無自強之一日茲當閩滬兩廠船成之時即當於兩處選立統將慎擇船主出洋操練無論有警無警窮年累歲練習不懈或者求艾三年終有可以即戎之時愚昧之見附陳梗概伏乞

天津府縣到案日期摺 同治九年七月三十日　曾國藩

竊臣等前奉七月十一日

寄諭曾國藩現將天津府縣解交刑部治罪本日軍機大臣呈遞毛昶熙信函有羅淑亞即擬進京之語該府縣解送到部時萬一羅淑亞欲到刑部親看審訊殊屬不成事體不若仍令張光藻等在津呈遞親供將來定案時仍由刑部覆核等因欽此又奉十二日

寄諭府縣抵償一節萬無允准之理昨已傳諭錢鼎銘將張光藻等解赴天津並令曾國藩等取具該府縣親供令羅使既因不遂所欲悻悻回京此時中外一心力拒詭謀

曾國藩等仍當飭張光藻等速遞親供在津候質等因欽
此仰見
朝廷法外施仁於該府縣等曲予保全以伸正氣而崇
國體凡在臣僚同深感激續奉十六日
寄諭張光藻劉傑現在何處已否到津趁此洋人在京趕
緊取具親供奏明辦理庶其中不至為難若以奉旨治罪
之員任其他去既於國體有傷在該革員等亦非計之得
者等因欽此續又奉二十日
寄諭本日據軍機大臣呈遞直隸按察使錢鼎銘稟函據
稱已革天津府知府張光藻因患病出省在順德府調治

已革天津縣知縣劉傑亦在密雲縣治病已派員分赴守催等語覽奏不勝詫異張光藻劉傑以奉旨治罪人員卽使患病屬實亦應在天津聽候查辦乃該革員等一赴順德一赴密雲捏病遠避直視諭旨如弁髦尚復成何體事試思該革員等不呈遞親供辦别是非總理各國事務衙門王大臣等與洋人終日辯詰何能以空言相抵朝廷之令該革員等赴津者實曲示保全之意乃皆不能體會倘然置身事外若使洋人聞之豈不益滋口實此事關係重大不可再涉遷延著錢鼎銘懍遵前旨星夜派員前往將該革員等迅解天津不准藉詞託病仍著將起解日期趕

緊覆奏曾國藩於張光藻等革職後率行給假他出實屬不知緩急並著派員勒限催提俟解到日會同毛昶熙取具該革員等確切親供以憑核辦若再託詞遠避國法具在豈能寬宥將此由五百里諭知曾國藩並傳諭錢鼎銘知之欽此臣國藩查該府縣自六月十六日撤任以後即行請假離津臣初見該員等本無大過不欲於撤任之後更予重咎故各允其所請其時尚未奏參也迨羅淑亞到津照會臣處欲將府縣擬抵臣與崇厚酌定革職交部皆在府縣離津數日之後不惟該員等不及聞知即微臣初意亦不及此實非奏參後仍復縱令潛逃其後奉到七月

十一日改解津郡之
旨仰體設法保全之意即經飛檄催提而該員等一往順
德特就醫藥一往密雲安置眷累相距較遠臣檄臬司委
員分提飛騎兼程而道途回遠水潦阻滯未能迅速到案
其張光藻以十八日由順德起程劉傑以二十二日由密△
雲起程業由錢鼎銘專摺馳報二十五日劉傑解到天津
二十七日張光藻亦已解到臣等擬即會同丁日昌當堂
審訊取具該員等切實親供奏明辦理旋接總理衙門來
信稱法國譯官德微理亞遞洋文照會大意言府縣及
陳國瑞主使證據現飭同文館速行繙譯該府縣親供應

俟所譯洋文寄津後按照所指各節逐一詳細質訊叙入
供摺方免歧舛應即遵照辦理俟寄到洋文之後再行取
具供摺分送總理衙門刑部以便核辦至拏犯一節現在
已獲三十七名仍嚴飭地方文武員弁認真購線將在逃
首要兇犯儘数弋獲一面設局派員隔别研訊不任狡展
首者擬以實抵從者擬以軍流為此分别嚴辦庶足以杜
外患而消亂萌除俟訊明府縣確供續行會奏外所有該
革員等提解到津日期及現在辦理情形理合會同江蘇
撫臣丁日昌具摺馳報伏乞

訊取天津府縣親供摺 同治九年八月十四日

曾國藩

竊臣等於七月三十日將提解已革天津府縣到津日期恭摺奏報奉

上諭羅淑亞所遞洋文即著曾國藩等按照所指各節逐一詳訊取具切實親供其事所必無者固應明白剖晰其情所或有者亦不可諱飾避就庶有以折服洋人之心不致再滋口實等因欽此臣等查府縣改解津郡

朝廷權衡至當具有深心疊奉

諭旨催取革員等親供以為辦難之資而總理衙門來書於府縣擬抵一節亦皆堅持定力不肯曲從正論持之自

上已足張國勢而懾敵情臣等曷勝欽佩張光藻劉傑抵
津後即據呈遞親供臣等彼此面商仍識恐供詞內仍有不
實不盡之處上瀆
聖主矜全之恩下授洋人吹求之柄議由臣等在津先加
駁詰凡該員等敘供有本係疏虞意存迴護者亦有本無
大過語未分晰者均經臣等摘出詰問令其逐條登復其
羅淑亞所遞洋文由總理衙門鈔寄到臣亦令該革員等
按照所指各節一一供明羅使照會內稱此次洋文業經
分送各國意謂懸之國門非為定論府縣供詞亦必令各
國共知推問尤宜覈實臣等令署理天津道丁壽昌會同

臣祖熙臣成林奏帶司員臣國藩奏派之道員先行會審
臣等親加鞫問務令該革員等心服仍復有辭以對洋人
方為確實謹將府縣親供及發復洋文各條鈔送軍機處
備呈
御覽臣等細核此案雖由謠言肇衅而百姓之聚眾滋事
實緣豐大業之對官放槍倉猝致變未經放槍以前該領
事怒責巡捕趨赴商署持械出入百姓并皆讓路任令行
走初無傷害之心若使豐大業不兩次放槍必可安然無
事迨至滋事以後則眾人洶洶已成不可禁遏之勢該府
縣等臨時失於彈壓事後不能緝兇按其情勢雖亦不無

可原惟地方釀成如此大變邊衅幾從此開自非尋常因
案被議者可比相應請
旨飭下刑部核議具奏其應如何定讞之處伏候
聖裁至滋事兇犯現已拏獲八十餘名設局審訊各犯恃
無旁證異常狡展計確有證供應正法者已得七八人略
有證供應治罪者約二十餘人唯尚時供時翻將來定案
但取情節較真恐不能拘守常例俟各犯嚴訊明確再行
會奏所有臣等訊取府縣確供謹繕摺具奏伏乞

審明津案各犯摺

同治九年八月二十三日　曾國藩

竊臣等疊奉
諭旨飭將津郡五月二十三日案內滋事兇犯迅速辦結
近又接奉八月二十日
寄諭飭將未獲各犯勒限嚴拏現獲之犯認真研鞫不得稍涉寬縱致令兇徒漏網轉滋洋人口實等因欽此臣等自承辦此案久經督飭文武設法購拏悉心研鞫自七月下旬設局發審嚴立限期晝夜追求直至中秋節前僅得應正法者七八人應治罪者二十餘人臣以辦理日久人犯無多深負委任更恐洋人不肯輸服轉致枝節橫生日

來激屬各員不得稍存寬縱務令多緝正兇以示持平而全大局惟此案事起倉猝本無預先糾集之正兇而洋人多已傷亡又無當堂質對之苦主各屍初入水火旋就掩埋並未驗傷填格絕無形跡可為物色兇手之資用是漏網之犯難於掩捕已獲之犯不肯認供天津無賴之徒有稱為混星子者向以能熬刑自詡此次輒以為出於義憤雖酷刑而不畏而鄰右亦不敢出而質證恐為輿論所譏彈又慮仇家之報復欲求罪當情真定案萬難迅速欲以無辜充數則問心既有所不忍而亦不足服洋人之心棘手甚多愈辦愈窘反復籌思若拘守常例實屬窒礙難行

有不能不變通辦理者常例羣毆斃命以最後下手傷重者當其重罪此案則當時眾忿齊發聚如雲屯去如鳥散事後追究斷不能辨其孰先孰後孰致命孰不致命但求確係下手正兇不復究其毆傷何處此變通辦理之一端也常例斷獄決囚必以本犯畫供為定其本犯供詞狡展則有眾證確鑿即同獄成之例此案則各犯情無屍親堅不吐實旁人又不肯輕易指質眾證亦殊難得臣等議定本犯無供但得旁證二人三人指實取具切結亦即據以定案此又變通辦理之一端也計訊定供證確實者十一人無供而有確證者四人共計可以正法者十五名擬辦

軍流者四人擬辦徒罪者十七人共計可科輕罪者二十
一名除即日將各犯恭摺咨送總理衙門暨刑部外謹先
繕具清單恭呈
御覽其情節較重訊有端倪供證均未確實者尚有十六
名擬歸於第二批辦理情節較重在逃未獲者尚有十一
名一併開單先呈
御覽以釋
宸廑將來第二批奏結或再辦首從犯各數名或與洋人
訂定抵償實數中國如數辦到請
旨敕下總理衙門核定行知臣等以便遵循此次定擬各

犯若遂速行處决將來擧辦愈難應與洋人商定統俟續
奏二批後併案辦理所有臣等審明第一批人犯分別定
擬緣由謹繕摺具陳伏乞
皇太后
皇上聖鑒訓示再臣國藩於六月初十日到津今已逾七
十日始將要犯具奏辦理遲延應請
旨將臣曾國藩交部嚴加議處合併陳明謹
奏

照復法國使臣 同治九年　曾國藩

為照復事同治九年六月二十四日本閣部堂接得貴大臣照會內稱現在未能極力彈壓立拏兇犯正法等因查五月二十三日之案滋事兇犯現已嚴飭新任道府趕緊查拏斷無任令凶徒久稽顯戮之理只緣是日津民聚衆過多不能指實何人為首何人為從近日訪得數名已令其先行拏案嚴刑拷訊務令供出夥黨按名緝獲處以極刑以申　中國之法以紓貴國商官之恨大約數日之內必可弋獲多名斷不至再事遲延貴大臣儘可放心至照會內稱天津府縣及提督陳國瑞議抵以抵命等語查陳國

瑞以客官路過天津本屬事外之人前准照會云云該提督現在都門本閣部堂昨已咨請總理衙門就近傳訊應俟總理衙門訊明咨復到日再行核辦（至）此案前任府縣至辦理不善本閣部堂到津後即將該員等先行撤任又以案情重大該府縣事前既不能防範事後又不能速拏凶徒業經奏明　大皇帝將該府縣革職從重解交刑部治罪在案若如照會所稱必將該府縣議以抵命查審獄極刑必須有可誅之心或有顯著之惡該府縣（並非下手殺）議以抵命查人之人又無絲毫主使確據本閣部堂未能指實其罪之所在難以照辦因思貴大臣當明晰該府縣二人有應抵

命之罪可請逐層說明本閣部堂得有二人罪狀實在憑
據自能公平辦理再本閣部堂到津後查明天津府有事
後之三件事一係五月二十五六閒河東匪人搶蘇老義
等教民數家張守即前往彈壓一係有一教民與一民人
因帳目在府涉訟張守即將民人枷號示衆一係府署把
門者係教民該府欲訪查凶手即令教民密訪凶犯懸有
重賞現在此人仍在府署當差此三事雖小足見知府有
保護教民之心無傷害法國之意至天津縣劉令雖無保
護確據而亦無傷害教堂之心貴大臣如查有府縣罪狀
即請一一開示以便轉交刑部定議中國遇有大獄皆由

部臣作主畫臣不能擅專爲此再商貴大臣請煩細核見
示須至照會者

諭天津士民示

曾國藩

自咸豐三四年間本部堂即聞天津民皆好義各秉剛氣心竊嘉之夫好義者救人之危難急人之不平即古所謂任俠之徒是也秉剛氣者一往直前不顧其他水火可赴白刃可蹈之類是也斯固屬難得之質有用之才然不善造就則或好義而不明理或有剛氣而無遠慮皆足以僨事而致亂即以昨五月廿三日之事言之前聞教堂有迷拐幼孩挖眼剖心之說爾天津士民忿怒洋人斯亦不失為義憤之所激發然必須訪察確實如果有無眼無心之尸實為教堂所掩埋如果有迷拐幼孩之犯實為教堂所

指使然後歸咎洋人乃不誣枉且即有真憑實據亦須稟
告官長由官長知會領事由領事呈明公使然後將迷拐
知情之教士挖眼剖心之洋人大加懲治乃為合理今並
未搜尋迷拐之確證挖眼之實據徒憑紛紛謠言即思一
打洩忿既不稟明中國官長轉告洋官自行懲辦又不稟
明官長擅殺多命焚毀多處此爾士民平日不明理之故
也我能殺彼亦可以殺報我能焚彼亦可以焚報以忿召
忿以亂召亂報復無已則天津之人民房屋皆屬可危内
則勞　皇上之憂慮外則啟各國之疑衅十載講和維持
多方而不足一朝激變荼毒萬姓而有餘譬如家有子弟

但逞一朝之忿而不顧禍患入於門庭憂辱及於父兄可乎國有士民但逞一朝之忿而不顧干戈起於疆場憂危及於　君上可乎此爾士民素無遠慮之故也津郡有好義之風有剛勁之氣本多可用之才然善用之則足備干城誤用之則適滋事變聞廿三日焚毀教堂之際土棍游匪混雜其中紛紛搶奪財物分攜以歸以義憤始而以攘利終不特為洋人所譏即本地正紳亦羞與之為伍矣本部堂奉　命前來一以宣布　聖主懷柔外國息事安民之意一以勸諭津郡士民必明理而後可言好義必有遠慮而後可行其剛氣保全前此之美質挽回後日之令名

此後應如何仰體　聖意和戢遠人應如何約束同儕力
戒喧閧如何而懲既往之咎如何而靖未平之氣仰讀書
知理君子悉心籌議分條稟覆特諭

叩懇　天恩矜全良吏疏　同治九年　倭仁

竊聞天津知府張光藻仕直多年循聲卓著曾國藩曾經明保有案近因民教滋事先被崇厚　奏參與劉傑俱以辦理不善奉　旨交部議處既已降級留任矣迨後法國誣其指使而曾國藩誤聽崇厚之言　奏參革職交部治罪意在稍事委蛇曲全和好中外公論羣起而非之曾國藩深自悔恨致書總理衙門有内慚神明外愧清議聚九州鐵不能鑄此錯也之語力持正論請其代求　曲全旋奉旨著直隸臬司改解天津質訊取具親供送部核議命下之日不特曾國藩感戴　恩施中外臣民無不仰

聖主之仁明矜全小臣正所以保全　國脉繼而曾國藩會同毛昶熙丁日昌成林等質訊取具親供　奏交部議忽奉　上諭令解交刑部中外人心惶惶深恐二人入於寃獄　奴才深知　列祖　列宗開國以來未嘗有枉罪臣工之事天津一案公論昭彰守令之辦理不善勢必處於無可如何並非指使曾國藩等已疊次奏明查辦張守（光藻）賢聲素著皆久在我　皇太后皇上洞鑒之中往者林則徐姚瑩達洪阿之獄事情重大十倍於茲我　宣宗成皇帝雖為息事安民稍加薄譴旋以民望所歸復職大用我　文宗顯皇帝登極

硃諭猶欲諸臣盡忠盡力深責宰相不能扶持至令天下
猶莫不仰嘆　列聖之明如日月恩同覆載今我
皇太后　皇上雖亦欲息事安民斷無不思
祖訓顧國體之理況曾國藩為我　朝重臣始終守令
係誤聽崇厚之言致蒙舉世清議中心自疚不可為人屢
以函商總署深自引咎毫不推過於人惟求乞　恩免解
我　皇上待大臣有禮豈肯因其一時之誤聽人言忍
成終身之大恥而使天下稱寃今曾國藩不可為人即我
國家亦將蒙恥不可為國也且古有忠臣仇敵所忌善
謀國者斷不肯喪國家忠臣之氣以遂仇敵致害之心漢

殺鼂錯以悦吳楚究不能止吳楚之叛而徒貽景帝以刻
薄之名宋殺岳飛以悦金人究不能禁金人之欺而徒貽
高宗以忘仇之罪我　皇上自必上法　祖
宗豈肯襲漢宋之誤況今日重罪守令以謝夷人將來
此端一開何以立國惟有仰懇　天恩交部核議在守
令自當為國受過在議臣自當執法不易而在　皇上
自當守格外之仁以守正氣而培　國脈於一時權宜之
中仍為百世不拔之計愚昧之見是否有當伏乞　聖
鑒

預籌民教滋事案件片　同治九年　倭仁

再叅劾守令查辦凶手係以前總署所許固不可失信於外夷惟守令但當治以應得之咎而不可曲法以狥夷情百姓但當審辦應抵之命不可逾數以傷元氣此外未經許過之事如有求請不可輕許輕許而不行必以我為失信輕許而必行又將何所底止願　皇上飭中外大臣上下一心堅持定見為自强之計彼所重在通商斷不致與我　國為難至海口防兵當　飭交直隸總督整頓成林職任通商未諳兵事不足專倚教堂一事終難相安此次宜與之約中國習中國聖人之教外國習外國耶穌天主

之教教堂在中國者不必傳中國之人中國之人如私從其教因案犯罪之處中國官府以中國法令治之不得牽涉教堂而教堂亦不得干預官府之事百姓與夷人各安其分然後通商和好永無滋事之端天津為京師咽喉外夷如或以百姓為詞為設防兵斷不可許此皆關於利害甚大是否有當伏乞

聖鑒

瀝陳夷患疏同治九年七月二十日奏　內閣中書李如松

竊維中國之與夷狄從無久和之理歷觀漢唐晉宋和親歲幣史不絕書而其貪婪無厭反覆不常卒至有挾而求伺釁而動國賦為之耗竭民力為之凋瘵然猶不過寇鈔邊境時去時來未有近居肘腋要劫朝廷分據海疆牽掣數省如今日英法諸夷之尤甚者也我

朝自西夷通商以來其始僅有廈門香港兩處其繼沿江各要隘均已設立碼頭咸豐十年夷船直逼天津進窺畿輔其時髮捻充熖方張東南數省盡為糜爛外無刻期入援之兵內無知兵堪戰之將措手不及倉猝議和遂至歸其俘囚准其傳

教京城之内至有夷使駐居此　國家之大辱猶可曰不得已也迨數年間仰賴　皇上威福大臣戮力東南諸逆一律蕩平外臣整頓長江水師并於江南閩廣等處製造輪船機器内臣議設同文館採聽夷情中外臣民方以為先事預防有備無患可以復庚申之恥可以伸中國之威國勢既張人心争奮遂有五月二十三日津民護官斃夷一事風聞法夷經津民懲創之後各海口夷人均懷畏懼惟恐我民之乘間而圖夷人非懼我兵力之强將材之衆也夷人散處各海口民衆夷寡備多力分　國家用兵以制夷機器或不如夷人之精用狎夷習處懷忿圖報之

民以制夷不費一錢一粟而皆可以得其死力此夷人之
所深懼而中國之所可藉以自强者也乃邇來到津輪船
僅有數號真夷兵不過數百人其餘均以閩廣惡少充數
以護衛商人為名未嘗舉兵要挾即我亦未嘗有折兵失
地之事與夫强弱不敵之形而辦理夷務大臣已迭次奏
請　諭旨責令各省地方官保護教堂彈壓百姓矣夫制
夷無善策要亦當知彼知己統全局而籌之以地勢而論
夷人往返以三月程消息往來不能朝發夕至是我之攘
夷可以一旦而發之夷之報我不能刻期而致之也以人
數而論夷之在中國者各處約有萬人商居其七兵居其

三彼欲敗盟啓釁其堪與我兵接者祗此數千人是彼欲求援遠隔重洋之外我欲徵募近在數省之間也以餉源而論夷人動衆興師必先聚商人而謀之商願借餉然後能戰商不願借并不能戰即所借之餉猶須稱息以償是彼之利權操之在下不如中國之歲有常供也以天時而論夷人所恃者輪船交冬冰結輪船不能開行且一遇冬令北風猛烈逆風逆水往往有顛覆之患是一年之中夷之擾我者不過數月又不如中國之可以水陸兼攻也凡此數端其勢之不足畏自在　聖明洞察之中而猶委曲彌縫有求必應夷欲殺我民則指爲滋事人犯以懲之夷

欲害吾官則指為辦理不善以罪之不知　朝廷何所畏而出此恐辦理夷務大臣中必有引和自重借夷人恐喝之虛聲以挾制　陛下者假令殺我民罪我官夷人可以無求　國家可以安然無事則執我民與官而戮之可也假令飽夷之欲遂夷之求夷人不再激變我民我民之被其毒者飲恨吞聲決無敢聚衆與爭猝然有意外之變則如所願而償之亦可也竊恐犬羊之性不能驟悛桀驁之氓不能忍辱萬一天下之大民與夷鬭者不止一處不知

皇上將何以處之然而議者猶曰夷人步伍嚴整器械精良越數萬里而來有致死之心敷衍目前可以徐圖

自主驟與爭論必至大啟釁端此苟且偷安不知大計之說也謂夷之鋒不可當則朝鮮已兩次敗之謂夷之巧不可及則日本已設法制之堅忍以待其變勿為敵人空言所搖惑訓練已（以）待其戰勿為庸臣淺說所游移彼夷將求和之不暇而何必急急與之和哉議者又曰夷人以數國之多一心謀我備東失西不如和之便此末學膚見不知夷情之說也夷（戎）狄無親惟利是視進而所求必得彼將合謀并力迭肆其長蛇封豕之兇進而所遇輒窮必將解約散縱紛然有鳥驚獸駭之勢如使夷人果合數國為一志在必勝則前年之朝鮮何不再舉兵攻之而乃含垢忍羞

至此臣是以知其無能為也議者又曰夷人在各海口徧蓋洋房財帛貨物充牣其中一旦勝而驅之彼不甘自棄其財必將潛師入寇屢屢犯邊百姓受無限之侵凌中國增無窮之防費不知夷之有財者商也商出財僱兵以自衛財散則商失所恃而兵亦不强矣議者又曰夷人志在通商傳教並無不測之心洋鎗開花礮輪船皆售於我並無不和之志不知其售我以洋鎗等物者其誘我以可和之機也其通商傳教必據水陸所必爭者乃其挾我以不得不和之勢也凡我水師所設防之地皆其碼頭所必立之地凡我大道通達數省之地皆其教堂所必立之地

再遲數十年中國之所謂要害徧地皆夷我一舉動彼纖悉皆知此時而始圖自强悔之晚矣且夷人之所以要挾我者不過曰戰耳不過曰戰必有庚申之敗耳殊不知夷人所忌者民也民所奉者官也官所承者　皇上之政令也彼挾天子之令以刦制吾官官奉天子之令以約束吾民故夷人得以横行猖獗無不如志　皇上一旦聲罪致討君民一心則夷之所在人人得而誅之各海口所聚之財人人得而掠之彼一舉手觸處皆敵而我今日之天下所未平者陝甘雲貴腹内之地全數肅清又不至如庚申之變舍和別無他法　臣料現在之夷人此等情形早已瞭如

指掌必不敢率然一戰以僥倖於不可必得之端也至於迷拐幼孩挖眼剖心近日津民言之確鑿辦理夷務諸臣僉謂無憑夫此事之有無臣亦未能深悉而形迹處處可疑我必處處為之表白是夷之理本曲我顧以直予之我之理本直我反以曲自居也無論為和為戰要必彼曲我直而後可以操縱自如今乃自屈以求和設夷人將來執我之說以為尋釁之名不知二三大臣將以何詞應之在諸大臣豈無見及此者不過以議和目前可必其有成議戰日後更難以逆料軍事無必勝之算今日力主戰議一旦小挫再謀和局必至周章并恐夷人以為罪魁而索之

而　朝廷亦坐以開邊釁之罪夫以夷人之狡詐險狠誠不能保其必勝即勝矣誠不能保其萬無一挫然而和則變遲而大戰則變速而小況乎勝負者兵事之常試觀髮捻滋事以來亦嘗失我良將敗我勁兵特以萬無和理故轉輾籌畫於屢挫之後成一戰之功誠使今日　宸斷一定毅然於　先帝之讐不可不復　國家之害不可不除即使偶有挫失行之以決鎮之以靜持之以堅兵不足則命將募之餉不足則盡力籌之勿戮主戰之人以沮士氣勿頒豢夷之幣以齎盜糧俾中外兵民知　皇上之志在攘夷決無隨戰隨和之舉則勇氣百倍矣伏願　皇上博

選公正之臣力持正議撙節浮濫之費厚賞有功整頓吏治講求兵食留心將材無事有戰之心遇事有戰之備臥薪嘗膽必滅夷人而後已區區英法諸酋何患不延頸就戮哉臣一介小臣何敢妄參大計顧念知而不言上慚報國之忱下負切心之疚用敢披肝膽為　皇上陳之敬擬管見六條另繕清單恭呈　御覽

一拱衛宜嚴密也謹按大學衍義補都城四近之地永平宣府易州臨清皆議建為四輔所以固內蔽外居重馭輕也現在六營官兵雖經整頓竊恐未經陣戰臨事張皇而禁城內外所謂分段設兵者不過梭巡街面查拏匪徒並

無實兵堪戰之兵與夫曾經打仗之將萬一夷人要挾未遂乘虛為亂將何以備禦之臣以為宜採大學衍義補之說在各省挑選勁旅擇知兵武臣統帶分屯永平宣府易州臨清等處每軍以五千人為率起調一處每軍之半赴京操備宿衛禁城半年一替如春班係宣府之軍則秋班即以易州之軍替之臨清永平等軍以次遞及周而復始新班未至舊班不得先回明定換班之期遲誤者嚴加議處至於東西華門外教堂夷館棊布星羅尤當嚴密巡查以清奸宄宜挑派神機營兵丁分班值宿稽查出入如以各門本有值班官兵不須另挑亦留汰弱留强分期操練

以期一兵得一兵之用如此則調發易集而都城鞏固矣
一倉儲宜設衛也各省起運漕糧以通倉為積儲之所分給兵米須發官俸皆仰給於是是京師之根本乃州城坍塌未修難資捍衛所設兵役類皆老弱疲癃假使不逞之徒有導夷人以焚我積聚者我旗漢兵丁必至飢潰徵糧於外又以河道久塞未能即來前明流寇之變通倉被焚即我殷鑒臣以為宜修理州城務使堅固飭令直隸督臣分兵一二千名駐通防守按期操練無事上城川巡有事責令守城不主於戰並飭令該州牧就近稽查兵丁有無缺額操練是否認真按月稟報督臣以憑稽核如此則

州城有備而倉庾可以無虞矣　一河運宜議復也方今南七省漕糧全賴海道通行得以源源起運運河久經淤澱水漲則通水涸則阻本年兩江督臣試辦河運不過將地糧零數僱船運行而大宗仍以海運為主然海道之利我與夷共之設夷人多方要挾以輪船數號分泊南北兩口將糧運不至匱乏堪虞臣以為宜未雨綢繆力復河運如河道淤處過多一時不能修復倣照前代河畔設倉之法於淤塞處所分段蓋造倉房設官管理運舟遇淺不行即將所裝糧米交倉暫存一遇水汛盛漲仍僱船前運如間有乾涸不通或僱車僱夫陸路數十里達至通水處所

交船驗收以陸運濟河運之窮所費略多糧運可以無誤每年運務告竣秋冬水落隨時挑挖河身脩濬淤淺行之數年之久河道可以復通如此則轉運有常無憂外侮矣

一海防宜修備也各省近海重地直隸則有天津山東則有登萊江南則有狼山浙江則有黃巖温州福建則有厦門漳州廣東則有潮州碣石虎門高廉瓊州而江南之松江當劉河吳淞川沙要口浙之寧波當杭紹定海象山要口福之泉州當金門厦門要口廣之惠州密邇碣石虎門舊制皆有屯兵分布扼守天津尤為畿輔要地業已設立陸營增練水師法至密也現在通商已久沿海之沙石

起伏洲渚險阻夷人皆已周知夷船堅厚高大行駛迅速又非廣艇紅單船所能相敵今欲奪其所長攻其所短莫如於各省沿海要口製造長龍舢板以備舟師深洪大溜弗與爭鋒近岸淺灘則以長龍舢板之小船擊之彼船高身重旋轉遲鈍戰必失利凡通商口岸如廣之香港閩之廈門浙之寧波江南之上海山東之煙臺直隸之天津尤當設法（為）重鎮水陸兼防稽查出入杜絕內綫一旦有變則以素練之衆擊客處之夷可以殲渠魁寒敵膽矣　一將材宜簡拔也兵之強弱視乎將將得其人則百人可為勁旅將失其人則萬衆不堪一戰即如告病之提督鮑超罷

職之總督楊岳斌均隨胡林翼轉戰數省歷著奇勳告病之侍郎彭玉麟前在湖北創立水師肅清江路於水師事宜尤為深悉廢員田興恕果敢善戰曉暢兵機本因不協夷情致干罪戾若任討夷之事必能赴湯蹈火效命行間現在中原大定統兵大吏自以功成名就不欲首發難端而武臣之曾著戰功者或因事被譴或謝任歸田然外變之興日甚一日湏有知兵大員統帶雄師分防要害何以備豫不虞臣以為宜及時徵用以備干城並責令統兵大臣於所統將備中分別出具切實考語保舉將材保舉非人則坐以失實之罪如是則疆圉有警而措置可以裕如

矣　一陣法宜練習也夷人所長者在步伍之整機器之精我僅整頓步伍製造機器其勢足以相敵而不足以相制制之之道在彼以整我以散而已查雍正朝苗猺滋事屢挫官兵廣西巡撫李紱創為籐牌撒星陣以勝之其用全在以散擊整分隊直前地近則礮無所施隊散則鎗不能中如其倣而行之復選練馬隊為左右翼可以制西夷之戰兵至於守名城防要口則有如現在霆銘等軍之善戰者皆足以任之如是則戰守可恃而西夷不足平矣

調吳大廷操練輪船片 同治九年九月初六日　曾國藩

再福建前任臺灣道吳大廷於同治七年在臺灣任內因病呈請開缺回籍調理八年三月經沈葆楨奏請起用奉
旨諭知湖南巡撫劉崐飭令迅速回閩襄理船政該道病病痊遵
旨復出以八年七月到閩旋經督解萬年清輪船赴津請驗本年又經奏派運米赴津驗收臣查該道學問淵邃才識閎通前因李續宜奏調赴皖常在臣營即擬儲為
國家異日之用後入閩浙暌隔數年此次来津適臣查辦津案屢與接晤見其學益精才益練議事尤有通識誠堪

勝堅艱鉅之任目下沿海防務亟宜籌備閩滬兩處鐵廠成船漸多而未嘗議及海上操兵事宜臣於七月十九日曾經具奏一次操兵之法其要全在船主得人既為一船之主第一貴善於使船熟悉掌舵看火等事而後合船之水手兵役皆可俯首聽命第二貴明於海道沙綫兼善閱查看地圖第三貴嫺於戰陣能審進退分合機宜三者兼全即洋人亦不可多得中國武員中尤難其選臣愚以為須求之文員中得一素諳戎機講究地圖兼明洋務而又不憚風濤者綜理其事始則博求將才採訪可為船主之員繼則出洋督同操練稽其勤惰終則徧詢外國水戰事宜暗

師其法而取其長乃可日起有功該道吳大廷熟悉船政於兵事洋務講求有素近年南北往返屢涉重洋不畏艱險又久在閩浙頗留心可為船主之才現在上海船廠道員馮焌光等專講造船及鎗礮等事無暇兼顧操兵擬請將吳大廷調至江南綜理輪船操練事宜俾臣藉資臂助該道久駐閩廠閩滬亦可聯絡一氣於整頓海防實有裨益

調陳蘭彬江南差遣片 同治九年九月十六日

曾國藩

再四品銜刑部主事陳蘭彬經臣於上年正月奏調來直襄辦一切深資臂助該員實心孤詣智深勇沈歷練既久斂抑才氣而精悍堅卓不避險艱實有任重致遠之志臣九月初六日奏陳請海上操兵之法其要全在船主得人目下中國輪船於駕駛出洋尚未練習欲求已成之材可為船主者自屬不易多講將來召募之始必先擇閩粵沿海之人不憚風濤者使之學習掌柁看火測量沙線等事以期漸就嫻熟該員生長粵東留心兵事若令延攬將材於輪船操練事宜必有裨益至外國技術之精為中國所未

遠如輿圖算法步天測海製造機器等事無一不與造船練兵相為表裏其制則廣立書院分科肄業凡民無不有學其學皆專門名家每治一藝每製一器皆係父子相傳世繼其業然後通微合漠愈久愈精其國家於軍政船政皆視為身心性命之學如俄羅斯初無輪船國主易服微行親入鄰國船廠學得其法乾隆間其世子又至英國書院肄業數年今則俄人巨礮大船不亞於英法各國此其明效江蘇撫臣丁日昌屢與臣言宜博選聰穎子弟赴泰西各國書院及軍政船政等院分門學習優給資斧寬假歲時為三年蓄艾之計行之既久或有異材出乎其間精

通其法仿傚其意使西人擅長之事中國皆能究知然後可以徐圖自强且謂携帶子弟前赴外國者如該員陳蘭彬及江蘇同知容閎輩皆可勝任等語臣精力日衰自度難策後效然於防海製器等事亦思稍立基緒異日有名將帥者出俾之得所憑藉庶不難漸次拓充陳蘭彬素有遠志每與議及此事輒復雄心激發樂與有成該員係奉旨交臣差遣之員此次仍擬帶至江南於目前操練輪船將來肄業西洋各事必能實力講求悉心規畫

議奏考試算學疏 同治九年　　禮部

同治九年九月二十七日軍機處片交閩浙總督英樸船政大臣沈葆楨等附片奏稱水師之強弱以船砲為宗船砲之巧拙以算學為本西洋砲船愈出愈奇幾於不可思議實則由釐毫絲忽積算而來算積一分巧逾十倍故後來居上耳我　聖祖仁皇帝天亶聰明幾務餘閒旁及象數當時儒臣梅文鼎等親承　聖訓類能與西人上下議論近世通梅氏學者尚不乏人而經生成一家言言無質証欽天監衙門墨守推步成法於理無所發明今　朝廷於閩滬造船津門造砲可謂備矣然工匠依圖仿造縱盡

得其所當然亦步亦趨勢且不及京師設同文館閩滬兩廠均設學堂以講明算法可謂求其本矣然精通算學者必不肯輕去其鄉以遠涉重洋雖出商賈間者所指授皆淺之談未必有精心妙理即或募人赴西國就學而應募者多飄泊無賴荒陋不學之人雖費歲月糜重資孰其文字言語不足以傳其秘臣等再四籌商合無仰懇 聖恩特開算學一科誘掖而獎進之使家有其書人自為學其專長是學者內而總理各國事務衙門戶工二部外而水師關榷鹽糧諸衙門及船砲各局差使均以不可少之才處適相當之地其本係正途出身兼通是學者尤宜別

加優異以示殊榮使以其學印証船砲要工及駕駛核算各事宜一一曉然於所以然之理庶幾精益求精等語軍機大臣奉　旨該部議奏欽此欽遵到部當經臣部以算學係隸國子監行查去後茲據國子監將設立算學案據及現在辦理章程聲覆前來臣等查算學一門權輿隸首而詳於周官之九數周末疇人子弟失官分散書籍更遭秦火中原之典章既多闕佚海外之支流反得真傳此西學之所以有本也洪維我　聖祖仁皇帝聰明天亶薈萃中西算法　御纂數理精蘊一書加減乘除凡多寡輕重貴賤盈朒無遺數比例分合凡方圓大小遠近高深無遺理

徵其用則測天地之高深審日月之交會察四時之節候
較晝夜之長短以至協律度同量衡通食貨便營作無不
統於雍正元年鐫板頒行以為天下萬世法良以算學所
係理與數深學者束髮受書即當從事於此以漸進於廣
大精微之域而為　國家異日有用之才故其時並不另
立科目致令分門別户專為一家言也迨日久廢弛士大
夫得粗遺精往往目為小道或鄙夷而不學或學而不精
若特開是科竊恐未能斲究於平日安能應試於臨時昔
康熙年間楊光先與湯若望賭測日影於　午門九卿無
一知其法者由是以推將不獨應試者人數不敷即主試

者亦恐驟難其選至若定以程式又必開剽竊等弊而無
濟於用查道光二十三年兩廣總督祁𡎴請開製器通算
一科同治元年貢生黎庶昌請開絕學之科均經臣部以
事多窒碍奏駁均奉　旨允准在案所有該督等奏特開
算學一科應毋庸議惟查同治元年　上諭現在山林隱
逸以及末秩下僚各擅所長湮沒不彰甚為可惜着京外
三品以上各官并着各省學政悉心訪查臚舉所長候
旨錄用等因欽此仰見　皇上博采旁搜一藝必庸之至
意現在山林隱逸以及末秩下僚中如果有專精算學者
應請　飭下京外三品以上大員恪遵　前旨核實保薦

聽候　簡用其本係正途出身兼通是學者即如該督等所請別加優異以示殊榮若有資質明敏願習算法者統歸國子監算學照章程學習無論舉貢生監及大員子弟均准錄取其各省學政考試仍一體錄送科場不阻其上進之路總期由成法而得其變化即末藝而溯其本原仰副朝廷造就人才之意如此多設其途較之特開一科尤覺鼓勵奮興不至以實求而以名應庶算學不難日益精密矣

擬選子弟出洋學藝摺 同治十年七月初三日 曾國藩 李鴻章

竊臣國藩上年在天津辦理洋務，經前江蘇巡撫丁日昌奉旨來津會辦，屢與臣商榷，擬選聰穎幼童送赴泰西各國書院學習軍政、船政、步算、製造諸書，約計十餘年業成而歸，使西人擅長之技，中國皆能諳悉，然後可以漸圖自強。且謂攜帶幼童前赴外國者，如四品銜刑部主事陳蘭彬、江蘇候補同知容閎皆可勝任等語。臣國藩深韙其言，曾於上年九月、本年正月兩次附奏在案。臣鴻章復往返商函，竊謂自斌椿及志剛、孫家穀兩次奉命游歷各國，於海外情形亦已窺其要領，如輿圖、算法、步天、測海、造

船製器等事無一不與用兵相表裏凡游學他國得有長技者歸即延入書院分科傳授精益求精其於軍政船政直視為身心性命之學今中國欲仿傚其意而精通其法當此風氣既開似宜亟選聰穎子弟攜往外國肄業實力講求以仰副我　皇上綏圖自强之至意查美國新立和約第七條內載嗣後中國人欲入美國大小官學學習各等文藝須照相待最優國人民一體優待又美國可以在中國指准外國人居住地方設立學堂中國人亦可在美國一體照辦等語本年春間美國公使過天津時臣鴻章面與商及允俟知照到日即轉致本國妥為照料三月間

英國公使來津接見亦以此事有無相詢臣鴻章當以實告意頗欣許亦謂先赴美國學習英國大書院極多將來亦可隨便派往此固外國人所深願似於和好大局有益無損臣等伏思外國所長既肎聽人共習志剛孫家穀又已導之先路計由太平洋乘輪船逕達美國月餘可至當非甚難之事或謂天津上海福州等處已設局仿造輪船鎗礮軍火京師設同文館選滿漢子弟延西人教授又上海開廣方言館選文童肄業似中國已有基緒無須遠涉重洋不知設局製造開館教習所以圖振奮之基也遠適肄業集思廣益所以收遠大之效也西人學求實濟無論

為士為工為兵無不入塾讀書共明其理習見其器躬親其事各致其心思巧力遞相師授期於月異而歲不同中國欲取其長一旦遽圖盡購其器不惟力有不逮且此中奥窔茍非徧覧久習則本原無由洞澈而曲折無以自明古人謂學齊語者須引而置之莊嶽之閒又曰百聞不如一見此物此志也況誠得其法歸而觸類引伸視今日所為孜孜以求者不更擴充於無窮耶惟是試辦之難有二一曰選材一曰籌費蓋聰穎子弟不可多得必其志趣遠大品質樸實不牽於家累不役於紛華者方能遠遊異國安心學習則選材難　國家帑項歲有常額增此派人出

洋肄習之款更須措辦則籌費又難凡此二者臣等亦深知其難第以成山始於一簣蓄艾期以三年及今以圖庶他日繼長增高稍易爲力爰飭陳蘭彬容閎等悉心酌議加以覆核擬派員在滬設局訪選沿海各省聰頴幼童每年以三十名爲率四年計一百二十名分年搭船赴洋在外國肄習十五年後按年分起挨次回華計回華之日各幼童不過三十歲上下年力方强正可及時報效聞前閩粤寧波子弟亦時有赴洋學習者但止圖識粗淺洋文洋話以便與洋人交易爲衣食計此則入選之初慎之又慎至帶赴外國悉歸委員管束分門別類務求學術精到又

有繙譯教習隨時課以中國文義俾識立身大節可冀成有用之材雖未必皆為偉器而人才既衆當有瑰異者出乎其中此拔十得五之説也至於通計費用首尾二十年需銀百二十萬兩誠屬巨欵然此欵不必一時湊撥分析計之每年接濟六萬尚不覺其過難除初年盤川發給委員攜帶外其餘指有定欵按年預撥交與銀號陸續滙寄事亦易辦總之圖事之始固不能予之甚吝而遽望之甚賒况遠適異國儲才備用更不可以經費偶乏淺嘗中輟近年來設局製造開館教習凡西人擅長之技中國頗知究心所須經費均蒙　諭旨准撥亦以志在必成雖難不憚

雖費不惜日積月累成效漸有可觀茲擬選帶聰穎子弟赴外國肄業事雖稍異意實相同謹將章程十二條恭呈

御覽合無仰懇　天恩飭下江海關於洋稅項下按年指撥勿使缺乏恭候　命下臣等即飭設局挑選聰穎子弟妥慎辦理如有章程中未盡事宜並請　敕下總理衙門酌核更改臣等亦可隨時奏請更正所有擬選聰穎子弟前赴泰西各國肄習技藝緣由謹合詞恭摺具　奏

謹將挑選幼童前赴泰西肄業酌議章程恭呈

御覽

一商知美國公使照會大伯爾士頓將中國派員每年選

送幼童三十名至披中書院肄業緣由與之言明其束修膏火一切均中國自備並請俟學識明通量材拔入軍政船政兩院肄習至赴院規條悉照美國向章辦理

一上海設局經理挑選幼童派送出洋等事擬派大小委員三員由通商大臣劄飭在於上海寧波福建廣東等處挑選聰慧幼童年十三四歲至二十歲為止曾經讀中國書數年其親屬情愿送往西國肄業者即會同地方官取其親屬甘結並開明年貌籍貫存案攜至上海公局考試如姿性聰穎並稍通中國文理者即在公局暫住聽候齊集出洋否則即撤退以節糜費

一選送幼童每年以三十名為率四年計一百二十名駐洋肄業十五年後每年回華三十名由駐洋委員臚列各人所長聽候派用分别奏賞頂戴官階差事此係官生不准在外洋入籍逗遛及私自先回遽謀别業

一赴洋幼童學習一年如氣性頑劣或不服水土將來難望成就應由駐洋委員隨時撤回如訪有金山地方華人年在十五歲內外西學已有幾分工夫者應由駐洋委員隨時募補以收得人之效臨時斟酌辦理

一赴洋學習幼童入學之初所習何書所肄何業應由駐洋委員列冊登註四月考驗一次年終註明等第詳載細

冊賫送上海道轉報

一駐洋派正副委員二員每員每月薪水銀四百五十兩繙譯一員每月薪水銀二百五十兩教習二員每員每月薪水銀一百六十兩

一每年駐洋公費銀共約六百兩以備醫藥信資文冊紙筆各項雜用

一正副委員繙譯教習來回川費每員銀七百五十兩

一幼童來回川費及衣服等件每名銀七百九十兩

一幼童駐洋束修膏火屋租衣服食用等項每名每年計銀四百兩

一每年駐洋委員將一年使費開單知照上海道轉報倘正款有餘仍涓滴歸公若正款實有不足之處由委員隨時知照上海道稟請補給

一每年駐洋薪水膏火等費約計庫平銀六萬兩以二十年計之約需庫平銀一百二十萬兩

設局招商試辦輪船行運疏

直隸總督李鴻章

竊查本年五月間臣於擬覆製造輪船未可裁撤摺內籌及閩滬現造輪船皆不合商船之用將來間造商船招令華商領雇必准其兼運漕糧嗣准總理衙門奏覆以間造商船華商領雇一節李鴻章沈葆楨俱以為可行應由該督撫隨時察看情形妥籌辦理等因奉
旨依議欽此旋准總理衙門函屬遴諭有心時事之員妥議章程俟官船工竣成規具在承租者自爭先恐後誠為力求實濟起見臣反覆籌維現尚無船可租徒議章程未即施行仍屬空言無補因思同治六七年間曾國藩丁日昌在江蘇督撫

任內迭據道員許道身同知容閎創議華商置造洋船章程分運漕米兼攬客貨曾經寄請總理衙門核准飭由江海關道曉諭各口試辦日久因循未有成局僅於同治七年借運夾板船一次旋又中止本年夏間臣於驗收海運之暇遵照總理衙門函示商令浙局總辦海運委員候補知府朱其昂等酌擬輪船招商章程嗣又據稱現在官造輪船內並無商船可領該員等籍隸松滬深知各省在滬殷商或置輪船或挾資本向各口裝載貿易向俱依附洋商名下若由官設立商局招徠則各商所有輪船股本必漸歸併官局似足順商情而張

國體擬請先行試辦招

商為官商浹洽地步俟機器局造成商船即可隨時添入
推廣通行又江寗浙沙寗船隻日少海運米石日增本届
因沙船不敷諸形棘手應請以商局輪船分裝海運米石
以補沙寗船之不足將來雖米數愈增亦可無缺船之患
等情臣飭據津海關道陳欽天津道丁壽昌等覆核皆以
該府朱其昂所議所議為然請照户部核准練餉制錢借
給蘇浙典商章程准該商等借領二十萬串以作設局商
本而示信於衆商仍預繳息錢助賑所有盈虧全歸商認
與官無涉朱其昂承辦海運已十餘年於商情極為熟悉
人亦明幹當即飭派回滬設局招商迭據稟稱會集素習

商業殷富正派之道員胡光墉李振玉等公同籌商意見相同各帮商人紛紛入股現已購集堅捷輪船三隻所有津滬應需棧房碼頭及保險股分事宜海運米數等項均辦有頭緒並稟經臣咨商江浙督撫臣飭撥明年海運漕米二十萬石由招商輪船運津其水脚耗米等項悉照沙寗船定章辦理至攬載貨物報關納稅仍照新關章程辦理以免籍口昨據浙江糧道如山詳稱該省漕米數較增正患沙船不敷撥用請領朱其昂等招商輪船分運浙漕較為便捷又准兩江督臣張樹聲函覆以海運雖在僱船今有招商輪船以濟沙衛之乏不但無碍漕行實於海運

大有裨益嚴當飭江海關道和衷協辦勿致善舉中輟等語是南北合力籌辦華商輪船可期就緒目前海運固不致竭蹶若從此中國輪船暢行閩滬各廠造成商船亦得隨時租領庶使我內江外海之利不致為洋人佔盡其關係於國計民生者實非淺鮮同治十一年

照會閩浙督憲李兵至臺灣同治十三年　日本陸軍中將西鄉

臺灣土番之俗自古嗜殺行刦不奉　貴國政教海客畱難是樂邇年我國人民遭風漂到彼地多被慘害幸逃脫者迫入　貴國治下之境始沾　仁宇恩恤藉得生還本國稔知　貴國矜全我民之意厚且至也我國政府感謝奚似而彼土番反是害我人民如此為民父母豈忍漠然是以我　皇上委本中將以深入番地招彼酋長百般開導殛其凶首薄示懲戒使無再轍蹈前轍以安良民本中將謹遵欽旨即率親兵將由水路直進番地至若船過貴境固無他意應毋拒阻但恐閭巷之說或觸於　貴國

之詑異茲特備文報明為此照會　貴大臣希即查照

又片

明治四年十二月我琉球島人民六十六名遭風壞船漂到臺灣登岸是處屬牡丹社竟被番人刦殺五十四名死之十二名逃生經蒙　貴國救護送回本土又於明治六年二月我備中州人民佐藤利八等四名漂到臺灣卑南番地亦被刼掠僅脱生命幸蒙　貴國𠐍典送交領事旋即回國凡我人民疊受　恩德啣感無涯茲我政府獨怪土番幸人之災肆其刦殺若置不問安所底止是以遣使往攻其心庶使感發天良知有人道而已故本中將雖云

率兵而往惟備土番一味悍暴或敢抗抵來使從而加害
不得已則稍示膺懲之勢耳但所慮者有　貴國及外國
商民在臺灣所開口岸運貨出入者或見我國此間行事
便思從中竊與生番互通交易資助敵人軍需則我國不
得不備兵捕之務望　貴大臣徧行曉諭臺灣府縣沿邊
口岸各地所有中外商民勿得毫犯又所懇者倘有生番
偶被我兵追趕走入臺灣府縣境內潛匿者煩該地方隨
即捕交我兵屯營是望特此又片以陳

版宜作版

照會日本國陸軍中將西鄉日兵至臺事 同治十三年　閩浙督李鶴年

照得臺灣全地久隸我國版圖雖其土番有生熟之别然同為食毛踐土已二百餘年猶之粵楚雲貴邊界猺獞苗黎之屬皆古所謂我中國荒服羈縻之地也雖生番散處深山獉狉成性文教或有未通政令偶有未及但居我疆土之内總屬我管轄之人查萬國公法云凡疆内植物動物居民無論生斯土者自外來者按理皆當歸地方律法管轄又載發得耳云各國之屬物所在即為其土地又云各國屬地或由尋覓或由征服遷居既經諸國立約認之即使其間或有來歷不明人皆以此為掌管既久他國即

不應過問又云各國自主其事自任其責據此各條則臺灣為中國疆土生番定歸中國隷屬當以中國律法管轄不得任聽別國越俎代謀茲 貴國中將照會以臺灣生番戕殺遭風難命民奉命率兵深入番地殛其凶首以示懲戒在生番疊遭悍暴殺害無辜即按以中國之法亦律所必誅惟是臺灣全地素屬中國 貴國政府并未與 總理衙門商允作何辦理遽行命將統兵前往既與萬國公法違背亦於同治十年所換和約第一第三兩條不合然詳閱來文先云招彼酋長百般開導使毋再蹈前轍復云雖率兵前往惟備土番抗拒不得已始稍示膺懲是 貴

國中將之意但在懲辦首凶以杜後患并非必欲用兵所
開兩案首凶其備中州遭風難民前由生番送出并未戕
害一人當經本部堂派員送滬交領事官送還自枋藔至
瑯𤩝一帶早經本部堂飭令臺灣道委員建造隘藔選舉
隘丁隘首遇有外國遭風船隻以便隨時救護此後　貴
國商民往來該地當不至有刦殺之事去歲備中州難民
并未被害即其明証其琉球島即我屬國中山國疆土該
國世守外藩甚爲恭順本部堂一視同仁已嚴檄該地方
官責成生番頭人趕緊勒限交出首凶議抵總之臺灣屬
在中國應由中國自辦毋庸　貴國代謀　各國公使俱

在京師必以本部堂為理直緣准前因合即照覆
照得前准照會得悉　貴中將奉命統兵懲儆臺灣生番
當經本部堂援據萬國公法請　貴中將撤兵回國以符
條約具文照覆在案茲於四月十二日接據臺灣鎮道稟
稱　貴中將統率部兵已在我鳳山縣所屬瑯璠柴城一
帶地方紮營與屬地生番爭鬭經委安平協副將周振邦
署臺防同知傳以禮等馳赴該處於初八日與　貴中將
相見面論本部堂照會曾否達覽　貴中將答以已經收
到並語該文武官以此次用兵生番因去年　貴國副島
大臣早與　總理衙門商明近又有　欽差赴北京專論

此事俟北京信到再行照覆不肯即日回兵等因又據稟稱四月初七日有　貴國駐廈領事官福島九成書記吳碩往見該鎮道面言要赴瑯嶠查看不准本國兵船與中國民人滋事以敦和好特來拜謁該鎮道詢以何故動兵答稱欲將生番稍示懲儆不敢擾害中國地方等語先後到本部堂准此詳閱各情深佩　貴國政府敦信修睦益固邦交之意而　貴中將謹承　上命情意殷勤務泯猜嫌以敦永好聞之亦甚欣愜因思　貴國與中國立約未久方期兩國和好可與天壤無窮乃此舉並未商由　總理衙門移知本部堂作何辦理徑命　貴中將統師赴中

國所屬邦土本部堂所管地方用兵蓋由輕動浮言誤會
生番非中國所管之謠傳遂致　貴國政府與　貴中將
近日所為事事與萬國公法修好條約違背宜中外輿論
皆不以為然也除既載本部堂前次照會外合再將本部
堂確查証據及　貴國此舉不合萬國公法暨修好條約
之處為　貴中將更詳告之查瑯璚番社人物地方確歸
中國轄屬証據歷歷分明可核者三南路瑯璚十八社向
歸鳳山縣管轄每年征完番餉二十兩有奇載在臺灣府
志此証據一也臺灣設立南北路理番同知專管番務每
年由各該同知入内山犒賞生番鹽布等物此証據二也

柴城又名福安街建有我　朝福公康安碑廟此証據三也証據確鑿歷來已久特以禮記不易其俗不易其宜故向來中國不全繩以律法而已查兩國脩好條規第三條云兩國禁令政事各有異同其禁政事應聽已國自主彼此均不得代謀干預查臺灣生番久屬中國其不全繩以律法者即政事禁令各有異同之一端也按約應聽中國自主　貴國不得代謀干預況兩國所屬邦土不可稍有侵越第一條顯有明文尤宜共相篤守又第十四條載中國日本人在中國指定口岸及附近洋面不准與不和之國互相爭鬭夫附近中國洋面與不和之國尚不准爭鬭況爲我

疆土之內隸屬之人今　貴中將在瑯璠柴城一帶於我
設立隘寮之疆土竟行登岸紮營於我納稅食糧之番民
竟行按仗爭鬪與條約各款種種不合設令他國效貴國
之所為於　貴國屬地屬民並不先行商准遽爾命將與
兵據其地誅其人　貴國其能任聽所為而不問乎　貴
中將反己以思必有爽然自失者據臺灣鎮道稟稱　貴
中將及理事官福島九成俱言上年使臣到京曾對總理
衙門說過以生番非中國所管及此舉早經商明故爾前
來查中國自來與各國立約俱　欽差全權大臣各遵所
奉　諭旨訂立條約並特條中明兩國全權大臣先行畫

押蓋卽俟兩國　御筆批准後刊刻通行今　貴中將及理事官所云上年使臣向　總理衙門説過等語是否遵照中國律法立約抑將商明之事或蓋關防於公函或兩國互行告示或互换照會以爲憑據本部堂並未接准總理衙門移知　貴中將奉　命遠來定悉詳細如當時立有憑約請將彼此原議文約抄示本部堂自當聽　貴中將照約辦理如當時未立有憑約應請　貴中將撤兵回國不得於中國所屬邦土地方久駐兵旅以符條約竊思　貴國政府祇因生番戕害難民兩案故命將統兵深入番地殛其凶首使無再蹈前轍查我屬國中山國被戕

遭風難民一案仍應由本部堂自行嚴檄該地方官辦理毋庸　貴國干預其　貴國備中州難民利八等四名但只被搶並未殺害應由本部堂按照修好條約内第八條盜竊等案由地方官查拿追辦之約嚴飭地方官追辦本部堂斷不以中外之分稍存歧視該地方官處分攸關亦斷不致玩延不必　貴中將駐兵臺灣曠日持久勞師糜餉本部堂係為兩國各款和好起見故再為詳示証據申明條約剴切照會現在上而　各國駐京公使下而中外輿論均以貴國此舉為非　貴中將忠於謀國定能翻然變計即日撤兵回國以免天下公非保兩國永好　貴中

將實圖利之

又照會　　　　　　　　　　　大臣沈

照得生番地隸中國者二百餘年雖其人頑蠢無知究係天生赤子是以　朝廷不忍遽繩以法欲其漸仁摩義默化潛移由生番而成熟番由熟番而成士庶可以仰體仁愛之天心也至於殺人者死律有明條雖生番亦豈能輕縱然此乃中國分內應為之事不當轉煩他國勞師糜餉而來迺聞　貴中將忽然以船載兵由不通商之瑯璚登岸臺民惶惑不知開罪何端致使　貴國置和議於不顧即西洋曾經換約各國亦羣以為駭人聽聞及觀　貴國中

將照會閩浙總督公文方知為牡丹社生番戕害琉球難民而起無論琉球雖弱亦儼然一國儘可自鳴不平即貴國耑意恤鄰亦何妨照會　總理衙門商辦倘中國袒護生番以不肯懲辦回覆抑或兵力不及藉助　貴國則貴國甚為有詞乃積累年之舊案而不能待數日之回文此中曲直是非想亦難逃　洞鑒今牡丹社已殘燬矣而又波及於無辜之高士佛等社來文所稱殛其兇首者謂何所稱攻其心者謂何也幫辦潘布政自上海面晤貴國柳原名前光公使已允退兵以為必非虛語乃聞　貴中將仍紮營牡丹社且有將攻埤南社之謠夫牡丹社戕琉

佐藤剌八　下系作佐籐剌八未知孰是

前八頁是佐藤剌八非剌八

前二頁又云利八等則想是利八

為[illegible]矣[illegible]錯佐藤利八

球難民者也埤南社救　貴國難民者也相去奚啻霄壤以德為怨想　貴中將必不其然第　貴中將照會閩浙總督公文有佐藤剌八至埤南番地亦被刧掠之語誠謡傳未必無因夫梟水逃生有何餘資可刧天下有刧人之財肯養其人數月不受值者耶即謂地方所報難民口供不足為據　貴國謝函具在並未涉及刧掠一言　貴國所賞陳安生即埤南社生番頭目也所賞之人即所誅之人　貴國未必有此政體或謂　貴國方擢武功天理不足畏人言不足恤然以積年訓練之良將勁兵逞志於蠢蠢無知之生番似亦未足以示武即操全勝之勢亦必互

有殺傷生番即不見憐　貴國之民人亦不足惜耶或謂
貴國既波及無辜各社可知意不在復仇無論中國版
圖尺寸不敢妄以與人即通商諸邦豈甘心　貴國獨享
其利日來南風司令琅嶠口岸資粮轉運益難中國與
貴國和誼載在盟府永矢弗諼本大臣心有可危何敢不
開誠布公以效愚者之一得惟　高明裁察見覆幸甚

臺番戕害日本商民會議撫卹條欵

大清國
大日本國　為

會議條欵互立辦法文據事照得各國人民有應保
護不致受害之處應由各國自行設法保全如在何
國有事應由何國自行查辦茲以臺灣生番曾將日
本國屬民等妄為加害日本國本意為該番是問遂
遣兵往彼向該生番等詰責今與中國議明退兵並
善後辦法開列三條於後
一日本此次所辦原為保民義舉起見中國不指以
為不是

二前次所有遇害難民之家中國定給撫卹銀兩日
本所有在該處脩道建房等件中國願留自用先
行議定籌補銀兩另有議辦之據
三所有此事兩國一切往來公文彼此撤回註銷永
為罷論至於該處生番中國自宜設法妥為約束
以期永保航客不能再受凶害
同治十三年九月二十二日
大清國
大日本國為
會議憑單事臺番一事現在業經
英國威大臣同兩國議明並本日互立辦法文據日

本國從前被害難民之家中國允准給撫邺銀十萬
兩又日本退兵在臺地所有修道建房等件中國願
留自用准給費銀四十萬兩亦經議定准於日本國
明治七年十二月二十日日本國全行退兵不得愆
期中國同治十三年十一月十二日中國全數付給
不得愆期日本國兵未全經數退盡之時中國銀兩
亦不全數付給立此為據彼此各執一紙存照
同治十三年九月二十二日

奏移巡撫駐臺摺 同治十三年

沈葆楨 潘霨

竊臣等於十月二十七日業將倭兵盡退收回草房營地各情形　奏明在案因思洋務稍鬆即善後不容稍緩惟此次之善後與往時不同台地之所謂善後即台地之所謂創始也善後難以創始為善後則尤難臣等曩為海防孔亟一面撫番一面開路以絕彼族覬覦之心以消目前肘腋之患固未遑為經久之謀數月以來南北諸路縋幽鑿險斬棘披荊雖各著成效卑南奇萊各處雖各分列軍屯祇有端倪尚無紀綱若不從此悉心籌畫詳定規模路非不已開也謂一開之不復塞則不敢知番非不已撫也

謂一撫之不復疑則不敢必何則台地延袤千有餘里官吏所治祗海濱平原三分之一餘皆番社耳　國家並育番黎但令薄輸土貢永禁侵陵意至厚也而奸民積匪久已越畔潛踪驅番佔地而成窟穴則有官未開而民先開者入山既深人跡罕到野番穴處涵育孳生則有番已開而民未開者疊巘外包平埔中擴鹿豕遊竄草木蒙茸地廣番稀棄而勿處則有民未開而番亦未開者是但言開山而山之不同已若此生番種類數十大概有三牡丹等社恃其暴悍刼殺為生習不畏死若是者曰凶番卑南埔裏一帶居近漢民略通人性若是者曰良番台北阿史等

社雕題務面向不外通屯聚無常種落難悉獷人如獸雖番社亦懼之若是者曰五字凶番是但言撫悉而番之不同又若此夫務開山而不先撫番則開山無從下手欲撫番而不先開山則撫番仍屬空談今欲開山則曰屯兵衛曰刊林木曰焚草萊曰通水道曰定壤則曰招墾户曰給牛種曰立村堡曰設隘碉曰致工商曰設官吏曰建城郭曰設郵驛曰置廨署此數者孰非開山之後必須遞辦者今欲撫番則曰選土目曰查番户曰定番業曰通語言曰禁仇殺曰教耕稼曰修道塗曰給茶塩曰易冠服曰設番學曰變風俗此數者又孰非撫番之時必須並行者雖然

此第言後山耳其繁重已若此山前之入版圖也百有餘年一切規制何嘗具備就目前之積弊而論班兵之惰窳也蠹役之盤踞也土匪之橫恣也民俗之惱淫也海防陸守之俱虛也械鬭紥厝之迭見也學術之不明庠序以容豪猾禁令之不守煙賭以為饔飧官斯土者非無振作有為正已率屬之員始苦於事權之牽制繼苦於毀譽之混淆救過不遑計功何自使不力加整頓一洗浮澆但以目下山前之規模而為他日山後之風氣雖多一新闢之區適多一藏奸之藪臣等竊以為未可也臣等嘗綜前後山之幅員計之可建郡者三可建縣者有十數固非一府所

能轄欲別建一省又苦器局之未成而閩省向需台米接濟台餉向由省城轉輸彼此相依不能離而為二環海口岸處處宜防洋俗教堂漸漸分布居民向有漳泉粵籍之分番族又有生番熟番屯番之異氣類既殊撫御匪易況以創始之事為善後之謀徒靜鎮之非宜欲循例而無自使臣持節可暫而不可常欲責效於崇朝兵民有五日京兆之見倘逾時而久駐文武有兩姑為婦之難臣等再四思維必仿江蘇巡撫分駐蘇州之例移福建巡撫駐台而後一舉而數善備何以言之鎮道雖有專責事必稟承督撫而行重洋遠隔文報稽延率意遲行又嫌專擅巡撫有

事可以立斷其便一鎮治兵道治民本兩相輔也轉兩相
妨職分不相統攝意見不免參差上各有所疑下各有所
恃不賢者以為推卸地步其賢者亦時時存形迹於其間
巡撫則統屬文武權歸一尊鎮道不敢不各修所職其便
二鎮道有節制文武之責而無遴選文武之權文官之貪
廉武弁之勇怯督撫所聞與鎮道所見時或互異駐台則
不待採訪而耳目能周黜陟可以立定其便三城社之巨
奸民間之冤抑覩聞親切法令易行公道速伸人民帖服
其便四台民煙瘾本多台兵為甚海疆營制久壞台兵為
尤良以弁兵由督撫提標抽取而来各有恃其本帥之見

鎮將設法覊縻祇求其不生意外之事是以比戶竊賭如
賈之於市農之於田有巡撫則攷察無所瞻徇訓練乃有
實際其便五福建地瘠民貧州縣率多虧累恒視台地為
調劑之區不肖者骫法取盈往往不免有巡撫以臨之貪
黷之風得以漸戢其便六向來台員不得志於鎮道及其
內渡每造蜚語中傷之鎮道或時為所挾有巡撫則此技
悉窮其便七台民游惰可惡而戇直寔可憐所以常閒蠢
動者始由官以吏役為爪牙吏役以民為魚肉繼則民以
官為仇讐詞訟不清而械鬬𦂳暦之端起奸究得志而豎
旂聚衆之勢成有巡撫則能預拔亂本而塞禍源其便八

況開地伊始地殊勢異成法難拘可以因心裁酌其便九
新建郡邑驟立營堡無地不需人才丞倅將領可以隨時
扎調其便十設官分職有宜經久者有屬權宜者隨事增
革不至廩食之虛糜其便十有一開煤煉鐵有第資民力
者有宜參用洋機者就近察勘可以擇地而興利其便十
有二夫以台地向稱饒沃久為異族所垂涎今雖外患暫
平旁人仍耽耽相視未雨綢繆之計正在斯時而山前山
後其當變革者其當刱建者非十數年不能成功而化番
為民尤非漸漬優柔不能渾然無間與其苟且倉皇徒滋
流弊不如先得一主持大局者事事得以綱舉目張為我

國家億萬年之計況年來洋務日密偏重在於東南台灣
海外孤懸七省以為門戶其關係非輕欲固地險在得民
心欲得民心先修吏治營政而整頓吏治營政權操於督
撫總督兼轄浙江移駐不如巡撫之便臣等明知地屬封
疆事關更制非部民屬吏所應越陳而夙夜深思為台民
計為閩省計為沿海籌防計有不得不出於此者敢不據
實上　聞以為芻蕘之獻謹將全台善後情形及請移駐
巡撫緣由恭摺由輪船到滬付驛六百里馳　奏

通番開禁摺　同治十三年

沈葆楨
潘霨

竊臣等於十二月初一日業將南北路開通及擬將琅璚旂後等處布置各情形奏明在案因思全台後山除番社外無非曠土邇者南北各路雖漸開通而深谷荒埔人跡罕到有可耕之地而無入耕之民草木叢雜瘴癘下垂凶番得以潛伏狙殺縱闢蹊徑終為畏途久而不用茅將塞之日來招集墾戶應者寥寥蓋台灣地廣人稀山前一帶雖經蕃息百有餘年戶口尚未充牣內地人民向來不准偷渡近雖文法稍弛而開禁未有明文地方官思設法招徠每恐與例不合今欲開山不先招墾則路雖通而仍塞

欲柗墾不先開禁則民裹足而不前臣等查舊例稱台灣不准内地民人偷渡拿獲偷渡船隻將船戶等分別治罪文武官議處兵役治罪又稱如有充作客頭在沿海地方引誘偷渡之人為首者充軍為從者杖一百徒三年互保之船戶及歇寓知情容隱者杖一百枷一個月偷渡之人杖八十遞回原籍文武失察者分別議處又内地商人置貨過台由原籍給照如不及回籍則由厦防廳查明取保給照該廳濫給降三級調用又沿海村鎮有引誘客民過台數至三十人以上壯者新疆為奴老者煙瘴充軍又内地民人往台者地方官盤驗出口濫給者分別次数罸俸

降調又無照民人過台失察之口岸官照人数分别降調隱匿者革職以上六條皆嚴禁内地民人渡台之舊例也又稱已民人私入番境者杖一百如在近番處所抽籐釣鹿伐木抽欆者杖一百徒三年又治灣南勢北勢一帶山口勒石外為番界如有偷越運貨者失察之專管官降調該管土司罰俸一年又台地民人不得與番民結親違者離異治罪地方官条處從前已娶者毋許往來番社違者治罪以上三條皆嚴禁台民私入番界之舊例也際此開山伊始招墾方興臣等揆度時勢合無仰懇　天恩將一切舊禁盡與開豁以廣招徠俾無瞻顧嗣又據台灣道夏

獻綸詳稱舊例台灣鼓鑄鍋皿農具之人向須地方官舉充由藩司給照通台祗二十七家名曰鑄戶其鐵由內地漳州採買私開私販者治罪邇來海口通商鐵斤載在進口稅在昔杜內地之出今自西洋而來情形迥異而不肖兵役人等往往向民間藉端訛索訣鑄戶亦恃官舉任意把持民甚苦之又台產竹竿向因洋面不靖恐大竹蓬筏有官濟匪因禁出口以致民間竹篙經過口岸均須稽查不知海船蒲布皆可為帆無須用竹立之厲禁徒為兵役留一訛索之端民間多一受害之事應請毋庸查禁等因當茲開闢後山百凡以便民為急不得不因時變通合無

再懇　天恩飭地方官將鐵竹兩項悉弛舊禁以斷胥役
勒索之路以濟閭閻日用之需愚昧之見是否有當理合
恭摺由輪船内渡付驛六百里馳　奏伏乞　皇上聖鑒
訓示遵行謹　奏

稟覆鐵甲船略　　日意格

敬稟者監督同葉總監工遵奉憲諭來臺議辦鐵甲船之事其大旨已于前上條陳兩分略述梗概茲將何式鐵甲船置于中國各海口合宜者并如何製造修理如何駕駛之法經與葉總監工會商酌請為我憲一陳之查外國所造鉄甲船原分兩種一名巡海船可遠出大洋一名巡口船專守港口以備禦敵其巡海鉄甲船亦分頭等次等者兩種一船中高起一層作礮台狀台之艕外并出水一帶各嵌鐵甲厚英尺十四寸配礮重三十五噸者二尊或四尊船頭尾亦高起一層與船中平均鑲鉄甲其上各可置

礟一尊其船頭伏水處突出尖鋒可衝敵船船尾各或鉄甲
船均有之該船長計英尺三十三丈以下均照英國尺量
算寬六丈零船底吃水深自二丈六尺至二丈七尺止輪
機處名馬力一千二百匹噸數八千噸或至九千噸又有
新式一種船之中段外皷鑲鉄一截厚英尺二尺其餘水
面之上及船底喫水六七尺以下者第以平常鐵板掩之
其船底喫水六七尺處艙内皆密隔鉄堵縱遇破漏亦無
所碍船長計英尺三十二丈寬七丈五尺喫水深二丈四
尺輪機實在馬力七千二百匹配礟八十噸重者四尊噸
数可載九千噸此船乃英國近年所新創尚未下水故未

經駛過是為頭等之船尚有次等巡海船長英尺二十八丈寬五丈四尺吃水深二丈三尺有奇輪機馬力虛名八百匹實在馬力四千四百匹噸數六千噸該船中段外般鑲鉄甲一截厚英尺六寸船旁出水一帶所鑲鐵甲厚有八寸配礮九寸徑者十尊此巡海鉄甲船頭等次等之分別也巡口船亦有兩種一可出巡近洋一船般低淺僅可守港口其頭等船長英尺二十三丈寬五丈二尺五寸吃水深一丈八尺所鑲鉄甲厚有十寸配礮一尊計重三十五噸噸數四千一百五十噸輪機實在馬力二千三百匹尚有次等者長計英尺二十三丈五尺寬四丈六尺吃水

深自一丈至一丈上鐵甲厚有十三寸配礮重三十五噸者兩尊噸數自三千噸至六千零噸止輪機實在馬力自一千匹進至四千匹此巡口鐵甲船頭等次等之分别也但此兩等巡海鉄甲船俱因吃水過深中國用此不甚合宜且無船塢可修若必欲造此船須于沿海擇一港深敞地另建大船塢及大鐵廠並僱募洋員匠多名教造計起工訖竣事不免多延年時況如此重地必增設礮台礮械為防守計統核用欵甚鉅駕駛更難得其人現中國所用各船管駕原于此船駛訣未嘗學習似惟求其輕而且快者駛于中國洋面較見簡便近問有問英國議購鉄甲船

一號已在中國巡洋三年者名為愛隆手格該船如果購買將來修理福如上海船塢均不能進應于沿海擇地另設船槽或派到出港船塢修理方可至巡口鐵甲船以守中土各海口自無不宜但欲調派各處此船又不能出洋現值如議試辦亦未遑及此夫大號巡海船于中國皆不甚便者何緣中土造船一要船行快捷遇有事故由南調北旦暮可至二要船底吃水深當不逾一丈八尺以便在福如上海船塢修理三船上配礮須用十二噸重至十八噸重者以期得力是以監督條陳内所擬製造鐵甲船長配英尺二十五丈寬或四五尺或五丈吃水深一丈八尺

輪機馬力虛名五百匹實在有三千二百匹船行每點鐘
快可十三迷盧其船頭入水處突作尖鋒配礮十二噸重
者六尊或用十八噸重者四尊所嵌鉄甲惟于船中礮台
處厚應英尺八寸該船旁出水一帶或嵌鉄甲五寸厚六
寸厚者均可噸數三千八百至四千噸如照次等巡海大
船之式則鐵甲只嵌中段一截厚可至十寸礮配英國前
膛者統計價值一切條陳內開每一號約需門平關銀一
百萬兩礮各用布魯斯後膛者須再加二十萬兩此船若
向外國定做駛到中國交代則應僱洋人管駕管車柁工
水手人等所需薪粮煤價税欵共若若干附呈清摺備覽

茍此式鐵甲船不向外洋定購擬由船政自行仿製所有增設各廠及添置機器料作并招募洋員匠來工教造業于前呈條陳欵內開明又查此船以後修理上海船塢可進福州如欲兼修則船槽須酌加馬力恐該槽及外國新法從來拉修鐵甲船前因船政地基鬆軟故作是舉且所拉之船皆照令同所造百五十匹馬力者若以百餘萬金貴重之船試拉上槽恐不任重目下船政已有輪船十數號時常上槽修理如欲盡歸一處修之似不敷用宜于閩江一帶另擇港深曠地復設石船塢一區備修鉄甲船該塢長英尺三十九丈五尺寬六丈六尺深二丈工程須造

二年半約估工料二十五萬兩塢旁空地除布置小車床數架鑽孔機器數副外其解地亦無庸多葢廠所遇有換配料件仍歸由船政備造應用斯新造鉄甲船自不患修理之費乃矣中國如自造鐵甲船必得中國自能駕駛方稱合美現在各輪船管駕官向未學過此法請派廣東學生四名一張成二呂翰二黎家本四葉富即赴英國鐵內水師兵船充作官員以外國向係此國人欲學彼國之技能亦可在彼國當官也若准放此而行計以二年為限自能洞悉其法調回即可作鐵甲船管駕外有廣東學生四名可留管帶現在輪船其福州人學生等請照監督九月

二十一日所上出洋學習條陳辦理論辰下駕駛學生人數不多嗣後船政陸續成船必須得力管駕監督九月初七所上條陳第十欵内有復設駕駛學生之請敬請查覽竊思中國沿海一帶自南至北長有三千迷盧約計路程有一萬里而遥果有監督擬製鉄甲船六號加以八十匹一百五匹輪船并二百五十匹如揚武者若干號分布海疆巡防可期周密鉄甲船以外足以防守港口者法亦有二一用岸上鐵礮台一用水上鐵礮台查岸上鉄礮台式圜如環砌石為牆上厚英尺三丈六尺下厚五丈中開礮門者三門匡各嵌鉄甲厚有十五寸其中又分三重每重

各厚五寸台内安礮二十五噸者三尊避礮室亦用全鐵蓋造防守兵勇并礮手人等共計一百人該砲台應用於孤懸島上與他處不相毘連者方可約計連礮需價二十五萬元尚有一種全鉄大礮台如在英國建造動欵或用一百萬元或用五百萬元者有之至水上鐵礮台乃俄國近來所創即圓式鉄船一切均以鐵製造其輪機配用六副尾輪亦設六隻載礮二尊該砲台雖浮水面僅得移駛近處不能遠出大洋宜于海門諸隘口并于無可建造陸礮台之處以便防守約估需價七十萬兩監督本日所擬專為鉄甲船緣中國目下加意海防故連類言及水陸礮

台各新法惟憲台垂鑒焉

鐵甲一號由外國造就駛到中國費用清單

計開

一僱外國人六十員名管駕管車抡工水手俱全每月薪糧共六千元估算三箇月限期共應一萬八千元

一外國人回國路費共應一萬二千元

一賞外國人一箇月薪糧共應六千元

一煤炭須用一千二百噸約價一萬四千四百元

一輪機油棉紗等項并船上雜費約計七千元

一過埃及紅海河并各國口稅等費約計一萬元

一保險四萬兩合六萬六百元

統共洋平番一十二萬八千元

柔遠全書 二十三

善後襍鈔 五

頂格寫。原奏另一行,平。空一格。抄至第四行十三行奏字後,另一行起抄一原奏。仍頂格。凡遇

一原奏另行者仍舊另行,惟抬頭者空一格

李鴻章

奏為欽奉　諭旨詳細籌議海防緊要應辦事宜恭摺密

陳仰祈　聖鑒事同治十三年九月二十九日承准軍機

大臣密寄奉　上諭總理各國事務衙門奏海防亟宜切

籌將緊要應辦事宜撮叙數欵請飭詳議一摺沿江沿海

防務經總理各國事務王大臣并該將軍督撫等隨時籌

畫而備禦究未可恃亟應實力講求同心籌辦堅苦貞定

歷久不懈以紓目前當務之急以裕國家久遠之圖該王

大臣所陳練兵簡器造船籌餉用人持久各條均係緊要

機宜著李鴻章等詳細籌議將逐條切實辦法限於一月

内覆奏此外別有要計一併奏陳不得以空言塞責等因欽此旋又准總理衙門抄奏知照以丁日昌續擬海洋水師章程六條請飭彙入該衙門前奏一併妥籌覆奏奉硃批依議欽此仰見朝廷思患預防力圖自强之至意欽服莫名臣查各國條約已定斷難更改江海各口門戶闢開已為我為敵人公共之地無事則同居異心猜嫌既屬難免有警則我虞爾詐措置更不易周值此時局以覺防無可防矣惟交涉之事日繁彼族恃强要挾在在皆可生釁自有洋務以來迭次辦結之案無非委曲將就至本年日本興兵台灣一事經總理衙門王大臣與該使多方

開論幾於管秃唇焦猶賴　聖明主持於上屢　飭各疊
臣嚴密籌防調兵集船購利器築砲台一時並舉雖未即
有把握而虛聲究已稍壯該酋外怵公論內懾兵威乃漸
帖耳就欵於　國體民情尚無窒礙未必非在事諸臣挽
就之力臣於台事初起時即緘商總理衙門謂明是和局
而必陰為戰備庶和可速成而經久洋人論勢不論理彼
以兵勢相壓我第欲以筆舌騰之此必不得之數也夫臨
事籌防措手已多不及若先時備豫倭兵亦不敢來烏得
謂防務可一日緩哉茲總理衙門陳請六條目前當務之
急與日後久遠之圖業經綜括無遺間為救時要策所未

易猝辦者人才之難得經費之難籌畛域之難化故習之難除循是不改雖日事設防猶畫餅也然則今日所急惟在力破成見以求實際而已何以言之歷代備邊多在西北且强弱之勢客主之形皆適相埒且猶有中外界限今則東南海疆萬餘里各國通商傳教來往自如麕集京師及各省腹地陽託和好之名陰懷吞噬之計一國生事諸國構煽實為數千年來未有之變局輪船電報之速瞬息千里軍器機事之精工力百倍砲彈所到無堅不摧水陸關隘不足限制又為數千年未有之强敵外患之乘變幻如此而我猶欲以成法制之譬如醫者療疾不問何症概

投之以古方誠未見其效也庚申以後夷勢駸駸内向薄
侮冠帶之倫莫不發憤慷慨爭言驅逐局外之訾議既不
悉局中之艱難及詢以自强何術禦侮何能則茫然靡所
以依據自古用兵未有不知彼己而能決勝者若彼之所
長己之所短尚未探討明白但欲逞意氣於孤注之擲豈
非視　國事如兒戯耶　臣雖愚闇從事軍中十年餘尚不
敢畏縮自甘貽憂　君父惟洋務涉歷頗久聞見稍廣於
彼己長短相形之處知之較深而環顧當世餉力人才實
有未逮又多拘於成法牽於衆議雖欲振奮而末由易曰
窮則變變則通蓋不變通則戰守皆不足恃而和亦不可

久也謹就總理衙門原議逐條詳細籌議切實辦法附以
管見略為引伸丁日昌所陳間有可採一併彙入核擬以
備芻蕘之献仍請
勅下在廷王大臣詳晰謀議請
旨
定奪總之在今日而欲整頓海防舍變法與用人別無下
手之方伏願我
皇上顧念社稷民生之重時勢艱危之
極常存歉然不自足之懷節省冗費講求軍勢造就人才
皆不必拘執常例而尤以人才為亟要使天下有志之士
無不明於洋務庶練兵製器造船各事可期逐漸精强積
誠致行尤需歲月遲久乃能有濟目前固須力保和局即
將來器精防固亦不宜自我開釁彼族或以萬分無禮相

加不得已而一應之耳所有遵　旨詳議緣由謹繕摺密
陳并將議覆各條繕具清单恭呈　御覽伏乞　皇上聖
鑒謹　奏

一原奏練兵一條內稱若求實在可禦外患事較辦髮捻
諸賊為更難兵亦較辦髮捻諸賊宜更精洵是不刊之論
蓋髮捻苗回諸賊皆內地百姓雖有勇鋭堅忍之氣而器
械不及官軍之精備可以勦撫兼施若外洋本為敵國專
以兵力强弱角勝彼之軍械强於我技藝精於我即暫勝
亦必終敗敵從海道內犯自須亟練水師惟各國皆係島
夷以水為家船砲精練已久非中國水師所能驟及中土

陸多於水仍以陸軍為立國根基若陸軍訓練得力敵兵登岸後尚可鏖戰砲台布置得法敵船進口時尚可拒守但用旗綠營弓箭刀矛抬鳥鎗舊法斷不足以制洋人並不足以滅土寇即如直隸練軍屢經挑選整頓近始兼習洋鎗小炸砲以剿內寇尚屬可用以禦外患實未敢信各省抽練之兵大率類此用洋鎗者已少用後門鎗及炸炮者更少其勢只可加練而不可減練只可添練洋器以求制勝而不可拘執舊制以圖費前督臣曾國藩於同治十年正月覆奏籌備海防擬內謂沿海之直隸奉天山東三省江蘇浙江兩省廣東福建兩省沿江之安徽江西湖北

三省各應歸併設防沿海七省共練陸兵九萬沿江三省共練陸兵三萬統計每年需餉八百萬兩因無欵可籌議遂中止茲總理衙門擬以曾經制勝之洋鎗隊練習水戰丁日昌擬選練陸軍合天下精兵兵十萬人與曾國藩前奏用意略同惟陸軍與水師用法各殊練法亦異水師猶可上岸擊賊陸軍未便強令操舟似不宜兩用以致兩誤

臣愚以為沿海沿江各省現有練兵鎗隊雖不及曾國藩丁日昌所擬十餘萬之多然與其多而無用不若少而求精但就現有陸兵認真選汰一律改為洋鎗炮隊凡綠營額兵疲弱勇營酌加裁減其餉即加給新練之隊沿海防

營並換用後門進子鎗於緊要口岸附近之處屯紮大枝勁旅無事時專講操練兼築堡壘有事時專借遊擊不准分調各海口仿洋式修築沙土砲台以地步寬展牆圓堅厚爲要砲位宜間用口徑八寸至十餘寸者擇將擇兵演習之務在極遠愈遠愈妙務在能中不中不發即所謂葯能對症有備無虞者矣

一原奏簡器一條西國水師戰守利器以鎗炮水雷爲大宗砲有前後門生熟鑄純鋼之分鎗有前後門滑膛來福之異水雷有用觸物磨物電氣發火之别竊嘗考究其圖與器而得其大略洋鎗一項各國改用後門以其手法靈

提放速而及遠其舊製前門鎗賤價售於中國每為外人所輕英俄德法美泰西五大强國也其後鎗名目英之至精者曰亨利馬梯呢其次曰士乃得俄曰俾爾打吻德曰呢而根法曰沙士鉢美曰林明登以利鈍遲速較之則英之亨利馬梯呢精於俄俄之俾爾打吻精於美美之林明登又精於英之士乃得及德法諸鎗也林明登士乃得二種近年已運入中國　臣處及沈葆楨均購存林明登數千枝上海機器局亦能仿造惟兵勇粗踈者多士乃得機簧較簡購價較省修改較便現擬令各營酌換士乃得鎗而間以林明登認真操演由漸而精並令津滬各局先購林

明登造子機器仿製子葯銅捲以便接濟仍與總理衙門商購英國亨利馬梯呢鎗若干枝又與俄領事訂購俾爾打啵鎗千枝以備將士選鋒者操用至砲位一項英德兩國新式最精德國克鹿卜後門鋼砲擊敗法兵尤為馳名臣逐年購到克鹿卜大小砲五十餘尊分置大沽砲台天津防營其最大者兩尊口逕八寸足抵前門砲口逕十一二寸之子力然每尊價約二萬元苦於無力多購或謂鋼砲過大葯力過猛用久或致損裂故英國多用前門熟鐵來福長彈大砲曰烏理治曰阿墨斯得郎曰回德活特三家尤著大者口逕十一寸至十五寸身重至八萬觔以上

子弾重至六百磅能打穿二十餘寸厚之鐵甲惟起運維
艱價值尤貴中用尚無購用者陸路行仗小砲則以德國
克鹿卜四磅弾後門鋼砲美國格林連珠砲為精捷臣又
各定購数十尊以備遊擊要需目下滬甯各局只能仿造
十二磅至六十八磅之圓弾銅鐵炸砲淮軍習用已久遠
勝中國舊制而不及西洋新式之精仍擬仿照烏理治阿
墨斯得郎之式箍以熟鐵而機器未備外國每造鎗炮機
器全副購價須数十萬金再由洋購運鋼鐵等料殊太昂
貴須俟中土能用洋法自開煤鐵再添購大爐汽錘壓水
櫃等機器仿造可期有成若克鹿卜之鋼砲回德活特之

熟鐵砲係用生鋼生鐵鑄成該廠自有秘法更未易學步矣至水雷一項轟船破敵最猛從前南北花旗之戰南兵獲雷力居多德法之戰法國兵艘十倍於德而波羅的海法艘未敢深入全仗水雷之功其法分為兩類一為定而不動之水雷或連於木樁木排之間或用錨定其方位使沈水中或陸地城堡被攻時於缺口要路安置此專為自守而設一為能行動之水雷或浮水面順風力飄動或用機器自行或於鐵船首伸出長竿置之或專作拖帶水雷之船此可為攻敵之用近來格致之學日精水雷之法亦日精多以碰水觸物磨物及電線發火其觸而發火磨而

發火比用法點放者尤佳用藥僅五六十磅無論何種兵船皆可轟破其底聞各國皆講究此物製存極多其用時必於水中排列數行每口安放數十具使敵船疑畏不敢進滬津各局現只能仿造其粗者而電機鋼絲鐵繩漿皮等件仍購自外洋須訪募各國造用水雷精藝之人來華教演庶易精進至火器盡用洋式砲子火藥兩項亦係要需津局有造藥機器四副日出二千餘磅已可敷用惟鎗砲多而子彈尚少滬局造藥機器一副日出無幾宜添購機器在蘇寗推廣製造各省防江防海需用洋鎗砲之子藥均宜設局在內地仿造否則事事購自洋商殊無以備

緩急且閩滬津各機器逼近海口原因取材外洋就便起見設有警變先須重兵守護實非穩著嗣後各省籌添製造機器必須設局於腹地通水之處海口若有戰事各路自製儲備可源源運濟也

一原奏造船一條查布國防海新論有云凡與濱海各國戰爭者若將本國所有兵船逕往守住敵國各海口不容其船出入則為防守本國海岸之上策其次莫如自守如沿海數千里敵船處處可到若處處設防以全力散布於甚大之地面兵分力单一處受創全局失勢故必積精銳只保護緊要數處即可固守等語所論極為精切中國兵

船甚少豈能往堵敵國海口上策固辦不到欲求自守亦非易言自奉天至廣東沿海袤延萬里口岸林立若必處處宿以重兵所費浩繁力既不給勢必大潰惟有分別緩急擇尤為緊要之處如直隸之大沽北塘山海關一帶係京畿門戶是為最要江蘇吳淞至江陰一帶係長江門戶是為次要蓋京畿為天下根本長江為財賦奥區但能守此最要次要地方其餘各省海口邊地略為布置即有挫失於大局尚無甚碍惟既欲固守必預將所有兵馬砲位軍械輜重並工局物力儲備堅厚雖軍情百變而不離其宗　廟謨閫筭平昔之經營臨事之調度皆不可一毫錯

亂道光二十一二年夷船入長江而全局始震咸豐十年夷兵犯津通而根本遂危彼旗實能覘我要害制我命脈而我所以失事者由於散漫設防東援西調未將全力聚於緊要數處今議防海則必鑒前撤揣敵情其防之之法大要分為兩端一為守定不動之法如口內砲台壁壘格外堅固須能抵禦敵船大砲之彈而砲台所用砲位須能擊破鐵甲船又必有守口巨砲鐵船設法阻擋水路並藏伏水雷等器一為挪移泛應之法要在兵船與陸軍多而且精隨時遊擊可以防敵兵沿海登岸是外海水師鐵甲船與守口大砲鐵船皆斷不可少之物矣現計閩廠造成

輪船十五號内有二號已在台灣遭風損壞滬廠造成輪船六號内有二號馬力五百匹配砲二十六尊與外國大兵船相等其餘各船皆僅與外國小兵船根鉢相等然已費銀数百萬有奇物料匠工多自外洋購致是以中國造船之銀倍於外洋購船之價今急欲成軍須在外國定造為省便但不可轉託洋商誤價買舊船徒縻巨欵訪聞兵船及鐵甲船以英國為最精英之官廠公司廠均已造鉄甲之優劣相與爭衡日新月异應揀派明於製造略知兵事之員選帶學生工匠前往由總理衙門會商駐京使臣移知該國兵部俾得親赴各廠考究何等船制最為堅緻

靈捷並宜於中國水道者與其議價定造即將帶去華匠兵事附入該廠及武備院學習造工並講求駕駛操練之法俟成船後配齊砲位隨船同華廠有實濟而中國船廠仍量加開拓以備修船地步至擬設兵船數目如丁日昌所稱北東南三洋須各設大兵輪船六號根鉢輪船十號合共四十八號自屬不可再少除將中國已造成二十號抵用外尚短二十八號竊謂北東南三洋須各有鐵甲大船二號北洋宜分駐烟台旅順口一帶東洋宜分駐長江外口南洋宜分駐厦門虎門皆水深数丈皆可以停泊一處有事六船聯絡專為洋面遊擊之師而以餘船附麗之

靡勢較壯約計定造鐵甲船每隻需銀百萬兩内外費已不貲只有先購此項分年籌辦其有餘力再置他船或由閩滬各廠陸續仿造兵船總以只成四十八號為度惟守口大砲鐵船即水謂水砲台船亦係西洋新製利器以小砲配極重之砲輔助岸土砲台四面伏擊阻遏中流能自行動最為制勝凡要口須添設一二艘聞在外國定購每船連砲約價銀十餘萬兩但笨重不能涉海須將砲位鐵甲分拆連載來華裝配應俟委員到彼一併察辦如價省運便陸續購造二十號分布南北各口抑或由外洋購大砲由華廠照式仿造鉄甲更可次第添置至丁日昌奏稱

裁併五十號艇船可養給一號大兵輪船裁併十號濶頭舢板可養給一號根鉢輪船計省沿海水師舊制各船糜費以之供給大小四十八號輪船尚覺有盈無絀等語查同治十一年五月臣於覆奏船政事宜摺内擬請裁撤各省艇船即以各船修造養兵之費抵給輪船月費經總理衙門議令各該督撫奏辦迄今並未議覆令添購鐵甲等船臣欵必須另行籌集俟購回時養船練兵一切費用應如丁日昌所議請旨敕下江蘇山東浙江福建廣東沿海各省將舊置及新添紅单拖罟艇船舢板等項分别裁併專養輪船以免虛糜而資實用

一原奏籌餉一條近日財用極絀人所共知欲圖振作必統天下全局通盤合籌而後定計新疆各城自乾隆年間始歸版圖無論開闢之難即無事時歲需兵費尚三百餘萬徒收數千里之曠地而增千百年之漏卮已為不值且其地北鄙俄羅斯西界土耳其天方波斯各回國南近英屬之印度外日強大內日侵削今昔異勢即勉圖恢復將來斷不能久守屢閱外國新聞紙及西路採報喀什噶爾回酋新受土耳其回部之封並與俄英兩國立約通商是已與各大邦勾結一氣不獨伊犁久踞已也揆度情形俄先蠶食英必分其利皆不願中國得志於西方而論中國

目前力量實不及專顧西域師老財痡尤慮別生他變曾
國藩前有暫棄關外專清關内之議殆老成謀國之見今
雖　命將出師兵力餉力萬不能逮可否　密諭西路各
統帥但嚴守現有邊界且屯且耕不必亟圖進取一面招
撫伊犁烏魯木齊喀什噶爾等回蒴准其自為部落如雲
貴粤蜀之苗猺土司越南朝鮮之略奉正朔可矣兩存之
則兩利俄英既免各懷兼併中國亦不至屢煩兵力似為
經久之道況新疆不復於肢體之元氣無傷海疆不防則
腹心之大患愈棘孰重孰輕必有能辨之者此議果定則
已經出塞及尚未出塞各軍似須略加核減可撤則撤可

停則停其停撤之餉即勻作海防之餉否則只此財力既僃東南萬里之海疆又僃西北萬里之餉運有不困窮顛蹷者哉至此時開辦海防約計購船練兵簡器三項至少先需經費一千餘萬兩本年八月間戶部奏覆文祥寬籌餉需摺內議請暫停內府不急之需而海防用項仍無可籌姑令各省先儘各項存欵移緩就急抵充防費究之各省留支奉撥之數視歲入之數無不浮溢數倍更有何欵可以存留借抵必不得已應仍照總理衙門五年奏案專提部存及各海關四成洋稅一欵為目前開辦之需除津海東海關四成奏歸天津機器局江海關四成內之二成

奏歸上海機器局山海江漢兩關四成内奏明撥充奉兵及淮軍月餉淡水一關奏留台防軍需均為海防而設毋庸置議外其餘各海關四成洋税及部庫歷年提存四成應請專備總理衙門及海防統帥大員會商撥用此後即責令各關另款封存遲行報解不准本省借留亦不必再解部庫致多轉折此項每年計可得銀百數十萬兩加以部庫另存三百餘萬其有不敷擬仍暫借洋款由續收四成項下撥還或另行設法歸楚以應急需其息銀以七八厘為度歸本以十年八年為度亦各國常有之事無足詫慮也至於日後久遠之費當於開源節流求之現在丁漕

課稅正供之外添出釐金捐輸二欵百方羅掘仍不足用
捐輸所得無幾流弊甚大即內地釐金又為半稅所絀如
銅鐵羽呢洋布等類皆關民生日用洋船轉運迅捷輸納
又僅半稅於是奸民包攬冐騙大宗貨物皆免完釐因稅
則載在和約無可議加以至彼此輕重懸殊商民交困叢
雀淵魚之喻何堪設想丁日昌擬設廠造耕織機器曾國
藩與臣迭奏請開煤鐵各礦試辦招商輪船皆為內地開
拓生計起見蓋既不能禁洋貨之不來又不能禁華民之
不用英國呢布運至中國每歲售銀三千餘萬又銅鐵鉛
錫售銀數百萬於中國女紅工作之利妨奪不少昌若亦

設機器自為製造輪船鐵路自為轉運但使貨物精華與彼相埒彼物來自重洋勢不能與内地自產者比較我利日興則彼利自薄不獨有益厘餉也各省諸山多產五金及丹砂水銀煤之處中國數千年來未嘗大開偶開之又不得其器與法而常憂國用匱竭此何异家有寶庫封錮不啟而坐愁饑寒西土治地質學者視山之土石即知其中有何礦藏以為宜聘此輩數人分往徧察記其所產擇其利厚者次第開挖一切仿西法行之或由官籌借資本或勸遠近富商湊股合立公司開得若干酌提一二分歸官其收效當在十年以後臣近於直之南境磁州山中議

開煤鐵飭津滬機器局委員購洋貨僱匠以資倡導固為製造軍器要需亦欲漸開風氣以利民用也近世學者鑒於明季之失以開礦為弊政不知弊在用人非礦之不可開也其無識紳民惑於鑿壞風水無用之吏恐其聚衆生事尤屬不經之談刻下東西洋無不開礦之國何以獨無此病且皆以致富强耶若南省濱江近海等處皆能設法開辦船械製造所用煤鐵無庸向外洋購運推其餘利並可養船練兵此軍國之大利也至於洋藥一項流毒中國本年三月間欽奉寄諭以醇親王請飭密籌杜絕飭即妥議辦法等因臣查閱醇親王摺内有不必倉卒施行要

在失志弗懈俟外洋鴉片不來再嚴中國罌粟之禁等語實屬洞達大體適因台灣事起未便置議茲查洋藥自印度進口每年約七萬數千箱售銀三千餘萬之多英國明知害人之物而不能禁洋商販運每欲禁中國內地自種其用意殊極狡狠上年修約總理衙門與英使言之屢矣並預聲明既不能禁洋商之不販洋煙即不能禁華民之不食洋烟惟有暫行弛禁罌粟不但奪洋商利權並可加增稅項將來計窮事迫難保不出於此其時英使聞之亦頗心動而該國卒不見聽臣即再與辦理恐亦無益應仍循總理衙門原奏議陰相抵制以冀洋藥漸來漸少再加

厲禁為宜查雲貴川陜山西各省多種罌粟疆臣台諫每以申明禁令為言是徒為外洋利藪之敺授吏胥擾索之柄究之罌粟日種日廣勢仍不可遽禁聞土藥性暖價廉而癮亦薄不比洋藥為害之烈為今之計似應暫弛各省罌粟之禁而加重洋葯之税釐使外洋烟土既無厚利自不進口然後妥立規條嚴定限制俾吸食者漸戒而除絶之民財可杜外耗之源國餉並有日增之勢兩得之舉也查洋葯每箱百斤新關正税三十兩釐捐則各省多寡不同福建每箱捐銀三十六兩江蘇每箱捐銀三十二兩北洋天津等關捐銀二十四兩捐愈重則偷漏愈多英國條

約原有洋藥如何征税聽憑中國辦理之說如能於洋税一律議加自可毫無滲漏裨益更大否則南北各口通定一加重捐數均照閩省之式無稍參差以免趋避專收作海防經費由統帥提用合之亦成巨欵此外沿江沿海各省皆令整頓貨厘盐厘每省每年限定酌撥数萬兩協濟海防以上数端皆開源之事也若夫裁艇船以養輪船裁邊兵冗軍以養海防戰士停官府不急之需減地方浮濫之費以裨軍實而成遠謀亦節流之大者茍非上下一心內外一心局中局外一心未有不半途而廢者矣

一原奏用人一條擬派統帥責成經理及遴派得力提鎮

將領為之分統查南北洋濱海七省自須遴為一氣方能呼應靈通惟地段過長事體煩重一人精力斷難兼顧各督撫未必皆深知洋務兵事恐意見尤不能盡同若責成統帥調度既恐扞格不行若會同各省商籌又恐推諉貽誤從前辦粵捻各賊何嘗不屢簡統帥臣亦曾備位於其間深知甘苦餉權疆政非其所掭不過徒擁虛名而各督撫仍不能不問兵事畛域分則情形易隔號令歧則將士難從是欲一事權而反紊也何況有事之際軍情瞬息變更倘如西國辦法有電線通報逕達各處海邊可以一刻千里有內地火車鐵路屯兵於傍聞警馳援可以一日千

數百里則統帥尚不致於誤而中國固急切辦不到者也今年台灣之役臣與沈葆楨函商調兵有餘而始定及調輪船分起裝送又三月而始竣而倭事業經定議矣設有緊急誠恐緩不及事故臣嘗謂辦洋務制洋兵若不變法而徒騖空文絕無實濟臣不敢明知而不言也竊計北洋三省設一統帥即才力倍於臣者尚慮不能肆應南洋四省口岸更多似亦非一統帥所可徧及若因創設鐵甲兵船等項須責成大員督籌經理如前江西巡撫沈葆楨前江蘇巡撫丁日昌皆究心此事熟悉洋情似堪勝任至丁日昌擬設北東南三洋提督分統各船不為無見但文武

兼資素習風濤駕駛輪船操法者實不易得耳抑臣更有陳者用人最是急務儲才尤為遠圖洋人入中國已三十餘年駐京已十餘年以兵脅我殆無虛歲而求練達兵略精通洋法者恒不數覯由於不學之過下不學由於上不教也軍務肅清以後文武兩途仍舍章句弓馬末由進身而以章句弓馬施於洋務隔膜太甚是以沈葆楨前有筭學科之奏丁日昌前有武試改鎗砲之奏皆格於部議不行而所用非所學人才由何而出近時拘僅之儒多以交涉洋務為況人之具取巧之士又以引避洋務為自便之圖若非　朝廷力開風氣破拘攣之故習求制勝之實濟

天下危局終不可支日後之才且有甚於今日者以中國之大而無自强自立之時非惟可憂抑亦可恥臣愚以謂科目即不能驟變時文即不能偏廢而小楷試帖太蹈虛飾甚非作養人才之道似應於考試功令稍加變通另開洋務進取一格以資造就現在京師既設同文館江省亦選幼童出洋學習似已闢西學門經而士大夫趨向尤未盡屬者何哉以用人進取之途全不在此故也擬請嗣後凡有海防省分均宜設立洋學局擇立通曉時務大員主持其事分為格致測算輿圖火輪機器兵法砲法化學電氣學數門此皆有切於民生日用軍器製作之原外國以

之黜陟人才故心思日出而不窮華人聰明才力本無不逮西人之處但未得其法未入其門蓋無以鼓勵作新之耳如有志趣思議於各種畧通一二者選收入局延西人之博學而精者爲之師及按照所學淺深酌給薪水俾得研究精明再試以事或分派船廠砲局或充補防營員弁如有成效分別文武照軍務保舉章程奏獎卅階授以濱海沿江實缺與正途出身無异若始勤終怠立予罷革其京城同文館上海廣方言館習算學生及出洋子弟學成回國皆可分調入局教習並酌量派往各機器局各兵船差遣如此多方誘掖勸懲兼施就所學以課所事即使

十人中成就一人已多一人之用百人中得十人成就已多十人之用二十年後製器駛船自強之功効見矣

一原奏持久一條竊以古無久而不敝之法惟在辦事之同心恊力後先相繼日益求精不獨保境息民蔗可推悟新意裕財足用如泰西各國皆起於彈丸之地創造各樣利器未及百年而成就如此之精規畫如此之遠拓地如此之廣豈非其舉國上下積慮殫精人思自奮之効乎中國在五大洲中自古稱最强大今乃為小邦所輕視練兵製器購船諸事師彼之長去我之短及今為之而已遲矣若再因循不辦或旋作旋輟後患殆不忍言若不稍變成

法於洋務開用人之途使人人皆能通曉將來即有防海萬全之策數十年後主持之人亦必名存實去漸歸頹廢惟有中外一心堅持必辦力排浮議以成格為萬不可泥以風氣為萬不可不開勿急近功勿惜重費精心果力歷久不懈百折不回庶幾軍實漸強人才漸進製造漸精由能守而能戰轉貧弱而為富強或有其時乎是天下臣民所禱祀求之者也

標　十一行起還・空一字△ 餘不要空字另行△ 另換後抄二号

覆議海防摺

同治十三年十一月十二日　通商大臣兩江總督李宗羲

伏查總理衙門原奏六條以用人持久兩條爲前四條之要領由末溯本用意至爲深遠竊謂持久一條尤足挽救時弊歷觀史册凡建一議創一法非事所習見者必有多方辯論阻撓之人蓋以局外而論局中之事往往各懷意見而不得其事實徒以變亂是非坐誤事機目前籌防之議惟在 宸衷獨斷行之以漸守之以恒取天下大事當講求者書之 御座日省之月察之歲考之庶内外諸臣各體 皇上之意實力奉行記曰下之事上也不從其令而從其好 皇上一意持久則臣下自不敢鬆懈矣惟持

久之赴在於得人若練兵簡器造船籌餉諸大政萬一不得其人無論章程如何美備條目如何精詳一入急切營私之手勢必顛倒舞弊盡壞立法之初意又安望其持久故用人一條尤為萬事之根本第就海防言之則以求將才為最要宋臣楊萬里有言相不厭舊將不厭新蓋言用兵最忌暮氣宜用年壯氣銳素有遠志未建大功之人伏願

皇上加意搜求破格獎擢臣下苟有所知亦當隨時據實上聞至於宿將勳臣老而益壯

帝心簡在任用自有權衡固無俟臣下之論列也原奏練兵一節臣伏查西人恃其船礮故得橫行海上然自古有海防無海戰今日

練兵仍以水陸兼練為主先就水師言之尋常戰艦不及輪船尋常輪船又不及鐵甲船夫人而知之矣然船之得力與否仍視乎人西洋各國駕駛輪船之人類皆童而習之以次遞升由水手而洊至提督故其心專其藝精其統率之人無不號令嚴明指揮如意蓋其功效由漸而來非倉猝所能集事也今之戰艦即不能一時更換似應就弁兵中挑赴輪船學習增一輪船即酌裁若干戰艦增一輪船弁兵即酌裁戰艦若干弁兵而仍歸水師提督節制則事權一而經費省更招集沿海一帶熟習沙線能耐勞苦之人參用西法使之由漸遞升依船為命庶可漸收實效

然沿海之地幾及萬里處處可以登岸勢不能處處皆泊輪船一旦有事若敵人乘海濱無備之隙地舍舟登陸則我之船礮皆無所用夫外人涉重洋而來志在登陸耳非志在海中也中國惡其來者惡其登陸耳非惡其在海中也則陸軍宜亟講矣前明時倭人內犯談兵者皆謂擊之海中為上策拒之海上為中策戰之內地為下策於是唐順之講求水師出海擊賊是時倭船甚陋非若今之輪船鐵甲也然猶登岸肆擾水師竟不能制卒之戚繼光等精練陸兵血戰數年甫得盡殲其衆此往事之可驗也近日法國水師其多且精十倍於普人然卒為普所敗者以普

人從陸路進攻水師無從措手此近事之可證也是水師足恃猶宜亟練陸兵況水師未足恃乎練陸兵之法查同治十年曾國藩覆奏摺內稱沿海之奉天直隸山東江蘇浙江福建廣東七省共練陸兵九萬沿江之安徽江西湖北共練陸兵三萬合成十二萬之數以陸兵爲禦敵之資以輪船爲調兵之用海道雖極遼遠血脉皆可流通其意蓋以陸兵爲主誠至計也今誠踵其議而力行之各省分定數目各專責成貴精不貴多宜聚不宜散從前缺額之兵不必再補現在已募之勇更加精練練兵尤須練藝選兵必須選將是在平時之實力講求矣原奏簡器一節查

西洋火器日新月異迭出不窮今日之所謂巧即後日之所謂拙論中國自强之策決非專恃火器所能制勝觀西人所著防海新論備言南北花旗交戰之事雖有極善之礮台極猛極多之大礮祇能擊壞一二敵船並不能禁其來去自如是火器之不足深恃可爲明證然而風會所趨雖造化之奇亦若聽命於智巧之數其不能不相隨轉移者時也勢也近日各國之礮其後開門者爭推德國之克鹿卜爲最英國則首推烏理治洋鎗則以美國林明登爲最本年夏間臣已將各項鎗礮陸續購買迄未運到夫欲自强而必倚西人以爲强亦必不可恃矣臣愚以爲其始

宜由外洋購運一面發營演放一面飭局仿製庶幾始因
終創不至倚人為強現在上海機器局仿造烏理治礮林
明登鎗已能如式製造惟克鹿卜礮尚未得其祕法然後
膛不如前膛之穩似亦無須仿製水雷一項另有機器亦
已設法購到製造惟是各項火器不難於用而難於不用
有事之時日日試演尚可經久無事之時一經閣置立形
鏽壞以後購造鎗礮應發交該管員弁操演之後時時磨
洗不許鏽壞違者罪之是亦珍惜巨帑之要義至於鑄造
之法滬局機器工匠華洋兼用華匠協同洋匠學習有年
亦漸窺其奧窔但祇能就洋匠成法依樣仿造若欲神明

變化推其廣之必須有上等工匠及習算之學生親赴外洋徧觀各廠參互考校方能自出心裁智創巧述現在出洋肄業之幼童業已三年其中聰穎之人既習語言即可兼通技藝擬飭管帶之員分別察看如有能通製造之法者由督撫優給廩餼量保官職令其竭慮殫心精求絕技他日藝成而歸廣為傳授庶足闢途徑而勵人材臣聞自古覘國勢者在人材之盛衰而不在財用之贏絀在政事之得失而不在兵力之強弱未聞以器械為重輕也且西人之所以強者其心志和而齊其法制簡而嚴其取人必課實用其任事者無欺誑侵漁之習其選兵甚精故其臨

陣皆勇敢而不畏死然後加之以精器所以強也若不察其所以強者而徒效其器械豈足恃哉曩者林則徐在粤英人畏之如虎僧格林沁敗英人於天津皆未嘗有精器也是火器不可不講求而實未可專恃以制勝也原奏造船一節自閩省創設機器局上海繼之金陵天津又繼之皆由鎗礟而推及輪船當輪船初成之時已覺銳不可當及西洋各國鐵甲船出而輪船為之減色近日英國復創造蚊子小鐵船一名水礟台長可十丈能載數百磅巨礟狙擊鐵船於三里之外而鐵甲船又為之減色本年籌辦防堵人人僉稱鐵甲船爭進購買之策臣堅持未許非以

鐵甲船爲無用也蓋深知外國造成一船皆以自備戰守其損壞不堪用者乃以售之中國而又昂其價值需以歲月輾轉經手徒資中飽無裨實用中國以百餘萬之巨欵購一外國不堪用之壞船駕駛不善則易損修理不得其法則易損後患方長而船之損壞甚速權衡利害誠不敢輕於一擲也且鐵甲船吃水極深英法之船其來上海者停泊吳淞口不能入黃浦江日本之船其至北洋者停泊煙台不能入大沽口是中國果有鐵甲船必先酌定停泊處所能否與各項輪船合爲一起方可放手仿造現飭上海機器局先就小者試造一號約計明春可以告成如試

驗適用由此擴充即可酌量添造臣愚以為造船仍以兵輪為主如大沽吳淞直東閩廣等口各駐鐵甲一二隻蚊子船三四隻佐以兵輪安配重大擊遠之礮與礮台相輔便可屹成重鎮以戢戎心惟嗣後輪船日增必須先籌養船之費外國輪船以商為主以兵為輔所以財力厚而兵餉亦足上年直隸督臣李鴻章試辦輪船招商局即是此意為今之計造兵輪而添鐵甲假商力以養兵船誠宜兼籌並務者矣臣聞泰西各國其輪船以百數十計其鐵甲船以數十計其大礮以千計其小礮以數千計即使中國歲籌鉅欵多方製造亦必不能如彼之多而且精且即使

百方搜括船礮皆可相敵仍不能禁其不登岸據臣愚見船礮不可不辦亦宜量力徐圖稍省財力以練陸防之兵以備有事之用而仍汲汲以修政事造人材爲本使各國嚮風慕義戒外侮可以少紓原奏籌餉一節軍興以後勸捐抽釐津貼無法不備民力竭矣於此而欲開源竊恐無源可開　國家經費有常地丁漕米關稅三者雖較從前不能足額而各關之洋稅各省之釐金京外之捐輸皆向來所無爲數甚鉅綜計一年出入之數仍屬不敷然則非財不足也乃用不足耳今之言理財者或謂煤山鐵山乃中國自然之大利若一一開採不獨造船造礮取之裕如

且可以致富可以自強或謂一經開礦則必招集無賴深恐易聚難散釀成巨患臣愚以為釀患之說蓋由經理不善之咎不必緦緦過慮因噎廢食現在磁州業已奏明試辦而湖南福建江西山西等省已成之煤廠鐵廠擴而行之果能有效何必舍近求遠取給外國臣所慮者中國開採煤鐵地氣不厚精華易竭所費甚多所得有限未敢遽信以為大利耳為目前權宜之計惟有轄將各口洋稅通提六成專供海防之用以五年為限當可集事若夫節流之法非甚高難行也其效亦非難致也自古以來能節用者國未必不富謀聚斂者國未有不貧蓋利端一開則上

下交征人主之侈心必生貪吏之盜心愈熾而所入轉不敷所出昔漢文帝時輕賦薄歛屢免田租而國愈富者以其節用也武帝時横征暴歛百利俱興而國愈貧者以其不節用也昭帝承武帝之後盡罷興利之役疑若不免貧矣而又富者以其節用也然則富國之道從可知矣竊謂欲求節用必自　朝廷始誠能罷土木之工省傳辦之費減　宮中之用以節儉為天下先則一歲所省何啻百萬各省督撫悉心籌畫裁不急之費而於州縣之錢漕關局之釐税皆實力稽察勿使乾没固不可刻薄以傷政體亦不可徇隱以悦人情則一歲所增又何啻百萬仍求

敕下户部統籌全局分别入欵出欵之界限京師旗緑各營約用若干内務府約用若干各直省旗綠各營約用若干各路勇粮約用若干文武養廉俸銀約若干雜支約若干而於綜核各項之外指定籌防專欵應用若干俾中外上下曉然於經費之有限財用之有制斷不准因緊急需用先行挪動自取支絀或者中外一心兢兢業業力求撙節不必興計臣言利之策自可裕度支而垂久遠矣以上四條皆就總理衙門原奏而證以外間一切情形推廣言之要必餉足而後可以造船可以簡器可以練兵尤必得人而後可以言籌餉可以言持久六者相為表裏施之有

序操之有本　皇上總攬大綱臣下各竭微長各抒忠悃不以為安常處順之時而以為嘗膽臥薪之日大局幸甚抑臣周諮博採覺事之可行者尚有三端查沿海各島大都土瘠產薄惟台灣一島形勢雄勝與福州廈門相為犄角東南俯瞰噶羅巴呂宋西南遥制越南暹羅緬甸新加坡北過日本之路東阻泰西之往來實為中國第一門户此倭人所以垂涎也且其地物產蕃富有山木可採以成舟航有煤鐵可開以資製造其客民多漳泉潮嘉剛猛耐苦之人足備水師之選如得幹略大員假以便宜俾之輯和民番兼用西人機器採取煤鐵山木之利遲之數年該

處便可自開製造之局自練防海之師為沿海各省之聲援絕東西各國之窺伺此中國海防之要略也惟創辦之始得人頗難需費亦鉅其中節目繁多應請　敕下閩浙鄂　臣李鶴年船政大臣沈葆楨妥籌議奏以期必成此事之可行者一也海外新加坡檳榔嶼舊金山新金山各埔頭均有閩廣等處之人在彼貿易每處不下數萬人造有會館舉有頭人名為領首類能知其姓名此皆世沐　聖恩縈懷故土每遇中國人至欵接甚殷凡為領事之人必有幹濟之才足以提倡全埔如從泰西原請派領事出洋之議物色人才不論官階文武大小有能任此事者給以

虛銜使其前往各埔結納領首婉轉勸導發其同仇之念示以加秩之榮由各省督撫咨請總理衙門奏給職官派為練首令其團練壯丁隨時操演每年酌賞銀牌寶星以示鼓勵約計經費有限而獲益無窮此事之可行者二也西洋各國考諸地球參諸天度皆距中國數萬里即電報極迅而兵船之來究須六七十日現在通商各口洋人星羅旗布中國情事無一不偵察周知而彼都情形中國皆未深悉自斌椿志剛孫家穀出使後至今無續往之人竊謂通商各國宜遴有才略而明洋務之人隨時遣使遇有交涉之件可辦論者與之辨論可預防者密為設防其於

彼國有用之人才新造之精器均可隨時採訪以為招致
購買之地目前各國通商耦俱無猜實千古未有之創局
較之張騫之行西域蘇武之使匈奴尤可履險如夷海内
至大人才輩出未必無英偉奇特之士願克是選此事之
可行者三也以上三端採自衆議證以所聞如果試行似
於洋務必有所益而於　國體亦無所損　臣智識譾陋閱
歷尤淺不敢存好大之心亦不敢為鑿空之論區區愚誠
諒蒙　聖慈垂察所有遵　旨覆奏緣由理合由驛密陳
伏乞　皇上聖鑒訓示謹　奏

議覆海洋水師片

再臣正在覆奏間承准總理衙門咨議覆前江蘇撫臣丁
日昌預擬海洋水師章程六條一摺同治十三年十月十
三日奉　硃批依議欽此并抄錄原奏清单等件前來查
前撫臣丁日昌究心特務熟習中外情形所擬章程六條
極中肯綮如練陸兵設機器局添兵輪船築洋礮台各節
江省均已陸續試辦沿海地方官詳加選擇亦係當務之
急至東南北洋面分設提督一節同治十年前督臣曾國
藩覆奏摺内亦中明此意惟無設立提督之議查三處建
立專閫造端閎大且須有船方能設官目前造船甚少似
尚可以緩議是否有當擬請　敕下在廷臣工一并覈復

謹附片覆陳伏乞

聖鑒謹

奏

三〃ク

頂格四格。凡須另行者。均有小條貼寫明白。無小條者。原本雖係另行。只須空一格也。

左宗棠

敬啟者奉到十月十七日　鈞函並承鈔丁中丞疏稿見

示　諭令悉心妥籌以備　採擇謹案原奏六條如設立

砲令及減額增餉事宜均有可採此外於現應籌辦情形

究未知有當與否　尊意謀必慎始制貴因時事期可久

實握全局之要謹本此意紬繹舊聞就原稿簽注旁行呈

覽伏求　誨示宗棠久病不愈志慮鈍拙深愧無以仰贊

高深惟就所知者陳之箋敬稽遲有負鈞望並乞　慈鑒

不宣

一外海水師專用大兵輪船及招募駕駛之人外海水師

以火輪船為第一利器尤以大兵輪船為第一利器西洋造火輪船在嘉道間未造電線之前以此備用兵探路送信之用非擬作戰船也道光十九年犯廣東因覓人帶水為難始以火輪載兵駛閩浙後遂改為大兵船非火輪外別有大兵船兵輪船兩旁分上下層皆列砲眼多者三十六眼少者二十四眼首尾中舷亦列砲位約計一船可裝大砲四十餘位循環叠放無堅不摧此種大兵輪惟法國有之以法人貪造輪船通國計有二百餘兵輪而商輪不在內曾與德克碑談及伊國大兵輪上下三層安砲四十餘位非各色輪船所能敵答曰此等船到中國不能收口砲多無所用之舷高易招砲擊船笨則輪不能速亦須防梗婁子等小輪船環攻德克碑無以難之一船約可裝兵丁水手六七百人兼用風帆行駛如飛此等輪船偶一鼓輪簸蕩則在旁之小舢板等船已將欹覆何況對敵現在各輪船駛行江面遠見烟

起則小船均撐旁岸邊避其頭何況大兵輪此無須說擬先在花旗購買此種兵輪船約二三號即以提督所演之陸兵赴船學習由粗而精一面招募中國能駕駛之人優其廩餼沿海一帶民氣勁悍蓋海風剛烈使然又生長海濱弄潮駛船皆其習慣故昔人募漁戶充水兵往往取勝非陸兵所能練習也蓋寧波漳泉香山新會一帶能駛駕輪船之人甚多茲擬重價招募分別等第設法撫馭使全船皆無須外人方可指揮如意輪船除管駕官弁外需人甚多其間有特出之材如寧波之目錦泉未嘗讀彼中書籍彼中技藝自能作船主西人亦推許之以下堪列二三等之才雖間有之然而亦不能多再下則粗才供船中驅使沿海各處均易覓雇閩中設局之初所議設藝局延師匠教藝童者蓋欲練船主之學儲駕駛之人非謂目錦泉外均不學而能也現已人才輩出矣其次則購買根缽輪船以資淺水追剿之用根缽當是梗婆子輪

船之小者最以上二種輪船初則購買繼則由廠自製就所論二種言之大者過大小者過小有此可恃則沿海一切艇船皆可廢棄不用亦須斟酌定議不可概論緣倂五十號艇船之費可以養給一號大兵輪船倂十號舢板之費可以養給一號根鉢輪船海山爭衡縱有百號之艇船不及一號大兵輪船蓋在內海勦盜則非砲船不為功在外海勦盜則非輪船不為功也

一沿海擇要修築砲台自道光以來海上交兵沿海砲台悉經燬損故人人皆以砲台為不足恃惟推原中國砲台之所以無用非砲台之無用以上四句得之乃台之式不合其宜砲之製不得其法演砲不得其準守台不得其人查西人

重城池不如其重砲台凡海口及要隘之地無不砲台森列嚴為防範西人重城池不如重炮台誠然近如江西湖南省城於城外添空心砲台與城內通即此意其砲台之式下大上槓四面安砲迤邐起伏首尾左右互相照顧台下環池與中國砲台迥異擬仿照其式沿海仍擇要修築砲台其砲之製亦如西國演砲必求其準守台必求其人與沿海水師輪船相為表裏奇正互用則海濱有長城之勢而冦盜不能窺伺矣此條多可採

一選練陸兵防海固藉水師然陸路之師亦不可忽戚南塘論水師以為宜兼習陸戰以備上岸擊賊之用水師兼習陸戰楊岳斌即如此然祗于水營近處相機行事若離營太遠而相近有陸賊則未可造次恐我出擊賊賊亦乘空襲我

水營曾於滬上閱西人陸操有能不假繫援徒手上城者也有能以篙植濠中憑以躍過二三丈之深者有能緣单繩手放洋鎗者西人陸操諸技尋常各營中亦頗能之不足為奇其助功常州時前者死亡後者繼進並不反顧惟其餉足而後令行令行而後能以少制眾竊擬于沿海水師提標各精練陸兵千人鎮標各精練陸兵五百人減額優餉嚴加選擇每人每月約給餉十元所擬抽練精兵之法與時議同所議減額增餉之法與閩浙現在辦法亦同惟每名每月約給餉十元合銀七兩有奇太優且無等次貴重無以為繼且一例加增無以示勸也似以照閩浙現在辦法每名餉銀每月二兩七八錢為度則兵可得而練每操演一次拔其尤者加賞十次列上等則每月加賞一兩數錢庶可期餉厚兵精也如王守仁在贛州每縣選送強力奇技之士或数

人或数十人歸入各標勤行教練申明軍法半年在陸半年在海以備緩急之用合天下約得精兵十萬人有十劲旅則聲威遠讋豈特盜賊不敢生心哉至强力奇技之士原軍中所必需若言制勝不盡特此强力之士多駿拙奇技之士多巧滑其不中用與未經掄練者同耳咸豐二年粵賊犯楚當事者初募拳棒教師数百扼守跳馬澗賊至則逃四年練南勇二千餘捍郴水之冦令粵人周金城自募自練自帶初尤屢得奇捷後因索餉譟潰周金城革戍北口此其明證故練兵之要首練心次練膽而力與技其下焉者也

一沿海地方宜擇仁廉幹練之員辦天下事非才不舉竊擬於沿海地方精擇仁廉之員而又才具練幹者為之拊循士民以時修築城堡徧行保甲教練鄉兵使其不擾而集如其功效卓著督撫特章優保即令帮辦水師庶儲備

邉才可資緩急此條蓋古今練鄉兵之法軍興以來多述之者然鄉兵制兵用法不同吏事兵事所長亦異督撫之賢者能者能得賢牧令用之或可收其臂助以其得民心自能得民力也禦流賊土匪尤易見功至辦劇賊禦勍敵未可恃矣

一北東南三洋聯為一氣查直隸至粵東洋面南北五千餘里沿海要害互有關涉宜如常山之蛇擊首尾應擬設北東南三洋提督以山東益直隸而建閫於天津為北洋提督以浙江益江蘇而建閫於吳淞為東洋提督以廣東益福建而建閫於南澳為南洋提督其提督文武兼資单銜奏事每洋各設大兵輪船六號根鉢輪船十號三洋提督半年會哨一次無事則以運漕有事則以捕盗計省沿

海水師舊制各船之糜費以之供給大小四十號輪船尚覺有盈無絀洋防一水可通有輪船則聞警可赴北東南三洋只須各駐輪船常川會哨自有常山率然之勢若画為三洋各專責成則畛域攸分翻恐因此貽誤分設專閫三提督共辦一事彼此勢均力敵意難以相同七省督撫不能置海防於不問又不能强三提督以同心則督撫亦成虛設議論紛紜難言實效必由乎此不可不慎也

一精設機器局水師與製造相為表裏偏廢則不能精擬三洋各設一大製造局每一製造局分為三廠一廠造輪選通算學熟輿地沙線能外國語言文字之人董理其事一廠造洋砲火箭火藥及各軍器選諳兵法優武藝有胆略之人董理其事一廠造耕織機器選諳農務通水利之

人董理其事是今日督造輪船之人即他日駕駛輪船出使外國之人今日督造槍砲之人即他日辦理軍務之人今日督造耕器之人即他日盡心民事之人也所擬三洋各設一大製造局局各分三廠一造船一造砲一造機器無論無其費無其人並無其地就現有之局言之閩滬津沽皆設船局機器局每年所需已近二百萬未成之先擇地起廠之費船成有養船之費均不見缺亦不可短今擬各設一大局竊計始事之費常年之費將增數倍費將安出一也閩局之有成賴 幼丹中丞清強忠實能得華洋之心總司于上而樸幹之官紳員弁分效奔走于下今同時各省英賢雖所在不乏然其能勝于 幼丹者幾人能與 幼丹並論者幾人能如閩局官紳之事 幼丹者若干是否能如閩局之切實有效似應及早擬議 公推乃免後悔二也三大局之設先應察看水次地勢從前閩局設立馬尾幾經相度而後奏明辦理計閩省之建船廠生熟鐵廠船槽等鉅工無逾馬尾者其外省能否擇地可如馬尾至當恰好固難懸揣然恭以西人議論實以為閩局得地非別處

所及且畫船圖共相傳視詫以為奇亦足見擇地設局之大非易事也

又書

敬啟者十月十三日捧讀　大咨並奉　鈞緘承示臺防完案條欵及海防事宜兩摺稿敬悉一切辦法因應之妙道合自然操縱之宜剛柔協節許其撫卹既昭　字小之仁收回佔造永杜侵陵之漸慶幸之餘感仰荷既竊維此事起於六年合衆國商船遇礁撞破船主羅妹及其衆上岸逃生生番殺之掠其餘資該國領事李讓禮赴台灣鎮道求辦生番以儆將意在收殮殘屍救回活衆求中國收其地設兵管守永杜番害未嘗別有要挾也台灣鎮劉明

燈台灣道吳大廷鑒其無他即與定議又令生番曉事頭人卓杞篤與李讓禮商議善後諸事李讓禮遂與生番連和自具申陳由鎮道遞閩省督撫鎮道並備公牘請示辦理督撫允行事遂寢厥後吳大廷堅求內渡劉明燈因閩撫有意吹求謗議上騰遂被奏撤而前議閣置不復過問李讓禮心懷不平以其事告知本國求發兵勦番為護商計該國責其生端肇衅不許並奪其駐廈領事職李讓禮不得逞乃以台郡地圖示倭唆其勦番資以利器倭窺台郡後山地險而沃冀據為外府此違約稱兵所由來也宗崇前得　幼丹中丞復緘堅恃不貪戰功不傷　國體之

言服其洞達時務又信其必能了此三復　鈞諭心悦誠服尚何間然　尊意令合計通籌隨時寄致自維去閩已久事難覆按台郡既未親歷何敢騰其臆説上瀆清聰因劉提督撤任後即調隨征現駐涅中於台郡南北情形見聞較確令將台灣事宜覆述崖略藉呈鈞覧敬報　嘉命至其有當與否固未敢知也

大疏所陳練兵簡器造船籌餉用人持久各條閎遠精密無少罅漏計各處覆奏到時亦必詳明曲盡足使題無遺義顧天下事言之實易而行之維艱不俟成效畢臻之日無由知其誠然也以練兵論就水陸原額拔其精壯聚而

練之是矣然制兵只有此數抜其精壯練以備戰而存營無留良焉何以資分布而利更番也緑營積習最深水師尤甚一在粮餉大薄一在書識號令看管軍裝軍火分撥塘汛不能入操之兵太多一在千把外額至叅都游守層層管束十羊九牧額數多歸私設氣勢不能整齊前宗棠於閩浙總督任内力求整頓曾經詳細陳明仰蒙俞允旋即西行未覩成效至今耿耿而楊石泉王補帆兩中丞尤謂較之從前頗有起色亦未知其確否至西人所傳洋鎗隊式行列整齊進止有度較之中土所演陣式不但鎗械子藥遠勝其束五結陣之法亦良不易及也然自

勦辦髮捻中國材武之士輩出善戰者亦多尚洋鎗而不盡習其陣式如前廣東提督劉松山今蘇松總兵章合才所練陣法足平髮捻亦可制洋人宗棠實親見而信其能矣以簡器論砲以布洛斯所製之後膛螺絲開花大砲為最精鎗以後膛七響為最勝從前西人舊式鎗砲本已精工近改用螺絲内膛後圓前鋭注藥之子又極合用較其舊式光膛圓子更為精妙故致遠取準勝於舊式也近又改用後膛進口之法進口大而出口翻小如布國新製大砲及後膛七響洋鎗則極鎗砲能事無以復加凡鎗砲之用在致遠取中而已其能致遠取準者在砲子必合砲膛

鎗子必合鎗膛子不離藥藥注其子故也布國新製大砲及後膛七響鎗不但子合葯膛且大於膛口以数分計而能不傷膛口者由子之外面用鉛皮包裹火著子出鉛皮融脫故口出不傷子聚葯力毫無外散故能遠子滿膛口而出毫無偏倚故能準也此間現設製造局能自造銅引銅冒大小開花子能仿造布國螺絲砲及後膛七響鎗近今改中國舊有之劈山砲廣東無壳抬鎗用合膛開花子劈山架改用雞脚义無壳抬鎗改用一人施放選甯波及粵閩工匠製造以總兵賴長督之飭中軍副將崇志教練本標將弁兵丁演習俾製器之人知用器之法用器之人

通製器之意向之磅山必用十三人今只五人向之無殼抬鎗三人管放兩桿今一人放一桿且更捷更便蓋欲參中西之法而兼其長為行隊接仗營卡守具所必需亦由西人每進益上精益求精之意也縱未能如西人之精到而其利足以相當如果能得地勢用教練之將弁帶習練之兵丁其制勝確有把握非美觀不適用空言無寔用者比也以造船論閩省創設五年限内效已可覩茲蒙　鈞裁以不停撤為是則日起有功凡洋人所長皆華人之長實永久之利至鐵甲船一種上年德克碑來蘭亦曾說及宗棠以購買為艱修整必須另辦船槽駕駛必須另雇洋

人殊非閩局所宜邦之嗣接　幼丹中丞書必須採購日意格已由電信往詢未得確信計台事了辦鐵甲船亦必來閩蓋洋人無所要挾其求售固在意中耳頗聞此項船式質重而堅不能入口收泊其利在衝劈輪船然將到之時巨浪洶湧輪船從容起椗亦可預為之計至西人擬為水砲台便輪船依泊之說似指輪船停外洋而言中國輪船行駛外洋收泊每依山島均有一定之所無須乎此若收泊各口鐵甲不能駛入亦不畏其衝劈也俟鐵甲購到再為察驗庶可決其合用與否至中國輪船局分設閩滬閩局地勢難得所謂船鐵諸廠費至鉅萬論其成效則華

匠能以機器造機器華人能通西法作船主滬所不如閩
鐵甲輪船亦無甚謬巧到閩後令華匠仿製亦可有成惟
慮船槽不能展拓然究已有局勢較滬尚易為功也如撤
滬局而以所有經費畀之閩則仿造鐵甲輪不無小補以
籌餉論海上用兵公私帑藏為之耗竭然猶藉洋稅釐金
歲入巨欵得以支持雖受其損亦獲其益此次日本違約
稱兵沿海各省所以奉　旨嚴防而不能不長慮却顧者
亦以輪船調聚閩洋海口頓無倚恃從前所設炮台有不
得地勢者有不合洋式者有和議定後慮以更置啓衅端
者今既言防不得不慎益求慎一事而加以萬慮一念而

重以三思宜其恤恤乎無終日之計也於是紛議購船置器增兵募勇輿倖目前無事不暇計經費之足支與否局勢之能久與否戰欲其其勇防欲其怯揆之情理無足深尤今於台防漸有成議之時規畫久遠似宜合始事之費與經常之費分籌併計度餉源之贏縮權其緩急應之乃期詳慎於始要成於終可大亦可久也就海防分言之閩粵吳越燕齊及孤懸各島凡可收船寄椗之處均宜逐加察勘而預為之防固也然合七省通籌則祗此一海如人之一人有氣隧血海筋脉色絡皮内之分即有要與非要之别要處宜防宜嚴非甚要處防之而不必嚴可也天津

者人之頭項大江三江入海之口要膂也各島之要如台
灣定海則左右手之可護頭項要眷皆亟宜嚴為之防以
此始者以此終不可一日弛也此外則視如髖髀然謂其
無足愛惜固不可謂其必全力注之亦不可也輪船之造
原以沿海防不勝防得此則一日千里有警即赴不至失
時可以戰為防五年僅成船十五不敷海防全局之用今
既擬闔局不撤賡續為之則購船之費可省為造船之費
也砲台各式以西人鐵製為最次則磚砌層留砲眼頂用
鐵磚兩尺厚者葢成圓銳形台身週圍囊沙五尺厚護之
外開三丈濶二丈深之濠足矣費較鐵砲台為省而功用

相當台上所安大砲宜對準船之來路度砲力所能及必無虛發乃可砲床下宜安活輪隨時取準可放多數倍而不費曳輓之力水面濶安大砲水面狹安次者小者再能如西人測定墜數施放則用砲設台能事畢矣其各口守具莫妙如布洛斯之水雷前年滬局來告布人噸嗹吧請派閩局藝童數十隨往學造水雷　宗棠以其時閩之船局撤留未定未如所請台防無事時曾緘致　幼丹中丞謂海口守具此不可缺今議防海之器似水雷亟宜購求如今噸嗹吧邀其師匠來閩簡藝童學之如其有成則海防固而費亦可節也此餉所當籌者在始事之時已預省經

常之費庶期有實用無虛糜乃能收海口通商之益與之持久而不敝至西人所稱鐵甲足以制輪船又云巨砲可以擊鐵甲揣其用意似因閩局輪船有成欲藉此炫奇為居奇之計具俟鐵甲購得加以察驗如在所必需雖費不惜否則祇宜從緩　愚見現在用兵之餉指沿海各省協濟為大宗甘肅尤甚若沿海各省因籌辦海防急於自顧紛請停緩協濟則西北有必用之兵東南無可指之餉大局何以能支諺云扶起東邊倒却西邊斯言雖小可以喻大且既海防言之凡所籌畫宜規久遠始事之時即悉索以供不留餘力設後此厘税衰減經常之費又將何出萬一

島族生心調發日煩需用孔急將何策應之凡此皆宜通
籌合計早為之所者伏布　鈞度及之幸甚
尊諭湖南所屬猺獞黎苗等類之人與台灣生番相似者
一切政教禁令法律如何須詳細查明奉復竊謂湖南寶
慶永州兩府所屬有猺性近苗而稍馴辰州沅州兩府距
苗疆為近靖州亦然其專轄苗民者直隸廳同知三永綏
乾州鳳凰是也通判一晃州是也其地皆與黔境接其人
愚悍不識禮教法令近廳者為熟苗為土人稍馴愿畏官
奉法生苗居岩壑間狉榛自岩間與熟苗土人接其匿居
深峒者與人絶非市鹽不出也歷代常為邊患則以其性

喜剽掠官軍追捕無可踪跡兵退復出為暴莫可誰何也
乾隆間有傅重庵鼐者從征金川習知碉堡之利又能練
勁卒用土人制生苗為苗所憚誅痞苗撫良苗經畫井井託
事於嘉慶初年傅由府經歷擢至辰沅永靖道　仁宗特
簡湖南臬司旋以苗民懷其遺澤　詔許每歲一巡苗疆
慰邊民望不久以積勞卒於官而苗疆安謐者盖七十餘
年矣同時有溆人嚴樂園如煜者入傅幕為軍謀志節才
略與傅等習其方略後以平定三省教匪勞績由陝西間
洵陽令擢陝安道　宣宗初元特擢陝西臬司亦以積勞
卒於官漢中士民請其柩入南山民為舁櫬歸楚　詔旨

裦贈逾格所著書凡三種一苗防備覽即襄傳幕時事一三省邊防備覽即其辦教匪時事皆質實切近其營屯碉堡以之治今苗猺黎番民皆可行也雖然無傳嚴卓犖開敏之才懃懇篤實之心用其法不能得其法外之意又奚以為乎此又見　大疏用人一條所以握諸條之要雖古今無以易也　宗棠自咸豐十年從戎以來以書籍累重未嘗挾以自隨苗防備覽一書無可呈　閱意湘人之仕於京朝者必有新刊本堪以索覽伏希　鈞度

劉軍門明燈條陳台灣事宜

台灣海外岩疆治亂安危關係東南甚鉅其地高山百

里平原萬頃民生庶富物產豐饒外則日本琉球呂宋噶囉吧安南西洋荷蘭諸國一苐可杭内則福建廣東浙江江南天津山東遼陽不啻比鄰而處門戶相通曾無藩籬之限非若尋常郡邑島嶼介在可有可無之間以前各國未經通商患不在外侮而在奸民今在外洋兵船屢來窺伺其處心積慮垂涎台地久矣此而不速籌通變之方自强之計誠恐環海一隅非復國家有也提督前蒙知遇調補台灣鎮總兵涖任兩年搜捕盜賊輯和洋番幸獲安無事正擬因地因時稍為布置適奉文交卸遂不果行今憲台詢於芻蕘謹就昔所知

者逐一陳之

一海口先宜嚴防也查台灣各口以鹿耳門打狗雞籠為最要其次莫如鹿港蘇澚瑯璠該處砲台久已傾圮間有存者亦宜重新修整無者添之每處安放二千斤或三千斤後膛大砲数尊以資防守如能改造鐵砲台更為堅固第恐工本浩大經費無所出耳

一戰守兩項必以火器為先也台地各營雖有例配鎗砲然較之洋人實屬十不及一似宜每營各配小號後膛炮数尊無壳抬鎗數十桿按期操演臨時庶堪一用

一海面師船最關緊要也以前台地水師各營共設大

小同安梭船九十六號均已朽爛無存即存亦不合用
提督前在台鎮任內曾造龍槽師船数十號運棹如飛
甚覺輕便然以之巡緝內港則有餘以之施放外洋則
不足現聞閩省船廠已造輪船十餘號似宜特派四號
專駐台灣無事則環海梭巡有事則衝鋒破敵

一水師操演亦宜認真也查水師非同陸路為將弁者
不識風雲沙線則把舵無從為士卒者不如攻擊駕駛
則臨陣束手提督前在台鎮任內不特於陸路各營勤加
訓練即於水師將弁亦令僱坐商船時常出海以習勞
苦內地若派輪船專駐台灣似宜分撥澎湖安平艋舺

滬尾各營責成該管將弁分帶出洋往來搽演庶幾可
成勁旅
一台鎮總兵宜議移駐以便居中調度也查台地南北
兩路橫長一千九百餘里前因噶嗎蘭未入版圖府城
偏處西南今北路則有嘉彰兩縣鹿淡蘭三廳而南路
祇有鳳山一縣鎮道同駐府城未免偏重一隅且歷溯
以前亂民起事多在台北一帶因該處內山遼濶地極
膏腴最為藏奸若將台鎮及鎮標中營移駐彰化縣城
南北適中之地不待奸民生事易於撲滅即台北各海
口亦可漸溱鞏固其舊駐彰化縣城之北路副將一營

似宜改設埔裡社地方其鎮標左營遊擊一員亦宜改駐台鳳交界之漢羅門內以扼南中二路之吭上可控制大武壠下可兼顧岡山若府城仍留城守叅將一營兼有道標一營足資彈壓似此碁布星羅於形勢最為稱便一北路一帶宜添設兩縣以便分理也查淡水一廳所轄地方七百餘里地極平坦港汊分歧遇有詞訟命盜事件恒苦鞭長莫及似宜將廳轄之新莊縣丞彰化所屬之南投縣丞改為知縣均歸淡水管轄淡水亦宜改為直隸同知以符體制其埔裏社生番事仍歸鹿港撫番同知管理一民間續墾田地宜丈量升科也查

北路之埔裏內山及南路枋寮以下以前皆屬番地嗣經台地居民逐漸開墾良田萬頃沃野平疇其中未曾升科者比比皆是溯查道光年間經　前督憲劉奏請將埔裡社收入版圖雇民開墾以裕國賦廷議因係番地格而未行迨同治五年又經憲台奏請開闢適因西北軍務吃緊　聖命移督陝甘未遑辦理不知天地自然之利有日開無日蹙生番穴居野處射獵為生從不知耕種為何事棄此膏腴之地殊為可惜現閩粵莊民遷其中者不下數千人其地有田可耕有水可汲而王化所不及難免為逋逃之藪此宜責成地方官前往

丈量逐漸升科即將南投縣丞改為知縣移駐其地以資治理是國家每年可增數千帑金不無小補緣台灣多增一分賦稅即內地少撥一分兵餉也第清丈之法最易擾民是在良有司潔己奉公認真體察庶可行之無弊耳

一石炭硫磺似宜弛禁開採也查北路之金包里八芝蘭等處素產硫磺油磺苗極旺澎湖雞籠等處均產石炭准民開採以供閩省上海船政之用其澎湖石炭及產硫磺磺油之處照舊封禁恐其偷漏出洋接濟奸匪也不知天地生物原供生人之用利之所在官雖示禁

而小民趋之若鶩似不若准其開採石炭可供民間之需而硫磺磺油官為收買亦可作軍火之用使台地無業遊民衣食有資不至流而為匪未始非撫字之一道也

以上数條皆管見所及率臆妄設尚祈憲台進而教之幸甚幸甚

四号　頂格以抄　原本另行抬　亦空一格

沈葆楨

奏為遵　旨詳議海防事仰祈　聖鑒事竊臣於本年十月十七日承准軍機大臣密寄九月二十七日奉　上諭總理各國事務衙門奏海防亟宜切籌一摺所陳練兵簡器造船籌餉用人持久各條著詳細籌議切實辦法此外別有要計亦即一併奏陳不得以空言塞責等因欽此我

皇上宵旰焦勞昭然若揭伏讀再四感極涕零臣佔畢迂儒洋務非所諳習年來待罪船政不過因人成事絕未窺要領然不敢不以采訪所及忝以管見蠡測為我　皇上敬陳之原奏稱禦外患較辦髮捻為更難兵亦較辦髮

捻宜更精誠確論也夫兵於何精練斯精耳以西洋鎗礮之猛烈賁育無所用其力養潘無所施其巧及觀其練兵也鎗隊則步伐止齊之節縱横疾徐之序礮隊則旋轉進退折卸修整之測量砲力遠近炸彈遲速之方斷斷講求若忘其利器之可恃也者蓋不以一人之力為力而以千萬人之力為力不以一人之巧為巧而以千萬人之巧為巧也然而練義勇之兵易練經制之兵難髮捻事起各省無不舍兵而募勇明知兵之無用也而大難甫平轉撤制勝之勇以復無用之兵臣竊以為過矣數年來封疆大吏思矯之積弱優之餉糈使與勇等束之營壘使與勇偕而

海上軍興復紛紛募勇未聞以兵爲可恃者文法繁而積弊深也撫議一定餉欵不支將又議汰勇留兵用其所不養養其所不用明知之而故違之自强其何日乎以西洋練兵不得不先以西法練將將所不知則兵欺之將所不屑則兵效之今之名將皆剃髮捻立功者矣習故蹈常則無從精進而中年而外百戰之餘使舍其所長折節於西學非其所願亦非其所能盡曉其文不可不深明其意應請每省選知兵大將能虛己耐勞者一二人練勇二萬少則萬人分爲兩軍一駐省會一駐衝要屯紮大營勿零星散布專練洋鎗洋砲平時一如臨敵奉調即可遄征選西

洋通兵法者為之教習我之大將待以賓友朝夕與之講明切究乎其中數年而後陸營庶幾可恃矣水師則以熟狎風濤為本槍砲按日操演可月異而歲不同熟狎風濤則少成若性水師與陸師異外海水師與內江水師異近日之外海水師與向日之外海水師又異綠營原額不乏精壯然城市熟而風濤疏即曾經制勝之洋槍隊陸路用之猶患不足豈能撥入水師且遷地弗良一苦眩暈雖至精之技無所用之沿海漁戶實繁有徒召募非難練習亦易所獨難者管駕官耳淺言之則商船之舵工各口之引水其天資穎異於西洋輪船中歷練多年者可充駕駛然

僅千百中之一二耳深言之則必通曉華洋文理明於算學兵法者乃勝其任非剽竊所能為功上海出洋局十五年限滿閩廠學堂中再令出洋學二三年必有堪膺是選者至迎剿截擊尾追諸法合數船操演則其法備寓乎其中應請將現有之兵輪船延英國水師官一人教練以二人副之除奉差他出外餘當按日合操數年之後水師亦庶幾可恃矣經費不足宜將水陸額兵之無用者酌量裁汰固不當立地紛更亦不當意存遷就總之化無用為有用是在督撫之因地制宜耳原奏稱各國鎗砲日出日精明知效彼之長已居於後然使並無此器更何所恃因而

思購用最精之品與自行鑄造之方夫槍砲非購之難而知之難用之難保猶難新舊既判優劣懸殊貿然購之雖得以賤價要棄物耳非能測量砲力之遠近彈子開花之遲速莫能演試何能較其優劣演後膛槍一出費銀數分演螺絲大砲一出費銀數十兩磨擦有費修理有費得是器者往往什襲藏之日久鏽生一用不可再用其惜之也不啻棄之前膛槍一出後膛槍可以四出故臨陣必用後膛法之薩司博俄之白爾单布之莫司爾皆後膛槍也而以美之里明東為最近則英之麻抵呢亨厘加乎其上今聞布之新出者又勝之矣各國洋槍隊外均有小砲隊而

美之格林為最其大砲先尚銅繼尚鐵今則非鋼不珍前後膛互有短長而皆以螺絲為貴前膛者下藥裝子緩下藥裝子之人須身出砲外無以避敵人之砲賊開放鮮炸裂之虞後膛者下藥裝子速其人可以避敵然開放次數過多則砲熱可慮前膛者以英國為最聞有新製口四十二寸徑重八十噸開花弹千二百磅者其演放則用電線火然而人避之否則聲耳裂此恐非中國所宜後膛砲各國皆有之而布國練鋼之法非他國所能其弹子以開花者為貴然攻鐵甲船則非尖頂實心之鋼弹不入也竊以為洋槍宜隨時訪其最精者購之大砲十餘噸者為宜既

購之後須逐日付操則兵練而器亦練摩擦洋油砂布棉紗之費修理工匠之費必不容省其不至減費以肥私橐者是在將之得人鑄造則津滬兩局已有端緒因端加廣自當日起有功臣竊以為操術宜專專而後精精而後可以益求其精應請飭總理衙門將沿海各省通盤打算孰宜槍砲孰宜子葯孰宜銅鋳孰宜船隻各專其任以此所有易彼所無誠以洋人每造一器必開無數廠所而後能集事若愛博不專則廠先不能容工烏得不苟以此局之贏濟彼局之絀譬如十人之食炊以一炊明似費鉅中實省多若一人一灶合而計之費必倍矣今年臣在臺防

李鴻以津局所成洋藥金陵局所成銅砲火龍陸續見濟
若由閩廠購器自製費當何如　臣購洋槍獨取里明東者
亦以滬局方在學製子藥可以挹注修理不患無人故也
至鑄槍造砲似宜仿出洋局之例選巧匠穎童赴布國學
習取法乎上冀得淵源取徑似迂收效必速原奏稱擬立
外海水師應如何添購兵船及鐵甲船並自行鑄造擴充
之處均宜實偹切籌查中國海疆年來盜氛久靖倭番搆
衅通遞文報裝運援兵未遽束手此則有船之利之明徵
也然淮軍分裝三次累月而後完合操僅派六船便無船
以供差使此又船少之病之明徵也苐購船原屬不得已

之急需自通商以來從未見外國肯以全美之船售諸中國者欲求其精非製不可官廠所造雖未得其精然剏始有基則進階有漸外國苦煤炭之費因為新式省煤輪機苦船脅彎木之難因為新式鐵脅應請購新式卧機一副仿之以製兵船新式立機一副仿之以製商船鐵船脅全副仿之以濟彎木之櫃勿惜目前之費異收後日之功惟駕駛乏才則船多亦不足恃　臣曩者向赫德借淩風兵官教各船合操據稱老輩管駕官駕官多由商舶出身熟駕駛而不精兵法其自學堂出身者駕駛兵法均有根柢加以閱歷便成全材則出洋學習一端不容緩也欲獲鐵甲

船之利當先知鐵甲船之難其制始於美各國踵而行之而英最精然新製試洋全船覆没者再一則務求鐵甲之厚忘其上重下輕一傾而不可挽也一則務與水面相平以避砲忘其船不勝水而沉也臣前擬拓廠試造費既繁重成復雷時且上等匠師未必肯遠涉吾地因復有赴西洋定製兼資生童匠徒學習之議費雖多而效較捷而取大取小中無定見躊躇再四因所折衷其為因地制宜之說者謂造船須先為修船計喫水只宜丈七八尺使可進福州口雖建石塢廣厰所添機器所費亦復不貲然海口關鎖重疊去洋面尚百餘里猝遇外警得砲台數座精勇

數千守之廠中仍可製造修理以應急需且駕駛有勝任之華人臨事不致掣肘但使行駛快捷訓練純熟何遽見屈於大船駁之者曰費重欵造鐵甲船豈惟是為守口計敵人舍而他顧安得不越境窮追遇於外洋大小異形勝負立見縱使快捷殊常亦僅能避敵而無從勝敵前者英國入華之鐵甲船損壞香港船塢亦不能容轉向東洋修理夫東洋目前尚無大船何以有此大塢其意可知况宜防者更不止此既未雨綢繆矣仍存因陋就簡之見如侮予何果爾則必定製最大之鐵甲船又必擇沿海最深之地為最大之船塢蓋最大之廠所一切機器洋師匠徒咸

脩重兵設險以護之城煌煌巨觀也而僅此一端已非千餘萬金不辦且極深之水內港無之必在外海我之全力所萃敵人亦必以全力攻之外警一來本廠亦須停工而待濟於他廠況華人驟得大船無敢承領駕駛者雇募洋將臨警必萬分周章臣雖生長海濱向未出洋自任船政始見福州海口奉　命巡台始見台灣海口其何處宜此船塢無從懸揣而又深慮集費之難竣功之難所以日後傍徨寢食俱廢者半月有餘而無能臆斷也謹將候選知縣張斯桂所議及洋將日意格所陳函達總理衙門以脩采擇原奏稱非有大宗鉅款不能開辦非有不竭餉源無

以持久以四成洋税存欵無多更求開源節流之計查四成洋税各關歲入若干何處借撥若干户部現存若干非
臣所與知惟念天下洋務綱領在總理衙門天下財賦綱領在户部必總理衙門周知户部實存之欵而後洋務可通盤籌畫必户部周知各關實存之欵而後隨時可應總理衙門之急需計四成洋税各關必無敢於侵挪者或者指撥六成浮於所入之數因而暫挪四成以待後日彌補第必須將六成不敷指撥之處立即切實奏咨而後户部得以權衡調濟若秘而不宣則六成既不敷撥安得彌補之期各關以為出欵户部尚以為存欵日積日深始和盤

託出貽悞必多論開源者曰借洋欵夫今日所借之數即後日所償之數非源也且厚息輸於外洋非甚燃眉誰甘挖肉曰開大捐民力竭矣減成徒濫名器未必踴躍輸將即加以抑勒所得亦復無多且可一必不可再曰增洋稅無論外人以利為命勢必不行即竭澤而漁亦非招徠之術現在洋稅尚無甚弊竇尤不當使藉口以啟偷漏之端曰清田賦夫髮捻之亂相尋十數年而元氣尚能漸復者則以　國家雖急從來不肯加賦農民猶得以自存故也按戶擾索民不聊生州縣知騷擾之難堪畧加粮額以應之所得幾何貽累匪淺曰收塩利塩歸官辦如得劉晏之

才未嘗不可驟見起色然而接軸聯檣定厘課而享其奇贏者吾之商也肩挑背負逃厘課而竊其微利者吾之民也得才如劉晏不過巧取商民之利而歸之官萬一不如劉晏則弊有不可勝言者勿擾獄市古人深意存焉似不如仍舊貫之爲愈也欲言開源或者其煤鑛乎福建古田等處產鑛甚旺洋人用之皆以爲鐵質勝於西洋第地不產煤以松木鎔之近山松盡鐵礦亦廢且不通水路運致殊難鐵價每担僅千餘文而運費加倍故雖優予價值亦不能源源而來台灣產煤閩兼產鐵然不諳以煤鎔鐵之法故向來無試采者臣曾函商總理衙門令赫德延一看

山洋人來台果能苗旺質佳再行酌議試辦近聞李鴻
已於磁州舉行將來仿照辦理蓋煤鉄充物則財不耗於
西洋而作苦小民兼得資以食力台地樟腦石油雖其利
不及煤鉄亦地不愛寶之一端硫磺禁綦嚴第禁之而不
免漏卮不若收之以廣儲軍用然此皆收效于數年之後
目前經始尚苦費未易籌至節流亦節其無用而已矣臣
竊以為折衝資行陳則武科宜裁南粮歸海運則漕標宜
裁事權貴一責成貴專則與總督同城之巡撫宜裁減一
分虛縻即可以增一分實用我　皇上躬行節儉費惜露
台凡在臣工孰不當仰體斯意哉原奏稱以上各事一不

得人均歸虛費請　簡派知兵重望實心辦事熟習洋情之大員爲之統帥各大臣恭議會推奏請　欽定臣賦性闒昧何足以言知人第就見聞所及兼此數長者計無踰李鴻　左宗　者矣李鴻　坐鎮畿輔中外洋務本賴其主持左宗　一時能否舍陝甘而蒞海疆非臣所敢妄參末議臣竊見前兵部侍郎彭玉麟忠肝義胆迥出流輩必能爲　國家肩大事者雖居官任職非其所願而禦災捍患當所不辭或疑海疆統帥時與洋人交接若性情激烈恐嫌隙易生抑知天下惟忠義之人最能堅忍即遠人未嘗不考其素行而生愛敬之心至於後進人才既關培養

猶資歷練而後取多用宏其源不竭今日人才之弊有三一則悞於空設謂公憤可以卻敵言涉外事則斥為漢奸及身居局中又茫然不知所措一則狃於習見謂我曾以此法破髮捻戰以氣為主勿懾於彼族欺人之言迨臨事而悟其弗如則已晚矣而懲二者之弊又專取柔和軟熟一路但畧通洋語畧識洋文能調停交涉事件者便以為出類拔萃之才抑知片長末技以備顧問以供驅策未嘗不可實學非所知也行陳部伍中國以為角力之士也而西人無不知書之武人規矩準繩中國以為食力之民也而西洋無不知書之匠首我以為粗彼以為精則彼得其

精我得其粗固其所也臣前者奏請特設算學一科誠以
外國權輿萬事之方胥根於算學而　中朝鼓勵人才之
用莫捷於制科今同文館之設有年矣其中當有學業勤
敏心術明粹者可否仿照滿之筆帖式漢之小京官撥入
總理衙門使習外事徐察其所成就而進退之其尤異者
升之於司官與正途出身等夫教之於同文館所以培養
之也試之於總理衙門所以歷練之也非培養則才無自
始非歷練則才無自伸其出洋有成效而歸者更當優予
拔擢名之所在衆所爭趨日推日廣而才不可勝用矣以
臣所見洋師咸謂中國聰明實勝於西洋循序求之不患

其不精進但風氣創始苦於督率之無人即如船政一事
如得通曉製造淵源者領袖其間所成就必不止此今則
督藝徒者匠首也而匠首之智不如藝徒督匠首者員紳
也員紳之智不如匠首督員紳者臣亦員紳尚知其大意
臣則一無所不知而已矣一切造船駛船不能躬審其是
非只得訪聞其優劣心力交瘁聾瞶何裨此培養歷練後
進之人才所以不得不亟亟也原奏稱議定開辦之後應
如何一心一力歷久堅持尤宜同盡公忠永維大局臣以
為欲收持久之效當先究所不能持久之原而豫杜之
誠使度支無闕日就月將誰則願居不韙之名以梗垂成

之緒所慮者作無益害有益其始也並非與自强之意有所齟齬迨踵事增華潛滋暗長耗費之門日闢日廣府庫之積日浚日深水旱盜賊之憂相尋而起司農仰屋物議橫生斯時欲不爲苟且之謀不可得矣人情憒則奮樂則頹但使　朝野内外以庚申之恥常懸於目前何能以自强之思暫置於度外至於辦理不善當究其人之失當不容廢於半途時勢至殊當與其人以便宜不容苛之文法有以不變爲持久者自强之志百折彌堅所謂不息則久也有以善變爲持久者自强之方闢善能徙所謂窮則變變則通通則久也然則練兵簡器造船爲自强之目籌餉

用人為自强之剛而貫夫綱目之中者則持久之精神與持久之作用士大夫知格致為入聖之門徑即報　國之經綸讀有用之書試諸有用之地以成其為有用之才局中者受局外之攻錯輯思廣益不視之為浮言局外者諒局中之苦心露胆披肝各資以所獨見人人咸有以自盡惟不苟同者然後能為和因循之獘庶可免矣臣見聞固陋識忌諱自知所言無當萬一伏維　皇上聖鑒訓示施行不勝惶悚待命之至謹　奏

善後襍鈔六

柔遠全書 二十四

案英法合毀黑海水師在咸豐六年

海防條議

丁日昌

一練兵原奏稱陸路之兵固須益加訓練外海水師尤當益事精求各口岸固須設防然非有海洋重兵可迎剿可截擊可尾追彼即可隨處登岸使我有防不勝防之苦等語是所注意者在於要口設防不效從前零星散漫即兵法所謂致人而不致于人之意查十餘年來泰西凡三大戰一曰英法助土攻俄之戰開釁之初英法即以重兵屯紮黑海口使俄不能出入其後俄卒求成於英法一曰南北花旗之戰開衅之後北花旗即將所有兵船駛往南花旗各海口全行堵塞俾不得乞援鄰國購辦戰械南花旗

卒至殲滅一曰布法之戰布人自聞法國動兵即將通國勁旅先堵禮吳河口而法亦卒為布所困即如中外用武以來兵非不多餉非不足然彼族不過數千人今日擾粵而粵之全省疲於奔命矣明日擾閩而閩之全省疲於奔命矣我則備多力分彼則擇瑕而蹈是皆未練重兵屯紮徒蹈處處設防之弊故致此也外國之有戰事也力與力相敵則器精者勝器與器相等則先下辣手者勝故今日擇要練兵以備攻剿尾擊之用尤不可須臾緩矣合天下大勢言之法國佔據安南之胥江及南三省既與我廣西雲南貴州之邊境毗連英國佔據五印度既與我雲貴四

川之邊境毗連俄國染指親疆聯絡回部已與我甘肅陝西之邊境毗連其佔據黑龍江以北者又且與我盛京等處邊境毗連至東南七省之逼近海洋為洋船所可朝發夕至者又無論已從古中外交涉急於陸者恒緩於水固未有水陸交急處處環伺如今日之甚者也然以理與勢揆之凡外國陸地之與我毗連者不過得步進步志在蠶食而不在鯨吞其水陸之實逼處此者則動輒制我要害志在鯨吞而不在蠶食故東北為最要東南與西北為次要西南又次之此四要者若分別緩急選練重兵水則首尾互應陸則各自為戰庶幾乎漸息敵人覬覦之心或有

可稍固吾圉之一日也中國旗緑各營數非不多然口糧太薄器械太窳斷難恃以制敵數年來雖有減兵增餉之議而餉數仍薄汛兵未裁終難化散為整徹底改觀臣在江蘇時曾將撫標舊兵一律裁汰易以新勇撤去汛地改操洋鎗洋炮當時輿論頗疑撤汛之難臣密奏以和議不可長恃自强必須早計仰蒙 聖恩特允照辦迄今並未聞汛地撤後稍有流弊若使各省均一律以勇易為兵減額優餉分別練為砲隊槍隊雖不必增餉增費而十萬勁兵固既碁布星羅而其要則在於裁汛併營蓋分汛則兵斷不能練不練則雖優餉減額而兵何自而精乎至於各省

明臣熊廷弼起至一證也六十六字代奏時節去

沿海水師但知安泊內港不能拒禦外侮積習之深非一日矣然使水師即精而所用乃艇船舊砲則仍以卒於敵也沿海漁人蛋戶熟習風濤之險者其根柢較內地之兵為能耐勞次則挑選舊存水師之得力者易其船械勤其操演教以測量規算試以沙線潮汐使其常以水為家而且當合沿海全洋統籌兼顧不可稍分畛域何則風濤馳驟一息百里若各省分各省之畫界則彼此推諉盜寇終無殄滅之日故化散為整之法不特陸師為然而水師尤為切要明臣熊廷弼有云今日兵事局外一定要執古法譬如一盤棋子處處皆錯若要取勝必須將全局撥過重

新再來此言切中當日時弊而亦用兵必須隨時變通之一證也日本彈丸小島不過夜郎靡莫之倫而年來發憤為雄變更峩冠博帶之舊習師法輪船飛砲之新製其陰而有謀固屬可慮其窮而無賴則更可憂以北境之塞希倫地予俄而日俄之交固用李太國開火車鐵路而多借英國之債其國主常見英使巴夏禮與之潛謀密計而日英之交固用黎展連一作達密查台湾情形資為指臂腹心而日美之交固其低首下心伈伈睍睍以求悅於各國者豈有他哉蓋其覬覦台湾已寢食寤寐之不忘中國倘棄之如遺固既從心所欲萬一勢出於戰則有交惡各國

為之解鈴説合不致能發而不能收此其所以敢肆然無忌快志於一逞也臣任蘇藩司時曾於議復修約條内陳明日本陰柔而有遠志中國所買槍砲皆彼國選餘之物宜陽與之好而陰為之備其時李鴻章深以臣言為然當即代為咨陳今日本小有所償然彼之所費既不啻十倍此數況死於是役者復五六百人萬一他日復藉端發難以數船横亘於黄海黑水洋之間則津滬之氣中隔事事為之棘手而台灣之患猶其小而緩者也故今日馭遠之法内則力圖整頓不可徒託空言外則虛與委蛇不必稍涉虛憍不惟與泰西各國當開誠布公示之以信即日本

亦且暫事羈縻使目前不致决裂俟我水陸各軍均既精練自可潛消其窺伺之心萬一不然彼出於驕而我應之以正亦為薄海之所共諒此練兵之當務速務實不可得過且過者也

一簡器原奏稱凡砲台及水砲台所需巨砲應如何購辦水陸各軍所用洋槍應如何一律購用最精之器及以後應如何自行鑄造精益求精之處等因查外洋火器至今日如此之精非惟唐宋元明之所未有抑亦堯舜禹湯之所不及料總理衙門所稱知效彼之長已居於後然使並無此器更何所恃誠為洞見癥結之論惟火器一項不外

砲槍火箭等物有宜於攻者有宜於守者有攻與守並宜者英國之大砲有曰阿勿思郎有曰巴留西有曰安司脫浪有曰回得(一作活)回特法國大砲曰墨迭兒魯士布國大砲曰克虜伯羨伯大砲有曰巴勒得有曰回得卧得有曰布魯嘎斯有曰得里氏嘎蓋諸國之砲以阿勿斯郎德里氏嘎為最大以克虜伯布魯嘎斯為最精大者吃子六百磅闊其製造時內用生鐵外套熟鐵釘以螺絲既成之後多用火藥轟放使內外二層漲力勻透生鐵與熟鐵相切已緊然後以之施用阿勿斯郎在其本國購買已須一萬九千元買價既大即運費亦當不輕精者二十四磅之彈能與

百磅之彈同其銳利從前砲後開門僅用左右雙劈近則用整塊圓劈又用葯演放千數百次腹内始加鋼卷鋼底彈則加以鉛殼比膛略大砲腹有螺旋三十二轉必使彈由腹中相盪相摩宛轉而後出口此漲力之所以加大速率之所以加快也但無論如何大砲其命中須在一里内外過遠則彈子本體之墜重力與空氣之阻攔皆足以累之恐攻堅不能有勁矣至美國之格林炮管多放速有同魚貫蟬聯布國之連珠槍兩人肩負而行若中國之抬槍一分杪可放數十次亦為陸戰行營之所必不可少者或欲擊近則用馬口鐵合實以羣子以漆固之出口後亦能

回散撲人如風雨之驟至但須圓滑合膛方能適用其欲越山越城而擊不能望見之物則用十五寸徑口以上之歷打砲昂其首而用高弧之度自上而下可以炸物焚營南花旗砲台為北花旗所燬多受此種砲子之害至洋槍一件外國不三十年而已屢變其制初用火石引火槍繼用銅夾引火槍最後以來福槍為第一等自南北花旗交戰北花旗始用林明敦槍南花旗始用果倫比槍自布法交戰法國始用篩師撥槍布國始用尼一根槍經一次之戰爭則必增一番之慘酷造物至此亦幾無以供其雕鐫其槍腹皆有來復類皆從後門進子循環迭攻無堅不摧

然而機簧太緊用久則漸失其挺力而不能盡如人意而且銅捲子葯瞄覔艱難子罄則槍為廢物故只能用於臨陣掺演則只可仍用舊槍其抵禦馬隊則用能炸子火箭倘兩軍相接我占順風則用噴筒毒煙以迷敵目使其洋槍不能施放器械既利則在乎心定與手熟矣總之神機營及前敵之軍械必須精於腹地各省庶得以重馭輕之法至於砲台則宜建於陸（地）險水曲敵船（一作人）必宛轉之字而後能駛行者之前方能使敵船多受数砲又可從前面後面為通行之打若台設於水路徑直之地則敵船瞬息即過豈能砲砲中其要害北海為大沽口水道最曲大江自鎮

江以下惟齊(一作圍)山前水勢迴環均可建築砲台焦山四面受敵似不如也造台之法極內一層須用灰墻外墻則用磚石不如用三合土其厚總須在二十尺以外高低則視地勢之仰(一作低)昂及水路之中淺(一作線)護墻必須成交角而不可成正角斜重五股之一匀敵砲若來自可斜拂而過不致顯與為抵其砲位及火藥倉上必設太平蓋以禦自上而下之砲子下必設高隔推以禦橫掃之炮子其最下層之地隧必須加築堅固四面俱通溝外之小炮台大沙堆亦必須迤邐照應即使敵用陸兵闖入尚可側轟橫截然而北花旗之鐵甲船為南花旗炮台之炮所轟傷者僅三隻為水

雷所轟沈者十餘隻蓋專用炮台而無木椿水雷浮壩等物阻於前則砲台斷不能得力而敵船之游駛可以自如而無忌若台中大砲則自六百磅以至二十四磅之炮無不可用惟放炮地步愈寬則寬愈可轉移愈密則愈受敵彈此在位置者先事之綢繆與臨時之變通耳外國廣兵於工即寓工於士故製造與行兵概可歸於一貫中國兩離之則兩缺此其所以不能以格致而自强之本也若夫機器局之設必須在煤木麕集五金易采之處尤為便易江西之鄱陽湖邊有數大島山阻水環敵舟所不易入而南贛汀建之大木亦可乘漲而至上連楚蜀而下達皖吳

於此建一大機器廠氣易通而料易集臣上年曾以此事商之曾國藩李鴻章皆以為然祇以無費而止令機器之役事方經始有進境而無止境若精華全在海濱勢同孤注萬一彼族變生不測先下辣手豈不深費經營是則欲製器又必先覓製器之地為切而且要者矣

一造船原奏稱創立外海水師應如何添購兵船及鐵甲船水砲台應用若干船隻該船喫水最深各海口何處宜於駐泊如何抵禦如何攻破逐一詳議等因查外國前十餘年新聞紙即有云中國自唐虞用木船盪槳至於今数千年仍是用木船盪槳可謂永遠執守古法等語蓋所以

諷之者微矣易曰窮則變變則通戰國杜摯有曰利不百不變法功不十不易器蓋及今而能變則尚有可通之日及今而不變則再無可變之時外國之鐵甲船有數等其最上者中用橡木與黄松木外加極靭而有大四乢力全無炭質之熟鐵板五層每層約厚四寸層層用螺絲釘嵌凡遇船中喫力之處則鐵板加層加厚蓋鐵甲數層相合者砲子難穿獨層厚鐵者砲子易穿也鐵板之下必用堅木以爲之墊有厚十二寸者有厚八寸者方可稍減敵彈震動之力而可嵌敵彈於木墊之内使不穿透其最大者機器力量有一千五百匹馬力喫水太深中國口岸内恐

無此深水之港難以購用今年英國駛來換（一作挨）仁刀之鐵甲船約八百匹馬力者用之於中國洋面最為合式若如日本所購之鐵甲船本質原係木船不過上面蒙以三四寸之鐵僅有二百八十匹馬力船下喫水之處亦全無鐵若以兩枝半桅之結實夾板船乘風撞之自必震壞動鬆裂非真鐵甲船也購買之價視船之精粗大小厚薄新舊及馬力多寡并機器鍋爐之靈便結實往往有價賤於兵輪船者大約上與中之鐵甲船價總在十萬磅以外二十萬磅以內每百磅又須加船澳雜費一十二元半若託洋人展轉購求必致誤購木質之蒙鐵者不如選派熟悉船務

結實可靠之委員分往外國船澳託其製造一面帶同中國製船駛船之人前往認真學習俟其造成中國工人亦可習焉而化大約英美法丹各國船廠每廠各宜定造一船成後再行致校優劣貴賤以為委員之賞罰方不致虛縻巨款現在英國有大小鐵甲船五十四號法國有大小鐵甲船六十二號俄國有大小鐵甲船二十四號美國有大小鐵甲船四十六號其間以木質舊質外蒙鐵甲藉為虛聲者亦屬不少中國洋面延袤最寬目前大小鐵甲船極少須十號將來自能創造極少須三十號方敷防守海口以及游歷五大洲保護中國商人之用至停泊鐵甲船

之處固須水深然海底必須硬泥之質庶受錨能牢若輭泥質則起錨艱難沙質則錨易走動石質及蛤殼質則不能受錨中國極好錨地以香港為最蓋上有重山迴護可以避風而下則水深二十拓三十拓之間不致過深過淺今已歸之英人已無庸議北遼海之老鐵山前後以及搭連島長子島等處海面全是泥質水深二三十拓不等直隸遼東二海大風不越十二時雖無山勢擋阻亦屬無妨此間似可泊鐵甲船二三號距大沽南砲台之南高墩約八里以外海底泥質此間似可泊鐵甲船三四號東北海有此数船首尾相應則津沽鴨綠江山海關之門戶可固

惟十月冰凍以後似須將各船移徙烟台以資活動烟台港外有崆峒列島可以遮護風力海底亦是泥質似可泊中小鐵甲船一二號揚子江口崇明沙之南面水深二三十拓不等惟海底輭泥居多中亦有泥沙相合者可以拋錨此間似宜泊鐵甲船二三號上以通津滬之氣下以扼太平洋萬里之要隘台灣北面距日本之九修島爲直線一葦可杭似宜泊鐵甲船二三號以固東南樞紐但台灣東北海面風勢爲呂宋諸山所束縛波濤最險不如泊於澎湖漁翁二島之間抑或雞籠港等處亦易運煤錨地亦尚穩妥廣東虎門水非不深而海底不平且一遇與諸國

有事即不能駛出香港與東北洋諸鐵甲船聯絡照應資首尾之互擊似只可泊鐵甲船一二號以為自固之用其鐵甲船攻破砲台之法在八百丈以内者可用八寸徑以上之螺縲砲配以實心尖彈專指台角一處層放疊擊不可忽東忽西俟其傾圮之形然後自上而下遞擊遞低其台墻自必漸裂漸鬆漸卸矣其十五寸以上之磨打砲炸彈則用以仰攻台中之火藥倉太平蓋使其延燒礫𤑔台兵自無站足之地而船中又抽配陸兵為常行壘以逼之敵人接濟一絶有不渙然瓦解者乎其鐵甲船自衛之法倘遇兩岸有林木之處船桅必多掛樹枝使敵人不能辦

識所有鍋爐氣貫機鍵兩邊必護以沙袋外面必蒙以鐵鏈使之往復迴環又以大繩結網為外層遮蔽使之以柔克剛倘遇敵之鐵甲船衝撞勢猛者捩舵偏左偏右以避之勢相等者急轉船首鐵衝先撞其腰又以船首衝四五丈之長木二條作叉形外蒙以網下以重物墜之則可以收取前阻之水雷等物俾免為水雷所觸擊其攻破鐵甲船之法一曰大砲須用實心堅彈自二十四磅以至六百磅愈大愈為得力其彈體一為嘴弧二為圓椎形三為圓柱形四為平圓底開炮之時先應計其速率三千步內定其準點於船頭三千步外則定準點於未到之處及其尤

近又必須砲砲擊其火葯倉及鍋爐螺輪汽機捩舵之處則一砲勝於十砲至砲中火葯宜用近日布國新製之葯餅則始速率稍減砲内可免炸裂末速率倍增鐵甲可以直透一曰水雷用生鐵鑄水雷殼厚約半寸用藥自五十磅以至百餘磅以距水面淺深為用葯之多寡水深者用電線引火之雷水淺者用磨而發火之雷下繫之錨其重必須比雷七倍倘以木樁繫之尤能定而有準若緊靠船底轟發雖極厚極堅之鐵甲船無不裂而沉者倘在船之前後左右轟發則有沉有不沉矣惟用於外海則烟水渺茫萬難恰值敵船一定往來之道而且自銅山以至沈家

門潮信遞大自七尺以至二十一二尺不等水雷放低則潮漲時相距二丈有餘雖觸發不能有勁若放高則潮落時適爲敵人所窺見更爲無濟雖用活機以俯仰之而高下懸殊過甚終難得其定力若能用於内港河道稍窄之處分檔排如雁行虛虛實實以標識之則敵船撈不勝撈勢必疑而自退其順風力水力飄動之水雷或用機器自行之水雷敵人用長竿一撥即開難以有準亦有船裝水雷以機器在水底行走者然難以對準敵船本多亦多先受危險似不可用若用尖而且窄之小船以墊墊槳使無聲響船首以長竿繫水雷黑夜用猛力送至敵船之下自

可轟破此則外國在大洋相持時亦偶有用之也一曰水砲台有在水面浮洲用堅木排列成格而外以沙土為垣者此為定砲台有下繫重錨七個中用鐵鏈維於木樁者此為活砲台有用四千噸之鐵船配極重之大砲中用機器自行遇鐵甲船可以自後逼行打之者此為浮砲台此三種砲台有用大砲六門者有用二門四門者即使擊鐵甲船得力而勢同孤注故所用皆係光膛大砲螺絲貴重之砲無用之者恐一旦同歸於盡也近時法國比倫又以熟鐵皮為極大之浮標其形為扁橢圓體共重三萬噸比鐵甲船加倍其標留三孔錨鏈即從三孔而出其分隔之

艙共有一萬八千個均無漏水之門故不漏氣與水雖使鐵甲船用力衝之亦不易沈似較水砲台稍為得力然費重運艱禦敵者不如多造水雷費省而較有寔濟也一曰火筏中用鐵倉寔以大約外用觸火之物筏見於面者極小乘水送至鐵甲船邊機器一發藥倉炸裂北花旗之鐵甲船亦有為此種火筏所衝燬者至於氣球電線皆行軍必不可少之物自當逐漸分別購製方不致臨渴掘井以上各項船械購買之值賤於自製者數倍然若不一面購買一面製造則始終受人把持終無自強之日矣

一籌餉原奏稱以上各層此時創立之需日後久遠之費

非有大宗巨欵不能開辦非有不竭餉源無以持久等因查各條辦法只陸營改兵爲勇一層就原有之餉選新練之兵但費訓練工夫不必另籌口粮其軍火一切或酌用前敵所餘舊槍或酌給次等新槍當可無須大宗巨欵外其砲台鐵甲船以及要口防兵新槍新砲水雷水砲台等物並製造一切經費將來持久固非數萬萬不能即此時開辦亦恐非千餘萬不可從前總理衙門奏提四成洋稅原爲綢繆未雨而設未知現存尚有若干各省厘捐鹺榷落地稅若能結寔整頓歸爲畫一辦法歲入當稍盈其兩淮之商捐廣東之沙田或亦可酌籌一二餘則惟有如原

奏所稱盡人力因地利開財源節財流而已絲茶二者中國大利之所歸也今僅浙閩数省種植得法若能於地氣不甚寒冷之省分一律勸植桑茶多出一分之貨即可多增一分之稅洋人䘮布皆從中國買絲棉而成之者也往來越海洋十餘萬里而猶有餘息若中國自行仿造耕織機器則絲棉無俟外求深耕可盡地利不惟百姓可免饑寒而厘榷所入當益饒矣五金煤鐵各礦西班牙布魯士英俄新老金山等處歲入何止千萬中國地大物博為五大洲第一繁盛之區此等金寶之氣豈能終閟而不宣西人之精於化學者凡石面上有青黑色花形及平地隱隱

有一條隆起如山或有一條凹下如澗或其地草木獨异則其下掘至三四丈深必有五金之礦又小石之與大石相附麗而自成一色者西人謂之呆唔若能分別其脈絡而以水銀灌之則呆唔中有金可取聞做自來火之草木質金石質者雲南與印度接壤之處最多似可令諳化學之人分別前往采覓四川塩井之有煤油者若用機器挖通亦可挹注不絕磁州井陘大同太原米脂等處皆煤多而佳博山濰縣萊蕪等處皆有煤層而塊亦大鎮江之東南山煤鉄五金似皆可采浙江之金華福建之永定則有煤井至於鐵則各省產者尤多而且產煤之處皆多產鉄

廣東之芝蔴鐵尤有觔力而炭質亦少台灣北路一帶田地最饒自崇文山後與葛瑪廳毗連之處高山曠野縱橫千里生番野性醒則如人而醉則如獸本萬難就馴然趁此恩威並用隨時招撫以熟化或亦是一機會台地每年出烏龍茶十數萬箱皆此間附近所產而良材大木為尤多五金煤炭油井之礦定亦不少若設一大機器廠及大船廠於此當可取不盡而用不竭閩粵人之傭於皁路者無一生還若招以屯田開礦利實日開生衆自可日盛數十年後竟可另設一省於此以固表夏之防以收自然之利且木料五金煤鐵等項非特利源所繫抑亦軍事勝敗

所關法國戰船十倍於布而平時未及多儲煤炭戰事開而始購用則各國又遵照公法之例不詳售賣法國以此竟為布人所敗故開礦一層尤為目前軍事餉事之第一要務矣至中國人之商於外國者以新老金山新加坡為最多生意亦最大若設領事官及派鐵甲船以保護之則抽其貨釐亦可為供給該船之費若夫鴉片一項漏卮最甚每年絲茶所入之欵僅足抵鴉片所出之欵即不能禁彼之不來亦當設法維持使銷售之漸少查官與兵二項吃烟者本已有禁自當認真申明舊例有犯必懲至紳衿及士農工商之吃烟者擬限五個月全戒不戒者不加以

罪但別其籍曰癮籍附於娼優隸卒之後為五等合家不得請封子孫不得應試為官夫不加以罪名則無書差需索之擾列入賤籍則有家人父子極力勸戒自行嚴禁之益但禁有用之人吸食而不禁無用之人吸食又但禁吸食之人而不禁販賣之人則彼族亦不得責以違約向我糾纏除官與兵二者由大吏自行查禁外其紳民限期似可由督撫選舉公正紳士會同州縣設局辦理限滿之後臨時再酌予展限一次應入癮籍而不入者許旁人揭告分別安辦仍多貼戒烟良方以資挽救若慮驟然行此一事或致籍口則各省百姓服鴉片自盡者無日無之疆吏

藉此撮舉數端懇請通飭辦理以重民命似亦不為無因且英國為弛禁黑奴之事捐銀十餘萬以成善舉今以毒物貽害中國自問想已不安似可一面遣公使與該國主及上下議院婉詞理論耐心堅持但求異日之有濟不望速效於一時並由商民常刻洋子新聞紙分布各國許於中國受鴉片之毒為至慘至酷英國內雖重利而外亦好名或不至漠然無所動於中也抑或由公使携帶桑茶種各若干贈其國主勸令將印度種烟之地試種桑茶彼以毒物來我以善物往或可使之內愧乎至禁未淨絕之前中國自出罌粟似當稍減稅釐使內地之烟賤於外來之

烟則彼烟銷滯本虧更可望其日來日少若不禁吸者販者而徒禁内地之種者則内地少種一分即引外國多銷一分中國貨財亦即多耗入外國一分是慮猛虎之噬人而又惜其不能飛而傅之羽翼也沿海舊有水師裁後所有口粮船費即可津貼新創之水師其舊日水師大小官員衙署均設在内地人烟稠密可以收費之處若一例變價充公似亦不無小補且可杜絕水師永遠不致居陸之弊陸地設電報其費減於海者十之七若擇陸地緊要繁盛近海之處先設公司漢字電報一可通軍情二可收信資三可減驛費似亦不為無益況洋人沿海已設英字電

報我仍置而不設則是我之一舉一動外人瞬息得而知之外人一舉一動我終久不得而知之也陸路電報已通則海中電報銷路必滯然後由中國承充亦准外國附遞信息但須一律改為漢字令通事譯以授之似亦杜漸防微之道此外復設立公司銀行凡官民公私皆得入股以通天下之有無以收隨時之占息將來開礦一局亦即從此公司生根銀行一設則銀票可以通用如古者鈔票之類開源之端孰大於是至目前之輪船招商局別具損外益內苦心最為有益大局之舉尚宜擴而充之使可由近而遠鐵路亦將來之所不能不設者否則恢復新疆轉運

豈不艱苦抽調兵勇行走豈不遲延但此則須設在我海防已有可持之後方不致為他人所攫爾以上各層皆有關於人力地利開源節流之大者惟宜行之以漸持之以恒購造最糜巨欵不可用同泥沙礦務最易擾民不可出以鹵莽用財者苟諸事一秉至公絲毫無存意見將見天不愛道地不愛寶而國用無虞匱乏矣

一用人原奏稱以上各事一不得人均歸虛費然其誤在於用非其人而不在法之未善不得謂事之不可為等因查練兵簡器造船籌餉皆可求切實辦法惟用人難得切實辦法而洋務用人尤難得切實辦法何則用人而求切

則泛者疑矣用人而求實則虛者怨矣欲求所以用人尤必先求所以知人至於洋務則尤為叢鏑羣垢之所歸當波瀾驟起之時如捕惡蛇如禦洪水不知費幾許經營而後不至決裂乃不責其平時之不能自强而詬其臨事之不能一擲以父母清白之遺終日與異類往返酬荅舌敝唇焦轉使千秋萬古蒙一不韙之名有志之士如之何而不去之若浼乎總理衙門原奏所稱同心少異議多局中之委曲局外未必周知蓋痛哭流涕其言之也南宋初趙子砥自金歸奏云金人議和以用兵我國斂兵以待和譬人畏虎以肉飼之肉盡終於噬人不如豫設陷井以待之

此言可謂至明至切夫給香港給賠償以肉飼虎也練兵簡器造船設陷阱以待虎也彼深居室中目未見虎者輒謂虎形如羊狀如豕可折箠以驅之厲色以叱之及一旦獨行深山突遇龐然大物張牙舞爪據地一嘯獵獵風生不覺嗷然長號始自悔陷阱之未設致一身親受其害也而已無及矣則何如及今事尚可為而為之乎為之之術奈何一曰目前濟變之人其目有三曰水師將才曰外國使才曰製造通才何謂水師將才查水師脈絡雖與陸路不同而馭之之理不異十數年來水陸各營將佐豈無智勇兼優而略能耐習風濤之苦者但調往輪船學習優厚

其餼廩而深覰其造就計其中必有偉然特出之人又於機器各局及現有輪船管帶辦事員中采訪考驗試之以事當亦可百得一二其舊時水師以及沿海諸色人中或設榜以拍人格之才或博訪以求出羣之選上以誠求下必有以實應者矣何謂外國使才古來列國交際皆不廢聘問之禮豈今日而能獨異惟使臣已須能通彼此之情而又能弭未然之釁則責任亦寔不輕京官為人才淵藪向有抱負經濟者即不必曽身任洋務但稍加閱歴辦理自有分寸其次則索之於沿海士商及曽親往外國之人但求能任時局之艱鉅不必復計資格之有無英使阿而格

本係醫生巴夏禮本係商人何嘗資格哉而彼國倚之若股肱腹心中國竟大受其累可知何地無人何途無人特在當局者之能懸鵠以招耳使才既得或數國兼遣一使或一國專遣一使惟英俄法美布五大國及羅馬教主處則當擇有風力而善言語之使臣方不辱命蓋英國交涉太繁而又有洋葯一害法及羅馬爲天主教之樞紐皆必須專使與之辯論者教士之入中國也引誘莠民欺凌良民掣肘官吏潛通消息凡有百姓之處即有傳教之人目前受其荼毒固屬甚而又甚將來釀成大變更爲防不勝防羅馬本屬弱國全賴法人爲之袒護自法被布國所敗

後護衛該教主之鐵甲船業已撤回羅馬原境又為意大利所奪教主亦無如之何故近來教士之在他國者氣燄稍衰而在中國之教士則囂張如故是宜急遣使臣將教士種種不法之處與該教主及法國辦論切陳熟商一制辦教士之法一面嚴飭州縣不分民教一律處斷公平勿再為叢敺雀此遣使中第一義也喀什噶爾酋目牙古幹者前年與英立約英議院中亦有論該國不宜與中國之叛臣通好結盟者惜乎中國當時無公使在彼不能與之執約以爭也布則素恨傳教俄則關涉新疆而且為最大最強之國美則地曠物博皆使臣之所必須聯絡者日本

在我卧榻之側近而且逼所使臣固當精宜求精矣至於
離閒一法只能行之於昔時不能行之於今日蓋泰西自
其國遠涉數萬里而來和則優异同沾戰則羣起為當布
法交鬨時法領事被戕布領事尚為代抱不平狐死則兎
悲理固然也故使臣惟有一秉至誠不必稍涉離閒之計
轉啟各國以疑貳之心至安南暹羅等屬國亦當遣使順
道撫慰堅其向化之忱不徒以厚往薄來為能盡字小之
誼何謂製造通才　中國之大人物之衆豈無精於化學
筭學留心機器之人化學筭學者製造之所從出也將來
軍火鐵船耕織機器以及開礦各事皆與製造相為表裏

任繁事大尤當慎其選而專其責津滬閩諸局陶鑄已久成就必多京外官有精於算學者自可指派來局互相切磋此外如有心靈品端之人似亦無妨廣為延致但望多中精選斷難精中求多此時厚其薪水他日優其出身上求魚臣乾谷人才豈有不蒸蒸日上者或且夫求才必當於無事之時然後能用才於有事之際否則時方晏然雖伯樂牽騏驥過於其門而不顧及變生倉猝駑馬之骨竟奉以千金何則豫則識拔自真急則取舍或誤也一曰儲將來有用之人其目有九曰圖學曰算學曰化學曰電學（一作氣學）曰兵器曰機器曰工務曰船務曰政務凡同文館廣方言

館以及出洋學生皆就此數大端發憤精研以底於成學成之後只准為公辦事不得自圖生計各關道並有洋務各州縣及各省稅務司皆該學生進身之階即將才使才通才亦皆伊等生根之處惟中外各館須再加擴充斯取不禁而用不竭自强根本無有重於此者矣抑臣更有進者外患不除人身癰疽之疾也民生不安人身腹心之疾也癰疽之疾固足傷生腹心之疾尤能致命海内黔黎自遭髮捻擾亂以來僅有生業饔飧不缺者十之三饑寒逼身朝不保暮者十之七而其中尤受困累無可告訴者一為農一為商農民終日胼胝之餘所得幾何一經胥吏之

墮哭吽囂必至鷄犬無聲而後已一催科也投納有費串票有費一詞訟也審訊有費提押有費見教士則若天神視平民則如魚肉有若深恨百姓入教之不速者　朝廷有豁蠲之曠典而取盈者不爲下行草野有委曲之寃情而倚勢者不爲上達當官幕吸烟飲酒呼盧喝雉之時正百姓顛連疾苦哀籲無門之時其佐雜擅受濫刑營汎之藉端訛索者更無論已商人涉江浮海冒犯霜露營求尺寸之利而官府僅取其百中之以充餉奉公彼亦何敢稍有異言乃椎吏卡員苛索萬狀翻囊倒篋無异盜賊隨身需用之物在洋人尚有優免之章獨至華民漏報一絲一

履雖全船貨物充公而尚須加以厚罰不知當事者何厚於待洋商而薄於待華商也日既高而未起日未暮而停查私費未投雖千百人守候呼號而有所不恤征收完納之間絕不寓體卹矜憐之意迨至商人利薄本虧於稅釐豈無所損則何如明定一抽收章程懸牌示衆使各省均歸一律不得畸重畸輕罰欵概以充公司事人等不得私分庶免藉端酷罰復出其不意特派素有清望大吏微行查訪奏參一二或可挽回風氣釐課亦可日見起色去年沿海訛傳彭玉麟微服查察釐榷員役斂跡數月可見若輩並非毫不畏法但任非其人則流弊滋甚此又不可不

防也然而農商受害之日甚則由於官吏不能通上下之情官吏陋習之日深則由於員多缺少補署無期一旦驟得差使地方如餓狼之忽遇肥豕不趁此飽噬一口則將來永遠無果腹之時迨此狼去而彼狼復來民困如之何得甦元氣如之何得復也萬一誅求無厭人心或摇不知須縻費幾千百萬之餉貽害幾千百萬之民而後始能底定明收有數之欵項暗耗無限之脂膏廣西前事是其殷鑒無乃所入者過薄所傷者過厚乎　朝廷儻一旦毅然決然爲停止實職捐輸之計畫吏復認真陶汰攷課無所能者一概奏請於本職上酌加虛級資送回籍聽候調取

然後刪去浮泛隔膜之虛文講求生聚教訓之實際必大
僚不貪餽送而後州縣之法可行必州縣不任吏胥而後
官民之情可貫若上之於下呼吸易通則下之於上親愛
倫至即一旦海疆有有蒼赤挹同袍同澤之忱可一呼而
成勁旅雖有教士之浸滛不懷疑二雖有漢奸之買囑不
能間離是　國家所失於捐輸者甚小所得於民心者甚
大又何必飲鴆止渴為一時苟且權宜蹈東漢覆轍乎否
則官民之氣日睽上下之情日渙心腹痼疾既深雖日事
籌餉籌兵亦終恐無補於萬分之一故除船械一切之强
之具必須效法泰西外其餘人心風俗察吏安民仍當循

我規模加以實心實意庶可以我之正氣靖彼之戾氣不致如日本之更正朔易衣冠為有識者所竊笑也
一持久原奏稱方今大局攸繁莫如外患禦患之道莫如自强非局中局外同心切籌堅持定見豈能有濟等因查西人於格致一事往往冥心孤索父不能通其理者子若孫必通之而後已故事能有成然能製一有用之物者國家必隆以爵子孫可世其業以故有志之士無不專心併力堅忍耐苦而為之我中國則窮理之學有餘格物之學不足誠以所懸以為富貴功名之的者在此不在彼故竭身心性命以趨之者亦在此不在彼目前已難望其事

之有濟況日後能期其事之持久乎其所以不能持久之故撮而舉之約有二端一曰任事不專責重者羣務蝟集每日何止數百事故止能了事之當然而不能深求事之所以然虛文繁則精力疲於應酬例案繁則樞紐持於胥吏不惟奉行者習而不察即倡議者亦且過而弗留極緊極要之事及為不緊不要之事所累姑且以一省言之地方報盜上司但批營嚴拿而營之有兵無兵不問也州縣報災上司但批籌欵撫卹而欵之有着無着不計也一事如此諸事可知一省如此天下可知非常之原黎民所懼固慘淡經營苦心孤詣而不底於有成乃關繫安危之事與

循例奉行之事紛至而雜嘗則何能窮其所往使事無遁物物無遁情乎故必先省事而擇其至重至要者畫㾭以圖之然後事能有濟此持久之一道也一日求效太速泰西之謀國也締造經營擲金錢於無用之地者不知幾何一旦闢土開疆始收效於數十百年之後中土士大夫淺嘗輒棄予之甚吝而期之甚賒見卵而求時夜見彈而求鴞炙無怪其業止於半途功虧於一簣也況西人之船械本於創創則近於捉影捕風而浮耗難計中國之製造出於因因則按圖索驥而實效易求即使初次略未中肯而所費之省於西人者不可以道里計矣譬如前製之械未

精而後製者必可漸精若因一械之未精而即謂此械之無用則雖日言自强而自强終不可得而至精衛填海未必一石而海即成田愚公移山未必半鍤而山即改道雖有不計其效之遲速但期其效之有無日積月累成效必有可覩此又持久之一道也西國事事必求遠勝古人故術日習而日精中國事事必求效法古人然辯論多而事業少虛文多而真詣少古人之糟粕存而古人之實意亡矣夫鐵船飛砲古人所無之物亦古書所未載之條嗜古者固無怪其不欲棄我之長效彼之長然使彼僅以船砲自囿於泰西則我亦何妨以戈矛自足於中土無如我弱

一分則敵强一分我退一步則敵進一步安危禍福之間固有稍鬆即逝者天下大變之乘方如烈火燎原燬宮室斃人畜在須臾之際而一二老師宿儒方比水龍水機爲奇技淫巧方且齋戒沐浴罄折俯伏欲以至誠感格上蒼使之反風而自滅抑或擊里鼓合胥徒禮井泉分長幼持杯勺以灌沃之心非不誠法非不古而財物之燼於火人命之斃於火者已不可救藥矣禦今日之外侮而仍欲以昔日之兵器者何以異此沿海之機局船廠甫經開辦旋請停止者屢矣異議者豈真欲敵國之日强中國之日弱哉古人所載以矛刺盾之議横亘胸中而且目未覩鐵船

炸砲之利身未受鐵船炸砲之害故鰓鰓慮夷之變夏欲挺然以一身當其衝擬此後凡有指陳練兵簡器造船之失者即令親往沿海各廠各船攷究閱歷外國之兵與器果否勝於中國之兵與器即將來購船製器當必有疑為耗費過大者亦可令指陳之員親往查核果其有弊自可愈加釐剔若其無弊言者當可釋然其購物價錢以及一切雜用尤必每月刊布月報以貽核實古今來無論大如邱山細如毫毛之事內愈秘則外愈疑則何必不洞開城府使局中局外皆可共見共聞天津一案臣屢請和不可恃防必須固萬一決裂或由上海或由胥江以擣其後又

自請嚴議為津郡官民少贖愆咎奏牘具在可覆按也而論者痛詆在津辦事諸臣陷害循吏貽誤大局若使當時局外得見臣與曾國藩密陳各疏或亦可稍息譏謗此曾之所以歎息痛恨長逝而不瞑目者也故臣謂局中局外一力一心為持久之計則莫如將應辦各事使之目擊心曉了然於中如慮洩漏密情亦何妨令異議各員親到局中詳閱原委妥籌熟計然後辦事者有立足之地而定見可堅持矣且今日人才不患持議之異同而患委靡之日甚宋臣蘇軾所謂平居無犯顏敢諫之士臨事安得有殉義死節之臣若局外而能堅持異議雖未必言能中肯然

其氣自可用也倘令閱歷邊事由粗而精由生而熟此時多一骨鯁之宜士即他日多一幹濟之邊才豈不大有裨益然則今日而令人人之能自强則當先示以的而不可徒用虛言欲事事之能持久則當相見以誠而不可稍分門户庶不致功敗垂成半途輒止矣

以上六條皆就總理衙門原奏略申餘藴附呈管見臣身嬰痼疾嘔吐連年醫藥百端曾無大效前蒙聖恩特召曲予矜全感激涕零往往中夜起立祇以病勢尚深未能即時就道復荷聖慈准給假期益深鐫篆而犬馬戀主之忱拳拳不能自已謹傾葵藿冀答涓埃是否有當伏

乞

聖鑒謹　奏

海洋水師章程別議

洛江督曾　蘇撫丁日昌

同治十三年總理衙門抄奏

第一條外海水師專用大兵輪船及招募駕駛之人

外海水師以火輪船為第一利器尤以大兵輪船為第一利器現在中國所用天平等輪船皆係貨船及遞信之船非兵輪船也兵輪船兩旁分上下層皆列礮眼多者三十六眼少者二十四眼首尾中艙亦列礮位約計一船可裝大礮四十餘位循環疊放無堅不摧一船約可裝兵丁水手六七百人兼用風帆行駛如飛此等輪船偶一鼓輪簸蕩則在旁之小舢板等船已將欹覆何況對敵擬先在花旗購買此種兵輪船約二三號即以提

督所演之陸兵赴船學習由粗而精一面招募中國能駕駛之人優其廩餼蓋甯波漳泉香山新會一帶能駕駛輪船之人甚多惟官府用外國人則惟其所欲用中國人則錙銖計較此中國人之有能者所以皆為敵用茲擬重價招募分別等第設法撫馭使全船皆無須資助外人方可指揮如意其次則購買根鉢輪船以資淺水追勦之用以上二種輪船初則購買繼則由廠自製有此可恃則沿海一切艇船皆可廢棄不用緣併五十號艇船之費可以養給一號大兵輪船併十號闊頭舢板之費可以養給一號根鉢輪船海上爭衡縱有百號

之艇船不敵一號之大兵輪船蓋在內港則非礮船不為功在外海則非輪船不為功也

第二條沿海擇要修築礮臺

自道光以來海上交兵沿海礮臺悉經燬損故人人皆以礮臺為不足恃也惟推原中國礮臺之所以無用非礮臺之無用乃臺之式不合其宜礮之製不得其法演礮不得其準守臺不得其人故礮臺雖設亦與沿海師船同歸無用耳查西人重城池不如其重礮臺凡海口及要隘之地無不礮臺森列嚴為防禦其礮臺之式下大上稍圓四面安礮迤邐起伏首尾左右互相照顧臺

下環池與中國礮臺迥異擬仿照其式沿海仍擇要修築礮臺其礮臺之製亦如西國演礮必求其準守臺必求其人與沿海水師輪船相為表裏奇正互用則海濱有長城之勢而寇盜不敢窺伺矣其礮臺式樣擬另文寄呈

第三條選練陸兵

防海固藉水師然陸路之師亦不可忽戚繼光論水師以為宜兼習陸戰以備上岸擊賊之用曾於滬上閱西人陸操有能不假攀援徒手上城者有能以篙植濠中憑以躍過二三丈之濠者有能足緣單繩手放洋槍者

其助攻常州時前者死亡後者繼進並不反顧拔精法行故能雄視海上其攻印度也兵不滿三千人其攻日本也兵不滿二千人惟其餉足而後令行令行而後能以少制衆竊擬於沿海水師提標各精練陸兵千人鎮標各精練陸兵五百人減額優餉嚴加選擇每人每月約給餉十元如王文成在贛州每縣選送強力竒技之士或數人或十餘人歸入各標勤行教練申明軍法半年在陸半年在海以備緩急之用合天下約得精兵十萬人其餘一切可以裁汰有此勁旅則如山之有虎水之有龍聲威遠讋豈特盜賊不敢生心哉

第四條沿海地方官宜精擇風力幹練之員而重其賞罰

辦天下事非才不舉竊擬於沿海地方官精擇仁廉之員而又風力幹練者為之拊循士民以時修築城堡編行保甲教練鄉兵使其事不擾而集如其功效卓著督撫特章優保延令幫辦水師庶儲備邉材可資緩急

第五條北東南三洋聯為一氣

查直隸至粤東洋面南北五千餘里沿海要害互有關涉宜如常山之蛇擊首尾應擬設北東南三洋提督以山東益直隸而建閫於天津為北洋提督以浙江益江蘇而建閫於吳淞為東洋提督以廣東益福建而建閫

於南澳為南洋提督其提督文武兼資單銜奏事每洋各設大兵輪船六號根駐輪船十號三洋提督半年會哨一次無事則以運漕有事則以捕盜計省沿海水師舊制各船之糜費以之供給大小四十八號輪船尚覺有盈無絀然非通力合作實事求是則仍歸於無成而已

第六條精設機器局俾體用兼備

水師與製造相為表裏偏廢則不能精擬三洋各設一大製造局每一製造局分為三廠一廠造輪船選通算學熟輿地沙綫能外國語言文字之人董理其事一廠

造槍礮火箭火藥及各軍器選諳兵法優武藝有膽略之人董理其事一廠造耕織機器選諳農務通水利之人董理其事是令日督造輪船之人即他日駕駛輪船出使外國之人今日督造槍礮之人即他日辦理軍務之人今日督造耕器之人即他日盡心民事之人儲用於體而後化體為用窮則變變則通豈不信哉

覆議海防摺 同治十三年十一月十二日　福建巡撫王凱泰

竊奉上諭云云等因欽此敬聆之下欽服難名竊念臣智慮短淺學識譾陋海防武備機宜曷能窺測涯涘惟是忝寄巖疆受恩深重目睹時局心切隱憂固已日夜籌思有不能安於緘默者茲復仰承諭旨敢不殫竭愚誠勉效芻蕘之一得乎夫海防固重水師而水師宜變通舊制各省水師額船人人知其不能禦敵若不及時改議無論如何整頓祇可為捕盜之用不足為禦侮之資查奉天至廣東洋面袤長七千餘里亟應聯為一氣聲息相通擬分海洋為三路以奉天直隸山東為北洋而分閫於大沽

以江蘇浙江為中洋而分閫於吳淞以福建廣東為南洋而分閫於台灣各設總統一員作為海防大臣沿海水師官兵就近統歸節制每洋設鐵甲輪船二隻大號兵輪船四隻中號兵輪船六隻小號兵輪船四隻統共輪船四十八隻大船配兵至多五百人其餘以次遞減由總統督率訓練外海師船皆可裁汰應需各項輪船初則購買未能齊備繼則製造逐漸加增總期事在必成用有實濟或慮水師額兵驟行裁撤恐滋事端不知有轉移之法考弱者先汰革設者不補其精壯歸入輪船練習二三年間舊制即可變更固無庸倉卒全裁也或又慮輪船經費太鉅不

知數十號師船不敵一輪船之用費省而無用與費鉅而有用孰得孰失不待智者而可決且裁減師船靡費供給輪船更化無用為有用矣或又疑三洋各有疆臣何必又設總統不知疆臣均有應辦地方及通商事宜且各營須分設局廠講求製造事極重大人極繁瑣非各疆臣所能兼顧即如閩省造船沈葆楨專任其事方有成效此總統之所以議設也至陸路練兵臣上年曾條奏化兵為勇一法兵宜聚而不宜散宜精而不宜多擬仍仿楚軍之制以五百人為一營沿海提鎮各標以制兵之多少酌定練營若干分口扼紮以為經久之計練營章程應由各省因地

制宜總不外裁兵加餉之法臣所擬練兵者如此三洋營
制如何 俞旨允行擬每洋各設製造局局分二廠一廠
造輪船以通算學熟洋圖識沙線者分理之一廠造鎗礮
及一切軍火器械以嫺機器諳兵法具膽略者分理之三
洋中有已經開辦者即酌量擴充有未經開辦者必籌議
創始船以鐵甲為最要請先購其略小者詳細體察如何
方為合用然後精求製造聞外國造大鐵甲已成竟有不
能下水者又須拆散而後下中國內洋淺水甚多不可不
慎之於始鎗礮近尚洋式臣竊以為中國線槍較勝前膛
洋槍洋槍祇能放五六百步線槍遠及七八百步洋槍祇

能裝鉛子一二枚線槍裝至四五十枚即遲速亦有不同前膛洋槍每開火三次線槍已可開火五次臣詳加比較確有可憑廣東東莞之製尤為精良舍線槍而不用轉以重價購洋槍似非計之得者擬請各營參用線槍以資得力洋槍花樣愈出愈新如格林克虜伯等名無奇不有自須先為購辦再仿照製造尤必覓機巧工匠能出新樣別有制勝之法方能先著礮台工程更不可緩沿海舊式礮台近皆無用宜擇扼要之區加意修築臣所擬簡器者如此而造船即在其中以上創立洋營設局製造之初辦之需經久之費若不預籌餉從何出臣竊以為今日之洋務自

洪荒開闢以後未之開也各關之洋稅自周官理財以來未之載也以洋稅辦洋務名實相符總理衙門議提四成洋稅以備不虞之用如現在籌辦海防所謂不虞者孰重於此擬請議定辦法即約計初辦之需若干先提應用經久之費若干每年匀撥舍此以外似無巨欵可籌至開源節流之計惟有實力講求如開礦開山等議俟辦有成效方可以供支應各省釐捐除解京餉外以西征協餉為最巨關外軍務未清勢不能不籌解濟倘西陲底定專辦海防即釐捐議停酌留絲茶大宗以為不竭之源歲入自有常欵目前固未能也總之有治法尤貴有治人得人而後

可以持久定三洋之營制自不廢於半途設總統之專員乃不惑於異議局廠皆齊船械既備事歸有濟餉不虛糜人人咸思振奮事事力矯因循目前之務在此久遠之圖亦在此自強之道其庶幾乎臣愚昧之見是否有當謹繕密摺覆奏伏乞皇上聖鑒訓示謹奏

續陳管見摺

竊臣欽奉諭旨飭令籌議海防緊要事宜於各條之外別有要計一併奏陳仰見聖懷沖挹葑菲不遺欽佩私忱莫可言喻臣備員海嶠凡於中外交涉之件遇事諮詢留心體察謹就管窺所及約舉四條敬為皇上詳陳之

一遣使外洋夫通商各國於都城設公使於行省設領事無非欲聯中國之交而知中國之情乃有來而無往猶面牆而思快睹掩耳而欲速聞也況彼曾請中國一體設官又何必不從其請耶即分遣之舉初不過英法俄美德及日本數國耳尚可緩行擬請每國　勅派正副二員不拘内外臣工擇精力强固有智謀膽略者任之假以崇銜予以厚禄駐紮彼國實任者不開本缺兩年一换專理和好事宜各國如何情形隨時馳報庶幾耳目較靈不致中外隔閡如蒙　俞允應需遣官經費請　勅總理各國事務衙門酌定在於各關庫提支准予作正開銷

一調護華

商華人之在外洋者聞暹羅約有二三十萬人吕宋約有二三萬人新加坡約有十數萬人檳榔嶼約有八九萬人新老金山約有二三十萬人長崎亦不下萬餘人此係統經商傭工併計之若於遣使之外更選才幹官員分往各處如彼國之領事妥為經理其重大事情仍由使臣覈辦凡經商貿易皆官為之扶持調護商之害官為釐剔商之利官不與聞則中國出洋之人孰不願為中國用其有奇技異能也送回中國優給薪資酌予獎勵行見海外華人爭思自奮況中國殷商知外洋有官護持絲茶大賈皆可廣為招徠自行運銷不受洋人抑勒是又晴收利權也洋

人之在中國者福州一口每月查報自領事以及教士商人男女統計不過百餘名口即上海香港滙聚之所或以千計以萬計終不敵華人在洋之數果能官為聯絡中國多得一助即外國多樹一敵而中國之氣日振外國之勢日弱矣○防維教務天主教傳入中國不能不按照條約為之保護無如莠民恃教為護符作奸犯科捕逃淵藪教主多方徇庇官吏敷衍含容良民受屈積不能伸怨毒日滋禍害愈烈天津前事可鑒也論者謂地方官不能撫循百姓百姓藉教以保身家非民無良乃官歐之第小民稍有人心從不為彼教所惑入其中者必先有藐法抗官之

意而後動於惡此風斷不可長臣愚以為教士雖外國人教民則中國百姓也以中國所轄之民准彼傳教固已曲全和誼必不可以中國自主之權由彼擅握致使大拂民情應令已入教之人開列姓名報官存案其續入若稟由地方官查無過犯方准照約保護儻係現在案犯及先無報案者概不作教民論教士不得過問或亦補偏救敝之一法可否、敕下總理各國事務衙門會商駐京公使議覆施行伏祈　聖裁。一廣儲人才十年之計樹木百年之計樹人遇有事而用非其長與先事而養之有素其得失較然矣未設料取士自有常經而救時需才不拘成格是

必別有陶鑄之方寬予登庸之路俾人人知所趨向鼓舞振興而後習文事者不專攻於詞章書法肄武備者不徒求諸弓矢刀石也可否請

旨敕下各省督撫臣特設一儲才館凡有雄才大略奇技異能曉暢天文熟諳地理者由各府州縣中送處之館中隨時驗試如果名實相符據實

奏保破格錄用即有一技可取或膂力過人或製造得法或通外國語言文字亦可咨送各局廠各海關練習兵機稅務庶儲備多而用才不竭矣以上各條均與現議海防相為維繫臣愚昧之見是否有當謹繕摺馳

奏伏乞

皇上聖鑒訓示謹

奏

附片

再日本自通中國以來唐宋貢使不絕元始梗化明則寇患東南幾無虛歲惟我　朝聲教遠訖帖然懷畏者二百餘年該國政令向操之將軍專恃中國銅商貿易以擅利權自通泰西各國將軍不能主其權利為西人所奪乃復改變舊章一從西法西人又重利盤剝之貧困幾不能支於是鋌而走險興兵擾台論者謂其內亂將作終必敗亡　臣竊以為日本若亡固不足惜而西人以日本為外府蓄謀已深該國冥然罔覺始則受其愚弄繼乃為所挾持一日兼併逼近肘腋其患更何可勝言　臣擬遣使兼及日本

者以使臣駐紮彼國誠信相孚既聯絡之又諷諭之俾早知感悟勉力圖存則猶為東洋屏蔽也臣知識檮昧謹就私慮所及附片密陳伏乞　聖鑒謹　奏

開源節流以裕國計摺

竊臣欽奉　諭旨飭議海防緊要事宜業經繕摺覆　奏在案伏念籌餉為目前要務總理衙門原奏盡人力地利凡所以為裕　國計者至深遠也臣知識愚蒙殫竭思慮竊謂籌餉之道不外開源節流謹舉數大端為　皇上陳之一曰水利東南財賦勝於西北者恃有水利耳欲開西北水利則有溝田之法禹貢詳言治水而論論則稱盡力

溝洫漢書志河渠而名為溝洫志葢周禮溝洫一法為千古治水之精即千古理財之策漢唐以前天下利權全在西北南宋後江浙富饒遂不復謀及西北河患迭出國賦日逋不獨不受水之利且大受水之害皆由溝洫制廢也古人以西北平原散漫而無蓄淺河流迅駛而多渾濁如陝西之涇渭山西之汾沁直隸滹沱水定等河皆與黄河無異於是作為溝洫以治之縱横相承淺深相受伏秋水漲以疏洩為灌輸此用其決也春冬水消以挑濬為糞也此用其淤也自溝洫廢而决淤皆害水土交病無怪賦日絀而民日窮矣康熙年間靳輔任安徽撫會上溝田一疏

備陳開濬溝田之益及任總河試行於安東頗有成效旋以委用非人致有擾累其事乃罷非法之不善也靳輔疏言溝田賦米即就近運赴通倉將東南各省漕粮酌改折色並節省漕運經費提撥充餉果能如此轉移其利無窮

臣愚以為切實理財莫要於此且溝田之法不必拘泥古制但鑿一溝修浚甚易其法以十畝為畛二十畛為一溝溝道廣丈八尺溝廣丈二尺深七尺五寸開溝之土即累溝道上使溝道高於田五尺溝低於由七尺五寸視溝道深一丈二尺五寸澇則以田水入溝旱則以溝水灌田極為簡便易行查黃河漫決各口淤廢之地甚多洪澤湖浜

淤灘亦不少俗稱新灘是也可否請　旨飭下溝河督臣
確切查勘應如何試辦之處酌量舉行如果行之有效推
廣於直隸陝西等省或由官辦或勸民辦將見溝洫制復
不獨水利大興且永免河水之害矣一曰山利山利之大
莫如礦產嘗考各省之礦有產五金者有產煤礦者中國
向用人工開採講求又未得法往往得不償失或竟至中
輟或不復議開棄天地自然之利論者惜之際此庫藏支
絀需用浩繁亟宜一律試開以廣生財之道如雲南之呈
貢昆陽尋甸定遠等處俱有銅廠馬龍石屏陸涼蒙化等
處俱有鐵廠羅平建水等處俱有鉛廠廣通南安趙州鶴

慶則有金銀廠貴州之思南亦有金礦大都封閉已久兵
燹以後莫悉情形應請　勅雲貴督撫臣查明具奏此外
各省有礦可開者應先由各督撫臣查驗確實購機器而
用洋人與之訂約明白必須權操諸我或招商開而官收
其稅或以營屯而官督其工不必多募礦夫不致過糜工
本酌定章程然後　奏請施行現在沿海各口需用煤斤
尤鉅大半運自英美兩國聞兩國煤廠或歷百年或數十
年取之已多用之易竭中國產煤之地多於外國則開利
源而收利權者孰大於此又礦油一項亦洋人貴重之物
然火代燭其用極繁產礦分礦應皆有之似可一律開採

以廣其利臣所謂開源者此也若夫節流之計則宜於經費中汰其冗經費者常也費而曰常如歲省十萬十年即百萬矣歲省百萬十年即千萬矣故節一時之費秪暫免不足節經久之費乃歲計有餘我朝綠營兵額六十萬有奇歲需帑金一千萬左右綜計國家經費之鉅莫是過也查乾隆四十六年奏准將或職名粮改給養廉所扣兵餉挑補實額其時建議者因庫藏充盈部存現銀七千餘萬兩凡數動用而大學士阿桂疏陳每年額增三百萬兩統計二十餘年即用至七千萬兩深以增兵添餉為慮老成遠謀早計及經費難繼矣然為足兵衛民之計朝

廷原不吝惜重費户部終歲之籌畫藩司按卯之餉稽州縣逐日之催此非皆為兵餉耶乃自髮捻軍興以來兵不能收一戰之功並不能為一日之守攻克剿除皆得力於湘淮各勇養兵果何為耶近年肅清而各省仍留防勇本年台洋有驚沿海沿江尚復紛紛募勇即各省偶有土寇州縣皆請撥勇而不請調兵可知兵之無用也臣是以議設練營有化兵為勇之法其存營未練者不過守塘汛供奔走而已與其多養無用之兵竟同虛擲曷若量節難籌之餉別濟要需擬請將各省緑營兵丁酌量議裁仍不必行之以驟但有事故草開者停其募補除閩浙兩省先已

奏明裁減毋庸再議外其餘各省按額減二三成為率歲可省銀數百萬兩以之籌辦海防豈小補哉臣謹就思慮所及披瀝直陳愚昧之見是否有當伏乞皇上聖鑒訓示謹奏

覆議海防摺

浙撫　楊昌濬

臣查西洋各國以礮船利器稱雄海上已三十餘年近更爭奇鬬巧層出不窮為千古未有之局包藏禍心莫不有眈眈虎視之勢日本東隅一小國耳　國朝二百年來相安無事今亦依附西人狡焉思逞無故興兵屯踞番社現在事雖議結而履霜知冰難保日後不借端生釁且聞該國尚在購器練兵窺其意縱不敢公然内犯而旁擾琉球高麗與我　朝屬國為難則亦有不容坐視之理故為將來禦侮計非預籌戰守不可即為保目前和局計亦非戰守有恃不可就中國現在局勢論之内地久已肅清邊疆

亦經底定各省不乏知兵之將能戰之兵船政機器漸有
成效比庚申以前情形已異前年天津之案本年台灣之
後均能勉就範圍未始非因中國氣勢漸振有以隱懾於
其間誠能趁此機會更加講求同心戮力不為浮議所搖
不以多費中止寬以時日未有不克轉弱為强者秦襄修
甲厲兵用復先世之仇勾踐生聚教訓歷二十年而卒報
强吳況我
國家大一統之規果能懲前毖後中外一心
安見雪恥復仇之無日耶前此奉
旨設防當飭沿海口
岸修築礮台置辦機械添募水陸兵勇未嘗不認真整理
然海上無大枝可靠戰船一旦猝然有警臣自忖祗能就

陸地擊之若角逐於海洋之中實未敢信有把握是今日自强之道陸軍固宜整理水軍更為要圖前兩江督臣曾國藩於髮逆既平之後即與侍郎臣彭玉麟籌設長江水師至今江面數千里恃以無虞臣愚以為此時整飭海防水師似比江防為尤急雖沿海各省本有額設水師戰艦然以禦外洋兵船勝負之數不待智者而決是必須擴充輪船置鐵甲船俾各練習駕駛方有實際明知其費較鉅其效難速而不能不如此也日本以貧小之國方且不惜重貲力師西法豈堂堂中夏當此外患方殷之際顧猶不發憤為雄因循坐誤以受制於人哉論語云人無遠慮必

有近憂又曰欲速則不達見小利則大事不成是在我
皇上堅持定見斷以不疑則自强之要莫先乎此矣近來
洋人入内地者愈布愈遠交涉事件益多辦理實形棘手
天津台灣兩案此其顯然共見者其餘尋常齟齬之事所
在皆有口舌之端無非兵戎所伏既不便一味遷就又不
可過於激烈愚民但快一朝之忿而不顧異日之憂旁觀
惟工指摘之談而不知當局之苦故目前即勉强敷衍總
難免決裂之一日承　飭議各條　為當務之急而用人
籌餉二者尤為緊要足食乃能足兵有人乃有治法而持
久之道亦即寓乎其中矣抑臣更有請者從來天下之安

危視乎民心之向背外夷雖强遇百姓齊心即不敢顯干衆怒故必整頓吏治以固結民心庶於自强之根本更有裨益愚昧之見是否有當合將逐條切實籌議緣由謹繕單恭摺密陳伏乞

皇上聖鑒訓示施行謹

奏

一練兵一條查海上宜專設重兵臣所見亦適相符合淅省水陸各標自經整頓較有起色雖未經戰陣而兵皆精壯近年挑練洋鎗隊一切步伐號令均效西法尚屬齊整曾經奏明在案惟各省沿海地方遼濶縱使設防何能處處周密況戰守相為表裏有守之兵無戰之兵有分防之兵無游擊之兵一旦有事終慮措手不及顧此失彼臣竊

謂南北中三洋宜設水軍三大枝閩廣合為一枝江浙合為一枝直隸奉天山東合為一枝每枝精練萬人為度各設統領一員幫辦二員仍聽南北洋大臣節制調遣各置備輪船二十號兵輪商輪各半又鐵甲船一二號其兵先儘各省外海水師內嚴加挑選不足再召募生長海上熟狎風濤壯勇以益之其口粮似宜比長江水師章程略為加重無事則分防洋汛兵船捕盜商船載貨有事則通力合作聯為一氣兵船備戰商船轉運平時兵丁船不敷住即在海口擇要團紮隨時操練更番出洋大約水師閩廣為長江浙各省次之至於陸路洋鎗隊不習風濤不善駕

駛遷地弗良恐難得力外洋有此三大枝水軍練習三數年後海上屹然重鎮可分可合可戰可守近則拱衛
神京遠則揚威海面不惟內地之奸匪斂迹即外夷之要挾亦可漸少矣

一簡器一條臣惟兵不精利器適以資敵兵精矣而器不利亦難以決勝洋人器械之精由於講求年久心力專一如布國之克虜伯美國之格林為礮中之最精者皆以造礮之人名名之故彼此爭勝愈出愈奇驟然救之誠若未逮現在閩津滬各局已辦有成效如經理得人力求精進久之有不多讓臣前委員赴上海香港揀火器之精者礮如

克虜伯格林之類鎗如林明敦東福之類此外水雷鐵火箭等項均酌量定辦多少不等惟內有大銅礮一尊重二萬斤子可及四十里擬俟各項到齊後即分配沿海要口俾資演習西洋火器日新月異今日所豔稱之物後必又有駕乎其上者且收存太久難免鏽壞故臣未敢過於多辦恐虛糜經費並詢悉後膛鎗礮雖覺巧便究竟機闗太多時有炸裂不如前門鎗礮結實耐久浙省各口礮台已成數處將來一律告竣需礮較多現已購就機器在省設廠鑄造藉可考校以為擴充地步又粤東線鎗裝子多而且遠實比洋鎗為長似防海者是項軍器亦不可少也

一造船一條臣惟講求船礮功在平日禦敵機宜決於臨時臣擬設水軍三大枝應用輪船鐵甲若干已於第一條內縷晰聲明竊計練兵三萬人有輪船六十號鐵甲數號可勉強敷用惟中國現有輪船不及其半鐵甲尚一號未有應先就泰西船廠定造鐵甲一二隻餘則自行陸續打造至添置輪船閩滬有現成之局不難擴充臣訪閩局代造兵輪二號明年三四月可以竣事已另片奏明惟專恃官造究不免限於經費如令各省殷實商賈各備輪船經營貿易有事聽官租用准其破格獎勵未始非擴充之一法也或云鐵甲船可以禦礮或云英國蚊子船載巨礮可

以洞穿鐵甲皆洋人之相標榜未經驗實臣未敢臆斷但彼有此具而我無之一旦有事先覺相形見絀故有不得不辦之勢本年日本鐵甲船泊於吳淞口外以小船渡人進口浙省各口外水深之處甚多不難擇地安泊口內長潮之際如定海鎮海黃道關閘亦可駛但船有大小甲有厚薄則吃水之深淺不等應俟鐵甲船購到吃水若干斯駐泊之處不待測量而知矣

一籌餉一條臣惟海洋既設重兵則一切用款自不能不徹始徹終通盤籌畫如臣所擬三大枝通年所需約略計算非三百萬兩不可而購造船費尚不在內當此關外軍

事方殷滇黔善後未了方日催東南各省轉餉接濟若同時籌辦海防事端甚大用欵更多誠有難於兼顧之勢惟查自與外國通商以後各關洋稅歲入不下千萬內地設卡抽釐各省一年所入亦不下千萬若於此兩項內每年酌提一二成交各省藩庫專欵存儲備用以此濟創立之需即以此充永遠之費所有一切不急之務閒雜之欵可減則減可裁則裁挹彼注此似尚不難集事倘舍此兩項另行設法所獲未必有濟且東南民力已盡何堪端澤而漁就浙省言之海塘工程二三年後計可報竣除酌提歲修外每年尚可節省銀二十餘萬兩以作海防經費若各

省同心協力天下無不可辦之事前因倭踞台灣商人聞
風束手釐捐日形減色如果海疆動搖稅釐折耗必多故
籌餉所以養兵而強兵即所以裕餉開源節流無過於此
似此權衡輕重移緩就急厚集堅持不至半途而廢矣
一用人一條臣惟軍興以後各省將才原不乏人大都嫻
於陸路者多熟於海洋情形者少目前知兵望重實心辦
事堪為統帥之大員如前陝甘督臣楊岳斌前湖北撫臣
曾國荃前兵部侍郎臣彭玉麟皆威望素著志慮忠誠諸
臣均簡在
聖心無庸臣論列其餘提鎮將領就臣所知
者如現任台灣鎮張其光現任衢州鎮喻俊明皆係水師

出身久經戰陣又現任乍浦協副將盧成金誠樸勇幹舉止嚴重似可上備　採擇此外容臣訪察確實再行隨時保奏

一持久一條臣惟設立外海水軍事國創始極為繁鉅豈旦夕所能奏效如臣所擬辦法至速亦非四五年不能就緒蓋成軍易而辦船難訓練亦難也西人作事不精不已不成不置其堅忍之性殆非中國所及亦非中國所不能行方初設船政時外間不無異議非賴　朝廷主持於內二三大臣維繫於外幾至廢於半途自來國家大事百年成之不足一旦敗之有餘古今同慨現在各國情形環而

伺我兵端雖不可自我而開武備實不可一日或弛事即
不能不辦辦即不能中止誠有如原奏所云者是則全仗
宸衷堅定內外臣工同心共濟始終不懈庶幾可與慮
始可與樂成而外患之來不至茫無把握矣

覆議海防摺

湖南巡撫王文韶

竊惟中國之有外患歷代皆然而外洋之為中國患如此其烈實為亘古所未有事變既出於創見議論遂無所適從約而言之厥有數端或謂洋人船礮之利日出日精中國仿而行之勢必不及現在和局已成與其別起嫌疑重開邊釁不若相安無事姑事羈縻此苟且而不知振作者也其說固不足論或謂中外之分從古以來劃然不易洋人以勢力勝中國以禮義勝遇萬不得已之事而輒以清議持之當萬難措手之時而動以常理繩之此迂拘而不通時變者也其說又不必論或謂庚申之役神人共憤往

者內訌未平未遑攘外現在各省軍務次第肅清大舉之機宜在今日以鹵莽滅裂之見作直捷痛快之談此又謀不素定計不萬全而直欲為孤注之一擲者也其說亦姑勿具論夫天下至難至變可駭可愕之事要不過準理勢憑智力以應之無所為懼亦無所為奇也易苟且而為振作易迂拘而為通變易鹵莽滅裂而為實備精求思慮極則鬼神來告精誠至則金石為開非常之原亦求其在我而已茲總理各國事務王大臣所陳六事皆所謂求其在我也淺陋如臣亦不敢不效一得之愚以仰副　朝廷詢謀之意謹按條議覆另繕清單恭呈　御覽以備採擇抑

臣更有請者天下事有本有末而本之中又有末焉就六事而言練兵簡器造船籌餉其末也用人持久其本也至其大本則尤在我 皇上之一心自古帝王平大難建大業者皆由上下同心明良交儆淬精厲志共濟艱難漢臣馮異對光武之言曰願國家無忘河北之難臣不敢忘中車之恩光武以之卒成東漢之業庚申之衅豈止河北哉臣願 皇上念投艱遺大之在躬以雪恥復仇為繼志清心寡欲節用謹身將之以至誠持之以定力嚴察左右近習以端視聽而正紀綱慎選公卿督撫以飭吏治而固民氣大本既立天心應之亦復何難弗濟何為弗成所謂戰

勝朝廷者其在此矣臣愚昧之見據實直陳是否有當伏
乞　皇上聖鑒訓示謹　奏
一遵議練兵一條今之統兵者不言用兵但言募勇其實
兵與勇同一人耳何以兵無用而勇有用無他兵之餉薄
不足以養其人也此次練兵宜先練現有之兵而不必多
增新募之勇海疆軍務非海疆之人不能為將亦非海疆
之人不能為兵從前如施琅黃梧李長庚王得祿等皆以
沿海之人為水師名將其明效也定制海疆兵力本厚無
如綠營習氣太深而水師尤為疲玩擬請將各海口額設
水師大加裁汰大加挑選分以三等其中有熟習各處海

洋情形及一切風雲紗線者為一等慣於操駕善用鎗礮熟習泅没者為二等在船如履平地運用器械跳躍靈便者為三等額設之兵不能入此三等者人行裁退另募補之雖各處械鬬强民硝鹽私販以及漁艇蛋户苟能合式悉與收錄此其人驍勇精悍敢於有為棄之則為亂民用之則為死士誠能善於駕馭海疆可立增無數之精兵天下可隱消無窮之禍患仍仿照湘淮各軍營制以条游都守千把外委等官定為統帶營哨什長名目若汰額兵之半以兩兵之餉倍給一兵則實得一兵之用較之虛糜坐費其得失不可同日語矣至長江水師一提四鎮額兵至一

萬餘名現在腹地安静海防為要擬請抽調一半移駐江海交滙之地實力訓練扼要設防水師既無廢弛之虞而海疆亦得聲援之助兵不至虚設餉不必另籌臣所謂先練現有之兵者此也

一遵議簡器一條洋人以火攻制勝所造機器争奇鬬捷日出不窮中國造輪船而彼又有鐵甲船中國造洋鎗而彼又有後膛鎗創造愈奇摹仿無盡論者幾於望洋而歎矣然臣以為中國智慧無所不有歷算則日月薄蝕閏餘消息不爽分杪儀器則鐘表晷刻不亞西製羅鍼壺漏創自中土而後西行飛石弩箭自昔流傳人才非不足用也

甘肅之石油四川之并油配入火藥得水愈熾硝提數次而烟白鐵經百鍊而鋼柔洋人長亦（技）不過此物材非不足用也而卒之不如洋人者洋人不惜工料不極其精不止中國則淺嘗輒止不能專心壹志故也今以整頓海防廣徵利器急就之法不能不出於購買購買不足恃仍惟有講求製造而已中國各處所設機器局臣未經親見不敢意揣然謂藝事之末中國必讓能於洋人臣竊不以為信也夫西洋鎗礮所以甲於中外者非徒恃器之精良也蓋由平時操演設立標準以儀器測其遠近隨在命中不差分寸是以所向無前軍興以來中國各營設立洋鎗隊專

習洋鎗洋礮但知操演不言準的此所謂遺神而取貌者也制勝者器而用器者人此亦簡器者之所宜急講者乎一遵議造船一條防海之要以守為體以戰為用守之所恃者重在礮台戰之所恃者重在輪船二者相輔而行缺一不可除鐵甲船一項現在如何購買以後如何製造何處宜於駐泊應由沿海各督撫臣詳細指陳外惟查原奏內稱自各國有輪船而中國舊式戰船萬難抵禦誠哉是言即如江南等處所造廣艇船笨滯不靈不能駛逐風浪而造船之費亦復不少其他各海口水師船隻大率類此以有用之經費置之無用亦殊覺其非計臣愚擬請將各

項舊式戰船一概停造即以此欵改造輪船配以新練水師擇熟習海道之將領為之統帶認真操練分巡直東江浙閩廣各海口終年來往無事則以捕盜有事則為游兵遇警即發不得空言駐守庶幾兵將與海相習而輪船均歸實用將來製造愈多聲威漸壯弭患無形端由於此或謂欲推廣輪船莫如准商民自行製造聽其營運行之既久中國造船之工匠日多一日駕船之水手日精一日習以為常行所無事將見盡西人之長技而有之裨益大計實非淺鮮是亦因勢利導之一說也

一遵議籌餉一條以上練兵簡器造船諸務非餉不行開

辦之費已屬不貲永遠之需尤須預計原奏所陳實爲思深慮遠臣愚擬請裁改沿海水師並抽調長江水師者意欲就餉用兵化無用爲有用也然即就餉用兵而所需尚鉅仍不能不悉力通籌以期有濟就臣所見約擬數端一承平各省防勇宜酌裁也一直省減成養廉宜專提也一各處鹽務宜力加整頓也裁防勇爲可節之餉提養廉爲已扣之餉其理易明無煩贅述惟鹽務一項他省不能盡知即以兩淮論則商人獲利太厚原定章程不無應行變通之處蓋淮商既改引爲票矣所謂票者盡人可以認運非如引商之確有主名也今則名爲票鹽而實與引地無

異一經認定即同世業從前領票之始不費分文而現在每票一張民間轉相售賣可值價銀四五千兩即租運一年亦值租銀千餘兩一票者五百引也究其所由則以曾捐清水潭工費而此票遂一成而不可易捐工費若干則每票銀四百兩耳以四百兩之捐據五百引之票而論價則所值幾四五千兩論租亦千餘兩其為獲利奚啻十倍臣以為昔則引商准其子孫世守為業今則票商當以一年一運為斷若仍照原定掣簽之例每年每票徵銀千兩統兩淮全綱計之亦未始非臣欵也唐代供軍取諸榷鹽者大半大利所在蓋有由來矣大約籌餉之要總以崇節

儉袪耗蠹為先而尤以不病民為上 微臣所擬豈必盡善然於病民之政則斷不敢議及民者國之本財者人之心後有言利者願 朝廷以此為權衡焉

一遵議用人一條天下事不得其人雖易亦廢茍得其人雖難亦舉此不易之勢也往時中外恬熙大小臣工類皆從容坐理本歷事變猝有不虞無以應之今則用兵且二十年閱歷既多智勇愈練其間才有大小量有淺深亦在

皇上之知人善任而已抑臣更有說焉國家得濟時碩彥易得威望重臣難文彥博平章軍國六日一朝而契丹歎為天下異人此居中坐鎮之不可無人也郭子儀出屯

涇陽數騎傳呼而回紇驚爲令公果在此籌邊馭遠之不可無人也　皇上整飭海防先於中外大臣中專任一二人寛其尋常職任使其精神才力悉萃於此而又集思廣益合羣策羣力以圖之安見今必異於古所云也推而言之用人之道上以實求則下以實應輔弼得人則封疆得人封疆得人則州縣得人州縣得人則民生厚民信立民心愈固民氣愈壯外洋之人具有知識必且守其約而不忍敗有如富弼之所以和虜者尚何敢輕舉妄動他有覬覦也哉

一遵議持久一條天下事惟慎於其始而後能爲繼則可

久目前練兵簡器造船諸大端固人人知為自強之要矣然而侈言武備從事具文糜費有餘濟用不足猶治病然醫方雖真而藥物則假此事之可慮而不能持久者也果使兵皆銳勁器精[盡]良戰守以資有恃無恐以言自強可謂強矣而或竭公家之財賦逾時而大費支持朘海內之脂膏未幾而隱成耗敝有形之患未至而無形之患已深事變之來豈必在遠亦猶治病然外邪雖祛而止氣已端此尤事之大可慮而不能持久者也大抵往日用兵但就一處而言此次海防則須統天下財力而言往日用兵但就一時而言此次海防則須統永遠財力而言量入為出治

國常經治軍尤甚臣愚以為開辦之初先宜將此項海防經費通盤計劃何省可以撥用若干何項可以籌備若干務在核定確數然後就我力之所及以之練兵簡器造船始事規模不宜過寬但期我力有餘自可隨時恢擴如是而內外一心實事求是堅苦貞定卓立不搖夫而後可以持久夫而後可謂自強天下事之閱時變計或半途中止者豈皆惑於異議哉亦由始之不慎而後難為繼也此六事中所宜以持久為歸宿者也

附片

再海防之設水師在所必需凡鐵甲輪船及他機器軍火

固宜取彼所長補我所短第縱橫海上彼所恃以乘我者在此我所恃以禦彼者不盡在此且沿海無關得失之地非彼此所必爭若各省競言海防專恃此為備禦之計而以全力盡注於此一戰而勝固可暫清洋面倘有不利則數載經營悉歸無用而勢力已殫他無可恃竭天下之財力精神以決成敗於俄頃之際其機可謂至危一時蹉跌勢難再振而此議不可終持矣臣愚以為持久萬全之謀水師固不可廢而所重尤在陸防陸防亦不必徧設而所重專在扼要竊謂宜擇形勢拱衛如天津山海關衛要如閩廣江浙可相特角之區若干處簡任知兵將帥駐以重

兵嚴為戰守之具以備兼顧策應而水師不必迎戰但令游弋海上伺其來攻陸防即從後襲其輪船以分兵勢即彼由别道登岸舍其駕駛之技已不能盡用所長而懸軍深入師無後援所在皆為絶地我師先據形便局勢已固前邀後襲驅策自如民情蓄憤久深平時團結有方皆可使人自為戰因地為兵有增無減再以精兵截其歸路以水師襲其輪船勝負之數決矣彼窺我陸防有備又懼我水師之乘其後必不敢輕於登岸若徒徘徊海洋而不得一戰縱船堅礮利馭使如神亦奚為也我誠密決大計布置已能定自能立於不敗之地彼知我不可犯且恐兵端

一開而各口岸貲財營建皆為烏有則控制由我而萬全持久之計得矣臣管窺所及合併附陳伏乞

聖鑒飭議施行謹

奏

附片

再江海兩防亟宜籌備當務之急誠無逾此然臣愚慮所及竊謂海疆之患不能無因而至其所視成敗以為動靜者則西陲軍務也何以言之西洋各國俄為大去中國又最近庚申以來其於英法美諸國一似相與於無相與者而其狡焉思逞之心則固別有深謀積慮更非英法美諸國可比也比年以來新疆之事即抄所不盡宣人言亦不

足信然徵聞俄人攘我伊犁殆有久假不歸之勢履霜堅冰其幾已見今雖關內肅清大軍出塞而艱於饋運深入為難我師遲一步則俄人進一步我師遲一日則俄人進一日事機之急莫此為甚彼英法美諸國固乘機而動者萬一俄患日滋則海疆之變相逼而來備禦之方顧此失彼中外大局將有不堪設想者矣臣愚以為目前之計尚宜以全力注重西征不在兵多但期餉給責成左宗棠景廉等悉力經營冀有成效可覩但使俄人不能逞志於西北各國必不致構衅於東南此事勢之可指而易見者臣非謂海防可緩正以亟於防海而深恐西事日棘將欲求

其歷久堅持而力有所不逮勢有所不及也管蠡之見是否有當伏候　聖明採擇施行謹附片具　奏

議覆海洋水師摺

竊臣於十月二十九日准總理各國事務衙門咨議覆前任江蘇巡撫丁日昌預議海洋水師章程一摺奏奉　諭旨飭令彙入九月二十七日原奏一併妥籌議覆等因欽遵到臣查前項遵議總理衙門條陳摺件臣適於十月二十九日刻拜發由驛五百里馳陳是日未刻續奉文議丁日昌條陳一件臣謹將抄示章程六條詳加察閱内如購買輪船修築礮台選練陸兵及擇用地方官分設機器局

各條大致不出總理衙門籌備海防原議之意臣於前摺内已就管蠡所及條議臚陳聽候　朝廷採擇至長江形勢本與沿海不同湖南處長江上游離海口三千餘里又與下游沿海省分不同所有一切備禦之方秪應隨時相機籌辦未便拘泥江防名目稍涉鋪張致滋無益之費惟查丁日昌條陳内請設北東南三洋提督一條臣雖未歷海疆不敢臆斷但以事勢論之竊議其未盡善查海疆各省有專設水師提督者有提督兼轄水陸仍分設水師各鎮者　國家定制本屬星羅棊布足資控馭秪以事變無常舊日營規半同無用此次整飭海防或改船制以從宜

或減兵額以厚餉期如李光弼之治軍號令一施而士卒壁壘旌旗精彩皆變固不必沿海水師提鎮之皆不可用也今又議設三洋提督將併舊日之水師提鎮而裁之之耶抑仍留之也議裁則以彼易此安必遷地而皆良議留則以此諉彼轉恐臨歧而致誤臣愚謂宜如總理衙門所擬請　皇上簡任知兵重望之大臣督辦海防軍務駐節天津以固根本即由該大臣慎選熟習海洋情形之提鎮等官不拘實任候補作為分統分布沿海各洋面以資防禦其戰守機宜仍聽海疆各督　隨時節制調度庶幾事權各有攸屬而經制亦無用紛更矣又丁日昌所[illegible]分設

機器局條内如輪船鎗礮分廠督造各節目自屬目前要務至兼造耕織機器之說臣竊有所未安夫四民之中農居大半男耕女織各職其業治安之本不外乎此若概以機器行之彼兼并之家富連阡陌用力少而程功多誠美利也此外别無恒產全賴傭值以自贍者往往十居八九機器漸行則失業者漸衆胥天下而游民之其害不可勝言矣推之工匠亦莫不然彼洋人之不以農工機器轉售於中國者為其物笨而利薄也洋不此誘中國而反自中國引而致之可乎故臣謂機器局除製造軍用所需外其餘宜一概禁止不得仿製各項日用器具是亦無形中所

以固本之一端臣賦性愚拙竊意天下事自有大本大原
在所争固不在機巧也所有遵議緣由謹繕摺由驛密陳
伏乞　皇上聖鑒謹　奏

善後襍鈔七

柔遠全書二十五

另行者以〇為記

洋務條議

郭嵩燾

伏聞總理衙門練兵製器造船用人理財持久六條之議私心歎服以為海防之大用具備于此其間節要及各省議覆情形皆不能詳畧聞其蒙在明立條目令沿海舉行以求自強而已竊聞古人之言曰度所能行為之是以指數珍者不足以果腹圖畫宮室不足以庇身方今國計空虛人民凋敝其勢不能興大役動大衆沿海七省九千里之地貿易往來安堵無事亦無徵召外兵屯防之理故夫籌防之宜有三曰因地曰因時曰因人何為因地有地勢有地氣勢有險易氣有強弱今險要之地足以控扼全省

如山東之燕台江蘇之上海浙江之招寳山福建之厦門廣東之香港澳門皆已為洋人擅其利矣其沿海民氣之强弱相去懸絶未可强同畧而言之廣東一省可强可富江蘇浙江可富而不能强盛京直隸山東可强而不能富一省海岸或数百里或数千里防堵事更歷数百千年而未有窮期其不能以一切之術一成之式通貧富强弱而督使行之明矣故曰因地何謂因時時宜勞而逸之時宜逸而勞之時宜緩而急之時宜急而緩之皆謂之失時今海疆綏謐民商樂業可云無事矣而不測之憂觸焉而即發多方之變應焉而不窮書曰制治于未亂保邦于未危

況憂且危如是謂之無事奚可乎雖然時之應有常有變而功之施有本有末時處乎變則從其變之數以治其末而匡救之而本有不暇顧矣時際乎常則審其常之理以探其本而釐正之而末有不足言矣天下之患在吏治不修綱紀廢弛民氣鬱塞盜賊橫行豈惟海上強敵莫之能支一方告饑而已虞束手一夫稱亂而相顧譁然竊以為方今之急無時無地不宜自強而行之必有其本施之必有其方本者何正朝廷以正百官大小之吏擇人而任之則本立矣方者何求富與強之所在而導民以從之因民之利而為之制斯利國之方也閩粵風氣強于他省乃使

其強在民而不在官在盜賊而不在守法之士紳倒行逆施莫之挽救江浙財賦之邦經亂已十餘年而土田之開墾無多或六七成或僅及五六成皖南積屍填塞山谷至今未盡收掩田卒汙萊而不能闢人民離散而不能歸此皆宜上廑

朝廷之慮及時以求效者故曰因時何謂因人直隸拱衛

神京天津一口尤為左海之門户形勢積重遠甚他省李中堂布置水陸各營控制海洋屏蔽京師自非他省所能一律辦理至于西北利病之所在尤宜斟酌古今之宜推求理勢之歸以預為之計俄羅斯踞有伊犁已歷數年恐

未易言收復而喀什噶尓烏魯木齊通及回八城或僭立一國或踞城與官軍相持事久則變易益生師老財匱則收功益難左中堂無督師出關之責而在甘日久中外大局尚能研究宜令体察各城情形何者宜明畫疆界與俄人定約何者宜急收復用兵若干人刻期若干日調何路之饟以及將弁之高下用兵之緩急統籌全局先定方畧委任而責成功尤須有精力强辦出使絶之才以理折服俄人而杜其煽惑然後可以審量用兵之机宜朝廷明詔頒行諸將乃有所據依以求輕重緩急之序左中堂亦必不敢苟且瞻徇為無根之詞以上瀆

朝廷之聽此在察其事之變與其人之才任之而已故曰因人舍此三者蓋亦别無勝制之術求速之方嵩燾推求中外情勢所以异同與所宜爲法戒者謹就愚見所及約爲四條論次其得失上備採擇期有裨于中外交涉事宜之萬一而不敢苟且求同于衆論惟宥其愚而赦之幸甚一曰急通官商之情西洋立國在廣開口岸資商賈轉運因收其税以濟國用是以國家大政商賈無不與聞嵩燾前署廣東巡撫與英領事羅伯遜籌商製造輪船之方羅伯遜言西洋机器惟舟車外輪机器最鉅各國多者不過數具國主不能備則富商備之國主兵船亦多假商人机

器用焉丁是良亦言英人鉄路通至緬甸俄人鉄路通至伊犁皆商人為之往聞粤商伍怡和為弥利堅開修鉄路費至鉅萬其伍怡和吳健章及籍隸寧波之胡墉揚坊號稱巨富皆有輪船經營貿易徧及西洋諸國為深自隱諱以與洋商比附為利

國家制法防範愈密則商人之比附亦愈深故何也利之所趋虛文有所不能制也竊以為造船製器當師洋人之所利以利民其法在令沿海商人廣開机器局試言其利約有三等輪船入中國而上海之沙船寧波之釣船廣東之紅单船全失其利侵尋而及内江自漢口以下各船廢

業者逾半使商民皆能製備輪船以分其利則國家之受益已多其利一制備机器必沿海商人為之出入海道經營貿易有計較利害之心有保全身家之計因而有考覽洋人所以為得失之資是中國多一船即多一船之益各海岸多一船亦即多一船之防其利二使諸商人與洋人皆有交際往來之素或遇事變歧出則居間者多而謀所以解散之亦易為力蓋洋人皆有保護商賈之心而于地方官多所格此即因其意之所嚮而利導之者也其利三近天津招商局亦深得此意然其法在招致商人而商人與官積不相信多懷疑不敢應固不如通使商人自製之

情得而理順也使官專其事而煩費日甚庫欵之支發先
窮使商人公其利而造船日多各海岸之聲勢自壯此皆
理勢之顯見者積久而利自倍收效亦自遠矣二曰通籌
公私之利洋人通商口岸自新嘉坡至五印度各口皆有
兵船屯駐以防意外之變兼備海盜亦使數萬里之海岸
聲勢自相聯絡惟其以保護商賈為心故能資商賈之力
以養兵中國通商各口商賈雲集徒以上下之情太隔彼
此不相顧恤是以中國稅則輕于洋人數倍而多方偷漏
以求倖免洋人乃獨專其利自頃數年各省添置輪船設
管駕官司之亦與商人聲息判然不相通閩西洋各國置

僱兵船多或数百少数十商賈輪船必数倍之貧富強弱之勢即于此分近年各海口輪船合計二十餘號惟天津招商局與西洋輪船分載出洋其法未能經久其餘各省置僱輪船但有支銷經費之煩而尚未得輪船之利竊謂各海口官商製造輪船宜略仿宋元遺制設市船司領之而稍變通其法官商各船一体運載貨物由市船司掌其籍歲稽官船所入支銷工食而以其贏餘為修理油洗之費庶添一船有一船之利而後可以經歷久遠相持于不敝其市船司由商人公舉督撫考其聲名察其才能檄委之咨其名于總理衙門三年一更易而量授以官洋人本

以商賈之利與中國相交接正當廓然處以大公而使商人應之明示天下所以與洋人交接之意盡人皆得與其議而持其變無所庸其隱秘蓋所考求者洋人立法之意行之以漸持之以久尤恃官民上下通籌合力爲之非獨沿海籌防然也如西班雅畧賣人口皆由通商各口裝運出洋所載動數百千人停泊收買亦數十日但使各口設一市船司經理船政事宜地近則耳目易周職專則稽考自密必不至如從前之漫無覺察矣三曰兼顧水陸之防東南防海大勢相持於海外曰兵船相拒於口岸曰炮台其大略也而各口洋船洋樓縱橫布列乃反在內地西北

邊防所恃兵力而已藩籬之固尚無謙及者較而論之沿海各口環集數十國而英法弥三國互爲主盟其利分而其勢散必無敢公然發難者西北則俄人已踞伊犁西南則英人亦漸通緬甸其力皆有所專注而西南之禍稍紓西北之勢相持而未有所定則禍且日棘故主東南海防者則謂宜緩西北主西北邊防者又謂宜緩東南是皆持之有故言之成理而以愚見度之其隱憂皆積而日深有未可偏重者体察俄人伊犁情形而可以得其故矣洋人之利在通商無覬覦中國土地之心而其蓄謀在求日進而有功故每得一荒島則急進而開墾之每得一口岸則

急進而經營之伊犁之亂值中國兵力不能遠及俄人於是坐收以為利而烏魯木齊喀什噶尔通及回八城俄人未嘗須臾忘也中國舉兵征討則亦坐視而不與爭此其行之有其漸蓄之有其機自西洋各國皆然略就所知言之上海一口英人主盟寧波一口法人主盟粤匪之亂驟起各口商人驚惶失措相為救護而上海一口被難而幸獲保全者數萬人百姓亦且與洋人相習其覬覦乘隙之心必不後於俄人是以中國百年治安英俄諸國亦必百年無事此可以理勢決也故何也西洋諸國之法非積憾以求一洩無肯構兵者而南洋諸島數十中國不能經營

洋人皆坐而收之所得口岸與所開闢諸島因勢乘便據以為利其勢求進而不已而其蓄謀甚約其收功甚迅凡中國煤山金礦及寶氣生聚之方皆其所心營而目注者也竊以為中國與洋人交涉當先究其國政軍政之得失商情之利病而後可以師其用兵製器之方以求積漸之功如今各口設立機器局及遣中國子弟赴西洋學習其法度程式皆積漸之功收效數十年之後者其行之之本則在審輕重之勢明曲直之機求通變之才務真實之用西洋之法通國士民一出於學律法軍政船政下及工藝皆由學升進而專習之而惟任將出使各國必國人公推

以重其選竊觀漢詔求使絶國與將相並重西洋猶存此意是二者皆據理勢之要持安危之機所宜慎選而專用之者也能通知洋人之情而後可以應變能博考洋人之法而後可以審機非但造船製器專意西洋新法以治海防者之宜急求也四曰先明本末之序自漢以來中國全盛之世邉患相尋常若不及而終宴然無事及衰且亂則必紀綱法度先弛於上然後賢人隱伏民俗日媮而邉患乘之故夫政教之及人本也防邉末也而邉防一事又有其本末存焉敬繹六條之議如練兵製器造船理財數者皆末也至言其本則用人而已矣練兵製器造船非財不

能舉辦理財之方盡於二者曰開源曰節流節流者省無用之煩費以歸有用者也此皆疆吏應為之事不待臨事張皇而多為之制造船制器購用西洋機器推而演之但令經費充盈漸次求精其事非難所難者練兵耳為中國之人心習尚漸漬已深合官與民而皆懷一苟且之心無能與持久也自經寇亂名臣良將接踵於時能以律行師以權濟變者有矣然從無能統馭額設之兵以立功名者其間或易一將而局遂變或更一時而氣已衰何者用其方新之機而不能得其持久之力也沿海設防非能旦夕奏功者各口練兵又非能召募集事者傳曰有治人無治

法盡於一時而求人之效可以持至数十百年之久誠得其人而任之一切之政皆可舉而行也不得其人而任之已成之功已安之民亦無與善其後殆未可持此以建非常之業者也竊觀天下大患一日因循粉飾以求免過一日寬容縱弛以求寡怨粉飾工則得失利病全不能明縱弛久則賢否是非更無從辨故求人才尤以挽回積習為先朝廷念念以培養人才為心邪政公私較然不能掩則士大夫之精神自振而吏治之功效亦必月異而歲不同人民日就人安邊疆自臻綏謐必然之應也至於將弁之才州縣之吏天下自不乏人疆吏求之有餘非

朝廷求才者之所急也以上四條皆本原之計積漸之功非旦夕所能為力而欲循用西洋之法以求日進於富强未能舍此而可收效一時者也竊聞總稅務司赫德之言曰中國大要有三其一曰內事其二曰外防內事非外人所敢置議外防有邊防有海防吾所陳者海防一事而已其意蓋欲以西洋之規模施之中國而以海防引其端然西洋馳驟海道七萬餘里如出入庭户窮思極慮以求其逮此豈中國所能及者其通商徧及諸島國又由中國西南以達緬甸船政軍政皆與商賈相因依收其課稅以資保衛又豈中國所能及者嵩燾竊謂西洋立國有本有末

其本在朝廷政教其末在商賈造船製器相輔以益其强又末中之一節也故欲先通商賈之氣以立循用西法之基所謂其本末遑而姑務其末者論者徒曰西洋氣勢如虎將噬當求自備以立之抑不知洋人蠶食諸國陽開陰闔以收其利從無攻城掠地之事普法兩國之稱兵積憤以求一逞而終不利其土地其在中國如附骨之疽攻之不能去也如狐蜮之憑于人執而求之又不可得也虎之噬人其去人固遠矣不得以此爲比誠使竭中國之力造一鉄甲船及各兵船布置海口遂可以操中國之勝算而杜海外之覬覦亦何憚而不爲之而以西洋聚精會神擅

强数十百年之術强中國一日行之而遽責其抗衡據一時之議以盡各海口之變果足恃乎果不足恃乎此所不敢知也天下國家之大猶之人身也强者力負千鈞而弱者不能强者日行百里而弱者不能則姑疏通百脈之氣宣導六府之滯使其神日舒而力亦日有增自可漸進於强若驟立之法程以課其負千鈞行百里如是以求自强適恐足以自僨孫子之言知己知彼知彼力之所及意之所屬則必有以待之知我勢之能及與否理之能勝與否則亦必求所以自處彼之所長循而習之我之所短改而修之去弊求速立志求堅任賢求專收功求緩自處之道

如是而已自古國家大利之所在皆成於漸而起於微斷無一蹴而即臻強盛之理經費出入國有常制科斂以應一時之需竭蹶經營而求自強家國生民必有承其害者其勢亦萬难持久礼運之言曰行之以礼而弗安之以樂猶穫而弗食也安之以樂而弗達之於順猶食而弗肥也穫而食人力之所及也聖人之功至於禮樂而極矣猶待積久以達於順而後其效成焉此豈可以驟期者而終言肥之寔功亦不過曰大臣法小臣廉官職相序君臣相正要歸於自治而已矣以中國之大土田之廣因地之利皆可使富也因民之力皆可使強也即吾之所以自治也合富

强之本圖而懷欲速之心以急責之海上將謂造船製器用其一旦之功遂可轉弱為强其餘皆可不問恐無此理造船製器沿海諸省當任其功各海口机器局亦當漸窮其巧而求所以自强之術固自有其本末條理非數言所能盡其與洋人相接言者爭持戰守和三説其寔三者俱無可言惟在講求應付之方而已各海口之設險自守又豈可一日稍廢不講哉所議六條如李中堂左中堂為國重臣有防邊之責所處又當緊要重地誠有不得辭者非盡沿海諸臣之力所能勝也愚昧之見干冒尊嚴伏增惶悚嵩燾謹議上

海防議節錄

蘇松太道 馮焌光

一籌餉　通商之害甚於傳教洋貨充斥使内地物產積滯即如銅鐵羽呢洋布等類皆能奪内地之所有而易以内地之所無且輪船轉運迅捷輸納又僅半稅於是洋商攬内地之貨奸民假洋商之名以致百物騰貴上下交困捐輸則鮮殷實之家釐金則為半稅所抑雖關稅較多於前而中國大利暗被攫奪　至其日夜覬覦者則尤在地產之富未經開闢也上年開設輪船招商局官商未大獲利益而旗昌太古兩洋行輪船股分向值百金者一旦折為三十八兩　磁州開採煤鐵業有成議惟台灣物

產富饒地利未開久為西人窺伺茲倭事既定辦理不宜稍緩或謂自行開採但宜用洋人購機器不宜將自有之利分潤外人不知貨物購自外洋是奪我之利也物產開自中土而使洋貨不能暢行是即助我之利也　乘此生畨帖服中國自為主持仿照西法設立台灣公司由官酌撥欵項以為之倡勸諭殷商集股而董治其事不足則借洋債以充之准其其招集各國洋商合湊股分同此以本求利中西既無多寡之殊而借助外人利益仍不專屬於一國立約之先聲明如有一國不如約者各國合而擯之是我特分其餘利以餌外人實則各國皆為我守土永無

喧賓奪主之虞也且利則公諸人權則操諸我所獲之利上則有出進關口之稅中則有官商合股之息下則有工役舟車同沾其益日久風氣愈開所有寶藏之利開採之法提鍊之器人人皆知處處踵起富民富國可操券而計矣此外開銀礦以鑄洋錢抑洋藥而加重稅既有輪船招商亟應自設火輪車路庶中國利權不為彼族所奪

一練兵　西人抽丁入伍即古寓兵於農之意而終歲在營操練與覆隊講武者不同又選兵自年二十至二十五則量給營生之本退兵籍而操別業有事則自二十六以至三十自三十一以至三十五自三十六以至四十歲凡

曾列名兵册者視其緩急以次遞調頃刻而可集数十萬之兵養兵之費省而國中無不練之兵其法創自普斯魯國英俄近復效之日本泥其法而行之未善　近自關口既行半税釐捐大為減色　今歸西人限年入伍之意庶幾挑選更調均能得力而又易於遣退也　可否於濱海地方挑選結實聰明之幼童先派在輪船營壘一面讀書一面隨同操作可造就者年二十即補兵額仍仿西法凡當兵五年或十年甄别其才藝傑出拔擢武職餘給資斧自為謀生操練水師以涉歷風濤駕駛輪船為最陸路以修築台壘馬步馳走為長　敵人入犯内地非登岸不可

而必恃輪船以為接濟各處口岸當重頼陸兵節節堵禦即如上年虎門吳淞大沽口等處水師礮台雖不足恃亦以無得力陸兵也練兵必先練將其行軍測度之法槍礮取準之度進退駕馭之宜變化分合之妙尤貴切實講求神而明之不徒習其號令學其步趨已也今之教練恥用洋人而以學未成就之華人充當徒貽畫虎之譏　兵勇必須酌加月糧

一造船　西人兵船之制皆沿舊法而遞求精進之方其輪有明暗之分其船有本鐵之異其滊機有高低之殊近有名為康邦滊機者煤省而力厚至鐵甲船制鐵皮日益

加厚而其為用各有所宜倘過於厚重則吃水必深船身亦須加大渡洋方能穩當西人初成鐵甲船駛來中國因上重下輕在大洋遇風覆溺邇來至中國者惟英法兩鐵甲船至東洋所購之鐵甲船其鐵皮謹厚四寸英法之船以吃水過深停泊吳淞口不能駛入黄浦江日本之船亦停泊煙台而不能進大沽口則外國所造之船有更大於此者其不能入犯内地亦可知矣惟外國既乘鐵甲船而來倘中國倖其不能内犯但恃現有之船以為抵禦大小既難相敵木鐵亦相懸殊假令洋面猝與相遭勝負之數不待交鋒而自决計中國北洋屏蔽盛京直隸山東三省

江蘇為長江門户連跨浙洋福建與粤省肘腋相依此三地者每處若有鐵甲大船二隻扼要禁守則屹成重鎮一處有事六船聯絡足為洋面遊擊之師至防守各處海口西人既不能以鐵甲小船越重洋而入内地我可多備鐵甲小船安配重大礮遠之礮一以輔礮台為阻船之路一以四面伏擊使應接不暇較水礮台更為靈活此為以小擊大以散擊整制勝莫善於此且該船由内地仿造費較省而易成次第添置不難陸續並舉船上所用之煤所配之勇經費易節而得力較多現粤局仿造一隻約計明春可成如試驗適用由此擴充即可酌量添造若在外國定

購不妨將鐵料如式剪裁分拆運至中土飭匠釘配至鐵甲大船現在卑局洋匠業已繪圖商辦鐵船廠所用各項機器已自外國運到現經陸續安置蓋造廠屋亦於明年春間一律工竣自揣中國工匠亦已明其規矩從小鐵甲船入手由漸推廣大船尚能仿照製造將來必須造成一號一切悉如西法以副憲台設局製造之至意惟此船體大物博鐵料皆購自外洋成船又需時日似仍須在外國定購以應目前急用但不可承買舊船徒糜鉅帑宜專派一員明於製造而略知兵事者選帶學生工匠兵丁十數名親赴外國各廠考究何等船制最為堅緻靈快而並

宜於中國水道者議價定造即將帶去華匠兵丁附入該廠及武備院一同造工學習　又現有之船卑局計成輪船六號夾板船一隻其第五號第六號兩船長至三十大汽機馬力五百匹配礮二十六尊與外國大兵船相等其第三號測海兵船駛赴內江外洋亦甚相宜應否添置鐵木小兵船如測海船式者若干隻或赴外國添購若干隻以備巡洋接應之用

一簡器　西國遇有新出槍礮則軍中一律更換而盡將其舊者賤價出售故中土所購之洋槍多係外洋更換之器近日各國之礮其後開門者羣推德國克鹿卜為最惟

其中過大之礮藥力太猛後膛究不如前膛之穩至英國則首推烏理治鋼膛熟鐵箍礮而阿勿士莊次之近有回特活特新創鑄成熟鐵之法亦名噪一時然出於鎔鑄有類生鐵燃來福旋子恐不甚穩尚須日久試驗始知其法之善否此皆來福長彈之礮也美國專用生鐵大礮其鑄造之法較他國更為繁難惟圓彈難以及遠又恐力量不能摧堅就今而論轟擊鐵甲大礮自以烏理治阿勿士莊為摧堅及遠最勝利器後膛取其靈捷則以克鹿卜鋼礮輔之此輪船礮台所用之首選也若陸路行仗則有德國之過山後開門礮回磅彈之鋼礮及美國之格林連珠礮

最為輕捷以上各廠皆可酌量大小寄信外國定購若自行仿造則現在祇能仿造烏理治阿勿士莊之式籌以熟鐵現擬添購機器飭匠仿製至克鹿卜後膛之廠回特活特之鑄熟鐵廠係用生鋼生鐵鑄成一用大氣錘擊打一用水櫃壓力勻配鋼鐵之質該廠自有祕法一時尚未能學步洋槍一項外國業已全改後膛精緻靈巧自以馬梯呢為最惟機鑛之內事件太繁仿造固屬費工而過於靈巧盧難經久遇有風沙最易損壞軍中難以修理其堅樸渾素而又靈捷者則林明敦槍為長皁局仿造兩年漸得其法至後膛之槍均用子藥銅捲上年購買各項後膛洋

槍不過每桿配帶子藥銅捲數百粒若有槍無子即不能施放津局有機器四座每日可成藥二千餘磅卑局祗有機器一座合日夜之力僅得五百餘磅江蘇各營需用甚多實屬不敷分撥再來福礮彈購自外國其價甚昂必須自行仿造均宜添購機器推廣製造水雷一項爲轟船利器除發電新機及銅綫鐵繩購自西國外所有木鐵水雷現經仿造數十具至能自行之水雷俟考究明晰方能仿造惟是中國匠徒現在協同洋匠製造學習有年亦能漸窺奧窔似仍須挑選上年工匠及習算之學生由卑局委員帶赴外洋徧觀各廠參互考校回國之後有能於洋人

成法之外自出心裁者似宜優給獎叙或如西人之以藝成名者即世守其業是於　國家考取人材之中別設一途破格超擢此又今日亟宜物色講求者也

別議

一傳教　總理衙門奏遵議丁日昌奏官民過出有因教務隱憂方大又曾國藩密陳傳教情形一片溯天主教弛禁列入條約臣衙門早慮其流弊但從前兵力不足致有換約之事勢不能背約於後只有就事防維必須嚴飭疆吏慎選有風骨通時務之員方能持平辦事云云　新聞紙云總理衙門照會各公使請修改教會章程一節一凡

教士所設女塾於中國風俗有碍請即撤去一入教華民每堂不得過四十五名每月須報明地方官堂中男塾亦祇准入教華民子弟一嚴禁外國教士蹧蹋中國儒教一除通商各口以外凡在中國教士當與華人一律相待遇有事故照中國律例辦理見官亦與華人一體一入教華民有訟教士徇情庇護者該案即置勿辦一凡有教堂悉聽華及查看并不准設恤孤局一中國婦女不准入教堂而女教士應令回國若不傳教聽其居住倘再過曆教之事祇可以凶犯抵命不可賠銀亦不可以此等事强占城池累及紳士凡有入官之地不准贖回

十六年

行行頂格
隔・空一格

海防條議

張斯桂

練兵條　一云水師原額如何挑選精壯答曰此言易也但於各省水師中之職司槍礮者選其年富力强聰明勤慎之人而教以西洋掄練之法而已　一云曾經制勝之洋槍隊如何練習水戰用以迎勦截擊尾追答曰練習以水戰則易以曾經制勝之洋槍隊練習水戰則難不難於戰而難於水也況曾經制勝之洋槍隊甚屬無幾用於陸路大為不足何必改練水戰蓋海上狂風駭浪倉卒變幻必素習波濤之人方能勝任否則目眩心驚頭昏脚倒强其所難而學習之恐有遷地弗良之患至於迎勦截擊尾

追諸法乃於平日操演之時隱寓其中民可使由之不可使知之此其權全在於領兵官耳官能知法則兵可練即可戰官不能知法則兵雖練亦不可戰試觀戰國時趙卒強矣而廉頗用之而全勝趙括用之而盡坑非其彰明較著者乎故練兵士當自練兵官始讀　頒示原摺第一條内云若求實在可禦外侮事較辦髮捻諸賊為更難兵亦較辦髮捻諸賊宜更精誠為確論夫兵於何精亦精之於西法耳西法於何精亦精之於操演耳不獨精之於槍礮也考西法槍隊有步伐止齊之節縱橫疾徐之序礮隊則於操演時有旋轉進退拚卸修整之法於試放時有測量

遠近之術炸彈遲速之訣為問今日之兵官有一知之者乎且今日之兵官皆勳辮髮捻之宿將自恃慣戰欲其舍己從人強就新法勢必難能惟明降 諭旨嚴飭副叅以下隨同兵士操演槍礮西洋永著為例則不敢不學又於每年各督撫較試武弁之時即視操演之生熟以定官職之升降則不肯不學蓋近來綠營武弁都昧西法如有缺出暫將綠營兵丁停拔先儘練營兵丁拔補都守缺出又儘練營千把升補等而上之以次遞推則人皆知奮愈不能不勤於學 功令載督撫較試武弁時試放三槍又於送 部驗看時試放一礮洵是良法美意若循此例而進

求之則槍必兼觀其步伐止齊之節縱橫疾徐之序礟必兼觀測量遠近炸彈遲速之訣斯精益求精數年之後兵官皆知西法而後可以領兵而訓練亦可以引兵而出戰則自強之道得焉矣

一云欲募嫻於駕駛熟狎風濤之得力兵士迅速成軍陸練擴充應如何辦法答曰熟狎風濤則甚多得力兵士則甚少而嫻於駕駛則尤似多而實少沿海七省地方凡商船漁户之熟狎風濤者不止百萬其中之年力富強聰明勤謹者亦實繁有徒一呼羣集何難之有然祇可謂之熟狎風濤之人而不可謂之熟狎風濤之得力兵士夫得力云者必於熟狎風濤之外兼熟狎

槍礮者也則非募兵之難而練兵之難然經朝夕訓練即数月之久亦能成軍若云駕駛則非兵士之事乃管駕官之職也淺言之則凡南北兩洋商船漁戶舵工教之數日即可駕駛深言之則必擇文理通達算學詳明者教習数年而後可成應請　特旨統飭水師武員學習測天文繪海圖辦颶路并操演槍礮測算炸彈等法學習數年而後可以備用亦必逐一攷驗而後可入選能者破格擢用不能者立予罷斥臨之以不測之恩威而積習可以一變矣

簡器條　一云凡礮台及水礮臺所需巨礮應如何購辦

答曰僅言購辦猶屬易事也或拚出重價託洋商代購或

備文委員出洋訪求有則可以速買無則可以定造但非購礮之難蓋礮有新舊優劣之不同而費巨欵以購巨礮必得一精良之器足資實用而後可而非熟悉其中精意者不能辦也其大要在於能操演能試放能比較能測量能用開花彈子落地遠近遲速者而後可以較其優劣非買一巨礮便可塞責也故必先求其人以實之方可購辦

一云水陸路各軍所有洋槍應如何一律購用最精之品答曰洋槍之精以後膛螺腹者為最適非舊式前膛光筒者可比兩相試放前膛者一出後膛者四出已見其一可敵四且彈到之處又為前膛之所不及又不僅一可敵

四矣故西洋各國皆棄舊用新而中國猶相蕪而買者一因需用孔亟二因求新不得三因節藏夫然勢不得不降格以求也今幸無事當務求最精之器查西洋英美布俄法五大國各有新出之槍互相比較議論不一然就其明效大驗者觀之莫如布國里明東槍之精蓋上年布法交戰時布之勝法者以此此亦可略見其一班矣中國水陸各軍俱宜購用　一云洋槍應如何自行鑄造精益求精答曰上海製造局仿西洋自造洋槍俱是後膛新式其較諸布國上等新槍優劣如何未經詳悉姑置不論但就其集工百餘人日出槍五桿而論之則歲得千五百桿雖造

到百年亦不過十五萬竿恐杯水輿薪不敷於用應請擴充其局廣為製造并將布國上等新槍兩相比較然後能精且必遴員帶領學士出洋逕到布國專習槍礮做法然後能精益求精若僅如該局製造亦有名無實也

造船條　一云現有輪船不敷應用應如何添購各兵船及鐵甲船答曰欲籌目前先觀旣往昔美國南北交戰美南向英國新購極快輪船一隻兼駕巨礮數尊以作走信衝鋒之用美北之輪船夾板被其擄去者數千號之多後因誤擄法國商船美北遂與法軍商辦誘令來近出其不意而轟沉之而其患遂絶然其海口礮台仍難破也美北

有人創造鐵甲船功成駛入美南口岸船身經受巨彈三百數十顆而船身無傷出入自如遂足破其礮台而圍困之此鉄甲船之始也今西洋各國皆尤而效之且精益求精焉則走信快輪船及鉄甲船所急宜添購者也又如上年英法土三國與俄國交戰欲攻其都城而嫌其港淺乃添造庚波頁隻譯言礮船如今之停泊中國之內港者是也又法國製有脱節小鉄輪船申寗兩處人民呼為拖鞋帛船前曾幫同官兵克復寗波府城者此兩種兵船可能幫助大兵船禦敵之用或自守海口內港及深入敵境之用并宜於淺水利於尾進而價值又輕亦在自行添造之

列又如英美法三大國輪船充斥除兵船外其餘商船数目之内可集数百號偶或有事載兵士者大船可容三千人小亦可容千人或運軍火器械或輸糧餉車馬呼應極靈調遣自易今台灣一役如調淮軍六千之数遲至五六月之久方能陸續調到殊非兵貴神速之意此蓋由輪船之小而且寡也應請添造大號明暗各輪船無事則交招商局裝貨有事則供軍營調遣實為兩便以上各種船皆宜添購者也

一云兵船及鉄甲船以後如何製造擴充答曰此必先言製造而後可言擴充尤必有製造之器製造之人而後可言製造今閩滬兩廠此種重大機器猶未

完備故一則宜向西洋先購大號機器一則宜選僱西洋慣造鉄甲船之匠頭二者備乃可於船署創造一二號試行之而後可稍為擴充又一面派員帶領藝童出洋學習製造鉄甲之法則相輔有成庶幾數年之後學成而歸大可擴充焉　一云水礮台一軍應用若干答曰所謂水礮臺者乃鉄甲船上圓轉之鐵礮臺也其一軍多少本無定數惟視乎敵軍之多寡強弱以為衡就中國之海口論之雖皆需鐵甲船守護而一時未能猝辦宜擇其尤要之處而先備之擬購鉄甲船四隻有事則合為一軍無事則分泊南北兩洋一以防護天津牛莊一以防護上海而兼長

江一以防護福建而兼臺澎一以防護廣東而兼澳門瓊州此目前之要務而必不可緩者也其餘各海口俱宜有鐵甲船者須俟日後陸續造成再行分派　一云購買船械應如何厚集如何應無虛糜答曰費之厚集當徐議當廣求亦當合各省全局而統籌之應請　飭由部臣詳據每年經費若干指撥某省若干或就原有關稅鹽課釐金項下撙節匀撥或另行酌抽海防經費總就各省情形自行籌酌以符指撥之數不准稍有短絀尤不准空言搪塞至於用無虛糜不僅在於辦事者之清與不清而尤在於辦事者之能與不能能知槍礮則購買之槍礮無虛糜能

知輪船則購買之輪船無虛糜特恐本末能知強作解事而上官以下官為能知下官以洋行之買辦通事為能知則用皆虛糜即從前之積習也而其要在於大吏之知人善任耳尤必大吏先有自知之明乃能知人而善任或者博採旁搜虛懷訪問亦庶幾乎　一云修船造船如何添設船廠答曰修船之處在上海製造局謂之船洪在福省船政署謂之船槽上海船洪內鉄甲船之喫水二丈者尚可進洪修理大則不能福建船槽則不勝鉄甲之重宜添設一大船洪而後可以修理故不問其自造與否但有一鐵甲船必當先有修船之洪修船之器修船之廠廠所以

位置修船之器者器即造船之器猶是鑄鉄鑪打鐵鎚以及俥鐵鉋鉄截鐵鑽鉄等件但務求其大者耳船政現廠之中有可位置之處則位置之否則於比連之處添設一所廠屋可也　一云鐵甲船喫水最深各海口何處宜於駐泊答曰鐵甲船喫水雖深亦各有等差大約自一丈七八尺以至三丈不等總視乎船身之大小鐵甲之厚薄輕重以為衡中國各海口之水不及別國之水深而亦有深淺不同者查沿海各口除浙江之台州山東之登萊膠州水僅二托不宜鉄甲外天津之大沽口其内則港曲而狭其外則有黄壩蓋砂之横截亦不宜鉄甲出入其餘如蘇

省之上海浙省之甯波温州福省之福州厦門皆有五托深雖二丈有零㘰水之船可駐泊若長江之下口山東之煙台盛京之牛莊俱有六七托廣東之香港有十餘托雖二丈四五尺㘰水之船亦駐泊無碍今再設一船身過大㘰水過深之尤甚者而極言譬如英國之第一等輪船身長五十餘丈桅七支煙筒五支輪有明暗兩副㘰水三丈有餘其遨遊海上也雖驚風駭浪祗能動揺之而不能顛簸之即於海口之外略有島嶼倚傍之處便可駐泊儻真有鐵甲如此其大屹立海上儼然金城鉄甕若駐泊於山東之廟島可守遼海三省之門戶駐泊於舟山東衢之間

可守全浙之門户他如閩海之南塘廣東之香山可作閩粤之門户特患無船不患無駐泊處也　一云外國以鐵甲船乘我又如何抵禦答當分二法一在海上抵禦一在口岸抵禦在海上抵禦者以鉄甲抵鉄甲也法復有五同一鐵甲以船大甲厚者勝同大同厚以船多者勝船同則以馬力多行駛速者勝蓋退可避而進可追也馬力遲速俱同則以礟之多彈之大且遠者勝而尤以彈擊之有準礟出之甚速者勝兵家所謂如兩鼠鬥於穴中強者勝耳其交戰時復有暗用水雷之一法在口岸抵禦者以礟台抵鉄甲也法亦有五一礟臺二巨礟三小礟槍隊四守口

之兵輪船五水雷無礮臺則兵士無遮護之所藥彈無慎藏之處無巨礮則彼可進而薄我我難遠而禦彼此臺與礮相倚賴也無小礮槍隊則彼可從遠處驅兵登岸繞出礮台之後以以夾我我不能出而步戰此大礮與小礮相表裏礮兵與槍兵相奇正也而且無兵船以助礮台則彼可專攻礮台而不虞我之出而擊彼此所謂能戰而後能守也無砲台以衛兵船則兵船無休息之所亦無添補煤炭葯彈之所此所謂能守而後能戰也無水雷以護礮台則雖砲彈如雨彼猶可恃其鉄甲冒險衝入而不憂水雷攻破其船底乘之以不能及防也無砲台以護水雷可徐

徐搜尋打撈而起而不憂礮臺飛墮其頭上阻之使不得近也此所謂制人而不制於人也此五者互相應援不可缺一若缺其一即予人以可乘之隙而口岸不保矣　一云英國所製巨礮能於数里之外攻破鐵船此項礮位如何預備如何演放答曰英之巨礮亦有大小彈子自四五百磅以上最大至七百餘磅每磅合中國十二兩則七百餘磅合中國秤五百餘斤或一千数百磅其攻破鉄船亦視乎鐵之厚薄以用彈之大小大約彈重五百磅者能擊穿一尺厚之鉄甲七百餘磅者能擊穿一尺六七寸厚之鐵甲然必須後膛螺紋之綱礮配長式開花鋼彈而後能

之否則亦不能也其購備之法亦如前條所答托洋商代購或委員往購有則買之無則定造俱無不可但購備尚有數患一以我之銀換彼之鐵此計之失猶其淺焉者也二價值太昂又有用費運費滙銀之帖費保險之洋費疊加之則更昂三恐西人斷不肯以最精之器畀我即精矣亦未能精益求精也如買十則得十買百則得百非能有加於十百之外且有定數可核悉在西人意計之中是彼知我而我不知彼甚非兵家知彼知己之意尤非掩其所長暴其所短之深謀故購備者祇宜一二非特作樣式之用兼可彼為比較之資餘則仍自行鑄造庶於自強之策

得其綱領焉若演放之法昔則演易而放難今則演難而放易蓋演法與小礮同特礮身重大轉動不易宜添設機器添多礮手而已凡放巨礮之法自百十礮以上砲聲即能震耳出血立致聾聵然尚有掩護一法至四五百磅以上則更難今西洋皆改用電線試則較易矣　一問能載前項礮之船隻及陸路安放此項砲位之礮臺如何購條如何建築答曰船隻即是鉄甲船取其堅固而已陸路礮臺亦即仿西法建築而已俱別無他法也

籌餉條　一云先籌目前開辦經費應用若干即速集若干答曰此無一定之數多可多辦少可少辦而求其盡善

盡美則以多多益善也今欲知經費之若干數當先求應備之若干事乃可逐事核算而得其大略之數焉就以上各項論之以礮臺鐵甲船為大宗鉄甲船雖各海口俱宜守護而帑藏支絀驟難徧及惟擇其緊要口岸而先佈置之上等者每號約需銀二百萬兩次亦需銀百餘萬兩礮臺亦各海口俱宜建築口岸如牛莊煙台上海崇明狼山寗波温州福州厦門潮州廣東海外如舟山臺灣澎湖瓊州共十五處擇其尤要者則牛莊煙臺上海崇明寗波舟山福州廣東台灣澎湖十處為目前必不可緩但礮台必照西法建築方為有用若從前道光年間之礮台虛靡帑

金毫無可恃也按西國礮台如地中海口之礮臺乃英國之所築是第一等者費五百萬第二等費二百五十萬如黑海內之砲台乃俄國近年之所築是第三等費七十萬皆非中國之所能及不得已而做其第四五等者而築之費自二十餘萬以上至十餘萬不等合計已屬不貲更加以購製巨礮洋槍各種機器及一應物件并出洋學藝等費所需尤鉅然能如此布置則於東西兩洋諸小國之患可弭若與泰西各大國爭衡則猶有進

一云此時創立之需日後久遠之計非有大宗巨欵不能開辦非有不竭餉源無以持久答曰有事之秋以開大捐籌借欵兩法為

一時之權宜無事之時而欲籌巨款惟於洋稅鹽課釐金三者之中籌撥以應急需耳至於日後久遠之費亦惟於兩淮之鹽務各省之釐捐一整頓之蓋兩淮鹽務以一分半之利歸於票商若將票商裁革改作官辦則利盡歸公關稅釐金或有漏卮或多弊竇若認真釐剔每省能將浮費裁減一二十萬兩則多一二十萬兩之進款價水罰款等項歸公一二十萬兩則又益一二十萬兩之進款以東南各省而論分計則若無幾合計則大可觀是在疆吏之秉公據實也至盡人力因地利以裕　國計者莫如開掘煤鐵鉛銅諸礦按英國富強甲於諸國人皆知之而亦知

其初則一窮島乎該國物產無多惟山有煤鐵兩礦乃廣行開挖販運遂致强盛今中國之煤鐵十倍於英而各省官紳猶惑於風水之說而禁錮之是亦見聞未廣誠有不可解者況各西國官商常密遣能人遍歷各省採訪圖繪詳細具載已覺視耽耽而欲逐逐矣若不先自開挖以絕其念將來有不堪設想者故上年總稅司赫德局外傍觀論所稱中國不欲行不能行將有人起而代行之者其說可危也應請　密飭各省督撫破除成見招商開採則官民兩受其益而利途日開但須權操自我不准外人之影射侵佔致日後又生流弊至靡費之大者莫如綠營之水

陸兵餉查各省制兵六十餘萬髮捻事起一無可用俱係招募勇丁事平又收兵回伍旋知兵之不可用也於是有義裁兵加餉者有議設立練營者然遇倉猝有事兵不能用仍須募勇則平時所謂整頓者何在與其養此無用之兵而費至鉅之餉如何酌裁兵額而餉需亦可稍減水師自前年李伯相請裁撤各省戰哨船隻以輪船巡緝飭交各省查議不知如何覆陳而山東浙江等省仍有奏稱購辦拖罾船者是明知其無用而又購之徒糜帑金也如將節省水陸兵餉爲養勇造船之需所裨益於海疆者豈淺鮮哉

用人條　一云以上各事一不得人均歸虛費答曰此誠不易之定論夫人才為千古天下第一要事苟非其人購船械則船械無用練兵士則兵士無用建礮臺則礮台無用此處人所以孔亟也夫所謂人者熟悉洋務之人也但熟悉洋務非僅熟悉夫往來之浮文對答之語言交涉之事件調信之陋習而已也必能埶悉夫西國天文地理之實測練兵行陣之精理開鑛格物之真利繪圖製器之妙術水雷礮火電線氣球之製造均有關于軍國之用者而後因材器使皆能勝任而愉快至若超出乎村藝之上綜覽西洋之全局洞悉西洋之密謀能防患于未然成泛應

而至當問其語未見其人也而世之昧昧者但於洋行通事買辦之列以求之不亦差當世士耶夫下下之大不患無才特患知之而不能用用之而不能專耳今欲各舉所知無論其不能知也即知其一二而舉之亦仍不敷于用竊以為不如擴充學館聘求名師廣招生徒分類教習庶幾一材一藝俱有實效不比空言之無誧數年之後人才蔚起矣

持久條　一問開辦之後應如何一以一力歷久堅持之處尤宜同盡公忠永維大局答曰今將論持久之計先從不持久之處而實指之即知所以持久之道一槍礮必磨

擦光滑也今槍隊雖經操演而洋槍皆任其鏽舊礮隊半多裁撤而礮位一任其停閣將來鏽蝕既久立致敗壞此槍礮之不能持久也一操演宜早晚兩次也今除天津一軍日常操演外他省兵官多昧于操演之精理而不求甚能教習一任夫兵丁之偷惰而安于故常或撓以他事而常停其操或偶一操演而未盡其法此操演之不能持久也一軍裝收藏宜慎重也其銅鐵等類宜磨擦其皮布等類宜晒刷包者包封者封洗濯者洗濯別選者別選今則驗收入庫一例封鎖概不收理買時出重價用復輒棄置即如水雷一事其中應用物件有宜于潮濕者有宜于乾

爍者今概置一堆則過霉雨之後宜乾爍者遇潮溼則腐爛矣宜潮溼者遇乾爍則爆烈矣此軍裝之不能持久也

一製造宜逐漸擴充也福建船政一事創始極其慎重數載輒多兩議此製造之不能持久也上洋直隸方　奏禁拖罾船而又請添購此籌辦戰船之不能持久也上洋總税務司赫海上局外旁觀論英公使威妥瑪亦上條陳危言悚論頗駭聽聞　密旨飭沿海督撫議復四海風聞皆喜色相慶迨至新聞紙刻密摺中外為之氣沮矣書曰靡不有初鮮克有終若初且無有而何有于終為今之計莫若將既事者先事擴充而後言持久未事者先言創造而

後言持久一經開創漸有欲罷不能之勢且能將以上不持久之事而力挽之則槍礮以磨擦而持久也操演以認真而持久也軍裝以查撿而持久也製造以勿揺物議而持久也帑藏以勿准借撥而持久也相臣碩畫　皇上廟謨以勿奪于他說勿惑于空談而持久也何事他求哉

海防條議

浙江候補道　劉璈

竊惟自強不患無法特患無人不患無行法之人特患無行法之權權無專屬雖有其人有其法而卒不能盡其力以行之則人與法仍屬虛名而無實效也今者　飭議練兵簡器造船籌餉用人持久六條因時制宜層層勘實自強之法莫備于此矣璈愚以為法必待人而立亦待人而行餉由人籌兵由人練器與船由人簡造用得其人持之以久以人運法而不為法所拘斯人為自強之人始可與言強國是用人固強國之先務也簡器造船皆為練兵而設講求兵事非餉莫辦是籌餉又用人之先務也論籌餉

練兵本皆疆臣專責兵事之起急需若干應請先于各省
指欵提撥若干責成該督撫設法籌補毋許徒事挪移諒
亦自有辦法鹽務捐務及時變通弊可減餉亦可增酌裁
冗官冗兵冗工於餉事亦不無小補强鄰偪處動輒稱兵
事變哭來茫無把握非顧此失彼即錯亂無章統帥一條
深得海防要領惟南北兩洋環抱六省有萬餘里之遥似
非一人所能兼顧似仍分南北兩帥較為周妥統帥身為
海防自須與兵船相習尤須有威有權方足以主持蓋為
統帥者既不能如專圻之守一方亦不能如行營之無定
處惟照改設長江水師提督例就現成之總督量為轉移

可以一舉而兩得直督本兼北洋大臣現駐天津即為北洋統帥管奉天直隸山東三省海防事宜以固畿輔宜也若江督距海較遠無兼有江皖地方之責勢必難于兼顧海海以璣所間近日漕粮均歸海運則漕督恍同閒散似應改為南洋統帥如提督巡江之例半年上海半年廣東粤閩江浙四省海防事宜統歸管理其改漕督以為南洋統帥者非但有益海疆也且可以永甦民困駐紮之守備千總等一百零一員名支步正於十數若僅為經徵屯餉津租等事耳不文不武為害已久緣軍屯田地例禁典賣自占多流亡軍民混雜田非其户户非其田久之以軍作

民籍民脫軍輾轉相沿就一田論典彙已不知更幾十百户乃田雖屢更户無過割在官之轄惟有虛名所有徵收全憑胥役私册為準由是弊端百出問户而户可混指問田而田可混推卒之有錢則軍可變民無錢則民可變軍以一分之田粮攸軍民數十百家者有之至答丁造船之藉端扰詐浮徵苛勒尤不堪言良由武語律係在少因之胥役得售其奸此軍民所疾首蹙額望切更張者果荷

特旨裁撤所遺應徵津餉就近改歸各州縣帶徵按照現徵户糧粮清造實徵官册軍由照民田一體准予典賣過户當差毋許詭寄欺隱積弊之除即正供之肅也然前此

非無議裁而往往不果者皆猾吏徇私强以規復河運爲詞耳抑知河運復後州縣自可按籍舉辦且近有各省糧道監道遠有沿河督撫督催斷不致設如需員差遣各省同通閑殘盡可分司何須冗設武員徒滋擾累乎此漕督之所以必可裁也夫既有能知兵熟洋務之統帥則火器輪船統帥皆能謀之或購或造責成專管毋虞其籌備之不精亦毋須局外之懸擬惟練兵一節至多則餉難支持過少則兵難應手且于額兵之外重練新兵于餉絀之時重籌新餉似均不使兵貴精壯夫人知之現查陸營多市井油滑之流賄充所演弓箭牌槍皆近時廢物耳獨其生

事擾民則為慣技前經各督撫減兵加餉力圖整頓無如積重難返卒同贅疣論陸路綠營之額不為不多何以各省有事依舊招勇亦曰兵無用耳其所以不裁者或以制定營汛其有巡防緝捕之責耳夫汛地既各有責成營勇即可先裁省陸雲貴廣西甘肅四省身議外餘省營務請令調省選派統領擇其精壯而嫻紀律者五千人為洋槍隊照西法訓練不許散屯以應調遣餘勇均裁截餉報候提撥其地方巡防及命盜搶竊械鬬各犯仍責令營汛會同地方官查拿解究限滿無獲武殘照巡緝不力例撤叅兵亦量裁案輕而少僅裁汛兵案重而多則裁營兵裁不

准補截曠身儲果如督撫如此認真辦理則兵餉不濫而
地方亦無事多如詔練勇四千不敷應調則然各省於裁
兵截曠項下動支募勇不得另支正於此陸路就勇練兵
仍令裁兵練勇之法而餉之所以無歧耗也至向來額設
水師素居腹地風濤沙線多未身經無論輪船抉兵水師
無可記補即求其可以配練者亦難其人以故年來海盜
肆刼每借助于廣艇火輪內洋如此況外洋乎綜計水師
係餉及修造各營每年不下數百萬金竟不能獲尺寸之
益與其以至難之巨餉養無用之額兵何如節無用之兵
糧濟有用之輪餉今擬請　飭海疆督撫先歸水師之吸

烟及老弱者悉數裁革留精壯十分之三暫資巡緝所存營船然其估變勻修再不准給欵修造及催艇船所留之兵時由統帥更番調入輪船試其果否熟習風濤沙線然後分别編營訓練洋槍洋砲槍砲練熟乃班配兵輪責成管駕官教以駕駛不足則招海濱海户補之因造材就循序漸進然後外海之水師可成水師與陸隊練法固殊難易亦别水師或宜于陸路而陸師斷不宜于海河此水陸之分未可遷就也現查水師人材兩乏練兵碍難驟多先擬直東兩省練兵六千閩粵江浙四省練兵八千合成一萬四千以一輪百人計之可現輪船百四十號刻下兵輪

無幾購造需時量輪配兵儘數調派應俟練訓有成物力稍裕再圖擴充方免難繼之患輪兵練成自宜分撥防汛一省設一分統擇任提鎮照原分幾帮得備領之其帮需輪若干配兵若干某省洋面共需兵輪各若干總統分統另備鐵甲及統巡兵輪若干擬定一輪備兵四班按季更替各專責成仍分行坐口糧稍示區別在船則止防洋面在岸則分駐礮台衛城兼防陸地按月合操以習迎剿截擊尾返之法逐省合計火輪兵餉總需若干當有定數乃

奏請作為定制以新練之輪兵為海防之水師以兵輪之管駕補海防之員缺游擊以上許在該管海口起造官

廨都司以下概令與兵同住以期一氣此兵將之未可遷就也夫兵隨將轉人以類聚倘已練之兵統以未練之得必法制禁令莫知所施槍砲輪機莫觧其器如此之得先與練兵隔膜以之濫厠海防何以收臂指相使之效請飭將官弁均歸統帥調攷舉效隨時揀補毋庸另歸督撫鈐制以一事權而免牽掣雖然兵將練齊水師自無不競而民好雜處海防何多隱憂欲圖戰守兼權惟有環海設屯庸兵於民之一法擬採保申團練遺悉於沿海一帶編立字號按設屯局就地遴派官紳董之按查户口注明恒業于海船壯丁挑充屯勇累如營制就屯教練教練之期

定以翔望練日每名給錢若干熟者加獎按名存記輪兵缺出立予拔補其有海島禁地不宜遺棄及新漲沙灘已壅成田者分令屯勇往墾以實其地夫利之所在最易藏奸一經駐屯惟我所用再于該處量築土堡以資屏護安置望台以速呼應無事各安生業互相稽查有警聽候指揮令同守禦果如能是將見瀕海無處非防無人非兵內奸無可溷跡外侮何從窺伺此無形之練兵倍勝有形之練兵也屯勇操練原賴武營使地方不相維繫仍恐貽誤事機並請　飭將沿海應設屯局之府廳州縣及該管兵備道另為一班其員缺亦由統帥會同督撫另揀諳練洋

防者酌補務使海疆文武員缺均得濟變長才在營則將士一心在地則官民一心在官則文武一心未有不轉弱為強者夫統帥之才固未可多得既得其才不與統帥以用人之權及用人之地則統帥勢成孤注究亦何益得其人矣予之以權然後用之練兵兵歸實用用之簡器造船器與船歸實用用歸實在餉不虛糜於餉又不籌之籌者法以人強事以權濟久遠之圖要惟專於用人加之意而已

不要高低寫　另行　如有仁圃　無仁圃者不要另行

海防議

朱采

夷狄之患自古有之而于今為烈泰西之入中國自前明中葉廣州之澳門始我
朝以來番舶遊弋海濱時時不絕迄于道光英夷始熾移兵而南陸梁海上侵佔内地且商且寇然斯時法美諸邦猶服我威德未與之合從也庚申之變則英法同惡自是以後通商之國愈多外夷之交益固乃至咇嚕小邦日本鄰壤皆萌狎侮窺伺之意處今日而言海防人人動色人人束手何則禍根深而挽回難也康熙雍正之世皆以西洋東洋為慮

仁廟曾言觀西人氣象數百年後必為中原之患復以日本可慮屢遣密使夫以中華全盛之日子孫百年之計猶
廑
聖慮如此則處今日而言海防其艱難危急為何如其盡心竭力又當何如各海口夷塲夷館田園喬木已長子孫
而溯洄我長江盤踞我
京輦其不驟發者徒以各夷本為仇國勢均力敵彼此相持有連雞不飛之形為待而用之計乃其狡焉思啟者又各開門徑以利蠶食法翦安南英通緬甸俄噬新疆及規取東路黑龍江等城犄角互進有如合圍東倭始見西國

之強亟圖自立繼見中華之弱竟啓兵端所慮東西合從
此倡彼和而我兵疲于外餉竭于内奸民乘之揭竿並起
患有不可勝言者今者臺事議款大臣建言
朝廷特發綸音以南北二洋防務為問竊謂外夷雖強敵
國雖衆以我
皇上聖明誠能奮發于上内外大臣殫精畢慮于下聚天
下之精神材力聰明智勇日夜以安内攘外為事譬如羸
尫之夫内寡嗜慾而日服參苓調攝之劑未有不能復振
者某淅西下士世受
國恩每欲有言無因自獻茲伏查練兵簡器造船籌餉用

人持久六議及局中局外同心切籌博採衆論集思廣益籌語深切著明言言真摯無諱飾弥縫之習有虛公無我之心不禁涕泗交頤中霄興歎以為值此邊疆多事之日

天子清問之時内外大臣虛懷如此任事如此而猶無一言以扶當代之弊以攄區區之忱此心何以自安爰綴大畧以備採擇其咨詢所不及與草野所不宜言者不敢及焉竊以六議而論有人而後有餉有餉而後有兵可練船可造器可簡故以用人為首籌餉次之練兵造船簡器又次之若持久則無事可指而貫徹于五事之中終之以

新聖德者亦大學修齊而後治平之意也請言用人之要

今之世若以禦夷滅寇危疑大事另責之一流人而富貴爵祿則以備科甲諸途以資格而得之者享用位置之具夫是以人才不出而時事日壞宜亟變其局以才德俱優能當大事能禦大敵爲第一等而輔以忠寔果毅樸魯英銳之士各出其心思材力以應天下之務大才辦大事小才辦小事一月課一月之效一歲成一歲之功庶空疏庸懦者無所自容而真寔幹濟者得以彙進若籌餉練兵造船簡器諸事不待諄諄告誡而彼固措之裕如如湘淮兩軍之平粵捻

中興机括以

朝廷不過與以大權初何嘗遥爲節度故

皇上能破格用曾國藩而曾國藩能破格舉李左諸人以
成鼎足之勢而收戡定之功今外夷鴟張東西交闚或搤
我腦或據我腹或披我輿圖或蕩我邊陲外有箍逼之勢
内有竊發之憂而
朝廷猶欲守常格用庸人是何異駑馬負重陟峻坂渡江
湖而無知風信識水性之舵工其有不顛躓覆沒也耶方
今天下之人材爲急而所以用之者皆失之計典之設皆
具文其待庸愚也似寬資序以外無特擢其處異材也反
窄駁詰之部檄紛然其守定章也似拘保荐之倖門大闢
其進雜流也反濫寬之弊在大吏不得人窄之弊在登進

無其徑拘之弊在胥吏操其權濫之弊在攷覈無其法今欲矯之計惟有嚴黜陟之典開茂異之科省文法之煩行保任之法而其目有三首在作其氣次在廣其途終在盡其用人之才智束縛之則斂之阻抑則消困阨之則變方今仕進科甲為首捐納軍功蔭襲勞績議叙次之茍非出于數者之中雖有奇尤莫能進也即幸而出于數者之中皆以資格限之條例拘之見焉而不能舉舉焉而不能先天下之心日趨于頹靡軟熟而無所止極積弱之病殆由于此夫資格之說承平無事猶可用之然南北朝拓䟦氏之亡識者歸罪于崔亮之停年格況乎處至變之局為濟

變之人而猶日日習常蹈故事事牽蒙拘文是猶救焚極溺而仍復雅步從容也且資格云者聚天下之知愚賢不肖而一視之謂也甚便于庸愚而甚不便于英傑甚利于私室而甚不利于公家今之京外百官苟能積歲累月而不夭其天年無不馴至大位而富貴終其身故于庸衆甚便而彼非常之才卓犖之士一格于例則有下僚而已耳淪棄而已耳故于英傑甚不便忘公徇私之徒既榮其身以及其子弟親戚友朋鄉黨其始援例以進其既積資以升朝廷取賢斂才之具盡爲臣下營私植黨之端故于私室甚利由是而官階之次序缺分之後先皆彼所默計自

揣為操券刻期之事而不問官守尚有何事迨既得之固知無顕慝大惡永無失職之日蓋其身既入資格之中即不能擠之資格之外而彼固終身享資格之利矣人材之高下器局之臧否當局者即欲轉移而莫由故于公家甚不利且今日之人材如練兵籌餉造船簡器出使駐洋皆無資格可守亦非資格之人所能為力應請暫行破格廣羅人材以備任使此後局勢振興外患稍紓再議經常之道變通之法破之之道有三一任勳勞德望之大臣而袁庸軟熟在所必黜一收立功之文武而濫竽倖位在所必去一拔草莽之英奇而欺妄詭誕在所必除此謂作其氣

人之資性不能兼長治繁劇者未必嫻軍旅習韜略者不必擅文章多其途則羣策進膠于一則衆長廢宜更設數科曰學通中外曰精熟韜鈐曰天算製造曰使命專對荐而試之超卓者不次擢用其鄉會第三場與頭二場並重專取切要著明有裨于時務者主司不得以迂泛陳腐及小學命題其
朝
殿諸試關係尤重删除忌諱格式令其剴切敷陳勿以小楷試帖為棄取蓋此二者無用于世無關于人盡人知之而工此者亦復不易耗有用之日力開躐進之梯階夫今

之翰院科道軍機章京即他日之內外大臣取之以此而用之以彼何怪其斂手無策也武鄉會加技藝一塲如擊刺槍炮之類與騎射並重其道德方正廉退卓犖勇略絕藝之士無論仕與未仕內外達官皆得隨時舉奏此謂廣其途知而不能用用而不能任任而不能專其病或在讒忌擠排或在持疑拘泥其不能收效一也宜大破成格全刪掣肘灼知其才則用之任之灼知其大才則任之專之即予以用人之柄其或治兵而兵不精主餉而餉日匱用人而人不當則隨而譴之黜之甚則誅之夫前有千金後有猛虎而不勸者必非人情此謂盡其用請言

裕餉之要嘉道以來洋禁日弛利源日竭重以軍興益形凋耗關稅厘金捐輸斂財之途已備于此更求羅掘之術推廣之法不特元氣朘削立見僵仆而且有無可羅掘無可推廣之勢救急之法二曰盡取洋稅曰暫取厘捐與鴉片稅久遠之計曰崇節儉曰清吏治曰興農桑曰汰冗員曰去游民何以盡取洋稅也洋關之設國家非本心也徒以兵力不足驅之不能任之不能不得已固而征之乃浸淫既久直視為大宗正款所在如取如攜而忘其鉅患之隱伏夫唐宋元明之番舶祇以通互市易貨貝初非有行教販鴉片占土地居

京都足跡遍天下日夜圖吞噬之事而今何如哉以縱而論自燕至滇以横而論自吳訖蜀以人而論自士農工商以及仕宦皆有其教以事而論自朝市城鄉以抵幽遐皆嗜其物然則所謂洋稅者以中原之膏血易之

國家之土地人民酬之其可等諸尋常之物而泥沙用之哉且出口之貨茶葉大黄皆彼必需而進口之貨呢布外淫巧為多我愈貧而彼愈富亦處日蹙之勢須知洋稅一項今日斂財之處即他日伏禍之處欲弭斯禍惟有勿貪斯財應請將十五口洋稅悉數提出以辦洋防庶心安而理得亦事捷而易行勿分撥勿提取涓滴存公專為造船

簡器練兵戰守之用而以其贏餘者從事貿易或推廣公司輪船之制或令管船武弁領銀服賈彼以貨來我何不可以貨往彼之船抵我港我之船何不可抵彼港兵賈兼之西人入中國之勝算我何妨師其長何以暫取厘金與鴉片稅也平世之歛厘金本非政体然與其病民不如病商則今之厘金猶幸沿而未革可仍取為軍需之用第日久蠹生不免侵蝕中飽浙省厘局委員有歲餘萬金者厘卡胥役有歲得千金者不惠國而惠奸真堪髮指宜通飭各督撫剔弊興利竭力整頓昔胡林翼撫鄂李鴻章撫吳月費軍餉數十萬皆取給于此以今之休養生息況昔之

喪亂凋殘不宜懸殊但當大彰曉諭此欵專為洋防軍需之用不得已而仍其舊此後餉項日增防務日減
國家決不斂此無名之財則商民知息肩有期必踴躍樂輸矣至鴉片一項今既不能行外禁其販內禁其吸之上策則廣種以敵外來亦補救漏銀之一法乃明來于外尚征關稅暗種于內轉不起科則下受其害而不上獲其利查各行省之種此者縣官書役皆有規費而其地畝則仍有報荒者以收成較早官役得規故也宜明定章程每畝視本則五倍起稅隱瞞侵吞者罪載入考成取中饒以裕餉仍重斂以示懲亦權道也一曰崇節儉天地物產祇有

此數一人華服必有數人受其寒者一人鼎食必有數人受其飢者一人作淫巧必有數人傾其産者飢寒迫而盜賊生盜賊熾而亂階伏方今畺吏固少貪黷然浮華汰僭之習自朝市以至細民有相習成風而不覺者有彼此效尤而日甚者以故富者奢而貧者亦奢貧者奢而富者愈奢欲革恬侈之風不在誥誡而在身率欲得廉潔之士不在明索而在暗求而其源自

朝廷始停宫室苑囿之興作戒盤游曲宴之流連屏聲色服御之玩好節左右近習之賜與

天子恭儉於上大臣匡救於下中外有不承其流億兆有

不草其舊者乎此謂節其流一曰清吏治財之衰旺民為之民之聚散官為之自官之不廉不明不勤而民之聚者散財之旺者衰欲救其弊非清吏治不可清之之術不在分流品而在別貪廉不在計班資而在辨賢否責成監司毋撓其權而大吏督察之其徇庇者並罪之以清心寡欲為体以去請託破情面為用大吏之精神專注射于監司監司之精神自注射于守令守令之精神自注射于百姓民食有不裕民財有不阜者乎此謂開其源一曰興農桑財賄之類此贏則彼絀公聚則私散所謂善言利者損下益上而已惟土壤所出人力所殖其息耗之数利則均利

害則均害自来賢君良佐席㕓耗之餘為生聚之計未有不致力于此者興水利開稲田植桑棗廣樹藝東南闢汙萊西北修渠堰山國蓄畜牧澤國阜魚塩隨地之宜盡地之力勤考核之法分勤惰之科嚴督察處分之例月要而歳會之優獎而嚴繩之所謂生之者衆也一曰汰冗員前代之冗員在間散我朝之冗員兼在候補一差而数十人爭之一鈌而数百人俟之其未得差與鈌與受代以後之日用悉取資于差與鈌試問今之候補有家輦金錢以給用者乎故候補名為不食于官寔則舍官無所得食各省大小候補通以千計

合之各部曹則二萬矣以三百金贍一家共需六百萬夫以如此鉅款若爲取賢斂才而設固無不可而今之官箴壞于候補者多何也候補人衆事少非鑽刺寅緣請託求乞不足合上官之意而動其憐而又困于擠排以故工巧之術軟羨之態百出其途以求迎合爲大僚者又無術以救正之因而相習成風中材之質盡入下流以爲固然而不可易非其人皆無良也勢驅之也汰之之術在停捐納覈保舉減各項之出身捐納一項或以爲籌餉權術而不知蠹餉之源何也自百金千金數千金一日入官終身域于四民之外即終身食于官之中官之稍大者族戚賓客

羣食之故凡入官三四年後其所得之數未有不浮于所納之數而得缺後之十倍百倍之利更不必論假而户部收捐納百萬各直省必年增候補數千百員耗餉必數十萬以三十年之通計之大約以十償一譬之中人之產不能節衣縮食惟知貸倍称之息以給用數歲之後必至產業蕩盡而後止而或者行甄别之法夫以財進之而以文藝退之其心必不服且所謂捐項者未可盡繳寔銀也多捐粟借奬之騰挪未必取諸橐橐也多公項官餉之移湊故捐輸不停不特吏治日卑而坐食之病已足以瘠國是則今日之捐輸無益于餉源人人知之而不肯議停者京

員候補數千百人皆賴印給費戶部堂司各官又別有飯
銀照費之類一旦停之無所得食故明知當罷而相持以
為不可誠使
皇上乾斷立令停止度支雖稍見支絀將來必漸充裕猶
之借債負息之家能時時忍痛償本必有一日輕鬆一日
之勢日後遇有非常緊急暫事開捐集資必鉅取辦必速
是停捐一節為目下計不啻為
國家塞却漏卮為他日計不啻為邊疆預儲餉項計之至
者也且捐納既停冗員既減候補京員自然漸少或另籌
經費如

國初京官漢人給公費錢之例則一錢一粟皆
皇上之恩非如印給費等類在彼有自取之嫌在我非施
恩之舉若保舉之濫宜
詔諭中外力圖更始勿蹈舊習考功司核之科道覆審之
如前代審官院之制皆勿假手胥吏胥濫者有罰而其本
自
京師始
天子不私近習督撫敢有私人
朝廷不啟倖門封畺敢濫名器各項出身正途宜先復學
校鄉貢舊制恩蔭承襲及謄錄教習供事議叙之類概從

刪削核減其現有之候補逐次甄汰之黜歸者全償其資給虛銜以遣歸者半償其資候補既清然後及于宂缺其無職可舉者與有可兼攝者無論京外大小或歸併或開除務使一官有一官之用而無耗蠹之弊凡此者所謂食之也寡也一日去游民古者佛道而已今又增教民而為三此外復有士而游者騎而游者託身于吏而游者繫籍于仕而游者而訟師棍徒教會梟販打降邑攬娼優博徒無業之輩更攘攘焉不知其數而為四民者方且舍其業而從之夫從之何也以不游之不得食而游之得食也以游之得褕衣美食也道在培其本正其俗置忠信之師以

教之選慈惠之長以牧之開孝弟之科以風之行鄉約之法以糾之而又厚饔餼以廩儒生廣開墾以招壯勇清胥吏以免擾害慎名器以杜把持而于剔奸化莠除暴緝匪之類以次舉行務使為民則榮為游則辱為民則安為游則危為民則得食為游則不得食數期之後民習必為丕變此亦食之者寡也請言練兵之要夫兵之不如勇者餉薄也勢涣也將領不得人簡閱不如法戰鬭未曾習也天下之人皆知其敝而不敢言者祖宗數百年之定制十八行省所從同一旦而議變更其說必不行然而不能不變者時為之也我

朝入關之初滿洲精甲鋒鋭無匹天下既定立爲經常之制增者一次減者二次額兵六十餘萬推立法之意不過守承平之業使戎備無廢而已故雍乾之世猶是鞭撻四夷自泰西强于海外駸駸入中華迄于今有不可收拾之勢東倭應之兵禍之開但見其首而不知尾之所在夫重洋數萬里火輪飈馳如行衽席已創古今未有之奇我以安常處順之道支海外崛興之强敵以積弱不教之卒當鴟張梟特之雄師綏未交而勝負固已判然矣畨社之役彼之南渡者三千人耳台軍一萬四千閩之額軍六七萬沈葆楨且募勇于粤及淮軍渡台而氣勢始壯兵之不足

恃概可知已雖然勇可暫而不可常兵可練而未可去宜參酌其制變通其法以去其弊而收其用或謂果大更兵制敵必生疑懼開釁隙夫有國有家者不慮安危之大計而慮鄰之有責言乎近歲東酋力圖自強西人欽之未聞其開釁也更制之目一曰右武今之頌

朝廷美

聖德者動曰右文夫文之道柔而持久懦而無患能化剛暴之氣而使之帖然以安自來定天下之主胥以之為紹治平貽子孫之計而不知沿襲既久則有弱而不振之弊夫治平之天下而尚武是禍亂之階也戰守之天下而尚

文是危亡之基也今之文員以勇略為不足學其視武弁以為粗人行間之卒伍至不得與廝役之下者齒志節之士無復廁身其間夫儒以治天下農以養天下工商以給天下而無兵以衛天下天下不能一朝居也矧外患內憂之世積薪厝火之時故英武之主有視戰士如心腹者誠以兵者天下之樞得其用則昌失其用則亡天下有存亡所係而不加之意乎右之之術一

朝廷無軒輊文武一　文員皆留心武備一百僚勿藐視備弁一官府無役辱士卒而復羅其梟傑精悍者于伍以備選鋒育其勇而知義者于

朝以充宿衛如此則行間之氣奮折衝之勢成矣一曰練
京軍古未有冦仇而錯居域内者今則夷巢咢咢逼近
皇居崇台巍巍俯瞰
宫掖
國門莫能禁其出入金吾不能詰其行踪彼之肆然而無
忌者我之兵弱而無可畏故也查滿洲披甲前鋒護軍驍
騎校巡捕步軍等營十二萬綠營健鋭火器等營三萬
神機營則選鋒之軍兵數較兩漢唐宋元明不為甚少八
旂之制寓民于兵其法本善乃承平久而鋭氣銷有兵之
名無兵之寔今欲强之宜設總理京營滿漢戎政以王貝

子領之而設叅贊戎政一員為之貳以曾立勛勞威風丈武中外推服之漢員充其選軍中之事悉以委之其統領統帶滿漢互用綠營則練足七萬人而止滿營則復國初八萬之舊額汰其弱者以充屯田簡其鋭者以為軍鋒其束伍布陳坐擊刺之方視湘淮營制而參以西人步伐

皇上舉行大閱之禮以震動之管兵者勿預他事他曹亦不得兼攝專其責成覈其寔效一立江海水師自廣至遼七省海疆萬五千里長江之可達火輪者兩湖安徽江西四省口口而為之備岸岸而為之防愈分則愈弱且台壣

孤懸一有警報立須援應故前代但言海防今日當言海戰惟有盡更舊制另大枝水師以船之多寡定兵額之多寡直隸福建廣東江蘇約二萬人浙江山東約萬餘人奉天及江防四省約萬人台灣瓊州各數千人省役總統制視提督而不分文武與以節制各鎮之權左右翼總兵擇要扼駐購製鐵甲火輪以備衝擊裁併艇船杉板以節經費選用兵伍專取海濱蛋丁漁户兼招洋盜亡命習熟海程礁島風雲沙線及久住輪船之人泰以各營精税日習航海戧風火攻水戰之法設三大臣以總制之一南洋主兵管餉大臣轄廣東福建浙江三省水陸軍政一北洋主

兵管餉大臣轄直隸奉天山東三省水陸軍政一長江主兵管餉大臣轄江蘇安徽江西湖北四省水陸軍政皆帶欽使之名皆主通商之事司道任其舉核巡撫受其節制務分之則一鎮有一鎮之職一提有一提之職合之則三數省聽命于一大臣而三大臣共辦一事其西路晉陝甘蜀滇粵西六省邊防亦宜照此辦法如是則軍威壯氣勢全操縱變化其權在我倭若入寇我以遼海之師蹙其北台澎之師擣其南如兩臂之合抱彼自救不暇焉能深入即泰西有變我亦可以行襲安南攻印度之計而所謂三大臣者非當今第一流人物不可一日併塘汛夫兵之勢

猶髮猶水聚之則強散之則弱今之營伍单寡由塘汛分撥之多夫要害險阻誠不可無專轄之弁分防之卒若專為廵防緝盜而零星分佈于各鄉各鎮在承平之世以之彈壓地方則可争戰之世以之寔營伍時簡閱備戰守供調發則不可宜

飭各封疆閫帥統籌地勢除不能不分防外其餘塘汛弁兵概行裁撤歸併如是則兵力厚而氣勢壯至于解犯護餉廵緝地方各牧令自練民壮如宋明打手弓箭手之類既不虛糜兵糈而汛弁汛卒亦無預公事擾地方之病豈不一舉而数利手一日立軍屯海國迭強視我若肉盟約

屢和而屢壞兵端旋寢而旋開休兵之日無期養兵之費太鉅非行屯政不可惟屯田一事節目甚繁而功效甚遲繁則怯懦畏難之士有所不為遲則欲速見小之人有所不肯不知仇國鼎立之世非止不足以持久曹操開屯于許下諸葛亮雜耕于渭濵以故進可戰而退可守東南各省大亂甫平荒疇滿目西北列郡亦榛莽相望宜分地而軍分軍而屯無事則散有事則聚官給牛種籽粒計其地之肥磽與力之勞逸而斂之其將領之督率有方者獎勵之否則繩之如

國初屯墾都督之例籍足兵以足食計莫便于此一曰選

將帥將才之不出患在上不求而下不習今之閫外拔自行伍者秖擅差操起自甲科者僅嫻弓矢惟軍營出身往往拔十得五夫以差操弓矢而禦强敵稱將才人人知甚不堪今欲矯之惟有嚴剔而精選博收而約取時時若戰鬥之至時時求戰鬥之人小者秖論技藝胆力大者兼論知勇方略而衰庸軟熟浮滑貪鄙及習于鑽營諂諛工于承應趨奉者皆黜之其武科以韜略為上選技勇為次選另設將才科不拘文武令中外各達官隨時保舉才則進不才則黜不可如科舉之有進無退庶抱才者無所屈抑而不肖者不能倖進治兵之法則以教練精器械利伍籍

足軍令肅為主大閱之黜陟亦如之夫在上懸格以求在下日習其事人才未有不出者一日增兵餉粵捻之難盪平之功歸于勇而兵不預然則有什伯于粵捻者而猶恃兵以禦之耶然而非兵之過也有使之然也我
朝兵餉本不為厚乾嘉以前地產豐腴猶足以給至于今百蠹耗之日用無不昂貴為兵者非特不能贍家且不能餬口其入籍者非詭冒兼充即疲弱羸老無聊賴之輩壯勇之夫託身無所流為盜賊棍徒夫勇與力天下可貴之物也今取疲弱之輩而捨趫捷之材則彼之挾其臭者安得不猖狂而一試兵之不足恃地方之多事職此故也頃

朝廷有意練兵各直省有抽選精壯另立一軍不知既抽既選之後其底營益不能自振取其一而棄其十非遠大之圖也今欲為掃地更新之計以成萬年不拔之業宜大更其制大約以二兵餉一兵而其額則海防之省刪三之一江防邊防之省刪五之二腹省刪二之一損益通計大約增餉三四百萬夫驟增此三四百萬之餉似于大計有所損然不增此三四百萬之餉則以二千逾萬之錢粮養此六十餘萬不能戰之兵其計不更乎左夫兵毒天下者也時平則減時危則增要在禦勍敵保土疆而已古來中興謀國之忠無如諸葛亮李綱于讓亮惟以仇國不兩立

為事綱惟以招兵買馬為事謙惟以立團營改軍制為事誠以處積弱之勢非改軍制則兵不得練而不精兵不精則無以支大敵而延國脉安危存亡所係當以全力注之何有于數百萬之餉況兵精則足以應調發壯聲威伏莽不能起大盜不能生乾嘉之際湘黔苗變三省教匪軍需皆數千萬近歲粵捻回苗諸匪首尾二十年費帑至萬萬皆緣其始無精兵良將以折其奸萌令各閫帥早練精兵何至釀此大患耗此巨款今之各直省伏戎纍纍徒以勇營林立而握兵之大臣足以讋之然猶時時竊發數載以後局面稍變內訌之憂必將復起夫兵正也勇奇也有正

乃有奇以靖外患以杜内憂先務之急莫切于此請言造船之要欲造船先籌費造船之費取諸洋税船成後煤斤歲修輪造諸費取諸漕項洋税之當取既論之矣海疆之遼闊台壇之孤懸要口之設防南漕之護送非得輪船百號不足以資周轉除已成二十號外須增八十號以每船十二萬計已及千萬又經始立廠及拓展閩滬各廠以便限年告成大約須二百萬計年提洋税三百萬四載之後即已報滿此後可為添備鉄甲船之用若煤斤諸費之取之漕項者黄河不歸故道萬無河運之理黄河即歸故道亦有萬不能遽行河運之勢則海疆亦當今牢不可破之

局夫既行海運而猶戀戀于河運所設之官弁丁伍等類使之糜無益之餉殊為失計除山東河南不便行海外竊計江浙兩湖安徽江西等六省各衛各所各帮官俸公項吏差飯食丁伍頭舵水手行坐粮銀造船歲修動支州縣錢粮及發自藩道二庫者以全運論總在一百數十萬以上令各省藩司粮道州縣照數清出造冊報部滙觧藩庫又津租屯田五萬餘頃召佃承租其運丁願佃者聽以畝收入八分計亦可得三四十萬此項清厘不易三四年後方可起租又海運裝粮每石六錢以三百萬計共百八十萬以年運計亦九十萬總上三項約得二百數十萬計行

船之費以煤斤爲大宗兵餉次之歲修又次之煤斤歲修合計每船每年二萬金若八十號則一百六十萬能廣行開採煤窑旺出尚可減省又火舟之例二十五年更造計每年輪造四號須銀五十萬又每年提二十萬以備漂没之缺以上數項共二百數十萬以漕項相抵未甚懸殊且取侵漁剥蝕之款仍爲運漕之用尤名正言順至于養兵之需每船每年約萬五千金若百號則百五十萬則仍取諸洋税于練兵條中備論之矣若夫分配之法直隷奉天共十五號廣東福建浙江江蘇各十號山東安徽江西湖北湖南各五號俱分轄于三大臣五船爲一幇兵船二商

船三一以任載一以備戰海防之船畧大江防之船畧小其船主管輪管舵管氣机炮手水手伙夫初則召募繼則傳習駕駛會哨日有程課運粮之暇兼事貿易由近及遠自中達外立提舉司以經畫之亦隷于主兵管餉之三大臣製造之地廣鄂二省皆宜設廠以取木鉄之便閩滬宜擴充以期迅速其餘各省或購買或附造于各廠統限五年觀成撫藩任其責三大臣総其成造船之式如氣机低出水矮及磨盤炮台寶塔炮台面施網絡首衛臣錐鉄甲鋼炮之類皆無難如式製造别出新意其要在轉士大夫之習不以戰事為可畏藝事為可鄙而凝神壹志以圖之

則事無不成而功無不就又煤斤為輪船至要之物如人之足不可須臾離輪船氣机盛行以來厥價日昂購諸外洋徒使彼擭其利莫如自行設廠奉天直隸山東閩廣台灣近水之區均有煤窑廣為開採不獨給用兼能裕餉而或者以風水為言夫開鑿莫盛于西國而彼且隆隆日上聞英國煤將竭眈眈于此久矣一旦硬行開採如法人西安門外夷台之例斯時阻之不能分之不能兵端必由此而啟夫臨制外夷要貴權自我操如煤礦旺出亦利權中之一端中國已失之權尚當思挽回補救獨此區區者未為敵據而尚猶豫持疑豈非大惑至一切海疆形勝扼

要及口岸淺深寬窄敵攻我守禦炮阻船之方乃各大臣將帥因地因時臨機制變其事有不能預為擬者不宜遥為制度但當責其成功若令各大臣督撫將地形敵勢及施設之方備禦之具隨時陳奏亦無不可請言簡器之要外國器之精以其併精神而注之也我國器之不精以其不併精神而注之也西學之講求不及十稔其法又未盡善有緩而不及之勢急就之法秖有購辦如英之格林布之克虜伯英之罵梯你亨利俄之皮尔打拿之類然購辦則權與利皆操于彼可暫而不可久夫制器尚象其材智别有一種猶之小楷試帖有兼擅其長

者有專擅其長而他無所能者武之步箭文之時文小楷試帖皆所以範天下之才使之循循于規矩準繩之中而已非謂治平之道盡在此也緩則用中庸之士以遏亂萌急則取技能之長以禦外侮今之求簡器造船諸事猶昔之用時文試帖小楷也但得在上崇尚之意與在下進取之途有如此三者十分之一將專精于此者争出而效其長為

國家之用矣一設藝院于

京師及沿海各省專求造船簡器測算製造海程輿圖槍炮攻守之法設院長齋長内外學生之類視其高下而廩

之日有課月有程歲貢其尤者於
朝有成效者官之仍主其事工匠之能出新意者厚賞之
其非攻守軍火及利用前民者有禁與机器局繙譯館互
相切磋各省鉄廠船局亦宜嚴定章程駐局員紳皆當留
心製造手自配搭勿徒諉之洋匠粤工仍延請能造机器
之人以廣傳授以中華之大而不能與西人角一手一足
之烈我不信也一用西人各國之人為我用者可謂衆矣
然我有外之之意則彼之心不堅而有後顧之慮其與我
相周旋者皆皮膚耳我
朝開國之初外藩之酋長明之降將無不招徠非特優賞

厚撫高爵重禄也有寄心膂而尚主者其用意可謂深遠今之用泰西亦宜大破成格俸禄官爵之外與之田宅家室以安其身而攻其心使之一意于我而不復返顧不獨强水雷報之類彼無所惜且可以得敵情行間諜以一國而制數國其机緘莫要于此若徒泛泛延訂彼不過圖得薪水耳其能傾肝披胆為我用哉請言持久之要一曰定議凡發大計必中外一心上下同德方可泯异同而收寔效今者海防之舉内外諸臣其心未必盡同必有歧异之說觀望之慮此時不權度于至精將來必多方以掣肘宜将所有應辦事宜令政府擇其至要至切者自用人籌餉

以至練兵造船簡器持久共若干條下廷臣集議何條當宗何條當駁何條有窒礙何條宜變通議論勿患异同意見不妨違異但今研求一是便可永久遵行且令京員辯難一番必將憤而思通用心討論亦他日辦事之本定議之後王大臣復審之衆論僉同事在必行請

皇上明降諭旨通飭內外各衙門即行遵辦其有陽奉陰違視為具文通套及辦而不力與局外掣肘者皆坐以違詔沮格之罪一曰專責成數人辦一事有推諉之病一人攝數事有不及兼顧之病宜申明職掌以撫馭外夷總持大計歸何人以海疆軍政戰守大局歸何人以整兵籌餉

防禦佈置歸何人勿以一人兼數事亦勿以數人共一事
庶人之精神壹材智全債事者無所卸責任事者有以見
長天下之才自足以供天下之用矣一日久任天下事有
先難後易者有先見害後見利者有事前若多事事後賴
以濟者宜勿求速效而核成功至績效顯著之後但當遷
其階以寵異之勿遽奪其職以盡其長一日考績辦海防
于今日以為桑榆之補若再因循敷衍振興更有何日宜
詔海疆諸大吏隨時攷察勿治計典軍政之具文每人治
軍勤惰若何每人治餉贏絀若何每人造船堅窳若何每
人簡器利鈍若何其應黜應陟者隨時陳請不得姑息苟

且庶不材濫厠者無能側足于其間而覈寔之政舉矣一曰開言路制事之宜有因時變通者局中之事有局外更明者自來建立大勛未有不集思廣益以成其功我
朝監有明言官把持交鬨之弊待言路稍嚴然內而卿貳外而司道皆有建言之責
世宗時有外府丞而賜摺匣者以故官民細事外番情形無不周知耳目闢而壅蔽除所以成久安長治之業也宜申明舊制凡軍國大事及有關興利除害者許直言無諱機密者許達軍机處及總理衙門督撫藩臬許代人奏事言雖不當勿遽譴責以招其來言路一開外而大吏不職

内而政事闕失皆得上聞尤裨益之大者也一曰布公道古者國有大事謀及庶人陰飴甥立圉王孫賈畔晉皆朝國人而問之故上下一心無所疑阻以能定危疑而捍强敵泰西各國有所興舉必君民僉議而後行猶有古之遺意我

朝于洋務一事專尚秘要總理衙門而外無一人能知其情狀故震爲机密重情絕口不敢道者有之疑爲媚敵辱國不可告人避之若浼者有之敵情敵勢天下茫然而不知留心時務者無從而講求通材達識之士無從而建白皆過於秘密之弊也宜

飭下總理衙門除必須秘密者其餘一切中外交涉事件條約章程通行知照京外各衙門使天下共聞共見人人得以切究其利害即人人不能故立異同亦人人知為切身之圖而不敢置身事外以中外數人之聰明才力籌數萬里外之强敵則不足合天下億兆人之聰明才力禦十數國之遠夷則有餘或謂我方與之通好而籌所以防之機事不密懼生戎心不知自主之國于國中行事局外本無干預之權載在彼所行萬國公法而防强守平又各國之通例斷不能執為口寔我能自强雖明告之彼亦無如我何我不能自强雖曲諱之彼亦在在可以尋釁且夷情

詭譎工于刺探我即秘之彼已知之轉不如明目張膽而為之之理直而氣壯也一日

新主德邊疆有好督撫不過辦一省之事政府有好宰執不過辦一時之事然則永命祈年之本恒久不懈之規非我

皇上其誰與歸

皇上而振乾綱求自強天下無不振之人心

皇上而崇節儉戒逸游天下無不轉之風俗

皇上而兢兢業業永終是圖内外大小臣工自無虛應故事半途中止之陋習故持久之要在

朝廷而
朝廷之本在
皇上臣謹議

国家出版基金项目
NATIONAL PUBLICATION FOUNDATION

海上絲綢之路文獻集成

總主編　陳支平　陳春聲

歷代史籍編

74

主編　范金民

海峽出版發行集團
THE STRAITS PUBLISHING & DISTRIBUTING GROUP
福建人民出版社

本册目次

柔遠全書六種（善後襍鈔八至中外紀事本末一）

〔清〕謝家福輯

善後襍鈔八

柔遠全書二十六

遵　旨會議覆奏摺　和碩禮親王世鐸等

本年正月二十九日奉
旨總理各國事務衙門奏籌辦海防事宜並丁日昌條陳
海洋水師章程業經李鴻章等覆奏請飭廷臣會議左宗
棠覆陳各件可否一併會議暨請飭廷臣將各該衙門原
奏內籌議各條並各大臣議覆中引伸請議各節詳商論
定各摺片除管理該衙門事務王大臣毋庸與議外著派
親郡王會同大學士六部九卿悉心妥議限一月內覆奏
其各省將軍督撫等歷次覆奏又總理各國事務衙門具
奏各摺片均著發給閱看欽此仰見

皇太后
皇上慎重海防力圖自强之至意竊思庚申以來夷人恣意横行實千古未有之變局亦天下臣民所共憤正宜卧薪嘗胆精求武備為雪恥復仇之計况上年倭人搆釁有事生番雖暫就和局难保必無後患故籌辦海防一事寔為今日不可再緩之舉臣等將軍機處封送各摺片清单公同閲看悉心會商總理衙門原奏練兵簡器造船籌餉用人持久各條均係辦防至計而其要尤在用人籌餉練兵數大端盖有治人然後有治法苟不得其人雖砲利船堅終歸無用應請照總理衙門所擬

簡派知兵重望熟悉洋情之大員督辦海疆防務其提鎮將領各官應由沿海各督撫於水師出身久經戰陣洞達洋情者各舉所知以備

擢任用人之道不外乎此夫辦防首在得人其次則莫如籌餉各省所議如增鹽釐借洋款開礦廠等事深恐流弊易滋諸多窒礙此議之不可行者李鴻章所議專提部存及各海關四成洋稅為今日開辦之需楊昌濬所議於各省釐金項下每年酌提一二成存儲備用此議之可行者第現在財力未充勢難大舉祇可量我之力擇要籌辦不必過事張如李鴻章謂直隸之大沽北塘山海關一帶為

京畿門戶江蘇吳淞至江陰一帶為長江門戶左宗棠謂台郡後山地險而沃倭人冀據為外府李宗羲亦謂台灣一島為中國第一門戶倭人垂涎以上各要隘均宜嚴密設防此外各有海口邊境但須略為布置俟我量力有餘再當隨時恢擴練兵之道輪船必須添設仍當輔以陸兵李鴻章謂添練水師仍以陸兵為本李宗羲謂水陸兼練為上丁日昌擬選練陸軍與曾國藩同治十年正月籌備海防之意略同蓋陸兵本當隨時操練而現辦海防更當精益求精李鴻章王凱泰等擬請裁汰綠營額兵及疲茶勇營李鴻章並請將各省紅單等項船隻分別裁併專養輪

船均為節餉練兵之計應如所議辦理至於製器造船西人最精自可叅用西法如洋槍洋砲台水雷等項亟須購辦仍當講求製造之法惟鉄甲船一項船質笨重不能入口收泊且每隻價值在百萬兩上下為費太鉅沈葆楨現購此船應俟購得時察看如實利於用再行續買此時不可多購恐誤買舊船徒費重貲持久一條自是要言不煩從何屢求自强而至今仍無自强之實總緣不能堅持定見又因經費支絀以致初基雖立廢於半途為今之計仍以王文韶所稱始事規模不宜過寬之言為持久要著天下事未有不慎之於始而能持久者總之海防為最要之

圖而辦防資各省之力內而總理衙門主持大局外而沿
海督撫實力舉行內外一心歷久不懈庶幾軍威日壯可
杜彼族窺伺之心蓋自古中國之馭外夷必能戰能守而
後和局可久也此外丁寶楨所議防俄之法及李鴻章等
所議遣使駐紮日本及泰西各國均屬可行應請
飭下總理衙門酌度情形奏明辦理抑臣等更有請者防
夷之法不厭其詳制夷之方貴權其要夷人畏百姓當固
結乎民心夷人畏
天威更宜勤修乎
主德以崇尚節儉為裕國之原以知人善任為儲才之本

外患所以禦侮內患有以自強將見
聖人在上海不揚波臣等幸甚天下幸甚所有遵
旨會議緣由恭摺覆陳伏祈
皇太后
皇上聖鑒再此摺係內閣主稿醇親王刑部左侍郎黃鈺
另摺具奏未經列銜合併聲明謹奏

均頂格寫　不要照原本高低寫　凡須另行者原本上有紅圈為記

移到第七件謹附片具陳由

遵議海防事宜摺　醇親王

竊於本月二十日神機營接到軍機處片交軍機大臣面
奉
懿旨命臣奕譞與議海防各摺件遵於二十二十二等日
赴內閣將總理各國事務衙門原奏及各疆臣覆奏詳細
閱看竊維夷務為中原千古變局海防為軍旅非常創舉
今日亟辦固為先著若再因循將何所恃誠如原奏所稱
為不可再緩之事亦不容一誤之事各疆臣覆奏及丁日
昌條陳僉以海防為應辦雖見識之高下不同辦法之難
易互異而苦心思索力求維持固無遺策矣自來有治法

三行

在原本內六七件

無治人與有地利無人和同一無濟於事恭親王等以用
人持久列諸條陳李宗羲王文韶吳元炳以用人持久為
要領為根本為制治之鴻圖願
皇太后先選能辦海防之勛臣宿將或擇諸京官或調自
外省令與恭親王等悉心咨商舉凡原奏六條及分洋分
伍練水軍練陸軍立局製械購砲造船並招海島華人諸
議中去冗删繁擇一堅定不移歷久無弊辦理嚴密奏
聞立即開辦其籌餉一事為辦防之源擬臣愚見詳核各
摺以李宗羲之論內外節用詳開各款李鴻章之請暫罷
西征為最上之策王文韶之整頓鹽務專提直省養廉揚

昌濬之酌提各關洋稅及內地各卡釐金丁寶楨之稽核釐金中飽偷漏撙節正用劉坤一之整頓丁漕正供稅釐次之英翰裕祿之請加鹽釐又次之王凱泰請開西北水利似乎緩難濟急然亦不可置之不理開礦挖煤議者有之駁者有之雖聚衆難散之弊李鴻章斥為不經之談以臣之愚終難深信無疑或僅試辦於一省一地可則行不可則止果有十分成效以漸推廣尚無不宜若遽聘洋人照洋法各省一律舉辦實非計之得者他如借洋款開墾粟禁諸條自以不辦為是至於部卒之強弱視乎訓練餉需原不在孰兵孰勇王文韶清單內辦之最明願

皇太后深納其言叅以諸臣酌撤分汎汰弱練强合隊合
營各法綠營兵丁自能日見起色萬不可漸撤舊制之師
議添难散之勇用期經久無弊又丁日昌請明定釐稅抽
收章程懸示各省均歸一律並停止實職捐輸其意在乎
除弊安民即請
飭下軍機大臣酌核見諸施行抑臣更有請者臣去年正
月間曾遞條陳内有培東土一節只論風俗日薄馬賊肆
擾無忌流民麕聚日衆恐日久成反客為主之勢尚未論
及俄羅斯如何備禦兹閱諸臣議復海防各摺片内如都
興阿布置東省各屬周密而文彬吳元炳丁寶楨丁日昌

等討及嚴備俄夷允為不刊之論此事為極應籌辦要務
切近之憂甚於防海請
簡派旂員中久歷戎行沈毅有為大員與軍機大臣總理
各國事務衙門王大臣按照文彬等陳奏及臣去年條陳
並丁寶楨所擬辦法加以精思熟慮期在必成庶幾水陸
防範及根本重地永保無虞十餘年
九重宵旰憂勤因之稍慰矣所有微臣遵議海防各緣由
謹恭摺覆奏伏乞
皇太后聖明洞鑒謹　奏再恭親王等以英國現造有能
破鐵甲之砲設法購覓並籌及載砲之船設砲之台丁日

昌亦有南花旂擊傷北花旂鉄甲船之奏臣愚以為彼既有破船之具我雖不能更籌破之之法亦應另求備禦之法否則鉄甲船一隻購既極难費亦極鉅設法鋼之始竟被砲傷不惟工價可惜抑且後难為繼此事關繫國威及全軍性命固不可輕於一試尤不可因噎廢食也謹附片具　奏

第九行第八行起△第十行第四行止△並後摺抄第八行第二行起△至第九行第四行止△
空一行△再
不要另紙寫△另行朱墨圈為記

申請培東土摺　醇親王

竊臣奕譞於正月初三日恭上條陳內有培東土以固根柢一条是否已奉
諭旨命軍機大臣統籌辦理臣不能知近來每遇由
盛京吉林黑龍江等省來京人員凡熟識者輒詢以東省風土情形始悉馬賊仍復肆行賊首如張振等輩百十成羣後隨輜重公然來往大道地方官不敢過問雖經科尔沁部落設法兜緝都興阿亦曾派
乾清門侍衛沙克都林扎布等捕捉究未能緝獲首盜以致東行官旅視為畏途似此年復一年根本重地隱憂方

大臣愚見所及前已詳於條奏摺中不敢再行瀆陳惟有
仰懇
皇上垂念東省
飭令軍機大臣速籌澂本清源之策是為要務所有微臣
訪悉東省情形再申前請緣由恭摺奏
聞伏乞
聖明洞鑒謹　奏
原奏
一請培東土固根柢也我
朝

龍興東土歷奉
聖訓總以崇實黜華習獵操兵為先
成憲煌煌具有深意自近來軍務征調頻仍士馬疲敝已
不能概稱勁旅又薫洋葯暢販流民聚集旗丁耳濡目染
習為逸安古樸舊風幾至蕩然無存兵威既漸不振盜賊
亦因之而起即如
盛京胡餉胡商吉林戕害職官之案層見疊出黑龍江呼
蘭地方强民强橫地方官鈐束維艱更加以開墾日廣習
染日深雖以目前視之似非當務之急然以億萬年計之
恐成反客為主之勢根不固而枝葉能榮無是理也請

旨寄飭軍機大臣統籌全局先令直隸山東督撫嚴禁遷
移流民並令東二盟蒙古王公固守疆圉再
召東三省久經戰陣持重沈毅宿將數員來京
面授機宜務期不動聲色不計遲速以漸整理事在必成
十年之內定當煥然改觀矣其山海關一帶路劫為害自
以先除為要查神機營訓練馬步各隊曾赴東省出師獲
勝與其長年糜餉養育不如用以除莠安良請每年酌撥
隊伍赴東三省以畋獵為名沿途訪拏奸宄我兵既可習
勞盜賊亦可歛迹至練餉不增雜費不添應如何酌核足
敷應用之處請由臣等本管營大臣妥議辦理

原本十一行起連抄至苗傳止另行并有紅圈不要另紙寫

遵旨議奏摺　光緒元年四月二十六日　總理衙門

光緒元年二月二十七日准軍機處交片内開本日軍機

大臣面奉

慈安端裕康慶皇太后

慈禧端祐康頤皇太后懿旨本日醇親王奕譞奏遵議海防事宜禮親王世鐸等奏會議籌辦海防通政使司于凌辰奏敬陳管見大理寺少卿王家璧會議海防未獲盡言另行詳議具奏並刑部左侍郎黄鈺前奏條陳海防事宜各摺片著總理各國事務王大臣一併妥議具奏欽此相應傳知欽遵辦理等因復於三月二十一日據福建按察

使郭嵩燾條議海防事宜抄錄奏呈
御覽奉
旨歸入會議海防各摺內一併妥議具奏欽此臣等遵將
前後各摺片及各督撫摺片會同詳閱悉心擬議竊維海
防一事為今日切不可緩之計經各疆臣詳陳辦法及醇
親王專摺禮親王世鐸等合議各覆奏於臣等原奏六條
均以為亟應籌辦而於用人持久尤力言之用人持久無
事不應如是此次既議海防自當就事言事為海防用人
為海防持久詢謀既已僉同艱鉅即應共任至於練兵簡
器造船籌餉四條內外臣工所見間有不同之處則當以

三人占從二人為斷欽奉
諭旨由臣等妥議覆奏必須揆時度勢斟酌可否求切寔
歸結所在醇親王復奏請
皇太后先選能辦海防之勛臣宿將或擇諸京官或調自
外省與臣等悉心密商擇一堅定不移歷久無弊辦法嚴
密奏
聞立即開辦禮親王世鐸等奏以臣衙門原奏練兵簡器
造船籌餉用人持久各條均係海防至計而其要尤在用
人請
簡派知兵重望熟悉洋情之大員督辦海疆防務並以現

在財力未充勢難大舉祇可儘我之力擇要籌辦不必過事鋪張等語揆諸目前財力欲照所議咄嗟立就誠有未逮自應量力而行惟當擇要開辦之始必先定任事之人分理恐其不專則事權宜一遥制難於得力則稽覈宜周擬請按照王大臣所議

簡派分段督辦海防事宜大臣兩員專理其事照醇親王及禮親王世鐸所奏凡原奏六條及分洋分任練水軍練陸軍立局製械購炮造船並招致海島華人諸議統歸該大臣先其所急擇要籌辦並如何巡歷各海口隨宜布置及提撥餉需整頓諸税之處均由該大臣等量力圖維悉

心經理如應需帮辦大員亦即由該大臣保奏以期同心
籌畫共濟艱難各省督撫有地方之責應與該大臣事事
和衷各固疆圉仍不得稍分畛域其籌餉諸事應由戶部
及臣衙門共任者均隨時籌辦無稍諉卸責成既有攸屬
經理尤貴得宜臣等謹將原奏六條參酌諸奏中擬議繕
為一單其原奏所未及而為王大臣各督撫等奏陳請並
飭議者另為一單恭呈
御覽如蒙
俞允遵即分別咨行辦理其有臣等此次所議未盡之端
或所議有與事未協之處仍由該大臣等詳細妥籌隨時

奏明辦理所有臣等遵
旨議奏海防事宜是否有當伏乞
皇太后
皇上訓示祇遵謹　奏
謹將臣衙門原奏六條參酌諸奏折中擬議辦理開单恭
呈
御覽
一練兵一條經禮親王世鐸等議准沿海要隘均宜嚴密
設防醇親王摺内分洋分任即係各省督撫奏立三洋水
師之意現在各議均謂練兵為要仍以財力未充勢难大

舉祗可量力擇要籌辦擬請先就北洋創設水師一軍俟
力漸充就一化三擇要分布一軍中應設兵輪船若干隻
各船應配兵勇若干名及如何保舉統領分領營哨各官
如何分紮合哨如何招募得力兵勇之處應將此次內外
臣工所議
飭下督辦海防大臣採擇妥酌逐漸開辦至舊有之舢板
紅單拖罾艇船各水師現據李鴻章王文韶丁日昌所議
均謂不能得力應由該大臣等查看倘寔在不適於用即
行裁撤勻出經費以備購辦船械養兵之用至海防之計
兼恃陸軍所有議准水陸兼練並選練陸軍裁汰陸營疲

弱額兵及疲弱勇營歸併訓練均應籌辦而尤以醇親王
摺内所指酌撤分汛汰弱練强合隊合營為要著應如何
歸併合操扼要駐紮之處應請
飭令各督撫各就地方形勢量更舊汛合營併操畫一訓
練以期化無用為有用限一年内辦理就緒奏明後
欽派大員寔力查閱其不能整頓者將該省督撫提鎮条
處海防與江防相表裏英翰所議之江防文彬所議之大
營一紮江口現在長江水師規模已定未易另議辦法應
請
飭下彭玉麟楊岳斌李成謀照章勤為合操並俟海防購

辦船砲有成後與督辦海防大臣會同籌議於由海入江吃重險要之處添設兵輪船若干隻配兵習練以資扼守諸議中或謂西北東南力難並營或謂西北邊防綦要及西北各軍應有統制現奉

諭旨派令左宗棠督辦軍務應將此次諸議關係西北及防俄諸務者由臣衙門抄錄寄交該大臣閱看并請

旨飭令通盤籌畫力圖進取以固塞防至諸臣所以眈眈於西北者大抵為防俄起見現在雲南四川廣東廣西福建各邊境自英佔緬甸法踞安南日本脅制琉球均為進窺中國之計與俄患相似應請

慎簡各該省大吏並
飭下各該督撫整飭吏治軍政留意邊防交涉事件毋致
操縱失宜牽掣大局
一簡器造船兩條中國自有利器原不必置而不用惟自
軍興以來各省無不購辦洋槍洋砲歷有成效祇因外國
之器較利不能不用其所長醇親王摺於製械購砲造船
等事議以去冗删繁立即開辦禮親王世鐸等議准製器
造船西人最精自可參用西法如洋槍洋砲水砲台水雷
等項亟需購辦仍當講求製造之法等因所有新立外海
水師應用槍砲水砲台水雷等項現當開辦之始亟於成

軍應由督辦海防大臣會商畫一隨宜購辦以後由各該
大臣飭令船廠機器局精心製習期裨寔用至於添設機
器局兼設內地機器局並派員分赴各國學習製造諸議
亦係防患要著應由各該大臣隨時籌辦沿海及內地所
練陸軍應逐漸改練洋槍洋砲應用槍砲應由督撫商明
督辦海防大臣分别購致選練得力之兵各練其技各守
其器隨時整擦務期得用俾歷久勿壞沿海各處砲台上
年因台事設防已由各省督撫派員安設經費業已不少
是否足資捍衛應由督辦海防大臣切寔查驗嗣後此項
即由督辦海防大臣會同各督撫妥寔辦理至中國現立

船廠有商輪船有兵輪船既欲整頓海防勢不能不用兵
輪船諸議大略相同擬就中國現有之輪船擇其可為兵
船者若干隻以後應如何陸續自行製造均由督辦海防
大臣等悉心籌辦各省所有各項輪船均咨報臣衙門專
檔記存以資查核鉄甲船一項經醇親王片奏以為購既
極難費亦極鉅不可輕於一試尤不可因噎廢食禮親王
世鐸等奏稱船質笨重不能入口収泊且每隻價值百萬
両上下為費太鉅俟購到察看如寔利於用再行續買此
時不可多購等語自係為慎重始事起見應由督辦海防
大臣酌度情形一面派明白大體兼知兵事善於領會製

造駕駛之人分赴英法美德各國將其製造用法價值大尺船上所用砲位及一切機器察看宜利於用然後稟明定於何國何廠先購鐵甲船一兩隻送至中國試用果有宜濟再行陸續購辦並由各局悉心仿造備用以期餉不虛糜器皆適用

一籌餉一條海防大舉用度浩繁所謂上不損
國體下不病民生者固為至要而如何辦法不能託諸空言現經禮親王世鐸等議准李鴻章所議專提部存及海關四成洋稅為目前開辦之需楊昌濬所議於各省釐金項下每年酌提一二成存儲備用醇親王摺內以李宗羲

之內外節用詳開各款李鴻章之暫罷西征為上策王文
韶之整頓鹽務專提直省養廉楊昌濬之酌提各關洋稅
及內地各厘卡厘金丁寶楨之稽核厘金中飽偷漏撙節
正用劉坤一之整頓丁漕正供稅釐次之英翰裕祿之請
加鹽厘又次之並以丁日昌請明定厘稅抽收章程懸示
各省均歸一律並停止寔職捐輸請
飭下軍機大臣酌核施行黃鈺摺內有將各款儲有鉅數
然後開辦之議查停止寔職捐輸一節現經御史條陳已
經部臣議復並醇親王所請
飭下軍機大臣酌核施行之處應由軍機大臣候

旨遵行外臣等參酌諸議唯有先其急核其寔兩層辦法先其急則他事之待用者當酌量稍緩核其寔則向來之中飽者應釐剔歸公除各省養廉或已減成或有扣欵所存無幾應留辦公毋庸議提外所有部存及各關洋稅各省釐金如何酌提抽收釐稅如何明定章程釐金中飽偷漏如何稽查丁漕塩務關稅如何整頓之處應由臣衙門與户部分别妥議具奏如留需用方亟而各欵未集則由督辦海防大臣與臣衙門及户部籌議另行辦理至於節用一層應請

飭下總管内務府大臣量入為出斟酌緩急裁汰浮費並

請

飭下户工二部於應發欵項詳細酌核並由部核准由外省藩庫給領之項亦應確查歷次成案比照核准以杜浮冒所有各省公私各費一並請

飭各督撫實力撙節不得以空言塞責

一用人一條業經請

簡督辦大員其提鎮將領等官禮親王世鐸等議由沿海各督撫於水師出身久經戰陣洞達洋情者各舉所知以

備

擢任等語擬請照所議由各督撫及曾經統兵大臣核定

保奏後仍請
飭下督辦大臣遴擇任用此外有志節堪倚才能足任或
於海防諸務寔有一長可取者應一併切寔薦舉以供任
使毋濫毋徇
一持久一條各督撫大臣均言之深切著明禮親王世鐸
等議指為辦防至計且海防為最要之圖而辦防資各省
之力內而總理衙門王大臣外而沿海督撫寔力舉行內
外一心歷久不懈醇親王摺內亦謂擇一堅定不移歷久
無弊辦法嚴密奏
聞立即開辦郭嵩燾所謂官民上下通籌合力及去弊求

速立志求堅任賢求專收功求緩亦係持久之計臣等伏
查中外交涉事件不外羈縻設防二層羈縻一層向由臣
衙門隨時設法辦理惟皆權宜之計並非經久之圖至於
設法一節現請
簡派專辦大臣原期事權歸一然內而各衙門外而各督
撫皆有關涉事件應分任者分任應協謀者協謀無論議
戰議和及現在羈縻情形均應洞悉原委所望在議諸臣
視此事為
國家至大至要之事隨時講求一心一力久遠同持以維
大局

謹將臣衙門原奏所未及而為諸奏所議及者除傳教通商諸務為臣衙門隨時議辦之件無庸另議外擇其尤要者分條擬議開单恭呈

御覽

一醇親王摺內所陳培東土一節馬賊肆擾無忌流民麕聚日衆閱諸臣摺片計及嚴備俄人尤為不刋之論切近之憂甚於海防請

簡派旗員中久歷戎行沈毅有為大員與軍機大臣總理各國事務衙門王大臣按照文彬等陳奏及臣去年條陳並丁寶楨所議辦法加以精思慮期在必成等語現在西

北軍務業經簡派左宗棠督辦所有東三省各屬實為根本重地應如何切寔籌畫之處請飭下該將軍副都統兼管奉天府府尹府尹等妥籌具奏並由軍機處抄給醇親王兩次陳奏丁寶楨文彬本屆摺件閱看俟該將軍等覆奏後再照醇親王此次所奏請旨簡派大員會同妥商辦理

一開採煤鐵經禮親王世鐸等以開礦廠等事流弊易滋諸多窒礙醇親王以開礦挖煤議者有之駁者有之或僅試辦於一省一地可則行不可則止果有十分成效以漸

推廣當無不宜若遽聘洋人照洋法一律舉辦寔非計之得者等語臣等詳察原奏醇親王所議於試辦之外並寓防弊之意誠為切當之論查煤鉄等項為造船製器所必需開礦採取較借資外洋自為合宜實因試辦擬請照醇親王所議就李鴻章所籌在磁州試辦沈葆楨所籌在台湾試辦即由該大臣等慎選委員妥為經理俟寔有成效再由各省漸次推廣以期有利無弊

一醇親王摺內議及招致海島華人李宗羲以海外各埠頭團練壯丁為計王凱泰謂應調護華商華人之在外洋者臣等查各海島之在中國者所居華人習於海洋形勢

慣歷風濤如有可用之人自當酌量招募其有地屬西洋各國及界居華洋雖無確屬何國之處而何國之人為多即勢有偏重者均非我政令所能徧及招募或有可行團練未易遽辦至於在各國之華商華人理宜保護各國條約內本有設官互駐之條華人在外洋諸埠既久備悉情形雖难得公正之人未必無雄傑之輩可資驅策其在各處承工受苦者尤應設法拯護應由南北洋大臣及臣衙門隨時籌商辦理

一醇親王以王凱泰請辦西北水利似乎緩难濟急然亦不可置之不理王家璧摺內所陳畿輔水利亟宜興復等

情自關地方要務所有畿輔水利係直隸總督業經興辦
之事應由李鴻章自行籌辦其西北水利應請
飭下西北各督撫大臣相宜籌辦毋得視為具文
一李鴻章請設洋學局沈葆楨請設特科一節除于凌辰
王家璧所議未合之處由臣等坿片詳陳外查禮親王世
鐸覆奏醇親王摺內均未議及而李鴻章等所議遣使駐
紮日本及泰西各國世鐸等覆奏摺內則以為可行其意
自謂遣使為一事設學設科另為一事不知欲行而不求
所以行之之具即自謂已有其具而不精求所以行之之
具則可行者將何以善其行李鴻章沈葆楨等欲仿漢時

訪求出使絕域人才及宋司馬光議設十科之意請開洋
學及請設特科原與科目並行不悖并非如王家璧等所
稱以洋學變科目且以遣使一節必須預備人材非設學
局以陶鎔之開設專科以拔取之不足以得出使絕域之
才其事原為將來次第應理之件惟查現在情形若日本
若俄美英法德等國或有懷釁之心或有應聯之誼遣使
一層恐有难再緩之勢而洋學特科尚非倉猝所能舉行
必應先議現在辦法相應請
旨飭下南北洋大臣及沈葆楨等不拘資格各舉所知將
各該員才質可勝任使之處切寔保舉此外各督撫暨在

廷諸臣中如有所知亦可據實保奏以備
簡派而資治理將來出使各國之人著有成效中外臣工
皆知其有益於
國家則於設學設科之舉必且衆論交孚不致再有異議
矣

不要二篇低寫。另行大紅○為記

遵　旨妥議摺　　　　戶　部

竊准軍機處交出光緒元年四月二十六日奉

上諭總理各國事務衙門奏遵議籌辦海防等事宜一摺著派李鴻章督辦北洋海防事宜派沈葆楨督辦南洋海防事宜海防用度浩繁如何提撥應用即著戶部總理各國事務衙門妥議具奏並著總管內務府大臣量入為出裁汰浮費戶部工部於應發款項著詳細酌覈力杜浮冒各省公私各費該督撫務當寔力撙節以裕國用欽此仰見我

皇上慎重海防先事豫籌之至意臣等伏查開辦海防以

籌餉爲第一要事實以籌餉爲第一难事刻下中原軍務
雖已蕩平而各省丁漕未能如額徵運各處塩課未能照
常輸納各關常稅未能普律稽徵年來惟恃洋稅釐金兩
項收數較旺舉凡部庫奏提之欵西北請協之餉各省支
用之需皆取給焉現欲爲海防籌餉應先於洋稅釐金兩
餉内酌量指撥庶欵皆有著而事可經久查四成洋稅一
項係奏明專觧部庫之欵然歷年以來或提撥陝黔淮等
軍月餉或留充機器局經費且有並非緊要用欵隨便挪
用均未能全數批觧同治十三年分各海關應提四成洋
稅共銀三百九十六萬三千餘兩實觧部銀一百三十四

萬七千餘兩祇有三分之一若欲劃充海防餉需必須各省關通盤籌畫核其實而先其急方爲有濟至釐金分鹽斤百貨洋藥三項藥釐爲數無多鹽釐分川楚淮各處抽收互有盈絀惟貨釐一項合天下而綜計之每年約銀一千數百萬兩寔爲進欵大宗屢經户部奏令各直省實力整頓務使涓滴歸公本年正月間復欽奉
上諭令各省督撫飭藩司查核造報並經户部專摺覆陳如果經理得宜盡除中飽偷漏等弊自可留其有餘以備海防支用臣等中外統籌詳細酌核現在部庫封存四成洋稅係預備不時之需未便輕議外撥即以後各海關應

提回成洋稅亦宜分觧部庫若干以備緩急臣等公同商酌除津海東海兩關應提回成洋稅及江海關四成洋稅内扣留二成係奏准撥充機器局經費毋庸籌議外擬請將鎮江九江江漢三關應提回成洋稅仍令全解部庫另欵封儲其餘粵海潮州閩海浙海山海等五關並滬尾打狗口應提回成洋稅暨江海關四成内二成洋稅應令按結分解督辦南北洋海防大臣李鴻章沈葆楨兑收應用不准遲延短欠其各關現有應協陝軍黔軍淮軍月餉暨撥還洋商借欵等銀自應循舊協撥如將來協餉停減借欵扣竣即將應提回成洋稅鎮江等三關統解部庫粵海

等關統觧海防大臣仍遵照户部奏案不准藉端挪借任
意截留俾洋稅多一分存儲即海防多一分接濟厘金進
欵以東南各省收稅為較多户部奏撥京協各餉每年不
過百數十萬兩近来各省辦理善後等事次第完竣留防
兵勇續陸減撤各省用項無多而抽釐章程經理有年祇
須遵照户部歷次奏案分別勸懲稽查隱漏自能日有起
色毋須輕議變更查江蘇浙江江西福建湖北廣東六省
每省每年抽厘約收銀二百餘萬兩及一百數十萬兩不
等數目倍於他省匀撥自易為力擬請於江蘇厘金項下
每年酌提銀四十萬兩浙江厘金項下每年酌提銀四十

萬兩江西福建湖北廣東四省每省每年酌提銀三十萬
兩每省各分解督辦南北洋海防大臣李鴻章沈葆楨兑
收應用此係視各該省收數量為指撥各督撫務須飭令
藩司等隨收隨解於每五月内批解一半十月内掃數全
完俾資要用如此酌劑籌撥則部庫存項尚可不致匱乏
各省尚可無虞支絀而海防得有的餉矣相應請
旨飭下各該省督撫督飭司道及各關監督等自本年七
月為始遵照此次奏案按期如數批解不准絲毫蒂欠倘
有藉詞推諉及延不報解情事即由督辦南北洋海防大
臣指名奏叅綜而計之粵海等關四成洋稅如將來協餉

借欵全行停撥扣完後每年酌得二百數十萬兩加以酌撥各省釐金銀二百萬兩以之抵充海防經費總理各國事務衙門查海防關係重大現值籌辦伊始欲期持諸久遠尤在慎厥初基既經籌定的欵應如何選將練兵備船購械妥速布置之處應由該督辦大臣等會同各該督撫悉心經理至臣衙門議覆海防事宜原奏於練兵條下擬先就北洋創設水師一軍俟力漸充就一化三當此開辦之始自應先其所急用資集事以後逐漸經營一切支應仍由南北洋督辦大臣等酌量緩急情形和衷商撥應用合力統籌勿存畛域所購船械等件由督辦大臣隨時將

用款數目咨報臣衙門及户部查核該大臣等當念
國家財用艱難一切應辦各節務須擇要舉行實事求是
毋任承辦人員鋪張局面冒濫支銷虚糜帑項是為至要
將來布置周密規模完備此項經費或停或減應由該大
臣隨時體察情形奏明辦理仍將指撥各款解交部庫以
固根本總之餉需支絀之時籌辦尤宜核實現在欽奉
諭旨著内外各衙門實力撙節除總管内務府及户部工
部應行裁汰浮費力杜浮冒之處由各衙門欽遵照辦外
其各省公私各費並請
飭下各該督撫恪遵

訓示於一切用欵力圖節省並將錢粮稅課力求足額必
期歲有盈餘報部候撥浮費日減正欵日增斯餉項漸能
充裕各省督撫臣等均受
國厚恩身膺重寄必能不分畛域力任鉅艱以固海疆而
維大局所有臣等遵
旨妥議緣由理合恭摺會陳伏乞
皇太后
皇上聖鑒訓示再此摺係户部主稿會同總理各國事務
衙門辦理合併聲明謹
奏

應　詔陳言疏光緒元年四月十三日山東巡撫丁代奏　薛福成

竊臣伏讀邸鈔欽奉

慈安端裕康慶皇太后

慈禧端佑康頤皇太后懿旨諭令內外大小臣工竭誠抒

悃共濟時艱仰見

聖朝博採讜言之至意海內臣民同深欽仰恭惟

皇太后

皇上勤求治理

綸音初布即停三海工程斥去宮中紛華浮麗之品申明

列聖家法所有不安本分之太監分別斥革定罪用御史

李宏謨之奏將内務付大臣立予革職九卿科道陳言者
莫不立蒙
褒答凡所謂節用愛人之政親賢遠佞之謨皆已實見諸
施行四海嚮風翕然稱頌孰能復有遺議然臣所欲進其
愚悃者則慎終如始日新又新之說也伊古聖人造詣愈
高則克治愈密蓋節儉之至而仍慮及耗費清明之至而
仍慮及壅蔽憂勤之至而仍慮及因循惟謹之於微防之
於漸而後
聖德無纖毫之累治本既懋上理可臻若夫用人行政諸
事宜莫外乎遵循

成憲然必有修明之術有補救之方有通變之道臣竊就管見所及謹擬治平六策其大端曰肅吏治恤民隱籌漕運練軍實裕財用養賢才均期有裨實務稍濟時艱如蒙
聖明俯賜察覈天下幸甚

自來吏治之升降視乎牧令之賢否牧令之黜陟由乎大吏之考察大吏果賢則吏治不患不肅也伏讀
皇太后懿旨諭令各直省督撫秉公舉劾任用賢能煌煌
聖訓整飭吏治之宏規不外是矣臣愚以為方今激勸牧令又有兩端一在清其途一在勵其氣何謂清牧令之途
國家捐輸之例向因不得已而設我

宣宗
文宗御極之初首停捐例當時以為美談嗣因髮捻肇釁
餉需浩繁始議推廣捐例然收數未見贏餘仕途益形龐
雜臣嘗考乾隆年間常例每歲捐監捐封捐級等項收銀
約三百萬今捐例既從折減以示招徠而每歲户部收銀
轉不及百五十萬是何也名器重則虛銜彌覺其榮雖多
費而有所不惜名器濫則實職不難驟獲雖減數而未必
樂輸人情大抵然也自頃軍務告竣餉需大減如謂
國家關此百數十萬之經費臣有以知其不然矣况今甘
捐皖捐黔捐等局所得無幾所傷實多該省既已肅清尤

宜亟行停止令欲議停捐例宜於各省鹽課洋稅項下均勻指撥合成鉅欵以抵京銅局之所入其捐輸常例但留捐監捐封捐級與夫雜職等項概收實銀人人知名器之足貴則戶部收數亦必不至於過絀國計無纖毫之損吏治有澄清之益轉移之機非細故矣何謂勵牧令之氣東漢縣令往往入為三公唐世凡官不歷州縣不擬臺省宋制非兩任州縣不得除監察御史自明以後行取知縣皆入為御史及主事得人最多我朝康熙年間名臣如郭琇彭鵬陸隴其朱軾皆由縣令入為京員理學經濟震耀一時康熙四十四年御史黃秉中

疏言知縣考選科道殊覺太驟
廷議停止乾隆初年又以主事人多缺少凡行取知縣以知州揀選在當日酌更成法原所以協一時之宜然行之百年州縣無望於清華漸乏循良之績京員未膺夫繁劇或少練達之猷吏治與人才不免兩為減色今欲整飭吏治陶鑄人材莫如復
聖祖初年行取舊制或稍變通其意州縣兩途並予行取凡科甲出身保舉卓異之員知州行取授御史知縣行取授主事庶銜缺亦足相當而上司操此為激揚牧令羨此為清貴吏治必有振興之一日或謂近日京員壅滯而復

參用外員恐愈失疏通之意不知康熙以前京員練習民事上而督撫下而道府莫不起自京員方今
聖朝知人善任若果摩勵京員俾與外員互為出入正所以疏通京員也京外兩途無扞格不通之患而後郅治可期矣夫既清其途復勵其氣然後責大吏以考課雖中材之牧令猶將自奮於功名然尤有宜治其本者則養廉坐支各項減成不可不復也查各省文職養廉向支錢糧耗羨同治八年部議廉俸復額必須各省錢糧耗羨徵收足額始可抵放此亦本末兼權之意惟是州縣養廉大者無過千兩蓋與坐支各款均屬辦公不可少之費今皆減成

發給其公私之用必至竭蹶欲其不妄取於民不可得也州縣無清廉之操欲其課農桑勤撫字善催科不可得也且錢糧之不足額半由民欠半由官虧與其靳數成之發欵而虧無限之公帑似不如全復舊額而嚴覈官虧可以勗官常即可以裕

國計馭吏之本莫先乎是若夫勸懲之具表率之資是在大吏平時之措注非一朝一夕之故也臣之所願肅吏治者此也

天下當有事之時軍需之不能不藉資於民力者勢也曩以剿辦粵捻各冦不得已而設局抽釐酌取商賈之贏餘

略濟餉需之支絀以視元明之加賦籌餉相去不啻霄壤加以我
國家二百餘年深仁厚澤浹髓淪肌商民踴躍輸將源源接濟故能饋數十萬嗷嗷待食之軍而滅方張之冦惟其如是而民情大可見矣然民力必休養於平日始可借資於一時今海内軍事已平臣愚以爲
聖朝軫念民瘼此其時也軍興以來釐金之旺素推東南數省今試以江蘇一省論之江蘇久遭兵燹創痍呻吟元氣未復向已力籌鉅餉剿平諸冦今則户部指撥之欵各省歲協之餉悉以江蘇爲大宗計其所出地丁居其一漕

糧居其一洋稅居其一鹽課居其一釐金又居其一每項
各數百萬幅員不廣於他省而財賦倍蓰過之民力之竭
亦可知矣以臣所見閭閻十室九空而百物昂貴小民奔
走拮据艱於生計力田之農終歲勤動尚堇自給偶遇水
旱即不免流移道路其顛沛飢羸之況不可殫述也一省
如此他省可知伏惟
聖慈恫瘝在抱似宜乘此羣冦蕩平之際與民休息漸裁
釐金即以一時經費未充尚難驟減可否
飭下各省督撫察度情形或酌減捐數或歸併釐卡以為
異日盡裁之漸至於布帛粟米為羣黎衣食所資尤宜普

除釐捐大慰民望若再因循不革恐承平無事上下視為定額必將有不可少之出數與為抵銷一旦復有不虞之事將籌何欵以應之故裁之所以為異日緩急計也若夫釐金之外又有厲民之政則莫如四川津貼一項四川古稱饒沃

國初定賦以其薦經寇亂概從輕額故其地五倍江蘇而錢糧不逮五分之一厥後生殖日繁物阜民富仕宦之人遂視四川為財藪其公私雜貨與一切陋規莫不按畝加派名曰津貼遷流日久變本加厲取之無藝用之愈奢凡州縣供應上司之差小者千金大者逾萬綜計民力所出

逾於正賦之額幾有十倍不止者夫
聖主有輕徭薄賦之仁而小民轉受苛派無窮之累揆厥
由來雖非一日循是不變終為厲階茲欲剔除宿弊誠宜
大加整頓斟酌時宜明定經制
飭下疆臣風勵僚屬敦尚廉隅庶積習可蠲而於
國計民生兩有裨矣臣之所顧恤民隱者此也
自元明漕東南之粟以實京師累代講求其法屢變元用
海運患多漂溺明用河運患多勞費二者得失維鈞今則
海道便利事捷而費省運河梗阻法敝而費多竊嘗綜其
利弊論之蓋河運不如海運海運不如商運臣請略陳其

説自前明以屯田養衛軍以衛丁運漕糧
國朝改為旗丁其始法非不善曁其弊也屯戶不能耕而傭平民以耕旗丁不能運而募水手以運於是積耗多而遊手繁旗丁誅求於州縣州縣暴斂於平民其取盈於旗丁者則有閘官有弁兵有倉書其取盈於州縣者則有上官有豪紳有胥吏上下交征而州縣之取諸民者往往三四倍於正賦其費之出於上者則有漕艘之修有旗丁之糧有州縣之支銷有糧道之經費加以閘官衛官之俸漕標河標之餉溯查嘉慶年間協辦大學士劉權之疏言南漕每石需費十有八金蓋合上下浮費而言之

國家歲漕四百萬石之米是有七千餘萬金之費也近歲
海運之法行葢窮極變通之候在
國家減省浮費裨益實多其州縣之漕章亦經各省大吏
酌中釐定明予以辦公之經費隱絕其無限之浮收民情
翕然至今稱便乃聞議者頗欲規復河運苟非狃於故見
則必有所利於其中者也啟中飽而便私圖孰甚於是是
河運之不如海運明矣臣又聞京倉支用以甲米為大宗
八旗兵丁不慣米食往往由牛彔章京領米易錢折給兵
丁買雜糧充食每石京錢若干合銀一兩有奇相沿既久
習而安之官俸亦然領米輒發米鋪或因攙雜泥沙霉爛

不堪復食則發糖坊每石得銀亦一兩有奇赴倉親領米者百不得一蓋涉途遠則侵蠹必多經時久則折耗自易以漕運無窮之勞費而每石僅獲一金之用亦可慨矣今誠統計南漕抵倉之米每歲共有若干

飭令各省將折漕之價與其應發水脚之費解交部庫所有甲米官俸願領銀者照漕折銀數發給每歲部發鉅帑慎選廉幹之員於天津通州京倉三處招商運米宜於免關稅外援糧船帶免他稅之例定為運米若干石准免他稅若干回空之船一體給照免稅倉米既满而運米鬻於市者亦如之商人惟利是騖一聞定例則江浙之米與奉

天牛莊之米必將航海而來山東河南之米亦由運河而至京東豐潤玉田之米絡繹駢集惟所擇之如此則有七便焉米色精潔一便也部庫充裕二便也民力久紓三便也內外支銷漕項節省至千萬兩以外四便也甲米官俸所得有豐於前五便也都門內外米商奔赴百貨流通六便也畿民見米之易售多種稻田漸興水利七便也有此七便上下交益是海運之不如商運明矣或謂滄海茫茫恐一旦有不測之變招商亦難經久終不如河運之可恃不知護運道以備不虞可也慮滄海之有警因謂海運不如河運此因噎廢食之見也況今洋面平穩輪船迅速雖

在多事之秋富商大賈挾數百萬之貲致數萬里之遠踰山涉波艱難險阻曾不假尺寸之勢什伍之衛不患不達而運河數千里節節淺阻一有烽塵之警亦未必暢然可行為今之計宜以海運與招商並舉如招商著有成效不妨漸推漸廣而畧以海運輔之仍隨時保護運河量加修濬每歲酌行河運十數萬石務使運道毋廢而已若是而謂運道有壅閼之虞京倉有關乏之患必不然矣臣之所願籌漕運者此也

自古養兵無善政南宋之括財晚明之加賦皆為兵多所累識者病之我

朝綠營兵額五十餘萬較之宋明業已大減然養兵之費歲二千萬幾耗天下歲入之半軍興二十餘年各省剿賊皆倚勇丁以集事曾未聞綠營出一良將立一奇功臣蓋嘗深究本末而知其弊也查各省綠營舊制馬兵月餉銀二兩步兵一兩五錢守兵一兩平時仰事俯育尚難自給咸以小貿營生手藝餬口承平日久或没齒不經戰陣其居將領之任者亦役使趨走之卒有侵減虛懸之餉其兵仰食縣官視為當然悍者飲博無賴愿者疲玩不振每遇操演之期巧飾虛藝以炫耳目一聞徵調膽寒氣沮甚者僱人頂替行則需車役則需夫繁索供張官民交病洎乎

臨敵真能折衝致果者百無一二積弊相嬗雖有豪傑之士無由奮興然則綠營之不可復恃者時勢然也自楚軍淮軍相繼並起勇丁月餉倍於綠營之戰兵其得力尤在法令簡嚴事權專壹自統領以至營官什長莫不情相洽誼若一家而又可撤可募隨募隨練用其方新之氣故能奮建殊勳然今之勇營已稍不如前矣若使積年屯駐不見大敵久而暮氣乘之又久而積習錮之恐復如綠營之不振故中外之議皆主撤勇而練兵夫練兵誠急務也然使僅守綠營舊制是兵愈冗而愈弱也臣愚以為居今日而修戎備與其以一餉養一兵而十兵無一兵之用何如以

兩餉養一兵而一兵獲數兵之用昔人謂兵貴精不貴多其成效可覩也臣謹案乾隆四十七年增兵六萬有奇大學士阿桂上疏力爭以歲餉驟加恐難為繼厥後果因帑藏大絀疊議裁汰頃者海內用兵未遑兼顧綠營兵餉欠發甚鉅自是每有戰守之事一倚勇營而綠營幾同虛設近見各省整理綠營如浙江之減兵加餉直隸江南之派餉練軍前大學士曾國藩在兩江任內整頓外海水師舊兵一萬餘名裁為二千餘名以濟添給薪糧脩造船隻之費部議韙之蓋中外大臣皆已深鑒綠營之敝而思有以救之非一日矣可否推行此法

飭下各省督撫裁汰綠營虛額與其衰廢斥退之缺病故開除之缺一概勿補仍體察各路情形或存綠營原額之半或減存三之一以其所節之餉酌加馬步口糧分隸數鎮會合訓練營制太破者歸而併之汎防太散者撤而聚之約計腹省有勁兵一萬邊省萬五千人即可以彈壓盜賊隱備不虞仍酌留得力勇營參錯屯駐有事則輔以召募藉戰守之實務行訓練之成法如是則平時無冗食之兵臨事獲勁旅之用循名覈實化弱為强計無過於此矣雖然方今要務整理綠營之外尤有培護根本之計有慎籌門户之計所謂根本之計何也我

國家神武開基東三省勁騎爲亘古所僅見近以徵調絡繹漸至凋零老者物故弱者未壯其於布陣合圍之法馳驅擊刺之術漸失其傳若不及時整飭恐斯事遂爲絕學似宜

飭下吉林黑龍江將軍挑選駐防子弟優加廩餼而勤練之務使制勝妙技賡續不窮將來健旅日出北可固邊塞之防西可備新疆之用所裨豈淺鮮哉所謂門户之計何也東南軍事以水師爲最利長江水師利用舢板長龍快蟹等船外海水師利用廣艇紅單拖罾等船而論今日海疆所需則輪船尤爲利𠀾然其操演之法與長江水師截

然兩途與外海水師亦迥然然異轍苟非專門名家窮年畢世不能洞悉其精微今中國閩滬各廠雖陸續製造輪船似尚乏統帶輪船之將才則利器不可得而用也夫事當締造之初非破格鼓舞不足以彰激勸似應飭下海疆大吏薦舉輪船將才其尤異者不次拔擢俾天下知功名之路相率研求殫精畢力以備干城之用庶幾將才益練水軍益精而外侮無虞矣臣之所願練軍實者此也

孟子有言無政事則財用不足大學平天下一章於理財之道蓋兢兢焉臣之愚策如所謂加養廉停捐例裁釐金

皆有妨於財用者也如所謂冗餉籌漕運減兵額皆有
裨於財用者也以其所贏補其所絀原足相當而論方今
不涸之源則尤賴
朝廷崇尚節儉以風天下盡趨於節儉而財用無不足之
虞故臣又以為理財之政不必開其源也惟在節其流而
已節流之法不必廣其術也惟在覈州縣之交盤而已謹
查吏部定例州縣交代正限兩月內不能結者謂之初參
展限兩月復不能結者謂之二參如舊任官虧缺正項錢
糧或並無虧缺而新任官遲延不接者皆由該督撫題參
革職交代未清而該上司不聲明者司道府州降三級調

用督撫降一級留任此行之久而無弊者也降及晚近州縣交代不盡依限完結上司憚處分之繁亦遂不依限題參往往藉輾轉駁查宕延歲月及其浸久舊任困於旅費無欵可交終身寄寓子孫流離皆所不免其新任以舊欵未清轉相牽率於是交代不結者什有八九而上司亦遂有參不勝參之勢庫欵之所以日虧職是故也臣聞近來辦理交代以山東為最善山東一省自前撫臣閻敬銘申明舊例刊刻交代章呈十一條頒發州縣並通飭各屬不得藉各項工程名目報銷正欵錢糧其交代逾限者參革毋貸同治初年每歲藩庫所收正雜各欵不過八九十萬

兩近則藩庫收欵至二百五六十萬以外藉支本省餉需
及京協各餉一省如此天下可知矣夫州縣職司錢糧坐
擁倉庫計其公私之用每歲多耗數千金未甚覺其費也
然合天下千五百州縣計之是三年而耗二千萬也彼曾
任州縣者亦以挪移甚便不能節縮衣食終不免窘乏之
虞查抄之累此公私兩損之道也若交代素嚴俾州縣豫
知節嗇則
國家少虧帑之虞州縣免終身之累此公私兩便之道也
如臣愚見可否
飭下吏部申明舊例並咨取山東交代章程通行各省實

力辦理又恐積虧之後驟加整頓則新舊相混窒礙必多欲杜侵虧惟有寬既往而嚴將來之一法酌復養廉以裕其力禁止攤賠以清其流庶各省大吏易於措手自兹以往逾限必參二參必革功令嚴而虧挪少虧項絶而庫藏充理財之道莫先於此矣臣之所願裕財用者此也

世運之所以為隆替者何在乎在賢才之消長而已夫天之生財才恒足以周天下之用然而賢才有盛有不盛者則培養之道為之也曩者

大行皇帝御極之初

皇太后殷殷求治博訪賢才大臣薦舉每多不次擢用於

是碩輔盈
朝勳臣輩出四方瓌俊奮袂崛起以贊
中興之運是豈無術以致之哉盖由
虛懷宏奬振古罕有而又不拘一格隨宜器使用能光顯
丕業至今猶被其庥邇年以来奬進之賢才似稍不如前
矣竊恐數十年後老成凋謝繼起無人此事之大可慮者
也夫欲賢才之奮興必先培養於平日培養之術其要有
三一曰重京秩自古設官重内輕外漢汲黯出守淮陽則
至於流涕唐班景倩入為大理則喜若登仙此古帝王居
中馭外鼓舞豪俊之微權也我

朝頒祿因明舊制京員俸薄不逮漢唐十分之一又自耗羨歸公之後外官有養廉而京員無養廉人情益重外輕內然其初升轉猶易京外兩途互為出入故供職者不以為苦近日京員盼慕外放極不易得恒以困於資斧告假而去絕迹京華其留者衣食不贍竭蹶經營每於
國家之掌故民生之利病不暇講求此京秩所以愈輕也
查乾隆二年增京官恩俸法良意美度越元明似宜略仿
前謨酌為推廣別求籌恒欵普加京員養廉籌欵之法宜取諸節省之餉項方今滇黔關隴次第肅清勇營大半凱撤將來所節餉需合計不下一千餘萬應查明各省停撥

之餉酌提十分之一二
飭令每歲解部以備京員養廉之用所費於
國計者甚微所裨於治體者甚大至若清要之選當課以
經世之具勿專尚小楷之精試律之巧俾獲講求實用其
各部院保舉人員在
聖明鑒衡不爽隨宜超擢以勵其氣中外迭用以練其才
庶舉世重外輕内之見可以默轉於無形百年樹人之計
在此舉矣一曰設幕職伏查雍正元年
世宗憲皇帝命督撫保舉幕賓以彰激勸
諭旨有云今之幕客即古之參謀記室凡節度觀察等使

赴任之時皆徵辟幕僚功績果著即拜表薦引彼愛惜功名自不敢任意苟且臣謹案幕僚得人莫盛於唐之中葉一時將相咸出其中近歲如大學士李鴻章左宗棠皆為幕僚最久忠勳卓著超越尋常可否略仿漢唐宋遺法仰承

世宗鼓勵人材之盛心准令各督撫奏辟幕僚自京外官以至布衣如有才守出羣者許即專疏保薦視其本職計資論俸一體升轉無職者量加錄用行之稍久必有閎駿之士出乎其間此亦造就之一法也一曰開特科隋唐以降始專尚考試然其時科目甚多登進之途頗廣明初始

專以八股取士文風渾樸得人稱盛今行之已五百餘年陳文委積勦説相仍而真意漸汨取士者東以程式工拙不甚相遠而黜陟益以難憑遂使世之慕速化者置經史實學於不問競取近科闈墨摹擬剽竊以弋取科第前歲中式舉人徐景春至不知公羊傳為何書貽笑海内乃其明鑒然則科舉之法久而漸敝殆不可無以救之矣我朝康熙乾隆年間兩舉詞科一時名儒碩德及閎雅儁異之才悉萃其中文運之隆遠邁前古非賢才之獨盛於此此時也誠以大臣之舉非聞望素著者不敢妄登薦牘其與冥搜於場屋決得失於片時者迥不侔也誠法

聖祖高宗遺意特舉
制科則非常之士聞風興起其設科之名或稱博學鴻詞
或稱賢良方正或稱直言極諫應由部臣臨時請
旨定奪庶賢才無沈抑之患可輔科舉所不逮而前此空
疎之弊亦且漸以轉移或謂方今科甲人員不少而復舉
特科恐益致仕途之壅滯不知特科乃曠世而一開所用
不過數十人且其所舉大半亦出於科甲是未足為科甲
之累而適以劑科甲之窮補偏救敝之方不外是矣蓋重
京秩則賢才奮於內矣設幕職則賢才練於外矣開特科
則舉世賢才無遺逸之虞矣臣之所願養賢才者此也

以上六策皆史冊經見之端士民欣慕之事或經
列聖創垂而著為良法或係大臣籌措而迭見成功臣不過就聞見之餘略參引伸之義冀可推行乎海內先期斟酌乎時宜雖
國家大政不止此數端然茍非治術所深資平時所切究亦不敢掇拾細故冒昧瀆陳臣自惟學識疏庸無以仰答
高厚生成於萬一謹體
聖世求言之意稍攄千慮一得之愚臣不勝戰慄待罪之至伏乞
聖鑒謹奏

再密陳者自古邊塞之防所備不過一隅所患不過一國今則西人於數萬里重洋之外飆至中華聯翩而通商者不下數十國其輪船之捷火器之精為亘古所未有恃其詐力要挾多端違一言而瑕釁迭生牽一髮而全神俱動智勇有時而並困剛柔有時而兩窮彼又設館京師分駐要口廣傳西教引誘愚民此固天地適然之氣運亦開闢以來之變局也 臣愚以為欲禦侮先圖自強欲圖自強先求自治 臣所擬治平六策於中國自治之方既畧陳其要矣茲復謹籌海防密議十條冀於自強之道稍裨萬一伏惟

聖明鑒其愚誠俯
賜採擇焉
一擇交宜審也昔者樂毅伐齊必先聯趙諸葛守蜀首尚
和吴蓋有所備必有所親其勢然也洋人之至我中國專
恃合從連横而我以孤立無助受其箝制含忍至今誠欲
於無事之時多樹外援則擇交不可不慎也方今有約之
國以英法俄美布五國為最强五國之中英人險譎法人
慓悍所至之地便思窺伺釁隙隐圖佔踞此中國之深仇
不可忘也俄國地廣兵强為歐洲諸國所忌今且西守伊
犂東割黑龍江以北據最勝之地以扼我後路是宜羅設

大防以為藩籬而尤注意於東三省嚴為之備而婉與之和此中國之强敵不可忽也美國自為一洲風氣渾樸與中國最無嫌隙其紐約與蒲公使所立新約則明示以助我中國之意蓋亦恐中國稍弱則歐洲自强還為彼國之害也故中國與美國宜推誠相與畧棄小嫌此中國之强援不可失也布人新破法國日長炎炎幾與俄英鼎峙幸其通商之船尚少則交涉之事亦無多此亦中國他日之强敵不可恃為援亦未至驟為患也自昔列國爭雄之世得一國則數國必折而受盟失一國則諸國皆從而啟釁蓋擇交之道得則仇敵可為外援擇交之道不得則鄰援

皆為仇敵誠宜豫籌布置隱為聯絡一旦有事則援助必多以戰則操可勝之權以和必獲便利之約矣

一儲才宜豫也自中外交涉以来中國士大夫拘於成見往往高談氣節鄙棄洋務而不屑道一臨事變如瞽者之無所適從其號為熟習洋務者則又惟通事之流與市井之雄聲色貨利之外不知其他此異才所以難得也今欲人才之奮起必使聰明才傑之士研求時務而後可昔漢武帝詔舉茂才異等可為將相及使絶國者似宜略仿此意另設一科

飭令內外大臣各舉所知亦不必設有定額其新科進士

大挑舉人優拔兩貢如有洞達洋務者亦許大臣保薦仿學習河工之例別為錄用其用之之道如膽識兼優才辯鋒生者宜出使熟諳条約操守廉潔者宜稅務才猷練達風骨峻整者宜海疆州縣求之既早斯用之不窮彼士大夫見聞習熟亦可轉移風氣不務空談功名之路開奇傑之才出矣

一製器宜精也西人器數之學日新月異豈其智巧獨勝中國哉彼國以製造為要務有能獨創新法者即令世守其業世食其利由是人爭自奮往往有積數世之精能創一藝以成名者中國則不然凡百工技藝視為鄙事聰穎

之士不肯留意於其間此所以少專家也夫周官考工一冊自梓匠輪輿以逮梟㮚函裘陶冶莫不設為專官子孫世守勿替他若奇肱氏之飛車公輸般之攻具諸葛亮之木牛流馬其精詣獨至之處何嘗不逮西人哉正以後世不崇斯學故浸失其傳耳今欲鼓舞人心似宜訪中國之巧匠給之虛銜以風勵之隨時派員帶赴外洋徧遊各廠以窺其奧窔有能於洋人成法之外自出心裁者優給奬敘或仿西人之法俾獲世享其利庶巧工日出足與西國爭長矣

一造船宜講也外國輪船之制有商船有兵船商船以運

貨為主式畧短而中寬兵船以戰陣為主式較長而中狹至其暗輪之高下食水之淺深皆自截然不同方今閩滬所造輪船不盡可作兵船者其初用意盖欲取兩式而兼營之然其弊也運貨不逮商船之多戰陣不若兵船之勁是欲求兩便而適以兩誤也竊謂自今以後各廠造船宜令訪上等兵船之式專精仿造如有商民願繳造價公置輪船者准其赴局專造商船如此分晰辦理庶中國之船漸推漸精而經費不至浪擲矣

一商情宜恤也查西洋立法以兵船之力衛商船即以商船之稅養兵船所以船數雖多而餉項無缺者職是故也

往年中國議定章程設立輪船招商局奪洋人之所恃收
中國之利權誠爲長策惟是推行未廣華商之應募領船
者尚屬無幾且自中外通商以來江浙閩廣諸商亦有置
買輪船者大抵皆附西商之籍用西國之旂雖經費甚大
利歸西人而諸商曾不以爲悔者其故何也盖爲華商則
報税過關每虞稽滯掣肘必爲洋商則任往各口無所攔
阻獲利較易也今誠體恤商情曲加調護務使有利可獲
官吏毋許需索關津不得稽留令明法簡將來繳價造船
之商自必源源而來貿易既盛漸可駛往西洋諸埠隐分
洋商之利然後榷其常税專養兵船務使有利可巡緝各

洋以為保衛商船之用從此兵船益多而經費不絀富强之道基諸此矣

一茶政宜理也中國出口之貨以絲茶為大宗茶葉一項與洋人進口之鴉片其價值畧足相當然鴉片之來為害於中國甚深茶葉之往為利於西洋甚大洋人以茶葉為性命恃以消瘴毒除疾病不能一日稍離間嘗詢諸茶商覈諸近日新聞紙綜計每歲各路出口之茶價值約在二萬萬兩以外若榷其什一之稅是歲入二千萬也今者海關稅則刊在條約不可復改而各省之茶捐茶稅收數未旺隱漏尚多夫欲籌禦外之規必先操裕財之本欲勿累

吾民而財足莫若仍取諸外洋昔管子謹正鹽筴而諸侯斂袂朝齊誠知利權所在足制諸侯之命也方今中國大利被洋人網羅盡矣祗此物産之菁華可以默操其權宜於閩浙湖廣江西安徽出茶諸省酌加税額而嚴覈其隱漏茶税暗增則茶價亦昂顯取諸内地之民實隐收洋人之利惟其經理之法宜出之以漸濟之以權務使洋人相安於不覺數年之後必有成效舉凡製器造船之費練兵籌餉之源皆可取資於是矣

一開礦宜籌也中國金銀煤鐵等礦未經開採者處處有之貨棄於地而外人垂涎久矣似不妨用彼國開挖之器

興中國永遠之利查有礦苗旺處由各省大吏諮訪民情察度地勢果其毫無妨礙始許興辦其開採之法有二一曰官採由官酌撥款項僱洋人開買機器隨宜辦理一曰商採仿淮鹽招商之法查有殷實華商准其集資報名領帖設廠置備機器自行採取官為稽其廠務視所得之多寡酌定收稅章程嚴禁隱漏如是則地不愛寶民無棄財不失中國饒富之權不啟彼族覬覦之漸似亦籌餉之一助也

一水師宜練也外國兵船之式船主為全船綱領其下有總領官主水陸攻戰有領隊官主船中排隊有大夥二夥

三夥專佐行船此外如管理機器看守瀛表與夫裝送子藥視敵取準各有專司其收放帆篷登陟桅頂駕駛舢板抽水救火等事皆令水手操練職司有定位作息有定時習之既專且久所以能縱横無敵今中國輪船亦頗仿效西法參用洋人究其造其深際無他學習不如閱歷之精而所用洋人無上選也昔巫臣教吴武靈胡服始皆借才異國終則遠出其上唐太宗駕馭番将多能得其死力竊謂沿海大吏與出使外洋之員皆宜留心物色如洋将中有挾高才而願遊中國者不妨羅致一二人縻以厚禄善為駕馭先令教練一船久則推演漸廣仍仿俄國初年練

兵之術選沿海勤敏之子弟送入西船俾集各司而協貼其經費數年回國分配各船庶枝藝日精水師日勁不難操券而決矣

一鐵甲船宜購也西洋守港之時鐵甲船猶行軍之恃營壘尋常輪船當之輒碎又有鐵甲小船所以纏護礮臺四面伏擊最為靈活堅利惟食水過深不能遠越重洋是以至中國者頗屬寥寥今中國既有輪船數十號亦宜酌備鐵甲船外則巡緝洋面恃為游擊之師內則扼守要口勝於礮臺之用蓋有一鐵甲船而諸輪船即可依護以增氣勢尤幸彼之不能來犯我即可恃為專長茍非未雨綢繆

則倉猝必難籌措似未可以需費稍鉅而失此遠圖也蓋鐵甲小船不難由內地仿造其大者工程繁重驟難得其要領非在外國定購不可又恐定購之後難越重洋不妨將鐵料如式剪裁分析運送飭匠釘配但必議價定造不可承買舊船耳

一條約諸書宜頒發州縣也西人風氣最重條約至於事關軍國尤當以萬國公法一書為憑如有阻撓公事違例干請者地方官不妨據約駁斥果能堅執不移不特過彼狡謀彼且從而敬慕之如或詭隨骫法不特長彼驕氣彼且從而非笑之蓋西洋立國非信不行非約不濟其俗固

如此也方今海疆州縣商船之絡繹傳船教之紛繁事事與洋人交涉乃當其任者往往以未見條約茫然不知所措剛柔兩失其宜其偏於剛者既以違約而滋事端其偏於柔者亦以忘約而失體統起釁召侮職此之由似宜將萬國公法通商條約等書多為刊印由各省藩司頒發州縣將來流布漸廣庶有志之士與辦事之官幕書吏咸得隨時披覽一臨事變可以觸類旁通援引不窮矣

以上十條皆係顯著之端倪亦有可乘之事會　臣謹考之古籍準諸時宜慮欲周而臆見不敢參謀欲決而先機不容緩用敢附片密陳梗概伏乞

皇太后
皇上聖鑒謹
奏

查辦雲南戕殺洋官疏

薛煥　李瀚章　岑毓英

竊於光緒元年五月二十三日欽奉　上諭本日有旨派李瀚章前往雲南查辦事件著即迅速赴滇將馬嘉理被戕一案會同該督撫秉公訊結欽此八月初八日奉

上諭著吳棠傳知前侍郎薛煥迅速赴滇幫同李瀚章辦理一切以資得力各等因欽此臣等恭報起程後遵即按站前進臣瀚章於十月十六日臣煥於十月二十三日先後抵滇沿途明查暗訪到省後會晤臣毓英面詢大概情形並調核全案卷宗將提到已獲各犯凶迅速派委幹員研訊確情具奏臣等伏查馬嘉理前次由滇赴緬執有總

理衙門護照沿途地方妥為護送無誤詎該洋人等由緬回滇中隔野人土司地界該處向多匪徒與野人句結刦掠行旅其時騰越紳民紛紛傳播謂洋人等帶有洋兵多名將入關內該紳民素未識洋兵舉動恐其入境欺辱是以集團自衛身家而不法匪徒乃於野人伺隙乘機刦殺釀成事端雖該洋人自緬境折回未先知會地方官派人護送而騰越廳同知吳啓亮於紳民聚團時未能開導彈壓預防其漸及至中途失事迨經　臣毓英嚴檄勒拏數月之久始行獲犯緝捕遲延致外國有所藉口實屬辦理不善署騰越鎮總兵蔣宗漢於專轄地方出此巨案毫無覺

吳其亮諒必即前之吳啟亮此處想是筆悞故改錄之

察亦有應得之咎相應請旨將騰越鎮廳同知吳啟亮署騰越鎮總兵蔣宗漢一併撤任暫行革職歸案審訊如查有調兵阻止及指使戕害各情再行照例從嚴究辦十一月二十六日發抄

竊臣等前因訊取戕害馬嘉理犯供旋經添派道員丁士彬知府蔣錫勲會同藩臬二司公同研訊各犯仍只供認搶刦因洋人施放手槍斃其夥匪阿用一名登時起意拒捕殺害馬嘉理及其跟隨四人而於何人主使堅不吐實吳其亮亦稱毫無知情與謀之事李珍國於威妥瑪照會所指各節一味委卸再三究詰始據供稱去年十二月騰越衆紳聞洋人帶領多兵前來恐其滋事齊團各保身家

曾與通信等語情節已屬可疑適臣李瀚章途中所派綏
靖鎮總兵李勝前往騰越一帶密查回省稟稱訪查馬嘉
理之被戕由於匪犯行劫拒捕而暗嗾野匪阻截洋人勿
令入境道路傳聞均係李珍國所為惟馬嘉理被害時李
珍國並未在場亦無兵勇在內等語卷查本年三月撫臣
岑毓英接據李珍國稟呈騰越紳衆兩次公函該都司稟
內實有嚴密防範固守本境字樣雖經撫臣岑毓英函諭
慰阻百姓毋許張皇已在案出之後業經無及是李珍國
雖無謀殺之心亦有計阻之跡臣等公同商酌未便因其
畏衆飾延恃符狡展相應請　旨將副將銜儘先參將卻

署南甸都司李珍國先行革職提同已革同知吳啓亮並催提已革總兵蔣宗漢尅日来省分別研鞫以成信讞

光緒二年正月二十一日發抄

李鴻章

竊查同治十三年六月間經英國駐京大臣以印度派來官員由緬入滇並派繙譯官馬嘉理前往迎接商請總理衙門照案發給蓋印護照並咨沿途各省及雲南督撫一體知照旋經英國大臣聲明繙譯官馬加理已於是年十二月由滇安抵緬甸新街地方迎接印度派來副將柏郎等折回滇境迨光緒元年正月十七日馬繙譯行至騰越

廳屬之蠻允地面遽遭戕害十八日柏副將等被人持
械擊阻等因五月間　欽派湖廣總督臣李瀚章前往查
辦並派前侍郎臣薛煥會同辦理一面由英國駐京大臣
選派參贊格維訥等往滇觀審二年三月李瀚章等查明
覆奏據稱英國繙譯官被戕係因野匪索取過山禮不遂
致被殺害其同行各員被阻係由已革南甸都司李珍國
主謀案關中外交涉未便遽擬罪名請　勅下總理衙門
會同刑部議覆奉　旨允准由總理衙門恭錄照會英國
大臣並將李瀚章等原摺及供招信函等件一併抄送知
照查該革員李珍國及各犯等各有供証可憑自應酌照中

國定例分別科罪惟據英國大臣開送節畧內稱將參贊格維訥等所報情形逐層核對查湖廣督臣李瀚章等原訊供証指出李珍國等爲案內要犯雖按中國律例可作爲定罪之據若按英國例法評議仍似難稱信讞如將前項人犯治罪英國未能視爲允協轉恐更滋疑慮此案被戕被阻皆係英員因思西國理教所重倘僅責其既往莫若保其將來切請將現在帶案候辦之人毋致懲辦等語

臣欽奉　諭旨馳赴烟台與英國大臣會商中西律例既殊辦法亦異似應據情權宜擬結除署騰越鎮總兵蔣宗漢騰越廳同知吳啟亮業經草職毋庸議外其已革都司

李珍國及匪犯而通凹腊都等十一名可否仰懇　天
恩特施法外之仁俯如英國大臣所請酌予寬免罪名
伏候　聖裁第念繙譯官馬加理係我和好之國所派職
員復經發有護照遭此戕害其同行之員並被擊阻未免
有傷兩國睦誼　朝廷篤念邦交自必深加惋惜擬請
旨宣示中外俾釋羣疑況中國與各國早經立有條約彼
此均當恪守上年九月間總理衙門具奏申明條約將
各國人民請照游歷保護之條通行各省務須細核條
約本意分别辦理應請　旨飭下各省督撫臣懍遵上
年九月十一日　諭旨再行嚴飭所屬仰體　國家敦

睦友邦之意嗣後遇各國執有護照之人往來內地於條約應得事宜務必照約相待妥爲保護若不認真設法致有侵凌傷害重情即惟該省官吏是問並於各府廳州縣張貼告示使之家喻戶曉洞悉中外交際情形以後衅端自可不作如蒙　俞允即由總理衙門擬定告示咨行各省照辦所有慎案擬結緣由是否有當伏乞　皇太后

皇上聖鑒訓示施行謹　奏

再上年九月間曾經總理衙門照會英國駐京大臣以雲南邊界貿易中國將來應行派員前往查看情形英國亦應派員到彼處會查妥議章程辦理等因本

年五月在京所議八條内亦有此節今臣會議條款於
滇邊通商一事自應照案准行以昭大信現在滇案既
可擬結合無仰懇　天恩飭下雲南督撫俟英國所派
官員赴滇後即選派妥幹大員前往邊界會同查看情
形妥爲商訂章程隨時奏明辦理謹附片陳請伏乞
聖鑒訓示謹　奏光緒二年七月三十日奏

會議撫卹雲南被戕洋官等案條約

光緒二年七月三十日進呈

大清欽差便宜行事大臣文華殿大學士直隸總督一等肅毅伯李

大英欽差便宜行事大臣勲賜二等寶星威

會議條欵事現在本大臣等會商一切因本年春間威

大臣接准總理各國事務丞相伯爵德上年十二月初五日來咨囑將各節若何辦理共有三端一則以滇案妥為昭雪二則上年所定中外大臣往來相待一節妥為辦理以昭信守三則上年八月議定整頓通商事務一律辦理各等因現威大臣會同商辦總以力守此件咨文為主所有以上三節威大臣前與總理衙門往返

商議各件無須贅述今與李大臣議定辦法分條開列
於後
第一端昭雪滇案
一威大臣另有擬作為滇案奏稿大概底本先與李大
臣商定或由總理衙門或由李大臣具奏均可惟於
出奏之前須將摺稿交威大臣閱看會商妥當俟奏
明奉
旨發抄後由總理衙門將摺稿
諭旨知照並由總理衙門通行各省將此次摺件
諭旨詳細列入告示一併照會威大臣查照威大臣即照

復聲明限兩年為期中英國駐京大臣隨時派員分往各省查看張貼告示情形將来或由英國駐京大臣行文或札行各口領事官轉為照會即由地方大吏派委員會同前往各處查看

一所有滇省邊界與緬甸地方来往通商云云兩條另載和約彙編卷三英國陸路通商條欵

一所有在滇被害人員家屬應給卹欵以及緣滇案用過一切經費並因各處官員於光緒二年以前辦理未協有應償還英商之欵威大臣現定為權代共關平銀二十萬兩由威大臣隨時兑取

一俟此案議結時奉有中國
朝廷惋惜滇案
璽書應即由
欽派出使大臣尅期起程前往英國所有
欽派大臣銜名及隨帶人員均應先行知照威大臣以便
咨報本國具所賫
國書底稿亦應由總理衙門先送威大臣閱看
第二端優待往来各節此端即指駐京大臣等及各口領事官等與中國官員彼此來往之禮以及兩國審辦案件各官交涉事宜○均分載和約彙編
第三端通商事務均分載和約彙編

善後襍鈔九

柔遠全書二十七

節抄儲才出使諸疏

若不稍變成法於洋務開用人之途使人人皆能通曉將來即有萬全之策數十年後主持乏人亦必名存實亡漸漸頹廢　各國互市遣使所以聯外交而中國並其近者而亦置之殊非長駕遠馭之道同治十年日本初議條約臣與曾國藩均奏請立約後中國應派員駐紮日本管束我國商民藉可聯絡此舉未可再緩擬請　敕下總理衙門王大臣遴選熟悉洋情明練邊事之三四品京堂大員請　旨賞給崇銜派往駐劄日本聞橫濱長崎箱館各處中國商民約近萬人既經立約本不可置之度外俟

公使到彼應再酌設總理事官分駐口岸自理訟賦以維

國體不特此也即泰西諸大邦亦當　特簡大臣

輪往兼駐重其祿賞而定以年限以通情款其在中國交涉事件有不能議結或所立條約有大不便者逕與往復辯証隨時設法商易似於通商大局有裨

同治十三年十一月初四日大學士直隸總督北洋通商大臣李鴻章奏

現在通商各口洋人星羅棋布中國情事無不周知而彼都情形中國皆未深悉自斌椿志剛孫家穀出使後至今無續往之人竊謂通商各國宜選有才略而明洋務之人隨時遣使遇有交涉之可辯論者與之辯論於彼國有用

之人才新造之精器可隨時採訪以為招致購買之地目前各國通商耦俱無猜實千古未有之創局海內至大人才輩出未必無英偉奇特之士願充是選似於洋務必有所益同治十三年十一月十二日南洋通商大臣兩江總督李宗羲奏

擬請　旨飭令中外大臣督撫就平日真知灼見之人切實保奏內而卿貳部曹外而大小文武不論資格不限官階但係才具出眾確實可靠者一一出具切考某人知兵事可膺將領之選某人善籌畫可膺理財之任或熟習洋情或暗[諳]練機器如果確係真才能任艱鉅者　准予破格拔擢以勵群倫同治十三年十一月初四日兩廣總督英　安徽巡撫裕祿奏

一用人十年之計樹木百年之計樹人遇有事而用非其
長與先事而養之有素其得失較然矣夫設科取士自有
常經而救時需才不拘成格是必別有陶鑄之方寬予登
庸之路俾人人知所趨向鼓舞振興而後習文事者不專
攻於詞章書法肄武備者不徒求諸弓矢刀石也可否請
旨敕下各省督撫臣特設一儲才館凡有雄才大略奇技
異能曉暢天文熟諳地理者由各府州縣申送處之館中
隨時驗試如果名實相符據實　奏保破格錄用即有一
技可取膂力過人或製器得法或通外國語言文字亦可
咨送各局廠各海關練習兵機稅務庶儲備多而用才不

竭矣　一遣使外洋夫通商各國於都城設公使於行省設領事無非欲聯中國之交而知中國之情乃有來而無往猶面牆而思快覩掩耳而欲速聞也擬請每國　敕派正副二員不拘內外臣工擇精力强固有知謀膽略者任之假以崇銜予以厚祿駐紮彼國實任者不開本缺兩年一換專理和好事宜各國如何情形隨時馳報庶幾耳目較靈不致中外隔閡如蒙　俞允應需遣官經費請敕總理各國事務衙門酌定在於各關庫提支准予作正開銷　一調護華商華人之在外洋者聞暹羅約有二三十萬人呂宋約有二三萬人新加坡約有十數萬人梹榔

嶼約有八九萬人新老金山約有二三十萬人長崎亦不下萬餘人此係統經商傭工併計之若於遣使之外更選才幹官員分往各處如彼國之領事妥為經理其重大事情仍由使臣核辦凡經商貿易皆官為之扶持調護商之害官為釐剔商之利官不與聞則中國出洋之人孰不願為中國用其有奇技異能者送回中國優給薪資酌予獎勵行見海外華人爭思自奮況中國殷商知外洋有官護持絲茶大賈皆可廣為招徠自行運銷中國之氣日振矣

同治十三年十一月十二日福建巡撫王凱泰奏

一儲才宜豫也自中外交涉以來中國士大夫拘於成見

往往高談氣節鄙棄洋務而不屑道一臨事變無所適從其號爲熟習洋務者則又惟通事之流與市井之雄聲色貨利之外不知其他此異才所以難得也今欲人才之奮起必使聰明才傑之士研求時務而後可昔漢武帝詔舉茂才異等可爲將相及使絶域者似宜略仿此意另設一科

飭令内外大臣各舉所知亦不必設有定額其新科進士大挑舉人優拔兩貢如有洞達洋務者亦許大臣保薦仿學習河工之例别爲録用其用之之道如胆識兼優才辯横生者宜出使熟諳條約操守廉潔者宜税務才猷練達風骨峻整者宜海疆州縣求之既早斯用之不窮

彼士大夫見聞既熟亦可轉移風氣不務空談功名之路開奇傑之才出矣光緒元年四月十三日山東巡撫丁代遞薛福成條議

李鴻章等所議遣使駐紮日本及泰西各國均屬可行應請

飭下總理衙門酌度情形奏明辦理光緒元年二月二十七日

禮親王等會奏

一李鴻章請設洋學局沈葆楨請設特科一節查禮親王世鐸復奏及醇親王摺內均未議及而李鴻章等所議遣使駐紮日本及泰西各國世鐸等復奏摺內則以為可行其意自謂遣使為一事設學設科另為一事不知欲行而不求所以行之之具及自謂已有其具而不精求所以行

之之具則可行者將何以善其行李鴻章沈葆楨等欲仿
漢時詔求出使絕域人才及宋司馬光議設十科之意請
開洋學及請設特科原與科目並行不悖並非以洋學變
科目且以遣使一節必須預儲人才非設學局以陶鎔之
開設專科以拔取之不足以得出使絕域之才其事原為
將來次第應理之事件惟查現在情形洋學特科尚非倉猝
所能舉行必應先議現在辦法相應請　旨飭下南北
洋大臣及沈葆楨等不拘資格各舉所知將各該員才質
堪勝任使之處切實保舉此外各督撫暨在廷諸臣中如
有所知亦可據實保奏以備　簡派而資治理將來出

使各國之人著有成效中外臣工皆知其有益於　國家

則於設學設科之舉必且衆論交孚不至再有異議矣光緒

元年四月二十六日

總理衙門王大臣奏

薦舉使才片光緒元年五月十四日奏　總理衙門王大臣

再查從前辦理洋務輕重失宜皆因未能詳悉情形所致此次條議內有以擇交儲才出使為要者亦以天下事得人則理無事無時不應儲才而於出使一事為尤亟歷代以來凡出使絕域者莫不極一時之選如宋之富弼蘇轍等皆以名臣大儒膺斯職任我　朝康熙年間曾有遣使至俄國事誠以兩國交涉非使臣往來其間即虞隔閡而膺是選者尤貴得人所以使於四方不辱君命屬諸才德兼備之士非細故也近年來士大夫心乎時事者亦能逐漸講求不致從前隔膜之甚然時事艱難日甚一日且交

涉事務關繫至重大小臣工皆當急難為懷悉心討論儻
內外諸臣均能灼見彼此情形則遇有交涉事務既可共
濟時艱而使才亦於是乎出特才宜漸儲而時不可失臣
等因於本年四月二十六日復奏摺內請將王大臣議准
出使節請　飭中外大臣各舉所知業蒙　允准除各督撫
大臣已有　旨飭令保奏外茲由臣等查得主事陳蘭彬
員外郎李鳳苞編修何如璋知縣徐建寅道員許鈐身典
簿葉源濬編修許景澄主事區諤良同知銜徐同善共九
員另繕履歷清單恭呈　御覽除陳蘭彬出洋有年熟悉情
形現在堪膺是選外其餘八員係由臣等采訪而知多未

經晤面者原冀拔十得五寬以儲才以備他日遴選之資惟臣等耳目有限鑒識難周在廷諸臣同有以人事君之責平時物色所及必有志節堅卓之員堪備國家任使應請飭下在京王大臣大學士尚書侍郎京堂等遵照前旨不拘資格切實保舉擇其志節堅定才識通達或並能熟悉洋情邊防者將各員所長詳細奏明遇應請簡用時與各督撫大臣及臣等保舉各員一體遴選請簡如慮各該員才識雖極閎通而情勢未能詳悉應於保奏後調取各該員至臣衙門隨時探討以期諳練如蒙俞允即由臣衙門抄録原奏行文在京各衙門遵照辦

理

出關餉需碍難借用洋欵摺　沈葆楨 吳元炳

竊臣等承准軍機大臣字寄光緒二年正月初七日奉
上諭左宗棠因出關餉需緊迫擬借洋欵一千萬兩事非
得已若不准如所請誠恐該大臣無所措手於西陲大局
殊有關繫著沈葆楨即照左宗棠所奏妥速籌議奏明辦
理等因欽此仰見　朝廷軫念西陲救民水火之至意查
左宗棠原奏瀝陳餉源枯竭萬不得已而議借洋欵在該
督臣勞心焦思獨措危局撫士卒於飢疲創病之餘籌饋
運於雪海氷天之界仔肩艱鉅冠絶一時臣等忝任封圻
誼均休戚如果於事有濟曷敢稍存推諉況上海爲洋商

精華薈萃之地關道所屬多洞悉洋情之員以利拾之一呼百諾江南自兵燹後宜修舉廢墜刻不容緩者殊多特以度支匱於轉輸馴致遷延歲月關隴暫有巨款支持協濟稍鬆江南及是時爲自顧之謀計亦誠便而臣等夙夜不寐反覆再四竊慮此舉有病於國關係綦大即西陲軍事稍舒目前之急更貽日後之憂不敢不將實在情形爲皇太后皇上縷晰陳之伏惟國債之説徧行於西洋而西洋各國受利受病相去懸絶則以舉債之故不同而所舉之債亦不同也夫開礦造路挖河巨費也而西洋各國不惜稱貸以應之者蓋刻期集事課税出焉本息之

外尚有奇羸所謂以輕利博重利故英美等國有國債尚不失為富强若以國用難支姑為騰挪之計後此息無所出且將借本銀以還息銀歲額所入盡付漏巵目下如西班牙土耳其皆將以債傾國日本亦駸駸乎蹈其覆轍矣此舉債之故不同也英美舉債於本國之商國雖病而富藏於民有急尚可同患若西班牙等國輸息於鄰封一去不能復返此所舉之債之不同也昔歲臺灣之後本省羅掘一空外省無絲毫可以協濟急何能擇出此下策然以新疆較之局面之廣狹事體之難易奚啻霄壤台地東西二三百里南北千有餘里日本貿貿然深入絶地雖有必

死之志而無可久之資堅與相持情見勢屈倘照原議借款六百萬則善後之事以次備舉煤礦茶山所出漸足餽軍一借斷無須再借嗣因借過二百萬倭事業已定局部議飭令停止　臣葆楨即不敢再申前議新疆廣袤數萬里戈壁參半回部本其土著根深蒂固既無盡剿之理又無乞撫之情似非一二年所能就緒即使事機至順逆回弭首諸城盡復與俄爲鄰互市設防正重煩　朝廷擘畫而非放牛歸馬之時也洋人肯以巨款借我者恃有海關坐扣如取如攜洋人取之海關海關仍待濟於各省向日各省僅籌協餉已催解不前今令兼籌協餉之息能如期以

應乎協餉愆期而海關病海關無可彌補不得不虧解部之款而部庫病雖日取各省督撫藩司而劾之餉項祇有此數此盈則彼絀朝取則暮涸坐待嚴譴而無可如何前屆左宗棠借洋款三百萬計息蓋七十萬若以此七十萬供西征之餉未必不少有裨補今以一千萬照臺灣成案八厘起息十年清還計其耗息約計六百萬不幾虛擲一年之餉乎若照數乘除則西征僅得四百餘萬實餉耳前屆之三百萬至光緒四年而始清而續借之一千萬今年即須起息明年即須還本海關應接不暇而西陲之士飽馬騰不及兩年涸可立待進兵愈遠轉運愈難需餉亦愈

鉅將半途而廢乎勢必不可將責各省於還債之外另籌解濟乎勢又不能將再借洋款乎海關更無坐扣之資呼吸不應徒令中興元老困於絕域事豈忍言者此臣等所以反覆再四而不敢為孤注之一擲者也夫以出關之事之急左宗棠籌借洋款本有成案不遣委員徑向洋人定議而謀之於臣葆楨　諭旨又飭臣葆楨妥速籌議奏明辦理則萬難盡善之處已在　聖明洞鑒與二三老成燭照數計之中如臣等博不分畛域之名罔顧事後之無可收束於心竊有所未安然謂西征可停則臣等又斷斷以為不可何者我退則敵進關隴且因而不靖徒棄　祖宗

辛苦艱難締造之地而列戍防秋勞費亦復相等顧臣等竊以為左宗棠此行不當效霍去病之掃穴犂庭而當效趙充國之養威負重將帥無赫赫之功而國家受萬全之福誠能扼其衝要堅壁清野開水利廣屯田考畜牧關外多一分之產關內即省一分之運反客為主脅從者稽首歸命渠魁亦束手就縛較諸糜血肉於堅城之下求萬有一然之勝其得失可同日語耶夫甘餉之鉅困於餽運耳餽運者則一年之餉可支兩年目前不能不飭各省勉力籌濟臣請朝廷發曠代之德音以內庫為之倡皇太后皇上躬行節儉度越尋常豈復有不急之需可以

議裁議減者然其數不在多但得　明詔數言足以激將士敵愾之心而生疆吏同仇之感左宗棠原奏深言甘餉爲海防所佔惟江西浙江兩省尚能力顧大局查海防專款奉撥餉將經年臣葆楨恐分之則爲數愈微咨請各省儘解北洋冀可藉資集事而去歲所報解者亦僅江西十萬浙江十萬他省涓滴俱無可見各省非有所偏倚於其間限於力耳此時各省未必尚有留存巨款以待添撥各省原撥陝甘之欵有解不及半者雖添撥亦徒擁虛名應懇　敕下部　臣熟權緩急將有着之欵移稍緩者於最急之區庶幾各省關可以勉强從事如江蘇協甘之欵内有

每月一萬歸陝西撫臣收放竊計陝西肅清多年本省防
軍不難自籌一萬此欵似應歸之西征江西派協雲貴之
兵餉為數頗鉅夫雲貴未嘗不急然較之西征則緩矣凡
類此者似宜由部臣通盤比較酌量匀撥至遣使之舉已
有成議然數道並出則所費不資應請除已奉
諭旨者
准行外其餘且作緩圖俾部庫得以周轉軍興以來各路
軍營亦殊難得滿餉如果部撥之欵能解至八成以上左
宗棠以恩義拊循之大局必不致決裂臣等鰓鰓過慮何
當機宜竊欲以責難之忱上觸
君父而以共濟之念求
諒大臣除將兩江協甘餉項彙核數目另行附片陳奏外

所有遵旨籌議出關餉需碍難借用洋欵緣由恭摺由驛五百里馳陳伏乞　皇太后　皇上聖鑒訓示不勝戰慄屏營之至

奏出使各國經費摺 光緒二年八月十三日　總理衙門

竊查前因儲才出使條議臣衙門先後奏請　簡派英美日秘等國使臣奉　上諭候補侍郎郭嵩燾候補道許鈐身著出使英國候補三四品京堂陳蘭彬同知容閎著出使美國日國秘國等因欽此現在滇案已經議結直隸督臣李鴻章與英國使臣議定條欵内有　簡派使臣賫奉璽書前往英國表明惋惜一條是前派出使英國使臣亟須尅期出洋其美日秘魯等國既經派定亦應前往所有出使經費自應酌核定數以便開支查同治四年臣衙門奉派斌椿並同文館學生等遊歴外洋暨同治六年奏

派志剛孫家穀及蒲安臣等出使各國均因事屬創始所需經費無由核定先由總稅務司赫德墊發俟出使事竣動用三成船鈔及輪船變價銀兩分別支銷同治九年臣崇出使法國雖經查照前次出使費用動支津關八分經費亦係酌量給發並未議有定章此次使臣常駐各國事期經久與歷届情形有異現臣衙門奏准動用各海關六成洋稅尤宜撙節動支以昭核實查泰西各國派駐中國人員向係分別使臣及參贊繙譯領事等官支給薪水現在出使外洋自應分別等差核給臣等公同商酌定擬除往來火輪車船租賃公館寄信費用公會公宴一切公件

難以豫計應准隨時酌核作正開銷外所有使臣並隨帶
各員每月應需火食包車雇車價值跟役工價飯食等項
分別月給俸薪自二百兩至一千四百兩不等謹擬清單
恭呈　御覽俟奉　旨後即照奏　准日期開支仍於年
終核實造報所有臣等酌擬出使經費緣由理合恭摺具
陳伏乞　皇太后　皇上聖鑒謹　奏

奏定出使各員俸薪銀數

光緒二年　總理衙門

欽差大臣頭等　一二品充　月給俸薪一千四百兩
二等　二三品充　一千二百兩
四品充　一千兩
三等　三品充　一千兩
四品充　八百兩
副使　七百兩
署任　六百兩

領事總領事官　月給俸薪六百兩
正領事官　五百兩
副領事官　四百兩
署領事官　四百兩

參贊官頭等　月給俸薪五百兩
二等　四百兩
三等　三百兩

繙譯官頭等　月給俸薪四百兩
二等　三百兩

三等　二百兩
領事處繙譯官　三百兩
欽差大臣處隨員　給月俸薪二百兩
醫官　二百兩

以上本員火食包車雇車跟役工價飯食在內此外
一切公用作正開銷
其餘武弁供事學生每月每人約須百兩以内由出
使大臣屆時酌定准數作正開銷如有未盡事宜統
由隨時核實辦理

奏陳出使章程片

光緒二年九月十二日　總理衙門

再臣衙門前因出使各國每年俸薪等項約需銀五六十萬兩擬請於各關六成洋稅項下提撥等因於本年八月初九日會同戶部具奏奉　旨依議欽此十三日臣衙門又將出使俸薪等項酌定銀數開單具奏並經聲明即照奏准日期開支奉　旨依議欽此欽遵各在案臣等查此次　簡派使臣分駐各國統率參贊領事等官辦理一切交涉事件責任既甚重大經費尤覺繁多且事屬創始並無成案可循自應明定章程以資遵守而昭核實臣等公同商酌謹擬出使章程並於前奏稍為通變共十二條

繕單恭呈　御覽如蒙　俞允即由臣衙門分別行知遵照此外如有未盡事宜仍由臣等隨時參酌奏明辦理為此附片謹　奏

奏定出使章程

總理衙門

一擬由禮部鑄造銅質關防頒發出使各國大臣各一顆以昭信守其文曰　大清欽差出使大臣關防其未頒發以前先刊木質關防行用

一出使各國大臣擬自到某國之日起約以三年爲期期滿之前由臣衙門預請　簡派大臣接辦各國副使亦一律辦理

一出使各國大臣分頭二三等名目此次辦理伊始所有現在業經　派出各國大臣擬請均暫作爲二等

一出使各國大臣所帶參贊領事繙譯等員應由該大臣酌

定人數開列姓名等項知照臣衙門查核各該員亦隨同出
使大臣以三年爲期年滿奏奬如有堪留用者應由接辦大
臣酌留倘不能得力亦即隨時撤回
一出使各國大臣到各國後除緊要事件隨時陳奏外其尋
常事件函咨臣衙門轉爲入奏
一出使各國大臣有兼攝數國事務者應如何分駐之處由該
大臣酌定知照臣衙門查核
一出使各國大臣月給俸薪請照現在實職官階支給惟原擬
二三品充二等　欽差者月給俸薪一千二百兩三四品
充三等　欽差者三品一千兩四品八百兩其四品充二

等者未經議及今酌定擬月給一千兩至各國副使俸薪擬
月給銀七百兩
一出使各國大臣有兼攝數國事務者月給俸薪毋庸另加各
國副使並一律辦理
一出使各國大臣及副使以下各員月給俸薪自到某國之日
起各按應得銀數支給扣足三年爲期期滿停支俸薪如接
辦大臣尚未能到期滿大臣尚未交卸應按照在任日期算
給俟接辦大臣到後住支副使以下各員亦一律辦理其參
贊領事繙譯等員如經接辦大臣留用者俸薪即從年滿日
期接算支給

一出使各國大臣及副使以下各員由中國起程及由差次回華行裝歸裝均需整頓所有往返兩次整裝擬各按照三个月俸薪銀數支給均由臣衙門前撥各關六成洋税内動支
一出使各國大臣等每年俸薪及往返盤費駐紮各國一切經費等項由該大臣按年分晰造報臣衙門查核
一出使各國大臣等俸薪及往返盤費駐紮各國一切經費等項由江海關彙齊按年滙寄應如何分别滙寄之處由臣衙門劄知總税務司遵照辦理

遵　旨議奏摺　　總理衙門

為遵旨議奏事　欽差大臣署禮部左侍郎郭嵩燾等奏出使英國酌帶隨員摺一件單一件光緒二年九月十五日軍機大臣面奉諭旨著該衙門議奏欽此欽遵由軍機抄交臣衙門據原奏內稱此次遣派公使實為創行之典請酌定參贊二員繙譯四員其餘文案武弁醫生均應分別調派謹開清單恭呈　御覽並請　飭下江蘇湖南各撫臣分別知照各該員赶速料理隨同出洋英國三島並無華商貿易無從設立領事而所轄南洋沿海地方如新加坡孟加拉檳榔嶼錫蘭等處華民流寓至數十萬人應

否設立領事須俟察看情形所帶參贊文案各員皆可斟
酌委派奏明請
旨其應用工役並由公使携帶不别開
支經費等語臣等伏查本年八月十三日臣衙門開单具
奏出使各國經費分别酌定數目摺内聲明頭等參贊官
月給俸薪五百兩二等月給俸薪四百兩三等月給三百
兩頭等繙繹官月給俸薪四百兩二等月給三百兩三等
月給二百兩隨員醫官月給俸薪二百兩其餘武弁供事
學生每月每人約百兩以内由出使大臣届時酌定準數
作正開銷又於九月十二日臣衙門奏陳出使章程十二
條内聲明出使各國大臣所帶參贊領事繙繹等員應酌

定人數開列姓名等項知照臣衙門查核各該員亦隨同出使大臣以三年為期年滿奏獎倘不能得力亦即隨時撤回其月給俸薪自到某國之日起各按應得銀數支給扣足三年為期期滿停止俸薪由中國起程及由差次回華行裝歸裝均按三個月俸薪銀數支給等因先後奏准行知各該大臣遵照在案今據出使英國大臣郭嵩燾等奏請酌定叅贊繙繹等員名數並聲明給發薪水應否分別等第等因臣等公同商酌請將該大臣等派充叅贊之布政使銜貴州候補道張自牧作為二等叅贊官江蘇候補知縣黎庶昌作為三等叅贊官派充繙繹之兵部候補

員外郎德明戶部候補員外郎鳳儀均作為三等繙繹官此外如有應用外國繙繹應由該大臣等隨時酌定連中國繙繹在內不得過該大臣等所定四員之數以示限制至該大臣所請將刑部主事汪樹堂候選通判張斯栒廣東候補知縣李荊門候選縣丞羅世琨等四員派充文案臣等查臣衙門前奏出使經費摺內祇有隨員醫官並無文案名目應請將該大臣等隨帶之文案四員作為隨員各按月給俸薪二百兩之數支給此外自無須另行咨調人員以節糜費至該大臣等奏稱英國三島無從設立領事而所轄南洋新加坡等處華民流寓數十萬人倘應設

立領事所携叅贊等員内皆可斟酌委派奏明請　旨等因應如所擬辦理屆時人數或有不敷再由該大臣等酌度分别奏咨調往如蒙　俞允即由臣衙門行知該大臣等遵照並咨令在京各衙門及該督撫等轉飭各該員即日束装起程探明該大臣等行抵何處星速前赴隨同出洋毋得稍延其各該員出洋時應得行装銀兩准其查照臣衙門奏定章程各按三个月俸薪銀數支給俾利遄行如有不能得力及緣事未能隨同前往者該員所得行装銀兩應由該大臣飭令繳回以重欵項所有臣等遵議緣由理合恭摺具奏伏乞　皇太后　皇上聖鑒訓示謹奏

五月廿二日申報

の件

奏鴉片煙為害中國擬請設法禁止摺　光緒三年

欽差出使英國大臣郭嵩燾等

竊查西洋通市廣東已越千年從無侵擾明季利瑪竇游歷中國歷　國朝湯若望南懷仁繼之適我　聖祖講求天文算學得與燕游侍從親王及諸大臣亦時咨訪所學相待以賓友及我　高宗召見馬格立特准行西洋禮至今西洋人士言之猶相與敬歎其人類皆多學好禮於中國歷無嫌怨道光二十年議禁鴉片煙遂至失和展轉相尋以有今日是西洋與中國構患之源實自鴉片煙始推原禍端創鉅痛深宜如何疾首蹙額相為戒禁以示無忘

國恥之義而就臣等耳目所及言之自道光時定立鴉片
煙罪名設法嚴禁官吏奉行不能如法但藉以為差役訛
詐之資始終未懲辦一人所定罪名亦苦太重相與玩視
咸豐九年議開鴉片烟之禁而於在官人員及應試士子
及營兵仍不准其吸食則但視為具文無知有禁令者因
查鴉片烟之禁始自雍正時其初但充藥品販運內地所
恃政教修明官吏稱職民間凜凜畏法無敢吸食至道光
初其風始熾浸尋由印度傳至雲南而南土興矣展轉傳
至四川而有川土又傳至甘肅而有西土由是而至貴州
由是而至陝西山西一二十年來廢田而種罌粟歲益浸

廣而西洋販運中國亦歲益增多足見開種日繁即吸食者日衆勢將盡中國之人皆至失其生理槁項黄馘奄奄僅存無異殘廢西洋人士知鴉片烟爲害之烈與中國受害之深也相與設爲公會廣勸禁止栽種販賣臣至倫敦其地世爵夏弗斯伯里及議政院馬光斯求爾德及教士里格德爾刺爾丹拿畢士等五十餘人相就論此義形於色其議政院阿什伯里徧游各國所至風土人情皆默相以記之而於中國男女偃卧吸食鴉片烟之事共傳以取笑臣甚愧之竊以爲禁止鴉片烟不在繁爲禁令在先養士大夫之廉恥而其要尤在長官稽查督察使不能有所

寬假宜先限示三年責成督撫分飭各州縣多製戒烟方藥施散勸諭以滿三年爲期逾期不能戒者官吏參革生監舉人褫斥長官不舉發同罪而凡文武應試士子例具五童互結宜以鴉片烟爲首禁容隱者一并除名童生吸食鴉片烟皆先停考濫入塲者廩保坐黜廩生吸食鴉片烟皆先停止保人濫保者教官坐黜至於三年期滿學校中不准復有吸食鴉片烟者用以激厲士民之心而作其氣亦在使知所恥而已其川滇甘陝各省栽種罌粟則必以課爲先臣聞種罌粟一畝所出視農田數倍工力又復減省州縣因之添設陋規私收鴉片烟土稅亦數倍於常

賦官民皆有所利以至四處蔓延積久而種鶯粟者男婦
相率吸食不能如印度所出烟土嚴禁其民吸食也因以
積成偷惰之性飲食費用虛耗日多遂使田賦常供亦多
不能輸納卒致官民交困而奪民食之需以空倉廪之藏
廣種鶯粟流毒無窮豈復能有自存之理因查雍正年間
諭飭廣東禁止栽種甘蔗諄諄以民食為憂甘蔗製造
糖食日用所需　聖心猶隱慮之何況鴉片烟為貽害國
家之具其產出印度而南洋附近之暹羅東洋之日本皆
有厲禁無吸食者獨中國販運銷行每年課稅至數千萬
為英國入款一大宗而其地士紳會議猶勤勤焉謂烟土

貽毒中國引以為咎倡言禁止中國人民肆行吸食畧無
悔悟其勢非嚴飭督撫處分以督率州縣不能望有轉旋
伏乞　皇上堅以持之寬以期之以三年之期責成各省
學政整頓學校責成各省督撫整頓屬官而於栽種罌粟
又須由督撫責成州縣勸諭紳民整頓所屬地方漸摩勸
化更需以二十年之期盡人民而變革之求實效而不為
虛語務力行而不責近功其道無他在疏通民氣而已矣
竊見西洋各國官民一心急使遠戍而不以為苦煩征厚
斂而不以為苛所以然者為無不可通之情也中國民情
常苦隔閡利病好惡之私州縣能體及者鮮矣累積而至

督撫則益曠遠不相及自古言善政者必以勤卹民隱為
先仰窺　列聖之成謨嚴以察吏寬以馭民於民情尤加
曲體雍正時民間疾痛痾癢曲折畢達莫能壅隔是以其
時無不除之弊無不行之政臣以為禁止鴉片烟當使教
化轉移之意多而防禁操切之術少使天下臣民喻知此
意自有不敢不禁不忍不禁者存乎　皇上一心之運用
中外人心無不嚮從臣等正月內接據粵紳唐德峻等稟
呈咨請總理衙門轉奏其後屢見英國士紳力除鴉片烟
之害發於至誠又復會集多人陳述此義又接粵紳桂文
燦溫清溪等二稟人心向善之機想亦　列祖在天之靈

所默鑒是以不敢不據實縷陳并就臣等知識所及畧陳
辦法以期實有裨益無任悚息屏營之至

遵旨籌議禁止鴉片先據實參劾霑染嗜好各員以端表率而樹風聲摺 光緒三年　沈葆楨 江督

竊維鴉片之為害始猶人人知之知其害則尚望有蕩垢滌瑕之一日所謂明其為賊敵乃可滅也自嗜之者多向所目為酖毒者直家常茶飯視之習熟見聞以為當然羞惡之良幾於澌滅矣小民失足其中其父母妻子痛哭流涕所不能爭者尚望官為懲勸使官先無大無小相隨波靡則上既有所歉而不敢發下更何所憚而不忍為雖

聖慈告誡諄諄而已成牢不可破之局臣愚以為譬人之徧身受病藥石所攻必先其大者由胸腹而臂指乃可

以漸奏功官以表率士民者也士民視為具文尚可也無知悞犯耳官則讀律致身宜何如兢兢自愛乃以豪傑自命者有時墜其中以道學自命者有時亦墜其中譬彼舟流不知所屆非法行自上懲一儆百雖日聚國人而訓之其不反唇也者幾希況鴉片之毒既深必至志氣荒頹筋力懈散百為墮壞流弊靡涯我

皇上澄叙官方不惜大聲疾呼而使之覺為臣子者仍巧避嫌怨隱忍不言清夜捫心何堪自問現僅就其眾口如一者先予示懲查有現任淮揚海道劉咸候補道杜文瀾本任宿遷縣李德溥候補縣曾紹勳李誠以上五人人人知其霑染嗜好應請

旨立予革職以儆其餘此外尚有面色可疑者容俟查
驗得實隨時糾叅果能聞警自新似不必追其既往倘竟
安之若素縱其才學為當世所稀有臣亦不敢有所顧惜
任其相率為既倒之狂瀾庶幾員販小民無可藉口洗心
革面食德飲和至旗綠官兵吸食洋烟本干營政臣謹當
會同將軍漕臣撫臣副都統暨各提鎮極力設法辦理俾
整齊嚴肅勿令効尤所有叅劾需染嗜好各員緣由理合
恭摺具陳伏乞
皇太后
皇上聖鑒訓示施行謹
奏

五月十三申報

英國紳士上本國外務大臣書

英國世襲伯爵紗思勃雷等謹致書於總理外務大臣閣下竊照本爵等於一千八百七十七年七月內遍閱議院中收接之各文牘內有與中國交涉事件即公同悉心互閱因知英廷於准行燕臺所立條約之事尚遲遲有待且必商之於印度執政大臣而後定默揣其意兼覽條約原文竊謂印度之拒之者無非為第三欵第三條所議鴉片烟之一事今本爵等謹勸貴大臣力持朝議不必因此細故遂將該約棄若弁髦蓋照此條約不論有何別情皆當立刻遵行也即以鴉片烟而論本爵等試略述其端倪以

供採擇夫印度朝廷之理此鴉片烟之貿易也原因國帑
空虛起見然試思中國於一千八百六十年以前凡鴉片
進口及民間吸食者皆有明禁故英國初次與中國搆兵
即緣此事爰於一千八百四十二年時在南京議立和約
約中雖並無另欵申禁鴉片烟進口而彼時全權公使英
國所屬印度等處三等將軍世襲男爵璞鼎查啇於中國
之欽差便宜行事大臣太子少保鎮守廣東廣州將軍宗
室耆英及頭品頂戴花翎前閣督部堂乍浦副都統紅帶
子伊里布二人欲將禁烟令甲一概廢弛經耆英與伊里
布奏聞中國　皇上奉　旨着不准行欽此然條欵中已

索賠洋銀六百萬圓償補烟價矣第二次英國又與中國搆兵世襲額羅金喀爾田二郡伯爵額爾金在天津與中國東閣大學士正白旗滿洲都統總理刑部事務桂良及經筵講官禮部尚書鑲藍旗漢軍都統稽查會同四譯館花沙納二人商議重定和約并添一條欵內開向來洋葯例不准通商現定稍寬其禁聽商遵行納稅貿易洋葯准其進口每百斤納稅銀三十兩止准其在口銷賣一經離口即屬中國貨物祇准華商運入內地外國商人不得護送其內地如何征稅聽憑中國辦理嗣後遇修改稅則仍不得按照別貨定稅等語是稅固不得不謂之不賤矣一

千八百六十九年中朝竭誠敦請英國將此准鴉片烟進口章程撤去且言鴉片烟為荼毒民生之物人所共知而中國官民俱謂英國定欲保護此項貿易實與存心毀壞中國無異云云英廷接信後置之不理繼至於阿壳公使駐中國北京後又商欲將鴉片烟稅項每百斤課銀加至五十兩英廷俯體中國士業會館之意亦不准行本爵等綜覽前後各情不免憂思難釋矣蓋兩次與中國議和皆恃兵威以相迫而其條欵皆一一遵循至中國則不以兵戎而以玉帛來相婉請英廷反輒不准行仍照前立於天津之和約試思若照此約則中國永無禁烟之期印度坐

收漁人之利本爵等雖居局外能不惻然且英廷曾亦知進口稅則皆輸納一百之五乎何以鴉片烟一項條約內明明視為分外之物而不准英商帶入內地乎況華商帶入內地而明日如何征稅聽憑中國辦理乎今者駐華便宜行事大臣勳賜二等寶星威妥瑪與中國便宜行事大臣文華殿大學士直隸總督一等肅毅伯李鴻章在燕臺商榷條約其第三端之第三欵云洋葯一宗威大臣議請本國准為另定辦法與他項洋貨有別令英商於販運洋葯入口時由新關派人稽查封存棧房或躉船俟售賣時洋商照則完稅並令買客一并在新關輸納釐稅以免偷漏

其應抽釐稅若干由各省察勘情形酌辦按以上所云其有裨於中國者豈淺鮮哉夫漏稅之弊在中國各碼頭每為啓釁之端信遵此欵以行之則中朝之捐烟釐也較易而奸商之漏烟稅也較難即此一端已可見威妥瑪所議之此欵不可不遵矣至於條約內另議之各欵非久處中華而專心致志於此者不能明其大概本爵等故不贅一辭伏願貴大臣賜覽此最要之一欵知其為彼此通融之條約已躍然言下并欣看中國欽差稱是約為極係秉公之文牘則英廷何不樂遵乎況是約也中英兩國皆有所當遵者乃中朝則告示已榜於通都四埠頭已開於江海

許賠之銀二十萬兩已入於英廷是其公平忠信之名早
已播於天壤人皆謂此次條約中國實已一切遵行而所
未能即遵之欵反出於英廷所承認者人其謂我何本爵
等統觀各欵深願貴大臣火速一并賜行若猶未也誠恐
目英廷為不忠不信者不止中國為然即四海四洲之與
國亦莫不然矣況貴大臣固深知目下通商之各國若有
一物入口而碍本國之利益者必科以重稅者也何以中
國反肯將各稅則廉益加廉而和光可親乎他不必論僅
論英國所織之各布匹進中國口岸者課稅值一百之五
再加子口稅一百之二五即可隨意販運英國則竟將中

國所產之茶葉課稅值百之五十等量齊觀其失立見若能使鴉片烟一項任中國課以重稅不再相庇或庶幾失之東隅收之桑榆耳本爵等以為其實譬如印度直告中國云貴國定許敝國之鴉片烟僅收些小之稅而進口進口後再加釐金兩項每年不得過英金一百萬磅而敝國需用浩繁必分應於鴉片烟項下每年課稅英金六百萬磅是為收百之七十云云中國豈亦執而不許乎然則易地以觀英國於燕臺條約輒不准行其何以取信於中國宣示於列邦哉本爵等明亦知印度國帑實有非此不可者然亦斷不能以印度之貧必屈中國每歲出鉅萬之欵以

濟之也總之本爵等惟按照萬國公平之理而綜論之貴大臣諒亦非徒恃一己之私見也且觀中英兩國之前事每每意見不同而中國日後之局各人所期望者意見亦不能同然中國既已列於通商各大國之中本爵等惟日夜冀望以後英國與中國事事秉公酌辦使兩國永享昇平之福而各國亦享樂利於無窮也惟希鑒不盡欲言

密陳俄屯兵數俄國路徑電線節略

查俄人自咸豐四年佔居黑龍江左岸以來屯兵日多其額爾口城（在黑龍江西北）駐有東悉畢爾總督部兵極多自此向東南陸行千餘里為奇塔城駐有固畢爾那托爾官兵千餘名又行八百餘里為斯鐵埒金斯克小城又東北陸行二百餘里為尼勤金斯克小城均駐步兵二百名自斯鐵埒金斯克城駕輪船向東南行九百里為額爾固訥河口又一千七百餘里為海蘭泡俄城駐有固畢爾那托爾等官馬兵千餘礟兵二日沿江路左岸夷屯共二十八處由此行一千三百餘里為黑河口沿江路左岸夷屯共二十五

處每處屯馬兵二三十人又行四十里為徐尔固城（即密哈哩嘎西閏斯克城）又行四里為伯哩城（即和伯勒幅城）又行一千二百里為色佛依斯勒克城各駐馬步兵一千餘名又行六百里至廟爾城（即尼克賚城）駐有固畢尔那托尔等官馬步兵二千餘又行二十四里至奇那里駐礮兵五百山頂築礮台地屬海濱為東海門户海口外薩哈連島為該夷遣犯地亦駐兵守之計自額尔口斜向東南至奇那里止水陸八千餘里有城九座馬步礮兵一萬餘電線則自其都城直達東海有鄰如此不可以不備

遵旨覆陳摺 光緒五年　　左宗棠

竊臣於九月初九日欽奉八月二十三日　上諭總理各國事務衙門奏籌辦交收伊犂事宜請飭畺臣核議一摺據稱連接崇厚電報內稱約章現皆定議崇厚定於八月初八日起身赴黑海畫押後由南洋回京覆命並將現議條約十八款摘要知照詳加覆核償費一節尚不過多通商則事多轇轕分界則弊難枚舉亟宜籌畫布置迅圖補救各等語崇厚出使俄國固以索還伊犂為重而界務商務關繫國家大局者自應熟思審處計出萬全且疊經總理各國事務衙門電致崇厚若照來械有碍大局節略內

並言所損已多斷不可行該大臣尤應遵照辦理設法與之辯論乃竟任其要求輕率定議殊不可解現在俄約既經定議其第七款所稱中華接收伊犂後陬爾果斯河西及伊犂山南之帖克斯河歸俄屬第八款所稱塔城界址擬稍改是照同治三年擬定之界又於西境南境劃出地段不少從此伊犂勢成孤注控守彌難況山南劃去之地內有通八城要路兩條關繫回疆全局尤非淺鮮至第十款於舊約喀什噶爾庫倫設領事官外增出嘉峪關烏里雅蘇台科布多哈密吐魯番烏魯木齊古城七處亦紛歧設領事第十四款並有俄商運俄貨走張家口嘉峪關赴

天津漢口過通州西安漢中運土貨回國同路之語不特口岸過多并與華商生計亦有妨碍允行則𡨚受其害先允後翻則曲仍在我自應設法挽回以維全局左宗棠於新疆情形瞭如指掌金順錫綸久在西北各路諳習邊情且西路通商應如何布置始能害少利多左宗棠必有權衡至張家口漢口係南北洋分轄之地所有通商諸務亦應彼此通籌著左宗棠金順錫綸將界務商務各條欵悉心酌核李鴻章沈葆楨素顧大局除商務各條詳加籌畫外其界務如何辦理始臻周妥之處分別詳細密陳該衙門另片所陳界務尤關緊要就崇厚寄來分界圖說中國

如尚可設法布置即當妥為辦理若必不可允則邊防尤宜及時籌辦各等語此事一出一入關繫綦重左宗棠督辦軍務事權歸一尤當通籌全局權其利害輕重一併核議密速具摺奏片均著抄給閱看將此由六百里各密諭知之欽此同日欽奉八月二十四日

上諭昨由總理各國事務衙門奏崇厚與俄國商辦交收伊犁事宜輕率定議畫押當經諭令左宗棠等籌畫密奏本日據左宗棠奏復陳邊務一摺所陳界務商務大略及妨民病國各條慮遠思深洵屬老成之見特崇厚現已定議畫押事機已誤惟有亟籌補救設法挽回着左宗棠懔遵昨日諭旨將商

務界務如何辦理始臻周妥之處或約章必不可允邊防一切如何布置始無患生肘腋之虞詳細籌度妥議具奏等因欽此跪誦之餘敬悉我　皇太后　皇上軫念邊陲勤求馭遠方略　聖謨廣運明照無遺曷勝欽服竊惟

國家建中立極東南濱海西北以崑崙枝幹為界畫向與俄羅斯不相聯接以蒙部哈薩克布魯特浩罕為之遮蔽間隔也近自俄人日迫誘脅日眾哈薩克布魯特各部落多附俄人俄又取浩罕三部落拓其邊圉於是俄與中國邊境毘連無復隔閡矣適中原兵事方殷未遑遠畧俄人乘間佔據伊犁藉稱代我收復為要索計并照其國法

按竄科賦以充兵費亦稱饜足矣　朝廷重念邦交既予以代我收復之名并允給償欵盧布五百萬元盧布亦呼嚕布即所稱俄元也光緒三年西洋新聞紙載俄國議願得俄元二百五十萬元交還伊犂海上傳播未必無因此次償欵忽議增至五百萬元其挾詐相嘗已可概見至界務與商務兩者相因西北與東南事體各別道光中葉以後泰西各國船炮橫行海上闖入長江所爭者通商口岸非利我土地也亦謂重洋迢遞彼以客軍深入雖得其地終無全理戰則勢孤守則費鉅合從之勢既成獨據則論爭分肥則利薄也中國削平髮捻兵力漸强製炮造船已

覩成規彼如思逞亦有戒心而渝約稱兵各國商賈先失貿易之利苟可相安無事其亦知難而息焉若夫俄與中國則陸地相連僅天山北幹為之間隔哈薩克安集延布魯特大小部落從前與準回襍處者自俄踞伊犁漸趨而附之俄已視為已有若此後蠶食不已新疆全境將有日蹙百里之勢而秦隴燕晉邊防且將因之益急彼時徐議籌邊正恐勞費不可殫言大局已難覆按也夫陸路相接無界限可分不特異日無以制憑陵即目前亦若無收束不及時整理坐視邊患日深殊為非計且俄人專尚詐力不以信義為重其情易變屢遷與泰西各國不同斷難望

其守約而持久即如佔踞伊犁之始謂俟我克復烏魯木齊瑪納斯即當交還比官軍連下各城並克復南疆而俄弗踐前言穩踞如故方且庇匿叛逆縱其黨類肆出窺邊上冬今春陝回及布魯特汗安集延條勒入犯時官軍獲生賊訊供搜有俄官路票昨次布魯特安集延諸賊由俄境何來地方出竄經官軍剿洗殆盡漏網數十人仍逋匿俄境據活賊口供亦由俄官驅遣所致四次縱賊犯邊官軍追賊均未赴俄界一步我之守約如此彼之違約如此尚何信義可言當崇厚與俄官議交伊犁時俄人肯以

恩赦為請並以曉示難於遍及為慮崇厚奏奉　諭旨飭

臣照辦臣謹遵　旨並會同金順出示曉諭伊犁漢陝纏土各回民等宣布　皇仁以安反側金順即派提督殷華廷賚示前赴伊犁張貼俄官七河總督忽變前議將殷華廷擋回不令貼示藉稱應候圖爾齊斯坦總督回信比金順二次遣殷華廷復往探詢七河巡撫竟派人阻之伊犁境外不准復入似此任意把持不獨違慢　朝旨並置其君與外部諸臣成議於不顧其悖謬又如此俄之佔踞伊犁也將大城西北之城廬舍隳為平地迤東清水橋塔爾奇綏定三城均毀棄以居漢回蘆草溝盤子等處均棄而不守而取各城堡木料於大城東南九十里金頂寺營造

市廛幾二十里臣上年十月二十二日復陳摺内已略言之茲接金順錫綸所言伊犁情形亦同查俄人用心蓋欲踞伊犁為外府佔地自廣藉以養兵久假不歸布置已有成局我索舊土俄取兵費鉅資於俄無損而有益我得伊犁只賸一片荒郊北境一二萬里間皆俄屬部落注萬里何以圖存況此次崇厚所議第七款接收伊犁後叚爾果斯河及伊犁山南之帖克斯河歸俄屬無論兩處地名中國圖說所無尚待詳考但就方向而言是畫伊犁西南之地歸俄也自此伊犁四面俄部環居官軍接收墮其度内固不能一朝居此耳雖得必失庸有倖乎武事不競之秋有

割地求和者矣玆一矢未聞加遺乃遽議捐棄要地饜其所欲譬猶投犬以骨骨盡而噬仍不止目前之患既然異日之憂何極此可為歎息痛恨者矣金順錫綸之擬緩收伊犁而以沿邊喀什噶爾烏什精阿塔爾巴哈台四城宜足兵力濬餉源廣屯田堅城堡先定邊備自非無見惟伊犁現無定議謀新疆者非合南北兩路通籌不可現在伊犁界務未定則收還一節自可從緩計議喀什噶爾烏什規畫已周毋庸再議其塔爾巴哈台精阿急需加意綢繆應由金順錫綸自行陳奏請　旨外所有崇厚定議畫押十八款內償費一節業經奉有　諭旨第八款所稱塔城

界址擬稍改照同治三年議定界址尚只電報應俟崇厚
奏到再議第十款於舊約喀什噶爾庫倫設領事外復議
增設嘉峪關烏里雅蘇台科布多哈密吐魯番烏魯木齊
古城七處第十四款并有俄商運俄貨走張家口嘉峪關
赴天津漢口過通州西安漢中運土貨回國均經總理衙
門奏奉　諭旨指駁外第二款中國允即　恩赦伊犁居
民業經遵　旨照辦被俄官截阻賫示委員不准張貼第
三款伊犁民人遷居俄國入籍者准照俄人看待意在脅
誘伊犁民人歸俄而以空城貽我與截阻賫示委員同一
用心第四款俄人在伊犁准照舊管業伊犁雖還中外商

民襍處無界限可分是包藏禍心預為再踞之計至商務允其多設口岸不獨奪華商生計且啓蠶食之機總理衙門原奏籌慮深遠實已纖細畢周　諭旨允行則實受其害先允後翻則曲仍在我應設法挽回以維全局竊維邦交之道論理而亦論勢本山川為畺索界畫一定截然而不可踰彼此信義相待垂諸久遠者理也至爭城爭地不以玉帛而以兵戎彼此强弱之分則在勢而不在理所謂勢者合天時人事言之非僅直為壯而曲為老也俄踞伊犁在咸豐十年同治三年定界之後舊附中國與中國民人雜處各部落被其脅誘俄官即視為所屬藉以肆其憑

陵俄之取浩罕三部也安集延東為所併其酋阿古柏畏俄之逼裹其部衆陷我南疆阿古柏死逆子竄入俄境俄乃認安集延為其所屬欲藉為擾佔回疆腴地之根現冒稱喀什噶爾住居之俄屬本隨帕夏而來之安集延餘衆俄之無端冒為已屬實與交還伊犁仍留復踞地步同一居心觀其交還伊犁而仍索南境西境屬俄其詭謀豈僅在此數百里土地哉界務之必不可許者此也俄商志在貿易本無異圖俄官則欲藉此為通西於中之計其蓄謀甚深非僅若西洋各國只爭口岸可比就商務言之俄之初意只在嘉峪一處此次乃議及關內並議及秦蜀楚各

處非不知運脚繁重無利可圖葢欲藉通商便其深入腹地縱横自恣我無從禁制耳嘉峪關設領事容尚可行至喀什噶爾通商一節同治三年雖定約試辦迄未舉行此次界務未定姑容緩議而烏里雅蘇台科布多哈密吐魯番烏魯木齊古城等處廣設領事欲因商務蔓及地方化中為俄斷不可許此商務之宜設法挽回者也此外俄人容納叛逆白彦虎一節崇厚曾否與之理論無從懸揣應俟其復

命時請

旨確詢以憑核議臣維俄人自佔據伊犁以來包藏禍心為日已久姑以官軍暫弱欲誑榮全入伊犁臨之以為質繼見官軍勢强難容久踞乃藉詞各

案未結以緩之此次崇厚全權出使噗布策先以巽辭餂之枝詞惑之復多方迫促以要之其意蓋以俄於中國未嘗肇起衅端可間執中國主戰者之口妄忖中國近或厭兵未便即與決裂以開邊釁而崇厚全權出使便宜行事又可牽制畺臣免生異議是臣今日所披瀝上陳者或尚不在俄人意料之中當此時事紛紜　主憂臣辱之時苟心知其危而復依違其間欺幽獨以負　朝廷靦便安而誤大局臣具有天良豈宜出此就事勢次第而言先之以議論委婉而用機次決之以戰陣堅忍而取勝臣雖衰庸無似敢不勉旃除烏里雅蘇台科布多邊務應請　旨飭

下該將軍大臣預籌布置以臻妥慎外所有新疆南北兩
路軍務臣既身在事中自當與各將領敬慎圖維以期有
濟現調南疆立功後告假回籍飭赴喀什噶爾軍營換防
之頭品頂戴題奏提督陝西漢中鎮總兵騎都尉世職伯
奇巴圖魯譚上達挑帶舊部一營并統楊昌濬所練關內
三營赴肅俟明春凍解先赴喀什噶爾仍歸劉錦棠總統
外并催頭品頂戴記名提督甘肅寧夏鎮總兵一等輕車
都尉世職嘎什普祥巴圖魯譚拔萃頭品頂戴記名提督
甘肅巴里坤鎮總兵騎都尉世職加一等雲騎尉霍隆武
巴圖魯席大城頭品頂戴記名提督騎都尉世職額爾克

巴圖魯戴次勝由籍挑選舊部到甘分統楊昌濬所練之
關內各營馳赴喀什噶爾均歸劉錦棠總統以厚兵力而
資分布臣率駐肅親軍增調馬步各隊俟明春凍解出屯
哈密就南北兩路適中之地駐紮督飭諸軍妥慎辦理所
有遲速機要應秘密者即據所見緘商總理衙門核酌務
期內外一心堅不可撼維持大局仰副　宸謨現將軍械
先運哈密諸凡布置已有端緒其軍餉一切最關緊要臣
與楊昌濬往復籌商如果各省關三年以內能符原議每
年解足五百萬兩而各省應解金順錫綸張曜金運昌各
專餉又歸有著不致分臣餉力則此次應用應增之費尚

可於臣軍餉內騰挪挹注毋庸另請增撥合無仰懇天
恩飭軍機處戶部嚴催各省應協各欵迅即大批起解以
速補遲庶甘肅新疆大局可期無悮時事之幸亦微臣之
幸也謹一併據實覆陳伏乞皇太后皇上聖鑒訓示
施行謹奏

俄約不可曲從摺 光緒六年　張之洞

奏為要盟不可曲從禦侮宜早籌計謹熟權利害披瀝上
陳仰祈
聖鑒事竊臣近閱邸抄因俄國定約使臣辱命
有廷臣集議之
旨所有條約傳聞大概臣竊不勝憤懣
謹將此約從違利害縷晰為我
皇太后
皇上陳之新
約十八條他姑勿論其最謬者為陸路通商由嘉峪關西
安漢中直達漢口秦隴要害荊楚上游盡為所據馬頭所
在支蔓日甚消息皆通邊圉難防堂奧已失不可許者一
東三省全境任其游行無忌陪京密邇肩背單寒是於綏
芬之西無故自蹙地二千里且內河行舟乃各國歷求而

不得者一許俄人效尤踵至不可許者二　朝廷不爭稅課體卹商民若準回兩部蒙古各盟一任俄人貿易概免納稅華商日困猶末也以積弱貧苦之蒙古徒供俄人盤剝以新疆鉅萬之軍餉徒為俄人委輸且張家口等處地方開設行棧以後逐漸推廣設啟戎心萬里之內首尾銜接不可許者三中國屏藩全在內外蒙古沙漠萬里天所以限俄人即欲犯邊迤北一面總費周折如蒙古台站供其役使彼更將重利以啗蒙人一旦有事音信易通糧餉無阻勢必煽我藩屬為彼先導不可許者四條約載俄人准過卡倫三十有六延袤太廣無事而商往則譏不勝譏

有事而兵來則禦不勝禦不可許者五各國商賈從無言許帶軍器之例今無故聲明人帶一槍其意何居若千百爲羣閧然竟入是兵是商誰能辨之不可許者六俄人商稅種種取巧如各國希冀均沾洋關稅課必然歲絀數百萬不可許者七同治三年新疆已經議定之界又欲内侵斷我南通八城之路新疆形勢北路荒涼南城富庶爭磽瘠棄膏腴務虛名受實禍不可許者八伊犁達爾巴哈台科布多烏里雅蘇台喀什噶爾烏魯木齊古城吐魯番哈密嘉峪關等處准設領事官是西域全疆盡歸控制有洋官斯有洋商有洋商斯有洋兵初則奪我權勢繼則反客

為主馭至彼有官而我無官彼有兵而我無兵且各國通例惟沿海邊疆准設外邦領事若烏里雅蘇台科布多烏魯木齊古城哈密嘉峪關乃我境內今日俄人作俑設各國援例將十八省腹地徧布洋官不可許者九所還伊犁三面山嶺內卡倫以外盤踞如故據高臨下險要失矣割霍爾果斯河以西格爾滿島以北屯墾無區畜牧無所地利失矣金頂寺久為俄人市廛現與約定俄人產業不更交還是伊犁一綫東來之路必穿俄巢出路盡矣寥寥遺黎彼又遷以往人民空矣擲二百八十萬有用之財索一無險隘要無地利無人民無出路之伊犁將安用之不可許

者十俄人索之可謂至貪至橫崇厚許之可謂至謬至愚
皇太后　皇上赫然震怒譴使臣下廷議可謂至明至
斷上自樞臣總署王大臣以及百司庶官人人皆知其不
可所以不敢公言改議者誠懼一經定議更約或啓釁端
然臣以為不可（足）懼也必改此議不能無事不改此議不可
為國請言改議之道其要有四一曰計決二曰氣盛三曰
理長四曰謀足何謂計決無理之約使臣許之　朝廷未
嘗許之崇厚誤國媚敵擅許擅歸國人皆曰可殺者也伏
望拿交刑部明正典刑治使臣之罪即可以杜俄人之口
按之萬國公法既有不準違訓越權之例復有臣執全權

可否仍在朝廷之條正以崇厚不遵密函不請　諭旨之
罪相合者英之獄成憲昭然故云誅崇厚則計決何謂氣
感俄人欺我使臣孤懦逼脅畫押施一償百意猶未饜不
料俄羅斯醜然大國乃至出此不特中國憤怒即環海萬
國亦必不直其所為俄使不待約定聲言歸國外洋亦無
此例況凱陽德律署理公使豈能擅歸其為恫喝無實情
形顯然儘可任其去留不必過問莫如明降　諭旨將俄
人不公不平臣民公議不願之故布告中外行文各國平
其曲直兼飭會堂將我　國家情理兼盡之處刊入新聞
紙明諭邊臣整備以待攄衆怒難犯之情執中國不從之

志俄國雖大自與土耳其苦戰以來師老財竭臣離民怨近歲其國王屢有防人行刺之風若更渝盟犯順圖遠勞民必且有蕭牆之禍行將自斃焉能及人故明示中外則氣盛何謂理長種種要挾皆由伊犁而起若盡如新約所得者伊犁二字之空名所失者新疆二萬里之實際而每年尚需耗四五百萬之餉需以供邊師防軍建城開屯之用是有新疆不如無新疆也索還伊犁而盡拂其請則曲在我還伊犁而仍責其言則曲在彼況使臣畫押未奉
御批未頒　御寶一如載書未歃豈足為憑俄人理屈詞窮焉能生釁故緩索伊犁則理長何謂謀定俄人而講信

義兵端可以不開若俄人必欲背公法棄和好設防之處大約三路一新疆一吉林一天津左宗棠席慶勝之師兵力素强金順劉錦棠錫綸張曜亦皆健將以靜待動俄人必敗聯絡喇嘛棍噶札空參遏其歸路彼將騎輪不反若出吉林邊地遼遠林木叢雜其地去俄都二萬里孤軍深入餽餉艱難不能用衆　特簡才兼文武之將授以重權資以軍餉分南北洋防海之半為經略東三省之用命左宗棠金順撥籍隸東三省知兵之將官數人東來聽用招集索倫赫津打牲人衆教練成軍其人素性雄勇習與俄鬭定能制勝即小有挫衂堅守數月必解而去天津一路

逼近神京然俄國兵船扼於英法口例向不能出地中海即强以商船載兵而來亦非西洋鐵甲船可比李鴻章高勛重寄歲糜數百萬金錢以製器械而養淮軍正為今日若并不能一戰安用重臣伏請　嚴飭李鴻章諭以計無中變責無旁貸及早選將練兵仿照德國新式炮台戰而勝則酬以公侯之賞不勝則加以不測之罰設即以贖伊犁二百八十萬金雇募西洋勁卒亦必能為我用俄人蠶食回疆併吞浩罕意在拊印度之背不特我之患亦英之憂也李鴻章若以此開悟英使輔車脣齒當視同仇近年立功宿將如彭玉麟楊岳斌鮑超劉銘傳善慶岑毓英郭松

林宋慶壽昌彭楚漢郭寶昌曹克忠李雲麟陳國瑞等或現任或退閒或處廢籍各酌量　宣召來京令其詳議籌策分駐京通津沽及東三省以備不虞山有猛虎銷自可建威銷萌故修武備則謀定　臣非敢迂論高談以大局為孤注惟深觀此變日益艱難西洋撓我權政東洋思啓封疆今俄人又故挑衅端若更忍之讓之從此各相逼而來至於忍無可忍讓無可讓又將奈何無論我之禦俄本有勝理即或疆場之役利鈍無常　臣料俄人雖有戰而不能越嘉峪關雖有勝而不能薄寗古塔終不至掣動全局曠日持久頓兵乏食其勢自窮何畏之有然自及今一決乃中

國强弱之機尤人才消長之會此時猛將謀臣足可一戰若再閱數年左宗棠雖在而已衰李鴻章未衰而已老精銳漸盡欲戰不能而俄人則已城於東屯於西行棧於北縱横窟穴於口之內外通衛藏脅朝鮮不於今日捍之於藩籬而於他日闢之於庭户悔何及乎要之武備者改議宜修不改議亦宜修伊犁者改議宜緩不改議亦宜緩崇厚者改議宜誅不改議亦宜誅此中外羣臣之公言非臣一人之私言也輔謀在疆臣作氣在百僚據理立辨在總理衙門而決計獨斷始終堅持則在我　皇太后　皇上事關宗社大計坐視不能緘默不敢仰懇將臣此疏一併

發交廷臣會議不勝憂憤迫切之至

馭俄先備後講摺　　張之洞

竊臣於本月初五日曾上一疏備陳俄約從違利害　皇
太后　皇上既一再下廷議矣臣前疏之意要以急修武
備為主竊揆　朝廷之意亦未嘗不以修備為是而不免
以修備為難豈非洞鑒二百十年來備邊一無可恃遂覺中
國大勢斷不及以禦强鄰故不免長慮卻顧不得已而至
於講也臣愚以為無備不能戰無備則并不能講及今而
言備尚有可備之兵尚有可備之餉尚有可備之人故就
前疏未盡之意詳切臚陳惟　聖明垂察焉備之之法曰
練兵曰籌餉曰用人練兵如何首練蒙古兵蒙古各盟與

刊本蠶食蒙畜下宜激厲所部講求牧
政間淪戍軍創辦之始酌給餉需蒙人以畜
牧爲耕鑿

聖清同休戚與今日中華同利害雍乾間征討準回各部均資其力以集大勛近年各藩無才日就貧弱俄人乘機闌入烏梁海南北受其牢籠喀魯倫河東西侵爲田牧漸且盡奪膏腴襍居無限一旦有事卡倫鄂博直如虛設彼將逕叩邊牆擬請　特命蒙古王大臣隨帶曉習邊事數員周歷各盟體察土謝圖等四汗所部情形息耗强弱諸王台吉高下纔晰以聞布告各盟曉以俄人不可測意在蠶食蒙古宜激厲所屬整兵以待蒙人以畜牧爲耕鑿若多發帑金市其戰馬配給邊軍蒙人得金我軍得馬我軍得馬則兵强蒙馬易售則蒙人因富而亦强設俄人內

犯我邊（堅守）牆蒙人截其輜重擊其惰歸其師必盡蒙古强則我屏遮也蒙古弱則彼魚肉也出入之間利害不可以道里計矣其次鍊西兵沙漠荒寒馳驟搏擊南人十不敵北人一關內人三不敵邊外人一劉錦棠之軍名為湘營實多隴西壯士關外流民以故所向有功額魯特種人質性强悍阿拉善五部內向鍊有喇嘛兵數千亦甚可用若推廣於西北各部喇嘛擇其傑出者多假以呼圖克圖名號必能號召約束執殳前驅哈薩克雖為俄人所脅逃出歸化者不少若令錫綸招徠此輩加以訓練庶湘營之勢不孤以後屯戍之役不煩征調南軍矣其次練東兵黑龍江

人素樸勇古有滿萬無敵之稱　國朝名將多産其間將軍得人則盡人皆為勁旅吉林金匪盤踞日久黨類頗多必欲剿捕驅除盡空其地斷無此事若撫之使為我用免為俄人所誘轉致多樹一幟又其次練北洋兵李鴻章新購蠡子船頗稱便利惜為數不多其價尚廉似宜向歐洲續造數十艘專派統領分屯北洋大沽營口燕台三處一方有驚兩口起援倏敵登岸圍焚其舟敵無歸矣惟舟師海戰淮人十不敵閩廣人一請　飭閩廣督臣擇熟習海戰將弁數人召募閩廣勁卒來津聽用水陸之備既完如更　密飭曾紀澤結英國圖俄攻所必救以掣其勢此亦

別本本有海防經費下新疆所需本有西征專餉東三省餉項可以南洋海防經費各關提存二成內酌撥惟整頓蒙軍

一奇也籌餉如何北洋所需本有海防經費應即於海關提存款內酌撥惟整頓蒙軍及沿邊重鎮如科布多烏里雅蘇台歸化城（庫倫）張家口諸處雖係次衝如從容布置亦須增兵增餉竊思各省營勇除津防西征軍外現存不下百數營節腹省之虛糜即可供邊軍之騰飽擬請　飭下各督撫酌量裁撤（汰）大約汰四存六而邊餉出矣此外若倍徵洋藥稅歲可得數百萬酌提江廣漕折運脚亦可得二三十萬整頓淮綱但能專杜商私所爲得亦不下數十萬錢流地上得人斯理耳用人如何蒙古部當以蒙王承之科爾沁王伯彥訥謨祜世篤忠貞廉樸勇敢若令其總統各

盟副以大臣分屯烏里雅蘇台庫倫兩路當能遠追超勇
親王策淩之英風近紹忠親王僧格林沁之餘烈劉錦棠
前敵大將若假以重權則聲威益震錫綸現扼塔爾巴哈
台為極邊張曜備科布多為後路均宜重其任厚其兵裕
其餉使三軍相為犄角則俄馬不敢西牧兵至東三省內
撫外剿斷非長才不能駕馭辦理現任各將軍才皆不逾
中人恐不足以備緩急可否於中外大員中遴選數人
特降諭旨令其經畫關東方畧條議以聞就中察其實有
条理器雄志壯者授以東方之任若夫總攬各邊指揮諸
將一如問耕問織當責之素習之人似宜密諭左宗棠將

各路戰守機宜明白條上設異日俄人敗盟必開兵端即令左宗棠密荐老成屬以隴事而身自來朝以備廟堂諮訪籌策亦無不可昔范仲淹自請行邊識者以為措置西事當在中樞可見運籌帷幄不在自將臨邊鎮一方何如策全局乎其籌餉事理尤在度支得人侍郎閻敬銘長於綜核理財有效　朝野咸知今雖養痾山居並非篤老閻敬銘何嘗一日忘天下哉若蒙　旨宣召勅以時艱諭以大義該侍郎豈忍堅辭得閻敬銘以理度支　朝廷當不憂匱餉矣此外文武之才儲備宜廣擬請　飭李鴻章左宗棠　切實舉荐以備錄用邊才本屬專門方今京外通獘

冗員多而真才少不索何獲不學何能即如李鴻章左宗棠等若非中原多故久歷兵間其才何由而成何由而見伏望　敕下各部堂官各省大吏就屬吏中訪求志節可造之人有欲講求邊事者即行奏請發往東西兩邊以資練習隱逸之士未仕者亦許一體列荐數年之後人才輩出安知不有駕李鴻章左宗棠而上者何致令　朝廷東顧西瞻興不得頗牧之嘆哉出使絕國漢有專科必如陸賈之辯蘇武之節傅介子陳湯之權略常惠班超之智勇方稱斯職並請　諭令疆臣亟為物色備行人之選庶可與謀臣戰士相輔為功有備如此可以戰矣然臣知國家之意非

必欲戰也即臣之意亦非欲求戰也必實有戰心實有戰具而後可以為講之地則請講之法一曰責以義自我聖祖以來與俄久通聘問而不以藩屬畜之並不以外夷目之我兵圍雅克薩城俄人窮蹙　聖祖不忍舍而勿攻前有徐元文之碑後有察畢那之案載在盟府炳若日星是我之有德於俄一也壘次所獲羅剎冝番等百餘人不加誅戮　賜居　京師編為佐領是我之有德於俄二也世宗時俄國官生來學於是建俄羅斯館立俄羅斯學學醫則遣蒙古醫往學喇嘛經典則遣托次爾番僧往是我之有德於俄三也恰克圖開關互市以利俄商繼茶黃出

口以活俄民乾隆時俄人踰盟犯禁我　高宗如天之度
不加以兵因其悔罪仍許通商是我之有德於俄四也我
有四德俄不知報咸豐八年乘我方有兵事紿奕山攘我
烏蘇江東之地數千里又誑言沿邊常住卡倫以外萬餘
里　文宗追念舊盟重恤民閔兩國之生靈因而畀之
環海四洲莫不以俄為曲今又乘我　天子沖齡邊圉甫
定以徼大利俄之君臣獨不畏違天不祥乎之咎乎二曰
析以約陸路通商不便原許酌商不得節外生枝則有咸
豐十年之續約第十四条在有緊要妨碍之處尚未限滿
立即議改則有同治八年改訂之約第二十二条在界牌

約永不更改他地並不侵占則有咸豐十年之續約第一
条在邊界既定編冊繪圖永無彼疆此界之爭則有咸豐
十年之約第九条在張家口不設領事不立行棧則有同
治八年改訂之約第四条在京城恰克圖兩處公文準用
台站站費兩國共之今云在蒙古地方天山南北行路寄
信槪用台站新約有舊約無準設領事向止伊塔喀三城
今又增烏魯木齊六處新約有舊約無入邊道路止恰克
圖近邊馬頭止張家口今又取道關隴以達漢口新約有
舊約無松花江行船至伯都訥與沿江一帶居民貿易新
約有舊約無俄人來路向出北道尚免西防今由科布多

蒙古貿易或准或未准今係中
外蒙古各盟已設官未設官之處核之
新有舊約無不納税者向止兩國邊界
百里為然

過歸化城運貨前往天津新約有舊約無蒙古貿易各盟
地方關外天山南北概不納稅新約有舊約無不納稅者
向止兩國邊界百里內為然今云在中國蒙古地方關外
天山南北概不納稅新約有舊約無通商總例向完正稅
今云陝甘漢口不納子稅新約有舊約無交易原須兩利
華商豈可偏枯今云準以貨物抵帳新約有舊約無通商
諸人帶兵器一件未言火器查洋鎗洋炮洋火藥本係禁
物今云人帶一鎗新約有舊約無領事向止與地方平行
自不得與大臣抗礼今云領事與大臣用信函會晤用友
邦礼新約有舊約無即臣所指駁者固已如此其多其他

別本俄其何辭下三日休以務俄人倘於義務於約尋矣若猶不聽則請說之曰俄逞威貪利將謂中國亡讓不能勝也我守已固我軍已蒐閉關絕市茶黃不出東結根同江思歸之眾民西收哈薩克布魯特及匹之舊部俄西邑則我以一軍襲尼布楚東冦則我以輕騎破浩罕後伊犁俄人萬里孤軍長驅前入壁堅後土交橫糧絕俄軍必殲即或我軍不克我力不支則我猶由下策注西要阿里海以賜英吉利使之越東海以取土爾扈特之地東捐台灣山後以賜日本使之沒庫頁島以斷東海口徼土耳其以宿恨使扼俄喉日耳曼以重利使絕俄兵連禍結俄之精銳竭於外亂黨起於內恐彼得羅堡國都非俄之有也俄人自命大國比年來收納難民拓地稱甚忠亦欲敘布義沽名今見我有備而又恭理勢兼剛果以動之彼不聽矣至使臣返命通則當更求操縱之法或新約不許而增兵費卹款之數以易伊犁或新約不許另議左宗棠創窮邊荒

或自相矛盾或影射欺蒙如總理衙門更按各關条約恭酌此例並檢俄國歷屆盟會逐細研求可駁者亦復何限以此詰俄俄其何辭揔而論之備為主講為輔揔縱為變化我苟無備俄人知我虛實肆為恫喝雖有辯士將不得言言亦不信然修備之策並非朝廷頒一詔書疆吏辦一覆奏已也竊念自咸豐以來無年不辦洋務無日不講自強因洋務而進用者數百人因洋務而廢耗者數千萬冠蓋之使交錯於海邦市舶之司日增於腹地屈己捐愛將日待時事關三朝積弱如故一有俄事使從違莫決搢紳束手將帥變色即號憂國持高論者亦徒吁嗟太息而不能

邊無關要害之地數百里與之使盡歸伊犁山川要隘是我棄一石田而得完伊犁也新約不許伊犁不歸則今歸我界人白彥虎我仍以償款酬之此一役也俄有所得既足以戢我心我除邊患亦足以存 國體此二者為合兵為活著臨事相機便宜使臣之善應矣總而論之

知其所以然泄泄悠悠妄其憂於君父今猶中興時也不知十餘年後又（將）何以處之有七年之病而不蓄三年之艾此古今來志士仁人所為扼腕而飲恨者也伏請 皇太后 皇上自今日始君臣上下臥薪嘗胆戒鴆毒之安惕肘腋之患專心以求賢才破格以行賞罰如仍有以含垢姑安養晦縱敵之說進者一切斥勿用然後修備乃非虛文矣昔者晉無失德苻堅恃强而伐之渡淮而堅滅宋無（亂）私政完顏亮恃强而伐之臨江而亮亡天眷所在雖偏安之朝猶足以勝强敵況以 國家德澤之深疆域之廣物力雖絀而未窮人才雖稀而未盡如謂修德修政竭爲

迹九州之全力而不能與一鄰國抗亦數千年來史冊所未有者也仰冀　皇太后　皇上將臣此疏交再議之王大臣等一併議奏以備　裁擇茲事體重大臣書生之見不知有當萬一否伏乞　皇太后　皇上聖鑒謹奏

會議條約分別准駁疏　王大臣等

竊十一月二十一日内閣奉　上諭云云等因欽此臣等遵將條約章程及各摺件公同閱看竊謂交鄰之道務在持平謀國之方貴於慮遠臣等通籌全局豈敢故持高論使總理衙門獨為其難惟檢閱崇厚所定條約其不可許者約有四端曰伊喀塔各城定界曰新疆内外蒙古通商曰運貨直至漢口曰行船直至伯都訥敢就籌畫所及為我　皇太后　皇上陳之新疆二萬里北路形勝全在伊犁所以控制内外藩聯絡四部條約所載第七條將伊犁西邊及帖克斯以一帶歸俄國管屬查伊犁向設八城以金

頂寺為咽喉以帖克木斯以為脈絡以霍爾果斯為大渠以海努克台為沃土今閱圖内所畫紅界西面緊逼伊犁南面自烏宗島山向東而南而西至罕顛萬里山一帶將南通四部之路截斷伊犁形勢不全膏腴盡失難以自存又第三條居民願遷者酌予限期携帶財物第四條俄人置有產業照舊管業特城為中國之城而民為俄民土為俄土必至官如贅疣事多掣肘有交還之虛名無收復之實際其他如改定喀城界址及第八條塔爾巴哈台交界處所其所舉山川與滿蒙還音之字不甚相同臣等無憑指駁惟查塔爾巴哈台於同治三年經明誼與俄臣雜哈

勞將界議定旋於同治九年經立界大臣奎昌建立牌礴各在案理應永遠遵守毋相侵越何以此次又改界址得寸思尺殊失友邦之誼喀什噶爾内有安集延浩罕為屏蔽與俄國本不接壤今俄人既吞併浩罕設立省會自應定界以息爭端但準情酌理祗應就浩罕本境畫歸俄國亦未便越我甌脫占我藩籬此界務碍難允許之實在情形也通商一節固在彼此交利尤在彼此相安如第十條之嘉峪關等處徧設領事第十二條之俄國在天山南北内外蒙古貿易均不納稅無論華商失業榷稅全虧有妨中國政治即論中外交涉幅員既廣照料難周市廛雜處

既慮因爭競而啟衅端沙漠荒凉更恐疏保護而釀巨案於我固屬失利於彼亦未必無虞此商務碍難允許之實在情形也俄商運貨由嘉峪關取道西安漢中以達漢口查所定陸路通商章程十七條於俄商有益之事處處力爭於俄商不便之事處處規避率行議准南洋之獘實叢生西路之隱憂更迫此運貨直至漢口碍難允許之實在情形也咸豐八年愛琿和約一條係烏蘇里黑龍江松花江居住兩國所屬之人令其一同交易一條係黑龍江松花江烏里蘇阿只准中國俄國行船詳繹原約貿易專指居民行船各在本境文義明顯何致講解紛歧今俄國率

欲添寫上游字樣崇厚即允其至伯都訥並與沿江一帶
居民貿易殊與定約不符似此節節闌入其意何居此行
船直至伯都納礙難允許之實在情形也臣等悉心酌度
伊犂地方既經俄國代收代守自應酌償經費如俄國將
伊犂人民土地全境交還分界通商各事均作罷論所議
兵費卹款銀二百八十餘萬擬請　俯准如數償給分起
歸還以敦和好以重報施至伊喀塔各城定界新疊内外
蒙古通商及運貨直至漢口行船直至伯都訥各端現值
御批未准之先據理剖辨僅係口舌之爭若於條約一允
之後枝節蔓延即成肘腋之患彼時百變環生大局將不

可問惟有仰懇 飭下總理衙門王大臣決意堅持剴切
辯論收目下轉圜之效杜日後啓釁之由不可專顧一時
致誤全局總之臣等所議理所可許者無不曲從勢所難
行者未便遷就明知中俄脩好有年邦交宜固而欲全信
義須泯詐虞若陽為歸地尋盟陰則恃强罔利俄國當不
其然總理衙門王大臣公忠謀國共濟時艱必能相機籌
辦以紓 宵旰而杜要求無待臣等再三之瀆臣等尤伏
願 皇太后 皇上脩明政治整頓邊防以奮中外之人
心以肇 祖 宗之基業天下幸甚所有臣等會議分別
准駁緣由並日本少詹事黃體芳御史李端棻各遞條議

一併鈔錄進呈伏乞　皇太后　皇上聖鑒
再臣等正在會議間本月初五日奉　上諭云云等因欽
此當即公同閱看修撰王仁堪等一摺援據者英成案及
萬國公法明指使臣違訓越權即可廢約一條請正使臣
之罪庶吉士盛昱一摺據稱崇厚之罪除殊死之條本無
可議洗馬張之洞一摺亦請將使臣拏交刑部明正典刑
臣等查崇厚前奉　諭旨交部議處係專就擅自回京而
言若論其違旨妄行專擅定議貽　宵旰之之深憂釀邊
陲之隱患實屬罪無可逭事關大局衆議僉同應如何治
罪之處伏乞　宸斷至張之洞摺內所稱十不可許與臣

等所見大致相同至所請明示中外一條應否　特降諭
旨宣示之處伏候　聖心裁度綏索伊犁一條雖與臣等
現籌辦法稍有未符惟目前既須與俄人改議則收還伊
犁亦有不得不緩之勢急脩武備一條本係　國家要務
即畫場無警亦宜慎重邊防應請將該洗馬一摺　飭交
李鴻章左宗棠酌度機宜通盤籌算隨時奏明辦理東三
省根本重地應如何豫為布置及籌餉用人之處擬請
飭下軍機大臣權衡緩急請　旨遵行所有臣等將各摺
逐條籌議理合附片覆陳伏乞　聖鑒

論中國兵力伸發若何

戈登

一中國軍制軍令均應仍舊遵守俾與黎庶相宜

一中國人民繁庶故權較大於他國且百姓慣耐艱辛故用後膛鎗只須教使慣用與精修提點後膛鎗而已其餘步兵不必多用此也至於後膛鎗不論用何款式皆宜採自他國惟只須用舉國合宜之式蓋中國自製此等之鎗現尚未得善法只應定通行數處設立修整之廠至於後膛鎗所用彈子則宜在瀾疎通行數處自行製做按採辦後膛鎗款式衆多實爲不妥但每四省改用別式亦未得謂之不善凡有後膛鎗果能擊及二百四十丈者已堪採

用無庸撥背採辦上品能擊更遠之後膛鎗蓋採辦能擊二百四十丈遠後膛鎗之背以辦能擊更遠之後膛鎗只可得半耳縱使能擊二百四十丈遠之後膛鎗與能擊三百六十丈遠之後膛鎗同價若以教中國兵用此能擊更遠之鎗亦為費時過當且營兵倉卒用此鎗時誠恐心亂而忘其所習此種情事各國每每有之故只須採辦平常後膛鎗能擊二百四十丈者取其事件雄壯體質堅固而已慎勿輕易採買利便精細事件之鎗蓋中國兵携帶之件稍重一二斤似不足慮因不湏各自携帶粮食衣包等件故也

一中國之權在民數多運兵速行李簡軍餉廉夫佩劍持矛亦可制敵倘握險要以十四佩劍持矛之士而敵一用上品後膛鎗精習諸般戰法之制兵亦可取勝此固人所共知也彼佩劍持矛者尚如是況更有平常後膛鎗不更易操勝算乎

一臨陣時中國兵宜多用逼近散戰法蓋其勝算在運兵神速在斷絕敵人粮食輜重在夜間佯爲討戰在頻頻滋擾

一中國兵莫妙於以火箭代巨砲惟兵行遲鈍萬勿與砲兵同運至步兵燃鎗乃事之最猛者戰時較巨砲聲響獲

益尤甚倘運兵時携巨砲而往則兵行不疾與巨砲等耳
故往戰時只可携砲數門該砲宜用螺絲紋之後膛大砲
炮分四節臨用時用螺絲續成
一中國人慣用泥砲台此法理宜仍舊但攻城時掘溝之
法仍須學習耳
一中國兵毋擅攻砲台必要忍耐待敵飢餓且又日夜擾
之不休
一中國宜用稍細能擊極遠之巨砲數門且有螺絲紋兼
後膛者該砲易於遷運若在遠處安置不慮敵人攻奪如
彼敢來攻奪中國兵可以退避縱被敵奪去一二亦無大

礙但如此遥擊敵營使彼晝夜不能安寢既不能寐則疾病生入醫局者多則需人服侍如是則敵人之數有不減少者乎

一倘敵人逼近攻城中國兵毋俟彼來攻必先往攻敵軍後陣如輜重粮餉之隊且迎彼之來路而擾之蓋中國兵携帶行李不多又無巨砲之累如此敵行一里我行二里矣務使中國兵今日拒其前明日襲其後忽而繞其左忽而繞其右以致敵人困憊奔波激怒將士不和而疾病亦因之多生矣

一在中國内地平時應制電線以綏靖良民兼免危言恫

喝但中國戰塲上亦須用日鏡遥射暗號法此法學之不難有利無害故應設一館以教之

一水雷一欵中國不宜用難於料理者盖此砲之妙在用極平常之法而製者値亦最廉便能多用中國不妨各處密置倘或偶有一枚走差悞溺華船一艘該船戸亦應甘心為國捐軀假使僅在數處置此水雷則敵人行近時自知慎防一離此境便安枕無憂矣惟各處密置則敵人在在不安不論何時心常憂慮必致目不交睫染病身亡指不勝屈也如是使敵人常懼舟被擊碎此事實在中國獲益較諸擊破敵人船隻事半而功倍故中國應備價廉之

水雷砲事件平常者耐久不壞者用引火筒而非用電火燒者衹須多多設備不須採辦價高而機法深奥者也

一中國嗣後保護海旁地方無庸採辦一門巨砲以彼價值昂貴修整艱難且敵人戰艦兩旁有鐵甲能擋受中國所可購得之極大砲

一中國宜用春坎砲以保護各海口該砲價廉易購且用時衹須前築厚垣遮蔽然後從敵人不能見之處燃放與放他式砲必有門戶敵人可以洞見者不同又春坎砲敵人不能自護以免險因彈子從空而下落在船而不論何物觸之即碎也又中國買春坎砲五百門所值不過與現

購十八頓之巨砲一門相等即使全失亦無甚緊要

一凡各海口如有大舂坎砲一千五百門又多置平常水雷砲則不論何敵均不能近

一至於活動水雷砲最妙是用小輪船推前之法在船頭用竹竿以懸之

一中國最妙用略小兵船駛行較疾食水較淺而不用重鐵甲船此爲上策倘欲以多金購大兵船未爲得計泰西諺云毋以鷄卵盡置一筐意謂筐覆則全卵盡破也蓋購兵船之大者較諸小者貴二十倍且中國兵力在海旁小河而不在洋面

一以上提舉各端無庸改易中國規矩換用他國軍兵亦不須邀歐洲與別國洋人贊成此舉倘中國不能自成此事吾恐舉世更無別人可成此舉誠以所需者不多而所費者無幾也

一至於兵船尤有要者當思如用洋人倘與彼國開釁則中國斷不能倚賴以得其力抑更反言之若中國向別國借用人員或恐其國干預中國情事蓋有兩端可任中國擇而問者或中國向彼向此借用人員而冒所不能倚賴之險或中國自思何國乃中國可與共安樂共患難者則向之借用人員按在後一法有益中國尤爲穩當但要知

若用此法中國不必向别國借用人員如僕之在中國叨受職銜也

一僕若駐足中國實於中國有害因令花旗法蘭西日耳曼等國生嫉妬心以彼亦欲派員前来故也且中國不用僕亦未嘗不可蓋僕所提舉者中國可以自行辦理如果此事不能舉行則僕亦無長處可見矣

一中國建都北京一日則一日不能攻伐强大之國以其瀕海故也要如蜜之有王當在蜂房中央之處

一所有鐵甲戰艦鐵架砲船原未有益於中國要之必有藏聚此等船之埠然後可苟未能預備藏聚之埠則必先

有十足軍兵然後無意外之慮

一中國難獲十足軍兵良以提督職官有領五千名兵餉而實兵則僅二千名者按此等提督理當先行梟首

善後譔鈔十

柔遠全書二十八

籌海篇一　議守上

自夷變以來幃幄所擘畫疆埸所經營非戰即款非款即戰未有專主守者未有善言守者不能守何以戰不能守何以款以守為戰而後外夷服我調度是謂以夷攻夷以守為款而後外夷範我馳驅是謂以夷款夷自守之策二一曰守外洋不如守海口守海口不如守內河二曰調客兵不如練土兵調水師不如練水勇攻夷之策二曰調夷之仇國以攻夷師夷之長技以制夷款夷之策二曰聽互市各國以款夷持鴉片初約以通市今請先言守

今議防堵者莫不曰𠗫禦諸內河不若𠗫禦諸海口𠗫禦諸海口

不若禦諸外洋不知此適得其反也制敵者必使敵失其所長夷艘所長者外洋乎內河乎吾之所禦賊者不過二端一曰礮擊一曰火攻夷之兵船大者長十丈闊數丈聯以堅木澆之厚鉛旁列大礮二層我礮若僅中其舷旁則船在大洋乘水力活不過退卻搖蕩不破不沉必中其桅與頭鼻方不能行駛即有火輪舟牽往別港連夜修治惟中其火藥艙始轟發翻沉絶無泅底鑿沉之說其難一若以火舟出洋焚之則底質堅厚焚不能然必以火箭噴筒焚其帆索油薪火藥轟其桅尾頭鼻而夷船桅斗上常有夷兵遠鏡瞭望我火舟未至早已棄椗駛避其難二夷船起椗

必須一時之久故遇急則斬纜棄椗而遁夷舶三五為幫分泊深洋四面棋布並非連檣排列我火船攻其一船則各船之礮皆可環擊并分遣杉船小舟救援縱使晦夜乘潮能突傷其一二艘終不能使之大創而我海岸緜長處處防其闖突賊逸我勞賊合我分其難三海戰在乘上風如使風潮皆順則即雇閩廣之大梭船大米艇外裹糖包亦可得勝鄭成功之破荷蘭明汪鋐之破佛郎機皆偶乘風潮出其不意若久與交戰則海洋極寥闊夷船善駕駛往往轉下風為上風我舟即不能敵即水勇水雷亦止能泅攻內河淡水不能泅伏鹹洋其難四觀於安南兩次創夷片帆不返皆誘

其深入内河而後大創之則知欲奏奇功斷無舍内河而
禦大洋之理賊入内河則止能魚貫不能棋錯四布我止
禦上游一面先擇淺狹要隘沉舟絙筏以遏其前沙垣大
礮以守其側再備下游樁筏以斷其後而後乘風潮選水
勇或駕火舟首尾而攻之沉舟塞港之處必留洪路以出火舟或仿粤中所
造西洋水雷黑夜泅送船底出其不意一舉而轟裂之夷
船尚能如大洋之隨意駛避互相救應乎倘夷分兵登陸
繞我後路則預掘暗溝以截其前層伏地雷以奪其魄夷
船尚能縱横進退自如乎兩岸兵礮水陸夾攻夷礮不能
透垣我礮可以及船風濤四起草木皆兵夷船自救不暇

尚能回礮攻我乎即使向下游沉筏之地豕突衝竄而稽留片時之間我火箭噴筒已燼其帆火鑵火斗已傷其人水勇已登其艙岸上步兵又扛礮以攻其後乘上風縱毒煙播沙灰以眯其目有不聚而殲旃者乎是口門以內守急而戰緩守正而戰奇口門以外則戰守俱難為力一要既操四難俱釋矣或曰門戶失守則民心驚惶縱賊入庭則必干罪戾倘賊方入口即分夷兵登岸夾攻我後或進攻我城則如之何曰所謂誘賊入內河者謂兵礮地雷水陸埋伏如設穽以待虎設罾以待魚必能制其死命而後縱其入險非開門延盜之謂也奏明兵機以縱為擒何失

守之有賊雖入口尚未至我所扼守之地何驚惶之有然海口全無一兵尚恐賊疑未敢長驅深入必兼以廢礮羸師佯與相持而後棄走引入死地即如粵之三元里非内地乎若非夷兵登岸肆擾安能成圍而截敵之舉松江府城非内河乎尤提軍於上海失守之後整兵二十以待夷船駛入放礮相持二日而退使先備火攻塞去路安在不可奏安南殄敵之功傳曰不備不虞不可以師易曰王公設險以守其國夫險者非徒據口拒守敵不能入之謂謂其口内四路可以設伏口門要害可截其走寇能入而不能出也自用兵以來寇入粵東珠江者一入寧波甬江者

一入黄埔松江者一皆惟全力拒口外而堂奥門庭蕩然無備及門庭一失而腹地皆潰使舍守口外之力以守内河守口外兵六七千者守口内兵不過三千得以其餘為犄角奇伏之用猾賊知兵必不肯入如果深入送死一處受創處處戒心斷不敢東闖西突而長江高枕矣何至鯨駛石頭之磯霆震金焦之下哉故曰守遠不若守近守多不若守約守正不若守奇守闊不若守狹守深不若守淺

請縱言浙江浙海島嶼林立而舟山居其一以險則非門户以富則非沃壤以大則僅彈丸明湯和經理沿海并未收入内地明之定海今之鎮海縣也康熙初始移定海於舟山而改舊衛稱鎮海順治八年

議政王大臣奏言舟山乃　本朝棄地守亦無益其令副都統率駐防滿兵回京此皆開國老成瞻言百里故康熙以前皆棄化外蓋城偪海濱船抵城外礮及城内迥非臺灣瓊州崇明之比（崇明雖最小而四面沙灘兩港曲折數十里非小舟不能入）乃寧波瀕海連岸之南田山墾成沃壤者反禁不許開而重兵以守孤懸之島使外夷得以挾制此不得地利者一然則如之何曰棄定海移其兵民於南田嚴守寧波佯退鎮海招寶山以誘入之而後於甬江下游狹港塞其去路乘風火攻者上策專守鎮海不使入者次之分守定海者為下

請縱言廣東香港與尖沙嘴裙帶路三嶼相連周百餘里

堪避風浪而孤懸海面亦粤之舟山耳夷與我通商則必入虎門方能貿易不與通商則夷雖孤處香港無益其地距廣州四百餘里距虎門二百餘里何預咽喉利害次則沙角大角礮臺遠隔虎門之外江面寥濶大礮僅及中泓不足遏夷艘適足招夷礮何必守所宜守者虎門之横檔三門與虎門内烏涌再進日獵得日大黄滘蓋廣東外城卑薄而城外市廛鱗次必應扼其要口以為外障至四方礮臺踞省城後山俯視全城乃　國初王師破城所設是攻城之要非守城之要也事平後早宜毁折而阻其上山之徑乃不嚴守省河要口而反守四方礮臺即使不失

守其礮能遥擊夷船乎抑将俯擊城中之人乎其失地利者二然則如之何曰拆去四方礮臺增修外城沉舟筏於獵得大黄滘倚山近水堅築土城守以兵礮使夷兵斷不能闖省城而後潛遣人椿塞烏涌上下火舟乘夜夾攻者上策棄沙角大角固守虎門者次之弛内備而徒爭香港者為下

請縱言福建福州泉州諸河溜急皆潮至通舟潮退淺閣則一潮不能直達故賊大艘不敢闖入所守者惟厦門厦門有鼓浪嶼障其外大舟進港可至虎頭關小舟可至税關舊設礮臺於口門不足制賊僅足自守上年反於口外

大檔小檔峿嶼青嶼等紛增礮臺備多力分故為夷所破
其失地利者三然則當如之何曰以精兵重礮伏虎頭
關盡藏火舟於内港佯以廢礮疲兵守口棄走誘入内港
而後水勇火具四面殲之者上策固守口門舊礮臺不使
入者次之紛增多臺自相牽制者為下
請縱言江蘇寶山城偪海塘三面寥濶潮頭浪花高濺雉
堞故　國初李成棟軍至此驚為絶地顯寶山縣續志且以財
賦文學之邦而城中無千金之産無一命之士即承平尚
宜内移於江灣羅店或與嘉定上海同城乃以重兵多礮
守洋面即使不失守亦何能出奇制勝此失地利者四然

則當如之何曰棄寶山專守上海沉舟筏阻江灣而後誘其入江潛以樁筏塞東溝下游而火舟水勇攻殲之者上策固守東溝毋使深入者次之守寶山海塘者為下

請并言天津天津府城直沽河距海口二百里潮退淺閣且外有沙洪為門户中通大艘可以舟筏沉塞倘夷艘敢北犯但内徙礮臺於近城縱其深入截其出口而火舟水雷夾攻之者上策設兵礮於沙洪伏地雷於近岸者次之遠設礮臺於口外者為下

然則浙之錢唐江蘇之揚子江廣濶浩瀚既不能沉舟筏以截其前後而火攻又易於駛避若何曰錢唐江西岸潮

落沙灘十餘里夷船即入止能東擾蕭山斷不能西犯杭城且海口龕赭二山近皆漲淺猾夷早已探明故不肯駛入揚子江口外有君山圌山兩重門户江陰鵝鼻嘴即君山之麓也斗入江中與對江之劉文沙相距四五里圌山與對江之東新河相去二三里　國初張名振鄭成功動輒闖入大礮遠則無力本難恃為門户故凡言守圌山者皆道聽耳食之譚也若既闖入以後非北窺揚州即西犯江寧揚州寶塔灣回腸曲折最便于伏火舟斷去路惟運河淺狹夷大艦不能入其入者不過火輪杉板四五舟夷兵六七百人即燼之亦無能大創惟江寧省會則大兵

艘環集於石頭城即下關也其外界沙洲數十里江面極狹而城内秦淮可藏火舟可出火舟夷船惟火輪無風能行其兵船貨船則無風不能動攻之之法宜乘無風之夜潮退之時以火舟水勇出水西門順流而下以數小舟攻一舟夷船首尾無礮其同幫各船之礮恐自擊其鄰舟則不敢開火烈具舉船各自救亦不暇開我兵或泅或伏出沒如意亦不畏其開其尾大不掉之兵艦有不帆焚索斷柁燼鼻壞者乎四者去則船不能行人船可以並獲其奏功之小大則視火舟之多不多水勇之練不練火舟多水勇練以數百火舟攻數十兵艘即有散椗於下游他岸者亦有

下游火艇由運河出由瓜洲出由中閘出各攻各艦但使一夕無風夷艘必無瞧類若得粤中水雷百具水勇黑夜泅送各艘之底一舉而燼之尤萬全策若彌旬連日大風竟無風息之時則以火舟攻其上風而以石油江豚油之火箭噴筒從下風夾攻之專攻帆索亦必可焚其半夷若乘東風駛往上游則不能出海仍是檻籠中物若乘西風駛往下游則驅偪出海縱不可殲敵而可以走敵永不敢再窺内江矣或曰此皆謀之在預備之於先若既不能拒之口外又未嘗備諸口内一朝夷艘闖入倉卒風鶴無火具可購無小舟可雇無水勇可募其若之何曰調度不得

其人雖謀之朞年亦潰之一旦若調度有人則龍關六閘乃木簰所集沿江洲地為薪荻所藪上海之閔廣水手儀徵下河之私梟匪艇出沒風濤亡命騖利視死如歸一呼數千可集至火藥火毬火箭奇油毒藥軍輿防堵局購辦所費鉅萬夷自六月初破寶山後七月朔日始抵江寧九月始出江口前後將及三月但一面羈縻一面備戰何事不可立辦順治十七年海寇鄭成功百萬之衆破瓜洲破鎮江沿江郡縣望風納款其時江寧防兵調征雲貴守備空虛東南全局皆震其岌岌豈但今日而梁化鳳且款且守突出陸戰以挫之火其百艘以走之彼豈備之於先謀

之於豫哉千兵易得一将難求粤東初年有殲夷之備而無其機近日江浙有殲夷之機而無其備機與才會事功乃出或曰閩山君山之隘說者皆謂可泥舟以斷其去路子何獨謂其不能火攻必乘順風子何以必待無風若夷舟不能動則大洋無風亦可攻之無風何又患其駛避豈夷船能無風駛動於大洋而不能駛動於長江耶曰泥舟塞江之事即使施諸珠江甬江黄埔江淺狹之處尚必深下木樁厚聯竹纜加以大樹大石始可禦潮汐而免漂散況長江近海之處至狹亦必數里江愈狹則洪愈深溜愈急又樁不能下纜不能聯如以無樁無纜高僅丈許之舟

深沉於數丈之底橫亘於數里大溜之間以當千里潮汐之衝何異以朽株遏奔駟荷蘭沉二甲板船於鹿耳門有渾潮而無内水故淤沙愈漲愈積足以紆束港口若内水與外潮互相撞擊即盡沉夷舶百十尚不足填天塹況能截其去路是沉舟之策斷不可施諸長江我順風而火之夷亦順風而避之惟有無風則大艘寸步難動而小舟槳櫓如飛此安南札船所以制勝也夷艘雖稱能轉風勢然亦止能駛三面之風而不能駛迎面猛烈之風尤不能駛行無風覩上年夷帥士密之兵船自澳門至虎門五日方至其證一攘西之兵船在閩洋南澳為我水勇所攻以無

風不能開動良久風起始起椗其證二均見閩紙蘄韓世忠以海舟邀金師於黃天蕩使船如使馬兀术驚破海舟之策以小舟載土鋪板乘無風火其帆索海舟不能避煙熖漲天其證三蓋赤壁鄱湖之役千艘絙聯萬檣林立故順風一火勢若燎原若夷船不過數十艘分泊各岸無所牽制乘風棄椗誰執驚鷗若非沉舟截之則必以無風蹙之但大洋無風無浪之時極少蓋無論順風逆風微風皆難制者大洋無論順風逆風無風皆可攻者內河長江形勢比之內河則不足比之大洋則有餘故有風不可攻而無風則可攻

英吉利夷艘兩碎於安南人遂以爲安南水戰無敵於西洋札船且勝於洋舶請試詰之曰安南船礮果無敵也則嘉慶入寇閩浙之艇匪即阮光平所遣烏艚船百餘艘宜乎橫行海外何以敢刼商船而不敢刼夷艘又何以屢被挫於閩粵被颶碎於浙江乎殊不知安南勝英夷者在縱其深入内河而非馳逐於外洋拒守於海口也其所用札船狹長多槳進退捷速如競渡之龍舟如粵東之快蟹艇蜈蚣艇特多一尖皮頂及左右障板以避銃礮以小勝大以速勝遲若大洋則不能使槳是鬥艦火攻之具非樓船水犀之軍也富良江廣南港江面廣濶與錢唐江揚子江

等一則誘至灘淺潮落而閣之一則預備火舟晦夜而乘之以馳騁大洋則不足以犄角内河則有餘闘智不闘力也夷船横行大洋則有餘深入堂奥則不足為客不如為主也安南界連閩粤民習水戰同於漳泉惠潮故夷船始至則畏閩粤而不敢攻繼則兩次闖入虎門厦門皆棄之不守而惟滋擾於江浙使得調度閩粤水勇之人則夷船凡入粤河入浙河入吳淞入長江同於安南可乘之機者凡四交臂束手而惟歸咎於船礮之不如夫安南之創夷其為洋艄洋礮者安在惠潮漳泉間其為安南之人何限其為札船之技何限哉又謂倭寇專騷内地故舍外洋樂

海岸舍海岸禦城外者禦倭寇之法非禦英夷之法不知此又適得其反也倭寇長於陸戰短於水戰由其入寇皆窮島亡命無力置大艘大礮惟恃其膽力渡洋恃其刀鎗豕突故登陸則不可敵使以　船遇閩粵之船則如石碾米也使其倭船遇大礮火器則如狼驅羊也明代剿倭名將亦惟知角諸陸戰雖間或擊其惰歸亦已傷深瘡痏惟唐順之俞大猷始惓惓於擊賊海中且謂擊歸船不若擊來船深得治倭要領而戈船水犀之備亦未及見施行夫倭之所長在陸擊之外海在攻其所短英夷所長在海待諸內河待諸陸岸則失其所長乃明人禦倭者不知禦之

於外而今日禦英者又不設伏於内故天下實效之事必與庸衆之議論相反

或曰專守内河誠可制夷艘之横突而不能制夷礮之猛烈則我兵猶慴虛聲奪銳氣其若之何曰大礮者水戰之用非陸戰之用也即水戰亦我師擊沉敵舟之用非敵舟擊傷我兵之用也且沉舟亦攻海面遠舟之用非内河近岸近舟之用也西北平原大磧陸戰用礮必先立戰車以制敵騎然後駕礮於車以破敵陣東南江濱海澨夷若以輪推礮上岸則有灘塗沮洳之險有塘陡岸峭之險有港汊横縱之險大船不能近岸小舟不能載大礮故自用兵

以來夷兵之傷我者皆以鳥鎗火箭從無攜礮岸戰之事惟我兵之扛礮扛銃則跋涉奔馳所至可用且較彼鳥鎗火箭更遠更烈其可無懼也一若夷從船上開礮則無論數千斤之礮數十斤之彈遇沙即止而我兵得於沙垣中礮擊其舟故厦門定海寶山屢為我礮擊破夷船而厦門定海之土城寶山之土塘皆未嘗為礮破即鎮海鎮江之城牆亦未嘗為礮破松江夷船開礮兩日我兵列陣城外伏而避之礮過後起畢竟未傷一人其破城者皆小舟渡賊登岸攻我背後我兵望風輒潰及夷至則城中已無一人何嘗與礮事哉但使近塘近城之地兼伏地雷則我礮

可傷夷夷礮不能傷我其可無懼者二夷船在大洋去岸數里鎗箭所不能及故非數千斤大礮不能遥擊闖入内河則舟岸相去不過半里數丈而我之扛礮必可及半里火箭噴筒可及十數丈但沿岸先築土垣則我之火器可及夷夷礮不能及我其可無懼者三或謂内河上游要隘我可預沉舟筏築礮城備兵勇其下游縱敵入隘之處預設之則敵疑不前不備之則倉卒無及不知惟大礮笨重難運至檣木筏材可伏近村囊沙塗泥散亂堆野敵一望無可疑俟敵舟已過之後分遣兵勇一面運筏下檣一面壘沙成垣頃刻可就而我扛礮之兵亦頃刻可集不恃大

礮而用扛礮出奇設伏其利無窮可無懼者四然有一宜防者則曰飛礮非謂懸桅上之號礮而謂仰空墮彈之炸礮也我之礮臺雖堅而彼以飛礮注攻炸裂四出迸射數丈我將士往往擾亂雖攻粵城時所放飛礮火箭非墮空地則飄池塘以隔城而不能有準見章奏而厦門則以飛礮而眾潰寶山則又以飛礮而衆潰惟是內河水勢深淺不能一律即使夷船冒險駛入必須時時測量以防淺擱斷不能數十艘一齊擁進其飛礮能及垣內者不過偪近塘岸之數艘急用大礮扛礮注攻其火藥之艙拉蓬索扶頭梟之人是為急策更有預備之策先于土垣內橫挖淺田

鋪磚貯水我兵可以往來飛礮火箭墮水即熄或為斜坡前高後低使飛礮轉落深坑此須預先歷試不可臨時僥倖由此觀之夷之長技曰飛礮我之長技曰扛礮扛礮又不如扛銃若能講求益精於輕礮中藏用炸彈則且兼有飛礮之長詳五十五卷誠能出奇設伏則多造大礮不如多造扛礮輕礮鑄製易演練易運負易挾攻追剿易橫放直透可傷數十人可及百餘丈視笨重不靈之大礮得力十倍乃張夷者競曰夷礮之利禦夷者亦曰鑄大礮之利曾不問所施何地試問用兵以來定海總兵以扛礮連戰數日殲夷千計而大礮則擊破一舟之外無他效也大寶山以

扛銃三十擊死夷兵四百而招寶山所列大礮不曾一用
至去冬以來浙江鑄礮益工益巧光滑靈動不下西洋而
效安在也甚至沙角大角之戰陳連升以地雷扛銃擊死
夷兵三四百而虎門左右所購列西洋夷礮二百餘未聞
足以拒敵而適以資敵也不講求用礮之人施礮之地與
攻礮守礮之别陸礮水礮之宜紛紛惟以畏礮爲詞鑄礮
爲事不過袛藉兵而資寇故曰城非不高也池非不深也
兵甲非不堅利也委而去之是器利不如人和也
兵無器利與徒手同器不命中與徒器同自軍興以來各
省鑄大礮不下二千門虎門厦門定海鎮海之陷寶山鎮

江之陷每省失礟約四百餘此皆重八千斤至一千斤先後遺敵者千五六百門夷初攻厦門之役我軍開礟二百餘僅一礟中其火藥艙大艘轟裂沉海夷船遂退是數百礟僅得一礟之力也再攻定海時葛總兵開礟數日相持僅一次擊中其火輪頭桅即欹側退竄是數百礟僅得一礟之力也攻廣東省城時惟中其一火輪一兵船頭桅及板數舟攻寶山時陳提軍礟中其火藥艙沉翻者二擊破其頭鼻頭桅者二夷遂繞攻小沙背是亦僅各得數礟之力也使發而能中則我礟亦足以破夷船發而不中即夷礟亦成虛器中則一礟亦足威敵不中則千礟徒費火藥

其至礮力也其中非礮力也夷兵艘五十火輪艘十大小
杉板舟數十但使我軍開數百礮內有數十礮命中即可
傷其數十舟大者翻沉次者損折沉一船可殲數百人傷
一船可傷數十人尚何敵之不摧如發而不中則虎門所
購西洋夷礮二百位其大有九千斤者何以一船未破一
礮未中是知礮不在大不在多并不專在仿洋礮之式惟
在能中與不能中不能中之弊有三礮臺依山者前低後
高依水者四面受敵皆易受飛礮是建置不得地難中一
山礮陷於石洞臺礮陷於垣眼陸礮木架不能運轉左右
是以呆礮擊活船難中二兵士施放不熟測量不準臨時

倉皇心手不定難中三夷船大礮不過重三千斤我守城守岸之八千斤大礮本夷船所極畏止以蹈前三弊故夷船得以先避我礮路施其炸彈誠使臺得地勢垣可藏身架可撥轉別伏奇兵以防後路礮眼分作兩層高者準夷之中艙低者準夷之舵底測以儀器演以標的臨時手眼合一心膽俱壯夷船雖堅桅雖大能當一二千斤礮不能當八千斤之大礮烏有中而不裂者其火輪船杉板船則二三千斤礮亦足以破之其船面拉篷索扶頭鼻之人則千斤礮亦足以殲之烏有中而不摧者至夷之礮架均用車輪裹以鐵葉其數百斤及千斤之礮亦可推挽登岸然

泥塗坡坎即不能行放定海慈谿兩次陸戰均無推礮鎮江曾推數礮上岸以地勢不便而退英夷又有馬礮軍駱駝礮軍惟用於西洋本國去冬粵東奏夷船四艘其載馬二百匹皆高大於內地之馬曾至定海蓋將為陸戰之用然安南緬甸皆以象負礮而戰傷其象鼻則反奔況馬與駱駝乎

自用兵以來中外朋議不出二端非苟且即虛憍虛憍之議如雇商艘以戰大海沉舟筏以截大江人皆知其難行然遂欲以苟且為苟安信下策為上策則其謬尤不可不破說者曰我兵皆立船上而夷兵皆藏船中我以血肉之

軀當礮而夷以堅厚之舟當礮況我軍礮不如火藥不如礮手更萬萬不如奈何誤信稗史周郎江上之火鄂王湖中之草施諸浩瀚大洋欲以爐夷艦而膠火輪豈非兒戲應之曰自用兵以來我兵未嘗與夷一戰於海中也安有立船上以受夷礮之事夷攻岸則我兵伏土塘中矣夷攻礮臺則我兵伏沙垣中矣夷攻城則我兵又伏女牆中矣又安有立露地以當夷礮之事且大礮彈重者數十斤小者十餘斤若果能以大礮陸戰則無論我礮夷礮橫放直透當者皆必決成血渠死傷百計試問夷寇粵閩寇江浙曾有大礮陸戰之事乎且夷兵雖藏艙中而其拉篷索扶

頭鼻之兵數十人則皆立艙面故我礮能從垣出擊夷船
而夷礮不能隔垣以傷我是我以沙土當夷礮而夷以血
肉當我礮其證一夷船一面攻礮臺一面以小舟渡兵繞
攻旁岸夫夷兵涉灘塗爬峭岸我兵守岸上得以扛銃矢
石俯擊一可當百其船上大礮恐自傷其攻岸之夷亦不敢
遥擊是夷兵又以血肉當我火器而我兵以土岸當彼夷
礮其證二乃夷兵抵岸後賊即撤去其舟使絶反顧故能
冒死突前而我兵立於萬全之地進退自由反為一二飛
礮驚走既走之後潰兵逃將既張皇敵礮以逭誅縉紳耳
食復神奇敵軍以脅欵甚至以周瑜江上岳王湖中之火

攻水戰皆不足信不知江上湖中皆內河非大洋也安南廣東兩燒夷船片帆不返非內河火攻乎餘姚之艘陷軟泥臺灣之艘閣淺礁皆人船并獲其淺閣而我師不攻者定海郭士利之舟辛丑春議款夷兵退出定海郭士利三桅大舟陷淺旁有二舟救護兼僱遠近鄉民撥載二日始動粵東天字礮臺下之舟粵東款後夷兵退出大舟閣于礮臺粵民欲火之義律移文大吏出示禁止皆數日始能移動非明證乎邇者夷破吳淞後欲闖蘇州遣火輪舟測水至泖湖輪膠於水草而返又非岳湖故轍乎況火輪非戰艦不過哨探之用礮傷其一輪則全舟欹側不能行方火輪窺松江窺餘姚慈谿窺揚州時其河橫不過三四丈深不過丈許有何浩瀚汪洋

之處沉筏沉舟沉大樹皆可塞其走路火輪不能闖過稽延片時而兩岸伏兵追兵伏礮扛礮火舟火器齊發何難收岳王湖上之功乃不但戰艦不能制並火輪杉板皆不能制且故危其詞如鬼神雷電例內河於大洋誣正史為稗史悲夫悲夫

方夷寇初興人皆謂其僅長舟戰一登岸則無用及浙粵屢北則又謂夷兵陸戰亦不可敵陸兵敗矣而所以致敗之由終未明於天下夫沙角礮臺之戰副將陳連升以兵六百當夷數千殲夷數百以無援救而敗大寶山之戰副將朱桂以兵六百當夷二千殲夷數百以無策應而敗三

元里之戰以區區義兵圍夷酋斬夷帥殲夷兵以　後開網縱之而逸孰謂我兵陸戰之不如夷者至定海之守甚嚴戰甚力何亦敗陷其所以敗陷之由則亦至今未明於天下方夷寇之未逼定海也三鎮以兵五千往防堵善後首議修城其地三面環山前面瀕海城外二三里為紅毛道頭市長里許三鎮議築外城包道頭街於城內左右抵山其三面則以山為城有諍者曰天下無一面之城此海塘非外城也賊一翻山入即在城內矣備多則力分山峻則守勞請前勿包埠左右勿倚山但環舊城再築外郛庶城足衛兵兵足守城而議者皆謂市埠不可棄且左右高

山我兵踞高臨下仰攻不入時主兵者未渡海但據圖指揮遂從之嗚呼山雖高峻而外𣆪峭壁徑路坡陀可上但知白日晴明之可守而不知晦冥風雨之難守也但知一二日之可守而不知旬久師疲之難守也夷兵攻城退後
回舟安息我無舟師水勇以擾之而我兵則時時處處晝夜設防山高嶺峻寢食無所天下有此守城之法乎是秋夷艘至果乘大風雨晝夜攻擾至第五日乘我守疲兼值風逆遂以小舟渡兵撤舟死戰火氣炎上下擊無力遂登山入陷之嗚呼定海本不必守之地而所修築者又必不可守之城城陷久矣而所以致陷者終未明於天下不戒

前車仍踵覆轍恐將來倒柄授敵者未有已也然則當如之何曰兵無常形地無定勢要之凡戰者必先謀敵之所以敗我至於六七竭智共攻其無可敗也乃可以行凡守者必先謀敵之所以攻我至於六七竭智共攻其無可入也乃可以守

孰為正孰為奇節制紀律不可敗堅壁清野不可犯正也出奇設伏多方誤敵使不可測奇也今禦外夷請先言外夷之兵法緬甸用兵遇強敵則專用大木樹柵為不可拔有時守禦堅固雖英吉利軍亦為所拒四洲志故李定國攻阿瓦都城之役其城三面環水緬於一面陸地復鑿為湖

而樹木城於其前出兵守之俄於木城外復立一木城亦出兵守之如此漸偪定國營始出兵大戰雖因象陣被傷反走而據柵為固終不可敗劉健庭聞錄乾隆征緬之役緬守老官屯先據高坡堅立木柵柵外三壕壕外列鹿角官兵大礮火箭地雷百道攻之終不可拔此即步步為營以守為戰之法遑羅軍柵亦然所謂正也英吉利康熙中以兵船由地中海攻俄羅斯俄羅斯歛兵縱其登岸而奇兵絶其歸路天大風雪英軍飢凍不戰自潰此一奇也佛蘭西嘉慶初合列國兵數十萬由陸地攻俄羅斯俄羅斯傾國遷避佛蘭西兵長驅入其國都俄羅斯兵乘大風雪夜潛

回縱火佛蘭西兵焚凍死各半敗績而遁此二奇也準噶爾康熙中以兵三萬由色棱格河攻俄羅斯兩岸高山中通一峽深入六七百里不見一人準噶爾疑其設伏誘陷急班師遁去此三奇也俄羅斯之待强敵與安南之待英夷如出一轍夫緬甸安南之待英軍豈皆有洋艘洋礮而一勝以陸兵之節制一勝以水戰之誘伏今師出無律是不知有正也臨出無謀是不知有奇也以無律無謀之兵即盡得夷礮夷艘遂可大洋角逐乎不知自反而惟歸咎於船礮之不若是疾誤庸醫不咎方而咎藥材之無力也噫

籌海篇二　議守下

夷事無所謂用兵也但聞調兵而已但聞調鄰省之兵而已夷攻粵則調各省之兵以赴粵夷攻浙則調各省之兵以赴浙夷攻江蘇則又調各省之兵以赴江蘇兵至而夷已就撫則供客兵者又遝歸兵兵甫旋而夷或敗盟則又調歸兵以為戰兵夫國家各省養兵原以備各省緩急之用而沿海尤重兵所在江蘇五萬浙江逾四萬福建六萬廣東將及七萬若謂本省不皆精銳而選調客兵必皆精銳乎則何以夷初至閩粵時未嘗調他省一兵而守禦屹然及徵兵半天下重集於粵而粵敗塗地重集於浙於江

而江浙又敗塗地若謂英夷强寇非一省所能抵禦乎則夷兵艦大小不過五十艘其攻城上岸不過二三千人豈一省養兵數萬無數千可用之兵沿海民風强悍豈無數千可團之義勇若謂閩粤民兵雖可用而多通外夷江浙雖無漢奸而民多柔弱則何以廣東之斬夷酋捐戰艦者皆義民兩禽夷舶於臺灣火攻夷船於南澳者亦義民而明人平倭寇皆處州義烏之兵近日戰定海保松江者皆壽春之兵然則各省之勇民原足充各省之精兵練一省之精兵原足捍一省之疆圉所要者止在募練之得法所難者止在調度之得人不在紛紛多調客兵也前代錢氏

有吳越王氏有閩劉氏有粵各通番舶備有海警豈能借助於鄰援又豈能合從以禦海侮況防海宜習水戰而多調陸兵舍長用短以短攻長不利一在籍有妻家在途有傳食事竣有回遞縣縣傳送驛驛供張則累在官來如亂虎敗如鳥散則騷在民每土兵四五而贍一客兵曷若省客兵之費以練土著不利二故曰調兵者選調本省之兵而已募兵者選練本省之人而已遠調不如近調遠募不如近募或曰賊如舍沿海而專攻一省他省有兵無賊此省賊多兵少則如之何承平恬嬉水陸弛懈即有可用之兵而無訓練有可募之勇而無紀律安能俟數月訓練之成

以應倉卒之敵則如之何曰一巡撫提督所轄則本省之兵也一總督所轄則近省之兵也賊少專用本省賊多兼用近省如寇攻粤則募本省水勇為水師而廣西出陸兵以佐之賊攻浙則練金處溫台勁兵備陸戰而福建選水勇以佐之夷攻蘇則練淮揚松江水勇與徐州兵備戰而安徽壽春兵佐之合兩省之兵勇豈尚不足禦一面之賊故曰要在募練之得法難在調度之得人不在紛紛多調客兵為也

問曰遠調不如近調則然矣至募勇則當糾合四方精銳而曰遠募不如近募何耶曰挑選土著之利有三一曰服

水土二曰熟道路三曰顧身家計調兵一而當募勇之費十當土著之兵五以十丁之費募一丁以五兵之費養一兵練益精則調益寡調益寡則費益省以所省者練兵兵何患不精費何患不給或曰戚繼光論選兵之法除城市柔猾奸巧之人必不可用外必選氣力選武藝選身軀選靈警而尤必以膽為主無膽則氣力武藝偉岸靈警皆無所用又曰選浙兵處州為上義烏次之台州次之紹興又次之此外雖韓白復生不可用選兵若是之難矍相之圃幾何人乎曰此言專為杭嘉湖蘇松之人而發又為福建上四府而發至漳泉惠潮之民械鬥則爭先赴敵頂凶則

視死如歸矣舟戰則出没風濤如履平地矣江北潁亳壽泗徐沛之民家家延教師人人佩刀劍或一人能負放大礮矣儀徵下河販鹽小舟入捍舟持械冒險莫敢誰何矣此其膽何待選武藝何待教故選精兵於杭嘉蘇松是求魚於山求鹿於原也選精兵於海南於江北則求柴胡桔梗於沮澤也不可以勝收也一省且有可調不可調可募不可募况紛然徵調於數千里外哉故選兵先在選地募水勇之事天津山東不如江浙江浙不如閩廣以福建言之當夷艘初犯厦門大吏激厲水勇人人思奮故出洋立功及款議興俘夷釋軍賞遷延而氣一挫是秋所募赴

浙水勇八百皆人人精悍及至浙而定海欵議成水勇空往空返而氣再挫次年又募精鋭千人赴粤及至粤而前數日欵議成水勇空往空返而氣三挫顔制軍召募本省水勇八千聞粤東欵議漫然散遣不擇其精鋭撥補水師而氣四挫自是水勇人人離心及夷船再至無暇號召其猾者甚且内應而厦門不守矣廣東初年水勇五千前後出洋燒夷艇匪艇逆夷望風畏竄及欵議興一朝散遣而氣一挫新至諸帥誤疑粤民盡漢奸無一可信又不約束客兵騷擾居民而氣再挫於是虎門不守而省城累卵矣及夷兵淫掠激民之怒於是一戰於三元里而夷酋大困

一截燒於虎門横擋而夷艘煨燼可見閩粵民風之勁悍各省所無外夷所懾而水戰火攻尤其絶技斷不可望於山東天津漁鹽之户蓋東南長水西北長陸遷地弗良得人者昌

今日沿海所患安在乎必曰械鬥之民也煙鹽私販也海盜也漁艇蛋户也今日陸地所患安在必曰回匪也鹽匪也捻匪紅湖匪曳刀匪也官吏切齒爲亂民有事則目爲漢奸其中有一二人能號召數百二三千人者非有烏獲之力猗頓之財而信義意氣能豪一方其人皆偏裨將才其所屬皆精兵而自文法之吏視之則且謂亂民之首也

夫兵者毒藥不毒則不能攻毒故易之師曰以此毒天下而民從之華事夷言曰英夷著書所中國之兵若善調度即為第一精兵現在廣東岸上力作之人與水中漁販之人其技勇皆歐羅巴人所不及若挑練此等人為兵卒可謂一等勇壯之兵雍正中西虜未靖詔各省選技勇送京師得數千人其最者能挽鐵弓及二十力弓以鳴鏑射其冑鎧然而墮舉巨石千百斤號勇健軍總督命史貽直領之屯巴里坤故一時北省盜賊絕踪此先朝牢籠猛士之成效道光回疆之役伊犂將軍奏選南北路遣犯二千為死士屢挫賊鋒惜事平盡赦回籍未能收入營伍如雍正故

事尚有待於推廣焉嘉慶中海賊蔡牽犯閩詔安有知縣某者傳四鄉總四人各予銀千圓令團鄉勇日甫夕而每總理各以二千五百人至鎗械籐牌畢具一日而得精兵萬賊望風遁其人即皆械鬥之民也蔡牽又與朱濆窺臺灣後山地本化外有泉人吳沙者集四社柵民與熟番拒之一戰其前一攻其後牽大敗走事聞始詔即其地立葛瑪蘭廳捍賊不煩官兵何以文法吏不肯收以為用然此輩亦不肯為用蓋綠營之餉不足以贍其身家也英夷攻粵東時募漢奸三千人每人給安家銀三十圓每月工食銀十圓而我守虎門兵月餉不及三兩提督關天培憫

兵之窮苦自捐賞卹每兵銀二圓而議者且効水師兵挾制提督要賞尚望其出死力乎閩廣水師每省三萬有奇江浙水師每省二萬有奇虛冒半之老弱半之未必有數千之可用誠能汰虛冒冗濫之缺并兩兵以養一兵廣東約萬五千福建約萬五千專選惠潮漳泉四府精訓練而嚴節制之以此推諸浙東江北豈但國家增無數之精兵而且沿海銷無數之械鬥中原收無數之梟匪精氣化戾戾化精氣豈二物耶烏喙附子以毒攻毒毒去而藥力亦銷顧用之者何如耳精兵出其中李長庚羅思舉之驍將亦出其中不此之圖而惟竊竊然曰無將無兵古人詎借

才於異地哉

言調兵言籌餉者動虞兵單費絀而今言并兵并餉則兵不愈少餉不愈費乎不知一省之兵本足守一省之地一省之餉本足養一省之兵即有軍興一切格外之費而一省之財亦總足供一省之用請詳破其惑夫兵之多少視其實不視其名養兵數萬而無數千之可用視一千有一千之用者則不侔矣視一千可當數千之用者更不侔矣調外省之兵而置本省之兵于不練則本省之餉皆濫餉外調之費皆冗費今以額餉養額兵而不增一餉以全餉養半兵亦不裁一餉兵減而實多餉增而實省其可無惑

者一戚繼光鴛鴦陣法或謂其止可馭三千不可馭十萬
夫十萬皆三千所積也一鎮練三千十鎮即練三萬大陣
包小陣大營包小營豈數萬人之節制有異於三千人之
節制且連大陣鬭戰場決勝負者惟開創草昧之時及西
北平原之地若承平東南勦寇溝洫縱橫坡坎交錯則用
三千之處為多英夷兵艘所在為數幾何若各省有百練
敢死之卒數千再團練沿海之漁船蛋户以絶其羽翼何
煩更調外兵其可無惑者二練兵之費取諸弁餉團勇之
費將何出東南沿海殷富甲天下計自軍興以來粵閩江
淛每省商捐紳捐各數百萬以本地之富民養本地之勁

民衛本地之身家但使用得其宜尚可撙節贏餘為造船械修垣壘懸購賞之費何嘗盡煩外兵外餉此可無惑者三沿海之利莫大魚鹽前此寧波試用票鹽兩月銷至七萬引及停止後歲銷僅二萬引閩鹽派簽殷户充商有甘出十餘萬金求免簽者潮州之鹽運同歷任賠累虧空鉅萬皆出官費胥役費捆工費層層蠹蝕不能減價敵私儻沿海皆行票鹽盡省浮費匪獨化私為官以助餉并可化梟為良以助兵他若浙江之南田山福建之封禁山許民屯墾沿海之銀鑛山許民開采境內自然之利用之不窮此可無惑者四至于兵分見寡之由由無戰艦別詳下篇

匪特兵不宜多也即礮臺亦不宜多今為賊去關門之計者不過曰增礮臺移營汎增礮臺之説曰多一重門户增一重保障夫人家禦賊非固守大門拒不使入即固守腰門而開大門以延敵令無一門可恃而但多設重門以待賊之攻陷豈知一重失守重重膽破何如并十重之費以修一重修必固并十重之兵礮以守一重守必固以近事證之厦門舊止二礮臺而守禦屹然迨于口門内外㟧嶼青嶼大擋小擋增建各臺而賊至立破寶山有東西礮臺有海塘而失守松江城無礮臺而賊攻不入是知礮臺不在多而在固固之法如何曰建之得地修之得法守之得

人福州城距五虎城二百里一潮不能達而潮退即淺閣杭州城外潮退沙灘十餘里海口赭龕二山淤漲數十里故此二省城賊皆不犯厦門寧波舊建礮臺本得形勢方當棄去舟山拆去青峿各嶼礮臺安有更加增建之理惟廣州及江寧夷船可直抵城下粵東新城以外市廛櫛比既無可築外郭之地惟獵得大黃滘二處礮臺實省城内障與虎門外障並重于此二處扼險果能阻遏夷艘則堂奧高枕而此外各港汊正可留為出奇設伏之地安用處處設礮河河填塞若此處不可恃則他處更可恃乎江蘇則吳淞口内惟江灣東溝二處可扼要設礮以守上海福

山口內惟君山（即鵜鼻嘴）圖山二處可設礮以守長江方當徙寶山之城折去東西礮臺內徙要害安有更加增建之理乎地勢既得守必萬全萬全之策在乎奇正相生一固土城以禦大礮（必三合土堅築女牆先以礮演試不破為度）二開浚池以備飛礮（見上篇）三沉椿石舟筏以遏衝突（此法不可施于長江而可施于內河或臨河有大樹則伐倒沉之又或以大木為籠長數丈內貯極大石橫亘水中視碎石舟筏尤堪禦潮刷而阻衝突）四伏地雷掘暗溝以防陸路五別伏奇兵以備陸戰甚或守臺之兵棄礮佯走以誘敵使敵但知全力攻臺而不知臺非我所顧惜又使敵即知分路繞臺而不知臺外勁旅尚多初觀之以礮臺為正伏兵為奇至于奇正相倚變化不測

致敵而不為敵致誘敵而不為敵誘則又反以伏兵為正而以礮臺為奇方盡兵行詭道之祕以視泥守礮臺有正無奇一處受創望風四潰者其巧拙不可同年語矣但所用之伏兵必須　精選優養勤練而嚴節制之必使人人心靈膽壯技精械利且將士一心臂指呼應臨時方足出奇制勝此則全在訓練得人有非空言所能取效者

籌海篇三議戰

内守既固乃禦外攻岳飛曰以官軍攻水賊則難以水賊攻水賊則易今以海夷攻海夷之法如何籌夷事必知夷情知夷情必知夷形請先陳其形勢英夷所憚之仇國三曰俄羅斯曰佛蘭西曰彌利堅憚我之屬國四曰廓爾喀曰緬甸曰暹羅曰安南攻之之法一曰陸攻一曰海攻陸攻在印度偪壤印度者曰俄羅斯與廓爾喀俄與英之國都中隔數國陸路不接而水路則由地中海與洲中海朝發夕至康熙三十年間英吉利曾由地中海攻俄羅斯敗績遁歸自後不相往來而兵爭專在印度印度者蔥嶺西

南與我後藏廓爾喀緬甸接壤去英夷本國數萬里英夷以兵船據東南中三印度而俄羅斯兵則由黃海裏海間取游牧諸部亦與西中二印度接壤止隔一雪山各以重兵拒守自東印度之孟阿臘之麻爾洼南印度之孟邁之曼達喇薩鴉片歲行英夷歲收稅銀千餘萬俄羅斯覬覦之及英夷調印度兵艘入犯中國深恐俄羅斯乘其虛以擣温都斯坦（中印度）又傳聞俄夷使者已自比華特起程入中國（比華特東都也）其惴惴懼其犄角蓋康熙中用荷蘭以款俄羅斯又聯俄羅斯以偪準噶爾故英夷之懼俄羅斯者不在國都而在印度此機之可乘者一廓爾喀者亦在後藏

之西與東印度偪處方乾隆中我師征廓夷時英夷印度兵船亦乘勢攻其東境故上年英夷罷市後廓夷亦即稟駐藏大臣願出兵攻擊印度當時若許廓夷擾其東俄羅斯擣其西則印度有瓦解之勢寇艘有內顧之虞此機之可乘者二故可乘而不乘非外夷之不可用也需調度外夷之人也

海攻之法莫如佛蘭西與彌利堅佛蘭西國偪近英夷止隔一海港彌利堅與英夷則隔大海自明季　國初之際佛蘭西開墾彌利堅東北地置城邑設市埠英夷突攻奪之于是佛夷與英夷深讐及後英夷橫征暴斂于是彌

利堅十三部起義驅逐之兼約佛蘭西為援三國兵船數百艘水陸數十萬不解甲者數載彌利堅斷其餉道英軍飢困割地請和彌利堅遂盡復故地二十七部英夷止守東北隅四部不敢再犯即印度地亦荷蘭佛蘭西開之而英夷奪之乾隆初印度土酋約佛蘭西荷蘭二國合拒英夷連兵數載始分東印度屬英夷而南印度屬西洋諸夷立市埠此各國之形也其互市廣東則英夷最桀驁而佛彌二國最恪順自罷市以後英夷并以兵艘防遏諸國不許互市各國皆怨之言英夷若久不退兵亦必各回國調兵艘與之講理去年靖逆出師以後彌利堅夷目即出調

停于是義律來文有不討别情只求照例通商之請并煙價香港亦不敢索此機之可乘者三乃款議未定而我兵突攻夷館反誤傷彌利堅數夷于是彌利堅夷目不復出力而荷蘭西于英夷再次敗盟之後是冬有兵頭兵船至廣東求面見將軍密禀軍務自擕能漢語之二僧請屏去通使自言願代赴江浙與英夷議款必能折服不致無厭之求儻英夷不從亦可藉詞與之交兵乃自正月與大帥晤商始則不許代奏及奏又支離其詞反以叵測疑佛蘭西延至六月聞浙江奏請欵撫始許其行時英夷兵船已深入長江犯江寧于是佛蘭西船駛至上海請我舟導其

入江而上海官吏又往返申請稽時迨佛蘭西易舟入江則款事已定數日盡飽谿壑佛蘭西悵然而返此機之可乘者四故可乘而不乘非外夷之不可用也需調度外夷之人也

今日之事苟有議徵用西洋兵舶者則必曰借助外夷恐示弱及一旦示弱數倍於此則甘心而不辭使有議置造船械師夷長技者則曰糜費及一旦糜費十倍於此則又謂權宜救急而不足惜苟有議繙夷書刺夷事者則必曰多事（嘉慶間廣東有將漢字夷字對音刊成一書者甚便於華人之譯字而粵吏禁之）則一旦有事則或詢英夷國都與俄羅斯國都相去遠近或詢英夷

何路可通回部甚至廓夷効順請攻印度而拒之佛蘭西彌利堅願助戰艦願代請欵而疑之以通市二百年之國竟莫知其方向莫悉其離合尚可謂留心邊事者乎漢用西域攻匈奴唐用吐番攻印度用回紇攻吐番　聖祖用荷蘭夾板船攻臺灣又聯絡俄羅斯以偪準噶爾古之馭外夷者惟防其協寇以謀我不防其協我而攻寇也止防中華情事之泄於外不聞禁外國情形之泄於華也然則欲制外夷者必先悉夷情始欲悉夷情者必先立譯館繙夷書始欲造就邊才者必先用留心邊事之督撫始問曰既欵之後如之何曰武備之當振不係乎夷之欵與

不欵既欵以後夷瞰我虛實藐我廢弛其所以嚴武備絕狡啟者尤當倍急於未欵之時所以懲具文飾善後者尤當倍甚於承平之日未欵之前則宜以夷攻夷既欵之後則宜師夷長技以制夷夷之長技三一戰艦二火器三養兵練兵之法請陳

國朝前事康熙初曾調荷蘭夾板船以剿臺灣矣曾

命西洋南懷仁製火礮以剿三藩矣曾行取西洋人入欽天監以司麻官矣今夷人既以據香港擁厚貲驕色於諸夷又以開各埠裁各費德色於諸夷與其使英夷德之以廣其黨羽曷若自我德之以收其指臂考東中二印度據於英夷其南印度則大西洋各國

市埠環之有荷蘭埠有呂宋埠有葡萄亞埠有佛蘭西埠有彌利堅埠有英吉利埠每一埠地各廣數百里此疆彼界各不相謀各埠中皆有造船之廠有造火器之局並鬻船鬻礮於他國亦時以兵船貨船出租於他國其船廠材料山積工匠雲輳二三旬可成一大戰艦張帆起椗嗟咄立辦其工匠各以材藝相競造則爭速駛又爭速終年營造光燭天聲殷地是英夷船礮在中國視為絕技在西洋各國視為尋常廣東互市二百年始則奇技淫巧受之繼則邪教毒煙受之獨於行軍利器則不一師其長技是但肯受害不肯受益也請於廣東虎門外之沙角大角二處置

造船　一火器局一行取佛蘭西彌利堅二國各來夷目一二人分攜西洋工匠至粵司造船械并延西洋柁師司教行船演礮之法如欽天監夷官之例而選閩粵巧匠精兵以習之工匠習其鑄造精兵習其駕駛攻擊計每艘中號者不過二萬金以内英夷有軍器之躉船每艘值銀二萬餘員大兵船三桅者每艘值銀四萬員見澳門新聞紙凡傍言每艘需十萬金者皆妄也現在廣東義士請彌利堅人造二桅兵船果僅費銀萬九千兩計百艘不過二百萬金再以十萬金造火輪舟十艘以四十萬金造配礮械所費不過二百五十萬而盡得西洋之長技為中國之長技每艘配兵三百人計百艘可配三萬人靖逆將軍奕山奏夷三桅大兵船三百人二桅中號兵船二百餘人火輪船八九十人杉板船大者六七

十人小者二三十人廣東一萬福建一萬浙江六千江蘇四千其所配之兵必憑選練取諸沿海漁户梟徒者十之八取諸水師舊營者十之二盡裁并水師之虛糧冗糧以為募養精兵之費必使中國水師可以駛樓船於海外可以戰洋夷於海中不增一餉一兵而但裁并冗濫之兵餉此其章程可推廣者尚有六焉我有鑄造之局則人習其技巧一二載後不必仰賴於外夷如内地鐘表亦可以定時刻逮二十五年大修之期即可自行改造一也夷艘例二十五年一修有鑄造之局則知工料之值工食之值每艘每礮有定價然後可以購買凡外夷有願以船礮售官抵稅者聽閩商粤商

出販南洋有購船礮歸繳官受值者聽不致以昂價贋物受欺二也沙角大角既有船廠火器局許其建洋樓置礮臺如澳門之例英夷不得以香港驕他夷生觖望而我得收虎門之外障與澳門鼎峙英夷不敢倔強廣東從此高枕嘉慶中澳夷曾備兵船二英夷備兵船四願助剿海盜今更得佛彌二夷効順彼貪市舶之利我收爪牙之助守在四夷折衝萬里三也鴉片躉船散於蔓延者欺我水師之不敢攻剿今水師整飭鴉煙自不敢來紋銀自不透漏以用財為節財四也官設水師米艇每艘官價四千已僅洋艘五分之一層層扣蝕到工又不及一半靖逆將軍奕山奏言水師例修

之船新造二隻覆以藤棉加以牛皮外施魚網七層演試千斤之礮打穿兩面不能適用今製海艦不拘例價若不善立章程則將來修造之期必然有名無實考洋艘所以堅固皆由駛犯風濤遍行萬里令官艘終歲停泊會哨徒有具文自後即無事之期而戰艘必歲護海運之米驗收天津閩廣則護運暹米呂宋米臺灣米江浙則各護蘇松杭嘉湖之米凡承造之人即皆駕駛之人凡內地出洋之商願稟請各艘護貨者聽凡水師提鎮大員入京陛見必乘海艘不許由驛陸進其副將參游以下入京引見或附海運之舟北上總禁由陸其文吏願乘海艘入京者聽惟不許承辦船工五也國家試取武生武舉人

武進士專以弓馬技勇是陸營有科而水師無科西洋則專以造舶駕舶造火器奇器取士掄官上之所好下必甚焉上之所輕下莫問焉今宜於閩粵二省武試增水師一科有能造西洋戰艦火輪舟造飛礮火箭水雷奇器者為科甲出身能駕駛颶濤能熟風雲沙線能鎗礮有準的者為行伍出身皆由水師提督考取會同總督拔取送京驗試分發沿海水師教習技藝凡水師將官必由船廠火器局出身否則由舵工水手礮手出身使天下知　朝廷所注意在是不以工匠柁師視在騎射之下則爭奮於功名必有奇材絕技出其中昔李長庚剿海賊皆身自持柁

雖老於操舟者不及故知水師不能舍船械而空談韜略武備不能舍船礮而專重弓馬六也

天下有不可強者三有其人無其財一難也有其財無其人二難也有其人有其財無其才（謂材料）三難也自用兵以來所糜費數千萬計出其十之一二以整武備有餘則財非不足明矣海關浮費數倍正稅皆積年洋商與官吏所肥橐起家不貲其費皆出自鴉片豈不當派數百萬之軍餉則財又非不足明矣中國智慧無所不有厤算則日月薄蝕閏餘消息不爽杪毫儀器則鐘表晷刻不亞西土至羅鍼壺漏則創自中國而後西行（羅鍼始自中國見華事夷言）穿札扛

鼎則無論水陸皆擅勇力是人才非不足明矣船桅船艙所需鐵力之木油木櫶木柹木皆產自兩廣蓬帆浸以晉石火不能焚出自山西火藥配以石油得水愈熾出自甘肅關外玉門縣赤金衛迤南之石油河本年二月陝甘總督解至石油三千六百斤火箭參以江豚油逆風更猛出自四川軍符所下旦夕可至硝提數次而煙白鐵經百鍊而鋼純皆與西洋無異則材料又非不足明矣飛礮火器皆創自佛蘭西而英夷效之以及船械相等之葡萄亞荷蘭呂宋彌利堅等國皆仰我茶黃貪我互市欲集衆長以成一長則人爭効力欲合各國以制一國則如臂使指誠欲整我戎行但得一邊才之兩廣總督

何事不可為哉或曰五十艘之船械且造且購一年而可集百艘之船械且造且購二年而畢集即其制造施用之法以我兵匠學之亦一年而可習二年而可精是一二年後已無鑄造之事尚遠重修之期更何局廠之設乎曰是何言也夫西洋惟英吉利國兵船五百餘艘佛蘭西國兵船三百餘艘蓋為分守各國埠頭而設其餘各國戰艦亦各不過數十艘而皆有船廠火器局終年不息者何哉蓋船廠非徒造戰艦也戰艦已就則閩廣商艘之泛南洋者必爭先效尤寧波上海之販遼東販粵洋者亦必羣就購造而內地商舟皆可不畏風颶之險矣西洋火輪舟之受

數千石者止爲遠越重洋其在本國内河内港之火輪舟皆不過受五百石至九百石而止以通文報則長江大河晝夜千里可省郵遞之煩以驅王事則北覲南旋往還旬日可免跋涉之苦以助戰艦則能牽淺滯損壞之舟能速火攻出奇之效能探沙礁夷險之形誠能大小增修詎非軍國交便戰艦有盡而出鬻之船無盡此船廠之可推廣者一火器亦不徒配戰艦也戰艦用攻礮城壘用守礮況各省綠營之鳥鎗火箭火藥皆可於此造之此外量天尺千里鏡龍尾車風鋸水鋸火輪機火輪舟自來火自轉碓千斤秤之屬凡有益民用者皆可於此造之是造礮有數

而出竊器械無數此火器局之可推廣者二古之聖人創舟創楫以濟不通弦弧創矢以威天下亦豈非形器之末而睽涣取諸易象射御登諸六藝豈火輪火器不等於射御乎指南制自周公挈壺創自周禮有用之物即奇技而非淫巧今西洋器械借風力水力火力奪造化通神明無非竭耳目心思之力以前民用因其所長而用之即因其所長而制之風氣日開智慧日出方見東海之民猶西海之民雲集而鶩赴又何暫用旋輟之有昔漢武欲伐南越爰習樓船水戰於昆明湖乾隆中以金川恃碉險爰命金川俘卒建碉於香山又命西洋人南懷仁制西洋水法於

養心殿而西史言俄羅斯之比達王聰明奇杰因國中技藝不如西洋微行遊於他國船廠火器局學習工藝反國傳授所造器械反甲西洋由是其興勃然遂為歐羅巴洲最雄大國故知國以人興功無倖成惟厲精淬志者能足國而足兵

人但知船礮為西夷之長技而不知西夷之所長不徒船礮也每出兵以銀二十員安家上卒月餉銀十員下卒月餉銀六員贍之厚故選之精練之勤故御之整即如澳門夷兵僅二百餘而刀械則晝夜不離訓練則風雨無阻英夷攻海口之兵以小舟渡至平地輒去其舟以絕反顧登

岸後則魚貫肩隨行列嚴整豈專恃船堅礮利哉無其節制即僅有其船械猶無有也無其養贍而欲效其選練亦不能也故欲選兵練兵先籌養兵兵餉無可議加惟有裁并之而已粤省水師將及四萬去虛伍計之不及三萬汰其冗濫補其精銳以萬五千人為率即以三萬有餘之糧養萬五千之卒則糧不加而足以五千卒分防各口礮臺與陸營相參以萬人分配戰艦可得三十餘艘無事日令出哨外洋捕海盜緝煙販有事寇在鄰省則連艅赴援寇在本省則分艘犄角可以方行南海矣或曰粤洋緜長三千餘里水師數萬尚虞不周今裁汰大半不彌形單寡乎

曰水師多而不敷以無戰艦也無戰艦出洋則口岸處處出防以水師當陸師之用故兵以分而見寡今以精兵駕堅艦晝夜千里朝發夕至東西巡哨何患不周是兵以聚而見多英夷各處市埠自大西洋至中國首尾數萬里何以水師不過九萬即能分守各國又何以入寇之兵不過五十艘而沿海被其騷動況水師外尚有本省綠營數萬何患其無兵分守前年楊參贊有請水師改為陸兵之奏吾謂不如并岸上之水師為船上之水師用力少而收效廣

問西洋與西洋戰亦互有勝負我即船礮士卒一切整齊

亦何能保其必勝曰此為兩客相攻言之非為以客待主言之也夫力不均技不等而相攻則力強技巧者勝力均技等而以客攻主以主待客則主勝攻勞守逸請言其狀夫海戰全爭上風無戰艦則有上風而不能乘即有戰艦而使兩客交鬭於海中則互爭上風尚有不能操券之勢若戰艦戰器相當而又以主待客則風潮不順時我艦可藏於内港賊不能攻一俟風潮皆順我即出攻賊不能避我可乘賊賊不能乘我是主之勝客者一無戰艦則不能斷賊接濟今有戰艦則賊之接濟路窮而我以飽待饑是主之勝客者二無戰艦則賊敢登岸無人攻其後若有戰

艦則賊登岸之後舶上人少我兵得襲其虛與陸兵夾擊是主之勝客者三無戰艦則賊得以數舟分封數省之港得以旬日徧擾各省之地有戰艦則賊舟敢聚不敢散我兵所至可與鄰省之艦夾攻是主之勝客者四故歷考西洋各國交兵凡英吉利往攻彌利堅本國則彌利堅勝以英吉利往攻俄羅斯本國則俄羅斯勝若英吉利與各國互戰於海中無分主客則舵師能得上風者勝

問曰船廠火器局設於粵東矣其福建上海寧波天津亦將倣設乎不倣設乎戰艦百艘果足敷沿海七省之用乎

曰沿海商民有自願倣設廠局以造船械或自用或出售

者聽之若官修戰艦火器局則止需立於粵東造成之後駛往各岸無事紛設葢專設一處則技易精紛設則不能盡精專設則責成一手紛設則不必皆得人戰艦旣成以後內地商艘仿造日廣則戰艘不必增造何者西洋貨船與兵船堅固同大小同但以軍器之有無為區别貨船亦有礟眼去其鐵板即可安礟內地平時剿賊尚勑雇閩廣商艘況日後商艘盡同洋舶有事立雇何難佐戰艦之用惟水師則必以閩廣為主而江浙為輔何則福建之役夷船泊於南澳潘鄧制軍所募水勇佯作商舟乘無風攻之夷艘甫覺我水勇已偪其後艄焚其帆索傷其柁師水手

夷艘無風不能起椗偪近不能開礮且小舟外障濕幔銃彈不能入良久風起夷船始遁此江浙水勇所不能也粤東之役官軍方失利於城外而我武舉梁體羣夜以火舟三隊從穿鼻洋截攻其後乘潮至虎門横擋夷船甫開一礮而我火舟已偪其後梢火藥鎗轟發兩桅飛起空中全艘俱燬佛山義勇又圍截夷兵於龜岡礮臺遶出上風縱毒煙以眯夷目盡殲夷兵并擊破其應援之杉板舟此江浙水勇所不能也靖逆將軍奏言粤中水勇以小舟八人盪槳旋折如飛將及夷礮所近之處即覆舟入水戴之而行及至夷船仍翻舟而上以火毬噴筒焚其帆索得勢即

躍上夷船不得勢即仍下水覆舟而行銃礮皆不能及已募得二百餘人此江浙所無也夷船犯乍浦時餘艘留踞鎮海招寶山有委員雇閩勇三百餘以火舟易使賊覺獻策用大油簍各裝火藥二百斤載以小竹筏以鐵索拴筏四角套於項頸手扶簍筏貼水潛行遠望不見及至夷船後潛挂柁上火發轟烈全船立燬既而有尼之者飛檄中止此亦江浙所無也此皆在無戰艦之時可用若是況配入戰艦用其所長外夷尚且畏之豈他省所及故江浙舟師宜專護海運而閩粵舟師宜專剿海寇漢口瓜洲錢唐江亦有沒水之人能伏行江底然每處僅二三十人不能多也

問子於議守篇專守內河守近岸使夷船夷礮失其所長已可收安南創敵之功則又何艘械之足學而厰局之足設耶曰夷兵之橫行大洋者其正也其登岸及入內河者其偶也夷性詭而多疑使我岸兵有備而彼不登岸則若之何內河有備而彼不入內河則若之何觀其初至也以結怨之廣東而不攻繼以結怨之廈門而不力攻及突陷舟山徘徊半載而不敢深入是猶未測內地之虛實尚有所畏也自廣東主款撤防破虎門圍省會而夷始肆然無忌矣再破廈門定海駛入寧波而益無忌矣再破乍浦寶山上海駛入長江而益無忌矣使夷知內河有備練水勇

備火舟如廣東初年之事其肯深入死地哉故廣東初年有殲夷之備而無其機江浙近年有殲夷之機而無其備且夷兵船五十艘貨船二十餘艘火輪舟十艘其闖入珠江入甬江入黃埔江者皆不過兵艦七八艘火輪二三艘杉板小舟十餘而已其餘仍寄椗大洋即使殲其內河諸艇而奇功不可屢邀狡夷亦不肯再誤且夷貪戀中國市埠之利亦斷不肯即如安南日本之絕交不往此後則非海戰不可矣鴉片躉船仍泊外洋無兵艦何以攻之又非海戰不可矣夷船全幫數十艘駛入者惟長江江面雖狹於外洋而倍濶於他港夷艘散泊各岸不聚一處即用兀

术之火攻而天時風色難必亦不過纔其三分之一究恐有竄出大半之艦則亦非追剿不可矣苟夷畏我内河專肆驚擾聲東擊西朝南暮北夷人水行一日可至者我兵陸行必數日方至夷攻浙則調各省之兵以守浙夷攻江則又調各省之兵以守江即一省中而有今日攻乍浦明日攻吳淞後日又回擾鎮海我兵又將雜然四出應接不暇安能處處得人時時設備況戰艦火器乃武備必需之物二三百萬乃軍需十分之一何憚不為而見輕於四夷況有洋艦洋礮之後亦非漫然浪戰也客兵利速戰主兵利持重不與相戰而惟與相持行與同行止與同止無淡

水可汲無牛羊可掠無硝藥可配無鐵物可購無篷纜可補煙土貨物無處可售槍炮無處可修又有水勇潛攻暗襲不能安泊放一彈即少一彈殺一夷即少一夷破一船即少一船而我之沿海腹地既有戰艦為外衛則內河近岸高枕無虞所至接濟策應逸待勞飽待飢衆待寡是數十艘可當數百艘之用況夷兵以大艘為身以杉板小舟為四足但多募漁舟快艇專燬其杉板小舟小舟盡則大舟亦可為我有在得人而已在得人而已

籌海篇四　議欵

我患夷之强夷貪我之利兩相牽制俾可無事非今日主欵者之秘略乎鴉片歲耗中國財數千萬計竭我之富濟彼之强何以處之則曰但禁內地吸食試問持議之人果嚴禁內地吸食乎則又曰宜緩不宜急急之恐觸外侮而生內變嗟乎强鄰惡少日設賭博於門誘我子弟賣我基業敗我教化一朝絕不與通攻門索鬭媕婀調停者曰姑聽其仍開博場一日賭博一日無事百年賭博百年無事我產之耗不耗勿計也我業之完不完勿計也我子弟之敗類不敗類勿計也欲制夷患必籌夷情請先陳夷情而

後效其說
中國以茶葉湖絲馭外夷而外夷以鴉片耗中國此皆自古所未有而　本朝有之茶葉行於西洋自康熙始而鴉片之入中國亦自康熙始初准以藥材上稅乾隆三十年以前歲不過二百箱及嘉慶元年因嗜者日衆始禁其入口嘉慶末每年私鬻至三千餘箱始則囤積澳門繼則移於黃埔道光初奉　旨查禁復移於零丁洋之躉船零丁洋者在老萬山內水路四達凡中外商船之出入外洋者皆必由焉夷艘至皆先以鴉片寄躉船而後以貨入口始躉船不過四五艘其煙至多不過四五千箱可用火

攻而大吏密奏請暫事羈縻徐圖禁絶于是因循日甚其突增至二十五艘煙二萬箱者則在道光六年設巡船之後巡船水師受月規放私入口于是藩籬潰決及道光十二年始裁巡船而積習已不可挽道光十七年復設巡船議定每千箱以若干箱送水師報功而鴉片遂歲至四五萬箱矣今以道光十七年廣東與英夷貿易出入之數計之湖絲價銀六百五十九萬員茶葉價銀千有四百萬員白礬串珠樟腦桂皮磁器大黃麝香赤布白糖冰糖兩繖百二十二萬六千員共計英吉利船所購出廣東之貨二千一百八十一萬六千員其入口者棉花八百二十二萬

員（六十七萬七千石）洋米二十三萬八千員（二十一萬石）大呢百五十五萬員羽紗四十萬員嗶嘰八十萬員羽緞五萬員洋布七十萬員棉紗七十三萬員（千有八百石）水銀二十三萬員（二千石）錫二十九萬五千員（萬五千石）鉛八萬九千員（萬四千石）鐵四萬八千員（萬六千石）硝七萬五千員（共萬石）檀香烏木象牙珍珠胡椒沙籐檳榔魚翅魚肚花巾洋巾計七十一萬員共英夷進口貨千四百四十七萬八千員少於出口貨價銀七百餘萬員使無鴉　而以貨易貨則英夷應歲補中國銀七百餘萬員乃是歲鴉片價銀反出口二千二百萬員計銷鴉片四萬箱此數之確然可考者彌利堅國是歲出口之

貨綢緞價七百五十萬員茶葉五百十九萬八千員十二萬餘石絲棉葛布磁器蓆糖五十七萬九千員共計千有三百二十七萬七千員入口洋貨三百六十七萬員內有洋米八十六萬員洋布四十五萬員白銀四十二萬員價最鉅計少銀九百六十萬員何以不聞補銀蓋亦鴉片價內開除之數英夷所運者印度鴉片彌夷所運者都魯機鴉片他西洋諸國出口入口者約計二百萬員共計外夷歲入中國之貨僅值銀二千十四萬八千員而歲運出口之貨共值銀三千五百有九萬三千員以貨易貨歲應補中國價銀千四百九十四萬五千員使無鴉片之毒則外洋之銀有入無出中國銀且日賤利可勝述哉綜計英夷所購

出之貨莫大於茶而湖絲次之所售入中國之貨莫大於鴉片而棉花次之至大黃則蒙古所需非西洋所急故每歲出洋大黃不過值五萬餘員（即俄羅斯市大黃歸亦僅用以染色非用以治病見松筠綏服紀略）茶葉雖西洋所盛行而佛蘭西國不甚需之以其本國皆飲白酒不甚飲茶故佛蘭西到粵之船較少然前代市舶從不聞茶葉出洋茶葉出洋自明季荷蘭通中國始及康熙二年英吉利商又自荷蘭購歸百斤飲而甘之國人飲者歲增一歲康熙四十九年至十四萬斤雍正二年至二十八萬斤乾隆二十四年二百二十九萬斤三十七年五百四十七萬斤五十年遂至千三百萬斤嘉慶十

八年二千一百二十八萬斤道光二年二千三百七十六萬斤十年後三千餘萬斤及英夷公私散後各商自運銷茶愈廣十七年廣東出口茶葉三十餘萬石共價銀千有四百餘萬員又彌利堅國道光十七年購茶價銀三百六十九萬兩共茶十二萬餘石荷蘭歲需茶二百八十萬斤不等佛蘭西二十三萬斤不等佛蘭西茶沿途售與各國其到本國者無幾此外西洋各國大約二百萬斤惟俄羅斯由蒙古運往茶葉歲六百四十餘萬斤是西洋之飲茶亦猶中國人之吸鴉片雖損益懸殊皆始自近日非古昔所有故知洋錢流入內地皆鴉片未行以前夷船所補之價至鴉片盛行以後則絕無

貨價可補而但補煙價洋錢與紋銀皆日貴一日矣漕務鹽務邊務皆日困一日矣使非養癰於數十年之前潰癰於設巡船之後何以至是今但歸咎割癰之人而養癰潰癰者不問故至今益以養癰爲得計此邊患宜溯其源者

一西洋互市廣東者十餘國皆散商無公司惟英吉利有之公司者數十商輳資營運出則通力合作歸則計本均分其局大而聯散商者各出己貲自運自售利害皆一人獨當之其勢專而散方其通商他國之始造船礮修河渠占埠頭築廛舍費輒巨萬非一二商所能獨任故必衆力易

孳甚至借國王貲本以圖之故非公司不為功及通市日久壟斷他商之路揮霍公家之帑費愈重利愈微國計與民生兩不利則又懲公司流弊而聽散商自為之以中國比例公司如廣東十三家洋行而散商則如各省赴粵之客貨也公司如淮南鹽法之滾總之整輪而散商則如票鹽如散輪也道光十三年以前粵東貿易一出公司其局初立於印度繼立於廣東初議公司止設三十年及限滿而公司欲專其利不肯散局復以助本國兵餉為詞請再展三十年而糜費開支浮冒乾没且運回之貨居奇踊貴百物滯銷國人皆不服屢控國王請散公局各自貿遷皆

為大班數人把持與通國散商為怨敵其公司貲本銀三千萬員主事二十四商首領二人專司機密每商捐銀二千五百員以贍之道光十年本國會計入公帑銀萬有五百萬員公使費銀九千萬員公欠項銀七千五百萬員公司貿易無利道光十二年載貲出本國出印度國者置價共三千萬員而所售回之價僅千有六百萬員公司不如散商者六倍故道光十三年遂散公司之局國王盡收帑本任商自運而第征其稅此粤中公司合散之情形也方廣東公司未散時各大班恃其勢大多金凢抗衡中國官吏皆公司大班所為公司散則勢渙易制而盧制軍蒞任

未久誤聽洋商言以英夷公司雖散而粵中不可無理夷務之人反飭令彼國派領事來粵十四年始來者曰勞律卑突入省河罷市調兵而後退十六年再至者即義律也祇便洋商一日之私圖豈期邊疆今日之戎首試問粵中互市西洋十餘國何嘗有夷官駐粵若謂英夷貨多事賾則彌利堅國每年貨艘至粵之多亦亞於英吉利何以二百載從無桀驁觀禁煙新令初頒各國遵令即英國新至貨船亦遵例具結而義律駛兵船阻其入口苟當時無公司領事則英夷各商亦不過隨同各國具結惟恐卸貨之不早鶩利之不先何暇抗文法爭體制何至開兵釁停貿

易又何至懇國王請兵艦連兵萬里搆衅數年故馭邊在先悉夷情公司散局此海疆一大機會而中國邊臣失之者二

禁鴉片之議有二一內禁一外禁自夷船犯順人皆謂外禁必不可行果必不可行乎又以夷變歸咎於繳煙果由於繳煙乎何以五月繳煙之後旁徨半年而未動何以尚肯出船貨充公之結何以尚懸購告犯之賞何以逐出老萬山外復尚有願遵　大清律乞回澳門之稟是其激變絕不由繳煙而由於停貿易明矣英夷國禁濃酒小帶有佛蘭西使者至其國英夷聞其攜違禁貨物因監禁其

使令禁繳出禁物始釋之與廣東之勒繳煙土何異又英夷國律例凡他國商攜違禁貨物入境者罰其貨價三倍是即科以彼國之法亦無可辭其非因繳煙而由停貿易又明矣然則不停貿易固可免用兵亦可禁鴉片使不來乎曰奚不可之有請先陳夷情而後效其說英夷之說曰若要印度人不栽波畢除非中國人不食鴉片若要中國人不買鴉片除非印度不栽波畢中國人若以鴉片貿易同英國講論英吉利國王定肯禁止販運即印度栽種波畢之事亦可停止而栽種別物仍可得稅餉貿易之利澳門月報又曰有人言情願斷止鴉片一物別開南邊港口貿易

可乎我恐未必能行華事是外禁之事英夷亦未嘗不籌夷言
畫及之但外夷惟利是圖惟威是畏必使有可畏懷而後
俯首從命故上者嚴修武備彼有躉船則我能攻之彼有
夾私應停貿易則立停止使我無畏於彼彼無可挾於我
自不敢嘗試次者代籌生計使彼即停鴉片而上無缺稅
下無缺財則亦何樂走私之名而不趨自然之利請得而
詳之夷煙產自印度而銷於廣東其東印度種鴉片之地
皆官地如中國鹽場置官收稅不得私煎除鴉片地稅銀
四百餘萬員外加以栽種時開花時取汁時出口時四次
收稅又凡五百餘萬員共計孟阿臘歲稅九百六十八萬

四千餘員又南印度之孟邁鴉片稅亦百餘萬員除印度兵餉支用外歲解英吉利國都者三百餘萬員此其國最大之利藪考康熙乾隆中准商船運呂宋暹羅米入口者每米萬石免其船貨稅十分之五米五千石以上免稅十分之三即不及五千石亦免稅十分之二並許商人運暹米二千石以上議敘頂戴此二國產米不產鴉片有利無弊自後港脚夷船援例歲運印度新嘉坡葛留巴米入口者不下四十萬石多以鴉片寄躉船而以米入口由是粵海關裁抑之但免入口米稅不免出口貨稅今與夷約果能剗除鴉片之地改種五穀者許其多運洋米入口並援

例酌免其貨税則夷喜於地利之不荒其必樂從者一粤東出口之貨則洋行會館每百兩抽內商三分而三分必增諸貨價其入口之貨則每一大洋艘至黄埔官費及引水通事使費約需銀五千員皆在正税之外雖不明取於鴉片而夷則失諸彼者償諸此我則收其實而避其名今與夷約果鴉片不至則盡裁一切浮費舉以前此貢使所屢求大班所屢控者一旦如其意而豁除之俾歲省數百萬夷必樂從者又一彼國入口之貨莫大於湖絲茶葉出口之貨莫大於棉花洋米呢羽今中國既裁浮費免米税商本輕省則彼國不妨於進口之茶絲出口之棉米呢羽

酌增其稅以補鴉片舊額此外鉛鐵硝布等有益中國之物亦可多運多銷夷必樂從者又一威足懾之利足懷之公則服之有不食桑葚而革鴞音者乎水師之通賄不懲商胥之浮索不革戰艦之武備不競而惟外夷操切是求縱獲所求且不可久矧乃河潰而魚爛鳥驚而獸駭尚何暇議煙禁哉張奐之服西羌班超之告任尚此機會可乘反以過急失之者三

此皆未變以前事也既變以後則不獨以夷攻夷并當以夷款夷　國初俄羅斯爭黑龍江地構兵連年　聖祖
命荷蘭寄書俄羅斯而獻城歸地喀爾喀兩部爭衅構兵

詔命達賴剌麻遣使往諭而喀部來庭緬甸不貢闍暹羅受封而立貢廓爾喀未降聞英吉利助兵而即降故欵夷之事能致其死命使俯首求哀者上否則聯其所忌之國居閒折服者次之上年靖逆將軍未至粵時彌利堅夷目即出調停講欵於是義律來文有不討別情只求照例通商倘帶違禁貨物船貨充公之語並許退出虎門之說夫命將出師不過因夷之索煙價索埠地踞虎門今三事皆不敢逆命是不戰屈夷亦足以徵　朝廷折衝千里之威非彌利堅居閒豈能有是而利害未能陳明章奏未能剴切于是而英夷要盟又于是而英夷敗盟是冬佛蘭西

兵帥復以兵艘至粵求面見將軍密陳軍事請代欵請助兵以夷攻夷以夷欵夷在此一舉而又遲疑之支詘之延及半載始令赴江寧則英夷欵議已成數日視彌利堅原議相去天淵故不欵於可欵之時而皆欵於必不可欵之時此機會可乘不乘者四

此四機者謹其始機則鴉片不至流毒乘其二機則公司不致桀驁乘其三機則不以罷市興兵乘其四機則不致欵議失體一誤再誤三誤於事前四誤於事後經此四誤而鴉片之外禁不可行矣今日之事非内禁不可矣内禁之不效有三一曰不許告發也二曰不速限期也三曰不

先黥後僇也不許告發之故在防誣陷夫吸煙有癮販煙有土告不實有反坐何患其誣且有告發之令則雇工鄰右人懷戒心大廈深堂皆無固志雖有貪慾貪利之徒不敢嘗（再為）試其必效一限期不速者恐死刑太多也不知期愈寬犯愈衆昔宋臣宗澤守汴京承兵燹之後百物昂價倍蓰澤念小民所急惟食乃梟一餅師之首下令平價不三日而市價盡平夫速則梟一人而萬人肅遲則刑千百而四海玩果不果之異也且煙癮有限期販煙有何限期但使沿海各郡縣每城立梟販煙之首一二人以令下之日為始不俟限期風行雷厲其必效者二吸煙未至限期罪

不至死奈何曰有　大清律刺面之法在今再下令三月不戒者黥黥後再三月不戒者死以下令為始十七省各出巡煙御史一人專司有犯必黥之事其縉紳富户哀求免黥者許以金贖不黥面而仍黥手黥手逾期不戒毋得再贖如此則法易行法必行且在前次限期之外豈得更議其期迫乎此必效者三總之法信令必雖枷杖足以懲奸法不信令不必雖重典不足儆衆飲食不已釀為訟師小刑之刀鋸不肅釀為大刑之甲兵聖人垂憂患以詔來世豈不深哉豈不深哉

中外紀事本末一

柔遠全書 二十九

上諭

同治九年五月二十五日奉

上諭崇厚奏津郡民人與天主教起
派大員來津查辦一摺曾國藩在
賞假一月惟此案關繫緊要曾國著
前赴天津與崇厚會商辦理匪徒
實屬罪無可逭既據供稱牽連教
自應與洋人指證明確將匪犯按
害至百姓聚衆將該領事毆死並
堂等處此風亦不可長著將為首

俾昭公允地方官如有辦理未協
毋稍迴護曾國藩務當體察情形
輿情而維大局原摺着各抄給閱看
上諭曾國藩著前赴天津查辦事件
五月二十七日奉
上諭崇厚奏津郡民教起衅爭毆自
分別嚴議革職一摺此案天津
有牽涉教堂情事懷疑起衅復
在崇厚署中施放洋鎗並向天津
毆致將豐大業斃命並焚毀教堂崇厚

不能綏靖地方天津道周家勲有表率之責
預防天津府知府張光藻天津縣知縣劉傑辦理
以致釀成巨案均屬咎無可辭崇厚周家勲張
傑均着交部分別議處仍着曾國藩於抵津後
明嚴叅具奏至迷拐人口匪徒及為首滋事
查拏懲辦並着曾國藩會同崇厚澈底根究
毋稍偏狥欽此
六月初一日直督曾覆陳一摺
上諭曾國藩奏所稱案中最要關
要言不煩等因欽此

同治九年六月二十六日未協

上諭曾國藩崇厚奏查明天津滋形

研訊教民迷拐人口一節王三雖

珍然尚時供時翻亦無教堂主使確

女一百五十餘名口均稱其家送至堂中若

拐情事至挖眼剖心一條經曾國藩於抵津時

問百姓無能指實詢之天津城內外亦無遺失

告之案此等情形如湖南江西揚州天門及直

名廣平皆有札文揭帖紛傳不一厥後各處結案

將札文揭帖之虛實剖辨明白津民平日

文揭帖之言已信為實而又外國堂門終年
仁慈堂皆有地窟為去潮濕置煤炭之用治病者
不出並收留無依人口及疾病將死之人等情茲
解本年四五月間適有拐匪用藥迷人之事牽
該民人見領事官豐大業對官放鎗遂致萬口
時並舉其實挖眼剖心戕害民生之說多屬
實據等語此案迭諭曾國藩會同崇厚
該督等奏稱此事均係謠傳洋人
外省地方遇有此等謠言羣疑
幼孩人口例禁本嚴惟恐日以

犯到案時即議以加等治罪嗣協
迷拐人口匪徒亦着照刑部所議
京師為首善之區尤宜搜查匪類
隨時緝訪遇有此等匪徒即行拿交
此
上諭曾國藩奏直隸天津府知府張光藻天津縣
傑於辦理民教起釁一案事前疎於防範事後
迅速獲犯請將該二員革職治罪等語張光藻
着即行革職交部治罪欽此
同治九年六月二十九日奉

上諭據崇厚奏稱曾國藩觸發舊疾病勢甚

厪系此案關係頗大該督抱恙甚劇恐照料或有

已諭令丁日昌星速赴津帮同辦理又以丁日昌

前來須在旬日以外先派毛昶熙前赴天津會

國兵船業已到津意在開衅不可不預為防

李鴻章帶兵馳赴畿疆候旨調派等因欽此

七月十六日奉

上諭該使臣非理之求斷難遷就而於

緊辦理以示誠信此時如將下手滋

則洋人自不至郟慮如枝再歸咎於

同治九年七月　六日奉

上諭該督到津後統籌全局次第辦理

不得已之苦衷在稍違事理者自無不

層堅持定見當可就我範圍如能將為

之人嚴拏務獲訊取確供按律議抵大局似一

因欽此

同治九年八月十八日奉

上諭此案為日已久若不趕緊辦結必致易生枝節

鴻章馳赴天津會同督飭承審各員認真研鞫及早

結等因欽此

同治九年九月初一日奉

上諭陳國瑞所遞親供既與津案並無干涉毋庸再令

理衙門刑部覈辦等因欽此

同治九年九月十一日奉

上諭前因天津府知府張光藻天津縣知縣劉傑

起衅一案事前疏於防範事後又不能迅速

降旨革職交刑部治罪嗣經曾國藩等　一

該革員等押解到部茲據刑部奏請也

方文職不能彈壓撫卹革職例從重

力並以案情重大應如何從重改

府縣責任地方乃於津民聚衆滋事
匪徒乘機焚殺戕害多命又未將兇
較重且該革員等於奉旨交刑部治罪
任順德劉傑亦私往密雲任意逗遛尤
劉傑均着從重改發黑龍江効力贖罪以示
民因懷疑激忿不遵地方官彈壓輒敢逞兇[illegible]
十餘命之多且將其仁慈堂内貞女慘殺尤為[illegible]
經曾國藩等拏獲滋事人犯審明分別情節輕重
瘤子等十五犯擬以正法小錐王五等二十一犯擬
軍徒既屬情真罪當即着照所擬將馮瘤子

決小錐王五等分別發配安置經此次嚴辦之後各宜
省地方官務當曉諭居民安分守法毋任再滋事端遇
有中外交涉事件並須按照條約持平妥辦總期中外
商民彼此相安以靖地方欽此

同治九年九月十五日奉

上諭曾國藩等奏續訊天津案内第二批人犯分別定擬
一摺此次續拿各犯既據曾國藩等單開訊明情節輕
重著照該督等所擬將劉二等五犯即行正法鄧老四
等四犯分別發配安置曾國藩等接奉此旨後所有先

後定擬正法之犯二十人軍徒各犯二十五人即行分別辦理庶可迅速完案羅淑亞派繙譯官德微理亞前赴天津出具切結並確查燒燬房屋被搶物件以便議償曾國藩等本係特簡查辦津案之員此時該繙譯業已抵津修堂撫卹諸事在津易於定議即著該督等晤商德微理亞妥籌辦理迅速具奏至所拿兇手前已明降諭旨着將馮瘸子等即行處決兹據奏稱為
國事務衙門議結後知照該督等酌定行刑日期等語與前降諭旨兩歧議抵一節為此案緊要關鍵若遲延不辦其餘各節勢難定議且洋人因此藉口轉致另生

枝節更形棘手曾國藩等即凜遵此旨辦理毋再稽延
將此由六百里各密諭知之欽此軍機大臣遵旨寄大學士兩江總督
一等毅勇侯曾協辦大學士直隸總督一等肅毅
李伯署三口通商大臣成林

上諭查辦日兵至臺　軍機大臣密寄前江西撫沈直督李江督李福州將軍文閩浙督李

同治十三年三月二十九日奉

上諭總理各國事務衙門奏日本兵船現泊廈門請派大員查看一摺日本國之使臣上年在京換約時並未議及派員前赴臺灣生番地方之事今忽興兵到閩口稱借地操兵心懷叵測據英國使臣函報日本係有事生番南北洋通商大臣洽覆情形相同事關中外交涉亟應先事防範以杜釁端李鶴年於此等重大事件至今未見奏報殊堪詫異生番地方本係中國轄境豈容日本窺伺該處情形如何必須詳細查看妥籌布置以期

有備無患李鶴年公事較繁不能遠離省城着派沈葆楨帶領輪船兵弁以巡閱為名前往臺灣生番一帶察看不動聲色相機籌辦應如何調撥兵弁之處着會商文煜李鶴年及提督羅大春等酌量調發至生番如何開禁即設法撫綏駕馭俾為我用藉慰地方以免外國侵越並着沈葆楨酌度情形與文煜李鶴年悉心會商請旨辦理日本兵船到閩後作何動靜着文煜李鶴年沈葆楨切實具奏南北洋如探有確耗並着李鴻章李宗羲隨時咨明總理各國事務衙門核辦原摺均着抄給閱看將此由六百里加緊密諭知之欽此

軍機大臣密寄

大學士直隸總督一等肅毅伯李

欽差辦理台灣等處海防兼理各國事務大臣兩江總

督沈

欽差大臣大學士陝甘總督一等恪靖伯左　前兵部

侍郎彭

欽差刑部尚書署

盛京將軍兼署

盛京戶部侍郎兼管奉天府府尹崇　內閣學士署奉

天府府尹岐

盛京副都統清　吉林將軍奕　黑龍江將軍豐　副都統托　閩浙總督李　湖廣總督李　四川總督吳　兩廣總督英　雲貴總督劉　前陝甘總督楊　署兩江總督江西巡撫劉　江蘇巡撫吳　安徽巡撫裕　山東巡撫丁　浙江巡撫楊　福建巡撫王　湖北巡撫翁　湖南巡撫王　廣東巡撫張　廣西巡撫劉　兼署雲貴總督雲南巡撫岑　傳諭署江西巡撫布政使劉秉璋光緒元年四月二十六日奉

上諭總理各國事務衙門奏遵議籌辦海防等事宜分

別開单呈覽各摺片海防關繫緊要既為目前當務之急又屬國家久遠之圖若築室道謀僅以空言了事則因循廢弛何時見諸施行亟宜未雨綢繆以為自強之計惟事屬創始必須通盤籌畫計出萬全方能有利無害若始基不慎過於鋪張既非切實辦法將興利轉以滋害貽誤曷可勝言計惟有逐漸舉行持之以久講求實際力戒虛糜擇其最要者不動聲色先行試辦實見成效然後推廣行之次第認真布置則經費可以周轉乃為持久之方南北洋地面過寬畛連數省必須分段督辦以專責成著派李鴻章

督辦北洋海防事宜派沈葆楨督辦南洋海防事宜
所有分洋分任練軍設局及招致海島華人諸議統
歸該大臣等擇要籌辦其如何巡歷各海口隨宜布
置及提撥餉需整頓諸稅之處均著悉心經理如應
需幫辦大員即由李鴻章沈葆楨保奏候旨簡用各
該省督撫務當事事和衷共濟不得稍分畛域陸軍
須歸併訓練方能得力著各該督撫各就地方形勢
量更舊汛合營併操畫一訓練限一年内辦理就緒
奏請派員查閱江防與海防表裏著彭玉麟楊岳斌
會同李成謀勤加操練俟海防船炮購成應擇要添

設兵輪若干隻配兵練習著與李鴻章沈葆楨會商辦理雲南四川廣東廣西福建各邊境均有洋人窺伺並著各該督撫整頓吏治軍政留意交涉事件以固邊防勿得輕啟衅端以致不可收拾至鐵甲船需費過鉅購買甚難著李鴻章沈葆楨酌度情形如實利於用即先購一兩隻再行續辦海防用度浩繁如何提撥應用即著户部總理各國事務衙門妥議具奏並著總管內務府大臣量入為出裁汰浮費户部工部於應發款項著詳細酌覈力杜浮冒公私各費該督撫務當實力撙節以裕國用開採煤鐵事宜著

照李鴻章沈葆楨所請先在磁州台灣試辦派員妥為經理有需外國人之處亦當權自我操勿任彼族攙越出使各國及通曉洋務人才並著李鴻章沈葆楨隨時切實保奏此外各督撫等如有所知亦據實保奏餘均著照所議辦理總理各國事務衙門摺一件單二件著抄給李鴻章沈葆楨閱看仍詳細妥議具奏此次議奏有關繫西北及防範俄人事務業由總理各國事務衙門抄寄左宗棠閱看即著該大臣通盤籌畫以固塞防西北水利事宜並著該大臣會商譚鍾麟相機籌辦東三省為根本重地尤宜加意

釐頓著該将軍副都統府尹切實籌畫醇親王摺二
件並丁寶楨文彬片著抄給該将軍等閱看迅速覆
奏沈葆楨已補授兩江總督海防緊要自應迅速到
任以專責成惟台灣開山撫番一切事宜是否仍須
該督親為督率抑或奏派大員經理並著沈葆楨酌
度情形速行具奏將此由六百里密諭李鴻章等知
之欽此遵
旨寄信前来

上諭查辦雲南戕殺洋官案

光緒元年五月十六日奉

上諭李瀚章著馳驛前往雲南查辦事件等因欽此

光緒元年十一月十二日奉

上諭李瀚章等奏遵旨查辦馬嘉理被戕大概情形請將辦理不善各員革職審訊一摺馬嘉理被戕一案現經李瀚章等明查暗訪調核全卷案宗派委幹員秉公嚴訊據奏由滇至緬中隔野人土司地界該處向多匪徒句搶其時騰越紳民聞洋人帶有洋兵多名將入關內是以集團自衛馬嘉理由滇赴緬執有護照沿途地方

妥為護送無誤嗣由緬回滇未經知會地方官派人迎
護以致不法匪徒伺隙乘機刦殺各情騰越廳同知吳
啓亮於紳民聚團時未能開導彈壓先事預防迨失事
後經岑毓英嚴札勒拿乃數月之久始行獲犯實屬辦
理不善署騰越鎮總兵蔣宗漢於專轄地方出此巨案
毫無覺察亦有應得之咎吳啓亮蔣宗漢均著撤任暫
行革職歸案審訊如查有調兵阻止及指使戕害情事
即著李瀚章確切研求以成信讞毋得稍有徇隱該部
知道欽此
光緒元年十二月二十七日奉

李珍國

似以七月卅上諭內珍作珍為準　餘向先亦內亦作珍

上諭李瀚章等奏請將卸署都司革職歸案訊究一摺前署雲南南甸都司李珍國於馬嘉理被戕一案據供騰越衆紳聞洋人帶領多兵前來齊團各保身家曾與通信等語是否另有情節亟宜澈底根究李珍國着先行革職交李瀚章等提同已革總兵蔣宗漢已革同知吳啓亮分別研鞫以成信讞該衙門知道欽此

光緒二年七月三十日奉

上諭李鴻章奏遵旨馳赴煙臺與英國使臣會辦滇案各摺片英國繙譯官馬嘉理前在雲南騰越邊界被戕該處地方文武不能留心保護咎有應得本應分別懲辦

既據李鴻章奏英國使臣威妥瑪以為責其既往莫若
保其將來請將案內各犯寬免等語着照所請除署騰
越鎮總兵蔣宗漢騰越廳同知吳啓亮業經革職毋庸議外已
革都司李珍國及匪犯而通凹臘都等十一名應得罪
名均着加恩寬免惟馬嘉理係英國所派職員由雲南
前赴緬甸發有護照往返均應保護乃馬嘉理猝遭戕
害同行之員並被擊阻殊失朝廷和好之意嗣後各直
省督撫當懍遵上年九月十一日諭旨嚴飭所屬凡遇
各國執有護照之人往來內地務須照約相待妥為保
護如有違約侵凌傷害情事即惟該省大小官吏是問

並着總理各國事務衙門擬定告示咨行各省遵照辦
理各該地官方均宜講求條約以期中外相安倘有外
國官民被戕迅即查拿正凶勒限辦結不得任意遷延
致干咎戾馬嘉理一案現已辦結雲南邊界通商事宜
俟英國派員到時即着雲貴總督雲南巡撫選派妥幹
大員前往該省邊界查看情形商訂章程隨時奏明辦
理欽此

上諭招商局事

光緒二年十月二十四日奉

上諭太常寺卿陳蘭彬奏招商局輪船關係大局請飭疊臣認真經理一摺據稱洋人輪船之入中國為害最甚中國自創辦招商局輪船以來洋人不能盡佔中國之利辦理已有成效為中外大局一關鍵惟宜昌等處新添口岸仍覺招商局船少力薄宜及時厚集其勢以為富强之本請飭南北洋大臣督飭局員認真經理並加撥江浙漕米以資挽運等語所奏不為無見著李鴻章沈葆楨體察情形悉心會商妥籌辦理欽此

光緒二年十二月初五日奉

上諭沈葆楨奏美國旂昌公司願併歸招商局議定價值

請飭撥款一摺浙江撥銀二十萬兩等因欽此

上諭

光緒三年四月初二日奉

上諭郭嵩燾等奏鴉片烟為害中國擬請設法禁止一摺官員士子兵丁等吸食鴉片烟例禁綦嚴近來視為具文吸食日衆為害愈深該侍郎等請以三年為期設法禁止着各該將軍府尹各直省督撫斟酌情形妥籌具奏其各省駐防旗營官兵着該撫督會同該將軍酌度辦理原摺着抄給閱看將此各論令知之欽此

十月二十八日奉

上諭沈葆楨奏參劾沾染嗜好各員一摺吸食鴉片例禁

綦嚴地方各員宜如何潔身自愛以端士民表率茲據
奏稱道員劉咸等沾染嗜好人所共知實堪痛恨江蘇
淮揚道劉咸候補道杜文瀾宿遷縣知縣李德溥候補
知縣曽紹勳李誠均着即行革職以示懲儆餘着照所
議辦理該部知道欽此

上諭

光緒五年十一月二十一日奉

上諭都察院左都御史崇厚奉命出使不候諭旨擅自起程回京着先行交部嚴加議處開缺聽候部議其所議條約章程及總理各國事務衙門歷次所奏各摺件着

大學士六部九卿翰詹科道妥議具奏欽此

光緒五年十二月初十日欽奉

慈安端裕康慶昭和莊敬皇太后

慈禧端佑康頤昭豫莊誠皇太后懿旨前有旨將崇厚所議條約章程及總理各國事務衙門送次所奏各摺片

並脩撰王仁堪等庶吉士盛昱洗馬張之洞所奏各摺
交大學士六部九卿翰詹科道妥議具奏茲據大學士
等遵議覆奏並侍郎長叙等說帖三件又尚書萬青藜
侍郎錢寶廉司業周德潤等少詹事寶廷中允張楷給
事中郭從矩等余上華吳鎮胡聘之等御史孔憲瑴黄
元善田翰墀等鄧承修都察院代遞員外郎張華奎等
所奏各摺片又前據贊善高萬鵬御史鄧慶麟侍讀烏
拉布王先謙編修于蔭霖御史葉蔭昉先後陳奏各摺
着一併交親郡王御前大臣軍機大臣總理各國事務
衙門王大臣大學士六部都察院堂官再行詳細妥議

具奏醇親王亦着一併會議具奏欽此
光緒五年十二月十六日奉
上諭吏部奏遵旨嚴議請將前都察院左都御史崇厚照
違制例議以革職等語崇厚奉命出使並不聽候諭旨
擅自起程回京情節甚重僅予革職不足蔽辜着先行
革職拿問交刑部治罪欽此
光緒六年正月初六日欽奉
慈安端裕康慶昭和莊敬皇太后
慈禧端佑康頤昭豫莊誠皇太后懿旨此次會議崇厚罪
名着醇親王一併會議具奏欽此同日欽奉

慈安端裕康慶昭和莊敬皇太后
慈禧端佑康頤昭豫莊誠皇太后懿旨前有旨將大學士
六部九卿翰詹科道所奏遵議崇厚所議條約章程等
件並迭據大小臣工陳奏各摺片一併交親郡王御前
大臣軍機大臣總理各國事務衙門王大臣大學士六
部九卿都察院堂官再行詳細妥議並令醇親王一併
會議茲據王大臣等會議具奏並據醇親王另摺奏意
見相同此次崇厚奉命出使所議條約章程等件有違
訓越權之處並據京外大小臣工陳奏均稱事多窒碍
着派一等毅勇侯大理寺少卿曾紀澤前往將應辦事

件再行商辦以期妥洽而重邦交欽此同日奉
上諭前因崇厚不候諭旨擅自回京當經革職拏問交刑
部治罪茲據刑部奏該革員案情重大請添王大臣會
同辦理本日並據王大臣等聯銜覆奏各一摺崇厚奉
命出使辦理事件違訓越權情節重大所有該革員應
得罪名着親郡王御前大臣軍機大臣總理各國事務
衙門王大臣大學士六部都察院堂官會同定擬具奏
欽此
光緒六年正月二十三日欽奉
慈安端裕康慶昭和莊敬皇太后

慈禧端佑康頤昭豫莊誠皇太后懿旨禮親王世鐸等奏
會議已革左都察院左都御史崇厚罪名比律定擬斬監
候一摺着照所請辦理該部知道欽此

光緒六年五月十九日奉
上諭前因崇厚出使俄國違訓越權所議條約諸多窒碍
經廷臣會議罪名定以斬監候實屬罪有應得乃近聞
外間議論頗以中國將崇厚問罪有關俄國顏面此則
大非朝廷本意中國與俄國和好二百餘年實願始終
不渝無失友邦之誼崇厚奉命出使於中國必不可行
之事並不向俄國詳切言明含糊定議罪由自取朝廷

按律懲辦以中國之法治中國之臣本與俄國不相干涉第恐遠道傳聞於中國辦理此案緣由未能深悉或因誤會而啟嫌疑未免有妨睦誼茲特法外施恩將崇厚暫免斬監候罪名仍行監禁俟曾紀澤到俄後辦理情形若何再降諭旨曾紀澤接到此旨著即將崇厚暫免斬罪知照俄國並告以中國與俄國好和之據即此可見其應議條約仍遵前旨妥慎辦理欽此

光緒六年七月初七日奉

上諭前有旨將崇厚暫免斬監候罪名仍行監禁諭令曾紀澤將應議條約妥慎辦理茲據總理各國事務衙門

接到曾紀澤電報現在商辦一切懇為代奏施恩等語
崇厚着加恩即行開釋該衙門知道欽此

年分容考

上諭琉球案

光緒六年二月初二日奉

上諭前因總理各國事務衙門奏擬辦球案一摺當經諭令李鴻章劉坤一等妥籌具奏茲據該督等先後覆陳覽奏均悉原議商務一體均沾一條為日本約章所無今欲援西國約章辦理原非必不可行惟此案因球案而起中國以存球為重若如所議劃分兩島於存球祀一層未臻妥善着總理各國事務衙門再向日本使臣悉心妥商俟球案妥結商務自可議行欽此

覆陳洋人助勦及採米運津摺　　曾國藩

咸豐十年十一月初八日

竊臣於十月二十五日承准軍機大臣密寄十月十一日
奉　上諭本年秋間暎咈兩國帶兵撲犯都城業經換
約退兵俄羅斯使臣伊格那替業幅亦即隨後換約該酋
見恭親王奕訢等面稱髮逆在江南等處橫行請令中國
官軍於陸路統重兵進勦該國撥兵三四百名在水路會
擊必可得手又稱明年南漕運京恐沿途或有阻礙伊在
上海時有咪國商人及中國粵商情願領價採辦臺米洋
米運津如令伊寄信上海領事官將來洋船沙船均可裝

載用俄咪旂熾即保無虞等語中國勦賊運漕斷無專借資外國之理惟思江浙地方糜爛兵力不敷勦辦如借俄兵之力幫同辦理逆賊若能早平我之元氣亦可漸復但恐該國所貪在利藉口協同勦賊或格外再有要求不可不思患預防咈郎西在京時亦有此請著曾國藩等公同悉心體察如利多害少尚可為救急之方即行迅速奏明候旨定奪至代運南漕一節江浙地方淪陷明歲能否辦理新漕尚無定議然漕糧為天庾正供自不可缺該酋所稱採辦運津之說是否可行應如何妥議章程辦理之處並著曾國藩薛煥王有齡酌量情形迅速具奏將此由六

百里各密諭知之欽此具仰　皇上聖慮周詳馭夷之方達變之畧無微弗至欽服莫名臣就俄酋所陳二事思之其請撥夷兵三四百名助剿金陵髮逆一節查大西洋暎咈咪各國恃其船堅礮大橫行海上俄羅斯國都緊接大西洋所用船礮及所習技藝均足相抗近始由重洋以通中國該夷與我向無嫌怨其請用兵船助剿髮逆自非別有詭謀康熙年間進攻臺灣曾調荷蘭夾板船助剿亦中國借資夷船之一證惟長江二千餘里上游安慶蕪湖等處有楊載福彭玉麟之水師下游揚州鎮江等處有吳全美李德麟之水師臣現又在長沙吳城等處添造師船

爲明年駛赴淮揚之用是皖吳官軍之單薄在陸而不在
水金陵髮逆之横行亦在陸而不在水此時我之陸軍勢
不能遽進金陵若俄夷兵船即由海口上駛亦未能遂收
夾擊之效應請
飭下王大臣等傳諭該夷酋奬其效
順之忱緩其會師之期俟陸軍克復皖浙蘇常各郡後再
由統兵大臣約會該酋派船助勦庶在我足以自立在彼
亦樂與有成咈郎西亦有此請亦可奬而允之許其來助
示以和好而無猜緩其師期明非有急而求救自古外夷
之助中國成功之後每多意外要求彼時操縱失宜或致
別開嫌隙似不如先與約定兵船若干隻雇價若干每船

夷兵若干需月餉若干軍火一切經費若干一一說明將來助勦時均由上海糧臺支應庶可免爭競而杜衅端至所稱咪商領價採米運津一節江浙各郡縣地方淪陷既多明年新漕勢難趕辦咪商粵商情願領價採辦臺米洋米由海道運至津沽實亦濟變之要著俄酋既以此為請似即可因而許之除粵商採辦之米應由該商自行經理毋庸插用俄咪旗幟外所有咪商採辦運津之米亦請飭薛煥在上海就近與該商訂明粵商領價須取保户咪商則聽咪酋經理當可無誤要需為時局計似亦舍此別無良策伏乞

聖明察酌行之抑臣竊有請者馭夷

之道貴識夷情以大西洋諸夷論之暎咭唎狡黠最甚咈郎西次之俄羅斯勢力大於暎咈嘗與暎夷爭鬬為暎所憚咪唎堅人性質醇厚其於中國素稱恭順道光十九年暎夷因鴉片肇釁之始兵船闖入廣州省河咪酋曾於叅贊大臣楊芳處遞稟願為居閒調處暎酋義律旋出親筆有只求通商不討别情等語是並煙價亦不敢索也楊芳會據以入奏而不敢專主其議會官軍燒搶洋行誤傷咪夷數人其事遂寢而夷患遂熾咸豐三年賊踞金陵閒咪酋亦曾於向榮處託人關說請以兵船助勦未知向榮曾據以入奏否暎咈兩夷犯廣東省城時咪酋未嘗助逆上

年天津擊敗夷船時咪酋即首先赴京換約並無異詞是咪夷於中國時有效順之忱而於嘆咈諸夷並非固結之黨已可概見此次俄夷既稱咪酋情願領價採米似可即

飭薛煥與咪酋面訂章程妥為籌辦庶幾暗杜俄夷見好中國市德咪夷之心而咪夷知中國於彼毫無疑忌或且輸誠而暱就於我未可知也此次款議雖成中國豈可一日而忘備河道既改海運豈可一歲而不行如能將此兩事妥為經畫無論目前資夷力以助剿濟運得紓一時之憂將來師夷智以造礮製船尤可期永遠之利區區愚慮所及合併陳明

覆陳購買外洋船礮摺 咸豐十一年七月十八日　曾國藩

竊臣承准軍機大臣字寄咸豐十一年五月三十日奉
上諭前因恭親王奕訢等奏法夷鎗礮現肯售賣並肯派匠役教習製造當諭令曾國藩薛煥酌量辦理本日復據奕訢等奏請購買外洋船礮一摺據稱大江上下游設有水師中間並無堵截之船非獨無以斷賊接濟且恐由蘇常進剿則北路必受其衝據赫德稱若用小火輪船十餘號並以精利鎗礮不過數十萬兩至駕駛之法廣東上海等處可雇內地人隨時習學亦可雇用外國人令其司柁司礮其價值先領一半俟購齊驗收後再行全給並稱洋

藥一項如照所遞之單征收華洋各稅四十五兩之外於
進口後無論販至何處銷售再由各該地方官給予印票
仿照牙行納帖之例每帖輸銀若干如辦理得宜除華洋
各稅外歲可增銀數十萬兩此項留為購買船礮亦足裨
益現在赫德已回天津令其將船礮洋鎗價值分晰開單
呈遞等語東南賊氛蔓延果能購買外國船礮剿賊必能
得力惟各路軍餉不足必須預籌銀款以資購辦奕訢等
現擬於上海廣東各關稅內先行籌款購買俟將來洋藥
印票稅收有成數再行歸款並給赫德劉文令其購買運
到時即交廣東江蘇各督撫雇內地人學習駕駛著勞崇

光耆齡薛煥並傳諭毓清即按照所奏預為籌計其應酌配兵丁并統帶大員及陸路進攻各事宜并著官文曾國藩胡林翼先行妥為籌議一俟船礮運到即奏明辦理內患既除則外國不敢輕視中國實於大局有益該督撫等務當悉心妥議期於必行不得畏難苟安奕訢等摺著鈔給閱看等因欽此仰見　皇上聖慮周詳安內攘外之至意臣查髮逆盤踞金陵蔓延蘇浙皖鄂江西等省所占傍江各城為我所必爭者有三曰金陵曰安慶曰蕪湖不傍江各城為我所必爭者有三曰蘇州曰廬州曰寧國不傍江之處所用師船不過舢板長龍之類其或支流小港岸

峻橋多即舢板小划尚無所施其技斷不能容火輪船想在　聖明洞鑒之中傍江三城小火輪船儘可施展然亦只可制水面之賊不能剿岸上之賊即欲阻其北渡斷其接濟亦恐地段太長難於處處防遏目下賊氛雖熾然江面實鮮礮船不能與我水師爭衡臣去冬覆奏一疏有云金陵髮逆之橫行在陸而不在水皖吳官軍之單薄亦在陸而不在水係屬實在情形至恭親王奕訢等奏請購買外洋船礮則為今日救時之第一要務凡恃已之所有誇人以所無者世之常情也忽於所習見震於所罕見者亦世之常情也輪船之速洋礮之遠在英法則誇其所獨

有在中華則震於所罕見若能陸續購買據為己物在中華則見慣而不驚在英法亦漸失其所恃康熙雍正年間雲南銅斤未曾解京之時皆給照商人採買海外之洋銅以資京局之鼓鑄行之數十年並無流弊況今日和議既成中外貿易有無交通購買外洋器物尤屬名正言順購成之後訪募覃思之士智巧之匠始而演習繼而試造不過一二年火輪船必為中外官民通行之物可以剿髮逆可以勤遠略　諭旨期於必行不得畏難苟安仰見聖主沈幾獨斷開物成務曷勝欽服至於酌配兵丁及統帶大員應俟輪船駛至安慶漢口時每船酌留外洋三四

人令其司柁司火其餘即配用楚軍水師之勇丁學習駕駛礮位亦令楚勇司放雖不能遽臻嫻熟儘可漸次教習其統帶大員即於現在水師鎮將中遴選臣與官文胡林翼商定屆時奏明辦理惟期內地軍民智者盡心勇者盡力無不能製之器無不能演之技庶幾漸摩奮興仰副
聖主深遠無窮之慮

覆議借洋兵勦賊片　同治元年正月二十二日　曾國藩

再臣欽奉寄諭洋人之在滬者恐不足恃其與我和好究竟惟利是圖一有事機喫緊之時往往坐觀成敗若欲少藉其力必至要結多方有情理所斷不能從之處昨因薛煥有據蘇省紳民呈稟請借洋人剿賊之奏當經從權諭令該撫熟計以期無拂輿情諒該大臣早能洞悉洋人既不足恃仍須該大臣酌派名將勁兵前往方可萬全無患等因欽此臣於上年臘月初四日接蘇州紳士潘曾瑋等信函商借洋兵之事臣比復函言寧波上海皆係通商馬頭洋人與我同其利害自當共爭而共守之蘇常金

陵本非通商子口借兵助剿不勝為笑勝則後患不測目前權宜之計祇宜借守滬城切勿遽務遠略謂金陵蘇常可以倖襲非徒無益而又有害既已借兵守滬則當坦然以至誠相與虛心相待不可稍涉猜疑等語函復該紳並咨明撫　臣薛煥在案頃於正月十八日又接潘曾瑋等函牘業已設立公局會同英法二國防守上海惟又稱洋兵調齊之後勢難中止不僅助守上海並將助剿蘇州等語臣之愚見借洋兵以助守上海共保華洋之人財則可借洋兵以助剿蘇州代復中國之疆土則不可如洋人因調船已齊兵費太鉅勢難中止情願自剿蘇州等處我中國

當以情理阻之婉言謝之若該洋人不聽禁阻亦須先與
訂定中國用兵自有次第目前無會剿蘇州之師即克復
後亦難遽撥駐守之師事成則中國不必感其德不成則
中國亦不分其咎英法二國素重信義一一先與說明或
不因見德於我而反致生怨是否有當伏乞
聖鑒訓
示除臣處守滬之兵俟李鴻章到鎮陳士杰到皖另行續
奏外理合附片具陳

覆奏楚軍不能出洋片 同治元年二月十二日　曾國藩

再臣承准議政王軍機大臣字寄同治元年正月二十一日奉　上諭逆匪於寧波海口擄掠釣艇沿海地方均形喫緊所有購買外國船礮需銀八十萬兩尚屬力所能辦未可再事因循現已由總理各國事務衙門札飭赫德赴滬商辦並鈔錄單開船礮價值飛咨上海等口即著薛煥督飭該稅務司將應購船礮軍械等速為購買其船隻務須購覓兵船不可以貨船信船充數其駕駛輪船應否雇用呂宋等國之人以免臨時挾制著薛煥商令赫德相機辦理至酌配兵丁及統帶大員著曾國藩於水師官兵

内遴派得力鎮將並兵丁等聽候調遣一俟船礮購齊即行飭赴上海等處以資防剿等因欽此又正月二十三日奉　上諭昨據總理各國事務衙門具奏購買外國船礮該大臣前奏稱應行酌配兵勇俟輪船到後再行配用現在上海應用外洋船礮已催令迅速購買即著該大臣先行籌備免致臨時貽誤等因欽此仰見　聖謨宏遠思患豫防敢不欽遵辦理惟查楚軍水勇多係兩湖土著距江近而距海遠所用師船不過長龍舢板快蟹之類但能泛江不能出洋上年七月　臣　覆奏摺內所稱俟輪船駛至安慶漢口時即令學習駕駛司放礮位亦言用之於江

面非言用之於海中也江與海雖同一水面而風濤迥別
氣候各殊自崇明出口繞至上海非熟習洋面之人即有
寸步難行之勢臣去年覆奏之後尚未將學駕輪船之説
宣示各營蓋其囿於風土之習既遷地而弗良而其疑畏洋
人之心尚扞格而難入今强之試登輪船或可勸誘為之
若强之遽出洋面則難矣髮匪所擄之人多係江楚山民
以臣愚料之必無遽能縱橫海上之事臣忝任江督本有
海疆之責撥兵勦賊亦係分内之事無如所部勇丁並非
生長海隅勢不能遽於重洋用武不敢不據實覆陳

籌議借洋兵剿賊摺 同治元年三月二十四日

曾國藩

竊臣於同治元年三月初七日承准議政王軍機大臣字寄二月二十四日奉
上諭上海被匪窺伺勢不能不借洋人之力協同守禦曾國藩亦曾奏及至規復蘇浙失陷地方自應別籌良策前據薛煥奏稱江浙紳士殷兆鏞等呈請借助西兵規復蘇常各屬城池當以該紳士等情殷桑梓或非無見諭令薛煥酌度情形辦理茲據恭親王等奏稱江蘇紳士潘曾瑋帶同浙人龔橙復由滬航海來京訴稱鄉閭被陷懇請借用英法等國官兵速籌規復已諭令總理衙門向各該國駐京公使籌商惟上海為洋人

通商之地借助尚屬有辭若攻剿內地賊匪輒欲用外國兵力揆度洋人情形雖不至遽有他慮而軍行餉隨一切供應之煩亦恐萬難搘拄以該紳士等情詞懇切固難重拂輿情亦須顧全國體此事是否可行即著曾國藩悉心籌酌迅速馳奏等因欽此又奉三月初二日

寄諭近復據英法兩國駐京公使聲稱賊匪與洋人搆衅此時在滬洋人情願幫助官軍剿賊並派師船駛往長江協同防剿等語洋人性情堅執若因我兵單薄借助於彼勢必多方要挾今該洋人與逆匪仇隙已成情願助剿在我亦不必重拂其意自應姑允所請作為牢籠之計至該兩國師

船駛入長江以後作何舉動即著曾國藩都興阿查探情形分別隨時馳奏如該洋人實係與逆匪尋仇並無他意則事機難得該大臣等務當飭令沿江上下游師船與該洋人聯絡聲勢冀收速效並當加意拊循使其樂於助順毋令再為賊匪所誘此實因勢利導一時權宜之計諒該大臣等定能悉心體會妥為駕馭也等因欽此竊臣才識庸愚謬膺重寄受命二載不能早籌一旅達於蘇境致蘇省紳士迫於火熱水深為此不擇之呼籲皆臣治軍無狀之咎誠使商借洋兵即能救民之難蓋臣之愆豈非至願然臣前此奏稱助守上海則可助剿蘇常則不可者

蓋亦有故回紇助唐收復兩京當時亦賴郭李諸軍挾與征戰縱主兵未必優於客兵要自有為之主者與之俱進俱退偕作偕行以今日之賊勢度臣處之兵力若洋人遽爾進攻金陵蘇常臣處實無會勦之師如其克復城池亦尚難籌防守之卒上游如多隆阿鮑超曾國荃諸軍各當要地萬難抽動下游如李鴻章一軍甫抵上海新集之卒祇堪自守不能遠征反復籌維竟無大枝勁旅與之會勦假使轉戰內地但有西兵而無主兵則三吳父老方迓

王師而慰雲霓之望或覩洋人而生疑懼之情至臣職分所在責有專歸譬之人家子弟應試科場稍能成文而倩

人潤色猶可言也若既不能文又不入場徒倩鎗手頂替則無論中式與否而譏議騰於遠近羞辱貽於父兄矣臣所處之位與報名應試者無異專借西兵與倩人頂替者無異故他人但作事外之議論而臣則當細思事中之曲折既以借助外國為深愧尤以無兵會剿為大恥　諭旨以洋人與逆匪仇隙已成情願助剿在我亦不必重拂其意　臣處搜獲偽文亦知金陵洪逆詞意不遜與洋人構衅甚深在洋人有必洩之忿在中國為難得之機自當因勢利導彼此互商嘉其助順聽其進兵我中國初不干求亦不禁阻或乘洋人大舉之際我兵亦諸道並進俾該逆

應接不暇八方迷亂殆亦天亡粵逆之會也惟地形有遠
近兵勢有次第仍請　飭下總理衙門照會英法公使
目前若進攻金陵蘇常　臣處尚無會剿之師庶幾定議於
前不致貽譏於後其或蕪湖梁山一帶官兵戰守之處恰
與洋兵會合　臣當謹遵　諭旨加意拊循勝必相讓敗
必相救不敢稍乖恩信見輕外國上煩　宸廑

議覆兼攝通商大臣摺　同治元年六月初六日　曾國藩

同治元年五月二十九日承准議政王軍機大臣字寄五月十七日奉 上諭前因薛煥熟悉外國情形諭令以頭品頂戴充辦理通商事務大臣並疊諭將洋人協剿諸事會商新署巡撫李鴻章妥為經理茲據薛煥奏南洋通商各口事隸將軍督撫監督辦理若專設大臣統轄地方較多鞭長莫及事勢亦多格礙該大臣稽察稅務多屬具文而一切辦公經費以及書吏差役等項經費均需添設糈祿虛糜於事無益請即裁撤各歸本省督撫將軍經理並片陳長江通商事屬創始必須平時勳望隆重乃能讋服

遠人請於官文曾國藩特簡一員兼領其事各等語南洋通商大臣本係道光年間經耆英等議定設立以為交涉事件在外商辦之計迨英法各國公使駐京後一切緊要之件均由總理衙門辦理其餘關稅事務則由管關之監督道員會同各國領事官經理仍由該省將軍督撫稽察已足以資控馭上海雖為各國匯集之所而所設祗有領事官若該道辦理得宜巡撫妥為稽察則諸務已有責成所請裁撤之處洵為因時制宜欽差大臣本係改為兩江總督兼攝曾國藩威望遠著為外國人所讋服長江通商事務由該大臣經畫自能措置合宜惟前因曾國藩辦理

軍務在江面布置旰夕不遑若再任以通商事務非所以
示體諒現在江面肅清應如何妥為兼籌之處即著酌量
情形迅速具奏薛煥所稱南省宜以督撫兼領其駐紮之
地須離洋人稍遠辦理方可順手倘李鴻章駐鎮以後能
否兼顧無誤曾國藩從前曾經議及並著一併詳籌奏聞
等因欽此仰見　皇上循名責實因時變通之至意臣
才識凡庸於西洋通商事宜尤未諳究第就各省海口論
之則外洋之通商正與內地之鹽務相同通商係以海外
之土產行銷於中華鹽務亦以海濱之場產行銷於口岸
通商始於廣東由閩浙而江蘇而山東以達於天津鹽務

亦起於廣東由閩浙而江蘇而山東以達於天津通商之有五口大臣三口大臣猶鹽務之有兩淮鹽政長蘆鹽政也通商之有監督關道猶鹽務之有運司鹽道也通商之綜匯於總理衙門猶鹽務之綜匯於户部也通商惟長江交易最廣以漢口為都會亦猶鹽務惟兩淮引地最廣以漢口為都會也今薛煥請裁南洋通商大臣歸併地方亦猶道光十年陶澍請裁兩淮鹽政歸併總督也以南洋之廣設一大臣統轄江楚蘇浙閩粵六省數千里之遠薛煥所稱鞭長莫及誠屬實在情形所有廣東福建浙江三省應遵此次

諭旨即由監督道員經理將軍督撫稽察

已足以資控馭至長江深入腹地路遠事繁臣竊以為當分別辦理自輪船入鄂以來洋人蹤迹幾徧沿江郡縣或傳教於僻壤採茶於深山違一言而嫌隙遽開牽一髮而全神俱動關道以洋人恃其凶横而不敢誰何督撫以洋務非其專責而不肎深究勢必至睚眦小忿皆取決於總理衙門道途太遠後患孔長且立法之初當規久大之計柔遠之事必擇專精之人今日求一二精於洋務者尚難其選而謂此後數十百年沿江兩督四撫一一求精於洋務者而為之豈可得哉臣愚謂此缺似不可裁宜改為長江通商大臣專辦濱江四省中外交涉事件或駐鎮江金

陵或駐漢口九江添設官屬書役若干廉俸經費若干應
請　敕下總理衙門會同該部核議其漢人洋人之大
小詞訟在滬在鄂之正子各税何者由通商大臣專决何
者歸總理衙門核覆亦應與駐京公使熟議其北洋三口
通商事同一律均宜討論職掌永定章程區區愚見蓋為
數省計久長非為一人圖推諉也至兩江總督一缺統轄
三省文武兼管漕河兩端鹽務又其專責即在承平之際
幹濟之才已覺竭蹶不遑况以　微臣迂鈍之質又值髮逆
糜爛之餘夙夜憂懼顛躓實在意中不敢因偶爾之戰勝
倘來之虛名遂自忘其醜陋軍務未竣之前臣實不能兼

辦通商事件署撫臣李鴻章資望尚淺軍事方殷亦於洋
務不甚相宜伏求　皇太后　皇上曲賜鑒諒臣等
幸甚倘蒙　天恩另設長江通商大臣則所轄地方有
關涉洋務者臣仍當悉心籌畫公家之利知無不為昔年
兩淮鹽政未裁之前江督亦有緝私督運之責湖廣亦有
查引督銷之責今於通商推其意以行之官文總理於上
游臣則稽查於下游不敢因別有專員遂爾置身事外上
負　聖主委任之意

議覆調印度兵助剿摺 同治元年六月二十二日　曾國藩

同治元年五月二十九日承准議政王軍機大臣字寄五月十七日奉　上諭總理各國事務衙門奏據崇厚函稱詢據英國領事官吉必勛聲稱青浦嘉定二城髮逆大隊湧至華爾察看情形難以抵禦現在退回上海休息有另調印度兵來秋間大舉之説崇厚擬請許其興兵約其助剿以收有用之效該王大臣等慮及外國兵入内地攻剿不特得一處代守一處足為中國腹心之患即得一處焚燬一處如嘉定青浦二城亦實為地方瘡痏之災東南蹂躪不堪何可再受外兵之擾請飭曾國藩等於外國兵

未到之先激勵三軍將蘇杭要地先行收復否則設法防範或與印度兵同力合作不致滋擾等語借兵助剿之議疊經曾國藩等先後覆奏僉稱有害無利前因上海喫緊英法兩國幫同戰守是以姑示羈縻未經阻止該兩國與髮逆仇隙已深若逕調大兵分路進攻翦除髮逆固屬大快人心惟若盡如嘉定青浦之勢則利不償害且恐守以西兵運掉不能由我為患曷可勝言現在江南之師連克名城已成破竹之勢曾國藩函致總理衙門擬令黃翼升統帶水師由松滬直入太湖以為進兵之路甚合機宜著該大臣即乘此聲勢督飭各軍進逼金陵迅圖克復李鴻

章將上海事宜布置後亦即趕赴鎮江由句容一路會師進勦兩路夾攻可期得手若金陵既拔則蘇常勢必瓦解官軍可一鼓成功各要地均為我有自可杜外國覬覦之心即屆時調兵前來見我兵既已得手則無所更用彼力自必廢然思返萬一金陵尚難遽拔而印度大隊已到應如何豫籌兵勇以備臨時會同攻取不致授柄於彼之處著曾國藩等會商妥議總期防患未然免致臨時失措總理各國事務衙門原摺片均著鈔給閱看等因欽此六月初九日復奉五月二十五日　寄諭近聞洋人因官軍進取金陵擬撥輪船前來助勦好勝爭功是其故態若必

待西兵會剿將來攻克金陵後必啟其輕視之心該大臣
等務當激勵各軍乘此破竹之勢進逼金陵迅圖克復毋
令洋人以助剿為名轉致另生枝節等因欽此伏查咸豐
十年十月蒙 先帝垂詢俄法兩國助剿之事臣覆奏
以為當許其來助而緩其師期本年三月蒙 諭旨垂
詢英法兩國助剿之事臣覆奏以為同防上海則可借攻
內地則不可洋人若先攻蘇常臣處無會戰之師若克復
城池臣處亦無派守之卒定議於先或不致責怨於後等
情奏明各在案茲復欽奉 諭旨以印度兵來秋間大
舉飭令會商妥議臣國藩左宗棠李鴻章等據左宗棠復

函云青浦嘉定二處髮逆圍至夷兵遽遁夷人之畏長毛亦與我同委而去之眞情畢露斷無起印度之兵助剿此賊之事島人借助剿為圖利之計借起兵為解嘲之詞耳兵頭縱有此意國主未必允許印度縱有兵來其數未必能多據李鴻章復函云官軍自二十一日虹橋大捷之後洋兵待我兵敬禮有加提督何伯來營會晤詞意和順然窺其中若有不足者青浦嘉定之退不免羞恚自云須八月後調大英兵來恢復青嘉該提督始能回國並無調印度兵來之說臣查西人天性好勝睚眦小忿不肯甘休青浦嘉定之挫既羞見侮於髮逆尤慮見輕於

天朝其

興兵前來報復係屬意中之事惟英法舊例兵謀會議於衆國兵費征歛於衆商非一人所能為主青嘉一退之羞不至遽觸大衆之怒國主未必因此而大舉商賈未必因此而加征其兵數必不甚多亦可懸揣而知崇厚既有所聞似宜由總理衙門與駐京公使查詢確實然後申大義以謝之陳害利以勸之中國之寇盜其初本中國之赤子中國之精兵自足平中國之小醜姑無論本年春夏連克二十餘城長江上下肅清三千餘里髮逆無能久之理吳越有可復之機即使事機未順賊餤未衰而中華之難中華當之在　皇上有自强之道不因艱虞而求助於海

邦在臣等有當盡之職豈輕借兵而貽譏於後世此所謂申大義以謝之也粤匪行徑本屬無賴之賊青嘉兩城尤屬至微之事英國若徵印度之兵為報仇之役多調則勝之不武少調則不勝為笑徒使印度軍士支領英國之餉銀蹂躪中國之土地上不利於國主下不利於英商不如早議息兵俾松滬免無窮之擾即英法省無窮之費此所謂陳利害以勸之也斯二者總理衙門與駐京公使委曲商榷如俱不見聽則亦別無阻止之法仍當先與議定西兵進攻內地臣處無會剿之師若克城池臣處無派防之卒區區鄙見不得不重言申明至於設法防範殊乏良策

洋人語言不通風俗迴異彼以助我而來我若猜忌太深則無以導迎善氣若推誠相與又恐其包藏禍心覬於漢口焚船等案片言不合戎事立興嫌隙一開全局瓦裂臣始終不顧與之會勦者蓋亦籌之至熟與其合而復離不若量而後入倘我軍屯駐之處彼亦不約而來寔偪處此臣當諄飭部曲平日則言必信忠行必篤敬臨陣則勝必相讓敗必相救但有謙退之義更無防範之方吾方以全力與粵匪相持不宜再樹大敵另生枝節庶幾有容有忍宏濟艱難愚慮所及不審有當萬一否

預籌選派員弁管帶輪船摺 同治元年十二月十二日

曾國藩

竊臣等承准議政王軍機大臣密寄同治元年九月二十九日奉　上諭總理各國事務衙門奏購買外國船礮明春可到請飭預派將弁水勇以備演習並請妥籌配派各摺片購買外國船礮近以剿辦髮逆遠以巡哨重洋實為長駕遠馭第一要務曾國藩前次覆奏有駛到安慶漢口時商定奏辦之語第俟該船駛到再行商辦誠恐一時選派難得其人且停泊過久難保洋人不另出主見流弊不可不防現在既據赫德呈稱此項船礮明春可到其單內所稱輪船應派官兵及礮手水手水師等兵並船上當

差甚苦須用健壯之人等語雖較之上年所開之單尚為覈實惟是否應如此酌派殊難懸揣官文曾國藩久轄南疆見聞較稔著即相度機宜參以赫德之言悉心籌酌將應用將弁兵丁水手礮手等人於該船未到之先一律配齊俟輪船駛到即可上船演習免滋流弊至酌留外國水手人等多則經費太鉅少則教導不敷應如何辦理之處並著屆時與稅務司等熟商妥辦其赫德單內有水手用山東人礮手用湖南人水師兵用八旗人之語自係為膽氣壯實及火器嫻熟起見惟因地制宜仍在官文曾國藩詳悉籌辦務收實用其應如何選派之處即著迅速具奏

總理各國事務衙門摺片各一件赫德呈單一件均著鈔給閱看將此由五百里各密諭知之欽此仰見皇上慮遠思深先事豫籌之至意臣等遵即與侍郎彭玉麟提督楊岳斌往返密商適值金陵寧國援賊大至東垻柗來之賊船散布寧太各湖大港小汊一片逆氛水師上下防勦數月以來刻無暇晷茲據楊岳斌彭玉麟密覆前來查有統帶巡湖營提督銜記名總兵蔡國祥勇敢耐勞久隸楚軍水師歷著功績而又籍屬廣東易與洋人熟習堪以統轄七船又查有副將銜參將盛永清參將袁俊參將銜游擊歐陽芳鄧秀枝周文祥蔡國喜游擊銜都司郭得山

年力精壯向歸蔡國祥節制堪以各領一船此外水手礮手兵丁等項據赫德單內所開人數分列多寡尚合機宜應如所請辦理惟擬用山東湖南八旗人等雖係因材器使究嫌參雜不齊臣國藩去秋覆陳一疏有云輪船駛至安慶漢口時每船酌留外洋三四人令其司柁司火其餘即酌用楚勇所有學習駕駛司放礮位等事應請即由蔡國祥於所部弁勇中豫為派定誘掖獎勸以去其畏心委任責成以程其實效始以洋人教華人繼以華人教華人既不患教導之不敷又不患心志之不齊且與長江各項水師出自一家仍可聯為一氣不過於長龍舢板數十營

中新添輪船一營而已既見慣而不驚自推放而皆準柳

臣等更有請者兩湖水勇能泛江不能出海性之所習遷地弗良但可駛至上海不能遠放重洋本年二月間經臣國藩據實陳明旋奉

寄諭現籌購買船礮本擬用於江面並非施之海洋仰荷

聖謨閎遠俯順物情宣示軍中咸知感激倘蔡國祥經管之後由楚勇而參用浙勇參用閩粵之人由上海而漸至寧波漸至山東天津亦未必終不可出洋巡哨觀政海邦惟目下一二年內則須堅守前約不令放洋俾臣等不失信於將士庶幾恩誼交孚號令易行區區愚忱不得不重言申明惟求

聖慈鑒

諒

覆奏洋官曉諭逆賊投降摺 同治元年十二月廿七日

曾國藩

恭奉十二月初一日 諭旨以英國公使信函副領事官可至金陵城內曉諭逆賊投誠飭令酌辦一節查金陵一城袤延百里之遙盤踞十年之久我軍分屯兩花臺僅扼城南其東西北三面並未合圍詎能制賊死命本年九月間賊援大至該逆雖屢受懲創我軍亦迭有傷亡且分僞對王納王等竄擾北岸佔踞三城目下僞忠王雖潛回蘇州而金陵城外各賊壘布置嚴密並不少懈左宗棠雖攻克嚴州而僞侍王一股窺伺太平金柱專圖進取並不回援至甯國楊黃諸酋與鮑超一軍相持雖屢次添兵助

勦而糧道迄未通暢各路賊勢尚未窮蹙邊冀其獻城乞
降酌理準情未敢憑信至自拔來歸不得妄加殺戮臣亦
嘗納降數次未敢輕於屠殺此次欽奉　諭旨尤當嚴
禁軍士私取財物申明約束以導向化之路

覆奏武弁學習外國兵法摺同治元年十二月廿七日　曾國藩

恭奉九月二十六日通飭　諭旨飭派都司以下武弁學習外國兵法　臣雖未嘗親見洋人用兵然聞其長處約有二端一曰器械精堅二曰步伍整齊其短處亦有二端不紮營壘不住帳棚人數稍多勢難合併一也口糧太重製器太貴用兵稍久國必困窮二也善學者自須用其所長去其所短　臣部各軍分駐皖境距海尚遠較之濱海華洋雜處者風氣略近樸實常勝軍之口糧太多　臣方深以為非若酌挑數人馳赴上海寧波恐未得洋人之長技先染加餉之惡習　臣愚以為有心學習人不在多人多而聚

學則學者圖增重餉教者圖侵兵柄人少而竊學則一人
可教什伯十人可衍千萬亞臣霸吳其始不過一人教射
御之事吳人破越其始不過一客習洴澼之方近聞撫臣
李鴻章已派張遇春之勇隨英國兵頭教習炸礮劉銘傳
之勇隨法國兵頭教習洋鎗如果步武槍礮一一習熟臣
當函商李鴻章派員來皖轉教臣軍至外國火器諸臻精
巧惟銅冒自來火費錢有限而妙用無窮尤遠勝於中國
引藥有畏風畏雨之患臣擬設法推廣用之於鳥槍抬槍
諸器現飭工匠試造不知可期有成否

海上絲綢之路文獻集成

總主編　陳支平　陳春聲

歷代史籍編

75

主編　范金民

福建人民出版社
海峽出版發行集團
THE STRAITS PUBLISHING & DISTRIBUTING GROUP

国家出版基金项目
NATIONAL PUBLICATION FOUNDATION

本册目次

柔遠全書六種（中外紀事本末二至五）

〔清〕謝家福輯

中外紀事本末二

柔遠全書 三十

中秘日錄卷一

道光十六年四月已卯太常寺少卿許乃濟奏乾隆以前鴉片入關納稅後交洋行兑換茶葉等貨今以公令森嚴不敢公然貿易皆用銀私售歲耗銀在一千萬兩以上以中原易盡之藏填海外無窮之壑日增月益貽害將不勝言令閉關不可徒法不行計惟仍用舊例准夷商將鴉片照藥材納稅只准以貨易貨不得用銀購買洋銀應照紋銀一體禁其出洋如官員士子兵丁私食鴉片者請立予斥革免其治罪其民間販賣吸食一概勿論又請寬內地民人栽種罌粟之禁則烟性平淡既無大害且內地之種

日多夷人之利日減迨至無利可弁外洋之來者自不禁
而絕辛巳奉　廷寄着鄧廷楨會同祁𡎴文祥妥議具奏
九月壬午廣督鄧廷楨撫祁𡎴海關督文祥覆奏稱細核
原奏臚陳時弊均屬實在情形如蒙　俞允弛禁通行實
於　國計民生均有裨益並酌擬章程九条一以貨易貨
應計金數抵算不准影射如有用銀私買者從重究懲二
水師巡船及各關口員役宜責令專在隘口稽查不准出洋
藉詞滋擾三洋銀應照嘉慶二十三年議准舊章仍准帶
回三成並先確查來銀數目以杜欺隱四鴉片應與別項
洋貨一例交易不必設局專辦五額稅宜遵舊制不必加

增並嚴禁需索陋規六價值聽其長落隨時不必豫定七內地各省海船運銷鴉片應由粵海關印結執照八民間栽種罌粟可稍寬厲禁九官員士子兵丁宜嚴禁吸食。十月甲寅江南道監察御史袁玉麟奏駁鴉片弛禁之議戾於是非者三關於利害者六。

道光十七年正月丙申廣督鄧廷楨奏嘆咭唎國公司散局大班不來上年十一月接據嘆夷義律由澳門傳稟稱准本國公書派遠職來粵總管本國商船水梢乞准其赴省管理等情查義律即嚀咓系嘆咭唎國四等職擕有一妻一子隨從四人領有該國公書似可准其至省照料倘

越分妄為或有勾結漢奸營私骫法立即驅逐回國以絕
弊源奉　廷寄著准其依照從前大班來粵章程至省照
料。六月丁巳禮科給事中黎攀鏐奏請禁止躉船窮治窯
口略云暎咭唎國有躉船十餘隻自道光元年起入急水
門至十二年遂改泊金星門鴉片之入口紋銀之出洋恃
躉船為逋逃淵藪匪徒快蟹船朝發夕至各處港汊皆可
偷越又窯口奸商包兑包送該省洋貨舖外借販貨為名
陰以走私為業戊午奉　廷寄責成該督等嚴飭洋商併
諭諭該國坐地夷人勒令寄泊躉船盡行歸國無許託故
逗留並確查窯口巢穴悉數按治。七月丙申閩督鍾祥撫

魏元烺福州副都統張仙保水師提督陳化成奏稱嘆咭唎國夷官名胲以小船三隻入口投稟請將遭風難夷交給自帶回國臣等不便經批該稟隨即會銜諭飭文武轉行曉示飭令該小船趕歸大船一齊起椗不准片刻停留該船於五月三十日遵照啟行開往東南大洋而去奉廷寄嚴飭沿海文武員弁隨時認真查察設復有似此藉詞入口者倘不服驅逐即當攝以兵威俾知天朝例禁綦嚴不容抗玩。九月戊戌廣督鄧廷楨撫祁𡎴關督文祥奏堵禁躉船十六年九月業已全數退出金星門茲復飭洋行總商伍榮紹等剴切傳諭概行遣令回國如敢遷延再

當相機酌辦嚴督該屬文武舟師查拏匪艇又該蔑船設因防逐較嚴改由他途駕駛難保不乘風經入閩洋飛沿閩浙督撫交相堵逐用船周密奉

廷寄現在蔑船曾否開行務須確實查明令其全數回國毋稍逗留如敢將就了事日後經朕訪聞或被人糾參惟該督等是問至走私船隻尤當設法嚴拏期於根株盡絕欽此

道光十八年正月庚辰鄧廷楨祁墳文祥奏蔑船實二十五隻以嘆咭唎所屬之港腳為多此外則咪唎堅咈囒哂嗬囒小呂宋嗹國各有三四隻及一二隻不等自遣令回國以後經巡洋守備報嗬囒國叻嗲哐船一隻駛出萬山

夷洋而去其餘東從西移總未駛出萬山以外再向在省夷
商諭以如敢遷延定即封艙停止貿賣又督飭堵捕辦艇
以杜其接濟之奸得旨依議認真辦理閏四月辛巳鴻臚
寺卿黄爵滋奏請嚴塞漏卮以培國本畧云鴉片流入中
國道光三年至十一年歲漏銀一千七八百萬兩十一年
至十四年歲漏銀二千餘萬十四年至今漸漏至三千萬
兩之多耗銀之多由於販烟之盛販烟之盛由於食烟之
衆無吸食自無興販無興販則外夷之烟自不來粤今欲
加重罪名必先重治吸食請嚴降　諭旨自今年某月日
起至明年某月日止准給一年期限戒烟若一年之後仍

然吸食置之重刑臣知其情願絕癮而死於家必不願受刑而死於市惟　皇上乾剛獨斷不必衆言皆合在
諭旨初降之時總以嚴切爲要請　飭各省督撫嚴切曉
諭廣傳戒烟藥方定於一年後取具五家鄰右互結有犯准令舉發給奬容隱查出本犯處死互結之人照例治罪至如通都大邑責成鋪店如有容留食烟之人照窩藏匪類治罪現任大小文武各員逾限吸食者照常人加等子孫不准考試地方官拏獲多起者照例請敘官親幕友家人吸食者本犯治罪該本管官嚴加議處各省滿漢營兵每伍取結其管轄失察之人照地方官衙門辦理如是則

漏卮可塞銀價不致再昂然後講求理財之方誠天下萬
世臣民之福也得　旨著盛京吉林黑龍江將軍直省督
撫各抒所見妥議章程迅速具奏。丙申江南道御史周頊
奏內地人民不盡皆食鴉片而茶葉大黃為外夷盡人必
需之物請酌定價值祇准以紋銀交易不准以洋貨抵銀
絲觔出洋一律辦理奉　廷寄著鄧廷楨怡良會同豫堃
悉心籌畫妥議具奏嗣八月庚寅鄧等覆奏若令以紋銀
購買轉得藉詞於置貨外餘賸銀兩攜帶出口其餘內地
之貨與入口之貨不較抵兌種種窒礙難行得　旨毋庸
議。五月丁未盛京將軍寶興奏吸食鴉片請於本例上加

二等。山東撫經額布奏嗣後拏獲興販鴉片人犯除輾轉販賣為數無多比照例定擬外其沿海積販大夥及雖偶然販賣數至一千兩以上者從重擬以死罪食煙之人分別官民各於原例上酌加一等治罪。戊申山西撫申啟賢奏請奸商向夷船買運烟土者照運米出洋濟匪例擬絞立決官親幕友家人在衙署內食烟者比照偷竊衙署例擬發雲貴兩廣極邊烟瘴充軍職官有犯發新疆充當苦差永不敘用開設烟館引誘良家子弟吸食者照強盜律將同財合夥之人不分首從皆斬立決其受僱傭工者杖一百流三千里在內地販賣烟者照邪教傳徒例實發回城給大小伯克及力能管束之回子為奴為從照向例加一等杖一百流三千里。己未湖廣督林則徐奏擬章程六條一烟具收繳淨盡以絕饞根二此議定後出示勸令自新仍將一年之期劃分四限自奉文之日起扣至三個月為初限於限內改悔斷絕赴官報首者准予免罪其初限以外四限以內未首之犯拏獲審實按月遞加一等至軍為止三開館興販製造烟具各罪名均應一律加重並分別勒限繳具自首四文武屬員有犯該管上司于三個月內查明舉發戚友家人限一個月查明書差限三個月逾限者分別降革五烟土烟具酌令地保牌頭甲長查起六審斷之法擇一公所彙提被控拏之人自辰巳至子丑祇須靜對不必問供。壬戌黑龍江將軍哈豐阿奏民可以德化難以刑教其吸食鴉片論以死罪之處請毋庸議至縉紳旗人及在官人役吸食請　飭部再行從嚴加等定例以昭炯戒。己巳大學士署直督琦善奏交通外夷偷漏紋銀出洋之囤販應與開設烟館之人一律均置重典其販賣人犯應發往新疆現任官員吸食應從重發往新疆永不敘用。六月乙亥護湖北撫張岳崧奏請將吸食者比照各教會名目收藏經卷例擬邊遠充軍興販者比照拜師傳徒例擬發烏魯木齊開館者仍照邪教惑衆律擬絞監候並請嚴飭查禁鴉片躉船驅逐開行巡拏快蟹船交地方官嚴辦。丙子吉林將軍祥康奏請於夷船未到之先調取鄰省弁兵赴洋守口督查以專責成申明定例有吸食者准互相舉發。己卯安徽撫色卜星額奏乞將黄爵滋所奏交部逐條覈議更應嚴拏躉販之船贓務獲不分首從立正典刑海濱梟示。陝西撫富呢揚阿奏買食之人應與被誘習教同科興販者請　飭部從嚴定議造賣烟具比照造賣賭具科斷並將各海口地方文武從重嚴定處分。庚辰漕督周天爵奏禁烟必先自盛京京都始禁之之法尤必自九門始禁海口先自天津始尤先自盛京之海口始陸路則自河南山陝四川雲貴之通衢禁之各省弊清然後及於兩湖江西然後全行注意於閩粵又必集他省之兵力以援兩省陷溺之民先禁大黃茶葉勿使出洋迨夷人哀懇乞命不敢有一勺之土流入中國而後誅其首禍數十人剪除漢奸數十百輩乃開一面之網弛大黃茶葉人吸食者照死罪減等改為邊遠充軍地方官毋庸請敘如拏獲興販開館窩家賣土之人加以死罪不赦地方文武拏獲三起者照獲盜例請敘官親幕友家丁吸食者除本犯加等治以死罪外本官以溺職論革職滿漢營兵犯者加等治以死罪壬午湖南撫錢寶琛奏應并將興販之犯於

開設烟館紋罪上加重問擬○丑河南撫桂良奏酌議十条一夷船令澳門同知查明驗放二紋銀出洋鴉片進口責成水師認真巡拏三廣貨排擔應嚴行禁絕四快蟹船宜先裁汰五洋船鴉片進口奸民興販開館失察之關督汛口地方文武處分應一律加嚴六粵省沿海礮臺宜派文職大員巡查七嚴禁紋銀出洋應先於內地節節稽查八停行洋躉船及早查辦九拏獲出洋紋銀宜覈寔充賞十夷船出口應嚴禁携帶洋銀以杜弊竇○貴州撫賀長齡奏若因食烟而置之死非特於情未協兼恐勢有難行至銀日重而錢日輕請以白銅一兩當紋銀五錢以次遞增

至當銀十兩而止分別等差鑄成圓錠請飭滇粵閩蘇浙
查明歲産歲入大概分數是否足資鼓鑄如不乏供請
飭部將各省設局委官督辦一切事宜酌議並錢法宜
飭部加工求精以冀復舊。庚寅江西撫裕泰奏黄爵滋所
奏竊恐窒碍難行欲杜外夷之誘私必先絶内地之接引
酌議四条一應請拏獲運銀出洋販烟入口之犯照米穀
偷運外洋接濟奸匪例擬絞立決二沿海水師包庇賄縱
者不計贓俱與本犯同罪至死不准減等三海洋出入船
隻宜申明舊例四地方文武失察處分應從嚴定議。癸巳
浙撫烏尒恭額奏窑口漢奸洋商及各省奸販如敢將白

銀及貨物兌換烟土者首犯照通番例斬梟藉產從犯出有背本者擬絞候秋審入寔驅使者發回城為奴開舘販烟各犯匿不供吐來歷者開舘首犯擬絞決從犯買發烟瘴充軍販烟首犯發新疆為奴從犯杖一百流三千里至買食之人不將販賣之人指出應於原例流徒上加一等擬杖一百流二千里在官人役現任職官均治罪。七月辛丑兩江督陶澍奏勸戒烟癮宜刊方施藥烟土宜嚴繳查辦鴉片宜分任教官紳耆廣為勸導責成保長舉發不必鄰右互結審辦烟案宜確審速辦嚴究假充吏役借查烟搶物者與販宜加重罪名若紋銀出洋數及萬兩者正法

梟示。乙巳南河督麟慶奏惟當責成沿海弁兵實辦奉行

地方文武失察分請寬免。乙卯雲南撫顔伯燾奏外夷之

法不辦重輕　天朝紀綱自有一定豈可漫無區別請

飭部悉心酌量議奏。己未協辦大學士雲貴督伊里布奏

有犯即置重典則諱匿愈深訪察愈不易原例興販買食

各罪尚覺輕請　飭部酌議更定。辛酉廣西撫梁章鉅奏

惟將死罪施之開窰口之人則刑不濫施源清而流自絕。

丙寅廣州將軍德克金布總督鄧廷楨撫怡良奏⿰口英咭唎

國⿰口美嗹船載夷目嗎吔⿰口侖係來粵稽查貿易事務令義律

進省代呈遞事件求免寫稟字並以後有事須官往傳諭

不令洋商經手因其有違定制當將原封擲還復派員協
防虎門各礮臺鎮靜防範據嗎吔喻回稱便當駛去尚須
候風開行仍飭文武時刻加意巡防以昭慎重奉　廷寄
著酌量相機籌辦。丁卯蘇撫陳鑾奏奸徒運銀出洋易土
審明即請王命處斬傳首海口懸示從犯船戶擬絞候至
至內地販賣開館匪徒應照毒藥殺人傷而不死律擬絞
候吸食者限半年斷癮逾限滿杖刺字再限三月逾限刺
面枷示遊街滿日責釋倘一年後仍敢吸食論死亦不足
惜。己巳東河督栗毓美奏編查保甲將吸烟販烟開館之
罪及一家有犯九家連坐之條摘叙簡明條例列於總牌俾

遠近無不周知可期令行禁止○八月庚午福撫魏元烺奏欲加重吸食之人應先治大夥販買之罪謹酌議七條一嚴懲起意出本及受雇販賣之罪以絕根株二嚴辦沿海包運之匪以杜來源三嚴開館興販各罪以禁誘食四吸食宜分別加重罪名以除積習五水師巡緝分別勤惰以昭勸懲六陸路文武酌定議敘議處以覈功過七大黃茶葉不准以貨相易以示羈縻○庚寅兩廣督鄧廷楨奏官紳軍民人等吸食鴉片者初犯照舊例於左面刺吸食鴉片四字再犯擬杖一百流三千里更於右面刺再犯二字三犯寔發新疆種地當差於右面加刺犯二字其種罌粟熬

煙者照科面刺栽種罌粟四字偶然興販者擬發近邊充軍面刺興販鴉片四字一百斤以上者擬絞候積年開設窑口者絞決查抄。辛卯廣東撫怡良奏請勒限半年令吸食者全行戒絕半年後查拏到官者加等擬流面刺烟匪二字積慣興販匪徒擬發新疆為奴開館誘食仍擬絞候。九月辛丑禮科給事中沈鑅奏一年分為四限初限三個月有犯枷號一日刺臂二限六個月枷號兩月刺面三限九個月插耳箭遊市一年外犯者論絞。甲寅閩浙督鍾祥奏欲加重食煙之罪與販開館尤當加重方昭平允請將興販之犯由充軍加以遣戍開館之首犯由絞候改以絞決之罪大夥積慣勾夷運販者臨時從重問擬得　旨各該省陸續奏到著大學士軍機大臣會同該部議奏。丙午　諭各省將軍督撫上緊查拏勿生觀望。己酉　諭前年太常寺少卿許乃濟冒昧瀆陳殊屬紕謬著降為六品頂帶即行休致。壬戌廣督鄧廷楨奏八月十七日咦嘆嗹船及護行之咄嘝吐船均乘風起椗開行遠去。十月甲申署川督蘇廷玉奏請　飭沿海督撫嚴飭地方文武力挽積弊販運來源既淨則吸食之害不禁而自除與販者請飭部嚴行定擬得　旨著大學士軍機大臣會同該部一併議奏。丁亥工科給事中況澄奏文武官私行吸煙尤當嚴

禁請 飭各部院堂官將軍督撫府尹訪查嚴叅至軍民人等或借端攫財或栽贓陷害如何防範之處請 飭一併酌議。癸巳江南道御史袁玉麟奏澳門縣丞衙門弓役林懋昌改名譚升設立璜華館為聚集奸匪往來販賣鴉片者屯宿之地勾串媽閣稅口書吏設長龍三板快蟹等船盤運煙土每年唤咭唎船回時往澳各夷多出貲寄買鴉片有一種華艇與夷人載送貨物又包河下蜑婦名鹹水妹與夷人姦宿種種不法請飭督撫密派幹員妥速拏辦。甲午山東道御史賈臻奏請 飭沿海督撫提鎮於夷船經過之處礮臺軍械隊伍修整陸路慎簡營兵水師勤加訓練。丙申太僕寺少卿楊殿邦奏陳粵省三事一暎夷顛第及鐵頭老鼠二名終年逗留省城宜照例驅遣出境二匪徒結黨拜會宜嚴拏究治三海口漏銀道路及窩藏接遞之人宜確切根究。十一月壬子福建道御史周春祺奏禁烟當由廣東之興販始治興販當從廣東之海口始請　嚴飭該省督撫實力稽查。癸丑　諭湖廣總督林則徐著頒給欽差大臣關防馳驛前往廣東查辦海口事件該省水師兼歸節制。甲寅四川道御史萬超奏請　飭六部堂官于司員中留心訪查吸煙之人。乙卯得　旨該堂官上司等隨時查察指名參奏。丙辰　廷寄著鄧廷楨怡良

振刷精神仍照舊分別查拏毋稍鬆懈。十二月癸亥廣督
鄧廷楨奏籌調師船將備聯幫駐泊洋面堵截民夷售私
並水陸交嚴以除錮弊奉　廷寄著林則徐馳抵廣東後
會仝通籌核實辦理。
道光十九年正月丙午鄧廷楨怡良奏打撈臨河拋棄鴉
片烟土烟膏數千兩收繳烟槍數千枝奉　廷寄仍督飭
員弁嚴拏毋懈至林則徐前此面奏請頒發檄諭曉示外
夷著與鄧廷楨酌商擬稾具奏。甲子鄧廷楨怡良奏諭逐
港脚夷商喳噸於十二月附搭吠船回國奉　廷寄著林
則徐嚴密訪查據實覆奏現在外洋躉船是否盡數回國

著林則徐會同該督等嚴飭水師調集師船聯幫追捕毋
任偷漏窰口烟館著通飭搜拏淨盡以絕根株茶葉大黃
果否該夷所必需倘欲斷絕是否堪以禁止並著訪察具
奏。二月丁卯廣督鄧廷楨奏南澳洋面有夷船八隻駛來
拋泊經總兵沈鎮邦督舟師逐去三隻復調集澄海達濠
師船將該五船圍繞防範旋由東南外洋駛去得　旨仍
著該督等督飭鎮道輪班堵拏不准稍留餘孽。壬午鄧廷
楨怡良奏擬於橫檔山前海面較狹之處創設鐵鍊木排
並於威遠礮台迤西添建大礮臺一座安大礮六十位以
壯聲威奉　廷寄著該督等飭催原派文武各員務於三

月內將排鍊礮臺提造完竣每年修費並兵丁月餉賞號共需銀八千三百餘兩著該督另行籌款奏明辦理所請是否有益著林則徐詳細查察情形據實具奏。鄧廷楨又奏外洋躉船屢經驅逐有港腳嘍船及嚤吐船各一隻於上年十二月起椗駛去其尖沙嘴等處洋面尚泊船二十二隻奉 廷寄務即妥速防維一力整頓使各船銜尾開行毋任觀望。丙戌欽差林則徐奏正月二十日港腳喊哐及吔噸等船咪唎嘅國喋喱喑及吐喋等船嗹國嘟吐船小呂宋船共十四隻起椗開行二十一日港腳嚽哐等船咪唎嘅國嘛叻等船共四隻一同駛去拋泊了洲洋面惟夷性詭譎既有鴉片在船未必遽甘回國即使該躉船駛出老萬山猶恐內地匪船潛赴外洋勾結擬赴虎門澳門等處相機熟籌奉　廷寄務須悉心籌議從容辦理不必急於蕆事要期除惡務盡方為不負委任。三月乙卯欽差林則徐廣督鄧廷楨怡良奏責令衆夷將躉船所有烟土盡行繳來內地犯者照新例治罪貨物入官至二月初十日義律由澳進省奸夷噸吔等希圖乘夜脫逃經查知截回暫行封艙停其貿易辦工人暫行撤退遠近要隘添兵防守以靜制動十三日據該領事義律情願呈繳鴉片據呈共有二萬二百八十三箱求酌量加恩賞給茶葉凡繳

出鴉片一箱酌賞茶葉五斤得　旨所辦可嘉之至酌賞
茶葉之處照所議辦理候收繳完竣查明實在箱數派員
解京覈驗林則徐鄧廷楨交部優敘怡良豫堃關天培議
敘。又奏暫緩議斷互市及頒行各國檄諭奉　廷寄著暫
暫緩行統俟議定興販吸食各罪名頒行新例時於善後
章程內另行詳細籌議。辛酉浙江道御史鄧瀛奏廣東距
京遼遠所繳烟土為數較多委員稽查難周易啟偷漏抽
換之弊得　旨無庸解京即交林則徐鄧廷楨怡良督率
員弁公同查覈目擊燒燬俾沿海居民及在粵夷人共見
共聞咸知震讋。甲子掌河南道御史步際桐奏夷人反覆

成性取具切結恐不能禁其復來請飭林則徐再為設法以杜日久徑竇奉　廷寄著林則徐鄧廷楨悉心籌畫永杜含混之端。四月庚辰林則徐鄧廷楨關天培奏二月二十九日至三月二十日計收繳鴉片一萬五千八百八十九箱又一千五百四十七口袋覈之原報數目已逾十分之八恐其或有短欠責成該領事將分往南澳各船一概招回悉數呈繳又訪得現住省城義和行之咉噸即喳噸之弟又咉吲吔哐吽吲吔哐皆喳噸之外甥並管帳之吲吔唁現今一併驅逐回國奉　廷寄收繳總期淨盡該夷夥黨務即驅令回國毋許再有隱匿。甲午欽差林則徐廣督鄧廷楨提督關天培奏有咈囒吐船啤叻咍船囉船皆稱從南澳駛來共繳鴉片一千六十七箱又五百十一袋截至四月初六日計收鴉片一萬九千一百八十七箱又二千一百十九袋委係盡數繳官並諭該領事本年新來夷船倘有夾帶即行督繳惟甘結仍遷延未具求　飭部將夷人帶鴉片來內地者應照化外有犯之例人即正法貨物入官議一專條並暫時首繳免罪如何酌予限期之處請　旨通行遵辦得　旨軍機大臣會同刑部議奏林則徐又奏虎門添設礮臺礮位創造木排鐵鍊佈置森嚴實屬有益惟排鍊被鹹水浥浸日久不能無損著鄧廷楨

關天培隨時察看如有寸鐵脫扣一木離䉶立即修復務使聯絡鞏固勿稍疎懈。五月己亥宗令肅親王敬敏等奏會議嚴禁鴉片酌定罪名列為三十九條開窰口首犯斬立決傳首示衆為從絞監候受賄員弁兵丁絞立決開設烟館首犯絞立決從犯發新疆為奴栽種罌粟及買土煎熬首犯絞監候為從極邊充軍若興販僅一二次並數不及五百兩為首發新疆為奴為從發極邊四千里充軍吸食人犯予限一年六個月限滿不知悛改絞監候現任官員如有曾經吸食者即行揭參勒休其失察之處分查拏之獎敘各有差得　旨俱照所議辦理纂入則例永遠遵行。是日奉　上諭朕惟姑息非所以愛民明刑即所以弼教鴉片來自外夷日甚一日兼以內地栽種罌粟影射漁利軍民人等受其毒者始則被人引誘繼乃習為泛常甚至蕩產戕生罔知悛改關繫於人命風俗者甚鉅若不及早查禁永杜弊源則傳染日深其害伊於胡底朕痌瘝在抱欲為天下除此禍患不憚再三訓誡特議刑章以期易俗移風還淳返樸因思海販窰口實為禍首罪魁儻非一律從嚴概置重典不足以防偷漏而塞來源至吸食之弊一日不斷則興販之罪一日不絕亦不得稍從寬宥令定以死罪立限嚴懲此外種種流弊尤應隨時隨地實力稽

查歷久不懈庶幾根株淨盡力挽澆風惟是有治人而後
治法該將軍督撫等果能早為查辦何至流毒如今日之
甚朕姑寬其既往自此次明定章程以後其各激發天良
湔除積習同心協力仰體朕懷為民除害其有不肖屬員
諱飾不辦者立即據實嚴參重治其罪倘仍意存玩泄視
條教為具文或畏難苟安或始勤終怠則是甘心亂法自
喪天良朕言出法隨決不寬貸其各懔遵毋忽○丁未大學
士穆彰阿等奏此後夷人如帶鴉片入口照開設窰口例
擬斬立決為從同謀者從嚴擬絞立決從之○壬戌林則徐
鄧廷楨怡良奏於虎門海灘銷燬鴉片烟土用鹽滷入池

泡浸半日再將燒透石灰抛下頃刻便如湯沸不爨自燃復雇夫執鐵鍬木杷於跳板上往來翻戮務使影化俟退潮時隨浪送出大洋沿洋居民觀者如堵夷人經過率皆遠觀而不敢褻翫奉　硃批所辦甚好。又奏外國商船來粵貿易必在該國請領牌照頒給禁約方許駛入内洋近來澳腳地方奸夷並未領照經商往往偷渡越竄東西路請過此等船隻即令師船奮勇勦除及雇募善泅駕船載草偷帶火器佔住上風黑夜乘流縱放未有不焦爛者似亦懾服之一法奉　廷寄林則徐鄧廷楨體察情形相機籌辦務使奸夷聞風懾服亦不至驟開邊釁方為妥善。六月辛未江南道御史駱秉章奏防範夷人與漢奸勾通五條一慎選洋商以專責成二嚴禁孖氈以防勾串三嚴禁夷人久住省館以絕弊源四禁止三板夷船灣泊省河以防偷運五洋銀與紋銀一律嚴禁出洋以杜影射奉廷寄林則徐鄧廷楨怡良豫堃妥議具奏。二十年正月己酉覆奏得旨交軍機大臣速議丁巳穆彰阿議上均照行○壬午林則徐鄧廷楨怡良奏查辦鴉片續獲人烟槍具並銷化烟土完竣得旨仍飭奮力查拏不許稍有疎縱○林則徐等又奏照糧船勾水之法覆驗新到夷船水跡均無夾帶鴉片有咪唎堅國之嘅唎一船暎咭唎所屬腳港之噉呋一船於勾水後不敢進口至已經繳清烟土之躉船先後駛出老萬山回國仍飭師船嚴加防範不時查催驅逐報聞。辛亥鄧廷楨怡良關天培奏創造防夷排鍊添建礮臺工竣得　旨著鄧廷楨於閱兵之便親加查看總期工歸永固患弭未形以靖海疆而嚴武備。七月壬子林則徐鄧廷楨怡良奏擬具檄諭㖶咭唎國王底稾附摺呈覽奉　廷寄即照錄頒發又奏新定例內夷人帶入口圖賣請酌易入口為來內地奉　廷寄著照改易。八月庚辰林則徐鄧廷楨奏㖶咭唎領事義律於繳煙後稟請下澳求准委員來澳面議章程嗣於四月二十四日續遞稟云本國船隻進埔須候奉到國主批諭方可

明白轉飭或蒙格外施恩令在澳門裝貨咸戴靡既等語
當經決絶批駁據稱不准在澳裝貨便無章程可議即傳
領茶葉亦不敢領此後凡有批諭伊皆不肯接收現仍委
員赴澳嚴催驅逐躉船及奸夷等五月二十七日尖沙村
中民人林維喜被夷人酒醉行兇棍毆斃命諭令義律繳
出兇夷將及兩月延不肯交給與諭函亦竟不接當於七
月初八日駐紥香山縣城勒兵分布各處要口禁絶柴米
食物撤其買辦工人仍諭在澳華民及西洋各國夷人毋
庸驚擾自七月初九至十九日義律率家眷暨奉逐奸夷
咉噸等並住澳暎夷五十七家悉行遷避寄住尖沙嘴貨

船及潭仔空躉船上擬於香山虎門之間往來隨時妥辦務將夷船新烟查明全繳如違即照新例懲辦俾奸夷自然帖服奉　廷寄著悉心力除弊竇所有該國大小船隻遊弋洋面跡有可疑者均著驅逐出境俟該夷等悔罪畏服領賞回國并將兇犯繳出再行酌辦。九月丁酉林則徐鄧廷楨奏巡閱澳門抽查華夷戶口經過三巴媽閣南灣各礮臺皆形恭順夷樓並無存貯煙土現飭澳門同知督同駐澳縣丞每歲編查造冊再由督撫兩司分年輪往抽查奉　廷寄辦理甚妥至同知縣丞編查恐滋流弊督撫兩司輪往亦涉煩瑣著另議具奏。林則徐鄧廷楨關天培奏七月二十七日義律忽帶大小夷船五隻在九龍山口岸詭稱遞稟求為買食猝將五船礮火一齊點放斃兵丁歐仕乾一名該處防護礮臺之大鵬營參將賴恩爵放礮對敵擊翻雙桅夷船一隻轟斃夷人多名我兵陳瑞龍陣亡八月初五日守備黃琮在潭仔洋面燒燬呏唦哪嚩船一隻初九日西洋夷目代義律於澳門同知前遞說帖一紙內寫嘆咭唎國領事義律敬字上澳門軍民府大老爺清鑒義律在澳有年每來大憲劄行辦事無不認真辦理而此次豈有別心乎蓋義律所求者惟欲承平各相温和而已謹此奉知等語現責以繳土交兇貨船進口等事果

能恪循法度自當寬其既往若萬不得已仍須剿以兵威不敢畏一日之難貽百年之患奉　廷寄著相機籌畫賴恩爵著賞呼爾察圖巴圖魯花翎以副將即升黃琮以都司即升歐仕乾陳瑞隆照例賜卹。乙卯林則徐鄧廷楨奏義律遵覆各條如諭繳鴉片一萬箇據稱該國有帶鴉片之船先已令其回去現泊尖沙嘴各船請官搜查如有鴉片即將貨物盡行沒官嗣後在澳夷人俱令逐名出結由義律加具印結方准貿易現諭令義律將暎國貨船貨物盡行盤至剝船逐件搜查並恐載烟夷船潛赴東西兩路分銷飛飭沿海師船嚴密防範並由中路派兵躧緝至林維嘉命案據義律稱審得五人酗酒並無兇殺且有咪唎㗼人請再細訪此外如空躉船回國請俟北風開行被逐奸夷請留兩名在粵皆經澳門同知蔣立昂面加駁飭隨又求回澳清理事件六日内如數揚帆而去當將此一層允准仍派文武在澳稽查催逐不任踰限又片奏御史步際桐條奏夷人出結恐開含混之路第夷人最重然諾即議一事訂一期從不爽約其視出結一事絕無僅有現在正不肯出結愈不能不向其飭取奉 廷寄倘日後再有反覆即當示以兵威斷絕大黃茶葉永不准交易仍當通盤籌畫結實辦理。十月丙寅署閩浙督魏元烺福撫吳文鎔

奏接准粵咨一體從嚴堵逐夷船當相機妥辦奉　硃批
固不可孟浪從事亦不可示弱貽譏。甲申林則徐鄧廷楨
奏躉船二十三隻奸夷顛哋等十六名均經驅逐淨盡惟
飭取甘結但云如有鴉片將貨物盡行繳官而於人即正
法字樣仍不肯寫多方開導始有該國彎喇噹啷等船陸
續遵式具結查驗無弊照常開艙統計各國已進黃埔之
船共有四十一隻至毆斃林維喜之兇夷雖據義律稟稱
因禁五人而既不能審出正兇又不肯送出聽審並欲解
回該國照依夷例辦理已飭諭斷不准行尚有嗶侖兵船
一隻來自夷埠名為護貨實不可不防現鼓勵水陸官兵

靜則嚴防動則進勦奉　廷寄著派委員巡查隘口如夷埠船隻潛載煙土混入即查拏懲辦倘有一事不遵即當權變亦咸為一勞永逸之計。十一月庚子林則徐鄧廷楨奏𠸄國吐嘧嘩㖮二船於九月二十八日駛至穿鼻洋將已具結之噹啷貨船追令折回不得進口提臣關天培聞而責究吐嘧船輒先開放大礮關天培亟令開礮回擊打中吐嘧船頭將其頭鼻打斷船頭之人紛紛滾跌入海夷船主宰在船頭粵人呼為頭鼻其風帆斯斯加高帆索如網皆繫其上撥鼻拉索者數十人又遊擊麥廷章督兵擊破該船後樓樓伏約一時之久吐嘧船且禦且逃嘩㖮船亦隨追去撈獲夷帽二十一頂並夷履等件此次寔由義律與閩賣鴉片之奸夷暗中指使雖被創逃回仍在尖沙嘴洋面停橈修理又尖沙嘴迤北有山梁一座名曰官埔恰當夷船脊背之上九月二十九日十月初三日初四六七八日屢來攻擾均被我兵擊退現據引水探報吐嚹嘩噏兵船義律三板暨暎夷未進口大小各船自尖沙嘴逃出於龍波背洲赤瀝角長沙灣等處外洋四散寄泊奉

廷寄暎國夷人自禁煙後反覆無常前次膽敢先放大礮旋經剴諭偽作恭順仍勾結兵船潛圖報復彼時雖加懲創未即絕其貿易已不足以示威此次吐嚹夷船復敢首先開放大礮又于官埔地方占據巢穴接仗六

次我兵連勝並將夷船逐出外洋該夷心懷叵測即使此時出具甘結亦難保無反覆情事若屢次抗拒仍准通商殊屬不成事體我朝撫綏外夷恩澤極厚該夷等不知感戴反肆鴟張是彼曲我直中外咸知自外生成尚何足惜著林則徐等酌量情形即將噗夷貿易停止所有該國船隻盡行驅逐出口不必取具甘結其毆斃華民兇犯亦不值令其交出噹唧一船無庸查明下落並著出示各國列其罪狀宣布各夷俾知噗夷自絕天朝與爾各國無與各國照常恭順仍准通商倘敢包庇噗夷潛帶入口一經查出從重治罪其沿海各隘口並距夷埠不遠之各海島均

著相度機宜密派員弁兵丁嚴加防護毋稍疎懈關天培
賞給法福靈阿巴圖魯仍交部議敘○十二月甲子新調兩
廣總督林則徐兩江督鄧廷楨奏自十一月初一日起停
止嘆夷貿易至他國遵照具結進口查無鴉片者已有船
六十二隻仍時刻稽查防其潛代嘆夷走私偷賣奉　廷
寄著遵前旨凡嘆咭唎夷船一槪驅逐出境不准逗留惟
各國恭順照常通商難保不潛行偷漏著將種種弊竇
盡堵塞其嘆咭唎一船毋須招令入口以歸畫一林則徐已
簡調兩廣總督責無旁貸務趁此警動之際為一勞永逸
之計至於區區關稅之盈絀朕所不計也○癸酉順天府尹

曾望顏奏請封關禁海勦捕洋盜防守淡水嚴斷接濟以請弊源並澳夷互市亦定以限制如查有與各夷私運接濟立將澳門商民撤退不准互市奉　廷寄著林則徐等悉心妥議具奏。甲申陝西道御史杜彥士奏暎咭唎船攜帶鴉片烟土在閩省海口銷售由於水師員弁收受陋規代為運送現在廣東查辦夷船鴉片福建當設法驅除一體辦理請　飭督撫提鎮一面查拏各海口奸民一面督飭舟師向夷船嚴加盤詰所有內地奸民泉州七棍施奸寶在夷船上為心腹逃匿船上者盡行交出以便治罪繳土出結照粵省辦理。又請　飭巡撫暫駐泉洲察看海口

情形相機辦理奉　廷寄鴉片現當嚴禁廣東不能容留必至轉趨福建且由閩省浸灌各省在所不免現已降旨派祁寯藻黃爵滋馳往查辦並將鄧廷楨調任閩浙著會同查明德辦其另片奏將巡撫暫駐泉洲以資彈壓並著察看或以該督暫駐之處據實具奏。杜彥士又奏閩九月二十七日同安塔仔腳地方有夷船四隻停泊多日值水師提督巡海經過演試大礮該夷船登時大礮齊發兵丁受傷甚衆該提督舍舟上山開礮乘高擊逐自午至申夷船始散尚在附近海口停泊請　嚴飭該督撫提鎮設法擊逐奉　廷寄著吳文鎔查明據實具奏如尚泊海口即飭水師相機轟逐勿令逗留滋事○戊子兩廣督林則徐新調閩督鄧廷楨奏封港後該夷具稟乞恩業經嚴行批駁該夷巡船貨物仍停泊長沙灣等處外洋竊恐改裝舢板由黑水夷洋越赴各路潛圖銷售其沿海福建浙江江蘇請飭一体嚴行防堵奉廷寄仍遵前旨散布各隘口嚴查影射緝拏奸徒絕其銷貨之心斷其售私之路倘查拏不能盡絕根株惟林則徐是問所有沿海各督撫已飭令嚴密防堵不留去路矣○

中秘日錄卷二

道光二十年正月己酉林則徐奏𠸄咭唎國王另遣夷官義吐噔噸來粵因義律所為不合是以換人經理現既欽遵

諭旨不准通商凡水陸險要之地倍整軍威口門出入之船嚴行稽察務使該夷絕逗留之念消反側之情奉

廷寄該督於封港後嚴飭洋夷各商將各口貨船核實查驗確切結報自不至再滋弊混其水陸險要之地皆當倍整軍威嚴飭文武巡查防範。二月庚辰新調閩浙督鄧

廷楨奏在廣購得夷礮十四門由海道運赴廈門俟到任後酌量分撥報可。三月丙申兼署閩浙督吳文鎔奏遵查

福建大墜梅林等洋面於上年十月間有夷船停泊經該
提督帶水師驅逐該夷船抵拒致傷兵丁旋被擊狼狽向
外洋逃駛現仍嚴密防禦並飭屬扼要隘口嚴察奸民水
陸交嚴務收實效奉　廷寄著鄧廷楨吳文鎔嚴密防禦
一經瞭有夷船迅速相機擊逐。丁酉林則徐怡良奏正月
二十七日督飭武弁裝駕火船由長沙灣前進將近夷船
寄椗之處驟用火攻燒燬匪船二十餘隻拏獲漢奸十名
至別國夷船均出具不敢夾帶鴉片並不敢暗代𠸄夷運
貨切結奉　廷寄著將所獲犯嚴訊追究夥黨從嚴懲辦
總之該夷自外生成既已斷絕貿易便應防其叵測之心

業經示以兵威尤當處以嚴峻之法嗣後如探有匪船在近口游弋即循照儘力痛擊不留餘孽。又奏正月初間義律等潛放三板私行入澳即飭駐澳彈壓之道員易中孚查拏據西洋夷目稟稱澳內華夷雜處若兵役圍拏恐致擾動懇請稍緩自為驅逐當限以日期責令驅逐淨盡義律已即出澳尚有嘆夷嚟哩哐担二名未去當將西夷貿易暫停俟嘆夷全行逐出即照常通市奉　硃批從長計議務出萬全。戊申兼署閩浙督吳文鎔奏正月初八十三等日有夷船一隻在梅林大嶝洋面游弋經哨船驅逐駛去二月初四日復來梅林洋面哨船攔截攻逐該夷船開

礮回拒師船礮火聯絡擊斷夷船帆索旋駛向外洋逃遁
兵丁陳進恩亦被擊落海奉　廷寄著鄧廷楨督飭水師
慎密防堵。己酉欽差祁𡩋藻黃爵滋閩浙督鄧廷楨奏巡
撫事務較繁請令閩浙總督駐泉洲就近督辦報可。丁巳
林則徐奏暎夷吐咭船喊哩𠹭船均出老萬山回國又有
嘵吐船唓喱𠹭船駛赴老萬山之黃第洋寄椗一日旋折
至九洲游弋傳聞該國有大號兵船將次到粵等情當於
各隘口加意嚴防並密遣妥員分往稽查如有怠惰立即
嚴懲示儆奉　硃批無論虛實總當不事張皇嚴密防範
以逸待勞主客之勢自判彼何能為勉之。四月乙亥祁寯

藻黄爵滋鄧廷楨奏近年夾板夷船多在銅山營轄之布袋澳鍾及金門營轄之梅林深滬衙口大墜圍頭等處洋面游弋奸民勾結販烟爲之接濟如晉江惠安等縣甚多現在設法嚴拏期於必獲又控制海口擬易礮臺爲墩其法用麻布袋長四五尺徑尺餘者實以沙土層層堆積高低五層至十層有餘厚薄三四層長短十餘丈至百餘丈墩外用舊小漁船側竪船底向外艙向内緊貼沙袋牢固拴縛礮位安於墩内礮口出於船外其兩船夾縫處所即天然礮洞兵藏墩内船底泥台積滑泥性最柔礮彈不能傷其出口商船責成州縣編號稽查如有駛近夷船者官

兵併力圍拏漢奸巢穴責成文武揑取格殺勿論奉　廷
寄照所議辦理。鄧廷楨又奏三月初九日有夷船駛至梅
林水師提督程恩高督師圍攻打壞夷船帆索向東南外
洋竄逸追至石圳外洋十四日夷船被風壓至大墜該提
督逆風戧駛於十六日到該處夷船已先後駛去。乙酉林
則徐怡良關天培鄧斷昌豫堃覆奏曾望顏條陳封關禁
海祇宜驅逐𠸄夷不應并絶諸國聞𠸄夷今春將貨物載
回夷埠轉換烟土不得不於各海口培加嚴拏粵民漁七
耕三不能一概查禁現通行暫禁出口俟夷船遠遁始許
開船只許帶一日之糧不許多帶食物銀兩至於備火船

練鄉勇募善泅皆已籌商辦理各山淡水守不勝守應毋庸議又澳門西洋貿易先已核定章程如茶葉每歲連箱准給五十萬斤其責令代嘆夷保結一節現既不准嘆夷貿易自無庸議奉　廷寄務當水陸交嚴將來源杜絕林則徐又奏尖沙嘴一帶東北背圍陵西有急水門東有鯉魚門佛堂門而大嶼巨島在其西南潮（凡東）赴惠東（潮）北往閩浙之船均由該處經過尖沙嘴山麓有石腳一段其形方長直對夷船向來聚泊之所又官涌偏南一山前有石排一段正對夷船南洋來路請於兩處各建礮臺一座聲勢既相聯絡控制亦極得宜得　旨照議趕築五月庚子林則

徐怡良豫堃奏嘆夷續到嘟嚕嗹兵船一隻夷官名嚌啐治哩有大礮四十餘夷兵三百餘在外洋寄椗數旬毫無動靜惟自上年查辦至今所費不少據洋商伍紹榮等將茶葉行用銀兩捐繳三年聽候提用奉 廷寄准其捐繳

已酉鄧廷楨奏閩洋西南自南澳鎮左營起為粵海入閩門戶東北至烽火門營止為閩海入浙門戶中間歷銅山一營水師提標各營金門海壇福寧三鎮閩安一協袤延二千五百餘里率皆汪洋一片僅有濱海澳嶼並無設險口門與粵東澳門虎門有口可進進者迴異向來不准外夷停泊貿易嗣因漳泉奸民勾串夷船來閩銷售鴉片文

武員弁輒聽以在洋遭風及懇求通市為詞遷延數日後開去遂以一稟了事上年始有攻擊夷船之舉今春經署提督程恩高在梅林打壞夷船茲議以外洋攻逐夷船堵拏奸民船隻責之水師岸上開礮夾攻查緝屯販匪徒責之陸路新提臣陳階平已到即日出洋督巡廣東取購礮位由海運到分配師船施放可期得力奉　廷寄即照籌議章程水陸交嚴毋稍鬆懈。六月辛酉鄧廷楨吳文鎔奏四月二十一日守備楊靖在穿山洋面轟擊夷船水勇頭目陳育手執籐牌首先躍上夷船隨登者二十餘人搶得銅礮蓋一個熗斃夷人落水八名夷人斬纜駛逃我兵恐

其去遠島水回船鈎得夷帽一頂鐵標四枝拾得大小鐵
彈四十五個又四月二十日署銅山營參將陳顯生在虎
嶼洋面擊沈杉板夷船拿獲黑夷二名搜出小刀兩把據
供一名夾果一名暗麻納係阿吱西國人受雇在𠸄夷拉
十一担治加哇治船充當水手欲行上岸洗衣被獲又四
月十六日署福州協都司周光碧在圍頭洋面截獲通夷
匪船一隻人犯十一名煙土二千餘兩得 旨認真可嘉
所有在事文武酌保。丁丑林則徐怡良奏𠸄夷近日來船
多配兵械係該國孟呵啦等處夷埠新舊烟土存積纍纍
減跌價值用三桅大船滿載而來藉以揚言恫喝冀准貿

易續到喀吧吐兵船一隻暗放三板引誘奸民零星賊賣五月初九日夜半月明副將李賢等分帶兵勇四百餘將大隊火船移近麻刁外洋出其不意闖進夾燒殺斃吧哩船上身穿白衣嘆夷四名夷衆連船全行燒燬延燒大小辦艇十一隻篷寮九座夷人帶傷跳水燒斃溺斃及被炮毒迷斃者不計其數拏獲罟船匪犯十三名夷官囋啐詒喱亦在嘟嚕嚧船上病斃夷兵吸水受毒者甚衆又他國貨船有形迹可疑者如咪唎㗌之三吚吐嘰船呂宋之吻嗊船查譯該國船牌貨單與現貨未符即逐出不准進口

奏　硃批所辦可嘉之至。庚辰浙撫烏爾恭額奏六月初

五日有夷船在象山洋面游弋又有大小夾板夷船二十
六隻從深水洋駛入定海縣洋行駛如飛至旗頭洋面分
作兩幫竄入定海一幫向西駛去鎮臣張朝發在船與該
夷接戰未能取勝夷人上岸約三四千人圍攻城池張朝
發入城保守並函送夷人所遞夷書一件詞甚狂悖提臣
祝廷彪調兵馳往援救其鎮海要口尤須加兵嚴防親往
寧波一帶海口督辦　硃批浙江水陸營伍之廢弛不問
可知區區小醜膽敢如此披猖彼文武大吏即張皇失措
平日豈竟知養尊處優耶是日得　旨烏尔恭額祝廷彪
先交部嚴議並由四百里　諭俞步雲酌帶弁兵星馳赴勦鄞

廷禎嚴飭各海口加意防範。壬午　上諭海口各省將軍督撫分飭將弁認真操練加意防堵總當先事豫籌毋臨事掣肘倘稍有疎懈致該夷竄入內洋蹂躪擾害惟該將軍督撫是問。甲申烏爾恭額奏六月十一日馳抵鎮海驚悉定海縣城已於六月初八日被嘆逆攻破定海知縣姚懷祥典史全福投水鎮游張朝發等受傷回鎮海現與祝廷彪調兵於沿海一帶駐紮防守十三日夷船在笠山外游弋距鎮海不過十餘里又來夷船五隻連前共三十一隻四面裝礮大者三層次二層一層內有兩船旁裝輪盤旋駛如飛兵約五六千人我兵止二千餘名利固守而不

宜速戰請　飭閩督派員帶領舟師來浙會勦江督飭水
師於江浙交界洋面堵禦總兵張朝發等革職交部分別
定罪得　旨張朝發等拏問烏尔恭額祝廷彪革職暫留
本任戴罪圖功姚懷祥全福加等議䘏。又五百里諭鄧
廷楨伊里布派員會勦應援。丙戌　飭盛京直隸山東江
蘇廣東福建各將軍督撫提鎮嚴查內地奸民。七月壬辰
林則徐奏五月二十二日九洲洋來有兵船二隻二十三
日續來兵船七隻又輪船三隻或泊九洲或赴磨刀或赴
三角外洋皆未敢駛近口門現在購礮添兵周防密察第
恐在粵無可乘之隙趁此南風盛發該夷船輒由深水外

洋竄越已飛咨閩浙江蘇山東直隸各省嚴查海口協力

籌防　硃批隨時加意嚴防不可稍懈○癸巳乍浦副都統

長喜奏親赴海口西山嘴天后宮一帶堵禦夷船於六月

二十四日互相轟擊我兵傷斃十餘名戌刻夷船畧遠現

仍駐紮西山嘴礮臺堵禦奉　廷寄著奇明保遴弁選兵

星夜赴乍浦接應○杭州將軍奇明保副都統恒興奏東面

省城清泰等門近臨錢塘江岸江水南來北流至銀山門

之東北轉而向東由鳳凰山鼈子門下注於海兩岸漲沙

時坍時長止通小船遇潮微大船隻亦可乘潮而入業於

潮神廟鳳凰山暨海寧州城一帶設兵防守並於省城各

門增兵巡防稽查奸細　廷寄咦夷沿海滋擾所恃船堅
礮利我兵水戰驟難制勝不若誘之登陸可期聚而殲旃
但非確有成算斷不可輕舉妄動甲午林則徐怡良奏咦
夷先後到有大小兵船十隻輪船二隻仍泊外洋揚言不
先尋釁諒欲懈我軍心旋於海灘插一木牌寫稱內地船
隻不准出入粵省門口俟咦國通商再行無阻又稱魚艇
日間出入不為攔截各邑鄉里商船可赴咦國泊船處貿
易等語查咦夷中嗎哩遜能書漢字諒即該夷所寫又該
夷說帖有國王命伊前往中國海境據實奏明之語而先
來之喀吧吐船及後到咘咐嘛等八船輪船三隻據報于

五月底六月初先後駛出老萬山東向揚帆而去據洋商伍紹榮轉呈咪唎堅夷稟譯稱聽說嘆夷兵係赴浙江江蘇又有人說往天津等情現值南風如浙江舟山上海等處已疊接粵省咨文自當有備若經達天津求通貿易奉硃批卿等所見不為無因然逆夷今番之舉決不為此諒必以該國久受大皇帝怙冒之恩不致遽遭屏斥此次斷其互市指為臣等私自擅行倘所陳尚係恭順之詞可否仰懇天恩仍優以懷柔之禮飭下直隸督臣查照嘉慶二十一年嘆國官囉咡啊嘆吐嘚等自北遣回成案將遞詞人由內河逐站護送至粵可散其爪牙倘所遞詞有涉臣等之處惟求欽派大臣來

粵查辦　廷寄現在浙洋滋擾調兵勦辦江蘇等省亦經
妥為防範其天津海口另有旨令琦善相機妥辦其粵省
尤當加意防範嚴拏漢奸毋使勾通接濟仍當示以鎮靜
不事張皇倘駛天津求通貿易如果情詞恭順該督當告
以天朝制度向在廣東互市天津從無辦過成案不准通
商斷不能據情轉奏以杜其覬覦之私倘有桀驁情形即
統率弁兵相機勦辦。杭州將軍奇明保奏選派官兵赴乍
浦會同長喜勦辦並調撥閩省水師兵船以備夾攻　廷
寄防守乍浦即派恒興帶兵會同長喜妥辦該將軍仍遵
前旨回省妥防鄧廷楨奏六月初四有噗夷兵船一隻由

清嶼洋仔尾海面懸掛白旗並無動靜初五日有三板夷船一隻內載三十餘人船頭一人口操官音稱欲求和語多狂悖該文武斥阻不許上岸該兵船換掛紅旗聲言開礮守備陳光福射中能作官音夷人仰跌船內兵丁放槍擊中夷人　名落海該兵船復放三板一隻內載十餘人前來幫護參將陳勝元執矛刺斃白夷一名三板船即駛傍大船轉帆竄逸搶獲夷燈一具打馬油一桶油浸麻絨一袋我兵礮斃九名受傷十四名撈獲夷屍一具割頭解驗得　旨所辦甚好在事文武升叙有差。乙未烏尔恭額祝廷彪奏𠸄逆船隻潛往象山石浦及鎮海洋面游弋將鄞縣商船扣住勒令投遞其國僞相書函欲求轉達廷臣龥請通商即將原書擲還加意防範並邀前定海總兵葛雲飛助議攻守計需兵九千酌量調撥並懇飭廣督閩督各發舟師二千派員星飛來浙會勦又杭城甯波府城鎮海城內各設軍需局提解藩庫銀十萬五千兩撥造火藥十萬斤碾動倉穀五千石以供兵糈　廷寄該夷依城爲穴重兵把守應俟其勢窮力竭再出奇兵制勝切不可輕舉妄動致有疎虞惟當相度機宜分守要隘毋令竄入該夷倘近岸相逼即著併力擊退不可入洋窮追誤中詭計所請檄調閩廣水師著毋庸議葛雲飛著即協同出力。丙

申　命劉韻珂為浙撫馳驛迅赴新任革烏尔恭額職仍隨營效力贖罪。鄧廷楨奏遊擊李飛錦稟稱五月二十九日有暎夷火輪船一隻由南澳外洋駛向東北而去並鈔錄廣東澳門文武稟稿內稱五月十七日據西洋夷目稟稱暎夷有兵船四十隻于四月十九日自新奇坡開行來粤約三日可到大兵頭所駕兵船約遲數日開行等語此次越赴浙洋二十四隻尚有十餘隻未知是否停泊粤洋抑赴沿海各省請飭奉天直隸山東廣東一体防範至閩洋以廈門臺灣為最要已飛飭道協嚴守口岸勿稍疎虞又提督陳階平左腿跌傷精力恐難周到懇將江南提督陳化成調回閩省以資熟手並懇借廉銀十萬兩以備經費奉五百里廷寄鄧廷楨即帶印馳赴鎮海籌辦堵勦浙江巡撫印務即著兼署至厦門一島該提督並與泉永道加意固防自可無虞臺灣在籍提督王得祿著同心協力以資保衛經費銀兩准其支銷江蘇海口緊要所請陳化成調回之處著毋庸議。丁酉命伊里布為欽差大臣馳往浙江查辦事件以江蘇巡撫裕謙兼署兩江總督以浙江布政使宋其元護理巡撫。鄧廷楨奏撥調衢州總兵郭宏升赴鎮海隨同提臣進勦閩洋為往來要道前次厦門驚擾已露端倪晉江之永凝深滬外洋現尚有夷船游弋臣若遽行赴浙恐夷船又至閩洋現將漳泉攻守事宜與提臣籌畫防維如浙省棘手閩洋亦無夷船消息即星馳往浙會辦奉　廷寄鄧廷楨如已起身仍即折回務督弁認真防堵毋令逆夷竄入閩境朕聞福建舉人綽號不得已經逆夷聘為主謀與張朝發同鄉夙好定海未破之前有投張朝發一帖導之從逆著鄧廷楨派員查拏務獲解浙訊究又　諭伊里布於提訊張朝發時一併嚴訊確供據寔具奏己亥奇明保長喜奏六月三十日奇明保趕至乍浦履勘衝要處所設法堵禦固結人心海汛礮臺加高培厚安設槍礮共計官兵一千七百餘鄉勇一千五百

足資防堵奉　廷寄部明保仍遵旨回杭恒興著暫駐乍浦會同防守倘有夷船續至我兵備禦已嚴衹須協力守禦俟其舍舟登陸方可奮擊痛勦○庚子大學士直督琦善奏豫調督標兵一千正定兵八百河間兵二百駐天津海口嚴密防範　廷寄所辦尚屬周妥如該夷船駛至海口果否桀驁情形不必遽開槍礮倘有投遞稟帖無論夷字漢字即將原稟遞呈○鄧廷楨奏六月二十七日始知定海失守請馳往浙江會督勦辦奉　廷寄無庸前往至臺灣孤懸海外防堵尤應準備著與王得祿協力嚴防○又片奏該夷入定海後懸榜招徠客商定于六月十六日開市近

地商民不敢前往夷船二十餘隻聚泊港口必須改造堅實大船多配兵礮由間道一擁登山庶可制勝奉　廷寄朕意分兵兩路燒燬船隻斷其歸路一路攻復定海聚而殲旃著伊里布相機妥辦務須計出萬全確有把握隨時隨地謀定後戰朕亦不為遙制也又　諭此次暎咭唎內犯致寇根由有云絕其貿易有云燒其鴉片究竟實情未能確切著伊里布到浙密查或拏獲夷匪訊取生供或偵探賊情得其實據務得確情具奏。甲辰祁寯藻黃爵滋鄧廷楨吳文鎔奏各省沿海防禦之策必用大船大礮相機轟擊就廣東閩浙三省計之亟須添造大船六十隻每船

可載礮位三四十門閩浙應添鑄大礮八千斤至四千斤
者約二百門分配應用至山東江蘇直隸奉天應添船礮
亦應一律籌議約船每隻須五萬兩礮每門須三四五百
兩不等通計工費須銀數百萬兩懇　飭廷臣集議籌款
施行並請特保水師人材召募泉漳水勇以資防禦得
旨嗣後參遊都守等官如有熟習洋面勇敢有為者著督
撫專摺保舉候旨簡用至戰船火礮必應平日修造妥協
方可得力況戰船每歲報銷修費而礮位分置各海現據
陸續奏報位置咸宜全在各該督撫認真查察隨時驗勘
毋稍懈弛正不在紛紛添造也餘依議鄧廷楨吳文鎔奏

閩省水師僅能各固疆圉未便稍撤藩籬現飭馬巷通判
俞益雇募水勇千名倘雇不足數即八百名由閩洋赴浙
調遣復調建寧兵五百隨帶前往　廷寄鄧廷楨仍著馳
赴泉州各口岸加意巡防所有省城防守及鄉試監臨均
著吳文鎔妥辦。琦善奏攔江沙外有夷船七隻內一隻船
身不大意欲駛近口岸迹似覓人係該國守備馬他倫經
其長官派來投文懇求轉奏並執有致　臣字據又乞准其
購買食物等情並另給遊擊羅應鰲刋刻夷書一本查字
據內有請派官員即來船上接收轉遞照會公文等語似
其大船內尚有別項文書未知其所書何詞未便遽委員

接收姑約以二十日內聽候回信俟奏奉　諭旨再行遵
辦將字據夷書一併進呈至食物已派員買給以示　天
朝厚恩並杜其勾結之漸仍飭其不得妄越進口　廷寄
據稱尚有別項公文著琦善委員查問接收一併進呈○丙
午伊里布裕謙陳化成奏調兵分布吳淞上海及金山南
滙奉賢華亭常熟海門等處防守別調九江總兵李琦帶
兵一千至蘇州鎮江往來策應蘇松總兵田松林鎮守崇
明狼山總兵謝朝恩把截江口其鎮江圌山關焦山一帶
及贛榆海口均飭嚴防並採硝買米修驛演礮事宜隨機
妥辦　廷寄所有京口堵禦張仙保前往佈勒亨仍鎮守

省垣前經檄調各兵如有應行歸伍之處即着撤退以免
徵調之煩如該夷只駕一舟求遞字帖務須飭令委員就
近接收由驛馳奏呈覽倘巨艦連檣來勢甚猛即飭將弁
併力攻擊以壯聲威○丁未鄧廷楨奏夷船以全條番木用
銅釘合而成之內外夾以厚板船旁船底包以銅片大者
安礮三層而船身不虞震裂礮洞安於艙底夷兵在艙內
施放藏身既固運轉亦靈內地師船大者不敵夷船十分
之五向用杉板惟桅柁木較堅緻配礮不過八門重不過
二千餘斤多則船身喫重恐其震損礮位安於艙面兵無
障蔽易於受虧是船礮之力不實相敵若調閩師二千須

載船十隻聯䑸北駛萬一被夷船瞭見迎頭截擊更無把握此時斷不值決勝海上計惟先固口岸再察看情形如有間道可達舟山合水陸兵乘風直趨定海得其山上所有之礮據險為固然後徐圖攻擊現已行抵延平接奉諭旨當即折回飛洛余步雲將福寧官兵五百並雇募之水勇帶往勦辦其閩省海防懇飭調提鎮一員前來代辦廷寄該督仍著馳赴泉州督率巡防所請調員代辦福建提督現當軍務喫緊就近提鎮皆有防守之責未便更調著該督自行揀員代辦己酉伊里布奏遴派蘇松總兵田松林雇備閩廣商船以備赴浙援擊廷寄崇明張

懸海外切近浙洋田松林著即在崇明防堵無庸派往所雇商船及選派兵丁著伊里布酌量帶往慎毋顧此失彼務須相機調遣如夷船逃竄即可不必窮追總期謹慎持重好謀而成以副委任○庚戌琦善奏攔江沙外先後共到夷船九隻派千總白含章往夷船將公文取回并臣札覆懿律文稿暨懿律續覆字據一并進呈又奏夷船式樣共三種其至大者吃水二丈七八尺出水二丈餘艙分三層逐層有礮百餘亦逐層居人各開窗扇平時眺遠行軍則為礮眼每層前後又各設七八千斤大礮設有石磨盤中具機軸隨其所向其次則二層礮亦不少又其次為火焔

船中設桅桿三層並無篷船身外飾洋漆內包鐵片艙中皆漆板平坦光亮兩旁皆鐵柵欄漆板下初層係其睡艙又其下籠罩鐵網存儲火藥等項睡艙兩旁去水尺許各設熗礮眼中所載均系鳥槍船之首尾各設紅衣大礮均自來火後梢兩旁內外俱有風輪中設火池上有風斗火乘風起烟氣上熏輪盤即激水自轉無風無潮順水逆水皆能飛渡撤去風斗輪即停止係引導兵船投遞文書等用懿律復稱欲覓地避熱約五六日再回詢其前往何處未肯明言其意非誘臣撤防即另覓馬頭不可不益加防範。七月廿四日有密寄琦善　廷寄二道。辛亥奇明保奏乍浦扼要埋伏一

律整齊遵　旨仍回省防禦　廷寄務須防範周密不可
輕舉妄動過事張皇倘該夷乘駕小船投遞文書毋庸先
開槍礮即委員接收星馳呈進候　旨遵辦。壬子林則徐
怡良奏𠸄夷減價售烟奸民每于夜深從偏僻小港乘潮
往返或船底用雙層夾板或挖上添半截海蓬或以牛喉
串裹腰間或以皮袋捆纏胯下屢經搜獲而吸食者仍不
不勝枚舉惟有併力嚴拏庶幾漸絶　硃批外而斷絶通
商並未斷絶內而查拏犯法亦不能淨無非空言搪塞不
但終無實濟返生出許多波瀾思之曷勝憤懣看汝以何
詞對朕也。癸丑烏尔恭額祝廷彪奏鎮海口門之招寶金

雞兩山各屯重兵防守温州之玉環台州之海門寧波之穿山象山石浦蕭山之龍虎二山斜對海寗之尖山海口為米船渡及海寗之鳳凰山均添兵防守至定海夷船仍在衙頭一帶蟻聚防閑甚嚴大頭目為伯麥次則義律布耳利兩人聞有一頭目已遭冥誅尚未探有確名其夷船往外游弋者南至石浦北之乍浦未敢偪近鎮海　廷寄著伊里布察看情形相機堵勦並諭琦善所有昨諭辦理之處著隨機應變上不可失國体下不可開邊釁總期辦理妥善毋負重任甲寅伊里布奏請如浙撫所請調閩粤水師應援會勦　硃批浙江情形雖然若是而閩粤又不

關緊要乎且徼調非旦夕可至若躭延既久逆夷返棹是徒勞兵力或逆夷探知捨浙而粵該省事同一律又必請援豈非終無益處弊（罷）於奔命成何体制。伊里布又奏調金門總兵竇振彪赴浙差委得旨即飭速赴。乙卯琦善奏夷船稱欲他處納涼二十三日全行起椗尚在攔江沙外四五十里援意差弁竟夜在夷船探稱自廣東封港後該夷所帶羽毛哆呢等物經年[illegible]變賠累難歸是以挺而走險詰以定海滋事該夷始則力辯其無纔又密探曾否達之天聽是否臣所與知窺其詞色似有愧悔先據通事言懿律係協同掌兵之人其為首者現在定海旋又據該夷諱言不承至義律則直認人居廣東即前被該省窘辱之人該夷知內地之事甚詳一切主謀皆其所出須先折服義律之心待其回天津後遵旨隨機應變詳細開導令其返棹南旋　廷寄該夷狡獪異常此時起椗他往難保不赴山海關及奉天等處已飭耆英裕泰等嚴防不准與之接仗諒無他虞俟該夷回棹仍遵諭旨辦理○丙辰鄧廷楨奏親赴泉州督防委建寧總兵曾大觀代辦提篆　廷寄著統率將弁認真巡防遇有夷船駛至不值在洋接仗倘敢進口登岸即著合擊痛勦或該夷呈遞說帖並無桀驁情形即派員接收由驛馳奏○八月辛酉盛京將軍耆英兼

尹惟勤府尹呈麟奏七月二十四五日有白色桅篷夷船在八岔溝外游弋親往復州督防奉　廷寄如投遞稟揭仍遵前旨派員接收倘有桀驁情形不妨偃旗息鼓誘之登岸奮擊痛勦癸亥余步雲奏請　飭粵省調水兵三千赴浙會勦該省即募浙兵三千作為額外新兵俟軍務告竣有情願歸水師或陸路者各營裁汰老弱即將新兵補入額兵數閩省頭起撥戍臺灣之兵將次換回可否酌調千名赴浙亦另募新兵以補其額　廷寄著伊里布詳籌商酌。鄧廷楨奏七月十一十六十八等日有夷船在莆田晉江洋面及五虎門外洋大墜深滬黑水洋深洋等處游

弋停泊均旋駛去　廷寄不必在洋與之接仗我兵外示鎮静以逸待勞如果登岸再行勦除毋庸汲汲圖功恐有挫失是為至要　掌福建道御史萬啓心奏請飭議移檄曉諭嘆夷六條一封港係奉旨辦理非該大臣欺朦二夷人用兵豈無廢時失業中國以逸待勞堅壁清野不出三年彼自困敝三鴉片新例務在禁絶無可希圖四漢奸不足恃五繳烟一節宜獎其既往六茶葉大黄至粤者該省全行收買封貯俟夷人歷服照價賞賜　廷寄琦善如可採擇斟酌施行　甲子山東撫托洋布奏馳赴登州擇要設防調兵於登屬之榮城縣城登州府近城之田横寨天橋西

山各口文登縣之威海衛福縣之罘島膠州淮子口等處協力防守又二十五日夷人小脚船數隻攏近蠶磯島口有數十人上岸口操華音願出番洋一元買淡水十擔五元買牛一隻該島居民給淡水百餘擔黃牛十餘隻當將番銀擲還該夷致謝而去臨行時據稱往天津貿易即向西北大洋疾駛該夷抵天津後欲往他處納涼顯因薪水缺乏欲往他處購覓奉 廷寄設或夷船再至竟有桀驁情形斷不准在洋接仗若舍舟登陸不妨偃旗息鼓聚而殲旃。丙寅琦善奏夷船分赴豐潤玉田所屬之澗河黑洋沿子莊等處特械上岸散給夷書攫取牲畜本月初二日仍回至攔江沙外隨約令義律前來聽候面諭初四日義律隨帶十餘人乘三板進口經諭以迅棹南還該夷堅執前遞公文所呈各條並呈閱所謂全權其式圓而上有斑文近似印篆復投遞字據二紙欲　臣批允否則欲請開仗又據將該國王諭該夷等先將各海口插立木牌阻止商船出入之條送　臣閱看查天津切近京畿凡鹽漕銅船皆由此來最為咽喉重地設使邊釁一開該夷狡焉思逞頻相滋擾致我勞師糜餉所關匪細且海道處處可通防不勝防諭以閩廣商船儘有陸路可行何必航海冒險該夷遂不復提阻止商船之言復求割讓海島始則欲占據定

海隨懇於澳門西洋現住處所分一席之地攜眷寄居均
經回覆該夷又稱粤省沿海無人之地請借一偶俾資棲
止並該國官員來粤均須尊敬文移均用平行徑自往還
不用洋商經手諭以官員須有差等該夷稱來自該國同
為客官又諭以通市祇須商人交涉天朝官員可不過問
本無所用其文檄該夷以有此說於前公文所稱洋行倒
歇拖欠銀兩之處並未言及惟於烟價一層狡執最甚據
稱並非由商呈繳實義律等被斷淡水食物困餓無以自
存遂動用該國王銀兩買烟呈業今須繳還等語　廷寄
該夷始終以賠烟價等情嘵嘵置辯鴉片本違禁之物業

經燒燬豈有賠伊原價之理惟當諭以天朝與各國通商
本係大皇帝格外施恩凡外藩來貿易者稍有冤抑無不
查明懲辦上年欽差大臣未能仰体上意辦理不善現已
恩准查辦定當重治其罪冤抑無難立伸至烟土業經燒
燬斷無賠償之理且該國貿易往來原在圖利試思恩准
通商以來該國所得利息不可數計如照常恭順安靜俟
欽差大臣到彼查辦後或汝國乞恩通商據情具奏仰邀
恩准亦未可定汝等從長計較所得孰多該督即照此向
該夷明白曉諭令其返棹南還聽候辦理倘始終堅執總
當相機妥為措置至此時堅欲索價並請減價分年之說

不過該夷借此尋隙志在通商該督到粤後惟當細加防察當日繳烟究係作何辦理或即作為該督之意密諭各洋商以將來如許通商不但夷人仍可得利即該商等亦照常貿易獲益良多總宜從長計議毋令該夷有所藉口方為妥善。丁卯耆英奏先後夷船三隻均由復州開行北駛飛咨直隸山東山海關錦州一体嚴防　硃批加意慎重防之如不能操必勝之權萬不可與之接仗。林則徐奏聞定海失守粤省各島澳隨在設防該夷之所恃衹在船堅礮利一至岸上則無他技能且渾身裹纏腰腿僵硬一撲不能復起即鄉井平民亦足制其死命況夷人異言異服眼鼻毛髮皆與華人殊斷不至於誤殺此時定海城甫被占踞而各村居民總不下十餘萬衆不論軍民人等能殺夷人者均按所獻首級給予極重賞格似此風聲一樹可使靡有孑遺其人既誅則船礮皆為我有是破格給賞不為虛糜報聞　伊里布奏七月二十六日行抵寗波府城撤調王錫朋來浙協堵仍乞准飭廣督閩督各派水師二千統以大員多帶礮位坐駕堅厚大船在二省適中之處會合聯䑸赴浙會勦並請　飭閩督添鑄四五千斤大礮數位剋期由間道運浙配用　廷寄總當鎮靜持重不可在海洋與之接仗如敢登陸即行痛勦倘夷船駛出外洋

不必窮追至調派壽春鎮兵來浙及閩粤水師著候旨施行。壬申護浙撫宋其沅奏拏獲漢奸聞吉祥布定邦二名黑夷默加海金海馬拉南胡林五名均發粮臺訊究又鎮海縣續獲黑夷溫咁一名現飭委員研訊並撫卹定海逃出難民奉

廷寄漢奸黑夷等係何人何處盤獲營謀何事何以束手待縛所吐供詞大致著伊里布查明具奏至定海城內情景逃民必能詳述著伊里布一面籌商安插一面採訪城內著落詳晰奏聞甲戌署江甯督裕謙奏七月二十日至寶山縣城詢悉十七日大夷船三隻在洋游弋內有一隻攔入內洋經陳化成督兵開礮轟擊及其船

尾該夷船各轉帆開放兩礮不能及我塘岸駛向東南深水大洋而去現將寶山應辦事宜料理穩妥即赴上海布置仍回寶山督防　硃批妥慎防之不可躁妄失算。又奏暎逆犯兵家之忌者八一遠道餉粮難繼二援師莫及三兵無敵愾之心四礮無仰攻之用五沙綫未熟六火攻易焚七陸戰不利八水土不服　硃批所論不為無理。琦善奏初十日續奉　諭旨差弁往探夷船全行起椗據委員報臨榆縣屬於初九日曾見大船蹤跡現在該夷船已順潮折回數隻而懿律大船迄未回棹不知何往已飭永平府一帶委員加謹防維俟該夷船至天津即遵　旨再行曉諭至該夷詭詐忽往忽回不知其意在另覓馬頭抑圖各處滋擾而攔江沙内一帆可達郡城東門本可無庸上岸且該夷利在水戰早自見機即誘令登陸斷不肯先蹈涸轍而海河兩岸半屬鹽池尚有居民房屋僅餘一綫行路前無可抄截之所後無可埋伏之處現所添礮臺倉猝致辦非若平時堅固舊礮臺二座久經廢棄皺裂設法保護並於無可埋伏之中勉擇高阜於天津城外風神廟葛沽新城南北兩岸各設埋伏然距海口水路百餘里僅能防其衝逸不能互相應援弁兵一經分撥即不敷用而天津迤北即為甯河之北塘海口直達縣城情形相似距海

口水路一百餘里陸路止四十里前撥兵六百名復添調
督標兵五百正定兵三百分撥防守倘夷船折回如不敢
擅入口門臣亦不欲啓釁倘兵進口直攻礮臺肆行強橫
恐不能不開礮轟擊　廷寄惟當隨機應變妥為辦理○兩
子裕謙部甲名陳化成奏崇明縣報七月二十七日有夷
船兩隻從廖角嘴直東外洋駛至糖鱸沙洋面遙放槍礮
轟及居民堆積柴草延燒草棚五間經把總毛正和等督
兵勇開放槍礮擊傷夷匪數名即向大洋駛去又據各營
縣報七月二十五日至八月初二日該夷船或一二隻或
三四隻在浙江之黃盤羊山江蘇之漴缺銅沙余山呂四

五條沙等處極東外洋上下數百里間游弋不定若令舟師追擊不過東逐西奔無益於事且恐中其奸計惟督飭文武瞭探嚴守以逸待勞相機攻擊又奏前調各兵暫緩撤退況上海為海船聚集之所大小東門外行棧一切生理漳泉潮惠嘉應人十居六七而停泊商船均在黃浦一帶凡船中舵水岸上游民又有三板小船往來浦口名稱擺渡其實偷漏訛索無惡不作一旦夷船攔入難保不乘機而動現派徐州總兵鮑方灼統兵駐紮攘外即以安內

廷寄該署督等隨時密防相機妥辦。鄧廷楨奏七月二十四日有三桅夷船一隻二桅夷船一隻在青嶼門外游弋二十五日卯辰之間該夷船懸掛紅旗駛進青嶼直趨水操臺守口師船併力攔阻該夷船卽行開礮游擊任經獻等與白石頭汛開礮夾擊守備魯思仁督放二礮內一礮打入夷船內突起火烟料係適中火藥所致任經獻被夷礮傷左脇參將孫雲鴻等擊碎夷船三板一隻始退出厦港仍泊青嶼以內二十六日巳刻該夷又駛向水操臺開礮副將靈德等用三千餘斤銅礮擊中夷船旋卽退出二十七日巳刻夷船三板三隻駛至曾厝坡一帶尾追進口商船從西太武山邊進駛經水勇秉划龍船四隻追及偪進嶼仔尾山後小港礮中夷人五名跌倒在船旋卽逃去

商船得脫後於海面撈獲紅嗶嘰夷甲一件直至二十九日申時夷船始起椗向東外洋駛去現於八月初一日至廈會同提　臣籌畫設防以守為戰又奏留摠兵竇振彪以資保障得　旨此次出力各員酌保　廷寄不可因夷船退去稍有疏懈總當有備無患以逸待勞竇振彪准其仍留金門鎮本任盛京將軍耆英副都統祥厚奏調兵駐札蓋州之連雲島防守並於復州娘娘宮海口以北擇高阜六處置兵瞭望派民壯三百於復州之常興島巡查據島內居民稱前次夷船三隻均在塔山南外洋停泊隨有脚艇曾在常興島之八岔山溝汲取泉水以洋錢易換牛隻

雞鴨實無滋擾並有夷人執鉛筆寫漢字不知是何言語恐漢奸暗中謀畫又八月初九日申刻又有夷船一隻仍在塔山以南外洋抛錨當遴員往探相機撫禦　廷寄酌量守護並曉諭該島居民同心協力自固籬藩○戊寅伊里布奏定鎮水師額兵二千六百餘名查張朝發之被剿由衆寡不敵及該員統率無方並非兵丁之咎應全數招回以備驅策又教諭曹應穀訓導諸葛障避入郡城岑港巡檢趙廷詔仍在該處防守現　奴才與余步雲詳細熟籌俟直隸如何辦理再行分別酌辦　廷寄夷情叵測殊未可信所有攻剿事宜該大臣仍密為部署如該夷入口滋擾

卽開放槍礮盡行殲除不必因有天津稟訴一事轉滋顧慮惟不得於洋面接仗致有損失至定海一縣數百里之地夷兵雖衆不能處處環繞且現有民人逃難渡海及官員逃避之事海洋遼濶港汊紛歧當必仍有路可通務須密加察防以為進攻之計。己卯琦善奏近時山東洋面疊次望見夷船是該夷行蹤叵測必係往來已久延之日久勢必南北滋擾天津拱衛神京近接盛京根本重地欲求處處決勝時時常勝實所難必隱存意外之虞卽如江浙等省海道已被該夷隨處游弋長江所在可通是險要已為該夷所據水師轉不能入海窮追且本年擊退明歲仍

可復來遑釁一開兵結莫釋我　皇上日理萬幾更不值
加以此等小醜跳梁時殷
宸廑而頻年防守亦不免費
餉勞師故臣鰓鰓過慮甚欲就此開導俾該夷安心回粵
聽候辦理或可冀圖安靖現在懿律船於本月十七日回
天津託詞聞山海關向多古蹟前往觀看並稱該處祇有
弓箭未見礮位千總白含章答以此係密防豈能令爾望
見現於報部廢棄礮位內檢得數尊係前明之物蒸洗備
用復行永平委員經稟山海關副都統於各城樓一体檢
查一面遵
旨另給公文開導據該夷稱烟價一節原非
敢向　大皇帝求賞祇求可以登覆國王並稱定海之兵

亦可先行撤回一半至次早備具回文又更前說該千總詰詢令其改寫據稱業已繕就不及另書即以所言為定俟到粵再行商議惟稱所求各條未奉　允准明文既須俟回粵聽候查辦則定海各處兵船未能即撤該夷一面稱說一面即行起椗據稱先赴定海耽延數日即回粵東白含章告知此時豈可先赴定海據稱如沿海各處不開槍礮該夷亦不滋生事端儻被攻擊勢難已於回手此去粵東仍在澳門自蓋房屋居住等語現在各夷船全數起椗開行惟夷性反覆無常即如所請沿海地方勿先攻擊安知非弛我防閑或定海冀圖緩攻故此間弁兵亦不敢

遽撤此次發給該夷照會底稿兩件該夷回文一件一併
進呈　廷寄所曉諭者委曲詳盡又合体統朕心嘉悅之
至。又　諭琦善著作為欽差大臣馳驛前往廣東查辦事
件。又　廷寄飛示伊里布宋其沅裕謙邵甲名托洋布鄧
廷楨林則徐等一体遵照各守要隘認真防範如有該夷
船隻經過或停泊外洋不必開放槍礮但以守禦為重勿
以攻擊為先其應布置嚴密之處仍不可稍形鬆懈。庚長
林則徐奏在粵夷船擄去海運鹽船十四隻槍斃舵水各
一名經華民指引弁兵在洋拏獲白夷吐咀一名黑夷嘶
唎吃吐兩名現擬赴獅子洋練兵整隊出洋勦辦至澳門

西夷恐嘆夷進澳滋擾代為稟求釋放所獲亦經續調官兵赴澳會防並曉諭西夷如有勾結嘆夷者即獻出懲治又奏覓得夷信譯知此次領兵攻定海城者名咘啉嘛統兵夷目名咖咥嘰嘩係東印度水師提督所坐夷船最大名麥爾威厘有礮七十四門該船進定海港時碰大礁底穿一孔幾沒又帶兵夷官呵嘣吖被我師打死定海居民漁船悉皆避去夷船火食無多均甚愁急等語或將兵勇扮作鄉民或鄉民練為壯勇詐為見招而返願與久居約期動手行見異種無遺惟機緘不可洩露聞該夷中咭吐啞偽為定海縣官能為華言更須防其詭計　廷寄夷人

習熟水戰該督摺內既稱不值與海上交鋒何以此次欲出洋勦辦前後自相矛盾顯因夷兵滋擾福建浙江又北駛至天津恐歸咎於該督故此先占地步所謂欲蓋彌彰可稱憒兵也著傳旨嚴行申飭如已出兵攻勦即將接仗情形迅速馳奏仍加意防範。又

廷寄林則徐密探定海情形著伊里布密查具奏。辛巳裕謙陳化成奏川沙廳三尖角洋面有大夷船五隻寄碇截留廣東客商船貨偪令進口呈遞夷書字帖二封懇提督轉呈宰相大臣一係楷書文理不通一係夷書不成字體實屬夜郎自大語句亦多狂悖要挾因前奉諭旨不敢不代為具奏　硃批所見

大差遠不如琦善之遵旨曉事原字原書一併封奏使朕得洞悉情形辨別真偽相機辦理若似汝之顧小節而昧大体必至僨事殷鑒具在不料汝竟效前明誤國庸倭之所為視朕為何如主耶試思我朝之所以興開國時一切情偽無不上達之故前明之所以亡事無鉅細率皆壅蔽故國事日非措置失宜可不懔之又懔以下缺文

廷寄夷船起椗南旋必由山東海洋經過著托渾布派員偵探船隻數目情形由驛馳奏仍謹守要隘毋稍疎懈九月庚寅

諭前因鴉片烟流毒海內特派林則徐辦理內而奸民犯法不能淨盡外而興販來源並未斷絕甚至暎夷船隻沿

海游兵紛紛徵調糜餉勞師此皆林則徐等辦理不善所致林則徐鄧廷楨交部分別嚴加議處林則徐即來京聽議兩廣總督琦善署理此次㖫夷各處投稟訴冤朕洞悉各情斷不為其所動惟該督等以特派會辦大員辦理終無實濟轉致別生事端誤國病民莫此為甚是以特加懲處並非因該夷稟訴遽予嚴議也辛卯山東撫托渾布奏夷船八隻先後南還並有小船駛入內洋呈遞字條求買食物語極恭順經委員帶同能曉夷語之廣東人鮑鵬赴該夷船見夷人義律馬禮遜聲言斷不敢在途滋擾已先撥船三隻回國阻止續糾孟雅喇國兵船四十隻等語

廷寄著將前調防守官兵酌量撤退又　廷寄飛示耆英
裕謙怡良將前調防守官兵分別留撤妥為辦理鄧廷楨
奏守備陳景嵐管帶募勇八百名改道由旱路赴浙　廷
寄如果據有浙省毋需調遣之信即由陸路撤回伊里布
奏夷船駛入餘姚縣境府縣督兵勇擊沉夷舟獲夷匪二
十餘名解營研訊　廷寄著妥為收管俟有商船赴粵之
便解赴廣東交琦善辦理乙未諭林則徐鄧廷楨均照部
議革職林則徐著折回鄧廷楨亦速赴廣東以備查問差
委丁酉伊里布奏提訊關吉祥布定邦暨供在夷船雇役
不知嘆夷來浙滋事黑夷馬默加海金海馬拉南胡林溫

咁六名俱呀喇國人在船服役並非兵丁亦不知來浙情由現仍監禁定海居民四散逃避各縣及郡城俱妥為安插並無失所又八月二十二日鄞縣丁役在定海屬之青林嶴瞭見白夷一名手執銅規紙筆在山上測繪地圖又有黑夷數名擁護當與兵勇擒獲並戳斃黑夷一名當將白夷解郡訊係晏士叱喇吶嘽嘆咭喇正埠人官居急頓甲化沙本年隨伯麥等統兵來浙其前伏冥誅之頭目名急頓烏冷嗹乃該國二號頭目如中國副將之類因該夷甚狡黠尚須細鞫又八月十四日鎮海縣營先後拏獲漢奸郁秀慶虞國楨及黑夷罵剌嗶嘽哭洽共四名奉

廷寄白黑夷著暫收管覔便交鮮琦善訊辦至漢奸滋事甚屬可惡著咨查駁詰務使供皆確鑿據實奏聞二十一年二月己巳　廷寄裕謙從前該夷攻陷定海時死難弁兵並在餘姚慈谿等處擒獲夷匪出力各員確查具奏候朕施恩己亥伊里布奏八月二十日慈谿縣觀海衛洋面有五桅夷船一隻停泊其杉板二隻駛至岸旁夷衆蜂擁登岸知府鄧廷彩等督兵勇戳斃夷匪七人生擒白夷四名五桅夷船應援不及轉舵西駛至餘姚縣利濟塘知縣汪仲洋誘入塘邊軟沙愈陷愈深生擒夷匪二十二名獲銅礮二門餘夷匪逃至杉板竄入上虞瀝海衛知縣龍澤

澔等復獲夷匪四名夷婦一口提訊餘姚所獲嘶咍哆唎

在唊國官職較大係屬頭目餘係弁兵二人水手並請酌

保出力各員　硃批豺狼之性豈肯甘心受虧如有周章

棘手之處朕有所聞矣伊里布又奏奉　諭以該夷在天

津稟訴即起椗赴粵聽候查辦是其俯首帖耳已有嚮化

之忱硃批甚合機宜不負任使可嘉之至　浙省更不宜輕於攻擊致誤事機

現飭各員不得輒施搶礮亦不得稍懈防閑並許以果能

交還定海撤退兵船當仰乞　恩施將晏士叱喇吋哩及

寧波餘姚等府縣擒獲男婦二十餘名概行省釋即通商

一節亦可代為籲懇並據夷目辛好士投具回文欲先將

夷婦釋放其交地退兵俟該國水師提督回日再行具覆

廷寄該大臣惟當剴切曉諭告以爾等之來原為訴冤乞恩前在定海係因言語不通以致互相攻擊此次我兵擒獲該夷官兵多人亦係因該夷先放搶礮現仍仰體

大皇帝中外一體之意爾等果能迅速退兵交還定海定將歷次所獲男婦尅日釋放天朝誠信待人斷無欺誑之理該大臣如此曉諭一面將擒獲夷人妥為收管一面派人分頭偵探如果該夷確係退兵交地始可全數交還其前次收管白黑夷毋庸解赴廣東此次出力員弁暫為存記聽候諭旨又諭嘆夷前在浙江投遞字帖烏爾恭額不

將原書呈奏致該夷船駛往各處紛紛投訴實屬昏憒謬
妄致誤機宜著拏問解京交刑部訊明治罪已已林則徐
奏擊退夷船又片奏咪唎嘭佛囒西等國因嘆夷阻其貿
易憤憤不平欲遣船前來與之講理 廷寄著琦善抵粵
後查實具奏再本年夏間有嘆咭唎國王給林則徐文
書之事伊業經銷燬一併查明覆奏伊里布奏懿律等四
次請釋晏士吼喇吖里義律馬禮遜復叩關求見先稱上
年在粵受屈繼請將晏士吼喇吖里釋回其歸地一節稱
俟釋回日另行商辦經反覆曉諭令其回與懿律相商初
八日復接懿律來文稱伊已將仍據定海之言向琦善照

會該夷狡猾異常多方要挾儻曲徇其請必更肆驕妄若拘留不遣持其所急使該夷為我所制似於大局不為無裨　硃批以現在情形而論所辦尚是總上不傷國體下不開邊釁一切機宜朕難豫示全在卿隨時審度妥慎為之以副信重委任之意戊申裕謙奏八月三十日崇明縣之長安沙洋面有舢板船夷匪登岸搶掠牲畜經防堵員弁抵禦擊斃夷匪四名獲舢板船一隻夷槍夷刀夷鞋等件報聞　硃批必是購覓食物淡水而至亦必是我兵先開槍礮由來挌鬪興戎汝輩有以誤之也庚戌伊里布奏續接夷書稱交還定海一事應連別事與琦善會議又詢

琦善是否來浙查該夷在天津雖有撤兵一半之說而起椗即已更易其詞是欲佔踞定海肆無厭之求且撤兵一半則沿海防兵不能全撤勞費仍不能免令該夷屢次求釋欲乘此令其全退兵船交還定海可以及早竣事現給回文示以各夷解粵之諭並令其交還定海如竟能歸地退兵懇　恩將該夷釋放倘冥頑不靈或止撤兵一半自當遵旨解粵又奏林則徐所請兵勇扮為鄉民詐稱回與同住約期舉事少則力不能敵多則彼必見疑窒礙難行應毋庸議夷船現止占踞定海藉肆要求非有滋擾之志浙省只宜防守不宜攻剿閩省水勇可毋需調撥已飭令

由陸折回協防各兵勇仍陸續撤退以節糜費　廷寄著
悉心籌畫務臻妥善甲寅伊里布奏十八日續接夷書並
不言交還定海及各夷釋放之事止詢浙省曾否蒙
皇上飭令戢兵現將八月二十九日所奉不得向該夷攻
擊　諭旨明白宣示令安心赴粵　廷寄著察看情形相
机妥辦並諭以琦善奉旨前赴廣東總宜剴切開導去其
驚疑令其退出定海前往廣東聽候琦善查辦仍妥為布
置防其狡詐諒該大臣必能仰体朕心也乙卯鄧廷楨吳
文鎔奏籌撥閩省藩庫塩道庫正款銀十五萬兩以應軍
需得　旨閩省為海疆重地原不因㖊夷往來遊奕始行

防守至㕭夷佔據定海因前撫臣未受該夷許寃呈詞激成事端現只困守並未四出滋擾鄧廷楨等所稱腹背受敵未知所受何敵該夷赴津投遞呈詞頗覺恭順現特派大臣赴粵查辦不日即可戢兵鄧廷楨等所稱該夷猖獗不知在何處猖獗總因該革員種種辦理不善遂費周章著吳文鎔將本省弁兵照常認真訓練堅守海口所需錢粮著斟酌籌畫裁汰浮糜其應用欵項隨時奏聞丙辰户科給事中萬啓心奏各省守備皆宜緩撤防堵官兵亦有微勞宜加獎勵以勸後來風聞該夷許求烟價其中原有許給烟價商人欲該夷先繳數十百箱為搪塞計嗣呈繳

太多遂置不問萬一我以烟價償還彼反誇示他國設我輸幣買和各國易啟效尤此項烟價應責令該商人賠償仍俟該夷各件遵服之後方得賞給庶罪坐中間簸弄之人即以懲商人售欺之罪事定之後尤須嚴立章程責成該商永遠遵守不得陽奉陰違至粵省官之貪佞民之游情工商之奇衺淫巧皆當設法勸導使其革心内奸既清外患自絶其夷人所訴林鄧各情如查辦一遵約束前此自係過當若陰持兩端多生狡詐則明係反間去其所畏不難仍責二人立功圖效惟望　寄諭查辦大臣豫為久遠之計勿存將就公事之見各省海口仍飭督撫加意防

守侯粵省查辦定局再議功罪所在　廷寄著琦善体察情形妥籌久遠林則徐奏英逆所憾在粵省而滋擾乃在浙省雖變動若生於意外而窮蹙正在於意中現聞於定海一帶大張招帖每鴉片一斤只賣洋錢一元或云以給傭資或云以充食用其夷埠賃船傭兵之費日以數萬金計即礮子火藥亦不能持久又夷人過冬以氊為煖不著皮衣浙省地寒必不能忍受定海陰濕之氣病死者甚多朔風戒嚴自知舍去而在粵各國夷商均欲由該國派来兵船與之講理是該逆進退維谷惟其虛憍性成愈欲顯其桀驁試其恫喝甚且別生詭計冀售其奸如一切不行

仍必帖然俛伏溯蔓船二萬餘箱之繳係義律自行遞稟求收有𠸄夷字原稟可查夷紙印封可驗繼而虎門燬化烟土有夷人來觀聯為夷文數千言以紀其事迨各國來船遵具切結亦以𠸄夷字合為一紙自結之後查驗他國夷船皆已絕無鴉片惟該夷不遵法度顯著逆情非惟難許通商自當以威服叛倘蒙 天恩改令帶罪赴浙隨營效力必當殫竭血誠以圖克復至粵省口隘防堵加嚴察看逆夷似無可乘之隙 廷寄交琦善據實查明具奏十月己未裕謙陳化成奏先撤兵五千一百八十名寶山上海崇明等縣尚有防兵二千六百餘名足資守禦報 聞

納尔經額奏擬於天津大沽海口南岸添造礮台二座北岸添造礮台一座並於台前加築高寬土壩一道以禦風浪又寧河縣屬北塘汎海口照舊設基址補築礮台二座各添築土壩一道並擬覓匠添鑄五千觔至一萬觔大礮數十位葛沽大沽海口三營擬添兵五百名分建兵房以資防守　廷寄照議妥辦　辛未伊里布奏派弁以犒師為名齎帶牛羊鷄鴨至定海與懿律等辨論據稱尚未與琦善會議不識琦善令伊在何處設立馬頭是以暫借定海為棲止之地現亦急欲赴浙求出示諭禁定海居民不得向該夷滋擾並給與回文一角復將大呢嗶嘰洋布千里

鏡鍍金鈕扣等物差人呈敬現已繕發告示以該夷如不向民間滋擾民間亦不得妄肇為言一面諭該夷即速起椗所呈各物交粮台存貯以充賞需掌陝西道御史曹履泰奏嘆夷所求有未可俯允者四条一嘆夷如在澳門貿易宜妥為安插二烟價須俟議交定海確有把握方可酌給三定海夷船應不許其近岸四制夷之道無庸造船止須造礮奉　廷寄伊里布奏差弁往定海與夷目等見面是否在定海城中抑在船上其定海居民是何景象夷船是否仍據要隘著詳詢奏聞至該夷所呈各物天朝大臣斷無收受外夷餽獻之理即將原物却退正見馭夷体統

有何疑貳現在如未充賞著全数發還仍善言曉諭以天
朝定制嚴禁莨菪並無厭憎拒絕之意至所稱告示發何
處張貼前獲五桅夷船礮位作何安置此外尚有何物均
明白具奏又御史曹履泰奏著伊里布体察情形妥議具
奏○福州將軍保昌護督吳文鎔奏先行裁撤水勇暫留防
兵報聞癸酉裕謙部甲名陳化成奏續撤崇明寶山上海
等處防兵三千九百六十名仍委文武駐劄巡防聯絡聲
勢　硃批兵不可不撤防不可稍疎其加倍慎勉林則徐
奏出洋以後於七月二十二日嘆夷嘩喻等船由九州駛
近閩閩開礮我軍水陸夾擊打傷夷船前後桅舵擊沈三

板數隻礮艦夷目夷兵多名復在伶仃之北及礬石赤灣一帶擊敗㗎嚦等夷船南竄擄獲夷帽夷鞋並夷船槓棋等物查出夷人在磨刀山根瘞埋夷屍十餘具現仍嚴守要隘澳門亦靜謐如常報聞丁丑伊里布十一日復接懿律來文稱伊等先已撤船二隻現又擬撤八隻於本月中旬起椗赴粵並聲明已諭禁所屬不得將船駛至大港巨河驚動士民等語自非支飾至懿律係該國統帥自必親往其義律馬禮遜諸夷是否隨同赴粵留在定海之頭目又係何人俟得有該夷起椗的期再探　廷寄前次所獲夷目夷婦妥為看守俟兵船全撤交還定海再行放回著

將此意曉諭該夷並究詰定海留人是何意見○壬午奇明
保奏乍浦防兵應否撤回得　旨恒興著回本任官兵一
律撤回甲申曹履泰奏澳門傳有舟山夷人私信言城內
居民不願與之同住漁船等亦不肯將食物賣與該夷兼
以水土不服患病甚衆現俱有欲回澳門之意是該逆不
能久佔定海實屬顯然其不即撤兵者不過因粵議未定
借此為要求之計　廷寄著琦善派員妥密查探相機籌
辦○丙戌鄧廷楨奏已革舉人惟有同安陳元華緣案在押
脫逃現於鹿港大肚溪陳宗雲家拏獲供稱渡臺代館與
夷人向不認識並無被聘主謀候解到訊明果有通夷情

事即解浙審辦　硃批嚴行審訊不准任其狡展十一月
丁亥護兩廣督怡良奏撤減虎門兵勇二千餘名仍前照
小心防範報　聞伊里布奏懿律義律馬禮遜等於十九
日率兵三千乘大戰艦三隻餘船數隻至粵聽候查辦將
頭目脫祖及布尔利留在定海倘有查詢之事懇向脫祖
閱文又懇給文書向琦善咨明以便前往投到當即繕發
令其帶往並撤減防兵五千餘名准沿海商漁照常出入
廷寄照所議辦理又該夷起椗赴粵為求通貿易起見自
應將兵船全撤何以仍留兵船一半著琦善到粵後向該
夷究詰是何意見隨時相機妥辦癸巳伊里布覆奏前差

弁與夷目見面係在船上未目擊城中景象定海居民般實者寄寓他處貧者自各嶴搬回與夷衆在城錯處夷船皆蟻衆定海間在象山石浦等處遊奕並不久停該夷所呈各物遵旨發還告示發至曾經獲觧夷匪之各嶴張貼夷礮僅重五百餘斤飭在海口安設其餘礮械因船已陷沒未經起獲至曹履泰所陳惟造礮實為禦備不虞之策現採鐵覔匠籌辦餘無庸議　廷寄所獲夷礮俟該夷交還定海一併撤還駐藏大臣孟保帮辦大臣海樸奏廓尔喀王呈進夷稟稱該國派守邊界之人稟報披楞與京屬耶邉漢人大起征戰如蒙　諭旨吽我們去打披楞我們

就去等情當繕檄諭婉為飭駁查該國王稟內有披楞在聶噶金那地方備兵與京屬打仗一年之語聶噶金那地處外洋未能詳其界址　廷寄著該大臣密行查訪據實具奏二十一年正月壬子覆奏聶噶金那係披楞洋面地名披楞之東噶爾噶達地方直連廣東邊界皆第哩巴察所屬該夷向呼噗咭唎為第哩戊戌護廣督怡良奏十月十七日撤回陽江右六號中米艇遇淺候潮為夷船三板連船擄刦叅將李賢聞礮聲往救行近龍穴洋面瞭見伶仃礬石原泊夷兵船三隻乘潮趕來同將陽右六號師船拖帶向南直駛該叅將因奉文行不敢追出外洋接仗只得收回查天津情形該夷火輪船已為傳說乃先後截去福建艚船一

隻鹽船八隻茲又擄去米艇尚有兵丁三十名不知下落
廷寄著琦善一面詳加詰問要回擄去兵丁船隻一面嚴
飭文武密加防範毋許夷船駛入內洋○辛丑余步雲奏定
海夷船究未全撤請留浙江隨同防堵俟夷船全退再回
本任　廷寄所請甚是○乙巳浙撫劉韵珂奏探得㖆夷在
定海城外築礮台在道頭地方修馬頭開河道通達城內
設舖售洋貨闔城民房蹂躪不堪佔據岑港沈家門等處
民房姦淫搶奪恐有欲在定海互市之意難保不覬覦甯
波請　飭琦善密訪酌辦　廷寄著琦善即將各情詰問
該夷因何若此反覆著伊里布再確查定海情形一面密

據實具奏接己酉至查明具奏
十二月癸未至以備攻剿 以行接頭 具奏下
二十一年至籌備 以行接寫 攻剿下

咨琦善一面據實具奏二十一年正月乙卯梁章鉅奏軋船之制廣西陸路無從考閩林則徐在任時業經仿照乞查照辦理　廷○己酉戶科給事中朱寄奕山隆文楊芳祁𡎴諮察籌備成烈奏請仿造安南軋船　廷寄梁章鉅查明具奏十二月癸未廷寄朱成烈奏軋船著琦善細訪如有可採即照式做造以備攻剿○壬子署京口副都統海齡奏派兵防守圌山　廷寄當隨時訓練毋得有名無實欽差祁𡎴黃爵滋奏閩洋夷船明知我兵不先開礮任意遊奕尚未全行南駛夷目在定海偽設知縣營汛並無退意現廣東查辦尚無端緒沿海口隘應先事豫防　硃批所奏甚是廷寄著琦善詰問該夷究竟是何意見倘仍驕恣逞刁其

勢萬難就撫務即迅速先行奏聞一面加意羈縻仍遵前
旨辦理伊里布奏夷性貪詐設或鋌而走險惟有守之一
策若准在定海通市有虧　國体貽患將來殊非淺鮮現
在定海夷衆實已較前斂戢　廷寄咲夷詭譎反覆早在
意中前准赴粤查辦蓋欲因勢利導示以羈縻及早戢兵
為斯民謀久安長治之策該夷貪狼性成蹂躪地方挾定
海以求澳門稍不如意便生覬覦澳門定海均為海疆要
區安可聽其貿易此朕深慮熟籌早有定見者也現在琦
善早已到粤如該夷聽諭退還定海無俟勞師實為上策
倘不遵約束則琦善必具據實具奏另籌辦法統俟奏到

再示機宜或該夷意生尋釁其勢萬不得已彼時應調何處弁兵著伊里布一面徼調一面奏聞尤當先期綢繆計出萬全是為至要倘籌辦疎懈將來有誤機宜朕惟伊里布是問○癸丑掌廣西道御史蔡家玕奏粵省爲暎夷出入門戶必須添兵設備方保無虞又奏制夷之法用小船二三百隻每隻祇用數人四面擁進夷船高礮不能下擊我船齊放鳥槍火箭火球或擲火船以鉄鍊釘住夷船之上燒燬夷船又招募海鬼計間漢奸諸策　廷寄沿海各督撫著暫爲存記倘將來事有變更再行体察情形酌辦十二月戊午琦善奏義律抵粵後於十一月初六日内駛兵

船多隻聲言欲擊虎門據差往查探情形之張殿元白含章鮑鵬稱該夷自浙回粵之火牌船插白旗欲赴虎門投文該處弁兵開礮攻擊是以前來報復須令協鎮登舟服禮請於廣東外再於寧波設一馬頭繳還定海又求釋放前督臣林則徐等獲白夷吡咀嚹一名黑夷嘶嘝吃吡二名經復飭張殿元白含章等持文照覆先不言他事但稱以後夷船應泊伶仃洋面文書由澳門同知接遞俟該員四日如該夷言詞恭順即將獲夷釋放並以水師提標中軍參將出名撰文給發夷人聲明弁兵未詢原委擅先開礮現在嚴查懲處仍於虎門妥爲密防　廷寄一面與該

夷善議戢兵一面整飭營伍妥為布置如該夷退還定海別無非礼之請自可仍遵前旨查辦倘敢肆鴟張始終桀驁有必須剿辦之勢即一面奏聞一面相機辦理總之夷情不可信事机不可失該大臣受國厚恩必當為久遠之計至懿律既稱患病回國而派人前往投文該夷出艙面見並無病容是其別有肺腸已可概見著琦善妥密訪探務得確情○己未　廷寄琦善伊里布並沿海各將軍督撫務當隨時体察嚴密防範平日將弁槍礮均當豫為籌備前調各兵雖已有撤回者而本地防兵為數不少尤當分布要隘有備無患琦善奏夷人索償烟價緣林則徐批文

内有奏請賞犒奏請奬勵等語嘆咭唎國王並無給林則徐文書之事澳門夷人私信因林則徐欲悉夷情多方購求窃恐以訛傳訛請毋庸議咪唎㗼咈囒西遣船與嘆夷講理之説並非林則徐謊言然迄今未見船來縱力足頡頏恐未肯傷其同類林則徐所奏燬烟時夷文中含訕刺今已無存他國上年之船已去本年之船未來其有無鴉片不能信又奏嘆夷兵船日增陸續駛進虎口内有打夾鬼船二隻訪係該夷陸路兵丁名色據委員面論該夷先請給予兵餉及洋商欠項並兩年來所損船隻什物該委員等婉言畣覆又烟價聲稱需銀二千萬降至一千二百

萬又定海繳還必需於廣東福建浙江另行酌給一處恐將來如有林總督者俾得去此適彼又文移平行一節俟此大事說定尚有小事數件不由洋商經管准該夷自行開行於澳門卸貨一洋商積弊求為整頓一該夷如有被屈准赴天津呈訴此時先毋庸置議而前請各款堅執不回又據義律密稱該夷兵多餉重員弁兵丁無日不欲急於見長伊亦難於彈壓衹得任令接仗等語其烟價一節先允以五百萬圓能否允從再論稟諭一節以後官員不與商事自無公牘前來惟請給地方之說甚難擇地仍再委員前往回日再奏　硃批看此光景該逆夷反覆鴟張

恐難以理諭必當一面論説一面准備多方覊絆待其稍行形疲憊乘机剿戮方可制伏也　廷寄該夷反覆譸張難以理諭匪特澳門不能准其貿易即沿海各口岸何處非海疆重地况烟價即允給五百萬圓日後遂漸增添必至所求無厭若不乘机痛剿何以示國威而除後患已飭湖南貴州各備兵一千四川備兵二千著琦善一面與之論説一面妥為預備如該夷桀驁難馴即乘机攻剿毋得示弱需用兵丁一面飛調一面奏聞　廷寄該夷肆求無厭匪特地方不能給與尺寸即烟價亦不可允給分毫今絶其冀倖茲竟擾及寧波一帶不可不急為防範著伊

里布加意防堵倘侵犯口岸著即痛加攻剿無稍示弱特不可在洋接仗致有疎虞冀諭令沿海各將軍督撫加意操練以期有備無患○丙寅掌湖廣道御史石景芬奏合江浙兩省兵力一意進剿廣東天津早籌防範　廷寄伊里布裕謙悉心籌畫俟廣東咨照寔在情形即相机堵剿○戊辰浙江提督祝廷彪休致以余步雲調補○伊里布奏十一月二十日有夷船自粵回定海運礮械上岸操演並在城內嚴行防守情形頓異現將前擬撤退尚未起行各兵仍留以壯軍威　廷寄該夷因在粵所求無厭不能遂其所欲故為此挾制伎倆灼然可見如該夷在浙蠢動著統兵

併力會剿毋稍遲延庚午琦善奏委員帶到該夷覆書烟價降至七百萬圓請於廣州外再准往廈門定海任意貿易並垂涎粵省之大嶼山香港兩處其言語倨傲詞斥委員大非在津之比兵船二十餘隻駛近虎門不過十里一不遂欲勢即猖狂　奴才隨允酌酬洋銀六百萬圓擬於廣州外再就廈門福州處處准令通商　硃批憤恨之外無可再諭　廷寄所請均不准行逆夷再或投遞字帖亦不准收受並不准遣人再向理諭現飛調湖南貴州四川兵四千名馳赴廣東著琦善督同林則徐鄧廷楨妥為辦理如奮勉出力即據實具奏並著琦善整飭兵威嚴申紀律

倘逆夷駛近口岸即行相机剿辦朕志已定決無游移該大臣受國厚恩責任綦重固不可失之冒昧不可稍有畏葸又 廷寄著伊里布確探情形倘有夷船近口即痛加剿洗其自粵回浙夷船及留屯定海逆夷一有可乘之隙不必俟廣東知會即行相机剿辦又 廷寄訥尓經額者英調兵整械妥為布置劉韻珂奏定海萬難准夷通商一地利無扼要之險二茶鐵有消耗之虞三恐勾結游民四恐恣銷烟貨五関稅必多偷漏六海防益添糜費七他夷生心八民情惶惑 硃批此説何來或浙省有簧皷惑人者歟韻珂又奏購鉄調匠多製礮位擇要設防擬於本月

初九日赴鎮海確查夷情會同伊里布妥辦　廷寄商妥後即折回省城防守或有夷船駛近口岸即痛加轟擊○癸酉掌廣東道御史高人鑑奏琦善爲白含章鮑鵬所朦蔽極稱嘆夷强横非中國所能敵若非在津設法善退夷船早抵通州等語請先去此二人庶化恇怯爲奮勉又浙省撤退水勇苦於覓食莫若仍舊招充不至流而爲匪○甲戌伊里布奏懿律並無回浙定海夷人於僞知縣外設僞巡檢二員僞典史一員此時粤議未定寬猛兩無所施酌撤客兵鄉勇水勇仍存防兵九千八百餘名守禦萬無一失

廷寄遵照前旨遇有可乘之隙即行剿辦○丙子琦善奏粤

省船礮不堅兵心不固礮台非扼要之地排鍊一經火船碰撞即斷緣歷任率皆文臣筆下雖慕武備未諳將士中絕少經陣之人關天培情面太軟未足稱驍將經費無出處處棘手水米茶黃均有奸商私相授受無從斷絕與之接仗勝負兩難隨嘱咪唎㗰領事夷官前往勸導該夷堅執定海上海求准貿易詞氣傲慢且以打仗肆其恫喝此次回文業經允給洋銀並貿易馬頭一處如奉　旨允准似應先儘廈門仍一面調兵審防　廷寄該夷反覆鴟張惟有大加懲創方可以絕後患淡水食物必應斷絕切勿畏難苟安斷不必慮及粵省攻剿過甚竄入他省惟當計

出萬全謀定後動一勞永逸以靖海氛達洪阿姚瑩奏台灣防範情形○太常寺卿唐鑑奏琦善意主苟安心殊畏縮欲以調停天津之局為遷就粵東之方既已氣餒於平時安能決勝於一日必得素著嚴明為賊所憚畏而忌者整飭紀綱聲罪致討方是掃逆夷之焰收沿海之功○丁丑山海關副都統扎拉芬泰奏派兵分布海口防範○戊寅耆英奕興柏葰呈麟奏奉天海防事宜○己卯訥爾經額奏調兵防守要隘庚辰裕謙奏江寧滿營擡礮得力覓匠續製一千桿分發各營並飛咨閩匠來蘇趕鑄礮位○辛巳又奏各省皆可議守浙江必應議戰定海西境有嶴名岑港可以

隨時出奇搗擊爲可戰可守之地但得精兵數千乘夜渡海先據岑港每夜聲東擊西不出旬日逆夷必棄城而走硃批所奏不爲無見已諭知伊里布矣又奏崇明寶山揺濬瀠河吳淞海口多安礮位嚴行防守廷寄安速籌辦伊里布奏懇調安徽兵一千二百湖北兵一千八百湖南兵一千派曾出師之將備統領東淅差委廷寄照數調撥癸未琦善奏嘆夷請往澳門面譚又復備文開導該夷情甚猖獗深知各省水師廢弛敢於橫行益肆要挾廷寄廣東爲瀕海之區無業游民多泅水捕魚深諳水性著懸賞招募如有能擒獲夷目擊破夷船者船內資重分數

分給庶能得力並飭裕謙錢寶琛選南贛兵二千備調

中外紀事本末三

柔遠全書三十一

中秘日錄卷三

道光二十一年正月己丑琦善奏夷船張掛紅旗於十五日直撲虎門外沙角大角兩礮台又有火輪船四隻直撲師船我軍奮力回擊自辰至未無分勝負現已飛咨水師提督添兵備械拒守並於烏涌口安營及附城水面礮台增兵防守　廷寄逆夷要求不遂朕早料其必須剿辦此次釁自彼開尤屬無可藉口惟在該大臣相机籌辦俾逆夷早日授首以伸天討而建殊勳此後逆夷窮蹙乞命斷不能再邀恩宥該大臣亦不准代為奏請也又　廷寄沿海各將軍督撫謹遵前旨選兵防守要隘裕謙奏水戰未

可恃宜潛師暗渡據險出奇爲收復定海之善策現擬親
自帶兵赴上海寳山會同陳化成相机辦理　廷寄照議
速辦並預揀提督或總兵一員撥兵一二千如浙江有應
接應之處一面飛調一面奏聞○庚寅伊里布奏招寳金雞
兩山堆沙壘石安礮設兵互爲犄角並於港口攔江埠等
處釘樁貯石鎮海之穿山及迤南之霩衢所地方添築土
墻以資屏蔽至攻剿機宜惟從間道潛師襲取方能有濟
現在礮尚未齊兵尚未集陽示鎮靜以期該夷懈弛乘机
下手又鑄礮紫板鉄無從採買寳浙局存鎮銅洋銅百數
十萬斤用之鑄礮較妥飛咨閩督飭匠來浙鑄造　廷寄

廣東現已開仗浙江必應進剿使首尾不能相顧當此北風司令不難一鼓作氣聚而殲旃必待兵礮齊集則逆夷兵礮難保不增設使逆夷先行攻擊豈不讓彼以先發制人之勢該大臣既經成算在胸即當出其不意迅速進兵務使定海剋日收復夷船片帆不返拭目以待捷音之至

吳文鎔奏廈門為全省咽喉將前撤兵勇仍應協防團練其餘各要口亦酌量添兵戍守如有警報即親馳赴泉州督辦　廷寄廈門一切堵剿事宜著顏伯燾馳往泉州督辦未到任以前如有警報即著吳文鎔親往辛卯琦善奏十五日𠸄夷兵船二十餘隻分攻沙角大角礮台隨查得

大角台火藥局被礮打穿轟發兵房礮墻均被打倒延燒礮位推落海內僅存破爛空台其沙角台被黑夷千餘由穿鼻灣登岸抄山後攻奪營盤兩面受敵副將陳連陞千總張清齡陣亡礮台為義律所奪又守口師船十隻被火輪船用空心飛礮焚燒官兵並搶去拖船二隻為今之計總須先行設法止住夷兵再行籌辦現偹文詰其不聽回文輙先滋擾候續有覆書仍得設法羈縻續於十六日該夷將擄去營兵何以魁放回交帶致提督夷書一件隨又遞一書列明請求各欵聲稱聽候於三日內照覆等情隨代擬覆稟以業經行文詰詢俟登覆再辦　硃批逆夷寔

堪髮指　諭琦善交部嚴加議處關天培革去頂帶戴罪
立功又諭我朝撫馭外夷全以恩義各國果能恭順無不
曲加優禮以期共樂昇平前因西夷鴉片烟流毒日甚特
頒禁令力挽澆風惟𠸄咭唎恃其驕悍不肯具結是以降
旨絕其貿易乃並不知愧悔日肆鴟張竟於上年六月間
乘駕夷船數十隻直犯定海占據城池復於福建浙江江
蘇山東直隸奉天各省洋面任意往來多方滋擾該逆夷
桀驁不馴至於此極原不難整我師旅悉數殲除因念該
夷投書函自鳴寃抑不可不為之查究以示大公特命大
學士琦善馳赴廣東據實查辦倘該夷稍有天良自應全

數赴粵靜候辦理乃一半起椗南行一半仍留定海是其狡黠情形已堪髮指近聞數月以來姦淫婦女擄掠資財建築礮台開挖河道且令偽官出示諭民納粮百姓何辜罹此荼毒興言及此寢饋難安逆琦善抵粵後明白開導仍敢要求無厭既思索償烟價又復請給馬頭朕早料其反覆無常斷非信義之所能諭特於年前簡調四川貴州湖南江西各路精兵前赴廣東又調湖北湖南安徽各路精兵前赴浙江豫備攻剿茲據琦善馳奏該逆夷於上年十二月十五日糾約漢奸乘坐多船直逼虎門洋面開礮轟擊傷我官兵並將大角礮台攻破沙角礮台佔據是其

逆天悖理性等犬羊實覆載所難容亦人神所共憤惟有痛加剿洗聚而殲旃方足以彰天討而慰民望現在所調各省勁兵計可趕到著伊里布剋日進兵收復定海以蘇吾民之困並著琦善激勵士卒奮勇直前務使逆夷授首檻送京師盡法懲治其該夷之醜類從逆之漢奸尤當設法捦拏盡殺乃止至沿海各省洋面疊經降旨嚴密防範著各將軍督撫等加意巡查來則攻擊並曉諭官民人等人思敵愾志切同仇迅贊膚功共膺上賞朕實有厚望焉將此通諭中外知之此諭全錄。甲午琦善奏夷人飛礮火槍火箭火罐火球之類為我師所不及前督臣林則徐所備桐油草船未及焚燒夷船已成灰燼陸路有四輪小車上架銅礮漢奸為之導引前作排鍊被該夷水底暗算忽然隨潮淌去自虎門以至省城一帶水路非陸戰之所並無空濶地面可以安營立柵現在各礮台人心恍惚無法可施只得允其代為奏懇於外洋給予寄寓一所仍派鮑鵬持文去後據取到回文惟於廣州一處仍冀即行開港旋訪得暎夷於攻擊虎門後即將各船駛至向來通商之黃埔擅自貿易查此間水師多係沿海之人難保無與夷通氣省會城郭倉庫若有不測轉傷大體俟發摺後即將廣州即行開港一節照覆倘仍執迷不悟再事狡逞惟有

有避重罪從權辦理　廷寄覽奏十分憤懣現已降旨授奕山靖逆將軍隆文楊芳參贊大臣赴粵協同剿辦又添派湖北四川貴州三省兵各一千名迅赴廣東亟籌攻剿將軍阿精阿提督郭繼昌俱有守禦之責趕緊團練兵勇儲備糧餉俟奕山到後協力進剿又　廷寄楊芳到粵在奕山隆文之前如有可乘之機即迅速進剿不必俟奕山等到粵始行攻擊己未　廷寄四川省再派兵一千名湖北湖南各派五百名雲南貴州各派五百名赴廣東聽候差遣沿途毋許滋擾丙申江南道御史黎光曙奏速籌津海防禦礮以沙墩土壘為要添鑄礮位恐緩不濟急宜多運

赴津以資堵擊　廷寄該署督体察辦理丁酉廷寄錢寶
琛梁章鉅各於該督撫選大礮數十尊俟奕山等調用著
吉林黑龍江河南陝西甘肅各派兵千名妥為預備俟旨
調遣訥爾經額奏籌防海口情形　廷寄天津為近畿咽
喉要隘大礮預宜多設即山海關亦應分置礮位派賽尚
阿馳赴天津會同辦理山東撫托渾布奏擬添造大礮並
將大島併入大島擇年力强壯之人給械訓練撥兵協守
又請飭發漢軍礮營章京一員礮手六名至東做造教練
廷寄照議辦理吏部尚書奕經奏奉天旅順營南北隍
城二島為奉天山東分轄凡船往天津必由左右經過實

爲南來海路要隘請豫設礮位添駕船隻使兩省聯絡哨
探旅順營兵無多駝子窩各卡倫兵數亦寡須招練水勇
協巡東南一帶小島亟應稽查防範　廷寄該將軍巡撫
迅速妥辦琦善奏嘆夷僻處化外向無紀律當此夷兵環
聚之時未能約束致弁兵情急占奪沙角礮台並將大角
攻破旋即自知懊悔情願繳回定海獻出沙角統撤師船
籲懇　天恩自道光二十一年起仍准來粵貿易並請倣
西洋寄居澳門之例准就粵東外洋香港地方泊舟寄居
不敢再求往他省貿易並求釋夷人二名即經量允所請
可否仰懇　天恩俟收回沙角定海復准其通商寄居香

港惟未奉　廷寄之先輒以勢出無何冒妄代懇理合密
奏將奴才從重治罪至於香港地方先已派員前往勘丈
俟奉　旨准行再定限制廣州開港一節該夷狡黠異常
其情迫不及待追經再回論說已據該夷聲請以明歲正
月初旬為期似於摺內二十一年起尚無窒礙奉　廷寄
該大臣冒重罪之名委曲從權朕已鑒此苦衷惟該夷反
覆無常若不加以兵威安能令其畏服現已明降諭旨布
告天下勢難中止今據奏稱該夷願繳定海沙角恐係巧
為緩兵之計倘甫撤兵旋復猖獗是我兵進退反無所據
但既據琦善苦心調停即着作為己意飭令速還定海沙

角退出外洋且俟我兵雲集示以聲威大加懲創彼時該
夷恐懼乞憐再由該將軍等酌量代奏此時惟有設法覊
縻仍密為防範再香港離省若干里寬狹若何在彼開港
是否有關利害著一併迅查具奏再降諭旨己亥劉韻珂
奏十四日抵鎮海會同伊里布往招寶山周勘添工設防
擬即赴海寧乍浦一帶親查堵禦仍委員購鐵趕鑄礮位
硃批嚴密防守如有可乘之机即行剿戮庚子扎拉芬泰
奏山海關秦王島洋面有夷船遊奕旋向東南駛去已派
兵分布各隘請飭直隸撥運火藥　廷寄現派哈哴阿前
往協同堵禦並飭訥尔經額派兵八百名火藥三四千斤

應用又　廷寄著耆英托渾布各飭將弁勤加哨探嚴行防守倘有夷船闌入誘之登陸聚而殲旃最為上策革丑伊里布奏岑港現有夷船泊守非復昔日情形止擊於陸而不擊於水尚難全勝現俟大兵齊集即當体察情形設法進剿又接原任大學士阮元函稱在粵通市各國暎咭唎外咪唎㗋最強若優待咪夷必感荷　天恩力與暎夷相抗似覺事半功倍附片密陳　廷寄粵東夷情反覆朕惟一意主剿現雖有退還定海之語全不足信該大臣身膺重寄務須同仇敵愾迅奏膚功倘藉口廣東來信稽延時日貽悞事机恐不能當此重咎[illegible]扎拉芬泰奏秦王島

洋面續有夷船四隻停泊遊奕仍駛往東南　廷寄遵前
旨加意嚴防並寄奉天山東直隸嚴密防守○壬寅顏伯燾
劉韻珂奏定城失守我兵隔海相望半年之久未嘗一矢
相加伊里布縱能振發有方而襄贊究形寡助查林則徐
鄧廷楨臣等素知其有體有用且為該夷所畏忌而屢欲
中傷者雖前此辦理未協第既蒙　嚴譴更難置身事外
用功不如用過合無懇恩准予戴罪自贖飭令赴浙林則
徐駐鎮海鄧廷楨駐寧波一體假以事權令得陳奏如不
知奮勉圖功即治臣等妄舉之罪　硃批一片妄言不料
汝等有是意見而又敢於形諸奏牘殊增憤懣也已

諭祁𡎴前往廣東督同趙炳言梁寶常辦理粮台事務伊里布奏續咨琦善來咨該省正向撫諭藉息兵端浙省未便遽行進勦　硃批覽奏殊深憤懣不料汝如此游移疑畏葸何能為國宣力也　廷寄伊里布即回兩江總督本任裕謙作為欽差大臣馳赴鎮海軍營會同余步雲專辦攻勦事宜務當一鼓作氣克復定海俾膺懋賞伊里布未回本任以前兩江總督著程矞采兼護會同陳化成小心籌備毋稍疎虞倘夷船遊弈攏近即併力攻勦毋令乘虛竄入○吳文鎔奏嚴飭海口預備攻守並請於福建藩庫籌撥經費銀二十萬兩福建較近省分指撥銀二十萬兩

廷寄會同陳階平加意防守銀兩准撥○怡良奏粵海關稅短絀　廷寄暎夷强悍桀驁阻撓各國生計各該國豈肯甘心失利著奕山隆文祁𡎴於先後抵粵時查明各該國情形果否怨恨暎夷阻撓生計抑稍有觖望於天朝未能招徠撫綏以致向隅失業據實具奏○戊申怡良奏近省一帶內洋河面及陸路進省各要路添撥弁兵嚴加防守廷寄務即曉諭軍民人等同心禦侮衆志成城萬勿稍爲搖惑○庚戌伊里布奏粵省送到義律給胞祖信件專弁賫交催令搬運行裝下船擇期起椗一面派委鎮將帶兵前往縣城彈壓前獲夷俘晏士咑喇打厘遵　旨釋放俟夷

船起椗時交收至義律文内聲稱該國商人將貨物帶至定海行銷懇令寧波商民收買俾免虧折恐該夷希冀在浙通商之意現給義律覆文並諭知胞祖嚴為拒絕　廷寄逆夷反覆無常所言殊不足信著裕謙抵鎮海後察看情形如定海業已繳回即撫恤難民修理城灣一切善後防守事宜妥為經理倘說言獻地仍復負嵎即相度事机痛加剿洗斷不可因有繳地之說為其所愚仍蹈伊里布覆轍所請貨物懇令商民收買斷不准行前獲夷俘必待繳還定海方可釋放又　廷寄英山等經朕命往督辦惟當一意進剿無論該夷是否繳還定海總須一鼓作氣設

法擒渠斷不可為其所惑致誤机宜且香港地豈容給與逆夷泊舟寄住務當極力驅逐毋為所據即使該夷將來畏罪繳還定海香港亦俟屆時奏明請旨此時惟有整我師旅悉數殲除是為至要○辛亥琦善奏夷船全數退出外洋即於初三日出省舟次獅子洋據義律坐火輪船來見僅隨從數十人極為恭順呈出所議草底數條並議及夾帶鴉片漏稅走私者貨船設官間有窒礙者當加指駁俟更定錄呈 御覽隨往查勘虎門礮台多係孤立海中兵食難達礮台械無利可恃兵力不固民情不堅會商同城將軍都統巡撫學政司道府州暨林則徐鄧廷楨僉稱藩

籬難恃交鋒寔無把握且調兵遠來風聲早漏該夷必先
肆猖狂緣此不避重咎將查勘情形並該夷認繳各物夷
書一件冒呈 御覽伏望 俯准所請俾免蒼生咸遭塗
炭 硃批朕斷不似汝之甘受逆夷欺侮戲弄迷而不返
膽敢背朕諭旨仍然接遞逆書代逆懇求實出情理之外
是何肺腑無能不堪之至汝被人恐嚇甘為此遺臭萬年
之舉今又措舉數端恐嚇於朕朕不懼焉 廷寄大兵未
集以前責成琦善設法堵禦倘再有挫失決不寬貸 旨
琦善著革去大學士拔去花翎仍交部嚴加議處裕謙奏
請飭伊里布乘此夷船擾粵之時迅速攻剿克復定海

硃批已命汝往正可相時而動克成大功○二月庚申裕謙
奏奉命赴浙並咨會伊里布將夷俘暫緩釋放前調奏撤
之壽春兵一千二百仍飭前進　廷寄務即設法進兵殲
除醜類定海即使繳出官弁因之傷亡人民受其荼毒思
之實堪痛恨豈可復為所惑至香港一層係琦善代逆懇
求朕斷不准其通商該大臣惟當一意剿辦務使片帆不
返毋得存一通商之見稍事游移又　旨伊里布株守遷
延畏葸不堪著交部嚴加議處辛酉楊芳奏遵　旨赴行
竊揣暎夷以利立國務求通商乃彼國大本或一面威服
定海一面准於偏僻小港屯集貨物勿令近廣東省垣恩

威並用庶臻久遠　硃批現在斷不准有此議論惟有盡
數殄滅逆夷務令片帆不返若胸有通商二字則大員委
任禍出隨之矣怡良奏㗊逆照會大鵬副將賴恩爵稱琦
善與之説定讓給香港現收受地方令內地撤回營汛㗊
逆即在香港貼僞示逼令該處民人歸順彼國臣實不勝
憤恨第一切駕馭机宜無從悉其顛末惟上年十二月二
十八日欽奉調兵備剿之旨始經宣示臣等晤見琦善均
請募勇壯威固守虎門要隘若再游移實有措手不及之
慮謹由驛速奏　廷寄琦善不遵朕旨膽敢擅給香港縱
其狂悖本日已有旨革職派英隆瑣拏解京究辦矣香港

地方逼近虎門現為該逆占踞勢必窺伺橫行益無忌憚必須一力防禦責成楊芳會同怡良阿精阿關天培郭繼昌分投布置加緊隄防倘稍涉疎虞定惟楊芳等是問鮑鵬著怡良密委員弁鎖拏一併解京是日琦善家產查抄入官癸亥吳文鎔奏訪聞商民紛傳廣東　欽差大臣許𠸄夷廈門馬頭通市查廈門為通省咽喉若許通商直以全閩鎖鑰付之寇盜仰求　乾威獨斷嚴行駁斥　硃批所見固是但誤國辱國之人業經拏問所言可無庸議矣甲子賽尚阿奏查辦寧河北塘及豐潤灤州樂亭昌黎撫寧臨榆等處海口增築礮台土壘相机趕辦　廷寄照議

乙丑琦善奏復往虎門晤見義律諭以香港尚未奉　旨允給何得遽張偽示搖惑民心該夷自知理屈請照澳門例仍歸州縣管理惟地方則堅求全島自行貿易現奉諭旨嚴議並派奕山隆文楊芳前來剿辦此後該夷投文自應遵　旨拒絕現調兵募勇竭誠籌防又奏上年沙角大角陣亡弁丁懇恩優卹並列清單陸路陣亡將弁五員陳連陞三江副將子舉鵬投水同殉黃玉寶把楊盛亮外王瑞金翟長齡外因傷故官一員程步韓守兵二百名受傷將弁十九名兵百四十七名水師陣亡弁三員張清齡守陳國俊外陳龍驤額外兵七十九名受傷將弁十六員兵百七十二

名　硃批遇難不忠督臣俱各捐軀為國寔堪憫惻　旨陳連陞及其子舉鵬尤屬忠義可嘉加恩加等賜卹以慰忠魂。奕山隆文奏遵　旨籌辦已先發示廣東文武洽備戰具嚴加防守並趕造軋船召募水勇知照楊芳先行赴粵相机調度　廷寄著查明琦善所奏有無隱飾又琦善與義律屢次晤面談論香港之事彼時有無官員在旁該夷目與琦善有無私相餽送之事著密查據寔具奏。丁卯伊里布奏遣將帶兵收取定海其在浙銷貨一層業經嚴行拒絕擇於二月初四日人地兩交　廷寄著裕謙到浙後查明據奏。戊辰賽尚阿哈喰阿奏秦王島及澄海樹等處移營設台安礮請飭直督將新鑄銅礮撥運防守己巳伊里布奏胣祖繳還城池城內各夷紛紛退出我兵整旅入城並將城外道頭地該夷所蓋草房拆毀總兵鄭國鴻等傳宣

恩諭將晏士叮喇打厘等釋令領回並飭赶緊起椗胣祖等免冠服禮聲稱初五日全數撤退等語隨於是日起椗揚帆而去惟內有三桅船一隻駛至蠏嶼港地方擱淺另夷船二隻在旁救護俟潮長即行開去現於定海設官駐兵嚴加守衛恐該夷在粵被剿復至淅滋擾防範仍須嚴密俟裕謙到日將欽差關防齎送接收即馳回本任是日奉

旨伊里布現望遷延株守數月直至該夷

聞有大兵望風遠竄遂將定海收回可謂庸懦無能之至部議革職實咎所應得姑念一時簡用乏人著革去協辦大學士拔去雙眼花翎暫留兩江總督之任琦善奏香港離省四百六十里孤懸海外較澳門為尤遠衹係全島中之一隅其餘毗連者又名大潭裹帶路赤柱紅香炉若全島約東西五十里南北二十里香港東西約十里南北五里民房田廬較別島為少原擬衹給香港今該夷藉圖全島是得隴望蜀狡詐性成現添兵募勇塞河覓船安撫咪夷不至有黨惡助奸之慮至前擬章程四條未據該夷遵依續據自行擬具條款呈請用欽差關防其詞尚多矯強

但海道迅速該夷已有自浙回粵之兵船定海業已繳還彼得有所藉口且奉調兵將該夷亦早得消息設再被豕突闌係匪輕因一面備文告以患病藉延時日一面將其條欵酌加刪改發還飭令另繕仍詳諭以此係出自奴才之意以備夷山到後尚可再酌　廷寄琦善前奏香港地方寬至七八十里如或給予必至屯兵聚粮覬覦廣東流弊不可勝言茲又奏孤懸海外離省較遠自相矛盾顯係不寔著夷山隆文楊芳祁𡎴確查具奏即使香港並非險要亦必設法赶緊收回斷不准給與該夷致滋後患壬申琦善奏義律聲稱決意定期打仗後再作計較先後有夷

兵船五隻小三板船三隻至下橫擋山後探水並有數夷登山指畫勢難再示羈縻甫於初二日祥福帶到湖南兵六百名叚永福帶到貴州兵一千名當經分撥烏涌太平墟兩處嚴防仍催後起官兵來粵備剿　廷寄該夷聞內地調兵朕早料必有滋擾惟香港距內地尚四百餘里倘能嚴密防堵該夷祇洋面遊奕虛張聲勢他何能為已飭阿精阿怡良等督時協力防禦著奕山等兼程前進與楊芳會合奮勇殲渠毋稍觀望癸酉裕謙奏初七日馳抵鎮海查蠏嶼港既有未去夷船即所稱南去者亦未駛離浙境難保不復折回惟有一面撫郵難民以收人心一面擇

要設守以固我圉已飭臬司周開麒等渡海妥議安撫設
守事宜惟新鑄大礮未成只可在沿海酌量抽撥解往
廷寄照議抽撥以資抵禦所有擱淺夷船三隻着即派委
將弁或用礮擊沈或圍困勦戮以絶其覬望之心其未經
駛出浙境各船倘能誘入内地突出伏兵痛加攻擊亦可
稍示懲創其善後各事責成裕謙駐劄定海督同文武妥
籌現在大兵業已渡海瞭見夷船有四帆蹤影即併力轟
擊或繞過截其去路聚而殲旃毋誤机宜為要乙亥　旨
陳連陞及其子陳舉鵬俱著入祀昭忠祠有無子孫著祁
墳查明具奏丁丑安徽撫程楙采奏海疆要著莫亟於募

練水勇酌減客兵客兵有不便者三水勇有可恃者五奔馳遠道易疲一也水土異宜易病二也月粮不能勢必搶掠三也若水勇一則慣習風濤二則熟分島嶼三則自衛鄉閭四則賊平易散五則節省物力查福建廈門與台灣對峙中有澎湖應厚駐重兵多集水勇安設數千斤礮位一面申嚴海禁務使硝磺薪米淡水等物涓滴不得出洋

廷寄現在廣東命將出師逆夷一經痛剿难保不分頭竄突惟由廣東至福建澎湖是否必由之路著顏伯燾吳文鎔陳階平體察情形密飭準備倘有夷船竄入立即督兵痛剿務令片帆不返以靖海氛戊寅琦善阿精阿怡良

英隆奏初三四等日嘆逆火輪船遺帶三板多隻疊進三門口內衝撞簰樁施放火箭經官兵抵禦逆船旋即回棹至初六日夷兵船十六隻帶同各三板將橫擋永安兩礮台圍遭圍繞占住上風放礮攻擊又分出兵船火輪船堵截別台赴援之水道經派防之副將慶宇等盡力抵禦已午之間逆船稍退旋見潮長仍蜂擁齊攻至酉刻該台礮聲漸微夷兵攏岸上山恐兩礮台已被占奪其靖西之鞏固礮台靖東之威遠靖遠鎮遠三台仍被逆夷圍攻晚間亦俱失守閩天培不知下落並聞逆夷兵船五隻火輪船三隻直進內河沿途攻打已至離省六十里之烏涌勘得

烏涌迤西由長州岡至黃埔深井之間有海心岡一處
折而西復有白泥沖要隘均屬入省汊路無兵者增設兵
少者添多其進省之二沙尾先經駐劄撫標兵三百名適
江西兵到一千名即派往堵禦臣琦善於拜摺後即赴該
處督率防守　廷寄覽奏深堪痛恨齊慎著作為參贊大
臣酌帶川兵數百名星馳赴粵會剿著梁章鉅於廣西撫
選兵丁二千名派得力鎮將管帶赴廣東聽調著裕泰錢
寶琛飛咨前調湖廣兵二千八百名改道入粵著楊芳阿
精阿怡良郭繼昌分頭駐守盡力堵禦奕山等即星夜遄
行赴粵督各路兵相機剿辦辛巳裕謙奏蠏峙港夷船於

初八日全數開行又據象山營縣報尚有夷船九隻停泊
西嶼外洋至初七日南去六隻由椗齒港向北駛去一隻
仍有二隻在彼停泊現飛飭沿海營縣弁洛會蘇省查探
防範至定海地方殘破擬於道頭一帶先挖濠建土城既
資保障又可以工代賑其無力難民仰懇　天恩概給三
個月口粮焚毁房屋查明間數給銀令自行搭蓋俾海外
窮黎咸沾　德澤　廷寄照議辦理惟夷船難保不赴江
蘇海口滋擾江蘇各營兵力强弱裕謙素所深知如不能
深資得力即派總兵一員帶兵赴蘇應援倘有可乘之机併
力攻剿亦可以示懲創至夷船自定海往廣東必由黄巖

溫州洋面經過仍著檄催該鎮確查飛報該大臣務於江浙兩省不可畛域通盤籌畫伊里布等仍酌量情形琦善阿精阿怡良英隆奏前横擋礮台失守關天培及副將劉大忠游擊麥廷章同時在台陣亡臣琦善正在起身據報二月初七日逆夷兵船直攻烏涌十座四面焚燒署湖南提督祥福游擊沈占鰲守備洪達科俱陣亡逆夷猖獗愈甚竟將兵船火輪船聯絡多隻乘潮迅駛距省不過三十里之二沙尾恐即逼近省城惟有堅拒固守　廷寄著楊芳阿精阿怡良併力守護仍將近日如何接仗情形迅速馳奏著奕山等無分晝夜前進並探明逆夷進兵路徑

如可密遣兵弁截其去路使之首尾不能相顧奮力殲剿方能制勝是日
旨閔天培等俱加恩照例賜卹京口副都統海齡奏請將沿海通商各碼頭一律封閉一船一人不准出入俾內地米粮等物不致偷漏則該逆無所資食漢奸無地潛藏
廷寄裕謙伊里布劉韻珂等体察妥議又
廷寄裕謙奏所稱西駛之船難保不竄入閩境顏伯燾陳堦平現駐泉州如有夷船滋擾即併力攻擊其應堵各港汊分飭將弁認真堵禦甲申楊芳奏十三日至廣東省城登城周觀獎勵士卒分撥總兵長春所帶江西兵一千五百調回段永福所帶貴州兵一千於東西北三面城

外分駐籠集湖南敗兵五百餘豫備分段援應共保無虞
第城大兵單迸守不能遠攻水戰更非所長現備竹排木
桶内貯棉絮洒摻毒葯浸透桐油上蓋稻草俟潮退賊至
順水迎燒賊船一面購致水勇用為反間俟奕山等到大
兵雲集即當併力設法剿辦　廷寄前後調赴粤官兵一
萬六千餘名計後此必有續到不至有城大兵單之慮現
在逆船駛進内河即屬深入重地若能剿出夷船背後斷
其歸路前後夾攻可期聚而殲旃斷不可拘泥專俟奕山
等到省然後剿辦兵貴神速楊芳自知若存觀望坐失事
机豈不大負委任裕謙奏西嶼外洋夷船二隻據報初七

日酉時南去惟據進口漁船稱有夷船二十隻在離定海約二百餘里之極東深水外洋又聞有二隻已往北駛現在定海駐兵四千八百餘名派壽春鎮總兵王錫朋處州總兵鄭國鴻定海鎮總兵葛雲飛擇要安營犄角固守其策應之兵奴才會同余步雲密爲調度隨机辦理惟定海道頭土城礮台不能尅期竣事惟有安設力能到遠十餘里之七八千斤大礮庶足制勝浙省並無大礮請勅閩督酌撥新鑄八千斤六千斤大礮各數位倫帶合膛鉄彈觧赴定海以資防守　廷寄顔伯燾吳文鎔体察閩省情形如新舊各礮准倫本省防堵外實有多餘即照裕謙

所請借給僅敷用一面據寔具奏一面知照裕謙迅飭委員等赶緊鑄造可免往返撥運之勞裕謙又奏夷船喫水甚深不畏風浪而畏礁淺瀕海各城外有淺灘十數里便不能駛近若杉板小船只裝二三十人便不敢遠離大船一經登岸不難殲擒至於數千斤大礮只可施於深水外洋不能施於近岸之內洋内洋施放止一二千斤及數百斤之礮較宜礮略遠一二里然亦止及數里寔無遠及十餘里之事灘距岸遠船不能近礮即不能及再沿海洋面水中沙線千條萬縷南洋多石島之明險北洋多沙線之暗險夷船畏暗險更甚於明險並非處處堪虞港港可

入請飭沿海各將軍督撫通飭縣營徧歷本屬洋面測量水勢深淺灘岸遠近沙線險易分別最要次要何處安兵何處團練何處勿庸防守如有夷船入境嚴禁接濟逆船若近口岸相度剿洗又請懸重賞招募水勇以散漢奸並懸示無論兵民及各國夷人一体准有殺賊請賞　廷寄奕山等酌辦三月丙戌奕山隆文奏請飭前奉派赴浙帶兵之韓振先琦忠二員又已革總督周天爵赴粤差委効力得　旨交奕山等差遣乙丑　旨陳階平著以原品休致福建水師提督著竇振彪調補廣東水師提督吳建勳補授顏伯燾奏查得厦門為全閩咽喉逆夷兩次竄擾皆

由東南之青嶼口出入必先經白石頭安海二汎迤西爲水撩台頭中礁小大礮台皆爲首衝再西則曾班廟文汎口沙坡尾虎門山均爲次要水操台對岸爲嶼仔尾西爲鼓浪嶼共安大小礮二百七十九門水陸兵二千七百九十九名安海汎迤東之曾厝按白石頭東北之河厝鄉皆有沙坡可上厦北五通汎西高崎汎杉板亦可駛入以上各處共安礮百門兵一千四百一十名又高崎汎派哨船十隻兵三百攔截港面此外尚有水勇練勇共九千二百七十四名尚有需添兵安礮之處隨時辦理　廷寄諒已咨部署即暫回泉州居中策應辛卯楊芳奏派段永福帶

貴州兵一千築營東盛寺長春帶江西兵一千築營鳳凰
閩一切水路攻具火船木排十日内可足備民心大定可
期無虞惟恐賊船聞風遠颺不能痛勦擒渠是以暫為覊
縻俟奕山隆文趕到後路官兵齊集再設法水路陸兜勦
硃批二十日拜摺後必有續到之兵如能相机攻勦先
行痛殺方好朕日夜引領東南企盼捷音之至又　批客
兵不滿三千危城立保無虞若非朕之參贊大臣果勇侯
楊芳其孰能之可嘉之至筆難宣述功成之日從優懋賞
此鄉之第一功也厥後尤當奮勉是日　旨楊芳曉暢軍
務先聲奪人深堪嘉悅着先行交部從優議叙裕謙奏普

陀外洋夷船二十餘隻已去無踪惟離定海二百餘里之六橫外洋二十日有南來三桅夷船一隻在彼寄椗二十三日駛進吉祥門旋折回南去其青龍洋面又有夷船三隻遊弈　廷寄著嚴密防範朕聞嘆夷前在定海向伊里布索取磁器迨經送去該夷因不合用退還又伊里布與嘆夷有無往來通信及私相餽送之事著密查據實具奏

壬辰怡良奏前署督琦善札調廣西梧州協副將周枋帶兵幫守馬湧接仗陣亡得　旨兵部照例議敘○丙申楊芳奏二月二十四日未刻逆夷大兵船二隻火輪船一隻三板船十數隻欲闖入省河總兵長春率兵抵敵被礮子擦

傷右顴擊沈三板二隻擊斷兵船大桅一枝逆夷即將各船退出又據香山縣報逆夷駛入芙蓉沙圖攻縣城經駐兵前山之撥兵馬殿甲高廉道易中孚帶兵赴援逆船始退得 旨長春帶傷督戰忠勇可嘉加恩賞戴花翎給特哼勇巴圖魯名號此次傷亡弁兵及出力官弁確查具奏

庚子奕山隆文奏行抵江西泰和檄調藩司趕辦後路粮台酌撥江西湖南廣西等省火藥礮位　硃批廣東凤凰岡有二月二十四日之捷省城自可無虞卿等抵粵後似可得手湖南撫吳其濬奏郴桂一帶毗連粵省南雄等處風聞英夷遣漢奸數人赴連州南雄一帶煽惑現飭文武

不分畛域實力訪拏廣西撫梁章鉅奏帶兵親往梧州督同防堵裕謙奏六橫青龍等洋面正剿剩夷船一隻於二月二十八日誘擒白夷一名殺傷三名奪獲夷槍鉛子皮袋等物訊明喂啉咴嘚係嘆咭唎派令運粮食來定海接濟當將該逆凌遲正法梟示仍立賞格曉諭兵民協力誘拏擬將定海善後籌度定見仍回駐鎮海軍營以資控制又奏查獲逆夷存留定海木板箱六隻內五隻面寫煩寄於北京盛京八旗官兵查閱內有刻本清字書千五百十四本每八本為一部共百八十六部又二十六本係天主教邪說又一隻面寫煩寄於日本國地方開看內有刻本

夷字書八百九十四本卷首有漢字序文目錄各一頁亦
天主教邪説查清文非旗人不諳是否該夷暗囑漢奸哄
誘代繕抑或廣東駐防中竟有習教通夷之人懇暫存記
俟夷務平復嚴密查辦　硃批所見固然是二百餘年以來
內地漢人能習清文者自必有之即如在京各部書吏必
有粗通清文摹仿清字者何足怪哉理藩院書吏頗有通
蒙古文字者亦類此也決非我八旗之所為信而有徵
廷寄所辦是惟所運何粮白夷如何誘擒如何殺傷是否
兵勇業上彼船抑係誘令登岸所乘夷船現在作何下落
著確查據寔具奏又另摺奏不經夷書即對衆銷燬以免

傳播揚芳奏咪唎堅國領事哆唎哪閩官兵擊退夷船趕向營盤稟訴當飭廣州府余保純譯訊據稱到粵經年被英國牽累不能進埔開艙諒蒙　天朝憐憫查稱兵犯順係英國兵頭所作之孽其帶貨商船並未敢隨同滋事現該國夷商情亦急迫可否於此擊退兵船之後姑准其商船一体貿易庶各國不被㖊國始恨免致阻撓牽留而㖊國貨船在埔其兵船即有所顧忌而不敢滋事似亦制伏之一法等語當經正詞回復料其早晚又必來擾果於二十六日巳刻南風長潮該逆兵船七隻火輪船三隻三板二十餘隻闖入省河施放飛礮火箭竄城內外防禦嚴緊

該逆移竄空曠之白鶴灘轄行卜椗不敢逼近省垣復據洋商伍怡和等以各國領事夷商於英逆帶兵之人無不交口斥詈該兵船火輪三板均於二十七八九等日陸續開離省河各國夷人均望承平謂英夷既繳還定海不敢更有他求惟貿易一事代懇法外施仁仍循舊制並呈出義律所立筆據有不討別情惟求即准照常貿易如帶違禁之貨即將船貨入官字樣奴才奉　命督兵祇知軍務斷不因各國環請稍懈軍心第既有此情形不敢壅於上聞伏候指示　廷寄此係該逆奸謀懈我軍心惟現在大兵未集不數調遣著楊芳設法羈縻俾不得遠遁外洋

致將來攻擊費手現在如何從權制馭朕亦不爲遥制奕山隆文計已抵粵一俟續調官兵礮位足數剿辦水勇快艇足資遣用仍遵前　旨斷其後路四面兜擒克復香港以副委任。丁未伊里布奏備防沿海各處現回上海居中策應並撥解蘇局洋銅十二萬斤俟浙省礮匠到日開鑄沿海各港一律封閉以防漢奸　廷寄江蘇洋面現無夷船遠將港口封閉商販未免向隅惟漢奸接濟亦不可不防著於商漁船出入實力稽查無疎懈亦無滋擾爲要。祁墳奏三月初四日行抵沙井豫籌粮台事宜。戊申楊芳阿精阿怡良奏咪唎㗼等國商船陸續駛進黄埔貿易暎商無不在旁散羡察看該逆情形似因防守嚴密不敢驟然滋事並因前次咪唎𡁠代求通商既經代奏不無希冀之心所以旬日間一無動靜　廷寄嘆夷商船雖未隨同助逆總係逆嘆之人斷不准其通商此次各國貿易如有代逆銷售朦混影射等弊即嚴行查辦萬不可稍存遷就弈山隆文祁墳當已先後進省一面防守省城一面相机剿辦但能斷其後路不难聚而殲旃朕拭目以俟捷音之至也庚戌林則徐賞四品卿銜迅赴浙江聽候諭旨裕謙奏商漁船隻正為我所必用所有海齡奏請封港之處應無庸議漢奸本皆赤子亦宜解散又奏定海城三面負山半

東鎖山於內前有稲桶山接連東嶽山為之屏障左右有
曉峯青壘諸山輔翼最為扼要雖南面一二里即濱大海
有吉祥竹山大渠三口為進港門戶港內夷船皆可寄椗
賊該逆礮力能及城而不能洞城現於東嶽山巔築礮城
一座南面接築月城一座自青壘山至竹山脚橫築土城
一道又曉峯嶺青壘山無樣山鎖山各置瞭台兵房擇要
設防聯絡策應並於岱山定海石浦鎮海四處召募水勇
千餘配領新造十六槳快船及買雇漁船百餘隻從中接
應至江蘇情形崇明有田松林統兵三千駐劄吴淞海口
有陳化成老成勇健諳悉夷情即寶山亦可恃無恐上海

為吳淞後路該處調防之漕河標兵皆係健卒新任徐州鎮王志元如已到江可令管帶江寧省局所造抬礮除帶赴浙省百桿外尚有四百桿可先撥沿海地方練習施放

廷寄尚屬周妥又奏查康熙年間曾暫准紅毛夷船在定海通商久經停止而該縣南馬頭俗呼為紅毛道頭並有夷館基址自道光十二年以來每至夏秋輒有夷船駛入浙洋因該道頭地方多有閩人等庽暗銷烟土接濟牲畜是以距定海一二百里之青龍港東西硅等洋面竟為該逆熟游寄椗之所現在修築土城已將紅毛道頭及夷館基址全行拆毀並將該處民房遷徙城內　硃批所辦

甚好○壬子楊芳怡良奏咪唎㗒咈囒西等國代求以港腳
雖係英夷所屬但距英國二萬餘里並未隨同滋事似不
便再令向隅即義律向咪唎㗒領事稱述亦言英國稱兵
與港腳無涉所有嘆國祖家貨船情願聽候諭旨不敢
遠行進口等語查港腳夷商並未附和滋事且據洋商查
報港腳貨船內有洋米九船約三萬餘石是並非包藏禍
心亦尚可信且與民食實有裨益似應准令開艙以廣
聖主柔遠之仁藉以去英國附和之勢又奏虎門既失省
城別無屏障庫銀監獄倉廒在在喫重內切隱憂現調貴
州湖南江西四川官兵皆不嫻水戰僅能在岸禦敵不及

交鋒既無善策以操必勝之机豈敢徑行以忘剥膚之害旬日來英夷所以安静斂息者其意寔戀通商茲據咪唎堅等國堅代港脚懇求而英夷之祖家船仍不得進口似尚有畏羅服輸之意較之琦善前輙要求賞地情形似有區别以目前局勢而論似宜先准貿易暫作覊縻以便從容布置得 旨有意阻撓怠慢軍心殊出情理之外楊芳怡良先行交部嚴加議處 廷寄覽奏憤懣之至逆夷反覆無常非大加懲創何以揚國威而除後患若如此了結又何必命將出師紛紛徵調官兵且該逆傷我提鎮大員及陣亡弁兵為數甚多此等忠魂何以克慰即所稱貨船

附載洋米全不可信况鴉片來源即在於此又何以示禁
令而除流弊此時惟有進剿一法奕山隆文當與楊芳齊
慎協力同心爲國宣勞斷不准提及通商二字坐失机宜
倘夷船聞風遠遁空勞兵力惟該將軍等是問癸丑劉韻
珂奏海寧乍浦均爲省城門户設備須嚴懇　勅湖南撫
臣代造抬礮五百桿購直長白蠟桿三千根解浙應用得
旨照議甲寅奕山隆文奏三月十二日過南雄州知雲
貴湖南四川官兵赴省者已有八千餘名續調湖南湖北
廣西兵丁尚未入境廣東礮位大半散失除守城安放外
不敷攻守據江西撫臣咨稱舊存鐵礮不堪施放此外湖

南廣西續調者未據咨覆所調硝磺未到正在焦急訪聞逆夷兵船直抵黃埔海珠貨船停泊城外逆夷屢放大礮火箭打入城内奸民乘机焚掠商民紛紛逃避適咪唎㗴懇求通商省中大臣等暫事羈縻許為奏請剋下逆夷兵船不肯退出外洋仍在黃埔接應聲言俟奴才到省即求定局　奴才等奉　命征剿豈敢依違惟兵力難集礮火未到設到省拒絕通商夷人必盡力攻剿城倘有意外之虞是欲保廣州反速之失陷目下賊志不宜再長　國威不宜再損必須計出萬全方合　聖訓此時祁𡊮現過梅嶺奴才等在韶州暫泊飛咨督臣趕赴會商聚集官兵在距省

旱路可通扼要地方分營防守催齊火藥暗造攻具將內
洎者先行痛剿並堵截各河港汊示以久守然後撥精銳
抄其後路水陸兜擒使逆夷片帆不返　硃批所見頗當
朕惟佇待捷音焦切之至　廷寄務當激發忠良協力同
心以揚國威而伸天討切勿為浮言所動閏三月乙卯裕
謙奏定海設守完備附近洋面並無夷船又傳聞外委陳
志剛稱上年十月伊里布差伊赴夷船送牛羊鷄鴨等物
夷人收受初八日又送磁器二桶夷人不收當即退還又
前後差赴夷船投遞公文九次此外並無餽送物件亦不
知公文內所言何事等情似無虛假丁巳托渾布奏登州

設防情形又奏勘明隍城島情形　廷寄均照議辦理惟所奏撥礮派兵赴島駐守等語該處山島既係孤峯高聳遇有夷船駛近礮力不能遠及又無策應設被逆夷將山島佔據得毋借寇兵而齎盜粮耶此一条再行斟酌妥議具奏庚申耆英奏復州金州需鑄大礮以重海防現已採辦鉄料請飭工部及鉄匠局選匠前來壬戌兩湖督裕泰奏楚省舊礮折鑄不堪適用現在郴桂各屬地方安堵無虞竊聞廣東省河港汊紛歧逆船東西可至現在靖逆將軍等似須屯在佛山以上或清遠三水兩縣之間與省城佛山犄角俾後路軍聲聯絡逆船不敢出没西路即佛山

粮台亦可藉資保護　廷寄著奕山隆文齊慎到省後與楊芳相度籌畫楊芳奏賊船分泊白鶴潭之際原擬趕辦火船竹排順潮縱燒其如該逆三桅兵船火輪礮船遙遙分泊各有三板分護而漢奸小艇千餘遠近巡邏五六里義律夜宿快蟹船中見火必遁是以將計就計因咪唎㗎之請暫為羈縻待後路兵集量籌防剿惟水師弁兵早有空礮一聲取賂三百圓之謡訪察關天培陣亡因將備不敵强兵點礮關天培親手執火而大礮火門早已透水是軍民被誘頹風幾不可問非與之洗心滌面断难力挽奴才是以請改水師為陸路重整行伍　廷寄惟一意剿滅

斷不可爲浮言所惑乙丑顔伯燾吳文鎔奏閩省礮位無可撥借又浯嶼爲厦門咽喉亟須建蓋石堡應移遊擊一營重鎮浯嶼分守青嶼小擔大擔等處刻下厦門安堵擬暫赴泉州與普陀保面商一切往返不過旬日卯裕謙奏探聞伊里布買備沙船裝載石塊爲填塞吳淞海口之計船沈水底必至激成深禍其船卸入再激再卸即漂散無踪不但虛糜經費尤慮口門淺阻水不暢行蘇松等府將成澤國查逆夷日食必需在牲畜不在米粮若爲杜絶接濟起見轉使商漁失業寔似善策又奏上年九月伊里布曾派其家人張禧故名張士淪戴六品頂帽前赴夷船

又十月初三日陳志剛送牛羊等物赴夷船張禧亦同去夷人回有礼物伊里布收受發粮台存貯並另有送張禧礼物因甚秘密不得其詳得旨伊里布著來京候旨兩江總督著裕謙補授未到任以前著程矞采暫行兼護

廷寄伊里布即來京即張禧家丁一名即着管帶來京聽候查辦再朕聞伊里布填塞吳淞海口該處海口關係農田水利一經填塞為患不小現在如已填塞著伊里布即行開通倘有游熟漫淹等弊必當重治其罪又奏前獲逆夷係因該夷帶同黑夷五人手持鳥鎗駕坐杉板在青龍港洋面游奕經鎮海縣民誘令打鵲逆夷登岸該民等

同汎兵趕上圍住一齊動手將為首之喂啉哧得砍傷獲
住另砍傷三人因爭搶首犯致黑夷五人乘間逃回杉板
駛歸大船向東南外洋倉皇駛去所運粮食據該夷供係
猪肉乾牛肉及夷餅等物報
聞奕山隆文祁墳奏寄查
粵省情形患不在外而在內各商因夷以致富細民藉夷
以滋生水師營兵以至手把前此無不包庇鴉片以為生
理用兵以來於逆夷惟恐不勝於烟禁惟恐不弛上年逆
夷攻破大角沙角副將陳連陞父子捐軀而兵丁與难者
無幾烏涌之敗因本地兵望風先逃虎門之失兵丁並不
点礮各自逃走關天培手斬数人不能禁止是以被夷礮

打傷而亡並訪聞交仗時兵逃登岸改換民裝佯為觀望否則倉皇落水夷匪撈救送回並不加害數海口礮台十餘座礮位千餘尊望風而靡人情若此深為可慮省城大小衙門俱有漢奸探聽信息傳送夷人每紙賣銀二十圓現於密訪嚴拏外一切奏稾及緊要公文隨時親自檢束即如製造火器於貢院設局擇密處易於関防擬以黑夜用快蟹數十隻每隻載三百餘斤鉄礮一尊佛郎机四個並各火器分布港口用木簰乘載火具推放焚燒攻破其三板則火輪大船必竄出外洋矣　廷寄總須我兵大獲勝仗使逆夷喪膽乞命或縛獻義律明正典型庶足振國

威而伸義憤該將軍斷不可因目前用羈縻之計稍存觀望坐失机宜朕日盼捷音之至○辛未祁墳奏酌擬粮台条欵得
旨該部速議○乙亥奕山隆文楊芳祁墳奏琦善於正月初三日自省赴獅子洋蓮花城山下接見義律先令副將趙承德督兵二百前往扎營廣州府及洋商通事等隨往初四日傍晚義律坐火輪船二隻到彼停泊義律令鮑鵬知會約於初五日巳刻來謁至初五日琦善先到營盤義律帶夷官兵數十名進帳免冠謁見琦善因夷人衆多諭令義律帶同夷通事前往坐船坐船說話逾時始退祇有鮑鵬一人在艙傳話初六日義律仍駕火輪船出虎

門琦善換坐西瓜扁赴虎門查勘礮台初八日回轅至十九日復坐西瓜扁前往蛇頭灣地方該府等均未隨往應請

飭刑部查訊鮑鵬以期水落石出再查香港與赤柱紅香炉裙帶路各處相連共為一大島周圍約百四十餘里若就香港一足而論周圍約三十餘里居民約七十餘家至外洋各國無不怨恨嘆夷阻撓貿易並不敢觖望於

天朝現在恭順各國照常貿易商民漸次歸業又奏分兵設伏布置聯絡嘆夷稍知畏眾惟前准通商之港腳早經隨同開艙而該夷兵船不肯遠退奴才等不動聲色暗僱木排礮火密派員弁赴香山東莞一帶潛募水勇雇買

快蠏船偽扮商漁遠道潛襲以收火攻之效　硃批必須
謀出萬全謀勇兼施揚國威而喪逆膽朕佇盼捷音之至
裕謙奏訓練水勇製造抬礮以備攻剿前在寧海縣金婆
門等處外洋游奕之船一隻業已不知去向三月十六七
等日又在寧海縣滿山洋面游奕經兵勇於十九日乘潮
直撲夷船即向東南深水大洋疾駛而去現在浙洋雖安
靖而此一二船仍忽遠忽近總不駛近口岸壬午托渾布
奏登萊青三府洋面島嶼有夷船三板可近而大船必不
能到者則先期團練島民以自衛有大小船皆可駛近而
形勢不能設守者則臨時酌徙有近島要路易於防禦者

則明設防兵有洋面衝要而遷守皆非善策者則暗設埋伏有地廣戶稠勢近最要者築堤挖濠委幹員督兵駐守報
聞○四月己丑裕謙奏余步雲雖久歷戎行而係陸路出身於海疆夷情未能諳悉鄭國鴻與余步雲葛雲飛不能和衷共濟現當用人之際多方誥誡尚知用命奴才赴兩江接印可否懇
恩簡員來浙接辦
欽差大臣關防以專責成
廷寄仍著裕謙管帶○辛卯江西道御史駱秉章奏琦善到粵將招集之水勇防備之守具全行撤去迨大角沙角失事提鎮求援僅遣兵數百名夜渡惟恐逆夷知覺致關天培李廷鈺在礮台遥望而泣琦善復在蓮花

閩請逆夷晏會開門揖盜夷船攻陷虎門橫擋礮台大虎小虎不攻自破直抵白鵞潭省城各官先將家眷逃避以致人心惶恐匪徒乘机刦掠村庄就今日情形而論夷船未據省河尚可言戰言守既據省河則戰守倍难為力惟有緩兵反間修復礮台整頓戰具他日覘釁而動再閩湖南兵在粵騷擾搶奪有傷斃鄉民之事請　飭將軍參贊嚴加約束　廷寄該將軍等申明紀律以期兵民相安奕山隆文祁墳奏初七日復大雨滂沱晝夜不止西北兩河同時感漲省河水深四五六丈不等大黃滘二沙尾近省要隘早經詼逆據探水至五汊河白鵞潭亦有逆船停泊

水勇未足火具難施惟有嚴守城垣俟開齊即行進剿
廷寄務要慎密運籌相機進剿固須謀定後戰亦不可坐
失機宜乙未英隆奏押解琦善鮑鵬十四日可到京得
旨睿王莊王惠王定王大學士軍機大臣六部尚書會同
刑部審訊壬寅奕山隆文楊芳祁墳奏外委王成仕擒獲
探路逆夷二十餘名訊出逆夷定計水陸分襲省城是以
決計先發分兵三隊同時並發初一日傍晚直撲夷船自
子至寅共燒西路白鵞潭逆夷大兵船二隻大三板船四
隻小艇三板數十隻東路二沙尾燒小三板數隻逆夷被
擊及溺水死者不計其數仍有兵船三隻圍攻西礮台張

青雲伏兵台下殺死上岸逆夷数人夷船始退初二日黎明夷船趕來救援並以火輪船窺伺坭城經官兵擊沉三板一隻旋即退回查明未經配兵零星礮船被其焚燒数隻餘俱未動得

旨即趁機籌畫迅奏膚功奕山隆文楊芳祁𡊮先行交部優敘發去白玉翎管一個四喜搬指一個帶鈎一個黃辮珊瑚豆大荷包一對小荷包二個著奕山祗領白玉翎管二個搬指二個黃辮珊瑚豆大荷包兩對小荷包四個著隆文楊芳祁𡊮祗領出力文武查明保奏戊申奕山隆文楊芳祁𡊮奏夷船深懼火焚先以大兵船四五隻下椗花棣口外又以兵船停泊二沙尾下初三日已

剗夷船自西南東北兩路帆檣齊進分攻西礮台天字馬頭東礮台等處勢甚兇猛經總兵段永福琦忠長春張青雲等督率將士抵禦轟沈火輪船一隻相持至暮漢奸又拋擲火罐火球焚燒臨水房屋幸我兵勇亦用火器焚其三桅兵船一隻東礮台打折夷人大桅一枝震落夷人四五名落水至三更後始少退我兵亦有傷亡初四日黎明又在彼處相持半日另有夷匪襲奪坭城木排船隻遊擊伊克坦布督兵擊斃夷人數名夷人開礮自炸轟碎三板一隻前飭首縣雇覓之紅單拖風等船為其所燒木排草船兵勇趕緊牽入石門上流淺處未被焚燒查佛山石門

為通省要道現聞齊慎日內可到佛山即帶官兵督率總
兵文哲琿博勒恭武駐彼擇要防禦　廷寄飭查琦善在
蓮花岡屢次與義律講話確情及鮑鵬犯事原委（己酉）齊
慎奏訪聞漢奸中為夷人服役者曰沙民與夷人貿易者
曰豜毡請飭拏辦　廷寄著將軍督撫嚴拿究辦（庚戌）裕
謙奏請飭林則徐駐劄鎮海軍營更替劉韵珂回省即由
該員會同余步雲督率鎮將妥為籌辦仍不時來往定海
巡查彈壓　奴才由上海赴寶山崇明布置後仍回鎮海與
林則徐商定事宜再回嘉興居中調度策應　廷寄著林
則徐暫行協同籌辦如有摺奏毋庸列銜（癸丑）英山隆文

阿精阿祁𡊮怡良裕瑞奏初五日夷船三十六隻全數駛入攻城另駕火輪船駛至坭城河面開礮漢奸扮作水手混入草船左右縱火焚燒過半漢奸復凫水登岸抄赴我兵之後三面受敵坭城不能拒守河道梗塞文報難通茲惟堅守城池深為虞食米匱乏先是挑選精兵於城北礮台固守迨夷船坭城登岸直逼北城城上開礮轟斃逆夷十餘名漢奸百餘名該夷退守土山向礮台已為所踞初七日城內居民紛紛遞稟籲懇保全闔城民命又據守堞兵丁探報城外夷人向城內招手似有所言即差參將熊瑞登埤見夷目數人以手指天指心不解何語喚通事詢

之據云要稟請大將軍有苦情上訴總兵段永福喝以
天朝大將軍奉命而來惟知有戰豈肯見爾該夷目免冠
作禮屏其左右盡將兵仗投地向城作礼當差通事下城
詢問據稱𠯿夷不准貿易皆奉本折耗負欠無償困斯城
之外兩邊礮火轟擊不能傳話是以來此求大將軍轉懇
大皇帝開恩追完商欠俯准通商立即退出虎門繳還
各礮台不准滋事等語旋據衆洋商稟稱該夷央商等轉
圜祇求照前通商等情奴才等通盤籌畫虎門藩籬既失
內洋無所憑依與之以全城百萬生靈與之爭不可必得
之數似不若俯順輿情以保危城以甦民困竊計廣東省

關榷賦稅歲不下三百萬兩祇須夷務清釐數歲後元氣可復若堅持日久或致意外之虞不特收復大費周章而民為邦本或遭荼毒關係非輕是以公同商酌派署廣州府余保純妥為查辦姑如商民所請暫准與各國一体貿易先蘇民困俟夷船退出漢奸解散先從省河以及虎門各要隘磊塞河道增築礮台添鑄礮位門户既固阻守足據既扼其吭如再敢鴟張立杜通商庶辦理有所措手又奏洋商伍秉鑑等稟稱前與嘆夷交易積有夷欠曾議明分年歸欵自十九年停止貿易至今未能歸結茲蒙飭令迅速清理時既倉卒且無可措貸除自行籌措外尚不敷

銀二百八十萬兩仰懇將庫貯欵內如數撥借由商等具領以清夷欠分作四年在各行估價行用內按數攤還等語目下關係夷情不得不俯准所稟祁墳怡良又奏初四五六日省河下民房被夷人開礮轟擊漢奸乘勢放火延燒約計民房舖户及廟宇公所八百餘間並焚斃不識姓名男子五人瓦礫縱横慘难言狀現飭細查有力無力分別辦理　廷寄該夷性等犬羊不值與之計較朕諒汝等不得已之苦衷准令通商仍須懍遵條例不准夾帶烟土並著將軍等悉心籌議夷性叵測仍當嚴密防範俟夷船退後迅將各礮台及防守要隘赶緊修築堅固如嘆夷有桀

驁情形仍當督兵剿滅不得因已施恩遂諸事任其需索城外民房被焚着查明撫卹借撥庫貯著落該商分年歸補不得延宕乙卯托渾布奏前在登州府督防接閱夷書不知夷情真偽適有濰縣知縣招子庸鄉親鮑鵬曾在粵省洋行作夥粗曉夷語堪作通事當令委員帶赴夷船探詢情形及琦善奉　命赴粵路過東省欲帶鮑鵬往作通事當轉諭招子庸將鮑鵬解省送至琦善途次面交並以鮑鵬係市井人函囑琦善留心驅使琦善復信亦稱其僅通夷語治於人而不能治人等語報　聞丙辰劉韵珂奏前據寧海縣報大佛頭外洋有夷船二隻於四月十四日

開去一隻十五日東嶼外洋有夷船一隻十六日開往南
去十七日大佛頭外洋復添夷船一隻復進古雷口委員
稟稱閏三月十一日有夷船一隻從古雷外洋北駛後隨
小船六隻皆載黑夷又據詔安縣稟閏三月二十八日有
二桅夷板夷船四隻從畬洲外洋向東北駛去三十日有
二桅夷船一隻亦由畬洲外洋東北而去並據南澳及同
安稟報畧同聞嘆夷知浙省二月間拏獲白夷正法有欲
來浙報復之信更恐別圖滋擾現與提臣余步雲臬司周
開麒飛飭文武激勵兵勇加意防範　　廷寄裕謙著馳赴
浙江或駐劄嘉興或經赴鎮海酌量妥辦並著程矞采陳

化成海齡長喜耆英訥尔經額托渾布一體防備庚申顏
伯燾奏三月十四十五等日有三桅夷船三隻上揷紅旗
從東來泊漳浦縣之虎嶼洋面分駕杉板開礮欲駛登岸
經兵勇開礮阻擊旋即折回仍在虎嶼外洋遊奕至十九
日駛至四隻有三十餘人駕杉板持鳥鎗赴古雷迤東下
按地方欲登岸我軍迎擊退出外洋於二十二十一兩日
開去四月初五日復有二桅三桅夷船二隻駛泊虎嶼洋
初六日放下三板一隻駛至銅山西門澳一帶探水申刻
其三桅船由塔嶼而入二桅船由虎嶼入同駛西門澳内
三桅船開數礮旋退於塔嶼外二桅船開二十餘礮經我

兵抵禦亦退至鐵釘嶼寄椗徹夜放空礮均於初七日先後駛去現添兵八百馳往嚴防並飛咨王得祿迅赴澎湖駐扎辦理防守事務　廷寄所辦是矣亦以廣東武備廢弛革林則徐四品銜並已革總督鄧廷楨均發伊犁効力贖罪英山隆文楊芳祁𡎴奏夷目遣兵頭嘩喻稟稱寔係各國向其索欠情急是以懇求准予清釐並非有心干犯

天朝乞將軍各大人在　大皇帝前懇　恩原赦查夷船此番闖入內河俱是漢奸導引雜以各島野夷藉端生事但漢奸有夷衣服者有扮作兵勇者恐辨别不真不如本地鄉民易於識認當傳諭西北東北各鄉團勇頭人梁

彩英等分路搜捕殺死漢奸及黑白夷匪二百餘名內夷目二名又前遣義勇紳士於南岸擒斬頭目一名係咱嗲夷人願出洋銀萬圓購求其尸該紳士等深藏秘室容查明再奏現在夷船陸續退出大黃滘獵德各礮台已派兵防守省城門一律開通商民照常生理尚有土匪漢奸在南海縣之三元里等村乘勢搶劫須分兵前往彈壓奕山隆文帶兵二千分駐金山石門會同齊慎籌辦並查驗後路木排船隻以備堵塞河口琦忠帶兵二千駐燕塘以防東路楊芳駐省會同督撫及珠勒亨等防守　廷寄相度妥議其南岸擒斬之夷目該紳勇在何處擒獲查明具奏

五月辛未奕山隆文楊芳祁墳奏前差抄截逆夷後路之新安縣武舉庾體羣於四月初四日夜子刻分駛三隊由穿鼻西洋面截燒夷船順潮直趨放火夷船驚覺放一大礮礮聲未了船上火光冲起火藥艙火發兩桅大桅轟起空中全船俱燬又據義勇頭人職員鄧彰賢薛高遇稟稱四月初十日逆夷在唐夏鄉焚掠經義勇顏浩長砍倒手執紅旗身懸護心銅鏡夷目一名衆云是先鋒嚄嗶立即梟首義勇龍國昭亦斬紅旗夷目一名並黑白夷匪十餘名均有夷屍可驗又前奏斬獲夷目之義勇紳士將該夷目調兵令符之黃金寶劍及雙頭手礮呈驗並稱將該逆

首級密室收藏聽候查驗現在衆口一辭称所殺係咱嘜共為心快又奏夷船現已全行退出虎門繳還礮台夷船駛放外洋者二十餘隻尚有十餘隻拋泊伶仃洋迤東香港背面之裹帶路地方該夷正二月間即在此處搭蓋蓬寮修理石岸現仍停泊寄椗至各礮台位散失殘毁盡為廢鐵台亦僅剩基址現飭新任提臣吳建勳酌派水勇前往先行踏勘防守　廷寄該義勇紳士等志切同仇寔堪嘉尚著將軍等按格奏賞以昭激勸己卯奕山楊芳齊慎祁墳奏虎門內外各台為逆夷剗平若急於修復添鑄礮位非一二年不能一律完固今師船台礮皆無可恃不得

不以省河為屏蔽查二沙尾瀝滘崔家沙老虎岡四處為船隻進省扼要或以船沈石或以囊擁沙聯梅花品字樁塞深就淺使夷船不敢直入然後將省河南北二路礮台趕緊修築再於要隘設守添造戰艦籌運軋石由內而外諸炮台從容措手以期鞏固又奏隆文於十二日因病出缺石門金山大營無人統率奕山現暫駐彼料理其守城兵丁及撤住堰塘之兵分移東北教場及白雲駐紮又奏逆夷在毘連香港之裙帶路築馬頭一條係二三月動工長八九丈寬六七丈高七八尺築房一連三間此外並無添造四月間有夷人至香港查問戶口者老鄉民不聽傳

喚夷人即去查外洋入澳口門有二一為擔竿洋在新安縣東南一為老萬山在新安縣西至裠帶路並非出入虎門必由之路澳門在虎門西去裠帶路更遠逆夷聲言香港裠帶路係前督琦善允准居住以換定海目下內河水大未能即刻攔堵虎門無險可據未易得手俟我備既修方能徐圖收復　廷寄不時密探逆夷有無另蓄詭謀作何舉動如有可乘之機必應設法收復方成事體六月癸巳奕山齊慎祁𡎴奏五月十二日接奉四月二十九日諭
旨夷目等額慶歡忭免冠感伏聲言永不敢在廣東滋事據提督吳建勳報稱夷目嘶嗷吐在省河受傷逃出病故

之後各船受傷被嚇及時疾病亡者相繼省河要隘已於十八日動工兩水過多西水大漲急切不能得手大黃滘礮台孤懸水中須添造石壩接通後詰其新鑄礮位約百二十餘尊僅足省河原設數目而虎門各台尚須為造又奏四月初三日至初六等日㖆夷攻請海門烟霧中望見白衣神像遂不敢擊粵秀山下火藥局漢奸潛抛火彈兵弁搶救時居民望見白衣女裝在屋上展袖拂火登時撲滅夷匪謀運大礮向城而迅雷暴雨衝殁漢奸及黑白夷百餘名皆觀音靈應請　御書扁額以彰神貺尋頒額曰慈佑清海○又奏各省官兵半染瘴痢霍乱等症擬酌留廣

西川責官兵彈壓此外分起撤歸叅贊楊芳現在告病又欲自任留辦善後惟年逾七旬精神恍惚兩耳重聽可否飭令回任暫留齊慎籌備一切得旨即回任裕謙奏浙洋空倉洋面及寗海縣大佛頭等處遊奕夷船共有四隻五月二十三日石浦之老東門洋面有杉板小船駛至該處防兵居民逃竄又在滿山洋面遊奕不敢駛進口岸查金鷄山新添礮台堆貯沙袋均甚扼要銅礮一千至四千斤者鑄成八十位鐵礮鑄成六位兵民均各安靜又奏余步雲於水務雖未諳習究竟久歷戎行薄有聲望比陳化成較勝至葛雲飛習氣雖深尚堪造就鄭國鴻自居為深

通䌷畧不過私心自用不能和衷全在駕馭就我範圍現在既知欽犢暫緩更調報可乙未顏伯燾奏諜探粵東夷務四月初一日火輪船在十之行河面官兵攻擊至晚夷人亦有損傷初二日火輪船駛至坭城兵勇望風而逃燒我船六十餘號初三四日夷船十餘開砲上岸防兵四散遁走被燒民房甚多占去四方砲台初六日砲子打入老城直指貢院廣州府余保純向夷面議息兵始索洋銀千百萬圓繼定六百萬圓須將軍參贊撤退方肯退出其銀已由藩運海關三庫湊給四月十五日作為追交商欠議撫情形馳奏查廣東民情非不可用四月初十日有蕭岡

三元里等鄉数萬人圍困義律功在須臾而余保純得義律私書出城彈壓鄉人始漸解去有該鄉民誓詞二紙各處傳抄且由廣抄來逆夷偽文一件偽示四件悖詞令人髮指復於議撫後拆去大角沙角橫檔等砲台執石移造香港馬頭房屋又四月初九日有夷人十一名漢奸数十名至香港傳喚鄉耆鋪户称係暎夷國知縣姓堅未知將軍參贊曾否具奏伏念上年八月該逆赴天津遞呈不過藉緩定海之師琦善宴其頭目二十餘人嬉笑怒罵隱忍受辱各間裕謙署兩江督任內懸重賞以購義律該逆則在鎮海與伊里布分庭抗礼今年正月琦善又與該逆會

飲於蓮花城自琦善拿問楊芳至粤相持數日旋復効尤
義律偃卧夷館匝月又縱使去查楊芳途次即有偏僻小
港准該夷屯貨物之請甫經到粤撫議又起是與琦善如
出一轍其於琦善撤備揖盜並不據實直陳奕山隆文逆
夷已懷輕視楊芳年老耳聾不能約束兵丁為今之計亟
宜　特簡重臣大張撻伐撤外調之兵用本地之民經費
欲紓即多亦不過數十萬究勝於六百萬拱手奉寇臣駐
廈門偵船砲備齊即將泉漳興化各澳洋面遊奕夷船奮
力攻擊又奏正封摺間據探報廣東四月十五日一摺已
奉　俞允初八勝仗並邀　恩旨查初八廣東已傾財罷

戰安有勝仗即初一亦僅小勝旋即潰散是所奏直以痛
剿乞撫欺朦　天聽大膽昧良不料如此之甚並聞逆夷
在香港濬開大路是據有六百萬銀肆行無忌已可概見
廷寄朕聞廣東辦理夷務情形與所奏迥異梁章鉅前
駐梧州與廣東毘連務將所聞實情具奏顏伯燾又奏廣
東事簡用裕謙似可當任惟其氣太銳乞用林則徐為副
浙江海口或以劉韻珂會同余步雲辦理丙申以睿親王
仁壽等議革伊里布職發軍台効力贖罪丁酉解山東濰
縣知縣招子庸任解京候訊尋讞上得　旨鮑鵬照交結
外國例加等發伊犂給官兵為奴招子庸革職托渾布交

部議督祁𡎴怡良奏遵查琦善在蓮花城蛇頭灣兩次會晤義律止鮑鵬一人在艙傳話鮑鵬原名鮑阿聰曾充夷人嚗吔買辦前　欽差林則徐訪聞販烟查拏逃去至香港全島東西一百四十餘里十九年間林則徐設一台於尖沙嘴名懲膺一台於官涌名臨衝以資控制琦善撤回兵砲旋被㖟夷潛踞裙帶路赤柱各處貼偽示設偽官皆稱琦善允給居住查香港離新安縣城一百六十餘里距省城四十餘里現須先修復近省砲台再議收復香港

廷寄香港係中國土地斷不准因琦善有給居之說任其盤踞應如何收復務須商酌萬全已交楊芳奏回任調理

並請用過賞需銀二萬四千兩扣俟俸作抵得　旨免扣○訥尔經額奏酌撤防兵三千四百餘名留兵三千三百名防守海口○己巳以睿親王仁壽等議琦善斬監候秋後處決○托渾布奏撤海口防兵○七月癸丑裕謙奏逆夷久有赴浙滋擾之信請暫緩撤防並請勅下奕山向該夷嚴行究結　廷寄逆夷赴浙既屬風聞何從究其來歷如果思逞斷無先行傳播透漏之理著仍遵前旨於鎮海定海緊要處酌留弁兵其餘調防官兵酌撤歸伍○丁巳奕山齊慎祁墳奏查明出力紳民開單奏懇　恩施統計二月二十四逆夷闖入省河四月初一日開仗之後官兵水勇轟擊

焚燒大兵船九隻三板十一隻小三板十八隻火輪船一隻除三元里等村義勇鄧彰賢顏浩長砍斃先鋒𡅖嗶義勇陳棠吳濯泉紳士潘世榮搶斬咱嗲外又有佛山紳士吳璧光蘇文錦馬永熾因逆匪截搶渡船該紳等前往救護追回至夜間探得夷匪十餘人據龜岡該紳等督扒龍快艇四面圍攻施放毒烟吳璧光首先殺斃兵頭一名餘匪均斃又有夷匪三板接應該勇於黑暗中搶擊夷目二名殺死夷兵數名割獲首級三顆搶獲船隻盔甲刀砲等件螺絲連環銀花甲一副連環套扣螺絲銅甲一副獅頭金線軟呢甲三副鑽石花金線夷帽二頂大金花盔一頂

洋鋼鍍金刺劍一口花象牙鬼子印二顆銅護心鏡一面遇便解京統計截殺黑白夷九百餘名漢奸一千五百餘名帶兵大小頭目約十餘名內嚘嗶嘶嘔吐㖭噀嘰嗶嗯噸呻口吐知姓名者五人現辦堵塞河道打撈砲位並陸續鑄造己未浙撫劉韵珂奏暫緩撤兵俟裕謙到鎮海即回省籌畫失山乍浦防守事宜　廷寄該撫自因慎重海防起見惟該夷果欲報復豈肯透漏傳播着仍遵前旨酌撤癸亥裕謙奏關天培次子從龍年十八歲尚有親母吳氏年八十三得　旨關從龍服闋後送部引見吳氏著地方官月給銀米以養餘年丙寅調任蘇撫廣西撫梁章鉅

奏遵查廣東辦理夷務開門揖盜咎在琦善而受其指使者為余保純今琦善獲譴而余保純正在用事难免外間浮議臣愚昧之見祇須責成祁墳怡良認真團練鄉勇以收復香港為首務一面填塞口岸守堅壁清野之老謀似舍此別無長策並抄錄粵東義民斥告暎夷說帖進呈文多另載

戊辰賞特依順都統銜作為參贊大臣馳往廣東代楊芳

癸酉奕山齊慎祁墳怡良奏飭委廣州府余保純於七月初二日抵澳門探得新領事噗嗎喳先於六月二十九日駛出外洋留副領事嗎嗪守候回文當傳諭現經奉旨照舊通商何得別有干求再行北往並將回文面交嗎嗪

開船往趕又傳到義律令其詳晰寄諭勸阻風聞𠸄咭
因義律連年搆兵辦理不善是以前來更換今不待回諭
出洋北駛必係義律嫁禍之計不先告𠸄酋以早經通商
詭使北上懇求馬頭倘聞砲起釁必致兵端不息爲已卸
罪奴才等派委監司大員於沿海村莊鼓舞紳士團練義
勇扼要防守以固省垣根本　廷寄總當加意守衛以備
不虞至粵東通商已久豈容𠸄夷妄求馬頭別滋流弊倘
該夷進呈乞　恩妄生希冀斷不准允爲代奏乙卯給諫
奏先撤江寧駐防徐州兵共九百名紹興湖州兵四百名
又壽春兵六百名安徽兵九百名河標兵四百名江寧各

營兵百名高資營兵三百名陸續撤退尚有陳化成督率提標及本營等兵二千四百名巡防寶山王志元統帶漕標徐州及本營等兵巡防上海報可○庚辰閩浙督顏伯燾奏七月初九日酉刻該逆火輪兵船數十餘隻銜尾闖進青嶼口門當飭文武防範並令通曉夷語之陳姓往探初十日陳姓帶回該逆照會提臣竇振彪偽文一件內使偽公使噗姓偽水師提督巴姓偽陸路提督郭姓照會如不議定照上年天津所討各件即應交戰請將廈門城邑砲台讓給嘆國軍士暫為據守迨諸事善定仍行繳還等語當督率文武弁兵開砲分堵隘口自石頭汎嶼仔尾鼓浪

嶼三面兜擊打沈火輪船一隻兵船五隻逆夷一面回砲一面蜂擁而進小三板分路上岸兵勇俱多傷亡興泉道劉耀椿親見該逆以七八船併力攻一砲台旋攻旋進將弁奮力拒敵自辰至酉無如該逆船隻過多大船約千餘人中者五六百人小亦二三百人砲愈放愈多人愈殺愈厚臣行廈文各衙署均被逆砲飛擊延燒悉為灰燼居民紛紛逃避當即剴切曉諭飭令各員退守同安縣城令廈門同知顧教忠移駐潯尾劉耀椿帶兵二百屯劄在鄉就近團練以圖進取調催陸路提臣普陀保水師提臣竇振彪星夜趕回策應自請交刑部從重治罪福州將軍保昌

副都統額勒錦巡撫劉鴻翱奏厦门失守督臣退駐同安
請　飭直隸山東江蘇浙江一体嚴防　廷寄著顔伯燾
督同竇振彪普陀保趁此未及安定之時設法克復飭令
吳文鎔調精兵二千赴閩應援惟勤調兵一千赴盛京防
堵棍楚克策楞調兵一千留盛京備直隸調撥著訥尔經
額赴天津籌辦托渾布裕謙相机防堵辛巳派哈哏阿赴
山海関玉明赴天津八月壬午勅富呢楊阿撫陝西兵二
千名赴天津令胡超管帶尋勅帶頭起兵赴山海関二三
起撤歸伍尋勅二三起仍赴津裕謙奏潭頭山大佛頭等
處洋面夷船續有增添請緩撤兵癸未訥尔經額奏馳赴

天津籌防甲申劉鳴翺奏請撥軍需銀三百萬兩並招募漳北泉壯勇相机進剿省城南台以下沿河村莊自虎门至省港面多係寬深又有支港可通恐該夷乘潮駛入現飭司道查勘多用船石攔堵又奏請撥山東河南硝二千萬斤磺四萬斤乙酉諭奕山等該逆滋擾福建粵省夷船必少著即乘勢剿洗克復香港丁亥托渾布奏帶兵親赴登州督防仍撥武定官兵往與直隸鹽山交界之海豐縣協守劉韵珂奏緩撤防兵並飭杭嘉湖道守國經會同副將陳述祖實力防守乍浦戊子奕山齊慎祁墳怡良奏香港洋面尚有夷船十餘隻火輪船二隻續又到五十门砲

大兵船一隻粵省水師巡船僅可哨探不能抵禦商造戰船尚未完工若於此時收復香港恐四面受敵現擬撤兵募勇分鄉團練　廷寄設法進勦○格謙奏鎮定交界之青龍港有夷船五隻火輪船一隻寧海大佛頭洋面有夷船三隻惟有嚴兵以待　廷寄嚴密防堵相机勦辦○勅盛京直隸山東等省勤加偵探遇有夷船相机勦辦○顏伯燾奏泉州郡城須安大營設粮台令紳士懸重賞募新兵已有三千餘人又馬巷一帶團練一萬數千餘人內應外援布置周妥因府城之永凝等處海口有夷船多隻遊弈並火輪船駛入探水當即馳赴泉郡與普陀保相度堵禦並

請籌撥軍需三百萬兩　廷寄銀昨已有旨撥解兵貴神速無使滋蔓予陣亡金门鎮總兵江繼芸遊擊凌志汀州守備王世俊把總紀國慶楊肇基李啟明卹典○訥尔經額奏添調大名宣化三屯協兵共二千防守天津其豐潤一帶海口添空陷坑置兵瞭望並嚴防漢奸內應庚寅山海關副都統富勒敦泰奏度地派兵撤秦王島滿兵回関策應　廷寄哈哴阿會同妥議○壬辰顏伯燾奏分撥兵勇正擬二十一夜進剿適岸上夷衆聞我兵集悉數搬移下船其擊壞船隻惟火輪船現在修理餘已修補完竣於二十一日黎明開去船三十餘隻未知何向聲言大隊不日復

來留船五隻俟官給足一千二百萬兩之銀再行開駛等語惟商賈畏戰之心與鄉民敢戰之情兩不相謀現在團集兵勇之力擊此未去之船極易得手然必聚而殲之乃無後患若未使大創萬一掣動全局不堪設想只可官兵暫行撤後數里不與海邉交鋒俟其登陸設伏剿殺　廷寄照議倘再空逞大言不敢動手致有貽誤恐該督等不能當此重罪也○申午裕謙奏七月二十七日鎮海縣地方有夷匪二十餘名駕杉板潛行登岸經兵民剿擊生擒白黑夷各一名受傷落海者數名餘逃回大船黑夷傷重旋殞訊據白夷供稱嗢哩於二十天前噗鳴喳令伊船同

嗢囉叮啉兩船從廣東來浙以銷貨爲名探聽各口防守
情形出入路徑回去報信因少淡水登岸被擒等語現在
該逆驕盈已極斷不能因不誅此逆遂不來浙滋擾亦未
必因誅此逆肆逞更甚不若誅之以堅衆志因該逆前在
廣東有浙省曾將逆夷剝皮之謠隨將該逆嗢哩鄉出營
門先將兩手大指連兩臂及肩背之皮筋剝取一條留作
馬韁再行淩遲梟示其黑夷咪哈吻亦戮取首級剝皮梟
示俾衆咸知所有二月間懸賞格擒白夷一名賞洋銀二
百元黑夷一名賞洋銀一百元已飭粮台照格發給　廷
寄甚有定見余步雲於海洋要地或非所宜如各省提督

武總兵有堪勝海疆重任者據寔奏明請旨〇耆英道慶成
剛呈麟奏請飭吉林黑龍江官兵徑赴直隸防堵　廷寄
仍遵前旨分撥五百名赴山海關五百名往錦州聽候調
用尋撤回尋勅仍赴山海關毋庸赴錦州〇丁酉命怡良往
福建查辦事件以廣東布政使梁寶常署巡撫〇裕謙奏盛
嶴在鎮海東南一百餘里東望定海之山勢港道瞭如指
掌初二日清晨有逆夷二三百名在雙嶴登岸轟擊沿海
零星草房維時防守盛嶴之守備黃夢賚把總嚴殿揚望
見火起踰山撲剿該逆乘勢攔入盛嶴太平營參將文斌
帶兵往援該逆逃竄回船仍在十餘里外游弋又象山縣

石浦地方初三日有火輪船夷船各一隻闖入銅瓦门經
官兵轟擊於酉刻退去○江西撫吳文鎔籌款二十五萬兩
按市價買米解閩以備兵粮○諭顔伯燾厦门逆船僅五隻
新兵壯勇已二三萬著嚴飭將弁即日收復從裕謙策也
已亥諭祁𡎴㙓寶常朕聞越南國人聲言善製船砲若與
文檄自能効順等語著查探具奏○顔伯燾奏厦门街巷並
無夷踪商民復業分遣員役瞭望夷船或五六隻或八九
隻在厦门港内遊奕不敢登岸時在鼓浪嶼聲言趁蓋夷
樓必須官爲給銀方肯全行開駛如有文員在厦即欲呈
遞夷書是以飭令同知顧教忠暫駐鄉間隨時稟報酌量

辦理得
旨顔伯燾免其治罪仍交部嚴議　廷寄該督
深知廣東辦理不善若尤而效之罪又甚焉該逆如果復
來自當痛加剿洗若外託持重内存畏葸安望一鼓作氣
大伸國威耶劉韵珂奏調嘉興兵三百名協防乍浦並將
游民之強壯者挑充鄉勇以戢浮動其海寧之尖山口為
省垣門户口門寬廣水中無堵截已團集鄉勇預備陸戰
奕山齊慎祁𡎴怡良奏七月二十六日有火輪船一隻三
板兵船一隻駛泊横檔海面駕三板上岸有夷服説漢話
一人持單一紙聲言填河修台仍有準備交兵之勢即縱
火將兵丁所住篷寮墻屋拆燬又有火輪船兵船五隻駛

入大石四河等處攔阻填河將載石小船焚燒七八隻經
村民聚衆趕逐即退　廷寄前准通商本非正辦此時若
再有要求斷斷不准議及現在廣東夷匪無多乘此挑釁
生事之時聲罪致討痛加剿洗收復香港搗其巢穴不但
粵中海氛可期永靖且先聲所至閩浙均易得力○又諭前
據奕山奏尖沙嘴裙帶路寮篷吹捲無存昨據裕謙奏擒
獲夷供香港現在岸上有兵千名兵房數百間迴不相符
著詳查具奏再關天培陣亡時不肯點砲及火門透火之
兵丁必應嚴懲並慶宇達邦阿二員究竟下落均查明迅
速具奏　辛丑裕謙奏初六七八九等日逆船連檣而來共

有四十餘隻初九申時有火輪船一隻領兵船九隻駛至離鎮海四五里之黃牛礁洋面又有十隻在離鎮海百餘里之碕頭洋起椗北來似將徑撲鎮海已派兵嚴防提臣余步雲親統精兵駐招寶山下之東嶽宮並城鄉士民按戶出丁協同守禦其定海亦有逆船二十餘隻停泊口門外經總兵葛雲飛王錫朋鄭國鴻設法守禦尚未闌入內港現飛調江寧旗兵八百壽春兵一千來鎮備調。又奏奴才自祖宗以來效命疆場世受　國恩茲又奉命專征既不敢孤負　朝廷亦不敢玷辱祖父惟有殫竭血誠身先作則撫循士卒激以忠義之氣解其畏葸之心並躬率文武官弁誓於神前城存與存以盡臣職奴才斷不肯退守為詞輕離鎮海縣城一步又不肯以保全民命為詞接受逆夷片紙硃批所論皆是具見悃忱卿當謀勇兼施殲厥醜類佇膺懋賞宣威海徼朕望捷音之至裕謙又奏飭前任福建藩司鄭祖琛來鎮海軍營商辦一切報可甲辰劉韵珂奏請再撥軍需銀一百萬兩　旨准己巳裕謙奏十二日未時有火輪船二隻引大夷船二隻乘潮闖入竹山門葛雲飛等在半塘土城親自看准當頭衆砲齊發擊斷逆船頭桅一支該逆即竄出吉祥門復繞入大渠门經遊擊張紹廷在東港浦土城率兵迎擊該逆即時退出得

旨葛雲飛賞提督銜張紹廷以叅將即升用其餘出力員
弁保奏着英奏鑄就二千五百斤砲二尊運往牛莊蓋州
熊岳安設五千斤砲二尊四千斤砲一尊三千斤砲三尊
分送錦州寧遠各海口安設以資捍禦戊申托渾布奏覲
赴登州籌辦陸路戰守情形裕謙奏據報十三日午時有
夷船十三隻在竹山门外停泊旋有火輪船三隻三桅船
一隻駛進竹山门葛雲飛等督兵擊斷夷船大桅當即竄
去十四日攻打曉峯嶺駕三板船由竹山嶼登岸鄭國鴻
督兵擊殺夷匪無數傍晚該逆繞至定海南面孤懸海中
之五奎山瞭望十五日在山上支搭帳房我兵在土城開

砲遥轟打壞帳房五頂逆夷十數名十六日該逆先進吉祥门攻打東港浦經我兵轟退旋攻打曉峯竹山二處至酉時登岸被我兵轟死無数十七日丑時該逆又駛火輪船進攻葛雲飛親自開砲中其船上火藥即焚燒片板無存巳時該逆分三路一由五奎山迎面攻打一由東面之東港浦一由西面之曉峯嶺進攻壽春鎮王錫朋首當其鋒督兵開砲夷匪冒死前進我兵前隊陣亡後隊繼進業將夷匪殺退數次無如愈殺愈多我兵所用台砲至紅透不能裝打猶捨命死戰至未時夷匪約三四千分路登岸我兵勢难抵敵正在調兵策應旋據定海典史鄧鈞帶同

水勇救護定海粮台委員黃維誥等並銀九千兩及定海
縣印到營據稱縣城已於十七日未刻失守詰以文武下
落則王錫朋被砲打斷一腿陣亡處州鎮鄭國鴻在竹山
門陣亡定海鎮葛雲飛在東嶽宮陣亡舒恭受被火箭打
傷殞命將備兵丁苦戰六晝夜陣亡甚多舒恭受因事危
急恐資盜粮委鄧鈞將粮台搶護至山嶴寺內並將印信
交付囑令內渡惟定海既失勢將回撲鎮海現同余步雲
協力守禦不敢稍有退志飛催前調各兵星夜前來並咨
閩省將江西兵二千截赴浙江得　旨裕謙嚴加議處王
錫朋鄭國鴻葛雲飛舒恭受均交部照例賜卹陣亡弁兵

原本空一格、及另一行者、均不要管、惟原空之格中有一小・點者、如第一行第四行（恩字旨字之類）空之一格。

查明洛部辦理。又諭淮兵江西兵二千截赴浙江著一面嚴守要隘一面集兵募勇乘時進攻收復。己酉奇明保劉韵珂恒興奏二十一日得聞定海失守三鎮陣亡乍浦省垣均形喫重選派旗兵二百湖州協兵二百往乍浦協防調太湖麗水楓嶺兵四百名以百兵防守海盜以三百名至省防守懇　恩調九江兵一千黃州兵一千俾資攻剿得　旨調九江兵一千尋撤回。庚戌蘇撫梁章鉅奏初一日行抵上海淮裕謙咨調徐州兵三百赴鎮海一面抽撥補防至續鑄四千餘斤大銅礮十尊妥設演放均致遠有準可期有備無患。辛亥哈哴阿奏將前設海岸營壘改移

海神廟迤北去海三四里許由寗海邊牆起斜向西北直
抵石河約長數里横築土壘一道外刨濠溝暗掘梅花陷
坑扼要安營數座上下應接　廷寄照議訥爾經額奏擬
大沽添兵二千北塘添兵一千天津郡城添兵一千山海
關添兵一千豐潤灤州樂亭昌黎撫寗六州縣添兵一千
擬於本省抽撥二千餘四千請勅兵部查明外省簡僻營
分行文抽裁　硃批軍機大臣會部議奏尋議上令該督
於直隸兵額抽撥三千二百名赴天津此外二千八百名
於山西河南兩廣江西兩湖安徽陝甘雲貴川各省抽裁
從之九月壬子保昌額勒錦劉鴻翱奏逆夷盤踞鼓浪嶼

現飭福州府史致蕃於離南臺三十里少岐地方購船二
十隻載石沈水兩旁用石帮鑲三板船亦不能入離少岐
里許名林浦用木排橫攔蓋以土泥可期穩固至五虎門
中間要隘仿漁戶攔港挂網之法用四方大木架加以鐵
爪繫以篾纜用竹簍盛石沈水底架浮水面隨潮上下三
板船能鉤破其底大船亦能挂其舵又烏龍江有內港繞
入西關外洪山橋水不甚深用石填塞計省城存兵及調
兵募勇共一萬四千有奇擇要埋伏可保無虞又奏懇
恩准於江西安徽兩湖借撥鉛子二十四萬斤來閩接濟
廷寄尚屬周妥癸丑裕謙奏已飭安徽太平府知府舒

夢齡赴鳳穎雇覓徐州鄉勇並咨何臣麟慶代募以五千人為率以備調遣其截調江西兵二千以一千駐鎮海以一千防寧波至葛雲飛鄭國鴻屍身業據定海義民搶護回鎮王錫朋帶兵殺賊最多為該逆所恨屍被臠割無著其定海難民業經寧波府妥為安插又奏探知帶兵來浙逆酋即係上年被定海鄉民包祖才拏獲解送後經釋回之安突德及偽知縣郭士立二人並無噗嗎喳又有定海差役李彪上年經鄧廷彩派往探聽被擄今仍帶回定海已專人往招俟來時或用或誅再行酌辦現在該逆派兵守城門搜撿進出之人城內居民未遷者按戶給錢已經

遷者將屋燒燬鋪面均不准關重價買物以結人心並在涔港沈字門三江等處安設帳房將逆船分繞各嶴阻我去路聞舒恭受於城破時服毒自盡為居民搶護出城灌救得生藏之山嶴又絕粒數日生死尚無確信又奏正在拜摺間逆船四隻駛進蛟門一帶逼近鎮海現在預備攻剿

廷寄察看情形酌辦甲寅予葛雲飛王錫朋照提督例賜卹鄭國鴻總兵例賜卹乙卯奇明保劉韵珂恆興奏二十六日逆夷由招寶山口開礮闖犯鎮海　欽差裕謙督兵堵禦無如夷礮猛烈不能抵當隨即殉難被百姓救護送至郡城昏迷不醒鎮海業已失守　臣劉韵珂分應馳

往寧波應援惟省城逼近尖山要口夷船可直達城下設有他虞為患更大現撥撫標兵二百壯勇百五十名飭臬司蔣文慶齎令箭會同副將朱貴馳往紹興上虞餘姚適中要隘之處巡防堵禦一面委知府王壽昌帶員齎銀前赴餘姚之後海地方募勇助戰懇 恩迅賜簡派帶兵大臣多撥京營及各省勁兵兼程來浙剿辦 硃批憤恨之至○旨授奕經揚威將軍哈哴阿胡超叅贊大臣馳往浙江辦理軍務陳階平著仍以提督用馳赴浙江 廷寄劉韵珂仍駐杭州協力防堵余步雲著移駐寧波督同鹿澤長鄧廷彩協力固守又諭山海關防堵事宜交倭克精額

富勒敦泰管理陝西兵二三起仍赴浙江軍營丙辰加恩
降顏伯燾為三品頂戴革職留任　命怡良為欽差大臣
馳往福建辦理軍務　賞富僧德副都統銜馳往山海關
辦理防堵　賞容照三等侍衛馳往浙江差遣委用奕紀
釋回發廣東軍營効力尋改發天津琦善釋放發浙江軍營効
力
廷寄調河南兵一千赴浙江又諭劉韵珂設立粮臺
遴選藩臬專司稽覈丁巳命文蔚往浙江隨同揚威將軍
辦理軍務　命前任藩司鄭祖琛卞士雲候補知府孫善寶
赴浙隨同劉韵珂辦理粮臺劉韵珂奏據寧波府禀裕謙
因招寶山失守投入泮池當時撈救尚存微息副將豐紳

泰送回寧波後旋即甦醒隨員家人護送取道寧波回省所帶壽春等營官兵亦隨起行查寧波為浙東重地必須該大臣在彼防守即飛咨令迅速折回一面飭各官兵馳赴寧波聽余步雲調遣又據豐紳泰稟裕謙跳入泮池身死護屍出城沿途荒亂不能備棺由寧波至省盛殮等情與前稟不符容確切查探　　　硃批裕謙究竟作何下落殊不可解。余步雲奏裕謙於二十六日由鎮海退入寧波是日戌時即率江南將備兵丁數百名星夜退走餘姚紹興所有衢處官兵藉名護送概不入郡守城以致百姓驚惶逃避匪徒乘機刦奪火輪夷船直駛至郡東北城外量水城中砲位去年六月已運往定鎮兩處人心洶洶全賴知府鄧廷彩勸民登陴亦有應者惟城垣六門三門臨江既無砲位又夷船砲火火箭兇猛恐不足恃惟有竭力多方設守飛催各省官兵救應　廷寄著劉韻珂設法救援如寧波已被逆夷滋擾占據即傳旨飭余步雲同在省城防堵梁章鉅奏飛調漕河揚常等營兵二千赴上海寶山陸路分別安插以壯聲勢另撥兵三百赴金山縣防守　廷寄隨時密防顏伯燾奏廈港夷匪倏來倏去總在十隻以內而大小艪及東椗外洋一帶或南或北帆影不絕連接浙江石浦象山稟報計浙閩夷船不止五六十隻此時廈

港留泊之船及此兵勇初集銳氣方新用全力殲之無難一鼓成擒但瞬已北風司令夷不耐寒大幫駛回即在目前或全數入港報復或分艐各處攻打掣動全局相尋無已在在可慮祇可先儘福州漳泉各口擇要加防俟調兵到閩相機而動總須集數撲滅所緩兩三月間辦理較有把握　硃批巧言宛轉無非飾其不敢舉動之故喪良怯懦之至　廷寄據奏兵勇已有三萬餘較夷匪已多數倍不乘時殲除尚復何待著即迅速攻擊倘仍退縮支吾必加等治罪○訥爾經額奏海邊徧空陷坑以阻逆夷登岸凡海岸可通砲台之路均設伏空坑並擬於河內設伏鐵錨

之處兩旁密釘木樁將河身擠窄使逆船不能連檣並進
廷寄均屬周妥○奕山齊慎祁墳怡良奏省河西南一路
塞河築壘將次畢工而東路二沙尾甫經下樁計八九月
可報竣現在香港克復尚不甚難而夷船得信麕集必愈
肆狂悖不惟不能分閩省之勢轉慮速粵省之憂惟有刻
刻相機以固海疆而圖進剿　硃批斷不准遲延觀望○戊
午改授文蔚參贊大臣命胡超帶陝西兵千名往天津
命端華往浙江查辦事件　命裕謙再挑湖北精兵一千
赴浙江○己未授牛鑑兩江總督　命參贊特依順改赴浙
江哈哴阿仍回山海關○劉韵珂奏查明裕謙投入泮池殉

節經兵丁撈救僅止微息於八月二十七日未時過餘姚縣城四五里氣絶來省盛殮請飭伊胞弟世襲誠勇公裕恒赴江扶柩回都○又奏寗波雖未失陷萬難獲全慈谿紹興居民無不聞警星散據鄭祖琛及委員面稟該逆砲火猛烈奇巧且爬越金雞招寶等山趫捷如猿現逆焰愈驕我師愈餒　廷寄仍著竭力堵禦相機妥辦○又諭奕經劉韻珂奏裕謙家人余升稟稱提督余步雲心懷兩端並據豐紳泰稟曾見余步雲上城與裕謙附耳密語等語著該将軍抵浙後訊明據實具奏○　贈裕謙太子太保銜照尚書例賜䘏附祀昭忠祠○辛酉命貴州安義鎮總兵段永福

馳往浙江隨同奕經辦理軍務　賞管遹羣六品頂帶往浙辦粮台改發琦善軍台充當苦差釋烏爾恭額發軍台苦差哥明保劉韵珂恒興奏寗紹台道鹿澤長於鎮海失守時投入城河殉節被水勇撈救腿已跌損即帶傷至上虞一帶招集潰兵欲至寗波守禦據鄧廷彩家人禀稱前月二十九日夷船八隻駛近郡城連開大砲轟擊該府縣提督不能抵禦夷衆七八百人一擁入城鄧廷彩跳河被船户撈載出去存亡未卜慈谿縣城已空虛等情現令鄭祖琛赴曹娥江會同在鎮受傷回紹之衢州鎮總兵李廷揚帶同文武員弁相機堵禦蔣文慶駐紹興為聲援其粮

台亦在紹興就近支發○又奏前裕謙委舒夢齡雇募鳳頼
徐三府鄉勇實非良策請勅停止　廷寄覽奏憤恨之至
現已命將調兵須兩月方能調到浙仍著竭力保守以待
大兵其余步雲下落著查明據實具奏○京口副都統海齡
奏京口哨船二十二隻於本年春季報修至今未報開工
現祇有高資營商船八隻奉改海哨船八隻不敷攔江堵
截之用圌山要隘設砲十二位兵僅八十名東馬頭要隘
前派兵防堵半年以來尚屬奮勉鎮江府城年久失修北
面塌十二丈東塌五丈難資防守請　敕督撫豫籌船隻
趕修城垣　廷寄著佈勒亨與倫於江寧駐防內酌撥兵

弁協同防堵癸亥敕寶興調建昌松潘兩鎮精兵二千赴浙江甲子余步雲奏二十九日逆夷駛入三桅二桅船八隻火輪船二隻舢板船三四十隻分泊東北靈橋三門城下午正舢板二隻從北門登岸即令兵勇開門剿殺連斃數賊餘賊退走竟向靈橋門竄擾又聞東門亦有夷匪登岸 奴才急往援應已為府縣暨將領周士法李宗白擊退飛報靈橋門已為夷匪用大砲轟開撲入城中 奴才抵死前往巷戰甫過提署有夷匪十數人負鎗將入署内 奴才大聲喊殺隨兵亦呼噪齊進適騎馬為飛彈擊倒壓傷右足忍痛換馬回視左右不過八九人事勢萬無可為祗得

稍帶關防由南門退出查上虞為寧郡咽喉奴才於初一日即在上虞收集散兵俟大兵到齊拚此餘生必期有以報國因隨從書識搯料直至初四五方到是以奏報稽遲前失定鎮今陷寧波請敕交刑部從重治罪　廷寄著趕緊收集散兵防堵不必赴省丁卯劉韻珂奏探得鎮海失守後該逆至欽差裕謙寓所用鳥鎗數百四面轟成灰燼並稱前伊里布以禮相待將各俘易換定海伊等感其不殺之恩本不敢再來浙滋擾乃裕謙告示必欲將伊剿滅動輒剥皮抽筋是以前來報仇尚欲至津遞稟懇求在浙通商並在寧波建設夷館令遺民照常安居無懼及攻陷

寧波亦以此語哄誘並將鎮海所設銅砲搬至寧波城上
鐵砲用藥炸燬逐日操練夷兵又遣火輪船直至慈谿之
大亭一帶探水此外船隻分泊寧至鎮踈密相間又照內
地船式另造小船其黑夷多在近鄉擄掠白夷並不擾民
庚午劉韵珂奏江寧旗兵八百湖州兵二百已抵曹江截
留之江西兵亦將次到兵勢稍振已咨會余步雲仍駐曹
江毋庸來省至省城備禦擬俟江西末起兵五百到浙留
衛省垣又壽春兵一千將入境以一半留省一半往曹江
俾不致顧此失彼紹興粮台已委衢州府湯俊紹興府定
保專管令蔣文慶回省襄辦　廷寄照議辦理余步雲奏

派令弁兵改裝往餘姚確探夷情就便假寓浙江餘姚紹
興以西義民告示密差精細暗赴寧波鎮海四路張貼以
為百姓數百萬同心仇敵恐駭不使西擾以救目前之急
惟兵力尚單現咨調衢嚴金華嚴州寧海等處官兵一千
二百名尚須一月來齊以期應手九月初六七日火輪夷
船二隻舢板五六隻在餘姚慈谿探量水勢奴才購得定
郡細作多名聲言官兵恊同寧紹等處義民數萬在餘姚
以西各淺水狹礙處埋伏截剿逆夷似有所聞初七日竟
已退回寧郡連日尚不出擾奴才盡心設法羈縻断不令
其滋蔓但浙江兵難以復用非西北精兵二三千不能濟

事可否敕調陝西漢中陝安固原等處兵來浙剿辦　廷寄著加意防守阻截逆船如有疎虞惟余步雲是問所請調陝省官兵因天津防堵已令胡超帶兵協防至浙省已調五省精兵俟奕經到浙諒敷剿辦○癸酉劉韻珂奏省城團集義民沙民二萬餘人分插城內外駐劄巡守並於軍需項下提銀三萬兩分別賞給海寗州亦募鄉勇千餘名團練義民一千四百餘名分駐巡邏所以為攘外靖內計者不過如此　硃批汝能如此盡力盡心天必加佑勉力而行無過憂慮定能轉危為安也○又奏逆夷感激伊里布稱為中國好官稱張喜為好人可否飭令伊里布帶同張

喜來浙効力贖罪　廷寄著不准行乙亥余步雲奏以江
西兵五百防守餘姚以五百駐守上虞之中壩現在各縣
鄉村尚屬安靜另差可靠弁兵於乍浦各海口哨探以免
疎虞梁章鉅陳化成奏續調徐州京口徽州等營兵一千
七百名來上海防禦並已開鑄四千斤鐵砲十尊戊寅劉
韻珂奏夷船駛至餘姚城外兵勇潰散該縣彭松年獲解
餉銀八千及印出城退至曹江旋聞該夷退出即回縣查
縣監被夷砍破犯已放走庫署被燬餘無損傷慈谿縣訛
傳夷船抵境合城慌亂出城監犯逸出當時截獲十六名
尚有十名無獲九月初十日夷船至奉化縣方橋地方量

水旋亦退回現飭多雇鄉勇自行團練藉以保衛○又奏查詢鄧廷彩以裕謙余步雲到郡之先後據稱是日午未間裕謙自鎮乘小轎抵郡進署已經昏迷用薑湯灌救隨行之豐紳泰將令箭交該府招集散兵至申酉間各兵入城時提督至府署看裕謙始知提督亦已進城傍暮豐紳泰索雇船持令箭諭江南官兵均護送裕謙進省即於戌刻裕謙仍坐小轎出城各兵隨同由西北門而去至遊擊林亮光受傷落水遇救得甦鄞定鎮三縣文職各員除鎮海縣丞李向陽自縊殉節外餘皆無恙其謝朝恩之子候選縣丞謝榮光身亦受傷給銀三百兩醫治得　旨狼山鎮

總兵謝朝恩鎮海縣縣丞李向陽俱加恩交部賜卹十月辛巳奕經奏二十五日行次泰安府接　廷寄知浙江火器甚少請於山陝調抬砲抬鎗二百桿河南調取白爉長矛又聞濟南叅將托金泰在登州創造三輪車砲每車千斤砲一尊三百斤砲二尊施放輕便請調赴浙江　從之奕山等奏香港原報掃蕩一空係指葵寮木棚該逆嗣又搭造房屋貯貨藏身原奏實無捏飾關天培陣亡係激於忠義毅然誓死並非兵心叛貳現在該夷不復阻撓填河亦不敢進內窺伺至香港不難復而難守如得而旋失必至速其內攻即省河不能長驅而新安東莞香順必致受

其層掠實非萬全之策　廷寄如有可乘之機仍著相機收復為要○祁墳梁寶常又奏遵查越南國人阮得烘在粵守候追欠曾於臬司呈稱該國造船頗堅厚如中國給該國王文書即可代造揆其情詞不過冀懇追欠現欠項全清已飭回國該國船砲果否堅利尚須查探○梁章鉅奏飭屬團練川沙太倉南滙嘉定各團勇六七百名寶山按畝出夫計壯丁五千華亭有海船四十隻水勇二百名上海有壯勇二百水勇一百快船十隻燕子船四隻黃浦江雇備沙船一百二十隻省城內壯丁四千三百餘名現在商民安堵其閩廣商船仍請查驗明白照常進口以免資寇

又浙江粮台擬建於蘇州分局設在嘉定另調署臬司黃
恩彤駐上海彈壓○甲申劉韵珂奏逆衆不止萬人懇　恩
添調陝甘兵三四千名並鄰省勁兵來浙又逆夷在寗波
定鎮操演陸戰搜取馬匹馬鞍有本月二十五日直犯省
垣及赴上海之信現容飭文武嚴防並陳階平腿腫漸消
擬於二十五日赴曹江　廷寄飭恩特亨額富呢楊阿迅
派精兵二千赴浙又飭挑二千赴天津○丁亥奕經奏請將
代夷遞書之童生陳在鎬押赴江浙交界處究詰核辦○訥
爾經額奏大沽北塘平時水深二三尺潮長七八尺極大
亦止二丈其餘各海口八九尺至四五尺不等夷船大者

吃水二丈七八尺小者亦二丈內外均無可以進口之處○
奕山等奏楊芳請改水師為陸之處應毋庸議又招回漢
奸石玉勝等二百餘人呈繳大拖船三隻小船一隻砲械
齊全情願立功贖罪又九月初十日有夷船三桅兵船一
隻由沙角橫擋駛進十四夜泊魚珠河面復有二桅三板
船四隻在新造河面遊奕見砲勇林立不敢深入而去
廷寄如有可乘當加懲創○庚寅劉韻珂奏請於蘇杭各設
總局紹興另設分局上虞餘姚等縣即由杭紹兩局派員
分設支應局其備辦米粮器物由蘇運杭不必存貯嘉興
毋庸另設分局名目　廷寄著奕經到蘇後會同牛鑑梁

章鉅籌議。特依順奏請調客雲兵五百甯夏兵五百　廷
寄客雲拱衛京師不宜調遣甯夏太遠著奕經斟酌。辛卯
達洪阿姚瑩奏八月初一初五十三等日均有夷船在鷄
籠中港小琉球等外洋遊奕停泊十五日參將邱鎮功等
用千里鏡照見雙桅大號夷船拖帶杉板多隻移進萬人
惟洋面有夷人在桅頂張望十六日卯刻該夷船駛進口
門對二沙灣砲台連發兩砲打壞兵房一間邱鎮功等督
率弁兵將砲緊對夷船轟擊立見桅折索斷夷船隨水退
出口外海湧驟起沖礁擊碎夷人紛紛落水或鳧水上岸
或上杉板駛竄邱鎮功等駕船趕往生擒黑夷四十三人

割取黑夷首級四顆即用知縣王廷幹縣丞寀惟慷生擒黑夷三十一人屯弁義首生擒黑夷二十五人割取首級一顆淡水同知曹謹生擒黑夷五人千總陳大坤在野柳鼻頭洋面截擊沈杉板一隻割取白夷首級一顆生擒黑夷十八人委員陶榮生擒黑夷二人十六日晚有白夷帶黑夷二十餘駕杉板在大武崙港外竄駛邱鎮功等派勇追尋於十七日早在觀音山追及遊擊安定邦刺死白夷二人落水生擒黑夷九名殺斃十七名奪獲夷砲四門十九二十三等日守備許長明等撈獲白夷屍身二具一穿紅呢戰甲胸刺八卦形一刺蓮花形臂腿或刺人形鳥形獅

形又撈獲大小夷砲六門砲子鉄掟等件十七日有白夷二人紅夷五人攜帶圖冊在外洋草嶼藏匿均經役勇格殺搜獲夷圖一幅中繪山海形勢冊頁五十一篇夷書二本夷字十紙恭呈

御覽現委員將夷俘行提解郡審訊後再行正法○又奏道庫備貯銀僅存五萬五千餘兩防夷經費日需七八千金賞格口粮所費不貲本年三月省撥銀十萬現存無多請飭撥銀三十萬兩來台接濟得旨辦理出力甚屬可嘉達洪阿賞換雙眼花翎姚瑩賞戴花翎及熊一本均交部優叙在事員弁酌保軍需著該督撫如数速解○乙未掌雲南道御史福珠隆阿奏請暫留夷俘以

便究訊漢奸里居姓名及製造火藥之法接濟硝磺之地
廷寄令達洪阿等按照逐層究詰並諭沿海將軍督撫
嗣後拏獲夷匪照辦○辛丑僧格林沁賽尚阿巴清德胡超
會奏天津葛沽大沽防守情形○訥爾經額奏賞給兵丁棉
衣援照西路軍營賞給皮衣之例每名折銀二兩○奕經文
蔚奏十月十一日在京口閱兵二十日行抵江蘇與牛鑑
梁章鉅商榷粮台事宜計奏調各省兵總須歲底到齊擬
先帶河南兵一千在嘉興擇要屯紮　廷寄尤宜擇要防
守若將兵弁分派各處轉覺单弱不能得力其偏僻海口
或無庸屯兵著籌畫妥辦○壬寅奕山等奏粵省現製長牌

下綴雙輪以藤為托以棉絮厚鋪其上幔以牛皮覆以濕被牌上留孔以紅糖塩水灌透永不乾燥以二人執之在前行則護砲止則為營植牌時牌尖向後斜立火箭抬砲俱可自上溜過陸戰尚屬可用現招水勇得二百餘人隨火船出沒或可乘間制勝　廷寄一遇可乘之機即時進勦收復香港切不可因循怠玩○癸卯諭嘆夷在浙演習陸戰並製造號掛頂帽安綴假辮欲與我兵溷跡著將軍叅贊沿海督撫隨時密防○甲辰嚴諭奕山等坐守粵省辦理何事究竟是何意見著據實具奏○又諭聞逆夷火炮內暗藏火箭大者每枝價銀十二兩小者六兩著奕經抵浙後

設法取數枝送京呈覽乙巳劉韵珂奏本月十一日逆夷二百餘人內有三人乘馬帶械並抬大小砲二位由陸竄至慈谿縣西壩經防兵將渡船拔上塗邊各逆不能過渡用車盤一路量地轉回當即飛咨提臣派員堵禦採聞該逆知寧郡店鋪多慈谿人現均關閉回籍故欲往滋擾等語現曹江兵勢尚單勢難多派赴慈至省城附郭各村又團集義民二萬餘名於錢塘江往來巡邏民間安堵自九月十六至十月初七止據委員督匠製成鐵砲六十七位均一二千斤上下堪以適用現飭員赴楚購紫口鐵四五十萬斤先請再提寶浙局洋銅三萬斤一面赴蘇買銅二

萬斤接濟鑄砲要需不任遲滯。又請截留本年起運漕米
十五萬石以濟兵糈均報可。耆英奏奉天海防情形。丙午
諭奕經等所有裕謙前調之江寧駐防兵著全行撤回江
寧以免顧此失彼至各省赴浙官兵難保無老弱充数其
先經赴粵之兵尤恐銳氣已挫不堪驅策著嚴飭認真校
閱分別撤回毋致臨陣誤事。戊申飭揚威將軍確切查訊
余步雲如何向裕謙密語如何連次退避如果有心懷两
端臨陣退避保護眷屬罔顧職守情事一面驛奏一面革
職拏問再失律士卒逃避將弁亦着確查究辦。十一月壬
子僧格林沁等奏查閱天津南路海口形勢擬撤淺水口

岸防兵改設馬撥惟狼坨子祁口河酌留防兵　廷寄著
訥爾經額體察地勢酌定名數奏明籌辦癸丑奕經文蔚
奏據報夷船有往上海天津之信擬將上海城內守兵移
駐緊要口岸適中處所屯紮大營以壯聲勢浙省慈谿等
處應添防堵擬於河南湖北官兵先撥一千赴浙交特依
順統帶前往救援俟蘇州安設粮台及上海防堵事宜辦
妥即帶所餘兵丁一千赴浙相機進剿　廷寄佇盼捷音
尋奏夷船往上海係屬訛言己未牛鑑奏江南第一要口
全在寶山之吳淞海口該處兩岸築土塘高約兩丈頂寬
一丈七八尺上築土牛形如雉堞缺口處安設大小砲位

禦寇藏身西岸形勢吃重提臣陳化成親督兵防守東岸派兵五百餘名布置均屬周密並擬於兩岸適中之地屯紮大營四處分為游兵奇兵連環策應又於吴淞至上海適中之東溝地方兩岸添設大砲數十兵丁四五百名空濠築台暗中設砲並雇覓沙船漁户或鑿沈船隻或多備紫草硫磺以防夷船深入惟兵力尚不敷請飭調河南兵一千令遊擊陳平川管帶來江可得指臂之助○又奏丹徒之雲山一帶業經江寧副都統輿倫帶兵四百沿江巡防江陰之鵝鼻嘴已添派京口左營兵二百並原設兵八十名足資防守至京口右營所屬之圌山關形勢扼要復飭

常鎮道但明倫在京左高資兩營內酌撥防守　廷寄所辦均妥惟鑿沈船隻一節逆夷詭譎異常必不能攔截若以小木筏多載引火之物昏夜埋伏縱火焚燒庶足制其死命其所請調河南兵一千已令鄂順安速派陳平川管帶赴蘇○辛酉訥爾經額奏天津郡城添兵一千名已招募足數又紳商於救火局中挑選千餘人足抵兵力統計不下三千餘人可資防守　硃批以朕觀之郡城之兵不在多設何則即使逆夷登陸斷不能奔馳百餘里直犯府城惟不可不加意防堵朕思大沽海口至府百里而遥曲折寬窄河面必各異形此中正好用計用智省力兵而能

剿戮非僅堵其不能至郡也若一經議防惟知添砲增兵朕見其徒勞而不能制勝卿其細繹之又奏灤州豐潤寧河曾募海濱打雁之人作水勇此輩向用小木筏架設排鎗人藏水中點鎗打雁水性素習鎗亦有準如果夷船北來相機暗攻可期得力怡良奏厦門失事因該夷占據上風潛藏船腹以數十艘連環之砲攻我在台露處之兵以致傷亡扰藉該夷畏閩民强悍且同安預防暗襲是以據守十日留數船以鼓浪嶼而去特以此牽制閩師使不他出沿途詢問均無異詞督臣顏伯燾現招水勇隨時教演力籌堵禦壬戌奕經文蔚牛鑑梁章鉅劉韵珂奏請於浙

省設前路粮台蘇省設後路粮台大兵在嘉興以北由蘇支應在嘉興南由杭支應應用各物由兩局分辦令卞士雲會同常恒昌蔣文慶督辦前路粮台孫善寶會同程矞采黃恩彤經理後路粮台管遹羣及兩省委員隨臣奕經前進辦理隨營粮台將來軍需告竣時仍歸浙江覈實報銷從之癸亥耆英奏奉天水師營向設水手亦有能水者現選四十名並於額兵內揀選四十名派員管帶駕船密藏槍砲預備乘夜攻剿廷寄照辦戊辰訥爾經額奏菖沽防兵以帳房六七架連為一處外用秫稭編籬四面遮護塗以厚泥以蔽風雪又請勅部撥銀五十萬兩作為海

防經費從之○己巳奕經文蔚奏鎮海童生陳在鎬代夷人設立漢巡查名色並遞夷書所献破夷之策皆數見不鮮既不肯招撫漢奸又不肯漏泄夷情心殊叵測請交蘇撫鮮至黃河以北漢奸較少地方暫行監禁聽候提質庚午僧格林沁賽尚阿巴清德奏查勘大沽北岸並寧河豐潤灤州樂亭昌黎撫寧等處海口兵砲情形○又奏會同哈哴阿查勘臨榆縣西南秦王島等處兵砲情形吉林兵尤驍健惟馬匹多瘦請　敕直隸營馬先行撥換其帳房棲止請照葛沽辦理從之○[illegible]廣西道御史龔文齡奏請敕閩督於金牌長門兩山設營置砲募丁防守　廷寄著怡良劉

鴻翽詳查妥議具奏辛未奕山齊慎祁墳梁章鉅奏石壁獵德二沙尾瀝滘大石等處河面均已設法堵塞十月間曾有逆夷三板駛至赤瀝角海面將載運石船焚燒四隻現香港潭仔洋零丁洋等處共有暎兵船十六隻火輪船一隻並有三板在香山屬之掛椗洋面遊奕又奏招回漢奸漁户黎進福梁安石玉勝等三千餘名分置虎門之外派員督同頭人管帶俟事竣擇其忠實可用實能立功者奏請優獎其次收伍餘者歸農又奏省河隘口共三十餘處另募壯勇三萬餘名協防應照奏定章程給予口食銀兩　廷寄粤東存船無幾正可乘機剿洗倘惟知填河而

已豈大清臣子之所為且滇河必能保其能阻逆船耶○祁
墳等又奏共用過軍需銀二百七十四萬五千兩尚存一
百七萬九千兩計每月需銀二三十萬兩恐有不敷懇再
撥銀一百五十萬兩並截存粵海關稅五十萬兩以備支
用　廷寄已飭部議撥該督撫稍有天良必當覈實支銷
務期大功迅蕆毋再遲延致干罪戾○戊寅奇明保劉韻珂
恒興奏餘姚縣城於本月十六日失守署縣彭崧年不知
下落請暫留江寗旗兵駐防曹娥江　廷寄余步雲一味
退縮必至誤事曹娥江為紹興門戶著奕經另揀勇敢可
靠大員更換以期得力○又諭奉天山東稽查漢奸十二月

甲申浙撫劉韵珂奏十九日夷匪由赭山渡小西壩等處至慈谿縣東門外用竹梯登城開門放入多夷燒燬衙署旋即出城　廷寄曹娥江責成余步雲竭力保守丁亥奕山等奏香港有夷船十四隻三板數十隻漢奸海盜萬餘人不時窺伺守為上策攻戰次之現飭各隘小心看守居民尚覺安堵　廷寄該將軍等擁兵坐視但俾之不來不求事之有濟著各抒所見不必會商分摺密奏奕經文蔚奏密探寧波鎮定三城情形寧波向係郭士立管理今易以漢奸梁仁鎮海夷人最多主謀夷目係羅布坦每日將寧郡范氏天一閣圖書及浙江各府志羅列界畫兩處城

門均出入搜撿城內均設爐打造軍器船上亦然居民不開店者用砲轟擊仍捉工匠至招寶山起小屋建烟墩添炮位並由別國聘來大力軍二百餘人以資護衛定海夷人無多緣前被鄉民打傷不敢入村不過暗賣烟土大約白鬼好淫紅鬼好錢黑鬼好酒其大意總欲在舟山立馬頭與內地交易故待舟山居民最厚戊子欽差侍郎端華奏查覆廈門失守情形與顏伯燾原奏大致相符　旨顏伯燾歷次奏報全無實際實屬辜恩溺職著即革任癸巳奕經文蔚奏擬三五日內帶所募勇及山陝解送抬砲白蠟桿等兵千餘名暫移駐嘉興設逆夷竄至錢塘江即由

乍浦追入江口掩其歸路特依順帶兵一千四百在萬松嶺等處應援又奏奉化縣城於十一月二十九日失守逆夷拆毀縣署於十二月初一日退出請將知縣金秀堃摘頂查辦辛丑奕經文蔚奏飭金華協副將朱貴往曹江協同段永福防堵令臬司蔣文慶前往會同料理粮台奴才等已於本月十一日帶兵移駐嘉興其海寧一路飭遊擊謝天貴帶河北勇八百名屯紮又撥勇五百駐西興渡均為省城應援並請用浙省明年減運粮艘水手作為鄉勇以免滋擾丙午劉韵珂奏十七日乍浦之彩旂門洋面有雙桅夷船四隻駛入現咨將軍等嚴堵又奏本月初七日

逆夷火輪杉板等船駛至餘姚城外該縣林朝聘帶同水勇陳羡金等四人前赴逆船先令陳羡金過船詢以因何屢來驚擾據答此次並非來擾因前獲江西兵六名特來送還並稱餘姚縣林姓如係林則徐即行送出又寫夷字二紙勒令陳羡金帶回林朝聘隨即親上夷船諭以大義因言語不通該夷欲將該員帶回寧波時縣民百餘人在岸觀看同聲稱欲該員回署該逆隨將該員放回開船而去又奏十八日申刻有火輪船二隻駛進尖山口內旋即退去　廷寄林朝聘以微員而能勇敢尚屬可嘉著將軍等查明保奏施恩○戊申達洪阿姚瑩奏九月初五辰刻又

三桅夷船在鷄籠口外停泊初掛紅旗繼換白旗酉刻駛進萬人堆先放杉板二隻進口聲言索還前獲夷人每名送洋銀百元居民咸不與回答兵勇亦不動遲疑久之至十三日辰刻夷船直撲二沙灣砲台我兵回擊並在三沙停之鼻頭山擊斃登岸夷匪二人衆始退出惟砲台石壁被其攻破兵房亦被砲燬迨至日暮兵勇退守要隘十四日添調屯勇到齊夷匪見人衆山險不敢仰攻於午刻駛逃出口竄向外洋北去又奏雞籠口門左邊鳥踏石山下有自刎夷屍二具一白夷卧石上頭戴黃金冠胸前掛金縧帶帶尾綴金縧墜十二箇身著紅呢戰甲内襯白細綢

摺衫油綠纏褲五色織絨鞋無鬚頭髮黄紅捲縮黑夷卧石下戴黑皮冠狀如僧帽穿紅色貼身纏衣油綠纏褲查係船破時自行投水之夷既已自盡應毋庸議乙酉奕經文蔚奏十八九等日㖤夷火輪船及雙桅船駛進乍浦見我兵伏列不動惟距口門十數里往来旋轉至日暮向東南外洋駛去奴才奕經暫駐嘉興催遣兵勇文蔚於二十五日督兵赴省調撥一切俟大兵到齊乍浦防堵周密並将暗伏定海一路船隻水勇調撥停妥亦即赴杭商酌相機進剿

中外紀事本末四

柔遠全書三十二

中秘日錄卷四

道光二十二年壬寅正月辛亥劉韻珂奏逆夷駛進岑山口之船在十三堡地方對出海中停泊即於戌初乘潮駛去又據報十七日辰刻有夷船二隻駛近乍浦擄去在洋停泊之東洋商船內人二名橋子船內人三名即揚帆駛向東南十八九等日仍回乍浦至酉刻直向東南駛去現飭文武嚴防辛酉奕經特依順文蔚奏兵勇將次到齊奕經於初一日領河南兵一千赴杭調撥文蔚即赴曹江督撤換兵連日探報逆夷在定鎮兩處操演技藝打造船械夷目郭士立羅伯担馬哩遜此往彼來三城換住等情偵

如何布置剿襲三城酌定進兵日期再行具奏壬戌牛鑑奏於吳淞口之東西砲台及東溝地方分紮四營作為遊兵奇兵彼此接應所調河南兵派赴上海寶山適中之地屯紮應援經陳化成王志元督飭操演防守斷不致有他虞並稽查商船嚴拏漢奸要使無隙可乘又守備孫貴仿戚繼光法製虎蹲砲位用熟鐵鑄成長二尺餘重不過四十斤可裝鉛子百粒噴撒之寬約四五丈遠能三百步一人肩負隨地施放可抵抬砲百桿已將十尊解浙備剿仍趕早演習　硃批好極俟用之得效孫貴必從優獎勵癸亥奕山奏虎門六臺不能不修香港不能不取戰船不能

猝成水兵難以得力祇有招回漢奸使為內應現在傾心報効已有十之五六原擬臘盡舉事因未佈置盡善師期亦不敢豫定必須月黑順潮出其不意方可一炬而燼粵中南風在驚蟄後西江水漲在清明前過此無及矣至陸路兵勇分守要隘內地可以無虞。齊慎奏逆夷船堅砲利非伏兵出奇順風火攻不足致勝當與奕山將水戰器械製備齊全現挑送兵勇俟新正風順不拘時候奴才親督將士水陸並進相機攻剿。祁𡊮奏省河填石打樁建台屯隘大局似可無虞至虎門砲台十處總須兩月外方可竣工香港又懸海中不敢謂遽能得手應一面修築虎門砲台添兵防禦招來海外漁戶壯丁令在虎門外駐紮一面令各頭目分路布置預備攻剿　　廷寄同為影響之談何所底止茲再申諭會同從長籌畫若再空言搪塞自問當得何罪英山等又奏漁戶漢奸正宜設法羈縻未便解散據粵省洋商呈請報捐銀八十萬兩鹽商四十萬兩紳民捐輸約二十萬兩覈計存貯及報捐銀數尚可敷數月之用又奏查詢越南國新造戰船七隻另仿嘆咭唎之新洲貨船十餘號皆堅重有餘而靈動不足又有全鮮銀鮮船堅牢而不能快駛有名牙釵船者長十餘丈闊二丈槳百枝曾被張保打沈數隻看來難與嘆對敵又據欽州黃定

宜查該國巡洋大師船以銅包底俗呼銅皮船約載二三百人巡洋小兵船用籐筏紥成俗名籐船止可坐二三十人四五十人不等其銅砲與內地過山鳥相似其未能與㖞夷為難已可概見○丁卯賞代理餘姚縣事司獄林朝聘六品頂戴藍翎以知縣留浙江遇缺即補○戊辰劉韻珂奏尋獲王錫朋屍身棺殮飭領得旨王錫朋除已賞銀五百兩外著直隸藩庫補給銀二千五百兩以示優卹○壬申奕經特依順奏勇壯分頭潛伏於寧郡之靈橋門外江下地方及定海西門外均斬殺白黑夷匪定海城東生擒黑夷一名餘姚屬之石山渡有夷船四隻駛入經勇壯殺死

夷匪多名斬取白夷首級一顆生擒黑夷一名均解營押
禁待質又奏林朝聘呈出之夷字二紙譯是收文月日及
郭士立等姓名無别言語並調外委陳志剛往寧波一帶
探聽虛實據回稟稱面見郭士立云如意講和現有廣東
樣子等語並呈出郭逆給與漢字一紙雖不甚明晰而總
以講和為辭是其畏懼已可概見俟各路俱安即趁此時
進剿癸酉海齡奏鎮江城垣於正月初六修竣惟瓜州距
海六百餘里狼福一帶江面遼濶杉板釣船未敢保其不
來懇飭督撫責成常鎮道募勇僱船辦筏會同水師於鵝
鼻嘴團山要隘相度攔截　廷寄牛鑑程矞采會議具奏

丙子怡良劉鴻翺奏會勘金牌水面寬百十餘丈深十二三丈不等山脚直插水中並無寬濶處所限於地勢難容多兵惟距省三十里之少岐地方可以屯兵設伏已用船載石沈塞淺處打樁設箍大船不能闖入並於距城二十里之洪塘河中釘品字木樁四層中留口門以防杉板駛入岸傍樹林暗藏兵砲早為預備○三月壬午奕經特依順文蔚奏分路進兵布置情形開單繪圖呈　覽○丁亥劉韻珂奏請再撥軍需銀二百萬兩○辛卯奕經等奏正月二十九日河北壯勇暗襲寧波已入府城因城内街窄夾街盡是高樓夷人從樓上拋擲火球火箭樓房均係直牆無梯

可上兵勇入城愈多更形擁擠槍械均不敢施至天明只得陸續退出同日劉襲鎮海衙門而入因火攻船隻未能接應亦行退出是夜又在寧郡城外燒火輪船一隻杉板三隻燒斃逆夷多名擊斷三桅大船頭桅一根梅墟地方亦擊壞夷船統計兩路僅擊斃夷匪四百餘名燒大小船六隻自請嚴議○壬辰飭耆英赴廣州將軍任奕經文蔚奏二月初四日夷船遲進大西壩至祝家渡地方將伏勇民房全行燒燬轉向太平橋假扮商民直入慈谿城忽由北門衝出我兵迎擊忽於山背有夷人無數衝下營帳被燬兵勇潰散長溪嶺帳房亦被漢奸假扮鄉勇燒燬文蔚於

初五日退回曹江即暫駐紹興待罪　硃批憤恨何堪筆難宣述　敕齊慎仍赴浙江前備調陝甘兵二千即赴浙

甲午命穆彰阿赴天津○丙申劉韵珂奏夷務十可慮請飭將軍等隨機應變妥協辦理並請將伊里布發浙營効力

敕耆英署浙江將軍伊里布發浙營○己亥奕經特依順奏夷目郭士立令被擒之川兵持來夷書欲將兩次失陷官兵與歷次夷俘互換應請　旨遵辦○又請調陝甘廣西貴州四川兵七千　硃批事已如此添調何難前番布置似乎確有把握一經動作受虧退步又欲俟數千里外續調之兵到齊再圖進剿無論曠日持久必能保其成功乎

戊申奕經文蔚奏拏獲之漢奸陳秉均等五犯訊明正法

三月壬子奕山等奏酌裁兵勇悉留精鋭趕造戰船然後動工修臺可免逆夷阻撓又奏咈囒西兵頭帶同和尚來稟願與暎夷講説嗣於二月初五日呈遞説帖解和希冀賞給暎逆馬頭現以好言拒絶祁𡎴奏粤省軍需每月需銀十三萬九千二百有奇其鑄砲造船各費不能分月計算乙卯奕經等奏另勘水陸進兵道路步步為營籌商戰守又前獲黑夷審係先什米爾回民仍細心究詰並請將承辦火攻船之委員舒恭受等戴罪留營　敕河南廣西巡撫各調兵千名赴浙予慈谿接仗陣亡副將朱貴及其

子照南郵典子甘肅遊擊黃泰陝甘守備徐官陳芝蘭四川副將銜土守備哈克里浙江候補縣顔履敬等郵典○辛酉訥爾經額奏遵議大沽北塘屯營安兵情形○怡良劉鴻翱奏籌議閩省海口情形惟有堅守口隘勤練兵勇不敢因循貽誤○庚午奕經等奏二月二十五日鎮海縣葉堃帶勇將停泊道頭之大夷船用藥船發火燒燃夷衆驚起撲救觸動機關各船火藥並發焚斃夷匪無數請將該縣寬免前失守之罪賞生員王師真六品頂翎○丙子奕經等三月初四日鄭國鴻之子鼎臣督率火攻船隻分七排放進道頭圍住逆船即時引燃值東南風大作逆夷始猶撲滅

繼見篷索全燃紛跳三板船逃竄復值武舉蔣忠迎面攻擊觸沈多隻東嶽宮夷船大桅被擊連斷兩根兵勇乘勢喊殺逆夷大半落海其三板奔向竹山門外水勇頭目袁高榮又焚夷船多隻至蠏嶼港大夷船一隻千總韓慶瑞等帶領火攻船二十餘隻燒燃大桅篷索等件該逆僅放四砲艙板已燃不及解放三板鳧水逃生桅倒船沈不見踪跡軍功頂戴詹成功等放火燒定海城内逆夷房屋擊殺逆夷數十名生擒白夷一名委員銀沆焚沿城房屋鄭鼎臣復擊散五奎山屯紮之逆夷追殺十餘人奪獲夷箱等物其自北駛來接應之火輪船二隻亦被開槍擊破繞

計燒燬大夷船四隻三板船數十隻擊殺逆夷三四百人得

旨奕經賞換雙眼花翎白玉喜字翎管一箇文蔚賞頭品頂戴出力員弁保奏候恩○四月庚辰劉韻珂奏㖄逆在寧波等處製造木排蒙以牛皮演習水戰並聞製有木首竹身假夷人為進兵時誘我槍砲之用自前月初四至本月初三等日逆船在海塩平湖乍山等處洋面遊奕窺探其海塩之黃道關地方居民駕船為業者名發潮老大熟於乍山內沙線恐其裏脇現委員全數雇覓以免為逆引路　諭各省將軍督撫查探不可墮其奸計○奕經等奏齊慎已於二十一日東渡赴紹會同文蔚商定相機進剿

詢據逆夷送回之四川兵丁徐步雲等十一名稱聞守備王國英因傷病故又據寧郡拔貢阮訓持回逆夷咖吐叻寄答夷俘回信譯其大意止稱忍耐求耶蘇救助想法釋放等語又據夷俘兵目噝布爾寫出夷信一件懇求轉寄譯出並無違悖字句惟有逆夷來浙打仗不知何意求准該逆函問夷目啊咈之意未敢擅便請　旨遵辦　諭准寄。癸未台灣揔兵達洪阿道姚瑩奏正月三十日有三桅夷船在淡彰交界之大安港外洋欲行入口經猫霧巡撿高春如大甲巡撿謝得琛所募漁船誘從土地公港駛進果為暗礁所擱船歪入水伏勇齊起奮力攻擊逆夷危急不能回礮已刻遂破其船夷人紛紛落水或跳杉板及漁船逃竄經廳縣將備等圍殺斃白夷一人紅黑夷數十人生擒白夷十八人紅夷一人黑夷三十人漢奸五名奪夷礮十又鐵礮一烏鎗五腰刀十均係鎮海營中之物現提犯訊供仍加意嚴防　諭覽奏欣悅大快人心達洪阿賞太子太保阿克達春巴圖魯姚瑩賞二品頂戴　廷寄此次生擒逆夷漢奸正可嚴鞫實供除夷頭目暫行禁錮其餘各逆夷與上年所獲百三十餘名均着即行正法甲申

達洪阿姚瑩奏嚴訊上年雞籠淡水海口生擒夷犯供係紅毛望結仔吽嘮油地方夷船因嚴禁鴉片於檳榔嶼等

處雇調兵船七十餘隻分擾廣東閩浙等處罪大惡極仍
請在臺正法　廷寄照議○奕經等奏自二月接仗後先後
擒獲白黑逆夷三名溺斃二十餘名乘間刺殺多名現派
員明攻暗伏與城内聯絡俟隙進攻○戊子劉韻珂奏三月
二十四五等日逆船在三江口瀝海所等處游奕二十六
日寧郡有夷目一名領夷衆千餘用鼓樂導送出城乘内
地釣船開往鎮海二十七日郡城所泊夷船六隻全數開
行其鎮海夷船亦於二十七八等日陸續退往定海遊奕
之船現已退去　廷寄留心防範○己丑奕經等奏夷情自
相擾亂口粮減缺經齊慎於三月二十六日帶兵赴上虞

以東進剿該逆閩風遁去現派員前往收復寗郡仍飭兵勇跟踪追襲　予脅降不屈罵賊被戕之守備王國英照叅將例賜邺○奕經等又奏三月二十三日水勇總目袁高榮等在方門港遇逆夷兩桅大船三板二隻奮勇砍死夷人二名生擒白夷一名黑夷一名奪獲杉板一隻隨後大船追至該水勇等即將夷俘殺死棄屍海中止將三板夷刀木槳鐵錨等到營呈驗庚寅奕經文蔚奏浙省民情浮動二月二十等日忽傳伊中堂來浙辦理夷務從此罷兵等語據撫臣鈔送奏奉　諭旨因有密寄雖隨帶人員亦未告知仍行靜鎮彈壓兵心始覺稍靜○又奏請　飭耆英

會同辦理防堵攻剿事宜　硃批耆英原因另有委用之處果否施行俟朕隨時裁奪無非備其一端而已也如能勿用朕所深願須卿成功後不待辦而俱明晰矣。辛卯福建道御史蘇廷魁奏傳聞暎夷本國為嗌啊喇攻破當乘機趕築砲臺以資抵禦庶逆夷氣阻　廷寄著奕山相機攻襲。壬辰耆英特依順劉韵珂奏初七日午刻逆夷火船二隻大小船二十餘隻由乍浦之黃盤山東首洋面而來自彩旂港駛入西行汎遊奕現委七品頂帶伊里布侍衛咸齡同知舒恭受馳往乍浦設法羈縻　廷寄耆英嚴防共山等處牛鑑嚴防上海各口奕山相機攻剿。甲午敕耆英赴廣州任特依順署杭州將軍○奕經等奏逆夷於招寶山修築山路拆取威遠城牆搬運上山建築礮臺羅卜丹帶夷匪千餘駐守廣貯淡水居高臨下鎮闔內外仍泊大船三隻我兵自不得越此過海擬於蜀山渡梅墟地方釘樁築壩使逆船不得復行駛入即可進剿又據乍浦委員禀報逆夷火輪船駛進彩旂洋等語○乙未耆英奏初九日逆船分撲乍浦之西山嘴唐家灣等處復由燈光山登岸乍浦城內復有漢奸接應各放火箭烟焰漲天各兵不能開目紛紛潰散乍城失守現准將軍等飭壽春鎮尤渤帶河南兵六百馳往嘉興並截留續調之廣西河南兵二千

派赴嘉興平湖海塩一帶保衛。奕經等奏乍浦失守情形

廷寄著留文蔚在紹興接應防堵奕經與齊慎馳往平湖一帶扼要駐紮其尖山各海口並責成一律防禦不得亟圖收復二城轉致要處兵單。牛鑑奏乍浦失守後金山士民紛紛搬移擬截留調赴浙省尚在江安境內之陝甘河南兵一千以資捍衛。丁酉奕經特依順耆英劉韵珂恒興奏逆夷將所帶杉板船擡入內河欲犯嘉興耆英已於十二日未刻帶鹿澤長等赴嘉興相機措置奕經仍飭各文武布置堵禦為內外夾攻之計　廷寄著奕經等設法保衛並將首先潰散之將備兵丁查出即以軍法從事著

裕泰挑精兵一千或數百名交劉允孝帶赴江蘇與牛鑑擇要防守○戊戌程矞采奏已將過境之河南兵五百截回吳江防堵飭催未過境之五百迅赴蘇城至金山縣地方飭叅將許聯鑣帶兵數百前往接應尋准劉韵珂奏仍赴浙江

庚子諭余步雲著革職交奕經傳旨鎖拏派員解京治罪○奕經特依順劉韵珂奏十五日火輪船駛近尖山口外之鳳凰山洋面十六日大夷船三隻帶同杉板泊尖山口外省城陰雨連綿江水陡漲臨江砲臺營房俱已淹浸逆船乘流順潮竟可直入　臣等公同商酌或此次逆夷係因索討被擒各夷亦未可定即繕照會稱前獲各夷已送嘉興

移咨耆英伊里布就近辦理並派員押送黑夷一名前至
尖山外以堅其信與可緩兵。辛丑部議奕經文蔚特依順
劉韻珂均照溺職例革職得
旨改為革職留任前賞花
翎頭品頂帶撤銷　調山西兵一千赴江蘇省城防堵。壬
寅奕經等奏逆夷在乍浦西之方家塘平湖之蘇家塘海
鹽之方家埭等處四出搶掠現將駐紹兵勇催調度江並
將浙省各鎮營兵抽撥二千赴省捍禦又查明初九日杭
嘉道宋國經在西行汛迎擊逆夷望見天后宮前我兵擊
斷夷船大桅兩根旋以夷多兵少不能抵禦而乍城東門
即有漢奸領逆扒城該道被夷衝散退守平湖並乍浦副

都統長喜在西山砲台賊衆環山四面合圍兵丁搶救舁至平湖等情　廷寄著將軍等確查首先潰散官兵按軍法懲治○甲辰耆英奏十四日行抵嘉興委宋國經沈船塡石於東西青龍兩港以杜其水路派尤渤帶河南甘肅兵一千五百名馳往新豐鎮一帶駐守以防其陸路進攻派都司明安泰帶河南兵五百平湖防堵將收回乍浦之陝甘兵七百餘捍衛郡城又奏與伊里布寄商派外委陳志剛往諭逆酋郭姓據稱不願戰禍只求通商言詞尚為恭順等語復派員解夷俘十二名往乍浦旋據平湖縣報夷船於十八日陸續開放二十餘隻尚留四隻收拾篷索亦

將起行乍城並無夷人等情俟該員解送夷俘到彼夷船已否開放再行商辦　廷寄著英軫緩起程俟諸務妥協折回杭城協同奕經等加意防守。已通諭中外辦理夷務前後情形。奕經等奏乍浦夷船全行起柁鎮海招寶山添船二隻定海共泊夷船十八隻係由東北駛來復有杉板十數隻載受傷夷人逆夷屍身不知確數現容飭各躋兵勇仍照舊暗伏相機舉動。又奏訊取白夷供詞此次來浙之兵均該國王所調衹嘆咭唎人當兵其呂宋嗌咖喇雙英等國人不能當兵該女主年甫二十二歲乃國老王之姪女該逆在浙一切調度從前乃咕哪嚾架嘣頓調度自咕逆死在定海後乃咕哪哥付調度乃嗎叮喇吵之句運弩官即陸路兵頭也義律係去年由廣東回國其販賣鴉片但欲圖利並無詭謀○丙午牛鑑奏二十日逆船大小二十二隻排列篠館墩洋面酉初刻火輪船直對篠館墩開砲七出離岸二三里即行落水叅將許聯鑣度砲力不及不許輕放直至酉正逆船掛蓬向東南全數駛去寶山黃家灣之東南深水洋面有二桅船二隻拋碇半日仍往東南駛去○劉韻珂奏署乍浦同知韋逢甲在西門汎防堵被戕得

旨照例賜卹○丁未奕經等奏初八日兵目王建功在定海螺頭門槍擊逆夷鄉勇白成位等用火礶拋擲

燒燃夷船該逆竄避落水王建功帶勇將船奪獲並將逆
目丁時儀之弟砍倒割首級水勇沈仁足等砍斃白夷一
名委員鄭鼎臣等裝載火藥從後路進兵十二日南風大
作副將鄭宗凱等配火攻船七十餘隻督兵勇轟破逆夷
船頭我船連排纜進四面放槍喊殺逆船多被焚燒約斃
三百餘名將兩桅大船燒去半截三桅船兩旁燒燬並燒
斷大桅兩根燒壞大三板船四隻奪獲大火箭夷帽並逆
夷救火之水鼓等解營呈驗　旨鄭宗凱升補福寧鎮總
兵池建功以參將即升均賞花翎鄭鼎臣先賞四品頂帶
花翎奕經賞還雙眼花翎文蔚賞還頭品頂帶出力員弁

兵勇保奏候恩○五月己酉奕經等將伊里布給與逆夷書
稟及該逆回書恭呈　御覽前任協辦大學士兩江閣督
部堂伊照會陸路領兵元帥郭追思兩國交兵殺人費餉
連年不已祇為通商一事甚屬無味若復窮兵日甚必至
大傷天地之和重干天地之怒降禍不測悔禍亦遲是何
所樂而為此也又況兵結既久兩國之人俱已疲乏恐有
人焉起而乘之乘間而取其利則我兩國徒為中外人笑
雖天下之至愚者亦知其勢有必至理有固然何況貴帥
素稱聰明反昧此機乎本前任閣督部堂情願兩下即時
戢兵重開關市與中外萬萬人共享安平之福下保蒼生

必定上邀天佑議定通商互為交易中土之人俱得歸家謀生外域之人俱得歸國樂業豈不較諸日日交戰互相殺傷血流滿地之為愈哉專此商定惟候貴帥裁酌畣覆是望大英欽命陸路提督郭為照會事照得貴大臣前後厚待我被擄輩是以本國人等一概敬仰貴大臣如肯臨乍與隨帶各官無不恭待安送回去無虞是本軍門所果然應承者所有斟酌各條非本軍門之本分妥議乃將所議各情節咨會本國大臣查辦且本國欽差大臣噗最願力除戰禍而合兩國彼此享平安之福倘若貴國按照疊次致之文書內各條款一切允准則平和即結無難須至

照會者　予因傷身故之乍浦副都統長喜例卹賞伊里布四品頂帶署乍浦副都統牛鑑奏夷船不犯内河確有把握止須扼定吳淞一口現在海口並無夷船辛亥奕山等奏遵查關天培陣亡時兵丁走散情形把總何居桐挾索討賞銀之嫌誣稟兵丁郭標等五名先逃嗣經訊明何居桐畏罪自盡查當日礮台既陷軍心無主一時四散無從分别先後　硃批不實不盡之至事已如此即使先遁之兵僥倖苟免豈有概行誅戮之理只可稍為寬貸朕祇恨世道人心何至如是之不誠不實朕以重任付諸臣諸臣無非還朕一欺字再不解是何居心也又奏拏獲漢奸

温東幅正法　硃批廣東漢奸在在皆有年餘來獲一温東幅尚靦然入奏耶○又奏撤減四川湖北貴州江西等省官兵二千八百餘員名留廣西兵一千八百名裁壯勇五千名仍留二萬一千餘名至尖沙嘴裙帶路及橫擋海面時有三桅船火輪船駛入仍隨時相度辦理　廷寄仍力籌撙節所需經費每月總不准過十萬兩之數○癸丑劉韻珂奏夷船聚泊小羊山為江浙交界之區恐有四出滋擾之意　諭牛鑑陳化成設法豫籌不可稍存大意○乙卯牛鑑奏據報黃家灣外塘有夷船四隻向西北行駛川沙東南六七團洋面有夷船十餘號往北行駛臣於拜摺後由

黃浦江乘舟前進督戰。己未牛鑑奏初一日馳抵高橋鎮親見夷船三隻停泊口外約有六七里之遥探計被脅商船已有二十餘隻當飭備戰各船百餘隻横排口内江面以防竄入相持五日不見動静而停泊羊山蕺山之十一隻並黃家灣以東之三隻亦未駛來現會同陳化成不動聲色小心防守又奏黃家灣東南有小島船二十餘隻經過與夷船有會商情形恐係漢奸指示路徑擬調防堵平湖之緫兵尤渤帶兵千名馳赴上海應援。奕經等奏據福建鈔錄偽示有戰船三十餘隻小船一百餘隻由廈門寄碇協同前往天津之語　諭怡良禧恩托渾布訥爾經額確探嚴防辛酉牛鑑奏初五六日逆船自南駛來二十餘隻在東砲台洋面擱淺兩隻因離岸五六里礮力不準未經開放其西砲台一處最要層層設伏不使有隙可乘○壬戌牛鑑奏初八日卯刻正傳軍令間驟聞塘岸砲響即至南門城外督戰砲子從空亂飛甫至教場遙見逆船將巨砲安於桅上覷定臣隊施放隨兵擊斃十餘人俄報陳化成在塘對擊曾轟壞夷船三隻約傷斃夷匪數十人夷匪仍疊放大砲火箭不止教場房屋將台連被打破將士扶臣折回縣城城內居民業已搬空寶山令周恭壽帶勇二千已在乍浦防堵俄報提臣陣亡游擊張蕙身帶重傷周

恭壽墜馬跌傷土塘業已轟裂土牛多被打塌逆匪由衣周塘登岸臣從西門退去不過四五里即見東門一帶火起西砲台貯火藥處亦被焚又探報逆船二隻已駕進海口上海無險可守知不可問臣於黃昏抵嘉定連夜收集潰兵馳至太倉州城防堵劉河要口並截逆艘入省要道自請治罪　諭牛鑑暫緩治罪力圖補救飭奕經酌派叅贊一人帶兵赴蘇並令耆英伊里布馳赴上海會同該督相機籌辦　予陳化成照提督例賜卹加賞銀一千兩○江寗將軍德珠布副都統興倫奏請將浙省暫留旗兵八百名撤回江寗防堵將青州兵四百名移入京口城內駐紮

均照議○癸亥程矞采奏逆船二隻駛入黃浦江請調在浙之壽春鎮兵二千名星速經赴蘇城毋庸前往上海一面札調駐紮平望王江涇之揚州兵二百赴寶帶橋防守○英山等奏香港對面尖沙嘴地方有該國新到及自浙駛回之三桅兵船巡船較往時加多尖沙嘴之懲膺台官涌之臨衝台已被該逆拆毀復於裙帶路赤柱之上灣中灣下灣地方修建營盤兵房鬼樓馬頭等工又於裙帶路燈籠洲兩處修建砲台安設銅鐵大砲三十四位均有夷目帶兵駐守有漢奸在該處修造草棚鋪房交通買賣是該逆竟以香港為巢穴而漢奸亦藉為逋逃藪　廷寄仍當留

心訪察具奏。怡良劉鴻翱奏自上年八月以來夷船往來無定其鼓浪嶼夷船現有八隻且時有火輪船來往　廷寄嚴密防範。乙丑牛鑑奏松江一路飭許聯驃尤渤防守寶帶橋一帶飭王志元管徐州兵防守劉河福山兩口委崇恩設法堙塞至崑山之三江口臣督飭蘇松揔兵周世榮設法防範又奏張蕙面稱陳化成督戰時連用大砲擊中火輪船三隻後艄擊斷大船高桅一段竟無恙我兵擊中大船正身反將砲子碰回斃我守砲之兵提臣頓足長歎俄被砲子擊中左臂陣亡該游擊亦受火箭重傷初八日卯刻據報逆船二十餘隻在崇明洋面遊奕飭京口副將林明瑞趕緊赴署崇明總兵與現署總兵王士達協力堵禦英經等奏逆船攻陷寶山已飭尤渤改道赴蘇州其定海道頭岑港岐頭洋面尚泊夷船十三隻又報有火輪船三隻大小夷船八隻向東北外洋駛去又夷船二十一隻在金塘洋面遊弈難保不乘風北竄江蘇逼北海岸均宜從嚴守禦又奏前獲白黑夷十六名並無較大頭目留之亦屬無益仍由伊里布給函派人送赴招寶山交還羅卜聃收領俾先知感該逆極為恭順並稱即赴定海稟知逆目噗喝喳等語已行知耆英遵　旨相機妥辦耆英奏前赴嘉興籌辦羈縻事宜再外委陳志剛前赴夷船見酋

目郭姓曾言該國不願戰禍只求通商伊中堂待我們恩義甚好現在是何官職能否奏事須先見伊面商若有欽差大臣須在舟山同我國全權之官面商我們不敢擅行作主等語該逆如果情願息兵通商若求見奴才及伊里布時自應准其所請先行請旨訓示　廷寄未載丙寅諭癸去籌議防剿機宜各條著訥爾經額體察覈辦丁卯牛鑑奏駐劄崑山十二日巳刻報逆船四隻於十一日午刻駛近上海夷匪數百從新閘登岸繞進北門商民久已一空即於未刻失守又於十三日午刻據報逆船由浦江駛入松江城外尤渤等上城督戰見火輪船二隻杉板四隻

放大砲五六十聲我兵回擊相持申刻仍由原路而去○訥
爾經額奏籌辦事宜五條　諭派賽尚阿馳往天津會同
商辦○戊寅調蒙古兵二千吉林黑龍江兵各一千山西河
南抬砲抬槍二三百桿赴天津○英經等奏天津防剿事宜
五條　諭發訥爾經額閱看○己巳德珠布興倫奏江寧京
口兵力較單請調西安旗兵一千　諭緩不濟急著英經等
在統領各兵內挑選一二千名赴蘇交牛鑑等酌派要隘
防堵○庚午牛鑑奏據報十四日巳刻該逆火輪船二隻二
桅船三隻駛向東汊連放大砲我兵均伏在地隨避隨前
用抬砲火槍更番迭進逆船怯退向西南駛去探泖湖已

有夷船駛入測水飛咨撫臣暨浙江嚴密截剿○辛未諭將前次留關之吉林黑龍江兵各五百名赴天津著禧恩於續調派駐盛京錦州之吉林兵一千黑龍江兵一千各分五百赴山海關交哈哴阿差遣○牛鑑奏吳淞逆船於十五日全數退出距城十里之洋面停泊十四夜閘上城內夷人鳴號十五日巳刻黑白夷全行登船其火輪大小船隻即時駛出吳淞口外一面飭撥兵周世榮等往上海寶山安撫彈壓一面飭崇明狼山劉河福山各口嚴防○壬申湖廣道御史呂賢基奏逆夷擄掠資財載回香港裙帶路存貯造樓七八十座寮廠數千又於燈籠洲造砲台售賣烟

土凡新安渡船小艇到彼獻納陋規方准出海漢奸盧景尤為首惡並有漢奸自立堂名如聯義堂忠心堂之類請飭將軍督撫查拏○癸酉訥爾經額覆奏籌議防剿十三條

硃批朕頗放心即稍有斟酌之處亦皆易易○牛鑑奏逆船退出吳淞毋事徵調又據報十五日酉刻瞭見羊山洋面有大小夷船四十餘隻北駛飛咨山東直隸嚴防　諭將軍毋庸派參贊赴蘇協剿○耆英伊里布奏伊里布在省單銜照會逆夷戒其稱兵責以失信差陳志剛馳送值寶山上海失陷該酋目覆文稱現已集兵不得不戰並有約實一處辦事地方等語奴才等以事更危迫隨發雙銜照

會派陳志剛馳送〇耆伊為照會事茲於五月十五日接到來文此事原非微末之人所能議論所言約實一處辦事地方是當之至不知約在何處今本大臣將軍副都統專字奉問如在浙江即在鎮海如在江蘇即在松江俟覆書到日定在何處以便公同商酌前往見面兩國之事天必鑒之若不寔心相待天必罰之

諭夷情詭詐全不可信著仍遵前旨斷不可輕身前往即該逆請見亦不可與會晤祇可令陳志剛持書前去免墮奸計如覆書有分外要求萬難應許事件即與牛鑑一意防守可剿則剿可堵則堵慎毋稍存游移之見〇甲戌程矞采奏逆夷將上海銅砲

搬運上船鉄砲全行毀壞所貯加工火藥僅剩空罈查吳淞塘岸洋銅大砲尤多必悉資寇用茲逆夷退出民情靜謐據南滙縣報夷船多向北駛欲犯崇明直達洋子江自應飛咨嚴防○又奏據報吳淞口外又到大小夷船十餘隻連前船共四十餘截留沙船鳥船十餘隻每船拉去兩人等情現飭官兵於寶山羅店一帶及上海之東溝福河劉河等處一體嚴防　諭山東撫擇要防守○乙亥諭賽尚阿訥爾經額等紀律嚴明賞罰必信自然戮力同心一舉制勝又　諭直隸盛京山東各海口偵探嚴防○丙子奕經等奏據報自西南外洋駛來夷船約四十餘隻船形不一並

載馬匹二百匹數百匹不等或稱荷蘭天竺呂宋佛郎機
等國噗逆俱相待甚恭供給食用金塘橫水等洋時有夷
船二十餘隻南北遊弈至蘇省警急齊慎即帶廣西兵三
百四川松潘兵五百三十名馳赴王江涇守禦又奏遵
旨派員將余步雲解京得　旨交軍機三法司嚴訊六月
戊寅奕山等奏粵東洋面自二月以前至五月初六止共
計逆船六十七隻除起碇東駛者四十八隻尚存十九隻
其新到巡船載有番婦番孩安置裙帶路夷樓居住其裝
兵船內約載馬二百匹及礮車等項　諭該將軍等能於
逆黨聚居之處乘間焚燒亦足快人心而褫逆魄惟不可

稍露風聲致逆準備祁墳梁寶常又奏廣東軍需計至四
月底止共用過銀四百四十九萬六千九百餘兩約每月
用餉銀在二十萬兩以内水陸各勇尚存二萬有奇　廷寄
奕山等勤練精壯其老弱即予裁汰所奏每月用度務當
力省仍遵前旨不得過十萬兩之數己卯奕經特依順奏
定船衛頭等處仍泊逆船十八隻現在暗中設法將衛頭
修補之火輪船一隻沈没溺斃夷匪二十餘人又兩次黑
夜暗截纜索漂沈巡船及三板數隻又奏夷船北駛請飭
京城内外查拏漢奸　諭步軍統領順天府五城密奏耆
英伊里布牛鑑程矞采奏耆英伊里布於二十二日馳赴

崑山會同牛鑑熟商堵截攄探該逆北竄之船四十餘隻仍折回聚泊吳淞口外茲接該酋回文不肯戢兵並有欲攻江寧天津之說亟應妥籌抵禦牛鑑擬親往揚子江京口溯流而上相視海口竭力防範並至江寧與懷珠布會商。申申奕經特依順奏撥調江西兵二千令李鏑統帶赴蘇並將新鑄大砲撥四十位新製抬砲一百桿一併解往。牛鑑奏江陰鵝鼻嘴地方扼要現飭豫備火攻調兵設伏俟布置妥協即赴京口焦山並至江寧會商一切查該逆請張反覆聲稱本意通商因　大皇帝未降明諭施以全恩不肯戢兵竊思苗民逆命大禹班師欲取固與老氏之

術　高宗純皇帝時征緬不克降　詔罷兵後復　允其
朝貢合無仰求　皇上綱開一面先派大臣齎　敕詰責
使之心折然後明宣　恩旨用示懷柔謂吾民橫遭毒餤
之張而朝廷何愛一廛之與辟如桀犬狂吠本不足以論
是非及投以肉食未嘗不搖尾而帖伏倘竟始終冥頑必
人人切齒同仇殄滅犬羊不留遺類矣謹昧死密陳　硃
批中伊里布之害不淺矣曷勝憤懣牛鑑又奏催齊慎迅
赴京口　廷寄令齊慎劉允孝各扼要分營駐紮　敕伊
里布回乍浦任耆英留蘇商辦防劉俟竣再赴廣州任乙
酉耆英齊慎伊里布程矞采奏二十八日劉河口駛到夷

船二十餘隻停泊並有大夷船一隻向北駛去六月初一日夷船二十餘隻在福山口外中洪遊奕有火輪船一隻向江陰靖江洋面行駛又寶山東門海塘外及小沙背在洞海塘各有夷船停泊懸挂旗幟紅白不一現由齊慎將管帶之四川兵五百廣西兵三百刻日赴鎮江堵禦又奏咨調廣東洋商伍敦元前來倘不能分身於該商子孫內擇明幹能事一二人星速來蘇差遣　廷寄不准其前往尋准祁𡎴奏飭伍崇曜吳天顯前來○丙戌德珠布興倫奏逆夷揚言欲犯省城懇　飭帶兵大臣再撥兵二三千速赴省俾資攻守　諭牛鑑安商牛鑑奏據報吳淞口大小夷船七十餘隻僅

留七隻餘俱陸續向西北駛去有五六十隻駛進福山初三日傍晚有火輪船二隻乘潮駛過鵝鼻嘴其在後各船約在一二十里外寄椗等候火輪船探水深淺以定進止現飭督防之常鎮道周項徐州揔兵王志元等相機截擊禧恩奏籌畫防夷事宜戊子賞葛雲飛之長子葛以簡文舉人次子葛以敦武舉人鄭國鴻之孫鄭鈷鄭鍔文舉人乙丑齊慎奏初六日午刻行抵京口初七日火輪兵船已過圌山關距京口數十里鎮江客僅奴才所帶七百名實行单弱飛行照會劉允孝趕至京口協同防剿　廷寄著該大臣懸賞募勇雇備小船暗伏葦洲隊備乘夜火攻其

紅船江船著以重價雇覓相機調撥萬勿為該逆所得。庚寅牛鑑奏京口趕辦火攻船隻木排即於初七晚登舟赴江寧面商守城事件據報火輪船二隻駛至圌山關江西被守關弁兵擊中其一隻從梢夷匪落水數人即折回向南駛去　廷寄奕經再撥兵一二千派將帶往應援令齊慎等截其後路當可得手。耆英伊里布程矞采奏逆夷每日閱看京報究由何處遞送請飭查拏現在戰守兩難日久更不堪設想懇　敕廷臣速議良策以濟危急　廷寄遞送京報之人即是漢奸著嚴密查拏即行正法另片奏戰守兩難等語前於初八日有密諭交耆英妥籌辦理矣。

壬辰德珠布興倫奏據海齡報初八辰刻夷船數十隻越過團山關向東馬頭官兵彼此開砲相持至未始折回焦山拋泊督臣所設軍需總局及驛站現俱無人縣倉糧儲不敷接濟等因至省城葯鉛軍粮均屬拮据奴才籌派旂綠兵丁千餘於觀音門之烏龍江江面設伏堵截庶逆艘不致直抵城下而藩司及城守副將等俱未遵行督臣竟屬茫然僅云靜候守城俟其開砲再行抵敵等語實處萬分焦急　廷寄著牛鑑德珠布和衷商辦令程矞采速籌運濟並揀派精兵以爲聲援癸巳齊慎海齡奏初八日東馬頭接仗砲斃逆夷十人城東北一帶有逆夷勾結漢奸

上岸我兵刺擊落水者多名初九十十一等日該逆復駛船在金焦山江面遊弈劉允孝李錡先後帶兵前來探逆夷尚有大幇兵船五六十隻在後現泊圌山關者三十餘隻惟有協力同心相機堵剿耆英程矞采各奏情形大畧相同　廷寄耆英齊慎籌畫萬全分布要隘以資防禦丙申午程矞采奏夷船闖過圌山關江甯情形危急揚郡兵力單弱已飭運司揚府勸諭團練請飭耆英仍留蘇州駐守

諭耆英馳往京口毋庸折回伊里布著暫留江蘇協同防守牛鑑奏商同德珠布等嬰城固守以待外援並開兩門留放米商任聽居民搬徙　諭齊慎劉允孝酌量一人

帶兵赴省協防又　諭奕經速帶得力將弁星馳應援。之
未齊慎海齡奏逆夷由甘露寺至金山銀山直達瓜洲河
口排列並於金山頂上插有紅旂似欲併力來攻現於城
外整隊以待。德珠布奏據周頊稟十二日卯刻夷船將瓜
洲口門封堵只准商船往來大幫已進焦山有七八隻駛
往上流直逼江省經鎮紳士顏崇禮隻身往見為百萬生
靈乞免驚擾夷人郭姓回稱斷不驚動百姓岸上不開砲
我們並不動手係為伸寃而來等語謹將該稟鈔呈畧
云顏崇禮前往夷船求見並呈送小禮物夷人收受其人
姓郭自述作過寧波知府又再三問　大皇帝意思主和

主戰伊中堂因何不來又給告示一大張歷數前此相待之非此來伸冤之道有三一則還烟價還戰費一則內外臣工用平行禮一則量割海濱地作貿易之所等語再鎮江自初八日閉城人心惶駭兵丁城上開槍砲擊殺平民指為漢奸城內搜索漢奸每日正法十餘人頗有冤枉該營因屢拏漢奸縣令審為良民釋放與縣令不睦又府庫錢粮為都統所據該府係其姻親附和妄行夷船已進泊鮎魚套又據報夷船三隻於昨日駛進儀徵口惟江陰尚安靜　廷寄耆英詳查安撫丙申牛鑑奏逆夷圍攻鎮江齊慎劉允孝退至新豐懇　恩准暫事羈縻　諭已有旨

諭耆英伊里布往京口妥爲辦理萬一該逆駛至省垣准
該督暫事羈縻如該逆遊移不信即告以業已降旨交耆
英伊里布專辦該逆到彼即知此事也耆英奏截留帶兵
赴江寗之叅將劉長清赴新豐鎮防守丁酉齊慎奏十四
日卯刻逆夷萬餘蜂擁登岸我兵犄角迎敵把總周兆熊
手點抬砲轟斃紅衣夷目落馬衆兵傷斃逆夷約三百餘
名該逆隨倒隨進並車推大砲上岸排列連環施放奴才
戰馬被砲子擊倒仍易馬馳前自卯至未相持據探逆夷
由間道往攻北門並放火箭先燒城樓分股攻西南兩門
均有火起旋報攻破劉允孝分兵救城無及我兵自初八

接仗晝夜未息力竭筋疲祇得由僻徑撤至越河口下暫為屯紮以阻逆夷內犯劉允孝馳往江甯接應奴才隨後趕往並自請治罪得
旨周兆熊以守備儘先升用先换頂帶齊慎劉允孝戴罪立功
諭耆英伊里布仍遵前旨便宜行事不可稍涉游移萬一該逆仍肆兇頑即飛咨奕經帶兵剿辦此時已專意議撫惟夷性難知不容不密為籌備萬勿稍露風聲致該逆聞而生疑轉令火局有礙也牛鑑奏據報逆夷攻鎮江用梯登城開門釋放百姓徑趁滿營慘殺弁兵城中竟夜火光不絕官兵在新豐者忽於三更驚潰齊慎劉允孝不知往何處海齡及鎮江府縣不

知下落求　皇上速決大計以拯民命　諭麟慶順保嚴
防江北賽尚阿奏遵旨籌辦淵河以東至山海關一帶情
形　廷寄四川湖廣督廣購木料雇覓工匠約計每年可
得船若干隻如何駛往閩粵江浙等省妥議章程先行具
奏一面趕緊製造務須十分堅固度堪與逆船接仗方為
適用已亥奕經等奏密籌進攻招寶韋制逆夷並撥兵五
百赴江蘇　廷寄韋制之説恐已無及仍遵前旨駐紮王
江涇聽候消息庚子麟慶奏籌防扛北情形　敕李湘棻
馳往清江會同麟慶防堵程矞采奏請飭麟慶帶兵移駐
揚州並將浙江撥到之廣西兵七百咨交耆英統帶在無

錫堵禦　廷寄已責成但明倫專司揚州防堵並加按察
使銜准其奏事辛丑予京口副都統海齡照都統例賜䘏
齊慎奏准撫臣咨將所帶四川廣西兵七百江西兵一千
在丹陽扼要駐紮防堵奕經奏不敢僅據江督來咨率行
帶兵前往候　旨遵行　硃批兩省將軍督撫籌辦逆夷
將及一載自問有何功效造成一日之勢尚自從容候
旨遵行朕忿懣而外有何堪諭自恨無知人之明也癸卯
麟慶奏據揚府報初十日有土匪引夷由外港繞至三江
營登岸砍傷兵丁搶搬軍庫署守備葛長松趕往追剿經
兵丁奪獲夷刀一把匪即遁至江邊有小船接應而去仍

飭嚴防夷左杜受田奏廣東生員張煥元防夷書內有木簰火攻之議鈔錄呈覽　廷寄牛鑑奏麟慶程矞采楙采閱看。甲辰奕經奏擬帶兵三千馳赴常州會攻鎮江若江甯緊急再由丹陽赴句容以助聲勢並請飭撥湖北江西安徽兵三四千請派總統大員在燕子磯一帶屯紮堵禦飭雇江廣鹽船水摸千數百名救生紅船三五百隻多方驚擾合力攻擊　硃批浙江非前鑒歟不但無尺寸之功翻致賊勢益張朕惟自恨自愧不能知人即再簡派閫帥未必能出汝之右朕無非又添一層忿恨於國計民生有何補救。又奏酌調甘肅循化一帶撒拉爾回民三五千撥

赴天津江南　硃批尤屬不可之事又奏飛撥屯紥嘉興之副都統德坤帶兵一千赴江應援　廷寄德坤毋庸往將兵岱昌帶往乍鑑奏省城最要莫如儀鳳門現布置嚴防並自撰照會噗𠹭嗻一紙於六月二十日遣弁陳伯齡齎投耶作羈縻之計又夷目巴郭二姓令京口教讀之丈生投公文一角有速贖省會以免戰禍之語又云如皇上不准照所討諸欵亦不能全行罷兵等語未便給予回復　硃批數月之久自江口以至省垣為何虛拋歲月一無展布自恨無知人之明也已弈山等奏通盤籌畫僅留各省征兵一千六百餘名壯勇一萬七千一百餘名月

需經費七萬餘兩連各項合計不致逾十萬兩之數　廷
寄所留各省征兵仍隨時相度撤回丙午齊慎奏二十二
日午刻鬼子從北門鼓吹出城上船城內理藏鐵砲木匣
仍時令黑白鬼到處游巡約計城內尚有逆夷漢奸二千
餘名自甘露寺至金山銀山共泊船四十五隻並有開至
儀徵三江口一帶者七月辛亥密寄欽差耆英署副都統
伊里布　上諭耆英等奏逆夷披猖情形覽奏忿恨之至
前有旨諭知該大臣等妥籌商辦並許便宜從事現據奏
稱已由無錫前赴丹陽如該酋業已西駛即可趕赴江甯
善定大局等語兩載以來沿海生民罹遭蹂躪朕心實有

所不忍與其兵連禍結何如息事安民是以迭諭該大臣等設法羈縻以全民命此朕萬不得已之苦衷諒該大臣必能善體朕意期於有成著遵前旨妥為籌辦不必他有顧慮也安徽江西湖北各省備兵造船聽候該大臣等調遣又寄湖廣督裕湖北撫趙江西撫吳徽撫程　上諭本日據耆英奏逆船西駛漸至浦口儀徵等語現在逆鋑方張倘竟泝流而上深恐擾及沿海江各省因思江面究非海洋可比若從安徽之安慶江西之九江湖北之武昌漢陽各集重兵多備船隻槍砲及火攻器具順流壓下則逆在下風其勢易於焚擊著安徽江西湖北各督撫接奉此旨

即迅就該處情形酌量或備船隻或用木筏及一切火攻之具派得力員弁領兵確探逆夷踪跡一經接到耆英咨會即行順流放下合力攻剿。壬子寄太常寺少卿李湘棻

上諭前命李湘棻馳往江蘇會同麟慶朱樹防堵江北一帶計日即可抵江所有選兵練勇各事自必遵旨妥辦現在耆英伊里布辦理羈縻尚無定議如就我範圍自可不煩兵力倘竟不就撫必應大加撻伐昨已諭知江西安徽湖北各督撫令其備船筏雇壯勇以備上游焚剿並於江海滙流處所令鄭鼎臣設伏截擊李湘棻行抵江蘇着即選兵備械如江北有警會同麟慶籌防倘夷擾江南耆英

辦理不能得手一經探實即領兵密赴下游設法掩襲此事務須慎之又慎並非責成汝務為此舉切不可貪功輕進動則必須有成是為至要○癸丑耆英奏六月二十一日陳志剛持回酋目覆文稱彼此先行派人會議甚屬有理惟須照所開三事方能善定等語隨發單銜照會飭將所派之人開明以便會議復遣陳志剛馳往○甲寅寄欽差耆江督牛乍浦副都統伊　上諭本日牛鑑奏逆夷大幫船隻駛至省城又伊里布奏馳抵江省各摺著仍遵前旨設法羈縻迅將此事了結一切不為遙制耆英務即剴諭該逆俾不致藉口惟既經商議必應斬釘截鐵事事着寔毋

得稍留罅隙將就目前及至逆船他駛又復改換帶兵頭目再肆要挾種種詭謀皆應預杜本日已諭知奕經令其督兵進駐常州耆英等如辦理不能得手更當飛咨奕經帶兵速來內外合剿。又予殉節之上海縣典史楊慶恩卹典。丙辰奕經等奏遵查乍浦接仗實情並陣亡員弁清單得

旨佐領英登布防禦貴順佐領隆福驍騎校伊勒哈畚根順署佐領額特赫驍騎校該抗阿把總韓大榮千總李廷貴張淮泗把總王榮孫登霄馬芝榮外委朱朝貴馬成功交部賜卹。丁巳耆英伊里布奏二十七日陳志剛持回噗嗎喳信稱貴大臣果奉

大皇帝畀以全權即照我

所討自主善定望即明白指示本公使方能咨會統領戰
兵俾得兩相派員先行詳議等語當覆以欽差大臣即與
全權無異事可專主無須猶豫復令陳志剛送往。又奏請
飭江西安徽湖北撫臣密製火具木筏倘會議不能善定
即順流痛剿。戊午齊慎奏六月二十七日寅夜摸橋潛入
鎮江府城擊殺逆夷多名現據寶山縣禀黑鬼五六人登
岸丈量小沙背至顧隆墩一帶海塘並說尚有大船多隻
不日到口先往鎮江南京後到天津請飭早為防範。己未
麟慶奏儀徵揚州漸俱安定現仍加緊防堵牛鑑奏二十
八日未刻以後夷船陸續駛入草鞋峽江面寄椗連日專

并具文前往夷船明白曉諭據回文照覆顯請通商妥有
請求究屬叵測現伊里布已於七月初三馳抵省城程矞
采奏馳抵蕪湖防堵情形請　敕兩湖河南各派千兵並
大砲二十尊火藥二萬斤砲子五千斤來蕪備劉山東道
御史黄宗漢奏海齡殉難情形物議不一請　飭督撫根
究　廷寄程矞采查明具奏著英伊里布牛鑑奏逆酋忽
於初五日聲稱初六欲行開仗當派徐家槐陳志剛及張
禧復加開導於初六天未明時馳抵江邊見逆船各挂紅
旗車駕砲人執槍紛紛上岸列陣該員并將照會付閱先
尚游移後見衆夷目公商良久始鳴砲傳令撤兵回船且

耆英於初六巳刻抵省先差佐領塔芬布同張禧馳往面見夷目看其如何措詞再派職分較大之員前往籌商
硃批目前因屬緊急後慮尤當詳慎勿墮奸計為要耆英又奏擬令張禧暫帶軍功頂戴差往面議如將來議有成説自應會同面議以定大局懇准伊里布届期暫帶頭品頂翎　廷寄准如所請耆英等又奏初七日據該夷將請求各欵開列清單一係索討洋錢二千一百萬元本年先交六百萬元其餘分年帶交一係索討香港為馬頭並求准往廣州福州廈門寧波上海等處貿易一係與中國官員用平行禮其餘雖有請求大抵不出三欵之外並堅稱

能允即承訂和好不允即開仗並往別省滋擾等語初八日戌刻該夷聞有調壽春兵來防劉之信忽換紅旗並於鍾山上安大砲聲稱次早攻城勢甚猖獗即有男婦數萬人赴臣等各衙門籲求救命並據江都縣稟該夷戰若不勝即遣漢奸偷穵高堰等情不若姑允所請以保江南大局請將臣等一併從重治罪

廷寄覽奏不勝憤恨繼念江南數百萬生靈一經開仗安危難保既經該大臣權宜應允朕亦祇可以民命為重惟所稱先交洋銀六百萬從何措給香港准其賞借廈門寧波上海等處亦可准其貿易但祇許來往通商不准久住據為巢穴福州係屬陸路

商旅不便閩省既有廈門通市自不得復求福州著耆英再行商酌必當切實議定永杜兵萌不可稍涉含糊徒顧目前仍成不了之局所請從重治罪著毋庸議○癸亥寄欽差耆江督牛　上諭耆英等奏連日與英夷會議粗定條約一摺覽奏怨恨之至朕因億萬生靈所係實關天下大局故雖憤悶莫釋不得不勉允所請藉作一勞永逸之計非僅全保江浙兩省而然也該大臣等所稱可救燃眉是徒知救急於目前並未計貽患於日後所商各條內尚有應籌酌之處即如該夷船隻既肯退出長江又肯退出招寶山其前請之通商五處除福州地方萬不可予或另以

他處相易外其廣州廈門寧波上海四處均准往來貿易不得占踞久住至藉詞索欠一節該大臣須宛轉曉諭該國與內地通商已二百年從前貨物交易俱有洋商與汝等自行經理我國官員向不過問且此中貿易曲折價值低昂甚為瑣屑況各國言語不通斷非地方官所能料理嗣後各處通商自應仍照舊章毋庸更改倘該商有格外苛求過於剋扣之處不妨向粵海關監督說明必將該商懲處所稱商欠一節除三百萬元由廣東查明商欠追還外其餘斷難官為保交至現議先交之六百萬元自應付給以示誠信除現在民捐商捐一百數十萬兩外其不敷

之數准其暫於江浙安徽藩運各庫通融借撥繞於捐輸項下還欵其各省貿易該夷自納稅銀由副領事親副海關交納不經行商之手有無室礙滋弊之處仍著該大臣等再行妥議具奏至官員用平行禮及將被擄夷人並被拏漢奸一體懇恩釋放俱著准其所請又片奏請於所議條欵內鈐蓋御寶等語該夷不以汝等印信為憑而以御寶為信雖屬可惡尚不失尊崇之意向來頒給各國敕書均用御寶著准其鈐蓋惟如何賫呈鈐蓋之處仍先行奏行酌辦經此次議定後該大臣等務當告以大皇帝相待以誠所求無不允准從此通商和好斷不准再啟兵端違

悖天理不但業經滋擾各省不得復來尋衅即沿海之廣東福建台灣浙江江南山東直隸奉天各省地面亦不准夷船駛入此時既經和好各省官兵應撤應留我國自有斟酌至内地舊有城池墩壘並砲台等項亦應次第修築以復舊規此係為防緝洋盜起見並非為防禦該夷而設不必妄生疑慮其有他省現尚不知和好消息見有夷船駛入輒行攻擊者亦不得藉為口實以上各節總在該大臣等深思遠慮切實議定不可將就目前仍成不了之局慎之乙丑寄欽差耆江督牛 上諭本日牛鑑奏佛郎西亞國夷目欲赴江寧為暎夷勸和息兵一摺昨已有旨飭

令耆英等妥商籌辦俟其到後仍即委員面見該夷目好
言開導着耆英等於則濟勒到時即告以勸和息兵具見
該國恭順之意此時英國已與中國和好永不稱兵該夷
目當速回廣東照常貿易至在京設立夷官辦事一節從
前乾隆年間既未能行此時英夷乞恩三條亦再不肯提
及而又與該國無干自不必另生枝節如此明白曉諭該
夷目自必回帆遠去並着遣員諭知噗嗎喳告以中國現
與爾國和好詳議條款永絕兵萌令佛郎西亞國夷目不
避險阻前來口稱為爾國勸和究竟是何意見如係真意
爾即與之說明現已與中國和好無煩該夷目代為陳說

務令則濟勒聞之領會迅速回帆況則濟勒此來無非欲於中取利爾當設法勸諭破其妄念庶不致令彼攙入債事也戊辰寄盛京將軍禧　上諭禧恩奏查明旅順口情形一摺前因旅順口地方緊要諭令該署將軍酌量情形籌議具奏茲據奏稱該處口門狹隘水勢平淺其岸上皆係荒山曠野且形如釜底無險可守逆夷不能踞為巢穴其安砲練兵設伏以及嚴斷接濟各情亦早料理等語該處口外即屬大洋且登陸路距水師營不遠着飭員弁實力防範不得以該逆大船不能駛入稍存大意壬申寄欽差耆江督牛　上諭耆英等奏詳陳夷務情形親往夷船

妥為招撫一摺覽奏忿恨之至朕惟自恨自愧何至事機一至於此於萬無可奈之中一切不能不勉允所請者誠以數百萬生靈所關其利害且不止江浙等省故強為過抑各條均准照議辦理惟該夷所請均已允准即當迅速定議全數退出大江不得任其躭延驚擾行旅至此外一切緊要事件必應籌及者均着責成該大臣等一一分晰妥議不厭反覆詳明務須永絕後患該大臣既知善後之難於措置他國之不免生心即應思前顧後預為籌畫於勉從下策之中力求弭患未然之計倘稍留罅隙日後有所藉口以致別生枝節辦理掣肘是耆英伊里布自貽伊

戚不惟無以對朕更何顏以對天下再佛郎西亞國夷目則濟勒到後情形若何一併馳奏八月戊寅寄欽差耆江督牛　上諭耆英等奏夷務已定和約鈐用關防一摺並開列各條呈覽該大臣既已從權允許且摺內所稱堅欲於福州貿易並設立夷館携帶家眷等欵均於七月二十六日所降諭旨內概行允准該大臣等自請治罪之處前已有旨毋庸議洋商舊欠不敢求官作保修復砲台墩堡並無異說此兩節似尚恭順至單開各欵朕詳加披閱俱着照所議辦理惟尚有須斟酌妥協者即如該夷赴各口貿易無論與何商交易均聽其便一節須曉諭該夷一切

聽汝自便與地方民人交易但日久難保無民人拖欠之弊只准自行清理地方官概不與聞至分年給銀一節為數過多究由何處措給將來責成耆英一手經理務當預為籌及明晰具奏單內所稱二十一年六月十五日以後該國在各城收過銀兩之數按數扣除等語究係在何城收過銀兩若干扣除若干亦著查明具奏其各國被禁人口自應一律施恩釋放又所稱中國之人與該國來往或跟隨伺候該國官人均准免罪一節可告以既經和好兩國民人視同一體斷不至概行誅戮倘該民人等別經犯法我國自當照例辦理與該國無涉將來五處通商之後

其應納稅銀各海關本有一定則例該夷久居廣東豈有不知者至中國商人在內地貿易經過關口自有納稅定例所稱銀兩未清以前定海之舟山海島廈門之古浪嶼均准其暫住數船俟各口開關即著退出亦不准久為占據以上各節着耆英等向該夷反覆開導不厭詳細應添註約內者必須明白簡當力杜後患已丑徽撫程楙采奏言前准耆英等函稱嘆夷效順實出至誠請截回湖北官兵等語伏思逆夷肆擾薄海同仇今雖稍戢兇鋒而防範尤宜嚴密謹陳管見四條一占地勢以綴賊艘二設遮闌以固士氣三用奇兵以撓賊勢四備船筏以待圍燒丙申

寄欽差耆兩江督牛　上諭耆英等奏夷情已就馴伏詳議善後事宜酌定各條開单呈覽一摺另片奏嘆夷兵船陸續退出等語覽奏均悉俱着照所議辦理此外尚有應行籌議事宜着耆英等通盤酌覈切勿稍留罅隙致滋後患惟所稱該夷通商嗣後若有欠項由管事官呈明内地官著追一節斷不可行内地居民與該夷貿易日久難保無拖欠情節地方官既未經手又安能代為追欠况一經永許遇有無着欠項勢必嘵嘵具稟地方官事務甚繁何暇辦理此事且該夷稍不如意又將藉口追欠不力另起衅端不可不預為籌及著耆英等剴切曉諭該夷仍遵前

旨只准自行清理地方官概不與聞至佛郎西亞國夷目
則濟勒沙船一隻雖經退去而巳目一船尚在江面停泊
嘆夷與之同係夷幫雖非該夷招之使來豈有不知其來
意之理着該大臣等密諭嘆夷勸令趕掟回國免致别生
事端所稱該夷照覆國王出示曉諭嘆民止准在五口貿
易不准駛往各處一節亦應詳細寫明以見此外皆非該
夷所應到之處免得日後藉口影射濛混○九月己酉耆英
伊里布牛鑑奏言現在草鞋夾至觀音門一帶江面夷船
均已駛去委署塩道積喇明阿浙江叅將尚安太護送出
江○甲寅奕經奏言長江夷船全行開駛擬俟續報退出江

口即將在蘇兵勇會同參贊大臣齊慎分別裁撤以節經費。己未耆英伊里布牛鑑奏言夷船全數出江入海請將出力之四等侍衛咸齡等獎敘。仝日耆英伊里布牛鑑奏言查內地民人與夷人交涉獄訟業經議明各自訊明辦理欠債即訟之一端似難剔出另議民知官不經理必致逞其貪心陰為欺詐欠債既多夷索討不遂又不能經官理論勢必恃有領事夷官任意追呼條約在前內地官員轉難過問此中似有關係更恐此等莠民飽則颺去彼時夷人索討無着亦必請官查拏若任逃脫該夷得以藉口易啟事端是以臣等前次照會祇准官為追欠不能官為

償還而該夷覆文亦以交易聽便利害由其自取業經遵
照在案容俟臣等抵粵再與商確結實以便永遠奉行佛
郎西巴旦船業已出江屢向夷目嗎哩遜等詢問來意總
稱不過察看此事如何完結並無別情至五口通商一節
臣等照會該夷文內本已指明廣州福州廈門寧波上海
五處欽奉　諭旨飭令詳細開明以見此外均非該夷所
應到之處前已據嘆夷文稱除五口外沿海以帶不准嘆
船駛往倘有私往者中國官員即當以所載貨物入官嘆
官亦無異詞等語揣測夷情若惟恐中國不信故自願罰
貨入官以保其決不他往之誠情詞極為切實臣等仍當

申明約束毋許稍涉朦混又奏廣東香港地方已准嘆夷棲止該處尚有民戶難保無滋事犯案者除罪名較重解交新安縣審詳外其酗酒賭竊等案應就近解交尖沙嘴巡檢審理以期久安俟奉到諭旨即咨明廣東督撫欽遵辦理查應兑該夷洋銀六百萬元江寗揚州已交五百五十萬元上海尚有捐輸洋銀五十萬元令該船在吳淞停泊守候此項一俟兑給即行分幫回國至明年六月應兑洋銀三百萬元前經臣等奏明先由廣東商欠催令兑交相應飛咨廣督及粵海關督嚴催務於明年五月內湊齊六月交兑乙丑奕經齊慎奏言接據耆英咨夷船全數退

出江口招寶山夷船亦退回定海現將各路兵勇酌量撤散。是日參贊大臣署杭州將軍特依順浙撫劉韵珂奏鎮海夷船業已退出現飭道府等妥為撫輯。戊辰耆英伊里布牛鑑奏夷酋噗嗎喳等前請和約賞用御寶經臣等奏奉　諭旨允准查所議各條均關緊要一經頒發御寶轉難更易是以允俟請用後賫赴廣東交結臣等謹按照尺寸備紙敬求　賞用御寶懇隨摺　發下交臣等捧赴廣東令該夷等將和約內應行添註之處遵　旨詳細寫明再將原奉　諭旨俱著照所議辦理七字敬謹錄於黃紙之上御寶之前冠列首頁用昭信守辛未山東道御史雷以誠奏聞諸夷所需中國貨物一茶葉其次大黄湖絲每歲約費洋銀五六千萬元此次糜費多至二千餘萬就中國現在情勢即竭力捐輸不足酬此請於茶葉等出產地方及經過各關口并聚頓各牙行酌加稅銀行之日久當可漸抵賠償該夷之項向來該夷通商僅廣東澳門一處今既增給口岸不得不整頓設備聞該將軍大臣有將福州府許給通商之説閩省各府均產茶葉武彝山尤多歲可產數千萬斤福州環山五虎門天塹足資捍衛該夷任便往來據險而擅大利勢將不可復過應請　密飭該大臣等深謀遠慮毋得草率目前○甲戌伊里布耆英奏外夷通

商輸税一切則例案據俱在廣東應行變通各事宜須到粤後方能酌辦惟過為搜剔則窒礙難行倘畧事通融又易滋偷漏臣等公同商酌大約税額一循則例而交易務示公平其商欠不求官償一層前已與議定載入條欵俟到粤時再與要約切實十月丁丑閩浙督怡良福建撫劉鴻翺奏承准字寄道光二十二年六月十三日奉上諭該逆閲看京報必有轉輾遞送之人者該督撫等嚴密查拏一面正法一面奏聞並着隨時嵇查務使内地機密要事勿為該逆竊探欽此當即嚴飭省塘凡鈔録京報必須慎擇所寫之人所送之家如有來歷不明赴塘囑送者即

行送官究辦。庚辰怡良奏夷目在厦門投文請釋台灣俘
囚謹將譯漢夷文二件抄呈　御覽。己丑台灣總兵達洪
阿台灣道姚瑩奏據顛林等供稱該國王城地名蘭鄰甚
大地極西北隅海中城周六十里後枕天山其哀鄰近蘭
鄰之西海中一地名埃倫自王城東南陸行半日許即海
登舟南行四十五晝夜至彌爹喇更南五十晝夜至急卜
碌轉東北行五十晝夜至望邁再自望邁東行二十五晝
夜至新地波其地東北即安南更東行七晝夜即至廣東
復三晝夜而至浙江凡一百五十餘日蘭鄰外自西北而
西南更轉東北而至廣東海中所屬島二十六處皆其埠

頭多他國地據為貿易聚集之所一曰挨倫二曰彌喇三曰急時烟四曰那古士哥沙五曰間筝吻六曰的賒士七曰散打嗹八曰金山尤九曰士嬌也十曰急卜絛十一曰罵利加時架十二曰罵哩詢十三曰息賒厘十四曰土葛吻喇十五曰烟十六曰望邁十七曰土鄉十八曰袜打喇沙十九曰孟呀喇即孟加喇二十曰磨面二十一曰梹榔嶼二十二曰罵叨格二十三曰新地波二十四曰路士倫二十五曰班地支二十六曰幞士爹厘耶以上諸島皆㖆國設官主之海中諸國為㖆夷所畏者一曰咪唎嘫在的賒士之西與佛囒西皆大於㖆國而船砲如之賀蘭黄赦

二國最近英國賀蘭頗為暎國所欺每倚咈囒西為援此暎夷以東隅海諸國情形也臣等伏見逆夷兵船半即商船夷以貨為命今閉關絕市坐食不支乘便私售價亦大減逆夷雖富何能持久噗嚨喳始與為義律故智及不可得情勢必絀飢而撲食乃更揚言大舉竊恐其衆將離也謹遵

旨覆訊紅夷頭目顛林等備錄供詞咨部○庚寅伊里布劉韵珂奏臣劉韵珂據甯紹台道鹿澤長稟初一日噗嚨喳到郡執禮甚恭惟馬禮遜呈出照會一紙稱該夷在江甯說定耆英赴粵辦理一切今閱看耆英總督兩江伊里布一人赴粵與前約不符又前議條欵內有漢奸一

概釋放謄錄天下之語令未見頒貼謄黃不知何故懇轉呈代奏當與反覆開導始將照會收回詎馬禮遜旋往見該道求轉咨耆英臣劉韻珂以若復拒不轉咨江浙相距甚近該夷復駕輪船至江寧面懇耆英則夷艘既退又復竄入震動民心亦屬不成事體當即專員邀留來省現已備錄照會移咨耆英辦理一面向該夷剴切曉諭如該夷不復以耆英偕往為請臣伊里布與耆英議撫之時本已載入條約進呈奉 旨允行臣劉韻珂因恭錄諭旨並無飭令刊布謄黃之語是以未經謄黃張貼今該夷求請甚堅不得已商同伊里布聯銜出示以遵 旨所釋夷俘漢

奸軍民人等不得再行查拏發寗波等處張貼已於照覆
該夷文内將此事叙明能否不復再請俟覆到再行察辦
已亥江督耆英奏該夷酋閧臣已署理兩江伊里布接授
欽差大臣關防赴粵掛念不已請臣懇　恩仍赴粵是殆
未知臣仍奉命會同並不置身事外亦不知黄恩彤咸齡
業已隨同伊里布赴粵致有此請也至請頒謄黄一節自
係未諳體制尚非要挾臣已開誠布公備文照覆似不致
復生異議癸卯伊里布奏十月初八日接閩浙督怡良福
建撫劉鴻翱洛及江督耆英來文稱台灣所獲夷俘業於
五月間決過百三十九名現禁者僅存十一名該夷不知

有正法之事送到該處似不能帖然順受與撫議殊有關
繫在廈之夷目扎姓不能專伊國之政非噗酋不能禁止
囑臣與耆英向噗酋說明等因查該夷屢與我交戰間有
弁兵被其擒獲俱未輒加戕害今台灣將所獲夷俘處決
殆盡難保不藉口實噗酋業已起椗赴閩現在夷情於耆
英倍為信服一聞該督簡放兩江輒欲劉韻珂代奏代咨
嘵嘵不已是其心仍欲耆英偕赴粵東今閩省又有處決
夷俘之事而耆英復奉　旨會辦該省通商事宜恐該夷
因此復以耆英前赴閩省為請臣現已移咨閩省督撫囑
將處決夷俘在結好以前向噗酋婉為開導臣又自具照

會告以不可在閩久留致嗇互市。十一月己酉閩浙督怡良奏據台灣道禀已將實存夷俘九名派委文武解送厦門嗣十月九日噗酋由浙至厦告厦防同知有話欲臣面説臣乃帶同署興泉永道劉耀椿等輕騎赴厦噗酋以台灣所俘均係難夷求為伸宽臣等當告以既已議撫即將存俘送回尚何饒舌彼乃説撫務係耆英督辦茲有照會一件又浙撫劉韵珂文一件寄紹台道鹿澤長文一件求為分遞先出文底請臣閲看所言極詆達洪阿等辦理此事之僞且謂如不咨遞則伊自遣火輪船至浙寧該夷即於二十九日開駛赴粤不得已當將請將代遞之文由驛遞交者其接收覈辦乙卯草留兩廣督祁𡎴奏咪唎㗎夷目咖呢投遞文信求爲奏懇該國夷商許與嘆夷一體貿易當覆令聽候欽差大臣到粵查辦又據該國人伯理具稟以伊熟習天文算法懇求代奏進京效用臣以從前在京夷人業已奉　旨遣令回國所請礙難代奏傳諭洋商向該夷明白曉諭辛酉台灣鎮達洪阿台灣道姚瑩奏九月初七日據安平口委員報稱有夷船一隻來自安平之四草湖洋駕三板進口聲言係廈門鼓浪嶼之夷官求見台灣府投書當飭知熊一本等到安平傳令頭目及通事來見乃係投遞達洪阿文函該夷自知錯處隨時討回隨

詢通事以信內何言據云要討淡水所獲夷人及本船銀
物等語熊一本告以存夷九名已奉旨釋放該夷顏色尚
屬恭順當令在廟住歇臣等委遊擊呂大升往取其書詎
該夷並不候示掛帆向西北駛去恐其回廈別生事端當
令熊一本作書呈遞廈門鼓浪嶼夷官將釋回夷人之事
明白曉諭以安其心○甲子江督耆英奏接准十一月十二
日閩浙督臣怡良咨噗酋照會前在台灣難夷被總兵達
洪阿妄稱接戰俘獲冒功捏奏混行殺戮懇奏請　聖鑒
等語查前據該鎮奏報在洋接仗獲俘已蒙　皇上加恩
獎勵今該夷稱係遭風並未接仗雖屬一面之詞而事涉

外夷有關體制如果冒功妄殺則該鎮無所辭咎應請
旨將達洪阿解部審辦乙丑怡良奏台灣正法夷俘一事
遵　旨明白開導該夷忿忿不平形於詞色台灣委員盧
繼祖等送至廈門後帶領兵丁上岸挨文即有多夷持械
搜尋兵弁欲殺害洩忿經委員婉為勸慰大罵台灣文武
而去該夷善於報復久在聖明洞鑒臣雖開諭萬端終於
牢不可破現經赴粵轉移正在此時查台灣雖稱要隘孤
懸海外民情浮動更戍夷怨未息兵船散布各港勾結亂
民則台灣斷難固守且大號師船在廈被焚小號哨船更
非其敵商船震於夷威不顧受雇港口一被攔截兵餉二

者均難接濟臣束手無策密陳　天聽敬乞留中○丙寅伊里布奏前在杭州據江督耆英派弁送　御寶到省臣即謹收存於十月十九日起程赴粵途次奉十月二十八日寄諭據伊里布等奏夷酋開船赴閩等因查嘆酋赴閩據怡良咨稱該夷當時相見並未議馬頭衹以台灣正法夷人一事語甚不平已據江督耆英據實入奏現聞該夷已赴廣東臣惟有遄行到粵與祁𡎴等妥商籌辦○庚午耆英奏上海舟次准浙閩督怡良撫劉韻珂錄送該酋照會示稿前來其照會劉韻珂文內稱耆部堂簡督兩江仍理各省通商之務尚望在彼面晤妥議等語其照會怡良文內

所言俱商辦事宜示底四紙一係定海民事俱聽地方官經理一係諭飭夷船止准在定海鼓浪嶼往來不准闌入別口餘二紙即係前此進呈台灣正法夷人欲求伸冤之示雖未稍露別項要挾情事噗酋亦已前赴粵東而探報定海夷船尚有四十七隻之多當此空運漕船尚未全散渡江重運瞬將接踵如該酋仍復狡執有非臣親往不能商辦者臣斷不敢稍事拘泥當一面奏聞一面前往惟有仰懇 皇上將江督關防交與何人接署俾臣放心前往預為 指示不致臨時請 旨以致緩不濟急此時撫局已成固宜防其狡詐尤宜示以至誠是以臣先已出示曉

諭濱海地方此時之籌辦善後係為營伍廢弛變通整頓以期破夷情而解民惑庶可杜該夷酋之藉詞塞好事者之多口否則築室道謀衅端易啟恐有剿撫兩難之勢

二月辛巳伊里布奏臣行抵江西准兩廣督祁墳咨到㗩酋照會内開達洪阿冒功妄殺等語又據耆英咨業已抄呈　御覽將達洪阿請　旨解部審辦是以未便再奏咨行兩廣督臣祁墳轉諭該酋無須急迫靜聽　諭旨遵行

乙酉耆英奏㗩酋控訴達洪阿一案因關繫撫局必須訪查確實茲晤浙江提督李廷鈺據稱前在潮州任内風聞夷船遭風漂至台灣為濱海居民攫取貨物將難夷關閉

村中該鎮道查知着令交出該居民恐觧官誅戮夷來報復不能抵禦不肯交出經該鎮道再三索要始行交送迨聞將夷正法該居民等有夷船若來惟有戕官以圖觧免之語又訪諸候補四品京堂蘇廷玉亦稱夏間回籍所聞略同是該酋非無端肇釁應請　飭交閩浙督臣查明以便核辦○丙戌革留兩廣督祁𡎴革留廣撫梁寶常奏住居香港夷人騷擾地方士民蓄怒欲得甘心十二月二十三日有假託明倫堂名目刊貼告白聲言該夷罪狀欲與為難又稱板存明倫堂傳集衆紳詳詢僉稱明倫堂並無此事當即出示諭禁本月初六日適有紅毛黑夷水手在十

三洋行地面向華民買食水菓不給分文向討爭毆及被
用刀劃傷衆人目擊不平該夷避入夷樓閉門衆民追至
夷樓爭鬧夷人在樓用瓶瓦擲打臣等聞知即飭地方官
前往彈壓至起更時人衆漸散而夷樓内忽然火起臣等
親往督率文武調集水龍救護匪徒乘火搶掠經弁兵拏
獲十餘名四更火息後查勘民人傷斃三命紅夷傷斃二
命燒去夷樓四間詢其失火之由有謂木匠在第二進夷
樓受雇工作迭被苛虐放火洩忿者尚未查訊確實該夷
見民人共切同仇甚爲畏懼嗣經官兵防護均知感激惟
十三日有嘆咭唎遣來輪船一隻投遞文書臣等折閱前言

初六日夷樓被燒之事後則言台灣之事并有呈送伊里布文一角請代賫送臣等當將火後辦理情由備文照覆求遞公文亦即飛遞其燒去夷樓搶失銀物傳諭洋商妥為辦理臣等伏思嘆夷甫經就撫釁端固不可開而內地民心尤不可失惟有隨時斟酌撫馭俾內外相安一切總秉公辦理不可致該夷有所藉口內地民心尤關緊要必須固結勿失○辛卯伊里布奏逐次奉　寄諭前據耆英奏嘆酋控訴台灣妄殺冒功一摺並怡良奏該夷到閩忿忿不平當有兩次　諭知伊里布婉轉開導欽此臣抵粵後即與該酋約見恭宣　聖旨告以現為辦理以釋其忿即

與商議稅事該夷遂靜候核辦惟此事實係夷船無炮夷手無械該夷稱為難夷似非茫無所據逞刁挾制且夷人祇知妄動不顧深淺故事以速息為貴今日伊里布奏奉

十一月十一日　上諭飭將咪唎㗒稟求通商事宜到粵會同籌議等因竊前在江寧㴋酋曾有各國前來福建江浙各處通商中國但肯允准斷不阻止以求專利是其意已有暗邀各國同來之見若准㖩夷而不准他國船隻通商衣服既難區別且恐各國以㖩夷為藉口反致另生枝節俟到粵與督撫臣及㴋酋熟籌再奏請　旨至耆英奏請加稅一節查閩省江浙茶絲均不經由內地夷貨亦皆

運赴新設馬頭內地各關俱無此項可收之稅若酌加於新設之各關或可補內地短收之數亦俟抵粵會商核辦大黃產自河南經由內地各關可照舊抽收無庸復議台灣一案許給銀兩俟議定請 旨癸巳江督耆英奏奉十一月二十一日 上諭耆英因暎夷控訴輒請將達洪阿解部審辦等因欽此又無錫舟次奉十二月二十三日
上諭前據耆英奏夷酋控訴台灣妄殺冒功當諭令伊里布等因欽此臣當將怡良奉 命渡台查辦緣由繕發照會寄伊里布轉給該酋閱看自必懷德感恩通商事宜不難迎刃而解仝日耆英奏咪唎㗆赴粵浙兩省請通貿易

查康熙年間暎夷已在定海建立馬頭因稅重商少無利可多仍赴廣東百餘年來弊絕風清各夷効順祇以年久弊生各夷若累不堪暎夷遂首發難各夷亦坐觀成敗今暎夷既遂所欲而各夷向隅受累竊恐心有不平且反覆籌思咪唎㗨各國若欲於閩浙江蘇另立馬頭自應正言拒絕今暎夷既肯通融似可因勢利導一併議定稅則任其取之但不得於閩浙江蘇外別有覬覦亦不准在閩浙江蘇專設馬頭且閩浙等省既准暎夷貿易即增此各夷似無妨礙並可將移集一處之船散之五處中國轉得徒而駕馭之未始非補救將來之計也

中外紀事本末五

柔遠全書三十三

德威錄卷一目錄

鴉片例禁愈嚴流弊愈大請變通辦理摺道光十六年四月奏

太常寺少卿許乃濟青士

竊照鴉片烟本屬藥材其性能提神止泄辟瘴見於李時珍本草綱目本名阿芙蓉惟吸食必應其時謂之上癮則廢時失業莫此爲甚甚者氣弱中乾面灰齒黑有明知其害而不能自已者誠不可不嚴加厲禁以杜惡習也查鴉片烟之品有三一曰烏土一曰白皮一曰紅皮皆㗭咭唎屬國所出乾隆以前海關則例列入藥材項下每百觔税銀三兩其後遂入例禁嘉慶初年食鴉片者罪以枷杖今遞加至徒流絞候各重典而食者愈多幾遍天下乾隆以

前鴉片入關税後交付洋行兑換茶葉等項今以 功令森嚴不敢公然易貨皆用銀私售嘉慶年間每歲約來數百箱近今多至二萬餘箱烏土為上每箱約洋銀八百元白皮次之約洋銀六百元紅皮又次之約洋銀四百元歲售銀一千數百萬元以庫平紋銀七錢計算歲耗銀數總在一千萬兩以上由是洋銀有出無入矣夫以中國易盡之藏填海外無窮之壑日增月益貽害將不可言或欲絶夷人之互市為拔本塞源之計在 中朝原不惜捐此百餘萬兩之税銀然西洋諸國通市者千有餘年販鴉片者惟暎咭唎耳乃因暎咭唎而概絶諸國之互市則瀕海數

十萬衆恃通商為生計者將何以處之且夷船在大洋外隨地可以擇島成廛內洋商船皆得轉致又何從而絕之比歲夷船周歷閩浙江南山東天津奉天各海口其意即在銷售鴉片雖經各地方官隨時驅逐然聞私售之數亦已不少是但絕粵海之互市而不能止私貨之不來且法令者胥役棍徒之所藉以為利法愈峻則胥役之賄賂愈豐棍徒之計謀愈巧道光元年兩廣總督臣阮元曾嚴辦澳門屯戶葉恒澍夷商一案繼任督臣盧坤亦曾拏獲梁昌榮一案起出烟泥一萬四千餘個格殺生擒者數十餘人並將窰口匪徒姚九區寬等籍產入官查辦非不認真而

此害終不能戢蓋匪徒之畏法不如其騖利挨其鬼蜮伎倆法令亦有時而窮更有內外匪犯冒充官差以搜查鴉片爲名乘機搶奪良民受累不堪此等流弊皆起自嚴禁以後究之食鴉片者率皆浮惰無志不足輕重之輩亦有踰耆艾而食此者不盡促人壽命海內生齒日繁斷無減耗戶口之虞而歲竭中國之脂膏則不可不早爲之計閉關不可徒法不行計惟仍用舊例准夷商將鴉片照藥材納稅入關後只准以貨易貨不得用銀購買夷人納稅之費輕於行賄諒彼亦必樂從洋銀應照紋銀一體禁其出洋有犯被獲者鴉片銷燬銀兩充公至文武員弁士子兵

丁或致職趨公或儲材待用豈可聽其沾染惡習至蹈厥時失業之愆惟用法過嚴轉恐互相容隱如有官員士子兵丁私食者應請立即斥革免其罪名寬之正所以嚴之也該管上司及統轄各官有知而故縱者仍分別查議其民間販賣吸食者一概勿論或疑弛禁於政體有關不知觴酒衽席皆可戕生附子烏頭豈無毒性從未聞有禁之者且弛禁僅屬愚賤無事之流若官員士子兵丁仍不在此數似無傷於政體而以貨易貨每年可省中原千萬餘金之偷漏稅孰得孰失其事了然倘復瞻顧遲回徒循虛事恐鴉片終難禁絕必待日久民窮財匱而始轉計則已悔

不可追謹以　上聞

請嚴塞漏卮以培國本摺

鴻臚寺卿黃爵滋

臣惟　皇上宵衣旰食所以為天下萬世計者至勤且切而國用未充民生罕裕情勢積漸一歲非一歲之比其故何哉考諸　純帝之世籌邊之需幾何巡幸之費幾何修造之用又幾何而上下充盈號稱極富至嘉慶以來猶稱豐裕士大夫之家以及巨商大賈奢靡成習較之目前不啻霄壤豈愈奢則愈豐愈儉則愈嗇耶臣竊見近來銀價遞增每銀一兩易制錢一千六百有零非耗銀於內地實漏銀於外夷也蓋自鴉片流入中國我　仁宗睿皇帝知其必有害也故告誡諄諄例有明禁然當時臣工亦不料

其流毒至於此極假早知其若此必有嚴刑重法遏於將萌查例載凡夷船到廣必先取具洋商保結保其必無夾帶鴉片然後准其入口爾時雖有保結視為具文夾帶斷不能免故道光二年以前每歲漏銀數百萬兩其初不過紈袴子弟習為浮靡尚知斂戢嗣後上自官府縉紳下至工商優吏以及婦女僧尼道士隨在吸食置買烟具為市日中 盛京等處為我 朝根本重地近亦漸染成風外洋來烟漸多另有躉船載烟不進虎門海口停泊於洋中之老萬山大嶼山等處粵省奸商勾通巡海兵弁用扒龍快蟹等船運銀出洋運烟入口故自道光三年至十一年

歲漏銀一千七八百萬兩自十一年至十四年歲漏銀二千餘萬兩自十四年至今漸漏銀三千餘萬兩之多此外福建浙江山東天津各海口合之亦數千萬兩取中國有用之財填海外無窮之壑易此害人之物漸成病國之憂日復一日年復一年臣不知伊于胡底各省州縣地丁漕糧征錢甚多及辦奏銷皆以錢易銀折耗太苦故前則多有盈餘今則無不賠墊各省鹽商賣鹽俱係錢文交課盡歸銀兩昔之爭為利藪今則視為畏途再三數年間銀價愈貴奏銷如何能辦稅課如何能清設有不測之用又如何能臣每念及此輾轉不寐今天下皆知漏巵在鴉片所

以塞之之法亦紛紛講求或謂嚴查海口杜其出入之路固也無如稽查員弁未必悉皆公正每歲既有數千餘萬兩之交易分潤毫釐亦不下數百萬兩利之所在誰肯認真查辦倘有所獲已屬寥寥況沿海萬餘里隨在皆可出入此不能塞漏者一也或曰禁止通省拔其貽害之本似也不知洋夷載入呢羽鐘表與所載出茶葉大黃湖絲通計交易不足千萬兩其中沾潤利息不過數百萬兩尚係以貨易貨較之鴉片之利不敵十分之一故夷人之著意不在彼而在此今雖割棄粵海關稅不准通商而烟船本進口停泊大洋居為奇貨內地食烟之人刻不可緩自有

奸人搬運故難防者不在夷商而在奸民此不能塞漏卮者二也或曰查拿興販嚴治烟館雖不能清其源亦庶可遏其流不知自定例以來興販鴉片者發邊遠充軍開設烟館者照左道惑人引誘良家子弟例罪至絞今天下興販者不知幾何開設烟館者不知幾何而各省辦此案者絕少蓋原粤省總辦鴉片之人據設窰口自廣東以至各省沿途關口聲勢聯絡各省販烟之人其資本重者窰口沿途包送關津書吏容隱放行轉於往來客商藉查烟為名恣意留難勒索其各府州縣開設烟館者類皆奸猾吏役兵丁勾結故家大族不肖子弟素有聲勢於重門深巷

之中聚衆吃食地方官之幕友家人半溺於此未有不庇其同好者此不能塞漏卮者三也或又曰開種罌粟之禁聽內地熬烟庶可抵當外夷所入積之漸久不致紋銀出洋殊不知內地所熬之烟食之不能過癮不過興販之人用以攙和洋烟希圖重利此雖開種罌粟之禁亦不能塞漏卮者四也然則鴉片之害其終不能禁乎實未知其所以禁也夫耗銀之多由於販烟之盛販烟之盛由於食烟之衆無吸食者自無興販無興販則外夷之烟自不來矣今欲加重罪名必先重治吸食臣請

皇上嚴降諭旨自今年某月日起至明年某月日止准給一年期限戒烟雖

至大之癮未有不能斷絕若一年以後仍然吸食是奉法之民置之重刑無不平允查舊例吸食鴉片者罪僅枷杖其不指出興販者罪止杖一百徒三年然皆係活罪斷癮之苦甚於枷杖與徒杖等犯明知不肯斷絕若罪以死論是臨刑之慘急更苦於斷癮之苟延臣知情願絕癮而死於家必不願受刑而死於市惟

皇上明慎用刑之意誠恐立法稍嚴互相告訐必至波及無辜然吸食鴉片者是否有癮無癮到官熬審立刻可辨如非吸食之人雖大怨深仇不能誣枉良善果係吸食究亦無從掩飾故雖用刑並無流弊臣查余文儀台灣志云咬𠺕吧本輕捷善鬬紅

毛製造鴉片誘使食之遂疲羸受制其國竟為所據紅毛人有自食鴉片者其法集衆紅毛人環視繫其人竿上以炮擊之入海故紅毛無敢食者今入中國之鴉片來自唊咭唎等國其法有自食鴉片者以死論故各國祇有造烟之人無一食烟之人　臣又聞夷船到廣時孟邁經安南邊境初誘安南人食之安南人覺其陰謀立即嚴刑示禁凡有食鴉片者死之不赦夫以外夷之人尚合行禁止況我

皇上雷電之威赫然震怒雖愚頑之沉溺既久自足以發聵震聾但天下計非常情所及惟　聖明乾剛科斷不必衆意皆合誠恐畏事之人未肯為　國任怨明知非嚴

刑不治托言吸食人多治之過驟則有决裂之患今寬限一年是緩圖也在　諭旨初降之時總以嚴切為要　皇上之旨嚴則奉法之吏肅奉法之吏肅則犯法之人畏一年之內尚未用刑十已戒其八九已食者竟藉國法以保餘生未食者亦因戒烟以全身命此　皇上止辟之大權即好生之盛德也復請　飭諭各省督撫嚴切曉諭廣傳戒烟藥方毋得逾限吸食并一面嚴飭各府州縣清查保甲預先曉諭居民定於一年後取具五家鄰佑互結仍有犯者准令舉發給與優獎倘有容隱一經查出本犯照新例處死外互結之人照例治罪至於通都大邑五方襍處

往來客商去留無定鄰佑難於查察責成舖店如有容留
食烟之人照窩藏匪類治罪現任文武大小各官如有逾
限吸食者是以奉法之人為犯法之事應照常加等除本
犯官治罪外其子孫不准考試地方官於定例一年後如
能實心任事拿獲多起者照獲盜例請　恩議敘以示鼓
勵其地方官署内官親幕友家丁仍有吸食被獲者除本
犯治罪外該本管官嚴加議處各省滿漢營兵每伍取結
照地方保甲辦理其管轄失察之人照地方官衙門辦理
庶幾軍民一體上下肅清無論窮鄉僻壤務必布告詳明
使天下曉然於　皇上愛惜民財保全民命之至意向之

吸食鴉片烟者自當畏刑感德革面洗心如是則漏危可塞銀價不致再昂然後講求理財之方誠天下萬世臣民之福也

籌議嚴禁鴉片章程疏 道光十八年

湖督 林則徐

本年五月初二日准兵部火票遞到刑部咨開道光十八年閏四月初十日 上諭黄爵滋奏云云欽此臣查原奏內稱近來銀價遞增每銀一兩易制錢一千六百有零非耗銀於內地實漏銀於外夷自鴉片煙流入中國其初不過紈袴子弟習為浮靡嗣後上自官府縉紳下至工商優隸以及婦女僧尼道士隨在吸食廣東每年漏銀漸至三千餘萬兩合之各省又數千萬兩耗銀之多由於販煙之盛販煙之盛由於食煙之眾今欲加重罪名必先重治吸食請 皇上嚴降諭旨自今年某月日起至明年某月日

止准給一年限期若一年以後仍然吸食是不奉法之亂民罪以死論等語臣伏思鴉片流毒於中國紋銀潛耗於外洋凡在臣工誰不切齒是以歷年條奏不啻發言盈廷而獨於吸食之人未有請用大辟者一則　大清律例早有明條近復將不供興販姓名者由杖加徒已屬從重若遽坐死罪是與十惡無所區別即於五刑恐未協中一則以犯者太多有不可勝誅之勢若議刑過重則弄法滋奸恐訐告誣攀賄縱索詐之風因而愈熾所以論死之說私相擬議者未嘗乏人而毅然上陳者獨有此奏然流毒至於已甚斷非常法之所能防力挽頹波非嚴莫濟茲蒙

諭旨飭議雖以　臣之愚昧敢不竭慮籌維竊謂治獄者固宜準情罪以持其平而體　國者尤宜審時勢而權所重今鴉片之貽害於內地如病人經絡之間久為外邪纏擾常藥既不足以勝病則攻破之峻劑亦有時不能不用也夫鴉片非難於革癮而難於革心欲革玩法之心安得不立怵心之法況行法在一年以後而議法在一年以前轉移之機正繫諸此書所謂舊染汙俗咸與維新傳所謂火烈民畏故鮮死焉者似皆有合於　大聖人辟以止辟之義斷不至與苛法同日而語也惟是吸煙之輩陷溺已深志氣無不惰昏今日安知來日當夫嚴刑初設雖亦愧悚

魂驚而轉思期限尚寬姑俟臨時再斷至期迫而又不能
驟斷則罹法者仍多故臣謂轉移之機即在此一年中必
直省大小官員共矢一心極力挽迴間不容髮期於必收
成效永絕澆風而此法乃不為贅設玆謹就臣管見所及
擬具章程六條為我　皇上敬陳之　一煙具先宜收繳
淨盡以絕饞根也查吸煙之竹桿謂之槍其槍頭裝煙點
火之具又須細泥燒成名曰煙斗凡新槍新斗皆不適口
且癮難過必其素所習用之具有煙油漬乎其中者愈久
而愈寶之雖骨肉不輕以相讓此外零星器具不一而足
然尚可以他具代之惟槍斗均難替代而斗比槍尤不可

離遇無槍時以習用之斗配別樣煙桿猶或遷就一吸若無斗即煙無裝處而自不得不斷矣今須責成州縣盡力收繳槍斗視其距海疆之遠近與夫地方之衝僻户口之繁約民俗之華樸由各大吏酌期定數責以起獲示以勸懲除新槍新斗聽該州縣自行毀碎不必嚴計外凡漬油之槍斗皆須包封粘貼印花彙冊送省該省大吏當堂公同啟封毀碎無論此具或由搜獲或由首繳或由收買皆許嚴作州縣功過之數若地方繁庶而收繳寥寥者立予撤參如能格外多收亦當分別獎勵一此議定後各省應即出示勸令自新仍將一年之期劃分四限遞加罪名以

免因循觀望也查重典之設原為斷吸起見果能人人斷吸亦有何求所謂以人治人改而止也各省奉文之後應由大吏發給告示遍行剴切曉諭自奉文之日起扣至三個月為初限如吸煙之人於限内改悔斷絶赴官投首者請照習教人首明出教之例准予免罪然投首非空言也必將家藏煙具幾副餘煙若干全行呈繳到官出具改悔自新毫無藏匿甘結加具族隣保結立案報查如日後再犯或被告發或經訪聞拘訊得實加倍重辦其二三四限之内投首者雖不能概予免罪似亦可酌量減輕惟不投首者一經發覺即須加重蓋四時成歲三月成時氣候不

為不久果知畏法儘可改圖若仍悠忽遷延再三自悞揆以誅心之律已非徒杖所可蔽辜除初限以內拏獲者仍照原例辦理外其初限以外四限以內未首之犯拏獲審實似應按月遞加一等至軍為止其中詳細條款並先後投首如何減等首後再犯如何懲辦之處均請　勅部嚴議施行似此由寬而嚴由輕而重不肖之徒如再不知悔懼置諸死地誠不足惜矣

一開館興販以及製造煙具各罪名均應一體加重並分別勒限繳具自首以截其流也查開館本係死罪興販亦應遠戍近因吸食者多互相包庇以致被獲者轉少今吸煙既擬重刑若輩豈宜末減

應請一體加重方昭平允但澆俗已深亦宜予以自新之路請自奉文之日起開館者勒限一月將煙具煙土全繳到官准將原罪量減如係拏獲照原例辦理地方官於一月內辦出者無論或繳或拏均免從前失察處分倘逾限拏獲犯照新例加重自獲之員減等議處其興販之徒路有遠近或於新例尚未聞知不能概限一月投首應請酌限三個月內不拘行至何處准赴所在有司衙門繳煙免罪若逾限發覺亦應論死其繳到之煙土煙膏眼同在城文武加用桐油立時燒化投灰江河匿者與犯同罪至製造烟具之人近日愈夥如煙槍固多用竹亦間有削木為

之大抵皆煙袋鋪所製其槍頭則裹以金銀銅錫槍口亦飾以金玉角牙閩粵間又有一種甘蔗槍漆而飾之尤為若輩所重其煙斗自廣東來者以洋磁為上在內地製者以宜興為高恐其屢燒易裂也則亦包以銀錫而發藍點翠各極其工恐其屢吸易塞也則又通以鐵條而矛戟錐刀不一其狀手藝之人喜其易售奇技淫巧競相傳習雖照例懲辦而製造如故應請概限奉文一月內將所製大小煙具全行繳官毀化免罪並諭煙袋作坊瓦器窯戶以及金銀銅錫竹木牙漆各匠互相稽查如逾限不首及首後再製俱照新例重辦其裝成槍斗可用吸食者即須論

死保甲知情不首與犯同罪　一失察處分宜先嚴於所近也文武屬員有犯該管上司於奉文三個月內查明舉發者均予免議逾限失察者分別議處其本署戚友家丁近在耳目之前斷無不知應勒限一個月查明若不能早令革除又不肯據實舉發即是有心庇匿除犯者加重治罪外應將庇匿之員即行革職本署書差有犯限三個月內查明懲辦逾限失察者分別降調　一地保牌頭甲長本有稽查奸宄之責凡有煙土煙膏煙具均應著令查起也挾仇訐告之風固難保其必無但能起獲贓證即已有據且起一件即少一害雖初行之時亦恐難免滋擾然凡事

不能全無一弊若果吸煙者懼其滋擾而皆決意斷絕正不為無裨也至開館之房主及該地方保甲斷無不知之理若不舉發顯係包庇應與正犯同罪並將房屋入官一審斷之法宜預講也此議定後除簡僻州縣犯者本少即有一二無難隨時審辦外若海疆商賈馬頭及通衢繁會之區吸食案不可勝數告發既多地方有司日不暇給即終日承審而片刻放鬆則癮已過矣委人代看則弊已作矣是非問罪之難而定讞之難也要知吸煙之虛實原不在審而在熬熬一人與熬數人數十人其工夫一耳且專熬一人容或有弊多人同熬轉無可欺譬如省會地方擇

一公所彙提被控被拏之人委正印以上候補者一員往審足矣不必多員也臨審時恐其帶藥過癮則必先將身上按名嚴搜即餻點亦須敲碎然後點入封門如考棚之坐號各離尺許不准往來問官亦只准帶一丁兩役隨身伺候不許擅離自辰巳以至子丑祗須靜對不必問供而有癮之人情態已皆百出矣其審係虛誣者何員所審即令何員出具切結倘日後別經發覺惟原審官是問　以上六條就臣愚昧之見斟酌籌議未知當否理合繕摺具奏伏乞　皇上聖鑒訓示再臣十餘年來目擊鴉片烟流毒無窮心焉如擣久經採訪各種醫方配製藥料於禁

戒吸煙之時即施藥以療之就中歷試歷驗者計有丸方兩種飲方兩種謹繕另單恭呈 御鑒可否頒行各省以資療治之處伏候 聖裁

戒煙斷癮前後兩方總論

人之喉管有二食管以主飲食下達二腸氣管以主呼吸周通五臟氣管本屬清虛不受一粒半滴之物若物誤入其中即時咳逆必出之而後快而煙乃有氣無形之物故可吸入呼出往來於五臟雖其氣已去而其味仍留但人之所以得生者胥藉胃間所納穀氣循環於經絡以培養其精神令食煙之人其臟

肺慣得煙氣以剋穀氣故常人一日不食五穀則饑而憊食鴉片煙者視五穀猶可緩但對時不吸則癮而憊無他正氣為邪氣所制也本草所載生煙即今之旱煙其氣辛故止於入肺若鴉片則其性毒而滛其味濇而滯其色黑而入肝腎故一吸而能透於肉筋骨髓之中一呼又能達於肢體皮毛之杪徧身内外上下無處不到是以食纔下咽自頂至踵均覺舒暢遂溺其中始則由漸而常繼則由常而熟至於熟矣内而臟腑經絡外而耳目手足皆必得此煙氣而後即安一旦無之腎先告乏故呵欠頻作肝困而困

故涕淚交流肺病則痰涎並生心病則痿輭自汗必至是時而起者脾主信故也彼溺乎其中者至是而適受其困矣然溺而知戒不過困於一時溺而不戒則直徇以身命以煙氣剋穀氣引邪奪正其能久乎果其戒之並非難事癮之輕者與體之壯者即無藥方亦可斷絕茲專為受癮深而氣體弱者立前後兩方一日忌酸丸一日補正丸忌酸丸即以煙灰和藥為之緣初戒時不能遽絕故以灰代煙也重用附子者取其走而不守能遍行一十二經也佐之以柴胡之左旋升麻之右旋沉香之直達下焦四者相合則

徹乎上下表裏頃刻而能徧於一身矣顧吸煙之人中氣無不傷者中氣傷則氣不能化精而血衰故用參芪以補肺氣白朮以補脾氣陳皮木香以利諸氣皆所以安其中也中氣既固再有當歸連柏以涼血而生血且連柏能殺附子之毒以生一源之水且制二相之火也氣血兩虛之人保無昏暈非天麻不能止故加以天麻其用甘草者不但可以補中兼可益血並和諸藥也此方氣血兩補而藥味不雜寒熱並用而於理不悖煉以為丸吞入於胃行氣於五臟輸精於經絡不俄頃亦即徹頂踵徧内外無處不到是

以煙癮不起諸病不作且有沉木二香氣息芬芬藉附子以行之薰蒸於五臟之中吞至數日後若再取過火之煙吸之不獨臟氣與之扞格即鼻孔聞之已嫌其臭矣補正丸即以忌酸丸之方減去黃芪木香二味不用附子且不用煙灰其餘藥味分兩均與忌酸丸方同凡戒煙者先吞忌酸丸至三五日後每日減忌酸一丸則以補正兩丸替之減兩丸則以四丸替之照此遞推互相加減至忌酸丸減盡再專服補正丸十日或半月後即連補正丸亦不用服而癮自斷矣此方歷試歷驗具有神效緣有補中益氣之藥

日減有煙之一丸以去邪癮日增補正之二丸以助正氣正氣日足邪無所容即使至重之癮果能痛自改悔照法行之不過略多數日未有不能斷絕者全身命以保餘生懔國法而免刑戮凡有血氣心知之人有不覺悟自新速塗早返者哉所有方藥製法詳開於左

忌酸丸方

不曰戒煙丸而曰忌酸丸者蓋以既用煙灰吞服之後若與味酸之物同食則令人腸斷而死故以忌酸名方欲服之者顧名知忌耳

生洋參五錢白术叁錢當歸二錢黃柏四錢川連四錢炙黃芪三錢半炙甘草三錢半陳皮二錢半柴胡二錢半沉香二錢忌火木香二錢忌火天麻三錢升麻一錢半共為細末入生附子七錢米泔浸透石臼中擣如泥再入煙灰一兩攪勻入麪糊同藥為丸如小桐子大丸成後共稱重若干約計平時有癮一分者每日所服之丸須有煙灰一釐二毫為度必於飯前吞下否則不驗起初一二日或多吞些令其微有醉意則有煙亦不思食矣吞定三五日後每日減忌酸丸一丸補正丸二丸頂換吞下

補正丸方各藥分兩俱照前方

生洋參　白术　當歸　黄柏　川連　炙甘草

陳皮　柴胡　沉香　天麻　升麻

共為細末用蜜和丸如桐子大以之頂換忌酸丸

如初一減忌酸丸一丸則用補正丸二丸吞下至

初二則減忌酸丸二丸又用補正丸四丸吞下餘

可類推至忌酸丸減盡再服補正丸十日或半月

後連補正丸亦不用服矣如癮重者一劑不能盡

除即多服兩劑癮亦必斷

忌酸丸加減法

紅白痢加黄芩白芍　夢遺加龍骨牡蠣　諸痛加重木香元胡索　咳嗽加紫苑炙冬花炙枇杷葉去毛　咳甚者加杏仁阿膠　熱痰加川貝母瓜蔞霜　寒痰加半夏南星　若覺下焦有火加黄柏知母　眼暈加丹皮白菊　小便短加豬苓澤瀉　水瀉加白茯苓車前　身體不虛者去洋參換沙參炙芪不必用如無頭暈者不用天麻氣短不足者加蛤蚧尾　氣喘者加故紙併加蛤蚧尾

以上或入藥或煎湯送下

附錄簡便二方

忌酸補正前後丸方極靈驗矣而配合兩劑需錢數千文彼憚於斷煙者尚有所藉口或謂一時乏此整項或謂配合費事有需時日即勸人斷煙者亦未必均肯捐資多製藥丸隨人施給雖刀圭可以救病如畏難苟安何故又附錄兩種良方皆費錢極少而為效甚捷者庶窮鄉僻壤之地與臺奴隸之微但使一念知悔皆可立刻自醫更何畏難之有嗟夫人孰不欲生若不於此求生則死於煙與死於法均之孽由自作耳可不懼哉所有簡便二方附錄於後此二方各自為用不相連屬

四物飲

赤沙糖一斤生甘草一斤川貝母八錢去心研細鴉片灰三錢癮重者四錢

右四物以清水十餘大碗入銅鍋煎兩三時約存三四碗愈濃愈妙將渣漉出取汁貯瓷罋內置靜室無人行處每日早起及夜卧之前各取汁一盃以開水溫服癮即可斷如癮極重者取已煎之汁而重煎之十盃煎成一盃照前再服必效

瓜汁飲

南瓜正在開花時連葉與根籐一併取下用水滌淨

於石臼中合而擣之取汁常服不數日夙癮盡去甫經結瓜者連瓜擣之亦可用
謹按本草載南瓜甘溫無毒補中益氣截其藤有汁極清如誤吞生鴉片者以此治之即不死是其解毒如神故除癮亦極著效此物最易蔓生雖荒僻村野無處無之惟至冬則藤葉皆枯無汁可取其在夏秋則取之不窮並可不費錢而得凡勸人戒煙者皆宜多取此汁廣貯罈瓮留以濟人可謂不費之惠
臣向所採輯戒煙斷癮藥方共十餘種而歷試有效

者以此數種爲最忌酸補正兩丸其法最正四物瓜汁兩飲其用尤便不揣冒昧一併恭錄隨摺進呈

楚省查拏煙販收繳煙具疏 道光十八年八月 湖督 林則徐

竊臣前奉 諭旨飭議吸食鴉片煙罪名當經擬具條款恭摺覆奏在案臣思此事須待各省奏齊上衷 宸斷奉到 諭旨頒發祗遵而各省遠近不同定議尚需時日恐民間以為久無消息或且不必查辦此心稍放即不可以復收是以臣與湖南撫臣錢寶琛護湖北巡撫布政司臣張岳崧熟商目下吸食罪名雖未定議而查拏總不可稍懈收繳亦不可稍遲當即飭屬先訪開館興販之人嚴緝務獲一面會同出示剴切禁戒並捐廉配製斷癮藥丸二千料在於省城及漢口鎮等處設局派委妥員收繳煙槍

煙斗及一切器具餘煙果係真心改悔查無不實不盡者
稟請幫免治罪並酌給藥料俾其服食除癮以觀後效旋
據漢陽縣知縣郭觀辰稟報拏獲興販鴉片之朱運升一
犯在其船上貨箱内起獲夾帶煙土一千二百餘兩煙膏
八百餘兩嗣又於漢鎮邱第祥棧房内拏獲興販之何日
昇傅桂芳兩犯起獲何日昇煙土三百五十兩傅桂芳煙
土五百兩又鄒阿三馮奉金二犯先期已回廣東在鄒阿
三皮箱内搜獲煙土二千零七十兩馮奉金木箱内搜獲
煙土九百八十兩又在余萬順棧房内拏獲興販之范永
滏鍾亞長兩犯起獲范永滏煙土七百二十兩鍾亞長煙

土一千二百五十兩又於在逃之樊益潑夾層床內搜獲煙土八百五十兩隨有興販之邵錦璋謝長林范中和等赴府縣自行投首邵錦璋呈出煙土二千餘兩謝長林呈出煙土九百五十兩范中和呈出煙土三百六十兩以上等獲及首繳煙土煙膏共計一萬二千餘兩又自設局至六月底止已繳煙槍計一千二百六十四桿皆係久用漬油之物煙斗雜具俱全　臣於未出省以前即率同兩司道府逐一驗明先用刀劈繼用火燒就中精緻華麗之槍斗極巧畫飾之式樣不勝枚舉其有餘膏殘瀝者拌以桐油再行燒透將灰投入江心自此次燒燬以後兩局續繳煙

槍又據報有七百餘桿省外各屬所收亦已陸續禀報尚
未彙計統俟臣回省時驗明燒燬並接湖南撫臣錢寶琛
來信南省收繳煙槍亦有二千三百餘桿臣查近來鴉片
煙流毒之深幾於口有同嗜地方官以爲滔滔皆是不免
畏難苟安幸蒙
諭旨特頒飭議重罪奸徒聞有論死之
法莫不魄悸魂驚不特開館興販之徒聞風遠竄並吸食
者亦恐性命莫保相率改圖臣等查看輿情並非不可挽
救是以乘機諭戒寬猛兼施呈繳者姑許自新隱匿者力
加搜捕不追既往嚴儆將來無非仰藉
聖主德威務令
力廻汙俗以目下楚北情形而論除官製斷癮藥丸外凡

省城漢鎮藥店所配戒煙之藥無家不有無日不售高麗參洋參等藥皆已長價數倍並有着民婦女在路旁叩頭稱謝據云其夫男久患煙癮今幸服藥斷絕身體漸強等語是其父子家人平日所不能斷者皆恃　國法有以斷之此時新例尚未頒行而情形業已如是總因死罪二字足以怵其心志可見民情非不畏法習俗大可轉移全賴功令之森嚴始免衆心之渙弛臣惟當督屬隨時加緊極力湔除俾皆革薄還淳以期仰副　聖主裕國保民之至意其迭經拏獲興販鴉片人犯之漢陽縣知縣郭覲辰起出煙膏煙土爲數頗多可否　賞予鼓勵之處出自

天恩

銀昂宜禁鴉片片 道光十八年

湖督　林則徐

再臣接准部咨欽奉上諭據寶興奏近年銀價日昂紋銀一兩易制錢一串六百文之多由於奸商所出錢票註寫外兑字樣轉輾磨兑並無現錢請嚴禁各錢鋪不准支吾磨兑總以現錢交易以防流弊等語著步軍統領衙門順天府五城會議具奏並著直省各督撫妥議章程奏明辦理欽此臣查云云近來紋銀之絀凡錢糧鹽課關税一切支解皆已極費經營猶藉民間錢票通行稍可濟民用之不足若不許其用票恐捉襟見肘之狀更有立至者矣夫銀之流通於天下猶水之流行於地中操舟者必較水

之淺深而陸行者未必過問貿易者必探銀之消息而當官者未必盡知譬如閘河之水一遇天旱重重套板以防滲漏猶恐不足濟舟若閘閘不嚴任其外洩而但責各船水手以究淺即使此段磨淺而過尚能保前段之無阻乎銀之短絀何以異是臣歷任所經如蘇州之南濠湖北之漢口皆闤闠聚集之地疊向行商鋪户暗訪密查僉謂近來各種貨物銷路皆疲凡二三十年以前某貨約有萬金交易者今只賸得半之數問其一半售於何貨則一言以蔽之曰鴉片煙而已矣此亦如行舟者驗閘河之水誌而知閘外洩水之多不得以現在行船尚未擱淺而姑苟安

於旦夕也臣竊思人生日用飲食所需在富侈者固不能定其準數若以食貧之人當中熟之歲大約一人有銀四五分即可過一日若一日有銀一錢則諸凡寬裕矣吸鴉片者每日除衣食外至少亦須另費銀一錢是每人每年即另費銀三十六兩以戶部歷年所奏各直省民數計之總不止於四萬萬人若一百分之中僅有一分之人吸食鴉片則一年之漏卮即不止於萬萬兩此可覈數而見者況目下吸食之人又何止百分中之一分乎鴻臚寺卿黃爵滋原奏所云歲漏銀數千萬兩尚係舉其極少之數而言耳內地膏脂年年如此剝喪豈堪設想而吸食者方且呼

朋引類以誘人上癮爲能陷溺愈深愈無忌憚儆玩心而廻頹俗是不得不嚴其法於吸食之人也或謂重辦開館興販之徒鴉片自絶不妨於吸食者稍從末減似亦持平之論而臣前議條欵請將開館興販一體加重仍不敢寛吸食之條者蓋以衙門中吸食最多如幕友官親長隨書辦差役嗜鴉片者十之八九皆力能包庇販賣之人若不從此嚴起彼正欲賣煙者爲之源源接濟安肯破獲以斷來路是以開館應擬絞罪律例早有明條而歷年未聞絞過一人辦過一案幾使例同虛設其爲包庇可知即此時衆議之難齊亦恐未必不由乎此也吸食者果論死則開

館與興販即加至斬決梟示亦不為過若徒重於彼而輕於此仍無益耳譬之人家子弟在外遊蕩靡惡不為徒治引誘之人而不錮其子弟彼有恃無恐何在不敢復犯故欲令行禁止必以重治吸食為先且吸食罪名如未奉
旨飭議雖現在止科徒杖尚恐將來忽罹重刑若既議而終不行或略有加增無關生死彼吸食者皆知從此永無重法孰有戒心恐嗣後吸食愈多則賣販之利愈厚即冒死犯法亦必有人為之是專嚴開館興販之議意在持平而藥不中病依然未效之舊方已耳諺云刖足之市無業屨僧寮之旁不鬻櫛果無吸食更何開館興販之有哉或

謂罪名重則訛詐多此論亦似殊不思輕罪亦可訛詐惟無罪乃無可訛詐與其用常法而有名無實訛詐正無了期何如執重法而雷厲風行吸食可以立斷吸食既斷訛詐者又安所施乎若斷（恐）不易斷則目前之繳具已是明徵若恐誅不勝誅豈一年之限期猶難盡改特視奉行者之果肯認真否耳誠使中外一心誓除此害不惑於姑息不視為具文將見人人滌慮洗心懷刑畏罪先時雖有論死之法屆期並無處死之人即使屆期竟不能無處死之人而此後所保全之人且不可勝計以視養癰貽患又孰得而孰失矣夫舜典有怙終賊刑之令周書有羣飲拘殺之

條古聖王正惟不樂於用法乃不能不嚴於立法法之輕重以弊之輕重為衡故曰刑罰世輕世重蓋因時置宜非得已也當鴉片未盛行之時吸食者不過害及其身故杖徒已足蔽辜迨流毒於天下則為害甚鉅法當從嚴若猶泄泄視之是使數十年後中原幾無可以禦適〔敵〕之兵且無可以充餉之銀興思及此能無股慄夫財者億兆養命之原自當為億兆惜之果皆散在內地何妨損上益下藏富於民無如漏向外洋豈宜藉寇資盜不亟為計臣才識淺陋惟自念受　恩深重備職封圻覩此利害切要關頭竊恐築室道謀一縱即不可復挽不揣冒昧謹再瀝忱附片

密陳

恭報抵粵日期摺 道光十九年正月發 二月二十日奉 上諭

欽差大臣林則徐

竊臣上年冬閒進京陛見於十一月十五日欽奉諭旨云云欽此臣當即在京請訓疊聆恩諭備極周詳蒙委任之逾恒彌深感奮念責成之重大倍切悚惶陛辭後於二十三日出京經由直隸山東安徽皆無停滯惟江西途次連遇大雪閒有未能儹行之處旋即加緊前進以速補遲茲於正月二十五日行抵廣東省城與督臣鄧廷楨撫臣怡良等會晤當據告知節次拏獲鴉片煙犯水陸交嚴羣情頗為警動迨聞特派查辦之旨聲威所被震懾民夷是以駐省年久之夷商喳顛於十二月十

二日請牌下澳附搭港腳咉船回國其伶仃洋躉船內有港腳啿船及嚩吐船二隻亦於十二月二十八日回去今年正月二十日又有港腳喊咂及吔噸等船咪唎堅國㗎喱喑及吐咖等船嗹國嘟吐船小呂宋船共十四隻起椗開行二十一日又有港腳囋咂等船咪唎堅國嘛叻等船共四隻與前船一同駛去旋據探報拋泊了洲洋面該處為夷船回國必經之路現仍嚴行探逐業經先後具奏等語臣復細加查訪均屬相符惟思夷情詭譎異常現有鴉片在船未必遽甘回國果否計窮思遁抑係擇地圖遷均未可定第既經開動其為畏懼可知亟應宣示　天威

乘勢盡行驅逐以為清源之計除飭外海水師確查飛稟相機會辦外至臣先於途次承准軍機大臣字寄上年十二月十六日奉　上諭云云欽此臣查閱摺內所議分派兵哨各船在伶仃洋一帶按月輪流堵截無論內地何項船隻駛近夷船概行追擊倘敢逞兇拒捕格殺勿論其東路之惠潮等屬洋面口岸一體巡防似此碁布星羅已足以昭嚴密惟現在夷躉既經移動自須到處跟蹤即使該躉船駛出老萬山猶恐內海匪船潛赴外洋勾結是杜絕售私之勁實屬刻不容鬆臣甫經到省於各處島澳口門尚未親歷現在檢閱圖志先與督撫臣在省互相講求擬

於旬日之間出赴中路之虎門澳門等處與水師提臣關
天培乘船周覽以便相機度勢通計熟籌俟蔓船驅除應
手之後再往東路察看機宜隨時會同鄧廷楨等覈實辦
理總期拔本塞源力廻錮習以仰副　聖主澄清海澨綏
戢民生之至意

附奏粵省鴉片情形片 道光十九年正月

再查奸夷喳噸係暎咭唎國所屬之港脚人盤踞粵省夷館歷二十年之久混號鐵頭老鼠與漢奸積慣串通鴉片之到處流行實以該夷人為禍首伊僅係夷中之一奸販並非該國有職之人祇以狡黠性成轉恃　天朝柔遠之經為係護符之計其囤售私以致巨富人所共知道光十六年冬間即經督臣鄧廷楨等遵奉　諭旨查明驅逐而該夷藉稱清理帳目又作兩載逗遛去冬　臣蒙　皇上發交太僕寺少卿楊殿邦等條奏各摺帶來廣東查辦其摺內所指亦以該夷人為奸猾之尤臣於未出京時即先密

遣捷足飛信赴粵查訪其人以觀動靜聞十二月間廣東省城互相傳播以為　欽差大臣一到首拏喳噸究辦該夷人遂即請牌下澳搭船回國是其飽則颺去固為鬼蜮常情要在使之不敢再來乃為善策又伶仃洋面躉船亦於臣將到之時先後開動二十隻雖夷情叵測難保不游奕往來而其聞知　諭旨森嚴心懷畏懼亦已明甚矣此時查辦機宜惟有外樹聲威內加慎重陽示鎮靜陰肅防維使之生嚴憚之心而發悔懼之念然後曉諭禁止皆非空言至廣東興販吸食之人固倍蓰於他省然聞　皇上特遣大臣查辦皆有懼心屢經嚴拏之餘興販者不能不

斂戢吸食者亦不能不戒斷惟民情因見從前旋查旋止以為官禁未必久長不免有觀望希冀之想臣入境後聞民間無不私探罪名輕重與新例之曾否頒行大抵惟生死關頭足以生其震恐如果定論死之例而寬一年之期即吸食莫多於廣東而以臣察看情形亦可保限外無人犯法若寬而生玩則不惟未戒者不戒即已戒者亦必復食稍縱即逝恐不可挽伏乞
聖明乾斷嚴例早頒庶辦理得有把握

會奏夷船繳土摺

道光十九年三月十九日

粵督鄧廷楨　大臣林則徐　粵撫怡良　提督關天培　監督豫堃

臣等密計熟商竊以此次　特遣查辦務在永杜來源不敢僅顧目前因循塞責查夷情本皆詭譎而販賣鴉片者更為奸猾之尤此次聞有　欽差到省料知必將該夷躉船發令驅逐故特先行開動離卻向來所泊之伶仃等洋以明其不敢違抗其實每船內貯存鴉片聞俱不下千箱因上年以來各海口處處嚴防難於發賣而其奸謀詭計仍思乘閒覓售非特不肯拋棄大洋亦必不肯帶回本國即使逐出老萬山以外不過暫避一時而不久復來終非了局且內海匪船亦難保不潛赴外洋勾結售買必須將

其躉船鴉片銷除淨盡乃為杜絶病源但洪濤巨浪之中
未能確有把握因思躉船之存貯雖在外洋而販賣之奸
夷多在省館雖不必遽繩以法要不可不喻以理而怵以
威　臣林則徐當撰諭帖責令衆夷人將躉船所有煙土盡
行繳官許以奏懇　大皇帝天恩免治既往之罪並酌請
賞犒以奬其悔懼之心嗣後不許再將鴉片帶來內地
犯者照　天朝新例治罪貨物沒官等語與臣鄧廷楨怡
良酌商定稿即於二月初四日公同坐堂傳訊洋商將諭
帖發給令其齎赴夷館帶同通事以夷語解譯曉諭立限
稟覆一面密派兵役暗設防維查各國買賣以嘆咭唎為

較大該國自公司散局以後於道光十六年派有四等職
夷人義律到澳門經管商梢謂之領事臣等發諭之後各
國則皆觀望於暎夷而暎夷又皆推諉於義律其中有通
曉漢語之夷人嘾噹等四名經司道暨廣州府等傳至公所
面加曉諭因該夷嘾噹等回禀之言尚爲恭順當即賞給紅
綢二疋黃酒二壜著令開導衆夷速繳鴉片米據即行禀
覆至二月初十日義律由澳門進省其時奸夷嚩咃等希
圖乘夜脫逃經臣等查知截回諭責義律以不能約束之
非並照歷届暎夷違抗即行封艙之案移咨粵海關監督
臣豫堃將各夷住泊黃埔之貨船暫行封艙停其貿易又

夷館之買辦工人每為夷人潛通信息亦令暫行撤退並
將前派暗防之兵役酌量加添凡遠近要隘之區俱令明
為防守不許夷人出入往來仍密諭弁兵不得輕舉肇釁
在臣等以靜制動意在不惡而嚴而諸夷懷德畏威
均已不寒而慄自嚴密防守之後省城夷館與黃埔澳門
及洋面躉船信息絕不相通該夷等疑慮驚惶自言愧悔
臣林則徐又復疊加示諭勸戒兼施即於二月十三日據
該領事義律稟覆情愿呈繳鴉片維時距撤退買辦之期
業已五日夷館食物漸形窘乏臣等當即賞給牲畜等物
二百數十件復向查取鴉片確數經義律向各夷人名下

反覆追究旋據呈明共有二萬二百八十三箱查向來挐獲鴉片如係外夷原來之箱每一箱計裝整土四十箇每箇約重三斤每箱應重一百二十斤即至日久收乾每箱亦約在百斤以外以現在報繳箱數覈之總不下二百數十萬斤若經奸販轉售則流毒何所不至今設法令其全繳不動兵刑無非仰仗
天威自然畏服臣等欽感之餘仍當倍加慎重誠恐所報尚有不實不盡訪之在洋水師及商賈人等僉稱外夷高大躉船每隻所貯亦不越千箱之數是躉船二十二隻覈與所報箱數不甚相懸當即諭令駛赴虎門以憑收繳除商明留臣怡良在省彈壓防範

外臣林則徐臣鄧廷楨均於二月二十七日自省乘舟二十八日同抵虎門水師提督臣關天培本在虎門駐劄凡防範夷船查拏售私之事皆先與臣等隨時商搉務合機宜自繳之諭既頒尤資嚴密防堵茲躉船二十二隻陸續駛至虎門口外關天培當即督率將領分帶提標各營兵船排列彈壓並先期調到碣石鎮總兵黃貴署陽江鎮總兵楊登俊各帶該標兵船分排口門内外聲威極壯粵海關監督臣豫堃亦駐虎門稅口照料稽查臣等親率候補知府南雄直隸州知州余保純署廣州府同知佛岡同知劉開域候補通判李敦業樂昌縣知縣吳思樹暨副將李

賢守備盧大鉞分派文武大小各委員隨收隨驗隨運隨
貯惟為數甚多一躉船所載之箱即須數十隻剝船始敷
盤運而自口外運至口内堆貯之處又隔數十里若日期
過促草率收繳恐又别滋弊端臣鄧廷楨擬收至兩三日
後先回省署辦公臣林則徐自當常駐海口會同提臣關
天培詳細驗收經理一切容俟收繳完竣查明實在箱數
與該夷領事所禀有無參差再行恭摺　奏報並取具各
夷人永不夾帶切結存案以斷根株伏思夷人販賣鴉片
多年本干　天朝法紀若照名例所載化外有犯並依律
科斷之語即予以正法亦屬罪所應得惟念從前該夷遠

隔重洋未及遠知嚴禁今既遵諭全繳躉船鴉片即與自首無異合無仰求　皇上覆載寬宏　恩施法外免追既往嚴儆將來並求　俯念各夷人鴉片起空無貲置貨酌量　加恩賞給茶葉凡夷人名下繳出鴉片一箱者酌賞茶葉五斤以奬其恭順畏法之心而堅其改悔自新之念如蒙　恩准所需茶葉十餘萬斤應由　臣等捐辦不敢開銷至夷人呈繳鴉片如此之多事屬創見自應派委文武大員將原箱解京驗明再行燒燬以徵實在　十九年二月二十九日發

進呈諭夷原稿并夷禀二件

收繳烟土并清理東路摺 道光十九年四月

林則徐 怡良 鄧廷楨 豫堃

茲自二月二十九日收起截至三月二十日計已收繳鴉片一萬五千八百八十九箱又一千五百四十七口袋覈之義律原報數目已逾十分之八惟近數日來察看後船煙土較諸在先收繳之船所載漸少雖一時未即收完而覈計大數恐其或有短欠當又派員持諭前赴省城夷樓向領事義律嚴加詰責即據禀覆伊所報數目係在省樓覈算帳據而各船裝載鴉片間有駛往沿海地方如潮州南澳等處者遠職再行催回不論現泊何方半月內想可催到定必如數盡繳斷不敢短少等語察其情詞似非虛

誑當即准限半月責令迅速發諭往催臣等伏思東路南
澳地方屢有夷船駛至自上年驅逐淨盡之後今春仍閒
有數船至長山尾等洋游奕雖經該鎮隨時驅逐而夷船
旋去旋來是否中路分銷抑係外洋另股悉心訪察冀得
端倪惟夷人既不肯輸情衆口亦茫無確據正思俟中路
呈繳事竣再行查辦南澳一隅以冀斷絕根株不使稍留
餘孽今據義律於無心中自行吐露是中東兩路實屬一
氣相生其躉船雖在伶仃等洋而三板等船分載煙土由
外洋駛往南澳覓售誠為事所必有既經逐層澈究脊鑒
相尋正當乘此機關責成該領事將分往南澳各船一概

招回悉數呈繳不但原報二萬餘箱之內不准短少一箱
如此外尚有多餘亦必儘數收繳總期一律淨盡不任稍
有留遺轉不責其原報失實之咎除俟收繳全完另行
奏結外所有現繳鴉片已逾十分之八並乘勢清理東路
緣由謹會同廣東巡撫臣怡良粵海關監督臣豫堃恭摺
由驛馳　奏伏祈　皇上聖鑒訓示再臣鄧廷楨原擬收
至兩三日後先回省署辦公嗣因督率委員起剝堆貯稽
查偷漏弊端未克分身回省茲收繳已有成數即於拜摺
後馳回省垣清釐應辦事宜並督飭嚴拏陸路囤販吸食
煙犯合併聲明謹　奏

呈繳煙土一律收清摺　道光十九年四月　林　怡　鄧　豫

臣等查粵省東路南澳一帶係與福建漳州府屬洋面毗連該處夷船自上年驅逐開行之後今春又據稟報有數隻駛至長山尾等洋游弈而福建之布袋等洋近在其北聞亦有夷船旋去旋來緣兩省交界之間逐於粵則竄於閩逐於閩又竄於粵無非因船內載有鴉片隨處覓售茲粵省中路躉船收繳煙土辦理既能應手且究明中東兩路實屬一氣相生亟應由中路而及東路並由粵洋而及閩洋務使兩省海面一體肅清不敢稍分畛域當經臣等諄諭嘆咭唎國領事義律繕寫夷信多撥三板小船分赴

東路各洋無論粤界閩界但有夷船寄泊即催令駛回中路虎門與各躉船同繳煙土仍嚴檄南澳鎮率領師船在洋堵逐並帶有通事傳諭夷人繳煙其内港各口責令潮州鎮道府縣嚴禁蛋艇出洋以斷夷船接濟一面飛信知會閩省督撫臣飭屬照辦使兩省聲勢互相聯絡適據潮州府知府易中孚禀知已奉閩浙督臣鍾祥福建撫臣魏元烺派委漳州府知府胡興仁至閩粤交界之分水關與易中孚面商會辦該府等均即遵照檄飭實力防堵水陸交嚴夷船既不能將鴉片發售又不能有水米接濟勢難久泊復經該領事義律催令一體呈繳即據禀報陸續來

至虎門查有咈嚹吐船啤叻咍船嚨船皆稱從南澳駛來共繳鴉片一千六十七箱又五百十一袋復有咧船咍㘅𠹺船囉嘛吋吐船皆稱從福建駛來共繳鴉片二千二百四箱又五十七袋此數船原不在中路伶仃等洋躉船之內每由外洋潛行竄越蹤迹靡常今亦招至虎門與躉船一體呈繳截至四月初六日收清合計前後所收夷人鴉片共一萬九千一百八十七箱又二千一百一十九袋覈之義律原稟應繳二萬二百八十三箱之數更溢收一千袋有零據該領事等僉稱委係盡數繳官不敢絲毫餘剩臣等於親督收繳之際節經飭令委員每起盡一船即將各

層艙底逐一查驗不任稍有留遺此次收繳全清夷人成
本千餘萬金已成虛擲諒不敢更尋覆轍惟現值南風司
令各國本年貿易夷船正應陸續到粵計自彼國開船尚
在數月以前未必遽信 天朝如此嚴禁其歷年夾帶鴉
片本已習為故常此次來船恐亦難免惟一時未便即寘
於法仍須責令一併繳官 臣等現又嚴諭該領事義律將
新來載貨夷船隨到隨查如無鴉片即具保結請驗倘有
夾帶自行首繳免罪如敢朦混隱瞞查出不許開艙驅逐
回國俟奉到部行新例之後即當擬具檄諭底稿恭呈
御覽照會該國明示限期如屆限再有帶來應遵照 大

清律例所載化外人有犯並依律科斷之語與華民同照
新例一體治罪貨物沒官始可杜其嘗試之念臣等又思
華夷雖有分界而海道處處可通即如閩省各洋南與粵
界相連北即距粵甚遠是否尚有夷船在彼游奕粵省無
從知悉除再飛移閩省督撫臣一併乘機查辦外尚恐夾
帶鴉片之奸夷慮及到粵勒繳或從外洋徑竄迤北各省
寄椗售私前數年本已有此情形此後尤不能不慮應請
敕下沿海各省一體嚴查時加防範若收繳之令隨在
得行即竄越之蹤亦永遠可杜矣至內地興販已久流毒
甚深囤積之家定必不少一聞夷船鴉片盡繳正喜奇貨

可居雖已力塞其源而其流尚未有艾總須趁此機會嚴緝痛懲首繳者許以自新怙惡者寘之重典務在同心協力自可禁止令行以仰副　聖主造福寰區為民除害之至意

夷人販土請定刑律片 道光十九年四月

再臣林則徐前諭夷人出具甘結聲明嗣後來船永不敢夾帶鴉片如有帶來一經查出人即正法貨盡沒官旋據嘆咭唎國領事義律禀稱本國在天朝貿易恭蒙大皇帝懷柔歷有二百餘年仰望先教以禁令森嚴惟本國地方較遠或可姑寬期限自開艙後凡有印度之港腳屬地者給予五月為限嘆國本地者給予十月為限然後即以新例遵行則各人無不悉知其有此例倘有來粵者自必遵行也又云凡有諭令之處遠職自應恭遞回國以俾本國大臣呈上國主閱覽自可明知也等語覈其禀詞尚

屬恭順惟甘結仍遷延未具近日復經諭催又據禀稱倘
不能不取結則暎國人船無奈只得回國等情揆其用意
蓋因該國公司散局悉聽夷商自行經理其中良莠不齊
且海道迢遥設或因風阻滯逾期即難保在路夷船竟不
稍有夾帶一經出結則此後奸夷帶有鴉片不但本犯罹
於重法即該領事亦不能置身事外是以心切遲疑尚非
敢違法度且查該夷來粵貿易實係利市三倍不惟以該
國之貨牟內地之利並以內地之貨牟各國之利蓋海外
島夷之國不知名者不啻盈千累百因無力置船辦貨故
不能自達於　天朝而如茶葉大黄絲斤之類則無一國

不需此物咦咭唎等國夷商所帶內地貨物非獨本國自用尤利於分售各國得價倍蓰即使該夷不賣鴉片專作正經貿易而其所謂三倍之利者自在以此度之其斷不肯捨卻廣東馬頭係屬實情所云只得回國者不過憚於具結強顏而出此言未必真心如是即使果因內地法嚴不能帶賣鴉片暫時躲避回國亦於通商大局並無加損查從前每年來船不過數十隻而關稅並不短絀近年多至一百數十隻而鴉片愈以盛行且每船自夷商以至水手總不止於百人合而計之殊嫌太眾與其多聚奸宄孰若去莠存良即如慣賣鴉片之喳噸嚩哋等本係早經奉

旨查逐之人除喳噸已先回國外顛吔現亦驅逐其他類此者正須一併嚴驅並令出具甘結永遠不敢再來方為正辦論者或恐各夷商因此裹足殊不思利之所在誰不爭趨即使此國不來彼國豈肯不至縱或一年偶少次年總必加多且聞華民慣見夷商獲利之厚莫不歆羨垂涎以為內地民人格於定例不准赴各國貿易以致利藪轉歸外夷此固市井之談不足以言大義然就此察看則其不患無人經商亦已明甚矣所以鴉片之禁不但宜嚴於百姓實可倍嚴於夷商彼終年之間住內地之日甚多在該國之日轉少非獨食毛踐土且皆積聚貲財比之內

地民人受　恩更重豈有予之以樂利而不可齊之以政刑者乎況所來貿易之人不過該國之一販户並非貴戚達官即鴉片亦皆私帶而來更非受命於其國主且自道光十四年公司散後一切買賣均與其國主無干此輩奸夷性貪而狡外則桀驁夸飾內實恇怯多疑稍縱即驕惟嚴乃肅查乾隆年間粤省辦理㗇夷洪任輝等控案動即監禁一二三年無敢違抗歷有成案可稽即近年　奏辦夷案如道光二年之命犯啡呅六年之命犯嗎嘚哤噹皆引名例化外有犯依律擬斷之條處絞立決夷人無不帖服況鴉片之夾帶彼本自知理短是以臣等此次痛加呵

責不但不敢狡辯並聞退無怨言是外夷亦有天良尚非
不可教誨可否仰求　敕部將夷人帶鴉片來内地者應
照化外有犯之例人即正法貨物入官議一專條並暫時
首繳免罪如何酌予限期之處奏請　諭旨通行遵辦俾
得諭令各國夷人咸使懔遵嗣後自必不敢犯法似亦刑
期無刑之意

查察虎門排鍊礮臺摺 道光十九年四月

林則徐

伏查粵東中路海口以虎門為咽喉臣此次親至該處督收夷人鴉片即住在水師米艇寄椗海中四面形勢皆可瞭望當經留心相度竊見重重門戶實屬險要天成自伶仃大洋過龍穴而北兩山斜峙東曰沙角西曰大角由此以入內洋是第一重門戶也進口七里有一山屹立中央名曰橫檔其前有一巨石俗名飯籮排又其前小山一座曰下橫檔海道至此分為二支其右一支多有暗沙左一支以武山為岸武山亦謂之南山山前水深洋船出入皆由於此此第二重門戶也由橫檔再進五里則為大虎山

其西為小虎山再西則獅子洋即由黃埔以進省之路是大小虎山乃第三重門户也此外如蕉門蘆灣山三門口新涌口等處港汊旁出島嶼週迴尚非夷船出入要津姑不具論以礮臺言之先有橫檔南山兩處均係康熙五十六年所建形勢稍狹嘉慶五年於沙角添建礮臺一座二十年復就橫檔礮臺加築月臺一座又於南山礮臺之西北添建鎮遠礮臺一座各安礮四十位二十三年又於大虎山建礮臺一座安礮三十二位道光十年大角山又添礮臺一座安礮十六位迨十四年冬間提　臣關天培到粤適在驅逐夷人嘩嘮啤出口之後與前督　臣盧坤商議以

大角沙角兩礮臺中隔海面一千數百丈之遠兩邊礮火均恐不能得力只宜作為望臺遇有應行防堵之時放礮報信其南山鎮遠與橫檔三處礮臺形如品字中隔水面三百餘丈礮火可期得力惟南山礮臺地勢過高礮子易於冒過船頂其餘原建牆垜亦俱單薄於道光十五年會摺

奏准將南山礮臺前面環築月臺名為威遠又將鎮遠橫檔大虎各礮臺加築堅厚添鑄七八千斤大礮分別安配並於橫檔背面山麓及對岸蘆灣山腳續添永安鞏固礮臺二座安礮四十位二十位不等此十五年以前陸續添建礮臺之原委也維時提臣關天培即欲於橫檔山

前海面較狹之處創造粗大鐵鍊安根兩岸鐵鍊之下承
以木排木排兩端繫以錨纜有事則橫絕中流無事則分
披海岸如門開闔防堵益嚴以經費未充前督臣盧坤任
內未及辦理鄧廷楨到後正與關天培商議籌辦旋於十
八年夏間有暎咭唎國夷目嗎咃喻巡船三隻窺探虎門
見海口布置森嚴畏懼竄去復經鄧廷楨與關天培欽遵
諭旨倍謹脩防以鐵鍊木排實為阻攩夷船要具察看
威遠鎮遠橫檔各礮臺之間海面較狹安設排鍊兩道足
資堵截惟威遠鎮遠兩礮臺雖同在武山腳下而相距尚
有里餘排鍊既截中流礮臺尤宜聯絡故又於威遠鎮遠

中間添建大礮臺一座安放大礮六十位以護排鍊而壯
聲威此鄧廷楨等現在 奏辦之情形也茲欽奉 諭旨
令臣詳細查察當又移舟至武山橫檔一帶流覽登眺此
處本係第二重門戶最見緊嚴其海面自西北量至東南
橫寬二百七十餘丈至三百三十餘丈不等所有排鍊兩
道西北皆安根於武山腳下其東南則第一道安根於飯
籮排之巨石第二道安根於橫檔山腳俱各鑿深石槽以
八千斤廢礮橫安槽底外加鐵箍四道上扣鐵鍊四條由
四而併為二由二而併為一中間紐合兩頭貫以大鐵鍊
八條用大鐵鎖接扣兩邊以便開闔其木排則以大木截

齊各長四丈五尺合四根為一小排穿以橫木二道又以四小排聯成一大排量寬一丈六尺餘寸面底又各夾以橫木六道箍用大小鐵箍三十口第一道安大排三十六排大鍊三百九丈零第二道安大排四十四排大鍊三百七十二丈兩道排鍊相去約九十丈共配鐵錨棕纜二百四十副並設划船四隻水兵一百二十名管以把總二員無事則中開常開以通出入如須防堵則關閉甚速察看木排箍紮堅固鐵鍊煅淬精融開闔亦俱得法其新建礮臺俯臨兩道排鍊正成扼吭之勢平寬六十三丈高一丈四尺五寸臺牆釘樁砌石垛牆礮洞則用三合土築成安

礮六十位後圍石牆九十大高出山巔除兵房望樓官廳軍裝火藥兩庫尚未竣工外其餘均屬完整演試銅鐵大礮礮子均能遠及對岸山根設有不應進口之夷船妄圖闖入雖遇順風潮湧駕駛如飛一到排鍊之前勢難繞越即謂夷船堅厚竟能將鐵鍊衝開而越過一層尚有一層阻攔就令都能闖斷亦已羈絆多時各臺礮火連轟豈有不成灰燼之理似此重重布置均極森嚴聞黃埔及十三行出入夷人行舟過此皆懔然生嚴憚心於海防實屬有益惟排鍊日被鹹水泡浸加以潮汐蕩搖即木大鐵堅亦自不能無損若有寸鐵脫口一木離簰立刻即須脩復總

使聯成整片百密不任一疎設或遷就怠延則寸節偶乖
即全局為之鬆勁查提臣關天培於排鍊一事久已殫精
竭慮寢食以之而礮臺工程亦時時躬親督造現在文武
員弁皆極認真此後歲脩事宜均須由關天培立定章程
使將備弁兵皆諳成法加以時常操演精熟則海防長臻
鞏固邊釁永可潛消堪以仰慰　聖主廑念瀛壖之至
意

銷燬烟土摺

道光十九年五月初三日　鄧林怡　關豫

伏思銷燬煙土弊竇最多必須在在嚴防庶可免於偷漏緣此物流行已久利之所在衆庶爭趨查道光十七年間臣鄧廷楨等曾經
奏明奸民向夷船購買鴉片從前每箇價值洋銀三十餘圓近來止須十六十八圓不等今即以錢價覈算每箱亦須六百餘圓合計二萬餘箱不下一千數百萬圓之值在守正嫉邪之人不惟糞土棄之且以鴆毒視之而吸食者則竟望而垂涎興販者更欲居為奇貨若防範稍不嚴密即百弊為之叢生臣等自收繳以來因虎門越在海濱須防奸民覬覦即先相度堆貯之地計

每箱長約三尺高寬半之大房一間纔能堆至四五百箱之數該處民房廟宇均無寬敞可容不得已合併數所圍築外牆添蓋高棚勻排封貯內派文職正佐十二員分棚看守外派武職十員帶領弁兵一百名晝夜廵邏幸尚不至疎虞至銷燬之方亦復熟籌屢試向來用火銷化拌以桐油其法未嘗不善第訪聞焚過之後必有殘膏餘瀝滲入地中積慣熬煎之人竟能掘地取土十得二三是流毒仍難盡絕臣等廣諮博採知鴉片最忌者二物一曰鹽滷一曰石灰凡以煙土煎膏者投以灰鹽卽成渣沫必不能收合成膏是其相尅之性正可資之以除其害也然使逐

箱煙土皆用灰鹽煮化則鍋竈之設必須累百盈千誠恐照管不周轉滋偷漏如其少設又非數月不能銷完茲再四酌商莫若於海灘高處挑挖兩池輪流浸化其池平鋪石底縱橫各十五丈餘尺四旁欄樁釘板不令少有滲漏前面設一涵洞後面通一水溝池岸周圍樹柵欄中設棚廠數座為文武員弁查視之所其浸化之法先由溝道車水入池撒鹽成滷所有箱內煙土逐箇切成四瓣投入滷中泡浸半日再將整塊燒透石灰紛紛拋下頃刻便如湯沸不爨自燃復雇人夫多名各執鐵鋤木杷立於跳板之上往來翻戳務使顆粒悉化俟至退潮時候啟放涵洞隨

浪送出大洋並用清水刷滌池底不任涓滴留餘若甲日第一池尚未刷清乙日便用第二池其泡浸翻截悉如前法如此輪流替換每化一池必清一池之底始免套搭牽混滋生弊端至嚮晦停工即將池岸四圍柵欄全行封鎖派令文武員弁周歷巡綽粵東天氣炎熱所用人夫僅穿短袴上身下腳向俱赤露又於停工放出時與執事工役一同搜檢不許稍有夾帶試行之初每日纔化三四百箱迨數日後手法漸熟現在日可八九百箱至千箱不等當其銷鎔之際膿油上湧渣滓下沈臭穢熏騰不可嚮邇乃悟此物之能蠱人心志促人年壽槁人形骸者蓋製造時

用物取精別有奇衺方術非僅如内地栽種罌粟刮漿熬製已也臣林則徐駐劄虎門與提臣關天培率同委員候補知府南雄直隸州知州余保純等遂加佈置隨即函商臣鄧廷楨臣怡良以欽奉諭旨公同目擊銷燬是在省各員理宜輪流到虎查覈看視臣怡良因前次銷燬時適商明留省此次輪應先到虎門臣鄧廷楨於臣怡良回省後亦即乘舟來虎並令藩司熊常錞臬司喬用遷運司陳嘉樹糧道王篤四員分班輪往接替查視又咨會廣州將軍臣德克金布左翼副都統臣奕湘右翼副都統臣英隆亦各輪流到虎稽查彈壓粤海關監督臣豫堃則以虎門本

有稅口更應常川到彼照料稽查在事員弁人等均各派
定執司互相查覈該處沿海居民觀者如堵只准在柵欄
之外不許混入廠中以杜偷漏其上省下澳夷人經過口
門率皆遠觀而不敢褻覷察其情狀似有羞惡之良胥賴
聖主德威俾中外咸知震讋從此洗心革面庶幾咸與
維新矣至煙土名色亦有不同其黑者曰公班土間係上
等之煙白土次之金花土又次之此次劈箱銷化當將各
色煙土分別編號登記大抵公土白土居多金花土不及
百分之一業已逐箱過秤並口袋所裝者亦皆扣除箱袋
覈實淨煙觔兩計自四月二十二日起截至五月初三日

已銷過八千三百二十箱又二千一百一十九袋其斤兩
共合一百十二萬八千七百二十九斤以全數覈之所化
已將及半現仍趕緊銷化不敢草率亦不敢遷延

嚴辦越竄洋船片 道光十九年五月 鄧林關

再臣等察訪夷情因知外國商船來粵貿易者必先在該國請領牌照經過夷埠俱須驗明並於開船之時須給禁約條款諄諭不許在於中華滋生事端酌限往返程期一如未領牌照擅自行船查出即治其罪船亦充公是外夷禁令森然並非縱其所如漫不加察而商船載來貨物動值數十萬金彼既愛惜重貲自必懍遵法度故貨船到粵必皆報關候驗納稅投行雖近年以來每有夷商夾帶鴉片情弊要亦先向躉船寄頓始敢駛進黃埔斷無駕駛重船東奔西竄之理惟因獲利太厚販運愈多各國雖間有之

而以港腳一處為尤甚港腳地名曰嗌啞喇曰嗌嘪曰嘜噠喇嚨皆為嘆咭唎所屬之港口即華言所謂馬頭也距嘆咭唎本國尚有兩月路程而其來至內地則比嘆夷為近奸夷利慾熏心罔顧厲禁往往由外洋乘風竄駛越過廣東中路直趨東路之南澳以達閩浙各洋來去頻仍便成熟游之地在 天朝彌綸廣大無不徧示懷柔即其所不應至之處違禁頻來亦惟自謹修防其究至於驅逐而止奸夷習知其故相率效尤沿海文武員弁不諳夷情震於嘆咭唎之名而實不知其來歷遇有夷船駛至不過循例催行如其任催罔應亦即莫敢誰何甚有桀驁夷船膽

敢以槍礮相恐嚇而官船因未奉有明文轉不便擅用火器如道光十四年閩浙總督臣程祖洛所奏情節曾奉
諭旨飭令督撫等務當隨時體察情形以靖洋面等因欽此欽遵在案以臣等近日訪聞乃知此等奸夷並未領照經商而敢偷渡越竄若被該國查出在夷法亦必處以重刑況　天朝禁令森嚴豈有轉以內地各洋為其逋逃藪之理且如內地奸民出海潛赴夷洋滋事揆諸　國法正宜按例治罪倘在外已被夷人戕害適足蔽辜豈尚聽其鳴冤許為報復乎以此對觀互證度勢揆情愈知越竄之夷船不必空言驅逐惟有嚴行懲辦乃可震懾其心總之

有牌照而行中路者則為經商之船無牌照而竄東西各路者即為偷渡之船經商之船尚須區分良莠偷渡之船明係有莠無良槍擊礮轟皆其自取似不為過且此等越竄船隻小者為三板夷划大者亦不過雙桅夾板迥非貨船躉船高大堅厚之比即船內礮械亦極有限甚至安假礮於船旁畫礮眼於艙板祇以虛張聲勢粉飾觀瞻師船果能奮勇剿除何患不能相敵即云夷人乃亡命之徒官兵不值與之對仗亦尚有便利之法可操勝算祇須雇募沿海之善泅者多駕拖船滿載車薪備帶火器分為數隊占住上風漏夜乘流縱放即或前隊未能得手後隊絡繹

復來夷船中觸處皆引火之物未有不可以焦爛者此令一行不待賓有其事而奸夷先已膽落似亦懾服之一法也

銷燬煙土完竣摺

道光十九年六月　林則徐　鄧廷楨

竊臣等欽遵諭旨將夷船繳到煙土二萬餘箱在粵銷燬所有覈實杜弊並會督文武大員公同目擊情形已於五月初三日銷化及半之時先行恭摺會奏在案嗣是仍照前法劈箱過秤將煙土切碎拋入石池泡以鹽滷爛以石灰統俟戳化成渣於退潮時送出大海臣等會督文武員弁逐日到廠看視稽查其閒非無人夫乘機圖竊而執事員弁多人留神偵察是以當場拏獲之犯前後共有十餘名均即立予嚴行懲治並有賊匪於貯煙處所乘夜爬牆鑿箱偷土亦經內外看守各員弁巡獲破案現在發

司嚴審尤當按律重辦其遠近民人來厰觀看者端節前後愈見其多無不肅然懍畏並有咪唎堅國之夷商經與咧咍呅吽遜等攜帶眷口由澳門乘坐三板向沙角守口之水師提標游擊羊英科遞禀求許入棚瞻視　臣等先因欽奉　諭旨准令在粤夷人共見共聞咸知震讋曾經出示曉諭是以該夷等遵諭前來且查夷商經等平素係作正經買賣不販鴉片人所共知因准派員帶赴池旁使其看明切土搗爛及撒鹽燃灰諸法該夷人等咸知一一點頭且皆時時掩鼻旋至　臣等厰前摘帽斂手似以表其畏服之誠當令通事傳諭該夷等以現在　天朝禁絕鴉片

新例極嚴不但爾等素不販賣之人永遠不可夾帶更須
傳諭各國夷人從此專作正經貿易獲利無窮萬不可冒
禁營私自投法網該夷人等傾耳敬聽俯首輸誠察其情
形頗知傾心向化隨即公同賞給食物歡欣祇領而去至
臣等前　奏煙土名色本有三種曰公斑曰白土曰金花
迨後復經劈出原箱另有一種小公斑每箱貯八十箇其
式樣比行常之公斑較小而箇數倍之故每箱斤兩不相
上下每箇用洋布包裹製造亦較精緻訪聞此種在外國
係最上之煙價值極貴是現在所化煙土竟有四種臣等
近日於邸鈔中伏讀　上諭煙膏煙具多有假造其弊不

可勝言等因欽此仰見　聖明務求真實力戒欺朦之至意臣等愚昧之見欲辨其偽必須先識其真未知近時各處所拏獲者皆係何種煙土若以外夷原箱之物互相比較則真偽似可立辨不至混淆謹將現在四種煙土每種各留兩箱可否即將此八箱作為樣土如蒙　准令解京即委便員搭解並不費事倘亦無須解送則此時粵東每月俱有各屬拏獲解省驗燬之煙亦可隨同銷化現除暫存此八箱外計已化煙土湊合前奏之數共有一萬九千一百七十九箱二千一百一十九袋其斤兩除去箱袋實共二百三十七萬六千二百五十四斤截至五月十五日

業已銷化全完斯時蕩穢滌瑕幸免毒流於四海此後除奸拯溺尤期約立於三章庶幾仰副我
聖主除害保民之至意

續獲人煙槍具摺 道光十九年六月 鄧林怡

竊照鴉片之毒比於砒鴆然世之死於砒鴆者千萬人而一耳若鴉片則吸食者病於癮而死興販者罹於法而亦死是死於鴉片者幾於十人而一於此而不併力掃除貽害伊於胡底言之切齒思之寒心 臣鄧廷楨 臣怡良旣疊奉 諭旨嚴飭查拏刻圖滌蕩迨 臣林則徐仰承 巽命來粵查辦海口事宜以大患務當力袪不敢稍存畛域除起獲夷船煙土以清來源外又經會同切劄各屬文武隨時隨地悉力搜拏以冀濁流漸息泝自 臣鄧廷楨 臣怡良節次 奏報至本年三月底止計共獲人犯一千六百名

煙土煙膏四十六萬一千五百二十六兩九錢八分煙槍
四萬二千七百四十一枝煙鍋二百一十二口及煙具等
件均經仰蒙　聖鑒在案臣等伏思吸食者雖善於諱匿
囤販者雖巧於收藏而鬼蜮情形斷難掩其鄉鄰耳目因
復通飭各屬遴選鄉舉公正紳士議立族黨正副挨次編
查保甲使之保良攻匪有犯即擒茲自四月初一日起至
五月十八日止據各屬文武先後報獲煙案一百四十起
販賣煎熬吸食人犯共一百九十二名煙土一萬二千七
百七十三兩七錢九分煙膏二百一十二兩五錢八分五
釐煙槍一千二百四十五枝煙鍋三十六口又陸續撈獲

煙泥二百六十四兩二錢煙膏一十六兩六錢六分煙槍二百四十三枝煙鍋一口又民間首繳槍煙一項臣鄧廷楨臣怡良於未經接奉硃批飭令酌覈之先據各屬稟報收繳煙土一十六萬九千三百零七兩五錢五分煙膏四千六百零五兩零二分煙槍二萬六千零五十枝煙鍋三百一十六口綜計煙土煙膏共重一十八萬七千一百七十九兩八錢零五釐煙槍二萬七千五百三十八枝煙鍋三百五十三口犯經隨時發司嚴審如係遠道情輕人犯即飭該管府縣究詳分別懲辦報獲槍煙等件因雷瓊二府離省窵遠或僻在海南計其獲數無多飭即就近解

道確驗燒燬具報其潮州一府道里雖亦迢遞惟所獲大
起實多數居通省十之八九多則真偽易淆而抽換偷漏
之弊恐亦在所不免是以飭令與附近各府廳州均將煙
槍一體解省由臣等親率司道營員眼同驗明彙燒以歸
覈實而絕濛混伏查粵東地處海濱番舶絡繹匪徒趨利
若鶩骫法營私較他省為多亦較他省為易當茲查辦喫
緊未嘗無怵心悔禍之人而嗜痂者以腐臭為神奇牟利
者視土囊為金穴若不持以定力盡絕萌芽不但疇昔之
藏乘間復出吹吸之輩饞吻重張且恐外夷窺伺鉗綑之
踈仍肆浸淫之計前功可惜痼疾安瘳臣等惟有協力同

心膂屬勉益加勉根株一日未淨即購捕不容一日或疎
必使舊染胥蠲以仰副我　聖主崇德好生除惡務盡之
至意

国家出版基金项目
NATIONAL PUBLICATION FOUNDATION

海上絲綢之路文獻集成

總主編 陳支平 陳春聲

歷代史籍編

77

主編 范金民

海峽出版發行集團
THE STRAITS PUBLISHING & DISTRIBUTING GROUP
福建人民出版社

本册目次

柔遠全書六種（中外紀事本末十至柔遠全書備録）

〔清〕謝家福輯

中外紀事本末十

柔遠全書 三十八

道光洋艘征撫記上

道光十八年四月鴻臚寺卿黄爵滋奏言敬籌國計宜防漏卮近年各省漕賦之疲累官吏之虧空商民之交困皆由銀價昂錢價賤向時紋銀每兩兑錢千今則每兩兑至千有六百其洋錢價亦因之遞長而銀少價昂之由由於粤東洋船鴉片煙盛行致紋銀透漏出洋日甚一日有去無返此烟来自英吉利洋人嚴禁其國人勿食有犯者以砲擊沉海中而專誘他國以耗其財弱其人既以此取葛留巴又欲以此誘安南安南嚴令誅絶始不入境今則蔓延中國横被海内槁人形骸蠱人心志喪人身家實生民

以来未有之大患其禍烈於洪水猛獸積重難返非雷厲
風行不足振聾發聵請仿周官用重典治以死罪　詔
各省將軍督撫會議速奏時中外覆奏皆主嚴禁惟湖廣
總督林則徐所奏尤剴切言烟不禁絶國日貧民日弱十
餘年後豈惟無可籌之餉抑且無可用之兵　上謂
為深慮遠識之言　詔林則徐来京面受方畧以兵部
尚書佩　欽差大臣關防馳赴廣東查辦海口節制水
師初鴉片烟在康熙初以藥材納税乾隆三十年以前每
年多不過二百箱及嘉慶元年因嗜者日衆始禁其入口
嘉慶末每年私鬻至三四千箱始積澳門繼移黄浦道光

初嚴禁復移于零丁洋之躉船零丁洋者在老萬山内水路可四達爲中外商船出入所必由洋艘至皆先以鴉片寄躉船而後以貨入口凡閩浙江蘇商船即從外洋販運其粤商則皆在口内議價而從口外運入始躉船尚不過五艘其烟至多不過四五千箱可籌火攻而總督阮元密奏請暫事羈縻徐圖驅逐於是因循日甚其突增至二十五艘烟二萬箱者則在道光六年兩廣總督李鴻賓設巡船之後巡船每月受規銀三萬六千兩放私入口前此定例互市以貨易貨不准文銀出洋洋商歲補内地貨價銀四五百萬圓逮後則但有外補洋烟之價絶無内補貨價

于是援例影射藩籬潰決及道光十二年總督盧坤始裁巡船而水師積習已不可挽道光十七年總督鄧廷楨復設船而水師副將韓肇慶專以護私漁利與洋船約每萬箱許送數百箱與水師報功甚或以師船代運進口於是韓肇慶反以獲烟功保擢總兵賞戴孔雀翎水師兵人人充橐而鴉烟遂至四五萬箱矣京卿中有奏請將鴉片烟照藥材收税者不報十九年正月二十五日林則徐馳驛抵粤傳洋商伍怡和索歷年販烟之洋商查頓顛地時查頓已聞風先竄惟顛地隨英吉利公司領事義律由澳門至省城洋館林則徐派兵役監守之並於省河之獵

德砲臺筏斷来往諭令將零丁洋二十五艘之烟土勒限呈繳免其治罪否即斷薪水停貿易又以禁烟事宜策問書院士子皆以水師包庇販私對於是奏革水師總兵韓肇慶之職終以鄧廷楨所保不能盡正其罪公司領事者英吉利國王所派洋官司貿易者也他國皆洋商各自貿易惟英吉利别有公司皆通國富商合貲洋三千萬員而國王派領事一員總管之凡與中國官吏抗衡桀驁皆領事所為故他國如中國艖務之散商散輪而公司則猶艖務之總商整輪也初議三十年為一局繼展限六十年道光十三年公司局散粤中已無領事此洋務第一轉機而

總督盧坤初至廣東未悉利害聽洋商言反行文英吉利國令仍派領事來粵初至者曰勞律卑即以兵船闖入虎門搆釁勒令歸國再至者即義律在粵三載至是既被圍省館不能回澳始于二月十二日具印稟遵繳并將駛往東洋之烟船盡駛回粵共繳鴉片烟二萬二百八十三箱計每船大者千箱次者數百箱每箱百有二十斤共二百三十七萬六千餘斤林則徐會兩廣總督鄧廷楨親駐虎門驗收以四月六日收畢每箱約賞茶葉三觔具煙土請解京師　詔即在海口銷燬毋庸解京俾沿海民人共見共聞咸知震讋林則徐會同督撫於虎門監視銷燬就

海灘高處周圍樹柵開池浸滷投以石灰頃刻湯沸不爨自然夕啟涵洞隨潮出海其鴉片共四種最上曰公斑土白土次之金花土又次之每箱四十枚又有小公班土尤貴皆産於東印度之孟阿臘南印度之孟邁之曼達剌薩其印度洋埠發票有每月發至萬有二千餘箱者雖間售南洋各國而中國居其大半歲不下五六萬箱其煙在印度本地每箱值價銀二百五十員至廣東則價銀五六百員為利一倍共燒燬貲本銀五六百萬員並利銀共千餘萬員時有各國洋商聞風來觀作文紀事頌中國之政林則徐下令盡逐外洋之躉船與澳門之奸商不許逗留内

地其續至商船有鴉片者儻自揣不敢報驗即日回國亦免窮追其進口之船均應具結有夾帶鴉片者船貨沒官人即正法其令過嚴已非律載蒙古化外人犯殺罪准其罰牛抵償之例時西洋彌利堅諸國皆遵具結於是義律由省下澳稟言躉船販煙之弊極須設法早除如委員來澳會議章程可冀常遠除絶并稟請准本國貨船泊卸澳門此洋事第二轉機林則徐以澳門向例惟准設西洋額船二十有五艘若英人援此例不入黄浦則海關虛設而私煙夾帶何從稽察嚴駁不許義律言不准泊澳便無章程可議因不受所賞茶葉不肯具結言必俟奉國王命定

章程方許貨船入口時義律已寄信附貨船回國往返不過半年原可少需毋迫也而五月內復有尖沙嘴洋船水手毆斃村民林維喜之事諭義律交出人犯抵罪義律拘訊黑夷五人未獲正犯懸賞購告犯之人亦非故意抗違也七月林則徐與鄧廷楨遵例禁絕薪蔬食物入澳並以澳門寓居洋人原為經理貿易今既不進口貿易即不應逗留澳門義律率其眷屬及至澳英人五十七家同遷出澳寄居尖沙嘴貨船於是義律始怨暗招洋埠兵船二艘來粵又擇三大貨船配以砲械赴九龍山假索食為名突開礮攻我水師船我參將賴恩爵揮兵發砲擊翻雙桅洋

船一杉板船二及英人所雇吕宋躉船一八月義律遂託
澳門西人代為轉圜願將躉船奸商盡遣回國其貨船亦
願具結如有夾私者船貨充公惟不肯具人即正法四字
此粤事第三轉機而林則徐以與各國結不畫一必令書
人即正法之語且責繳凶犯旋有英國二貨船遵式具結
於九月晦日入口而義律遣二兵船阻之且禀請毋攻燬
尖沙嘴之船以俟國王之信水師提督關天培以凶犯未
繳擲還其禀時我師船五艘在洋彈壓彼見前禀不收且
我師船紅旗即發砲來攻葢西人號令紅旗進戰白旗止
戰也關天培開炮應之擊斷洋船頭鼻西兵多落海死十

月初又回攻我尖沙嘴迤北之官涌山砲臺不克洋船恐我乘夜火攻又水泉皆下毒無可汲飲遂宵遁外洋前此九龍山之戰奏奉　批諭有不患卿等孟浪但患過于畏葸之語十一月初八日　詔曰英吉利自禁煙之後反覆無常若仍准通商殊非事體至區區關税何足計論我　朝綏撫外人恩澤極厚英人不知感戴反肆鴟張是彼曲我直中外咸知自外生成尚何足惜即將英吉利貿易停止且于原奏中洋船遵法者保護之桀驁者懲拒之語　批諭云同是一國之人辦理兩歧未免自相矛盾此因禁煙而並斷英人貿易之本末也　上又以

大理寺卿曾望顔之奏欲封關禁海盡停各國貿易交兩
廣大吏議奏林則徐力陳不可且言各國不犯禁之人無
故被禁必且協力謀我始寢前議自封港以後英商貨船
先後至者二三十艘皆不得入口人人懟怨於是義律於
十一月復遣人稟言在粵辦事多年實欲承平今諸事擾
亂心多憂慮自後請遵照　大清律辦理而無違國王之
法乞仍許英人回居澳門俟國王諭至即開貿易此粵事
第四轉機而林則徐以新奉　諭旨不便驟易復嚴斥
堅絶其國貨船先後起椗揚帆駛出老萬山者十餘艘並
續至之艘多觀望流連寄泊外洋不肯去而粵洋漁船蛋

艇亡命之徒貪薪蔬之厚值並以鴉片與之交易趨者如騖時林則徐已奉　命總督兩廣與水師提督關天培密籌師船未可遽出大洋不如以毒攻毒遂招募漁艇蛋户授以火船領以弁兵於二十年正月先赴各島嶴潛伏約俟月晦夜乘退潮往乘長潮還游擊馬辰等四路分進出其不意突攻之于長沙灣燒燬運煙濟夷匪船共二十三岸上蓬寮六生擒奸民十餘焚溺死者無數洋船帶火倉皇開避我兵勇乘潮急還無一傷者是時吸煙罪絞販煙罪斬之律已頒一年有六月之限期已半各省查辦日嚴紛紛戒食者已十之五六而英吉利國中聞廣東罷市

之信各埠茶葉皆囤積不肯出售市價踴貴我閩粵販茶之商船赴南洋者皆倍利而返其倫敦國都銀肆無銀轉輸至借鄰埠之銀鉅萬以供支發義律已回國請兵時女王令國人會議其文武官皆主戰其貿易商民皆不欲戰連日議不決最後拈鬮於羅占士神廟三得戰鬮始決計國王命其王戚伯麥為統帥率兵船十餘加以印度駐防兵艦二三十艘二十年四月林則徐奏聞尚有以逸待勞以主待客彼何能為之　諭五月初九夜林則徐又遣兵船於磨刀外洋以火船燬燒杉板洋船二艘白洋人四又有大洋船桅帆著火棄椗駕逃先後延燒大小匪艇十

有一禽獲漢奸十有三五月英國大小兵船十二並車輪火船三先後至粤泊金星門其餘盡泊老萬山外林則徐又以火船十艘每二艘絙以鐵索乘風潮攻之洋船皆急駛避僅焚其杉板小船二而英人自是不敢駛近海口林則徐自去歲至粤日日使人刺探西事翻譯西書又購其新聞紙具知西人極蔑水師而畏沿海梟徒及漁船蛋户於是招募丁壯五千每人給月費銀六員贍家銀六員其費洋商鹽商及潮州客商分捐又於虎門之横檔嶼設鐵鍊木筏横亘中流購西洋各國洋砲二百餘位增排兩岸又雇同安米艇紅單船拖風船共六十備火舟二十小舟

戰船百餘以備攻剿并購舊洋船為式使兵士演習攻首尾躍中艙之法使務乘晦潮據上風為萬全必勝計林則徐親赴師子洋校閱水師號令嚴明聲勢壯甚至是又下令每殺白洋人者賞銀二百員黑洋人半之斬首逆義律者銀二萬圓其下領兵頭目以次遞降獲兵艘者除火藥炮械繳官外餘盡充賞於是洋船之漢奸皆為英人所疑忌不敢留盡遣去其近珠江之內河在澳門西虎門東者盡以重兵嚴守其餘海口多礁淺非洋船所能入洋船至粵旬月無隙可乘遂乘風竄赴各省是月洋船三十一艘赴浙江先以五艘攻福建廈門時水師提督陳階平先期

告病總督鄧廷楨督金廈兵備道劉耀春炮中其大兵船火藥艙沉之又募水勇數百僞裝商舟出洋攻之於南澳港是夜無風洋艘不便駛避且柁尾無炮我舟低又外蔽皮幕銃彈不能中遂壞其柁尾擲火罐噴筒殲其夷兵數十會風起夷艇始竄遁六月全艘赴浙江攻定海陷之總兵張朝發中砲折股旋死其分出之船遊弈閩粵時時窺伺七月洋船突攻澳門後之關閘我守兵砲沉其數小舟傷其洋目洋兵數十八月林則徐偵洋帥士密之兵船五艘在磨刀洋遂遣副將陳連升游擊馬辰等率五兵艘出洋剿之每艘兵六百馬辰先遇洋帥之船即乘上風攻之

砲破其頭鼻船欹兵溺圍攻良久洋船彈已盡僅放空炮於是他船以小舟十餘来圍馬辰之船而洋帥之船乘我兵與他舟相持即乘間竄遁撈獲死屍十餘及軍器帥旗入奏遂奉貪功啟釁殺人滅口之　嚴旨蓋自定海失守後浙江巡撫烏爾恭阿提督祝廷彪束手無策　朝廷以定海孤懸海中非海道舟師不能恢復而水戰又洋艘所長且承平日久沿海恐其衝突已有蜚語上聞言上年廣東繳烟先許價買而後負約以致激變者又有言鄧廷楨廈門報軍不實者七月　命兩江總督伊里布為欽差大臣赴浙江寧波視師且　勅沿海督撫遇洋船投

書即收受馳奏又命侍郎黃爵滋祁雋藻赴福建查勘適七月洋酋伯麥及義律以五艘駛赴天津投書書乃其國巴釐滿衙門寄　大清國宰相之詞多所要索一索貨價其初次來書尚不敢顯言烟價但以貨價為名及見內地復書不及禁烟之事後遂顯索烟價矣二索廣州廈門福州定海上海為市埠三欲共敵體平行四索犒軍費五不得以外洋販烟之船貽累岸商六欲盡裁洋商浮費直隸總督琦善收書奏聞是時洋兵艘並未北上志在求欵通商尚未決裂使控馭得宜盟約立就天津巡道陸建瀛言洋人所求前三事大後三事小請以免稅代烟價以澳門

為市埠以海關監督與之平行但必嚴持禁烟為名以鴉
片烟之至不至决數事之許不許其通商裁費事宜則令
仍回廣東與林則徐定議既可服外人之心亦不失中國
之體此西事第五轉機而任事者以為在津速結則功小
不如張之使大遂一切不决許且於復書中即言上年廣
東繳烟其中必有多少曲折將來欽派大臣前往查實不
難重治林則徐之罪　詔以琦善為欽差大臣赴粵查
辦革林則徐鄧廷楨之職留粵聽勘並勅沿海各省不得
開砲八月洋船自天津起椗以中國無决允之語不肯歸
我定海惟撤兵船之半赴廣東先是林則徐奏言自六月

以来各國洋船憤貿易為英人所阻咸言英人若久不歸亦必回國各調兵船来與講理正可以敵攻敵中國造船鑄砲至多不過三百萬即可師敵之長技以制敵此時但固守藩籬即足使之自困若許臣戴罪赴浙効力必能殫竭血誠克復定海以慰
聖廑不報九月義律回浙入見伊里布於鎮海城索俘酋安突德及七月間餘姚知縣汪仲洋謟軟沙之洋舟及黑白夷數十人至是索之不果而去伊里布遣其奴張喜赴洋船餽牛酒首賀以林鄧革職之事洋酋伯麥摇首曰林公自是中國好總督有血性有才氣但不悉外國情形耳斷鴉片可斷一切貿易不可

貿易斷則我國無以為生不得不全力以爭通商豈仇林總督而來耶是時直隸山東爭以敵情恭順入告山東巡撫託渾布遣人餽洋船歸至有各人向岸羅拜之奏而廣東裁撤水師之船已半途被擄矣署總督怡良奏聞而十月琦善至廣東查上年義律先後繳烟印文欲吹求林則徐罪不可得則首詰劫船之役何人先開砲欲斬副將以謝之而兵心解體矣撤散壯丁數千於是水勇失業變為漢奸英人撫而用之翻為戎首矣撤横檔水中暗樁屢會義律于虎門左右洋船得以探水誌察徑路而情形虛實盡泄矣聽鹽運使王篤之言盡屏廣東文武專用漢奸鮑

鵬往来傳言其人故奸人顛地之孌僮義律所奴視益輕中國無人矣義律與琦善信云若多增兵勇来敵即不准和於是已撤之兵不敢再調凡有報緝漢奸者則訶曰汝即漢奸有探報洋情者則拒曰我不似林總督以天朝大吏終日刺探外洋情事一切力反前任所為謂可得外洋懽心而敵人則日夜增造三板小船招集販烟之蜈蚣艇蟹艇數百此外火箭噴筒竹梯攻具增造不可數計水師提督關天培密請增兵琦善惟恐其妨和議固拒不許償洋商烟價銀七百萬員而其心必欲索埠地琦善前以廈門及香港二地商之鄧廷楨廷楨言廈門全閩門户不可

許香港鼎峙爲粤海適中之地環以尖沙嘴裙帶路二嶼藏風少浪若令英人築臺設砲久必窺伺廣東琦善既據以奏聞至是不能自背前奏又無以拒義律之求筆舌往反終無成議義律遂乘其無備於十二月五日突攻沙角大角砲臺乃虎門外之第一重門戶也副將陳連升守之連升久歷川楚戎行之老將兵止六百洋船砲攻其前而漢奸二千餘梯山後攻其背陳連升於後山埋地雷機發轟死百餘賊而不能再發賊後隊復擁上衆五倍于我我兵以扛砲前後殲二三百而火藥已竭賊火輪三板船又逮赴三門口焚我戰艘水師兵或潰或死其橫檔靖遠威

遠各砲臺僅能自保且俱隔于洋船不能相救陳連升父子戰死賊遂據沙角大角兩砲臺時提督關天培總兵李廷鈺游擊馬辰等尚分守鎮遠威遠靖遠各炮臺兵各僅數百相向而泣天培遣廷鈺回至省城哭求增兵闔省文武亦皆力求琦善置不問惟連夜作書令鮑鵬持送義律再申和議於烟價外復以香港許之并歸浙江俘人以易定海城琦善與立契約遂於正月赴虎門宴義律於師子洋既而正月杪　批摺回不允於是事復中變初琦善之陛辭也奉　面諭以英人但求通商則已如邀挾無厭可一面覊縻一面防守一面奏請調兵原未令其撤防

專欵也及逆黨攻陷炮臺大肆猖獗　上震怒於是有烟價一毫不許土地一寸不給之　旨并調四川貴州湖南江西兵赴剿　命林則徐鄧廷楨隨同辦理洋務然琦善不與林則徐商議一事且洋人和議已絶尚不許闢天培增兵爲備而彼則號召日多器械日備凶燄百倍于前矣二十一年正月七日下詔暴逆人罪惡　特命宗室奕山爲靖逆將軍湖南提督楊芳戸部尚書隆文爲參贊大臣聲罪致討　命刑部尚書祁塤赴江西總理兵餉楊芳方入覲行至安徽奉　命先往二月十三日馳至廣東而英人已於二月五日乘風潮連破横檔砲

臺虎門砲臺提督關天培死之矣虎門各隘所列大砲三百餘門并林則徐上年所購西洋砲二百餘門皆為敵有湖南兵千餘新到琦善倉卒即遣禦之烏涌甫交綏粵兵先走湖兵且戰且走後阻四河溺死者半提督祥福又死之矣廣東省河廣闊惟東路二十里之獵得二沙尾西南十五里之大黃滘河面稍狹可以扼守楊芳相度形勢使總兵段永福率千兵扼東南十餘里之東勝寺為陸路三面咽喉然其地距河五六里不能扼賊水路又使總兵長春以千兵扼大黃滘後五里之鳳凰岡惟築濠壘橫木筏未沉石下木樁洋船可闖而過也其獵得及二沙尾雖沉

船塞石而無兵砲守禦敵船至拔而除之也英初讋楊芳宿將威名又未悉内河虛實使白洋人持書至鳳凰岡議欵從以漢奸沿途探水總兵長春收書送城中待報任漢奸導白洋人偏歷營壘盡得虛實歸報無備於是分路深入破鳳凰岡營進攻東西砲臺海珠砲臺盡扼獵得大黄滘兩咽喉矣時琦善已革去大學士拔去孔雀翎而怡良復以英人香港僞示奏呈有爾等既為大英國子民自應順之於是　上益震怒籍琦善家産鎖逮来京英人見　朝廷赫怒局勢大變恐和議永絶且洋船兵費浩大急欲通商以濟餉各國商船罷市久亦皆咎之乃于二十

六日託彌利堅國頭目與洋商伍怡和調停遞書言如欲承平不討別情但求照舊通商如有私夾鴉片者船貨入官蓋并琦善所許之烟價香港皆不敢求矣楊芳諭令退出虎門義律言俟奉通商之　旨兵船即退是月楊芳怡良奏聞是時門户已失賊入堂奧兵潰民散砲械俱乏舍暫欵無一退敵緩兵之策而烟價埠地皆不索亦足申　朝廷折衝樽俎之威與琦善未逮以前情形迥異是粤事第六轉機而楊芳正月初行至江西時聞粤中和議將定先為絵畧堆貨之奏以遥附琦善固已不取信於　上及是再奏又不陳明粤中關門揖盜自潰藩籬非權

宜不能退賊收險以屈為申之故與目前洋人震懾天威
國體已振勢機大轉不可再失之故及與將來守備已固
如再鴟張立可剿辦之故但影響吞吐其詞　上以
其毫無方略未戰先撫非命將出師本意不許是時定海
之洋船亦至廣東共五十大艘半泊香港半入虎門舢艫
相接徧樹出賣鴉片之幟將軍奕山行至江西以各省兵
砲攻具未集暫駐韶州以俟三月二十三日奕山隆文及
新任總督祁墳並抵廣州奕山問計於楊芳林則徐二人
皆言寇勢已深而新城卑薄無險可守宜遣人計誘洋船
退出獵得大黃滘之外連夜下椿沉船岸上迅壘沙城守

以重兵大砲為省城外障俾西人不能制我之命而後調集船砲兵勇以守為戰俟風潮皆順葦筏齊備再議乘勢火攻庶出萬全是月林則徐復奉馳赴浙江軍營之
命蓋去冬浙閩總督顏伯燾浙江巡撫劉韻珂署兩江總督裕謙先後密疏陳林則徐琦善守粵功罪至是裕謙奉
命赴浙代伊里布為欽差大臣故　上命林則
徐以四品京堂馳往會辦以防英人敗竄赴浙而是時英人方據省河咽喉我兵實無勝算且攻具未齊所募福建水勇千人未至近募香山東莞水勇三千亦未集楊芳不欲浪戰奕山初至亦然之既而惑于翼長隨員等之言以

不戰則軍餉無可開銷功賞無由保奏急欲僥倖一試遂不謀於楊芳即以四月朔夜半三路突攻洋船一屯西砲臺外出中路一由泥城出右路一屯東砲臺出左路日暮兵已出城奕山始諮楊芳卜休咎楊芳大怒拔劍忿詬而兵已不可挽時水勇木筏未集先用四川餘丁充水勇者四百廣州水勇三百乘小舟攜火箭火彈噴筒分路伏闇炮齊起以長鉤鉤其船底是夜又值逆風炮破其二桅大船二杉板小船五其被小船圍焚遁免之大船一火輪船一溺洋人數百義律自洋館登舟竄免其洋館中貨為四川湖南兵虜掠一空并誤傷彌利堅數人甫黎明而洋兵

大集反乘順風我兵退走廣州城三面臨河街市鱗櫛繁
麗甲南海至是火光燭天以及泥城滘内所備攻敵之木
筏材料數百油薪船三十餘艘皆為敵人火輪船及漢奸
所燼其筏材皆運至廣西貴以數十萬計越三日義律投
書約詰朝大戰至期敵船環攻城東西南三面佛山運至
新鑄八千觔大砲本洋人所畏懼而位置不得地勢依山
者高出水面依水者四面受敵砲架不能運轉取准奕山
用文吏李湘芳西拉本為翼長將各省之兵互調分配各
離營伍兵將皆不相習潰走則互相推諉所發鹽菜口糧
厚薄不均祁𡊮又吝費令十五兵共一帳房擁擠無紀律

各擇利便虜取貨物夾山又盡泒重兵于東南二路而西北泥城後路無守備於是天字砲臺及泥城及四方炮臺一日皆失守天字炮臺者叚永福守泥城者副將岱昌與參將劉大忠守四方砲臺者總兵長春天字砲臺上八千觔大砲未及一放即為洋兵錮以鐵釘四方炮臺者在城北後山之頂俯視全城國初　王師攻圍廣州半載不能破及奪後山置砲俯擊始陷之乃攻城之利守城之害也早當拆毀而阻上山之徑乃官兵反設炮其上已為失策且其地距水次十餘里層崖峭徑一夫扼險可拒敵自破泥城後繞東而北沿途官兵無一阻截至山下僅百餘人

而守臺兵望風爭竄隕崖墜死無數洋兵唾手而得險要連夜於臺下築土城運火藥於是闔城軍民如坐穽中而聽穽上之下石矣將軍參贊不斷一逃將逃兵反開城納之連日城外之火箭砲彈與四方臺上之礮聲如雷如雹晝夜不息幸大雨盆注其箭彈非墜池塘即墮空地無一延燎內城貯火藥二萬觔漢奸以火箭火彈射之亦為雨所滅惟內城尚高厚而外城低薄女墻卑於甍脊人無固志第七日洋兵遂并力專攻城東南隅若知將軍參贊皆居東南者箭彈入貢院櫺甍皆破諸帥避入巡撫署面無人色議使廣州知府余保純出城講款義律立索軍餉銀

六百萬員烟價在外香港再議限五日內交銀且約將軍及外省兵先出省城洋船始退出虎門將軍等一切允之城上改樹白旗先令洋商出二百萬員餘於藩庫運庫海關庫發給會奏請罷而煙價及香港亦未入奏云十三日四方砲臺洋兵下山回船義律即促將軍參贊離城十六日奕山隆文退兵屯金山離省河數十里先撤回湖南兵惟楊芳仍留廣州彈壓隆文於講和時即憤恚成疾及抵金山不數日即卒初將軍參贊之至粵也屢奏粵民皆漢奸粵兵皆賊黨故遠募水勇於福建而不用粵勇官兵擒捕漢奸有不問是非而殺之者粵民又不平而英人初不

殺粵兵所獲鄉勇皆釋還或間攻土匪禁刦掠以要結民心故雖有擒斬敵人之賞格無一應命當洋兵攻城居民多從壁上觀會南海義勇爲誣殺義勇大譁數百人擁入貢院搜兵報復兵皆鼠竄將軍參贊摘叚永福翎頂慰解之始散而洋兵亦日肆淫掠與粵民結怨及講和次日洋兵千餘自四方炮臺回至泥城淫掠於是三元里民憤起倡義報復四面設伏截其歸路洋兵終日突圍不出死者二百噎其渠帥曰伯麥霞畢首大如斗奪獲其調兵令符黄金報勅及雙頭手砲而三山村亦擊殺百餘人奪其大砲二及槍械千件義律馳赴三元里救應復破重圍鄉民

愈聚愈衆至數萬義律告急於知府余保純是時講和銀
尚止送去四分不一又福建水勇是日亦至倘令圍殲洋
兵生獲洋人挾以為質令其之出虎門而後徐與講款可
一切惟我所欲此粵事第七轉機而諸帥退計及此也反
遣余保純馳往解勸竟日始翼義律出圍回船十七日洋
船漸次退出其大船有滯淺沙者各鄉民復思截而火之
祁墳諭始解散而新安縣武舉人庾體群亦於初四夜半
以火舟三隊自穿鼻洋乘潮攻洋船于虎門轟其後艙雙
桅飛起空中全船俱燬餘船皆棄椗竄遁又佛山義勇亦
截擊于龜岡砲臺據上風縱毒煙以眯敵目殲殺數十又

破其應援之杉板洋舟大帥先後奏聞　詔責諸將調集各省官兵反不如區區義勇其一切交部議處義律亦慚憤強出僞示言百姓此次刁抗蒙大英官憲寬容後毋再犯粤民憤甚復回檄詬之曰爾自謂船砲無敵何不於林則徐制府任内攻犯廣東爾前日被圍時何不能力戰自拔而求救於首府此次由奸相受爾籠絡主欵撤防故爾得乘虛深入倘再犯内河我百姓若不雲集十萬衆各出草筏沉沙石整槍炮截爾首尾火爾艘艦殲爾醜類者我等即非　大清國之子民是時南海番禺二縣團勇三萬六千晝夜演練義律偵知内河已有備竟不敢報復然

自是知粤市之不可復開翻然思變計不逾月遂復有厦門之事

論曰春秋之義治内詳安外畧外洋流毒歷載養癰林公處横流潰決之餘奮然欲除中國之積患而卒激沿海之大患其耳食者爭咎於勒敵繳煙其深悉洋情者則知其不由繳煙而由於閉市其閉市之故一由不肯具結二由不繳洋犯然貨船入官之結懸賞購犯之示請待國王諭至之禀亦足以明其無悖心且國家律例蒙古化外人犯法准其罰牛以贖而必以化内之法繩之其求之也過詳矣水師總兵奏報審訊而仍以擊肘免罪咼不以外洋

没産正法之律懲之乎海關浮費數倍正税皆積年洋商
關胥所肥蠹起家不貲今既傾繳洋商千萬之煙貲不當
派捐洋商數百萬之軍餉乎誠能暫寬市舶之操切以整
水師之武備盡除海關之侵索以羈遠人之威懷奏仿欽
天監用西洋歷官之例行取彌利堅佛蘭西葡萄亞三國
各遣頭目一二人赴粤司造船局而擇内地巧匠精兵以
傳習之如習天文之例其有洋船洋砲火箭火藥願售者
聽不惟以貨易貨而且以貨易船易火器准以艘械火藥
抵茶葉湖絲之税則不過取諸商捐數百萬而不旋踵間
西洋之長技盡成中國之長技兼以其暇增修粤省之外

城内河之砲臺裁并水師之員缺而汰除其冗濫分配各
艦練習駕駛攻戰再奏請徧閱沿海各省之水師由粤海
而厦門而寍波而上海城池炮臺不得地勢者移建之水
師缺冗者裁并之一如粤省之例而後合新修之火輪戰
艦與新練水犀之士集於天津奏請大閱以創中國千年
水師未有之盛雖其狡敵其敢逞雖有鴉片其敢至雖有
讒慝之口其敢施夫是之謂以治内爲治外奚必亟亟操
切外洋從事哉或曰西變以來惟林公守粤不調外省一
兵一餉而長城屹然使江浙天津武備亦如閩粤則　廟
堂無南顧之憂島寇有坐困之勢子何不責江浙天津之

無備與粵閩後任之不武而求全責備于始事之人且林公於定海陷後固嘗陳以敵攻敵之策矣陳固守藩籬之策矣又奏請以粵餉三百萬造船置炮苟從其策何患能發之不能收之矣曰春秋之誼不獨治內詳於治外亦責賢備於責庸良以外敵不足詳庸衆不足責也吾曰勿驟停貿易世俗亦言不當停貿易世俗之不停貿易也以養癰曰英人所志不過通商通商必不生釁至於鴉片煙竭中國之脂何以禁其不來則不計也設有平秀吉鄭成功梟雄出其間窺我沿海弛備所志不在通商又將何以待之則亦不計也與吾不停貿易以自修自强者天壤胡越

望之也深則求之也備豈暇與囊瓦靳向之徒較量高下哉夫戡天下之大難者每身蹈天下之至危犯天下之至危者必預籌天下之至安古君子非常舉事内審諸時同時人材盡堪難鉅則為之國家武力有餘則為之事權皆自我操則為之承平恬嬉不知修攘為何事破一島一省震驚一省各省震抱頭鼠竄者膽裂之不暇馮河暴虎者虚驕而無實如此而欲其靜鎮固守嚴斷接濟内偵船械之集外聯屬國之師必沿海守臣皆林公而後可必當軸柬鈞皆林公而後可始既以中國之法令望諸外洋繼又以豪傑之猷為望諸庸衆其於拯敝不亦遼乎馳峻坂則

群傲善御之衔緌犯醎濤則群戒柁師之鉞向故甫田慎
彼勞忉唐棣先其翩反也

道光洋艘征撫記下

道光二十一年四月英人之受款於廣東也在我師則以救一時之危在敵亦急欲得銀以濟兵餉故通商章程彼此皆未暇議及洋兵大困於三元里自知已結粵民之怨又畏粵民之悍不敢復入內河貿易欲洋商赴香港而香港隔海風浪洋商無肯往者遂欲以香港易尖沙嘴及九龍山將軍總督以香港尚未奏允何況二地約其仍來黃浦敵遂不許我修復虎門砲臺盡拆各炮臺之石移築香港且欲我拔去內河沙石樁筏彼此相持雖有通商之名無通商之實又糸保純與義律議先送軍餉六百萬員其

烟價在外將軍止以軍餉改稱商欠奏聞其餘情未上達也及洋船退出後内河塡塞要害增修砲臺守備日固不能如向日之闖突敵衆皆咎義律議款時不别索地埠遂揚言英吉利國王譴義律無能改命璞鼎查為兵帥欲復往沿海各省必如上年在天津所索各欵會六月香港有風颶之事祁墳怡良張皇入奏謂撞碎洋船無數漂没洋兵漢奸無數所有帳房蓬寮新修石路掃蕩無存浮尸蔽海　朝廷方發藏香謝海神布告中外允廣東保舉守城文武至數百員而洋船數十艘已全赴福建攻陷厦門矣初上年洋艘之攻厦門也水師提督陳階平先告病鄧廷

楨督同兵備道劉耀春止守舊砲臺疊沙垣據形勢故賊攻不破及顔伯燾嗣任首劾陳堦平之規避與琦善楊芳之主款意氣甚鋭然故紈褲虚憍自太且輕鄧廷楨之僅自守奏言用守而不用攻則賊逸我勞賊省我費大砲止可施諸岸上不能載之水中小舟止可行諸内港不能施之大洋遂請餉銀二百萬造戰艦五十餘艘募新兵數千水勇八千欲與出洋馳逐又於口外之峿嶼青嶼大小檔增建三砲臺備多力分新鑄千砲又多未就空船空臺徒等廢物適聞廣東疑議成奉撤兵省費之旨盡散水勇八千不籌安置水師提督竇振彪亦出巡外洋内備單弱

七月初九日洋船數十艘突至投書令讓出廈門為外埠俟上年天津所索各事皆遂再行繳還次早駛進先以數火輪往返忽東忽西哨探形勢並試我炮路炮路者官砲皆陷於石墻孔內惟能直轟一綫不能左右轉運取準故夷先以舟試之知其所值則避之也既而諸舟蠭擁齊進我守青嶼仔尾嶼鼓浪嶼之兵三面環擊沉其火輪舟二大兵船一又傷其一桅敵遂以二三艘並力攻一炮臺一臺破再攻一臺將士死傷相繼洋船遂注攻大砲臺飛砲從空墮岸上散遺之水勇變為漢奸從中呼譟應之顏伯燾劉耀春同時退避遂登岸反旋轉我臺上大炮回轟廈

門一晝夜官署街市皆燬顔伯燾劉耀春退保同安厦門
遂爲賊據然洋人得厦門亦不守不數日全隊駛赴浙江
惟留數艘泊據鼓浪嶼八月初四日顔伯燾郎以收復厦
門奏聞然同知潛處四鄉未敢回署視事　詔降顔伯
燾三品頂帶留任遣侍郎端華赴福建勘實以聞時鼓浪
嶼洋人日招工匠增造小舟爲駛窺内河計是月以大船
五小船三十駛入厦門之木橋港口炮沉我兵船五副將
林大椿游擊王定國中砲死提督普陀保總兵那丹珠督
兵禦之炮沉大洋船一始退出外洋其福州省河外五虎
門潮至通舟潮退閣淺故洋船未敢駛入云初裕謙自正

月赴浙江代伊里布為欽差大臣時洋船已去定海總兵王錫朋鄭國鴻葛雲飛以兵五千駐定海輯流移修城壘炮臺為善後計裕謙任事剛鋭而不嫻武備與顔伯燾同前此傾心於林則徐而林則徐又旋有遣戍新疆改赴河工之　命蓋廣東鹽運使王篤入京於　召見時力黨琦而排林林則徐去浙浙事益無所倚定海孤懸海中本不必守之地徒分兵力提督余步雲庸而猾素為裕謙所鄙一時無人可代姑令駐招寶山不令渡海調度三鎮又皆武夫無遠畧裕謙所任隨營知府黃冕署定海知縣舒恭壽皆吏才而非邊才及是築定海外城葛雲飛欲包

瀕海市埠於城內左右抵山其三面則以山為城裕謙未渡海親勘但據圖指揮從之有諍者曰守舟山已為下策況所築者又必不可守之城乎天下無一面之城此乃海塘耳非外城也賊左右翻山入即在城內矣備多則力分山峻則師勞請但環內城為新郛勿包外埠勿倚外山庶城足衛兵兵足守城庶猶得下策既而撓於群咻議遂不行至若捐舟山專守海岸之策更無暇籌及也是夏廣東講款奉

旨各省撤兵省費時精兵五千皆在定海其鎮海寧波僅兵四千分布各口八月初洋船先犯石浦以礁險不利而退東西游奕十二日進攻定海我軍炮破其

火輪舟一即竄遁十四日連檣進攻曉峰嶺開炮數百我兵皆隱側崖未傷其小舟登岸者為鄭國鴻督兵扛炮擊退次兩日又營五奎島又繞攻東港浦又繞攻竹山門皆為我炮卻十七日賊乘我守兵力疲遂分由五奎山東港浦曉峰嶺三路進攻以牽我師其攻曉峰嶺之賊登岸後即撤舟以絕反顧前賊死傷後賊繼進我守山兵逆風下擊銃不得力日午銃皆熱透賊遂冒死登山入城三總兵相繼戰死舒恭壽服毒死邑民救蘇之定海復陷其鎮海防兵四千裕謙以千餘兵守城內外余步雲率千餘守招寶山總兵謝朝恩率千餘守隔江之金鷄嶺裕謙先期見

招寶山建白旂知余步雲貳志乃盟神誓衆余步雲託足疾不跪裕謙奏言洋船黑兵及漢奸不下萬人賊可并帮來犯我必扼要分守賊可數日不攻我必晝夜防備彼衆我寡彼聚我散彼逸我勞又海艘乘風潮而至前艘稍退則後艘必自相撞碎故有進無退我兵未歷戰陣各存一礮火難禦之見是賊五船一心且衆船一心而我兵則一人一心是以自粵至閩莫之敢攖臣何敢輕視惟有殫血誠厲士卒斷不敢以兵單退守為詞離鎮海半步不敢以保全民命為詞受逆人片紙余步雲心恨之二十六日洋船攻鎮海分犯金鷄山及招寶山每路數千而余步雲不

許士卒開砲且兩次上城請退守寧波裕謙不許賊甫由招寶山麓攀援登岸余步雲即率兵西走賊踞招寶山俯攻鎮海其隅江之金雞山兵亦潰裕謙知事不可為令副将豊伸賫欽差大臣關防送浙江巡撫自沉泮池死之二十九日洋兵船四火輪舟二小舟數十進至寧波余步雲復棄城走上虞寧紹台道鹿澤長知府鄧廷彩從之時寧波以西江漸淺狹敵小船駛至慈谿餘姚於是二城亦逃散一空土匪四起謠言傳播浙西大震余步雲先後兩奏尚以裕謙先走為詞及殉難事聞　朝廷賜謚賜祠賜襲無可再誣則又流言此次洋兵至浙皆為報復裕謙夏間

梟斬白夷嗢哩之仇親駐曹娥江以此語編諭渡江難民浙江巡撫劉韻珂至據以入告而無如敵之在廣東先已敗盟索尖沙嘴索九龍山不許修虎門砲臺也且詭稱國王褫義律改命他帥未至定海先破廈門也又無如在浙先後投敵書懸敵示皆以欲索各省埠地為詞無一言及裕謙也明年伊里布在乍浦移書英酋詰其故再犯彼復書至亦一字不及裕謙何裕謙有攘寇之志而無制寇之才同於張浚議者不咎其喪師失地而翻以英之在粵在閩敗盟誣咎於浙師不據英書英示為詞而據余步雲逃罪之語為詞則是責張浚之不如汪黄而汪黄遂堪退敵也九月賊以火輪小舟犯餘姚犯慈

谿二城先潰遁英焚掠而去是月　命宗室大學士奕經為揚威將軍侍郎文蔚副都統特依順為參贊以河南巡撫牛鑑總督兩江授怡良欽差大臣馳赴福建奕經用宿遷舉人臧紆青言浙江屢衄不可用除奏調川陝河南新兵六千外宜多用土勇水勇甯波鎮海漢奸通賊宜令浙江京官各保舉紳耆使分伏鄉勇為內應而委員招集山東河南江淮之土勇萬人及沿海漁鹽梟販江湖盜賊二萬餘分伏三城水陸並攻以南勇為北勇之目以北勇為南勇之膽刊給賞格惟用散攻不動大隊不刻期日陸路伺敵出入水路各乘風潮逢敵即殺遇船即燒人自為

戰使彼出沒難防而後以大兵蹙之得　旨允行又
詔舉奇材異能之士且　諭奕經毋遽往杭先駐蘇城
使敵無備俟各省兵勇齊集再赴浙江十月奕經至蘇幕
下侍衛容照司員楊熙聯芳阿彥達皆紈袴少年所至索
供應徵歌舞縱摴蒲攬威福蘇城流言四起遠播京師于
是奕經移營嘉興十二月十五日奕經文蔚同夢洋人紛
紛上船竄出大洋詰朝各述所夢不約而符又適接寧波
來禀有洋人運械上船之信于是將軍參贊銳意進兵夜
不能寐明年元旦赴杭留參贊特依順守杭州而奕經文
蔚渡江十六日抵紹興先是去冬大雪平地五六尺入春

又淫雨晝夜兼旬所備火舟薪葦皆淋濕不堪用且三城水陸縱横數百里兵勇布置未周非二月中旬不能集事各路委員皆請緩師期半月而奕經堅不肯待定計二十八日進兵恢復三城而原議分伏散戰之法一變為排陣對戰之舉特敵聞大軍將至亦先自為備寧波英目盡上船惟留數百人守城上大砲以待我西門之兵鎮海則英兵盡上招寶山俟我兵入城則開砲俯擊為一舉殲我之計此夢兆所由也而諸將方嚴飭我軍不許携火器火箭恐延燒民舍但約城中漢奸内應禽縛英酋英兵以獻三城唾手可得得城後即執所獲英酋與之議欵謂萬全無

失於是奕經以兵勇三千營紹興之東關使文蔚以兵勇四千半屯慈谿二十里之長溪嶺半屬副將朱桂屯西門外之大寶山以圖鎮海提督段永福以兵勇四千半伏寗波城外屯大隱山以圖寗波而副將謝天貴率兵千餘屯駱駝橋以扼鎮海寗波適中之路其領鄉勇者陸路則泗州知州張應雲主之令沈船梅墟以隔斷寗鎮英船而楊熙伏勇上虞策應水路則海州知州王用賓主之專駐乍浦而故總兵鄭國鴻之子鄭鼎臣專司定海水勇以火攻洋船及期陸路官兵皆冒雨夜進至城則雨霽其從寗波西門入者城內伏勇先殲守門之賊釘城上之炮洞開城

門以待我兵長驅至府署敵始驚覺巷戰相持俄北門洋兵又繞至攻其後前後受敵洋兵踞街樓屋甍之上火箭火砲兩面雨下巷狹墻高仰攻不利屯兵五百且戰且退死傷者半叚永福督後隊至聞風反走既不登城扼鬥力戰又不退保大隱山而直走東關余步雲率兵二千駐寗波之奉化中途聞敗折竄終夜喘呼徧野此寗波之師也其慈谿大寶山之兵則副將朱桂參將劉天保分領之劉天保率河南勁勇五百先發鎮海城亦開門以待內應寥寥不能縛賊急使人出城取火器至則天已黎明城外招寶山敵銃齊發我軍踉蹌遁出而朱桂軍風雨迷路未至

此鎮海之師也至是始知倉卒布置之誤然所死不過二三百兵於大局尚無害於是朱桂率陝甘兵千二百回屯大寶山之右劉天保收河南兵五百回軍大寶山之左張應雲兵勇亦回守慈谿城奕經既不斬棄營逃將以肅軍令又不進營上虞以壯士氣文蔚復調張應雲赴奕經營商軍事於是慈谿城中鄉勇無主亦潰散二月四日敵遂進火輪舟焚我火舟數十於姚江而以兵二三千自慈谿登岸陸行十餘里進攻大寶山并自撤原舟以絕反顧朱桂以扛炮兵四百禦之自辰至未轟死洋兵四百餘殲其頭目巴麥尊我兵隱厓石樹木間無一傷者時洋兵離其

船數十里深入死地使得一隊伏兵截其後可獲全勝不
然即有兵數百防守後山我兵亦不致敗此義事第八轉
機而謝天貴軍不至張應雲城中伏勇已散劉天保火器
已半長於鎮海雖據左山不能下山截賊後其地即在長
溪嶺之麓距參贊營僅十餘里朱桂請援兵數百文蔚堅
不許發薄暮始發兵三百而敵已分兵四百潛越旁港繞
出我軍山後朱桂前後受敵父子死之劉天保左軍亦驚
潰特長溪嶺阻險而陣洋兵斷難黑夜進攻而容照及聯
芳等力請文蔚棄軍宵遁沿途賞輿夫賞舟子惟恐其兵
追及參贊既遁全軍遂潰棄輜重器械山積反妄奏營被

漢奸燒燬其實次日薄暮英兵尚未至嶺也長溪嶺既潰軍氣大阻喪即有獻策請移營上虞別選新到之兵再誘敵深入與之再戰三戰一以牽其北擾江蘇之計一以阻其驕索無饜之氣而後徐與講欵者奕經文蔚心已亂言不入耳惟容照之言是聽鎮海之役劉天保軍僅傷七人而奏言全軍覆沒僅脫回七人大寶山之戰我軍僅死百餘而奏言死者千餘慈谿英兵登岸僅二千餘而奏言萬有七千無非張賊勢而逭已罪初七日即與文蔚棄紹興走西興奕經旋渡江回杭州而陸路不可為矣水路本議由乍浦雇漁舟潛渡岱山以圖復定海已渡水勇萬餘分

伏各港至是亦用容照言散之并戰船火船盡撤回其水勇無歸者遂竄入英船為漢奸而水路亦不可為矣為鄭鼎臣一路不奉命容照聯芳等憾之力請誅以軍法奕經唯唯不決臧紆青憤盲左目力辭去奕經固留之始復思用原議伏勇散戰之法於二月十六日再渡江檄飭各路兵勇相機自效一月中伺殺黑白英人三百餘級生禽英官四人白黑夷五十餘人縛獻甯渡漢奸主謀二人餘盡解散鄭鼎臣水路則三月朔聯火舟數十圍攻大洋艘於岑港又分攻三洋船於他港共焚沉洋兵船四及小洋船十餘焚溺死洋兵五六百鎮海知縣葉堃亦報大攻洋船

於海口先後奏聞　詔賞奕經雙眼孔雀翎文蔚一品頂戴鄭鼎臣葉堃獎勵有差於是闔營沸然前此主殺鄭鼎臣者今又競思邀功而主和議之人則又譁然以為虛報不實巡撫劉韻珂據以劾奏既而鄭鼎臣送所獲賊首賊衣及燬破船板共載四大艘呈驗劉韻珂始語塞而韻珂前月已奏請伊里布來浙主款　上復命宗室尚書耆英為欽差大臣署杭州將軍與參贊齊慎赴浙

降旨不許進兵并不許擒斬零夷有兵勇殺一黑白夷即行正法并治官弁之罪皆劉韻珂所奏請也是月河南開封黃河決口堵合　詔林則徐由工次赴新疆大學士

王鼎自河南工次入京復命赴五日發憤具遺疏暴薨英人是月遂棄浙北窺松江窺長江登范氏天一閣取去一統志又購長江圖及黃河圖盡得我軍所裁撤水勇為鄉導兼造小蛋船數十為入淺河之用勒索寧波紳士犒軍銀二十萬員許退出城池遂以三月二十七日棄城登舟奕經等以大軍偪退英兵收復寧波入告蓋賊自去秋破寧波後即遣火輪舟歸報國王其舟自中國至西洋往返六月可達至是三月初國王諭至令復往天津求埠地通商故是月退出寧波於官兵無預也四月朔鎮海洋船亦棄城而北惟留四舟及洋兵千餘守定海錢塘江口龕赭

二山近年灘漲淤淺潮至通舟潮落斷流故洋船不窺杭而初九日犯乍浦先以兵船橫列成陣開礮與官兵相持而遣小舟分路登岸攻東門我陝甘兵以扛炮傷敵甚衆敵轉攻南門駐防旗兵平日凌辱漢人至是又動斥爲漢奸由是福建水勇積憤縱火內應賊遂踰南城入盡焚滿營都統長喜署乍浦同知韋逢甲死之兵備道宋國經退走嘉興杭州嘉興俱戒嚴原任大學士伊里布至乍浦洋船議欵英邀挾甚侈不能成議劉韻珂又奏請釋還所擒黑白夷數十送乍浦則洋船已去又改送鎮海謂可解仇通好英置不問　詔將軍參贊分一人前赴嘉興防堵

於是奕經自紹興渡江而北　欽差大臣耆英方馳至嘉
興忽奉　命前赴廣東其杭州將軍關防　命特依
順署理蓋據御史蘇廷魁之言風聞鄭爾喀國已攻襲英
人駐防印度之兵洋船將回兵救援因有退出寧波之事
故　命耆英前赴廣東體察虛實乘機攻香港及江左
告急復　命中道折回防堵時香港洋船十四杉板小
船數十洋兵千餘漢奸海盜藪聚其閒奕山等既招回漢
奸三千餘其香港漢奸頭目內向者亦十之六各願立功
贖罪請包修虎門炮臺並請乘冬令晦潮出其不意與香
港漢奸表裏應和火攻洋船一舉殲之而奕山聽祁𡎴言

惟恐觸其怒不許六月　詔責奕山視師廣東半載毫無方略屢命收復虎門攻香港以牽制閩浙賊勢皆以船造未就為詞惟以填塞河道為事革去御前大臣都察院左都御史而顏伯燾亦久未剿除厦門停泊之洋船革職以怡良代之十八日洋船棄乍浦而北五月初三日洋船至吳淞口初五日牛鑑接奕經檄令權宜覊縻牛鑑遲至初七日始遣弁賫扎赴洋船則已無及寳山城在吳淞口外洋面寥濶本不如内東溝江灣二隘之易於設伏寳山知縣周恭壽請伏兵口内誘賊毋守海口炮臺牛鑑不從總兵王志元守小沙背之徐州兵五百即在浙從余步雲

棄招寶山之潰兵也牛鑑不懲創之反令守要害終日騷掠居民洶洶周恭壽力請撤换他兵亦不聽初八日黎明開炮提督陳化成炮沉其二艘又擊折其二艘之桅洋兵溺死二百餘遂以小舟繞攻小沙背總兵王志元率徐州兵果望風西走提督陳化成亦中礮死賊遂由小沙背登岸僅八九人而塘上數千兵皆望風潰矣牛鑑走嘉定其東砲台之兵皆同時潰賊遂陷寶山喪大炮軍仗無算上海大震參將繼倫率兵先棄城走松江上海兵備道巫宜禊上海知縣劉光斗從之所募福建水勇變為土匪縱火焚掠十一日洋船七八艘駛入上海城中已空無人十三

日英人乘火輪船二杉板船四五駛入松江我兵先塞港口距城八里壽春鎮總兵尤渤以陜甘兵二千守之敵開礮數十我兵皆伏避之砲過而起我砲齊發相持半日始退次日復至亦如之故松江得無恙賊又將窺蘇州使火輪舟測水至泖湖漁舟引之入淺輪膠水草乃返於是二十日洋艘退出吳淞口圖入長江矣初裕謙奏江海情形有長江無遮障潮來甚溜甚難防守之語牛鑑則駁斥常鎮道請守鵝鼻嘴之稟且徧諭居民以長江沙線曲折洋船斷不能入賊刼沙船導火輪船兩次駛探初報諸險要皆無備次報諸汊港荻洲皆無伏始連檣深入六月八日

薄瓜洲瓜洲城已空遂窺鎮江鎮江依北固山爲城以運河爲濠形勢險固非竇山比駐防副都統海齡庸繆人也牛鑑既失吳淞口自應馳守鎮江會參贊齊慎提督劉允孝之兵且節制副都統嬰城固守洋船必不越鎮江而徑犯江寗上之可以徐籌火攻次之即與敵講欵亦不致操我死命無求不遂乃牛鑑從丹陽句容直走江寗海齡又拒齊慎劉允孝使戰城外惟以駐防兵守城內鎮江繁富十萬户海齡禁難民遷徙出城出者皆刃夾而搜括之日捕誅城中漢奸合城鼎沸凡木石油炭火器守城之具一切不備又不團練居民鄉勇助守城中僅駐防兵千餘與

綠營兵六百寥落如晨星始則城外軍擊其西北登岸之賊相持二三日英佯攻北門而潛師梯西南入城土兵僅斫其一二人敵已蟻附上守兵皆潰英先焚滿營海齡為亂兵所殺鎮江陷虜掠焚殺慘甚寍波寶山夷酋璞鼎查即欲出江前赴天津而馬禮遜阻之謂此中國漕運咽喉扼以要挾必可如志遂不果是時洋船八十餘艘砲聲震江岸自瓜洲至儀徵之鹽艘估舶焚燒一空火光百餘里揚州鹽商許銀五十萬免禍六月二十八日遂偪江寍東南大震　朝廷廑念漕運重地　勅耆英便宜從事是時敵人已奉國王諭至但得他省通商不必更索兵餉烟

價其鴉片烟亦不再至故洋師三月出寧波及在乍浦僞示皆有前往天津求和遵國王所諭辦理之言至是伊里布遣張喜等至洋船洋酋言一索洋銀二千一百萬員分三年交付一索香港爲市埠並往廣州福州厦門寧波上海貿易一洋官欲與中國官員敵體餘與上年同張喜言烟價兵餉廣東已給六百萬今索價更奢索埠太多若之何馬禮遜言（馬礼遜洋官之通漢語者）此我國所索之價豈即中國所還之價且此次通商爲主志不在銀錢但得一二港口貿易其兵餉烟價中國酌裁可也而諸大吏不速覆遣張喜往返傳語越二日張喜還則敵聽漢奸言聞增調壽春兵

之信謂我借欵緩敵如今日不定議者詰朝交戰其意蓋
欲欵局速成非望所求盡允而諸帥膽裂即夜覆書一切
惟命其禁約鴉片章程一語不及英喜出望外諸帥會奏
言敵設砲鍾山之頂全城命在呼吸蓋仿襲粤省失四方
砲臺之説其實絶無其事且奏稱昔　純皇帝征緬
無功棄關外地五千里尤以鑿空無稽之談誣　祖
德駭聽聞（雲南銅壁關上有額曰天朝中原地盡于此試披康熙銅板地圖會有銅壁關外五千里地失
於乾隆者乎）敵人又言講欵文書中國需用　御寶彼國亦
遣火輪舟歸請國王用印兵船惟退出海口其舟山及鼓
浪嶼香港之洋兵必俟三年銀数交竣方可撤歸七月初

九日欽議成耆英伊里布牛鑑親赴敵人璞鼎查之舟越二日璞鼎查馬禮遜等亦入城會於正覺寺連日分提江寧蘇州安徽藩庫揚州運庫銀數百萬如數餽之八月杪洋船將出江諸帥復餞於正覺寺九月初旬洋艘盡回定海　詔以不守江口逮總督牛鑑治罪以耆英代之而伊里布以欽差大臣由浙至廣東議互市章程褫逮領兵之奕山奕經文蔚余步雲交刑部治罪惟余步雲於是冬伏法其沿海失守城池之道府縣及領兵將官失事者以次懲處分別豁免沿海被寇州縣錢粮而是冬又有索台灣停人之事上年及次年又有廓爾喀佛蘭西彌利堅各

國達言之事又有廣東義兵焚洋館之事臺灣停人者二十一年八月及次年二月洋船兩窺台灣一在淡水港遭風觸礁一在大安港為漁舟誘引閣淺皆為沿海義勇圍攻擒獲三桅大舟一三板舟二白夷二十四黑夷百有六十五砲二十門刀銃器械并寧波鎮海營中官物蓋攻浙之賊回窺閩洋者總兵達洪阿兵備道姚瑩先後奏聞三月敵遂以十九艘赴臺報復結海盜艇數十導之入港我兵先破其盜舟敵人不敢入遥轟大礮而遁又屢遣奸細入台煽亂皆被擒斬一方屹然洋船不敢再犯屢　詔優奬姚瑩加布政使銜達洪阿加提督銜各世襲輕車都

尉是秋江寧議欵約所獲兵民彼此交還而台灣黑夷百有六十五人已於五月奉
旨斬决惟以白夷還之敵目璞鼎查遂訐台灣鎮道妄殺其遭風難民時江蘇主欵
官吏方忌臺灣功而福建厦門失守文武亦相形見絀流言四起耆英遂據閩人故總督蘇廷玉及提督李廷鈺二
人家信劾台湾鎮道冒功
勅福建新督查奏新督至臺灣查案卷則所奏皆據廳營及紳士禀報無功可冒因
强鎮道引誣以謝洋人遂劾逮至京臺灣兵洶洶鼓譟達
洪阿姚瑩諭解之新督亦旋告病以劉鴻翺代之劉鴻翺
盡以臺灣廳營紳士禀報原案咨送軍機處上徧閲之鑒

二人枉不深罪達洪阿姚瑩旋即起用云廓爾喀者在西藏西南與英國所屬東印度孟阿臘接壤世仇二十年秋聞英人入寇即禀駐藏大臣言小國與底里所屬之披楞部相鄰每受其侮今聞底里與京屬搆兵京屬屢勝小國願率所部往攻底里所屬以幽天討使廷臣明地勢洋情許其犄角則英國印度之兵懷內顧憂不能全赴中華此洋事第一外助而廷臣未知其所謂底里者即英吉利所謂披楞者即孟阿臘所謂京屬者即中國之廣東廟答以蠻觸相爭天朝從不過問於是廓夷罷攻印度而英人入寇之兵無復內顧及是秋欵議成英人歸印度者以此大

驕廓爾喀廓爾喀則反脣於駐藏大臣詞甚悖嫚駐藏大臣惟覊縻之而已佛蘭西彌利堅者皆大西洋强國與英人同市廣東且世仇英人而恭順中國上年英人入犯并阻遏諸國貨船不許貿易諸國皆憾之言英人若不早回國亦必各調兵船來粵與之講理林則徐兩次奏聞俄林則徐罷琦善一意主和前議遂中止及去年琦善褫逮甫數日彌利堅頭目即出調停故有但許通商不索一切及私帶鴉片船貨充公之請乃廣東諸帥夜攻洋館反誤殺彌利堅數人於是彌利堅不復肯出力而佛蘭西洋官於英人再次敗盟之後屢在粵願助造兵船是冬來兵船二

兵帥一言有機密事願面見將軍請勿用通使從有能漢語之二僧可以傳言將軍奕山及總督祁𡌴與再會城外屏左右密言英人阻隔諸國貿易國王遣兵船前來保護并命從中解散請赴江浙代款必能折服英人不致無厭之求倘英人不從亦可藉口與之交兵此粵事第二外助乃奕山始則拒不肯奏佛蘭西請先赴香港晤璞定查議之數日覆稱英人以香港及烟價三百萬為請奕山亦屏不奏良久始奏闢又言敵情叵測難保其非陰助英人代探我虛實佛蘭西自正月至五月待命半載及六月駛赴吳淞口則英人已深入長江佛蘭西請我舟導之入口上

海官吏反難之往返申請稽時及佛蘭西易舟入江則欵
議已成數日盡飽谿壑視佛蘭西原議相去天淵佛蘭西
頭目頓足而返是冬回至廣東議互市英人欲各國洋商
就彼掛號始輸稅佛蘭西彌利堅皆憤言我非英國屬國
且從未猾夏憑陵何厚彼而疏我於是彌利堅來兵船入
不數月佛蘭西亦來兵船入皆上書求入貢面陳誠欵并
請留兵船于閩粵惟貢使數人由陸入京蓋欲密獻機宜
効回紇助唐之誼此洋事第三外助而廷臣再三郤之時
伊里布已卒於廣東二十三年耆英奉命馳往接辦先後
許各國皆如英人之例不用洋商任往各海口與官吏平

行英人反以此德色於諸人矣廣東義民者初英人自去夏困於三元里不敢入市廣州及講欵後奉旨許廣州貿易是冬白夷横行於市粤民怒起誅之聚衆萬餘焚洋館掠其貨又殺其洋官洋兵於澳門海中時璞鼎兵船正在廣東竟不敢報復督撫懲治焚館之民以謝而番禺紳士潘仕成捐貲延佛蘭西洋官雷壬士於家造洋船洋砲又造水雷能水中轟破船底所捐造二桅戰艦四艘材堅工巧悉如西洋式每水雷造價僅四十金每艘僅價二萬金　詔廣東靳造戰艦一切交其承辦毋令官吏經手以杜侵蝕大吏尼之旋亦中止故敵寇之役中國非無

外援也非無内助也無人調度之則毆屬夷以資敵國且化就民為奸民且誣義民為頑民邇者沿海通商鴉片益甚於前并用廣東巡撫黄恩彤言開各省天主教之禁其據定海及鼓浪嶼之人皆脅官吏數道逃而福州烏石山之人直踞省會腹心俯瞰全城總督劉韻珂巡撫徐澤醇束手惟命而奏疏諱之但言給與城外破廟閩省士民憤怨時林則徐家居尤為閩大吏所忌道光二十四年召還耆英降巡撫黄恩彤為同知回籍二十五年英人欲踐耆英所許三年入城設洋館之約總督徐廣縉内聯義民外聯彌利堅以拒之敵受約束退　詔封徐廣縉子爵巡

撫葉名琛男爵粵事始稍定咸豐元年又特
詔獎雪林則徐及姚瑩達洪阿之盡心竭力于邊而斥耆英畏葸驕敵之罪中外翕然欽頌

論曰夷寇之役首尾二載糜帑七千萬中外朋議非戰即款非款即戰從未有專議守者何哉且其戰也不戰於可戰之日而偏戰於不可戰之日其款也不款於可款之時而專款於必不可款之時其守也又不守於可守之地而皆守於不可守不必守之地粵東不議守而專款是浪款也奕山不籌守而即戰是浪戰也顏伯燾裕謙牛鑑不擇地而守是浪守也誠能擇地利守內河堅垣壘練精卒備火攻設奇伏如林鄧之守

虎門厦門先為不可勝以待敵之可勝則能以守為戰以守為欵以守為戰則豈特我兵可用即佛蘭西彌利堅皆可用即廓爾喀亦可為我用以外敵攻外敵也豈特義民可用即莠民亦可用以漢奸攻逆敵也以守為欵則我無讐於彼彼有求於我力持鴉片之禁關其口奪其氣聽各國不得貿易之夷居間調停皆將曲彼而直我怒彼而暱我則豈特烟價可不給而鴉片亦可永禁其不來且可省出搞夷數千百萬金為購洋砲洋艘練水戰火戰之用盡收外國之羽翼為中國之羽翼盡轉外國之長技為中國之長技富國强兵不在一舉乎時乎時乎惟太上能先時

惟智者能不失時又其次者過時而悔悔而能改亦可補
過於來時

中外紀事本末十一

柔遠全書 三十九

津案紀略

同治九年五月二十五日奉

上諭曾國藩著前赴天津查辦事件欽此并

諭匪徒迷拐人口挖眼剖心實屬罪無可逭既據供稱牽連教堂之人如查有實據自應與洋人指證明確將匪犯按律懲辦以除地方之害至百姓聚衆將該領事毆死並焚燬教堂拆毀仁慈堂等處此風亦不可長著將為首滋事之人查拏懲辦俾昭公允地方官如有辦理未協之處亦應一併查明毋稍迴護等因欽此先是津境屢有迷拐幼孩之案剖心挖眼之謠署天津知府張光藻獲拐犯張

拴郭拐等嚴懲旋有匪（民）團拏獲匪犯武蘭珍供出法國教堂之王三授以迷藥由是民教屢有爭鬭之事三口通商大臣崇厚約法國領事豐大業來署提犯對質（時）豐（訛）大言四起人情洶洶豐大業在崇厚署中施放洋鎗崇厚起避之豐大業忿而走出遇天津知縣劉傑復以洋鎗擊傷其家丁津民見者遂毆斃豐大業燒燬教堂等處洋人及本地從教之民男婦死者數十口此五月二十三日事也二十七日奉

上諭崇厚周家勲張光藻劉傑著先行交部分別議處等因欽此二十九日公覆陳一摺奏稱據天津鎮道來牘武

蘭珍所供之王三業經弋獲必須訊取確供武蘭珍是否果為王三所使王三是否果為教堂所養挖眼剖心之説是否憑空謡傳抑係確有證據兩者為案中最要之關鍵從此兩層悉心研鞫力求平允乃可以服中外之心臣不敢因病推諉稍可支持即當前往一面先派道員博多宏武等迅速赴津會同天津道府詳訊辦理六月初一日奉上諭日内如可支持即著前赴天津會同崇厚悉心商辦等因欽此初四日公將行自書遺囑一紙其略云余自咸豐三年募勇之初自誓效命疆場今年老病軀危難之際斷不肯吝於一死以自負其初心初六日由保定啟行宿

高陽縣初六日宿任邱縣發摺奏報起程日期并稱與崇厚往返函商擬先將俄國誤傷之三人及英美兩國之講堂速為料理不與法國一并議結以免歧混初八日奉
上諭所見甚是等因欽此初十日公至天津津郡民團舊有水火會名目為數甚衆怨崇厚之護教咸望公至力反崇公所為（通商大臣崇厚駐天津近十年調停於民教之間津人頗議之事變之後崇公出示解散有嚴禁聚衆滋事之語由是怨聲載道）公奉
命之初凡至公署條陳時事者或欲藉用津人義憤之衆以驅逐洋人或欲聯合俄英各國之交以專攻法國或欲參劾崇厚以伸士民之氣或欲調集兵勇以為應敵之師

公意在堅保和局不與洋人構衅以啟兵端其函致崇公則稱有禍同當有謗同分之語既至津郡出示曉諭士民仍不獎其義憤有嚴戒滋事之語由是津人以怨崇厚者怨公矣公初至時出令放告投訐牒者數百人公查訊挖眼剖心實無其事而拐匪一案斃到教堂之王三安三等皆市井無賴供詞狡展反覆不能定案公亦令委員暫予緩訊以為洋人轉圜之地但飭地方官查獲天津滋事之民由是都門士大夫之譏誹紛然起矣十一日接到法國洋官照會一件由總理衙門轉遞來津語尚順十二日英國洋人來見十四日内閣學士宋晋奏和局固宜保全民

心未可稍失一摺又請布置海口之防婉諭各國以爲解散約從之策奉
旨令公酌量辦理據實奏聞十六日公咨覆總理衙門爲洋人力辯挖眼剖心之誣十九日法國洋官羅淑亞來見二十日俄國洋官孔氣來見二十一日崇厚來商言洋人將大興波瀾有以府縣官議抵之説公峻詞拒之二十二日洋官羅淑亞復來詞氣凶悍又來照會一件有將府縣官及提督陳國瑞三人抵命之語二十三日公將現在查辦情形照復洋人并駁詰之是日遂與崇公會奏稱王三雖經供認授藥武蘭珍然時供時翻仁慈堂查出男女訊

無被拐情事至挖眼剖心則全係謠傳毫無實據此等謠傳不特天津有之各省皆然以理決之必無是事至津民所以積疑生憤者則亦有故教堂終年扃閉莫能窺測其可疑者一中國人民至仁慈堂治病者多久留而不出其可疑者二仁慈堂死人有洗尸封眼之事其可疑者三在仁慈堂者雖親屬之人經年不得相見其可疑者四堂中掩埋死人有一棺而兩三尸者其可疑者五百姓積此五疑衆怒遂不可遏仰懇

明降諭旨通飭各省俾知謠傳之說多係虛誣現已將道府縣三員均撤任聽候查辦又奏委丁壽昌署天津道馬

緬武署天津府蕭世本署天津縣又奏稱法國照會挾制多端請將知府張光藻知縣劉傑二員革職交刑部治罪陳國瑞現在京城請交總理衙門就近查辦公雅意不欲加罪於府縣是日徇崇厚之請會奏此疏拜摺後公痛悔之病勢漸增二十四日有人奏（風聞）津郡百姓焚毀教堂之日起有人眼人心呈交崇厚現已消滅有

旨令公確查又奉

上諭崇厚已派出使法國通商大臣事務著曾國藩暫時接辦俟成林到時即行交卸等因欽此二十五日洋人來照會仍執前說二十五（六）日公照復洋人仍駁詰之奉到

上諭此次陳奏各節固為消弭釁端委曲求全起見惟洋人詭譎性成得步進步若事事遂其所求將来何所底止是欲弭釁而仍不免起釁也等因欽此公前會奏一疏既力辨洋人之誣又陳五可疑之端意在持平立論内閣抄發奏稿文理不全都人士見之謂公偏護洋人責問之書日凡數至崇公每日一來力主三人議抵之説公方在病中置之不答崇公遂馳奏法國勢將决裂曾國藩病勢甚重請由京另派重臣來津辦理二十八日公覆陳一摺云焚毁教堂之日衆目昭彰若有人眼人心等物豈崇厚一人所能消滅其為訛傳已不待辦至迷拐人口一節實難

保其必無臣前奏請
明諭力辨洋人之誣而於迷拐一節言之不實不盡誠恐
有礙和局現在焚毀各處已委員興修王三安三該使堅
索已經釋放查拏山犯已飭新任道府拏獲九名拷訊黨
羽惟羅淑亞欲將三人議抵實難再允所求府縣本無大
過送交刑部已屬情輕法重彼若不擬構衅則我所斷不
能允者當可徐徐自轉彼若立意決裂雖百請百從仍難
保其無事崇厚與洋人交涉已久應請留津會辦暫緩來
京又奏稱中國目前之力實難遽起兵端惟有委曲求全
之一法

諭旨所示弭衅仍以啟衅確中事理臣且佩且悚外國論強弱不論是非若中國有備和議或稍易定現令銘軍全隊拔赴滄州一帶稍資防禦臣自帶兵以來早矢效命疆場之志今事雖急病雖深此心毫無顧畏不肎因外國要挾盡變常度抑臣更有請者時事雖極艱難謀畫必須斷決伏見道光庚子以後辦理夷務失在朝和夕戰無一定之至計遂使外患漸深不可收拾

皇上登極以來外國威強如故惟賴守定和議絕無改更用能中外相安十年無事津郡此案愚民憤激生變初非臣僚有意挑衅倘從此動兵則今年即能倖勝明年彼必

復來天津即可支持沿海勢難盡備
朝廷昭示大信不開兵端實天下生民之福惟當時時設
備以為立國之本二者不可偏廢臣以無備之故辦理過
柔寸心抱疚而區區愚慮不敢不略陳所見是日接奉
寄諭亦云張光藻劉傑交部治罪已屬過當若在津正法
萬難允准等因二十九日得
旨令丁日昌毛昶熙赴津會辦令李鴻章帶兵馳赴畿疆
候旨調派等因又奉
上諭另片所陳善全和局以為保民之道備豫不虞以為
立國之本甚屬曲中事理即著該督堅持定見悉心經理

等因欽此七月初五日毛公昶熙至津隨帶四員侍講吳元炳員外郎劉錫鴻總理衙門章京陳欽惲祖貽公一見皆嘆異以為難得之才英國洋官威妥瑪來天津毛公昶熙約洋官會議既集陳欽按理抗辯侃侃而談洋人不能詰羅淑亞固執前說徑行回京崇厚亦奏請

陛見初九日公與毛公昶熙會奏羅淑亞回京緣由請中外一體力持定見并將連日會議問答情形咨商總理衙門又奏請截留福建船局購辦京米二萬石存津以備李鴻章劉銘傳軍用時李公鴻章督軍至潼關馳摺奏稱洋人照會內稱天津府縣幫同行凶主使動手等語所聞得自

何人所查得有何據必須將府縣如何幫同主使證據指出由中外大員會同提集當堂質訊乃可以成信讞而服衆心果該府縣有實在重情亦不能曲爲寬貸十二日得

旨將張光藻等解津令公取具該府縣等親供十三日奉

旨崇厚著即來京三口通商大臣著毛昶熙暫行署理欽此丁公日昌奉

旨啓行北上奏稱自古以來局外之議論不諒局中之艱難然一唱百和亦足以熒聽而撓大計卒之事勢決裂國家受無窮之累而局外不與其禍反得力持清議之名臣每讀書至此不禁痛哭流涕現在事機緊急守備則萬不

可缺至於或戰或和應由
宸衷獨斷不可為衆論所搖又奏百姓聚衆地方官不能
認真彈壓過誤似亦不輕十六日奉
上諭該使臣非理之求斷難遷就而於近情之請必當趕
緊辦理等因十九日公奏遵催劉銘傳兼程赴直統帶銘
軍並陳江面水師與海面情形不同彭玉麐楊岳斌在籍
情形因瀝陳捍禦外侮徐圖自强之法二十日奉
上諭張光藻劉傑以奉旨治罪人員曾國藩率行給假他
出實屬不知緩急等因欽此二十三日奉
上諭近日内外臣工遇事機緊急要徒事張皇若禍患略平

則又泄沓成風爲目前苟安之計似此因循成習何日可
冀自强何時可平外患宵旰焦憂無時或釋等因欽此二
十五日劉傑到案丁日昌至津即日勒限緝凶二十六日
上諭如能將爲首滋事及下手之人嚴拏務獲訊取確供
按律議抵大局似可粗定等因欽此二十七日張光藻到
案三十日公與毛公昶熙會奏府縣到津日期一摺稱該
員自六月十六日撤任即行請假臣見其本無大過故允
其所請其後奉到
諭旨即飛檄催提目下均已到案頃接總理衙門來信云
有法國照會言及該府縣主使證據應俟譯文寄津按照

所指情節逐一質訊再行取具親供錄送核辦至等犯一節現已獲三十七名仍嚴飭盡數弋獲嚴辦八月初二日

總理衙門奏天津一案與洋人來往照辦會論情形奉

旨令公迅速緝凶詳訊嚴辦并催取府縣親供及早結案

兩江總督出缺初四日奉

旨令公調補李鴻章調補直督初七日公具摺謝

恩并陳病軀承乏貽誤必多目下津案未結仍當暫留會辦一俟奏結後即請開缺安心調理又奏刑部郎中陳欽於中外交涉情形洞悉本末頃來天津與洋人爭辯（論）其辯才足以折服強悍其誠心足以感動彼族請以署理天津

知府等語三口通商大臣成林到任初九日陳欽劉錫鴻丁壽昌等會訊府縣親供十一日公與毛公昶熙丁公日昌覆訊府縣親供十二日奉到

上諭曾國藩奏瀝陳病目情形請另簡賢能畀以兩江重任一摺兩江事務殷繁職任綦重曾國藩老成宿望前在兩江多年情形熟悉措置咸宜現雖目疾未痊但能坐鎮其閒諸事自可就理所請另簡賢能之處著毋庸議仍著俟津案奏結時即著前赴兩江總督之任毋再固辭欽此十四日奏呈府縣親供請交部核議并報拏獲凶犯八十餘名俟訊明會奏十七日毛公昶熙奏

謝家樹校

旨回京供職十八日奉
上諭著李鴻章馳赴天津會同督飭承審各員認真研鞫
及早擬結等因欽此二十三日奏審明天津案內第一批
人犯分別定擬又奏咨送覆訊府縣供詞并稱該員解送
刑部恐難定限又奏稱辦理遲延自請交部嚴加議處等
語劉公銘傳至津二十五日李公鴻章至津二十七日陳
國瑞到案二十八日奏已革天津府縣解部起程日期并
抄呈陳國瑞供詞附片奏陳府縣本無大過張光藻尤著
循聲臣之初心豈肎加以重咎過聽浮議舉措失宜遽將
府縣奏交刑部此疏朝上夕已悔恨外間物議紛然不平

此次該革員等解部入獄誠恐洋人執 臣原奏欲得而甘
心則 臣 之負疚彌深請
敕刑部細核親供從輕定議以平天下吏民之心 臣亦稍
釋隱恨并申陳各省民教滋事實情籌議預杜後患之法
又奏天津道缺緊要請以陳欽補授更為得力九月初一
日得
旨陳國瑞既與津案並無干涉毋庸再令總理衙門刑部
覈辦初三日丁公日昌遵
旨啟行回江蘇任初六日 公奏報卸篆日期刑部奏已革
天津府縣二員擬發往軍台効力十一日得

旨從重改發黑龍江効力贖罪以私往順德密雲逗留藐玩也是日奉

上諭各直省地方官務當曉諭居民安分守法毋任再滋事端遇有中外交涉事件並須按照條約持平妥辦等因欽此十三日奏續訊天津案内第二批人犯分别定擬二十三日啟行入都

陛見是役也正法者二十人　馮瘸子　劉二　羅生瓜蛋子　周三　張立　魏老　馬宏亮　吳大ㄧ　陳麻立　王六　葛三　劉二　張二　崔禿子　喬二　范永義　項五　田二　段大　張幗順軍徒者二十五人

紀論辨琉球事

美國西字新聞抄錄日本中國論及琉球之事謂西歷去年七月二十三日日本匿高埠來信云日本近與中國不協其端則在於琉球琉球乃中國洋面海島由數島相連而成一國者也日本則謂屬於彼中國又謂屬於此兩國相持未知孰是兹錄往還論辨之語以供衆覽美國前任總統赫蘭之遊亞洲也恭邸與之接見於禮有加又懇總統於到日本時勸日本國家善行其交鄰之政以保亞洲昇平之局逮總統至日本江都時中國駐劄日本欽使往謁總統聲言承恭邸命求爲居間乃將日本與中國不協

之端陳於總統總統答言此乃美國公使分中事也然在
中國時曾允恭親王李中堂之請將此事告之美國公使
如以為合則又當告之日本官憲乃請畢言其前後情節
俾知其詳中國欽使乃言曰　中朝謂琉球為屬國歷歷
有據琉球王初即位即請中國冊封呈書閩浙總督轉達
朝廷　皇帝乃　詔禮部以議其事定奪琉球所立嗣
君可否稱為中山王可否准其頒發諭旨可否准以二使
臣携往蓋一正使一副使也若　中朝新皇帝登極琉球
遣大官來賀我　國家每有喜慶事遣使來賀亦如之琉
球入貢中國俱有定期兩年一次貢物中福建而達京師

其物則有硫磺銅白鐵及鉛其隨從琉球使臣入京之年少人員均準留在京師國子監肄業如琉球船艦遭風中國官撫恤保護為脩理其船給以盤費回國以上規條自西歷一千六百四十九年至今行之不改載在　大清會典在禮部規條之內又日本人所撰琉球史記一書亦有明文可考琉球與中國通蓋自宋朝始時西歷五百八十九年明洪武年間琉球入貢中國然後羣島合為一國而名之曰琉球稱其君為中山王中國賜其君為尚姓又遣閩人三十六家住居其地以興教化自　大清立國以來至於今日此規例未嘗有所變易琉球自明迄今皆從中

國紀年以奉正朔月數日數無不悉依至文字亦尚華文
前者一千八百五十四年琉球與美國立約一千八百五
十五年與法國立約一千八百五十九年與荷蘭立約皆
用中國文字年月日悉依中國紀年已上係　中朝星使
對前任總統赫蘭之言也欽使言畢又以今時日本所為
詳之總統其言曰一千八百七十二年日本行文與中山
王令其遣子入侍中山王即琉球君也日本自發此文後
四閱月即改琉球為日本名號而稱之曰漢琉球回書不
欲稱漢而請復中山王號一千八百七十三年日本傳令
琉球須將前與合衆國法國及荷蘭國所立之約交出其

約須交與日本理藩院官琉球宰臣答書拒絕之日本自封琉球為漢之後即將琉球國與泰西諸國相通各件交與理藩院并告之曰所封漢名爾無庸辭蓋日本非欲廢爾琉球也爾幅員之疆界政治之條例悉仍其舊我日本一無所侵犯即爾琉球向與中國相通今亦如故無所變更琉球聞之乃以禮致謝一千八百七十四年日本再行出諭將琉球政事歸於日本京師復謂琉球無庸更改各事一千八百七十五年日本致信於琉球謂聞琉球向與中國循例遣使入貢　中國新君登極琉球亦遣使稱賀凡此所為自後不得復行且言曰自今以往琉球漢宜用

日本紀年所有從前政治規條皆需更易琉球聞此消息大為驚異自君王大官下至庶民莫不震駭上書自陳前後凡十有四次皆言琉球向為中國藩服已歷五百年中國之待琉球恩侔天地如琉球稍有背中國之心則不復成為國矣天下其謂我何於是至再而三辭不受命日本既禁琉球不許入貢中國爰遣官逕往琉球禁止琉球船艦不得出入中國琉球既為日本禁止不得入貢　中朝乃發公使往日本渡機澳又自中國而至各友邦如合衆國法國荷蘭國等皆　使前往冀得從中調停仍復舊時和好惟至渡機澳之公使日本驅之回國不准入境并命

官偕之同回令其不復懇請各國居間調停琉球王乃上書言入貢之事須中國與日本定奪其後日本遣武員至琉球以兵弁二三百人兵卒二百餘人隨往移文通知琉球謂將廢藩之稱而立乾之號以一督撫管轄其地迫令琉球王至渡機澳又將諭旨頒行國中言自後琉球國改為日本一縣云按漢意即列為內藩乾意即夷為一縣也於是總統赫蘭深明此事之原委矣乃日本夷琉球為縣

中朝雖忿然不平而日本人尚以為　中朝未之或知也者及總統至長崎具言中國因此大為不悅又聞日本駐劄美邦公使約詩特其言亦然或謂總統轉告之也然

後日人始驚為奇事記日本橫濱埠七月二十一日日報其主筆云接日本渡基澳鄒筒言日本駐劄中國京師欽使來文言　中國朝廷因琉球一事嘖有煩言聞不日將調回中國駐日公使而日本駐中公使施詩度亦將先回上海以觀動靜日報又云　中朝曾在歐洲購取大砲軍火等物又添置堅固砲船六艘載大砲三十五尊若謂中國遽因日本之待琉球而即與日本啟釁興兵雖未可深信然觀中國情形閩省之害及京師當道與日本深不相能恐不復顧往來之交情而念輯睦之舊誼矣此橫濱日報之論也於時兩國公使時有文札往還皆言琉球事迹之

見於史冊者中國則謂琉球屬於　天朝日本則謂琉球屬於日本實為日本之分地耳此等往還文札尚未有刊諸日報者今為錄其要以廣見聞最始一公文係中國駐劄日都何張二欽使寄與日本理藩院官之在打剌詩馬者也公文係寫一千八百七十八年西歷十月七日呈日本理藩院官依度依度謂此公文大辱日本國家可以不容再議　中國欽使公文其略云琉球乃羣小島之在中國海面者也其幅幀甚小土產甚微貪之何益取之何利居於洋海之中寡弱寂寥自為一國自明朝洪武年間已臣服中國受冊封納貢物久為中朝之屬國而藉中國以

保護覆翼之惟中朝則常聽其自立政治我　大清朝憐琉球之孤弱也乃時加意撫恤之琉球受　中朝之深仁厚澤其奉事我　中朝更加誠敬琉球入貢中國兩年一次未嘗有廢此成規載在　大清會典禮部規條我　中朝遣公使前往冊封琉球皇華紀程恒有著書皆班班可考又如中山徵信錄中山實錄裔陽誌等書乃琉球人自著者遼菑誌乃出於日本人手筆言之朗若列眉況咸同年間琉球與美洲合衆國立約又與法國荷蘭國立約諸約皆以中國國號紀年月日兼用中國文字歐洲諸國無不知琉球乃中國藩服而隸於我　朝者也忽聞日本有

禁止琉球不得入貢中國之示我　朝廷聞之以為日本大國豈有不顧友邦之情而强欺琉球小國者且此舉也無乃失於信蔑於公忘於人情背於天理乎故外間雖有謠言　中朝實未之信爰遣某等來此作公使某等居此已數月矣其中情形某等亦已洞悉計我　中朝與日本業有成言稱為交好之邦自立約而後我　中朝無日不以交好為心而永敦其太平之局想貴邦亦深悉兩國之約其則首欵云各安其疆土以禮相待毋得侵越此兩國當守之條例也如欺琉球制琉球以更改舊政日本將何面目以見中國乎將何面目以見琉球之友邦曾與之立

約者乎琉球雖蕞爾小國等於黑子彈丸然上自其君下至其民皆一心愛戴　中朝日本必欲强制之恐不勝其難耳當今之時萬國輯睦皆有往還所最要者以理為首如背棄前盟動不以理而强欺小國則揆之達人之觀貿之於萬國公法當必為各邦之所鄙某等既為公使而來此常欲保全和好永敦輯睦嘗二次與閣下相晤即為此事剴切詳明再三請命茲尚恐二國言語不相通或未能宣其底藴是以將此情節明晰直書而望日本之待琉球務為折衷於理聽琉球復其舊章政治如故聽琉球入貢中國不復阻止庶使日中兩國猜嫌之迹頓消和好之情

如舊庶幾不致為各邦哂笑閣下職為藩院躬秉大權才識既高智能素著即此事而以常理忖度出之以信持之以公自然得其是非曲直之處利害之明瞭如指掌矣謹此上達聰聽伏祈即賜玉音為盼　中朝欽使既以此書達於日本外務大臣依度依度謂是書言詞過分非酌商論理者也且係用中國文字歐洲美洲等國公使不能盡識乃以書答之時一千八百七十八年十一月二十一日也其略曰特喇詩馬外務大臣謹覆如左接展来札言及琉球一事其中情節領悉一切夫琉球諸島業於先二次與閣下晤對時再三懇切言之謂琉球係屬日本已數百

年於茲矣今已隸歸日本内諸侯之列不意來書云云尚
爾未喻内言日本今時禁止琉球不得入貢　中國而謂
貴國聞之不信日本以巍巍大國竟爾蔑視友邦有忘
交誼强制小國不顧人言而爲失信蔑義背人情忘天理
之事又謂日本欺壓琉球强其更改舊政違背前盟凌迫
小國諸如此類據如來書所言則是　貴國於我日本出
示禁止之故未嘗考察詳明而遽造此訛言出此惡語此
猶得曰睦隣之道而具有保全和好之深意者乎若此等
語果出自　貴國朝廷之意則顯係　貴國朝廷不欲兩
國保太平之局而講輯睦之情者也敢請將此意轉達

貴國朝廷謹復不具特剌詩馬既呈復音之後八日　中
朝公使復致第二函時一千八百七十八年十一月二十
九日也其略云接讀華翰反覆辨論琉球一事既已聆悉
一切向者某等曾二次謁見商論此事懇請閣下於此事
深加之意惟恐言語之間未能通暢故特呈一書以期明
白清晰並無急遽之言書中所云亦未嘗過於率直言詞
皆極婉轉所以然者某等為慎重交好之情故也不意反
謂措詞過當不亦異乎兩國曾立有成約以修厥好某等
辱承　簡命前來貴邦承乏皇華亦惟以秉敦和好為願
而克保昇平之大局而已如其洞察情形默權形勢有如

輔車脣齒之相依遵守成約一力一心務求兩國洽和共
樂厥利則不特閣下所行能如我國之所願方得為利即
我國亦莫不然夫兩國前時所立之約首款則為睦隣之
道其文云至於兩國所屬疆宇彼此務必以禮相待數年
以來兩國嘗有文書往還亦有公使交際而　貴國朝廷
發令於琉球竟未嘗有一介行人告知我邦恐非鄭重睦
隣之意者所宜出也夫兩國相交以禮須出之以公義要
之以信實至言詞之間不宜故作吞吐必以言由中出為
主昨讀回書謂　貴國之待琉球不背於理請將其事再
三思之為合於人情順於公義乎祈賜一音不勝企望耑

此謹復並候時安乃此書既呈日本外務官月餘日本外務官始行回音時一千八百七十八年十二月三十日也其略云接誦瑤函領悉一切琉球之事業於前札詳明回覆茲復展讀來文所言亦與本年十月七日一書無所區別吾既於前書奉覆今來書又云請將斯事洞察其情理出之以公義夫此中情理吾已洞察此中公義吾已審處然則何庸再復耑此復候時安此書復後約經兩月　中朝欽使以彼此往來文書寄回京師　中國朝廷恭親王及總理衙門大臣皆論列其事而仍移文與駐日欽使使之再達日廷時一千八百七十九年二月二十六日也其

略云琉球一事前曾接到来函内稱曾以其情節及實事
實理幾經詳察不憚勞苦以書轉達日本外務大臣矣茲
接到日本外務大臣回音公同披覽夫琉球原屬中國自
前明迄今依期入貢歷代以来盡忠愛戴於中朝未嘗有
怠琉球遣公使来京為述其受困之狀聞此情形令人深
為可憫不得不為之拯救所謂義不容辭者也日本嘗與
中國立約其約本為通商而設又為兩國保太平敦輯睦
起見則酌乎人情准乎天理亦不宜遽絶中國藩服之入
貢接此書後仍願與日本外務大臣再行定奪使復琉球
舊政以保兩國交情而敦兩國和好務為留意即便照行

中國公使既接恭邸来書乃以其書轉呈日本外務大臣
且云讀此則某等身為公使義不容辭責無旁貸謹將此
札轉達台端伏維顧念交情酌量是事俾得定奪是所切
禱焉日本外務大臣既接是書見其言詞懇切乃於西歷
三月十五日回文云拜讀来函内有由　貴國外務大臣
寄来公文所論琉球情節領悉一切讀之乃知我於去歲
一千八百七十八年十一月二十一日所呈復函内中云
云貴國外務大臣見之深為不悦惟我與公等親相接見
已將琉球之事委曲詳細以言毋庸多贅且我國家近欲
設立人員派往琉球俾司其事雖公等請以刻下不可遣

往而我國家特為保全琉球太平之局起見此著斷不容緩今所請似難允行數日後與公等相見自當言明伏維鑒諒此書復後　中國朝廷急欲為之剖白乃於一千八百七十九年五月二十日再行敦促欽使欽使復致書於日本外務大臣曰某等今又接到我國外務大臣移文其言曰日本朝廷何故廢斥琉球而夷之為縣夫自兩國和好以來立有成言恪相遵守未嘗慭盟背約琉球見廢我

國家不明其故故復命某等身為公使再行詢問詳明既接此文不敢不敬達左右務祈早賜玉音是所切禱日本既接此書見其和平溫厚不得不答而又不欲遲答乃

托詞以辭之謂中國公使於一千八百七十八年十一月二十一日來文言詞多不順理是以置之不答也自五月二十日後數月之間中國或移文或致詞皆和平入聽即
公使相見言語亦復温和惟每問及琉球一事日本則每言作答而終未之答也至其卒不肯答之故其辭如下日本外務大臣書復云接讀一千八百七十九年五月二十日來函問我日本何故廢琉球之政而夷為沖繩一縣夫此乃國家主意欲自行其便耳讀公等於一千八百七十八年十月十七日來函言詞逆耳殊令人氣不能平旋於是年十一月二十一日曾已回音請將此意上達　中國

朝廷惟後讀公等一千八百七十九年三月十五日來函
始知公等所以回告　中朝者未能如我所請也請於此
留意焉肅此敬復　中國公使既接日本外部覆音乃再
致函辨論時一千八百七十九年六月十四日也其略云
接讀五月二十七日復函言琉球見廢為冲繩縣乃出自
日本國家主意自行其便所言情節均經領悉夫琉球自
數百年以來至於今日溯自前明早已入隸中國世代忠
貞列為藩侯貢獻不絕受册受封普天之下何國不知今
讀吾子來書忽曰琉球縣又曰我國家我不知於何年月
日琉球入隸於日本也豈在兩國未立約之先乎抑在既

立約之後乎披覽日本地圖日本國所有疆土乃得稱之曰我國家惟琉球居於洋海之中從古至今自成一國雖其受中國冊封世守共球之分而中國亦未嘗改其政治更其國制而奪其發號施令之權也若論其臣服之心貢獻之儀某等可得而稱之為屬於中國若論其政治實則自成一國者也今吾子遽曰我國家是謂琉球為日本所固有也夫豈充於道之言哉前者回函謂貴國之待琉球如此別自有故然則既言有故敢請將此一節詳細言之某等將以之佈告天下且吾子謂某等于前一千八百七十八年十月七日所呈之函言詞不遜夫此函中所言曰

不信日本堂堂大國而肯爲此又曰於理未順此種字句其意蓋度日本未必爲此也然則某等之視日本可謂出之以鄭重而未敢忽焉者也以中國文字言之其意固毫無悖妄而閣下仍以是爲言至於再至於三則是閣下於中國文字錯會其意耳惟琉球之事我國必須吾子詳言某等前書係仰體　中國朝廷之心乃今者　中國朝廷既已知日本廢琉球之政而夷琉球爲縣特命某等敬達閣下請即收回成命斷勿出此再者一千八百七十九年五月十日我國總理衙門曾行文於日本駐京公使施詩度令其敬達閣下想閣下亦必有所聞矣據施詩度公使

則謂未獲日本朝廷成命是以此事不能在京師調停某等身膺公使之任望閣下將此事澈底詳思細加酌奪速賜好音是所切禱此書既發嗣後兩國於琉球之事未有提及至美國前任總統赫蘭至時恭王乃再及此事且云已行文於日本駐京公使施詩度文牘則書五月十日蓋總統未到之前一月也其略云恭王及總理衙門大臣致書於日本駐京公使施詩度閣下琉球一國世受中國冊封數百年來至於今日皆用中國法以紀年貢獻於中國天下萬邦無不知之中國自受其納欵歸誠之外發號施令中國皆聽其自爲初無一毫干涉諸國之曾與中國日

本琉球三國立約者無不知琉球自為一國昭然共見琉球既輸誠於中國又納欵於日本中國亦知之而中國未嘗以此責琉球而罪之也何也則以琉球為自成一國者也夫琉球之入貢中國中國非以其貢物為重惟琉球何罪於日本而日本乃遽廢其國政而夷之為縣耶此則顯與成約首欵相背矣首欵乃論兩國保存親鄰之道者也其曰兩國所有疆宇兩國相待之以禮云云況琉球既為中國稱之為國又為他國稱之為國日本無甚故而廢其國政絕其貢使其無乃失禮於中國並失禮於他國乎琉球小國乃能輸誠於我兩邦且鄰於日本為尤近則其奉

日本為保護何非在情理之內者惟至廢其政而夷其國此等所為實傷日本之盛名而揆之公義之邦殊有相違者也閣下為國家簡命前來原為輯睦鄰封起見若夫廢琉球之政甚有干碍於兩國和好太平之局某等意此書所言實為保全昇平之常局永敦輯洽於鄰邦而實二國之利也用是請於閣下轉致國家琉球之政速止勿廢則我兩國從此愈加親暱而閣下來使於此意圖和好不愈見其經濟之才耶謹將鄙見奉達伏請揆度而行不勝企望中日兩國官員往来文牘辨論琉球之事已畢兩國以為分內之職盡矣忽美國總統游歷亞洲至中國京師中

國知總統行旌必到日本乃以琉球之事為言而總統又甚歡悦直以身任之謂必盡其力之所能至以保兩國太平之局於時總統至日本最先與冰衡相見晤談之際即以在中國得見恭王及李相二人謂彼二人曾以琉球一事相浼轉致日廷而余甚欲知其底蘊以盡心調停使兩國言歸於好如此事專係公使之職外人不得干預則亦不敢越俎以代如日本朝廷甚不悦論及此事則亦不敢交淺言深有失遊人之雅意惟中國既以禮相浼如日本亦以禮相求將略分言情不曰事關兩國止如事出兩人且兩人皆作知交觀今茲之事秖作知交之間稍有齟齬

則余幸為兩家所寵信將掉三寸不爛之舌俾兩國復修舊好固所願也如兩國再有需求於余余亦將不惜勞瘁盡其頂踵髮膚之力不敢推諉亦不敢勞（旁）貸何也兩國既以余為親信之人則以朋情而論正為義不容辭矣米衛聞是言答曰總統既以義為己任則或有所須於米衛米衛亦甚願助之於是使人達於日本朝廷日本朝廷即行回音願將此事交總統調停請總統先覽其事之詳悉且謂琉球之事若有所酌商則請總統於身至日光之時然後論及蓋日光一山也為日本名勝之所山巒秀媚泉水瀠洄總統至此將有一番觀覽而作數日盤桓且國中主

政大臣依度及總督軍務大臣西高皆將與總統相見於
日光斯特論及琉球之事甚爲詳悉遂於七月二十二日
與總統論及是事其與於論事之列者一爲主政兼兵部
大臣若詩特一爲駐劄美國公使一爲總統赫蘭一爲都
統赫蘭及新聞記事之人酌商三四點鐘時言論甚繁茲
僅將其要旨錄出而日本之待琉球爲是爲非可得而見
矣自始至此已將中國所問日本何故廢琉球之情節詳
明列出以下乃日本對總統自解其所以待琉球之情節
也日本與總統談論琉球之事先將琉球歷代史傳一一
備陳謂琉球原屬日本之土地琉球諸島其名目隨時不

同然所最通行而為人所知者則美南美詩馬及阿乾那華二名日本舊史言琉球之民入貢於日本其君主且行臣下之禮自耶蘇降生七百零七年始其時日本王摩馬天那冊封琉球國君且賜之禮物耶蘇七百一十五年琉球歸誠於日本貞順天那耶蘇七百三十五年日本王出令將琉球地方名目廣袤里數船艦可以停泊之處食物清泉可以取給之處臚列詳明勒之碑記日本古史有云美南美詩馬歸特沙府管轄其入貢之物以紅木板受之此美若高國家之制也據此則日本得有琉球而管轄之已一千一百餘年於斯矣且琉球君長係出自日本蓋美

南摩多之裔也美南摩多原爲日本之族其得與琉球相
屬者蓋在耶蘇一千一百五十六年始昔美南摩多担美
多摩因與朝臣不協逃於海島其名曰阿詩馬在依沙海
濱美南摩地由依沙海濱駛船巡遊尋得羣島即據爲己
有其後乃至於琉球琉球酋長以妹妻之生一子而爲琉
球之主自稱爲神天澳自是神天澳之子孫爲琉球主者
凡三傳而失其位惟二百年後神天澳之裔復爲琉球主
今琉球君尚泰郎神天澳王之子孫也據此則琉球之於
日本本屬一家矣且琉球至日本其地形本屬毗連亦如
日本諸島之相接續者也琉球大小各島合而計之爲數

三十有七以羣島廣遠合而計之即薩峒摩島十分之一也琉球民籍共十六萬人其羣島連環如鍊由薩馬西南逶迤而過其地形有似於薩峒摩即其琉球度數亦然琉球所用字母亦根於日本所用者也琉球文字以四十八字為祖即日本之字音相連而成之法所謂伊羅夏也於此可見𢃄美多摩用日本文字教琉球民所有公文及往來書牘琉球人皆用中國字而以日本伊羅夏串音之法合而成聲其法恰與日本人無異至口音則與日本各處土音相近雖不能辨其為出自日本何省然與日本南方諸省相近其不同處不過如北音之與南音耳琉球國人

自稱其島為阿乾那華又自稱為鴒摩覓加之後裔鴒摩覓加謂從天而降者也阿乾那華鴒摩覓加皆日本字音而以之稱名則其原出自日本無疑也琉球所尚教門其名曰神道夫神道之稱為日本所獨今琉球所奉之神皆神道教中之神其人民風俗皆與日本相近者為多至如禮文一節若飲酒宴會琉球人所行之禮節其名曰阿加沙華喇之規蓋制禮者之名也日本行禮名目亦同琉球人無椅棹席地而坐此則與中國人有别矣其食物則安置矮几每人自為一席而不相雜此則日本通國之俗尚也然則琉球國之實原於日本不亦彰彰可証哉若夫琉

球之屬於日本其最為關鍵之証據則莫如稽之於史冊今日本國列代之史書班班具在可得而徵也試為摘其要者錄之則此事可無庸置喙矣耶蘇一千四百四十一年即日本吉基沙之元年時日本王亞詩格加若詩那里以薩司摩君圭詩摩蘇達根尾大有功於日本乃以琉球羣島賜之為酬功之典自是厥後琉球常為薩司摩屬國有不服者時興辦論指為不合情有煩言至地稅之當輸納於薩司摩君者亦停止不納其時多若都美希地若詩將統師以襲高麗乃請於琉球君長使出糗糧以濟其師琉王已頒諭允行而所命給之糈糧止畀其半迨後日本

國家命薩司摩簡軍士備戰艦出師征琉球謂其不修臣
職於是琉球主尚奈投服歸誠偕其謀臣等來日本請罪
多方商度然後定以琉球為日本内諸侯日廷准之旋遣
官職人員至琉球羣島主持政令於是巡察地形大量廣
遠因其每年所出米穀多寡而定其賦税焉自是所出賦
税日王以之賜與薩司摩之君行古者分封食邑之例薩
司摩之君復立一例禁止琉球人不論官居何品亦不論
身家貧富皆不得家藏軍器此例至今未廢琉球冊府具
有明文可考而知也兼立一政内有規條十五欵頒示琉
球軍民無不週知而命琉球酋長發誓於此政令之内必

當遵行各款無生背心而為日本忠貞之藩服琉球酋長其始不欲遵行日廷乃下之於獄囚於度基澳由度基澳解至加哥詩馬此乃薩司摩之砲台也鞏固廣大有若城垣酋長於此縶獄三年始行遵命發誓於約內日王遂許其與諸謀臣遄返琉球既返琉球之後日王復出一政酋長亦從之頒示國人無所違背其示中之詞有云凡國中律例規條不得與湼般律例稍有所異凡此皆三百年前之事而琉球世世守之未嘗有改蓋薩司摩之權實行於琉球羣島也然則謂琉球為日本之故物不覯於史册而益信哉且亦知日本立例於琉球其例何如乎錄而觀之

可不言而辨矣一曰琉球非得薩司摩君所准則不能由中國販運雜貨入口一曰不論何人官爵不能世襲惟有大功於國始能得官而食祿一曰凡官爵俸祿庶妾不能享襲一曰家中不得畜奴僕一曰神龕廟宇不得多於常數一曰凡客商無薩司摩君文憑則不准在琉球登岸一曰凡琉球之民不得發往日本充作奴僕一曰凡各項賦稅之數須經日本賦務司定立章程一曰凡政令之事只許山詩君之人乾綱獨攬不得移假他人一曰買賣各物皆由買家賣家自主不得强迫一曰用武鬥毆必須禁止一曰凡官府勒索於賦稅正供而外或有過取民間錢財

者准民或商或農或諸色人等在薩司摩炮台當官控告
一曰凡琉球商船不准往外埠一曰秤尺皆依章程所立
一曰賭博及諸般惡習必須禁除以上諸條款乃日本命
琉球酋長以必從者也況乎琉球之君其羈留在日本之
時曾對天矢誓日本始許其返國其誓名曰尚那誓章載
在盟府彰彰可據其詞曰琉球國自古在昔常為薩司摩
之內藩諸侯我琉球自古以來歲以羣島所出物產使船
運往薩司摩以為共球之貢薩司摩新君登位琉球必遣
使臣往賀此等恭執臣下之禮不自今日始也惟茲當都
治多美希地治詩之世我南土諸民情於世守之職謂界

在遠方聲威不及因去貢獻之物而不供捨臣下之職而不事不知分量不守典章是用犯不庭之懲而獲南征之咎傷我赤子竭我國帑殃禍之來皆由自取聞大王興兵以行討彰天伐藉以正君正民某即心喪神離恐惶失措天兵一至勢如破竹某即被擒而離祖宗邱墓之墟囚於囹圄得覩聲靈赫濯之土顧自以為籠中之鳥無復返國之望矣惟吾君以慈祥為心以寬大為量謂繫其主則一國之民所傷實多傷其民則一國之政凋弊必甚於是大開（湯）網慰其返國之情廣發慈悲畀以生還之願而且復命為方伯使某祖宗之血食不祧再立為官徒使某一國之

軍民得所此恩此德某等正如鰲戴三山不勝其重矣念前愆其莫贖圖自新之有期從此恪守王章無復跋扈飛揚之舉凜遵訓誨不生狡焉思逞之心靖共厥職念念不忘敬凜天威世世罔替登之簡冊某軍民當代書紳且警將來其子孫適由勿異凡薩司摩現所立諸規條務須照行即薩司摩將來有所變易亦須遵守敢告皇天后土共鑒此盟如復桀傲不馴仍蹈故轍天其厭之昭昭在上倘言不由中雖使某等不能自保首領以殁可也琉球王誓畢筆之於書日本復使琉球諸臣通稱曰山詩君一同發誓以表君臣一德無有貳心之意於是山詩君亦發誓其

文曰琉球諸島自古以来常為薩司摩屬國凡一切發號施令典章規條固宣出自薩司摩乾綱獨攬非他人所能窺伺者也某等雖有官司之守而未知靖獻之忠巢伯不朝竟觸雷霆之怒夜郎自大妄生覬覦之謀遂至君臣被繫身作南冠幸而大君仁慈俾之返國戴二天之德復覩故鄉銘五内以恩再糜舊祿羞慚莫極感激何如惟有痛改前非勉圖後効從此砂能表赤大書北向之旗水尚知歸不射南飛之雁臣等貞心自矢妄念捐除比天上之貪狼年年歛角望將軍之大樹歲歲開花倘或琉球酋長復懷駒支漏洩之謀琉球嗣君再蹈蠶叢崎嶇之路或跳梁

於東島或騷驛於南邦臣等定須申以大義諫以忠言必不敢助其背逆之心以再蹈敗亡之咎明有日月幽有鬼神共鑒此衷永矢勿替凡我子孫不廢是盟誓畢亦筆之於書永為國典觀於琉球君臣所發之誓言言激切字字由衷其君則懾日本撻伐之威飛鳥有啣環之報其臣則服日本聲靈所及困獸無猶鬬之虞從此畏威感德烏盡投誠旗書歸順然則謂琉球為日本所有夫豈影響之言荒唐之說哉史册各證據日廷既已伸訴於總統赫蘭之前乃復以目下日本情形告知總統以表日本之待琉球並非過舉一切皆衷於理而行也其言曰昔我日本行封

建之法藩侯三百胙土分茅所食之邑聽其自立政治今者日本廢封建而為郡縣使侯國皆統於一尊新立規模頒行遐邇日本疆宇莫不歸政於中都則琉球屬土斷不能巍然獨存屹然獨立也因其遠居海表是以日本收之最後日本非於琉球獨開新例蓋於羣省固行之矣國家經畫大端自宜雷厲風行而謂獨有琉球一隅可以不入新章乎此亦事理之所以必無也然則中國所以懷疑蓄慮謂日本果於琉球有何真據而据為己有致興詢問之辭遂來詰責之語此皆緣中國未明日本今日罷侯國廢封建政歸公門權歸一統之故耳而又未洞達琉球羣島

之故事紀載之所言也不然者何以出此夫其所以未能遽明者則亦有說琉球之民恒欲以其國為通商貿易之所因自匿其實迹以蒙蔽中國　朝廷中國不察遂竟為琉球所誑耳是以琉球紀載言薩司摩之事及尚耐之事往往不符自相矛盾尚耐王與其民歸誠於薩司馬王雖指天為誓留誓章作據惟欲與中國通商故與中國　朝廷言謂琉球為自立之國向未歸服於他國此在中國明朝年間琉球尚耐已與日本所立之規顯相違背以欺中國中國信之以為口實不亦異乎今者中國來書究詰日本謂我日本前曾與中國立約有兩國疆土彼此皆以禮

相待之言而日本竟廢琉球遂指之為背約此節可不辨而知其謬矣又言於赫蘭總統曰試思已上所列實情可見琉球已為日本所有久在日本掌握中矣日本之君數百年來撫有琉球發號施令以主琉球設立規條以收國課中國乃至今日始興盤詰之詞一何知之已晚也此可不言而自辨也蓋直將其情節見之於行事者剖列是亦足以發明矣何為詰日本以背約哉大臣依度遂對赫蘭總統力言日本並非背約其聲豪壯其言愷切較言他事更為慷慨激昂曰我日本所最留心者莫如與中國和好一節貴莫貴於此也重亦莫重於此也如疆土係屬中國

日本必待之以禮行之以義不敢不出以至公揆以至道凡以為恪守約章永敦輯睦與中國相好勿替焉耳日本惟念茲在茲而已矣豈有他哉而顧謂日本為背約也其可乎哉夫中國嘗謂琉球諸島雖屬於日本亦屬於中國今日本將琉球全行更易夷而為縣豈非出乎人情天理之外蓋以為琉球既為中日兩國之屬則其政治自當兩國共主之不得一國盡攬其權也不知天無二日民無二王豈有兩國共主一國之理者哉夫兩國共爭一國吾嘗聞之矣未聞兩國共治一國者也今者琉球方欲自立為一國不欲仰息於他人是其不肯自認為中國之琉球並

不肯自認爲日本之琉球而挺然自稱爲尚姓之琉球者固其宜也今試問琉球之君豈復有稱臣受制納款歸誠栩栩然曰我日本之臣也我中國之臣也者哉夫琉球本非自立之國非自立之國則必有爲之主者爲之主者有中日兩國則宜於兩國之中辨其孰眞孰僞而孰爲琉球所誑而已矣試爲探其源究其情察其已然計其現在觀兩國之主持悉琉球之實迹則爲琉球所誑者其爲日本乎抑爲中國乎夫中國不過遽信琉球酋長一面之詞遂以琉球爲自立之國而中國因自稱爲保護琉球藉此有名謂彼既自爲國外人不得而夷之彼既自爲君外人不

得而廢之此亦徒得其名而並非其實也我日本撫有琉球不知歷幾何年代主持其政令亦已世遠年湮嗣琉球跛扈日本亦嘗興師聲罪致討君民歸服小醜潛形日本遂還其君立其例發其政子其民使為内藩諸侯命為守府君長要之以盟誓使酋長暨諸臣永矢忠貞於勿替是舉也赫赫厥聲濯濯厥靈而未嘗聞他國有抗撓日本之意並未嘗聞有維持琉球之師而與我日本一言相詰責也彼以為日本自行其是而毋庸參一詞者也自是以來琉球遵照而行並無間然而日本中國亦常撫有之而不失則今日之舉夫豈出於情理之外者哉言至此日本又謂中

國而今遽發怒詞越禮犯分須得償銀方可無事遂對赫
蘭總統申言曰中國謂琉球自立之國自立之國則非他
國可得而夷之中國言琉球入貢於日本彼非不知特以
琉球為自立之國故以自立之國之禮相待雖其入貢日
本中國亦姑聽之而不詰責也不然者既受中國冊封復
為日本納貢原於事理有碍中國豈得漠然置之耶信斯
言也是欲我日本不得干涉琉球之政也是謂日本不應
制遏琉球之君也夫日本豈能以自立之國視琉球哉如
視彼自立之國則是日本背祖宗違成憲失守先朝之法
物隳墜歷代之朝綱則亦烏乎其可哉日本與中國其於

琉球一事實不可同年而語矣琉球於中國不過行以卑敬尊之儀文以小事大之禮節受其冊封以為幸邀其銜爵以為榮此交際浮文自應爾爾中國何得因此之故遂揚揚然曰琉球我所有也琉球我所全也不揣其本而齊其末方寸之木可使高於岑樓其是之謂哉若琉球之待日本則以實事而不以虛文以眞情而不徒以外貌日本御之實與中國不同今徒以口舌相爭雖至舌敝唇焦中國亦以為不足聽一則曰稽之國史再則曰稽之傳記不知國史傳記皆中國大臣所撰其言琉球定必以中國為主一人之私言其遂足據以為信史乎古史既不足信則

近事自為可憑日本近日待琉球之民與日本之民不分畛域其遇飢荒也日廷使人賫送金錢或使人運載穀米俾其不致於死亡數年前琉球有數人遭風飄至台灣為生番所戕日本乃興兵至台灣擒其渠魁執其主謀懲其兇暴以保屬土而警效尤彼時統兵官為西鄉將軍即今兵部大臣西鄉也即今與赫蘭總統酌商琉球之事之西鄉也即今與赫蘭總統同居於日光山麓之西鄉也昔者台灣一役日本興師討罪中國不惟不敢詰責反為台灣土番償銀於日本謂其待琉球人以兇殘中國代償其款彰彰可據則中國今因琉球一事遂出越禮犯分之言以

辱我日本日本今責中國以償欵不亦宜哉赫蘭總統聽日本所辦已畢曰吾來此邦每欲與日本官憲商論此事因前恭王李相諄諄託付故務欲將此事詳聽明察以盡吾力之所能為而使二國言歸於好我在中國時中國官言及此事無不義憤填胸有慷慨激昂之概謂琉球之見待於日本也如此中國實不能不有動於中而不禁宣之於口我聞恭王之言尚歷歷在耳所以義不容辭當盡力使二國復修往誼而已矣我曾與恭王言我今日既已告退無官守亦無言責則我亦平民而已亦匹夫而已我往游諸國領略土風訪諮俗尚實為自娛之計非為公事也

如外國有事欲我美邦相助為理者則須向冰銜先生酌商使知美邦關涉與否方可定奪我又曾與冰銜先生盡言其情冰銜嘗為律師其人具有才幹而意見明决與吾所見隱相符合謂此事不應我為之干涉其間無奈中國官員多方托付我不能辭非不能辭也以太平之局乃我所最欲保者中國以是為言我豈可辭而不顧哉夫琉球之原委始末我向不知所知者乃得諸日報所言而已惟自受中國相托乃四處訪問考察而琉球之為國我得而明之矣中國告我之言我曾詳細考究今又得所言各事可謂殫見洽聞我非特得之日本官吏所論琉球之事而

已也凡日本無官守者與我言及是事我皆存之於心又得之於各處所訪聞苟來告我亦無不存於心故琉球之事我以為知無不盡矣其中是非曲直非我所宜言我亦無成見而謂某也曲某也直則以言曲直者非我本意且又不能以一人之私見遂定其是非也今所徵引作証者其中史傳所載為多夫史傳所載非還以史傳証之則不能得其確我之所大欲者莫如兩國和好而已兩國甚有關於天下兩國和則天下之大利也我美邦之有賴於二國者較他邦為尤要兩國和則於我美邦為尤利我之大欲在此我之全注精神於是事者亦在此和之一字捨之

又何他求哉以日本而論近十年來整頓各事蒸蒸日上他國聞之莫不以為更張之驟變易之速而成功之多稱嘆靡已今日本戰務所用之物莫不求新取巧有怵他人我先之意故其水陸軍兵炮船戰艦軍裝器械莫不勝於中國以之戰以之守皆非中國所能及也若日本興師恐中國不能為之禦若中國興師則斷難以勝日本故今日為琉球之事日本實操之在握如在上而觀下無不了然此所以為日本也若夫中國雖整頓各事未能及日本之速然近見其進益亦可謂大矣且中國深仁厚澤二百數十年浹洽民心於無窮士食舊德農服先疇我未敢輕視

之也今者雖未能大為振作然二三十年之後其進益正未可量今不過濫觴焉耳夫中國既有未可量之勢則日本密邇中國正宜與之和好不宜借端生事貽子孫以日後之憂今日之故正可藉為將來講信修睦之地耳此所以論中國也言畢若詩特先生曰凡我日本在廷諸大臣無不欲與中國結好為心蓋以中國距日本甚近也兩國貿易相通數百年於此矣其禮儀教訓言語文字律例風俗日本甚愛之我日人實心愛中國而欲常與之輯睦者也赫蘭總統曰今日揣中朝之意則以為日本有意藐視中國前者台灣之役中國謂為日本所輕惟前已受輕于

台灣故今又受輕于琉球履霜堅冰由漸而至中國以為琉球諸島界在東洋他人據之則中國凡所經東洋之貿易或因而阻隔為日後之隱憂此余在天津時直隸總督辯論之言也其人當代英豪為中外所仰望士民所欽佩此語中國公使雖未有提及然言出自伯相則所關更重夫東國鈞者遇此等大關鍵處其能無介介於心乎哉日本若踞有琉球則如扼中國貿易之咽喉矣此猶得曰於中國無大碍耶言至此日本諸臣幾至語塞因未曾料及有此辯論也赫蘭總統遂詳細論之旋取鉛筆繪出琉球諸島形勢謂與中國毗連中國貿易以此為要道赫蘭總

統復昌言曰吾謂日本總宜出於和必不可出於戰日本之待中國必須以輯睦不可以剛强我非無故而言此也夫以武功而收利賴以兵力而得利源者當今之世惟歐洲諸大國為能耳歐洲諸大國之心我知之矣其中有欲翦滅中日兩國以為己藩服者彼於他國既已施兼併之謀行侵吞之舉而肆其席捲囊括矣則中日二國正宜奉為殷鑒我未游東土時嘗經今各處地方見諸大國之所為不禁髮為之指血為之湧我在暹羅時見之在中國時見之即今在日本亦見之暹羅王曾與吾言彼國家地小力弱不能自保其民免受鴉片之患我至中國見鴉片一節

官吏欲禁之而不能是則有所迫中國之民驅之以食此者也悖理逆天莫此為甚我在日本前日偶見日耳曼人干犯日本國例因有船隻到日本港口以意外之事留羈其船使之停泊港口不准船人登岸乃日耳曼人即發砲艇逕駛至舶而載一人以登日本雖條例煌煌其奈之何哉若在我美邦則歐洲諸大國斷不敢為此歐洲諸大國所以敢於出此肆無忌憚者則以東方諸國莫之與京故也如中國與日本啟爭則歐洲諸大國必為之把持其間為所欲為所有利益則歸於己所有損害則還諸中國日本而已矣中日兩國之弱久為諸國勘破今一旦因事相

爭則即為諸國一大機會時哉不可失者也琉球一事若不能調停則兩國公使或有絕交之虞可不慎哉大臣依度曰總統所言實有深意思之能不惕然哉惟日本撫有琉球不知幾何年代今茲所為不過自理疆土而已自統國政而已豈有他哉赫蘭總統曰日本既已如此斷難退步惟須設法使中國不致有憾難堪而日本亦不至受虧莫耐斯為得宜於是相與斟酌如何處置之法諸君皆有所言崇論宏議各擅厥長惟未便遽宣之於外蓋須俟日本軍機准行方可不然雖宣於外亦屬虛文故今未具錄但將赫蘭總統所云以兵力爭利藪者惟歐洲諸大國為能

一節登錄而已觀日本諸臣與總統言事時意氣甚爲和平聽言甚爲謙恭西鄉將軍不諳英語惟大臣依度若詩特二人於英語應對如流談次有及台灣一役爲西鄉將軍統帶兵弁者將此事略行論述日本爲琉球之故徵引故事甚多皆逐段講解詳明惟總統談及深謀遠計大臣依度謂思之能不惕然於是言中其隱遂相與斟酌善處之方是日下午天色晴和浮雲盡捲山峰悉見山麓四圍多植柏木蓊鬱青蒼深秀可掬日光照之殊堪娛目忽又風雨交至雷電合章殷殷之聲有如鼕鼓總統等言論已畢雷雨亦止大臣依度曰總統所言當集軍機詳察至如

何定奪則我亦不能預知或再與總統商量亦未可定惟得總統所言實為二國和好起見吾代日本軍民先行感謝我日本於中國但求輯洽而已歷来如此今欲保守和誼以維大局而已日本諸大臣是日與總統共宴翌早西鄉將軍回憩温泉大臣依度言旋江戶以所論情節交軍機酌裁然後垂示內外云

禀荷使加白良

具禀琉球國法司官毛鳳來馬兼才等為小國危急切請有約大國俯賜憐鑒事竊琉球小國自明洪武五年即一千三百七十二年入貢中國永樂二年即一千三百九十九年我前王武寧受明冊封為中山王相承至今向列外藩遵用中國年號曆朔文字惟國內政令許其自治大清以來定例進貢土物二年一次逢大清國大皇帝登極專遣陪臣行慶賀之禮敝國國王嗣位請膺封典大清國大皇帝遣使冊封嗣王為中山王又時召陪臣子弟入北京國子監讀書遇有漂船遭風難民大清國各省督撫皆優

加撫邺給粮修船妥遣回國自列中國外藩以來至今五百餘年不改前咸豐九年即一千八百五十九年日本安政六年大荷蘭國欽奉全權公使大臣加白良來小國互市曾蒙許立條約七欵條約中即用漢文及大清國年號諒貴公使有案可以查考大合衆國大法蘭西國亦曾與敝國立約其在日本則舊與薩摩藩往來同治十一年即一千八百七十二年日本明治五年日本既廢薩摩藩逼令敝國改隸東京册封我國主為藩王列入華族事與外務省交涉同治十二年即一千八百七十三年日本明治六年日本勒將敝國與大荷蘭國大合衆國大佛蘭西國

所立條約原書送交外務省同治十二年九月即一千八百七十四年日本明治七年又强以琉球事務改附内務省至光緒元年即一千八百七十五年日本明治八年日本國太政官告琉球國日自今琉球進貢清國及受清國册封即行停止又日藩中宜用明治年號及日本律法藩中職官宜行改革敝國屢次上書遣使泣求日本無如國小力弱日本決不允從切念敝國雖小自為一國遵用大清國年號大清國天恩高厚許其自治今日本國乃逼令改革查敝國與大荷蘭國立約係用大清國年號文字今若大清國封貢之事不能照舊舉行則前約幾同廢紙小

國無以自存即恐得罪大國且無以對大清國實深惶恐
小國彈丸之地當時大荷蘭國不行拒棄待為列國允與
立約至今感荷厚情今事處危急惟有仰仗大清國勸諭曰
本使琉球國一切照舊闔國臣民戴德無極矣除別備文
稟求大清國欽差大臣及大法蘭西國全權公使大合衆
國全權公使外相應具稟求請恩准施行

柔遠全書備錄

查明法國參將陣亡請卹摺

奏為查明法國參將打仗陣亡懇
恩優卹以昭激勸事 竊據甯紹台道史致諤稟稱上年勒伯
勒東傷故後法國參將權受中國副將職任逕下地福
即買忒勒來甯即接帶 該營兵勇十二月二十四日英國
總兵嗻樂德克親運大砲到營籌劃紹郡賊匪北竄進
兵之策張景渠議分攻稽山五雲昌安三門逕下地福
嗻樂德克議攻西郭門張景渠恐有疎失飭各軍

分路接應本年正月初一日咭樂德克逆夷地福帶領洋兵花縹頭目勇車輪大炮進攻西郭門王維圻帶常安軍攻鎮安門謝國恩帶信義軍攻五雲門張景渠楊琳澤督隊由南路兜剿圍攻竟日轟坍西門城垛丈餘至酉刻始收隊還初二日復攻西郭門連開洋炮轟塌城垣十餘丈斃賊無算逆夷地福獨立橋上揮兵登城該逆拚死抵拒正於持間突有黑洋人五六十名助賊施放洋槍彈入逆夷地福腦左登時殞命同時陣亡法國兵頭一人洋兵四人勇丁三十餘人帶重傷者數十

人次傷亡百餘人等　因前来伏查迭万地福自上年八月
到甯管帶花翎黄頂兩隊勇丁教練洋槍防守餘
姚剿退各鄉逆股上虞之捷亦与有力去次經該國提
督伏恭派委接帶勒伯勒东舊部抵營未及一月忠
義奮发恭謹有加茲以急攻紹城身先士卒臨陣捐
軀寔堪憫惻合無仰懇
天恩將法國叅將權受中國副將迭万地福照副將例從
優議卹其一切身後事宜已飭甯紹台道史致諤照
華尔勒伯勒東例妥為籌理其中外亡傷兵勇應給

賞卹養傷銀兩亦并飭史致諤查明分給以示體
卹所有法國參將打仗陣亡緣由理合恭摺具
奏伏乞
皇上聖鑒施行謹
奏
同治二年二月二十五日具奏
議政王軍机大臣奉
旨已有旨將達乃地福照總兵陣亡例從優議卹矣欽此

外國官兵助剿出力　請犒賞物件片

再據寧紹台道史致諤稟稱上年四月克復寧波慈谿餘姚各城外國官兵隨同助剿陣亡將領二人并兵十餘俱奉

旨嘉獎該國官兵同聲感激惟昨次接見洋人言及死事各員既蒙

軫卹而現在打仗出力者可否仰懇

天恩犒賞玉器荷包等件俾得傳諸本國以示寵榮經該道將迭次助剿最為出力之英國領事夏

福禮總兵咭樂德克都司波克樂繙繹官有雅芝
兵船醫官叅將銜伊尔雲水師都司達贵士法
國叅將德克碑稅務司日意格教主田雷思等
九員開到清單據情詳請前來臣細加覆核上
年克復寧波各城外國官兵實屬出力惟由
內府頒賜奇珍恐褻
國体從無並無辦過成案可否請
旨嘉獎飭下微臣傳
旨賚給之處出自

聖裁理合附片具陈伏乞
皇上聖鑒訓示謹
奏
同治二年八月十二日具奏議政王軍機大臣
奉
旨另有旨欽此

五

議政王軍機大臣　字寄
閩浙總督兼署浙江巡撫左宗棠同治二年十
一月十五日奉
上諭左宗棠奏克復寧波等府縣出力人員開單請
獎一摺本日已降旨的照所請獎勵矣另片奏英
法領事夏福禮等九員助剿出力請旨嘉獎並由
該督傳旨賞給物件等語英國領帶夏福禮總兵
呿樂德克都司波克樂備繹官有雅之兵船醫官
參將銜伊尔雲水師都司貴達士法國參將權受

中國總兵官德克碑稅務司日意格敎主田雷思
上年隨同官軍克復寧波各城實屬奮勇出力宜
加賞賚以示嘉奬各國助剿出力奬勵有僅傳旨
嘉奬者有行知各該國主自行給賞者有賞銀牌
者有賞銀兩者其功績大小不同故奬賞亦厚薄
有別日前李鴻章奏克復蘇州省城戈登尤為出
力曾經降旨賞給頭等功牌並銀一萬兩此外
另由李鴻章賞賚銀七萬兩浙省助剿之英法領
事等官夏福禮等九員協同克復寧波慈谿等城

甚為出力惟究非克省可比若賞給銀兩恐以弋 六
登為比實難為繼若賞給物件過優恐弋登又有
藉口緣日前陣亡之勒伯勒東賞貂皮英國駐
京公使曾援以為弋登請經總理衙門告知係因
陣亡而賞弋登實非其比是以重賞銀兩該使亦
即終止左宗棠所請傳旨賞給該員等物件是否
已有成說惟未明言何項賞件礙難懸擬著將各
該員等勞績細加察覈應如何分別賞賚銀兩物
件功牌之處一面酌擬賞件須發一面奏聞並摘

錄此旨內嘉獎數語宣示其或需賞給銀兩或需
酌賞物件只須酌定一項填註旨內且功牌為外
國人所重無論或賞銀兩或賞物件均不如無功
牌功牌如外國寶星之類崇厚李鴻章並曾製造
有式可仿照辦理也昨據李鴻章奏克復無錫金
匱後接擬即日馳赴錫城籌布進取令程學啟等
水陸各軍由平望太湖平湖乍浦拋剿浙省之賊
冀與浙軍前後夾擊昨已寄諭左宗棠督率各軍
與李鴻章聯絡策應並偵探忠逆所在實力剿截

七

不可令其潰圍逃逸諒能領會仍著懍遵疊次諭
旨飭將益澧等進克餘杭杭州與蘇軍會合併力
嘉湖以收廓清之效該督曾否進紮富陽近日軍
情並著隨時報聞以慰廑系將此由五百里諭令
知之欽此遵
旨寄信前來

八

陳明酌擬頒賞洋將人等物件片

再上年克復甯波慈谿餘姚各城英國領事夏福禮等九員隨同助勦出力經臣奏明可否請
旨嘉獎並由臣傳
旨賞給物件於同治二年十二月初九日欽此奉
寄諭左宗棠所請傳旨賞給該員等物件是否已有成說惟未明言何項賞件礙難懸擬著將各該員等勞績細加察核應如何分別賞賚銀兩物件功牌之處一面酌擬賞件須發一面奏聞並摘欽此

旨同嘉奬數語宣示其或需賞給銀兩或需酌賞物件只須酌定一項填註旨內至功牌爲外國人所重無論或賞銀兩或賞物件均不可無功牌功牌如外國寶星之類崇厚李鴻章並曾製造有式可仿照辦理也等因欽此臣當即恭錄行知寧紹台道史致諤飭將各該員勞績等次核明以便分別給奬旋據史致諤開列清摺並聲稱上年助勦除夏福禮等九員外尚有英國參將銜兵頭葛格兵頭芬治法國兵頭法蘭克等三名均

九

屬出力開保時遺漏應請一併補奬节情前来
臣維功牌与寶星雖同為外國人所重然寶星
一項事費工鉅必須外洋匠人製造方能合式
不如功牌本為中國名器
須賞遠人尤為羣情所欣羡臣已另行刊刻擬請
賞給英國總兵咭樂德克頭其功牌一張盤龍功賞
頭节金牌一面内緞衣料四件湖緭四匹大荷
包一對小荷包一對法國叅将權授中國兵官
德克碑頭节功牌一張盤龍功賞頭节金牌一

面闪緞衣料二件湖縐二匹大荷包一對小荷色一對英國領事夏福禮闪緞衣料四件湖縐四匹大荷包一对小荷包一對法國税務司日意格法國兵頭蘭克法國恭將衛醫官伊尓雲三等功牌各一張功賞銀牌各一面闪緞衣料各二件湖縐各二匹大荷包各一对小荷包各一對遵

旨填註旨內飭交寧紹台道轉給各該員祗領以上各件均經史致諤再三稟商探知各洋將之情

日此已有旨[illegible]　同治三年二月初[illegible]

請禁駐廈洋官私交髮逆摺　十

稟為駐廈洋官私交髮逆請

敕下總理各國衙门傳諭駐京英國公使嚴行查禁

藉理合詞恭摺具祈

聖鑒事竊據興泉永道鄧廷枏稟稱正月十九日接准署水師提督曾玉明函開十八日有洋人駕坐小火輪板船三只隨潮駛过差弁往詢不聽稽查直入新場賊卡登岸入漳等因當即照会英國领事官柏威林去後迨二十一日該領事邀

來廈门文武面稱前次李世吳差人送信到廈被洋閩擎解地方官正法其信中是何議論不能赵悉是以親赴漳郡面會李世吳以憑省信來法不可攔阻省事自能起會現帶長毛頭目一个在船戰官全順艙內稍緩几日仍攜送伊回漳官民將截港擎办必至開仗至四會內小艇扳船三只你我駕坐入漳之船不必再查考同情查遂匪被剿穷蹙自串洋人計圖鬼眺早在意計之中即飭在事文武嚴為防範前獲遁

十二

送逆書陳金隴一名當即審明正法並查出與
賊貿易之洋人惹隔那蒲浪二名照會懲辦業
經臣英桂等馳奏在案此次駐廈英國領事柏
威林入津與伊逆見面一節臣等先有風聞當
即一面行查一面飭令海關委員協領長慶通
商委員署福州府知府丁嘉瑋傳諭駐福州口
英國領事官有雅芝稅務司美里登囑其寄信
查問據有雅芝答回稱此事柏威林實屬無禮
惟伊等係屬同官權不能制應由駐京公使將

栢威林撒回等語並據該道鄧廷枏具稟前情
查各國駐口領事官原以約束洋人勿許滋事
今栢威林乃以前次為侍逆送信之犯被洋関
拏解地方官正法輒藉詞親赴賊巢與侍逆会
面經該道等再三攔阻竟不聽受反帶賊目莊
坐戰船故違和約叵測情形殊難懸度除由臣
等仍飭在事文武嚴加防範妥籌辦理外應請
旨飭下總理各國衙门傳諭駐京公使迅將該領事
官栢威林撤換以弭後患除飛咨總理各國衙

十二

门查照外臣謹合詞恭摺由驛六百里具奏伏

乞

皇太后

皇上聖鑒訓示謹

奏

同治四年二月十一日具奏

议政王軍机大臣奉

旨該衙门知道欽此

卷三　共四頁

十五

發給勒伯勒東劄憑片

再　臣　李

寄諭法國因寧波海口吃緊願將伊國副將勒伯勒東權受中國職任帶兵防剿現由總理各國事務衙门与之定議該國情願以勒伯勒東權受中國職任聽浙江巡撫及寧波道節制着薛煥李鴻章左宗棠將該副將立寧波所練中國兵丁一千五百名應給餉項即行撥出舊章支放並據恭親王等奏稱以該副將既歸該省大員節制即應由該大

吕巡撫劉　給付劉憑以一事權即着薛煥李鴻章左宗棠悉心妥籌或由李鴻章或由左宗棠發給勒伯勒東劉付既須事權歸一又須力能振制方免紛歧遲誤該副將既受中國職任之後即應一視同仁遇事持平籌理一切按照中國法制不得稍存偏倚亦不得稍有寬縱致誤甫到寧郡未知於該處情形及駕馭事宜能否諳悉薛煥等務即督飭該道於該副將所領之年及寧郡兵勇賞功罰罪以及攻剿戰守各

古

情務令東以核實其支放錢粮尤不得有絲毫扣減
浮冒等弊致為外國人所輕視至籌防一節先
經法國公使照請歸勒伯勒東辦理復經總理
各國事務衙門與之再三講論始願歸寧波道
督辦惟上年寧郡失事英國人在京歸咎於中國
官不肯照伊布置辦理以致誤事此次副將有所
籌商務飭該道員與之和衷共濟不得稍有齟齬
致誤機宜一俟左宗棠克復金華兵力足以兼
顧寧波一帶即行察看情形將勒伯勒東撤回法

國仍用中國官兵防守毋庸俟浙省全行平靖方令撤卸等因欽此旋經薛煥李鴻章恭録移咨到臣李鴻章檄史致諤給與勒伯勒東迴會咨臣給與劉憑臣初以寧波距上海近距臣軍遠中隔賊氛暫難兼顧且李鴻章威名並著中外咸知非臣所及臣於寧波兵事既囑史致諤就近會承則勒伯勒東劉憑應由李鴻章就近發交方資控制繼思法國之請以勒伯勒東權受中國職任聽候臣及寧波道節制自係就轄境而言洋

奉

時時受中國職任事是偶爾權宜異時更易撤留仍須由浙主政自宜先正其名已繕備勒伯勒東署理浙江總兵劉憑由安慶輪舟遞史致諤轉發並咨薛煥李鴻章知照矣臣維人無中外好惡同則其情理一忠信篤敬蠻貊可行內治克修遠人自服如賞功罰罪不秉大公謀敗據功不務核實以及冒銷錢粮侵扣馬餉皆主兵者所最忌有一於此部曲尚且離心況以之施諸荒遠內附之人乎史致諤人皆明白或不盡悉臣亦

當隨時誥誡期免愆尤惟是沿海各郡自五口既開之後士民嗜利忘義習尚日非又自海上用兵以來至今未覩戰勝之利於是忘自菲薄爭附洋人其黠者且以通洋語坐洋情致富貴趨利如鶩舉國若狂自洋將教練華兵之後桀驁者多投入其中挾洋人之勢橫行鄉井官司莫敢詰治近聞寧波提標兵丁之稍壯健者且多棄伍籍投洋將充勇丁以圖厚餉此常勝一軍所以招至四千五百人也若不稍加裁禁予

以限制則客日強而主日弱費中土艱難之餉而飽海疆積弱之憂人心風俗日就頹靡終恐非計臣擬熟察情形俟浙江局勢稍有轉機再与曾國藩李鴻章徐商妥策所有發給勒伯勒東劄憑及覆陳情形謹據實附片具奏伏乞

皇上聖鑒謹

奏

同治元年十月廿二日附片奏

議政王軍機大臣奏

旨另有旨欽此

卷六九頁

船局事件仍必会銜具陳以昭大信片
再日意格湼克碑咔次未閱等称船局一切條
約皆臣核定仍請臣主持出事當即告以業經
請
簡總理船政大臣事有专屬自可以庸与聞且相距
萬里以外亦勢难与聞也該洋员仍以為言窃
維洋人素惟多疑驟难譬曉惟事之語須堅其
信揣彼疑慮之端有二不过事處牽制費處不
继已耳復告以身虽去閩此事究系首先創議

事成無可居之功不成則無可逭之罪然有謬
誤應加議處業經
奏明在案是未嘗置身事外也至經費每月四萬
兩已指閩稅協餉萬無不繼之理然尚慮不繼
則閩省尚有協甘之餉四萬兩可以通融當預
爲籌之日意極苦急然釋總應先除此後船
局通商條款事件仍沈葆楨會臣後銜以昭大
信可否之處伏惟
聖裁謹

大

奏

同治五年十一月初五日具奏

尤

鉄船槽多用銀兩擬就續撥閩稅內提用片

再臣前会同將軍巡撫臣

奏請撥閩海関結款銀四十萬兩作輪船局創始

經費摺內声明賸　　機器等件及僱募師匠未

閩建造鉄廠船槽船廠中所官員出廠工匠住

屋購買地基約共需銀四十三四萬兩惟船槽

為船局最要之件日意格等原议建造石船槽

臣細加探訪均以難成易圮為慮茲詢之日意

格等據云如以法國新法改用鉄板造成船槽

較為妥速惟必須自法國購運節〻水價腳太費
是以前次仍設就近取石為槽以期節省臣思
石槽既造作需時又虞傾圮自不若改用鐵槽
為一勞永逸之計〻買現成大鐵船槽一具法
國運載來閩需多用銀三萬餘兩係已
奏撥閩關結款銀四十萬兩外尚不敷銀七萬餘
兩應在本年十二月起閩關洋每日續撥銀五
萬兩內提用以濟要需此項本係奏充輪船局
每日經費現在設定每月約以四萬兩為準計

可月存銀一萬兩且目前未即開廠以之移備
創始經費本屬一事更無庸另籌撥注至買用
馬尾山下民田二百餘畝作為局廠地基其畝
分契價細冊應由督臣會同總理船政臣沈葆
楨另行奏案
奏咨辦理合併聲明謹附片具陳伏乞
聖鑒謹
奏
同治五年十一月初五日具奏

附陳胡道往來四料聽候差遣片　廿

再工程必期核實度支尤戒虛糜而輪船局事屬創行的未限滿果能習成與否尚據日意格德克碑一力擔承臣亦不敢遽謂確有把握但覺事不可已惟當擇人而任者力以圖其中支銷款目並無例案可循公家之事往往待于文法拘于物議故敢任此事者絕少其人即如道員胡光墉素敢任事不避怨謗前在浙省籌軍粮軍火實為緩急可恃咸豐十一年於杭

城垂陷胡光鏞航海運粮兼濟不藉尤圖接應

再至錢塘江為重圍所阻心力俱瘁至今言之

猶有遺憾臣入浙以後委任益專尋得其力實

屬深明大義不可多得之員惟切直太過每招

人忌臣茲于輪船局務

奏請將一切工料及延洋匠僱華工開藝局責成

該員一手經理實為局務需才起見昨據胡光

鏞具稟因辭顧隨同署福建布政使司現已調巡

撫臣周開錫辦理局務能兼總理船政差遣凡

呈

其所雇之人出具保狀經各該項出具領狀惟

該員是問至一切局務及支銷款目實以該軍

上海採辦轉運諸務奉委督辦必須兼顧未能

常川在閩一身經理懇請陳明等語蓋以兆常

之雇易滋疑議不顧一身爲眾射之的也臣稔

知其任事之誠招忌之故與其過重責任成轉

使畏難于今日不若稍寬責任仍收臂助于方

來且該軍採辦轉運局務亦需該員經理不得

不免如所請准其往來以料理似亦遷就總之者

局非尋常工程可比，應請即
飭廷不預存綜覈之見，在事者已不免有意外之虞，
惟有仰懇
天恩，必蒙
鑒察。庶凡率作興事，敏則有功。倘臣訪舉非人，致有
貽誤，仍請將臣交部嚴加議處。謹附片具
奏，伏乞
聖鑒。謹
奏。

同治五年十一月初五日附奏

廿二

咨送有裨船政官绅交船政大臣差遣片

再臣所屯闽省洲官绅中有裨船政之员应亟咨送沈葆桢差遣如盐運使衔廣东補用道叶文澜好善急公熟習洋務屡有委办事件均能妥实经理为人敦樸可情候選同知黄維煊迭次委赴吴淞港厦门上海寧波及福州羅星塔等處測量沙水訪察洋務並隨同胡光墉与日意格德克碑议辦章程均能不辭劳瘁该員係丁憂在籍人員輪船局有經议設厂〃最此〃与語

常局務不同應請
旨准其留閩差委以裨要工又五品軍功貝錦泉向
在浙江管帶捕盜緝私各輪船熟習洋直隸山
東江蘇閩浙各洋面情形堪充輪船之主閩省
新買輪船一只取名華福寶昨由上海展輪來
閩即係貝錦泉管駕來閩此船應令貝錦泉管
帶駛水師提臣李成謀統轄為巡洋捕盜之用
並令貝錦泉多募寧波少年在船學習練駕駛庶
將來成一輪船即有駕駛一輪船之人無須外

但造至輪船成局中駕駛之學亦成人才固不可勝用也該軍功撲實勇敢熟習洋務應請
旨破格錄用以專司舵手福建水師儘先即補並
賞加游擊銜以獎倡導之人又福建補用布政司經歷沈文閣浹曠西洋圖畫頗有巧思現仿製洋砲百餘尊亦均合用應一併送交沈葆楨差遣至士紳商民中有用之才應由沈葆楨隨時蒐訪札調人員差遣謹附片具
奏伏乞

聖鑒施行謹

奏

同治五年十一月初五日具奏

左相奏稿

交涉之道以修睦為先，制和之權以力戰為急。如能審彼己強弱情形，胸有成算，則可戰或以撫戚而可和。翻
但彼誠西各國不慎也。俄羅斯自私有前，雖武不已，寔兵收徵，此次撥下兵船二十三隻，由黑海防禦利加至中國洋面，無出于遠
此言未曾和，以求兵費也。論是非，憲彼恫喝，其先肇衅端，已屬有目共睹，以理論之，彼自強不顧于我，無可以掣下之。彼
兵船二十三隻，實該國建艦既一切附造之多，以八艘之輪船為大，配裝人數多不逾千，而其僅存輜石，弛不應措熱也。以
器械言之，彼國製造雖未甚精，自為土耳其戰後，所陸國煉製大小鉅炮，歷時未久，存儲無多，恐詐其所以敢挾持於
又從前西俄陝地為邊資之事，國債至于百萬兩，所惡者從耳不實，則割肉醫瘡，瘡未愈而肉已垂，其何能救其饑危乎。十中
國自平定後近日之兵未制，兵雖未甚效，而習戰之勇，子恍惚時領陸地近善者為成軍，而機推未充，且西製造之庄
師撫綏之庫製事倍，調尚苑，知其短，諸弊伏誠，以保其彼己兵之實情形，計或不出于此。今俟姑私兵一寧衅，其因自保國債
幹之然乎，擇羅盈思所備于我一也。閉事此為根本之地，備御潔實忠田畫，不竟不踰我之隔之也。至嘉西各國不
出乎，顯與撤其虛實，其反覆相為，自然兵端又處中國近日時弱而陽若此，次與俄戰勝，又不克坐觀前卸
之，浙省就陸平居，同其本為允，特不能之意，似設勤而實則仍持兩端，不肯為之出力也。
朝廷屢急，委林黑龍江兵，莫若整葉陸徵調，各軍駐往援應之兵，力既厚，自不能但俟。雖利鈍所逆覩，證彼易忽生悔。
出，若未定因之近，惟欲處抵陂師，籌劃各別年，茲並近擠弟近固，近諸後自用兵，以不二時，先得力于數年，以為其先，說推陳其
樣力豈不十倍，俄國不置之。奪林掌難禮，滅于遠州
廟謨韜乎天下，人和之款，固晓然可觀也。臣昨與劉錦棠詳加商榷，所見畧同。劉錦棠既據實情，以謂此時皆挾力能決之
斷，仍別無善策也。臣昨次奉
詔，皆遣亟飭臣固，圭收夏州兵勇，陸續悉情，既據鴟情近
畿重地，似須久經訓練之兵，以資調援，亟之近接，烏里雅蘇臺根本。俄兵陸續所畧，撥之九月間，伏一伊犁，防範
什喀分外屯駐之俄兵，擒根近斷撤，勝或乘陂隳出，此之寡所知矣。七臣與劉錦棠議，近因臣前，新疆北，一八九，以近陸合義
以大旗兵共一千多餘名，維善良隊，又鉅六不餘名，俟臣登程後，防營駐地，分起俟錦，亟擬用知縣，朝與十里臣欲
十百內人關，秩近平番錢，陣化城種戲，悚霸臣駐，帑俟臣揀，挪不移，既近戲，飾設調，近臣陸見，日又一月，六天加訓練北疆
我機歷兩此一固兵力，有增不減，劉錦棠一軍兵力，尤為厚調，營營挨防，守寧，分為兩劃作致，俾伊增供無一虞，已此，軍田，以行
將月仍充，仍由臣派，將未寄熟，援錦，之供，該飲，二和，俱合，備齊，則大軍遂，所，然，之

劉爵帥奏稿　　劉銘傳

奏為時事日艱外患日迫亟宜籌造鐵路以圖自强恭摺仰祈
聖鑒事竊臣以菲材襄荷　恩遇自解兵柄養疴田園每念中外大局往
往中夜起立眦裂泣下恨不能竭犬馬以圖報於萬一此近來彼
族窺伺來京仰蒙　召見訓諭周詳莫名欽感竊念人臣事君之
道知無不言況當事變孔迫利害甚鉅敢不竭其愚忱為我　皇太后　皇
上敬陳之中國自與外洋通商以來門戶洞開藩籬盡撤自古敵
國外患未有如此之多且强也彼族遇事風生欺凌挾制一國有事各
國環窺而俄地橫亙東西北與我壤界交錯扼吭拊背尤為心腹之憂
我以積弱不振不能不忍辱含垢遇事遷就不惜玉帛以解兵戎
而和難久恃財有盡期守此不變何以自立今論者動曰用兵

竊謂用兵之道，貴審敵情。俄自歐洲起造鐵路，漸近浩罕，又將由海參崴開路以達琿春，此時之持滿不發者，非畏我兵力，以鐵路未成故也。不出十年，禍且不測。日本一彈丸國耳，其君臣師西洋之長技，恃有鐵路，輒敢逞憤鄰之狂，藐視中國，兵遇事與我為難。奴才每私憂竊歎，以為失今不圖，自強後難圖追矣。及今自強之道，練兵造器，固宜次第舉行，然其機括則在乎急造鐵路。鐵路之利于漕務、賑務、商務、礦務、釐捐、行旅者，不可殫述，而于用兵一道尤為急不可緩。中國幅員遼闊，北邊綿亙萬里，毗連俄界，通商各海口又與各國共之，畫疆而守，則防不勝防，馳逐往來，則鞭長莫及。惟鐵路一開，則東西南北呼吸相通，視敵所趨，相機策應，雖萬里之遙，數日可至，雖百萬之眾，一呼而集，乘俄網倉

皇上廑念於邊陲之處且兵少則弱兵多則費以中國十八省

計之兵少不足御敵兵多足以糜餉合於各省裁汰之餘經費以

其一以盈易兵端自顧不暇復何餉用兵之有為此議設立切要以海疆

之計則防禦則成守務使沿海所費省減其節餉保邊動派

防邊防海則兵餉既節而多至勝防之兵即可為聲援之效大

者今兵數不兵可抵十數兵之用將來兵精餉節便益　朝廷兩重分輕不

為畫界所宗創之方今國計繼於防邊民生困於厘卡為國通商之新機

財賦日竭復黑兵服如有借餉收費足以養兵則厘卡可以裁並平洋

要通行之法擬國使民之道每條於此日後之所以推行者可以行於

我兵皆中國第一關之見要非常要不能書與者一旦下告供給之語所一將

自歸械則亂擬之振經族開之海先農說不獨供給為國日前院

同之以上可從此路傳兵本年來港等處沿海沿海各設專條此上軍務

之上者但重後須由供給相樹而行者學歷少者守上為或在一線從仍仟秀財

為今之力量乃為救窮之議，華商股票或難，俟今劉秉時力辦，莫如以借洋債，借洋債亦須因由劃撥，不可無以之開利源以給，須有看洋商曾口於將來，國家亦須商借，且可以稅相可，以後且須國決借債，須以之近六分利，劃於利相此飢，不可失之機會，又查中國要道，南路宜二條，一由清江至山東，一由漢口至河南，俱達京師，此路宜由南而北造，鐵不西道，猶未能立冀，俟鐵路物未能辦，待舉辦，須先借洋債以立京一條，實屬手筆以節一帶處，初辦無不成，此路由山東至京，惟恐其地固易易，且借於民間，慣華人合力，將來為此後不必定違完廣，使路所損，以古大計，將其地與故華人合為不相，將由佛而分，可錢亦六不能行於海，以方其事，新於中國尊使，多須於有其地，據民情固所於，未能敢定，必勝斷又事関係軍國要局之大計，故竊為今日之待急務，須待下法理衙門以速辦。

陣教備，採擇可否，以開其備為要，其經國之遠圖，籌謀而成者，行軍之要務，伏見上諭，日俄衛未已，戒邊防要緊，皇上宣諭，廣選邊界，訪求人才，廣開言路，在草茅，身獻芻蕘，於主戰，則恐納，維兵單，譬搖目前之勝，莫主和，則善離，為遠終始，他日之隱憂，要皆於實際無裨，則宜挺然，設何益，臣則以為守能而後能戰，能戰而後能和，請得而畢其說焉，伏查咸豐年間，俄以洋槍等物求為鴨綠江外地，當時許之，逐與其壤，但伊犁之端，益其積慮，又必已非一日，今於允其畧，勢而邊疆孤立，何以固為，於其事務，堅守固，勢尤又將，屢年豐且，俄不為信，八會由無騷，見我前由過百一過之心，必更須由步進步之想，將不能戰而後言和，亦勢終無一時，必能自守，而後言戰，亦可成，可諳，須何則，俄之疑懼，歐洲各部，誰憚而求，二艘，使我何能揚力，較勝負，猶未可知，況環顧兵力，倘精軍械，船械揚帆，軒輊之勢，而形無己，且終手強弱，難以海島成敗之機，殊不敢定，為今之計，惟宜堅忍固守，使彼無隙可擊，無隙可乘，徐

爰以商務爲善全之策而所以能守之道厥有四端敬爲我　皇太后　皇上敬陳之
一曰調停互市以聯合從查通商條約內載別國與中國不和中國應禁止不和之國不准來
口貿易其大合衆國人尤未與口中國認明旗號便准入口是俄與一旦決裂各與國之船入
口如故我之海防聲勢必多難約內有大合衆國商船不得私挂他國一兵人不得受別國
賄賂換給旗號之書保俄之不假冒別國旗號蒙混入口並且俄與泰西各國狀
貌衣服不甚殊異倉卒之間多有不能認識一有誤傷後禍何及若是元年間粵
東之殺誤傷美國一船尤鑒是則守約反以失和亟宜設法稠停從新計議者也擬
請旨飭總理衙門與各國駐京公使反覆懸商婉達其窒礙之情明告以利害之端如
中俄有事請將兵船商船及寄居中國各口之人暫行遷避或請由我驅逐出口不准入口倘
有形屬我兵船者在各海口以代為守禦事平之日出力者許即重償兵費而各國通商
故如舊則令其設法自行保護恐我國百姓同仇公憤倘誤以旗幟等事卑白不分誤加傷
害倘池魚殃及玉石俱焚不能索我賠償以備和好方今門戶洞開中外一家若一敗伊敵人
驕恣即至遍蛟彼至無自混殊分辨甚難務多籌議焉得不早預爲之計我洗和約載有
別國有何不公輕藐中國之事一經照知必須相助從中善爲調處一語友誼關切一條今我兩告各
國曰俄爲不道背棄盟言侮我伊犁縱我叛逆庇我賊以來搖蕩我邊疆我不敢盟約之
寒遠一介使臣相與修睦俄乃要挾無厭心殊叵測自今以來不得不以玉帛而以兵戎凡我同盟
其憑陵共宜相助美國與我素睦各國皆有切膚之恨必隨從中排解俄允其請言歸
和好不允其請則寄其怨怒於衆難犯俄獨無恨乎且俄於邊兵盛內多變亂其臣離
德父子猜嫌土耳其阿富汗日耳曼皆環伺其後待隙而動即英普各國尤忌其强
而思有以抵隙蹈瑕俄即恥之里匪其能無所顧慮是合各國之從不必決其真
爲我助而在俄已掣多顧矣此亦以夷制夷之法也一曰厚積兵力以固根本俄之侵我水師

則有三道：一由日本入我南洋之南澳，以犯天津、燕京，為處一；一由朝鮮入我大連灣，以直達
東三省；為以陸路，有三：西則新疆，中則張家口，東則東三省。使必處處設防，則備多力分，非計
數十萬兵勇不足以資分布。況敵將多方以誤我，西亟將以應，我彼聲東趨西，或擊虛避實，
彼但以偏師牽綴我，必竭全力籌防，損一趾則全體皆傷，牽一髮則全神俱動，計惟有料敵情
形，分別緩急，以為控馭。俄羅斯疆界與西北毗連，犬牙相錯，處處難防，皆沙漠荒曠，山路崎嶇
數千里，勞師遠襲，不獨饋運維艱，水草亦不易足，而奔走疲憊，我儘可逸以待勞。若昔
聖祖三策準噶爾，曰：我師遠攻，其困在我；賊若遠來，其困在賊。其後準夷果以此致敗。是
陸路邊防似尚可從緩措置。況新疆有金順、劉錦棠所部全軍大兵雲集，左宗棠策
中布置，自可無西顧之憂。奉天現有宋慶所部毅軍九營，而部旅順隔鄰有數營
駐紮山海關以內、張家口外，銘軍馬隊各營屯紮，各處防範尚不為單。此處非沿海各
海口處處皆可登岸，誠虞防不勝防，敵人以船為家，徑不能不回顧歸路，並使龍旅英勇
校智舍舟登陸，而後以全力專護海口，則近畿一帶不致震驚。緩大沽各口布置嚴
密周密，尚無他慮，而上下游隨在皆可上岸，密邇京師，戒嚴多事。塘沽雖神機營
近年訓練嫺熟，步伐整齊，臨大敵終不免膽怯心虛，守則堅定，有時戰或勇敢
不足。明戚繼光有言：士卒先練膽，次練心，再次練耳目，而後練技藝。蓋膽須經歷
始壯，心須聯絡而壯，耳目技藝可操練于旦夕間也。擬請簡派知兵宿將，調集
敢戰勁軍，距近畿數十里適中之地分布駐紮，與天津之盛字全營、保定練軍聲
勢犄角，屢三輔之制，內以資其捍衛，外以藉為游擊，以壯聲威，而為無形之神機營，所謂
根本之宜固者此也。一旦多備水雷以防衛。俄之長技，不在陸而在水，其戰艦中船較子
船碰船堅固無比，破之之法，舍水雷別無長策。除南洋之南澳、北洋之大連灣，相度水深
地險山坊迴環，為敵船所必經必爭之地，當以水師全力扼此要隘，而以陸水師衛之，以備夾擊
之。坊其餘天津之大沽、山東之蓬萊、[illegible]廈門、粵之虎門、江南之吳淞，各海口皆宜

多備水雷，講求命中之法之，練演熟習，尤須于無水雷之處落各設假水雷一處，角之多於
有機捩轆，先挑撥水雷，無弱使其機觸動，假水雷即可貝開燃放轟擊，其人挑不勝挑，無可施
其趁敵，我亦將而不敢闖入海口，俾此而去矣。目下大沽之水雷插放，繞放頗有成矣。提
督曰照宜仿照備設，外須招募隨船蛋戶之流，能入水數時不出者，濱海呼為小鬼子，於
燃小船，使其駕駛，用於剪其球，仰射敵船之鐵，一船一所用
此法是亦以小制大之一策也。口倡集兵團，以為[illegible]萌島夷，踰越數里，深入二絕如履堂
入之境者，為嘗真知我虛實，先探我險要者，奸商莠民貪其利賄，而被其裹脅，盡
以實情輸之也。唐中丞之御英也，策其敵名于大沽，以重兵守之，而于北塘入口數十里編
埋地雷，以誘敵以入，冀以殲之于陸。向非潮勇請中土匪籍，先控去敵，將[illegible]藏辭岸
不返矣。然則於御外寇，必先靖內奸；欲靖內奸，非倡集兵團不可。英人之犯廣東，

土團一殲之于三元里，再殲之于三山村，而我粵威單，廣俾其一隻燒船，佛山又
勇射從陸路上風縱火，煙以迷其目，斃賊數百，英人始怯，然就欵[illegible]，故粵人之畏，百姓甚
于畏官兵，故兵難多，而可額數。不惟倡率張于河口沙角，官兵私其身家，人各一心，英乃開
志。百姓仍其團置，萬衆一心，無畏戒心。撫議，諭令各督撫，招民嚴防，部議照以鄉團練
以靖內奸，並于挑募之所多埋地雷，而派官暗遣勇守之，奸私捉且照示，償格賞
于沿海州縣，有能破敵一船者，賞銀千兩；有能協同官兵守護地方者，以前我朝深
仁厚澤，浹于人心，且有血氣之倫，皆思敵愾之宜，乘機而利[illegible]之，或智謀之士，[illegible]殺
之人，出而奮發，撫勦無但俟此方官，而苟絕其細故，而懷挾其大功，俾得以奮，宜從而資于
洞募團兵，千萬矣。至八旗蒙古、新疆[illegible]，多忠義勇敢之士，[illegible]一殲[illegible]著之

特簡使臣之員若侵東三省俄寧勝係以三請金匪閑航圍俾然更得印率之以衛東外海其突騎之縱橫天矣之鋒利亦俄之所畏長而不敢犯其之又以上數策或易出兩三綢繆或兩衣袽之戒意而要皆可措諸施行之之而可利無害審于一時難以驟收日後更當審日本則鐵甲船不可不多精製器不可不求精將才能數年造就不致其年何繇而備揀選練以西人教習為之上層操以廣招練且為周清思更遍于萬里情形於往返戶而我之文報往返數百里驛遞勤需時日變萬當萬情之急之時窮困恐遍報遲延可概不免貽誤擬請　諭令各省創設電報現在直隸特旨　臣李鴻章在天津設有電報以達大沽每里兩兩費不過千兩有零數各省分分辦款亦易籌查日本近年開辦電報與輪車相輔而行每年獲利甚多蓋便民聽商一氣縮民間信機之利免官家驛遞之勞費而不費減費法以附直隸則源宜開當不足籌失償補民窮則國亦弱當急塞漏卮際此時局艱危務必求切實伏望我

皇太后　皇上宸謨獨斷定議堅持勿以疑幫分張為群言所震撼由國數已實就款辛審慎以從容從考其業無誤于國循而富強基于振作而小臣獻芻陳愚悃更有望于異日如因減從德知天下歸心推此國家亦賢臣明訓琉球事我朝撫屬恭順今日本於我不度不圖之共球被徒艦攻宮之木春詞驅荊棘宮殿灰塵琉球為六卷區很去冬去年兩江督臣沈葆楨奏臣驅赴日本密查情形窮其言實臣歸而沈葆楨已因病開缺因以所得諸見聞均修為十百日敗五難勝之說寄陳署南洋大臣吳元炳及北洋大臣李鴻章頗以臣言為不謬轉以總理衙門當於俄事竣再議及此倘和議能就我以範圍則兵威可綏俾捷伐數年之內陸續先遣統兵之員潛赴附輪船分赴海疆窺其險隘以其要領條議與師不必直趨日本遂與爭鋒但宜規復琉球宣昭大義否正其日本之守土臣而仍立中山王以主社稷則琉球求無民而

昔有吳中山王先國而傳國數世邢君衛桓公所以稱盛定伯今日本恃其強悍剽
必出而與我爭而我復遠涉勞我主便客兵法所謂致人而不致於人也益弱■攻賊
書有明言倘一戰而勝則我兵之聲自雄我兵之膽益壯勝於據寨多矣倭國
雖國自強現在君臣不睦人心皆待且民窮財盡之三年內國之可撓必勝之勢此機
宜之不可失也夫暹邏緬甸為英所竊越南大省為法所佔不乘此時力
圖振奮以雪恥而報仇恐朝鮮界近倭俄又旋踵而蹈琉球之轍而我之藩服
無存焉輔車相依唇亡齒寒謂可安居不思振作以安內而圖所以自固哉臣自顧
殊膺國識忘諱謹攄千慮一得之愚仰答高厚生成於萬一臣不勝戰慄
待罪之至伏乞
皇太后　皇上垂鑒訓示謹　奏

嚴禁鴉片疏○奏爲嚴禁吸食鴉片本爲坊民正俗要圖請先增洋藥土烟稅捐以課實效恭摺仰祈 聖鑒事竊維鴉片産自泰西印度地方由英國商人轉販而來流毒中國名爲洋藥其患先中於市廛衙署凡中人溫飽之家佚游燕僻子弟聚處而婾用以遣日比吸食有癖積漸成癮癮重而形神交瘁於是貲傾家破而身命隨之內地農民拋宜穀宜蔬宜瓜果腴地以種罌粟剷果取漿名爲土藥其患先中於鎮集鄉村凡食貧力作之人游手無聊之輩久且視爲尋常日用所需不知禁令爲何事於是吸食者多更成積重之勢癮民之吸烟者多洋藥之銷路亦日益暢從前各海口每歲進洋藥三萬餘箱嗣漸增至五萬餘箱近聞且增至七萬餘箱矣而洋藥之價前時每箱百斤價銀七百餘兩近聞已減至五百餘兩是銷路之暢由於貨價之減可知也而洋人心計之工亦可知於此而嚴吸食與販之禁法輕則易犯令峻又難行若奉行不得其人非徒無益也臣前督陝甘先以禁種罌粟爲務飭各屬隨時查拔以清其源遇有洋藥入境則標識封存行棧勒由原路折回不准在地銷售其故違者察出焚之通衢已著微效惟此法行之一方爲宜若統籌全局則令其由原路折回滯於此者或銷於彼仍爲不了之局詳察事宜斷非加洋藥土烟稅捐不可稅捐加則洋藥土藥之價必貴價貴則癮輕者必戒癮重者必減由減吸以至斷癮尚有可期若徒恃空文禁制則丁役之弊蒙官吏之欺隱由此而生案牘紛繁訟獄糾繞特恐政令不行而閭里騷然未覩禁鴉片之效而先受其弊也自古整齊世宙不能無藉乎政刑政刑之用窮不能不濟之以罰周課田功有里布夫家之罰漢重酒禁有課酗免侯之罰且明徵也近如海國土産出口輒按其成本而倍征之英人於嗜好之物更加征兩倍亦與贖刑遺意相近凡加征洋藥土烟稅捐意在加價減癮以期坊民正俗復獻本務多取亦不爲虐且議加者中國吸食之價非取之出産之地與外國與販之徒權自我操誰能過問稽經訓律理有同然而措正施行又無煩再計決也臣奉 命與聞各國事務責無可辭曾於接晤英使威妥瑪時論及鴉片宜加征稅釐冀可減癮威妥瑪亦無以難之邇李鴻章至臣偕赴總署與威妥瑪會商二次李鴻章又獨與威妥瑪晤商一次威妥瑪意見不同語多反覆而於加價一節尤斷斷然若重有所惜者臣等如從其後議以每箱八十兩爲定則加數甚微不但癮無由斷適足爲興販洋藥者廣其銷路而內地種罌粟販土烟者得以藉口并加征捐釐亦多窒礙是與擬增稅捐期收實效本謀大相刺謬而其事且有所難行茲擬總口原征洋藥進口每百斤稅銀三十兩仍由總口征收毋庸置議外其總口釐捐由中國自辦於總口附近地方設立總局遴委廉幹大員總司洋藥釐捐凡洋藥進口完納稅餉後聽洋商分銷各口或存棧躉船或起存行棧稅務司查明箱數報知總局覆驗登簿蓋印設立三聯票一存總局爲票根一塡發稅務司爲備核驗票一給洋商爲護銷各口驗票三聯騎縫鈐印編列號數彼此執存輪流互核遇有偷漏及土烟夾雜諸弊無難一覽而知似此銷路一清譏禁可得而施市價若稅釐可得其實以言增加稅釐期收禁烟實效庶有當焉至於加稅增釐捐辦法各有攸殊或議於總口征洋商之稅即併內地應捐之釐而加征之是爲合辦或議於總口照稅加釐外於內地分銷各口加征華商之釐是爲分辦兩者衷諸一是 朝廷執中有權推之而準與洋人毫無干涉按照現行釐章於兩起兩驗中寓周代徵惰農漢世嚴酒禁遺意每洋藥百斤統稅釐合計征實銀一百五十兩理法均得其平雖較之洋法土産貨物出口照本征稅其嗜好之物進口征加兩倍輕減爲多而以古昔省刑薄斂之義論之固考之不謬而質之無疑者也一若內地私種罌粟所造土烟行銷浸廣應即照洋藥稅則加捐示罰惟土烟味淡氣薄吸者弗尚其價值亦較洋藥爲輕稅釐之加未宜與洋藥一律加收其勛重價值準洋藥推算議加乃與罰捐之意允協而貧難之民因惜費而減癮其實效亦復相同臣區區之愚竊謂嚴禁吸食鴉片本坊民正俗要圖近因市價日減吸者日多爲患亦愈積而愈甚於此而思禁制之方實非加洋藥土烟稅捐不可其所以議加稅捐者非借爲聚斂豐財起見古者取民有制征斂固宜從其輕而由今之道思變今之俗道在禁民爲非則稅捐示罰有不得不從其重者迨流俗滌除民無夭札弊去而利自生其效將有可覩矣取於富強之術功利之謀也伏懇 皇太后 皇上下定此疏飭王大臣六部九卿公同集議舉行是否有當陳具奏

並請　飭下各督撫將軍監督將所屬洋藥銷數原定稅則捐釐款目或因偷漏減收情形及營聚土膏銷數兩起兩驗章程逐加稽察與夫議加稅釐辦法據實覆陳統限奉　旨一月後覆　奏務期齊心振作以收正俗坊民實效天下幸甚是否有當伏祈　皇太后　皇上聖鑒訓示施行謹　奏　光緒七年五月初五　日

左侯相奏請加征鴉片稅釐前已有聞惟奏稿尚未接閱祇先於五月二十一日恭錄　批旨一道在報昨於友人處得讀原疏用敢照登以供衆覽

恭錄　諭旨　○五月十二日奉　上諭巡視東城御史榮桂等奏特參撞騙保之坊官請旨議處前將保案撤銷一摺南城吏目候選正指揮張士傅於拿獲搶劫西恒興錢鋪首犯楊二一案輒敢捏稟朦保希圖邀准實屬胆大妄爲張士傅着交部嚴加議處以示懲儆所將前次保案一併撤銷該部知道欽此同日奉　上諭陝西漢中府知府員缺着奇臣補授欽此同日奉　上諭江南狼山鎮總兵員缺着楊明海補授欽此◎補錄五月初九日奉　上諭左宗棠奏禁食鴉片請先增洋藥土烟稅捐以收寔效一摺鴉片流毒中國爲害甚深近因民間吸食愈多銷路愈廣於國計民生大有妨礙朝廷軫念時艱何難申明禁令齊之以刑惟慮陷溺既久與販吸食之徒日衆空文禁制既屬徒法難行訟獄滋繁又將別增擾累左宗棠所奏擬加征稅釐參用罰懲遺意冀可漸挽頹風不爲無見各省原定洋藥釐捐本較洋稅爲重乃總計所收釐金竟遠不及進口之稅是承辦各員奉行不力減成折收任令奸商隱匿偷漏巡役包庇分肥所致情弊顯然左宗棠所擬每洋藥百斤統稅釐各計共征銀百五十兩內地土烟價値較低稅釐准照洋藥推算征收亦尚平允此項係取之於吸食鴉片之人與華洋各商並無干涉着南北洋大臣福州將軍各直省督撫粵海關監督將各關口及地方情形詳細體察將稽查征收章程悉心妥議於一月內覆奏候旨定奪此事務在必行該大臣等當熟籌辦法期於大局有裨實爲至要原摺均着抄給閱看將此由五百里諭知南北洋大臣福州將軍各直省督撫並傳諭粵海關監督知之欽此

酌擬天津水師學堂事宜　○一挑選學童由海關天津兩道會銜先期出示無論天津本籍或隣縣或外省寄籍良家子弟自十三歲以上十七歲以下已經讀書數年讀過兩三經能作小講半篇或論全篇者准取具紳士認保赴書院報名並將年歲籍貫三代開列入册屆時由天津道或海關道親臨書院點名局門面試擇其文理通順者先取百名左右招赴學堂面覆察其體氣充實資性聰穎年貌文理相符果係身家清白者挑選六十名如初考取不足額再展期半月補考一二次如尚不能取足任缺勿濫選定後取具本人家屬甘結親隣保狀收入學堂試習兩月後再行察看或口齒不靈或性情惡劣舉止輕浮卽行剔退發還狀結或係外省投習者皆無來往川資所有甘結保狀彙齊存案另繕册檔填籍貫年貌三代附報課公文呈報　一學生在堂以五年爲期于甘結內聲明未滿五年不得自行告退及請假完娶亦不得率應童子試致妨功課五年滿後果有兼人之力中西學業並進者准其應試　一學生選入學堂以文理全通讀書甚多者爲第一班書讀已多文理未盡通順者爲第二班書讀不多文理未盡通順而資性穎悟過人者爲第三班第一班學生全日專究洋學惟早晚由漢文教習講解經史課授文藝仍聽其歸房後各於燈下用功每放假前一日午後漢文教習命題各作論二篇第二班學生早半日學習洋學以午飯後仍以兩點鐘習洋學至三點鐘後習漢學燈下仍習漢學第三班學生早半日習洋學下半日習漢學燈下仍習漢學夜課均以十點鐘息燈安歇一二年後各生功夫漸進另延洋師教授頭班其課程臨時再爲酌定　一學生漢學除五經已完照常溫習外備讀兩三經者無論所讀何經到堂後均一律授以春秋左氏傳以歸畫一並習讀戰國策及孫子兵書旁涉讀史兵略草廬經畧紀效新書增智囊補之類以拓智識　一凡遇房虛昴星日洋文教習放假一日漢文教習照常督課每月遇機器局第一次放工之日隨同放全假一日其三節放假日期照水雷學堂例年節放假九日端午中秋放假三日如有父母喪葬准其酌假　一考取學生初八學堂除給火食外第一班月給膳銀一兩第二班每季給衣履銀二兩第三班每季給衣履銀一兩交各家屬具領兩年後學有進益再爲遞加　一各學生所習課程應由監督查明按月分別册報其功課之勤惰由漢文正教習於三個月後會同教習查明酌加考語列單會同監督呈報惰者分別降黜勤者隨時拔獎　一學生入館半年後請照水雷學堂之例每月由海關道天津道製造局王道軍械所劉道輪月會同機器局所道值考其考試時或與水雷學生分作兩期或併歸一期分兩邊彙考臨時酌辦　一每次考試以洋文算學爲主兼觀其譯漢之文理合成分數取在前列者核其所造之淺深分別獎賞　一學生在堂一切規矩另由監督教習會擬學規條欵呈核後在堂懸掛如有違犯由教習回明監督分別責罰　一學生肄業兩年後每日早晚赴教場學習洋槍步法演試洋鎗打靶第四年上練船在局前河面操練帆纜大礮第五年隨練船出洋巡歷練習風濤沙線六年以後擇其才藝出衆者派赴外洋各國肄習以備大用　一學堂應設正副監督二員正監督總督稽查約束照料學生請飭刊監督水師學堂木質關防發給爲其領經費造送銷册蓋用以專責成副監督專司經費出入及購置收發書籍器具支發師生火從丁役工食等事司事一名隨同副監督料理買辦寄件抄寫報册洋文教習二員一正一副幫學童收至五十名外再添洋文幫教一人正教習除授課外擬定課程與各班黜陟賞罰漢文教習三人專課漢文　一水師學堂造就較爲遠大學童如不能足六十名之額應就水雷電報兩學堂已挑學生內年紀較輕資質尤異者酌量拔補　一請遴派官醫生一名爲水雷水師兩學堂並機器局員役診視公用學生遇有疾病在堂醫治醫藥由局預備驗係病重准回家醫治痊日來堂不給藥資　一學堂月中用帳由監督五日一閱加戳再由輪值月考者一月一核驗文申報　一漢文教習及司事薪水學生飯食膳

差等人役工食悉照水雷學堂定例恰學生如滿六十名之額何從恐有不敷應臨時察看酌添　一所擬以上各欵應俟呈核後刊刷多張發貼各書院義學俾衆人共閱周知以廣招徠

球案近聞　○中日爲琉球之事議者嘖有煩言有謂中國大度包容實不願爲戎首有謂日本心存恇怯時啓猜疑但究無確實信息惟昨閱香港報章謂得京師郵音日本近又以通商爲名擬作先發制人之舉　中朝飭南北通商大臣妥爲籌畫茲照將二月初二日　上諭恭錄如左　前因總理各國事務衙門奏擬將球案一摺當諭令李鴻章劉坤一等妥籌具奏茲據該督等先後覆陳覽奏均恐原議商務一體均沾一條爲日本約章所無今復西國約章辦理原非必不可行惟此案因球案而起中國以存球爲重若如所議劃分兩島於存球祀一層未能妥善着總理各國事務衙門再向日本使臣悉心妥商俟球案妥結商務自可議行欽此

船局奉　諭　○本報今日首論講及船務狂瞽之見處爲有識者所嗤然聞福州船政局前曾奉到本年六月初八日　上諭云總理各國事務衙門奏福建船政局諸事廢弛請飭確查叅辦等語據稱船政局所雇洋人藝亦平常所造之船多係舊式即如康濟機器是其明徵洋匠恐成船太速不能久食薪俸往往派華匠造器寬其限期如有先期製成者必以不中式棄之華匠相率宕延遂成錮習管駕以至水手薪俸太厚竟有管駕數年技未必精而已坐擁厚貲難免浮冒侵吞之弊等語船政局爲海防而設關係至爲緊要頻年不惜重貲創此規模宜如何實力圖維以期緩急足恃若如該衙門所聞各節虛糜餉項必至貽誤要工積久相沿流弊何所底止黎兆棠甫經到局無所用其迴護著即確切查明倘有前項情弊即分別嚴行叅辦併將船政刻意講求認眞整頓應如何實事求是之處即由黎兆棠奏明辦理欽此是則　聖諭煌煌諸君子各

中美續修條約

⊙大清國　大皇帝　大美國　大伯理璽天德前於咸豐八年即一千八百五十八年議定和約及同治七年即一千八百六十八年續增條約允宜永遠信守今　大美國因華工日往日多難於整理尚欲彼此商酌變通仍與和約條款不致相背是以　大清國　大皇帝欽命總理各國事務武英殿大學士全權大臣寶署禮部尚書全權大臣李　大美國　大伯理璽天德欽命來華辦理修定事宜全權大臣帥駐劄中華便宜行事全權大臣安來華辦理修定事宜全權大臣笛各將所奉　諭旨公同閱看就其可以變通之處彼此商酌變通特列條款於左⊙第一款　大清國　大美國公同商定如有時　大美國查華工前往美國或在各處居住實於美國之益有所妨礙或與美國內及美國一處地方之平安有所妨礙　大清國准　大美國可以或爲整理或定人數年數之限並非禁止前往至人數年數總須酌中定限係專指華人續往美國承工者而言其餘各項人等均不在限制之列所有定限辦法凡續往承工者只能令其按照限制進口不得稍有淩虐⊙第二款　中國商民如傳教學習貿易遊歷人等以及隨帶並雇用之人兼已在美國各處華工均聽其往來自便俾得受優待各國最厚之利益⊙第三款　已在美國各華工及他項華人等無論常居暫住如有偶受他人欺侮之事美國應即盡力設法保護與待各國人最優者一體相待俾得各受按約應得之利益⊙第四款　兩國既將以上各款議定美國如有時按照所定各款妥立章程照知中國如所定章程與中國商民有損可由中國駐美　欽差大臣與美國外部公同妥議中國總理衙門亦可與美國駐京　欽差大臣公同妥爲定議總期彼此有益無損以上續修條約各款現在　大清國　大美國各大臣同在中國京師議定繕寫漢文洋文各三分先爲畫押蓋印以昭憑信仍候兩國　御筆批准總以一年爲期在中國京都互換光緒七年六月十六日奉　旨依議欽此　大清光緒六年十月十五日　降生一千八百八十年十一月十七日⊙大清國　大皇帝　大美國　大伯理璽天德現因兩國條約向有未備之處　大清國　特派總理各國事務武英殿大學士全權大臣寶署禮部尚書全權大臣李　大美國　特派來華辦理修定事宜全權大臣帥駐劄中華便宜行事全權大臣安來華辦理修定事宜全權大臣笛公同商定另立條款附於條約之後⊙第一款　中國美國將來益敦和好所有兩國商民貿易等事於兩國均屬有益之處可以彼此公同商議⊙第二款中國與美國彼此商定中國商民不准販運洋藥入美國通商口岸美國商民亦不准販運洋藥入中國通商口岸並由此口運往彼口亦不准作一切買賣洋藥之貿易所有兩國商民無論雇用本國船別國船及本國船爲別國商民雇用販運洋藥者均由各本國自行永遠禁止再此條兩國商定彼此均不得引一體均沾之條講解⊙第三款中國允美國船隻在中國通商各口無論該船載美國貨物與別國貨物其進口出口及由此口進彼口之稅與其所納之鈔均照中國船隻及各國船隻一律徵納並不額外加徵亦不另徵他項稅鈔美國允中國船隻或由中國通商口及他國各口進美國各海口或出美國各口前往他國各口及回中國通商各口無論載中國貨物與別國貨物均照美國船隻及各別國於美國船隻不額外加稅鈔之國一律徵納進口之稅與其應納之鈔並不額外加徵亦不另徵他項稅鈔⊙第四款儻遇有中國人與美國人因事相爭兩國官員應行審定中國與美國允此等案件被告係何國之人即歸其本國官員審定原告之官員於審定時可以前往觀審承審官應以觀審之禮相待該原告之官員如欲添傳証見或查訊駁訊案中作証之人可以再行傳訊儻觀審之員以爲辦理不公亦可逐細辯論並詳報上憲所有案件各審定之員均係各按本國律法辦理以上條款繕寫漢文三分洋文三分先由兩國大臣蓋印畫押俟　大清國　大皇帝　大美國　大伯理璽天德御筆批准後彼此互換以昭信守　光緒七年六月十六日奉　旨依議欽此　大清光緒六年十月十五日　降生一千八百八十年十一月十七日

中俄改訂條約章程附專條卡倫單　○中俄和約業經訂定聞已蓋用御寶由總理衙門派員某君於月內啓行恭齎赴俄蓋印蓋某君係總理衙門之肄業人員精於俄國之語音文字者惟此約共有二十餘條只可分日照錄在報以供衆覽俟錄畢後本館另印專本裝釘出售以備仕商繙閱耳○○光緒七年中俄改訂條約　大清國　大皇帝　大俄國　大皇帝願將兩國邊界及通商等事於兩國有益者商定妥協以固和好是以特派全權大臣會同商定　大清國欽差出使俄國全權大臣一等毅勇侯大理寺少卿曾　大俄國欽差參政大臣署理總管外部大臣薩那特衙部堂格參議大臣出使中國全權大臣布兩國全權大臣各將所奉全權諭旨互相校閱後議定條約如左○第一條　大俄國　大皇帝允將一千八百七十一年即同治十年俄兵代收伊犁地方交還　大清國管屬其伊犁西邊按照此約第七條所定界址應歸俄國管屬○第二條　大清國　大皇帝允降諭旨將伊犁擾亂時及平靖後該處居民所爲不是無分民教均免究治免追財產中國官員於交收伊犁以前遵照　大清國　大皇帝恩旨出示曉諭伊犁居民○第三條伊犁居民或願仍居原處爲中國民或願遷居俄國入俄國籍者均聽其便應於交收伊犁以前詢明其願遷居俄國者自交伊犁之日起予一年限期遷居攜帶財物中國官並不攔阻○第四條俄國人在伊犁地方置有田地者交收伊犁後仍准照舊管業其伊犁居民交收伊犁之時入俄國籍者不得援此條之例俄國人田地在咸豐元年伊犁通商章程第十三條所定貿易圈以外者應照中國民人一體完納稅餉○第五條兩國特派大臣　面交還伊犁一面接收伊犁並遵照約內關繫交收各事宜在伊犁城會齊辦理施行該大臣遵照督辦交收伊犁事宜之陝甘總督與土爾吉斯坦總督商定次序開辦陝甘總督奉到　大清國　大皇帝批准條約將通行之事派委妥員前往塔什干城知照土爾吉斯坦總督自該員到塔什干城之日起於三個月內應將交收伊犁之事辦竣能於先期辦竣亦可○第六條　大清國　大皇帝允將大俄國自同治十年代收代守伊犁所需兵費並所有前此在中國境內被搶受虧俄商及被害俄民家屬各案補卹之款共銀盧布九百萬圓歸還俄國自換約之日起按照此約所附專條內載辦法次序二年歸完○第七條伊犁西邊地方應歸俄國管屬以便因入俄籍而棄田地之民在彼安置中國伊犁地方與俄國地方交界自別珍島山順霍爾果斯河至該河入伊犁河匯流處再過伊犁河往南至烏宗島山廓里扎特村東邊自此處往南順同治三年塔城界約所定舊界○第八條同治三年塔城界約所定齋桑湖迤東之界查有不妥之處應由兩國特派大臣會同勘改以歸妥協并將兩國所屬之哈薩克分別清楚至分界辦法應自奎峒山過黑伊爾特什河至薩烏爾嶺畫一直綫由分界大臣就此直綫與舊界之間酌定新界○第九條以上第七第八兩條所定兩國交界地方及從前未立界牌之交界各處應由兩國特派大員安設界牌該大員等會齊地方時日由兩國商議酌定俄國所屬之費爾干省與中國喀什噶爾西邊交界地方亦由兩國特派大員前往查勘照兩國現管之界勘定安設界牌○第十條俄國照舊約在伊犁塔爾巴哈台喀什噶爾庫倫設立領事官外亦准在肅州即嘉峪關及吐魯番兩城設立領事其餘如科布多烏里雅蘇台哈密烏魯木齊古城五處俟商務興旺始由兩國陸續商議添設俄國在肅州即嘉峪關及吐魯番所設領事官於附近各處地方關繫俄民事件均有前往辦理之責按照一千八百六十年即咸豐十年北京條約第五第六兩條應給予可蓋房屋牧放牲畜設立墳塋等地嘉峪關及吐魯番亦一律照辦領事官公署未經起蓋之先地方官幫同租覓暫住房屋俄國領事官在蒙古地方及天山南北兩路往來行路寄發信函按照天津條約第十一條北京條約第十二條可由台站行走俄國領事官以此事相託中國官即妥爲照料吐魯番非通商口岸而設立領事各海口及十八省東三省內地不得援以爲例

此稿未完

接錄中俄改訂條約章程 ○第十一條俄國領事官駐中國遇有公事按事體之關繫案件之緊要及應如何作速辦理之處或與本城地方官或與地方大憲往來均用公文彼此往來會晤均以友邦官員之禮相待兩國人民在中國貿易等事致生事端應由領事官與地方官公同査辦如因貿易事務致起爭端聽其自行擇人從中調處如不能調處完結再由兩國官員會同査辦兩國人民為預定貨物運載貨物租賃鋪房等事所立字據可以呈報領事官及地方官處應與畫押蓋印為憑遇有不按字據辦理情事領事官及地方官設法務令照依字據辦理○第十二條俄國人民准在中國蒙古地方貿易照舊不納稅其蒙古各處及各盟設官與未設官之處均准貿易亦照舊不納稅并准俄民在伊犁塔爾巴哈台喀什噶爾烏魯木齊及關外之天山南北兩路各城貿易暫不納稅俟將來商務興旺由兩國議定稅則即將免稅之例廢棄以上所載中國各處准俄民出入販運各國貨物其買賣貨物或用現錢或以貨相易俱可并准俄民以各種貨物抵帳○第十三條俄國應設領事官各處及張家口准俄民建造鋪房行棧或在自置地方或照一千八百五十一年即咸豐元年所定伊犁塔爾巴哈台通商章程第十三條辦法由地方官給地蓋房亦可張家口無領事而准俄民建造鋪房行棧他處內地不得援以為例○第十四條俄商自俄國販貨由陸路運入中國內地者可照舊經過張家口通州前赴天津或由天津運往別口及中國內地并准在以上各處銷售俄商在以上各城各口及內地置買貨物運送回國者亦由此路行走并准俄商前往肅州即嘉峪關貿易貨幣至關而止應得利益照天津一律辦理○第十五條俄國人民在中國內地及關外地方陸路通商應照此約所附章程辦理此約所載通商各條及所附陸路通商章程自換約之日起於十年後可以商議酌改如十年限滿前六個月未請商改應仍照行十年俄國人民在中國沿海通商應照各國總例辦理如將來總例有應修改之處由兩國商議酌定○第十六條將來俄國陸路通商興旺如出入中國貨物必須另定稅則較現在稅則更為合宜者應由兩國商定凡進口出口之稅均按值百抽五之例定擬於未定稅則以前應將現照上等茶納稅之各種下等茶出口之稅先行分別酌減至各種茶稅應由中國總理衙門會同俄國駐京大臣自換約後一年內會商酌定○第十七條一千八百六十年即咸豐十年在北京所定條約第十條至今講解各異應將此條聲明其所載追還牲畜之意作為凡有牲畜被人偷盜誘取一經獲犯應將牲畜追還如無原物作價向該犯追償倘該犯無力賠還地方官不能代賠兩國邊界官應各按本國之例將盜取牲畜之犯嚴行究治并設法將自行越界及盜取之牲畜追還其自行越界及被盜之牲畜蹤跡可以示知邊界兵并附近鄉長○第十八條按照一千八百五十八年五月十六日即咸豐八年在愛琿所定條約應准兩國人民在黑龍江松花江烏蘇里河行船并與沿江一帶地方居民貿易現在復為申明至如何照辦之處應由兩國再行商定○第十九條兩國從前所定條約未經此約更改之款應仍舊照行○第二十條此約奉兩國 御筆批准後各將條約通行曉諭各處地方遵照將來換約應在森比德堡自畫押之日起以六個月為期 兩國全權大臣議定此約備漢文俄文法文約本兩分畫押蓋印為憑三國文字校對無訛遇有講論以法文為證

○○光緒七年議定專條 按照中俄兩國全權大臣現在所定條約第六條所載中國將俄兵代收代守伊犁兵費及俄民各案補卹之款共銀盧布九百萬圓歸還俄國自換約之日起二年歸完兩國全權大臣議將此款交納次序辦法商定如左 以上銀盧布九百萬圓合英金磅一百四十三萬一千六百六十四圓零二希令勻作六次除兌至倫敦匯費毋庸由中國付給外按每次中國淨交英金磅二十三萬八千六百一十圓零十三希令八本士付與倫敦城內布拉得別林格銀號收領作為每四個月交納一次第一次自換約後四個月交納末一次在換約後二年期滿交納此專條應與載明現在所定條約無異是以兩國全權大臣畫押蓋印為憑

此稿未完

光緒七年改訂中俄陸路通商章程

◯第一條兩國邊界百里之內准中俄兩國人民任便貿易均不納稅其如何稽察貿易之處任憑兩國各按本國邊界限制辦理◯第二條俄國商民前往蒙古及天山南北兩路貿易者祇能由章程所附清單內指明卡倫過界該商應有本國官所發中俄兩國文字並譯出蒙古文或回文執照漢文照內可用蒙古字或回回字註明商人姓名隨人姓名貨色包件牲畜數目若干此照應於入中國地界時在附近邊界中國卡倫呈驗該處查明後卡倫官蓋用戳記為憑其無執照商民過界者任憑中國官扣留交附近俄國邊界官或領事官從嚴罰辦遇有遺失執照貨主應報明附近領事官以便請領新照一面報明地方官費給憑據准其執此前行其運到蒙古及天山南北路各處之貨有未經銷售者准其運往天津及肅州即嘉峪關或在該關口銷售或運往內地其徵收稅餉發給運貨執照查驗放行等事均照以下章程辦理◯第三條俄商由恰克圖呢布楚運貨前往天津應由張家口東壩通州行走其由俄國邊界運貨過科布多歸化城前往天津者亦由此路行走該商應有俄官所發進貨執照並由中國該管官蓋印照內用中俄兩國文字註明商人姓名貨色包件數目任憑沿途各關口中國官員迅速點數查看驗照蓋戳放行查驗之時如有拆動之件仍由該關口加封并將拆動件數於照內註明以憑查嚴該關查驗不得過一個時辰其照限六個月在天津關繳銷如該商以為限期不足應豫先報明該處官員儻有商人遺失執照應報明原給執照之官憑呈明日期號頭請領新照註明補給字樣一面全就近關口報明查驗相符暫給憑據准其運貨前行如查該商所報貨數不符查該商係有隱匿沿途私賣貨物希圖逃稅情弊應照第八條章程罰辦◯第四條俄商由俄國運來貨物經張家口任聽將貨酌留若干於口銷售限五日內在該關口報明交納進口正稅後由中國官發給買貨准單方准銷售◯第五條俄商由俄國運來貨物自陸路至天津者應納進口稅餉照稅則所載正稅三分減一交納其由俄國運來貨物至肅州即嘉峪關者所有完納稅餉等事應照天津一律辦理◯第六條如在張家口酌留之貨已在該口納稅而貨物有未經銷售者准該商運赴通州或天津銷售不再納稅並將在張家口多交之一分補還俄商即於該口所發執照內註明俄商在張家口酌留之貨已在該口納稅者如欲運入內地應照各國總例再交一子稅即正稅之半該口發給運貨執照應於沿途所過各關卡呈驗如無執照者則逢關納稅遇卡抽釐◯第七條俄商由俄國運來貨物至肅州即嘉峪關欲運入內地者應照章程第九條天津運貨入內地之例一律辦理◯第八條俄商由俄國運來貨物至天津除報明酌留張家口之貨外如查有原貨抽換或數目短少與原照不符即將所報查驗之貨全行入官但沿途實係包箱損壞必應改裝者該商行抵就近關口報明查驗相符即於執照內註明方可免其議罰儻有沿途私售一經查出其貨全行入官如嘗繞越捷徑不按第三條所載之路行走以避沿途關卡查驗一經查出罰令完一正稅如係車腳運夫作弊有違以上章程貨主實不知情該關應體察情形分別罰辦惟辦法係專指俄國陸路通商經過各處而言各海口及各省內地遇有以上情事不得援以為例其罰令入官之貨如商人願將原貨作價交官准其與中國官按照原貨估價交官亦可◯第九條俄商自俄國由陸路運至天津之貨如由海道運往議定通商各口應按照稅則在天津補交原免三分之一稅鈔俟抵他口不再納稅如由天津及他口運入內地應按照稅則交一子稅即正稅之半照各國總例辦理◯第十條俄商在天津販買土貨回國應由第二條所載張家口等處之路行走俄商運貨出口應交出口正稅若在天津販買復進口土貨及在他口販買土貨經津回國如在他口全稅交完有單可憑至此不再重徵該商交稅後在一年限內出口回國將在天津所交復進口半稅仍行給還俄商運貨回國領事官發給兩國文字執照註明商人姓名貨色包件數目若干由該關蓋印該商務須貨照相隨以憑沿途各關口查驗放行其繳銷執照限期並遇有遺失執照等事均照第三條章程辦理該商應照第三條所載之路行走沿途不得銷售如違此章即照第八條所定章程罰辦沿途各關卡查驗貨物應照第三條章程辦理◯第十一條俄至俄商由肅州即嘉峪關販運該處所買土貨及在內地所買土貨運往該處回國者所有完納稅餉等事均照天津一律辦理◯第十一條俄商在通州販買土貨由陸路出口回國應照稅則完納出口正稅其在張家口販買土貨出口回國應在該口納一子稅即正稅之半俄商由內地販買土貨運往通州張家口回國者照各國在內地買土貨總例進再交一子稅由各該關口收稅發給運物執照其在通州買土貨回國者

應在東塢報明收稅發給執照沿途不得銷售應於執照內載明其由以上各處運貨出口發照驗貨等事應照第三條所載章程辦理㊀第十二條俄商在天津通州張家口嘉峪關販運別國洋貨由陸路出口回國如該貨已交正稅子稅有單可憑不再重徵如祇交過正稅未交子稅該商應按照稅則在該關補交子稅㊀第十三條俄商販運貨物進口出口應照各國稅則及同治元年所定俄國續則納稅如各國稅則及續則均未備載再照值百抽五之例納稅㊀第十四條凡進口出口免稅之物如金銀外國各銀錢各種麪粉穀米麪餅熟肉熟菜牛奶酥牛油蜜餞外國衣服金銀首飾攙銀器香水胰鹼炭柴薪外國蠟燭外國烟絲烟葉外國酒家用雜物船用雜物行李紙張筆墨氈毯鐵刀利器外國自用藥料玻璃器皿以上各物由陸路進口出口皆准免稅惟由章程內載各城及各海口運往內地者除金銀外國銀錢行李三項仍毋庸議外其餘各物皆按每值百兩完納稅銀二兩五錢㊀第十五條凡違禁之物如火藥大小彈子砲位大小鳥槍并一切軍器等類及內地食鹽洋藥又均屬違禁不准販運進口出口如違此例即將所運違禁之物全罰入官俄國人民前往中國者每人准帶鳥槍或手槍一桿護身填入執照硝磺白鉛須奉中國官發給准單方准俄商運進口內如華商呈奉准買明文方准銷售中國米銅錢不准販運出口外國米穀及各種糧食皆准販運進口一概免稅㊀第十六條俄商不准包庇華商貨物進往各口㊀第十七條凡有設防偷漏諸法悉憑中國官隨時設法辦理㊀㊀光緒七年卡倫單　中國卡倫一胡柏里志呼二則林圖三毛葛子格四烏梁圖五多羅洛克六霍林納拉蘇七呼拉查八巴楊達爾噶九阿深噶十鳴拏十一烏阿勒噶十二庫達拉十三恰克圖十四哈拉呼志爾十五沿爾格台十六鄂爾托霍十七伊勒克池拉穆十八烏尤勒特十九貝勒特斯二十賽郭鄂拉二十一金吉里克二十二攸斯提特二十三蘇鄂克㊀俄國卡倫一斯他雞粗爵海圖斯基二查罕額羅業甫斯基三克留車甫斯基四庫魯蘇他業甫斯基五查蘇車業甫斯基六杜魯勒古業甫斯基七托克托爾斯基八　九阿深金斯基十們森斯基十一沙拉郭勒斯基十二庫達林斯基十三恰克圖十四博齊斯基十五熱勒都林斯基十六哈拉采斯基十七哈木聶斯基十八克留車甫斯基十九歡金斯基二十額庚斯基二十一二十二二十三㊀二十四查罕鄂博自此卡倫以下兩國同名二十五布爾噶蘇台二十六哈巴爾烏蘇二十七巴克圖二十八喀普他蓋二十九闊克蘇山口三十霍爾果斯三十一別疊里山口三十二帖列克第山口三十三圖魯噶爾特山口三十四蘇約克山口三十五伊爾克什唐　單內所開過界各卡可俟中國邊界官及俄國領事官體察情形報明後由中國總理衙門會同俄國駐京大臣商議酌改將查明可裁之處分別刪減或以便商之處酌量更易亦可

第三頁

憲報照錄　㊀大西洋特命欽差駐紮中國日本暹邏全權大臣佩帶頭等二等異星西洋京都并羅晏打地理會博士總鎮澳門地捫暨所屬地方總督賈為出示曉諭同誌哀悼事照得本大臣驚悉　大清慈安端裕康慶昭和莊敬皇太后升遐為此合飭本澳各炮臺并兵船等於四月初一日所有國家旗幟下至半桅并大炮臺放礮二次每次燒礮二十一響第一次朝早八點鐘第二次下午日入之時以表敬念　皇太后之懿德并伸大西洋國家同誌哀悼之忱合行出示曉諭本澳各官員及軍民人等一體週知特示　辛己年三月二十八日示

行船免碰章程　○所有一千八百七十一年所訂行船免碰章程業經　御筆批發茲將一千八百八十年正月初七日即光緒五年十一月二十六日新議各章開列於左凡海面各處及海船可抵通海江口內河行船者均應遵以下所開章程其照章應用號燈等物各行船者務當安備齊全以便臨時不缺○第一款　一以下章程分火船篷船二項惟火船有單用風篷不用水氣時則作爲篷船若本用水氣此外無論有無風篷均謂火船茲將用燈例開列於左○第二款　一所用之燈均應遵照以下所開式樣不准稍有不合今懸燈時無論天氣晴陰總以日入爲始至日出爲止○第三款　火船行駛時均應掛號燈三隻　一前桅高處懸燈距船梯不下丈八如船梯逾十八尺寬者燈高亦應不減其數所懸之燈務須白光長滿其光可射天邊三十二點之二十點即左右每傍十點以致除船前天邊半圈全亮外其亮往後每傍尚出二點其燈火光雖在全黑無霧之夜至少應看至十五海里之遙　一船左右兩邊應用紅綠光號燈各一隻其光長滿各射船左右一傍天邊十點以致除船前左右各角全亮外往後尚出二點其燈火亮雖在全黑無霧之夜至少應看於六海里之遙　一綠紅兩燈各安欄光板一片每板至少當出燈前三尺以免左右光攙射過船頭○第四款　一火船拖帶別船時除兩傍各放綠紅燈外仍豎排白光號燈二隻徑離不下三尺每燈大小形式懸掛處所均與別火船白光燈相同○第五款　一凡行船無論火篷或放電線或起電線或尋電線以及船有傷損不能駛道者夜時應在白光燈地掛光圓紅燈三隻其燈大約七寸半仍用豎排相去不下三尺然紅燈若掛白光不得兼用至白晝在前桅稍掛黑球三元每球約二尺大其豎排相去不下三尺　一以上所論燈球可爲別船作一號燈知夜燈晝球之船斷難遷移改道　一綠紅兩燈懸落有定船停則落船行則懸○第六款　一篷船無論自行或由火船拖帶所用之燈均與火船按照第三條所用之燈相同惟火船應掛白光燈篷船永不准用○第七款　一凡小篷船遇風恐綠紅燈難以安妥則應將兩燈放於船面左右以備臨時急需如探別船將近即將兩燈早舉以免相碰必令其光遠射清晰妥爲隄防以免左右燈光混射　一此燈除備有欄光板兩片外須將燈蓋各染一色與綠紅燈光相同○第八款　一篷船火船停泊時應懸白光圓燈一盞須在顯明處論其高矮在船身往上不得出十八尺外所用圓燈之徑至少則六寸其光四圍盡射至少看至三海里之遙○第九款　一凡有定處引水篷船如有事時在桅稍懸一白燈使其週圍射光至少每一刻時舉火把一二次其餘火篷船所用燈概不准用　一引水篷船無事時燈與別船相同○第十款　一凡漁船並各項小舟行駛時若願用紅綠燈與別船一樣亦可惟小舟雙燈不便是以專用單燈至單燈左右應有玻璃紅綠各一片如遇別船將近將燈先舉以免相碰令其光遠射清晰妥爲隄防毋使紅綠混射　一凡漁船並各項小舟停泊時應掛白光號燈一隻　一凡拉網漁船捕魚時船桅豎排紅燈兩隻徑離不下三尺　一凡拉網漁船捕魚時船桅豎排號燈二隻上紅下綠徑離不下三尺並別船應用旁燈或旁燈難用須用第七款所論之燈或以上所言紅綠各燈均須預備急需　一凡漁船並各項小舟亦可兼用火把不願用者聽其自便　一以上第十款所論之燈除左右傍燈外皆用圓燈取其週圍遠射○第十一款　一船行走時如遇後船追先則本船船尾懸掛白光號燈一隻或用火把亦可　茲將下霧時各船應用何號開列於左○第十二款　一火船應用水嘯或各項號器均須放在明處以便透音外有風角一隻大鐘一口其篷船所用鐘角各一均與火船同如遇雨雪霧時無論晝夜總用以上號物如左　一火船行走應用水哨及別項號器每二分時吹一長聲　一篷船行走吹角須看風向每二分時風右一吹風左兩吹順風則三吹　一火船篷船停時用鐘一口至少二分時一叩　茲將遇霧緩船之式開列於左○第十三款　一凡行船無論火篷遇

雨雪霧時均須從緩不可過馳　玆將躲避章程開列於左〇第十四欵　凡遇船兩隻彼此臨近似有碰形必須躲避者其法有五　一兩船行走一順風一旁風順者應避　一兩船行走一左風一右風左者應避　一兩船遇順風左右不一左者應避　一兩船順風皆在一面向風者應避　一從後受風者亦應讓路別船〇第十五欵　一兩火船對面行來或項頭或稍偏似有碰形則兩船各將其舵左推右行以便兩船由左互讓　一此欵專爲行船恐碰而言有則必遵此欵無則不在此欵之例　一何爲恐碰如白晝兩船橫或直對或斜偏則恐碰夜間彼船紅綠兩燈此船一面均見則亦恐碰　以上所言項頭斜偏者即此　一何爲不恐碰白晝能見彼船可從我船兩過則不恐碰夜間彼船紅燈直對我船紅燈或彼船綠燈直對我船綠燈則均不恐碰或夜間我船於彼船無論紅綠燈光專見其一則不恐碰即夜間彼船之燈紅綠並現均不在我船前則亦不恐碰此皆不在此欵之例也〇第十六欵　一兩火船橫直駛來似有碰形者彼此應分左右彼在我左則我船讓路我在彼右則彼船躲避〇第十七欵　一遇有一火一篷行近似有碰形火船總應讓路〇第十八欵　一凡火船駛近別船似有碰形則火船要看情勢或緩或停或退總期免碰〇第十九欵　一如火船行走須按以上之欵改道而該船可吹水哨以示別船知悉如何改法如左　一如短吹一聲知我船改道右行　一如短吹兩聲知我船改道左行　一短吹三聲知我船用力後退　以上各號隨我船用惟如用此號必眞按號以行〇第二十欵　一無論以上各欵與篷火各船凡有一船先行一船在後而後可逾先者後船總宜讓路〇第二十一欵　一凡火船行走如遇窄路若無危險則均應儻右而行〇第二十二欵　一如照以上各欵凡一船讓路別船仍遵舊道不得互相遷移〇第二十三欵　一各船除遵以上各欵外仍應善求其技化險爲平且如遭險異應有機變不可泥守定章總以避險爲要〇第二十四欵　一各船除應遵躲避專章外仍應謹遵號燈之例如有疏忽無心或不施展船技或遇險不前各情以致該船有失則船東船主並船上水手人等均有應得之咎不可以未遵專章爲辭脫身事外〇第二十五欵　一凡以上各欵均與各地方專爲船行口岸江河內河之定章無碍〇第二十六欵　一以上各欵均與德國內屬邦專爲兩三兵船及有彈壓商船所定續掛號燈專章無碍

核準儀文　〇中外往來儀式上年曾經英國威大臣與各國駐京大臣會銜商請總理衙門核議通行今將議准各條逐一列敘亦交涉中外者所應知者　一各國領事遇有事件必須面見各省督撫大吏者無論內地及各口自應隨時准見並接見禮儀總各官品級不同然究係客官不得以屬員視之宜行以賓主之禮一節查外省自督撫至道台品級雖有不同刻下會晤儀節無不以客禮相待將來遇有事件亦當隨時接見一律以賓主之禮相待　一各國領事官與中國外省官憲遇有公涉事件需用公文往來其行文格式不得如上司於屬員下僚陳上憲無論品級孰大孰小概用文移二字則不致有相屬之意一節查各國條約不同內有載領事官署領事官與道台同品副領事官署副領事及繙譯官與知府同品會晤文移均用平禮等語此係專指品級相當者而言若督撫與領事等官素便概用文移二字但[illegible]界無大礙自應設法通融現擬遇有尋常公務領事即可照舊照會道台由道台轉申督撫督撫即可照舊札行道台由道台照會領事亦可彼此徑行文件若事關緊要彼此無論品級大小槪用照會往來　一擬外省官員與各國領事官文件內書貴領事字樣各處公文內有提及領事官者則書其姓曰某領事字樣一節又中國外省官憲行屬員文內向用硃筆圈點近於示式與外國官員文件似可不用一節查此係[illegible]中國體制均可照行云

事所出告示刊登如左以見大略　大清駐紮日國古巴總領事府戶部主政加三級劉爲曉諭事照得本島官工所拘禁華人名案曾經本總領事先後行文古巴總督請其按照條約辦理在案茲於本月十六日接准古巴總督照覆開列議定各欵幷請本署頒發華文告示通諭合島華人知悉等因前來本總領事准此爲此譯錄督署來文示諭合島華人知悉即便一體遵照爾等如有未領行街紙者限於本年八月十一日即外國九月十五號以前當即到署請領以免違例受罰各宜凜遵毋違特示今將督署來文譯錄如左　古巴總督爲照覆事本署接准貴總領事三月二十號幷八月十號來文請將各處官工所拘禁之華人按照條約第十四欵一律釋放等因業經本總督與本司及議政局員妥爲定議現已悉照貴總領事所議辦理謹此照覆幷請貴總領事頒發華文告示通諭合島華人知悉茲將議定各款開列於後第一欵凡華人有合約未滿者如工主責工人守約止可向律例衙門呈控着其遵守如合約內有於華人裨益者華人亦可一體呈控着工主遵守至華人在公堂上無論罪案或錢債案其所得權利以及控訴之法均與相待最優友睦之國人民一樣第二欵凡合約未滿之華人不得藉有上欵優待之條便不遵守合約如合約內工期未滿須要將工做滿或有不守合約者其所應得之責罰亦不得與其人自主之處相背因華人現係自主之人應與相待最優之各國人一例相待第三欵凡各處官工所現在拘禁之華人除係犯罪應候審結者或已定案者未能即放其餘或因逃走或因聽候幫工或因來歷不明之類無論因何事故拘留者限此次出示後十日之內盡行一律釋放幷給與行街帋惟行街帋上要註明由官工所放出字樣第四欵從前差役拘拿未有行街帋之華人及逃走之華人所有往日一切辦法着即行刪除嗣後不許照舊例辦理因無行街帋者不得與罪犯同論惟中日條約載明凡島內華人無論工期已滿工期未滿者均應給與行街帋今限至九月十五號止如有華人未領行街帋者即按例罰銀如無銀交則按例坐監抵罰第五欵嗣後有華人犯罪須要經明律例衙門審訊與別國人民無異其應得衙門各項寬待之處亦與相待最優友睦之國人民一體均沾一千八百八十年八月二十一號覆照光緒六年七月十八日告示　錄循環日報

號

秘智和約　○秘智相爭一事屢列前報茲閱外國新聞紙知秘魯喪敗之後刻已與智利議和其和約九欵譯錄如左　第一欵　議令秘魯割交三處地方一處名安多法界斯荅一處名大賴百蓋一處名荅克乃　第二欵　智利兵餉及一切零雜費用均須秘魯賠償兵丁賞犒與智國所購造之船隻等類其費用亦須秘國賠還　第三欵　從前智利人之寓居秘魯爲秘人所逐出者其所失銀錢物產均須秘國賠還　第四欵　秘魯自此以後五十年之內不准造築砲臺四十年之內不准製造兵船　第五欵　智利國如有貨物運往秘魯須與他國一樣保護秘貨之運智者智國亦一律照看　第六欵　秘魯所有之古燮奴須歸智利經管其使費由智利支給所獲之利作三股分開一股歸秘魯一股歸智利倘有一股則秘魯從前所欠各債自一千八百七十九年以內者曾由此股餘利內算還俟還清各債之後再將此股餘利兩分秘智各得一半然秘魯應得之一半亦須俟第二第三欵秘魯所應付之銀全數付淸再行算交　第七欵　智利留兵一萬在秘魯境內其屯紮之地任智利擇便而處智利船隻之來秘地者亦聽其所往不得阻止其駐紮秘魯之兵糧費用均由秘魯支給俟第二第三欵銀子償清始行撤還　第八欵　玻利非亞本與秘魯接壤此次秘魯應給智利之銀智利但向秘魯索取不涉玻利非亞之事　第九欵　此次所定條約如有疑惑之處可請居間人代爲剖斷以上智和約所載譯之以供衆覽按第六款所云之古燮奴係儲鳥雀之糞賣以供肥田之用者聞每墩值銀十三磅云

德國續修條約○大清國 大皇帝 大德國 大皇帝兼 布國 大君主今欲將咸豐十一年七月二十八日所定通商和約章程益臻格守因案查前定條約第四十一款內載日後德國若於現議章程條款內有欲行變通之處應俟自章程互換之日起至滿十年為止方可再行酌議等語茲彼此循照前約量加修增是以大清國 大皇帝特派總理各國事務協辦大學士兵部尚書沈總理各國事務戶部尚書景 大德國 大皇帝兼 布國 大君主特派欽差駐劄中華便宜行事大臣巴各將所奉全權大臣便宜行事之上諭互相校閱俱屬妥當現將會議修增各款開列於後○第一款一中國允除什湖北宜昌安徽蕪湖浙江溫州廣東北海前已添開通商口岸並沿江安徽之大通安慶江西之湖口湖廣之武穴陸溪口沙市等處前已作為上下客貨之處外現又允江蘇吳淞口一處德國船隻暫准停泊上下客商貨物一切由江海關道等自行妥議章程辦理 一德國允中國如有與他國之益彼此立有如何施行專章德國既欲援他國之益使其人民同霑亦允於所議專章一體遵守其咸豐十一年七月二十八日所立條約內第四十款特為言明仍遵其舊嗣後中國所有施於他國及他國人民各益德國人民如欲照第四十款之意一體均霑則亦應於彼此訂明專章一律遵守○第二款一中國允德國船隻已在中國完納船鈔者如往中國通商各口或在各國口岸在四個月限內均不重征再德國夾板在中國口岸停泊十四日以外者則自第十五日起即其應交正數船鈔減半 一德國允凡德國各處准各國領事官駐紮者中國亦可派員駐紮按照待各國官員最優之禮相待○第三款一中國允凡中國通商各口由該監督等酌量情形如係眾洋商情願無礙地方者該監督等妥議章程自行設立關棧 一德國允德國船隻進中國通商各口其貨物清單須將貨色件數開明內有舛錯處准於十二時限內改正禮拜節期不計倘有漏報捏報之事除將該貨物充公外仍應罰該船主惟所罰之數不得過五百兩○第四款一中國允凡德國商人裝運中國土煤出通商各口者應完出口正稅銀兩定為每噸三錢所允如有某口前定不及三錢者將來仍照不及三錢之數征收 一德國允凡無照冒充各項船隻引水者即應議罰惟所罰之數每次不得過一百兩所允妥速會定約束水手章程○第五款一中國允凡德國船隻或在通商各口內口外受損應行修理者准由該口海關查明日期扣算該船應完之鈔項 一德國允中國商民自備各項船隻不准張掛德國旗號○第六款一中國允凡德國損壞船隻有在中國通商各口內拆賣該船各料者准其不另征進口稅銀惟起岸時仍須照各貨一律赴關請領起貨准單為憑一德國允德國人等如有未領領事所發中國地方官蓋印執照赴中國內地游歷者准該地方官將其人解交附近領事官管束外仍應議罰惟一所罰之數不得過三百兩○第七款一中國允凡德商船廠應用雜物准其免稅由總稅務司將應行免稅進口各物名目頒發清冊曉諭 一德國允凡德國人等運洋貨入內地及入內地游歷所領單照自發給之日起均以十三個月為限均照中國月日計算○第八款一中外官員審辦交涉案件以及商人運洋貨入內地及洋商入內地買土貨如何科征又中外官員如何往來一切事宜此三節應歸另議今兩國暫先訂明彼此均允妥商○第九款一咸豐十一年七月二十八日兩國前定條約除現修條款未改舊章者均經特為言明仍舊恪遵外其有涉及舊章者均照現修各款辦理○第十款一現修增各款恭候兩國 御筆批准仍自畫押之日起限一年內在 大清京師互換並經言明所有各款自互換之日起即行遵辦現兩國 欽差大臣將漢文德文條約章程各四分校對無訛先為親筆畫押蓋用關防圖記以昭信守

光緒七年七月二十八日奉 旨依議欽此

此稿★完

續修條約善後章程○現將續修條約再行酌定章程俾得申明以昭周備所有後開各章程兩國官民應與條約一同遵守為此兩國大臣蓋印畫押以昭信實○第一款一江蘇吳淞口一處請准通融辦法如自德國船隻欲在該處載卸客商貨物或由他處運來上海或由上海運往他處均聽其便由江海關道等自行設法嚴定偷漏稅課及防各項弊端章程中外商民一體遵守仍不准德國商民在該處起造馬頭設立行棧○第二款一中國通商口岸如可設立關棧先由上海試辦即由該監督會同稅務司酌量情形妥議章程由該監督等自行設立○第三款一凡德國船隻有應領海關准單方准起卸之貨物而清單未開明者無論船主有無畫押收據在先均為偷漏論○第四款一德國船隻或在中國通商各口內口外受損應行修理者其修理日期扣算在免鈔期內准中國官前往查明辦理如查係飾詞偷漏者即照該船圖免墩鈔之數加倍議罰○第五款一中國人等自備各項船隻准張掛德國旗號如有可疑之跡中國該管官知照德國領事官查明實係不應掛德國旗號之船當將該船及船上華商之貨即行解交中國地方官辦理倘有德國人等知情通同舞弊者即將船內所有該德國人貨物全行入官仍將其人按例懲辦德國船隻如張掛中國旗號即將其事由中國地方官查明如實係不應張挂中國旗號之船當將其船並船上德商貨物即行解交德國領事官辦理並將舞弊之人交領事官照例懲辦倘查明自德國員主人等知情通同舞弊者即將其人船上貨物並中國全行入官其船上華人貨物亦由中國地方官即行入官○第六款一凡德國損壞船隻在中國通商各口內拆賣該船各料者如有將船內裝運各項貨物影射偷漏者除將漏報貨物入官外仍照應完進口稅銀加倍議罰○第七款一德國人等運洋貨入內地或入內地游歷所領單照均係自發給之日起以十三個月為限均照中國月日計算逾限作為廢紙仍呈本關繳銷如游歷道路太遠不能一年為限者發照時即將此節照內由地方官會商領事官批明倘未繳銷而補繳之前不准再行請領倘或遺失單照無論限內限外即向就近中國官員據實報明由該官設法查辦以杜假冒如查係捏報運貨者貨物入官游歷者解交附近領事官懲辦○第八款一德商船廠應用雜物實係修理船隻者方准免稅進通商口岸一面由關派員進廠將其如何使用各物之處眼同閱看如係修造輪船其進出口稅則內所載之貨照稅則辦理其未載明之物均照值百抽五例徵稅令該商赴關補納至開船廠者必先赴關領照此照並無關費並具保結結內所註明各節悉由該關妥議酌辦○第九款一所有續修條約內各罰款仍照咸豐十一年七月二十八日所定條約第二十九款辦理　光緒七年七月二十八日奉

旨依議欽此

中德照會○大清欽命總理各國事務和碩恭親王軍機大臣大學士管理吏部事務寶軍機大臣協辦大學士兵部尚書沈軍機大臣署吏部尚書李軍機大臣戶部尚書景戶部尚書董吏部左侍郎麟軍機大臣戶部左侍郎王署刑部左侍郎內閣學士兼禮部侍郎崇二品頂戴宗人府府丞夏為照會事查此次修約第二款內稱德國夾板在中國口岸停泊十四日以外者則自第十五日起即於應交正數船鈔減半等語此節現經兩國大臣訂明先行試辦如有窒礙難行之處可由兩國從新另議特此聲明須至照會者光緒六年二月二十一日○大德欽差入華便宜行事大臣巴為照復事頃接來文內開此次修約第二款內稱德國夾板在中國口岸停泊十四日以外者則自第十五日起即於應交正數船鈔減半等語此節現經兩國大臣訂明先行試辦如有窒礙難行之處可由兩國從新另議等語披閱之餘本大臣均無異議嗣後彼此即應遵照施行特此備文聲明可也須至照會者大清光緒六年二月二十一日大德一千八百八十年三月三十一日○展限畫單

大清國總理各國事務衙門大臣沈麟景王崇　大德國欽差入華便宜行事大臣巴為公立文憑事案照兩國特派　欽差大臣於光緒六年二月二十一日一千八百八十年三月三十一日續修條約末後第十款內所載自畫押之日起限一年內互換一條現議將期限改在光緒七年十月初十日一千八百八十一年十二月初一日互換除此款其餘以上議定各款概不更改現經兩國　欽差大臣將漢德文約章各二分校對無訛先為親筆畫押蓋用關防圖記以昭信守須至文憑者大清光緒六年七月十六日大德一千八百八十年八月二十一日

擬設洋藥公司奏稿　⊙現接京都友人來函稱□□傳相以朝廷欲加各省洋烟釐稅深慮釐稅既重則偷漏愈多[illegible]其弊適有顯宦入都道出津門先後爲香港富商代呈節略擬在香港設立公司包抽包繳李伯相詳閱之下深韙其議即據實轉奏俟朝廷察奪施行云茲將奏稿錄登以供衆覽

李鴻章片再近有粵商等擬於香港設立洋藥公司據粵商先後託代呈節略大致謂該商等擬集銀二千萬圓以作公司資本先與印度妥訂章程合同每年限定運赴香港洋藥若干箱每箱價值若干統歸公司承買繳價再由該公司發售中國各口不准印度洋藥徑運他處售與他人如於定數外尚可多銷再由公司寄信印度添運該公司於賣出後每箱統交中國稅釐銀一百餘兩四月間適有英官沙苗奉派前來中國查考各口每年售銷洋藥數目該商等與之相見議論創設公司之事沙苗允爲留意謂若中國與印度肯照承辦再行函知各等語該商等遂囑入都人轉言於臣其素悉洋情深明大局者亦將此議函達前來臣維印度洋藥之來中國必須先到香港而私銷卽在該處爲多按總稅務司開呈總册每年私銷者約有二萬數千箱以現議每箱稅釐一百五十兩計之每年偷漏銀已三百數十萬兩將來南北各口驟加捐數難保各省奸商不徑赴香港私運至沿海無關卡之處洒賣私銷則成本愈輕獲利愈厚所謂爲淵敺魚爲叢敺雀患生於所備之外卽法令有時而窮誠能於香港設立公司專歸公正殷富華商經辦仍聽官主持一切務使全綱在握毫無偷漏不但歲餉頓增數百萬而各口岸內地之局卡及各路之巡船均可裁撤節省糜費尤屬不少聞各商多係殷富久在粵省香港一帶貿易熟悉洋商情其他富民聞有此舉亦願出資附股蓋買賣洋藥統歸公司咸知有利無害是以集本不難其應交釐稅則明立保結嚴定章程特派大員前往監收按照各省關稅釐收數分別批解其有盈餘提撥部庫亦尚無虞虧缺惟香港爲英國屬地有該國總督駐紮必須該商等先與該總督及印度總督熟商俾英廷君臣均無扞格如能允其照辦給予憑約勿任洋商爭奪阻撓偷運私售此議乃可有成事既關乎大局權亦自我獨操英員沙苗前曾過津謁晤旋卽回國未知該國及印度部主意見究竟若何臣於代呈節略人回粵已囑其傳諭該商等自行與英官設法疏通俟有定議切實稟知再咨商總理衙門暨兩廣總督臣核酌妥辦茲因議加各省洋藥稅釐誠恐偷漏愈多終致有名無實不得不就該官紳之論聊備一說其成否尚未敢豫定除先咨總理衙門主持商辦外合將大概情形附片瀝陳伏乞　聖鑒訓示謹奏　選錄香港循環日報

軍機大臣　密寄
前大學士直隸總督一等肅毅伯李　大學士兩江總督二
等恪靖侯左　署直隸總督兩廣總督張　雲貴總督劉
署兩廣總督廣東巡撫裕　廣西巡撫倪　雲南巡撫杜
光緒八年三月二十五日奉
上諭總理各國事務衙門奏法越兵端已起亟宜通籌邊備以弭
後患一摺據稱張樹聲函報二月十四日五等〔〕有法國兵船
由西貢駛至海防進口聲稱攻取東京等語越南孱弱已甚如
果法人意在并吞該國萬難自全論藩屬之義中國即應派兵

救援而在我既鞭長莫及在彼又弱不能支揆度情形勢難籌
議及此惟越南北圻各省多與滇粵毗連若法人盡占北圻則
藩籬全撤後患將無窮期強弱安危關繫綦重何可坐失事機
致成不可收拾之局惟事體重大應如何謀定後動務求萬全
之處著李鴻章左宗棠張樹聲劉長佑裕寬倪文蔚杜瑞聯就
現在情形參以該衙門所奏再行通盤籌畫悉心妥議迅速覆
奏候旨施行法國意在由富良江通商雲南保勝一帶實為扼
要之地防務尤緊要著劉長佑杜瑞聯懍遵疊次諭旨嚴密防
維相機因應以杜窺伺而固邊疆廣西防營現紮關外諒山等

反本為剿除積匪而設但能保復越南境地即所以屏蔽吾圉
並著倪文蔚體察情形妥籌辦理原摺均著抄給閱看將此由
五百里各密諭知之欽此遵
旨寄信前來

總理各國事務衙門行走和碩恭親王臣奕訢等跪
奏為法越兵端已起亟宜通籌邊備以弭後患恭摺仰祈
聖鑒事竊臣衙門前因法國注意越南為通商雲南之計當經奏
請
飭下南北洋大臣及兩廣雲貴各督撫豫為籌備嗣據李鴻章劉
坤一張樹聲劉長佑先後覆陳業將滇粵邊防次第布置茲
據張樹聲函報二月十四五等日突有法國兵船由西貢駛
至海防進口聲稱攻取東京東京者越南之舊都而富良江
之下游為通道雲南所必爭之地也連日復接曾紀澤電報

書已爲法國外部詰問起衅緣由彼則諉爲不知但言越人違約不免有事斷不干礙中國等語臣等查越南積弱已甚自爲法人佔踞六省迫立和約以後事事爲所挾制幾於國非其國如果法人意在併吞越南萬無全理論藩屬之義中國即應派兵救援玉帛干戈隨機因應而在我既力有未逮在彼又弱不能扶持度情形勢難籌議及此惟越南舊分南北兩圻南圻已矣北圻各省多與我滇越毗連若待法人盡占北圻而始爲閉關自守之計則藩籬全撤後患將無有窮期且環伺而起者不止一法國相逼而處者不止一越南此

不特邊疆之患抑亦大局之憂也臣等通籌熟計此次法越
構禍與近年日球已事其迹相似而其實不同琉球孤懸海
外得失舉不足重輕越南近蔽南陲存亡實相為禍福自各
國通商以來臣衙門辦理交涉事件垂二十餘年每念時勢
艱難從不敢稍涉孟浪今日之事實為安危强弱所關亦何
可坐失事機致成不可收拾之局惟事體重大應如何謀定
後動務策萬全之處相應請
旨飭下南北洋通商大臣及兩廣雲貴各督撫就現在情形參以
臣等所見再行通盤籌畫迅速覆奏候

旨施行所有目等通籌邊備緣由是否有當伏乞

皇太后

皇上聖鑒訓示謹

奏

柔遠新書四卷

〔清〕朱克敬撰

《柔遠新書》四卷，清朱克敬撰。克敬（一七九二—一八八七）字香蓀，號暝庵，甘肅皋蘭（今蘭州）人。咸豐間爲龍山縣典史。是書輯録漢代迄清同治、光緒間有關中外交涉之疏議、公牘、論説，起漢文帝《與匈奴和親詔》，訖裴蔭森《勸士芻言》，凡五十篇，古今兼蓄，尋繹洋務之淵源與根據。據天津圖書館藏清光緒七年（一八八一）刻本影印。

柔遠新書

光緒辛巳中冬栞于長沙

柔遠新書卷第一

景東劉韞齋先生鑒定　皋蘭朱克敬暝庵著
長沙左宧錫九參

論語

子張問行子曰言忠信行篤敬雖蠻貊之邦行矣言不忠信行不篤敬雖州里行乎哉

某也聞有國有家者不患寡而患不均不患貧而患不安蓋均無貧和無寡安無傾夫如是故遠人不服則修文德以來之既來之則安之

大學

所惡于上毋以使下所惡于下無以事上所惡于前毋以先後所惡于後毋以從前所惡于右毋以交于左所惡于左毋以交于右此之謂絜矩之道

中庸

柔遠人則四方歸之懷諸侯則天下畏之

是以聲名洋溢乎中國施及蠻貊舟車所至人力所通天之所覆地之所載日月所照霜露所隊凡有血氣者莫不尊親

孟子

齊宣王問曰交鄰國有道乎孟子對曰有惟仁者爲能以大事小是故湯事葛文王事昆夷惟智者爲能以小事大故太王事獯鬻勾踐事吳以大事小者樂天者也以小事大者畏天者也樂天者保天下畏天者保其國詩云畏天之威于時保之

滕文公問曰滕小國也竭力以事大國則不得免焉如之何則可孟子對曰昔者太王居邠狄人侵之事之以皮幣則不得免焉事之以犬馬則不得免焉事之以珠玉則不

得免焉乃屬其耆老而告之曰狄人之所欲者吾土地也吾聞之也君子不以其所以養人者害人二三子何患乎無君我將去之去邠踰梁山邑于岐山之下居焉邠人曰仁人也不可失也從之者如歸市

孟子曰天下有道小德役大德小賢役大賢天下無道小役大弱役强斯二者天也順天者存逆天者亡齊景公曰既不能令又不受命是絶物也涕出而女于吳今也小國師大國而恥受命焉是猶弟子而恥受命于先師也如恥之莫若師文王師文王大國五年小國七年必爲政于天下矣

孟子曰求也爲季氏宰無能改于其德而賦粟倍他日孔子曰求非我徒也小子鳴鼓而攻之可也由此觀之君不行仁政而富之皆棄于孔子者也況于爲之强戰爭地以戰殺人盈野爭城以戰殺人盈城此所謂率土地而食人肉罪不容于死故善戰者服上刑連諸侯者次之辟草萊任土地者次之

孟子曰不教民而用之謂之殃民殃民者不容于堯舜之世

孟子曰今之事君者曰我能爲君辟土地充府庫今之所謂良臣古之所謂民賊也君不鄉道不志于仁而求富之是富桀也我能爲君約與國戰必克今之所謂良臣古之所謂民賊也君不鄉道不志于仁而求爲之强戰是輔桀也由今之道無變今之俗雖與之天下不能一朝居也

孟子曰有人曰我善爲陳我善爲戰大罪也國君好仁天下無敵焉

易

九三高宗伐鬼方三年克之小人勿用象曰三年克之憊

也

書

柔遠能邇惇德允元而難任人蠻夷率服

罔違道以干百姓之譽罔咈百姓以從己之欲無怠無荒四夷來王

益贊于禹曰惟德動天無遠弗屆滿招損謙受益時乃天道帝初于歷山往于田日號泣于旻天于父母負罪引慝祗載見瞽瞍夔夔齋慄瞽亦允若至諴感神矧茲有苗禹拜昌言曰俞班師振旅帝乃誕敷文德舞干羽于兩階七

旬有苗格

能哲而惠何憂乎驩兜何遷乎有苗

明王愼德四夷咸賓無有遠邇畢獻方物

其克詰爾戎兵以陟禹之迹方行天下至于海表罔有不服

道洽政治澤潤生民四夷左衽罔不咸賴

詩

薄伐玁狁至于太原

肆不殄厥愠亦不隕厥問柞棫拔矣行道兌矣混夷駾矣維其喙矣

柔遠能邇以定我王

四海來格來格祁祁

莫敢不來享莫敢不來王

禮

大道之行也天下爲公選賢與能講信修睦故人不獨親其親不獨子其子使老有所終壯有所用幼有所長矜寡孤獨廢疾者皆有所養男有分女有歸貨惡其棄于地也不必藏于己力惡其不出于身也不必爲己是故謀閉而

不興盜竊亂賊而不作故外戶而不閉是謂大同

春秋　襄公四年

無終子嘉父使孟樂如晉因魏莊子納虎豹之皮以請和諸戎晉侯曰戎狄無親而貪不如伐之魏絳曰諸侯新服陳新來和將觀于我我德則睦否則攜貳勞師于戎而楚伐陳必弗能救是棄陳也諸華必叛戎禽獸也獲戎失華無乃不可乎公曰然則莫如和戎乎對曰和戎有五利焉戎狄薦居貴貨易土土可賈焉一也邊鄙不聳民狎其野穡人成功二也戎狄事晉四鄰振動諸侯懷威三也以德

綏戎師徒不勤甲兵不頓四也鑒于后羿而用德度遠至邇安五也君其圖之

周語

穆王將征犬戎祭公謀父諫曰不可先王耀德不觀兵夫兵戢而時動動則威觀則玩玩則無震是故周文公之頌曰載戢干戈載櫜弓矢我求懿德肆于時夏允王保之先王之于民也茂正其德而厚其性阜其財求而利其器用明利害之鄉以文修之使務利而避害懷德而畏威故能保世以滋大昔我先世后稷以服事虞夏及夏之衰也棄稷弗務我先王不窋用失其官而自竄于戎翟之閒不敢怠業時序其德纂修其緒修其訓典朝夕恪勤守以惇篤奉以忠信奕世載德不忝前人至于武王昭前之光明而加之以慈和事神保民莫不欣喜商王帝辛大惡于民庶民弗忍欣戴武王以致戎于商牧是先王非務武也勤恤民隱而除其害也夫先王之制邦內甸服邦外侯服侯衛賓服蠻夷要服戎翟荒服甸服者祭侯服者祀賓服者享要服者貢荒服者王日祭月祀時享歲貢終王先王之訓也有不祭則修意有不祀則修言有不享則修文有不貢

則修名有不王則修德序成而有不至則修刑于是乎有刑不祭伐不祀征不享讓不貢告不王于是乎有刑罰之辟有攻伐之兵有征討之備有威讓之令有文告之辭布令陳辭而又不至則又增修于德無勤民于遠是以近無不聽遠無不服今自大畢伯仕之終也犬戎氏以其職來王天子曰予必以不享征之且觀之兵其無乃廢先王之訓而王幾頓乎吾聞夫犬戎樹惇能帥舊德而守終純固其有以禦我矣

與匈奴和親詔　漢文帝

朕既不明不能遠德使方外之國或不寧息夫四荒之外不安其生封圻之內勤勞不處二者之咎皆自于朕之德薄而不能達遠也閒者累年匈奴並暴邊境多殺吏民邊臣兵吏又不能諭其內志以重吾不德夫久結難連兵中外之國將何以自寧今朕夙興夜寐勤勞天下憂苦萬民爲之惻怛不安未嘗一日忘于心故遣使者冠蓋相望結轍于道以諭朕志于單于今單于反古之道計社稷之安便萬民之利新與朕俱棄細過偕之大道結兄弟之義以

全天下元元之民和親以定始于今年

賜南粵王佗書　漢文帝

皇帝謹問南粵王甚苦心勞意朕高皇帝側室之子棄外奉北藩于代道里遼遠壅蔽樸愚未嘗致書高皇帝棄羣臣孝惠皇帝卽世高后自臨事不幸有疾日進不衰以故誖暴乎治諸呂爲變故亂法不能獨制迺取它姓子爲孝惠皇帝嗣賴宗廟之靈功臣之力誅之已畢朕以王矦吏不釋之故不得不立今卽位乃者聞王遺將軍隆慮矦書求親昆弟請罷長沙兩將軍朕以王書罷將軍博陽矦親昆弟在眞定者已遣人存問修治先人冢前日聞王發兵

于邊爲寇災不止當其時長沙苦之南郡尤甚雖王之國庸獨利乎必多殺士卒傷良將吏寡人之妻孤人之子獨人父母得一亡十朕不忍爲也朕欲定地犬牙相入者以問吏吏曰高皇帝所以介長沙土也朕不得擅變焉吏曰得王之地不足以爲大得王之財不足以爲富服領以南王自治之雖然王之號爲帝兩帝並立亡一乘之使以通其道是爭也爭而不讓仁者不爲也願與王分棄前患終今以來通使如故故使賈馳諭告王朕意王亦受之毋爲寇災矣上褚五十衣中褚三十衣下褚二十衣遺王願王

聽樂娛憂存問鄰國

遺匈奴書

漢文帝

皇帝敬問匈奴大單于無恙使當戶且渠雕渠難郎中韓遼遺朕馬二匹已至敬受先帝制長城以北引弓之國受令單于長城以內冠帶之室朕亦制之使萬民耕織射獵衣食父子毋離臣主相安俱無暴虐今聞渫惡民貪降其趨背義絕約忘萬民之命離兩主之歡然其事已在前矣書云二國已和親兩主驩說寢兵休卒養馬世世昌樂翕然更始朕甚嘉之聖者日新改作更始使老者得息幼者得長各保其首領而終其天年朕與單于俱由此道順天

恤民世世相傳施之無窮天下莫不咸嘉使漢與匈奴鄰敵之國匈奴處北地寒殺氣早降故詔吏遺單于秫糵金帛絲絮它物歲有數今天下大安萬民熙熙獨朕與單于爲之父母朕追念前事薄物細故謀臣計失皆不足以離昆弟之驩朕聞天不頗覆地不偏載朕與單于皆捐細故俱蹈大道墮壞前惡以圖長久使兩國之民若一家子元元萬民下及魚鼈上及飛鳥跂行喙息蠕動之類莫不就安利避危殆故來者不止天之道也俱去前事朕釋逃虜民單于毋言章尼等朕聞古之帝王約分明而不食言單

于留志天下大安和親之後漢過不先單于其察之

諫誅閩越書

淮南王安

陛下臨天下布德施惠緩刑罰薄賦斂哀鰥寡恤孤獨養耆老振匱乏盛德上隆和澤下洽近者親附遠者懷德天下攝然人安其生自以沒身不見兵革今聞有司舉兵將以誅越臣安竊為陛下重之越方外之地劗髮文身之民也不可以冠帶之國法度理也自三代之盛胡越不與受正朔非彊弗能服威弗能制也以為不居之地不牧之民不足以煩中國也故古者封內甸服封外侯服侯衛賓服蠻夷要服戎狄荒服遠近埶異也自漢初定以來七十二

年吳越人相攻擊者不可勝數然天子未嘗舉兵而入其地也臣聞越非有城郭邑里也處谿谷之間篁竹之中習于水鬭便于用舟地深昧而多水險中國之人不知其埶阻而入其地雖百不當其一得其地不可郡縣也攻之不可暴取也以地圖察其山川要塞相去不過寸數而閒獨數百千里阻險林叢弗能盡著視之若易行之甚難天下賴宗廟之靈方內大寧戴白之老不見兵革民得夫婦相守父子相保陛下之德也越人名為藩臣貢酎之奉不輸大內一卒之用不給上事自相攻擊而陛下發兵救之是

反以中國而勞蠻夷也且越人愚戇輕薄負約反覆其不用天子之法度非一日之積也壹不奉詔舉兵誅之臣恐後兵革無時得息也閒者數年歲比不登民待賣爵贅子以接衣食賴陛下德澤振救之得毋轉死溝壑四年不登五年復蝗民生未復今發兵行數千里資衣糧入越地輿轎而隃領拕舟而入水行數百千里夾以深林叢竹水道上下擊石林中多蝮蛇猛獸夏月暑時歐泄霍亂之病相隨屬也曾未施兵接刃死傷者必衆矣前時南海王反陛下先臣使將軍閒忌將兵擊之以其軍降處之上淦後復

反會天暑多雨樓船卒水居擊櫂未戰而疾死者過半親老涕泣孤子謕號破家散業迎尸千里之外裹骸骨而歸悲哀之氣數年不息長老至今以爲記曾未入其地而禍已至此矣臣聞軍旅之後必有凶年言民之各以其愁苦之氣薄陰陽之和感天地之精而災氣爲之生也陛下德配天地明象日月恩至禽獸澤及草木一人有飢寒不終其天年而死者爲之悽愴于心今方內無狗吠之警而使陛下甲卒死亡暴露中原霑漬山谷邊境之民爲之早閉晏開鼂不及夕臣安竊爲陛下重之不習南方地形者多

以越爲人衆兵彊能難邊城淮南全國之時多爲邊吏臣竊聞之與中國異限以高山人迹所絶車道不通天地所以隔外內也其入中國必下領水領水之山峭峻漂石破舟不可以大船載食糧下也越人欲爲變必先田餘干界中積食糧迺入伐材治船邊城守候誠謹越人有入伐材者輒收捕焚其積聚雖百越奈邊城何且越人緜力薄材不能陸戰又無車騎弓弩之用然而不可入者以保地險而中國之人不能其水土也臣聞越甲卒不下數千萬所以入之五倍迺足輓車奉饟者不在其中南方暑溼近夏

癉熱暴露水居蝮蛇蠚生疾癘多作兵未血刃而病死者什二三雖舉越國而虜之不足以償所亡臣聞道路言閩越王第甲弒而殺之甲以誅死其民未有所屬陛下若欲來內處之中國使重臣臨存施德垂賞以招致之此必攜幼扶老以歸聖德若陛下無所用之則繼其絶世存其亡國建其王侯以爲畜越此必委質爲藩臣世共貢職陛下以方寸之印丈二之組塡撫方外不勞一卒不頓一戟而威德竝行今以兵入其地此必震恐以有司爲欲屠滅之也必雉兔逃入山林險阻背而去之則復相羣聚留而守

之歷歲經年則士卒罷勌食糧乏絕男子不得耕稼樹種婦人不得紡績織紝丁壯從軍老弱轉餉居者無食行者無糧民苦兵事亾逃者必眾隨而誅之不可勝盡盜賊必起臣聞長老言秦之時嘗使尉屠睢擊越又使監祿鑿渠通道越人逃入深山林叢不可得攻留軍屯守空地曠日持久士卒勞倦越乃出擊之秦兵大敗迺發適戍以備之當此之時外內騷動百姓靡敝行者不還往者莫返皆不聊生亾逃相從羣為盜賊于是山東之難始興此老子所謂師之所處荆棘生之者也兵者凶事一方有急四面皆

從臣恐變故之生姦邪之作由此始也周易曰高宗伐鬼方三年而克之鬼方小蠻夷高宗殷之盛天子也以盛天子伐小蠻夷三年而後克言用心之不可不重也臣聞天子之兵有征而無戰言莫敢校也如使越人蒙死徼幸以逆執事之顏行厮輿之卒有一不備而歸者雖得越王之首臣猶竊為大漢羞之陛下以四海為境九州為家八藪為囿江漢為池生民之屬皆為臣妾人徒之眾足以奉千官之共租稅之收足以給乘輿之御玩心神明秉執聖道負黼依馮玉几南面而聽斷號令天下四海之內莫不嚮

應陛下垂德惠以覆露之使元元之民安生樂業則澤被萬世傳之子孫施之無窮天下之安猶泰山而四維之也夷狄之地何足以為一日之閒而煩汗馬之勞乎詩云王猶允塞徐方既來言王道甚大而遠方懷之也臣聞之農夫勞而君子養焉愚者言而智者擇焉臣安幸得為陛下守藩以身為鄣蔽人臣之任也邊境有警愛身之死而不畢其愚非忠臣也臣安竊恐將吏之以十萬之師為一使之任也

諫伐匈奴書

主父偃

臣聞明主不惡切諫以博觀忠臣不避重誅以直諫是故事無遺策而功流萬世今臣不敢隱忠避死以效愚計願陛下幸赦而少察之司馬法曰國雖大好戰必亾天下雖平忘戰必危天下既平天子大愷春蒐秋獮諸矦春振旅秋治兵所以不忘戰也且怒者逆德也兵者凶器也爭者末節也古之人君一怒必伏尸流血故聖王重行之夫務戰勝窮武事未有不悔者也昔秦皇帝任戰勝之威蠶食天下并呑戰國海內爲一功齊三代戰勝不休欲攻匈奴

李斯諫曰不可夫匈奴無城郭之居委積之守遷徙鳥舉難得而制輕兵深入糧食必絕運糧以行重不及事得其地不足以爲利得其民不可調而守也勝必棄之非民父母靡敝中國甘心匈奴非完計也秦皇帝不聽遂使蒙恬將兵而攻胡卻地千里以河爲境地固澤鹵不生五穀然後發天下丁男以守北河暴兵露師十有餘年死者不可勝數終不能踰河而北是豈人衆之不足兵革之不備哉其執不可也又使天下飛芻輓粟起于黃腄琅邪負海之郡轉輸北河率三十鍾而致一石男子疾耕不足于糧餉女子紡績不足于帷幕百姓靡敝孤寡老弱不能相養道死者相望蓋天下始叛也及至高皇帝定天下略地于邊聞匈奴聚代谷之外而欲擊之御使臣諫曰不可夫匈奴獸聚而鳥散從之如搏景今以陛下盛德攻匈奴臣竊危之高帝不聽遂至代谷果有平城之圍高帝悔之迺使劉敬往結和親然後天下亾干戈之事故兵法曰興師十萬日費千金秦常積衆數十萬人雖有覆軍殺將係虜單于適足以結怨深讎不足以償天下之費夫匈奴行盜侵敺所以爲業天性固然上自虞夏殷周固不程督禽獸畜之

不比爲人夫不上觀虞夏殷周之統而下循近世之失此臣之所以大恐百姓所疾苦也且夫兵久則變生事苦則慮易使邊境之民靡敝愁苦將吏相疑而外市故尉佗章邯得成其私而秦政不行權分二子此得失之效也故周書曰安危在出令存亾在所用願陛下孰計之而加察焉

諫伐匈奴　嚴尤

臣聞匈奴爲害所從來久矣未聞上世有必征之者也後世三家周秦漢征之然皆未有得上策者也周得中策漢得下策秦無策焉當周宣王時獫狁內侵至于涇陽命將征之盡境而還其視戎狄之侵譬如蚉蝱之螫毆之而已故天下稱明是爲中策漢武帝選將練兵約齎輕糧深入遠戍雖有克獲之功胡輒報之兵連禍結中國罷耗匈奴亦創艾而天下稱武是爲下策秦始皇不忍小恥而輕民力築長城之固延袤萬里轉輸之行起于負海疆境既完

中國內竭以喪社稷是爲無策今天下遭陽九之戹比年饑饉西北邊尤甚發三十萬衆具三百日糧東援海岱南取江淮然後乃備計其道里一年尚未集合兵先至者聚居暴露師老械弊勢不可用此一難也邊既空虛不能奉軍糧內調郡國不相及屬此二難也計一人三百日食用精十八斛非牛力不能勝牛又當自齎食加二十斛重矣胡地沙鹵多乏水草以往事揆之軍出未滿百日牛必物故且盡餘糧尚多人不能負此三難也胡地秋冬甚寒春夏甚風多齎鬴鍑薪炭重不可勝食精飲水以歷四時師有疾疫之憂是故前世伐胡不過百日非不欲久勢力不能此四難也輜重自隨則輕銳者少不得疾行虜徐遁逃勢不能及幸而逢虜又累輜重如遇險阻銜尾相隨虜要遮前後危殆不測此五難也大用民力功不可必立臣伏憂之今既發兵宜縱先至者令臣尤等深入霆擊且以創艾胡虜莽不聽轉兵穀如故天下騷動

西域傳贊

班　固

贊曰孝武之世圖制匈奴患其兼從西國結黨南羌迺表河曲列西郡開玉門通西域以斷匈奴右臂隔絕南羌月氏單于失援由是遠遁而幕南無王庭遭値文景玄默養民五世天下殷富財力有餘士馬彊盛故能睹犀布瑇瑁則建珠崖七郡感枸醬竹杖則開牂柯越嶲聞天馬蒲陶則通大宛安息自是之後明珠文甲通犀翠羽之珍盈于後宮蒲梢龍文魚目汗血之馬充于黃門鉅象師子猛犬大雀之羣食于外囿殊方異物四面而至于是廣開上林

穿昆明池營千門萬戶之宮立神明通天之臺興造甲乙之帳落以隨珠和璧天子負黼依襲翠被馮玉几而處其中設酒池肉林以饗四夷之客作巴俞都盧海中碭極漫衍魚龍角抵之戲以觀視之及賂遺贈送萬里相奉師旅之費不可勝計至于用度不足迺榷酒酤筦鹽鐵鑄白金造皮幣算至車船租及六畜民力屈財用竭因之以凶年寇盜竝起道路不通直指之使始出衣繡杖斧斷斬于郡國然後勝之是以末年遂棄輪臺之地而下哀痛之詔豈非仁聖之所悔哉且通西域近有龍堆遠則葱嶺身熱頭痛縣度之阸淮南杜欽楊雄之論皆以爲此天地所以界別區域絕外內也書曰西戎卽序禹既就而序之非上威服致其貢物也西域諸國各有君長兵眾分弱無所統一雖屬匈奴不相親附匈奴能得其馬畜旃罽而不能統率與之進退與漢隔絕道里又遠得之不爲益棄之不爲損盛德在我無取于彼故自建武以來西域思漢威德咸樂內屬唯其小邑鄯善車師界迫匈奴尚爲所拘而其大國莎車于闐之屬數遣使置質于漢願請屬都護聖上遠覽古今因時之宜羈縻不絕辭而未許雖大禹之序西戎周

公之讓白雉太宗之卻走馬義兼之矣亦何以尚茲

諫高宗將伐高麗疏

李君球

臣聞心之痛者不能緩聲事之急者不能安言性之忠者不能隱情食君之祿者死君之事今臣食陛下之祿矣其敢愛身乎臣聞司馬法曰國雖大好戰必亾天下雖平忘戰必危兵者凶器戰者危事故聖主明王重行之也憂人力之盡恐府庫之殫懼社稷之危生中國之患故古人云務廣德者昌務廣地者亾昔秦始皇好戰不已至于失國是不愛其內而務其外故也漢武遠討朔方殆乎萬里廣拓南海分爲八郡終于戶口減半國用空虛至于末年方

垂哀痛之詔自悔其失彼高麗者遐荒小醜潛藏山海之閒得其人不足以彰聖化棄其地不足以損天威何至疲中國之人傾府庫之實使男子不得耕耘女子不得蠶織陛下爲人父母不垂惻隱之心傾府庫有限之貲貪其無用之地設令高麗旣滅卽不得不發兵鎭守少發則兵威不足多發則人心不安是乃疲于轉戍萬姓無聊生也萬姓怨則天下敗矣天下旣敗陛下何以自安故臣以爲征之不如不征滅之不如不滅

諫襲吐蕃

陳子昂

臣聞亂生必由于怨雍州羌未嘗一日爲盜今無罪蒙戮怨必甚怨甚則蜂駭且亾而邊邑連兵守備不解蜀之禍構矣東漢喪敗亂始諸羌一驗也吐蕃黠獪抗天誅者二十餘年前日薛仁貴郭待封以十萬衆敗大非川一甲不返李敬元劉審禮舉十八萬衆困青海身執賊廷關隴爲空今乃欲建李處一爲上將驅疲兵不可幸之吐蕃舉爲賊笑二驗也夫事有求利而得害者昔蜀與中國不通秦以金牛美女啖蜀侯侯使五丁力士棧褒斜鑿通谷迎秦

之饋秦隨以兵而地入中州三驗也吐蕃愛蜀富思盜之矣徒以障隧險絕頓餓喙不得噬今撤山羌開阪險使賊得收奔亾以攻邊是除道待賊舉蜀以遺之四驗也蜀爲西南一都會國之寶府又人富粟多浮江而下可濟中國今圖僥倖之利以事西羌得羌地不足耕得羌財不足富是過殺無辜之衆以傷陛下之仁五驗也蜀所恃有險也蜀所安無役也今開蜀險役蜀人險開則便寇人役則傷財臣恐未及見羌而姦盜在其中矣異時益州長史李崇貞託言吐蕃寇松州天子爲盛軍師輒轉餉以備之不三

年巴蜀大困不見一賊而崇貞姦贓已鉅萬今得非有姦臣圖利復以生羌爲資六驗也蜀士尫孱不知兵一虜持矛百人不敢當若西戎不卽破滅臣見蜀之邊垂且不守而爲羌夷所暴七驗也國家近廢安北拔單于棄龜茲疏勒天下以爲務仁不務廣務養不務殺行太古三皇事今徇貪夫之議誅無罪之羌遺全蜀患此臣所未諭方山東饑關隴敝生人流亾誠陛下甯靜思和天人之時安可動甲兵興大役以自生亂又西軍失守北屯不利邊人駭情今復舉輿師投不測小人徒知議夷狄之利非帝王至德也善爲天下者計大而不計小務德而不務刑據安念危值利思害願陛下審計之

賜回鶻書

李德裕

朕想可汗公主以久修隣好累降嘉姻望我國家如歸親戚朕每宏容納之意固無纖芥之嫌但以將相大臣累陳公議以可汗代居絕漠隣長諸蕃名聲既雄部伍甚眾今逗留塞上逼近邊城百姓不安人心疑惑耕種盡廢士馬疲勞朕二年以來保護可汗一國內阻公卿之議外遏將帥之言朕于可汗心亦至矣可汗亦須深見事體早見歸還所求種糧及安存摩尼尋勘退渾党項劫掠等事幷當應接處置必遣得宜惟是擬借一城自古以來未有此事天地以沙漠山河限隔南北想蕃中故老亦合備知只如長安東有潼關西有散關南有藍田關北有蒲關今四海一家天子所都猶有限隔況蕃漢殊壤豈可通同且天下者高祖太宗之天下朕守祖宗成業常懷兢畏豈敢上違天地之限中隳祖宗之法每欲發一號施一令皆告于宗廟不敢自專所借一城理絕言議想可汗便須息意勿更披陳其餘令楊觀專往視喻朕意

再賜回鶻可汗書　李德裕

楊觀至覽表欲求糧食牛羊糧食已許自已馬價絹就振武和糴三千石緣中國以農爲本最貴耕牛百姓所蓄無多常斷屠殺羊則產于北土不出中華惟塞上蕃渾各有畜牧朝廷未嘗徵率務使安存今之所求難允來意又所請束縛嗢沒斯送歸者嗢沒斯比自投邊將屢獻誠款自本國破亾之初奔迸先至塞上不隨可汗公主已是二年慮彼猜嫌自懷憂懼窮迫歸命望朕保持未嘗有交構之言離閒兩國前可汗已緣失制馭之道無兼愛之仁侵擾

諸蕃肆爲暴虐所以親屬內叛部落外離國破家殘寔由于此今可汗失地遠客危難之中尤須追悔前非以安反側若又仁愛不至骨肉相殘可汗左右信臣誰敢自保朕統萬國非止一蕃未附者須務懷柔歸誠者因宜存撫儻徇可汗之意殊乖覆育之恩今已特許歸降止于存其種族必不別有任使授以腹心在可汗不失恩慈于朝免虧信義豈不兩全事體深叶良圖況前代以來盡有故事漢朝呼延邪單于款塞其下大將烏厲屈烏厲溫敦幷來降附漢宣帝封以列矦又國初頡利可汗之破敗也降者甚眾酋豪首領至朝廷皆拜將軍僅百餘人無不撫納想可汗深明朕意勿更再論摩尼教天寶以前中國禁斷自累朝緣回鶻敬信始許興行江淮數鎮皆令闡教近各得本申奏緣自聞回鶻破亾奉法者因茲懈怠蕃僧在彼稍似無依吳楚水鄉人性囂薄信心既去翕習至難且佛是大師尚隨緣行教與蒼生緣盡終不力爲朕深念異國遠僧欲其安堵且令于兩都及太原信嚮處行教其江淮諸寺權停待回鶻本土安寧郎𨚫令如舊

安邊疏

杜佑

昔周宣中興獫狁爲害追之太原及境而止不欲弊中國怒遠夷也秦恃兵力北拒匈奴西逐諸羌結怨階亂實生謫戍蓋聖王之治天下惟欲綏靜生人西至于流沙東漸于海在北與南止存聲教豈疲內而事外耶昔馮奉世矯詔斬莎車王傳首京師威震西域宣帝議加爵土蕭望之獨謂矯制違命雖有功不可爲法恐後奉使者爲國家生事夷狄比突厥默啜寇害中國開元初郝靈佺捕斬之自謂功莫與二宋璟慮邊臣由此邀功但授郎將而已繇是

訖開元之盛不復議邊中國遂安此成敗鑒戒之不遠也党項小蕃與中國雜處間者邊將侵刻利其善馬子女斂求繇役遂致叛亡與北狄西戎相誘盜邊傳曰遠人不服則修文德以來之管仲有言國家無使勇猛者爲邊境此誠聖哲識微知著之略也今戎醜方强邊備未實誠宜愼擇良將使之完輯禁絕誅求示以信誠來則懲禦去則謹備彼當懷柔革其姦謀何必亟興師役坐取勞費哉

論和契丹書

桑維翰

竊以防未萌之禍亂立不拔之基扃上繫聖謀動符天意非臣淺陋所可窺圖然臣逢世休明致位通顯無功報國省已愧心其或事繫安危理關家國苟或緘默實負君親是以區區之心不能自已近者相次得進奏院狀報吐渾首領白承福已下舉衆內附鎭州節度使安重榮上表請討契丹臣方遙朝闕未測端倪竊思陛下頃在并汾初罹屯難師少糧匱援絕計窮勢若綴旒困同懸磬契丹控弦玉塞躍馬龍城直度陰山徑絕大漠萬里赴難一戰夷凶

救陛下累卵之危成陛下覆盂之業皇朝受命于此六年彼此通歡亭障無事雖卑辭降節屈萬乘之尊而庇國息民實數世之利今者安重榮表契丹之罪方恃勇以請行白承福畏契丹之强將假手以報怨恐非遠慮有惑聖聰方今契丹未可與爭者有其七焉契丹數年來最强盛侵伐鄰國吞滅諸蕃救援河東功成師克山後之名藩大郡盡入封疆中華之精甲利兵悉歸廬帳卽今土地廣而人民衆戎器備而戰馬多此未可與爭者一也契丹自告捷之後鋒銳氣雄南軍因敗衂已來心沮膽怯况秋夏雖稔

而帑廩無餘黎庶雖安而貧敝益甚戈甲雖備而鍛礪未精士馬雖多而訓練未至此未可與爭者二也契丹與國家恩義非輕信誓甚篤雖多求取未至侵陵豈可先發釁端自爲戎首縱使因茲大克則後患仍存其或偶失沈機則追悔何及兵者凶器也戰者危事也苟議輕舉安得萬全此未可與爭者三也王者用兵觀釁而動是以漢宣帝得志于匈奴因單于之爭立唐太宗立功于突厥由頡利之不道今契丹主抱雄武之量有戰伐之機部族輯睦蕃國畏伏土地無災孳畜繁庶蕃漢雜用國無釁隙此未可

與爭者四也引弓之民遷徙鳥舉行逐水草軍無饋運居無竈幕住無營柵便苦澀任勞役不畏風雷不顧飢渴皆華人之所不能此未可與爭者五也契丹皆騎士利在坦途中國用徒兵喜于險阻趙魏之北燕薊之南千里之間地平如砥步騎之便較然可知國家若與契丹相持則必屯兵邊上少則懼强敵之衆固須堅壁以自全多則患飛輓之勞必須逐寇而速返我歸而彼至我出而彼迴則禁衛之驍雄疲于奔命鎮定之封境略無遺民此未可與爭者六也議者以陛下于契丹有所供億謂之耗蠹有所卑遜謂之屈辱微臣所見則曰不然且以漢祖英雄猶輸貨于冒頓神堯武略尚稱臣於可汗此謂達于權變善于屈伸所損者微所利者大必若因茲交構遂成釁隙自此則歲歲徵發日日轉輸困天下之生靈空國家之府藏此爲耗蠹不亦甚乎兵戈既起將帥擅權文吏武臣過求姑息邊藩遠郡得以驕矜外剛內柔上陵下替此爲屈辱又非多乎此未可與爭者七也願陛下思社稷之大計采將相之善謀勿聽樊噲之空言宜納婁敬之逆耳然後訓撫士卒養育黔黎積穀聚人勸農習戰以俟國有九年之積兵

有十倍之强主無內憂民有餘力便可觀彼之變待彼之衰用己之長攻彼之短舉無不克動必成功此計之上者也惟陛下熟思之臣又以鄴都襟帶山河表裏形勢原田沃衍戶賦殷繁乃河朔之名藩實國家之巨屏卽今主帥赴闕軍府無人臣竊思慢藏誨盜之言恐非勇夫重閉之意願迴深慮免起姦謀欲希陛下暫整和鑾略謀巡幸雖櫛風沐雨上勞于聖躬而杜漸防微實資于睿略省方展義今也其時臣受主恩深憂國情切智小謀大理淺詞繁俯伏惟懼于僭踰裨補或希于萬一

柔遠新書卷第二

景東劉韞齋先生鑒定　皋蘭朱克敬暝庵著
長沙左　宜錫九參

論安邊疏　張齊賢

方今海內一家朝野無事關聖慮者豈不以河東新平屯兵尚衆幽燕未下輂運爲勞臣愚以爲此不足慮也自河東初下臣知忻州捕得契丹納米典史皆云自山後轉般以授河東以臣料契丹能自備軍食則于太原非不盡力然終爲我有者力不足也河東初平人心未固嵐憲忻代

未有軍砦入寇則田牧頓失擾邊則守備可虞及國家守要害增壁壘左控右扼疆事甚嚴恩信已行民心已定乃于雁門陽武谷來爭小利此其智力可料而知也聖人舉事動在萬全百戰百勝不若不戰而勝若動之愼之則契丹不足吞燕薊不足取自古疆埸之難非盡由敵國亦多邊吏擾而致之若緣邊諸砦撫御得人但使峻壘深溝蓄力養銳以逸自處甯我致人此李牧所以用趙也所謂擇卒不如擇將任力不如任人如是則邊鄙甯邊鄙甯則輂運減輂運減則河北之民獲休息矣民獲休息則田業增而蠶績廣務農積穀以實邊用且敵人之心固亦擇利避害安肯投諸死地而爲寇哉臣聞家六合者以天下爲心豈止爭尺寸之事角强弱之勢而已乎是故聖人先本而後末安內以養外人民本也疆土末也五帝三王未有不先根本者也堯舜之道無他在乎安民而利之爾民既安利則遠人斂衽而至矣陛下愛民人利天下之心堯舜也臣慮羣臣多以纖微之利尅下之術侵苦窮民以爲功能至于生民疾苦見之如不見聞之如不聞斂怨速亂無大于此伏望愼擇通儒分路採訪兩浙江南荆湖西川嶺南

河東凡前日賦斂苛重者改而正之因而利之使賦稅課利通濟可經久而行爲聖朝定法除去舊弊天下諸州有不獲于民者委長吏以聞敢循故常者重寘之法使天下耳目皆知陛下之心戴陛下之惠以德懷遠以惠刑民則遠人之歸可立而待也

論邊事疏

田錫

臣聞動靜之機不可妄舉安危之理不可輕言利害相生變易不定取舍無惑思慮必精夫動靜之機不可妄舉者動謂用兵靜謂持重應動而靜則養寇以生姦應靜而動則失時以敗事動靜中節乃得其宜今北鄙繹騷蓋亦有以居邊任者規羊馬細利為捷矜捕斬小勝為功賈怨結仇興戎致寇職此之由前歲邊陲俶擾親迂革輅戎馬既退萬乘方歸是皆失我機先落其術內煩勞耗斁可勝言哉伏願申飭將帥慎固封守勿尙小功許通互市俘獲蕃

口撫而還之如此不出五載河朔之民得務農業亭障之地可積軍儲然後待其亂而取之則克乘其衰而兵之則降既心服而忘歸則力省而功倍誠願攷古道務遠圖示綏懷萬國之心用駕馭四夷之策事戒輒發理貴深謀所謂安危之理不可輕言者國家務大體求至治則安舍近謀遠勞而無功則危為君有常道為臣有常職是務大體也上不拒諫下不隱情是求至治也漢武帝窮兵武節登單于之臺唐太宗手結雨衣伐遼東之國則是舍近謀遠也沙漠窮荒得之無用則是勞而無功也在位之臣敢言者少言而見聽未必蒙福言而不從方且虞禍欲下不隱情得乎惡在其務大體而求至治也臣又謂利害相生變易不定者兵書曰不能盡知用兵之害者則不能盡知用兵之利蓋事有可進而退則害成之事至焉可退而進則利用之事去焉可速而緩則利必從之而失可緩而速則害必由之而致可誅而赦則姦宄之心或有時而生害可赦而誅則忠勇之人或無心於利國可賞而罰則有以害勤勞之功可罰而賞則有以利僭踰之幸能審利害則為聰明以天下之耳聽之則聰以天下之目視之則明故書

曰明四目達四聰此之謂也臣又謂取舍不可以有惑者孟賁之狐疑不如童子之必至思慮不可以不精者差若毫釐繆以千里自國家圖燕以來連兵未解財用不得不耗人心不得不憂願陛下精思慮決取舍使無曠日持久窮兵極武焉

論夏賊未宜進討　范仲淹

臣聞昨賊界投來山遇嘗在西界掌兵言其精兵纔及八萬餘皆老弱不任戰鬪始賊衆深入葢爲官軍以分地自守旣不能獨禦賊鋒又不能併力掩殺彼得其便繼爲邊患在虜刦生口牛羊亦不曾追奪故安然往來如蹈無人之境今延州東路合隄防之處已令朱吉與東路巡檢駐軍延安塞其西路亦委王信張建侯狄青黃世甯在保安軍每日訓練及令西路巡檢劉政在德靖寨張宗武在政縣密令分布兵馬候賊奔衝放令入界會合掩擊令數路

竝入且併衆力禦敵或破得一處卽便邀擊別路其環慶路已遣通判馬端往報總管司令一如鄜延路設備如此則可以乘勝而破賊也今須令正月內起兵則軍馬糧草動踰萬計入山川險阻之地塞外雨雪暴露僵仆使賊乘之所傷必衆況鄜延路已有會合次第不患賊先至也賊界春暖則馬瘦人飢其勢則易制反可擾其耕種之務縱出師無大獲亦不至有它虞自劉平陷沒之後修城壘運兵甲積糧艸移士馬大爲攻守全勝之策非爲小利而動如重兵輕舉萬一有失將何繼之則必關朝廷安危之憂

非止邊患之謂也苟自今賊至不擊是臣之罪也兵法曰戰道必勝主曰無戰必戰可也戰道不勝主曰必戰不勝可也臣昨於九月末至鄜延路便遣葛懷敏朱觀入界掩襲族帳葢與今來時月不同非前勇而後怯今若承順朝旨不能持重王師爲後大患雖加重責不足以謝天下苟俟春暖舉兵尤未爲失策且元昊稔惡以來欲自尊大必被奸人所誤謂國家太平日久不知戰鬭之事又謂邊城無備所向必破所以恣傑慢之心侵擾不已今邊鄙漸飾度其已失本望況已下敕招攜族帳首領臣亦遣人探問

其情欲通朝廷柔遠之意使其不僭中國之號而修時貢之禮亦可俯從今鄜延是舊進貢之路蕃漢之人頗相接近願朝廷廣天地包荒之量存此一路令諸將勒兵嚴備賊至則擊但不行討伐容臣示以恩意歲時之閒或可招納如先行攻掠恐未能擒其聚落如白豹之攻官軍旣退戎類復居狼心重報增其怨毒邊患愈滋無時敢暇若天兵屢動不立大功必爲夷狄所輕臣又近召張亢到延州孰議亦稱願與戎人相見于界上臣所以乞存此一路者一則懼春初盛寒士氣愈怯二則恐隔絕情意偃兵未期

若施臣之鄙計恐是平定之一端苟歲月無効遂舉重兵取綏宥二州擇其要害而舉之屯田營田作持久之計如此則橫山一帶蕃漢人戶去昊賊相遠懼漢兵威逼可以招降或卽奔竄則是去西賊之一臂拓疆制寇無輕舉之失也

論契丹請絕元昊進貢事　丁度

臣等竊謂契丹元昊相攻虛實未可知今書來大意且言以元昊不順朝廷之故遂成舉兵恐深入討伐之後元昊理難拒絕則是不從北鄙之請堅納西人之盟得新附之小羌違久和之大虜如聞契丹屯兵甲近在邊陲萬一得書違情生忿回戈我境有以爲名夫患有遲速事有輕重此朝廷不可不審度也若阻契丹而納元昊則未有素備之策絕元昊而從契丹又失綏懷之信莫若以大義而兩存之臣等謂宜降詔與元昊言昨許再盟蓋因契丹有書

來言彼是甥舅之親朝廷久與契丹結和不欲傷鄰國之意遂議開納今卻知中國招誘契丹邊戶虧甥舅事大之禮違朝廷納款之本意當須復順契丹早除嫌隙則誓詔封冊便可施行仍乞於契丹回書中言降詔與元昊若其悔過歸順貴國則本朝許其款附若執迷不復則議絕未晚如此則於西人無食言之曲於北鄙無結怨之端從容得中不失大義惟陛下裁擇

言備邊劄子

司馬光

臣聞周書稱文王之德曰大邦畏其力小邦懷其德蓋言諸侯傲很不賓則討誅之從順柔服則保全之不避彊不陵弱此王者所以爲政于天下也臣伏見去歲先帝登遐趙諒祚遣使者來致祭延州差指使高宣押伴入京宣言語輕肆傲其使者侮其國主使者臨辭自訴于朝臣當時與呂誨上言乞加宣罪朝廷忽略此事不以爲意使其怨懟歸國一國之人皆以爲恥今歲以來諒祚招誘亾命點集兵馬窺伺邊境攻圍堡塞驅脅熟戶八十餘族殺掠弓

箭手約數千人悖逆如此而朝廷乃更遣使臣齎詔撫諭彼順從則侮之傲很則畏之無乃非文王所以令諸侯乎若使臣至彼諒祚稽首伏罪禁止侵掠猶或可赦若復拒違王命辭禮驕慢侵掠不已未知朝廷將何以待之傷威毁重孰甚於此方今公私困竭士卒驕惰將帥乏人而遠寇犯邊事之可憂孰大如此而朝廷上下晏然若無事者其故何哉豈朝廷自有其備而疏外之臣不得與知乎臣竊惑之所謂備者非但添屯軍馬積貯糧艸而已也在於擇將帥而修軍政也二者皆闕何謂有備臣不勝憤懣伏望陛下博延羣臣訪以禦邊之策擇其善者而力行之方今救邊之急宜若捧漏甕沃焦釜猶恐不及豈可外示閑暇而養成大患也取進止

乞戒邊城闊略細故　司馬光

臣聞明主謀事於始而慮終於微是以用力不勞而收功甚大竊見國家所以禦戎狄之道似未盡其宜當其安靖附順之時則好與之計較末節爭競細故及其桀傲暴橫之後則又從而姑息不能深討是使戎狄益有輕中國之心皆厭於柔服而樂爲背叛近者西戎之禍起於高宣北狄之隙起于趙滋而朝廷至今終未省悟尤以二人所爲爲是而以修理守分者爲非是以邊鄙武臣皆銳意而生事或以開展荒弃之地十數里爲功勞或以殺略老弱之

虜三五人爲勇敢朝廷稱其才能驟加擢用既而虜心忿恨遂來報復屠翦熟戶鈔劫邊民所喪失者動以千計而朝廷但知驚駭增兵聚糧其致寇之人既不追究而守邊之臣亦無譴責如此而望夷狄賓服疆埸無虞是猶添薪扇火而求湯之不沸也臣愚竊爲眞宗皇帝親與契丹約爲兄弟仁宗皇帝赦趙元昊背叛之罪册爲國主歲捐百萬之財分遺二虜豈樂此而爲之哉誠以屈己之愧小愛民之仁大故也今陛下嗣已成之業守已安之基而執事之臣數以爭桑之忿心不畏灌瓜之大計使邊鄙之患紛紛不息竊爲陛下惜之近者聞契丹之民有於界河捕魚及於白溝之南翦伐柳栽者此乃邊鄙小事何足介意而朝廷以前知雄州李中祐不能禁禦爲不才別選州將以代之臣恐新將之至必以中祐爲戒而以趙滋爲法妄殺虜民戰鬭之端往來無窮焉況今民力凋弊倉庫虛竭將帥乏人士卒不練夏國既有忿怨屢來侵寇禍胎已成若又加以契丹失懽臣恐國力未易支也伏望陛下嚴戒北邊將吏若契丹不循常例小小相侵如魚船柳栽之類止可以文牒整會道理曉諭使官司自行禁約不可輕以矢

刃相加若再三曉諭不聽則聞於朝廷雖專遣使臣至其王廷與之辨論曲直亦無傷也若又不聽則莫若博求賢才增修德政俟公私富足士馬精强然後奉辭以討之可以驅穹廬于漠北復唐漢之土宇其于爭漁柳之勝負不亦遠哉

諫西師防北虜　富弼

臣竊知陝西用武諸路入討至今已是數月調發輸斂不無勞費陛下躬親萬務勤于訪逮臣所恨未能一効死力少寬陛下西顧之憂且念靈夏數州自太宗割賜之後幾百年所存者唯是空壘而已今所得城壁竊恐未償所費既已克下又須守禦自此勞費卒無已時伏緣西夏與北虜常爲犄角之勢蓋北虜山前後十八州每恐朝廷有復取之意慶歷初因元昊叛仁宗不免討伐而北虜遂有嫚書與割地之隙其書大意自謂我與西夏是甥舅之國南

朝不合加兵臣不能盡記其辭惟記一句云殊無忌器之嫌此大可見其意也臣其時兩使虜廷每見元昊遣人在彼密令詢問云來借兵此皆臣始末親經目覩不是剽聞以昔校今不敢謂必無此事今北虜亦須疑朝廷既平西夏卽移兵北伐必有借助西夏之謀不可不過慮及此也設或二虜相應兩邊起事卽國用人力如何枝梧其閒軍情民心須常加防察不可使至于此極也況今天威已振王師已捷或且令退修邊備講守禦之策更俟表裏安集別圖後舉以爲萬全之計亦爲未晚伏乞陛下特賜詳擇而審處之

代張方平諫用兵書　　蘇軾

臣聞好兵猶好色也傷生之事非一而好色者必死賊民之事非一而好兵者必亾此理之必然者也夫惟聖人之兵皆出于不得已故其勝也享安全之福其不勝也必無意外之患後世用兵皆得已而不已故其勝也則變遲而禍大其不勝也則變速而禍小是以聖人不計勝負之功而深戒用兵之禍何者興師十萬日費千金內外騷動殆于道路者七十萬家內則府庫空虛外則百姓窮匱飢寒逼迫其後必有盜賊之憂死傷愁怨其終必致水旱之報

上則將帥擁眾有跋扈之心下則士眾久役有潰叛之志變故百出皆由用兵至于興事首議之人冥謫尤重蓋以平民無故緣兵而死怨氣充積必有任其咎者是以聖人畏之重之非不得已不敢用也自古人主好動干戈由敗而亾者不可勝數臣今不敢復言請為陛下言其勝者秦始皇既平六國復事胡越戍役之患被于四海雖拓地千里遠過三代而墳土未乾天下怨叛二世被害子嬰被擒滅亾之酷自古所未嘗有也漢武帝承文景富溢之餘首挑匈奴兵連不解遂使侵尋及于諸國歲歲調發所向成

功建元之間兵禍始作是時蚩尤旗出長與天等其春戾太子生自是師行三十餘年死者無數及巫蠱事起京師流血僵尸數萬太子父子皆敗班固以為太子生長于兵與之終始帝雖悔悟自克而歿身之恨已無及矣隋文帝既下江南繼事夷狄煬帝嗣位此心不衰皆能誅滅強國威震萬里然而民怨盜起亾不旋踵唐太宗神武無敵尤喜用兵既已破滅突厥高昌吐谷渾等猶且未厭親駕遼東皆志在立功非不得已而用其後武氏之難唐室淩遲不絕如綫蓋用兵之禍物理難逃不然太宗仁聖寬厚克

己裕人幾至刑措而一傳之後子孫塗炭此豈為善之報也哉由此觀之漢唐用兵于寬仁之後故其勝而僅存秦隋用兵于殘暴之餘故其勝而遂滅臣每讀書至此未嘗不掩卷流涕傷其計之過也若使此四君者方其用兵之初隨即敗衄惕然戒懼知用兵之難則禍敗之興當不至此不幸每舉輒勝故使狃于功利慮患不深臣故曰勝則變遲而禍大不勝則變速而禍小不可不察也昔仁宗皇帝覆育天下無意于兵將士惰偷兵革朽鈍元昊乘間竊發西鄙延安涇原麟府之間敗者三四所喪動以萬計而

復出于洮州矣今師徒克捷銳氣方盛陛下喜于一勝必有輕視四夷陵侮敵國之意天意難測臣實畏之且夫戰勝之後陛下可得而知者凱旋捷奏拜表稱賀赫然耳目之觀耳至于遠方之民肝腦屠于白刃筋骨絕于餽餉流離破產鬻賣男女熏眼折臂自經之狀陛下必不得而見也慈父孝子孤臣寡婦之哭聲陛下必不得而聞也譬猶屠殺牛羊刳臠魚鼈以爲膳羞食者甚美死者甚苦使陛下見其號呼于梃刃之下宛轉于刀几之閒雖八珍之美必將投餉而不忍食而況用人之命以爲耳目之觀乎且

使陛下將卒精強府庫充實如秦漢隋唐之君既勝之後禍亂方興尚不可救而況所在將吏罷軟凡庸較之古人萬萬不逮而數年以來公私窘乏內府累世之積埽地無餘州郡征稅之儲上供殆盡百官俸廩僅而能繼南郊賞給久而未辦以此舉動雖有智者無以善其後矣且饑疫之後所在盜賊蠭起京東河北尤不可言若軍事一興橫斂隨作民窮而無告其勢不爲大盜無以自全邊事方深內患復起則勝廣之形將在于此此老臣所以終夜不寐臨食而歎至于慟哭而不能自止也且臣聞之凡舉大事

海內晏然兵休事已而民無怨言國無遺患何者天下臣庶知其無好兵之心天地鬼神諒其有不得已之實故也今陛下天錫勇智意在富彊卽位以來繕甲治兵伺候鄰國羣臣百寮窺見此指多言用兵其始也弼臣執國命者無憂深思遠之心樞臣當國論者無慮害持難之識在臺諫之職者無獻替納忠之議從微至著遂成厲階既而辥向爲橫山之謀韓絳効深入之計陳升之呂公弼等陰與之協力師徒喪敗財用耗屈較之寶元慶歷之敗不及十一然而天怒人怨邊兵背叛京師騷然陛下爲之旰食者

累月何者用兵之端陛下作之是以吏士無怒敵之意而不直陛下也尚賴祖宗積累之厚皇天保佑之深故使兵出無功感悟聖意然淺見之士方且以敗爲恥力欲求勝以稱上心于是王韶構禍于熙河章惇造釁于橫山熊本發難于渝瀘然此等皆戕賊已降俘累老弱困弊腹心而取空虛無用之地以爲武功使陛下受此虛名而忽于實禍勉彊砥礪奮于功名故沈起劉彝復發于安南使十餘萬人暴露瘴毒死者十而五六道路之人斃于輸送貲糧器械不見敵而盡以爲用兵之意必且少衰而李憲之師

必順天心天之所向以之舉事必成天之所背以之舉事必敗蓋天心向背之迹見于灾祥豐歉之閒今自近歲日蝕星變地震山崩水旱癘疫連年不解民死將半天心之向背可以見矣而陛下方且斷然不顧興事不已譬如人子得過于父母惟有恭順靜思引咎自責庶幾可解今反紛然詰責奴婢恣行箠楚以此事親未有見赦于父母者故臣願陛下遠覽前世興亾之迹深察天心向背之理絕意兵革之事保疆睦鄰安靜無爲固社稷長久之計上以安二宮朝夕之養下以濟四方億兆之命則臣雖老死溝

壑瞑目于地下矣昔漢祖破滅羣雄遂有天下光武百戰百勝祀饗配天然至白登被圍則講和親之議西域請吏則出謝絕之言此二帝者非不知兵也蓋經變既多則慮患深遠今陛下深居九重而輕議討伐老臣庸懦私竊以爲過矣然人臣納說于君因其旣厭而止之則易爲力迎其方銳而折之則難爲功凡有血氣之倫皆有好勝之意方其氣之盛也雖布衣賤士有不可奪自非智識特達度量過人未有能于勇銳奮發之中舍已從人惟義是聽者也今陛下盛氣于用武勢不可回臣非不知而獻言不已者誠見陛下聖德寬大聽納不疑故不敢以衆人好勝之常心望于陛下且意陛下他日親見用兵之害必將哀痛悔恨而追咎左右大臣未嘗一言臣亦將老且死見先帝于地下亦有以藉口矣惟陛下哀而察之

乞詔邊吏無進取及論鬼章事宜　蘇軾

臣聞善用兵者先服其心次出其力則兵易解而功易成若不服其心惟力是恃則戰勝而寇愈深況不勝乎功成而兵不解況不成乎頃者西方用兵累年先帝之意本在弔伐而貪功生事之臣惟務殺人爭地得尺寸之土不問利害先築城堡置州縣使四夷憎畏中國以謂朝廷專欲得地非盡滅我族類不止是以併力致死莫有服者今雖朝廷好生惡殺不務遠略而此心未信憎畏未衰心既不服惟有鬬力力屈情見勝負未可知也今日新獲鬼章威

震戎狄邊臣貪勇爭欲立功以爲河南之地指顧可得正使得之不免築城堡屯兵置吏積粟而守之則中國何時息肩乎乃者王韶取熙河全師獨克使韶有遠慮誅其叛者乃以忠順卽用其豪酋而已則今得何事其所以兵連禍結罷弊中國者以郡縣其地故也往者既不可悔而來者又不以爲戒今又欲取講王城曰此要害地不可不取方唐盛時安西都護去長安萬里若論要害自此以西無不可取者使諸羌知中國有進取不已之意則寇愈深而兵不解其禍豈可量哉臣願陛下深詔邊吏叛則討之服則安之自今已往無取尺寸之地無焚廬舍無殺老弱如此朞年諸羌可傳檄而定然朝廷至意亦自難喻將帥未必從也雖日行文書終恐無益宜驛召陝西轉運使一員赴闕面敕戒之使歸以喻將帥而察其不如詔者臣又竊聞朝論謂鬼章犯順罪當誅死然譬之鳥獸不足深責其子孫部族猶足以陸梁于邊全其首領以繫其心以爲重質庶獲其用此實當今之良策然臣竊料鬼章凶豪素貴老病垂死必不能甘于困辱爲久生之計自知生存終不得歸徒使其臣子首鼠顧忌不敢復讐必將不食求死以

發其衆之怒就使不然老病愁憤自非久生之道鬼章若死則其臣子專意復讐必與阿里骨合而北交于夏人此正胡越同舟遇風之勢其交必堅而溫溪心介于阿里骨夏人之閒地狹力弱其勢必危若見并而吾不能救使二寇合三面以窺熙河則其患未可以一二數也如臣愚計可詔邊臣與鬼章約若能使其部族討阿里骨而納趙純忠者當放與生還質之天地示以必信鬼章若從則稍富貴之使其信臣而喻至意焉鬼章既有生還之望不爲求死之計其衆必從以鬼章之衆與溫溪心合而討阿里骨

其勢必克既克而納純忠雖放還鬼章可以無患此必然之勢也西羌本與夏人世仇而鬼章本與阿里骨不協若許以生還其衆必相攻縱未能誅阿里骨亦足以使二盜相疑而不合也昔太史慈與孫策戰幾殺策策後得慈釋不誅放還豫章卒立奇功李愬得吳元濟將李祐解縛用之與同臥起卒擒元濟非豪傑名將不能行此度外事也議者或謂鬼章之獲兼用近界酋豪力戰而得之仇怨已深若放生還此等必無全理臣以謂不然若鬼章死于中國其衆讐此等必深若其生還其讐之亦淺此等依中國爲援足以自全自古西羌之患惟恐解讐結盟若所在爲讐敵正中國之利無可疑者臣出位言事不勝恐悚待罪之至

請罷征五溪疏

劉　攽

臣聞舜爲天子禹爲司空伯益贊之君臣之盛自古未有也以伐三苗曾不能得咫尺之地因班師振旅而歸晉郤缺率諸侯之師八百餘乘挾公子捷菑以攻邾婁斥候不設城門不閉以韋帛通語言諸侯皆罷故曰非吾力不能攻義實不爾克也此二者皆不可謂善戰矣然舜禹不以其故貶聖伯益郤缺不以其故損賢理有逆順義有曲直也今武溪諸彭父子結怨而邊臣輕發兵爲子討父得非春秋王伯之略乎臣以謂過矣智者欲騁其巧勇者欲用其力矯箭累絃勵劍負戟以深入爲事甚非治天下之大體臣聞古者三王之征伐不貢討不朝今彭氏父子所以爭一旦之命者乃自以失職不得朝貢也臣以謂可聽以休邊民此舜禹之策益郤之義所以明于典謨春秋也往年歲星在鶉尾則宜厚仁義以應之而始誅五溪逆父子之節難以得天今盛夏動衆下潦上霧多毒蛇惡艸之害難以得地天地之道者自古五帝三王之所以務通而順也雖有聖辯莫之能變其說而況縱欲貪功徼一時之勝者乎恐此爲人臣之利而非國家之福也臣願朝廷謹之

與金主書 靖康元年五月

李綱

菲德之居東宮十有餘年矣邇者道君太上皇帝厭萬幾之煩遂議內禪肆及眇躬膺受大寶惟懷永圖願修鄰好而兵革擾攘未遑致問其爲懷企何可勝陳言念往日遣使海上通兩國之歡信誓昭然金帛之輸未嘗有鈌誠謂世守玆盟無有攜貳而皇子郎君乃捃拾細故敗棄舊約因叛將藥師以兵嚮導虜劉邊陲深入畿甸乘中國之不備遂肆憑陵誠非所望于善鄰也城下之盟蓋緣輔臣怯懦失計重鎮寶貨一切惟命皆出要盟神所不臨豈復可

用而況還師渡河劫質肅王已復渝約勤王之師百萬集于城下將士憤怒咸欲邀擊徒以肅王在軍之故深戒用兵使得全師以歸而皇子郎君肆爲淫暴屠僇良民係累婦女焚蕩室廬不可勝計緣是之故三鎮之民皆出死力爲國堅守雖朝廷號令不明有所不從此乃軍前失信之所致也重念頃者道君太上皇帝與大金皇帝歡盟相得之厚既滅大遼分燕山之故境以歸中國累年于玆中國未嘗得粒粟尺帛之助而漕運之勞金幣之費不可勝計今燕山陷沒既渝前約又欲併取三鎮之地使敝邑無以爲屏翰是豈大金皇帝之旨哉且皇子郎君雖貴人臣也坐受本朝宰臣親王之拜敗盟爽約妄起兵端黷貨無厭求取不已有一于此豈人臣之所當爲敝邑無辜橫遭屈辱以大金皇帝之聰睿仁慈甯不諒此遠恃英明敢以實告前日皇子郎君割地求賂廣有要索敝邑不校悉皆聽從彼此非誠人情不遠誰不知之欲尋往日之盟以結兩國之好使兵革不用生靈休息莫如度其所可行者重結盟誓以信守之昔我烈祖眞宗皇帝與大遼盟于澶淵百有餘年未嘗少變天祚失德不可振起乃至于玆大金皇

帝儻垂英察使燕山歸于大邦三鎮安于敝邑各得其所保玆舊疆信使交通歲幣修好傳之永世爲子孫無疆之休顧不韙歟謹遣使人往布誠悃儻或見允願示佳音所有黏罕國相軍馬見在河東亦冀召還以篤和好

制虜論

李綱

夷狄之爲中國患也惟北虜爲最甚葢其天性忿鷙怙氣負力逐水艸便騎射習攻戰彊忍難屈真中國之堅敵非三陲之比也自昔制御之術縉紳之儒則守和親介胄之士則言征伐皆偏見一時利害未有得全策者請借西漢以明之秦滅六國使蒙恬將數十萬衆以北擊胡起臨洮盡遼東阻山塹谷築長城者萬里匈奴北徙不敢南下而牧馬然天下因之騷動陳勝起于謫戍而秦亾其後楚漢戰爭中國紛擾匈奴復居故塞其兵寖彊高祖初定天下

有輕匈奴之心以三十萬衆困于平城士或七日不食卒其所以脫者世莫得而言也于是劉敬脫輓輅建和親之議妻單于以漢女歲奉金繒甚厚然匈奴爲邊患不衰至孝惠高后時益驕倨爲嫚書以陵侮中國孝文即位與通關市約和親而匈奴數背約束邊境屢被其害是以文帝中年發憤躬戎服從六郡良家材力之士馳射上林講習戰陣聚天下精兵軍于廣武親屈帝尊以伸亞夫之軍顧問馮唐與論將帥喟然歎息思古名將此則結和親非策之全者也武帝繼文景節儉富庶之後財力有餘水衡之錢貫朽而不可較太倉之粟紅腐而不可食一時將帥人材衆多慨然欲事匈奴以攄高祖之宿憤迺大興師數十萬使衛青霍去病操兵前後十餘年浮西河絕大幕追奔逐北窮極其地以臨瀚海虜名王貴人以百數斬首虜以萬計然漢之士馬物故大半亦略相當天下蕭然賴武帝末年悔悟下哀痛之詔棄輪臺之地海內少安此則事征伐非策之全者也迨孝宣世値匈奴囏阸之運五單于爭國饑饉薦臻畜產殆盡于時權時之宜覆以威德單于款塞稽首臣服遣子入侍三世稱藩賓于漢庭繇此觀之終

西漢之世其與匈奴有修文而和親者有用武而克伐者皆非全策至于威服而臣畜之則非天時人事若合符節未易能也得制御夷狄之全策惟我本朝爲然方五季之亂石晉割地以賂契丹北向而臣事之其後耶律德光至舉兵滅晉拘出帝以歸其國則一時强盛可勝言哉周世宗奮威武躬率六師以征之僅能復關南之地太祖受天命至太宗時海內僭亂以次削平得良將帥以守邊境契丹不敢犯澶淵之役京師震動輔臣有建議幸蜀幸金陵以避其鋒者賴寇準力爭遂定親征之謀天助神相巨弩

潛發殲其渠帥于是契丹震怖通使請和當是之時以驍將勁卒邀其歸路則疋馬隻輪無返者章聖皇帝天覆海涵不邀一時之功而建萬世之策乃許之盟詔諸將勿追而契丹得以完師出塞戴德讋威誓不復叛當時盟誓之信皎如日月約束之嚴曲為之防通使有常時贈賄有常數燕犒有常禮僕從有常制其慰薦撫循交際威儀俯仰拜起纖悉備具故能結歡修好百有餘年并邊之民不識兵革振古以來所未嘗有謹守盟約雖傳之萬世可也故曰御夷狄之全策惟本朝為然或者曰契丹桀黠與中國

抗衡有志之士每為扼腕今幸其種族離叛畜牧凋耗人卒羸弱北有女眞以為彼擾東有高麗以為我援因時制變一舉破之復中國之舊境成祖宗之宿志此千載一時不可失也則將應之曰不然昔高祖遣使使匈奴匈奴匿其精壯示以疲之使者還報以為可擊高祖從之故有平城之困今契丹自澶淵之役以來涵養亦百餘年不有謀者其能國乎種族之離叛畜牧之凋耗人卒之羸弱閒諜之言未可信也往年女眞常為之梗尋即底定借使與之結約共亾契丹能保女眞之不為患乎自古與夷狄共事者未有無患者也至于高麗地接虜境畏其威而服屬之我雖待之者厚安可必其背彼而助我哉夫百年養之為不足一日壞之為有餘動而擾之則易靜而安之則難從子之策吾懼契丹之衅結而北陲之不復安舉未必勝而不能無後患也杜牧有言曰上策莫如自治自治者必有智勇之將帥必有精鷙之士卒必有山積無窮之金繒穀粟必有必信素明之號令賞刑無是數者而欲謀人之國蓋亦難矣夫西夏與北虜孰强雖三尺童子知北虜强而西夏弱自數十年來西鄙用師卒不能得靈武而我之覆

師蹶將者皆是也今不能敵弱者而欲與强者鬬可乎吾恐二虜合而為中國患非淺也且天地之所以限制中外者必有險阻之地故北虜之與中國接者若蜚狐古北之口所謂險阻也幽燕割而險阻之地悉歸于虜中今之所恃者不過塘濼耳自雄霸以達畿甸平原易野健馬疾馳不半月可至一有不然可不為之寒心哉故曰堅守盟約可以傳萬世勿見小利而敗大事可也作制虜論

思患預防疏

汪應辰

和議不諧非所患和議諧矣而因循無備之可畏異議不息非所患異議息矣而上下相蒙之可畏金雖通和疆埸之上宜各戒嚴以備他盜今方且肆赦中外褒寵將帥以爲休兵息民自此而始縱忘積年之恥獨不思異時意外之患乎此因循無備之所以可畏也朝廷方排羣議之初大則竄逐小則罷黜至有一言迎合則不次擢用是以小人窺測間隙輕躁者阿諛以希寵畏懦者循默以備位而忠臣正士乃無以自立于羣小之間此上下相蒙之所以

可畏也臣願勿以和好之可無虞而思患預防常若敵人之至則幸甚

論兵事疏

胡銓

古之論兵者設戒于詩則以薄伐爲美設戒于書則以班師爲善設戒于易則云以此毒天下而民從之設戒于春秋則曰兵民之殘也而前哲亦有彭祖觀井之喻夫彭祖之觀井也自係大木加之以車輪覆井而後敢觀其畏如此近日道路之議皆謂逆亮之敗機不可失宜一舉而空朔庭然後爲快臣竊以爲過矣夫王者之師必萬全而後動不輕舉也不得已而後應不先發也機雖不可失然虜亦未可輕雖先人有奪人之心然必有以善其後臣願陛

下練兵選將蒐乘補卒張皇六師聲言大舉而實不出境陰拱以觀其衅蓄銳以待其衰十年生聚十年教訓密戒諸將務爲持重如彭祖之觀井則社稷之福也

柔遠新書卷第三

景東劉韞齋先生鑒定　　皋蘭朱克敬暝庵著

長沙左　宧錫九參

外論一　　葉適

臣爲外論四篇其三篇言今事著其首篇曰爲國以義以名以權中國不治夷狄義也中國爲中國夷狄爲夷狄名也二者爲我用故其來寇也斯與之戰其來服也斯與之接視其所以來而治之者權也中國雖貴夷狄雖賤然而不得其義則不可以治不得其名則不可以守不得其權

則不可以應三者幷亾譬猶捨舟楫而濟深淵以勇怯爲沈浮幸而得濟不可爲常不幸溺浸死且及之矣後世之事是也自嚴尤論夷狄以爲前世未嘗有上策至唐太宗能擒頡利郡縣諸戎始以嚴尤爲非若太宗者所謂上策歟噫亦陋矣以先王之待夷狄何策之可論又況從而區別之與秦漢幷稱乎若太宗者又眞以爲有策則是不能知先王所以待夷狄之意而何自謂上策乎堯舜之時南自淮徐東被靑州之境土凡海濱廣斥山谷深袤之地教治所不及者大抵皆夷狄也蓋與中國錯居又非若後世有玁狁獯鬻乃在長城之外相去且數千里而以爲難治也堯舜之土地至狹又無利兵危矢詐謀奇計而夷狄不能侵暴者名義與權皆得也嗟夫中國之所以爲中國以其有是三者而已苟捨其所以必勝之具而獨以詐力爲用是既已化爲夷狄矣其至于紛紛何足怪乎蓋自戰國竝起三百年之間秦人最爲雄小國次第亾滅廣大其地而爲六國秦又滅六國合天下而盡有之又欲兼取匈奴秦人之暴甚于夷狄矣漢起匹夫親搏天下不數年而據秦之故地此其爲仁義道德足以懷柔其民者何在柰何

冒頓反不能控弦數十萬以憑陵邊塞入至太原晉陽乎蓋三者自是幷亾不復有中國夷狄之分矣特以地勢相別異耳力强則暴師轉餉深入屠戮如摯取禽獸力弱則俯首屈意出金銀繒帛愛女以壻之亦獨何所變張良陳平蓋策士而絳灌之爲丞相主國論者故奮梃大呼望屋以食之人也是亦安能知先王之意哉獨以賈誼知之以爲夷狄召令主上之操天子共貢臣下之體雖然誼于制患之術淺矣請自爲典屬國用三表五餌而繫之若昔者先王待夷狄之意乎眞使匈奴不當漢一大將此何足治

而況本不計強弱者乎夷狄嘗苦中國無信義甘言厚利以相啗說首開兵端志在誅翦然則中國之不振其失道久矣豈一日之故也世無堯舜湯武待夷狄之意終不可見無稷契伊尹終不能秉法陳義以佐其君其所誦習以爲笑于天下者蓋書籍之章句耳嗟乎有名義而不能執有權而不能用或伐或和視其勢之強弱而不能定此漢唐之事不足論也是既然矣執之于無所執用之于無所用以和爲與之爲一而天下之人孰于聞見不知其爲中國夷狄之異者此祖宗之事臣不敢深論也臣之所論者一事自景德元年與契丹盟更六聖百二十年聘使往來天子親與之揖讓于庭未嘗一日敗盟約也女眞本小種落契丹奴役耳不幸天祚失道使得猖狂破取其國天祚以爲與大國義兼兄弟當來役我或遂不復其國則望白溝以南自歸當是時中國以大義之故遣十萬之衆制女眞使不得逞彼知大國爲之助其勢何遽至此也豈與約幷滅其國分取幽國故地以爲功者比乎失此不念遂有今日然則夷狄雖遠而常以信義望中國中國以夷狄爲不義是以不用而不知信義乃所以爲中國者本不以夷

狄之無而廢也夫兼考前世成敗之故深思今日致患之本復修先王三者之道則中國之待夷狄固無難矣何必勞神于智計鬬勝于士卒益趨于末而不能反哉故夫若不足聽而決不可易者臣之論是也

奏請罷攻宋兵節錄

郝經

易文言傳謂亢之爲言也知進而不知退知存而不知亾知得而不知喪知進退存亾而不失其正者其惟聖人乎葢乾之龍德體天行健六位時成時乘六龍以御天時者何當其可之謂也故可以潛則潛可以見則見可以惕則惕可以躍則躍可以飛則飛五位者皆當其可聖人之德也至于上九則惟知進與存不知退與亾不當其可而違其時是以至此極而有悔弗逮乎五位者而猶謂之亢龍德于是乎衰不足以爲聖王矣故古之聖王莫不以時進

退握乾知幾舜自耕稼陶漁以至爲帝知進也以天下與人不私其子而與禹知退也文王三分天下有其二以服事殷知退也武王遂伐殷而有天下知進也漢高帝不與項羽校蠖屈漢中知退也還定三秦以討羽知進也光武爲更始殺其兄齊武王而不校展轉河朔知退也一旦自立中興漢室知進也故上世稱聖王者以舜爲首其次則稱文武後世之稱聖王者以高帝爲首其次則稱光武皆知進退存亾之理時乘御天卒以龍德而位天位者也至于魏孝文雖不逮于文武高光遷都洛陽總干問罪辭順而返齊人侵軼報之以兵聞喪而還進退以禮不隕師徒卒全龍德爲用夏變夷之賢主亦其次也彼馮威恃力以逞無疆之欲皆亢龍之師也秦苻堅金海陵亢而不悔者也漢武帝唐太宗亢而有悔者也雖皆亢龍悔而知退又其次也夫舜不可及已文武高光魏孝文漢武帝唐太宗後王進退有餘師矣

進貢表　帖木兒

恭惟明大皇帝受天明命統一四海仁德洪布恩養庶類萬國欣仰咸知上天欲平治天下特命皇帝出膺運數爲億兆之主光明廣大昭若天鏡無有遠近咸照臨之臣帖木兒僻在萬里之外恭聞聖德寬大超越萬古自古所無之福皇帝皆有之所未服之國皇帝皆服之遠方絶域昏昧之地皆清明之老者無不安樂少者無不長遂善者無不蒙福惡者無不知懼今又特蒙施恩遠國凡商賈之來中國者使觀覽都邑城池富貴雄壯如出昏暗之中忽覩

天日何幸如之又承敕書恩撫勞問使站驛相通道路無壅遠國之人咸得其濟欽仰聖心如照世之杯使臣心中豁然光明臣國中部落聞茲德音歡舞感戴臣無以報恩惟仰天祝頌聖壽福祿如天地永永無極

遵旨密議疏　楊嗣昌

昨蒙御前發下兵科都給事中姚思孝一本降寇久抗忽歸等事奉聖旨該部密議速奏欽此該臣查得張獻忠就撫之初科臣卽有功罪宜明之疏臣時覆稱獻忠雖已就撫而猶豫多端以此爲撫之始基則可謂爲撫之完局則未可又云臣部所須布所奉行者本朝廷之大信存焉惟信可以格豚魚惟信可以行蠻貊況此朝廷之赤子攜貳而以信招之反側而以信安之理宜然事亦宜然也使朝廷信而反側不信叛而討之彼有何詞設反側信而朝廷

不信是難民終無活路兵革終無已時也臣之鄙見縱反側有負朝廷必朝廷毋負赤子此信之一字臣部行之不爲過任之不爲過惟恐信未至而生之疑疑未行而示之影驚眠虎而使之覺蹶馴犬而使之嘷則大有可憂者又云事關兵機只此勦撫二字有可言而不可知者爲賊之情形有可知而不可言者爲我之著數今臣不言似爲賊愚而不悟言之又慮賊覺而難羈等因覆奉欽依密行在案奈長安議論終日喧騰條陳常帶數言邸報抄傳莫禦以防微杜漸之說開挑衅速禍之端固不待余應桂之私

書而後猜疑不化要挾明彰也今理臣奏到自願隨征誠有如科臣今疏可慮多端必須多方駕馭極意消弭而臣覆理臣之疏以監軍節制調赴行間一切聽理臣便宜委用朝廷惟有大恩大信勿二勿三敕該理遵前旨行何也科臣所言化畔當待以誠行軍實不厭詐斯本至理而誠詐雖若兩途用之則無二致軍機呼吸變化誠扗詐中詐扗誠中難以顯言朝廷之上所可顯言者一誠而已此等反側招安原難保其不變所以行間不宜頻頻請命朝廷不可頻頻出旨惟令遵前旨行斯為正大必不得已則臣

所謂縱反側有負朝廷必朝廷毋負赤子此為萬古帝王御世之大常而以待天下之變總不外于此道也若科臣今疏非但持之有理亦且發之當機惟宜密抄一紙付理臣自為警醒自為防範而操縱之臣部無容別議謹遵旨具奏伏祈聖鑒施行

再議遵撫密奏邊情疏　楊嗣昌

該臣昨將遵撫方一藻具奏邊情兩請聖裁奉聖旨著該撫監細酌情形實籌長便確議密切馳奏不許朦朧失體欽此除欽遵密行外竊見此件紅本前後俱繇御前封發臣部未經兵科錄存近日該科議論多與臣部不同補闕拾遺原屬該科職掌匡災弭失臣部實賴相成但臣所任艱大自處孤危覺人之議論可以參伍不齊人之心事必須始終相貫且如此等封疆大事局外之人可以存而不論局中之人難云論而不議臣欲請將紅本封送該科俾

得備見始終備加參伍所謂局中之人與其論于事後不如議于事前之為得也至于彼之乞款眞偽順逆可否從違自有撫監確酌奏請聖裁臣愚不敢預必但其不以兵來而以書講且不講于宣而講于遵則我隨機應變正可運用商量古來重絕城下之盟不斷兵閒之使使至因而用之兵來則必拒戰故今日之事以不兵而講為禦邊之常尊中國之體此之大義必祈聖鑒允行邊臣乃敢從事不然撫監亦人耳雖有深籌密酌未及施行而議論已隨之矣曷繇展布其四體哉萬一使書不已繼之以兵則惟

有閉關戰守之正著雖利鈍難以逆覩而大義確無二三此則臣于不敢專奏之中而又展轉圖維不容不補牘者也

覆兵科開市之議疏　楊嗣昌

該臣嗣昌看得祖宗設立六部六科相爲表裏常使六部任事六科議之所貴乎任者議者和而不同有濟國家事而已臣竊觀六科議事每易于循名六部任事每難于責實而至今日籌邊之事則不惟臣部任之難卽該科議之亦不易矣何者事之名實爲利害安危倚伏之關本始不臧末終立見非可曰姑議之而徐任之兩不相顧焉者也今科臣姚思孝之議兵家操縱萬變不逾戰守兩法至開市爲不得已此正名之說人人能言之者也至于市與不市之全局皆邊臣不了之局而機宜合算市與不市之大局皆邊臣總肩之局而機宜詳審則責實之道人所不能言而科臣之言至此而局中之思理正長局外之時宜可酌臣敢不揣而詳言之矣昔孔子商衞政必也正名乎于陳成子則沐浴請討卒之成春秋而亂臣賊子懼葢一生志事惟亂賊之求若斯其亟也然問軍旅曰未學語臨事曰好謀記所愼曰戰他日論管仲九合諸矦不以兵車則亟稱曰如其仁如其仁夫非兵車爲不仁之器以兵車者更爲不仁之人乎而孟子論行先王之政則曰不忍人論

一天下之人則曰不嗜殺人推之至于善戰者服上刑樂天者保天下自堯舜以至于周孔未嘗發明此論也而發明之始孟子何哉時爲之耳是故三旬逆命七旬來格爲舜禹之時小事獯鬻大事昆夷爲太王文王之時漢有和親之約唐有稱臣之恥宋有歲幣之納爲漢唐宋之時唯我祖宗朝爲封貢爲撫賞名義甚尊體統甚正度漢唐宋不足言直媲美于舜禹文王以自爲一時而孟子稱樂天者保天下于我祖宗始見之雖在今日爲市爲賞甫開其端未竟其委而臣愚竊觀時乎時乎夫固樂天之又一時

也故爲邊臣計合算全局不第在敵插諸部之異同而在我中華饋乏之物力詳審大局不第在目前戰款之難易而在觀古來得失之大都値今敵烽暫退正我好謀成事之一時以科臣之議密詢邊臣各出所長參廟謨而稟聖斷定有高論確見出臣區區意表者臣不敢以褊衷而妨大計也伏祈聖明裁鑒施行

論南洋事宜書

藍鼎元

南洋諸番不能爲害宜大開禁網聽民貿易以海外之有餘補內地之不足此豈容緩須臾哉昔閩撫密陳疑洋商賣船與番或載米接濟異域恐將來爲中國患又慮洋船盜劫請禁艘船出洋以省盜案以坐井觀天之見自謂經國遠猷居然入告乃當時九卿議者既未身歷海疆無能熟悉情形土人下士知情形者又不能自達朝宁故此事始終莫言而南洋之禁起焉非　聖主意也夫惟知海國情形乃可言弛張利害海外諸番星羅碁布朝鮮附近神

京守禮法東方之國日本最爲强大其外皆尾閭無他番稍降則爲琉球大小島嶼斷續二千里外皆萬水朝東亦無他國南洋番族最多呂宋噶囉吧爲大文萊蘇祿麻大甲丁機宜啞齊柔[redacted]馬承吉里問等數十國皆渺小不堪罔敢稍萌異念安南占城勢與兩粵相接此外有東埔寨六坤斜仔大泥諸國而暹羅爲西南之最極西則紅毛西洋矣紅毛乃西島番統名其中有英圭黎千絲蠟佛蘭西荷蘭大西洋小西洋諸國皆兇悍異常其舟堅固不畏颶風礮火軍械精于中土性情陰險叵測到處窺覘圖謀人

國統計天下海島諸番惟紅毛西洋日本三者可慮耳噶囉吧本巫來由地方緣與紅毛交易遂被侵占爲紅毛市舶之所呂宋亦巫來由分族緣習天主一教亦被西洋占奪爲西洋市舶之所日本明時作亂閩廣江浙皆遭蹂躪至今數省人民言倭寇者尚心痛首疾若南洋數十島番則自開闢以來未嘗侵擾邊境貽中國南顧之患不過貨財貿易通濟有無今日本不禁紅毛不禁西洋天主教布滿天下且以廣東澳門爲彼盤踞聚族之區而獨于柔順寡弱有利無害之南洋必嚴禁而遏絕之是亦不可以已

乎閩廣人稠地狹田園不足于耕望海謀生十居五六內地賤菲無足重輕之物載至番境皆同珍貝是以沿海居民造作小巧技藝以及女工針黹皆于洋船行銷歲收諸島銀錢貨物百十萬入我中土所關爲不細矣南洋未禁之先閩廣家給人足遊手無賴亦爲欲富所驅盡入番島先有在家飢寒竊劫爲非之患既禁以後百貨不通民生日蹙居者苦藝能之罔用行者歎致遠之無方故有以四五千金所造之洋艘繫維朽蠹于斷港荒岸之間駕駛則大而無當求價則沽而莫售拆造易小如削棟梁以爲杙

裂錦繡以爲縷于心有所不甘又冀日麗雲開或有弛禁復通之候一船之敝廢中人數百家之產其慘目傷心可勝道耶沿海居民蕭索岑寂窮困不聊之狀皆因洋禁其深知水性慣熟船務之舵工水手不能肩擔背負以博一朝之食或走險海中爲賊駕船圖目前餬口之計其遊手無賴更靡所之羣趨臺灣或爲犯亂辛丑臺寇陳福壽之流其明效大驗也天下利國利民之事雖小必爲妨民病國之事雖微必去今禁南洋有害而無利但能使沿海居民富者貧貧者困驅工商爲遊手驅遊手爲盜賊耳閩地

不生銀礦皆需番錢日久禁密無以爲繼必將取給于楮幣皮鈔以爲泉府權宜之用此其害匪甚微也開南洋有利而無害外通貨財內消奸宄百萬生靈仰事俯畜之有資各處鈔關且可多徵稅課以足民者裕國其利甚爲不小若夫賣船與番載米接濟被盜劫掠之疑則從來無此事何者商家一船造起便爲致富之業欲世世傳之子孫卽他年厭倦不自出尙歲收無窮之租賃誰肯賣人況番山材木比內地更堅商人每購而用之如鼎嘛桅一條在番不過一二百兩至內地則直千金番人造船比中國更

固中國數寸之板彼用全木數寸之釘彼用尺餘即以我船贈彼尚非所樂況令出重價以買耶閩廣產米無多福建不敷尤甚每歲民食半藉臺灣或佐之以江浙南洋未禁之先呂宋米時常至厦番地出米最饒原不待仰食中國洋商皆有身家誰自甘法網嘗試而洋船所載貨物一石之外收船租銀四五兩一石之米所值幾何舍其利而犯法雖至愚者不爲也歷來洋船從無在洋被劫蓋以劫船之盜皆在海邊出沒島澳離岸百十里極遠止二三百里以外則少舟行遠出無益且苦颶風驟起無停泊安身

之處洋船一縱不知其幾千里船身既大可任風波非賊船所能偕行若賊于海濱行劫則上下浙廣商船已可取攜不盡何必洋船即與洋船相遇而賊船低小臨之直若高樓非梯不能以上一船之賊多不過二三十人洋船人數極少百餘且不俟與賊力戰但挽舵走據上風可壓賊船而溺之矣方今　聖主當陽九圍綏靜凡有血氣咸同一家而獨于南洋弱小效順之諸番禁不與通來往內外臣工或知而不言殊非忠君愛國懷甯遠人惠養黎元之道草莽愚生所窃觀而竊歎也

擬諭英吉利國王檄

林則徐

爲照會事洪惟我　大皇帝撫綏中外一視同仁利則與天下公之害則爲天下去之葢以天下之心爲心也貴國王累世相傳皆稱恭順觀歷次進貢表文云凡本國人到中國貿易均蒙　大皇帝一體公平恩待等語竊喜貴國王深明大義感激　天恩是以　天朝柔遠綏懷倍加優禮貿易之利垂二百年該國所由以富庶稱者賴有此也唯是通商已久衆夷良莠不齊遂有夾帶鴉片誘惑華民以致毒流各省者似此但知利己不顧害人乃天理所不

容人情所共憤　大皇帝聞而震怒　特遣本大臣來至廣東與本總督部堂巡撫部院會同查辦凡內地民人販鴉片食鴉片者皆應處死若追究夷人歷年販賣之罪則其貽害深而攫利重本爲法所當誅惟念衆夷尚知悔罪乞誠將躉船鴉片二萬二百八十三箱由領事官義律稟請繳收全行燬化疊經本大臣等據實具奏幸蒙　大皇帝格外施恩以自首者情尚可原姑寬免罪再犯者法難屢貸立定新章諒貴國王嚮化傾心定能諭令衆夷兢兢奉法但必曉以利害乃知　天朝法度斷不可以不懍遵也查該國

距內地六七萬里而夷船爭來貿易者爲獲利之厚故耳以中國之利利外夷是夷人所獲之厚利皆從華民分去豈有反以毒物害華民之理卽夷人未必有心爲害而貪利之極不顧害人試問天良安在聞該國禁食鴉片甚嚴是固明知鴉片之爲害也既不使爲害于該國則他國尚不可移害況中國乎中國所行于外國者無一非利人之物利于食利于用竝利于轉賣皆利也中國曾有一物爲害外國否況如茶葉大黃外國所不可一日無也中國若靳其利而不恤其害則夷人何以爲生又外國之呢羽嗶

嘰非得中國絲斤不能成織若中國亦靳其利夷人何利可圖其餘食物自糖料薑桂而外用物自綢緞磁器而外外國所必需者曷可勝數而外來之物皆不過以供玩好可有可無既非中國要需何難閉關絕市乃　天朝于茶絲諸貨悉任其販運流通絕不靳惜無他利與天下公之也該國帶去內地貨物不特自資食用且得以分售各國獲利三倍卽不賣鴉片而其三倍之利自在何忍更以害人之物恣無厭之求乎設使別國有人販鴉片至英國誘人買食當亦貴國王所深惡而痛絕之也向聞貴國王存

心仁厚自不肎以已所不欲者施之于人竝聞來粵之船皆經頒給條約有不許攜帶禁物之語是貴國王之政令本屬嚴明祇因商船眾多前此或未加察今行文照會明知　天朝禁令之嚴定必使之不敢再犯且聞貴國王所都之囒囒及嘶噶囒嘜喻等處本皆不產鴉片惟所轄印度地方如嗌啊啦嘜噠啦嚏嗌唄叭噠嗱嚜嗱嘛哸哇數處連山栽種開池製造累月經年以厚其毒臭穢上達天怒神恫貴國王誠能于此等處拔盡根株盡鋤其地改種五穀有敢再圖種造鴉片者重治其罪此眞興利除害之

大仁政天所佑而神所福延年壽長子孫必在此舉矣至夷商來至內地飲食居處無非　天朝之恩膏積聚豐盈無非　天朝之樂利其在該國之日猶少而在粵東之日轉多弼教明刑古今通義譬如別國人到英國貿易尚須遵英國法度況　天朝乎今定華民之例賣鴉片者死食者亦死試思夷人若無鴉片帶來則華民何由轉賣何由吸食是奸夷實陷華民于死豈能獨子以生彼害人一命者尚須以命抵之況鴉片之害人豈止一命已乎故新例于帶鴉片來內地之夷人定以斬絞之罪所謂爲天下去

害者此也復查本年二月閒據該國領事義律以鴉片禁令森嚴稟求寬限凡印度港腳屬地請限五月英國本地請限十月然後卽以新例遵行等語今本大臣等奏蒙
大皇帝格外天恩倍加體恤凡在一年六箇月之內誤帶鴉片但能自首全繳者免其治罪若過此限期仍有帶來則是明知故犯卽行正法斷不寬宥可謂仁之至義之盡矣我　天朝君臨萬國儘有不測神威然不忍不教而誅故特宣明定例該國夷商欲圖長久貿易必當懍遵憲典將鴉片永斷來源切勿以身試法王其詰奸除慝以保乂

爾有邦益昭恭順之忱共享太平之福幸甚幸甚

與黃樹齋鴻臚論鴉片煙書　蔣湘南

違侍教言倏逾三月願言之懷頁不可任昨閱邸鈔知先生有請禁鴉片煙之奏憂國憂民莫切于此顧湘南管見有不盡與先生同者竊以爲不禁鴉片固非爲政之體而嚴禁鴉片亦有難挽之勢謹郵陳左右伏惟照察夫鴉片之源源而來者非一日之故矣明代成化中中貴收買其價與黃金等　本朝則康熙二十三年始以藥材列海關之稅每歲二百箱而已乾隆三年私貿者四千餘箱嘉慶元年因定販食鴉片之例而私貿仍不可止道光元年奉

旨查禁粵省大吏以暫事羈縻徐圖禁絕入奏于是因循日甚其突增至二萬箱者則在道光六年設水師巡船之後道光十二年裁巡船而積習已不可挽十七年復設巡船議定每千箱以若干箱送水師報功是年進口者遂五萬箱大抵水師有費巡船有費營汛有費差保有費窯口有費自總督衙門有費以及關口司事者無不有費世方奇貨之居人切染指之願今欲嚴行禁之將從何而禁之乎此其難者一也夫嚴禁則必大索大索必自各衙門內外起今之食鴉片者京官不過十分之一二外官不過

十分之二三刑名錢穀之幕友則有十分之五六至長隨吏胥更不可以數計衙門內外果可以盡清理乎此其難者二也海船擅鴉片之利者英吉利爲最彌利堅次之彌利堅所販乃都魯機之鴉片也英吉利所販則其所盗南印度東印度之各部落設官收稅者也即以孟阿拉一處論之每年收稅九百六十八萬四千餘圓其他十餘處之稅可以比較而知其贏利于中國者更可以揆度而知洋行貿易本以湖絲茶葉大黃磁器等物與夷人之棉花洋米大呢羽毛等物相兌中國之貨有餘夷人之貨不足每

年夷人應補中國銀價或一千萬圓或七八百萬圓不等是以貨易貨之無所利也其大利全在鴉片鴉片專賣中國之銀今欲嚴行禁之奸夷必與奸民相結謀所以阻敗其令輕辦則敷衍故事徒有整頓之名重辦則肇開邊釁或生意外之變此其難者三也且夫利之所在走死如鶩人情固見利而不見害也無業之民有借貸以販鴉片者小康之民有賣產以販鴉片者誠以其爲利厚耳食鴉片之人死何足惜然嚴禁之意固欲其生而不欲其死也今將清其源而源無可清節其流而流無可節惟有寬其期

限之一法至于寬其期限而所謂嚴禁者又成畫餅矣此其難者四也古之治民者當積重難返之時必有默化潛移之術如管子之治齊孫叔之治楚皆因民之情勢利而導之而民自變于不知未有以威劫之而能變者凡以威劫民而自謂其已變者皆掩耳盗鐘之說也先生之意蓋以銀價之昂由于漏卮在海禁之庶可以塞漏然而銅錢不出洋而各直省之錢亦日見其少者又何也爲今之計欲使鴉片無害銀不出洋莫如弛私種罌粟之禁攷前代淡巴孤之害人亦如鴉片之成癖故著之于律種者食者

皆擬死及　本朝入關置之不問而煙葉徧地食者亦不爲害蓋中國淑清之地所生非如海外瘴癘之鄉所產也誠于種罌粟者置若罔聞罌粟多則鴉片亦多以中國之鴉片抵夷人之鴉片夷人爲利而來必至折本而去久之自不復販是爲一善中國之鴉片雖不能過癖亦不致成癖淡巴孤其前效也是爲二善中國之銀仍流轉于民間不致爲夷人所得是爲三善轉移之術或在于此書生之見乖于政體然爲其實不爲其名若嚴禁恐終不能行也惟先生教之不宣

諭天津士民示

曾國藩

自咸豐三四年閒本部堂卽聞天津民皆好義各秉剛氣心竊嘉之夫好義者救人之危難急人之不平卽古所謂任俠之徒是也秉剛氣者一往直前不顧其他水火可赴白刃可蹈之類是也斯固屬難得之質有用之才然不善造就則或好義而不明理或有剛氣而無遠慮皆足以僨事而致亂卽以昨五月廿三日之事言之前聞教堂有迷拐幼孩挖眼剖心之說爾天津士民忿怒洋人斯亦不失爲義憤之所激發然必須訪察確實如果有無眼無心之

尸實爲教堂所掩埋如果有迷拐幼孩之犯實爲教堂所指使然後歸咎洋人乃不誣枉且卽有眞憑實據亦須稟告官長由官長知會領事由領事呈明公使然後將迷拐知情之教士挖眼剖心之洋人大加懲治乃爲合理今并未搜尋迷拐之確證挖眼之實據徒憑紛紛謠言卽思一打洩忿既不稟明中國官長轉告洋官自行懲辦又不稟明官長擅殺多命焚毀多處此爾士民平日不明理之故也我能殺彼亦可以殺報我能焚彼亦可以焚報以忿召忿以亂召亂報復無已則天津之人民房屋皆屬可危內則勞　皇上之憂慮外則啟各國之疑衅十載講和維持多方而不足一朝激變荼毒萬姓而有餘譬如家有子弟但逞一朝之忿而不顧禍患入于門庭憂辱及于父兄可乎國有士民但逞一朝之忿而不顧干戈起于疆埸憂危及于君上可乎此爾士民素無遠慮之故也津郡有好義之風有剛勁之氣本多可用之才然善用之則足備干城誤用之則適滋事變聞廿三日焚毀教堂之際土棍遊匪混雜其中紛紛搶奪財物分攜以歸以義憤始而以攘利終不特爲洋人所譏卽本地正紳亦羞與之爲伍矣本部

堂奉　命前來一以宣布　聖主懷柔外國息事安民之意一以勸諭津郡士民必明理而後可言好義必有遠慮而後可行其剛氣保全前此之美質挽回後日之令名此後如何仰體　聖意和戢遠人應如何約束同儕力戒喧閧如何而懲既往之咎如何而靖未平之氣仰讀書君子悉心籌議分條稟覆特諭

覆奏海防事宜疏

李鴻章

同治十三年九月二十九日承准軍機大臣密寄奉　上諭總理各國事務衙門奏海防亟宜切籌將緊要應辦事宜撮敘數條請飭詳議一摺沿江沿海防務經總理各國事務王大臣并各省將軍督撫等隨時籌畫而備禦究未可恃亟應實力講求同心籌辦堅善貞定歷久不懈以紓目前當務之急以裕國家久遠之圖該王大臣所陳練兵簡器造船籌餉用人持久各條均係緊要機宜著李鴻章等詳細籌議將逐條切實辦法限于一月內覆奏此外別

有要計亦即一併奏陳不得以空言塞責等因欽此旋又准總理衙門抄奏知照以丁日昌續擬海洋水師章程六條請飭黨入該衙門前奏一併妥籌覆奏奉　硃批依議欽此仰見　朝廷思患預防力圖自强之至意欽服莫名臣查各國條約已定斷難更改江海各口門戶洞開已為我與敵人公共之地無事則同居異心猜嫌既屬難免有警則我虞爾詐措置更不易周值此時局似覺防無可防矣惟交涉之事日繁彼族恃强要挾在在皆可生衅自有洋務以來迭次辦結之案無非委曲將就至本年日本與兵臺灣一事經總理衙門王大臣與該使多方開諭幾于舌敝唇焦猶賴　聖明主持于上屢　飭各疆臣嚴密籌防調兵集船購利器築礮臺一時并舉雖未即有把握而虛聲究已稍壯該酋外怵公論內懾兵威乃漸帖耳就款于　國體民情尚無窒礙未必非在事諸臣挽救之力臣于臺事初起時即函商總理衙門謂明是和局而必陰為戰備庶和可速成而經久洋人論事不論理彼以兵事相壓我第欲以筆舌勝之此必不得之數也夫臨事籌防措手已多不及若先時備預倭兵亦不敢來烏得謂防務可

一日緩哉茲總理衙門陳請六條目前當務之急與日後久遠之圖業已綜括無遺洵為救時要策所未易猝辦者人才之難得經費之難籌畛域之難化故習之難除循是不改雖日事設防猶畫餅也然則今日所急惟在力破成見以求實濟而已何以言之歷代備邊多在西北其强弱之勢客主之形皆適相埒且猶有中外界限今則東南海疆萬餘里各國通商傳教來往自如麕集京師及各省腹地陽託和好之名陰懷吞噬之計一國生事諸國構煽實為數千年來未有之變局輪船電報之速瞬息千里軍械

機器之精工力百倍礮彈所到無堅不摧水陸關隘不足限制又爲數千年來未有之强敵外患之來變幻如此而我猶欲以成法制之譬如醫者療疾不問何證概投之以古方誠未見其效也庚申以後夷勢駸駸內向薄海冠帶之儒莫不發憤慷慨爭言驅逐局外之訾議既不悉局中之艱難及詢以自强何術禦侮何能則茫然靡所依據自古用兵未有不知己知彼而能決勝者彼之所長己之所短尙未探討明白但欲逞意氣于孤注之擲豈非視　國事如兒戲耶臣雖愚闇從事軍中十餘年向不敢畏縮自

甘貽憂　君父惟洋務涉歷頗久聞見稍廣于彼己長短相形之處知之較深而環顧當世餉力人才實有未逮又多拘于成法牽于衆議雖欲振奮而末由易曰窮則變變則通蓋不變通則戰守皆不足恃而和亦不可久也謹就總理衙門原議逐條詳細籌擬切實辦法附以管見略爲引伸丁日昌所陳閒有可採一併彙入核擬以備芻蕘之獻仍請　敕下在廷王大臣詳晰謀議請　旨定奪總之居今日而欲整頓海防舍變法與用人別無下手之處伏願我　皇上顧全社稷民生之重時勢艱危之極常存欿然不自足之懷節省冗費講求軍實造就人才皆不必拘執常例而尤以人才爲亟要使天下有志之士無不明于洋務庶練兵製器造船各事可期逐漸精强積誠致行尤需歲月遲久乃能有濟目前固須力保和局卽將來器精防固亦不宜自我開衅彼族或以萬分無禮相加不得已而一應之耳

柔遠新書卷第四

景東劉韞齋先生鑒定

皋蘭朱克敬瞑庵著
長沙左　宧錫九參

請福建開設船廠疏　左宗棠

竊維東南大利在水而不在陸自廣東福建而浙江江南山東直隸　盛京以迄東北大海環其三面江河以外萬水朝宗無事之時以之籌轉漕則千里猶在戶庭以之籌懋遷則百貨萃諸廛肆匪獨魚鹽蒲蛤足以業貧民舵艄水手足以安游衆也有事之時以之籌調發則百粵之旅

可集三韓以之籌轉輸則七省之儲可通一水匪特巡洋緝盜有必設之防用兵出奇有必爭之道也況我　國家建都于燕津沽實爲要鎮自海上用兵以來泰西各國火輪兵船直達天津藩籬竟成虛設星馳飇舉無足當之自洋船准載北貨行銷各口北地貨價騰貴江浙大商以海船爲業者往北置貨價本愈增比及回南費重行遲不能減價以敵洋商日久銷耗愈甚不惟虧折貨本寖至歇其舊業濱海之區四民中商居什之六七坐此闤闠蕭條稅釐減色富商變爲窶人游手驅爲人役并恐海船擱朽目前江浙海運即有無船之慮而漕政益難措手是非設局急造輪船不爲功從前中外臣工屢議僱買代造而未敢輕議設局製造者一則船廠擇地之難也一則輪船機器購覓之難也一則外國師匠要約之難也一則籌集巨款之難也一則中國之人不習管駕船成仍須僱用洋人之難也一則輪船既成煤炭薪工需費不貲月需支給又時須修造之難也一則非常之舉謗議易興創議者一人任事者一人旁觀者一人事敗垂成公私均害之難也有此數難毋怪執咎無人不敢一紓籌策以徇公家之急臣愚

以爲欲防海之害而收其利非整理水師不可欲整理水師非設局監造輪船不可泰西巧而中國不必安于拙也泰西有而中國不能傲以無也雖善作者不必其善成而善因者究易于善創如慮船廠擇地之難則福建海口羅星塔一帶開槽濬渠水清土實爲粵浙江蘇所無臣在浙時即聞洋人之論如此昨回福州參以衆論亦復相同是船廠固有其地也如慮機器購覓之難則先購機器一具鉅細畢備覓僱西洋師匠與之俱來以製造機器積微成鉅化一爲百機器既備成一船之輪機即成一船成一船

即練一船之兵比及五年成船稍多可以布置沿海各省遥衛津沽由此更添機器觸類旁通凡製造炸彈鑄錢治水有適民生日用者均可次第爲之惟事屬創始中國無能赴各國購覓之人且機器良楛亦難驟辨仍須託洋人購覓寬給其值但求其良則亦非不可必得也如慮外國師匠要約之難則先立條約定其薪水到廠後由局挑選內地各項匠作之少壯明白者隨同學習其性慧夙有巧思者無論官紳士庶一體入局講習拙者惰者隨時更補西洋師匠盡心教藝者總辦洋員薪水全給如不傳授者

罰扣薪水似亦易有把握如慮籌集巨款之難就閩而論海關結款應可劃項支應不足則提取釐稅益之又臣曾函商浙江撫臣馬新貽新授廣東撫臣蔣益澧均以此爲必不容緩願湊集巨款以觀其成計造船廠購機器募師匠須費三十餘萬兩開工集料支給中外匠作薪水每月約需五六萬兩以一年計之需費六十餘萬兩創始兩年成船少而費極多迨三四五年則工以熟而速成船多而費亦漸減通計五年所費不過三百餘萬兩五年之中
國家損此數百萬之入合雖見多分亦見少似尚未爲難

也如慮船成以後中國無人堪作船主看盤管車諸事均須僱倩洋人則定議之初即先與訂明教習造船即兼教習駕駛船成即令隨同出洋周歷各海口無論兵弁各色人等有講習精通能爲船主者即給武職千把都守由虛銜洊補實職俾領水師則材技之士爭起赴之將來講習益精水師人材固不可勝用矣且臣訪聞浙江甯波一帶現亦有粗知管駕輪船之人如選調入局船成即令其管駕似得力更速也如慮煤炭薪工按月支給所費不貲及修造之費爲難則以新造輪船運漕而以僱沙船之價給

之漕務畢則聽調遣隨賊所在絡繹奔赴分攻合勦剋期可至大凡水師宜常川住船操練俾其服習風濤長其筋力深其閱歷然後可恃爲常勝之軍近觀海口各國所駐兵船每月操演數次儼臨大敵遇有賊艇即踴躍攫擊以試其能所以防其惡勞好逸者如此且船械機器廢擱不用則朽鈍堪虞時加淬厲則晶瑩益出故船成之後不妨裝載商貨藉以捕盜而護商兼可習勞而集費似歲修經費無俟別籌也至非常之舉謗議易興始則憂其無成繼則議其多費或更譏其失體皆意中必有之事然臣愚竊

有謂馬防海必用海船海船不敵輪船之靈捷西洋各國與俄羅斯米利堅數十年來講求輪船之制互相師法製作日精東洋日本始購輪船拆視仿造未成近乃遣人赴英吉利學其文字究其象數爲仿製輪船張本不數年後東洋輪船亦必有成獨中國因頻年軍務繁興未暇議及雖前此有代造之舉近復奉　諭購雇輪船然皆未爲了局彼此同以大海爲利彼有所挾我獨無之譬猶渡河人操舟而我結筏譬猶使馬人跨駿而我騎驢可乎鈞是人也聰明睿知相近者性而所習不能無殊中國之睿知運

于虛外國之聰明寄于實中國以義理爲本藝事爲末外國以藝事爲重義理爲輕彼此各是其是兩不相喻姑置弗論可耳謂執藝事者舍其精講義理者必遺其粗不可也謂我之長不如外國藉外國導其先可也謂我之長不如外國讓外國擅其能不可也此事理之較著者也如擬創造輪船卽預慮難成而自沮然則治河者慮合龍之無期卽罷畚築治軍者慮蒇役之無日卽罷徵調乎如慮糜費之多則自道光十九年以來所糜之費已難數計昔因無輪船致所費不可得而節矣今仿造輪船正所以預節

異時之費而尙容靳乎天下事始有所損者終必有所益輪船成則漕政與軍政舉商民之困紓海關之稅旺一時之費數世之利也縱令所製不及各國之工究之慰情勝無倉卒較有所恃且由鈍而巧由粗而精尙可期諸異日孰如羨魚而無網也計閩浙粵東三省通力合作五年之久費數百萬尙非力所難能疆臣誼在體　國奉公何敢惜小費而怠至計以中國仿製輪船或疑失體則尤不然無論禮失而求諸野自古已然卽以鎗礮言之中國古無笵金爲礮施放藥彈之製所謂礮者以車發石而已至明

中葉始有佛郎機之名　國初始有紅衣大將軍之名當時得其國之器卽被以其國之名謂佛郎機者卽法蘭西音之轉謂紅衣者卽紅夷音之轉葢紅毛也近時洋鎗開花礮等器之製中國仿洋式製造亦皆能之礮可仿製船獨不可倣製乎安在其爲失體也臣自道光十九年海上事起凡唐宋以來史傳別錄說部及　國朝志乘載記官私各書有關海國故事者每涉及之粗悉梗概大約火輪兵船之製不過近數十年事于前無徵也前在杭州時曾覓匠仿造小輪船形模粗具試之西湖駛行不速以示洋

將德克碑稅務司日意格據云大致不差惟輪機須從西洋購覓乃臻捷便因出法國製船圖冊相示幷請代爲監造以西法傳之中土適髮逆陷漳州臣入閩督勦未暇及也嗣德克碑歸國繪具圖式船廠圖冊幷將購覓輪機招延洋匠各事宜逐款開載寄由日意格轉送漳州行營德克碑旋來漳州接見臣時方赴粵東督勦未暇定議德克碑辭赴暹羅屬日意格候言彼此往返講求漸得要領日意格聞臣由粵凱旋擬來閩面訂一切臣原擬俟其來閩商妥後再具摺詳陳請　旨因日意格尚未前來適奉購

僱輪船　寄諭應先將擬造輪船緣由據實馳陳至設局開廠購料興工一切事宜極爲繁重俟奉到　諭旨允行後再當條舉件繫恭呈　御覽

奏製造輪船可成疏　左宗棠

竊臣欽奉　寄諭各就該處情形及早籌維仍令通盤大局或目前卽可設施或陸續斟酌辦理或各處均屬阻滯斷不可行務須條分縷析悉心妥議專摺速行密奏此事關係中外情形甚重該督撫大臣等務共體時艱勿泥成見知已知彼係國係民詳愼籌畫不可稍涉疏略是爲至要外國論議及說帖照會四件均鈔給閱看將此由五百里諭令知之欽此臣維西洋各國向以船礮稱雄海上從前中國雖許通市番船鱗集南洋然彼貪貿易之利素仰

中國之威未敢妄逞嘉慶道光年間始有兵船闖入中國之事雖稱堅緻殊常然不過夾板等類藉保護洋商爲詞實則護送鴉片地方大吏以理喻之旋卽引去其時各國未造火輪船彼尙無所挾也道光十九年海上事起適火輪兵船已成英吉利遂用以入犯厥後尋衅生端逞其狂悖瞰我寇事方殷未遑遠略遂敢大肆披猖此次威妥瑪赫德所遞論議說帖悖慢之詞殊堪髮指威妥瑪所論與赫德同可知卽赫德之意我之待赫德不爲不優而竟敢如此彼固英人亙其心惟利是視于我何有臣揣其意有

二髮逆既平彼無所挾以爲重恐啟中國輕視之漸一也結款已滿彼無所圖欲藉購僱輪船器械因緣爲利二也西洋各國外雖和好內實險競共利則爭英人欲首倡僱船買船之議見好各國以固其交又知各國必將以新法售我思先發以籠其利三也若云別蓄詭謀藉以挑衅尙或不然前此中國賊勢甚熾彼尙未以險語恫喝玆值巨逆殄除東南敉靜乃直舉不軌陰謀坦然相示似無是理且就彼已强弱言之中國前此兵力制土匪不足何能制各國夷兵前此鎗礮制髮逆不足何能敵彼中機器今則

將士之磨練日久鎗礮之製造日精不但土匪應手殲除即十數年滔天巨寇亦已掃除淨盡英法兩國助我討賊者需我援救策應乃能成其功助賊拒我者經我禽斬赦宥亦已挫其氣彼獨無所聞無所見乎就英法兩國而言英詐而法悍其助我也法尙肯稍爲盡力英則坐觀之意居多法之兵頭捐軀者數人英無有也法人與中國將領共事尙有親愛推服之詞英則忌我之能翹我之短明知中國兵力漸强彼之材技有限而且深藏以匿其短矜詡以張其能如此彼之所恃以傲我者不過擅輪船之利耳

若鎗礮之製廣東無殼擡鎗三人可放兩桿一發可洞五人無需洋火藥銅帽之費足收致遠命中之功較之洋人所推來福礮更捷而更遠大礮之製新嘉坡所鑄不如其祖家之良中國若購求子膛藥膛火門三事合式改用鐵模淨提鐵汁可與來福礮同工硼礮一種又稱開花礮天礮用生鐵鑄成者重百餘斤可放十餘斤礮子用熟鐵製成者重四十五斤亦可放十斤零礮子遠可三里許落地而始開花其巧在子而亦在礮臣回閩後督匠鑄製共已成三十餘尊用尺測量施放亦與西洋硼礮同工至輪車

機器造鐵機器皆從造船機器生出如能造船則由此推廣製作無所不可其信綫一種則運思巧而不適于用安置數十里之遠無人常川監護則機牙易壞徒增煩擾非民閒所宜非官所能强上年臣過福州時美里登會中前請臣以此謝之給以價值收其器具現尙存福州府庫也此外奇巧之器甚夥然皆美觀而不適于用則亦玩蓺而已奚足與于有無之數乎抑臣竊有慮者各口未開以前英人專互市之利所獲甚饒各口既開之後有約無約之國均來中國貿易利以分而見少近聞英商各行買賣折

閱漸多譬如巨賈多開子店費用益繁利市更少其倒歇實在意中雖彼自失計于我無尤然事急變生不爭不饜未屆換約之期或無異說數年以後彼因生計愈耗求贏于我將顧而之他藉端要挾恐所不免如有決裂則彼已之形所宜審也陸地之戰彼之所長皆我所長有其過之無弗及也若縱橫海上彼有輪船我尚無之形無與格勢無與禁將若之何此微臣所爲鰓鰓過計擬習駕駛懷之三年乃有此請也據德克碑云中國擬造輪船請以西法傳之中土曾以此達之法國君主君主允之令其選國中

工匠與之俱來未知確否現在借新法自强之論既發之威安瑪赫德則我設局開廠彼雖未與其議當亦無詞阻撓至我　國家自强之道莫要于捐文法用賢才任親賢以擇督撫任督撫以擇守令政事克修遠人自服是在
皇太后　皇上聖謨廣運非微臣所敢議也據實密陳

奏造船事宜疏　左宗棠

竊臣前議習造輪船曾將應辦情形及請　簡總理船政大臣接管籌發購器募匠銀兩各緣由業經迭次陳明臣于交卸督鹽兩篆後駐營城外東教場嚴裝以待洋員之至本月二十三日道員胡光墉偕日意格德克碑來閩據日意格等稟呈保約條議清摺合同規約各件業經法國總領事官白來尼印押擔保臣逐加覆核均尚妥洽所有鐵廠船槽船廠學堂及中外公廨工匠住屋築基砌岸一切工程經日意格等覓中外殷商包辦由臣核定計共需

銀二十四萬餘兩船槽尤爲通局最要之件應用法國新法購辦鐵板運來船廠嵌造成槽此外一切局中應用什物由護撫臣周開錫委員估置日意格德克碑俟廠工估定即回法國購買機器輪機鋼鐵等件幷購大鐵船槽一具募僱匠員來閩一面開設學堂延致熟習中外語言文字洋師教習英法兩國語言文字算法畫法名曰求是堂藝局挑選本地資性聰潁粗通文義子弟入局肄習幷採辦鋼鐵木料一俟船廠造成即先修造船身庶來年機器輪機運到時可先就現成輪機配成大小輪船各一隻此

後機器輪機可令中國匠作學造約計五年限內可得大輪船十一隻小輪船五隻大輪船一百五十匹馬力可裝載百萬斤小輪船八十匹馬力可裝載三四十萬斤小輪船均照外洋兵船式樣總計所費不逾三百萬兩惟採買物料一切有此月需多彼月需少者勢難畫一應將閩稅每月協撥兵餉五萬兩劃提四萬兩歸軍需局庫另款存儲以便隨時應付而前後牽計仍不得踰每月四萬之數以示限制抑區區之愚有不敢不盡者茲局之設所重在學造西洋機器以成輪船俾中國得轉相授受為永遠之

利非如僱買輪船之徒取濟一時可比其事較僱買為難其費較僱買為鉅臣德薄能淺不足為其難又去閩在即不能為其難當此時絀舉盈之際凡費宜惜鉅費尤可惜而顧斷斷于此者竊謂海疆非此兵不能強民不能富僱募僅濟一時之需自造實無窮之利也于是則雖難有所不避雖費有所不辭然而時需五載銀需二百數十萬兩事屬創舉成否未可預知幸而學造有成縱局外議論紛紜微臣尚有以自解設學造未能盡洋技之奇卽解造輪船不能自作船主曲盡駕駛之法則費此五年之時日二百數十萬之帑金僅得大小輪船十六號機器一分鐵廠船槽船廠及各房屋雖所造輪船較尋常購買各色輪船精堅適用而估計所費多于買價一倍于大局仍少裨益責以糜帑咎何可辭凡此皆宜預為綢繆而不能預為期必者故此局之定愛臣者多以異時咎責為臣慮局外阻撓為臣疑卽日意格亦言此時局面既更勢難兼顧如欲停止願將已領之銀仍卽繳回臣答以事在必行萬無中止之理但願一一謹守條約盡心經畫共觀厥成如有差謬當自請　朝廷嚴加議處而已察看人情尚可望其有

成合將日意格德克碑會稟保約條議清摺合同規約照鈔咨呈軍機處總理各國事務衙門存案外謹臚舉船政事宜十條另繕清單恭呈　御覽

復姚彥嘉書　　郭嵩燾

奉手示知已由家而金陵而又返家幼帥所論皆在意中而非鄙心之所存也鄙人區區與閣下所守實遠不同閣下無官守無職司泛然同于流俗于國家之休戚固無與也所知洋務亦但得之見聞而非有深識遠慮通知古今之變而究觀其始終鄙人嘗論辦理洋務之節要三上焉者力求富强之術殫思竭慮與之馳騁行之一日而可收效數年數十年之後當事者不樂爲也其勢亦必不能何也凡爲富强必有其本人心風俗政教之積其本也以今

日之人心風俗而求富强果有當焉否耶賢如幼帥於此亦未能深察也其次則用今之法行今之政苟取循分自盡而已則亦必求知所以循分自盡者爲何事而行之何先如今日吏治之昏亂欲無整飭得乎民生之凋弊欲無存卹得乎吏事固必求理矣民氣固必求通矣朝廷持是以課之疆吏疆吏持是以課之所司欽欽焉求所以治國而理民悉洋務一切廢罷不講而洋務自理何也吾之所爲誠有以服其心也洋人之與吾民亦類也未有能自理其民而不能理洋務者也苟求富强其用有大於是者矣而亦必以是爲之程此則盡吾人之才智而皆可希冀者也其下則並此不能爲吏治之婾敝如故也民氣之壅塞如故也而彼耽耽環視之洋人亦必求所以應之應之維何曰理而已矣審吾所据之理必有道以通之審彼所据之理必有辭以折之常使理足于已而後感之以誠守之以信明之以公竭一人之力控制指麾而無不如意則亦可以求數十百年之安能是三者淺深各有所得而其效立見不能是三者則萬無以自立鄙人知之明守之定而憫當世之狂惑昏迷日趨於危亂而莫之卹也正辭而明

諭之意曰苟令在位者知之則所以安民弭亂之術舉而措之裕如也吾心所据之理有餘安坐以應人之變而必無有困辱折撓若以前之爲者此可以理決也盡如今人所持茫昧之公義一變而五口再變而十三口再變而浸淫二十餘口深入長江三千餘里置官四川雲南環中國而踞其要害閣下試思之能堪此公義之三辱四辱乎閣下相從海外日見吾所辨爭而幸有當者何嘗稍有假借以不得申其志而從未敢懷輕視之心以吾心實見其不可輕視而考覽其學校風俗益憮然內自懷媿身爲大臣

止洋人行敎者徧天下一著中國衣冠便無禁阻德國里士叨芬礦學書盡湖南六十三州縣礦產皆詳著之是不惟游歷且到處推求考驗無知禁阻者是何足當一笑但使在位者稍明此理卽民心帖然矣惟其穀然無所統一也是以相與譁然卒莫辨其是非得失之所在來書謂常人聞西洋好處則大怒一聞詬訶則喜謂夷狄應爾引此為喻是將使天下之人長此終古一無省悟試卽今時事局思之果有益乎果無益乎三代盛時聖人政敎所及中土一隅而已湖南江浙皆蠻夷也至漢而南達交阯東徑

樂浪皆為郡縣而匈奴烏桓西羌為戎狄歷元至本朝匈奴西羌故地盡隸版圖而朝鮮安南又為要荒屬國是所謂戎狄者但据禮樂政敎所及言之其不服中國禮樂政敎而以寇鈔為事謂之夷狄為其倏盛倏衰環起以立國者宜以中國為宗也非謂盡地球縱横七萬里皆為夷狄獨中土一隅不問其政敎風俗何若可以陵駕而出其上也今人與奴隸盜賊同席坐則慙且怒審知其非奴隸盜賊也卽慙與怒立釋故于此辨之必明乃得所以自處與處人之道閣下据此為俯順人心之證懞不敢謂然也西

讀書觀理且六十年事任所屬智慮所及于國家安危利害所關尤劇南宋以來無知此義者由北宋以前上推至唐至漢議論奚若事功奚若與今日所以為異同又奚若在位者不知考求無論士民鄙心常引以為大咎閣下乃欲使我囁嚅伈俔苟順士大夫之意以訾詬洋人為容悅疑誤天下非為不屑為也實亦不忍疾病歸家閉門卻埽不見一人卽來書所示抑揚反覆規合時論以免疑謗亦並無所用之湖南又有毆擊洋人之案自辦理洋務四十年每一阻拒洋人則開一釁端至于廣東禁使入城而洋

禍乃烈雲南禁使入關因而狙擊之而中外遣使之局乃成抑思洋人之游歷也有條約其指名游歷也有照會一切假朝命行之而至今相承不悟是以義憤阻拒洋人而先已違背詔旨夫且無以自解又何辭以解于洋人則亦在官者積慣成習不明事理之過也如昨洋人至湖南以鬻書為名書非貨也而既云鬻書則亦與通商為例湖南非通商口岸當據條約禁使不得停留鬻書游歷非所禁也京師重地駐紮各國公使雲南通商後環中國萬餘里之地來往出入若坦途然湖南何所据以為名而禁之使

洋爲禍之烈莫如洋煙而相與以行敎爲事二者迥異而固中國人心所深惡者當以爲泰西之敎其精微處遠不逮中國聖人故足以惑庸愚而不能以惑上智士大夫誠惡之惟當禁吾民使不從敎爲家長者約束其家爲鄉長者約束其鄉其權在我于彼傳敎之人不足校也至于洋煙之爲害其宜禁也決矣不獨民俗之窮人心風俗之敝始于洋煙自西洋通商中國千餘年其國勢日益彊通商之國亦日益多從未嘗以無理求逞道光之季與中國構難其禍實原于此此所謂亂本也士大夫語及洋人則大

憾見洋人機器所以致富彊者則益憾獨于洋煙甘心吸噬豈盡民之無良哉在官者狃于所習蔽于所聞全無開導督禁之方故也曩在京師吳江相國相戒不談洋務而鄙人之談如故至于謗讟刺譏偏于士大夫洶洶然不可嚮邇而鄙人之談如故誠見洋禍已成與中國交接往來亦遂爲一定之局冀幸多得一人通曉洋務卽少生一釁端聖躬沖齡政在大臣瞻顧尤多遇有洋務亦可少一喧囂爭鬨以滋朝廷之游移在我之理常伸卽在彼之氣自餒宋明之季之議論在當時已爲不揣情勢施之今日尤爲不倫誠當引以爲鑒戒不當反據以相崇獎誤國貽羞而不知悟也身當其任不能不慮及大局以求所以自效一日去位與耕牧爲伍亦直無足與談請閣下勿疑劉錫鴻一譸張爲幻之小人何足與校然其中消息絕大以于鄙人戕賊太甚所營求者聲名富貴也至於貽誤大局而始終有以自立卽鄙人萬無可以自立之勢進退之機尤決于是冷煖痛癢雖至戚關念勤勤不能盡相喻也

覆陳山海關防務疏　曾國荃

竊臣承准軍機大臣密寄光緒六年九月十五日奉　上諭詹事府左庶子張之洞奏敵船若入遼海必趨營口今日海防宜備者奉天府北山海關關外形勢營口爲前敵錦州爲重鎮統帥宜駐于此方可左右策應宋慶郭寶昌劉連捷劉維楨四軍分相敵而情不相浹且湘楚皖豫餉章厚薄不同尤須主帥較近方能鎮撫調護等語所奏是否著曾國荃與李鴻章會商妥籌具奏等因欽此仰見朝廷採及芻蕘必詢其合宜而後定在微臣察看形勢必

求其有益而後敢行竊維用兵之道不外乎知己知彼尤宜先顧根本方敢次謀枝葉今敵人聲言以兵船入華要挾者無非要挾根本重地咸豐庚申年往事其明證也敵兵以船爲家一日千里瞬息千變方寇之未至也各路防軍反若虛設及其來也路路皆嫌兵單且以外人船堅礮利有口之處固易登岸無口之區泊船亦能上岸不特無兵之地容易登陸卽係重兵駐防之域亦不難以大礮轟擊追奔逐北從容上岸除英法美德在中國舊有通商馬頭各岸俄國不忍以兵擾其與國口岸房屋外至若旁路沿海各邊則皆無所顧忌也今我中華用兵防守備多則力已分兵弱則守難固多設一方之備卽多予一路之隙一路失機路路皆警一路動蕩則根本之地不無戒嚴此不可不先事籌慮者也營口距錦州約三百里距奉天約四百里上下左右頭頭是道路路可通縱駐一軍于營口未必果能制敵之不窺伺旁近各岸究不若山海關之猶足以屏蔽　京師也請以山海關而論實爲東三省入京咽喉之路東北鎖鑰推此關爲要隘其南則濱大海關內沿海百里之地有老龍頭石沙口小河口秦王島湯河

口金山觜六處可以泊船登岸其路直達近畿卽以重兵三四萬人屯駐此關不見其多今乃言舍要隘而遠謀七百里以外之營口竊未見其合宜也現在　廟謨布置以淮練各軍駐紮天津防守大沽北塘各口以霆軍駐紮昌黎樂亭防守大清河洋河各口以山海關防軍兼顧金山觜秦王島老龍頭各處甚合機宜所謂以有定之兵制無定之寇先立于不敗之地也今若調遣出關無論未練之軍必易于潰散且失天津昌黎二軍犄角之勢萬一敵船從此乘虛而入竊恐營口之軍糧餉子藥皆無來路或將

不戰而自潰矣此料敵之說不可不據實臚陳以備　聖明採擇者也臣撫晉疆抱病業已兩載足不能行手不能提此次率南人而戍北邊士卒兵弁愈稱水土不合難耐嚴寒經臣多方鼓舞謂山海關足以拱衛　京畿凡屬普天率土之民各宜効力以顧根本及至關門與劉維楨郭寶昌周世臣楊玉書各員及其部下哨弁兵勇相見則皆環跪于道具陳奉調防邊責任綦重不得不努力從公惟米珠薪桂口糧太輕衣則無食食則無衣且值朔風凜冽潮汐怒號南人氣體不堪久戍皆願事定之後即早撤回

各省仍歸舊伍經臣宣揚　聖德令其堅牆高壘葢造兵房多備薪炭以禦嚴冬許以咨請湖北督臣撫臣安徽撫臣籌撥忠義卓勝四營武毅二營凡駐紮山海關者每月皆給滿餉并准添補統領各官辦公經費由該各省籌防總局津貼轉運子藥米糧柴艸舟楫車馬之費而後士卒帖服人心始歸畫一若遽舍近畿藩籬于不顧而責令遠戍營口是失其效忠之心勢必謂臣無信何敢望其用命宋慶一軍先已遠駐營口前派楊鴻禮前來臣營苦求調回關內據稱該九營河南餉章甚輕兵勇衣食不足亦難

久于遠戍臣許以咨請河南撫臣涂宗瀛照依楚軍舊制籌給滿餉添補統領經費及津貼車馬舟楫之費楊鴻禮始回營口此新授　盛京副都統富陞道經山海關所目覩之情狀也富陞垂憐臣病三次詣臣牀前執手談論亦極言東三省防務宜招吉林土著之勇一大軍訓以紀效新書法度不宜調集南人致滋譁變至于將帥則宜用八旗漢軍世受　國恩之知兵大員方可調遣各旗官將兵弁運掉如意尤易浹洽此誠知兵之言尤爲今日緊要應辦之事若使假以事權寬以歲月多給富陞餉項練成勁

旅東三省防務必能辦有起色竊維臣以病軀勇皆南人自度不能出關又恐貽誤關內察看形勢揆度軍情近于知己知彼之說此亦不能不據實瀝陳于　聖主之前者也治軍祇能實事求是豈可以空言鎮撫在事諸將各有公忠義憤亦無須曲爲調護　朝廷總握全局當以培養國脈爲先必不輕言戰事言路各抒忠直應以拱衛根本爲主不應偏重口岸將領專領一隅自當以相度緩急爲衡不敢狃于成說臣老且病耳聾目瞶氣虛血寒每遇大風突起徧身戰慄手足不能主持再四籌思與其貽誤

于後致干罪戾曷若預陳于前猶可仰蒙　聖主矜恤至于原奏所云晉楚皖豫餉章厚薄不同誠為確論應請旨密飭湖廣督臣李瀚章湖北撫臣彭祖賢安徽撫臣裕祿河南撫臣涂宗瀛將宋慶劉維楨郭寶昌楊玉書各營從到防之日起酌量加增按月發給滿餉并添補辦公經費津貼舟車轉運之費以示體恤而固軍心一俟明年撤回各省之後仍照該各省餉章支放在該各省每月所費無多而維繫防軍人心則甚大矣李瀚章彭祖賢裕祿涂宗瀛素顧大局必肯竭力如數籌給毋令缺乏宋慶郭寶昌劉維楨楊玉書等老于戎行深明大義此次戮力同心整軍經武用之獨當一路均足以勝任愉快臣與李鴻章往返函商所見相同理合據實會陳仰懇　宸廑

憤戒

朱克敬

洋人之入中國千古奇變其處心積慮專以殺人謀利為事又從古蠻夷所未有十餘年來辱我大臣奪我地利脅我人民凡屬　大清臣子孰不欲食肉而寢處其皮但今日　國家兵力實不能與之爭衡不得不委曲議和徐圖攘斥忠義之士既恨國恥未雪當竭慮殫思日夜謀所以制敵學一技即有一技之用畫一策即有一策之功輸一錢即收一錢之助師敵之長所以制敵之命蓄我之力可以驕彼之心至于夷人過境及教堂洋館所在務當巽以行權隱忍退避斷不可妄加殺害更貽君父之憂洋人日夜耽耽常欲伺衅以肆要挾我更授以口實則正墮其術中每發一難即索兵費數十百萬增和約數條制　朝廷之要害收中國之利權絕小民之生路夫使殺一夷人而利于中國捐身命累鄉閭為之可也無益而又害之是誠不可以已乎百姓之憤恨夷人豈不自知而　朝廷既與之和百姓即守　朝廷之約亦可見我國號令之行人心之一正所以養國威張國勢也

諱戒　　朱克敬

臺諫以獻納爲直凡百政事皆當盡言惟夷務則可以置之不論何者戰陣之事非局外所能代亦非口舌所能爭今論者皆疑政府宴安疆臣怯懦故憚于用兵不盡然也夷人將佐之睦紀律之嚴器械之精餉糈之厚十倍于我勝負之數不待兵交而知暫與連和尚可徐圖振作若不忍小忿孟浪稱兵設有不虞則　車駕倉皇宮城震蕩皆非意外之事爲臣子者能毋深念乎諸君果抱忠愛之忱當講求政本推獎人才以補　朝廷之闕但憂中國之不

治不憂海國之內侵但患兵餉之不足不患戰勝之無時伍員覆楚勾踐沼吳皆動心忍性多歷歲年成大事者不期近效傳曰主憂臣辱　今上宵旰焦勞正臣子忍辱經營之日非激昂使氣之時也且局外者當念局中之苦危疑倉卒之時羣情協贊則智勇倍增謗議橫生則中心慘沮應付必多舛錯毫釐千里轉致爲敵所持是愛國而轉以誤國也總之戰之一字理所必然勢有必至而非今日所宜言上下同心憂勤奮發二十年後乃可議之耳至若明知戰之不可而姑爲激論以取高名此非純臣所爲亦鄙人所不敢逆億也

謬戒　朱克敬

近日學西法者多糟粕程朱粃糠孔孟贊美夷人以爲事事勝于中國用夷變夏卽可自强此大誤也中國之法萬世不易之經今日之弊由學者不能實踐非孔孟程朱之罪也夫人知忠愛名分凜然中國之長也但守法令不習詩書夷人之短也今我方舍舊謀新而彼乃廣購經史教其國人誦習我專學彼之短彼盡得我之長則强弱之勢愈懸猾夏之禍愈烈不數十年衣冠禮樂之邦將成獸蹄鳥迹之道此鄙人之所大懼也故學西法者必先究心于理學庶不至猖狂橫決遺禍千秋

褊戒　朱克敬

近世賢者多以和議爲恥何其隘也和不可恥和而苟安乃可恥耳勾踐臣吳唐肅宗拜回紇後世不以爲非其所圖者大也宋高宗時國勢日削非生聚教訓需以歲月斷不能戰而張浚趙鼎諸人不能屈伸變化導以自强專主用兵力排和議使秦檜得探虜主之意而竊其權傾擠善類紊亂紀綱未始非賢者之過也方今　主幼時艱舍和無可言者然惟君子乃可以言和君子而恥言和則天下事未有已也

上李相條議

郭慶藩

一管駕輪船宜令內地人學習也招商局製造輪船原以習洋人之所長而免洋人之專利所有舵工水手人等從前不諳駕馭自不能不假手洋人今往來長江及天津香港等處爲日已久各該處河道沙石當已習慣周知自應以內地熟手學習充當漸謀盡洋人之所能導自强之先路不必概用洋人管理免致滋壅蔽之弊啟挾制之風至于行船口號中國自有語言水手衣服中國自有制度更不必一一摹仿洋人善書者通古人之筆法而不襲其面貌然後書可名家善文者極古人之意義而能變其規模然後文可傳世今仿洋人成法似亦宜以此道行之將來熟極巧生必更有高出洋人之上者當無庸亦步亦趨爲洋人之所囿也

通商志序

朱文通

辦天下之大事有二要焉曰大而已矣曰誠而已矣至大而後天下無敢驕至誠而後天下無自行其僞自尊而卑人至愚而好詐烏乎禍所從來矣夷狄之病中國自古已然三代聖王之所以處之者無他焉有法制政教者與國視之無法制政教以刼殺寇鈔爲事者雖時震以威猶必哀而仁之使利樂吾德不至荼毒生民而止而絕無爭名號逞機智以相陵駕之心蓋兼大與誠以制御之者也故蠻夷戎狄大畏小懷無敢逞漢唐盛時此義猶未盡湮故邊患雖劇猶可補捄南宋以還一切反之而務以夸謾相祟奬凡距中土跬步之國不問其建邦之久暫大小與其政教風俗之若何一以夷狄視之中國之禮樂崩政教壞人心婾苶備弛弗一自返而必欲陵駕而出其上以爲名高辱之太甚彼怒而逞則又無可任之將可戰之兵可資之財喪師辱國割土輸幣不足以釋其怒乃益俯首抑气曲聽其要索而無敢或違兵革幸罷復不能內修國政力圖自强以弭後患而務施陰賊鄙淺之謀欺撓遠人以爲得計積詐生嫌積嫌生怨積怨生忿釁端再启要索益苛

而益不敢違地未盡失而利已空宗社未亾而政令不能自主烏乎夷禍之烈蓋至是而更無可補救矣我　朝外夷之尤富且强者稱俄羅斯英吉利法郎西美利堅諸國然當　聖祖　世宗　高宗時未嘗脅以威馭以智而諸國顧始終恭順者無他夫亦曰大足以化其驕而誠足以杜其僞而已道光中葉以來以通商細故一開衅而互市增五口盟約增數條再開衅而互市增十三口盟約增數十條再開衅而互市增廿餘口盟約增至百數十條馴至

乘輿出狩海內騷驚而陷城邑糜金錢又特甚細無足

數之事焉今雖講解無事然諸國通商益深入長江三千餘里又駐使京師置官諸通商地環中土而據其要害而濱海諸郡縣至舉民閒訟獄一聽夷官處斷華官拱手畫諾無敢過而非之烏乎夷禍之烈至是極矣而要誓其原率不外自尊而卑人至愚而好詐焉余友湘鄉杜元穆博學能文章又通達當世之務嘗深痛當日中外大臣之所以處外夷者隘陋猥瑣以至召侮媒禍　宗社震危著書萬數千言燦列二十餘年士大夫顛倒歧誤以底于不可補救之故曉誠方來而其大指則以三代聖王所以處夷狄之道爲歸書成名之曰通商志余惟中外通商非大異事也歷漢唐宋明皆有而漢唐宋明與外夷構難或遂至于亾國者皆肇衅他事而與通商無涉焉獨我　朝竟以是釀無窮之禍而至有不可補救之勢則甚可怪而悲也語有之処得其道大事可小異事可常不則小常而大異焉烏乎以此讀元穆書求元穆名書之義能不悲哉能不悲哉

勸士芻言 四則　　裴蔭森

一曰克己聖賢學問以克己爲先吾儒修業待時凡籌饟治兵安邊馭遠之事皆所宜知洋人之敢於驕侮者正以中國兵孱而饟鈌也忠義之士旣憤洋人之驕卽當詳考古今講求禦侮之策一旦身入雲霄手持鈞軸展其所學自可致君堯舜鞭撻四夷若但逞匹夫之勇取快一時萬一釀成事故近貽身家之禍遠貽君父之憂是無益而反害之也

一曰盡職自公卿至於庶人莫不有職各盡其職而天下

乂安遠人賓服矣孝弟力田出租稅以佐縣官民之職也守先王之道距邪說以正人心息浮議以敦風俗士之職也洋人之謀中國者有二行教以誘我人心通商以竭我財力而已中國士民果懷忠義父詔其子兄勉其弟里自爲約家自爲規不許一人投入其教彼越重洋攜銀幣而來經年累月徧中國無與立談者有不廢然而返者乎自世家大族以至鄉曲小民皆不買食鴉片皆不服用洋布大呢鐘表等物不過一年洋行皆倒盡天下馬頭子之彼亦不能立足矣我非迫之使去彼自不能久留我本不拒其來彼亦何能生釁此計之最平而行之最易者有心君子倡導而一試之勝於大聲詬罵瓦礫奮投矣

一曰審勢凡論事者必當設身處地審度機宜方能有當若置身局外而徒爲正大之言以繩當局則古無完人無論今日矣洋人之淩轢中國戕賊民生非止一事此其當戰而決不當和三尺童子知之不待忠臣義士也然十餘年來內而公卿外而節鎭皆不敢輕言用兵者豈其才智皆出我輩下乎卽謂其苟圖富貴而戰果能勝則旂常帶礪富貴更倍於目前豈有不慕衛霍而甘爲汪秦者乎又

豈有童貫韓侂冑所知而諸公不知者乎葢兵凶戰危理無必勝况今　主上沖幼　聖母垂簾一切國政未便更張而大亂之後庫藏空虛士卒未練器械未精戰而不勝則宗社震驚更有不堪設想者且西洋諸國合縱締交互相救應卽俄羅斯一國其地已倍於中華合泰西諸國則兵力饟力十倍於我卽使幸勝彼必捲甲重來一敗之後上下寒心仍歸和議迫脇要盟求爲今日之中華不可得矣夫不容不戰者理也不能遽戰者勢也終不忘戰者官長之心猶士民之心也苟其有可制人卽不問多士喧譁

亦當撻伐如或戰難必勝又何可故違條約先啓兵端顧有心者深慮而熟籌之

一曰伐謀兵家首貴伐謀十餘年來洋人微服窺探於中國虛實早已詳知其不敢遽肆吞併者特慮民心固結上下同讎得地而不能守耳今遇洋人於境萬眾喧呼爭投瓦石可謂勇矣然鬨然而聚鬨然而散既無紳士率領又不聽官長指揮是烏合之眾也甚至詆訶官長毀謗師儒自傷國紀是未有禦夷之實先萌內亂之機也豈不更為洋人所輕況洋人覬覦湖南匪朝伊夕今日之來正欲藉

端生釁忠義之士不悟其奸但逞一朝之忿設或誤戕夷命彼必援照滇案勒索馬頭朝廷既已允行百姓豈能抗拒從此三湘七澤又成鬼魅之壥而查拏兇首株連或及于無辜籌辦卹銀捐派必加于鄉里是欲拒洋人而反速其來欲衛桑梓而更貽之禍也

大元海運記二卷

〔元〕趙世延　揭傒斯等纂修　〔清〕胡敬輯

《大元海運記》二卷，元趙世延、揭傒斯等纂修，清胡敬輯。是書原爲元《經世大典》之海運一門。《經世大典》係元文宗時仿效六典之制，參酌唐宋會要之體，薈萃元朝故實之文而修纂之政書，趙世延、虞集等主其事，至順二年（一三三一）成書。明修《元史》，各志多所取材。其書久佚，清人胡敬自《永樂大典》中輯出，獨立成書，流佈稍廣。上卷爲分年紀事，收録有關海運漕糧案牘文件。下卷爲分類紀事，分歲運漕糧數、江南及南北倉鼠耗則例、海運水脚價鈔、海漕水程、航道設標、潮汛氣象觀察等，記述自長江口直達天津之航道水流、沙淺、島嶼及全程所需時日。據中國國家圖書館藏清鐵琴銅劍樓抄本影印。

大元海運記二卷胡書農學士輯自永樂大典本盧即經世大典之海運一門也按天歷二年九月敕翰林國史院官同奎章閣學士采輯本朝典故準唐宋會要著為經世大典八百八十卷今已佚僅散見永樂大典中元史食貨志依據經世大典為目十有九是編上卷分年紀事多錄案牘之文自至元十九年迄皇慶二年止不解延祐至治泰定天歷間事何以不載下卷分類紀事曰歲運糧數曰收江南糧鼠耗則例曰南北倉鼠耗則例曰再定南北糧鼠耗則例

曰排年海運水脚價鈔曰漕運水程曰記標指淺曰測候潮汛應驗曰艘數裝泊（海運為有元一朝規制初則江浙以外兼之江西湖廣大德以後專運江浙春夏兩運自四萬六千餘石增至三百餘萬石考元時江浙省財賦府歲入四百四十九萬四千七百八十三石則江浙全漕亦不盡充海運耳）按元史百官志海運千戶凡五所平江又有糯米所是編載千戶初設十有一後併為七尚有松江嘉定所志文遺漏世祖本紀至元二十七年四月書罷海道運糧萬戶府是編載二十八年八月罷行泉府司所隸運糧二萬府併設二處先是二十四年立行泉府增置萬戶

府二至是罷之紀不書明竟似全罷矣且相差一年又本紀至元二十年十二月以海道運糧招討使朱清為中萬戶賜虎符張瑄子文虎為千戶賜金符是編先載朱清為中萬戶張瑄為千戶復言張招討之子見帶銀牌換金牌為千戶而不載其名後屢言張瑄之男為張文彪而無張文虎又本紀至大三年十二月以朱清子虎張瑄子文龍往治海漕以所籍宅一區田一頃給之是編未載及當至元二十四年時有張文龍朱虎勾當之名朱清張瑄元史無傳按朱

清崇明人張瑄嘉定人少曾為盜既入元致位通顯宗戚皆累大官厮養佩虎符金銀符者萬數田園館舍徧東南一時貴戚人莫與比大德七年樞密斷事官曹拾得江南僧石祖先後搆之皆逮獄論死刑行海運之功自不可沒其事蹟詳見元史類編及兩縣舊志文虎瑄中子從管軍總把擢至江浙參政被家難亦誅于西市其事蹟詳見王梧溪集又本紀至元十九年賞朱雲龍漕運功授七品總押是編載至元三十年以朱虞龍授明威將軍海道都漕運萬戶是

否一人俟考歲運糧數自至元二十年迄天歷二年凡四十七年全采入食貨志但不載斗升以下數及事故糧數其皇慶二年運到之數是編六十五萬四千三十六石一升五合食貨志則云二百一十五萬八千六百八十五石以事故糧數核之食貨志之數為是是編又有運到事故兩數不符及與食貨志小有不符之處必為是編傳寫之譌參以元史類編悉為校正至元二十年事故糧數應增三千至元二十三年該運糧數三十石三為二之誤元史類編運到糧數五石作五十石誤大德元年事故糧數五斗斗為升之誤大德十一年該運糧數八斗五升

五合三勺運到糧數一斗七升八勺事故糧數六斗七升七合五勺必有一誤至大三年事故糧數三合四勺應作四元史類編該運糧數三石作二石誤至大四年運到糧數一百一為二之誤延祐三年運到糧數五十五為四之誤事故糧數一萬一為二之誤延祐六年事故糧數九十一石應作六十七石食貨志運到糧數脫去七百延祐七年事故糧數四升八勺應作五合至治二年該運糧數食貨志不載帶起附餘香白糯米數泰定二年事故糧數七斗五升應作一斗六升六合食貨志運到糧數脫去七百每年該運糧數浮于定額迺事故糧內例應備償者入下年補解之故唯天歷二年已運到糧有三百三十四萬餘石事故糧祇有一十八萬餘石本紀是年九月書海運糧至京師凡一百四十萬九千一百二十

臣瞿啟甲呈進

石紀志岐異虞道園學古録集中亦云是年不至者蓋七十萬不解何以不相符合是編下卷內作潮汛風信觀象口訣之徐泰亨其人為餘杭人曾以漕事至京師詣都堂陳漕運之弊當更張者十事有海運紀原七卷惜其書不得見幸學士輯存是編俾傳抄行世尚可參攷而得其崖略云爾

咸豐壬子七月十有一日羅以智鏡泉氏跋于恬養齋

臣瞿啟甲呈進

大元海運記卷之上

永樂大典傳録

惟我世祖皇帝至元十二年旣平宋始運江南糧以河運弗便至元十九年用丞相伯顔言初通海道漕運抵直沽以達京城立運糧萬户府三以南人朱清張瑄羅壁為之初歲運四萬餘石後累增及二百萬石今增至三百餘萬石然春夏分二運至舟行風信有時自浙西不旬日而達於京師内外官府大小吏士至于細民無不仰給於此於戲世祖之德淮安王

之初功逮今五十餘年裕民之澤曷窮極焉　世祖皇帝至元十九年初命上海總管羅壁張瑄朱清造海船六十艘募水工同官自海道漕運江南糧四萬六千餘石明年三月至直沽從丞相伯顔所言也伯顔丞相奉旨取宋既得江南而淮東之地猶為宋守乃令張瑄朱清等自崇明州募船裝載亡宋庫藏圖籍貨物經涉海道運入京師又命造鼓兒船運浙西糧涉江入淮由黄河逆水至中灤旱站般至淇門入御河接運赴都次後剏開濟州泗河自淮至新開河

由大清河至利津河入海接運因海口沙壅又從東河旱站運至臨清接入御河及剏開膠萊河道通海儹運至元十九年太傅丞相伯顔見裏河之儹運糧斛前後勞費不貲而未見成効追思至元十二年海中般運亡宋庫藏圖籍物貨之道奏命江淮行省限六十日造平底海船六十隻聽候調用於是行省委上海總管羅壁張瑄朱清等依限打造當年八月有旨令海道運糧至揚州羅壁等就用官船軍人仍令有司召顧梢碇水手裝載官糧四萬六千餘石尋求

海道水路剏行海洋沿山求嶼行使為開洋風汛失時當年不能抵岸在山東劉家島壓冬至二十年三月經由登州放萊州洋方到直沽因河内淺澁就於直估交卸十九年十二月立京畿江淮都漕運司二漕運江南糧仍各置分司催督綱運以運糧多寡為運官殿最中書省契勘南北糧餉因之大計前雖曽儹運虚費財力終無成功蓋措置乖方用人不當以致如是今大都漕運司止管淇門運至通州河西務其中灤至淇門通州河西務至大都陸運車站别設

提舉司不隸漕運司管領揚州漕運司止管江南運至瓜州其瓜州至中灤水路綱運副之押運人員不隸漕運司管領南北相去數千里中間氣力斷絶不相接濟以糧道遲滯官物虧陷失誤支持所係非細比以省臣奏奉旨京畿江淮設立都漕運司二舊官盡行革去其江淮漕運司除江南運至瓜州依舊管領外將漕運司官一半於瓜州置司一半於中灤荆山上下行司專以催督綱運每歲須要運糧二百萬石到於中灤取京畿漕運司通關收附申呈揚州行

省爲照京畿漕運司自中灤運至大都仍將中灤至淇門河西務至大都車站撥隸本司管領其漕運司官一半於大都置司一半於中灤淇門上下行司專以催督綱運每歲須要運糧二百萬石到都收省倉足數抄憑申呈户部爲照每歲十二月終省部考較運及額數者爲最不及額數者爲殿當該運司官一最陞一等三歲任滿别行遷轉一殿降一等次年又殿則黜之都省移咨揚州行省欽依施行二十年六月王積翁運議開挑河道漕運江南糧石丞麥木丁

等奏王積翁言亡宋都南京時每年運糧六百萬石如今江南糧多若運至京師米價自賤以其説奏有旨命臣等議蓋運糧之事惟廣輸運之途今止是中灤一處漕運儘力一年惟可運三十萬石近者阿八赤新開一河又前奏准令奥魯赤經田濟州開挑一河又黄河迤上有沁河可以開挑一河遣人相視具見畫圖令脱忽思進呈如此等河道一一成就則所運糧數自多上曰朕親圖宜如卿所奏是年八月以去歲初試海運暨諸河運總計所至者糧二十八萬

右丞相火魯火孫參議禿魯花等奏去年伯顔魯言海道運粮火魯火孫省官令試驗令自揚州以船一百四十六運糧五萬石四萬六千石到已其餘六船尚未到必是遭風來者又言此海道初行多不曉會沿海來去行繞遼遠令海中間有經直之道乞遣人試驗又奏阿八赤新所開河道二萬有餘糧又東平府南奥魯赤新修河道三萬二千石糧過濟州内五千餘石暨御河常川儹運河道糧總二十八萬石俱已到餘糧逐次將至奏旨稱善是年十月禁運糧軍

人及綱運船户擾民不便條制中書省准御史臺呈江北淮東道提刑按察司言切見漕運司運糧軍人并綱運人户牵駕糧船於揚州淮安運河要路故意阻塞河道將脚板兩邊探出不通客旅往來間有客船欲於糧船兩邊經過或是船梢誤衝探出脚道板或客船桅篷高低牵繩長短誤相牵挽不曾挽動分毫浮動物件運糧軍人分布用篙將客船搠打或將客船篙棹蘆篷桅繩等物搶奪但去遮護便將客人行打及於兩岸居住村坊店舍人家處取要酒食强

打猪雞但有推阻衆人便將百姓毆打百端騷擾為此今淮安運漕分司講究得運粮軍人俱係江北兩淮撥到漢軍并新附軍人諸翼輳集撥成一運俱有管軍千户總把把百户人員管領押運時暫漕運司勾當并和顧運糧船户亦係諸路顧到已有差定押綱官員但遇散軍或船户騷擾行船客旅及岸上居民除將散軍船户對證是實取訖招伏痛行斷罪外將押運正官取勒約束不嚴招伏斷罪似望易除民害本司參詳如准淮安漕運分司所言事理禁治實

與民除害若不嚴行禁約切恐當路人民不能居止道路蕭條深為不便除已移牒江淮都漕運司遍歷經行漕運分司去處榜諭依上禁約外本臺參詳行御史臺咨到約束運糧軍人并船户不得阻塞路道擾民事理是為允當又據本臺呈山東東西道提刑按察司言照得本司於至元二十一年月日不等十次准海州并淄萊路牒呈海州運糧過往行船捎水蠻軍計一十五起動經聚衆百十餘人各持兵刃刧掠良民打奪財物及將所運官糧自相般奪等事除

已行下合屬行移捉賊外本司切詳山東瀕海地面土廣人稀地形險惡未曾收復亡宋時其瀕海去處在前有東路蒙古漢軍都元帥也速解兒管領軍馬行營種田并有守把海口壯丁軍人屯駐以備不虞削平亡宋之後前項軍馬遷南即今前項海道與通南諸蠻相通其間遞運貢物過往行船捎水軍人不時聚衆下船侵害良民刧掠人口財物即便上船開洋去訖陸路不能根促又廵防弓兵數少難以禦備兼瀕海去處田野寬廣合無量移軍人置立屯田以

備不虞實為長便於至元二十一年十二月十七日本臺官大夫玉連帖木兒中丞阿剌帖木兒崔彧侍御禿剌帖木兒啟海道運糧軍人來往經過海邊郡邑居民多被騷擾今與省院官一同商量如何鎮壓從便舉行啟奉皇太子令旨允其所請送戶部就與刑部一同講究得如准臺呈似為便當所有運官押綱官用心約束軍人船戶不致擾民者緣係職分當然難議優賞外據量移軍人於瀕海去處置立屯田鎮壓事理合從樞密院定奪都省准擬移咨江淮等

處行中書省及下戶部行下合屬依上禁治劄副御史臺照會去訖軍般短般前來淮安路交割綱運自江南呂城軍船運至瓜州一節令江淮都轉運使司剏無約束外據瓜州運至淮安路短般糧船係是隨路撥到路漢軍新附軍人使駕官船往來般運今議得自瓜州裝起重船三運兩運三四運前後相序行程專差奏差一員乘坐站船往來催督及監視有無擾民之事每運頭船并末尾船上各插白旗一面書寫運官姓字庶望被擾人民易認是何運次運官既立

名旗亦懼連累知所警戒瓜州總司先取奏差人等須管往來催督運糧疾早到來淮安不致遲滯及監視運官約束軍人毋得阻塞河道如過客船兩相趨過不致阻當客旅行程及不致軍人毆打客船搶奪諸物不得於岸上村坊店舍百姓之家取要酒食强打猪雞毆擊良民如但有違犯軍人差來奏差親見者奏差隨即約會運官即將擾民軍人捉拏痛行斷訖別取運官鈐束不嚴招伏先行入遞申來淮安分司如運官私下不伏招取仰奏差人具由申來奏差

前後催綱如不親見擾民者但有客船或到村坊店舍須管詢問百姓如但曾擾民者奏差等抄寫百姓某人被某軍人或奪訖物件或取訖酒食或打訖猪雞或打傷某人即令百姓當地官司陳告申覆本管上司移關淮安分司奏差隨時前來運官處說知挨向擾民軍人隨時依例斷罪如運官不肯依例斷治仰奏差一一申呈淮安分司等候糧運到來淮安隨時挨舉除運官已將擾民軍人船戶痛行斷治約束不嚴招伏隨時依例斷治外據奏差察知或各路官

臣瞿啟甲呈進

司移文前來擾民公事將擾民軍人銷索監收迴到擾民處所對証是實量情斷罪訖仰奏差人等備細申覆瓜州總司等候把總運官并各翼軍官到於瓜州取勘運官并各翼官約束不嚴縱令軍人擾民不行究治招伏依例斷遣施行如綱運到來並無申到擾民公事取要奏差運官重甘執結以後却有事發擾民者依下項條欵斷罪令約定量定到各各罪名于後　受宣官員若親自部領軍人擾民者或所轄軍人因毆傷致人命者此二項但犯罷職如鈐束不

嚴致令軍人擾民者雖將軍人嚴行斷訖本官取訖招伏初犯笞七下再犯一十七下三犯呈省定罪如親見軍人擾民不為斷治者與部領軍人擾民同如約束不嚴縱令軍人擾民不為用心體究不行斷治或因事發露者初犯笞一十七再犯二十七三犯呈省別議　受勅官員若親自部領軍人擾民者或所管軍人因毆傷人命者此二項但犯罷職如鈐束軍人不嚴致令軍人擾民者或縱令軍人擾民者不為用心體究不行究治或因事發露比受宣官員凡罪

加一等　受省院劄付帥府諸衙門劄付官員若親自部領軍人擾民者或因毆傷人命者此二項但犯罷職如鈐束軍人船戶不嚴致令擾民者并縱令擾民者不為斷治或因事發露比受勅官員凡罪加一等　本司奏差但有軍人擾民不為用心體究因事發露者除軍人軍官依例斷罪外據奏差人等初犯二十七再犯三十七三犯罷去知而不舉或看覷面情受錢物酒食不舉者量其取受輕重斷罪追錢並行罷去　淮安路御訖空船迴去時淮安分司先取

訖運官不致違犯執結亦差奏差一名取不致有循須管盡心執結乘坐站船隨船催督疾早到瓜州復運及監視運官鈐束軍人亦如重船一體行事但有違犯並令瓜州總司斷遣　和顧民船長運直到中灤并利津交割綱運　瓜州裝起中灤濟州長運綱船俱係和顧民船三綱兩綱或三四綱船亦差奏差一員乘坐站船前後往來催督綱運監視押綱官鈐東綱頭船依前例取訖押綱官鈐東船戶不致擾民執結及取訖奏差重甘執結到來淮安分司隨時檢

舉如有違犯將押綱官取招斷罪如是親見船戶擾
民不行約當者與自擾民同及船戶毆傷百姓因傷
致命或毆死者但犯罷職如遇河道淺澁去處若有
賞奉都省行省明文許令各處添力盤剝牽拽者押
綱官親賫省府文字更行移當地官司取索與本處
司一同斟酌可用車牛或船隻人夫盤剝者如當地
官司不行着緊應付雖應付不及用度者押綱官即
申附近漕運司照依奉到都省劄付取本路首領官
縣達魯花赤已下官員招伏就便的決無得多餘取

要車站船人夫亦不得經直自拖拽車人船隻如押
綱官不經由當地官司經直拖拽民夫車船者或無
賫執省府許令應付車船人夫文字不得騷擾官司
取要如無文字取要人夫拖拽車船者此二項與親
領船戶擾民同或多餘取要氣力者與約束軍人不
嚴致令擾民同如約束不嚴致令船戶擾民者凡犯
並與上項受省劄諸衙門文字軍官同罪奏差約束
亦同上例淮安分司開閘將重船放入淮河分為中
灤濟州兩路隨即差奏差二員各隨本綱催督前去

中灤糧船淮安分司催到臨濠府已上係荊山分
司各管催督自淮安臨濠府沿路但有擾民事理仰
奏差人等並申荊山分司等候糧船到彼依上斷治
奏差到臨濠府回來還司如但有不用心體究或受
錢物酒食買告不舉者隨處官司行移淮安分司一
例斷遣施行　荊山分司交割得上項糧綱亦差奏
差一員乘坐站船催督前去及監視押綱官鈐束軍
人毋命騷擾百姓直到杞縣中閘如有違犯即與上
項短船軍人罪同奏差等直申中灤行司候綱船到

中灤時行司依上斷遣如有爭差不伏行移取發元
委奏差前去對證依上施行　杞縣上流係中灤行
司差委奏差催督綱船監視押綱官鈐束船戶無令
騷擾百姓如有違犯直到中灤行司斷遣　中灤迴
綱空船三五運差奏差一員押迴直到荊山交割荊
山差人直來淮安分司交割淮安差人直赴瓜州交
割如有擾民依例各處斷治濟州利津糧船淮安分
司差委奏差一員催督監押綱官鈐束綱頭船戶直
到濟州漕運司交割中閘但有擾民者仰奏差申覆

濟州漕運司依上斷遣　利津迴來空船利津分司差人押來濟州交割濟州交割濟州差人押來淮安交割淮安分司差人前去瓜州交割如有擾民隨處依上斷遣　濟州漕運司交割到上項糧綱别差奏差催督監視押綱官前去利津縣行司交割中間但有擾民者申覆利津行司依上斷遣　議得合於應干糧船經行河道兩岸但有三家五家村店照依此條令瓜州漕運司盡行出牓曉諭百姓并軍人船戶通知及行移瀕河州郡如遇糧船到界更為差官巡

視　議得運官押綱官年終考較如有用心約束軍人船戶不曾擾民者合無量加優賞　是年十一月以防運可行議罷阿八赤新開河道丞相火魯火孫等奏阿八赤新挑河道迤南用船一百九十四隻運糧四萬八千九百六十一石其船一百四隻内損壞訖糧五千五十一石外船九十隻該糧二萬三千九百九石凡糧之到者與已損者其數以聞有旨以問阿八赤言比前者揚州所運其船不堅又沿海邊而行故多損壞非預臣事臣所將船五十纔失其四其

餘當一風信未至耳省臣言阿八赤新開河口候潮以入所損甚多民亦苦之今欲造小船五百隻建倉三處上曰伯顔運糧之道與阿八赤所開河相通否對曰不通也阿八赤之言非實今春試行海道其船一百四十八皆已至矣其不至者七舟而已前有旨以其事囑忙兀觧令忙兀觧使來言今因此道運糧為船二百七十所失者十有九舟今皆得之矣上曰果如是阿八赤不必用忙兀觧好人也俟其來使遵所用海道以行阿八赤新挑河可勿用是年十二月

以朱清為中萬戶易金符為虎符張瑄為千戶仍佩金符以忙兀觧為一府達魯花赤餘一府以萬戶之無軍有碑者除充丞相伯顔平章札散右丞麥木丁等奏海運之事兩南人言朝廷若支脚錢清用已力歲各運糧十萬石至京師乞與職名臣等議朱清元有金牌今授中萬戶換虎符張招討之子見帶銀牌換金牌為千戶忙兀觧見帶虎符今為一府達魯花赤餘一府以萬戶之無軍而帶虎符者為達魯花赤上從之　二十一年二月罷阿八赤河道以其軍人

水手及船分與揚州平灤兩處運糧右丞麥朮丁等奏斡奴魯兀斛三次文書言阿八赤新挑河道損多益少漕運弗濟其水手軍人等二萬船千艘俱閑不用乞付臣等歲運粮一百萬石臣等前奉旨與忙兀斛議用海道今已送糧回訖又朱清等各願送糧十萬又囊家斛孫萬户請得此船與軍以充海運臣與伯顏丞相等議以阿八赤河道所有水手五千軍五千船一千付揚州省教習水手運糧餘軍五千水手五千就駕平灤船從利津海道運糧上從　罷阿八赤所開河是年十一月約束運糧回船軍人不使擾民都省據臺呈為約束運粮軍人船户梢水擾民事理送户部吾刑部一閲講究准臺呈禁治運糧船隻總押送官到河西務等處下卸糧斛畢往往赴都求仕别無理會勾當却令梢水人等不成宗伴縱意畸零廻還因而伺隙作過今後交割糧斛畢却將應管船隻令已押糧官總行押運廻還遇夜聚集一處停纜鈴束梢水不致下岸似望易為關防　每宗糧船各用顏色標記及大字書寫押運官職名容易辨認

如遇下船般紫取水摘委有職官員新行管押梢水人等下岸事畢押還似望不致違犯　今押運官物收禁梢水人等船上夾帶隱藏鎗刀弓箭　二十二年二月以濟州運糧船數闕命三省續造三千艘參政不魯迷失海牙等奏自江南每歲運糧一百萬石從海道來者十萬石阿八赤樂實二人新挑河道運者六十萬石濟州與魯赤所挑河道運者三十萬石今瀾瀾你敦等言濟州河道闕少船隻臣等議令三省造船三千艘准奏是年七月支運糧梢水口糧省准户部呈利津海道萬户府自江淮省起遣到新附梢水二千名合照運糧梢水例每名月支糧米四斗行下濟州漕運司放支　二十三年二月以徵日本所造船給海邊民户運糧平章阿必失哈參政禿魯花等奏忙兀斛言修造征日本國船已完去歲無人看守有浥爛者令阿八赤忙兀斛同議分付海邊民户運上是之是年十一月海運船壞棄米者運官償之　人船俱溺者免所倍糧於下年帶運平章薛徹于等奏海運糧四年凡一百一萬石至京師者八十

四萬石不至者一十七萬運者言江南斗小至此斗
大折耗者有之又以船壞恐其沈溺因棄米者有之
固賞陪償其人船俱没者不知合陪否上曰没於水
何可使之陪又奏其合陪者羞好人與忙兀䚟等一
同教陪與明年粮一處運米上從之　二十四年立
行泉府司專領海運增置萬户府二總為四萬户府
都漕運海船上萬户府亦速為頭與張文龍等勾當
　平江等處運糧萬户府忙兀䚟為頭與費拱辰張
文彪等勾當　孛蘭奚等海道運糧萬户府與張武

等勾當　徹徹都等海道運糧萬户府與朱虎等勾
當　二十四年正月始罷東平河運粮平章薛徹千
等奏自江南海道經由東平新開河道所運糧船往
來艱辛官未得濟乞罷之制可　二十五年增海運
糧一百萬石丞相桑哥平章帖木兒阿魯渾徹里等
奏往者奏奉旨每歲運江南糧一百萬石在後未足
其數止運七十萬石今養濟百姓食用糧數多宜增
運一百萬石制可是年二月内外分置漕運司二丞
相桑哥等奏以漕運糧斛舊設運司一兼管内外欺

詐者多亦稽誤公事比奉旨分置漕運司二在内者
為京畿都漕運使司在外者為都漕運使司内欽奉
宣命者一十一員祇受勑牒者七員從之是年十月
内外漕運分掌稅糧房照得兩司分掌事務　京畿
都漕運使司於河西務置司自濟州東阿為頭并御
河上下直至省沽河西務李二寺通州壩河等處水
陸趲運接運海道糧斛及各倉收支一切公事並隸
本司管領　京畿都漕運使司站車赴各馬頭倉般
運斛仰本司先將半印勘合支簿關發都漕運使司

收管然後押印勘合關文開坐所運粮數分付押運
官賫擎前去都運使司投下比對元發半印號簿相
同都漕運使司亦同勘合下倉支撥交裝毋致刀蹬
停滯就取押運官明白收管隨即其交裝訖糧數行
移　京畿都漕運使司照會行下省倉依數收受仍
鞏勒押運官須要用心關防車户般運交納如有短
少隨即追陪數足及取押運官招伏治罪每十日一
次各司具實交裝并到倉收訖數目申部呈省　都
漕運司凡支糧斛并船人粮馬料須要依例置立勘

合號簿明白書填押印勘合文貼下倉放支奉省部許准明文毋得擅自動支　京畿都漕運使司應管各倉分收支見在并趲運糧斛旬申月數目及點覷各倉挑倒糧斛關防事理仰戶部照例行下本司須要依例申部呈省仍令各倉每月一次結轉赤曆呈押毋致作弊違錯　若有該載不盡仰都漕運使司從長講究申部擬定呈省　二十七年十月賜海漕運糧官毳衣段各一丞相桑哥等奏自江南海運來者薛徹禿李蘭奚朱張萬戶等萬戶及千戶百戶令

歲多用心力乞每人賜衣一領上曰南人受毳衣段各賜毳段一端令還　二十八年八月罷泉府所司隸運糧二萬戶府從朱清張瑄所請也平章不忽木等奏海道運糧朱清張瑄萬戶言往歲運糧止以臣等二萬戶府自去年隸泉府司沙不丁再添二府運糧百姓艱辛所有折耗俱責臣等乞見憐宜罷二府或委他人上曰彼所言是止令二府運之又奏朱張二萬戶言或有疑臣等者乞留臣等在此令臣之子代運上曰安用如此言止以朱張二人運之是月併

臣瞿啟甲呈進

海道都漕運為二萬戶府以驃騎衛上將軍張瑄淮東道宣慰使兼領海道都漕運萬戶府事中書省奏准合併設立海道都漕運萬戶府二處　一海道都漕運都達魯花赤萬戶府係縣騎衛上將軍淮東道宣慰使兼領海道都漕運萬戶府事張瑄管領每年運糧以十分為率該運六分本府正官六員達魯花赤一員萬戶府二員副萬戶三員首領官四員經歷一員知事一員照磨兼提領案牘一員提控案牘一員令史六名通事一名譯史一名奏差六名合屬鎮

撫二員千戶三十三員　至元三十九年八作八翼慶元浙江翼江灣上海翼青浦翼崇明翼許浦沿江翼大場乍浦翼青龍翼顧逕下沺翼　元貞元年併為四翼青浦江灣翼青龍顧逕翼許浦崇明翼大場慶元翼　大德七年再設六翼取知仁聖義忠和為名崇明知字翼青號青浦仁字翼紅號許浦聖字號翼花號　青龍義字翼白號　大場忠字翼黃號江灣和字號黑號　百戶三十三員　一海運都漕運使司達魯花赤萬戶府係驃騎衛上將軍江東道

臣瞿啟甲呈進

宣慰使兼領海道都漕運萬戶府事朱清每年運糧以十分爲率該運四分本府　正官五員　達魯花赤一員　萬戶二員　副萬戶二員　首領官四員　經歷一員　知事一員　照磨兼提領案牘一員　提控案牘一員　令史六名　通事一名　譯使一名　奏差六員　合屬鎮撫二員　千戶二十七員　至元二十九年作七翼　殷武畧翼　朱忠顯翼　陳承務翼　第忠武翼　朱承信翼　丁忠武翼　趙國顯翼至元三十年併爲二翼　殷武德陳承

務翼蔡忠武楊忠顯翼百戶二十七員二十九年二月海運水工每戶月給家屬五口糧免其差傜平章不忽木平章闍里等奏准海運稍工水手人等選擇堪用者顧傭錢價如例給之每戶妻子以五口爲則與之糧免其雜泛差役三十年十月以朱虞龍授明威將軍海道都漕運萬戶提調香糯事中書省奏以朱虞龍降虎符授明威將軍海道都漕運萬戶提調香糯事别降印信設千戶一百戶三制可三十六年六月以軍四百守護河西務十二倉又調軍一千接

沿河等處收貯米糧倉廒一十二處看守軍人四百名如米糧發熱令軍人及斗脚人等挑倒曝晾又奏海運朱張船隻自江南到時乞依去歲例調軍一千迎接鎮遏並從之　成宗皇帝元貞元年以歲豐海運止運三十萬石每石水運脚價減爲六兩五錢丞相完澤平章賽典赤等奏朱張海運往歲一百萬石或增其數亦常運之如值禾稼不收人民艱食海運多德濟蓋懿州一帶迤東貧民多聚集時并高麗地數歲缺食亦仰此海運賑救今歲豐米賤若即海運

切恐未宜去歲會計見在糧數只運三十萬石今年如上年例亦運三十萬石在先每石脚價鈔八兩五錢後減去一兩今糧食諸物比往歲尤賤脚價内再宜減一兩每石作六兩五錢又奏每年斟酌海運糧米數以十分爲率張萬戶運六分朱萬戶運四分今朱萬戶言乞均分停運並從之　二年三月諭行省行臺諸司毋阻壞海運道運糧都漕運萬戶府事

聖旨諭行中書省行御史臺宣政院行泉府司宣慰司肅政廉訪司轉運司管軍官管民官應管公事官

臣瞿啟甲呈進

吏軍民站赤諸色人等據中書省奏海道都漕運萬
戶府告説漕運糧斛恐有阻壞乞降添力聖旨事准
奏海道都漕運萬戶府運糧其閘諸衙門官吏人等
不得攪擾阻壞如此曉諭之後沮壞者罪之運糧官
吏等不依體例行事豈不知懼　大德二年五月以
海運所頓香糯布囊完好者於下年復用中書省據
海道都漕運萬戶府朱虞龍呈每歲海運上用細白
粳糯并鼠耗附帶該一十一萬六千五百石合用夾
布袋一十一萬六千五百餘每條該布一疋每疋官

價不下五兩計該中統鈔六千餘定針線不在其中
和買布疋之時府司州縣無過分泒鄉村動揺百姓
是雖和買布匹須每家依散成造如此動揺十萬餘
戶方得完備裝運到都止將糧米支持其上項布袋
仍於體源倉八作司太倉收頓別無用度日漸不無
損壞今卑職參詳每歲起運上項白粳糯米糧船戶
每石破耗三升明該是貼補折耗米數合於正糧布
袋內添搭盛貯一體裝運不須別給布袋外據正附
糧米合用布袋若於醴源倉八作司太倉等處累年

臣瞿啟甲呈進

積下數內分揀堪好數目差官比及二三月間延南
裝糧之時先於裏河裝載前去江浙行省交割於內
間有污損去處官為補洗不致虧官損民實為兩便
今宣徽院京畿都漕運司八作司見在堪中夾布袋
二十三萬九千二百單七條其大德二年白粳來五
萬石香沙糯米五萬石今依朱懷遠所言擬發夾布
袋一十萬條除就用京畿運司見收堪中夾布袋六
萬六千五百一十五除外不敷三萬三千四百八十
五條於八作司見收堪中布袋內令京畿運司委官

選揀給付仍令都漕運司押綱官管領收貯俟海道
運糧米張萬戶至驗數交割令本府收管順帶前去
用度　咨江浙省准擬起運夾布袋二十萬條　劄
付戶部都省准擬於現在夾布袋內通起二十萬條
就便行咨合屬早為依數運赴直沽令都漕運收貯
伺候海運到來交割順帶前去　六年以海道運糧
萬戶府官員本府自行舉保從張文彪所言也江浙
等處行中書省參知事張文彪會驗卑職父子於至
元十九年以來欽依世祖皇帝聖旨剏開海道漕運

臣瞿啟甲呈進

糧斛今將二十餘年先行泉府司所設衙門四處運糧萬戶三千五員千戶百戶五百餘員至甚冗濫卑職於二十八年親赴都省陳説減併止設都漕運萬戶府二員在先年分運糧一百八十萬武一百五十萬石數目浩大本萬戶府以十分中合運六分除别蒙詮注都副達魯花赤二員外所用頭目依奉都臺定例從卑職父子驗數舉保諸知海道萬戶五員鎮撫二員千戶百戶各三十三員首領官四員押運糧斛近年以來本府所運多不過三十五萬石元設官

員其實太冗虛受俸禄中間多有衰老不任風水人員兼都副達魯花赤往來通署兩府文字至甚不便以此卑職參詳既是每年額運糧米數少擬合除減本府止設達魯花赤一員正副萬戶四員首領官二員嘉定州置司所管頭目設立鎮撫二員千戶百戶各二十員非惟少裁冗濫實可省費俸鈔以後倘有增運糧數足能辦事亦不添設卑職在先建言剏開海道若不舉明伏慮因而廢弛具呈都省已蒙准呈令通行選舉到後項諳知海道慣識風水官員開坐于

后如蒙都省早賜定奪聞奏不致失誤來春裝運外據其餘欵下人員擬合依例給由到省求叙從優區用似望激勵後人又據江西等處行中書省參知政事張瑄呈切惟饋運糧儲始因諸河勞民費財攢運無成至元十九年欽依世祖皇帝聖旨創行海道般運經二十餘年已是成效在先行泉府司設立衙門四處該設萬戶三十五員千戶百戶人等五百餘員官冗人濫不侵多端至元二十八年男張文彪親赴都省陳言便利革罷減併止設海道都漕運萬戶二

處此時年分運糧一百八十萬武一百五十萬石本萬戶府以十分中運六分除通行提調兩府都副達魯花赤二員本府達魯花赤一員别蒙都省銓注外其餘所用頭目依本都堂定例從卑職驗數舉保諳知海道萬戶五員千戶百戶各三十三員鎮撫二員首領官四員責付運糧勾當近年以來所運糧斛本與朱萬戶府停半分運多不過三十五萬石元設官員實為太冗非惟多費俸禄中間亦有衰老不受風水之人又兼都副達魯花赤往來通署兩府事務甚

不便當况近欽奉詔書釐政令未便等事以此大德
四年有男張文彪究思元言與今事異擬除減外本
府止設達魯花赤一員正副萬戶四員首領官二員
鎮撫二員千戶百戶足可辦事如此其呈都省已蒙
准擬繼舉諳知海道慣熟風水員名開具合受職役
保呈都省定奪聞奏未奉明降卑職參詳運糧人員
起自卑職與朱參政剏行海道由此都省從准所舉
久而為例蓋航海冒險輕生非歷練風濤壯年精健
不能應當職名難同常調求備所歷今男張文彪保

者官員的係諳知海道及自幼根逐父祖下海精練
風水熟諳公務之人卑職衰老坐疾不任輔政却緣
初行海道剏始艱難不易成就安忍坐視其廢即日
已是春暮裝糧時分在邇若不蒙早賜定奪誠恐失
誤今歲糧儲將來漸至敗壞為今重時已保員數職
名開坐于后保結具呈照詳　本府元設官七十員
存設保陞四十九員　保陞陞散官一員達魯花
赤　萬戶二員　副萬戶二員　經歷知事二員
鎮撫二員　千戶一十二員　就用二十員　千戶

一十二員　百戶八員　減去二十九員　萬戶一
員　提控案牘一員　照磨一員　千戶一十三員
百戶一十三員　七年十二月併海道運糧三萬
戶府為一設萬戶六員其屬鎮撫所一官二員海運
千戶所十一每所官三員　中書省奏前者海道運
糧立萬戶府三復併為一宜委副萬戶六員前孛可
孫札剌兒鮮沙的為之長建康路達魯花赤阿里之
子曰忽部魯撒剌兒次之餘萬戶四員以先所委色
目漢人南人內謹慎并年月未滿及於內有才者四

人如舊仍就帶虎符乞剏降虎符四又奏萬戶之下
合委千戶鎮撫首領官七十員內宣命受金牌六十
七員就帶金牌者三十九剏降牌面者二十八受敕
牌者三員並從之大德八年平江路開司署事當年
六人割前萬戶舊有海船一百二十五萬料運糧
本府正官達魯花赤一員　萬戶二員　副萬戶三
員　首領官經歷一員　知事一員　提領案牌照
磨一員　提控案牘一員　令史一十名　通事一
名　譯史一名　奏差一十名　合屬一十二處每

處議設司吏二名　鎮撫所官二員　海運千戶所一十一處　平江等處香莎糯米千戶所　達魯花赤一員　千戶二員　副千戶二員　嘉定等處千戶所　達魯花赤一員　千戶二員　副千戶三員　常熟所　崑山所　溫台所　崇明所　上海所　嘉興所　松江所　杭州所　江陰所　已上九所官員並如嘉定所之數　武宗皇帝至大四年十月海道運糧萬戶府舊設官六員尚書省增為八員今復如舊數千戶所十一今併為七鎮撫所仍舊

設置中書省奏運糧萬戶府官往歲六員尚書省添為八員乞依舊六員又奏千戶所舊一十一處乞罷其四宜併崑山崇明為一松江嘉定為一杭州嘉興為一常熟江陰為一翔設溫台慶紹所二并平江香糯所而為七鎮撫所依舊設置並從之　本府官六員　達魯花赤一員　萬戶一員　副萬戶四員　千戶所一十一處併作七處　常熟江陰所　崑山崇明所　松江嘉定所　杭州嘉興所　已上四所平江路置司溫台所　溫州路置司　慶紹所　慶

源路置司　平江香糯所　鎮撫所是年遣官同江浙行省提調運糧官講究海運久行良法中書啟奉皇太子令旨以為講議海運差委刑部田侍郎仍委高參政等提調督責萬戶府官同講究久行良法今講究到船戶利病之由海運興廢之故議擬減運糧額去福建名顧擾民之弊增脚價究船戶應用不敷之資除免一切差謡少蘇民力棄遠就近裝糧以圖民便選重望長官提振大綱汰冗員千戶去除民蠹太倉蓋倉移府就彼置司易為辦事各項便宜事理

開具申覆都省除准擬減運糧額併去千戶所四處選官分職外其餘元議船戶免役等事未奉明降府司參詳海運利病如蒙照依本府官萬戶王少中與中書省差來官并提調官江浙行省參知政事高中奉講議已後運糧可以久行良法內除免船戶里正主首差徭改撥上江真州等處糧斛浙西嘉興松江等處位下併各投下田糧收納本色裝發上海運卻將上江等處糧米易鈔撥還投下及於太倉蓋倉收糧海運移府就彼署事各所添設都目司吏辦事寔

為官民便益開坐各項元議事件省府送戸部議擬到下項事理　船戸增添脚價據温台等處海運十戸所狀申温台兩路船戸夏吉甫等狀告各有梯已海船於至大二年以來蒙官司召顧遞年承運官糧別無短少又吉甫等住居瀕海捕魚為生接連福建之地至大四年十一月蒙官司名顧船隻見數聽候運糧此時吉甫等未曾支給脚價先蒙官司督併修理船隻以此吉甫等貸錢預為收買桐油麻筋石灰木植等物顧匠修理船隻至皇慶元年正月内纔蒙

官司放支一半脚價合用物料價直湧貴并本船合用梢水比之太倉加倍顧覓及置辦貢具梢水口糧又且盤費浩大況本處水程約有三千餘里纔到起程至卸糧梢水合用口糧計該九月比附太倉船戸五月開洋多用口糧四月所有官司召顧福建船隻裝糧到於直沽之時尚然優恤每石添支脚鈔二兩據吉甫等裝糧船隻内多有捕魚小船今來官司若照浙西脚船戸般運支給脚價似為偏負近來奉都府指揮備用江浙省劄付減并改立千戸所往歲不

照船戸住居寫遠隔越參雜管領今既從新理當隨宜更改數内慶紹温台所即係叛改運糧一切事務令各官前去規辦擬於温州開置治新取勘船隻給散脚鈔催督起發除另行外今據見告卑所參詳夏吉甫等俱係捕魚為生遞年官司自十月間召顧拘留船隻不能生理舉債收買物件修理船隻次年正月纔方支給一半脚價收羅米糧顧募梢水加倍費用比及太倉先行往迴六千餘里裝糧了畢隨處開洋運赴直沽比附太倉船戸五月開洋多用口糧四

月所得脚錢已用不敷若照依浙西船戸一體支給脚價實為偏負至大元年温台等處荒歉之時官司於太倉和顧船隻賑濟亦與脚價鈔四兩五錢至大四年浙西船戸到於福建經營本處名顧運糧亦行每石添支脚錢二兩議得夏吉甫等住居瀕海接連福建遞年官司召顧船戸典妻賣女承運畧舉温州路船戸陳孟四將一十三歲親女賣與温州樂清縣傳縣尉得中統鈔五錠起發船支此等船戸到此極矣至大四年温台兩路運糧迴還在海遭風并直沽

卸欠官糧出責等船五十六隻二萬六千二百三十料又兼物料比之舊日色色增添有至十倍之上如鈔添給脚價庶幾船料日漸增加若弗添支轉見船戶消乏船隻事故理宜優恤既脚錢不虧則船戶無損申乞照詳至大四年奉江浙省符文備都咨省為至大四年海運正糧二百五十七萬五千石除委刑部田侍郎馳驛前去咨請敬依委請本省官烏馬兒平章高參政提調督責元委官萬戶府官照依作去春夏合起糧料趁時裝發起運毋致耽誤仍與差去

官刑部田侍郎萬戶王仲温等一同從長講究已後可以久行良法擬定咨申奉此除春夏二運糧斛別行裝運所講究到海運利病數內一項運糧必合添支脚價資給船戶修造船隻以國家辦事齊成先濟海運脚錢三十年前剏始之初鈔法貴重百物價平此時江南米價每石中統鈔三兩運糧一石支脚鈔八兩五錢幾及米價三倍又於舊年九月十月之間撥降好鈔船戶得此趁時買物修造海船如造船一千料所用工料價錢不過一百定運糧一千石隨得

價錢一百七十定為有餘利爭趨造船專心運糧今則物重鈔輕造船物料十倍價高每年船隻必須修粘浮動貢具必合添辦所得不償所費船戶艱辛雖鈔每石添作至元鈔二兩其物價愈翔不敷其用況浙東温台慶元海船水程窎遠比到太倉裝粮處所海洋水程不下二千餘里難與附近船戶一體支給脚價今量擬遠者温台慶元船隻運糧其石帶耗添至元鈔一兩通作三兩其餘船隻裝運糙白糧米香糯每石添鈔六錢通作二兩六錢稻穀每石添鈔六

錢通作二兩於九月十月之間俵散脚價以資給船戶修理船隻庶使船身貢其得以堅壯不致損失作弊虧損官糧照得先為講究各項事理數內船戶必合添支脚價已經移咨中書省照詳未准回示戶部議得温台慶元顧到船戶經涉海洋既比兩浙程遠每石帶耗量添脚價至元鈔二錢通作至元鈔二兩二錢外據香糯糙白香糧稻穀近年以來已曾添量別難再議如遇散給脚價行移本道廉訪司體察相應具呈照詳　元講議恤運糧船戶與免雜泛差役

使之專心運糧廉得易為成就照得至元三年十二
月內欽奉聖旨節文但是運糧之戶除免里正主首
雜泛差役及蒙省擬曉諭即有船戶樂從造船有三
十萬料裝運之際欽奉詔書內一款節文民間和顧
和買一切雜泛造遠軍人并大都至上都自備首思
祗戶外其餘不以是何戶計與民一體均當欽此其
各路有司將運糧船戶復行差充里正主首生受已
經講議有日運糧船戶運官糧千石者除免本戶梯
已苗糧四十石里正主首雜泛差使其餘多寡一體

除免若有運糧一萬石之上者役免不過四百石餘
苗依例應當外據無田船戶依例優恤開申省府未
奉明降講議之後具平江路合屬崑山州將溫台千
戶所副千戶劉居仁充本州里正著落催辦差稅將無
催人戶所欠稅糧勒令劉居仁閉納過四千一十餘
石俱有納護倉鈔存照似此將船戶差充里正主首
甚多俱有倍償糧斛若不將船戶免役切恐船戶將
出賣或詭寄他人不肯運糧所繫非輕謂財賦承佃
戶討正是管領佃種財賦糧米甚為優輕官司尚且

與免里正主首差徭白雲宗僧人種田不納稅糧亦
除里正主首其海運船戶自備己錢造船若以𦩎造
一千料船一隻工價油灰桅柁釘線版木等物價錢
少者八百餘定裝糧一千石官給脚價二百定召顧
稍水往廻口糧短般脚價除銷用外有不敷陪錢貼
補起糧所給不及所費然後又令親身下海運至直
沽交卸糧儲經涉海洋數萬餘里晝夜風濤棄生就
死其落後家屬復被有司捉拏勒令應當里正主首
雜泛差役又將詭戶逃亡無徵糧斛監督倍納即與

財賦佃戶并白雲宗僧人實為優劣不同將來船戶
避重就輕海運廢弛深繫利害宜從省府移咨都省
聞奏款依先降聖旨除免里正主首差役或照已講
議定驗糧免徵廉使船戶得以安養氣力專心運糧
辦事可為久長便益乞照詳照得先為講究各項事
理數內船戶自備船隻裝糧一千石為則令各戶依
舊輸納官糧止免四十石苗糧里正主首雜泛差役
運至一萬石者止許免四百石差役餘糧依驗多寡
與民一體均當已經移咨中書省照詳未准回示戶

部照得至大四年三月十八日欽奉詔書內一款節該民間和顧和買一切雜泛差役除邊遠軍人并大都至上都自備首思站户外其餘各驗丁產先儘富實次及下户諸役下不以是何户計與民一體均當應有執把除差聖旨懿旨所在官司就使拘收本部議得所言詭名税糧合依已行歸併田主糧數着落佃地之人徵納毋得似前勒令里正主首追陪除免雜泛差役一節擬合依例均當相應具呈照詳　元講議船上江東寧國池饒太平等處裝粮不便又將

湖廣江西等處起運糧米至真州泊水灣與海船對裝其海船重大底小止可海內行使近年以來海運糧額增添坐下江東寧國池饒太平建康等路及真州對裝糧斛勒令海船從揚子江逆流駕使前去裝發緣江內水勢湍急不常走沙漲淺山磯數多常於口內着淺糧船俱壞歲歲有之實為不便切照浙西各路多有各投下財賦及嘉興松江府位下糧米約有百萬餘石遞年折收輕賫變糴價錢若將財職等糧收納本色裝發海運卸將江南湖廣糧米令各路

臣瞿啟甲呈進

變鈔或折價錢撥還投下唯復官為支付非唯船户支裝快順不誤風訊亦免江河沙淺損失官糧之患官民兩便外有起運香糯米糧舊例亦在直沽交卸在後朱虎龍害衆利已要功同職將香糯直赴大都醴源倉送納轉交河船般剝經過閘壩河船户偷盜夾雜虧折官糧交割短少揭借重債閑納稽留日久歲終方回船户消乏如蒙將上項香糯照依舊例與糙糧止於直沽交卸實為民便已經備申未奉明降如將裝糧止於浙西起運香糯亦於直沽交卸實為

官民便益照得先為講議各項事理數內本省先擬嘉興松江歲科秋糧六十餘萬石并江淮財賦府年辦税糧一百餘萬石江浙財賦府歲辦糧二十四萬餘石照依時估於係官錢內先行提撥却將前項糧數以充海運已經移咨中書省照詳未准回示户部議得嘉興松江兩路財賦田糧啟准充為海運江浙等處財賦府税糧約二十四萬餘石奏啟一體免糴海運相應外據香莎糯米既已醴源倉下卸行之已久別難更改具呈照詳　元講議太倉叔蓋倉廒收

臣瞿啟甲呈進

納浙西等路稅糧供給海運本萬戶府管軍萬戶總司并崑山州於太倉置司似此卻將十處千戶所裁減每所額設司吏四名都目一員照略案牘辦事照得本府既管運糧海船多於太倉劉家港等處灣泊在先年分運糧數少就浙西各路支裝海運近歲以來糧額增添督責海船直抵江東太平寧國池饒建康等處支裝緣海船多係大料直州以上江面窄狹水勢湍急山磯數多泝流而上損壞船糧年年有之浙西諸路相離太倉遠者不過三二百里近者百里

之上裝糧之際雇覓裏河民船剝至太倉裝海其間東量西折公私擾害不便況太倉正係灣泊海船人煙輳集去處每歲糧船俱於此處裝集整點起發開洋若於此處蓋倉收納浙西各路稅糧就移萬戶府於太倉置司裝發海糧卻將十處千戶所裁減四處止設六處鎮撫所香糯所依舊存設已經照勘得千戶所六處合該司吏四名計二十四名除見存應設司吏二十名外合添四名都目八員照略案牘實為公便及有本府達魯花赤阿散忽都魯與都省差來

官刑部田侍郎親詣太倉劉家港起發至大四年夏運般略行踏視得太倉朱辛一房屋東北朱家莊舊有房舍週圍空閑地基可以起蓋倉廒收頓官糧兼有萬戶府於此鎮守關防已經采畫圖本開坐申稟省府移准中書省咨減併訖千戶所四處止設六處鎮撫所香糯所依舊存設革去千戶二十四員其元議蓋倉移府州於太倉置司添設各所都目司吏未稟准擬今歲皇慶元年海運粮斛一百八十萬石跨涉一十七處裝發實是闕官辦事幸而完備今來府

司參詳如稟照依元議移咨都省擬於太倉起蓋倉廒收納浙西各路稅糧供給海運本萬戶府管軍萬戶總司并崑山州移於彼處置司每千戶所一處添作司吏四名都目各一員照略案牘一則革去冗員千戶蠹政害民之弊二則削除船戶舍近趨遠裝運之勞實為官民兩益已經申覆省府照詳未奉明降如准海道萬戶府所擬戶部議得崑山州太倉劉家港起蓋倉廒囤貯糧儲瀕靠大海中間恐有不測況兼運糧已久似難更張外據運糧千戶所難同有司

不須添設司吏都目具呈照詳　仁宗皇帝皇慶二年十月增海運脚價浙東每石中統鈔一兩五錢其餘去所每石一兩　中書省奏江浙行省言今歲海運糧船阻風損壞者多若弗增其脚價船戶艱辛又兼造船物料比之往歲價增數倍臣等議量其地里遠近比元脚價之上除浙東每石添中統鈔一兩五錢其餘去所每石添一兩奏可

大元海運記卷之上

大元海運記卷之下

永樂大典傳錄　歲運糧數

至元二十年該運糧四萬六千五十石運到四萬二千一百七十二石二斗二升五合事故糧八百七十七石七斗五合　至元二十一年該運糧二十九萬五百石運到二十七萬五千六百一十石事故糧一萬四千八百九十石　至元二十二年運糧一十萬石已運到粮九萬七百七十一石五斗五升事故糧九千二百二十八石四斗五升　至元二十三年運

糧五十七萬八千五百三十石已運到糧四十三萬三千九百五石四斗事故糧一十四萬四千六百一十四石六斗　至元二十四年運糧三十萬石已運到糧二十九萬七千五百四十六石七斗事故糧二千四百五十三石三斗　至元二十五年運糧四十萬石已運到糧三十九萬七千六百五十五石八斗六升事故糧二千三百四十四石一斗四升　至元二十六年該運糧九千三萬五千石已運到九十一萬九千九百四十三石事故糧一萬五千五十七石

至元二十七年該運糧一百五十九萬五千石已運到糧一百五十一萬三千八百五十六石八斗事故糧八萬一千一百四十三石二斗　至元二十八年該運糧一百五十二萬七千二百五十石運到糧一百二十八萬一千六百一十五石事故糧二十四萬五千六百三十五石　至元二十九年該運糧一百四十萬七千四百石已運到糧一百三十六萬一千五百一十一石六斗八升事故糧四萬五千八百八十六石三斗二升　至元三十年該運糧九十萬

八千石已運到糧八十八萬七千五百九十一石五斗事故糧二萬四百八石五斗　至元三十一年該運糧五十一萬四千五百三十三石已運到糧五十萬三千五百三十四石事故糧一萬九百九十九石

元貞元年該運糧三十四萬五百石俱到　元貞二年該運糧三十四萬五百石已運到糧三十三萬七千二十六石六斗事故糧三千四百七十三石四斗　大德元年該運糧六十五萬八千三百石運到糧六十四萬八千一百三十六石九斗五升事故糧

一萬一百六十三石五斗　大德二年該運糧七十四萬二千七百五十一石已運到糧七十萬五千九百五十四石五斗事故三萬六千七百九十六石五斗　大德三年該運糧七十九萬四千五百石俱到

大德四年該運糧七十九萬五千五百石已運到七十八萬八千九百一十八石二斗七升事故糧六千五百八十一石七斗三升　大德五年該運糧七十九萬六千五百二十八石已運到糧七十六萬九千六百五十石事故糧二萬六千八百七十八石

大德六年該運糧一百三十八萬三千八百八十三石六斗三升已運到糧一百三十二萬九千一百四十八石一斗事故糧五萬四千七百三十五石五斗三升　大德七年該運糧一百六十五萬九千四百九十一石三斗二升已運到糧一百六十二萬八千五百八石八斗七升事故糧三萬九百八十二石四斗五升　大德八年該運糧一百六十七萬二千九百九石八斗六升四合已運到糧一百六十六萬三千三百一十三石五斗九合事故糧九千五百九十

六石三斗五升五合　大德九年該運糧一百八十四萬三千三石九斗已運到糧一百七十九萬五千三百四十七石一斗一升六合二勺事故糧四萬七千六百五十六石七斗八升三合八勺　大德十年該運糧一百八十萬八千一百九十九石五斗已運到糧一百七十九萬七千七十八石三斗七升五合二勺事故糧一萬一千一百二十一石一斗二升二合八勺　大德十一年該運糧一百六十六萬五千四百二十二石八斗五升五合三勺已運到糧一百

六十四萬四千六百七十九石一斗七升八勺事故糧二萬七百四十三石六斗七升七合五勺　至大元年該運糧一百二十四萬一百四十八石四斗八升八合七勺已運到糧一百二十萬二千五百三石四斗七升三合九勺事故糧三萬七千六百四十五石一升四合八勺　至大二年該運糧二百四十六萬四千二百四石八斗已運到糧二百三十八萬六千三百石四斗八升一合事故糧七萬七千九百四石三斗一升九合　至大三年該運糧二百九十二

萬六千五百三十三石六斗四升九合已運到糧二百七十一萬六千九百一十三石九斗九升五合事故糧二十萬九千六百一十九石六斗五升三合四勺　至大四年該運糧二百八十七萬三千二百一十二石一斗已運到糧二百七十七萬三千一百六十六石一斗九升六合事故糧九萬九千九百四十五石九斗四合　皇慶元年該運糧二百八萬三千五百五石四斗七合已運到糧二百六萬七千六百七十二石八斗六升七合事故糧一萬五千八百三

十二石五斗四升　皇慶二年該運糧二百三十一萬七千二百二十八石八升四合已運到糧六十五萬四千三十六石一升五合事故糧一十五萬八千五百四十三石一斗一合（食貨志至者二百一十五萬八千六百八十五石）　延祐元年該運糧二百四十萬三千二百六十四石四斗三升四合已運到糧二百三十五萬六千六百六石一斗二升二合事故糧四萬六千六百五十八石三斗一升二合　延祐二年該運糧二百四十三萬五千六百八十五石九斗

九升八合運到糧二百四十二萬二千五百五石一斗九升二合事故糧一萬三千一百八十石八斗六合　延祐三年該運糧二百四十五萬八千五百一十四石一斗八升五合已運到糧二百五十三萬七千七百四十一石一斗八升五合事故糧一萬七百七十三石　延祐四年該運糧二百三十七萬五千三百四十五石四斗三合已運到糧二百三十六萬八千一百一十九石六斗四升二合事故糧七千二百二十五石七斗六升一合　延祐五年該運糧二

百五十五萬三千七百一十四石三斗一合已運到糧二百五十四萬三千六百一十一石五斗四升一合事故糧一萬一百二石七斗六升　延祐六年該運糧三百二萬一千五百八十五石八斗八升九合已運到糧二百九十八萬六千七百一十七石九斗七升八合事故糧三萬四千八百九十一石九斗一升一合　延祐七年該運糧三百二十六萬四千六石五斗六升七合已運到糧三百二十四萬七千九百二十八石一斗六升二合事故糧一萬六千七十

八石四斗四升八勺　至治元年該運糧三百二十六萬九千四百五十一石五斗六升四合已運到糧三百二十三萬八千七百六十五石九斗一升九合八抄五撮事故糧三萬六百八十五石六斗四升四合九勺一抄五撮　至治二年該運糧三百二十五萬一千一百四十石及帶起附餘香白糯米一萬八千九百四十二石六斗一升二合已運到糧三百二十四萬六千四百八十三石一斗五升七合事故糧二萬三千五百九十九石四斗五升五合　至治三年

該運糧二百八十一萬一千七百八十六石九斗三升七合已運到糧二百七十九萬八千六百一十三石九斗六升三合事故糧一萬三千一百七十二石九斗七升四合　泰定元年該運糧二百八萬七千二百三十一石七斗八升九合已運到糧二百七萬七千二百七十八石三斗六升九合事故糧九千九百五十三石四斗二升　泰定二年該運糧二百六十七萬一千一百八十四石六升已運到糧二百六十三萬七千七百五十一石八斗九升四合事故糧

三萬二千四百三十二石七斗五升　泰定三年該運糧三百三十七萬五千七百八十四石二斗八升已運到糧三百三十五萬一千三百六十二石三斗六升事故糧二萬四千四百二十一石九斗二升　泰定四年該運糧三百一十五萬二千八百二十石六斗六升已運到糧三百一十三萬七千五百三十二石七斗七升事故糧一萬五千二百八十七石八斗九升　天曆元年該運糧三百二十五萬五千二百二十石四斗四升已運到糧三百二十一萬五千

四百二十四石三斗事故糧三萬九千七百九十六石四斗四升　天曆二年該運糧三百五十二萬二千一百六十三石一斗已運到糧三百三十四萬三百六石二斗事故糧一十八萬一千八百五十六石九斗

收江南糧鼠耗則例　至元二十二年十月中書戶部呈依奉省劄照依江南民田稅石擬合依例每石帶收鼠耗分例七升內除養贍倉官斗脚一升外六升與正糧一體收貯如有短折數目擬依腹裏折耗例以五年為則準除四升初年一升二合次

年二升三年二升四年三升四合五年共報四升餘上不盡數目追徵還官若有不及所破折耗從實準筭無得因而作弊多破官糧外據官田帶收鼠耗分例若依行省所擬比民田減半每石止收三升五合却緣前項所破正糧擬合每石帶鼠耗分例五升似為允當呈乞照詳議得除民田稅石依準戶部所擬外據官田擬依行省所咨減半收受都省移文江浙等處行中書省照驗定擬南糧北糧耗例　至元二十五年十月省臣奏准南糧每石帶耗一升四升北

糧七升定到省倉馬頭倉站車壩河船運各各合該數目劄付戶部去訖近據省倉馬頭倉官人等告稱見定破耗委實不敷不惟倉官破家艱辛官司積累懸欠數多公私不便令都堂再行圓議聞奏過下項各各合添耗糧例開列于后　南糧元破每石帶耗一斗四升　海運至直沽每石四斗　直沽每石一升三合　船運至河西務每石七合　河西務每石一升三合　船運至通州每石七合　通州每石一升三合　壩河運至大都每石一升　站車運至大都

每石七合　省倉每石三升　今議每石帶耗一斗
七升五合除元破林添三升五合　依舊破耗　海
運至直沽每石破四升直沽一升三合添破耗糧搬
運直沽至河西務每石一升二合　元破七合　添
破五合　河西務破耗二升　元破一升三合　添
破七合　船運河西務至通州每石破耗一升五合
元破七合　添破八合　通州倉二升　元破一
升二合　添破七合　壩河站車運至大都每石破
耗一升五合　元破一升　添破五合　省倉每石

四升　元破三升　添破一升　北糧元破每石運
至大都通破耗米七升河船運至河西務每石破五
合　河西務每石破一升二合　盤船河西務運至
通州每石破耗三合　通州倉每石破一升三合站
車運至大都每石五合　壩河運至大都每石七合
省倉每石二升五合　合議每石帶耗八升　二合內
除元破外添一升二合船運自唐村等處運至河西
務每石破七合　元破五合　添破二合　河西務
倉每石破一升五合　元破一升二合　添破三合

船運河西務至通州每石破五合　元破三合
添破二合　通州倉每石破一升五合　壩河站車
運至大都每石破耗一升　元破七合　添破三合
省倉每石破三升　元破二升五合　添破五合
南北倉添鼠耗則例　至元二十六年閏十月省
臣　奏各倉官員皆稱往歲定到鼠耗分例數少倉
官倍償破其家産鬻其妻小者有之因此多欠糧數
臣等圖議去年奏添南糧自直沽裏運至河西務每
石元破七合今添五合河西務運至通州每石元破

七合今添八合河西務倉內每石元破一升三合今
添七合通州倉內每石元破一升三合今添七合壩
河站車運至大都每石元破一升今添五合省倉內
每石元破三升今添一升北糧內自唐村等處運至
河西務每石元破五合今添二合河西務倉每石元
破一升二合今添三合河西務船運至通州每石元
破二合今添二合通州倉每石元破一升三合今添
二合壩河站車運至大都每石元破七合今添三合
省倉每石元破二升五今添五奏可省奏准再定南

北糧鼠耗則例　至元二十九年八月完澤丞相等
奏通州河西務倉官告說各倉收糧前省官定擬鼠
耗分例數少至有鬻其妻子家產尚陪納不完至今
辛苦臣等議得前省官所定鼠耗分例不均如今南
北耗各年分例比在先斟酌再定之上口如卿所奏
雖然亦合用心雀鼠待食用多少休因此教觧人作
弊為欺詐依舊聽耗唐村等處船運至河西務北糧
每石破七合直沽船運至河西務南糧每石破一升
二合河西務船運至通州李二寺南糧每石升五合

北糧每石五合壩河站車運至大都省倉南糧每石一
升五合北糧每石一升今擬議聽耗例大都省倉元
定破耗南糧每石四升北糧每石三升今議擬限年
聽耗初年聽耗南糧每石二升北糧每石一升五合
次年聽耗南糧每石三升北糧二升三合貯經三年
以上依元定聽耗南糧每石四升北糧每石三升河
西務通州李二寺元定破耗南糧每石二升北糧每
石一升五合今擬限年聽耗初年依元定破耗南糧
每石二升北糧每石一升五合次年聽耗南糧每石

三升北糧每石二升三合貯經三年已上聽耗南糧
每石四升北糧每石三升直沽倉除對船交裝不須
破耗外今擬一年須要支運盡絶南糧每石聽耗二
升元定破一升三合今擬添七合香糯白粳破耗大
德三年中書省准戶部呈若依糙米例定奪緣糙粳
米俱各散裝白粳香莎糯米終用夾布袋盛以此詳
參擬合比附散裝糙米破耗定例三分中量减一分
海運至直沽每石破耗八合河西務至通州李二寺
每石破耗一升如直沽裝船經由通惠河徑赴大都

交卸止依至通州李二寺每石破耗一升八合排年
海運水脚價鈔至元十九年欽奉聖旨剏開海道不
給脚鈔就用係官海船官司召顧水手起用糧儲至
楊村馬頭交卸講究水程自開洋上海等處至楊村
馬頭計一萬三千三百五十里　至元二十一年依
驗千斤百里脚價每石該支脚錢中統鈔八兩五錢
九分今近海有力人戶自行造船顧募稍水依已定
擬每石支鈔八兩五錢　至元二十九年减作每石
七兩五錢　元貞元年十二月二十八日奏朱張海

運糧在先每石脚錢八兩五錢減為七兩五錢如今
糧食諸物比之在先甚賤脚錢亦合減若不減恐虧
官臣等議每石宜減去一兩為六兩五錢奏可本年
為頭糙白粳米就直沽交卸每石支中統鈔六兩五
錢香糯直赴大都醴源倉交納每石增鈔五錢計七
兩大德七年起運稻穀二十萬石每石脚錢中統鈔
五兩　至大元年四月初十日奏過海運糧脚價每
石六兩五錢如今糧食諸物湧貴量添五錢為七兩
已後不與照依先體例與六兩五錢　至大三年准

尚書省咨該本省咨至大三年海運糧斛差官名顧
到海船即目諸物湧貴春運脚價每石添作至元鈔
一兩六錢必是海道府先令本管船隻裝運所據召
顧海船俱係福建浙東等處召顧至平江太倉劉家
港裝運處所比附海道舊管船戶先去一二千里之
遠日用口糧盤費偏負生受量添脚價官民兩便照
得先咨運糧脚價費用不敷春運糧米每石量添至
元鈔三錢通該至元鈔一兩六錢夏運糧斛止依舊
例不須添支移咨依上施行今夏運糧船戶依准所

擬照依春運例每石添支至元鈔三錢咨請照驗本
年脚價糙白粳每石至元鈔一兩六錢香糯每石至
元鈔一兩七錢　至大四年准中書省咨該尚書省
准本省咨講究極治海運至大三年十月二十九日
奏准運糧脚價每石支至元鈔一兩六錢如今添為
二兩稻穀一石元支至元鈔一兩如今添為一兩四
錢至元鈔本年為頭脚價糙白糧每石至元鈔二兩
香糯每石至元鈔二兩八錢稻穀每石一兩四錢
延祐元年二月初六日海道府奉中書戶部符文備

奉中書省劄付　皇慶二年十月二十五日奏准斟
酌地里遠近比元價之上添與脚錢本年為頭糧斛
脚價內福建遠船運糙粳每石一十三兩溫台慶元
船運糙粳每石一十一兩五錢香糯每石一十一兩
五錢紹興浙西船每石一十一兩白糧價同稻穀每
石八兩黑豆每石依糙白糧例支鈔一十一兩已後
年分至今起運糙白粳香糯稻穀依前支價年例預
支每歲八九月間海道府權依上年運糧額數為則
扣算先支六分脚價差官走省關撥管押前去平江

慶元温台官庫寄收候都省坐到糧數委定提調省官職名或十月十一月内海道府差官稟請省官親臨平江路提調省官給散除慶紹温台兩浙合該脚價海道府差官前去與各路所委官一同給散外本省提調官或有事故改委左右司官前去僅及一月散訖還省海道府分派定春夏二運糧數差官赴省關撥船支四分脚價次年正月間咨請提調官親詣海道府裝發糧斛給散貼支脚價直至五六月間夏運開洋了畢運省據天曆二年海運正糧三百萬石

脚價不等散過中統鈔六十四萬九千七百二十八定二十八兩五錢并增運附餘香白糯正耗三千四百七石三斗六升九合鈔七百三十八定三十四兩七錢四分三釐通計支散脚價鈔六十五萬五百一十二定一十三兩二錢四分三釐　漕運水程　至元十九年剙開海運每歲糧船於平江路劉家港等處聚綜經由揚州路通州海門縣黄連沙頭萬里長灘開洋沿山捉嶼使於淮安路鹽城縣歷西海州海寍府東海縣密州膠州界放靈山洋投東北取成山

路多有淺沙行月餘才抵成山羅壁朱清張瑄講究水程自上海等處開洋至揚州馬頭下卸處經過地名山川經直多少迂回計一萬三千三百五十里

至元二十九年朱清等建言北路險惡踏開生路自劉家港開洋遇東南風疾一日可至撐脚沙彼有淺沙日行泊守伺西南便風轉過沙嘴一日到於三沙洋子江再過西南風色一日至匾擔沙大洪抛泊來朝探洪行駕一日可過萬里長灘透探才方開放大洋先得西南順風一晝夜約行一千餘里到青水洋

得值東南風三晝夜過黑水洋望見沿津島大山再得東南風一日夜可至成山一日夜至劉島又一日夜至芝罘島再一日夜至沙門島守得東南便風可放萊州大洋三日三夜方到界河口前後俱係便風經直水程約半月可達如風水不便迂回盤摺或至一月四十日之上方能到彼倘值非常風阻難度程限明年又以糧船自劉家港開洋過黄連沙轉西行使至膠西投東北取成山亦為不便繼委千户殷明略踏開生路自劉家港開洋至崇明州三沙放洋望

東行使入黑水大洋取成山轉西至劉家島聚䑸取
新水畢到登州沙門島於萊州大洋入界河至今為
便皆行北道風水險惡至元十九年為始年例糧船
聚於劉家港入海由黄大郎觜白茆撑脚唐浦等處
一帶率皆沙淺其洪道濶𨚫無千丈長之潮兩向俱
有白水潮退皆露沙地候得西南風順過匾擔沙東
南大洪過萬里長灘透深開放大洋至青水洋内逕
陸家等沙下接長山并西南鹽城一帶趙鐵沙觜及
半洋沙嚮沙匾擔等沙淺及至蘇州洋又有三沽洋

山下八山補陀山到於黑水大洋過成山北面一帶
并芝罘島登州一路木極島等處近沙門島山或鐵
山嘴開放萊州大洋又有三山茅頭觜大姑河小姑
河兩頭河等灘及北有曹婆沙梁河沙南有劉姑蒲
灘至界河海口復有灘淺狹洪沙硬潮汎長落不常
但過東南風本處船聚稠密則有妨碍之虞上項所
由各各險惡去處設遇風濤不甚猛惡可以預為轉
調艄閃或收入山島藏避守伺風平浪少然後行使
若值不測驟風急雨巨颶湧浪危險之時或白晝迷

霧昏夜昏黑皆賴聖朝洪福天地神明護祐非人力
所及延祐三年正月海道都府據慶元紹興所申紹
興路三江陡門至下蓋山一帶沙淺一百餘里名鐵
板沙潮汎猛惡温台船隻尖底食水深浚船戶稍水
不識三江水脉避怕險惡直至四月中旬尚於烈港
等處停泊不敢前來差人搜究斷罪催赶顧覓剝船
般剝緣剝船數少卒急不能尋顧尚於海岸屯貯委
實靠損船戶不便據紹興六路下年海運糧斛如蒙
照依皇慶二年例就用本路船料裝發若有不敷於

慶元路摽撥小料海運貼裝其温台福建船隻起發
劉家港交割依舊於平江路倉裝糧官民兩便又準
本府副萬戶杪兒赤目擊艱難必須改擬若台州有
裝官糧先儘本路船隻不敷於温州船内貼撥紹興
路糧亦用本路船隻裝發不敷用慶元路小料海船
貼裝其慶元府港深濶臨近路倉脚夫徑直擔米上
船就將舶船并温台所用不盡船料支裝倘有剩下
船料及慶元路船隻差官押發劉家港交割裝糧兩
便已經準擬摽撥外據福建舶船依已行於慶元路支

裝　記標指淺　至大四年十二月海道府據常熟州船戶蘇顯陳言立標指淺事再行會集老舊運糧千戶殷忠顯黃忠翊等講究得每歲糧船到於劉家港聚集起發甘草等沙淺水暗素於糧船為害不知水脉之人多於此土捺閣排年損壞船糧渰死人命為數不少今蘇顯備已船二隻抛泊西暗沙嘴二處豎立旗纓指領糧船出淺誠為可采今畫到圖本備榜太倉周涇橋路漕宮前聚船處所曉諭運糧船戶起發糧船務要於暗沙東蘇顯魚船偏南正西行使於

所立號船西邊經過往北轉東落水行使至黃沙嘴抛泊候風開洋如是潮退號上桅上不立旗纓糧船止許抛住不許行使若有不依指約因而湊淺損失官糧之人船主判院痛行斷罪所陷官糧臨事斟酌着落陪還以蘇顯所言於官有益於民有便例應陞擢申奉省府出給劄付令蘇顯祇受充指淺提領依施行　延祐元年七月據常熟江陰千戶所申為江陰州界揚子江內巫子門等處沙淺損壞糧船喚到本處住坐船戶袁源陽與講究得江陰州管下夏港

至君山直開沙淺至馬駄沙南一帶至彭公山石牌山浮山巫子門鎮山石頭港雷溝陳溝九處約有一百餘里俱有沙淺暗焦江潮衝流陰惡潮長則一概俱沒潮落微露沙脊遞年支裝上江寧國等處糧船為不知各處淺沙暗焦中間多有損壞宜從官司差撥附近小料船隻設立諸知水勢之人於每歲裝糧之際駕船於沙淺處立標常川在彼指引糧船過淺不致疎虞為是江東各路船戶顧文寬林德明等糧船俱於巫子門等處着落淺渰沒其餘不及枚數據

袁源等所言實為官民便益申奉省府給降劄付令袁源等充指淺提領照依議到事理預備船隻旗纓依上指淺施行　延祐四年十二月海道府承奉江浙行省劄付准中書省咨送戶部呈奉省判御史臺備監察御史呈每年春夏二次海運糧儲萬里海程渺無邊際皆以成山為標准俱各定北行使得至成山轉放沙門島萊州等洋約量可到直沽海口為無阜望不能入河多有沙湧淤泥去處損壞船隻合准所言設立標望於龍山廟前高築土堆四傍石砌以

布為播每年四月十五日為始有司差夫添力豎起日閒於上懸掛布播夜則懸點燈火庶幾運糧海船得以瞻望部議合准監察御史所言令江浙行省計料成造播竿繩索布播燈籠蠟燭趁送來春運糧時月發付海道萬戶府順帶至直沽交付有司收管於海門龍山廟前豎立晝則懸播夜則掛燈伺候春夏二運糧船齊足方許倒卸責付看廟僧人如法收掌次年趁時復立依上懸點如有損壞短少預為申索相應都省准擬咨請依上施行　測候潮汛應驗海

道都漕運萬戶府前照磨徐泰亨曾經下海押糧赴北交卸本官紀録切見萬里海洋渺無際涯陰晴風雨出於不測惟憑針路定向行船仰觀天象以卜明晦故船主高價召募慣熟稍工使司其事凡在船官糧人命皆所繫焉少有差失為害甚大泰亨因而詢訪得潮汛風信觀象畧節次第雖是俗說屢驗皆應不避譏哂綴成口訣以期便記誦爾　潮汛前月起水二十五二十八日大汛至次月初五是下岸潮汛不曾差今古次月初十是起水十三大汛必然理二

十還逢下岸潮只隔七日循環爾　風信春後雪花落不止四箇月日有風水二月十八潘婆颶三月十八一般起四月十八打麻風六月十九日彭祖忌秋前十日風水生秋後十日亦須至八月十八潮誕生次日須宜預防避白露前後風水生白露後頭亦未已霜降時候須作信此是陰陽一定理九月二十七無風十月初五决有矣每月初三颶若無初四行船難指擬如遇庚日不變更來到壬癸也須避　觀象日落生耳於南北必起風雨莫疑惑落日猶如糖餅

紅無雨必須忌風伯日沒觀色如臙脂三日之中風作厄若還接日有烏雲隔日必然風雨逼烏雲接日卻露白晴明天象便分得對日有垢雨可期不到巳申要盈尺雨餘晚垢横在空來日晴明須可剋北辰之下閃電光三日之間事難測大雨若無風水生陰陽可以為定則東南海門閃電光五日之內雲潑黑縱然無雨不為奇必作風水大便息東北海門閃電光三日須防雲如織否則風水必為憂屢嘗試驗無差忒　行船遲了一潮搭一汛挫了一線隔一山十

日灘頭坐一日過九灘艘數裝泊艘數泊所年例以
船料多少數目灣泊何處自何處開洋合用船隻依
驗歲運糧數灣泊去處隨戶所居家步緣戶計消長
遷移不常糧額增減無定況船有損舊必須修折或
以小船三五隻折卸并造改作一二隻或因大料一
船不堪却將三二小船抵運因此艘數泊所俱無定
籍今已至順元年為率用船總計一千八百隻　崑
山州太倉劉家港一帶六百一十三隻崇明州東西
三沙一百八十六隻海鹽澉浦一十二隻杭州江岸

一帶五十一隻嘉定州沙頭浦官橋等處一百七十
三隻上海浦等處一十九隻常熟白茅港一帶一百
七十三隻江陰通州蔡港等處七隻平陽瑞安州飛
雲渡等港七十四隻永嘉縣外沙港一十四隻樂清
白溪沙嶼等處二百四十二隻黃岩州石塘等處一
十一隻烈港一帶三十四隻紹興三江陡門三十九
隻慈溪定海象山鄞縣桃花等渡大高山堰頭慈嶼
等處一百四隻臨海寧海嚴嶼鐵場等港二十三隻
奉化揭崎昌國秀山等嶼一帶二十三隻　皇慶元

年五月海道都府丞奉江浙行省劄付為慶紹千戶
所得官集衆講究得慶元地居東南既於本處裝訖
糧米再入劉家港取齊多有沙險去處若就定海港
口放洋經赴直沽交卸實為便益省府照得海運糧
儲最為重事浙東慶元紹興路糧斛既已講究定就
於定海開洋本府正官理合親臨督併起發仰即便
摘委廉幹府官一員速詣彼中點視完備趁時迭風
迅開洋毋致失悞具差定官職名起程日期飛申
延祐元年六月慶元紹興千戶范承直呈温台慶紹

兩浙糧數前來劉家港交割裝糧今歲二月使至匯
上港口多為春運重載相妨踏逐得常熟州白茆港
水深内外堪可灣泊都府行據常熟江陰所申移准
千戶忽林失奉議將帶指淺提領蘇相視得白茆港
合依年例令松江糧船自本港口上墩南至包橋一
帶拋泊却令温台慶紹兩所糧船於包橋上塘一帶
着泊開洋時分先令本處沿江船隻領腙出港照依
指淺船隻開洋順便　浙西平江路劉家港開洋一
千六百五十三隻浙東慶元路烈港開洋一百四十

七隻支裝糧船淺海皆知險惡其於裝糧江河多有艱危去處亦不為易今挨問到上江裏河支裝糧斛遠近里路安危地向如后　上海裝糧海船自平江路嘉定州劉家港開船經由揚子江逆行使經由各處沙淺常損糧船平江路常熟州地面甘草等沙水淺委蘇顯指引江陰州地面淺沙暗焦九處約一百餘里夏港至君山直開馬馱沙面一帶至彭公山石牌山浮山巫子門鐵積沙鎮山石頭港雷溝陳溝委袁源湯璵指引真州泊水灣交裝江西湖廣糧自劉

家港至彼約六百六十五里江東各路自真州以上江面狹窄水勢緊急及蕪湖釆石一帶山磯峽險每船一隻小者亦用三五十人登山入水攀椽石木打號儘力一聲方牵一步延祐二年為始申覆省府并提調官劄付各路如遇江狹磯淺湍急去處差倩人夫添力牵運船隻集慶路倉自劉家港至彼約九百四十里至太平路一百八十里共一千一百二十里至寧國路水陽倉三百六十里共一千四百八十里以上三路每歲海船可以抵岸支裝延祐六年四月

二十日據崑山崇明所千戶郭奉議申船戶駕使海船至黃池蕪湖港口為是各船料大溪河淺澁不敢抵倉約離三五十里移准寧國路提調官總管宋中大夫等牒差官前去本路河岸及溧水州建平縣地面將應有船隻作急前來短搬外合支水脚錢鈔今船戶就便支給本府移牒寧國路添力剝載池州路倉一百八十里共一千六百六十里在前年分本處短剝官糧至太平蕪湖江口交割水程三百五十里延祐四年奉省劄海船徑抵倉門　滿浦裝糧海船

自揚州崇明州三沙黃連沙投西過地名料角等處一帶沙淺連屬千里潮長則海水瀰漫淺深莫測潮落則僅存一溝寸步萬險若船料稍大必致靠損難計里路　浙西裝糧路分皆是船戶顧覓河船短剝糧斛般上海船今以崑山州太倉聚船去處至九路倉分平江路一百八里無錫州一百九十八里常州路二百八十八里內三倉係在城置立河道淺狹用小料河船逐旋般至城外裝入剝船海鹽州三百四十里湖州路三百一十八里松江府三百六十里海

船至花涇塘灣泊離倉約一十二里小船般剝烏泥涇四百八十六里海船於黃浦口灣泊離倉約七里用小船般剝江陰州四百五十里海船於黄田港灣泊離倉約三里用小船般剝鎮江路六百八十里糙米倉在香糯倉之北用小車般運約二三里至鱔魚港壩頭用小船剝上海船香糯倉之南用小車運至河船約三二里到鱔魚港壩頭用小船剝上海船轉搯生受　浙東裝糧路分紹興路三江陡門至下蓋山一帶河淺一百餘里名為鐵板沙必用本路諳知

地勢海船并慶元路小料船隻裝運本路官倉至海船灣泊處三江陡門有小河水程一百八十里顧覓河船短剝台州路長田港沙淺用本路海船友裝官倉至南門外泊船處約離三里脚夫挑擔上船慶元路府港深濶臨近路約一里脚夫挑擔上船

大元海運記卷之下

臣瞿啟甲呈進

元海運志一卷

〔明〕危素撰

《元海運志》一卷。明危素撰。素（一三〇三—一三七二）字太樸，江西金溪人，曾仕於元，入明爲翰林侍講學士。此書記元朝東南地區糧食海運至大都之過程及途經之地、海船建造等，並附録《元史·食貨志》、《浩然齋視聽抄》、《柳待制集》、《玩齋集》、《廣輿圖》、《大學衍義補》所涉海運資料。據中國國家圖書館藏《學海類編》本影印。

元海運志

元　臨川危　素太樸撰

元都于燕去江南極遠而百司庶府之繁衛士編民之衆無不仰給於江南自丞相伯顏獻海運之言而江南之糧分爲春夏一運蓋至於京師者一歲多至三百萬餘石民無輓輸之勞國有儲蓄之富豈非一代之良法歟初伯顏平江南時嘗命張瑄朱清等以宋庫藏圖籍自崇明州從海道載入京師而運糧則自浙西涉江入淮由黃河逆水至中灤旱站陸運至淇門入御河以達

于京後又開濟州泗河自淮至新開河由大清河至利津河入海因海口沙壅又從東阿旱站運至臨清入御河又開膠萊河道通海勞費不貲卒無成效至元十九年伯顏追憶海道載宋圖籍之事以爲海運可行於是請于朝廷命上海總管羅璧朱清張瑄等造平底海船六十艘運糧四萬六千餘石從海道至京師然刱行海洋沿山求嶼風信失時明年始至直沽時朝廷未知其利是年十二月立京畿江淮都漕運司二仍各置分司以督綱運每歲令江淮漕運司運糧至中灤京畿漕運司自中灤運至大都二十年又用王積翁議令阿八赤等廣開新河然新河候潮以入船多損壞民亦苦之而忙兀䚟言海運之舟悉皆至焉於是罷新開河頗事海運立萬戶府二以朱清爲中萬戶張瑄爲千戶忙兀䚟爲萬戶府達魯花赤未幾又分新河軍士水手及船于揚州平灤兩處運糧命三省造船二千艘於濟州河運糧猶未專於海道也二十四年始立行泉府司專掌海運增置萬戶府二總爲四府是年遂罷東平河運糧二十五年內外分置漕運司二其在外者于河西務置司

領接運海道糧事二十八年又用朱清張瑄之請併四府爲都漕運萬戶府二止令清瑄二人掌之其屬有千戶百戶等官分爲各翼以督歲運至大四年遣官至江浙議海運事時江東寧國池饒建康等處運糧率令海船從揚子江逆流而上江水湍急又多石磯走沙漲淺糧船俱壞歲歲有之又湖廣江西之糧運至眞州泊入海船船大底小亦非江中所宜於是以嘉興松江秋糧幷江淮江浙財賦府歲辦糧充運海漕之利蓋至是博矣初海運之道自平江劉家港入海經揚州路通州海

門縣黃連沙頭萬里長灘開洋沿山嶼而行抵淮安路鹽城縣歷西海州海甯府東海縣密州膠州界放靈山洋投東北路多淺沙行月餘始抵成山計其水程自上海至楊村馬頭凡一萬三千三百五十里至元二十九年朱清等言其路陰惡復開生道自劉家港開深至撑脚沙轉沙觜至三沙洋子江過匾擔沙大洪又過萬里長灘放大洋至青水洋又經黑水洋至成山過劉島至之罘沙門二島放萊州大洋抵界河口其道差爲徑直明年千戶殷明略又開新道從劉家港入海至崇明州

三沙放洋向東行入黑水大洋取成山轉西至劉家島又至登州沙門島於萊州大洋入界河當舟行風信有時自浙西至京師不過旬日而已視前二道爲最便云然風濤不測糧船漂溺者無歲無之間亦有船壞而棄其米者至元二十三年始責償於運官人船俱溺者乃免然視河漕之費則其所得蓋多矣

附錄

元自世祖用伯顏之言歲漕東南粟由海道以給京師始自至元二十年至于天歷至順由四萬石以上增而爲三百萬以上歷至元後歲運之數漸不如舊至正元年益以河南之粟通計江南三省所運止得二百八十萬石二年又令江浙行省及中正院財賦總管府撥賜諸人寺觀之粮盡數起運僅得二百六十萬石而已元史食貨志

朱張海餉自三山大洋徑至燕京且言自古所未嘗行此道昉自今始然杜少陵出塞詩云漁陽豪俠地擊鼓吹笙竽雲帆轉遼海粳稻來東吳越羅與楚練照耀輿臺軀又昔游詩云幽燕夙用武供給亦勞哉吳門持粟帛汎海凌蓬萊然則自昔燕地皆海運非始于今矣浩然齋視聽抄

海漕運米南土給餉京師內置漕運使司暨萬戶府于京畿外立都漕運萬戶府于吳會歲運米三百五十萬石北抵直沽漕運萬戶之在內者部署其官數往翼舟航交受所運達之京倉朝廷又選官接臨交護名曰接運柳待制集

世祖定都于燕合四方萬國之衆仰食于燕以中吳水所聚也故建漕府萬艘如雲畢集海濱之劉家港于是

省臣漕臣齋戒卜吉于天妃靈慈宮卜既協吉仍率其屬鳴金鼓以統漕建纛置牙莫敢復先每歲春夏運糧舟將抵直沽即分都漕運官出接運中書省復遣才幹重臣從至海濡交卸石以數百萬計而較計至于合勺顆粒畸不得虧盈不得溢是亦難矣 玩齋集

元海運自朱清張瑄始歲運江淮米三百餘萬石以給元京四五月南風至起運得便風十數日即抵直沽交卸朝廷以二人之功立海運萬戶府以官之賜鈔印聽其自印鈔色比官造加黑印朱加紅 草木子

朱清張瑄者海上亡命也久爲盜魁出没險阻若風與鬼刧略商販人甚苦之至元二十一年伯顏建議海運乃招二人授以金符千戶押運糧三萬五千石仍立海道萬戶府三以清瑄與羅璧爲萬戶轄千戶百戶所領虎符金牌素銀牌船大者不過千石小者三百石自劉家港出楊子江盤轉黃連沙嘴月餘始至淮口過膠州牢山一路至延眞島望北行轉成山西行到九皋島劉公島沙門島放萊州大洋收界河兩月餘抵直沽實爲繁重至元二十六年增糧八十萬石二月開洋四月直沽交卸五月還復運夏糧至八月回一歲兩運是時船小人多恐懼至元二十七年朱萬戶請長興李福四押運自楊子江開洋落潮東北行離長灘至白水綠水經黑水大洋北望延眞島轉成山西行入沙門開萊州大洋進界河不過一月或半月至直沽漕運利便是歲加朱爲浙江省參政張爲浙江鹽運司都運如是者二十餘年大德七年船兩浙上戶自造船與脚價十一兩五錢分撥春夏二運延祐以來各造海船大者八九千小者二千餘石歲運三百六十萬石京師稱便迤南番貢

亦通焉自上海至直沽內楊村馬頭凡一萬三千三百五十里不出月餘可以達省費不貲若長樂港出福州經崇明以北又自古未有之利也我朝洪武三十年猶倣其制歲運七十萬石以給遼東至永樂開通會河成始不復講 廣輿圖

按海運之法自秦已有之而唐人亦轉東吳粳稻以給幽燕然以給邊方之用而已用之以足國則始于元焉考元史論海運有云民無輓輸之勞國有儲蓄之富又云海運視河運之數所得益多故終元之世海運不廢

作元史者皆國初史臣生長勝國習見海運之利所言
非無徵者我朝洪武三十年海運糧七十萬石給遼東
軍餉永樂初海運糧七十萬石至北京至十三年會通
河通利始罷海運竊以爲自古漕運所從之道有三曰
陸曰河曰海河漕視陸運之費省什三四海運視陸運
之費省什七八今漕河通利歲運充積固無資于海運
也然會通一河譬則人之咽喉一日食不下咽即有死
亡之禍請于未事之先而爲意外之慮尋元人海運之
故道別通海運一路以與河漕竝行江西湖廣江東之

粟照舊河運而以浙東西瀕海一帶由海道運使人習
知海道一旦漕渠少有滯塞此不來而彼來亦思患預
防之先計也夫海運之利以其放洋而其險也亦以其
放洋欲免放洋之害宜預遣習知海道者訪問傍海居
民漁戶竈丁逐一次第踏視有無泊舟港汊沙石多寡
洲渚遠近委曲爲之設法圖畫具本以爲傍海通運之
法是亦良便且元史備載海運歲至之數所失不過百
分之三四竊恐今日河運之糧所失不止此數況海運
無剝淺之費無挨次之守而國家亦有水戰之備可以

制伏朝鮮安南邊海之人誠萬世之利也大學衍義補

海運編二卷

〔明〕崔旦撰

《海運編》二卷，明崔旦撰。旦字伯東，山東平度州人。居海濱，熟知海道情形。嘉靖三十三年（一五五四），議者因運道艱阻，欲開膠萊河以復海運，地方大吏諮開浚之策於旦，因作是書。收《海運議上勘理河道熙泉何侍御》、《泉源考》、《閘壩考》、《船舶考》、《再上何公估計新河書》、《附見三事》諸篇，論膠萊海運之可行，保障膠萊運河水源之方案、建造閘壩之辦法、未來管河官署之設立與建造等。據上海圖書館藏《借月山房彙鈔》本影印。

海運編

海運編序

始予從家君蜀大夫宴南宮時即聞鄉人謁闕言海運又聞南豐王公濟洽無狀海內諱之莫知其詳雖嚅嚅於口逮末之考焉其後侍膳秦蜀靑之士夫又謁闕上言而部議使檄交馳於道但畏及首尾而莫敢有任之者也甲寅歲黃河潰決工役數萬縻費不貲廷議海運以代漕餉熙泉何先生首建大策直任其事天子下璽書便宜開疏乃搜剔巖穴將欲延國家之祚開生民財利之源福山張君知予嗜海薦于先生辱先生愛相與籌之是時倭寇猖獗大司農告匱阻于浮議而漕河身復海運之事遂寢予家世居海上自兒時性嗜泉石游成均歸棲隱做廬依巖傍壑分泉鑿流爲娛自謂煙霞中痼疾人嘗笑其癡既耕牧之暇游釣棹舟邂逅灘際凡聞島港洋礁歸即識之上遡錦江下逮滄溟作同宗圖賞之時復卧游淩波亭中散髮箕踞作眺望[illegible]之狀拊掌清嘯恍疑星槎飛凌蓬壺之外耶是故耳濡目染於海獨惓惓也因綜核古跡繕寫成帙貽之將來俾有考焉若夫逆覩鯨波權度輸挽特簡編陳迹耳茲集

不錄

嘉靖甲寅季冬嘉平之吉谿東佚老園膠萊漁父書曰

伯東甫識

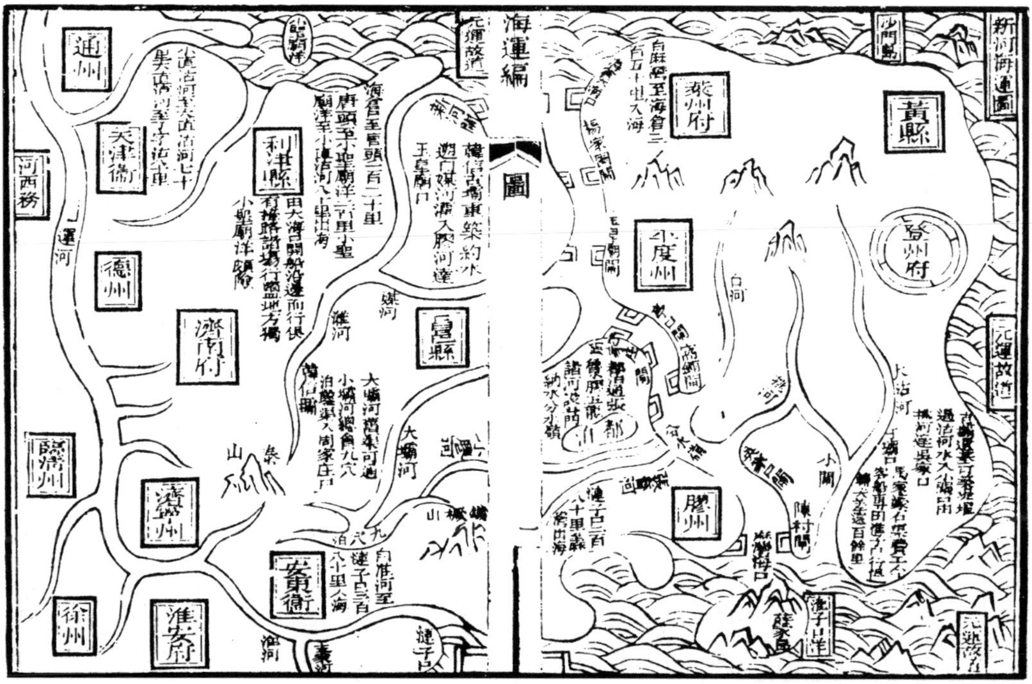

海運編卷上

崔旦伯　東甫

海運議上勘理河道熙泉何侍御

嘉靖三十三年九月十有一日躬逢詔議海運我明府特秉憲節諮訪濱海以奉揚聖天子明命是時旦到東萊與明舊夜話稍涉時事有及膠萊新河環遶膠東郡境南北海口僮僕貿易坦途凡洋礁險易晝停夜泊歷歷籌畫頗慨輿論乘酣相與鼓掌大笑別去不意萊州衛指揮僉事張棟誤薦不肖於明府臺下令棟訊度航

海故事所以不敢聞命者衰絰煢疚苫塊之地褻簡不儀非敢有所執也竊聞海運之事自秦漢有之唐人亦轉東吳粳稻以給幽燕元朝航海汎江浮淮入河裕國富民海運之力居多按邱文莊大學衍義補與海道經一自南京龍江關一自福建長樂港一自太倉劉家港開船俱入揚子江口盤轉入山東過膠州登州沙門島歷三洋達直沽交卸我太祖高皇帝撫綏遼東亦嘗海運糧七十萬石以給軍餉成祖文皇帝定鼎幽薊亦嘗海運米七十萬石以實京儲故道猶存勢險難圖司國

計者諱之宜矣若夫今之議海運者名雖海洋實無異於漕河矣若自南直隸淮安府淮河入支家河至漣子口河計三百八十里入于海由海至山東安東衛至膠州麻灣海口二百八十里風帆一日一夜自淮抵膠矣由麻灣膠萊河至海倉大海口三百五十里入海六海口至唐頭一百二十里唐頭至小聖廟洋二百里小聖廟洋至北直隸小直沽河八十里又一百五十里抵天津衛丁字沽風帆二日二夜海倉亦抵天津矣通計一千四百餘里而海洋之中不過六百里耳回視登萊故

道風濤萬里洋礁蛆集勢之險易殆懸絕矣南北海道姑置毋講所可慮者膠萊河之淤塞阻滯不通特毫末耳若夫夏霖秋溢膠萊河水汎漲若湖若川兩海水勢相通又不必挑濬則揚帆無滯矣此乃權宜之術非帝主萬全之道以豫爲先者也嘉靖十一年侍御方公遠宜巡歷登萊訪玆遺蹟檄使衆訪爲圖表之而新河之名肇矣嘉靖十七年憲副王公獻慨然自任飭材鳩工鬬石基址屢獲舊蹟而新河之事興矣自此之後商賈雲集貨物相易南海膠州有椿木稅北海掖縣有船隻

料膠州平度鄰境十數郡邑之民仰給飯額船隻不行者上年聞倭寇之變海防禁之耳非船舶創始作俑者也議者欲引濰水於上流又艱于地勢之下議者又以分水嶺之高險而難於取鑿議者又以馬家濠苦頑石之嶙峋議者又以麻灣海倉口潮沙之流動議者畏秋溢之淤塞議者主尺丈之高下議者論工役之重大衆口紛紜從違兩持不諳大體專事末節將奚取衷邪古云作室於道三年不成旦竊爲明府不取也旦雖不肖巖穴野人無所輕重然其泉源蓄洩閘壩廢置停泊遠

近亦嘗留意究心請以一丸泥破之爲明府東塞沽河西塞濰河以復海運避萬里風濤之險侈無前之偉績成中興之大業試與明府言之馬家濠石峽五里王公獻開鑿將成偶爲當道所阻事不底績或欲兩頭置閘以蓄潮水通舟避險亦有可講者但曠日持久虛費工役近來客船多由薛家島迤東淮子口大洋轉尖入麻灣口自把浪廟入龍家屯石喇灣雖小石里餘亦易爲功五里至陳村閘舊時有壩遏沽河水不得東行而海潮止此不北矣大沽河于壩漢唐以來古蹟尚存捨壩

打壩橫遏沽水南下若大雨時行沽水泛濫則開閘以防其橫流春夏之交河水淺澁則閉閘以達其清派由小閘口入挑河十五里入吳家口以厚分水嶺以南水勢分水嶺迺白河年久積沙所滲而掏取之甚易置閘障之以隔淤沙由河身堅固如鐵非頹岸崩崖之比也窩鋪有都泊環水百里築置長堤作減水閘以約水北下引膠河水入張魯河河通高密縣五龍河連絡諸城諸水以厚分水嶺以北水勢周家莊閘引大壩河與小壩河相通入九穴泊鑿渠五尺引水以入昌許渠濰河

水勢極大打壩遏水東行自媒河以達膠河蓄洩淘泉皆如沽河事例以厚玉皇廟迤東水勢玉皇廟淺窄孫鎮口淤土稍費工力楊家圈新河海倉大海口潮水時至乘潮可舉潮至呂橋亦不南矣河身比之泊身頗高每遇乾旱則河水消耗每遇霖潦則野水混合若將河身濬五六尺衆水就下取河身土以爲堤外取土重覆之以成月河減水開水有閘以時蓄洩則水有歸向而淤塞之患免矣夫三百餘里今開淤挑淺百五十里耳夫以八計不過七八萬錢以緡計不過二一百萬工以時

計不過二年權度其疏塞之孰急乘除其利害之孰甚毅然必行不惑浮議久任心膂之臣委以便宜之權擇任方面重臣督令所屬府縣府縣督令津吏老人海防有嚴濟危拯溺以保萬全挑濬有役淘淤窒壅以防不虞司津有吏修廢補罅以期不墜滙衆流歸於一導諸泉合其流事半於古功必倍之較之百年漕運壞於漲淤湍激迅復河土遺灉一夫之牽挽過於六贏之驅馱決注一里之口動費數萬之金今日修河之費又不知其幾萬倍也況成大事者不惜小費就遠圖者不計近

功然所以功不必成而事不必任者何哉蓋疏濬之役不能保其不復淤築壩之後不能保其不復決論事者必從而訾其後故任事之臣未免毀及首尾而不敢竟其策也是故智者不失時以棄功勇者不避險以滅義任者不畏難而掘起舉天下所不敢任之事而明府獨任之舉天下至難爲之事而明府獨爲之任以自立說以動衆智以乘時居定則志貞志貞則政蘇哉有非常之人而後有非常之功亦理勢之必然者也洪惟我聖天子中興之君遇中興之佐以建中興之業特易易耳

是故修築隄防之功多疏濬分殺之力少勞于一時逸于無窮爲萬世計不顧一時爲天下計不狥一方爲生民計不恤一人從容優裕以圖可久之利以銷未然之患聖子神孫遵有成業利博當時澤流奕世皇圖鞏固而宗社衍無疆之慶矣旦也俯首畎畝爲中興之民得遂雍熙之樂獨不偉歟外膠萊海運圖考附上迺平日聞見粗迹聊答相遇之感耳若夫設官置署記時投功造舟過寇則又因時制宜隨見長智臨機決策而施舍之俟有成命當杖策詣諸河上嘗見如斯鄙俚不文采

蒭者毋笑其狂而擲之天下蒼生幸甚國家社稷幸甚

泉源考

按輿地志登萊環海而居迺海運故道唯平度州握其吭有新河經腹帶流接聯兩海水源出高密縣南自膠州分流北至萊州府海倉入海自膠抵萊因名膠萊河元時疏濬避東海數千里之險故名新河諺曰銅幫鐵底今亦曰南新河北新河云平度漢膠東郡河在州治西又曰膠河陶宗儀輟耕錄勝國時天下水利十二其一謂膠萊海口距海三百四十里元史載開膠萊河工

役始末以其末運兵梗諱其詳矣故老相傳灣泊閘壩基址遺蹟識記甚詳嘗考山東通誌平度東界沽河雖有大小二名實支派沚渚之别耳源出黄縣東北入棲霞縣招遠縣界轉折西南自萊陽縣入平度州崖頭南三里挑河小閘口又南至即墨縣陳村入海按古蹟南村一名于壩舊壩樁木猶存水勢闊大北十里至五道口挑河挑河十五里達吳家口入南新河其口名小閘口父老相傳昔漢膠東康王寄都諸毛城城古即墨田單據此破燕故基森然猶有王者氣象鑿此通新河入

都泊觀運之渠耳殊不知其過沽水之迹也小閘口置閘春冬閉塞夏秋開啓蓄洩以時則沽河大脈流入新河矣且沿海郡縣凡百流泉河渠若以時疏之如寧陽引泰山諸泉特命水部主事督理官夫淘濬泉源以益運河若兩河之水既合爲一衆泉之流又併以歸何患乎旱澁邪陳村舊傳有壩以過吳家口之水使之北流過分水嶺則接小膠河達張魯河浩然之勢成矣張魯河源出高密縣鐵橛山接五龍等河連絡諸坡暨衆山之水以小歸大以大納小悉歸都泊都泊者衆水所聚

之處昔桑宏羊牧豕於海上兹其地也迴迴百十餘里中隱二三十泉可設斗門作長堤挑濬諸泉以時啓閉以濟分水嶺以北水勢大壩河渠王公獻疏濬引水舊蹟尚存引入小壩河疏渠以達九穴泊九穴泊者房嶺決口九處水經二三十里中滙爲湖又開渠十里置堤約水東北下以入周家口昌許渠事未底績而功有可講者正西有昌邑縣濰河發源於沂州入莒州經安邱諸山出自濰縣至昌邑柳疃入海水勢極大不分冬夏常流亦名淮河漢將韓信囊沙破敵於此有韓信壩古

蹟若修復舊壩稍殺水性又自媒河打壩横過濰水東行入新河勢甚順利諺云膠翁淮母無媒不成土人又畏其狂流故多諱之苟如沽河置壩蓄洩以時再打月壩約水湍性以濟玉皇廟迤東諸閘口之淺夫三河者膠萊河之命脈也舍此不講將何所據哉若現水之底下白河之流沙羅鍋雲河之源水又皆羽翼於塞並係利害者也尋源摘派者必將以予言爲是予嘗乘小艇於北八月間自小閘口理楫入吳家口抵窩鋪至分水嶺船底拖沙而行五里下則張帆無停橈矣抵亭口抵

楊家圈抵新河水勢洶悍波浪出沒宛然江湖之中中流擊節自稱奇賞以此論水高下可知矣若以尺丈水平論者是又膠柱鼓瑟耳奚以智為哉昔有獻渡江策者以釣絲量江按策濟渡不失毫末予之小艇往來波上探水熟矣倘有英邁之士以天下蒼生為心者必開海運為國大慮當以此與之籌之亦江上之釣絲也剕璞徒泣以俟識者毋曰終於不講而已

閘壩考

竊觀新建石閘僅存者三之一新河閘口石大頗完具

家口閘陳村閘窩鋪閘亭口閘周家莊閘玉皇廟閘楊家圈閘傾頹不堪巋然僅存幸耳昔年王公獻創建之時財乏民疲止以速成為功不以久遠為計略加挑濬少煩人力則石獸閘板椿木舊基屢見疊出而南北之流汎舟矣所乏者沽河不過之南下濰河不逆之東行獨白河張魯河九穴泊之水耳事無成績棄之不講今若置閘之法必欲崇高可障秋水淤塞築堤取河身土覆兩邊外重取土以覆之則為月河綿亘夾河以護河身而行潦秋漲各順其就下之性使河水不通野潦毀

潦不入河身淤塞之患將何有乎議者以白河之沙年久積高水隨南北分流走沙秋漲來復不常宜築小閘三五處約三四里外以隔之淤塞之患或可免矣或曰沽濰水勢洶漲難置閘壩予嘗遊西蜀觀都江堰大江自西域萬里勢甚澎湃秦昭王時蜀太守李冰鑿離堆分灌口一堰過之江水分辦派成都千里之田號稱陸海今沽濰之水遠不過三四百里勢之大小懸絕矣按元史河渠傳制堰之法宜取大石範鐵以關其中取桐油和石灰雜麻油而搗之使熟以苴罅漏岸善崩者密

築江石以護之或植楊柳或種蔓荊櫛比鱗次必賴以固或疏舊渠以導其流或鑿新渠以殺其勢遇秋夏水會之時則為石門或閘以時啓閉而泄蓄之專官以掌其政凡淘灘脩堰之費仍蠲於一省兵民所常徭役俾專其力於堰事又考近世減水閘之制植木為柍中實磚石上為衡木着以厚板堤以巨石屈鐵以鍵之液稬以填之其上甃石五梁而涂之梁可引纜貫可通水俾水溢則稍殺嚙勢水涸則河身護存庶幾無壅滯之處又考漕運開水閘之法命工淘沙底如掌平錘下樁木

加大木板鐵釘連之上方甃石數級每級上縮八寸高十五六尺置細巨石煮灰以固之底廣二十五尺面用石板甃二層廣袤隨量地勢置木板以啓閉遏山水泛漲啓板聽從故道常流水退閉版障流以灌河身兩端爲逆水鴈翅二各長四十餘尺順水鴈翅二各長五十餘尺中爲分水五各廣三十尺兩石際連以鐵錠石上下護以鐵拴甃口上橫巨石或三或四各長丈餘可以免崩塌之患夫治水之法不過疏與塞而已疏之說見禹貢導江濬河隨山刊木禹蹟可考塞之說不見經傳

近來堤堰議起往往獲利周思豫慮以爲之備則塞之之利焉可誣故敢摭拾規矩如左擇而行之可也若夫灰石取於附近之山木植採於海上諸島鐵冶油麻青之市集工匠夫役出之召募僉議胥協疏建並舉民不告擾而事若助之則又處置得宜經濟之妙者也又豈繩墨拘之哉

船舶考

嘗聞善謀事者恒於未事之先而有意外之慮予家居濱海僮僕貿易海上頗知海舟之便船行海洋不畏海深而畏淺不慮風而慮礁船法必將倉爲龜腹首尾偃月前後俱置柁帆桅眠立有機置長桿篙以深水立定盤星以取向擗風板分水以使風鎖口板衝浪以逐波如蓄艄漁舟之制大抵海船與河船不同河水浪活船宜重以壓之帆桅易於轉折海洋浪死船宜輕以浮之波浪便於乘騎淮安二百餘船往來膠州裝載州舊納財爲課唐頭五六十船出入直沽估貨掖縣舊納銀爲料南船放洋頗險北船擇路甚多由其利津紅銅諸鹽場掣鹽之路也先用十數船付與駕使給與月糧逐一

訪問居民捕魚漁戶煎鹽竈丁行船家長俾其沿海港汊山島沙石多寡洲渚遠近是何地方可行則行可避則避可止則止立爲標幟畫圖開款以立沿海水程夫風濤漂溺之虞以其天道常變不一也欲免漂溺之患如沈氏筆談每日五鼓初起視星月明潔四際至地皆無雲氣便可行船至於巳時卽止則不遇暴風矣中道雲起卽便易柁回舟仍泊舊處可保萬全港汊窩遠卒遇暴風但泊於極深大洋下猫卸桅任其起落亦可無虞萬一不保將米先用蒲竹包裹之若遇漂溺隨其衝

流沿海島港委曲爲之設法多置海防官署職厥吏夫洋海湖來芥蔕不留波撼至岸百物俱存但畏居民漁人乘變射利耳且海船省其兌支之耗無剝淺之費無挨次之守海船一載千石可當河船一之三以此諸羨補其失時又且合并軍卒編立隊伍戰艦征舫控壘而行當於安東膠州新河利津皆宿重兵水陸齊驅使與淮安登州天津聲援相接兵食預備大脩戰具保有東南控馭西北坐制海上諸夷而國家亦有水戰之威矣將見吳艘越舨燕商楚賈珍奇重貨歲出而時至以望

洋之嘆視若坦途而京師之貨山積矣足國富民之策萬世無窮之利也易曰象財成書曰陳脩和君出其令臣宣其力雖大小勞逸之不同同是道也今我聖天子勤民思理珍重餽餉憫恤流塾宵衣而食南顧之憂將見其釋矣萬一潢池盜兵竊據徐衛梗塞運道又意外之變識者有隱憂焉思患豫防之計愚也端有望矣

海運編卷上

海運編卷下

再上何公估計新河書

竊念不肖巖穴豎子愚戇違俗屏迹畎畝甘分邱壑謝絕人事久矣自揮使張君薦進之後不揣狂瞽輒敢披陳際遇明府詢訪宣達下逮芻蕘雖無知如不肖者亦蒙注意收錄待以殊禮感德之私曷能替懷今則徧覩任事之論會計無藝無人可及效者故不敢不言也聊陳平日所聞私竊估計上請台誨誠知煩瑣不恭但一得之愚不敢自昧具此詳切儻有取焉以備采擇其有

合行事宜附款簡末辭不覼縷惟俟鑒納

嘗見嘉靖初年吏部尚書文襄公桂萼題爲朝覲事內坎有漕牆運河夫役云臣等又議得河南山東四都司春秋二季京操官兵共將及四五萬人合無審非災傷地方不免京操者暫借一季免其來京就令各營管操人員押送二處悉付二省都御史分遣脩築仍將見在官錢量給工食則公家於河道易遇軍士於荒歲易度而兩省小民一旦安堵矣良法美意不黷貨不害民似可舉之於廟堂酌議行之若專於役夫須編管合省庶

爲均一之令而沿河地方尤爲煩擾如膠州平度州高
密縣昌邑縣監脩官之所居供億之所出夫役之所聚
柴米騰貴館穀繁勞加倍他邑可不優恤耶伏候俯從
民望乞將河夫免派少紓民困撫綏煢獨不勝鄉曲惓
惓睇目企望
工程重大煩費不貲銀兩之出或奏請內帑或工部料
價或各省分派廟堂自有處分也草茅之士不敢妄評
竊聞宣德年間開通濟寧運河發河南山東丁夫一十
五萬日給口糧仍詔蠲免丁糧二石支用各鈔關鈔錢

并抽分榷鹽各衙門銀兩案牘昭彰乞爲奏請勑諭六
部九卿及臺諫百執事詳奪施行
部夫無法實難稽考況動衆數萬紀律容不嚴耶今各
州縣解到河夫或歇操軍役或四五百名或二三百名
及到工所相聚紛擾數實不足查點雇倩殊爲兒戲兵
家所謂糜兵不可不慎按孫武子法五人爲伍一伍既
定衆伍皆然雖千百萬相率而不亂者伍法定也爲今
之策合以伍法定之每里三百六十步步四尺共計一
千四百四十尺用夫一千四百四十名爲一大工每夫

一尺十夫一丈中除飯頭一名造飯九名包一名工程
爲什爲一小工伍什立伍長一名理之二伍立百長一
名掌之五百長立督工官員治之凡逋逃事故具名作
弊許令責罰以警有衆仍分隸方面重臣或委府佐州
縣能幹掌印等官專主稽考勤惰往來催促仍立旌功
錄過簿籍呈請考校修閘打壩淘水運石燒灰運磚悉
用此法繩之養威持重靜恭凝思居簡御繁之要何如
耶
挑濬匠役執事官吏經費度支從長預備派定地方通

算一工部合工有難易夫役多寡隨之中分二十八大
工每工係河身十里之地立紅布旗一面共分二十八
工立旗二十八面上書二十八宿字號每旗督小工十
工每工係河身一里之地中央立大黃布旗一面上書
欽命督工見我明府足國富民之秉持秉九重成命瞻
視尊嚴人心聳肅照耀海湄何如其偉觀耶詩云自天
子所謂我來矣
大旗統馭有衆固詳言之若伍法不重申之豈不有遺
忽之累耶每一紅旗管十黃旗一黃旗管三十藍旗以

千字文編定分與地方如天字號旗五十名卽於大旗上大書天字號夫某州縣却將五十名各令作一小藍旗插帶頭上小書天字一號夫卽令天字一號夫頭執大旗率領四十九人做工天字號立定卽以地字號大之凡有點閘驟至某字號大旗下就令五十人赴點卒爾之間何以雇倩又令各旗各夫自相糾察首出到官卽將所首免役在逃究治除補本工月日外仍罰工以補所首之數在逃者則衆人包工必相憤而不容免役者則衆人激發必相攻而不已寓機括於一伍收成效

於億兆非惟夫役不得以輕逃而部夫者亦無由以賣放以寡馭衆罔有出其右也

夫海運行船至易惟疏鑿之工最難苟不總括會計諸役皆無頭緒玆特論其挑河夫大槩一里該用夫一千四百四十名十里一萬四千四百名三百里通計夫四十三萬二千名二月初間上工六月初間止工計一百二十日中間天雨淘水不計外雖深淺難易之不同而計工授日必限等級一月一工作四工分辦該用夫十萬八千名每名日給銀三分該用銀三千二百四十兩一箇月通計夫三百二十四萬名該銀九萬七千二百兩大約一百六十萬足矣

催督程嚴而作息無度人難遵守如四鼓造飯五鼓中漏上工巳時中漏下工喫飯午時上工申酉間早令下工便于休息人以旗爲進止工以旗便催督削除點查清革煩攙號令嚴明事有綱紀籠絡鈎稽不致譴責民將歡呼鼓舞稱便矣

挑濬煩勞調遣固難雜料鳩集功尤不易苟輕重無准則檢察不明司事者可無良法預其間哉如石二尺五

寸厚一丈長用夫百名一尺五寸厚濶如之長七八尺用夫七八十名五尺長尺五濶一尺厚用夫五十名若小石可以裝載小車者一塊銀三錢足矣往返數日此工瑣碎難可計略只在督工官之勤惰而費亦因之矣約長用夫七千名運石足矣燒磚打坯隨閘口地勢土肥切近去處立窑每閘用磚難以計量每閘用夫二百名足充役使燒磚完畢隨從石匠修閘隨手差使大約不過四千名足矣燒灰地方如掖縣界山昌邑鐀上密埠平度門村六曲金泉各立窑廠專官督之每厰置夫

一百名灰完仍遣草運照閘遠近爲限夫計二千名足矣以上三項工役共計不過一萬六千名一日該銀四百八十兩一百二十日通該夫一百九十二萬名通該銀五萬七千六百兩遇有閘工隨卽差補挑河之役庶程限優逸工不曠廢矣修閘之料不能槩舉且如糯米每斗價銀二錢桐油每斤價銀一錢鐵每斤價銀四分綫麻每斤價銀二錢五分以一座閘論之米一百石銀二百兩桐油二萬斤銀二千兩麻一萬斤銀二千五百兩鐵五萬斤銀二千兩閘板長二丈闊四尺厚一尺楠

木樟木或用杉木每塊價銀一十兩二十塊爲約共價銀二百兩樁木密比鱗次量地勢釘之約二萬根每根價銀五錢共價銀一萬兩若挑月河打壩引洩水修閘之費用捲掃蔴繩蒿草長柴每閘兩邊修築二壩方可上工約價銀三千兩原修舊閘八座石料十分之三外添設新閘七八座水口斗門十餘座大小不等共約二十餘座截長補短每座用料銀一萬五千餘兩共計銀三十餘萬兩沽灘二壩若用石砌作斗門則費貲非二十萬兩不能矣犒功賞能之費鼓舞人心之要術不在此限

修閘作壩百務紛紜若石匠木匠瓦匠油匠鐵匠灰匠論其周思審處功勞不一考校課工者可無差等耶夫役每名日給銀三分除本地幇貼外足爲一日之食體恤周全之恩也但匠作與夫役不同人心巧拙之既異而餼廩因之隆殺中工日給銀六分摘其巧者日給銀八分中間識見超衆邁出等夷又從而厚之日給銀一錢大約有二千餘名每名約給七分算百名日該給銀七兩二千名共該銀一百四十兩做工一百二十日該

銀一萬六千八百兩智謀之士優賞激勸之舉又除此格之外將見貪工之人嚮進之士呈奇獻巧從風而靡若工成賞賚我國家自有懋功之典山藪之人何敢覬覦其賞格

物料煩費清理混淆雖摘伏隱幽校計毫釐而日亦不足矣必設良法經緯庶便檢察或買稍買麻買草買油買鐵及樁木等項不一若令管工官員買用其間奉公守法固有苟且不才者實多致將官銀扣除任意冒破罔有考稽若將分派各屬收買必報富民大家物價騰

責科派蔓延者不堪或將官銀侵剋物議紛然民不堪命此招商和買之策亦勢之不容已者合將買料者專於招商議定則例收料者專委廉能官員管工者另委一官若有工所合用之料通將數目行與各官知會管工者須料物齊備方可完工必不肯苟容收料之官收料者必得原議之數乃可以應管工之求又豈肯寬縱納料之商至於料值高下已有估計定規買料者亦不敢軒輊其手則事體牽掣犬牙相制必不敢肆然自放庶乎銀不浪費而料得實用矣

任事之官管事之役鮮能冰蘗首尾有譏亦人情之常事耳中間有等不逞之徒放肆從奸把持諸官嚇詐役匠爭起邪說以撼司執惑衆誣人激變叵測誠為深懼合無定爲事例凡有光棍捕人羅織延蔓者付之嚴刑警戒羣愿庶數萬之衆得以寧謐而大工之建不致隳壞其法杜奸繩頑何得雌黃其口耶海運既通必建官屬分掌其事官必有公署署必責於此役方稱完工如新河設立工部廠修理諸閘膠州設立戶部抽分廠收納課稅南北海港選擇要會建置廨廠閘壩設立公署官廳以壯等威退居以便熙養下至吏廨稱舍何莫而非今日之慮耶其間土木之費又不下數萬而已

夫匠並集炎暑時月億萬雜居涼棲水飲不能便休內傷外感成疾罹疫不爲不少矣各處著落官吏擇選明醫付諸羣藥河上遇病隨時療治樂事趨功之敏由其報德酬恩之誠也閭閻之下隱然受十餘萬之惠不必專務賑卹而利之所及亦或溥矣創建大役事務叢脞勞費不經非可億度期必者也若天時人事齊諧工役告成固云成算如此使或天雨不時人力遲緩功有弗

就者姑待秋末水消然後潤色之萬一銀兩不敷臨期倉卒再煩題請則事蹈譸張矣又豈萬全之道耶謀大事者不惜小費必將夫價物料估計倍之待工完畢羡餘諸料上之作事謀始終焉獲允臧之慶矣

設法宜寬督工宜嚴佚以勞民民忘其勞犒賞有節百工咸勸徒嚴不能以輯和其衆徒寬不能以整肅其心吏畏民懷威德允孚遠馭長駕事歸畫一不動聲色而大工之集有子來之願可也操縱寬嚴之道自當如此惟高明其圖之

附見三事見姚寬西溪叢語

嘗聞習海者云航海自二浙可至平州閩登州竹山駞基諸島之外天晴無雲可遠望平州城壁今自二浙至登州與密州皆由北洋水極險惡然有自膠水鎮三日而抵明州定海者

杜甫後出塞云漁陽豪俠地擊鼓吹笙竽雲帆轉遼海粳稻來東吳越羅與楚練照耀輿臺軀又昔游篇云幽燕盛用武供給亦勞哉吳門轉粟帛泛海陵蓬萊

平州今平度州密州今高密明州今四明駞基島石可琢硯曾見宋琢硯鐫駞基島三字

海運編卷下

嘉慶戊辰閏五月
昭文張海鵬校梓

海運新考三卷

〔明〕梁夢龍撰

《海運新考》三卷，明梁夢龍撰。夢龍（一五二七—一六〇二）字乾吉，號鳴泉，北直隸真定（今河北正定）人。嘉靖三十二年（一五五三）進士。隆慶四年（一五七〇）任山東巡撫，同年秋，黄河決宿遷，廷議通行海運，下夢龍任其事。是書係彙輯隆慶間實行海運前後之奏疏、疏議、奏記、考説而成。分海道總圖、海道新圖、咨訪海道、試行海運、海道蠡測、海道捷徑、海道口岸、海道里數、海道日程、海道灣泊、海道通禁、申嚴海防等篇，以闡其主張，所論海道曲折，頗爲詳備。據中國國家圖書館藏《玄覽堂叢書》影明萬曆間刻本影印。

海運新考

卷上

卷中

卷下

海道總圖

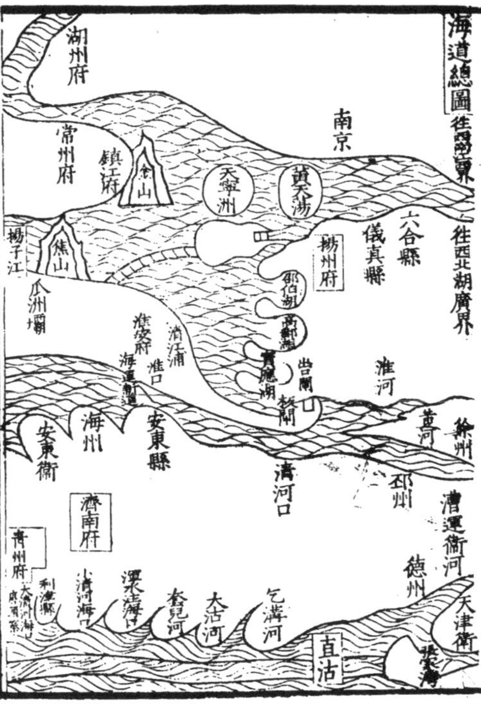

海道新圖
淸江浦
淮安府
海運新道
淮口
雲梯關
鶯游山
海州
安東縣
淸河縣
安東衛
濟南府
章丘縣
鄒平縣
長山縣
青州府
樂安縣
侯鎮
大淸河海口
利津縣
小淸河海口
德州
大沽河
直沽
天津衛
漕運衛河
台州府
上海
杭州府
松江府
海運故道
三片沙
崇明縣
劉家港
蘇州府
大倉州
福山
狼山
靖江縣
通州
海門縣
鹽城縣
淮子口
馬家壕
薛家島
靈山衛
大嵩衛
鰲山衛
麻灣
膠州
靖海衛
平度州
成山衛
白峯頭
登州府
萊州府
備倭都司
海神廟
海倉口
侯鎮

福島
管島
田橫島
青島
黃島
延真島
雙駝埠
淮子口
馬家壕
薛家島
勞山
靈山衛
大嵩衛
鰲山衛
麻灣
槎山
宮家島
靖海衛
萊陽縣
竹島
文登縣
寧海州
平度州
成山衛
黃縣
萊州府
登州府
昌邑縣
濰縣
昌樂縣
壽光縣
海神廟
海倉口
威海衛
備倭都司
海運故道
劉公島
桑島
三山島
大竹島
小竹島
長山島
沙門島
黑島

海運新考卷之上

咨訪海道一

欽差巡撫山東等處地方兼督理營田都察院右僉都御史梁　為漕河淤塞糧運艱阻事牌仰布政司官吏照依牌内事理即便會同按都二司巡察守巡等道督同備倭都司并各委官率領知識人等親詣膠萊廢河踏勘計處務求可成期濟轉漕合用人夫物料銀兩等項逐一估計明白畫圖貼說通呈如果難成亦要多方查訪自膠州至海

倉止一帶海中有無元人大洋故道或別有海邊新道如淮安可達膠州形勢設法懸賞多方講究三路務求一路可通具由草成圖說通呈以憑裁酌施行庶可仰承　廟謨為
社稷無疆之利矣

咨訪海道二

山東布政使司左布政使王宗沭會同本司分守東兖帶管海右道左叅政劉孝山東按察司按察使吳文華提學道副使周鑑青州兵備道副使潘允端分巡濟南帶管驛傳道僉事高克謙山東都司署都指揮僉事李希周張承業看得漕運係
國家命脉而河道係漕運咽喉近年邳河累淤漕運梗塞是以　廟堂深思遠慮特為膠河之議自
聞
命及承鈞旨以來早夜圖維廣詢博訪務求膠河必可通行之法以副
朝廷急切之念但事體重大衆議紛紜卽各見之無有定歸似河功之終難必濟該司會同看得海

運係元人故道除自淮安而北至膠州見今民船通行不計外其自膠州轉東而北至海倉口大約不過八百餘里自元至國初曾通海運享有成利其道可尋訪而知稍以民船試行無碍然後別加詳議自可定為
國家永利且今膠河之議不過欲避大洋之險別開運路以防不虞然見今民船往往通行何獨漕船輒為疑畏況行海省而挑河費利害什百除一面差人多方訪通之日另報外但事干大計伏惟

本院再加詳酌轉
聞早興百年廢功以垂一朝遠利誠不勝惓惓為此
理合會呈伏乞鈞裁施行等因到院據此案照先
准工部咨該戶科給事中李　題為漕河淤塞糧
運艱阻等事備行該司會同勘議通呈去後未報
復該本院照得事關
國計不容延緩又經催行該司會同按都二司巡
察守巡等道督同備倭都司并各委官率領知識
人等親詣前項河道設法懸賞多方講究三路務

求一路可通具由草呈圖說通呈以憑裁酌施行
去後今據前因本院查得山東登州衛海船原設
一百隻正統十三年減免八十二隻止造十八隻
歲撥五隻裝運青登萊三府布花鈔錠一十二萬
餘斤前去遼東賞軍餘船灣泊海濱以備海寇弘
治十六年山東巡撫都御史　奏減四隻其十四
隻分派湖廣江西各四隻就彼成造浙江福建各
三隻每隻解銀若干兩赴部買料成造正德四年
題

准不必打造今後各布政司每三年徵價解部三府
布花准收折色正德五年戶部奏
准仍復打造嘉靖三年本部尚書崔　奏奉
聖旨是海船工程依擬停止今後各布政司不許科
派擾民欽此本院竊思海船未革于
國初仰見
成祖未嘗絕意于海運近年河漕屢塞太倉空虛患
切燃眉事當畜艾舍海運無可圖者言官建議及
此乃今第一重務可謂憂之切而忠之至矣膠萊

新河可成誠為幸甚如不可成豈可以三百里之
阻廢一全運不圖妨初意而誤大計所據會呈前
因不為無見擬合就行為此案仰布政司着落當
該官吏即便會同按都二司巡察守巡等道督同
備倭都司并各委官一面將新河從實勘估務求
可成期濟轉漕作速呈報一面將海洋新道故道
設法懸賞多方踏訪草具圖說并將海道因革事
宜酌議周妥具呈以憑裁酌施行
咨訪海道三

牌仰巡察海道官吏卽便會同守巡二道備倭都
司選差熟知海道勤慎官二員一員北自海倉口
起至天津海口一員南自膠州起至淮安海口各
遵照工部覆奏
欽依該戶科給事中李　具題海邊一帶堪以運糧
道路多用船隻踏試明白如果真確可為運道各
將經行灣泊及迴避地方畫圖貼說先赴各道審
試明白呈送本院覆審施行各官每員量給花幣
銀五兩其合用水手畫匠各色人役工食該道徑

自酌擬銀數一併查將應動官銀呈請支給合用
船隻水手不拘土人島人各處商人該道隨宜調
度仍令各官會同沿海衛所有司差募但要籍記
姓名住址一以便事成犒賞一以便他日指引糧
船另議工食其奉委各官有功之日超格別處敢
有虛應故事及騷擾生事者訪出重究

咨訪海道四

照得
國初由海運糧　京儲充盈登萊富庶經今年久
雖官船不行查得民船每每往來所據道里合行
訪試為此牌仰巡察海道官吏卽便會行守巡二
道備示沿海地方不拘官吏軍民及島中流寓之
人但有熟知自膠州至海倉一帶或大洋故道或
靠邊新道如淮安可達膠州之類許畫圖貼說赴
該道審試明白轉送本院陳禀如果真確可通糧
運有功之人先賞銀一百兩仍具
題擢用如不願賞銀或願優免或願贖罪俱聽其
便漕河屢塞見今奉有

欽依計處海運事理忠義之士各思報
國顯揚身家毋得遲隱欺誑該道先將遵行日期
緣由呈報查考毋得違延未便

試行海運一

節據分巡海右兼青州兵備道呈報先蒙本院鈞
牌內事理本道遴委千戶韓禮指揮孫學詩高鳳
陽楊國勳孫世忠等帶領船戶人等踏勘海道委
可行船別無阻碍等因到院照得海道雖已踏過
尤須多方試驗為此牌仰布政司官吏卽便會同

按都二司轉行該道會同分守巡察二道備示沿海地方不拘軍民人等如有情願將自已或收買雜糧用自已船隻裝載自膠州海口起至天津糶賣者許赴該道禀告給與執照赴天津糶賣畢日備開海中經行灣泊及險要去處同執照赴道銷繳係良民重加犒賞或係有罪人犯情願輸粟備船裝運赴彼糶價納官貯庫贖罪者聽從其便將各姓名呈報本院以憑優處該道仍具遵行出示日期緣由繳查毋得違延未便

試行海運二

據分巡海右兼整飭青州兵備道呈稱爲照海中道路雖經多官踏勘屢有商販通行固無可疑緣事體重大難以空談遙度必須糧船試行一遍方見成績本道思無別處隨據萊州府見監詳允軍犯華詔等告稱情願輸粟以贖前罪又據青州府義勇官魯礦呈要照例納授青州衛鎮撫本道定擬華詔出米四百石魯礦援例該銀一百八十兩見今勒令備銀押赴淮安糴買其餘再行設處務足二千石之數行委指揮王惟精千戶陳璋押運及委登州府通判李應斗前去淮安督令買完前米如法裝載合用船隻聽詔等自行顧覓本道仍量給官銀糴買食米以資船戶盤用再照糧船通行應帶軍兵盛張旗幟吹鼓先聲震懾以耀武威定擬跟從健卒十二名每名給與盤纏官銀二兩南自淮安開洋由安東膠州登州樂安各經行地方掌印官掛號驗放直至天津衛交盤收貯掣取收過糧石數目日期回報候本院酌議題　請施

行等因呈詳到院案照隆慶五年三月二十四日准工部咨前事該本部覆題奉

欽依備咨前來節行該道一面勘估新河一面多方踏試海道去後今據前因擬合就行爲此合咨貴院煩爲軫念

國計委官查驗明實量給海船并慣行海中淮人數名相幇指引護送各役一到天津之日本院別有犒賞希將查驗緣由船戶姓名登海日期咨示

施行　右咨漕運衙門

試行海運三

據分巡海右道呈稱委官登州府通判李應斗前去淮安買米二千石裝船交付指揮王惟精等押運已到天津其米作何收貯伏乞詳示等因據此案照先據布政司呈將通判李應斗指揮王惟精等押運米石赴天津道寄收緣由前來本院詳批依擬米石暫於天津道寄納候另議處該道素切體　國必有以恤各役泛海之勞也完日報繳去後今據前因擬合就行為此牌仰布政司官吏一

面轉行分巡海右道知會取各犯人實收一面該司仍取天津道回文立案備查毋得遲違未便

試行海運四

據分巡海右道呈稱委官鎮撫宋應期百戶王九經押運犯人王鳳唈買完小麥六百石裝船三隻千戶崔士賢義勇官王收押運犯人孟崇仕買完小麥六百石裝船四隻俱自膠州起運踏試海道即今已過登州將至天津其麥作何收貯伏乞詳示等因據此擬合就行為此牌仰布政司官吏即將前麥照依該司原議行天津道寄收取回文立案備查一面轉行分巡海右道知會取各犯實收繳報

試行海運五

隆慶五年七月初九日據分巡海右道潘副使稟帖據委官寧海衛指揮劉崇儒報稱米船五隻已過鷹遊山齋堂島等處六月二十九日過膠州靈山海面至福島三十日巳時風順東行本職會同委官千戶湯詔駕田橫島船一隻引路仍每船撥

給島人一名幫送七月初一日晚到海洋所海面連遇東風不息初六日方抵文登縣花石港與委官文登營把總千戶黃汝忠交代理合稟報十一日據委官青州府同知程道東報稱相同本月二十一日據潘副使稟帖據委官文登營把總黃汝忠報稱在于靖海衛專候南來米船入境交代引路至七月初六日辰時米船五隻方到本衛地方本日午時由大洋蘇島行至申末在玄真島前灣住次日寅時阻風進入本島守候初八日辰時得

風畧順開船本日午時過成山衛白峯頭初九日戌時過成山殿東頭俱遠遠開洋行使初十日申時過威海衛劉公島十一日辰時至金山所海口灣住守候風便西行已近寧海州養馬島自此至登州二百餘里皆係無險去處理合稟報本日據委官登州衛百戶孟得賢報稱相同本月二十二日據潘副使稟帖據委官登州府通判李應斗報稱指揮王惟精等押領米船五隻於七月十四日午時至本府蓬萊閣下十五日祭廟十六日寅時

開船理合稟報本日備倭都司張可久報稱相同本日酉時據萊州府知府楊起元稟帖據原差探海馬夫報稱十七日申時指揮王惟精等米船五隻乘風東來到本府城北海神廟後芙蓉島停泊理合稟報八月初六日未時據委官登州府通判李應斗呈稱本年七月初七日承奉山東布政使司劄付蒙撫按衙門批據本司呈前事仰職即將米石徑赴天津兵備道交納寄放取本道回文徑報本院施行奉此切照卑職先蒙分巡海右道潘

副使案驗蒙撫按衙門批據該道呈前事仰職於淮安府督令犯人王佩等糴米二千石雇船五隻每船裝載四百石交付指揮王惟精等五員押運踏試海路於六月十七日自淮安開船至八月初三日申時到于天津衛河口灣泊一路平穩卑職眼同本院續差千戶楊國勳布政司今差承差王邦魯查驗船米並無短少卑職等候天津兵備道交割另行呈報外今將船到日期理合星馳具報等因并將樣米呈送前來據此案照本年三月內

准工部咨爲漕河淤塞糧運艱阻該戶科給事中李　具題本部覆題恭候

命下移咨都察院轉咨山東撫按督同布按二司海右守巡等官務選才幹官員逐一相勘南自淮安至麻灣北自天津至海倉口俱係沿海地方經行有無險阻見今商民船隻是否往來通行陳村以北亭口以南雖有河形原未疏鑿務要計處周詳畫圖貼說等因題奉

聖旨這事體重大還差給事中一員前去會同該省

撫按官計處停當具奏欽此備咨前來除陳村以
北亭口以南河形不堪行運已該
欽差工科左給事中胡　會同兩院勘明具
奏訖所據海中道路查訪得南自淮安至膠州北自
海倉口至天津內經衛所州縣海面島嶼各有商
民船隻經行歲久中段自膠州至海倉口內經衛
所州縣海面島嶼亦有島人并商民船隻經行二
十餘年各不聞險阻節行布政司會同按都二司
巡察守巡等道備倭都司及帶管巡察海道潘副

使前後呈請批委才力官役照委分踏覆委通路
堪以通行本年五月內兩院會同
欽差工科左給事中胡　前後各親詣登萊海面只
尺長山芙蓉等島備細查訪軍衛有司士夫百姓
俱無異詞猶恐未的又經兩院批行帶管巡察海
道潘副使設處罪贖委登州府通判李應斗帶領
原犯于淮安府買米二千石雇海鵬船五隻裝載
每隻十二人撑駕每船一隻并撑駕人雇值共銀
一百兩交付指揮王惟精千戶韓禮陳璋緣事千

戶汪士弘納級官魯礦押領由淮安下海直至天
津通行覆試本年七月初四日准總督漕運都御
史陳　回咨內稱准照咨文行淮安府曉諭海船
人戶悉聽原委通判李應斗等募裝米石于六月
十七日自淮安開行出海訖擬合咨覆等因在卷
今據前因照得前項海道既踏試明白堪以通行
今河道多事一切轉運大計正臣子不遑寢食多
方
獻納之日但事貴慎始議當稽衆況係大計尤須

致詳應否具　題與河道並運為
國家萬年之利及應有急要事宜合行會議為此
案仰布政司官吏即便會同按都二司并巡察海
道守巡海右等道備加考訪如果衆見符合有利
無害會議明白畫圖貼說并將應有急要事宜通
呈兩院以憑復議會
題施行
犒賞官役一
據分巡海右道呈委自淮安至天津押運米船覆

試海道指揮千百户王帷精等并帶家丁軍伴吹
鼓人役遠涉海洋効勞日久具有成績有裨
國計殊為不淺合行犒賞為此票仰濟南府官吏
照票事理即動本院贓罰銀兩買辦段花羊酒給
賞後開官役仍具用過銀數繳查
計開　靈山衛指揮王帷精青州衛千户韓禮萊
州衛千户陳璋膠州所縁事千户汪士弘納級官
魯礦以上每員給賞堪用紅段一疋黃段一疋銀
花一對重一兩羊一隻堪用金酒一罈家丁韓朝

陽于卿徐寵李尚德高京韓東陽汪効藿郭一元
閻四夏得利陳孟王得賢盛明惠魯一化魯恩水
手楊木王楝軍伴王進倫趙書韓鳳鳴陳佃夏林
馬道遠吹手張邦儒封倫毛千王書猛千馬禮船
户楊杲祝賢顧昇以上共二十二名每名給賞紅
絹一疋紅布一疋絨花二枝折牛酒銀一兩

犒賞官役二

據分巡海右道呈委自膠州至天津押運麥船覆
試海道鎮撫宋應期等并帶吹鼓人役遠涉海洋
効勞日久具有成績有裨
國計殊為不淺合行犒賞為此票仰濟南府官吏
照票事理即動本院贓罰銀兩買辦段花羊酒給
賞後開官役仍具用過銀數繳查
計開　靖海衛武舉衛鎮撫宋應期益都縣義
勇官王收每員給賞堪用紅段一疋黃段一疋銀
花一對重一兩羊一隻金酒一罈吹鼓手鄧時春
宋花于尚榮崔志永每名給賞紅絹一疋紅布一
疋絨花二枝牛酒銀一兩

犒賞官役三

據分巡海右道呈委自膠州至天津押運麥船覆
試海道千百户王九經等并義民李逢泰及各帶
家丁遠涉海洋効勞日久俱有成績有裨
國計殊為不淺合行犒賞為此票仰濟南府官吏
照票事理即動本院贓罰銀兩買辦段花羊酒給
賞後開官役仍具用過銀數繳查
計開　登州衛百户王九經寧海衛千户崔士
賢義民李逢泰以上每員名給賞堪用紅段一疋

黃段一疋銀花一對重一兩羊一隻金酒一罈家丁陳繼祖宋六十李道臧尚友趙忠王棟崔慶李准學李邦以上每名給賞紅絹一疋紅布一疋絨花二枝牛酒銀一兩

犒賞官役四

票仰布政司官吏即動無碍銀照依後開數目各另包封給各行海官役以為赴京盤纏仍具由繳查

計開　靈山衛指揮王惟精青州衛千戶韓禮

萊州衛千戶陳璋膠州所千戶汪士弘納級官魯礦登州衛百戶孟得賢以上官六員每員盤纏銀五兩各另包封淮人水手楊杲祝賢島人水手王天壽項大舉以上四名每名盤纏銀一兩五錢各另包封俱用紅紙包封印鈐差首領官初一日辰時候本院公同三司面賞

犒賞官役五

准總督漕運王　咨先准戶部咨該山東撫按會題前事本部覆奉

欽依咨行量撥漕糧十二萬石務在四月以前趁東南風柔始便利涉雇覔海船裝載選委把總等官管轄旗軍兼同慣熟水手駕運其領運官若一年無欠者即從優賞獎薦二年無欠者仍聽特薦破格超陞准此除巳量撥淮安揚州鳳陽三府漕糧十二萬石委官督押雇覔海船至期由淮安出海運納等因移咨到院准此照得海運初行前項糧船經過山東所有押運官員水手人等合行犒賞以勵人心為此牌仰布政司官吏即動庫貯官銀

二百兩徑發巡察海道轉發登州府打造銀牌置辦花紅糧船至日聽候兩院司道親臨酌量犒賞事完造冊繳報查考毋得遲違未便

海運蠡測

弘治間太傅瓊山丘文莊公請于無事時通元人海運故道與河漕並行江西湖廣江東之粟照舊由河運浙西東瀕海一帶浙江布政司及常州蘇州松江三府由海運使人習知海道一旦河漕少有滯塞此不來而彼來又謂海運之利以放洋而

其險也亦以放洋今欲免放洋宜訪素知海道曲折者講求傍海通運之法起自蘇州歷淮揚青登等府以抵直沽濱海去處踏勘萬一可行是亦良便是時河漕通利未見施行正德嘉靖間河漕屢塞每當修治動經累年帑藏措處告匱丁夫徵發無巳海運之議節經建白竟未施行至隆慶四年邳州一帶河道淤平一百八十餘里　京師坐困患切燃眉事之畜艾

朝廷深以為憂戶科李給事中建議工部議覆講求

傍海通運之法若曰博議變通之宜善述

祖宗之事西河漕而東海運河為根本海為羽翼脫有一道之塞必有一道之通

社稷萬年利也隆慶五年五月

欽差工科左給事中胡　會同巡撫山東右僉都御史梁　巡按山東監察御史張　討處踏勘得原議海道南自淮安至膠州北自海倉至天津委便通舟今日之議與文莊公所稱傍海通運其事脗合中段自膠州至海倉所經即墨縣田橫島海洋所黃島文登縣槎山成山衛竹島登州府沙門島萊州府三山島等處可以一體通舟南北中總計三千餘里風便兩旬可達不便一兩月不可必訪得二十年前傍海潢道尚未之通今二十年來土人島人以及淮人做魚蝦販苓豆貿易紙布等貨往來者衆其道遂通文莊公所謂歷揚淮青登等府濱海去處踏勘可行與否者歷歷可按且沿海二十四衛所地方俱聯錯中段若即此經畧不動大衆不煩大費不假歲月可以成運

社稷萬年此海萬年更無衝決之患可行可止可止可行可以全運可以稍運可以為常可以濟變伸縮成筭成由

朝廷乃　神京莫大水利文莊公之言歷今百年方遇　廟堂力行忠猷大計先後一揆但造船係每年不貲之費改兌閘各省便安歲久之情事理重大不敢越俎妄議畧具成造船式料理兌運二欵之下及照山東海道綿亘四府東近朝鮮北接遼東西北密邇　神京南控淮揚無遠弗達真四海

上游海運既行經畧事宜水戰有備庶幾海防肅清功收萬全

海道捷徑

查得二十年前傍海道尚未之通今二十年來土人島人以及淮人做魚蝦販芝豆貿易紙布等貨往來者衆其道遂通文莊公所稱傍海通運之法歷揚淮青登等府濱海去處踏勘可行與否者歷歷可按大較元人海運起自蘇州今起自淮安元人泛大洋今傍海涯閒泛洋中

海運之議在今日由淮安而上姑置勿論自淮安而下望東北歷鷹游山安東衛石臼所夏河所齋堂島靈山衛古鎮膠州鰲山衛大嵩衛行村寨（萊陽屬）一帶海面（二十年來土人淮人島人貿易南北貨物已爲熟路）自海洋所歷竹島寧津所靖海衛望東北轉過成山衛劉公島威海衛轉西歷寧海衛一帶海面（二十年來土人島人遍洋採捕商販達淮往來不絕）自福山縣芝罘島至登州府城北新海口沙門等島西歷桑島㟃岣島（黃縣屬此島通陸岸土人多養馬其間）自㟃岣島望西歷三山島芙蓉島萊州大洋

海倉口（土人島人採捕商販往來不絕因切近備倭衙門頗爲迴避）自海倉口西歷淮河海口魚兒鋪西北歷侯鎮店（青州屬）至唐頭寨（青州屬土人島人商販不減于膠淮）自侯鎮望西北大清河小清河海口（濟南利津縣屬）乞溝河入直沽抵天津衛（東西南北往來尤多）

海道口岸

自淮安府淮口入海向雲梯關歷石鰍口長灘安東縣蓮花口西海州塔兒灣臨洪島青河口鷹游山（此山在安東衛東南百里山嘴有石衝水水旋船應避不可入旋中）興庄朱門

口嚮石口安東衛攔頭山（此山嘴激水噴浪）望東轉過歷滴水口（有巡檢司贛榆縣屬）張洛口濤洛口夾倉口（有巡檢司日照縣屬）石臼島所石河口湖水口龍汪口青泥口信陽場口（諸城屬）石山島所夏河島所（靈山衛屬）齋堂口（諸城屬）靈山衛古鎮（膠州屬）董家灣福島（即墨屬）勞山鰲山田橫島大嵩衛行村寨（萊陽屬）琵琶島（即官家島）乳山寨（寧海州屬此山東南有亂石應避）望東南行使轉過東北便是海洋所望東小黃島東北青島竹島再往東北便是寧津所靖海衛北望槎山白峯頭（開洋向東北稍避）轉過成

山青鷄島羅山所威海衛劉公島轉西歷寧海州
空空島竒山所芝罘島福山縣屬八角島正西歷蘆洋
寨登州衛屬劉家汪海口蓬萊縣屬灣子口抹直口登州城外有金
嘴石應避登州新海口沙門島望西南歷黃河營桑島
黃縣屬嶼屺島萊州屬三山島芙蓉島萊州海神廟海
口虎頭崖此崖傍海灣泊至天津九百餘里青萊船多行又一近洋止五百餘里島船多
行海倉口掖縣屬淮河口昌邑縣屬魚兒鋪白浪河濰縣屬
洱河海口壽光縣屬唐頭寨樂安縣屬小清河口絲岡口子
江岔河大口子利津縣屬大清河小沙河渾水汪降河

久山河霑化縣屬大沙河套河沙頭河海豐縣屬大溝河桑
句河徐家溝乞溝河鹽山縣屬大沽河抵天津衛

海道里數

淮安府至安東縣九十里安東縣至馬洛關五十
里馬洛關至蘆浦四十里蘆浦至楊寨四十里楊
寨至白沙關二十里白沙關至雲梯關二十里雲
梯關至淮河套六十里淮河套至大海東洲山一
百二十里東洲山至高公島三十里高公島至鷹
游山三十里鷹游山至虛溝所十五里虛溝所至

青口六十里青口至興庄五十里興庄至東流所
一百里東流所至濤洛場三十里濤洛場至信陽
場一百二十里信陽場至齋堂島四十里齋堂島
至靈山島九十里靈山島至竹槎島五十里竹槎
島至浮島四十里浮島至灣島六十里灣島至鰲
山管島三十里管島至田横島七十里田横島至
欽島一十里欽島至青島一百二十里青島至海
洋所灰島七里灰島至炕兒島十八里炕兒島至
玄城島一百二十里玄城島至雙駝埠二十里雙

駝埠至寧津所八十里寧津所至成山衛五十里
成山衛至青鷄島六十里青鷄島至羅山所五十
里羅山所至威海衛四十里威海衛至劉公島五
十里劉公島至寧海州七十里寧海州至空空島
五十里空空島至竒山所三十里竒山所至福山
縣三十里福山縣至登州新海口八十里登州新
海口至沙門島六十里沙門島至桑島五十里桑
島至萊州嶼屺島四十里嶼屺島至三山島八十
里三山島至芙蓉島五十里芙蓉島至海倉一百

里海倉至魚兒鋪十里魚兒鋪至白浪河五十里白浪河至八溝河五十里八溝河至小清河二十里小清河至新河五十里新河至絲罔口子十里絲罔口子至江岔河十里江岔河至大口子四十里大口子至大清河十里大清河至唐頭寨十里唐頭寨至小沙河五里小沙河至渾水汪十五里渾水汪至降河三十里降河至久山河十里久山河至大沙河二十里大沙河至泊油河十五里泊油河至套河十五里套河至沙頭河十里沙頭河

至大溝河三十里大溝河至桑句河三十里桑句河至徐家溝十里徐家溝至乞溝河七十里乞溝河至大沽河一百二十里大沽河至天津衛一百五十里天津衛至張家灣八十里

以上淮安府起至張家灣止海道水程共計三千三百九十里

海道日程

自淮安上船一日可至鷹滸山此山一晝夜可至薺堂島此島一午可至靈山此山一午可至膠州海面自此一夜可至福島此島一早可至管島此島一午可至田橫島此島一晌可至青島此島一時可至黃島此島一時可至宮家島此島一夜可至黃礁石此礁一時可至槎山雙駝兒此駝一時可至養馬島此島一時可至白峯頭自此一時可至成山衛嘴龍灣過成山自此一時可至青雞島此島一時可至劉公島此島一時可至空空島名一島崆峒此島一夜可至登州城外新海口此口一晌可至沙門島此島兩時可至桑島此島一時可至

㟂屺島此島兩時可至三山島此島一時餘可至芙蓉島此島一日可到海倉海口自此一早可到唐頭寨此寨三日可到天津衛

此條與上條似重但彼以里數言此以所至時刻言盖海舟進止以風汛爲主非其時尺寸不前得其時瞬息千里不可以智力爭法令驅也膠萊土人云風利兩日夜可達淮安萬一不利或十日或半月不可知云

海道灣泊

沿海經行停泊去處宜在舊設墩上晝竪旗幟夜懸燈籠以便趨泊嘗考之永樂間平江伯陳瑄督海運於寶山上建烽火高三十餘丈今宜師其遺意多爲標識云

由淮安起至信陽場場東土民董敬門前可灣船二三百隻齋堂島諸城縣屬在夏河所東南相去水路陸路共約二十里自鷹游山開船好風一晝夜到齋堂島島後琵琶嘴可灣船二三百隻○訪得濤洛夾倉口曰夏河等所安東靈山一帶地方近多福建徽州鉅商做魚興販靈山島西離齋堂水路五十里北離靈山衛水路四十里係膠州地方好風由島北徑行或阻風奔本島或靈山衛前可灣船二百餘隻古鎮巡檢司由鎮南海

邉行或阻風在鎮西海王門前龍王溜處可灣船五百餘隻竹槎島膠州屬在靈山衛東薛家島前離靈山衛水路五十里船由島前懷行或阻風即奔此島或薛家島前可灣船二三百隻黃島商船每在此灣守風可灣船百十隻淮子口在膠州城東最爲險要内多隱石潮長不見須是轉南行船膠淮商販一向往來甚衆已成熟路陰島膠州屬船由島前行潮退有旱路内爲民居麻灣西口通膠州可灣船福島一作浮即墨縣南一五十里顏武社地方船由島後好行亦可灣船淮口港鰲山衛屬遇大潮可灣船四五十隻董家灣即墨縣南九十里每三四月捕魚時百筏叢集灣前有石礀須近裏二里路開船大管島即墨縣蕭旺社地方離縣水陸共十里島裏外俱可行船小管島蕭旺社地方離岸卜里如船奔程不及此島可灣離鰲山衛十餘里田横島即墨縣屬去縣一百二十里此島西

離齋堂島水陸共有五百里好風一日可到島後東圈西圈俱可灣船柘島春天船由外行秋天船由裏行沙島大山所屬離岸十里可灣船百十餘隻馬公島即墨縣正東雄崖所正南萊陽縣屬島前島東并何家馬頭俱可灣船六七十隻草頭嘴大嵩衛正東離衛二十里寧海州屬自田横島開船或阻風奔此可灣船六十隻青島乳山寨西南小海最可灣船帶麥島海口楊家盤海口擒虎山海口俱可灣船不多黃島海洋所正南離所二十五里島西所前最好灣船寧海州屬離州一百六十里海洋所白沙海口可灣船不多宮家島即琵琶島寧海州郡村社地方離海洋所四十里島西北空裏最可灣船長灣圈文登縣地方古灣船處龍門口文登縣地方在靖海衛西北可灣船狗角口靖海衛正東蘇心島西北與蘇州南北相對故名蘇心島上有海神廟此口最可灣船槎

黑山洋近黑島在威海衛東北洋險不可灣船劉公島文登縣地方去縣一百二十里望東北行至王家嘴轉西行過有漫村海口有土灘在威海衛後東西有黑石海口俱陡崖不可灣船遇南風在衛東北張家海口可灣自劉公島轉西至小杵島抵空空島約一百餘里好風一日可到芝罘島或遇西風西北風正北風燥起速回劉公島避之空空島不可灣船威海衛東關外海套可灣船二百餘隻寧海衛東柄海口可灣船不多養馬島水路至寧海衛十里可灣船不得已在花合港亦可龍門港口古灣船處金山所雙山等海口俱寧海衛屬可灣船三十餘隻芝罘島俗呼滋島奇山所西北與陸岸相通東西二十里長内有福山民居至奇山所一十里至福山縣三十五里至八角口六十里最好灣船大河海口不得已可灣船五六十隻奇山所前圈

進馬山北小海口可灣船守風送波嘴春山嘴一名黃石崖灘陡水勢洶湧無
風激浪如雪船由裏行或阻風在黃埠嘴可避亦可灣船百餘隻成山衛海口可灣
船百餘隻栁夼海口可灣船百餘隻白峯頭在成山衛地方約有十里其處多礁
石無風激浪有聲船經此向東開十餘里避之無妨儸人橋潮退橋顯十餘里潮長水漫只
露橋尖無風激浪如雪由裏開洋二十里行船或口西亦可海驢島成山衛東北四十里
可避儸人橋之險開洋二十里島東北望西轉鷄鳴島即青吉島文登縣東一百里自成山
衛起望西北行抵此島行船灣船俱可遇東風即行迴避或回成山或前山劉公島〇有雞鳴嶼內
浮礁一片可避望西有夫人嶼不可在內行船望西北行至劉公島約四十里大溝海口
文登縣地方口南邊有暗石沙港不可灣船辛汪寨文登縣屬迤北有陳家崖可灣船

六百〇三　冏

黑山洋近黑島在威海衛東北洋險不可灣船劉公島文登縣地方去縣一百二
十里望東北行至王家嘴轉西行過有漫村海口有土灘在威海衛後東西有黑石海口俱陡崖不
可灣船遇南風在衛東北張家海口可灣自劉公島轉西至小杵島抵空空島約一百餘里好風一
日可到芝罘島或遇西風西北風正北風燥起速回劉公島避之空空島不可灣船威海衛
東關外海套可灣船二百餘隻寧海衛東柄海口可灣船不多
養馬島水路至寧海衛十里可灣船不得已在花合港亦可龍門港口古灣船處
金山所雙山等海口俱寧海衛屬可灣船二三十餘隻芝罘島俗呼滋島
奇山所西北與陸岸相通東西二十里長內有福山民居至奇山所一十里至福山縣三十五里至
八角口六十里最好灣船大河海口不得已可灣船五六十隻奇山所前圈

海口可灣船不多後圈海口可灣船不多勝子圈可灣船不多灘
名口可灣船五六十隻婆婆海口宅窠海口俱可灣船五六十隻
八角海口一名八家福山縣屬古灣船處可灣百十餘隻東至芝罘島水路七十里蘆
洋營蓬萊屬有蘆洋社土人與島人最狎處南北相通劉家汪口蓬萊屬可灣船
六七十隻灣子海口可灣船不多東至八角口水路七十里抹直口近岸有金
嘴石礁可避登州新海口備倭都司城進可灣船百十隻長山島沙門
島俱蓬萊縣屬海運故道最要處見有井可汲舊有監察行臺二巡檢司有海廟正德以前有司
春秋兩祭欒家海口可灣船十數隻遇北風不敢久停西至黃河口寨三十里黃河
營登州衛屬有東小海套可灣船二三十隻土人島人最狎處桑島一名桑雞島島前懷

五百九十八　見

可灣船百五十隻東至新海口六十里離岸馬停寨十五里有井可汲馬亭鎮巡檢
司黃縣屬迤西地名大龍口一帶灘淺不堪灣船馬亭寨備禦所萊州衛屬西至
東良海口二十里招遠縣屬界河海道經云開放萊州大洋收進界河即此在黃河西六十
里今沙淺不堪灣船東良海口東北羊攔海口歷王徐寨城北海岸一帶礁石最宜迴避
㟂屺島黃縣屬南懷可灣船五十隻避北風西至三山島約五十里東西南北俱有礁石宜
避內有龍王廟此島有路約一里寬南通陸岸三山島萊州屬南北二面俱可灣船五十餘
隻西面有礁石有龍王廟西至芙蓉島約四十里蜉蝤島萊州屬一名芙蓉島此島東有
沙嶁一條半截沒水半截顯露開船裏行無礙西至海倉巡檢司一百里此島可灣船百十餘隻至
虎頭崖五十里至唐頭寨三百餘里萊州海神廟後海口灘淺可灣船十數隻

虎頭崖登州上船至虎頭崖俱有島嶼灣泊處所虎頭崖至海倉口七十里海倉至唐頭寨
一百八十餘里唐頭寨至天津衛七百餘里此路
雖遠有灣船處所堪以行運又虎頭崖開洋往西
北至天津衛約五百餘里此路經便但無灣船處所海倉口西半里新河海口可以灣船西
至魚兒鋪巡檢司一十里至淮河三十里可灣船各十餘隻濰河口可灣船三十餘隻西
至魚兒鋪三十里至白浪河五十餘里魚兒鋪巡檢司昌邑縣屬西至青州左衛
唐頭寨二百二十里至洱河海口九十里洱河海口青州屬可以灣船小清河
大清河海口俱可灣船唐頭寨樂安屬通商處所山東人遼東人永平人天津
人二三四五月間販運布疋米豆麵𡋯魚蝦并臨清貨物往來不絕小沙河口往裏十五
里可灣船三十餘隻至渾水汪十五里渾水汪口可灣船三十餘隻大沙河

海運新考　卷上　三十三　四百九十　大

西北東南俱可灣船套河往裏二十餘里可灣船三十餘隻至沙頭河十里沙頭河可灣船
百十隻桑句河至徐家溝十里徐家溝河口可灣船十數隻至乞溝河
七十里乞溝河海口可灣船三十餘隻至天津一百二十里天津衛至張
家灣八十里

以上海道節經行委布政司左布政使王宗沐
轉行分巡海右兼青州兵備帶管巡察海道副
使潘允端會同分守東兖帶管分守海右道左
叅政劉孝及副使潘允端呈請前後批委才力
官生及各色陳稟人役分投踏訪明白仍買米

二千石雇海鵰船五隻每隻十二人撑駕由淮
安裝載至天津下卸覆試無礙

成造船式

海船初造并每年添造工料銀兩
國初均派各省自宣德至嘉靖年間陸續裁免已
盡

海船原有一千料又曰鑽風四百料
元用羅壁造舟名曰海鵰一名海鶻其制龜身蛇首版
木堅厚每船兩旁用大竹幇夾隨帶楸杉梧桐輕

海運新考　卷上　三十四　三百八十　仲

木一不畏礁二不畏沙一任風浪輕浮若隼翅然
以鵰名者言其迅捷有扶揺萬里之義沙船亦利
今載米踏試海道所雇淮船名曰海鵰今福建白
艚船廣東烏尾船梁高三四丈者更利

叅募船工

元人于揚州教習水手丘文莊公亦云然元人用
召募今用旗軍初行海運旗軍未慣又一時教習
水手不及訪得登萊淮揚多有行海之人宜行召
募每船叅用三五人俱著落州縣衛所結送前來

議給工食一二年後旗軍慣熟另行議處行運之初偏裨把總等官宜遴選登萊淮揚或閩廣素行海洋武弁以充訪得膠萊商販募淮人開洋直抵交卸一往一來每人工食銀二兩七錢仍每人日給米一升青萊天津商販募值少減今又加中段况係海運初行宜加優厚以裨樂從

海道通禁

查得元人海運既通南番貢獻皆倣效而行今通海運預當禁止仍令由中原驛路以迂其行蓋

祖宗有深意云

膠萊父老云海船底尖入水頗深最忌滿載如舟堪千石者只載七百石遇風不利轉柁為便不然未免失事往來淮安屢有證驗又云海船全借風力故海運之利以風而其為害亦以風又云海船之失皆因風打非遇礁則遇淺最要占候迴避諸占候門類及預備緩急具載海道經通運之初應于淮安天津揭榜通衢令人人知悉

料理兑運

海道猶碁枰也運粟猶手較也元人海運自劉家港開洋故江南之粟悉輸太倉

國初仍元故事今擬自淮安海運亟應議將某省某府之粟輸于淮安聽漕運衙門料理若不先議定譬之奕者具枰几上手較之事尚長矣至天津交卸亦宜有專官料理

官署事權

今議海運南起淮安北達天津登州寔為居中要地宜

命重臣於此經畧海道兼理軍務仍須淮揚天津二兵備道地方聽其節制庶便行事巡察海道副使應兼理糧運備倭都司應改叅將兼管海道糧運各增入應轄地方請給

敕書以隆事權其膠州并唐頭寨二處宜設把總分地提調各衛所司寨墩港

申嚴海防

山東沿海雖有二十四衛所行伍逃亡過半餘赴京邊做工海防廢弛已甚將來深有可虞及今海

運宜申嚴巡哨須將京班軍人或于近年改借邊班數内量留一枝以實地方以振武備蓋不但有裨海運寔預爲海防計云

膠萊河辯

志稱登萊本海運故道謂登萊海面非謂登萊陸地故文莊公所稱傍海通運乃求之于海非求之于陸也觀其欲訪通番航海之人及起取慣駕海舟竈丁許以成事加以官賞數言可見嘉靖十七年山東海道王副使誤認元人膠萊廢渠爲海運

故道勞費無成輒刻石繕書類輯文案疑以傳疑後人或增入輿圖或採作志紀遂遍四方其畧曰膠萊新河元時所濬可避海道數千里之險世人未能舉其説也不知原未成運安得謂之可避又曰海運行則膠萊之故道不可不復矣不知元人先有事于膠萊新河勞費不貲卒無成效然後行海運食貨志年月可考又曰今之膠北廢河非元人放洋舊道乎夫既云放洋豈應在于陸地又曰膠萊新河即文莊公傍海通運之意蓋未詳文莊

之議始終與新河無干又曰新河乃歷代所求而未得者夫元人以前無新河也元人以開國全盛財力智巧咸集兩番有事于新河畢竟廢棄豈其得已盖渠身道里太長春夏泉流淺涸別無引注伏秋山水猛驟頃刻盈溢一望無際不便牵挽南北兩頭海沙易壅出入借潮潮有大小舟有行閣門戸之處全不通利以故

國初置而不問何得謂之歷代所求而未得也他未暇論乃江西顧作廣輿圖王方伯今再起山東

以所見與在江西時所聞懸絶深悔當年誤信王副使石刻其餘近刻志紀遍四方者又皆採廣輿圖之説者也不待辯也且西河漕而東海運大致也河漕似安而多勞費海運似險而屬便利一任其勞一任其便相濟之策今行海運中段乃有事于新河借曰可成目前開治之難臨事啓閉牵挽之勞盤剥守候之費日後淤塞之苦又一河漕矣若謂南北海運中取捷徑不思中段千里海面與南北一水相通三五日可達似迂而寔捷新河三

百餘里以河漕行程而計速則半月遲則尚多似捷而寔迂文莊公以前議海運不及新河王副使而後議海運必及新河起手不成全議頓阻良可太息今經多官歷歷勘明若不詳辯後世萬一復踵其議修元人之中輟舉

二祖之不圖百萬財力用盡無效欲增不可欲罷不能竊懼別致事端矣王副使之功獨其因嘉靖十一年巡按方遠宜采訪遺意自膠州以南海倉以北因私泛之人得傍海之路擬通海運以待不虞

其思深其見遠其謀忠其事若不敢泯焉今　廟堂憂邳河淤平　京師坐困議通海運羽翼河漕忠猷大計千載一時誠止膠萊河後自淮安至天津南北中三段俱由海運則一水易通勞費不須是即文莊公傍海通運之策而

國計永賴矣○附元益都田賦總管于欽山水全文○膠水按水經出黔陬膠山今膠州膠西縣西南鐵橛山也北逕密州東北卤山古名五弩山卤水入焉寰宇記膠水出密州諸城縣東嵯山或亦曰膠山出卤山皆非是又北逕高密縣東北入都濼都濼者水經謂之夷安潭秦地圖謂之劇清池即古覆養澤也張奴水出高密東阜下亦注此澤自澤北出注新河張奴水一名墨水水側有張奴店由河北入于海其東北入海者膠水之故道差淺而新河為經流新河者至元初萊人姚演建言首起膠西縣東陳村海口自東南趨西北鑿陸地數百里欲通漕直沽海口數年而罷余嘗乘傳過之詢土人云此河為海沙所壅又水潦積淤終不能通徒殘人耳演真鄭國之罪人也○附元食

貨志全文○元都于燕去江南極遠百司庶府之繁衛士編民之衆無不仰給於江南自丞相伯顏獻海運之言江南之糧分為春夏二運蓋至于京師者一歲多至三百萬餘石民無輓輸之勞國有儲蓄之富豈非一代之良法歟初伯顏平江南時嘗命張瑄朱清等以宋庫藏圖籍自崇明州從海道載入京師而運糧則自浙西涉江入淮由黄河逆水至中灤旱站陸運至淇門入御河以達于京後又開濟州泗河自淮至新開河由大清河至利

津河入海因海口沙壅又從東阿旱站運至臨清入御河又開膠萊河道通海勞費不貲卒無成效至元十九年伯顏追憶海道載宋圖籍之事以爲海運可行於是請于朝廷命上海總管羅璧朱清張瑄等造平底海船六十艘運糧四萬六千餘石從海道至京師然紉行海洋沿山求嶼風信失時明年始至直沽時朝廷未知其利是年十二月立京畿江淮漕運司二仍各置分司以督綱運每歲令江淮漕運司運糧至中灤京畿漕運司自中灤

運至大都二十年又用王積翁議令阿八赤等開廣新河然新河候潮以入船多損壞民亦苦之而忙兀解言海運之舟悉皆至焉於是罷新開河頗事海運立萬户府二以朱清爲中萬户張瑄爲千户忙兀解爲萬户府達魯花赤未幾又分新河軍士水手及船於揚州平灤兩處運糧命三省造船二千艘於濟州河運糧猶未專於海道也二十四年始立行泉府司專掌海運增置萬户府二總爲掌海運增置萬户府二總爲四府是年遂罷東平

河運糧二十五年内外分置漕運司二其在外者於河西務置司領接運海道糧事二十八年又用朱清張瑄之請併四府爲都漕運萬户府二止令清瑄二人掌之其屬有千户百户等官分爲各翼以督歲運至大四年遣官至江浙議海運事時江東寧國池饒建康等處運糧率令海船從揚子江遡流而上江水湍急又多石磯走沙漲淺糧船俱壞歲歲有之又湖廣江西之糧運至真州泊入海船船大底小亦非江中所宜於是以嘉興松江秋

糧并江淮江浙財賦府歲辦糧充運海漕之利蓋至是博矣

海運新考卷之上

海運新考卷之中

勘報海道

欽差巡撫山東等處地方兼督理營田都察院右僉都御史梁夢龍　題爲勘報海道事據山東布政司呈稱隆慶五年八月二十七日抄蒙臣案驗内開隆慶五年七月初九日據分巡海右道潘副使禀帖據委官寧海衛指揮劉崇儒報稱米船五隻已過鷹遊山齋堂島等處六月二十九日過膠州靈山海面至福島三十日巳時風順東行本職會

同委官千戸湯詔駕田横島船一隻引路仍每船撥給島人一名幇送七月初一日晚到海陽所海面連遇東風不息初六日方抵文登縣花石港與委官文登營把總千戸黄汝忠交代理合禀報十一日據委官青州府同知程道東禀帖報稱相同本月二十一日據潘副使禀帖據委官文登營把總千戸黄汝忠報稱在于靖海衛專候南來米船入境交代引路至七月初六日辰時米船五隻方到本衛地方本日午時由大洋蘇島行至申末在玄真島前灣住次日寅時阻風進入本島守候初八日辰時得風畧順開船本日午時過成山衛白峯頭初九日戌時過成山殿東頭俱遠遠開洋行至初十日申時過威海衛劉公島十一日辰時至金山所海口灣住守候風使西行已近寧海州養馬島自此至登州二百餘里皆係無險去處理合禀報本日據委官登州衛百戸孟得賢禀帖報稱相同本月二十二日據潘副使禀帖據委官登州府通判李應斗報稱指揮王惟精等押領米船五

隻於七月十四日午時至本府蓬萊閣下十五日祭廟十六日寅時開船理合禀報本日據備倭都司張可久禀帖報稱相同本日酉時據萊州府知府楊起元禀帖據原差探海馬夫報稱十七日申時指揮王惟精等米船五隻乘風東來到本府城北海神廟後芙蓉島停泊理合禀報八月初六日未時據委官登州府通判李應斗呈稱本年七月初七日承奉山東布政使司劄付蒙撫按衙門批據本司呈前事仰職即將米石徑赴天津兵備道

交納寄放取本道回文徑報本院施行奉此切照
卑職先蒙分巡海右道潘副使案驗蒙撫按衙門
批據該道呈前事仰職於淮安府督令犯人王佩
等糴米二千石雇船五隻每船量載四百石交付
指揮王惟精等五員押運踏試海道於六月十七
日自淮安開船至八月初三日申時到于天津衛
河口灣泊一路平穩卑職眼同本院續差千戶楊
國勳布政司今差承差王邦魯查驗船米並無短
少卑職等候天津兵備道交割另行呈報外今將

船到日期理合呈馳具報等因并將樣米呈送前
來本年八月三十日據委官靖海衛鎮撫宋應期
登州衛百戶王九經寧海衛千戶崔士賢益都縣
義勇官王收禀稱蒙分巡海右道潘副使明文蒙
兩院批委職等押領犯人王鳳嘂等前至膠州買
完小麥一千二百石雇船三隻裝載於七月十五
日由本州下海覆試海道本日申時至靈山海口
守風二十八日方得長行八月初三日至登州府
掛號廻避風雨初十日未時至桑島十一日至三
山島十二日至芙蓉島十三日子時得好風長行
二十日至天津城東龍王廟前灣泊見今麥石聽
候交納理合禀報本日據登州府通判李應斗報
稱相同據此照得前項海道既踏試明白堪以通
行今河道多事
朝廷深以為憂一切轉運大計正臣子不遑寢食奔
走講求之日但事貴慎始議當稽衆况係大計尤
須致詳應否具　題與河道並運為
國家萬年之利及應有急要事宜合行會議仰司

即便會同按都二司并巡察海道守巡海右等道
備加考訪如果衆見符合有利無害會議明白并
將應有急要事宜通呈兩院以憑覆議會　題施
行蒙此又據本司經歷司呈抄蒙巡按山東監察
張御史案驗同前事蒙此該本司左布政使王宗
沐會同右政使陳絳左叅政劉孝龍光右叅議宋
守約按察司按察使吳文華副使周鑑李汶僉事
高克謙都司署都指揮僉事李希周張承業并巡
察海道副使郭文和分守海右道右叅政徐行祚

分巡海右道副使潘允端會議得治體莫先於法
祖須尋已試之規　國計最急於恤民惟求利多之
便海運裕國始自元人至於我
朝洪武末年運七十萬石以餉遼左永樂初制運六
十萬石以給　京師恭惟
二祖聖明獨斷謀臣畫策乃俯循元人之途以足漕
輸之額者誠以都燕之利在海也猶之都秦則必
通渭都汴則必通河方域所拘勢無異便轉輸之
利在海也據其省費則裕民財速達則紓民力全

利所委理有當同及尚書宋禮開通濟河猶有三
年一次海運之議輔臣丘濬方當河漕通利尚著
彼不至而此來之文登州海船裁於嘉靖三年遞
洋一總革於四十五載海運遺規盡廢未久使濟
河安流何庸別議邇歲以來河流屢決工程浩大
挑濬艱辛公帑匱乏私貼繁冗民力瘁竭民命傷
殘歲額之漂失太多太倉之空虛可慮致廑
聖明軫念諫官陳言
特遣科臣東視海上又蒙撫按多方踏試據今米麥

船隻皆抵天津並無阻碍誠行海運利有數端萬
艘並開舟無守幇之苦片帆徑度糧靡剝淺之虞
一年但以夏初上運及時更番足息人力一月可
以直達天津乘汛利涉寧用淹時力既息則往來
不疲時不淹則行糧可省牽輓於赤日之中運卒
久勞矣海上則卧舟可行專仰於行糧之給運卒
久貧矣海舟則餘貨可帶運卒有鑿舟而逃者海
中則逃將焉歸運卒有竊米爲市者海中則市將
誰易其他便利未敢悉陳惟是風波人遂稱險然

河運不免漂失豈必海波海行終無掛欠利亦相
當况今次踏出新道視殷明畧所開尤爲穩捷若
使行船不爽汛期不忽占候自可萬全無失至於
防海衛所犬牙聯絡久緣承平百務廢弛海運之
日漸加整齊不惟足護國漕抑且兼裨海禁開此
一路拱護
神都址以居庸爲城南以大海爲池誠爲
宗社萬年至計法
祖恤民不無兼得乞蚤爲題　請國計幸甚若大或

多運或少運造船更卒煩費詳圖或總漕或分漕
文武臣工稍應增置此則恭候
宸斷廟謨非藩服微臣所敢輕議等因具呈到臣據
此案照隆慶五年三月内准工部咨爲漕河淤塞
糧運艱阻事該户科給事中李貴和具題本部覆
題恭候
命下移咨山東巡撫都御史梁夢龍及咨都察院轉
行巡按御史張士佩督同布按二司海右守巡等
官務選才幹官員逐一相勘南自淮安至麻灣北
自天津至海倉口俱係沿海地方經行有無險阻
見今商民船隻是否往來通行陳村以北亭口以
南雖有河形原未疏鑿務要計處周詳等因題奉
聖旨這事體重大還差給事中一員前去會同該省
撫按官計處停當具奏欽此備咨前來除陳村以
北亭口以南河形已該
欽差工科左給事中胡價會同臣等勘明具
奏訖所據海中道路臣等查訪得南自淮安至膠
州北自海倉口至天津内經衛所州縣海面島嶼

各有商民船隻經行歲久中段自膠州至海倉口
内經衛所州縣海面島嶼亦有島人并商民船隻
經行二十餘年各不聞險阻節行布政使司會同
按都二司巡察守巡等道備倭都司及帶管巡察
海道副使潘允端前後呈請批委才力官役照委
分踏覆委通踏堪以通行本年五月内臣等會同
欽差工科左給事中胡價前後各親詣萊登海面咫
尺長山芙蓉等島備細查訪軍衛有司士夫百姓
俱無異詞猶恐未的又經批行帶管巡察海道副
使潘允端設處罪贖委登州府通判李應斗帶領
犯人王佩等于淮安府買米二千石雇海鵰船五
隻裝載每隻十二人撑駕每船一隻并撑駕人雇
值共銀一百兩交付指揮王惟精千户韓禮陳璋
緣事千户汪士弘納級官魯礦押領由淮安下海
直至天津通行試驗本年七月初四日准漕運都
御史陳炌回咨内稱准照咨文行淮安府曉諭海
船人户悉聽原委通判李應斗等裝米石於六
月十七日自淮安開行出海訖擬合咨覆等因在

卷再委鎮撫宋應期百戸王九經千戸崔士賢義勇官王收帶領犯人王鳳嗚等于膠州買小麥一千二百石雇船三隻由膠州下海直至天津覆行試驗續據各官將經行日期地名米麥船隻灣泊天津緣由禀報到臣會案備行該司會同按都二司并巡察海道守巡海右等道備加考訪如果衆見符合有利無害會議明白并將應有急要事宜通呈兩院以憑會　題去後今據前因該臣會同巡按山東監察御史張士佩議照自古建都一切

轉運莫不因形勝以制便宜洪惟我　朝
成祖定鼎燕京轉運大計一由河道一由海道至永樂十年以後平江伯陳瑄開清江浦尚書宋禮開會通河成始盡由河運然海船多存遮洋海運未廢宋禮之議又曰雖由會通儹運每三年海運一次是當時未嘗絶意于海運也爲慮遠矣弘治間大學士丘濬倡議請于無事時通海運故道與河漕並行一旦河漕少有滯塞此不來而彼來又謂海運之利以放洋而其險也亦以放洋今欲免放洋宜訪素知海道曲折者講求傍海通運之法歷淮揚青登等府以抵直沽濱海去處踏看萬一可行是亦良便是時河漕通利未見力行嗣是一遇滯塞大小臣工疏陳策試數百萬言皆以海運爲請竟未力行正德迄嘉靖間河患益劇且頻每當疏濬塞築工程浩大刻期勤完晝夜併力公搞私貼計費不貲上下窘急接連三省丁夫調發動踰十萬寒暑風雨暴露經年手足潰爛枕藉傳染疾病死亡殆不可計大衆數聚久勞怨生啓釁干和

關係不細愛　國之臣深以爲憂我
皇上撫臨華夷
天覆海涵世躋隆平乃去歲邳河陡塞一百餘里今歲宿遷漂傷無筭異常河變屢見迭出太倉空虚咽喉梗滯中外危之先業
皇上採納忠猷簡差科臣胡價會同臣等計處膠河期通海運以佐河漕之急
社稷大計孰先于此于時臣等勘得膠河雖屬難開而原題海道南自淮安至膠州北自天津至海倉

各有商民船隻經行歲久委堪行運及勘得中段自膠州至海倉一帶海道與南北一水相通亦有島人拵商民船隻經行二十餘年堪以一體行運自淮安至天津總計三千三百餘里風便兩旬可達不便稍遲每歲五月以前風順而柔較之六月以後更為便利臣等前後親詣萊登二府地方督同叅政劉孝副使潘允端備倭都司張可久萊州府知府楊起元等登州府署印推官江容可等及委官青州府同知程道東等三營把總千戶黃汝

忠等選委指揮孫學詩等照委分路覆委通踏灣泊程次逐一明白及訪得沿海官民俱稱二十年前傍海潢道尚未之通今二十年來土人淮人以及島人做販魚蝦荅豆往來不絕其道遂通未見險阻群情踴躍臣等猶懼事無的驗令兩試俱利兼恐人有遺議今衆見僉同臣等蚤夜思議竊以大海風波誰則不知然海面多潢猶陸地多岐海人行海猶陸人行陸傍海而行非橫海而度海道險利玆可具推臣又與三司各官再三面審行海

委官指揮王惟精千戶韓禮陳瑋緣事千戶汪士弘納級官魯礦拵水手等役數十餘人俱稱今次踏出海道傍海居多間由近洋洋中島嶼聯絡遇風可依岸上人烟舉目可見若船非乾朽行遵占候自無他虞較彥明畧踏出之道尤屬穩捷是即丘濬所稱傍海通運果為良便臣家于陸先年未至海上不能測識濬議今待罪海邦親勘博訪幾八閱月始嘆服濬議乃

神京遠計若畏風波則江河與海皆所不免今歲

宿遷河道漂傷衆多是也若重民命則大役死亡或更多也況歲免濬築永無遷徙天津密邇通州不煩陸輓既不勞民傷財更擅形勝便宜濬之言曰家居海隅頗知海舟之便先年前後總漕大臣王恕曰高郵湖西風大作波濤洶湧損壞船隻失落錢糧人命不可勝計邵寶曰陸之為勞不減行海之險陸釴曰汶水導引南接淮泗北通白衛自元人始然河渠淺澀故終元之世海運不廢永樂年間禮部會議曰黃河漕運未能周急必藉海運

然後足用諸臣斯言當必有據今議海運誠爲足
採臣等愚見請及今日以河道爲正運益加綜理
以海道爲備運兼爲規復萬一河道未易疏通則
海運可至畜艾對證臨急無患河道大工自可安
心濬築如法以垂經久再照海防至重沿海衛所
疲玩歲久先年江南閩浙蘇松江北淮揚各沿海
州縣數被倭患近來加意整飭自是寧謐山東海
面東望朝鮮北接遼東西邇畿甸南控淮揚遠達
浙閩真四海上游形勝之區沿海衛所疲玩更甚

久無倭患識者有未然之憂今行海運兼飭海防
是不但有裨　國計兼有裨于地方如是則咽
喉無恐肘掖有備
神京百萬人心自是安定萬年永利
昭代全規我
皇上繼述之善太平之烈光于千古矣至于急要事
宜在設官造舟簡卒充米或先復遮洋舊運或酌
撥就便一總事圖垂久額議漸加自有
廟堂忠猷仰候

聖斷非臣等分所敢議愚所能及伏望
皇上敕下該部會議如果臣等芹曝之愚萬一可採
俯賜施行　國計幸甚

海道覆議

戶部爲勘報海道事該本部題雲南清吏司案呈
奉本部送戶科抄出巡撫山東等處地方兼督理
營田都察院右僉都御史梁夢龍題前事等因奉
聖旨該部看了來說欽此又該巡按山東監察御史
張士佩題同前事奉

聖旨工部知道欽此欽遵通抄到部送司案查近爲
河變迭出漕運日艱懇乞
聖明議復
祖宗成法廣餉道以備不虞以紓旰憂事該戶科都
給事中宋良佐等題稱連年河變衝決不一乞要
查復遮洋總以通海運及據天津管倉員外郎胡
祖揭報山東撫按官差委靈山等衛指揮王惟精
等駕運粟米試行海道緣由本部查無撫按衙門
先將遮洋一總照舊議復及查勘經由海道果否

通行防護事宜有無素備速行議處等因覆奉
欽依通行去後今該前因案呈到部臣等會同太子
少保工部尚書朱衡等看得山東巡撫都御史梁
夢龍巡按御史張士佩各題稱勘試海道先差指
揮王惟精等運米二千石自淮安入海至天津交
卸後差鎮撫宋應期等運小麥一千二百石自膠
州入海至天津上納中間程途不遠運行便利乞
要循行傍海潢道以備海運一節爲照
京師所需糧餉轉輸俱仰給東南

國初漕河海運尚爲兼舉後因漕河通利遂停海
運邇來徐邳一帶多被黃河衝決又沿河淺澁不
止一處糧運阻悞漂流數多先該言官建白修復
海運已經通行查勘去後今山東撫按等官奏稱
先該議開膠州等河遂因尋覔海運踏出傍海潢
道商販往來已經二十餘年與舊運出放大洋之
險不同刋刻書冊竭精覃思逐節註有應棲程島
應避險要又稱以運河爲根本以海運爲羽翼用
備一時之急誠爲永賴之圖所據具題分明已經

再試無容更議但前項海運廢弛日久一旦舉行
必須先爲少運以後不妨漸次加添應運糧米合
行漕司早爲酌撥附近地方以便轉充差官督運
必得近海慣習有力量心計者付之懸以賞格以
使樂趨至督催行止及占候灣泊等項亦宜多方
延訪如冊内註稱各處島口大者可灣船百餘小
者止灣船一二十隻如遇前項小島衆船忽避風
濤不堪容受作何區處尤須先期講明約束有法
所用下海船隻與運河漕船不同若令旋爲打造

目今倉卒不及合行暫雇一年俟後另行造辦其
駕運船隻軍士未經習練必先雇覔水手相兼搭
用應給雇值即將淮揚商稅内借用中間派撥條
款及地方防範事宜通行漕司與山東撫按轉行
各處守巡等官查處周悉務在萬全相應題請
恭候
命下移咨漕運總兵都御史即將近便地方漕糧量
撥十二萬石以上作速運赴淮安如各處赴瓜儀
充運事體晒揚乾潔務在四月以前趂東南風柔

始便利涉工部即動支節慎庫銀一萬五千兩差官觧赴漕司轉委各兵備等官分投雇覔堪用堅固海船裝載前項漕糧其多寡悉照山東二次委官運過則例不得過多以致遇風難於轉柁此書冊所載海人奧槩之語一面選委督運把總及千百戶等官管轄旗軍兼同慣熟水手駕運其雇覔水手銀兩暫于淮揚商稅內動支一萬五千兩如商稅銀兩不敷前數即將淮揚等府所貯撫按贓罰韍補後不為例其領運把總指揮等官若一年

無欠者漕司即從優賞獎薦二年無欠者仍聽特薦破格超陞各項差撥防範事宜開載未盡者俱聽漕司與山東撫按等官臨時悉心計處應徑行者徑自舉行應奏

聞者具奏定奪其雇覔船隻水手用過銀兩事完造冊繳報所有餘剩前銀即貯漕庫以備下年支用再照漕河一路　國家二百年來極力經營原有深意海運一事不過用備一策所有漕河衝決淺澁處所合行河道諸臣查照先今節奉

欽依事理作速修濬以備全運不得指以海運致有纖毫延緩以悞大計關係匪輕伏乞

聖裁等因隆慶五年九月二十七日戶部尚書張守直等具題二十九日奉

聖旨是

獎勵官役

該兩院具題戶部覆奉

欽依備咨前來除欽遵施行外照得海道關係

國計至重所據委用官役前後踏試茂有勤勞內

除有罪員役已經該道呈請兩院批允贖罪外其指揮王惟精等合行禮奬以勵人心為此除案行布政司幵轉行各衙門動支無碍官銀代辦花幣用鼓樂導送公宇及本家以禮行奬文到各衙門作速舉行各具動支過緣由行奬過日期回報查考毋得泛常延緩其後開獻策各官生誠亮可嘉移文諭奬俾知始末以慰其心各官役承奬之後務要益勵廉幹以收嘉績俟海運通行之日該司道將有功員役分別明白呈報以憑奬薦施行如

敢狗私誤事定行從重叅治該司仍轉行巡察守巡海右各道并備倭都司青萊登三府一體知會施行俱毋違錯未便抄案係准呈來

計開　靈山衛指揮王惟精最先呈報海道里數由淮安至張家灣共三千三百九十里極為詳明後承委督率告納運米犯人王佩糴完米八百石雇船戶王明張漢海鵰船各一隻人船價銀共二百兩犯人華詔糴完米四百石雇船戶王洪海鵰船一隻人船價銀共一百兩犯人欒守澤糴完

米四百石雇船戶楊果海鵰船一隻人船價銀共一百兩千戶韓禮原領曾礦鄒倣銀糴完米四百石雇船戶楊木海鵰船一隻人船價銀共一百兩同千戶陳璋緣事千戶汪士弘納級鎮撫曾礦自淮安運至天津覆試無碍效勞甚久

青州左衛千戶韓禮踏試海道自膠州海套起至登州止與指揮孫學詩會集又自靈山衛海口起至萊州府海倉口止一帶查勘島嶼程次里數灣泊畫圖貼說呈報詳明又承委于淮安買米雇船

同指揮王惟精千戶陳璋緣事千戶汪士弘納級鎮撫曾礦自淮安運至天津效勞甚久

以上二員每員銀五十兩布政司支

登州府通判李應斗承委會同指揮王惟精千戶韓禮陳璋緣事千戶汪士弘納級鎮撫曾礦于淮安買米二千石雇淮安海鵰船五隻每船一隻用十二人撑駕人船雇值共一百兩取有淮安總督漕運衙門回咨在卷仍委本官前赴天津收米又揭報查過淮安運糧船式及船戶水手姓名效勞

甚久

萊州衛王徐寨千戶陳璋承委同指揮王惟精千戶韓禮緣事千戶汪士弘納級鎮撫曾礦自淮安運米至天津效勞甚久

膠州所緣事武舉千戶汪士弘具揭乞試海道開欵事宜俱屬有據後承委淮安買米雇船同指揮王惟精千戶韓禮陳璋納級鎮撫曾礦自淮安運米至天津效勞甚久

青州左衛帶衛衛鎮撫曾礦承委淮安買米雇船

同指揮王惟精千户韓禮陳璋緣事千户汪士弘
自淮安運米至天津效勞甚久
文登營把總寗海衛千户黄汝忠承委自文登縣
花石港接到指揮王惟精等米船五隻同引路島
船一隻由大洋避白峯頭送至寗海州養馬島險
要數處俱已歴過又同指揮劉崇儒帶領善曉風
候指引駕船王收李逢泰犴島入洪大江等處勘
海道灣泊處所自登州南至浮島止畫圖貼説俱
屬有據效勞甚久

寗海衛指揮劉崇儒承委同緣事千户湯詔駕田
横島船一隻接到指揮王惟精等米船五隻自浮
島引路送至花石港交代與原委文登營把總千
户黄汝忠護送效勞甚久
緣事即墨營把總寗海衛千户湯詔承委自膠州
靈山衛開船由大嵩成山登州等處踏勘至萊州
海倉口登岸備陳海道無阻又同指揮劉崇儒駕
田横島船一隻接到指揮王惟精等米船五隻自
浮島引路送至花石港交與文登營把總黄汝忠

護送訖效勞甚久
以上七員内除湯詔已經該道呈請兩院批允
以功贖罪免叅其六員每員銀二十兩布政司
支
青州左衛指揮孫學詩踏勘海道自海倉口起至
登州止與千户韓禮會集又同千户楊國勳自登
州起至天津止一帶查勘海口灣泊處所頗爲詳
明又自海倉口起至膠州止畫圖貼説呈報有據
效勞爲久行青州府支

青州左衛鎮撫高鳳陽承委同萊州衛千户孫世
忠日照縣緣事生員李永熙自膠州起至淮安止
沿海踏勘程次及灣泊處所又開報造船式様及
合用官斛官尺效勞為久行青州府支
萊州衛千户孫世忠承委同青州衛鎮撫高鳳陽
日照縣緣事生員李永熙自膠州至淮安沿海踏
勘程次及灣泊處所呈報詳明又蒙差往膠州等
處查驗指揮王惟精等米船又會同委官青州府
照磨郭宗伊督催犯人孟崇仕等買完小麥自膠

州裝載訖效勞為乆行萊州府支
青州左衛千戶楊國勳承委同指揮孫學詩踏勘
海道自登州至天津止一帶旱岸海口灣泊處所
明白又自海倉口起至膠州止畫圖貼說亦備又
呈報據船戶蔣朝陽執稱登州上船至虎頭崖俱
有島嶼灣泊處所又稱虎頭崖起由海倉口唐頭
寨至天津衛九百餘里此路雖遠有灣船處所堪
以行運虎頭崖開洋往西北至天津衛五百餘里
此路[illegible]無灣船處所又同布政司承差王邦

疊前赴天津探聽指揮王惟精等米船到日回報
備畫天津衛海口圖一張又揭報海內時常往來
船隻裝載米麥豆麵布疋等貨自唐頭寨迤東起
至天津衛羅張二店發賣查係濰縣人譚恭張東
海丁邦錦等效勞為乆行青州府支
靖海衛鎮撫宋應期承委帶領告納運麥犯人孟
崇仕糴完小麥六百石犯人王鳳喈糴完小麥六
百石各雇靈山島船同千戶崔士賢百戶王九經
緣事義勇官王收義民李逢泰自膠州運麥至天

津覆試無碍又揭開報稱查對白峯頭係成山衛
地方屢次踏勘今又親駕麥船止見傍岸礁石一
片入水約半里許無風激浪有聲向東開十餘里
即無險阻效勞為乆行文登縣支
寧海衛千戶崔士賢承委同鎮撫宋應期百戶王
九經緣事義勇官王收義民李逢泰自膠州運麥
至天津又揭報海道灣泊處所自膠州起至天津
止效勞為乆行寧海州支
登州衛武舉百戶王九經承委同鎮撫宋應期千

戶崔士賢緣事義勇官王收義民李逢泰自膠州
運麥至天津又揭報海道灣泊處所自膠州起至
天津止效勞為乆行登州府支
登州衛武舉百戶孟得賢揭報海道及行海事宜
俱屬有據又開報自淮安至天津中間成山等處
緊要海面俱屬明白又開報安東衛係淮人土人
商販之處又開報唐頭寨係山東人遼東人永平
人天津人二三四五月間販運布疋米豆麵塊魚
蝦并臨清貨物往來不絕效勞為乆行登州府支

寧海州義民李逢泰先同緣事義勇官王牧跟隨
文登營把總千戶黃汝忠指揮劉崇儒覆勘海道
灣泊處所自登州起南至浮島止畫圖貼說明備
又同鎮撫宋應期千戶崔士賢百戶王九經緣事
義勇官王牧自膠州運麥至天津又揭報海道灣
泊處所自膠州起至天津止效勞為久行寧海州
支
益都縣緣事義勇官王牧先同義民李逢泰跟隨
文登營把總千戶黃汝忠指揮劉崇儒覆勘海道

灣泊處所自登州起南至浮島止畫圖貼說明備
又同鎮撫宋應期千戶崔士賢百戶王九經義民
李逢泰自膠州運麥至天津效勞為久
以上十員名內除王牧已經該道呈請兩院批
允贖罪其九員名每員名銀十二兩
萊州衛王徐寨千戶陳鏜承委與黃縣閘住兵馬
胡以堪雇船裝載米豆自黃縣開船至天津踏試
海道頗屬效勞行萊州府支
黃縣閘住兵馬胡以堪開報海倉至天津水程頗

詳久躬同萊州衛千戶陳鏜雇船戶董一遷船一
隻裝載粳米小米菉豆自黃縣開船直抵天津踏
試海道並無阻礙頗屬效勞行黃縣支
青州府照磨郭宗伊承委會同押運官鎮撫宋應
期等帶領犯人孟崇仕等于膠州買小麥一千二
百石雇島船裝載訖行青州府支
萊州衛千戶趙昜承委節催指揮王惟精等米船
起程回報行萊州府支
以上四員每員銀八兩

蓬萊縣儒學廩膳生員盧鈿學行素優首報海道
可行自淮安而下膠靈登萊直至天津海中一帶
灣泊要地有險無險南北商販來歷開報詳確種
種有據後承本院取委校錄海道新考并各圖冊
蚤夜精思效勞甚久
以上一名銀八兩行登州府支
醫官劉守才跟隨指揮孫學詩踏試海道
以上一名已經該道呈允給與冠帶訖
日夜書辦海道文書畫圖本院書吏一名　王寀

以上一名銀十兩行濟南府支
日夜書寫海道文移畫圖本院寫本吏三名
鄢邦傑　劉繼文　焦瑁
以上三名每名銀八兩行濟南府支
往來星夜差遣奏報本院承差二名　朱九思
王拱
以上二名每名銀八兩行濟南府支
布政司承差王邦魯同千戶楊國勳接報指揮王
惟精等米船星夜馳報

布政司吏汪東儒查訪天津海口並無淤塞回報
明白頗属效勞
以上二名每名銀六兩布政司支
海右兵巡道舍人程有材跟隨指揮孫學詩踏試
海道
以上一名銀六兩行萊州府支
膠州民李耀跟隨千戶韓禮踏試海道行膠州支
黄縣漁戶王光顯跟隨指揮孫學詩踏試海道行
黄縣支

熟知海道島人安國祥跟隨指揮劉崇儒踏試海
道行登州府支
熟知海道島人洪大江跟隨指揮劉崇儒踏試海
道行登州府支
熟知海道島人李得景跟隨鎮撫高鳳陽踏試海
道行登州府支
熟知海道島人王天壽跟隨千戶韓禮踏試海道
行登州府支
熟知海道島人蔣朝陽跟隨指揮孫學詩踏試海

道行登州府支
以上七名每名銀四兩
獻策官生
青州府同知程道東濟南府同知牛若愚兗州府
推官景嵩青州府推官張集萊州府推官岳凌霄
滋陽縣知縣王埏益都縣知縣杜其驕壽光縣知
縣劉朴臨朐縣知縣李塤諸城縣知縣王三錫樂
安縣知縣吳一龍博興縣知縣王堯臣昌樂縣知
縣袁禮高苑縣知縣袁稽掖縣知縣趙欽湯高密

縣知縣李尚賓章丘縣儒學教諭陳量濰縣儒學
教諭庚吉登州衛閒住都司沃允讓威海衛指揮
王曰然萊州衛指揮雷鳴春安東衛指揮胡鳴詔
登州衛千戶齊思賢濟寧衛千戶張增黃縣致仕
知縣胡熙正平度州監生崔旦蓬萊縣生員張德
化黃縣生員仲思極萊陽縣生員王業儒日照縣
生員李永熙
以上三十員名移文諭獎俾知始末以慰其心
自淮安納米海運犯人三名　王佩　華詔

欒守澤
以上各犯已經該道呈請兩院批允贖罪訖
自膠州納麥海運犯人二名　孟崇仕　王鳳喈
以上各犯已經該道呈請兩院批允贖罪訖
會薦憲臣
欽差巡撫山東等處地方兼督理營田都察院右僉
都御史梁夢龍巡按山東監察御史吳從憲　題
爲會薦卓異憲臣乞
賜加秩久任以責成效事訪得山東按察司分巡海

右兼整飭青州兵備管理屯田副使潘允端天性
敏敎智畧弘贍凡政屬艱大人所縮手獨能挺身
若事值紛遝人所不堪獨能立就久攝數道備歷
諸艱礦盜防有先機盜徒歲無一犯軍民胥服僚
屬共推勞績有裨于地方赤心無忝于臣節誠盤
根錯節之器乃長駕遠馭之才邇者計處遼人益
彰恩信踏試海道更竭勤誠臣與巡按御史張士
佩目擊其勞心服其忠議照世際隆平斷賢才勵
翼今

朝廷懸卓異之格方面有加秩之例若允端者殆其
人也況遼人經其計處懷畏方新海道賴其踏試
險夷已熟重務方興用人爲急加之激勸精采自
殊假以歲時料理益密伏望
皇上敕下吏部再加查訪如果臣言不謬乞將潘允
端照例加秩以旌卓異俾之久任以課功能俾有
成效亟
賜超擢展其才猷如或誤事咎將何辭如此則庶職
競奮重務有託矣爲此具本專差承差黃存禮親

賫謹題請
旨
　處置事宜
案照先准戶部咨該兩院會題前事本部覆奉
欽依移咨前來已經備行布政司通行各司道查照施行外所有委官提調海道設立標記預備船工事宜合行開欵通行遵守庶免臨時錯悞爲此案仰布政司官吏即便轉行巡察海道守巡海右道武定兵備道守巡濟南道備倭都司將後開條欵行各委官逐一遵照施行如有未盡事宜該司道

作速議呈定奪事完之日該司道將各委官任事悞事實跡列為四等具呈兩院以憑分別薦獎戒劾用示勸懲

計開　一提調海道

即墨營原設提調海防把總二員
提調本營一帶海道自南直隸鷹遊山起至海洋所黃島止關防口岸設立標記巡革姦弊糧船往回之日暫駐居中田橫島防護指引灣泊迴避把總一員鰲山衛指揮僉事朱衣量帶兵快
提調本營策應海道事務把總一員膠州守禦千戶所正千戶匡受爵

文登營原設提調海防把總二員
提調本營一帶海道自海洋所青島起至寧海州養馬島止關防口岸設立標記巡革姦弊糧船往回之日暫駐居中駱駝口防護指引灣泊迴避把總一員寧海衛前所副千戶黃汝忠量帶兵快
提調本營策應海道事務把總一員萊州衛右所正千戶王通

登州營原設提調海防把總二員
提調本營一帶海道自寧海州崆峒島起至青州衛唐頭寨備禦百戶所止關防口岸設立標記巡革姦弊糧船往回之日暫駐居中沙門島防護指引灣泊迴避把總一員登州衛指揮使趙康侯董帶兵快
提調本營策應海道事務把總一員登州衛指揮僉事王科

以上海道係巡察海道守巡海右道備倭都司地方巡察海道郭副使分守海右道徐叅政分巡海右道潘副使備倭張都司會同調度案行各官遵照施行仍委青州府同知程道東登州府通判李應斗往來提調稽查

提調唐頭寨以西海道自濟南府屬絲罔口起至大溝河止關防口岸設立標記巡革姦弊糧船回往之日暫駐居中乂山河防護指引灣泊迴避總委官一員濟南衛指揮同知陶翔分委官二員萊

州衛王徐寨千戶陳鏜靖海衛鎮撫宋應期

以上海道係武定兵備道守巡濟南道地方武定兵備道甄僉事分守濟南道宋叅議分巡濟南道徐僉事會同調度案行各官遵照施行仍委濟南府同知牛若愚濱州知州萬鵬程往來提調稽查

一設立標記

或口岸或島嶼可以灣泊去處竪立大杉杆每杆上晝懸黃布六旗一面夜懸大燈籠一箇鐵絲纖繫鐵底鐵蓋糊以油紙或油絹內燃長明燈一盞務要設法緊束杆上毋致風擺每杆下用小漁船二隻晝夜伺候懸掛旗燈每船用銅鑼一面見糧船至即擊鑼為號灣與不灣任其自便糧船行日爲始船盡爲止糧船回日爲始船盡爲止或始或止俱候該道傳示灣船去處或堪容一二三四十隻或五六七八十隻或百隻以上或二百隻以上或三百隻以上各於兩頭竪立大杉杆懸掛旗燈如本處灣泊滿足不堪再容即收旗燈後到船隻或趨前或靠後取便灣泊免致壅塞敢有違悞從

重治罪

或礁石或淺灘應該迴避去處竪立大杉杆每杆上晝懸青布號帶二條夜懸大燈籠二箇鐵絲鐵繫鐵底鐵蓋糊以油紙或油絹或燃長明燈一盞二籠一上一下懸掛務要設法緊束杆上毋致風擺每杆下用小漁船二隻晝夜伺候懸掛帶燈每船用牛角唰咧一箇見糧船至即吹唰咧爲號令其迴避糧船行日爲始船盡爲止糧船回日爲始

船盡爲止或始或止俱候該道傳示礁石淺灘去
處如根生通岸者如根生連島者礁石淺灘盡處
竪立一杆懸掛雙帶雙燈礁石淺灘離岸離島者
兩頭盡處各竪立一杆各懸掛雙帶雙燈敢有違
悞從重治罪
一預備船工
查得海船安東衛東流所諸城縣膠州靈山衛夏
河所即墨營海洋所靖海衛寧津所成山衛百尺
所威海衛福山縣招遠縣樂安縣并洪島劉公島

沙門島芙蓉島唐頭寨及案開未盡地方多有素
行海道慣熟水手巡察海道會同守巡海右道備
倭都司精選四百名取具各該州縣衛所保結該
道訓練齊備開造姓名籍貫文冊呈報兩院知會
聽候咨送總督漕運衙門分發糧船指引海道各
後工食奉有
欽依動支淮揚商稅銀兩臨期本院移咨總督漕運
衙門與淮安水手工食一體施行其自山東至淮
安量給盤纏銀幾錢安家銀幾錢應于何項銀兩

動支該道會議明白具呈兩院批允支給以重初
役不為常例仍備細出示曉諭各役知悉
以上俱限二月初十以裏料理完備該道稽查
明白星馳開報兩院該道仍刊爲小冊分發駕
船員役各要熟記臨時不許錯謬其海道灣泊
迴避去處所轄各有幾處該道并備倭都司另
開手冊預先呈送兩院以憑稽查
一淮安糧船以今十二萬石每船四百而計該船
三百隻今議分六起每起五十隻間兩日發一起

以便小島陸續灣泊
一運米官指揮王惟精千戶韓禮陳璋汪士弘帶
衛衛鎮撫魯礦運麥官鎮撫宋應期千戶崔士賢
百戶王九經義勇官王牧各官一面聽該道委勘
灣泊一面聽本院咨送總督漕運衙門運糧
一海運既行海防益當慎重一二喫緊事宜本院
查訪畧有端緒竊恐一隅之見未爲僉同之謀該
司道均切體
國各抱遠猷詳加查訪議擬明白要見某事作何

整備某事作何嚴禁某事作何互察某事作何量復預先呈報兩院以憑參酌題

請永裨海防

提調北直隸海道自塩山縣口岸起至天津止關防口岸設立標記巡革姦弊糧船往廻之日暫駐居中乞溝海口防護指引灣泊廻避委官某衙門某官某人量帶兵快係天津兵備道地方已經兩院移文北直隸撫按轉行該道查照會同武定兵備道守巡濟南道一體施行

北直隸一段海道　灣泊一節止應于口岸處所豎立標記別無島嶼廻避一節止應于淺灘處所豎立標記別無礁石

一海道自南直隸淮安起至北直隸天津止共計三千三百餘里南直隸除河行兩日之程出六套口至鷹遊山止海行一日之程北直隸起塩山縣口岸至天津止海行兩日之程中間海道俱山東青登萊濟四府地方

海運新考卷之中

海運新考卷之下

經理海防

欽差巡撫山東等處地方兼督理營田都察院右僉都御史梁夢龍　題爲經理海防事據山東布政司呈蒙臣批據巡察等道呈稱准布政司照會抄蒙撫按會案行道查照案開各款應行者作速施行應議者作速查議內一款海道既行海防益當慎重一二要緊事宜本院查訪畧有端緒竊恐一隅之見未爲僉同之謀該司道均切體　國各抱

遠猷詳加查訪議擬明白要見某事作何整備某事作何嚴禁某事作何互察某事作何量復預先呈報兩院以憑參酌題

請永裨海防等因准此除提調海道設立標記預備船工等款行即墨營把總朱衣臣受爵委官帶銜衛鎮撫魯礦文登營把總黃汝忠王通委官百戶孟得賢登州營把總趙康侯王科委官指揮王世禄同知程道東通判李應斗各照委施行不日事完造冊另報所有海防四事各道查議明白擬合

呈詳等因蒙批仰布政司會同按都二司覆議通
詳繳蒙此又蒙本院批據整飭武定兵備等道呈
稱往布政司照會抄蒙撫按會案前事准此除行
指揮陶翔鎮撫宋應期千户陳鏜程有本趙一鳴
同知牛若愚掌濵州事同知萬鵬程各照委施行
所有海防四事各道查議明白擬合呈詳等因蒙
批仰布政司會同按都二司覆議通詳繳蒙此案
照先抄蒙撫按會案前事通行各道去後今蒙前
因該本司左布政使施篤臣左叅政龍光會同按

察司掌印副使李汶提學副使周鑑山東都司署
都指揮僉事李希周覆議得傍海通運足　國利
民不徒目前有濟乃千萬年可久之圖不止山東
可行寔南北直隸往來利涉之道海防久弛及今
通運亟應經理所有整備嚴禁互察量復四事各
道查議明白各司會議畫一擬合通詳乞加裁酌
會　題施行庶成規既立諸務可舉海運永賴等
因到臣據此案照隆慶五年十月初四日准户部
咨為勘報海道事該臣等具　題本部會議恭候

命下移咨漕運總兵都御史即將近便地方漕糧量
撥十二萬石以上作速運赴淮安如各處赴瓜儀
兑運事體曬揚乾潔務在四月以前趂東南風柔
始便利涉分投雇覔堪用堅固海船裝載前項漕
糧其多寡悉照山東二次委官運過則例一面選
委督運把總及千百户等官管轄旗軍無同慣熟
水手駕運其領運把總指揮等官若一年無欠者
漕司即從優賞獎薦二年無欠者仍聽特薦破格
超陞各項差撥防範事宜開載未盡者俱聽漕司

與山東撫按等官臨時悉心計處應徑行者徑自
舉行應奏
聞者具奏
定奪等因題奉
欽依備咨到臣已經會案備行布政司通行各道遵
行又該臣等將提調海道設立標記預備船工并
海防事宜會案開欵通行司道一面施行一面查
議續據各道議呈前來批行該司會同按都二司
覆議通詳去後今據前因臣會同巡按山東監察

御史吳從憲議照
國家定鼎極北轉運之路淮安寔爲中樞河流其
左海環其右天造地設以河道爲左翼奠根本之
圖以海道爲右翼壯輔車之勢變通相濟其利無
疆旋繞歸向之形磐石之業也海道元人起處遂
自蘇松不得不由島嶼之外以泛大洋風波爲大
一萬三千之程聲聞難通經畧繁難時或可廢今
起淮上爲近由島嶼之内傍岸以行風波有數三
千三百之程聲聞易接理應可久且在淮南江漢

湖港利賴不一又淤淺之患小在淮北止賴一河
又漲塞決徙之患大故今轉運不苦于淮南獨苦
于淮北淮北有兩翼然後金臺可恃以無恐邇因
河患異常伏蒙
聖明獨斷廟堂畫策傍海通運誠
社稷無疆之利臣等待罪地方應行事宜蚤夜舉行
唐頭寨迤東海道巡察副使郭文和分守參將徐
衍裖絲網口迤西海道兵備僉事龔敬分守副使
宋守約各協心料理分巡參政潘允端竭力周旋

左布政使施篤臣多方調度近准漕運總督王宗
沐咨稱米船俱有次第爲照海運事務粗備所據
海防一節貴在預飭既經司道通詳前來臣等會
同裁酌列爲四事相應具　題伏乞
勅下戶工二部從長覆議上
請定奪施行此外尚有一二官聯事宜應俟十二萬
石既過之後酌議具　題未敢併及致礙覆議
計開　一曰整備查得山東沿海地方自青州衛
唐頭寨起迤東歷成山衛轉折而南至安東衛與

南直隸接界中間有備倭都司三營十衛五守禦
所十七備禦所原設城池據險當要聯絡不絕但
今坍塌數多如靈山等衛夏河等所坍塌幾盡門
樓鋪舍形迹全無及時修葺以壯門戶而杜窺伺
乃海防第一急務除登州等衛王徐等所該道設
法葺補外其應修理城池坍塌數多者大嵩成山
二衛海陽大山雄崖膠州四所估銀共八千二百
六十兩坍塌幾盡者靈山鰲山威海靖海四衛夏
河奇山寧津三所估銀共一萬一千五十兩通該

銀一萬九千三百一十兩以上係巡察海道守巡海右道地方自濟南府利津縣綵網口起迤西歷霑化縣至海豐縣與北直隸接界中間有三巡檢司公署傾殘盡成瓦礫均應修理豐國鎮巡檢司估銀一百二十兩又山鎮巡檢司估銀一百二十兩大沽河巡檢司估銀一百五十兩通該銀三百九十兩以上係武定兵備道守巡濟南道地方二項通該銀一萬九千七百兩欲仍責成軍衛有司卷查接年行文回稱軍赴班操庫無毫銀地土荒

蕪加派難支竟然廢閣查得臣等應解贓罰毋年二限每限巡撫二千兩巡按四千兩合無俯容將隆慶五年冬限六年夏冬二限各應解贓罰共一萬八千兩留貯布政司分發各道修理支用事完會同委官將修過工程用過銀兩查明造冊

奏繳如有誤事及或冒破從重參究伏乞

聖裁

二曰嚴禁查得元人海運起自蘇松由島嶼之外遠泛大洋浩蕩無際数人乘便通番禁緝為難又許南番

貢獻倣效而行尤非事體今糧運自淮安下海直抵天津三千三百餘里皆在島嶼之內傍岸以行勢若漕渠必先禁例嚴明然後有利無害乃海防要務合無比行遼東撫按衙門嚴禁各該海口非

奉題

准如嘉靖三十七等年事例商民不許私自下海南行總督漕運巡按衙門嚴諭商民自今行海俱由島嶼之內其南番

貢獻不許倣效而行中行臣等山東撫按衙門嚴諭商民并各島寄莊遼人自今行海俱由島嶼之內一則藉其往來熟習漕道但有擅造雙桅大船遠泛大洋私賣違禁貨物者巡海官兵捕送官司照依律例問罪船貨一半入官一半給有功之人充賞或有異樣船隻合艘遠來欲行內泊事有可疑者不拘是盜是夷一面詰捕一面飛報撫按相

機施行事情重者奏

聞定奪伏乞

聖裁
三曰互察查得海禁久弛私泛極多遼東山東淮
揚徽蘇浙閩之人做賣魚蝦醃猪及米豆果品磁
器竹木紙張布疋等項往來不絶垂二十年大勢
傍海而行間有遠泛大洋緣僻在一隅官兵並不
譏呵海運既通豈容私泛查得腹裏人民出境關
隘驗引合無行漕運北直隸山東撫按衙門刊刻
木榜明示商民南來者赴淮安該道給引至天津
該道掛號回淮安日銷引北來者赴天津該道給

引至淮安該道掛號回天津日銷引山東商民或
南泛或北泛俱赴登州巡察道給引至淮安天津
道各掛號回登州銷引如無文引即係私泛如日
久不銷文引即係遠泛大洋挨查明白各照依律
例問罪伏乞
聖裁
四曰量復查得利津縣豊國鎮霑化縣久山鎮海
豊縣大沽河海口各設巡檢一員原編弓兵多者
百名少者七八十名常川駐守地方有賴近年屢

經裁革止存一二十名巡檢反畏盜賊遠住縣城
地方漸以多事海運既行三巡檢各有沿海信地
前項弓兵相應量復合無各量添三十名運船往
來之日就令設立標記指引護送誠爲兩便伏乞
聖裁

海防覆議

雲南司案呈奉本部送戶科抄出山東巡撫梁夢
龍題前事奉
聖旨戶工二部看了來說欽此又該山東巡按御史

吳從憲題同前事奉
聖旨該部知道欽此欽遵通抄到部送司案呈到部
臣等會同工部左侍郎趙錦等看得山東巡撫都
御史梁夢龍巡按御史吳從憲會題整備嚴禁等
四事開立前件議擬上
請定奪
計開　一曰整備前件臣等看得山東撫按官梁
夢龍等　題稱沿海地方鼇山等衛所原設城池
坍塌殆盡即今差官修理估計工料銀一萬九千

七百兩乞要扣留撫按贓罰銀兩支用一節為照沿海城池本為地方保障况今海運復行廢弛已乂委宜逐年漸次修理務裨實用但贓罰銀兩原係解部濟邊緊急支用之數每計一歲出入不敷尚多勢難別項留用查得山東撫按先試海運曽貯天津米麥三千二百餘石已經題准變價聽修海防所有具題前因相應酌議恭候

命下行移山東撫按衙門督行各該海道守巡兵備等官查將城池公署前項工價再行覆實先將原

議米麥變價銀兩分給修理不敷之數量以泰山香錢湊補及撫按贓罰除解濟邊正數外餘剩數內動支併在庫不係解邊無礙銀兩相兼搭用仍嚴行各道不時巡察務加撙節毋致委官匠作人等冒破侵費其修造過城垣即以原委員役刻記姓名於各城石上以備日後查考如有倒塌不堅即責令原委員役包陪其各衛所見缺軍伍務要逐一清查實在額數以備防守事完將修過工程支過銀兩及查過軍伍造冊奏繳青冊送戶工二部查考伏乞

聖裁

二曰嚴禁前件臣等看得山東撫按官梁夢龍等題稱沿海大洋奸人多有通番等弊今欲海運糧石乞要嚴禁商民不許私自下海遠泛大洋販賣違禁貨物如違詰捕究治一節為照海洋一帶原有夷人通貢土人乘便通番今議海運俱由島嶼之內則一切大洋遠泛俱屬私自往來萬一接引為奸關係匪細委應嚴加禁緝既經撫按官會題

前來相應依擬恭候

命下移咨遼東巡撫及咨都察院轉行遼東巡按御史嚴行瀕海地方官員查將各該海口嚴禁商民人等不許私自下海如違拏究本部仍行移山東鳳陽各撫按官作速備行各該司道一體嚴禁商民及各島寄莊遼人各要循行島嶼之內不許假做南番貢獻徑走大洋但有雙桅大船大洋遠泛私賣違禁貨物者許巡海官兵捕送所在官司查照律例問罪船貨一半入官一半充賞以後凡遇

異様船隻合艘遠來灣泊糧船幫內不拘是否盜
賊夷人速行擒捕送官飛報撫按衙門相機施行
如事體重大奏
請定奪仍各嚴禁各巡海官兵不許分外生事如違
一體重治伏乞
聖裁
三曰互察前件臣等看得山東撫按官梁夢龍等
題稱近年海禁久弛各省人役極多販賣貨物乞
要行令各該撫按衙門責令往廻給引查銷一節

爲照沿海商民販賣貨物委係相沿舊習但今海
運既通而傍海潢道率多藉其指引又難輕議盡
革今欲各給文引往廻掛號查銷則巡察者有所
憑驗私泛者實自難容委於海運有裨既經會題
前來相應依擬恭候
命下行移漕運北直隸山東撫按衙門刊刻榜文曉
諭各該商民自南入海者赴淮安管漕參政處給
引至天津道掛號責令回淮銷繳自北入海者赴
天津兵備處給引至淮安參政掛號責令回天津

銷繳如山東商民不拘南行北行俱赴登州巡察
道給引各照南北地方一體掛號回銷如無文引
日久不銷者即係遠泛大洋查明照例問擬伏乞
聖裁
四曰量復前件臣等看得山東撫按官梁夢龍等
題稱沿海利津等縣原額設有巡檢司弓兵近年
裁革數多地方日漸多事乞要各查信地量復名
數候運船往來之日立標指引護送一節爲照海
運糧船傍海循行其立標指引隨後護送委不容

缺今議於各巡檢司原設弓兵額數量爲查復似
亦相宜但須計地方民力堪勝酌派弓兵工食庶
免煩擾即經會題前來相應依擬恭候
命下行移山東撫按衙門查將利津霑化海豐等縣
原設沿海三巡檢司各將見在弓兵酌量加添責
令常在地方巡邏如遇海運糧船經過之日就令
設立標記預爲指引各隨幫後護送前進防備不
虞其該司官吏若有賣放弓兵致悞事機及假以
盤詰爲名容縱擾害者撫按官指名參究伏乞

聖裁奉
聖旨依擬行
議復成法
欽差總督漕運兼提督軍務巡撫鳳陽等處地方都
察院右副都御史臣王宗沐　題為河變迭出漕
運日艱懇乞
聖明議復
祖宗成法廣餉道以備不虞以紓旰憂事據管理漕
務右參政潘允端徐州兵備副使馮敏功海防兵
備副使陳耀文會呈奉臣箚付前事督同淮安揚
州二府知府陳文燭徐尚查得遮洋總先年原領
南直隸淮大等六衛北直隸德州等九衛官軍俱
兑運山東河南糧米三十萬石內六萬石於天津
倉二十四萬石於薊州倉各上納其船雖稱遮洋
止涉海三十餘里即抵薊倉程途不遠今議海運
以南糧自淮安出海達天津計程三千三百餘里
非曩昔遮洋之比止宜特設海運一總至於糧米
非就近撥派則起運不便船隻泝海遠涉利在乘

風非堅整巨艦不可以赴洪濤非高大蓬桅不能
以任風力而駕船之人非沿海衛所習見海波者
不能駕使所據應運漕糧合無將附近淮安揚州
二府共該糧二十萬一千一百五十石每年盡數
坐派以正耗六百石零用船一隻共船四百二十
六隻外裝把總運官船十隻細估合用打造木植
等項工料每隻計該銀三百七兩零及查原屬遮
洋總下淮大等六衛官軍為数原少又有事故缺
補不足領運應將額兑淮揚二府糧米江北揚州
總下通州塩城二所浙東總下寧波台州温州三
衛浙西總下紹興衛下江總下大倉鎮海二衛各
濱海地方官軍撥湊定擬仍照遮洋舊規每船用
軍十二名然各軍固是生長海濱但淮安迤北直
抵天津一帶原非素所經涉止令各衛所每船派
撥旗軍九名仍將原船餘下軍人行糧月糧銀兩
盡数扣解每年於淮安山東地方雇水手一千三
百八名每船分配三名擱頭執柁以足十二名之
額其海運把總細訪江北衛所並無堪充官員似

應就於原委試運山東各衛所官員內推舉庶委用得人等因到臣據此案照先准戶部咨前事該戶科都給事中宋良佐題稱乞將遮洋議復以圖海運仍要廣集衆思裁定歸一之說該本部覆議遮洋一總議革未久所當亟爲查復兼宜訪求海運故道以備緩急近據天津管倉員外郎胡泉揭報山東撫按差委靈山等衛指揮王惟精等五員各駕海鶻船一隻每隻裝米四百石水手八名工價一百兩自淮安開船沿海灣泊計四十日至天

津告驗交卸回還等因觀此則淮安海道似有可通但未經有山東撫按具題凡所經由道路及防護官軍必須查勘停妥又遮洋一總其名雖存然先時止渡天津海口不過八九十里自嘉靖年間又於內開一小河以抵薊鎮今欲一旦涉海運餉須另造船隻撑駕水手併坐派其處漕糧通應漕司拘集各總悉心計議具題前來方可通行會議恭候

命下一面備行漕運總兵巡撫等官先將遮洋一總照舊議復原額其海運船隻水手及坐派糧米等項作速計料又海道係山東地方一面移文彼處撫按細加查勘經由道路果否通行防護事宜有無素備速行議處明悉具

奏以憑會議上請

宸斷等因又准本部咨爲勘報海道事該山東巡撫都御史梁夢龍巡按御史張士佩各　題稱勘試海道先差指揮王惟精等運米二千石自淮安入海至天津交卸後差鎮撫宋應期等運小麥一千

二百石自膠州入海至天津上納中間程途不遠運行便利乞要循行傍海潢道以備海運該本部覆議恭候

命下移咨漕運總兵都御史即將近便地方漕糧量撥十二萬石以上作速運赴淮安如各處赴瓜儀兊運事體攏揚乾潔務在四月以前趁東南風柔始便利涉工部即動支節慎庫銀一萬五千兩差官解送漕司轉委各兵備等官分投雇覓堪用堅固海船裝載前項漕糧其多寡悉照山東二次委

官運遇則例不得過多以致遇風難于轉柁此書冊所載海人要緊之語一面選委督運把總及千百戶等官管轄旗軍兼同慣熟水手駕運其雇覔水手銀兩暫于淮揚内動支一萬五千兩如商稅銀兩不夠前數即將淮揚等府所貯撫按贓罰湊補後不爲例其領運把總指揮等官若一年無失者漕司即從優賞獎薦二年無失者仍聽特薦破格超陞各項差撥防範事宜開載未盡者俱聽漕司與山東撫按等官臨時悉心計處可徑行者徑

自舉行應奏
聞者具奏
定奪等因節經題奉
欽依備咨准此又准山東巡撫都御史梁夢龍咨稱查自淮安起至天津止共計三千三百餘里内或口岸或島嶼可以灣泊去處或礁石或淺灘應該迴避去處俱設立標記及精選慣熟水手四百名分發糧船指引海道分委官員海防等項事宜開款咨行前來該臣一面酌量派撥近便地方隆慶

六年應運漕糧淮安鳳陽二府每府六萬石共一十二萬石雇募海船選委指揮千百戶等官管轄旗軍兼同慣熟水手由海運納俱已齊集候夏初遣行及一面督行各運糧把總赴淮計議緣各官交糧回遲恐致悞事隨行管理漕務參政及徐海二兵備道公同淮揚二府掌印官逐一悉心酌議去後今據前因該臣會同提督漕運鎮守淮安地方總兵官保定侯梁繼璠巡按直隸監察御史張憲翔議照　國計之有漕運猶人身之有血脈血

脉通則人身康漕運通則　國計足此固古人立國不易之軌也我
朝河運幾百六十年法度修明通行無壅夫何近年以來事久弊生千瘡百孔又以黃河泛濫漂流數多而深憂遠見之臣始有扼腕不違之慮矣以故都給事中宋良佐職長該科目擊時弊有此論列欲復遮洋一總以通海運計遮洋止是一程稍掠海面本非放洋遠涉然撥本官之意不過欲聚已散之船復建一總以行瀕道爲

國家備長遠不窮之法爾查得遮洋總原糧三十萬石至嘉靖四十五年因給事中胡應嘉建議停革將軍船分派各總之下今既經宋良佐特見深憂欲設此總誠於漕政 國計大有裨益且經各道府會議僉同相應通行擬議開立條款題請
聖裁且發帑雇募今歲既已試行則派糧造舟明歲自當定運河海並輸 國計更裕自此
聖明足食之慮稍可少紓矣夫自平江伯開濬會通河以來海運之不講已久其後科道之條陳鄉會

之策試名臣之著書欲舉行者不一而足然卒莫之能用也近臣備員山東嘗條斯議而適巡撫都御史梁夢龍經濟抱才忠誠體國毅然以米試行底績無壅事獲上
聞恭遇
陛下聖明英斷輔臣恢張
廟謨遂出帑銀委督漕司募載而今四方始知海道之可通行矣然議立於搠見之時則群情未信而法復於久廢之後則不免更張故今縉紳之慮

不過云海上風波在海三尺童子知之矣然其事有可言者古語云天不滿西北地不滿東南故東南之海天下之水之委也渺茫無山則廻避靡地近南水煖則蛟龍窟居是以風波足畏傳聞可駭昔元人海運之有驚壞以其起自太倉嘉定而北也若自淮安而東引登萊以泊天津則原名北海中多島嶼可以避風又其地高而多石蛟龍有往來而無窟宅故登州有海市以石氣與水氣相摶映日而成石氣能達於水面以石去水近故也北

海之淺是其明驗即以舟與米行於登萊因其曠達以取其速而標記島嶼以避其患則名雖同於元人而利實專其便易佐河運之缺計無便於此者然此猶舉時宜之緒論而非臣條議之初圖若語其全則有稍進於是者而其說有三一曰天下大勢二曰都燕學勢三曰目前急務漢不遠引請以唐宋之事明之唐人都秦右據崤涼而左通陜渭是有險可依而無水通利也有險則天寶興元乘其便無水則會昌大中受其貧宋人都梁背負

大河而南捩淮汴是有水通利而無險可依也有
水則景德元祐享其全而無險則重和宣和受其
病若　國家都燕北有居庸巫閭以爲城而南通
大海以爲池金湯之固天造地設以拱衛　神京
聖子神孫萬年之全利也而乃使塞不通焉豈非太
平之遺慮乎此臣所謂天下大勢也夫三門之險
天下之所謂峻絕也然唐人裴耀卿劉晏輩百計
爲之經營者以彼都在關中故也粟不能飛則途
有必由是三門者秦都之專路也若夫都燕則面

受河與海矣一河自安山涉汶濟即今之會通河
一河自淮入汴入衛而俱會于天津然終元之世
未嘗事河而專于海者彼以夷陋紛擾終歲用兵
固無暇于事河也彼又以爲河亦間有不如海者
入閘則兩舟難並是不可速也魚貫逆遡一舟壞
則連觸數十舟同時俱縻若火則又甚焉是不可
避也一夫大呼則萬艣皆停此腰脊咽喉之譬先
臣丘濬載在衍義補者是不可散也若我
朝太平重熙累洽主於河而協以海自可萬萬無

慮故都燕之受海猶憑左臂從腋下取物也元人
用之百餘年矣梁秦之所不得望也此臣所謂都
燕專勢也黃河西來禹之故道雖不可考然不過
自三門而東出天津入海是腹雖稍南而首尾則
東西相衡也至宋時直獵大名則已稍南矣我
朝弘治二年決張秋奪汶入海是其首猶北向也
乃今則直南入淮而去歲之決閻家口支出小河
近符離靈壁則又幾正南矣自西北而直東南途
益遠而合諸水益多則其勢大而決未可量也故

以漢武之雄才尚自臨決塞王安石之精博且開
局講求河之爲立國病詎直今日然哉且如去年
之漂流大臣之與國同休及小臣之有志於世者
聞之有不變色者乎夫既不能不變色於河之梗
而又不能無難色於海之通則計將安出故富人
之造宅則旁啓門焉防中堂有客而肴核自旁入
也此臣所謂目前急務也臣誠愚淺如該科條議
慮之應熟豈其肯誤
聖明風波係天數臣亦何能逆覩其必無然臣以爲

趨避占候使其不爽當不足以妨大計故敢緣科
臣建議而詳布其愚所有　請銀造舟張官改額
皆係更革統乞
聖明采擇勅下該部查議施行俟其行之稍久官軍
狎習不妨漸加至數十萬使黄河無梗或欲即以
此舟河運亦不虛費惟意所欲復久廢而足儲蓄
誠於　國計至急且切不當復憚惜更費以失久
遠之利臣不勝戰慄待罪之至
計開　一定運米查得隆慶六年分奉例量撥海

運漕糧一十二萬石原因試行爲數頗少不成一
總規制今且造船實運自應定撥額糧以便徵兑
合無每年俱以近便淮安揚州二府歲運兑改正
糧二十萬一千一百五十石爲額盡派海運以復
遮洋一總之數除隆慶七年已有截留缺船糧米
二十二萬六千五百八十石七斗六升聽備支運
外其自隆慶八年以後俱行淮揚二府各將額糧
先期徵收完足漕司於正月終旬調集各該官軍
赴淮并募擱頭柁工水手領駕海船坐定近便水

次如揚州府屬儀真通泰如皋海門泰興江都七
州縣糧米運於府城河下高郵興化二州縣糧米
運於本州河下淮安府屬山陽清河桃源邳睢宿
沭塩城寶應九州縣糧米運於淮安城外河下安
東海州贑榆三州縣係海船必經之地糧米就於
本州縣河下各取便交兑以上漕糧俱責成各該
管糧官押同糧里就以隨糧原徵水脚銀兩僱船
裝運定限二月終旬齊到前定地方戶部管倉主
事督與官軍對船交兑開幇以免入倉炒費如有

過期者照依議單無糧事例參究若二府地方遇
有災傷改折悉聽臨時撥派附近鳳陽等府糧米
湊足前數以爲定額而鳳陽等府水次則當坐於
泗州庶爲便益伏乞
聖裁
一議船料照得每年定派海運漕糧二十萬一千
一百五十石以正耗六百石零用船一隻共船四
百二十六隻外造裝把總運官共船十隻通共船
四百三十六隻臣先行道府各官拘集匠作及有

海船之人從公估計每隻先除裝水并什物等件
約虛二百石外實止裝糧六百石合用木植等料
該銀三百七兩零臣恐多開隨委造船廠并料先
造樣船一隻據開用過料銀二百九十兩適臣移
駐揚州催儹糧運彼時親率漕務叅政潘允端海
防副使陳耀文及知府等官徐尚等詣船驗看咸
謂板植堅厚釘艌緊密規制頗整足駕三十年方
行改造臣思旗軍領駕則視爲官物終比民船不
同若限以三十年一造不無過久且海洋行使又

非老船可支風浪則海船當以十五年爲改造之
限乃得適中臣查海運雖自淮安發行前船若於
淮上打造木植入壩不便且清江衛河二廠自有
應造年例船隻即常年買木召匠打造尚且不前
合無酌派產木湖廣廠打造二百隻專委督糧道
叅議劉翾督理其餘二百三十六隻在於集木儀
真地方設廠專委海防道副使陳耀文督理各該
催工官員聽二道自行遴委務如前式堅緻其有
悚壞者責在二道湖廣木植等料價比儀真稍賤

每隻量減銀四十兩實該銀二百五十兩共銀五
萬兩儀真造者每隻仍給銀二百九十兩共銀六
萬八千四百四十兩二項共銀一十一萬八千四
百四十兩臣查前項海船每隻比河船多裝糧二
百石是海船一隻抵河船一隻半共抵河船六百
五十四隻合將各衛所額船數內查其漂流者照
數免其造補即以各船料價打造海船計筭前船
內清江廠造者該扣三百九十隻每隻料銀一百
一十四兩五錢七分零共銀四萬四千六百八十

二兩三錢浙江廠造者該扣一百五十隻每隻料
銀九十二兩共銀一萬三千八百兩下江廠造者
該扣一百一十四隻每隻料銀九十三兩一錢二
分四釐共銀一萬六百一十六兩二錢以上通共
該銀六萬九千九十八兩五錢俱應於清江抽分
并浙江布政司及蘇州府歲額軍民料價解用但
船木及蔴料價無徵先儘臣前題漕庫收貯河工
贓罰等銀借足三萬兩及借動清江廠寄庫抽分
年例正造大料銀三萬九千九十八兩五錢湊用

備行浙江等司府各侯前船及號改造之期扣解料價補還尚有不敷銀四萬九千三百四十一兩五錢臣又查今歲浙江改折糧一十二萬六千石該扣減存軍行糧月糧抵料賞鈔共銀一萬六千二百四十七兩八錢八分湖廣改折糧一十萬六千一百三十二石六斗五升該扣本省減存軍月糧抵料銀三千六百兩并前折內該扣應給各衛旗軍行糧銀五千一百八十四兩共銀八千七百八十四兩又河南布政司未解班匠銀六千六百

九十九兩零俱係正額造船之數均應催解此外仍少銀一萬七千六百一十兩六錢二分別無區處必須暫為借用方克完造乞

勑該部再加查議准將盧鳳巡按御史例解贓罰銀六千五百兩兩淮巡塩御史贓罰銀九千兩并臣巡撫例解贓罰銀二千兩及借備賑府州縣贓罰銀二百一十兩六錢二分湊足料價待候漕運積有減存等銀補還起解仍乞轉行湖廣浙江河南各巡撫都御史嚴督布政司掌印官勒限查將前

項行糧等銀刻期徵完湖廣銀兩就彼收貯聽臣找解奏造海船二百隻浙江河南二省俱各解淮發造緣此銀皆係扣定必用之數一面先將在庫不拘何項銀兩借解以濟造船一面徑追前銀補還原項其湖廣分造船隻完日并辦桅篷什物責差原造官員暫撥附近衛所減存運軍撐駕仍量給月糧以資食用及行沿途稍添人夫挽縴務限明年二月以裏到淮庶不誤運事完通將用過工料錢糧造冊

奏繳稽考再照今議打造海船前數雖開至十一萬之上但海船所用之料即河船免造之銀殊非新增額外之費其不足者又漕司折糧之內扣出支用而所借者不過一萬七千餘兩贓罰耳然臣又計之河船清江廠十年一造浙江下江二廠五年一造而今海船則十五年一造是又抵河船隻半多矣即今加費一萬七千餘兩而所省又該銀二萬一千餘兩　國家開一百六十年久廢之海運而節省若此誠輸運之便途也伏乞

聖裁

一議官軍照得海運糧船四百三十六隻合坐派衛分定撥旗軍領駕查得原有遮洋總下淮大等六衛及通州鹽城二所浙江寧波紹興台州温州直隷太倉鎮海六衛俱係邊海地方其人習知海事相應摘撥分領前船定撥淮安衛三十隻大河衛五十隻高郵衛三十隻揚州衛五十二隻長淮衛三十隻泗州衛三十隻鹽城所一十八隻通州所二十隻寧波衛三十隻台州衛二十隻温州衛

二十隻紹興衛三十隻太倉衛三十八隻鎮海衛三十八隻俱倣照遮洋舊規海船用軍十二名然猶恐各軍雖是生長海濱但淮安迤北直抵天津一帶原非素所經涉况駕使海船惟攔頭一人執柁二人最爲要緊又必須久慣行海者方能不懾合無止令各衛所每船撥軍九名就將每船餘下軍人三名應支行糧月糧銀兩盡数扣觧每歲漕司於淮上及海州等處雇水手八百七十二名山東雇島人四百三十六名分配每船二人執柁一人攔頭便於趨避以取足十二名之数待後各軍習熟海道漸次減雇仍將原軍撥補及照臣於今歳募船三百隻已分爲六小總以平定寧靜安全爲號派令原運山東各官分攝以行今既實運自應照遮洋事體設把總一員以便統束請乞

勑下兵部再加査議將山東原運　題過有名各官如千戸韓禮鎮撫魯礦百戸孟得賢等五員内推一員量陞都指揮體統准充海運把總仍鑄給關防一顆以便行事其領幫官俱委山東原運各官

率領島人赴淮給與行糧起運中或有缺聽臣於屬下沿海衛所選補以上把總運官待有成效俱照戸部原題事理陞擢各該衛所止委指揮千百戸押軍至淮交割免其入海自願者聽至於各船軍士内有怯弱不慣行海者許以原支行月糧添奏自行雇募熟識海道的實之人代替回貨之利替者得之惟求海道得人各押軍官審無錯誤聽從其便行之既久習者益多且大約每歲二月盡開洋三月半開洋四月盡到天津九月半可以完

歸悉如洪武二十七年事例休息日多人將爭赴
矣再照造船必有桅蓬什物在河船原係旗甲自
辦今海船新造必須官爲全備而所用銀兩亦應
該處臣查前項海船四百三十六隻弄抵河船六
百五十四隻共計額軍七千三百五十六名內除
撥出海運五千二百三十二名分派每船十二名
駕運外尚有餘下軍人二千一百二十四名內淮
安高郵長淮泗州四衛各一百八十名大河衛三
百名揚州衛三百一十二名通州所六十名鹽城

所五十四名俱每月糧銀二兩八錢八分行糧銀
一兩一錢二分寧波紹興二衛各一百三十五名
台州温州二衛各九十名太倉鎮海二衛各一百
一十四名俱每名月糧銀四兩八錢行糧銀一兩
五錢通共該銀一萬五十五兩四錢俱應每年扣
支以充前費合無轉行浙江應天巡撫都御史督
責各衛所掌印官預期造冊送赴有司關領差官
觧淮聽給各船置辦桅蓬什物應用如或不敷臨
時再行酌處補足今歲海船初造相應逐件全辦

以後年分止是稍加添置并每年修艌工料即以
前扣糧銀似爲足用若有餘積專備海船限滿復
造料費不得別項支銷伏乞
聖裁
一議防範查得海運既通米船來往商賈漸集則
他盜之防所宜預加料理除淮安迤東雲梯關地
係海船出口彼處原有額設備倭官軍五百餘名
係屬東海把總管轄往年春汛之期聽本官調度
操守并迤南各沿海地方臣於起運之日嚴行各

加意防範外惟自出淮安海口經行山東北直隸
一帶地方海洋遼闊已經臣移文山東天津巡海
司道等官責令各該備倭守禦等衙門申嚴防護
泒土島之船指引開行其在船應用軍器漕司仍
動支漕銀置辦軍器每船斬馬刀四把火藥二十
斤手銃四把弓二張箭二把長鎗四根給領隨船
防備運回交庫再照山東沿海係糧船歷行之途
至於天津迤東係海船入口之地交卸糧米督發
剝船催僱回南俱係栁比犬牙之地防備盜賊尤

湏加意統容臣備咨行山東撫按悉心議處可徑
行者徑自施行應奏
請者徑自奏
請務在兵防振飭旁伺潜消以不誤大計伏乞
聖裁
一議起剥查得海運糧船若進天津海口則恐底
尖膠淺除水大徑行外若水偶淺澁已經移文戶
部酌定俱用剥船起剥自天津至石土二壩每糧
百石給與水脚銀二兩九錢就扵本幫輕齎銀兩

動用乞
勑該部轉行天津管倉河西務鈔關各主事遵照自
今爲始每年凡遇海運糧米船到天津海口各該
領運官具呈管倉主事移文查取河西務剥船照
前議定水脚剥運糧米前赴石土二壩交卸轉般
進倉上納其各船隨糧輕齎銀兩聽臣酌量分別
差官由陸起解係給剥船水脚者交與天津管倉
主事係完糧應用者交與通州坐糧員外各就彼
支用若有餘剩給散海運官軍以資回南伏乞

聖裁
一議回貨查得海運旗軍柁工水手冒險轉輸比
之裏河常運不同然常運每船許帶土宜四十擔
今海船赴納難容帶載若已卸糧回南似無妨礙
乞
勑該部再加查議合無每船許帶貨物八十擔聽使
貿易回淮以示優恤仍聽天津管倉主事每船給
與裝帶貨物數目照票一張免其納稅但不許夾
帶私鹽及醃臘鹹物并違禁硝黃鐵器如違定行

從重治罪伏乞
聖裁
一崇祀典照得海運肇行舟泛大海所畏者惟蛟
龍風濤爾考之五行蛟乙木也而寄在辰風巽木
也而寄在巳二者性皆畏金此五行相剋厭勝之
術如先臣劉基輩未嘗不講也况是類是禡文著
於詩夫舉大事動大衆而又安可無神道設教以
壯人心臣謹於海口建立海神廟以鐵鑄而以雞
釁每歲船將發則禱之仍每船奉一小像以行緣

前廟既建看守必須專人殺運必有祭祀乞
勑該部查議合無行臣每年令山陽縣於里甲定編
經費銀三兩買辦豬羊祭品每歲開船漕司親行
致祭仍行該縣於均徭內編僉門子一名常川看
守以防傾圯伏乞
聖裁

成法覆議

戶部爲議復成法事該本部題雲南清吏司案呈
奉本部送戶科抄出總督漕運兼提督軍務巡撫

鳳陽等處地方都察院右副都御史王宗沐　題
前事又該提督漕運鎮守淮安地方總兵官保定
侯梁維藩　題同前事俱奉
聖旨該部知道欽此欽遵通抄到部送司案查先該
戶科都給事中宋良佐　題前事已經本部覆奉
欽依通行去後今該前因案呈到部看得漕運都御
史等官王宗沐等條陳定運米七事內除議船料
一節中間事干工部另行會同議覆外其餘事件
俱應本部查覆合開立前件議擬上

請定奪等因隆慶六年三月二十一日戶部尚書張
守直等具　題二十三日奉
聖旨依議行

計開　一定運米前件臣等看得都御史王宗沐
等　題稱海運漕糧除隆慶七年已有截留缺船
糧米二十二萬六千五百八十石有零聽備支運
外其隆慶八年以後要將淮安揚州二府歲運兌
改正糧二十萬二千一百五十石作爲定額運赴
各州縣近便河下限二月終旬聽管倉主事督與

官軍對船交兌違限參究若二府遇有災傷臨時
撥派鳳陽等府奏足額數一節爲照海運糧米原
議先爲必運以後漸次加添今漕司欲將淮揚二
府原運之數作爲歲額分定水次就令管倉主事
監兌無非先事處分以便起運之意及查江北漕
糧原係兩淮巡鹽御史兼理奉有專
勑其前項海運錢糧似應就便一體責成所有前因
通應題
請恭候

命下移咨漕運衙門除隆慶七年海運糧米已經題留折運外以後年分如果海運便利即自八年為始每年額坐淮揚二府原運兑改米二十萬一千一百五十石嚴行各該掌印管糧官依期徵收完足督同糧里兙於隨糧水脚雇船裝載悉照原題分定水次俱限二月終旬到齊聽候總理漕務巡鹽御史督與官軍對船交兑開幫如有違限及米色粗惡等弊悉照議單事例參究若遇二府災傷萬不得已方臨時另議撥派奏足原額伏乞

聖裁

一議船料前件臣等會同工部左侍郎趙錦等看得都御史王宗沐等　題稱議造海船四百三十六隻酌派湖廣廠產木地方打造二百隻儀真集木地方設廠打造二百三十六隻共該料銀一十二萬八千四百四十兩筭抵河船該扣清江浙江下江三廠料銀六萬九千九十八兩五錢不敷之數查將浙江湖廣本年折糧減存并河南班匠等銀三萬一千七百三十餘兩催解應用此外仍少銀一萬七千六百一十兩六錢乞於撫按及巡鹽衙門贓罰動支足數務期各造完足限明年二月以裏到淮通將用過錢糧造冊　奏繳稽查一節為照涉海輸糧全賴船隻堅固先因海運創行倉卒造船不及議令暫雇一年俟後另行打造但所用工料必先該處完備方得臨期無誤今漕司議將應用價銀除各廠扣下河船料價及災折減存糧料班匠等銀外尚少銀一萬七千餘兩要將撫按等衙門贓罰動支奏補及查贓罰銀兩原係題

准解部濟邊額數實難別項留用但打造海船事出創始較之別項不同合無姑准借支以便急用其應解彼處銀兩於內查數陸續扣留所有具題前因相應題

請恭候

命下移咨總督漕運及湖廣浙江應天巡撫各都御史專委糧儲道參議劉翾督責湖廣廠委官打造海船二百隻每隻議定價銀二百五十兩及委海防道副使陳耀文督責委官於儀真設廠打造海

船二百三十六隻每隻議定價銀二百九十兩先將漕庫河工贓罰及清江廠寄庫年例料銀共借六萬九千九十八兩五錢分發二廠支用俟於各廠扣下船料及浙江等司府扣解軍民料價抵補其三萬一千七百三十兩八錢八分暫將在庫堪動銀内借支即將各衛減存及旗軍行月糧銀賞鈔并河南班匠銀兩如數補還不敷之數即照原議派定數目於撫按巡鹽等衙門贓罰銀内動支一萬七千六百一十六兩六錢奏用俟於通州坐

糧廳查扣一分觧淮銀兩補償以前船隻各照發去式樣如法打造務要板木堅厚釘艌緊密照例將委官匠作姓名刻鑿船尾其在湖廣造完者兼辦蓬桅什物暫撥附近衛所減存運軍量給行糧責令原委官員限二月以裏到淮漕司即將二處新船查明印烙如有板薄釘稀侵費料價等弊從重問擬併將經管官員一體參究仍令經造員役領回不堪船隻另行造補自後各船俱以十五年改造一次永為定規事完將支用過工料價銀造

冊奏繳青冊送戶工二部查考再照海運事宜打造船隻關係最重其所用價銀委宜先期定議但運務見在經理比來若果有成效可為經久至計即照所議施行倘事勢未見萬全亦宜斟酌務使前項船隻不致妄費伏乞

聖裁

一議官軍前件臣等看得都御史等官王宗沐等題稱海運糧船四百三十六隻均撥淮大台溫等一十四衛每船照遮洋舊例用軍十二名摘撥三

名扣觧糧銀添雇水手等役即將原委試運千戶等官韓禮等准充海運把總仍給關防以便行事其領幫官員於山東原領各官并沿海衛所選補及稱海船蓬桅銀兩將筭抵河船餘下軍人扣解行月糧應用若有多餘專備復造料費各一節為照糧船海運經涉風濤其把總官軍必須沿海衛所取用而攔頭執舵等役亦須雇募慣習海道之人今欲照前已定糧船坐派淮大等衛旗軍領駕及扣取餘下糧銀雇覓水手人等并置辦蓬桅等

項又將試運官員充補把總議處已詳相應依擬
題
請恭候
命下移咨總督漕運及巡撫浙江應天各都御史自
隆慶七年爲始查將海運旗軍如淮安高郵長淮
泗州四衛每衛坐定五百四十名每年輪撥三百
六十名各駕海船三十隻大河衛坐定九百名每
年輪撥六百名領駕海船五十隻揚州衛坐定九
百三十六名每年輪撥六百二十四名領駕海船

五十二隻通州所坐定三百名每年輪撥二百四
十名領駕海船二十隻鹽城所坐定二百七十名
每年輪撥二百一十六名領駕海船十八隻台州
溫州二衛每衛坐定三百三十名每年各輪撥二
百四十名各駕海船二十隻寧波紹興二衛每衛
坐定四百九十五名每年各輪撥三百六十名駕
海船三十隻太倉鎮海二衛每衛坐定五百七十
名每年各輪撥四百五十六名駕海船三十八隻
以上各衛所每船旗軍十二名内摘撥三名支取

行月二糧觧貯淮上海州等處雇募水手島人分
配各船執柁二名攔頭一名使知海道趨避其各
船蓬桅什物就於各衛原坐海運餘下軍人各照
南北地方折給行月糧則例各該巡撫督責各衛
掌印官預期造册送赴有司關領差官觧淮收貯
聽給各衛買辦蓬桅等項如或不敷聽漕司臨時
酌處自後年分照舊支觧專備修艌工料及添置
什物等費如有餘剩存積漕庫俟復造船料支用
其總運官員本部移咨兵部查將山東原運題過

有名如千戶韓禮鎮撫魯礦百戶孟得賢等五員
内推陞海運把總一員照例以都指揮體統行事
仍咨禮部鑄給關防一顆以便遵行至于領幫官
漕司查於山東原運各官及沿海衛所選用其海
運各衛止委千百戶一員管押旗軍赴淮交割即
許回衛伏乞
聖裁
一議防範前件臣等看得都御史等官王宗沐等
題稱糧船自出淮安海口經行山東北直隸一帶

地方已經行移巡海司道責令各該備倭守禦等
官申嚴防護仍令各船置辦刀鎗火藥等物及稱
一切防備盜賊要行山東撫按悉心議處以杜不
虞各一節爲照海運糧船出口入口凡所經由地
方必須加意隄防方爲有備所有漕司具題前因
相應依擬恭候
命下移咨漕運衙門嚴行山東天津各該巡海司道
凡遇糧船起運責令沿海備倭守禦等衙門申嚴
防護及坐定土島小船沿途占候指引鬬行仍移

文山東撫按查將糧船入口交卸起剥去處其一
切防備事宜務要悉心議處小則徑自施行大則
奏
聞區處漕司動支庫銀每船置辦應用兵器火藥等
項悉照原議數目給發候運回查明交庫以備下
年領用伏乞
聖裁
一議起剥前件臣等看得都御史等官王宗沐等
題稱海運糧船若進天津海口須用剥船轉運至

覇每百石議給水脚銀二兩九錢其輕齎銀兩先
期差官由陸路起觧交送天津及通倉坐糧廳各
委官收候起剥完糧應用一節爲照隨糧輕齎專
備盤剥交糧等費今議彼處差官由陸路起觧聽
候各項支用委應依擬題
請恭候
命下劄付天津管倉主事凡遇海船至天津海口官
旗具呈到倉即移文河西務鈔關主事查取剥船
照依原定脚價給發船戸轉運糧米前赴石土二

覇原運官旗照常進倉交納其各該輕齎銀兩漕
司於海運兑完之日差官由陸起解酌量撥船脚
價若干交與天津主事收支其餘盡起送通倉坐
糧廳收貯儘給完糧之外照例扣出一分餘散官
軍以資回南伏乞
聖裁
一議回貨前件臣等看得都御史王宗沐等　題
稱海運旗軍冒險轉輸比之裏河常運不同議於
完糧回淮之日每船許帶貨物八十擔以示優恤

仍令天津主事給票免稅不許夾帶私盬違禁等物各一節為照議單事例裏河糧船許帶土宜四十擔今海運勞苦似宜倍加優恤所議回空船隻許令帶貨八十擔委為不費之惠相應依擬恭候

命下劄付天津管倉主事於海運回南之日許各軍旗收買土物每船八十擔取具貨物數目給票一張免其納稅如有夾帶私盬及硝黄鐵器諸凡違禁等物即行從重治罪原物入官不得寬縱伏乞

聖裁

一崇祀典前件臣等看得都御史等官王宗沐等題稱糧船泛海每畏蛟龍風濤議於海口建立海神廟宇行令山陽縣每年買辦祭品致祭關行及行該縣編僉門子常川看守一節為照山川海瀆之神每歲崇祀亦　國典所不廢者今海運既行議於海口立廟祭禱無非祈保糧運之意相應依擬恭候

命下移咨漕運衙門查於海口空閑地方建立廟宇一所鑄一海神每年開船之日行令山陽縣動支里甲銀三兩買辦猪羊祭品漕司督率把總官旗親行祭禱仍令各船奉一小像隨行其在廟看守人役該縣於均徭内編僉廟戶一名應用毋令傾圮伏乞

聖裁

飛報海運

山東等處提刑按察司巡察海道兼管屯田分巡登州副使郭文和報稱先奉

欽差總督漕撫軍門劄付内開糧船分為陸總以平

定寧靜安全為號坐委運官於本年三月十八日自淮安開行挨次進發本道隨將沿海灣避標記并防護指引各項事宜預備停當行據三營提調把總指揮等官朱衣等分布九程委官千戶等官宗器等各節次報稱平字號船五十四隻運官魯礦等於四月初八日寅時到即墨縣田横島初十日丑時開船寅時過大嵩衛辰時過寧海州草頭嘴巳時過海陽所宮家島至晚到威海衛劉公島定字號船五十五隻運官汪士弘等於四月初九

日未時到田橫島寧字號船五十六隻運官陳相等於四月十四日申時到田橫島十七日酉時定字號船到福山縣東崆峒島十八日酉時全字號船六十三隻運官孟得賢等到田橫島十九日到青島本日未時平字號船到登州城下黑山島二十日午時定字號船到登州城下沙門島二十一日申時寧字號船到登州城下教場頭灣泊以上三號俱蒙撫按兩院親臨閱視犒賞訖本日酉時靖字號船五十八隻運官韓禮等到田橫島二十

四日酉時平字號船到掖縣芙蓉島定字寧字兩號俱到掖縣三山島灣宿次日風順開船去訖二十六日未時全字號船到登州新河海口徑過領賞訖獨安字第五號船因在海州贛榆允糧來遲以上先到平定寧字三號已防護出本道原分地方俱係萬全並無疎虞計程已到天津全字號已過掖縣靜字號將過成山白峯險處其安字號在後不旬日亦可望到程途無阻糧運萬全除候差人查明糧船俱到天津另再飛報外今將船過日期理合禀報

優勵臣工

戶科署科事左給事中張博等　題爲海運告通懇乞

聖明優勵有事諸臣并申飭應行事宜以皷人心以裨　國計事臣等本以一介草茅謬蒙簡拔待罪戶垣凡上裨　國計下協輿情苟有見聞不敢隱默本月初六日據漕運王都御史揭報海運平字號船已於本月初三日進抵天津至二十三日又

聞得天津管倉師主事呈報本年五月初四等日節據海運平定寧三號總運程相等呈稱領駕海船一百六十六隻共裝正米六萬石俱到天津起米交納餘船陸續將到等因到部及查先該戶科都給事中宋良佐　題要復遼洋總兼通海運續該山東巡撫都御史梁夢龍　題稱親歷沿海地方自淮安至膠州一帶勘視海道該處船米差官試行天津上納臣等切惟天下無不可爲之事而事每難於成者何哉以任之難其人耳亦未嘗無

任事之人而人每不多見者何哉在勵之無其道耳我　國家咼建燕都歲輸江南之粟四百萬石由會通河而運以培天下之命脉垂二百年安享之利非一日矣頃者河患迭出運道阻艱中外洶洶莫知所措膠河夾溝之議徒紛紛焉未聞以海運㓕之者也首自科臣疏請而撫臣親試行焉當此之時重民命者橫波濤之慮惧鯨鯢者僅招寇之尤衆言淆亂群疑塞胷未有決以為可行而行之亦未必若今之全趍于利也幸我

皇上斡旋氣運洞灼事機獨主其議于上而孜孜斡國知無不為輔臣贊成于下俾二百年來已試之利一旦議復永為河漕萬年羽翼覩洛思功端有任矣稽之先臣丘濬有曰自古運道有三曰陸曰河曰海陸運以車水運以舟而皆資乎人力所運有多寡所費有煩省河漕視陸運什省三四海運視陸運什省七八蓋河漕雖免陸行而人挽如故海運雖有漂溺之患而省牵挽之勞今據先後報聞該運六總前幫已至天津後幫次第蹟詣是昔

之所患者去今之所省者倍救時急務所謂全利而寡害者非此耶稽之漕単開載賞格雖微必録㓕有臣若此而可以拘攣之格馭之乎且人心初事之時正群情觀望之日在今尤不可不加之意者伏望

皇上懋往事之惟艱念　國計之攸頼將建議經行先今内外諸臣舉有勞績者分别優叙而都御史梁夢龍力先任重才克濟艱首事之功尤不可泯該部尚書及該司郎中主持果確查議精詳均當

首及以為人臣任事之功再照海運之議近該漕運衙門列款題

請議覆遵依似無容贅然動惟時宜而後可垂利于永久法宜加慎乃可以防患于未然遞歲增運以漸通之是矣而勢既通行不妨多運十二萬石之外果不可以倍加乎支銀造船以官給之是矣而船係官物動有私弊視雇募之費不尤有可應乎衛所巡司有營亂畧式遏矣而或因之以生亂其可以不加察乎夷民下海有禁奸萌是杜矣倘禁

之而民不聊生可無通融之術乎一切應行事宜
中有未盡者再乞
勅下該部轉行各該衙門加意料理悉中機宜不徒
目前有濟實足以為千萬年可久之圖不徒漕務
允賁實可以收制服倭夷之績如果積有勤勞優
渥之典不嫌至再一或遲悞
朝廷之上法紀昭然仍
勅山東撫按衙門每歲糧船出海按期巡歷近海緊
要地方住扎以便查督務俾萬全永為遵守則法

制益嚴人心益勸而我　國家千萬年之大計不
益有裨也哉本年五月二十八日具奏奉
聖旨戶部知道

運務條陳

巡按直隸監察御史李栻　題為運務更新條陳
未盡事宜以備會議以裨　國計事臣以一介庸
菲待罪倉河早夜思惟不遑寧處庶幾少效一得
之愚仰裨　國計于萬一幸遇
聖明在上運務更新河海效靈天人交應今歲之運

比之往歲頗早數月且鮮漂欠誠百年之僅見者
臣復何所庸贅但運務更新之始正人心轉移之
機若變通鼓舞之道或有未盡則法守未能盡一
速于今者安知不弛于後也即今會議在邇除選
軍造船嚴限等項事宜已該漕臣具題臣不敢泛
及謹就臣職事所切得于見聞之真者條具以聞
惟
聖明採擇焉切為運務之修舉莫先于領運之得人
是故運官不可以不重也往年衛所官員率畏漕

運煩苦苟圖鄉梓安逸或託病而營別差或夤緣
而求掌印或稱捕盜而徼微功或假差占而妄沽
虛譽奔走獲上覬幸薦陞而其不職閑住者乃始
賄囑當事中名領運則其在運亦何所不至哉近
歲新例掌印官員更番運糧稍可以革此弊矣然
掌印者未必皆得人而領運者未必更番也臣切
以為莫若特重運官之選通行更番之制使南京
兵部各省撫按官加意取擇非賢能精壯者不得
更番領運臣衙門據實保薦非如期早者不得濫

行薦舉兵部定爲格例自軍功之外非領運有功者不得泛行陞擢使天下武弁曉然知軍功之外非此無以出身而一切虚名無實者即令薦揚不得以冒陞擢則武弁之賢能者皆趨于此途不但可以整飭運務尤可以捜羅將才此運官之當議者一也夫運期不早則雖運官得人無益也況未必皆得人乎往年各省開兊例在二三月開幫例在四五月甚有至六月者議單之限視爲虚文年復一年不可復整馴至舊歳加以河患而其弊極

矣今歳仰頼

朝廷加意振飭當事諸臣殫力經營各幫糧運皆先期過淮過洪幸無漂没到灣起納復多餘剩蓋尾幫入閘方三日而河水發矣可見運期之早不但可以速糧運又可以免河患而官旗亦得以食贏餘之利免賠累之苦不然運册方至而河水正發欲無漂流東阻得乎況有漂流東阻欲無起欠得乎臣切以爲宜申明議單通行各省每年監兊官定以八月到地方十月開倉十一月兊運完十二

月開幫完二月過淮完三月過洪入閘完各省糧儲道官皆押至徐州洪而返永爲定例敢有違悞違期者聽各該撫按監兊官查恭其糧儲道官亦聽漕司與臣衙門查恭此限一定守之不易使每歳漕舟及河水未發而過淮入閘河水未凍而駕空回南即河道或有變遷而糧運終無損失此運期之當議者二也夫運期既早則開幫必速然使行之不得其宜能保其中途不濡滯乎否得議單舊例運船定以挨幫而進壓幫脱幫者有罰夫使

果皆挨幫速進豈不盡善但人力之强弱不齊船隻之完敝不一而風水之遭值亦異豈不能一一挨幫者亦勢也若使拘而挨幫而不知通變則將以一船而滯衆船以一幫而壓衆幫欲其爭先速進不可得矣近奉

欽依雖有越幫之例然議單開載未明漕司猶復拘守不知挨幫之例可守于閘河而越幫之例須行于黄河蓋閘河而非挨幫則無以聯屬而取齊黄河而非越幫則無以前進而取速此固當並行而

不悖者也今歲僨運御史張憲翔以此斷然行之船無漂流而且得速達是其明驗向使拘于挨幫則未及入閘而河水已發全運其可保乎臣切以爲宜申明此例載在議單使後幫者兢相鼓舞而爭先前幫者惟恐怠緩而落後其于速運實爲至要此運幫之當議者三也夫運幫速達領運者方以此爲功若非有以一體悉之何以爲速運者之勸查得京通二倉收受舊例漕糧五千石以上晒二天揚一天五千石以上晒二天即與揚收夫糧

到有遲早而日則有長短若是七八月到者依別晒揚人亦何詞惟五六月到者而一例行之不惟火日烈曝倍于秋冬亦且盡日耙拋多所耗撒非徒無以爲先至者之勸而且有以沮速運者之心也往年運務廢弛雖由開兌之遲而避夏日之火烈以就秋冬之短晷亦人情之所必然者矧遲到漂流不核虛實例免晒揚淋失而早至者獨受晒揚失耗之苦是後至者反享其利而先至者反受其害矣人亦何爲而不避早以就遲乎臣切以爲

宜酌定則例載在議單五月以裏運到漕糧五千石以上者晒一天揚一天五千石以下者晒一天即與揚收七月十五日以後到者照依舊例晒揚失則不許淋漓平則止許刮鐵庶立法公平而糧無虧耗遲早有辨而默寓勸懲此收受之當議者四也夫糧運完納曬揚固須有等然不嚴責奸旗安能盡免掛欠盖水次官糧皆係旗軍領兌運官不過總攝到灣若使旗軍無沿途偷盜之弊則官糧自有羸餘安能有欠惟是運官什物使用不免

派取于軍姦旗利其派取因以科斂于衆安所出哉惟有糧而已官既指公糜費軍益恣行侵盜官之所利者一軍之所盜者十及至到灣起納奸旗自度短少輒先棄運逃回運官無所于逃只得代爲交割所有起欠掛欠悉累運官補賠雖行扣補拘提曾何一人解到今歲沿途防催頗嚴旗軍未得肆盜各幫漕糧不但起納無欠而且剩餘頗多其有舊欠者臣悉行令扣補其無舊欠者餘米悉歸旗軍是有欠則運官獨受其害而有餘則旗軍

獨享其利又有運官畏姦旗挾私告害而不敢嚴
加防制者焉欲糧運之無掛欠得乎臣切以爲申
嚴近行事例載在議单但有掛欠即將旗甲一同
叅送問理如有私逃即行彼處衙門嚴提觧問其
挾告無實者定行重加究治庶旗甲知有餘則已
享其利而又欠與官同其害不復敢恣行侵盜而
獨累運官矣此掛欠之當議者五也夫官旗同責
固可以杜侵欠之弊然功罪不覈亦何以示鼓舞
之權杳得江南北浙東西漕糧開兑皆臺臣監之

運官船到水次稍遲例當叅論蓋苟不震之於始
以爲後至之懲將何以邀之於終以要早完之效
此法之所當然者也然亦有所當酌議者蓋使水
次而到遲而到灣又遲其罪固不容逭矣使水次
到遲而起納復欠其罪尤不容逭矣其間或有水
次雖遲而完納頗早者如邳州衛指揮王尌以水
次到遲而被叅罰罪宜矣然能奮勵争先其糧以
四月十一日到灣五月初七日報完勤勞似不可
泯一例仍復罪罰何以爲速運者之勸臣切以爲

起運叅遲無非欲其運之速耳既能速運功過既
須相準自今以後叅本到部似應姑且停覆俟其
到灣起納之日然後稽其遲早覈其完欠分别類
覆以示勸懲庶領兑者有所儆皆先到水次而不
敢後速運者有所勸皆争先赴納而不容緩矣此
功罪之當議者六也至若海運臣復有三議焉曰
非優叙其功無以爲任事之勸曰非酌定其數無
以適通變之宜曰非更制其舟無以盡轉運之利
何也蓋海運之廢其來已久節經名臣建議欲講

求修復竟莫有能行之者近頼
聖明英斷廟堂主持采廷臣之議而試行之而當事
之臣悉心經理以能有成功蓋涉數千里無涯之
海以興百餘年久廢之利其爲心意甚苦爲力亦
孔艱矣近該科臣題稱欲優叙建首事及經行内
外諸臣是也然今歲任事如總督漕運都御史王
宗沐管漕叅政潘允端始終經理殫竭忠猷懋著
勞績其功尤當優録而領運把總韓禮運官魯礌
孟得賢莊重楊萬春等往返海道屢經試行速完

糧運其功亦爲難能盖創行之與習行難易既殊海道之與河道夷險迥異且河運官歲有更番而海運官急難代替苟非破格優叙何以久任責成臣切以爲宜

勑下該部查議優叙庶任事者有所勸而益勵涉險者慰所願而不辭矣故曰非優叙其功無以爲任事之勸但海運之行所以備河道之不虞也若使河運無虞何事于海夫河之變患無常而運之通塞難料則海運者固河運之間道也往歲習于河

運而不思海運固非慮遠之良圖若海運之通而遂定以歲加至二十四萬石則又非易簡變通之長策矣盖使河運通則雖海運十二萬石已爲多使河運有阻則雖海運二十四萬石猶爲少臣切以爲河道有阻在于夏月而其無變可定于秋冬每歲總漕之臣須先時相機量度若河道有阻不但加運二十四萬即再倍其數亦無不可若河道無阻額運止二十萬更不必加但使可以習熟海運道此一道以備不虞而已固無事厭常而喜新

舍易而求難加多冒險以重勞費也若曰海運或遇加增一時恐難卒辦則每歲開洋之期例在三月而江北開兑之期例在仲冬中間數月足可料理何患不集乃坐棄河運交多爲無益之備即雖糧運難保無失勞費視河已倍况未必能盡保乎故曰非酌定其數無以適通變之宜然使船制不更則河海難以通用卒遇海運加增其將何以爲備訪得今歲海運皆雇募濱海地方捕魚船及沙船其制尖首闊腹深艙高舷上無棚樓平安鎮板

與南方河船大畧相似惟其尖首闊腹而上無棚樓可以破浪而不鼓風惟其高舷深艙而平安鎮板可以重載而不近水且撐駕無有隔碍而帆檣便于轉旋河海俱爲便利故民船制多用之今之淺船乃異于是近經御史唐鍊建議欲將淺船更爲此制後起官蓬中安瑣板非但撐駕便利又可重載無虞且私貨不能私藏工費亦爲簡省然唐鍊之建議爲河運而言也今海運既須造船而此制又可通用柰何不亟行之乎臣已詢之河海運

官此制的爲通便合無行令漕司斟酌此制照依
年例改造運船務使河海可以通行風水可以無
虞不出數年之間船制悉皆更定不但海運有資
而于河運尤便故曰非更制其舟無以盡轉運之
利若夫經制可久之宜防禦未然之策則在當事
者熟慮而詳討之非臣之所能臆料而懸斷也臣
才識迂疎愧無足以裨　國計然職事所在偶有
所見不敢不竭惓惓伏乞
勅下該部再加查覆如果臣言或有可采容之會議

酌定議单一新漕政以爲　國家河海並運無窮
之計本年七月二十日具奏奉
聖旨戶部看了來說

運成優叙

雲南司案呈奉本部送戶科抄出巡按直隸監察
御史李栻　題前事等因奉
聖旨戶部看了來說欽此抄出到部送司查得題內
議運官運期等六事俟會議漕運之日呈堂另行
開款議覆外案查先該戶科都給事中宋良佐

題要議復遮洋以尋海運故道本部議覆備行山
東巡撫梁夢龍督同布政王宗沐副使潘允端等
分委踏勘差官試行海道堪以通行具　題前來
已經會同工部覆奉
欽依通行漕運衙門雇船雇夫從海轉運去後近據
京通等倉委官呈報海運糧米盡數完納訖今該
前因案呈到部看得御史李栻　題稱海運曠廢
已久節經各臣建議竟莫有行近賴
聖明英斷廟堂主持而當事之臣悉心經理以有成

功要將都御史王宗沐參政潘允端各加優錄及
領運把總等官韓禮等破格優叙并稱以後糧數
量度河道通塞酌定多寡仍更擬船制務使河海
通用各一節爲照漕運乃軍國之需關係至重而
其轉運也當以河道爲經用通萬世之利以海道
爲權用濟一時之急但海道險阻苟非慣習于平
時則不能取便于一旦查得我　朝永樂初年專
恃海道後改漕河海運遂廢弘治年間輔臣丘濬
議將浙直漕糧仍由海運計慮深遠竟不行者憚

其難也近年河變不常漕務狼狽諸臣別議紛紛徒勞踏勘竟亦罔功適值科臣宋良佐疏請仍尋海道行移山東巡撫梁夢龍查勘本官遂督同司道等官悉心咨訪備查得傍海潰道直抵天津畫圖開欵本部題覆幸賴

先帝聖明立斷於上輔臣贊襄於下特允所請備行漕司酌量修舉今查六號船糧相繼抵灣上納完足既免大洋風濤之險又不煩別議開鑿之勞較諸先臣丘濬所議吏事省功倍及查先該戶科左

給事中張傳題欲將有事諸臣梁夢龍等分別優敘緣彼時海船尚未盡到案候在卷所有內外經理諸臣委宜一體優敘而輔臣爲最蓋鑒河漕之失利遂咨詢以啓其謀知海運之可通則力主以定其議贊事項復大計攸資巡撫梁夢龍偏歷海隅逐處指畫屢上封事效謀忠誠漕臣王宗沐叅政潘允端既建議於勘議之日復經畫於轉運之時計慮周詳設處停妥俱當各加優敘科臣宋良佐因事納忠似當紀録至於領運把總韓禮運官魯礦等既涉險道復早完糧雖原題一年無欠分別賞賚但起事之初鼓舞之權或不可以例拘亦當破格優敘至於海運糧數船隻規制尤爲緊要俱當詳議以俾經久可行所據本官具題前因相應題

請恭候

命下將梁夢龍王宗沐潘允端各加優敘宋良佐紀録其輔臣優崇之典出自

朝廷臣等未敢輕擬伏乞

聖明裁定至於把總韓禮運官魯礦孟得賢莊重楊萬春等破格優敘若後恃功驕縱致生別情定行從重究治本部仍移咨漕運衙門備查下年海運糧米原留二十二萬餘石如河運可通應否量減分數若少有阻塞應否再行加添務要細加酌議其見造海船及補造河運船隻查將本年雇募民船與御史唐鍊原題改造船式再加斟酌速行打造至於海防未盡事宜逐一漸次修備立爲定規以爲永賴之計通乞

聖裁奉
聖旨是梁夢龍王宗沐各陞俸一級賞銀三十兩紵
絲二表裏潘允端陞一級賞銀十兩照舊管運糧
儲韓禮并晷礦等各陞署職一級賞銀五兩

刻海運新考後序

先是隆慶末禩徐邳之間河屢塞運道已所
出
國家仰東南粟歲不下幾百萬乃壅閼不得從
漕上盖中外洶洶焉當是時今
制府梁公為大中丞奉
璽書填山以東日夜圖畫思所以紓
宵旰慰元元者莫如規復海運而會

上采給事御史奏下之部部覆議海運必從滕萊
二州故公所部地宜以其事屬公
制曰可公拜受
命顧念海險且鉅非臆測户牖可洞而燭也乃檄
諸藩臬大吏熟計之稽往牒蒐舊聞參之輿
情酌以獨見業有成謀矣復以海險且鉅而
儲餉繫
國根本非更歷相度不可嘗試則下令胥靡徒

屬有能備餘皇載穀粟以濟者聽贖繇是地
之崇卑湍之緩急勢之深淺程之迂邇人益
馴習則又昉永樂時平江侯督運遺蹟列守
望監標識所為造舟募工申防飭紀者晰彙
加詳焉自建議及終事民艘官儲往来不翅
三四高濤洪浸若履安流寔無不酬下罔懟
困即
二祖

列聖寔式靈之乃公之心力則既殫矣厎績踈聞
上優詔褒賚諸所陳請且畢見之行而無何運道
報復故公亦以遷秩去遂寢迄今淮南北數
通數塞日靡帑金勞都水使者卒未有定也
公謂漕渠信萬全百世利然徙遷不恒則未
然之圖海運似亦未可廢置爰以故所経畧
踈議奏記考說勒成一編用資探索始公有
事斯役不佞普忝司理東郡獲與聞之及開

督薊鎮而普出守中山盖先後為公屬吏中
間訏謨后畫有衆未之知而普獨知者竊頋
以是編付之剞劂俾経世者有所考鏡昔秦
伐匈奴天下飛輓芻粟起黄腄歷瑯琊負海
之郡轉輸北河雖未言泛海而黄腄為今膠
萊境傍海通運已肇其端元迨
國初海運大行即頃中輟而経濟大臣如丘文
莊公輩往往議習海道為漕河後繼顴議者

率牽泥故常無當肯窾求其窮源委于毫端
示圖経于指掌未有若公之具而晰者也玆
天子明聖
廟堂之上方恢弘遠畧賛又安圖永賴斯非已試
之明驗可循之掌故詎惟一時千載而下
有是編在公之言與功均之乎不朽矣刻成
普謹綴數語末簡著公憂勞之大者如此云
萬曆六年孟冬之吉真定府知府錢普謹譔

海運新考後序

今

制府梁公海運新考成不佞下吏獲展而讀曰

有是哉公之憂深乎蓋哉

國家財賦仰給東南東南去神京萬里而遥輦

輦藉一船葦為轉輸以故會通稍失利水衡

大臣輒宵夜遑遑束手無完策矣聞之曰兵

無常形醫無拘方要害絶不得不徙砭劑室

不得不通故夫持籌主計者寧可絀海運不

講哉按海運創於勝國

國初丘文莊公嘗建議復之彼老成謀國盖于

咽喉外别圖一咽喉濟大命匪好為譸張迂

濶駁國是也顧今筴士譚河漕既率聚訟鮮

成議而語及海運又捲舌噤指以為無大奇

中曰洪波巨浸苦汎漲也極望靡際難標識

也大都病噎廢食碁圍廢梟非筴士之槩矣

試觀公所為考起淮南歴膠東直抵天津地

勢道里井井若臚列且也元人泛大洋今傍

海涯元人涉萬里今三千餘里而島人市賈

習風濤躑躅待命者群若聚蟻則以是羽翼

咽喉利當其九害未必當其一矣噫持籌主

計者寧可絀海運不講哉方今

廟議廷斷併力汎徐邳諸河以故呂梁有通津

直沽無滞舫而大司農歳按籍檢左藏穀帛

充盈足贍軍國有司矣萬有一徐邳壅閼粟

不得如期上然鑿鑿有新考在可以按島嶼

計程達之

輦轂間辟之兵家左擊則右援右擊則左援辟

之醫家不攻腠理則血脉不攻血脉則胃腸

誠亦利便哉盖昔劉晏運江淮而十五路粟

輻輳集輦轂下夫晏信心計臣藉第令江淮

阻淤不得通晏詎寧力輓耶噫公之憂深矣

今
國家所慮北則虜南則漕
公鎮鉞薊門威靈灼赫業已兩破虜屹然爲遼
左保障乃兹考海運佐漕渠蓋漕渠通則士
飽馬騰武備軍容愈央央生氣色矣公間嘗
語不佞曰吾平生精力盡載此編余儒生未
諳大計然習公之説有槪于中舊矣因僭爲
之跋

萬曆七年春日直隷大名府推官顧爾行頓首謹書

圖書在版編目（CIP）數據

海上絲綢之路文獻集成. 歷代史籍編. 第三輯. 第一卷 / 范金民主編. --福州：福建人民出版社，2023.8
ISBN 978-7-211-09074-7

Ⅰ. ①海… Ⅱ. ①范… Ⅲ. ①海上運輸-絲綢之路-史料-彙編 Ⅳ. ①K203

中國國家版本館CIP數據核字（2023）第072950號

審圖號　GS（2022）4636號
本書有關内容和地圖僅代表作者個人觀點，不代表官方立場。

海上絲綢之路文獻集成·歷代史籍編（第三輯 第一卷）

主　　編　范金民
責任編輯　宋一明
美術編輯　白　玫
出版發行　福建人民出版社
電　　話　0591-87533169（發行部）
電子郵箱　fjpph7221@126.com
地　　址　福建省福州市東水路 76 號
經　　銷　福建新華發行（集團）有限責任公司
印刷裝訂　上海盛通時代印刷有限公司
地　　址　上海市金山區廣業路 568 號
電　　話　021-37910000
開　　本　787 毫米×1092 毫米　1/16
印　　張　403.25
版　　次　2023 年 8 月第 1 版第 1 次印刷
書　　號　ISBN 978-7-211-09074-7
定　　價　4800.00 元（共 12 册）

国家出版基金项目
NATIONAL PUBLICATION FOUNDATION

海上絲綢之路文獻集成

總主編　陳支平　陳春聲

歷代史籍編

76

主編　范金民

海峽出版發行集團
THE STRAITS PUBLISHING & DISTRIBUTING GROUP
福建人民出版社

本册目次

柔遠全書六種（中外紀事本末六至九）

〔清〕謝家福輯

柔遠全書 三十四

中外紀事本末六

德威錄卷之目錄

嘆夷抗不交兇查辦情形摺 道光十九年八月 鄧 林 怡 關 豫

竊臣林則徐奉　命來粵與臣鄧廷楨等宣示　天威夷人咸知震懾前經收繳躉船鴉片二萬餘箱維時嘆咭唎國領事義律在省城夷館自行查數報繳前後連具十餘禀情詞均甚恭順臣等於批諭之中時加稱奬該領事亦自以為榮頗形踴躍覈計繳清煙土較原禀溢出尚多論者以為嘆夷平日桀驁性成今乃倒篋傾筐帖然馴伏是千里之重貲盡擲即百年之痼疾可除而臣等熟計深籌尤以本年來船夾帶為慮蓋該國遠在數萬里外當其開船之日尚未知　天朝新例如此森嚴既而潛帶而來必

恩顧其成本而中國力除巨患正當於得手之際拔盡根株豈得將新船轉予放鬆致使前功盡棄是以臣等請定治罪專條並立限期首繳仰荷　聖明俞允飭定新例頒行其新例未到之先各國貨船即已陸續到粵當令洋商通事諭知現辦章程船內無鴉片者進口報驗有鴉片而自首全行呈繳者准予　奏請免罪並許驗明進口若自揣不敢報驗即日揚帆回國亦免窮追使各國夷商得以早定主見迨頒到新例又復傳諭周知截至七月初八日進口報驗夷船共一十七隻經粵海關監督臣豫堃驗明均無鴉片准其開艙貿易不進口而回國者亦有三隻其

中卽有鴉片當不至毒流内地惟暎咭唎所屬港脚貨船
到時本亦卽擬進口旋被義律阻止停泊虎門口外之尖
沙嘴一帶緣義律為該國領事該國主給與權柄得以約
束衆夷先前繳土之時力能號召南澳福建等處之船悉
行駛回虎門一體呈繳迨繳完後義律稟辭下澳尚據遞
具一稟云違禁犯賣一弊悞及正經貿易貽累人之家業
其害甚重亟須設法早除此弊於常久如准委員來澳會
同妥議章程其違禁犯賣之弊可冀常遠除絕等語臣等
以為真心除弊大加批奬並會委佛山同知劉開域赴澳
與之覈議且將　奏准頒賞之茶葉一千六百四十箱發

往給賞以便空躉迅速回帆詎劉開域未到之先義律於
四月二十四日續遞一稟云本國船隻進埔須候奉到國
主批諭方可明白轉飭或蒙格外施恩令在澳門裝貨感
戴靡旣等語臣等接閱之下均相詫異始知前稟章程一
語乃係別蓄詭謀蓋澳門孤峙海隅實可周通內地向惟
西洋夷人准設貿易額船二十五隻起卸貨物不納關稅
自明代而已然暎夷惟利是圖久深艷羨故於繳土之後
希圖破例效尤此端一開則粵海關幾同虛設且溯查嘉
慶年間鴉片之浸淫流毒皆由澳門囤聚發販年盛一年
道光二年葉恒澍犯案始將澳門囤所撤散其後變為躉

船今躉船之積土甫除若澳門之國所又起何異驅虎進狼故不得不決絶批駁且貨船皆從該國給予牌照令赴內地經商豈有已經到粤始候該國王批諭之理亦於稟內指破其謊義律詭計不行闇然消阻委員劉開域到澳伊遂不理問其定何章程據稱不准在澳裝貨便無章程可議即傳領茶葉亦不敢領臣等以此項奏准給賞原係出於格外既無福承受即不值給發此後凡有批諭伊皆不肯接收在犬羊之性無常原不必與之計較然有不可聽其觀望者如繳清煙土之空躉尚有一半未行奉旨驅逐之奸夷亦有數名未去不能因其不接諭帖轉任

逗留故仍委員赴澳嚴催並飭令西洋夷目協同攆逐至該國貨船陸續來粤計至此時已有三十二隻之多該夷商滿載而來將本求利無不早圖進口開艙貿易乃被義律一人把持阻撓俱在尖沙嘴一帶聚泊廣東天氣炎熱各船中如洋米洋布棉花等貨難免潮濕霉爛業已怨懟同聲臣等令洋商通事齎諭分赴各船剴切開導催令進口咸稱義律係伊國領事不得不惟令是從而其中潛帶鴉片之奸夷既不甘呈繳又不願空回則正樂於遷延冀以私售禁物現因各口查緝嚴緊整箱煙土不能運入内洋而蛋艇漁舟與番舶每相貼近乘間買其零土以圖轉

售獲利者節經文武拏獲已據確切供明且查夷人私放三板裝載鴉片潛赴偏僻口門以木片為招帖寫明鴉片一個洋銀幾圓字樣隨潮流入海口以賤價誘人售買是義律之勒令夷船聚泊口外仍為圖賣新來鴉片恐被進口搜查起見夷情詭譎如見肺肝即無別滋事端亦不得容其於附近口門佔為巢穴況夷人酗酒打降習以為常五月二十七日尖沙村中有民人林維喜被夷人酒醉行兇棍毆斃命經新安縣梁星源驗明頂心及左乳下各受木棍重傷訊據見證鄉鄰僉稱係嘆咭唎國船上夷人所毆衆供甚為確鑿諭令義律交出兇夷照例辦理將及兩

月延不肯交臣等給與諭函亦竟始終不接竊思人命至重若因𠸄夷而廢法律則不但無以馭他國更何以治華民義律肆意抗違斷非該國王令其如此安可聽其狂悖而置命案於不辦任奸宄以營私壞法養癰臣等實所不敢恭查嘉慶十三年𠸄國兵頭嘟嚕哩等在澳門違犯禁令欽奉

諭旨卽實力禁絕柴米不准買辦食物等因欽此此時義律與各奸夷均住澳門前以裝貨為詞顯有佔踞之意今更種種頑抗自應遵照嘉慶十三年之例禁絕𠸄夷柴米食物撤其買辦工人臣等於七月初八日駐劄香山縣城勒兵分布各處要口俾知儆畏仍曉諭在澳華

民及西洋各國夷人以此舉專為𠸄夷違犯不得不制以威與別國均無干涉毋庸驚擾且查例載夷商銷貨後不得在澳逗留等語今該夷既不進口貿易是不銷貨即不當住澳應與奉逐各奸夷均照例不准羈留臣等諭飭之後澳內西洋夷目亦即遵諭一同驅逐自七月初九日至十九一旬之內義律率其家眷暨奉逐未去之奸夷咉噸等並散住澳內𠸄夷共五十七家悉行遷避出澳寄住尖沙嘴貨船及潭仔空躉船上據署澳門同知蔣立昂香山協副將惠昌耀等稟稱該夷窮蹙倉皇已覺十分兢懼等語臣等察其平日飲食居處華靡相夸今寄住客船顯有

抑鬱難堪之狀又經禁賣食物雖其船内糗糧不乏而所嗜之肥膿燔炙日久必缺於供且洋面不得淡水須於山澗汲泉若汲道俱斷此一端即足以制其命彼貿易斷不肯歇手衆夷正不得齊心要令就我範圍似已確有把握惟倔強之性未嘗稍受折磨此番控馭周防尚不免稍需時日而欲永杜鴉片之害實以此爲喫緊機關未便稍涉游移復貽後患查潭仔與澳門相近而尖沙嘴則與虎門相近 臣等酌商調度擬往來於香山虎門之間或合或分自當隨時妥辦既不敢冒昧以僨事亦不敢示弱以長驕必俟交出兇夷埽淨煙土貨船進埔報驗空躉悉數開行

一切恪遵法度然後給還買辦工人仍准住行住澳凡在
粵東士庶既知夷人習為虛憍並知臣等慎密修防沿海
閭閻現俱十分安謐堪以仰慰聖懷道光十九年七月廿四發

巡閱澳門抽查户口摺 道光十九年九月 林 鄧

竊照廣東澳門一區在廣州府香山縣之東南距縣治一百三十餘里東西南三面環海惟北面陸路可達縣城自縣城南行一百二十里曰前山寨設有海防同知暨前山營都司駐劄再迤南十五里建有關牐一座駐兵防守為扼吭拊背要區出關卽入澳境溯自前明許西洋夷人寄住歲輸地租銀五百兩由香山縣徵收澳內營造夷樓棟宇相望並建礮臺六座以防他夷其房屋除西夷自住外餘皆賃給別國夷人居住而以𠸄咭唎國為較多西夷挈眷而居歷今三百餘年踐土食毛幾與華民無異雖素稱

恭順不敢妄為而既與各島夷朝夕往來即難保無牟利營私售賣鴉片情事本年臣林則徐奉　命來粵與臣鄧廷楨悉意商酌以夷船雖在外洋而澳門實為夷商聚集之所且其間華夷雜處漢奸勾串尤多若不從澳門清源則内外綫索潛通仍恐漸成弊藪是以於四月間檄委署佛山同知劉開域署澳門同知蔣立昂香山縣知縣三福署香山縣縣丞彭邦晦仿照編查保甲之法將通澳華民一體按户編查毋許遺漏並督同該夷目搜查夷樓有無屯貯鴉片旋據該員等查明户口造册呈送計華民一千七百七十二户男女七千零三十三丁口西洋夷人七百

二十户男女五千六百一十二丁口嘆咭唎國僦居夷人五十七户並查明虎門收煙之時有嘆夷咽嚱吐將躉船煙土偷運入澳被西洋夷目查拏將原土押交嘆國副領事參遜一體呈繳又據稟該夷目自行拏獲夷人啞嗯唽零煙在馬頭焚燒將啞嗯唽收監按照夷法問罪出具此外並無存貯煙土甘結稟請親臨查辦前來臣等因驅逐嘆國住澳奸夷由省移駐香山遂於七月二十五日自香山起程二十六日清晨統領將備管帶弁兵整隊出關該夷目噭嗻嗎哋唦率領夷兵一百名迎於關下兵總四人戎服佩刀夷兵肩鳥槍排列道左隊內番樂齊作俟

臣等輿衛行過兵總導領夷兵蕃樂隨行至新廟夷目噉嗹嗎吔哋具手版稟謁命之進見該夷免冠曲身意甚恭謹臣等宣布　恩威申明禁令諭以安分守法不許屯貯禁物不許徇庇奸夷上負　大皇帝撫綏懷柔至意該夷點頭領會據向通事聲稱夷人仰沐　天朝豢養二百餘年長保子孫共安樂利中心感激出於至誠何敢自外生成有干法紀現在隨同官憲驅逐賣煙奸夷亦屬分內當為之事等語以手拄額者三敬謹退出臣等當即賞以絹扇茶糖並頒賞夷兵牛豕麪腊數十事番銀四百圓再辭乃受臣等即入三巴門經三巴寺關前街娘媽閣至南灣

督率隨員抽查夷樓民屋均與册造相符其賃給暎夷房
間自各夷離澳後現俱關閉覆加訪察自春間查辦以後
該西洋夷樓實無存貯煙土情事隨由南灣仍回前山所
有經過三巴媽閣南灣各礮臺俱發一十九礮詢之澳人
稱係該國大禮以示尊敬不輕舉行兵總率領夷兵送至
關牐始行撤退臣等沿途察看不但華民扶老攜幼夾道
歡呼即夷人亦皆疊背摩肩奔趨恐後恬熙景象幬載
同深此臣等巡視澳門之實在情形也臣等伏思夷人心
性反覆靡常挾詐懷私事所時有如果始終馴伏固當撫
之以恩若使微露矜張即當繩之以法此次因查辦鴉片

執法綦嚴澳夷震懾　天威是以倍形恭順惟該處華夷叢雜最易因緣為奸應請於每年秋間查照現在編查之法檄飭澳門同知督同香山縣丞編查一次造冊通詳再由督撫兩司分年輪替前往抽查如有澳夷屯販禁煙及庇匿別國賣煙奸夷等弊即行隨時懲辦以清弊藪而靖夷情似於邊徼防維不無裨益

九龍洋面轟擊洋船摺

道光十九年九月●●●　鄧林關

竊照嘆咭唎國領事義律前因求在澳門裝貨不准輒將該國新來貨船阻留尖沙嘴洋面圖賣鴉片並主令奸夷空躉任意逗留又命案抗不交兇給諭亦不接受是以臣等斷其接濟並勒兵分路嚴防義律與住澳各嘆夷悉行遷避出澳經臣等於七月二十四日會摺具奏在案嗣知被逐奸夷多住尖沙嘴船上臣林則徐臣鄧廷楨當卽移駐虎門就近調度臣關天培自七月以來常在沙角洋次督領本標師船與調到之陽江碣石兩鎮舟師排日分合操練以振軍威並加派弁兵協防排鍊添雇水勇裝配

火船以備隨時調遣旋據探報義律將該國貨船中挑出船身較大之嘚唲喇吐等船兩隻及屢遂未出之空躉數隻一併湊集礮械假扮兵船又有自夷埠新來之兵船一隻番梢礮械較多拋泊各夷船之前恃為保護臣等於各路水陸要口雖已嚴密佈置不使一處空虛仍諄諭領兵各員不得輕舉肇衅原冀義律早知悔悟果能交完繳土將貨船陸續進關即可撤去兵防照常貿易詎七月二十九日接據大鵬營參將賴恩爵稟稱該將帶領師船三隻在九龍山口岸查禁接濟防護礮臺該處據尖沙嘴約二十餘里七月二十七日午刻義律忽帶大小夷船五隻赴

彼先遣一隻攏上師船遞稟求為買食該將正遣弁兵傳諭開導間夷人出其不意將五船礮火一齊點放有記名外委之兵丁歐仕乾彎身料理軍械猝不及防被礮子打穿脇下殞命該將賴恩爵見其來勢兇猛亟揮令各船及礮臺弁兵施放大礮對敵擊翻傻槌飛船一隻在旋渦中滚轉夷人紛紛落水各船始退少頃該夷來船更倍於前復有大船攔截鯉魚門礮彈紛集我兵用網紗等物設法閃避一面奮力對擊瞭見該夷兵船駛來幫助該將弁等忿激之下奮不顧身連放大礮轟擊夷人多名一時看不清楚但見夷人急放三板下海撈救時有兵丁陳瑞龍一

名手舉鳥槍斃一夷人被回礮打傷陣亡殆至戌刻夷船始遁回尖沙嘴計是日接仗五時之久我兵傷斃者二名其受傷重者二名輕者四名皆可醫治師船間有滲漏桅篷亦有損傷均即趕修完整嗣據新安縣知縣梁星源等稟報查夷人撈起屍首就近掩埋者已有十七具又漁舟疊見夷屍隨潮漂淌撈獲夷帽數頂並查知假扮兵船之船主嘚嗯喇吐手腕被礮打斷此外夷人受傷者尤不勝計自此次對仗以後巡洋舟師均恨奸夷先來尋衅巡緝愈嚴八月初五日寅刻守備黄琮等率領兵勇在潭仔洋面偵見蝦笱小艇裝攏夷船一隻帶同引水認明係屢逐

未去之叭嗬哪躉船知又潛賣鴉片當即上前查拏該躉船水手數人即先跳入小艇飛槳逃竄其在船之人正欲開礮經黃琮等先擲火斗火礶船中火發衆夷始行走出除鳧水登岸外獲解伙長工人二名現飭審究該叭嗬哪躉船亦即被火燒燬並無傷人各據稟報前來臣等查喚夷欺弱畏強是其本性向來師船未與接仗祇係不欲釁自我開而彼轉輕視舟師以為力不能敵此次乘人不覺膽敢先行開礮傷害官兵一經奮力交攻我兵以少勝多足使奸夷膽落即空躉屢驅不去故智復萌一炬成灰亦可懲一儆百正在察看該夷動靜以籌操縱機宜茲八月

初九日接據署澳門同知蔣立昂等稟稱初七日義律潛至澳門該同知等聞信正欲驅逐旋據西洋夷目代遞義律說帖一紙內寫咦咭唎國領事義律敬字上澳門軍民府大老爺清鑒義律在粵有年每奉大憲札行辦事無不認真辦理而此次豈有別心乎蓋義律所求者惟欲承平各相溫和而已謹此奉知等語並據西洋夷目以義律懇求伊等代為轉圜欲請該同知訂期與該夷目面商會議明定章程義律仍已回船不敢留澳等情臣等覈其帖內雖無狂悖語句第自謂認真辦事而竟潛賣鴉片庇匿兇夷自謂豈有別心而以索食為名先行開礮是其言又安

可遽信然既經此番摧挫其懍畏之狀亦已情見乎詞在
臣等所責其遵令而行者亦不過繳土交凭貨船進口等
事並非苛以所難究竟西洋夷目所請代為稟商之處是
否即能將此數事遵照辦理抑或另有干求臣等已批飭
署澳門同知蔣立昂於會議後縷晰稟陳以憑覈辦此後
義律果能恪循法度不越範圍自當宣布　皇仁寬其既
往若萬不得已仍須制以兵威　臣等亦已密定機宜蓄養
精銳於山海形勝逐一詳細講求且察看水陸官兵似亦
皆能用命總期上足以崇　國體下足以懾夷情不敢稍
畏一日之難致貽百年之患以仰副　聖主恩威並濟中

外柬綏之至意道光十九年八月十一日發

驅逐蔑船奸夷並飭取切結疏（道光十九年十月　林　鄧　怡　關　豫）

九月初九日承准軍機大臣字寄欽奉　上諭云云欽此

臣等遵查㖚國夷船應行驅逐出境者莫先於蔑船自四月間煙土繳清即經嚴催回國雖當時已開七隻而其餘尚在遷延總因該船前泊伶仃囤貯鴉片比之攬載他貨獲利倍蓰是以觀望徘徊冀俟煙禁或有稍弛之時復還故業迨八月間巡洋舟師將㖚時哪蔑船燒燬之後該夷始覺驚慌不敢再圖久泊除噉唖唎哫二船已賣與咪唎嘤夷人改裝貨物又吐啐嘣囒吐二船查已破爛零星拆賣外計駛出老萬山回國空船共二十三隻復查本年春

聞臣鄧廷楨　奏明伶仃洋面躉船本係二十二隻今逐回並燒燬折賣之船合而計之轉多於前奏之數蓋因收繳煙土時曾經義律將竄往南澳福建各洋船隻陸續招回此等載煙夷船亦應與躉船一同驅逐故也至應逐奸夷先經臣鄧廷楨　奏明者有噸吔吪啉咍咑咑啵三名嗣臣林則徐於嚴驅喳噸案內　奏明尚有伊第噗噸及其外甥噗㕸吔咂叁㕸吔咂管帳㕸吔唁四名均應驅逐又臣等會同密訪復有應逐之咽嘰吐噫之吱等連前統共一十六名飭令一併驅逐節據引水人等按日按名查報某夷附搭某船於某月某日開行某日出老萬山外回

國上下衙門均有報案現在實已全去此躉船與奸夷均經驅逐淨盡之情形也至㖈夷貨船來粵先被義律阻留不令進口妄思以此挾制再賣新煙迨見各口查拏緊嚴難以圖賣每於夜間張帆起椗潛出萬山經　臣等查知大船已去六隻小船約十餘隻其為將煙載回夷埠確鑿無疑是以近日情歷搜查明因煙已離船得以放心無恐惟思夷洋之新嘉坡新埠等處距粵不過半月海程安知狡獪奸夷不將鴉片暫行寄頓俟此次搜查畢後再圖偷運而回所恃以怵其貪利之心者惟賴有　欽頒新例定以斬絞罪名自奉到部文遍行宣示眾夷咸有戒心　臣等先

於收繳煙土之時即經飭取生死甘結該夷堅不肯具蓋以繳煙係一時之事尚可藉以求生而具結乃長遠之事適恐自陷於死也然彼所畏憚者在此則我所以制馭之者亦正在此故臣等不敢藉詞中止亦不敢畏難苟安相持數月以來直至逐出澳門斷其接濟且值礮擊火燒之後該夷始愿具結惟結內但云如有鴉片將貨物盡行沒官而於人即正法字樣仍不肯寫所以臣等前摺奏明另須結式飭令遵照繕繳當飭即委各員率同洋商通事傳諭去後不但義律多方退縮而且各船船主貨主併為一詞以為性命攸關倘有水手私帶些微恐遭連累抑或

兵役栽贓誣指難以辯究臣等復諭以水手等係夷商應管之人本宜先自查搜豈能容其私帶至查船有官作主兵役焉敢栽贓萬一意外遭誣定予訊明反坐何庸過慮總之不帶鴉片則雖具結不至加刑若帶鴉片即不具結亦必處死多方開導近日始有該國之彎喇噹啷等船陸續遵式具結經文武官員於虎門黃埔兩處分別查驗實無夾帶鴉片情弊當即妥為帶引許其開艙照常貿易現在統計各國已進黃埔之船共有四十一隻且經粤海關監督臣豫堃驗明各夷船於貨物之外另帶洋錢來粤買貨現有一百一十二萬六千餘圓日後更不止此似可為

不賣鴉片之明證此後遵式具結者悉許進口驗貨貿易
如抗不具結或結不如式之船即可毋庸查驗驅令速回
似此一律飭遵先使該夷常懷畏死之心乃足奪其貪利
之念而又嚴之以查驗密之以偵拏正經貿易者加以優
待倘有帶煙發覺立正刑誅總惟一意堅持不因其恫喝
刁難稍為搖動庶可永除巨患至毆斃林維喜之兇夷雖
據義律稟稱因禁五人在船而既不能審出正兇又不肯
送出聽審日來並欲解回該國照依夷例辦理已飭委員
等諭令斷不准行大抵該夷於一切事宜緊一分則就緒
一分鬆一步則越畔一步且其居心叵測反覆靡常即如

近日雖已具稟求誠而尚有嗶噌兵船一隻來自夷埠各
為護貨實亦不可不防 臣等仍與提臣關天培鼓勵水師
官兵靜則嚴防動則進剿總不稍示柔弱務俾悉就範圍
以冀弊絶害除仰紓 宸廑 道光十九年

穿鼻尖沙嘴疊擊夷船摺 道光十九年十一月[redacted]日 林 鄧 關 怡 豫

九月二十八日由驛遞到回摺伏讀 硃批云云欽此又
欽奉 上諭云云欽此臣等跪誦之下仰見我 皇上先
幾洞燭 訓示嚴明數萬里外夷情毫髮難逃 聖鑒臣
等服膺銘佩遵守彌虔其特蒙 恩賞呼爾察圖巴圖魯
名號並照例 賞戴花翎以副將即陞先換頂帶之參將
賴恩爵等感激 天恩益圖報効凡在將弁士卒亦皆感
奮倍常提臣關天培督率舟師數月以來常駐虎門二十
里外之沙角礮臺巡防彈壓間赴三十里外之穿鼻洋面
來往稽查近日各國貨船絡繹具結俱經驗明帶進黃埔

暎國貨船中首先遵結者曰嚶喇亦已進埔貿易其次遵結者曰噹啷於九月二十八日正報入口詎有該國兵船二隻於午刻駛至穿鼻其一即七月內向九龍滋擾之吐嘧其一則近來新到之嘩喻硬將已具結之噹啷貨船追令折回不得進口提臣關天培聞而詫異正在查究間吐嘧一船輒先開放大礮前來攻擊關天培亟令本船弁兵開礮回擊並揮令後船協力進攻該提督親身挺立桅前自拔腰刀執持督陣厲聲喝稱敢退後者立斬適有夷船礮子飛過桅邉剝落桅木一片由該提督手面擦過皮破見紅關天培奮不顧身仍復持刀屹立又取銀錠先置案

上有擊中夷船一礮者立刻賞銀兩錠其本船所載三千斤銅礮最稱得力首先打中吐嚧船頭查夷船制度與內地不同其為全船主宰者轉不在船尾而在船頭粤人呼為頭鼻船身轉動得此乃靈其風帆節節加高帆索紛如蛛網皆繫結於頭鼻之上是日吐嚧船頭撥鼻拉索者約有數十夷人關天培督令弁兵對準連轟數礮將其頭鼻打斷船頭之人紛紛滾跌入海又奏陞水師提標左營遊擊麥廷章督率弁兵連轟兩礮擊破該船後樓夷人亦隨礮落海左右艙口間有打穿嗶喻船不甚向前未致受創接仗約有一時之久吐嚧船上帆斜旗落且禦且逃嗶喻

亦隨同逋去我軍本欲追躡無如師船下旁灰路多被夷
礮擊開內有三船漸見進水勢難遠駛而夷船受傷只在
艙面其船旁船底皆整株番木所為且全用銅包雖礮擊
亦不能遽透是以不值追勦收軍之後經附近漁艇撈獲
夷帽二十一頂內兩頂據通事認係夷官所戴並獲夷屐
等件其隨潮漂淌者尚不可以數計我師員弁雖有受傷
並無陣亡惟各船兵丁除中礮致斃九名外有提標左營
二號米艇適被礮火落在火藥艙中登時燃起燒斃兵丁
六名繼已撲滅又有受傷之頜外黄鳳騰與受傷各弁兵
俱飭妥為醫治此次吐嘧等前來彝畔固因前在九龍被

擊意圖報復而實則由於義律與圖賣鴉片之奸夷暗中指使臣等訪知義律於該國煙土賣出一箱有抽分洋銀數十圓私邀夷埠兵船前來以張聲勢每次送給勞金數至巨萬到粵後全船伙食皆從各貨船湊銀供給無非恃其船堅礮利以悍濟貪臣等併力堅持總不受其恫喝所定具結之令雖據義律勉强遵依但不肯繕寫人即正法字樣而九月間復有該國富商數人至澳門集議又謂義律但慮人之正法而各商尤慮貨之沒官反覆刁難迄無定議所喜該國猶有良夷如嚤喇噹唧二船屢諭之餘頗知感悟甫與他國夷商一體遵式具結臣等加意優奬冀

為眾夷之倡而義律與該國奸夷恐此結具後鴉片絕不能來遂痛恨該二船之首先遵具慫恿吐嘧等兵船與之尋衅生事因嚤喇已進口内無可如何探知噹啷入口之時趕來追捉適我師在口外彈壓輒敢開礮來攻是滋擾雖係夷兵而播弄實由義律誠如

聖諭佯為畏懼暗布戈矛自外生成不得不大張撻伐經提臣關天培統師攻擊雖已逃竄不遑究以師船木料不堅未便窮追遠躡則仍須扼其要害務使可守可攻查該夷船所泊之尖沙嘴洋面羣山環抱浪靜風恬奸夷久聚其間不惟藏垢納汙且等負隅縱壑若任其踞為巢穴貽患曷可勝言 臣等自

嚴斷接濟以來已於尖沙嘴一帶擇要紮營時加防範本意祇欲其畏威奉法仍聽貿易如常原不忍遽行轟擊而乃抗不具結匿不交兇迨兵船由穿鼻被創逃回仍在該處停橈修理實難容其負固又奚恤其覆巢節據派防各文武稟稱尖沙嘴迤北有山梁一座名曰官涌恰當夷船脊背之上俯攻最為得力當即飭令固壘深溝相機剿辦夷船見山上動作不能安居乃糾眾屢放三板持械上坡窺探即經駐劄該處之增城營參將陳連陞護理水師提標後營遊擊之守備伍通標等派兵截拏打傷夷人二名奪槍一桿餘眾滾崖逃走遺落夷帽數頂九月二十九日

夷船排列海面齊向官涌營盤開礮仰攻數次我軍紮營得勢礮子不能橫穿僅從高處墜下計拾獲大礮子十餘箇重七八斤至十二斤不等官兵放礮回擊即聞夷船齊聲喊叫究竟轟斃幾人因黑夜未能查數十月初三日該夷大船在正面開礮而小船抄赴旁面乘潮撲岸有百餘人搶上山岡齊放鳥槍僅傷兩兵手足被增城右營把總劉明輝等率兵迎截砍傷打傷數十名刀棍上均沾血跡夷人披靡而散帽履刀鞘遺落無數次日望見沙灘地上掩埋夷屍多具初四日夷船又至官涌稍東之胡椒角開礮探試經駐守之陸路提標後營遊擊德連將大礮擡礮

一齊回擊受傷而走　臣等節據稟報知該處疊被滋擾勢難歇手當又添調官兵二百名派原任遊擊馬辰暨署守備周國英把總黃者華帶往會勦復思該處既占地利必須添安大礮數位方可致遠攻堅復與提　臣挑撥得力大礮六門委弁解往以資轟擊並派熟悉情形之候補知府南雄直隸州知州余保純帶同候補縣丞張起鵾馳往會同新安縣知縣梁星源相度山梁形勢妥為佈置復扎駐守九龍之參將賴恩爵都司洪名香駐守宋王臺之參將張斌亦皆就近督帶兵械移至官涌併力夾擊茲據會稟十月初六日該文武等均在官涌營盤會同商定諸將領

各認山梁安設礮位分為五路進攻陳連陞伍通標張斌各為一路賴恩爵及馬長周國英黃者華為一路德連洪名香為一路該縣梁星源管帶鄉勇前後策應晡時夷人在該船桅上窺見營盤安礮即各趕裝礮彈至起更時連放數口打來我軍五路大礮重疊發擊遥聞撞破船艙之聲不絶於耳該夷初猶開礮抵拒迨一兩時後只聽咿啞叫喊竟無回擊之暇各船燈火一時滅息棄椗潛逃初七日天明瞭望約已逃去其半有雙桅三板一隻在洋面半沈半浮餘船十餘隻退遠停泊所有篷扇桅檣繩索槓具大都狼狽不堪該文武等因夷船尚未全去正在查探間

即據引水等報稱查有原扮兵船在九龍被礮打斷手腕之嘚唿喇吐及訪明林維喜命案係伊水手逞兇之哆唎兩船尚欲潛圖報復該將領等因相密約故作虛寂之狀待其前來窺伺正可痛剿果於初八日晡時哆唎併嘚唿喇吐兩船潛移向內漸近官涌後船十餘隻相隨行駛我軍一經瞭見仍分起趕赴五路山梁約計礮力可到即齊放大礮注定頭船攻擊恰有兩礮連打哆唎船艙擊倒數人且多落海漂去者其在旁探水之夷划一隻亦被擊翻後船驚見即先折退而哆唎一船尤極倉皇遁去無暇回礮計官涌一處旬日之內大小接仗六次具係全勝惟初

八日晚間有大鵬營一千斤大礮放至第四出鐵熱火猛偶一炸裂致斃順德協兵丁二名除與穿鼻洋面陣亡兵丁及受傷兵內如有續故者一體咨部請䘏外現據新安縣營稟據引水探報吐嘧嘩喻兵船義律三板暨㖆夷未進口大小各船自尖沙嘴逃出後各於龍鼓筲洲赤瀝角長沙灣等處外洋四散寄泊查粵省中路各洋為漢夷通商總道雖皆可許泊舟亦須察看形勢隨時制馭即如道光十四五年間夷船藉稱避風輒泊金星門該處地屬內洋不得任其逼處經臣鄧廷楨嚴行驅逐至今不敢進窺年來改泊尖沙嘴祇於入口之先出口之後暫作停留尚

無妨礙今歲佔泊日久儼有負固之形始則抗違繼且猖獗是驅逐由其自取並非衅自我開此次勦辦之餘於澳門既不能陸居於尖沙又不能水處茍知悔悟儘許回頭若義律與吐嘧等尚以報復為心則堅壘固軍靜以待之亦自確有把握不敢輕率畏葸致失機宜至貿易一事該國之國計民生皆繫於此斷不肯決然捨去若果暎夷憚於具結竟皆歇業不來正咪唎堅等國之人所禱祠而求冀得多收此利者與其開門揖盜何如去莠安良而良莠之所以分即以生死甘結為斷臣等現又傳諭諸夷以

天朝法紀森嚴奉法者來之抗法者去之實至公無私之

義凡外夷來粤者無不以此為衡並非獨為暎咭唎而設此時他國貨船遵式具結者固許進埔即暎國貨船亦不因其違抗於前而並阻其自新於後又如暎國嚤喇之船已在口內聞有穿鼻官涌之役難免自疑 臣等諭令地方印委各員諄切開導以伊獨知遵式具結查明並無鴉片洵屬良夷不惟保護安全且必倍加優待復經海關監督臣豫堃親至黄埔驗貨特傳嚤喇面加慰諭該夷感激涕零惟噹啷一船被吐嘧嚇唬之後尚未知避往何處 臣等飭屬查明下落護帶進埔倘吐嘧兵船復敢阻攔仍須示以兵威總期悉就範圍仰副 聖主綏靖華夷之至意 十九年十月十六日發

嘆夷反覆停止交易摺　道光十九年十二月[illegible]日　林則閩　鄧怡豫

承准軍機大臣字寄九月二十三日奉　上諭云云欽此臣等跪讀之下仰見我　皇上料夷情之反覆　示儆懼於冥頑　訓諭周詳彌深欽服查臣等先於收繳煙土事竣當以此後不許夷人再賣鴉片理應取具遵依是以飭繕甘結聲明如有夾帶鴉片人即正法貨物沒官字樣義律先本抗違迨數月相持屢經折挫八月內始據稟稱情願具結惟所寫字樣尚與新例不符臣等念其畏罪輸誠冀可再加開導是以將其原遞澳門同知說帖繕錄奏聞詎該夷陽奉陰違早不出　聖明所料至九月間義律

復招夷商數人在澳門集議彼此推卸刁難此即反覆之始也該國有[口彎]喇噹啷二船均遵式具結[口彎]喇先進黃埔而噹啷船正在入口被義律潛約吐嘧兵船將其攩回以致與師船互相礮擊其為反覆莫甚於此且前遞說帖内云毆斃林維喜命案兇手已懸賞二千圓令人報知至九月底乃將囚禁在船之夷人五名均欲解回該國照夷例辦理是其反覆之形不一而足而究其所以反覆之故實因慣賣鴉片奸夷利心不死前雖已將新煙帶回夷埠而往來夥黨尚多仍思乘機偷運伊恐甘結一具性命難逃而義律利其抽分與之朋比忽恭忽踞皆有譎謀臣等前

已傳諭諸夷奉法者來之抗法者去之𠸄夷既不遵約束與其開門而揖盜何如去莠而安良茲蒙　訓諭嚴明尤當恪遵辦理當即函商粵海關監督臣豫堃會同出示曉諭自十一月初一日起停止𠸄咭唎國貿易除未經停止以前𠸄夷有將貨物轉賣與別國夷商者既據遵式具結查無鴉片即係正經貿易業已移步換形尚可不追即往當與嚩喇等一體准令進口外其餘責成洋商認明𠸄國來船一概停其交易所有大黃茶葉二物查大黃每年出口本屬有限不過附搭藥材項下𠸄夷所銷尤少惟茶葉在所必需然有綠茶黑茶之分𠸄夷所銷多係黑茶現在

嚴密稽查不使影射偷漏查向來夷船到粤以嘆咭唎為
最多自嚴辦鴉片以來各夷埠均有傳聞以鴉片出自嘆
國此後該國買賣可減別國買賣可增如嗹國喘國及單
鷹啿啵啞等國歷年不過偶來一二船本年來者特多是
他夷皆有欣欣向榮之象而咪唎堅國之船現來四十五
隻則比往屆全年之數已有浮多尤見　天朝聲教覃敷
並不少此嘆咭唎一國而義律之勾結吐嘧等虛張憍飾
玩法營私該國以七萬里之遥其主若臣未必周知情狀
令他國通商一如舊而嘆國獨停若該國查察情由係因圖
賣鴉片抗違　天朝新例則內而自知理曲外而顏面何

存彼亦不肯容義律等之詭計奸謀以自壞其二百年來之生計也伏思斷絕鴉片首貴杜其來源而杜源總在夷船無他謬巧譬之防守河工鴉片之來如黄水然惟有嚴隄防以禦之紋銀之出如清水然惟有閉牐壩以束之本年以來收繳已化之煙土值銀千餘萬兩人所共知而新來之鴉片半途聞信折回及到粤畏罪運回者訪聞亦復稱是故本年㗭夷來船本較往年為少今既發令斷絕該國貿易所有洋商行鋪均不敢與之私售惟當視其有無悔懼真情再行覈辦至他國遵照具結進口查無鴉片者已有船六十二隻並據查報帶來洋錢將及二百萬圓臣

等仍當時刻稽查防其潛代暎夷走私偷賣不敢因他夷
之遵式出結即遽信為無他其先已具結之噹啷一船雖
係暎國夷人而早知遵循法度現被義律等扣留口外日
後若求入口仍當帶進黄埔不宜與觀望營私之他船一
例辦理以示區別至前後駛回各船誠難保不潛赴東西
兩路希冀私銷臣等仍遵　諭旨密派文武跟蹤偵察並
嚴飭沿海各營認真防範總期該夷鴉片無處可售庶使
海面肅靜以仰副　聖主除患保民之至意　十九年十一月初九日發

卷八 廿二頁 後半 七行第二字起 廿五頁 上行 以絕其路止

遵旨宣布暎夷罪狀並設法驅逐船只出口摺 道光

十九年十二月 怡 林 關

伏查暎夷自呈繳煙土以後種種違玩反覆無常總因賣煙奸夷冀留後路若使稍為寬假適足墮其詭謀是以商同定議欽遵前奉諭旨自十一月初一日起停止該國貿易業於十一月初九日具奏在案嗣於十一日該夷義律遣人前赴沙角礮臺向提臣呈遞夷稟一件由提臣咨送前來臣等公同拆閱內稱實心欲求承平無不肅敬天朝律例又稱茲時所求惟欲仍作正經貿易凡事欽遵大清律例等語雖欲明其奉法究係一片空言臣等

度其此次具稟懇求仍不過如八月間偽作輸誠伎倆當
以現今 奏明封港不與爾國交易皆由爾之自取並非
天朝無故絕人爾不悔悟於前此時懇求已晚等語嚴
切批示仍咨會提臣 飭令提標中軍遣令引水傳諭去後
復思暎夷貨物久貯在船易於壞爛今聞停止貿易竊恐
影射圖銷而各國夷商利其運腳抽分難保不無私行夾
帶又經嚴諭洋商傳知各國夷人不准代為轉運進口並
責成洋商將進口貨物詳細辨認如敢扶同含混即行加
重治罪迄今二十餘日該夷巡船貨船停泊長沙灣等處
外洋雖風浪靡常仍遷延未去此封港一月以來之實在

情形也茲復祇奉　訓言當即欽遵出示曉諭臚其罪狀宣布各夷俾知　聖明用惠用威惟其自取既以絕奸夷之望亦以安良賈之心至於該國貨船停泊外洋本未進口茲聞　天威震怒自當警懔回帆惟奸夷之夾私者固仍冀售私即良夷之載貨者亦未肯棄貨裵褢觀望勢所必然諒非空言所能諭遣臣等再三計議惟有嚴查影射以絕其銷貨之心廣緝奸徒以斷其私售之路先之以文告繼之以兵威使其計無復之必將窮而思返若敢始終留戀即何惜搗穴焚巢惟外洋遼闊異常仍不得不審度機宜加以慎重此又臣等悉心籌議之梗概也抑臣等更有

請者當粵東准通留易之時載煙夷船尚且游奕各洋分
投圖賣茲粵港既經禁止該夷無可希圖而其售私牟利
之心未必即能盡泯竊恐改裝舢板由黑水夷洋越赴各
路潛圖銷售除粵省東西兩路業經飭行沿海鎮協營寨
併力巡查州縣文員嚴防口岸以杜偷運外其沿海各省
以福建為最近浙江江蘇次之應請 敕下各直省督撫
一體嚴行防堵以絕去路

燒燬匪船斷夷接濟摺 道光二十年　林怡關豫

查喚夷貨船自驅出外洋之後節據引水人等查報陸續起椗揚帆駛出老萬山外夷洋者約有十餘隻而觀望留連不肯捨去者尚復不少並有新從彼國來粵已過老萬山始知封港因不准進口祇在外洋徘徊寄泊者臣等既將該夷乞恩之稟嚴行批駁堅與之絕復令齎給批稟之通事引水等嚴切傳諭以此次封港係欽奉　大皇帝特頒　諭旨因該夷抗違法度不許在粵通商斷難希圖影射若不作速回帆設遇風火不測皆爾等自作之孽雖悔何追惟該夷貪狡性成帶私者固思乘間覓售即載貨者

亦豈甘心棄地而義律虚憍素著未曾受此折磨令斷其
貿易布其罪狀伊既全無顏面勢必别蓄詭謀於是海上
傳聞謠言不一有謂嘆夷會集各埠兵船同來滋擾者有
謂來船一二隻滿載礮火將逗留之貨船盡扮兵船者有
謂該夷去秋求准通商已將新烟載回夷埠令貿易既斷
轉無顧忌奸夷載去别貨仍將鴉片換來設計誘人玩法
者臣等竊思前兩說本係恫喝固不足信而自去年責令
繳烟以後各處海口早已戒備不虞况此時既絶其通商
豈可不防其叵測無論該夷有無兵船續至即現在之吐
嘧嗶喻兩船未去度其頑抗之意妄誇礮利船堅各夷舶

恃為護符謂可阻我師之驅逐臣等若令師船整隊而出遠赴外洋併力嚴驅非不足以操勝算第洪濤巨浪風信靡常即使將夷船盡數擊沉亦只尋常之事而師船既經遠涉不能頃刻收回設有一二疎虞轉為不值仍不如以守為戰以逸待勞之百無一失也惟後一說以為貿易既斷轉無顧忌傳聞貨去烟來如果蓄此奸謀倍當防其流毒蓋粵洋漁船蛋艇之多幾不可以數計其人貪利亡命無不遠赴外洋而奸夷加意招徠啗以倍蓰之利即一蔬一薪亦皆厚給其值並以鴉片與之兑換使之兩獲其利利愈重則命愈輕故夷船寄椗雖遥而冒險犯法以趨之

者聞已漸相環集此又斷其貿易之後更出一種私弊不可不亟亟剷除者　臣等再四思維惟有以奸治奸以毒攻毒即與提　臣關天培密商取平時所裝大小火船即雇漁蛋各户教以如何駕駛如何點放每船領以一二兵弁餘皆雇用此等民人以為水勇先赴各洋澳分投埋伏候至夜深各船俱已熟睡察看風潮皆順即令一齊放出乘勢火攻將此等環附夷舶各匪船隨燒隨拏許以燒得一船即給一船之賞如能延燒夷船倍加重賞此　臣籌畫之辦法也兹接關天培函稱正月二十七日丑刻原任遊擊馬辰帶水勇四十名由東涌上下濠前進加都司銜之守備

盧大鉞帶水勇頭目盧麟等由屯門前進以都司用之守備黃琮由后海青山前進把總楊雄超帶水勇四十名與千總王應鳳外委朱鎮邦余興邦黃文祥區鎮江各由長沙灣前進將近夷船寄椗之處出其不意一齊發火復將噴筒火礶乘風拋擲燒去屠牛換土之大海船一隻買運煙土之艚船一隻大買辦艇一隻大扒艇一隻蝦笱辦艇三隻雜貨料仔艇一隻賣果子餻餅之扁艇十五隻又將夷船高頭三板前後延燒該夷駕駛逃開撲救漸熄未經沉沒又燒燬海中沙灘所搭篷寮六處所有通夷各奸民除在船燒斃及鳧水脫逃淹斃不計其數外生擒身穿夷

袴腳穿夷鞵之匪犯黄添福及接濟匪犯陳水生喬亞先林亞長鍾亞受劉亞五袁亞二巫亞二梁得勝林亞得共十名派委備弁管解來省審辦等情臣等查此次燒燬運土及濟夷匪船大小共二十三隻篷寮六處除燒斃淹斃各犯外生擒十名不惟足懾漢奸之心亦可以寒㗖夷之膽現將解到各犯嚴審重辦以示儆戒出力之弁兵水勇由臣等分别超拔獎賞以昭激勸並飭時加查探如夷船尚未遠颺匪船旋又趨附仍當相度潮信風勢再予會合焚燒緣奸民貪利忘生懲創不得不重而奸夷誘人玩法拒絶亦不得不嚴至别國出入夷船均遵禁令出具不敢

夾帶鴉片並添具不敢暗代嘆夷運貨切結臣等仍多派
妥幹員弁於各口加倍嚴查總期杜弊清源以仰副聖
主訓諭諄諄之至意

覆奏封關禁海條議摺

道光二十年　林　怡　郭　關　豫

竊臣等承准軍機大臣字寄道光十九年十二月十一日奉上諭云云欽此臣林則徐臣怡良謹將鈔發原摺細加閱看並傳知臣豫堃一體領閱因關各國夷人事務祇宜慎密商辦未便遽事宣揚復經函約臣關天培臣郭於查閱營伍之便過省面商茲已詢謀僉同謹將察看籌議情形為我 皇上敬陳之查原奏以制夷要策首在封關無論何國夷船概不准其互市而禁絕茶葉大黃有以制伏其命封關之後海禁宜嚴應飭舟師將海盜剿捕盡絕又禁大小民船概不准其出海復募善泅之人使駕

火船乘風縱放而以舟師繼之能擒夷船即將貨物全數
給賞該夷未有不畏懼求我者察其果能誠心悔罪再行
奏懇　天恩准其互市仍將大黃茶葉毋許逾額多運以
為箝制之法所論甚切所籌亦甚周　臣等查粵東二百年
來准令諸夷互市原係　推恩外服普示懷柔並非內地
賴其食用之資更非關榷利其抽分之稅況自上冬斷絕
嘆夷貿易以來疊奉　諭旨區區稅銀何足計論大哉
謨訓中外同欽　臣等有所秉承更可遵循辦理絕無所用
其瞻顧即將各外國在粵貿易一律停止亦並不難惟是
細察情形有尚須從長計議者竊以封關禁海之策一以

絕諸夷之生計一以杜鴉片之來源雖若確有把握然專斷一國貿易與概斷各國貿易揆理度勢迥不相同蓋鴉片出產之地皆在暎咭唎國所轄地方從前例禁寬時原不止暎夷販烟來粵即別國夷船亦多以此為利而自上年繳清躉船煙土以後業經奏奉
恩旨概免治罪即未便追究前非此後別國貨船莫不遵具切結層層查驗並無夾帶鴉片乃准進口開艙惟暎咭唎貨船聚泊尖沙嘴不遵法度是以將其驅逐不准通商今若忽立新章將現未犯法之各國夷船與暎咭唎一同拒絕是抗違者擯之恭順者亦擯之未免不分良莠事出無名設諸夷稟問何

臯臣等即礙難批示且查𠸄咭唎在外國最稱強悍諸夷中惟咪唎堅及佛蘭西尚足與之抗衡然亦忌且憚之其他若荷蘭大小呂宋嗹國喘國單鷹雙鷹嘁啵啞等國到粵貿易者多仰𠸄夷鼻息自𠸄夷貿易斷後他國頗皆欣欣向榮蓋逐利者喜彼絀而此贏懷怨者謂此榮而彼辱此中控馭之法似可以夷治夷使其相鬧相睽以彼此之離心各輸忱而內向若概與之絕則觖望之後轉易聯成一氣句結圖私左傳有云彼則懼而協以謀我故難間也我 天朝之馭諸夷固非其比要亦罰不及衆仍宜示以大公且封關云者為斷鴉片也若鴉片果因封關而斷亦

何憚而不為惟是大海茫茫四通八達鴉片斷與不斷轉不在乎關之封與不封即如上冬以來已不准嘆夷貿易而臣等今春查訪外洋信息知其將貨物載回夷埠轉將煙土換至粤洋並聞奸夷口出狂言謂關以內法度雖嚴關以外汪洋無際通商則受管束而不能違禁不通商則不受管束而正好賣煙此種貪狡之心實堪令人髮指是以臣等近日更不得不於各海口倍加嚴拏有一日而船煙並獲數起者可見嘆夷貨去煙來之言轉非虛揑不然以外洋風浪之惡而嘆夷仍不肯盡行開去果何所圖若如原奏所云大小民船概不准其出海則又不能緣廣東

民人以海面為生者尤倍於陸地故有漁七耕三之說又有三山六海之諺若一概不准其出洋其勢即不可以終日至捕魚者只許在附近海內此說雖亦近情然既許出洋則風信靡常遠近幾難自定又孰能於洋面而阻之即使責令水師查禁而晝伏則夜動東拏則西逃亦莫可如何之事 臣林則徐上年刊立章程責令口岸澳甲編列船號責以五船互保又令於風帆兩面及船身兩旁悉用大字書寫姓名以及里居牌保惟船數至於無算至今尚未編完繼又通行沿海縣營如有夷船竄至該轄無論內洋外洋均將附近各船暫禁出口必俟夷船遠遁始許口內

開船其平時出入漁舟逐一驗查只許帶一日之糧不得多攜食物若銀兩洋錢尤不許隨帶出口庶可少除接濟購買之弊至大黃茶葉二物固屬外夷要需惟臣等歷查向來大黃出口多者不過一千擔緣每人所用無幾隨身皆可收存且尚非必不可無之物不值為之厲禁惟茶葉歷年所銷自三十餘萬擔至五十餘萬擔不等現在議立公所酌中定制不許各夷逾額多運即為箝制之方然第一要義尤在沿海各口查拏偷漏若中路封關操之過蹙而東西各路得以偷販出洋則正税徒虧而漏危依然莫塞是以制馭之道惟貴乎平允不偏始不至轉生他弊若謂

他國買回之後難保不轉賣嘆夷此即內地行鋪互售尚
難家至日見而況其在域外乎要知嘆夷平日廣收厚積
本有長袖善舞之名其分賣他夷以牟餘利乃該夷之慣
技令斷絕貿易之後即使從他夷轉售一二亦已忍垢蒙
恥多喫暗虧譬如大賈殷商一旦僅開子店寄人籬下已
覺難堪惟操縱有方備防無懈則原奏所謂該夷當畏懼
而求我者將於是乎在矣至於備火船練鄉勇募善泅之
人等事則臣等自上年至今皆經籌商辦理惟待相機而
動即各山淡水上年本已派弁守之迨則夷船以布帆兜
接雨水幾於不能救渴繼而覓諸山麓隨處汲取不窮則

已守不勝守似毋庸議總之馭夷宜剛柔互用不必視之
太重亦未便視之太輕與其涇渭不分轉致無所忌憚曷
若薰蕕有別俾皆就我範圍而且用諸國以併拒諸夷則
有如踣鹿若因嘆夷而並絕諸國則不啻敺魚此際機宜
不敢不慎況所杜絕者惟在鴉片即原奏亦云凡有夾帶
鴉片夷船無論何國不准通商則不帶鴉片者仍皆准予
通商亦已明甚彼各國夷人原難保其始終不帶若果查
出夾帶應即治以新例不但絕其經商如其無之自不在
峻拒之列也又另片請將澳門西洋貿易定以限制查上
年臣林則徐先已會同前督臣鄧廷楨暨臣豫堃節次商

議及之嗣經核定章程諭令澳門同知轉飭西洋夷目遵照即如茶葉一項每歲連箱准給五十萬斤仍以三年通融併計以示酌中之道其他分條列款該夷均已遵行本年正月澳内容留𠸄夷即暫停西洋貿易迨其將𠸄夷驅出仍即准令開關亦與原奏請議章程不謀而合至所請責令澳夷代𠸄夷保結一節現即不准𠸄夷貿易自可毋庸置議

焚剿匪船擒獲漢奸摺

林關
怡豫

竊臣等前次附片具　奏𠸄夷逗留外洋常懼火船猝往焚燒並傳聞該國有大號兵船將至加意嚴防各緣由欽奉

硃批無論虛實總當不事張皇嚴密防範以逸待勞主客之勢自判彼何能為也勉之欽此仰見　皇上運籌決勝洞燭夷情臣等跪誦服膺莫名欽感伏查𠸄夷近日來船所配兵械較多實仍載運鴉片探係該國嗑啊啦等處夷埠聞知內地辦烟嚴緊銷路日稀而夷埠新舊烟土存積纍纍不肯輕棄是以減跌價值用三桅大船滿載而來而奸夷遂藉以揚言恫喝冀可准其貿易之求追見

臣等拒之益堅不為所動其到粵之吐嘧嘩喻嘟噜噎兵船三隻並現在續到之哈吧吐兵船一隻亦祗在外洋往來游奕此東彼西總無定處日則暗放三板分運烟土引誘奸民零星賤賣夜則抛錨寄椗並招集辦艇環護支更瞭望以防我兵火攻此外別無動靜誠如聖諭實無能為惟思峻拒嘆夷原為斷絶鴉片乃奸夷仍私在外洋售賣卽奸民必販至內地行銷積弊何日能清前功尤虞盡棄且該夷詭計百出竟不憚虧本以誘愚民查近日公班大土一箇僅賣洋銀五六圓較之前年秋冬價減十分之七並訊據先後獲到烟犯供稱有以鵝鴨十隻換得公班

土一箇者並有買過一二次即可向夷人賒烟者在彼總欲愚弄沿海之漢奸以阻撓當官之禁令實屬可惡已極

臣等於前次燒燬接濟匪船二十三隻之後仍嚴飭水陸文武力拏通夷匪犯並設法懲創奸夷因其防備甚周未易乘機下手先於四月間接據新安縣知縣梁星源稟報會同營弁在小濠海邊續燒辦艇四隻蓬寮五間又獲夷船上厨工梁亞次等六名除與所獲潛買烟土各犯並案審辦外一面函商水師提臣關天培以夷船最畏焚燒仍惟以所畏者設法制之隨經關天培委令副將李賢都司馬辰守備黃琮盧大鉞林大光選帶能事把總潘承泰楊

雄超廖鎮邦關東及外委盧麟等密授機宜相度形勢分帶兵勇四百餘名暗伏島澳並多雇素諳夷語線民假裝濟夷辦艇作為内應仍於各隘口分派弁兵防堵五月初九日乘夜半月落時候各隊火船移近磨刀外洋夷船聚泊處所占住上風出其不意火船闖進夾燒各線民亦於假辦艇内同時縱火有吧嗹夷船上身穿白衣嘆夷持械跳出經外委盧麟揮令水勇方亞早等奮力殺斃四人其餘夷衆連船全行燒燬各將備督率把總潘永蓁楊雄超等乘夷船亂奔之際將火箭火礶礦筒等物紛紛拋擲又將載有烟箱之夷船燒燬一隻另有夷船一隻桅帆著火

棄椗駕逃經夷衆將火撲救先後延燒大小辦艇十一隻
又燒燬近岸篷寮九座其衝突竄逃各夷船彼此撞碰叫
喊不絕夷人帶傷跳水燒斃溺斃及被烟毒迷斃者不計
其數我兵並無被害惟於殺斃吧哩船上夷人時有水勇
二名被夷劍斫傷手膀尚不甚重該將備等於火發後分
投截拏逸艇適有罟船一隻慌忙奔竄當將人船並獲其
船内有烟盒烟槍及各種烟具一併起出又有棄艇逃赴
篷寮及由篷寮復逃之犯亦俱拏獲計先後獲犯姜亞連
等十三名現在行提嚴審辦理此次該暎夷猝遭焚剿傷
斃已多而嘟嚕噎船上帶兵之夷官嚽啐咍哩亦在該船

病斃並查悉夷兵吸水受毒患病者甚衆似此頻經受創
當亦共知　天朝重地非么魔異類所可玩法偷生如再
抗不回帆抑或別滋奸計臣等仍惟恪遵　批諭不事張
皇明則以逸待勞倍森嚴而鎮静暗則相機而動期震讋
其貪頑一切機謀密之又密以仰副　聖主訓誨諄諄之
至意至嘆夷未銷貨物恐其私行寄頓影射進口節經臣
等會同粤海關監督臣豫堃逐一嚴查即他國貨船中稍
有形蹟可疑者如咪唎嚜國之吣吐一船吐嘰一船呂宋
國之吻嘇一船因查閱該國船牌貨單譯出漢文與現船
所載貨物未盡符合立即逐出不准進口嗣後尤當時加

釐剔務使各國夷人咸知法度嚴明不敢希圖朦混以肅
海禁而絕詭謀

𠸄夷續來兵船摺 道光二十年五月廿五日 林 怡

查該夷自貿易斷後每揚言兵船多隻即日到粵臣等不為所動而仍密為之防除上年所到之吐嘧嘩喻兩船與近時續到之嘟嚕噎咯吧吐兩船在外洋游奕情形先已查明具

奏外茲據澳門文武稟據引水探報五月二十二日望見九洲外洋來有兵船二隻一係大船有礮三層約七八十門其一較小有礮一層二十三日陸續又來兵船七隻均不甚大礮位亦祇一層又先後來有車輪船三隻以火焰激動機軸駕駛較捷此項夷船前曾到過粵洋專為巡風送信茲與各兵船或泊九洲或赴磨刀或赴三

角外洋東停西竄皆未敢駛近口門臣等查中路要口以虎門為最次即澳門又次即尖沙嘴一帶其餘外海內洋相通之處雖不可勝數然多係淺水暗礁祇足以行內地之船該夷兵船不能飛越所有虎門各礮臺先已添建增修與海面所設兩層排鍊相為表裏猶恐各臺舊安礮位未盡得力復設法密購西洋大銅礮及他夷精製之生鐵大礮自五千斤至八九千斤不等務使利於遠攻現在該處各礮臺計有大礮三百餘位其在船在岸兵勇隨時分撥共有三千餘名至澳門地方自 奏委高廉道易中孚與 奏留升任之香山協惠昌耀會同防範先後派駐兵

勇亦有一千三百餘名又尖沙嘴一帶新建礮臺兩座業已趕辦完工並設法購辦大礮五十六位分別安設其附近山梁駐兵共有八百餘名此外各小口及內河水陸要隘亦皆添兵多名協同防堵聲勢已皆聯絡佈置並不張皇現在該夷兵船亦祇飄泊外洋別無動靜即使此後漸圖窺伺而處處皆有準備不致疎虞此時商旅居民極為安謐即他國在澳夷人亦皆各自貿易安靜如常而臣等密察周防總不容一刻稍懈且隨處偵拏接濟嚴斷漢奸務令盡絕勾通俾其坐困第恐在粵無可乘之隙該夷船趁此南風盛發輒由深水外洋揚帆竄越臣等現又飛咨

閩浙江蘇山東直隸各省飭屬嚴查海口協力籌防以冀

仰紓　宸念

㖈夷兵船情形片

林 怡

再㖈咭唎來粵兵船除上年所到之吐嘧嗶喻兩船及本年續到之嘟嚕嚧哈吧吐兩船先經隨時　奏報嗣於五月二十二三等日又到大小兵船九隻車輪船三隻游奕外洋東停西竄臣等示以鎮靜不事張皇而仍嚴密周防於水陸各要隘加礟添兵處處準備並嚴拏接濟杜絕句通復將籌辦情形於五月二十五日附片奏　聞在案茲查近日該（㖈）夷又先後到有大小兵船十隻車輪船二隻仍止散泊外洋別無動靜並揚言不先尋釁諒欲懈我軍心旋於海灘上插一木牌寫有漢字說帖妄稱內地船隻不

准出入粤省門口俟英國通商再行無阻又稱魚船日間出入不為攔截各邑鄉里商船可赴英國泊船之處貿易等語查唤夷中有嗎哩遜能書漢字上年一切夷稟皆出伊手此次説帖諒即該夷人所寫揣其鬼蜮伎倆一則希圖挾制通商一則招引奸徒興販與其所稱不先奪粤之言又大相刺謬當經函囑提臣關天培如果該唤夷膽敢攔阻行舟即當示以兵威不容滋擾又查該夷説帖内有國主命伊前往中國海境據實奏明之語而先來之咯吧吐一船及後到之咘啉嘛等船八隻車輪船三隻又據引水稟報於五月底及六月初間先後駛出老萬山東向揚

帆而去瞭望無蹤飭據洋行總商伍紹榮等轉呈咪唎堅夷稟譯出漢字內稱聽說嘆夷兵船係赴浙江江蘇又有人說往天津等情臣等復查夷情詭譎凡事矯飾虛張固難憑準而現值南風盛發外洋茫無界限亦無從過止前行如其駛至浙江舟山或江蘇上海等處該二省已疊接粵省咨文自皆有備不致疏虞若其逕達天津求通貿易諒必以為該國久受大皇帝怙冒之恩不致遽遭屏斥此次斷其互市指為臣等私自擅行倘所陳尚係恭順之詞可否仰懇天恩仍優以懷柔之禮敕下直隸督臣查照嘉慶二十一年間嘆國夷官囉咡啊嘆吐嘚等自北遣

回成案將其遞詞人由内河逐站護送至粤藉可散其牙
爪較易就我範圍倘所遞之詞有涉臣等之處惟求欽
派大臣來粤查辦俾知天朝法度一秉大公益生其敬
畏之誠不敢再有藉口事關控制外夷臣等管窺所及謹
合詞附片密陳
進呈夷帖

定海失守疏 道光二十年六月　烏爾恭額 祝廷彪

竊臣烏爾恭額前因夷船致書定海縣總兵肆其狂悖先將途次籌辦情形於本年六月初十日由驛具奏一面星飛趲行於十一酉日刻行抵鎮海口與臣祝廷彪會晤驚悉先於初七日定海鎮臣張朝發與英逆接戰被英逆炮傷官兵甚多船亦擊沉初八日定海縣城已被英逆攻破署定海縣姚懷祥典史全福不屈投水被害身死惟鎮臣張朝發護定標左營游擊錢炳煥受傷及署定標中營游擊羅建功護定標右營游擊王萬年署定海標中營守備龔配道俱至鎮海又有沈惪巡檢徐桂馥先受姚懷祥之

命回郡請救其餘文武官兵尚無下落臣烏爾恭額問信之下不勝髮指伏查定海相距僅止百有餘里一帆可到鎮口直逼內地其要隘全在笠山外障與招寶山及金雞山對峙作為鈴口先經臣祝廷彪分布提標五營兵八百餘名並調回署鎮海營參將胡得耀提標右營游擊周士法派撥鎮海兵九百餘名在於要口縣城及沿海一帶駐扎防守臣烏爾恭額又調撫標兵四百名飛送來鎮聽候撥用並面諭寧波府知府鄧廷彩置辦戰船沈於通內要口再用木排以鐵練繫住上築木城以為保護使夷船阻塞不能駛入正在籌備詎於十三日寅刻據報瞭見夷船

多只在於笠山以外往来游奕相距鎮海不過十有餘里臣等現在親往要口調度兵丁嚴密緊守以防不虞惟聞英逆夷船又来五隻連前共有三十一只四面裝炮大者三層次者二層小者一層内有兩只船中裝有輪盤旋駛如風往来甚速以為前導其兵約有五六千人若與之戰必須大兵相敵方可接仗臣祝廷彪前調之湖州等協兵三千五百名只到紹興協兵三百名此外及臣烏爾恭額所調各兵到須時日合計二千餘名與夷兵多寡懸殊此時利於固守而不宜於速戰先為定計以老其師使之進退維谷一俟大兵雲集再行合謀攻擊以期一鼓成擒辰

下濱海大小各口岸均須設兵防堵溫州黄巖兩鎮水師亦應各守各汛以防竄入即抽撥来鎮亦不能多現在鎮海兵力未免單薄相應請

旨敕下閩浙總督臣鄧廷楨選派閩省大員帶領舟師星飛来浙無論夷船在於何處即行會同浙江水師合兵會剿並請

旨敕下協辦大學士兩江總督臣伊里布亦飭水師在於江浙交界洋面堵禦以防夷船逃逸並為浙洋應援除咨行浙省沿海各文武嚴行巡防各省督撫臣一體飭屬防堵外謹合詞由驛

恭摺具奏

嘆夷兵船續籌勦堵摺 道光二十年七月十九日

粵撫怡良 水師提督關天培
粵督林則徐 副都統宗室英
將軍宗室奕 陸路提督郭

竊照嘆咭唎兵船陸續到粵去住靡常截至本年六月下旬尚存七隻業將往來船數並周密防堵形隨時奏 聞在案該嘆夷自上年斷其貿易以來日播浮言或稱即有多船踵至或稱攔截內地行舟無非挾制通商圖銷鴉片臣等恪遵疊奉 批諭不事張皇而各口防兵倍加嚴整彼見拒之甚力無隙可乘故來者旣隨到隨開即在者亦旋停旋駛是先前猶未尋釁尚可使之自困不值海上交鋒今則已在浙洋妄肆鴟張罪大惡極自知上干 天朝震怒難望仍準通商在粵夷船遂亦漸形猖獗竟將海運

鹽船先後擄去十四隻甚至槍斃民船舵工盛全幅一名並傷水手杜亞發一名華民憤切同仇指引弁兵在洋拏獲白夷吐呾噸一名黑夷嘶唎及吃吐兩名解官究辦該嘆夷又信托在澳西夷代求釋放並稱如不允準即欲進澳滋擾藉端恫喝情實難容雖現在嘆夷兵船七隻內又向老萬山外駛去一船其火輪船去而復回者亦止一隻惟該國尚有載貨帶烟各船約二十餘隻同泊在洋其船亦有礮械難保不串謀生事亟應痛予勦除前經陸續調集各營大號米艇二十隻並雇募紅單船二十隻拖風船二十六隻於選配兵丁之外復募挑壯勇千餘名製配礮

火器械遴委將備管帶先於內洋逐日督操以備戰攻之用又前後購備大船二十餘隻均交水師提臣關天培分派各將備隨帶應用臣林則徐擬於本月二十日帶印登舟赴離省八十里之獅子洋將所練各兵勇親加校閱如技藝均已精熟即擇日整隊令其全出大洋併力勦辦臣林則徐亦赴虎門駐劄與提臣就近籌商隨時調度臣怡良現值文闈期近仍駐省城支應一切署廣州將軍臣奕　副都統臣英　先於五月間聞有暎夷兵船來粵即經預選滿營水陸精兵一千名咨會臣等隨時調遣當因省垣重地防守尤為緊要仍令按段稽察以備策應而壯聲

威惟查師船在大洋接仗恃佔住上風仍須相度機宜於風潮順利之時始令進發不敢輕率僨事亦不敢遷延失時如能迅獲勝仗擬即由驛奏
聞仰紓
聖廑至澳門地方久為暎夷所覬覦而西洋中奸良不一亦難保無暗與勾結之人即此次所獲暎夷與西夷本無干涉而乃代為稟求釋放並以進澳滋擾之言虛張挾制雖所獲暎夷無足輕重然此時若徇所請則損威示弱轉無以戢叵測之心　臣等不得不嚴行批駮惟西夷既稱兵單力薄各有戒心自應振我軍威於代為保護之中即寓鈐制防維之道查澳門先調兵勇千餘名在關閘一帶巡防兵力尚未

甚厚臣等現又添調督撫兩標官兵連前共合二千名派委督標參將波啟善署肇慶協副將多隆武署撫標守備程步韓等帶入澳內與升任香山協副將惠昌耀等會合防堵仍責成奏委駐澳之高廉道易中孚悉心籌策務協機宜不得稍涉優柔致貽後患並先曉諭西洋夷衆以澳門係天朝疆土伊等累世受廛渥荷深恩豢養今恐暎夷進澳滋擾該西夷力不能敵是以特遣重兵來澳與為保護不使他族得以占居如西洋中竟有昧良之人潛與暎夷句結即須獻出懲治倘竟被其愚弄轉而阻撓官兵是大昧於順逆存亡之理必至玉石俱焚後悔何及

且澳內一無出產日食所需悉資內地即使𠸄夷占澳一經斷其接濟彼亦無以自存第不忍使西夷並受其害惟專心內向則外侮自不敢欺陵為此明白開導諒西夷亦不至為英西夷所愚而澳門得此重兵當亦可期靜謐總使恩威並濟操縱咸宜以冀仰副　聖主綏靖華夷至意

密探定海夷情片

再臣等因粵洋現有暎船自必常通浙信是以屢經設法密探定海情形偶有覓得夷信譯出漢文知此次領兵攻定海城者名曰咘嘛啉其統兵之夷目一人名曰咖咥⿰口義⿰口律係東印度水師提督所坐夷船最大名曰麥爾威厘有礮七十四門該船進定海港口時碰於大礁之上底穿一孔入水甚深幾於沈沒又有帶兵夷官職分頗大之呵囒唎被我師打死現在暎逆甚望定海居民回至該處與之同住而民人屢招不至所出章程亦無人肯信沿海漁船悉皆避去各夷船本係隨帶鴉片售作資糧今已火食無

多轉瞬風色將轉均甚愁急等情是其伎倆之窮已可概見臣等竊思粵省民人患其與夷相習而此時浙省之民轉欲其習於夷而後便於行事若如夷信所言火食無多又恐風色將轉是正有可乘之機與其交鏑於海洋未必即有把握莫若誘擒於陸地逆夷更無能為或將兵勇扮作鄉民或將鄉民練為壯勇陸續回至該處詐為見招而返願與久居一經聚有多人約期動手殺之將如鷄狗行見異種無遺惟機緘不可洩露現聞該逆中有咭吐啞一名偽為定海縣官其人能為華言更須防其詭計臣等已具密函飛致浙江撫臣烏　斟酌辦理

剿夷兵勇約法七條

廣督　林則徐

一夷兵船雖長若干丈爾等不必看得他長雖有大礮若干門爾等不必畏他礮多而大蓋夷礮惟在兩旁我師只要攻其頭尾譬如頭南尾北有北風則攻尾有南風則攻頭若頭東尾西亦以東風攻頭西風攻尾既佔上風又避礮火再兼察看潮勢取其順潮則得勝必矣夷船喫水多者二丈餘少亦丈餘我船喫水不過數尺自遠處繞轉必能佔其上風若攻頭則必先打其頭鼻攻尾則必先打其後艙後艙有玻璨者乃其帶兵大官所住火藥等物皆在焉此處疊攻必破破則火藥自發其

舵雖有銅包但是生銅礮打可斷舵斷鼻斷則全船皆
無主宰且船内拉篷之人前後最多若經幾礮轟打下
海則船上無人不能自動即大礮皆為我得矣
一駛近夷船頭尾則我船俱須分左右翼如鴈翅行斜向
船頭撲攏船尾擺開方能聚得多船且火器不致悞擲
自己幫内譬如夷船頭東尾西我船乘西風攻尾則近
左者船頭應向東南其近右者船頭應向東北大家都
用斜勢則礮火無非擊在夷船不至反擊自己其餘俱
可類推此惟在乎舵工之舵之得力巧者快者加賞數
倍並將所得夷船上銀錢鐘表呢羽等物以雙分給予

舵工若臨時悞事當進不進當轉不轉即將舵工斬首示衆

一礟火能及之處即先開礟至鳥鎗可及便兼開鎗迨噴筒火礶能及則隨便用之多多益善總須擲到夷船不至悞擲本船爲要其桅上拋火礶之法應擇兩人頭戴竹盔胸前遮小籐牌繫繩於背其腰仍帶雙力並繫火繩一人上頭桅二人上二桅皆上至頂與篷齊爲止其下每桅兩人拉滑車將竹簍所裝火礶每簍約裝火礶十餘每礶用葯線四根包以布袋用力拉上其桅頂之人即用火繩點着火礶隨點隨放此簍放完彼簍又上

總使夷船上應接不暇且桅上拋礶而船頭仍須多放噴筒如此絡繹不絶則夷船被燬必矣即使船未全燬而火勢既猛夷人必站不住我師定可乘勢過船既過之後則火礶噴筒皆停止不用

一兵勇過船遇夷人便用刀砍其首級留在隨後統算不可急獻首級轉悮要事除砍夷人外其船内最要之物莫如桅車纜篷桅纜鼻頭纜能將各纜全行砍斷則船已為我有又何患銀錢貨物之不我有哉凡得一夷船所有過船之人應將船上銀貨一律盡行分給並別須重賞總不許於船内先行搶貨轉悮殺賊工夫違者照

軍法懲辦

一我船斜向攻擊夷船頭尾大抵以四角分計每角拖船至多不過容四隻其大者不過容三隻即四角合攻亦不過用十二船至十六船攻擊夷船一隻此外即有多船亦可分擊他船不必聚在一處轉致淩亂若有時必須多船齊攻應聽帶兵將官號令鼓聲大擂紅旗招或呼即是集船合攻有時前隊船斜攻已久未得見手則應暫令休息後隊仍由斜向攏上但須聽帶兵官號令方准調換不得擅自退息違者立斬

一瓜皮小艇應僱三十隻上裝乾草松明㨾油蔴竹配火

藥十之一二用草繩綑住上蓋葵蓆船之頭尾各用五尺長小鐵鍊一二條以鐵鐶繫定其一頭拴大鐵釘長七八寸其末須極銳利船上置大鐵鏈二把使善泅者二三四人皆半身在水半身靠在船旁挨槳以行妙在甚低夷舡礮火所不能及一經攏近夷船無論頭尾兩旁皆可貼緊敲釘將火船釘在夷船木上將火點着燃起其人即泅水走開縱有極大夷船有此火船十餘隻釘住焚燒亦無不燬之理況上面有火礶噴筒中間有壯勇爬桅過船下面又有火燒該夷三層受敵抵當此一層不暇兼顧彼一層安有不授首於我者乎

一破敵首重膽氣膽大氣盛者必勝況此次殺一白夷賞

一百圓黑夷半之生擒者視其人之貴賤格外倍賞是

殺得十夷即得千圓殺得百夷即得萬圓再多者並可

得官何等快樂即或陣亡亦可得二百圓賞恤各宜拚

命奮勇立功邀賞如有臨陣退後即刻斬首懸竿示衆

關閘地方礮石洋面疊擊逆夷摺 林 關 怡 郭

竊照暎咭唎在粵兵船先俱散泊外洋未敢生端尋釁迨聞逆黨滋擾浙洋之信遂亦漸見鴟張業經 臣 等將續調官兵雇船募勇酌籌勦堵情形於本年七月十九日會摺奏聞並陳明 臣 林則徐親赴離省八十里之獅子洋校閱兵勇就近調度在案拜摺後 臣 林則徐即於二十日至獅子洋泊舟將本年所派各備弁豫練壯勇技藝逐一親加校閱如演放大小礮位抛擲火毬火礶撒放火箭噴筒以及爬桅跳船各技與水師官兵一體演試均尚可觀隨即順赴虎門與水師提 臣 關天培熟商剿辦旋據防守澳

門文武各員稟報七月二十二日未刻嘆逆嗶喻喻等帶領該夷各兵船潛放三板十餘隻與火輪船一隻乘東風長潮之際由九洲外洋駛至近澳迤北之關閘一帶突然開礮該處係前山營赴澳門經由旱路兩邊皆海中有天然甬道一條因在蓮花峯脚下土人象形名之爲蓮花莖其適中之地豎一關門並設有關閘汛把總一員稽查來往葢以禁止住澳之西洋夷人不使越此而北也惟是澳門有西夷所立礮臺六座而關閘至前山一帶爲華夷交涉處所向無官建礮臺雖有把總酌帶汛兵巡防守望而地當空曠除兵房數間之外障蔽全無臣等先已慮及逆

夷伺閒擣虚恐必乘潮滋擾以圖洩忿早經添派兵勇協
防該汛並飭據高廉道易中孚酌築土墩分置大小礮位
是日在事文武瞭見夷兵船突如其來即時開礮迎擊因
該逆火船相距較遠其三板易於轉動見岸上礮口所向
彼即閃避故甫經交鋒之頃夷船被礮者無多迨聞内閘
外官兵一齊趕到高廉道易中孚率同署澳門同知蔣立
昂香山縣丞湯聘三由南而北署肇慶協副將多隆武督
標參將波啟善等由北而南署提標遊擊阮世貴等在中
間往來接應升任香山協惠昌燿率領師船駛至青洲海
面水陸夾擊將夷船前後桅柁打傷並擊沉三板數隻礮

斃逆夷落水者不計其數復有續至夷船趕來助勢經香山水師兵丁羅名贊曾有良麥朝彪三人連轟數礮立斃夷兵目一人及夷兵十餘名夷船且戰且逃至戌刻俱向九洲大洋竄去該洋潮勢最急不能撈獲夷屍惟岸上及淺灘陸續檢獲夷礮彈子大小二百餘箇重十餘斤至三十斤不等計接仗至三四時辰之久查點我兵陣亡者六人壯勇內亦傷斃三人俱經優加獎䘏其帶兵營員內參將波啟善與水師守備陳宏光頭面受傷均堪醫愈自關閘至澳門一帶咸保無虞署香山縣知縣吳思樹因訪聞逆夷尚謀進犯前山以圖報復即由香山縣城挑帶鄉勇

馳赴前山策應併雇繒船八隻在內河隘口堵禦臣林則徐當又添調南韶連鎮總兵馬殿甲帶兵七百名三江協副將陳連升帶兵三百名擇要分駐以壯聲勢計沿海陸路先後調防兵勇已及八千名布置俱甚聯絡又據水師探報逆夷兵船俱由九洲仍竄迤東之磨刀洋面間有駛至伶仃洋之北及磬石赤灣等處游弈臣林則徐當與提臣關天培在沙角海口鼓勵各船兵勇整隊出洋探蹤迎擊茲據稟報八月初五日卯刻在冷水角瞭見火輪船一隻駛至龍鼓面即令快艇及原雇拖風各船先往追躡各放礮火擊其船腰該火輪船即刻逃去隨探得龍穴西南

有夷兵船一隻其東首又有夷兵船四隻三板五隻我師追至申刻候選都司馬長興護提標右營游擊王鵬年同坐一船首先攏近喋嚦之船奮勇接仗督令把總李亮記委毛旭卅連開三千斤銅礮二門將其前面頭鼻打壞其船上拉繩之人紛紛喊嚷滾跌落海該船先猶開礮回拒彈如星飛有礮子嵌入師船頭桅量深五寸迨被我師攻敗傷斃多人夷衆手忙腳亂僅放空礮或係船上礮子用盡亦未可知是時有他船趕護前來又經師船開礮轟擊斷其繩纜不能駛進惟於我師回擊他船之際喋嚦船即乘隙隨潮南竄時已昏黑不及窮追當將各船收回於亥

刻仍抵沙角查點弁兵受微傷者僅止數名即被礮各船
間有損壞亦皆易於修整次日據漁船撈獲夷帽五頂夷
鞋二隻及夷船上打落油纜三節長二丈餘帆槓一根長
九尺餘又轉軸二箇係夷船起椗推柁所用均經繳到師
船請賞併據稱初五日晚見有夷屍數十具隨潮漂去又
據引水探報夷人撈獲屍具在磨刀山根瘞埋內有佛長
一名礮手三名夷兵十一名併據新安縣稟同前情臣等
查此次嘆逆疊受創懲應知震懾惟其犬羊成性鬼蜮居
心難保不別肆奸謀另圖報復又聞夷埠尚有兵船續至
益當加意防閑且臣等前奏查知夷船越竄江浙緣由茲

承准軍機大臣字寄欽奉　上諭著林則徐等嚴密周防於水陸各要處處準備併嚴拏漢奸毋使句通接濟該督等仍當示以鎮靜不事張皇是為至要等因欽此謹即恭錄咨會提　臣欽遵辦理查現在澳門虎門俱有重兵駐劄附近之香山新安等縣亦已撥械添兵慎固封守其四面當海之南澳達濠硇州瓊州等以及孤懸島嶼瀕海邨莊均飭處處準備併將出入之漁蛋各艇慎密稽查嚴杜句通接濟仍與在事文武恪遵　訓諭務示鎮靜不許稍事張皇各市廛安謐如常足以仰紓　宸念

中外紀事本末七

柔遠全書 三十五

德威錄卷三

諭辦英夷情形摺　　林則徐

竊臣等前因英夷種種違玩照例斷其接濟不許住澳該夷旋向九龍師船覓食先行開砲我軍奮力回擊大挫夷鋒復將逗留賣煙之躉船燒燬一隻該夷領事義律急向澳門同知遞字懇求並託西洋夷目代為轉圜臣等當將相機勦撫緣由於八月十一日恭摺奏聞在案臣等復思義律所遞之字似知悔罪輸誠然僅託諸空言尚未見於實事保非暫作緩兵之計別生譎詐之謀益當整肅軍威嚴防靜鎮一面仍給諭帖責令呈繳新煙勒交兇手並將繳清煙土之空躉奉旨驅逐之奸夷速飭全行回國

即令署澳門同知蔣立昂傳諭去後茲疊據蔣立昂稟覆八月十五日義律送給回信內稱接到軍民府來文轉發大人俾翁佮欸領事極欲欽遵聖旨將違禁之鴉片全行除絕自應即赴澳門叙論以憑貴憲稟覆等語十七日義律至澳門與西洋夷目同見蔣立昂復經該署同知將臣等諭內各條嚴切面諭據通事傳譯義律口稱前因冒犯嚴威疊奉諭飭業已悔悟欲求轉乞憲恩情詞極為恭謹詰以奉諭條款如何遵辦義律答稱未敢自行稟覆仍具帖說求為轉稟隨將帖說呈出已據逐條登覆蔣立昂因見所覆尚未有協面為駁飭復據義律添寫一紙統求

蔣立昂先行請示蔣立昂即將原件稟送並請示前來
臣等查閱所覆各條文義不甚通暢而覈其大義尚屬遵
諭奉法不敢抗違如諭繳鴉片一節據其登覆意以該國
有帶鴉片之船先已令其回去現泊尖沙嘴各船俱請官
憲搜查若有鴉片即將貨船盡行沒官嗣後在粵貿易夷
人與隨時來到之船不論船主商人傭工夥計俱令逐名
出結由義律加具印結方准貿易未出結者不准開艙永
遠照此辦理如不認真必致自取咎戾等情臣等查英夷
貨船住泊尖沙嘴不即進口原為圖賣新煙起見且節次
拏獲賣煙奸民已據供認在夷船零買確有明證是其所

稱並無煙土之説實不可信若不切實查辦何能盡絶根株臣等忿激之餘已先與水師提臣密為布置將柴草大藥裝配多船擬將帶煙不繳之船盡予燒燬以除其害然究以未分皂白不忍玉石俱焚繼又再四熟商計惟臨以重兵逐船搜檢庶可分良莠而示勸懲令該夷自願請搜察其情詞似極切實臣等復又多方察訪蓋該夷因見臣等堅持數月料已無可希圖遂將新到之煙陸續帶回夷埠是以前有夷船三隻先後駛回近日復有三板夷划紛紛開去且拏獲出海買煙奸民彭亞開等訊據供稱伊於八月初旬帶銀前往向買即據夷船回覆現無鴉片伊即

放空回來等語是現在夷船已無煙土似非虛誑惟已去之土固可不必窮追而現泊之船必須逐號搜查以昭覈實臣等現又諭令義律將尖沙嘴所泊英國貨船按其到粤先後挨次親驗其貨物盡行盤至剝船逐件搜查果無夾帶鴉片即先押送入口本船搬空之後再行備細查明如此則耳目昭彰自無影射掩藏之弊並恐載煙回去夷船利心不死或竟潛赴東西兩路冀圖分銷臣等現又飛飭沿海各營准備師船嚴密防範並由中路抽撥兵勇跟蹤跴緝如有此等夷船駛至即行開砲夾擊務使遺孽肅清至出結一節若論尋常吏事原恐習為具文而臣等體

察夷情再重信字是以臣林則徐初次諭該夷呈繳煙土即先揭出此一層迨義律稟繳二萬二百八十三箱或疑其言未必能踐而深悉夷情者咸決其必無失信嗣果繳清煙土有贏無絀是其不背食言已有明驗令其所擬遂名出結分寫漢文夷字由該領事加具印結即係遵照臣等原諭辦理自應准其所請惟查覈所擬出結語句與現行新例尚不盡符臣等現又寫具結式諭令遵照繕寫若不如式具結永不准其貿易以此杜外來之鴉片實足以昭信守於夷情明有範圍暗有把握非具文所可同日而語也至林維喜命案據義律稱審得五人酗酒皆無光殺

之罪又稱當日上岸滋事亦有咪唎嘡人請再細訪等語當經蔣立昂以此案供證確鑿兇手實係英夷之言向其駁詰義律無可置辯遂添寫說帖一紙聲明懸賞洋銀二千圓報知何人歐斃憑據倘能發覺即會官憲代稟等情臣等復查義律船內現在實有拘押夷犯五名其非有意匿兇尚屬可信而實情不能審出原亦無怪其然至咪唎嘡人於羣毆林維喜時並不在場不獨該國夷人稟辯甚明即岸上各見證供亦如一且英夷獨託漢奸劉亞三等與屍親說和其為並無咪唎嘡人在場更無疑義臣等諭知義律以所拘五人中如不能審定正兇何妨送請 天

朝官員代為審明祗當辦一應抵之人其餘仍皆發回斷不連累如仍自審則再限十日亦必可以審明毋得再圖延緩此外如空躉回國請候北風開行被逐奸夷請留兩名在粵皆經蔣立昂面加駁飭隨又代求回澳理清事件六日內如數揚帆而去 臣等以所請尚在情理為日亦屬無多當將此一層傳諭允准仍派委文武在澳稽查催逐不任踰限並諭西洋夷目一體查催以上各事宜除俟逐一清釐再行分別覈奏外所有現在諭辦情形謹會同水師提督臣關天培合詞恭摺具奏並繕錄義律原遞說帖恭呈御覽

責令夷人出結片　林則徐

再臣等先於春間收繳煙土之時即經諭令夷人務即出具嗣後永不夾帶鴉片切結呈送而該夷均不敢具結繼又多方開導堅執如前且據義律稟稱倘不能不取結則英國人船無奈祇可回國等語臣等當以該夷回國之言並非出自真心不過憚於出結强顏而作此言蓋一經出結則此後稍有夾帶不但本犯罹於重法即該領事亦不能置身事外是以心切遲疑當經據實奏蒙聖鑒在案嗣經御史步際桐條奏以查辦夷船鴉片雖責以萬分切實之結亦將甘心出具徒開含混之路等語欽奉諭旨

着林則徐鄧廷楨悉心籌畫務使弊源盡絕永杜含混之端等因欽此 臣等竊思夷人正不敢出結如何免取最為省事繼又反覆籌商若竟任其抗結則夷人夾帶之念斷不能一日忘蓋夷人最重然諾即議一事訂一期從不爽約其視出結之事絕無僅有非比內地公牘結多而濫以致視為泛常彼愈不肯輕易具結即愈知其結之可靠不能不向其飭取是以設法辦理直使該夷計窮心懾至今始克遵依 臣等不敢因有人條奏正可藉以自便遂存趨易避難之見致負 委任

駕馭澳夷情形片　林則徐

再澳門寄居西洋人歷三百年之久貨物自行收稅蓋屋轉賃他夷英吉利人早已垂涎其地自嘉慶十三年間英夷突佔澳門礮臺旋經　天朝官兵驅逐從此西夷始有戒心而澳中夷眾良莠不一難保不被英夷句通煽惑以使該夷官明於大義上感　天朝恩澤下顧夷眾身家始可固藩籬而資捍衛上年英夷義律於繳清鴉片以後即有在澳門裝貨之請經　臣林則徐嚴切批駁不許開端伊之詭計不行因而多方違抗七月間將澳內五十七家英眾全行驅逐出澳散住各船而該夷每以三板駛迫澳門

潛行窺探是其處心積慮未嘗一日忘也嗣經不准通商尤恐其鋌而走險故於澳門水陸加倍嚴防既經前督臣鄧廷楨　奏請將新升南澳鎮總兵惠昌耀暫留香山協之任復與臣等　奏請將高廉道易中孚駐澳彈壓均蒙

聖慈俞允其水陸官兵陸續調派分布澳內澳外要隘者各數百名計已足資策應惟澳地三面皆臨外海英夷貨船自今逐出之後仍恃有士密華倫兩兵船為之護符不免乘間行奸本年正月初間義律與夷人數名乘坐該夷兵船至九洲停泊義律等潛放三板私行入澳臣等接稟即飭嚴拏旋據該道易中孚等以西洋夷目稟稱澳內

華夷雜處若兵役圍拏恐致擾動懇請稍緩自必驅逐等語臣等諭令限以日期驅逐淨盡若過期尚有英夷在澳則西洋貿易亦即停止葢馭夷不外操縱二端而操縱只在貿易一事夷性靡常不得不以此為把握自責令西夷驅逐英夷之後義律已即出澳而尚有英夷堅匿臣坦二名逾期未去臣等當將西夷貿易示諭暫停一俟英夷全逐出澳仍即照常通市緣西洋夷人在澳內者有天朝聲威可恃而其出洋之船一至夷畍則畏英夷之强瞻前顧後勢所難免臣等責其容留英夷停其澳中貿易則西夷有詞可謝而英夷遂無地可容迨其逐去而貿易復開

仍無損西夷生計但係駕馭權宜之術不敢明宣惟有據
實密陳仰乞　聖明垂鑒至現准軍機大臣字寄欽奉
諭旨據曾望顏奏稱請封關禁海又另片奏澳夷互市定
以限制著悉心妥議　具奏等因欽此容臣等與水陸兩
提臣暨粵海關監督備細熟商總期計出萬全始敢籌畫
定議另行會摺覆　奏再現值防夷吃緊之際必須時常
探訪夷情知其虛寔始可以定控制之方茲臣等訪拿英
與西洋往來書信六封密令暗曉夷之人譯出漢文另錄
清摺恭呈　御覽謹　奏謹將訪獲英夷義律土密與澳
門西洋兵頭近日往來密信六封譯出漢文抄錄清摺恭

呈
御覽

夷船互市情形摺

林則徐

竊臣等前奏收繳夷船鴉片欽奉　諭旨各國夷商業經遵繳烟土自應加恩准予照常互市以示懷柔等因欽此臣等當即恭錄咨會粵海關監督臣豫堃一體欽遵辦理惟因外國新來貨船開行在數月之前恐尚未知嚴禁仍帶烟土且查向來積弊夷商所帶之土皆於到後卸在伶仃等洋之躉船然後進口是未進口以前應先設法稽查以杜私卸臣等會飭署澳門同知蔣立昂暨香山協副將惠昌燿等查照糧船勻水之法將新到各貨船吸水尺寸先用文杆自水面量至艙面註明印單粘於夷船船艙以

為記認仍造冊報明以俟進口時覆驗水跡有無浮高即可辦其有無私卸復咨會海關監督親至黃埔將貨船逐一盤驗如有夾帶自必不能藏掩隨有米利堅國之吻嚟喇船廉文船經船美喇船邊文船贊文船弁遜船山頓船了者船共九隻販運洋米棉花洋布黑鉛等貨均於量明水誌之後進口查驗俱無夾帶鴉片並有帶來買貨洋錢十五萬數千圓據通事等稱臭人攜帶洋錢近年頗為罕見尤可為不賣鴉片之明證此外有米利堅國之記列一船英吉利所屬港腳之波利一船於勾水之後不敢進口旋即駛向老萬山外徑行回國其為帶有鴉片無從覓售

又恐覆驗水痕不能卸載是以潛逃回去情事顯然但既未流毒中華即不便窮追肇釁此新來貨船之情形也其原泊黃埔夷船滿載內地貨物出口者計港腳則有花地申等十五船米利堅國則有美基云等八船共船二十三隻亦皆先後乘風駛出老萬山此又內地貨物照常通往外國之情形也至已經繳清烟土之躉船自應驅逐回國臣等於收土後傳諭領事義律早為遣回茲查港腳之咸利船贊臣船冉地喇船這非厘船勃船米利堅之阿巳船小呂宋之科船共七隻已先後駛出老萬山回國其餘有候修船者有候帶貨壓載者並有其船業已破爛不能衝

風破浪難以回國擬折賣與人者臣等分別覆查尚皆實
情除仍分飭師船嚴加防範並不時查催驅逐外現在洋
面澳門均屬安靜所有貨船往來互市情形及蔓䑸船回國
隻數臣等謹會同粤海關監督臣豫堃合詞恭摺具奏
伏祈皇上聖鑒謹奏

煙土槍具仍宜收繳片

林則徐

再廣東距京遥遠臣近日始閲三月邸鈔欽奉　上諭嗣後拿獲吸烟人犯不准以呈繳烟膏烟具入奏其從前呈首不實之犯仍著各督撫等嚴飭該地方官隨時查察如有再犯即加重治罪以杜朦混而歸覈實將此諭令知之欽此現在部文尚未行到而臣就邸報中跪誦再三仰見我　皇上於為民除害之中　示覈實戒欺之要　嚴明訓飭感懔交深臣恭繹　聖諭所指收繳之弊約有三端一則恐以拏獲之犯作為自首希圖減罪也一則既減之後官不復查聽其吸食也一則地方官塞責邀功假造烟

膏烟具以滋朦混也凡此三弊皆臣所切齒痛恨矢以極
力掃除者茲蒙　訓諭提撕彌欽敎實從嚴之　至意敢
不倍加釐剔務絶根株惟是濱海愚民無知誤會近日紛
紛傳播轉謂烟禁已弛有槍有土仍聽存留前此赴鄉查
訪之紳耆輒被鄉民恃頑抗阻謂已奉　旨免繳何得多
事此等籍詞搖惑以嚴為寬實屬詐妄之尤亟宜痛加懲
創除嚴拿重辦外惟念臣等所辦收繳之法並非令罪人
自行投首官不復查亦不敢聽州縣塞責邀功假造朦混
伏求　皇上恕臣愚昧容其據實瀝陳查鴉片久已盛行
廣東尤甚所謂遍地皆是早在　聖明洞鑒之中即使此

後外夷斷絕來源正恐內地囤積之多數年用之不能盡
在臣與督臣等盡力督拿無日不有獲犯起贜然察看向
來陷溺之深與到處窩藏之密地方遼濶民俗兇頑島澳
既不可勝窮胥役又大都難恃是即設法拿獲亦祇千百
中之什一如必掃數拿盡竊恐遥遥無期因思保甲之行
本係詰奸良法每鄉總有公正紳士良善耆民五家十家
之間耳目最為切近興販吸食斷難瞞其鄰人故保甲有
五家聯坐之條在官者因即以儆衆如一家有犯責四家
以告發否則與之同罪而為鄰佑者既知其人有犯恐必
連累及身又念比屋相親不忍遽寘於法則必多方勸戒

悚惕而禁止之並取其煙槍膏土彙繳於官官則驗明即收並不詰其姓名來歷蓋明以留其廉恥而實則杜其避趨故第收之於例應舉發之族鄰而不收之於律許減輕之罪犯猶恐不實不盡一面購綫查拏有犯即懲其於何人曾繳何人未繳拏者本不過問犯者無可藉詞此所以不相防而適相濟也夫有鴉片即有吸食勢所必然在官多一分之收即在民少一分之食誠能減之又減以至於無似亦有益無損之事且吸食之人其畏收繳轉甚於畏查拏不能無漏綱況父兄溺愛親族礙情雖恨子弟之吸煙而恐其到官問罪轉必多方爲之隱瞞有收繳之一途

則凡家人骨肉戚友鄉鄰平日勸之不從者至此皆得悚以
　功令之嚴奪其物以袪所嗜是一人之癮衆人斷之
既立死罪以懾其心復飭收繳以去其疾廹之以不得不
斷之勢正所謂以生道殺民而比閭族黨閒變化愧厲之
方備焉保受和親之俗成焉故報繳者雖見其多並無公
然免罪之犯而報獲者並行不悖實無繳後不查之人蓋
以保甲禁鴉片而寓收繳於編查猶之以保甲查教匪即
應收其經卷以保甲治械鬬即應收其器械其理一也至
假造之弊惟不驗乃至被朦果其驗之則眞僞判然難逃
冢目故煙土必用刀剖開煙膏必以火燃試不惟全假者

即時發覺即攙和者亦立見區分若煙槍則外面一觀已有生熟之别又劈破以視其内必其煙油久漬乃為舊槍即新槍尚不能相混而他物所假更無論矣現在粵省所收膏土槍具惟僻遠隔海之雷瓊二屬為數本少免令解省外其餘各屬悉經通飭解驗且不獨收繳者當驗而拏獲者更當驗蓋收繳無功可見惟拏獲始足見功地方官如存邀功之心則與其假造而報收繳不如假造而報拏獲之為得也夫以粵省作偽之風命案尚有頂凶盜案亦有買犯要在上司認真乃不受其朦蔽耳況鴉片獲利最厚弊竇最多有買放正犯真贜而以從犯假贜報獲者有

獲時明係真贓而侵吞偷換解時變作假贓者詐僞叢生
何所不至然既不能因查拏之有僞遂並查拏而停止之
則收繳中之真假或亦責成臣與鄧廷楨等逐一調驗如
有假造惟臣等是問且查粤省自上年以來未曾於鴉片
案内保舉一員是既不使邀功安敢聽其朦混臣到粤以
後疊准鄧廷楨等將解省之煙土等物移同查驗間有一
二攙和之膏土搪塞之新槍皆必剔出發司澈底究辦此
後更當責成地方官先自劈驗再行封解如有不實即將
該州縣嚴參示儆又如煙槍一物臣始亦以爲不過尋常
之煙桿耳斷癮與否於槍何與迨屢獲煙犯細加研訊始

知溺於鴉片之人直以其槍爲性命緣新槍不能過癮總須平素用熟有煙油久漬其中者方能適口故一槍有值數十金百餘金者甚至父子兄弟間不肯相假其陷溺之深如是所以欲去其癮先去其槍有如理髮而奪其櫛作字而奪其筆雖酷嗜者亦無可如何非第之明志也謹查

大清律例內禁止賭博必並賭具而嚴禁之蓋有具則有賭無具即無以爲賭也煙之需槍恐或類是 臣前於邸鈔中見有被罪圈禁而仍羣聚吸煙者是因破案而不收槍之故若不收槍則未犯案者固難望其自燬即已犯案者仍不甘於棄槍將使在家獨吸之人合之而同吸於圄

圍並將各處散吸之人徙之而聚吸於配所竊恐輾轉流傳其勢更難於禁止矣凡人不見可欲則心不動煙入於目槍入於手欲其口之不饞不可得也吸旱煙者若無煙桿亦有不能不毀之勢然旱煙之新桿尚可將就而鴉片之新槍與無槍同由此觀之收槍之法或亦禁煙者所不廢耳至自首一節現在粵省固無其事而　大清律例明有此條除殺人不准首外小而尋常罪犯大而習教為盜尚皆准首設有人煙癮已斷本身出首察看得實似亦只得遵例辦理未便竟不准首致與定例兩歧而與怙惡不悛之人亦無區別惟流弊必須嚴杜倘州縣將拏獲之犯

捏為投首定當以故出人罪嚴行參辦而罪人首後復犯似宜即照新例定罪不得仍與初犯者同科始足以昭警戒伏念我　皇上明罰勑法臣工不知振作是以　訓飭加嚴而無知蚩氓相率傳訛轉幸　明諭之頒冀遂深藏之術若因此頓更大局非獨前功可惜更虞挽救無方且風聞外夷於呈繳之後知內地民人烟可不繳不無反唇相稽者於　國體尤有關係臣仰蒙　委任專辦此事下懷實深焦急不揣冒昧披瀝密陳如臣言謬妄難行應請
皇上破其顓愚示以懲儆倘蒙　俯念臣心無他惟冀於公有濟可否　特頒申諭將　前旨係為覈實查辦正

以從嚴之處明白宣示嗣後寓收繳於保甲責大吏以督查如有州縣以拿作首以假混真不行嚴參者事發以徇庇論而總不得藉口希圖免繳俾天下臣民憬然領悟庶久藏之毒物漸收獲以無遺頂感鴻慈倍無既極再督臣鄧廷楨與臣籌議意見相同因接奉硃批令其酌覈亦已自行另片覆奏惟係專差賫遞恐到京在臣此摺之後合併聲明伏祈聖鑒訓示謹奏

燒烟委員受毒身死摺 道光十九年六月

大臣林則徐等

竊照廣東候選府經歷現任博羅縣典史陳鎔先經 臣鄧
廷楨派委隨同委員同知劉開棫等在於橫檔洋面承脩
新造排練工程半年有餘頗能認真督率正在將次完工
之際適 臣林則徐飭諭夷人完繳烟土即就近派令委員
前赴沙角分司起繳剝運諸務該員往来洋面易涉風濤
亦屬最為出力嗣收烟完畢遵 旨在於虎門開池銷化
復派委員在廠會同各委員監視灌水撒塩攪烟放牐該
員晝則臨池督率夜則宿廠巡查備極辛勤委無疏懈溯

自四月二十二日起烟土陸續入池經石灰鹽滷浸泡重蒸腥臭上騰不可嚮邇在事大小文武先後患病者十有餘員均經調治就痊照舊供事迨至五月初十日烟土全數浸透開牌放入大洋而牆江所漚爛泥及池內所積滓穢均須起除淨盡以免匪類掏挖一經澈底翻騰溫毒之氣甚於往日各員繞池巡視無不掩鼻及巡至第二池該員陳鎔忽然大呼好臭隨即嘔吐狼籍扶回所乘小艇即覺通體發燒就復力疾至棚欲圖畢事臣等見其神色委頓催令即行回任醫調該員於十四日回至署中即已不能言語延至十六日戌時身故經博羅縣知縣熊炳離前

往查看該故員十指甲皆係青色顯因染受烟土餓毒所
致據該員稟報前來臣等批閱之餘深為憫恤伏念該員
以佐貳微員勤奮趨公因勞成疾生前已堪嘉奬死後尤
可矜憐相應籲懇逾格恩施敕下部臣酌量議恤不
獨該故員銜結九原且使不自愛之員知其同歸一死而
此沐朝廷之恤典彼知為盛世之罪人但使稍有天
良當亦感愧無地矣

檄諭英吉利國王摺　　林則徐

竊臣林則徐上年在京　陛見面奏禁止鴉片一事擬頒發檄諭曉示外夷容俟到粵與督臣鄧廷楨等酌商奏請訓示迨到粵之後節次欽奉　上諭著與鄧廷楨商酌妥擬底稿具奏經朕披覽再行頒發等因欽此維時臣等諭令在粵之英吉利國領事義律及住省各夷人呈繳躉船鴉片辦理正屬應手因思外國重洋遙隔尚可暫緩檄行當將就近諭夷緣由合詞附片覆　奏嗣奉　上諭英吉利既有在粵領事及住省夷人經該大臣等就近諭知辦理應手所有檄諭該國之處亦著暫緩頒行統俟議定

興販吸食各罪名頒行新例時於善後章程内另行詳細
籌議仍遵前旨擬稿進呈再行頒發欽此仰見　聖主因
時制宜周詳　指示之至意臣等曷勝欽感茲新例業已
頒到所有内地興販吸食並夷人夾帶鴉片各罪名均經
議定因查粵省成案凡欽奉　諭旨事及外夷者大都由
督撫臣聯銜照會該國王欽遵辦理此次既頒新例自應
宣示重洋咸使懷　德畏　威遷善遠罪除一切善後章
程容俟詳細籌議另　奏外所有檄諭外國之稿應先酌
擬進呈唯查各國夷船來至粵東者如西洋夷人久住澳
門幾成土著自可就近給諭毋庸遠寄出洋其佛蘭西荷

蘭大小呂宋雙鷹單鷹連國瑞國近年買賣較稀惟英吉
利之船最多米利堅次之但米利堅並無國主只分置二
十四處頭人礙難遍行傳檄英吉利國現係女主年紀亦
輕然聞號令係其所出則該國似宜先頒檄諭臣等不揣
闇陋謹會同商擬底稿另摺恭錄進　呈伏祈　聖鑒折
衷俾有體要敬候　欽定發回之後再議頒發其餘各國
俱先諭知在粵夷目夷商尚該夷目等禀請移知其國主
然後　奏明酌發是否有當

林大臣示

道光十九年二月初九日

欽差大臣兵部尚書林　為剴切曉諭事斷鴉片以全生命而免刑誅事照得廣東為聲文物之邦自古迄今名儒名宦代有偉人聞者莫不起敬近年以來多沉溺鴉片以致禍遍海隅毒流天下推其原則為作俑之始究其極幾成衆惡之歸凡各省之販鴉片者不曰買自廣東則曰廣東人夾帶而來也吸鴉片者不曰傳自廣東則曰廣東人引誘所致也似此大邦冒此不韙豈不可惜從前刑法尚不甚重查拏亦不甚嚴無恥之徒恬不知怪今則　天威震怒斧鉞森嚴法在必行極諸大辟蓋必使之掃除淨盡

而後已也本大臣由楚省奉　旨進京面承　訓諭指授
機宜給以　欽差大臣關防來此查辦爾等皆已聞知試
問向來鴉片之禁有如此嚴緊否豈尚可覬望乎且　欽
差大臣關防非重大事不用今蒙　特旨頒給其尚能將
就了事否本大臣與　督部堂撫部院凜遵　嚴旨惟有指天誓
日極力驅除凡攘外靖內之方皆已密運深籌萬無中止
之勢除再嚴拏窩積興販立止重典外惟念爾等吸食之
輩陷溺已深不忍不教而誅特先悉心開導夫人以己所
不食之物而令人食之即使不費一錢亦惟行道所不受
乞人所不屑況鴉片實外夷無人肯食而華人乃甘心被

誘踹貲冒禁買毒以自戕其生爾等雖愚何至如此是譬
諸盜賊之用悶香拐帶之用迷藥妖邪之用蠱毒以攖人
財而害人命者殆有甚焉且財為養命之原爾等銀錢却
非容易以銀換土可咲孰甚捨錢服毒可哀孰甚爾等獨
不思癮作之時縱有巨盜深仇兇刀烈火來至爾能敵抵
乎惟有聽其所為而已爾等生長海濱非同腹地不可不
思患預防柰何任人愚弄不惜性命不顧身家一至此於
夫魚貪餌而忘鉤蛾貪光而忘貨猩猩貪酒而忘人之欲
其血彼原有取何足深尤所患者汙洛不迴頹波日拂人
人皆委頓戶戶皆困窮此邦之人將何恃不恐乎梓桑紳

士宜有以訓俗型方豈忍安坐遷延不一援手而士爲四民之首品行爲行先一溺直成廢物若不痛改朝廷豈用此等人且涇以爲濁薰固猶臭萬一上干聖怒一概視爲棄材恐於全省仕路科名大有妨礙不可不慮也至閭閻雖衆十室必有忠信不能不寄耳目於地鄰向來文武衙門弁兵差役破獲原爲不少而民間憚於查禁遂以栽害擾禍徇縱詐贓等弊紛紛藉口此固不能保其必無然兵役作弊例應加等懲辦官員徇庇法必立予嚴參果有被誣詐之人伸訴到官必爲照雪但不因噎廢食使查拏者轉爲懸動本大臣上年在湖廣所拏烟犯凡員弁帶

住兵役臨時先令自行搜檢迨查拏出門又令本官一搜
不許帶人物件亦並通飭照辦除另刊章程十條並各種
斷癮藥方分別檄行嚴禁合亟出示曉諭為此示仰闔省
士商軍民人等知悉凡從前誤食鴉片者速即力求斷癮
痛改前非省城限以二月底止各府州縣以奉文之日起
勒限兩月務將家有烟槍烟斗幾付雜件烟具若干一併
檢齊赴所在有司呈繳如憚於自繳則父兄及鄰佑戚友
亦准其代繳但能改即止并不查究來歷詰問姓名惟不
得以斷槍假土朦混搪塞倍干重咎爾等須知無不可斷
之癮而貴有必斷之心曾見湖北之人有積癮三十年日

吸一兩而居然斷之斷後則顏面發胖筋力復強屢試屢驗豈有別省皆可斷而廣東轉不能斷之理即謂地有瘴氣亦可以檳榔旱烟解之省費適口且不犯禁何不以此易彼乎自示之後倘仍執迷不悟甚且不繳則是玩法違禁惟有挨查保甲責令舉首一面嚴密搜拏凡爾吸鴉片者處處皆死刻刻皆危機其能藏匿倖全者未之有也窯口烟館經督部堂撫部院節次嚴拏治罪關閉者多然第暫歇一時以為官禁不能長久不知此次非往時之比不淨不休其將烟土潛藏者欲俟查拏稍鬆仍行偷買尤為可惡現有安線分頭訪查一得確信即往嚴搜破獲者盡法痛

辦搜拏者優加獎賞其藏匿之房屋一併入官凡爾有些
貲本之人何事不可謀利若前此誤賣烟土存匿人家速
即自送到官亦有分別量減此固本大臣甫經入境發交
施行斷不能遲延以待若不及早猛省回頭以後雖欲改
圖噬臍何及身家性命所繫死生禍福所關各宜懔之慎
之毋貽後悔特示

林大臣諭洋商

欽差大臣林　諭洋商知悉照得廣東華夷互市已歷三百餘年彼不相交易所以設立洋商原為杜私通而防禁物起見也查嘉慶二十一年欽奉　上諭責令查明如各夷船夾帶紋銀鴉片即將貨物全行駁回不許貿易原船著回本國等因欽遵在案查節次夷船入口皆經該商等結稱並無攜帶鴉片是以准令開船進口並未駁回一船今鴉片如此充斥毒流天下而該商等猶混行出結該夷船並無夾帶豈非夢囈若謂所帶鴉片卸在伶仃洋之躉船而該商所保並無夾帶者係進口之船而言是則掩耳

盜鈴須存推卸地步其居心更不可問譬如人家防夜設
立更夫乃賍物已被席捲而逃而看更者猶曰無賊此非
通盜而何況夷館係該商所蓋租與夷人居住館內行丁
及各項工役皆該商所雇外毡等皆該商所用附近銀舖
皆該商所交易者乃十餘年來無不寫會單之銀舖無不
進窰口之外毡無不串合快蟹之行丁工役並有寫書之
字館持單之攬頭朝夕上下夷樓無人過問洋銀大𡒄小
負晝則上樓入館夜則護送下船該商豈能諉諸不知反
相隱匿並不舉報謂非膪立賍分其誰信之且聞從前夷
人來館先穿大服而佩刀劍拜候各商多有辭而不見俟

其再来而後答之近年来乃有託言照應過關下澳遠迎者矣甚至東裕行竟送肩與與大班乘坐而該大班轉不許該商乘轎入館種種悖謬廉恥何存此皆承辦之商覥顔作俑其有身家之厚商尚不至此而薰猶同臭實為爾等羞之在尔等只知致富由於通商遂一意巴結夷人為利豈知夷人之利皆 天朝所予倘一旦上干 聖怒絶市閉關各國皆無錙銖之利可圖而何有於尔等乎尔等乃不知 朝廷豢養深恩而引漢奸為心腹内地衙門一動一静無不先知若向問夷情轉為多方掩飾不肯吐實如紋銀出洋屢干例禁夷人果能以貨易貨安有銀西

帶回況經該商等奉明每年互易之外夷人總應找入內
地洋銀四五萬員不等如果日少一日該商中如皆現數
又何致拖欠夷債百餘萬兩之多可見以貨易貨四字竟
是全謊更可奇者該商藉有前任海防阿　所奏餘剩洋
銀帶回三成暫試行之案遂援為定例年年影射奉請下
船多製木箱如同解餉甚者代稱某年人寄存某處銀若
干今託某夷人帶回陽與海關書吏串通做案商則一面
出給銀則一面出洋言與行違恬不為怪曾經奉　旨查
拿僅照禀事事支飾況如夷人喳噸等項慣賣鴉片最為
奸滑之人前年奉　旨查禁而該商猶為立保有察出串

賣鴉片取銀結單情甘坐罪之語結仍在案試問曾坐罪予否予又咽叺士船上之鴉片烟係在河內搜出是進口之船出結亦不足據矣舊有三板船七隻因該商等屢稟歷經准行乃偷漏貨物者有之夾帶火藥者有之如曰不知要爾何用如曰知之罪不容誅今計曆年中國之銀耗於外洋者不下數千萬之多疊奉 諭旨以鴉片入口紋銀出口之事責備大小官員十分激切而該員等毫無干係依然藏垢納汙實堪令人切齒本大臣奉 命來粵查辦奸夷該商等未必非其人也諭到洋商立即逐一據實供明以憑按律核辦現在先以斷絕鴉片烟為首務已著

諭夷人將躉船所貯數萬箱鴉片悉數繳官並責令簽明
各具漢字夷字合同甘結聲明嗣後永不敢帶鴉片如再
夾帶查出人即正法貨盡入官此諭即交該商等務令懍
慨激昂公同傳諭限三日內取結稟覆如此事先不能辦
則其平日串通奸夷私出外夷洋不問可知本大臣立即
恭請　王命將該商擇其尤者正法一二昭烱戒毋謂言
之不早也特諭

鴉片解京繁累滋弊摺 道光十九年三月廿六日

浙江道監察御史鄧瀛

竊惟鴉片之害蔓延直省全由外洋肆意流毒所致今
皇威遠震夷人畏罪自首將所携烟土盡數呈繳至二萬二百八十三箱之多大害迅除兆民慶幸其所獲烟土據該大臣等奏請解京核驗奉
旨允行蓋因為數甚多實為向所未聞恐中外未能深信自應全數解京俾薄海臣民共覩實在情形徹目洗心革除錮習第其中亦有繁累滋弊之處不可不為慮及蓋廣東距京程途遼遠過剎甚多此項舟車民夫誠恐沿途地方一時驟難雇備即分數

起押解可無短絀而經費之巨終不能減若令官民籌辦供應不免賠累勞擾若盡報部核銷則不值以
國家有用之財靡之於無用之物又此物最易偷換近来各省多有假造烟土其值僅值洋土十分之一而形色逼真去年廣東鞘銀到庫尚有將錢文裝入鞘内之事況烟土為易混之物即到京後
欽派大臣查驗亦祇能核其多寡無由辨其真偽弊竇之生復何所不至乎恭查道光十八年十月奉
上諭御史滛貴奏請將各省拿獲鴉片烟土解京查核以杜冒濫邀議叙之弊該御史所奏自係因核實起見但各省距京程途遠近不等若紛紛解京委員稽查

難周必致沿途偷漏又滋種種流弊該將軍督撫等經朕委任斷不疑其查禁錮習有冒濫各情節即該將軍督撫等亦萬不敢欺飾邀功自取咎戾查拿日久該州縣等難保不生覬覦妄冀恩澤以致影射欺飾亦不可不防其漸著各直省將軍督撫等於所奏拿獲烟土烟具務當秉公核實查驗數目當堂目擊銷燬毋得任聽屬員抽換隱匿以少報多等因欽此仰見　聖明洞照無微不燭此次鴉片獲自外夷為數較多雖與直省拿獲之案不同然為數少者猶恐其偷漏貽害設為數多者一經偷漏則為害更不可窮且林則徐鄧廷楨怡良豫堃關天培皆係　皇上

委任責成之人當尤不敢扶同欺飾自取罪戾可否　飭
令該大臣等將起獲烟土毋庸解京俟收繳完竣即在該
處督率員弁公同查核目擊銷燬以省解運之繁而早除
一日即可免一日之患

夷人現繳鴉片暫緩斷絕茶葉大黃片

林則徐

再臣等先後承准軍機大臣字寄道光十九年正月初九日奉　上諭本日據鄧廷楨怡良片奏查辦粵省鴉片烟情形朕詳加披閲具見肫誠為國之心惟當此可乘之機仍應督飭文武員弁趁勢嚴拏毋稍鬆懈務使根株淨盡錮獘全除林則徐計應早晚到粤該督等仍遵前旨協力同心盡泯畛域勉之又勉以副委任至林則徐前此面奏請頒發檄諭曉示外夷著與鄧廷楨酌商是否可行儻必須頒發著即妥擬底稿具奏經朕披覽再行擬發等因欽

此又正月二十七日奉　上諭鄧廷楨等奏通諭各國夷商剷除舊汙並繕錄諭稿進呈朕詳加披閱措詞正大所見亦屬周到現在外洋拋泊各躉船是否盡數回國其並非躉船又非進口貨船往來各洋寄碇者能否絕迹著林則徐會同該督等嚴飭水師各鎮協營調集師船在各洋面聯幫追捕毋任再有偷漏其窯口烟館各犯並着通飭各屬搜拏淨盡以絕根株其茶葉大黄果否為該夷所必需倘欲斷絕是否堪以禁止不至偷越之處並着悉心訪察據實具奏林則徐面奏請頒發各國檄諭著仍遵前旨與鄧廷楨商酌妥擬底稿具奏經朕披覽再行頒發將此

諭令知之欽此查外洋拋泊各躉船已據遵諭呈繳烟土
現經臣等恭摺具　奏其並非躉船又非進口貨船往來
各洋寄椗者以東路南澳鎮屬洋面為較多先經臣鄧廷
楨檄飭該鎮會同潮州道府設法防堵業將停泊舺板夷
船八隻驅逐開行於上年十二月二十七日　奏明在案
今春以來復據該鎮先後稟報偶有夷船駛至長山尾大
金門等洋遊奕亦經舟師實力驅逐全數駛出夷洋此等
夷船聞知烟土盡數繳官無所希冀似可不致再來臣等
仍檄飭該鎮聯幫堵截以絕覬覦並飭潮州道府嚴查海
口以杜偷漏期於粵洋一律肅清其內地窯口烟館各犯

除照舊嚴密查拏外現在民間畏懼改悔多有願將舊存
烟土烟槍等物赴官呈繳者當於省城分設官局派員驗
收並經本省紳士隨處設局分投勸諭旬餘以來陸續呈
繳甚為踴躍容俟收有成數另行奏報至茶葉大黃兩
項臣等悉心訪察實為外夷所必需且夷商購買出洋分
售各路島夷獲利尤厚果能悉行斷絕固可制死命而收
利權惟現在各國夷商業經遵諭呈繳烟土自應仰乞
天恩准其照常互市以示懷柔所有斷給茶葉大黃似可
暫緩置議如果該夷經此次查辦之後仍敢故智復萌希
圖夾帶鴉片入口彼時自當嚴行禁斷並設法嚴查偷越

弊端應請於善後章程內另行籌議具奏至臣林則徐面
奏請頒外夷檄諭一節原擬抵粵後與臣鄧廷楨悉心商
酌如須頒發自應先擬底稿恭俟　訓示嗣思英吉利國
既有在粵之領事義律及住省夷人不如就近諭知飭將
鴉片悉數繳官躉船迅速回國現已辦理應手則檄諭該
國之處似可暫緩頒行俟將來奏到部頒罪名新例暨議
定善後章程一併彙同備文照會仍遵節次　諭旨妥擬
底稿恭呈　御覽再行頒發所有臣等欽奉　上諭據實
覆陳緣由謹附片奏祈　聖鑒謹　奏

收繳鴉片十分之八即清理東路摺道光十九年四月

林則徐

竊臣林則徐抵粵以後與臣鄧廷楨暨撫臣怡良公同商酌責令夷人將躉船煙土悉數呈繳由臣林則徐疊加示諭勸戒兼施旋據英吉利國領事義律禀明情愿將各船存貯鴉片二萬二百八十三箱陸續駛至虎門呈繳臣林則徐臣鄧廷楨即於二月二十七日自省起程於二十八日駛抵虎門會同臣關天培督率文武委員分船收繳業於二月二十九日由四百里恭摺馳　奏在案惟收繳烟土須將剝船攏近躉船方能盤運而剝船與躉船高下懸

殊或用梯升或用繩縋登降已形費力迨起至一半之後躉船水迹浮高須防風浪又必下石壓艙且潮汐時有往來風信兼多順逆一遇風潮相薄剝船不能駛傍夷船即勉强攏近而兩相撞擊損壞堪虞不得不暫為停止時當三月風暴正多竟不免有終日坐守之事臣等同駐海口時刻督催得起即起不任延緩查各躉船所貯烟土在正艙者皆係番木板箱並用生牛皮封裹極為堅固其在邊艙者間用口袋裝盛包紮亦甚嚴緊查因板箱多占地位匀擺不開故有改裝口袋者衡以斤兩亦無二致臣等始悟直隸拏獲全廣興商船鴉片案內所起口袋即係外夷

原物也茲自二月二十九日收起截至三月二十日計已
收繳鴉片一萬五千八百八十九箱又一千五百四十七
口袋覈之義律原報數目已逾十分之八惟近數日來察
看後船煙土較諸在先收繳之船所載漸少雖一時未即
收完而覈計大數恐其或有短欠當又派員特諭前赴省
城夷樓向領事義律嚴加詰責即據禀覆伊所報數目係
在省樓覈算帳據而各船裝載鴉片間有駛往沿海地方
如潮州南澳等處者遠職再行催回不論現泊何方半月
內想可催到定必如數盡繳斷不敢短少等語察其情詞
似非虛誑當即准限半月責令迅速發諭往催臣等伏思

東路南澳地方屢有夷船駛至自上年驅逐淨盡之後今
春仍聞有數船至長山尾等洋遊奕雖經該鎮隨時驅逐
而夷船旋去旋來是否中路分銷抑係外洋另股悉心訪
察冀得端倪惟夷人既不肯輸情象口亦茫無確據正思
俟中路呈繳事竣再行查辦南澳一隅以冀斷絶根株不
使稍留餘孽今據義律於無心中自行吐露是中東兩路
實屬一氣相生其夷船雖在伶仃等洋而三板等船分載
烟土由外洋駛往南澳覓售誠為事所必有既經逐層澈
究斧鑿相尋正當乘此機關責成該領事將分往南澳各
船一概招回悉數呈繳不但原報二萬餘箱之內不准短

少一箱如此外尚有多餘亦必儘數收繳總期一律淨盡
不任稍有留遺轉不責其原報失實之咎除俟收繳全完
另行　奏結外所有現繳鴉片已逾十分之八並乘勢清
理東路緣由會同廣東巡撫臣怡良粵海關監督臣豫堃
恭摺由驛馳　奏伏祈　皇上聖鑒訓示再臣鄧廷楨原
擬收至兩三日後先回省署辦公嗣因督率委員起剝堆
貯稽查偷漏弊端未克分身回省茲收繳已有成數即於
拜摺後馳回省垣清釐應辦事宜并督飭嚴拏陸路囤販
吸食烟犯合併聲明謹　奏

夷商查頓實已回國片

林則徐

再臣承准軍機大臣字寄道光十九年正月二十七日奉
上諭本日據鄧廷楨怡良奏稱諭逐港腳夷商查頓現在下澳附船回國等語該夷查頓來粵貿易多年所有躉船鴉片多半係其經營實為奸夷渠魁現因稽查嚴密恐懼圖歸雖據該督等奏稱該夷請牌下澳於臘月底定可開行但該夷盤踞既久黨羽必多現在各躉船尚未回帆其所存煙泥豈肯即行拋棄難保不別肆詭謀著林則徐嚴密訪查該夷查頓是否實已下澳開行確於何日起椗如尚在逗遛即著嚴行驅逐據實覆奏務使奸夷盡去錮

獘悉除方為不負委任將此諭令知之欽此臣查該夷查
噸於上年十二月十二日請牌下澳附搭港腳吠船回國
業經臣於　奏報到粵摺内查明聲叙在案茲復欽奉
諭旨著臣嚴密訪查當即欽遵密咨粵海關監督臣豫堃
諭飭洋商伍紹榮等確切查稟並札澳門同知轉諭在澳
之西洋夷目委嚟哆查明查頓實係何日自省到澳附搭
何船於何日由澳開行回國據實稟覆一面暗遣妥人改
裝前赴澳門密加訪問去後嗣准豫堃咨據署澳門同知
蔣立昂轉據委嚟哆稟覆查頓於上年十二月十三日由
省到澳即於十六日由澳附搭港腳吠船開行回國又據

洋商伍紹榮等稟同前情與　臣遣人赴澳密查均屬相符是查頓實已於上年十二月間搭船回國並未在省在澳逗遛毫無疑義惟該夷販賣鴉片來粵多年誠如　聖諭盤踞既久黨羽必多所存烟泥豈肯即行拋棄　臣先經訪得現住省城義和行之吠頓即係查頓之弟又央孖地臣三孖地臣皆係查頓之外甥並有代伊管帳之孖地唁亦在該行居住是該夷雖去而買賣帳目仍有人代為經理此次義律稟繳鴉片雖係籠統開報並未分析其臭名下若干而躉船船戶僉稱查頓居其大段是該夷存積之烟不止另有囤貯　臣與督臣　鄧廷楨面商查頓既已逃回務

當使之永不敢來方為善策此時烟土雖已收繳其夥黨亦必驅除如英頓英孖地臣三孖地臣孖地信之類現皆給諭洋商令與向賣鴉片着名之夷人顛地等一併驅逐回國庶可杜絶奸夷蹤跡免致勾結盤踞誘惑内地良民復貽地方之害所有遵查查頓實已回國現在查明夥黨一併驅逐緣由謹附片覆奏伏乞聖鑒謹奏

奏參鎮將勒休降補摺　　林則徐

竊照粵省海洋向分中東西三路中路自老萬山以内如九洲伶仃等洋皆各國夷商來粵貿易准其行船之路寄椗緊泊歲以為常若西路之高廉雷瓊東路之潮州南澳皆夷船例不應到之區前因南澳鎮所轄長山尾等洋屢有夷船遊奕經臣鄧廷楨節次奏明檄飭該鎮統帶舟師聯綜堵截迨臣林則徐到粵後會同收繳中路躉船鴉片辦理已能應手因即乘勢清理東路責令英吉利國領事義律將分往南澳各船招回中路虎門一體呈繳烟土旋有咈囒吐船啤叻咍船嚩鶮船等自南澳駛來繳烟亦經

會摺奏蒙
聖鑒在案臣等正冀閩粤洋面一律肅清第
慮南風司令有自外國新來夷船探知中路查辦甚嚴恐
被勒繳烟土遁從外洋潛竄東路一帶寄椗售私亟須加
意嚴防杜其竄越又念閩省迤北各洋或尚有夷船遊奕
一經該省驅逐自必仍回粤境南澳一鎮最為閩粤兩省
關鍵若此時稍一鬆勁則後來又恐蔓延是以會札疊飭
南澳鎮總兵沈鎮邦親帶舟師配足弁兵炮械堵截外洋
來船並備火攻船隻隨帶聽用又撥通事隨往如遇閩洋
夷船竄回即諭令呈繳烟土若諭之不從且驅之不去竟
須示以兵威倘此後再有夷船累日停留定行特參去後

詎該鎮於四月初十日來稟轉據署叅將謝國泰稟稱三月二十六日有雙桅夷船一隻由西南外洋駛至長山尾寄碇謝國泰即同通事引水赴夷船諭繳烟土據稱船内無烟因風雨阻隔至四月初一日向東南而去等語維時該鎮往巡閩洋布袋澚等處於初七日旋抵粤洋初九日復見長山尾有夷船一隻向東南遠颺等情臣等接閱之下殊深詫異查夷船自西南外洋駛至明係外國新來之船並非由閩省北洋竄回粤境如果並無烟土希圖銷售情弊該處非應船應到之地赴彼何為乃謝國泰既不能令其繳土又不能立即驅行任其以風雨為詞自三月二

十六日起泊至四月初一日始據報聞實屬縱容疲玩該
鎮沈鎮邦雖經暫往別洋而長山尾爲該轄要地一任夷
船累日寄泊是事前防範已疎至初九日長山尾再見之
船係在該鎮折回以後究竟該船從何駛至未據報明顯
係初一日報聞之船未經遠去仍在長山尾一帶逗留沈
鎮邦一味因循含糊飾禀若不嚴叅示儆是南澳一帶前
船雖已押回繳土而後船又復踵至售私藏垢納污伊於
胡底查署海門營叅將水師提標左營遊擊謝國泰年力
就衰巡防懈懈相應請　旨勒令休致其南澳鎮總兵沈
鎮邦於兩省交界洋面莫展一籌難勝水師專閫之任惟

年力正强操舟亦熟尚不至於棄廢可否請　旨降爲遊
擊都司以示懲儆仍留粤省水師酌量補用並令隨船出
洋以觀後效其所遺南澳鎮總兵缺緊要並請　旨迅賜
簡放以重職守是否有當臣等謹會同廣東水師提督臣
關天培合詞恭摺具　奏伏乞　皇上聖鑒訓示謹　奏

差遣各員懇請恩施片　道光二十年二月

大臣林則徐等

再臣林則徐前經附片奏明酌留文武二員在粵差遣緣由欽奉　上諭林則徐奏據實附陳等語已革湖南撫標游擊馬辰湖北漢陽縣縣丞彭鳳池均著留於廣東交林則徐差遣委用該部知道欽此查該員彭鳳池馬辰自林則徐到粵以後先遣偵探夷情查訪奸民皆能周詳慎密迨收繳鎔化烟土二萬餘箱晝夜稽查不辭勞瘁嗣值夷情反復驅逐出澳示以兵威彭鳳池往來虎門澳門偵查接濟不避嫌怨馬辰周歷官涌奮力防剿屢經獲勝臣鄧

廷楨提臣關天培亦皆隨時差遣均得其力惟該二員本
非廣東官弁不便統入單内自應另行保奏可否仰懇
天恩俯准將湖北漢陽縣縣丞彭鳳池發回原省以知縣
遇缺即補已革湖南撫標右營游擊馬辰可否開復原官
即以都司降補歸部銓選之處出自　聖主鴻慈

覆陳調補總兵片道光二十年五月　林則徐

再臣准軍機大臣字寄奉上諭該督另片奏浙江黃巖鎮總兵張成龍為水師出色之員如果勝南澳總兵之任即行奏請與惠昌耀對調等因欽此仰見聖主廑念閩粵海疆務期得人之至意臣先因升授南澳總兵惠昌耀經調任督臣鄧廷楨奏留香山副將本任正須帶兵防範未能遽赴南澳而閩省委護南澳鎮之參將陳國榮年力閩已就衰當此吃緊防洋似須擇人接替是以不揣冒眛密舉所知上備聖明采擇迨前摺拜發之後即准鄧廷楨由閩省來咨總兵陳國榮才具威望均屬中平將其撤

回奏明察看另委台灣協副將江繼芸接署南澳鎮篆茲
該署鎮到任以後據稟督巡洋面事宜頗有條理是南澳
一缺已由閩省遴員改委又未便屢易其人而惠昌耀亦
係粵省水師得力之員若以之請調黃巖則在粵又苦少
一熟手查廣東水師總兵四缺除南澳鎮兼轄閩粵兩洋
最為扼要外瓊州一鎮孤懸海外亦屬緊要之缺該鎮鮑
起豹明幹精強在任四年情形熟悉未便更易生手此外
碣石陽江二鎮情形稍次現任碣石鎮總兵黃貴從前剿
平巨盜蔡牽於閩浙海洋往來最熟陽江鎮何岳鍾年力
正強人亦倜儻雖籍隸本省向不迴避而距家究為太近

量移似亦相宜如蒙　准調張成龍來粵可否仰乞　聖裁於黄貴何岳鍾兩鎮臣中　簡定一員先與張成龍對調仍俟張成龍到粵練熟情形之後容臣　再加察看如果勝南澳鎮之任再行奏請與惠昌耀互調總期量才委任人地相需以靖海防而紓　宸顧

尖沙官涌添建礮臺摺　林則徐

竊照廣東水師大鵬營所轄洋面延　四百餘里為夷船經由寄泊之區其尖沙嘴一帶東北背負岡陵西則有急水門雞踏門東則有鯉魚門佛堂門而大嶼巨島又即在其西南四面環山藏風聚氣波恬浪靜水勢寬深英夷船隻久欲倚為巢穴而就粵省海道而論則凡東赴惠潮北往閩浙之船均不能不由該處經過萬一中途梗阻則為患匪輕上年因英吉利桀驁不馴抗違禁令經　臣等與前督　臣鄧廷楨調集官兵在尖沙嘴迤北之官涌等處山梁札營安礮分為五路痛加勦擊該夷兵船二隻貨船十隻

始皆連夜遁去但恐兵撤之後仍復聯檣聚泊勢若負嵎必須扼要設防方足以資控制隨飭候補知府余保純署大鵬營叅將賴恩爵新安縣知縣梁星源會同周歷履勘旋據該縣等禀稱尖沙嘴山麓有石腳一段其形方長直對夷船向來聚泊之所又官涌偏南一山前有石排一段天生磐固正對夷船南洋來路若兩處各建礮臺一座聲勢既相聯絡而控制亦極得宜等語當經飭令將兩臺高寬丈尺及開築地平並建造牆垜礮洞弁署兵房神廟望樓藥局馬路一切工料價值覈寔確估據該員等呈送圖說清摺臣等逐一核算並委員詳細稽查凡有可以撙節

之處復經酌量核減計共沙嘴礮臺估需工料銀一萬七千九百五十一兩零官涌礮臺估需工料銀一萬四千四十六兩零實係省之又省必不能少竊思此項工程係屬防夷要務斷不可緩第　國家經費有常仍不敢請動帑項臣等當與藩臬運司公同籌畫查有前山營生息一項係由洋商捐銀發交當商生息前於嘉慶十四年奏明作為前山營山營兵餉之用按年覈實支銷已歷三十餘年之久因而存有積併盈餘截至道光十九年五月底報部冊開實存銀五萬三千八百餘兩除大鵬營現議更改營制所需添造快船建立衙署及製備新兵器械另摺請

在此款動支外核其成數尚足以敷動撥前項礮臺工料之需合無仰懇聖恩俯念礮臺工費爲防夷所需而捐款息銀與庫項有間准於商捐前山營生息一項銀兩動支兩座礮臺經費並請循照舊章將動用銀兩總數於册内開除造報免造工料細册報銷感荷鴻慈倍無既極至此項工程因夷務吃緊之際先已購料興工趕緊建築務於夏令南風盛發以前一律全完以資防剿計兩臺應安大礮五十餘門亦已於腹地各營酌其緩急情形先行運撥濟用一面籌資購補期於晋律森嚴以仰副聖主綏靖海疆之至意所有籌議添建礮臺緣由據藩臬運

司會詳前來臣等謹會同廣東水師提督臣關天培合詞
恭摺具　奏伏乞　皇上聖鑒訓示謹　奏

請改大鵬營制摺

林則徐

竊照廣東虎門海口為中路扼要之區於嘉慶十五年設立水師提督駐劄其地西則香山東則大鵬形成兩翼查香山協香駐副將管轄兩營額設弁兵一千七百零九員名兵力較厚大鵬原止一營額設參將一員管轄洋面四百餘里其中有孤懸之大嶼山廣袤一百六十餘里是以道光十年已將大鵬分為兩營而所設弁兵只九百九十八員名較之香山營制已有軒輕且所轄尖沙嘴洋面近年更為夷船聚泊之區該處山高水深風浪恬靜夷船倚為負嵎之固上年調集官兵痛加勦擊始行全數退出恐

兵撤之復仍復聯檣而來佔為巢穴當又相度形勢在於
尖沙嘴及官涌兩處添建礮臺二座現在工程將竣已於
另摺縷析　奏報在案臣等復查尖沙嘴官涌兩處既經
建設礮臺必須調兵防守但大鵬左營額設叅將一員守
備一員千總二員把總三員外委五員額外外委二員步
守兵四百九十七名右營額設守備一員千總一員把總
三員外委五員額外外委二員步守兵四百七十五名除
分班出洋外尚不足以敷巡守據該營縣會議請添經臣
等與水師提督臣關天培再四籌商應將大鵬改營為協
撥駐副將大員統帶督率與香山協聲勢相埒控制方為

得力但官兵俸餉歲需支應　國家經費有常未敢遽議增添惟有就通商各營設法抽撥弁於水師各缺酌量改抵以歸簡易飭據司道核議會詳併咨准陸路提督臣郭

核覆前來臣等查外海水師副將共有四缺內除香山協應與大鵬分張兩翼毋庸更議外其龍門一協地處邊陲與越南夷地緊連崖州一協係煙瘴之區且外臨大海內控黎人均為邊疆要地未便改抵惟澄海一協雖與閩省接壤而上接南澳下連潮州有水陸兩鎮為鄰尚屬易資聲援應將澄海協副將改為大鵬協副將移駐大鵬所轄扼要之九龍山地方居中調度其澄海之協都司改

為大鵬協副將中軍都司兼管左營事務駐劄大鵬所城並於大鵬左營添設把總二員外委兩員額外二員步守兵並新添外委額外名糧共二百九十一名大鵬右營添設千總一員把總一員外委二員額外二員步守兵並新添外委額外名糧共二百零九名以把總一員兵七十五名專防右營官涌礮臺以把總一員駐防九龍礮臺將原駐九龍礮臺之千總一員移防左營尖沙嘴砲臺併帶新設額外外委一員兵丁一百三十名又以外委一員兵丁十五名防守前經裁撤今應設回尖沙嘴對峙之左營紅香爐汛又大鵬額設大小米艇六隻撈繒船三隻分撥配

巡不敷派遣應添大中米艇四隻左右營各半以千總一員把總一員外委二員兵丁二百零四名配駕又添快船二隻以額外二員兵丁五十六名配駕其餘外委一員額一員兵丁十二名隨防九龍聽候副將差遣所添員弁船隻先儘水師營移撥應請在陽江鎮右營抽撥友來艇員海門營抽撥把總一員外委一員龍門協左營抽撥外委一員龍門協右營抽撥外委一員陽江鎮右營抽撥大米艇一隻海安營抽撥大米艇一隻龍門協左營抽撥中米艇一隻海門營抽撥中米艇一隻又在龍門協右營抽撥撈繒船一隻歸入海安營配緝所需配船弁兵舵工口糧

隨船移撥支給至議抽兵丁五百名水陸匀撥水師應抽兵丁二百五十名現在外海內河防堵巡緝在在需人若概於額設步守兵內抽撥未免顧此失彼應在水師提鎮協營酌量抽撥步兵三十七名守兵九十四名酌裁馬兵改補步兵一十名連撥外委本身步糧三名共得步兵五十名守兵九十四名尚需添補步兵二十五名守兵八十一名在水師各營馬糧較多營分將馬糧三十三名改為守兵步糧較多營分將步糧一百六十四名改為守兵均各歸還原營兵額同馬兵所改步兵一十名遞年節存馬步糧料等項銀兩撥補增添步守兵丁一百零六名歲需

經費之用此外仍需把總二員外委一員步兵連外委本身名糧七十五名守兵一百七十五名應於提督五標及永靖營酌抽把總二員陸路提標五營酌抽外委一員其原食馬糧一分勿庸隨撥並於陸路各營勻撥步兵七十五名守兵一百七十五名共兵二百五十名均歸大鵬入額其外委仍食本身步糧並在大鵬步兵數內添設額外外委四員仍支本身名糧以資差遣至澄海地方應將澄海協改為澄海營即將大鵬參將移駐作為澄海營參將澄海原有守備二員分為左右二營左營守備駐劄蓬州所城右營守備駐劄樟林所城均未便移改將大鵬左營

守備改爲澄海左營中軍守備駐劄縣城經管兩縣錢糧
其澄海左營守備改爲左營左軍分防守備仍駐蓬州右
營仍循其舊以資防守所有現改大鵬協副將都司及澄
海營叅將左營中軍守備左營左軍分防守備俱照舊定
爲外海水師題補之缺其水陸各營抽撥兵丁所需糧餉
公費紅白等項以及一切軍裝器械俱由各營撥出隨帶
毋須另添澄海協改駐叅將守備有原設副將都司衙署
可以棲息辦公大鵬所城改設都司亦有守備原署可住
其防守礮臺弁兵即住礮臺均毋須另建衙署惟大鵬添
設大快船二隻各營無可抽撥應另行製造計每隻須用

裝造工料銀四百三十二兩二船共銀八百六十四兩歲
需弁兵口糧燂洗以及修費等項約需銀一千四百餘兩
又九龍地方改駐副將紅香爐添設汛防應建衙署兵房
以及大鵬新兵應製號衣器械等項所需經費均須預籌
查有前山營生息一項係從前由洋商捐出本銀十萬兩
發交當商生息以作添設前山營兵餉之用除每年支用
外截至道光十九年五月底止寔存銀五萬三千八百餘
兩除另摺　奏請動支添建尖沙嘴官涌兩礮臺工料共
銀三萬一千九百餘兩所有此次添造快船及建衙署製
新兵號衣器械等項用費均請於此項息銀內動支毋庸

請動
帑項如此改調添設因地制宜似於海疆控制大有裨益如蒙
俞允所有添造快船應建衙署兵房製新添步守兵丁軍械等項臣等即飭令地方文武會同確估辦理其改設副將等官應行鑄換關防並一切營制抽撥細數及未盡事宜統容另行咨部核辦再前山營生息本銀係由洋商捐出與正雜錢糧不同每年止將收支實存數目報部查核今請動支此項息銀以作添造快船衙署製軍械經費應俟動用後將支用總數於册內開除造報懇免備造工料細册報銷合併陳明臣等謹會同廣東水師提督臣闞天培陸路提督臣郭　合詞恭摺具
奏

煙犯財產充賞片

林則徐

再粵東鴉片之多本什百於他省自上年查辦至今除收繳夷躉二萬餘箱外其起獲內地民人興販囤藏者亦不下五十餘萬兩皆經陸續化期於盡滌前污察看各屬州縣城廂凡在耳目昭著之地大都漸就肅清而鄉曲邨莊山重水複往往恃其僻遠藏垢納污舊時既不少窩存闌拏而轉相寄頓或深房密室守以婦女而莫能窺或祠廟山林埋以坑窖而無由識甚至裝為棺柩假作坟塋詭秘萬端出人意表間有訪問破獲者入藉眼線密為伺察於其藏匿處所探知真確乃得搜起原臟若眼線不真搜查

無獲則奸民有所藉口轉恐釀成事端故從前烟禁鬆時患在得規包庇迨禁嚴而情偽叠出又患在託名慎重瞻顧畏難蓋趨避者衆人之常情而因循者官場之積習以為拏獲不多不過責以疎懈若辦理不善即恐坐以縱尤而且僱線先須給資獲案又須重賞賞不重則作線之人不來即來者亦必不確其能為精確之眼線必與烟犯素相親密之人所以不避怨嫌引官指拿者無非圖利耳激於義憤固無其人挾仇邀功亦不多見惟利重則衆人爭趨雖親密者亦不相顧此粤東風氣一時難以轉移而不得不乘機以導之也官予以利即為官用否則走私護私

皆其慣技未有不轉為私用者矣為私用則私愈不得破
而官愈不得知故官必須不惜重資而後能用此輩然近
日州縣無論其未必樂於捐資即欲捐而無可捐之資亦
安得而責之若營汛武弁則潔己者已難其人更何從語
以出資僱線之事雖臣等於報獲案犯疊經捐銀給賞而
究不足為常外此則籌款勸捐事皆窒礙倘因無資購線
以致若彼轉助販私則長惡滋奸所關匪細查上年軍機
大臣議准浙江撫臣烏　奏立禁烟章程內稱嗣後守口
兵弁能將商漁船隻所帶城厢烟土拏獲者將船及貨一
半賞給首獲之人餘貨分賞同查之人又海船偷帶烟土

無論舟人行户能將藏匿處所指明首告即將船貨給予舉發之人等語是海船夾帶鴉片首報之人即時得邀重賞而内地之窩販似亦可以例推且新例窯口烟館與販之本犯與知情租僱之業主船户其房屋船隻皆應一例入官是破案之後產業已為官物然若必俟由官召變始以價銀充賞則延緩需時竊恐有名無實仍不足以示勸蓋州縣承領估變例應會同委員勘造估册上下衙門層層駁估總須咨部核定方可作準往往累月經年十不變一而空房封鎖已為鄉鄰作踐匪丐潛蹤又安得有人承受有司憚於賠累甘受遲延處分故歷來入官未變之產

案牘纍纍皆其明驗也竊思信賞必罰法既不可枉賞亦不可屯與其俟變無期何若即時充賞且如米穀出洋被獲本有船貨給賞之條而下逮緝拿私鹽亦有車畜並賞之例今鴉片之害較之私運米鹽奚啻霄壤則報獲之賞似亦不可獨虛應請嗣後拏獲販賣鴉片之害於審明定讞後除烟土烟膏烟具悉數繳官燬化外所有該犯船貨産業概准分別給賞無論在洋在岸一體照行倘有栽烟誣賴希圖冒賞亦必確訊實情遵照新例不分首從按法嚴辦庶查拏首報之人有所圖而不相隱庇亦有憚而不敢誣妄而囤販為奸之人藏烟雖密破案不難於杜絕根

株以有裨益如蒙　俞允所有粤省已獲各案臣等均即
飭屬遵辦並請免其造册咨部以省案牘是否有當謹合
詞附片具　奏伏乞　聖鑒訓示謹　奏

夷人治罪專條請易字樣片

林則徐

再臣等准刑部咨通行夷人治罪專條內開一夷人帶有鴉片烟入口圖賣者為首照開設窯口例斬立決為同謀者絞立決等語在衛情定議之意以入口二字為關鍵原因海洋遼闊口以外直連夷洋口以內始為內地劃清界址本極分明惟覈諸粵省貿易章程尚有不得不防其影射之處緣廣東中路通商向以船進虎門乃為入口番船初到之時先於虎門口外寄椗如擔杆山銅鼓洋大嶼山伶仃洋尖沙嘴仰船洲琵琶洲上下磨刀沙灣石笋九洲

沙瀝潭仔雞頸等洋皆向准夷船寄泊之所此等洋面雖皆在老萬山以內而老萬山並無口門無從稽察是以定例夷船必雇引水小船報明引入虎門口內停泊黃埔始得開艙驗貨按則納税投行互市其在虎門以外寄泊中路各洋者皆未入口之船也而私售鴉片之獘正在於此蓋由中路而東而北則歷潮州南澳以達閩浙北洋凡寧波上海山東天津奉天之商船皆所通行由中路而西則本省之高廉雷瓊船隻往來亦絡繹不絕所有各路興販鴉片多在洋面舟次與夷人交易盤運過船即或在口內議買亦須赴口外運貨此內地快蟹拖風等艇所以乘間

出沒而夷人囤貯鴉片之躉船常泊伶仃等洋職是故也
口內夾帶鴉片者無非民船向來拿獲之案歷歷可據若
夷船夾帶入口雖亦難保必無然經總散各洋商逐層保
結又於入口之後即行開艙起貨立見底蘊故夷人所帶
鴉片每先卸於口外躉船然後入口令若以是為界彼正
得以藉口趨避難保不於虎門口外再設躉船恐辦理又
形棘手且英國領事義律於繳烟完竣之後曾據具禀懇
求在澳門裝貨臣等以其顯違定例批駁不准該領事尚
懷觀望是以近日他國之船進黃埔者已有十四隻而英
吉利所屬港腳之船尚停泊虎門口外之尖沙嘴一帶支

節遷延臣等惟飭師船嚴密防範一面示諭各夷船如無
鴉片即應入口報驗有鴉片而首繳淨盡者亦准入口若
自揣不敢報驗即日揚帆回國亦尚可免窮追倘透漏售
私萬難曲宥此時該夷正在憚於入口故口外之弊比之
口內尤當嚴防可否仰懇　聖裁將新例入口字樣酌易
為來內地等字稍示渾涵俾無可以藉口之處恭候　命
下祇遵

巡緝營員訪有勞蹟摺　林則徐

竊照廣東各海口囤販鴉片偷漏紋銀久已積為獘藪而港汊叢雜防範難周是以向設巡船分投查緝既不能不派委備弁亦不能不雇用眼線但其中奉公守法者緝捕多非所長而破案得力者又難保别無私獘惟有信賞必罰懲勸兼施獲犯既多固未便没其勞績一有獘竇即不敢稍予姑容蓋此輩駕馭之難各省皆然而尤莫甚於粤東諸案皆然而尤莫甚於鴉片也即如前任兩廣督臣盧坤任内捐設巡船維時副將秦裕昌以捐職都司王振高帶領壯丁徐廣素暗捕務稟准隨船巡緝先後獲犯多名

經盧坤將王振高飭發香山協水師効力並賞給徐廣記委頂戴嗣升任撫臣祁𡎴兼署督篆復於拏獲盜犯潘亞有等案内奏奉諭旨王振高著該督留心察看如果一二年後再著勞績即奏請以都司補用欽此臣鄧廷楨抵任後因王振高尚須察看當發陸路南韶連鎮差委旋經部駁仍發水師効力並未派令巡查嗣因捕務緊要修復巡船以資緝匪據署臣標中軍副將韓肇慶派委守備戴文彪千總將大彪倫朝光仍帶記委徐廣壯丁梁恩陞等往來外海内河巡查緝捕先後拏獲載運紋銀出洋販賣鴉片以及鹽梟土盜各犯共二百六十五名起獲紋銀番

銀共六萬二千六百餘兩煙土一萬六百餘兩均經　奏
報題咨在案除戴文彪奉部發陞江西都司今已病故外
倫朝光蔣大彪以疊獲紋銀先後　題陞守備梁恩陞亦
以獲犯勞績拔補外委嗣於十七年秋間臣鄧廷楨與前
撫臣祁𡊮承准　廷寄因有人陳奏王振高徐廣即赤沙
廣梁忠即梁恩陞等暗開窯口等因　諭旨查究當經欽
遵密查實無開設窯口憑據合詞恭摺覆　奏並附片瀝
陳此等用以緝捕本屬棄短取長仍不時留心察看如查
有弊端即從嚴懲辦不敢稍存迴護荷蒙　聖鑒各在案
此後臣鄧廷楨更加留心察看雖據報獲拏鴉片贓犯絡

繹不絶而獲銀之案較前頗少因思巡船出赴外海究恐稽察難周安知不恃特委之名藉端嚇詐且慮各處營縣因有另設巡船轉相觀望遂於十八年撤去前項巡弁以專營縣責成一面追查從前委巡之王振高及近年之蔣大彪等有無假公濟私尚未得有實據臣林則徐奉
命來粵密訪海洋利弊知先後管駕巡船之弁丁以及眼線人等多不理於人口而亦未得確憑迨五月内銷化夷船煙土事竣由虎門回至省垣訪得前在巡船充當頭舵之馮亞潤周亞保等併拏到案提同常作眼線之已革外委保安泰隔別研訊據供巡船拏獲販煙運銀各案匪犯俱

在水次截拏人贓並獲並無妄拏邀功挾嫌栽害情弊惟
所解煙土如有零星餘剩各船閒或匀分若在偏僻口門
遇著販煙之船亦有送給洋銀聽其開去等語是侵匿賄
縱之弊已屬顯然 臣等立提王振高倫朝光梁恩陞徐廣
反覆詰訊雖不敢盡行狡賴而供詞尚多閃鑠且因守備
蔣大彪引 見未回倫朝光等率皆諉諸蔣大彪一人其
為前此通同舞弊現在推卸避就尤可概見當此力除鴉
片之際正須肅清捕務杜絶欺朦 臣鄧廷楨先因各該弁
獲犯多名雖經隨案聲請 恩施予以升擢今既查有劣
蹟愧恨交深必當倍加嚴辦斷不敢意存迴護稍予姑容

致員　聖明委任除外委梁恩陞記委頂帶徐廣均已由
臣鄧廷楨斥革並將王振高捐納都司職銜咨部革退一
面行文前途截拏蔣大彪回粵聽審外相應請　旨將准
陞水師提標後營守備蔣大彪順德協右營守備倫朝光
一併革職以便提同各犯證嚴審確情按擬懲辦以為備
弁營私者戒

嚴辦煙案栽贓人犯片

林則徐

再臣等嚴拏鴉片尤必重辦栽贓緣差役眼線皆非正人在查暗訪之時斷不能不用而假公濟私之弊實不可不防是以諄飭各屬凡帶差役線人查拏烟案必先將其人搜檢一過無夾帶者乃許上前又獲到烟犯一案即令獲犯之人將如何查拏情形當堂詳細供指使烟犯聞知無可置喙然後再向該犯追究鴉片來歷以成信讞而杜侵欺第烟犯情節各不相同有不必栽贓者亦有不能栽贓者如平日本係著名窑口及積慣興販早為人所共知或問拿先逃久而始獲則雖棄贓滅跡亦不能末減其辜

其或首夥先後到案供證僉同或查獲帳簿發單已有賣烟確據則亦不必起出鴉片始能定其罪名所謂不必栽贓者此也又如盈箱累篋攙入別貨之中地窖夾墻藏於密室之內一經破獲為數孔多非外人所得預埋即挾仇亦難誣陷則犯供雖或狡展而衆證即是確憑所謂不能栽贓者是也所最要防者惟零星之小土與熬熟之烟膏價賤物微人心因而叵測每獲此種烟犯臣等無不加倍留神如本年三月間有清遠　人鄭亞帶假造烟膏裝貯一小錫匣預藏莫亞三柴船內商囑譚亞得張安等引同差役住拏圖詐當經訪拏訊認不諱又據番禺縣獲到羅

定人李亞有糾同林亞土陳超等携帶烟膏至番禺縣桑周氏家藉搜查鴉片爲名搶得番銀首飾衣服等件又據歸善縣營會獲兵丁何連升等將鄉民首繳之烟土二塊向王大受羅亞玉等栽害藉稱搜查搶取番銀四員八員不等又據新會縣訪獲從九品職銜周如齡即周超宇因素知同縣之張亞信有錢怕事商同族弟周導澄等携帶烟槍一枝烟匣一個指爲張亞信之物將其擄捉圖詐銀三百兩未成經該縣訪獲周如齡質認屬寔此外未經栽賊平空訛詐之何伯達等及甫造假土即被訪緝之周亞榮等亦經逐一拏獲隨時發審飭屬按例嚴辦總期法無

枉縱罪當情真庶足折服人心即以消除積習謹將歷辦
情形合詞附片奏　聞伏祈　聖鑒謹　奏

英夷兵船移泊校椅沙片　林則徐

再英夷兵船先後到粵內有數船復出老萬山俱經臣等將來去情形隨時奏報並因英夷寫有漢字說帖妄稱欲阻內地行舟及該國王遣令前往中國海境奏明等語又經照錄夷帖恭呈御鑒在案茲查六月初十前後該英夷兵船內有七隻及火輪船二隻又陸續開出老萬山遠帆而去兩日內據報復到兵船三隻雖保非即前開之船去而復至統計現在共有夷船十隻雖仍散泊外洋而間有一二船乘潮駛至相距虎門五十餘里之校椅沙一帶遇見內地出入之鹽船商船即潛遣三板攏近探詢官兵

消息迫內地各船駛近口門則又不敢追問蓋夷船所恃專在外洋空曠之處其船尚可轉棹自如若使竟進口內直是魚遊釜底立可就擒勦辦正有把握而彼亦揣摩已久深悉情形不敢冒死輕入每日東飄西泊莫定行蹤夜更遊奕不停深恐我兵復用火船潛往焼燬揣其狡獪伎倆無非挾制通商勢不可不示以兵威難容久滯此時水陸要隘悉周防一切制勝機宜均與水師提臣關天培密為商定因現值南風盛發師船出口係向南行尚須加意慎重一得可乘之隙即當整隊放出外洋大張撻伐臣等相機籌辦總求計出萬全不許將備弁兵藉口遷延亦不

敢任其孟浪至民間習見夷情虛矯仍俱靜謐如常堪以
仰紓
宸注所有近日夷務情形謹合詞繕片附陳伏乞
聖鑒謹
奏

上浙撫烏中丞書　道光二十年六月初七日　　伯麥

大暎國特命水陸大師爵子伯麥陸路統領兵官布耳利澤督理水師軍機師三陛砲啟　浙江巡撫大人烏令奉大英國主之命統領水陸雄兵到此決意討回定海内外洋面並所建砲台関口各海島等處與舊年粵東憲台林鄧等騙買鴉片五千萬六百六十斤面先給國主當銀十千五百六十五萬約至今春尚未解來交卸因國主於二月十五日遣使下書借銀數萬就粵東配茶以應國用乃天朝大臣粵東憲台非但不給銀兩與來使配茶將國主遣使者辱罵逐出海洋移札到大暎云本大臣在此爾小

國不吠之犬胆敢遣使進関索取烟銀本大臣當將爾國
來使以正　大清國法念使者無過放回可籌爾等知悉
本大臣有威鎮三江五岳計取四海九州機起周陸勇過
覇岑兵剛餉足如果爾國不守外夷臣節本大臣即申奏
天朝神兵率猛將出関下洋殺令爾國片甲無存等語
麥國主愁起仁義之兵六百萬往四海口齊來報明仰各
督撫院報奏　天朝將林鄧二人立送出洋並將定城所屬
地面等情神明鑒察别無他意決不賠害鄉民官宦工商
農民倘若不從任遣兵灾於百姓非大英國之不仁也特
稟各撫院大人即賜立奏限定於本月初六日寅時為照

若無咨覆大暎國大帥即於是日午刻率兵帶炮下鎮海
關討戰可無後悔

夷船犯浙赴淞預防摺　道光二十年六月

兩江總督伊里布

竊臣前經奏明前赴吳淞上海一帶查看海口情形順閱淞江水陸官兵折回蘇州甫經閱完撫標等營官兵茲於六月十一日接浙江撫臣咨會有夷船在浙洋游奕又於十二日撫臣裕謙接據浙江藩臬兩司稟報六月初一二日定海洋面有夾板夷船二十餘只在南燕山一帶游奕初九日又有夷船三隻駛至三山洋面言詞狂悖浙江撫臣烏爾恭額業已馳往督辦等情臣查該夷船膽敢聯蹤跟駛二十餘隻之多言詞狂悖顯因粵閩二省驅逐嚴密

闖入浙洋居心叵測今浙江撫臣現已親往督辦江省洋
面與定海相去不遠誠恐該夷船乘風北上亟應預籌堵
禦絕其希冀臣即於六月十三日仍由蘇州前赴吳淞海
口會同提臣陳階平督飭水陸營將口岸文員相機籌辦
倘該夷船膽敢闖入江省洋面即當先行封港杜絕勾串
示以兵威驅逐出境務使夷匪無計可施奸民無從接引
以仰副　聖主義安海寓之至意

定海失守江省調防摺 道光二十年六月二十六日

江督　伊里布

竊臣伊里布前因夷船在浙江定海縣洋面滋事當即
奏明六月十三日自蘇州省城起程馳至吳淞海口會同
臣裕謙臣陳階平飭調徐州壽春狼山三鎮及福山京口
高寶鎮江揚州常州太湖奇兵等營官兵四千二百五十
名連臣陳階平所帶之提標兵一千名分駐吳淞上海兩
處又令蘇淞鎮總兵田松林率令該鎮兵三千名前往崇
明縣防守以扼險要使通海之揚子江一帶咸資保衛業
將辦理緣由具　奏在案茲於六月十九日接准浙江撫

臣烏爾恭額咨會定海縣城已於初八日失陷夷船現逼
鎮海口等因臣等查該夷膽敢逞兇肆逆攻陷城池直逼
內地實屬罪不容誅必應痛加勦辦以伸國憲而振
天威惟該夷詭譎異常一經被勦難保不四處竄逸以為
牽制之計江省各州縣率多濱海之區口岸分岐道里綿
遠吳淞上海兩處近接定海為江南全省門戶亟應分駐
重兵遏其北竄其餘金山南滙奉賢華亭常熟通州海門
鎮江等府廳州縣或緊接浙洋或近通海口亦應節節防
守不容一處稍疎臣等前調各兵尚屬不敷分佈且所調
之狼山福山京口高寶鎮江揚州常州等鎮營官兵其所

轄汛地即在常熟通州等處自應留守本境未便飭調現
已飛札停止並因江甯將軍臣佈勒亨已往京口防堵即
移咨該將軍並飭該鎮將在各險要處所加意嚴防以期
有備無患一面添調督標兵二百名漕標兵四百五十名
河標兵九百名蘇州撫標兵二百名徐州鎮兵七百名壽
春鎮兵八百名淮安營兵三百名連前次調派之提標等
營兵共六千名飭令徐州鎮總兵鮑方灼壽春鎮總兵王
錫朋大湖協副將汪士達蘇州撫標參將馮萬春等管帶
分佈吳淞上海兩處與水師互為犄角並於海岸建築土
牆添設砲位以備攻擊其金山南滙奉賢華亭常熟海門

等處地處海壖額兵又均單弱復飭調提標兵六百名安徽撫標兵四百名安慶營兵三百名督標暨江甯城守遊府兵等三營各兵二百名浦口甯國蕪采泗州等四營各一百名共二千三百名分赴各該處協同防守又另調江西九江鎮總兵李琦帶領該鎮兵一千名至蘇州鎮江分駐為往來策應之用並咨安徽撫臣程楙采借撥火藥鉛丸五萬斤解蘇存貯以便隨時動撥臣裕謙現仍督同兩司在省添置軍火籌備糧餉分運各處應支臣伊里布仍往來寶山上海兩處與臣陳階平督率鎮將嚴密防堵並令水師將弁多帶兵船火器出洋巡哨遥為浙省聲援倘

該夷竄入江境即與陸路各兵合力夾擊

夷船日增添兵攻守摺 道光二十年六月

浙撫烏爾恭額等

竊臣等前因噗逆攻陷定海直逼鎮海要口當將力籌堵禦緣由於六月十三日會摺馳奏在案臣等連日籌備已將沉船口門各事宜次第辦竣前調各兵約到一半派在招寶等山及縣城内外緊要各處嚴列隊伍軍容甚壯噗逆船隻畏威退走潛往象山石埔以及鎮海内外洋面游奕旋生詭計在洋忽將鄞縣商船扣住勒令商人投遞各國偽相書函欲求轉達廷臣籲請通商臣等知其居心叵測即將原書擲還加意防範近日鎮口堅固噗逆旋

退之實在情形也伏思要口既固必當議戰然須探其底裏計出萬全乃能一鼓剷除立時克復臣等素知前升定海鎮丁憂總兵葛雲飛籍隸山陰由浙江水師將領洊升在洋最久無不熟悉當即專函邀其赴鎮與議攻守之策該鎮臣葛雲飛精明曉暢所論悉合機宜實可相助為理一面迭遣兵目暗赴定海到處探視據報𠸄逆續添兵船七隻連前共有三十八隻其兵計有七八千人船在洋面及近城處所或散或聚其人或在縣城或在要隘羅列砲位防備極為嚴密細度情形𠸄逆之兵勢已分我兵亦須水陸夾攻始能得手臣等悉心籌畫𠸄逆依城為穴已用

重兵扼守我兵由海登陸攻城殺賊克復後即駐城防堵作為內應此一路必得勁兵五千方敷調遣又恐在城㖆逆逃走入船連帮豕突擾及沿海地方不可不防現在最要之鎮口兵威雖重其瀕海一帶以及逼近定海之穿山象山石埔並近省之乍浦兵力尚單必須配兵四千名添入城汛隘口嚴行防守此外濱海各州縣口岸甚多應飭令地方文武選帶兵役雇募鄉勇協同守望統計陸路戰守各兵需用九千臣等前已　奏調提標撫標暨各營兵丁共計四千七百名尚缺四千三百名即在撫標衢州處州鎮標嘉興湖州紹興台州金華嚴州協標並溫標鎮海

甯海太湖楓嶺各營内隨時調撥酌量分派至於水路尤
關緊要嘆逆生長海島素習水戰其水隻之高寬靈巧砲
火之遠大猛烈迥非内地可比張朝發一戰而北固失機
宜實由輕敵此番進攻全仗水師衝鋒破陣寡援必怯小
挫尤撓斷須力敵勢均大隊摶戰方使匪胆破落士氣奮
揚現查提標水師額定無幾即黃巖温州兩鎮所轄多屬
海疆内應巡防亦難盡撥此中精鋭約可挑選三千實已
無可再調切恐衆寡不敵難以決勝伏查各省水師廣東
最強福建亦勇且虎門屢與嘆逆接戰獲有勝仗爲嘆逆
所震懾若得閩廣水軍會勦既壯我軍又奪其氣即可制

彼死命在閩浙連圻尚應同舟共濟是以臣等前次調請
閩師以為策應惟廣東為中外洋面門户又未知近事若
何本非臣等所敢妄奏但輾轉思惟此舉實關國家大
局不敢不鄭重詳慎故不得不冒昧陳請可否仰懇皇
上天恩俯准敕下兩廣督臣林則徐閩浙督臣鄧廷楨各
發師二千選派大員統帶星飛來浙會同浙省各鎮併力
痛勦俾知天威嚴重不敢妄生覬覦臣等臨時亦當往
來督率以期將士爭先効命迅速蕩平不勝急切待命
之至謹合詞恭摺由驛具奏伏乞皇上聖鑒訓示再
定海鎮篆經臣祝廷彪奏明兼署茲准督臣來咨飭委提

標右營遊擊周士法護理正值軍務需人之際應即飭交
任事以專責成 臣 祝廷彪已於六月二十二日交卸鎮篆
合並陳明謹 奏

再此次𠸄逆實擁大衆入寇官軍猝遇交鋒以致定海失
守臣祝廷彪於初八日申刻始接准鎮臣張朝發來咨該
鎮係於初七日自卯至午在船與𠸄夷互相轟擊被傷左
腿甚重落水枝板登岸不得已帶傷入城而臣等提訊羅
建功等據報該遊擊等自夷船二十六隻入港以後會同
文武商酌夷逆仗其砲火止利於水不利於陸擬將水陸
各兵一半撤至離城一里之半路亭扼要地方堵住一半

撤任城中防守衆謀皆同隨向該鎮剴切禀明即該縣姚
懷祥及各紳士等亦皆求請該鎮進城督率保護乃該鎮
傳調防城各官總要在江南攻擊致被逆夷轟斃官兵無
數迨至該鎮進兵該遊擊等勢難抵敵尚冀招集殘兵進
城保護嗣至城濠姚懷祥已將四門緊閉不能緣城而上
夷逆撤夜攻城將東門攻破紛紛而入該官兵既失其所
該遊擊法無可施冒死到鎮等語臣等親往看驗該鎮張
朝發及提驗該遊擊錢炳耀受傷屬實伏查官軍猝遇冦
賊彼衆我寡必當出奇制勝謀定而後動今夷逆豕突定
海可以攻守何至猝然城陷乃該鎮張朝發愎諫撤守以

致喪師失城其情罪實屬重大該遊擊羅建功等於敗後
遽即回鎮亦屬罪有應得惟該鎮等有碍發落例准奏請
處置相應請　旨將將定海鎮總兵張朝發署中營遊擊
羅建功護左營遊擊錢炳耀護右營遊擊王萬年署中營
守備龔配道一併革職分別定罪由　臣烏爾恭額將張朝
發等先發甯波府與甯紹台道嚴行看守候　旨准行臣
祝廷彪於倉卒之際未及救援　臣烏爾恭額得報較遲籌
備不及均屬咎無可辭應請　旨交部嚴加議處其定
海鎮印務先由　臣祝廷彪兼署左營遊擊印信已經錢炳
耀失水同中營遊擊管官亦由　臣祝廷彪先行委署以專

責成鎮海營恭將胡德耀未能得力臣祝廷彪即行撤回飭委在海差遣之新任黄嵩巖中軍遊擊林亮光署理臣烏爾恭額查得鎮海縣知縣黄惟同辦事未能周到亦即撤任委員先行代理一面札司飛調精幹之金華縣知縣葉堃赴鎮海接署仍飭胡德耀黄惟同聽候差遣不得擅離沈粤巡檢徐桂馥請救已遲亦請斥革示懲署定海縣知縣姚懐祥同該典史余福一併死節均属可嘉臣烏爾恭額查其家属下落另請照例議卹其現無着落之定海文武官兵如有逃回亦即查究分别辦理

蘇省辦防片 道光二十年六月廿九日

蘇撫裕謙

再浙江定海洋面夷匪不靖浙江撫臣烏爾恭額堅守鎮海調兵勦捕現尚相持未下六月二十六日探聞浙江乍浦洋面於二十四日有夷匪船隻被官兵擊逐拒敵情事江蘇洋面屢次查探並無夷船蹤跡惟查乍浦與江蘇之金山縣接壤離吳淞口亦不甚遠督臣伊里布現在駐札吳淞口會同提臣陳化成調集水陸官兵節節防守既固吾圉又為浙江成犄角之勢蘇淞鎮總兵田松年鎮守崇明狼山鎮總兵謝朝恩把截江口其餘各水口亦皆添兵

設守嚴查奸細聲勢極為連絡淮北一切商船盡行押歸口內以杜奸匪接引該夷匪如敢竄入江省洋面即三路圍合痛加勦捕常鎮道伊克精額會同京口副將林明瑞在於鎮江金山一帶水陸交巡江甯將軍臣佈勒亨會同京口副都統臣于兆祥在於焦山一帶派撥官兵安設砲位輪流彈壓遙作聲援其與山東交界之贛榆縣海口河臣麟慶已就近飭令淮海道趙廷熙馳赴會同海州營參將督率地方文武嚴行防堵所需火藥鉛子除在本省各營調撥外業已飛咨安徽等省暫行借撥並據蘇藩司鄒甲名委員前赴產地採買硝磺趕緊添造沿海一帶及崇

明縣素不產米適當霪雨水發商販稀少米價騰貴亦經郜甲名先行買米三千石委員運往仍陸續源源接濟沿途一路被水淹沒橋梁冲塌經臬司張晋熙督飭有驛州縣設法疏消隨涸隨修並先多備快船馳遞文報預備兵差省城各門原設大將軍神威紅衣各砲位亦經臣委令張晋熙會同城守營參將易騰霄運赴太湖空濶湖面疊次演放存城兵弁臣逐日親督操演以壯軍威而安人心地方民情均尚安貼

中外紀事本末八

柔遠全書三十六

德威錄卷四

靜密防範酌封海口摺 道光二十年七月

江督 裕謙

竊臣於三月初二日承准軍機大臣寄二月二十七日奉
上諭本日據琦善奏虎門砲台失守云云海林摺着抄
給閱看將此由六百里各諭令知之欽此並將海林原摺
抄寄前來伏查𠹭夷兇燄日張實堪髮指現經靖逆將軍
奕山等添兵進攻自必痛加勦洗江省雖無夷船游泊而
海口均關緊要誠如
聖訓必須加意防守臣已遵
旨添兵調鎮營各弁備守堵防勦嚴飭守口員弁慎固綢繆
毋稍疏懈其江西一省界連廣東贛州逼近惠州南安則

壤接南雄雖距粵中省城尚遠斷不致虞闖入而該處民
風獷悍會匪鹽梟烟販時有出沒萬一聞風思逞關係匪
輕　臣已咨行江西撫鎮　臣督飭地方文武添委員弁密加
防範毋許稍涉張皇足慰　宸廑至海林奏請將沿海通
商各馬頭暫一律封閉等語核其摺內所指各情係為杜
絕接濟嚴防漢奸起見粵省不日進兵攻勦難保無夷船
出入自應封閉港口不准一船一人出入俾內地米粮硝
磺等物不致透漏出洋庶可使夷勢窮蹙辦理較易為力
　臣已札行司道將江蘇省沿海各港一律封閉嚴密巡防
毋任漢奸溷跡致漏消息而齎寇資仍飭夷務事竣照常

開港以資商漁生計

遵　旨赴浙摺　道光二十年七月十六日

大臣　伊里布

竊奴才於本年七月十五日承准軍機大臣字寄七月初九日由內閣奉　上諭云云　伊里布著頒給欽差大臣關防馳驛浙江云云又奉　諭浙江定海縣夷逆滋事云云各等因欽此伏念奴才才識庸愚未嫻韜畧仰蒙　皇上委茲重任並荷　諄諄告誡指示先機聞　命之餘莫名感悚查該夷自攻陷定海以後船隻日增人數日重今據險要以抗我師誠如　聖諭必須厚集兵力好謀而成方克制勝奴才於奉　旨之日即自寶山縣起程十六日將

兩江總督關防及鹽政印信委員賫交撫臣裕謙接收兼署奴才即馳驛前往浙省俟到浙之後體察情形與福建提臣余步雲熟籌良策督師進勦總期推除醜虜克復城池仰酬　簡任至江省水陸將備現多派赴各海口防守一時難以撤動且帶往之員尤須才具明幹方足以資任使查有狼山鎮總兵謝朝恩京口協副將林明瑞曾經出師熟悉行陣平望營都司曾得勝人亦踴躍委用可期得力現已札飭該鎮等遄行赴浙其所遺各缺分別委員代理俾有責成另又派帶備弁數員並帶署鎮江府知府黄冕卸署金匱縣知縣試用通判孫逢先及佐雜之員隨往

差委以收指臂之效至江省前調防堵各兵或已到進或已起程不日即可齊集奴才已將禦守事宜告知兼署督臣裕謙相機酌辦以靖海疆除俟到浙江後查勘情形另摺奏報外所有奴才遵旨起程赴浙緣由理合由驛恭摺奏聞伏乞皇上聖鑒奴才又奉諭旨飭訊已革定海鎮總兵張朝發等於咲逆接仗退敗情形及福建已革舉人陳姓經逆夷聘為主謀投帖導令張朝發從逆一節抵浙後即當提集人証並問張朝發徹底根究務得確情據實具奏

遵旨籌辦摺　道光二十年八月十三日

大臣伊里布

竊奴才抵浙以後業將查勘情形暨酌擬辦理緣由於本月初二日恭摺具奏在案旋於初三初六初七初八等日四次接奉廷寄仰蒙皇上洞燭幾先再三申諭循繹之餘莫名欽感伏查𠹭夷船堅砲利我師若專在洋面決戰原非知己知彼之算誠如明諭我師非有把握不宜急圖收復致誤事機況現在該夷船已至天津稟訴以致彼此相左奴才現與福建提臣余步雲詳細熟籌此奉旨飭令督臣琦善妥為辦理浙省更不宜冒昧輕進

時浙省惟有從嚴防範不令該夷竄入口內一面將攻勦事宜密爲部署俟直省如何辦理奉有　諭旨再行分別酌辦用副　聖主諄諄訓誡之至意奴才抵浙以後曾與浙江提臣祝廷彪原任撫臣烏爾恭額商定若夷人呈遞字帖如來意祇係懇求通商原擬代爲呈　進迄今未據該夷遞有字件倘此後或有所呈當即接收驛呈　御覽定海前無下落之文武各員現在敎諭曹應若訓導諸葛璋均已避入郡城岑港巡檢趙　詒仍在該處防守又已遭冥誅之夷　或稱伯麥或稱義律致死緣由亦屬傳聞不一至夷舟屯聚游奕情形與　奴才　初到之時大畧相同

並未逼近口岸堪慰　宸懷

夷船駛進呈遞字帖摺道光二十年八月十八日

江督裕謙

竊臣等欽奉上諭夷船游奕必須探明夷船多寡並密派幹員察其來意如該夷只駕小舟求遞字帖務須飭令委員就近接收由驛馳奏呈覽等因欽此欽遵在案茲於八月十四日有大夷船五只駛至川沙廳之川沙洋面寄椗夜間突有小船二隻駛近吳淞海口經把守汛地之川沙營外委顧振彪帶同兵勇攔截盤詰一船即行駛去追獲一船內有九人並搜出夷書一封面有江南提督開拆字樣臣等公同拆閱係仰懇提督轉呈宰相大臣字帖

二封一係楷書文理不通一係夷書不成字體又刻板書一本告示二紙隨督同蘇松太道王玥訊據投遞字帖之人名黄茂正鄭三合林財鄭樸李源祥朱古黄錐張熊吳明暉俱係廣東澄海縣人從廣東販運糖貨前來上海投行發賣於六月二十九日在廣東開船由外洋行駛並未經過舟山亦未見過夷船八月十四日晚駛過三尖角洋面始見夷船將其船只牽住逼令駕坐自己舢板小船夷船上亦放舢板船一只帶令進口因見防守嚴密兵勇攔截盤詰即將夷書等件擲在船轉帆東去現在船貨截留要等回信方得放回等語究詰不移似無遁飾臣等查該

夷船既係呈遞字帖自應遵　旨接收當將鄭三合等七名飭令寶山縣小心收管黃茂正吳明暉等二名令其仍坐原船傳諭該夷業將字帖進　呈聽候　大皇帝諭旨遵行但夷情詭譎現當秋潮旺漲之時難保其不再行逼令該商船指引線河隨潮闌入臣等惟有督飭防堵文武各官小心防守相機辦理斷不敢稍有懈忽

奏陳夷情摺節錄　　琦善

竊夷船自七月二十三日起椗後分赴豐順玉田所屬之澗河黑洋沿子庄等處持械上岸散給夷書攫取牲畜本月初二日仍回至攔江沙外隨約令義律前來聽候面諭初四日義律隨帶十餘人乘三板進口經諭以返棹南還該夷堅執前遞公文所呈各條並呈閱所謂全權其式圖而上有斑文近似印篆復投遞字據二紙欲臣批允否則欲請開仗又據將該國王諭該夷等先將各海口插立木牌阻止商船出入之條送臣閱看查天津切近京畿凡鹽漕銅船皆由此來最為咽喉重地設使邊釁一開該夷狡

焉思逞頻相滋擾致我勞師糜餉所關匪細且海道處處可通防不勝防諭以閩廣商船儘有陸路可行何必航海冒險該夷遂不復提阻止商船之言復求割讓海島始則欲占據定海隨懇於澳門西洋現住處所分一席之地携眷寄居均經回覆該夷又稱粵省沿海無人之地請借一隅俾資棲止並該國官員來粵均須尊敬文移均用平行逕自往還不用洋商經手諭以官員須有差等該夷稱來自該國同為客官又諭以通市祇須商人交涉天朝官員可不過問本無所用其文檄該夷以既有此說於前公文所稱洋行倒歇拖欠銀兩之處並未言及惟於烟價一層

狡執最甚據稱並非由商呈繳實義律等被斷淡水食物
困餓無以自存遂動用該國王銀兩買烟呈案今須繳還
等語云云

議覆團練水勇摺　林𪿢英　怡

竊准部咨道光二十年七月初二日奉　上諭給事中沈鑅奏云云欽此並鈔錄原摺前來臣等查粵東漁人蛋户以及濱海居民多以採捕為生不畏風濤之險土人所稱為水鬼者隨在有之如新安縣之大澳香山縣之淇澳陸豐縣之高螺饒平縣之井洲向有善泅之人傳聞能於海底晝行夜伏並能於船底鑿漏沈舟上年粵省驅逐鴉片躉船臣林則徐與臣怡良暨調任督臣鄧廷楨密商即擬資以為用迨經雇募多名遂加演試亦僅能於内洋淺港往來鳧泛求其深泅數丈潛伏多時者實乏其人始知向

所傳聞乃係言過其實茲臣阿精阿到任後留心諮訪並據副都統臣宗室奕　告知前署將軍時亦曾於操練旗營水兵之便會同副都統臣宗室英　試過水勇技藝所見遠不及所聞然當防夷喫緊之時恐此輩被其句作漢奸或為盤運鴉片利之所在不免爭趨仍惟收而用之在官多一水勇即在洋少一匪徒與給事中沈鑅現在所陳似已不謀而合又因粵省沿海口岸有三千六百餘里之遙額設水師兵丁實不足以敷分派自上年以來或由民間自行團練以保鄉莊或由府縣雇覓壯丁以資捍衛即如中路一帶所雇練勇用以協防礮臺隘口並配入拖風

紅單等船者已有一千五百餘名疊次隨同焚勦㕘夷藉可以壯軍威而助兵力惟是雇用此輩流弊亦多權宜雖在暫時而駕馭必須得法蓋其來從烏合非比有制之師而又獷悍性成每易藉端生事即令舉出頭目亦係素與習熟之人分既不足以相臨權亦不足以相制全在管帶之員弁猛寬並濟鈐束有方故當其招募之時即令查明親屬取具的保詳開名册各給腰牌不以拊循厚其雇值平日勤加操練漸以化其囂陵臨事不藉衝鋒祇令備為策應其犒勞賞卹仍予從優使有顧戀之心不萌他念第口糧安家一切用費較繁且若輩久處行間習知虛實其

中亦有所不宜故又須加意防維隨時稽察果能遵守紀律出力向前則留營酌編入伍否亦酌量資遣妥為管束以杜日後非為是雇募水勇之策係屬因時制宜而欲其能發能收則惟有妥籌經理始可防其流弊也

密陳夷務片　林

再臣渥受　厚恩天良難昧每念一身之獲咎猶小而
國體之攸關甚大不敢不以見聞所及敬為　聖主陳之
查此次暎逆所憾在粤省而滋擾乃在浙省雖變動若出
於意外其窮蹙正在於意中蓋逆夷所不肯灰心者以鴉
片獲利之重每歲易換紋銀出洋多至數千萬兩若在粤
得以復興舊業何必遠赴浙洋現聞其於定海一帶大張
招帖每鴉片一斤只賣洋錢一圓是即在該國嗌啊啦等
處出産之區尚且不敷成本其所以甘心虧折急於見銷
者或云以給雇資或云以充食用並聞其在夷洋各埠債

船雇兵而來費用之繁日以數萬金計即礮子火藥亦不能日久支持窮蹙之形已可概見又夷人向來過冬以氈為暖不著皮衣蓋其素性然也浙省地寒勢必不能忍受現有夷信到粤已言定海陰溼之氣病死者甚多大抵朔風戒嚴自然捨去舟山揚帆南竄而各國夷商之在粤者自六月以來貿易為暎夷所阻亦各氣憤不平均欲由該國派來兵船與之講理是該逆現有進退維谷之勢能不內郤於心惟其虛憍性成愈窮蹙時愈欲顯其桀驁試其恫喝甚且别生秘計冀得陰售其奸如一切皆不得行仍必帖然俛伏　臣前此屢經體驗頗悉其情即此時不值與

之海上交鋒而第固守藩籬亦足使之坐困也夫自古頑苗逆命初無損於堯舜之朝我　皇上以堯舜之治治中外知鴉片之為害甚於洪水猛獸即堯舜在今日亦不能不為驅除　聖人執法懲奸實為天下萬世計而天下萬世之人亦斷無以鴉片為不必禁之理若謂夷兵之來係由禁烟而起則彼之以鴉片入內地者早已包存禍心發之於此時與發之於異日其輕重當必有辨矣臣愚以為鴉片之流毒於內地猶癰疽之流毒於人心也癰疽生則以漸而成膿鴉片來則以漸而致寇原屬意計中事若在數十年前查辦其時吸者尚少禁令易行猶如未經成膿

之癰內毒或可解散今則毒流已久譬諸癰疽作痛不得不亟為拔膿而逆夷滋擾浙洋即與潰膿無異然惟膿潰而後疾去果其如法醫治托裏扶元待至膿盡之時自然結痂收口若因腫痛而別籌消散萬一毒邪內伏誠恐患在養癰矣溯自查辦鴉片以來幸賴　乾斷嚴明　天威震疊躉船二萬餘箱之繳係嘆夷領事義律自行遞稟求收現有漢夷字原稟可查並有夷紙印封可驗繼而在虎門燬化烟土先期出示準令夷人觀看維時來觀之夷人有撰為夷文數千言以紀其事者大意謂　天朝法令足服人心今夷書中具載其文諒外域盡能傳誦迨後各國

來船遵具切結寫明如有夾帶鴉片人即正法船貨沒官亦以漢夷字合為一紙自結之後查驗他國夷船皆已絕無鴉片惟暎逆不遵法度且肆鴟張是以特奉　諭旨斷其貿易然未有浙洋之事或尚可以仰懇　恩施今既攻占城池戕害文武逆情顯著中外咸聞非惟難許通商自當以威服叛第恐議者以為內地船礮非外夷之敵與其曠日持久何如設法羈縻抑知夷性無厭得一步又進一步若使威不能克即恐患無已時且他國效尤更不可不慮臣之愚昧務思上崇　國體下懾夷情實不敢稍存游移之見也即以船礮而言本為防海必需之物雖一時難

以猝辦而為長久計亦不得不先事籌維且廣東利在通商自道光元年至今粵海關已徵銀三千餘萬兩收其利者必須預防其害若前此以關稅十分之一製礮造船則制夷已可裕如何至尚形棘手臣節次伏讀諭旨以稅銀何足計較仰見聖主內本外末不言有無誠足昭垂奕禩但粵東關稅既比他省豐饒則以通夷之銀量為防夷之用從此製礮必求極利造船必求極堅似經費可以酌籌即裨益實非淺鮮矣臣於夷務辦理不善正在奏請治罪何敢更獻芻蕘然苟有裨國家雖頂踵捐縻亦不敢自惜倘蒙格外天恩寬其一線或令戴罪前赴浙

省隨營効力以贖前愆臣必當殫竭血誠以圖克復自粵
省各處口隘防堵加嚴察看現在情形逆夷似無可乘之
隙藉堪仰慰　宸懷

曉諭暎夷情形摺 道光二十年八月 琦善

查近時山東洋面疊次望見夷船是該夷行蹤叵測必係往來已久延之日後勢必南北滋擾天津拱衛　神京近接　盛京根本重地欲求處處決勝時時常勝實所難必隱存意外之虞即如江浙等省海道已被該夷隨處游弋長江所在可通是險要已為該夷所據水師轉不能入海窮追且本年擊退明歲仍可復來邊釁一開兵結莫釋我

皇上日理萬幾更不值加以此等小醜跳梁時殷　宸廑而頻年防守亦不免費餉勞師故臣鰓鰓過慮甚欲就此開導俾該夷安心回粵聽候辦理或可冀圖安靖現在

懿律船於本月十七日回天津託詞聞山海關向多古蹟前往觀看並稱該處祇有弓箭未見礮位千總白含章答以此係密防豈能令爾望見現於報部廢棄礮位内檢得數尊係前明之物蒸洗備用復行永平委員徑稟山海關副都統於各城樓一體檢查一面遵 旨另給公文開導據該夷稱煙價一節原非敢向 大皇帝求賞祇求可以登覆國王並稱定海之兵亦可先行撤回一半至次早備具回文又更前說該千總詰諭令其改寫據稱業已繕就不及另書即以所言為定俟到粵再行商議惟稱所求各條未奉 允准明文既須俟回粵聽候查辦則定海各處

兵船未能即撤該夷一面稱説一面即行起椗據稱先赴定海耽延數日即回粤東白含章告知此時豈可先赴定海據稱如沿海各處不開槍礮該夷亦不滋生事端倘被攻擊勢難已於回手此去粤東仍在澳門自蓋房屋居住等語現在各夷船全數起椗開行惟夷性反覆無常即如所請沿海地方勿先攻擊安知非弛我防閑或定海𦂳圖緩攻故此閒弁兵亦不敢遽撤此次發給該夷照會底稿兩件該夷回文一件一併進呈

伯麥來文　道光二十年八月二十五日

大英特命水師暫署將帥爵子伯麥爲洛會事照得從前業經照會本國特命大臣前往討　大清宰相伸寃正會議問本國兵弁不得交戰等言本將帥果然守約但雖然免戰查寧波操權官憲常以挑撥定海居民強行使之不肯賣食物況且日前擄掠寶僕一身且本月二十一日無法之匪物看本國之武官安突德與跟班一名無帶兵械在內地遨遊即時擄帶而送到　大人台前等情不可欵矣但自稱大國而作行如此殊屬不堪當也是以本將帥催討將安突德與其跟班並取前稱寶僕立即送回設使

一民一毫受害本國兵弁義然嚴行報仇累及有罪並無
辜者一均敗亡特此咨知　貴部堂提督電鑒　一千八百四
十年九月二十日

復伯麥文 道光二十年八月二十九日

前任浙江巡撫烏、浙江提督祝為照復事：本月二十七日據鎮海營林叅將接收貴將帥差杉板小船投來字帖，均已閱悉。現奉大皇帝欽差宰相兵部尚書都察院右都御史兩江總督紅帶子伊、欽派太子太保乾清門侍衛福建提督余，本部院、提督即將來字呈閱查核。字內所稱之實儻及武官安突德現均在此，且天朝所獲之人，不但安突德等數名，另有陸續獲到之白黑英人二十餘名、英婦一名，現均好為看待，並不一毫傷害。今來字欵將安突德討還，必須貴將帥先退出定海城，並將船隻全數退遠道頭，欽

差大臣伊　自當奏懇　大皇帝天恩將安巭德等釋放
且前次來字內所求通商一事　欽差大臣亦可代為奏
請邀　恩允許兩下罷兵同享太平之福豈不全美　欽
差大臣伊　係當　朝宰相是　天子一家之人奉　大
皇帝特派來定查辦此事與别項官員不同貴將帥即詳
揆情理審度利害如再有字帖只管差官來遞可也為此
合咨貴國將帥知照須至照覆者

照會辛好士　道光二十年九月

欽差大臣協辦大學士兩江閣督部堂伊　為照會事前

准浙江巡撫部院烏　浙江提督軍門祝　送到貴國將帥來文以武官安突德

等被獲欲求釋放本大臣當查貴國被我兵所獲者不止

安突德等數人此外尚有男婦二十餘名雖來文未經詢

及　天朝以誠信待人不事欺詐既有其事自應據實知

告囑令　浙撫部院等逐一照覆並以貴國若先交還定

海撤退兵船本大臣當奏請　大皇帝施恩將安突德等

及婦人一併釋回等因在案今據貴國將回文詢及男婦

之名及因何緣被獲並懇將該婦釋放情詞真摯具見貴

副將乃深達權變之人本大臣查該婦名嘍哮啷咘年二十六歲其餘二十八人一名嘞咍囉唎一名噂噶吖嘔一名吒喧一名嗚打唯一名啦啙一名嗯唯一名咖𡃏嗚唎一名嗚嗛味唯一名嗢嗶哋哩𠲳一名噂啞一名嘁囁一名呫𠲳咭咍一名嘩哋嗚哦啌一名唎咇一名嘁啷一名呫哆喻一名嗚嗛𡃏嗶嘁唎一名噶打哩一名喳咍哋唎唎吪一名喳咍嚴一名哩一名咽咗嗛唯唯一名咾嘔一名嚩喂一名啲哇唎𠲳一名滑𠲳一名噂一名嚨鄰唎困駛入內洋直逼口岸並向官兵抗拒以致被獲本大臣即體　大皇帝中外一家之意仍復優加豢養並不絲毫傷

害即聞有患病之人亦為之醫治惟此事業經具　奏如
求釋放必須懇乞　天恩且前次所言歸地退兵之事來
文並不復及貴國初次文內係即將帥列名此次又係貴
副將列名此時既稱貴國水師提督適未在定海之事未
能議覆則所求釋回婦女一節亦須俟貴國水師提督回
日再行縷晰具覆酌議現在　大皇帝已特命直隸爵閣
部堂琦　赴粵查辦如貴國迅速退兵交還定海返棹粵
東聽候辦理不但所獲各男婦均以尅日得回即通商之
事亦可及早議定從此永享無窮之利不致曠日持久勞
而無功本大臣亦當將貴國恭順之情專摺具奏　大皇

帝必深嘉獎在貴國水師提督既爲統帥必能深計熟思
即貴副亦叅謀協賛之人亦必能詳稽損益擇善而從也
須至照會者右照會暎咭唎嘓水師副將辛好士

辛好士来文　道光二十年九月初六日

竊本公使大臣等前往白河經與　直隸爵閣督部堂琦疊次公文往還彼此安和以禮相待而此際循照　大皇帝聖旨遂赴粤東欲行酌商辦理俾得平安善定事宜夫統師大使大臣懿　因恭賴　大皇帝公平恩意同施原想到定可將寧波上海兩處海口兵船即行撤退免仍錮封該口全放船隻任意出入往來惟見到定之日得悉浙省　大憲屢經准令兵民暗至定內擒獲人等搶赴寧波等果意欲戰敵明徵遂在定暫理事務將帥伯　令將来寧被我兵攔截之船概不准仍復放行必須連貨留貯

三十餘隻矣現在被擒之安突德等如不能早行放回則
統師大臣雖欲相和辦理而不能不以敵對敵力行交戰
其如此論之非在　大憲原不可在定擒獲人民乃以擒
獲之事果雖交戰則可而彼既交戰相敵此亦不得不敵
對頭使兩無相和往還之情則所言商辦早結及同享太
平之福等因如何得成耶維思統帥大臣未能北往之先
已有咨會　浙省大憲因欲聽候　朝廷如何批覆事件
是以不願相攻等因在案則此際交敵之責果在大憲當
任與公使大臣並無相關至云另行擒獲者既據聲稱向
官兵抗拒以致被獲則仍行拘留無所不可而在本公使

大臣等特求　貴大臣仍施仁愛優加留養素有擒獲拘留之事則統帥大臣不免同行查拏船隻只連人拘留仍然錮封寧波上海兩處港口以為答應之法照有被獲無犯婦女者念思　貴大臣仁心治邦不忍久留望必刻日放回至如安突德等定内指被擒獲之人倘可同行釋放求請指示俾得立刻致信統帥以所有水陸軍師毋庸派撥前來早已派撥者撤回定幸免攘爭交敵倘未能以安突德釋回則統帥與本公使亦皆不能商酌議結事端只得俟候放回再行商辦結事此係統帥定擬今本公使代行致達之情祈　貴大臣查照馳行可也至如交還定海

一節本公使等前在白河業知會　直隸爵閣督部堂琦
以公使等遵命為英國計算之間情願再求循從　大
皇帝旨意則定一款早可商議萬全惟現在安突德等暗
被擒獲一節係欽無能商辦一俟安突德等放回方可罷
兵彼此酌商以求相和結事須知諭者右字原係公使大
臣義律詳論事端之語茲准來文即以字交治到船兵代
回遞呈望再計之俾免壞爭應待至明日午後再回定海
右照會　欽差協辦大學士兩江總督部堂紅帶子伊

照會懿律道光二十年九月初八日

欽差協辦大學士兩江總督部堂紅帶子伊　為照會事

前日接據貴統帥照會　天朝將安突德等擒獲謂有交

戰之意當經本大臣將所以擒獲緣由並以其事在貴統

帥尚在天津未經回定及本大臣未奉　大皇帝諭旨之

前非本大臣意存交戰等因縷晰照覆存案茲又接貴統

帥來文所言仍與前次文內各情約畧相同查貴統帥乃

貴國之大臣所求雪冤通商之事置不問殊非為大臣任

大事之道　大皇帝所以特命直隸爵督部堂琦　赴粵

查辦此原因貴統帥等在直隸之時敬恭馴順　聖心嘉

許故有是命令貴統帥因安突德之被獲藉端逼留辜負
大皇帝天高地厚之恩恐以貴國未為有益至定海如
何安全安突德如何釋放原應從長商議昨日據貴國公
使面稱不欲久據定海本大臣囑令與貴統帥計議夫以
貴國既不欲久居定海是以有交還之意查交還於安突
德釋回之先與交還安突德釋回之後並無區別乃貴統
帥必欲先請釋回是何意見不妨據實告知本大臣當再
酌覆也須至照會者右照會暎咭唎國水師統帥懿律
大暎國欽奉全權善定事宜公使大臣水師統帥懿律為
照會事本月初十日接據貴大臣覆文情節已悉前此本

統帥在天津之時恭蒙　大皇帝至正之意　欽派大臣
馳往廣東秉公查辦諭以定能代伸寃抑等因本統帥因
仰賴　大皇帝恩意既有此意可望商辦早結是以循從
還南正欲前赴粵東辦理乃適到浙省之日得悉　大皇
帝隆諭以相和商辦而省内　大憲即行以相拒交敵必
以所諭果成具文而所行轉係實為其願相和抑願交敵
者即可明見而　天朝之稱願秉公妥辦者未免相疑矣
光景既然如此而本統帥倘須通變辦理則必再行將情
縷晰疏明俾可　大皇帝洞明緣由則知本統帥非有意
反覆而被疆域大憲所辦逼使如此竊本統帥因念師船

北往而比次如須撥船其或有事之責自應在　大憲當
任且本統帥原想與　欽差大臣直隸爵閣督部堂琦
早自面諭商辦而比次惟見　大憲懷有交敵之心焉可
善辦則商議亦必無用祈請將情致　欽差中堂琦俾知
有通變之由果何為如何至交還定海一節本公使大臣
等於本年八月初六日照會　直隸爵閣部堂琦　内已
稱仍據定海及另悉條欵皆可商議萬全等情奈比間既
係相拒未可面議則悉條欵專能定法耶為此時文請
貴大臣查照須至照會者　右照會　欽差大臣協辦大
學士兩江總督部紅帶子伊　一千八百四十年十月初

三日

照會懿律

欽差大臣協辦大學士兩江閣督部堂紅帶子伊　為照會事九月二十八日接據貴統帥回文閱悉一切查安突德被定海兵民拏獲八月二十二日之事本大臣接奉大皇帝諭旨飭令戢兵不戰係八月三十日之事是安突德被獲於來信奉　旨之先確有日期可按並非一面議和一面交戰本大臣前已備細寄知在案今貴統帥此次來文復言定海兵民不應將安突德捉拏豈本大臣前次照會之文貴統帥尚未能體會耶且文內復以交戰為言似失修好之意亦本大臣所不取也本大臣自八月三十

日奉到　諭旨以來即令諭知將士及定海居民不得再
將貴國之人故迄今一月有餘貴國兵弁並無一人續被
兵民拏獲是其明徵今貴統帥如赴粵東本大臣自當向
各縣兵民再行曉諭不准復將貴國之人妄行捉拿但貴
統帥亦宜嚴諭所屬不得輒至各縣滋擾庶彼此相安永
無爭衅至琦爵相奉　大皇帝派令赴粵查辦今又奉
命著署理兩廣總督其前督林大人業已進京琦宰相早
已起程不日即可抵粵貴統帥務宜即日起程不可再事
宕延尚在浙有未了事宜不妨據實相告本大臣自當看
事體之輕重亦或代為　奏請自行酌辦俾兩國及早罷

兵兵敦和好也須至照會者

懿律來文 道光二十年十月初九日

大英欽差善權善定事宜公使大臣水師統帥懿律為照會事本月初八日接據　貴大臣來文內情已悉戢兵立限制本統帥已于九月二十八日及本月初四日兩次之公文詳備照會茲覩　貴大臣前後照復各文明有允照守戢兵限制之義本統帥亦當允照而行倘　貴國治省上憲誠以守戢兵立限制並不行阻截舟山及各島與浙蘇兩省之通交則本國兵人等稍不肯爽約無可失於戢兵之義本統帥現將令所屬兵船余可惟否凡有寧波上海等港商船概行隨便出入交易且前已籌備一帮師船

意為進入揚子江口駛至大江濱各大城邑本統帥亦將
撤退不撥又必諭飭各船不進一隻駛至該大港或進該
省巨河免致　貴國士民有虞怯驚動之憂且本統帥此
等諭飭一發各船官兵定能領遵即若本統帥自為仍在
無虞從此統可無虞矣倘或本統帥閱覽　貴大臣之公
文允守集兵之限制間有未明曉之處則在　貴大臣此
次可即解義也至問本統帥究于何日起碇共先撤兵船
幾隻等因此等詢問原非本國大官之所肯應答者因念
貴大臣以禮相待本統帥心果敬慕是以恒願休允所
請今將船數日期分明照覆本統帥已將船六隻撤去另

有八隻或與本統帥同往抑可約于同時起程駛去者至
起程之日想可自本月十六日至十八中旬之內得以開
行在程約須五日即可駛抵粵省河外俟至起程之日即
當另文會說　貴大臣即便知會　琦爵相可也總之本
統帥有懷欲　貴大臣之心有誠愿相好之意既與　貴
大臣會議已結本統帥此去甚望兩國復設太平之交須
至照會者右照會　欽差大臣協辦大學士兩江總督部
堂紅帶子伊　一千八百四十年十一月初三日

嘆夷在洋轟船尋衅摺道光二十年十月二十三日

粵督怡良等

竊臣於九月十八日接奉軍機大臣由五百里字寄道光二十年九月初四日奉上諭據托渾布奏嘆夷船隻前由東省外洋北赴天津共有夷船八隻現米夷船五隻已開帆南駛其三隻亦由外洋先回該夷情形極爲恭順等語嘆夷船隻俱起椗南旋恐沿途將軍督撫等不知現在情形特飭飛示者英裕謙怡良知悉並著詳加酌覆將前調防守各官兵分別應留應撤妥爲辦理托渾布摺片著抄給閱看將此由五百里諭令知之欽此臣因前督林則

徐前此接奉　諭旨即已陸續議減臣接護督篆後復與
提臣熟商將次要各隘遞相減撤其虎門内外並各砲台
扼據要衝仍前加意防守當經附片陳奏實以㖡夷狡獪
異常變機百出貪圖成性陰險萬端不得不慎之又慎以
防其乘虛直擣之謀惟遵　旨不與之接戰則前調各營
師船即須逐漸撤歸各原營以節糜費節經函商提臣飭
令分起行走在案十月二十日接到提臣函開撤回陽右
六號米艇行過淺灘適水潮將次退盡不能行動其陽左
四號碙洲三號兩船業已趁風遠去該弁兵不得已守候
潮長船浮再行前進詎候至十七日黎明即有㖡夷三板

七八隻每船約五六十人蜂擁趕來該弁兵等見其來意
不善即聲言此係奉撤回營師船有令不開鎗砲爾等不
可滋事該夷各駛至將近即對船開砲轟擊夷衆即紛紛
上船將弁兵追趕落水船内各兵尚在爭持之際適值潮
漲該夷等即連船擄刼提標中軍參將李賢遠聞砲聲登
山瞭望真切即督率各師船開帆起椗趕往援救迎潮行
近龍穴洋面瞭見伶仃礬石原泊夷兵船三隻已經乘潮
趕來同各三板將陽右六號師船拖帶向南直駛該參將
因奉文不敢追出外洋接仗只得仍將各船收回稟候核
辦等因臣接閱之下不勝駭異該夷在粵肆擾業近年餘

既逞狼貪之性復肆豕突之兇不自知過惡之多轉以譸
張為得計仰蒙　聖明燭照　天地為懷　特派欽差大
臣來粵辦理務令該夷南旋聽候查辦各情伏思我　皇
上撫有華夷並無畛域招携懷遠　怙冒同深該夷宜如
何感激方足仰戴　生成乃於師船撤防歸營誤遇淺沙
之際輒敢駛攏多船開砲生事經弁兵聲説情由置之不
理一味逞强肆横紛紛上船該兵船復又圍集併船拖去
實出情理之外殊堪髮指查該夷自前次闖鬧滋事後兩
月來尚無動作昨據澳門同知等稟報本月十三日有㗖
夷船中巡船一隻來至九洲洋面拋泊經引水等認係七

月初十駛出老萬山外東去之船復来寄椗是該夷於天津情形在前回泊之火輪船已爲傳說至此更當曉然於受恩之重翻然自悔其前次之爲則尚有人心猶可附於負氣含生之屬乃吐嚧夷巡船於十六日在擣碇洋面截去福建艚船一隻駛出石欄門面東南駕駛據澳門同知飭令引水跟探尚未禀報復據鹽運司轉據商人呈報鹽船在洋被𠸄夷先後截八隻近據水手逃回報知如此情形又復漸行猖獗兹於十七日又擄去陽江右營六號米艇一隻除落水鳧歸之外委何卓然兵弁二十一名外尚有兵丁三十名不知下落現飭沿海訪尋再行核辦臣

思嘆夷頑梗居心勾結内地居民陰刺時事所作所為往往不遵法度年來更形傲慢其於事理有不可行者則託為言語不通文飾其罪甚至稱兵犯順奪據地方現蒙
皇上俯鑒其衷　大公至正亦可稍循冠履之分而行同犬彘狠甚豺狼狎侮尚託諸空言跋扈竟見諸實事臣雖與之無怨而　國體所關臣亦同立　覆載之内此心實非常憤懣惟疊奉　諭旨不敢遽率爾靜候　欽差大臣到粵後相機辦理若該夷等兇心未已敢來窺伺生事開砲滋擾不能任其踩躪亦惟有盡力轟擊以固口隘現已飛咨水師提督暨沿海各鎮及各府州縣加意嚴防

定海夷情可疑摺 道光二十年十二月初一日

浙撫 劉韻珂

竊臣仰蒙天恩擢授浙江巡撫自川省起程沿途訪詢不得嘆夷實情深為焦急嗣行抵安徽之鳳陽縣臨淮關獲晤廣東欽差大臣琦善亦祇得天津夷情向臣告述其定海夷情伊亦未能深悉臣抵任後本擬先赴甯波探詢底蘊會同籌議各前任俱因在軍營防堵不能兼顧署中一切案牘奏咨展限數月以來不無積壓不得不先為清釐並用各屬應試武生紛紛來省守候已久又不得不趕辦武闈業經奏明於十一月初四日開考是以一

時不能前往前准浙江　欽差大臣咨會業經出示定邑士民如果夷人並不向定民擾累定民亦不得復行查拏現又准咨會英夷船隻定於十月十九日分䑸起椗赴粵聽候查辦所有外省官兵全行撤退本省官兵酌量裁撤各屬所僱鄉勇一併撤退沿海商漁船隻開港放行並接來函𠸄夷近來頗為恭順夷船前去六隻前接書已於十月十九日起椗十八日又四隻各等因臣惟夷之果否並不擾害是否如期赴粵及是否輸誠馴順　欽差大臣伊里布專司其事因知之深悉而臣雖身羈省垣其夷情若何民困若何若不密加探訪夢寐時覺難安當即遣人密

往定海查探現據回報該夷在定海城外築有礮台道頭地方亦修有馬頭復開有河道通連城內設有舖面售賣洋貨闔城民房實已蹂躪不堪臣又聞該夷初到定海尚不騷擾現在不甚安靜已將定海所屬岑港沈家門等處佔據搶奪姦淫雖定海奸民現已間有為其役使者而各處民居仍均志切同仇不肯趨附並聞該夷已設有偽官示諭定民令其接濟情事至其起椗船隻有云赴粵者有云未盡赴粵者有云時來時去者隻數多寡亦傳說互異復據象山縣禀報十月二十二日有夷船六隻在洋遊奕各等情查夷船既未盡赴粵省其在象洋遊奕之船或係

在定洋遊奕之船亦未可定其夷船赴粵之多寡自應以
欽差大臣函稱數目為準亦未便以探聞之詞為據惟
該夷既蒙　聖恩准其赴粵聽候查辦何以仍在定海有
修築礮台等事是否修築在甫陷定海之時抑或修築在
未蒙　准赴粵東之後及搶奪姦淫是否在　欽差大臣
示禁定民之先抑或在示禁定民之後　臣尚不能確知如
果修築等事在後是廣東籌議尚在未定之時而定海夷
情已先露藏禍之跡如果搶奪等情在後是我雖以誠相
予而彼終以詐相應且如果真心赴粵又何設立偽官示
諭定民種種情節均屬可疑誠恐該夷有欲在定海互市

之意緣定海在海洋適中扼要之所南通福建廣東北達江蘇直隸揚帆皆可分駛倘准予通商其船忽南忽北較從前更為便捷若任來任往則沿海貧民以及失利漁船並土盜船隻竟難保不被其勾結設各省口岸處處防堵嚴加稽察是又不得任其自如亦未必能相安無事且定海居民既被蹂躪不堪猶不附和從夷將來籌辦善後自應加意撫卹該夷在此通商則文武之稽查彈壓輕重兩難在在均屬棘手況浙省為東南財賦之區而甯波府實為浙省精華之地其欲住定海之心難保無覬覦甯波之意否則燒烟在廣東受挫在粵閩何以不敢豕突澳門廈

門而反豖突定海耶瀕查乾隆二十一年開甯波崎頭洋
有夷船一隻停泊恭奉　上諭向來洋船進口俱由廣東
澳門等處其至浙江甯波者甚少閒有遭風漂泊之船不
得不爲經理近年乃多有專爲貿易而至者將來熟悉此
路進口船隻不免日增是又成一市集之所海濱要地殊
非防微杜漸之道不可不預爲留意又乾隆二十二年奉
上諭甯波向非洋船聚集之所將來只許在廣東收泊
不准收入浙江海口各等因欽此今我　皇上亦只許該
夷赴粵叩關仰見　先聖　後聖慎重海疆若合符節現
經　欽差大臣琦善奉　命赴粵查辦自必籌度萬全斷

不僅爲目前之計即　欽差大臣伊里布駐札鎮海亦必
能洞察夷奸妥爲經理原無俟臣之鰓鰓過慮第臣渥受
殊恩探知夷情既有可疑若俟廣東查辦竊恐廣東不
知定海近時夷情又恐赴粤夷人等語僞求致被朦混臣
思患預防即不敢不據實入　告相應請　旨飭令　欽
差大臣伊里布就近確查夷情隨時密咨廣東以期籌畫
盡善臣俟武闈事竣將署中公牘分别起辦即當馳往鎮
海親歷察看再行具　奏

請急攻定海疏

兩江總督裕謙

竊臣承准軍機大臣字寄欽奉　上諭御史蔡家玕奏籌制𠸄夷事宜一摺等因欽此仰見我　皇上虛懷採納籌備幾先之至意臣維制勝之道不外制尅二字該御史所陳各條是以小船制其大船以攻近之鳥槍制其致遠之大礮以火攻尅其水戰以斧鑿尅其舟楫而又縱反間之計以毒制毒洵為兵家要訣臣於本年夏秋間皆曾豫備試行節次　奏明在案然皆沿海防堵使其不敢侵犯之計而非驅除醜類之謀也臣愚以為該夷果能聽受　訓諭納還定海固可毋庸勦擊設有變更兵貴神速必當先

謀收復定海使之容身無地水米無資沿海各省復以制
勦之法相機堵禦則該夷欲進不能欲守無籍雖船堅礮
利無能為役矣説者謂定海孤懸海中其占據已踰半年
若欲收復必將與之海上交鋒是以我之短試彼之長殊
非善策不知定海周圍三百餘里該夷止據空城不過一
隅中之一隅數里外皆不為其所有定海之四境有嶴名
岑港小嶴環錯大船不能入形勢環抱有險可守登岸甚
難由岑港至縣城隔有西嶴等山可以隨時相機出奇擣
擊其地山徑陡窄有一夫當關之勢為可戰可守之地前
明倭寇據港堅守官兵攻之踰年不克　國初亦有據港

以叛者載在志乘班班可考由此觀之岑港之形勢實為定海全境第一險要之地幸該夷不識地利又艱於登陟笨於行走不敢離城離船故雖近在咫尺不能併據但得精兵數千乘夜渡海先據岑港再行分兵守險出其不意昏夜擣襲黎明即收兵回壘每夜輒聲東擊西使彼晝夜不得休息不出旬日彼必棄城而遁毋庸與之海上交鋒也且官兵移駐定海相機進剿有可以無慮者四有不可緩待者六　臣請更詳言之定海縣城之後衆山環峙如白壘采和壘童壘撤攬壘馬壘曉峰嶺東西北三面皆可結營屯兵不必圍聚於岑港一處我兵居高臨下易於擊刺

而彼不能仰攻進可圖克復退可以自守此可無慮者一也該夷大礮不能登山施放夷刀不能遠刺夷人腰硬腿直一擊即倒我兵矛矢擊刺趫捷如飛用我所長攻彼所短此可無慮者二也定海山外港汊有淺有礁夷船不能盡到而漁船則處處可到官兵既渡文報不致難通此可無慮者三也内地昆亭大汪新碶蠏浦等處現在漁船之往來定海者皆繞山斜渡由山後各口登岸若官兵乘夜潛渡一潮可達不致阻礙此可無慮者四也現在西北風司令我之沿邊口岸悉占上風夷人既畏天寒又虞水淺是以不敢蠢動俟至春夏之交東南風發潮水充盈彼勢

既張更恐懿律之託言歸國屆時又勾結夷船聯綜而來則我失其天時便形棘手此不可緩待者一也定海各嶴收割未久有糧可就不患阻我饟道以我官兵駐我土地邏則地利人和兩失所恃此不可緩待者二也各嶴居民除已逃回內地外尚不下十數萬人並未從逆苦夷人之騷擾望官兵如雲霓從民所望勇氣百倍不獨未逃者恃以無恐即已逃者亦可復歸故土既壯軍威又免難民之踵至此不可緩待者三也該夷在定海出示定價買糧勒令送入城中設我邏久不顧則該處民人被其迫脅儲蓄皆為彼有此不可緩待者四也現在各渡口漁船照常往

來易於渡兵如再遲延誠恐夷人將各漁船脅從則我兵無船可渡此不可緩待者五也定海鎮標兵丁之散在各澳者雖經　欽差大臣伊里布陸續招集而自懷疑懼不敢投回者聞尚不少我兵既渡下令招安此等散兵一呼可集用功不如用過未有不感恩思奮者較之徵調客兵更為得力遲則該兵等別無恒產若不從逆必將流而為盜此不可緩待者六也臣從事半年揆度時勢確探情形審思熟慮竊謂各省皆可議守而浙江必應議戰且必應速戰蓋浙江不戰則定海不復定海不復則該處米穀牲畜恣其擄掠供其用度不虞缺乏彼既據為飲食之源我

即無斷其接濟之法又荼毒良民誘集奸匪躭延愈久夷勢愈衆迨至潮汐旺盛彼更時出兵船游弈於沿海各省乘間滋擾反客為主轉勞為逸益寡為衆我則老師糜饟處處防堵時時戒嚴商賈阻滯士民驚擾似覺不值亦非久長之計臣明知江浙唇齒相依江蘇洋面平衍散漫設守之難倍於浙省該夷一經浙省擊敗必豕突江蘇為困獸之鬬以圖一逞然彼之銳氣既挫我則以靜待動練勇厲兵堅守口岸再多用小船以擊擒其杉板船隻杜絕其水米接濟似尚可以為力何敢畏難緘默致誤事機至該夷均係貿易圖利之人原無略地爭城之志不過逞其譎

詐要求通商若於我軍已振彼氣已懾之後畏威乞命再行仰懇天恩網開一面庶該夷知感知畏不敢復萌故智則海疆永靖實億萬年無疆之福總之此等犬羊之輩使之知畏易使之知感難且非使之知畏更難使之知感

道光二十年十二月

定海據七省洋面適中腹地為江浙兩省門户逆夷盤踞不退則七省不得解嚴而江浙二省尤不得安枕是以臣前奏有六不可緩之議近日接署兩廣總督琦善移咨知𠸄夷在粤猖獗攻據礮臺是此時該夷大號兵船正在粤省與官兵相持其定海防守尚弛誠如前奉上諭此時

當乘其驕情出其不意為不可失之機會且蠢爾逆夷尚能乘我議撫疏防之時突然開礮攻我不備而我官兵轉不能乘定海夷船較少之時及時搗襲乎臣探訪定海夷船現止二十餘隻其大隊已於去冬赴粤城內居住夷兵亦不過千餘人且將城北角鎖山牆垣掘去數丈隊留走路明係畏我兵攻剿為棄城登舟之計前此城外各嶴均無防守自十月以後岑港沈嶴兩處漸有夷兵巡瞭而我岑港司巡檢趙廷詔仍在該處汎地之岱山督率鄉民團練固守並未遷回內地夷人至今不能奪據查岱山與舟山接近咫尺該處既無逆夷儘可屯伏官兵又岑港沈嶴

兩處外尚有白泉橄欖各嶴在舟山之背可以逕渡登岸翻山入城更為捷便自夷船滋事以來浙洋漁船仍復日日行駛夷船不能攔截難民數萬兵役數千往來如常毫無阻滯此時若以大號兵船徑渡則難若以小舟改裝潛渡甚易霧夜晦冥何時不可對渡此定海洋面並未盡被逆夷占據之情形也定海城垣低矮本易進攻其夷目皆分居總兵知縣衙門及城隍廟祖印寺並沈姓民房等處無難聚而殲洗即使該夷暫時固守而我既登岸則城外皆為我有各嶴與城中隔山嶺該夷船礮盡失其所長不敢翻山闖我於嶴中而我兵能聲東擊西更番迭出擾該

夷於城之內外使之晝夜不得休息必有棄城竄遁之勢夷船聚泊定海城外之道頭港本地漁船及賣菜小船出入其旁夷船看慣並不防禁儻進兵攻城之時一面用小船暗藏火罐火箭潛泊港內乘風縱火夷船下椗鐵錨甚重非遽時不能開動必可一炬煨燼迥異太洋孟浪馳逐此克復定海必須潛渡登岸之情形也即使該夷棄城登船後仍回礮轟擊而我兵札營不在城中而在嶴內隔以山嶺豈該夷之礮所能及以主待客以逸待勞以飽待飢安能與我持久若以我兵民據我內地慮不能守豈該夷遠隔重洋孤軍深入轉能守乎是我兵但渡舟山斷無不能

克復之理城池一復夷鋒大挫進退無據斷無復敢桀驁
猖獗之理此定海不惟能克而且能守之情形也夫事機
愈早則愈易愈遲則愈難該夷始僅固守一城者今且漸
及各島此時辦理已不若十月以前之易若不及今克復
延至夏間南風司令不特粵洋夷船乘風駛浙且孟呷喇
萬打拉沙等處夷船更難保不接踵而來勢必增守各島
盡據險要克復必更難於今日况彼時風順潮漲該夷必
更酌分夷船數隻游弈於沿海各省朝東暮西乘間滋擾
則自江蘇以迄山東直隸　盛京必皆為所牽制在該夷
不過分其餘力各省則皆須以全力待之在該夷可時去

時來各省則皆須日夜防之曠日持久老師縻饟海洋何日得靖商民何日得安是定海為必當克復之地而此時尚有可克復之機溯查我　朝二百年來凡賊據臺灣從無官兵但守厦門不渡海登岸而能克敵之事亦無官兵既渡海登岸而仍不能克敵之事即如施琅入鹿耳門而鄭氏降施世驃藍廷珍抵府城而朱一貴殲福康安海蘭察入諸羅而林爽文俘李長庚入鹿港而蔡牽遁臺灣洋面二三千里其鹿耳門鹿港等處又皆險礁難入較之定海一潮可到隨處可登者其難易不啻霄壤又查　國初取舟山時係總督陳錦總兵田雄等乘大霧渡海登岸遂

破其城彼時偽明魯王舟師數萬且各嶴民人均其所有較之今日各嶴皆我赤子一呼百應者其難易亦不啻霄壤用兵之道全在出其不意攻其不備誠如　聖諭兵貴神速不可坐失事機現在該夷全力往粵未暇逆風駛浙而定海夷兵見浙省半載按兵不動亦驕情不甚設備是前此之示弱正可為今日出奇掩襲之地惟是　欽差大臣伊里布現調湖南鎮筸官兵程途遙遠到浙需二三月之久未免緩不濟急若各兵齊集以後仍守候造船鑄礮不但洋面馳逐無可把握而該夷占據愈久防備愈增誠恐坐失機會查江南徐州壽春兵及浙江處州兵皆驍健

可用總兵鄭國鴻王錫朋謝朝恩亦皆老成勇敢奮發有為現在伊里布已調壽春兵一千二百名合原存鎮海之處州各兵已有精銳數千此外尚有浙省提鎮各標兵數千防剿均已足用況潛師擣襲之兵止須調度得宜賞罰必信在精不在多誠能出其不意該夷不辨我軍虛實且有定海鄉勇兵役可助聲勢數千可當數萬之用臨時以勁兵半攻城內之賊半攻城外之賊並備游兵相機策應必可一舉克復且登岸後尤易陸續渡兵即鎮筸續到勁旅仍可留為後應可否仰懇
天恩密飭伊里布乘此夷船擾粵之時不動聲色密令沿海各口豫備漁船並先令

定海原額標兵及差役難民陸續回至舟山先將軍裝器械潛帶渡海埋伏各嶴嚮導接應而後官兵刻期分路改裝易服登舟潛渡或先據岱山或遶登白泉橛欖各嶴我兵一登陸岸不但岑港沈嶴兩處星散夷兵可以先行剿洗即城內逆夷及道頭港內停泊夷船亦不難設法攻剿立制其命從此言剿則剿之權在我言撫則撫之權在我操縱在手變化從心庶足以彰　天威而洩民憤總之逆夷包藏叵測狡譎萬端在粵省始則講款以懈我隄防及攻據礮臺後又復投書以緩我應援此時定海夷船不多若更遷延觀望必又墮其奸計養癰貽患所關匪細臣世

受
國恩至優極渥目擊邊防孔棘寢食難安誠恐事機
一失辦理更形棘手不揣冒昧謹再縷晰具　奏道光二十一年
正月

戰守機宜疏道光二十年十二月　　兩江總督裕　謙

竊臣承准軍機大臣字寄欽奉　上諭據御史石景芬奏等因欽此　臣查暎咭唎自在東通商以來因見歐羅巴等國有澳門馬頭凡有貨物皆運貯澳門俟內地行商前往交易其往來關稅皆行商完納與歐羅巴等國無涉若該國貨船則停泊黃埔自行納稅既羨歐羅巴等國之得免關稅又恥出歐羅巴等國之下垂涎澳門定海廈門等處欲圖效尤已非一日請在內地設立馬頭亦非一次今則藉口於斷其貿易乘我不備占據定海以遂其初志儻不早為收復則該夷貪詐性成得步進步又將顧而之他是

以臣前有秉此天時地利人和浙江必應速戰收復定海之議令該御史所請合力攻剿洵爲破的之論而所稱修造戰船買雇民船與之水戰臣竊以爲尚非萬全之策蓋彼之船寬有三四五丈不等長有二三四十丈不等厚有尺餘較我兵船及閩廣大號商船均大至倍蓰此不可恃者一也彼之船布篷鐵錨機關便利在大洋之中行止甚速隨處可以寄泊我之船箬篷木椗在大洋必須擇地而泊此不可恃者二也若欲另造船隻不特曠日持久緩不濟急且無此等木料此等機巧即使船能造成而乏駕駛此等大船之人此不可恃者三也該夷終年在船與海相

習其占據定海又逾半年附近之形勢沙礁皆已熟悉我之兵船向皆畫地而巡即商民船隻亦俱各有一定貿易口岸遷地弗良此不可恃者四也彼之礮安於船內兵亦藏於船內我施槍礮彼有遮護我之礮設於船頭兵皆立於船上彼施槍礮我無遮護此不可恃者五也有此五不可恃不得不籌舍水就陸之策以我之可恃攻彼之不可恃如臣前

奏所陳四無可慮六不可緩者是也迨定海既復沿海各省再用御史蔡家玕所奏剋制之法以制之該夷進退失據水米無資未有不窮蹙乞命者至該御史所指海口內如象山觀海乍浦海門蒲門等處皆係浙江口

岸是否亦可進兵應由浙江　欽差大臣伊里布相機辦理其陳錢山雖為江浙門户而孤懸外洋四無援應止可為巡哨之所不可為駐兵之地崇明為江蘇至險所在蘇松鎮屬水師三千餘名全標駐劄該處僅能自固其圉是以前此督臣伊里布奏派蘇松鎮總兵田松林帶兵前赴浙江欽奉　諭旨飭令田松林回守崇明即豫備赴浙之水師二千亦未調遣皆因江蘇洋面平衍散漫水師額數不多祗堪自守不敷會剿早在　聖明洞鑒之中毋庸贅述總之定海不可不早為收復而收復之法非潛師暗渡守據險要出奇擣擊別無善策沿海各省舍堅守口岸

多用小船豫備火攻斷其接濟亦無良謀臣業已飛飭各營挑選精兵三千餘名又會商將軍臣佈勒亨挑選八旗勁兵一千名勤加操練以備調遣一面咨商浙江欽差大臣伊里布一面前赴蘇州省城等候伊里布回文至日即調集官兵選派將備由臣親自帶領馳赴上海寶山會同提臣陳化成相機辦理以仰副聖主乂安海㝢之至意

夷船擇期赴粵摺道光二十年十二月

大臣伊里布

竊奴才前因屢接夷目懿律来文其情詞變幻多端迄無赴粵之意當與福建提臣余步雲等會商專弁前往定海向該夷目剴切曉諭該夷目等籲請出示諭禁各𨞺居民毋得再拏夷衆以便伊等分船赴粵奴才因其詞甚諄切且於體制亦屬無碍當經繕發告示十道並將備細情形及酌擬辦理緣由於本月初六日恭摺具奏在案玆又於十一日晚復接懿律来文據稱伊等先已撤船六隻現又擬撤八隻於本月中旬起椗赴粵並據聲明伊已諭禁

所屬不得將船駛至大滘巨河驚動士民等語　奴才查該
夷目此次來文較前數次倍覺恭順其所稱分船赴粤之
說自非支飾至懿律係該國統帥一切事務皆係該夷目
主持今既赴粤聽候查辦自必親身前往其義律馬禮遜
等諸夷是否一併同往留在定海之頭目又係何人文内
並未叙明

夷先攻擊業與接仗摺　道光二十年十二月

粵督　琦善

竊奴才於本月本日辰刻將備文照覆𠸄夷及該夷業已張掛紅旗等情恭摺具　奏後隨續接水師提臣關天培飛報𠸄夷各船於十五日早間起椗分隊直撲虎門外沙角大角兩砲台炮火聯絡折戧環攻自辰至未夷船共開千餘炮我軍奮力回擊直至未刻遠見夷人有落海者適值潮退該夷船始停炮現泊沙角大角夾間中流彼此相持大約次早潮長必仍開仗又有火輪四隻直撲師船我兵亦即回攻無分勝負各火輪船仍駛去回泊該夷船檔

各等情伏查奴才自到粵後迭次與該夷回文均係温言
勸諭即其所求各欵雖不能飽其無厭之慾心然亦遂節
饒有允許乃該夷此次於十四日接到夷書不候回文輙
於十五日早間直扑炮台其桀驁强橫一至如此議者猶
謂固守藩籬即足使之自困或但許通商即可就我範圍
其言是否足據聖明洞鑒現在該夷既敢先肆滋擾則
衅自彼開已屬無可藉口所有前件回文自不應再行發
給查沙角砲台孤懸海外前曾惟恐兵力較單業經添撥
撫標兵二百名駐札東莞之陸路提標兵二百名預備防
守惟大角炮台近接南沙山一帶誠恐該夷繞越山後奔

竄前進現已飛詢水師提臣查明如應需添兵即就相距
該處較近地方指定營分移覆飭調一面嚼令趕緊多備
薪米火藥鐵彈等項總期足敷數目之用以便拒守其虎
門係提標住守處並有奴才派往協防之潮州鎮總兵李
廷鈺足資商辦至距省六十里之烏涌口前已調集舟師
於停岸安營築壘並又填石沉船紮立木筏以堵竄越業
於本月初四日具摺　奏報現據署督標中軍副將祺壽
永靖營都司瞿士亮等督辦完竣惟省城貼近城場均係
居民房屋礙難開砲餘亦四面皆河無可安營之地現亦
就水中舊有砲台增兵防守其有灘面者亦一律安營水

陸兼防至浙江福建等省奴才已於前月杪間查看該夷
情形日緊誠恐別出肆擾即經分咨兼護閩浙總督臣吳
文鎔浙江　欽差大臣伊里布知照並囑伊里布就近轉
咨江蘇省一體密防惟程途窵遠馹站積疲未知此時曾
否准到除再行分咨福建浙江江蘇山東直隸各沿海省
分並飭將此次接仗我兵有無受傷及受傷多寡查明飛
報暨嗣後情形再行隨時具奏

暎夷占奪炮台摺　道光二十年十二月

粤督琦善

竊奴才前奏暎夷不候回文直擊炮台師船尚在彼此相持無分勝負係據水師提臣關天培函報馳奏旋又接准該提臣函稱該夷即於本月十五日復駛來大小兵船二十餘隻分攻大角沙角炮台炮火較前倍增直至申時方息隨查得大角炮台前面灰沙砲牆已被打倒數段山後圍牆亦被打塌數處又打斷炮瓦六位火藥局被炮打穿火藥轟發藥局被燒並延燒兵房十四間打倒兵房三間該夷人另撥夷兵漢奸約數百名由大角山後緣山而

上從牆缺處打進炮台經陸路官兵打死夷人漢奸十數名無如衆寡不敵守台千總黎志安身受多傷因恐砲位被其撤去當督台兵將好砲十四位推落海間負傷打出衆夷亦均回船僅存破爛空台此大角炮台之大畧也又沙角炮台於被攻之際該夷另撥黑夷一千餘名漢奸數百名由穿鼻灣登岸兵船則攻打台面黑夷即抄山後攻奪陸路營盤被飛砲落大延燒各兵草棚接仗一時之久我兵兩面受敵遂致不支副將陳連升守台千總張清鶴俱已陣亡守備程步韓受傷亦重兵丁死傷過半炮台遂為夷目義律所奪此沙角炮台之大畧也又守口師船十

隻先經該夷開放火輪船四隻於是日巳刻進攻已被我師擊退各有受傷該火輪船復糾約大小三板船數十隻續來攻擊其三板船中全用鳥鎗火箭火礶等械其火輪船均用空心飛炮鐵彈打落船中即行炸裂子內藏有火藥炸散焚燒致我官弁兵丁有被鎗炮擊斃者有被火燒死燒傷者船隻亦有被燒燬者又前僱拖船十二隻現被搶去二隻其餘尚未查明此師船拖船之大概情形也據該提臣聲請

奏參從重治罪又請將該夷前次來文仍從權再行照復藉作緩兵之計庶可量為布置等情函致前來奴才復查此間水師兵械技藝廢弛已久該夷現在

所用飛炮子内藏放火藥所至炸裂焚燒不獨為我軍所無即該夷兵械中向所未見經此次猖獗之後我師勢必益形氣餒為今之計總須先行設法止住夷兵俾得再行籌辦而該夷前日來文接收與否頗覺兩難若如該提督所稱將前日夷書仍行從權照復而今此情形已與前日不同該夷既不候照復此間更不值復伊前日之文惟思該夷前日投來夷書後總應聽候回文何以輒先滋擾不若藉此作為詰問之詞令其照覆是何意見再行登復庶此後該夷續有來文許其稟復文書既於　國體無傷或仍得設法羈縻奴才甫經備文飭發去後續准提臣函稱

十六日辰刻該夷將擄我營弁何一魁放回交其帶至該提督夷書一件經提臣答復後該夷隨又遞一封列明請求各款聲稱聽候於三日内照復各等情奴才隨代提臣擬具復夷文稿謹一併進呈御覽至提臣關天培身膺水師統轄督率無方據請奏參從重治罪相應據情具奏聽候諭旨奴才欽奉簡派来此查辦夷務雖正在籌辦之際該夷不候回文輒去滋擾大角沙角兩炮台亦本係孤懸海外然不能駕馭貼服致令占奪炮台戕害弁兵實係惶懼相應請旨將奴才交部議處再此次仍據提臣来函具奏雖續經准到咨文以尚在倉卒之間

其陣亡受傷官兵員丁及被搶被焚各船隻確數未據逐
一查明奴才已飛咨確查俟其將原調官兵若干現在陣
亡若干受傷若干尚存若干並被傷各項船隻數目係受
雇拖船水手有無受傷逐細詳查咨復到日另摺具　奏
請　旨照例辦理

暎夷求請十四條

一暎國人上年受了委曲嗣後再不得如此錯亂行為
一要賠還鴉片價銀及此次夷人來舟山各處兵費
一各洋商所欠舊債要由官憲擔承清還
一外洋去私販烟不得連累暎國貿易之船

一嘆國人遞稟必要封口呈上　大皇帝不能呈與官憲
一要大馬頭一處永遠居住如澳門式樣
一要在福建浙江江蘇天津等處地方貿易馬頭六處
一要在北京城内建造夷館駐劄其餘各處馬頭各安置
夷官一人
一各貿易馬頭夷人如有犯事由夷官自行辦罪官憲不
得干預
一新定各貿易馬頭供任憑嘆國人建造天主廟
一嘆國人到各港口貿易不論何省地面必要帶家眷同
住

一貿易不要洋商經手如洋商不能裁撤不得加添
一出入口稅銀要定一條規不得加減
一要減各貿易船隻使費
以上各條如有一條不從即要攻打虎門香山等處

定海難民籌撫摺 道光二十年十二月初七日

浙撫　劉韻珂

竊照本年六月間嘆夷突陷定海該邑民人猝然遇難驚惶無措城內及附郭居民紛紛逃竄或避居各嶴或遠徙他方惟逃至甯波府城者居多先據甯波府縣先後稟詳該難民糊口無資經前任鄞縣舒恭受勸諭紳富量力捐輸其有願赴遠處投親或在鄰近傭趁者酌給盤費遣令前往其老幼男婦無處依靠者尚有五千餘人按名散給口粮尚屬安貼惟閱時已久定海居民陸續來郡人數日逐加增現已聚至五千餘人捐項將次用盡稟請籌備銀

米迅速安撫當經臣札飭藩司一面委員密查人數是否屬實一面先飭甯波局動支銀三千兩妥為安插散放去後茲接欽差大臣伊里布函稱定邑城陷之時居民至甯郡者二千餘人近因為日已久日聚日衆數將逾萬其接踵而至者更未可量等情臣查夷船現未盡去並在定城設立偽職出示禁民勢難遽議設官招復流離惟逃竄他鄉者形同哀雁概不能復歸而戀依故土者心悸貪狼又不敢安處甯郡距定邑較近且有欽差留兵防範擇地按足人有同情紛至沓來亦勢所必至因思該難民等棄家不顧攜眷同逃等為異地之顛連不受外夷之誘惑

蓋受　國家豢養已二百年我　皇上深仁厚澤久經
淪浹肌髓是以輿情固結至於此臣恭撫是邦不能使還
定安集坐視生民之塗炭此　臣所以傷心泣下者也又思
難民之逃徙原因避夷夷船一日不去則難民終無復業
之時定邑佔據日久則難民迄無安身之地且曠日持久
老弱者勢必　至轉於溝壑少壯者恐終須加以嚴譏而於
民生疾苦實已毫無補救此又臣　驚心後患寢食難安者
也現值嚴冬氣候該難民飢寒交迫實堪憐憫自應將現
至之數急籌撫恤並妥為安置以杜衅端惟　國家經費
有常而供難民以口食日久恐難為繼臣　與在省司道先

行籌捐廉銀一萬兩暫爲接濟因飭新升甯紹台道尚開
模帶銀赶赴任所督同該府縣選擇就地公正紳士確查
名數分别口音將實係定海難民造具細册於空敞處或
所搭蓋蘆柵或寄寓空廟分起安頓派委妥員稽查彈壓
按名酌給口糧每五日給發一次務期無濫無異俾難黎
不至失所以仰副　聖主痌瘝在抱于惠元元之至意第
廣東之查辦未定定海之收復無期續至難民數難逆定
倘定局動支及捐廉銀兩仍不敷散給　臣惟有籲懇　天
恩俯准在截留軍需項下酌量動用一俟事竣即由　臣督
同藩司核實報銷

義律伯麥來文　道光二十年十二月二十五日

大英欽奉全權公使大臣義爲照會事照得本公使自浙
軍師統帥水師總兵伯
來粵經本公使大臣與欽差大臣琦爵相酌商諸事欲
爲善定事宜使二國和好永久現已結議約將定海縣城
及舟山全島即行繳還貴大臣閣部堂代爲天朝接
收並將既據該地之英國水陸軍師統行撤退令其即速
自浙趕緊旋回現經本統帥循照約議備住浙亦令水陸
官等各宜將所有官兵軍需諸項即日下船俾得舟師各
船速可開行駛退不得稍延等由理應據情照會貴大
臣閣部堂查照辦理所有細事其能何日就將各兵下船

及各船何日能揚帆旋回等緣　貴大臣閣部堂於接到
文後即將日前被獲我官兵安突德等諸人就行送回再
據有英國商人等帶運正經貨物前往定海賣銷者倘再
令其僱船帶回粵省必致虧本甚多既已約定和好通商
如舊聽請　貴大臣閣部堂可否准令貴處商民自寧波
前往與該商人等定買各貨不至虧本必使該商人等感
戴仁恩於靡既矣今將本公使大臣統帥備往定海公文另抄
呈來煩請　貴大臣閣部堂查收令人轉送咈祖副將船
上接收為此照會須至照會者右照會　欽差大臣協辦
大學士兩江總督部堂伊　一千八百四十一年正月十

七日

中外紀事本末九

柔遠全書三十七

剿夷兵勇約法七條　林則徐

德威錄附卷目錄

林大臣進呈夷稟

林大臣進呈嘆咭唎事義律寄澳門西洋兵頭信

林大臣進呈逆夷偽示

烏巡撫進呈夷函

琦大臣進呈夷酋照會

怡巡撫進呈夷酋照會香港偽示

諭各國夷商繳土具結諭

林則徐

諭各國夷人知悉照得夷船到廣通商獲利甚厚不論所帶何貨無不全銷欲置何貨無不立辦是以從前來船每歲不及數十隻近年來至一百數十隻之多我　大皇帝一視同仁准爾貿易爾纔沾得此利倘一封港爾各國何利可圖況茶葉大黃外夷若不得此即無以為命乃聽爾年年販運出洋絕不靳惜　恩莫大焉爾等感　恩即須畏法利己不可害人何得將爾國不食之鴉片煙帶來內地騙人財而害人命乎查爾等以此物蠱惑華民已歷數十年所得不義之財不可勝計此人心所共憤亦天理所

難容從前　天朝例禁尚寬各口猶可偷漏今　大皇帝
聞而震怒必盡除之而後已所有內地人民販鴉片開煙
館者立即正法吸食者亦議死罪爾等來至　天朝地方
即應與內地民人同遵法度本大臣家居閩海於外夷一
切伎倆早皆深悉其詳是以特蒙　大皇帝頒給平定外
域屢次立功之　欽差大臣關防前來查辦若追究該夷
人積年販賣之罪即已不可姑容惟念究係遠人從前尚
未知有此嚴禁今與明申約法不忍不教而誅查爾等現
泊伶仃等洋之躉船存貯鴉片甚多意欲私行售賣獨不
思海口如此嚴挈豈復有人敢為護送而各省亦皆嚴挐

更為有何處敢與銷售此時鴉片禁止不行人人知為鴆毒何苦貯在夷躉久椗大洋不獨徒費工貲恐風火更不可測也合行諭飭諭到該夷商等速即遵照將躉船鴉片盡數繳官由洋商查明共繳若干箱造具清冊呈官點驗收明燬化以絕其害不得絲毫藏匿一面出具夷字漢字合同甘結聲明嗣後來船永遠不敢夾帶鴉片如有帶來一經查出貨盡沒官人即正法字樣聞該夷平日重一信字果如本大臣所諭已來者盡數呈繳未來者斷絕不來是能悔罪畏刑當不追既往本大臣即當會同督撫兩院奏懇 大皇帝格外施恩不特寬免前愆並請酌予 賞犒

以獎其悔懼之心此後照常貿易既不失為良夷且正經買賣正可獲利致富豈不體面倘執迷不悟猶思揑禀售私或託名水手帶來與爾無涉或詭稱帶回該國投入海中或乘間而赴他省覓售或搪塞而繳十之一二是皆有心違抗怙惡不悛雖以
天朝柔遠綏懷亦不能任其藐玩應即遵照新例一體從重懲創此次本大臣自京面承
聖諭法在必行且既帶此關防得以便宜行事非尋常查辦他務可比若鴉片一日未絕本大臣一日不回誓與此事相始終斷無中止之理況察看內地民情皆動公憤倘該夷不知改悔惟利是圖非但水陸官兵軍威壯盛即

號召民間丁壯已足制其命而有餘而且暫則封艙久則封港更何難絕其交通我中原數萬里版輿百產豐盈並不藉資夷貨恐爾各國生計從此休矣爾等遠出經商豈尚不知勞逸之殊形與衆寡之異勢哉至夷館中慣販鴉片之奸夷本大臣早已備記其名而不賣鴉片之良夷亦不可不為剖白有能指出奸夷責令呈繳鴉片並首先具結者即是良夷本大臣必先優加獎賞禍福榮辱唯其自取令令洋商伍紹榮等到館開導限三日内回稟一面取具切實甘結聽候會同督撫示期收繳毋得觀望諉延後悔無及特諭

[illegible]

進呈照會暎咭唎國王稿 道光十九年

大臣林則徐

為照會事洪惟我 大皇帝撫綏中外一視同仁利則與
天下公之害則為天下去之蓋以天地之心為心也貴國
王累世相傳皆稱恭順觀歷次進貢表文云凡本國人到
中國貿易均蒙 大皇帝一體公平恩待等語竊喜貴國
王深明大義感激 天恩是以 天朝柔遠綏懷倍加優
禮貿易之利垂二百年該國所由以富庶稱者賴有此也
唯是通商已久衆夷良莠不齊遂有夾帶鴉片誘惑華民
以致毒流各省者似此但知利己不顧害人乃天理所不
容人情所共憤 大皇帝聞而震怒 特遣本大臣來至

廣東與本總督部堂巡撫部院會同查辦凡內地民人販鴉片食鴉片者皆應處死若追究夷人歷年販賣之罪則其貽害深而攫利重本為法所當誅惟念衆夷尚知悔罪乞誠將躉船鴉片二萬二百八十三箱由領事官義律禀請繳收全行燬化疊經本大臣等據實具奏幸蒙　大皇帝格外施恩以自首者情尚可原姑寬免罪再犯者法難屢貸立定新章諒貴國王嚮化傾心定能諭令衆夷兢兢奉法但必曉以利害乃知　天朝法度斷不可以不懍遵也查該國距內地六七萬里而夷船爭來貿易者為獲利之厚故耳以中國之利利外夷是夷人所獲之厚利皆從華民分去

豈有反以毒物害華民之理即夷人未必有心為害而貪利之極不顧害人試問天良安在聞該國禁食鴉片甚嚴是固明知鴉片之為害也既不使為害於該國則他國尚不可移害況中國乎中國所行於外國者無一非利人之物利於食利於用並利於轉賣皆利也中國曾有一物為害外國否況如茶葉大黃外國所不可一日無也中國若靳其利而不恤其害則夷人何以為生又外國之哎羽嗶嘰非得中國絲斤不能成織若中國亦靳其利夷人何利可圖其餘食物自糖料薑桂而外用物自綢緞磁器而外外國所必需者曷可勝數而外來之物皆不過以供玩好

可有可無既非中國要需何難閉關絕市乃　天朝於茶絲諸貨悉任其販運流通絕不靳惜無他利與天下公之也該國帶去內地貨物不特自資食用且得以分售各國獲利三倍即不賣鴉片而其三倍之利自在何忍更以害人之物恣無厭之求乎設使別國有人販鴉片至𠸄國誘人買食當亦貴國王所深惡而痛絕之也向聞貴國王存心仁厚自不肯以己所不欲者施之於人並聞來粵之船皆經頒給條約有不許攜帶禁物之語是貴國王之政令本屬嚴明衹因商船衆多前此或未加察今行文照會明知　天朝禁令之嚴定必使之不敢再犯且聞貴國王所

都之囒噸及嘶噶囒噯喻等處本皆不產鴉片惟所轄印
度地方如嗌啊啦嘍噠啦嚍嗌嘪叭噠嗱嚜嗱嘛呢哇數
處連山栽種開池製造累月經年以厚其毒臭穢上達天
怒神恫貴國王誠能於此等處拔盡根株盡鋤其地改種
五穀有敢再圖種造鴉片者重治其罪此真興利除害之
大仁政天所佑而神所福延年壽長子孫必在此舉矣至
夷商來至內地飲食居處無非　天朝之恩膏積聚豐盈
無非　天朝之樂利其在該國之日猶少而在粵東之日
轉多弼教明刑古今通義譬如別國人到嘆國貿易尚須
遵嘆國法度況　天朝乎今定華民之例賣鴉片者死食

者亦死試思夷人若無鴉片帶來則華民何由轉賣何由吸食是奸夷實陷華民於死豈能獨予以生彼害人一命者尚須以命抵之況鴉片之害人豈止一命已乎故新例於帶鴉片來內地之夷人定以斬絞之罪所謂為天下去害者此也復查本年二月間據該國領事義律以鴉片禁令森嚴稟求寬限凡印度港腳屬地請限五月暎國本地請限十月然後即以新例遵行等語令本大臣等奏蒙
大皇帝格外天恩倍加體恤凡在一年六箇月之內悞帶鴉片但能自首全繳者免其治罪若過此限期仍有帶來則是明知故犯即行正法斷不寬宥可謂仁之至義之盡

矣我　天朝君臨萬國儘有不測神威然不忍不教而誅
故特明宣定例該國夷商欲圖長久貿易必當懍遵憲典
將鴉片永斷來源切勿以身試法王其詰奸除慝以保乂
爾有邦益昭恭順之忱共享太平之福幸甚幸甚接到此
文之後即將杜絕鴉片緣由速行移覆切勿諉延須至照
會者

琦大臣照會夷酋稿

為照會事照得前經接據貴統帥呈遞貴國照會業經代為呈奏上年　欽差大臣林等查禁煙土未能仰体

大皇帝大公至正之意以致受人欺朦措置失當逐細查明重其治罪惟其事全在廣東於此間無憑辦理貴統帥等應即返棹南還應候　欽派大臣馳往廣東秉公查辦定能代伸冤抑至如煙價一節當日呈繳之烟原係違禁之件早經燒燬如所稱凌辱抑勒各情均係　欽差大臣林等所為現在既須查明該大臣受人欺朦措置失當緣由重治其罪則前項烟價又將著落何人賠繳譬

如貴國率領多兵前赴定海占據城池戕傷職官兵丁其
被害之人貴統帥又豈能起死者于九原而各償其本身
性命乎又割讓海島以為貴國貿易之地一節查　天
朝與各國通商本係格外施恩但能恭順概不拒絕前因
嚴禁鴉片貴國不肯具結是以不與通商今既欲照常貿
易自有向來互市地方其餘本非商賈雲集之處不但
天朝体制不能另闢一境致壞成規且既無人購買貨
物則即為貴國貿易計亦屬無益又昨經本爵閣督部堂
與貴領事面談據貴領事出示条款內有文檄往還一節
查貿易本係商人之事既出兩相情願官長何可過問即

使以後貴國由官經理亦祇須與商人交涉本無所用官員文檄總之
天朝大公至正現據貴國聲稱受有寃抑必當代為昭雪而事貴持平必彼此均無窒碍難行之處方可以圖久遠昨貴領事所言尚祇就貴國一面打算特此再行照會如貴統帥有何萬全之論卽速具覆商議以便代為陳奏須至照會者右照會嘆咭唎國統帥懿為照會事照得前日接據貴統帥回文業將各條復行代奏並將貴統帥回文進呈
御覽惟天朝與各國通商本係
大皇帝格外施恩凡外藩之來貿易者稍有寃抑無不查明懲辦上年欽差大臣未能仰体
大皇帝

上意以致辦理不善現已　恩准查辦定當重治其罪
冤抑無難立伸煙土本係違禁之物業經燒燬斷無賠償
之理且貴國往來貿易原在圖利試思自我　朝恩准通
商以來貴國所得利息不可以數計如能照常恭順俟欽
差大臣到彼查辦或貴國乞　恩通商據情具奏仰邀
恩准亦未可定貴國自當從長計較所得孰多為此
遵　旨照會前去貴統帥即行返棹南還聽候辦理可
也須至照會者右照會咦咭唎國統帥懿律
為照會事照得前日接據貴統帥回文經爵閣督部堂代
為具奏已另文照覆在案惟自一月以來貴統帥情詞恭

順並無滋擾約言既不失信處事亦屬明白良以貴統帥
身為貴國亦能明君臣之義蓋自古君尊臣卑不特
天朝如此体制即貴國以及海外諸邦亦莫不有上下之
分從未有事屬既往復向君上求索價值之理故烟價一
節物本違禁又已燒燬　大皇帝斷不能允准償還惟
就本爵閣督部堂之意思之從前繳烟之時其中必另有
情節將來　欽派大臣到粤自必將當日繳烟究係作
何辦理之處細加訪查而煙土入於內地所值無多其在
貴國更係極賤之物私其貿易本非他項貨物可比人所
共知且據貴統帥回文內聲稱意本不在求償則一經秉

公查辦之後處處得實必能使貴統帥有以登復國王卽據稱貴領事前被屈抑之處於此亦可昭雪且自我　朝二百年來歷蒙　恩施格外准與貴國通商從無釁隙今因　欽差大臣林則徐未能仰體　大皇帝上意操持過急致使領事稱屈現經仰蒙　聖恩准予查辦卽為至公無私乃猶不欽遵　諭旨回粵聽候辦理想貴統帥明理之人必知此為大非恭敬之道至如彼此稱兵此間之早經有備已為貴統帥所目擊其他沿海區處大率多已籌防且普天之下何莫非　大皇帝之子民一經奉有　嚴旨通飭內地商販不准與貴國之人互

相交接又熟（諗）敢私買私賣卽如　上年廣東省奉　旨封港後貴國之貨物兩年未能行銷內地之茶黃兩年無從購買其事已有明證他處自不待言且由貴國販去之貨實為貴國之所必需此內地之所以能與貴國絕市而貴國必欲與內地通商其情已可想見也貴統帥經貴國王使令而來自必精能幹練欲為貴國從長計議若徒於數萬里外常此帶兵遠遊路途之遙風濤之險水土不服則疫癘為災兵火交加則喪亡相繼不特兵民徒遭塗炭而貴國志在通商當此之時無論　大皇帝斷不允准且在兵危之中貴國又豈能安然貿易乎是既經廢時失業

無利可收而又加以遠道用兵盤費口粮需用浩繁所失滋多在不知者視之或謂我集兵防守殆亦不無需費而貴統帥明達事機所見必周試思　天朝沿海地方止有數省需防者少不必防者多是其餘各省仍復安堵如常卽就沿海而論本係各設守兵平時亦例有口粮有事調撥無庸增添粮餉非如貴國之用兵於數萬里外不知花用路費若干再則　天朝中華一統諸事近便所需兵丁無處不可撥用則卽數百萬之衆亦不難指日調集非如貴國之用船裝載所來無多而遠隔重洋後路則又應援不及且　天朝居處內地來則交鋒退卽無事非

如貴國之來往動以歲計是攻擊則我易而貴國難也兵丁則我多而貴國少也用項則我簡而貴國煩也形勢則我逸而貴國勞也凡此情形尋常則尚不肯明言惟貴統帥深謀遠慮諒已早經見及自不妨以實告且本爵閣督部堂因與貴統帥迭次公文往還知貴統帥才識精明彼此以禮相加不事詐欺故特再行剴切規勸貴國王之使貴統帥來者原欲照常通商事無窮之利今乘定海不備占踞城池殊非通商之理智者當熟思審處計出萬全若仍執意不回則芥蔕莫釋終屬齟齬在貴統帥轉無以復命而貴領事所稱被屈之處亦無由而得伸本爵閣督部

堂身為大臣必當仰体　大皇帝中外一家之意故既
為　天朝計亦當為貴國計且必為統帥計設此事終
無了期經貴國王以貴統帥為未能辦結另行派員前來
其後來之人知貴統帥終於未了自必欽遵　大皇帝
諭旨回粵聽候查辦追　欽派大臣到粵後即行辦理畢
事則統帥徒勞往返未見所長殊為無色此本爵閣督部
堂知貴統帥係為貴國實心任事之人故代為籌慮總之
貴統帥承辦此事無非欲有以復國王之命如貴統帥欽
遵　諭旨返棹南還聽候　欽派大臣馳往辦理雖
明知烟價所值無多要必能使貴統帥有以登復貴國王

而貴領事亦可伸雪前抑緣恐空言見疑爲此再行照會
貴統帥果如所言將有利於商賈有益於兵民使彼此相
安如初則貴統帥回國時自必顏面增光可稱爲貴國王
能事之臣矣惟再圖之須至照會者右照會嘆咭唎國統
帥懿律

謝文竹校

林鄧二公事略 節錄原本　　李元度

道光三十年春　文宗皇帝既嗣服下　詔求賢時太子太保雲貴總督侯官林公方引疾家居矣學士潘公世恩尚書杜公受田交章以公應詔奉　召入都未即至　上以粵逆洪秀全等稔亂　特命公為　欽差大臣馳赴廣西督勦尋　命署廣西巡撫事公故嘗督粵威惠著聞中外想望丰采至是力疾出粵民額手相慶賊黨散大半洪秀全懼謀遁入海十一月公行次潮州薨遺疏入　上震悼優詔議邺　賜祭葬　予謚文忠自公薨後軍民失所倚賊寖不可制未幾踰嶺涉湘絕長江踞金陵為窟穴躁

躪遍天下又十四年竭海内全力㕑屢乃克之論者謂生靈多
阨致天不憗遺使得假公數年賊不足平矣然公之身繫
天下安危者尤不始此也先是公總督湖廣時鴻臚卿黄
君爵滋疏請禁鴉片以塞漏卮有　㫖下中外大臣議公
條上利害深切著明　宣廟嘉焉十八年冬　命以　欽
差大臣涖廣東查辦海口事務明年補兩廣總督宣公諭
德威繕守備於虎門各海口添建礮臺設木桴鐵索奏移
高廉道駐澳門揆隸水師資控馭時通商之國以十數咸
傾心受約束惟暎咭唎持兩端九月夷目義律等以索食
為名糾師船犯尖沙嘴公遣參將賴恩爵擊走之斷其接

濟尋六犯海口皆受懲創義律潛赴澳門倩西洋夷目遞
說帖求轉圜公以其言未可信奏請相機剿撫並請　敕
福建浙江江蘇諸督撫嚴防各海口復奏停其貿易㗋人
屢撼之不動則大懼既以粵之無隙可乘也乃改圖犯浙
陷定海掠寧波沿海騷動在事者莫能折衝禦侮爭歸咎
公因中傷之事垂成而敗代者至悉反公所為恐和議之
不速成也撤公所設各隘兵以媚之㗋人遂徑犯粵城公
知事不可為具遺疏以待圍解　命以四品卿銜赴鎮海
軍營效力尋謫戍伊犁海疆事自此益棘王相國鼎湯協
揆金釗至以死生去就爭之卒為忌者所持不能得向令

公得始終其事決裂不至此公之為天下重也可勝道哉
公諱則徐字元撫一字少穆晚號竢村老人年十三補弟
子員二十舉於鄉嘉慶十六年公年二十七有成進士選
庶吉士派習　國書授編修益究心經世學二十五年補
御史授杭嘉湖道道光二年授淮海道明年擢江蘇按察
使尋丁母憂明年奉　旨赴南河督修堤工工竣仍回籍
六年夏　命署兩淮鹽政以未終制辭不拜七年授陝
西遷江寧布政父憂歸十年夏補湖北布政使尋調河南
十一年復調江寧遂擢東河總督十二年春調江蘇巡撫
十七年春擢湖廣總督十八年冬入覲　賜紫禁城騎馬

遂有粤東之　命公之在粤也奏虎門收繳暎咭唎躉船鴉片已十逾其八得　旨褒叙及奏請剿撫兼施　手敕報曰既有此番舉動若再示柔弱則大不可朕不慮卿等孟浪但誡卿等不可畏葸先威後德控制之良法也尋請停貿易又　諭曰該夷自外生成是彼曲我直中外咸知尚何足惜公前後所陳皆稱　旨為忌者所中傷卒不安其位而天下自此多故矣公議戍時河決開封首輔王公鼎出視工疏留公督工查辦工成仍就戍二十五年秋賜環以四五品京堂用十一月　命署陜甘總督二十七年遷雲貴總督得　旨加太子太保　賞戴花翎引疾歸滇人繪

像以祀家居倡驅夷議大忤當事外夷方為斂迹當事思中傷之會璽書召用讒者乃止時方以西洋為憂後進咸就公請方略公曰此易與耳終為中國患者其俄羅斯乎吾老矣君等當見之然是時俄人未交中國者數十年聞者咸焉公之薨於行臺也易簀時呼星斗南者三年六十有六

鄧公諱廷楨字嶰筠江蘇江寧人嘉慶六年進士選庶吉士授編修十五年出為寧波知府母憂服闋補延安府調西安道光元年超遷湖北按察使遷江西布政使六年擢安徽巡撫十五年遷兩廣總督時方議鴉片烟禁公議奏

以謂法行於豪貴則小民易從令嚴於中土則夷貨自絀
上韙之未幾林文忠公以　欽差大臣至廣東嘆夷遂
輸烟入官甚悔罪已而中變以兵船回泊尖沙嘴進至穿
鼻公飭將士迎擊六接戰夷皆傷退訖公任不得入虎門
林公既改督兩廣自廣東外夷易犯者莫如閩故改公兩
江及雲貴總督皆未行而卒調公督閩浙二十年四月夷
船泊穿山洋及梅嶺厦門擊之皆走援定海至清風嶺得
吉郤回蓋是時夷方銳欲入閩而閩之海防地道多兵
力散公往來泉州厦門閒暑行宵征籌應捷出晝吏夜牘
且詢且披無一夕得安枕坐前在兩廣兵吏捕煙不力奪

職戍伊犁二十三年　召回起爲甘肅布政使二十五年
再授陜西廵撫二十六年三月薨於位年七十有二得
旨軫惜　賜祭葬如典

陳忠愍公象

陳忠愍王剛節葛壯節鄭忠節四公事略 節錄

李元度

道光二十年西洋暎咭唎以禁鴉片搆釁擾海疆　上稔同安陳公有將略由廈門提督調江南時閩浙戒嚴鄧制軍廷楨以公熟習廈門爲請　上不許蓋鑑其忠勇故始破回避本鄉之例擢之廈門復以防海需才今移鎮江南扼守吳淞口公益感憤激昂誓以死報國矣公諱化成號蓮峰福建同安人由行伍官水師守備五遷而至金門鎮總兵其調守吳淞也時以夷目就撫廣東將撤防公獨謂欵約不可恃請留所部兵弗去冬雪方盛平地積數尺公

時操小舟往來海濱風浪中或踏雪按行部曲嫗姁如家人軍中呼陳佛吳淞以東西礮臺為犄曲角西礮臺在海口北距寶山六里東礮臺在其南險與西稱唉夷擾浙公扼西礮臺以守凡三閱寒暑　欽差大臣裕謙公嘗以大風雨夕偵公見公危坐帳中鈴柝聲琅琅然也二十一年八月定海再陷三總兵同日戰死鎮海失守裕公死之吳淞民恃公為固明年四月夷陷乍浦戈船三十艘震逼吳淞時牛制軍鑑在寶山懼商於公公曰無恐以礮扼險可決勝公第坐鎮毋輕出入也於是公率參將周世榮守西礮臺別遣將守東礮臺公夜語世榮曰吾與汝福皆不薄周

愕然公曰詰朝戰而勝則受上賞不然亦俱不朽非福而何明日夷船排江進公執（登）臺執紅旗揮戰轟礮及千聲自卯及巳壞夷船六七艘賊沮欲退我軍譟而奮制軍聞師利趨出及三里賊從檣上覘其幟駕礮狙擊之制軍跳而免師遂潰東路兵棄礮走賊併力攻公急周世榮請公奔公拔劍叱之曰庸奴誤識汝世榮逸賊登岸礮彈雨下公顛復起猶手爇巨礮創重歕血死年六十有七同殉者守備龔齡增以下合八十餘人夷酋既入城犒飲鎮海樓酒酣或作華言曰此行良險使有兩陳公安能至此哉越十日嘉定令練廷璜購公尸獲積葦中面如生殮於武廟百

姓罷市哭奠繪像二一留吳淞一貽其子狀聞　詔優卹
立專祠　賜祭葬　予謚忠愍世襲輕車都尉
王公名錫朋字樵傭直隸寧河人由武舉補兵部差官援
例得固原游擊道光六年從大軍征張格爾殪其酋　賞
戴花翎十二年擢寶慶協副將福建汀州鎮總兵服闋改
壽春鎮公自游擊從楊忠武定回疆知名及平猺功居最
嘗誡諭士卒曰戰利呼人共之獲倍多即人不利趨救之
可兩全故戰比有功而定海事竟以無救敗先是暎夷陷
定海去之公以壽春兵鎮其地二十一年八月夷再至出
守九安門鄭公國鴻駐竹山門葛公雲飛駐曉峰嶺相去

十餘里賊先犯九安門不利退攻竹山曉峰公馳救兩營已先敗賊爭鬬公衆且盡所親卒及身自盪殺數十百人賊至益多揮短刀臨陣死是役也賊可二萬我兵計五千公檄請益兵大府不應戰且五六日勢足以待救亦坐不救曰吾守鎮海者也鎮海急則又走三總兵皆坐是敗死公殺賊獨多死尤烈事聞 天子震悼以提督禮賜卹謚剛節建專祠

葛公雲飛字雨田浙江山陰人道光癸未武進士官守備五擢至定海鎮總兵父憂歸浙江巡撫烏爾恭額尋奏請以公署原官公之以憂去也嘗上書大府言廣東禁鴉片

令方急外夷陰狡恐為變波及浙洋宜先事定謀及暎咭唎據定海巡撫服其先見馳書要公詣鎮海計防禦公督耕隴上得書白母遂行時道光二十年七月也公至鎮海請盡出勁兵扼金雞招寶兩山間集定海潰兵大閱海上會夷酋安突得被執夷大驚擾公請遂出兵復定海當事不能從明年許通市夷請釋安突得等而歸定海公與總兵王公錫朋鄭公國鴻偕往鎮定海定海城三面踞山臨海無屏蔽公議城其三面列巨炮塞竹山門深港使不通舟增築南路土城與五奎山諸島相犄角當事以費鉅不允行七月夷集厦門公聞之立牒大府以土城守兵單曉

峰背負海有間道宜增礮及以營船備水戰皆不省八月夷果復犯定海攻竹山門敗走明日窺東港浦皆擊卻之皆[先]是守兵皆駐城中惟公自駐土城及是王公錫朋出守曉峰嶺鄭公國鴻守竹山門夷船二十九艘賊眾至二萬餘我兵合三鎮僅四千飛書大營請濟師弗許戒死守毋望援天雨浹旬公青布帕首麻袍著鐵齒鞾日偕士卒往來霪潦中屢戰卻敵相持凡數日會天大霧夷全隊逼土城公礮沈其舟夷分道攻曉峰竹山曉峰無炮夷眾奪間道下攻破竹山門薄土城公手撥四千觔炮迴擊之賊殊死進公率部卒二百餘人持刀械步鬬夷酋⿰犭妾⿰犭突⿰犭得執大

綠旂麾兵進公罵曰逆賊終汚吾刀斬之刀折復拔所佩刀二衝賊隊中至竹山門方仰登賊刀劈公面去其半血淋漓徑登賊賊迸閒忽有炮背擊公洞胸穴如盌力戰而

劉方賊之逼土城也公行營有藥桶二公密納火綫其中而朱書其上曰軍餉城陷賊踏公營爭取之焚數百人義勇徐保夜跡公尸走竹山門雨霽月微明見公半面宛然立厓石下兩手握刀不釋左一目猶睒睒如生欲負之行不能起拜而祝曰盍歸見太夫人乎遂乘夜浮舟內渡及明抵鎮海大吏護公喪還葬事聞上悼甚 以提督例加䘏遣官致祭謚壯節

鄭公國鴻字雪堂湖南鳳凰廳人由雲騎尉世職補屯守備遷黃州協都司道光元年超擢提標參將四年擢平樂協副將調竹山協坐事鐫級起湖州協副將調慶寶二十年遷處州鎮總兵所至皆能舉其職逾年以力戰死事
天子軫悼　贈提督加等　賜卹　予祭葬謚忠節世襲騎都尉　特賞其孫銛鍔並為七品小京官公優於文學工書好窮經著有詩經疏義行於世

記煙禁原委

金安清

鴉片不產於英之本國其地爲孟買孟加喇即南印度距中華最近乃英所佔之埠頭耳始於乾隆中葉有以後粤東有之亦只舵工恃以止眠便守羅針而已嘉慶初漸熾官場上下皆吸食道光一二十年中乃極盛英商即用爲進口貨之大宗以之易絲茶往往浮於內貨之價故紋銀出洋歲以千萬計銀價日昂在丙戌丁亥時每兩尚不過千文有餘至辛卯壬辰則一千七八百厥後則竟及二千

國家地丁鹽課關稅無一不用銀因之事事掣肘官民交困

當宸焦勞於上司農仰屋於下各督撫亦無不蒿目

拮据有不可終日之勢其時黃樹齋爵滋有聲諫垣與許玉叔金亞伯湯海秋為一時讜論之歸居常扼腕議天下事而公車在京如臧牧庵江龍門潘四農吳子序張亨甫孔宥涵羽翼其間日事討論戊戌年有請禁吸食洋煙一疏以一年六月為限滿則加以大辟實江之創稿而黃以鴻臚寺卿上陳者也　宣宗意大動趣各督撫議兩江陶文毅澍則主於酌加舊律而不必繩以峻法兩廣鄧制軍廷楨則主限滿刺配以辱之兩湖林文忠則徐則主於限內多方誠導以已驗方藥勸令速戒言人人殊未畫一

上意惡之甚卒以鴻臚原議飭刑部定科條頒行天下各

畺吏皆月具一摺報烟犯之多寡以爲殿最期盡革乃止林文忠於同列中最得　上眷敭歷畺政負事事認真名其幕友山陰堵姓者揣時尚於例報烟犯附片中特危其詞曰此法不嚴則數十年後無可用之兵無可籌之餉云云文忠亦無意竄改之即以此入奏　宣宗覽之硃圈贊賞特召文忠入朝決大計道出直隸與直隸督琦善遇諸塗琦舊任兩江林爲臬司曾保薦爲受知故吏後時望出其上意不善之乃囑其無起邊釁論固正而意則私也文忠漫應之抵京　召見十九次賞紫禁城騎馬子汝舟亦留翰林傾動一時旋奉　命以欽差大臣赴粵查辦事件沿

海水師一體聽其節制國朝鮮文臣司兵權漢時尤罕國初以來惟張廣泗劉於義二人乾隆至道光百年無此典文忠破格得之雖樞相亦爲之動色朝罷彼此所論率不合中外交搆有識者已爲文忠危而　上意方殷勢不能已抵粵後深知洋烟冒禁之弊始於道光七八年李鹿苹爲督設巡船以劣弁統之實則以厚規庇護反以增其燄歷任因仍未革乃首懲之以法簡卒伍核軍實遍諮內外海形勢馳檄英國王宣揚　朝廷意旨禁後來之船夾帶烟土文忠素以幹濟負重名華洋咸悚惟慮空言斷絕之不足取信於遠邇也乃証以繳土之實初奏猶請悉解京

師繼乃奉　旨就粵地銷燬時洋酋義律懾於困洋館斷接濟不敢大支吾而洋行總商伍姓及廣府余氏皆擅心計知文忠意不能回而使節不久駐冀粉飾了事以竟其役乃陰與義律關說以二萬箱照數呈繳而分年分貨酌償其值義律亦無可如何而曲允之文忠性警敏未必不覘其微也奏入深慽　上旨樞相則深嗛之乃造膝密言粵事非林某勿竟調文忠爲粵督而洋商廣府之計阻即文忠亦處騎虎知此釁之勿能竟也乃購洋聞覓洋書訪奇材劍客製火器修砲臺備火攻船隻決計用兵勒洋酋出具切結載明此後如再夾帶鴉片者人即正法貨即入官

八字洋船之載土者向在澳門老萬山外距省數百里有各路私船分載入口即粵東一地嚴禁未始不可分至閩浙且粵省南澳潮惠等地亦防不勝防故洋酋於貨即入官一事不為動惟洋法無誅死之刑堅不諾人即正法四字相持數月莫決文忠乃內外戒嚴屢出奇計以黑夜乘潮火攻其兵船三次皆挫之洋酋大駭求計於本國取進止英王集衆大議我朝自龍興以來兵威殊俗乾隆之平準平回大小金川安南緬甸諸役尤為外洋所稱道故英人舉國初皆不敢主戰以不知中土之實在虛實也有絲商某獨擁厚貲實以販烟獲利違衆論決興師雪恥集貲

千萬調兵輪船數十隻洋俗用兵先籌餉故商人得預其
政然尚以畏文忠故不敢遽犯粵中也乃於十九年七月
乘虛先陷浙江之定海其地舊名舟山國初荷蘭人曾駐
之乾隆中英人屢請比照澳門例為屯貨所廷議未允者
八月即至天津投書直督翹寃抑琦公本惡文忠所為又
文忠初至粵不久即調任兩江適奉　旨詢江浙漕務文
忠以所議四條上陳末及北直屯田水利以為培本源中
之本源琦督以其越俎代謀尤積憾及洋釁起　上意微
慍粵事之不善樞中以顏色告琦遂力陳羈縻之說以琦
持使節往粵接辦而文忠褫職交琦差遣矣琦到粵後悉

反林之所為盡撤藩籬與之更始獨乘小舟出洋與洋酋議欵償以兵費二百萬洋人乘隙以香港為請琦亦諾之其設施純為固寵忌功計然彼時消弭急釁固亦不為無算乃同城文武及粵紳士大譁咸以割地為辱巡撫怡良飛章力詆琦之失策其詞益（甚）正　朝廷無以奪乃調各省兵二萬名以奕山為靖逆將軍起宿將果勇侯楊芳為參贊聲罪致討逮琦入都治罪撫局為之大變而粵省內外扼塞處自林去任後洋人已盡知底裏又數月弛備人心皆渙洋兵驟攻虎門提督關天培死之破各炮臺直抵省河粵地大震適楊侯以川兵至勢稍定奕山繼入粵初猶

互拒戰迨次年二月洋船環集我兵勢不支廣府余乃陞白旂乞和允以兵費六百萬摟括各庫與之兵始退先是江督伊里布奉旨為欽差大臣赴浙按兵日久至是乃由粵議還定海而以所獲洋酋安突德畀之蘇撫裕謙者班第之曾孫慨慷任事以伊督之議和為非屢攻其短時臺灣道姚瑩以失風洋船報捷閩督顏亦銳意主剿廷議又搖乃以裕代伊督浙師議防務獲洋兵戮之剝皮為馬韁遂撫議粵中洋酋復大怒遂於是年秋先陷厦門再陷定海寧波裕公殉於水東南復震動乃命奕經為揚威將軍統大兵入浙自冬及春經營數月陰縱閒諜百計並

施期一鼓而復三城乃為洋酋所紿未戰先潰倉皇奔杭州遂不復振尋破水[上]海城輪船直至松江城外六月遂由上[長]江臨鎮江向金陵江督牛鑑及耆英伊里布請　上速奪大計仍議款償兵費二千一百萬以粵之六百萬抵入餘則分年給與而香港廈門寧波上海皆設口岸為通市前後擾攘四年其局乃定而吸烟之禁亦具文矣

庚申北略

英夷自咸豐九年兵至天津為僧王格林沁挫創之後志圖報復十年六月十五日英法二夷舟抵大沽時僧王昇（早）為拒敵之計南北塘俱設砲臺防守甚嚴復於北塘伏有地雷有土人沙姓陰洩其謀夷人即將設伏處處發掘遂登北塘或云某為所獲以力脅之乃以實告僧王初意欲俟其登北塘以雷火盡殲之自此策不行而夷人得計從此始二十日夷船進港擱淺恐為我軍所擊高懸白旂中書免戰二字旁書暫止干戈兩國交話並以和約疑我我軍遂不擊二十六日夷船得水浮動遽大進兵轟擊我師

勢甚張巳初出隊至酉正德興阿營失陷吾兵受傷者六七百人二十七日夷人由北塘進占新河在寗河寶坻之間大沽之後僧王腹背受敵矣二十八日進占唐兒沽七月初一日瑞相國麟帶兵一萬駐通州以為後應初五日夷人進攻大沽奪北砲臺提督樂善中炮死樂素為良將僧王所倚任猝以身殉僧王如失左右手時僧王南炮臺未動以失北炮臺欲自盡適

上命退守通州大沽之防遂撤初七日夷人直抵天津占據文俊恒祺奉

命與之議和夷人曰彼官卑何足議大事改

命桂相國良往議英夷索銀八百萬法夷索銀四百萬約
先給現銀二百萬始允其請後以需索現銀遲回未決而
夷兵日逼通州矣於是京師戒嚴分派滿洲各員在十三
門帶兵分守二十七日
硃諭曰朕揆時審勢夷氛雖近尤應鼓勵人心以拯時艱
即將巡幸之典預備作為親征之舉着惠親王等傳諭京
城巡守接應各營隊各馬隊通州一帶見朕仍帶勁旅在
京北坐鎮共思奮興鼓舞不滿萬之夷兵何患不能殲除
耶將此交王大臣同看欽此百官交章諫阻乃止八月初
一日夷兵自張家灣河西務移近通州

上復諭怡親王載垣穆蔭往議和初三日在通州之東岳
廟設讌筵請夷酋巴夏禮艾嘉畧會議賓主四人並列四
席巴夏禮至即叱曰賓主席豈容並列命撤主席旁坐酒
數巡巴夏禮曰今日之和我須面見
大皇帝卻不能跪怡王曰我國之禮見
皇上自王大臣以下無有不跪者巴夏禮曰吾非中國臣
也安得跪久之穆蔭商之怡王曰事且從權遠立不為
皇上見或亦可耳又久之巴夏禮曰我國奉天主是天子
我是天子之使與
中國皇上應以敵禮見面交和約怡王怫然爭之不決又

久之穆蔭請之怡王曰王且退再議怡王與穆蔭同出留恒祺在彼候信恒祺者現上駟院卿前任粵關監督六年與巴習識者也巴忽曰我須眼速備好臥具來恒如所請宵分巴仍熟睡乃還報怡王黎明怡王使馳告恒曰事決裂矣汝速往見額爾金額爾金者夷國所謂全權大臣也時駐通州城外額拒不見而夷人已開仗矣怡王乃密告僧王擒巴夏禮等九人縶回京師黄宗漢奏請殺之翼日械繫刑部獄夷兵漸逼京城初五日

上命勝保統領各營初六日勝保中火鎗傷回京僧王師移齊化門外初七日齊化門閉初八日

鑾輿巡幸木蘭扈從者惠親王敦王醇王端華肅順軍機穆蔭匡源杜翰及六宮而已恭王仍留海淀端華所遣步軍統領

命文祥署理是日都門俱閉而外城隔絕六部九卿無能入署辦事民心遑懼初九日諸大臣商之步軍統領暫開宣武門及西便門以通往来是日止開辰巳二時初十日正陽門半開晌午即閉團防大臣大學士周祖培尚書陳孚恩侍郎宋晉潘曾瑩集中州會館議增練勇局設梁家園壽佛寺司其事者前侍御尹耕雲諸人也十五日奉

諭留京王大臣派豫親王義道桂良周祖培全慶始知

上暫駐密雲之羅山傳小軍機曾故均等六人赴
行在十九日彰義門亦半開自初八日閉城後外城米蔬
不得入城百物頓倍價城中遷徙者十之七八城門擁不
得出司門者又索錢乃放行車價頓長數十倍遠行大車
需銀百兩近者亦需銀數十兩行者不計價之多少以得
車爲幸大小車城中一空男女絡繹於道銀每兩或值二
十餘千如欲以錢易銀則并無有也以票取錢六七折不
等二十日商人樂平泉邀集衆商于中書梁承先代稟周
祖培協相偕牛羊千頭往夷軍犒師請和時夷人駐通州
八里橋巴夏禮之在獄也恒祺見之遽請釋其縛至是議

和乃館之高廟以禮接之二十一日夷人有照會来云此
國家大事豈商人所得與聞須恭親王来說議又批商人
稟云大英國欽差大臣伯爵額批稟云備牛羊果品等前
來送禮本國向不收受禮物如為貿易起見着本國弁兵
照市價公平買賣至和局定議該商等如有所見可向貴
國欽差大臣恭親王稟知商辦因係中外國大事也此批
其實牛羊等物皆夷人掠去並未給價二十二日僧王移
軍迤北夷人自朝陽門向北繞過德勝門薄暮竟趨海淀
恭親王避走是夜德勝門外火光燭天海淀被焚是日瑞
相國兵先潰二十三日僧王兵亦潰二十四日夷人燬圓

明園盡掠
御用器物移軍安定門外有照會来云須恭親王面議以
三日為限時恭親王避居長新店瑞相國文統領亦往二
十八日夷人以我國無復函又来照會云定於二十九日
午刻帶兵入城准開安定門進代司管鑰不爾則用礮攻
城二十九日大開安定門設夷館於國子監老君堂等處
具供張請夷人午刻夷酋巴夏禮帶兵一百五十人入城
不進館不赴宴逕趨營門内遂據守安定門策馬登城架
礮於城樓皆内向門外居民盡為灰燼嗣後夷兵陸續入
城不計其數夷人出示城闉令居民徙避礮火與居民並

無擾害環觀者不禁溯自六月夷人至天津夷兵及所帶廣匪不滿萬而我軍幾及十萬乃兩月以來總未與之一戰輒轉退避以致夷人深入遂進都門大抵皆主和議故也九月初二日恭王移駐彰義門外之天寧寺時夷人許和仍照前議又增添條欵其大要有四一需現銀二百萬兩餘陸續扣稅作抵一天津馬頭通商一京都造夷館一往各處行天主教

上已駐蹕熱河有

旨僧王革爵瑞麟革職因夷人突至海淀燬園不能攔截故也步軍統領改派瑞常六部九卿會銜奏請派恭王面

定撫局初四日奉
諭已諭恭親王擇地駐紮斷難入城議撫是日夷人因聞前被俘之二十餘人分交各縣監察（禁）內死二十一人忿甚再燬圓明園殿宇及萬壽山玉泉山昆明湖各處自初四晚至初六火日夜不熄烟燄蔽天又需索撫卹銀五十萬兩尋奪怡王府居之初九日給以卹銀如數恭親王移進城內法源寺初十日准在禮部署恭親王與夷人面交和約夷人忽辭以明日是日未刻巳夏禮先來巡視一周疑有伏也十一日恭王率大學士賈楨周祖培尚書趙光陳孚恩侍郎畢道遠宋晉各官赴禮部留兵正陽門外止帶

護衛而入未刻英酋額爾金巴夏里（禮）咸設兵衛鼓吹前導
乘八人輿至禮部堂上鋪歛張燈上方左右設六席旁各
二十席恭王並夷酋左右坐各官旁坐夷酋初見免冠恭
王拱手免冠者夷人叩首禮也巴夏禮立而後言尚不至
十分倨慢內有女夷三人乘輿入座或云即巴夏禮等妻
也巴夏禮言語可通無皆（言）不辨交見後略敘數言一茶而
罷十二日法夷亦至禮部交和約隊伍整肅乘四人輿者
二人有女夷騎從並有女樂雜鼓吹中交見一如英夷凡
夷館中供應由順天府承辦甚為豐腆英人又需索牛羊
約供千頭及羊皮衣件三千件尅期而得及辦後或收或

不收厥性無常也十三日巴夏禮於國子監設席宴王大臣作答禮十八十九日法夷陸續退兵出京恭王等奏請回鑾二十一日英夷亦陸續退兵出京額爾金巴夏禮先行祇留雅士碼一人作為英國公使移居俄羅斯館恒祺派隨從四人順天府亦派數人日有供應仍從豐腆二十日內閣抄出

上諭所有和約內所定各條均着逐欵允准等因欽此二十三日恭親王出示通衢刊布英國和約二十五日又刊布法國和約十月初一日奉

諭武備院卿恒祺辦理海口通商事宜四品京堂崇厚帮

同辦理初四日户部奏安和豐益倉於八月二十四九月十七等日先後被刦米四萬一千六百餘石倉場御史奏通州西倉監督貴倫玉潤同時自縊交部議卹初五日奉上諭本年天氣漸屆嚴寒朕暫緩回鑾俟明春再降諭旨欽此

粵民諭夷單

大清朝盡忠報國全粵義民諭逆夷狭狤猘衆犬羊知悉查爾畜邦豺狼成性鬼蜮為心我 大清朝久欲將爾誅滅因大西洋各屬國代爾哀求准爾通商爾不過貪利而來有何知識爾之貪利猶畜生之貪食亦不為奇爾試攬鏡自照與畜生何異不過能言之禽獸而已何知忠孝節義何知禮義廉恥爾雖有大呢羽毛非我湖絲安能織造爾雖有花邊鬼頭非我紋銀安能鑄就若我 大清朝茶葉大黃皆爾狗邦養命之物若不發給爾等爾等性命何在爾不知報我厚恩反將鴉片害我百姓騙我銀錢 皇

上聞而震怒特派林大人查禁鴉片先期出示今爾繳烟免罪爾畜類尚知畏罪繳烟所以賞爾大黃茶葉爾既無福受領又不具結直是自絶我　朝反敢興兵動衆是何道理爾既妄稱利害何不敢在　林大人任內攻打廣東竄至浙江殘害定海百姓又往天津妄遞呈詞爾若果有冤抑何不早遞呈詞何以先擾定海後到天津可見爾自知罪重不能解免不得已揑詞欺騙不料貪相受爾蒙蔽代達　天聽我　皇上好生之德撤去兵防饒爾狗命不開槍炮爾若認真恭順何不將定海兵船退回廣東聽候查辦乃仍在定海滋擾仍在各洋游弋貪相受爾朦混撤

去尖沙横檔之兵攔阻衆軍不開礮火縱爾竄入內河爾勾通無父無君之漢奸從中作亂爾不過使錢哄買而已有何長處爾既妄稱知兵何不專用爾英夷交戰今用我國漢奸非爾英狗之能也我　大清朝素行仁義不忍製狠毒之物豈似爾畜類專以搶奪為心生故爾船只堅固礮火慘烈火箭威猛爾除此三物更有何能我　大清朝若似爾狠心製造何愁不誅盡爾等畜類爾不知自量妄逞強梁前日雖佔礮臺而火箭等物全不中用可見爾畜類實無才能其時我們義民約齊數百鄉村奮勇打仗爾若果有才能不該轉求廣府苦求我們罷戰今既饒爾狗命

爾又妄自尊大出此不通告示爾等不過逆畜而已竟敢稱為上憲又妄稱曉諭百姓我們義士爺爺爾畜生竟敢妄稱為百姓耶爾妄言寬容試思誰寬容誰爾前日船隻擱沙不動我兵何難將爾焚燒爾上礮臺我兵何難架礮轟擊特寬容爾等留爾生路爾反言寬容百姓耶爾全以假仁假義哄騙百姓謂不加害何以屢屢騷擾爾裝模作樣假殺一二騷擾之人希圖買好用計騙我使我不加防備爾遂乘閒攻我我們豈受爾愚爾又賣弄能幹恐嚇我們豈知爾等畜類伎倆我們早已盡知爾既言戰法即與爾陸戰或陣戰或馬戰或步戰或外海對戰爾仗礮火猛

烈則爾礮幾劬我礮幾劬兩下對戰看誰礮火利害爾畜類果能勝我方算能幹爾不過花錢勾買大言恐嚇即算狗畜之能乎我　大清朝仁慈寬厚不忍誅爾　大將軍金枝玉葉諸大臣忠厚慈祥非真無能也憐爾身同畜類性本無知豈有人與畜鬬之理故任爾猖狂今且不用官兵專用鄉民與爾決一死戰非我鄉民甘與畜鬬因爾害我鄉村傷我男婦不得不與爾畜類一鬬我全粤義民數千百萬之多志切同仇恨聲載道誓不與爾俱生爾若不早早退出虎門自有千百妙法燒爾片帆不返並要滅爾狭邦我義士爺每人出錢十文便足以造船隻修戰具滅

爾有餘矣我們義士受　大清朝二百年豢養之恩今日若不誅盡爾等便非人類爾殺害我百姓殘燬我棺骸拆毀我廟宇褻瀆我神佛天怒人怨正在此時爾如不信試看前日大班猁狒圀佔澳門立刻身死律勞卑闖進虎門憂懼而死鴉狸狙暗中播弄是年亦死慣賣鴉片之獴猛鬼使神差自吻而死此等人箇箇將逃天譴何況今日爾等大逆無道豈能逃出天網即如爾等現在船隻或遭風火或擱沙洲所放火箭全然無用豈非天意使然若再逆天行事天上雷神何難將爾義律殛死何難以雷火燒盡爾等兵船何難以狂風翻爾船隻葬爾等於魚腹況如今

不用驚動天神即用我們義民已足滅爾畜類上為　天
子洩憤下為寃鬼出氣不用官兵不用國帑自己出力殺
盡爾等猪狗方消我各鄉慘恨之氣也爾猶狰獰平日
何等强横今被我等義民輕試手段將他擒住碎屍萬段
爾等更有何樣本領敢犯我們爾所恃漢奸皆我　大清
朝罪囚毫無本事爾乃重用之此等忘恩負義之人既負
於我必負於爾他日在爾處利爾貨財暗中作事殺盡爾
等亦不可知爾花錢句買養活此輩豈不可笑爾佔據内
河只想通商好賣鴉片豈知買賣要人情願如今我們不
情願與爾交易爾偏要人交易蓋也不蓋爾之貨物我們

狠不希罕我們要買貨物自有恭順各國同我交易多得
狠誰同爾畜邦交易耶爾等如此可惡我們痛恨已極若
不殺盡爾等猪狗便非頂天立地男子漢我們一言既出
百折不回爾就請人勸我我亦不依一定要殺一定要砍
一定要燒一定要剝爾之皮食爾之肉犄（特）知（先）期示諭爾獷
⿰犭聿獁狸⿰犭遜獺⿰犭也⿰犭嚕⿰犭亞等及各無父無君之漢奸知悉本應
措辭雅鍊因爾畜生不通文字故用粗俗言語淺淺告諭
爾畜類倘悔罪自首面縛跪求當分別首從不忍全誅如
再推延定行誅盡特諭　道光二十一年四月初十日諭

夷稟 道光十九年 林大臣進呈

暎咭唎國領事義律具稟　欽差大人為恭敬遵諭稟覆事轉奉鈞諭　大皇帝特命示令遠職即將本暎國人等經手之鴉片悉數清繳一俟大人派委官憲立即呈送如數查收也義律一奉此諭不得不遵自必刻即認真一體順照緣此恭惟稟請明示現今裝載鴉片之暎國各船應赴何處繳出至所載鴉片若干繕寫清單求俟遠職一經查明當即呈閱也謹此稟赴大人臺前查察施行

又

暎咭唎國領事義律敬稟　欽差大人為遵諭呈單事昨

因謹奉大人鈞諭即經遠職持掌國主所賜權柄示令本
國人等即將嘆咭唎人所有之鴉片如數繳送遠職也現
經遠職查明所呈共有二萬零二百八十三箱恭候明示
查收緣此謹禀赴大人臺前查察施行

暎咭唎領事義律寄澳門西洋兵頭信 道光二十年林大臣進呈

義律寄信與西洋兵頭敦阿特厘阿加西阿打西爾威拉賓多現在暎咭唎在中國貿易首領事為　欽差及省中官府強霸之事我今以暎咭唎國家之名懇請求准將暎人存下貨物運至澳門囤貯棧房依澳門章程納稅今我所求之事並非立意欲破中國人所定之章程將暎國貨物在澳門出賣與中國人不過立意欲將暎國之貨物放於平安之地步使各空船可以開身我今不必多言惟望爾貴人施仁厚之德與暎咭唎之人我甚感激不淺至我時常思想欲將澳門變為長久大利益之處我等思想之

事時候已至欲將貨物交澳門代理發賣其權係在爾貴人手上以我想來此事亦並未破中國人所立之章程令我求爾貴人熟思此事一千八百四十年正月初一日在澳門洋面窩拉疑兵船上首領事義律印此外夷本年正月初一日乃是內地上年十一月二十七日理合聲明、

西洋兵頭回信

西洋兵頭回覆管理唊咭唎在中國貿易首領事貴人義律之前明鑒澳門兵頭等接得正月初一付來之信欲將唊咭唎船上之貨物搬到澳門不過欲將各貨放於平安地步使各空船可以回國觀此信中之事我見得自己不

能有如此大權回答此件大緊要之事兼以須依管理澳門地方之法律我亦無如此大權可能定奪此事故我即將首領事之信知會此處之西濘底大家商議我等心中雖欲應承惟因中國官府禁止我等不准與首領事有來往我等雖欲將就首領事惟因例禁不能如我等所願故不得已推辭首領事所請現在我等并不為所失不能在澳做中國與外國貿易之利益而憂愁乃為不能遵首領事請帶貨物到澳囤積之事而憂愁現在我亦不必多寫書信解明因何不依首領事所請帶貨到澳門囤貯之事蓋首領事曾在澳門居住數年諒已知道在澳西洋人與

中國官府之交情尚望忠厚之嘆咭唎國王保護澳門以免我等受從來所未受過之艱難危險今我等已定奪不能如首領事所請故特寫此回信與首領事求首領事明鑒體察一千八百四十年正月十六日在澳門敦阿特厘阿加西阿爾威拉賓多印此（外夷本年正月十六日乃是内地上年十二月十二日理合聲明）

嘆咭唎夷官吐嘧致西洋兵頭信

窩拉疑兵船船主吐嘧寄信與西洋兵頭敦阿特厘阿加西阿打西爾威拉賓多我現在實不隱瞞爾貴人因為中國官府出如此要重之告示黏在澳門牆上其中言語嘆

咭唎住澳之人讀之盡皆驚惶爾貴人亦知道保護嘆咭利人之性命乃係我之專責目下之事乃關于我之重任欲遣一隻兵船進至澳門港口不獨為保護在澳居住之嘆咭唎人亦可以守著澳門以為有事時退步之計而兵船進澳門並無打仗之意我正願爾貴人不必理我等與中國之事如此我亦十分恭敬爾貴人一千八百四十年二月初四日在澳門洋面窩拉疑兵船上吐嘧印此外夷二月初四日乃是内地正月初二日理合聲明

西洋兵頭回信

接爾貴人來信云要遣兵船一隻進澳門港口之事似是

與我等國中對敵蓋兵船進口乃歷來禁止之事即爾貴人之國家亦未必令爾攻敵我等之道理當水師官特魯里時亦併未有帶兵船進澳門港口之事令爾貴人之非我特講明如果欲遣兵船到澳門港口乃是不公義之事現在爾貴人所行之事與爾貴人去年所見甚是不同爾貴人若如此言行相違我必將爾貴人之事聲明與嘆國及我等國家知道矣伏望上天保護於爾貴人一千八百四十年二月初四日在澳門敦阿特厘阿加西阿打西爾威拉賓多印此

吐嘧又寄西洋兵頭信

我今對爾說知爾於本日付來之信我已經收到今復有
信與爾貴人現在暎咭唎人要在西洋旗下居住爾肯保
護否抑或爾竟任暎咭唎各人如前六箇月被人苦磨不
肯保護耶如果實是不能保護暎咭唎人須要暎咭唎人
離去澳門爾貴人據實說明我亦立將兵船撤去離此處
澳門港口并即將爾所說之話知會我本國之人一千八
百四十年二月初四日在窩拉疑兵船上吐嘧印此

西洋兵頭回信

本日内附來問我之信緣我乃係我等國王命來代理此
處事情之人我今明回答與爾此處地方與我等國王所

管之別處地方不同管別處地方可以給別國人居住若此處給別國人居住此處地方之居民即不得安静又受驚嚇之事斷斷不能難道現在嘆咭唎人到船居住豈即有各樣擾害乎豈必須到此處居住以為保護乎前時嘆咭唎人在澳門居住我亦曾一體保護此乃實在事情人所共知管理在中國之嘆咭唎貿易首領事曾讚揚於我即爾自己亦曾稱揚於我惟現在此處之事情已比從前不同中國一封禁伙食所有各樣貿易事務皆已敗壞矣爾亦知道我等國家與中國相交之章程律例除卻破壞船隻到來修理之外從未有何等船隻進至澳門港口我

令以我等國家之名請爾出令吩附海阿新兵船離去此處港口俾我可盡心保護我國家之人民在此地方得以平安暎咭唎人不要想我留他們在此處居住我亦必守與中國人所定之章程定不肯違背之只是中國與暎國兩邊之事我皆不理如在爾之第一封信內所說一樣在爾不過係為爾自己所受之重任故行如此冒失之事以違犯我等之法律在此等行為豈得謂之好道理此封信乃我在議事亭與西拏底等會議時所寫在爾只是指出暎咭唎人不在澳門居住之難處並不思及西洋五千人為暎咭唎人朋友之情亦受重累自首領事回到此處之後

所有之貿易皆要停止所有之稅餉為西洋兵丁之費以為保嘆咭唎人平日之平安爾亦當思念及之爾若不念我對爾說之事我即將近來九箇月內所有之事宣布與通天下知道求各國依公義判斷我又對爾說知爾所行之事不獨犯我國法律乃亦有犯於嘆咭唎國家之法律伏望上天保佑于爾一千八百四十年二月初四日在議事亭內敦阿特壓阿加西阿打西爾威拉賓多印此

逆夷偽示 道光二十年六月林大臣進呈

大英國特命水師將帥為通行曉諭事照得粵東大憲林
鄧等因玩視　聖諭相待英人必須秉公謹慶輙將住省
英國領事商人等詭譎強逼捏詞誑騙表奏無忌故此大
英國主欽命官憲著伊前往中國海境俾得據實奏明
御覽致使太平永承妥務正經貿易且大英國主恭敬
皇帝懷柔內地安分良民嚴命本國軍士設使民人不為
抗拒即當凜行保全各人身家產業是則該民無庸驚懼
仍可帶同貨物接濟赴到英師之營汛定要施惠保護給
爾公道價錢也且大憲林鄧捏詞假奏請奉　皇帝停止

英國貿易之論以致中外千萬良人吃虧甚重緣此大英
國將帥現奉國主論旨欽遵為此告示所有内地船只不
准出入粤東省城門口兼嗣後所指示各口岸亦將不准
出入也迨俟英國通商再行無阻本將帥纔給符官印發
檄曉諭所應經商之港口不為攔截又沿海各邑鄉里商
船亦准往來可赴英國船隻停泊之處貿易無阻特示

夷函

道光二十年六月初十日浙撫烏爾恭額奏呈

大英國特命水師將軍伯麦陸路統領總兵官布耳利謹啓定海縣主老爺知悉現奉大英國主之命率領大有權勢水陸軍師前進到此特意登岸佔踞定海所屬各海島至各島居民若不抗拒本國軍師大英國主亦不加害其身家財産也夫粵東上憲林鄧等於舊年行為無道凌辱大英國主特命正領事義律暨大英國別人不得不遽然辦法現今須要保護本國船隻并兵一切妥當是以老爺也須即將定海縣并所屬島與其堡臺一切投降故此本將帥統領勸老爺投降以免再戮但不肯投降本將

帥統領自應用戰法以奪踞之且遞書委員惟候半箇時
辰候候啓覆此時完了而老爺不肯投降即行開炮轟擊
島地與其堡臺及率兵丁登岸本將帥統領特此啓定海
縣主閱鑒一千八百四十年七月初四日行

夷酋上琦大臣照會道光二十年琦大臣進呈

大英國主欽命管理通外事務大臣巴麥尊敬此照會

大清國　皇帝欽命宰相茲因官憲擾害本國住在中國之民人及該官憲褻瀆大英國家威儀是以大英國主調派水陸軍師前往中國海境求討　皇帝昭雪伸寃夫大清大英兩國通商已歷一百餘年之久當此時間

大清國家准英國民人居住內地俾得在彼貿易是以經有大英國民人賴　大清國家實信卽往粵省為商往往攜帶重多貲貨進省此外英國民人欲與中國經商但因多端不能親自赴到故將所運貨物到粵而托付駐內

地同國人等經手請在彼代銷後將取獲價值寄送英國地方交與貨主如此常有英民數人帶貨重多居在　大清國　皇帝境內也大英國主與　大清　皇帝雖未得互相盟約然大英國民人全賴　皇帝秉公實信常時赴到中國以為經商更兼大英國主近年特調大英國家官員駐粵已奉嚴禁經商並與貿易稍無結者且經諭該官與粵省官憲遲行文移往來俾得保獲英國民人及致　大清兩國家得有經由交通無害茲於舊年之間有某官憲輕奉　大清　皇帝之欽命輒將在粵省依賴　大清國家實信之英人向之強行殘害且該官憲輕

視大英國家特委管理領事憲職亦行强迫凌辱該領事
等情呈到大英國家一經聞知詫異不勝抱恨良深追問
其故止稱因英國數人違禁販賣鴉片故有此等行為據
稱
大清國律例禁止運帶鴉片進入內地又聲明凡有
帶來鴉片盡行沒官也夫大英國主甚願凡有民人前往
外國一概遵照該國律例如在外國犯法宜然自取罪孽
則不包庇雖然如此國主不容住在他邦之本國民人遭
殘受辱吃虧倘若已經見屈國主必行查鑒伸寃設使某
國家立法關涉中外者該國家須必執法從事不偏不倚
如不然終不可行也倘若以法繩外人亦應以法繩內民

並不宜徇縱百姓犯法而姑寬但外人同犯則治罪也若是日久使該法律廢弛視為具文及令內外一均以為無力旋後未教明之先忽然執法吃緊嚴行實屬不合情理也夫

大清禁例雖不准運來鴉片尚經多年粵省官憲徇庇任縱販鴉片之弊為衆所周知也況該官憲自總督以下任徇外國人等販賣鴉片年受規銀厚得利益且近年該官憲違法將停泊伶仃洋面外國船隻之鴉片裝載舟師入口不法至此極無矣試問京師御政知此弊否倘實知此而任官憲行為猶無此等禁例則果廢本法即

大清國家稱云不知此弊猶若說云果知外國人等違

例來鴉片但不知官憲違法相助運進額受規銀任縱內
外國家可問　大清國家何等嚴行防範豈得開一眼
而禁遠人犯罪閉一眼不得鑒官憲犯罪乎且官憲自應
認真辦行其　國主之法既敢違法即為犯罪甚重者即
使　大清不欲仍舊視鴉片例禁為具文乃率然立志
執法從事則該國家必應首先治該官憲之罪也乃外人
被兩廣總督暨屬下官員示鼓包庇引誘犯法伊等即見
强迫惟官憲甚有責處即見寬免取辦法殊屬反理設如
大清國家始行國法之前明示改意之原由及將違
法運入內地之鴉片一切境內拏獲沒官若如此大英國

家亦不以此為寬若　大清國諭飭本官憲在本疆内照此辦法殊合義理而其緣何擬定不宜照此辦事惟

大清國所自知也然反立志不肯違禁之鴉片轉緝安分英國之商民替犯罪者致刑無罪之人且磨難良以指勒歹人又定議將奉大英國家官職之領事為官憲手之器以致逼勒執　大清國之法而行者獨不思該法非該領事所干也因此諸端大英國家告明不任此等作行且因此等辦法大英國家決討昭雪夫大英國商人多有安分駐省忽然見禁在本館内盡絕食物所傭内地工人見驅不准相助該官憲自不能查出肯獲鴉片故此拘禁

商人僱令將往別處自取不管理鴉片之他人若干呈繳
官憲當時雖數分不在　大清屬轄之地然不呈繳嚇
呼使之餓死至國主特命之領事聞知該英商人被官憲
强迫致生命臨危卽冒礙難赴省詢問委曲若勸官憲歇
手不可此等妄行卻欽差大臣將本國主官員之詞置如
罔聞及背各國交通之義理又稍不顧係大英國官員宜
為尊重者而行監禁領事暨商人一概將口腹之需仍行
斷絕夫該領事職分權勢並未諭及不在省之別人將鴉
片若干呈繳奈　大清官憲嚇呼倘不行諭卽要悉使
餓死是以領事特意拯救被禁同國人之命畢竟循僱令

卽行諭繳又該人奉諭本未必應遵況思所催繳貨物大
分由他人受託並非自己之貨其尚且循遵諭令無不意
欲將在粵省之英商救之脫死定係仰賴大英國主將來
必使賠還其損夫大英國領事見逼迫抑勒勢不可當旣
特奉領事之職以保護本國民人又人多臨殘命者遂救
援之故大英國家不能貶損其辦法所有人等一經奉諭
卽便呈繳催討之貨甘心悅服該貲貨消滅以免消滅同
國多人之生命等情大英國家殊為嘉獎但大英國家緣
此事情催討　大清國家盡行伸寃按照左列之各條
款也一所有逼奪之貨物以贖領事並被禁英商等之命

悉應催討賠還結予原繳之人也惟大英國家查閘所繳
官之貨已經置之再不能仍原繳之樣交回則大英國家
決討等求　大清國家將該貨價償給大英國家以轉
還應收之人一因凌辱國主特命領事即是褻瀆大英國
威儀故英國決要　大清國家昭雪且本國主將來派
官駐在中國管理本國民人貿易之為　大清國通文
移往來之經由則該國家兼其官憲必須照大英國威儀
所宜之尊重即與該官交通相待照化成各國之体制茲
乃大英國家所催討也一大英國家決要擔保將來妥當
按照兩國歷久相通之理使凡有英國民人赴到中國經

商尚務正經貿易不得再遭強迫吃虧又欲免或京師之
上憲或有天下口岸之地方官不得擅自恃勢果及在中
國經商之英民因此各緣故大英國家催討在　大清
國沿海地方將島地割讓與大英國家永遠主持致為大
英國民人居處貿易之市以免其身子磨難而保貲貨妥
當所割讓之島廣大形勢之便或止一島或數島皆照大
英奉全權公使所擬也　除此據得　大清官員向來
限制駐粵之大英商等將其貨物賣給洋行並不賣與他
人且　大清國家因如此限制大英商人之經營則該
國家亦宜為其限制經承之洋商承當責任又近年洋行

中數商之行倒歇及大英所損之銀甚重倘聽伊隨便擇
人交易不致受此損是以大英國決要　大清國將該
倒歇洋行之久銀賠還英國債主更兼大英國家近聞官
憲另行強悍逼迫英國民人倘此書未到宰相之先在中
國倘有另行事端以惹大英國家又須別催討之條若如
此則大英國家准本國之奉全權公使另行催討便請
大清宰相將伊所催討各款視若在此書內命討各條
無異矣夫　大清大英相離遥遠事体最為緊要大英
國家不能聽候得知　大清國家如何回復所討各款
如俟候英國接到覆文而所稱竟或不足肅昭大英國家

之威儀大体則遷延須辦之法是以大英國定議即行調派水陸軍師赴到　大清國海境加力追討辦明情形使御政知悉大英國以此情最為緊要事体不容遷延更兼大英國家要令京師上憲觸目警心知悉大英國家以此事情為緊要務須善妥速即定事故該統水師及陸師已經奉命一經駛到　大清國海境即行固圍堅封

大清廣大之港口將所逢船隻攔截拘留持守且命占據　大清國屬轄之便當地方為英國軍師所鎮守之地迫各事成就完竣全足大英國之意矣因官憲肆行迫脅大英國民人等大英國所行與　大清國結讐相戰

不獨合義理乃不得不然而行且　大清國未善妥昭
雪定事仍必相戰不息矣夫英國欲惜光陰要給　大
清國便易及早辦事遂賜水師提督及該領事全權斟酌
定議並已訓諭各情飭令前往直隸內海近就京師內閣
之白河口第因上年在粵凌辱本國領事現尚未相給具
約安堵英國家賜令特派　欽命之大臣前往統師船
上與大英國奉全權之公使及此事商量如到師船自必
行恭敬迎接厚禮優待視為　欽命差委大臣也夫
大清官憲志義強辦所以派此軍師赴到　大清海境
故此本大臣聲明所有緣此之使費大英國家催討務要

大清國家抵償也本大臣特此陳明晰訴情卽啓
大清宰相並將大英國受寃屈之緣由及大英家所催
討賠還之各款並所諭飭將帥始行辦法各情一一述明
並未得稍隱矣仰思　皇帝睿智秉公之風聲名揚於
世界四方可冀　大清國家查鑒前來催討各款係屬
公道果係大英國家所慕也且本國家誠願　大清國
家將催討之款一概直捷全允俾得　大清大英兩國
民人日久友和交通之路卽速復開此自然權益也現將
此照會抄錄寄字本國奉全權公使令譯出漢字且將譯
文暨原書並寄　大清　皇帝欽命宰相大人查鑒

兼仰慕光範並候享祚無旣一千八百四十年二月二十日道光十九年正月十八日由英國倫墩京城通外院付